DROIT ET PRATIQUE
DES BAUX D'HABITATION

CETTE ŒUVRE COLLECTIVE A ÉTÉ RÉDIGÉE PAR

[les numéros renvoient aux livres, titres et chapitres]

NICOLAS DAMAS

Professeur à l'Université de Lorraine (Faculté de droit de Nancy) | Avocat aux Barreaux de Nancy et Paris

I 1 La conclusion du bail II 12 La diversité des situations locatives III 121 à 123 I 2 Les obligations principales du bailleur et du preneur II 25 L'assurance du locataire III 251 et 252 I 3 Les événements influant sur le bail II 32 Les événements personnels influant sur le bail III 321 à 324 II 33 Le changement d'usage des logements III 331 à 333 et 335 II 34 La vente du logement loué III 341 et 342 I 4 Les spécificités de la durée du bail, du loyer et du congé dans le secteur privé II 43 Le congé donné par le bailleur dans le secteur privé III 437 I 5 Les spécificités de la location meublée résidence principale II 51 Le champ d'application du régime des locations meublées III 511 à 513 II 52 Le régime des locations meublées III 521 à 524 I 8 La prévention et les procédures collectives II 82 Le contentieux du bail III 821 à 824 II 83 Le contentieux de l'expulsion III 831 à 833

PASCAL GAREAU

Directeur juridique et fiscal de l'Union nationale des fédérations d'organismes HLM | Professeur à l'ICH Paris (CNAM)

I 1 La conclusion du bail II 12 La diversité des situations locatives III 125 et 126 II 13 Le contrat de bail et l'état des lieux III 135 I 2 Les obligations principales du bailleur et du preneur II 21 Les obligations de délivrance et de garantie du bailleur III 213 I 3 Les événements influant sur le bail II 31 Les travaux dans le logement III 313 II 32 Les événements personnels influant sur le bail III 325 II 33 Le changement d'usage des logements III 334 I 6 Les spécificités majeures de la location dans le secteur HLM II 61 Les caractéristiques HLM et les sources de la réglementation III 611 et 612 II 62 Les règles d'attribution des logements III 621 à 625 II 63 Le contrat de location HLM et ses conditions financières III 631 à 639 II 64 Le congé et le droit au maintien dans les lieux III 641 et 642 II 65 La vente du logement HLM III 651 I 7 La loi du 1er septembre 1948 II 71 Le régime de la loi de 1948 III 711 à 714 I 8 La prévention et les procédures collectives II 81 La prévention III 812 et 813

GUILLAUME MAROT

Avocat au Barreau de Paris

I 9 La fiscalité du logement locatif II 91 La fiscalité du revenu locatif (impôt sur le revenu, impôt sur les sociétés) III 911 et 912 II 92 La contribution sur les revenus locatifs III 921 et 922 II 93 Le régime de TVA III 931 à 933 II 94 Les impositions locales III 941 à 944 II 95 Les impositions diverses III 951

YVES ROUQUET

Docteur en droit | Rédacteur en chef de l'AJDI (Actualité Juridique-Droit immobilier) | Professeur à l'ICH Paris (CNAM)

I 0 Sources et enjeux II 01 Les enjeux III 011 et 012 II 02 Les spécificités de la réglementation III 021 et 022 II 03 Bibliographie de référence III 031 I 1 La conclusion du bail II 11 La déclaration et l'autorisation préalable de mise en location III 111 et 112 II 12 La diversité des situations locatives III 124 II 13 Le contrat de bail et l'état des lieux III 131 à 134, 136 et 137 II 14 Les garanties du bailleur III 141 à 144 I 2 Les obligations principales du bailleur et du preneur II 21 Les obligations de délivrance et de garantie du bailleur III 211 et 212 II 22 Les autres obligations du bailleur III 221 à 223 II 23 Les obligations générales du preneur III 231 à 233 II 24 Les charges locatives incombant au preneur III 241 à 243 I 3 Les événements influant sur le bail II 31 Les travaux dans le logement III 311 et 312 I 4 Les spécificités de la durée du bail, du loyer et du congé dans le secteur privé II 41 La durée du contrat III 411 à 413 II 42 Le loyer dans le secteur privé III 421 à 424 II 43 Le congé donné par le bailleur dans le secteur privé III 431 à 436 II 44 Le congé donné par le locataire dans le secteur privé III 441 et 442 I 7 La loi du 1er septembre 1948 II 72 La sortie du régime de la loi de 1948 III 721 et 722 I 8 La prévention et les procédures contentieuses II 81 La prévention III 811

HERVÉ DES LYONS †

fut coauteur de la première à la neuvième édition, de 2000 à 2017

DALLOZ ACTION

DROIT ET PRATIQUE DES BAUX D'HABITATION

DIXIÈME ÉDITION

10 novembre 2021

NICOLAS DAMAS

Professeur à l'Université de Lorraine

(Faculté de droit de Nancy)

Avocat aux Barreaux de Nancy et Paris

PASCAL GAREAU

Directeur juridique et fiscal de l'Union nationale des fédérations d'organismes HLM

Professeur à l'ICH Paris (CNAM)

GUILLAUME MAROT

Avocat au Barreau de Paris

YVES ROUQUET

Docteur en droit

Rédacteur en chef de l'*AJDI*

(*Actualité Juridique-Droit immobilier*)

Professeur à l'ICH Paris (CNAM)

HERVÉ DES LYONS †

DALLOZ

ISBN 978-2-247-18752-2

31-35, rue Froidevaux
75685 PARIS CEDEX 14

SERVICE CLIENTÈLE
+33 (0)1 40 92 20 85
serviceclient@dalloz.fr

www.editions-DALLOZ.fr

@Dalloz_Action

Avant-propos de la 10e édition

Cet ouvrage a connu huit éditions sous le titre *Baux d'habitation* aux Éditions Delmas, rédigé par Hervé des Lyons et moi-même.

Alors qu'il avait achevé son travail d'écriture pour la neuvième édition, Hervé des Lyons, directeur-adjoint des études juridiques et fiscales de l'Union sociale pour l'habitat, nous a soudainement et trop tôt quittés. Cet ouvrage, qu'il avait souhaité, demeure le sien.

Désireux de proposer à nos lecteurs un ouvrage plus approfondi, en développant plus largement notamment certaines questions contentieuses et en l'ouvrant à la fiscalité des activités de location de logements jusqu'alors laissée de côté, nous avons sollicité trois nouveaux auteurs, Guillaume Marot, avocat au barreau de Paris, Nicolas Damas, professeur de droit privé à l'Université de Lorraine (Faculté de droit de Nancy) et avocat aux barreaux de Nancy et Paris, ainsi que Pascal Gareau, directeur juridique et fiscal de l'Union nationale des fédérations d'organismes HLM et professeur à l'ICH Paris (CNAM).

Dorénavant intitulé *Droit et pratique des baux d'habitation* et publié dans la collection Dalloz action, ce titre est singulièrement augmenté et résolument tourné vers une présentation claire et ordonnée de l'ensemble des questions auxquelles sont confrontés tous les acteurs du logement en France, qu'ils soient bailleurs, locataires, dans le secteur privé ou social, ainsi que leurs conseils et les magistrats chargés de dire un droit éminemment technique et parfois changeant.

Yves Rouquet

Sommaire

Table des matières

LIVRE

0. SOURCES ET ENJEUX

SECTION 0

Orienteur

0.00 Sommaire du livre.

TITRE

01. Les enjeux

SECTION 0

ORIENTEUR

01.00 **Sommaire du titre.**

Division – Dimension politique du logement. Le secteur du logement possède une dimension politique non négligeable, car il s'y mêle des approches et des analyses de nature économique, sociale, voire psychologique. Le logement n'est pas de ce fait une marchandise comme les autres.

Il est sensible à la conjoncture politique, mesurée aux orientations prises dans les textes législatifs notamment ainsi qu'à la conjoncture économique, qui modèle les décisions des investisseurs, grands et petits. Le poids de la décision publique dans le domaine du logement est considérable, par le volume des aides budgétaires et fiscales distribuées tant aux opérateurs publics que privés.

S'il reste des besoins de logement à satisfaire, on peut s'accorder sur le constat que la politique du logement a réussi à prendre la mesure des mutations intervenues depuis la seconde guerre mondiale et à proposer un parc en quantité et en qualité croissantes.

CHAPITRE

011. Enjeux politiques des législations sur le logement locatif

SECTION 0

ORIENTEUR

011.00 **Sommaire du chapitre.**

Division – Ambition de la réglementation des rapports locatifs. Longtemps cantonné au terrain économique (l'ambition de la loi du 1er septembre 1948 n'était « que » d'accélérer la reconstruction du parc locatif), l'enjeu de la réglementation des relations entre locataires et propriétaires est, aujourd'hui, aussi politique.

Cela a été particulièrement patent dans les années 80.

SECTION 1

RÉFORMES DES ANNÉES 80

011.11 **Recherche d'équilibre dans les rapports locatifs.** La promulgation de trois lois en huit ans ayant pour ambition de réformer l'ensemble des droits et obligations des bailleurs et locataires atteste d'une recherche délicate d'équilibre dans les rapports locatifs.

Il s'agit de la loi du 22 juin 1982[1], dite loi Quilliot, suivie un peu plus de quatre ans après par la loi du 23 décembre 1986[2], dite loi Méhaignerie, elle-même (partiellement) supplantée au bout de deux ans et demi par la loi du 6 juillet 1989[3], dite loi Mermaz-Malandain. Auparavant, si l'on met à part la loi du 1er septembre 1948[4], dont la vocation était de disparaître à terme plus ou moins rapproché, aucun texte général ne soumettait les contrats de location d'habitation à des conditions particulières. Le contrat faisait la loi des parties et, dans le silence du contrat, le code civil intervenait à titre supplétif.

011.12 **Intervention de l'État dans les rapports locatifs.** Le législateur de 1982 a tenté de traduire par une meilleure sécurité des relations contractuelles l'impression de précarité ressentie par les locataires au début des années 80. Cette stratégie de sécurisation s'est mesurée dans deux des points clés du contrat d'habitation : la durée du contrat et les conditions de son renouvellement, d'une part, le prix exprimé par le montant du loyer, d'autre part.

Les lois qui ont suivi n'ont fait que décliner des approches différenciées autour de ces deux thèmes.

La loi du 23 décembre 1986 a ainsi cherché à faciliter une transition entre le régime de 1982, qui donnait une importance particulière à la négociation collective des loyers sous le contrôle de l'État dans une période de forte inflation, et le retour à la fixation des loyers au prix du marché sous le contrôle du juge et de commissions locales de conciliation. Elle a alors créé une période transitoire étalée sur cinq ou neuf ans selon les communes, que l'intervention de la loi du 6 juillet 1989 n'a pas laissé se dérouler jusqu'à son terme.

SECTION 2

LOI DU 6 JUILLET 1989 : UNE LOI D'ÉQUILIBRE ?

011.21 **Équilibre entre droit de propriété et droit au logement.** Jusqu'à la loi du 24 mars 2014 pour

1. L. n° 82-526, 22 juin 1982 relative aux droits et obligations des locataires et des bailleurs, *JO* 23 juin, p. 1967.
2. L. n° 86-1290, 23 déc. 1986 tendant à favoriser l'investissement locatif, l'accession à la propriété de logements sociaux et le développement de l'offre foncière, *JO* 24 déc., p. 15531, dite loi Méhaignerie.
3. L. n° 89-462, 6 juill. 1989 tendant à améliorer les rapports locatifs et portant modification de la loi n° 86-1290, 23 déc. 1986, *JO* 8 juill., p. 8541, dite loi Mermaz-Malandain.
4. L. n° 48-1360, 1er sept. 1948 sur les baux et loyers, *JO* 2 sept., p. 8659, dite loi Grimaud.

l'accès au logement et un urbanisme rénové, dite loi Alur[1], on s'accordait à reconnaître que la loi du 6 juillet 1989 était un texte d'équilibre entre deux droits aussi fondamentaux que le droit de propriété et le droit au logement. D'ailleurs, les modifications qui y étaient régulièrement apportées étaient plus techniques que politiques, n'entamant en rien son économie et sa philosophie générales.

Or, la loi du 24 mars 2014, dite loi Alur, a touché à certains fondamentaux, notamment en instaurant un nouveau régime d'encadrement administratif des loyers (entraînant la création d'observatoires locaux sur une grande partie du territoire), en créant la garantie universelle des loyers (Gul)[2], en réformant le champ d'application du texte, en consacrant un titre I *bis* aux meublés, en amendant l'article 15 relatif aux congés et l'article 24 relatif à la clause résolutoire, etc.

La loi du **23 novembre 2018, dite loi Elan**[3], a, quant-à-elle, non seulement bouleversé en profondeur le paysage du logement locatif social, mais aussi, entre autres mesures, inséré dans la loi de 1989 un titre Ier *ter*, relatif aux logements meublés dans le cadre d'un bail mobilité, renforcé les normes de décence, instauré la fin de la solidarité du locataire ayant quitté le logement en raison des violences conjugales qu'il subit, durci la réglementation des meublés de tourisme, réformé le cautionnement, repensé les procédures de résiliation du bail de manière à les harmoniser avec celle du surendettement des particuliers. C'est également ce texte qui a permis l'expérimentation de l'encadrement des loyers en zone tendue à l'échelle d'une commune.

Enfin, entre autres mesures, la loi Climat et résilience du 22 août 2021[4], est venue interdire toute augmentation ou révision de loyer pour les logements les plus énergivores (ceux des classes F et G au sens de l'article L. 173-1-1 du code de la construction et de l'habitation) et, progressivement, va prohiber la location des « passoires énergétiques ».

1. L. n° 2014-366, 24 mars 2014 pour l'accès au logement et un urbanisme rénové, *JO* 26 mars, p. 5809, dite loi Alur.
2. Trop onéreuse, la Gul a, en définitive, été abandonnée, au profit du dispositif Visale, v. s^s^ n° 144.61.
3. L. n° 2018-1021, 23 nov. 2018 portant évolution du logement, de l'aménagement et du numérique, *JO* 24 nov., n° 1, dite loi Élan.
4. L. n° 2021-1104, 22 août 2021 portant lutte contre le dérèglement climatique et renforcement de la résilience face à ses effets, *JO* 24 août, n° 1.

CHAPITRE

012. Parc locatif dans le logement en France

SECTION 0

ORIENTEUR

012.00 **Sommaire du chapitre.**

012.03 **Bibliographie indicative.**

Encyclopédies. RÉP. CIV., *V° Baux d'habitation et mixtes (Rapports locatifs individuels : loi du 6 juillet 1989)*, N. Damas – RÉP. PR. CIV., *V° Bail d'habitation*, F. de La Vaissière.

Ouvrages. J. Lafond, B. Vial-Pedroletti, *Les baux d'habitation*, 8e éd., « Droit et professionnels », LexisNexis, 2017 – Ph. Pelletier, *Traité des baux d'habitation et professionnels*, « Référence juridique », Le Moniteur, 2021.

Articles. SOeS. « Comptes du logement 2014, premiers résultats 2015 ». Coll. Références, févr. 2016 ; S. Arnault et *al.* « Les conditions de logement fin 2013 : premiers résultats de l'enquête logement », *Insee Première*, n° 1546, avr. 2015.

SECTION UNIQUE

ÉTUDE D'ENSEMBLE

012.11 **Parc de logements en France 2013.** Selon l'INSEE[1] (enquête logement réalisée en 2016), à la fin 2016 le parc de logements en France métropolitaine comptait plus de 29 millions de résidences principales.

012.12 **Propriétaires et locataires.** Plus de la moitié de ces logements (58 %) étaient occupés par des ménages propriétaires dont 20 % d'accédants. Après avoir augmenté dans les années 1990 et 2000, le flux annuel des acquéreurs récents est revenu à des niveaux plus faibles.

1. Institut national de la statistique et des études économiques, « Le parc de logements en France au 1er janvier 2016 », *Insee Focus*, n° 73, 2016/12.

Les locataires d'un logement loué vide représentent quant à eux 39,7 % des ménages en 2016, avec une progression relative des locataires du secteur social, à 16,8 % en 2016 contre 15,6 % en 2001 et une hausse (puisqu'il existe de plus en plus de logements) de locataires du secteur libre (à 23 % en 2016 contre 20,7 % en 2001).

RÉSIDENCES PRINCIPALES
SELON LE STATUT D'OCCUPATION

	2001	2006 (2)	2013	2016
Propriétaires	56,0	57,2	57,9	58
• Non accédants	35,0	37,6	38,4	37,8
• Accédants (1)	21,0	19,6	19,5	20,1
Locataires d'un local loué vide	36,3	36,1	36,7	39,7
dont :				
• Secteur social	15,6	15,7	16,8	16,8
• Secteur libre (y.c. loi 1948)	20,7	20,4	19,9	23
Autres locataires	3,2	3,1	2,9	2,4
Fermiers ou métayers	0,3	0,0	– (3)	– (3)
Logés gratuitement	4,2	3,6	2,5	2,4
Parc total (en milliers)	24 525	26 280	28 077	29 173

(1) Ménages propriétaires de leur logement à qui il reste, à la date de l'enquête, des prêts relatifs à l'acquisition de ce logement à rembourser. Champ : France métropolitaine. *Source :* Insee, enquête logement.

(2) La période de référence de l'enquête Logement est en fin d'année sauf en 2006 (milieu d'année).

(3) Question non posée en 2013 Champ : France métropolitaine. Sources : Insee, Enquête Logement.

L'enquête Logement est une des principales enquêtes de l'Insee par son ancienneté (1955) et la taille de son échantillon (36 000 logements répondants en 2013). C'est la source statistique majeure pour décrire le parc de logements et les conditions d'occupation par les ménages de leur résidence principale.

Définition du Secteur social : les locataires du secteur social sont ici les ménages locataires d'un logement vide ayant indiqué que leur loyer relevait de la législation HLM. La très grande majorité de ces ménages (94 %) ont un bailleur de type organisme HLM ou assimilé. Les autres ont indiqué que leur bailleur était une société d'économie mixte, une administration, une collectivité, un organisme de sécurité sociale, ou encore une association au titre de l'action logement.

012.13 **Demandes de changement de logement.** Selon l'INSEE : « Un ménage sur quatre déclare vouloir changer de logement ou y être contraint, mais près d'un locataire sur deux (46 %) est dans ce cas : le confort des logements, vu par leurs occupants, s'est constamment amélioré depuis les années 1970. 15 % des ménages considéraient leurs conditions de logement comme insuffisantes ou très insuffisantes en 1973, ils ne sont plus que 6 % en 2013. En 2013, comme en 2006, un ménage sur quatre déclare vouloir changer de logement ou y être contraint et, dans ce deuxième cas pour des raisons essentiellement professionnelles ou familiales. Les ménages locataires envisagent plus fréquemment de déménager que les ménages propriétaires (46 % contre 13 %). Plus de la moitié des ménages qui déclarent vouloir changer de logement souhaitent un logement plus grand (52 %), notamment lorsqu'ils vivent en appartement (62 %). »

012.14 **Mobilité résidentielle et prix des loyers dans le secteur libre.** Selon l'observatoire Clameur après une année 2015 de reprise de la mobilité résidentielle dans le secteur libre (de 27,3 à 30,5 %), l'activité s'est repliée en 2016. L'activité s'est ressaisie en 2017 (à 29,8 %), en dépit d'une période hivernale habituellement peu propice à la mobilité résidentielle.

En matière de loyers de 2013 à 2017, les loyers de marché ont augmenté de 0,4 % par an, pour une inflation à 0,6 % (INSEE). En 2015, en dépit du redressement de la mobilité résidentielle, les loyers ont baissé rapidement de - 1,1 % au total. L'année 2016 s'est terminée sur une augmentation de 1,0 %. Sur un marché dont l'activité reste soutenue durant les mois d'hiver, 2017 commence sur une stabilisation des loyers. Mais avec des différences selon la taille des logements et la localisation.

012.15 **Accroissement de la situation de pauvreté dans les logements du parc social.** Les locataires HLM se situent de plus en plus parmi les ménages les plus modestes : 60 % environ des locataires HLM et 68 % des emménagés récents sont dans une situation assimilable à une situation de pauvreté (revenu de moins de 999 euros par mois). L'enquête sur l'Occupation du parc social (OPS 2012) indique en effet qu'en 2012, 61 % des locataires HLM se situent en dessous de la référence de 60 % des plafonds PLUS[1], et 68 % parmi les emménagés récents (ménages résidant depuis moins de trois ans dans leur logement ; ceux-ci pouvant être des ménages entrés dans le parc social ou bien ayant quitté un logement social pour un autre). Les emménagés récents apparaissent comme plus pauvres (plus d'un quart sont sous 20 % des plafonds PLUS) que les locataires en place[2].

1. PLUS, Prêt locatif à usage social. Correspond au niveau de ressources pour l'entrée dans le logement social HLM.
2. M. Menanteau DEEF/USH. *Actualités Habitat.* Revue de l'Union Sociale pour l'Habitat, n° 1019, 15 sept. 2015, p. 16.

TITRE

02. Les spécificités de la réglementation

SECTION 0

ORIENTEUR

02.00 **Sommaire du titre.**

02.03 **Bibliographie indicative.**

Encyclopédies. RÉP. CIV., V^is *Baux d'habitation et mixtes (Rapports locatifs collectifs)*, N. Damas ; *Baux d'habitation et mixtes (Rapports locatifs individuels : loi du 6 juillet 1989)*, N. Damas ; *Bail d'habitation ou professionnel – Loi du 1er septembre 1948*, H. Des Lyons et Y. Rouquet ; Habitat social (HLM), H. Des Lyons – RÉP. PR. CIV., V° *Bail d'habitation*, F. de La Vaissière – DICT. PERM. Gest. Immo., V° *Baux d'habitation et mixte*.

Ouvrages. E. Debaussart-Joniec, S. Fraîche-Dupeyrat, Ph. Pelletier, *Les baux d'habitation après la loi Élan*, 3e éd., « Actualité », 2019, LexisNexis – J. Lafond, B. Vial-Pedroletti, *Les baux d'habitation*, 8e éd., « Droit et professionnels », LexisNexis, 2017 – Ph. Pelletier, *Traité des baux d'habitation et professionnels*, « Référence juridique », Le Moniteur, 2021.

CHAPITRE

021. Caractère impératif de la réglementation des baux d'habitation

SECTION 0
ORIENTEUR

021.00 Sommaire du chapitre.

021.01 Principaux textes applicables.

TEXTE SOURCE

• **L. n° 89-462, 6 juill. 1989,** tendant à améliorer les rapports locatifs et portant modification de la loi n° 86-1290 du 23 décembre 1986, *JO* 8 juill., p. 8541, art. 2.

TEXTE *IN EXTENSO*

• **L. 6 juill. 1989,** art. 2

Les dispositions du présent titre sont d'ordre public.

Le présent titre s'applique aux locations de locaux à usage d'habitation ou à usage mixte professionnel et d'habitation, et qui constituent la résidence principale du preneur, ainsi qu'aux garages, aires et places de stationnement, jardins et autres locaux, loués accessoirement au local principal par le même bailleur. La résidence principale est entendue comme le logement occupé au moins huit mois par an, sauf obligation professionnelle, raison de santé ou cas de force majeure, soit par le preneur ou son conjoint, soit par une personne à charge au sens du code de la construction et de l'habitation.

Toutefois, ce titre ne s'applique pas :

1° Aux logements-foyers, à l'exception du premier alinéa de l'article 6 et de l'article 20-1 ;

2° Aux logements meublés, régis par le titre Ier *bis ;*

2° *bis* Aux logements meublés loués dans le cadre d'un bail mobilité, régis par le titre Ier *ter;*

3° Aux logements attribués ou loués en raison de l'exercice d'une fonction ou de l'occupation d'un emploi et aux locations consenties aux travailleurs saisonniers, à l'exception de l'article 3-3, des deux premiers alinéas de l'article 6, de l'article 20-1 et de l'article 24-1.

021.03 Bibliographie indicative.

Encyclopédies. RÉP. CIV., *V^is Baux d'habitation et mixtes (Rapports locatifs collectifs), Baux d'habitation et mixtes (Rapports locatifs individuels : loi du 6 juillet 1989)*, N. Damas ; *Bail d'habitation ou professionnel – Loi du 1er septembre 1948*, H. Des Lyons et Y. Rouquet ; *Habitat social (HLM)*, H. Des Lyons – RÉP. PR. CIV., *V^o Bail d'habitation*, F. de La Vaissière – DICT. PERM. Gest. Immo., *V^o Baux d'habitation et mixte*.

Ouvrages. E. Debaussart-Joniec, S. Fraîche-Dupeyrat, Ph. Pelletier, *Les baux d'habitation après la loi Élan*, 3e éd., « Actualité », 2019, LexisNexis – J. Lafond, B. Vial-Pedroletti, *Les baux d'habitation*, 8e éd., « Droit et professionnels », LexisNexis, 2017, n°s 12 à 89 – Ph. Pelletier, *Traité des baux d'habitation et professionnels*, « Référence juridique », Le Moniteur, 2021.

SECTION UNIQUE
ÉTUDE D'ENSEMBLE

021.11 Protection des cocontractants. Il ressort de l'article 2 de la loi du 6 juillet 1989 que les dispositions du titre Ier (consacré aux rapports entre les bailleurs et les locataires et comprenant les articles 1er à 25-2) sont d'ordre public.

Il en va de même, en vertu de l'article 25-3 du même texte, des dispositions du titre Ier *bis* (relatif aux rapports entre bailleurs et locataires dans les logements meublés résidence principale et constitué des articles 25-3 à 25-11).

Enfin, l'article 25-12 de la même loi, premier article du titre Ier *ter* consacré aux rapports entre bailleurs et locataires dans les logements meublés loués dans le cadre d'un bail mobilité (qui court jusqu'à l'article 25-18), ne dit pas autre chose.

Dans tous les cas de figure, il s'agit d'un ordre public de protection, c'est-à-dire d'un ensemble de règles édictées dans le but de protéger l'un des cocontractants (en l'occurrence, en fonction des dispositions, le locataire ou le bailleur).

Si le cocontractant que la loi a entendu protéger peut s'affranchir pour tout ou partie de cette protection, il est à noter que le juge ne valide une renonciation que pour autant qu'elle soit :

- certaine et sans équivoque ;
- intervenue en connaissance de cause ;
- et postérieure à la naissance du droit auquel la partie au contrat entend renoncer (c'est-à-dire après la signature du contrat)[1]. Il a été jugé qu'est prohibée, la clause du bail par laquelle le locataire s'oblige à renoncer à tout recours contre le bailleur en cas de trouble ou de dommage subi du fait d'autres locataires ou occupants de l'immeuble[2]. De même, est frappée de nullité la clause prévoyant que la responsabilité du bailleur ne peut être recherchée à raison de pertes, avaries, dégâts causés dans les locaux loués à tous les biens meubles, quelle qu'en soit l'origine[3].

Par ailleurs, en aucun cas, l'ordre public de protection ne saurait empêcher le bailleur de s'imposer à lui-même des obligations constituant pour le preneur une protection supplémentaire, ni justifier un manquement de la part de ce bailleur à l'une des obligations qu'il s'est imposées[4].

Enfin, le bailleur ne peut pas, dans la convention, renoncer à invoquer la nullité d'une clause excluant le bénéfice d'une nouvelle loi d'ordre public[5].

1. POUR UN EXEMPLE de renonciation du locataire à la durée du bail : Civ. 3e, 23 juin 1998, n° 96-17.992, NP, *Administrer* janv. 1999. 57, note Canu – POUR UN EXEMPLE de défaut de renonciation du bailleur au bénéfice du préavis en cas de départ de son locataire : Civ. 3e, 26 juin 1991, n° 90-10.212, NP, *Loyers et copr.* 1991, n° 451.
2. Paris, 21 nov. 1996, RG n° 95/021672, *Loyers et copr.* 1997, n° 10, obs. B. Vial-Pedroletti.
3. Lyon, 24 oct. 2007, RG n° 05/07464, *BICC* 2008, n° 1102.
4. Paris, 28 oct. 1994, RG n° 93/15038, *Loyers et copr.* 1995, n° 106.
5. Civ. 3e, 20 mars 1996, n° 94-10.710, P III, n° 73 ; *D.* 1997. 272.

CHAPITRE

022. Champ d'application strictement déterminé

SECTION 0 ORIENTEUR

022.00 **Sommaire du chapitre.**

Division – Application totale ou partielle. En dehors de l'hypothèse de l'extension volontaire du champ d'application de la loi (possible dès lors que la location en question ne relève pas d'un autre statut impératif et que la volonté des parties est sans équivoque[1]), trois cas de figure sont à distinguer puisque, à côté des conventions entrant dans le champ d'application de la loi[2], d'autres en sont totalement exclues, alors qu'une troisième catégorie a vocation à être partiellement régie par la loi du 6 juillet 1989 (v. le tableau récapitulatif s[s] n° 022.201).

En réécrivant l'article 2 de la loi du 6 juillet 1989[3], la loi du 24 mars 2014, dite loi Alur[4], applicable uniquement aux contrats signés à compter du 27 mars 2014, a sensiblement fait bouger les lignes.

Il convient, par conséquent, d'envisager la législation applicable avant et après l'entrée en vigueur de la loi du 24 mars 2014.

1. POUR DES EXEMPLES de volonté non équivoque : Civ. 3e, 20 déc. 1994, n° 92-21.565, NP (lois de 1982 et 1986), *Loyers et copr.* 1995, n° 94 – Paris 10 févr. 1995, *Loyers et copr.* 1995, n° 193.
2. Concernant l'application de la loi à la Nouvelle-Calédonie : L. n° 89-462, 6 juill. 1989, art. 44 à 47, in *Code des baux Dalloz*.
3. L. n° 89-462, 6 juill. 1989 tendant à améliorer les rapports locatifs et portant modification de la loi n° 86-1290 du 23 déc. 1986, *JO* 8 juill., p. 8541.
4. L. n° 2014-366, 24 mars 2014 pour l'accès au logement et un urbanisme rénové, *JO* 26 mars 2014 p. 5809, dite loi Alur.

022.01 Principaux textes applicables.

TEXTES SOURCES

• **L. n° 89-462, 6 juill. 1989** tendant à améliorer les rapports locatifs et portant modification de la loi n° 86-1290 du 23 décembre 1986, *JO* 8 juill., p. 8541, art. 2, 40.

TEXTES IN EXTENSO

• **L. 6 juill. 1989,** art. 2

* V. s^s n° 021.01

• **L. 6 juill. 1989,** art. 40

I. – Les 4°, 7° à 9° et le dernier alinéa de l'article 3, l'article 3-1, le II de l'article 5, les articles 8, 8-1, 10 à 12, 15 à 18, le 1° de l'article 20, les cinq premiers alinéas de l'article 23 et les articles 25-3 à 25-11 ne sont pas applicables aux logements appartenant aux organismes d'habitations à loyer modéré et ne faisant pas l'objet d'une convention passée en application de l'article L. 831-1 du code de la construction et de l'habitation.

L'article 14 leur est applicable à condition que le bénéficiaire du transfert ou de la continuation du contrat remplisse les conditions d'attribution et que le logement soit adapté à la taille du ménage. Les conditions de ressources et d'adaptation du logement à la taille du ménage ne sont pas requises envers le conjoint, le partenaire lié au locataire par un pacte civil de solidarité ou le concubin notoire et, lorsqu'ils vivaient effectivement avec le locataire depuis plus d'un an, les ascendants, les personnes présentant un handicap au sens de l'article L. 114 du code de l'action sociale et des familles et les personnes de plus de soixante-cinq ans. Lorsque le bénéficiaire du transfert est un descendant remplissant les conditions de ressources mais pour lequel le logement est inadapté à la taille du ménage, l'organisme bailleur peut proposer un relogement dans un logement plus petit pour lequel l'intéressé est prioritaire.

Les treizième à vingt-troisième alinéas du I de l'article 15 sont applicables lorsque le congé émane du locataire.

II. – Les dispositions des articles 3, 3-1, 8,8-1,9 à 20, du premier alinéa de l'article 22 et de l'article 24 ne sont pas applicables aux logements dont le loyer est fixé en application des dispositions du chapitre III de la loi n° 48-1360 du 1er septembre 1948 précitée.

III. – Les 4°, 7° à 9° et le dernier alinéa de l'article 3, l'article 3-1, le II de l'article 5, les articles 8, 8-1, 10 à 12, 15 et 17, le II de l'article 17-1 et les articles 17-2 et 18 ne sont pas applicables aux logements régis par une convention conclue en application de l'article L. 831-1 du code de la construction et de l'habitation.

L'article 14 leur est applicable à condition que le bénéficiaire du transfert ou de la continuation du contrat remplisse les conditions d'attribution et que le logement soit adapté à la taille du ménage. Les conditions de ressources et d'adaptation du logement à la taille du ménage ne sont pas requises envers le conjoint, le partenaire lié au locataire par un pacte civil de solidarité ou le concubin notoire et, lorsqu'ils vivaient effectivement avec le locataire depuis plus d'un an, les ascendants, les personnes présentant un handicap au sens de l'article L. 114 du code de l'action sociale et des familles et les personnes de plus de soixante-cinq ans.

Les treizième à vingt-troisième alinéas du I de l'article 15 leur sont applicables.

L'article 16, le I de l'article 17-1, l'article 18, le 1° de l'article 20, les cinq premiers alinéas de l'article 23 et les articles 25-3 à 25-11 ne sont pas applicables aux logements régis par une convention conclue en application de l'article L. 353-14 du code de la construction et de l'habitation.

Les articles 25-3 à 25-11 de la présente loi ne sont pas applicables aux logements appartenant à une société d'économie mixte et qui sont régis par une convention conclue en application de l'article L. 831-1 du code de la construction et de l'habitation.

IV. – Les dispositions des cinq premiers alinéas de l'article 23 ne sont pas applicables aux logements dont les conditions sont réglementées en contrepartie de primes ou prêts spéciaux à la construction consentis par le Crédit foncier de France ou la Caisse centrale de coopération économique.

V. – Les articles 10, 15, à l'exception des treizième à vingt-troisième alinéas du I, 17 et 17-2 ne sont pas applicables aux logements donnés en location à titre exceptionnel et transitoire par les collectivités locales.

VI. – Les loyers fixés en application des articles 17, 17-1 et 17-2 ou négociés en application des articles 41 *ter* et 42 de la loi n° 86-1290 du 23 décembre 1986 précitée ne peuvent ni excéder, pour les logements ayant fait l'objet de conventions passées en application de l'article L. 831-1 du code de la construction et de l'habitation, les loyers plafonds applicables à ces logements, ni déroger, pour les logements ayant fait l'objet de primes ou de prêts spéciaux à la construction du Crédit foncier de France ou de la Caisse centrale de coopération économique, aux règles applicables à ces logements.

Les accords conclus en application des articles 41 *ter* et 42 de la loi n° 86-1290 du 23 décembre 1986 précitée ne peuvent conduire à déroger, pour les logements dont le loyer est fixé en application du chapitre III de la loi n° 48-1360 du 1er septembre 1948 précitée, aux règles de fixation de ce loyer ni, pour les logements gérés par les organismes d'habitations à loyer modéré, aux règles de fixation et d'évolution des loyers prévues à l'article L. 442-1 du code de la construction et de l'habitation.

VII. – Les dispositions des articles 17 à 20 ne sont pas applicables aux logements auxquels s'appliquent les dispositions de l'article L. 472-1-3 du code de la construction et de l'habitation.

Les dispositions de l'article 17, du I de l'article 17-1, des articles 17-2 et 18 et du 1° de l'article 20 ne sont pas applicables aux sociétés d'économie mixte pour les logements régis par un cahier des charges en application du chapitre V du titre IV du livre IV du code de la construction et de l'habitation.

VIII. – Les 4°, 7°, 8°, 9° et dernier alinéa de l'article 3, les articles 3-1, 8, 10 à 11-1, 15, 17, 17-2, 18, les sixième à dernier alinéas de l'article 23 et le II de l'article 17-1 ne sont pas applicables aux logements des résidences universitaires définies à l'article L. 631-12 du code de la construction et de l'habitation et régies par une convention conclue en application de l'article L. 831-1 du même code. Toutefois, les treizième à vingt-troisième alinéas du I de l'article 15 sont applicables lorsque le congé émane du locataire.

Les articles 3-1, 8, 10 à 11-1 et les sixième à dernier alinéas de l'article 23 ne sont pas applicables aux logements des résidences universitaires définies audit article L. 631-12.

Les charges locatives accessoires au loyer principal des logements des résidences universitaires peuvent être récupérées par le bailleur sous la forme d'un forfait versé simultanément au loyer, dont le montant et la périodicité de versement sont définis au contrat et qui ne peut donner lieu à complément ou à régularisation ultérieure. Le montant du forfait de charges est fixé en fonction des montants exigibles par le bailleur en application de l'article 23. Ce montant ne doit pas être manifestement disproportionné au regard des charges dont le locataire ou, le cas échéant, le précédent locataire se serait acquitté.

022.02 Jurisprudence de référence.

• **Cass., Ass. plén., 2 févr. 1996,** n° 91-21.373, P, n° 1

* V. s^s n° 022.36

Si le titulaire d'un contrat de location à usage mixte professionnel et d'habitation n'est pas tenu, durant le bail, d'utiliser les lieux à chacun des usages prévus par la convention des parties, il ne peut, lorsque au terme du contrat il n'occupe pas pour son habitation principale, au moins partiellement, les locaux pris en location, se prévaloir du droit au renouvellement du contrat que la loi sur les rapports locatifs confère à celui qui habite les lieux loués.

• **Civ. 3e, 15 déc. 2004,** n° 02-20.614, P III, n° 239

* V. s^s n° 022.101

Doit être cassé l'arrêt de la cour d'appel qui, pour débouter le locataire de sa demande de condamnation du bailleur à remplir son obligation de délivrance en effectuant les travaux nécessaires à l'approvisionnement des lieux en eau courante, retient que le loyer du logement classé en catégorie IV de la loi de 1948 a été déterminé en considération de ce classement, que le locataire a été informé de ce qu'il ne sera pas possible de faire installer l'eau courante, que le gestionnaire lui avait fait une proposition de relogement qu'il a refusée, alors que l'exigence de la délivrance au preneur d'un logement décent impose son alimentation en eau courante.

022.03 Bibliographie indicative.

Encyclopédies. RÉP. CIV., v^is « Baux d'habitation et mixtes (Rapports locatifs collectifs) », N. Damas ; « Baux d'habitation et mixtes (Rapports locatifs individuels : loi du 6 juillet 1989) », N. Damas ; « Bail d'habitation ou professionnel – Loi du 1er septembre 1948 », H. Des Lyons et Y. Rouquet ; « Habitat social (HLM) », H. Des Lyons – RÉP. PR. CIV., v° « Bail d'habitation », F. de La Vaissière.

Ouvrages. E. Debaussart-Joniec, S. Fraîche-Dupeyrat, Ph. Pelletier, *Les baux d'habitation après la loi Élan*, 3e éd., « Actualité », 2019, LexisNexis – J. Lafond, B. Vial-Pedroletti, *Les baux d'habitation*, 8e éd., « Droit et professionnels », LexisNexis, 2017, n°s 90 à 262 – Ph. Pelletier, *Traité des baux d'habitation et professionnels*, « Référence juridique », Le Moniteur, 2021.

SECTION 1
CONVENTIONS ENTRANT DANS LE CHAMP D'APPLICATION DE LA LOI DE 1989

§ 1
Nature du contrat

022.11 Critère de l'affectation du local avant la loi Alur. Avant la loi du 24 mars 2014, dite loi Alur, la loi du 6 juillet 1989 s'appliquait « aux locations de locaux à usage d'habitation principale ou à usage mixte professionnel et d'habitation principale ainsi qu'aux garages, places de stationnement, jardins et autres locaux, loués accessoirement au local principal par le même bailleur » [1].

022.12 Critère de l'affectation du local depuis la loi Alur. Depuis la réécriture partielle de la loi de 1989, d'une part par la loi du 24 mars 2014, dite loi Alur [2] et, d'autre part par la loi du 23 novembre 2018, dite loi Élan, le statut des baux d'habitation concerne les locaux loués vides ou meublés pour les « locations de locaux à usage d'habitation ou à usage mixte professionnel et d'habitation, et qui constituent la résidence principale du preneur, ainsi qu'aux garages, aires et places de stationnement, jardins et autres locaux, loués accessoirement au local principal par le même bailleur ».

Le régime s'applique également aux logements meublés loués dans le cadre d'un bail mobilité [3].

Pour être soumise au régime de la loi du 6 juillet 1989, la convention doit donc remplir cumulativement deux conditions : il doit s'agir d'un contrat de louage de choses et les locaux loués doivent être affectés à l'un des usages prévus par ce texte.

§ 2
Exigence d'un contrat de louage de chose

022.21 Appréciation *in concreto*. Les parties doivent conclure un contrat de louage de choses, que l'article 1709 du code civil définit comme « un contrat par lequel l'une des parties s'oblige à faire jouir l'autre d'une chose pendant un certain temps, et moyennant un certain prix que celle-ci s'oblige de lui payer ».

À cet égard, le juge n'est pas lié par la qualification retenue par les parties (ni d'ailleurs par celle retenue par les experts [4]). Doit être qualifié de bail [5],

1. L. n° 89-462, 6 juill. 1989, art. 2, al. 1er.
2. Applicable aux baux conclus à compter du 27 mars 2014.
3. Sur lequel, v. s^s n° 524.00 s.
4. Soc. 17 oct. 1958, P IV, n° 1051.
5. Et non de contrat d'hôtellerie.

le contrat passé entre les occupants et le propriétaire d'un hôtel, dès lors que le loueur n'offre pas les services caractéristiques du contrat d'hôtellerie, que certains occupants ont acquis des éléments de literie et installé des lignes téléphoniques personnelles, qu'ils paient un « loyer » et qu'ils sont en place depuis plusieurs années[1] (pour des exemples de conventions ne constituant pas des contrats de location v. s^{s} n°s 022.120 s.).

§ 3
Conformité de l'affectation des locaux aux prévisions légales

022.31 **Habitation principale, local mixte, local accessoire ou bail mobilité.** La définition de l'affectation des locaux est importante puisque seules quatre affectations vont ouvrir droit à l'application du régime de la loi du 6 juillet 1989.

Il s'agit de l'affectation des locaux (loués vides ou meublés[2]) à usage d'habitation principale (depuis la loi du 24 mars 2014, dite loi Alur, il est question de « résidence principale du preneur »), de l'affectation à usage mixte professionnel et d'habitation, des locaux loués accessoirement au local principal par le même bailleur ou, depuis la loi du 23 novembre 2018, dite loi Élan, des logements meublés loués dans le cadre d'un bail mobilité[3].

La restriction de l'application de la loi du 6 juillet 1989 aux baux d'habitation, aux baux mixtes et à leurs accessoires s'explique par le fait que la finalité de ce texte est de défendre le droit au logement. Dans son article 1er, en effet, la loi de 1989 dispose que « le droit au logement est un droit fondamental [qui] s'exerce dans le cadre des lois qui le régissent »[4].

022.32 **Locaux à usage d'habitation principale.** C'est l'hypothèse la plus fréquente d'une personne louant un appartement ou une maison individuelle pour y vivre. Cette notion d'« usage d'habitation principale » a évolué avec la loi du 24 mars 2014, dite loi Alur.

Mais avant comme après l'entrée en vigueur de cette loi, le non respect de cet usage contractuellement prévu peut entraîner la délivrance d'un congé pour motif légitime et sérieux ou la résiliation du bail[5].

022.33 **Locaux à usage d'habitation principale – Absence de définition (avant la loi Alur).** C'est l'hypothèse la plus fréquente d'une personne louant un appartement ou une maison individuelle pour y vivre. Avant la loi du 24 mars 2014, dite loi Alur, le texte ne définissait pas la notion d'habitation principale[6], et on retenait, en application de l'article 102 du code civil, qu'il s'agissait du lieu où le locataire a son « principal établissement ». La Cour de Paris avait toutefois jugé que cette notion d'« habitation principale » était une notion spécifique distincte des notions juridiques de « domicile », « résidence » et « habitation »[7]. Elle en tirait la conséquence que le régime de la loi de 1989 s'appliquait à un bail portant sur des locaux dans lequel le locataire justifiait avoir résidé de façon effective et continue et où il était toujours administrativement domicilié, avant de les avoir quittés pour des raisons professionnelles et judiciaires ponctuelles[8].

Pour autant, on pouvait concevoir (notamment pour des raisons professionnelles ou de santé) qu'une personne puisse disposer de plusieurs « établissements principaux ».

022.34 **Locaux à usage d'habitation principale – Définition (depuis la loi Alur).** Pour les contrats signés depuis le 27 mars 2014, date d'entrée en vigueur du nouvel article 2 de la loi du 6 juillet 1989 issu de la loi du 24 mars 2014, dite loi Alur, qui évoque la notion, non plus d'« habitation principale », mais de « résidence principale »[9], la règle a évolué, puisque désormais, « la résidence principale est entendue comme le logement occupé *au moins huit mois par an, sauf obligation professionnelle, raison*

1. Civ. 3e, 26 juin 1996, n° 94-16.850, P III, n° 161 ; *RDI* 1996. 623, obs. F. Collart-Dutilleul.
2. Concernant la législation spécifique aux locations meublées « résidence principale », dont il est question aux articles 25-3 à 25-11 de la loi du 6 juillet 1989, v. titre 51.
3. Sur lequel, v. s^{s} n° 022.39 et chap. 524.
4. Au nombre de ces lois régissant le droit au logement v. notamment la loi n° 90-449, 31 mai 1990 visant à la mise en œuvre du droit au logement, également dite loi Besson.
5. Jugeant que le locataire est tenu d'user de la chose louée suivant la destination qui lui a été donnée par le bail (en l'occurrence, le bail avait été conclu à usage exclusif d'habitation principale, mais l'appartement servait uniquement comme réserve pour entreposer des livres) : Civ. 3e, 2 juill. 2014, n° 13-18.731, NP, *AJDI* 2015. 121, obs. Dreveau ; *Loyers et copr.* 2014, n° 229, obs. B. Vial-Pedroletti – POUR un exemple de résiliation du bail pour défaut d'occupation des lieux à titre d'habitation principale, par ailleurs : Civ. 3e, 14 avr. 2015, n° 14-10.018, NP, *AJDI* 2015. 519 – POUR un locataire n'occupant pas effectivement et personnellement le logement, laissé à la disposition d'un tiers : Civ. 3e, 14 janv. 2016, n° 14-23.621, NP, *Administrer* 6/2015. 50, obs. P. Canu – Jugeant qu'il convient de prononcer la résiliation judiciaire du bail d'habitation aux torts du locataire, qui n'occupe pas personnellement les lieux : Paris, 28 mars 2017, RG n° 15/13503, *Loyers et copr.* 2017, n° 130, obs. B. Vial-Pedroletti.
6. À l'inverse de la loi du 1er sept. 1948, qui, dans son article 10, 2°, définit la notion d'habitation principale comme le lieu occupé au moins huit mois par an.
7. Paris, 17 nov. 2005, RG n° 04/21820, *AJDI* 2006. 204.
8. AUSSI s^{s} n° 232.18.
9. SUR l'impact de ce changement de terminologie : Damas, *AJDI* 2014. 334.

de santé ou cas de force majeure, soit par le preneur ou son conjoint, soit par une personne à charge au sens du code de la construction et de l'habitation ».

Sur le terrain de la preuve, on retiendra que la première chambre civile de la Cour de cassation, se retranchant derrière le pouvoir souverain des juges du fond, a jugé que le rapport de détective produit par le bailleur sur la domiciliation fiscale du locataire en Suisse ne suffit pas à établir que ce dernier ne résidait plus à titre principal dans les lieux loués [1].

022.35 Locaux à usage mixte professionnel et d'habitation. Un bail mixte est un bail qui sert à la fois à l'habitation du locataire et à l'exercice de sa profession.

Précisons que la mixité au sens de l'article 2 de la loi du 6 juillet 1989 ne se conçoit qu'entre une affectation d'habitation et une affectation professionnelle : un bail portant à la fois sur des locaux d'habitation et sur des locaux commerciaux est commercial pour le tout et est régi par les dispositions des articles L. 145-1 à L. 145-60 du code de commerce et des articles non abrogés du décret n° 53-960 du 30 septembre 1953 [2], ce, même si la majeure partie des locaux est consacrée à l'habitation [3] (toutefois, sur le changement d'usage des logements v. s^s^ n°s 331.11 s).

Une clause de destination mixte va, par exemple, permettre à un avocat d'exercer son activité dans son logement. Sans cette clause, il s'exposerait à la résiliation de son bail [4].

022.36 Conséquences de l'utilisation exclusivement professionnelle de locaux mixtes. Un problème se pose lorsque le locataire, qui a loué le local en vertu d'un bail mixte, utilise les lieux exclusivement pour l'exercice de sa profession (l'utilisation exclusive des lieux pour l'habitation ne présentant quant à elle pas de difficulté, la loi de 1989 ayant alors, par essence, vocation à s'appliquer).

Cet abandon d'une des facettes de la destination des lieux fait-il perdre au locataire le bénéfice du régime de la loi de 1989 ?

Statuant en assemblée plénière, sa formation la plus solennelle, la Cour de cassation a, en 1996, précisé que si, durant le bail, le preneur n'est pas tenu d'utiliser les lieux à chacun des usages prévus par la convention, il ne peut se prévaloir du droit au renouvellement du contrat lorsque, à son terme, il n'occupe pas les locaux pris en location, au moins partiellement, pour son habitation principale [5].

La situation est donc claire : pendant la durée du contrat, le bailleur ne pourra pas dénier au locataire le bénéfice de la loi de 1989, et ne pourra, par conséquent, pas obtenir la résiliation du bail pour absence d'occupation des lieux à usage d'habitation [6]. En revanche, en fin de relation contractuelle, le locataire perdra son droit au renouvellement, droit conféré exclusivement par la loi à celui qui habite les lieux loués.

Reste à savoir s'il suffit, pour bénéficier de ce droit au renouvellement, de rétablir l'usage mixte quelques jours avant que le congé ne soit donné, ou même quelques jours avant l'échéance du contrat. Cela nous semble douteux puisqu'en vertu de l'article 1134 du code civil, toute convention doit être exécutée de bonne foi. Rien n'interdit cependant au bailleur de consentir le renouvellement d'un bail portant sur des locaux à usage mixte mais utilisés exclusivement à des fins professionnelles, le contrat renouvelé étant alors soumis au régime de la loi de 1989 [7]. Dans ce cas, le bailleur ne pourra pas, à l'occasion de ce renouvellement, pratiquer une augmentation de loyer qui ne respecterait pas les règles édictées par cette loi et, éventuellement, par le décret de blocage pris en application de l'article 18 de la loi de 1989 (sur cette question v. s^s^ n°s 422.30 et 423.322) [8].

022.37 Locaux accessoires. En application de l'adage selon lequel « l'accessoire suit le principal », l'article 2 de la loi du 6 juillet 1989 précise qu'entrent dans le champ d'application de ce texte les locaux tels des « garages, places de stationnement, jardins et autres locaux loués accessoirement au local principal par le même bailleur ».

1. Civ. 1re, 31 janv. 2006, n° 02-15.028, P I, n° 43 ; *AJDI* 2006. 569, note F. de La Vaissière; *Rev. loyers* 2006. 187, obs. Rémy.
2. Com. 5 mai 1966, P III, n° 230 – M.-P. Dumont, H. Kenfack (dir.), *Droit et pratique des baux commerciaux*, 6e éd., « Dalloz Action », 2020, n°s 211.11 s.
3. Civ. 3e, 16 avr. 1969, P III, n° 284.
4. Paris, 18 janv. 2011, RG n° 09/10674, *Loyers et copr.* 2011, n° 112, obs. B. Vial-Pedroletti
5. Cass., Ass. plén., 2 févr. 1996, n° 91-21.373, P, n° 1 ; *D.* 1996. 189, note Aubert; *AJDI* 1996. 573, *RDI* 1996. 423 – Civ. 3e, 2 déc. 1998, n° 96-21.265, P III, n° 227 ; *RDI* 1999. 156, obs. F. Collart-Dutilleul; *AJDI* 1999. 525, obs. J.-P. Blatter – Civ. 3e, 9 mars 2011, n° 10-30.223, P III, n° 32 ; *D.* 2011. Actu. 877, obs. Y. Rouquet; *ibid.* 2012. Pan. 1086, spéc. 1087, obs. N. Damas ; *AJDI* 2011. 705, note N. Damas – Civ. 3e, 5 sept. 2012, n° 11-22.336, P III, n° 112 ; *D.* 2012. 2094, obs. Y. Rouquet ; *ibid.* 2013. Pan. 863, spéc. 871, obs. N. Damas ; *AJDI* 2013. 441, obs. N. Damas ; *Loyers et copr.* 2012, n° 291, obs. B. Vial-Pedroletti ; *Rev. loyers* 2012. 358, obs. V. Zalewski ; *Dr. et pr.* 2013, n° 1, suppl. « Droit des baux immobiliers », p. 4, obs. Savaux ; *Administrer* 6/2013. 47, obs. P. Canu.
6. Paris, 26 oct. 1999, RG n° 1997/27188, *Rev. loyers* 2000. 209 – Paris, 1er juin 2010, RG n° 08/09087, *Loyers et copr.* 2010, n° 250, obs. B. Vial-Pedroletti.
7. Civ. 3e, 11 juin 1997, n° 95-16.736, P III, n° 130 ; *RDI* 1997. 629, obs. F. Collart-Dutilleul [CRIT.].
8. Civ. 3e, 10 juin 1998, n° 96-19.259, P III, n° 121 ; *RDI* 1998. 695, obs. F. Collart-Dutilleul.

Deux conditions doivent être réunies :

• Un bailleur unique : le local accessoire doit être loué par le même bailleur que le local principal.

• Un local accessoire : le local en question, dont la consistance importe peu (l'énumération de l'article 2 étant purement indicative), doit constituer l'accessoire du local principal. Ainsi, à l'évidence, en l'absence de bail principal portant sur un local d'habitation, la location d'un emplacement de garage ne relève pas de la loi de 1989[1]. En revanche, le caractère accessoire du bail sera avéré lorsque le sort des deux locaux sera lié par un seul et même bail. À défaut, l'article 2 de la loi n'imposant nullement l'existence d'un bail unique[2], tout est question d'interprétation de la volonté des parties, qu'il appartient aux juges du fond d'apprécier souverainement[3].

022.38 Locaux non qualifiés d'« accessoires ». Les emplacements de stationnement loués par des contrats distincts des appartements n'en sont pas l'accessoire dès lors que ces contrats ne mentionnent pas l'existence des baux des logements, que les rapports contractuels y sont organisés de manière indépendante[4], que ces baux n'ont pas été prévus lors de l'attribution des logements, qu'ils n'en ont donc pas constitué le préalable indispensable, et qu'il n'existe aucun lien naturel, de par la configuration des lieux, entre ces emplacements et les locaux d'habitation[5].

De même, n'est pas un accessoire de l'appartement, l'emplacement de parking loué par un bail distinct pour trois mois renouvelables par tacite reconduction avec faculté pour le bailleur de donner congé avec un préavis d'un mois[6].

À noter que la mention de deux loyers sur la même quittance ne constitue pas la reconnaissance du caractère accessoire de la location de l'emplacement de stationnement[7].

022.39 Locaux loués dans le cadre d'un bail mobilité. La loi du 23 novembre 2018, dite loi Élan[8], a inséré un titre Ier *ter* dans la loi du 6 juillet 1989 constitué des articles 25-12 à 25-18, relatif aux rapports entre bailleurs et locataires dans les logements meublés loués dans le cadre d'un bail mobilité.

Si le régime des baux mobilité emprunte certains traits au statut des locaux d'habitation ou mixtes loués à titre de résidence principale vides ou meublés, il s'en éloigne toutefois, ne serait-ce qu'en matière de durée contractuelle et d'absence de possibilité de renouveler ou reconduire le contrat[9].

SECTION 2
CONVENTIONS PARTIELLEMENT EXCLUES DE LA LOI DE 1989

§ 1
Incidence de la loi Alur

022.41 Loi du 6 juillet 1989, articles 2 et 40. En dehors du contrat de sous-location, dont l'article 8 de la loi précise qu'à l'exception des dispositions de cet article, la loi de 1989 lui est étrangère[10] (sur la notion de sous-location v. s^s^ n°s 325.21 s.), les exclusions partielles de la loi de 1989 résultent de ses articles 2 et 40.

Elles ont évolué avec la loi du 24 mars 2014, dite loi Alur[11].

022.42 Exclusions qui existaient avant la loi Alur et qui existent toujours[12]. Il s'agit des logements-foyers, des logements attribués ou loués en raison de l'exercice d'une fonction ou de l'occupation d'un emploi, des locations consenties aux travailleurs saisonniers, des logements HLM non conventionnés en application de l'article L. 831-1 du code de la construction et de l'habitation, des logements (appartenant ou non à des organismes HLM) conventionnés au titre de l'article L. 831-1 et au titre de l'article L. 353-14 du même code, des logements soumis à la loi de 1948, de ceux dont les conditions sont réglementées en contrepartie de primes ou prêts spéciaux à la construction consentis par le Crédit foncier de France ou la Caisse centrale de coopération économique, des logements donnés en location à titre exceptionnel et transitoire par les collectivités locales, des logements auxquels s'appliquent les dispositions de l'article L. 472-1-3 du code de la cons-

1. Civ. 3e, 23 juin 1993, n° 91-11.286, NP, *Loyers et copr.* 1993, n° 335.
2. EN CE SENS : Versailles, 9 juill. 1993, *Administrer* janv. 1994. 57.
3. Civ. 3e, 5 mars 1997, n° 95-14.588, NP, *Loyers et copr.* 1997, n° 135, obs. G. Vigneron.
4. Le loyer de ces emplacements étant fixé en dehors des règles de la loi de 1989.
5. Civ. 3e, 8 janv. 1997, n° 94-19.945, NP, *RJDA* 1997, n° 184 – Civ. 3e, 5 mars 1997, n° 95-14.588, NP, *Loyers et copr.* 1997, n° 135, obs. G. Vigneron – AUSSI : Paris, 31 mars 2005, RG n° 03/17086, *Loyers et copr.* 2005, n° 151, obs. B. Vial-Pedroletti.
6. Paris, 20 nov. 1991, RG n° 90/023869, *Loyers et copr.* 1992, n° 94.
7. Paris, 8 juin 1994, *JurisData* 022335, *Loyers et copr.* 1994, n° 113.
8. L. n° 2018-1021, 23 nov. 2018 portant évolution du logement, de l'aménagement et du numérique, *JO* 24 nov., n° 1, dite loi Élan.
9. Pour l'étude du bail mobilité, v. s^s^ n°s 524.00 s.
10. Civ. 3e, 1er mars 2000, n° 98-10.496, P III, n° 45 ; *D.* 2000. IR 96; *Loyers et copr.* 2000, n° 112, obs. B. Vial-Pedroletti.
11. Le nouvel art. 2 de la loi du 6 juill. 1989 est applicable aux baux signés à compter du 27 mars 2014.
12. Sur l'application de la loi du 6 juillet 1989 en Polynésie française, à Mayotte et en Nouvelle-Calédonie, v. respectivement les articles 25-1, 43 et 44 à 47 de ce texte.

truction et de l'habitation et des sociétés d'économie mixte pour les logements régis par un cahier des charges en application du chapitre V du titre IV [du livre IV] du code de la construction et de l'habitation.

022.43 Exclusion issue de la loi Alur. Il s'agit des logements des résidences universitaires définies à l'article L. 631-12 du code de la construction et de l'habitation.

Selon ce texte, la résidence universitaire est un établissement destiné au logement collectif à titre de résidence principale dans des immeubles comportant à la fois des locaux privatifs, meublés ou non, et des locaux affectés à la vie collective. Cet établissement accueille des étudiants, des personnes de moins de trente ans en formation ou en stage et des personnes titulaires d'un contrat de professionnalisation ou d'apprentissage. À titre exceptionnel, cet établissement peut accueillir des enseignants et des chercheurs.

Ces résidences peuvent faire l'objet d'une convention conclue en application de l'article L. 351-22 du code de la construction et de l'habitation lorsqu'elles bénéficient d'une autorisation spécifique délivrée par le représentant de l'État dans le département. Les occupants ne bénéficient pas du droit au maintien dans les lieux.

Le contrat de location a une durée maximale d'un an. Il peut être renouvelé dès lors que l'occupant continue à remplir les conditions précisées au présent article. Le résident ne peut ni céder le contrat de location ni sous-louer le logement.

L'article L. 441-2 du code de la construction et de l'habitation (relatif aux commissions d'attribution des logements sociaux) ne s'applique pas aux résidences universitaires.

Les immeubles entièrement consacrés au logement des étudiants, des personnes de moins de trente ans en formation ou en stage et des personnes titulaires d'un contrat de professionnalisation ou d'apprentissage et faisant l'objet, au 28 janvier 2017, d'une convention conclue en application de l'article L. 831-1 du code de la construction et de l'habitation peuvent, après agrément du projet de l'organisme et sans qu'un nouveau concours financier de l'État puisse être sollicité, bénéficier des dispositions de l'article L. 831-1 du code de la construction et de l'habitation.

§ 2 Exclusions

A. Locations saisonnières

022.51 Location à caractère saisonnier antérieure à la loi Alur. Aux termes de l'article 2 de la loi du 6 juillet 1989 dans sa rédaction antérieure à la loi du 24 mars 2014, dite loi Alur, les locations à caractère saisonnier étaient exclues du champ d'application de ce texte, à l'exception de son article 3-1 relatif à l'obligation, pour le bailleur, de fournir un dossier de diagnostic technique (v. s^{s} n°s 133.25 s.).

On remarquera qu'aux termes de l'article L. 134-3-1 du code de la construction et de l'habitation (dans sa rédaction issue de la loi du 12 juillet 2010[1], dite Grenelle 2), les locations saisonnières (comme les baux ruraux, d'ailleurs) sont exemptées de diagnostic de performance énergétique (sur le DPE v. s^{s} n°s 133.161 s.).

022.52 Apports de la loi Alur. Depuis la réécriture de l'article 2 de la loi du 6 juillet 1989 par la loi du 24 mars 2014, dite loi Alur, le texte ne fait plus mention des locations à caractère saisonnier.

On se gardera d'en déduire que, désormais, les locations saisonnières relèvent de la loi de 1989, puisque ce texte ne vaut pour les locations constituant la résidence principale du locataire, ce qui implique une occupation huit mois par an[2].

022.53 Qualification. Si la loi de 1989 ne définit pas ce qu'il faut entendre par « location saisonnière », aux termes de la loi du 2 janvier 1970[3] relative aux professionnels de l'immobilier, dite loi Hoguet, est considérée comme telle la location d'un immeuble conclue pour une durée maximale et non renouvelable de 90 jours consécutifs. Toutefois, l'article 2 de l'arrêté du 16 mai 1967 relatif aux locations saisonnières en meublé indique que, « par location saisonnière au sens du présent arrêté, il convient d'entendre les locations en meublé consenties à l'occasion des vacances, quelle que soit la durée de la location ou le mode de location intervenu ».

On retiendra en dernière analyse que la notion de « location saisonnière » implique un engagement contractuel pour le temps d'une saison, laquelle saison se définit comme « une période d'activité déterminée pendant une partie de l'année ». En conséquence, selon l'activité en cause, la saison peut être fort brève ou assez longue[4]. Ainsi, la commune intention des parties de conclure un engagement de location saisonnière pour une durée ne pouvant

1. L. n° 2010-788, 12 juill. 2010 portant engagement national pour l'environnement, *JO* 13 juill., p. 12905.
2. V. s^{s} n° 022.33.
3. L. n° 70-9, 2 janv. 1970 réglementant les conditions d'exercice des activités relatives à certaines opérations portant sur les immeubles et les fonds de commerce, *JO* 4 janv., p. 142.
4. Civ. 3e, 22 juill. 1987, n° 86-12.858, P III, n° 150 (loi de 1982) – DÉJÀ, dans la même affaire, en appel : Aix-en-Provence, 10 janv. 1986, RG n° 86/019, *D.* 1986. IR 433, obs. Giverdon.

excéder sept mois ne saurait entraîner l'exclusion des dispositions de la loi de 1989 dès lors que la durée retenue ne correspond à aucune période déterminée justifiant la qualification de « bail saisonnier »[1].

022.54 **Contrat formel.** En présence d'une location saisonnière, l'article L. 324-2 du code du tourisme précise que toute offre ou contrat de location doit revêtir la forme écrite et contenir l'indication du prix demandé ainsi qu'un état descriptif des lieux.

B.
Logement-foyer

022.61 **Logement-foyer : Exclusion.** Expressément exclue du champ d'application de la loi du 6 juillet 1989, hormis les dispositions de ses articles 6, alinéas 1 et 2 [article 6, alinéa 1er, depuis la loi du 24 mars 2014, dite loi Alur], et de l'article 20-1 (ayant trait à l'obligation, pour le bailleur de délivrer un logement décent et, à défaut, à la possibilité pour le locataire de demander une mise en conformité [v. ss nos 211.42 s.][2]), la notion de logement-foyer et le régime applicable à ce type de logement sont définis par les articles L. 633-1 à L. 633-5 et R. 633-1 à R. 633-9 du code de la construction et de l'habitation[3].

022.62 **Définition.** Un logement-foyer est un « établissement destiné au logement collectif à titre de résidence principale de personnes dans des immeubles comportant à la fois des locaux privatifs meublés ou non et des locaux communs affectés à la vie collective »[4]. Depuis la loi du 25 mars 2009 de mobilisation pour le logement et la lutte contre l'exclusion[5], il est précisé qu'un logement-foyer accueille notamment des personnes âgées, des personnes handicapées, des jeunes travailleurs, des étudiants, des travailleurs migrants ou des personnes défavorisées[6].

022.63 **Formation et contenu du contrat.** Toute personne logée à titre de résidence principale dans un logement-foyer a droit à l'établissement d'un contrat écrit, auquel est annexé le règlement intérieur de l'établissement[7], lequel s'impose à la personne logée[8]. Conclu pour un mois, renouvelable par tacite reconduction[9], le contrat doit préciser le montant à acquitter pour le logement et les charges, celui des prestations obligatoires, lorsqu'elles existent, ainsi que le montant des prestations que l'établissement propose à titre facultatif. Il précise également les conditions d'admission dans l'établissement[10].

022.64 **Congé.** Aux termes des articles L. 633-2 et R. 633-3 du code de la construction et de l'habitation, le gestionnaire ou le propriétaire ne peut résilier le contrat que pour trois motifs :

- inexécution par la personne logée d'une de ses obligations contractuelles ou manquement grave et répété au règlement intérieur (le délai de préavis est alors d'un mois) ;
- cessation totale de l'activité de l'établissement (avec un préavis de trois mois) ;
- cas de la personne logée cessant de remplir les conditions d'admission dans l'établissement (préavis de trois mois).

De son côté, la personne logée ou son représentant peut résilier à tout moment son contrat sous réserve d'un délai de préavis de huit jours[11].

On notera enfin que chaque établissement doit être doté d'un conseil de concertation[12].

Cette obligation concerne les unités d'au moins trente résidents. Dans ces logements-foyers, les membres du *comité de résidents*, qui représentent les résidents au sein du conseil de concertation sont élus.

Dans les logements-foyers de moins de trente résidents, les modalités de concertation entre le gestionnaire et, s'il est distinct du gestionnaire, le propriétaire et les résidents sont fixées par le règlement intérieur. Le comité de résidents est alors constitué de l'ensemble des résidents titulaires d'un contrat.

1. Aix-en-Provence, 4 janv. 1999, *JurisData* 042763, *Loyers et copr.* 2000, n° 62, obs. Vial-Pedroletti.
2. SUR le rôle des associations en cas de litige portant sur la décence du logement : v. ss nos 211.11 et 812.143 – L. n° 89-462, 6 juill. 1989, art. 2, al. 2.
3. POUR une étude d'ensemble : B. Wertenschlag, « Protection des personnes logées en logement-foyer », *AJDI* 2008. 363.
4. CCH, art. L. 633-1.
5. L. n° 2009-323, 25 mars 2009 de mobilisation pour le logement et la lutte contre l'exclusion, *JO* 27 mars, p. 5408.
6. CCH, art. L. 633-1, mod. par la loi du 25 mars 2009 – SUR CETTE LOI : N. Damas, *AJDI* 2009. 274; *D.* 2010. Pan. 1168, spéc. 1177 ; Lafond, *JCP N* 2009, n° 1136 ; *Rev. loyers* 2009. 262 ; Raclet, *Administrer* août-sept. 2009. 7.
7. Aux termes de l'article L. 633-3 du CCH, à titre dérogatoire, dans les établissements sociaux et médico-sociaux relevant des 6°, 7° et 12° du I de l'article L. 312-1 du CASF, le règlement de fonctionnement mentionné à l'article L. 311-7 du CASF tient lieu de règlement intérieur.
8. CCH, art. L. 633-2.
9. Selon l'article L. 633-3 du CCH, à titre dérogatoire, dans les établissements sociaux et médico-sociaux relevant des 6°, 7° et 12° du I de l'article L. 312-1 du CASF, la durée du contrat est celle du contrat de séjour conclu entre le résident et le gestionnaire en application des articles L. 311-4 ou L. 342-1 du CASF. Les clauses et mentions obligatoires peuvent alors être insérées dans le contrat de séjour.
10. CCH, art. L. 633-2 et R. 633-2.
11. CCH, art. R. 633-3.
12. CCH, art. L. 633-4 et R. 633-5 s.

022.65 Appréciation jurisprudentielle du « logement-foyer ». Le juge a considéré que les contrats de résidence conclus avec la Sonacotra ne sont pas des contrats de louage d'immeuble[1].

À noter que l'exclusion[2] de la loi de 1989 concerne non seulement les conventions passées entre le gérant du foyer et ses clients, mais vaut également pour les baux conclus entre le propriétaire-bailleur du foyer et son gestionnaire (en qualité de locataire)[3].

C. Logement de fonction

022.71 Définition et preuve. L'article 2 de la loi du 6 juillet 1989 n'emploie pas les termes « logement de fonction ». Le législateur a préféré viser les « logements attribués ou loués en raison de l'exercice d'une fonction ou de l'occupation d'un emploi ». Retenons qu'un tel logement se caractérise par le lien qui existe entre bail et contrat de travail.

Il incombe au juge de rechercher la commune intention des parties[4] et si la preuve que le bail est lié à un tel contrat est rapportée, la loi de 1989 va s'appliquer dans la limite définie ci-dessous (v. s^s^ n° 022.72). Dans le cas contraire, la loi de 1989 va s'appliquer dans son intégralité[5].

022.72 Régime applicable aux logements de fonction. L'article 2, alinéa 2, de la loi du 6 juillet 1989 précise que, sauf exceptions, les dispositions de son titre premier (articles 1er à 25-2) ne s'appliquent pas aux logements attribués ou loués en raison de l'exercice d'une fonction ou de l'occupation d'un emploi, renvoyant implicitement les parties aux termes de leur contrat ou, à défaut, aux dispositions supplétives du code civil.

La liste des articles de la loi du 6 juillet 1989 qui, par dérogation, s'applique aux logements de fonction a évolué.

• Avant la loi du 24 mars 2014, dite loi Alur, ces exceptions concernaient les dispositions des articles 3-1 (emportant obligation, pour le bailleur, de fournir un dossier de diagnostic technique à son cocontractant, v. s^s^ n°s 133.25 s.), 6 alinéas 1er et 2, et 20-1 (relatifs à la délivrance d'un logement décent et à la possibilité, pour un locataire de demander une mise en conformité ; v. s^s^ n°s 211.81 s.[6]).

• Depuis la loi du 24 mars 2014, dite loi Alur, ces exceptions sont l'article 3-3 (diagnostic technique : anc. art. 3-1 remanié, v. s^s^ n° 133.25), l'article 6, alinéas 1er et 2 et l'article 20-1 (logement décent), ainsi que l'article 24-1 (relatif à l'intervention d'une association en cas de litige commun.

Ainsi, par exemple, avant comme après la loi Alur du 24 mars 2014, l'article 24 de la loi de 1989, en ce qu'il oblige le bailleur à aviser le préfet de l'assignation délivrée au locataire dans la perspective de la résiliation de son bail[7], est inapplicable à un locataire occupant un logement de fonction[8].

022.73 Étendue de la notion. Il a été jugé que le bail a pour objet un logement de fonction, dès lors que le contrat stipule que l'attribution du logement ne constitue à aucun titre une location relevant du code civil et de la législation spéciale sur les loyers mais n'est consentie qu'à titre d'accessoire du contrat de travail, que le logement est réservé aux agents en activité de service et que la SNCF a le droit de mettre fin à toute époque et sans indemnité à cette attribution au cas où l'agent vient à cesser ses fonctions[9].

L'exclusion des logements de fonction doit par ailleurs s'interpréter largement puisqu'elle concerne non seulement les contrats liant l'employeur à son salarié, mais s'applique également au bail consenti au profit de l'employeur afin qu'il loge l'un de ses salariés[10]. Ainsi, le local loué par un syndicat de copropriétaires pour y loger le gardien est un logement de fonction (à noter que le logement en question est alors exclu de la loi de 1989 à deux titres, puisque non seulement il s'agit d'un logement de fonction, mais, de surcroît, le locataire est une personne morale)[11].

Mais le locataire d'un logement de fonction qui poursuit sa jouissance des lieux pendant dix ans au-delà de la cessation de son contrat de travail est titulaire d'un bail d'habitation soumis à la loi de 1989[12].

022.74 Absence d'exécution des obligations de service par le salarié. Quant à la non-exécution par le salarié de ses obligations de service, elle n'autorise pas l'employeur à réclamer, pour l'occupation, à titre personnel et professionnel, du logement de

1. Versailles, 31 janv. 1986 et Paris, 27 févr. 1986, RG n° 3/659, *D.* 1986. IR 434, obs. C. Giverdon.
2. Désormais partielle.
3. Paris, 3 juill. 1992, RG n° 91/21078, *Loyers et copr.* 1992, n° 452.
4. Civ. 3e, 22 juin 2017, n° 16-15.743, P III, n° 79 ; *D.* 2017. Actu. 1361; *D. actu.*, 11 juill. 2017, obs. M. Ghiglino.
5. Toulouse, 6 janv. 1998, *Loyers et copr.* 1999, n° 6, obs. B. Vial-Pedroletti.
6. SUR le rôle des associations en cas de litige portant sur la décence du logement v. s^s^ n°s 211.11 et 812.143.
7. À ce sujet : v. s^s^ n°s 823.93 s.
8. Paris, 19 févr. 2003, RG n° 2002/16761, *AJDI* 2003. 410.
9. Civ. 3e, 22 juin 2017, n° 16-15.743, préc.
10. Paris, 18 nov. 1986, RG n° M/14636 (loi de 1982), *Loyers et copr.* 1987, n° 58 – Paris, 14 juin 1996, RG n°s 95/000800 et 95/011228, *Loyers et copr.* 1996, n° 330.
11. Paris, 18 déc. 1997, RG n° 96/82418, *Loyers et copr.* 1998, n° 63, obs. B. Vial-Pedroletti.
12. Civ. 3e, 23 sept. 2014, n° 13-14.958, NP, *Loyers et copr.* 2014, n° 266, obs. B. Vial-Pedroletti.

fonction, le paiement d'un loyer et de charges locatives, non prévu par les dispositions contractuelles[1].

022.75 Limites à la notion de « logement de fonction ». Il a été jugé que n'est pas un logement de fonction au sens de la loi, le local qu'un employeur a offert de réserver à un salarié, lors de son embauche, sans obligation d'acceptation, ses fonctions n'exigeant pas qu'il soit logé dans des conditions particulières et sans que la cessation de l'emploi puisse avoir d'incidence sur la convention conclue entre l'employeur en qualité de bailleur et le salarié[2]. De même, la cour d'appel de Paris considère que la clause du bail selon laquelle l'employeur consent à son salarié une réduction de loyer pendant le temps de la durée de ses fonctions dans l'entreprise a pour objet de favoriser le locataire et qu'elle n'est pas pour autant exclusive de l'application de la loi du 6 juillet 1989[3]. Enfin, la même juridiction a décidé que n'est pas un logement de fonction, mais un bail soumis à la loi de 1989, le logement faisant l'objet d'un droit de réservation de l'État au profit de ses fonctionnaires[4].

D.
Bail consenti aux travailleurs saisonniers

022.81 Avant la loi Alur. Avant la loi du 24 mars 2014, dite loi Alur, les locations consenties aux travailleurs saisonniers étaient soumises aux dispositions de la loi du 6 juillet 1989 relatives au dossier de diagnostic technique (L. 6 juill. 1989, art. 3-1, v. s^s^ n°s 133.25 s.) et à la délivrance d'un logement décent (L. 6 juill. 1989, art. 6, al. 1 et 2, et art. 20-1 ; v. s^s^ n°s 211.41 s.).

022.82 Depuis la loi Alur. Depuis la loi du 24 mars 2014, sont applicables l'article 3-3 (diagnostic technique : ancien art. 3-1 remanié, v. s^s^ n° 133.25), l'article 6, alinéas 1er et 2 et l'article 20-1 (logement décent) et l'article 24-1 (relatif à l'intervention d'une association en cas de litige commun à plusieurs locataires, v. s^s^ n° 211.11).

E.
Logement conventionné et non-conventionné

022.91 Logement HLM non conventionné en application de l'article L. 831-1 du CCH. L'article L. 831-1 du code de la construction et de l'habitation a trait à l'aide personnalisée au logement (APL). Le logement non conventionné en vertu de ce texte n'ouvre pas droit à l'APL.

022.92 Logement HLM non conventionné – Exclusion des dispositions de la loi de 1989 jusqu'à la loi Alur. Jusqu'à la loi du 24 mars 2014, dite loi Alur, les articles 8 (relatif à la cession du bail et à la sous-location), 10 à 12 (durée du contrat et résiliation du bail par le locataire), 15 à 19 (congé et loyer), le premier alinéa de l'article 20 (commission de conciliation), le premier alinéa de l'article 22 (limitation du dépôt de garantie à un mois de loyer), et les cinq premiers alinéas de l'article 23 (charges récupérables) de la loi du 6 juillet 1989 ne sont pas applicables aux logements HLM non conventionnés.

022.93 Logement HLM non conventionné – Exclusion des dispositions de la loi de 1989 depuis les lois Alur et Élan[5]. Depuis la loi du 24 mars 2014, dite loi Alur, applicable aux baux signés, renouvelés ou tacitement reconduits à compter du 27 mars 2014, ne sont pas applicables les 4°, 7° à 9° et le dernier alinéa du nouvel article 3 (contrat de location), le nouvel article 3-1 (action en diminution de loyer en cas de surface habitable erronée), le II de l'article 5 (communication de données aux observatoires des loyers), les articles 8 (cession et sous-location), 8-1 (colocation)[6], 10 à 12 (durée du bail et résiliation par le locataire), 15 à 18 (congé[7] et loyer[8]), le 1° de l'article 20 (compétence de la commission de conciliation en matière de loyers), les 5 premiers alinéas de l'article 23 (charges locatives) et les articles 25-3 à 25-11 (logements meublés).

Toutefois, aux termes de la loi Alur et de la loi du 23 novembre 2018 dite loi Elan, l'article 14 leur est applicable à condition que le bénéficiaire du transfert (en cas de décès du titulaire du bail) ou de la

1. Soc. 26 janv. 2011, n° 09-43.193, P V, n° 32 ; *D.* 2011. Actu. 452, obs. Ines; *AJDI* 2011. 296.
2. En qualité de locataire : Civ. 3e, 23 juin 1993, n° 91-20.817, P III, n° 96 ; *D.* 1996. Somm. 365, obs. CRDP Nancy 2, [loi de 1986].
3. Paris, 17 oct. 2002, RG n° 2001/03563, *AJDI* 2003. 197, obs. Y. Rouquet.
4. Paris, 19 nov. 1991, RG n° 90/016941 [loi de 1986], *Loyers et copr.* 1992, n° 95.
5. L. n° 2018-1021, 23 nov. 2018 portant évolution du logement, de l'aménagement et du numérique, *JO* 24 nov., n° 1, dite loi Élan.
6. SUR l'application aux baux HLM, de l'art. 8-1 (limitation à six mois de la solidarité entre colocataires) : Douai, 11 oct. 2018, RG n° 16/02438, *Loyers et copr.* 2018, n° 238, obs. crit. B. Vial-Pedroletti.
7. Jugeant qu'ayant retenu à bon droit que l'article 40-I, dans sa rédaction applicable au litige, exclut l'application de l'article 15 si le logement appartient à un organisme d'HLM et ne fait pas l'objet d'une convention et relevé que le logement donné à bail répondait à cette double condition, une cour d'appel en a exactement déduit que le congé n'était pas valable : Civ. 3e, 21 déc. 2017, n° 16-26.173 P III, n° 143 ; *D.* 2018. Actu. 9 ; *ibid.* Pan. 1117, spéc. 1125, obs. N. Damas ; *AJDI* 2018. 448, obs. N. Damas.
8. Jugeant qu'une augmentation de loyer d'un logement HLM non conventionné ne relève pas des dispositions de la loi de 1989 : Versailles, 15 janv. 1999, RG n° 97/00004505, *BICC* 2000, n° 63.

continuation du contrat (hypothèse de l'abandon de domicile) remplisse les conditions d'attribution et que le logement soit adapté à la taille du ménage. Les conditions de ressources et d'adaptation du logement à la taille du ménage ne sont toutefois pas requises envers le conjoint, le partenaire lié au locataire par un pacte civil de solidarité ou le concubin notoire et, lorsqu'ils vivaient effectivement avec le locataire depuis plus d'un an, les ascendants, les personnes présentant un handicap au sens de l'article L. 114 du code de l'action sociale et des familles et les personnes de plus de soixante-cinq ans.

La loi du 24 mars 2014, dite loi Alur, est venue préciser que « Lorsque le bénéficiaire du transfert est un descendant remplissant les conditions de ressources mais pour lequel le logement est inadapté à la taille du ménage, l'organisme bailleur peut proposer un relogement dans un logement plus petit pour lequel l'intéressé est prioritaire ».

De même, avant la loi du 24 mars 2014, dite loi Alur, les dispositions des 2e et 3e alinéas de l'article 15-I (congé), remplacés, depuis cette loi par « les neuvième à dix-neuvième alinéas du I de l'article 15 » et, depuis la loi du 6 août 2015[1] dite loi Macron, par « les treizième à vingt-troisième » vont recevoir application lorsque le congé émane du locataire.

Ainsi, un locataire HLM peut bénéficier d'un délai de préavis réduit s'il remplit l'une des conditions posées par l'article 15[2].

Enfin, les accords collectifs conclus en application des articles 41 *ter* et 42 de la loi du 23 décembre 1986[3] (v. ss nos 812.161 s.) ne peuvent conduire à déroger aux règles de fixation et d'évolution des loyers qui leur sont propres (prévues à CCH, art. L. 442-1).

022.94 **Logement (HLM ou non) conventionné en application de l'article L. 831-1 du CCH.** Il s'agit des logements ouvrant droit à l'APL.

022.95 **Logement HLM (ou non) conventionné – Exclusion des dispositions de la loi de 1989 jusqu'à la loi Alur.** Avant la loi du 24 mars 2014, dite loi Alur, la loi de 1989 leur est opposable, à l'exception des dispositions des articles 8, 10 à 12, 15 (congé), 17 e (augmentation de loyer en cas de réalisation de travaux d'amélioration par le bailleur) et du premier alinéa de l'article 22.

022.96 **Logement HLM (ou non) conventionné – Exclusion des dispositions de la loi de 1989 depuis les lois Alur et Élan.** Depuis la loi du 24 mars 2014, dite loi Alur, applicable aux baux signés, renouvelés ou tacitement reconduits à compter du 27 mars 2014, et la loi relative à l'égalité et à la citoyenneté du 27 janvier 2017[4], sont exclus les 4°, 7° à 9° et le dernier alinéa du nouvel article 3 (contrat de location), le nouvel article 3-1 (action en diminution de loyer en cas de surface habitable erronée), le II de l'article 5 (communication de données aux observatoires des loyers) et l'article 18 (décret de blocage).

Toutefois, aux termes de la loi Alur et de la loi du 23 novembre 2018, dite loi Élan, les dispositions de l'article 14 vont recevoir application, sous réserve que le bénéficiaire du transfert ou de la continuation du contrat remplisse les conditions d'attribution et que le logement soit adapté à la taille du ménage. Les conditions de ressources et d'adaptation du logement à la taille du ménage ne sont toutefois pas requises envers le conjoint, le partenaire lié au locataire par un PACS ou le concubin notoire et, lorsqu'ils vivaient effectivement avec le locataire depuis plus d'un an, les ascendants, les personnes présentant un handicap[5] et les personnes de plus de soixante-cinq ans.

Vont également recevoir application, depuis la loi Alur du 24 mars 2014, les neuvième à dix-neuvième alinéas du I de l'article 15 » remplacés par la loi Macron du 6 août 2015[6] par « les treizième à vingt-troisième » du même article[7]).

En outre, pour ces logements, les loyers fixés en application de l'article 17 [depuis la loi du 24 mars 2014, dite loi Alur, « en application des articles 17, 17-1 et 17-2 »] ou ayant fait l'objet d'un accord collectif (en application des articles 41 *ter* et 42 de la loi du 23 décembre 1986, dite loi Méhaignerie) ne peuvent excéder les plafonds qui leur sont applicables. Ainsi, sous réserve du respect du plafond applicable, l'article 17 c[8] est applicable à un logement conventionné non HLM en vertu de l'article L. 831-1 du code de la construction et de l'habitation[9].

1. L. no 2015-990, 6 août 2015 pour la croissance, l'activité et l'égalité des chances économiques, dite loi Macron, *JO* 7 août, p. 13537.
2. POUR une illustration : Douai, 11 oct. 2018, RG no 16/02438, préc. (v. chap.442).
3. L. no 86-1290, 23 déc. 1986 tendant à favoriser l'investissement locatif, l'accession à la propriété de logements sociaux et le développement de l'offre foncière, dite loi Mehaignerie, *JO* 24 déc., p. 15531.
4. L. no 2017-86, 27 janv. 2017 relative à l'égalité et à la citoyenneté, *JO* 28 janv., no 1.
5. Au sens de l'article L. 114 du CASF.
6. L. no 2015-990, 6 août 2015, *JO* 7 août, p. 13537.
7. Avant la loi du 24 mars 2014, étaient visés les 2e et 3e alinéas de l'article 15-I lorsque le congé émanait du locataire.
8. Relatif à la fixation du loyer de renouvellement.
9. Cass., Avis, 5 mai 1995, no 09-50.002, P, no 3 ; *D.* 1995. IR 145 – Civ. 3e, 4 nov. 1998, no 96-20.443, NP, *Administrer* déc. 1999, p. 42, obs. Canu.

Par ailleurs, lorsque les logements conventionnés sont gérés par des organismes HLM, les accords collectifs conclus en application des articles 41 *ter* et 42 de la loi du 23 décembre 1986 ne peuvent conduire à déroger aux règles de fixation et d'évolution des loyers prévues à l'article L. 442-1 du code de la construction et de l'habitation.

Enfin, depuis la loi égalité citoyenneté du 27 janvier 2017, le régime des meublés « résidence principale » (L. 6 juill. 1989, art. 25-3 à 25-11) ne sont pas applicables aux logements appartenant à une société d'économie mixte et qui sont régis par une convention conclue en application de l'article L. 831-1 du code de la construction et de l'habitation.

022.97 Logement conventionné en application de l'article L. 353-14 du CCH. À l'égard des logements conventionnés en application de l'article L. 353-14 du code de la construction et de l'habitation (relatif aux logements conventionnés appartenant aux organismes d'HLM ainsi qu'à ceux appartenant aux collectivités locales, gérés par les organismes en question), avant la loi du 24 mars 2014, dite loi Alur, en complément des exclusions mentionnées ci-dessus concernant la location d'un logement conventionné, étaient exclues les dispositions de l'article 16 (observatoires de loyers), celles des paragraphes *a, b, c* et *d* de l'article 17 (loyer), des articles 18 (blocage des loyers) et 19 (références), du premier alinéa de l'article 20 et des cinq premiers alinéas de l'article 23 (charges locatives).

022.98 Logement conventionné en application de l'article L. 353-14 du CCH : incidence de la loi Alur. Depuis la loi du 24 mars 2014, dite loi Alur, applicable aux baux signés, renouvelés ou tacitement reconduits à compter du 27 mars 2014, sont visés (en sus des dispositions exclues en matière de logement conventionné) l'article 16 (observatoires locaux des loyers), le I de l'article 17-1 (révision du loyer), l'article 18 (décret d'encadrement des loyers en zones tendues), le 1° de l'article 20 (commissions de conciliation) et les cinq premiers alinéas de l'article 23 (charges locatives) ainsi que, depuis la loi du 6 août 2015 dite loi Macron, les articles 25-3 à 25-11 (locations meublées).

F.
Bail soumis à la loi de 1948

022.101 Logement soumis à la loi de 1948. Les dispositions des articles 3 (mentions du contrat de location, documents à communiquer et état des lieux), 8, 8-1, 9 à 20 (sous-location, échange de logements, notifications en cas de locataires mariés, durée du contrat, résiliation par le locataire, transmission du contrat, congé, loyer, commission de conciliation), celles du premier alinéa de l'article 22, et celles de l'article 24 (clause résolutoire) ne leur sont pas applicables.

Depuis la loi du 24 mars 2014, dite loi Alur, applicable aux baux signés, renouvelés ou tacitement reconduits à compter du 27 mars 2014, à ces articles, il convient d'ajouter le nouvel article 3-1 (action en diminution de loyer en cas de surface habitable erronée).

De plus, pour ces logements, les accords collectifs conclus en application des articles 41 *ter* et 42 de la loi du 23 décembre 1986 ne peuvent conduire à déroger aux règles de fixation du loyer issues de la loi de 1948. L'article 15 de la loi de 1989 ne s'applique pas davantage aux logements soumis à la loi de 1948[1]. À l'inverse, les dispositions relatives à la décence des logements[2] s'appliquent aux logements soumis à la loi de 1948[3] (sur les logements relevant de la loi de 1948 v. s^s n°s 711.30 s.).

G.
Autres exclusions

022.111 Logement dont les conditions sont réglementées en contrepartie de primes ou prêts spéciaux à la construction. Les primes ou prêts spéciaux sont consentis par le Crédit foncier de France ou la Caisse centrale de coopération économique. En contrepartie, les logements sont régis par des conditions spécifiques. Les dispositions des cinq premiers alinéas de l'article 23 de la loi de 1989 ne leur sont pas applicables.

Par ailleurs, pour ces logements, les loyers fixés en application de l'article 17 [depuis la loi du 24 mars 2014, dite loi Alur, « en application des articles 17, 17-1 et 17-2 »] ou ayant fait l'objet d'un accord collectif ne peuvent déroger aux règles qui leur sont applicables. Par plusieurs arrêts du 14 mai 2003[4], la troisième Chambre civile de la Cour de cassation a jugé que le bailleur d'un logement ayant fait l'objet de primes ou de prêts spéciaux à la construction est tenu, lors du renouvellement du bail, dans la double limite des dispositions de l'article 17 *c* de la loi du 6 juillet 1989 et de ses obligations relatives à la fixation du loyer plafonné révisé. Par ailleurs lorsque le bail a été conclu postérieurement au remboursement complet des prêts, il échappe cependant à la

1. Civ. 3e, 7 janv. 1998, n° 96-11.407, NP, *Rev. loyers* 1998. 184, obs. J. Rémy ; *Administrer* août-sept. 1998, p. 46, obs. V. Canu – AUSSI : Civ. 3e, 8 juill. 2015, n° 13-27.223, NP, *AJDI* 2016. 42, obs. F. de La Vaissière
2. L. 6 août 1989, art. 6.
3. Civ. 3e, 15 déc. 2004, n° 02-20.614, P III, n° 239 ; *AJDI* 2005. 125, Rouquet ; *RDI* 2005. 113, obs. Heugas-Darraspen ; *D.* 2005. 305, Monéger et *D.* 2005. 749, note Damas.
4. Civ. 3e, 14 mai 2003, n° 01-17.852, P III, n° 104, *AJDI* 2003. 590, obs. Rouquet.

réglementation propre aux logements de cette catégorie[1].

022.112 Logement donné en location à titre exceptionnel et transitoire par les collectivités locales.

• Avant la loi du 24 mars 2014, dite loi Alur, la loi du 6 juillet 1989 leur était opposable, à l'exception des dispositions de l'article 10, de l'article 15 - hormis les 2e, 3e, et 4e alinéas du HI (délais de préavis et déchéance de tout titre d'occupation), qui demeurent applicables -, et des paragraphes *b* et *c* de l'article 17 (fixation de loyer initial par référence aux loyers du voisinage et loyer de renouvellement).

• Depuis la loi du 24 mars 2014, dite loi Alur, applicable aux baux signés, renouvelés ou tacitement reconduits à compter du 27 mars 2014, sont exclus les articles 10, 15, à l'exception des neuvième à dix-neuvième alinéas (et, depuis la loi du 6 août 2015[2] dite loi Macron, à l'exception des treizième à vingt-troisième) du I, 17 et 17-2 (loyer).

022.113 Logement auquel s'appliquent les dispositions de l'article L. 472-1-3 du CCH. Il s'agit des logements gérés par une société d'économie mixte constituée en application de la loi du 30 avril 1946[3] ou par une société d'économie mixte locale dans les départements de la Guadeloupe, Martinique, Guyane et La Réunion, leur appartenant ou appartenant à l'État ou à un groupement de collectivités locales. Les articles 17 à 20 de la loi de 1989 ne sont pas applicables à ces logements.

022.114 Logement pour lequel les SEM ont conclu une convention globale de patrimoine.

• Avant la loi du 24 mars 2014, dite loi Alur, il ressortait de l'article 40 de la loi du 6 juillet 1989, que les dispositions des *a*, *b*, *c* et *d* de l'article 17 (loyer initial, de renouvellement et révisé), des articles 18 (décrets de blocage), 19 (loyers de référence) et du 1er alinéa de l'article 20 (commissions départementales de conciliation) n'étaient pas applicables aux « sociétés d'économie mixte pour les logements régis par un cahier des charges en application du chapitre V du titre IV (du livre IV) du code de la construction et de l'habitation ».

• Depuis la loi du 24 mars 2014, dite loi Alur, applicable aux baux signés à compter du 27 mars 2014, sont exclus les articles 17, le I de l'article 17-1, les articles 17-2 et 18 (loyer) et le 1° de l'article 20-1 (logement décent).

Il s'agit des logements pour lesquels les SEM ont conclu une « convention globale de patrimoine » (sur cette notion v. ss n° 633.64).

022.115 Logements des résidences universitaires. Aux termes du VIII de l'article 40 de la loi du 6 juillet 1989, créé par la loi du 24 mars 2014, dite loi Alur, applicable aux baux signés, renouvelés ou tacitement reconduits à compter du 27 mars 2014, les 4°, 7°, 8°, 9° et dernier alinéa de l'article 3 (contrat de location), les articles 3-1 (action en diminution du loyer), 8 (sous-location), 10 à 11-1 (durée du bail), 15 (congé), 17, 17-2, 18 (loyer), les sixièmes à dernier alinéas de l'article 23 (charges locatives) et le II de l'article 17-1 (travaux d'amélioration réalisés par le bailleur) ne sont pas applicables aux logements des résidences universitaires définies à l'article L. 631-12 du code de la construction et de l'habitation et régies par une convention conclue en application de l'article L. 831-1du même code. Toutefois, les neuvième à dix-neuvième [treizième à vingt-troisième, depuis la loi du 6 août 2015[4]] alinéas du I de l'article 15 (congé) sont applicables lorsque le congé émane du locataire.

Par ailleurs, les articles 3-1, 8, 10 à 11-1, et les sixième à dernier alinéas de l'article 23 ne sont pas applicables aux logements des résidences universitaires définies audit article L. 631-12 du code de la construction et de l'habitation.

Enfin, les charges locatives peuvent être récupérées par le bailleur sous la forme d'un forfait versé simultanément au loyer, dont le montant et la périodicité de versement sont définis au contrat et qui ne peut donner lieu à complément ou à régularisation ultérieure. Le montant du forfait de charges est fixé en fonction des montants exigibles par le bailleur en application de l'article 23. Ce montant ne doit pas être manifestement disproportionné au regard des charges dont le locataire ou, le cas échéant, le précédent locataire se serait acquitté.

SECTION 3
CONVENTIONS TOTALEMENT EXCLUES DE LA LOI DU 6 JUILLET 1989

022.120 Plan. On recense quatre cas d'exclusion totale du champ d'application de la loi du 6 juillet 1989 : les conventions autres que des contrats de location (§ 1), la location consentie à une personne morale (§ 2), la location ne portant pas sur un local (§ 3) et la résidence secondaire (§ 4).

1. Civ. 3e, 30 juin 1992, n° 90-17.397, [loi de 1982], P III, n° 226 ; *D.* 1992. IR 206.
2. L. n° 2015-990, 6 août 2015 pour la croissance, l'activité et l'égalité des chances économiques, dite loi Macron, *JO* 7 août, p. 13537.
3. L. n° 46-860, 30 avr. 1946.
4. L. n° 2015-990, 6 août 2015 pour la croissance, l'activité et l'égalité des chances économiques, dite loi Macron, *JO* 7 août, p. 13537.

§ 1
Conventions autres que des contrats de location

022.131 Contrats non conformes à l'article 1709 du code civil. Sont exclus du champ d'application de la loi de 1989[1] les contrats qui ne répondent pas aux critères énoncés par l'article 1709 du code civil[2].

Sous réserve du pouvoir de requalification de la convention litigieuse par le juge, il en va notamment ainsi :

- d'un prêt à usage (essentiellement gratuit)[3] ;
- d'une « convention d'hébergement » englobant des prestations dépassant le cadre de la jouissance du bien (changement du linge, remise en forme des lits...)[4] ;
- d'un « contrat de séjour » par lequel une maison de retraite s'oblige à héberger des personnes âgées et à leur fournir des prestations hôtelières, sociales et médicales[5] ;
- d'une « convention de mise à disposition » portant sur des services collectifs d'une résidence du troisième âge[6] ;
- d'un contrat administratif[7] ;
- d'une convention d'occupation précaire[8] (à noter cependant qu'une réponse ministérielle a considéré qu'une telle convention est soumise à la loi de 1989 pour les logements du secteur privé ou au code de la construction et de l'habitation pour les logements HLM[9]).

Une convention d'occupation précaire se caractérise par des circonstances particulières autres que la seule volonté des parties constituant un motif de précarité[10]. Et c'est au moment de la signature de la convention qu'il convient de se placer pour déterminer s'il existait des circonstances particulières indépendantes de la seule volonté des parties justifiant le recours à une convention d'occupation précaire[11] ;

- d'un bail emphytéotique ;
- d'un bail à construction ;
- d'un droit d'usage et d'habitation ;
- d'un contrat de location-accession[12] ;
- d'un contrat de location-attribution[13].

Concernant un contrat de location avec promesse de vente, cependant, la Cour de cassation a décidé que la loi du 6 juillet 1989 (texte d'ordre public) régissait la période de location du contrat assorti d'une promesse de vente[14]. Cet arrêt est à rapprocher d'une autre décision, émanant de la même juridiction, déclarant la loi de 1989 applicable à un bail prévoyant qu'une promesse de vente sera établie ultérieurement[15].

§ 2
Location consentie à une personne morale

022.141 Inapplicabilité de la réglementation aux personnes morales. La loi du 6 juillet 1989, comme avant elle les lois du 22 juin 1982, dite loi Quilliot, et du 23 décembre 1986, dite loi Méhaignerie, ne régit pas les locations consenties à des locataires personnes morales[16], lesquelles personnes morales ne bénéficient pas du droit à l'habitat[17]. Il en va ainsi d'une association[18] comme d'un syndicat de copropriétaires[19]. La solution est la même à l'égard d'une personne morale souhaitant louer des locaux d'habitation pour loger des membres de son personnel[20], ou à l'égard de l'État ou des collectivités locales.

1. L. n° 89-462, 6 juill. 1989 tendant à améliorer les rapports locatifs et portant modification de la loi n° 86-1290 du 23 déc. 1986, *JO* 8 juill., p. 8541.
2. V. s[s] n° 022.21.
3. Paris, 14 avr. 1995, RG n° 94/003339, *Loyers et copr.* 1995, n° 452.
4. Paris, 20 sept. 1995, RG n° 95/008016, *RJDA* 1996, n° 609.
5. Civ. 3e, 1er juill. 1998, n° 96-17.515, P III, n° 145 ; *RDI* 1998. 694, obs. F. Collart-Dutilleul.
6. Civ. 3e, 13 juill. 1999, n° 97-12.047, P III, n° 169 ; *RDI* 1999. 690.
7. Com. 5 janv. 1953, P III, n° 3.
8. Versailles, 23 févr. 1995, RG n° 5205/93, *Ann. loyers* 1995. 917.
9. Rép. min. n° 3172, *JOAN Q* 5 juill. 1993, p. 2583.
10. Civ. 3e, 9 nov. 2004, n° 03-15.084, P III, n° 195 ; *AJDI* 2005. 386; *D.* 2004. AJ 3139, obs. Y. Rouquet.
11. Civ. 3e, 29 avr. 2009, n° 08-10.506, P III, n° 90, *D.* 2009. AJ 1357, obs. Y. Rouquet.
12. Convention régie par la loi n° 84-595, 12 juill. 1984.
13. Civ. 3e, 20 déc. 1994, n° 92-20.864, P III, n° 226 ; *D.* 1995. IR 35, *AJDI* 1995. 318.
14. Civ. 3e, 13 juin 2001, n° 99-17.585, P III, n° 75 ; *D.* 2001. IR 2176; *Loyers et copr.* 2001, n° 198, obs. B. Vial-Pedroletti ; *AJDI* 2001. 798 – Civ. 3e, 29 avr. 2009, n° 08-10.506, P III, n° 90 ; *D.* 2009. AJ 1357, obs. Y. Rouquet.
15. Civ. 3e, 19 déc. 2001, n° 99-21.208, NP, *AJDI* 2002. 380, obs. Beaugendre.
16. Civ. 3e, 12 janv. 1994, n° 91-22.055, P III, n° 3 ; *AJDI* 1994. 455, obs. J.-P. Blatter; *Defrénois* 1994. 1178, obs. Vermelle – Civ. 3e, 18 mai 2010, n°s 09-13.323 et 09-15.194, NP, *AJDI* 2010. 629, note F. de La Vaissière.
17. Paris, 17 mars 1998, *Loyers et copr.* 1998, n° 155, obs. B. Vial-Pedroletti.
18. Civ. 3e, 23 mai 1995, n° 93-12.789, P III, n° 126 ; *D.* 1996. Somm. 364, obs. CRDP Nancy 2; *AJDI* 1995. 690, *RDI* 1995. 801.
19. Paris, 18 déc. 1997, RG n° 96/82418, *Loyers et copr.* 1998, n° 63, obs. B. Vial-Pedroletti.
20. Paris, 16 janv. 1992, RG n° 89/13700, *D.* 1993. Somm. 171, obs. Bihr, *JCP* 1993. 170.

§ 3
Location ne portant pas sur un local

A.
La notion de « local d'habitation »

022.151 Bail devant concerner un « local ». Toutes les locations qui ne portent pas sur un local d'habitation ou sur un local mixte échappent aux dispositions de la loi de 1989.

C'est ainsi que la location d'un terrain ne relève pas de la loi du 6 juillet 1989 [1], quand bien même le locataire y aurait installé sa résidence principale [2].

Et la solution est la même lorsque la maison préfabriquée implantée ne présente pas un caractère de permanence et de solidarité avec le terrain donné à bail [3].

Mais le locataire d'une péniche utilisée à usage d'habitation est soumis à la loi du 6 juillet 1989 [4]. Il en va de même dès lors que les parties ont convenu d'une possibilité d'habitation sur la chose louée en raison de l'installation de chalets et de mobile-homes [5].

022.152 Location portant sur un immeuble ou un local dans lequel un fonds est exploité. Le régime qui leur est applicable est celui des articles L. 145-1 à L. 145-60 du code de commerce et des articles non abrogés du décret du 30 septembre 1953 [6] réglant les rapports entre bailleurs et locataires en ce qui concerne le renouvellement des baux à loyer d'immeubles ou de locaux à usage commercial, industriel ou artisanal [7] (toutefois, sur le changement d'usage des logements v. s[s] n°s 331.11 s.).

022.153 Location portant sur un immeuble à usage agricole. Elles sont régies par les articles L. 411-1 et suivants et R. 411-1 et suivants du code rural [8].

Mais un preneur est mal fondé à soutenir l'existence d'un bail rural pour l'ensemble des locaux, alors qu'il a accepté un bail d'habitation renouvelé à plusieurs reprises sans contestation et sans mention de bâtiments agricoles, et qu'il n'établit pas que ce bien loué pour son logement est indissociable de l'exploitation céréalière louée au même bailleur [9].

B.
Local à usage exclusivement professionnel

1°
Textes applicables et définition

022.161 Locaux à usage exclusivement professionnel – Textes applicables. Les locations portant sur des locaux à usage exclusivement professionnel relèvent des articles 57 A et 57 B de la loi du 23 décembre 1986, dite loi Méhaignerie, texte d'ordre public en vertu de l'article 46 de la même loi [10]. On notera que, depuis la loi du 4 août 2008 de modernisation de l'économie [11], dite loi LME, l'article 57 A a été amendé de manière à permettre aux parties d'opter pour le régime des baux commerciaux dans les conditions fixées au 7° du I de l'article L. 145-2 du code de commerce.

022.162 Définition du local « à usage exclusivement professionnel ». Un local professionnel se définit comme celui où le locataire exerce une profession ou une fonction dont il tire des revenus de façon habituelle [12].

Par ailleurs, l'usage exclusivement professionnel d'un local ne peut viser que l'exercice d'activités économiques lucratives qui ne sont ni commerciales, ni rurales, qu'il s'agisse d'activités libérales réglementées ou non (à propos d'un arrêt refusant d'appliquer l'article 57 A à un bail portant sur des locaux à

1. Civ. 3e, 22 mars 2011, n° 10-14.112, NP, *Administrer* nov. 2011. 33, obs. P. Canu.
2. Paris, 24 févr. 2011, RG n° 09/28772, *AJDI* 2011. 452 (terrain de camping).
3. Civ. 3e, 30 mai 2012, n° 11-17.364, NP, *AJDI* 2012. 600; *Administrer* oct. 2012. 51, obs. P. Canu – AUSSI, à propos d'un bungalow : Caen, 28 janv. 2014, RG n° 12/00333, *Loyers et copr.* 2014, n° 107, obs. B. Vial-Pedroletti ; *Rev. loyers* 2014. 128.
4. Colmar, 4 juin 2012, RG n° 11/03651, *Loyers et copr.* 2012, n° 258, obs. B. Vial-Pedroletti.
5. Montpellier, 13 août 2008, *JCP* 2008. IV. 2958 ; Aix-en-Provence, 7 oct. 2014, n° 12/17033, *Rev. loyers* 2014. 474.
6. Décr. n° 53-960, 30 sept. 1953 réglant les rapports entre bailleurs et locataires en ce qui concerne le renouvellement des baux à loyer d'immeubles ou de locaux à usage commercial, industriel ou artisanal, *JO* 1 oct., p. 8618.
7. M.-P. Dumont, H. Kenfack (dir.), *Droit et pratique des baux commerciaux*, 6e éd., « Dalloz Action », 2020, n°s 211.11 s.
8. Chandellier et Saget, *Baux ruraux*, 6e éd., « Encyclopédie Delmas », Dalloz, 2007.
9. Civ. 3e, 28 juin 2018, n° 16-27.306, NP, *RD rur.* 2018, n° 131, note S. Crevel ; *Administrer* 10/2018. 66, obs. V. Canu.
10. CONFIRMANT le caractère d'ordre public de l'art. 57 A : Civ. 3e, 10 déc. 2002, n° 99-21.858, P III, n° 255 ; *D.* 2003. AJ 496, avec les obs. ; *AJDI* 2003. 352, obs. J.-P. Blatter – Paris, 28 févr. 1997, RG n° 95/017288, *Loyers et copr.* 1997, n° 174, obs. Ph.-H. B. – Versailles, 4 déc. 1998, RG n° 5922/97, *RDI* 1999. 316, obs. F. Collart-Dutilleul – Il s'agit d'un ordre public de protection auquel il est possible de renoncer : Paris, 10 oct. 2012, RG n° 10/23581, *AJDI* 2013. 444.
11. L. n° 2008-776, 4 août 2008 de modernisation de l'économie, *JO* 5 août.
12. Paris, 30 oct. 1995, RG n° 95/020200 *D.* 1995. IR 248; *Loyers et copr.* 1996, n° 111 ; – AUSSI : Versailles, 10 mars 2011, RG n° 10/0592, *AJDI* 2011. 626, obs. M.-P. Dumont-Lefrand.

usage exclusif de bureaux destinés à abriter les services de gestion interne d'un centre hospitalier, sans service rendu découlant d'un savoir-faire spécifique) [1].

2°
Durée de location et effets

022.171 **Durée.** Il ressort de ce texte qu'un contrat de location d'un tel local doit être établi par écrit pour une durée de six ans.

Cette durée est cependant théorique pour le locataire puisque celui-ci peut « à tout moment, notifier au bailleur son intention de quitter les locaux en respectant un délai de préavis de six mois »[2]. En conséquence, il a été jugé que viole l'article 57 A, alinéa 5, la cour qui retient que l'effet d'un congé doit être reporté à l'échéance annuelle suivante, prévue au contrat, alors qu'en vertu de ce texte, le locataire peut, à tout moment notifier son intention de quitter les locaux en respectant un délai de préavis de six mois[3].

022.172 **Échéance du contrat.** Quant à la possibilité de se dégager du contrat en fin de bail, il est précisé que « chaque partie peut notifier à l'autre son intention de ne pas renouveler le contrat à l'expiration de celui-ci en respectant un délai de préavis de six mois ». Ce qui, *a contrario*, signifie qu'à défaut de manifestation de volonté des parties, le bail se renouvellera tacitement pour six ans.

À propos du congé donné par le bailleur, il a été jugé que, même donné au visa de l'article 15 de la loi du 6 juillet 1989, le congé pour vendre pour un bail professionnel est valable, dès lors qu'il respecte les conditions de forme[4] et de délai[5] posées par ce dernier article (étant précisé que les conditions posées par les deux textes sont identiques)[6]. À noter au demeurant qu'un congé non motivé est valable[7].

L'article 57 A précise par ailleurs que les notifications qu'il prévoit doivent être effectuées par lettre recommandée avec demande d'avis de réception ou par acte d'huissier[8].

022.173 **État des lieux.** Enfin, l'article 57 B de la loi du 23 décembre 1986 (créé par la loi n° 2014-626 du 18 juin 2014[9]) prévoit qu'au moment de chaque prise de possession des locaux par un locataire et lors de leur restitution, un état des lieux est établi contradictoirement et amiablement par les parties ou par un tiers mandaté par elles et joint au contrat de location. Le texte précise que si l'état des lieux ne peut être établi contradictoirement, il est établi par un huissier de justice, sur l'initiative de la partie la plus diligente, à frais partagés par moitié entre le bailleur et le locataire[10].

Pour autant, les locaux peuvent être loués même s'ils ne respectent pas les critères de décence du décret du 30 janvier 2002[11, 12].

3°
Dispositions applicables au bail professionnel non couvertes par la loi du 23 décembre 1986

022.181 **Caractère partiel du régime : retour au code civil ou au contrat.** Tous les aspects non traités par cet article (obligation de délivrance et d'entretien du bailleur, loyers et charges dont le preneur doit s'acquitter, résiliation du bail, sous-location, cession...) relèvent donc de la volonté des parties ou, à défaut, des articles 1709 et suivants du code civil.

Aucune proposition ou aucun projet de loi n'ayant, à ce jour, abouti[13], au grand dam d'ailleurs de la doctrine[14] et des professionnels (les seconds se confondant d'ailleurs parfois avec les premiers), le véritable statut des baux professionnels reste à créer.

022.182 **Insuffisances du statut spécifique aux baux professionnels – Rôle de la jurisprudence.** En attendant l'adoption d'un statut complet propre aux

1. Paris, 26 avr. 2000, RG n° 1997/13255, *D.* 2000. IR 155; *Loyers et copr.* 2001, n° 85, obs. B. Vial-Pedroletti.
2. Pour une clause contraire à cette faculté offerte au preneur, v. Com. 17 mars 2015, n° 14-12.185, *Gaz. Pal.* 12-14 avr. 2015. 31, avec les obs. ; *Loyers et copr.* 2015, n° 118, obs. B. Vial-Pedroletti.
3. Civ. 3e, 2 févr. 2000, n° 98-15.675, P III, n° 20 ; *D.* 2000. IR 57; *AJDI* 2000. 1034, obs. J.-P. Blatter.
4. Lettre recommandée avec demande d'avis de réception ou acte d'huissier.
5. Au moins six mois.
6. Civ. 3e, 3 déc. 2003, n° 02-13.688, P III, n° 216 ; *AJDI* 2004. 455, obs. Y. Rouquet.
7. Paris, 7 févr. 2006, RG n° 2003/21091, *Loyers et copr.* 2006, n° 103, obs. B. Vial-Pedroletti.
8. JUGEANT CEPENDANT qu'aucune sanction ne vient condamner le non-respect des formes par le preneur, Toulouse, 24 mars 1998, RG n° 97/02115, *Loyers et copr.* 1998, n° 296, obs. B. Vial-Pedroletti.
9. L. n° 2014-626, 18 juin 2014 relative à l'artisanat, au commerce et aux très petites entreprises, *JO* 19 juin 2014, p. 10105.
10. Aux termes de la loi n° 2014-626, 18 juin 2014, pour les baux conclus avant son entrée en vigueur, l'article 57 B s'applique à toute restitution d'un local dès lors qu'un état des lieux a été établi lors de la prise de possession.
11. Décr. n° 2002-120, 30 janv. 2002 relatif aux caractéristiques du logement décent pris pour l'application de l'article 187 de la loi n° 2000-1208 du 13 déc. 2000 relative à la solidarité et au renouvellement urbains, *JO* 31 janv. 2002, p. 2090.
12. Poitiers, 10 juin 2015, n° 14/02765, *Rev. loyers* 2015. 348.
13. SUR l'économie du dernier projet de loi concernant les baux professionnels : J.-P. Blatter, *AJDI* 2001. 665.
14. NOT. : J. Monéger, *Loyers et copr.* mai et nov. 1997, p. 3 – P.-H. Brault, *Gaz. Pal.* 1997. 2. Doctr. 1605 – J.-P. Blatter, *AJDI* 1998. 261 et *AJDI* 2001. 665 – Assouline, *Gaz. Pal.* 1998. 2. Doctr. 860.

baux professionnels, la jurisprudence tente, au cas par cas, de trouver des solutions aux problèmes non traités par l'article 57 A.

022.183 **Entrée en vigueur du statut.** Concernant l'application de l'article 57 A de la loi du 23 décembre 1986 dans le temps[1], la Cour de cassation a décidé qu'il n'est pas applicable aux baux en cours lors de son entrée en vigueur[2]. En revanche, le bail tacitement reconduit constituant un nouveau contrat, l'article 57 A est applicable à compter du renouvellement du bail[3].

022.184 **Exacts contours du champ d'application de l'article 57 A de la loi du 23 décembre 1986.** Les magistrats ont jugé que l'article 57 A est applicable aux personnes morales[4], telles les sociétés civiles[5] ou les groupements d'intérêt économique[6] ; étant précisé que le fait, pour ladite personne morale, d'avoir opté pour une forme commerciale est indifférent[7].

• Association. Dans le même sens, la Haute juridiction a jugé qu'est soumis au statut des baux professionnels, le contrat de location consenti à une association dont l'activité habituelle est de promouvoir la réhabilitation d'immeubles en vue d'améliorer les conditions d'habitation et dont les ressources résultent, notamment, de ses activités[8]. Il en va de même pour le bail consenti à une association organisant des spectacles, dès lors qu'il est établi qu'elle tire ses revenus pour l'essentiel de son activité à titre onéreux[9]. À l'inverse, les dispositions de l'article 57 A ne s'appliquent pas à une association lorsqu'il n'est pas démontré que son activité est exercée à titre onéreux de manière habituelle ou que ses ressources résultent, notamment, de ses activités[10].

• Sous-location partielle. Le statut des baux professionnels a par ailleurs été jugé inapplicable à une sous-location partielle à usage exclusivement professionnel[11].

• Collectivité publique. De même, un bail professionnel étant un contrat de location consenti à une personne physique ou morale qui exerce dans les lieux loués une activité à usage exclusivement professionnel, ce qui suppose que les ressources de cette personne résultent notamment des activités pratiquées dans les lieux, il a été jugé qu'une collectivité publique, tel un département, qui assure un service public dans ses bureaux ne saurait relever de l'article 57 A[12].

022.185 **Conditions du contrat.** Il a été jugé que les mentions minimales de l'article 57 A ne sont pas limitatives et qu'une cour d'appel peut, dans l'exercice de son pouvoir souverain, fixer les conditions du contrat conformément au projet de bail proposé par le bailleur[13].

022.186 **Loyer et charges.** Selon la jurisprudence, la révision du loyer ne peut intervenir que si elle est prévue par une clause expresse[14]. Et il en va de même de l'augmentation du loyer à l'occasion du renouvellement du bail[15]. Quant au montant du loyer du bail reconduit tacitement, nouveau contrat aux termes de l'article 1738 du code civil, il ne pourra pas être révisé en prenant pour indice de référence celui de l'année de conclusion du bail initial[16].

Concernant les charges, il a été jugé qu'en l'absence de clause univoque, l'impôt foncier n'a pas à être payé par le locataire[17].

022.187 **Droit au renouvellement.** Aucun droit au renouvellement n'étant édicté par le texte, il ne

1. INTRODUIT dans la loi de 1986 par L. n° 89-462, 6 juill. 1989, art. 36.
2. Le 10 juill. 1989 : Civ. 3e, 11 juin 1997, n° 95-17.535, P III, n° 129 ; *D. Affaires* 1997, 1177 ; *AJDI* 1997. 938 – Civ. 3e, 25 avr. 2001, n° 99-15.242, P III, n° 52.
3. POSTÉRIEUREMENT à l'entrée en vigueur de cet article : Civ. 3e, 10 juin 1998, n° 96-15.626, P III, n° 119 ; *D.* 1998. IR 188; *D. Affaires* 1998, 1208, obs. Y. R ; *RTD civ.* 1999. 93.
4. Civ. 3e, 10 déc. 2002, n° 99-21.858, P III, n° 255 ; *D.* 2003. AJ 496; *AJDI* 2003. 352, obs. J.-P. Blatter – Paris, 20 févr. 1991, RG n° 90/4713, *BICC* 1991, n° 1000.
5. Versailles, 4 déc. 1998, RG n° 5922/97, *RDI* 1999. 316, obs. F. Collart-Dutilleul.
6. Paris, 5 mars 2003, RG n° 2001/04491, *Loyers et copr.* 2003, n° 28, obs. B. Vial-Pedroletti.
7. Civ. 3e, 7 nov. 2001, n° 99-20.976, P III, n° 122 ; *RTD civ.* 2003. 85; *D.* 2001. AJ 3535, obs. Y. Rouquet.
8. Civ. 3e, 10 déc. 2002, n° 99-21.858, P III, n° 255 ; *D.* 2003. AJ 496; *AJDI* 2003. 352, obs. J.-P. Blatter.
9. Paris, 11 mai 2006, RG n° 05/17418, *Loyers et copr.* 2006, n° 175, obs. B. Vial-Pedroletti.
10. Paris, 13 mai 2008, RG n° 05/22338, *AJDI* 2008. 769.
11. Civ. 3e, 1er mars 2000, n° 98-10.496, P III, n° 45 ; *Loyers et copr.* 2000, n° 112, obs. B. Vial-Pedroletti ; *RDI* 2000. 252, *D.* 2001. 169 – AUSSI : B. Vial-Pedroletti, *Loyers et copr.* 2000, Chron. n° 5.
12. Rennes, 8 avr. 2015, n° 13/07429, *AJDI* 2015. 606.
13. Civ. 3e, 4 avr. 2007, n° 06-10.980, P III, n° 55 ; *D.* 2007. AJ 1202; *AJDI* 2007. 751, note Y. Rouquet.
14. Civ. 3e, 5 janv. 2011, n° 09-70.455, NP, *AJDI* 2011. 300, note V. Zalewski – SUR la validité d'une clause de révision dite « à base fixe » : Civ. 3e, 16 oct. 2013, n° 12-16.335, P III, n° 129 ; *D.* 2013. Actu. 2464, obs. Y. Rouquet; *ibid.* 2014. Chron. C. cass. 1003, obs. Pic ; *AJDI* 2014. 36, obs. Planckeel et Antoniutti.
15. Civ. 3e, 2 oct. 1996, n° 94-22.047, NP, *Rev. loyers* 1996. 503 ; *RDI* 1997. 142, obs. F. Collart-Dutilleul – AUSSI : Civ. 3e, 8 févr. 2006, n° 05-10.724, P III, n° 25 ; *AJDI* 2006. 385, note Y. Rouquet; *Administrer* juin 2006. 43, obs. Canu.
16. Civ. 3e, 3 juin 2004, n° 02-21.072, NP, *AJDI* 2005. 35, obs. Mercier.
17. Amiens, 23 mars 2000, RG n° 99/02275, *Loyers et copr.* 2000, n° 244, obs. B. Vial-Pedroletti.

peut être imputé à faute au bailleur d'avoir délivré un congé au preneur[1]. Et ce n'est pas une clause du bail qui préciserait que le bail « pourra » être renouvelé à son expiration pour une période de douze ans qui y changera quelque chose[2]. De plus, les dispositions de l'article 57 A n'instituant pas de procédure de fixation du loyer du bail renouvelé, ce sont les règles de droit commun qui demeurent applicables. Ainsi, lorsque le bail est reconduit au terme du contrat sans qu'aucun congé n'ait été donné, le prix ne peut être modifié judiciairement et il est reconduit au même montant[3]. Enfin, les juges du fond ne peuvent se substituer aux parties en cas de désaccord entre les parties sur le quantum du loyer de renouvellement[4].

§ 4
Résidence secondaire

022.191 **Non-application de la loi de 1989.** Il est de jurisprudence constante que la loi ne s'applique pas à la location d'une résidence secondaire[5].

SECTION 4
TABLEAU RÉCAPITULATIF

022.201 **Champ d'application de la loi du 6 juillet 1989.** Voici, sous forme de tableau synthétique, le résumé des principales règles relatives au champ d'application de la loi de 1989, à jour des lois Alur du 24 mars 2014, Macron du 6 août 2015[6] et Égalité citoyenneté du 27 janvier 2017[7].

(Voir tableau page suivante)

1. Civ. 3e, 2 mai 2006, *Rev. loyers* 2007. 325.
2. Aix-en-Provence, 20 déc. 2007, RG n° 2007/597, *Loyers et copr.* 2008, n° 102, obs. B. Vial-Pedroletti.
3. Paris, 7 mars 1994, *Loyers et copr.* 1994, n° 327.
4. Civ. 3e, 8 févr. 2006, n° 05-10.724, P III, n° 25 ; *AJDI* 2006. 385, obs. Y. Rouquet; *Administrer* juin 2006, p. 43, obs. P. Canu.
5. Civ. 3e, 29 nov. 1983, n° 83-10.063, P III, n° 242 ; *D.* 1984, Jur. 41, note C. Giverdon – Civ. 3e, 11 oct. 1989, n° 88-14.501, P III, n° 186 ; *JCP* 1990. II, n° 21536, note Paisant – Civ. 3e, 14 mai 2003, n° 02-10.326, NP, *Administrer* janv. 2004. 33, note Beddeleem – Civ. 3e, 21 mars 2007, n° 06-11.843, P III, n° 41 ; *D.* 2007. AJ 1015, obs. Y. Rouquet; *ibid.* 2008. Pan. 1302, obs. N. Damas; *AJDI* 2007. 481, note Y. Rouquet – Civ. 3e, 22 juin 2017, n° 16-11.136, NP, *AJDI* 2017. 593 – Paris, 22 janv. 2013, RG n° 11/18143, *AJDI* 2013. 523.
6. L. n° 2015-990, 6 août 2015 pour la croissance, l'activité et l'égalité des chances économiques, dite loi Macron, *JO* 7 août, p. 13537.
7. L. n° 2017-86, 27 janv. 2017 relative à l'égalité et à la citoyenneté, *JO* 28 janv., n° 1.

CHAMP D'APPLICATION DE LA LOI N° 89-462 DU 6 JUILLET 1989

Convention	Application totale de la loi	Application partielle de la loi [Indication des articles exclus]	Exclusion totale de la loi	Paragraphe correspondant
• Location d'un local à usage d'habitation principale	x			022.32
• Location d'un local à usage mixte	x			022.34
• Location d'un local accessoire	x			022.36
• Conventions autres qu'un contrat de location			x	022.131
• Location consentie à une personne morale			x	022.141
• Location portant sur un local commercial			x	022.152
• Location portant sur un immeuble agricole			x	022.153
• Location d'un local à usage exclusivement professionnel			x	022.161
• Location d'une résidence secondaire			x	022.191
• Location saisonnière		x [tous sauf l'article 3-1]	x	022.51
• Location meublée	x [art. 25-3 à 25-11]			022.42
• Location « bail mobilité »	x [art. 25-12 à 25-18]			
• Location d'un logement-foyer		x x. [tous sauf les articles 6, al. 1er, et 20-1]		022.61
• Location d'un logement de fonction		x. [tous sauf les articles 3-3, 6, al. 1er et 2, 20-1 et 24-1]		022.71
• Location consentie à un travailleur saisonnier		x. [tous sauf les articles 3-3, 6, al. 1er et 2, 20-1 et 24-1]		022.81
• Location d'un logement HLM non conventionné (CCH, art. L. 831-1)		x [3 (4°, 7° à 9°, dernier al.) 3-1, II du 5, 8, 8-1, 10 à 12, 14 (sous conditions, v. ss nos 144.31 s.), 15 (sauf les al. 13 à 23 du I si le congé émane du locataire) à 18, 20 (1°), 23 (al. 1er à 5), 25-3 à 25-11]		022.91 s.
• Location d'un logement conventionné (CCH, art. L. 831-1)		x [3 (4°, 7° à 9°, dernier al.) 3-1, II du 5,8, 8-1, 10 à 12, 14 (sous conditions, v. ss nos 144.31 s.), 15 (sauf les al. 13 à 23 du I), 17, 17-1, 17-2, 18 et, pour les logements appartenant à une SEM, les art. 25-3 à 25-11]		022.94 s.
• Location d'un logement HLM conventionné (CCH, L. 353-14)		(en complément des indications ci-dessus concernant la location d'un logement conventionné) x. [16, 17-1 (I), 18, 20 (al. 1er), 23 (al. 1er à 5)]		022.98
• Location d'un logement « loi de 1948 »		x [3, 3-1, 8, 8-1, 9 à 20, 22 (al. 1er), 24]		022.101
• Location d'un logement financé par des primes ou des prêts spéciaux du CFF ou de la CCCE		x [23 (al. 1er à 5)]		022.111
• Logement donné en location à titre exceptionnel et transitoire par une collectivité locale		x [10, 15 (sauf 13 à 23e al. du I), 17 et 17-2]		022.112
• Location d'un logement (CCH, L. 472-1-3)		x [17 à 20]		022.113
• SEM pour les logements régis par un cahier des charges en application du chapitre V du titre IV du livre IV du CCH • Logements des résidences universitaires		x [17, 17-1 (I), 17-2, 18, 20 (1°)] x. [3 (4°, 7°, 8°, 9° et dernier alinéa), 3-1, 8, 10 à 11-1, 15 (sauf les al. 13 à 23 du I si le congé émane du locataire), 17, 17-1 (II), 17-2, 18, 23 (6e et dernier al.)]		022.43, 022.114

TITRE

03. Bibliographie de référence

SECTION 0

ORIENTEUR

03.00 **Sommaire du titre.**

CHAPITRE

031. Bibliographie indicative

SECTION 0

ORIENTEUR

031.00 **Sommaire du chapitre.**

SECTION 1

RÉFÉRENCES PRINCIPALES

031.11 **Ouvrages.** M. Barré-Pépin et C. Coutant-Lapalus (dir.), *Logement et famille : des droits en question*, « Thèmes et commentaires », Dalloz, 2005 - C. Beddeleem, *Guide des baux d'habitation et mixtes*, *Ann. loyers* 10/11 2014 ; *Les baux d'habitation*, Édilaix, 1996 - E. Debaussart-Joniec, S. Fraîche-Dupeyrat, Ph. Pelletier, *Les baux d'habitation après la loi Élan*, 3e éd., 2019, LexisNexis - J. Lafond, B. Vial-Pedroletti, *Les baux d'habitation*, 8e éd., LexisNexis, 2017 - S. Lannerée, *Propriétaires et locataires, vos droits, vos obligations*, 7e éd., Puits Fleuri, 2008 - *Locataires : guide de vos droits, démarches et recours*, CLCV, 2016 - J. Lafond, Pillebout, *Le locataire et son logement*, LexisNexis, 2002 - J.-M. Roux, *Questions de propriétaires et locataires de locaux d'habitation (et réponses des juges)*, Edilaix, 2003 - V. Zalewski-Sicard, *Baux d'habitation - Congés et droits de préemption*, Ellipses, 2016.

031.12 **Annuel et encyclopédies.** RÉP. CIV. v^is « Bail (expulsion) », S. Gérard ; « Baux d'habitation et mixtes (Rapports locatifs collectifs) », N. Damas ; « Baux d'habitation et mixtes (Rapports locatifs individuels : loi du 6 juillet 1989) », N. Damas ; « Bail d'habitation ou professionnel - Loi du 1er septembre 1948 », H. Des Lyons et Y. Rouquet ; « Habitat social (HLM) », H. Des Lyons - RÉP. PR. CIV., v° « Bail d'habitation », F. de La Vaissière ; « Force publique : refus de concours », R. Vandermeeren - DICT. PERM. Gest. Immo., v^is « Baux d'habitation et mixte », « Expulsion » - LAMY DR. IMMO.

SECTION 2

PROJET DE LOI POUR L'ACCÈS AU LOGEMENT ET UN URBANISME RÉNOVÉ (ALUR)

031.21 **Articles.** N. Damas, *AJDI* 2013. 562 - F. de La Vaissière, « Le concept de "loyer médian" est-il exploitable ? », *AJDI* 2013. 569 (loyer médian) ; « Pourquoi le projet de loi ne résoudra en rien la crise du logement », *Administrer* nov. 2013. 15 ; *RTDI* 4/2013. 3 - B. Vial-Pedroletti, *Loyers et copr.* 2013. Focus 67 - J. Monéger, *Loyers et copr.* 2013. Repères 7 et 9 - S. Gasnier, « La garantie universelle des loyers en questions », *AJDI* 2013. 641.

SECTION 3

LOI N° 2014-366 DU 24 MARS 2014 POUR L'ACCÈS AU LOGEMENT ET UN URBANISME RÉNOVÉ (ALUR)

031.31 **Articles.** N. Damas, « La loi Alur et les baux d'habitation », *AJDI* 2014. 334; *D.* 2014. Pan.

1221, spéc. 1224 - de La Vaissière, « Loi Alur : la censure du Conseil constitutionnel relative aux “personnes à charge” est incomplète ! » *AJDI* 2014. 325; « La loi Alur et les expulsions locatives », *ibid.* 349; « Faut-il sauver le soldat Alur ? », *ibid.* 565; « Encadrement des loyers... *perseverare diabolique* », *ibid.* 2015. 645; *Defrénois* 2014. 559 ; *IRC* juill.-août 2014. 6 ; « Que faire du volet locatif de la loi Alur ? », *RTDI* 4/2014. 3 ; « Analyse du volet locatif de la loi Alur », *RTDI* 2014. n° spécial. 29 ; *ibid. 46* (garantie universelle des loyers) ; *ibid.* 2/2015. 59 (application de la loi dans le temps) ; *Ann. loyers* mars 2015. 79 (incidences de l'état de l'immeuble sur le cours du bail de résidence principale après la loi Alur) ; *ibid.* avr. 2015. 86 (postérité du volet locatif de la loi Alur) - Wertenschlag et Geib, *AJDI* 2014. 372 (volet « environnement » de la loi Alur) - Bouyeure, *Administrer* mars 2014. 5 - Pays, *Ann. loyers* 2014. 544 (meublés) - Monéger, *Loyers et copr.* 2014. Repère 4 (censure du Conseil constitutionnel) - Humblot-Catheland et Canu, *Rev. loyers* 2014. 163 - Bouaziz et Filippi, *Gaz. Pal.* 18-19 juin 2014. 5 (de l'application immédiate des mesures de la loi Alur relatives au congédiement de fin de bail ou au jeu de la clause résolutoire) - Canu, *Administrer* juin 2014. 7 - Souied et Narjot, *Rev. bleue* mai-juin 2014. 20 (nouveau statut de la colocation) ; *ibid.* sept.-oct. 2014. 15 (règles de fixation des loyers) ; *ibid.* nov.-déc. 2015. 25 (fixation des loyers depuis la loi Alur) - B. Vial-Pedroletti, *Loyers et copr., hors-série* mai 2014. Ét. 1 (baux d'habitation) ; *ibid.* Ét. 9 (controverses sur l'application transitoire) - Daudré et Wallut, *ibid., hors-série* mai 2014. Ét. 2 (contrôle de l'usage d'habitation) - Ringler, *RTDI* 2014, n° spéc. 40 (meublés et meubles touristiques) - Souied, Troestler et Narjot, *Rev. bleue* juill.-août 2014. 9 - Lafond, *Loyers et copr. 2015.* Ét. 2 (congédiement du locataire et baux en cours) ; *JCP N* 2014. 1161 (rédaction des baux) ; *ibid. 1162* (se préparer à la loi Alur) - Puygauthier, *JCP N* 2014. 1163 (locations meublées) - Zalewski-Sicard, *Rev. loyers* 2015. 103 (état des lieux de l'entrée en vigueur de la loi Alur) - Raclet et Giannetti, *Ann. loyers juin* 2015. 96 *(idem)* ; *IRC juin* 2015. 20 (les congés après la loi Alur) - Tarroux, *Administrer* févr. 2016. 7.

SECTION 4
LOI N° 2015-990 DU 6 AOÛT 2015 POUR LA CROISSANCE, L'ACTIVITÉ ET L'ÉGALITÉ DES CHANCES ÉCONOMIQUES (MACRON)

031.41 **Articles.** F. de La Vaissière, *RTDI* 3/2015. 59 - N. Damas, *AJDI* 2015. 654 - J. Monéger, *Loyers et copr. 2015.* Ét. 11 - Boulanger, *JCP N* 2015. 1155 - B. Vial-Pedroletti, *Loyers et copr. 2015.* Ét. 13 (droit transitoire : concilier Alur et Macron) - Canu, *Administrer* nov. 2015. 7.

031.42 **Autres articles.** Aubert et Bihr, « Le nouveau contrat de location à usage d'habitation et à usage mixte », *ALD 1989.* Chron. 147 ; *Defrénois* 1989. 1153 - De Belot et Legrand, *Gaz. Pal.* 1989. 2. *Doctr. 510 ; Administrer* août-sept. 1989. 2 - Berthault, « Commentaire de la loi du 6 juill. 1989 », *Rev. loyers* 1989. 317 - Blatter, « La loi du 6 juill. 1989 et le droit au logement », *AJPI* 1989. 609 ; Formules, *Loyers et copr.* août-sept. 1989, p. 1 - Brière de L'isle, « Quelques réflexions sur la loi n° 89-462 du 6 juill. 1989 », *RDI* 1989. *277* - J. Lafond et F. Lafond, « La réforme des baux d'habitation du secteur privé (loi du 6 juill. 1989) », *JCP N* 1989. I. 297 - Lassaubatjeu-André, Formules, *Defrénois* 1989. 1194 - Porte, Fau et Debeaurain, *Ann. loyers* 1989. *724* - Rozès, « Les modifications du droit des loyers », *Droit et Ville,* 1989, n° 28, p. 97 - Warembourg-Auque, « L'équilibre introuvable (commentaire de la loi n° 89-462 du 6 juill. 1989) », *JCP* 1989. I. 3421 - Batteur et Le Bars, « Le droit au maintien du logement », *JCP N* 1995. I. 321 - Giverdon, *Loyers et copr., hors série* nov. 1999, p. 6 (philosophie de la loi du 6 juill. 1989) - Grillet-Ponton, « Le droit du bail d'habitation à l'épreuve de la réglementation locative », *JCP* 2000. I. 240 - Thioye, « élargissement du cercle des “parties” dans le bail d'habitation », *AJDI* 2002. 432 - Rémy, « chronique de trois années de jurisprudence », *Gaz. Pal.* 2002. 1. Doctr. 544 - Fertal, *Gaz. Pal.* 2002. 2. Doctr. 1609 (bail et retraite) - H. Des Lyons et Y. Rouquet, *AJDI* 2004. 607; *ibid. 704* (revue de jurisprudence janv. 2003 - juin 2004) ; *ibid.* 2005. 802 (chronique d'actualité législative et jurisprudentielle juill. 2004 - août 2005) ; *ibid.* 2008. 351 et *453* (chronique d'actualité législative et jurisprudentielle sept. 2005 - déc. 2007) - Herrnberger, *Rev. loyers* 2005. 62 (prise en compte des données environnementales) - F. de La Vaissière, *AJDI* 2005. 366 (ordre public dans les conventions locatives) - Rémy et Pialoux, *Rev. loyers* 2004. 668 (panorama de deux ans de jurisprudence) ; *ibid.* 2005. 541 (un an de jurisprudence) ; *ibid.* 2006. 494 *(idem)* ; *ibid.* 2007. 488 *(idem)* ; *ibid.* 2008. 530 *(idem)* ; *ibid.* 2009. 478 *(idem)* ; *ibid.* 2010. 454 *(idem)* ; *ibid.* 2011. 450 (l'actualité législative et jurisprudentielle des loyers d'habitation) ; *ibid.* 2012. 459 *(idem)* ; *ibid.* 2013. 482 *(idem)* - Beddeleem, *Administrer juin* 2006. 35 (revue de jurisprudence 2005) ; *ibid. juin* 2007. 44 (revue de jurisprudence 2006) ; *ibid.* juill. 2008. 44 (revue de jurisprudence 2007) ; *ibid.* août-sept. 2009. 16 (revue de jurisprudence 2008) ; *ibid.* mai 2009. 31 (revue de jurisprudence 2009) ; *ibid.* juill. 2011. 43 (revue de jurisprudence 2010) ; *ibid.* juin 2012. 7 (revue de jurisprudence 2011) ; *ibid.* juill. 2015. 7

(revue de jurisprudence janv. 2012 - mars 2015) - Forestier, *AJDI* 2006. 722 (vidéosurveillance dans les immeubles collectifs) ; *Rev. loyers* 2008. 12 (propriétaire - bailleur : une liberté de choix obsolète) - Bazin, *Dr. et pr.* 2006. 318 - ALTIDE, *JCP N 2007. Actu. 538* (le bailleur face au libre choix du locataire en matière de fournisseur d'énergie) - Schütz, *Dr. et pr.* 2008. 7 (droits fondamentaux du locataire de l'immeuble à usage d'habitation) - Ferrand, *Rev. loyers* janv. 2008. 2 (accès au logement privé et lutte contre les discriminations) - Raclet et Yankelevich, *IRC* mars 2008. 25 (bail d'habitation et divorce) ; *ibid.* mars 2010. 15 (panorama de législation et de jurisprudence) ; *ibid.* juin 2012. 9 (actualité législative et jurisprudentielle 2011, 1re partie) - Raclet, *ibid.* juill.-août 2012. 11 (actualité législative et jurisprudentielle 2011, 2e partie) - Gallet, *Rev. loyers* 2008. 469 (effets du surendettement sur les parties au bail d'habitation) ; *ibid.* 2011. 240 (bail d'habitation et surendettement : application dans le temps des lois récentes) - Durance et Piquemal, *AJDI* 2008. 913 (le couple et le logement) - Roussel, Hoareau et Dobigny, *Rev. loyers* 2009. 51 (de l'importance du recours au bail authentique) - Pays, *Ann. loyers 2/3 2009* (guide fiscal des locations 2009) - GIL, *Administrer* févr. 2009. 17 (droit de l'habitat à l'épreuve des droits fondamentaux et de la Conv. EDH) - Sabatié, *Rev. bleue* mars 2009. 34 (mesurer l'importance des surfaces) - N. Damas, *AJDI* 2010. 99 (modifications de la fin 2009) ; *ibid.* 2016. 336 (réforme du droit des obligations) - C. Denizot et Le More, *ibid. 296* (droit immobilier et question prioritaire de constitutionnalité) - J. Monéger, *Loyers et copr.* 2010. Repère 5 (de la vulnérabilité en droit des baux) - B. Vial-Pedroletti, *Loyers et copr. 2010.* Ét. 6 (prêt de logement par le locataire) - Trébulle, *Dr. et patr.* juin 2010. *77* (environnement et baux) - Vigneau, *Loyers et copr. 2011.* Ét. 1 (logement et surendettement) - Vidal, *AJDI* 2011. 33 (notion de restitution des clés) - Sadeghloo, *AJDI* 2013. 744 (les baux d'habitation en droit français et en droit iranien) - Pialoux et Barthelémy, *Rev. loyers* 2015. 12 (actualité législative et jurisprudentielle 2014).) - Derrez, *IRC* mars 2015. 11 (colocation) - Y. Rouquet, *D. avocats* 2016. 88 *(local professionnel : pour quel régime locatif opter ?)*.

SECTION 5

LOI N° 2018-1021 DU 23 NOVEMBRE 2018 PORTANT ÉVOLUTION DU LOGEMENT, DE L'AMÉNAGEMENT ET DU NUMÉRIQUE, DITE LOI ÉLAN

031.51 **Articles.** N. Damas, *AJDI* 2019. 26 ; *D.* 2019. Pan. 1129 - A. Gouëzel, *D.* 2018. 2380 (mention manuscrite et cautionnement d'un bail d'habitation : entre étonnement et interrogations) - J. Prigent, *Rev. loyers 2018. 514* (bail mobilité) - S. Piédelièvre, *JCP N* 2018. 1353 (dispositifs particuliers en matière de baux d'habitation) ; *ibid.* 1374 (bail numérique) - J. Lafond, *ibid.* 1354 (L. du 6 juill. 1989) - D. Lagau-Lacrouts, *ibid.* 1355 (location meublée touristique et pratique notariale) - D. Boulanger, *JCP N* 2018. 1372 (lutte contre l'habitat indigne et les marchands de sommeil) - V. Canu, *Administrer* 12/2018. 16 - M. Letourmy, *Rev. loyers* 2019. 14 - B. Vial-Pedroletti, *Loyers et copr.* 2019. Ét. 2 - B. Pays, *Ann. loyers* 3/2019. 56 (location meublée) - F. de La Vaissière, *Ann. loyers* 5/2019. 32 (nouvel ordonnancement des zones tendues après la loi du 23 nov. 2018).

LIVRE

1. LA CONCLUSION DU BAIL

SECTION 0

ORIENTEUR

1.00 Sommaire du livre.

1.01 Principaux textes applicables.

TEXTES SOURCES

- **L. n° 89-462, 6 juill. 1989,** *JO* 8 juill., p. 8541
- **L. n° 86-1290, 23 déc. 1986,** *JO* 24 déc.

1.03 Bibliographie indicative.

Annuel. LAMY DR. IMMO, n°s 5484 s.

Encyclopédies. RÉP. CIV., V^{is} *Bail*, par C. Aubert de Vincelles, C. Noblot ; *Bail d'habitation et mixte : rapports locatifs individuels – Loi du 6 juillet 1989*, N. Damas – DICT. PERM. Gestion immob., V^{o} *Baux d'habitation et mixtes*.

Ouvrages. J. Lafond, B. Vial-Pedroletti, *Les baux d'habitation*, 8e éd., « Droit et professionnels », LexisNexis, 2017.

TITRE

11. La déclaration et l'autorisation préalable de mise en location

SECTION 0
ORIENTEUR

11.00 Sommaire du titre.

Division. La loi Alur du 24 mars 2014[1] a inséré dans le code de la construction et de l'habitation des dispositions relatives à ce que la pratique a appelé le « permis de louer ».

Le dispositif se dédouble, puisque, à côté de la possible déclaration de mise en location (CCH, art. L. 634-1 à L. 634-5), la conclusion d'un bail peut être soumise à la délivrance d'une autorisation préalable de mise en location (CCH, art. L. 635-1 à L. 635-11). Le décret n° 2016-1790 du 19 décembre 2016[2] a complété ces dispositions en introduisant dans le même code les articles R. 634-1 à R. 634-4 et les articles R. 635-1 à R. 635-4.

11.01 Principaux textes applicables.

TEXTES SOURCES

- **CCH,** art. L. 634-1 à L. 634-5, L. 635-1 à L. 635-11.
- **CCH,** art. R. 634-1 à R. 634-4 et R. 635-1 à R. 635-4.

11.03 Bibliographie indicative.

Annuel. LAMY DR. IMMO, n°s 5484 s., 5837 s.

Encyclopédies. RÉP. CIV., *V^is^ Bail*, par C. Aubert de Vincelles, C. Noblot ; *Bail d'habitation et mixte : rapports locatifs individuels – Loi du 6 juillet 1989*, N. Damas – DICT. PERM. Gestion immob., *V° Baux d'habitation et mixtes*, n°s 14 s.

Ouvrages. J. Lafond, B. Vial-Pedroletti, *Les baux d'habitation*, 8e éd., « Droit et professionnels », LexisNexis, 2017, n°s 312, 313.

Articles. Y. Rouquet, « Permis de louer : mesures réglementaires », *AJDI* 2017. 6.

1. L. n° 2014-366, 24 mars 2014, *JO* 26 mars, p. 5809.
2. Décr. n° 2016-1790, 19 déc. 2016, *JO* 21 déc., n° 81.

CHAPITRE

111. Déclaration de mise en location

SECTION 0 ORIENTEUR

111.00 Sommaire du chapitre.

Division. Après avoir envisagé la délimitation des zones concernées, nous examinerons successivement le champ d'application de l'obligation de déclaration, la procédure applicable et les sanctions encourues par le bailleur qui manque à ses obligations.

111.01 Principaux textes applicables.

TEXTES SOURCES

- **CCH,** art. L. 634-1 à L. 634-5.
- **CCH,** art. R. 634-1 à R. 634-5.

TEXTES *IN EXTENSO*

- **CCH,** art. L. 634-1

I. – L'organe délibérant de l'établissement public de coopération intercommunale compétent en matière d'habitat ou, à défaut, le conseil municipal peut délimiter des zones soumises à déclaration de mise en location, au regard de l'objectif de lutte contre l'habitat indigne et en cohérence avec le programme local de l'habitat en vigueur et le plan départemental d'action pour le logement et l'hébergement des personnes défavorisées. Ces zones peuvent concerner un ou plusieurs ensembles immobiliers.

II. – La délibération mentionnée au I peut fixer, pour chacune des zones géographiques qu'elle délimite, les catégories et caractéristiques des logements qui sont soumis à déclaration. Elle précise la date d'entrée en vigueur du dispositif, qui ne peut être fixée dans un délai inférieur à six mois à compter de la publication de la délibération mentionnée au I, ainsi que le lieu et les modalités de dépôt de la déclaration.

- **CCH,** art. L. 634-2

La délibération exécutoire est transmise à la caisse d'allocations familiales et à la caisse de mutualité sociale agricole.

- **CCH,** art. L. 634-3

Les personnes qui mettent en location un logement situé dans les zones soumises à déclaration de mise en location le déclarent, dans un délai de quinze jours suivant la conclusion du contrat de location, au président de l'établissement public de coopération intercommunale compétent en matière d'habitat ou, à défaut, au maire de la commune.

La déclaration est établie conformément à un formulaire dont le modèle est fixé par arrêté du ministre chargé du logement et peut être adressée par voie électronique si la délibération mentionnée à l'article L. 634-1 a prévu cette faculté. Pour les logements dont les contrats de location sont soumis à l'article 3-3 de la loi n° 89-462 du 6 juillet 1989 tendant à améliorer les rapports locatifs et portant modification de la loi n° 86-1290 du 23 décembre 1986, le dossier de diagnostic technique prévu à ce même article est annexé à la déclaration.

Le dépôt de la déclaration donne lieu à la remise d'un récépissé, dont une copie est transmise pour information par le propriétaire au locataire.

Cette déclaration est renouvelée à chaque nouvelle mise en location.

L'absence de déclaration de mise en location est sans effet sur le bail dont bénéficie le locataire.

Le bénéfice du paiement en tiers payant des aides personnelles au logement est subordonné à la production du récépissé de la déclaration de mise en location.

- **CCH,** art. L. 634-4

Lorsqu'une personne met en location un logement sans remplir les obligations de déclaration prescrites par le présent chapitre, le représentant de l'État dans le département peut, après avoir informé l'intéressé de la possibilité de présenter ses observations dans un délai déterminé, ordonner le paiement d'une amende au plus égale à 5 000 € ; le produit en est intégralement versé à l'Agence nationale de l'habitat.

L'amende est proportionnée à la gravité des manquements constatés relatifs aux obligations de déclaration et ne peut être prononcée plus d'un an à compter de la constatation des manquements.

• **CCH,** art. L. 634-5

Les modalités d'application du présent chapitre sont définies par décret en Conseil d'État.

• **CCH,** art. R. 634-1

Pour l'application des dispositions des articles L. 634-1 à L. 634-5, les logements mis en location ou faisant l'objet d'une nouvelle mise en location sont ceux dont le contrat est soumis au titre Ier ou au titre Ier *bis* de la loi n° 89-462 du 6 juillet 1989 tendant à améliorer les rapports locatifs et portant modification de la loi n° 86-1290 du 23 décembre 1986. Le contrat portant reconduction ou renouvellement de la location ou avenant à ce contrat n'est pas soumis à l'obligation de déclaration.

• **CCH,** art. R. 634-2

La déclaration de mise en location est établie par le ou les bailleurs ou leur mandataire et précise :

1° Pour un bailleur personne physique, son identité, son adresse et ses coordonnées ;

2° Pour un bailleur personne morale, sa dénomination ou sa raison sociale, sa forme juridique, l'adresse de son siège social ainsi que la qualité du signataire de la déclaration ;

3° Dans le cas où le mandataire agit pour le compte du bailleur, le nom ou la raison sociale du mandataire, son adresse ainsi que l'activité exercée et, le cas échéant, le numéro et le lieu de délivrance de la carte professionnelle ;

4° La localisation, la désignation et la consistance du logement et, le cas échéant, de l'immeuble dans lequel il est situé, ainsi que la date de conclusion du contrat.

• **CCH,** art. R. 634-3

Dans la semaine suivant le dépôt d'une déclaration, il est adressé au déclarant :

1° Lorsque la déclaration est complète, un récépissé indiquant la date de dépôt de la déclaration et reproduisant l'ensemble des informations mentionnées dans celle-ci ;

2° Lorsque la déclaration est incomplète, un accusé de réception indiquant la date de dépôt de la déclaration, les pièces ou informations manquantes et invitant le déclarant à fournir ces pièces ou informations dans un délai fixé par l'autorité compétente, qui ne peut être supérieur à un mois. Si le déclarant ne produit pas l'ensemble des pièces ou informations demandées dans le délai qui lui est imparti, il doit procéder au dépôt d'une nouvelle déclaration ; l'accusé de réception adressé au requérant lui demandant de compléter son dossier mentionne cette conséquence.

• **CCH,** art. R. 634-4

Pour l'application de l'article L. 634-4, lorsque le préfet est informé qu'une personne a mis en location un logement sans remplir les obligations de déclaration prescrites, celle-ci est invitée à présenter ses observations dans un délai d'un mois. Dans ce délai, l'intéressé peut procéder à la régularisation de sa situation. À cet effet, il joint aux observations adressées au préfet copie du récépissé du dépôt de la déclaration.

• **CCH,** art. R. 634-5

Au terme du délai fixé à l'article R. 634-4, le préfet peut émettre un titre de perception recouvré comme en matière de créances étrangères à l'impôt et au domaine.

111.03 Bibliographie indicative.

Encyclopédie. DICT. PERM. Gestion immob., *V° Baux d'habitation et mixtes*, nos 15 s.

Ouvrages. E. Debaussart-Joniec, S. Fraîche-Dupeyrat, Ph. Pelletier, *Les baux d'habitation après la loi Élan*, 3e éd., « Actualité », LexisNexis, 2019 – J. Lafond, B. Vial-Pedroletti, *Les baux d'habitation*, 8e éd., « Droit et professionnels », LexisNexis, 2017, nos 312, 786 s. – Ph. Pelletier (dir.), *Traité des baux d'habitation et professionnels,* « Référence juridique », Le Moniteur, 2021.

Articles. Y. Rouquet, « Permis de louer : mesures réglementaires », *AJDI* 2017. 6.

SECTION 1
DÉLIMITATION DES ZONES SOUMISES À DÉCLARATION DE MISE EN LOCATION

111.11 Lutte contre l'habitat indigne. Afin de lutter contre l'habitat indigne, l'organe délibérant de l'établissement public de coopération intercommunale (EPCI) compétent en matière d'habitat ou, à défaut, le conseil municipal, peut délimiter des zones soumises à déclaration de mise en location au regard de l'objectif de lutte contre l'habitat indigne et en cohérence avec le programme local de l'habitat (PLH) en vigueur et le plan départemental d'action pour le logement et l'hébergement des personnes défavorisées. Ces zones peuvent concerner un ou plusieurs ensembles immobiliers. La délibération, qui peut préciser les catégories et les caractéristiques des logements concernés pour chacune des zones géographiques qu'elle délimite, mentionne la date d'entrée en vigueur du dispositif (qui ne peut être fixée dans un délai inférieur à six mois à compter de la publication de la délibération), ainsi que le lieu et les modalités de dépôt de la déclaration[1].

Aux termes du III de l'article L. 634-1 du CCH, créé par la loi du 23 novembre 2018[2], dite loi Élan, la demande d'une ou de plusieurs communes membres d'un EPCI compétent en matière d'habitat, l'organe délibérant de cet établissement peut déléguer à ces communes la mise en oeuvre et le suivi, sur leurs territoires respectifs, de la déclaration[3] et des amendes dont se rend passible le bailleur ne respectant pas l'obligation de procéder à une déclaration[4]. Cette délégation est toutefois nécessaire-

1. CCH, art. L. 634-1.
2. L. n° 2018-1021, 23 nov. 2018 portant évolution du logement, de l'aménagement et du numérique, *JO* 24 nov.
3. Dont il est question à l'art. L. 634-3 du CCH.
4. Visés à l'art. L. 364-4 du CCH.

ment limitée à la durée de validité du programme local de l'habitat. Et le maire de chaque commune délégataire doit adresser à l'EPCI à fiscalité propre un rapport annuel sur l'exercice de cette délégation.

La délibération exécutoire est transmise à la caisse d'allocations familiales et à la caisse de mutualité sociale agricole[1].

Dans ces zones, les personnes qui mettent en location un logement doivent le déclarer au président de l'EPCI ou au maire dans les quinze jours suivant la conclusion du bail[2].

SECTION 2
CHAMP D'APPLICATION DE L'OBLIGATION DE DÉCLARATION DE MISE EN LOCATION

111.21 **Mise en location.** Les baux de logements mis en location ou faisant l'objet d'une nouvelle mise en location concernés sont ceux dont le contrat est soumis au titre Ier ou au titre Ier *bis* de la loi n° 89-462 du 6 juillet 1989, soit les baux portant sur des locaux loués vides ou meublés constituant la résidence principale du locataire. En revanche, le contrat portant reconduction ou renouvellement de la location ou avenant à ce contrat n'est pas soumis à l'obligation de déclaration[3].

Dans sa rédaction issue de la loi du 23 novembre 2018, dite loi Élan, le second alinéa du I de l'article L. 634-1 du code de la construction et de l'habitation précise que ce dispositif de déclaration ne s'applique ni aux logements mis en location par un organisme de logement social, ni aux logements qui font l'objet d'une convention prévue à l'article L. 351-2 du même code[4].

SECTION 3
PROCÉDURE DE DÉCLARATION DE MISE EN LOCATION

111.31 **Contenu de la déclaration.** Établie par le(s) bailleur(s) ou leur mandataire, la déclaration précise :

- pour un bailleur personne physique, son identité, son adresse et ses coordonnées ;

- pour un bailleur personne morale, sa dénomination ou sa raison sociale, sa forme juridique, l'adresse de son siège social ainsi que la qualité du signataire de la déclaration ;
- dans le cas où le mandataire agit pour le compte du bailleur, le nom ou la raison sociale du mandataire, son adresse ainsi que l'activité exercée et, le cas échéant, le numéro et le lieu de délivrance de la carte professionnelle ;
- la localisation, la désignation et la consistance du logement et, le cas échéant, de l'immeuble dans lequel il est situé, ainsi que la date de conclusion du contrat[5].

Cette déclaration doit comporter en annexe le dossier de diagnostic technique prévu à l'article 3-3 de la loi du 6 juillet 1989[6].

La déclaration est établie conformément à un formulaire dont le modèle est fixé par arrêté du ministre chargé du logement. Il s'agit du formulaire Cerfa n° 15651[7]. Une notice explicative est enregistrée sous le Cerfa n° 52147[8].

Cette déclaration peut être adressée par voie électronique si la délibération ayant délimité les zones soumises à déclaration de mise en location a prévu cette faculté[9].

111.32 **Récépissé ou accusé de réception.** Dans la semaine suivant le dépôt d'une déclaration, il est adressé au déclarant un récépissé si la déclaration est complète[10] ou, en cas de déclaration incomplète, un accusé de réception indiquant les pièces ou informations manquantes et précisant le délai imparti (qui ne peut être supérieur à un mois) pour compléter le dossier[11].

SECTION 4
CONSÉQUENCES EN CAS DE NON-RESPECT DE SES OBLIGATIONS PAR LE BAILLEUR

111.41 **Sanctions.** Si l'absence de déclaration de mise en location est sans effet sur la validité du bail dont bénéficie le locataire[12], le non-respect de ses obligations par le bailleur le prive du bénéfice du paiement en tiers payant des aides personnelles au logement (lequel est subordonné à la production du récépissé de la déclaration de mise en location) et le

1. CCH, art. L. 634-2.
2. CCH, art. L. 634-3.
3. CCH, art. R. 634-1.
4. De manière qui peut sembler redondante, l'article L. 634-3 du CCH a été modifié par la loi du 23 novembre 2018, dite loi Élan, et précise désormais que « cette déclaration ne concerne pas les propriétaires ou les logements mentionnés au second alinéa du I de l'article L. 634-1 ».
5. CCH, art. R. 634-2.
6. CCH, art. L. 634-3 (v. s^s n°s 133.130 s.).
7. Issu d'un arrêté du 27 mars 2017, *JO* 4 avr., n° 29.
8. Formulaire et notice explicative sont téléchargeables sur http://www.service-public.fr
9. CCH, art. L. 634-3.
10. Une copie du récépissé est transmise pour information par le propriétaire au locataire (CCH, art. L. 634-3).
11. CCH, art. R. 634-3 (v. s^s n° 111.42).
12. CCH, art. L. 634-3.

rend passible d'une amende de 5 000 euros, dont le produit est intégralement versé à l'Agence nationale de l'habitat (Anah). L'amende est proportionnée à la gravité des manquements constatés relatifs aux obligations de déclaration et ne peut être prononcée plus d'un an à compter de la constatation des manquements [1].

111.42 **Régularisation.** Toutefois, lorsque le préfet est informé qu'une personne a mis en location un logement sans remplir ses obligations de déclaration, celle-ci est invitée à présenter ses observations dans un délai d'un mois. Dans ce délai, l'intéressé peut procéder à la régularisation de sa situation [2].

Au terme de ce délai, le préfet peut émettre un titre de perception recouvré comme en matière de créances étrangères à l'impôt et au domaine [3].

1. CCH, art. L. 634-4.
2. CCH, art. R. 634-4.
3. CCH, art. R. 634-5 ; créé par décr. n° 2019-437, 13 mai 2019.

CHAPITRE

112. Autorisation préalable de mise en location

SECTION 0 ORIENTEUR

112.00 Sommaire du chapitre.

Division. Seront successivement étudiés la délimitation des zones concernées, le champ d'application de l'obligation d'autorisation préalable, la procédure applicable et enfin, les sanctions encourues par le bailleur qui manquerait à ses obligations.

112.01 Principaux textes applicables.

TEXTES SOURCES

• **CCH,** art. L. 635-1 à L. 635-11.

• **CCH,** art. R. 635-1 à R. 635-5.

TEXTES *IN EXTENSO*

• **CCH,** art. L. 635-1

I. – L'organe délibérant de l'établissement public de coopération intercommunale compétent en matière d'habitat ou, à défaut, le conseil municipal peut délimiter des zones soumises à autorisation préalable de mise en location sur les territoires présentant une proportion importante d'habitat dégradé. Ces zones sont délimitées au regard de l'objectif de lutte contre l'habitat indigne et en cohérence avec le programme local de l'habitat en vigueur et le plan départemental d'action pour le logement et l'hébergement des personnes défavorisées. Ces zones peuvent concerner un ou plusieurs ensembles immobiliers.

Ce dispositif d'autorisation préalable ne s'applique ni aux logements mis en location par un organisme de logement social, ni aux logements qui bénéficient d'une convention avec l'État en application de l'article L. 351-2.

II. – La délibération mentionnée au I peut fixer, pour chacune des zones géographiques qu'elle délimite, les catégories et caractéristiques des logements qui sont soumis à autorisation préalable. Elle précise la date d'entrée en vigueur du dispositif, qui ne peut être fixée à un délai inférieur à six mois à compter de la publication de la délibération mentionnée au I, ainsi que le lieu et les modalités de dépôt de la demande d'autorisation.

III. – À la demande d'une ou plusieurs communes membres d'un établissement public de coopération intercommunale compétent en matière d'habitat, l'organe délibérant de cet établissement peut déléguer à ces communes la mise en œuvre et le suivi sur leurs territoires respectifs des articles L. 635-3 à L. 635-10 s'agissant des zones soumises à déclaration de mise en location.

Cette délégation est limitée à la durée de validité du programme local de l'habitat. Le maire de chaque commune délégataire adresse à l'établissement public de coopération intercommunale à fiscalité propre un rapport annuel sur l'exercice de cette délégation.

• **CCH,** art. L. 635-2

La délibération exécutoire est transmise à la caisse d'allocations familiales et à la caisse de mutualité sociale agricole.

• **CCH,** art. L. 635-3

La mise en location d'un logement situé dans les zones soumises à autorisation préalable de mise en location est subordonnée à la délivrance d'une autorisation par le président de l'établissement public de coopération intercommunale compétent en matière d'habitat ou, à défaut, par le maire de la commune. Cette autorisation préalable ne concerne pas les logements mentionnés au second alinéa du I de l'article L. 635-1.

Le président de l'établissement public de coopération intercommunale compétent en matière d'habitat ou, à défaut, le maire peut refuser ou soumettre à conditions l'autorisation préalable de mise en location lorsque le logement ne respecte pas les caractéristiques de décence prévues à l'article 6 de la loi n° 89-462 du 6 juillet 1989 tendant à améliorer les rapports locatifs et portant modification de la loi n° 86-1290 du 23 décembre 1986 ou est susceptible de porter atteinte à la sécurité des occupants et à la salubrité publique. La décision de rejet de la demande d'autorisation préalable de mise en location est motivée et précise la nature des travaux ou aménagements prescrits pour satisfaire aux exigences précitées.

• **CCH,** art. L. 635-4

La demande d'autorisation, transmise à l'établissement public de coopération intercommunale compétent en matière d'habitat ou, à défaut, à la commune, est établie conformément à un formulaire dont le modèle est fixé par arrêté du ministre chargé du logement. Elle peut être adressée par voie électronique si la délibération mentionnée au II de l'article L. 635-1 a prévu cette faculté. Pour les logements dont les contrats de location sont soumis à l'article 3-3 de la loi n° 89-462 du 6 juillet 1989 tendant à améliorer les rapports locatifs et portant modification de la loi n° 86-1290 du 23 décembre 1986, le dossier de diagnostic technique prévu à ce même article est annexé à cette demande.

Le dépôt de la demande d'autorisation donne lieu à la remise d'un récépissé.

À défaut de notification d'une décision expresse dans un délai d'un mois à compter du dépôt de la demande d'autorisation, le silence gardé par le président de l'établissement public de coopération intercommunale compétent en matière d'habitat ou le maire de la commune vaut autorisation préalable de mise en location.

L'autorisation préalable de mise en location doit être renouvelée à chaque nouvelle mise en location.

• **CCH,** art. L. 635-5

Cette autorisation doit être jointe au contrat de bail à chaque nouvelle mise en location ou relocation.

• **CCH,** art. L. 635-6

La décision de refus d'une demande d'autorisation est transmise à la caisse d'allocations familiales, à la caisse de mutualité sociale agricole et aux services fiscaux.

• **CCH,** art. L. 635-7

Lorsqu'une personne met en location un logement sans avoir préalablement déposé la demande d'autorisation prévue au présent chapitre auprès de l'établissement public de coopération intercommunale compétent en matière d'habitat ou, à défaut, de la commune, le représentant de l'État dans le département peut, après avoir informé l'intéressé de la possibilité de présenter ses observations dans un délai déterminé, ordonner le paiement d'une amende au plus égale à 5 000 €. En cas de nouveau manquement dans un délai de trois ans, le montant maximal de cette amende est porté à 15 000 €.

Lorsqu'une personne met en location un logement en dépit d'une décision de rejet de sa demande d'autorisation préalable notifiée par le président de l'établissement public de coopération intercommunale compétent en matière d'habitat ou, à défaut, le maire de la commune, le représentant de l'État dans le département peut, après avoir informé l'intéressé de la possibilité de présenter ses observations dans un délai déterminé, ordonner le paiement d'une amende au plus égale à 15 000 €.

Le produit des amendes prévues aux deux premiers alinéas est intégralement versé à l'Agence nationale de l'habitat.

L'amende est proportionnée à la gravité des manquements constatés et ne peut être prononcée plus d'un an à compter de la constatation des manquements.

• **CCH,** art. L. 635-8

La mise en location de locaux à usage d'habitation par un bailleur, sans autorisation préalable, est sans effet sur le bail dont bénéficie le locataire.

L'autorisation préalable de mise en location délivrée à titre tacite est sans incidence sur la qualification du logement au regard des caractéristiques de décence ou du caractère indigne de l'habitat défini à l'article 1er-1 de la loi n° 90-449 du 31 mai 1990 visant à la mise en œuvre du droit au logement.

• **CCH,** art. L. 635-9

La délivrance d'une autorisation préalable de mise en location est inopposable aux autorités publiques chargées d'assurer la police de la salubrité ou de la sécurité publiques, ainsi qu'aux droits des occupants afférents aux mesures de police administratives édictées à ce titre.

Nonobstant l'article L. 635-3, l'autorisation préalable de mise en location ne peut être délivrée lorsque l'immeuble dans lequel est situé le logement fait l'objet d'un arrêté d'insalubrité, de péril ou relatif aux équipements communs des immeubles collectifs à usage principal d'habitation.

• **CCH,** art. L. 635-10

Les refus d'autorisation préalable de mise en location ou les autorisations assorties de réserves sont transmis par les autorités compétentes au comité responsable du plan départemental d'action pour le logement et l'hébergement des personnes défavorisées et sont inscrits à l'observatoire des logements indignes mentionné à l'article 3 de la loi n° 90-449 du 31 mai 1990 visant à la mise en œuvre du droit au logement.

• **CCH,** art. L. 635-11

Les modalités d'application du présent chapitre sont définies par décret en Conseil d'État.

• **CCH,** art. R. 635-1

Pour l'application des dispositions des articles L. 635-1 à L. 635-11, une mise en location, une relocation ou une nouvelle mise en location sont définies comme étant la conclusion d'un contrat de location soumis au titre Ier ou au titre Ier *bis* de la loi n° 89-462 du 6 juillet 1989 tendant à améliorer les rapports locatifs et portant modification de la loi n° 86-1290 du 23 décembre 1986, à l'exclusion de sa reconduction ou de son renouvellement ou de la conclusion d'un avenant à ce contrat.

• **CCH,** art. R. 635-2

La demande d'autorisation préalable de mise en location est établie par le ou les bailleurs ou leur mandataire et précise :

1° Pour un bailleur personne physique, son identité, son adresse et ses coordonnées ;

2° Pour un bailleur personne morale, sa dénomination ou sa raison sociale, sa forme juridique, l'adresse de son siège social ainsi que la qualité du signataire de la déclaration ;

3° Dans le cas où le mandataire agit pour le compte du bailleur, le nom ou la raison sociale du mandataire, son adresse ainsi que l'activité exercée et, le cas échéant, le numéro et le lieu de délivrance de la carte professionnelle ;

4° La localisation, la désignation et la consistance du logement et, le cas échéant, de l'immeuble dans lequel il est situé.

• **CCH,** art. R. 635-3

Pour l'application de l'article L. 635-4, la délivrance de l'accusé de réception mentionné aux articles L. 112-3, R. 112-5 et R. 112-6 du code des relations entre le public et l'administration vaut récépissé de demande d'autorisation.

L'autorisation préalable de mise en location reproduit l'ensemble des informations mentionnées dans la demande d'autorisation.

L'autorisation devient caduque s'il apparaît qu'elle n'est pas suivie d'une mise en location dans un délai de deux ans suivant sa délivrance.

En cas de mutation à titre gratuit ou onéreux du logement, une autorisation en cours de validité peut être transférée au nouveau propriétaire du logement. Ce transfert prend effet à compter du dépôt par le nouveau propriétaire, auprès de l'autorité compétente, d'une déclaration de transfert, sous réserve de l'accord du bénéficiaire initial de l'autorisation. La déclaration de transfert est établie conformément à un formulaire dont le modèle est fixé par arrêté du ministre chargé du logement et déposée selon des modalités définies par l'autorité compétente mentionnée au I de l'article L. 635-1.

• **CCH,** art. R. 635-4

I. – Le délai pendant lequel l'intéressé a la possibilité de présenter ses observations, mentionné aux premier et deuxième alinéas de l'article L. 635-7, est fixé à un mois.

II. – Pour l'application du premier alinéa de l'article L. 635-7, lorsque le préfet est informé qu'une personne a mis en location un logement sans avoir préalablement déposé une demande d'autorisation, l'intéressé peut procéder à la régularisation de sa situation dans le délai qui lui est imparti pour présenter ses observations. À cet effet, il joint aux observations adressées au préfet copie du récépissé du dépôt de la demande d'autorisation.

• **CCH,** art. R. 635-5

Au terme du délai fixé au I de l'article R. 635-4, le préfet peut émettre un titre de perception recouvré comme en matière de créances étrangères à l'impôt et au domaine.

112.03 Bibliographie indicative.

Encyclopédie. DICT. PERM. Gestion immob., *V° Baux d'habitation et mixtes*, n°s 21 s.

Ouvrages. E. Debaussart-Joniec, S. Fraîche-Dupeyrat et Ph. Pelletier, *Les baux d'habitation après la loi Élan*, 3e éd., « Actualité », LexisNexis, 2019 – J. Lafond, B. Vial-Pedroletti, *Les baux d'habitation*, 8e éd., « Droit et professionnels », LexisNexis, 2017, n°s 313, 790 s. – Ph. Pelletier (dir.), *Traité des baux d'habitation et professionnels*, « Référence juridique », Le Moniteur, 2021.

Articles. Y. Rouquet, « Permis de louer : mesures réglementaires », *AJDI* 2017. 6.

SECTION 1
DÉLIMITATION DES ZONES SOUMISES À AUTORISATION PRÉALABLE DE MISE EN LOCATION

112.11 **Lutte contre l'habitat dégradé.** Sur les territoires présentant une proportion importante d'habitat dégradé, l'organe délibérant de l'établissement public de coopération intercommunale (EPCI) ou le conseil municipal peut délimiter des zones soumises à autorisation préalable de mise en location au regard de l'objectif de lutte contre l'habitat indigne et en cohérence avec le programme local de l'habitat (PLH) en vigueur et le plan départemental d'action pour le logement et l'hébergement des personnes défavorisées. Ces zones peuvent concerner un ou plusieurs ensembles immobiliers.

La délibération, qui peut préciser les catégories et les caractéristiques des logements concernés pour chacune des zones géographiques qu'elle délimite, mentionne la date d'entrée en vigueur du dispositif (qui ne peut être fixée à un délai inférieur à six mois à compter de la publication de la délibération), ainsi que le lieu et les modalités de dépôt de la demande d'autorisation[1].

Aux termes du III de l'article L. 635-1 du CCH, créé par la loi du 23 novembre 2018[2], dite loi Élan, à la demande d'une ou de plusieurs communes membres d'un EPCI compétent en matière d'habitat, l'organe délibérant de cet établissement peut déléguer à ces communes la mise en œuvre et le suivi sur leurs territoires respectifs des articles L. 635-3 à L. 635-10 du même code s'agissant des zones soumises à déclaration de mise en location. Le texte précise que cette délégation est limitée à la durée de validité du programme local de l'habitat et le maire de chaque commune délégataire doit adresse à l'EPCI à fiscalité propre un rapport annuel sur l'exercice de cette délégation.

La délibération exécutoire est transmise à la caisse d'allocations familiales et à la caisse de mutualité sociale agricole[3].

Dans ces zones, la mise en location d'un logement est subordonnée à la délivrance d'une autorisation par le président de l'EPCI ou par le maire de la commune[4].

1. CCH, art. L. 635-1.
2. L. n° 2018-1021, 23 nov. 2018 portant évolution du logement, de l'aménagement et du numérique, *JO* 24 nov.
3. CCH, art. L. 635-3.
4. CCH, art. L. 635-1.

SECTION 2
CHAMP D'APPLICATION DE L'OBLIGATION D'AUTORISATION PRÉALABLE DE MISE EN LOCATION

112.21 Mise en location et relocation. Sont concernées la mise en location, la relocation ou la nouvelle mise en location des baux soumis au titre Ier ou au titre Ier *bis* de la loi du 6 juillet 1989, soit les baux portant sur des locaux loués vides ou meublés constituant la résidence principale du locataire. En revanche, la reconduction, le renouvellement ou la conclusion d'un avenant au contrat ne sont pas soumis à autorisation [1].

Dans sa rédaction issue de la loi du 23 novembre 2018, dite loi Élan, le second alinéa du I de l'article L. 635-1 du code de la construction et de l'habitation précise que ce dispositif d'autorisation préalable ne s'applique ni aux logements mis en location par un organisme de logement social, ni aux logements qui bénéficient d'une convention avec l'État en application de l'article L. 351-2 du même code [2].

L'autorisation, qui doit être jointe au bail à chaque nouvelle mise en location ou relocation [3], doit être suivie d'une mise en location dans les deux ans de sa délivrance. À défaut, elle devient caduque [4].

SECTION 3
PROCÉDURE D'AUTORISATION PRÉALABLE DE MISE EN LOCATION

112.31 Contenu de la demande d'autorisation. Établie par le(s) bailleur(s) ou leur mandataire, la déclaration précise :

- pour un bailleur personne physique, son identité, son adresse et ses coordonnées ;

- pour un bailleur personne morale, sa dénomination ou sa raison sociale, sa forme juridique, l'adresse de son siège social ainsi que la qualité du signataire de la déclaration ;

- dans le cas où le mandataire agit pour le compte du bailleur, le nom ou la raison sociale du mandataire, son adresse ainsi que l'activité exercée et, le cas échéant, le numéro et le lieu de délivrance de la carte professionnelle ;

- la localisation, la désignation et la consistance du logement et, le cas échéant, de l'immeuble dans lequel il est situé, ainsi que la date de conclusion du contrat [5].

La demande d'autorisation est établie conformément à un formulaire dont le modèle est fixé par arrêté du ministre chargé du logement. Il s'agit du formulaire Cerfa n° 15652 [6]. Une notice explicative est enregistrée sous le Cerfa n° 52148 [7].

Cette demande d'autorisation peut être adressée par voie électronique si la délibération ayant délimité les zones soumises à autorisation préalable a prévu cette faculté. La demande d'autorisation comporte en annexe le dossier de diagnostic technique (prévu à l'article 3-3 de la loi du 6 juillet 1989, v. s^s n°s 132.11 s.) [8].

112.32 Récépissé ou autorisation tacite. Le dépôt de la demande d'autorisation donne lieu à la remise d'un récépissé [9]. À défaut de notification d'une décision expresse dans un délai d'un mois à compter du dépôt de la demande d'autorisation, le silence gardé par le président de l'établissement public de coopération intercommunale compétent en matière d'habitat ou le maire de la commune vaut autorisation préalable de mise en location [10].

À défaut de notification d'une décision expresse dans le mois suivant le dépôt de la demande d'autorisation, le silence gardé par le président de l'EPCI ou par le maire vaut autorisation, sans toutefois pouvoir être interprété comme une reconnaissance du caractère décent ou digne du logement [11].

En effet, l'autorisation préalable de mise en location délivrée à titre tacite est sans incidence sur la qualification du logement au regard des caractéristiques de décence ou du caractère indigne de l'habi-

1. CCH, art. R. 635-1.
2. L'article L. 635-3 du CCH a par ailleurs été modifié par la loi du 23 novembre 2018, dite loi Élan, et précise à présent que cette autorisation préalable ne concerne pas les logements mentionnés au second alinéa du I de l'article L. 635-1.
3. CCH, art. L. 635-5.
4. CCH, art. R. 635-3.
5. CCH, art. R. 635-1.
6. Issu d'un arrêté du 27 mars 2017, *JO* 4 avr., n° 30.
7. Formulaire et notice explicative sont téléchargeables sur http://www.service-public.fr
8. CCH, art. L. 635-4.
9. À la différence de la déclaration de mise en location, la demande d'autorisation entre dans le champ d'application du Code des relations entre le public et l'administration (CRPA), lequel constitue le droit commun des règles applicables aux échanges entre l'administration et ses usagers. À ce titre, le récépissé délivré dans le cadre du dépôt d'autorisation de mise en location est assimilable à l'accusé de réception prévu par l'article L. 112-3 du CRPA et, en cas de demande incomplète sont applicables les dispositions de l'article L. 114-5 de ce code, notamment en ce qu'il prévoit que « lorsqu'une demande adressée à l'administration est incomplète, celle-ci indique au demandeur les pièces et informations manquantes exigées par les textes législatifs et réglementaires en vigueur » et que celle-ci « fixe un délai pour la réception de ces pièces et informations » : Rép. min. n° 7073, *JOAN Q,* 11 déc. 2018, p. 11403 ; *AJDI* 2019. 175.
10. CCH, art. L. 635-4.
11. CCH, art. L. 635-4.

tat défini à l'article 1er-1 de la loi du 31 mai 1990[1] visant à la mise en œuvre du droit au logement[2].

112.33 Transfert de l'autorisation en cas de mutation. En cas de mutation à titre gratuit ou onéreux du logement, une autorisation en cours de validité peut être transférée au nouveau propriétaire du logement. Cette déclaration de transfert de l'autorisation préalable de mise en location de logement doit être établie sur formulaire Cerfa n° 15663[3]. Une notice explicative est enregistrée sous le Cerfa n° 52149[4].

Ce transfert prend effet à compter du dépôt par le nouveau propriétaire, auprès de l'autorité compétente, d'une déclaration de transfert, sous réserve de l'accord du bénéficiaire initial de l'autorisation[5].

112.34 Refus ou autorisation conditionnelle. Lorsque le logement « ne respecte pas les caractéristiques de décence prévues à l'article 6 de la loi n° 89-462 du 6 juillet 1989 »[6] ou est susceptible de porter atteinte à la sécurité des occupants et à la salubrité publique, l'autorisation préalable de mise en location peut être refusée ou soumise au respect de certaines conditions. Ce refus, qui est transmis à la caisse d'allocations familiales, à la caisse de mutualité sociale agricole et aux services fiscaux[7], doit être motivé et préciser la nature des travaux ou aménagements prescrits[8].

Le refus d'autorisation préalable ou l'autorisation assortie de réserves sont transmis par les autorités compétentes au comité responsable plan départemental d'action pour le logement et l'hébergement des personnes défavorisées et sont inscrits à l'observatoire des logements indignes[9, 10].

À noter qu'en toute hypothèse, l'autorisation préalable de mise en location ne saurait être délivrée lorsque l'immeuble dans lequel est situé le logement fait l'objet d'un arrêté d'insalubrité, de péril ou relatif aux équipements communs des immeubles collectifs à usage principal d'habitation[11].

1. L. n° 90-449, 31 mai 1990 visant à la mise en œuvre du droit au logement, *JO* 2 juin.
2. CCH, art. L. 635-8.
3. Issu d'un arrêté du 27 mars 2017, *JO* 4 avr., n° 30.
4. Formulaire et notice explicative sont téléchargeables sur http://www.service-public.fr
5. CCH, art. R. 635-3.
6. Apport de la loi n° 2021-1104 du 22 août 2021, portant lutte contre le dérèglement climatique et renforcement de la résilience face à ses effets (*JO* 24 août, n° 1).
7. CCH, art. L. 635-6.
8. CCH, art. L. 635-3.
9. Prévu à l'article 3 de la loi n° 90-449 du 31 mai 1990 visant à la mise en œuvre du droit au logement (*JO* 2 juin, p. 6551).
10. CCH, art. L. 635-10.
11. CCH, art. L. 635-9.

SECTION 4
CONSÉQUENCES EN CAS DE NON-RESPECT DE SES OBLIGATIONS PAR LE BAILLEUR

112.41 Sanctions. Si l'absence de demande d'autorisation préalable de mise en location est sans effet sur la validité du bail dont bénéficie le locataire[12], le non-respect de ses obligations par le bailleur va pouvoir entraîner la condamnation du contrevenant à une amende[13].

Deux cas sont à distinguer.

– *Lorsqu'une personne met en location un logement sans avoir préalablement déposé la demande d'autorisation* auprès de l'EPCI compétent en matière d'habitat ou, à défaut, de la commune, le représentant de l'État dans le département peut, après avoir informé l'intéressé de la possibilité de présenter ses observations dans le délai d'un mois[14], ordonner le paiement d'une amende au plus égale à 5 000 euros. En cas de nouveau manquement dans un délai de trois ans, le montant maximal de cette amende est porté à 15 000 euros.

– À noter toutefois que lorsque le préfet est informé qu'une personne a mis en location un logement sans avoir préalablement déposé une demande d'autorisation, l'intéressé peut régulariser sa situation dans le même délai que celui qui lui est imparti pour présenter ses observations (un mois). À cet effet, il joint aux observations adressées au préfet copie du récépissé du dépôt de la demande d'autorisation[15].

– *Lorsqu'une personne met en location un logement en dépit d'une décision de rejet* de sa demande d'autorisation préalable notifiée par le président de l'EPCI compétent en matière d'habitat ou, à défaut, le maire de la commune, le représentant de l'État dans le département peut, après avoir informé l'intéressé de la possibilité de présenter ses observations dans le délai d'un mois[16], ordonner le paiement d'une amende au plus égale à 15 000 euros.

Dans les deux cas, au terme du délai d'un mois durant lequel l'intéressé peut présenter des observations, le préfet peut émettre un titre de perception recouvré comme en matière de créances étrangères à l'impôt et au domaine[17].

L'amende (dont le produit est intégralement versé à l'Anah[18]) est proportionnée à la gravité des manquements constatés relatifs aux obligations de déclaration et ne peut être prononcée plus d'un an à compter de la constatation des manquements[19].

12. CCH, art. L. 635-8.
13. CCH, art. L. 635-7.
14. CCH, art. R. 635-4.
15. CCH, art. R. 635-4.
16. CCH, art. R. 635-4.
17. CCH, art. R. 635-5 ; créé par décr. n° 2019-437, 13 mai 2019.
18. Agence nationale de l'habitat.
19. CCH, art. L. 635-7.

TITRE

12. La diversité des situations locatives

12.00 **Sommaire du titre.**

Division – Locataires selon leur statut personnel. La situation personnelle des signataires du contrat de location a une importance toute particulière. Les droits des époux (chap. 121), ceux des partenaires d'un Pacs (pacte civil de solidarité) (chap. 122), ou ceux des concubins (chap.123) ne sont pas égaux face au logement commun. Chaque cas fera l'objet d'une analyse. La question des colocataires sera ensuite étudiée (chap. 124), avec ses propres caractéristiques. Les évolutions législatives les plus récentes ayant une incidence sur les statuts personnels des signataires de baux ont été successivement la loi sur le pacte civil de solidarité en 1999, la loi sur le divorce en 2004, la loi du 17 mai 2013[1] ouvrant le mariage aux personnes de même sexe, enfin la loi du 24 mars 2014, dite loi Alur[2]. La jurisprudence, tout particulièrement celle de la Cour de cassation, apporte, quant à elle, des interprétations dont la pratique doit tenir compte.

12.01 **Principaux textes applicables.**

TEXTES DE RÉFÉRENCE

• **C. civ.,** art. 220, 262, 515-1, 515-8, 515-9, 515-10, 515-11, 515-12, 515-11, 4°, 1751.

12.03 **Bibliographie indicative.**

Annuel. LAMY DR. IMMO, n°s 5502 s., 5837 s.

Encyclopédies. RÉP. CIV., *V^is Bail*, par C. Aubert de Vincelles, C. Noblot, n°s 68 s. ; *Bail d'habitation et mixte : rapports locatifs individuels – Loi du 6 juillet 1989*, N. Damas, n°s 266, 336 s. – DICT. PERM. Gestion immob., *V^o Baux d'habitation et mixtes*, n°s 14 s.

Manuel. J. Lafond, B. Vial-Pedroletti, *Les baux d'habitation*, 8e éd., « Droit et professionnels », LexisNexis, 2017, n°s 418 à 442.

1. L. n° 2013-404, 17 mai 2013 ouvrant le mariage aux couples de personnes de même sexe, *JO* 18 mai, p. 8253.
2. L. n° 2014-366, 24 mars 2014 pour l'accès au logement et un urbanisme rénové, *JO* 26 mars 2014, p. 5809.

CHAPITRE

121. Locataires mariés

SECTION 0

Orienteur

121.00 Sommaire du chapitre.

Division – Effets de la situation du couple sur le bail. Quelle est la situation des époux au regard du bail du logement commun (sect. 1) et quelles conséquences en tirer (sect. 2) ?

Quels sont les événements – congé, séparation, divorce – qui ont une incidence sur les rapports contractuels entre bailleur et locataires (sect. 3) ?

121.01 Principaux textes applicables.

TEXTES SOURCES

• **C. civ.,** art. 220, 262, 515-9 s., 1751.

TEXTES *IN EXTENSO*

• **C. civ.,** art. 220

Chacun des époux a pouvoir pour passer seul les contrats qui ont pour objet l'entretien du ménage ou l'éducation des enfants : toute dette ainsi contractée par l'un oblige l'autre solidairement.

La solidarité n'a pas lieu, néanmoins, pour des dépenses manifestement excessives, eu égard au train de vie du ménage, à l'utilité ou à l'inutilité de l'opération, à la bonne ou mauvaise foi du tiers contractant.

Elle n'a pas lieu non plus, s'ils n'ont été conclus du consentement des deux époux, pour les achats à tempérament ni pour les emprunts à moins que ces derniers ne portent sur des sommes modestes nécessaires aux besoins de la vie courante et que le montant cumulé de ces sommes, en cas de pluralité d'emprunts, ne soit pas manifestement excessif eu égard au train de vie du ménage.

• **C. civ.,** art. 262

Le jugement de divorce est opposable aux tiers, en ce qui concerne les biens des époux, à partir du jour où les formalités de mention en marge prescrites par les règles de l'état civil ont été accomplies.

• **C. civ.,** art. 1751

Le droit au bail du local, sans caractère professionnel ou commercial, qui sert effectivement à l'habitation de deux époux, quel que soit leur régime matrimonial et nonobstant toute convention contraire et même si le bail a été conclu avant le mariage, ou de deux partenaires liés par un pacte civil de solidarité, dès lors que les partenaires en font la demande conjointement, est réputé appartenir à l'un et à l'autre des époux ou partenaires liés par un pacte civil de solidarité.

En cas de divorce ou de séparation de corps, ce droit pourra être attribué, en considération des intérêts sociaux et familiaux en cause, par la juridiction saisie de la demande en divorce ou en séparation de corps, à l'un des époux, sous réserve des droits à récompense ou à indemnité au profit de l'autre époux.

En cas de décès d'un des époux ou d'un des partenaires liés par un pacte civil de solidarité, le conjoint ou le partenaire lié par un pacte civil de solidarité survivant cotitulaire du bail dispose d'un droit exclusif sur celui-ci sauf s'il y renonce expressément.

121.02 Jurisprudence de référence.

> Effets de la cotitularité

• **Civ. 3e, 27 janv. 1993,** n° 90-21.825, P III, n° 11

* V. s^{s} n° 121.12

La cotitularité confère aux époux sur le bien loué les mêmes droits, mais également les mêmes obligations, dont celle de payer les loyers et accessoires.

• **Civ. 3e, 29 nov. 2000,** n° 98-23.068, P III, n° 176

* V. s^{s} n° 121.21

L'épouse, cotitulaire du bail, dispose d'un droit personnel sur celui-ci. La signature par son mari seul d'un second contrat ne lui fait pas perdre le bénéfice du premier bail.

> Effets du divorce sur la cotitularité et la solidarité

• **Civ. 3e, 22 oct. 2015,** n° 14-23.726, P III, n° 100

* V. ss n° 121.33

« ...la transcription du jugement de divorce ayant attribué le droit au bail à l'un des époux met fin à la cotitularité du bail tant légale que conventionnelle ».

121.03 Bibliographie indicative.

Annuel. LAMY DR. IMMO, nos 5502 s., 5895.

Encyclopédies. RÉP. CIV., *Vis Bail*, par C. Aubert de Vincelles, C. Noblot, nos 68 s. ; *Bail d'habitation et mixte : rapports locatifs individuels – Loi du 6 juillet 1989*, N. Damas, nos 336 s., 404 – DICT. PERM. Gestion immob., *V° Baux (Code civil)*, nos 77 s.

Manuel. P.-J. Claux, S. David, *Droit et pratique du divorce*, 5e éd., « Dalloz Référence », 2021, spéc. nos 221.81 à 221.85.

Articles. V. Bouchard, « Le logement du conjoint survivant au bon vouloir des époux », *JCP N* 2018. 1318 – A. Bourrat-Guéguen, « Le renforcement de la protection des personnes victimes de violence au sein d'un couple dans le cadre de la loi du 4 août 2014 pour l'égalité réelle entre les femmes et les hommes », *LPA* 12 févr. 2015, n° 31 – S. Castagné, « Mariage, Pacs, concubinage. Analyse comparative », *JCP N* 2008. 1325, spéc. nos 117 s. – C. Coutant-Lapalus, « Cotitularité et solidarité : règles légales et outils conventionnels du logement locatif partagé », *Loyers et copr.* 2013. Ét. 10 – N. Damas, « La cotitularité du bail entre époux est acquise dès que leur cohabitation a été effective », note sous Civ. 3e civ., 31 mai 2006, *D.* 2006. 2777 – F. Dekeuwer-Défossez, « Séparation des époux et solidarité ménagère », *Droit et Patr.*, déc. 1995, p. 45 – A. Durance et N. Piquemal, « Le couple et le logement », *AJDI* 2008. 913 – C. Levinshon, « Le bail d'habitation et le divorce des locataires », *AJPI*, 10 janv. 1997, p. 31 – B. Lotti, « Le bail conjugal d'habitation », *JCP N*, 1993, 325 – L. Mauger-Vielpeau. « Bail du domicile conjugal : un régime dérogatoire en cas de divorce », *JCP N* 2015. 1185 – B. Vial-Pedroletti, « Renonciation individuelle d'un époux au droit au bail », *JCP N*, 1993, 2675 ; « Les nouveaux droits privilégiés du conjoint survivant sur le logement familial », *Loyers et copr.* févr. 2002, Ét. 2 – G. Yamba, « Le sort de la solidarité ménagère en cas de séparation des époux », *JCP N*, 1996, 1505 – V. Zalewski-Sicard. « Le sort du bail en cas de divorce », *Rev. loyers* 2016. 2229.

SECTION 1
LES EFFETS DU MARIAGE SUR LE LOGEMENT COMMUN PRIS À BAIL

121.11 Cotitularité et solidarité. La situation des époux en matière de logement commun est réglée par le code civil qui définit la nature de leurs droits et obligations réciproques.

Ils sont à la fois cotitulaires du bail portant sur le local d'habitation qu'ils occupent et solidaires pour le paiement du loyer correspondant (et plus généralement des dettes locatives). La jurisprudence précise les limites de ces principes face à plusieurs événements tels que le congé délivré par le locataire ou le divorce prononcé par le juge.

121.12 Article 1751 du code civil. En application de l'article 1751 du code civil, le bail portant sur le local servant effectivement à l'habitation des deux époux qui a été consenti à l'un d'entre eux est réputé appartenir à l'un et à l'autre des époux. Ce, même si le bail est antérieur au mariage, quel que soit le régime matrimonial adopté par les conjoints et nonobstant toute clause contraire. Il appartiendrait au bailleur de démontrer que le local n'a jamais servi à l'habitation commune des époux[1]. Les couples bénéficiant des dispositions du code civil à la suite de la loi du 17 mai 2013[2] ouvrant le mariage aux couples de personnes de même sexe, sont concernés par l'ensemble des commentaires ci dessous.

La cotitularité confère aux époux sur le bien loué les mêmes droits, mais également les mêmes obligations, dont celle de payer les loyers et accessoires[3].

En revanche, la cotitularité disparaissant avec le bail, à l'expiration de celui-ci, ou à compter de sa résiliation, seul l'époux ayant continué à occuper les lieux est redevable de l'indemnité d'occupation[4].

121.13 Champ d'application de l'article 1751 du code civil. Le « local servant effectivement à l'habitation des deux époux » visés à l'article 1751 ne concerne ni la résidence secondaire des époux, ni les locaux dans lesquels chacun vit séparément[5]. En conséquence, la cotitularité du droit de bail n'est pas opposable à l'épouse en instance de divorce, non-signataire du bail et qui n'a pas habité dans les lieux[6]. Par ailleurs, il a été jugé que le bref passage de cinq mois de l'épouse dans l'appartement n'est pas suffisant pour considérer que le local a servi à l'entretien du ménage et à l'éducation de l'enfant né du mariage[7]. De la même manière, les dispositions de l'article 1751 ne sont pas applicables à l'égard d'un local annexe destiné à l'habitation d'un des enfants des époux[8]. Il

1. Paris, 30 oct. 2007, n° 05/11193, *AJDI* 2008. 214.
2. L. n° 2013-404, 17 mai 2013 ouvrant le mariage aux couples de personnes de même sexe, *JO* 18 mai, p. 8253.
3. Civ. 3e, 27 janv. 1993, n° 90-21.825, P III, n° 11 ; *D.* 1993. 9, *Gaz. Pal.* 7 juill. 1993, 188-189 – Versailles, 20 mars 1998, n° 2171/97, *Ann. loyers* 2000. 89.
4. Paris, 6 nov. 1997, *JurisData* 023442, *Loyers et copr.* 1998, n° 34, obs. B. Vial-Pedroletti – Paris, 28 sept. 1999, n° 1998/02574, *JCP* 2000. II. 245, 1, obs. Wiederkehr – SUR LA QUESTION AUSSI : B. Vial-Pedroletti, *Loyers et copr.* 2000, Chron. n° 9.
5. Civ. 3e, 28 janv. 1971, n° 69-13.314, P III, n° 59 ; *D.* 1971. Somm. 94.
6. Paris, 9 oct. 1997, *JurisData* 023030, *Loyers et copr.* 1998, n° 1, obs. B. Vial-Pedroletti – Civ. 2e, 29 nov. 1999, *Rev. loyers* 2000, obs. Rémy.
7. Paris, 13 janv. 2000, n° 1998/15334, *Rev. loyers* 2000. 246, obs. Rémy.
8. Paris, 5 mai 1995, *JurisData* 021326, *Loyers et copr.* 1995, n° 463.

importe peu par ailleurs que le bail ait été consenti en considération de la fonction de l'un des conjoints[1].

Le local à usage mixte (c'est-à-dire le local d'habitation et professionnel), est également exclu du champ d'application de l'article 1751[2] du code civil. Il en va de même, *a fortiori*, pour les locaux exclusivement professionnels[3] et les locaux commerciaux (d'ailleurs, l'article 1751 exclut expressément de son champ d'application les locaux à caractère professionnel ou commercial)[4].

121.14 Époux solidaires quant au paiement des dettes. Les époux sont solidaires quant à l'exécution des obligations du contrat, en application de l'article 220, alinéa 1er, du code civil : « Chacun des époux a pouvoir pour passer seul les contrats qui ont pour objet l'entretien du ménage ou l'éducation des enfants : toute dette ainsi contractée par l'un oblige l'autre solidairement. » Il en va ainsi d'une dette de loyer du logement servant effectivement à l'habitation des deux époux.

Les conséquences à tirer de la solidarité sont les suivantes :

- la solidarité autorise le créancier (le bailleur) à poursuivre chacun des débiteurs solidaires (les époux) pour la totalité de la dette (le loyer, les charges, les réparations locatives) ; il en va de même pour ce qui est du paiement d'une indemnité d'occupation postérieurement à la résiliation du bail[5] ;
- la solidarité de l'article 220 du code civil ne s'étend pas aux loyers des locaux professionnels ou commerciaux.

SECTION 2 CONSÉQUENCES EN MATIÈRE DE BAIL D'HABITATION

121.21 Quant au contrat de location lui-même. Le mariage ouvre un droit propre à chacun des époux sur le logement commun et la jurisprudence a tiré des conséquences importantes de ce droit ouvert au conjoint, d'abord sur son étendue, lorsque, par exemple l'autre membre du couple prend ultérieurement des décisions seul. Un avenant au bail, conclu entre le bailleur et l'un des cotitulaires du bail, ne sera ainsi pas opposable à l'autre cotitulaire[6]. L'épouse, cotitulaire du bail, dispose d'un droit personnel sur celui-ci. La signature par son mari seul d'un second contrat au visa de la loi du 22 juin 1982 ne lui fait pas perdre le bénéfice du premier bail, soumis aux dispositions de la loi du 1er septembre 1948, à défaut d'acte positif de renonciation de sa part[7]. L'avenant au bail destiné à en proroger la durée n'est pas opposable à l'épouse, cotitulaire du bail, qui ne l'a pas ratifié[8].

121.22 Quant aux notifications faites aux époux. La cotitularité des époux oblige le bailleur à notifier à chacun d'entre eux les actes de procédure, le bail étant indivisible. À défaut, l'acte qui n'est pas notifié à chacun des époux sera réputé inopposable à celui qui n'est pas visé dans l'acte. Sont notamment concernés les congés délivrés par le bailleur (pour reprise, pour vente ou pour un motif légitime et sérieux, mais aussi pour démolition, ou pour travaux dans le cadre de la réglementation HLM par exemple) ainsi que les commandements, les assignations et les propositions de relogement[9]. La Cour de cassation fait une application stricte des effets de la cotitularité, celle-ci durant tout le temps du mariage. Elle censure par conséquent un arrêt qui, en présence de commandements délivrés uniquement à l'épouse et visant la clause résolutoire, déniait à l'époux tout droit au bail alors qu'il n'avait pas été destinataire de ces commandements. Le bénéfice de la cotitularité lui est reconnu dès lors que, même hospitalisé depuis dix ans, il avait vécu avec son épouse dans les lieux pendant trois ans[10]. La condition de cohabitation avait en effet été remplie.

1. Civ. 3e, 10 janv. 2007, no 05-19.914, NP, *D.* 2008, Pan. 1300, obs. N. Damas ; *AJDI* 2007. 467, note Y. Rouquet – TOUTEFOIS, à propos d'une location reposant sur une convention conclue sur le fondement de l'article L. 442-7 du code de la construction et de l'habitation : Civ. 3e, 9 juin 2016, no 15-14.119, P III, no 74 ; *AJDA* 2016. 1851 ; *D.* 2016. 2086, obs. V. Brémond ; *D.* 2017. 1149, obs. N. Damas ; *AJDI* 2016. 703, obs. N. Damas.
2. Paris, 13 sept. 1989, *JurisData* 021326, *D.* 1989. IR 250 – Paris, 16 déc. 1999, no 1998/18650, *Loyers et copr.* 2000, no 82, obs. B. Vial-Pedroletti.
3. Paris, 19 févr. 1996, *JurisData* 020321, *Loyers et copr.* 1996, no 296.
4. Civ. 3e, 10 mai 1991, no 89-17.044, P III, no 126.
5. Civ. 1re, 7 juin 1989, no 87-19.049, NP, *D.* 1990. 21, note J. Massip ; *RTD* civ. 1991. 584, obs. F. Lucet et B. Vareille ; *RTD civ.* 1992. 169, obs. F. Lucet et B. Vareille.
6. Civ. 3e, 1er avr. 2009, no 08-15.929, P III, no 72 ; *D.* 2009. 1090, obs. G. Forest ; *D.* 2010. 1168, obs. N. Damas ; *D.* 2010. 1243, obs. G. Serra et L. Williatte-Pellitteri ; *AJDI* 2010. 123, obs. N. Damas ; *AJ fam.* 2009. 221, obs. I. Gallmeister ; *RTD civ.* 2009. 510, obs. J. Hauser ; *RTD civ.* 2009. 567, obs. B. Vareille.
7. Civ. 3e, 29 nov. 2000, no 98-23.068, P III, no 176 ; *Administrer* oct. 2001, p. 52, obs. Gauclère – AUSSI : Civ. 3e, 12 mai 2015, no 14-13.282, NP, *AJDI* 2015. 519.
8. Civ. 3e, 25 sept. 2002, no 01-01.494, P III, no 172 ; *Loyers et copr.* 2002, no 274, obs. B. Vial-Pedroletti.
9. Civ. 3e, 9 févr. 2017, no 16-13.260, P III, no 25 ; *D.* 2017. 407 ; *D.* 2017. 1149, obs. N. Damas ; *D.* 2119, obs. V. Brémond ; *AJDI* 2017. 425, obs. N. Damas – Sur les conditions de délivrance des congés, v. ss nos 132.11 s. et 641.61 s.
10. Civ. 3e, 31 mai 2006, no 04-16.920, P III, no 135 ; *D.* 2006. IR 1632 ; *ibid* 2006. 2777, note N. Damas ; *Rev. loyers* 2006. 404, note Rémy.

Toutefois, la cotitularité est subordonnée à la caractérisation de l'habitation effective des deux époux. Si l'épouse occupait seule le logement loué, la notification de la proposition de renouvellement à elle seule, et non au mari, est bien régulière [1].

121.23 Opposabilité de plein droit. Le législateur a apporté cependant un tempérament à la rigueur des conséquences du défaut d'opposabilité, pour les cas où le bailleur ignore le mariage du locataire. L'article 9-I de la loi du 6 juillet 1989 [2], applicable depuis le 1er janvier 1995, dans tous les secteurs locatifs mais pas lorsque le logement est meublé, indique en effet : « Nonobstant les dispositions de l'article 1751 du code civil, les notifications ou significations faites en application du présent titre par le bailleur sont de plein droit opposables au conjoint du locataire si son existence n'a pas été préalablement portée à la connaissance du bailleur ».

Le locataire doit donc informer le bailleur de son mariage. L'article 9-1 de la loi du 6 juillet 1989 fait peser sur le locataire une obligation d'information de son lien matrimonial impliquant une démarche positive de sa part envers son bailleur et la preuve que cette information avait bien été donnée incombe au preneur [3]. À défaut, les notifications qui lui sont faites seront opposables à son conjoint, non-signataire du bail. Dès lors, si le mari ne justifie pas, par un acte positif avoir porté à la connaissance du bailleur son mariage, la procédure d'expulsion est opposable à son épouse [4]. Le fait que les quittances de loyer aient été établies aux deux noms ne suffit pas à démontrer que le mari a eu une démarche positive pour informer son bailleur du fait qu'il était marié. Le commandement de payer délivré à lui seul est donc bien opposable à son épouse [5].

Mais le bailleur, qui n'a pas demandé que le jugement d'expulsion soit rendu opposable à la nouvelle femme du locataire, mariée avec celui-ci avant le jugement d'expulsion, ne peut s'opposer à la cotitularité légale du bail du logement qu'elle occupe [6].

1. Paris, 4e ch., 8 nov. 2012, n° 10/11026, *Loyers et copr.* 2012, n° 43, obs. B. Vial-Pedroletti.
2. L. n° 89-462, 6 juill. 1989 tendant à améliorer les rapports locatifs et portant modification de la loi n° 86-1290 du 23 décembre 1986, *JO* 8 juill.
3. Civ. 3e, 19 oct. 2005, n° 04-17.039, P III, n° 198 ; *D.* 2005. 2897 ; D. 2006. 958, obs. N. Damas ; *AJDI* 2006. 201, obs. Y. Rouquet.
4. Civ. 3e, 29 oct. 2013, n° 12-23.138, P III, n° 135 ; *Ann. loyers* 2013. 2007, note Beddeleem.
5. Lyon, 6e ch., 2 juill. 2015, n° 13/09883, *Loyers et copr.* 2015, n° 212, note B. Vial-Pedroletti.
6. Civ. 3e, 9 nov. 2011, n° 10-20.287, P III, n° 188 ; *D. actu.*, 25 nov. 2011, note Y. Rouquet ; *AJDI* 2012. 516, note N. Damas ; *JCP N*, 4 mai 2012, p. 45, note Mauger-Vielpeau.

L'article 9-1 ne s'applique qu'aux notifications et significations. Il ne saurait entraîner l'opposabilité à un époux d'un avenant signé par le bailleur avec l'autre époux.

121.24 Quant aux notifications faites par les époux. Les époux locataires doivent rester vigilants quant à l'effet des actes qu'ils délivreraient séparément, le bailleur pouvant en contester l'opposabilité.

Le bail ne prend fin que si les deux époux ont donné congé. En l'état d'un congé délivré par le mari seul, confirmé ultérieurement par les deux époux, le point de départ du préavis est calculé par rapport au seul congé donné en commun [7].

De même, le mari, informé du congé délivré par son épouse et de la nécessité de donner congé lui-même pour mettre fin au bail, s'il ne donne pas suite, reste seul engagé vis-à-vis du bailleur [8].

SECTION 3

CONGÉ, SÉPARATION, DIVORCE, DÉCÈS, VIOLENCES ET EFFETS SUR LE BAIL D'HABITATION

121.31 Solidarité des époux nonobstant le congé donné par l'un d'eux. Le congé donné par l'un des époux ne prive pas le conjoint resté dans les lieux de son droit au bail. Permet-il à l'époux ayant quitté le logement de se désintéresser du paiement du loyer ? Cette question a fait l'objet d'intéressants développements jurisprudentiels.

La troisième chambre civile de la Cour de cassation en 1989 a tracé dans un premier temps les limites de l'obligation qui pèserait sur l'époux qui part, en affirmant qu'ayant valablement mis fin, par le congé, au lien contractuel l'unissant au bailleur, il n'était pas tenu solidairement au paiement des loyers [9]. Cette décision aboutissait à priver d'effet l'article 220 du code civil [10] relatif à la solidarité légale des époux.

La première chambre civile de la Haute cour avait retenu, quant à elle, quelques mois auparavant, que l'article 220 faisait peser sur les époux une obligation solidaire et qu'il avait vocation à s'appliquer à toute dette, même non contractuelle (il s'agissait d'une indemnité d'occupation), ayant pour objet l'entretien du ménage ou l'éducation des enfants [11].

7. Civ. 3e, 19 juin 2002, n° 01-00.652, P III, n° 140 ; *Loyers et copr.* 2002, n° 221, obs. B. Vial-Pedroletti.
8. Lyon, 8e ch., 13 oct. 2015, *Loyers et copr.* 2015, n° 240, note B. Vial-Pedroletti.
9. Civ. 3e, 13 déc. 1989, n° 88-13.266, P III, n° 232 ; *Gaz. Pal.* 10 avr. 1990, 101-102.
10. V. texte de l'article 220 ss n° 121.01.
11. Civ. 1re, 7 juin 1989, n° 87-19.049, NP.

Elle confirmait cette analyse dans un arrêt du 13 octobre 1992, tant que le divorce n'est pas prononcé : constatant que les époux n'étaient pas divorcés, et que le bail avait été conclu par eux « pour assurer le logement de la famille », l'époux restait solidairement tenu du paiement des loyers, malgré le congé qu'il avait fait délivrer[1].

La troisième chambre civile s'est finalement rangée à cette position, dans le cas d'un conjoint qui avait été autorisé à résider séparément. Étant cotitulaire du bail il restait tenu solidairement envers le bailleur du paiement des loyers et des charges jusqu'à ce que la mention du jugement de divorce ait été faite en marge des registres de l'état civil[2]. L'article 220 du code civil qui fait peser sur les époux une obligation solidaire s'applique à toute dette ayant pour objet l'entretien du ménage ou l'éducation des enfants, même non contractuelle, et l'indemnité d'occupation due par l'épouse doit être acquittée par l'époux jusqu'à la date de transcription du divorce dans les registres de l'état civil[3].

121.32 Absence d'effets de la séparation sur la cotitularité et la solidarité. Avant que le divorce ne soit prononcé, la situation reste inchangée. Les époux étant tenus solidairement au règlement de ces sommes, le bailleur peut librement poursuivre l'un quelconque d'entre eux pour le paiement de la totalité de la dette, même en cas de résidence séparée des époux ; de même, une ordonnance de non-conciliation n'a pas davantage d'effet sur la solidarité qui reste entière[4]. Toutefois, la solidarité cesse en cas de jugement de séparation de corps, et ce à la date de l'accomplissement des formalités de mention en marge des registres de l'état civil[5].

Le débat a cependant été rouvert sur la limite des engagements réciproques des époux au cours d'une procédure de divorce entre deux époux locataires, le logement étant attribué par ordonnance de non-conciliation à l'épouse. En l'espèce, l'agence immobilière, mandataire du bailleur, accepte alors de signer avec l'époux une convention aux termes de laquelle celui-ci était déchargé de ses obligations nées du bail portant sur le domicile conjugal, et la caution familiale de l'époux dispensée du respect de ses engagements. Le bailleur, informé, engage une action à l'encontre des époux et de la caution. Le premier juge ne le suit pas et c'est l'épouse qui interjette appel de cette décision et est elle-même déboutée. Par un arrêt du 17 juin 2015, la première chambre civile de la Cour de cassation décide tout d'abord d'écarter la demande portée par l'épouse contre la caution, dans la mesure où elle ne dispose pas d'une action à son encontre, le contrat de caution étant signé avec le bailleur, elle étant tiers à l'acte. Mais la Haute juridiction reçoit sa demande car la convention signée par l'agence est susceptible de lui nuire, au titre de la créance qu'elle tient de la contribution des époux à la dette locative. Cette décision de cassation partielle de l'arrêt d'appel apporte à la notion de cotitularité une interprétation explicite de protection de l'un des époux contre l'autre[6].

Le divorce modifie, quant à lui, la situation des époux au regard de la cotitularité et de la solidarité.

121.33 Effets du divorce sur la cotitularité et la solidarité. L'article 262 du code civil précise que « La convention ou le jugement de divorce est opposable aux tiers, à partir du jour où les formalités de mention en marge prescrites par les règles de l'état civil ont été accomplies. »

La deuxième chambre civile l'a affirmé depuis 1990[7].

Toutes les conséquences en sont tirées, notamment quant au règlement des impayés de loyers, de charges et de réparations locatives. L'époux demeure solidairement tenu au paiement du loyer jusqu'à cette transcription[8].

La Haute cour, dans un arrêt du 22 octobre 2015 publié dans son rapport annuel, lui donnant ainsi une importance particulière, a réaffirmé comme principe que : « ... la transcription du jugement de divorce ayant attribué le droit au bail à l'un des époux met fin à la cotitularité du bail tant légale que conventionnelle ».

Une SCI propriétaire faisait valoir que le divorce des époux locataires d'un bail d'habitation mettait fin au bénéfice de la cotitularité « légale » du bail avec l'attribution du bail à l'un des époux, conformément à l'article 1751, mais ne mettait pas fin pour autant à la cotitularité « conventionnelle » résultant de la signature du bail par chacun des époux. L'époux n'ayant pas donné congé, et la SCI ignorant par ailleurs le divorce prononcé, elle se considérait comme légitime à lui demander le paie-

1. Civ. 1re, 13 oct. 1992, n° 90-18.404, P I, n° 166.
2. Civ. 3e, 27 mai 1998, n° 96-13.543, P III, n° 109.
3. Civ. 3e, 24 sept. 2008, n° 06-21.193, NP, *Les cahiers de l'habitat*, nov.-déc. 2008, p. 83.
4. Civ. 2e, 3 oct. 1990, n° 88-18.453, P II, n° 177.
5. Civ. 3e, 2 juin 1993, n° 91-14.522, P III, n° 74.
6. Civ. 1re, 17 juin 2015, n° 14-17.906, P I, n° 151 ; *D.* 2015. 1756, note M. Nicolle ; *ibid.* 2016. 566, obs. M. Mekki ; *ibid.* 1334, obs. J.-J. Lemouland et D. Vigneau ; *JCP N* 2015. 1185, comm. L. Mauger-Vielpeau ; *RTD civ.* 2016. 436, obs. B. Vareille.
7. Civ. 2e 3 oct. 1990, n° 88-18.453, P II, p. 90 ; *D.* 1992. 219, obs. F. Lucet ; *RTD civ.* 1991. 584, obs. F. Lucet et B. Vareille.
8. Civ. 3e, 18 janv. 2011, n° 09-72.626, NP, *Administrer* n° 455, p. 10 – SUR LA QUESTION : P.-J. Claux, S. David (dir.), *Droit et pratique du divorce*, « Dalloz Référence », 5e éd., 2021, n° 221.85.

ment du loyer. La Cour a opposé que le jugement de divorce avait attribué le droit au bail à l'épouse, qu'il avait été transcrit sur les registres de l'état civil, et que l'époux ne se trouvait plus locataire à compter de la date de cette transcription[1]. La cotitularité et la solidarité de l'époux, même prévues au contrat, prennent fin à cette date.

Tant que le divorce n'est pas transcrit, la séparation simple des époux n'a pas d'effet sur le contrat de location qui ne peut être modifié sans l'accord de tous les signataires. Mais, par ailleurs, la transcription du divorce ne met pas fin à la solidarité pour la période qui la précède. Il résulte de la clause de solidarité que l'engagement solidaire de l'époux au paiement de l'indemnité d'occupation doit recevoir application postérieurement à la résiliation du bail, nonobstant la transcription du divorce[2].

Après le divorce, le contrat de location peut être modifié pour tenir compte de la nouvelle situation (un seul locataire, fin de la solidarité). Mais tant qu'aucune décision définitive n'a tranché la contestation portant sur l'existence d'un droit au bail, la cour d'appel ne peut rejeter la demande de l'un des époux pour l'attribution d'un tel droit[3].

121.34 Attribution préférentielle du droit au bail. L'objectif poursuivi est de pouvoir disposer du logement pour soi et, le cas échéant, les enfants du couple. Cette attribution fait l'objet d'une demande adressée au juge par l'un des époux. À défaut de demande, la cotitularité du bail cesse à compter de la transcription du jugement de divorce en marge de l'état civil[4]. L'attribution est le plus souvent accordée à celui des époux qui a en garde les enfants, afin de maintenir leur environnement habituel.

Un ex-époux peut demander l'attribution préférentielle du droit au bail du local d'habitation, y compris si celui-ci est un bail emphytéotique[5].

121.35 Étendue du droit au bail. Il est intéressant d'observer jusqu'où l'application de l'article 1751 du code civil produit ses effets dans les cas de séparation des époux. L'époux, titulaire à titre personnel du droit au bail, signé avant son mariage peut revendiquer la poursuite du bail, seule la jouissance du domicile conjugal ayant été attribuée à sa femme, à titre provisoire, et même si son ex-épouse a signé seule un nouveau bail après leur séparation, qui ne lui était pas opposable. Le mari n'ayant pas donné congé, il demeurait titulaire d'un droit au bail et le défaut d'occupation avancé par le bailleur ne peut lui être opposé en raison de la crise conjugale qui existait[6]. Ainsi également l'épouse qui au cours de la procédure de divorce avait quitté les lieux, laissant la jouissance du domicile conjugal à son mari, n'a pas renoncé à son droit sur le bail à la suite du décès du mari pendant la procédure. Elle peut donc le revendiquer[7].

121.36 Décès du locataire. À l'origine, le droit au bail du cotitulaire décédé était recueilli par ses héritiers (en indivision sur ce droit au bail). Le conjoint cotitulaire était donc placé en concurrence avec les héritiers du locataire défunt.

Depuis le 1er juillet 2002, en vertu du dernier alinéa de l'article 1751 du code civil, créé par la loi du 3 décembre 2001[8], « en cas de décès d'un des époux, le conjoint survivant cotitulaire du bail dispose d'un droit exclusif sur celui-ci sauf s'il y renonce expressément »[9]. Ce texte est applicable aux successions ouvertes à compter de cette même date (en vertu de l'art. 25-II de la loi du 3 déc. 2001).

Ce bénéfice exclusif exclut toute concurrence avec les héritiers du locataire prédécédé[10]. Le cotitulaire peut y renoncer, mais s'agissant d'un droit d'ordre public, il ne peut y renoncer par avance[11].

121.37 Violences conjugales. La loi du 26 mai 2004 relative au divorce[12] permet au juge aux affaires familiales d'attribuer la jouissance du logement conjugal à l'époux victime de violences et à ses enfants et de prononcer l'éviction du conjoint

1. Civ. 3e, 22 oct. 2015, no 14-23.726, P III, no 100 ; *D.* 2015. 2616, note T. Lakssimi ; *AJDI* 2016. 422, note N. Damas ; Sem. Jur., éd. not. 30 oct. 2015, no 1027 ; *ibid.* 12 févr. 2016, no 6, Comm. L. Mauger-Vielpeau ; *Loyers et copr.* 2015, 241, note B. Vial-Pedroletti ; *Administrer* janv. 2016. 45 note Camu.
2. Paris, 20 févr. 2007, no 05-05.169, NP.
3. Civ. 3e, 19 sept. 2007, no 06-17.200, NP, *AJDI* 2008. 665, note V. Zalewski.
4. Civ. 3e, 2 févr. 2000, no 97-18.294, P III, no 18.
5. Civ. 1re, 12 juin 2013, no 12-11.724, P I, no 127, *Loyers et copr.* 2013, no 239, note B. Vial-Pedroletti.
6. Civ. 3e, 1er avr. 2009, no 08-15.929, P III, no 72 ; *AJDI* 210, p. 123, obs. N. Damas ; *Loyers et copr.* 2009, no 140, note B. Vial-Pedroletti.
7. Civ. 3e, 18 mai 2011, no 10-13.853, P III, no 78 ; *Opérations immobilières*, juill.-août 2011, p. 40, Comm. Crucis-Busquet.
8. L. no 2001-1135, 3 déc. 2001 relative aux droits du conjoint survivant et des enfants adultérins et modernisant diverses dispositions de droit successoral, *JO* 4 déc., p. 19279.
9. RÉDAC. L. no 2001-1135, 3 déc. 2001, art. 14-I et 25-I.
10. POUR une première application en jurisprudence : Civ. 3e, 28 juin 2018, no 17-20.409, P III, no 77 : « ce droit exclusif prive les héritiers qui vivent dans les lieux au moment du décès du preneur de tout droit locatif en présence d'un conjoint survivant ».
11. Civ. 3e, 18 mai 2011, no 10-13.853, P III, no 78 ; *D.* 2011. 1484, obs. Y. Rouquet ; *D.* 2011. 2624, obs. C. Bourdaire-Mignot, V. Brémond, M. Nicod et J. Revel ; *D.* 2012. 971, obs. J.-J. Lemouland et D. Vigneau ; *D.* 2012. 1086, obs. N. Damas ; *AJDI* 2011. 786, obs. N. Damas ; *RTD civ.* 2011. 518, obs. J. Hauser.
12. L. no 2004-439, 26 mai 2004 relative au divorce, *JO* 27 mai, p. 9319.

violent[1]. Celui-ci ne peut par ailleurs bénéficier des délais de grâce légaux ou de ceux que le juge peut attribuer, pour voir son expulsion retardée.

Trois lois ont apporté depuis, successivement, une protection renforcée dans le cas de violences dans un couple. La loi du 9 juillet 2010[2], relative aux violences faites spécifiquement aux femmes, aux violences au sein des couples et aux incidences de ces dernières sur les enfants a créé un nouveau titre XIV dans le code civil, traitant des mesures de protection aux victimes de violences, sous les articles 515-9 et suivants. L'article 515-9 (modifié par la loi 28 décembre 2019[3]) précise que lorsque les violences exercées au sein du couple y compris lorsqu'il n'y a pas de cohabitation, ou par un ancien conjoint, un ancien partenaire lié par un pacte civil de solidarité ou un ancien concubin, y compris lorsqu'il n'y a jamais eu de cohabitation, mettent en danger la personne qui en est victime, un ou plusieurs enfants, le juge aux affaires familiales peut délivrer en urgence à cette dernière une ordonnance de protection. La jouissance du logement est attribuée sauf ordonnance spécialement motivée justifiée par des circonstances particulières au conjoint qui n'est pas l'auteur des violences. Dans ce cas, la prise en charge des frais afférents peut être à la charge du conjoint violent[4].

La loi du 23 novembre 2018[5], dite loi Élan, a inséré un nouvel article 8-2 dans la loi du 6 juillet 1989, avec l'objectif de protéger la victime de violence familiale. Le régime est toutefois assez imprécis et il n'est pas certain qu'il soit efficace. Le texte nouveau dispose :

« Lorsque le conjoint du locataire, son partenaire lié par un pacte civil de solidarité ou son concubin notoire quitte le logement en raison de violences exercées au sein du couple ou sur un enfant qui réside habituellement avec lui, il en informe le bailleur par lettre recommandée avec demande d'avis de réception, accompagnée de la copie de l'ordonnance de protection délivrée par le juge aux affaires familiales dont il bénéficie et préalablement notifiée à l'autre membre du couple ou de la copie d'une condamnation pénale de ce dernier pour des faits de violences commis à son encontre ou sur un enfant qui réside habituellement avec lui et rendue depuis moins de six mois.

La solidarité du locataire victime des violences et celle de la personne qui s'est portée caution pour lui prennent fin le lendemain du jour de la première présentation du courrier mentionné au premier alinéa au domicile du bailleur, pour les dettes nées à compter de cette date.

« Le fait pour le locataire auteur des violences de ne pas acquitter son loyer à compter de la date mentionnée au deuxième alinéa est un motif légitime et sérieux au sens du premier alinéa de l'article 15. »

Ce texte paraît imprécis, car s'il est mentionné à l'alinéa 1er que c'est le locataire qui exerce une violence conduisant l'autre membre du couple à quitter le logement, l'alinéa 2 évoque la fin de la solidarité du locataire victime des violences. Il faut, semble-t-il, en déduire que le texte ne s'applique que dans l'hypothèse où les deux membres du couple sont locataires, en application soit de la cotitularité prévue à l'article 1751 du code civil, soit de la colocation instituée par l'article 8-1 de la loi du 6 juillet 1989 (ce qui explique la continuité de numérotation). Mais qu'en est-il des autres cas de figure, tels que le conjoint non cotitulaire (car le logement est, par exemple, à usage mixte professionnel et d'habitation) et non colocataire, pourtant tenu solidairement en application de l'article 220 du Code civil ? Il nous semble que le champ d'application de ce texte protecteur doit être entendu largement.

La loi du 30 juillet 2020[6] visant à protéger les victimes de violences conjugales a également modifié le droit des baux d'habitation en modifiant l'article 15 de la loi du 6 juillet 1989, et en ouvrant un nouveau cas de préavis réduit lorsque le locataire donne congé. Il est en effet précisé que le préavis est réduit à un mois pour le locataire « bénéficiaire d'une ordonnance de protection ou dont le conjoint, partenaire lié par un pacte civil de solidarité ou concubin fait l'objet de poursuites, d'une procédure alternative aux poursuites ou d'une condamnation, même non définitive, en raison de violences exercées au sein du couple ou sur un enfant qui réside habituellement avec lui ».

Il peut être regretté que les faits générateurs de ces divers régimes de protection ne soient pas harmonisés. Soit il est nécessaire pour la victime de disposer d'une ordonnance de protection, soit d'une condamnation pénale (éventuellement non définitive) de l'auteur de ces violences, soit de justifier du simple engagement de poursuites ou d'une procédure alternative à ces poursuites.

1. C. civ., art. 220-1, al. 3 ; abrogé par L. n° 2010-769, 9 juill. 2010.
2. L. n° 2010-769, 9 juill. 2010 relative aux violences faites spécifiquement aux femmes, aux violences au sein des couples et aux incidences de ces dernières sur les enfants, *JO* 10 juill., p. 12762.
3. L. n° 2018-1480, 28 déc. 2019 visant à agir contre les violences au sein de la famille, *JO* 29 déc., n° 2.
4. C. civ., art. 515-11, 3°.
5. L. n° 2018-1021, 23 nov. 2018 portant évolution du logement, de l'aménagement et du numérique, *JO* 24 nov., n° 1.
6. L. n° 2020-936, 30 juill. 2020 visant à protéger les victimes de violences conjugales, *JO* 31 juill., n° 2.

121.38 Limites à la solidarité. Les effets de la solidarité sont-ils sans limites ?

La solidarité des époux doit-elle jouer par exemple si la dette ne relève pas de « l'entretien du ménage » visé à l'article 220 du code civil ou pour le local qui ne sert pas « effectivement à l'habitation des deux époux », au sens de l'article 1751 du code civil ? La réponse apportée par la jurisprudence permet de limiter dans le temps les effets de la solidarité. La Cour de cassation a rejeté un pourvoi contre un arrêt ayant refusé la solidarité pour le paiement d'une indemnité d'occupation due par l'époux resté dans les lieux après la résiliation du bail. Dans ce cas, le juge du fond avait relevé que la dette n'était destinée ni à l'entretien du ménage, ni à l'éducation de l'enfant[1]. Elle a également considéré que le bail conclu par le mari après l'ordonnance de non-conciliation, pour son seul usage, n'est pas destiné à l'entretien du ménage et n'engage pas son épouse sur le fondement de l'article 220 du code civil[2]. Elle relève que la solidarité peut cesser avant la transcription du divorce si la cotitularité a elle-même cessé par la résiliation judiciaire du bail, sauf si l'indemnité a un caractère ménager[3]. Mais la Cour a souligné enfin que la liquidation judiciaire de l'époux, qui prive le bailleur de toute action envers celui-ci, ne lui interdit pas d'agir envers l'autre époux[4].

1. Civ. 1re, 14 févr. 1995, nº 92-19.780, P I, nº 83 ; *Dr. et patr.* déc. 1995, note Dekeuwer-Défossez – DANS LE MÊME SENS : Paris, 6e ch. B, 5 avr. 2001, nº 2000/01354, *AJDI* 2001. 786.
2. Civ. 2e, 24 nov. 1999, nº 97-19.079, P III, nº 173, *Rev. loyers* 2000. 193, note J. R.
3. Civ. 3e, 4 mars 2009, nº 08-10.156, NP, *AJDI* 2009. 536, obs. F. de La Vaissière.
4. Civ. 3e, 23 mars 2005, nº 03-20.457, P III, nº 69 ; *AJDI* 2005. 359, *Rev. loyers* 2005. 329, note Gallet.

CHAPITRE

122. Locataires pacsés

SECTION 0
ORIENTEUR

122.00 **Sommaire du chapitre.**

Division. Il convient d'étudier successivement les effets légaux du Pacs (sect. 1), la cotitularité du bail (sect. 2) et les violences au sein du couple et leurs incidences sur le logement (sect. 3).

122.01 **Principaux textes applicables.**

TEXTES SOURCES

• **C. civ.,** art. 515-1, 515-9, 515-11, 4°, 1751.

TEXTES *IN EXTENSO*

• **C. civ.,** art. 515-1

Un pacte civil de solidarité est un contrat conclu par deux personnes physiques majeures, de sexe différent ou de même sexe, pour organiser leur vie commune.

• **C. civ.,** art. 515-9

* V. s^s n° 121.01

• **C. civ.,** art. 515-11, 4°

L'ordonnance de protection est délivrée, par le juge aux affaires familiales, dans un délai maximal de six jours à compter de la fixation de la date de l'audience, s'il estime, au vu des éléments produits devant lui et contradictoirement débattus, qu'il existe des raisons sérieuses de considérer comme vraisemblables la commission des faits de violence allégués et le danger auquel la victime ou un ou plusieurs enfants sont exposés. A l'occasion de sa délivrance, après avoir recueilli les observations des parties sur chacune des mesures suivantes, le juge aux affaires familiales est compétent pour :

[...]

4° Se prononcer sur le logement commun de partenaires liés par un pacte civil de solidarité ou de concubins. La jouissance du logement commun est attribuée, sauf ordonnance spécialement motivée justifiée par des circonstances particulières, au partenaire lié par un pacte civil de solidarité ou au concubin qui n'est pas l'auteur des violences, et ce même s'il a bénéficié d'un hébergement d'urgence. Dans ce cas, la prise en charge des frais afférents peut être à la charge du partenaire ou concubin violent [...].

• **C. civ.,** art. 1751

* V. s^s n° 121.01

122.03 **Bibliographie indicative.**

Annuel. LAMY DR. IMMO, n°s 5505., 5895.

Encyclopédies. RÉP. CIV., *V^is Bail*, par C. Aubert de Vincelles, C. Noblot, n°s 68 s. ; *Bail d'habitation et mixte : rapports locatifs individuels – Loi du 6 juillet 1989*, N. Damas, n°s 336, 341, 384 – DICT. PERM. Gestion immob., *V^o Baux (Code civil)*, n°s 77 s.

Manuel. P. Murat (dir.), *Droit de la famille*, 8e éd., « Dalloz Action », 2019, titre 15 (le PACS).

SECTION 1
EFFETS LÉGAUX DU PACS

122.11 **Définition du Pacs.** Le Pacte civil de solidarité (Pacs) est un contrat conclu « par deux personnes physiques majeures, de sexe différent ou de même sexe, pour organiser leur vie commune » selon l'article 515-1 du code civil.

122.12 **Absence de cotitularité « automatique » entre les partenaires.** S'il n'y a pas de cotitularité « automatique » entre les partenaires d'un Pacs, depuis la modification de l'article 1751 du code civil par la loi du 24 mars 2014, dite loi Alur[1], applicable depuis le 8 août 2015, date d'entrée en vigueur de la loi du 6 août 2015, dite Macron[2], aux contrats en

1. L. n° 2014-366, 24 mars 2014 pour l'accès au logement et un urbanisme rénové, *JO* 26 mars, p. 5809.
2. L. n° 2015-990, 6 août 2015, art. 82, II.

cours ainsi qu'aux baux conclus, renouvelés ou reconduits tacitement à compter de cette date, lorsque les partenaires liés par un Pacs en font la demande conjointement au bailleur, les deux partenaires sont cotitulaires du bail portant sur le local servant effectivement à leur habitation[1]. Le bailleur ne peut pas s'opposer à cette demande sauf à démontrer que les conditions requises par le texte ne sont pas remplies.

122.13 Incidence du décès du partenaire cotitulaire du bail. La même loi du 24 mars 2014 a également modifié le dernier alinéa de l'article 1751, qui prévoit désormais qu'en cas de décès d'un des partenaires liés par un pacte civil de solidarité, le partenaire lié par un pacte civil de solidarité survivant cotitulaire du bail dispose d'un droit exclusif sur celui-ci sauf s'il y renonce expressément. La situation est ainsi similaire à celle des époux.

122.14 Incidence de la dissolution du pacs. Quant aux effets de la dissolution du pacs, il ressort de l'article 1751-1 du code civil, introduit dans notre droit positif par la loi du 24 mars 2014, dite loi Alur, que, dans cette hypothèse, « l'un des partenaires peut saisir le juge compétent en matière de bail aux fins de se voir attribuer le droit au bail du local, sans caractère professionnel ou commercial, qui sert effectivement à l'habitation des deux partenaires, sous réserve des créances ou droits à indemnité au profit de l'autre partenaire. Le bailleur est appelé à l'instance. Le juge apprécie la demande en considération des intérêts sociaux et familiaux des parties ».

122.15 Principe de solidarité. Aux termes de l'article 515-4 du code civil, il existe une solidarité de plein droit à l'égard des tiers pour les dettes contractées par l'un des partenaires pour les besoins de la vie courante et pour les dépenses relatives au logement commun.

122.16 Conséquence de la solidarité entre les partenaires. Le bailleur peut donc réclamer le paiement du loyer au partenaire du locataire même non titulaire du bail. Par dépenses relatives au logement commun, il convient d'entendre, outre le loyer, les charges, indemnités d'occupation ou réparations locatives. La cour d'appel de Paris a estimé que si chacun d'entre eux est tenu solidairement au paiement du loyer, y compris celui qui ne serait pas signataire du bail d'habitation, cette solidarité entraîne obligation pour le bailleur de délivrer quittance à leurs deux noms[2].

1. Concernant le champ d'application de l'article 1751 du code civil, v. s[s] n° 121.13.
2. Paris, 6e ch. B, 13 mai 2004, n° 2003/02302, *Rev. loyers* 2005. 34.

Comme il s'agit d'une obligation solidaire, chacun des partenaires pourra être contraint au paiement de la totalité de la dette, et le paiement par l'un est libératoire, à charge pour lui de se retourner contre son coobligé[3].

Cette solidarité prend effet avec le Pacs qui est opposable aux tiers dès son inscription en marge de l'acte de naissance. Elle prend nécessairement fin avec lui.

122.17 Régime de la solidarité. La loi ne prévoit cependant aucune modalité de publicité du Pacs visant à l'information des créanciers. L'article 5 II du décret du 21 décembre 1999[4] prévoit en effet que les « titulaires d'un droit de créance » né d'un contrat relatif au logement peuvent obtenir communication auprès des greffes de certaines informations, à l'exclusion de celles relatives au nom, prénom, date et lieu de naissance du partenaire de la personne au nom de laquelle la demande est faite.

Sur ce point, la différence entre les partenaires pacsés et les concubins est fondamentale : les premiers sont solidaires (qu'ils soient ou non cotitulaires du bail) ; les seconds ne seront solidaires que s'ils sont cotitulaires conformément au contrat signé et que celui-ci comprend une clause de solidarité.

SECTION 2
COTITULARITÉ DU BAIL

122.21 Opposabilité des notifications et significations au partenaire du locataire pacsé. Deux hypothèses sont à distinguer.

122.22 Les partenaires pacsés ont demandé conjointement à bénéficier de la cotitularité du droit de bail. Dès lors que, en application de l'article 1751 du code civil dans sa rédaction issue de la loi du 24 mars 2014[5], dite loi Alur, les deux partenaires ont conjointement fait la demande de bénéficier de la cotitularité du droit au bail, le bailleur devra adresser toute notification à chacun des deux partenaires, quand bien même le bail ne serait signé que de l'un d'entre eux.

3. C. civ., art. 1200.
4. Décr. n° 99-1090, 21 déc. 1999 relatif aux conditions dans lesquelles sont traitées et conservées les informations relatives à la formation, la modification et la dissolution du pacte civil de solidarité et autorisant la création à cet effet d'un traitement automatisé des registres mis en œuvre par les greffes des tribunaux d'instance, par le greffe du tribunal de grande instance de Paris et par les agents diplomatiques et consulaires français, *JO* 24 déc., p. 19217.
5. V. s[s] n° 122.15.

En effet, aux termes de l'article 9-1 de la loi du 6 juillet 1989[1], « nonobstant les dispositions des articles 515-4[2] et 1751[3] du code civil, les notifications ou significations faites en application du présent titre par le bailleur sont de plein droit opposables au partenaire (...) si l'existence de ce partenaire (...) n'a pas été préalablement portée à la connaissance du bailleur ». Or, la demande de bénéfice de la cotitularité sus-évoquée constitue la démarche par laquelle l'existence du partenaire du locataire est portée à la connaissance du bailleur au sens de l'article 9-1 de la loi du 6 juillet 1989.

Ainsi, lorsque le bail n'a été signé que par le locataire, et non par son partenaire auquel il est lié par un Pacs, dès lors que les deux partenaires ont conjointement fait la demande de bénéficier de la cotitularité du droit au bail, le bailleur doit adresser toute notification à chacun d'entre eux.

122.23 Les partenaires pacsés n'ont pas demandé conjointement à bénéficier de la cotitularité du droit de bail. On peut alors s'interroger sur la portée de la mesure prévue à l'article 9-1 de la loi du 6 juillet 1989, car le partenaire d'un locataire lié par un Pacs ne détient pas de droit sur le logement du seul fait du Pacs, à la différence des époux. Le bailleur peut légitimement continuer à s'adresser au seul signataire du bail.

SECTION 3
VIOLENCES AU SEIN DU COUPLE ET INCIDENCES SUR LE LOGEMENT

122.31 Attribution préférentielle du logement. En matière de violence au sein du couple, relevons que la loi du 9 juillet 2010, relative aux violences faites spécifiquement aux femmes, aux violences au sein des couples et aux incidences de ces dernières sur les enfants a inséré un nouveau titre XIV dans le code civil, traitant des mesures de protection aux victimes de violences, sous les articles 515-9 et suivants. Ces dispositions ont ensuite été modifiées, en dernier lieu par la loi du 30 juillet 2020[4].

L'article 515-9 du code civil précise que : « Lorsque les violences exercées au sein du couple ou par [...] un ancien partenaire lié par un pacte civil de solidarité [...] mettent en danger la personne qui en est victime, un ou plusieurs enfants, le juge aux affaires familiales peut délivrer en urgence à cette dernière une ordonnance de protection. »

La loi du 4 août 2014[5] et la loi du 30 juillet 2020 ont par ailleurs respectivement ajouté et modifié l'article 515-11, 4° du code civil aux termes duquel le juge peut « Se prononcer sur le logement commun de partenaires liés par un pacte civil de solidarité ou de concubins. La jouissance du logement commun est attribuée, sauf ordonnance spécialement motivée justifiée par des circonstances particulières, au partenaire lié par un pacte civil de solidarité ou au concubin qui n'est pas l'auteur des violences, et ce même s'il a bénéficié d'un hébergement d'urgence. Dans ce cas, la prise en charge des frais afférents peut être à la charge du partenaire ou concubin violent ».

1. Issu de L. n° 2000-1208, 13 déc. 2000, art. 189.
2. Instaurant la solidarité entre les partenaires, v. s[s] n° 122.15.
3. Relatif à la cotitularité du droit au bail, v. s[s] n° 122.31.
4. L. n° 2020-936, 30 juill. 2020 visant à protéger les victimes de violences conjugales, *JO* 31 juill., n° 2.
5. L. n° 2014-873, 4 août 2014 pour l'égalité réelle entre les femmes et les hommes, *JO* 5 août, p. 12949.

CHAPITRE

123. Locataires concubins

SECTION 0 ORIENTEUR

123.00 Sommaire du chapitre.

Division. La notion de concubinage est définie légalement à l'article 515-8 du code civil. « Le concubinage est une union de fait, caractérisée par une vie commune présentant un caractère de stabilité et de continuité, entre deux personnes, de sexe différent ou de même sexe, qui vivent en couple[1]. »

L'analyse de la situation juridique des concubins par rapport au bail d'habitation repose sur trois éléments : la cotitularité des concubins (sect. 1), leur solidarité (sect. 2), et les violences au sein du couple de concubins (sect. 3).

123.01 Principaux textes applicables.

TEXTES SOURCES

• **C. civ.,** art. 515-8, 515-9, 515-10, 515-11, 515-12.

TEXTES *IN EXTENSO*

• **C. civ.,** art. 515-8

Le concubinage est une union de fait, caractérisée par une vie commune présentant un caractère de stabilité et de continuité, entre deux personnes, de sexe différent ou de même sexe, qui vivent en couple.

• **C. civ.,** art. 515-9

* V. s^s n° 121.01

• **C. civ.,** art. 515-10

L'ordonnance de protection est délivrée par le juge, saisi par la personne en danger, si besoin assistée, ou, avec l'accord de celle-ci, par le ministère public. Sa délivrance n'est pas conditionnée à l'existence d'une plainte pénale préalable.

Dès la réception de la demande d'ordonnance de protection, le juge convoque, par tous moyens adaptés, pour une audience, la partie demanderesse et la partie défenderesse, assistées, le cas échéant, d'un avocat, ainsi que le ministère public à fin d'avis. Ces auditions peuvent avoir lieu séparément. L'audience se tient en chambre du conseil. À la demande de la partie demanderesse, les auditions se tiennent séparément.

• **C. civ.,** art. 515-11, 4°

* V. s^s n° 122.01

• **C. civ.,** art. 515-12

Les mesures mentionnées à l'article 515-11 sont prises pour une durée maximale de six mois à compter de la notification de l'ordonnance. Elles peuvent être prolongées au-delà si, durant ce délai, une demande en divorce ou en séparation de corps a été déposée ou si le juge aux affaires familiales a été saisi d'une demande relative à l'exercice de l'autorité parentale. Le juge aux affaires familiales peut, à tout moment, à la demande du ministère public ou de l'une ou l'autre des parties, ou après avoir fait procéder à toute mesure d'instruction utile, et après avoir invité chacune d'entre elles à s'exprimer, supprimer ou modifier tout ou partie des mesures énoncées dans l'ordonnance de protection, en décider de nouvelles, accorder à la personne défenderesse une dispense temporaire d'observer certaines des obligations qui lui ont été imposées ou rapporter l'ordonnance de protection.

123.02 Jurisprudence de référence.

> Non-cotitularité du bail

• **Civ. 3e, 28 avr. 2009,** n° 08-12.424, NP

* V. s^s n° 123.12

Le concubin, non-signataire du contrat de bail, ne peut se maintenir dans les lieux après le départ de la locataire.

> Solidarité

• **Civ. 3e, 8 nov. 1995,** n° 93-11.196, P III, n° 220

* V. s^s n° 123.24

Le preneur qui s'est engagé solidairement avec l'autre reste, de ce chef, tenu au paiement du loyer et des charges échus après son départ et ceci jusqu'à l'expiration du bail en cours.

1. L. n° 99-944, 15 nov. 1999, art. 3.

123.03 Bibliographie indicative.

Annuel. LAMY DR. IMMO, n°s 5502 s.

Encyclopédies. RÉP. CIV., *V^is Bail*, par C. Aubert de Vincelles, C. Noblot, n° 68 ; *Bail d'habitation et mixte : rapports locatifs individuels – Loi du 6 juillet 1989*, N. Damas, n°s 82, 336, 404 – DICT. PERM. Gestion immob., *V° Baux (Code civil)*, n°s 77 s.

Manuel. J. Lafond, B. Vial-Pedroletti, *Les baux d'habitation*, 8e éd., « Droit et professionnels », LexisNexis, 2017, n°s 420, 421, 427.

Articles. K. Altman, « La cotitularité du bail », *Les Cahiers de l'Habitat*, nov.-déc. 2010, p. 7 – A. Bourrat-Guéguen, « Le renforcement de la protection des personnes victimes de violence au sein d'un couple dans le cadre de la loi du 4 août 2014 pour l'égalité réelle entre les femmes et les hommes », *LPA* 12 févr. 2015, n° 31 – S. Castagné, « Mariage, Pacs, concubinage. Analyse comparative », *JCP N* 2008. 1325, spéc. n°s 117 s. – E. Dagneaux, E. Panissié, A. Seck, « Le logement des concubins », *Gaz. Pal.* 6 juin 2003 p. 17 – C. Dreveau, « La solidarité des copreneurs dans le bail d'habitation », *Administrer* oct. 2003, p. 20 – B. Vial-Pedroletti, « Situation juridique du concubin du colocataire », *Loyers et copr.* mai 2004, Ét. 5.

SECTION 1
COTITULARITÉ DES CONCUBINS ET SES EFFETS

123.11 Cotitularité contractuelle. La cotitularité des concubins n'est pas de droit comme pour les époux, ou comme pour les partenaires d'un PACS qui en font la demande[1] ; elle ne peut résulter que du contrat lui-même (et non de la loi), chacun des concubins devant être signataire du contrat pour prétendre en être titulaire et bénéficier des effets de cette cotitularité contractuelle.

123.12 Conséquences de l'absence de cotitularité légale. L'absence de cotitularité rend le concubin non signataire du bail « invisible » aux yeux du bailleur. Il peut dès lors quitter les lieux sans formalisme (sans délivrer congé), et le bailleur n'aura comme interlocuteur que le seul signataire du bail. Le concubin non cotitulaire ne peut en particulier exiger de se voir délivrer un congé, et ne répond pas des dettes du signataire.

Le concubin non titulaire ne pourra pas se maintenir dans le logement en cas de congé délivré par le locataire en titre. Le concubin qui s'est maintenu dans les lieux après le départ de la locataire ne peut prétendre au statut de locataire, à défaut d'accord non équivoque du bailleur[2]. Le fait que la compagne du locataire ait réglé des loyers ou qu'elle ait participé à l'activité d'une association de locataires ne vaut pas preuve du consentement du bailleur à lui reconnaître la qualité de locataire[3].

À défaut de cotitularité le concubin non-signataire est un simple occupant et ne pourra revendiquer que des droits limités sur le logement, dans des circonstances particulières comme le décès ou l'abandon de domicile du locataire[4].

123.13 Effets de la cotitularité contractuelle. La cotitularité contractuelle confère des droits à chacun des signataires du bail, vis-à-vis du bailleur, mais également vis-à-vis du cotitulaire. Vis-à-vis du bailleur, il bénéficie d'un titre sur le local qui s'exprime par exemple en cas de congé donné par l'autre cotitulaire. Celui qui ne donne pas congé peut rester dans les lieux sans que sa présence soit contestée. À l'inverse il peut donner congé à tout moment et, en absence de clause de solidarité, il ne sera pas tenu du paiement du loyer après la prise d'effet de son congé (v. ci-dessous). Si une clause de solidarité est inscrite dans le bail, son départ l'engage au-delà de la durée du préavis, dans les conditions prévues au bail et jusqu'au terme de celui-ci.

Depuis la loi du 24 mars 2014, dite loi Alur, la cotitularité contractuelle entraîne en principe l'application du statut de la colocation, ce qui a des conséquences notamment en ce qui concerne la durée de la solidarité éventuellement stipulée[5].

123.14 Signature éventuelle d'un avenant au contrat de location. La rédaction d'un avenant au contrat est possible pour rendre le concubin cotitulaire, mais le bailleur n'y est pas tenu. Il peut y avoir un intérêt, dans la mesure où il pourra s'appuyer sur deux titulaires et augmenter sa garantie pour le paiement du loyer. Il peut, à cette occasion, prévoir une clause de solidarité dans le bail, qui engage chacun des titulaires au paiement pour la totalité. Dans le secteur HLM, il peut être considéré qu'il ne s'agit pas d'une nouvelle attribution, puisque le logement est déjà attribué et il n'y a donc pas lieu de vérifier le respect des plafonds de ressources. Par contre, l'ensemble des ressources des occupants doit être pris en compte pour l'application du supplément de loyer de solidarité[6].

SECTION 2
SOLIDARITÉ DES CONCUBINS ET SES CONSÉQUENCES

123.21 Clause de solidarité. Les concubins ne sont solidaires que s'ils sont cotitulaires contractuels,

1. V. s^s n°s 122.21 s.
2. Civ. 3e, 28 avr. 2009, n° 08-12.424, NP.
3. Paris, 25 mars 2008, n° 06-17.211, *AJDI* 2008. 667.
4. Sur la continuation ou le transfert du contrat, v. s^s n°s 321.11 s.
5. L. n° 89-462, 6 juill. 1989, art. 8-1 (v. s^s n°s 124.11 s.).
6. Sur les conditions financières de la location HLM, v. s^s n°s 632.11 s., 637.11 s.

d'une part, et qu'une clause de solidarité a expressément été prévue au contrat[1], d'autre part. La clause doit être claire et refléter l'intention des parties.

123.22 **Effets de l'absence de solidarité.** S'ils sont seulement cotitulaires, les concubins doivent le paiement du loyer chacun pour leur part. La Cour de cassation a relevé qu'en l'absence de solidarité conventionnelle le colocataire qui a délivré seul congé n'est pas tenu du loyer et des charges durant le délai de préavis, dès lors que, du fait du maintien dans les lieux de l'autre colocataire, le logement se trouve occupé avant la fin du préavis par un autre locataire en accord avec le bailleur[2]. Ce raisonnement s'appuie sur la lettre de l'article 15-I de la loi du 6 juillet 1989[3] selon lequel pendant le délai de préavis, le locataire est redevable du loyer et des charges concernant tout le délai de préavis si c'est lui qui a notifié le congé, « sauf si le logement se trouve occupé avant la fin du préavis par un autre locataire en accord avec le bailleur ». La Cour a considéré que le copreneur dans les lieux occupait les lieux en accord avec le bailleur puisqu'il était titulaire du contrat de location. Cette solution aboutit à distraire de toute obligation de paiement l'un des colocataires pendant la durée du délai de préavis.

123.23 **Mariage et concubinage ont des effets différents.** Il n'y a pas, en matière de solidarité, de parallélisme avec la situation des époux ou des partenaires d'un PACS examinée plus haut[4]. Ainsi le concubin « qui avait l'intention de se marier », ne peut revendiquer l'application de l'article 220 du code civil, qui institue une solidarité de plein droit des époux en matière de dettes contractées pour l'entretien du ménage ou l'éducation des enfants, car il n'est pas applicable en cas de concubinage[5].

123.24 **Effets de la solidarité entre co-contractants.** La clause de solidarité permet au bailleur de réclamer le paiement du loyer auprès de l'un quelconque des locataires solidaires en cas de non-paiement. La création d'un statut de la colocation a toutefois bouleversé les solutions antérieures.

Il était auparavant jugé que la clause de solidarité prévue au bail avait un effet pendant toute la durée de celui-ci, même en cas de congé anticipé de l'un des copreneurs. Le preneur qui s'est engagé solidairement avec l'autre restait, de ce chef, tenu au paiement du loyer et des charges échus après son départ et ceci jusqu'à l'expiration du bail en cours[6].

Ainsi, le congé donné par le concubin cotitulaire du bail ne mettait pas fin à son engagement solidaire avec celui resté dans les lieux.

Cet effet était cependant limité à la durée du bail en cours à la date du congé[7]. Ainsi l'indemnité d'occupation, créance née postérieurement à la résiliation du bail, n'était pas due par le locataire qui avait quitté les lieux à l'expiration du bail[8], sauf si une clause expresse du bail l'avait prévu.

Depuis l'instauration du régime de la colocation, par la loi Alur du 24 mars 2014, les règles relatives à la solidarité sont plus strictement encadrées[9].

SECTION 3
VIOLENCES AU SEIN DU COUPLE DE CONCUBINS ET CONSÉQUENCES SUR LE LOGEMENT

123.31 **Attribution préférentielle du logement.** Plusieurs lois ont apporté, successivement, une protection aux victimes dans le cas de violences dans un couple. La loi du 9 juillet 2010, relative aux violences faites spécifiquement aux femmes, aux violences au sein des couples et aux incidences de ces dernières sur les enfants a créé un nouveau titre XIV dans le code civil, traitant des mesures de protection aux victimes de violences, sous les articles 515-9 et suivants. Ces dispositions ont été modifiées, notamment par les lois du 4 août 2014[10], du 28 décembre 2019[11] et du 30 juillet 2020[12].

L'article 515-9 précise que « Lorsque les violences exercées au sein du couple, y compris lorsqu'il n'y a pas de cohabitation, ou par un ancien conjoint, un ancien partenaire lié par un pacte civil de solidarité ou un ancien concubin, y compris lorsqu'il n'y a

1. En effet, selon l'article 1202 du code civil, la solidarité ne se présume pas, elle doit être expressément stipulée.
2. Civ. 3e, 28 oct. 2009, n° 08-17.209, P III, n° 236 ; *AJDI* 2010. 318, obs. V. Zalewski ; *D. actu.*, 4 nov. 2009, Comm. G. Forest.
3. Paris, 4e ch., 8 nov. 2012, n° 10/11026, *Loyers et copr.* 2012, n° 43, obs. B. Vial-Pedroletti. L.n° 89-462, 6 juill. 1989 tendant à améliorer les rapports locatifs et portant modification de la loi n° 86-1290 du 23 décembre 1986, *JO* 8 juill.
4. V. ss nos 121.33 et 122.15.
5. Civ. 1re, 11 janv. 1984, n° 82-16.198, P I, n° 12.
6. Civ. 3e, 8 nov. 1995, n° 93-11.196, P III, n° 220. *D.* 1996. 368, note CRDP Nancy II ; *RDI* 1996. 285, note F. Collart-Dutilleul.
7. Civ. 3e, 12 juill. 2000, n° 98-15.868, NP, *Administrer*, mars 2001, p. 31 note B. Gauglère ; *Rev. Habitat français*, mai 2001, p. 25.
8. Civ. 3e, 5 mai 2004, n° 03-10.201, P III, n° 87 ; *Rev. loyers* 2004. 475, note Rémy – Civ. 3e, 24 mars 1999, n° 97-12.982, P III, n° 75 – Civ. 3e, 4 mai 2004, n° 03-11.995, NP, *Rev. loyers* 2004. 517.
9. V. ss nos 124.11 s.
10. L. n° 2014-873, 4 août 2014 pour l'égalité réelle entre les femmes et les hommes, *JO* 5 août.
11. L. n° 2019-1480, 28 déc. 2019 visant à agir contre les violences au sein de la famille, *JO* 29 déc.
12. L. n° 2020-936, 30 juill. 2020 visant à protéger les victimes de violences conjugales, *JO* 31 juill., n° 2.

jamais eu de cohabitation, mettent en danger la personne qui en est victime, un ou plusieurs enfants, le juge aux affaires familiales peut délivrer en urgence à cette dernière une ordonnance de protection. »

La loi du 4 août 2014, et la loi du 30 juillet 2020 visant à protéger les victimes de violences conjugales ont par ailleurs respectivement ajouté et modifié l'article 515-11, 4° du code civil aux termes duquel le juge peut « Se prononcer sur le logement commun de partenaires liés par un pacte civil de solidarité ou de concubins. La jouissance du logement commun est attribuée, sauf ordonnance spécialement motivée justifiée par des circonstances particulières, au partenaire lié par un pacte civil de solidarité ou au concubin qui n'est pas l'auteur des violences, et ce même s'il a bénéficié d'un hébergement d'urgence. Dans ce cas, la prise en charge des frais afférents peut être à la charge du partenaire ou concubin violent. »

CHAPITRE

124. Locataires en colocation

SECTION 0 ORIENTEUR

124.00 Sommaire du chapitre.

Division – Possible rotation des locataires. La colocation a d'abord été une pratique. Plusieurs personnes, en général jeunes, décident ensemble de louer une habitation commune. La situation se traduit le plus souvent par la signature d'un bail de droit commun. Mais la colocation c'est aussi, toujours en pratique, la possibilité d'une rotation des locataires dans le logement loué, avec l'accord des occupants. La notion de colocation n'était pas définie juridiquement en dehors du cas des logements HLM (v. s[s] chap. 125). Ce n'est plus le cas depuis la loi du 24 mars 2014, qui a conféré à la colocation un statut à part entière[1]. Le développement de cette formule ne doit pas faire oublier qu'elle s'accompagne de contraintes particulières.

124.01 Principaux textes applicables.

TEXTES SOURCES

• **L. n° 89-462, 6 juill. 1989,** art. 8-1.

TEXTES *IN EXTENSO*

• **L. 6 juill. 1989,** art. 8-1

I. – La colocation est définie comme la location d'un même logement par plusieurs locataires, constituant leur résidence principale, et formalisée par la conclusion d'un contrat unique ou de plusieurs contrats entre les locataires et le bailleur, à l'exception de la location consentie exclusivement à des époux ou à des partenaires liés par un pacte civil de solidarité au moment de la conclusion initiale du contrat.

II. – Lorsque la colocation est formalisée par la conclusion de plusieurs contrats entre les locataires et le bailleur, elle constitue une division du logement tenue au respect des articles L. 126-17, L. 126-18 et L. 126-21 du code de la construction et de l'habitation. Par dérogation aux mêmes articles L. 126-17 et L. 126-21, la surface et le volume habitables des locaux privatifs doivent être au moins égaux, respectivement, à 9 mètres carrés et à 20 mètres cubes. Pour l'application de l'article 6 de la présente loi, il est tenu compte de l'ensemble des éléments, équipements et pièces du logement.

Chaque contrat de bail formalisant une colocation respecte le présent titre Ier ou, s'il concerne un logement loué meublé, le titre Ier *bis* de la présente loi.

Le montant de la somme des loyers perçus de l'ensemble des colocataires ne peut être supérieur au montant du loyer applicable au logement en application des articles 17 ou 25-9. Les articles 17-1 et 17-2 sont applicables.

Les normes de peuplement prises en application de l'article L. 822-10 du code de la construction et de l'habitation s'imposent aux logements loués en colocation.

Un décret en Conseil d'État adapte aux logements loués en colocation les caractéristiques applicables aux conditions de décence.

III. – Le contrat de bail d'une colocation respecte un contrat type défini par décret en Conseil d'État, pris après avis de la Commission nationale de concertation.

IV. – Les parties au contrat de bail d'une colocation peuvent convenir dans le bail de la souscription par le bailleur d'une assurance pour compte récupérable auprès des colocataires dans les conditions prévues au g de l'article 7. Les colocataires peuvent provoquer la résiliation de l'assurance pour compte récupérable dans les conditions fixées au même article.

V. – Les charges locatives accessoires au loyer principal d'un contrat de bail d'une colocation sont récupérées par le bailleur au choix des parties comme prévu par ce contrat :

1° Soit dans les conditions prévues à l'article 23, lorsqu'il s'agit de provisions pour charges ;

2° Soit sous la forme d'un forfait versé simultanément au loyer, dont le montant et la périodicité de versement sont

1. L. n° 2014-366, 24 mars 2014, art. 1, I, 13.

définis dans le contrat et qui ne peut donner lieu à complément ou à régularisation ultérieure. Le montant du forfait de charges est fixé en fonction des montants exigibles par le bailleur en application de l'article 23 et peut être révisé chaque année aux mêmes conditions que le loyer principal. Ce montant ne doit pas être manifestement disproportionné au regard des charges dont le locataire ou, le cas échéant, le précédent locataire se serait acquitté.

VI. – La solidarité d'un des colocataires et celle de la personne qui s'est portée caution pour lui prennent fin à la date d'effet du congé régulièrement délivré et lorsqu'un nouveau colocataire figure au bail. A défaut, elles s'éteignent au plus tard à l'expiration d'un délai de six mois après la date d'effet du congé.

L'acte de cautionnement des obligations d'un ou de plusieurs colocataires résultant de la conclusion d'un contrat de bail d'une colocation identifie nécessairement, sous peine de nullité, le colocataire pour lequel l'extinction de la solidarité met fin à l'engagement de la caution.

124.02 Jurisprudence de référence.

• **Civ. 3e, 8 avr. 2021,** n° 19-23.343, P

* V. s[s] n° 124.42.

Le colocataire solidaire sortant ne saurait être condamné à verser une somme au bailleur au titre de la remise en état des lieux, dès lors que la créance de celui-ci est née après l'expiration de l'obligation solidaire.

124.03 Bibliographie indicative.

Encyclopédies. RÉP. CIV., *V° Bail d'habitation et mixte : rapports locatifs individuels – Loi du 6 juillet 1989*, N. Damas, nos 329 s. – DICT. PERM. Gestion immob., *V° Baux d'habitation et mixtes*, nos 324 s.

Ouvrages. E. Debaussart-Joniec, S. Fraîche-Dupeyrat et Ph. Pelletier, *Les baux d'habitation après la loi Élan*, 3e éd., « Actualité », LexisNexis, 2019 – J. Lafond, B. Vial-Pedroletti, *Les baux d'habitation*, 8e éd., « Droit et professionnels », LexisNexis, 2017, n° 435 s. – Ph. Pelletier (dir.), *Traité des baux d'habitation et professionnels*, « Référence juridique », Le Moniteur, 2021.

Articles. P. Turenne, « Louer à des colocataires », IRC sept. 2013. 29 – Ch. Coutant-Lapalus, « Cotitularité et solidarité : règles légales et outils conventionnels du logement locatif partagé », Loyers et copr. 2013. Ét. 10 – N. Damas, « La loi ALUR et les baux d'habitation », AJDI 2014. 334 ; ibid. 2015. 654, « La loi "Macron" et les baux d'habitation » – Y. Rouquet, AJDI 2015. 570, « Loi "Macron" : gestion immobilière » – J.-B. Belda, « Regards sur le contrat de colocation », Rev. loyers 2017. 357 – S. Tisseyre, « La solidarité conventionnelle des copreneurs, qui survit au congé donné par l'un d'eux, n'a pas un caractère abusif ! », D. 2017. 430 – A. Danon, « Logement : la solidarité contractuelle des colocataires en cas d'impayé du loyer et/ou de ses accessoires », AJDI 2020. 26.

SECTION 1
RÉGIME ANTÉRIEUR À LA LOI DU 24 MARS 2014

124.11 Cotitularité contractuelle. La cotitularité contractuelle résulte du bail. Seuls les signataires du contrat de location détiennent des droits sur le local, dès lors qu'il n'existe pas de cotitularité légale applicable (ce qui ne concernait que les seuls époux en vertu de l'article 1751 du code civil, avant la loi du 24 mars 2014, dite loi Alur).

Les conditions dans lesquelles de nouveaux colocataires peuvent succéder aux signataires d'origine sont précisées par le contrat lui-même : liberté ou accord explicite du bailleur, le plus souvent par avenant au contrat et dans les mêmes conditions de garantie. Dans cette hypothèse, le contrat peut prévoir qu'il ne sera pas établi de nouvel état des lieux à chaque arrivée et que le bailleur n'a pas à rembourser de dépôt de garantie à chaque partant, laissant ainsi aux colocataires le soin de régler entre eux cette question.

Si tous les colocataires souhaitent quitter ensemble le logement, ils devront délivrer ensemble le congé. Le propriétaire qui donne congé, quant à lui, le délivrera à chacun des colocataires.

124.12 Présence d'une clause de solidarité. Très fréquemment, une clause de solidarité lie tous les signataires. Dans ce cas, le bailleur, s'il existe des difficultés de paiement, pourra faire le choix de celui ou de ceux des locataires qu'il estime pouvoir utilement poursuivre. Ceux qui ont payé la totalité du loyer peuvent toutefois agir en remboursement contre celui qui n'a pas payé sa quote-part[1].

Dans cette hypothèse, celui qui délivre congé reste solidaire quant au paiement du loyer et des charges jusqu'à la fin du contrat en cours à la date du congé ou à la date de résiliation du contrat[2]. Toutefois, l'occupation des lieux ayant cessé pour ce qui le concerne, le colocataire cesse d'être tenu du paiement des loyers à compter de la date d'acquisition de la clause résolutoire visée au commandement[3].

Mais la seule mention manuscrite dans le bail « colocataires indivisibles et solidaires », ni signée

1. Civ. 3e, 27 févr. 2002, n° 00-17.290, NP, *Loyers et copr.* 2002, n° 275, obs. B. Vial-Pedroletti.
2. Jugeant que tous les copreneurs solidaires sont tenus au paiement des loyers et des charges jusqu'à l'extinction du bail, quelle que soit leur situation personnelle : Civ. 3e, 12 janv. 2017, n° 16-10.324, P III, n° 4 ; *D.* 2017. Actu. 161 ; *ibid.* 430, note Tisseyre ; *ibid.* Pan. 1149, spéc. 1155, obs. N. Damas ; *AJDI* 2017. 358, obs. Y. Rouquet – AUSSI, jugeant qu'ayant relevé que le bail stipulait que les copreneurs étaient tenus solidairement et indivisiblement de son exécution et que tout congé ne pouvait être valablement donné que simultanément par l'ensemble des preneurs et retenu que l'un des copreneurs a expressément renoncé au droit de rompre seul le contrat, une cour d'appel a exactement déduit que celui-ci restait tenu de la totalité des loyers impayés jusqu'à la résiliation du bail : Civ. 3e, 14 juin 2018, n° 17-14.365, P III, n° 67 ; *D.* 2019. Pan. 1129, spéc. 1138, obs. N. Damas ; *D. actu.* 21 juin 2018, obs. Y. Rouquet ; AJDI 2019. 202, obs. N. Damas.
3. Paris, 23 janv. 2001, n° 1999/17663, *Rev. loyers* 2001. 198.

ni paraphée, ne suffit pas à caractériser la solidarité des colocataires[1].

124.13 Absence d'une clause de solidarité. À défaut de clause de solidarité le bailleur ne peut exiger d'un locataire le paiement du solde de loyer resté impayé par l'autre. À cette occasion la Cour de cassation a précisé que la dette de loyer n'était pas, par elle-même, indivisible[2].

La cour a toutefois dans une hypothèse particulière levée l'obligation de paiement du loyer à la date de délivrance du congé et non à sa date d'effet, ayant relevé que le logement était demeuré occupé par l'autre colocataire avec l'accord du bailleur, s'appuyant sur la rédaction de l'article 15, alinéa 3, de la loi du 6 juillet 1989[3].

Le congé donné à l'un des copreneurs solidaires par le bailleur est opposable aux autres[4] (sur la question, v. s^s n°s 431.11 s.).

SECTION 2
RÉGIME POSTÉRIEUR À LA LOI DU 24 MARS 2014

§ 1
Définition et entrée en vigueur

124.21 Définition législative de la colocation. En insérant un article 8-1 dans la loi du 6 juillet 1989, la loi du 24 mars 2014, dite loi Alur, crée un statut pour la colocation, dans le parc privé uniquement[5].

Aux termes de l'article 8-1 nouveau de la loi du 6 juillet 1989, modifiée, la colocation est définie comme « la location d'un même logement par plusieurs locataires, constituant leur résidence principale, et formalisée par la conclusion d'un contrat unique ou de plusieurs contrats entre les locataires et le bailleur ». Complétant le premier alinéa de l'article 8-1, la loi « Macron » du 6 août 2015[6] précise que cette définition ne vaut pas pour la location consentie exclusivement à des époux[7] ou à des partenaires liés par un pacte civil de solidarité au moment de la conclusion initiale du contrat[8]. Il faut en déduire que deux colocataires qui se marient (ou concluent un PACS) en cours de bail se verront appliquer le régime de la colocation.

L'objectif est de faciliter de telles colocations entre personnes sans lien particulier[9]. Visant fréquemment un public jeune la colocation avant la loi du 24 mars 2014, dite loi Alur, ne répondait pas à un régime particulier et les conditions de rotation des colocataires, de congé donné par l'un d'entre eux, de partage du logement commun et de solidarité par exemple pouvaient donner lieu à des difficultés d'application pratique. La loi du 24 mars 2014 s'est efforcée de traiter de tous ces cas de manière à sécuriser la relation locative ainsi créée, et ce pour le bailleur comme pour les colocataires[10]. Il ne s'agit toutefois que d'une esquisse de régime et de nombreuses interrogations subsistent[11].

124.22 Entrée en vigueur. Les nouvelles dispositions de la loi du 24 mars 2014, dite loi Alur, sont applicables aux contrats conclus, renouvelés ou tacitement reconduits à compter du 27 mars 2014[12]. Les anciens contrats de colocation restent soumis aux dispositions antérieures qui leur étaient propres.

§ 2
Régime locatif du ou des contrats – Loi applicable

124.31 Régime locatif et loi applicable. La colocation bénéficie d'un régime de droit commun du bail. Il renvoie à la loi n° 89-462 du 6 juillet 1989, que les locaux soumis à la colocation soient loués nus (soumis au titre 1er de la loi) ou meublés « résidence principale » (soumis au titre 1er *bis* de la même loi, créé par la loi du 24 mars 2014, et par renvoi de l'article 25-3). Quant aux logements meublés loués dans le cadre d'un bail mobilité soumis au titre 1er *ter* de la loi de 1989 (art. 25-12 à 25-18[13]) créé par la loi du 23 novembre 2018[14], dite loi Élan, ils sont soumis aux dispositions de l'article 8-1, à l'excep-

1. Amiens, 13 sept. 2018, n° 17/03749, *AJDI* 2019. 62.
2. Civ. 3e, 30 oct. 2013, n° 12-21.034, P III, n° 136, *Loyers et copr.* 2013, n° 332, note B. Vial-Pedroletti
3. Civ. 3e, 28 oct. 2009, n° 08- 17209, P III, n° 236.
4. Civ. 3e, 20 juill. 1989, n° 88-12.676, P III, n° 174 ; *AJPI* 1990. 20 ; *Loyers et copr.* 1990, n° 9.
5. Pour le parc social, v. s^s n°s 124.31 s.
6. L. n° 2015-990, 6 août 2015, art. 82-I, 3°, en vigueur le 8 août 2015.
7. POUR un exemple de refus d'appliquer la solidarité de l'art. 8-1 entre époux : Aix-en-Provence, 2 juill. 2020, n° 19/12511, *Loyers et copr.* 2020, n° 90, obs. B. Vial-Pedroletti.
8. Pour le cas des époux et des partenaires de Pacs, v. s^s n°s 121.11 s. et 122.11 s.
9. Pour le cas des concubins, v. s^s 123.11 s.
10. SUR la finalité et le régime de la colocation : rép. min. n° 14237, *JOAN Q,* 27 sept. 2017, p. 8879 ; *AJDI* 2016. 809.
11. V. not. s^s n° 124.42.
12. POUR des exemples de refus d'application de l'art. 8-1 à un contrat en cours lors de l'entrée en vigueur de la loi Alur du 24 mars 2014 : Metz, 7 févr. 2017, n° 14/02873, *Rev. loyers* 2017. 127, obs. S. B. ; Douai, 14 déc. 2017, n° 16/07588, *Rev. loyers* 2018. 42, obs. S. B.
13. Au sujet desquels, v. s^s n° 624.00 s.
14. L. n° 2018-1021, 23 nov. 2018 portant évolution du logement, de l'aménagement et du numérique, *JO* 24 nov.

tion toutefois des V et VI, relatifs, respectivement, au régime des charges locatives et à la solidarité.

124.32 Un ou des contrats. La liberté est laissée aux parties de choisir un seul ou plusieurs contrats, qui font l'objet d'un bail conforme aux spécifications d'un bail type[1].

La signature de plusieurs baux permet l'autonomie de chacun d'entre eux. Dès lors, chacun des colocataires détient un droit sur une partie du local, à titre exclusif, ainsi que, en complément, un droit d'accès aux autres pièces communes (cuisine, sanitaires...).

124.33 Normes applicables au logement loué. En présence d'une colocation formalisée par la conclusion de plusieurs contrats entre les locataires et le bailleur, l'article 8-1 de la loi de 1989[2] précise qu'elle constitue une « division du logement » tenue au respect des articles L. 126-17, L. 126-18 et L. 126-21 du CCH[3].

On retiendra du premier de ces textes qu'il interdit :

- toute division par appartements d'immeubles qui sont frappés d'une interdiction d'habiter, ou d'un arrêté de péril, ou sont déclarés insalubres, ou comportent pour le quart au moins de leur superficie totale des logements loués ou occupés classés dans la catégorie IV mentionnée par la loi du 1er septembre 1948 portant modification et codification de la législation relative aux rapports des bailleurs et locataires ou occupants de locaux d'habitation ou à usage professionnel et instituant des allocations de logement[4] ;

- toute division d'immeuble en vue de mettre à disposition des locaux à usage d'habitation d'une superficie et d'un volume habitables inférieurs respectivement à 14 m² et à 33 m³, les installations ou pièces communes mises à disposition des locaux à usage d'habitation nés de la division n'étant pas comprises dans le calcul de la superficie et du volume de ces locaux. Toutefois, cette dimension et cette surface minimales ne sont pas opposables au logement donné en colocation, puisque l'article 8-1, II de la loi de 1989 précise[5] que, par dérogation aux articles L. 126-17 et L. 126-21 du CCH la surface et le volume habitables des locaux privatifs doivent être au moins égaux, respectivement, à 9 m² et à 20 m³. Il n'y a en effet pas de raison objective d'être plus sévère que ne l'est l'article 4 du décret du 30 janvier 2002[6], relatif aux critères de décence[7]. Et pour ce qui est de l'obligation, pour le bailleur de délivrer un logement décent à ses cocontractants[8], le texte indique qu'il est tenu compte de l'ensemble des éléments, équipements et pièces du logement ;

- toute division d'immeuble en vue de mettre à disposition des locaux à usage d'habitation qui ne sont pas pourvus d'une installation d'alimentation en eau potable, d'une installation d'évacuation des eaux usées ou d'un accès à la fourniture de courant électrique[9], ou qui n'ont pas fait l'objet d'un constat de risque d'exposition au plomb[10] et d'une recherche de la présence d'amiante, ainsi que, le cas échéant, du diagnostic de l'état de conservation de l'amiante dans les matériaux et produits repérés[11].

124.34 Conditions de loyer. Le loyer global des colocations à contrats multiples (ou le loyer du contrat simple) respecte les conditions applicables au loyer définies par la loi du 24 mars 2014 dite loi Alur, tant pour les différents loyers de référence qu'elle crée[12], que pour sa révision ou pour la fixation du loyer du contrat renouvelé[13], que le local soit meublé ou non.

1. V. s[s] n° 133.130.
2. Dans sa rédaction issue de l'ord. n° 2020-71 du 29 janv. 2020, *JO* 31 janv., n° 62, en vigueur à une date fixée par décret en Conseil d'État, et au plus tard le 1er juill. 2021.
3. Selon l'art. L. 183-15 du CCH (issu de l'ord. n° 2020-71 du 29 janv. 2020, *JO* 31 janv., n° 62, en vigueur à une date fixée par décret en Conseil d'État, et au plus tard le 1er juill. 2021), sont punies d'un emprisonnement de deux ans et d'une amende de 75 000 euros les personnes qui mettent en location ou à la disposition d'autrui des locaux destinés à l'habitation et provenant d'une division réalisée en méconnaissance des interdictions définies aux art. L. 126-17 et L. 126-21. Les personnes physiques encourent également l'interdiction, pour cinq ans au plus, d'exercer une activité professionnelle ou sociale dès lors que les facilités que procure cette activité ont été sciemment utilisées pour préparer ou commettre l'infraction (cette interdiction n'est toutefois pas applicable à l'exercice d'un mandat électif ou de responsabilités syndicales). Et les peines encourues par les personnes morales sont : l'amende, selon les modalités prévues par l'art. 131-38 du c. pénal, les peines complémentaires prévues aux 2°, 4°, 8° et 9° de l'art. 131-39 du même code (pour l'application du 8°, la confiscation porte sur le fonds de commerce ou sur l'immeuble destiné à l'hébergement des personnes et ayant servi à commettre l'infraction).
4. Concernant les baux soumis à la loi de 1948, v. chap. 711 à 714.
5. Dans sa rédaction issue de la loi du 23 novembre 2018, dite loi Élan.
6. Décr. n° 2002-120, 30 janv. 2002 relatif aux caractéristiques du logement décent pris pour l'application de l'article 187 de la loi n° 2000-1208 du 13 décembre 2000 relative à la solidarité et au renouvellement urbains, *JO* 31 janv., n° 32.
7. V. s[s] n° 211.81.
8. L. n° 89-462, 6 juill. 1989, art. 6, (v. s[s] n° 211.30 s.).
9. Cette exigence est déjà assurée par le nécessaire respect des normes de décence, au sujet desquelles, v. s[s] n°s 211.41 s.).
10. Prévu par l'article L. 1334-5 du code de la santé publique.
11. Prévus par l'article L. 1334-12-1 du code de la santé publique.
12. V. s[s] n°s 422.11 s.
13. V. s[s] n°s 423.11 s. et 424.11 s.

124.35 Régime des charges. Il répondra soit au régime habituel des charges prévues à l'article 23 de la loi du 6 juillet 1989[1], ou, de manière originale, pourra donner lieu à un versement forfaitaire par les colocataires. Dans ce cas il n'y aura pas de versement de complément en fin d'année ni de régularisation.

Ce montant forfaitaire, défini dans le contrat ainsi que sa périodicité, pourra être révisé chaque année aux mêmes conditions que le loyer principal. Il répond cependant à la définition de la notion de charges résultant de l'article 23 de la loi du 6 juillet 1989 et ne doit pas être « manifestement disproportionné au regard des charges dont le locataire ou le précédent locataire se serait acquitté ».

124.36 Assurance pour compte. De manière générale, le bailleur peut souscrire une assurance pour compte de son locataire (garantissant les risques locatifs tels que le dégât des eaux, l'incendie...), lorsque ce locataire ne justifie pas s'être assuré. En matière de colocation, cette possibilité de souscrire une assurance pour compte est plus ouverte puisqu'elle peut être convenue entre les parties dès la conclusion du bail.

Lorsque cette souscription résulte d'un manquement du locataire, le décret du 30 mars 2016[2] permet au bailleur de majorer de 10 % la récupération de la prime d'assurances. L'article 8-1 de la loi du 6 juillet 1989 se borne à renvoyer aux conditions prévues à l'article 7 g) de cette même loi[3] sans opérer de distinction. On pourrait en déduire que le bailleur pourrait, dans l'hypothèse d'une assurance pour compte, majorer également le montant de la prime récupérée. Mais cette piste nous semble contraire à l'esprit du dispositif, qui ne repose pas sur la sanction du comportement du locataire, mais sur une praticité de gestion, finalement au profit du bailleur. En tout état de cause, les colocataires peuvent provoquer la résiliation de l'assurance pour compte dans les conditions fixées par l'article 7 g).

§ 3
Solidarité des colocataires

124.41 Clause de solidarité. La nature même de la colocation étant de permettre la rotation des colocataires dans le local loué la question de la solidarité s'est posée avant la loi du 24 mars 2014. Dès lors qu'une clause de solidarité était signée les colocataires devaient répondre solidairement et indivisiblement de l'exécution du bail et même en cas de congé délivré par l'un d'eux[4].

124.42 Limitation dans le temps. La loi du 24 mars 2014 prévoit que le colocataire solidaire (et sa caution le cas échéant)[5] n'est plus tenu à cette solidarité à la date d'effet de son congé, à la condition qu'un nouveau colocataire figure au bail.

À défaut de nouveau colocataire, la solidarité du colocataire sortant et de sa caution s'éteint « au plus tard » (entendons par là, en l'absence de stipulation contractuelle ayant prévu une durée de solidarité plus courte) à la fin d'un délai de six mois après la date d'effet du congé[6].

La détermination de la date exacte d'extinction de l'engagement du locataire sortant (et de sa caution) en l'absence de nouveau colocataire n'est pas toujours aisée.

Nous en prenons pour preuve un arrêt de la troisième chambre civile du 8 avril 2021[7], ayant décidé que le colocataire solidaire sortant ne saurait être condamné à verser une somme au bailleur au titre de la remise en état des lieux, dès lors que la créance de celui-ci est née après l'expiration de l'obligation solidaire. En l'occurrence, l'état des lieux de sortie ayant révélé des dégradations avait été réalisé entre le colocataire resté dans les lieux et le bailleur plus de six mois après la date d'effet du congé du colocataire sortant.

Par ailleurs, la loi prévoit qu'en cas d'engagement d'une caution solidaire l'acte de cautionnement contient, à peine de nullité, l'identité du (ou des) colocataire(s).

Et la loi Macron du 6 août 2015[8] précise que l'extinction de la solidarité (et non plus, comme dans la version du texte issue de la loi Alur, « le congé ») met fin à l'engagement de la caution.

1. V. s[s] n°s 231.11 s.
2. Décr. n° 2016-383, 30 mars 2016 fixant le montant maximal de la majoration de la prime annuelle d'assurance pour compte du locataire, *JO* 31 mars.
3. V. s[s] n° 252.61.
4. Sur ce régime antérieur, v. s[s] n°s 124.11 s.
5. Dès lors que le contrat type de (co)location (reproduit aux Annexes 1 [location vide] et 2 [location meublée] du décret n° 2015-587 du 29 mai 2015, *JO* 31 mai, n° 19) modifié contient un point VII intitulé « Le cas échéant, clause de solidarité », force est de reconnaître que cette clause n'est que facultative. Toutefois, en pratique, spécialement en matière de colocation, il s'agit d'une clause de style qui va systématiquement figurer au contrat.
6. POUR des exemples de colocataires restés solidairement tenus du paiement des loyers et des charges à compter de la prise d'effet du congé et pour une durée de six mois en l'absence de nouveau locataire : Versailles, 5 oct. 2017, n° 17/00580, *Rev. loyers* 2017. 424, obs. S. B. ; Colmar, 16 avr. 2018, n° 16/01761, *Loyers et copr.* 2018, n° 168, obs. B. Vial-Pedroletti ; Paris, 13 sept. 2019, n° 17/06973, *Rev. loyers* 2019. 400, obs. S. Brena.
7. Civ. 3e, 8 avr. 2021, n° 19-23.343, P ; *D. actu.* 16 avr. 2021, obs. Y. Rouquet.
8. L. n° 2015-990, 6 août 2015, art. 82-I, 3°, en vigueur le 8 août 2015.

On notera que ce régime de limitation dans le temps ne paraît concerner que les colocations matérialisées par un contrat unique. En effet, il est expressément fait référence à la possibilité qu'un nouveau colocataire figure au bail. Lorsque la colocation est matérialisée par plusieurs baux distincts, le régime (éventuel) de solidarité serait alors purement contractuel.

Par ailleurs, lorsque les colocataires sont mariés (ou pacsés) au moment de la conclusion du bail, cette limitation dans le temps de la solidarité ne s'applique pas : c'est la solidarité légale qui s'appliquera sans limitation, éventuellement complétée par une solidarité contractuelle. En revanche, si les locataires se marient ou concluent un PACS en cours de bail, le régime s'applique et comme l'article 8-1, VI évoque la solidarité, sans préciser son origine, il faut certainement en déduire que la solidarité contractuelle et la solidarité légale voient leurs effets limités dans le temps en cas de délivrance d'un congé par l'un des colocataires.

CHAPITRE

125. Colocation HLM

SECTION 0 ORIENTEUR

125.00 **Sommaire du chapitre.**

Division – Nouveau régime depuis la loi Élan du 23 novembre 2018. Depuis la loi du 23 novembre 2018 (sect. 2)[1], la colocation a été élargie à l'ensemble des publics, exception faite des catégories de personnes placées sous le régime de la cotitularité. La demande de chacune des personnes exprimant le souhait d'être en colocation est examinée par la commission d'attribution qui vérifie le respect des conditions légale par chacun des colocataires lesquels se verront consentir un contrat de location à titre individuel, contrairement au régime antérieur.

Auparavant, un régime particulier de location au bénéfice de personnes jeunes avait été organisé par la loi du 25 mars 2009[2] dans l'article L. 442-8-4 du code de la construction et de l'habitation (sect. 1). Il autorisait les organismes HLM à louer directement, en meublé ou non, des logements à des étudiants, à des personnes de moins de trente ans ou à des personnes titulaires d'un contrat d'apprentissage ou de professionnalisation, seuls ou en colocation et ce, sans condition de respect des plafonds de ressources. Le contrat de location avait une durée d'un an renouvelable et en cas de location d'un même logement à plusieurs personnes, un contrat de location unique était signé par l'ensemble des colocataires qui consentaient à une clause de solidarité inscrite dans ce contrat.

125.01 **Principaux textes applicables.**

TEXTES SOURCES

• **L. n° 89-462,** 6 juill. 1989 tendant à améliorer les rapports locatifs et portant modification de la loi n° 86-1290 du 23 décembre 1986, *JO* 8 juill.

• **L. n° 2009-323,** 25 mars 2009 de mobilisation pour le logement et la lutte contre l'exclusion, *JO* 27 mars.

• **L. n° 2018-1021,** 23 nov. 2018 portant évolution du logement, de l'aménagement et du numérique, *JO* 24 nov.

• **CCH,** art. L.442-8-4.

• **Arr. 22 déc. 2020** relatif au nouveau formulaire de demande de logement locatif social et aux pièces justificatives fournies pour l'instruction de la demande de logement locatif social, NOR : LOGL2027782A, *JO* 27 déc., n° 57 (Cerfa n° 14069*04).

TEXTES *IN EXTENSO*

• **L. 6 juill. 1989,** art. 6

I. – La colocation est définie comme la location d'un même logement par plusieurs locataires, constituant leur résidence principale, et formalisée par la conclusion d'un contrat unique ou de plusieurs contrats entre les locataires et le bailleur, à l'exception de la location consentie exclusivement à des époux ou à des partenaires liés par un pacte civil de solidarité au moment de la conclusion initiale du contrat.

II. – Lorsque la colocation est formalisée par la conclusion de plusieurs contrats entre les locataires et le bailleur, elle constitue une division du logement tenue au respect des articles L. 111-6-1 et L. 111-6-1-1 du code de la construction et de l'habitation. Par dérogation au même article L. 111-6-1, la surface et le volume habitables des locaux privatifs doivent être au moins égaux, respectivement, à 9 mètres carrés et à 20 mètres cubes. Pour l'application de l'article 6 de la pré-

1. L. n° 2018-1021, 23 nov. 2018 portant évolution du logement, de l'aménagement et du numérique, *JO* 24 nov.
2. L. n° 2009-323, 25 mars 2009 de mobilisation pour le logement et la lutte contre l'exclusion, *JO* 27 mars, p. 5408.

sente loi, il est tenu compte de l'ensemble des éléments, équipements et pièces du logement.

Chaque contrat de bail formalisant une colocation respecte le présent titre Ier ou, s'il concerne un logement loué meublé, le titre Ier bis de la présente loi.

Le montant de la somme des loyers perçus de l'ensemble des colocataires ne peut être supérieur au montant du loyer applicable au logement en application des articles 17 ou 25-9. Les articles 17-1 et 17-2 sont applicables.

Les normes de peuplement prises en application de l'article L. 822-10 du code de la construction et de l'habitation s'imposent aux logements loués en colocation.

III. – Le contrat de bail d'une colocation respecte un contrat type défini par décret en Conseil d'État, pris après avis de la Commission nationale de concertation.

IV. – Les parties au contrat de bail d'une colocation peuvent convenir dans le bail de la souscription par le bailleur d'une assurance pour compte récupérable auprès des colocataires dans les conditions prévues au g de l'article 7. Les colocataires peuvent provoquer la résiliation de l'assurance pour compte récupérable dans les conditions fixées au même article.

V. – Les charges locatives accessoires au loyer principal d'un contrat de bail d'une colocation sont récupérées par le bailleur au choix des parties comme prévu par ce contrat :

1° Soit dans les conditions prévues à l'article 23, lorsqu'il s'agit de provisions pour charges ;

2° Soit sous la forme d'un forfait versé simultanément au loyer, dont le montant et la périodicité de versement sont définis dans le contrat et qui ne peut donner lieu à complément ou à régularisation ultérieure. Le montant du forfait de charges est fixé en fonction des montants exigibles par le bailleur en application de l'article 23 et peut être révisé chaque année aux mêmes conditions que le loyer principal. Ce montant ne doit pas être manifestement disproportionné au regard des charges dont le locataire ou, le cas échéant, le précédent locataire se serait acquitté.

VI. – La solidarité d'un des colocataires et celle de la personne qui s'est portée caution pour lui prennent fin à la date d'effet du congé régulièrement délivré et lorsqu'un nouveau colocataire figure au bail. À défaut, elles s'éteignent au plus tard à l'expiration d'un délai de six mois après la date d'effet du congé.

L'acte de cautionnement des obligations d'un ou de plusieurs colocataires résultant de la conclusion d'un contrat de bail d'une colocation identifie nécessairement, sous peine de nullité, le colocataire pour lequel l'extinction de la solidarité met fin à l'engagement de la caution.

• **CCH,** art. L. 442-8-4

Par dérogation à l'article L. 442-8 du présent code et à l'article 40 de la loi n° 89-462 du 6 juillet 1989 tendant à améliorer les rapports locatifs et portant modification de la loi n° 86-1290 du 23 décembre 1986, les organismes mentionnés à l'article L. 411-2 du présent code peuvent louer, meublés ou non, des logements à plusieurs personnes lorsque celles-ci en ont fait la demande, dans le cadre d'une colocation telle que définie au I de l'article 8-1 de la loi n° 89-462 du 6 juillet 1989 précitée.

Un contrat de location est conclu avec chaque locataire d'un même logement.

Ces logements sont attribués à chaque colocataire dans les conditions prévues aux articles L. 441 à L. 441-2-9 du présent code. Le respect du plafond de ressources applicable au logement s'apprécie dans le cadre de chaque contrat de location.

Les caractéristiques de décence du logement sont appréciées dans les conditions prévues au II de l'article 8-1 de la loi n° 89-462 du 6 juillet 1989 précitée.

Le montant de la somme des loyers perçus de l'ensemble des colocataires ne peut être supérieur au montant du loyer applicable au logement en application de la convention prévue à l'article L. 353-2 ou de l'article L. 442-1 du présent code.

Les charges locatives accessoires au loyer principal des logements peuvent être récupérées par le bailleur sous la forme d'un forfait versé simultanément au loyer, dont le montant et la périodicité de versement sont définis au contrat et qui ne peut donner lieu à complément ou à régularisation ultérieure. Le montant du forfait de charges est fixé en fonction des montants exigibles par le bailleur en application de l'article 23 de la loi n° 89-462 du 6 juillet 1989 précitée. Ce montant ne doit pas être manifestement disproportionné au regard des charges dont le locataire ou, le cas échéant, le précédent locataire se serait acquitté.

SECTION 1
RÉGIME ANTÉRIEUR À LA LOI DU 23 NOVEMBRE 2018

125.10 **Plan.** Pour étudier le régime antérieur à la loi du 23 novembre 2018, dite loi Élan, il convient dans un premier temps de le définir (§ 1) et dans un second temps d'étudier le renouvellement du bail en colocation sociale (§ 2).

§ 1
Définition

125.21 **Régime créé par la loi du 25 mars 2009.** L'article 61, I, 9° de la loi du 25 mars 2009[1] de mobilisation pour le logement et la lutte contre l'exclusion, dite loi Boutin, a donné un contenu à la colocation dans le secteur du logement social en modifiant l'article L. 442-8-4 du CCH. Elle en a posé les principes et défini les modalités. Le décret du 12 novembre 2010[2] a par la suite précisé les conditions de renouvellement du contrat et les règles de congé à l'article R. 442-3-4 du CCH.

1. L. n° 2009-323, 25 mars 2009 de mobilisation pour le logement et la lutte contre l'exclusion, *JO* 27 mars.
2. Décr. n° 2010-1392, 12 nov. 2010 relatif aux conditions d'attribution et de renouvellement du contrat de location prévu à l'article L. 442-8-4 du code de la construction et de l'habitation, *JO* 16 nov.

125.22 **Catégorie de bénéficiaires.** Les organismes d'HLM peuvent louer sans conditions de ressources à trois catégories de locataires. Il s'agit d'un ou plusieurs étudiants, de personnes de moins de trente ans ou titulaires de contrats d'apprentissage ou de professionnalisation.

Le nombre de logements concernés par ce régime dans le patrimoine d'un même bailleur est limité. Il est fixé par la convention d'utilité sociale (CUS) signée avec l'État par chaque organisme d'HLM.

125.23 **Conditions d'attribution et de rotation des locataires.** Bien qu'il n'y ait pas de plafonnement des ressources, ces logements sont attribués par la commission d'attribution de l'organisme bailleur. Tout changement de locataire fait l'objet d'une autorisation préalable de l'organisme qui doit s'assurer du respect des critères légaux. La commission d'attribution doit par ailleurs en être informée.

125.24 **Conditions du bail.** Le bail à conclure sur ces logements est à durée déterminée, d'une durée fixe d'un an. La loi précise que le contrat est unique, quel que soit le nombre de colocataires. Elle impose par ailleurs l'inscription dans le contrat d'une clause de solidarité entre les colocataires.

S'agissant du loyer, il est également indivisible et son montant est fixé pour le logement conformément aux règles applicables en la matière.

§ 2
Renouvellement du bail

125.31 **Principe.** La caractéristique principale de la notion de colocation sociale est l'absence de droit au maintien dans les lieux. Le contrat d'un an peut être renouvelé par périodes d'un an sous réserve que le ou les locataires répondent, à la date de renouvellement, aux mêmes caractéristiques que lors de la signature du contrat (catégories limitatives de locataires et conditions régulières de séjour en France pour les étrangers). Ces conditions sont rappelées obligatoirement dans le contrat de location.

125.32 **Congé du bailleur.** Le bailleur, lorsqu'il ne souhaite pas renouveler le contrat, notifie sa décision par lettre recommandée avec demande d'avis de réception ou la signifie par acte d'huissier aux locataires trois mois avant le terme du contrat. En l'absence de cette notification, le ou les locataires qui souhaitent renouveler le contrat communiquent au bailleur, au plus tard un mois avant son terme, les justificatifs prouvant qu'ils répondent toujours aux conditions pour occuper le logement. Lorsque le ou les locataires n'ont pas fourni ces justificatifs dans ce délai, le contrat n'est pas renouvelé.

125.33 **Congé et rotation des locataires et durée du bail.** Un congé peut être délivré par le (ou les) colocataire(s) dans le respect d'un préavis d'un mois.

Lorsque le contrat est conclu avec plusieurs locataires, le remplacement de l'un d'entre eux par un nouveau locataire est sans effet sur la durée du contrat qui se poursuit jusqu'à son terme.

SECTION 2
Régime postérieur à la loi du 23 novembre 2018

125.40 **Plan.** Pour exposer le régime postérieur à la loi du 23 novembre 2018, dite loi Élan, il convient de souligner la banalisation de la colocation dans le parc HLM (§ 1), d'étudier l'attribution du logement (§ 2), les conditions financières du bail (§ 3) et sa durée (§ 4).

§ 1
Banalisation de la colocation dans le parc HLM

125.51 **Colocation élargie à l'ensemble des publics.** La définition de la colocation se trouve banalisée, qu'il s'agisse du parc privé ou du parc social, puisque, pour ce dernier, la loi du 23 novembre 2018[1], dite loi Élan, renvoie simplement à la définition qu'en donne l'article 8-1 de la loi du 6 juillet 1989[2] dont les dispositions ne s'appliquent par principe qu'au parc privé[3].

Par ailleurs, la loi Élan supprime la limitation des catégories de bénéficiaires du dispositif de colocation ; c'est désormais tous les candidats à la location qui peuvent demander à louer sous cette forme un logement social, meublé ou non. Cette demande préalable par tout candidat devient d'ailleurs une condition expresse qu'impose la loi Élan pour autoriser la colocation dans le parc social. Précisons que la demande formelle de colocation n'a pas forcément à s'exprimer simultanément pour l'ensemble des colocataires d'un même logement, elle se vérifie au cas par cas pour la demande de location de chaque partie privative divise du logement.

Se trouvent de droit exclues du régime de la colocation les locations qui sont conclues exclusivement à des époux ou à des partenaires liés par pacte civil de solidarité au moment de la conclusion initiale du contrat de bail[4]. L'exception se trouve en effet justi-

1. L. n° 2018-1021, 23 nov. 2018 portant évolution du logement, de l'aménagement et du numérique, *JO* 24 nov.
2. L. n° 89-462, 6 juill. 1989 tendant à améliorer les rapports locatifs et portant modification de la loi n° 86-1290 du 23 décembre 1986, *JO* 8 juill.
3. L. n° 89-462, 6 juill. 1989, art. 40, I et III.
4. V. s[s] n° 124.21.

fiée par les obligations, posées par les dispositions du code civil, d'une communauté de vie (ou vie de couple) ainsi que de solidarité à laquelle s'engagent les époux et les partenaires pacsés et qui vient en contradiction avec l'autonomie juridique des engagements souscrits dans le cadre de la colocation.

Les pouvoirs publics en avaient tiré la conséquence, *a contrario,* que la cotitularité ne pourrait plus s'appliquer aux personnes qui n'entraient pas dans ces catégories : c'était le cas par exemple d'un descendant aidant un parent âgé dans le cadre d'une cohabitation qui se trouve régie par une cotitularité du bail que les bailleurs consentent dans la pratique. Il était évident que dans ce type de situation, l'exigence de conclusion de baux distincts avec, dans l'hypothèse par exemple de décès du parent, l'attribution d'une partie du logement à un nouveau colocataire n'aurait eu aucun sens. Cette position des pouvoirs publics a évolué à la suite de la demande d'allégement adressée au ministre de la Ville et du Logement par l'Union sociale pour l'habitat en date du 15 juin 2020 ; cependant, le formulaire Cerfa de demande de logement, dans sa dernière version issue de l'arrêté du 22 décembre 2020[1] (version 4), ne permet d'associer en cotitularité avec le demandeur initial qu'un nombre limité de personnes : conjoint, partenaire pacsé, concubin, ascendant, descendant, fratrie. Par conséquent, lorsque ces catégories de personnes interviennent en qualité de codemandeur d'un logement, leur droit locatif ne s'inscrit plus dans le cadre de la colocation mais dans celui de la cotitularité.

Enfin, disparaissent également les dispositions d'exception au régime HLM qui limitaient la durée du contrat à une année tout en écartant le bénéfice du droit au maintien dans les lieux.

§ 2
Attribution du logement

125.61 Application des règles communes aux logements HLM. Doivent s'appliquer les dispositions propres à l'attribution des logements HLM : enregistrement préalable de la demande assortie d'un numéro unique, dispositif de gestion partagée de la demande, examen de la demande par la commission d'attribution de l'organisme concerné et encadrement de ses décisions, respect des plafonds de ressources, justification d'un titre de séjour pour les étrangers, application des critères de priorité, engagement quantifié de l'organisme pour les attributions de logements en faveur des personnes défavorisées, mise en œuvre des objectifs de mixité, soumission le cas échéant au dispositif Dalo.

La loi précise que le respect du plafond de ressources applicable au logement s'apprécie à l'égard de chacun des candidats à la colocation.

125.62 Divisibilité de la location. Le législateur de 2018 inverse la règle en vigueur : alors que l'unicité de contrat prévalait pour l'ensemble des colocataires, il impose désormais la conclusion d'un contrat avec chaque locataire d'un même logement.

Qu'il s'agisse de l'attribution ou de la conclusion du bail on notera que le texte évoque le logement en général et dans son entier alors que le droit consenti au colocataire se limite à la jouissance de la partie privative et des équipements et espaces communs, à l'exclusion des autres parties privatives qui composent le même logement. Une attention est à apporter à cet égard tant pour le libellé des décisions de la commission d'attribution que pour la description de la chose louée dans le contrat de bail.

S'agissant des caractéristiques de la partie privative louée à chaque colocataire, les règles de superficie et de volume habitables minimum qui concernent les divisions d'immeuble s'imposent au bailleur. L'article 8-1 (II) de la loi du 6 juillet 1989 auquel se réfère la loi Élan, concernant l'état de décence du logement dispose en effet que la colocation formalisée par la conclusion de plusieurs contrats entre les locataires et le bailleur constitue une division du logement tenue au respect de ces règles[2].

§ 3
Conditions financières du bail

125.71 Montant du loyer applicable. Une certaine liberté bénéficie au bailleur dans la fixation du loyer applicable à chaque partie privative divise dans la mesure où le législateur n'a imposé de limite qu'à la somme des loyers perçus de l'ensemble des colocataires dont le montant ne doit pas excéder le loyer du logement entier (réglementaire ou fixé par la convention APL). Dans cette limite et pour des raisons tenant à la configuration de la partie divise, son orientation ou son niveau de confort qui ne seront pas toujours comparables avec les autres parties divises du logement, il paraît envisageable que le loyer de la partie privative ne corresponde pas au simple montant proratisé du loyer rapporté à la surface du logement comme cela est la règle en matière de sous-location, par exemple[3].

1. Arr. 22 déc. 2020 relatif au nouveau formulaire de demande de logement locatif social et aux pièces justificatives fournies pour l'instruction de la demande de logement locatif social, NOR : LOGL2027782A, *JO* 27 déc., n° 57.

2. CCH, art. L. 111-6-1 et L. 111-6-1-1.
3. CCH, art. L. 442-8-1, II.

125.72 Charges locatives récupérables. La loi Élan n'a pas modifié les dispositions en vigueur à ce sujet et maintient la possibilité de récupération des charges locatives accessoires au loyer principal sous la forme d'un forfait versé simultanément au loyer. Le contrat de location en définit le montant qui doit être fixé en fonction des montants exigibles par le bailleur en application de l'article 23 de la loi du 6 juillet 1989 ; il ne doit pas être manifestement disproportionné au regard des charges dont le locataire ou, le cas échéant, le précédant locataire se serait acquitté. C'est également le contrat qui définit la périodicité de versement du forfait.

Par sa nature, le forfait ne peut donner lieu à complément ou à régularisation ultérieure mais il peut néanmoins, dans le secteur privé, faire l'objet d'une révision annuelle par le bailleur aux mêmes conditions que le loyer principal.

Cette possible évolution du forfait aux mêmes époques et dans les mêmes proportions que le loyer n'a pas été retenue par le législateur dans le parc social. Si dans le régime antérieur la courte durée des contrats permettait au bailleur social d'ajuster le forfait lors d'une nouvelle location, la banalisation par la loi Élan de la durée du contrat avec droit au maintien écarte cette solution. L'alternative pour le bailleur social consiste à recourir aux provisions pour charges avec régularisation annuelle en application de l'article 23 de la loi du 6 juillet 1989.

§ 4
Durée du bail

125.81 Application du régime commun au secteur HLM. La loi Élan ayant supprimé les dispositions qui avaient d'une part, limité la durée maximale du contrat à une année et, d'autre part, écarté pour le locataire le bénéfice du droit au maintien dans les lieux, les locataires placés sous le statut de la colocation disposent désormais de droits identiques sur ce point à ceux des autres locataires de logements sociaux.

Cela devrait conduire dans une certaine mesure à la pérennisation des situations de colocation alors que ce dispositif s'inscrivait initialement dans une démarche transitoire pour des personnes jeunes se trouvant dans l'incapacité de supporter le niveau de prix des loyers dans les zones tendues.

125.82 Cas spécifique de la location temporaire pour les personnes de moins de trente ans. Il convient de signaler qu'en parallèle, la loi Élan a recréé une forme de location temporaire dans l'esprit du « bail mobilité » applicable au secteur locatif privé[1] : elle autorise les bailleurs sociaux à louer pour une durée d'une année à des personnes de moins de trente ans qui ne bénéficient pas du droit au maintien dans les lieux. Cette ouverture reste cependant très restreinte car limitée aux seuls logements qui devront être conventionnés et qui auront fait l'objet d'un agrément spécifique préalable par l'Administration[2].

1. L. nº 89-462, 6 juill. 1989, art. 25-12. En effet, le cadre juridique « bail mobilité » est celui de la location en meublé qui reste interdite dans le secteur HLM hormis de rares exceptions, par exemple la sous-location opérée par les associations qui ont pris en location des logements à cet effet (CCH, art. L. 442-8-1).
2. CCH, art. L. 353-22.

CHAPITRE

126. Cohabitation intergénérationnelle solidaire

SECTION 0 ORIENTEUR

126.00 Sommaire du chapitre.

Division. Il convient d'étudier successivement la cohabitation intergénérationnelle solidaire en secteur HLM (sect. 1), les obligations réciproques des parties (sect. 2), la durée (sect. 3) et l'intervention d'organismes tiers entre les parties au contrat (sect. 4).

126.01 Principaux textes applicables.

TEXTES *IN EXTENSO*

• **CASF,** art. L. 118-1

La cohabitation intergénérationnelle solidaire permet à des personnes de soixante ans et plus de louer ou de sous-louer à des personnes de moins de trente ans une partie du logement dont elles sont propriétaires ou locataires dans le respect des conditions fixées par le contrat de cohabitation intergénérationnelle solidaire prévu à l'article L. 631-17 du code de la construction et de l'habitation, afin de renforcer le lien social et de faciliter l'accès à un logement pour les personnes de moins de trente ans.

• **CCH,** art. L. 631-17

Le contrat de cohabitation intergénérationnelle solidaire est un contrat par lequel une personne de soixante ans et plus, propriétaire ou locataire, s'engage à louer ou sous-louer une partie de son logement à une personne de moins de trente ans moyennant une contrepartie financière modeste. Il est régi par le sous-titre Ier du titre III du livre III du code civil.

Par dérogation à l'article L. 442-8 du présent code et à l'article 8 de la loi n° 89-462 du 6 juillet 1989 tendant à améliorer les rapports locatifs et portant modification de la loi n° 86-1290 du 23 décembre 1986, lorsque la personne de soixante ans et plus est locataire de son logement, elle informe préalablement le bailleur de son intention de sous-louer une partie de son logement à une personne de moins de trente ans dans le cadre d'un contrat de cohabitation intergénérationnelle solidaire, sans que le bailleur puisse s'y opposer.

La durée du contrat et la contrepartie financière sont librement convenues entre les parties. Lorsque l'un des cocontractants décide de mettre fin au contrat, le délai de préavis applicable est d'un mois.

La loi n° 89-462 du 6 juillet 1989 précitée ne s'applique pas aux contrats de cohabitation intergénérationnelle solidaire.

Une charte de la cohabitation intergénérationnelle solidaire définie par arrêté précise le cadre général et les modalités pratiques de la cohabitation intergénérationnelle solidaire.

• **CCH,** art. L. 631-18

Le contrat peut prévoir, en complément de la contrepartie financière, la réalisation, sans but lucratif pour aucune des parties, de menus services par la personne de moins de trente ans.

Le contrat organise une collaboration exclusive de tout lien de subordination entre les cocontractants. Il ne relève pas du code du travail.

• **CCH,** art. L. 631-19

Les locataires des logements appartenant à des organismes mentionnés à l'article L. 411-2 ou faisant l'objet d'une convention conclue en application de l'article L. 351-2 peuvent sous-louer une partie de leur logement dans les conditions du présent chapitre. Pour ces logements, la contrepartie financière est calculée dans les conditions prévues au dernier alinéa du II de l'article L. 442-8-1.

SECTION 1
COHABITATION INTERGÉNÉRATIONNELLE SOLIDAIRE EN SECTEUR HLM

126.10 **Plan.** Il convient d'étudier successivement la définition et les finalités de cette cohabitation (§ 1), la suppression par la loi du 23 novembre 2018, dite loi Élan, des baux HLM destinés aux jeunes (§ 2) et l'accord des parties (§ 3).

§ 1
Définition et finalités

126.21 **Double objectif.** Le contrat de cohabitation intergénérationnelle solidaire est un contrat par lequel une personne de soixante ans et plus, propriétaire ou locataire, s'engage à louer ou sous-louer une partie de son logement à une personne de moins de trente ans moyennant une contrepartie financière modeste[1].

Selon ses promoteurs, cette nouvelle forme de cohabitation vise à la fois à renforcer le lien social et faciliter par ailleurs l'accès à un logement pour les personnes de moins de trente ans[2]. Les travaux préparatoires de la loi du 23 novembre 2018[3], dite loi Élan, en expliquent ainsi les finalités « En contrepartie d'une présence bienveillante assortie d'une contribution modique aux charges liées au logement, le jeune accueilli par la personne âgée bénéficie d'un logement dans le cadre d'une relation d'entraide solidaire qui ne relève pas d'une relation employeur/salarié »[4].

Sa mise en œuvre concerne aussi bien les logements locatifs que ceux occupés par leur propriétaire.

Ce dispositif n'est pas sans rappeler celui instauré par la loi du 10 juillet 1989 qui a autorisé l'accueil, notamment par des locataires, y compris de logements sociaux, de personnes âgées ou handicapées adultes, moyennant une contrepartie financière[5].

Le caractère général des finalités poursuivies par la cohabitation intergénérationnelle solidaire rend ses dispositions applicables tant dans le parc social que dans le parc privé, dans des conditions identiques à l'exception toutefois de la contrepartie financière qui fait l'objet d'un encadrement dans le parc social.

126.22 **Logements du parc social concernés.** La pratique du contrat de cohabitation intergénérationnelle solidaire dans le parc locatif social ne peut s'opérer que dans les logements définis à l'article L. 631-19. Il s'agit d'une part des logements locatifs appartenant aux organismes d'HLM - quels que soient leur catégorie ou leur financement initial - et, d'autre part, des logements faisant l'objet d'une convention APL, notamment ceux du parc social des SEM, et tous ceux ainsi conventionnés quel qu'en soit le bailleur.

Les logements financés en PSLA ne sont pas concernés : l'accédant n'a pas qualité de locataire même dans la période précédant la levée d'option et le transfert de propriété.

§ 2
Suppression par la loi Élan des baux HLM destinés aux jeunes

126.31 **Locations et sous-locations de courte durée.** La loi du 25 mars 2009[6], dite loi Boutin, avait institué la faculté pour les organismes d'HLM de consentir des locations de courte durée en faveur des étudiants, aux personnes de moins de trente ans ou aux personnes titulaires d'un contrat d'apprentissage ou de professionnalisation[7]. Ces locations d'une durée d'un an ne bénéficiaient pas du droit au maintien dans les lieux mais elles pouvaient toutefois faire l'objet d'un renouvellement. Simultanément, les locataires de logements HLM étaient autorisés, par dérogation à l'article L. 442-8, à sous-louer une partie de leur logement pour une durée d'un an renouvelable, à des personnes de moins de trente ans.

Ces facilités disparaissent avec la loi Élan qui promeut la colocation et la cohabitation intergénérationnelle solidaire.

Une disposition de la loi Élan maintient cependant un produit locatif destiné aux personnes de moins de trente ans, mais dans un champ restreint

1. CCH, art. L. 631-17.
2. CASF, art. L. 118-1.
3. L. n° 2018-1021, 23 nov. 2018 portant évolution du logement, de l'aménagement et du numérique, *JO* 24 nov. – V. Zalewski-Sicard, « L'impact de la loi Élan sur les nouvelles formes d'habitat », *RDI* 2019. 25 – X. Delpech, « Loi Élan : une présence diffuse mais réelle des associations », *JA* 2019. 35-37.
4. Sénat, amendement n° 750 rect. *bis*, 16 juill. 2018.
5. L. n° 89-475, 10 juill. 1989 relative à l'accueil par des particuliers, à leur domicile, à titre onéreux, de personnes âgées ou handicapées adultes, *JO* 12 juill. Ses dispositions se trouvent aujourd'hui codifiées aux articles L. 441-1 et suivants du code de l'action sociale et des familles – SUR l'autorisation de sous-louer aux locataires des organismes d'HLM qui accueillent ces publics : CCH, art. L. 442-8-1 (II).
6. L. n° 2009-323, 25 mars 2009 de mobilisation pour le logement et la lutte contre l'exclusion, *JO* 27 mars.
7. CCH, art. L. 442-8-4 dans sa rédaction antérieure à la loi Élan.

car limité à des programmes qui, lors de leur conception, devront avoir fait l'objet d'un agrément spécifique préalable par l'Administration [1].

§ 3
Accord des parties

126.41 **Relation bilatérale directe.** La conclusion du contrat de cohabitation entre les parties n'exige pas l'intervention d'un intermédiaire comme c'est le cas de certaines sous-locations qui nécessitent de recourir à des organismes bénéficiant de l'agrément pour l'intermédiation locative. Le dispositif de cohabitation intergénérationnelle solidaire ne requiert pas non plus de justifier au propriétaire un quelconque agrément administratif préalable comme c'est le cas pour les locataires qui souhaitent accueillir habituellement à leur domicile, à titre onéreux, des personnes âgées ou handicapées adultes n'appartenant pas à leur famille [2].

En revanche, le locataire devra avoir préalablement informé l'organisme HLM propriétaire. C'est à cette condition que le législateur ôte au propriétaire tout droit d'opposition *a priori*. Le texte n'imposant à cet égard aucun mode particulier, il appartiendra au locataire principal d'en justifier la preuve par tout moyen.

SECTION 2
OBLIGATIONS RÉCIPROQUES DES PARTIES DANS LA COHABITATION INTERGÉNÉRATIONNELLE SOLIDAIRE

126.50 **Plan.** Il convient d'étudier successivement les obligations du locataire âgé de plus de soixante ans (§ 1) et celles du sous-locataire (§ 2).

§ 1
Obligations du locataire âgé de plus de soixante ans

126.61 **Application des règles du droit commun du contrat et du louage.** Ainsi qu'en dispose l'article L. 631-7 du CCH, les règles du code civil relatives à la formation du contrat, à son interprétation et à ses effets régissent le contrat de cohabitation intergénérationnelle solidaire.

En outre, le même article précise que ce contrat est celui par lequel le propriétaire ou le locataire du logement s'engage à louer ou à sous-louer une partie du logement. Si le législateur a expressément écarté le contrat de cohabitation du champ de la loi du 6 juillet 1989, le droit commun du louage s'y applique dès lors que ce contrat répond à la définition de l'article 1709 du code civil, c'est-à-dire un contrat par lequel l'une des parties s'oblige à faire jouir l'autre d'une chose pendant un certain temps, et moyennant un certain prix que celle-ci s'oblige de lui payer.

Plus précisément, le locataire âgé endosse les obligations de bailleur [3] et se trouve donc tenu :

– de délivrer au preneur la chose louée et, s'il s'agit de son habitation principale, un logement décent ;

– d'entretenir cette chose en état de servir à l'usage pour lequel elle a été louée ;

– d'en faire jouir paisiblement le preneur pendant la durée du bail.

126.62 **Charte de la cohabitation intergénérationnelle solidaire.** Au cadre juridique fixé par le contrat de cohabitation et les règles de droit commun du contrat de bail vient s'ajouter une charte prévue par le législateur [4] dont le contenu fait l'objet de l'arrêté du 13 janvier 2020 [5] publié au *JO* du 15 janvier 2020.

Venant préciser le cadre général et les modalités pratiques de la cohabitation intergénérationnelle solidaire, la charte constitue une annexe au contrat qui permet d'aider les parties à mieux identifier la nature et les limites de leurs droits et obligations.

126.63 **Délivrance du logement.** Bien qu'il s'agisse de ne donner en sous-location qu'une partie seulement du logement loué et que, par ailleurs, la contrepartie financière fournie par le sous-locataire est qualifiée par la loi de modeste, les lieux mis à disposition par le locataire âgé doivent remplir un minimum de conditions et, en premier lieu, celle de décence.

L'obligation de décence du logement exige qu'il satisfasse aux caractéristiques définies par le décret du 30 janvier 2002 [6], en particulier aux plans de la sécurité, du confort et des éléments d'équipement, de la surface et du volume habitables. À cet égard, la charte mentionne parmi les rôles des structures et associations qui œuvrent pour ce mode d'habitat celui de « s'assurer que les locaux loués ou sous-loués au jeune sont en bon état d'usage, ne pré-

1. V. s[s] n° 125.82.
2. L'agrément des accueillants familiaux est instruit par le conseil départemental du département de résidence.
3. C. civ., art. 1719
4. CCH, art. L. 631-17.
5. Arr. 13 janv. 2020 relatif à la charte de la cohabitation intergénérationnelle solidaire, NOR : LOGL1933774A.
6. Décr. n° 2002-120, 30 janv. 2002 relatif aux caractéristiques du logement décent pris pour l'application de l'article 187 de la loi n° 2000-1208 du 13 décembre 2000 relative à la solidarité et au renouvellement urbains, *JO* 31 janv.

sentent aucun risque manifeste pour la sécurité physique et la santé et offrent les conditions d'hygiène et de confort exigées pour une affectation à un usage d'habitation »[1].

Par ailleurs, si elle a été convenue, la fourniture de mobilier doit bien entendu être assurée.

126.64 **Entretien des lieux nécessaire à l'usage de logement.** Le locataire principal doit procéder à toutes les réparations qui peuvent devenir nécessaires, autres que les locatives[2] au sens de l'article 1754 du code civil. Cependant, ces réparations locatives n'auront pas à être supportées par le sous-locataire dès lors qu'elles auront été occasionnées par vétusté ou force majeure[3].

126.65 **Jouissance paisible garantie au sous-locataire.** La situation de partage d'un même logement avec cohabitation peut facilement générer du locataire principal des situations d'atteinte à la jouissance paisible du sous-locataire : violation de la vie privée, restriction des accès au logement, modification de la chose louée... Le droit commun du bail garantit le sous-locataire des éventuels abus du locataire principal à son égard[4].

§ 2
Obligations du sous-locataire

126.71 **Paiement de la contrepartie financière.** C'est l'une des obligations essentielles qui pèsent sur le sous-locataire par application des dispositions du droit commun du contrat de louage[5].

La contrepartie financière est en principe librement convenue entre les parties. Mais pour les logements appartenant aux organismes d'HLM et pour tous ceux faisant l'objet d'une convention pour l'APL, le coût de la ou des pièces principales sous-louées est plafonné. Il doit être calculé selon les conditions du dernier alinéa du II de l'article L. 442-8-1, c'est-à-dire au prorata du loyer et des charges rapporté à la surface habitable du logement[6].

Le montant ainsi encadré de la contrepartie inclut les charges locatives. Faute de distinction du montant global, il n'existe pas de quote-part identifiée pour un tel poste de dépenses. Il est par conséquent interdit au locataire principal d'appeler des montants pour charges, à titre de forfait ou de provisions, et de procéder à de quelconques régularisations.

S'agissant de la périodicité du paiement, elle reste à l'appréciation des parties. Quant à la révision du loyer, lorsque le logement appartient à un organisme d'HLM, son montant devrait évoluer aux mêmes époques et dans les mêmes proportions que celles du bail principal.

Sans qu'il soit obligatoire, le caractère meublé du logement peut être convenu entre les parties auquel cas le prix de location des meubles vient majorer le loyer, dans le respect cependant du plafond fixé par l'arrêté du 7 décembre 2009[7].

126.72 **Réalisation d'éventuels services au profit du locataire principal.** Les parties ont toute liberté pour convenir, cas échéant, la réalisation de menus services par la personne de moins de trente ans.

La charte de la cohabitation intergénérationnelle solidaire n'explicite pas les services pouvant être rendus au locataire principal ; elle évoque simplement une présence bienveillante dans le respect de la vie privée. C'est l'esprit d'entraide qui doit prévaloir, le dispositif ayant conçu ces services sans aucune valorisation ni équivalence financières. Ces actes de solidarité sont inhérents au contrat de cohabitation, ils sont dissociés de la contrepartie financière supportée par le sous-locataire et n'en constituent qu'un complément. Leur réalisation ne doit poursuivre aucun but lucratif, tant pour le locataire principal que pour le sous-locataire[8].

En revanche la charte définit les limites de ces menus services par la forme négative ; ils ne relèvent pas du code du travail[9] et ne peuvent en aucun cas s'inscrire dans une relation où le locataire principal serait l'employeur d'un salarié à domicile. Le législateur s'appuie sur la notion égalitaire de collaboration entre les deux parties : le contrat de cohabitation solidaire intergénérationnelle doit ainsi être considéré comme organisant une collaboration exclusive de tout lien de subordination entre les cocontractants.

Par ailleurs, ces menus services ne s'inscrivent pas non plus dans le cadre d'un contrat d'entreprise fournissant une prestation régulière.

Quant à la nature des services susceptibles d'être rendus, il ne peut être demandé au « jeune » d'intervenir en substitution des professionnels d'aide et de soins à domicile : sont par conséquent exclus tous soins infirmiers et activités qui s'y rattachent (toilettes, délivrance et surveillance de prise de médicaments...).

126.73 **Usage paisible des lieux et conforme à leur destination.** Le sous-locataire doit respecter la

1. Sur cette question, v. s[s] n°s 211.21 s.
2. C. civ., art. 1720.
3. C. civ., art. 1755 – Sur cette question, v. s[s] n°s 221.11 s.
4. Sur cette question, v. s[s] n°s 212.11 s.
5. C. civ., art. 1728.
6. CCH, art. L. 631-19.
7. CCH, art. L. 442-8-3-1.
8. CCH, art. L. 631-18, al. 1.
9. CCH, art. L. 631-18, al. 2.

tranquillité des lieux et s'interdire notamment de provoquer des troubles de voisinage. Pèse en outre sur lui une présomption de responsabilité en cas de dégradations ou de pertes, à moins qu'il ne prouve qu'elles ont eu lieu sans sa faute[1], étant précisé qu'il répond également des dégradations et des pertes qui proviennent de son fait ou de personnes qu'il a introduites dans le logement[2].

126.74 **Obligation d'entretien et de réparations.** Le sous-locataire doit prendre en charge l'entretien courant et les réparations locatives, avec exonération de ces dernières lorsqu'elles ne sont occasionnées que par vétusté ou force majeure[3].

SECTION 3
DURÉE DE LA COHABITATION INTERGÉNÉRATIONNELLE SOLIDAIRE

126.81 **Durée du contrat.** La liberté est donnée aux parties par la loi sur ce point et les articles 10 et suivants de la loi du 6 juillet 1989 relatifs à la durée du bail sont inapplicables. Le dispositif de la cohabitation intergénérationnelle solidaire ne fait pas non plus bénéficier le sous-locataire du droit au maintien dans les lieux.

Quant aux conditions d'un éventuel renouvellement dans le cas d'un bail avec une durée déterminée convenue par les parties, il leur appartient de les définir dans le bail. À défaut, le renouvellement ne pourra résulter que d'un accord négocié car, selon le droit commun des contrats, aucune des parties ne peut l'imposer à l'autre[4].

126.82 **Rupture du contrat.** Qu'en est-il de la rupture anticipée du contrat ? La loi impose un délai de préavis d'un mois lorsque l'un des cocontractants décide de mettre fin au contrat. Contrairement au droit commun des contrats qui n'ouvre la faculté de rupture à tout moment que pour les seuls contrats à durée indéterminée, le législateur l'autorise ici, que sa durée soit indéterminée ou non. Comme il a été indiqué plus haut, l'esprit de solidarité qui préside au contrat de cohabitation intergénérationnelle ainsi que la proximité de vie des parties, s'accommoderaient mal, en cas par exemple de mésentente entre elles ou de contrainte extérieure subie par l'une des parties, d'une obligation d'exécution jusqu'à un terme éloigné.

126.83 **Limite d'âge.** Par ailleurs, les parties devront être attentives à la situation de dépassement par le sous-locataire de l'âge maximal de trente ans au cours du contrat. À cet égard, ce critère d'âge n'est posé par le texte que lors de la conclusion du contrat ; son dépassement au cours de la durée initiale du contrat ne devrait pas en affecter la validité mais interdira tout renouvellement ou nouveau contrat. La sanction est identique dans l'hypothèse de dépassement de l'âge maximum intervenant au cours d'une période de reconduction tacite du contrat initial.

Les parties auront donc tout intérêt à stipuler une clause précise écartant expressément, dans ce cas de figure, tout renouvellement ou reconduction sans que le locataire principal soit tenu de formaliser un congé pour ce motif particulier.

SECTION 4
INTERVENTION D'ORGANISMES TIERS ENTRE LES PARTIES AU CONTRAT

126.91 **Rôle d'entremise des structures et associations.** Bien que la loi ne mentionne à aucun moment leur activité dans la relation contractuelle, la charte du 13 janvier 2020 leur confère un rôle prépondérant pour la réussite du concept de cohabitation intergénérationnelle solidaire.

Il s'agit en premier lieu pour les structures et associations qui adhèrent à la charte d'accompagner la recherche des candidats potentiels, tant des personnes âgées que celles de moins de trente ans, puis de faciliter leur mise en relation.

Cette activité entre totalement dans le champ de la loi du 2 janvier 1970[5], dite loi Hoguet, qui encadre fortement les activités d'entremise en matière immobilière. Ses dispositions - sanctionnées pénalement - s'appliquent notamment à toute personne qui, d'une manière habituelle, se livre ou prête son concours, même à titre accessoire, aux opérations portant sur les biens d'autrui et relatives à de recherche, de location ou de sous-location immobilières, saisonnière ou non, en nu ou en meublé.

S'appuyant sur le caractère d'utilité sociale du concept, le législateur a formellement écarté du champ de la loi Hoguet les activités d'entremise menées par les associations œuvrant à la promotion de la cohabitation intergénérationnelle solidaire[6]. Y restent par conséquent soumises les autres structures non asso-

1. C. civ., art. 1732.
2. C. civ., art.1735 – Aucune disposition spécifique n'étant définie à cet égard, v. s[s] n°s 312.10 s.
3. C. civ., art. 1755 – Sur cette question, v. s[s] n°s 313.11 s.
4. C. civ., art. 1212 et 1214.
5. L. n° 70-9, 2 janv. 1970 réglementant les conditions d'exercice des activités relatives à certaines opérations portant sur les immeubles et les fonds de commerce, *JO* 4 janv.
6. L. n° 70-9, 2 janv. 1970, art. 2.

ciatives ou personnes qui jouent un rôle d'entremise dans ce dispositif.

126.92 Promotion du concept auprès des bailleurs. Les associations et structures qui adhèrent à la charte du 13 janvier 2020 s'engagent à travailler en lien avec les acteurs sociaux et médico-sociaux du territoire pour assurer une coordination et une information sur le dispositif de la cohabitation intergénérationnelle solidaire.

Dans le parc social, elles s'engagent à développer l'information des bailleurs pour signer des conventions visant à favoriser la constitution d'accords entre jeunes et seniors ainsi que leur suivi. Dans le parc privé, il s'agit de rappeler aux locataires qu'ils sont tenus d'informer au préalable le bailleur de leur intention de sous-louer une partie de leur logement par ce dispositif.

126.93 Accompagnement des parties et rôle de conseil. L'action des associations portera sur l'analyse des besoins et des attentes des seniors et des jeunes intéressés en vue d'une cohabitation tout en s'assurant de l'adhésion des candidats aux valeurs de respect et de solidarité qui fondent la cohabitation intergénérationnelle solidaire. À ce stade, l'association s'assure que les engagements réciproques sont motivés par l'entraide et pour concourir au « vivre ensemble ». Après une ou plusieurs rencontres préalables, leur action permettra d'organiser leur cohabitation en veillant à ce que les locaux loués ou sous-loués au jeune sont en bon état d'usage, ne présentent aucun risque manifeste pour la sécurité physique et la santé et offrent les conditions d'hygiène et de confort exigées pour une affectation à un usage d'habitation.

À l'accompagnement dans la mise en place des contrats s'ajoute le suivi des « binômes » senior et jeune tout au long de la durée du contrat de cohabitation. Les associations adhérentes veilleront au respect des engagements des deux parties selon les termes définis dans le contrat de cohabitation intergénérationnelle solidaire qu'ils auront signé. Cette action peut notamment conduire à vérifier que les menus services ne dérivent en pratique vers des soins infirmiers.

Rappelons néanmoins que, tant dans le parc social que dans le parc privé, rien n'oblige les parties intéressées par ce dispositif de cohabitation à faire intervenir une association pour concrétiser leur projet.

TITRE

13. Le contrat de bail et l'état des lieux

SECTION 0 ORIENTEUR

13.00 Sommaire du titre.

Division. Après avoir examiné le contrat de bail (forme, contenu, signature et date d'effet, ces deux derniers points étant appréhendés tant dans le secteur privé que dans le secteur HLM), nous envisagerons l'état des lieux (d'entrée, puis de sortie).

13.01 Principaux textes applicables.

TEXTES SOURCES

- **L. nº 89-462, 6 juill. 1989,** art. 3, 3-1, 3-2, 3-3, 4.
- **CCH,** art. L. 442-8 à L. 442-8-4.

13.03 Bibliographie indicative.

Annuel. LAMY DR. IMMO, nos 5862 s., 5887 s.

Encyclopédies. RÉP. CIV., Vis *Bail*, par C. Aubert de Vincelles, C. Noblot, nos 77 s., 83 ; *Bail d'habitation et mixte : rapports locatifs individuels – Loi du 6 juillet 1989*, N. Damas, nos 90 s., 117 s. – DICT. PERM. Gestion immob., Vº *Baux d'habitation et mixtes*, nos 56 s.

Ouvrages. E. Debaussart-Joniec, S. Fraîche-Dupeyrat, Ph. Pelletier, *Les baux d'habitation après la loi Élan*, 3e éd., « Actualité », 2019, LexisNexis – J. Lafond, B. Vial-Pedroletti, *Les baux d'habitation*, 8e éd., « Droit et professionnels », LexisNexis, 2017, nos 366 à 783 – Ph. Pelletier (dir.), *Traité des baux d'habitation et professionnels*, « Référence juridique », Le Moniteur, 2021.

CHAPITRE

131. Choisir son locataire

SECTION 0 ORIENTEUR

131.00 Sommaire du chapitre.

Division. Il convient d'étudier la prohibition de toute discrimination (sect. 1) et les documents que le bailleur peut exiger (sect. 2).

131.01 Principaux textes applicables.

TEXTES SOURCES

• **L. n° 89-462, 6 juill. 1989,** art. 1er ; 22-2.

C. pén., art. 225-1.

TEXTES *IN EXTENSO*

• **L. 6 juill. 1989,** art. 1er

Le droit au logement est un droit fondamental ; il s'exerce dans le cadre des lois qui le régissent.

L'exercice de ce droit implique la liberté de choix pour toute personne de son mode d'habitation grâce au maintien et au développement d'un secteur locatif et d'un secteur d'accession à la propriété ouverts à toutes les catégories sociales.

Aucune personne ne peut se voir refuser la location d'un logement pour un motif discriminatoire défini à l'article 225-1 du code pénal.

En cas de litige relatif à l'application de l'alinéa précédent, la personne s'étant vu refuser la location d'un logement présente des éléments de fait laissant supposer l'existence d'une discrimination directe ou indirecte. Au vu de ces éléments, il incombe à la partie défenderesse de prouver que sa décision est justifiée. Le juge forme sa conviction après avoir ordonné, en cas de besoin, toutes les mesures d'instruction qu'il estime utiles.

Les droits et obligations réciproques des bailleurs et des locataires doivent être équilibrés dans leurs relations individuelles comme dans leurs relations collectives.

• **L. 6 juill. 1989,** art. 22-2

La liste des pièces justificatives pouvant être exigées du candidat à la location ou de sa caution par le bailleur, préalablement à l'établissement du contrat de location, est définie par décret en Conseil d'État, pris après avis de la Commission nationale de concertation.

En préalable à l'établissement du contrat de location, le bailleur ne peut imposer la cosignature d'un ascendant ou d'un descendant du candidat à la location.

Les manquements au présent article sont punis d'une amende administrative, prononcée par le représentant de l'État dans le département, dont le montant ne peut être supérieur à 3 000 € pour une personne physique et à 15 000 € pour une personne morale.

Le montant de l'amende est proportionné à la gravité des faits constatés.

L'amende ne peut être prononcée plus d'un an à compter de la constatation des faits.

L'amende est prononcée après que l'intéressé a été informé de la possibilité de présenter ses observations dans un délai déterminé.

• **C. pén.,** art. 225-1

Constitue une discrimination toute distinction opérée entre les personnes physiques sur le fondement de leur origine, de leur sexe, de leur situation de famille, de leur grossesse, de leur apparence physique, de la particulière vulnérabilité résultant de leur situation économique, apparente ou connue de son auteur, de leur patronyme, de leur lieu de résidence, de leur état de santé, de leur perte d'autonomie, de leur handicap, de leurs caractéristiques génétiques, de leurs mœurs, de leur orientation sexuelle, de leur identité de genre, de leur âge, de leurs opinions politiques, de leurs activités syndicales, de leur capacité à s'exprimer dans une langue autre que le français, de leur appartenance ou de leur non-appartenance, vraie ou supposée, à une ethnie, une Nation, une prétendue race ou une religion déterminée.

Constitue également une discrimination toute distinction opérée entre les personnes morales sur le fondement de l'origine, du sexe, de la situation de famille, de la grossesse, de l'apparence physique, de la particulière vulnérabilité résultant de la situation économique, apparente ou connue de son auteur, du patronyme, du lieu de résidence, de l'état de santé, de la perte d'autonomie, du handicap, des caractéristiques génétiques, des mœurs, de l'orientation sexuelle, de l'identité de genre, de l'âge, des opinions politiques, des activités syndicales, de la capacité à s'exprimer dans une langue autre que le français, de l'appartenance ou de la non-appartenance, vraie ou supposée, à une ethnie, une Nation, une prétendue race ou une religion déterminée des membres ou de certains membres de ces personnes morales.

131.02 **Jurisprudence de référence.**

• **Paris, 13 sept. 2002,** n° 2001/03771

* V. s^s^ n° 131.31

Pour s'assurer de la solvabilité d'un candidat locataire, le bailleur peut exiger de celui-ci la production de son avis d'imposition et de ses dernières quittances de loyer.

131.03 **Bibliographie indicative.**

Annuel. LAMY DR. IMMO, n°s 5866 s.

Encyclopédies. RÉP. CIV., *V° Bail d'habitation et mixte : rapports locatifs individuels – Loi du 6 juillet 1989*, N. Damas, n°s 81 s. – DICT. PERM. Gestion immob., *V° Baux d'habitation et mixtes*, n°s 153 s.

Ouvrages. E. Debaussart-Joniec, S. Fraîche-Dupeyrat, Ph. Pelletier, *Les baux d'habitation après la loi Élan*, 3e éd., « Actualité », 2019, LexisNexis – J. Lafond, B. Vial-Pedroletti, *Les baux d'habitation*, 8e éd., « Droit et professionnels », LexisNexis, 2017, n°s 350 à 362 – Ph. Pelletier (dir.), *Traité des baux d'habitation et professionnels*, « Référence juridique », Le Moniteur, 2021.

Articles. N. Damas, « Gestion locative et relance de l'offre de logements », *AJDI* 2007. 370.

SECTION 1
PROHIBITION DE TOUTE DISCRIMINATION

131.11 **Baux conclus avant le 27 mars 2014.** En vertu des troisième et quatrième alinéas de l'article 1er de la loi du 6 juillet 1989, dans sa rédaction applicable aux baux signés avant le 27 mars 2014, date d'entrée en vigueur de loi du 24 mars 2014 [1], dite loi Alur, aucune personne ne peut se voir refuser la location d'un logement en raison de son origine, de son patronyme, de son apparence physique ; de son sexe, de sa situation de famille, de son état de santé, de son handicap, de ses mœurs, de son orientation sexuelle, de ses opinions politiques, de ses activités syndicales, de son appartenance ou sa non-appartenance vraie ou supposée à une ethnie, une nation, une race ou une religion déterminée.

131.12 **Baux conclus à compter du 27 mars 2014.** Pour les baux conclus à partir du 27 mars 2014, le même texte précise désormais qu'aucune personne ne peut se voir refuser la location d'un logement pour un motif discriminatoire défini à l'article 225-1 du code pénal, c'est-à-dire toute distinction opérée entre les personnes physiques à raison :

- de leur origine ;
- de leur sexe ;
- de leur situation de famille ;
- de leur grossesse ;
- de leur apparence physique ;
- de leur patronyme ;
- de leur lieu de résidence ;
- de leur état de santé ;
- de leur handicap ;
- de leurs caractéristiques génétiques ;
- de leurs mœurs ;
- de leur orientation ou identité sexuelle ;
- de leur âge ;
- de leurs opinions politiques ;
- de leurs activités syndicales ;
- de leur appartenance ou de leur non-appartenance, vraie ou supposée, à une ethnie, une nation, une race ou une religion déterminée.

131.13 **Renversement de la charge de la preuve.** Qui plus est, avant comme après la loi du 24 mars 2014, dite loi Alur, le quatrième alinéa de l'article 1er de la loi du 6 juillet 1989 renverse, pour partie, la charge de la preuve puisque, en cas de contentieux, le candidat locataire n'aura qu'à présenter « des éléments de fait laissant supposer l'existence d'une discrimination directe ou indirecte ». L'accumulation, par le bailleur, de demandes de renseignements plus ou moins confidentiels pourrait, vraisemblablement constituer les « éléments de fait » en question.

Il incombera alors au bailleur de prouver que sa décision de refus n'a pas été motivée par la prise en compte des éléments susmentionnés, mais a été dictée par des considérations objectives (comme, par exemple, des revenus insuffisants) [2].

SECTION 2
DOCUMENTS QUE LE BAILLEUR PEUT EXIGER

131.20 **Plan.** Là encore, il faut faire la distinction entre la règle qui prévalait jusqu'à la loi du 24 mars 2014, dite loi Alur (la loi interdisait au bailleur de demander certains documents) (§ 1), et les dispositions issues de ce texte (qui renvoie à un décret établissant la liste des pièces pouvant être exigées) (§ 2).

1. L. n° 2014-366, 24 mars 2014 pour l'accès au logement et un urbanisme rénové, *JO* 26 mars 2014, p. 5809.

2. SOUS RÉSERVE des observations apportées sur l'attribution des logements HLM : v. s^s^ n°s 621.10 s.

§ 1
Situation avant la loi Alur

131.31 Documents que le bailleur pouvait exiger. Pour les baux conclus, renouvelés ou tacitement reconduits jusqu'au 27 mars 2014, l'article 22-2 de la loi du 6 juillet 1989, le bailleur ne pouvait exiger du candidat locataire qu'il produise :

- une photographie d'identité, hormis celle de la pièce justificative d'identité ;
- une carte d'assuré social ;
- une copie de relevé de compte bancaire ou postal ;
- une attestation de bonne tenue de compte bancaire ou postal ;
- une attestation d'absence de crédit en cours ;
- une autorisation de prélèvement automatique ;
- un jugement de divorce, à l'exception du paragraphe commençant par l'énoncé : « Par ces motifs... » ;
- une attestation du précédent bailleur indiquant que le locataire est à jour de ses loyers et charges, dès lors que le locataire peut présenter d'autres justificatifs ;
- une attestation de l'employeur dès lors qu'il peut être fourni le contrat de travail et les derniers bulletins de salaire ;
- un contrat de mariage ;
- un certificat de concubinage ;
- un chèque de réservation de logement.

Il a toutefois été jugé que la demande de fourniture d'un chèque de réservation d'un logement ne devait pas être sanctionnée, faute de préjudice, dès lors que le chèque a été restitué au candidat non retenu [1].

- un dossier médical personnel (interdiction valant aussi en cas de demande de logement adapté ou spécifique) ;
- un extrait de casier judiciaire ;
- la remise sur un compte bloqué de biens, d'effets, de valeurs ou d'une somme d'argent correspondant à plus d'un mois de loyer en principal en l'absence du dépôt de garantie ou de la souscription de la garantie autonome prévue à l'article 2321 du code civil ;
- la production de plus de deux bilans pour les travailleurs indépendants ;
- une copie des informations contenues dans le fichier national des incidents de remboursement des crédits aux particuliers ou de l'information de la non-inscription à ce fichier (il s'agit d'un fichier qui regroupe à la fois les incidents graves de non-paiement et les mesures de règlement des situations de surendettement acceptées par les débiteurs ou décidées par les tribunaux).

On notera que la cour d'appel de Paris a jugé que, pour s'assurer de la solvabilité d'un candidat locataire, le bailleur peut toutefois exiger de celui-ci la production de son avis d'imposition et de ses dernières quittances de loyer [2]. Par ailleurs, il a pu être remarqué que la production d'un extrait d'acte de naissance ou de mariage n'est pas interdite [3].

§ 2
Situation depuis la loi Alur

131.41 Documents que le bailleur peut exiger – Baux conclus renouvelés ou tacitement reconduits à compter du 27 mars 2014. Pour les baux conclus à compter du 27 mars 2014, en vertu du nouvel article 22-2 de la loi du 6 juillet 1989 dans sa rédaction issue de la loi du 24 mars 2014, dite loi Alur, « la liste des pièces justificatives pouvant être exigées du candidat à la location ou de sa caution par le bailleur, préalablement à l'établissement du contrat de location, est définie par décret en Conseil d'État, pris après avis de la Commission nationale de concertation ».

Le décret qui a déterminé la liste des pièces justificatives est le décret n° 2015-1437 du 5 novembre 2015 [4].

Ces pièces sont les suivantes :

A. Une pièce justificative d'identité en cours de validité, comportant la photographie du titulaire [5] parmi les documents suivants :

1. Carte nationale d'identité française ou étrangère.
2. Passeport français ou étranger.
3. Permis de conduire français ou étranger.
4. Document justifiant du droit au séjour du candidat à la location étranger, notamment, carte de séjour temporaire, carte de résident, carte de ressor-

1. Bordeaux, 1er juin 2011, n° 10/04007, *AJDI* 2012. 273.
2. Paris, 13 sept. 2002, n° 2001/03771, *AJDI* 2002. 880, obs. Y. Rouquet.
3. N. Damas, *AJDI* 2007. 370.
4. Décr. n° 2015-1437, 5 nov. 2015 fixant la liste des pièces justificatives pouvant être demandées au candidat à la location et à sa caution, *JO* 7 nov., p. 20832.
5. Le décret n° 2019-1019 du 3 octobre 2019 (*JO* 5 oct.) a abandonné l'obligation pour le candidat à la location de fournir, au bailleur qui en ferait la demande, une pièce justificative d'identité en cours de validité comportant la signature du titulaire. Cette évolution est heureuse pour les locataires étrangers. En effet, ainsi qu'il est dit dans la notice accompagnant le décret du 3 octobre 2019, « les pièces justificatives de l'identité délivrées par des autorités étrangères ne comportent pas systématiquement la signature de leur titulaire, conformément à leur législation nationale. Leurs ressortissants, dès lors qu'ils disposent seulement de l'une de ces pièces pour justifier de leur identité, sont susceptibles de rencontrer des difficultés pour se loger dans le parc locatif privé. De plus, l'exigence de cette signature sur la pièce justificative d'identité ne permet ni d'établir l'authenticité de ce document ni de certifier l'identité du signataire du contrat de location ».

tissant d'un État membre de l'Union européenne ou de l'Espace économique européen.

B. Une seule pièce justificative de domicile parmi les documents suivants :

1. Trois dernières quittances de loyer ou, à défaut, attestation du précédent bailleur, ou de son mandataire, indiquant que le locataire est à jour de ses loyers et charges.

2. Attestation d'élection de domicile établissant le lien avec un organisme agréé au titre de l'article L. 264-2 du code de l'action sociale et des familles.

3. Attestation sur l'honneur de l'hébergeant indiquant que le candidat à la location réside à son domicile.

4. Dernier avis de taxe foncière ou, à défaut, titre de propriété de la résidence principale.

C. Un ou plusieurs documents attestant des activités professionnelles parmi les documents suivants :

1. Contrat de travail ou de stage ou, à défaut, une attestation de l'employeur précisant l'emploi et la rémunération proposée, la date d'entrée en fonctions envisagée et, le cas échéant, la durée de la période d'essai.

2. L'extrait K ou K *bis* du registre du commerce et des sociétés de moins de trois mois pour une entreprise commerciale.

3. L'extrait D 1 original du registre des métiers de moins de trois mois pour un artisan.

4. La copie du certificat d'identification de l'INSEE, comportant les numéros d'identification, pour un travailleur indépendant.

5. La copie de la carte professionnelle pour une profession libérale.

6. Toute pièce récente attestant de l'activité pour les autres professionnels.

7. Carte d'étudiant ou certificat de scolarité pour l'année en cours.

D. Un ou plusieurs documents attestant des ressources parmi les documents suivants :

1. Le dernier ou avant-dernier avis d'imposition ou de non-imposition et, lorsque tout ou partie des revenus perçus n'a pas été imposé en France mais dans un autre État ou territoire, le dernier ou avant-dernier avis d'imposition à l'impôt ou aux impôts qui tiennent lieu d'impôt sur le revenu dans cet État ou territoire ou un document en tenant lieu établi par l'administration fiscale de cet État ou territoire.

2. Trois derniers bulletins de salaires.

3. Justificatif de versement des indemnités de stage.

4. Les deux derniers bilans ou, à défaut, une attestation de ressources pour l'exercice en cours délivré par un comptable pour les professions non salariées.

5. Justificatif de versement des indemnités, retraites, pensions, prestations sociales et familiales et allocations perçues lors des trois derniers mois ou justificatif de l'ouverture des droits, établis par l'organisme payeur.

6. Attestation de simulation établie par l'organisme payeur ou simulation établie par le locataire relative aux aides au logement.

7. Avis d'attribution de bourse pour les étudiants boursiers.

8. Titre de propriété d'un bien immobilier ou dernier avis de taxe foncière.

9. Justificatif de revenus fonciers, de rentes viagères ou de revenus de valeurs et capitaux mobiliers.

Aucun autre document que ceux qui seront énumérés ne devraient pouvoir être exigés.

Ces pièces justificatives peuvent être exigées par le bailleur de chacun des candidats à la location.

Les dispositions du décret ne s'appliquent toutefois pas aux demandes d'attribution de logements sociaux mentionnées à l'article L. 441-1 du code de la construction et de l'habitation (concernant les règles d'attribution de logements HLM, v. Titre 62).

Précisons enfin que les pièces produites peuvent être des copies des documents originaux. Elles sont rédigées ou traduites en langue française et les montants inscrits convertis en euros. Les documents originaux doivent pouvoir être présentés à la demande du bailleur.

Par ailleurs, « en préalable à l'établissement du contrat de location, le bailleur ne peut imposer la cosignature d'un ascendant ou d'un descendant du candidat à la location ».

131.42 **Sanction.** En cas de manquement à l'article 22-2, il s'évince de la combinaison de ce texte et de l'article 1er-1 du décret du 5 novembre 2015 précité[1], qu'une amende administrative peut être prononcée par le préfet.

Le préfet est tenu d'informer le bailleur de son intention d'appliquer cette sanction à son encontre. Cette information mentionne les faits reprochés et le montant de l'amende envisagé. L'intéressé est mis à même de présenter ses observations dans le délai de deux mois dans les conditions des articles L. 122-1 et suivants du code des relations entre le public et l'Administration. Au terme de ce délai, le préfet peut émettre un titre de perception, recouvré comme en matière de créances étrangères à l'impôt et au domaine.

Le montant de l'amende, qui doit être proportionné à la gravité des faits constatés et qui ne peut être prononcée plus d'un an à compter de la constatation des faits, ne peut être supérieur à 3 000 euros pour une personne physique et à 15 000 euros pour une personne morale.

1. Créé par décr. n° 2019-437, 13 mai 2019.

CHAPITRE

132. Forme du contrat

SECTION 0 ORIENTEUR

132.00 Sommaire du chapitre.

Division. Seront successivement étudiées la prévalence d'un bail écrit (sect. 1) puis l'utilité (sect. 2) d'un tel bail.

132.01 Principaux textes applicables.

TEXTES SOURCES

• **L. n° 89-462, 6 juill. 1989,** art. 3.

TEXTES *IN EXTENSO*

• **L. 6 juill. 1989,** art. 3 [le paragraphe en italique n'est en vigueur qu'à partir du 1er janvier 2022]

Le contrat de location est établi par écrit et respecte un contrat type défini par décret en Conseil d'État, pris après avis de la Commission nationale de concertation.

Le contrat de location précise :

1° Le nom ou la dénomination du bailleur et son domicile ou son siège social ainsi que, le cas échéant, ceux de son mandataire ;

2° Le nom ou la dénomination du locataire ;

3° La date de prise d'effet et la durée ;

4° La consistance, la destination ainsi que la surface habitable de la chose louée, définie par le code de la construction et de l'habitation ;

5° La désignation des locaux et équipements d'usage privatif dont le locataire a la jouissance exclusive et, le cas échéant, l'énumération des parties, équipements et accessoires de l'immeuble qui font l'objet d'un usage commun, ainsi que des équipements d'accès aux technologies de l'information et de la communication ;

6° Le montant du loyer, ses modalités de paiement ainsi que ses règles de révision éventuelle ;

7° Le loyer de référence et le loyer de référence majoré, correspondant à la catégorie de logement et définis par le représentant de l'État dans le département dans les zones où s'applique l'arrêté mentionné au I de l'article 17 ;

8° Le montant et la date de versement du dernier loyer appliqué au précédent locataire, dès lors que ce dernier a quitté le logement moins de dix-huit mois avant la signature du bail ;

9° La nature et le montant des travaux effectués dans le logement depuis la fin du dernier contrat de location ou depuis le dernier renouvellement du bail ;

10° Le montant du dépôt de garantie, si celui-ci est prévu.

Le contrat de location mentionne également, à titre d'information, une indication sur le montant des dépenses théoriques de l'ensemble des usages énumérés dans le diagnostic de performance énergétique et définis par voie réglementaire.

Une notice d'information relative aux droits et obligations des locataires et des bailleurs ainsi qu'aux voies de conciliation et de recours qui leur sont ouvertes pour régler leurs litiges est annexée au contrat de location. Un arrêté du ministre chargé du logement, pris après avis de la Commission nationale de concertation, détermine le contenu de cette notice.

Lorsque l'immeuble est soumis au statut de la copropriété, le copropriétaire bailleur est tenu de communiquer au locataire les extraits du règlement de copropriété concernant la destination de l'immeuble, la jouissance et l'usage des parties privatives et communes, et précisant la quote-part afférente au lot loué dans chacune des catégories de charges. Ces extraits du règlement de copropriété sont communiqués par voie dématérialisée, sauf opposition explicite de l'une des parties au contrat.

Le bailleur ne peut pas se prévaloir de la violation du présent article.

Chaque partie peut exiger de l'autre partie, à tout moment, l'établissement d'un contrat conforme au présent article. En cas de mutation à titre gratuit ou onéreux du logement, le nouveau bailleur est tenu de notifier au locataire son nom ou sa dénomination et son domicile ou son siège social ainsi que, le cas échéant, ceux de son mandataire.

En cas d'absence dans le contrat de location d'une des informations relatives à la surface habitable, aux loyers de référence et au dernier loyer acquitté par le précédent locataire, le locataire peut, dans un délai d'un mois à compter de la prise d'effet du contrat de location, mettre en demeure le bailleur de porter ces informations au bail. À défaut de réponse du bailleur dans le délai d'un mois ou en cas de refus de ce dernier, le locataire peut saisir, dans le délai de trois mois à compter de la mise en demeure, la juridiction compétente afin d'obtenir, le cas échéant, la diminution du loyer.

132.02 Jurisprudence de référence.

• **Civ. 3e, 7 févr. 1990,** n° 88-16.225, P III, n° 40

* V. s^s n° 132.11

Mais attendu qu'après avoir justement retenu que le bail ayant été exécuté, l'absence d'écrit ne le rendait pas nul, le tribunal qui a souverainement déterminé la valeur locative du bien a légalement justifié sa décision de ce chef.

• **Civ. 3e, 29 nov. 2000,** n° 98-12.442, P III, n° 179

* V. ss n° 132.12

En application de l'article 3 de la loi de 1989, le propriétaire est fondé à obtenir un bail écrit comportant les stipulations conformes à l'accord des parties et, pour le surplus, aux dispositions statutaires de la loi.

132.03 Bibliographie indicative.

Annuel. LAMY DR. IMMO, n° 5862.

Encyclopédies. RÉP. CIV., *V° Bail d'habitation et mixte : rapports locatifs individuels – Loi du 6 juillet 1989*, N. Damas, nos 92 s. – DICT. PERM. Gestion immob., *V° Baux d'habitation et mixtes*, nos 56 s.

Ouvrages. E. Debaussart-Joniec, S. Fraîche-Dupeyrat, Ph. Pelletier, *Les baux d'habitation après la loi Élan*, 3e éd., « Actualité », 2019, LexisNexis – J. Lafond, B. Vial-Pedroletti, *Les baux d'habitation*, 8e éd., « Droit et professionnels », LexisNexis, 2017, nos 391 à 404 – Ph. Pelletier (dir.), *Traité des baux d'habitation et professionnels*, « Référence juridique », Le Moniteur, 2021.

SECTION 1
DE LA PRÉVALENCE D'UN BAIL ÉCRIT

132.11 Jurisprudence dominante en faveur de l'écrit. Le contrat de location est établi par écrit[1]. Pour autant, un bail verbal n'est pas nul[2].

Cette solution semble devoir être maintenue sous l'empire de la loi du 24 mars 2014, dite loi Alur[3], alors même que le nouvel article 3 issu de cette loi (article qui, aux termes de la loi n° 2015-990 du 6 août 2015, dite Macron[4], s'applique uniquement aux nouveaux baux et aux baux faisant l'objet d'un renouvellement, mais non aux baux tacitement reconduits) précise que « le contrat de location est établi par écrit et respecte un contrat type défini par décret en Conseil d'État, pris après avis de la Commission nationale de concertation[5]. En effet, le nouvel article 3 précise toujours que « chaque partie peut exiger de l'autre partie, à tout moment, l'établissement d'un contrat conforme au présent article » (v. ci-dessous).

C'est ce qui ressort de la jurisprudence dominante, même si certaines décisions se sont prononcées en faveur de cette nullité[6] et même si la question divise la doctrine[7, 8].

Il a ainsi été jugé que la validité d'un congé n'est pas subordonnée à la signature préalable d'un contrat écrit[9] et que l'absence d'écrit n'interdit pas au bailleur d'user de son droit de reprise[10]. De même, la délivrance d'un congé pour vendre est valide, dès lors que la procédure instaurée par la loi du 6 juillet 1989 est respectée[11].

132.12 Validité du bail verbal. Par ailleurs, la jurisprudence a déclaré applicable à un bail verbal, l'obligation du bailleur, voulant faire jouer la clause résolutoire, de délivrer un commandement de payer à son cocontractant[12]. Un bail verbal est valable jusqu'au moment où l'un des contractants décide de faire jouer l'avant-dernière phrase de cet article 3, en vertu de laquelle « chaque partie peut exiger, à tout moment, de l'autre partie, l'établissement d'un contrat conforme aux dispositions du présent article »[13]. La Cour suprême a même précisé qu'en application de cet article, le propriétaire est fondé à obtenir un bail écrit conforme à l'accord des parties et, pour le surplus, aux dispositions statutaires de la

1. L. n° 89-462, 6 juill. 1989, art. 3.
2. Civ. 3e, 7 févr. 1990, n° 88-16.225, P III, n° 40 ; *D.* 1993. Somm. 173, obs. Bihr, [loi de 1982] – Bourges, 29 août 1996, n° 95/00172, *Loyers et copr.* 1997, n° 70, obs. B. Vial-Pedroletti – Bordeaux, 26 juin 1997, *JurisData* 042867, *Loyers et copr.* 1998, n° 5, obs. B. Vial-Pedroletti.
3. L. n° 2014-366, 24 mars 2014 pour l'accès au logement et un urbanisme rénové, *JO* 26 mars, p. 5809.
4. L. n° 2015-990 du 6 août 2015, art. 82, II, en vigueur le 8 août 2015.
5. Il s'agit du décret n° 2015-587 du 29 mai 2015 (*JO* 31 mai, p. 9035), v. chap. 133.
6. TI Privas, 19 mai 1993, *Rev. loyers* 1994. 211 – TI Prades, 22 avr. 1994, *JCP N* 1996. II. 309, note Gallet.
7. HOSTILES À LA NULLITÉ : Belot et Legrand, *Administrer* 1989, n° 204, p. 2 – AUSSI : Aubert et Bihr, *Droit de la gestion de l'immeuble*, « Dalloz action », 2000, nos 3006 s.
8. Mais la signature d'un bon de visite par l'occupant ne caractérise pas l'existence d'un bail, d'autant que la loi de 1989 exige désormais la conclusion d'un contrat type : Aix-en-Provence, 29 mars 2018, n° 16/17182, *Loyers et copr.* 2018, n° 137, obs. B. Vial-Pedroletti.
9. Paris, 11 mars 1997, n° 95/23360, *Loyers et copr.* 1997, n° 159, obs. B. Vial-Pedroletti.
10. Civ. 3e, 27 janv. 1999, n° 96-21.041, NP, *RJDA* 1999, n° 269 ; *Administrer* févr. 2000, p. 43, obs. Canu.
11. Paris, 10 févr. 2005, n° 03/15778, *Rev. loyers* 2005. 391.
12. Bourges, 28 oct. 1996, n° 95/02024, *Loyers et copr.* 1997, n° 225, obs. B. Vial-Pedroletti.
13. POUR DES APPLICATIONS : Nancy, 20 mars 1985 (loi de 1982), *D.* 1986. IR 435 – Paris, 21 nov. 1988 (loi de 1982), *D.* 1989. IR 11 – SUR la mise en conformité, v. ss n° 133.252.

loi[1], laquelle est d'ordre public[2]. Il est cependant fortement conseillé de conclure dès l'origine un bail écrit puisque, à défaut, certaines dispositions de la loi de 1989 ne peuvent recevoir application.

SECTION 2
DE L'UTILITÉ D'UN BAIL ÉCRIT

132.21 Critères favorisant l'écrit. En l'absence de bail écrit, il est impossible au bailleur de revendiquer la conclusion d'un contrat pour une durée réduite[3]. De la même manière, il sera impossible au bailleur de faire jouer l'article 7 *g* de la loi, c'est-à-dire de poursuivre la résiliation de plein droit du contrat verbal pour défaut d'assurance[4].

Tout comme les dispositions relatives à la révision du loyer ne pourront être invoquées[5]. Sauf, toutefois, à prouver l'existence d'un accord des parties sur ce point[6].

La réévaluation du prix du bail lors du renouvellement[7] sera par ailleurs impossible en cas de contrat verbal[8].

Enfin, il a été jugé qu'un bail verbal ne permettait pas de faire jouer une clause de résiliation de plein droit[9].

1. Civ. 3e, 29 nov. 2000, no 98-12.442, P III, no 179 ; *Loyers et copr.* 2001, no 170, obs. B. Vial-Pedroletti – CEP. jugeant, à propos de la loi Quilliot de 1982, que le législateur n'a pas prévu de substitution de plein droit des dispositions de ce texte aux engagements des parties en cas de non-établissement d'un contrat de location conforme : Paris, 25 oct. 1985, no L17/660, *D.* 1986. IR 53.
2. Sur ce point, v. ss no 021.11.
3. Sur le contrat de l'art. 11, v. ss nos 413.11 s. – Paris, 5 juill. 1995, no 94/027275, *Loyers et copr.* 1995, no 454 – Bordeaux, 26 juin 1997, *JurisData* 042867, *Loyers et copr.* 1998, no 5, obs. B. Vial-Pedroletti.
4. Paris, 20 mai 1997, no 95/06465, *Loyers et copr.* 1997, no 225, obs. B. Vial-Pedroletti.
5. Civ. 3e, 4 oct. 1995, no 93-20.461, P III, no 211 ; *D.* 1996. Somm. 376, obs. CRDP Nancy 2, [loi de 1986] – Rennes, 21 janv. 1999, no 9709084, *Loyers et copr.* 1999, no 204, obs. B. Vial-Pedroletti.
6. Colmar, 1er oct. 2007, no 3A05/04814, *Loyers et copr.* 2008, no 50, obs. B. Vial-Pedroletti – Lyon, 13 mai 2008, no 07/00030, *Loyers et copr.* 2008, no 185, obs. B. Vial-Pedroletti.
7. En vertu de l'art. 17 *c*.
8. Rennes, 21 janv. 1999, no 9709084, *Loyers et copr.* 1999, no 204, obs. B. Vial-Pedroletti – Paris, 17 juin 2003, *Administrer* avr. 2004. 43, obs. Beddeleem.
9. Civ. 3e, 23 sept. 2014, no 13-15.713, NP, *AJDI* 2014. 868 ; *Loyers et copr.* 2014, no 292, obs. B. Vial-Pedroletti.

CHAPITRE

133. Contenu du contrat

SECTION 0 ORIENTEUR

133.00 Sommaire du chapitre.

Division. Il convient d'étudier successivement les clauses impératives (sect. 1), les annexes également impératives (sect. 2), les sanctions du défaut de conformité du contrat (sect. 3) et les clauses interdites (sect. 4).

133.01 Principaux textes applicables.

TEXTES SOURCES

• **L. n° 89-462, 6 juill. 1989,** art. 3, 3-1, 3-3, 4.

TEXTES *IN EXTENSO*

• **L. 6 juill. 1989,** art. 3

* V. s[s] n° 132.01

• **L. 6 juill. 1989,** art. 3-1

Lorsque la surface habitable de la chose louée est inférieure de plus d'un vingtième à celle exprimée dans le contrat de location, le bailleur supporte, à la demande du locataire, une diminution du loyer proportionnelle à l'écart constaté. À défaut d'accord entre les parties ou à défaut de réponse du bailleur dans un délai de deux mois à compter de la demande en diminution de loyer, le juge peut être saisi, dans le délai de quatre mois à compter de cette même demande, afin de déterminer, le cas échéant, la diminution de loyer à appliquer. La diminution de loyer acceptée par le bailleur ou prononcée par le juge prend effet à la date de signature du bail. Si la demande en diminution du loyer par le locataire intervient plus de six mois à compter de la prise d'effet du bail, la diminution de loyer acceptée par le bailleur ou prononcée par le juge prend effet à la date de la demande.

• **L. 6 juill. 1989,** art. 3-3

Un dossier de diagnostic technique, fourni par le bailleur, est annexé au contrat de location lors de sa signature ou de son renouvellement et comprend :

1° Le diagnostic de performance énergétique prévu à l'article L. 126-26 du code de la construction et de l'habitation ;

2° Le constat de risque d'exposition au plomb prévu aux articles L. 1334-5 et L. 1334-7 du code de la santé publique ;

3° Une copie d'un état mentionnant l'absence ou, le cas échéant, la présence de matériaux ou produits de la construction contenant de l'amiante. Un décret en Conseil d'État définit les modalités d'application du présent 3°, notamment la liste des matériaux ou produits concernés ;

4° Un état de l'installation intérieure d'électricité et de gaz, dont l'objet est d'évaluer les risques pouvant porter atteinte à la sécurité des personnes. Un décret en Conseil d'État définit les modalités d'application du présent 4° ainsi que les dates d'entrée en vigueur de l'obligation en fonction des enjeux liés aux différents types de logements, dans la limite de six ans à compter de la publication de la loi n° 2014-366 du 24 mars 2014 pour l'accès au logement et un urbanisme rénové.

Dans les zones mentionnées au I de l'article L. 125-5 du code de l'environnement, le dossier de diagnostic technique est complété à chaque changement de locataire par l'état des risques naturels et technologiques.

Lorsque le bien loué est situé dans l'une des zones de bruit définies par un plan d'exposition au bruit des aérodromes prévu par l'article L. 112-6 du code de l'urbanisme, le dossier de diagnostic est complété par un document comportant l'indication claire et précise de cette zone ainsi que les informations prévues par l'article L. 112-11 du même code.

Le dossier de diagnostic technique est communiqué au locataire par voie dématérialisée, sauf opposition explicite de l'une des parties au contrat.

Le locataire ne peut se prévaloir à l'encontre du bailleur des informations contenues dans le diagnostic de performance énergétique, qui n'a qu'une valeur informative.

Le locataire ne peut se prévaloir à l'encontre du bailleur des recommandations accompagnant le diagnostic de performance énergétique ainsi que le document relatif à la situation du bien dans une zone définie par un plan d'exposition au bruit des aérodromes, qui n'ont qu'une valeur indicative.

Le propriétaire bailleur tient le diagnostic de performance énergétique à la disposition de tout candidat locataire.

• **L. 6 juill. 1989,** art. 4

Est réputée non écrite toute clause :

a) Qui oblige le locataire, en vue de la vente ou de la location du local loué, à laisser visiter celui-ci les jours fériés ou plus de deux heures les jours ouvrables ;

b) Par laquelle le locataire est obligé de souscrire une assurance auprès d'une compagnie choisie par le bailleur ;

c) Qui impose comme mode de paiement du loyer l'ordre de prélèvement automatique sur le compte courant du locataire ou la signature par avance de traites ou de billets à ordre ;

d) Par laquelle le locataire autorise le bailleur à prélever ou à faire prélever les loyers directement sur son salaire dans la limite cessible ;

e) Qui prévoit la responsabilité collective des locataires en cas de dégradation d'un élément commun de la chose louée ;

f) Par laquelle le locataire s'engage par avance à des remboursements sur la base d'une estimation faite unilatéralement par le bailleur au titre des réparations locatives ;

g) Qui prévoit la résiliation de plein droit du contrat en cas d'inexécution des obligations du locataire pour un motif autre que le non-paiement du loyer, des charges, du dépôt de garantie, la non-souscription d'une assurance des risques locatifs ou le non-respect de l'obligation d'user paisiblement des locaux loués, résultant de troubles de voisinage constatés par une décision de justice passée en force de chose jugée ;

h) Qui autorise le bailleur à diminuer ou à supprimer, sans contrepartie équivalente, des prestations stipulées au contrat ;

i) Qui autorise le bailleur à percevoir des amendes ou des pénalités en cas d'infraction aux clauses d'un contrat de location ou d'un règlement intérieur à l'immeuble ;

j) Qui interdit au locataire l'exercice d'une activité politique, syndicale, associative ou confessionnelle ;

k) Qui impose au locataire la facturation de l'état des lieux de sortie dès lors que celui-ci n'est pas établi par un huissier de justice dans le cas prévu par l'article 3-2 ;

l) Qui prévoit le renouvellement du bail par tacite reconduction pour une durée inférieure à celle prévue à l'article 10 ;

m) Qui interdit au locataire de rechercher la responsabilité du bailleur ou qui exonère le bailleur de toute responsabilité ;

n) Qui interdit au locataire d'héberger des personnes ne vivant pas habituellement avec lui ;

o) Qui impose au locataire le versement, lors de l'entrée dans les lieux, de sommes d'argent en plus de celles prévues aux articles 5 et 22 ;

p) Qui fait supporter au locataire des frais de relance ou d'expédition de la quittance ainsi que les frais de procédure en plus des sommes versées au titre des dépens et de l'article 700 du code de procédure civile ;

q) Qui prévoit que le locataire est automatiquement responsable des dégradations constatées dans le logement ;

r) Qui interdit au locataire de demander une indemnité au bailleur lorsque ce dernier réalise des travaux d'une durée supérieure à vingt et un jours ;

s) Qui permet au bailleur d'obtenir la résiliation de plein droit du bail au moyen d'une simple ordonnance de référé insusceptible d'appel ;

t) Qui impose au locataire, en surplus du paiement du loyer pour occupation du logement, de souscrire un contrat pour la location d'équipements.

133.02 **Jurisprudence de référence.**

• **Civ. 3e, 5 avr. 2006,** no 05-10.218, P III, no 93

* V. ss no 133.25

Satisfait aux exigences légales le bailleur, dont il n'est pas allégué qu'il eût un mandataire, délivrant un congé pour vendre comportant l'indication de la dénomination et du siège social du nouveau bailleur.

133.03 **Bibliographie indicative.**

Annuel. LAMY DR. IMMO, nos 5864 s., 5876 s.

Encyclopédies. RÉP. CIV., Vo *Bail d'habitation et mixte : rapports locatifs individuels – Loi du 6 juillet 1989*, N. Damas, nos 95 s., 295 s. – DICT. PERM. Gestion immob., Vo *Baux d'habitation et mixtes*, nos 64 s.

Ouvrages. E. Debaussart-Joniec, S. Fraîche-Dupeyrat, Ph. Pelletier, *Les baux d'habitation après la loi Élan*, 3e éd., « Actualité », 2019, LexisNexis – J. Lafond, B. Vial-Pedroletti, *Les baux d'habitation*, 8e éd., « Droit et professionnels », LexisNexis, 2017, nos 443 à 783 – Ph. Pelletier (dir.), *Traité des baux d'habitation et professionnels*, « Référence juridique », Le Moniteur, 2021.

Article. N. Damas, « Gestion locative et relance de l'offre de logements », *AJDI* 2007. 370.

SECTION 1
CLAUSES IMPÉRATIVES

133.10 **Plan – Sept mentions obligatoires.** Le contrat de location doit obligatoirement contenir sept types de précisions :

- les coordonnées et la localisation du bailleur (§ 1) ;
- les coordonnées et la localisation du locataire (§ 2) ;
- la date de prise d'effet et la durée du bail (§ 3) ;
- la consistance et la destination de la chose louée (§ 4) ;
- la surface habitable de la chose louée (§ 5) ;
- la désignation des éléments loués (§ 6) ;
- les informations financières relatives à la location (§ 7).

133.11 **Précision liminaire – Clauses impératives et clauses facultatives.** L'article 3 de la loi du 6 juillet 1989 énumère les clauses que le contrat doit impérativement contenir ainsi que les documents qui doivent obligatoirement y être annexés. L'article 4 dresse, quant à lui, une liste des clauses prohibées.

On notera qu'à côté des clauses impératives et des clauses prohibées, le bail peut (heureusement pour la liberté des contractants) contenir des clauses facultatives.

Tel est notamment le cas de la clause de révision du loyer, de celle prévoyant le versement d'un dépôt de garantie, de la clause par laquelle le preneur s'oblige à réaliser des travaux en contrepartie d'une réduction de loyer (plus communément appelée « clause travaux ») et de celle envisageant la mise en œuvre de la résiliation de plein droit. Reste la question du changement de fournisseur d'électricité et de gaz par le locataire. Depuis le 1er mars 2011, date d'entrée en vigueur de la loi du 7 décembre 2010 portant nouvelle organisation du marché de l'électricité[1], dite loi Nome, cette question n'a plus grand intérêt. En effet, si, par le passé, le changement de fournisseur par le locataire pouvait être redouté par le bailleur, en ce qu'il était définitif, la loi Nome a consacré, pour les particuliers et les PME, le principe de réversibilité totale et sans condition entre tarifs libres et tarifs réglementés. Cette réversibilité concerne les contrats d'électricité d'une puissance inférieure ou égale à 36 kilovoltampères et les souscripteurs consommant moins de 30 000 kilowattheures de gaz par an (on retrouve en détail ces cas de figure au fil des développements sur le loyer v. ss nos 422.21 s., sur les garanties du bailleur ss les chap. 141 s., sur les travaux dans le logement v. ss nos 311.10 s. et 312.10 s. et sur la résiliation v. ss nos 822.11 s.).

133.12 **Évolution de la législation.** En réécrivant l'article 3 de la loi du 6 juillet 1989, la loi du 24 mars 2014, dite loi Alur[2] (article qui, aux termes de la loi du 6 août 2015, dite loi Macron[3], ne s'applique qu'aux nouveaux baux et aux baux faisant l'objet d'un renouvellement, mais non aux baux tacitement reconduits), a sensiblement modifié le périmètre des clauses impératives.

133.13 **Contrat type.** Alors que l'article 3 de la loi du 6 juillet 1989, dans sa rédaction issue de la loi Alur du 24 mars 2014 (aux termes de la loi du 6 août 2015, dite loi Macron[4], applicable uniquement aux nouveaux baux et aux baux faisant l'objet d'un renouvellement, mais non aux baux tacitement reconduits), impose aux parties de respecter les termes d'un contrat de location type, le décret du 29 mai 2015[5] vient préciser le contenu de ce document[6].

En vigueur le 1er août 2015, le décret du 29 mai 2015 comporte, en annexe 1, le contrat type de location ou de colocation de logement nu.

Ce contrat type, qui ne contient que les « clauses essentielles du contrat dont la législation et la réglementation en vigueur au jour de sa publication imposent la mention par les parties dans le con-

1. L. no 2010-1488, 7 déc. 2010 portant nouvelle organisation du marché de l'électricité, *JO* 8 déc., p. 21467.
2. L. no 2014-366, 24 mars 2014 pour l'accès au logement et un urbanisme rénové, *JO* 26 mars, p. 5809.
3. L. no 2015-990, 6 août 2015, art. 82, II, en vigueur le 8 août 2015.
4. L. no 2015-990, 6 août 2015, art. 82, II, en vigueur le 8 août 2015.
5. Décr. no 2015-587, 29 mai 2015 relatif aux contrats types de location de logement à usage de résidence principale, *JO* 31 mai, p. 9035.
6. Pour un ex. de contrat de location ou de colocation de logement nu, soumis au titre Ier de la loi du 6 juillet 1989 respectant les termes du contrat type de location : annexe no 1121.11.

trat » comporte des parties relatives à la désignation des parties, à l'objet du contrat, à la date de prise d'effet et à la durée du contrat, à ses conditions financières, aux travaux, aux garanties, le cas échéant, aux clauses de solidarité et résolutoire et aux honoraires de location, ainsi qu'aux autres conditions particulières.

Est enfin visée la liste des annexes à joindre au bail, au rang desquelles est mentionnée la « notice d'information relative aux droits et obligations des locataires et des bailleurs », objet d'un l'arrêté du 29 mai 2015[1].

Ce bail type vaut pour les locations et colocations de logement nu constituant la résidence principale du preneur, à l'exception toutefois :

- des locations de logements conventionnés en application des articles L. 321-8 ou L. 831-1 du CCH et des locations de logements HLM non conventionnés en application de l'art. L. 831-1 du CCH ;
- des colocations formalisées par la conclusion de plusieurs contrats entre les colocataires et le bailleur ;
- en Guadeloupe, à la Martinique, en Guyane, à La Réunion et à Mayotte, des locations de logement des sociétés d'économie mixte agréées conformément à l'article L. 481-1 du code de la construction et de l'habitation, construit, acquis ou amélioré avec le concours financier de l'État prévu à l'article R. 372-1 du même code.

§ 1 Coordonnées et localisation du bailleur

133.21 Qualité du bailleur. Trois cas de figure sont à distinguer, le bailleur pouvant être une personne physique, une personne morale (une société) et le bien pouvant être géré par un mandataire. Enfin, il convient d'évoquer l'incidence du changement de propriétaire du bien loué en cours de bail.

133.22 Bailleur personne physique. Avant comme après la loi du 24 mars 2014, dite loi Alur, le contrat doit alors préciser le nom et le domicile du bailleur.

La précision du domicile, cela se mesure notamment en fin de bail, lorsque le bailleur refuse de restituer le dépôt de garantie qui lui a été transmis par son mandataire : avant la loi de 1994, si ce mandataire refusait de communiquer les coordonnées de son mandant (le bailleur), le locataire ne pouvait l'y contraindre qu'en délivrant à son encontre (par voie d'huissier) une sommation interpellative, préalable à toute mise en demeure (elle-même point de passage obligé avant toute action en justice).

La situation est désormais plus simple.

À propos du domicile, rappelons que l'article 102 du code civil le définit comme suit : « Le domicile de tout Français, quant à l'exercice de ses droits civils, est au lieu où il a son principal établissement ».

En pratique, domicile et résidence principale se confondront fréquemment[2]. En cas de déménagement du bailleur, celui-ci est tenu d'en avertir son cocontractant. À défaut, il ne pourrait pas reprocher au locataire de lui avoir délivré un congé à son ancienne adresse. Une telle notification serait donc valable, quand bien même la lettre recommandée avec accusé de réception aurait-elle été retournée à l'expéditeur avec la mention « n'habite pas à l'adresse indiquée »[3].

133.23 Bailleur personne morale. Le contrat doit indiquer la dénomination de la société bailleresse et l'adresse de son siège social.

133.24 Bien géré par un mandataire. Lorsque le bailleur aura confié la gérance du bien loué à un mandataire, en plus des précisions répertoriées ci-dessus, le bail devra indiquer ses coordonnées et son adresse. Cela se justifie puisqu'au quotidien, le locataire aura affaire à lui.

Comme la plupart du temps le mandataire en question est une personne morale (une agence immobilière), le nom et le siège social de cette dernière devront être mentionnés.

133.25 Bien changeant de propriétaire en cours de location. Aujourd'hui comme hier, il est prévu qu'« en cas de mutation à titre gratuit ou onéreux des locaux ["du logement", depuis la loi du 24 mars 2014, dite loi Alur], le nouveau bailleur est tenu de notifier au locataire son nom ou sa dénomination et son domicile ou son siège social, ainsi que, le cas échéant, ceux de son mandataire ».

Tous les cas de mutation semblent donc visés : vente, donation entre vifs, succession, etc. Cependant, dans l'hypothèse particulière où, suite au décès du bailleur, simple usufruitier du bien loué, les héritiers[4] en recouvrent la pleine propriété, la cour d'appel de Rennes a, dans un arrêt critiqué, jugé qu'il n'y avait pas « mutation »[5].

Toutefois, cette obligation légale pesant sur le nouveau propriétaire n'est, d'une part, enfermée dans aucun délai, et, d'autre part, assortie d'aucune sanction. Ainsi, satisfait aux exigences légales le bailleur, dont il n'est pas allégué qu'il eut un manda-

1. V. s[s] n° 133.101.

2. V. s[s] n° 022.33.
3. Limoges, 28 janv. 1998, n° 1082/96, *Loyers et copr.* 1998, n° 292, obs. B. Vial-Pedroletti.
4. Nus-propriétaires.
5. Rennes, 18 sept. 1997, n° 97/00851, *Loyers et copr.* 1998, n° 61, obs. crit. B. Vial-Pedroletti.

taire, délivrant un congé pour vendre comportant l'indication de la dénomination et du siège social du nouveau bailleur[1].

Quant aux modalités pratiques de la notification imposée par les textes, la cour d'appel de Paris a indiqué que la lettre de l'administrateur de biens adressée au locataire l'avisant que l'immeuble était vendu et que l'acquéreur (au cas particulier, un office public d'HLM) se mettra en rapport avec lui pour lui réclamer dorénavant les loyers ne saurait suppléer la notification incombant au nouveau bailleur[2].

§ 2 Coordonnées et localisation du locataire

133.31 Nouveauté de la loi Alur. Aux termes de l'article 3 de la loi du 6 juillet 1989 dans sa rédaction issue de la loi du 24 mars 2014, dite loi Alur (article qui, aux termes de la loi du 6 août 2015, dite Macron[3], s'applique uniquement aux nouveaux baux et aux baux faisant l'objet d'un renouvellement, mais non aux baux tacitement reconduits), le bail doit, de surcroît, mentionner « le nom ou la dénomination du locataire ».

§ 3 Date de prise d'effet et durée du bail

133.41 Efficacité du contrat dès la signature. Concernant la date de la prise d'effet du bail v. s^s^ n° 136.11 ; à propos de la durée du contrat v. s^s^ n°s 134.10 s. et 631.11 s.

§ 4 Consistance et destination de la chose louée

133.51 Composition et utilisation du local. Le contrat de location doit tout d'abord mentionner le nombre de pièces du local, l'existence de dépendances... Autant d'éléments dont l'état sera minutieusement répertorié dans l'état des lieux d'entrée[4].

Le bail doit ensuite préciser si les lieux sont à destination d'habitation ou à destination mixte – professionnelle et habitation[5].

§ 5 Surface habitable de la chose louée

133.61 Mention requise. Avant comme après la loi du 24 mars 2014, dite loi Alur, le contrat de location doit préciser la surface habitable de la chose louée.

La loi du 24 mars 2014, dite loi Alur, précise tout de même que cette surface est définie par le code de la construction et de l'habitation.

Selon l'alinéa 2 de l'article R. 156-1 du code de la construction et de l'habitation, la surface habitable d'un logement est la surface de plancher construite, après déduction des surfaces occupées par les murs, cloisons, marches et cages d'escalier, gaines, embrasures de portes et de fenêtres. Étant précisé que l'alinéa 3 du même texte indique qu'il n'est pas tenu compte de la superficie des combles non aménagés, caves, sous-sols, remises, garages, terrasses, loggias, balcons, séchoirs extérieurs au logement, vérandas, volumes vitrés prévus à l'article R. 155-1, locaux communs et autres dépendances des logements, ni des parties de locaux d'une hauteur inférieure à 1,80 mètre.

Grâce à cette mention, il est désormais plus facile aux commissions de médiation mises en place dans le cadre de la loi Dalo[6] d'apprécier le critère de suroccupation du logement[7].

133.62 Absence de sanction légale avant la loi Alur. La sanction encourue en cas de manquement de la précision de la surface habitable n'était pas précisée, avant la loi du 24 mars 2014, dite loi Alur.

À défaut de précision dans la loi, certains arrêts avaient diminué le loyer, soit en en proportion de la moindre surface[8], soit en décidant que le préjudice du locataire n'était pas directement proportionnel à la superficie louée[9, 10].

D'autres avaient toutefois refusé d'indemniser le locataire à raison d'une surface moindre au motif que le locataire ne démontrait pas avoir contracté

1. Civ. 3e, 5 avr. 2006, n° 05-10.218, P III, n° 93 ; *AJDI* 2006. 828, note V. Zalewski ; *Rev. loyers* 2006. 284, obs. Rémy – AUSSI : Rennes, 18 sept. 1997, n° 97/00851, *Loyers et copr.* 1998, n° 61, obs. crit. B. Vial-Pedroletti.
2. Paris, 18 janv. 2001, n° 2000/10443, *Loyers et copr.* 2001, n° 171, obs. B. Vial-Pedroletti.
3. L. n° 2015-990, 6 août 2015, art. 82, II, en vigueur le 8 août 2015.
4. V. s^s^ n°s 133.11 s.
5. Sur la notion de destination, v. s^s^ n°s 022.31 s.
6. V. s^s^ n°s 625.11 s.
7. Sur l'application de l'article 3 de la loi de 1989 aux organismes d'HLM, v. s^s^ n°s 022.91 s.
8. Civ. 3^e^, 28 nov. 2012, n° 11-25.874, NP, *AJDI* 2013. 113 ; *Loyers et copr.* 2013, n° 34, obs. B. Vial-Pedroletti – Versailles, 7 sept. 2010, *Loyers et copr.* 2011, n° 4, obs. B. Vial-Pedroletti – Versailles, 22 mars 2011, *Loyers et copr.* 2011, n° 208, obs. B. Vial-Pedroletti.
9. Aix-en-Provence, 19 juill. 2013, n° 2013/419, *Loyers et copr.* 2013, n° 300, obs. B. Vial-Pedroletti.
10. CONTRA toutefois, jugeant que l'erreur de superficie n'entraîne ni la nullité du bail, ni même une réduction de loyer : Paris, 15 juin 2010, n° 07/16179, *AJDI* 2011. 60.

principalement en considération d'une surface minimale qui n'a pas été respectée[1].

133.63 Dispositif prévue par la loi Alur : mention sur le contrat. L'article 3 nouveau de la loi du 6 juillet 1989 issue de la loi Alur du 24 mars 2014 (article qui, aux termes de la loi du 6 août 2015, dite Macron[2], ne s'applique qu'aux nouveaux baux et aux baux faisant l'objet d'un renouvellement, mais non aux baux tacitement reconduits) précise que le locataire peut, dans un délai d'un mois à compter de la prise d'effet du contrat de location, mettre en demeure le bailleur de porter ces informations au bail.

À défaut de réponse du bailleur dans le délai d'un mois ou en cas de refus de ce dernier, le locataire peut saisir, dans le délai de trois mois à compter de la mise en demeure, la juridiction compétente afin d'obtenir, le cas échéant, la diminution du loyer.

133.64 Dispositif prévue par la loi Alur : diminution du loyer. Par ailleurs, s'inspirant de ce qui prévaut en matière de copropriété lors de la vente d'un lot[3] l'article 3-1 de la loi du 6 juillet 1989 issus de la loi du 24 mars 2014, dite loi Alur, précise que lorsque la surface habitable de la chose louée est inférieure de plus d'1/20e à celle exprimée dans le contrat de location, le bailleur supporte, à la demande du locataire, une diminution du loyer proportionnelle à l'écart constaté[4].

À défaut d'accord entre les parties ou à défaut de réponse du bailleur dans un délai de deux mois à compter de la demande en diminution de loyer, le juge peut être saisi, dans le délai de quatre mois à compter de cette même demande, afin de déterminer, le cas échéant, la diminution de loyer à appliquer[5].

La diminution de loyer acceptée par le bailleur ou prononcée par le juge prend effet à la date de signature du bail. Si la demande en diminution du loyer par le locataire intervient plus de six mois à compter de la prise d'effet du bail, la diminution de loyer acceptée par le bailleur ou prononcée par le juge prend effet à la date de la demande[6].

§ 6
Désignation des éléments loués

133.71 Parties communes. Le contrat doit préciser « la désignation des locaux et équipements d'usage privatif dont le locataire a la jouissance exclusive et, le cas échéant, l'énumération des parties, équipements et accessoires de l'immeuble qui font l'objet d'un usage commun », ainsi, depuis l'entrée en vigueur de la loi du 24 mars 2014, dite loi Alur, que des équipements d'accès aux technologies de l'information et de la communication[7].

Ces dispositions visent toutes les locations, y compris celles consenties dans une copropriété, un lotissement (il s'agit alors de locations de maisons individuelles) ou un ensemble immobilier (les éléments faisant l'objet d'usage commun pouvant être l'ascenseur, les voies de circulation privées, les aires de jeu, les équipements sportifs tels les courts de tennis ou une piscine, etc.)[8].

§ 7
Informations financières relatives à la location

133.81 Éléments requis avant comme depuis la loi Alur. L'article 3 de la loi du 6 juillet 1989 prévoit certaines mentions relatives au loyer et au dépôt de garantie.

• Loyer. Le contrat doit préciser le montant du loyer, ses modalités de paiement (notamment s'il est payable à terme à échoir ou à terme échu), ainsi que, le cas échéant, les conditions de sa révision[9].

1. Lyon, 8 sept. 2015, n° 14/03780, *Loyers et copr.* 2015, n° 247, obs. B. Vial-Pedroletti – Refusant d'indemniser le locataire sur le fondement du dol ou d'un vice caché, aussi : Versailles, 1er juill. 2014, n° 13/06692, *Loyers et copr.* 2014, n° 236, obs. B. Vial-Pedroletti ; – Lyon, 8 janv. 2019, n° 17/02065, *Loyers et copr.* 2019, n° 52, obs. B. Vial-Pedroletti ; – Paris, 21 févr. 2019, n° 17/22820, *Loyers et copr.* 2019, n° 74, obs. B. Vial-Pedroletti.
2. L. n° 2015-990, 6 août 2015, art. 82, II, en vigueur le 8 août 2015.
3. L. n° 65-557, 10 juill. 1965, art. 46.
4. Jugeant l'art. 3-1 inapplicable à un bail conclu avant le 26 mars 2014, date de publication de la loi Alur : Civ. 3e, 19 déc. 2019, n° 18-18.079, NP, *Loyers et copr.* 2020, n° 16, obs. B. Vial-Pedroletti ; – Aix-en-Provence, 14 mai 2020, n° 18/11587, *Loyers et copr.* 2020, n° 80, obs. B. Vial-Pedroletti – COMP., déclarant l'art. 3-1 applicable à un bail conclu avant l'entrée en vigueur de la loi Alur, mais reconduit tacitement depuis : Pau, 6 févr. 2020, n° 18/02437, *Loyers et copr.* 2020, n° 31, obs. B. Vial-Pedroletti ; – Fort-de-France, 5 janv. 2021, n° 19/00188, *Loyers et copr.* 2021, n° 35, obs. B. Vial-Pedroletti.
5. Mais lorsqu'une partie du loyer est versée directement au bailleur (APL), le locataire ne saurait obtenir le remboursement de l'intégralité de la réduction du loyer ordonnée judiciairement : Lyon, 9 mai 2018, n° 16/06590, *Loyers et copr.* 2018, n° 169, obs. B. Vial-Pedroletti.
6. POUR une illustration : Aix-en-Provence, 14 mai 2020, n° 18/11587, *Loyers et copr.* 2020, n° 80, obs. B. Vial-Pedroletti.
7. L. n° 89-462, 6 juill. 1989, art. 3, qui, aux termes de la loi « Macron » n° 2015-990 du 6 août 2015, en vigueur le 8 août 2015, ne s'applique qu'aux nouveaux baux et aux baux faisant l'objet d'un renouvellement, mais non aux baux tacitement reconduits.
8. SUR CE POINT : Rép. min. 27 janv. 1983, *JCP N* 1983, prat. p. 8749.
9. Sur le loyer et les charges, v. ss nos 242.11 s. et 422.12 s.

• Dépôt de garantie. Lorsque celui-ci est prévu, son montant – qui ne peut dépasser un mois de loyer hors charges en vertu de l'article 22 de la loi de 1989[1] – doit être indiqué[2].

133.82 Éléments qui viennent s'ajouter, depuis la loi Alur. À ces mentions, la loi du 24 mars 2014, dite loi Alur, est venue ajouter, en modifiant l'article 3 de la loi du 6 juillet 1989 (article qui, aux termes de la loi du 6 août 2015, dite Macron[3], ne s'applique qu'aux nouveaux baux et aux baux faisant l'objet d'un renouvellement, mais non aux baux tacitement reconduits), les loyers de référence, le dernier loyer acquitté par l'ancien locataire et les travaux déjà effectués dans le logement.

133.83 Loyers de référence. Selon le texte[4], en cas de conclusion d'un bail portant sur un local situé dans une zone soumise à un arrêté d'encadrement préfectoral[5], le contrat de location précise le loyer de référence et le loyer de référence majoré, correspondant à la catégorie de logements.

En cas d'absence dans le bail de cette mention, le locataire peut, dans un délai d'un mois à compter de la prise d'effet du contrat de location, mettre en demeure le bailleur de porter cette information au bail.

À défaut de réponse du bailleur dans le délai d'un mois ou en cas de refus de ce dernier, le locataire peut saisir, dans le délai de trois mois à compter de la mise en demeure, la juridiction compétente afin d'obtenir, le cas échéant, la diminution du loyer. Le bail doit préciser.

133.84 Dernier loyer acquitté par l'ancien locataire. Le bail doit mentionner le montant et la date de versement du dernier loyer appliqué au[6] précédent locataire, dès lors du moins que ce dernier a quitté le logement moins de dix-huit mois avant la signature du bail[7].

En cas d'absence dans le contrat de location des informations relatives au dernier loyer acquitté par le précédent locataire, le locataire peut, dans un délai d'un mois à compter de la prise d'effet du contrat de location, mettre en demeure le bailleur de porter ces informations au bail. À défaut de réponse du bailleur dans le délai d'un mois ou en cas de refus de ce dernier, le locataire peut saisir, dans le délai de trois mois à compter de la mise en demeure, la juridiction compétente afin d'obtenir, le cas échéant, la diminution du loyer[8].

133.85 Travaux déjà effectués dans le logement. Le bail doit préciser la nature et le montant des travaux effectués dans le logement depuis la fin du dernier contrat de location ou depuis le dernier renouvellement du bail[9].

133.86 Montant des dépenses théoriques de l'ensemble des usages énumérés dans le DPE. Aux termes d'un ajout opéré par la loi « Énergie et climat » du 8 novembre 2019[10] (en vigueur le 1er janvier 2022), le contrat de location mentionne également, à titre d'information, une indication sur le montant des dépenses théoriques de l'ensemble des usages énumérés dans le diagnostic de performance énergétique et définis par voie réglementaire[11].

133.87 Rémunération des intermédiaires. Aux termes de l'article 5, I de la loi du 6 juillet 1989, lorsque des personnes sont mandatées pour se livrer ou prêter leur concours à l'entremise ou à la négociation d'une mise en location d'un logement loué à titre de résidence principale vide ou meublée, les honoraires pour effectuer la visite du preneur, constituer son dossier et rédiger un bail et ceux pour réaliser un état des lieux sont partagés entre le bailleur et le preneur. Ils ne peuvent toutefois pas dépasser certains plafonds[12].

Le quatrième (et dernier) alinéa de l'article 5, I de la loi de 1989 précise que les trois premiers alinéas texte ainsi que les montants des plafonds qui y sont définis sont reproduits, à peine de nullité, dans le contrat de bail lorsque celui-ci est conclu avec le concours d'une personne mandatée et rémunérée à cette fin.

SECTION 2
ANNEXES IMPÉRATIVES

133.90 Plan – Six documents destinés à l'information du preneur. Elles sont au nombre de six. Il s'agit de la notice d'information (§ 1) (pour les baux conclus après le 27 mars

1. V. ss nos 142.11 s.
2. Sur les modalités de dépôt de garantie en HLM, v. ss nos 632.11 s.
3. L. no 2015-990, 6 août 2015, art. 82, II, en vigueur le 8 août 2015.
4. L. no 2018-1021, 23 nov. 2018, art. 140, V.
5. Sur cette question, v. ss nos 422.41 s.
6. La loi no 2015-990 du 6 août 2015, dite Macron, par son article 82, a remplacé les termes « acquitté par le » par « appliqué au ».
7. L. no 89-462, 6 juill. 1989, nouv. art. 3, 8°.
8. L. no 89-462, 6 juill. 1989, nouv. art. 3, *in fine*.
9. L. no 89-462, 6 juill. 1989, nouv. art. 3, 9°.
10. L. no 2019-1147, 8 nov. 2019 relative à l'énergie et au climat, *JO* 9 nov., no 1.
11. Aux termes de l'article 158, V de la loi no 2021-1104 du 22 août 2021, portant lutte contre le dérèglement climatique et renforcement de la résilience face à ses effets (*JO* 24 août, no 1), cette disposition n'est toutefois applicable qu'à compter du 1er juill. 2024 en Guadeloupe, en Martinique, en Guyane, à La Réunion et à Mayotte.
12. Sur le détail de la rémunération des intermédiaires et de son partage, v. ss nos 134.111 s.

2014), de l'état des lieux d'entrée (§ 2), des extraits du règlement de copropriété qui intéressent le locataire (§ 3), d'un dossier de diagnostic technique (§ 4), d'une information sur les modalités de réception des services de télévision dans l'immeuble (§ 5) (pour les baux conclus avant le 27 mars 2014) et, le cas échéant, d'une information sur les risques de pollution des sols (§ 6).

§ 1
Notice d'information

133.101 **Nouveauté de la loi Alur.** Pour les baux conclus, renouvelés ou tacitement reconduits à compter du 27 mars 2014, date d'entrée en vigueur de la loi du 24 mars 2014, dite loi Alur, une notice d'information relative aux droits et obligations des locataires et des bailleurs ainsi qu'aux voies de conciliation et de recours qui leur sont ouvertes pour régler leurs litiges doit être annexée au contrat de location.

Aux termes de cet arrêté du 29 mai 2015, cette notice s'intéresse tour à tour à l'établissement du bail, aux droits et obligations des parties, à la fin de contrat et à la sortie du logement et au règlement des litiges locatifs. Elle dresse par ailleurs la liste des contacts utiles (organismes payeurs des aides au logement, associations représentatives des bailleurs et des locataires...) [1].

§ 2
État des lieux d'entrée

133.111 **Référence pour l'évaluation des frais de réparation.** L'état des lieux d'entrée doit être joint au contrat [2].

§ 3
Extraits du règlement de copropriété

133.121 **Destination de l'immeuble – Répartition des charges.** Avant comme après la loi du 24 mars 2014, dite loi Alur, lorsque la location se situe dans un immeuble en copropriété, le bailleur doit communiquer au locataire les extraits du règlement de copropriété :

– concernant la destination de l'immeuble ainsi que la jouissance et l'usage des parties privatives et communes ;

– précisant la quote-part de charges communes afférente au lot loué dans chacune des catégories de charges (charges relatives à la conservation, l'entretien et à l'administration des parties communes et charges entraînées par les services collectifs et les éléments d'équipement commun).

Aux termes d'une phrase insérée à l'article 3 de la loi de 1989 par la loi Élan du 23 novembre 2018 [3], ces extraits du règlement de copropriété sont communiqués par voie dématérialisée, sauf opposition explicite de l'une des parties au contrat.

À défaut de communication des extraits du règlement de copropriété, le locataire peut invoquer la nullité du bail [4].

§ 4
Dossier de diagnostic technique (DDT)

133.130 **Plan.** Il convient d'étudier successivement la communication (A) et le contenu impératif du DDT (B), le diagnostic de performance énergétique (C), le constat de risque d'exposition au plomb (D), le diagnostic « amiante » (E), l'état de l'installation intérieure d'électricité et de gaz (F), l'état des risques naturels et technologiques (G) et les zones de bruit aéroportuaires (H).

A.
Communication du DDT

133.141 **Évolution de la législation.** Selon l'article 3-3 de la loi de 1989, Un dossier de diagnostic technique, fourni par le bailleur, est annexé au contrat de location lors de sa signature ou de son renouvellement [5].

Partant, il a été jugé que le DDT devant être joint au contrat de location, sa simple « mise à disposition » du locataire est insuffisante [6].

B.
Contenu impératif du DDT

133.151 **Les différents postes.** Le dossier de diagnostic technique est composé des éléments suivants :

– le diagnostic de performance énergétique ;

– le constat de risque d'exposition au plomb ;

1. V. annexe n° 1121.12.
2. L. n° 89-462, 6 juill. 1989, anc. art. 3 ; art. 3-2 nouv. (sur la question, v. s^s n°s 137.12 s.).
3. L. n° 2018-1021, 23 nov. 2018 portant évolution du logement, de l'aménagement et du numérique, *JO* 24 nov., n° 1, dite loi Élan.
4. Rép. min. n° 43710, *JOAN Q* 28 sept. 2010, p. 10634 ; *JCP N* 2010. Actu. 697 – Sur l'impossibilité de facturer une quelconque somme au locataire au titre de cette communication, v. s^s n°s 134.148.
5. Sur la notion de « renouvellement », v. s^s n° 133.161.
6. Aix-en-Provence, 11 mai 2018, n° 17/07075, *Rev. loyers* 2018. 303, obs. S. B.

- la copie d'un état mentionnant l'absence ou, le cas échéant, la présence de matériaux ou produits de la construction contenant de l'amiante ;
- un état de l'installation intérieure d'électricité et de gaz, dont l'objet est d'évaluer les risques pouvant porter atteinte à la sécurité des personnes ;
- l'état des risques naturels et technologiques ;
- l'indication de la zone de bruits aéroportuaires.

133.152 **Question de la présence de mérule.** Aux termes de l'article L. 126-6 du code de la construction et de l'habitation[1], dès qu'il a connaissance de la présence de mérule (il s'agit d'un champignon lignivore) dans un immeuble bâti, l'occupant de l'immeuble contaminé en fait la déclaration en mairie.

Le texte ajoute qu'à défaut d'occupant, la déclaration incombe au propriétaire.

Et pour les parties communes d'un immeuble relevant de la loi du 10 juillet 1965[2], la déclaration incombe au syndicat des copropriétaires.

133.153 **Question de la présence de termites.** Selon l'article L. 126-4 du code de la construction et de l'habitation[3], dès qu'il a connaissance de la présence de termites dans un immeuble bâti ou non bâti, l'occupant de l'immeuble contaminé en fait la déclaration en mairie[4].

À défaut d'occupant, la déclaration incombe au propriétaire.

Pour les parties communes d'un immeuble relevant de la loi du 10 juillet 1965, la déclaration incombe au syndicat des copropriétaires[5].

C.
Diagnostic de performance énergétique (DPE)

133.161 **Droit à information du locataire.** En vertu de l'article 3-3 de la loi du 6 juillet 1989[6] et de l'article L. 126-28 du code de la construction et de l'habitation[7], le propriétaire bailleur tient le diagnostic de performance énergétique à la disposition de tout candidat locataire lors de la signature du bail ou de son renouvellement.

Et aux termes de l'article L. 126-29 du code de la construction et de l'habitation[8], en cas de location de tout ou partie d'un bâtiment, le diagnostic de performance énergétique prévu par l'article L. 126-26 est joint au contrat de location lors de sa conclusion[9].

L'article 5, I du décret du 15 mai 2008[10] est venu lever toute ambiguïté sur la notion de « renouvellement » en précisant que, par ce terme, il faut entendre le premier renouvellement de location au sens de l'article 10, alinéa 4, de la loi de 1989[11]. Il est donc à présent indiscutable que le locataire dont le contrat s'est tacitement reconduit (situation visée à l'art. 10, al. 3, de la loi de 1989) ne peut reprocher à son cocontractant de ne pas lui avoir fourni un nouveau DPE. Il en va désormais de même du preneur dont le contrat s'est déjà renouvelé au moins une fois. Encore, cette obligation est-elle – logiquement – allégée par le II du même article, qui indique que la production du DPE n'est exigible que pour les renouvellements survenant à une date postérieure à l'expiration du délai de validité du diagnostic fourni lors de la location initiale (sur la durée de vie du DPE v. ci-dessous).

L'article 3-3 de la loi du 6 juillet 1989 dans sa rédaction issue de la loi du 24 mars 2014, dite loi Alur et le dernier alinéa de l'ancien article L. 134-3-1 du code de la construction et de l'habitation précisaient expressément que ce diagnostic n'a qu'une valeur informative et que le locataire ne peut se prévaloir à l'encontre du bailleur des informations qu'il recèle[12].

1. ISSU DE ord. n° 2020-71, 29 janv. 2020, en vigueur le 1er juill. 2021 (fortement inspiré de l'anc. art. L. 133-7 du même code).
2. L. n° 65-557, 10 juill. 1965 fixant le statut de la copropriété des immeubles bâtis, *JO* 11 juill.
3. ISSU DE ord. n° 2020-71, 29 janv. 2020, en vigueur le 1er juill. 2021 (copie conforme de l'anc. art. L. 133-4 du même code).
4. Sur la prise en charge par le bailleur du traitement anti-termites, v. ss n° 221.23.
5. SUR le pouvoir du maire d'enjoindre aux propriétaires d'immeubles bâtis et non bâtis, situés dans un secteur délimité par le conseil municipal, de procéder dans les six mois à la recherche de termites et à la réalisation de travaux préventifs ou d'éradication nécessaires : CCH, art. L. 126-6 ; issu de ord. n° 2020-71, 29 janv. 2020, en vigueur le 1er juill. 2021 (fortement inspiré des anc. art. L. 133-1 s. du même code).
6. Anc. art. 3-1 de la même loi, renuméroté par la loi du 24 mars 2014, dite loi Alur.
7. ISSU DE ord. n° 2020-71, 29 janv. 2020, en vigueur le 1er juill. 2021 (reprise de l'anc. art. L. 134-3 du même code).
8. ISSU DE ord. n° 2020-71, 29 janv. 2020, en vigueur le 1er juill. 2021 ; mod. par L. n° 2021-1104, 22 août 2021 – En Guadeloupe, en Martinique, en Guyane, à La Réunion et à Mayotte, l'art. L. 126-29 est applicable à compter du 1er juill. 2024 (L. n° 2021-1104, 22 août 2021, art. 158, IV).
9. Avant sa modification par la loi n° 2021-1104 du 22 août 2021, portant lutte contre le dérèglement climatique et renforcement de la résilience face à ses effets (*JO* 24 août, n° 1), l'art. L. 126-29 précisait que le DPE était joint « à des fins d'information ». Cette précision a été abrogée.
10. Décr. n° 2008-461, 15 mai 2008 relatif au diagnostic de performance énergétique lors des mises en location de bâtiments à usage principal d'habitation et modifiant le code de la construction et de l'habitation, *JO* 18 mai, p. 8103.
11. V. ss n° 412.11.
12. POUR des illustrations jurisprudentielles : Montpellier, 26 juin 2018, n° 15/09863, *AJDI* 2018. 707 ; – Pau, 31 janv. 2013, n° 11/04593, *Loyers et copr.* 2013, n° 135, obs. B. Vial-Pedroletti ; – Bordeaux, 11 avr. 2017, n° 15/07221, *Rev. loyers* 2017. 231, obs. Brena ; – Bordeaux, 10 mai 2017, n° 14/07471, *Rev. loyers* 2017. 285, obs. S. B.

Toutefois, depuis le 1er juillet 2021, le caractère informatif du document ne concerne plus le DPE dans son ensemble, mais les seules recommandations techniques qui l'accompagnent. L'article 3-3 de la loi de 1989 a en effet été modifié pour, à compter de cette date, préciser que « le locataire ne peut se prévaloir à l'encontre du bailleur des recommandations accompagnant le diagnostic de performance énergétique [...] qui n'ont qu'une valeur indicative[1] »[2].

À noter par ailleurs que dans sa rédaction issue de la loi du 23 novembre 2018, dite loi Élan, l'article 3-3 de la loi du 6 juillet 1989 prévoit que, sauf opposition explicite de l'une des parties au contrat, le dossier de diagnostic technique est communiqué au locataire par voie dématérialisée.

Enfin, le propriétaire bailleur doit également tenir le diagnostic de performance énergétique à la disposition de tout candidat locataire qui en fait la demande[3].

133.162 Contenu du DPE. L'article L. 126-26 du code de la construction et de l'habitation[4] indique les cinq types d'informations que le diagnostic de performance énergétique doit comprendre.

Il s'agit :

– de la quantité d'énergie effectivement consommée ou estimée, exprimée en énergie primaire et finale, ainsi que les émissions de gaz à effet de serre induites, pour une utilisation standardisée du bâtiment ou d'une partie de bâtiment[5] ;

– d'une une classification en fonction de valeurs de référence permettant de comparer et évaluer sa performance énergétique et sa performance en matière d'émissions de gaz à effet de serre ;

– d'une information sur les conditions d'aération ou de ventilation ;

– de recommandations destinées à améliorer ces performances ;

– du montant des dépenses théoriques de l'ensemble des usages énumérés dans le diagnostic.

Par ailleurs, l'article L. 126-26-1 du code de la construction et de l'habitation, créé par la loi « Climat et résilience » du 22 août 2021[6] dispose que le DPE mentionné à l'article L. 126-26 précise la quantité d'énergie issue de sources d'énergies renouvelables[7], utilisée dans le bâtiment ou la partie de bâtiment à usage d'habitation, en distinguant celle produite par des équipements installés à demeure de celle véhiculée par des réseaux de distribution d'électricité, de gaz ou de chaleur.

Quant à l'article R. 126-16 du code de la construction et de l'habitation, il détaille en neuf points le contenu exact du diagnostic.

Il s'agit :

a) des caractéristiques pertinentes du bâtiment ou de la partie de bâtiment et un descriptif de ses équipements de chauffage, de production d'eau chaude

1. COMP., jugeant que si aucune action ne peut être engagée contre le bailleur au titre d'une sous-évaluation de la dépense énergétique annuelle, celui-ci est tenu d'assurer au locataire la jouissance paisible du logement et de le garantir contre les vices cachés. Partant, l'isolation insuffisante du logement, incompatible avec un chauffage électrique, constitue une anomalie structurelle de nature à engager la responsabilité du bailleur, le preneur devant pouvoir se chauffer normalement sans supporter un coût excessif : Riom, 6 juin 2016, nº 15/01321, *AJDI* 2016. 833.
2. Dans sa rédaction issue de la loi nº 2021-1104 du 22 août 2021, portant lutte contre le dérèglement climatique et renforcement de la résilience face à ses effets (*JO* 24 août, nº 1), l'al. 2 de l'art. L. 126-29 retient la même formulation, à un mot près, puisqu'il emploie les termes de valeur « informative » et non de valeur indicative.
3. À noter également qu'aux termes de l'art. L. 173-2 du CCH (issu de ord. nº 2020-71, 29 janv. 2020, en vigueur le 1er juill. 2021 et mod. par L. nº 2021-1104, 22 août 2021 [anc. art. L. 111-10-4-1]), à compter du 1er janv. 2022 (en Métropole et à compter du 1er juill. 2024 en Guadeloupe, en Martinique, en Guyane, à La Réunion et à Mayotte), en cas de location d'un bien immobilier à usage d'habitation dont le niveau de performance n'est pas compris entre les classes A et E au sens de l'article L. 173-1-1 du CCH [au sujet duquel, v. ss nº 211.43], *l'obligation* de respecter ce seuil à compter du 1er janvier 2028 est mentionnée dans les publicités relatives à la location ainsi que dans les baux. Et à compter du 1er janvier 2028, en cas de location d'un bien dont le niveau de performance n'est pas compris entre ces classes A et E, *le non-respect* de ce seuil est mentionné dans les publicités relatives à la location ainsi que dans les baux.
4. ISSU DE ord. nº 2020-71, 29 janv. 2020, en vigueur le 1er juill. 2021 (reprise des termes de l'anc. art. L. 134-1 du même code) et mod. par L. nº 2021-1104, 22 août 2021 – En Guadeloupe, en Martinique, en Guyane, à La Réunion et à Mayotte, l'art. L. 126-26 est applicable à compter du 1er juill. 2024 (L. nº 2021-1104, 22 août 2021, art. 158, IV).
5. Aux termes de l'article L. 173-2 du CCH (issu de ord. nº 2020-71, 29 janv. 2020, en vigueur le 1er juill. 2021 et mod. par L. nº 2021-1104, 22 août 2021 [anc. art. L. 111-10-4-1]), à compter du 1er janv. 2022 (en Métropole et à compter du 1er juill. 2024 en Guadeloupe, en Martinique, en Guyane, à La Réunion et à Mayotte), en cas de location d'un bien immobilier à usage d'habitation dont le niveau de performance n'est pas compris entre les classes A et E au sens de l'article L. 173-1-1 du CCH [au sujet duquel, v. ss nº 211.43], *l'obligation* de respecter ce seuil à compter du 1er janvier 2028 est mentionnée dans les publicités relatives à la location ainsi que dans les baux. Et à compter du 1er janvier 2028, en cas de location d'un bien dont le niveau de performance n'est pas compris entre ces classes A et E, *le non-respect* de ce seuil est mentionné dans les publicités relatives à la location ainsi que dans les baux.
6. L. nº 2021-1104, 22 août 2021 portant lutte contre le dérèglement climatique et renforcement de la résilience face à ses effets, *JO* 24 août, nº 1). En Guadeloupe, en Martinique, en Guyane, à La Réunion et à Mayotte, l'art. L. 126-26-1 est applicable à compter du 1er juill. 2024 (L. nº 2021-1104, 22 août 2021, art. 158, IV).
7. Définies au premier alinéa de l'article L. 211-2 du code de l'énergie.

sanitaire, de refroidissement, de ventilation et, dans certains types de bâtiments, de l'éclairage intégré des locaux en indiquant, pour chaque catégorie d'équipements, les conditions de leur utilisation et de leur gestion ayant des incidences sur les consommations énergétiques ;

b) de l'indication, pour chaque catégorie d'équipements, de la quantité annuelle d'énergie consommée ou estimée selon une méthode de calcul conventionnel ainsi qu'une évaluation des dépenses annuelles résultant de ces consommations ;

c) de l'évaluation de la quantité d'émissions de gaz à effet de serre liée à la quantité annuelle d'énergie consommée ou estimée ;

d) d'une information sur les énergies d'origine renouvelable produites par les équipements installés à demeure et utilisées dans le bâtiment ou partie de bâtiment en cause ;

e) du classement du bâtiment ou de la partie de bâtiment en application d'une échelle de référence, prenant en compte la zone climatique et l'altitude, établie en fonction de la quantité annuelle d'énergie consommée ou estimée, pour le chauffage, le refroidissement, la production d'eau chaude sanitaire, l'éclairage et les auxiliaires de chauffage, de refroidissement, d'eau chaude sanitaire et de ventilation, rapportée à la surface du bâtiment ou de la partie du bâtiment ;

f) du classement du bâtiment ou de la partie de bâtiment en application d'une échelle de référence, prenant en compte la zone climatique et l'altitude, établie en fonction de la quantité d'émissions de gaz à effet de serre, pour le chauffage, le refroidissement, la production d'eau chaude sanitaire, l'éclairage et les auxiliaires de chauffage, de refroidissement, d'eau chaude sanitaire et de ventilation, rapportée à la surface du bâtiment ou de la partie du bâtiment ;

g) des recommandations visant à améliorer la performance énergétique, sans augmenter la quantité d'émission de gaz à effet de serre liée à la quantité annuelle d'énergie consommée ou estimée, du bâtiment ou de la partie de bâtiment, accompagnées d'une évaluation de leur coût et de leur efficacité ;

h) le cas échéant, le dernier document en date mentionné à l'article R. 224-33 ou R. 224-41-8 du code de l'environnement, relatifs respectivement au rapport de contrôle périodique de l'efficacité énergétique et à l'attestation d'entretien annuel des chaudières dont la puissance nominale est comprise entre 4 et 400 kw ;

i) des éléments d'appréciation sur la capacité du bâtiment ou de la partie de bâtiment à assurer un confort thermique en période estivale.

Le dispositif est complété par un arrêté du 31 mars 2021[1], annoncé à l'article R. 126-29 du code de la construction et de l'habitation[2, 3].

En vigueur le 1er juillet 2021, c'est ce texte qui achève de définir le contenu des DPE des logements en France métropolitaine.

Ainsi qu'il est dans la notice de présentation de cet arrêté, ce texte précise les modalités d'établissement des DPE lorsqu'ils concernent des bâtiments ou parties de bâtiment à usage d'habitation et la méthode de calcul conventionnelle à mobiliser. Ses annexes, quant à elles, définissent notamment les éléments de design des diagnostics de performance énergétique ainsi que les échelles de classe d'évaluation de la performance énergétique et climatique.

133.163 Affichage du DPE et information L'article L. 126-30 du code de la construction et de l'habitation[4] précise que, dans certaines catégories de bâtiments, le propriétaire ou, s'il y a lieu, le gestionnaire affiche à l'intention du public le diagnostic mentionné à l'article L. 126-26 en cours de validité[5].

Par ailleurs, aux termes de l'article R. 126-17, lorsqu'un bâtiment ou une partie de bâtiment est

1. Arr. 31 mars 2021 relatif au diagnostic de performance énergétique pour les bâtiments ou parties de bâtiments à usage d'habitation en France métropolitaine, *JO* 31 mars, NOR : LOGL2033917A ; mod. par Arr. 8 oct. 2021, *JO* 14 oct., NOR : LOGL2118341A.
2. Cet article renvoie en effet à un arrêté le soin, notamment, de préciser, par catégorie de bâtiments, la définition des surfaces, le contenu du DPE, les éléments des méthodes de calcul conventionnel, les échelles de référence, le prix moyen de l'énergie servant à l'évaluation des dépenses annuelles mentionnée à l'art. R 134-2 CCH, les facteurs de conversion des quantités d'énergie finale en quantités d'émissions de gaz à effet de serre et les modalités selon lesquelles est prise en compte dans les calculs l'incidence positive de l'utilisation de sources d'énergie renouvelable ou d'éléments équivalents.
3. AUSSI : Arr. 31 mars 2021 relatif aux méthodes et procédures applicables au diagnostic de performance énergétique et aux logiciels l'établissant, *JO* 13 avr., NOR : LOGL2106175A ; mod. par arr. 17 juin 2021 (*JO* 24 juin) et par Arr. 8 oct. 2021, *JO* 14 oct., NOR : LOGL2118341A.
4. AUSSI ISSU DE ord. n° 2020-71, 29 janv. 2020, en vigueur le 1er juill. 2021 – En Guadeloupe, en Martinique, en Guyane, à La Réunion et à Mayotte, l'art. L. 126-26 est applicable à compter du 1er juill. 2024 (L. n° 2021-1104, 22 août 2021, art. 158, IV).
5. Aux termes de l'article L. 185-5 du CCH (issu de ord. n° 2020-71, 29 janv. 2020, en vigueur le 1er juill. 2021), les fonctionnaires et agents publics commissionnés à cet effet par le ministre chargé de l'Énergie, par le ministre chargé de la Construction ou par le maire sont habilités à rechercher et à constater les infractions et manquements à l'obligation d'affichage du DPE prévue à l'article L. 126-30. Ils disposent à cet effet des pouvoirs prévus au titre VII du livre Ier du code de l'environnement. Et, selon l'article L. 185-6 du CCH (issu de la même ordonnance et entrant en vigueur également le 1er juill. 2021), en cas de manquement à l'art. L. 126-30, l'autorité administrative met l'intéressé en demeure de s'y conformer dans un délai qu'elle détermine. Lorsque l'intéressé ne s'est pas conformé à la mise en demeure dans le délai fixé, l'autorité administrative peut prononcer à son encontre une sanction pécuniaire, qui ne peut excéder 1 500 euros.

doté d'un dispositif collectif, le propriétaire de ce dispositif collectif, son mandataire ou, le cas échéant, le syndic de copropriété fournit à la personne qui demande un diagnostic de performance énergétique et aux frais de cette dernière :

1° si le bâtiment ou la partie de bâtiment dispose d'un dispositif collectif de chauffage, de refroidissement, de production d'eau chaude sanitaire ou de ventilation :

a) Une description de ces équipements collectifs, de leurs auxiliaires et de leur mode de gestion,

b) Les modalités de répartition des frais liés aux consommations énergétiques de ces équipements ;

2° pour les autres dispositifs collectifs, tels l'enveloppe extérieure, la toiture, les planchers, plafonds et cloisons intérieures donnant sur des locaux non chauffés, tout document à sa disposition permettant de renseigner sur les caractéristiques pertinentes de ces dispositifs ayant des incidences sur les consommations énergétiques, notamment les dates et descriptions des travaux d'isolation thermique réalisés, les factures afférentes ainsi que les diagnostics techniques réalisés.

133.164 **Personne habilitée à établir ce diagnostic.** Selon l'article L. 126-6 du code de la construction et de l'habitation, le DPE doit être établi par une personne répondant aux conditions prévues par l'article L. 271-6 du code de la construction et de l'habitation, c'est-à-dire, conformément à ce texte (et aux art. R. 271-1 s. du même code), par une personne (physique ou morale) dont les compétences ont été certifiées ainsi qu'il est dit à l'article R. 271-1, disposant d'une organisation et de moyens appropriés et couverte par une assurance (en vertu de l'art. R. 271-2 du code de la construction et de l'habitation, le montant de la garantie ne peut être inférieur à 300 000 euros par sinistre et 500 000 euros par année d'assurance) et indépendante (du propriétaire, du mandataire, des entreprises susceptibles d'intervenir).

133.165 **Transmission des informations issues des DPE.** En vertu de l'article L. 126-32 du code de la construction et de l'habitation[1] les personnes qui établissent les diagnostics de performance énergétique les transmettent à l'Agence de l'environnement et de la maîtrise de l'énergie (Ademe).

Ces informations[2] sont transmises à des fins d'information, de contrôle, d'études statistiques, d'évaluation, d'amélioration méthodologique, de mise en œuvre et de suivi des politiques publiques touchant à la construction, aux bâtiments, aux logements, aux consommations énergétiques et aux performances environnementales.

Ces données sont mises à disposition des collectivités territoriales et de leurs établissements publics, des organismes chargés de la liquidation et du paiement de l'aide personnelle au logement, de l'observatoire des logements indignes mentionné à l'article 3 de la loi du 31 mai 1990[3], des associations de lutte contre la précarité énergétique et de l'Agence nationale de l'habitat (Anah) dans le cadre de l'exercice de ses missions.

Les modalités de transmission et de mise à disposition de ces informations sont définies par les articles R. 126-26 et R. 126-27 du CCH.

Aux termes du premier de ces textes, la transmission des DPE prévue à l'article L. 126-32 est assurée par un traitement automatique de données mis en place par l'Ademe. Les données ainsi transmises sont mises à la disposition des collectivités territoriales et de l'Agence nationale de l'habitat (Anah) par un accès à ce traitement.

Quant à l'article R. 126-27 du CCH, il prévoit que la personne qui établit le DPE le transmet à l'Ademe selon un format standardisé par l'intermédiaire de l'application définie à l'article R. 126-26 ; en retour, elle reçoit le numéro d'identifiant du document. Le texte ajoute qu'elle le transmet également ces données, dans le même format que celui prévu pour l'Ademe, au propriétaire du bâtiment ou partie de bâtiment concerné par le DPE.

133.166 **Durée de validité du DPE.** Selon l'article L. 126-26 du code de la construction et de l'habitation[4] (ancien art. L. 134-1), la durée de validité du DPE est fixée par voie réglementaire.

C'est l'article D. 126-19 du code de la construction et de l'habitation[5] qui règle la question.

Aux termes de ce texte, la durée de validité du DPE est fixée à dix ans.

Il ajoute que lorsque les DPE ont été réalisés entre le 1er janvier 2013 et le 1er juillet 2021, leur durée de validité est fixée dans les limites suivantes :

– les diagnostics réalisés entre le 1er janvier 2013 et le 31 décembre 2017 sont valides jusqu'au 31 décembre 2022 ;

– les diagnostics réalisés entre le 1er janvier 2018 et le 30 juin 2021 sont valides jusqu'au 31 décembre 2024.

1. ISSU DE ord. n° 2020-71, 29 janv. 2020, en vigueur le 1er juill. 2021 (reprise de l'anc. art. L. 134-4-2 du même code) – En Guadeloupe, en Martinique, en Guyane, à La Réunion et à Mayotte, l'art. L. 126-32 est applicable à compter du 1er juill. 2024 (L. n° 2021-1104, 22 août 2021, art. 158, IV).
2. Qui ne peuvent pas être utilisées à des fins commerciales.
3. L. n° 90-449, 31 mai 1990 visant à la mise en œuvre du droit au logement, *JO* 2 juin.
4. ISSU DE ord. n° 2020-71, 29 janv. 2020, en vigueur le 1er juill. 2021 ; mod. par L. n° 2021-1104, 22 août 2021 – En Guadeloupe, en Martinique, en Guyane, à La Réunion et à Mayotte, l'art. L. 126-33 est applicable à compter du 1er juill. 2024 (L. n° 2021-1104, 22 août 2021, art. 158, IV).
5. ISSU DU décr. n° 2020-1610, 17 déc. 2020, en vigueur le 1er juill. 2021.

133.167 Performance énergétique et annonces immobilières. Aux termes de l'article L. 126-33 du code de la construction et de l'habitation[1] (paragraphe I), le classement du bien au regard de sa performance énergétique et de sa performance en matière d'émissions de gaz à effet de serre et, pour les biens immobiliers à usage d'habitation et à titre d'information, une indication sur le montant des dépenses théoriques de l'ensemble des usages énumérés dans le diagnostic de performance énergétique sont mentionnés dans les annonces relatives à la vente ou à la location, y compris celles diffusées sur une plateforme numérique, selon des modalités définies par décret en Conseil d'État[2].

Cet article précise enfin les sanctions en cas de manquement à cette obligation d'information en distinguant selon qu'il émane ou non d'un professionnel.

Dans le premier cas (manquement émanant d'un professionnel), le II du texte précise que l'auteur du manquement est passible d'une amende administrative dont le montant ne peut excéder 3 000 euros pour une personne physique et 15 000 euros pour une personne morale[3].

Dans le second cas (manquement émanant d'un non-professionnel), le III de l'article L. 126-33 du CCH dispose que tout manquement à l'obligation d'information est passible d'une amende administrative dont le montant ne peut excéder 3 000 euros. Le texte poursuit en indiquant que l'autorité administrative compétente met l'intéressé en demeure de s'y conformer dans un délai qu'elle détermine. Et lorsque l'intéressé ne s'est pas conformé à la mise en demeure dans le délai fixé, l'autorité administrative peut prononcer à son encontre l'amende ci-dessus mentionnée, après toutefois que l'intéressé a été invité à présenter ses observations dans un délai déterminé.

1. ISSU DE ord. n° 2020-71, 29 janv. 2020, en vigueur le 1er juill. 2021 (reprise de l'anc. art. L. 134-4-3 du même code).
2. AUSSI : CCH, art. L. 173-2 (issu de ord. n° 2020-71, 29 janv. 2020, en vigueur le 1er juill. 2021 et mod. par L. n° 2021-1104, 22 août 2021 [anc. art. L. 111-10-4-1]), à compter du 1er janv. 2022 (en Métropole et à compter du 1er juill. 2024 en Guadeloupe, en Martinique, en Guyane, à La Réunion et à Mayotte), en cas de location d'un bien immobilier à usage d'habitation dont le niveau de performance n'est pas compris entre les classes A et E au sens de l'article L. 173-1-1 du CCH (au sujet duquel, v. ss n° 211.43), *l'obligation* de respecter ce seuil à compter du 1er janvier 2028 est mentionnée dans les publicités relatives à la location ainsi que dans les baux. Et à compter du 1er janvier 2028, en cas de location d'un bien dont le niveau de performance n'est pas compris entre ces classes A et E, *le non-respect* de ce seuil est mentionné dans les publicités relatives à la location ainsi que dans les baux.
3. Cette amende est prononcée dans les conditions prévues au chapitre II du titre II du livre V du code de la consommation.

Ces dispositions doivent être rapprochées de l'article L. 511-7 du code de la consommation, dans sa rédaction issue de la loi « Climat et résilience » du 22 août 2021[4], en ce qu'il précise qu'à compter du 1er janvier 2022, les agents de la concurrence, de la consommation et de la répression des fraudes sont habilités à rechercher et à constater les infractions ou les manquements aux dispositions de l'article L. 126-33 du code de la construction et de l'habitation[5].

Ce sont les articles R. 126-21 à R. 121-25 du code de la construction et de l'habitation qui, d'un point de vue réglementaire, s'intéresse aux informations requises dans les annonces immobilières.

La réglementation opère une distinction entre, d'une part, les annonces immobilières publiées dans la presse écrite et, d'autre part, celles affichées dans une vitrine ou diffusées par internet.

133.168 DPE et annonces immobilières par voie de presse écrite. Pour les annonces immobilières insérées dans la presse écrite, l'article R. 126-21 du code de la construction et de l'habitation prévoit, que toute annonce relative à la mise en location d'un bien immobilier devant faire l'objet d'un diagnostic de performance énergétique insérée dans la presse écrite mentionne les lettres correspondant aux échelles de référence des classements énergétique et climatique respectivement prévus par le e et le f de l'article R. 126-16[6]. Ces mentions, respectivement précédées des mots : « classe énergie » et « classe climat » doivent être en majuscules et d'une taille au moins égale à celle des caractères du texte de l'annonce.

Aux termes de l'article R. 126-23 du code de la construction et de l'habitation, pour les biens immobiliers à usage d'habitation, ces annonces comportent également une indication sur le montant des dépenses théoriques annuelles de l'ensemble des usages énergétiques mentionnés au e de l'article R. 126-16[7]. Cette indication, d'une taille au moins égale à celle des caractères du texte de l'annonce, est précédée de la mention : « Montant estimé des dépenses annuelles d'énergie pour un usage standard », et précise l'année de référence des prix de l'énergie utilisés pour établir cette estimation.

Enfin, selon l'article R. 126-24 du CCH, pour les biens immobiliers à usage d'habitation dont la consommation énergétique, déterminée selon la méthode du DPE excède le seuil de 330 kw/m^2/an d'énergie

4. L. n° 2021-1104, 22 août 2021 portant lutte contre le dérèglement climatique et renforcement de la résilience face à ses effets, *JO* 24 août, n° 1.
5. CCH, anc. art. L. 134-4-3.
6. V. ss n° 133.162.
7. V. ss n° 133.162.

primaire à compter du 1er janvier 2028[1], les annonces doivent mentionner la situation du bien vis-à-vis de cette obligation. Cette mention, dont les termes et conditions sont précisés par arrêté, est précédée des mots : « Logement à consommation énergétique excessive ». Elle doit être d'une taille au moins égale à celle des caractères du texte de l'annonce.

133.169 **DPE et annonces immobilières par voie d'affiche commerciale ou par voie électronique.** En ce qui concerne les annonces relatives à la mise en location d'un bien immobilier devant faire l'objet d'un DPE, affichée dans les locaux des personnes physiques ou morales exerçant une activité liée à la location d'immeubles bâtis, à la gestion immobilière ou à la vente de listes ou de fichiers relatifs à la location d'immeubles bâtis, ou présentée au public par un réseau de communication électronique, l'article R. 126-22 du code de la construction et de l'habitation précise qu'elles doivent mentionner, de façon lisible et en couleur, les classements énergétique et climatique du bien sur les échelles de référence respectivement prévues par le e et le f de l'article R. 126-16.

Par ailleurs, comme pour les annonces par voie de presse écrite, selon l'article R. 126-23 du CCH[2], pour les biens immobiliers à usage d'habitation, ces annonces comportent également une indication sur le montant des dépenses théoriques annuelles de l'ensemble des usages énergétiques mentionnés au *e* de l'article R. 126-16. Cette indication, d'une taille au moins égale à celle des caractères du texte de l'annonce, est précédée de la mention : « Montant estimé des dépenses annuelles d'énergie pour un usage standard », et précise l'année de référence des prix de l'énergie utilisés pour établir cette estimation.

Enfin, comme pour les annonces publiées dans la presse écrite, selon l'article R. 126-21 du CCH, pour les biens immobiliers à usage d'habitation dont la consommation énergétique, déterminée selon la méthode du DPE excède le seuil de 330 kw/m²/an d'énergie primaire à compter du 1er janvier 2028[3], les annonces doivent mentionner la situation du bien vis-à-vis de cette obligation. Cette mention, dont les termes et conditions sont précisés par arrêté, est précédée des mots : « Logement à consommation énergétique excessive ». Elle doit être d'une taille au moins égale à celle des caractères du texte de l'annonce.

1. Visée l'art. L. 173-2, al. 1er du CCH.
2. Dans sa version issue du décr. n° 2020-1609, 17 déc. 2020, en vigueur le 1er juill. 2021.
3. Visée l'art. L. 173-2, al. 1er du CCH.

133.170 **DPE et annonces immobilières sur Internet.** S'agissant des annonces présentées au public par un réseau de communications électroniques, toujours à compter du 1er janvier 2011, elles font apparaître le classement énergétique du bien sur l'échelle de référence prévue par le *e* de l'article R. 126-16[4].

Cette mention, lisible et en couleur, doit respecter au moins les proportions suivantes : 180 pixels × 180 pixels[5].

133.171 **Sanctions.** Le texte ne prévoit pas de sanction spécifique. Par conséquent, en cas d'absence d'affichage de la performance énergétique dans l'annonce immobilière, les dispositions de droit commun vont recevoir application. Ainsi, sur le plan civil, le dol (pour dissimulation d'un fait qui, s'il avait été connu, aurait conduit l'acquéreur à ne pas contracter ou à le faire à un prix moindre) pourra être retenu et entraîner la nullité de l'acte ou la réduction du prix[6]. Quant à l'incrimination pénale, elle va être celle de publicité de nature à induire en erreur[7] (punie par deux ans de prison et 37 500 euros d'amende)[8].

D. Constat de risque d'exposition au plomb (CREP)

133.181 **Réforme en vigueur depuis le 12 août 2008.** De la combinaison de l'article 3-3[9] de la loi de 1989 et des articles L. 1334-5 à L. 1334-7 du code de la santé publique, il ressort qu'à compter du 12 août 2008, le diagnostic technique fourni par le bailleur doit comporter un constat de risque d'exposition au plomb. Ici, tout manquement du bailleur à son obligation pourra être lourdement sanctionné puisque les articles L. 1334-7 et L. 1334-9 du code de la santé publique disposent que constituent un manquement aux obligations particulières de sécurité et de prudence susceptible d'engager la responsabilité pénale du bailleur :

– la non-réalisation, de sa part, des travaux appropriés pour supprimer le risque d'exposition au plomb, avant la mise en location[10] ;

– l'absence du constat dans le contrat de location[11].

4. V. ss nos 133.162 et 133.168.
5. CCH, art. R. 126-23.
6. C. civ., art. 1116.
7. C. consom., art. L. 121-1 et C. pén., art. L. 213-1.
8. Rép. min., n° 95911, *JOAN Q* 11 janv. 2011, p. 295.
9. Anc. art. 3-1 de la même loi, renuméroté par la loi du 24 mars 2014, dite loi Alur.
10. CSP, art. L. 1334-9.
11. CSP, art. L. 1334-7.

Lorsque le logement loué sera situé dans un immeuble en copropriété, le constat n'aura à porter que sur les parties privatives.

133.182 **Locations visées par le CREP.** Seuls sont visés les locaux dépendants d'un immeuble affecté en tout ou partie à l'habitation construit avant le 1er janvier 1949[1].

133.183 **Contenu du CREP.** Le CREP devra présenter un repérage des revêtements contenant du plomb et, le cas échéant, dresser un relevé sommaire des facteurs de dégradation du bâti. Il est par ailleurs prévu que sera annexée à ce constat une notice d'information.

Ainsi qu'il est dit à l'article R. 1334-10 du code de la santé publique, l'auteur du CREP identifie les éléments comportant un revêtement, précise la concentration en plomb de ces revêtements et la méthode d'analyse utilisée pour la mesurer et décrit l'état de conservation des revêtements contenant du plomb. Il consigne, le cas échéant, dans le rapport du constat, la liste des facteurs de dégradation du bâti.

133.184 **Charges financière du CREP – Durée de validité.** Nonobstant toute clause contraire, le CREP est à la charge du bailleur[2].

Dès l'instant où le constat est négatif (c'est-à-dire lorsqu'il révèle l'absence de revêtements contenant du plomb ou la présence de plomb à des concentrations inférieures aux seuils autorisés), en matière locative, la durée de validité du CREP est illimitée : il suffira au bailleur d'annexer au bail le constat initial[3].

Toutefois, en application de l'article R. 1334-11 du code de la santé publique, le CREP doit avoir été établi depuis moins de six ans à la date de signature du contrat de location. Le texte précise cependant que, comme par le passé, la validité de ce constat n'est pas limitée dans le temps dès l'instant où il est négatif.

133.185 **Personne habilitée à établir ce diagnostic.** Comme en matière de diagnostic de performance énergétique, il ressort de l'article R. 1334-11 du code de la santé publique, dans sa rédaction issue du décret du 5 septembre 2006[4], en vigueur le 1er novembre 2007, qu'il doit être dressé par une personne répondant aux conditions de l'article L. 271-6 du code de la construction et de l'habitation[5].

Quant à la situation du locataire en place lors de la réalisation du constat, l'article L. 1334-9 du code de la santé publique précise qu'en cas de présence de revêtements dégradés contenant du plomb à des concentrations supérieures aux seuils autorisés, le propriétaire devra informer l'occupant de la situation et faire réaliser – à ses frais – les travaux nécessaires à la garantie de sa sécurité.

E.
Diagnostic « amiante »

133.191 **Matériaux ou produits de la construction contenant de l'amiante.** Selon l'article 3-3, 3° de la loi du 6 juillet 1989 issu de la loi du 24 mars 2014, dite loi Alur, et applicable aux seuls contrats signés à compter du 27 mars 2014, le dossier de diagnostic technique doit comprendre une copie d'un état mentionnant l'absence ou, le cas échéant, la présence de matériaux ou produits de la construction contenant de l'amiante.

Un décret en Conseil d'État (à paraître) va définir les modalités d'application de cette obligation, notamment la liste des matériaux ou produits concernés.

F.
État de l'installation intérieure d'électricité et de gaz

133.201 **Évaluer les risques pouvant porter atteinte à la sécurité des personnes.** Selon le 4° du nouvel l'article 3-3 de la loi du 6 juillet 1989, opposable aux seuls baux signés à compter du 27 mars 2014, le dossier de diagnostic technique doit comprendre un état de l'installation intérieure d'électricité et de gaz, dont l'objet est d'évaluer les risques pouvant porter atteinte à la sécurité des personnes.

133.202 **État de l'installation intérieure d'électricité.** Aux termes de l'article L. 134-7 du code de la construction et de l'habitation[6], lorsque l'installation intérieure d'électricité a été réalisée depuis plus de quinze ans, une évaluation de son état est produite afin d'évaluer les risques pouvant porter atteinte à la sécurité des personnes en cas de location d'un logement, dans les conditions fixées par l'article 3-3 de la loi du 6 juillet 1989.

1. CSP, art. L. 1334-7.
2. CSP, art. L. 1334-7.
3. CSP, art. L. 1334-7.
4. Décr. n° 2006-1114, 5 sept. 2006 relatif aux diagnostics techniques immobiliers et modifiant le code de la construction et de l'habitation et le code de la santé publique, *JO* 7 sept.
5. V. ss n° 133.164.
6. RÉDAC. ord. n° 2020-71, 29 janv. 2020, en vigueur le 1er juill. 2021.

Le contenu de cet état et ses modalités suivant lesquelles il est réalisé sont identiques à ceux prévus par les articles R. 126-35, R. 126-36 et R. 134-49 du code de la construction et de l'habitation concernant l'état de l'installation intérieure d'électricité prévu, en cas de vente, par l'article L. 134-7 du même code.

L'état de l'installation intérieure d'électricité est par conséquent réalisé par une personne répondant aux conditions de l'article L. 271-6 du code de la construction et de l'habitation dans les parties privatives des locaux à usage d'habitation et leurs dépendances, en aval de l'appareil général de commande et de protection de l'installation électrique propre à chaque logement, jusqu'aux bornes d'alimentation ou jusqu'aux socles des prises de courant. Cet état porte également sur l'adéquation des équipements fixes aux caractéristiques du réseau et sur les conditions de leur installation au regard des exigences de sécurité[1].

Les six points de sécurité électrique recensés à l'article R. 126-36 du code de la construction et de l'habitation fixent les exigences minimales de sécurité de l'installation intérieure d'électricité existante :

Établi selon les exigences méthodologiques et le modèle définis par arrêté ministériel[2], l'état de l'installation intérieure d'électricité relève ainsi l'existence et décrit, au regard des exigences de sécurité, les caractéristiques :

- d'un appareil général de commande et de protection et de son accessibilité ;
- d'au moins un dispositif différentiel de sensibilité appropriée aux conditions de mise à la terre, à l'origine de l'installation électrique ;
- d'un dispositif de protection contre les surintensités adapté à la section des conducteurs, sur chaque circuit ;
- d'une liaison équipotentielle et d'une installation électrique adaptées aux conditions particulières des locaux contenant une baignoire ou une douche.

L'état de l'installation intérieure d'électricité identifie par ailleurs :

- les matériels électriques inadaptés à l'usage ou présentant des risques de contacts directs avec des éléments sous tension ;
- les conducteurs non protégés mécaniquement.

La durée de validité de l'état de l'installation intérieure d'électricité est de six ans.

Le décret de 2016 précise par ailleurs qu'un état de l'installation intérieure d'électricité, réalisé selon les exigences de l'article L. 134-7 du code de la construction et de l'habitation tient lieu d'état de l'installation intérieure d'électricité au sens de l'article 3-3 de la loi de 1989, s'il a été réalisé depuis moins de six ans à la date à laquelle ce document doit être produit.

Lorsqu'une installation intérieure d'électricité a fait l'objet d'une attestation de conformité relative à la mise en conformité ou à la mise en sécurité de l'installation électrique, visée par un organisme agréé par le ministre chargé de l'Énergie en application du décret du 14 décembre 1972[3], cette attestation, ou, à défaut, lorsque l'attestation ne peut être présentée, la déclaration de l'organisme agréé indiquant qu'il a bien visé une attestation, tient lieu d'état de l'installation électrique intérieure, si l'attestation a été établie depuis moins de six ans à la date à laquelle ce document doit être produit.

Concernant l'application du décret de 2016, pour les logements situés dans un immeuble collectif dont le permis de construire a été délivré avant le 1er janvier 1975, le nouveau texte entre en vigueur pour les contrats de location signés à compter du 1er juillet 2017. Pour les autres logements, le décret de 2016 entre en vigueur pour les contrats de location signés à compter du 1er janvier 2018.

133.203 État de l'installation intérieure de gaz. Selon l'article L. 134-9 du code de la construction et de l'habitation[4], lorsque l'installation intérieure de gaz en fonctionnement a été réalisée depuis plus de quinze ans, une évaluation de son état destinée à évaluer les risques pouvant porter atteinte à la sécurité des personnes est produite, en cas de location d'un logement, dans les conditions fixées par l'article 3-3 de la loi du 6 juillet 1989.

Le contenu de l'état de l'installation intérieure de gaz et les modalités suivant lesquelles il est réalisé sont identiques à ceux envisagés par les articles R. 126-38 et R. 126-39 du code de la construction et de l'habitation, concernant l'état de l'installation en cas de vente du logement.

L'état de l'installation intérieure de gaz doit ainsi nécessairement être établi par une personne répondant aux conditions de l'article L. 271-6 du code de la construction et de l'habitation et de ses textes d'application et décrire, au regard des exigences de sécurité :

- l'état des appareils fixes de chauffage et de production d'eau chaude sanitaire ou mettant en œuvre un moteur thermique, alimentés par le gaz ;

1. CCH, art. R. 126-35.
2. Arr. 28 sept. 2017 définissant le modèle et la méthode de réalisation de l'état de l'installation intérieure d'électricité dans les immeubles à usage d'habitation, *JO* 12 oct., n° 4, NOR : TERL1719692A.
3. Décr. n° 72-1120, 14 déc. 1972 relatif au contrôle et à l'attestation de la conformité des installations électriques intérieures aux règlements et normes de sécurité en vigueur, *JO* 20 déc.
4. RÉDAC. ord. n° 2020-71, 29 janv. 2020, en vigueur le 1er juill. 2021.

– l'état des tuyauteries fixes d'alimentation en gaz et leurs accessoires ;

– l'aménagement des locaux où fonctionnent les appareils à gaz, permettant l'aération de ces locaux et l'évacuation des produits de combustion.

Réalisé sans démontage d'éléments des installations. Il est établi selon un modèle défini par arrêté ministériel[1].

La durée de validité de l'état de l'installation intérieure de gaz, comme celui relatif à l'état « électricité », est de six ans.

Le décret de 2016 précise par ailleurs qu'un état de l'installation intérieure de gaz, réalisé selon les exigences de l'article L. 134-6 [aujourd'hui, article L. 134-9] du code de la construction et de l'habitation tient lieu d'état de l'installation intérieure de gaz s'il a été réalisé depuis moins de six ans à la date à laquelle ce document doit être produit.

Lorsqu'un état de l'installation intérieure de gaz a été réalisé avant le 14 août 2016, date d'entrée en vigueur du nouveau texte, dans le respect des conditions qu'il édicte, par un organisme d'inspection accrédité pour la réalisation de diagnostics des installations intérieures de gaz par le Cofrac ou par un autre organisme, signataire de l'accord européen multilatéral pris dans le cadre de la coordination européenne des organismes d'accréditation (EA), cet état tient lieu d'état de l'installation intérieure de gaz prévu à l'article 3-3 de la loi de 1989, s'il a été réalisé depuis moins de six ans à la date à laquelle ce document doit être produit.

Comme en matière d'état de l'installation intérieure électricité, concernant l'application du décret de 2016, le texte distingue les logements situés dans un immeuble collectif dont le permis de construire a été délivré avant le 1er janvier 1975 et les autres logements. Pour les premiers, le texte de 2016 entre en vigueur pour les contrats de location signés à compter du 1er juillet 2017.

Pour les autres logements, le décret entre en vigueur pour les contrats de location signés à compter du 1er janvier 2018.

G.
État des risques naturels et technologiques

133.211 Évolution de la législation. En la matière, la loi « Climat et résilience » du 22 août 2021[2] fait évoluer la législation. il y a par conséquent lieu de distinguer la réglementation applicable jusqu'en 2023 de celle qui va prévaloir à compter de l'entrée en vigueur du décret en Conseil d'État pris pour l'application de la loi précitée du 22 août 2021, et au plus tard le 1er janvier 2023.

133.212 Réglementation applicable jusqu'en 2023. Dans les zones couvertes par un plan de prévention des risques technologiques (PPRT) ou par un plan de prévention des risques naturels prévisibles (PPRNP), prescrit ou approuvé, dans des zones de sismicité ou dans des zones à potentiel radon définies par voie réglementaire[3], le dossier de diagnostic technique annexé au bail doit être complété, à chaque changement de locataire par l'état des risques naturels et technologiques.

On retiendra également de l'article L. 125-5-III, IV et V du code de l'environnement que :

– le préfet arrête la liste des communes dans lesquelles cet état des risques est requis, ainsi que, pour chaque commune concernée, la liste des risques et des documents à prendre en compte ;

– lorsqu'un immeuble bâti a subi un sinistre ayant donné lieu au versement d'une indemnité en application de l'article L. 125-2 ou de l'article L. 128-2 du code des assurances (relatifs, respectivement, à l'assurance des risques de catastrophes naturelles et à l'assurance des risques de catastrophes technologiques), le bailleur est tenu d'informer par écrit le locataire de tout sinistre survenu pendant la période où il a été propriétaire de l'immeuble ou dont il a été lui-même informé ;

– en cas de non-respect des dispositions de l'article L. 125-5 du code de l'environnement, le locataire peut poursuivre la résolution du contrat ou demander au juge une diminution du prix.

133.213 Contenu de l'état des risques naturels et technologiques. Selon l'article R. 125-26 du code de l'environnement, cet état mentionne les risques dont il est question dans les documents et le dossier mentionnés à l'article R. 125-24 (documents graphiques, règlement du plan, note de présentation, documents d'information permettant une délimitation et une qualification de phénomènes, fiche permettant de préciser la nature et, dans la mesure du possible, l'intensité des risques, fiche d'information sur le risque radon[4], etc.) et auxquels l'immeuble faisant l'objet de la location est exposé. Il est par ailleurs accompagné des extraits de ces documents et dossier permettant de localiser cet immeuble au regard des risques encourus.

1. Arr. 6 avr. 2007 définissant le modèle et la méthode de réalisation de l'état de l'installation intérieure de gaz, *JO* 28 avr., NOR : SOCU0751203A.
2. L. n° 2021-1104, 22 août 2021 portant lutte contre le dérèglement climatique et renforcement de la résilience face à ses effets, *JO* 24 août, n° 1.
3. Décret à paraître (ord. n° 2016-128, 10 févr. 2016, art. 43).
4. Décr. n° 2018-434, 4 juin 2018, *JO* 5 juin 2018, n° 27, art. 5, en vigueur le 1er juill. 2018 – Cette fiche est téléchargeable sur le site officiel www.georisques.gouv.fr.

Le même texte précise par ailleurs que l'état des risques est établi par le bailleur conformément à un modèle[1] défini par l'arrêté du 13 octobre 2005.

Il précise enfin que lorsqu'un terrain situé en secteur d'information sur les sols mentionné à l'article L. 125-6 du code de l'environnement fait l'objet d'un contrat de vente ou de location, le vendeur ou le bailleur fournit les informations sur les sols à l'acquéreur ou au preneur selon les mêmes modalités.

133.214 Durée de validité de l'état des risques naturels et technologiques. Selon l'article R. 125-26 du code de l'environnement, cet état doit être établi moins de six mois avant la date de conclusion du contrat de location écrit.

133.215 Réglementation applicable à compter de 2023. C'est la loi « Climat et résilience » du 22 août 2021[2] qui fait évoluer la législation à compter de l'entrée en vigueur du décret en Conseil d'État pris pour l'application de la loi précitée du 22 août 2021, et au plus tard le 1er janvier 2023.

Cette loi a en effet largement réécrit l'article L. 125-5 du code de la construction et de l'habitation et, dans son sillage, a modifié l'article 3-3 de la loi de 1989.

Aux termes du nouvel article L. 125-5, I du CCH, les locataires de biens immobiliers situés dans des zones couvertes par un plan de prévention des risques technologiques, par un plan de prévention des risques miniers ou par un plan de prévention des risques naturels prévisibles, prescrit ou approuvé, dans des zones de sismicité ou dans des zones à potentiel radon définies par voie réglementaire ou dans une zone susceptible d'être atteinte par le recul du trait de côte définie en application des articles L. 121-22-2, L. 121-22-3, L. 121-22-6 et L. 121-22-7 du code de l'urbanisme, sont informés par le bailleur de l'existence de ces risques. À cet effet, un état des risques est établi.

Quant au II du même article L. 125-5, il indique :

- que toute annonce, quel que soit son support de diffusion, relative à la mise en location d'un bien immobilier devant faire l'objet d'un état des risques comprend une mention précisant le moyen d'accéder aux informations mentionnées concernant le bien ;
- qu'en cas de mise en location de tout ou partie d'un immeuble, l'état des risques est fourni au potentiel locataire par le bailleur lors de la première visite de l'immeuble, si une telle visite a lieu ;
- sans préjudice de ce qui précède, que lors de la conclusion du bail, l'état des risques est annexé au contrat de location, dans les conditions et selon les modalités prévues à l'article 3-3 de la loi du 6 juillet 1989.

Et l'article 3-3 de la loi de 1989 est modifié de manière à préciser que, dans les zones concernées :

- d'une part, le DDT est complété à chaque changement de locataire par l'état des risques prévu à l'article L. 125-5, I du code de l'environnement ;
- d'autre part, le bailleur fournit au candidat locataire l'état des risques prévu à l'article L. 125-5, lors de la première visite de l'immeuble, si une telle visite a lieu (ce qui reprend largement ce qui est indiqué à l'article L. 125-5, II du code de l'environnement).

Enfin, il précise que, en l'absence de ce document, le locataire peut poursuivre la résolution du contrat ou demander au juge une diminution du prix. Formulation très proche de celle retenue par le législateur à l'article L. 125-5, V du code de l'environnement, lequel dispose qu'en cas de non-respect de l'article L. 125-5, le locataire peut poursuivre la résolution du contrat ou demander au juge une diminution du prix.

On retiendra par ailleurs de l'article L. 125-5, IV du code de l'environnement :

- que lorsqu'un immeuble bâti a subi un sinistre ayant donné lieu au versement d'une indemnité en application de l'article L. 125-2 ou de l'article L. 128-2 du code des assurances, le bailleur de l'immeuble est tenu d'informer, dans l'état des risques, le locataire de tout sinistre survenu pendant la période où il a été propriétaire de l'immeuble ou dont il a été lui-même informé en application des présentes dispositions ;
- que lorsqu'un immeuble est soumis aux obligations prévues à l'article L. 121-22-5 du code de l'urbanisme (ayant trait à la démolition de construction lorsque le recul du trait de côte est tel que la sécurité des personnes ne pourra plus être assurée au-delà d'une durée de trois ans), le bailleur de l'immeuble est tenu d'en informer le locataire dans l'état des risques.

H.
Zone de bruits aéroportuaires

133.221 Plan d'exposition aux bruits des aérodromes. Depuis le 1er juin 2020, le DDT s'est enrichi d'un nouveau poste.

En effet, l'article 3-3 de la loi du 6 juillet 1989 a été complété[3] par la précision selon laquelle lorsque

1. Ce modèle publié au *JO* du 18 nov. 2005, est téléchargeable sur : www.ecologie.gouv.fr, rubrique « risques naturels ».
2. L. n° 2021-1104, 22 août 2021 portant lutte contre le dérèglement climatique et renforcement de la résilience face à ses effets, *JO* 24 août, n° 1.
3. Par la loi n° 2019-1428, 24 déc. 2019 d'orientation des mobilités, *JO* 26 déc., n° 1.

le bien loué est situé dans l'une des zones de bruit définies par un plan d'exposition au bruit des aérodromes prévu par l'article L. 112-6 du code de l'urbanisme, le dossier de diagnostic est complété par un document comportant l'indication claire et précise de cette zone ainsi que les informations prévues par l'article L. 112-11 du même code.

Les informations prévues par ce dernier article sont :

1° l'indication claire et précise de cette zone ;

2° l'adresse du service d'information en ligne permettant de consulter le plan d'exposition au bruit ;

3° la mention de la possibilité de consulter le plan d'exposition au bruit à la mairie de la commune où est sis l'immeuble.

Tant l'article 112-11, III du code de l'urbanisme que l'article 3-3 de la loi du 6 juillet 1989 indiquent par ailleurs que le locataire ne peut se prévaloir à l'encontre du bailleur des informations contenues dans ce document qui n'a qu'une valeur indicative.

§ 5
Information sur les modalités de réception des services de télévision

133.231 Document à simple valeur informative – Baux conclus avant le 27 mars 2014. Pour les baux conclus avant le 27 mars 2014, date d'entrée en vigueur de la loi du 24 mars 2014, dite loi Alur, selon l'ancien article 3-2 de la loi du 6 juillet 1989, une information sur les modalités de réception des services de télévision dans l'immeuble est fournie par le bailleur et annexée au contrat de location lors de sa signature ou de son renouvellement. Elle comprend :

a) une information sur la possibilité ou non de recevoir les services de télévision par voie hertzienne ;

b) lorsqu'un réseau de communications électroniques interne à l'immeuble distribue des services de télévision, une information qui précise si l'installation permet ou non l'accès aux services nationaux en clair de télévision par voie hertzienne terrestre en mode numérique ou s'il faut s'adresser au distributeur de services pour bénéficier du « service antenne » numérique, tel que prévu au deuxième alinéa de l'article 34-1 de la loi n° 86-1067 du 30 septembre 1986 relative à la liberté de communication ;

c) dans le dernier cas prévu par le *b*, une information qui précise les coordonnées du distributeur de services auquel le locataire doit s'adresser pour bénéficier du « service antenne » numérique, tel que prévu au deuxième alinéa de l'article 34-1 de la loi du 30 septembre 1986. Comme en matière de DPE, le texte précisait toutefois que le locataire ne peut se prévaloir à l'encontre du bailleur de ces informations qui n'ont qu'une valeur informative [1].

133.232 Document à simple valeur informative – Baux conclus depuis le 27 mars 2014. Pour les baux conclus depuis le 27 mars 2014, cette annexe disparaît, mais l'obligation d'information demeure, puisque le nouvel article 3 de la loi du 6 juillet 1989 dispose que « le contrat de location précise [...] la désignation des locaux et équipements d'usage privatif dont le locataire a la jouissance exclusive et, le cas échéant, l'énumération des parties, équipements et accessoires de l'immeuble qui font l'objet d'un usage commun, ainsi que des équipements d'accès aux technologies de l'information et de la communication ».

§ 6
Information sur les risques de pollution des sols

133.241 Information impérative. Selon l'article L. 125-7 du code de l'environnement (dans sa version issue de la loi du 24 mars 2014, dite loi Alur et de la loi « Climat et résilience » du 22 août 2021 [2]), lorsqu'un terrain situé en secteur d'information sur les sols pollués fait l'objet d'un contrat de location, le bailleur du terrain est tenu d'en informer par écrit le locataire.

Il communique les informations rendues publiques par l'État, en application de l'article L. 125-6 du même code.

L'acte de location atteste de l'accomplissement de cette formalité.

À défaut et si une pollution constatée rend le terrain impropre à la destination d'habitation précisée dans le contrat ou, à défaut, l'usage envisagé au sens de l'article L. 556-1 A [3], dans un délai de deux ans à compter de la découverte de la pollution, le locataire a le choix de demander la résolution du contrat ou d'obtenir une réduction du loyer.

Aux termes de l'article R. 125-27 du code de l'environnement, les obligations découlant pour les bailleurs des dispositions l'article L. 125-5 et de l'article L. 125-7 sont applicables à compter du premier jour du quatrième mois suivant la publica-

1. SUR l'exacte portée de l'obligation d'information du bailleur : N. Damas, *AJDI* 2007. 370, spéc. p. 371.
2. L. n° 2021-1104, 22 août 2021 portant lutte contre le dérèglement climatique et renforcement de la résilience face à ses effets, *JO* 24 août, n° 1.
3. Issu de la loi « Climat et résilience » du 22 août 2021 précitée, ce texte précise dans son I que « l'usage est défini comme la fonction ou la ou les activités ayant cours ou envisagées pour un terrain ou un ensemble de terrains donnés, le sol de ces terrains ou les constructions et installations qui y sont implantées ».

tion au recueil des actes administratifs dans le département des arrêtés prévus au III de l'article L. 125-5 et au II de l'article L. 125-6.

SECTION 3 SANCTIONS DU DÉFAUT DE CONFORMITÉ DU CONTRAT

133.251 **Révision ou nullité du contrat.** Deux sanctions sont envisageables. Il s'agit de la mise en conformité du contrat et de sa nullité.

133.252 **Mise en conformité.** Avant comme après la loi du 24 mars 2014, dite loi Alur, l'ancien article 3 de la loi du 6 juillet 1989 précise que chaque partie peut exiger de l'autre partie, à tout moment, l'établissement d'un contrat conforme à l'article 3.

Le locataire ne peut donc pas s'opposer à l'insertion d'une clause de révision de loyer dans le bail écrit, une telle clause étant conforme à l'article 3 [1].

À défaut de mise en conformité amiable, l'une des parties au contrat pourrait donc demander en justice le respect de cet alinéa. Ainsi, en cas de refus de la part du locataire, le bailleur pourrait demander la résiliation judiciaire du bail [2], voire, selon les circonstances, l'allocation de dommages et intérêts [3].

133.253 **Nullité du contrat.** La nullité du contrat est moins évidente et ce, pour deux raisons.

Tout d'abord parce que cette sanction ne semble ouverte qu'au preneur. En effet, l'article 3 (ancien et nouveau) de la loi dispose que le bailleur ne peut se prévaloir de la violation du présent article.

Il a par ailleurs été jugé que le défaut de remise des diagnostics obligatoires n'entraîne pas la nullité du bail [4].

Ensuite, parce que la jurisprudence se montre très frileuse à la prononcer, même en cas de bail verbal, ce qui constitue pourtant le défaut de mise en conformité le plus grave [5].

SECTION 4 CLAUSES INTERDITES

133.260 **Plan.** Il convient d'étudier le cadre général des clauses interdites (§ 1), puis les clauses prohibées par l'article 4 de la loi de 1989 (§ 2) et l'influence de la Commission des clauses abusives (§ 3).

1. Metz, 5 janv. 2006, n° 02/01272, *Loyers et copr.* 2006, n° 150.
2. Nîmes, 20 sept. 2001, n° 99/3352, *Loyers et copr.* 2002, n° 58, obs. B. Vial-Pedroletti.
3. Paris, 29 mars 2007, n° 06/03586, *Loyers et copr.* 2007, n° 142, obs. B. Vial-Pedroletti.
4. Paris, 24 janv. 2013, n° 11/21803, *AJDI* 2013. 524 – Sur le caractère purement informatif du DPE, v. s^s n° 133.171.
5. Sur la question v. s^s n°s 132.11 s.

§ 1 Cadre général

133.271 **Clauses abusives et clauses réputées non écrites.** L'article 4 de la loi du 6 juillet 1989 sanctionne aujourd'hui dix-neuf clauses en les réputant non écrites [6].

Il s'agit en réalité de la transposition légale de clauses « épinglées » par la Commission des clauses abusives [7]

Les clauses visées inexistantes, puisque les clauses réputées non écrites sont non avenues par le seul effet de la loi [8]. En conséquence, une telle clause étant censée n'avoir jamais existé, tout intéressé peut, à tout moment, faire constater son absence de conformité [9], sans que son action soit enfermée dans un quelconque délai de prescription [10]. Cependant, plusieurs arrêts ont jugé en sens contraire qu'une action en nullité d'une clause réputée non écrite est soumise à la prescription décennale ou trentenaire [11]. Pour autant, la nullité [12] n'affecte que la clause litigieuse, le reste du contrat demeurant valable [13].

133.272 **Liste non limitative des clauses réputées non écrites.** Si l'article 4 de la loi énumère expressément dix-neuf clauses interdites, il n'en dresse cependant pas une liste exhaustive. En effet, comme on va le voir, d'autres clauses ont été sanctionnées, soit

6. La loi n° 2007-297 du 5 mars 2007 relative à la prévention de la délinquance (*JO* 7 mars, n° 1) et, plus encore, les lois du 13 juillet 2006 portant engagement national pour le logement (L. n° 2006-872, 13 juill. 2006, dite « loi ENL » *JO* 16 juill., p. 10662) et du 24 mars 2014 pour l'accès au logement et un urbanisme rénové (L. n° 2014-366, 24 mars 2014 pour l'accès au logement et un urbanisme rénové, dite « loi Alur », *JO* 26 mars, p. 5809) sont venues compléter la liste des clauses réputées non-écrites de l'article 4 de la loi du 6 juillet 1989. Le premier texte a modifié le *g*, tandis que le deuxième a créé les alinéas *k* à *s*, et la loi de 2014 a modifié le paragraphe *k* et a inséré un *t*.
7. Sur les recommandations de cette commission v. s^s n° 133.321.
8. Civ. 3e, 1er avr. 1987, *JCP* 1988. II. 21028, note Blaise.
9. Civ. 3e, 9 mars 1988, n° 86-17.869, P III, n° 54 ; *D.* 1989. 143, note Atias – Civ. 3e, 9 juin 1999, n° 98-10.801, NP, *RDI* 1999. 457, note P. Capoulade ; *Loyers et copr.* 1999, n° 226, obs. G. Vigneron.
10. Aix-en-Provence, 11 mai 1999, *D.* 1999. Somm. 313, obs. Ch. Atias.
11. Paris, 23e ch. A, 9 janv. 1989, *JurisData* 020092, *D.* 1989. IR 44 – Paris, 23e ch. B, 7 déc. 1988, 86/019530, *Loyers et copr.* 1989, n° 90.
12. Ou l'inexistence.
13. Paris, 25 févr. 1992, *Loyers et copr.* 1992, n° 202.

parce qu'elles sont purement et simplement prohibées, soit parce qu'elles sont abusives.

133.273 Autres clauses prohibées – Respect de l'ordre public. En dehors des dix-neuf clauses de l'article 4, toute stipulation du contrat contraire à un article d'ordre public de la loi de 1989, c'est-à-dire toute clause en opposition avec les dispositions des articles 1er à 25-2 [1], est également interdite.

133.274 Et pour quelques clauses prohibées de plus... Le principe selon lequel les charges récupérables sont exigibles sur justification prohibe toute évaluation forfaitaire, nonobstant toute clause contraire du bail [2].

Les dispositions légales limitant la nature des charges récupérables sur les locataires ayant un caractère impératif, les parties n'ont pas le droit d'y déroger, fût-ce par référence au contenu du règlement de copropriété [3].

À défaut de préciser expressément les conditions de réalisation de travaux par le preneur et sa contrepartie financière, une « clause travaux » doit être réputée nulle [4].

Est nulle, la clause prévoyant, pour le bailleur, la faculté de reprise annuelle pour habiter [5].

Est illicite, car contraire aux dispositions de l'article 22 de la loi du 6 juillet 1989, la clause qui prévoit l'attribution intégrale et automatique du dépôt de garantie au bailleur en cas de mise en œuvre d'une clause résolutoire ou en cas de non-respect des délais de préavis, et ce, quelles que soient la nature et les conséquences du manquement [6].

§ 2
Clauses prohibées par l'article 4 de la loi de 1989

133.280 Plan. Il convient de distinguer les clauses relatives au loyer (A), les clauses relatives à la responsabilité (B) et les autres clauses prohibées (C).

133.281 Recherche et constatation des infractions par les agents de la DGCCRF. Aux termes de l'article L. 511-7 du code de la consommation, dans sa rédaction issue de la loi du 23 novembre 2018 [7], dite loi Élan, les agents de la concurrence, de la consommation et de la répression des fraudes sont habilités à rechercher et à constater les infractions ou les manquements aux dispositions de l'article 4 de la loi du 6 juillet 1989, relatif aux clauses réputées non-écrites en matière de bail d'habitation ou de bail mixte.

A.
Clauses relatives au loyer

133.291 Paiement du loyer par prélèvement automatique ou par prélèvement sur le salaire et souscription d'un contrat pour la location d'équipements (L. 6 juill. 1989, art. 4 *c*, *d* et *t*). Aux termes de l'article 4 *c* de la loi de 1989, le bailleur ne peut pas imposer au locataire le paiement du loyer par ordre de prélèvement automatique sur son compte-courant ou par la signature par avance de traites ou de billets à ordre [8]. Un arrêt est venu préciser que l'acceptation du locataire de payer son loyer par prélèvements bancaires n'implique pas, en elle-même, à défaut de stipulation contractuelle expresse, que le locataire renonce aux règles légales d'imputation des paiements de l'article 1256 du code civil [9].

Par ailleurs, en vertu de l'article 4 *d*, la clause par laquelle le locataire autorise le bailleur à prélever ou à faire prélever les loyers directement sur son salaire (dans la limite cessible) est réputée non écrite. Il a été jugé qu'a *fortiori*, la clause autorisant le bailleur à recouvrer les loyers impayés par voie de saisie-arrêt est prohibée [10].

Enfin, issu de la loi du 24 mars 2014, dite loi Alur [11], le *t* de l'article 4 de la loi de 1989 répute non écrite la clause qui impose au locataire, en surplus du paiement du loyer pour occupation du logement, de souscrire un contrat pour la location d'équipements.

B.
Clauses relatives à la responsabilité

133.301 Responsabilité collective ou automatique du locataire (L. 1989, art. 4 *e* et *q*). La clause prévoyant la responsabilité collective des locataires

1. Sur la notion d'ordre public, v. ss n° 021.11.
2. Civ. 3e, 20 déc. 1995, n° 94-14.352, NP, *D.* 1996. IR 29 ; *Administrer* août-sept. 1996, p. 30, [lois de 1982 et 1986] – CEP. une cour d'appel a, il y a quelques années, rendu une décision en sens contraire : Paris, 13 oct. 1995, n° 94/009678, *D.* 1995. IR 239.
3. Aix-en-Provence, 18 déc. 1996, *Defrénois* 1997. 809.
4. TI Privas, 7 févr. 1995, *Rev. loyers* 1995. 426.
5. Paris, 3 févr. 1993, n° 92/006472, *Loyers et copr.* 1993, n° 221.
6. Rennes, 22 janv. 1998, n° 9405228, *BICC* 1998, n° 1153.
7. L. n° 2018-1021, 23 nov. 2018 portant évolution du logement, de l'aménagement et du numérique, *JO* 24 nov., n° 1, dite loi Élan.
8. L. n° 89-462, 6 juill. 1989, art. 4 c.
9. EN VERTU DUQUEL, à l'égard de dettes de même nature, l'imputation se fait sur la plus ancienne : Civ. 3e, 10 mars 2004, n° 03-10.807, P III, n° 50 ; *D.* 2004. IR 1283.
10. Rennes, 14 déc. 1995, n° 94/05228, *Loyers et copr.* 1996, n° 456.
11. Sur ce point, applicable aux baux conclus à compter du 27 mars 2014.

en cas de dégradation d'un élément commun de la chose louée est prohibée.

Cette disposition a reçu une application à l'égard de graffitis dont les auteurs n'ont pas été identifiés. La cour d'appel de Paris a, en 1995, jugé que, visée par l'article 4 e, la clause mettant les frais de nettoyage des graffitis à la charge des locataires était prohibée[1]. Suite au pourvoi du bailleur, la Cour de cassation a rendu un arrêt de rejet. Cet arrêt de rejet retiendra l'attention car il ne s'est pas fondé sur l'article 4 e pour justifier l'impossibilité d'imputer les frais de remise en état des parties communes dégradées, mais sur le décret du 26 août 1987 relatif aux charges récupérables[2] : la Haute juridiction a précisé que les travaux de nettoyage de graffitis et de peinture ne peuvent être assimilés à des travaux d'entretien courant, ni être classés dans les dépenses relatives aux fournitures consommables[3], dès lors que les « tags » apposés sur les parties communes constituent des dégradations volontaires dont les auteurs (et seulement eux, serions-nous tentés de préciser), sont responsables[4]. Faute d'avoir identifié le responsable des dégradations, le bailleur doit donc supporter les frais.

Il en aurait été différemment en cas d'identification du fauteur de trouble. Alors en effet, la règle en vertu de laquelle « tout fait quelconque de l'homme, qui cause à autrui un dommage, oblige celui par la faute duquel il est arrivé à la réparer »[5] aurait eu vocation à s'appliquer.

Par ailleurs, créé par la loi ENL du 13 juillet 2006, le *q* de l'article 4 de la loi de 1989 précise qu'est réputée non écrite la clause qui prévoit que le locataire est automatiquement responsable des dégradations constatées dans le logement (traduction du point 9 de la recommandation n° 2000-01 du 17 février 2000 de la Commission des clauses abusives[6]).

133.302 Recherche de la responsabilité du bailleur (L. 1989, art. 4 *m*). Depuis la loi ENL du 13 juillet 2006[7], est réputée non écrite la clause qui interdit au locataire de rechercher la responsabilité du bailleur ou qui exonère le bailleur de toute responsabilité. Il s'agit de la traduction législative des points 22 et 25 à 29 de la recommandation n° 2000-01 du 17 février 2000 de la Commission des clauses abusives[8].

133.303 Travaux longs et indemnisation du locataire (L. 1989, art. 4 *r*). Ajouté par la loi ENL du 13 juillet 2006, le *r* de l'article 4 répute non écrite la clause qui interdit au locataire de demander une indemnité au bail lorsque ce dernier réalise des travaux d'une durée supérieure à vingt et un jours depuis la loi Alur[9] (contre quarante jours auparavant). Il s'agit de la reprise du point II-4° de la recommandation de la Commission des clauses abusives n° 80-07 du 4 février 1980[10].

133.304 Perception d'amendes ou de pénalités (L. 1989, art. 4 *i*). Aux termes de l'article 4 *i*, la clause qui autorise le bailleur à percevoir des amendes ou, depuis la loi du 24 mars 2014, dite loi Alur (applicable aux baux conclus à compter du 27 mars 2014) des pénalités en cas d'infraction aux clauses du contrat ou du règlement intérieur de l'immeuble est réputée non écrite. Cette interdiction se justifie par le fait que le bailleur n'a aucun pouvoir de police à l'égard de son cocontractant.

Cela étant exposé, la prohibition de l'article 4 *i* est d'interprétation stricte et la doctrine s'accorde à considérer qu'une amende prévue dans le règlement de copropriété ou dans le règlement intérieur de la copropriété serait valable[11].

À noter qu'avant la modification de l'article 4 *i* par la loi Alur, le principe de son interprétation stricte conduisait également à considérer que les clauses pénales stipulées dans le contrat étaient valables[12].

Une clause pénale est la clause par laquelle les parties évaluent forfaitairement et d'avance l'indem-

1. Paris, 12 mai 1995, n° 93/025139, *Loyers et copr.* 1995, n° 354.
2. Décr. n° 87-713, 26 août 1987 pris en application de l'art. 18 de la loi n° 86-1290 du 23-12-1986 tendant à favoriser l'investissement locatif, l'accession à la propriété de logements sociaux et le développement de l'offre foncière et relatif aux charges récupérables, *JO* 30 août, p. 9976.
3. Postes visés au IV de l'annexe au décr. n° 87-713, 26 août 1987 sur les charges récupérables.
4. Civ. 3e, 17 juill. 1997, n° 95-18.100, P III, n° 165 ; *RDI* 1997. 628, obs. F. Collart-Dutilleul.
5. C. civ., art. 1240 (anct art. 1382).
6. V. ss n° 133.321.
7. Les dispositions de la loi ENL sont d'application immédiate et s'appliquent immédiatement aux baux en cours : Civ. 3e, 13 juill. 2011, n° 10-22.959, P III, n° 128 ; *AJDI* 2012. 122, obs. N. Damas.
8. Réputant non écrite la clause qui exonère le bailleur de toute responsabilité en cas d'infiltration d'eau dans les locaux : Paris, 18 déc. 2014, n° 13/15895, *Loyers et copr.* 2015, n° 36, obs. B. Vial-Pedroletti ; – Paris, 4 juin 2019, n° 17/13213, *Rev. loyers* 2019. 350, obs. Brena (v. ss n° 133.321).
9. L. n° 2014-366, 24 mars 2014 pour l'accès au logement et un urbanisme rénové, *JO* 26 mars, p. 5908, p. 5809.
10. V. ss n° 133.321.
11. NOTAMMENT : Aubert et Bihr, *Droit de la gestion de l'immeuble*, « Dalloz Action », 2000, n° 3652.
12. Civ. 3e, 25 mars 1987, n° 85-16.907, P III, n° 63 ; *D.* 1987. 380, note Paisant – Civ. 3e, 8 janv. 1997, n° 95-10.339, P III, n° 8 ; *RDI* 1997. 297, note J. Derrupé et F. Collart-Dutilleul ; *AJPI* 1997. 303, note J.-P. Blatter – *Contra* toutefois : Paris, 25 sept. 1984, *JurisData* 600464, *D.* 1985. IR 293, obs. C. Giverdon ; *AJPI* 1985. 399 ; – Bordeaux, 16 juill. 1999, *JurisData* 045102, *Loyers et copr.* 2000, n° 220.

nité à laquelle donnera lieu l'inexécution des obligations contractées[1].

• Exemples de clauses pénales qui pouvaient être insérées au bail. La clause selon laquelle, en cas de retard dans le paiement du loyer ou des charges récupérables, le locataire devra verser au bailleur une pénalité égale à 10 % de la somme due est une clause pénale.

• Il en va de même de la stipulation en vertu de laquelle l'indemnité d'occupation due par le locataire qui se maintient dans les lieux au-delà du terme du contrat sera égale au double du loyer prévue au bail[2].

Cette interprétation n'a plus droit de cité pour les contrats conclus depuis le 27 mars 2014, date d'entrée en vigueur de la loi du 24 mars 2014, dite loi Alur. À compter de cette date, en effet, compte tenu de la modification de l'article 4 *i*, toute clause pénale est réputée non écrite[3, 4].

C. Autres clauses prohibées

133.311 Visite des lieux loués (L. 1989, art. 4 *a*). L'article 4 *a* de la loi de 1989 répute non écrite la clause « qui oblige le locataire, en vue de la vente ou de la location du local loué, à laisser visiter celui-ci les jours fériés ou plus de deux heures les jours ouvrables ».

Il s'agit d'imposer au bailleur, voulant vendre ou relouer le logement occupé, le respect de son obligation d'assurer au locataire la jouissance paisible des lieux loués (obligation qui lui est imposée par l'article 6 de la loi du 6 juillet 1989). Ainsi, en 1990, le juge parisien a réputé non écrite la clause obligeant le preneur qui a donné ou reçu congé ou dont le bailleur a, en cours de bail, mis en vente[5] le logement, à laisser visiter les lieux de 9 heures à 17 heures les jours ouvrables, et de 11 heures à 13 heures les dimanches et jours fériés. En l'espèce, ce magistrat ne s'est d'ailleurs pas contenté de réputer purement et simplement la clause non écrite, puisqu'il a limité le droit de visite de 15 heures à 17 heures, les jours ouvrables[6].

On notera que le droit de visite n'est reconnu au bailleur que dans le cadre du congé pour vente, c'est-à-dire, uniquement à partir du moment où il aura indiqué au locataire, titulaire d'un droit de préemption sur le bien vendu, le prix et les conditions de la vente. Préalablement à cette information, le propriétaire ne peut exiger du locataire l'accès au logement pour des visites en vue de la vente[7, 8].

133.312 Assurance (L. 1989, art. 4 *b*). L'article 4 *b*, quant-à-lui, répute non écrite celle « par laquelle le locataire est obligé de souscrire une assurance auprès d'une compagnie choisie par le bailleur ».

Si le preneur doit, en application de l'article 7 *g* de la loi, souscrire une assurance couvrant ses risques locatifs (le défaut d'assurance est même une cause de résiliation de plein droit du contrat, v. s[s] n°s 232.121 et 822.11 s.), en revanche, il est libre quant au choix de son assureur.

133.313 Remboursement des réparations locatives (L. 1989, art. 4 *f*). La clause « par laquelle le locataire s'engage par avance à des remboursements sur la base d'une estimation faite unilatéralement par le bailleur au titre des réparations » est prohibée.

Cette prohibition est le pendant de l'article 7 *d* qui prévoit la prise en charge par le preneur des réparations locatives telles que définies par le décret du 26 août 1987[9], ce qui sous-tend un remboursement après contrôle et sur justificatifs.

1. Civ. 1re, 10 oct. 1995, n° 93-16.869, P I, n° 347 ; *D.* 1996, Jur. 486, note Fillion-Dufouleur ; *D.* 1996. Somm. 116, obs. P. Delebecque.
2. Civ. 3e, 8 avr. 2010, n° 08-20.525, P III, n° 75 ; *D.* 2010. Actu. 1021 ; *D. actu.* 3 mai 2010, obs. Chenu.
3. POUR des exemples de clauses pénales stipulées dans des baux signés après l'entrée en vigueur de la loi Alur et réputées non-écrites : Paris, 12 oct. 2017, n° 16/12465, *Rev. loyers* 2017. 423, obs. S. B ; – Aix-en-Provence, 9 mai 2019, n° 18/1525, *Rev. loyers* 2019. 292, obs. Brena – Aix-en-Provence, 14 mai 2020, n° 19/10823, *Loyers et copr.* 2020, n° 65, obs. B. Vial-Pedroletti.
4. SUR l'application de la loi Alur dans le temps, jugeant que la clause pénale insérée dans un bail conclu avant le 27 mars 2014 n'est pas réputée non écrite : Versailles, 21 mars 2017, n° 15/08724, *Loyers et copr.* 2017, n° 126, obs. B. Vial-Pedroletti ; – Paris, 3e ch., 25 janv. 2018, n° 17/13184, *Loyers et copr.* 2018, n° 82, obs. B. Vial-Pedroletti – EN SENS CONTRAIRE, TOUTEFOIS : Paris, 3e ch., 15 févr. 2018, n° 15/11055, *Loyers et copr.* 2018, n° 82, obs. B. Vial-Pedroletti, *Rev. loyers* 2018. 151, obs. S. B. ; – Paris, 3e ch., 15 janv. 2018, n° 17/01022, *Rev. loyers* 2018. 90, obs. Brena – COMP., depuis l'entrée en vigueur de la loi n° 2015-990 du 6 août 2015, dont l'art. 82, II précise que, à compter de la date d'effet de leur renouvellement ou de leur reconduction tacite, les contrats des locations l'art. 2, al. 2, de la loi de 1989 sont régis par l'ensemble des dispositions de cette même loi en vigueur au jour du renouvellement ou de la reconduction, jugeant que l'interdiction de clauses pénales ne concerne que les baux renouvelés ou reconduits à compter du 7 août 2015 : Aix-en-Provence, 14 mai 2020, n° 19/10823, *Loyers et copr.* 2020, n° 65, obs. B. Vial-Pedroletti.
5. Occupé.
6. TI Paris, 7 juin 1990, *Rev. loyers* 1996. 192.
7. Bordeaux, 20 nov. 2001, n° 00/00974, *Rev. loyers* 2002. 498, obs. Ph. Pelletier.
8. SUR le droit de visite, par l'autorité administrative, des domiciles et des locaux comportant des parties à usage d'habitation et leur droit d'obtenir la communication d'informations et de documents : CCH, art. L. 181-1 s., spéc. art. L. 181-3 à L. 181-10 (issus de ord. n° 2020-71, 29 janv. 2020, *JO* 31 janv., n° 62, en vigueur le 1er juill. 2021).
9. Décr. n° 87-712, 26 août 1987 pris en application de l'art. 7 de la loi 86-1290 du 23-12-1986 tendant à favoriser l'investissement locatif, l'accession à la propriété de logements sociaux et le développement de l'offre foncière et relatif aux réparations locatives, *JO* 30 août, p. 9976.

De même, le bailleur ne saurait imposer un prestataire à son cocontractant. Est réputée non écrite, la clause obligeant le locataire à souscrire un contrat d'entretien de la chaudière auprès d'un professionnel imposé par le bailleur[1]. En revanche, rien n'interdit au bailleur de proposer un prestataire, le preneur devant rester libre de choisir les moyens d'exécution de son obligation d'entretien[2].

133.314 **Résiliation de plein droit (L. 1989, art. 4 *g* et *s*).** Dans le cadre de la loi du 6 juillet 1989, selon l'article 4 *g* de la loi, une clause de résiliation de plein droit ne peut être stipulée qu'en cas de non-paiement du loyer, des charges, lorsqu'il a été prévu, du dépôt de garantie et en cas de non-souscription d'une assurance des risques locatifs[3] ou en cas de non-respect de l'obligation d'user paisiblement des locaux loués, résultant de troubles de voisinage constatés par une décision de justice passée en force de chose jugée[4]. Une clause résolutoire visant le cas d'une sous-location prohibée serait donc réputée non écrite[5]. Tout comme la clause prévoyant la résiliation de plein droit en cas de non-paiement du coût d'un commandement[6] ; ou en cas d'utilisation abusive des locaux ou non conforme à leur destination[7]. Il en ira de même de la clause résolutoire stipulée en cas de défaut de justification d'une garantie égale à six mois de loyer[8].

À noter par ailleurs qu'il s'évince de l'article 4 *s* de la loi de 1989[9] qu'est réputée non écrite la stipulation qui permet au bailleur d'obtenir la résiliation de plein droit du bail au moyen d'une simple ordonnance de référé insusceptible d'appel. Cette clause avait déjà été considérée comme illicite par la Commission des clauses abusives en 2000[10]

133.315 **Diminution ou suppression de prestations sans contrepartie (L. 1989, art. 4 *h*).** La prohibition de ce type de clause s'explique par la nécessité de conserver l'équilibre initial des obligations respectives des parties au contrat. Doit être réputée non écrite, la clause en vertu de laquelle le locataire devra faire son affaire personnelle des troubles de fait qui pourraient lui être causés par des colocataires[11]. La même sanction sera réservée à la clause selon laquelle, pendant la durée du bail, le bailleur aura droit de faire tous les travaux qu'il jugera utile et ne devra, quelle que soit la durée de ces travaux, aucune indemnité au preneur[12].

133.316 **Interdiction de certaines activités (L. 1989, art. 4 *j*).** La clause interdisant au locataire l'exercice d'une activité politique, syndicale, associative ou confessionnelle est privée d'effet.

Il ne pouvait en aller autrement : comment en effet concevoir que, par contrat, les parties puissent faire échec à des droits inscrits dans des textes aussi fondamentaux que la Constitution ou la Déclaration des droits de l'homme et du citoyen[13] ?

133.317 **Facturation de l'état des lieux et versement de sommes lors de l'entrée dans les lieux (L. 1989, art. 4 *k* et *o*).** Depuis la loi ENL du 13 juillet 2006, selon l'article 4 k de la loi de 1989, est réputée non écrite la clause qui impose au locataire la facturation de l'état des lieux dès lors que celui-ci n'est pas établi par un huissier de justice dans le cas prévu par l'article 3 de la loi du 6 juillet 1989 ; une telle stipulation avait déjà été considérée comme illicite par la Commission des clauses abusives en 2000[14] ; et sur la question v. aussi s^s n°s 134.145 s.

Attention : pour les baux conclus à compter du 27 mars 2014, date d'entrée en vigueur de la loi du 24 mars 2014, dite loi Alur, qui a modifié l'article 4 *k*, cette prohibition est limitée à l'état des lieux de sortie.

Par ailleurs, toujours depuis la loi ENL du 13 juillet 2006, en vertu de l'article 4 *o* de la loi de 1989, est réputée non écrite la clause qui impose au locataire le versement, lors de l'entrée dans les lieux, de sommes d'argent en plus de celles prévues aux articles 5 et 22 de la loi de 1989 relatifs, respectivement, à la rémunération des intermédiaires et au versement du dépôt de garantie[15].

133.318 **Frais liés à la quittance de loyer et frais de procédure (L. 1989, art. 4 *p*).** C'est également la loi ENL du 13 juillet 2006 qui répute non écrite la clause qui fait supporter au locataire des frais de relance ou d'expédition de la quittance ainsi que les frais de procédure en plus des sommes versées au

1. Paris, 4 mars 1997, n° 95/11344, *Loyers et copr.* 1997, n° 138, obs. B. Vial-Pedroletti.
2. Colmar, 15 janv. 1998, n° 3B95/05415, *Loyers et copr.* 1998, n° 295, obs. B. Vial-Pedroletti.
3. POUR une étude d'ensemble, v. chap. 822.
4. Depuis la modification de l'art. 4 *g* de la loi du 6 juill. 1989 par la loi n° 2007-297 du 5 mars 2007 (*JO* 7 mars, n° 1).
5. Paris, 7 avr. 1987, n° 85/017043, *D.* 1987. IR 118, [loi de 1986].
6. Civ. 3e, 14 déc. 1988, n° 87-14.424, P III, n° 184 ; *D.* 1989. 423, note Paisant, [loi de 1982].
7. Paris, 9 déc. 1994, n° 93/024247, *Loyers et copr.* 1995, n° 257.
8. Paris, 28 mars 2019, n° 17/00286, *Loyers et copr.* 2019, n° 95, obs. B. Vial-Pedroletti.
9. Issu de la loi ENL du 13 juillet 2006.
10. V. s^s n° 133.321.
11. Versailles, 5 déc. 1997, n° 95/5679, *D.* 1999. Somm. 137, obs. CRDP Nancy 2.
12. Rennes, 28 nov. 1996, n° 95/03939, *Loyers et copr.* 1997, n° 305, obs. B. Vial-Pedroletti.
13. Sur la prohibition des pratiques discriminatoires, v. s^s n°s 136.11 s.
14. V. s^s n° 133.321.
15. Sur cette question, v. s^s n° 142.21 – Jugeant illicite la pratique de l'agent immobilier consistant à facturer de façon systématique au locataire des frais d'état des lieux sans qu'il ait été nécessité l'intervention d'un huissier : Paris, 11 févr. 2016, n° 14/01748, *AJDI* 2016. 457.

titre des dépens et de l'article 700 du code de procédure civile.

Cet article 4 *p* va au-delà de l'annexe à la recommandation n° 2000-01 du 17 février 2000 de la Commission des clauses abusives qui, au titre des clauses illicites, épinglait celle prévoyant que les frais relatifs notamment à l'envoi des avis d'échéance ou quittances de loyer sont à la charge du locataire[1]. Il ne doit toutefois pas être interprété comme interdisant au bailleur de récupérer les frais de commandement de payer visant la clause résolutoire de l'article 24 de la loi du 6 juillet 1989. En effet, d'une part, l'article L. 111-8 du code des procédures civiles d'exécution exclut clairement des frais devant rester à la charge du créancier, ceux concernant des actes dont l'accomplissement est prescrit par la loi, ce qui est le cas du commandement article 24, qui, en vertu de ce texte, doit être obligatoirement délivré. D'autre part, les frais de commandement constituent, en tout état de cause, des dépens, visés à l'article 695 du code de procédure civile (lesquels sont d'ailleurs déclarés récupérables par l'article 4 *p*). Dès lors, ces frais ne peuvent être concernés par l'article 4 *p* : ils restent légalement à la charge du locataire débiteur.

133.319 Durée du bail (L. 1989, art. 4 *l*). C'est encore la loi ENL du 13 juillet 2006 qui répute non écrite la clause qui prévoit le renouvellement du bail par tacite reconduction pour une durée inférieure à celle prévue à l'article 10 de la loi[2].

133.3110 Hébergement de tiers (L. 1989, art. 4 *n*). C'est toujours cette loi de 2006 qui répute non écrite la clause interdisant au locataire d'héberger des personnes ne vivant pas habituellement avec lui. L'article 4 *n* tient compte, à la fois de la jurisprudence de la Cour de cassation (qui n'envisage toutefois que l'hébergement des « proches »[3]) et du point 31 de la recommandation n° 2000-01 du 17 février 2000 de la Commission des clauses abusives[4]

§ 3 Influence de la commission des clauses abusives

133.321 Commission des clauses abusives – Respect de l'ordre public. Notons enfin que la recommandation n° 2000-01 du 17 février 2000 de la Commission des clauses abusives[5], complétant la recommandation n° 80-04 du 4 février 1980[6] concernant les contrats de location de locaux à usage d'habitation a, dans son annexe I, listé vingt-cinq clauses illicites au regard de dispositions d'ordre public.

On retiendra par exemple qu'est illicite :

– la clause prévoyant que le locataire prendra les lieux dans l'état où ils se trouvent (violation de l'article 6 de la loi du 6 juillet 1989). Émise avant que la loi du 13 décembre 2000[7], dite loi SRU, n'impose au bailleur de délivrer un logement décent à son cocontractant[8], cette recommandation n'en est que plus d'actualité ;

– celle stipulant que seront partagés par moitié les frais relatifs à l'état des lieux établi contradictoirement (violation de l'article 3, alinéa 2, de la loi de 1989) ;

– la clause en vertu de laquelle le locataire doit laisser un accès permanent au bailleur (violation de l'article 6 b) ;

– celle précisant que les frais relatifs à l'envoi des avis d'échéance ou des quittances de loyer sont à la charge du locataire (violation de l'article 23 de la loi du 6 juillet 1989 et de l'annexe au décret du 26 août 1987[9], relatif aux charges récupérables) ;

– celle prévoyant que tout mois commencé est dû pour le loyer et les accessoires (violation de l'article 15, alinéa 3, de la loi du 6 juillet 1989) ;

– celle qui exonère le bailleur de toute responsabilité en cas d'arrêt ou de mauvais fonctionnement des éléments d'équipement présents dans les lieux loués ou dans l'immeuble (violation de l'art. 6 *a* et *c*) ;

– la clause obligeant le locataire à souscrire une assurance auprès d'une entreprise d'assurance française (violation de l'article 49 du traité instituant la Communauté européenne).

133.322 Commission des clauses abusives – Autres clauses abusives. Par deux recommandations, la Commission des clauses abusives a mis à l'index de nombreuses clauses insérées dans les contrats de location de locaux à usage d'habitation. Il s'agit de la recommandation n° 80-04 du 4 février 1980 concernant les contrats de location de locaux à usage d'habitation, complétée par la recommandation n° 2000-01 du 17 février 2000[10].

1. V. s[s] n° 133.321.
2. Sur la durée du bail tacitement reconduit, v. s[s] n° 412.11 s.
3. TOUTEFOIS, remarquant qu'une personne hébergée est nécessairement un « proche » : Jamin, *JCP* 1996. I, n° 3958, n° 1.
4. V. s[s] n° 133.321.
5. Reproduite au *BOCC* du 17 oct. 1980 et au *Code des baux*, Dalloz.
6. Reproduite au *BOCC* du 22 juin 2000 et au *Code des baux*, Dalloz.
7. L. n° 2000-1208, 13 déc. 2000 relative à la solidarité et au renouvellement urbains, *JO* 14 déc., p. 19777.
8. V. s[s] n° 211.42.
9. Décr. n° 87-713, 26 août 1987 pris en application de l'article 18 de la loi n° 86-1290 du 23 décembre 1986 tendant à favoriser l'investissement locatif, l'accession à la propriété de logements sociaux et le développement de l'offre foncière et fixant la liste des charges récupérables, *JO* 30 août.
10. Reproduites au *Code des baux*, Dalloz et, respectivement, au *BOCC* du 17 oct. 1980 et du 22 juin 2000.

133.323 **Recommandation de 1980.** En 1980, la Commission des clauses abusives a recommandé :

I. – que les contrats de location de locaux à usage d'habitation proposés aux locataires comportent :

1° l'indication des références du régime juridique auquel est assujettie la location ;

2° la précision de la durée du contrat et de la date à laquelle il prend effet ;

3° l'indication de l'identité et de la qualité des parties ;

4° l'état des lieux contradictoirement dressé ;

5° l'énumération des réparations locatives ;

6° l'énumération des charges récupérables et une information sur l'évolution de leur montant et sur leur répartition au cours des douze derniers mois (notamment eau, chauffage, électricité, entretien) ;

7° une clause donnant au locataire toute la possibilité de vérifier le montant réel des charges dont le remboursement lui est demandé, par la production des pièces comptables justificatives ou celles des contrats que le bailleur a pu conclure à ce titre ;

8° l'engagement par le bailleur de rembourser, dans un délai maximum de trois mois à compter de la fin du contrat de location, le montant du dépôt de garantie, déduction faite, le cas échéant, des sommes qui lui sont dues ;

II. – que soient éliminées des contrats de location de locaux à usage d'habitation proposés aux locataires, les clauses suivantes ayant pour objet ou pour effet :

1° d'exonérer le bailleur de sa responsabilité en cas de non-délivrance des lieux loués dans les conditions prévues lors de la conclusion du contrat ;

2° d'empêcher le locataire d'obtenir réparation du préjudice qu'il subit en cas de modifications unilatéralement effectuées par le bailleur, portant soit sur les lieux loués, soit sur les prestations prévues ;

3° d'exonérer le bailleur de son obligation d'entretenir les lieux loués et de procéder aux réparations qui lui incombent ;

4° d'obliger le locataire à souffrir toutes les réparations jugées utiles par le bailleur, sans aucune diminution du loyer, même si les réparations durent plus de quarante jours ;

5° de limiter l'obligation de réparation du bailleur aux seuls travaux visés par l'article 606 du code civil ;

6° de décharger le bailleur de son obligation de garantie, notamment en cas de défauts ou vices empêchant l'habitation des lieux loués dans des conditions normales ;

7° de décharger le bailleur de sa responsabilité du fait de ses préposés ;

8° de limiter le droit du locataire de jouir en bon père de famille[1] des lieux loués, notamment d'interdire directement ou indirectement la constitution ou le fonctionnement d'associations ;

9° de faire payer au locataire des charges autres que celles considérées comme récupérables ;

10° de fixer une limite au droit du locataire de vérifier le montant des charges dont le paiement lui est réclamé ;

11° d'exiger du preneur un dépôt de garantie supérieur à deux mois de loyer ;

12° d'autoriser le bailleur à résilier unilatéralement le contrat en dehors des cas de mauvaise foi du locataire ;

13° d'empêcher le jeu normal de l'article 1152 du code civil sur la révision des clauses pénales ;

14° d'obliger le locataire à rembourser les frais et honoraires exposés pour le recouvrement judiciaire et de prévoir un remboursement forfaitaire des frais exposés en cas de recouvrement non judiciaire ;

15° de déroger aux règles légales de compétence territoriale ou d'attribution.

133.324 **Recommandation de 2000.** En 2000, la Commission a recommandé :

A. que les documents contractuels soient imprimés lisiblement avec des caractères dont la hauteur ne saurait être inférieure au corps 8 ;

B. que soient éliminées des contrats les clauses ayant pour objet ou pour effet :

I. – Pour les contrats soumis aux seules dispositions du code civil :

[...]

9° d'empêcher le locataire de s'exonérer de sa responsabilité en raison des dégradations survenues pendant sa jouissance des lieux, dans les hypothèses où il n'a pas commis de faute ;

[...]

II. – Pour les contrats soumis aux dispositions d'une loi d'ordre public :

14° de laisser croire au locataire que certaines obligations figurant au bail sont imposées par une loi d'ordre public ;

15° d'imposer au locataire des obligations qui outrepassent ses obligations légales ;

16° de laisser à la charge du locataire, en fin de bail, les frais de remise en état incombant légalement au bailleur ;

17° d'interdire au preneur d'effectuer des aménagements qui ne causent pas de dégradations irréversibles aux lieux loués ;

18° de laisser, pour les travaux et aménagements effectués par le locataire, au seul bailleur l'option

1. Jouir « raisonnablement » depuis la loi n° 2014-873 du 4 août 2014 (*JO* 5 août, p. 12949).

entre la remise en état des lieux loués et l'abandon sans indemnité ;

19° de laisser croire au consommateur qu'il ne peut justifier, postérieurement à l'envoi du congé, du motif de préavis réduit d'un mois ;

20° d'obliger le locataire à négocier avec le propriétaire le montant du loyer renouvelé faute de quoi les frais de la procédure de renouvellement seraient à sa charge.

III. – Clauses communes à l'ensemble des contrats de location :

21° d'exiger du locataire, lorsqu'un dépôt de garantie est prévu, de tenir les lieux garnis de meubles et objets meublants pour répondre des obligations découlant du bail ;

22° d'exiger du locataire, sans motif légitime, le ramonage des cheminées plusieurs fois par an ;

23° d'interdire au locataire de contester les clauses du bail, à peine de résiliation ;

24° d'interdire au locataire, par des clauses non limitatives de renonciation, tout recours contre le bailleur ;

25° d'exonérer le bailleur d'un emplacement de véhicule de sa responsabilité en cas de détérioration du véhicule lorsque celle-ci lui est imputable ;

26° d'interdire au locataire de rechercher la responsabilité du bailleur en raison d'un défaut d'entretien de l'immeuble, de la vétusté ou de la dangerosité des éléments installés ;

27° d'interdire au preneur de rechercher la responsabilité du bailleur en cas de destruction totale des lieux loués ;

28° d'exonérer le bailleur de sa responsabilité lorsque le contrat impose au locataire de remettre ses clefs, en cas d'absence, à une personne qu'il n'a pas lui-même librement choisie ;

29° d'exonérer, dans tous les cas, le bailleur de sa responsabilité pour les troubles, dommages ou actes délictueux causés par les colocataires occupants de l'immeuble ou les tiers ;

30° d'exiger du locataire qui effectue des travaux, avec l'accord du propriétaire, d'en confier la réalisation à l'architecte ou aux entreprises choisis par ce dernier ;

31° d'interdire au preneur de faire occuper les lieux loués par les personnes de son choix ;

32° de déterminer le montant de l'indemnité due par le locataire qui n'exécute pas ses obligations sans prévoir une indemnité du même ordre à la charge du bailleur qui n'exécute pas les siennes ;

33° de permettre au bailleur de mettre fin à l'usage qui s'est instauré de déroger à une clause du bail, sans mise en demeure laissant au preneur un délai de mise en conformité ;

34° d'exiger du locataire qu'il souscrive des assurances autres que celles qu'il est d'usage de contracter ;

35° de prévoir une « domiciliation » du locataire dans les lieux qu'il a libérés.

133.325 Pouvoir du juge. La qualification de « clause abusive » est très importante puisque si l'article L. 132-1 du code de la consommation prévoit que « des décrets en Conseil d'État, pris après avis de la Commission [des clauses abusives], peuvent déterminer des types de clauses qui doivent être regardées comme abusives », la jurisprudence reconnaît au juge, même (comme en l'espèce) en l'absence d'un tel décret, le pouvoir de considérer une clause comme abusive et de la réputer non écrite[1]. Démarche que le juge sera d'autant plus enclin à adopter, qu'il existera une recommandation de la Commission.

1. Civ. 3e, 14 mai 1991, *D.* 1991, Jur. 449, note Ghestin – Civ. 1re, 6 janv. 1994, no 91-19.424, P III, no 8 ; *Gaz. Pal.* 15 avr. 1995, 105-106 ; *D.* 1994. Somm. 209, obs. P. Delebecque.

CHAPITRE

134. Signature du contrat

SECTION 0 ORIENTEUR

134.00 Sommaire du chapitre.

134.02 Jurisprudence de référence.

• **Civ. 1re, 17 mars 1992,** n° 90-16.606, P I, n° 86

* V. s^s n° 134.194

Ne donne pas de base légale à sa décision la cour d'appel qui, pour déclarer irrecevables la demande en dissolution d'une société civile immobilière constituée entre plusieurs indivisaires ainsi que la demande en annulation d'un contrat de location consenti par cette SCI, demandes intentées par l'héritier de l'un des coïndivisaires, retient que celui-ci ne pouvait agir seul, alors qu'il lui appartenait de rechercher si les actes incriminés de constitution de la SCI et de mise en location ne procédaient pas d'une collusion entre ceux qui y avaient souscrit, en vue de porter frauduleusement atteinte aux droits indivis à revenir au demandeur.

• **Civ. 1re, 25 oct. 2005,** n° 03-14.320, P I, n° 387

* V. s^s n° 134.193

L'article 815-3 du code civil écarte l'hypothèse d'un mandat tacite couvrant la conclusion ou le renouvellement des baux et exige que le gérant dispose d'un mandat spécial.

• **Civ. 3e, 28 juin 2006,** n° 05-10.137, P III, n° 161

* V. s^s n° 136.12

Le défaut de paiement par le locataire du premier loyer et du dépôt de garantie ne décharge pas le bailleur de son obligation de délivrance.

• **Civ. 3e, 28 oct. 2009,** n° 08-20.224, P III, n° 237

* V. s^s n° 136.11

Le louage des choses est un contrat par lequel l'une des parties s'oblige à faire jouir l'autre d'une chose pendant un certain temps, et, moyennant un certain prix que celle-ci s'oblige de lui payer. Une cour d'appel avait retenu que l'acceptation d'une offre de bail ne pouvait valoir bail que si cette dernière comportait l'ensemble des éléments essentiels à la convention intervenue et spécialement les précisions nécessaires quant à la chose en faisant l'objet, au prix et à sa date d'effet et qu'en l'espèce le projet litigieux ne comportait aucune indication relative à cette date, de sorte qu'il n'y avait pu y avoir rencontre des consentements des parties sur celle-ci. En statuant ainsi, la cour d'appel, qui a ajouté à la loi une condition tenant à la date de la prise d'effet du bail, a violé l'article 1709 du code civil, ensemble l'article 1719 du même code.

134.03 **Bibliographie indicative.**

Annuel. LAMY DR. IMMO, n°s 5862 s.

Encyclopédies. RÉP. CIV., *V° Bail d'habitation et mixte : rapports locatifs individuels – Loi du 6 juillet 1989*, N. Damas, n°s 92 s. – DICT. PERM. Gestion immob., *V° Baux d'habitation et mixtes*, n°s 56 s., 67, 97 s.

Ouvrages. E. Debaussart-Joniec, S. Fraîche-Dupeyrat, Ph. Pelletier, *Les baux d'habitation après la loi Élan*, 3e éd., « Actualité », 2019, LexisNexis – J. Lafond, B. Vial-Pedroletti, *Les baux d'habitation*, 8e éd., « Droit et professionnels », LexisNexis, 2017, n°s 405 à 442, 515 à 540 – Ph. Pelletier (dir.), *Traité des baux d'habitation et professionnels*, « Référence juridique », Le Moniteur, 2021.

SECTION UNIQUE
DISTINCTION

134.10 **Plan.** En matière de signature du contrat de location, il y a lieu de distinguer les règles applicables aussi bien dans le secteur privé que dans le secteur HLM (§ 1) et les règles spécifiques à chaque secteur (§ 2)[1].

§ 1
Règles applicables dans le secteur privé et dans le secteur HLM

134.20 **Plan – Capacité des contractants.** En dehors du fait que pour conclure un contrat de location, le bailleur, comme le locataire, doivent être sains d'esprit[2], se pose le problème de la capacité des cocontractants.

À cet égard, il convient de distinguer les règles communes au bailleur et au preneur (A), des règles spécifiques à chacun d'eux (B).

A.
Règles communes au bailleur et au locataire

134.31 **Mineurs et majeurs sous tutelle.** La question de la capacité de contracter ne se posera pas lorsque les deux seront majeurs capables[3]. Il en ira de même pour le contractant mineur émancipé[4].

Pour les mineurs non émancipés, le bail devra être signé par l'administrateur légal ou par le tuteur[5].

Dans l'hypothèse d'un majeur en tutelle, le contrat devra être signé par le tuteur[6].

Dans ces deux derniers cas, notons que, de plus, les règles (spécifiques au bailleur) des articles 456, alinéa 3, et 595, alinéas 2 et 3, du code civil vont s'appliquer[7].

134.32 **Sauvegarde de justice.** Le majeur placé sous sauvegarde de justice pourra, quant à lui, valablement contracter : « le majeur placé sous sauvegarde de justice conserve l'exercice de ses droits »[8]. La seule incidence que pourrait avoir le placement sous sauvegarde de justice concerne le prix du bail, qui pourrait être rescindé pour lésion ou réduit en cas d'excès[9].

134.33 **Curatelle.** Le majeur sous curatelle[10] pourra, à l'instar du majeur sous sauvegarde de justice, valablement contracter[11] avec, en application de l'article 510-3 du code civil, la même faculté d'obtenir la rescision pour lésion ou la réduction pour excès. La solution est la même lorsque le majeur est placé sous curatelle aggravée aux termes de l'article 512 du code civil (permettant au juge d'ordonner que le curateur percevra seul les revenus de la personne en curatelle, assurera lui-même le règlement des dépenses et versera l'excédent à un compte ouvert chez un dépositaire agréé)[12].

B.
Règles spécifiques au locataire

134.40 **Plan.** Seuls les cas du locataire marié (1°), en concubinage (3°) ou titulaire d'un pacte civil de solidarité (2°) (Pacs) appellent quelques brèves remarques[13].

1°
Locataire marié

134.51 **Hypothèse du locataire marié.** Aux termes de l'article 1751 du code civil, les époux sont cotitulaires du droit au bail portant sur le local, sans

1. Jugeant qu'en application de l'art. 1366 du code civil, la signature d'un bail par voie électronique a la même force probante que l'écrit sur support papier : Toulouse, 3e ch., 4 sept. 2020, n° 19/01990, *Loyers et copr.* 2020, n° 94, obs. B. Vial-Pedroletti – RAPPR., à propos de la signature électronique d'un état des lieux : Bordeaux, 2 nov. 2020, n° 20/00105, *Loyers et copr.* 2021, n° 2, obs. B. Vial-Pedroletti.
2. C. civ., art. 489.
3. C. civ., art. 1123.
4. C. civ., art. 481.
5. C. civ., art. 389 s. – AUSSI : Aix-en-Provence, 7 juin 2000, *JurisData* 118502, *Loyers et copr.* 2000, n° 265, obs. B. Vial-Perdoletti ; Colmar, 11 avr. 2007, n° 3B06/01093, *Loyers et copr.* 2007, n° 242, obs. B. Vial-Pedroletti ; Douai, 6 sept. 2018, n° 17/04190, *Loyers et copr.* 2018, n° 218, obs. B. Vial-Pedroletti.
6. C. civ., art. 492 s.
7. V. s^s n°s 134.171 et 134.181.
8. C. civ., art. 491-2, al. 1er.
9. C. civ., art. 491-2, al. 2.
10. C. civ., art. 508 s.
11. Versailles, 28 mai 1999, n° 97/00005385, *Loyers et copr.* 2000, n° 265, obs. B. Vial-Pedroletti.
12. Paris, 12 nov. 2002, n° 2000/23327, *Loyers et copr.* 2003, n° 102, obs. B. Vial-Pedroletti.
13. Pour une présentation détaillée de la situation des parties au contrat de location, v. s^s titre 12.

caractère professionnel ou commercial, qui sert effectivement à l'habitation de deux époux. Par ailleurs, selon l'alinéa 1er de l'article 220 du code civil, les époux sont solidaires quant à l'exécution des obligations du contrat. Enfin, en vertu du dernier alinéa de l'article 1751 du code civil, « en cas de décès d'un des époux, le conjoint survivant cotitulaire du bail dispose d'un droit exclusif sur celui-ci sauf s'il y renonce expressément »[1].

2°
Locataire pacsé

134.61 Cotitularité du bail facultative. Depuis la modification de l'article 1751 du code civil par la loi du 24 mars 2014, dite loi Alur, lorsque les partenaires liés par un Pacs en font la demande conjointement, les deux partenaires sont cotitulaires du bail portant sur le local servant effectivement à leur habitation.

134.62 Solidarité des dettes relatives au logement commun. Par ailleurs, le partenaire du locataire est solidaire de celui-ci, puisque, en vertu du second alinéa de l'article 515-4 du code civil, « les partenaires sont tenus solidairement à l'égard des tiers des dettes contractées par l'un d'eux pour les besoins de la vie courante et pour les dépenses relatives au logement commun ».

134.63 Droit exclusif sur le bail du partenaire survivant. Notons enfin qu'aux termes de l'article 1751, dernier alinéa, dès sa rédaction issue de la loi Alur du 24 mars 2014, « en cas de décès [...] d'un des partenaires liés par un pacte civil de solidarité, le [...] partenaire lié par un pacte civil de solidarité survivant cotitulaire du bail dispose d'un droit exclusif sur celui-ci sauf s'il y renonce expressément »[2].

3°
Locataire vivant en concubinage

134.71 Absence de cotitularité. Sauf si le concubin est lui-même signataire du bail, il n'existe aucune cotitularité entre les concubins : il a en effet été jugé que le principe de cotitularité de l'article 1751 du code civil ne s'applique pas aux concubins[3].

134.72 Absence de solidarité en l'absence de clause contractuelle. Par ailleurs, à défaut de clause contraire inscrite dans le contrat de location, le concubin du signataire du bail n'est pas solidaire de ce dernier[4].

4°
Autres locataires

134.81 Hypothèse des colocataires ni pacsés ni concubins. En insérant un article 8-1 dans la loi du 6 juillet 1989, la loi du 24 mars 2014, dite loi Alur, donne un cadre à la colocation.

Avant cette loi, il n'existait aucune solidarité légale et seule une clause instaurant ce lien permettait au bailleur, le cas échéant, d'actionner l'un et l'autre de ses cocontractants pour l'intégralité de la dette. En pratique, en cas de colocation, la clause de solidarité est systématiquement prévue[5].

134.82 Hypothèse des locataires par l'effet de la loi : décès ou abandon de domicile. Le législateur a entendu protéger les occupants à la suite du décès ou de l'abandon du domicile par le locataire. Il a par conséquent prévu un transfert du contrat au profit de certains bénéficiaires désignés dans l'article 14 de la loi du 6 juillet 1989.

Ceux-ci se trouvent ainsi locataires par l'effet de la loi, par le biais d'un transfert automatique du contrat en leur faveur, s'ils remplissent les conditions prévues par le texte lorsque le titulaire du contrat vient à décéder ou s'il abandonne le domicile[6]. Par conséquent, ceux qui ne souhaitent pas rester dans les lieux, doivent délivrer un congé.

5°
Tableau récapitulatif

134.91 Tableau récapitulatif.

PERSONNES DEVANT SIGNER UN BAIL

Situation	Signataire(s)
Époux locataires	Un seul des époux
Locataire vivant en concubinage	Le seul locataire (sauf si le concubin est copreneur)
Locataire pacsé	Un seul si demande conjointe de cotitularité
Copreneurs (colocation)	L'ensemble des copreneurs

§ 2
Règles applicables dans le seul secteur privé

134.100 Plan – Six situations. Six situations doivent être mentionnées : logement loué par un intermédiaire (A), logement loué appartenant à une personne morale (B), bail passé par un usufruitier (C), bail passé par l'administrateur légal (ou

1. Sur tous ces aspects, v. s[s] n°s 121.11 s.
2. Sur tous ces aspects, v. s[s] n°s 122.11 s.
3. Versailles, 29 mai 1998, n° 4541/96, *Gaz. Pal.* 1998. 2. Somm. 626 – Versailles, 22 juin 2001, n° 1999/7125, *D.* 2002. Somm. 1720, obs. CRDP Nancy 2 – Paris, 25 mars 2008, n° 06/17211, *AJDI* 2008. 667.
4. Sur les incidences de cette absence de cotitularité et de solidarité en cours de bail, v. s[s] n°s 123.11 s.
5. Pour une étude détaillée de la colocation avant et après la loi du 24 mars 2014, dite loi Alur, v. s[s] n°s 124.11 s.
6. V. s[s] n°s 321.21 s.

le tuteur) du bailleur, mineur non émancipé (D), logement, bien commun aux deux époux (E) et logement en indivision (F).

A.
Logement loué par un intermédiaire

1°
Rémunération de l'intermédiaire

134.111 Droit à rémunération de l'intermédiaire. L'hypothèse dans laquelle le bien est loué non par le bailleur lui-même, mais par un intermédiaire, pose principalement la question de la rémunération de ce dernier.

Dans ce domaine, en ce qu'elle a substantiellement amendé l'article 5 de la loi du 6 juillet 1989, la loi du 24 mars 2014, dite loi Alur (applicable aux baux signés depuis le 27 mars 2014), a modifié les règles applicables.

134.112 Intermédiaire pouvant prétendre à rémunération. Il s'agit principalement des professionnels de l'immobilier soumis à la loi du 2 janvier 1970, dite loi Hoguet[1].

Sont également concernés par ce texte, les notaires[2], les avocats, les conseils juridiques... Le bailleur ne peut prétendre à une quelconque rémunération[3].

En revanche, l'indivisaire mandaté par l'indivision dont il fait partie en tant que conseil juridique est un intermédiaire au sens de l'article 5 de la loi de 1989[4].

2°
Actes ouvrant droit à rémunération

134.121 Division – Acte pouvant donner lieu à rémunération. La loi du 24 mars 2014, dite loi Alur, ayant modifié la donne, il y a lieu de distinguer les règles qui prévalaient avant son entrée en vigueur (le 27 mars 2014) de celles qui régissent désormais les nouveaux baux.

a.
Baux signés avant le 27 mars 2014

134.131 Acte pouvant donner lieu à rémunération – Baux conclus avant le 27 mars 2014. Pour les baux signés avant le 27 mars 2014, aux termes de l'article 5 de la loi du 6 juillet 1989, dans sa rédaction antérieure à la loi du 24 mars 2014, dite loi Alur, la rémunération des personnes qui se livrent ou prêtent leur concours à l'établissement d'un acte de location d'un immeuble d'habitation appartenant à autrui est partagée par moitié entre le bailleur et le locataire.

b.
Baux signés à compter du 27 mars 2014

134.141 Acte pouvant donner lieu à rémunération – Baux conclus à compter du 27 mars 2014. Pour les baux conclus à compter du 27 mars 2014, l'article 5, I de la loi du 6 juillet 1989 modifié précise que la rémunération des personnes mandatées pour se livrer ou prêter leur concours à l'entremise ou à la négociation d'une mise en location d'un logement est à la charge exclusive du bailleur.

Toutefois, sont partagés entre le bailleur et le preneur les honoraires des personnes mandatées pour effectuer la visite du preneur, constituer son dossier et rédiger un bail ainsi que l'état des lieux.

134.142 Les honoraires des personnes mandatées pour effectuer la visite du preneur, constituer son dossier et rédiger un bail. Ces honoraires sont partagés entre le bailleur et le preneur. Le montant TTC imputé au preneur pour ces prestations ne peut excéder celui imputé au bailleur et doit demeurer inférieur ou égal à un plafond par m^2 de surface habitable de la chose louée fixée par voie réglementaire et révisable chaque année, dans des conditions définies par décret. Ces honoraires sont dus à la signature du bail.

134.143 Plafonnement des honoraires dus pour la visite, la constitution du dossier et la rédaction du bail. Aux termes de l'article 1er du décret du 1er août 2014[5], ce plafond varie selon la zone géographique dans laquelle est situé le bien loué, le texte distinguant une « zone très tendue » (zone géographique correspondant aux territoires des communes comprises dans la zone A *bis* telle que définie à l'article R. 304-1 du code de la construction et de l'habitation, soit, aux termes de l'arrêté du 1er août 2014[6], Paris et certaines communes des Yvelines, des Hauts-de-Seine, de Seine-Saint-Denis, de Val-de-Marne et d'Enghien-les-bains, dans le Val-d'Oise) d'une « zone tendue » (zone géographique correspondant aux territoires des communes dont la liste est annexée au décret du 10 mai 2013 relatif au champ d'application de la taxe annuelle sur les logements vacants, instituée par l'article 232 du code général

1. SUR la réglementation applicable aux agents immobiliers : J.-M. Moyse, *Agent immobilier*, 21e éd., « Encyclopédie Delmas », Dalloz, 2021.
2. Rép. min. 14 déc. 1982, *JCP N* 1983, prat. p. 510.
3. Rép. min. n° 66511, *JOAN Q* 29 mars 1993, p. 1162.
4. Civ. 3e, 29 avr. 1987, n° 85-15.705, NP, *JCP* 1987. IV. 221, [loi de 1982].
5. Décr. n° 2014-890, 1er août 2014 relatif au plafonnement des honoraires imputables aux locataires et aux modalités de transmission de certaines informations par les professionnels de l'immobilier, *JO* 6 août, p. 13028.
6. Arr. 1er août 2014 pris en application de l'article R. 304-1 du code de la construction et de l'habitation, *JO* 6 août, NOR : ETLL1417102A.

des impôts, à l'exclusion des communes comprises dans la zone très tendue ci-dessus [1]).

134.144 Montant des plafonds. À compter du 15 septembre 2014 [2], le plafond portant sur les prestations de visite du preneur, de constitution de dossier et de rédaction de bail est égal :

- pour les logements situés en zone très tendue, à douze euros par m² de surface habitable ;

- pour les logements situés en zones tendues, à dix euros par m² surface habitable ;

- pour les logements situés en dehors des zones tendues et très tendues, à huit euros par m² de surface habitable [3].

Il s'agit de plafonds révisables chaque année au 1er janvier par arrêté du ministre chargé du logement en fonction de la variation annuelle du dernier indice de référence des loyers publié mentionné au I de l'article 17-1 de la loi du 6 juillet 1989 [4].

134.145 Honoraires des personnes mandatées pour réaliser un état des lieux. Ces honoraires sont partagés entre le bailleur et le preneur. le montant TTC imputé au locataire pour cette prestation ne peut excéder celui imputé au bailleur et demeure inférieur ou égal à un plafond par m² de surface habitable de la chose louée fixé par voie réglementaire et révisable chaque année, dans des conditions définies par décret. Ces honoraires sont dus à compter de la réalisation de la prestation.

134.146 Plafonnement des honoraires pour réaliser un état des lieux. Selon l'article 2, II, du décret du 1er août 2014, à compter du 15 septembre 2014, ce plafond est égal à trois euros par m² de surface habitable. Il est révisable chaque année selon les mêmes modalités que celles applicables aux plafonds relatifs aux honoraires de visite, de constitution de dossier et de rédaction de bail (v. ci-dessus).

134.147 Reconduction tacite et rémunération de l'agent immobilier. Sous l'empire de la législation antérieure à la loi du 24 mars 2014, dite loi Alur, l'administration a considéré que la reconduction tacite d'un contrat de location ne peut donner lieu à la perception d'une rémunération par l'agence immobilière : seul l'établissement d'un contrat de renouvellement rentre dans les prévisions de l'article 5 [5].

134.148 Autres frais sollicités par l'agent immobilier. Concernant les frais [6] engendrés par la cession d'un contrat de location, il a également été précisé qu'ils étaient compris dans le champ d'application de l'article 5 [7]. Par ailleurs, la pratique de certaines agences proposant à des candidats à la location des contrats de réservation contre le paiement d'une somme qui, en outre, reste acquise à l'agence si le bail n'est pas signé est totalement contraire aux dispositions des articles 6 et 18 de la loi du 2 janvier 1970 [8]. De plus, aux termes de l'article 3, alinéa 9, de la loi du 6 juillet 1989 (dans sa rédaction issue de la loi du 22 déc. 2010 [9]), en cas d'intervention d'un tiers (mandaté par les parties) dans la rédaction de l'état des lieux (dressé contradictoirement et amiablement), les honoraires négociés ne sont laissés ni directement, ni indirectement à la charge du locataire [10].

À propos de ces frais, en vertu de l'article 4 *k* de la loi de 1989, est réputée non écrite la clause qui impose au locataire la facturation de l'état des lieux dès lors que celui-ci n'est pas établi par un huissier de justice dans le cas prévu par l'article 3 (sur les clauses réputées non-écrites v. ss nos 133.316 et 133.317 ; concernant l'établissement de l'état des lieux par huissier v. ss nos 135.61, 137.42) (sur la rémunération de l'huissier intervenant sur l'initiative de la partie la plus diligente v. ss no 137.42).

Enfin, la photocopie des extraits du règlement de copropriété (prévue à l'article 3 de la loi de 1989, v. ss no 133.121) constitue un acte d'administration du bien loué dont le loyer est la contrepartie et ne doit pas entraîner de frais supplémentaires pour le locataire [11].

B.
Logement loué appartenant à une personne morale

134.151 Incidence sur la durée du bail. Si le logement loué appartient à une personne morale, la

1. Décr. no 2013-392, 10 mai 2013 relatif au champ d'application de la taxe annuelle sur les logements vacants instituée par l'article 232 du code général des impôts, *JO* 12 mai. Le décret de 2013 concerne les agglomérations d'Ajaccio, Annecy, Arles, Bastia, Bayonne, Beauvais, Bordeaux, Draguignan, Fréjus, Genève-Annemasse, Grenoble, La Rochelle, La Teste-de-Buch – Arcachon, Lille, Lyon, Marseille – Aix-en-Provence, Meaux, Menton-Monaco, Montpellier, Nantes, Nice, Paris, Saint-Nazaire, Sète, Strasbourg, Thonon-les-Bains, Toulon et Toulouse.
2. Décr. no 2014-890, 1er août 2014, art. 5.
3. Décr. no 2014-890, 1er août 2014, art. 2, I.
4. Décr. no 2014-890, 1er août 2014, art. 3.
5. Rép. min. no 16952, *JOAN Q* 5 sept. 1994, p. 4494.
6. De notaire.
7. Rép. min. no 21774, *JOAN Q* 9 avr. 1990, p. 1744.
8. Rép. min. no 44639, *JOAN Q* 26 juin 2000, p. 3845 ; *Administrer* avr. 2001, 78 – AUSSI : Rép. min. no 14741, *JOAN Q* 27 oct. 2003, *AJDI* 2004. 485, obs. Y. Rouquet.
9. L. no 2010-1609, 22 déc. 2010 relative à l'exécution des décisions de justice, aux conditions d'exercice de certaines professions réglementées et aux experts judiciaires, *JO* 23 déc., p. 22552.
10. DÉJÀ : Rép. min. no 24636, *JOAN CR* 10 mai 1999, p. 2881, *Loyers et copr.* 1999, no 206, obs. B. Vial-Pedroletti et Rép. min. no 77467, *JOAN Q* 17 janv. 2006, p. 526 ; *AJDI* 2006. 233.
11. Rép. min. no 39514, *JOAN Q* 2 déc. 1996, p. 6327 – AUSSI : Rép. min. no 43710, *JOAN Q* 28 sept. 2010, p. 10634.

principale incidence de cet état de fait portera sur la durée minimale du bail[1].

Quant au signataire du bail, il va s'agir du représentant statutaire de la personne morale ou de la personne qui aura été spécialement désignée pour ce faire en assemblée générale.

C.
Bail passé par un usufruitier

134.161 Spécificité des baux de plus de 9 ans. Une personne est libre de consentir un bail sur le logement dont elle est usufruitière[2]. Il en va de même en matière de renouvellement[3].

La seule restriction (qui découle du second alinéa de l'article 595 du code civil) concerne les baux consentis pour plus de neuf ans : en cas de cessation de l'usufruit, ces baux ne sont opposables au nu-propriétaire que pour la période qui reste à courir de la période de neuf ans en cours. En conséquence, il a été jugé qu'à la suite du décès de l'usufruitier, le nu-propriétaire est fondé à donner congé au locataire pour la fin de la période de neuf ans en cours ; ce, quel que soit le régime juridique de la location consentie[4].

Par ailleurs, est sans effet, le bail que l'usufruitier a passé seul ou renouvelé plus de deux ans avant l'expiration du bail en cours et dont l'exécution n'a pas commencé avant la cessation de l'usufruit[5]. Les alinéas 2 et 3 de l'article 595 du code civil ont également vocation à s'appliquer lorsque le bailleur est un mineur non émancipé ou un majeur en tutelle.

D.
Bail passé par l'administrateur légal (ou le tuteur) du bailleur, mineur non émancipé

134.171 Exclusion du droit au renouvellement et au droit au maintien dans les lieux. En vertu de l'article 456, alinéa 3, du code civil, « les baux consentis par le tuteur ne confèrent au preneur, à l'encontre du mineur devenu majeur ou émancipé, aucun droit de renouvellement et aucun droit à se maintenir dans les lieux à l'expiration du bail, nonobstant toutes dispositions légales contraires. Ces dispositions ne sont toutefois pas applicables aux baux consentis avant l'ouverture de la tutelle et renouvelés par le tuteur ». Faute de volonté du bailleur ou faute d'accord entre les parties sur les conditions du nouveau contrat, un tel bail cesse de plein droit à l'expiration de son terme, sans qu'il soit nécessaire de donner congé[6].

Le fait que le preneur ait contracté dans la croyance que le tuteur était propriétaire est indifférent[7].

Ce principe ne connaît qu'une exception, lorsque le juge des tutelles (ou le conseil de famille en cas de tutelle) a autorisé l'administrateur légal (ou le tuteur) à consentir, sur les biens du mineur, un bail ouvrant droit à renouvellement à l'encontre du mineur devenu majeur[8].

E.
Logement, bien commun aux deux époux

134.181 Similitude avec l'usufruitier. Les baux d'habitation portant sur les biens communs peuvent être passés par un seul conjoint[9] et sont soumis aux règles prévues par les baux passés par l'usufruitier[10].

F.
Logement en indivision

134.191 Nullité du bail consenti par « l'indivision ». Parce qu'elle est dépourvue de personnalité juridique, une indivision ne saurait conclure un bail en son nom. Un tel bail serait frappé de nullité absolue[11, 12].

1. V. s[s] n° 411.14.
2. C. civ., art. 595, al. 1er.
3. Civ. 3e, 7 avr. 1994, n° 92-10.998, P III, n° 73 ; *Administrer* nov. 1994, p. 22, note Frank, [loi de 1986] – Sur l'étendue de l'obligation d'entretien du bailleur usufruitier, v. s[s] n°s 221.11 s.
4. Versailles, 16 oct. 1998, n° 96/00006021, *D.* 1999. Somm. 136, obs. CRDP Nancy 2.
5. C. civ., art. 595, al. 3.
6. Civ. 3e, 2 févr. 1977, n° 75-12.897, P III, n° 56, [bail rural] – Civ. 3e, 15 mars 2000, n° 98-14.608, P III, n° 60 ; *D.* 2000. AJ 273, obs. Y. Rouquet ; *RTD civ.* 2000. 544, obs. Hauser, [bail commercial].
7. Civ. 1re, 10 mai 1988, n° 86-16.497, P III, n° 128 ; *D.* 1988, Jur. 516, note Massip – Civ. 1re, 14 mai 1996, n° 93-21.829, P I, n° 206 ; *D.* 1996. IR 157.
8. Civ. 1re, 21 juin 1989, n° 87-19.434, P I, n° 244.
9. Civ. 3e, 13 mars 2002, n° 00-13.741, NP, *Loyers et copr.* 2002, n° 196, obs. B. Vial-Pedroletti.
10. C. civ., art. 1425.
11. Annulant un congé donné par « la famille » propriétaire au motif qu'une telle entité est dépourvue de toute personnalité juridique : Civ. 3e, 10 juin 1998, n° 96-17.975, NP, *Rev. loyers* 1998. 494, note J. Rémy – EN CE SENS AUSSI, à propos d'un congé pour vente donné par « l'indivision » : Civ. 3e, 25 avr. 2001, n° 99-14.368, P III, n° 50 ; *D.* 2001. 1591, et les obs. ; *RTD civ.* 2002. 130, obs. J. Patarin ; *Loyers et copr.* 2001, n° 219, obs. B. Vial-Pedroletti ; – Paris, 19 févr. 2004, n° 2002/17943, *AJDI* 2004. 383 – AUSSI, jugeant que l'indivision n'est pas dotée d'une personnalité juridique autonome, distincte de celle de ses membres : Com. 2 juin 2015, n° 12-29.405, P IV, n° 96 ; *D. actu.*, 22 juin 2015, obs. X. Delpech ; *D.* 2015. 1270 ; *AJ fam.* 2015. 546, obs. J. Casey ; *RTD civ.* 2015. 905, obs. W. Dross ; *RTD com.* 2015. 747, obs. A. Martin-Serf.
12. Pour autant, dès lors que le locataire a réglé le loyer entre les mains du mandataire des propriétaires indivis, il ne saurait se prévaloir de cette nullité : Civ. 3e, 16 mars 2017, n° 16-13.063, P III, n° 37 ; *D.* 2017. 705 ; *ibid.* 1149, obs. N. Damas.

134.192 Majorité des 2/3 et baux. Depuis le 1er janvier 2007, l'article 815-3 du code civil (modifié par la loi du 23 juin 2006 portant réforme des successions et libéralités [1]) dispose qu'en cas d'indivision du bien loué, le ou les indivisaires titulaires d'au moins 2/3 des droits indivis peuvent, à cette majorité, conclure et renouveler des baux d'habitation, sous réserve toutefois d'en informer les autres indivisaires. Le non-respect de cette obligation d'information rend les décisions prises inopposables à l'égard des autres indivisaires.

134.193 Unanimité et baux. En dehors de l'hypothèse du ou des indivisaires détenant au moins les 2/3 des droits indivis, le consentement de tous les indivisaires est requis pour la conclusion et le renouvellement des baux, sauf cependant si un mandat spécial a été octroyé à l'un d'entre eux [2]. À défaut, le bail est inopposable à l'égard des autres indivisaires [3], mais pas nul à l'égard du preneur [4]. Alors, le mandat doit être exprès [5]. En effet, en matière de conclusion ou de renouvellement de baux, le même article 815-3 proscrit, *in fine*, tout mandat tacite. Cette exigence s'impose même si l'indivisaire s'est comporté, à l'égard de son cocontractant, comme mandataire apparent [6].

134.194 Unanimité et actions relatives au paiement des loyers. Il a également été jugé que l'action en résolution du bail pour non-paiement des loyers implique le consentement de tous les indivisaires [7].

Il en va de même de l'action en paiement des loyers [8]. Cependant, en 1993, la cour d'appel de Paris a jugé que la souscription d'un bail d'habitation de trois ans pouvait être passée par un seul indivisaire, réputé agir dans l'intérêt de tous en attendant le partage [9]. Moins de quatre ans plus tard, elle a même rendu un arrêt similaire à propos d'un bail de sept ans [10]. Enfin, dans un arrêt, rendu dans des circonstances particulières, puisque l'indivisaire ayant consenti seul le bail était décédé, il a été jugé que ses héritiers coïndivisaires sont tenus, s'ils acceptent purement et simplement la succession, de garantir les conventions passées par leur auteur, peu important qu'ils aient eu la volonté de ratifier cet acte [11].

G.
Tableau récapitulatif

134.201 Tableau récapitulatif.

PERSONNES POUVANT SIGNER UN BAIL

Situation	Signataire(s)
Bien géré par un intermédiaire	L'intermédiaire
Bailleur personne morale	Le représentant de la personne morale
Local grevé d'usufruit	L'usufruitier
Bailleur majeur sous administration légale ou sous tutelle ou Bailleur mineur non émancipé	L'administrateur légal ou le tuteur
Bien commun aux époux	Un seul des conjoints
Bien en indivision	Le ou les indivisaires détenant au moins les 2/3 des droits indivis ou, à défaut, tous les indivisaires (sauf mandat spécial consenti à l'un d'entre eux)

1. L. n° 2006-728, 23 juin 2006 portant réforme des successions et des libéralités, *JO* 24 juin 2006.
2. POUR UN EX. de mandat spécial de notifier au locataire une proposition de renouvellement du bail : Civ. 3e, 12 janv. 1994, n° 91-18.687, NP (loi de 1986), *Loyers et copr.* 1994, n° 134.
3. Civ. 1re, 30 juin 2004, n° 99-15.294, P I, n° 193 ; *Loyers et copr.* 568, obs. Rémy.
4. Civ. 3e, 25 janv. 2006, n° 04-20.163, NP, *Administrer* avr. 2006. 34, obs. Canu.
5. Civ. 1re, 25 oct. 2005, n° 03-14.320, P I, n° 387 ; *AJDI* 2006. 272, obs. Beaugendre – Versailles, 2 nov. 2001, n° 99/07582, *D.* 2003. Somm. 730, obs. Pierre.
6. Civ. 3e, 19 oct. 1988, n° 87-14.427, NP, *JCP N* 1989. II. 83, obs. Moreau – Civ. 3e, 12 avr. 1995, n° 92-20.732, P III, n° 109 ; *RDI* 1996. 336, obs. J.-L. Bergel.
7. Civ. 1re, 17 mars 1992, n° 90-16.606, P I, n° 86 ; *D.* 1992. 401, obs. P. Delebecque ; *D.* 1993. 226, obs. M. Grimaldi ; *RTD civ.* 1993. 390, note Patarin.
8. Civ. 3e, 30 juin 1999, n° 97-21.447, P III, n° 157 ; *JCP N* 1999, n° 46, p. 1655 – Civ. 3e, 7 déc. 2004, n° 03-16.732, NP, *AJDI* 2005. 26.
9. Paris, 18 oct. 1993, n° 92/003997, *Loyers et copr.* 1994, n° 1.
10. Paris, 16 janv. 1997, n° 95/002241, *Loyers et copr.* 1997, n° 103.
11. Civ. 3e, 15 mai 2008, n° 07-14.655, P III, n° 81 ; *Loyers et copr.* 2008, 362, obs. Peignot ; *JCP* 2008. I. 194, n° 5, obs. H. Périnet-Marquet.

CHAPITRE

135. Signature du contrat HLM

SECTION 0

ORIENTEUR

135.00 Sommaire du chapitre.

Division – Recours possible à des intermédiaires et à la sous-location. Les parties au contrat de bail présentent une diversité de situations dans lesquelles la personne du bailleur est néanmoins toujours une personne morale. Il peut parfois être représenté par un mandataire auquel il aura confié un mandat de gestion dont les conditions sont étroitement encadrées par le code de la construction et de l'habitation. Le bailleur social peut également faire appel à des prestataires de services, par exemple pour la commercialisation du logement. Quant à la qualité de locataire, elle n'est conférée qu'aux personnes physiques qui répondent à des critères fixés par la loi ; mais les logements sociaux sont parfois attribués à des personnes morales, des associations le plus souvent, dont l'objet est d'accompagner les publics les plus modestes ou les plus vulnérables, en recourant à la sous-location.

135.01 Principaux textes applicables.

TEXTES SOURCES

- **CCH,** art. L. 442-8 à L. 442-8-4, art. L. 442-9.
- **CCH,** art. R. 442-4-1, art. D. 442-15 à D. 442-21.
- **L. n° 89-462, 6 juill. 1989,** art. 3-2, 5 I.

TEXTES *IN EXTENSO*

- **L. 6 juill. 1989,** art. 3-2

Un état des lieux est établi selon des modalités définies par décret en Conseil d'État, pris après avis de la Commission nationale de concertation, dans les mêmes formes et en autant d'exemplaires que de parties lors de la remise et de la restitution des clés. Il est établi contradictoirement et amiablement par les parties ou par un tiers mandaté par elles et joint au contrat de location.

Si l'état des lieux ne peut être établi dans les conditions prévues au premier alinéa, il est établi par un huissier de justice, sur l'initiative de la partie la plus diligente, à frais partagés par moitié entre le bailleur et le locataire et à un coût fixé par décret en Conseil d'État. Dans ce cas, les parties en sont avisées par l'huissier au moins sept jours à l'avance, par lettre recommandée avec demande d'avis de réception.

À défaut d'état des lieux ou de la remise d'un exemplaire de l'état des lieux à l'une des parties, la présomption établie par l'article 1731 du code civil ne peut être invoquée par celle des parties qui a fait obstacle à l'établissement de l'acte ou à sa remise à l'une des parties.

Le locataire peut demander au bailleur ou à son représentant de compléter l'état des lieux d'entrée dans un délai de dix jours à compter de son établissement. Si cette demande est refusée, le locataire peut saisir la commission départementale de conciliation territorialement compétente.

Pendant le premier mois de la période de chauffe, le locataire peut demander que l'état des lieux soit complété par l'état des éléments de chauffage.

Le propriétaire ou son mandataire complète les états des lieux d'entrée et de sortie par les relevés des index pour chaque énergie, en présence d'une installation de chauffage ou d'eau chaude sanitaire individuelle, ou collective avec un comptage individuel. L'extrait de l'état des lieux correspondant est mis à la disposition de la personne chargée d'établir le diagnostic de performance énergétique prévu à l'article L. 134-1 du code de la construction et de l'habitation qui en fait la demande, sans préjudice de la mise à disposition des factures.

• **L. 6 juill. 1989,** art. 5, I

I. – La rémunération des personnes mandatées pour se livrer ou prêter leur concours à l'entremise ou à la négociation d'une mise en location d'un logement, tel que défini aux articles 2 et 25-3, est à la charge exclusive du bailleur, à l'exception des honoraires liés aux prestations mentionnées aux deuxième et troisième alinéas du présent I.

Les honoraires des personnes mandatées pour effectuer la visite du preneur, constituer son dossier et rédiger un bail sont partagés entre le bailleur et le preneur. Le montant toutes taxes comprises imputé au preneur pour ces prestations ne peut excéder celui imputé au bailleur et demeure inférieur ou égal à un plafond par mètre carré de surface habitable de la chose louée fixé par voie réglementaire et révisable chaque année, dans des conditions définies par décret. Ces honoraires sont dus à la signature du bail.

Les honoraires des personnes mandatées pour réaliser un état des lieux sont partagés entre le bailleur et le preneur. Le montant toutes taxes comprises imputé au locataire pour cette prestation ne peut excéder celui imputé au bailleur et demeure inférieur ou égal à un plafond par mètre carré de surface habitable de la chose louée fixé par voie réglementaire et révisable chaque année, dans des conditions définies par décret. Ces honoraires sont dus à compter de la réalisation de la prestation.

Les trois premiers alinéas du présent I ainsi que les montants des plafonds qui y sont définis sont reproduits, à peine de nullité, dans le contrat de bail lorsque celui-ci est conclu avec le concours d'une personne mandatée et rémunérée à cette fin.

• **CCH,** art. L. 442-8

Dans tous les immeubles destinés à la location et financés au moyen de crédits prévus par le livre III, il est interdit de louer en meublé ou de sous-louer un logement, meublé ou non, sous quelque forme que ce soit, sous peine d'une amende de 9 000 €.

Le premier alinéa n'est pas applicable aux logements-foyers mentionnés à l'article L. 633-1.

• **CCH,** art. L. 442-8-1

I. – Par dérogation à l'article L. 442-8, les organismes mentionnés à l'article L. 411-2 peuvent louer, meublés ou non, des logements :

– à des organismes bénéficiant de l'agrément relatif à l'intermédiation locative et à la gestion locative sociale prévu à l'article L. 365-4 en vue de les sous-louer ;

– à des organismes déclarés ayant pour objet de les sous-louer à titre temporaire à des personnes âgées, à des personnes présentant un handicap au sens de l'article L. 114 du code de l'action sociale et des familles, à des personnes de moins de trente ans ou à des actifs dont la mobilité professionnelle implique un changement de secteur géographique ;

– à des centres régionaux des œuvres universitaires et scolaires mentionnés à l'article L. 822-3 du code de l'éducation ayant pour objet de les sous-louer à des étudiants ;

– à des associations dont l'objet est de favoriser le logement des étudiants et de gérer des résidences universitaires ;

– à des personnes morales de droit public ou privé mentionnées à l'article L. 444-1 du code de l'action sociale et des familles en vue de les sous-louer à des accueillants familiaux visés à l'article L. 441-1 du même code, ainsi qu'aux personnes âgées ou aux personnes présentant un handicap au sens de l'article L. 114 du même code ayant conclu un contrat d'accueil avec ces accueillants ;

– à des centres communaux ou intercommunaux d'action sociale, dans le cadre de leurs compétences définies à la section 2 du chapitre III du titre II du livre Ier du même code, en vue de les sous-louer à titre temporaire à des personnes physiques

– à des centres communaux ou intercommunaux d'action sociale ou à des associations déclarées ayant pour objet de les sous-louer meublés, pour une durée n'excédant pas six mois, à des travailleurs dont l'emploi présente un caractère saisonnier tel que mentionné au 3° de l'article L. 1242-2 du code du travail ;

– à des établissements publics de coopération inter-communale dotés de la compétence d'aide aux personnes âgées.

II. – Par dérogation à l'article L. 442-8, les locataires des organismes mentionnés à l'article L. 411-2 peuvent, après information de l'organisme bailleur, sous-louer :

– une partie de leur logement à des personnes de plus de soixante ans ou à des personnes adultes présentant un handicap au sens de l'article L. 114 du code de l'action sociale et des familles avec lesquelles ils ont conclu un contrat conforme à l'article L. 442-1 du même code.

Le coût de la ou des pièces principales sous-louées est calculé au prorata du loyer et des charges rapporté à la surface habitable du logement.

III. – Peuvent être exigés en sus le montant des prestations, taxes et fournitures individuelles et tous impôts et taxes perçus à l'occasion des locations en meublé.

• **CCH,** art. R. 442-4-1

L'examen contradictoire de la situation des sous-locataires mentionné à l'article L. 442-8-3 a lieu tous les six mois à compter de la date de la signature du bail de sous-location. Il prend la forme d'un entretien entre le bailleur, le locataire principal et le sous-locataire, organisé à l'initiative de la personne morale locataire.

• **CCH,** art. D. 442-15

Tout mandat de gérance d'immeubles qu'accorde ou accepte un organisme d'habitations à loyer modéré est écrit.

Le mandat précise notamment :

1° Le ou les immeubles sur lesquels porte le mandat ;

2° La durée du mandat et les conditions de sa résiliation éventuelle ;

3° Les pouvoirs du mandataire ;

4° Lorsqu'il entre dans les pouvoirs du mandataire de recouvrer des recettes ou de procéder à des dépenses :

a) Les conditions dans lesquelles les fonds nécessaires aux dépenses sont mis à disposition du mandataire ;

b) Les conditions dans lesquelles les sommes encaissées par le mandataire pour le compte du mandant sont reversées à ce dernier ;

c) Dans le cas où le mandant est doté d'un comptable public, le plafond du montant de l'avance permanente dont peut disposer le mandataire ;

5° La rémunération du mandataire et ses modalités de règlement par le mandant ;

6° La périodicité trimestrielle ou semestrielle de la reddition des comptes et ses modalités.

• **CCH,** art. D. 442-17

Dans tous les documents qu'il établit au titre du mandat, le mandataire fait figurer la dénomination du mandant et la mention qu'il agit au nom et pour le compte de ce dernier.

SECTION 1
BAILLEUR HLM, PRESTATAIRES ET MANDATAIRES

135.10 **Plan.** Il convient d'étudier successivement le bailleur HLM (§ 1), l'intermédiaire commis par le bailleur HLM (§ 2) et le bailleur HLM donnant ou prenant un mandat de gestion (§ 3).

§ 1
Bailleur HLM

135.21 **Offices publics de l'habitat, sociétés anonymes d'HLM, fondations d'HLM, sociétés anonymes coopératives de production d'HLM, sociétés anonymes coopératives d'intérêt collectif d'HLM.** L'article L. 411-2 du code de la construction et de l'habitation décrit les missions et les compétences des organismes d'HLM.

Il distingue, pour l'essentiel :

- la construction, l'acquisition, l'amélioration, l'attribution, la gestion et la cession de logements locatifs destinés à des personnes répondant à des plafonds de ressources, l'accession sociale à la propriété, la gestion ou l'acquisition en vue de leur revente de logements situés dans des copropriétés en difficulté et, enfin, les services accessoires à ces activités et les services que les organismes d'HLM se rendent entre eux pour les besoins de ces activités. Il s'agit du service d'intérêt général pour lequel les organismes HLM peuvent bénéficier d'exonérations fiscales et d'aides spécifiques de l'État ;

- l'aménagement, l'accession et les prestations de services prévus par des textes particuliers, qui relèvent de la mission d'intérêt général que constitue la recherche de la mixité sociale et de la diversité de l'habitat.

Dans ce cadre, la construction et la gestion de logements sociaux locatifs est surtout l'apanage de deux familles d'organismes.

L'objet social tant des offices publics de l'habitat[1] que des sociétés anonymes d'HLM[2] leur fixe en première mission celle de réaliser, « principalement en vue de la location » les opérations prévues à l'article L. 411-1 c'est-à-dire celles de construction, d'aménagement, d'attribution et de gestion des logements locatifs sociaux en faveur des personnes de ressources modestes ou défavorisée[3].

Quant aux sociétés anonymes coopératives de production d'HLM, elles peuvent, sans agrément depuis la loi du 13 décembre 2000, gérer des logements en vue de la location qu'elles ont construits ou acquis[4], même si leur activité est orientée principalement vers l'accession à la propriété.

À l'égard des tiers, le directeur général passe tous les actes et contrats au nom de l'office ; c'est donc lui qui est habilité à signer les contrats de location mais il peut déléguer sa signature avec l'accord du conseil d'administration aux membres du personnel de l'office exerçant les fonctions de directeur ou de chef de service[5]. Dans les SA, le directeur général, ou le président du directoire, selon le cas, représente la société dans ses rapports avec les tiers[6] et il peut bien entendu déléguer sa signature ou consentir des délégations de pouvoirs dans le cadre organisationnel de la société et dans le respect des critères définis par la jurisprudence en la matière.

§ 2
Intermédiaire commis par le bailleur HLM

135.30 **Plan – Hypothèse de la participation d'un intermédiaire et sa rémunération.** Deux périodes sont à distinguer lorsque l'éventualité d'une rémunération d'un intermédiaire en HLM est évoquée.

La loi Alur applicable aux baux signés depuis le 27 mars 2014 (B) a en effet modifié les règles applicables antérieurement (A).

A.
Avant la loi Alur du 24 mars 2014

135.41 **Situation antérieure à la loi Alur.** Auparavant, l'article 5, I de la loi du 6 juillet 1989, applicable aux baux conclu par un organisme HLM par renvoi des articles 40, I et 40, III de la même loi, permettait de partager par moitié « la rémunération des personnes qui se livrent ou prêtent leur concours

1. CCH, art. L. 421-1, al. 3.
2. CCH, art. L. 422-2, al. 1.
3. V. s^{s} n°s 611.21 s.
4. CCH, art. L. 422-3.
5. CCH, art. L. 421-18.
6. C. com., art. L. 225-56 et L. 225-66.

à l'établissement d'un acte de location d'un immeuble d'habitation appartenant à autrui ».

D'emblée il faut signaler que cette situation était très rarement rencontrée en HLM, la pratique étant seulement constatée pour quelques biens de type intermédiaire (financés en PLI essentiellement), lorsque le bailleur ne trouvait pas de candidat locataire.

Elle pouvait donner lieu à un partage des honoraires concernant la recherche du locataire par exemple. Elle se conjuguait cependant avec une autre disposition, propre aux HLM, à savoir l'article L. 442-6-2 du code de la construction et de l'habitation qui précisait, depuis la loi du 29 juillet 1998 [1], que : « Lors de la demande d'attribution d'un logement social ou de la signature du bail, le bailleur ne peut réclamer au demandeur ou preneur le paiement de frais à quelque titre que ce soit. »

L'interprétation du texte écartait tout frais de dossier à l'entrée du locataire, sans interdire la rémunération du professionnel qui avait favorisé la rencontre des parties.

B.
Après la loi Alur du 24 mars 2014

135.51 Situation depuis la loi Alur. Pour les baux conclus depuis le 27 mars 2014, l'article 5, I de la loi du 6 juillet 1989 modifié précise que la rémunération des personnes mandatées pour se livrer ou prêter leur concours à l'entremise ou à la négociation d'une mise en location d'un logement est à la charge exclusive du bailleur. Ainsi la solution antérieure au 27 mars 2014 ne peut perdurer et si le bailleur HLM a recours à un intermédiaire il devra en assumer seul la charge.

L'article 5, I de la loi dans sa nouvelle version poursuit en précisant que les honoraires des personnes mandatées « pour effectuer la visite du preneur, constituer son dossier et rédiger un bail ainsi que l'état des lieux » peuvent être partagés par moitié.

Cette possibilité paraît écartée en secteur HLM par les dispositions de l'article L. 442-6-2 du code de la construction et de l'habitation :

pour les visites du logement qui s'inscrivent dans la procédure d'attribution ;

pour la signature de bail qui écarte les frais de rédaction du contrat de location.

On retiendra enfin qu'en matière d'état des lieux la pratique est de procéder à une rédaction contradictoire, donc gratuite.

Toutefois le texte de l'article 5, I, toujours applicable en secteur HLM après la loi Alur, précise encore que : « Les honoraires des personnes mandatées pour réaliser un état des lieux sont partagés entre le bailleur et le preneur. Le montant toutes taxes comprises imputé au locataire pour cette prestation ne peut excéder celui imputé au bailleur et demeure inférieur ou égal à un plafond par mètre carré de surface habitable de la chose louée fixé par voie réglementaire et révisable chaque année, dans des conditions définies par décret. Ces honoraires sont dus à compter de la réalisation de la prestation. »

Bien qu'exceptionnelle, une telle solution est donc envisageable en secteur HLM [2].

Il convient alors de ne pas omettre de respecter la prescription suivante, à peine de nullité du bail, mentionnée à la fin de l'article 5, I : « Les trois premiers alinéas du présent I ainsi que les montants des plafonds qui y sont définis sont reproduits, à peine de nullité, dans le contrat de bail lorsque celui-ci est conclu avec le concours d'une personne mandatée et rémunérée à cette fin. »

Une dernière hypothèse de répartition des frais d'établissement de l'état des lieux est prévue dans l'article 3-2 de la loi du 6 juillet 1989, relatif à l'établissement des états des lieux aux termes duquel :

« Si l'état des lieux ne peut être établi dans les conditions prévues au premier alinéa *(c'est-à-dire directement par les deux parties ou par un tiers mandaté)*, il est établi par un huissier de justice, sur l'initiative de la partie la plus diligente, à frais partagés par moitié entre le bailleur et le locataire et à un coût fixé par décret en Conseil d'État. Dans ce cas, les parties en sont avisées par l'huissier au moins sept jours à l'avance, par lettre recommandée avec demande d'avis de réception. »

§ 3
Bailleur HLM donnant ou prenant un mandat de gestion

135.61 Pouvoirs du mandataire. La loi accorde aux organismes HLM la possibilité de confier la gérance de leurs immeubles à un autre organisme HLM, à une société d'économie mixte de construction et de gestion de logements locatifs sociaux ou à un organisme bénéficiant de l'agrément relatif à l'intermédiation locative et à la gestion locative sociales s'il est titulaire de la carte professionnelle prévue à l'article 3 de la loi du 2 janvier 1970 [3].

1. L. n° 98-657, 29 juill. 1989 d'orientation relative à la lutte contre les exclusions, *JO* 31 juill.

2. Sur le montant plafonné du coût de l'état des lieux, v. s^{s} n° 134.146.

3. L. n° 70-9, 2 janv. 1970 réglementant les conditions d'exercice des activités relatives à certaines opérations portant sur les immeubles et les fonds de commerce, *JO* 4 janv. – CCH, art. L. 442-9.

Mais une autorisation administrative à cet effet doit être obtenue au préalable. Lorsque l'autorisation a été accordée, le gérant bénéficie de toutes les délégations nécessaires à l'accomplissement de sa mission. Le mandat est obligatoirement écrit et doit préciser notamment tous les pouvoirs qui sont consentis au mandataire[1].

Réciproquement, les organismes HLM bénéficient de toutes les délégations nécessaires à l'exercice de leur mission lorsqu'ils prennent en gérance des logements appartenant à l'État, à une collectivité territoriale ou à un groupement de collectivités territoriales, à des sociétés d'économie mixte de construction et de gestion de logements sociaux, à des organismes à but non lucratif, à l'Association foncière logement ou aux sociétés civiles immobilières dont les parts sont détenues à au moins 99 % par cette association.

Les modalités juridiques du mandat sont définies aux articles D. 442-15 à D. 442-23 du CCH.

135.62 Information du locataire d'un immeuble sous mandat de gestion. Dans tous les documents qu'il établit au titre du mandat qu'accord ou accepte un organisme HLM, le mandataire a l'obligation de faire figurer la dénomination du mandant et la mention qu'il agit au nom et pour le compte de ce dernier[2].

D'autre part, les dispositions du droit commun de la loi du 6 juillet 1989 qui imposent une certaine transparence sur l'existence d'un mandat s'appliquent également aux rapports locatifs du parc social. Ainsi, le contrat de location précise impérativement le nom ou la dénomination du bailleur et son siège social ainsi que ceux de son mandataire[3].

SECTION 2
LOCATAIRES HLM PERSONNES PHYSIQUES ET PERSONNES MORALES

135.70 Plan. Il convient de distinguer le locataire personne physique (§ 1) et le locataire personne morale (§ 2).

§ 1
Locataire personne physique

135.81 Décision de la commission d'attribution. Les locataires sont soit des personnes physiques soit des personnes morales. Dans ce dernier cas le logement est sous-loué à une personne physique.

Ne peuvent devenir locataires que les personnes auxquelles la commission d'attribution de l'organisme bailleur a attribué un logement. En outre les locataires personnes physiques répondent aux conditions d'attribution réglementées applicables en secteur HLM.

Deux conditions préalables sont exigées de ces derniers :

– des conditions de ressources maximales prévues pour l'accès à un logement HLM ;

– les étrangers doivent être en situation régulière et détenir des titres de séjour valides.

Si le ménage attributaire répond aux critères légaux pour se voir attribuer un logement, la notification de la décision d'attribution du logement peut valoir promesse de location à son égard dès lors qu'elle comporte les éléments essentiels du bail : localisation et description précises du logement, prix du loyer et des charges. D'autant plus après visite du logement et confirmation de la demande du logement[4]. En conséquence, le bailleur qui n'est pas en mesure de délivrer le logement dont la location a été promise peut devoir indemniser l'attributaire de l'éventuel préjudice que ce dernier aura démontré.

– En revanche, le contrat de location n'est pas formé par la rencontre des volontés dès lors que l'organisme d'HLM a commis une erreur sur les ressources du candidat-locataire[5].

135.82 Champ. L'immense majorité des locataires HLM sont des personnes physiques, comparé aux rares locataires personnes morales traitées au point C ci-dessous.

135.83 Signature du bail et cotitularité. Le droit au bail sur le logement loué naît de la signature du contrat par le locataire (la question de la capacité juridique du locataire est traitée de la même manière dans le secteur privé et dans le secteur social[6]). De même on se reportera aux développements antérieurs pour les situations des locataires mariés, pacsés ou concubins[7].

135.84 Conditions d'attribution. Depuis la réforme de l'attribution des logements survenue en 1986[8], il n'y a plus de règles d'occupation minimale des logements HLM en fonction du nombre de pièces composant le logement. Cependant, le nombre d'occupants reste évidemment déterminant pour adapter la taille du logement aux demandeurs et les commissions d'attribution tiennent compte de la composition des ménages.

1. CCH, art. D. 442-15.
2. CCH, art. D. 442-17.
3. L. n° 89-462, 6 juill. 1989, art. 3.
4. Amiens, 28 nov. 2003, n° 02/02872.
5. Civ. 3e, 29 sept. 1999, n° 97-20.401, NP.
6. V. ss nos 134.31 s.
7. V. ss nos 134.40 s.
8. Décr. n° 86-670, 19 mars 1986, mod. CCH, art. R. 441-1 s.

Le logement ne peut être occupé qu'à titre de résidence principale et selon la destination fixée par le contrat, à savoir soit l'usage d'habitation soit l'usage mixte d'habitation et professionnel qui autorise une profession libérale à exercer dans une partie du local loué sa profession, en contrepartie d'une majoration de la surface corrigée qui sert d'assiette à la fixation du loyer du logement[1]. Cette majoration n'est pas prévue lorsque la surface du logement se trouve calculée selon la méthode de la surface utile.

L'occupation doit durer au moins huit mois par an[2].

135.85 **Colocation HLM.** Un régime particulier de location au bénéfice de personnes jeunes avait été organisé par la loi du 25 mars 2009[3] dans l'article L. 442-8-4 du code de la construction et de l'habitation, modifié. Il autorisait les organismes HLM à louer directement, en meublé ou non, des logements à des étudiants, à des personnes de moins de trente ans ou à des personnes titulaires d'un contrat d'apprentissage ou de professionnalisation, seuls ou en colocation et ce, sans condition de respect des plafonds de ressources. Le contrat de location avait une durée d'un an renouvelable et en cas de location d'un même logement à plusieurs personnes, un contrat de location unique était signé par l'ensemble des colocataires qui consentaient à une clause de solidarité inscrite dans ce contrat. Ces logements étaient attribués, à l'origine, par la commission d'attribution de l'organisme bailleur, mentionnée à l'article L. 441-2[4]. Tout changement de colocataire faisait l'objet d'une autorisation préalable du bailleur et d'une information de la commission d'attribution[5].

Depuis la loi du 23 novembre 2018[6], dite loi Élan, la colocation a été élargie à l'ensemble des publics, exception faite des catégories de personnes placées sous le régime de la cotitularité. La demande de chacune des personnes exprimant le souhait d'être en colocation est examinée par la commission d'attribution qui vérifie le respect des conditions légales par chacun des colocataires lesquels se verront consentir un contrat de location à titre individuel, contrairement au régime antérieur.

135.86 **Sous-location autorisée.** Le régime exceptionnel de sous-location autorisée de logements HLM par des locataires personnes physiques à des sous-locataires, eux-mêmes personnes physiques, a été adapté par la loi du 25 mars 2009, qui a complété l'article L. 442-8-1 du code de la construction et de l'habitation, en leur permettant, après information de l'organisme bailleur, de sous-louer une partie de leur logement :

– à des personnes de plus de soixante ans ou à des personnes adultes présentant un handicap au sens de l'article L. 114 du code de l'action sociale et des familles, avec lesquelles ils ont conclu un contrat conforme à l'article L. 442-1 du même code ;

– à des personnes de moins de trente ans, pour une durée d'un an renouvelable.

Le coût de la ou des pièces principales sous-louées est calculé au *prorata* du loyer et des charges rapportés à la surface habitable du logement. Les sous-locataires ne bénéficient pas du droit au maintien dans les lieux. Leur contrat de location est d'un an, qui peut être renouvelé pour des durées semblables.

135.87 **Interdiction d'attribution à titre de logement de fonction.** Une habitation à loyer modéré n'est attribuée qu'en considération de la situation des personnes composant le ménage, la location ne peut être subordonnée à l'exercice d'une fonction ni à l'exercice d'un contrat de travail. Une telle situation conduirait à faire prévaloir des intérêts privés sur le service d'intérêt général du logement social qui est déterminé par une politique publique en faveur des personnes physiques de ressources modestes ou défavorisées ainsi que par des financements publics. Plus précisément, le droit au maintien dans les lieux, caractéristique essentielle de la location sociale, serait vidé de sa substance.

Cette interdiction s'applique à tous les logements HLM, conventionnés ou non.

Une seule exception est admise en faveur des logements attribués par l'organisme HLM pour nécessité de service aux personnes affectées au gardiennage des immeubles[7].

Signalons également le cas particulier des logements loués par des fonctionnaires ou par des agents de l'état civil ou militaire et qui ont été réservés en contrepartie d'une majoration de prêt : le législateur a prévu qu'en cas de mutation, de cessation de service ou de décès, le droit au maintien dans les lieux ne bénéficie au locataire, ou à ses ayants droit, selon le cas, que pour une durée limitée à six mois au-delà de laquelle le logement doit être restitué[8].

1. Sur les conditions du changement d'usage, v. s[s] n°s 334.11 s.
2. L. 1er sept. 1948, art. 10.
3. L. n° 2009-323, 25 mars 2009 de mobilisation pour le logement et la lutte contre l'exclusion, *JO* 27 mars, p. 5408.
4. Sur cette instance, v. s[s] n°s 621.10 s.
5. V. s[s] n°s 125.51 s.
6. L. n° 2018-1021, 23 nov. 2018 portant évolution du logement, de l'aménagement et du numérique, *JO* 24 nov.
7. CCH, art. R. 441-11.
8. CCH, art. L. 442-7 (v. s[s] n°s 642.62 s.).

§ 2
Locataire personne morale et sous-location d'origine légale

135.90 **Plan – Sous-location – Principe d'interdiction.** L'interdiction de la location en meublé et de la sous-location des logements HLM est posée par l'article L. 442-8 du code de la construction et de l'habitation. Elle est assortie d'une amende de 9 000 euros. Plusieurs exceptions ont toutefois été prévues par la législation pour des locataires personnes morales, précisées aux articles L. 442-8-1 à L. 442-8-3-1.

Il convient d'étudier successivement les bénéficiaires (A), les rapports entre locataires, sous-locataires et bailleurs HLM (B) et les autres cas de location autorisée à des personnes morales, en vue de la sous-location (C).

135.91 **Locataire personne morale – Exception au principe d'interdiction.** Sont autorisés à être locataires de logements HLM des personnes morales qui ont vocation à sous-louer des logements pour répondre aux besoins de populations spécifiques, jeunes ou personnes en difficulté par exemple.

En dehors de ces cas expressément visés par le texte du code de la construction et de l'habitation, toute location à d'autres personnes morales serait contraire à l'interdiction de principe énoncée à l'article L. 442-8 du code de la construction et de l'habitation (clubs sportifs, associations culturelles, pompiers volontaires...). Malgré cette interdiction, il n'est pas rare en pratique de constater des locations ayant été directement consenties par des organismes d'HLM à des collectivités territoriales ou des établissements publics, par exemple, afin de loger du personnel administratif dans le cadre d'un logement de fonction.

La sous-location peut se faire meublée ou non meublée.

A.
Bénéficiaires

135.101 **Champ.** Des associations, des organismes agréés peuvent louer des logements pour les sous-louer. Peuvent ainsi être locataires en vue de la sous-location, dans la rédaction de l'article L. 442-8-1 issue de l'article 61, 7° de la loi du 25 mars 2009 :

– des organismes bénéficiant de l'agrément relatif à l'intermédiation locative et à la gestion locative sociale prévu à l'article L. 365-4 ;

– des organismes déclarés ayant pour objet de les sous-louer à titre temporaire à des personnes âgées, à des personnes présentant un handicap au sens de l'article L. 114 du code de l'action sociale et des familles ou à des personnes de moins de trente ans ;

– des centres régionaux des œuvres universitaires et scolaires, mentionnés à l'article L. 822-3 du code de l'éducation, ayant pour objet de les sous-louer à des étudiants ;

– des personnes morales de droit public ou privé mentionnées à l'article L. 444-1 du code de l'action sociale et des familles (CASF) en vue de les sous-louer à des accueillants familiaux visés à l'article L. 441-1 du même code, ainsi qu'aux personnes âgées ou aux personnes présentant un handicap au sens de l'article L. 114 du même code ayant conclu un contrat d'accueil avec ces accueillants ;

– des centres communaux ou intercommunaux d'action sociale, dans le cadre de leurs compétences définies à la section 2 du chapitre III du titre II du livre Ier du même code[1], en vue de les sous-louer à titre temporaire à des personnes physiques ;

– des centres communaux ou intercommunaux d'action sociale ou des associations déclarées ayant pour objet de les sous-louer meublés, pour une durée n'excédant pas six mois, à des travailleurs dont l'emploi présente un caractère saisonnier tel que mentionné au 3° de l'article L. 1242-2 du code du travail ;

– des établissements publics de coopération intercommunale dotés de la compétence d'aide aux personnes âgées.

Il est prévu de manière expresse que les bailleurs peuvent exiger en sus du loyer le montant des prestations, taxes et fournitures individuelles et tous impôts et taxes perçus à l'occasion des locations en meublé[2].

B.
Rapports entre locataires, sous-locataires et bailleurs HLM

135.111 **Contrat de location principale.** Il s'agit du contrat qui lie le bailleur au locataire principal, une association le plus souvent. Son régime juridique relève du droit commun du louage. Il n'existe pas de texte encadrant ses clauses dont la rédaction est laissée à l'appréciation des parties. Elles ne peuvent toutefois déroger aux dispositions d'ordre public relatives au montant maximum du loyer et à la destination des lieux loués à usage d'habitation.

Le bailleur et le locataire pourront ainsi convenir des conditions générales de la location rappelant les objectifs poursuivis par l'association ou l'organisme agréé. Les parties auront tout intérêt à préciser les engagements réciproques en termes d'entretien des logements ; le cas échéant, les garanties apportées par le locataire en fin de contrat ; les conditions d'attribution des logements aux sous-locataires ; la possibilité de passage de la sous-location à la loca-

1. CASF, art. L. 123-4 s.
2. CCH, art. L. 442-8-1, III.

tion directe pour les ménages en réinsertion (bail glissant).

135.112 **Contrat de sous-location.** Le régime de sous-location a fait l'objet, quant à lui, d'une attention spéciale du législateur, sur le bénéfice des allocations, sur le statut du sous-locataire et sur la fin de la sous-location.

1° Les sous-locataires sont tout d'abord assimilés à des locataires pour la perception des allocations de logement.

2° Le statut du sous-locataire a été complété par la loi du 29 juillet 1998, relative à la lutte contre les exclusions. La loi du 6 juillet 1989 s'applique à eux dans les mêmes conditions que pour les locataires HLM [1]. Ils sont soumis aux conditions de ressources HLM pour l'attribution du logement.

3° La sous-location étant temporaire, la durée du contrat de sous-location ne peut être supérieure à celle du contrat principal. L'article L. 442-8-2 du code de la construction et de l'habitation précise que, lorsque le contrat de location arrive à son terme ou est résilié, le sous-locataire perd son droit au maintien « à l'issue de son contrat de sous-location » [2]. En outre, « les sous-locataires perdent le droit au maintien dans les lieux après le refus d'une offre de relogement définitif correspondant à leurs besoins et à leurs possibilités » [3]. Ces dispositions indiquent que le sous-locataire détiendrait un droit spécifique au maintien dans les lieux, quoique temporaire. Enfin, il prévoit également que « les sous-locataires mentionnés à l'article L. 442-8-1 du code de la construction et de l'habitation qui ne répondent plus aux conditions pour être logés par les personnes morales locataires perdent le bénéfice du droit au maintien dans les lieux, ces conditions devant être précisées dans le contrat de location », ce qui nécessite une rédaction attentive, par les bailleurs, de ces contrats.

C. Autres cas de location autorisée à des personnes morales, en vue de la sous-location

135.121 **Places d'hébergement.** Peuvent également être locataires de logements HLM d'autres personnes morales visées à l'article L. 442-8-1-1 du code de la construction et de l'habitation, depuis la loi du 24 mars 2014, dite loi Alur. L'objectif poursuivi est ici de fournir des places d'hébergements, dans les logements loués, pour des personnes en difficulté ou, parmi celles-ci, pour des personnes victimes de violence au sein de leur couple. Les organismes locataires sont :

– des organismes bénéficiant de l'agrément relatif à l'intermédiation locative et à la gestion locative sociale prévu à l'article L. 365-4 ;

– des organismes mentionnés aux 8° du I de l'article L. 312-1 du code de l'action sociale et des familles, c'est-à-dire les établissements ou services assurant l'accueil, notamment dans les situations d'urgence, le soutien ou l'accompagnement social, l'adaptation à la vie active ou l'insertion sociale et professionnelle des personnes ou des familles en difficulté ou en situation de détresse ;

– et des organismes mentionnés à l'article L. 322-1 du même code c'est-à-dire toute personne morale privée qui veut héberger, à titre gratuit ou onéreux, des adultes dans un établissement qui ne relève pas du régime d'autorisation prévu au code de l'action sociale et des familles.

Les personnes bénéficiaires des logements n'ont toutefois pas le statut de sous-locataire examiné plus haut en vertu de l'article L. 442-8-2 du code de la construction et de l'habitation. Il ne leur est pas applicable, la sous-location étant transitoire.

135.122 **Location à une personne morale en vue de la sous-location à des personnes reconnues prioritaires au titre du Dalo ou à des personnes en difficulté d'insertion (CCH, art. L. 442-8-3).** Pour ces personnes visées aux articles L. 441-2-3 (Dalo) ou au II de l'article L. 301-1 du code de la construction et de l'habitation (personnes en difficulté en raison de l'inadaptation de leurs ressources ou de leurs conditions d'existence) il a été prévu une mesure de suivi particulier. Un examen périodique contradictoire doit être fait pour évaluer la capacité des sous-locataires à assumer les obligations résultant d'un transfert de bail à leur nom.

Les modalités de cet examen ont été précisées par décret [4], pris en application de l'article 98 de la loi du 25 mars 2009 : il s'agit d'un entretien entre le bailleur, le locataire et le sous-locataire, réalisé tous les six mois et à l'initiative de la personne morale locataire.

135.123 **Cas particulier des logements-foyers (CCH, art. L. 633-1).** On réserve ici enfin le cas des logements-foyers que les organismes HLM propriétaires peuvent louer à des gestionnaires personnes morales, essentiellement des associations et des Centres communaux ou intercommunaux d'action sociale. Ces structures peuvent accueillir des person-

1. CCH, art. L. 442-8-2, qui renvoie aux art. 40, I et III de la loi du 6 juill. 1989.
2. CCH, art. L. 442-8-2, 4e al. dans sa rédaction issue de la loi de 2009.
3. Même article.
4. Décr. n° 2010-1564, 15 déc. 2010 relatif aux conditions d'examen périodique contradictoire de la situation des sous-locataires, *JO* 16 déc. – CCH, art. R. 442-4-1.

nes âgées ou handicapées, des jeunes travailleurs, des étudiants ou des travailleurs migrants ainsi que, sous la dénomination de résidences sociales, des personnes éprouvant des difficultés pour accéder à un logement. Les logements foyers sont réglementés dans une partie propre du code de la construction et de l'habitation, aux articles L. 633-1 et suivants et, pour leur régime locatif et les relations entre bailleurs et gestionnaires, aux articles R. 353-154 à R. 353-165.

CHAPITRE

136. Date d'effet du contrat

SECTION 0

ORIENTEUR

136.00 **Sommaire du chapitre.**

SECTION UNIQUE

DATE D'EFFET DU CONTRAT

136.11 **Efficacité du contrat dès la signature.** Si la date de prise d'effet du bail peut coïncider avec la date de signature de la convention, rien dans la loi n'interdit aux parties de dissocier ces deux événements en convenant d'une date d'effet antérieure ou postérieure à cette signature[1]. Il est toutefois parfaitement concevable qu'un bail n'indique pas de date de prise d'effet, cet élément n'ayant pas été jugé « essentiel » par la Cour de cassation[2, 3].

Et faute de précision dans le bail, la date de prise d'effet du contrat doit être fixée au jour de la signature de l'état des lieux, de la remise des clés et de la prise d'effet de l'assurance locative. Ce, alors même que l'entrée effective dans les lieux a été postérieure[4].

En pratique, la prise d'effet du contrat est souvent postérieure de quelques jours à sa signature.

136.12 **Conseil pratique.** Un décalage plus long est cependant peu conseillé, puisqu'il peut laisser croire aux parties qu'elles ne se sont pas engagées dès la signature, alors qu'il n'en est rien : dès cet instant, les cocontractants étant d'accord sur leurs obligations réciproques (la signature du contrat en atteste), le contrat est réputé conclu. Sauf accord du bailleur, il est donc impossible à un locataire de mettre fin à un bail après sa signature mais avant sa prise d'effet. Le preneur sera contraint de donner congé en bonne et due forme et de respecter le délai de préavis (de trois mois en principe)[5]. Ce qui, en vertu de l'article 15 de la loi de 1989, l'oblige à payer le loyer et les charges pendant ce laps de temps[6]. Parallèlement, dès la signature du bail, le bailleur s'engage à délivrer les lieux. Et cet engagement ne saurait être remis en cause en cas de non-paiement du premier mois de loyer (lorsque le loyer est à « terme à échoir » v. s[s] n° 231.31) et/ou du dépôt de garantie par le preneur[7]. Le bailleur prendra donc soin de n'apposer sa signature au bas du contrat que lorsqu'il aura obtenu de son cocontractant le respect de ses obligations financières.

1. Civ. 3e, 27 janv. 1993, n° 89-19.377, NP, *RJDA* 1993, n° 207, [loi de 1986].
2. Civ. 3e, 28 oct. 2009, n° 08-20.224, P III, n° 237 ; *D.* 2009. AJ 2752 ; *Dr. et pr.* 2010, n° 1, suppl. « Droit des baux immobiliers », p. 2, obs. Savaux.
3. Précisant que la détermination de la date de prise d'effet d'un bail verbal peut résulter de présomptions sérieuses et concordantes : Toulouse, 12 août 2019, n° 17/02631, *Loyers et copr.* 2019, n° 163, obs. B. Vial-Pedroletti – Sur la question de la validité d'un bail verbal, v. s[s] n°s 132.12 s.
4. Rennes, 21 avr. 2011, *Loyers et copr.* 2011, n° 170, obs. B. Vial-Pedroletti.
5. Civ. 3e, 19 juill. 1995, n° 93-12.723, NP, *Loyers et copr.* 1996, n° 5 – Civ. 3e, 12 juin 2001, n° 99-19.281, NP, *AJDI* 2002. 39 ; *Loyers et copr.* 2001, n° 255, obs. B. Vial-Pedroletti.
6. SAUF hypothèse de relocation avant la fin de ce préavis : v. s[s] n° 441.41.
7. Civ. 3e, 28 juin 2006, n° 05-10.137, P III, n° 161 ; *D.* 2006. IR 1986 ; *D.* 2007. 903, obs. N. Damas ; *RTD civ.* 2006. 785, note P.-Y. Gautier ; *JCP* 2006. IV. 2606 ; *AJDI* 2006. 731, obs. Y. Rouquet.

CHAPITRE

137. État des lieux

SECTION 0 ORIENTEUR

137.00 Sommaire du chapitre.

Division. Il convient d'étudier successivement l'état des lieux d'entrée (sect. 1), l'état des lieux de sortie (sect. 2), la situation des parties en l'absence d'état des lieux d'entrée (sect. 3), les rédacteurs de l'état des lieux de sortie (sect. 4), le moment de la rédaction de l'état des lieux de sortie (sect. 5), la forme et le contenu (sect. 6) et le nombre d'exemplaires (sect. 7).

137.01 Principaux textes applicables.

TEXTES SOURCES

- **L. n° 89-462, 6 juill. 1989,** art. 3-2.

TEXTES *IN EXTENSO* .

- **L. 6 juill. 2989,** art. 3-2

Un état des lieux est établi selon des modalités définies par décret en Conseil d'État, pris après avis de la Commission nationale de concertation, dans les mêmes formes et en autant d'exemplaires que de parties lors de la remise et de la restitution des clés. Il est établi contradictoirement et amiablement par les parties ou par un tiers mandaté par elles et joint au contrat de location.

Si l'état des lieux ne peut être établi dans les conditions prévues au premier alinéa, il est établi par un huissier de justice, sur l'initiative de la partie la plus diligente, à frais partagés par moitié entre le bailleur et le locataire et à un coût fixé par décret en Conseil d'État. Dans ce cas, les parties en sont avisées par l'huissier au moins sept jours à l'avance, par lettre recommandée avec demande d'avis de réception.

À défaut d'état des lieux ou de la remise d'un exemplaire de l'état des lieux à l'une des parties, la présomption établie par l'article 1731 du code civil ne peut être invoquée par celle des parties qui a fait obstacle à l'établissement de l'acte ou à sa remise à l'une des parties.

Le locataire peut demander au bailleur ou à son représentant de compléter l'état des lieux d'entrée dans un délai de dix jours à compter de son établissement. Si cette demande est refusée, le locataire peut saisir la commission départementale de conciliation territorialement compétente.

Pendant le premier mois de la période de chauffe, le locataire peut demander que l'état des lieux soit complété par l'état des éléments de chauffage.

Le propriétaire ou son mandataire complète les états des lieux d'entrée et de sortie par les relevés des index pour chaque énergie, en présence d'une installation de chauffage ou d'eau chaude sanitaire individuelle, ou collective avec un comptage individuel. L'extrait de l'état des lieux correspondant est mis à la disposition de la personne chargée d'établir le diagnostic de performance énergétique prévu à l'article L. 126-26 du code de la construction et de l'habitation qui en fait la demande, sans préjudice de la mise à disposition des factures.

137.02 Jurisprudence de référence.

- **Civ. 3e, 13 oct. 1999,** n° 97-21.683, P III, n° 202

* V. ss n° 137.52

Viole l'art. 1737 du code civil, une cour d'appel qui, pour rejeter les demandes d'un bailleur tendant à obtenir le paiement de loyers et le remboursement de travaux nécessaires à la remise en état du local, retient que ce bailleur ne produit aucun témoignage, aucune correspondance, ni autre document pouvant laisser supposer que les locaux étaient encore occupés après l'expiration du bail et se contente d'affirmer que les clés du local ne lui ont été restituées qu'au moment de l'état des lieux, sans même soutenir qu'il les aurait réclamées avant cette date, sans constater que les clés avaient effectivement été remises ou que le bailleur avait refusé de les recevoir.

• **Civ. 3e, 23 mai 2002,** n° 01-00.938, P III, n° 109
* V. ss nos 137.16, 137.71

Les actes sous seing privé qui contiennent des conventions synallagmatiques ne sont valables qu'autant qu'ils ont été faits en autant d'originaux qu'il y a de parties ayant un intérêt distinct.

• **Civ. 3e, 23 mai 2002,** n° 00-13.144, P III, n° 110
* V. ss n° 137.17

L'état des lieux dressé contradictoirement constate une situation de fait jusqu'à preuve contraire. Le locataire ayant établi que l'état des lieux d'entrée ne correspondait pas à la réalité et n'ayant pas pris possession des lieux loués, le bailleur a méconnu son obligation de délivrance et ne peut prétendre au paiement des loyers.

137.03 Bibliographie indicative.

Annuel. LAMY DR. IMMO, nos 5874 s.

Encyclopédies. RÉP. CIV., *Vis Bail*, par C. Aubert de Vincelles, C. Noblot, nos 138 ; *Bail d'habitation et mixte : rapports locatifs individuels – Loi du 6 juillet 1989*, N. Damas, nos 101 s., 442 – DICT. PERM. Gestion immob., *V° Baux d'habitation et mixtes*, nos 76 s.

Ouvrages. E. Debaussart-Joniec, S. Fraîche-Dupeyrat, Ph. Pelletier, *Les baux d'habitation après la loi Élan*, 3e éd., « Actualité », 2019, LexisNexis – J. Lafond, B. Vial-Pedroletti, *Les baux d'habitation*, 8e éd., « Droit et professionnels », LexisNexis, 2017, nos 771 à 783 – Ph. Pelletier (dir.), *Traité des baux d'habitation et professionnels*, « Référence juridique », Le Moniteur, 2021.

SECTION 1
ÉTAT DES LIEUX D'ENTRÉE

137.11 Référence pour l'évaluation des frais de réparation. L'état des lieux d'entrée doit être joint au contrat[1].

Il s'agit d'un document primordial puisque, de sa comparaison avec l'état des lieux de sortie, résultera l'obligation pour le preneur de prendre en charge le coût des réparations locatives nécessaires à la remise en état du logement[2].

Avant l'intervention de la loi du 24 mars 2014, dite loi Alur, les dispositions relatives à l'état des lieux étaient contenues à l'article 3 de la loi du 6 juillet 1989. Depuis l'entrée en vigueur de ce texte (le 27 mars 2014), les signataires d'un bail doivent se référer à l'article 3-2 nouveau de la loi.

137.12 Forme et contenu. Sauf exception, l'état des lieux est établi par les parties, ou par un tiers mandaté par elles, contradictoirement et amiablement[3].

À cette occasion, les parties font le tour du logement et remplissent l'état des lieux d'entrée en deux exemplaires en qualifiant l'état de chaque pièce, de chaque élément d'équipement par des termes tels que « bon état », « état d'usage », « mauvais état » et, le cas échéant, en assortissant cette qualification de commentaires ou de réserves.

Les indications portées doivent être précises et complètes. Un état des lieux trop succinct risquerait en effet de ne pas être pris en compte[4]. Si, malgré tout, il était pris en compte, un tel état des lieux d'entrée sera défavorable au preneur, surtout si le bailleur prend soin de rédiger l'état des lieux de sortie avec minutie[5].

Aux termes de l'article 3-2 de la loi du 6 juillet 1989 dans sa rédaction issue de la loi du 24 mars 2014, dite loi Alur, applicable aux contrats signés depuis le 27 mars 2014, « un état des lieux est établi selon des modalités définies par décret en Conseil d'État, pris après avis de la Commission nationale de concertation ».

Texte d'application de l'article 3-2 de la loi de 1989, le décret du 30 mars 2016[6], en vigueur depuis le 1er juin 2016, précise que l'état des lieux doit porter sur l'ensemble des locaux et équipements d'usage privatif mentionnés au contrat de bail et dont le locataire a la jouissance exclusive. Il a vocation à décrire le logement et constate son état de conservation.

Ce texte ne détermine par ailleurs qu'un contenu minimum, puisqu'il indique que ce document comporte *au moins* les informations suivantes :

– le type d'état des lieux : d'entrée ou de sortie.

– sa date d'établissement ;

– la localisation du logement ;

– le nom ou la dénomination des parties et le domicile ou le siège social du bailleur ;

– le cas échéant, le nom ou la dénomination et le domicile ou le siège social des personnes mandatées pour réaliser l'état des lieux ;

– le cas échéant, les relevés des compteurs individuels de consommation d'eau ou d'énergie ;

1. L. n° 89-462, 6 juill. 1989, anc. art. 3 ; art. 3-2 nouv., v. ss nos 133.11 s.
2. V. ss nos 232.31 s.
3. Sur le recours subsidiaire à un huissier de justice, v. ss nos 137.42 s.
4. Paris, 1er mars 1989, n° 88/009048, *Loyers et copr.* 1989, n° 216, [loi de 1982] – Jugeant qu'en présence d'un état des lieux d'entrée imprécis et incomplet, le preneur n'est pas tenu de réparer les dégradations mentionnées dans l'état des lieux de sortie : Lyon, 26 mai 2020, n° 19/02069, *Loyers et copr.* 2020, n° 73, obs. B. Vial-Pedroletti.
5. Civ. 3e, 20 déc. 1995, n° 93-20.288, NP, *Rev. loyers* 1996. 130 ; *RJDA* 1996, n° 197.
6. Décr. n° 2016-382, 30 mars 2016 fixant les modalités d'établissement de l'état des lieux et de prise en compte de la vétusté des logements loués à usage de résidence principale, *JO* 31 mars, n° 93.

- le détail et la destination des clés ou de tout autre moyen d'accès aux locaux à usage privatif ou commun ;

- pour chaque pièce et partie du logement, la description précise de l'état des revêtements des sols, murs et plafonds, des équipements et des éléments du logement. Il peut être complété d'observations ou de réserves et illustré d'images ;

- la signature des parties ou des personnes mandatées pour réaliser l'état des lieux.

137.13 **Modalités d'établissement.** Aux termes du décret du 30 mars 2016, en vigueur depuis le 1er juin 2016, l'état des lieux est établi selon les modalités suivantes :

- le logement contient les seuls meubles ou équipements mentionnés au contrat de location ;

- la forme du document permet la comparaison de l'état du logement constaté à l'entrée et à la sortie des lieux. Le texte précise que les états des lieux peuvent être réalisés sous la forme d'un document unique ou de documents distincts ayant une présentation similaire ;

- l'état des lieux, établi sur support papier ou sous forme électronique, est remis en main propre ou par voie dématérialisée à chacune des parties ou à leur mandataire au moment de sa signature.

137.14 **Moment de son établissement – Avant la loi Alur.** L'état des lieux d'entrée est rédigé « lors de la remise [...] des clés »[1].

Toutefois, une fois l'état des lieux d'entrée signé, des informations complémentaires pourront y être portées.

Avant l'entrée en vigueur de la loi du 24 mars 2014, dite loi Alur, le seul ajout envisagé par le législateur concernait l'état des éléments de chauffage. En effet, l'ancien article 3 de la loi du 6 juillet 1989 indiquait que pendant le premier mois de la période de chauffe, à la demande du locataire, l'état des lieux d'entrée pouvait être complété, par l'état de ces éléments. » Cette possibilité, pérennisée par l'article 3-2 de la loi du 6 juillet 1989 issues de la loi du 24 mars 2014, dite loi Alur, est importante car elle assure au locataire qui signerait un état des lieux d'entrée en dehors de cette période de chauffe de ne pas être démuni en cas de dysfonctionnement du chauffage. Le complément de l'état des lieux devra se faire en respectant la même forme que celle retenue pour l'état des lieux initial (contradictoire ou par constat d'huissier, v. ci-dessous)[2].

137.15 **Moment de son établissement – Depuis la loi Alur.** Depuis la loi du 24 mars 2014, dite loi Alur[3], à cette faculté de compléter l'état des lieux, s'en sont ajoutées deux autres.

Tout d'abord, le locataire peut demander au bailleur ou à son représentant de compléter l'état des lieux « d'entrée »[4] dans un délai de dix jours à compter de son établissement. Si cette demande est refusée, le locataire peut saisir la commission départementale de conciliation territorialement compétente.

Ensuite, en présence d'une installation de chauffage ou d'eau chaude sanitaire individuelle, ou collective avec un comptage individuel, le propriétaire ou son mandataire complète les états des lieux d'entrée et de sortie par les relevés des index pour chaque énergie.

L'extrait de l'état des lieux correspondant est mis à la disposition de la personne chargée d'établir le diagnostic de performance énergétique[5] prévu à l'article L. 126-26 du code de la construction et de l'habitation qui en fait la demande, sans préjudice de la mise à disposition des factures.

137.16 **Nombre d'exemplaires.** Avant la publication de la loi du 24 mars 2014, dite loi Alur, un état des lieux établi contradictoirement par les parties était valable même s'il n'avait été rédigé qu'en un seul exemplaire. Il avait en effet été jugé[6] que, se bornant à constater une situation de fait, l'état des lieux n'est pas soumis à l'exigence de l'article 1325 du code civil en vertu duquel les actes sous seing privé contenant des conventions synallagmatiques ne sont valables qu'autant qu'ils ont été faits en autant d'originaux qu'il y a de parties ayant un intérêt distinct[7].

Depuis l'entrée en vigueur de la loi du 24 mars 2014, dite loi Alur, l'article 3-2 de la loi du 6 juillet 1989[8] précise que « l'état des lieux est établi [...] dans les mêmes formes et en autant d'exemplaires que de parties ».

137.17 **Conséquences du défaut d'état des lieux.** À défaut d'état des lieux (ou, depuis la loi du 24 mars 2014, dite loi Alur, « ou de la remise d'un exemplaire de l'état des lieux à l'une des parties »), la présomption de bon état édictée par l'article 1731 du code civil va s'appliquer (rappelons qu'il ressort de cet article 1731 que « S'il n'a pas été fait d'état des lieux, le preneur est présumé les avoir reçus en

1. L. n° 89-462, 6 juill. 1989, anc. art. 3, al. 2 et nouv. art. 32, al. 1er.
2. Sur l'intervention d'un huissier de justice, v. ss n° 137.42.
3. Applicable aux baux conclus depuis le 27 mars 2014.
4. Précision apportée par la loi n° 2015-990 du 6 août 2015, dite Macron, *JO* 7 août, p. 13537.
5. Au sujet duquel, v. ss nos 133.161 s.
6. À propos d'un état des lieux de sortie.
7. Civ. 3e, 23 mai 2002, n° 01-00.938, P III, n° 109 ; *D.* 2003. Somm. 732, obs. N. Damas ; *AJDI* 2002. 842, obs. Beaugendre.
8. Applicables aux baux signés à compter du 27 mars 2014.

bon état de réparations locatives, et doit les rendre tels, sauf la preuve contraire »). La présomption de bon état de l'article 1731 du code civil, qui est limitée aux réparations locatives[1], est une présomption simple qui peut être détruite par la preuve contraire[2]. Celle-ci peut être établie par témoignage[3] comme par tout autre moyen[4].

137.18 Exception au principe. La seule exception à ce principe, visée expressément par l'ancien article 3 de la loi du 6 juillet 1989 et par le nouvel article 3-2 du même texte, concerne « celle des parties qui a fait obstacle à l'établissement de l'acte » ou, depuis la loi du 24 mars 2014, dite loi Alur, « à sa remise à l'une des parties », qui ne pourra pas invoquer cette présomption[5]. Pour l'anecdote, on relèvera que, dans un arrêt rendu dans des circonstances très particulières, la cour d'appel de Paris a jugé que le bailleur ne pouvait pas être considéré comme ayant fait obstacle à l'état des lieux, l'huissier qu'il avait sollicité étant décédé après l'avoir dressé, mais avant d'avoir retranscrit ses notes[6] (sur l'état des lieux de sortie et la restitution de la chose louée v. s^s n°s 137.21 s. ; et sur l'extension de compétence des commissions départementales de conciliation en matière d'état des lieux instaurée par la loi du 13 décembre 2000 relative à la solidarité et au renouvellement urbains v. s^s n°s 811.11 s.).

SECTION 2
ÉTAT DES LIEUX DE SORTIE

137.21 Restitution du local – Arrêté de compte. En fin de contrat, le locataire doit restituer les lieux loués au propriétaire.

À cette occasion, un état des lieux de sortie sera rédigé afin que les éventuelles dégradations imputables au locataire soient recensées et que les parties puissent procéder à un arrêté de compte (sur la restitution du dépôt de garantie v. s^s n°s 142.41 s.)[7].

137.22 Évaluation des dégradations éventuelles. La comparaison entre l'état des lieux d'entrée et l'état des lieux de sortie va permettre aux parties de déterminer les dégradations subies par le logement imputables au locataire (sur les causes d'exonération de la responsabilité du locataire v. s^s n°s 233.61 s.) qui vont entraîner une indemnisation du bailleur.

Encore faut-il, pour que cette comparaison puisse avoir lieu, que les parties aient dressé un état des lieux d'entrée[8].

SECTION 3
SITUATION DES PARTIES EN L'ABSENCE D'ÉTAT DES LIEUX D'ENTRÉE

137.31 Présomption de bon état. Lorsqu'en début de relation contractuelle les parties n'ont pas établi d'état des lieux d'entrée, il ressort de la combinaison de l'ancien article 3 de la loi de 1989 (article 3-2 de la loi du 6 juillet 1989, depuis la loi 24 mars 2014[9], dite loi Alur, applicable aux baux conclus depuis le 27 mars 2014) et de l'article 1731 du code civil que le locataire est présumé les avoir reçus en bon état de réparations locatives.

Cela implique qu'il devra répondre de toute dégradation du logement constatée lors de l'état des lieux de sortie. Ce principe connaît cependant trois exceptions :

– le locataire pourra, tout d'abord, en application de l'article 1731, *in fine*, du code civil, combattre la présomption de bon état par tout moyen[10] ;

– il pourra ensuite, en vertu de la combinaison des textes sus-indiquée, établir que le constat de l'état du logement à son arrivée a été rendu impossible parce que le bailleur s'y est opposé[11].

Enfin, le preneur pourra exciper d'une cause d'exonération de sa responsabilité[12].

SECTION 4
RÉDACTEURS DE L'ÉTAT DES LIEUX DE SORTIE

137.41 Rédaction contradictoire. L'état des lieux de sortie doit être rédigé contradictoirement et signé par les parties au contrat, c'est-à-dire par le(s) locataire(s) et le(s) bailleur(s).

1. Civ. 3e, 18 mars 2009, n° 08-11.011, NP, *Loyers et copr.* 2009, n° 111, obs. B. Vial-Pedroletti.
2. Civ. 3e, 23 mai 2002, n° 00-13.144, P III, n° 110 ; *AJDI* 2002. 681, obs. Laporte-Leconte.
3. Versailles, 11 oct. 1996, n° 7903/95, *Loyers et copr.* 1997, n° 97, obs. B. Vial-Pedroletti.
4. Paris, 3 mars 1999, *AJDI* 1999. 341 – Civ. 3e, 25 juin 1997, n° 94-21.438, NP, *Loyers et copr.* 1997, n° 278.
5. POUR UN EX. d'opposition du bailleur à l'établissement de l'état des lieux : TI Clermont-Ferrand, 18 janv. 1995, *Rev. loyers* 1996. 358.
6. Civ. 3e, 7 oct. 1998, n° 97-11.305, NP, *D.* 1999. Somm. 143, obs. CRDP Nancy 2.
7. Reprochant au juge du fond d'avoir débouté le bailleur de sa demande d'indemnisation au motif qu'il ne démontre pas la nécessité de procéder à un changement complet, dès lors que l'état des lieux a établi que le parquet a été détérioré en partie au cours du bail : Civ. 3e, 7 déc. 2017, n° 16-11.703, NP, *AJDI* 2018. 203, obs. Dreveau.
8. V. s^s n°s 137.11 s.
9. L. n° 2014-366, 24 mars 2014 pour l'accès au logement et un urbanisme rénové, *JO* 26 mars, p. 5809.
10. V. s^s n° 137.17.
11. V. aussi s^s n° 137.18.
12. V. s^s n°s 233.61 s.

Les parties pourront cependant se faire valablement représenter par « un tiers mandaté par elles », dès lors que celui-ci aura été dûment habilité pour ce faire. Il a été jugé que la gardienne de l'immeuble, qui est la salariée du bailleur et non sa mandataire, et qui n'est, par définition, pas partie au contrat, n'a pas qualité pour rédiger l'état des lieux de sortie (dans une hypothèse où le locataire, de surcroît, n'était pas présent lors de l'établissement de ce constat) [1].

137.42 **Intervention d'un huissier de justice.** Ce principe de l'état des lieux contradictoire connaît cependant une exception : lorsqu'il ne peut être établi de la sorte (notamment parce que les parties n'arrivent pas à se mettre d'accord sur les termes à employer), l'article 3-2 du même texte prévoit qu'alors, le constat devra être dressé sur l'initiative de la partie la plus diligente, par un huissier de justice à frais partagés par moitié entre le bailleur et le locataire et à un coût fixé par décret en Conseil d'État [2]. Et, aux termes de l'article 4 de la loi du 6 juillet 1989, est réputée non écrite la clause qui impose au locataire la facturation de l'état des lieux [« de sortie », précise le texte depuis sa modification par la loi 24 mars 2014, dite loi Alur, applicable aux baux conclus à compter du 27 mars 2014] dès lors que celui-ci n'est pas établi par un huissier de justice dans le cas prévu par l'article 3-2 [3].

En pareille hypothèse, au moins sept jours à l'avance et par lettre recommandée avec accusé de réception, l'auxiliaire de justice devra avertir les parties du jour et de l'heure auxquels il établira son constat [4] (leur permettant ainsi d'être présentes).

137.43 **Hypothèse d'intervention d'un huissier.** L'huissier n'a vocation à intervenir qu'en cas de conflit entre les parties. À ce propos, un état des lieux établi par huissier n'a de valeur que si le bailleur rapporte la preuve qu'il aurait été impossible de rédiger un état des lieux contradictoire [5]. En conséquence, à défaut de litige né et actuel relativement à l'état des lieux, la demande en justice de désignation d'un huissier doit être rejetée [6]. Qui plus est, les frais ne seront partagés entre les contractants que pour autant que la partie défaillante aura été régulièrement convoquée [7]. À défaut, c'est celui qui a mandaté l'officier ministériel qui devra supporter l'intégralité du coût de l'opération [8, 9].

Par ailleurs, le texte prévoyant que l'huissier doit intervenir à la demande de la partie la plus prompte à réagir, la question s'est posée de savoir ce qui se passe lorsque chaque partie fait dresser un état des lieux par huissier. Il a été jugé qu'alors chacun doit supporter les frais qu'il a engagés [10].

Enfin, l'huissier a tout intérêt à s'assurer que son intervention a été requise à bon escient [11] puisqu'à défaut, il court le risque de se voir appliquer l'article 650 du code de procédure civile, en vertu duquel « les frais afférents aux actes inutiles sont à la charge des huissiers de justice qui les ont faits » [12].

137.44 **Déménagement et recours à un huissier.** Quant au recours à un huissier dans l'hypothèse du déménagement du locataire « à la cloche de bois » (rendant, par essence tout état des lieux de sortie contradictoire impossible), il est utile (si tant est que le bailleur arrive à localiser son cocontractant). Dans ces circonstances, le locataire doit supporter l'intégralité des frais d'établissement de l'état des lieux par l'huissier [13]. Bien que non contradictoire, un état des lieux de sortie, établi par huissier de justice à la demande du bailleur, devra en effet être admis comme élément de preuve, dès lors qu'il aura été réalisé immédiatement après le départ du locataire, parti sans en avertir son cocontractant [14] et sans lui laisser d'adresse [15]. À l'inverse, il a été jugé que l'état des lieux établi par huissier n'a aucune force probante dès lors qu'il a été effectué après le départ du locataire sans que celui-ci n'ait été

1. Versailles, 29 mai 1998, n° 1996/4490, *Rev. loyers* 1999. 437, obs. Teilliais ; *Loyers et copr.* 1999, n° 119, obs. B. Vial-Pedroletti.
2. Prononçant le partage par moitié des frais d'état des lieux établi par huissier à la demande du bailleur : Civ. 3e, 4 juill. 2019, n° 18-18.905, NP, *Loyers et copr.* 2019, n° 165, obs. B. Vial-Pedroletti – DANS LE MÊME SENS, à propos d'une demande émanant du preneur : Civ. 3e, 14 nov. 2019, n° 18-17.729, NP, *AJDI* 2020. 288, obs. de Plater ; *Rev. prat. rec.* 2020. 31, chron. Gantschnig.
3. V. s^s^ n° 133.317.
4. L. n° 89-462, 6 juill. 1989, art. 3, al. 8.
5. Versailles, 28 juin 1996, n° 2744/94, *Loyers et copr.* 1997, n° 73, obs. B. Vial-Pedroletti.
6. TI Clermont-Ferrand, ord. réf., 30 nov. 1995, *Rev. loyers* 1996. 189, note Gallet.
7. Civ. 3e, 27 mai 2003, n° 02-12.253, P III, n° 113 ; *AJDI* 2003. 589, obs. Y. Rouquet ; *D.* 2003. IR 1664.
8. Paris, 15 déc. 2005, n° 04/18080, *Loyers et copr.* 2006, n° 51, obs. B. Vial-Pedroletti.
9. Jugeant que les clés laissées à l'huissier mandaté par le preneur ne sont pas libératoires et que le coût du constat ne saurait incomber pour moitié au bailleur : Versailles, 28 mars 2017, n° 16/00166, *Loyers et copr.* 2017, n° 127, obs. B. Vial-Pedroletti.
10. Civ. 3e, 18 juill. 1998, *Administrer* juill. 1999, p. 38, obs. P. Canu.
11. C'est-à-dire qu'on a fait appel à ses services après échec de l'établissement de l'état des lieux entre les parties et que la partie qui le sollicite a bien été la plus diligente.
12. Civ. 1re, 17 nov. 1993, n° 91-21.010, P I, n° 330 ; *D.* 1993. IR 259.
13. Nîmes, 2 janv. 2008, n° 06/04740, *Loyers et copr.* 2008, n° 129, obs. B. Vial-Pedroletti.
14. Civ. 3e, 20 févr. 1996, n° 94-14.824, NP, *Rev. loyers* 1996. 251.
15. Versailles, 28 mai 1999, n° 97/00003682, *Loyers et copr.* 2000, n° 39, obs. B. Vial-Pedroletti.

contacté par le bailleur, alors qu'il connaissait les coordonnées de son père, qui s'était porté caution[1].

SECTION 5
MOMENT DE LA RÉDACTION DE L'ÉTAT DES LIEUX DE SORTIE

137.51 Restitution du local effectuée par la remise des clés. Ainsi que cela ressort expressément de la loi du 6 juillet 1989, l'état des lieux de sortie doit être rédigé lors de la restitution des clés par le preneur[2]. Il a toutefois été admis que l'état des lieux du locataire entrant pouvait être retenu comme état des lieux de sortie du précédent[3].

Et l'état des lieux doit s'apprécier au jour du terme de la location et non à celui du départ des lieux s'il est antérieur[4].

Un état des lieux dressé longtemps après le départ du locataire ne serait en effet pas recevable, les dégradations ne pouvant plus alors être attribuées au preneur. Le bailleur ne peut en effet se prévaloir d'un état des lieux dressé plus de deux mois après la date de libération des lieux dont il a été informé par le congé[5].

137.52 Restitution des clés et restitution des lieux – Distinction. Restitution des clés et restitution des lieux ne sont synonymes que si deux conditions sont cumulativement remplies par le locataire : celui-ci doit quitter matériellement les lieux et remettre toutes les clés au propriétaire ou à une personne habilitée à cet effet[6]. Il a en effet déjà été jugé que le fait de quitter matériellement les lieux ne constitue pas une restitution des lieux, dès lors que le propriétaire n'est pas en mesure de reprendre possession de son bien, le preneur ne lui ayant pas remis les clés[7]. Il en ira cependant différemment si la date du déménagement du locataire a dû être repoussée du fait du bailleur[8].

En revanche, dès lors que les clés auront été rendues, il y aura restitution des lieux, même en l'absence d'état des lieux de sortie contradictoire[9]. La date de restitution des lieux est en effet celle de la remise des clés. À défaut d'état des lieux de sortie contradictoire, cette restitution ne saurait être reportée à la date d'établissement de l'état des lieux par huissier[10]. Un locataire qui ne restituerait pas les lieux en fin de bail serait redevable d'une indemnité d'occupation[11] et une action en vue d'obtenir son expulsion pourrait être intentée[12].

SECTION 6
FORME ET CONTENU

137.61 Forme. Les règles de forme sont les mêmes que celles qui s'appliquent lors de l'établissement de l'état des lieux d'entrée[13]. L'attestation des lieux par le nouveau locataire serait inopposable à l'ancien locataire[14], tout comme, d'ailleurs, seront inopérants des témoignages faisant état de dégradations, alors que la comparaison de l'état des lieux de sortie avec l'état des lieux d'entrée n'en fait apparaître aucune[15].

137.62 Contenu. Quant au contenu de ce document, il devra, comme l'état des lieux d'entrée[16] être rédigé avec le plus de minutie possible.

Aux termes de l'article 3-2 nouveau de la loi du 6 juillet 1989[17], l'état des lieux doit être établi selon des modalités définies par décret en Conseil d'État, pris après avis de la Commission nationale de concertation.

Texte d'application de cet article 3-2, le décret du 30 mars 2016, en vigueur depuis le 1er juin 2016, précise que l'état des lieux doit porter sur l'ensemble des locaux et équipements d'usage privatif mentionnés au contrat de bail et dont le locataire a la jouissance exclusive.

Il a vocation à décrire le logement et constate son état de conservation.

1. Paris, 1er juill. 1996, n° 94/26422, *Loyers et copr.* 1996, n° 332 – Versailles, 29 mai 1998, n° 9732/90, *Rev. loyers* 1999. 437, obs. Teilliais ; *Loyers et copr.* 1999, n° 119, obs. B. Vial-Pedroletti.
2. L. n° 89-462, 6 juill. 1989, anc. art. 3, art. 3-2 nouv.
3. Dans une hypothèse où le locataire avait donné son accord de principe à cette pratique ; Civ. 3e, 21 sept. 2005, n° 04-15.392, NP, *Rev. loyers* 2005. 569.
4. Rennes, 21 avr. 2011, n° 09/01858, *AJDI* 2012. 106.
5. Civ. 3e, 5 févr. 2014, n° 13-10.804, P III, n° 16 ; *D.* 2014. Actu. 424, obs. Y. Rouquet.
6. Civ. 3e, 13 nov. 1997, n° 96-11.493, NP, *Loyers et copr.* 1998, n° 3, obs. B. Vial-Pedroletti.
7. Civ. 3e, 13 oct. 1999, n° 97-21.683, P III, n° 202 ; *D.* 1999. AJ 87, obs. Y. Rouquet.
8. Civ. 3e, 19 déc. 2000, n° 99-15.131, NP, *AJDI* 2001. 326, obs. Le Masson.
9. POUR un preneur ayant envoyé les clés au bailleur et ayant quitté les lieux sans laisser d'adresse : Douai, 28 sept. 2017, n° 16/05902, *Loyers et copr.* 2017, n° 230, obs. B. Vial-Pedroletti.
10. Paris, 13 janv. 1998, *Loyers et copr.* 1998, n° 183.
11. Civ. 3e, 13 nov. 1997, n° 96-11.493, NP, *Loyers et copr.* 1998, n° 3, obs. B. Vial-Pedroletti.
12. Sur l'expulsion du locataire, v. ss nos 831.21 s.
13. V. ss n° 137.12.
14. TI Épernay, 20 nov. 1995, n° 95/213, *JCP N* 1997. II. 1010, obs. Gallet.
15. Metz, 25 juin 1998, *JurisData* 049580, *Loyers et copr.* 1999, n° 286, obs. B. Vial-Pedroletti.
16. V. ss nos 137.11 s.
17. Issu de L. n° 2014-366, 24 mars 2014 ; applicable aux baux signés à compter du 27 mars 2014.

Le texte nouveau ne fixe qu'un contenu minimum, puisqu'il indique en effet que ce document comporte *au moins* les informations qu'il énumère.

Ainsi, lors de la sortie du locataire, l'état des lieux doit indiquer :

- le type d'état des lieux : d'entrée ou de sortie ;
- sa date d'établissement ;
- la localisation du logement ;
- le nom ou la dénomination des parties et le domicile ou le siège social du bailleur ;
- le cas échéant, le nom ou la dénomination et le domicile ou le siège social des personnes mandatées pour réaliser l'état des lieux ;
- le cas échéant, les relevés des compteurs individuels de consommation d'eau ou d'énergie ;
- le détail et la destination des clés ou de tout autre moyen d'accès aux locaux à usage privatif ou commun ;
- pour chaque pièce et partie du logement, la description précise de l'état des revêtements des sols, murs et plafonds, des équipements et des éléments du logement. Il peut être complété d'observations ou de réserves et illustré d'images ;
- la signature des parties ou des personnes mandatées pour réaliser l'état des lieux ;
- l'adresse du nouveau domicile ou du lieu d'hébergement du locataire ;
- la date de réalisation de l'état des lieux d'entrée ;
- éventuellement, les évolutions de l'état de chaque pièce et partie du logement constatées depuis l'établissement de l'état des lieux d'entrée.

137.63 Modalités d'établissement. Comme à l'entrée[1], l'état des lieux de sortie est établi selon les modalités suivantes :

- le logement contient les seuls meubles ou équipements mentionnés au contrat de location ;
- la forme du document permet la comparaison de l'état du logement constaté à l'entrée et à la sortie des lieux. Le texte précise que les états des lieux peuvent être réalisés sous la forme d'un document unique ou de documents distincts ayant une présentation similaire ;
- l'état des lieux, établi sur support papier ou sous forme électronique, est remis en main propre ou par voie dématérialisée à chacune des parties ou à leur mandataire au moment de sa signature.

Ainsi, faute de décrire des pertes ou des dégradations précises, la mention portée sur l'état des lieux de sortie « manque d'entretien du locataire » est trop vague et trop générale pour permettre au bailleur de demander au locataire une remise à neuf du logement. Elle lui permet uniquement d'imputer au preneur le coût des travaux de nettoyage[2]. Par ailleurs, il a été jugé que la mention « pas d'accord » apposée par le locataire était inopérante[3].

Pour autant, un état des lieux contradictoire ne constate qu'une situation de fait jusqu'à preuve contraire[4]. De plus, l'absence d'établissement de l'état des lieux de sortie, même imputable au locataire, ne suffit pas à démontrer la créance du bailleur[5] encore faudra-t-il que celui-ci rapporte la preuve que des dégradations imputables au preneur sont venues endommager le local loué, c'est-à-dire que la remise en état du logement nécessite la réalisation de réparations locatives. Concernant l'extension de compétence, en matière d'état des lieux, des commissions départementales de conciliation, prévue par la loi du 13 décembre 2000.

SECTION 7
NOMBRE D'EXEMPLAIRES

137.71 Validité d'un exemplaire unique. Avant la loi du 24 mars 2014, dite loi Alur, un état des lieux de sortie établi contradictoirement par les parties était valable même s'il n'avait été rédigé qu'en un seul exemplaire. En effet, un état des lieux de sortie se bornant à constater une situation de fait, il n'est pas soumis à l'exigence de l'article 1325 du code civil en vertu duquel les actes sous seing privé contenant des conventions synallagmatiques ne sont valables qu'autant qu'ils ont été faits en autant d'originaux qu'il y a de parties ayant un intérêt distinct[6].

Depuis la loi 24 mars 2014, dite loi Alur, l'article 3-2 de la loi du 6 juillet 1989[7] précise que l'état des lieux « est établi [...] dans les mêmes formes et en autant d'exemplaires que de parties ».

1. V. s[s] n° 137.13 s.

2. Versailles, 2 avr. 1999, n° 2432/97, *RJDA* 1999, n° 1304.
3. Civ. 3e, 10 mars 2004, n° 02-21.224, NP, *AJDI* 2004. 281.
4. Civ. 3e, 25 févr. 2004, n° 02-16.589, P III, n° 37 ; *AJDI* 2004. 379, obs. Y. Rouquet.
5. Civ. 3e, 8 janv. 1997, n° 95-11.585, NP, *RJDA* 1997, n° 185.
6. Civ. 3e, 23 mai 2002, n° 01-00.938, P III, n° 109 ; *D.* 2003. Somm. 732, obs. N. Damas ; *AJDI* 2002. 842, obs. Beaugendre.
7. Applicable aux contrats signés à compter du 27 mars 2014.

TITRE

14. Les garanties du bailleur

SECTION 0 ORIENTEUR

14.00 Sommaire du titre.

Division – Privilège du bailleur – Dépôt de garantie – Garantie autonome – Cautionnement – Assurance « impayés de loyer ». Il y a différents moyens pour le bailleur de se garantir contre l'inexécution des obligations du locataire.

En dehors de la possibilité, en présence de copreneurs, de faire figurer au contrat la solidarité entre eux, nous en dénombrerons cinq.

Quatre de ces garanties ont un fondement législatif. Il s'agit du privilège du bailleur, du dépôt de garantie, de la garantie autonome et du cautionnement par une tierce personne (personne physique ou personne morale).

La dernière garantie que le bailleur peut se ménager est issue de la pratique. Il s'agit de l'assurance « impayés de loyer ». Depuis plusieurs années en effet, les compagnies d'assurances proposent deux types de contrats « impayés de loyers », également dénommés « garantie des loyers impayés » (GLI)[1].

Le premier type de contrat consiste, *via* les agences immobilières, à proposer aux bailleurs de souscrire une assurance leur garantissant le paiement des loyers et des dégradations dont le preneur pourrait se rendre responsable. L'acceptation du dossier auprès de la compagnie implique que le bailleur loue son bien à des personnes répondant à des critères rigoureux de solvabilité et nécessite que le bien soit géré par l'agence immobilière. Cette prestation est donc facturée en plus des honoraires de gestion « normaux » et représente un pourcentage des sommes encaissées (généralement entre 2 et 3 %).

Le second type de contrat émane de compagnies d'assurances qui proposent directement au bailleur de les assurer contre les risques locatifs

Notons, enfin que le bailleur peut se garantir de la bonne exécution future du contrat en demandant à son cocontractant qu'il lui fournisse un certain nombre de justificatifs[2].

14.01 Principaux textes applicables.

TEXTES SOURCES

- **C. civ.,** art. 1752, 2332.
- **L. n° 89-462, 6 juill. 1989,** art. 22, 22-1, 22-1-1, 22-2.

14.03 Bibliographie indicative.

Annuel. LAMY DR. IMMO, n°s 5572 s., 5955 s., 5961 s.

Encyclopédies. RÉP. CIV., V° *Bail d'habitation et mixte : rapports locatifs individuels – Loi du 6 juillet 1989*, N. Damas – DICT. PERM. Gestion immob., V° *Baux d'habitation et mixtes*, n°s 302 s.

1. Le fondement juridique de tels contrats est l'art. L. 121-6 c. assur., en vertu duquel « tout intérêt direct ou indirect à la non-réalisation d'un risque peut faire l'objet d'une assurance ».
2. Sur cette question, v. s^{s} n°s 131.11 s.

Ouvrages. E. Debaussart-Joniec, S. Fraîche-Dupeyrat, Ph. Pelletier, *Les baux d'habitation après la loi Élan*, 3e éd., « Actualité », 2019, LexisNexis – J. Lafond, B. Vial-Pedroletti, *Les baux d'habitation*, 8e éd., « Droit et professionnels », LexisNexis, 2017, nos 644 s., 1490 s. – Ph. Pelletier (dir.), *Traité des baux d'habitation et professionnels*, « Référence juridique », Le Moniteur, 2021.

CHAPITRE

141. Privilège du bailleur

SECTION 0
ORIENTEUR

141.00 Sommaire du chapitre.

141.01 Principaux textes applicables.

TEXTES SOURCES

• **C. civ.**, art. 1752, 2332.

TEXTES *IN EXTENSO*

• **C. civ.**, art. 1752

Le locataire qui ne garnit pas la maison de meubles suffisants, peut être expulsé, à moins qu'il ne donne des sûretés capables de répondre du loyer.

• **C. civ.**, art. 2332

Outre celles prévues par des lois spéciales, les créances privilégiées sur certains meubles sont :

1° Toutes les sommes dues en exécution d'un bail ou de l'occupation d'un immeuble, sur le mobilier garnissant les lieux et appartenant au débiteur, y compris, le cas échéant, le mobilier d'exploitation et la récolte de l'année ;

2° Les frais de conservation d'un meuble, sur celui-ci ;

3° Le prix de vente d'un meuble, sur celui-ci ;

4° Les créances nées du contrat de travail de l'auxiliaire salarié d'un travailleur à domicile répondant à la définition de l'article L. 7412-1 du code du travail, sur les sommes dues à ce travailleur par les donneurs d'ouvrage.

141.02 Jurisprudence de référence.

• **Civ. 3e, 24 juin 2009,** n° 08-14.357, P III, n° 154

* V. ss n° 141.12

Il n'y a pas lieu de distinguer entre les meubles dont le preneur a la propriété et les autres pour déterminer l'assiette du privilège de l'article 2332, 1°, du code civil, sauf si le bailleur connaissait l'origine des meubles lorsqu'ils ont été introduits dans le local.

• **Com. 16 nov. 2010,** n° 09-70.765, P IV, n° 178

* V. ss n° 141.12

Il résulte de l'article 2332 du code civil que le privilège du bailleur d'immeuble porte sur tous les meubles garnissant le local loué, même s'ils appartiennent à un tiers, sauf s'il est établi que le bailleur connaissait l'origine de ces meubles lorsqu'ils ont été introduits dans ce local.

141.03 Bibliographie indicative.

Annuel. LAMY DR. IMMO, nos 5572 s.

Encyclopédies. RÉP. CIV., V^is *Bail*, par C. Aubert de Vincelles, C. Noblot, n° 134 ; *Bail d'habitation et mixte : rapports locatifs individuels – Loi du 6 juillet 1989*, N. Damas, n° 269.

SECTION UNIQUE
ÉTUDE D'ENSEMBLE

141.11 Saisie des meubles meublant – Expulsion. Aux termes de l'article 2332 du code civil dans sa rédaction issue de l'ordonnance du 15 septembre 2021 portant réforme du droit des sûretés, en vigueur à compter du 1er janvier 2022[1], « outre celles prévues par des lois spéciales, les créances privilégiées sur certains meubles sont : 1° Toutes les sommes dues en exécution d'un bail ou de l'occupation d'un immeuble, sur le mobilier garnissant les lieux et appartenant au débiteur [...] ».

On notera l'emploi de la conjonction de coordination « et », de laquelle il découle que les deux conditions (mobilier garnissant d'un côté, propriété du bailleur de l'autre) sont cumulatives.

En cas de manquement du locataire[2] à ses obligations financières, le bailleur pourra ainsi faire saisir les meubles qui garnissent la location, dès lors du moins, qu'ils sont la propriété du locataire[3].

1. Ord. n° 2021-1192, 15 sept. 2021 portant réforme du droit des sûretés, *JO* 16 sept., n° 19.
2. Ou de l'occupant.
3. Ou de l'occupant.

141.12 Domaine du privilège. En vertu de décisions rendues antérieurement à la nouvelle rédaction de l'article 2332 du code civil, soit à une époque où le texte visait « tout ce qui garnit la maison louée » sans se référer à l'appartenance de ces meubles au locataire, il a été jugé :

- que ce privilège portait sur tous les meubles garnissant la maison, même si ces meubles appartenaient à des tiers, sauf si ceux-ci démontraient que le bailleur connaissait l'origine des meubles au moment de leur introduction dans l'immeuble[1] ;

- que la connaissance ultérieure par le bailleur du droit de propriété de ce tiers est indifférente[2] ;

- qu'il ne pouvait être reproché au bailleur de ne pas avoir procédé à des vérifications quant à l'identité du propriétaire des meubles[3].

Tout désormais se résume au point de savoir si le locataire est, ou non, propriétaire des meubles garnissant les lieux loués.

141.13 Privilège et sous-location. En cas de sous-location non autorisée[4], que le bailleur principal peut faire valoir son privilège sur les meubles du sous-locataire, non seulement pour le prix de la sous-location (conformément à l'art. 1753, C. civ.), mais encore pour tous les loyers échus ou à échoir dus par le locataire principal[5].

141.14 Privilège et clause relative aux meubles meublant. Par ailleurs, l'article 1752 du code civil précise que « le locataire qui ne garnit pas la maison de meubles suffisants, peut être expulsé, à moins qu'il ne donne des sûretés capables de répondre du loyer ». Ainsi, le bailleur peut-il faire insérer dans le bail une clause imposant au locataire de garnir les lieux loués de meubles suffisants.

141.15 Ordre des créanciers. Aux termes de l'article 2332-1 du code civil, sauf dispositions contraires, les privilèges spéciaux priment les privilèges généraux.

Quant à l'article 2332-3 du même code, il précise notamment que les privilèges spéciaux du bailleur d'immeuble, du conservateur et du vendeur de meuble s'exercent dans l'ordre qui suit :

1° le privilège du conservateur, lorsque les frais de conservation sont postérieurs à la naissance des autres privilèges ;

2° le privilège du bailleur d'immeuble, qui ignorait l'existence des autres privilèges ;

3° le privilège du conservateur, lorsque les frais de conservation sont antérieurs à la naissance des autres privilèges ;

4° le privilège du vendeur de meuble ;

5° le privilège du bailleur d'immeuble, qui connaissait l'existence des autres privilèges.

À noter également qu'aux termes de l'article 2332-4 du code civil, dans sa rédaction issue de l'ordonnance du 15 septembre 2021 portant réforme du droit des sûretés, sauf loi spéciale, le droit de préférence conféré par le gage s'exerce au rang du privilège du bailleur d'immeuble.

1. Civ. 1re, 12 mai 1969, P I, n° 176 ; *D.* 1970. 43, note P. Malinvaud – Civ. 3e, 24 juin 2009, n° 08-14.357, P III, n° 154 ; *D.* 2009. AJ 1888, obs. Prigent ; *ibid.* 2010. Pan. 1168, spéc. 1173, obs. N. Damas ; *AJDI* 2010. 127, note V. Zalewski – Com. 16 nov. 2010, n° 09-70.765, P IV, n° 178 ; *AJDI* 2011. 356, obs. N. Damas.
2. Civ. 3e, 4 févr. 1976, n° 74-13.586, P III, n° 47.
3. Orléans, 9 mars 1978, *JurisData* 761565, *Loyers ferm.* 1979, 138 ; *JCP N* 1980. II. 256.
4. Sur cette question, v. ss nos 325.21 et 323.11 s.
5. Cass., Req., 11 avr. 1892, *D.* 1892. 1. 345, rapport Loubers, concl. Reynaud, note de Loynes.

CHAPITRE

142. Dépôt de garantie

SECTION 0 ORIENTEUR

142.00 Sommaire du chapitre.

Division. Il convient d'étudier le cas où un dépôt de garantie peut être prévu (sect. 1), la détermination du montant du dépôt de garantie (sect. 2) et les règles applicables à la restitution du dépôt de garantie (sect. 3).

142.01 Principaux textes applicables.

TEXTES SOURCES

• **L. n° 89-462, 6 juill. 1989,** art. 22.

TEXTES *IN EXTENSO*

• **L. 6 juill. 1989,** art. 22

Lorsqu'un dépôt de garantie est prévu par le contrat de location pour garantir l'exécution de ses obligations locatives par le locataire, il ne peut être supérieur à un mois de loyer en principal. Au moment de la signature du bail, le dépôt de garantie est versé au bailleur directement par le locataire ou par l'intermédiaire d'un tiers.

Un dépôt de garantie ne peut être prévu lorsque le loyer est payable d'avance pour une période supérieure à deux mois ; toutefois, si le locataire demande le bénéfice du paiement mensuel du loyer, par application de l'article 7, le bailleur peut exiger un dépôt de garantie.

Il est restitué dans un délai maximal de deux mois à compter de la remise en main propre, ou par lettre recommandée avec demande d'avis de réception, des clés au bailleur ou à son mandataire, déduction faite, le cas échéant, des sommes restant dues au bailleur et des sommes dont celui-ci pourrait être tenu, aux lieu et place du locataire, sous réserve qu'elles soient dûment justifiées. À cette fin, le locataire indique au bailleur ou à son mandataire, lors de la remise des clés, l'adresse de son nouveau domicile.

Il est restitué dans un délai maximal d'un mois à compter de la remise des clés par le locataire lorsque l'état des lieux de sortie est conforme à l'état des lieux d'entrée, déduction faite, le cas échéant, des sommes restant dues au bailleur et des sommes dont celui-ci pourrait être tenu, en lieu et place du locataire, sous réserve qu'elles soient dûment justifiées.

Lorsque les locaux loués se situent dans un immeuble collectif, le bailleur procède à un arrêté des comptes provisoire et peut, lorsqu'elle est dûment justifiée, conserver une provision ne pouvant excéder 20 % du montant du dépôt de garantie jusqu'à l'arrêté annuel des comptes de l'immeuble. La régularisation définitive et la restitution du solde, déduction faite, le cas échéant, des sommes restant dues au bailleur et des sommes dont celui-ci pourrait être tenu en lieu et place du locataire, sont effectuées dans le mois qui suit l'approbation définitive des comptes de l'immeuble. Toutefois, les parties peuvent amiablement convenir de solder immédiatement l'ensemble des comptes.

Le montant de ce dépôt de garantie ne porte pas intérêt au bénéfice du locataire. Il ne doit faire l'objet d'aucune révision durant l'exécution du contrat de location, éventuellement renouvelé.

À défaut de restitution dans les délais prévus, le dépôt de garantie restant dû au locataire est majoré d'une somme égale à 10 % du loyer mensuel en principal, pour chaque période mensuelle commencée en retard. Cette majoration n'est pas due lorsque l'origine du défaut de restitution dans les délais résulte de l'absence de transmission par le locataire de l'adresse de son nouveau domicile.

En cas de mutation à titre gratuit ou onéreux des locaux loués, la restitution du dépôt de garantie incombe au nouveau bailleur. Toute convention contraire n'a d'effet qu'entre les parties à la mutation.

142.02 Jurisprudence de référence.

• **Civ. 3e, 5 févr. 2003,** n° 01-01.398, P III, n° 29

* V. s[s] n° 142.74

Doit être cassé l'arrêt qui rejette la demande du locataire en restitution du montant de dépôt de garantie, cette demande étant jugée prématurée, le bail stipulant que ce dépôt de garantie ne doit être rendu qu'après déduction des sommes restant dues au bailleur et qu'il appartient aux parties de faire leurs comptes, alors que la cour devait préciser à quel titre des sommes auraient été encore dues au bailleur.

Admettant *a contrario* que le montant du dépôt de garantie que le bailleur doit restituer au locataire a vocation à être augmenté des sommes dont il peut être tenu (dans une affaire où il a été reconnu que le locataire sortant pouvait, sur le fondement de l'enrichissement sans cause, réclamer au nouveau preneur le remboursement du combustible laissé dans la cuve à son départ, dès lors que le volume de gaz restant n'a pas été payé par le locataire pour le compte du bailleur) : Civ. 3e, 29 nov. 2006, n° 05-12.574, P III, n° 239.

• **Civ. 3e, 17 nov. 2016,** n° 15-24.552, P III, n° 156

* V. s[s] n° 142.82

La loi nouvelle régissant immédiatement les effets légaux des situations juridiques ayant pris naissance avant son entrée en vigueur et non définitivement réalisées, la majoration du dépôt de garantie prévue par la loi du 24 mars 2014 s'applique à la demande de restitution formée après l'entrée en vigueur de ce texte.

142.03 Bibliographie indicative.

Annuel. LAMY DR. IMMO, n°s 5955 s.

Encyclopédies. RÉP. CIV., V[is] *Bail*, par C. Aubert de Vincelles, C. Noblot, n° 134 ; *Bail d'habitation et mixte : rapports locatifs individuels – Loi du 6 juillet 1989*, N. Damas, n°s 185 s. – DICT. PERM. Gestion immob., V° *Baux d'habitation et mixtes*, n° 302.

Ouvrages. E. Debaussart-Joniec, S. Fraîche-Dupeyrat et Ph. Pelletier, *Les baux d'habitation après la loi Élan*, 3e éd., « Actualité », 2019, LexisNexis – J. Lafond, B. Vial-Pedroletti, *Les baux d'habitation*, 8e éd., « Droit et professionnels », LexisNexis, 2017, n°s 739 à 744, 1490 s. – Ph. Pelletier (dir.), *Traité des baux d'habitation et professionnels*, « Référence juridique », Le Moniteur, 2021.

142.05 Dépôt versé par le locataire ou par un tiers. Les parties peuvent convenir qu'à l'occasion de son entrée dans les lieux, le preneur sera tenu de verser un dépôt de garantie[1]. L'objet du dépôt de garantie est de « garantir l'exécution de ses obligations locatives par le locataire »[2].

Parce qu'il n'est plus rare que le dépôt de garantie soit versé au bailleur, non pas par le locataire lui-même, mais par un tiers (dans le cadre de l'avance LOCA-PASS® d'Action Logement[3] ou du FSL, notamment), la loi du 8 février 2008[4] prévoit désormais expressément[5] que, « au moment de la signature du bail, le dépôt de garantie est versé au bailleur directement par le locataire ou par l'intermédiaire d'un tiers »[6].

SECTION 1
CAS OÙ UN DÉPÔT DE GARANTIE PEUT ÊTRE PRÉVU

142.11 Interdiction exceptionnelle. Un dépôt de garantie peut être prévu dans tous les cas, hormis l'hypothèse où « le loyer est payable d'avance pour une période supérieure à deux mois »[7]. Lorsque, comme dans la très grande majorité des cas, le loyer d'un bail d'habitation sera à payer tous les mois, le bailleur sera donc en droit d'insérer une clause contractuelle instaurant un dépôt de garantie.

De surcroît, la loi ajoute que si le locataire, lié par un contrat prévoyant un loyer payable d'avance pour une période de plus de deux mois, demande à bénéficier des dispositions de l'article 7 *a, in fine* en vertu desquelles « le paiement mensuel est de droit lorsque le locataire en fait la demande »[8], le bailleur peut alors exiger un dépôt de garantie[9]. En définitive, les cas d'interdiction de prévoir un dépôt de garantie vont, en pratique, être très rares.

SECTION 2
DÉTERMINATION DU MONTANT DU DÉPÔT DE GARANTIE

142.21 Maximum autorisé. Depuis la loi du 8 février 2008 pour le pouvoir d'achat, le dépôt de

1. Précisant que le Gouvernement porte sa réflexion sur l'éventualité de sanctuariser les dépôts de garantie par la création d'un nouveau dispositif permettant que la garantie locative soit déposée sur un compte ouvert auprès d'une institution financière, au nom du locataire et déblocable d'un commun accord entre le locataire et le bailleur : Rép. min. n° 72555, *JOAN Q,* 11 avr. 2017, p. 2973 ; *AJDI* 2017. 479.
2. L. n° 89-462, 6 juill. 1989, art. 22, al. 1er – Précisant que le dépôt de garantie a notamment pour objet de garantir le paiement du loyer : Civ. 3e, 8 avr. 2021, n° 19-23.343, P ; *D.* 2021. 742 ; *D. actu.* 16 avr. 2021, obs. Y. Rouquet.
3. Il s'agit d'une avance sans frais de 1 200 euros maximum, quel que soit le montant du dépôt de garantie exigé. Concernant les conditions d'éligibilité et le régime applicable à cette avance : https ://www.actionlogement.fr/l-avance-loca-pass
4. L. n° 2008-111, 8 févr. 2008 pour le pouvoir d'achat, *JO* 9 févr.
5. L. n° 89-462, 6 juill. 1989, art. 22.
6. TOUTEFOIS, cet ajout n'était pas nécessaire compte tenu de l'art. 1236 du code civil : N. Damas, *AJDI* 2008. 174, spéc. p. 177.
7. L. n° 89-462, 6 juill. 1989, art. 22, al. 2.
8. V. s[s] n° 231.21.
9. L. n° 89-462, 6 juill. 1989, art. 22, al. 2.

garantie ne peut être supérieur à un mois de loyer en principal (contre deux mois auparavant) [1], c'est-à-dire hors charges (v. aussi : L. 6 juill. 1989, art. 4 *o*, issu L. 13 juill. 2006 [2], qui répute non écrite la clause imposant au locataire le versement, lors de l'entrée dans les lieux, de sommes d'argent en plus de celles prévues aux articles 5 et 22) [3].

On précisera que cette réduction de deux à un mois ne concerne que les baux conclus à compter de la publication de la loi du 8 février 2008, soit à partir du 9 février 2008 [4].

Et le locataire titulaire d'un bail en cours qui avait versé un dépôt de garantie équivalent à deux mois de loyers ne peut s'en prévaloir pour demander le remboursement d'un mois [5].

Il s'agit d'un maximum qui ne saurait jamais être dépassé. En conséquence, le locataire ayant déjà versé le montant maximum admis par le texte ne peut être contraint à s'acquitter d'un versement supplémentaire entre les mains d'un prestataire, au titre de charges récupérables [6]... ou à défaut de caution bancaire [7]. Par ailleurs, une demande de remboursement de la fraction dépassant le maximum autorisé sera couronnée de succès [8].

142.22 Logements non visés par la réforme du 8 février 2008. Cependant, en application de l'article 40 de la loi de 1989, les dispositions de l'article 22, alinéa 1er, relatives au maximum autorisé, ne sont pas applicables à certaines catégories de logements [9].

Il s'agit :

- des logements de la loi de 1948 [10] dont l'article 75 prévoit que « les loyers payés d'avance, sous quelque forme que ce soit et même à titre de garantie, ne peuvent excéder une somme correspondant à deux mois de loyer pour les locations faites au mois et au quart du loyer annuel pour les autres cas » [11] ;

- des logements HLM conventionnés, pour lesquels le montant du dépôt de garantie est limité à un mois en vertu de la convention type annexée à l'article R. 353-1 du code de la construction et de l'habitation [12] ;

- des logements HLM non conventionnés, à l'égard desquels les dispositions de l'article 75 de la loi de 1948 vont recevoir application [13] ;

- des logements conventionnés du secteur privé pour lesquels le code de la construction et de l'habitation prévoit [14] que « les conventions fixent les conditions dans lesquelles il est demandé au locataire, lors de la signature du bail un cautionnement [dépôt de garantie], qui peut être au plus équivalent à deux mois de loyer en principal, révisable en fonction de l'évolution de celui-ci. Elles fixent également les conditions dans lesquelles ce cautionnement (dépôt de garantie) lui est restitué à son départ ».

142.23 Caractéristiques des sommes versées. Le texte [15] indique expressément que ce dépôt de garantie n'est ni révisable au profit du bailleur (en fonction de l'indice du coût de la construction, par exemple) [16] et ce, même à l'occasion d'un renouvellement de bail [17], ni, à l'inverse, productif d'intérêts au bénéfice du locataire (on ne peut bien évidemment pas interdire au bailleur de placer la somme ainsi récoltée sur un compte rémunéré) [18].

L'interdiction de comptabiliser des intérêts connaît cependant une exception et un tempérament.

L'exception est relative aux logements conventionnés puisque la convention qui leur est applicable peut prévoir la révision du dépôt de garantie [19]. Curieusement, l'article 40 de la loi de 1989 ne prévoit, pour les logements conventionnés, que l'exclusion de l'alinéa 1er de l'article 22 (relatif au montant maximal du dépôt de garantie), alors que l'interdiction de réviser le dépôt de garantie (qui fait l'objet d'un alinéa spécial, le 4 *e*), n'est pas visée [20].

Le tempérament concerne l'hypothèse du bailleur qui ne restitue pas les fonds dans le délai légal [21].

1. L. n° 89-462, 6 juill. 1989, art. 22, al. 1er.
2. L. n° 2006-872, 13 juill. 2006 portant engagement national pour le logement, *JO* 16 juill., p. 10662.
3. Jugeant que la clause prévoyant un montant supérieur à un mois de loyer est sans effet, mais elle n'affecte pas la validité du bail : Versailles, 13 sept. 2018, n° 18/00397, *Loyers et copr.* 2018, n° 221, obs. B. Vial-Pedroletti.
4. L. n° 2008-111, 8 févr. 2008, art. 10, II.
5. Rép. min. n° 32932 : *JOAN Q* 17 mars 2009 ; *AJDI* 2009. 393.
6. Toulouse, 17 nov. 1998, n° 97/04100, *Loyers et copr.* 2000, n° 38, obs. B. Vial-Pedroletti.
7. Paris, 11 mars 2004, n° 2002/16551, *AJDI* 2004. 458 ; *JCP* 2004. IV. 2439.
8. Paris, 20 mars 2008, n° 07/03329, *AJDI* 2008. 591.
9. V. ss nos 022.51 s.
10. L. n° 48-1360, 1er sept. 1948 portant modification et codification de la législation relative aux rapports des bailleurs et locataires ou occupants de locaux d'habitation ou à usage professionnel et instituant des allocations de logement, *JO* 2 sept., p. 8659.
11. V. ss n° 022.101.
12. V. ss nos 632.31 s.
13. CCH, art. L. 442-6 (v. ss nos 022.91 et 632.32).
14. CCH, art. R. 353-43.
15. L. n° 89-462, 6 juill. 1989, art. 22, al. 4.
16. Rép. min., *JOAN Q* 25 avr. 1983 (loi de 1982), p. 1942 ; *Ann. loyers* 1983. 511.
17. Paris, 10 mai 1990, n° 89/2583, *Loyers et copr.* 1990, n° 287 (loi de 1986) – Paris, 21 juin 2001, n° 2000/06260, *Loyers et copr.* 2002, n° 3, obs. B. Vial-Pedroletti.
18. Rép. min. n° 13785, *JOAN Q* 9 mai 1996, p. 1143.
19. V. ss n° 142.22.
20. V. ss n° 022.94.
21. V. ss n° 142.81 s.

SECTION 3
RÈGLES APPLICABLES À LA RESTITUTION DU DÉPÔT DE GARANTIE

142.30 **Plan.** Seront successivement envisagés les sommes à restituer (§ 1), la responsabilité exclusive du bailleur quant à la restitution du dépôt de garantie (§ 2), la personne ayant qualité pour demander la restitution (§ 3), le délai de restitution (§ 4), la sanction en cas de non-respect du délai (§ 5) et l'hypothèse de litige (§ 6).

§ 1
Sommes à restituer

142.41 **Déductions que peut faire le bailleur.** Le dépôt de garantie sera restitué au locataire en fin de bail « déduction faite, le cas échéant, des sommes restant dues au bailleur et des sommes dont celui-ci pourrait être tenu, aux lieu et place du locataire, sous réserve qu'elles soient dûment justifiées »[1].

Les « sommes restant dues au bailleur » visent les éventuels retards ponctuels de loyers et/ou de charges. Attention : il a été jugé, lorsque le locataire se maintient dans les lieux au-delà du terme du bail, et qu'il devient ainsi occupant sans titre, que le bailleur ne peut pas déduire l'indemnité d'occupation du dépôt de garantie[2]. Et c'est logique puisque, alors, les dispositions de la loi de 1989 n'ont plus vocation à s'appliquer.

Les sommes dont le bailleur « pourrait être tenu, aux lieu et place du locataire » correspondent au coût des dégradations et autres défauts d'entretien, frais de remise des lieux en état... Dans tous les cas de figure, le texte précise, ce qui, eu égard aux règles de preuve, tombe d'ailleurs sous le sens, qu'il incombe au bailleur de rapporter la preuve que la déduction qu'il opère est justifiée.

Quant à l'effet de la dévaluation sur le montant à restituer, la Cour de cassation a décidé que les sommes restituées après l'ordonnance l'instaurant[3] devaient être converties de plein droit en nouvelles unités monétaires, quelle que soit la date à laquelle elles ont pris naissance[4]. Transposable au passage du franc à l'euro, cette jurisprudence reste d'actualité.

142.42 **Éventualité d'une restitution d'un montant supérieur.** Une décision de la Cour de cassation du 29 novembre 2006[5] semble admettre *a contrario* que le montant du dépôt de garantie que le bailleur doit restituer a vocation à être augmenté des sommes dont il peut être tenu envers le locataire. En l'occurrence, le locataire sortant demandait au preneur lui ayant succédé de lui payer le coût du combustible restant dans la cuve à son départ. Au motif que le demandeur avait la possibilité d'actionner le bailleur en restitution du dépôt de garantie, il a été débouté par les juges du fond (l'action fondée sur l'enrichissement sans cause étant subsidiaire). Cette décision est censurée par la Haute juridiction qui valide l'action du locataire sortant envers le nouvel occupant. Cette censure intervient au motif que le prix du combustible restant n'avait, en l'occurrence, pas été acquitté par le locataire sortant pour le compte de son bailleur.

Cette motivation a de quoi surprendre, la finalité assignée au versement prévu à l'article 22 de la loi se limitant à instaurer, en faveur du bailleur, une garantie quant à « l'exécution de ses obligations locatives par le locataire ». C'est tellement vrai que le texte n'envisage d'ailleurs que la diminution du montant à restituer.

142.43 **Pratiques interdites.** La pratique consistant, pour le locataire, à ne pas payer ses deux derniers mois de loyer[6] ou, en cours de bail, à se dispenser d'acquitter deux termes[7] est interdite.

Par ailleurs, le bail ne peut pas prévoir l'attribution intégrale et automatique du dépôt de garantie en cas de mise en œuvre de la clause résolutoire ou en cas de non-respect des délais de préavis. Une telle clause serait nulle[8].

§ 2
Responsabilité exclusive du bailleur quant à la restitution du dépôt de garantie

142.51 **Obligation du bailleur actuel.** Seul le bailleur est responsable de la restitution des sommes

1. L. n° 89-462, 6 juill. 1989, art. 22, al. 3 – Précisant qu'Il incombe au bailleur de justifier des sommes lui restant dues qui viendraient en déduction du montant du dépôt de garantie : Civ. 3e, 15 févr. 2012, n° 11-13.014, P III, n° 28 ; *D.* 2012. Actu. 553 ; *AJDI* 2012. 518, note N. Damas – AUSSI : Civ. 3e, 1er févr. 2011, n° 10-11.603, NP, *AJDI* 2011. 448, obs. Dreveau.
2. Civ. 3e, 28 sept. 2004, n° 03-14.870, NP, *AJDI* 2005. 307, obs. V. Zalewski.
3. EN L'OCCURRENCE : ord. n° 58-1341, 27 déc. 1958, *JO* 28 déc., p. 11935.
4. Civ. 3e, 21 juill. 1999, n° 97-20.478, P III, n° 183 ; *JCP* 1999. II. 10223, obs. A. Bénabent.
5. Civ. 3e, 29 nov. 2006, n° 05-12.574, P III, n° 239 ; *D.* 2006. IR 3010 ; *AJDI* 2007. 391, note Y. Rouquet.
6. Civ. 3e, 5 oct. 1999, n° 98-10.162, NP, *AJDI* 1999. 1164 ; *Administrer* janv. 2001. 32, obs. P. Canu – TI Laon, 6 mars 1995, *JCP N* 1996. II, n° 311, note Gallet.
7. Lyon, 17 oct. 1995, n° 94/03284, *Loyers et copr.* 1996, n° 158.
8. Rennes, 22 janv. 1998, n° 9405228, *BICC* 1998, n° 1153.

dues, à l'exclusion de l'agent immobilier à qui il aurait confié un mandat de gestion[1].

Depuis la loi du 25 mars 2009[2], le dernier alinéa de l'article 22 de la loi de 1989 précise que, en cas de mutation à titre gratuit ou onéreux des locaux loués, la restitution du dépôt de garantie incombe « au nouveau bailleur »[3]. Toute convention contraire n'a d'effet qu'entre les parties à la mutation.

Dans l'hypothèse du décès du bailleur, en vertu des articles 1012 et 1024 du code civil, le locataire pourra réclamer le remboursement du dépôt de garantie à l'héritier universel ou à titre universel[4], mais non à son ayant cause particulier[5].

§ 3
Personne ayant qualité pour demander la restitution

142.61 Locataire : bénéficiaire exclusif de la restitution. Il s'agit bien évidemment du locataire.

Cela vaut aussi lorsque le dépôt de garantie a été versé, non pas directement par le preneur, mais, pour son compte, par le fonds de solidarité pour le logement (FSL). Seule une stipulation expresse entre le locataire et le FSL pourrait déroger à cette règle[6].

§ 4
Délai de restitution

142.71 Évolution de la législation. En la matière, la loi du 24 mars 2014, dite loi Alur, a changé les règles.

1. Civ. 3e, 16 juin 1999, nº 97-19.396, NP, *AJDI* 1999. 816 – Civ. 3e, 16 mai 2000, nº 98-21.005, NP, *Administrer* oct. 2001, p. 54, obs. Canu – Civ. 1re, 12 juill. 2005, nº 03-20.063, NP, *AJDI* 2005. 899, obs. F. de La Vaissière – Civ. 3e, 23 juin 2009, nº 08-13.938, NP, *AJDI* 2010. 36, note Dreveau – Civ. 1re, 19 déc. 2013, nº 12-22.202, NP, *AJDI* 2014. 277 ; *Loyers et copr.* 2014, nº 42, obs. B. Vial-Pedroletti ; Civ. 3e, 26 nov. 2014, nº 13-24.351, NP, *Loyers et copr.* 2015, nº 9, obs. B. Vial-Pedrolett.
2. L. nº 2009-323, 25 mars 2009 de mobilisation pour le logement et la lutte contre l'exclusion, *JO* 27 mars – SUR CETTE LOI : Damas, *AJDI* 2009. 274 ; *D.* 2010. Pan. 1168, spéc. 1177 ; Lafond, *JCP N* 2009, nº 1136 ; Canu, *Loyers et copr.* 2009. 262 ; Raclet, *Administrer* août-sept. 2009. 7.
3. EN SENS CONTRAIRE précédemment : Douai, 6 févr. 1992, nº 514/91, *BICC* 1992, nº 1494 – AUSSI : Rép. min. nº 17744, *JO Sénat* 7 juill. 2005, p. 1838 ; *AJDI* 2006. 151, obs. Y. Rouquet.
4. Rép. min. nº 17744, *JO Sénat* 7 juill. 2005, p. 1838 ; *AJDI* 2006. 151, obs. Y. Rouquet.
5. Civ. 3e, 25 févr. 2004, nº 02-16.589, P III, nº 37 ; *AJDI* 2004. 379, obs. Y. Rouquet ; *D.* 2004. IR 731.
6. Civ. 3e, 14 juin 2006, nº 05-13.784, P III, nº 146 ; *D.* 2006. IR 1769 ; *AJDI* 2007. 37, note V. Zalewski ; *Loyers et copr.* 2006. 406, obs. Canu.

142.72 Délai réglementaire de deux mois. La restitution de tout ou partie du dépôt de garantie doit intervenir « dans un délai maximal de deux mois à compter de la restitution des clés par le locataire »[7].

Depuis la modification de l'article 22 de la loi du 6 juillet 1989 par la loi du 24 mars 2014, dite loi Alur :

– le point de départ du délai de deux mois court à compter de la remise en main propre, ou par lettre recommandée avec demande d'avis de réception, des clés au bailleur ou à son mandataire ;

– dans la perspective de cette restitution, le locataire indique au bailleur ou à son mandataire, lors de la remise des clés, l'adresse de son nouveau domicile ;

– le délai maximal de restitution est abaissé à un mois compter de la remise des clés par le locataire lorsque l'état des lieux de sortie est conforme à l'état des lieux d'entrée, déduction faite, le cas échéant, des sommes restant dues au bailleur et des sommes dont celui-ci pourrait être tenu, en lieu et place du locataire, sous réserve qu'elles soient dûment justifiées.

142.73 Justification des sommes déduites – Délai. On précisera qu'aucun texte ne fait obligation au bailleur de justifier dans ce délai de deux mois des sommes qu'il entend déduire du montant du dépôt de garantie[8].

Sous l'empire de l'ancienne législation, il avait été remarqué que, si le point de départ légal de ce délai est la date de la remise des clés[9], en pratique, il est très difficile, voire impossible, pour le bailleur, de respecter la lettre du texte. Celui-ci s'accommode en effet mal des règles de gestion (arrêté de comptes à date fixe, envoi du décompte de charges par le syndic une fois par an...). Qui plus est, l'article 22, alinéa 3, de la loi de 1989 contenait une contradiction puisque, d'une part, il enfermait la restitution du dépôt de garantie dans un délai très strict, mais, d'autre part, il exigeait du bailleur qu'il ne retienne que les sommes dûment justifiées. Or, la justification en question est susceptible d'intervenir hors délai.

142.74 Prolongement du délai par les juges et par le pouvoir législatif. Prenant certaines libertés avec le texte, la jurisprudence a d'ailleurs prolongé le

7. L. nº 89-462, 6 juill. 1989, art. 22, al. 3 – Précisant que ce point de départ court à compter de la remise des clés au bailleur *ou à son mandataire* : Civ. 3e, 14 nov. 2019, nº 18-17.729, NP, *AJDI* 2020. 288, obs. de Plater ; *Rev. prat. rec.* 2020. 31, chron. Gantschnig.
8. Civ. 3e, 8 déc. 2009, nº 08-20.340, NP, *AJDI* 2010. 387, obs. Dreveau ; *Administrer* juin 2010. 46, obs. Canu.
9. Civ. 3e, 16 juill. 1998, nº 95-20.683, NP, *Administrer* juill. 1999, p. 38, obs. Canu.

délai de restitution[1], ce, avec l'assentiment de l'administration[2].

Tirant les enseignements de ce qui précède, le législateur de 2014 (loi du 24 mars 2014, dite loi Alur) a modifié l'article 22 qui précise que lorsque le logement est situé dans un immeuble collectif, le bailleur procède à un arrêté des comptes provisoire et peut, lorsqu'elle est dûment justifiée, conserver une provision ne pouvant excéder 20 % du montant du dépôt de garantie jusqu'à l'arrêté annuel des comptes de l'immeuble. La régularisation définitive et la restitution du solde, déduction faite, le cas échéant, des sommes restant dues au bailleur et des sommes dont celui-ci pourrait être tenu en lieu et place du locataire, sont effectuées dans le mois qui suit l'approbation définitive des comptes de l'immeuble[3].

Le texte permet toutefois aux parties de solder amiablement et immédiatement l'ensemble des comptes.

§ 5
Sanction en cas de non-respect du délai de restitution

142.81 **Intérêts au profit du locataire sortant.** Là encore, il y a un avant et un après la loi du 24 mars 2014, dite loi Alur.

En effet, sous l'empire de l'article 22 de la loi de 1989 dans sa rédaction antérieure, en cas de non-respect du délai de deux mois, « le solde du dépôt de garantie restant dû au locataire, après arrêté des comptes [c'est-à-dire, déduction faite de ce que le preneur reste devoir au bailleur], produisait intérêt au taux légal au profit du locataire »[4]. Et il a été jugé qu'il n'entre pas dans les prérogatives du juge de doubler cette « pénalité »[5].

1. Civ. 3e, 18 mars 1992, no 90-11.763, P III, no 93 ; *D.* 1993. Somm. 175, obs. Bihr ; *Administrer* oct. 1992, p. 79, note Aubert, [loi de 1986] – Civ. 3e, 5 févr. 2003, no 01-01.398, P III, no 29 ; *AJDI* 2003. 414, obs. Y. Rouquet – TI Boissy-Saint-Léger, 21 juin 1984, *D.* 1985. IR 291, obs. C. Giverdon, [loi de 1982].
2. Rép. min. no 40363, *JOAN Q* 20 mars 2000, p. 1878 ; *Administrer* mai 2000, p. 65 – Rép. min. no 4514, *JOAN Q* 18 nov. 2002, p. 4297 ; *Administrer* janv. 2003. 119 – AUSSI : Rép. min. no 5956, *JOAN Q* 24 févr. 2003, p. 1417 ; *AJDI* 2003. 420, obs. Y. Rouquet ; – Rép. min. no 30815, *JOAN Q* 16 mars 2004, p. 2063, *AJDI* 2001. 642, obs. Y. Rouquet ; – Rép. min. no 85014, *JOAN Q* 20 juin 2006, p. 6578.
3. POUR une illustration pratique : Civ. 3e, 31 mai 2018, no 17-18.069, P III, no 55 ; *D.* 2018. 1207 ; *ibid.* 2019. Pan. 1129, spéc. 1134, obs. N. Damas ; *D. actu.* 12 juin 2018, obs. Dreveau ; *AJDI* 2019. 212, obs. N. Damas.
4. L. no 89-462, 6 juill. 1989, art. 22, al. 5.
5. Civ. 3e, 19 mai 2010, no 09-13.426, NP, *AJDI* 2010. 728, note V. Zalewski – Sur le point de départ à retenir pour calculer ce délai de deux mois, v. ss no 142.72.

142.82 **Intérêts au profit du locataire sortant – Loi Alur.** Dans sa rédaction issue de la loi du 24 mars 2014, dite loi Alur, l'article 22 précise désormais que, à défaut de restitution dans les délais prévus, le dépôt de garantie restant dû au locataire est majoré d'une somme égale à 10 % du loyer mensuel en principal, pour chaque période mensuelle commencée en retard[6].

Toutefois, cette majoration n'est pas due lorsque l'origine du défaut de restitution dans les délais résulte de l'absence de transmission par le locataire de l'adresse de son nouveau domicile.

Par ailleurs, il a été jugé que la majoration prévue ne se cumule pas avec les intérêts moratoires au taux légal fixés par l'article 1153, alinéa 3, du code civil (dans sa rédaction antérieure à celle issue de l'ordonnance du 10 février 2016), et ne produit intérêt qu'à compter du jugement la liquidant[7].

La question de l'application dans le temps des dispositions issues de la loi Alur du 24 mars 2014 s'est posée.

En effet, aux termes de l'article 14 de ce texte, la nouvelle rédaction ne vaut pas pour les contrats en cours à la date d'entrée en vigueur de la loi de 2014 (le 27 mars 2014).

Pourtant, la Cour de cassation a été amenée à préciser que la loi nouvelle régissant immédiatement les effets légaux des situations juridiques ayant pris naissance avant son entrée en vigueur et non définitivement réalisées, la majoration du dépôt de garantie prévue par la loi du 24 mars 2014 s'applique à la demande de restitution formée après l'entrée en vigueur de ce texte[8].

6. Déclarant cette sanction conforme à la Constitution aux motifs, *d'une part*, que la majoration est versée au locataire lésé et qu'elle ne peut se cumuler avec les intérêts moratoires au taux légal (en l'instaurant, le législateur a entendu compenser le préjudice résultant pour le locataire du défaut ou du retard de restitution du dépôt de garantie et favoriser un règlement rapide des nombreux contentieux qui en découlent) *et, d'autre part*, qu'en prévoyant une majoration forfaitaire, le législateur s'est fondé sur un élément en lien avec l'ampleur du préjudice, dans la mesure où le montant du loyer mensuel est pris pour référence comme plafond du dépôt de garantie, et a pris en compte la durée de ce préjudice : Cons. const. 22 févr. 2019, no 2018-766 QPC, *Majoration du dépôt de garantie restant dû à défaut de restitution dans les délais prévus*, CONFORMITÉ, *JO* 23 févr. 2019 ; *D.* 2019. 429 ; *ibid.* Pan. 1129, spéc. 1134, obs. N. Damas.
7. Civ. 3e, 15 nov. 2018, no 17-26.986, P ; *D.* 2018. 2232 ; *ibid.* 2019. Pan. 1129, spéc. 1134, obs. N. Damas ; *D. actu.* 10 déc. 2018, obs. Ghiglino ; *AJDI* 2019. 536, obs. F. de La Vaissière.
8. Civ. 3e, 17 nov. 2016, no 15-24.552, P III, no 156 ; *D.* 2016. 2399 ; *ibid.* Pan. 1149, spéc. 1152 ; *D. actu.*, 24 nov. 2016, obs. Y. Rouquet – AUSSI, à propos de cet arrêt : F. de La Vaissière, « Mesures transitoires des lois ALUR, Pinel et Macron : la Cour de cassation persiste et signe ! », *AJDI* 2017. 157.

On notera toutefois que, depuis l'entrée en vigueur, de la loi du 6 août 2015[1] (le 8 août 2015), l'article 22 de la loi de 1989 dans sa version post-Alur est expressément déclaré applicable aux baux en cours.

§ 6
En cas de litige

142.91 **Compétence du juge judiciaire.** À compter du 1er juillet 2017, date de l'entrée en vigueur de la suppression des juridictions de proximité, le contentieux relatif à la restitution du dépôt de garantie relève de la compétence du tribunal d'instance puis, en application de la loi du 23 mars 2019 « programmation 2018-2022 et réforme pour la justice »[2] et de ses textes d'application, à compter du 1er janvier 2020, du juge judiciaire du lieu de situation de l'immeuble, et non plus, comme par le passé, successivement du juge de proximité et de la juridiction de proximité[3].

Plus précisément le juge compétent est le juge des contentieux de la protection (JCP), qui est un magistrat du tribunal judiciaire connaissant « des actions dont un contrat de louage d'immeubles à usage d'habitation ou un contrat portant sur l'occupation d'un logement est l'objet, la cause ou l'occasion »[4].

1. L. n° 2015-990, 6 août 2015, art. 82, II, en vigueur le 8 août 2015.
2. L. n° 2019-222, 23 mars 2019 de programmation 2018-2022 et de réforme pour la justice, *JO* 24 mars, n° 2.
3. Sur la disparition de ces juridictions et sur le droit transitoire applicable, v. ss nos 821.31 s.
4. COJ, art. L. 213-4-4.

CHAPITRE

143. Garantie autonome

SECTION 0
ORIENTEUR

143.00 **Sommaire du chapitre.**

143.01 **Principaux textes applicables.**

TEXTES SOURCES

• **L. n° 89-462, 6 juill. 1989,** art. 22-1-1.

TEXTES *IN EXTENSO*

• **L. 6 juill. 1989,** art. 22-1-1

La garantie autonome prévue à l'article 2321 du code civil ne peut être souscrite qu'en lieu et place du dépôt de garantie prévu à l'article 22 et que dans la limite du montant résultant des dispositions du premier alinéa de cet article.

143.03 **Bibliographie indicative.**

Annuel. LAMY DR. IMMO, n° 5960.

Encyclopédies. RÉP. CIV., *V° Bail d'habitation et mixte : rapports locatifs individuels – Loi du 6 juillet 1989*, N. Damas, n° 188 – DICT. PERM. Gestion immob., *V° Baux d'habitation et mixtes*, n°s 153, 304.

SECTION UNIQUE
ÉTUDE D'ENSEMBLE

143.11 **Obligations du garant.** La garantie autonome est définie à l'article 2321 du code civil.

Il s'agit de l'engagement par lequel le garant (personne physique ou morale) s'oblige, en considération d'une obligation souscrite par un tiers, à verser une somme soit à première demande, soit suivant des modalités convenues. Le texte précise par ailleurs que :

- le garant n'est pas tenu en cas d'abus ou de fraude manifestes du bénéficiaire ou de collusion de celui-ci avec le donneur d'ordre ;

- le garant ne peut opposer aucune exception tenant à l'obligation garantie.

Envisageant l'emploi de cette sûreté à la sphère des rapports locatifs soumis à la loi du 6 juillet 1989, l'article 22-1-1 de ce texte, issu de l'ordonnance du 23 mars 2006, précise qu'elle ne peut être souscrite qu'en lieu et place du dépôt de garantie[1] et uniquement dans la limite d'un mois de loyer hors charges. La garantie autonome n'a donc pas vocation à être souscrite en lieu et place du cautionnement.

143.12 **Utilité.** Cette nouvelle sûreté présente des avantages pour les deux cocontractants.

Locataire. Le principal avantage de cette garantie est qu'elle lui permet, lors de son entrée dans les lieux, de ne pas avoir à verser plus qu'un mois de loyer (et encore, uniquement, lorsque le terme est à échoir).

Bailleur. Il pourrait être séduit par la formule, dans la mesure où elle semble condamner la pratique – illégale[2] – consistant, pour le preneur, à ne pas payer les deux derniers mois de loyer, couverts par le montant du dépôt de garantie.

143.13 **Précautions.** Toutefois, les parties au bail qui opteraient pour cette nouvelle garantie devront prendre un soin extrême à la rédaction de leur contrat.

En effet tout d'abord les termes de l'article 2331 du code civil, précisent que, sauf convention contraire, cette sûreté ne suit pas l'obligation garantie. Ainsi, à défaut de stipulation expresse en sens inverse, l'acquéreur du logement (en cas de vente du bien occupé) ou l'héritier du bailleur (dans l'hypothèse du décès de celui-ci) ne sauraient bénéficier de la garantie autonome.

1. Sur cette notion, v. s^s^ n°s 142.05 s.
2. V. s^s^ n° 142.43.

Par ailleurs, une stipulation devra préciser la durée de l'engagement souscrit par le garant (celle-ci ne vaut-elle que pour la durée initiale du bail ou, au contraire, s'étend-elle aux renouvellements et/ou à la période de tacite reconduction ?).

Enfin, on remarquera avec certains auteurs[1] qu'alors qu'en matière de dépôt de garantie, il revient au bailleur dc dûment justifier les sommes réclamées, il appartiendra ici au locataire d'établir qu'il n'est plus redevable à l'égard du bailleur, ce qui correspond à un renversement de la charge de la preuve qui risque de rendre frileux un certain nombre de garants potentiels.

1. V. Zalewski, *Loyers et copr.* 2006, p. 271 s.

CHAPITRE

144. Cautionnement

SECTION 0
ORIENTEUR

144.00 Sommaire du chapitre.

Division. À côté du cautionnement « de droit commun » prévu à l'article 22-1 de la loi de 1989 (sect. 1), les pouvoirs publics ont mis en place le dispositif Visale (sect. 2). Il s'agit d'un cautionnement accordé par Action logement à certains locataires seulement et selon des modalités particulières.

144.01 Principaux textes applicables.

TEXTES SOURCES

• **L. n° 89-462, 6 juill. 1989,** art. 22-1.

C. civ., art. 2297

TEXTES *IN EXTENSO*

• **L. 6 juill. 1989,** art. 22-1

Le cautionnement ne peut pas être demandé, à peine de nullité, par un bailleur qui a souscrit une assurance, ou toute autre forme de garantie, garantissant les obligations locatives du locataire, sauf en cas de logement loué à un étudiant ou un apprenti. Cette disposition ne s'applique pas au dépôt de garantie mentionné à l'article 22.

Si le bailleur est une personne morale autre qu'une société civile constituée exclusivement entre parents et alliés jusqu'au quatrième degré inclus, le cautionnement ne peut être demandé que :

– s'il est apporté par un des organismes dont la liste est fixée par décret en Conseil d'État ;

– ou si le logement est loué à un étudiant ne bénéficiant pas d'une bourse de l'enseignement supérieur.

Lorsqu'un cautionnement pour les sommes dont le locataire serait débiteur dans le cadre d'un contrat de location conclu en application du présent titre est exigé par le bailleur, celui-ci ne peut refuser la caution présentée au motif qu'elle ne possède pas la nationalité française ou qu'elle ne réside pas sur le territoire métropolitain.

Lorsque le cautionnement d'obligations résultant d'un contrat de location conclu en application du présent titre ne comporte aucune indication de durée ou lorsque la durée du cautionnement est stipulée indéterminée, la caution peut le résilier unilatéralement. La résiliation prend effet au terme du contrat de location, qu'il s'agisse du contrat initial ou d'un contrat reconduit ou renouvelé, au cours duquel le bailleur reçoit notification de la résiliation.

La personne physique qui se porte caution signe l'acte de cautionnement faisant apparaître le montant du loyer et les conditions de sa révision tels qu'ils figurent au contrat de location, ainsi que la reproduction de l'avant-dernier alinéa du présent article. La caution doit apposer la mention prévue par l'article 2297 du code civil. Le bailleur remet à la caution un exemplaire du contrat de location. Ces formalités sont prescrites à peine de nullité du cautionnement.

• **C. civ.,** art. 2297

À peine de nullité de son engagement, la caution personne physique appose elle-même la mention qu'elle s'engage en qualité de caution à payer au créancier ce que lui doit le débiteur en cas de défaillance de celui-ci, dans la limite d'un montant en principal et accessoires exprimé en toutes lettres et en chiffres. En cas de différence, le cautionnement vaut pour la somme écrite en toutes lettres.

Si la caution est privée des bénéfices de discussion ou de division, elle reconnaît dans cette mention ne pouvoir exiger du créancier qu'il poursuive d'abord le débiteur ou qu'il divise ses poursuites entre les cautions. À défaut, elle conserve le droit de se prévaloir de ces bénéfices.

La personne physique qui donne mandat à autrui de se porter caution doit respecter les dispositions du présent article.

144.02 Jurisprudence de référence.

• **Cass., Ass. plén., 6 déc. 2004,** n° 03-10.713, P n° 14

* V. s[s] n° 144.46

En cas de vente de l'immeuble donné à bail, le cautionnement garantissant le paiement des loyers est, sauf stipulation contraire, transmis de plein droit au nouveau propriétaire en tant qu'accessoire de la créance de loyer cédée à l'acquéreur par l'effet combiné de l'art. 1743 et des art. 1692, 2013 et 2015 :

• **Com. 8 nov. 2005,** n° 01-12.896, P IV, n° 218

* V. s^s n° 144.47

En cas de fusion-absorption d'une société propriétaire d'un immeuble donné à bail, le cautionnement garantissant le paiement des loyers est, sauf stipulation contraire, transmis de plein droit à la société absorbante.

• **Civ. 3e, 9 juill. 2008,** n° 07-10.926, P III, n° 124

* V. s^s n° 144.54

Les formalités prescrites par l'article 22-1 ne concernent que les cautionnements conclus sous seings privés et non ceux donnés en la forme authentique, avec le concours d'un notaire.

144.03 **Bibliographie indicative.**

Annuel. LAMY DR. IMMO, n°s 5962 s.

Encyclopédies. RÉP. CIV., V^is *Bail*, par C. Aubert de Vincelles, C. Noblot, n° 135 ; *Bail d'habitation et mixte : rapports locatifs individuels – Loi du 6 juillet 1989*, N. Damas, n°s 273 s. – DICT. PERM. Gestion immob., V° *Baux d'habitation et mixtes*, n°s 152 s.

Ouvrages. E. Debaussart-Joniec, S. Fraîche-Dupeyrat, Ph. Pelletier, *Les baux d'habitation après la loi Élan*, 3e éd., « Actualité », 2019, LexisNexis – J. Lafond, B. Vial-Pedroletti, *Les baux d'habitation*, 8e éd., « Droit et professionnels », LexisNexis, 2017, n°s 658 s. – Ph. Pelletier (dir.), *Traité des baux d'habitation et professionnels*, « Référence juridique », Le Moniteur, 2021.

SECTION 1
RÈGLES DE DROIT COMMUN

144.10 **Plan.** Seront vus la définition et le régime du cautionnement (§ 1), le choix de la caution (§ 2), la durée de son engagement (§ 3) et la portée et le formalisme à respecter (§ 4).

§ 1
Définition et régime

144.21 **Garantie extrinsèque.** Le cautionnement est une garantie extrinsèque (c'est-à-dire extérieure à la personne du locataire) qui va permettre au bailleur de s'assurer qu'en cas de défaillance de son cocontractant, les obligations de celui-ci seront bien remplies. Dans le langage courant le terme de « caution » désigne parfois (à tort) le dépôt de garantie. On notera, en le déplorant, que la confusion est entretenue par certains textes officiels, tel l'article R. 353-43 du code de la construction et de l'habitation [1].

Le cautionnement peut émaner d'un établissement financier comme d'un particulier ou d'une personne morale [2].

144.22 **Incompatibilité avec une autre garantie.** Les règles relatives au cautionnement sont exclusivement fixées par l'article 22-1 de la loi du 6 juillet 1989 [3]. Le champ d'application du cautionnement est strictement limité.

En effet, sauf en cas de logement loué à un étudiant ou un apprenti, aucun cautionnement ne peut être demandé « à peine de nullité » précise le texte dans sa rédaction issue de la loi du 24 mars 2014, dite loi Alur [4], par un bailleur qui a souscrit une assurance ou, selon une modification issue de la loi Alur [5], « toute autre forme de garantie » garantissant les obligations locatives du locataire [6].

144.23 **Incompatibilité avec une autre garantie – Loi Alur.** Dans sa rédaction issue de la loi du 24 mars 2014, dite loi Alur, applicable aux baux signés, renouvelés ou tacitement reconduits depuis le 27 mars 2014, l'article 22-1 précise que cette règle de non-cumul ne concerne pas le dépôt de garantie de l'article 22 [7].

On notera également que les parties peuvent convenir que le preneur devra fournir plusieurs cautions : une caution bancaire garantissant, par exemple, une année de loyer [8] ou une caution personnelle [9].

En cas de cumul interdit, à défaut de sanction spécifique édictée par les textes, selon l'administration (qui s'exprime « sous réserve de l'interprétation des tribunaux »), le cautionnement sollicité à tort est nul, au profit de l'assurance qui produit ses effets sans toutefois porter atteinte au contrat en cours [10, 11].

1. V. s^s n° 142.22.
2. Sur le cautionnement du locataire dans le cadre du dispositif Visale, v. s^s n°s 144.31 s.
3. Précisant que le cautionnement souscrit dans le cadre de la loi de 1989 relève uniquement des dispositions de l'article 22-1 et que celles du code de la consommation, qui imposent un certain formalisme à toute caution qui s'engage par acte sous seing privé envers un créancier professionnel, lui sont inopposables : Rép. min. n° 12024, *JO Sénat* 30 sept. 2004, p. 2236 – AUSSI : Paris, 23 févr. 2016, n° 15/00035, *AJDI* 2016. 438 ; – Amiens, 10 juill. 2015, n° 13/04062, *AJDI* 2015. 685.
4. Applicable aux baux signés depuis le 27 mars 2014.
5. Applicable aux baux signés depuis le 27 mars 2014.
6. Sur cette question, v. s^s n°s 131.11 s.
7. Au sujet duquel, v. s^s n°s 142.05 s.
8. Paris, 13 oct. 1995, n° 94/004516, *D.* 1996. Somm. 376, obs. CRDP Nancy 2 [loi de 1982].
9. Paris, 18 févr. 1999, n° 1998/02247, *Loyers et copr.* 1999, n° 149, obs. B. Vial-Pedroletti.
10. Rép. min. n° 12456, *JO Sénat* 6 mai 2010, p. 1160 ; *AJDI* 2010. 436.
11. En cas de cumul interdit, retenant la responsabilité du mandataire du bailleur : Toulouse, 25 juill. 2016, n° 15/02202, *AJDI* 2017. 136.

144.24 Interdiction de cumul : quelques imprécisions. De cette rédaction approximative sont nées plusieurs interrogations [1].

On peut ainsi se demander si l'interdiction est toujours de mise lorsque la souscription est postérieure à la signature du bail (le texte envisage « un bailleur qui a souscrit une assurance... »).

De plus, puisque seule est visée la souscription par le bailleur, il semble pouvoir être soutenu que, dans l'hypothèse où le souscripteur est l'administrateur du bien loué, le cumul assurance/caution est légal.

Enfin, que se passe-t-il si, en cours de bail, le locataire perd sa qualité d'étudiant ou d'apprenti ?

144.25 Personne morale et cautionnement. Le bailleur personne morale, autre qu'une société civile familiale (entendons par là une société constituée exclusivement entre parents et alliés jusqu'au quatrième degré inclus), et notamment un organisme d'HLM, ne peut demander de cautionnement que :

s'il est apporté par un des organismes dont la liste est fixée par décret en Conseil d'État. Aux termes du décret du 28 décembre 2009, il s'agit des fonds de solidarité pour le logement (FSL) prévus à l'article 6 de la loi du 31 mai 1990 [2] susvisée, dite loi Besson, et des fonds locaux prévus à l'article 7 de la même loi ; des organismes collecteurs de la participation des employeurs à l'effort de construction prévue à l'article L. 313-1 du code de la construction et de l'habitation agréés ; des associations auxquelles un FSL ou un fonds local accorde sa garantie en application des dispositions de l'article 6 de la loi « Besson » de 1990 ou de tous les organismes ou associations qui apportent, à titre gratuit, leur caution à un candidat à la location afin de favoriser son accès au logement [3] ;

– ou si le logement est loué à un étudiant ne bénéficiant pas d'une bourse de l'enseignement supérieur.

144.26 Interdiction de cumul et dispositions transitoires. En application des dispositions transitoires de la loi du 21 juillet 1994 [4], dont l'article 22-1 de la loi de 1989 est issu, ce texte est entré en vigueur le 1er septembre 1994 et n'est applicable qu'aux cautionnements consentis après cette date. Il a ainsi été jugé [5] qu'un cautionnement donné en 1991 échappe aux dispositions de l'article 22-1 et est soumis aux seules règles du code civil [6]. À l'inverse, un cautionnement souscrit en 1997 est soumis à l'article 22-1 [7].

1. Posées avec beaucoup de pertinence par N. Damas : *AJDI* 2009. 274.
2. L. n° 90-449, 31 mai 1990 visant à la mise en œuvre du droit au logement, *JO* 2 juin, p. 6551.
3. SUR ce décret : N. Damas, *D.* 2010. 1168, spéc. 1176.
4. L. n° 94-624, 21 juill. 1994, art. 23, II.
5. Paris, 23 nov. 1999, n° 1998/00677, *AJDI* 2000. 144.
6. C. civ., art. 2011 s.

En revanche, il n'est pas interdit de cumuler plusieurs cautionnements [8].

§ 2 Choix de la caution

144.31 Choix de la caution (principe). Concernant le choix de la personne souhaitant se porter caution, selon l'article 22-1 de la loi de 1989, le bailleur ne saurait refuser la caution présentée au motif qu'elle ne possède pas la nationalité française [9] ou qu'elle ne réside pas sur le territoire métropolitain [10]. On retiendra d'un arrêt de la Cour de cassation que, le fait, pour un bailleur, de réclamer une caution à un locataire étranger non ressortissant d'un État membre de l'Union européenne ne constitue pas une pratique discriminatoire, dès lors que le locataire n'établit pas que lui seul s'est vu réclamer cette garantie pour l'unique raison de son appartenance à un groupe ethnique particulier [11].

Quant à la solvabilité de la caution, en application de l'article 22-2 de la loi de 1989 et d'un décret du 5 novembre 2015 [12], le bailleur pourra s'en assurer en exigeant de celui-ci qu'il fournisse tout ou partie des pièces justificatives suivantes :

A. Pour les cautions personnes physiques, une pièce justificative d'identité en cours de validité, comportant la photographie du titulaire [13] parmi les documents suivants :

7. Versailles, 14 déc. 2001, n° 14/1201, *D.* 2003. Somm. 801, obs. Pierre.
8. Douai, 21 mars 2013, n° 12/02129, *AJDI* 2013. 527.
9. L. n° 89-462, 6 juill. 1989, art. 22-1 ; mod. par L. n° 2002-73, 17 janv. 2002, art. 161 – SUR cette interdiction : P. Gareau, *AJDI* 2001. 956.
10. POUR UNE CRITIQUE de cet ajout par le législateur de 2006 : N. Damas, *AJDI* 2006. 712.
11. Civ. 3e, 19 mars 2003, n° 01-03.730, P III, n° 65 ; *RTD civ.* 2003, n° 4 ; *D.* 2004. Somm. 837, obs. Gérard ; *AJDI* 2003. 417, obs. Y. Rouquet.
12. Décr. n° 2015-1437, 5 nov. 2015 fixant la liste des pièces justificatives pouvant être demandées au candidat à la location et à sa caution, *JO* 7 nov. 2015, p. 20832.
13. Le décret n° 2019-1019 du 3 octobre 2019 (*JO* 5 oct.) abandonne l'obligation pour la caution personne physique de fournir, au bailleur qui en ferait la demande, une pièce justificative d'identité en cours de validité comportant la signature du titulaire. Cette évolution est heureuse pour les cautions étrangères, puisque, ainsi qu'il est dit dans la notice accompagnant le décret du 3 oct. 2019, « les pièces justificatives de l'identité délivrées par des autorités étrangères ne comportent pas systématiquement la signature de leur titulaire, conformément à leur législation nationale ». Au reste, « l'exigence de cette signature sur la pièce justificative d'identité ne permet ni d'établir l'authenticité de ce document ni de certifier l'identité du signataire du contrat de location » ou de la personne physique qui se porte caution.

1. Carte nationale d'identité française ou étrangère.

2. Passeport français ou étranger.

3. Permis de conduire français ou étranger.

B. Pour les cautions personnes morales les deux justificatifs :

1. Extrait K *bis* original de moins de trois mois de la société ou les statuts ou toute autre pièce justifiant de l'existence légale de la personne, faisant apparaître le nom du responsable et l'adresse de l'organisme ainsi que la preuve qu'une déclaration a été effectuée auprès d'une administration, une juridiction ou un organisme professionnel.

2. Justificatif d'identité du représentant de la personne morale figurant sur l'extrait K *bis* ou les statuts.

C. Une seule pièce justificative de domicile parmi les documents suivants :

1. Dernière quittance de loyer.

2. Facture d'eau, de gaz ou d'électricité de moins de trois mois.

3. Attestation d'assurance logement de moins de trois mois.

4. Dernier avis de taxe foncière ou, à défaut, titre de propriété de la résidence principale.

D. Un ou plusieurs documents attestant des activités professionnelles parmi les documents suivants :

1. Contrat de travail ou de stage ou, à défaut, une attestation de l'employeur précisant l'emploi et la rémunération proposée, la date d'entrée en fonctions envisagée et le cas échéant la durée de la période d'essai.

2. L'extrait K ou K *bis* du registre du commerce et des sociétés datant de moins de trois mois pour une entreprise commerciale.

3. L'extrait D 1 original du registre des métiers de moins de trois mois pour un artisan.

4. La copie du certificat d'identification de l'Insee, comportant les numéros d'identification, pour un travailleur indépendant.

5. La copie de la carte professionnelle pour une profession libérale.

6. Toute pièce récente attestant de l'activité pour les autres professionnels.

E. Un ou plusieurs documents attestant des ressources parmi les documents suivants :

1. Dernier avis d'imposition ou de non-imposition et, lorsque tout ou partie des revenus perçus n'a pas été imposé en France mais dans un autre État ou territoire, le dernier avis d'imposition à l'impôt ou aux impôts qui tiennent lieu d'impôt sur le revenu dans cet État ou territoire ou un document en tenant lieu établi par l'administration fiscale de cet État ou territoire.

2. Titre de propriété d'un bien immobilier ou dernier avis de taxe foncière.

3. Trois derniers bulletins de salaires.

4. Les deux derniers bilans ou, à défaut, une attestation de ressources pour l'exercice en cours délivré par un comptable pour les professions non salariées.

5. Justificatif de versement des indemnités, retraites, pensions, prestations sociales et familiales et allocations perçues lors des trois derniers mois ou justificatif de l'ouverture des droits, établis par l'organisme payeur.

6. Justificatif de revenus fonciers, de rentes viagères ou de revenus de valeurs et capitaux mobiliers.

Les pièces produites peuvent être des copies des documents originaux. Elles sont rédigées ou traduites en langue française et les montants inscrits convertis en euros. Les documents originaux doivent pouvoir être présentés à la demande du bailleur.

144.32 Choix de la caution (sanction). En cas de manquement à l'article 22-2, le texte précise qu'une amende administrative prononcée par le préfet (après que l'intéressé a été informé de la possibilité de présenter ses observations dans un délai déterminé) est encourue. Son montant, qui doit être proportionné à la gravité des faits constatés et qui ne peut être prononcé plus d'un an à compter de la constatation des faits, ne peut être supérieur à 3 000 euros pour une personne physique et à 15 000 euros pour une personne morale.

§ 3
Durée de l'engagement de la caution

144.41 Cautionnement à durée déterminée. La durée de l'engagement de la caution ne pose alors, en principe, pas de problème puisqu'elle est limitée par une clause du cautionnement, par exemple, la durée du bail initial. En conséquence, un cautionnement limité à la durée du bail initial ne saurait être étendu à la période de tacite reconduction[1]. De la même manière, en l'absence de toute mention à l'acte précisant l'extension du cautionnement en cas de reconduction du bail, l'engagement de la caution doit être limité à la durée du contrat initial[2]. Dans le même ordre d'idées, il a été jugé que l'acte de caution donné « pour la durée du contrat initial et son renouvellement éventuel » ou « pour l'exécution du présent bail et de ses suites » ne vaut pas en

1. Paris, 19 févr. 1997, n° 96/5790, *Loyers et copr.* 1997, n° 255, obs. B. Vial-Pedroletti.
2. Civ. 3e, 4 oct. 2000, n° 98-22.267, NP, *D.* 2000. IR 265, (à propos d'un cautionnement antérieur au 1er sept. 1994, date d'entrée en vigueur de l'art. 22-1).

cas de reconduction tacite du bail[1] – jurisprudence à comparer toutefois avec celle en vertu de laquelle le cautionnement donné « pour la durée du contrat initial et de son renouvellement éventuel » est un cautionnement à durée indéterminée, le nombre de renouvellements possibles n'étant pas expressément précisé[2]. À noter que, dans le secteur HLM, bien que les baux soient à durée indéterminée[3], l'engagement demandé à la caution sera limité dans le temps (cinq ans par exemple).

144.42 Résiliation unilatérale d'un cautionnement à durée déterminée – Non. La caution signataire d'un contrat à durée déterminée ne peut mettre fin unilatéralement à son engagement[4], celui-ci va s'achever à l'expiration du bail, soit, le cas échéant, deux mois après la date de délivrance du commandement de payer infructueux[5].

144.43 Cautionnement à durée indéterminée. La loi du 6 juillet 1989[6] considère que le cautionnement d'obligations locatives est à durée indéterminée :

– soit lorsqu'une clause de l'engagement de caution le mentionne expressément ;

– soit lorsque le cautionnement ne comporte aucune indication de durée. L'engagement de caution qui, figurant à la fin du bail, ne comporte pas d'indication de durée, doit s'analyser en un cautionnement à durée indéterminée, peu important que la durée du contrat de bail, distinct du contrat de cautionnement, soit de trois ans[7].

Alors, la caution pourra résilier unilatéralement son engagement.

144.44 Date de prise d'effet de la résiliation. La résiliation ne sera cependant pas immédiate puisque sa prise d'effet sera différée au terme du bail au cours duquel le bailleur aura reçu notification de la résiliation[8].

Peu importe qu'il s'agisse du bail initial, d'un contrat reconduit ou renouvelé[9]. Faute d'avoir résilié unilatéralement son engagement, la caution reste donc engagée pour la période de tacite reconduction[10] ou à l'occasion du bail renouvelé[11].

Ainsi, si un bail a été conclu entre deux personnes physiques pour une durée de trois ans le 1er juin 2003 et qu'un cautionnement a été stipulé à durée indéterminée (ou n'a pas mentionné de durée), la caution qui notifiera la résiliation unilatérale de son engagement le 30 septembre 2004 sera libérée de celui-ci à compter du 1er juin 2006, terme du bail.

Si, à propos du même bail, la caution a dénoncé son engagement le 2 juin 2006, son cautionnement s'achèvera le 1er juin 2009, que les parties aient renouvelé le bail initial pour trois ans ou que celui-ci se soit reconduit tacitement pour la même durée en vertu de l'article 10 de la loi du 6 juillet 1989[12].

144.45 Cas particulier de la colocation. En cas de colocation[13], on retiendra de l'article 8-1 de la loi du 6 juillet 1989, créé par la loi du 24 mars 2014[14], dite loi Alur, modifié par la loi du 6 août 2015[15] applicable aux baux signés, renouvelés ou tacitement reconduits à compter du 27 mars 2014, la solidarité de la personne qui s'est portée caution pour un colocataire prend fin à la date d'effet du congé régulièrement délivré et lorsqu'un nouveau colocataire figure au bail (les conditions sont cumulatives). À défaut, la solidarité du colocataire sortant et de la personne qui s'est portée caution s'éteint au plus tard à l'expiration d'un délai de six mois après la date d'effet du congé. Quant à l'acte de cautionnement des obligations d'un ou de plusieurs colocataires résultant de la conclusion d'un contrat de bail d'une colocation, il doit identifier nécessairement, sous peine de nullité, le colocataire pour lequel l'extinction de la solidarité met fin à l'engagement de la caution[16].

144.46 Sort du cautionnement en cas de vente du bien loué. Mettant fin à plusieurs années d'incertitude par un arrêt du 6 décembre 2004[17], l'Assem-

1. Versailles, 25 juin 1999, n° 97/00006864, *Loyers et copr.* 2000, n° 161, obs. B. Vial-Pedroletti – Metz, 30 mars 2000, n° 98/02129, *Loyers et copr.* 2001, n° 114, obs. B. Vial-Pedroletti.
2. Versailles, 6 nov. 1998, n° 96/00007603, *Ann. loyers* 1999. 1380, obs. Teilliais.
3. V. s^s n° 631.33.
4. À l'inverse de la caution engagée à durée indéterminée v. s^s n° 144.44.
5. Versailles, 5 nov. 1999, n° 97/00007987, *BICC* 2000, n° 1063 ; *D.* 2002. Somm. 1723, obs. CRDP Nancy 2.
6. L. n° 89-462, 6 juill. 1989, art. 22-1, al. 1er.
7. Orléans, 20 janv. 2000, n° 99/00257, *Loyers et copr.* 2001, n° 28, obs. B. Vial-Pedroletti.
8. Chambéry, 28 sept. 1999, *Loyers et copr.* 2000, n° 60, obs. B. Vial-Pedroletti.
9. L. n° 89-462, 6 juill. 1989, art. 22-1, al. 1er, *in fine*.
10. Paris, 29 janv. 1999, n° 1998/15781, *Loyers et copr.* 1999, n° 145, obs. B. Vial-Pedroletti.
11. Civ. 3e, 13 juill. 2005, n° 04-15.064, P III, n° 157 ; *AJDI* 2005. 908, obs. Y. Rouquet, *Loyers et copr.* 2005, n° 10.
12. V. ss n° 412.31.
13. Au sujet de laquelle, v. ss nos 124.11 s.
14. L. n° 2014-366, 24 mars 2014 pour l'accès au logement et un urbanisme rénové, *JO* 26 mars 2014, p. 5809.
15. L. n° 2015-990, 6 août 2015 pour la croissance, l'activité et l'égalité des chances économiques, *JO* 7 août 2015, p. 13537.
16. Sur la solidarité entre colocataires, v. ss n° 124.41.
17. Cass., Ass. plén., 6 déc. 2004, n° 03-10.713, P n° 14 ; *D.* 2005. AJ 70, obs. V. Avena-Robardet ; *ibid.* 2005. 227, note Aynès ; *ibid.* 749, obs. N. Damas ; *ibid.* 1424, obs. A. Boujeka, M. Bourassin, E. Claudel et B. Thullier ; *ibid.* 2078, obs. P. Crocq ; *RTD com.* 2005. 51, obs. J. Monéger ; *RTD com.* 2005. 404, obs. D. Legeais ; *AJDI* 2005. 240, obs. Cohet-Cordey.

blée plénière de la Cour de cassation a précisé qu'en cas de vente de l'immeuble donné à bail, le cautionnement garantissant le paiement des loyers est, sauf stipulation contraire, transmis de plein droit au nouveau propriétaire en tant qu'accessoire de la créance de loyer cédée à l'acquéreur par l'effet combiné de l'article 1743 et des articles 1692, 2013 [devenu aujourd'hui l'art. 2290] et 2015 [nouvel art. 2292] du code civil[1]. Par le passé, la Chambre commerciale de la Cour de cassation avait eu l'occasion de défendre la thèse inverse[2].

144.47 Sort du cautionnement en cas de fusion-absorption de la société bailleresse. La solution est la même en cas de fusion-absorption de la société bailleresse : le cautionnement garantissant le paiement des loyers est, là encore, sauf stipulation contraire, transmis de plein droit à la société absorbante[3].

§ 4
Portée de l'engagement pris par la caution et formalisme à respecter

144.51 Engagement dont la portée doit être mesurée. L'engagement de la caution est un engagement lourd de conséquences : loin d'être virtuel ou uniquement moral, il s'agit bien de suppléer la carence du preneur et de répondre à sa place de ses engagements à l'égard du bailleur. Les termes de l'engagement de la caution devront donc être mesurés : si, par exemple, celle-ci s'engage au titre de caution solidaire (c'est-à-dire sans bénéfice de discussion ni de division[4]) pour toutes les sommes dont le preneur pourrait être débiteur envers son cocontractant, elle sera lourdement engagée et devra même régler l'indemnité d'occupation dont le locataire pourrait être redevable[5]. Tel ne sera pas le cas si elle s'est limitée à garantir le loyer principal, la provision pour charges et le droit de bail[6].

Potentiellement donc, la caution s'engage pour des sommes très importantes. Cela explique et justifie le fait que des bailleurs réclament un certain nombre de pièces à la personne voulant se porter caution (bulletins de salaires, avis d'imposition...), cette communication ayant pour but à la fois de protéger le bailleur et d'attirer l'attention de la caution sur l'étendue de son engagement[7].

144.52 Formalisme légal destiné à protéger la caution. Dès lors, on comprend le souci du législateur de faire en sorte que la caution mesure l'ampleur de son engagement[8, 9].

Pendant longtemps, aux termes de l'article 22-1 de la loi du 6 juillet 1989, la validité du cautionnement a été conditionnée au fait que la signature de la personne physique qui s'engage soit précédée d'une mention manuscrite destinée à faire prendre conscience à la caution de la gravité de son engagement[10]. Toutefois, préfigurant ce que sera le futur

1. Cass., Ass. plén., 6 déc. 2004, n° 03-10.713, P n° 14 ; *D.* 2005. AJ 70, obs. V. Avena-Robardet ; *D.* 2005. 227, note L. Aynès ; *RTD com.* 2005. 51, obs. J. Monéger ; *RTD com.* 2005. 404, obs. D. Legeais ; *AJDI* 2005. 240, obs. Cohet-Cordey.
2. Com. 26 oct. 1999, P IV, n° 184 ; *D.* 2000. 224, obs. L. Aynès ; *D.* 2000. AJ 25, obs. V. A.-R. – Com. 3 déc. 2003, n° 01-10.755, NP, *Loyers et copr.* 2004, n° 64, obs. B. Vial-Pedroletti.
3. Com. 8 nov. 2005, n° 01-12.896, P IV, n° 218 ; *D.* 2005. AJ 2875, obs. A. Lienhard ; *Rev. loyers* 2006. 81, obs. Chemin-Bomben ; *Rev. sociétés* 2006. 57, note M.-L. Coquelet ; *RTD com.* 2006. 145, obs. P. Le Cannu ; *ibid.* 179, obs. D. Legeais ; *LPA* 5 janv. 2006, n° 4, p. 10, note S. Prigent.
4. Renoncer au bénéfice de discussion implique que la caution ne va pas pouvoir exiger du bailleur qu'il poursuive d'abord le locataire. Renoncer au principe de division interdit à la caution d'exiger du bailleur qu'il divise ses poursuites entre les différentes cautions, v. s[s] n° 144.52.
5. Civ. 1re, 31 mars 1998, n° 96-16.637, P I, n° 135 ; *AJDI* 1998. 1102, note Gallet – Civ. 1re, 21 mars 2006, n° 04-17.323, NP, *Loyers et copr.* 2006, n° 146, obs. B. Vial-Pedroletti.
6. Civ. 1re, 15 déc. 1998, n° 96-20.604, P I, n° 360 ; *RDI* 1999. 313, obs. F. Collart-Dutilleul.
7. Rép. min. n° 18631, *JOAN CR* 16 nov. 1998, p. 6304 – Rép. min n° 36175, *Administrer* févr. 2000, p. 67.
8. Jugeant que les règles de forme de l'art. 22-1 s'appliquent sans discrimination aux bailleurs d'un logement entrant dans le champ d'application de la loi : Civ. 3e, QPC, 3 déc. 2015, n° 15-18.194, P III, n° 130 ; *D.* 2016. Pan. 1102, spéc. 1103, obs. N. Damas ; *D. actu.* 15 déc. 2015, obs. Y. Rouquet ; *AJDI* 2016. 430, obs. N. Damas.
9. Pour un modèle de contrat de cautionnement solidaire à durée déterminée (personne physique), v. annexe 1121.13.
10. Jugé, sous l'empire de l'art. 21-1 dans sa rédaction antérieure à la loi Élan du 23 novembre 2018, que, si la seule mention manuscrite qui émane de la caution est sa signature, son engagement doit être annulé : Versailles, 3 oct. 1997, nos 1633/95 et 7280/95, *Loyers et copr.* 1998, n° 121, obs. B. Vial-Pedroletti –...que la mention dactylographiée prévoyant une obligation plus étendue que celle résultant de la mention manuscrite est sans portée : Paris, 9 févr. 2005, n° 03/08421, *AJDI* 2005. 468 –... que la mention manuscrite n'est pas obligatoire lorsque le bail est authentique : Civ. 3e, 9 juill. 2008, n° 07-10.926, P III, n° 124 ; *D.* 2008. AJ 2079, obs. Y. Rouquet ; *ibid.* 2008. Chron. C. cass. 2742, obs. Monge ; *AJDI* 2008. 855, note Chenu – Douai, 16 janv. 2003, n° 01/03988, *Loyers et copr.* 2003, n° 232, obs. B. Vial-Pedroletti – AUSSI : lettre du ministre de la Justice au Conseil supérieur du notariat, 26 janv. 1995, *JCP N* 1995, n° 5, p. 170 – Jugé également que la mention manuscrite ne peut être rédigée par un tiers : Civ. 3e, 23 janv. 2020, n° 18-23.900, NP, *AJDI* 2020. 618, obs. F. de La Vaissière – EN SENS CONTRAIRE, dès lors que la caution a eu connaissance de l'ampleur et de la portée de son engagement : Aix-en-Provence, 14 juin 2018, n° 17/17043, *Rev. loyers* 2018. 362, obs. S. B.

bail numérique[1], le législateur de 2018 a modifié les termes de l'article 22-1 de la loi du 6 juillet 1989 de manière à ne plus astreindre la caution à la rédaction d'une page manuscrite.

C'est la même logique qui a poussé les pouvoirs publics à modifier à nouveau l'article 22-1 de la loi de 1989 dans le cadre de la réforme du droit des sûretés opérée par une ordonnance du 15 septembre 2021[2], en vigueur à compter du 1er janvier 2022.

Désormais, la personne physique qui se porte caution signe l'acte de cautionnement[3] faisant apparaître :

- le montant du loyer et les conditions de sa révision tels qu'ils figurent au contrat de location ;
- la reproduction de l'avant-dernier de l'article 22-1 (relatif à la portée de l'engagement d'un cautionnement à durée indéterminée).

Par ailleurs, la caution doit apposer la mention prévue par l'article 2297 du code civil[4].

Également issu de l'ordonnance du 15 septembre 2021 portant réforme du droit des sûretés, cet article prévoit que, « à peine de nullité de son engagement, la caution personne physique appose elle-même la mention qu'elle s'engage en qualité de caution à payer au créancier ce que lui doit le débiteur en cas de défaillance de celui-ci, dans la limite d'un montant en principal et accessoires exprimé en toutes lettres et en chiffres. En cas de différence, le cautionnement vaut pour la somme écrite en toutes lettres ».

Aux termes du Rapport au président de la République relatif à l'ordonnance du 15 septembre 2021 portant réforme du droit des sûretés[5], cette mention ne doit pas nécessairement être manuscrite : il est seulement exigé qu'elle soit apposée par la caution. Elle ne fait donc pas obstacle à ce que le cautionnement soit conclu par voie électronique - selon les modalités prévues pour la validité des actes passés par voie électronique - dès lors que le processus par lequel l'acte est renseigné par la caution garantit que l'apposition de la mention résulte d'une démarche qu'elle a elle-même réalisé, comme le prévoit le deuxième alinéa de l'article 1174 du code civil[6].

L'article 2297 du code civil poursuit par la précision que si la caution est privée des bénéfices de discussion ou de division[7], elle reconnaît dans cette mention ne pouvoir exiger du créancier qu'il poursuive d'abord le débiteur ou qu'il divise ses poursuites entre les cautions. À défaut, elle conserve le droit de se prévaloir de ces bénéfices.

On saluera cette nouvelle exigence posée par le législateur, en ce qu'elle explicite (en peu de mots) la portée d'un type de caution particulièrement contraignant.

144.53 Information de la caution – Contrat de bail. De plus, afin de parfaire son information, la caution recevra un exemplaire du contrat de location[8]. Concernant cette communication du contrat, on relèvera deux jurisprudences qui, selon nous ne sont toutefois pas des exemples à suivre. La première, qui émane de la cour d'appel de Besançon, valide un engagement de caution antérieur de plusieurs jours à la date de signature du bail, au motif qu'aucune disposition n'impose que ce soit un exemplaire signé du bail qui soit remis[9]. Poussant le raisonnement plus loin, la Cour de Paris semblerait se contenter de l'engagement contracté alors que la caution n'avait été destinataire que d'un projet de contrat (dans une espèce où le cautionnement, signé avant le bail, a été annulé au motif que rien ne démontre que la caution était en possession d'un projet de bail)[10]. Or, le texte de l'article 22-1, disposition d'ordre public, exige expressément et à peine de nullité, la remise du contrat de location lui-même.

144.54 Sanction du non-respect du formalisme. Les formalités entourant le cautionnement étant prescrites à peine de nullité du cautionnement[11],

1. Aux termes de l'article 217 de la loi n° 2018-1021 du 23 novembre 2018, dite loi Élan, *JO* 24 nov., n° 1, le Gouvernement est notamment habilité à prendre par voie d'ordonnance, avant le 24 mai 2020 toute mesure relevant du domaine de la loi pour définir un régime d'agrément des prestataires qui assistent les propriétaires et les locataires dans l'établissement du contrat de location à l'aide d'outils numériques permettant à la fois d'établir des contrats de location conformes à la loi du 6 juillet 1989 et d'assurer la transmission automatique des données relatives à ces contrats.
2. Ord. n° 2021-1192, 15 sept. 2021 portant réforme du droit des sûretés, *JO* 16 sept., n° 19. Les cautionnements conclus avant le 1er janv. 2022 demeurent toutefois soumis à la loi ancienne, y compris pour leurs effets légaux et pour les dispositions d'ordre public (ord. n° 2021-1192, 15sept. 2021, art. 37, II).
3. En revanche, la caution n'a pas à signer le bail : Paris, 13 déc. 2018, n° 17/03368, *Rev. loyers* 2019. 30, obs. Brena.
4. COMP., auparavant, précisant que « la mention exprimant de façon explicite et non équivoque la connaissance [que la caution] a de la nature et de l'étendue de l'obligation qu'elle contracte ».
5. Rapp. au Président de la République relatif à l'ordonnance n° 2021-1192 du 15 septembre 2021 portant réforme du droit des sûretés, *JO* 16 sept., n° 18.
6. Qui dispose que lorsqu'est exigée une mention écrite de la main même de celui qui s'oblige, ce dernier peut l'apposer sous forme électronique si les conditions de cette apposition sont de nature à garantir qu'elle ne peut être effectuée que par lui-même.
7. V. ss n° 144.51.
8. L. n° 89-462, 6 juill. 1989, art. 22-1, al. 2.
9. Besançon, 13 mai 2003, *JurisData* 215603, *Loyers et copr.* 2003, n° 233, obs. B. Vial-Pedroletti.
10. Paris, 17 oct. 2003, *Rev. loyers* 2004. 21, obs. Rémy.
11. L. n° 89-462, 6 juill. 1989, art. 22-1, al. 2, *in fine* – AUSSI : Rouen, 25 mars 2003, n° 01/04184, *Loyers et copr.* 2003, n° 170, obs. B. Vial-Pedroletti.

sans qu'il soit nécessaire d'établir l'existence d'un grief[1]. Pour autant, l'article 22-1 étant un texte d'ordre public de protection[2], la nullité en question est relative et ne peut être invoquée que par la caution, sans pouvoir être soulevée d'office par le juge[3].

144.55 Formalisme auquel il faut se conformer quel que soit le cautionnement. Le point de savoir si les formalités de l'article 22-1 alinéa 3 s'imposent aux engagements de caution à durée déterminée a fait longtemps débat. Il est aujourd'hui tranché de manière certaine puisque, par un arrêt de principe du 26 septembre 2006, la Cour de cassation a précisé qu'en présence d'un cautionnement à durée déterminée, la loi n'opérant pas de distinction, la reproduction manuscrite est requise[4].

SECTION 2
Règles applicables au dispositif Visale

144.61 Présentation du dispositif Visale. La garantie Visale, acronyme de « Visa pour le logement et l'emploi », a supplanté tour à tour la garantie des risques locatifs (GRL)[5], la garantie LOCA-PASS®[6] et la garantie universelle des loyers (GUL), qui avait été créée par la loi Alur du 24 mars 2014, mais qui n'a jamais été opérationnelle[7].

Aux termes d'une convention quinquennale 2018-2022 qui a été signée le 18 janvier 2018 entre l'État et l'UESL - Action logement, la garantie Visale, est destiné aux salariés du secteur privé, plus particulièrement en situation de mobilité (les signataires d'un bail mobilité[8] sont d'ailleurs éligibles au dispositif), de recrutement, de parcours résidentiels liés à l'emploi ou rencontrant des difficultés liées au logement[9].

Les bénéficiaires entrant dans le parc locatif privé non conventionné (sauf Anah et PLS)[10, 11] sur le territoire français (métropole, DOM hors TOM) disposent ainsi pour leur résidence principale (vide ou meublée) d'une garantie remboursable sous forme d'un engagement plafonné d'assurer le paiement du loyer et des charges locatives en cas d'impayé.

144.62 Bénéficiaires. Sont éligibles :

- les personnes qui ont entre dix-huit et trente ans, quelle que soit leur situation professionnelle ;
- les salariés de plus de trente ans, embauchés depuis moins de six mois (hors CDI confirmé) ou gagnant jusqu'à 1 500 euros nets/mois ou en mobilité professionnelle ou en possession d'une promesse d'embauche de moins de trois mois ;
- les locataires éligibles au bail mobilité[12] ;
- les ménages logés par un organisme d'intermédiation locative.

Enfin, le taux d'effort du ménage locataire doit être inférieur ou égal à 50 %, ramené entre 30 et 50 % lorsque le locataire a moins de trente ans et est en CDI confirmé.

144.63 Bail. Pour bénéficier de la garantie Visale, bailleur et locataire ne doivent pas appartenir à la même famille.

1. Civ. 3e, 8 mars 2006, nº 05-11.042, P III, nº 59 ; *D.* 2006. IR 808, obs. Y. Rouquet ; *AJDI* 2006. 643, obs. Laporte-Leconte.
2. V. ss nº 021.11.
3. Paris, 19 mars 1999, nº 1998/20580, *Loyers et copr.* 2000, nº 160, obs. B. Vial-Pedroletti – EN SENS CONTRAIRE : Poitiers, 17 oct. 2000, *Loyers et copr.* 2002, nº 111, obs. B. Vial-Pedroletti ; Toulouse, 16 janv. 2001, nº 2000/01957 : *ibid.* 2002, nº 112, obs. B. Vial-Pedroletti – Nîmes, 24 juin 2008, nº 07/01590 : *ibid.* 2008, nº 238, obs. B. Vial-Pedroletti – Douai, 6 avr. 2017, nº 16/03449, *Loyers et copr.* 2017, nº 124, obs. B. Vial-Pedroletti – Aix-en-Provence, 14 déc. 2017, nº 16/21993, *Rev. loyers* 2018. 42, obs. S. B.
4. Civ. 3e, 27 sept. 2006, nº 05-17.804, P III, nº 187 ; *AJDI* 2006. 912, obs. Y. Rouquet – Civ. 3e, 14 sept. 2010, nº 09-14.001, NP, *Loyers et copr.* 2010, nº 279, obs. B. Vial-Pedroletti.
5. Aux termes du décr. nº 2015-1654 du 13 décembre 2015 (*JO* 13 déc., p. 23034), depuis le 1er janvier 2016, aucune GRL ne peut être souscrite et le texte a organisé l'extinction des contrats existants.
6. Garantie qui a été remplacée par la garantie Visale depuis mai 2019.
7. Le très volumineux article 24-2 de la loi du 6 juillet 1989, issu de la L. nº 2014-366, 24 mars 2014 pour l'accès au logement et un urbanisme rénové (*JO* 26 mars, p. 5809), a instauré la garantie universelle des loyers (GUL). Ce texte devait être complété par des mesures réglementaires et nécessitait la création, sous la forme d'un établissement public administratif de l'État, d'une Agence de la garantie universelle des loyers. Sauf renoncement exprès stipulé au bail, la GUL devait s'appliquer aux contrats de location conclus à compter du 1er janvier 2016 et, par avenant, à compter de la même date, aux baux en cours. La GUL avait pour objet de couvrir, sous la forme d'un système d'aides, les bailleurs contre les risques d'impayés de loyers, de charges récupérables et de sommes relatives à la contribution pour le partage des économies de charges. Jugé trop onéreux et trop compliqué à mettre en œuvre, la GUL a toutefois été abandonnée au profit d'un nouveau dispositif dénommé Visale, acronyme de « Visa pour le logement et l'emploi ». L'article 24-2 de la loi du 6 juillet 1989 a été expressément abrogé par la loi nº 2018-1021 du 23 nov. 2018 portant évolution du logement, de l'aménagement et du numérique, dite loi Élan (*JO* 24 nov., nº 1).
8. À propos du bail mobilité, v. chap. 524.
9. Annonçant la garantie Visale : Rép. min. nº 45569, *JO* AN Q, 15 déc. 2015, p. 260 ; *D.* 2016. Pan. 1102, spéc. 1106, obs. N. Damas – AUSSI : M. Diab, *AJDI* 2016. 86 ; B. Vial-Pedroletti, *Loyers et copr.* 2016. Focus 16.
10. Le parc social est exclu de la garantie.
11. Le logement peut être situé en logement-foyer ou dans une résidence étudiante ou universitaire pour les jeunes de dix-huit à trente ans et peut être conventionné APL dans le parc social pour les étudiants/alternants.
12. Sur lequel, v. chap. 524.

Le bail doit par ailleurs porter sur un logement (meublé ou non) décent et respectant le Règlement Sanitaire Départemental et constituant la résidence principale du locataire.

Il doit en outre avoir été signé après le cautionnement Visale et comporter une clause résolutoire en cas de manquement à une obligation contractuelle par l'une des parties. En cas de colocation, le bail doit être individualisé pour chaque locataire.

Le bail ne doit pas être couvert par d'autres garanties ayant le même objet que la garantie Visale (caution personne physique, assurance...).

Le loyer stipulé (charges comprises) doit, quant à lui, être inférieur ou égal à 1 300 euros (1 500 € pour la région parisienne[1]).

144.64 Mise en œuvre du dispositif. Avant la signature du bail, le locataire doit obtenir un visa certifié par Action logement, garantissant au bailleur son éligibilité. De son côté, sur la base du visa certifié remis au locataire, le bailleur doit adhérer à Visale.

Gratuites tant par le bailleur que pour le locataire, les démarches s'opèrent en ligne (sur http://www.visale.fr).

La réponse intervient dans les deux jours.

Le montant garanti par Visale couvre les trois premières années du bail et est plafonné à trente-six loyers impayés et charges nettes.

En cas de mise en jeu de la garantie, le locataire devra rembourser Action Logement.

Les dégradations locatives ne sont pas couvertes.

La garantie Visale est exclusive pour le bailleur de toute autre garantie de même nature sur la période considérée (assurance loyers impayés, caution familiale ou bancaire[2]).

1. À savoir Paris, la Seine-et-Marne, les Yvelines, l'Essonne, les Hauts-de-Seine, la Seine-Saint-Denis, le Val-de-Marne et le Val-d'Oise.

2. Le locataire peut toutefois bénéficier de l'avance LOCA-PASS® d'Action Logement pour financer son dépôt de garantie, v. s^s^ n° 142.05.

LIVRE

2. LES OBLIGATIONS PRINCIPALES DU BAILLEUR ET DU PRENEUR

SECTION 0

ORIENTEUR

2.00 Sommaire du livre.

Division. Les obligations de délivrance et de garantie du bailleur (titre 21) seront distinguées de ses autres obligations (titre 22). Seront ensuite examinées successivement les obligations générales du preneur (titre 23), les charges locatives lui incombant (titre 24) et l'assurance du locataire (titre 25).

2.01 Principaux textes applicables.

TEXTES SOURCES – OBLIGATIONS DU BAILLEUR

• **L. n° 89-462, 6 juill. 1989,** tendant à améliorer les rapports locatifs et portant modification de la L. n° 86-1290, 23 déc. 1986, *JO* 8 juill., p. 8541.

• **C. civ.,** art. 1221, 1222, 1721, 1722, 1725.

• **CCH,** art. L. 142-1 à L. 142-4.

• **CCH,** art. R. 142-2 à R. 142-5.

• **Décr. n° 2002-120, 30 janv. 2002** relatif aux caractéristiques du logement décent pris pour l'application de l'article 187 de la loi n° 2000-1208 du 13 décembre 2000 relative à la solidarité et au renouvellement urbains, *JO* 31 janv., p. 2190.

TEXTES SOURCES – OBLIGATIONS DU PRENEUR

• **L. n° 89-462, 6 juill. 1989,** tendant à améliorer les rapports locatifs et portant modification de la L. n° 86-1290, 23 déc. 1986, *JO* 8 juill., p. 8541.

• **L. n° 66-457, 2 juill. 1966** relative à l'installation d'antennes réceptrices de radiodiffusion, *JO* 5 juill., p. 5654.

• **CCH,** art. L. 125-1 s., L. 442-3, L. 442-3, L. 521-2.

• **C. civ.,** art. 1724, 1730, 1731, 1732, 1733, 1734, 1756, 2222.

• **C. assur.,** art. L. 215-1.

• **L. n° 75-1351, 31 déc. 1975** relative à la protection des occupants de locaux à usage d'habitation, *JO* 4 janv. 1976, p. 191, art. 10-1 A.

• **Décr. n° 2016-1282, 29 sept. 2016** relatif aux travaux d'adaptation du logement aux personnes en situation de handicap ou de perte d'autonomie réalisés aux frais du locataire, *JO* 30 sept., n° 48.

• **Décr. n° 87-712, 26 août 1987** pris en application de l'article 7 de la loi n° 86-1290 du 23 décembre 1986 tendant à favoriser l'investissement locatif, l'accession à la propriété de logements sociaux et le développement de l'offre foncière et relatif aux réparations locatives, *JO* 30 août, p. 9976, art. 1.

• **Décr. nº 87-713, 26 août 1987** pris en application de l'article 18 de la loi nº 86-1290 du 23 décembre 1986 tendant à favoriser l'investissement locatif, l'accession à la propriété de logements sociaux et le développement de l'offre foncière et fixant la liste des charges récupérables, *JO* 30 août, p. 9976.

• **Décr. nº 2016-382, 30 mars 2016** fixant les modalités d'établissement de l'état des lieux et de prise en compte de la vétusté des logements loués à usage de résidence principale, *JO* 31 mars, nº 93, art. 4.

• **Décr. nº 82-955, 9 nov. 1982** fixant la liste des charges récupérables (charges locatives concernant les logements du secteur HLM). (ascenseurs et monte-charges, eau froide, eau chaude, chauffage collectif des locaux privatifs et des parties communes, installations individuelles, parties communes intérieures au bâtiment ou à l'ensemble de bâtiments d'habitation, espaces extérieurs au bâtiment ou à l'ensemble de bâtiments d'habitation, hygiène, équipements divers du bâtiment ou à l'ensemble de bâtiments d'habitation, impositions et redevances), *JO* 13 nov., p. 3405.

2.03 Bibliographie indicative.

Annuel. LAMY DR. IMMO, n°s 5977 s.

Encyclopédies. RÉP. CIV., *V° Bail d'habitation et mixte : rapports locatifs individuels – Loi du 6 juillet 1989*, N. Damas, n°s 229-261 – DICT. PERM. Gestion immob., *V^is^ Assurances immobilières ; Baux d'habitation et mixtes*, n°s 109-183.

Ouvrages. E. Debaussart-Joniec, S. Fraîche-Dupeyrat, Ph. Pelletier, *Les baux d'habitation après la loi Élan*, 3e éd., « Actualité », 2019, LexisNexis – J. Lafond, B. Vial-Pedroletti, *Les baux d'habitation*, 8e éd., « Droit et professionnels », LexisNexis, 2017, n°s 874 à 914, 1026 s. – Ph. Pelletier (dir.), *Traité des baux d'habitation et professionnels*, « Référence juridique », Le Moniteur, 2021.

TITRE

21. Les obligations de délivrance et de garantie du bailleur

SECTION 0
ORIENTEUR

21.00 **Sommaire du titre.**

Division. L'obligation de délivrance (chap. 211), puis les obligations de garantie du bailleur (chap. 212) retiendront notre attention.

21.01 **Principaux textes applicables.**

TEXTES SOURCES

- **L. n° 89-462, 6 juill. 1989,** art. 6, 6, 2-1, 24.
- **C. civ.,** art. 1721, 1725.
- **CCH,** art. L. 129-8, L. 129-9.
- **CCH,** art. R. 142-2 à R. 142-5.
- **Décr. n° 2002-120, 30 janv. 2002** relatif aux caractéristiques du logement décent pris pour l'application de l'article 187 de la loi n° 2000-1208 du 13 décembre 2000 relative à la solidarité et au renouvellement urbains, *JO* 31 janv., p. 2190.

21.03 **Bibliographie indicative.**

Annuel. LAMY DR. IMMO, n°s 5978 s.

Encyclopédies. RÉP. CIV., *V° Bail d'habitation et mixte : rapports locatifs individuels – Loi du 6 juillet 1989*, N. Damas, n°s 230-250 – DICT. PERM. Gestion immob., *V° Baux d'habitation et mixtes*, n°s 110-130.

Ouvrages. E. Debaussart-Joniec, S. Fraîche-Dupeyrat, Ph. Pelletier, *Les baux d'habitation après la loi Élan*, 3e éd., « Actualité », 2019, LexisNexis – J. Lafond, B. Vial-Pedroletti, *Les baux d'habitation*, 8e éd., « Droit et professionnels », LexisNexis, 2017 – Ph. Pelletier (dir.), *Traité des baux d'habitation et professionnels*, « Référence juridique », Le Moniteur, 2021.

CHAPITRE

211. Obligation de délivrance

SECTION 0
ORIENTEUR

211.00 **Sommaire du chapitre.**

Division. Il sera successivement étudié l'étendue de l'obligation de délivrance (sect. 2) avant d'envisager les sanctions encourues en cas de non-respect (sect. 3), tout en relevant le rôle nouveau joué par les associations de locataires (sect. 1).

211.01 **Principaux textes applicables.**

TEXTES SOURCES

• **L. n° 89-462, 6 juill. 1989,** art. 6, al. 2, 24-1.

• **Décr. n° 2002-120, 30 janv. 2002** relatif aux caractéristiques du logement décent pris pour l'application de l'article 187 de la loi n° 2000-1208 du 13 décembre 2000 relative à la solidarité et au renouvellement urbains, *JO* 31 janv., p. 2190.

TEXTES *IN EXTENSO*

• **L. 6 juill. 1989,** art. 6

Le bailleur est tenu de remettre au locataire un logement décent ne laissant pas apparaître de risques manifestes pouvant porter atteinte à la sécurité physique ou à la santé, répondant à un critère de performance énergétique minimale, défini par un seuil maximal de consommation d'énergie finale par mètre carré et par an, et doté des éléments le rendant conforme à l'usage d'habitation. Un décret en Conseil d'État définit le critère de performance énergétique minimale à respecter et un calendrier de mise en œuvre échelonnée.

Les caractéristiques correspondantes sont définies par décret en Conseil d'État pour les locaux à usage de résidence principale ou à usage mixte mentionnés au deuxième alinéa de l'article 2 et les locaux visés aux 1° à 3° du même article, à l'exception des logements-foyers et des logements destinés aux travailleurs agricoles qui sont soumis à des règlements spécifiques.

Le bailleur est obligé :

a) De délivrer au locataire le logement en bon état d'usage et de réparation ainsi que les équipements mentionnés au contrat de location en bon état de fonctionnement ; toutefois, les parties peuvent convenir par une clause expresse des travaux que le locataire exécutera ou fera exécuter et des modalités de leur imputation sur le loyer ; cette clause prévoit la durée de cette imputation et, en cas de départ anticipé du locataire, les modalités de son dédommagement sur justification des dépenses effectuées ; une telle clause ne peut concerner que des logements répondant aux caractéristiques définies en application des premier et deuxième alinéas ;

b) D'assurer au locataire la jouissance paisible du logement et, sans préjudice des dispositions de l'article 1721 du code civil, de le garantir des vices ou défauts de nature à y faire obstacle hormis ceux qui, consignés dans l'état des lieux, auraient fait l'objet de la clause expresse mentionnée au a ci-dessus ;

c) D'entretenir les locaux en état de servir à l'usage prévu par le contrat et d'y faire toutes les réparations, autres que locatives, nécessaires au maintien en état et à l'entretien normal des locaux loués ;

d) De ne pas s'opposer aux aménagements réalisés par le locataire, dès lors que ceux-ci ne constituent pas une transformation de la chose louée.

• **L. 6 juill. 1989,** art. 24-1

Lorsqu'un locataire a avec son bailleur un litige locatif ou lorsque plusieurs locataires ont avec un même bailleur un litige locatif ayant une origine commune, ils peuvent donner par écrit mandat d'agir en justice en leur nom et pour leur compte à une association siégeant à la Commission nationale de concertation ; si le litige porte sur les caractéristiques du logement mentionnées aux premier et deuxième alinéas de l'article 6, ce mandat peut être donné en outre à une association dont l'un des objets est l'insertion ou le logement des personnes défavorisées ou à une association de défense des personnes en situation d'exclusion par le logement mentionnées à l'article 3 de la loi n° 90-449 du 31 mai 1990 visant à la mise en œuvre du droit au logement. Une association précitée peut assister ou représenter, selon les modalités définies à l'article 828 du code de procédure civile, un locataire en cas de litige portant sur le respect des caractéristiques de décence de son logement. La collectivité territorialement compétente en matière d'habitat ainsi que les organismes payeurs des aides au logement territorialement compétents peuvent être destinataires du mandat à agir mentionné au présent alinéa.

Les dispositions de l'alinéa précédent sont applicables aux locataires des locaux mentionnés aux 1° à 3° de l'article 2 lorsque le litige locatif porte sur la décence du logement.

211.02 Jurisprudence de référence.

• **Civ. 3e, 21 mars 2012,** n° 11-14.838, P III, n° 48

* V. s^s^ n° 211.76

N'est pas constitué d'une seule pièce et, par voie de conséquence, doit être doté d'un w.-c. intérieur le logement comportant une pièce principale et dans lequel il existe un mur de séparation.

• **Civ. 3e, 4 juin 2014,** n° 13-17.289, P III, n° 73

* V. s^s^ n° 211.42

La seule alimentation en électricité ne pouvant être considérée comme un équipement ou une installation permettant un chauffage normal du logement, une cour d'appel, qui a constaté que les lieux étaient dépourvus d'appareil de chauffage, en a déduit, à bon droit, que le bailleur a manqué à son obligation de délivrer un logement décent.

• **Civ. 3e, 4 juin 2014,** n° 13-12.314, P III, n° 74

* V. s^s^ n° 211.92

L'indemnisation du preneur pour les troubles de jouissance subis du fait du manquement par le bailleur à son obligation de délivrance d'un logement décent n'est pas subordonnée à une mise en demeure du bailleur.

211.03 Bibliographie indicative.

Annuel. LAMY DR. IMMO, n° 5978.

Encyclopédies. RÉP. CIV., *V° Bail d'habitation et mixte : rapports locatifs individuels – Loi du 6 juillet 1989*, N. Damas, n°s 230-237 – DICT. PERM. Gestion immob., *V° Baux d'habitation et mixtes*, n°s 110-125.

Ouvrages. E. Debaussart-Joniec, S. Fraîche-Dupeyrat, Ph. Pelletier, *Les baux d'habitation après la loi Élan*, 3e éd., « Actualité », 2019, LexisNexis – J. Lafond, B. Vial-Pedroletti, *Les baux d'habitation*, 8e éd., « Droit et professionnels », LexisNexis, 2017, n°s 280 s., 819 s. – Ph. Pelletier (dir.), *Traité des baux d'habitation et professionnels*, « Référence juridique », Le Moniteur, 2021.

Article. P. de Plater, « Point d'étape sur l'appréhension de la décence au regard du décret du 30 janvier 2002 et des règlements sanitaires départementaux », *AJDI* 2018. 837.

SECTION 1
RÔLE DES ASSOCIATIONS DANS LE CADRE DES LITIGES LOCATIFS

211.11 Exigence d'un agrément. Alors que la loi du 17 mars 2014 relative à la consommation[1] a consacré l'action de groupe, il est intéressant de relever que, selon l'article 24-1 de la loi du 6 juillet 1989, lorsqu'un locataire a avec son bailleur un litige locatif ou lorsque plusieurs locataires ont avec un même bailleur un litige locatif ayant une origine commune, ils peuvent donner par écrit mandat d'agir en justice en leur nom et pour leur compte à une association siégeant à la Commission nationale de concertation[2] et agréée à cette fin.

211.12 Suppression de l'exigence de l'agrément. La loi du 24 mars 2014, dite loi Alur[3], applicable pour les baux signés, renouvelés ou tacitement reconduits à compter du 27 mars 2014, a supprimé cette exigence d'agrément. Par ailleurs, le même texte est venu préciser que la collectivité territorialement compétente en matière d'habitat ainsi que les organismes payeurs des aides au logement territorialement compétents peuvent être destinataires du mandat à agir.

211.13 Hypothèse d'un litige portant sur la décence du logement. Le texte ajoute que si le litige porte sur la décence du logement[4] :

– ce mandat peut également être donné à une association dont l'un des objets est l'insertion ou le logement des personnes défavorisées ou à une association de défense des personnes en situation d'exclusion par le logement mentionnées à l'article 3 de la loi du 31 mai 1990 visant à la mise en œuvre du droit au logement ;

– une telle association peut assister ou représenter un locataire, selon les modalités définies à l'article 828 du code de procédure civile[5].

1. L. n° 2014-344, 17 mars 2014 relative à la consommation, *JO* 18 mars, p. 5400.
2. Sur la CNC, v. s^s^ n°s 812.21 s.
3. L. n° 2014-366, 24 mars 2014 pour l'accès au logement et un urbanisme rénové, *JO* 26 mars, p. 5809.
4. Sur la notion de décence, v. s^s^ n°s 211.41 s.
5. Sur la question, v. s^s^ n°s 812.23 s.

Aux termes de l'article 24-1, *in fine*, dans sa rédaction initiale, en cas de litige portant sur la décence du logement, ces dispositions sont applicables « aux locataires des locaux mentionnés au deuxième alinéa de l'article 2 » de la loi de 1989, soit aux locataires de logements foyers, de meublés, de logements de fonction, et aux locations consenties aux travailleurs saisonniers, mais aussi, de manière surprenante, aux locataires de locations saisonnières, alors que les articles 6 (al. 1er et 2) et 20-1 de la loi de 1989 (relatifs à la décence) ne sont pas opposables à de tels logements[1].

Depuis la modification de l'article 24-1, *in fine*, par la loi du 24 mars 2014, dite loi Alur, (opposable aux baux signés, renouvelés ou tacitement reconduits à compter du 27 mars 2014, ce texte fait référence « aux locataires des locaux mentionnés aux 1° à 3° de l'article 2 lorsque le litige locatif porte sur la décence du logement ». Ainsi, sont désormais visés les seuls locataires de logements foyers, de meublés, de logements de fonction, et les travailleurs saisonniers.

SECTION 2 ÉTENDUE DE L'OBLIGATION DE DÉLIVRANCE

211.20 **Plan.** Il faudra envisager l'obligation de décence (§ 1), la qualité du logement loué au regard de l'usage convenu (§ 2) et la conformité aux mesures de prévention des intoxications par le monoxyde de carbone (§ 3).

211.21 **Portée de l'obligation de délivrance.** Le bailleur est obligé de délivrer au locataire un logement décent en bon état d'usage et de réparation ainsi que les équipements mentionnés au contrat de location en bon état de fonctionnement[2]. La loi du 25 mars 2009[3] a précisé, à l'article 1719, 1° du code civil, que lorsque des locaux loués à usage d'habitation sont impropres à cet usage, le bailleur ne peut se prévaloir de la nullité du bail ou de sa résiliation pour demander l'expulsion de l'occupant.

Cette délivrance sera attestée par la remise des clés[4]. Il appartiendra toutefois au bailleur de prouver qu'il a pleinement satisfait à son obligation[5]. Le défaut de paiement par le nouveau locataire du premier loyer[6] et/ou du dépôt de garantie ne décharge pas le bailleur de son obligation de délivrance[7]. La seconde partie de l'article 6 *a* de la loi de 1989 est relatif à la « clause travaux » que les parties ont pu insérer au contrat et par laquelle le preneur s'engage à réaliser un certain nombre de travaux en contrepartie d'une diminution temporaire du loyer[8].

211.22 **Date de délivrance.** Par ailleurs, même si cela va de soi, il appartient au bailleur de délivrer le logement à la date de prise d'effet du bail. Le bailleur est en effet responsable du retard avec lequel il délivre le logement, quand bien même ce retard serait imputable au précédent locataire qui quitte les lieux plus tard que prévu[9]. Dans le même ordre d'idées, il a été jugé que l'occupation illicite du bien loué par un tiers qui empêche sa délivrance au preneur ne constitue pas une cause étrangère qui ne peut être imputée au bailleur que si elle revêt les caractères de la force majeure[10].

§ 1 Obligation de décence

211.30 **Plan.** Il convient d'étudier les critères de décence (A) la sécurité physique et la santé du preneur (B), la consommation d'énergie (C), les éléments d'équipement et de confort (D), les caractéristiques de la pièce principale (E) et la sanction du défaut de décence (F).

A. Critères de décence

211.41 **Usage convenu – Décence – Prévention des intoxications.** Depuis la loi du 13 décembre 2000[11], dite loi SRU, cette obligation de délivrance recèle plusieurs aspects. En effet, non seulement, comme par le passé, le bailleur doit délivrer un logement en état de servir à l'usage pour lequel il a été loué à son cocontractant, mais de plus, ce logement doit, être décent. Enfin, depuis le 1er janvier 2009, le propriétaire doit délivrer un local conforme aux mesures de prévention des intoxications par le monoxyde de carbone.

1. V. ss n° 022.51.
2. L. n° 89-462, 6 juill. 1989, art. 6 *a*.
3. L. n° 2009-323, 25 mars 2009 de mobilisation pour le logement et la lutte contre l'exclusion, *JO* 27 mars, p. 5408.
4. Civ. 3e, 25 juin 2008, n° 07-14.341, P III, n° 111 ; *D.* 2008. AJ 2000 ; *RJDA* 2008, n° 987.
5. Civ. 3e, 1er oct. 1997, n° 95-19.140, P III, n° 175 ; *JCP N* 1997. 1404.
6. Lorsque le loyer est à « terme à échoir », v. ss n° 231.31.
7. Civ. 3e, 28 juin 2006, n° 05-10.137, P III, n° 161 ; *D.* 2006. IR 1986 ; *AJDI* 2006. 731, obs. Y. Rouquet (sur cette question, v. ss n° 136.12).
8. Pour une étude approfondie, v. ss nos 311.21 s.
9. Civ. 3e, 19 mai 2004, n° 03-12.541, P III, n° 99 ; *D.* 2004. IR 1560 ; *AJDI* 2004. 803, obs. Y. Rouquet.
10. Civ. 3e, 28 sept. 2005, n° 04-13.720, P III, n° 175 ; *D.* 2006, Pan. 901, obs. N. Damas ; *AJDI* 2005. 901, obs. Y. Rouquet.
11. L. n° 2000-1208, 13 déc. 2000 relative à la solidarité et au renouvellement urbains, *JO* 14 déc., p. 1977.

211.42 Critères de décence pour les locaux d'habitation ou mixte. Il ressort du premier alinéa de l'article 6 de la loi du 6 juillet 1989, inséré par l'article 187-II de la loi du 13 décembre 2000 que le propriétaire doit délivrer un logement décent à son cocontractant.

Cette obligation, d'ordre public [1], est ainsi formulée par le texte : « le bailleur est tenu de remettre au locataire un logement décent ne laissant pas apparaître de risques manifestes pouvant porter atteinte à la sécurité physique ou à la santé, exempt de toute infestation d'espèces nuisibles et parasites [2], répondant à un critère de performance énergétique minimale, [3] défini par un seuil maximal de consommation d'énergie finale par mètre carré et par an [4], et doté des éléments le rendant conforme à l'usage d'habitation ».

211.43 Niveau de performance minimal d'un logement décent : évolution de la législation (à partir du 1er janvier 2025). Aux termes de la loi « Climat et résilience » du 22 août 2021 [5], à compter du 1er janvier 2025, la performance énergétique requise pour un logement décent évolue.

En effet, ce texte réécrit partiellement l'alinéa premier de l'article 6, alinéa 1er, de la loi de 1989, qui prévoira à compter de cette date que, si comme par le passé, le bailleur est tenu de remettre au locataire un logement décent ne laissant pas apparaître de risques manifestes pouvant porter atteinte à la sécurité physique ou à la santé, exempt de toute infestation d'espèces nuisibles et parasites, ce logement devra à présent répondre à un « niveau de performance minimal au sens de l'article L. 173-1-1 du code de la construction et de l'habitation » et, comme avant, doté des éléments le rendant conforme à l'usage d'habitation [6].

Créé par la même loi « Climat et résilience » du 22 août 2021 [7], cet article L. 173-1-1 du CCH précise que les bâtiments ou parties de bâtiment existants à usage d'habitation sont classés, par niveau de performance décroissant, en fonction :

- de leur niveau de performance énergétique (exprimé en kilowattheures d'énergie primaire par mètre carré et par an) ;

- et de leur performance en matière d'émissions de gaz à effet de serre (exprimé en kilogramme de dioxyde de carbone par mètre carré et par an).

Le texte se termine en renvoyant à un arrêté le soin de définir les seuils permettant de classer les bâtiments ou parties de bâtiment dans les catégories suivantes :

Extrêmement performants	Classe A
Très performants	Classe B
Assez performants	Classe C
Assez peu performants	Classe D
Peu performants	Classe E
Très peu performants	Classe F
Extrêmement peu performants	Classe G

Et la loi Climat et résilience du 22 août 2021 insère à l'article 6 de la loi de 1989 huit nouveaux alinéas 3 [8], destiné à interdire la location de « passoires énergétiques ».

C'est ainsi qu'il est prévu que le niveau de performance d'un logement décent en Métropole est compris, au sens de l'article L. 173-1-1 du CCH :

1° à compter du 1er janvier 2025, entre la classe A et la classe F ;

2° à compter du 1er janvier 2028, entre la classe A et la classe E ;

3° à compter du 1er janvier 2034, entre la classe A et la classe D.

En Guadeloupe, en Martinique, en Guyane, à La Réunion et à Mayotte, le niveau de performance d'un logement décent est compris, au sens du même article L. 173-1-1 :

a) à compter du 1er janvier 2028, entre la classe A et la classe F ;

b) à compter du 1er janvier 2031, entre la classe A et la classe E.

1. Civ. 3e, 4 juin 2014, n° 13-17.289, P III, n° 73 ; *D.* 2014. Actu. 1274, obs. Y. Rouquet ; *ibid.* 2015. Pan. 1178, obs. N. Damas ; *AJDI* 2014. 873, obs. N. Damas ; *Loyers et copr.* 2014, n° 199, obs. B. Vial-Pedroletti ; *Rev. loyers* 2014. 359, obs. B. Humblot-Catheland ; *JCP N* 2014. 1353, note J.-J. Barbieri – Aix-en-Provence, 28 oct. 2014, n° 19/14490, *Loyers et copr.* 2015, n° 5, obs. B. Vial-Pedroletti ; 16 déc. 2014, n° 12/18941, *Rev. loyers* 2015. 74 – Paris, 5 févr. 2015, n° 13/23627, *Loyers et copr.* 2015, n° 93, obs. B. Vial-Pedroletti.
2. Ajout opéré par la loi n° 2018-1021 du 23 novembre 2018 (*JO* 24 nov., n° 1), dite loi Élan.
3. Ajout opéré par la loi n° 2015-992 du 17 août 2015 (*JO* 18 août, p. 14263), le même texte complétant l'alinéa 1er de l'article 6 par la précision selon laquelle un décret en Conseil d'État définit le critère de performance énergétique minimale à respecter et un calendrier de mise en œuvre échelonnée. Ce décret d'application est paru. Il s'agit du décret n° 2017-312 du 9 mars 2017 (*JO* 11 mars, n° 31).
4. Ajout opéré par la loi n° 2019-1147 du 8 nov. 2019 (*JO* 9 nov., n° 1).
5. L. n° 2021-1104, 22 août 2021 portant lutte contre le dérèglement climatique et renforcement de la résilience face à ses effets, *JO* 24 août, n° 1.
6. Un décret en Conseil d'État devra définir le niveau de performance minimal au sens dudit article L. 173-1-1.
7. L. n° 2021-1104, 22 août 2021 portant lutte contre le dérèglement climatique et renforcement de la résilience face à ses effets, *JO* 24 août, n° 1.
8. En vigueur le 1er janv. 2025.

Le texte se termine en précisant que les logements qui ne répondent pas à ces critères aux échéances fixées sont considérés comme non décents[1].

211.44 Détermination des critères de décence par décret en Conseil d'État. Le deuxième alinéa du même article 6 précise que « les caractéristiques correspondantes sont définies par décret en Conseil d'État pour les locaux à usage de résidence principale) ou à usage mixte mentionnés au deuxième alinéa de l'article 2 et les locaux visés aux 1° à 3° du même article (il s'agit des logements foyers, des locaux meublés régis par le titre Ier *bis* de la loi de 1989, des logements meublés loués dans le cadre d'un bail mobilité, régis par le titre Ier *ter* du même texte, des logements attribués ou loués en raison de l'exercice d'une fonction ou de l'occupation d'un emploi et des locations consenties aux travailleurs saisonniers ; v. s^s^ n°s 022.61 s.), à l'exception des logements-foyers et des logements destinés aux travailleurs agricoles qui sont soumis à des règlements spécifiques ».

211.45 Prise en compte du règlement sanitaire départemental antérieur au décret de 2002. Lorsque les dispositions du règlement sanitaire départemental ne sont pas incompatibles avec celles du décret du 30 janvier 2002 mais qu'elles sont plus rigoureuses, il a été jugé qu'elles devaient recevoir application, le décret de 2020 ne l'ayant pas abrogé[2].

211.46 Critères de décence et locaux d'habitation anciens. Concernant la mise en œuvre des critères de décence dans l'habitat ancien, on retiendra d'une réponse ministérielle que le législateur n'a pas entendu faire du « logement décent » le véhicule de la création de nouvelles normes, mais définir les caractéristiques minimales des logements donnés en location[3].

211.47 Critères de décence (exclusion des critères d'occupation). Le décret du 30 janvier 2002[4] définit les caractéristiques que le local devra réunir. Les critères d'occupation liés au nombre d'habitants ne figurent pas parmi les caractéristiques de la décence, car le propriétaire bailleur ne peut être tenu pour responsable du nombre de personnes habitant effectivement le logement qu'il a mis en location[5].

B. Sécurité physique et santé du preneur

211.51 Respect de la sécurité physique et de la santé des locataires – Intégrité de l'habitat. Au-delà du fait que le logement qui fait l'objet d'un arrêté de mise en sécurité ou de traitement de l'insalubrité pris en application de l'article L. 511-11 du code de la construction et de l'habitation ne peut être considéré comme un logement décent[6] aux termes de l'article 2 du décret de 2002, le logement doit assurer le clos et le couvert. Le gros œuvre du logement et de ses accès doit être en bon état d'entretien et de solidité et protéger les locaux contre les eaux de ruissellement et les remontées d'eau. Les menuiseries extérieures et la couverture avec ses raccords et accessoires doivent assurer la protection contre les infiltrations d'eau dans l'habitation (étant entendu que pour les logements situés dans les départements d'Outre-mer, il peut être tenu compte, pour l'appréciation des conditions relatives à la protection contre les infiltrations d'eau, des conditions climatiques spécifiques à ces départements).

211.52 Respect de la sécurité physique et de la santé des locataires – Infiltrations d'air parasite. Aux termes du point 2 de l'article 2 du décret du 30 janvier 2002 dans sa rédaction issue du décret du

1. Selon l'article 160, III de la loi n° 2021-1104 du 22 août 2021, portant lutte contre le dérèglement climatique et renforcement de la résilience face à ses effets (*JO* 24 août, n° 1), avant le 1er juillet 2027, le Gouvernement remet au Parlement un rapport dressant le bilan de l'application du présent article et appréciant également l'impact prévisible du rehaussement du niveau de performance d'un logement décent prévu à partir du 1er janvier 2034, notamment eu égard à la disponibilité de l'offre de rénovation et à ses potentiels effets sur le marché locatif privé.
2. Civ. 3e, 17 déc. 2015, n° 14-22.754, P III, n° 135 ; *D.* 2016. Actu. 72 ; ibid. Pan. 1102 , spéc. 1107, obs. N. Damas ; *D. actu.* 15 janv. 2016, obs. Cayol ; *Loyers et copr.* 2016, n° 29, obs. B. Vial-Pedroletti ; *Gaz. Pal.* 23 févr. 2016. 78, obs. Parmentier – Civ. 3e, 3 mai 2018, n° 17-11.132, P III, n° 48 ; *D.* 2019. Pan. 1129 , spéc. 1136, obs. N. Damas ; *Administrer* 4/2019. 51, note Valdès – EN SENS CONTRAIRE, toutefois, jugeant que, compte tenu de la hiérarchie des normes, le décr. du 30 janv. 2002, postérieur au règlement sanitaire départemental, prévaut sur celui-ci et l'abroge implicitement : Civ. 3e, 20 avr. 2017, n° 16-13.821, NP.
3. Rép. min. n° 73576, *JOAN Q* 6 mai 2002, p. 2428 ; *Administrer* juill. 2002, p. 66 – AUSSI, en l'absence de risque pour la santé et la sécurité du locataire, jugeant qu'il n'y a pas manquement à l'obligation de délivrance d'un logement décent : Civ. 3e, 15 nov. 2018, n° 17-25.945, NP, *AJDI* 2019. 64.
4. Décr. n° 2002-120, 30 janv. 2002 relatif aux caractéristiques du logement décent pris pour l'application de l'article 187 de la loi n° 2000-1208 du 13 déc. 2000 relative à la solidarité et au renouvellement urbains, *JO* 31 janv., p. 2090, applicable tant à Mayotte (avec, jusqu'au 31 décembre 2024, certaines adaptations mentionnées à l'art. 6 *bis* du texte) qu'à Saint-Barthélemy et à Saint-Martin pour fixer les caractéristiques de décence que doivent remplir les logements au titre desquels le droit à une aide personnelle au logement est ouvert (moyennant, là encore, certaines adaptations, lesquelles sont précisées à l'article 6 *ter* du décret, en vigueur le 1er sept. 2019).
5. Rép. min. n° 10778, *JOAN Q* 14 avr. 2003, p. 2990 ; *JCP N* 2003. 1316.
6. Décr. n° 2002-120, 30 janv. 2002, mod. par décr. n° 2020-1711, 24 déc. 2020.

9 mars 2017[1], à compter du 1er janvier 2018, le logement « est protégé contre les infiltrations d'air parasites. Les portes et fenêtres du logement ainsi que les murs et parois de ce logement donnant sur l'extérieur ou des locaux non chauffés présentent une étanchéité à l'air suffisante. Les ouvertures des pièces donnant sur des locaux annexes non chauffés sont munies de portes ou de fenêtres. Les cheminées doivent être munies de trappes »[2]. Le texte précise que ces dispositions ne sont pas applicables dans les départements situés Outre-mer.

211.53 Respect de la sécurité physique et de la santé des locataires – Retenue des personnes. Les dispositifs de retenue des personnes, dans le logement et ses accès, tels que garde-corps des fenêtres, escaliers, loggias et balcons, doivent être dans un état conforme à leur usage. En mai 2002, la cour d'appel d'Aix-en-Provence a jugé que constitue un manquement à l'obligation de délivrance loyale de la chose louée, la mise à disposition d'un appartement muni d'une fenêtre dépourvue de dispositif suffisant à prévenir le basculement des occupants du local[3], qu'il s'agisse d'enfants ou d'adultes[4]. Quant à la Cour de cassation, elle a considéré que n'est pas décent le logement dont les dispositifs de garde-corps des balcons ne sont pas dans un état conforme à leur usage[5]. En revanche, pour la cour d'appel d'Aix-en-Provence, n'est pas indécent le logement qui ne comporte pas de volets aux fenêtres[6].

211.54 Respect de la sécurité physique et de la santé des locataires – Matériaux de construction. Concernant la nature et l'état de conservation et d'entretien des matériaux de construction, des canalisations et des revêtements du logement, ils ne doivent pas présenter de risques manifestes pour la santé et la sécurité physique des locataires. Un appartement peut être jugé non décent à raison, notamment, des revêtements contenant du plomb[7].

211.55 Respect de la sécurité physique et de la santé des locataires – Gaz et électricité. Les réseaux et branchements d'électricité et de gaz et des équipements de chauffage et de production d'eau chaude, doivent être, non seulement conformes aux normes de sécurité définies par les lois et règlements, mais de surcroît, en bon état d'usage et de fonctionnement. Ainsi, le logement dont le tuyau d'alimentation de gaz à remplacer est périmé depuis neuf ans avant la date de délivrance des lieux au locataire est indécent[8]. Par ailleurs, un logement dont l'installation électrique fait courir au locataire un risque d'électrocution est indécent ainsi qu'en cas de non-respect des normes d'isolation et d'insuffisance de l'installation de chauffage[9]. Selon les services du ministère du Logement, l'état de l'installation électrique doit toutefois s'apprécier en fonction du risque apparent qu'elle peut présenter pour un non-technicien sans qu'il soit nécessaire de procéder, si l'installation, bien qu'ancienne, n'est pas dangereuse, à une quelconque mise aux normes. Et seuls les travaux qui seraient exécutés sur cette installation devraient être conformes à la réglementation en vigueur au moment de leur réalisation[10].

211.56 Respect de la sécurité physique et de la santé des locataires – Ventilation. Jusqu'au 30 juin 2018, selon le point 5 de l'article 2 du décret du 30 janvier 2002, les dispositifs d'ouverture et de ventilation des logements devaient permettre un renouvellement de l'air adapté aux besoins d'une occupation normale du logement et au fonctionnement des équipements[11].

Depuis le 1er juillet 2018, l'exigence concernant la ventilation des logements évolue. En effet, aux termes, désormais du point 6 de l'article 2 du décret du 30 janvier 2002 dans sa rédaction issue du décret du 9 mars 2017[12], le logement permet une aération suffisante. Le texte précise par ailleurs que les dispositifs d'ouverture et les éventuels dispositifs de ventilation des logements sont en bon état et permettent un renouvellement de l'air et une évacuation de l'humidité adaptés aux besoins d'une occupation

1. Décr. n° 2017-312, 9 mars 2017 modifiant le décret n° 2002-120 du 30 janvier 2002 relatif aux caractéristiques du logement décent pris pour application de l'article 187 de la loi n° 2000-1208 du 13 décembre 2000 relative à la solidarité et au renouvellement urbain, *JO* 11 mars, n° 31.
2. Validant ces critères de performance énergétique insérés à l'art. 2 par le décr. du 9 mars 2007 : CE 20 déc. 2018, n° 414123, NP, *AJDI* 2019. 621, obs. N. Damas ; *Loyers et copr.* 2019, n° 47, obs. B. Vial-Pedroletti.
3. Situé au 4e étage.
4. Aix-en-Provence, 7 mai 2002, n° 50/172, *Loyers et copr.* 2003, n° 83, obs. B. Vial-Pedroletti.
5. Civ. 3e, 14 févr. 2012, n° 11-13.136, NP, *Rev. loyers* 2012. 170 ; *Loyers et copr.* 2012, n° 97, obs. B. Vial-Pedroletti.
6. Aix-en-Provence, 1er févr. 2013, *Rev. loyers* 2013. 137 – COMP. toutefois, jugeant qu'en l'absence de volet le locataire peut exiger la mise en place d'un barreau de protection : Nîmes, 8 oct. 2020, n° 19/04612, *Loyers et copr.* 2020, n° 122, obs. B. Vial-Pedroletti.
7. Paris, 22 mai 2007, n° 05/15099, *AJDI* 2007. 753.
8. Civ. 3e, 14 févr. 2012, n° 11-13.136, NP, *Rev. loyers* 2012. 170 ; *Loyers et copr.* 2012, n° 97, obs. B. Vial-Pedroletti.
9. Angers, 9 oct. 2007, n° 06/05740, *JCP* 2008. IV. 1841.
10. Rép. min. n° 73576, *JOAN Q* 6 mai 2002, p. 2428 ; *Administrer* juill. 2002, p. 66.
11. POUR des exemples de logements indécents en raison d'un manque de ventilation : Rennes, 16 avr. 2014, *Rev. loyers* 2014. 295 ; Lyon, 8 sept. 2015, n° 13/03973, *Loyers et copr.* 2015, n° 219, obs. B. Vial-Pedroletti ; Aix-en-Provence, 16 déc. 2014, n° 12/18941, *Rev. loyers* 2015. 74.
12. Décr. n° 2017-312, 9 mars 2017 modifiant le décret n° 2002-120 du 30 janvier 2002 relatif aux caractéristiques du logement décent pris pour application de l'article 187 de la loi n° 2000-1208 du 13 décembre 2000 relative à la solidarité et au renouvellement urbain, *JO* 11 mars, n° 31.

normale du logement et au fonctionnement des équipements[1].

211.57 Respect de la sécurité physique et de la santé des locataires – Luminosité. Les pièces principales (au sens du troisième alinéa de l'article R. 111-1 du code de la construction et de l'habitation) doivent bénéficier d'un éclairement naturel suffisant et d'un ouvrant donnant à l'air libre ou sur un volume vitré donnant à l'air libre.

C.
Consommation d'énergie

211.61 Respect d'une consommation d'énergie maximale. Aux termes de l'article 3 *bis* du décret du 30 janvier 2002[2], en vigueur le 1er janvier 2023 et ne s'appliquant qu'aux nouveaux contrats de location conclus à compter de cette date, en France métropolitaine, le logement a une consommation d'énergie, estimée par le diagnostic de performance énergétique défini à l'article L. 126-26 du code de la construction et de l'habitation, inférieure à 450 kilowattheures d'énergie finale par mètre carré de surface habitable[3] et par an.

D.
Éléments d'équipement et de confort

211.71 Éléments d'équipement et de confort. Conformément à l'article 3 du décret de 2002, le logement décent est celui qui comporte les éléments d'équipement et de confort suivants : chauffage, eau potable et eau courante, évacuation des eaux, cuisine, sanitaire et éclairage.

211.72 Chauffage. Est visée une installation permettant un chauffage normal, munie des dispositifs d'alimentation en énergie et d'évacuation des produits de combustion et adaptée aux caractéristiques du logement (étant entendu que pour les logements situés dans les départements d'Outre-mer, il peut ne pas être fait application de ces dispositions lorsque les conditions climatiques le justifient).

On retiendra que le logement dépourvu d'appareil de chauffage est indécent[4].

Selon la cour d'appel de Nîmes, le chauffage au bois n'est pas conforme au décret et le bailleur doit être condamné à mettre en place une autre installation de chauffage[5]. Toutefois, une réponse ministérielle de 2003 précise que dès lors qu'un logement dispose d'une alimentation en électricité ou gaz de ville, ainsi que d'un conduit d'évacuation des fumées, il doit être considéré en conformité avec les dispositions relatives au chauffage du décret « logement décent »[6]. Et selon la cour d'appel de Rouen, l'absence de convecteur dans la salle d'eau et dans une chambre ne suffit pas à rendre le logement indécent[7].

Enfin, le locataire ne peut exiger la mise en conformité de l'installation électrique à des normes arrêtées plusieurs années après la prise du bail. Sauf toutefois, s'il démontre la dangerosité de cette installation ou l'existence de troubles dans la jouissance de ces éléments d'équipement[8].

211.73 Eau potable et eau courante. Est visée une installation d'alimentation en eau potable assurant à l'intérieur du logement la distribution avec une pression et un débit suffisants pour l'utilisation normale de ses locataires.

Compte tenu du libellé du point 2, la décence impose en réalité une alimentation non seulement en eau potable[9]. D'ailleurs, l'exigence de l'alimentation

1. Aux termes de l'article L. 153-2 du code de la construction et de l'habitation (issu de l'ord. nº 2020-71 du 29 janv. 2020, *JO* 31 janv., nº 62, en vigueur le 1er juill. 2021), les bâtiments bénéficient, dans des conditions normales d'occupation et d'usage et, le cas échéant, compte tenu de l'environnement dans lequel ils se situent, d'un renouvellement de l'air et d'une évacuation des émanations de sorte que la pollution de l'air intérieur du local ne mette pas en danger la santé et la sécurité des personnes et que puissent être évitées, sauf de façon passagère, les condensations – SUR les sanctions encourues en cas de méconnaissance de cet art. L. 153-2 : CCH, art. L. 183-4 et L. 183-6 (également issus de l'ord. nº 2020-71 du 29 janv. 2020, *JO* 31 janv., nº 62, en vigueur le 1er juill. 2021).
2. Décr. nº 2002-120, 30 janv. 2002, art. 3 *bis* ; créé par décr. nº 2021-19, 11 janv. 2021, art. 1er.
3. Définie à l'article R. 111-2 du code de la construction et de l'habitation.
4. Civ. 3e, 4 juin 2014, nº 13-17.289, P III, nº 73 ; *D.* 20116.8064. Actu. 1274, obs. Y. Rouquet ; *ibid.* 2015. Pan. 1178, obs. N. Damas ; *AJDI* 2014. 873, obs. N. Damas ; *Loyers et copr.* 2014, nº 199, obs. B. Vial-Pedroletti ; *Rev. loyers* 2014. 359, obs. B. Humblot-Catheland ; *RTDI* 3/2014. 57, obs. F. de La Vaissière ; *JCP N* 2014. 1353, note J.-J. Barbieri ; Paris, 30 oct. 2012, *Loyers et copr.* 2013, nº 6, obs. B. Vial-Pedroletti ; CONTRA, estimant qu'est décent le logement disposant d'une alimentation en électricité ou gaz de ville, ainsi que d'un conduit d'évacuation des fumées : Rép. min. nº 6501, *JOAN Q* 14 juill. 2003, p. 5624 ; *AJDI* 2003. 856, obs. Y. Rouquet.
5. Nîmes, 29 janv. 2004, nº 02/02538, *Loyers et copr.* 2004, nº 144, obs. B. Vial-Pedroletti.
6. Rép. min. nº 6501, *JOAN Q* 14 juill. 2003, p. 5624 ; *AJDI* 2003. 856, obs. Y. Rouquet.
7. Rouen, 10 janv. 2019, nº 17/02961, *Rev. loyers* 2019. 75, obs. Brena.
8. Paris, 27 mars 2003, nº 2001/07737, *AJDI* 2003. 503 – Paris, 14 oct. 2010, nº 08/24062, *Loyers et copr.* 2011, nº 5, obs. B. Vial-Pedroletti.
9. Qui « traduit la satisfaction de l'ensemble des caractéristiques physico-chimiques et bactériologiques aux conditions de la consommation humaine » [Rép. min. nº 56097, *JOAN Q* 12 avr. 2005, p. 3856 ; *AJDI* 2005. 512], mais aussi en eau courante (qui correspond à une installation d'eau sous-pression distribuée par un réseau public, ou depuis un réservoir, un château d'eau) : Rép. min. nº 56097, préc.

du logement en eau courante a été consacrée par la jurisprudence[1].

À noter qu'aux termes de l'article L. 152-1 du code de la construction et de l'habitation[2], tout logement est pourvu d'une alimentation en eau potable[3].

211.74 **Évacuation des eaux.** Est visé un système d'évacuation installations des eaux ménagères et des eaux-vannes empêchant le refoulement des odeurs et des effluents et munies de siphon.

Et selon l'article L. 152-1 du code de la construction et de l'habitation[4], tout logement est pourvu d'une installation d'évacuation continue des eaux usées domestiques[5].

211.75 **Cuisine.** Sont visés une cuisine ou un coin cuisine aménagé de manière à recevoir un appareil de cuisson et comprenant un évier raccordé à une installation d'alimentation en eau chaude et froide et à une installation d'évacuation des eaux usées[6].

211.76 **Sanitaires.** Est visée une installation sanitaire intérieure au logement comprenant un w.-c., séparé de la cuisine et de la pièce où sont pris les repas, et un équipement pour la toilette corporelle, comportant une baignoire ou une douche, aménagée de manière à garantir l'intimité personnelle, alimentée en eau chaude et froide et muni d'une évacuation des eaux usées[7].

Il est cependant mentionné que l'installation sanitaire d'un logement d'une seule pièce peut être limitée à un w.-c. extérieur au logement à condition que ce w.-c. soit situé dans le même bâtiment et facilement accessible. Retenons à cet égard qu'il a été jugé que n'est pas constitué d'une seule pièce et, par voie de conséquence, doit être doté d'un w.-c. intérieur, le logement comportant une pièce principale et dans lequel il existe un mur de séparation[8].

211.77 **Éclairage.** Est visé un réseau électrique permettant l'éclairage suffisant de toutes les pièces et des accès ainsi que le fonctionnement des appareils ménagers courants indispensables à la vie quotidienne.

L'article 3, *in fine*, du décret indique que dans les logements situés dans les départements d'Outre-mer, les dispositions relatives à l'alimentation en eau chaude prévues aux 4 et 5 ci-dessus ne sont pas applicables.

E.
Caractéristiques de la pièce principale

211.81 **Existence et caractéristiques de la pièce principale.** Conformément à l'article 4 du décret, le logement doit disposer au moins d'une pièce principale ayant :

- soit une surface habitable (au sens de l'art. R. 156-1 du code de la construction et de l'habitation) au moins égale à neuf mètres carrés et une hauteur sous plafond au moins égale à 2,20 mètres ; une pièce située à l'entresol, d'une hauteur sous plafond inférieur à deux mètres ne saurait être qualifiée de « pièce d'habitation »[9] ;

- soit un volume habitable (au sens du même art. R. 156-1) au moins égal à vingt mètres cubes.

Précisons que la règle des quatorze mètres carrés, qui figure dans le code de la construction et de l'habitation[10], ne concerne que les nouveaux logements, qu'il s'agisse de construction neuve ou de création de nouveaux lots de copropriété après division[11].

1. Civ. 3e, 15 déc. 2004, n° 02-20.61, P III, n° 239 ; *AJDI* 2005. 25, obs. Y. Rouquet ; *D.* 2005, Pan. 751, obs. N. Damas – AUSSI, à propos de cet arrêt : J. Monéger, *D.* 2005. 305 – Exigeant l'alimentation en eau courante et en électricité : Paris, 23 mai 2007, *JurisData* 338798, *AJDI* 2008. 31.
2. ISSU DE ord. n° 2020-71, 29 janv. 2020, en vigueur le 1er juill. 2021.
3. Aux termes de l'art. L. 183-4 du CCH (issu de ord. n° 2020-71, 29 janv. 2020, en vigueur le 1er juill. 2021), « est puni d'une amende de 45 000 € le fait, pour les utilisateurs du sol, les bénéficiaires des travaux [...] ou toute autre personne responsable de l'exécution de travaux, de méconnaître les obligations imposées par [...] l'art. L. 152-1, par les dispositions réglementaires prises pour son application [...]. En cas de récidive, une peine d'emprisonnement de six mois peut en outre être prononcée [...]. Et les personnes physiques coupables de l'un des délits prévus à cet article encourent également la peine complémentaire prévue à l'art. 131-35 du code pénal – AUSSI : CCH, art. L. 183-6 ; créé par ord. n° 2020-71, 29 janv. 2020, en vigueur le 1er juill. 2021, prévoyant qu'en cas de condamnation pour une infraction prévue à l'art. L. 183-4, le tribunal, au vu des observations écrites ou après audition du fonctionnaire compétent, statue soit sur la mise en conformité des lieux ou celle des ouvrages avec les règlements, l'autorisation administrative ou le permis de construire, soit sur la démolition des ouvrages ou la réaffectation du sol en vue du rétablissement des lieux dans leur état antérieur.
4. ISSU DE ord. n° 2020-71, 29 janv. 2020, en vigueur le 1er juill. 2021.
5. V. la note préc.
6. POUR un exemple de canalisation d'évacuation des eaux usées non conforme à la réglementation en raison de son étroitesse : Civ. 3e, 20 déc. 2018, n° 17-24.286, NP, *Administrer* 7/2019. 49, obs. V. Canu.
7. POUR un logement indécent en raison de l'impossibilité d'utiliser la salle de bain : Aix-en-Provence, 15 nov. 2018, n° 18/06371, *Rev. loyers* 2018. 537, obs. Brena.
8. Civ. 3e, 21 mars 2012, n° 11-14.838, P III, n° 48 ; *D.* 2012. Actu. 879, obs. Y. Rouquet ; *ibid.* 2013. Pan. 863, obs. N. Damas.
9. Civ. 3e, 11 janv. 2005, n° 03-18.846, NP, *AJDI* 2005. 206 [arrêt rendu au visa du décr. n° 87-149 du 6 mars 1987 sur les normes minimales de confort et d'habitabilité].
10. CCH, art. R. 111-2, al. 1er.
11. Rép. min. n° 10778, *JOAN Q* 14 avr. 2003, p. 2990 ; *JCP N* 2003. 1316.

F. Sanction du défaut de décence

211.91 Sanction spécifique : mise en conformité. Si le logement ne répond pas aux normes de décence, alors, il ressort de l'article 20-1 de la loi du 6 juillet 1989 (inséré par l'article 187, II de la loi du 13 décembre 2000, dite loi SRU et modifié par la loi du 13 juillet 2006) que « le locataire peut demander au propriétaire leur mise en conformité sans qu'il soit porté atteinte à la validité du contrat en cours ».

Aux termes du deuxième alinéa de l'article 20-1 dans sa rédaction issue de la loi du 24 mars 2014, dite loi Alur (applicable aux baux en cours[1]), « l'information du bailleur par l'organisme payeur de son obligation de mise en conformité du logement, telle que prévue aux articles L. 843-1 du code de la construction et de l'habitation *[relatifs à l'allocation logement]*, tient lieu de demande de mise en conformité par le locataire ».

La seule sanction principale spécifique à l'obligation de délivrer un logement décent est la mise en conformité[2] : le locataire ne pourrait exiger du bailleur que celui-ci lui fournisse un logement de substitution[3]. Il a toutefois été jugé que le relogement provisoire peut être imposé au bailleur, le temps de réaliser les travaux requis[4].

211.92 Recours au droit commun. Toutefois, en application du droit commun, le locataire peut demander la résiliation du bail aux torts exclusifs du bailleur avec allocation de dommages et intérêts.

Dans le cadre d'une telle procédure, il a été jugé que l'indemnisation du preneur pour les troubles de jouissance subis du fait du manquement par le bailleur à son obligation de délivrance d'un logement décent n'est pas subordonnée à une mise en demeure du bailleur[5].

211.93 Défaut d'accord entre les parties. À défaut d'accord entre les parties, auquel, selon le texte, est assimilé un défaut de réponse du bailleur pendant plus de deux mois, la commission départementale de conciliation « peut être saisie »[6]. La saisine de la CDC est donc bien une phase facultative. Cela est d'ailleurs confirmé par la dernière phrase de l'alinéa 1er de l'article 20-1 (également issue de la loi du 5 mars 2007) ainsi libellée : « La saisine de la commission ou la remise de son avis ne constitue pas un préalable à la saisine du juge par l'une ou l'autre des parties ».

La CDC doit rendre son avis dans les conditions de l'article 20 de la loi (sur la compétence d'attribution de la CDC v. s^{s} n°s 811.50 s. ; à propos des conditions de sa saisine v. s^{s} n° 811.81).

211.94 Intervention du juge. Après passage en commission ou non, le juge (en l'occurrence, le juge des contentieux de la protection du lieu de situation de l'immeuble[7]) peut être saisi par l'une ou l'autre des parties (en pratique, par le locataire). Souverain dans son appréciation de la décence ou non du logement[8], il détermine, le cas échéant, la nature des travaux à réaliser et le délai de leur exécution[9]. Il peut aussi, depuis la loi du 13 juillet 2006, dite loi ENL, réduire le montant du loyer[10, 11] ou suspendre, avec ou sans consignation, son paiement et la durée du bail jusqu'à l'exécution des travaux de mise en conformité.

D'un point de vue procédural, on mentionnera cette importante décision selon laquelle la réduction ou la suspension de loyer n'étant prévue qu'accessoirement à l'exécution des travaux, le juge n'a pas le pouvoir de les ordonner dès lors qu'il n'est pas saisi d'une demande de travaux[12].

Depuis la loi susvisée du 5 mars 2007 et la loi du 25 mars 2009[13], le juge doit nécessairement trans-

1. L. n° 2014-366, 24 mars 2014, *JO* 26 mars, p. 5809, art. 14.
2. Sur les sanctions secondaires que le juge peut prononcer (réduction du loyer, suspension de son paiement et de la durée du bail jusqu'à l'exécution des travaux), v. s^{s} n° 211.94.
3. Civ. 3e, 15 déc. 2004, n° 02-20.614, P III, n° 239 ; *AJDI* 2005. 125, obs. Y. Rouquet ; *D.* 2005, Pan. 751, obs. N. Damas ; *D.* 2005. 305, obs. J. Monéger – Besançon, 16 déc. 2003, n° 02/01379, *Loyers et copr.* 2004, n° 107, obs. B. Vial-Pedroletti.
4. Paris, 27 janv. 2005, n° 03/02302, *Loyers et copr.* 2005, n° 110, obs. B. Vial-Pedroletti.
5. Civ. 3e, 4 juin 2014, n° 13-12.314, P III, n° 74 ; *D.* 2014. Actu. 1274, obs. Y. Rouquet ; *AJDI* 2014. 872, obs. N. Damas ; *Loyers et copr.* 2014, n° 200, obs. B. Vial-Pedroletti ; *Rev. loyers* 2014. 356, obs. S. Benilsi – Aix-en-Provence, 26 mai 2015, n° 2015/293, *Loyers et copr.* 2015, n° 159, obs. B. Vial-Pedroletti – CONTRA, toutefois : Aix-en-Provence, 14 janv. 2014, n° 12/18926, *Loyers et copr.* 2014, n° 112, obs. B. Vial-Pedroletti.
6. Art. 20-1, rédac. L. n° 2007-290, 5 mars 2007.
7. En application des art. L. 213-4-4 et R. 211-11 du COJ et des art. 42 s. du c. pr. civ.
8. Civ. 2e, 29 nov. 2012, n° 11-20.091, P II, n° 196 ; *D. actu.*, 19 déc. 2012, obs. Y. Rouquet ; *AJDI* 2013. 430, obs. Dreveau.
9. POUR des condamnations du bailleur à effectuer les travaux de remise en état sous astreinte : Lyon, 30 juin 2009, *Loyers et copr.* 2009, n° 255, obs. B. Vial-Pedroletti – Grenoble, 3 avr. 2018, n° 16/05214, *Rev. loyers* 2018. 253, obs. S. B.
10. POUR un ex. de condamnation du bailleur à restituer les loyers versés : Paris, 28 mars 2013, n° 10/24182, *AJDI* 2013. 529.
11. Précisant que la mise en demeure de mettre les lieux en conformité n'est pas une condition de la réduction du loyer : Amiens, 6 avr. 2017, n° 15/00008, *Rev. loyers* 2017. 232, obs. S. B.
12. Civ. 3e, 3 déc. 2020, n° 19-23.216, NP, *Loyers et copr.* 2021, n° 21, obs. B. Vial-Pedroletti.
13. L. n° 2009-323, 25 mars 2009 de mobilisation pour le logement et la lutte contre l'exclusion, *JO* 27 mars – SUR cette loi : N. Damas, *AJDI* 2009. 274 ; *D.* 2010. Pan. 1168, spéc. 1177 ; J. Lafond, *JCP N* 2009, n° 1136 ; Canu, *Rev. loyers* 2009. 262 ; Raclet, *Administrer* août-sept. 2009. 7.

mettre au représentant de l'État dans le département l'ordonnance ou le jugement constatant que le logement loué n'est pas décent[1].

Toutefois, insérant un nouvel (et dernier) alinéa à l'article 20-1, la loi « Énergie et climat » du 8 novembre 2019[2] prévoit désormais que le juge ne peut ordonner de mesure visant à permettre le respect du seuil maximal de consommation d'énergie finale par mètre carré et par an mentionné à l'article 6, alinéa 1er, de la loi[3] lorsque le logement fait partie d'un immeuble soumis au statut de la copropriété et que le copropriétaire concerné démontre que, malgré ses diligences en vue de l'examen de résolutions tendant à la réalisation de travaux relevant des parties communes ou d'équipements communs et la réalisation de travaux dans les parties privatives de son lot adaptés aux caractéristiques du bâtiment, il n'a pu parvenir à un niveau de consommation énergétique inférieur au seuil maximal[4].

L'article 41-1 de loi de 1989 (créé par l'article 187-II de la loi du 13 décembre 2000) précise que « les dispositions de l'article 20-1 sont applicables aux contrats en cours »[5].

211.95 **Intervention du juge (évolution de la législation au 1er janvier 2025).** À compter du 1er janvier 2025, la loi « Climat et résilience » du 22 août 2021[6], réécrit le dernier alinéa de l'article 20-1 de la loi du 6 juillet 1989.

À compter de cette date, il est prévu que, sans préjudice de la possibilité de prononcer les autres mesures mentionnées au troisième alinéa de l'article 20-1 (réduction du loyer, suspension de son paiement et suspension de la durée du bail), le juge ne peut ordonner la réalisation de travaux visant à permettre le respect du niveau de performance minimal mentionné au premier alinéa de l'article 6 dans les cas suivants :

1° le logement fait partie d'un immeuble soumis au statut de la copropriété et le copropriétaire concerné démontre que, malgré ses diligences en vue de l'examen de résolutions tendant à la réalisation de travaux relevant des parties communes ou d'équipements communs et la réalisation de travaux dans les parties privatives de son lot adaptés aux caractéristiques du bâtiment, il n'a pu parvenir à ce niveau de performance minimal ;

2° le logement est soumis à des contraintes architecturales ou patrimoniales qui font obstacle à l'atteinte de ce niveau de performance minimal malgré la réalisation de travaux compatibles avec ces contraintes. Les critères relatifs à ces contraintes sont précisés par décret en Conseil d'État.

§ 2
Qualité du logement loué au regard de l'usage convenu

211.101 **Délivrance d'un logement adéquat à l'usage convenu.** Le bailleur doit délivrer un logement en état de servir à l'usage pour lequel il a été loué[7]. Ni la connaissance de l'état des lieux par le locataire, ni la « faiblesse » du montant du loyer, ni la possibilité de sous-louer, ni l'autorisation donnée aux preneurs de réaliser des travaux, n'exonèrent le bailleur de son obligation de délivrance[8].

Ce, nonobstant l'insertion au contrat d'une clause selon laquelle le locataire accepte les lieux en l'état[9]. Il a, par exemple, été jugé que même si le locataire accepte de prendre les lieux « en l'état », cela ne dispense pas le bailleur de réparer les volets et les fenêtres[10]. De même, une « clause de souffrance »[11] ne saurait permettre au bailleur de s'affranchir de son obligation de délivrance (sur l'obligation, pour le preneur, de laisser exécuter certains

1. Art. 20-1, *in fine*.
2. L. n° 2019-1147, 8 nov. 2019 relative à l'énergie et au climat, *JO* 9 nov., n° 1.
3. V. s^s n°s 211.43 et 211.61.
4. Les mod. issues de la L. n° 2019-1147 du 8 nov. 2019 entrent en vigueur à une date fixée par décret, et au plus tard le 1er janv. 2023. Toutefois, ces mod. sont applicables en Guadeloupe, en Martinique, en Guyane, à La Réunion et à Mayotte à compter d'une date fixée par décret, et au plus tard le 1er janv. 2028. Les contrats de location en cours à cette date demeurent soumis aux dispositions qui leur étaient applicables. Les contrats de location en cours à la date d'entrée en vigueur de ces mod. demeurent soumis aux dispositions qui leur étaient applicables (L. n° 2019-1147, 8 nov. 2019, art. 17, III ; mod. par L. n° 2021-1104, 22 août 2021, art. 158, III, 1°).
5. Précisant que l'entrée en vigueur du décr. n° 2002-120 du 30 janv. 2002 permet l'application immédiate de ses dispositions pour tous les logements loués, y compris pour les baux en cours, ce que l'art. 41-1 indique expressément : Rép. min. n° 38949, *JO Sénat* 11 avr. 2002, p. 38949.
6. L. n° 2021-1104, 22 août 2021 portant lutte contre le dérèglement climatique et renforcement de la résilience face à ses effets, *JO* 24 août, n° 1.
7. Paris, 31 janv. 1994, n° 91/18287, *Administrer* août-sept. 1994, p. 49.
8. Civ. 3e, 20 sept. 2006, n° 05-16.243, NP, *AJDI* 2007. 203, note V. Zalewski ; *Rev. loyers* 2006. 463, obs. Rémy– COMP., TOUTEFOIS : Civ. 3e, 14 mai 2008, n° 07-18.054, NP, *Rev. loyers* 2008. 386.
9. Civ. 3e, 5 juin 2002, n° 00-18.697, P III, n° 123 ; *D.* 2002. IR 2303 ; *AJDI* 2002. 759, obs. Briand – Bordeaux, 17 juill. 2001, *JurisData* 164659, *Loyers et copr.* 2002, n° 171, obs. B. Vial-Pedroletti.
10. Civ. 3e, 10 févr. 2004, n° 03-10.833, NP, *Loyers et copr.* 2004, n° 69, obs. B. Vial-Pedroletti.
11. Clause par laquelle le locataire accepte par avance et sans contrepartie les désagréments que pourrait lui occasionner la réalisation de travaux – Concernant les clauses de souffrance : C. civ., art. 1724 (v. s^s n° 232.53).

travaux v. s[s] n° 232.51)[1]. Et la clause par laquelle le preneur déclare avoir une parfaite connaissance des lieux loués ne concerne pas la structure de ces derniers et n'exonère pas le bailleur de son obligation de délivrance[2].

211.102 Absence d'obligation de remettre à neuf le logement. Il n'est pas demandé au bailleur de fournir un logement remis à neuf à son cocontractant. Un logement neuf qui comporterait certains vices de construction ne pourrait pas plus être loué en l'état[3].

Il faut et il suffit que les lieux loués permettent au locataire de les habiter[4] (si le logement est à usage d'habitation) ou de les habiter et d'y exercer sa profession (si le logement a été loué à usage mixte). Le bailleur ne peut, en raison de l'obligation de délivrance à laquelle il est tenu, s'exonérer de l'obligation de procéder aux travaux rendus nécessaires par les vices affectant la structure de l'immeuble[5].

Cette obligation de délivrance vaut à la fois pour le local loué et pour ses éléments d'équipement (chaudière, chauffe-eau, four...) dès lors qu'ils ont été consignés dans le contrat (ou dans l'état des lieux d'entrée).

211.103 Délivrance et usage convenu. Si le logement a servi d'habitation au précédent locataire et que le nouveau locataire l'a loué à usage mixte (c'est-à-dire à la fois pour son habitation et pour l'exercice de sa profession), il appartient au bailleur de s'assurer que le local peut être affecté à cette double destination[6].

211.104 Renouvellement du bail et délivrance. L'obligation de délivrance s'impose au bailleur tant lors de la conclusion du bail initial que lors de son renouvellement, le bail renouvelé s'analysant en un nouveau contrat[7].

Elle s'impose par ailleurs tout au long de la relation contractuelle, s'agissant d'une obligation continue du bailleur[8].

211.105 Hypothèses de non-adéquation avec l'usage convenu. Le bailleur qui délivre un logement dépourvu d'arrivée d'eau ne remplit pas son obligation de délivrance (jurisprudence, on l'aura compris, antérieure à l'entrée en vigueur de l'obligation de décence)[9]. Tout comme est fautif, celui qui loue un local sans en assurer le clos et le couvert, sans fournir de chauffage ni d'installation électrique[10].

Il en va de même du bailleur qui met un logement à la disposition du locataire sans avoir réalisé les réparations qui lui incombent, ou celles qui incombaient au locataire sortant[11], de celui qui loue un local dont les sols sont sales et certains éléments d'équipement[12] vétustes[13].

Manque pareillement à son obligation de délivrance, le bailleur qui loue un logement infesté de puces[14] ou d'insectes[15]. Cependant, la cour d'appel de Rouen a refusé de considérer que le bailleur a manqué à son obligation de délivrance du fait de la présence de rongeurs sous le parquet, dès lors que les locaux n'étaient pas inhabitables[16] ; ou le propriétaire qui loue un logement sans avoir entrepris les travaux de désamiantage imposés par les textes[17].

Il y a enfin violation de l'obligation de délivrance lorsque le syndicat des copropriétaires a refusé au preneur l'installation d'une gaine d'extraction, alors que le bailleur s'était engagé à faire le nécessaire pour obtenir cette autorisation[18], ou lorsque les aménagements nécessaires à la sécurité des occupants du logement ou à son accès par voiture n'ont été réalisés qu'avec retard[19].

1. Civ. 3e, 1er juin 2005, n° 04-12.200, P III, n° 119 ; *D.* 2005. IR 1655 ; *AJDI* 2005. 650, obs. Y. Rouquet.
2. Versailles, 19 mars 2020, n° 18/08325, *AJDI* 2020. 686.
3. Nîmes, 22 oct. 1996, n° 95/2273, *Rev. loyers* 1997. 447.
4. Paris, 10 févr. 1984, *JurisData* 020681, *D.* 1984. IR 326, obs. C. Giverdon, [loi de 1982].
5. Civ. 3e, 9 juill. 2008, n° 07-14.631, P III, n° 121 ; *D.* 2008. AJ 1999, obs. Y. Rouquet ; *AJDI* 2008. 841, note V. Zalewski – Civ. 3e, 28 mai 2008, n° 07-12.277, P III, n° 98 ; *D.* 2008. AJ 1622, obs. Y. Rouquet.
6. Civ. 3e, 2 juill. 1997, n° 95-14.151, P III, n° 159 ; *D.* 1997. IR 201 ; *D. Affaires* 1997, 997.
7. Civ. 3e, 16 juin 1999, *Ann. loyers* 1999. 1586.
8. Jugeant qu'il appartient au bailleur de délivrer un local conforme à sa destination contractuelle tout au long de l'exécution du contrat, not. : Civ. 3e, 10 sept. 2020, n° 18-21.890, NP, *JCP E* 2021. 1002, note Dumont ; *JCP E* 2021. 1168, n° 11, obs. Mbotaingar – AUSSI : Paris, 7 nov. 2018, n° 17/09152, *AJDI* 2019. 370.
9. Civ. 3e, 8 juin 1995, n° 93-14.869, NP, *D.* 1996. Somm. 378, obs. CRDP Nancy 2 ; *RDI* 1995. 801, obs. F. Collart-Dutilleul.
10. Civ. 3e, 27 janv. 1993, n° 90-21.933, P III, n° 11 ; *D.* 1993. IR 51, [loi de 1986].
11. Limoges, 1er avr. 1997, n° 1504/95, *Loyers et copr.* 1998, n° 36, obs. B. Vial-Pedroletti – Civ. 3e, 23 févr. 1999, n° 97-13.196, NP, *Loyers et copr.*, n° 118, obs. B. Vial-Pedroletti.
12. Plaques électriques, robinets de lavabo...
13. Civ. 3e, 12 juin 2003, n° 00-10.601, NP, *Administrer* nov. 2003, p. 38, obs. P. Canu.
14. Reims, 12 nov. 1998, n° 97/00721, *JCP N* 1999, n° 28, p. 1120, obs. A. Djigo.
15. Aix-en-Provence, 26 mai 2015, n° 2015/293, *AJDI* 2015. 610.
16. Rouen, 23 juin 1999, n° 9703312, *Loyers et copr.* 2000, n° 137, obs. B. Vial-Pedroletti.
17. NOTAMMENT, art. R. 1334-7 s. du code de la santé publique – Civ. 3e, 2 juill. 2003, n° 02-14.642, P III, n° 138, *AJDI* 2003. 751, obs. Y. Rouquet ; *Dr. et patr.* avr. 2003, p. 80, obs. Chauvel.
18. Civ. 3e, 26 mars 1997, n° 95-14.103, P III, n° 70 ; *D.* 1997. Somm. 325, obs. Ch. Atias.
19. Civ. 3e, 24 juin 1998, n° 96-17.471, NP, *Loyers et copr.* 1998, n° 231, obs. B. Vial-Pedroletti.

§ 3
Conformité aux mesures de prévention des intoxications par le monoxyde de carbone

211.111 Nécessité d'un système d'évacuation dans le cas d'appareil à combustion fixe. Aux termes de l'article L. 153-4 du code de la construction et de l'habitation [1], les bâtiments sont conçus, construits, rénovés et équipés de façon à prévenir les intoxications par le monoxyde de carbone [2].

Et, dans les locaux existants, les mesures de prévention des intoxications par le monoxyde de carbone visées aux articles R. 153-2 à R. 153-4 du code de la construction et de l'habitation sont applicables, à la charge du propriétaire, aux parties des locaux à usage d'habitation ou à leurs dépendances, lorsqu'elles comportent ou doivent comporter un appareil à combustion fixe de chauffage ou de production d'eau chaude sanitaire d'une puissance inférieure ou égale à 70 kilowatts et utilisant un combustible solide, liquide ou gazeux.

On retiendra de l'article R. 153-2 que les parties des locaux à usage d'habitation ou leurs dépendances, destinées à recevoir de façon fixe un appareil de chauffage ou de production d'eau chaude sanitaire d'une puissance inférieure ou égale à 70 kilowatts et utilisant les combustibles solides, liquides ou gazeux doivent être munies :

1° d'une entrée d'air permanente directe ou indirecte dans le cas où l'appareil utilise, pour la combustion, une partie de l'air de la pièce dans laquelle il est installé ;

2° d'un système d'évacuation vers l'extérieur des produits de combustion satisfaisant aux conditions techniques et de sécurité et adapté à l'usage, au type d'appareil et au combustible auxquels il est destiné.

L'entrée d'air permanente et le système d'évacuation sont conçus et entretenus de manière à permettre le bon fonctionnement des appareils.

211.112 Exclusions. Toutefois, ces dispositions ne s'appliquent pas aux locaux destinés à recevoir des appareils à circuit de combustion étanche qui, par leur conception, intègrent le circuit d'amenée d'air comburant et qui évacuent les produits de combustion vers l'extérieur sans risque de fuite vers l'intérieur des locaux d'habitation [3].

Par ailleurs, certains appareils de production d'eau chaude pourront être dispensés de l'obligation de raccordement prévue à l'article R. 153-2 par arrêté [4].

211.113 Cas des immeubles collectifs. Quant aux immeubles collectifs d'habitation, il est prévu que les installations de ventilation mécanique contrôlée auxquelles sont raccordés des appareils utilisant le gaz combustible ou les hydrocarbures liquéfiés doivent être équipées d'un dispositif de sécurité collective [5].

211.114 Sanction. Le propriétaire d'un local existant qui ne mettrait pas en place les dispositifs de prévention serait passible de l'amende prévue pour les contraventions de la 3e classe [6].

211.115 Obligation du preneur. Quant au locataire, il doit prendre soin de ne pas entraver le bon fonctionnement de l'entrée d'air et du système d'évacuation vers l'extérieur.

SECTION 3
SANCTION DU NON-RESPECT DE L'OBLIGATION DE DÉLIVRANCE

211.121 Demande en délivrance conforme ou en résiliation. Lorsque le bailleur n'a pas rempli son obligation de délivrance, en dehors de l'indemnisation qu'il peut solliciter [7], et qui peut prendre la forme d'une réduction de loyer [8], le locataire a le choix entre demander au juge qu'il condamne son cocontractant à lui délivrer le bien loué [9] et demander

1. ISSU DE ord. n° 2020-71, 29 janv. 2020, en vigueur le 1er juill. 2021.
2. Selon l'art. L. 183-4 du CCH (issu de ord. n° 2020-71, 29 janv. 2020, en vigueur le 1er juill. 2021), « est puni d'une amende de 45 000 € le fait, pour les utilisateurs du sol, les bénéficiaires des travaux [...] ou toute autre personne responsable de l'exécution de travaux, de méconnaître les obligations imposées par [...] l'art. L. 153-4, par les dispositions réglementaires prises pour son application [...]. En cas de récidive, une peine d'emprisonnement de six mois peut en outre être prononcée [...]. Et les personnes physiques coupables de l'un des délits prévus à cet article encourent également la peine complémentaire prévue à l'art. 131-35 du code pénal – AUSSI : CCH, art. L. 183-6 ; créé par ord. n° 2020-71, 29 janv. 2020, en vigueur le 1er juill. 2021, prévoyant qu'en cas de condamnation pour une infraction prévue à l'art. L. 183-4, le tribunal, au vu des observations écrites ou après audition du fonctionnaire compétent, statue soit sur la mise en conformité des lieux ou celle des ouvrages avec les règlements, l'autorisation administrative ou le permis de construire, soit sur la démolition des ouvrages ou la réaffectation du sol en vue du rétablissement des lieux dans leur état antérieur.
3. CCH, art. R. 131-32.
4. CCH, art. R. 131-34.
5. CCH, art. R. 131-33.
6. CCH, art. R. 152-11.
7. Civ. 3e, 16 janv. 1980, n° 78-12.389, P III, n° 13.
8. Civ. 3e, 8 juin 1995, n° 93-14.869, NP, *Gaz. Pal.* 28 avr. 1996 119-121 ; *D.* 1996. Somm. 378, obs. CRDP Nancy 2 ; *RDI* 1995. 801, obs. F. Collart-Dutilleul.
9. Sur la procédure spécifique de demande de mise en conformité aux normes de décence, v. ss nos 211.91 s.

la résiliation pure et simple du bail[1] ; étant précisé que la résiliation du bail suppose que les locaux soient inhabitables[2]. Il est des hypothèses où le locataire n'aura cependant pas à choisir. Cela sera notamment le cas lorsque le bien loué aura été détruit en totalité. Alors, seule la résiliation pourra être prononcée[3].

211.122 Célérité du preneur à agir. Le preneur souhaitant faire sanctionner le non-respect, par le bailleur, de son obligation de délivrance, devra agir sans tarder. En effet, une inaction de sa part pourrait s'interpréter en une renonciation. Il a ainsi été jugé qu'il n'y a pas de défaut de délivrance lorsque la surface réelle est inférieure de cinq m^2 à la surface visée dans le contrat, dès lors que le preneur, qui occupe les lieux depuis de nombreuses années sans réclamations ni réserves, ne démontre pas que la surface de l'appartement était un élément déterminant de son accord[4]. Dans le même ordre d'idées, relevons cette décision refusant de faire droit à la demande du locataire qui, en trois années d'occupation, n'a jamais émis la moindre réclamation[5].

1. Soc. 8 juin 1956, P IV, n° 535 – Civ. 3e, 26 mars 1997, n° 95-14.103, P III, n° 70 ; *Gaz. Pal.* 21 déc. 1997, 355-357 ; *D.* 1997. Somm. 325, obs. Ch. Atias.
2. Rouen, 23 juin 1999, n° 9703312, *Loyers et copr.* 2000, n° 137, obs. B. Vial-Pedroletti.
3. Sur la destruction de la chose louée v. ss n° 221.31 ; et sur la possibilité pour le locataire de ne pas payer son loyer v. ss n° 231.41.
4. Versailles, 9 nov. 2001, n° 09/1101, *D.* 2003. Somm. 733, obs. Pierre.
5. Paris, 12 oct. 2004, n° 2003/6683, *AJDI* 2004. 882.

CHAPITRE

212. Obligations de garantie

SECTION 0 ORIENTEUR

212.00 **Sommaire du chapitre.**

Division – Garantie d'une jouissance paisible et garantie des vices et défauts. Le bailleur est obligé d'assurer au locataire la jouissance paisible du logement et, sans préjudice des dispositions de l'article 1721 du code civil (en vertu duquel le bailleur doit garantie pour tous les vices ou les défauts de la chose louée qui en empêchent l'usage, même s'il les ignorait lors de la conclusion du bail), de le garantir des vices ou défauts de nature à y faire obstacle, hormis ceux qui, consignés dans l'état des lieux (d'entrée), auraient fait l'objet d'une (« clause travaux » de l'article 6 *a* de la loi du 6 juillet 1989)[1].

Il pèse donc sur le bailleur deux obligations de garantie voisines, mais qu'il convient de distinguer : l'obligation d'assurer la jouissance paisible à son cocontractant (sect. 1) et l'obligation de le garantir contre tous les vices ou les défauts de la chose louée (sect. 2), deux obligations dont le non-respect va être sanctionné (sect. 3).

212.01 **Principaux textes applicables.**

TEXTES SOURCES

- **C. civ.,** art. 1721, 1725.
- **L. nº 89-462, 6 juill. 1989,** art. 6.
- **CCH,** art. L. 142-1 à L. 142-4, R. 142-2 à R. 142-5.

TEXTES *IN EXTENSO*

- **C. civ.,** art. 1721

Il est dû garantie au preneur pour tous les vices ou défauts de la chose louée qui en empêchent l'usage, quand même le bailleur ne les aurait pas connus lors du bail.

S'il résulte de ces vices ou défauts quelque perte pour le preneur, le bailleur est tenu de l'indemniser.

- **C. civ.,** art. 1725

Le bailleur n'est pas tenu de garantir le preneur du trouble que des tiers apportent par voies de fait à sa jouissance, sans prétendre d'ailleurs aucun droit sur la chose louée ; sauf au preneur à les poursuivre en son nom personnel.

1. L. nº 89-462, 6 juill. 1989, art. 6 *b*.

• **L. 6 juill. 1989,** art. 6

* V. s^s n° 211.03

• **CCH,** art. L. 142-1

Lors de la survenue d'un incendie dans un logement ou une unité de vie, y compris celui ou celle situé dans un immeuble de moyenne hauteur ou un immeuble de grande hauteur, les occupants doivent pouvoir être alertés automatiquement par un dispositif de détection de fumée dès le début de l'incendie.

• **CCH,** art. L. 142-2

Dans les parties communes des bâtiments à usage d'habitation, les propriétaires mettent en œuvre des mesures de sécurité pour prévenir le risque d'incendie et éviter la propagation du feu des locaux à risques vers les circulations et les dégagements.

• **CCH,** art. L. 142-3

Lorsque des matières explosives ou inflammables sont entreposées dans un local attenant ou compris dans un bâtiment d'habitation collectif, soit en infraction avec les règles de sécurité qui lui sont applicables, soit dans des conditions de nature à créer des risques sérieux pour la sécurité des occupants, le maire peut, par arrêté motivé, mettre en demeure la personne responsable de la gestion ou de la jouissance du local de prendre toutes les mesures nécessaires pour se conformer aux règles de sécurité applicables ou pour mettre fin au danger dans un délai qu'il fixe. Faute d'exécution par la personne qui y est tenue, le maire y procède d'office aux frais de celle-ci. Il peut, si nécessaire, interdire l'accès du local jusqu'à la réalisation des mesures.

Le fait de ne pas se conformer à l'arrêté pris en application du premier alinéa est puni de 3 750 € d'amende.

• **CCH,** art. L. 142-4

Un décret en Conseil d'État définit les modalités d'application du présent chapitre. Il précise notamment les personnes auxquelles incombent les obligations d'installation et d'entretien du dispositif de détection de fumée, les caractéristiques techniques de celui-ci et les conditions de son installation, de son entretien et de son fonctionnement.

Un décret en Conseil d'État définit les modalités d'application du présent chapitre. Il précise notamment les personnes auxquelles incombent les obligations d'installation et d'entretien du dispositif de détection de fumée, les caractéristiques techniques de celui-ci et les conditions de son installation, de son entretien et de son fonctionnement.

• **CCH,** art. R. 142-2

Chaque logement, qu'il se situe dans une habitation individuelle ou dans une habitation collective, est équipé d'au moins un détecteur de fumée normalisé.

Le détecteur est alimenté par piles ou fonctionne à partir de l'alimentation électrique du logement, sous réserve dans ce cas qu'il soit équipé d'une alimentation de secours susceptible de prendre le relais en cas de dysfonctionnement électrique.

Le détecteur de fumée doit :

1° Détecter les fumées émises dès le début d'un incendie ;

2° Émettre immédiatement un signal sonore suffisant permettant de réveiller une personne endormie dans le seul logement où la détection a eu lieu.

Un arrêté conjoint des ministres chargés de la construction et de la sécurité civile fixe les modalités d'application du présent article.

• **CCH,** art. R. 142-3

La responsabilité de l'installation du détecteur de fumée normalisé mentionné à l'article R. 142-2 incombe au propriétaire et la responsabilité de son entretien, ainsi que, si nécessaire, de son renouvellement incombe à l'occupant du logement. Si le logement est mis en location, le propriétaire s'assure du bon fonctionnement du détecteur lors de l'établissement de l'état des lieux mentionné à l'article 3-2 de la loi n° 89-462 du 6 juillet 1989 tendant à améliorer les rapports locatifs et portant modification de la loi n° 86-1290 du 23 décembre 1986.

Cependant, cette responsabilité d'installation, d'entretien et de renouvellement incombe :

1° au propriétaire pour les logements à caractère saisonnier, les logements-foyers mentionnés à l'article R. 832-20 dont la gestion est assurée par le propriétaire ou par un organisme autre que ceux mentionnés à l'article L. 365-4, les résidences hôtelières à vocation sociale, les logements attribués ou loués en raison de l'exercice d'une fonction ou d'un emploi et les locations meublées ;

2° aux organismes agréés mentionnés à l'article L. 365-4 exerçant les activités d'intermédiation locative et de gestion locative sociale pour les logements-foyers et logements familiaux gérés par ces organismes.

• **CCH,** art. R. 142-4

Dans les parties communes des immeubles à usage d'habitation, les propriétaires mettent en œuvre des mesures de sécurité contre l'incendie. Ces mesures indiquent les consignes à respecter en cas d'incendie et visent également à éviter la propagation du feu des locaux à risques vers les circulations et dégagements. Un arrêté conjoint des ministres en charge de la construction et de la sécurité civile fixe les modalités d'application du présent article.

• **CCH,** art. R. 142-5

L'installation du dispositif mentionné à l'article L. 142-1 est notifiée à l'assureur avec lequel l'occupant a conclu un contrat garantissant les dommages d'incendie. Cette notification se fait par la remise d'une attestation par l'occupant ou, dans les cas prévus aux deuxième et troisième alinéas de l'article R. 142-3, le propriétaire ou l'organisme agréé mentionné à l'article L. 365-4 exerçant les activités d'intermédiation locative et de gestion locative sociale.

Un arrêté conjoint des ministres en charge de la construction, de l'économie et de la sécurité civile précise les informations devant figurer dans cette attestation.

212.02 Jurisprudence de référence.

• **Com. 5 mai 1953,** P III, n° 156

* V. s^s n° 212.21

L'obligation du bailleur l'oblige à ne pas troubler lui-même la jouissance du preneur.

• **Civ. 3e, 30 nov. 1988,** nº 87-15.914, P III, nº 169
* V. s[s] nº 212.11
L'obligation du bailleur de faire jouir paisiblement le preneur de la chose louée ne comporte pas d'exception tenant à la qualité du bailleur (à propos d'organismes d'HLM).

• **Civ. 3e, 18 déc. 2002,** nº 01-00.519, P III, nº 262
* V. s[s] nº 212.43
Sauf convention expresse, les pratiques dictées par les convictions religieuses du preneur n'entrent pas dans le champ contractuel du bail et ne font naître à la charge du bailleur aucune obligation spécifique (à propos d'un bailleur ayant refusé de faire droit à la demande de locataires, fondée sur les prescriptions de la religion judaïque, proscrivant notamment en période de shabbat, la mise en œuvre de toute forme d'énergie, y compris l'électricité, d'installer, au moins pour l'un des accès à la résidence, des serrures mécaniques actionnées par des clés, en plus des serrures électriques actionnées seulement par digicode).

• **Civ. 3e, 14 nov. 2007,** nº 06-18.430, P III, nº 202
* V. s[s] nº 212.22
La vente de l'immeuble ne dispense pas le précédent bailleur de son obligation d'effectuer les travaux qui se sont avérés nécessaires lorsqu'il était propriétaire et lui incombaient. Le vendeur est tenu d'indemniser le locataire du trouble de jouissance subi du fait de la non-exécution des travaux qui lui incombaient alors en sa qualité de propriétaire, ce trouble ne cessant que par leur exécution.

• **Civ. 3e, 8 oct. 2015,** nº 14-20.345, NP
* V. s[s] nº 212.72
L'absence d'obligation de garantir le trouble de jouissance causé au preneur par des tiers ne dispense pas le bailleur de son obligation de faire, pendant la durée du bail, les réparations nécessaires autres que locatives (désordres engendrés par des travaux de rénovation dans un immeuble mitoyen).

212.03 Bibliographie indicative.

Annuel. LAMY DR. IMMO, nº 5979.

Encyclopédies. RÉP. CIV., *Vº Bail d'habitation et mixte : rapports locatifs individuels – Loi du 6 juillet 1989*, N. Damas, nºs 238-250 – DICT. PERM. Gestion immob., *Vº Baux d'habitation et mixtes*, nºs 126-130.

Ouvrages. E. Debaussart-Joniec, S. Fraîche-Dupeyrat, Ph. Pelletier, *Les baux d'habitation après la loi Élan*, 3e éd., « Actualité », 2019, LexisNexis – J. Lafond, B. Vial-Pedroletti, *Les baux d'habitation*, 8e éd., « Droit et professionnels », LexisNexis, 2017, nºs 819 s. – Ph. Pelletier (dir.), *Traité des baux d'habitation et professionnels*, « Référence juridique », Le Moniteur, 2021.

SECTION 1
OBLIGATION D'ASSURER LA JOUISSANCE PAISIBLE DU PRENEUR

212.11 Portée de l'obligation générale. L'étendue de l'obligation de jouissance paisible due au preneur retiendra tout d'abord notre attention. Précisons dès à présent que la renonciation du preneur à toute l'étendue de son droit de jouissance paisible est possible dès lors qu'elle intervient après la signature du contrat de location, et qu'elle est à la fois certaine et dénuée d'équivoque[1].

L'obligation d'assurer la jouissance paisible des lieux loués est une obligation qui pèse sur tout bailleur, que celui-ci soit un bailleur du secteur privé ou un bailleur HLM. Cela ressort tant des textes[2] que de la jurisprudence[3].

Si le bailleur a l'obligation de ne pas troubler lui-même la jouissance paisible des lieux de son cocontractant, il doit également, dans une certaine mesure, le garantir contre les troubles qui pourraient émaner de tiers.

§ 1
Garantie contre les troubles émanant du bailleur lui-même

A.
Débiteur de la garantie

212.21 Obligation incombant au bailleur en titre au moment du trouble. Bien évidemment, en signant le contrat de location, le bailleur s'oblige à ne pas troubler lui-même la jouissance des lieux du preneur[4]. L'obligation du bailleur d'assurer la jouissance paisible des lieux ne cesse qu'en cas de force majeure[5]. Laquelle peut, le cas échéant, prendre la forme d'un refus du locataire de laisser exécuter les travaux (si tant est que ce refus se caractérise par son imprévisibilité, son irrésistibilité et son caractère extérieur[6]).

Cela vaut aussi bien pour les troubles de fait (hypothèse où le locataire est gêné dans la jouissance des lieux, par le simple comportement du bailleur) que pour les troubles de droit (hypothèse où, par exemple, le bailleur louerait le même local deux fois).

212.22 Vente du logement en cours de bail. Si, en cours de bail, l'appartement est vendu, cette obligation de garantir la jouissance paisible du preneur va

1. Paris, 16 juin 1998, nº 97/06792, *Loyers et copr.* 1998, nº 207, obs. B. Vial-Pedroletti – Sur les conditions à la renonciation d'un texte d'ordre public de protection, v. s[s] nº 021.11.
2. L. nº 89-462, 6 juill. 1989, art. 40.
3. Civ. 3e, 30 nov. 1988, nº 87-15.914, P III, nº 169.
4. Com. 5 mai 1953, P III, nº 156.
5. Civ. 3e, 23 janv. 2008, nº 06-19.520, NP, *Rev. loyers* 2008. 151, obs. Rémy – Civ. 3e, 29 avr. 2009, nº 08-12.261, P III, nº 88 ; *D.* 2009. AJ 1481, obs. Y. Rouquet ; *ibid.* 2010, Pan. 1168, spéc. 1169, obs. N. Damas.
6. Civ. 3e, 5 janv. 2010, nº 08-21.140, NP, *AJDI* 2010. 468, note F. de La Vaissière.

passer à l'acquéreur[1], à moins que le trouble de jouissance soit antérieur à la vente, auquel cas, c'est l'ancien propriétaire qui devra être poursuivi[2]. En effet, la vente de l'immeuble ne dispense pas le précédent bailleur de son obligation d'effectuer les travaux qui se sont avérés nécessaires lorsqu'il était propriétaire et lui incombaient. En conséquence, le vendeur est tenu d'indemniser le locataire du trouble de jouissance subi du fait de la non-exécution des travaux qui lui incombaient alors en sa qualité de propriétaire, ce trouble ne cessant que par leur exécution[3].

212.23 **Décès du bailleur en cours de bail.** En cas de décès du bailleur en cours de bail, cette obligation est transférée à l'héritier dès lors qu'il aura accepté la succession[4].

B. Étendue de l'obligation de garantie de jouissance paisible du bailleur

1° Mise à disposition d'équipements et services

212.31 **Équipement.** Il s'évince notamment de la jurisprudence que le bailleur ne peut supprimer le chauffage et l'eau chaude à son cocontractant[5], pas plus que l'usage du téléphone[6], d'une antenne de télévision[7], de l'ascenseur[8] ou d'un w.-c., fût-il commun[9]. Il convient en effet de noter que l'obligation du bailleur d'assurer la jouissance paisible du locataire vaut également pour les parties communes de l'immeuble[10].

212.32 **Antennes-relais.** Concernant l'épineuse question de l'implantation des antennes-relais à proximité des habitations, il a été ordonné, au nom du respect du principe de précaution, le démantèlement, lorsque l'antenne relais a été installée sur la propriété voisine de l'habitation du demandeur[11].

212.33 **Assurances.** Le bailleur manque encore à son obligation d'assurer la jouissance paisible de son cocontractant en ne souscrivant pas d'assurance contre le risque d'orage (dans une région exposée à ce type d'intempéries)[12].

Bien que l'assurance du preneur contre le vol ne soit pas obligatoire, doit être condamné le bailleur qui refuse d'installer des persiennes, volets ou protections de fenêtres, alors que le logement qu'il loue se situe en rez-de-chaussée, comporte huit fenêtres et que l'assurance du locataire refuse de l'assurer contre le vol[13].

212.34 **Distribution du courrier.** Quant à la distribution de courrier, il incombe au bailleur de veiller à ce que ses préposés mis à la disposition des locataires dans le cadre de leurs obligations professionnelles manifestent en permanence à leur égard politesse, obligeance et dévouement[14]. Par ailleurs, même si la question de l'obligation pour le bailleur de fournir une boîte aux lettres à son cocontractant semble faire débat[15], il a été jugé que lorsque l'absence de boîtes aux lettres est à l'origine de nombreux incidents relatifs à la distribution du courrier, le juge

1. Com. 5 mai 1953, P III, n° 156 – Civ. 3e, 21 févr. 2019, n° 18-11.553, P ; *D.* 2019. 430 ; *D. actu.* 25 mars 2019, obs. Ghiglino ; *AJDI* 2019. 897, obs. N. Damas ; *Administrer* 3/2019. 35, note Barbier ; *Rev. loyers* 2019. 130, obs. V. Zalewski-Sicard.
2. Civ. 3e, 9 juill. 1970, n° 69-10.888, P III, n° 471 – Nîmes, 3 sept. 2020, n° 18/02838, *Loyers et copr.* 2020, n° 104, obs. B. Vial-Pedroletti – Et le bailleur originaire n'est pas déchargé à l'égard du preneur des conséquences dommageables de l'inexécution de ses obligations par une clause contenue dans l'acte de vente subrogeant l'acquéreur dans les droits et obligations du vendeur-bailleur : Civ. 3e, 23 janv. 2020, n° 18-19.589, NP, *AJDI* 2020. 287 ; *JCP E* 2020. 1269, n° 25, obs. S. Regnault.
3. Civ. 3e, 14 nov. 2007, n° 06-18.430, P III, n° 202 ; *D.* 2007. AJ 3069, obs. G. Forest ; *ibid.* 2008. Pan. 1300, spéc. p. 1301, obs. N. Damas ; *AJDI* 2008. 379, note V. Zalewski.
4. Civ. 3e, 30 avr. 1969, P III, n° 346.
5. Paris, 21 déc. 1983, *JurisData* 030197, *D.* 1984. IR 110 – Condamnant le bailleur au nom de son obligation de garantir le locataire d'une jouissance paisible, à raison des coupures de chauffage dont celui-ci est victime, en dépit du fait que rien n'indique qu'elles soient imputables au bailleur : Civ. 3e, 11 oct. 2018, n° 17-21.286, NP, *AJDI* 2018. 853.
6. Civ. 3e, 21 déc. 1981, *D.* 1982. IR 160.
7. Soc. 11 déc. 1963, *D.* 1964. Somm. 53.
8. Paris, 8 janv. 2008, n° 05/14586, *JCP* 2008. IV. 1277.
9. Paris, 18 déc. 2014, n° 12/20367, *Loyers et copr.* 2015, n° 39, obs. B. Vial-Pedroletti.
10. Civ. 3e, 13 juill. 2010, n° 09-66.115, NP, *Defrénois* 2010. 1818, obs. Ch. Atias.
11. Versailles, 4 févr. 2009, n° 08/08775, *D.* 2009. AJ 499 ; *ibid.* 2009. 819, obs. Boutonet ; *ibid.* 2009. Pan. 2300, spéc. 2303, obs. Reboul-Maupin ; *ibid.* 2009. Pan. 2448, spéc. 2456, obs. Trébulle – COMP. TOUTEFOIS, exigeant que soit établie la preuve du lien de causalité entre la pathologie présentée par l'appelant et les antennes relais implantées à proximité de l'appartement loué ainsi que la faute du bailleur : Colmar, 15 déc. 2008, n° 08/1243, *RDI* 2009. 175, obs. Lorio.
12. Civ. 3e, 19 févr. 1997, n° 95-14.612, NP, *Ann. loyers* 1997. 1089.
13. Nancy, 28 févr. 1995, n° 3025/93, *Loyers et copr.* 1995, n° 351.
14. Paris, 1er juin 2006, n° 05/00970, *AJDI* 2006. 639.
15. Indemnisant le locataire pour violation de l'art. R. 111-14 CCH lorsque le bailleur refuse d'installer une boîte aux lettres individuelle : Paris, 9 sept. 2008, *Loyers et copr.* 2008, n° 276, obs. B. Vial-Pedroletti – AUSSI : Civ. 3e, 3 oct. 2012, n° 11-22.308, NP, *Loyers et copr.* 2012, n° 317, obs. B. Vial-Pedroletti – *CONTRA*, jugeant qu'aucun texte légal ou réglementaire n'impose au bailleur d'équiper le logement d'une boîte aux lettres : Amiens, 16 mai 2013, n° 12/02941, *Rev. loyers* 2013. 343.

peut contraindre le bailleur à installer des boîtes aux lettres individuelles et nominatives pour chaque appartement loué[1].

2°
Forme de la chose louée et travaux

212.41 Jouissance paisible et forme de la chose louée. Par ailleurs, sauf accord de son cocontractant[2], le bailleur ne peut pas, en cours de bail, changer la forme de la chose louée[3]. Il ne peut donc pas restreindre l'accès à l'immeuble[4] ; consentir une servitude de passage au profit d'un voisin[5], supprimer une vue sur un jardin[6] ou supprimer un escalier (même secondaire)[7].

Encore faut-il qu'il y ait véritablement changement de la forme de la chose louée. Tel ne sera pas le cas lorsque le bailleur aura remplacé des portes vétustes par un portail métallique[8] ; ou lorsqu'il aura substitué des clés aux poignées de la porte palière de l'ascenseur[9] ; ou en cas de remplacement d'un chauffage collectif par un chauffage individuel[10].

212.42 Travaux. Il a été jugé que le bailleur a failli à son obligation d'assurer la jouissance paisible du locataire lorsque celui-ci subit des nuisances lors de la réalisation de travaux et à la suite de ces travaux[11].

212.43 Limites à l'obligation de jouissance paisible du bailleur. En revanche, on ne saurait reprocher au bailleur de refuser d'installer une porte blindée[12] ou de supprimer un vide-ordures, dès lors que cette suppression répond à des impératifs d'hygiène[13].

De même, il a été jugé que la hauteur anormale d'un bac à douche ne suffit pas à caractériser l'existence d'un vice ou d'un défaut empêchant l'usage par le preneur de la chose louée ou de nature à faire obstacle à sa jouissance paisible[14].

Et le locataire qui empêche l'entreprise du bailleur d'intervenir pour réaliser les travaux lui incombant est exclusivement responsable des préjudices en découlant[15].

3°
Vie privée

212.51 Accès à l'immeuble. De la même manière, il a été jugé que le fait de ne pas avoir fait droit à la demande de locataires de confession judaïque de procéder à l'installation, au moins pour l'un des accès à la résidence, des serrures mécaniques actionnées par des clés, en plus des serrures électriques actionnées seulement par digicode, ne constitue pas une faute, dès lors qu'aucune stipulation expresse du contrat n'a fait entrer dans le champ contractuel les pratiques dictées par les convictions religieuses[16].

212.52 Entrée dans les lieux. Le bailleur ne peut pénétrer dans les lieux loués :

- qu'avec l'accord ponctuel de son cocontractant ;
- ou en application d'une clause contractuelle, notamment en cas de recherche d'un acquéreur ou d'un nouveau locataire[17] ;
- ou, enfin dans la perspective de la réalisation de travaux par le bailleur[18].

À défaut, le propriétaire-bailleur se rendrait coupable d'une violation de domicile.

212.53 Vie privée du preneur. Par ailleurs, ne respecte pas le droit à la vie privée de son cocontractant[19] le propriétaire qui fait visiter le logement loué sans en avertir le locataire[20]. Et le droit au respect de la vie privée du locataire s'étend à la présentation interne des locaux constituant le cadre de son habitat. Ainsi, l'utilisation faite des photographies qui en

1. Civ. 3e, 30 oct. 2007, n° 06-18.384, NP, *AJDI* 2008. 201 ; *Administrer* mai 2008, p. 52, obs. Canu.
2. Civ. 3e, 22 mars 1961, *AJPI* 1961. 157.
3. C. civ., art. 1723.
4. Civ. 1re, 26 juin 1967, *D.* 1967, Jur. 673.
5. Civ. 3e, 23 oct. 1991, n° 89-14.147, P III, n° 248.
6. Paris, 20 oct. 1960, *Gaz. Pal.* 1961. 1. 65.
7. Civ., 22 mars 1961, *Gaz. Pal.* 1961. 1. 428.
8. Soc. 3 févr. 1960, P IV, n° 123.
9. Civ. 1re, 7 févr. 1967, P I, n° 49 ; *D.* 1967, Jur. 211, note Breton.
10. Civ. 3e, 16 avr. 2008, n° 07-12.781, NP, *AJDI* 2008. 579.
11. Paris, 21 juin 2012, *Loyers et copr.* 2012, n° 295, obs. B. Vial-Pedroletti – AUSSI, pour des travaux incessants dans l'immeuble pendant dix ans : Paris, 12 janv. 2016, n° 14/01504, *AJDI* 2016. 436 – Sur la question, v. ss nos 211.101, 232.51 s.
12. Rép. min. n° 11559, *JOAN Q* 9 mai 1994, p. 2373.
13. Civ. 3e, 2 févr. 2000, n° 98-13.471, NP, *Administrer* févr. 2001, p. 31, obs. Beddeleem.
14. Civ. 3e, 8 avr. 2010, n° 08-21.410, P III, n° 73 ; *D.* 2010. Actu. 1076 ; *AJDI* 2010. 726, note Y. Rouquet.
15. Civ. 3e, 23 mai 2019, n° 18-12.738, NP, *AJDI 2019. 530.*
16. Civ. 3e, 18 déc. 2002, n° 01-00.519, P III, n° 262 ; *D.* 2004. 844, obs. N. Damas ; *AJDI* 2003. 182, obs. Y. Rouquet, obs. O. Guérin ; *RTD civ.* 2003. 290, obs. J. Mestre et B. Fages ; *ibid.* 383, obs. J.-P. Marguénaud ; *ibid.* 575, obs. R. Libchaber ; *RJPF* 2003/4.13, note E. Garaud ; *Dr. et procédures*, 2003. 157, obs. B. Vareille.
17. Sur le contenu d'une telle clause, v. ss n° 133.311.
18. V. ss n° 232.51.
19. Droit consacré par l'art. 9 du code civil.
20. Civ. 3e, 25 févr. 2004, n° 02-18.081, P III, n° 41 ; *D.* 2004. 1631, obs. Caron ; *D.* 2005. 749, note N. Damas ; *RTD civ.* 2004. 482, obs. Hauser ; *JCP* 2004. IV. 1809 ; Chron. Garaud ; *RJPF* 2004, 5.12 ; *AJDI* 2004. 370, obs. Y. Rouquet.

sont prises demeure soumise à l'autorisation du locataire [1].

4°
Mise à disposition de places de stationnement

212.61 Stationnement de véhicules électriques ou hybrides (droit d'équipement de places dédiées par le locataire). Selon le premier alinéa de l'article L. 113-16 du code de la construction et de l'habitation [2] le propriétaire d'un bâtiment doté de places de stationnement d'accès sécurisé à usage privatif ou, en cas de copropriété, le syndicat des copropriétaires représenté par le syndic ne peut s'opposer sans motif sérieux et légitime à l'équipement des places de stationnement d'installations dédiées à la recharge électrique pour véhicule électrique ou hybride rechargeable et permettant un comptage individualisé des consommations, par un locataire ou occupant de bonne foi [3] et aux frais de ce dernier [4].

En vertu du second alinéa du même texte [5], la préexistence de telles installations ou la décision prise par le propriétaire ou, en cas de copropriété, le syndicat des copropriétaires de réaliser de telles installations en vue d'assurer l'équipement nécessaire dans un délai raisonnable constitue notamment un motif sérieux et légitime de refus.

Afin de permettre au locataire ou à l'occupant de bonne foi de réaliser une étude et un devis pour les travaux qu'il envisage, le troisième alinéa de l'article L. 113-16 du CCH précise que le propriétaire ou, en cas de copropriété, le syndic permet l'accès aux locaux techniques de l'immeuble concerné au prestataire choisi par eux.

Et, aux termes de l'article L. 113-17 du CCH [6] avant la réalisation des travaux dans un immeuble collectif, une convention doit être est conclue entre le propriétaire ou, en cas de copropriété, le syndicat des copropriétaires représenté par le syndic et le prestataire choisi par le locataire, l'occupant de bonne foi ou le copropriétaire [7] pour la réalisation des travaux.

Cette convention fixe :

– les conditions d'accès et d'intervention du prestataire aux parties et équipements communs pour l'installation ;

– la gestion et l'entretien des équipements permettant la recharge des véhicules électriques et hybrides rechargeables et desservant un ou plusieurs utilisateurs finals [8].

212.62 Stationnement de véhicules électriques ou hybrides (information du propriétaire des travaux projetés). La procédure d'information du propriétaire que le locataire ou l'occupant de bonne foi devra respecter avant d'engager les travaux est précisée aux articles R. 113-7 à R. 113-9 du code de la construction et de l'habitation.

Le code de la construction et de l'habitation distingue trois situations, selon que le locataire occupe un logement dépendant d'un immeuble non soumis au statut de la copropriété, d'un immeuble, au contraire, soumis audit statut ou d'un immeuble collectif [9].

212.63 Stationnement de véhicules électriques ou hybrides (information du propriétaire des travaux projetés immeuble non soumis au statut de la copropriété). Aux termes de l'article R. 113-7 du code de la construction et de l'habitation, le locataire ou l'occupant de bonne foi d'une ou plusieurs places de stationnement notifie au propriétaire son intention de réaliser les travaux [10].

Un descriptif détaillé des travaux à entreprendre, assorti d'un plan technique d'intervention et d'un schéma de raccordement électrique, est joint à la notification. Si l'établissement du plan et du schéma a été rendu impossible du fait du propriétaire ou de

1. À PROPOS d'un bailleur ayant fait état de photographies afin d'établir le défaut d'entretien du preneur : Civ. 1re, 7 nov. 2006, n° 05-12.788, P III, n° 466 ; *RTD civ.* 2007. 87, obs. Hauser ; *Dr. et patr.* 2006, n° 633 ; *D.* 2007. 700, note Bruguière ; *AJDI* 2007. 299, note F. de La Vaissière – AUSSI : Raynaud, *AJDI* 2007. 265.
2. ISSU DE l'ord. n° 2020-71, 29 janv. 2020, en vigueur le 1er juill. 2021, et qui reprend très largement l'anc. art. L. 111-3-8 du même code.
3. Aux termes de l'alinéa 4 de l'article L. 113-16 du CCH, les indivisaires, les copropriétaires et les membres des sociétés de construction peuvent, lorsqu'ils sont occupants, se prévaloir des dispositions de ce texte.
4. RAPPR. : C. énergie, art. L. 353-12 et L. 353-13 (issus de L. n° 2021-1104, 22 août 2021). Le premier de ces textes précise, notamment, que chaque utilisateur qui demande la création d'un ouvrage de branchement individuel alimenté par une infrastructure collective de recharge dans les immeubles collectifs est redevable d'une contribution au titre de l'infrastructure collective et d'une contribution au titre des ouvrages de branchements individuels.
5. À la rédaction très proche de l'anc. art. L. 111-6-4 du même code.
6. ISSU DE ord. n° 2020-71, 29 janv. 2020, en vigueur le 1er juill. 2021 et très inspiré de l'anc. art. L. 111-3-9 du même code.
7. Aux termes de l'alinéa 4 de l'article L. 113-16 du CCH, les indivisaires, les copropriétaires et les membres des sociétés de construction peuvent, lorsqu'ils sont occupants, se prévaloir de l'art. L. 113-17.
8. SUR les règles spécifiques applicables aux bâtiments résidentiels ou mixtes neufs : CCH, art. L. 113-11, L. 113-12, L. 113-14 et L. 113-15.
9. Aux termes de l'art. R. 111-D, les notifications prévues aux articles R. 111-1 A à R. 111-1 C sont faites par lettre recommandée avec demande d'avis de réception.
10. Lorsque l'immeuble appartient à une personne morale, la notification est faite à son représentant légal ou statutaire. Lorsqu'il est indivis, la notification est faite à l'un des indivisaires, à charge pour lui d'en informer sans délai ses coïndivisaires

ses préposés, ces documents ne sont pas exigés à l'appui de la notification.

Lorsqu'il entend s'opposer aux travaux pour un motif sérieux et légitime, notamment lorsqu'il décide de la réalisation des travaux afin d'équiper les places du parc de stationnement de l'immeuble, le propriétaire saisit, à peine de forclusion, le président du tribunal judiciaire du lieu de situation de l'immeuble, statuant selon la procédure accélérée au fond, dans un délai de trois mois à compter de la notification du locataire ou de l'occupant de bonne foi.

Dans un délai de quinze jours à compter de cette saisine, le propriétaire la notifie au locataire ou à l'occupant de bonne foi.

Lorsqu'aucune saisine du président du tribunal judiciaire ne lui a été notifiée dans un délai de quinze jours ou lorsque le propriétaire qui s'est opposé aux travaux au motif qu'il souhaite les réaliser lui-même ne les a pas engagés, au plus tard, trois mois après la saisine du président du tribunal judiciaire ou les a engagés dans ce délai mais ne les a pas réalisés dans un délai de six mois suivant la date de cette saisine, le locataire ou l'occupant de bonne foi peut faire procéder aux travaux conformément au descriptif détaillé.

212.64 Stationnement de véhicules électriques ou hybrides (information du propriétaire des travaux projetés immeuble soumis au statut de la copropriété). Selon l'article R. 113-8 du code de la construction et de l'habitation, le locataire ou l'occupant de bonne foi d'une ou plusieurs places de stationnement notifie son intention de réaliser les travaux au copropriétaire bailleur, avec copie au syndic de la copropriété[1].

Un descriptif détaillé des travaux à entreprendre, assorti d'un plan technique d'intervention et d'un schéma de raccordement électrique, est joint à la notification. Si l'établissement du plan et du schéma a été rendu impossible du fait du syndic ou de ses préposés, ces documents ne sont pas exigés à l'appui de la notification.

Dans le délai d'un mois suivant la réception de cette notification, le copropriétaire bailleur notifie au syndic les documents qui lui ont été notifiés par le locataire ou l'occupant de bonne foi.

Lorsqu'un copropriétaire souhaite procéder auxdits travaux, il notifie son intention au syndic ainsi que les documents susmentionnés.

Lorsqu'il entend s'opposer aux travaux pour un motif sérieux et légitime, notamment lorsque le syndicat de copropriétaires décide de la réalisation des travaux afin d'équiper les places du parc de stationnement de l'immeuble, le syndic représentant le syndicat des copropriétaires saisit, à peine de forclusion, le président du tribunal judiciaire du lieu de situation de l'immeuble, statuant selon la procédure accélérée au fond, dans un délai de trois mois à compter de la notification qui lui a été faite. Le cas échéant, la saisine précise la date à laquelle la décision de réaliser les travaux d'équipement a été prise en assemblée générale.

Dans un délai de quinze jours à compter de cette saisine, le syndic la notifie, selon les cas, au copropriétaire ou au copropriétaire bailleur et au locataire ou à l'occupant de bonne foi.

Le locataire, l'occupant de bonne foi ou le copropriétaire peut faire procéder aux travaux conformément au descriptif détaillé lorsque :

- aucune saisine du président du tribunal judiciaire ne lui a été notifiée dans le délai de quinze jours à compter de la saisine du tribunal ;
- le syndic représentant le syndicat des copropriétaires s'est opposé aux travaux au motif que le syndicat souhaite les réaliser lui-même et que ces travaux n'ont pas été engagés, au plus tard, trois mois après la saisine du président du tribunal judiciaire, ou ont été engagés dans ce délai mais n'ont pas été réalisés dans un délai de six mois à compter de la date de cette saisine.

Dans tous les cas, le syndic inscrit à l'ordre du jour de la prochaine assemblée générale suivant la notification qui lui a été faite une information des copropriétaires sur le projet de travaux.

212.65 Stationnement de véhicules électriques ou hybrides (information du propriétaire des travaux projetés immeuble collectif). Selon l'article R. 113-9 du code de la construction et de l'habitation, pour l'application de l'article L. 113-17 du même code, le locataire ou l'occupant de bonne foi d'une ou plusieurs places de stationnement situées dans un immeuble collectif notifie au propriétaire de l'immeuble les nom, adresse et coordonnées téléphoniques du prestataire avec lequel il a conclu un contrat ayant pour objet les travaux mentionnés à l'article L. 113-16.

En cas de copropriété, cette notification est faite au copropriétaire bailleur, qui transmet ces informations au syndic représentant le syndicat des copropriétaires, dans les mêmes formes et dans un délai de quinze jours à compter de la date de la notification qui lui a été faite.

Lorsque les travaux sont réalisés par un copropriétaire, ce dernier notifie les informations au syndic représentant le syndicat des copropriétaires.

Dans un délai de deux mois à compter de la date de la notification qui lui a été faite, le propriétaire

1. Lorsque le copropriétaire bailleur est une personne morale, la notification est faite à son représentant légal ou statutaire. En cas d'indivision, la notification est faite à l'un des indivisaires, à charge pour lui d'en informer sans délai ses coindivisaires.

ou, en cas de copropriété, le syndic représentant le syndicat des copropriétaires conclut la convention prévue à l'article L. 113-17 avec le prestataire chargé de l'équipement des places de stationnement. En cas de copropriété, l'autorisation de l'assemblée générale n'est pas requise pour la signature de la convention par le syndic.

Si la convention n'est pas signée dans le délai susmentionné, le locataire, l'occupant de bonne foi ou le copropriétaire peut saisir le président du tribunal judiciaire du lieu de situation de l'immeuble, statuant selon la procédure accélérée au fond, afin que ce dernier fixe les conditions d'accès et d'intervention du prestataire choisi pour réaliser les travaux.

212.66 Stationnement des vélos des locataires. Aux termes de l'article L. 113-18 du code de la construction et de l'habitation [1], toute personne qui construit un ensemble d'habitations équipé de places de stationnement individuelles couvertes ou d'accès sécurisé le dote des infrastructures permettant le stationnement sécurisé des vélos.

L'article L. 113-19 du même code [2] précise pour sa part que toute personne qui procède à des travaux sur un parc de stationnement annexe à un ensemble d'habitations équipé de places de stationnement individuelles dote le parc de stationnement d'infrastructures ou aménage des espaces permettant le stationnement sécurisé des vélos. Cette dernière obligation peut être satisfaite par la réalisation des infrastructures dans une autre partie du bâtiment ou à l'extérieur de celui-ci, sur la même unité foncière.

Quant à l'article R. 113-13 du même code, il précise que lorsque les bâtiments neufs à usage principal d'habitation groupant au moins deux logements comprennent un parc de stationnement d'accès réservé aux seuls occupants de l'immeuble, ces bâtiments doivent être équipés d'au moins un espace réservé au stationnement sécurisé des « vélos », terme désignant les cycles et les cycles à pédalage assisté [3]. Cet espace peut toutefois être réalisé à l'extérieur du bâtiment, à condition qu'il soit couvert, clos et situé sur la même unité foncière que le bâtiment. » Il comporte un système de fermeture sécurisé et des dispositifs fixes permettant de stabiliser et d'attacher les vélos par le cadre et au moins une roue. Il présente une capacité de stationnement en adéquation avec le nombre, le type ou la surface de logements précisée par arrêté du ministre chargé du logement [4].

1. ISSU DE ord. n° 2020-71, 29 janv. 2020, en vigueur le 1er juill. 2021 (reprise de l'anc. art. L. 111-3-10 du CCH).
2. AUSSI ISSU DE ord. n° 2020-71, 29 janv. 2020, en vigueur le 1er juill. 2021 (reprise de l'anc. art. L. 111-3-11 du CCH).
3. Tels que définis à l'article R. 311-1 du code de la route.

§ 2
Garantie contre les troubles émanant de tiers

212.71 Cause exonératoire. Comme en matière de troubles émanant du bailleur lui-même [5], le bailleur ne pourra s'exonérer de sa responsabilité qu'en cas de force majeure.

C'est ainsi qu'il a été jugé que les juges du fond ne sauraient rejeter la demande du locataire au motif que le bailleur a adressé trois lettres recommandées à l'auteur du trouble [6].

212.72 Règle générale. En vertu de l'article 1725 du code civil, « le bailleur n'est pas tenu de garantir le preneur du trouble que des tiers apportent par voies de fait à sa jouissance, sans prétendre d'ailleurs aucun droit sur la chose louée, sauf au preneur à les poursuivre en son nom personnel ». *A contrario*, il ressort donc de ce texte que le bailleur est tenu de garantir le preneur contre le tiers qui, par exemple, viendrait réclamer la jouissance du local en vertu d'un contrat [7].

Pour le reste, le bailleur n'a donc pas à répondre des voies de fait dont des tiers se rendraient coupables [8].

L'absence d'obligation de garantir le trouble de jouissance causé au preneur par des tiers ne dispense toutefois pas le bailleur de son obligation de faire, pendant la durée du bail, les réparations nécessaires autres que locatives [9].

212.73 Notion de « tiers » – Importance. Quelques précisions s'imposent quant à la notion de « tiers ». Cette définition est en effet importante, puisque si le fauteur de trouble n'est pas considéré comme un tiers au sens de l'article 1725 du code civil, le bailleur devra répondre de ses agissements comme si c'était lui-même qui en était l'auteur.

212.74 Exclusion des tiers – Préposé. C'est une évidence, le préposé du bailleur n'est pas un « tiers » à son égard, pas plus que le concierge, en raison du

4. Arr. 13 juill. 2016 relatif à l'application des articles R. 111-14-2 à R. 111-14-8 du code de la construction et de l'habitation, *JO* 16 juill., n° 49, NOR : LHAL1603565A.
5. V. s[s] n° 212.21.
6. Civ. 3e, 8 mars 2018, n° 17-12.536, NP, *AJDI* 2018. 863, obs. Dreveau ; *Loyers et copr.* 2018, n° 109, obs. B. Vial-Pedroletti.
7. Sur la notion de trouble de droit, v. s[s] n° 212.21.
8. COMP. toutefois, jugeant que la responsabilité des tiers dans les désordres n'exonère pas forcément le bailleur de son obligation de jouissance paisible ou de délivrance : Paris, 27 juin 2018, n° 16/22269, *AJDI* 2018. 708.
9. Civ. 3e, 8 oct. 2015, n° 14-20.345, NP, *AJDI* 2016. 198, obs. N. Damas ; *Loyers et copr.* 2015, n° 242, obs. B. Vial-Pedroletti.

lien contractuel (à savoir, leur contrat de travail) qui les unit au propriétaire-bailleur[1]. Le bailleur doit donc répondre de leur comportement. Il incombe au bailleur de veiller à ce que ses préposés, chargés notamment de distribuer le courrier, mis à la disposition des locataires dans le cadre de leurs obligations professionnelles, manifestent en permanence à leur égard politesse, obligeance et dévouement[2].

212.75 Exclusion des tiers – Locataires. De la même manière, la qualification de « tiers » a été refusée aux autres locataires du bailleur (généralement appelés « colocataires », terme non dénué d'ambiguïté puisque, dans le langage courant, des « colocataires » sont des personnes qui louent le même appartement)[3]. Cette solution vaut quand bien même le colocataire indélicat se rendrait coupable de voie de fait, c'est-à-dire lorsque son comportement ne pourrait se rattacher à l'exercice normal de ses droits locatifs (en cas de violence, d'insultes, de dégradations, etc.)[4]. Toutefois, alors, le locataire pourrait rechercher la responsabilité délictuelle du fauteur de troubles[5], et ainsi obtenir des dommages et intérêts. Cependant, seule une action envers le bailleur lui permettra d'obtenir la résiliation du bail aux torts de ce dernier. Les clients d'un autre locataire du bailleur ne sont pas davantage des tiers[6]. Il a également été jugé que les nuisances importantes occasionnées par les travaux de rénovation de l'ensemble immobilier voisin ne constituent pas une voie de fait commise par un tiers exonérant le bailleur de sa responsabilité[7]. Par ailleurs, n'est pas un tiers au sens de l'article 1725 le fournisseur de combustibles agissant dans le cadre d'un contrat de livraison au nom du bailleur[8]. Il en va de même pour la mère du locataire[9].

1. Civ. 3e, 6 nov. 1970, n° 69-12.350, P III, n° 586.
2. Paris, 1er juin 2006, n° 05/00970, *AJDI* 2006. 639.
3. Civ. 3e, 16 nov. 1994, n° 93-11.184, P III, n° 189 ; *D.* 1994. IR 267 ; *JCP* 1995. II, n° 22391, note A. Djigo – Civ. 3e, 19 mai 2004, nos 02-19.730, 02-19.908 et 02-20.106, P III, n° 100 ; *D.* 2004. IR 1640 ; *AJDI* 2004. 804, obs. Y. Rouquet – Paris, 12 janv. 2005, n° 03/13571, *Administrer* mai 2005, p. 29, obs. Boccara et Lipman-Boccara.
4. Civ. 3e, 20 avr. 2005, n° 03-18.390, P III, n° 96 ; *D.* 2006, Pan. 959, obs. N. Damas ; *AJDI* 2005. 565, obs. Y. Rouquet ; *Administrer* juin 2005, p. 32, obs. Barbier – EN SENS CONTRAIRE : Soc. 11 mars 1955, P IV, n° 239 ; Soc. 6 mars 1958, P IV, n° 332.
5. Civ. 1re, 24 janv. 1961, P I, n° 55 ; *D.* 1962. 123, note Plancqueel – Civ. 3e, 29 mai 1991, n° 89-15.973, P III, n° 152 ; *Administrer* mars 1992, p. 28, note Gélinet.
6. Civ. 3e, 22 oct. 2003, n° 01-17.183, P III, n° 177 ; *D.* 2004. Somm. 837, obs. N. Damas ; *AJDI* 2004. 195, obs. Ascensi.
7. Paris, 14 sept. 2000, n° 1999/09703, *Loyers et copr.* 2001, n° 58, obs. B. Vial-Pedroletti.
8. Paris, 16 janv. 2013, n° 10/04536, *AJDI* 2013. 627.
9. Paris, 1er oct. 2013, n° 10/12298, *Loyers et copr.* 2013, n° 334, obs. B. Vial-Pedroletti.

212.76 Qualité de tiers – Copropriétaire et syndicat de copropriétaires. En revanche, un copropriétaire a bien cette qualité à l'égard du bailleur, autre copropriétaire[10], tout comme est un tiers le syndicat des copropriétaires[11].

Précisons, enfin, que le bailleur ne saurait être déclaré responsable des infiltrations affectant les lieux loués dues à la rupture d'une canalisation de réseau d'eaux pluviales, alors qu'une compagnie des eaux, gérant pour la commune le réseau en question, était à l'origine du trouble[12]. Cette règle connaît cependant une exception, lorsqu'il existe, entre la commune et le bailleur, une convention de travaux publics[13].

212.77 Vol – Concurrence professionnelle. Les troubles de faits émanant de tiers, et le vol, ainsi que l'exercice d'une activité concurrente à celle du preneur doivent être évoqués.

212.78 Vol – Trouble de fait émanant d'un tiers. Sauf clause contraire insérée dans le contrat, le bailleur n'a pas à répondre du vol dont serait victime le locataire[14]. En effet, en principe, le bailleur n'est pas tenu d'une obligation de résultat quant à la sécurité du locataire[15].

Il n'en irait autrement que dans la mesure où une faute pourrait être imputée au bailleur ou à l'un de ses préposés[16]. Un arrêt de la Cour de cassation a retenu la responsabilité du bailleur, le cambriolage ayant été rendu possible par la présence d'un échafaudage[17].

10. Civ. 3e, 25 mars 1998, n° 96-10.119, P III, n° 189 ; *D. Affaires* 1998, 752, obs. Y. R. ; *JCP* 1998. II, n° 10107, obs. A. Djigo – Civ. 3e, 13 oct. 1999, n° 98-11.088, NP, *Rev. loyers* 2000. 101, obs. Rémy.
11. Paris, 16e ch. A, 7 avr. 2004, n° 2002/17952, *AJDI* 2004. 717 – Paris, 17 avr. 2008, *Loyers et copr.* 2008, n° 247, *obs.* B. Vial-Pedroletti – Paris, 6e ch. C, 6 mars 2007, n° 05/01252, *Loyers et copr.* 2007. 64 – Paris, 19 mai 2015, n° 13/18848, *AJDI* 2015. 766 – Riom, 20 févr. 2012, *Loyers et copr.* 2012, n° 140, *obs.* Vial-Pedroletti – Montpellier, 22 janv. 2013, n° 11/04765, *AJDI* 2013. 608 – CONTRA toutefois : Paris, 23e ch. A, 26 avr. 2000, *AJDI* 2000. 637 ; Amiens, 14 févr. 2013, n° 10/01547, *Rev. loyers* 2013. 193.
12. Civ. 3e, 28 juin 2000, n° 98-20.406, P III, n° 128 ; *AJDI* 2000. 840 ; *Administrer* oct. 2000, p. 38, obs. Boccara et Lipman-Boccara.
13. Civ. 3e, 7 nov. 2001, n° 99-20.962, P III, n° 121 ; *D.* 2002. AJ 404, obs. Y. Rouquet ; *AJDI* 2002. 124.
14. Civ. 3e, 12 juin 1996, n° 94-19.052, P III, n° 137 ; *RTD com.* 1997. 314, obs. B. Bouloc ; *RJDA* 1996, n° 1162.
15. Civ. 3e, 21 nov. 1990, n° 89-15.922, P III, n° 236 ; *RDI* 1991. 264 – Sur ce point cependant v. ss n° 213.11.
16. Civ. 3e, 22 févr. 1983, n° 81-16.206, P III, n° 50.
17. Civ. 3e, 28 févr. 1990, n° 88-14.028, P III, n° 63 ; *Gaz. Pal.* 29 juin 1990, 180-181 ; *D.* 1990. 13 – DANS LE MÊME SENS, à propos d'un bailleur ayant refusé de sécuriser une terrasse après des voies de fait commises par un tiers : Reims, 17 mars 2020, n° 19/1398, *Loyers et copr.* 2020, n° 64, obs. B. Vial-Pedroletti.

212.79 Exercice d'une activité concurrente à celle du preneur. Ce n'est qu'en vertu d'une clause expresse que le bailleur aura l'obligation de garantir à son cocontractant, signataire d'un bail mixte[1], qu'aucune activité concurrente à la sienne ne viendra le troubler[2, 3]. En cas de violation d'une clause d'exclusivité, le bailleur devra dédommager le locataire, à raison du trouble de jouissance subi[4]. En effet, le locataire bénéficiaire d'une telle clause est en droit d'exiger que le bailleur fasse respecter cette clause par ses autres locataires, même si ceux-ci ne sont pas parties au contrat contenant cette stipulation[5].

Lorsque le bailleur unique d'un immeuble aura généralisé à l'ensemble de ses contrats une clause de non-concurrence, il prendra bien soin, à l'occasion des changements de locataires, de maintenir cette stipulation. En effet, à défaut, les autres locataires pourraient demander en justice la résolution de la clause de non-concurrence qui les concerne[6].

§ 3 Détecteurs de fumée

A. Principes

212.81 Énoncé des principes. La question de la détection de fumée est envisagée aux articles L. 142-1 à L. 142-4 et R. 142-2 à R. 142-5 du code de la construction et de l'habitation[7].

1. À usage d'habitation et professionnel.
2. Paris, 30 sept. 2004, nº 03/07506, *JCP E* 2005, p, 863, nº 22, obs. H. Kenfack [à propos d'un bail commercial].
3. RAPPELANT qu'une clause de non-concurrence doit être limitée dans le temps et dans l'espace : Paris, 11 sept. 2019, nº 17/22800, *Administrer* 10/2019. 43, obs. Guillaume.
4. Com. 16 févr. 1953, P III, nº 70 – Jugeant que la cour d'appel a exactement retenu que le locataire, bénéficiaire d'une clause d'exclusivité qui lui avait été consentie par son bailleur, pouvait demander que ce dernier fasse respecter cette clause par son autre locataire, même si celui-ci n'était pas partie au contrat contenant cette stipulation, et relevé que la violation par le bailleur de la clause d'exclusivité caractérisait un trouble manifestement illicite, la même cour d'appel en a déduit à bon droit que le bailleur devait être condamné sous astreinte à faire cesser l'activité de la tierce personne contraire à la clause d'exclusivité : Civ. 3e, 11 oct. 2018, nº 17-23.902, NP, *AJDI* 2019. 442, obs. J.-P. Blatter ; *RTD com.* 2019. 335, obs. J. Monéger ; *Administrer* 11/2018. 18, note Barbier ; *JCP E* 2019. 1235, note Mbotaingar.
5. Civ. 3e, 4 mai 2006, nº 04-10.051, P III, nº 107 ; *D.* 2006. AJ 1454, obs. Y. Rouquet ; *ibid.* 2007, Pan. 1831, obs. Rozès ; *Administrer* juill. 2006, p. 45, note Barbier.
6. Civ. 3e, 3 mai 2007, nº 06-11.591, P III, nº 67 ; *D.* 2007. AJ 1335, obs. Y. Rouquet ; *ibid.* 2007, 2068, note Rochfeld ; *ibid.* 2008. Pan. 247, obs. Gomy ; *ibid.* 2008. Pan. 1645, spéc. 1648, obs. Rozès.

212.82 Détection des fumées dans le logement ou l'unité de vie. Aux termes de l'article L. 142-1 du code de la construction et de l'habitation, lors de la survenue d'un incendie dans un logement ou une unité de vie[8], les occupants doivent pouvoir être alertés automatiquement par un dispositif de détection de fumée dès le début de l'incendie[9].

212.83 Mesures de sécurité dans les parties communes. L'article L. 142-2 du code de la construction et de l'habitation précise que, dans les parties communes des bâtiments à usage d'habitation, les propriétaires mettent en œuvre des mesures de sécurité pour prévenir le risque d'incendie et éviter la propagation du feu des locaux à risques vers les circulations et les dégagements.

212.84 Cas particulier des matières inflammables ou explosives entreposées. L'article L. 142-3 du code de la construction et de l'habitation dispose que lorsque des matières explosives ou inflammables sont entreposées dans un local attenant ou compris dans un bâtiment d'habitation collectif, soit en infraction avec les règles de sécurité qui lui sont applicables, soit dans des conditions de nature à créer des risques sérieux pour la sécurité des occupants, le maire peut, par arrêté motivé, mettre en demeure la personne responsable de la gestion ou de la jouissance du local de prendre toutes les mesures nécessaires pour se conformer aux règles de sécurité applicables ou pour mettre fin au danger dans un délai qu'il fixe. Faute d'exécution par la personne qui y est tenue, le maire y procède d'office aux frais de celle-ci. Il peut, si nécessaire, interdire l'accès du local jusqu'à la réalisation des mesures.

Et le fait de ne pas se conformer à l'arrêté municipal précité est puni de 3 750 euros d'amende.

212.85 Modalités d'application. L'article L. 142-4 du code de la construction et de l'habitation renvoie à un décret en Conseil d'État[10] la définition des modalités d'application de ce qui précède. Ce décret doit préciser notamment :

– les personnes auxquelles incombent les obligations d'installation et d'entretien du dispositif de détection de fumée ;

7. ISSU DE ord. nº 2020-71, 29 janv. 2020, *JO* 31 janv., nº 62, en vigueur le 1er juill. 2021.
8. Y compris celui ou celle situé dans un immeuble de moyenne hauteur ou un immeuble de grande hauteur, précise le texte.
9. Selon l'article 5 de la loi nº 2010-238 du 9 mars 2010 (*JO* 10 mars, nº 2), les propriétaires ayant signé un contrat d'achat des détecteurs au plus tard au 8 mars 2015 sont réputés satisfaire à l'obligation prévue à l'article L. 142-1 du code de la construction et de l'habitation, à la condition que le détecteur de fumée soit installé avant le 1er janvier 2016
10. CCH, art. R. 142-2 à R. 142-5.

– les caractéristiques techniques de celui-ci ;

– les conditions de son installation, de son entretien et de son fonctionnement.

B. Personne responsable de l'obligation

212.91 **Installation.** Selon l'article R. 142-3 du code de la construction et de l'habitation, la responsabilité de l'installation du détecteur de fumée normalisé mentionné à l'article R. 142-2 incombe au propriétaire.

212.92 **Entretien et renouvellement.** Aux termes du même article R. 142-3 du code de la construction et de l'habitation, la responsabilité de l'entretien du détecteur de fumée, ainsi que, si nécessaire, de son renouvellement incombe à l'occupant du logement.

Le texte poursuit en précisant que si le logement est mis en location, le propriétaire s'assure du bon fonctionnement du détecteur lors de l'établissement de l'état des lieux mentionné à l'article 3-2 de la loi du 6 juillet 1989.

212.93 **Cas particuliers.** L'article R. 142-3 du code de la construction et de l'habitation précise que la responsabilité d'installation, d'entretien et de renouvellement incombe :

1° au propriétaire pour les logements à caractère saisonnier, les logements-foyers mentionnés à l'article R. 832-20 du CCH dont la gestion est assurée par le propriétaire ou par un organisme autre que ceux mentionnés à l'article L. 365-4 du même code, les résidences hôtelières à vocation sociale, les logements attribués ou loués en raison de l'exercice d'une fonction ou d'un emploi et les locations meublées ;

2° aux organismes agréés mentionnés à l'article L. 365-4 du code de la construction et de l'habitation exerçant les activités d'intermédiation locative et de gestion locative sociale pour les logements-foyers et logements familiaux gérés par ces organismes.

C. Étendue de l'obligation

212.101 **Habitat individuel ou collectif – Parties communes.** L'article R. 142-2, alinéa 1er, du code de la construction et de l'habitation précise que chaque logement, qu'il se situe dans une habitation individuelle ou dans une habitation collective, est équipé d'au moins un détecteur de fumée normalisé.

Selon l'article R. 142-4 du code de la construction et de l'habitation, dans les parties communes des immeubles à usage d'habitation, les propriétaires mettent en œuvre des mesures de sécurité contre l'incendie. Ces mesures indiquent les consignes à respecter en cas d'incendie et visent également à éviter la propagation du feu des locaux à risques vers les circulations et dégagements[1].

D. Caractéristiques techniques du détecteur de fumée

212.111 **Alimentation autonome – Volume sonore.** L'article R. 142-2 du code de la construction et de l'habitation (alinéas 2 et suivants) précise que le détecteur est alimenté par piles ou fonctionne à partir de l'alimentation électrique du logement, sous réserve dans ce cas qu'il soit équipé d'une alimentation de secours susceptible de prendre le relais en cas de dysfonctionnement électrique.

Le texte dispose par ailleurs que le détecteur de fumée doit, d'une part, détecter les fumées émises dès le début d'un incendie et, d'autre part, émettre immédiatement un signal sonore suffisant permettant de réveiller une personne endormie dans le seul logement où la détection a eu lieu[2].

E. Notification de l'installation à l'assureur du logement

212.121 **Assurance.** Aux termes de l'article R. 142-5 du code de la construction et de l'habitation, l'installation du dispositif mentionné à l'article L. 142-1 est notifiée à l'assureur avec lequel l'occupant a conclu un contrat garantissant les dommages d'incendie. Cette notification se fait par la remise d'une attestation par l'occupant ou, dans les cas prévus aux deuxième et troisième alinéas de l'article R. 142-3, le propriétaire ou l'organisme agréé mentionné à l'article L. 365-4 exerçant les activités d'intermédiation locative et de gestion locative sociale[3].

Selon l'article L. 122-9 du code des assurances, cette notification va permettre de minorer la prime ou de cotisation, lorsqu'elle sera prévue par la police d'assurance garantissant les dommages incendie.

Sont nulles toutes clauses frappant de déchéance l'assuré en cas de non-respect des dispositions des

1. Un arrêté conjoint des ministres en charge de la construction et de la sécurité civile (non publié) fixe les modalités d'application de cet article.
2. Un arrêté conjoint des ministres chargés de la construction et de la sécurité civile (non publié) fixe les modalités d'application de cet article.
3. Un arrêté conjoint des ministres en charge de la construction, de l'économie et de la sécurité civile (non publié) précise les informations devant figurer dans cette attestation.

articles L. 142-1 et L. 142-2 du code de la construction et de l'habitation[1].

§ 4 Sécurité de l'immeuble

A. Transmission d'images de vidéosurveillance

212.131 **Obligation de transmettre certaines images de vidéosurveillance**[2]. La question de la transmission d'images de vidéosurveillance aux forces de l'ordre est envisagée à l'article L. 272-2 du code de la sécurité intérieure[3].

212.132 **Images visées.** Ce texte permet la transmission aux services chargés du maintien de l'ordre (services de la police ou gendarmerie nationales ou, le cas échéant, agents de la police municipale) des images réalisées en vue de la protection des parties communes des immeubles collectifs à usage d'habitation. Les images susceptibles d'être transmises « ne doivent concerner ni l'entrée des habitations privées, ni la voie publique ».

212.133 **Transmission – Moment.** Cette transmission n'a vocation à intervenir que lorsqu'auront été identifiées des « circonstances faisant redouter la commission imminente d'une atteinte grave aux biens ou aux personnes ». Elle s'effectue en temps réel et est strictement limitée au temps nécessaire à l'intervention des forces de l'ordre.

212.134 **Transmission – Modalités.** Les conditions et les modalités du transfert sont précisées par une convention préalablement conclue entre le gestionnaire de l'immeuble et le représentant de l'État dans le département. Conclue pour une durée maximale d'un an et, renouvelable par reconduction expresse, cette convention porte notamment sur l'indication du service chargé du maintien de l'ordre, destinataire des images ; la nature des événements faisant redouter l'imminence d'une atteinte grave aux biens ou aux personnes et pouvant justifier la transmission des images ; les modalités de transmission et de conservation des images et les mesures de sécurité afférentes ; les modalités d'affichage et d'information du public concernant la possibilité de transmission des images à un service chargé du maintien de l'ordre ainsi que les modalités d'accès aux images pour les personnes ayant fait l'objet d'un enregistrement ; la durée de transmission et de conservation des images dans la limite d'un mois à compter de leur transmission sans préjudice des nécessités de leur conservation pour les besoins de la procédure pénale et les modalités de financement du transfert des images[4].

Cette convention, prévoit l'information par affichage sur place de l'existence du système de prise d'images et de la possibilité de leur transmission aux forces de l'ordre.

En outre, lorsque la convention a pour objet de permettre la transmission des images aux services de police municipale, elle est signée par le maire.

Enfin, cette convention est transmise à la commission départementale de vidéo protection[5], laquelle va apprécier la pertinence des garanties prévues et, le cas échéant, va en demander le renforcement au représentant de l'État dans le département.

212.135 **Autorisation de transmission.** Le texte prévoit deux cas de figure.

Lorsque l'immeuble est en copropriété, l'autorisation est donnée par l'assemblée générale statuant à la majorité des copropriétaires « dans les conditions fixées à l'article 25 de la loi n° 65-557 du 10 juillet 1965 ».

Lorsque l'immeuble est « social » (notion nouvelle que le texte ne définit malheureusement pas), l'autorisation doit émaner du « gestionnaire ».

B. Ondes électromagnétiques.

212.141 **Information du preneur.** Aux termes de l'article 184 de la loi du 12 juillet 2010[6] dans sa rédaction issue de la loi du 9 février 2015[7], les équipements émetteurs de champs électromagnétiques d'un niveau supérieur à un seuil fixé par décret[8] ne peuvent être installés dans un local privé à usage d'habitation sans qu'une information claire et lisible ne soit donnée aux occupants concernant l'existence d'un rayonnement et, le cas échéant, les recommandations d'usage permettant de minimiser l'exposition à celui-ci.

Par ailleurs, les notices d'utilisation des équipements terminaux radioélectriques doivent comporter une information claire sur les indications pratiques permettant d'activer ou de désactiver l'accès sans fil à internet.

1. C. assur., art. L. 113-11, 3° dans sa version issue de l'ord. n° 2020-71 du 29 janv. 2020, en vigueur le 1er juill. 2021.
2. SUR la question aussi : Y. Rouquet, *D.* 2011. Actu. 819.
3. Ce texte est issu de l'ord. n° 2020-71 du 29 janv. 2020, en vigueur le 1er juill. 2021. Il s'agit de l'anc. art. L. 126-1-1 du CCH.
4. CSI, art. R. 272-2.
5. Mentionnée à l'art. 10 de la loi n° 95-73 du 21 janv. 1995 d'orientation et de programmation relative à la sécurité.
6. L. n° 2010-788, 12 juill. 2010 portant engagement national pour l'environnement, *JO* 13 juill.
7. L. n° 2015-136, 9 févr. 2015 relative à la sobriété, à la transparence, à l'information et à la concertation en matière d'exposition aux ondes électromagnétiques, *JO* 10 févr., p. 2346.
8. À paraître.

Enfin, aux termes de l'article L. 34-9-1 du Code des postes et des communications électroniques[1], un décret[2] définit les valeurs limites des champs électromagnétiques émis par les équipements utilisés dans les réseaux de communications électroniques ou par les installations radioélectriques n'utilisant pas des fréquences spécifiquement assignées à leur utilisateur, lorsque le public y est exposé.

Le respect de ces valeurs peut être vérifié sur place par des organismes répondant aux exigences de qualité fixées par décret.

Le résultat des mesures est transmis par ces organismes à l'Agence nationale des fréquences, qui en assure la mise à la disposition du public.

Lorsqu'une mesure des ondes électromagnétiques est réalisée dans des immeubles d'habitation, les résultats sont transmis aux propriétaires et aux occupants. Ces résultats mentionnent le nom de l'organisme ayant réalisé la mesure. Tout occupant d'un logement peut avoir accès, auprès de l'Agence nationale des fréquences, à l'ensemble des mesures réalisées dans le logement.

SECTION 2
OBLIGATION DE GARANTIR LE LOCATAIRE CONTRE LES VICES ET LES DÉFAUTS DE LA LOCATION

212.151 **Principe.** En application de l'article 1721 du code civil, déclaré expressément applicable aux locations régies par la loi du 6 juillet 1989[3], le bailleur doit garantir le preneur contre tous les vices ou les défauts qui empêcheraient l'usage de la chose louée.

Cette obligation de garantie est générale puisqu'elle va jouer, quand bien même le bailleur aurait ignoré l'existence du vice ou du défaut de la location lors de la signature du bail[4, 5].

Elle ne va cependant recevoir application que dans la mesure où le vice affectant le bien loué est un vice caché : s'il s'agit d'un vice apparent (c'est-à-dire d'un vice qui, par définition, était visible lors de la signature du bail), le bailleur n'en devra pas garantie[6].

1. Également dans sa rédac. issue de L. n° 2015-136, 9 févr. 2015.
2. À paraître.
3. L. n° 89-462, 6 juill. 1989, art. 6 b.
4. C. civ., art. 1721, première phrase, *in fine*.
5. Précisant que la clause subrogeant le preneur dans les droits du bailleur envers l'assureur dommages-ouvrage n'est pas de nature à exonérer le bailleur de la garantie légale des vices ou défauts de la chose louée : Civ. 3e, 2 mars 2017, n° 15-24.876, P III, n° 30 ; *D.* 2017. Actu. 569 ; *D. actu.*, 9 mars 2017, obs. Y. Rouquet.
6. Civ. 3e, 2 mars 1993, n° 91-14.834, NP, *Rev. huiss.* 1993, p. 732, note Lièvremont.

212.152 **Hypothèses de responsabilité du bailleur.** Le propriétaire est garant de l'effondrement de la toiture[7], du sol[8] ou de la voûte du sous-sol, suite à la réalisation de travaux par le précédent locataire[9] ; de la construction d'un plancher non conforme aux normes de sécurité[10] ; du vice de construction affectant la cheminée[11] ; du local infesté par des puces[12] ou des punaises[13] ; du mauvais état des canalisations[14] ; de l'explosion du couvercle du réservoir de la chasse d'eau des toilettes, aspergeant le locataire d'eau bouillante[15], du descellement d'une barre d'appui d'une fenêtre[16], de l'absence de tout garde-corps[17], du descellement d'un carreau du sol du couloir menant au studio loué[18]...

Il a par ailleurs été jugé qu'est fautif le bailleur qui loue un logement situé dans un immeuble comportant de l'amiante, alors que le syndic de copropriété l'avait averti de la situation[19].

Et lorsque le locataire est victime d'un accident d'ascenseur, il n'a pas à prouver que le bailleur n'a pas fait le nécessaire pour l'entretien de cet élément d'équipement : il lui suffit de démontrer que l'appareil présentait un dysfonctionnement à l'origine de son préjudice[20].

L'article 6 *b*, *in fine* de la loi de 1989 prévoit une exception à cette obligation de garantir les vices et les défauts de la chose louée. Il s'agit de l'hypothèse où les parties ont inséré dans le contrat une « clause travaux » qui décharge partiellement le bailleur de son obligation[21].

7. Soc. 24 janv. 1959, P IV, n° 113.
8. Civ. 3e, 27 févr. 1973, n° 71-13.860, P III, n° 150.
9. Civ. 3e, 2 avr. 2003, n° 01-17.724, P III, n° 74 ; *AJDI* 2003. 409, obs. Y. Rouquet ; *Administrer* juin 2003, p. 31, obs. Boccara et Lipman-Boccara.
10. Civ. 3e, 13 oct. 1981, n° 80-11.277, P III, n° 150.
11. Req. 26 juill. 1909, *D.* 1909. 1, p. 533.
12. Rennes, 11 mars 1999, n° 9802105, *Loyers et copr.* 1999, n° 230, obs. B. Vial-Pedroletti.
13. Pau, 26 févr. 1894, *D.* 1895. 2, p. 23.
14. Civ. 3e, 19 janv. 1977, n° 75-11.649, P III, n° 30.
15. Paris, 31 mars 2015, n° 13/12306, *Loyers et copr.* 2015, n° 131, obs. B. Vial-Pedroletti (non-conformité des installations sanitaires).
16. Civ. 3e, 25 janv. 1961, *JCP* 1962. II, n° 12429, note Savatier.
17. Nîmes, 15 juin 2004, n° 02/00572, *Loyers et copr.* 2005, n° 23, obs. B. Vial-Pedroletti.
18. Civ. 3e, 22 mars 2005, n° 04-13.821, NP, *AJDI* 2005. 649, obs. V. Zalewski ; *Rev. loyers* 2005. 330.
19. Civ. 3e, 2 juill. 2003, n° 02-14.642, P III, n° 138 ; *AJDI* 2003. 661, obs. Y. Rouquet ; *D.* 2004. 411, note Pignarre.
20. Civ. 3e, 1er avr. 2009, n° 08-10.070, P III, n° 71 ; *D.* 2009. AJ 1083, obs. Chenu ; *ibid.* 2010. Pan. 1168, spéc. 1169, obs. N. Damas ; *AJDI* 2009. 701, note F. de La Vaissière, décision admettant par ailleurs l'appel en garantie du bailleur contre l'ascensoriste, tenu à une obligation de résultat en matière de sécurité.
21. Sur cette clause travaux v. ss nos 311.21 s.

SECTION 3
SANCTION DU NON-RESPECT DES OBLIGATIONS DE GARANTIE DU BAILLEUR

212.161 Exécution forcée ou résiliation du bail. En dehors de l'indemnisation du locataire, en fonction de la gravité du non-respect par le bailleur de son obligation, et de l'obligation violée, la sanction pourra prendre la forme de l'exécution de l'obligation bafouée ou de la résiliation du bail[1]. En revanche, il ne pourra pas condamner le propriétaire à reloger son cocontractant[2]. Le locataire victime d'un manquement de la part du bailleur, spécialement d'un trouble de jouissance, devra intenter une action au cours de la relation contractuelle, alors qu'il se trouve encore dans les lieux[3].

Quant à l'office du juge, on se fera l'écho de cette décision de la Haute juridiction censurant une cour d'appel pour avoir refusé d'indemniser le locataire, alors qu'elle avait constaté le vice (le logement était humide), le dommage subi (dégradation de l'état de santé du preneur), ainsi que le lien de causalité entre les deux[4].

1. Civ. 3e, 19 févr. 1997, nº 95-14.826, NP, *RDI* 1997. 499, obs. J. Derrupé et F. Collart-Dutilleul ; *Ann. loyers* 1997. 1089.
2. Civ. 3e, 14 janv. 2004, nº 01-12.510, P III, nº 8 ; *Rev. loyers* 2004. 227, obs. Rémy – Sur la possibilité pour le locataire de ne pas payer son loyer, v. ss nº 231.41.
3. Civ. 3e, 7 déc. 2004, nº 03-17.938, NP, *AJDI* 2005. 26.
4. Civ. 3e, 19 janv. 2005, nº 03-15.631, NP, *AJDI* 2005. 379, obs. V. Zalewski.

CHAPITRE

213. Obligations spécifiques de sécurité propres aux grands immeubles collectifs d'habitation

SECTION 0

ORIENTEUR

213.00 Sommaire du chapitre.

Division – Des mesures préventives et des actions curatives. Parmi les dispositions destinées à prévenir l'insécurité instituées par la loi du 21 janvier 1995 [1] figurent des obligations mises à la charge des bailleurs qui tendent à imposer une présence humaine et des équipements visant à limiter les accès et assurer un éclairage des parties communes. Les bailleurs concernés peuvent y adjoindre des mesures facultatives telles que la circulation d'agents de police dans les parties communes et la vidéoprotection. En cas d'occupation des espaces communs du bâti par des personnes qui entravent l'accès et la libre circulation des locataires ou empêchent le bon fonctionnement des dispositifs de sécurité et de sûreté ou nuisent à la tranquillité des lieux, les bailleurs peuvent faire appel à la police ou à la gendarmerie nationales ou à la police municipale. La résiliation du bail peut également être encourue.

Les dispositions législatives en ce domaine figuraient auparavant pour partie dans le code de la construction et de l'habitation et dans le code de la sécurité intérieure. À compter du 1er juillet 2021 elles se trouvent réunies dans le code de la sécurité intérieure.

213.01 Principaux textes applicables.

TEXTES SOURCES

• **L. n° 89-462, 6 juill. 1989** tendant à améliorer les rapports locatifs et portant modification de la loi n° 86-1290 du 23 décembre 1986, *JO* 8 juill., art. 6 et 7

• **C. civ.,** art. 1729

• **CSI,** art. L. 271-1, art. L. 272-1 à L. 271-4 (les articles L. 126-1, L. 126-1-1, L. 126-2 et L. 126-3 du CCH ont été respectivement transférés dans le CSI, art. L. 272-1, L. 272-2, L. 272-3 et L. 272-4 à compter du 1er juillet 2021)

• **CSI,** art. R. 271-1 à R. 271-6, art. R. 614-2

• **Circ. n° 2002-10 UHC/DH 2/2, 1er févr. 2002** relative aux obligations de gardiennage ou de surveillance de certains immeubles d'habitation

TEXTES *IN EXTENSO* (EN VIGUEUR AU 1ER JUILLET 2021)

• **C. civ.,** art. 1729

Si le preneur n'use pas de la chose louée raisonnablement ou emploie la chose louée à un autre usage que celui auquel elle a été destinée, ou dont il puisse résulter un dommage pour le bailleur, celui-ci peut, suivant les circonstances, faire résilier le bail.

• **CSI,** art. L. 271-1

Les propriétaires, exploitants ou affectataires, selon le cas, d'immeubles à usage d'habitation et de locaux administratifs, professionnels ou commerciaux doivent, lorsque l'importance de ces immeubles ou de ces locaux ou leur situation le justifient, assurer le gardiennage ou la surveillance de ceux-ci et prendre les mesures permettant d'éviter les risques manifestes pour la sécurité et la tranquillité des locaux.

Un décret en Conseil d'État précise les zones dans lesquelles cette obligation s'applique, les caractéristiques des immeubles ou locaux qui y sont assujettis, les mesures de gardiennage ou de surveillance à prendre en fonction de l'usage, de la localisation et de la taille des immeubles ou locaux et les dates auxquelles ces mesures devront au plus tard intervenir.

Les communes ou les établissements publics de coopération intercommunale exerçant la compétence relative aux dispositifs locaux de prévention de la délinquance peuvent contribuer à l'obligation prévue par le présent article lorsque les immeubles ou groupes d'immeubles collectifs à usage d'habitation qui y sont assujettis sont particulièrement exposés à des risques de délinquance et font l'objet de dispositions des contrats locaux de sécurité.

• **CSI,** art. L. 272-1

Les propriétaires ou exploitants d'immeubles à usage d'habitation ou leurs représentants peuvent accorder à la police et à

1. L. n° 95-73, 21 janv. 1995 d'orientation et de programmation relative à la sécurité, *JO* 24 janv., p. 1249, art. 12.

la gendarmerie nationales ainsi, le cas échéant, qu'à la police municipale une autorisation permanente de pénétrer dans les parties communes de ces immeubles.

• **CSI,** art. L. 272-2

La transmission aux services chargés du maintien de l'ordre des images réalisées en vue de la protection des parties communes des immeubles collectifs à usage d'habitation lors de circonstances faisant redouter la commission imminente d'une atteinte grave aux biens ou aux personnes est autorisée sur décision de la majorité des copropriétaires dans les conditions fixées à l'article 25 de la loi n° 65-557 du 10 juillet 1965 fixant le statut de la copropriété des immeubles bâtis et, dans les immeubles sociaux, du gestionnaire. Les images susceptibles d'être transmises ne doivent concerner ni l'entrée des habitations privées, ni la voie publique.

Cette transmission s'effectue en temps réel et est strictement limitée au temps nécessaire à l'intervention des services de la police ou de la gendarmerie nationales ou, le cas échéant, des agents de la police municipale.

Une convention préalablement conclue entre le gestionnaire de l'immeuble et le représentant de l'État dans le département précise les conditions et modalités de ce transfert. Cette convention prévoit l'information par affichage sur place de l'existence du système de prise d'images et de la possibilité de leur transmission aux forces de l'ordre.

Lorsque la convention a pour objet de permettre la transmission des images aux services de police municipale, elle est en outre signée par le maire.

Cette convention est transmise à la commission départementale de vidéoprotection mentionnée au chapitre III du titre II et du titre V du livre II du code de la sécurité intérieure qui apprécie la pertinence des garanties prévues et en demande, le cas échéant, le renforcement au représentant de l'État dans le département.

Ne sont pas soumis au présent article les systèmes utilisés dans des traitements automatisés ou contenus dans des fichiers structurés selon des critères permettant d'identifier, directement ou indirectement, des personnes physiques, qui sont soumis à la loi n° 78-17 du 6 janvier 1978 relative à l'informatique, aux fichiers et aux libertés.

• **CSI,** art. L. 272-3

Les propriétaires ou exploitants d'immeubles à usage d'habitation ou leurs représentants, qui satisfont à l'obligation mentionnée par l'article L. 271-1 peuvent également, en cas d'occupation des espaces communs du bâti par des personnes qui entravent l'accès et la libre circulation des locataires ou empêchent le bon fonctionnement des dispositifs de sécurité et de sûreté ou nuisent à la tranquillité des lieux, faire appel à la police ou à la gendarmerie nationales ou à la police municipale pour rétablir la jouissance paisible de ces lieux.

• **CSI,** art. L. 272-4

Le fait d'occuper en réunion les espaces communs ou les toits des immeubles collectifs d'habitation en empêchant délibérément l'accès ou la libre circulation des personnes ou le bon fonctionnement des dispositifs de sécurité et de sûreté est puni de deux mois d'emprisonnement et de 3 750 € d'amende.

Lorsque cette infraction est accompagnée de voies de fait ou de menaces, de quelque nature que ce soit, elle est punie de six mois d'emprisonnement et de 7 500 euros d'amende.

Les personnes coupables des infractions prévues aux deux premiers alinéas encourent également, à titre de peine complémentaire, une peine de travail d'intérêt général.

Pour le délit prévu au premier alinéa du présent article, y compris en cas de récidive, l'action publique peut être éteinte, dans les conditions prévues aux articles 495-17 à 495-25 du code de procédure pénale, par le versement d'une amende forfaitaire d'un montant de 200 €. Le montant de l'amende forfaitaire minorée est de 150 € et le montant de l'amende forfaitaire majorée est de 450 €.

• **CSI,** art. R. 271-1

Afin de satisfaire à l'obligation prévue à l'article L. 271-1, le bailleur fait assurer, dans les conditions et selon les modalités prévues au présent chapitre, le gardiennage ou la surveillance des immeubles collectifs à usage locatif dont il a la gestion.

Les dispositions du premier alinéa s'appliquent à tout bailleur dès lors qu'il gère cent logements locatifs ou plus dans un immeuble ou groupe d'immeubles collectifs formant un ensemble situé soit dans une zone urbaine sensible définie au 3 de l'article 42 de la loi n° 95-115 du 4 février 1995 d'orientation pour l'aménagement et le développement du territoire, soit dans une commune dont la population dépasse 25 000 habitants ou qui est comprise dans une aire urbaine d'un seul tenant regroupant au moins 50 000 habitants et dont une ou plusieurs communes comptent plus de 15 000 habitants.

• **CSI,** art. R. 271-2

Les fonctions de gardiennage ou de surveillance sont assurées sur l'ensemble de l'année par au moins une personne à temps plein ou équivalent temps plein par tranche de cent logements.

Les personnes affectées à ces fonctions sont employées par le bailleur en qualité de concierges, de gardiens ou d'employés d'immeuble à usage d'habitation. Le bailleur peut, à titre de complément, recourir à des agents de prévention et de médiation ou à des correspondants de nuit. Le bailleur peut également faire assurer le gardiennage ou la surveillance par un prestataire de services.

• **CSI,** art. R. 271-3

Le ou les conseils de concertation locative prévus à l'article 44 *ter* de la loi n° 86-1290 du 23 décembre 1986 tendant à favoriser l'investissement locatif, l'accession à la propriété de logements sociaux et le développement de l'offre foncière sont consultés par le bailleur sur le dispositif de gardiennage ou de surveillance qu'il envisage de mettre en œuvre en application du présent chapitre ainsi que sur ses modifications.

• **CSI,** art. R. 271-4

Afin d'éviter les risques manifestes pour la sécurité et la tranquillité des locaux, le bailleur défini à l'article R. 271-1 :

1° Installe et entretient un éclairage assurant une bonne visibilité de l'entrée des immeubles et de leurs parties communes, notamment des parcs de stationnement, quand ils sont situés à l'intérieur des locaux ;

2° Installe et entretient les systèmes permettant de limiter l'accès aux parties communes des immeubles aux résidents et aux personnes autorisées par les résidents ou habilitées et l'accès aux caves et parcs de stationnement intérieurs aux résidents qui en bénéficient et aux personnes habilitées, ou prend les mesures ayant le même effet.

• **CSI,** art. R. 271-5

Les mesures envisagées pour éviter les risques manifestes pour la sécurité et la tranquillité des locaux font l'objet d'une consultation des conseils de concertation locative dans les conditions prévues à l'article R. 271-3.

Les services de police et de gendarmerie peuvent être associés, le cas échéant dans le cadre des contrats locaux de sécurité mentionnés à l'article D. 132-7, à la définition, en fonction des circonstances locales, des modalités d'application des mesures prises conformément à l'article R. 271-4 ou être invités par le bailleur à émettre un avis sur toute mesure complémentaire.

• **CSI,** art. R. 271-6

À la demande du préfet ou, à Paris, du préfet de police, le bailleur lui fait connaître dans les deux mois suivants les mesures qu'il a prises pour l'application des articles R. 271-2, R. 271-3 et R. 271-4.

• **CSI,** art. R. 271-7

Est puni de l'amende prévue pour les contraventions de la cinquième classe le fait pour le bailleur défini à l'article R. 271-1 de se soustraire aux obligations de surveillance et de gardiennage qui lui incombent en application des articles R. 271-1 et R. 271-2. Le contrevenant encourt autant d'amendes qu'il manque de gardiens par tranche de cent logements locatifs dont il a la gestion.

Le fait pour le bailleur de ne pas déférer à la demande qui lui est faite en application de l'article R. 271-6 ou de transmettre des informations mensongères ou erronées est puni de la même peine d'amende prévue pour les contraventions de la cinquième classe.

• **CSI,** art. R. 271-8

Est puni de l'amende prévue pour les contraventions de la cinquième classe le fait pour le bailleur défini à l'article R. 271-1 de se soustraire aux obligations qui lui incombent en application de l'article R. 271-4. Le contrevenant encourt autant d'amendes qu'il y a d'immeubles ou groupes d'immeubles pour lesquels il n'a pas pris les mesures prescrites.

Le fait pour le bailleur de ne pas déférer à la demande qui lui est faite en application de l'article R. 271-6 ou de transmettre des informations mensongères ou erronées est puni de la même peine d'amende prévue pour les contraventions de la cinquième classe.

• **CSI,** art. R. 614-2

Les propriétaires, exploitants ou affectataires, selon le cas, d'immeubles à usage d'habitation et de locaux administratifs, professionnels ou commerciaux doivent, lorsque l'importance de ces immeubles ou de ces locaux ou leur situation le justifient, assurer le gardiennage ou la surveillance de ceux-ci et prendre les mesures permettant d'éviter les risques manifestes pour la sécurité et la tranquillité des locaux.

Un décret en Conseil d'État précise les zones dans lesquelles cette obligation s'applique, les caractéristiques des immeubles ou locaux qui y sont assujettis, les mesures de gardiennage ou de surveillance à prendre en fonction de l'usage, de la localisation et de la taille des immeubles ou locaux et les dates auxquelles ces mesures devront au plus tard intervenir.

Les communes ou les établissements publics de coopération intercommunale exerçant la compétence relative aux dispositifs locaux de prévention de la délinquance peuvent contribuer à l'obligation prévue par le présent article lorsque les immeubles ou groupes d'immeubles collectifs à usage d'habitation qui y sont assujettis sont particulièrement exposés à des risques de délinquance et font l'objet de dispositions des contrats locaux de sécurité.

213.02 Jurisprudence de référence.

• **Civ. 3e, 14 oct. 2009,** n° 08-12.744, P III, n° 121 (arrêt n° 1)

* V. s^s n° 213.29

« Attendu que pour prononcer la résiliation du bail, l'arrêt retient que le litige prend place au sein d'une ancienne cité minière dont les logements sont la propriété de la société, que Mme *X*... ne conteste pas la mésentente qui existe entre ses fils et la famille *Y*..., que plusieurs condamnations prononcées par le tribunal correctionnel mettent en cause tant les fils de Mme *X*. que M. *Y*..., que l'origine du litige qui déchire régulièrement les deux familles n'est pas déterminée, que Mme *X*... ne peut se contenter d'observer que seuls ses fils sont concernés par les affaires pénales et non elle-même, que ceux-ci, bien que majeurs, résident au domicile de leur mère, qu'il est indiscutable que le comportement des fils de Mme *X*... trouble le voisinage tel qu'il ressort de la pétition qui, pour être peu précise quant aux faits reprochés à la famille *X*..., n'en a pas moins été signée par près de trois cents personnes, que seuls trois résidents de la rue Fauville avaient signé la pétition, que le trouble apporté à trois voisins n'est toutefois pas négligeable, que la plupart des signataires habitent dans les rues adjacentes, à proximité immédiate de l'immeuble loué par Mme *X*..., que la bailleresse a mis en demeure cette dernière de respecter la tranquillité du voisinage sous peine de procédure d'expulsion, qu'elle a réitéré sa mise en garde rappelant les règles de vie dans la cité ;

Qu'en statuant ainsi, par des motifs qui ne suffisent pas à établir l'existence d'un lien entre les troubles constatés et un manquement à l'obligation pour le preneur d'user paisiblement de la chose louée ou de ses accessoires, la cour d'appel, n'a pas donné de base légale à sa décision de ce chef [...]. »

• **Civ. 3e, 14 oct. 2009,** n° 08-16.955, P III, n° 121 (arrêt n° 2)

* V. s^s n° 213.29

« Mais attendu qu'ayant relevé que les faits, ayant entraîné la condamnation avec d'autres prévenus, du fils des locataires à une peine correctionnelle, avaient été commis dans le hall d'un immeuble appartenant au même ensemble immobilier que celui où se situaient les lieux loués, mais distant de plus d'un kilomètre, la cour d'appel, qui a ainsi caractérisé l'absence de lien entre les troubles constatés et le manquement imputé aux preneurs à leur obligation d'user paisiblement de la chose louée et de ses accessoires, a, par ces seuls motifs, légalement justifié sa décision [...]. »

• **Civ. 3e, 17 déc. 2020,** n° 18-24.823, P

* V. ss n° 213.29

La Cour d'appel a retenu à bon droit que les violences commises par le fils de Mme *T...* à l'encontre des employés du bailleur et réitérées après une première condamnation pénale constituaient des manquements à l'obligation d'usage paisible des lieux incombant au preneur et aux personnes vivant sous son toit et que le lieu de commission des violences importait peu dès lors que les victimes étaient des agents du bailleur.

213.03 Bibliographie indicative.

Annuel. LAMY DR. IMMO, nos 5698-5718.

Encyclopédie. DICT. PERM. Gestion immob., *Vis Baux, code civil*, nos 310 s., *HLM location*, nos 282 s.

SECTION 1
OBLIGATION DE SURVEILLANCE ET DE GARDIENNAGE

213.11 Obligation de gardiennage ou de surveillance pesant sur certains bailleurs. Il ressort du premier alinéa de l'article L. 271-1 du code de la sécurité intérieure que les propriétaires d'immeubles à usage d'habitation doivent, lorsque l'importance de ces immeubles ou leur situation le justifient, assurer le gardiennage ou la surveillance de ceux-ci et prendre les mesures permettant d'éviter les risques manifestes pour la sécurité et la tranquillité des locaux. L'objectif est de maintenir ou rétablir, selon le cas, une présence humaine qui constitue bien souvent le meilleur moyen de prévenir les situations d'insécurité.

Quant au second alinéa de l'article L. 271-1 du CSI, il indique qu'un décret en Conseil d'État précise les zones dans lesquelles cette obligation s'applique, les caractéristiques des immeubles ou locaux qui y sont assujettis, les mesures de gardiennage ou de surveillance à prendre en fonction de l'usage, de la localisation et de la taille des immeubles ou locaux et les dates auxquelles ces mesures devront au plus tard intervenir. Il s'agit des articles R. 271-1 à R. 271-8 du CSI[1]. Un troisième alinéa précise que les communes ou les EPCI exerçant la compétence relative aux dispositifs locaux de prévention de la délinquance peuvent contribuer à cette obligation de gardiennage et de surveillance lorsque les immeubles ou groupes d'immeubles collectifs à usage d'habitation qui y sont assujettis sont particulièrement exposés à des risques de délinquance et font l'objet de dispositions des contrats locaux de sécurité (dont il est question à l'article R. 271-5 du CSI[2]).

Cette obligation est en vigueur depuis le 1er janvier 2002.

213.12 Immeubles et bailleurs concernés. L'article R. 271-1 du CSI et la circulaire d'application du 1er février 2002[3] précisent que l'obligation légale concerne tout bailleur (et non pas les seuls bailleurs sociaux) gérant cent logements locatifs ou plus dans un immeuble ou groupe d'immeubles collectifs formant un ensemble situé soit dans une zone urbaine sensible (ZUS) définie au 3e de l'article 42 de la loi du 4 février 1995[4], soit dans une commune dont la population dépasse 25 000 habitants ou qui est comprise dans une aire urbaine d'un seul tenant regroupant au moins 50 000 habitants et dont une ou plusieurs communes comptent plus de 15 000 habitants. Depuis le 1er janvier 2015, sont substitués aux ZUS les quartiers prioritaires de la politique de la ville qui sont définis à l'article 5 de la loi du 21 février 2014[5]. Les immeubles collectifs situés dans ces quartiers sont concernés quelle que soit la taille de la commune. De même les logements locatifs situés dans des copropriétés y sont soumis dès lors que leur nombre atteint le seuil de cent au sein d'un ensemble immobilier et qu'ils sont gérés par le même bailleur. Les logements individuels, en diffus ou en lotissement, sont exclus.

Les bailleurs sociaux sont particulièrement concernés par cette problématique de sécurité au quotidien, avec un champ de responsabilité qui dépasse bien souvent le seul périmètre physique des immeubles d'habitation où vivent leurs locataires[6]. Les propriétaires et gestionnaires d'ensembles immobiliers se trouvent ainsi, volontairement ou non, conduits à participer aux diverses actions qui visent à préserver la tranquillité publique[7].

Lorsqu'un immeuble est géré par un tiers dans le cadre d'un mandat de gestion, l'obligation de gardiennage pèse sur le bailleur et non sur le mandataire ; les clauses du mandat peuvent cependant faire peser la charge du dispositif de gardiennage sur le mandataire. En présence de sous-location, fréquente dans le cas des immeubles de logements-

1. Décr. n° 2001-1361, 28 déc. 2001, relatif aux obligations de gardiennage ou de surveillance de certains immeubles d'habitation et modifiant le code de la construction et de l'habitation, *JO* 30 déc., p. 21475 – POUR UN REGARD CRITIQUE sur ce texte : Gérard, *AJDI* 2002. 345.
2. V. ss n° 213.23.
3. Circ. n° 2002-10 UHC/DH 2/2, 1er févr. 2002 relative aux obligations de gardiennage ou de surveillance de certains immeubles d'habitation, NOR : EQUU0210016C.
4. L. n° 95-115, 4 févr. 1995 d'orientation pour l'aménagement et le développement du territoire, *JO* 5 févr., p. 1973.
5. L. n° 2014-173, 21 févr. 2014 de programmation pour la ville et la cohésion urbaine, *JO* 22 févr.
6. Peyrat, 2002, Habiter, cohabiter. La sécurité dans le logement social, Rapport à M. N. Lienemann, secrétaire d'État au Logement.
7. P. Gareau, « Insécurité dans l'habitat urbain : quel rôle pour les propriétaires ? », *AJDI* 2002. 766.

foyers, l'obligation pèse sur le locataire principal et non sur le bailleur principal[1].

213.13 Modalités de mise en œuvre de cette obligation de gardiennage/surveillance. L'article R. 271-2 du CSI indique que les fonctions de gardiennage ou de surveillance sont assurées sur l'ensemble de l'année par au moins une personne (concierge, gardien, employé d'immeuble ou prestataire de services) à temps plein ou équivalent temps plein par tranche de 100 logements. Il est par ailleurs précisé par le même texte que le bailleur peut, à titre de complément, recourir à des agents de prévention et de médiation ou à des correspondants de nuit mais à condition que leur nombre représente une part minoritaire des agents remplissant l'obligation de gardiennage. Outre le recours à leurs agents salariés, les bailleurs peuvent faire appel à du personnel de prestataire de services (entreprise, association, régie de quartier).

Quant à l'article R. 271-3 du CSI, il prévoit que le(s) conseil(s) de concertation locative[2] sont consultés par le bailleur avant la mise en place d'un système de gardiennage/surveillance.

Notons que certaines associations nationales de défense des locataires ont posé la question (non évoquée par le texte) de l'éventuelle récupération de ces nouveaux frais de personnel auprès des locataires (ce qui, implicitement, pose, une fois de plus, l'épineuse question de l'éventuelle révision du décret « charges », dossier dont la Commission nationale de concertation s'était emparée il y a quelques années sans toutefois déboucher sur un consensus ; concernant les charges récupérables[3]). Il faut rappeler cependant que la loi du 13 juillet 2006[4] portant engagement national pour le logement a introduit la possibilité de déroger à la liste limitative des charges récupérables par voie d'accords collectifs locaux lorsque les dépenses engagées portent sur l'amélioration de la sécurité ou la prise en compte du développement durable.

Enfin, à la demande du préfet (ou, à Paris, du préfet de Police), le bailleur devra lui faire connaître, dans les deux mois suivants, les mesures qu'il a prises[5].

213.14 Sanctions encourues en cas de manquement du bailleur. Ces sanctions sont mentionnées à l'article R. 271-7 du CSI. Aux termes de ce texte, le bailleur qui se soustrait à ses obligations est passible d'une amende de la 5e classe (étant précisé qu'il va encourir autant d'amendes qu'il manquera de gardien(s) par tranche de 100 logements). Par ailleurs, le fait pour le bailleur de ne pas déférer à la demande du préfet ou de lui transmettre des informations mensongères ou erronées sera puni de la même peine.

213.15 Armement des gardiens - Constitution d'une personne morale. Aux termes de l'article L. 614-1 du code de la sécurité intérieure (CSI), les propriétaires, exploitants ou affectataires d'immeubles ou groupes d'immeubles collectifs à usage d'habitation peuvent constituer une personne morale dont l'objet est l'exercice, pour le compte de ses membres, de l'activité mentionnée au 1° de l'article L. 611-1 du même code (soit, la fourniture des services ayant pour objet la surveillance humaine ou la surveillance par des systèmes électroniques de sécurité ou le gardiennage de biens meubles ou immeubles ainsi que la sécurité des personnes se trouvant dans ces immeubles), dans les conditions prévues par l'article L. 271-1 du CSI. La personne morale peut, par exemple, prendre la forme d'un groupement d'intérêt économique dont l'activité conserve un caractère auxiliaire par rapport à celle de ses membres[6].

213.16 Armement des gardiens - Autorisation nominative. Selon les dispositions de l'article L. 614-4 du CSI, les agents de la personne morale constituée peuvent être nominativement autorisés par le représentant de l'État dans le département, ou, à Paris, par le préfet de police, à porter une arme de la catégorie D figurant sur une liste fixée par décret en Conseil d'État dans l'exercice de leurs missions, lorsque les immeubles ou groupes d'immeubles collectifs à usage d'habitation dans lesquels ils assurent les fonctions de gardiennage ou de surveillance sont particulièrement exposés à des risques d'agression sur les personnes.

213.17 Armement des gardiens - armes autorisées. Aux termes des articles R. 614-1 à R. 614-10 du CSI[7] la personne morale à laquelle les gestionnaires d'immeubles collectifs d'habitation peuvent en confier le gardiennage et la surveillance peut acquérir et détenir des armes classées au 8° de la catégorie B et au b de la catégorie D et des bâtons de défense de type tonfa classés au a de la catégorie D.

Pour chaque employé nommément désigné, une demande d'autorisation de port d'arme individuel doit être présentée au préfet.

1. Circ. n° 2002-10 UHC/DH 2/2, 1er févr. 2002 relative aux obligations de gardiennage ou de surveillance de certains immeubles d'habitation, NOR : EQUU0210016C.
2. Sur cette notion, v. ss nos 812.91 s.
3. V. ss nos 241.11 s.
4. L. n° 2006-872, 13 juill. 2006 portant engagement national pour le logement, *JO* 16 juill.
5. CSI, art. R. 271-6.
6. C. com., art. L. 251-1.
7. Rédac. décr. n° 2014-1253, 27 oct. 2014.

Les employés autorisés à détenir une arme doivent recevoir une formation spécifique (théorique et pratique), sanctionnée par un certificat individuel de réussite. Ils ne peuvent porter, dans l'accomplissement de leurs missions, que les armes remises par la personne morale et uniquement pour « le temps strictement nécessaire à l'exercice de *[leur]* mission ».

Et lorsqu'ils portent ces armes, cela doit être « de façon continue et apparente ».

En dehors du service, les armes sont remisées dans un local sécurisé et non accessible au public.

La personne morale en charge de la sécurité des immeubles doit tenir à jour un registre (mis à la disposition des services de la police et de la gendarmerie nationales) précisant le nombre et la liste des armes détenues ainsi que la liste des employés autorisés à porter une arme et leurs horaires de travail.

SECTION 2
OBLIGATION D'ASSURER LA SÉCURITÉ ET LA TRANQUILLITÉ DES LOCAUX

213.21 Obligation d'assurer la sécurité et la tranquillité des immeubles d'habitation pour certains bailleurs. Les gestionnaires d'immeubles à usage d'habitation concernés doivent « prendre les mesures permettant d'éviter les risques manifestes pour la sécurité et la tranquillité des locaux »[1].

Le contenu de cette obligation de sécurité/tranquillité des locaux est précisé aux articles R. 271-4 à R. 271-6 du code de la sécurité intérieure.

213.22 Bailleurs concernés par l'obligation de sécurité/tranquillité. Il ressort de l'article R. 271-4 du CSI que l'obligation d'assurer la sécurité et la tranquillité pèse sur les mêmes bailleurs que ceux redevables de l'obligation de gardiennage ou de surveillance et définis à l'article R. 271-1 du CSI[2].

213.23 Modalités de mise en œuvre de l'obligation de sécurité/tranquillité. Afin d'éviter les risques manifestes pour la sécurité et la tranquillité des locaux, il ressort des articles R. 271-4 et R. 271-6 du CSI que le bailleur concerné doit, après consultation du ou des conseils de concertation locative prévus à l'article 44 *ter* de la loi du 23 décembre 1986[3] :

- installer et entretenir un éclairage assurant une bonne visibilité de l'entrée des immeubles et de leurs parties communes, notamment des parcs de stationnement, quand ils sont situés à l'intérieur des locaux ;

- installer et entretenir les systèmes permettant de limiter l'accès aux parties communes des immeubles aux résidents et aux personnes autorisées par les résidents ou habilitées et l'accès aux caves et parcs de stationnement intérieurs aux résidents qui en bénéficient et aux personnes habilitées, ou prendre les mesures ayant le même effet.

On retiendra par ailleurs de l'article R. 271-6 du CSI que le préfet (ou, à Paris, le préfet de police) peut exiger d'avoir connaissance (dans les deux mois) des mesures effectivement prises. Notons enfin que rien n'interdirait au bailleur, en tant que de besoin, de prévoir des mesures complémentaires au dispositif obligatoire[4].

En effet, l'article R. 271-5 du CSI précise que les services de police et de gendarmerie peuvent être associés, le cas échéant, dans le cadre des contrats locaux de sécurité mentionnés à l'article D. 132-7 du CSI, à la définition, en fonction des circonstances locales, des modalités d'application des mesures prises conformément à l'article R. 271-4 ou être invités par le bailleur à émettre un avis sur toute mesure complémentaire.

On notera que ces modalités d'ordre technique n'ont pas rendu obligatoire l'installation de systèmes de vidéoprotection qui permettent la transmission d'images aux services chargés du maintien de l'ordre tel que prévu à l'article L. 272-2 du CSI.

213.24 Sanctions. Il ressort de l'article R. 271-8 du CSI que le bailleur qui se soustraira à ses obligations est passible d'autant d'amendes de la 5ᵉ classe qu'il y aura d'immeubles ou groupes d'immeubles pour lesquels il n'aura pas pris les mesures prescrites.

En outre, le fait pour le bailleur de ne pas communiquer le détail des mesures prises au préfet qui en fera la demande ou de transmettre des informations mensongères ou erronées sera puni de la même peine d'amende.

213.25 Possibilité, pour le propriétaire, de faire appel aux forces de l'ordre. Les articles L. 271-1 à L. 271-4 du CSI, en leur rédaction en vigueur au 1er juillet 2021, permettent, sous certaines conditions, aux propriétaires ou gestionnaires de faire appel aux forces de l'ordre. Même si, à notre connaissance, aucune action en responsabilité n'a été engagée à l'encontre d'un bailleur qui n'aurait pas usé de cette faculté, alors que le besoin s'en faisait sentir, il est possible qu'un bailleur négligent

1. CSI, art. L. 271-1.
2. V. sˢ nº 213.11.
3. L. nº 86-1290, 23 déc. 1986 tendant à favoriser l'investissement locatif, l'accession à la propriété de logements sociaux et le développement de l'offre foncière, *JO* 24 déc., p. 15531, dite loi Mehaignerie (v. sˢ nºˢ 812.91 s.).
4. P. Gareau, « Le renouveau de la police locative dans les immeubles d'habitation », *AJDI* 2002. 663.

pourrait voir sa responsabilité civile engagée s'il s'abstenait d'intervenir malgré des atteintes graves et répétées à la sécurité ou à la tranquillité des lieux ou des personnes.

213.26 Recours préventif aux forces de l'ordre (autorisation permanente de pénétrer dans les parties communes). Il ressort de l'article L. 272-1 du CSI, en sa rédaction en vigueur au 1er juillet 2021, que les propriétaires ou exploitants d'immeubles à usage d'habitation ou leurs représentants peuvent accorder à la police et à la gendarmerie ainsi, le cas échéant, qu'à la police municipale, une autorisation permanente de pénétrer dans les parties communes de ces immeubles.

213.27 Intervention ponctuelle des forces de l'ordre (en cas d'occupation des espaces communs). En vertu de l'article L. 272-3 du CSI, ces propriétaires ou exploitants d'immeubles à usage d'habitation ou leurs représentants, qui, en application de l'article L. 271-1 du même code assurent le gardiennage ou la surveillance des immeubles et ont pris les mesures nécessaires à la sécurité/tranquillité des lieux, peuvent, en cas d'occupation des espaces communs du bâti par des personnes qui entravent l'accès et la libre circulation des locataires ou empêchent le bon fonctionnement des dispositifs de sécurité et de sûreté ou nuisent à la tranquillité des lieux, faire appel à la police ou à la gendarmerie nationales ou à la police municipale pour rétablir la jouissance paisible de ces lieux.

Une amélioration des conditions d'intervention de la force publique avait été formalisée au cours des travaux parlementaires sur la proposition de loi pour une sécurité globale préservant les libertés[1]. Ce texte prévoyait qu'en cas de délit flagrant commis dans les parties communes des immeubles d'habitation, les agents de police municipale pouvaient rendre compte immédiatement à tout officier de police judiciaire de la police nationale ou de la gendarmerie nationale territorialement compétent, lequel pouvait alors lui ordonner sans délai de lui présenter sur-le-champ l'auteur ou de retenir celui-ci pendant le temps nécessaire à son arrivée ou à celle d'un agent de police judiciaire agissant sous son contrôle. Cette mesure n'a cependant pas été retenue dans le texte final issu des arbitrages de la commission mixte paritaire[2].

213.28 Sanctions à l'égard des contrevenants. L'article L. 272-4 du CSI, dans sa rédaction issue de la loi susvisée du 5 mars 2007[3], modifiée par la loi renforçant la lutte contre les violences de groupes du 2 mars 2010[4] prévoit que le fait d'occuper en réunion les espaces communs ou les toits des immeubles collectifs d'habitation en empêchant délibérément l'accès ou la libre circulation des personnes ou le bon fonctionnement des dispositifs de sécurité et de sûreté est puni de deux mois d'emprisonnement et de 3 750 euros d'amende.

Le texte ajoute que lorsque cette infraction est accompagnée de voies de fait ou de menaces, de quelque nature que ce soit, elle est punie de six mois d'emprisonnement et de 7 500 euros d'amende.

Les personnes coupables des infractions susindiquées encourent également, à titre de peine complémentaire, une peine de travail d'intérêt général.

Afin de simplifier la mise en œuvre de l'action publique avec cessation immédiate de l'infraction, la loi de réforme de la justice du 23 mars 2019[5] ouvre la possibilité d'une composition pénale à ce type de délit. Cette mesure permet d'éviter le procès pénal en éteignant l'action publique moyennant le paiement d'une amende forfaitaire d'un montant de 200 euros, ramené à 150 euros si l'auteur de l'infraction effectue son versement à l'agent verbalisateur, ou dans les quinze jours au plus tard. À défaut de règlement ou de requête par l'auteur dans les quarante-cinq jours, le montant de l'amende forfaitaire est porté à 450 euros[6].

213.29 Résiliation du bail pour comportement violent ou délictueux du locataire. Le non-respect par le locataire de son obligation essentielle de jouissance paisible peut conduire à la résiliation du bail par décision judiciaire, le cas échéant par le jeu d'une clause résolutoire de plein droit insérée au bail.

Les comportements violents ou délictueux envers le voisinage, indépendamment de leur éventuelle qualification pénale, sont de nature à motiver la résiliation du bail et le bailleur a l'obligation d'agir en mettant en demeure et en engageant une action judiciaire si nécessaire afin de faire cesser les troubles de voisinage[7]. Dans ce type d'affaire, la gravité des faits conditionne le bien-fondé d'une décision de résiliation du bail avec sa solution extrême de l'expulsion ; cela renvoie par conséquent à l'appréciation du juge du fond pour chaque cas d'espèce.

S'agissant de la nature des troubles de voisinage, les bailleurs se trouvent le plus souvent démunis

1. Texte n° 83, Sénat, 18 mars 2021, art. 30 *quater*.
2. Texte définitif n° 599, AN, 15 avr. 2021.
3. L. n° 2007-297, 5 mars 2007 relative à la prévention de la délinquance, *JO* 7 mars.
4. L. n° 2010-201, 2 mars 2010 renforçant la lutte contre les violences de groupes et la protection des personnes chargées d'une mission de service public, *JO* 3 mars.
5. L. n° 2019-222, 23 mars 2019, art. 58.
6. C. pén., art. 495-18.
7. L. n° 89-462, 6 juill. 1989, art. 6-1.

face aux trafics de stupéfiants et aux dommages multiples qu'ils provoquent envers les habitants. La terreur silencieuse liée à cette délinquance décourage les témoignages pourtant indispensables aux actions judiciaires. Une des mesures portées par l'Union sociale pour l'habitat lors des travaux de la loi du 23 novembre 2018[1], dite loi Élan, visait à faciliter l'éviction des trafiquants de stupéfiants au sein des immeubles de logements sociaux. Intégrée à l'article 121 du texte définitif du projet de loi Élan adopté par le Sénat[2], elle venait compléter l'article 6-1 de la loi du 6 juillet 1989 par une disposition qui réputait écrite, dès la conclusion du bail, la clause résolutoire prévoyant la résiliation de plein droit du bail en cas d'inexécution des obligations du locataire résultant de troubles de voisinage constatés par décision de justice passée en force de chose jugée. La disposition assimilait aux troubles de voisinage les infractions de trafic de stupéfiants produits dans le logement, l'immeuble ou le groupe d'immeubles.

En conséquence, le bail pouvait être résilié de plein droit lorsque le locataire ou l'un de ses enfants mineurs sous sa responsabilité légale avait fait l'objet d'une condamnation passée en force de chose jugée au titre de l'une de ces infractions, en qualité d'auteur ou de complice, pour des faits commis postérieurement à la conclusion du bail.

Cette mesure n'a cependant pu être maintenue dans le texte promulgué de la loi Élan par décision du Conseil constitutionnel, au motif de l'absence de lien avec les dispositions qui figuraient dans le projet de loi initial[3].

Une autre caractéristique de ce type de contentieux tient au fait que les violences sont souvent commises par les locataires en dehors des lieux loués ce qui rend plus difficile pour le bailleur la démonstration du lien entre ces manquements et le nonrespect de l'obligation d'usage paisible propre aux locaux loués avec leurs accessoires. À cet égard, des déconvenues judiciaires peuvent être subies par les bailleurs sociaux lorsqu'ils détiennent plusieurs ensembles immobiliers implantés sur un même site géographique. La Cour de cassation considère par exemple que le lien entre les troubles et le manquement des locataires à l'obligation d'usage paisible n'est pas démontré lorsque les faits, ayant entraîné la condamnation avec d'autres prévenus du fils des locataires à une peine correctionnelle, ont été commis dans le hall d'un immeuble distant de plus d'un kilomètre de celui où se situaient les lieux loués, bien qu'appartenant au même ensemble immobilier et au même bailleur social[4]. La solution est confirmée à propos d'agressions répétées avec armes entre des locataires ayant donné lieu à des condamnations avec peines d'emprisonnement, au sein d'une même cité propriété du bailleur social mais pour des logements loués à plusieurs rues de distance[5].

Un critère discriminant a cependant été introduit dans cette doctrine par la Cour de cassation qui admet, depuis un arrêt du 17 décembre 2020[6], que le lieu de commission des violences importe peu dès lors que les victimes sont des agents du bailleur, un office public de l'habitat en l'espèce. On peut comprendre qu'une telle circonstance puisse être un élément d'appréciation de la gravité des faits commis à l'instar du régime des peines alourdies en matière pénale, notamment lorsque la victime est un gardien assermenté d'immeubles ou de groupes d'immeubles ou un agent exerçant pour le compte d'un bailleur des fonctions de gardiennage ou de surveillance des immeubles à usage d'habitation au titre de l'obligation légale de surveillance et de gardiennage en vigueur depuis 2002, dans l'exercice ou du fait de ses fonctions, lorsque la qualité de la victime est apparente ou connue de l'auteur[7].

Mais il reste que cette dématérialisation du lien entre les troubles et le manquement à l'obligation d'usage paisible pose question. L'action judiciaire d'un bailleur dont le personnel d'accueil aura subi des agressions par un locataire dans des locaux situés en dehors du périmètre de ses résidences locatives pourra-t-elle prospérer à l'encontre de ce locataire si ce dernier n'a commis aucun trouble dans son immeuble ? En outre, cet élément discriminant laisse entendre que les troubles commis à l'encontre du personnel des bailleurs prévalent sur ceux que subissent les locataires concernés alors qu'ils sont pourtant, par leur qualité d'occupants affectés par les troubles au sein de leur domicile, la cause directe de l'obligation essentielle d'usage paisible.

1. L. n° 2018-1021, 23 nov. 2018 portant évolution du logement, de l'aménagement et du numérique, *JO* 24 nov.
2. Dossier législatif, Sénat, texte n° 6, 16 oct. 2018, art. 121.
3. Cons. const., n° 2018-772 DC, 15 nov. 2018, *Loi portant évolution du logement, de l'aménagement et du numérique*, NON-CONFORMITÉ PARTIELLE, *JO* 24 nov., n° 2.
4. Civ. 3e, 14 oct. 2009, n° 08-16.955, P III, n° 221 (arrêt n° 2) ; *D.* 2009. 2552, obs. G. Forest ; *ibid.* 2010. 1168, obs. N. Damas ; *AJDI* 2010. 316, obs. V. Zalewski.
5. Civ. 3e, 14 oct. 2009, n° 08-12.744, P III, n° 221 (arrêt n° 1) ; *D.* 2009. 2552 ; *ibid.* 2010. 1103, chron. A.-C. Monge et F. Nési ; *ibid.* 1168, obs. N. Damas ; *AJDI* 2010. 316, obs. V. Zalewski.
6. Civ. 3e, 17 déc. 2020, n° 18-24.823, P ; *D.* 2021. 11.
7. C. pén., art. 222-8 s.

TITRE

22. Les autres obligations du bailleur

SECTION 0

ORIENTEUR

22.00 Sommaire du titre.

Division. L'obligation d'entretien (chap. 221) retiendra tout d'abord notre attention, avant d'envisager l'interdiction de s'opposer aux aménagements réalisés par le locataire (chap. 222) et l'obligation de transmettre une quittance de loyer au locataire (chap. 223).

22.01 Principaux textes applicables.

TEXTES SOURCES

- **L. n° 89-462, 6 juill. 1989,** art. 6, 21.
- **C. civ.,** art. 1221, 1222, 1722.
- **CCH,** art. L. 142-1 à L. 142-4, R. 142-2 à R. 142-5.
- **Décr. n° 2002-120, 30 janv. 2002** relatif aux caractéristiques du logement décent pris pour l'application de l'article 187 de la loi n° 2000-1208 du 13 décembre 2000 relative à la solidarité et au renouvellement urbains, *JO* 31 janv., p. 2190.

22.03 Bibliographie indicative.

Annuel. LAMY DR. IMMO, n°s 5980 s.

Encyclopédies. RÉP. CIV., *V° Bail d'habitation et mixte : rapports locatifs individuels – Loi du 6 juillet 1989*, N. Damas, n°s 251-261 – DICT. PERM. Gestion immob., *V° Baux d'habitation et mixtes*, n°s 56 s., 67, 97 s.

Ouvrages. E. Debaussart-Joniec, S. Fraîche-Dupeyrat, Ph. Pelletier, *Les baux d'habitation après la loi Élan*, 3e éd., « Actualité », 2019, LexisNexis – J. Lafond, B. Vial-Pedroletti, *Les baux d'habitation*, 8e éd., « Droit et professionnels », LexisNexis, 2017, n°s 819 s. – Ph. Pelletier (dir.), *Traité des baux d'habitation et professionnels*, « Référence juridique », Le Moniteur, 2021.

CHAPITRE

221. Obligation d'entretien

SECTION 0 ORIENTEUR

221.00 Sommaire du chapitre.

Division. L'obligation d'entretien est une obligation essentielle (sect. 1), dont il convient de préciser le contenu (sect. 2), les limites (sect. 3) et la sanction (sect. 4).

221.01 Principaux textes applicables.

TEXTES SOURCES

- **C. civ.,** art. 1221, 1222, 1722.
- **L. n° 89-462, 6 juill. 1989,** art. 6.

TEXTES *IN EXTENSO*

- **C. civ.,** art. 1221

Le créancier d'une obligation peut, après mise en demeure, en poursuivre l'exécution en nature sauf si cette exécution est impossible ou s'il existe une disproportion manifeste entre son coût pour le débiteur de bonne foi et son intérêt pour le créancier.

- **C. civ.,** art. 1222

Après mise en demeure, le créancier peut aussi, dans un délai et à un coût raisonnables, faire exécuter lui-même l'obligation ou, sur autorisation préalable du juge, détruire ce qui a été fait en violation de celle-ci. Il peut demander au débiteur le remboursement des sommes engagées à cette fin.

Il peut aussi demander en justice que le débiteur avance les sommes nécessaires à cette exécution ou à cette destruction.

- **C. civ.,** art. 1722

Si, pendant la durée du bail, la chose louée est détruite en totalité par cas fortuit, le bail est résilié de plein droit ; si elle n'est détruite qu'en partie, le preneur peut, suivant les circonstances, demander ou une diminution du prix, ou la résiliation même du bail. Dans l'un et l'autre cas, il n'y a lieu à aucun dédommagement.

- **L. 6 juill. 1989,** art. 6

Le bailleur est tenu de remettre au locataire un logement décent ne laissant pas apparaître de risques manifestes pouvant porter atteinte à la sécurité physique ou à la santé, répondant à un critère de performance énergétique minimale, défini par un seuil maximal de consommation d'énergie finale par mètre carré et par an, et doté des éléments le rendant conforme à l'usage d'habitation. Un décret en Conseil d'État définit le critère de performance énergétique minimale à respecter et un calendrier de mise en œuvre échelonnée.

Les caractéristiques correspondantes sont définies par décret en Conseil d'État pour les locaux à usage de résidence principale ou à usage mixte mentionnés au deuxième alinéa de l'article 2 et les locaux visés aux 1° à 3° du même article, à l'exception des logements-foyers et des logements destinés aux travailleurs agricoles qui sont soumis à des règlements spécifiques.

Le bailleur est obligé :

a) De délivrer au locataire le logement en bon état d'usage et de réparation ainsi que les équipements mentionnés au contrat de location en bon état de fonctionnement ; toutefois, les parties peuvent convenir par une clause expresse des travaux que le locataire exécutera ou fera exécuter et des modalités de leur imputation sur le loyer ; cette clause prévoit la durée de cette imputation et, en cas de départ anticipé du locataire, les modalités de son dédommagement sur justification des dépenses effectuées ; une telle clause ne peut concerner que des logements répondant aux caractéristiques définies en application des premier et deuxième alinéas ;

b) D'assurer au locataire la jouissance paisible du logement et, sans préjudice des dispositions de l'article 1721 du code civil, de le garantir des vices ou défauts de nature à y faire obstacle hormis ceux qui, consignés dans l'état des lieux, auraient fait l'objet de la clause expresse mentionnée au a ci-dessus ;

c) D'entretenir les locaux en état de servir à l'usage prévu par le contrat et d'y faire toutes les réparations, autres que locatives, nécessaires au maintien en état et à l'entretien normal des locaux loués ;

d) De ne pas s'opposer aux aménagements réalisés par le locataire, dès lors que ceux-ci ne constituent pas une transformation de la chose louée.

221.02 Jurisprudence de référence.

• **Cass., Ass. plén., 6 oct. 2006,** n° 05-13.255, P n° 9

* V. s[s] n° 221.22

Le tiers à un contrat peut invoquer, sur le fondement de la responsabilité délictuelle, un manquement contractuel, dès lors que ce manquement lui a causé un dommage (à propos du défaut d'entretien du bailleur, invoqué par le locataire-gérant du fonds de commerce exploité dans les lieux).

• **Civ. 3e, 2 juill. 2003,** n° 02-14.642, P III, n° 138

* V. s[s] n° 221.35

L'obligation de réaliser des travaux de désamiantage d'une durée de douze à dix-huit mois dont le montant est inférieur à la valeur des lieux loués ne permet pas au bailleur de faire jouer l'art. 1722.

• **Civ. 3e, 28 juin 2006,** n° 05-15.563, P III, n° 6

* V. s[s] n° 221.11

Le bailleur usufruitier est intégralement tenu de son obligation d'entretien, l'art. 605 C. civ. ne réglant que les rapports entre usufruitier et nu-propriétaire.

221.03 Bibliographie indicative.

Annuel. LAMY DR. IMMO, n° 5980.

Encyclopédies. RÉP. CIV., *V° Bail d'habitation et mixte : rapports locatifs individuels – Loi du 6 juillet 1989*, N. Damas, n°s 251-256 – DICT. PERM. Gestion immob., *V° Baux d'habitation et mixtes*, n° 122.

Ouvrages. E. Debaussart-Joniec, S. Fraîche-Dupeyrat, Ph. Pelletier, *Les baux d'habitation après la loi Élan*, 3e éd., « Actualité », 2019, LexisNexis – J. Lafond, B. Vial-Pedroletti, *Les baux d'habitation*, 8e éd., « Droit et professionnels », LexisNexis, 2017, n°s 841 s. – Ph. Pelletier (dir.), *Traité des baux d'habitation et professionnels*, « Référence juridique », Le Moniteur, 2021.

SECTION 1
UNE OBLIGATION ESSENTIELLE

221.11 Maintien des locaux en état de servir à l'usage convenu. Le bailleur est obligé d'entretenir les locaux en état de servir à l'usage prévu par le contrat [usage d'habitation ou usage mixte] et d'y faire toutes les réparations, autres que locatives, nécessaires au maintien en état et à l'entretien normal des lieux loués[1]. Le bailleur usufruitier est intégralement tenu de son obligation d'entretien, l'article 605 du code civil[2] ne réglant que les rapports entre usufruitier et nu-propriétaire[3].

Il s'agit d'une obligation essentielle du bailleur pour laquelle le législateur s'est montré particulièrement rigoureux puisque, contrairement à ce qui est prévu à l'égard de l'obligation de délivrance, le bailleur ne peut pas y échapper partiellement par le mécanisme d'une « clause travaux »[4, 5].

SECTION 2
CONTENU DE L'OBLIGATION D'ENTRETIEN

221.21 Étendue de l'obligation. L'obligation d'entretien porte aussi bien sur le local loué lui-même que sur ses accessoires (garage, cave...)[6] et ses éléments d'équipement (chauffe-eau, chauffage, baignoire, piscine[7]...).

Cette obligation se définit négativement puisqu'elle porte à la fois :

– sur toutes les réparations qui ne sont pas de nature locative[8], c'est-à-dire, ce qu'il est communément convenu d'appeler les « grosses réparations » ;

– sur les réparations locatives dont le preneur n'a pas à assumer la charge (c'est-à-dire celles qui ont été occasionnées par vétusté, malfaçon, vice de construction, cas fortuit ou force majeure[9], v. s[s] n°s 232.41 et 233.61 s.). De plus, le preneur n'a pas à assumer la charge des réparations locatives que le précédent locataire aurait dû réaliser (et qui ont été consignées dans l'état des lieux d'entrée).

Les juges du fond apprécient souverainement si les réparations demandées incombent au bailleur[10].

221.22 Responsabilité du bailleur et tiers au contrat. La responsabilité du bailleur, notamment pour défaut d'entretien, peut être recherchée par un tiers au contrat sur le fondement de la responsabilité

1. L. n° 89-462, 6 juill. 1989, art. 6 c.
2. SELON lequel l'usufruitier n'est tenu qu'aux réparations d'entretien.
3. Civ. 3e, 28 juin 2006, n° 05-15.563, P III, n° 165 ; *D.* 2007, Pan. 905, obs. N. Damas ; *AJDI* 2006. 730, obs. Y. Rouquet.
4. Sur les mesures que le maire peut prescrire par arrêté lorsque, du fait de la carence du ou des propriétaires, des équipements communs d'un bâtiment collectif à usage principal d'habitation présentent un fonctionnement défectueux ou un défaut d'entretien de nature à créer des risques sérieux pour la sécurité des occupants ou à compromettre gravement leurs conditions d'habitation : CCH, art. L. 126-7 à L. 126-11 ; issus de l'ord. n° 2020-71, 29 janv. 2020, en vigueur le 1er juill. 2021.
5. Sur les obligations du bailleur en matière de prévention des intoxications par le monoxyde de carbone, v. s[s] n°s 211.111 s.
6. Retenant la responsabilité du bailleur suite à la chute du locataire occasionnée par le défaut d'entretien du sol glissant du perron : Amiens, 14 févr. 2017, n° 15/01967, *Loyers et copr.* 2017, n° 129, obs. B. Vial-Pedroletti.
7. Civ. 3e, 1er févr. 2000, n° 98-15.252, NP, *Loyers et copr.* 2000, n. B. Vial-Pedroletti.
8. Sur la notion de réparations locatives, v. s[s] n°s 233.21 s.
9. L. n° 89-462, 6 juill. 1989, art. 7 d.
10. Civ. 3e, 24 nov. 1987, n° 84-13.794, P III, n° 189, [loi de 1982].

délictuelle, dès lors que ce manquement lui a causé un dommage[1].

221.23 Réparations à la charge du bailleur.

• Chauffage. A failli à son obligation d'entretien le bailleur qui loue un logement dont le chauffage présente des dysfonctionnements, quand bien même sa défectuosité n'irait-elle pas jusqu'à nuire à l'habitabilité même du logement et quand bien même la sécurité des occupants ne serait-elle pas en cause, le fait que le bailleur s'efforce de maintenir la qualité générale de la location étant, par ailleurs, indifférent[2].

• Installation électrique. La réfection de l'installation électrique incombe au bailleur[3].

• Gel. Est responsable des conséquences du gel, le bailleur qui a omis de mettre en place un système de calorifugeage efficace[4].

• Plancher et porte-fenêtre. La réfection du plancher et de la porte-fenêtre de l'appartement dont les dégradations ne sont pas le fait du preneur[5] incombe au bailleur.

• Piscine. La Cour de cassation a jugé que le fait qu'une piscine ait correctement fonctionné durant cinq ans ne permet pas d'établir que le propriétaire n'a pas failli à son obligation d'entretien[6].

• Peinture et tenture. Il a été jugé que les travaux de réfection complète des peintures et des tentures de l'appartement, nécessaires à l'habitabilité des lieux, sont à la charge du bailleur[7].

• Travaux obligatoires. Les travaux imposés par l'administration sont assimilés aux réparations rendues nécessaires par la force majeure et, comme tels, incombent au bailleur[8]... à moins que ces travaux soient devenus indispensables à raison de l'utilisation que le locataire a faite des locaux et des installations[9].

• Termites. Le traitement anti-termites est à la charge du bailleur[10, 11].

SECTION 3
LIMITES À L'OBLIGATION D'ENTRETIEN

221.31 Division – Quatre hypothèses exonératoires. On relèvera quatre limites principales à cette obligation d'entretien[12] : la faute du locataire, les travaux d'amélioration, la destruction de la chose louée et la force majeure.

221.32 Faute du locataire. La faute du locataire va exonérer le bailleur de son obligation d'entretien.

221.33 Travaux d'amélioration. En aucun cas, il ne pourra être imposé au bailleur de réaliser des travaux d'amélioration[13].

221.34 Destruction de la chose louée. Il ressort du code civil[14] que « si, pendant la durée du bail, la chose louée est détruite en totalité par cas fortuit, le bail est résilié de plein droit ; si elle n'est détruite qu'en partie, le preneur peut, suivant les circonstances, demander une diminution du prix, ou la résiliation même du bail[15]. Dans l'un et l'autre cas, il n'y a lieu à aucun dédommagement ».

1. Cass., Ass. plén., 6 oct. 2006, n° 05-13.255, P n° 9 ; R., p. 398 ; *BICC* 1er déc. 2006, note et rapp. Assié, concl. Gariazzo ; *D.* 2006. 2825, note Viney ; *ibid.* 2007. IR 2484, obs. Gallmeister ; *ibid.* 2007, Pan. 1831, obs. Rozès ; *AJDI* 2007. 295, note N. Damas ; *RDI* 2006. 504, obs. P. Malinvaud ; *RTD civ.* 2007. 61, obs. Deumier ; *Ibid.* 115, obs. Mestre et Fages ; *Ibid.* 123, obs. P. Jourdain – RAPPR. : Civ. 3e, 17 févr. 2010, *RJDA* 2010, n° 920 ; Civ. 3e, 27 sept. 2011, *Rev. loyers* 2011. 414 ; Civ. 3e, 9 mai 2016, n° 15-17.357, NP, *Rev. loyers* 2016. 323, obs. Cornette ; Civ. 1re, 13 févr. 2001, n° 99-13.589, P I, n° 35 ; *D.* 2001, Somm. 2234, obs. Delebecque ; *Defrénois* 2001, p. 712, obs. Savaux ; *CCC* 2001, n° 86, obs. L. Leveneur ; *JCP* 2002, II, 10099, note Lisanti-Kalczynski ; Civ. 2e, 23 oct. 2003, n° 01-15.391, P I, n° 330 – COMP., jugeant qu'un tiers ne peut, sur le fondement de la responsabilité délictuelle, se prévaloir de l'inexécution du contrat qu'à la condition que cette inexécution constitue un manquement à son égard au devoir général de ne pas nuire à autrui : Com., 5 avr. 2005, n° 03-19.370, P IV, n° 81 ; *D.* 2005, Pan. 2836, obs. S. Amrani-Mekki et B. Fauvarque-Cosson ; *RDC* 2005. 687, obs. D. Mazeaud.
2. Civ. 3e, 5 juill. 1995, n° 93-13.020, P III, n° 163.
3. Paris, 11 oct. 1995, n° 94/004696, *Loyers et copr.* 1996, n° 54.
4. Besançon, 8 avr. 1999, n° 322/99, *Loyers et copr.* 2000, n° 3, obs. B. Vial-Pedroletti.
5. Paris, 3 avr. 1996, n° 94/026117, *Loyers et copr.* 1996, n° 252.
6. Civ. 3e, 1er févr. 2000, n° 98-15.252, NP, *Loyers et copr.* 2000, n° 111, obs. B. Vial-Pedroletti.
7. Civ. 3e, 24 nov. 1987, n° 84-13.794, P III, n° 189, [loi de 1982].
8. Soc. 20 nov. 1953, P IV, n° 739 – Civ. 3e, 7 janv. 1998, n° 95-21.027, NP, *RDI* 1998. 302, obs. Collart-Dutilleul – Civ. 3e, 21 mars 2001, n° 99-14.462, NP, *AJDI* 2001. 424, obs. J.-P. Blatter – Toulouse, 31 janv. 2001, n° 2000/00015, *D.* 2001. IR 1589.
9. Civ. 3[e], 28 mai 2003, n° 01-16.992, NP, *AJDI* 2003. 577, obs. Ascensi.
10. Bordeaux, 9 janv. 2001, *JurisData* 135642, *Loyers et copr.* 2001, n° 168, obs. B. Vial-Pedroletti.
11. Concernant les termites, v. aussi s[s] n° 133.153.
12. Paris, 3 avr. 1996, n° 94/026117, *Loyers et copr.* 1996, n° 252.
13. Civ. 3e, 13 mai 1992, n° 91-10.410, P III, n° 144 ; *Rev. huiss.* 1993, p. 31, note Martin.
14. C. civ., art. 1722.
15. Jugeant qu'en cas de destruction partielle, il n'appartient qu'au preneur de demander la résiliation : Civ. 3e, 16 mars 1994, *Loyers et copr.* 1994, n° 236 ; Civ. 3e, 1er févr. 1995, n° 92-21.376, P III, n° 33 ; *D.* 1995. IR 53 ; *RDI* 1995. 800, obs. F. Collart-Dutilleul – AUSSI : Civ. 3e, 11 avr. 2019, n° 18-12.635, NP, *AJDI* 2020. 31, obs. Dreveau ; *Rev. loyers* 2019. 288, note Lebel.

Il y a perte partielle dès lors que partie de la chose louée ne peut être conservée sans dépense excessive et devient ainsi impropre à l'usage auquel elle était destinée[1]. Tel est le cas lorsque le coût des travaux de restauration atteindrait au moins la valeur vénale de l'immeuble[2].

Que la destruction soit partielle ou, *a fortiori*, totale, le preneur ne peut contraindre le bailleur à reconstruire la partie détruite[3] : le locataire ne sera en droit d'obtenir que la résiliation de son bail, ou une baisse de loyer.

221.35 Destruction totale et impossibilité absolue et définitive d'user de la chose. À la destruction totale, il convient d'assimiler l'impossibilité absolue et définitive d'user de la chose louée conformément à sa destination[4] ou la nécessité d'effectuer des travaux tels que le coût excède la valeur de cette chose. Il a ainsi été jugé que l'obligation de réaliser des travaux de désamiantage d'une durée comprise entre douze et dix-huit mois dont le montant est inférieur à la valeur des lieux loués ne permet pas au bailleur d'obtenir la résiliation de plein droit du bail[5, 6].

221.36 Conditions de mise en œuvre de l'article 1722 du code civil. Encore faut-il, pour que l'article 1722 du code civil[7] puisse jouer que la destruction des lieux soit imputable à un cas fortuit, auquel il faut assimiler la vétusté[8].

En présence d'une faute du bailleur, et plus particulièrement d'un défaut d'entretien de sa part, l'article 1722 du code civil ne saurait donc jouer[9]. Cependant, la résiliation du bail pourra avoir lieu mais sur le fondement combiné des articles 1722 et 1741 du même code (duquel il ressort que le contrat de louage se résout par la perte de la chose louée)[10], ce qui implique que le preneur pourra obtenir des dommages et intérêts (sanction inconcevable sur le fondement du seul article 1722 du code civil qui, rappelons-le, exclut tout dédommagement). La solution sera identique en cas de vice de construction, même ignoré du bailleur[11].

Quant au point de savoir s'il y a réellement destruction des lieux loués (et donc, exonération du bailleur de remplir son obligation d'entretien), la jurisprudence l'admet dès lors que la chose louée ne peut être conservée sans dépense excessive[12], c'est-à-dire dès lors que les travaux de reconstruction seraient trop onéreux par rapport à la valeur vénale de l'immeuble[13].

221.37 Force majeure. Il ne saurait être reproché au bailleur de ne pas avoir entretenu les lieux dès lors qu'il a été confronté à un cas de force majeure (qui se définit comme un « événement imprévisible et insurmontable empêchant le débiteur d'exécuter son obligation »[14]). C'est ainsi qu'il a été jugé que le bailleur ne saurait être tenu responsable de l'électrocution du locataire suite au remplacement par ce dernier d'une installation conforme par une autre, non conforme, dès lors que le bailleur n'a pas été informé du remplacement et que le locataire ne l'a pas invité à remédier aux risques qui pouvaient s'ensuivre[15].

Toutefois que la force majeure n'exonère le bailleur de ses obligations que pendant le temps où elle l'empêche de donner ou de faire ce à quoi il s'est obligé. Il a ainsi été jugé qu'était fautif le bailleur ayant attendu neuf mois pour réparer la toiture des lieux loués endommagés par une violente tempête[16] ;

1. Soc. 13 févr. 1958, P IV, n° 230 ; *AJPI* 1958. 100 ; Civ. 6 févr. 1963, P I, n° 84.
2. Civ. 3e, 3 juin 1971, n° 69-14.829, P III, n° 348 ; *D.* 1971. Somm. 178 – Civ. 3e, 1er juill. 2003, n° 01-17.853, NP, *AJDI* 2003. 580 – COMP. TOUTEFOIS, exigeant des juges du fond qu'ils recherchent si le coût des travaux de remise en état de l'immeuble loué n'excédait pas sa valeur : Civ. 3e, 9 déc. 2009, n° 08-17.483, P III, n° 269 ; *D.* 2010. AJ 92 ; *ibid.* 2010. Pan. 1168, spéc. 1169, obs. N. Damas.
3. Civ. 3e, 15 nov. 2005, n° 04-17.470, NP, *Administrer* janv. 2006. 37, obs. Boccara et Lipman-Boccara.
4. POUR une illustration : Civ. 3e, 8 mars 2018, n° 17-11.439, P III, n° 27 ; *D.* 2018. Actu. 615 ; *ibid.* Pan. 1117, spéc. 1125, obs. N. Damas ; *ibid.* Pan. 1511, spéc. 1514, obs. M.-P. Dumont-Lefrand ; *D. actu.* 28 mars 2018, obs. Dreveau ; *AJDI* 2018. 593, obs. N. Damas ; SNH 11/18 inf. 4, obs. Collomp – AUSSI, prononçant la résiliation du bail à raison de travaux de mise aux normes d'un montant égal à la valeur de l'immeuble : Civ. 3e, 14 juin 2018, n° 17-15.426, NP, *AJDI* 2018. 607.
5. Civ. 3e, 2 juill. 2003, n° 02-14.642, P III, n° 138 ; *D.* 2003. Somm. 839, obs. N. Damas ; *AJDI* 2003. 661, obs. Y. Rouquet.
6. AUSSI, prenant en compte la disproportion entre le coût des travaux nécessaires et les revenus générés par l'immeuble : Civ. 3e, 20 déc. 2018, n° 16-23.449, NP, *Administrer* 2/2019. 24, note Barbier.
7. Affirmant que cet article n'est pas d'ordre public : Civ. 1re, 17 déc. 2015, n° 14-23.385, NP, *JCP E* 2016. 1273, n° 7, obs. J. Monéger.
8. Civ. 3e, 6 mars 1984, n° 82-15.817, P III, n° 59.
9. Civ. 3e, 30 sept. 1998, n° 96-17.684, P III, n° 177.
10. Civ. 3e, 22 janv. 1997, n° 95-12.410, P III, n° 17 ; *RDI* 1997. 296, obs. F. Collart-Dutilleul – Civ. 3e, 4 avr. 2001, n° 99-12.322, NP, *AJDI* 2001. 600, obs. Briand – Jugeant que même si l'inhabitabilité résulte de la faute du bailleur, le bail est résolu de plein droit lorsque le montant des travaux dépasse la valeur du local : Civ. 3e, 12 déc. 2019, n° 18-19.163, NP, *AJDI* 2020. 209 ; *Loyers et copr.* 2020, n° 15, obs. B. Vial-Pedroletti.
11. Soc. 24 janv. 1959, P IV, n° 113.
12. Soc. 13 févr. 1958, P IV, n° 230.
13. Civ. 3e, 3 juin 1971, n° 69-14.829, P III, n° 348 ; *D.* 1971. Somm. 178 – Civ. 3e, 19 juill. 1988, n° 86-17.618, NP, *Rev. loyers* 1988. 428.
14. *Lexique des termes juridiques*, Dalloz.
15. Civ. 3e, 15 sept. 2010, n° 09-67.192, P III, n° 158 ; *D.* 2010. Actu. 2158 ; *D. actu.*, 28 sept. 2010, obs. Chenu.
16. Civ. 3e, 22 févr. 2006, n° 05-12.032, P III, n° 46 ; *D.* 2006. AJ 782, obs. Y. Rouquet ; *AJDI* 2006. 640, obs. Dumont.

solution qui ne vaut cependant que pour autant que le preneur ne s'oppose pas à la réalisation des travaux[1].

SECTION 4
SANCTION DE L'OBLIGATION D'ENTRETIEN

221.41 Indemnisation, résiliation du bail ou exécution forcée. En dehors de l'hypothèse de la destruction du bien loué[2], le non-respect de l'obligation d'entretien pourra donner lieu aux différentes sanctions traditionnelles déjà mentionnées en cas de violation de ses autres obligations par le bailleur (indemnisation du locataire pour le préjudice subi, résiliation du bail, condamnation du bailleur à réaliser les travaux)[3].

À cet arsenal, il convient d'ajouter la faculté, pour le locataire, d'obliger le bailleur à réaliser lui-même son obligation d'entretenir les lieux (on parle d'exécution forcée directe) et la possibilité pour le preneur de (faire) réaliser les travaux à la place du propriétaire et aux frais de ce dernier (il est alors question d'exécution forcée indirecte). Exécution forcée directe et exécution forcée indirecte sont les deux versants de ce qu'il est convenu de nommer « exécution forcée en nature »[4].

221.42 Exécution forcée directe. Aux termes de l'article 1221 du code civil[5] dans sa rédaction issue de l'ordonnance du 10 février 2016[6], « le créancier d'une obligation peut, après mise en demeure, en poursuivre l'exécution en nature ».

On relèvera cette jurisprudence, rendue avant l'entrée en vigueur de la réforme de 2016, mais toujours actuelle, selon laquelle le preneur à bail de locaux à usage d'habitation, qui recherche la responsabilité du bailleur pour défaut d'exécution de son obligation d'entretien, ne peut refuser l'offre de ce dernier d'exécuter son obligation en nature et demander une réparation en équivalent. En d'autres termes, si un contentieux s'élève à l'occasion d'un défaut d'entretien imputable au bailleur, le locataire ne peut refuser l'offre de son cocontractant de réaliser les travaux de rattrapage d'entretien et préférer la voie de l'indemnisation[7].

Ce droit d'obtenir de la part du débiteur (dans notre cas de figure, le bailleur) qu'il soit contraint à remplir son obligation (ici, son obligation d'entretien) connaît toutefois deux exceptions.

En effet, l'article 1221 du code civil précise que ce droit disparaît dès lors :

- soit que l'exécution de son obligation par le débiteur est impossible (tel sera notamment le cas dans l'hypothèse de la destruction de la chose louée) ;

- soit qu'il existe une disproportion manifeste entre le coût que représente l'exécution en nature de l'obligation pour le débiteur et son intérêt pour le créancier.

221.43 Exécution forcée indirecte. Selon l'article 1222 du code civil[8], également issu de l'ordonnance du 10 février 2016[9], après mise en demeure, le créancier peut aussi, dans un délai et à un coût raisonnables, faire exécuter lui-même l'obligation ou, sur autorisation préalable du juge, détruire ce qui a été fait en violation de celle-ci. Il peut demander au débiteur le remboursement des sommes engagées à cette fin. Le texte poursuit en précisant que le créancier peut aussi demander en justice que le débiteur avance les sommes nécessaires à cette exécution ou à cette destruction.

On notera l'évolution sensible du régime de l'exécution forcée indirecte, puisqu'aux termes de l'ancien article 1144 du code civil, celle-ci nécessitait une mise en demeure du bailleur infructueuse[10] et une autorisation judiciaire préalablement à l'exécution des travaux par le locataire[11].

À défaut, le locataire ne pouvait pas obtenir le remboursement des frais exposés[12]. Sauf toutefois

1. Civ. 3e, 13 juin 2007, n° 06-12.283, NP, *AJDI* 2008. 197, note Kessler.
2. V. s^s n° 221.31.
3. Sur la possibilité pour le locataire de ne pas payer son loyer v. s^s n° 231.41.
4. POUR une étude d'ensemble : Ph. le Tourneau (Dir.), *Droit de la responsabilité et des contrats régimes d'indemnisation*, 12e éd., « Dalloz action », 2020, chap. 3212.
5. SUR LEQUEL : Grosser, *AJCA* 2016. 119 ; Mazeaud, *D.* 2016. 2477 ; Thibierge, *AJ contrat* 2018. 266.
6. Ord. n° 2016-131, 10 févr. 2016 portant réforme du droit des contrats, du régime général et de la preuve des obligations, *JO* 11 févr., n° 26, en vigueur depuis le 1er oct. 2016.
7. Civ. 3e, 27 mars 2013, n° 12-13.734, P III, n° 40 ; *D.* 2013. 910 ; *ibid.* 2014. 1221, obs. N. Damas ; *D. actu.* 22 avr. 2013, obs. Y. Rouquet ; *AJDI* 2014. 203, obs. Maire ; *RTD civ.* 2013. 603, obs. Barbier.
8. Concernant cet article : Grimaldi, *RDC* 2017. 192 ; Tadros, *RDC* 2017. 193.
9. Ord. n° 2016-131, 10 févr. 2016 portant réforme du droit des contrats, du régime général et de la preuve des obligations, *JO* 11 févr., n° 26, en vigueur depuis le 1er oct. 2016.
10. Décidant que le bailleur qui, en application de l'art. 1144 anc. c. civ. a effectué l'avance des frais de remise en état du logement, peut demander la condamnation du preneur à exécuter les travaux ainsi financés : Civ. 3e, 21 déc. 2017, n° 15-24.430, P III, n° 140 ; *D.* 2018. 1117, obs. N. Damas ; *D. actu.* 15 janv. 2018, obs. Dreveau ; *AJDI* 2018. 363, obs. Maire ; *RTD civ.* 2018. 394, obs. Barbier.
11. Jugeant toutefois que l'allocation au preneur d'une provision en vue de la réalisation de travaux incombant au bailleur vaut nécessairement autorisation de les effectuer : Civ. 3e, 7 juill. 2016, n° 15-18.306, P III, n° 90.
12. Civ. 3e, 5 mars 1997, n° 95-14.137, NP, *Administrer* déc. 1997, p. 42, obs. Canu – Civ. 3e, 6 nov. 2001, n° 00- ▶

en cas de travaux urgents[1], que le locataire devait entreprendre à moindre frais[2, 3]).

Désormais donc, le recours préalable au juge n'est requis que lorsque le créancier :

- entend obtenir la destruction ce qui a été fait en violation de l'obligation dont le débiteur est tenu ;
- demande l'avance des sommes nécessaires à l'exécution de l'obligation ou à cette destruction.

En pratique, le recours à une autorisation judiciaire devrait rester très usité puisque, dans la majorité des cas, le preneur n'acceptera de suppléer la carence d'entretien du bailleur que pour autant que celui-ci fera l'avance des fonds.

▶ 13.679, NP, *Administrer* avr. 2002. 41, obs. P. Canu – 11 janv. 2006, nº 04-20.142, P III, nº 9 ; *D.* 2006. IR 248, obs. Y. Rouquet ; *D.* 2007. 1827, note Rozès ; *AJDI* 2006. 561, obs. F. de la Vaissière – Civ. 3e, 29 avr. 2009, nº 08-12.261, P III, nº 88 ; *D.* 2009. AJ 1481, obs. Y. Rouquet ; *ibid.* 2010. Pan. 1168, spéc. p. 1169, obs. N. Damas ; *AJDI* 2009. 875, note V. Zalewski – Civ. 3e, 8 juill. 2009, nº 08-14.388, NP, *Rev. loyers* 2009. 391 – Civ. 3e, 23 mai 2013, nº 11-29.011, P III, nº 59 ; *D.* 2013. Actu. 1348 ; *AJDI* 2013. 824, obs. Y. Rouquet – Civ. 3e, 29 sept. 2015, nº 14-17.913, NP, *AJDI* 2016. 359, obs. C. Castela – Versailles, 19 nov. 1999, nº 12/1199, *D.* 2001. Somm. 170, obs. CRDP Nancy 2 – Paris, 22 oct. 2002, nº 2001/00835, *AJDI* 2003. 196, obs. Y. Rouquet – Aix-en-Provence, 11 mars 2014, nº 12/10118, *Rev. loyers* 2014. 205 ; 15 sept. 2015, nº 14/00070, *Loyers et copr.* 2016, nº 46, obs. Ph.-H. B.

1. Civ. 3e, 22 nov. 1996, *Ann. loyers* 1996. 1371.
2. Civ. 3e, 12 juin 2001, nº 00-12.634, NP, *AJDI* 2001. 977, obs. Laurent ; *Loyers et copr.* 2001, nº 220, obs. B. Vial-Pedroletti.
3. Jugeant qu'en cas d'urgence, le locataire peut se substituer au bailleur pour exécuter des travaux sans autorisation judiciaire préalable et obtenir une provision en paiement du coût de ceux-ci : Civ. 3e, 13 déc. 2018, nº 17-27.676, NP, *AJDI* 2019. 119 ; Civ. 3e, 28 janv. 2021, nº 19-24.349, NP, *Loyers et copr.* 2021, nº 33, obs. B. Vial-Pedroletti.

CHAPITRE

222. Interdiction de s'opposer aux aménagements réalisés par le locataire

SECTION 0

ORIENTEUR

222.00 **Sommaire du chapitre.**

222.01 **Principaux textes applicables.**

TEXTES SOURCES

• **L. n° 89-462, 6 juill. 1989,** art. 6.

TEXTES *IN EXTENSO*

• **L. 6 juill. 1989,** art. 6

* V. s[s] n° 221.01

222.03 **Bibliographie indicative.**

Annuel. LAMY DR. IMMO, n° 5981.

Encyclopédies. RÉP. CIV., *V° Bail d'habitation et mixte : rapports locatifs individuels – Loi du 6 juillet 1989*, N. Damas, n°s 257-259 – DICT. PERM. Gestion immob., *V° Baux d'habitation et mixtes*, n° 124.

Ouvrages. E. Debaussart-Joniec, S. Fraîche-Dupeyrat, Ph. Pelletier, *Les baux d'habitation après la loi Élan*, 3e éd., « Actualité », 2019, LexisNexis – J. Lafond, B. Vial-Pedroletti, *Les baux d'habitation*, 8e éd., « Droit et professionnels », LexisNexis, 2017, n° 1054 – Ph. Pelletier (dir.), *Traité des baux d'habitation et professionnels*, « Référence juridique », Le Moniteur, 2021.

SECTION UNIQUE

ÉTUDE D'ENSEMBLE

222.11 **Droit du locataire.** Le bailleur ne peut s'opposer aux aménagements réalisés par le locataire dès lors que ceux-ci ne constituent pas une transformation de la chose louée[1].

Cette obligation est le pendant de l'article 7 *f* de la loi de 1989, duquel il ressort *a contrario* que le preneur peut réaliser dans les lieux loués tous travaux ne s'analysant pas en des transformations (sur la distinction entre aménagement et transformation v. s[s] n° 232.81).

1. L. n° 89-462, 6 juill. 1989, art. 6 d.

CHAPITRE

223. Obligation de transmettre une quittance de loyer au locataire

SECTION 0
ORIENTEUR

223.00 **Sommaire du chapitre.**

Division. Seront étudiées les modalités de l'obligation (sect.1), puis la sanction de l'inexécution (sect. 2).

223.01 **Principaux textes applicables.**

TEXTES SOURCES

- **L. n° 89-462, 6 juill. 1989,** art. 21.

TEXTES *IN EXTENSO*

- **L. 6 juill. 1989,** art. 21

Le bailleur ou son mandataire est tenu de transmettre gratuitement une quittance au locataire qui en fait la demande. La quittance porte le détail des sommes versées par le locataire en distinguant le loyer et les charges.

Aucuns frais liés à la gestion de l'avis d'échéance ou de la quittance ne peuvent être facturés au locataire.

Avec l'accord exprès du locataire, le bailleur peut procéder à la transmission dématérialisée de la quittance.

Si le locataire effectue un paiement partiel, le bailleur est tenu de délivrer un reçu.

223.02 **Jurisprudence de référence.**

- **Civ. 3e, 24 mars 2004,** n° 01-14.439, P III, n° 60

* V. ss n° 223.15

Les « avis d'échéance » qu'un bailleur adresse au locataire n'étant pas délivrés sous l'intitulé de « quittance » et ne portant pas le détail des sommes acquittées, ces documents ne satisfont pas aux exigences de l'art. 21 de la loi de 1989.

223.03 **Bibliographie indicative.**

Annuel. LAMY DR. IMMO, n° 5982.

Encyclopédies. RÉP. CIV., *V° Bail d'habitation et mixte : rapports locatifs individuels – Loi du 6 juillet 1989*, N. Damas, n° 229 – DICT. PERM. Gestion immob., *V° Baux d'habitation et mixtes*, nos 137-142.

Ouvrages. E. Debaussart-Joniec, S. Fraîche-Dupeyrat, Ph. Pelletier, *Les baux d'habitation après la loi Élan*, 3e éd., « Actualité », 2019, LexisNexis – J. Lafond, B. Vial-Pedroletti, *Les baux d'habitation*, 8e éd., « Droit et professionnels », LexisNexis, 2017, nos 995 s. – Ph. Pelletier (dir.), *Traité des baux d'habitation et professionnels*, « Référence juridique », Le Moniteur, 2021.

SECTION 1
MODALITÉS DE L'OBLIGATION

223.11 **Gratuité obligatoire.** D'ordre public[1], cette obligation est expressément mentionnée à l'article 21 de la loi du 6 juillet 1989.

Il ressort tout d'abord de ce texte que le bailleur ou, depuis la modification de ce texte par la loi du 24 mars 2014, dite loi Alur, sur ce point, applicable aux contrats en cours[2], « son mandataire » est tenu (depuis la loi du 25 mars 2009) de « transmettre » gratuitement une quittance au locataire qui en fait la demande. En conséquence, force est de constater que le comportement du bailleur n'est pas répréhensible s'il s'abstient de fournir ce justificatif à son cocontractant, faute pour celui-ci de l'avoir demandé.

Sur le terrain de la preuve, on notera cette décision selon laquelle il appartient au locataire de justifier d'une demande de quittance de sa part[3].

223.12 **Destinataire de la quittance.** Cette quittance doit être délivrée au(x) locataire(s). Solidaires de la dette locative[4], les partenaires liés par un pacte

1. L. n° 89-462, 6 juill. 1989, art. 2 – Paris, 11 sept. 2012, *Loyers et copr.* 2012, n° 293, obs. B. Vial-Pedroletti.
2. L. n° 2014-366, 24 mars 2014, art. 14.
3. Montpellier, 8 févr. 2018, n° 17/02822, *Rev. loyers* 2018. 150, obs. S. B.
4. En application de l'article 515-4 du code civil : v. ss nos 122.15 s.

civil de solidarité sont en droit d'obtenir une quittance libellée à leurs deux noms [1].

À noter toutefois que, depuis la loi du 24 mars 2014, dite loi Alur, lorsque les partenaires liés par un Pacs en font la demande conjointement, les deux partenaires sont cotitulaires du bail portant sur le local servant effectivement à leur habitation [2].

223.13 **Gratuité de la transmission.** La transmission de la quittance est gratuite. Les frais d'agence (si le bien est géré par un professionnel) ou postaux ne peuvent par conséquent être réclamés au locataire en sus de son loyer. Cela est condamné, par la jurisprudence et l'administration [3], mais aussi, depuis la loi du 13 juillet 2006, dite loi ENL, par la loi de 1989 qui, dans un article 4 *p*, répute non écrite toute clause qui fait supporter au locataire des frais d'expédition de la quittance [4].

D'ailleurs, l'alinéa 2 de l'article 21 de la loi du 6 juillet 1989, dans sa rédaction issue de la loi du 24 mars 2014, dite loi Alur [5], prévoit qu'« aucuns frais liés à la gestion de l'avis d'échéance ou de la quittance ne peuvent être facturés au locataire ».

223.14 **Mode de transmission.** La terminologie adoptée par la loi du 25 mars 2009 [6] (la quittance doit être transmise, et non plus remise) interdit désormais la pratique consistant, pour le bailleur ou son gestionnaire, à ne pas adresser au locataire qui en ferait la demande le justificatif par voie postale, mais à se contenter de l'informer qu'il le tient à sa disposition.

L'alinéa 3 de l'article 21, dans sa rédaction issue de la loi du 24 mars 2014, dite loi Alur [7], précise toutefois que, « avec l'accord exprès du locataire, le bailleur peut procéder à la transmission dématérialisée de la quittance ».

223.15 **Contenu de la quittance.** Quant au contenu de la quittance, le législateur indique qu'il doit porter le détail des sommes versées par le locataire en distinguant deux postes :

- le loyer ;
- les charges.

Attention : faute de s'intituler « quittance » et de comporter le détail des sommes acquittées, un « avis d'échéance » ne satisfait pas aux exigences de l'article 21 [8].

Il ressort par ailleurs d'un arrêt de la cour d'appel d'Agen qu'il appartient au bailleur de porter sur la quittance la date du paiement [9].

223.16 **Preuve.** La quittance fait foi du paiement jusqu'à preuve contraire [10]. La résiliation du bail, qui n'a d'effet que pour l'avenir, ne rend pas la délivrance de quittances sans objet [11].

223.17 **Paiement partiel et reçu.** Précisons enfin que si le locataire s'acquitte partiellement de sa dette, le bailleur doit lui délivrer un reçu [12].

SECTION 2
SANCTION DE L'INEXÉCUTION

223.21 **Compétence juridictionnelle.** En vertu de l'article L. 213-4-4 du code de l'organisation judiciaire [13], « le juge des contentieux de la protection [14] connaît des actions dont un contrat de louage d'immeubles à usage d'habitation ou un contrat portant sur l'occupation d'un logement est l'objet, la cause ou l'occasion [...] ».

Et cela vaut tant pour les baux à usage d'habitation que pour les baux à usage mixte, d'habitation et professionnel.

La cour de cassation a en effet jugé que le tribunal d'instance (aujourd'hui, le juge des contentieux de la protection) qui connaît des actions dont un contrat portant sur l'occupation d'un logement est l'objet, la cause ou l'occasion, est compétent pour connaître des actions portant sur les baux mixtes, à usage d'habitation et professionnel [15].

Cette solution mérite approbation, puisque l'article 2 de la loi du 6 juillet 1989 déclare le statut des

1. Paris, 13 mai 2004, n° 2003/02302, *Rev. loyers* 2005. 33, obs. Plançon.
2. C. civ., art. 1751 ; mod. L. n° 2014-366, 24 mars 2014 – Pour une étude d'ensemble relative aux parties au contrat, v. s[s] titre 12.
3. Paris, 15 oct. 2003, n° 2001/20445, *BICC* 2004, n° 1460 – Rép. min. n° 9919, *JOAN Q* 14 févr. 1994 – Rép. min. n° 39514, *JOAN Q* 2 déc. 1996, p. 6327.
4. V. s[s] n° 133.318.
5. Applicable aux baux en cours : L. n° 2014-366, 24 mars 2014, art. 14.
6. L. n° 2009-323, 25 mars 2009 de mobilisation pour le logement et la lutte contre l'exclusion, *JO* 27 mars – SUR CETTE LOI : N. Damas, *AJDI* 2009. 274 ; *D.* 2010. Pan. 1168, spéc. 1177 ; J. Lafond, *JCP N* 2009, n° 1136 ; P. Canu, *Rev. loyers* 2009. 262 ; Raclet, *Administrer* août-sept. 2009. 7.
7. Applicable aux baux en cours.
8. Civ. 3e, 24 mars 2004, 01-14.439, P III, n° 69 ; *D.* 2004. 1208 ; *AJDI* 2004. 380, obs. Y. Rouquet.
9. Agen, 15 nov. 2017, n° 16/01574, *Rev. loyers* 2017. 492, obs. S. B. En l'occurrence, le paiement est intervenu partiellement par le locataire et partiellement par la CAF.
10. TI Issoire, 1er avr. 1994, *JCP N* 1996. II. 308, note Gallet – Civ. 3e, 5 févr. 1997, n° 95-10.401, NP, *D.* 1997. Somm. 269, obs. CRDP Nancy 2.
11. Civ. 3e, 28 juin 2005, n° 04-10.778, NP, *Rev. loyers* 2005. 445 ; *Loyers et copr.* 2005, n° 169, obs. B. Vial-Pedroletti.
12. L. n° 89-462, 6 juill. 1989, art. 21, *in fine* – POUR une illustration : Lyon, 27 juill. 2018, n° 17/05240, *Loyers et copr.* 2018, n° 251, obs B. Vial-Pedroletti.
13. ISSU de L. n° 2019-222, 23 mars 2019.
14. Qui est un magistrat du Tribunal judiciaire.
15. Civ. 3e, 17 nov. 2016, n° 15-25.265, P ; *D. actu.*, 21 nov. 2016, obs. Y. Rouquet.

baux d'habitation applicable aux baux mixtes professionnels et d'habitation. Dès lors, un contentieux portant sur un bail mixte relève nécessairement de la compétence du juge naturel des litiges relatifs à l'occupation d'un logement[1].

223.22 **Indemnisation.** La seule sanction envisageable est une réparation pécuniaire, qui se traduit par l'allocation de dommages et intérêts, dans le cadre d'une procédure[2].

Par ailleurs, la jurisprudence ne sanctionne le bailleur qui n'établit pas une quittance détaillée, en allouant des dommages et intérêts au preneur, que dans la mesure où celui-ci établit que cela lui a causé préjudice[3].

1. Jugeant que tout contrat, quels que soient sa qualification juridique et son caractère onéreux ou gratuit, qui porte sur l'occupation d'un logement, relève de la compétence du tribunal d'instance : Paris, 30 janv. 2008, n° 07/19301, *AJDI* 2008. 757.
2. Sur les conséquences pour le locataire qui ne réglerait pas son loyer au motif que le bailleur ne lui délivre pas de quittance v. s^{s} n° 231.61.
3. Civ. 3e, 16 déc. 1997, n° 96-10.428, NP, *Administrer* mai 1998, p. 41, obs. P. Canu.

TITRE

23. Les obligations générales du preneur

SECTION 0 ORIENTEUR

23.00 Sommaire du titre.

Division – Obligations. Le locataire doit tout d'abord s'acquitter du loyer et des charges (chap. 231). Il doit par ailleurs user paisiblement des lieux loués, mais aussi répondre des dégradations et des pertes. Le preneur a également l'obligation de laisser exécuter certains travaux, a l'interdiction de transformer les lieux, doit s'assurer et entretenir le détecteur de fumée dont est doté le logement (chap. 232). Enfin, il est assujetti à une obligation générale d'entretien et de réparation (chap. 233).

23.01 Principaux textes applicables.

TEXTES SOURCES

- **L. n° 89-462, 6 juill. 1989,** art. 6-1, 7, 7-1.
- **CCH,** art. L. 521-2.
- **C. civ.,** art. 1724, 1730, 1731, 1732, 1733, 1734, 1756, 2222.
- **L. n° 75-1351, 31 déc. 1975** relative à la protection des occupants de locaux à usage d'habitation, *JO* 4 janv. 1976, p. 191, art. 10-1 A.
- **Décr. n° 2016-1282, 29 sept. 2016** relatif aux travaux d'adaptation du logement aux personnes en situation de handicap ou de perte d'autonomie réalisés aux frais du locataire, *JO* 30 sept., n° 48.
- **Décr. n° 87-712, 26 août 1987,** pris en application de l'article 7 de la loi n° 86-1290 du 23 décembre 1986 tendant à favoriser l'investissement locatif, l'accession à la propriété de logements sociaux et le développement de l'offre foncière et relatif aux réparations locatives, *JO* 30 août p. 9976, art. 1.
- **Décr. n° 2016-382, 30 mars 2016,** fixant les modalités d'établissement de l'état des lieux et de prise en compte de la vétusté des logements loués à usage de résidence principale, *JO* 31 mars, n° 93, art. 4.

23.03 Bibliographie indicative.

Annuel. LAMY DR. IMMO, n°s 5977 s.

Encyclopédies. RÉP. CIV., *V° Bail d'habitation et mixte : rapports locatifs individuels – Loi du 6 juillet 1989*, N. Damas, n°s 229-261 – DICT. PERM. Gestion immob., *V° Baux d'habitation et mixtes*, n°s 144-179.

Ouvrages. E. Debaussart-Joniec, S. Fraîche-Dupeyrat, Ph. Pelletier, *Les baux d'habitation après la loi Élan*, 3e éd., « Actualité », 2019, LexisNexis – J. Lafond, B. Vial-Pedroletti, *Les baux d'habitation*, 8e éd., « Droit et professionnels », LexisNexis, 2017, n°s 874 s., 1026 s. – Ph. Pelletier (dir.), *Traité des baux d'habitation et professionnels*, « Référence juridique », Le Moniteur, 2021.

CHAPITRE

231. Obligation de payer le loyer et les charges

SECTION 0

ORIENTEUR

231.00 Sommaire du chapitre.

Division. Il convient de préciser l'étendue de l'obligation de paiement (sect. 1) et la sanction du défaut de paiement (sect. 2).

231.01 Principaux textes applicables.

TEXTES SOURCES

• **L. 6 juill. 1989,** art. 7, 7-1.

• **CCH,** art. L. 521-2.

• **C. civ.,** art. 2222.

TEXTES *IN EXTENSO*

• **L. 6 juill. 1989,** art. 7

Le locataire est obligé :

a) De payer le loyer et les charges récupérables aux termes convenus ; le paiement mensuel est de droit lorsque le locataire en fait la demande. Le paiement partiel du loyer par le locataire réalisé en application de l'article L. 843-1 du code de la construction et de l'habitation ne peut être considéré comme un défaut de paiement du locataire ;

b) D'user paisiblement des locaux loués suivant la destination qui leur a été donnée par le contrat de location ;

c) De répondre des dégradations et pertes qui surviennent pendant la durée du contrat dans les locaux dont il a la jouissance exclusive, à moins qu'il ne prouve qu'elles ont eu lieu par cas de force majeure, par la faute du bailleur ou par le fait d'un tiers qu'il n'a pas introduit dans le logement ;

d) De prendre à sa charge l'entretien courant du logement, des équipements mentionnés au contrat et les menues réparations ainsi que l'ensemble des réparations locatives définies par décret en Conseil d'État, sauf si elles sont occasionnées par vétusté, malfaçon, vice de construction, cas fortuit ou force majeure. Les modalités de prise en compte de la vétusté de la chose louée sont déterminées par décret en Conseil d'État, après avis de la Commission nationale de concertation. Lorsque les organismes bailleurs mentionnés à l'article L. 411-2 du code de la construction et de l'habitation ont conclu avec les représentants de leurs locataires des accords locaux portant sur les modalités de prise en compte de la vétusté et établissant des grilles de vétusté applicables lors de l'état des lieux, le locataire peut demander à ce que les stipulations prévues par lesdits accords soient appliquées ;

e) De permettre l'accès aux lieux loués pour la préparation et l'exécution de travaux d'amélioration des parties communes ou des parties privatives du même immeuble, de travaux nécessaires au maintien en état ou à l'entretien normal des locaux loués, de travaux d'amélioration de la performance énergétique à réaliser dans ces locaux et de travaux qui permettent de remplir les obligations mentionnées au premier alinéa de l'article 6. Les deux derniers alinéas de l'article 1724 du code civil sont applicables à ces travaux sous réserve du respect de la loi n° 67-561 du 12 juillet 1967 relative à l'amélioration de l'habitat. Avant le début des travaux, le locataire est informé par le bailleur de leur nature et des modalités de leur exécution par une notification de travaux qui lui est remise en main propre ou par lettre recommandée avec demande d'avis de réception. Aucuns travaux ne peuvent être réalisés les samedis, dimanches et jours fériés sans l'accord exprès du locataire. Si les travaux entrepris dans un local d'habitation occupé, ou leurs conditions de réalisation, présentent un caractère abusif ou vexatoire ou ne respectent pas les conditions définies dans la notification de préavis de travaux ou si leur exécution a pour effet de rendre l'utilisation du local impossible ou dangereuse, le juge peut prescrire, sur demande du locataire, l'interdiction ou l'interruption des travaux entrepris ;

f) De ne pas transformer les locaux et équipements loués sans l'accord écrit du propriétaire ; à défaut de cet accord, ce dernier peut exiger du locataire, à son départ des lieux, leur remise en l'état ou conserver à son bénéfice les transformations effectuées sans que le locataire puisse réclamer une indemnisation des frais engagés ; le bailleur a toutefois la faculté d'exiger aux frais du locataire la remise immédiate des lieux en l'état lorsque les transformations mettent en péril le bon fonctionnement des équipements ou la sécurité du local. Toutefois, des travaux d'adaptation du logement aux personnes en situation de handicap ou de perte d'autonomie ou des travaux de rénovation énergétique peuvent être réalisés aux frais du locataire. Ces travaux font l'objet d'une demande écrite par lettre recommandée avec demande d'avis de réception auprès du bailleur. L'absence de réponse dans un délai de deux mois à compter de la date de réception de la demande vaut décision d'acceptation du bailleur. Au départ du locataire, le bailleur ne peut pas exiger la remise des lieux en l'état. La liste des travaux ainsi que les modalités de mise en œuvre sont fixées par décret en Conseil d'État ;

g) De s'assurer contre les risques dont il doit répondre en sa qualité de locataire et d'en justifier lors de la remise des clés puis, chaque année, à la demande du bailleur. La justification de cette assurance résulte de la remise au bailleur d'une attestation de l'assureur ou de son représentant.

Toute clause prévoyant la résiliation de plein droit du contrat de location pour défaut d'assurance du locataire ne produit effet qu'un mois après un commandement demeuré infructueux. Ce commandement reproduit, à peine de nullité, les dispositions du présent alinéa.

À défaut de la remise de l'attestation d'assurance et après un délai d'un mois à compter d'une mise en demeure non suivie d'effet, le bailleur peut souscrire une assurance pour compte du locataire, récupérable auprès de celui-ci.

Cette mise en demeure doit informer le locataire de la volonté du bailleur de souscrire une assurance pour compte du locataire et vaut renoncement à la mise en œuvre de la clause prévoyant, le cas échéant, la résiliation de plein droit du contrat de location pour défaut d'assurance du locataire.

Cette assurance constitue une assurance pour compte au sens de l'article L. 112-1 du code des assurances. Elle est limitée à la couverture de la responsabilité locative mentionnée au premier alinéa du présent g. Le montant total de la prime d'assurance annuelle, éventuellement majoré dans la limite d'un montant fixé par décret en Conseil d'État, est récupérable par le bailleur par douzième à chaque paiement du loyer. Il est inscrit sur l'avis d'échéance et porté sur la quittance remise au locataire.

Une copie du contrat d'assurance est transmise au locataire lors de la souscription et à chaque renouvellement du contrat.

Lorsque le locataire remet au bailleur une attestation d'assurance ou en cas de départ du locataire avant le terme du contrat d'assurance, le bailleur résilie le contrat souscrit pour le compte du locataire dans le délai le plus bref permis par la législation en vigueur. La prime ou la fraction de prime exigible dans ce délai au titre de la garantie souscrite par le bailleur demeure récupérable auprès du locataire.

• **L. 6 juill. 1989,** art. 7-1

Toutes actions dérivant d'un contrat de bail sont prescrites par trois ans à compter du jour où le titulaire d'un droit a connu ou aurait dû connaître les faits lui permettant d'exercer ce droit.

Toutefois, l'action en révision du loyer par le bailleur est prescrite un an après la date convenue par les parties dans le contrat de bail pour réviser ledit loyer.

• **CCH,** art. L. 521-2

I – Le loyer en principal ou toute autre somme versée en contrepartie de l'occupation cessent d'être dus pour les locaux qui font l'objet de mesures décidées en application de l'article L. 184-1, à compter du premier jour du mois qui suit l'envoi de la notification de la mesure de police. Les loyers ou redevances sont à nouveau dus à compter du premier jour du mois qui suit le constat de la réalisation des mesures prescrites.

Pour les locaux visés par un arrêté de mise en sécurité ou de traitement de l'insalubrité pris en application de l'article L. 511-11 ou de l'article L. 511-19, sauf dans le cas prévu au deuxième alinéa de l'article L. 1331-22 du code de la santé publique ou lorsque la mesure est prise à l'encontre de la personne qui a l'usage des locaux ou installations, le loyer en principal ou toute autre somme versée en contrepartie de l'occupation du logement cesse d'être dû à compter du premier jour du mois qui suit l'envoi de la notification de l'arrêté ou de son affichage à la mairie et sur la façade de l'immeuble, jusqu'au premier jour du mois qui suit l'envoi de la notification ou l'affichage de l'arrêté de mainlevée.

Les loyers ou toutes autres sommes versées en contrepartie de l'occupation du logement indûment perçus par le propriétaire, l'exploitant ou la personne ayant mis à disposition les locaux sont restitués à l'occupant ou déduits des loyers dont il devient à nouveau redevable.

II – Dans les locaux visés au I, la durée résiduelle du bail à la date du premier jour du mois suivant l'envoi de la notification de la mainlevée de l'arrêté d'insalubrité ou de péril ou du constat de la réalisation des mesures prescrites, ou leur affichage, est celle qui restait à courir au premier jour du mois suivant l'envoi de la notification de l'arrêté d'insalubrité ou de péril, de l'injonction, de la mise en demeure ou des prescriptions, ou leur affichage.

Ces dispositions s'appliquent sans préjudice des dispositions du dernier alinéa de l'article 1724 du code civil.

III – Lorsque les locaux sont frappés d'une interdiction définitive d'habiter et d'utiliser, les baux et contrats d'occupation ou d'hébergement poursuivent de plein droit leurs effets, exception faite de l'obligation de paiement du loyer ou de toute somme versée en contrepartie de l'occupation, jusqu'à leur terme ou jusqu'au départ des occupants et au plus tard jusqu'à la date limite fixée par la déclaration d'insalubrité ou l'arrêté de péril.

Une déclaration d'insalubrité, un arrêté de péril ou la prescription de mesures destinées à faire cesser une situation d'insécurité ne peut entraîner la résiliation de plein droit des baux et contrats d'occupation ou d'hébergement, sous réserve des dispositions du VII de l'article L. 521-3-2.

Les occupants qui sont demeurés dans les lieux faute d'avoir reçu une offre de relogement conforme aux dispositions du II de l'article L. 521-3-1 sont des occupants de bonne foi qui ne peuvent être expulsés de ce fait.

• **C. civ.**, art. 2222

La loi qui allonge la durée d'une prescription ou d'un délai de forclusion est sans effet sur une prescription ou une forclusion acquise. Elle s'applique lorsque le délai de prescription ou le délai de forclusion n'était pas expiré à la date de son entrée en vigueur. Il est alors tenu compte du délai déjà écoulé.

En cas de réduction de la durée du délai de prescription ou du délai de forclusion, ce nouveau délai court à compter du jour de l'entrée en vigueur de la loi nouvelle, sans que la durée totale puisse excéder la durée prévue par la loi antérieure.

231.02 Jurisprudence de référence.

• **Civ. 3e, 18 déc. 2002,** n° 01-00.519, P III, n° 262

* V. s[s] n° 231.41

Sauf convention expresse, les pratiques dictées par les convictions religieuses du preneur n'entrent pas dans le champ contractuel du bail et ne font naître à la charge du bailleur aucune obligation spécifique (à propos d'un bailleur ayant refusé de faire droit à la demande de locataires, fondée sur les prescriptions de la religion judaïque, proscrivant notamment en période de shabbat, la mise en œuvre de toute forme d'énergie, y compris l'électricité, d'installer, au moins pour l'un des accès à la résidence, des serrures mécaniques actionnées par des clés, en plus des serrures électriques actionnées seulement par digicode).

• **Civ. 3e, 17 déc. 2015,** n° 14-22.754, P

* V. s[s] n° 231.41

Le non-respect des normes de décence (local de moins de 9 m²) autorise le locataire à suspendre le paiement des loyers.

• **Civ. 3e, 12 mai 2016,** n° 15-16.285, P

* V. s[s] n° 231.51

Le délai de prescription d'un an applicable à l'action en révision du loyer par le bailleur, prévu par l'art. 7-1, a couru, pour les indexations ayant pris effet antérieurement à l'entrée en vigueur de la loi du 24 mars 2014, à compter du jour de l'entrée en vigueur de cette loi, sans que la durée totale du délai ne puisse excéder la durée de cinq ans antérieurement applicable. Ayant relevé que le bail comportait une clause d'indexation et que la société chargée de la gestion du bien avait commis une erreur dans le calcul de l'indexation et exactement retenu qu'il y avait lieu de calculer l'indexation du loyer telle qu'elle aurait dû intervenir dès l'entrée en vigueur du bail, sur la base du loyer en vigueur à cette date.

231.03 Bibliographie indicative.

Annuel. LAMY DR. IMMO, n°s 5977 s.

Encyclopédies. RÉP. CIV., *V° Bail d'habitation et mixte : rapports locatifs individuels – Loi du 6 juillet 1989*, N. Damas, n°s 229-261 – DICT. PERM. Gestion immob., *V° Baux d'habitation et mixtes*, n°s 145-150.

Ouvrages. E. Debaussart-Joniec, S. Fraîche-Dupeyrat, Ph. Pelletier, *Les baux d'habitation après la loi Élan*, 3e éd., « Actualité », 2019, LexisNexis – J. Lafond, B. Vial-Pedroletti, *Les baux d'habitation*, 8e éd., « Droit et professionnels », LexisNexis, 2017, n°s 875 s. – Ph. Pelletier (dir.), *Traité des baux d'habitation et professionnels*, « Référence juridique », Le Moniteur, 2021.

SECTION 1
ÉTENDUE DE L'OBLIGATION

231.11 Obligation principale. L'obligation « de payer le loyer et les charges récupérables aux termes convenus »[1] est, bien évidemment l'obligation principale pesant sur le locataire.

Nous étudierons successivement l'étendue de l'obligation de paiement et la sanction du défaut de paiement, étant précisé que les modalités de paiement des charges locatives sont traitées dans un chapitre distinct[2].

231.12 Périodicité – Refus de paiement – Prescription. Il convient d'étudier quelle doit être la périodicité du paiement, la différence entre « terme à échoir » et « terme échu », la problématique du refus de paiement du loyer et son fait justificatif et les règles de prescription applicables en la matière[3].

§ 1
Périodicité du paiement

231.21 Paiement mensuel de droit. Le preneur est obligé de payer l'intégralité des sommes dues.

Si, généralement, le bail prévoit un paiement mensuel, rien n'interdirait aux parties de convenir d'une autre périodicité (un paiement trimestriel serait valable).

Cependant, une clause contractuelle prévoyant un paiement plus espacé sera sans effet dès lors que le locataire demandera à régler ce qu'il doit tous les mois. En effet, « le paiement mensuel est de droit lorsque le locataire en fait la demande »[4].

§ 2
Paiement préalable ou postérieur au mois de référence

231.31 Terme à échoir ou terme échu. Le loyer peut être payable d'avance (à terme à échoir) ou à terme échu. Lorsque le loyer est stipulé payable à terme à échoir au 5 du mois, cela signifie que le loyer du mois de janvier devra être payé au plus tard le 5 janvier. À l'inverse, lorsque le loyer est payable à terme échu, pour reprendre notre exemple, le 5 jan-

1. L. n° 89-462, 6 juill. 1989, art. 7 a.
2. V. s[s] n°s 241.11 s., et sur la solidarité pouvant exister entre les colocataires, v. s[s] n°s 134.40 s.
3. Sur la (ou les) personne(s) responsable(s) du paiement, v. s[s] n°s 134.40 s.
4. L. n° 89-462, 6 juill. 1989, art. 7 a, *in fine* – Sur l'exigibilité par le bailleur d'un dépôt de garantie lorsque le locataire demande à payer son loyer mensuellement, v. s[s] n° 142.11.

vier, le locataire s'acquittera du paiement du loyer du mois de décembre.

La différence est surtout sensible en début de bail puisque, dans l'hypothèse d'un loyer à terme à échoir, le locataire devra débourser, lors de son entrée dans les lieux, un mois de loyer et charges, auquel il va falloir, la plupart du temps, ajouter le montant du dépôt de garantie[1], les frais d'agence[2], les frais de déménagement...

§ 3
Refus de paiement

231.41 Exception d'inexécution. Le locataire n'est fondé à opposer au bailleur l'exception d'inexécution[3] (c'est-à-dire à refuser de payer la contrepartie financière de son occupation) que lorsque le logement est affecté de désordres tels qu'il y aura impossibilité totale d'utiliser les lieux conformément à leur destination[4] (en l'occurrence, l'habitation ou l'habitation et l'exercice d'une profession). Et encore, ce refus de paiement doit-il avoir été autorisé par le juge, auquel il incombe de rechercher si les manquements du bailleur justifient (ou non) le refus de paiement[5].

Un refus fondé sur un désordre qui ne rendrait pas le local totalement impropre à sa destination serait voué à l'échec, étant entendu que les juges du fond apprécient souverainement le bien-fondé de l'exception d'inexécution invoquée par le locataire[6].

231.42 Exception d'inexécution : motifs inefficaces. • Dysfonctionnement du système d'assainissement. Celui-ci ne saurait justifier le refus de paiement du locataire, dès lors que le trouble de jouissance qui s'en suit ne rend pas les lieux inhabitables[7].

• Défaut d'entretien de l'immeuble. Celui-ci n'autorise pas le locataire à ne pas s'acquitter de sa dette locative (en revanche, ce manquement de la part du bailleur autorise son cocontractant à demander en justice la réalisation des travaux ou la résiliation du bail)[8].

• Montant du loyer. Relevons enfin que l'existence d'une contestation sur le montant du loyer[9] ou des charges[10] ne peut dispenser le locataire de payer son loyer.

• Logement indécent mais pas totalement inhabitable. Le locataire ne saurait se dispenser de tout versement lorsque le logement reste (au moins) partiellement habitable malgré le non-respect des normes de décence posées par le décret du 30 janvier 2002[11] (au sujet desquelles, v. s^s^ n°s 211.41 s.)[12].

231.43 Locaux déclarés insalubres. En application de l'article L. 521-2-I du code de la construction et de l'habitation, alinéa 2, pour les locaux visés par un arrêté de mise en sécurité ou de traitement de l'insalubrité, sauf dans le cas prévu au deuxième alinéa de l'article L. 1331-22 du code de la santé publique[13] ou lorsque la mesure est prise à l'encontre de la personne qui a l'usage des locaux ou installations, le loyer en principal ou toute autre somme versée en contrepartie de l'occupation du logement cesse d'être dû à compter du premier jour du mois qui suit l'envoi de la notification de l'arrêté ou de son affichage à la mairie et sur la

1. V. s^s^ n°s 142.11 s.
2. Sur ce point, v. s^s^ n°s 223.11 s.
3. *Exceptio non adimpleti contractus.*
4. Civ. 3e, 31 oct. 1978, n° 77-10.987, P III, n° 329 – Civ. 3e, 21 nov. 1995, n° 94-11.806, NP, *Administrer* avr. 1996. 37, obs. Barbier – Civ. 3e, 16 févr. 2000, n° 98-12.435, NP, *AJDI* 2000. 433 ; *Administrer* mars 2001, p. 36, obs. Canu – Civ. 3e, 18 déc. 2002, n° 01-00.519, P III, n° 262 ; *D.* 2004. 844, obs. N. Damas ; *RTD civ.* 2003. 290, obs. J. Mestre et B. Fages ; *RJPF* 2003, 4.13, note Garaud ; *AJDI* 2003. 193, obs. Dumont – Civ. 3e, 8 mars 2005, n° 03-13.747, NP, *AJDI* 2005. 464, obs. V. Zalewski - Civ. 3e, 28 juin 2018, n° 16-27.246, *Administrer* oct. 2018. 66, obs. P. Canu – Civ. 3e, 27 févr. 2020, n° 18-20.865, NP, *D.* 2020. Pan. 1541, spéc. 1544, obs. Dumont ; *JCP E* 2020. 1269, n° 12, obs. Colin ; *Administrer* 4/2020. 49, note Barbier – Paris, 28 janv. 1998, n° 97/14704, *D. Affaires* 1998, 366, obs. Y. R. – Versailles, 18 juin 1999, n° 5689/97, *D.* 2001. Somm. 170, obs. CRDP Nancy 2 – Paris, 16 févr. 2000, n° 1997/12033, *D.* 2000. AJ 243, obs. Y. Rouquet – Paris, 28 mars 2008, n° 06/17970, *AJDI* 2008. 481 – Bordeaux, 12 janv. 2017, n° 16/01541, *Rev. loyers* 2017. 75, obs. S. B.
5. Civ. 3e, 3 avr. 2001, n° 99-17.057, NP, *AJDI* 2001. 599, obs. Laporte – Estimant que le non-respect des normes de décence (local de moins de 9 m²) autorise le locataire à suspendre le paiement des loyers : Civ. 3e, 17 déc. 2015, n° 14-22.754 P, *D.* 2016. Actu. 72 ; *ibid.* Pan. 1102, spéc. 1107, obs. N. Damas ; *D. actu.*, 15 janv. 2016, obs. A. Cayol ; *Loyers et copr.* 2016, n° 29, obs. B. Vial-Pedroletti – Jugeant qu'il appartient au locataire de rapporter la preuve que l'impossibilité de jouir des lieux est imputable au bailleur : Civ. 3e, 22 mars 2018, n° 17-17.194, NP, *AJDI* 2018. 435.
6. Civ. 3e, 15 déc. 1993, n° 92-12.324, P III, n° 168, *Gaz. Pal.* 1er juin 1994, 152-153 ; *D.* 1994, Jur. 462, note Storck – Civ. 3e, 29 avr. 1998, n° 96-14.516, NP, *Administrer* juill. 1998, p. 28, obs. Boccara, Lipman-Boccara et Sainturat.
7. Paris, 25 nov. 1997, n° 95/20255, *Loyers et copr.* 1998, n° 31, obs. B. Vial-Pedroletti.
8. Soc. 7 juill. 1955, *D.* 1957. 1, note Savatier.
9. Paris, 12 déc. 1996, n°s 95/026459 et 96/80738, *Loyers et copr.* 1997, n° 64.
10. Soc. 25 janv. 1961, P IV, n° 109.
11. Décr. n° 2002-120, 30 janv. 2002 relatif aux caractéristiques du logement décent pris pour l'application de l'article 187 de la loi n° 2000-1208 du 13 décembre 2000 relative à la solidarité et au renouvellement urbains, *JO* 31 janv.
12. POUR DES ILLUSTRATIONS : Nancy, 1er oct. 2015, n° 14/01936, *Loyers et copr.* 2016, n° 7, obs. B. Vial-Pedroletti ; Nancy, 7 janv. 2016, n° 15/00053, *Loyers et copr.* 2016, n° 59, obs. B. Vial-Pedroletti ; Aix-en-Provence, 6 oct. 2015, n° 14/13867, *Rev. loyers* 2015. 453.
13. Qui concerne la présence de revêtements dégradés contenant du plomb à des concentrations supérieures aux seuils et aux conditions mentionnés à l'art. L. 1334-2 du CSP.

façade de l'immeuble[1], jusqu'au premier jour du mois qui suit l'envoi de la notification ou l'affichage de l'arrêté de mainlevée.

Le texte ajoute que les loyers ou toutes autres sommes versées en contrepartie de l'occupation du logement indûment perçus par le propriétaire, l'exploitant ou la personne ayant mis à disposition les locaux sont restitués à l'occupant ou déduits des loyers dont il devient à nouveau redevable.

Quant au II de l'article L. 521-2, il précise notamment :

– d'une part que dans les locaux par un arrêté de mise en sécurité ou de traitement de l'insalubrité, la durée résiduelle du bail à la date du premier jour du mois suivant l'envoi de la notification de la mainlevée de l'arrêté d'insalubrité ou de péril ou du constat de la réalisation des mesures prescrites, ou leur affichage, est celle qui restait à courir au premier jour du mois suivant l'envoi de la notification de l'arrêté d'insalubrité ou de péril, de l'injonction, de la mise en demeure ou des prescriptions, ou leur affichage[2] ;

– et d'autre part, que lorsque les locaux sont frappés d'une interdiction définitive d'habiter et d'utiliser, les baux et contrats d'occupation ou d'hébergement poursuivent de plein droit leurs effets, exception faite de l'obligation de paiement du loyer ou de toute somme versée en contrepartie de l'occupation, jusqu'à leur terme ou jusqu'au départ des occupants et au plus tard jusqu'à la date limite fixée par la déclaration d'insalubrité ou l'arrêté de péril.

Et l'alinéa 2 de l'article L. 521-1 du code de la construction et de l'habitation[3] précise que le propriétaire ou l'exploitant est tenu d'assurer le relogement ou l'hébergement des occupants ou de contribuer au coût correspondant[4, 5].

§ 4
Prescription des actions en paiement

231.51 **Régime applicable.** Aux termes de l'article 7-1 de la loi du 6 juillet 1989, selon la loi du 6 août 2015[6], dite Macron, applicable aux contrats en cours dans les conditions fixées à l'article 2222 du code civil, en application de l'adage *Specialia generalibus derogant*, il convient d'appliquer les dispositions du nouvel article 7-1 de la loi du 6 juillet 1989 qui précise que toutes les actions dérivant d'un contrat de bail sont prescrites par trois ans à compter du jour où le titulaire d'un droit a connu ou aurait dû connaître les faits lui permettant d'exercer ce droit[7].

Compte tenu de la généralité des termes employés, il y a lieu de considérer que les actions visées par le texte sont les actions en paiement du loyer, des charges locatives ou d'une indemnité d'occupation.

La question s'est posée en jurisprudence de savoir si, lorsque le bailleur est un professionnel (en l'occurrence, il s'agissait d'un organisme d'HLM), la prescription triennale de l'article 7-1 doit d'appliquer ou si elle doit céder le pas aux règles du droit de la consommation selon lesquelles l'action des professionnels, pour les biens et les services qu'ils fournissent aux consommateurs, se prescrit par deux ans[8].

Selon la Cour de cassation, le bail d'habitation régit par la loi du 6 juillet 1989 obéit à des règles spécifiques exclusives du droit de la consommation, de sorte que la prescription édictée par l'article 7-1 est seule applicable à l'action en recouvrement des réparations locatives et des loyers impayés[9]. Ainsi,

1. POUR UNE APPLICATION jurisprudentielle : Paris, 21 mars 2006, nº 2004/12808, *AJDI* 2006. 572 ; *Rev. loyers* 2006. 289.
2. Ces dispositions s'appliquent sans préjudice des dispositions du dernier alinéa de l'article 1724 du code civil, texte précisant que si les réparations sont de telle nature qu'elles rendent inhabitable ce qui est nécessaire au logement du preneur et de sa famille, celui-ci pourra faire résilier le bail (v. s[s] nº 312.63).
3. Rédac. ord. nº 2020-1144, 16 sept. 2020, en vigueur le 1er janv. 2021.
4. Dans les conditions prévues à l'article L. 521-3-1 du CCH.
5. Concernant la protection des occupants face à un problème ou d'insécurité des immeubles, v. plus globalement : CCH, art. L. 521-1 s. et R. 521-1 s.
6. L. nº 2015-990, 6 août 2015, art. 82, II, applicable au 8 août 2015.
7. Déclarant, avant la promulgation de la loi Macron du 6 août 2015, l'art. 7-1 inapplicable aux contrats en cours et jugeant que l'action en paiement d'un arriéré de charges locatives échappe au nouveau délai de prescription triennale (application de la prescription quinquennale) : Paris, 1er juill. 2014, nº 12/23120, *Loyers et copr.* 2014, n4, nr. 2014, B. Vial-Pedroletti – CONTRA : Paris, 26 juin 2020, nº 18/03540, *Loyers et copr.* 2020, nº 77, obs. B. Vial-Pedroletti – COMP., appliquant l'art. 7-1 aux instances introduites après le 27 mars 2014, alors même que le bail a pris fin avant cette date : Pau, 21 janv. 2021, nº 19/02180, *Loyers et copr.* 2021, nº 36, obs. B. Vial-Pedroletti – POUR des exemples d'application de l'art. 7-1 : Douai, 12 sept. 2019, nº 18/00003, *Rev. loyers* 2019. 399, obs. Brena ; Pau, 6 févr. 2020, nº 18/02437, *Loyers et copr.* 2020, nº 31, obs. B. Vial-Pedroletti – Appliquant l'art. 7-1 à l'action en paiement d'une indemnité d'occupation : Amiens, 19 mai 2020, nº 18/04363, *Loyers et copr.* 2020, nº 78, obs. B. Vial-Pedroletti.
8. C. consom., art. L. 218-2, anc. art. L. 137-2.
9. Civ. 3e, 26 janv. 2017, nº 15-27.580 P, *D.* 2017. 298 ; *ibid.* 388, note Pezzella ; *ibid.* 2017. Pan. 1149, spéc. 1155, obs. N. Damas ; *ibid.* 2018. 583, obs. H. Aubry, É. Poillot et N. Sauphanor-Brouillaud ; *D. actu.*, 1er févr. 2017, obs. Y. Rouquet – AUSSI, à propos de ces arrêts : Moreau et Adda, *AJDI* 2017. 49 – AUSSI : Lyon, 26 avr. 2018, nº 17/01628, *Loyers et copr.* 2018, nº 141, obs. B. Vial-Pedroletti ; Nîmes, 23 juill. 2020, nº 19/00147, *Loyers et copr.* 2020, nº 92, obs. B. Vial-Pedroletti.

avons-nous la confirmation que le logement n'est pas un produit de consommation comme les autres.

On précisera qu'aux termes de l'article 2222 du code civil, la loi qui allonge la durée d'une prescription ou d'un délai de forclusion est sans effet sur une prescription ou une forclusion acquise. Elle s'applique lorsque le délai de prescription ou le délai de forclusion n'était pas expiré à la date de son entrée en vigueur. Il est alors tenu compte du délai déjà écoulé. Et en cas de réduction de la durée du délai de prescription ou du délai de forclusion, ce nouveau délai court à compter du jour de l'entrée en vigueur de la loi nouvelle, sans que la durée totale puisse excéder la durée prévue par la loi antérieure[1].

231.52 Cas particulier de l'action en révision de loyer. L'article 7-1 de la loi du 6 juillet 1989 réserve un sort particulier à l'action en révision du loyer par le bailleur[2].

En effet, alors que l'alinéa 1er de ce texte pose le principe d'un délai de prescription triennale, son alinéa 2 précise que, par dérogation à ce principe, l'action en révision du loyer par le bailleur est prescrite un an après la date convenue par les parties dans le contrat de bail pour réviser ledit loyer[3].

Attention : cette dérogation ne vaut que pour l'action du bailleur ayant tardé à réclamer à son cocontractant le loyer indexé.

L'action du locataire qui demanderait le remboursement d'un trop versé au titre de la révision du loyer ne serait prescrite qu'au-delà des trois années visées à l'alinéa 1er de l'article 7-1.

231.53 Point de départ de la prescription de l'action. Aux termes de l'article 7-1 de la loi du 6 juillet 1989, le point de départ de la prescription triennale est fixé « à compter du jour où le titulaire d'un droit a connu ou aurait dû connaître les faits lui permettant d'exercer ce droit ».

De cette formulation, la haute juridiction a conclu[4] que le point de départ de l'action en répétition des charges indûment perçues par le bailleur est celui de la régularisation des charges, et non celui du versement de la provision[5]. Cette solution est logique car ce n'est qu'à l'occasion de la régularisation des charges que le locataire est à même de déterminer l'existence d'un indu[6].

231.54 Dispositions de droit commun demeurant applicables. L'article 7-1 de la loi du 6 juillet 1989 ne réglant pas toutes les situations, les dispositions du code civil en matière de report du point de départ de la prescription, de suspension et d'interruption de la prescription édictés par le code civil demeurent applicables. Il en va de même de l'impossibilité d'aménager conventionnellement la prescription.

231.55 Cas de report du point de départ de la prescription. Plusieurs points méritent d'être soulignés.

Selon l'article 2234 du code civil, la prescription ne court pas ou est suspendue contre celui qui est dans l'impossibilité d'agir par suite d'un empêchement résultant de la loi, de la convention ou de la force majeure.

Par ailleurs, si l'article 2235 du code civil nous enseigne qu'elle ne court pas non plus ou est suspendue contre les mineurs non émancipés et les majeurs en tutelle, c'est tout de suite pour préciser que cette règle ne joue pas « pour les actions en paiement ou en répétition des [...] loyers, fermages, charges locatives, intérêts des sommes prêtées et, généralement, les actions en paiement de tout ce qui est payable par années ou à des termes périodiques plus courts ».

Elle ne court pas non plus ou est suspendue entre époux, ainsi qu'entre partenaires liés par un pacte civil de solidarité[7].

Il en va de même contre l'héritier acceptant à concurrence de l'actif net, à l'égard des créances qu'il a contre la succession[8].

1. POUR UNE APPLICATION de cette dernière règle à la prescription de l'action en révision du loyer : Civ. 3e, 12 mai 2016, no 15-16.285 P, *D.* 2016. Actu. 1078 ; *D. actu.*, 25 mai 2016, obs. Y. Rouquet.
2. Au sujet de laquelle, v. ss nos 424.11 s.
3. Le juge ne pouvant porter atteinte à la substance même des droits et obligations légalement convenus entre les parties, une cour d'appel, qui a relevé que le bail comportait une clause d'indexation du loyer et que le bailleur avait présenté sa demande en paiement dans le délai de la prescription quinquennale applicable au litige, doit être censurée pour avoir rejeté la demande du bailleur en paiement d'une certaine somme au titre de la révision des loyers, aux motifs que la demande d'indexation du loyer est intervenue postérieurement à la date d'effet du congé, postérieurement au compromis de vente et même postérieurement à l'acte authentique, que la somme initialement demandée à ce titre correspond exactement au montant de la réduction accordée pour le prix de vente et que le locataire ne peut, sous prétexte d'une indexation rétroactive, retrouver le montant de la réduction du prix qu'il a acceptée lors de la négociation du prix de vente : Civ. 3e, 2 mars 2017, no 16-10.600, NP, *AJDI* 2017. 517, obs. F. de La Vaissière ; *Loyers et copr.* 2017, no 100, obs. B. Vial-Pedroletti.
4. Dans des décisions rendues en matière de logement social au visa de l'art. 68 de la L. du 1er sept. 1948, ensemble les art. L. 422-6 du CCH et 2224 du C. civ.
5. Civ. 3e, 9 nov. 2017, no 16-22.445, P III, no 122 ; *D.* 2017. Actu. 2302 ; *ibid.* 2018. Pan. 1117, spéc. 1121, obs. N. Damas ; *ibid.* Chron. C. cass. 1328, spéc. 1334, obs. Collomp ; *D. actu.* 17 nov. 2017, obs. Y. Rouquet ; *AJDI* 2018. 279, obs. N. Damas ; *Administrer* 4/2018. 46, obs. Canu ; *RJDA* 2018, no 111 – Civ. 3e, 8 mars 2018, no 17-11.985, P III, no 29 ; *D.* 2018. 560 ; *ibid.* Pan. 1117, spéc. 1123, obs. N. Damas ; *D. actu.* 29 mars 2018, obs. Dreveau ; *AJDI* 2018. 608, obs. N. Damas.
6. Civ. 3e, 6 mai 2021, no 20-11.707, NP.
7. C. civ., art. 2236.
8. C. civ., art. 2237.

231.56 Cas de suspension du point de départ de la prescription. La prescription est suspendue à compter du jour où, après la survenance d'un litige, les parties conviennent de recourir à la médiation ou à la conciliation ou, à défaut d'accord écrit, à compter du jour de la première réunion de médiation ou de conciliation. Elle est également suspendue à compter de la conclusion d'une convention de procédure participative ou à compter de l'accord du débiteur constaté par l'huissier de justice pour participer à la procédure prévue à l'article L. 125-1 du code des procédures civiles d'exécution. Le délai de prescription recommence à courir, pour une durée qui ne peut être inférieure à six mois, à compter de la date à laquelle soit l'une des parties ou les deux, soit le médiateur ou le conciliateur déclarent que la médiation ou la conciliation est terminée. En cas de convention de procédure participative, le délai de prescription recommence à courir à compter du terme de la convention, pour une durée qui ne peut être inférieure à six mois. En cas d'échec de la procédure prévue au même article, le délai de prescription recommence à courir à compter de la date du refus du débiteur, constaté par l'huissier, pour une durée qui ne peut être inférieure à six mois [1].

La prescription est également suspendue lorsque le juge fait droit à une demande de mesure d'instruction présentée avant tout procès. Le délai de prescription recommence à courir, pour une durée qui ne peut être inférieure à six mois, à compter du jour où la mesure a été exécutée [2].

231.57 Causes d'interruption de la prescription. Il ressort principalement des nouvelles dispositions du code civil que la prescription est interrompue :

- par la reconnaissance par le débiteur du droit de celui contre lequel il prescrivait [3] ;

- par la demande en justice, même en référé, même lorsqu'elle est portée devant une juridiction incompétente ou lorsque l'acte de saisine de la juridiction est annulé par l'effet d'un vice de procédure [4], étant précisé que l'interruption dure autant que l'instance elle-même [5] ;

- l'action en production de décomptes de charges rectifiés et en paiement de dommages-intérêts interrompt la prescription de l'action en paiement des charges indûment perçues, les deux actions poursuivant un seul et même but [6] ;

- par un acte d'exécution forcée [7].

1. C. civ., art. 2238.
2. C. civ., art. 2239.
3. C. civ., art. 2240.
4. C. civ., art. 2241.
5. C. civ., art. 2242.
6. Civ. 3e, 19 mai 2010, n° 09-12.689, P III, n° 97 ; *D.* 2010. Actu. 1419 ; *AJDI* 2010. 726, note V. Zalewski.
7. C. civ., art. 2244.

231.58 Impossibilité d'aménager conventionnellement la prescription. Alors que l'une des mesures phares de la réforme de la prescription consiste à permettre aux parties, d'une part, d'abréger ou d'allonger sa durée et, d'autre part, d'ajouter aux causes de suspension ou d'interruption [8], cette faculté est expressément écartée en matière d'« actions en paiement ou en répétition des [...] loyers, fermages, charges locatives, intérêts des sommes prêtées et, généralement, aux actions en paiement de tout ce qui est payable par années ou à des termes périodiques plus courts » [9].

SECTION 2
SANCTION DU DÉFAUT DE PAIEMENT

231.61 Résiliation judiciaire ou mise en œuvre d'une clause résolutoire. La sanction à ce manquement est la résiliation judiciaire ou la mise en œuvre de la clause résolutoire insérée au bail [10]. Lorsque le défaut de paiement donne lieu à une action en résiliation judiciaire, les juges vont pouvoir apprécier les circonstances et, le cas échéant, estimer que la rétention de tout ou partie du loyer ne constitue pas un manquement suffisamment grave pour justifier la résiliation du bail [11] (pareille marge de manœuvre ne leur sera pas laissée en cas de mise en œuvre de la clause résolutoire, v. ss nos 822.11 s.). Tout sera alors question d'espèce. Il a par exemple été jugé, à propos du refus du bailleur de délivrer des quittances de loyer au preneur, tantôt, que le non-paiement ne pouvait entraîner la résiliation du bail [12], tantôt, que ladite résiliation judiciaire était justifiée [13].

231.62 Rôle du fonds de solidarité pour le logement – Cas particulier des impayés des factures d'électricité, de gaz, de chaleur et d'eau. L'article 6 modifié de la loi du 31 mai 1990 visant à la mise en œuvre du droit au logement [14] précise, que le fonds de solidarité pour le logement (FSL) accorde, dans les conditions définies par son règlement intérieur, des aides financières sous forme de cautionnements, prêts ou avances remboursables, garanties ou sub-

8. C. civ., art. 2254, al. 1er.
9. C. civ., art. 2254, al. 2.
10. Sur ce sujet v. ss nos 822.11 s. et 823.21 s.
11. Civ. 3e, 29 avr. 1998, n° 96-14.516, NP, *Administrer* juill. 1998, p. 28, obs. Boccara, Lipman-Boccara et Sainturat – Civ. 3e, 20 mai 1997, *Gaz. Pal.* 1997. 2. Somm. 477, obs. Brault.
12. Paris, 17 janv. 1995, n° 93/015507, *Loyers et copr.* 1995, n° 208.
13. Paris, 1er juill. 2004, n° 02/14390, *AJDI* 2005. 305, obs. V. Zalewski.
14. L. n° 90-449, 31 mai 1990 visant à la mise en œuvre du droit au logement, *JO* 2 juin, p. 6551.

ventions à des personnes éprouvant des difficultés particulières et qui entrent dans un logement locatif ou qui, étant locataires, sous-locataires ou résidents de logements-foyers, se trouvent dans l'impossibilité d'assumer leurs obligations relatives au paiement du loyer, des charges et des frais d'assurance locative, ou qui, occupant régulièrement leur logement, se trouvent dans l'impossibilité d'assumer leurs obligations relatives au paiement des fournitures d'eau, d'énergie et de services téléphoniques.

Quant aux dettes au titre des impayés de loyer et de facture d'énergie, d'eau, de téléphone et d'accès à internet, le même texte précise qu'elles peuvent être prises en charge par le FSL si leur apurement conditionne l'accès à un nouveau logement.

231.63 Procédure spécifique en cas de non-paiement. Depuis le 1er décembre 2008, en application du décret du 13 août 2008 [1], une procédure particulière est réservée au consommateur d'électricité, de gaz, de chaleur ou d'eau qui n'a pas acquitté sa facture dans un délai de quatorze jours après sa date d'émission ou à la date limite de paiement, lorsque cette date est postérieure. Dans pareille situation, par un premier courrier, son fournisseur l'informe qu'à défaut de règlement dans un délai supplémentaire de quinze jours, sa fourniture pourra être réduite ou suspendue pour l'électricité ou suspendue pour le gaz, la chaleur ou l'eau. Consommateur et fournisseur pourront alors définir des modalités de paiement.

231.64 Absence d'accord – Conséquences. À défaut d'accord, le fournisseur peut procéder à la réduction ou à l'interruption de fourniture. Il en avise alors le consommateur au moins vingt jours à l'avance par un second courrier dans lequel il informe ce consommateur que ce dernier peut saisir les services sociaux si, comme il est dit à l'article L. 115-3 du code de l'action sociale et des familles, il éprouve des difficultés particulières lui donnant droit à une aide de la collectivité (ce dernier texte précise qu'en cas de non-paiement des factures, la fourniture d'énergie, d'eau ainsi que d'un service téléphonique restreint est maintenue jusqu'à ce qu'il ait été statué sur la demande d'aide).

On notera cependant qu'aux termes de l'alinéa 3 de l'article L. 115-3 du CASF, du 1er novembre de chaque année au 31 mars de l'année suivante, les fournisseurs d'électricité, de chaleur et de gaz ne peuvent procéder, dans une résidence principale, à l'interruption, y compris par résiliation de contrat, pour non-paiement des factures, de la fourniture d'électricité, de chaleur ou de gaz. Les fournisseurs d'électricité peuvent toutefois procéder à une réduction de puissance [2].

Pour les distributeurs d'eau, l'interdiction de couper l'eau de la résidence principale du consommateur est valable tout au long de l'année.

231.65 Procédure spécifique aux bénéficiaires du tarif social ou d'une aide du FSL. Une procédure particulière est prévue lorsque le logement concerné est la résidence principale du consommateur et que celui-ci est dans une situation financière fragile (entendons par là, notamment, qu'il bénéficie d'un tarif social ou qu'il a déjà reçu une aide du FSL). Alors, le locataire bénéficie d'un délai supplémentaire de trente jours. Par ailleurs, sauf opposition de sa part, les services sociaux seront avertis de la situation.

231.66 Correspondant « solidarité-précarité ». L'article 11 du décret de 2008 précise que, pour les relations avec les services sociaux (départementaux ou communaux), les associations de défense d'usagers ou les consommateurs qui en feront la demande, chaque fournisseur d'électricité, de gaz, de chaleur ou d'eau approvisionnant des personnes physiques doit désigner un correspondant « solidarité-précarité », qui peut être commun à plusieurs départements et à plusieurs fournisseurs.

1. Décr. n° 2008-780, 13 août 2008 relatif à la procédure applicable en cas d'impayés des factures d'électricité, de gaz, de chaleur et d'eau, *JO* 14 août.

2. Cette faculté n'est toutefois possible à l'égard des consommateurs bénéficiaires du tarif social électricité ou du chèque énergie.

CHAPITRE

232. Obligations relatives à l'usage du local loué

SECTION 0

ORIENTEUR

232.00 Sommaire du chapitre.

Division. Il convient de passer en revue l'obligation d'user paisiblement des lieux loués (sect. 1), l'obligation de répondre des dégradations et des pertes (sect. 2), puis celles d'entretenir les lieux (sect. 3), de laisser exécuter certains travaux (sect. 4), de s'assurer (sect. 6), d'entretenir un détecteur de fumée (sect. 7) et, enfin, l'interdiction de transformer les lieux (sect. 5).

232.01 Principaux textes applicables.

TEXTES SOURCES

- **L. 6 juill. 1989,** art. 6-1, 7.
- **C. civ.,** art. 1724, 1732, 1733, 1734.
- **L. n° 75-1351, 31 déc. 1975** relative à la protection des occupants de locaux à usage d'habitation, *JO* 4 janv. 1976, p. 191, art. 10-1 A.
- **Décr. n° 2016-1282, 29 sept. 2016** relatif aux travaux d'adaptation du logement aux personnes en situation de handicap ou de perte d'autonomie réalisés aux frais du locataire, *JO* 30 sept., n° 48.

TEXTES *IN EXTENSO*

- **L. 6 juill. 1989,** art. 6-1

Après mise en demeure dûment motivée, les propriétaires des locaux à usage d'habitation doivent, sauf motif légitime, utiliser les droits dont ils disposent en propre afin de faire cesser les troubles de voisinage causés à des tiers par les personnes qui occupent ces locaux.

- **L. 6 juill. 1989,** art. 7

* V. s[s] n° 231.01

- **C. civ.,** art. 1724

Si, durant le bail, la chose louée a besoin de réparations urgentes et qui ne puissent être différées jusqu'à sa fin, le preneur doit les souffrir, quelque incommodité qu'elles lui causent, et quoiqu'il soit privé, pendant qu'elles se font, d'une partie de la chose louée.

Mais, si ces réparations durent plus de vingt et un jours, le prix du bail sera diminué à proportion du temps et de la partie de la chose louée dont il aura été privé.

Si les réparations sont de telle nature qu'elles rendent inhabitable ce qui est nécessaire au logement du preneur et de sa famille, celui-ci pourra faire résilier le bail.

- **C. civ.,** art. 1732

Il *[le preneur]* répond des dégradations ou des pertes qui arrivent pendant sa jouissance, à moins qu'il ne prouve qu'elles ont eu lieu sans sa faute.

- **C. civ.,** art. 1733

Il répond de l'incendie, à moins qu'il ne prouve :

Que l'incendie est arrivé par cas fortuit ou force majeure, ou par vice de construction.

Ou que le feu a été communiqué par une maison voisine.

• **C. civ.,** art. 1734

S'il y a plusieurs locataires, tous sont responsables de l'incendie, proportionnellement à la valeur locative de la partie de l'immeuble qu'ils occupent ;

À moins qu'ils ne prouvent que l'incendie a commencé dans l'habitation de l'un d'eux, auquel cas celui-là seul en est tenu ;

Ou que quelques-uns ne prouvent que l'incendie n'a pu commencer chez eux, auquel cas ceux-là n'en sont pas tenus.

• **L. 31 déc. 1975,** art. 10-1-A

Quiconque exécute ou fait exécuter les travaux mentionnés aux deux premiers alinéas de l'article 2 de la loi n° 67-561 du 12 juillet 1967 relative à l'amélioration de l'habitat ou au e de l'article 7 de la loi n° 89-462 du 6 juillet 1989 tendant à améliorer les rapports locatifs et portant modification de la loi n° 86-1290 du 23 décembre 1986 sans avoir fait la notification, prévue auxdits articles, ou sans respecter les conditions d'exécution figurant dans la notification ou encore malgré une décision d'interdiction ou d'interruption des travaux prononcée par le juge du tribunal judiciaire, statuant par ordonnance de référé, encourt les sanctions prévues à l'article L. 480-4 du code de l'urbanisme.

Le tribunal peut, en outre, ordonner la remise en état des lieux aux frais du condamné.

Les premier, troisième et quatrième alinéas de l'article L. 480-1, les articles L. 480-2, L. 480-3, L. 480-7, L. 480-8 et L. 480-9 du code de l'urbanisme sont applicables aux infractions mentionnées au premier alinéa du présent article.

232.02 Jurisprudence de référence.

• **Civ. 3e, 5 mai 2004,** n° 01-16.041, P III, n° 89

* V. ss n° 232.54

Si le locataire est, aux termes de l'art. 7 e, obligé de laisser exécuter les travaux d'amélioration dans les lieux loués, il peut s'opposer aux travaux d'amélioration des lieux loués.

• **Civ. 3e, 10 nov. 2009,** n° 09-11.027, P III, n° 244

* V. ss n° 232.15

Les locataires sont responsables des nuisances et actes de malveillance commis par leurs enfants qu'ils hébergent, quand bien même ceux-ci échapperaient-ils de façon totale et définitive à leur autorité.

• **Civ. 3e, 8 oct. 2015,** n° 14-16.166, NP

* V. ss n° 232.103

La construction par le locataire d'un local sur les parties communes de l'immeuble ne constitue pas une transformation des locaux loués au sens de l'article 7 f, dont le bailleur ne peut demander la suppression qu'au départ du locataire.

• **Civ. 3e, 28 janv. 2016,** n° 14-28.812, P

* V. ss n° 232.33

Ayant retenu à bon droit que le dommage constitué par les frais de relogement des locataires de l'immeuble voisin, dont le demandeur n'est pas le bailleur, concerne des tiers au contrat de location pour lesquels les dispositions de l'article 1733 présumant le locataire responsable ne sont pas applicables, une cour d'appel, qui a estimé souverainement que le bailleur ne démontre pas, conformément à l'article 1384 [1242], alinéa 2, du Code civil, l'existence d'une faute imputable au locataire en a exactement déduit, sans violer le principe de réparation intégrale du préjudice dès lors que le bailleur sollicite l'indemnisation du préjudice subi par un tiers, que sa demande doit être rejetée.

232.03 Bibliographie indicative.

Annuel. LAMY DR. IMMO, nos 5977 s.

Encyclopédies. RÉP. CIV., *V° Bail d'habitation et mixte : rapports locatifs individuels – Loi du 6 juillet 1989*, N. Damas, nos 229-261 – DICT. PERM. Gestion immob., *V° Baux d'habitation et mixtes*, nos 166-179.

Ouvrages. E. Debaussart-Joniec, S. Fraîche-Dupeyrat, Ph. Pelletier, *Les baux d'habitation après la loi Élan*, 3e éd., « Actualité », 2019, LexisNexis – J. Lafond, B. Vial-Pedroletti, *Les baux d'habitation*, 8e éd., « Droit et professionnels », LexisNexis, 2017, nos 886 s., 889 s., 1026 s. – Ph. Pelletier (dir.), *Traité des baux d'habitation et professionnels*, « Référence juridique », Le Moniteur, 2021.

SECTION 1
OBLIGATION D'USER PAISIBLEMENT DES LIEUX LOUÉS

232.11 Jouissance paisible – Respect de la destination du local. Le locataire est obligé d'user paisiblement des lieux loués suivant la destination qui leur a été donnée par le contrat de location [1].

Le preneur doit user du bien loué « raisonnablement » [2], c'est-à-dire en respectant la tranquillité du voisinage et la destination des lieux. À défaut, il sera sanctionné.

On notera que le règlement intérieur d'une résidence qui viendrait imposer au locataire certaines restrictions dans la jouissance de son logement n'est opposable au locataire que pour autant que son contenu a été porté à la connaissance de ce dernier [3].

232.12 Usage des lieux constitutifs de troubles de voisinage – Animaux. Les exemples de comportements prohibés sont nombreux [4]. Par exemple, concernant les animaux familiers, si la loi [5] répute non

1. L. n° 89-462, 6 juill. 1989, art. 7 *b*.
2. L. n° 2014-873, 4 août 2014 pour l'égalité réelle entre les femmes et les hommes, *JO* 5 août, p. 12949.
3. Civ. 3e, 19 mai 2004, n° 03-11.360, NP, *AJDI* 2005. 55, obs. Mercier.
4. SUR la question : Ph. Boulisset et V. de Chauville, *Relations et conflits de voisinage*, « Encyclopédie Delmas », Dalloz, 2017.
5. L. n° 70-598, 9 juill. 1970, art. 10, qui s'applique à tout local d'habitation quel qu'en soit le régime juridique : Civ. 3e, 13 oct. 1981, P III, n° 154 ; *Rev. loyers* 1982. 39, note J. V. – Y compris aux locations saisonnières qui portent sur des locaux d'habitation : Civ. 1re, 3 févr. 2011, n° 08-14.402, P I, n° 23 ; *D.* 2011. 1659, obs. X. Delpech ; *Rev. loyers* 2011. 109, obs. Rémy.

écrite toute stipulation tendant à en interdire purement et simplement la détention dans un local d'habitation[1, 2], toute une série de décisions sanctionne certains comportements. C'est ainsi que la présence de nombreux chats dans l'appartement a été réprimée[3], tout comme celle d'un serpent[4]. Dans le même ordre d'idées, dès avant que le législateur ne se penche sur le problème des chiens d'attaque (pitbulls et autres)[5], la présence d'un chien méchant laissé en liberté a été condamnée[6].

232.13 **Usage des lieux constitutifs de troubles de voisinage – Plantes dans les parties communes (procédure).** Si le locataire n'est pas autorisé à entreposer des plantes dans les parties communes, encore faut-il préciser, à propos de l'évacuation de ces plantes, que le bailleur ne peut, sans mise en demeure préalable et autorisation judiciaire, se substituer au locataire dans l'exécution des obligations contractuelles incombant à ce dernier[7].

232.14 **Usage des lieux constitutifs de troubles de voisinage – Comportements répréhensibles et violents.** On relèvera de la jurisprudence, d'une part que le locataire qui se livre à la débauche encourt la résiliation de son bail[8] et, d'autre part, que le preneur qui cultive du cannabis dans les lieux loués s'expose à la même sanction[9].

Les comportements violents sont pareillement « épinglés » par les magistrats[10], qu'il s'agisse de violences contre le gardien de l'immeuble[11], ou d'injures et de coups contre des voisins, dès lors que ces actes ont eu lieu dans l'immeuble[12]. Il en ira de même en cas d'injures proférées contre le bailleur, mais non lorsque ce sera le mandataire de celui-ci qui aura été visé[13].

La sanction peut alors être prononcée sans que le bailleur soit préalablement obligé de mettre le locataire en demeure[14].

232.15 **Usage des lieux constitutifs de troubles de voisinage – Locataire gardien de la chose et responsable des occupants de son chef.** On relèvera par ailleurs que la Cour de cassation a condamné un locataire en sa qualité de gardien de la chose louée[15], suite à la chute d'un volet ayant blessé un passant[16].

Enfin, le locataire est responsable des agissements des occupants de son chef, et ce, même lorsque le fauteur échappe à son autorité, notamment parce qu'il s'agit d'un enfant majeur[17].

232.16 **Usage des lieux non répréhensible.** Encore que le trouble ne sera répréhensible que pour autant qu'il existera un lien suffisant entre celui-ci et un éventuel manquement du locataire à son obligation de jouissance paisible.

Tel n'est pas le cas lorsque le fils du locataire, a été condamné en correctionnelle pour des faits commis dans le hall d'un immeuble appartenant au même ensemble immobilier que celui où se situaient les lieux loués, mais distant de plus d'un kilomètre[18].

De même, le seul constat d'inconvénients de voisinage ressentis à proximité immédiate de l'immeuble loué ne suffit pas à établir l'existence d'un lien entre

1. Sauf clause interdisant la détention d'un chien d'attaque [Alinéa ajouté à la loi de 1970 par la loi n° 99-5, 6 janv. 1999, art. 3-I], mais valide les clauses subordonnant leur présence au fait qu'ils ne doivent commettre ni dégâts ni occasionner de troubles de voisinage.
2. Précisant que la clause qui interdit de laisser un animal seul enfermé dans un appartement ne prohibe pas la détention d'un animal domestique : Paris, 26 oct. 2017, n° 15/17695, *Loyers et copr.* 2018, n° 3, obs. B. Vial-Pedroletti.
3. Paris, 22 mai 1991, n° 90/06838, [loi de 1982], *Administrer* août-sept. 1991, p. 64.
4. Colmar, 25 oct. 1993, n° 4873/92, *JCP* 1994. IV, n° 1910.
5. C. rur., art. L. 211-11 s.
6. Dijon, 14 avr. 1994, n° 00000754/93, *BICC* 1994, n° 1062 ; *Rev. loyers* 1995. 89.
7. Civ. 3e, 7 déc. 2017, n° 16-21.950, NP, *AJDI* 2018. 204, obs. F. de La Vaissière ; *Loyers et copr.* 2018, n° 32, obs. B. Vial-Pedroletti, dans une espèce où le bail interdisait au locataire de déposer et de laisser des objets quelconques dans les cours, paliers, passages, couloirs et escaliers.
8. TGI Saint-Étienne, 28 nov. 2000, *Gaz. Pal.* 2001. 2. Somm., obs. J.-G. M. ; *Ann. loyers* 2009. 149, obs. Bérenger.
9. Pau, 1er déc. 2020, n° 19/02028, *Loyers et copr.* 2021, n° 8, obs. B. V.-P.
10. Et peuvent entraîner la résiliation du bail.
11. Paris, 7 nov. 1996, n° 95/022116, *Loyers et copr.* 1997, n° 7.
12. Civ. 3e, 8 nov. 1995, n° 93-10.853, NP, *RJDA* 1995, n° 1339 – Agen, 6 mars 2007, *BICC* 2007, n° 1443 – COMP. toutefois, jugeant que le lieu de commission des violences importe peu dès lors que la victime est un agent du bailleur : Civ. 3e, 17 déc. 2020, n° 18-24.823, P ; *D.* 2021. 11 ; *D. actu.* 31 janv. 2021, obs. Andjechaïri-Tribillac ; *Loyers et copr.* 2021, n° 32, obs. B. Vial-Pedroletti.
13. Civ. 3e, 17 sept. 2008, n° 07-13.175, NP, *AJDI* 2009. 126, obs. V. Zalewski ; *Rev. loyers* 2008. 499, obs. Rémy ; *Loyers et copr.* 2008, n° 244, obs. B. Vial-Pedroletti.
14. Paris, 7 nov. 1996, n° 95/022116, *Loyers et copr.* 1997, n° 7.
15. Le transfert de la garde s'opérant entre bailleur et locataire lors de la remise des clés.
16. Civ. 3e, 12 déc. 2002, n° 01-10.974, P III, n° 288 ; *D.* 2003. 454, note N. Damas ; *AJDI* 2003. IR 180, obs. Y. Rouquet.
17. Civ. 3e, 10 nov. 2009, n° 09-11.027, P III, n° 244 ; *D.* 2009. 2864, obs. Y. Rouquet ; *AJDI* 2010. 452, note N. Damas – DANS LE MÊME SENS, jugeant que les violences commises par le fils du locataire à l'encontre des employés du bailleur et réitérées après une première condamnation pénale constituent des manquements à l'obligation d'usage paisible des lieux incombant au preneur et aux personnes vivant sous son toit : Civ. 3e, 17 déc. 2020, n° 18-24.823, P ; *D.* 2021. 11 ; *D. actu.* 31 janv. 2021, obs. Andjechaïri-Tribillac ; *Loyers et copr.* 2021, n° 32, obs. B. Vial-Pedroletti.
18. Civ. 3e, 14 oct. 2009, n° 08-16.955, P III, n° 221 (2e esp.) ; *D.* 2009. AJ 2552, obs. G. Forest (1re esp.) ; *ibid.* 2010. Pan. 1168, spéc. 1172, obs. N. Damas ; *AJDI* 2010. 316, note V. Zalewski (1re esp.).

les troubles constatés et un manquement, par le locataire, à son obligation de jouissance paisible[1].

Quant à la libération des lieux loués au cours du délai de préavis[2], il a été jugé qu'elle n'est pas en soi constitutive d'un manquement à l'obligation de jouissance paisible[3].

232.17 Action et responsabilité du bailleur. Il est de l'intérêt bien compris du bailleur de veiller au respect, par le locataire, de son obligation d'user paisiblement des lieux loués. En effet, la loi du 5 mars 2007 relative à la prévention de la délinquance[4] a ajouté un article 6-1 à la loi du 6 juillet 1989, selon lequel, « après mise en demeure dûment motivée[5], les propriétaires des locaux à usage d'habitation doivent, sauf motif légitime, utiliser les droits dont ils disposent en propre afin de faire cesser les troubles de voisinage causés à des tiers par les personnes qui occupent ces locaux »[6]. Selon la lettre du texte, cette « obligation à l'égard des tiers du fait d'autrui »[7] vise les agissements fautifs du locataire, mais aussi ceux du squatter (il est en effet question, sans distinction des « personnes qui occupent ces locaux »)[8] (sur l'occupation personnelle du logement par le locataire et l'hébergement de tiers v. s^s^ n°s 323.11 s.).[9]

Cet article 6-1 de la loi de 1989 est à rapprocher de la jurisprudence aux termes de laquelle le tiers victime d'un trouble de voisinage trouvant son origine dans les lieux loués peut en demander réparation au propriétaire[10, 11].

Notons enfin, lorsque le logement loué est situé dans une copropriété[12], qui l'inaction du bailleur va pouvoir déboucher sur la mise en œuvre de l'action oblique par le syndicat des copropriétaires[13], voire par un copropriétaire[14, 15].

232.18 Usage conforme à la destination des lieux. Un logement loué à usage d'habitation ne peut être affecté à l'exploitation d'un commerce, sans l'autorisation (expresse ou tacite) du bailleur[16]. Il a ainsi été jugé qu'un bail à usage d'habitation bourgeoise prohibait l'installation d'un cabinet de chirurgien-dentiste[17], d'un atelier d'artiste-peintre[18] ou d'une officine d'agent d'affaires[19]. Par ailleurs, il est interdit de transformer un local loué à usage d'habitation et professionnel en une bijouterie[20]. En revanche, le seul exercice dans la location, louée pourtant à usage exclusif d'habitation, de la profession d'assistante maternelle ne peut constituer un motif sérieux et légitime de congé[21]. Pour autant, il ne semble pas juridiquement exclu qu'une action, non pas en validation d'un congé, mais en

1. Civ. 3e, 14 oct. 2009, n° 08-16.955, P III, n° 221 (1re esp.) ; *D.* 2009. AJ 2552, obs. G. Forest (2e esp.) ; *ibid.* 2010. Pan. 1168, spéc. 1172, obs. N. Damas ; *AJDI* 2010. 316, note V. Zalewski (2e esp.).
2. Peut-être propice à l'intrusion de squatters.
3. Civ. 3e, 9 janv. 2008, n° 07-11.379, P III, n° 3 ; *D.* 2008. AJ 295, obs. G. Forest ; *ibid.* 2008. Pan. 1308, obs. N. Damas ; *AJDI* 2008. 765, note Laporte-Leconte.
4. L. n° 2007-297, 5 mars 2007 relative à la prévention de la délinquance, *JO* 7 mars.
5. Mais le défaut de mise en demeure préalable n'est sanctionné par aucune irrecevabilité : Paris, 16 mars 2017, n° 15/18793, *Loyers et copr.* 2017, n° 128, obs. B. Vial-Pedroletti.
6. Sur l'application de l'art. 6-1 afin de faire cesser les troubles de voisinage dont le locataire s'est rendu coupable : Paris, 16 mars 2017, n° 15/18793, *Loyers et copr.* 2017, n° 128, obs. B. Vial-Pedroletti ; Douai, 4 oct. 2018, n° 17/04461, *Rev. loyers* 2018. 476, obs. Brena.
7. N. Damas, *Code des baux, Dalloz*, commentaire s^s^ L. 6 juill. 1989, art. 6-1.
8. SUR la question, aussi : N. Damas, *AJDI* 2007. 370.
9. Jugeant que l'envoi au locataire fauteur de troubles d'une lettre recommandée avec demande d'avis de réception non suivi d'une action en résiliation du bail n'est pas suffisant : Versailles, 14 mars 2017, n° 15/08614, *Loyers et copr.* 2017, n° 105, obs. B. Vial-Pedroletti.
10. Civ. 3e, 30 juin 2004, n° 03-11.562, P III, n° 140 ; *AJDI* 2004. 1134, avec les obs. – Civ. 3e, 17 avr. 1996, n° 94-15.876, P III, n° 108 ; *AJPI* 1997. 208, obs. Gallet ; *D.* 1997. Somm. 271, obs. CRDP Nancy 2 ; *RTD civ.* 1996. 638, obs. Jourdain.
11. RAPPR. aussi, jugeant que le tiers à un contrat peut invoquer, sur le fondement de la responsabilité délictuelle, un manquement contractuel, dès lors que ce manquement lui a causé un dommage : Cass., Ass. plén., 6 oct. 2006, n° 05-13.255, P n° 9 ; R., p. 398 ; *BICC* 1er déc. 2006, note et rapp. Assié, concl. Gariazzo ; *D.* 2006. 2825, note Viney ; *ibid.* 2007. IR 2484, obs. Gallmeister ; *ibid.* 2007, Pan. 1831, obs. Rozès ; *AJDI* 2007. 295, note Damas ; *RDI* 2006. 504, obs. P. Malinvaud ; *RTD civ.* 2007. 61, obs. Deumier ; *Ibid.* 115, obs. Mestre et Fages ; *Ibid.* 123, obs. P. Jourdain.
12. Dont le régime est défini par la loi n° 65-557 du 10 juillet 1965 portant statut de la copropriété des immeubles bâtis.
13. Jugeant que le syndicat des copropriétaires peut, en cas de carence du copropriétaire propriétaire du local loué, exercer l'action en résiliation du bail lorsque le locataire contrevient aux obligations de son bail et que ses agissements, préjudiciables aux autres copropriétaires, sont contraires au règlement de copropriété qu'il devait respecter : Civ. 3e, 14 nov. 1985, n° 14-15.577, P III, n° 143 ; *Rev. loyers* 1986. 254, note Aubert ; *JCP N* 1987. 75, note Moury – Civ. 3e, 20 déc. 1994, n° 92-19.490, P III, n° 225 ; *D.* 1997. Somm. 245, obs. P. Capoulade – Civ. 3e, 22 juin 2005, n° 04-12.540, NP, *AJDI* 2005. 914.
14. Dès lors, du moins, que le preneur méconnaît les stipulations du règlement de copropriété contenues dans le bail en vertu de l'art. 3 de la loi du 6 juill. 1989 : Civ. 3e, 8 avr. 2021, n° 20-18.327, P ; *D.* 2021. 742 – Dijon, 23 mars 1994, *Rev. loyers* 1994. 495 ; *Rev. huiss.* 1996. 314, note Mas.
15. POUR une étude de l'action oblique engagée en cas d'inaction d'un copropriétaire à l'égard d'un locataire fautif : D. Tomasin (dir.), *La copropriété,* 10e éd., « Dalloz action », 2021, spéc. n°s 234.32, 242.471 et 341.253.
16. Bordeaux, 21 oct. 2003, *JurisData* 227784, *BICC* 2004, n° 884.
17. Soc. 26 oct. 1950, P III, n° 767.
18. Civ. 3e, 16 avr. 1969, P III, n° 286.
19. Soc. 18 févr. 1954, P IV, n° 118.
20. Soc. 3 févr. 1955, P IV, n° 92.
21. Paris, 29 janv. 1992, *JCP N* 1993. II. 173, note A. Djigo.

résiliation de bail puisse alors prospérer. Enfin, la présence de machines à écrire, de micro-ordinateurs et d'une photocopieuse est insuffisante à transformer les pièces louées à usage d'habitation en bureaux[1].

232.19 Occupation des lieux. On notera enfin que si l'usage paisible des lieux loués conformément à leur destination, prévu par l'article 7 de la loi de 1989, implique qu'ils soient occupés par le locataire, la loi n'exige pas qu'il y ait son domicile ou qu'il l'occupe constamment[2] (sur la notion d'« usage d'habitation principale », v. aussi s[s] n° 022.33) (sur l'utilisation exclusivement professionnelle de locaux mixtes, v. s[s] n° 022.35 et sur les conditions d'un changement d'affectation, v. s[s] n°s 333.11 s.).

232.20 Sanctions en cas de non-respect de l'obligation d'usage paisible. Comme on l'a vu, en cas de manquement grave du locataire, la sanction sera la résiliation du bail.

Un comportement moins caractérisé pourra cependant ne donner lieu qu'à une interdiction de réitérer le comportement litigieux et à des dommages-intérêts.

SECTION 2
OBLIGATION DE RÉPONDRE DES DÉGRADATIONS ET DES PERTES

232.31 Responsabilité du locataire engagée sauf force majeure. Le locataire est obligé de répondre des dégradations et des pertes qui surviennent pendant la durée du contrat[3] dans les locaux dont il a la jouissance exclusive, à moins qu'il ne prouve qu'elles ont eu lieu par cas de force majeure, par la faute du bailleur ou par le fait d'un tiers qu'il n'a pas introduit dans le logement[4].

Après nous être penchés sur l'objet de l'obligation de garantie du locataire, nous verrons quelles sont les sanctions encourues en cas de non-respect, à moins que le preneur puisse se prévaloir d'une circonstance lui permettant de se soustraire à sa responsabilité.

232.32 Objet de l'obligation de garantie du locataire. Le locataire ne doit répondre des dégradations et des pertes que pour les locaux dont il a la jouissance exclusive et ce, pendant la durée du contrat. Pour autant, à la double condition que sa responsabilité soit établie et qu'une clause du bail ne l'exclut pas, il devra répondre des dégradations et des pertes survenues dans les locaux dont il n'a pas la jouissance exclusive (couloirs, escaliers...)[5] sur le fondement de l'article 1732 du code civil (qui envisage la responsabilité du preneur en termes généraux englobant toutes les dégradations et pertes qui arrivent durant sa jouissance[6], à moins qu'il ne prouve qu'elles ont eu lieu sans sa faute).

Ceci étant précisé, et sous réserve que le locataire ne puisse exciper d'une cause exonératoire[7], il devra répondre des explosions de gaz[8], de l'éclatement de la chaudière suite à l'action du gel[9], d'un incendie[10]...

232.33 Faits exonératoires de la responsabilité du locataire en cas de dégradations ou de pertes. Parce que le locataire a la jouissance exclusive des locaux qu'il occupe, le législateur[11] fait peser sur lui une présomption de responsabilité des dégradations et pertes subies par le logement. Cette présomption peut toutefois être combattue par le locataire[12], lequel devra rapporter la preuve que les dégradations sont dues à raison :

– soit de la survenance d'un cas de force majeure ;

– soit de la faute du bailleur, notamment parce qu'il n'a pas respecté l'obligation d'entretien pesant sur lui en vertu de l'article 6 *c*[13], du moins lorsque cette faute est à l'origine du sinistre[14] ;

1. Civ. 3e, 20 juin 1995, n° 93-12.532, NP, *Rev. loyers* 1995. 512.
2. Paris, 8 nov. 2005, n° 2004/06782, *AJDI* 2006. 128.
3. Civ. 3e, 26 nov. 2013, n° 12-20.978, NP, *Loyers et copr.* 2014, n° 36, obs. B. Vial-Pedroletti.
4. L. n° 89-462, 6 juill. 1989, art. 7 c.
5. Recevant l'action du bailleur engagée à raison des dégradations commises sur les parties communes : Paris, 22 mars 2018, n° 16/20389, *Loyers et copr.* 2018, n° 116, obs. B. Vial-Pedroletti – Paris, 28 avr. 2004, *AJDI* 2005. 126, note Zalewski – Lyon, 9 févr. 2010, *Loyers et copr.* 2010, n° 189, obs. B. Vial-Pedroletti.
6. Étant remarqué que la « durée de jouissance » peut être différente de la « durée du contrat », notion retenue par le législateur en 1989.
7. V. s[s] n° 232.33.
8. Civ. 3e, 6 déc. 1972, n° 71-14.801, P III, n° 661.
9. Paris, 22 mars 1996, n° 95/003754, *Loyers et copr.* 1996, n° 255.
10. Civ. 3e, 22 nov. 1989, n° 88-11.188, P III, n° 217, [loi de 1982].
11. C. civ., art. 1732 ; L. n° 89-462, 6 juill. 1989, art. 7 *c*.
12. SUR la charge de la preuve : Civ. 3e, 9 juin 2016, n° 15-15.175, P III, n° 75 ; *D.* 2016. Actu. 1311 ; *D. actu.*, 16 juin 2016, obs. Y. Rouquet.
13. POUR UN EX. de défaut de mise aux normes : Civ. 3e, 7 mars 2007, n° 05-17.146, NP, *AJDI* 2008. 30, note V. Zalewski.
14. Civ. 3e, 13 juin 2007, n° 06-10.033, P III, n° 104 ; *D.* 2007. AJ 1873 ; *AJDI* 2008. 284, note F. de la Vaissière ; *Ann. loyers* 2007. 2245, obs. Cerati-Gauthier – Jugeant que l'incendie qui se déclare dans les locaux d'un colocataire et dont la cause n'est pas déterminée ne caractérise pas un cas fortuit et le bailleur est responsable envers les autres locataires des troubles de jouissance du fait de l'incendie : Civ. 3e, 12 juill. 2018, n° 17-20.696, P ; *D.* 2018. 1552 ; *ibid.* 2019. Pan. 1129, spéc. 1140, obs. N. Damas ; *AJDI* 2019. 118, obs. N. Damas ; *Loyers et copr.* 2018, n° 220, obs. B. Vial-Pedroletti ; *JCP E* 2019. 1167, n° 9, obs. Brignon.

– soit, encore, de l'intervention d'un tiers que le locataire n'a pas introduit dans le logement[1]. Si le preneur ne serait donc être tenu pour responsable des dégradations perpétrées par un cambrioleur, il ressort *a contrario* de la loi du 6 juillet 1989 que le locataire doit répondre des dégradations et des pertes imputables à un tiers qu'il aura fait pénétrer chez lui, dès lors, nous semble-t-il, que le tiers en question pourra être rattaché à la catégorie des « personnes de sa maison » dont il est question à l'article 1735 du code civil. Sont des personnes de la maison du locataire ceux qui résident temporairement dans les lieux ou qui y sont intervenus à titre professionnel à sa demande[2]. Cela concerne la maîtresse du preneur installée dans les lieux[3], le plombier du locataire[4], un de ses salariés[5], ou encore le déménageur qui agit pour son compte[6]. À l'inverse, le médecin locataire n'a pas à répondre des agissements de ses patients[7].

Et le fait du tiers n'est pas exonératoire dès lors que le locataire a commis une faute en quittant les lieux définitivement sans en informer le bailleur ni donner congé et restituer les clés[8].

232.34 **Le cas particulier de la responsabilité du locataire et incendie.** Concernant le cas particulier de l'incendie, si le texte de l'article 7 *c* n'y fait pas allusion, ce n'est pas pour exonérer le locataire de sa responsabilité en la matière, les dispositions de ce texte n'étant pas exclusives des règles des articles 1733 et 1734 du code civil[9].

Rappelons qu'il ressort de l'article 1733, qui ne s'applique que dans les rapports entre bailleur et locataire[10] ou entre le locataire et le sous-locataire[11] occupant exclusivement les lieux[12, 13], mais pas à l'égard d'un tiers victime[14], que le locataire répond de l'incendie, à moins qu'il ne prouve que celui-ci est arrivé[15] :

– par cas fortuit[16] ;

– ou par force majeure ;

– ou par vice de construction ;

– ou que le feu a été communiqué par une maison voisine.

Lorsque, l'incendie a pour origine un vice de construction – hypothèse à laquelle le défaut d'entretien du bailleur et la vétusté de l'installation électrique doivent être assimilés[17] –, le locataire n'a pas à prouver que les caractéristiques de la force majeure étaient réunies[18].

1. L. n° 89-462, 6 juill. 1989, art. 7 c.
2. Civ. 3e, 16 juin 2004, n° 03-15.528, P III, n° 119 ; *D.* 2004. IR 2009, avec les obs. ; *ibid.* 2005. Pan. 749, spéc. p. 751, obs. N. Damas ; *AJDI* 2004. 881, note Y. Rouquet.
3. Civ. 13 déc. 1927, *DP* 1928. 1. 99, note Dallant.
4. Civ. 3e, 19 janv. 2000, n° 98-12.697, P III, n° 8 ; *Loyers et copr.* 2000, n° 83, obs. B. Vial-Pedroletti.
5. Bordeaux, 10 avr. 1995, n° 95/590, *Rev. huiss.* 1995. 1118.
6. Aix-en-Provence, 6 avr. 1995, n° 92/9653, *Bull. Aix* 1995, n° 1, p. 163.
7. Civ. 3e, 19 nov. 2008, n° 07-15.508, P III, n° 174 ; *D.* 2008. AJ, 3004, obs. Y. Rouquet (v. aussi s[s] n° 233.71).
8. Civ. 3e, 14 janv. 2016, n° 14-20.500, NP, *Loyers et copr.* 2016, n° 57, obs. B. Vial-Pedroletti (à propos d'un squatter).
9. Civ. 3e, 22 nov. 1989, n° 88-11.188, P III, n° 217, [loi de 1982] – Civ. 3e, 18 mars 1992, n° 89-15.310, NP, *Administrer* 1993, n° 241, p. 27, obs. de Ricqlès-Marjolin.
10. Civ. 3e, 22 juin 1983, n° 82-12.236, P III, n° 144 ; *Rev. loyers* 1983. 417.
11. Mais pas entre le bailleur et le sous-occupant : Civ. 3e, 7 juill. 2016, n° 15-12.370, P III, n° 89 ; *D.* 2016. 1563 ; *ibid.* 2017. Pan. 1149, spéc. 1157, obs. N. Damas ; *D. actu.* 15 sept. 2016, obs. Cayol ; *AJDI* 2017. 108, obs. N. Damas.
12. Civ. 3e, 24 janv. 2007, n°s 06-13.028 et 06-14.253, P III, n° 6 ; *D.* 2007. AJ 444 ; *AJDI* 2007. 468, note Y. Rouquet.
13. Retenant la responsabilité de l'occupant à qui le locataire a prêté son logement, l'incendie trouvant son origine dans un acte de la vie courante imputable à cet occupant (absence de caractérisation de l'acceptation du locataire d'organiser, de diriger et de contrôler son mode de vie) : Civ. 2e, 6 févr. 2014, *Loyers et copr.* 2014, n° 137, obs. B. Vial-Pedroletti ; *JCP* 2014. 533, note Perdix.
14. Civ. 3e, 28 janv. 2016, n° 14-28.812 P, *D.* 2016. Actu. 313, obs. Y. Rouquet ; *ibid.* 880, note Waltz-Teracol ; *ibid.* Pan. 1102, spéc. 1110, obs. N. Damas ; *Loyers et copr.* 2016, n° 55, obs. B. Vial-Pedroletti ; *Rev. loyers* 2016. 135, obs. B. de Lacger (rejet de la demande d'indemnisation de locataires de l'immeuble voisin pour les frais occasionnés par leur relogement suite à l'incendie) – POUR UN EX. de condamnation du locataire responsable de l'incendie à réparer le dommage causé au véhicule d'un tiers, mais sur le fondement de l'art. 1384 [1242], al. 2, c. civ. : Aix-en-Provence, 8 nov. 2017, n° 16/07486, *Loyers et copr.* 2018, n° 2, obs. B. Vial-Pedroletti.
15. La liste des faits exonératoires qui suit est limitative : Civ. 16 août 1882, *D.* 1883. 1. 213 ; Civ. 30 août 1882, *ibid.* ; Civ. 10 févr. 1919, *D.* 1921. 1. 193, note Lalou ; Req. 8 juin 1920, *ibid.* ; Civ. 3e, 5 févr. 1991, *Loyers et copr.* 1991, n° 153 – PAR CONSÉQUENT, le fait que la cause de l'incendie est inconnue est insuffisant : Civ. 17 févr. 1930, *DH* 1930. 194 ; Civ. 3e, 13 mai 1997, *Rev. loyers* 1997. 554 ; Civ. 2e, 18 mai 2017, n° 16-12.467, NP, *Loyers et copr.* 2017, n° 157, obs. B. Vial-Pedroletti ; *Gaz. Pal.* 11 juill. 2017. 79, obs. Conseil – COMP. toutefois, ne retenant pas la responsabilité d'un locataire, faute de lien de causalité entre la faute qui lui est imputée et l'incendie, dont l'origine n'a pu être déterminée : Civ. 2e, 18 juin 1997, n° 95-20.148, P II, n° 198 ; *D.* 1997. IR 169.
16. Jugeant que l'incendie qui se déclare dans les locaux d'un colocataire et dont la cause n'est pas déterminée n'est pas constitutif d'un cas fortuit et que le bailleur est responsable envers les autres locataires des troubles de jouissance du fait de l'incendie : Civ. 3e, 12 juill. 2018, n° 17-20.696, P ; *D.* 2018. 1552 ; *ibid.* 2019. Pan. 1129, spéc. 1140, obs. N. Damas ; *AJDI* 2019. 118, obs. N. Damas.
17. Civ. 3e, 10 juill. 1991, n° 89-20.986, NP, *Loyers et copr.* 1991, n° 370 – Civ. 3e, 15 juin 2005, n° 04-12.243, P III, n° 128 ; *D.* 2005. IR 1729, obs. Y. Rouquet ; *ibid.* 2580, note Rakotovahiny ; *ibid.* 2006. Pan. 959, obs. N. Damas ; *AJDI* 2005. 731, note Y. Rouquet – Lyon, 6 févr. 2018, n° 14/08146, *Loyers et copr.* 2018, n° 81, obs. B. Vial-Pedroletti.
18. Civ. 3e, 15 juin 2005, n° 04-12.243, P III, n° 128 ; *D.* 2006, Pan. 959, obs. Damas ; *AJDI* 2005. 731, obs. Y. Rouquet.

Quant à l'incendie d'origine criminelle, il incombe aux juges du fond de rechercher si cette circonstance n'a pas mis la locataire dans l'impossibilité d'éviter le dommage [1, 2].

232.35 Incendie et partage de responsabilité. L'article 1734 du code civil envisage le partage de responsabilité de l'incendie lorsqu'il y a plusieurs locataires. Alors, tous sont responsables au *prorata* de la valeur locative des lieux qu'ils occupent, sauf s'ils prouvent que l'incendie a commencé dans l'habitation de l'un d'eux (auquel cas, celui-ci sera pleinement responsable) ou sauf si certains prouvent que l'incendie n'a pu commencer chez eux (auquel cas le partage de responsabilité se fera entre ceux qui n'ont pas établi cette preuve) [3].

232.36 Sanction en cas de manquement du locataire. La sanction pourra être l'obligation pour le preneur de réparer ou d'indemniser le bailleur, voire, en cas de manquement grave de la part du preneur, la résiliation pure et simple du bail [4].

À noter que le locataire ne pourra pas être poursuivi pour le délit de dégradation involontaire par explosion ou incendie. En effet, cette incrimination implique un manquement à une obligation de sécurité ou de prudence au sens de l'article 322-5 du code pénal imposée par la loi ou le règlement. Or l'article 1728 du code civil n'édicte pas une telle obligation [5].

SECTION 3
OBLIGATION D'ENTRETENIR LES LIEUX

232.41 Entretien courant – Réparation locative. Le locataire est obligé de prendre à sa charge l'entretien courant du logement, des équipements mentionnés au contrat et les menues réparations ainsi que l'ensemble des réparations locatives définies par décret en Conseil d'État, sauf si elles sont occasionnées par vétusté, malfaçon, vice de construction, cas fortuit ou force majeure [6]. Le non-respect de cette obligation d'entretien par le locataire va pouvoir entraîner la résiliation judiciaire du bail en cours d'exécution [7].

SECTION 4
OBLIGATION DE LAISSER EXÉCUTER CERTAINS TRAVAUX

232.51 Permettre l'accès aux lieux loués. Aux termes de l'article 7 *e* de la loi du 6 juillet 1989, dans sa rédaction issue de la loi du 24 mars 2014, dite loi Alur, applicable aux baux en cours [8], le locataire est obligé de permettre l'accès aux lieux loués pour la préparation et l'exécution de certains travaux [9].

232.52 Les travaux concernés. Il s'agit :

- de travaux d'amélioration des parties communes ou des parties privatives du même immeuble ;

- de travaux nécessaires au maintien en état ou à l'entretien normal des locaux loués ;

- de travaux d'amélioration de la performance énergétique à réaliser dans ces locaux [10, 11] ;

- et de travaux qui permettent de mettre le logement aux normes de décence.

Le texte précise que les deux derniers alinéas de l'article 1724 du code civil [12] sont applicables à ces travaux sous réserve du respect de la loi n° 67-561 du 12 juillet 1967 [13] relative à l'amélioration de l'habitat (ayant trait à l'exécution des travaux destinés à adapter, totalement ou partiellement, les locaux d'habitation à des normes de salubrité, de sécurité, d'équipement et de confort et à l'exécution dans les locaux à usage locatif des travaux destinés à économiser l'énergie, v. s^s n° 311.111).

1. Civ. 3e, 21 sept. 2005, n° 04-14.706, NP, *AJDI* 2006. 191, note F. de la Vaissière.
2. POUR UN EXEMPLE d'incendie causé par des malfaiteurs exonérant le locataire de sa responsabilité, en l'absence de faute caractérisée de sa part : Civ. 3e, 18 nov. 2014, *Loyers et copr.* 2015, n° 2, obs. B. Vial-Pedroletti.
3. Sur les mesures de sécurité à mettre en œuvre par le propriétaire dans les parties communes des immeubles pour prévenir le risque d'incendie, v. s^s n°s 212.83 s.
4. Sur la prise en compte des dégradations lors du départ du locataire v. s^s n° 233.81.
5. Crim. 18 janv. 2012, n° 11-81.324, P n° 17, *D.* 2012. Actu. 360, obs. Bombled ; *AJDI* 2012. 661, obs. V. Zalewski ; *RDI* 2012. 165, obs. Roujou de Boubée.
6. L. n° 89-462, 6 juill. 1989, art. 7 *d*.
7. Civ. 3e, 30 juin 2004, n° 02-20.721, P III, n° 134 ; *AJDI* 2004. 805, note Y. Rouquet ; *Administrer* oct. 2004, p. 61, obs. Boccara et Lipman-Boccara (concernant les causes d'exonération du locataire, v. s^s n°s 233.61 s.).
8. L. n° 2014-366, 24 mars 2014, *JO* 26 mars, p. 5809, art. 14.
9. POUR UN EXEMPLE de condamnation du preneur ayant refusé l'accès au logement : Paris, 13 déc. 2018, n° 16/09910, Rev. *loyers* 2019. 29, obs. Brena ; – Aix-en-Provence, 28 mai 2019, n° 18/17517, *Loyers et copr.* 2019, n° 147, obs. B. Vial-Pedroletti (résiliation du bail).
10. SUR LA QUESTION : N. Damas, *AJDI* 2010. 689, spéc. 691.
11. POUR UNE ILLUSTRATION : Civ. 3e, 9 avr. 2014, n° 12-35.313, NP, *Loyers et copr.* 2014, n° 174, obs. B. Vial-Pedroletti.
12. Dont la version issue de la loi n° 2014-366 du 24 mars 2014, dite loi Alur (*JO* 26 mars, p. 5809) est, depuis le 8 août 2015, date d'entrée en vigueur de la loi « Macron » n° 2015-990 du 6 août 2015 applicable aux contrats en cours (L. n° 2015-990 préc., art. 82-II, *JO* 7 août, p. 13537 s.).
13. L. n° 67-561, 12 juill. 1967, *JO* 13 juill., p. 7019.

232.53 Droits du locataire. Ainsi, en en vertu de l'article 1724 du code civil[1] :

• si les travaux durent plus de vingt et un jours, le prix du bail sera diminué à proportion du temps et de la partie de la chose louée dont le locataire aura été privé ;

• si les réparations sont de telle nature qu'elles rendent inhabitable ce qui est nécessaire au logement du preneur et de sa famille, celui-ci pourra faire résilier le bail.

Notons que le législateur de 1989 n'a pas limité l'obligation du locataire aux seuls travaux urgents. Cette obligation, en ce qu'elle oblige le locataire à supporter les travaux d'entretien du bailleur est le pendant de l'article 6 *c* (imposant au bailleur d'effectuer lesdits travaux).

232.54 Information du locataire. Selon l'article 7 *e*, dans sa version issue de la loi du 24 mars 2014, dite loi Alur[2], avant le début des travaux, le locataire est informé par le bailleur de leur nature et des modalités de leur exécution.

Cette information prend la forme d'une notification qui est remise au locataire en main propre ou par lettre recommandée avec demande d'avis de réception, voire, même si le texte n'en dit mot, par voie d'huissier.

Sauf accord exprès du locataire, il est indiqué qu'aucuns travaux ne peuvent être réalisés les samedis, dimanches et jours fériés.

Par ailleurs, si les travaux entrepris dans un local d'habitation occupé, ou leurs conditions de réalisation, présentent un caractère abusif ou vexatoire ou ne respectent pas les conditions définies dans la notification de préavis de travaux ou si leur exécution a pour effet de rendre l'utilisation du local impossible ou dangereuse, le juge peut prescrire, sur demande du locataire, l'interdiction ou l'interruption des travaux entrepris.

232.55 Remarques relatives aux travaux d'amélioration. Il faut comprendre l'article 7 *e* comme n'imposant au preneur une obligation de tolérer leur réalisation que dans la mesure où ils concernent les parties communes ou les parties privatives d'autres logements que celui du locataire : en aucun cas, le bailleur ne peut obliger le locataire à supporter la réalisation de tels travaux des lieux loués eux-mêmes[3].

Si incontestable soit-elle au plan juridique, cette solution risque de conduire à la paralysie des opérations de réhabilitation, spécialement dans le secteur HLM. Concernant la réalisation de travaux d'amélioration des lieux loués en cours de bail moyennant une augmentation de loyer (en application de l'article 17 *e* de la loi de 1989 v. s[s] n°s 312.10 s.).

Toutefois, comme cela a déjà été précisé[4] par exception, le bailleur peut imposer à son cocontractant la réalisation des travaux d'amélioration de la performance énergétique dans les lieux loués.

232.56 Remarques relatives aux travaux relavant de la loi du 12 juillet 1967. Concernant les travaux destinés à adapter, totalement ou partiellement, les locaux d'habitation à des normes de salubrité, de sécurité, d'équipement et de confort et les travaux destinés à économiser l'énergie réalisés dans les locaux à usage locatif, on retiendra de la loi du 12 juillet 1967[5] (et de son décret d'application[6]) :

– que dès lors qu'ils ne présentent pas de caractère abusif vexatoire ces travaux peuvent, nonobstant toute disposition ou stipulation contraire, être exécutés par le propriétaire dans les mêmes conditions que les réparations urgentes visées à l'article 1724 du code civil ;

– que le texte organise l'information préalable du locataire lorsque les travaux n'affectent que les locaux occupés par un locataire ;

– qu'en aucun cas, le locataire ne peut interdire l'accès des locaux loués ni s'opposer au passage dans ceux-ci de conduits de toute nature ;

– que, moyennant le respect de certaines modalités, le locataire a la faculté, nonobstant toute disposition ou stipulation contraire, d'exécuter ou faire exécuter les travaux lorsque leur réalisation n'intéresse pas d'autres parties de l'immeuble affectées à usage privatif ou ne risque pas de compromettre le bon aspect ou la solidité de l'immeuble. Et lors de son départ, le bailleur devra l'indemniser (conformément aux dispositions du décret du 9 novembre 1968[7]).

232.57 Sanctions du non-respect de l'obligation d'information du locataire ou d'exécution des travaux non-conforme. Aux termes de l'article 10-1 A de la loi du 31 décembre 1975[8], inséré par la loi du 24 mars 2014, dite loi Alur, quiconque exécute ou fait exécuter les travaux mentionnés aux deux premiers alinéas de l'article 2 de la loi du 12 juillet

1. Dont les alinéas 2 et 3 sont expressément déclarés applicables aux locaux régis par la loi de 1989 – L. n° 89-462, 6 juill. 1989, art. 7 e.
2. Applicable aux baux en cours.
3. Civ. 3e, 5 mai 2004, n° 01-16.041, P III, n° 89 ; *AJDI* 2004. 556, obs. Y. Rouquet ; *D.* 2004. IR 1426 ; *Rev. loyers* 2004. 479, obs. Humblot-Gignoux.
4. V. s[s] n° 232.52.
5. L. n° 67-561, 12 juill. 1967, *JO* 13 juill. 1967, p. 7019.
6. Décr. n° 68-976, 9 nov. 1968, *JO* 10 nov. 1968, p. 10554.
7. Décr. n° 68-976, 9 nov. 1968, *JO* 10 nov. 1968, p. 10554.
8. L. n° 75-1351, 31 déc. 1975 relative à la protection des occupants de locaux à usage d'habitation, *JO* 4 janv. 1976.

1967[1] ou au *e* de l'article 7 de la loi du 6 juillet 1989 sans avoir fait la notification, prévue auxdits articles, ou sans respecter les conditions d'exécution figurant dans la notification ou encore malgré une décision d'interdiction ou d'interruption des travaux prononcée par le juge du tribunal judiciaire, statuant par ordonnance de référé, encourt les sanctions prévues à l'article L. 480-4 du code de l'urbanisme (peine d'amende et, en cas de récidive, d'emprisonnement)[2]. Le texte précise par ailleurs que tribunal peut, en outre, ordonner la remise en état des lieux aux frais du condamné.

232.58 **Sanctions en cas de réalisation de travaux abusifs ou vexatoires.** Selon l'article L. 183-16 du code de la construction et de l'habitation[3], lorsque tout ou partie d'un bâtiment est occupé par des locataires ou des occupants de bonne foi et que des travaux effectués présentent un caractère abusif et vexatoire, le juge saisi en référé peut prescrire l'interdiction ou l'interruption des travaux. Il peut ordonner leur interdiction ou leur interruption, sous astreinte le cas échéant.

Le texte poursuit en précisant que quiconque exécute ou fait exécuter de tels travaux, malgré une décision d'interdiction ou d'interruption prononcée par le juge, est puni d'un emprisonnement de deux ans et d'une amende de 4 500 euros.

Le juge peut en outre ordonner la remise en état des lieux aux frais du condamné.

SECTION 5 INTERDICTION DE TRANSFORMER LES LIEUX

232.60 **Plan.** Il convient, en la matière, de distinguer les règles qui prévalent pour la plupart des travaux emportant transformation des lieux (§ 1) de celles qui s'imposent en cas de travaux d'adaptation du logement aux personnes en situation de handicap ou de perte d'autonomie ou des travaux de rénovation énergétique (§ 2).

§ 1 Droit commun

232.71 **Nécessité d'un accord écrit du bailleur.** Le locataire ne peut transformer les locaux et équipements loués sans l'accord écrit du propriétaire[4]. À défaut, au départ du locataire, le bailleur aura la possibilité, soit de conserver lesdites transformations, soit de demander au preneur qu'il les supprime. Indépendamment du droit qui lui est reconnu, le bailleur pourrait poursuivre la résiliation du bail sur le fondement de l'article 1184 du code civil[5], devenu l'article 1227.

A. Distinction entre « transformation » et « aménagement »

232.81 **Critère du gros œuvre.** Il ressort de l'article 7 *f* de la loi du 6 juillet 1989 que si le locataire ne peut réaliser des travaux de transformation dans les lieux loués, son cocontractant ne saurait lui interdire de procéder à des aménagements.

Dès lors, la distinction entre transformation et aménagement s'avère indispensable à opérer. La jurisprudence permet de cerner les deux notions.

232.82 **Travaux d'aménagement.** Les travaux de peinture et la pose d'une moquette sont assurément de simples travaux d'aménagement[6]. Le fait que la couleur de la peinture soit différente du blanc initial ne saurait y changer quoi que ce soit, dès lors que la teinte retenue ne rend pas l'appartement inhabitable[7]. Il en va de même de la modification de plinthes[8], la pose de boiseries[9] ou d'un pare-vue amovible et d'un brise-vue en bambou[10]. Par ailleurs, le preneur peut, sans autorisation, modifier l'usage des pièces ainsi que leur agencement intérieur[11]. de même, il a été jugé que dès lors qu'il ne porte pas sur le gros œuvre, l'aménagement des combles ne saurait être qualifié de transformation[12], pas plus que le remplacement[13] d'un bidet par une baignoire non scellée[14], la pose d'un parquet flottant et d'un habillage de baignoire[15] ou l'installation d'un éclairage exté-

1. L. n° 67-561, 12 juill. 1967 relative à l'amélioration de l'habitat, *JO* 13 juill.
2. Les art. L. 480-1, al. 1er, 3 et 4, L. 480-2, L. 480-3, L. 480-7, L. 480-8 et L. 480-9 du code de l'urbanisme sont également applicables à ces infractions.
3. ISSU DE ord. n° 2020-71, 29 janv. 2020, *JO* 31 janv., n° 62, en vigueur le 1er juill. 2021.
4. L. n° 89-462, 6 juill. 1989, art. 7 f, al. 1er.
5. Versailles, 9 juill. 1993, *JurisData* 042565, *Administrer* janv. 1994. 58.
6. Nancy, 1er févr. 1995, n° 00001029/93, *Rev. huiss.* 1996, p. 98.
7. Nancy, 1er févr. 1995, n° 00001029/93, *Rev. huiss.* 1996, p. 98.
8. Colmar, 4 déc. 2017, n° 16/04010, *Rev. loyers* 2018. 41, obs. Brena.
9. Paris, 25 nov. 1999, *AJDI* 2000. 141.
10. Versailles, 13 juin 2017, n° 16/01247, *Loyers et copr.* 2017, n° 188, obs. B. Vial-Pedroletti.
11. Rouen, 27 oct. 1999, n° 98/01701, *Loyers et copr.* 2000, n° 109, obs. B. Vial-Pedroletti.
12. Rouen, 27 oct. 1999, n° 98/01701, *Loyers et copr.* 2000, n° 109, obs. B. Vial-Pedroletti.
13. Réalisé par un professionnel.
14. Rouen, 27 oct. 1999, n° 98/01701, *Loyers et copr.* 2000, n° 109, obs. B. Vial-Pedroletti.
15. Douai, 9 janv. 2020, n° 18/03547, *Loyers et copr.* 2020, n° 18, obs. B. Vial-Pedroletti.

rieur[1]. Enfin, selon la cour d'appel de Versailles, la création d'une ouverture dans la cloison séparant la cuisine du salon et l'installation d'un auvent dans le jardin ne sont pas des améliorations[2]. Toutefois, et de manière quelque peu paradoxale, la cour de paris a décidé que la suppression d'une cloison et l'agrandissement du séjour constituent des transformations illicites justifiant la résiliation du bail[3]. Mais, tout est ici cas d'espèce.

232.83 **Travaux de transformation.** En revanche, évidemment, la construction d'un bungalow, d'une piscine et d'une terrasse sans autorisation constitue des transformations du bien loué[4]. Il en va de même du fait de pratiquer une ouverture de deux mètres de large dans le mur séparant les deux appartements est une transformation au sens du texte[5], tout comme la transformation d'une chambre en cuisine aménagée et de l'utilisation de l'ancienne cuisine comme lingerie[6], ou la réunion de chambres de services par suppression de cloisons et l'annexion de parties communes[7]. De même, les travaux de pose de panneaux photovoltaïques démontables mais qui impliquent la dépose du toit, la reprise de l'étanchéité et la modification des plafonds, constituent une transformation[8].

Et il a été jugé que l'apposition de stickers sur une grande partie de la surface des murs est une transformation des lieux[9]. Tout comme le rabotage de portes de chambres et du sectionnement du garde-corps de la terrasse[10].

B.
Hypothèse de l'accord du bailleur

232.91 **Remboursement des frais de travaux d'amélioration conservés par le bailleur – Accord.** Si le bailleur entend autoriser les transformations souhaitées par son cocontractant, il devra, aux termes de la loi, donner son accord par écrit[11].

Le caractère obligatoirement écrit de cette autorisation doit inciter les parties à préciser quel sera le sort des travaux en fin de bail (donneront-ils lieu à indemnisation du preneur ? Si oui, à quelle hauteur ? Au contraire, le preneur devra-t-il les enlever ?).

232.92 **Remboursement des frais de travaux d'amélioration conservés par le bailleur - Droit commun.** À défaut de stipulation contractuelle, en vertu de l'article 555 du code civil, soit les améliorations feront accession au bailleur en fin de contrat, soit il pourra contraindre le preneur à les enlever (aux frais de ce dernier). S'il décide de les conserver, il devra verser au locataire soit une somme égale à celle dont le local a augmenté de valeur en raison des travaux réalisés, soit une somme représentant le coût des matériaux et le prix de la main-d'œuvre estimés à la date du remboursement, compte tenu de l'état du local[12]. Lorsque les améliorations ont été détruites avant la fin du bail, c'est-à-dire avant qu'elles ne reviennent au bailleur par voie d'accession, ledit bailleur ne peut prétendre au paiement de leur contre-valeur[13].

C.
Option du bailleur n'ayant pas donné son accord aux travaux d'amélioration

232.101 **Demande de remise en l'état.** À défaut d'accord écrit, le propriétaire peut exiger du locataire, à son départ des lieux, leur remise en l'état ou conserver à son bénéfice les transformations effectuées sans que le locataire puisse réclamer une indemnisation des frais engagés. Le bailleur a toutefois la faculté d'exiger, aux frais du locataire, la remise immédiate des lieux en l'état lorsque les transformations mettent en péril le bon fonctionnement des équipements ou la sécurité du local[14].

Deux hypothèses doivent donc être distinguées en fonction du péril que feraient courir les travaux au bon fonctionnement des équipements ou à la sécurité du local.

232.102 **Travaux ne mettant pas le local ou ses équipements en péril.** Le bailleur ne pourra pas intervenir avant le départ de son cocontractant.

1. Rouen, 27 oct. 1999, n° 98/01701, *Loyers et copr.* 2000, n° 109, obs. B. Vial-Pedroletti.
2. Versailles, 29 juin 2010, n° 09/06690, *Loyers et copr.* 2010, n° 283, obs. B. Vial-Pedroletti.
3. Paris, 5 janv. 2010, n° 07/20816, *Loyers et copr.* 2010, n° 98, obs. B. Vial-Pedroletti.
4. Et non pas des constructions au sens de l'art. 555 C. civ. (à ce sujet, v. s[s] n° 232.92) : Civ. 3e, 12 sept. 2019, n° 18-17.841, NP, *AJDI* 2019. 799 ; *Loyers et copr.* 2019, n° 186, obs. B. Vial-Pedroletti.
5. Paris, 27 oct. 1993, n° 92/023355, *Loyers et copr.* 1994, n° 50.
6. Paris, 18 mars 1994, *Loyers et copr.* 1994, n° 272.
7. Paris, 9 déc. 2004, n° 03/12952, *Loyers et copr.* 2005, n° 87, obs. B. Vial-Pedroletti.
8. Nîmes, 23 mai 2013, n° 12/03451, *AJDI* 2013. 826.
9. Riom, 10 avr. 2017, n° 15/02763, *Rev. loyers* 2017. 231, obs. S. B.
10. Colmar, 4 déc. 2017, n° 16/04010, *Rev. loyers* 2018. 41, obs. Brena.
11. L. n° 89-462, 6 juill. 1989, art. 7 *f.*
12. COMP. : Civ. 3e, 8 janv. 1997, n° 94-21.483, P III, n° 3 ; *RDI* 1997. 297, obs. F. Collart-Dutilleul ; – Civ. 3e, 10 juill. 2007, n° 06-16.799, NP, *Loyers et copr.* 2007, n° 188, obs. B. Vial-Pedroletti.
13. Civ. 3e, 2 avr. 2003, n° 01-17.017, P III, n° 76 ; *D.* 2003. IR 1200 ; *AJDI* 2003. 501, obs. Laporte-Leconte – Civ. 3e, 20 avr. 2005, n° 03-20.927, NP, *AJDI* 2005. 905.
14. L. n° 89-462, 6 juill. 1989, art. 7 f, *in fine.*

Les termes, employés par le législateur, de « départ des lieux » impliquent que le bailleur ne pourrait pas subordonner le renouvellement du bail (contre le gré du preneur) à la suppression des travaux de transformation[1]. Par contre, la réalisation de tels travaux serait un motif légitime et sérieux de donner congé.

Lors du départ du locataire, le bailleur aura le choix entre conserver les transformations (sans avoir à indemniser le locataire) et demander la suppression des travaux (aux frais du preneur). Le fait de ne pas exiger la remise en état du local lors du départ du locataire, de ne formuler à cette occasion aucune protestation ni réserve et de relouer le local tel quel vaut option du bailleur pour l'appropriation des transformations. Sa réclamation, cinq ans plus tard de voir détruire les travaux aux frais de l'ancien locataire est donc sans portée[2]. Précisons que des travaux de transformation réalisés par le précédent locataire ne sauraient en aucun cas être reprochés au preneur actuel, lequel n'a pas à déférer à la sommation de démolition du bailleur, quand bien même serait-il le fils de l'ancien occupant[3].

232.103 **Travaux mettant le local ou ses équipements en péril.** En cas de mise en péril du local ou des équipements, le bailleur peut exiger la remise immédiate des lieux dans leur état initial. Encore faudra-t-il que le bailleur établisse l'état de péril[4].

Il a toutefois été jugé que, même en dehors de tout péril, le bailleur est en droit d'exiger la suppression immédiate de la construction par le locataire d'un local sur les parties communes de l'immeuble. Cette solution est logique car cette construction ne concernant pas les « locaux loués », elle n'entre pas dans les prévisions de l'article 7 *f*[5].

§ 2 Travaux d'adaptation du logement aux personnes en situation de handicap ou de perte d'autonomie ou des travaux de rénovation énergétique

232.111 **Régime d'exception.** Les travaux d'adaptation du logement aux personnes en situation de handicap ou de perte d'autonomie et, depuis la loi « Climat et résilience » du 22 août 2021[6], des travaux de rénovation énergétique peuvent, selon l'article 7 *f* de la loi du 6 juillet 1989, être réalisés aux frais du locataire[7, 8].

232.112 **Travaux concernés.** Aux termes du décret du 29 septembre 2016[9, 10], la liste limitative des travaux d'adaptation du logement aux personnes en situation de handicap ou de perte d'autonomie, mentionnés à l'article 7 *f* de la loi du 6 juillet 1989, comprend, lorsqu'ils constituent des travaux de transformation, les travaux suivants :

– création, suppression ou modification de cloisons ou de portes intérieures au logement ;

– modification de l'aménagement ou de l'équipement des pièces d'eau (cuisine, toilettes, salle d'eau) ;

– création ou modification de prises électriques ou de communications électroniques et de points d'éclairage ;

– installation ou adaptation de systèmes de commande (notamment commande des installations électriques, d'eau, de gaz et de chauffage, interphone, signalisation, interrupteurs) ; installation d'élévateurs ou d'appareils permettant notamment le déplacement de personnes à mobilité réduite ; installation ou modification des systèmes de fermeture et d'ouverture (portes, fenêtres, volets) et d'alerte.

232.113 **Demande du locataire.** Il ressort de la combinaison de l'article 7 *f* de la loi de 1989 et

1. V. aussi s[s] n°s 422.91 s.
2. Civ. 3e, 22 janv. 1997, n° 95-12.754, NP, *Rev. loyers* 1997. 245 – Versailles, 24 sept. 1999, n° 95/00000282, *BICC* 2000, n° 866.
3. Versailles, 23 oct. 1998, n° 9096/97, *BICC* 1999, n° 689.
4. Paris, 22 mai 1996, n° 94/028055, *Loyers et copr.* 1996, n° 384.
5. Civ. 3e, 8 oct. 2015, n° 14-16.166 : *D.* 2016. Pan. 1102, spéc. 1110, obs. N. Damas ; *AJDI* 2016. 206, obs. N. Damas ; *Loyers et copr.* 2015, n° 243, obs. B. Vial-Pedroletti.
6. L. n° 2021-1104, 22 août 2021, portant lutte contre le dérèglement climatique et renforcement de la résilience face à ses effets, *JO* 24 août, n° 1.
7. Jugeant que le bailleur ne saurait être tenu de réaliser, à ses frais, des travaux d'installation d'une douche adaptée au handicap de l'enfant du locataire : Douai, 13 févr. 2020, n° 18/05451, *Loyers et copr.* 2020, n° 48, obs. B. Vial-Pedroletti.
8. De la combinaison des articles L. 163-1 et L. 163-2 du code de la construction et de l'habitation (issus de l'ord. n° 2020-71 du 29 janv. 2020, *JO* 31 janv., n° 62, en vigueur le 1er juill. 2021), il s'évince par ailleurs que la loi prévoit que les bâtiments à usage d'habitation situés dans un cadre bâti existant sont rendus accessibles lorsqu'ils font l'objet de travaux et qu'en cas de dérogation à ce principe (pour impossibilité technique, notamment), les personnes handicapées bénéficient d'un droit à être relogées dans un bâtiment accessible à tous dès lors que le propriétaire du bâtiment possède un parc de logements dont le nombre est supérieur à un seuil fixé par décret en Conseil d'État – Concernant les sanctions attachées à la violation de ces art. : CCH, art. L. 183-4 et L. 183-6.
9. Décr. n° 2016-1282, 29 sept. 2016, relatif aux travaux d'adaptation du logement aux personnes en situation de handicap ou de perte d'autonomie réalisés aux frais du locataire, art. 1er, *JO* 30 sept., n° 48.
10. Qui, à l'heure de la rédaction de ces lignes n'a pas été modifié de manière à prendre en considération la réalisation, par le locataire et à ses frais de travaux de rénovation énergétique.

décret du 29 septembre 2016[1], que le preneur doit solliciter l'accord du bailleur en lui adressant une demande écrite par lettre recommandée avec demande d'avis de réception.

Le locataire doit notamment indiquer l'entreprise chargée de les exécuter.

Sa demande reproduit l'article 7 *f* de la loi de 1989 et indique expressément qu'en application de ce texte, à défaut de réponse dans le délai de deux mois[2], le bailleur sera réputé avoir donné son accord tacite à ces travaux de transformation et ne pourra pas, à l'issue du bail, demander la remise en état des lieux.

232.114 **Réponse du bailleur.** Dans les deux mois à compter de la date de réception de la demande, le bailleur peut, expressément accepter ou refuser la demande du locataire. À défaut de réponse dans ce délai, ainsi qu'il vient d'être dit[3], son silence vaut acceptation[4].

232.115 **Attestation de l'achèvement des travaux.** Dans un délai de deux mois suivant l'achèvement des travaux, le locataire atteste auprès du bailleur que les travaux ont été réalisés par l'entreprise choisie et correspondent effectivement aux travaux de transformation notifiés et autorisés par le bailleur[5].

232.116 **Situation des parties au départ du locataire.** Au départ du locataire, le bailleur ne peut exiger la remise des lieux en l'état[6].

SECTION 6
OBLIGATION DE S'ASSURER

232.121 **Renvoi.** Sur la question, v. chap. 251 et 252.

SECTION 7
OBLIGATION D'ENTRETENIR UN DÉTECTEUR DE FUMÉE

232.131 **Renvoi.** Sur la question, v. s[s] n°s 212.81 s.

1. Décr. n° 2016-1282, 29 sept. 2016, art. 2-I ; mod. par décr. n° 2019-305, 11 avr. 2019.
2. Depuis la loi n° 2018-1021 du 23 nov. 2018 portant évolution du logement, de l'aménagement et du numérique, dite loi Élan (*JO* 24 nov., n° 1), contre quatre mois auparavant.
3. V. s[s] n° 232.113.
4. L. n° 89-462, 6 juill. 1989, art. 7 *f*.
5. Décr. n° 2016-1282, 29 sept. 2016, art. 2-II, *JO* 30 sept., n° 48.
6. L. n° 89-462, 6 juill. 1989, art. 7 *f*.

CHAPITRE

233. Obligations d'entretien et réparations

SECTION 0
ORIENTEUR

233.00 Sommaire du chapitre.

Division. Les obligations d'entretien et réparations (sect. 1) seront présentées, puis ce sera au tour des éléments entrant dans la définition des réparations locatives (sect. 2), de la liste des réparations locatives (sect. 3), des causes d'exonération (sect. 4) et de l'indemnisation du bailleur (sect. 5).

233.01 Principaux textes applicables.

TEXTES SOURCES

- **L. 6 juill. 1989,** art. 7 *c* et 7 *d*.
- **Décr. n° 87-712, 26 août 1987,** pris en application de l'article 7 de la loi n° 86-1290 du 23 décembre 1986 tendant à favoriser l'investissement locatif, l'accession à la propriété de logements sociaux et le développement de l'offre foncière et relatif aux réparations locatives, *JO* 30 août p. 9976, art. 1.
- **Décr. n° 2016-382, 30 mars 2016,** fixant les modalités d'établissement de l'état des lieux et de prise en compte de la vétusté des logements loués à usage de résidence principale, *JO* 31 mars, n° 93, art. 4.
- **C. civ.,** art. 1730 à 1732, 1756.

TEXTES *IN EXTENSO*

- **L. 6 juill. 1989,** art. 7 c) et d)

Le locataire est obligé : [...]

c) De répondre des dégradations et pertes qui surviennent pendant la durée du contrat dans les locaux dont il a la jouissance exclusive, à moins qu'il ne prouve qu'elles ont eu lieu par cas de force majeure, par la faute du bailleur ou par le fait d'un tiers qu'il n'a pas introduit dans le logement ;

d) De prendre à sa charge l'entretien courant du logement, des équipements mentionnés au contrat et les menues réparations ainsi que l'ensemble des réparations locatives définies par décret en Conseil d'État, sauf si elles sont occasionnées par vétusté, malfaçon, vice de construction, cas fortuit ou force majeure. Les modalités de prise en compte de la vétusté de la chose louée sont déterminées par décret en Conseil d'État, après avis de la Commission nationale de concertation. Lorsque les organismes bailleurs mentionnés à l'article L. 411-2 du code de la construction et de l'habitation ont conclu avec les représentants de leurs locataires des accords locaux portant sur les modalités de prise en compte de la vétusté et établissant des grilles de vétusté applicables lors de l'état des lieux, le locataire peut demander à ce que les stipulations prévues par lesdits accords soient appliquées ; » [...]

- **Décr. 26 août 1987,** art. 1er

Sont des réparations locatives les travaux d'entretien courant et de menues réparations, y compris les remplacements d'éléments assimilables auxdites réparations, consécutifs à l'usage normal des locaux et équipements à usage privatif.

Ont notamment le caractère de réparations locatives les réparations énumérées en annexe au présent décret.

- **Décr. 30 mars 2016,** art. 4

En application de l'article 7 de la loi du 6 juillet 1989 susvisée, la vétusté est définie comme l'état d'usure ou de détérioration résultant du temps ou de l'usage normal des matériaux et éléments d'équipement dont est constitué le logement.

- **C. civ.,** art. 1730

S'il a été fait un état des lieux entre le bailleur et le preneur, celui-ci doit rendre la chose telle qu'il l'a reçue, suivant cet état, excepté ce qui a péri ou a été dégradé par vétusté ou force majeure.

• **C. civ.,** art. 1731

S'il n'a pas été fait d'état des lieux, le preneur est présumé les avoir reçus en bon état de réparations locatives, et doit les rendre tels, sauf la preuve contraire.

• **C. civ.,** art. 1732

* V. s[s] n° 232.01

• **C. civ.,** art. 1756

Le curement des puits et celui des fosses d'aisances sont à la charge du bailleur s'il n'y a clause contraire.

233.02 **Jurisprudence de référence.**

• **Civ. 3e, 7 avr. 1994,** n° 92-16.432, NP

* V. s[s] n° 233.30

La liste annexée au décret relatif aux réparations locatives n'est pas exhaustive.

• **Civ. 3e, 23 juin 2015,** n° 14-13.385, NP

* V. s[s] n° 233.44

La locataire qui soutient que la dégradation de la porte palière a été causée par des tiers qu'elle n'a pas introduits dans le logement n'est pas tenue à son remplacement.

• **Civ. 3e, 3 avr. 2001,** n° 99-13.668, NP – Civ. 3e, 11 mars 2014, n° 12-28.396, NP

* V. s[s] n° 233.82

« …l'indemnisation du bailleur n'est pas subordonnée à la preuve de l'exécution par celui-ci des travaux dont il demande réparation ».

• **Civ. 3e, 17 oct. 1990,** n° 88-20.194, P III, n° 188

* V. s[s] n° 233.65

L'obligation de répondre des dégradations et des pertes ne s'étend pas à la remise à neuf des papiers peints, peintures et revêtements de sol, atteints par la vétusté après quatorze années d'occupation.

• **Civ. 3e, 11 déc. 1991,** n° 90-15.246, P III, n° 310

* V. s[s] n° 233.85

Viole l'art. 1730 l'arrêt qui procède à une réduction de l'indemnisation due au bailleur au titre de l'impossibilité de relocation des lieux avant l'exécution de tels travaux tout en retenant que leur charge incombait au preneur et que la relocation était impossible avant leur exécution.

• **Civ. 3e, 24 mars 2010,** n° 09-10.218, P III, n° 66

* V. s[s] n° 233.52

Attendu que l'article 1756 du code civil ne met à la charge du bailleur que le seul curement des puits et des fosses d'aisances ; qu'en retenant que la vidange d'une fosse septique incombait au locataire, la juridiction de proximité a fait une exacte application du décret n° 87-712 du 26 août 1987 relatif aux réparations locatives.

233.03 **Bibliographie indicative.**

Annuel. LAMY DR. IMMO, n°s 5977 s.

Encyclopédies. RÉP. CIV., *V° Bail d'habitation et mixte : rapports locatifs individuels – Loi du 6 juillet 1989*, N. Damas, n°s 229-261 – DICT. PERM. Gestion immob., *V° Baux d'habitation et mixtes*, n°s 169-177.

Ouvrages. E. Debaussart-Joniec, S. Fraîche-Dupeyrat, Ph. Pelletier, *Les baux d'habitation après la loi Élan*, 3e éd., « Actualité », 2019, LexisNexis – J. Lafond, B. Vial-Pedroletti, *Les baux d'habitation*, 8e éd., « Droit et professionnels », LexisNexis, 2017, n°s 900 s. – Ph. Pelletier (dir.), *Traité des baux d'habitation et professionnels*, « Référence juridique », Le Moniteur, 2021.

Sur les réparations locatives

Articles. F. de La Vaissière, « Les décrets d'application relatifs au volet locatif de la loi Alur », *Ann. Loyers* mai 2016, p. 91 ; L. Roy, « Réparations locatives : qui paye quoi ? » *Le Particulier Immobilier*, n° 230, avril 2007 ; Y. Rouquet, « Réparations locatives et indemnisation du bailleur », *Rev. FNAIM*, 2006, p. 48 ; « Travaux en location et réparations locatives : que peut-on faire ? Qui doit faire quoi ? » : www.fnaim.fr ; « Les droits et les obligations des locataires et des propriétaires », www.adil17.org.

SECTION 1
PRÉSENTATION

233.11 **Mode de détermination des réparations incombant au locataire.** Selon l'article *7 d* de la loi du 6 juillet 1989, le locataire est tenu « de prendre à sa charge, au cours du contrat, l'entretien courant du logement, des équipements mentionnés au contrat et les menues réparations ainsi que l'ensemble des réparations locatives définies par décret en Conseil d'État ».

L'état des lieux de sortie permet aux deux parties au contrat de location d'établir entre elles le constat d'état du local[1]. Ce constat va servir à préciser ce qui relève des réparations locatives et à déterminer le compte de sortie du locataire. Le locataire est présumé rendre les lieux en bon état, sous réserve de ce qui a été mentionné dans l'état des lieux d'entrée.

En outre le locataire est présumé responsable des dégâts survenus en cours de bail, conformément à l'article *7 c* de la loi du 6 juillet 1989[2].

Encore faut-il déterminer si l'on est bien en face d'une réparation de nature locative. Le tribunal qui a souverainement retenu que les dégradations ne s'étaient pas produites pendant la durée du bail a, sans inverser la charge de la preuve, légalement justifié sa décision[3].

Une demande de réparations locatives ne saurait être accueillie sans que le juge du fond ne recherche si, par examen de l'état des lieux d'entrée, la dégradation s'est bien produite au cours de la jouissance du locataire sortant[4].

1. V. s[s] n°s 137.22 s.
2. V. s[s] n°s 232.31 s.
3. Civ. 3e, 13 juill. 2010, n° 09-15.748, NP, *AJDI* 2011. 212, obs. Dreveau.
4. Civ. 3e, 7 juill. 2015, n° 14-15.281, NP, *AJDI* 2015. 842, obs. F. de La Vaissière.

233.12 Pouvoir souverain du juge du fond dans l'appréciation des réparations locatives. À plusieurs reprises la Cour de cassation a rappelé le caractère souverain de l'appréciation des faits par le juge du fond.

Le tribunal retient souverainement que les traces d'humidité apparaissant au plafond n'étaient pas imputables à la locataire compte tenu de l'appartement sous toiture[1].

233.13 Conditions de remboursement d'une réparation faite par le locataire. Si une réparation s'avère nécessaire en cours de bail, alors qu'elle relèverait normalement du bailleur, le preneur doit mettre le bailleur en demeure de la réaliser ou se faire autoriser par le juge à la faire[2].

SECTION 2
ÉLÉMENTS ENTRANT DANS LA DÉFINITION DES RÉPARATIONS LOCATIVES

233.21 Entretien courant et menues réparations. Le décret d'application de l'article 7 *d*, applicable à tous les secteurs locatifs[3], définit les réparations locatives en général comme étant « les travaux d'entretien courant et de menues réparations, y compris les remplacements d'éléments assimilables auxdites réparations, consécutifs à l'usage normal des locaux et équipements à usage privatif ».

Le caractère d'ordre public du texte interdit d'y déroger[4].

233.22 Entretien courant. Le locataire est tout d'abord tenu d'assurer l'entretien courant du logement.

Il ne fait pas de doute que le locataire qui, pendant toute la durée du contrat, a exclusivement accès au logement, peut seul en assurer l'entretien courant, ainsi que celui des équipements prévus au contrat.

Le bailleur doit, quant à lui, l'entretien des locaux « en état de servir à l'usage prévu par le contrat »[5]. Ainsi la cour d'appel de Paris a décidé que le bailleur avait la charge de la réfection de l'installation électrique[6].

C'est bien le locataire qui est le débiteur de l'obligation d'entretien et le bailleur qui n'a pas fait valoir ses droits à l'encontre de l'association locataire ne peut opposer au sous-locataire, tiers à la convention, un défaut d'entretien des lieux[7].

233.23 Menues réparations. Le locataire doit en outre réaliser les menues réparations sur la chose louée (sur la distinction avec les réparations à la charge du bailleur, définies à l'article 6 *c* de la loi du 6 juillet 1989 comme étant « toutes les réparations, autres que locatives, nécessaires au maintien en état et à l'entretien normal des locaux loués » v. s^s n°s 211.21 s.).

233.24 Réparations locatives : date d'exigibilité. Les réparations ne portent que sur les locaux dont le locataire a la jouissance exclusive. Elles doivent être réalisées tout au long du bail. En fait, on admet le principe de leur exigibilité à la fin de la location, au départ du locataire. Ainsi la demande du propriétaire relative à l'exécution de travaux de peinture et de menuiserie n'est fondée sur aucun élément objectif et l'exécution de l'obligation du preneur aux réparations locatives ne peut être exigée par le bailleur qu'en fin de bail, sauf la possibilité pour celui-ci d'en demander la résiliation[8]. Toutefois le bailleur pourrait demander l'exécution en cours de bail de certaines réparations dont le report en fin de bail pourrait mettre en péril la chose louée : réfection de vitrages ou ramonage par exemple.

Il ne peut cependant pénétrer de force chez le locataire, même pour des réparations urgentes, au risque d'avoir à répondre d'une violation de domicile, susceptible de dommages-intérêts au bénéfice du locataire. Il doit faire procéder par injonction ou saisir le tribunal judiciaire du lieu de situation de l'immeuble pour faire nommer un expert aux fins de constatation. Le locataire doit l'entretien courant et les réparations locatives alors même qu'elles ne sont pas imputables à un usage anormal des lieux[9].

Sont également à la charge du locataire les remplacements d'éléments qui sont assimilables aux menues réparations. Par analogie avec le décret relatif aux charges locatives, on peut entendre la notion de remplacement assimilable comme un remplacement qu'un coût de réparation supérieur au simple remplacement rendrait prohibitif[10].

233.25 Dégradations. Elles relèvent non de l'article 7 *d*, qui définit les réparations locatives, mais de l'article 7 *c* de la loi de 1989, qui oblige le locataire à « répondre des dégradations et pertes qui sur-

1. Civ. 3e, 1er févr. 2011, n° 09-72.380, NP, *Administrer*, 2012, n° 455, p. 10.
2. Civ. 3e, 31 oct. 2012, n° 11-18.635, NP, *Loyers et copr.* 2013, n° 33, note B. Vial-Pedroletti.
3. Décr. n° 87-712, 26 août 1987, *JO* 30 août, p. 9976.
4. Sur la notion d'ordre public v. s^s n° 021.11.
5. L. n° 89-462, 6 juill. 1989, art. 6 c (v. s^s n°s 221.11 s.).
6. Paris, 11 oct. 1995, n° 94/004696, *Loyers et copr.* 1996, n° 54.
7. Paris, 6e ch. B, 6 sept. 2001, n° 2000/13057, *AJDI* 2002. 153,
8. Civ. 3e, 12 juin 2003, n° 00-10.601, NP – POUR une circonstance particulière de résiliation : Civ. 3e, n° 04-20.721, P III, n° 134.
9. Civ. 3e, 23 févr. 1994, n° 92-11.238, NP, *Loyers et copr.* 1994, n° 182.
10. V. s^s n° 242.32.

viennent pendant la durée du contrat dans les locaux dont il a la jouissance exclusive ». Cependant, elles se rattachent pleinement à l'obligation de réparation, notamment parce que le locataire est le seul à pouvoir en rendre compte puisque sont concernés les locaux « dont il a la jouissance exclusive ». Par ailleurs, c'est souvent à l'occasion du départ du locataire que le constat et l'évaluation de ces pertes ou dégradations sont établis [1].

SECTION 3
LISTE DES RÉPARATIONS LOCATIVES

233.30 **Plan – Liste non limitative dressée par décret.** Le décret du 26 août 1987 [2], après avoir défini les réparations locatives renvoie, en annexe, à la liste des réparations qui ont « notamment » le caractère de réparations locatives. Cette formulation sous-entend que la liste annexée n'est pas limitative [3].

La liste annexée comprend six rubriques, que nous avons regroupées en deux paragraphes. Le premier a trait aux parties extérieures et aux ouvertures (§ 1) et le second, aux parties intérieures (§ 2).

§ 1
Parties extérieures et ouvertures

233.41 **Parties extérieures dont le locataire a l'usage exclusif.** Pour les parties extérieures dont le locataire a l'usage exclusif, il doit l'entretien du jardin, à savoir notamment des allées, pelouses et massifs ainsi que la taille et l'élagage des arbres et des arbustes. De même, l'enlèvement de la mousse des auvents et terrasses et le dégorgement des descentes d'eaux pluviales sont dus.

Mais si les travaux d'élagage des arbres et arbustes et de la taille des haies incombent effectivement au locataire pendant la durée du bail, tel n'est pas le cas lorsque ces travaux sont nécessaires dès l'entrée dans les lieux, non pas au titre de l'entretien courant, mais pour la remise en état de bon entretien tel qu'il aurait dû être délivré par le bailleur [4].

233.42 **Responsabilité de l'entretien d'une piscine.** Le juge du fond ne peut se contenter d'observer que durant cinq ans l'équipement a bien fonctionné et il doit rechercher si les travaux de remise en état d'une piscine dus à l'absence d'éléments tels que la protection électrique et le clapet anti-retour sur aspiration, ne constituaient pas des réparations incombant au bailleur [5].

233.43 **Ouvertures intérieures et extérieures.** Le locataire doit le graissage des portes et fenêtres et les menues réparations sur les boutons et poignées de portes ainsi que le remplacement de boulons, clavettes et targettes. Les vitres détériorées doivent être remplacées. Le remplacement d'un vitrage de faible dimension avec des dormants classiques donnant sur une terrasse est locatif, mais pas un vitrage important s'intégrant dans un ensemble verre acier donnant sur la façade d'un immeuble [6]. Seul le remplacement de quelques lames ou de cordes de stores et de jalousies est prévu. Mais le remplacement de la totalité des lames ou l'installation de nouvelles coulisses d'un volet roulant n'est pas une réparation locative dès lors que la dégradation de celui-ci ne résulte pas d'une faute du locataire [7].

233.44 **Sort de la porte palière.** Selon l'administration, le remplacement d'une porte palière n'est pas assimilable à une réparation locative, et, en cas de cambriolage, la réparation et, éventuellement, le remplacement de la porte palière incombent au propriétaire [8]. Solution démentie par la Cour de cassation selon laquelle si le bailleur est tenu d'une obligation d'entretien et de réparation, il n'a pas à répondre, en application de l'article 1725 du code civil, des dégradations commises par un tiers [9]. La Cour de cassation est cependant revenue sur cette position. Si elle a, sur le même fondement de l'article 1725, refusé d'indemniser la locataire pour les troubles de jouissance provenant de tiers vis-à-vis du propriétaire, elle a cependant considéré que le tribunal judiciaire n'avait pas satisfait aux exigences de l'article 7 c) de la loi du 6 juillet 1989 en ne répondant pas aux conclusions de la locataire qui soutenait que la dégradation de la porte avait été causée par des squatters qui s'étaient introduits dans le hall de l'immeuble, de sorte qu'elle n'était pas tenue de prendre en charge la réparation de ce dommage [10].

1. Sur la notion de dégradations v. s[s] n° 232.31.
2. Décr. n° 87-712, 26 août 1987 pris en application de l'art. 7 de la loi 861290 du 23 déc. 1986 tendant à favoriser l'investissement locatif, l'accession à la propriété de logements sociaux et le développement de l'offre foncière et relatif aux réparations locatives, *JO* 30 août, p. 9976.
3. CONFIRMÉ, à propos d'un appareil sanitaire cassé, par : Civ. 3e, 7 avr. 1994, n° 92-16.432, NP, *Loyers et copr.* 1994, n° 230.
4. Rouen, 11 févr. 2016, n° 15/00714, *Rev. loyers* 2016. 138, note S.B. ; *ibid.* p. 290, note E. P.
5. Civ. 3e, 1er févr. 2000, n° 98-15.252, NP.
6. Civ. 3e, 24 nov. 2009, n° 08-19.764, NP, *AJDI* mai 2010, p. 384, obs. Dreveau.
7. Paris, 21 mars 1997, n° 96/11626, *Loyers et copr.* 1997, n° 22 – Fort-de-France, 8 mars 2016, n° 15-00.169.
8. Rép. min. n° 11559, *JOAN Q* 9 mai 1994, p. 2373.
9. Civ. 3e, 2 févr. 2011, n° 09-72.874, NP, *Loyers et copr.* 2011, n° 105, note B. Vial-Pedroletti – Civ. 3e, 13 sept. 2018, n° 16-22.439, NP, *Loyers et copr.* 2018, n° 219, obs. B. Vial-Pedroletti.
10. Civ. 3e, 23 juin 2015, n° 14-13.385, NP, *Ann. Loyers* sept. 2015, p. 73.

Le locataire doit remplacer les pièces perdues telles que les clés des verrous et serrures et les petites pièces des grilles.

§ 2
Parties intérieures

233.51 **Parties intérieures.** Le maintien en état de propreté des plafonds, murs et cloisons est locatif ainsi que les menus raccords de peinture et de tapisserie, mais non la réfection complète des peintures et des revêtements de sol vétustes[1].

Le locataire est aussi tenu de reboucher les trous étant donné leur nombre, leur dimension et leur emplacement[2].

Le remplacement de lames de parquet et de raccords de moquette et autres revêtements de sol est à la charge du locataire comme celui de tablettes de placards et de tasseaux. Le locataire qui se prétend libéré d'une obligation doit justifier le paiement ou le fait qui a produit l'extinction de son obligation. Ainsi les planchers étant dans un état de dégradation important, dès lors que l'état des lieux d'entrée ne comportait aucune mention relative aux parquets, il revenait aux locataires de démontrer que les dégradations étaient dues à la vétusté ou à la force majeure[3].

233.52 **Installations de plomberie.** Sont locatifs les dégorgements de canalisations d'eau, le remplacement de joints et de colliers, l'entretien de robinets et des ouvertures d'aération de gaz, la vidange des fosses septiques et d'aisance. La vidange d'une fosse septique est bien à la charge du locataire, par application du décret du 26 août 1987, nonobstant les dispositions de l'article 1756 du code civil, qui impute au bailleur le curement des puits et des fosses d'aisance[4]. Le dysfonctionnement d'une fosse septique est à la charge des locataires, bien qu'ils justifient l'avoir vidée six mois avant leur départ, dès lors qu'ils ne peuvent rapporter la faute d'un tiers[5]. À l'occasion d'une explosion due au défaut de serrage d'un écrou de la canalisation de gaz, il a été jugé que l'écrou desserré se situant à la base d'un embout à l'extrémité d'une canalisation métallique, faisait partie de la tuyauterie fixe et que son entretien ne relevait pas du locataire[6].

233.53 **Installations de chauffage et chauffe-eau.** En matière de chauffage, production d'eau chaude et robinetterie, le rinçage et le nettoyage des corps de chauffe et des tuyauteries ainsi que le remplacement de joints des robinets relèvent du locataire. Si le simple nettoyage du chauffe-eau électrique relève de l'entretien courant, les juges du fond retiennent souverainement que le bailleur conserve à sa charge le détartrage de l'appareil avec dépose du bloc résistance[7]. Le remplacement complet d'un robinet ne peut être considéré comme locatif[8].

233.54 **Installations sanitaires.** Sont à la charge du locataire le remplacement des joints et flotteurs de chasses d'eau, celui des tuyaux flexibles de douche ainsi que le nettoyage des dépôts de calcaire des éviers et des appareils sanitaires. Les réparations des écoulements des douches et des w.-c. sont à la charge du locataire à défaut de vices de conception ou de dysfonctionnements des regards intérieurs et extérieurs qui seraient imputables au bailleur[9]. La réparation de la fuite d'eau des w.-c. incombe au locataire qui doit supporter en outre la surconsommation résultant de son intervention tardive[10].

233.55 **Équipements d'installations d'électricité.** Les interrupteurs, prises, fusibles, ampoules et tubes lumineux doivent être remplacés ainsi que les baguettes et gaines de protection.

233.56 **Autres équipements mentionnés au contrat de location.** L'obligation d'entretien courant et de menues réparations porte sur les machines installées (réfrigérateurs, machines à laver, hottes, capteurs solaires, antennes individuelles de télévision[11] par exemple). En outre, le locataire doit assurer le ramonage des conduits d'évacuation des fumées et des gaz et des conduits de ventilation. L'obligation de ramoner après chaque période de chauffe est annuelle[12]. Mais il n'est pas tenu

1. Versailles, 31 janv. 1997, n° 7957/94, *BICC* 1997, n° 857.
2. POUR un plafond comportant de nombreux trous de chevilles : Versailles, 18 sept. 1998, n° 96/00009936, *D.* 1999. Somm. 143, obs. CRDP Nancy 2.
3. Civ. 3e, 23 janv. 2007, n° 05-21.232, NP, *AJDI* 2007. 468, note Y. Rouquet.
4. Civ. 3e, 25 mars 2010, n° 09-10.218, P III, n° 66 ; *Administrer* 2010, n° 435, p. 34.
5. Civ. 3e, 2 mai 2012, n° 11-15.401, NP, *Loyers et copr.* 2012, note B. Vial-Pedroletti ; *Administrer* 2012, n° 458, p. 49, obs. Canu.
6. Civ. 3e, 10 mars 1999, n° 97-12.133, NP, *RJDA* 1999, n° 535 ; *Administrer* juin 2000. 2, obs. Canu.
7. Civ. 3e, 29 oct. 2008, n° 06-21.633, P III, n° 163 ; *AJDI* 2010. 200, note N. Damas.
8. Rép. min. n° 15538, *JOAN Q* 22 août 1994, p. 4312.
9. Nancy, 28 févr. 1995, n° 3025/93, *Rev. huiss.* 1996, p. 98 ; *Loyers et copr.* 1995, n° 355.
10. Montpellier, 11 juin 2002, n° 00/04981, *Loyers et copr.* 2003, n° 60 – Paris, 9 nov. 2017, n° 15/10685, *Loyers et copr.* 2018, n° 8, obs. B. Vial-Pedroletti.
11. Dès lors que l'état des lieux d'entrée précise que l'antenne de télévision est « à réparer », il appartient au bailleur de réparer ou de remplacer cet élément d'équipement : Poitiers, 8 sept. 2020, n° 18/03843, *Loyers et copr.* 2020, n° 107, obs. B. Vial-Pedroletti.
12. TI Laon, 6 mars 1995, *JCP N* 1996. II. 311, note Gallet.

d'assurer la réfection du conduit extérieur d'évacuation du chauffage[1].

La liste des réparations locatives a vieilli et devrait prendre en compte de nouvelles prestations ou de nouvelles technologies ou matériaux (rien n'est dit sur le PVC par exemple dans les huisseries) ; mais il ne faut pas oublier qu'elle n'a pas, à la différence de la liste des charges locatives, de caractère limitatif, ce qui permet le raisonnement par analogie.

SECTION 4 Causes d'exonération

§ 1 En matière de réparations locatives

233.61 **Vétusté – Principes.** La responsabilité du locataire n'est pas engagée d'après la loi, si les réparations sont occasionnées par « vétusté, malfaçon, vice de construction, cas fortuit ou force majeure ».

L'article 7 *d* de la loi du 6 juillet 1989, dans sa rédaction issue de la loi du 24 mars 2014, dite loi Alur, applicable aux contrats en cours[2], précise qu'un décret en Conseil d'État détermine « les modalités de prise en compte de la vétusté de la chose louée »[3]. Il s'agit du décret du 30 mars 2016[4].

La vétusté y est définie de la manière suivante[5] : « En application de l'article 7 de la loi du 6 juillet 1989 (susvisée), la vétusté est définie comme l'état d'usure ou de détérioration résultant du temps ou de l'usage normal des matériaux et éléments d'équipement dont est constitué le logement. »

Toutefois le décret n'apporte pas d'élément nouveau significatif par rapport à la jurisprudence en cours (il ne prévoit pas d'annexe comprenant une grille de vétusté type par exemple).

233.62 **Vétusté – Accords collectifs.** La loi Alur, précitée, permet aux locataires HLM de demander l'application des accords collectifs qui ont pu intervenir entre les bailleurs HLM et leurs représentants sur les états des lieux et les grilles de vétusté[6]. De nombreux accords de ce type ont été signés par les bailleurs HLM avec les associations de locataires représentatives et sont déjà en application, après négociation soit à l'échelle du département soit à celle d'un bailleur. Toutefois il ne s'agit pas, sauf exception, d'accords relevant de l'article 42 de la loi du 23 décembre 1986 car ils n'ont pas été soumis au vote des locataires.

Le décret du 30 mars 2016 précité ajoute que, au moment de la signature du contrat de location, les parties signataires, quelles qu'elles soient, pourront convenir de l'application d'une grille de vétusté choisie parmi celles ayant fait l'objet d'un accord collectif national ou départemental, négocié soit au sein de la Commission nationale des rapports locatifs soit dans une commission départementale des rapports locatifs, même si le logement ne relève pas du secteur locatif régi par l'accord. Or il faut remarquer que, à la mi-2016, de tels accords n'existent pas encore, qu'ils aient été signés dans un secteur national ou dans une commission départementale[7].

Dans les mêmes conditions le décret précise que les parties pourront également convenir de se rapporter à une grille de vétusté conclue en application de l'article 42 de la loi du 23 décembre 1986, même si le logement ne relève pas du patrimoine régi par l'accord.

On a vu plus haut que les accords signés par les bailleurs HLM relevaient peu de l'article 42. Aussi il est souhaitable qu'un recensement de ce type d'accord soit fait puisque cette disposition a un effet sur tout le territoire. Ainsi, par exemple, un locataire et un bailleur du sud de la France pourraient se prévaloir d'un accord signé dans le nord de la France, et réciproquement. Encore faut-il qu'ils en aient connaissance, d'une part, et que l'accord respecte bien les prescriptions légales, d'autre part. En effet la référence à l'article 42 de la loi du 23 décembre 1986 suppose qu'un vote des locataires ait été exprimé sur le contenu de la grille de vétusté, soit à l'initiative du bailleur ayant proposé à tous ses locataires une telle grille, soit après une proposition d'accord conclu entre le bailleur et une ou des associations représentatives des locataires sur une telle grille. Sur cette base l'accord n'est, toutefois, opposable que s'il a recueilli la majorité de l'article 42 de la loi du 23 décembre 1986, après vote de tous les locataires du bailleur[8].

On peut considérer, dans ces conditions, que les grilles actuellement utilisées dans les rapports entre bailleurs et locataires peuvent, en tout état de cause,

1. Paris, 19 févr. 1996, n° 94/019779, *D.* 1997. Somm. 271, obs. CRDP Nancy 2.
2. L. n° 2014-366, 24 mars 2014, *JO* 26 mars, p. 5809, art. 14.
3. L. n° 2014-366, 24 mars 2014, *JO* 26 mars, p. 5809, art. 1, 10° b).
4. Décr. n° 2016-382, 30 mars 2016 fixant les modalités d'établissement de l'état des lieux et de prise en compte de la vétusté des logements loués à usage de résidence principale, *JO* 31 mars, n° 93 – POUR une analyse critique du décret : F. de La Vaissière, « Les décrets d'application relatifs au volet locatif de la loi Alur », *Ann. Loyers* mai 2016, p. 91 et s. not. p. 93.
5. Décr. n° 2016-382, 30 mars 2016, art. 4.
6. L. n° 2014-366, 24 mars 2014, *JO* 26 mars, p. 5809, art. 1, 10° b).
7. Sur la notion de secteur locatif, v. s[s] n° 812.22.
8. Sur les accords de l'article 42, v. s[s] n°s 812.121 s.

continuer à servir de référence, sous le contrôle du juge en cas de contestation.

233.63 Vétusté - Applications. Une jurisprudence abondante existe sur la vétusté[1], dont l'appréciation, délicate, est toujours soumise au contrôle du juge en cas de conflit. L'obligation de restituer les lieux en bon état doit en effet être appréciée en fonction de la durée de la location et de l'état initial des lieux et les juges du fond disposent d'un pouvoir souverain d'appréciation.

233.64 Exemples jurisprudentiels. Ainsi, les preneurs ne doivent s'acquitter que d'une fraction des frais de remise en état des papiers peints dès lors que ceux-ci devaient, au bout de six ans, être remplacés, même si le locataire avait été particulièrement soigneux[2]. De même, il a été jugé, qu'après treize années d'occupation, diverses réparations étaient dues exclusivement à la vétusté et, de ce fait, incombaient entièrement au bailleur[3]. La même solution a été retenue après une occupation de plus de huit ans[4]. En présence d'un jaunissement des tapisseries après trois ans d'occupation, le tribunal a souverainement retenu que la cause devait être recherchée dans un phénomène de vétusté, non imputable au locataire[5]. Le jaunissement des peintures ne peut être retenu contre le locataire que s'il est démontré qu'il est dû à un usage anormal ou illicite de la chose louée[6]. Enfin, la Cour de cassation a précisé que le constat d'état des lieux étant seul produit et l'essentiel des réfections consistant en peintures et changement de revêtement de sol, la remise en état des lieux n'entre pas dans la liste des réparations de menu entretien auxquelles le locataire est tenu de pourvoir[7].

233.65 Obligation de prendre en compte l'état du local. Les juges du fond doivent cependant veiller à ce que l'état du local soit bien pris en compte, notamment au départ de la location. Doit ainsi être cassé, le jugement qui a rejeté la demande du bailleur en paiement de travaux de réfection des peintures et des papiers peints [...] alors qu'il n'était pas établi que les désordres constatés étaient dus à la vétusté, ni que l'état des peintures et papiers peints avait fait l'objet d'observations à l'entrée du locataire dans les lieux, et alors que ceux-ci devaient être restitués dans l'état où le locataire les avait reçus[8].

Mais le juge du fond doit préciser en quoi les mentions des états des lieux excluent que le locataire puisse invoquer la vétusté[9].

233.66 Cohérence entre l'état des lieux et le paiement des réparations. Par ailleurs, il ne doit pas y avoir de contradiction entre les énonciations de l'état des lieux et la somme réclamée au locataire. Ne saurait avoir d'effet l'engagement du locataire de payer la somme de 582 euros[10] au titre des réparations locatives alors que l'état des lieux était qualifié de « bon » sous réserve d'une usure d'usage[11]. Mais, doit être cassé le jugement qui énonce que le bailleur ne rapporte pas la preuve que les travaux ont été rendus nécessaires par des dégradations autres que celles résultant d'un usage normal de la chose sans rechercher si la locataire n'avait pas accepté de prendre en charge un certain nombre de réparations mentionnées dans l'état des lieux[12].

233.67 Force majeure, cas fortuit. Selon l'article 1148 du code civil : « Il n'y a lieu à aucun dommages et intérêts lorsque, par suite d'une force majeure ou d'un cas fortuit, le débiteur a été empêché de donner ou de faire ce à quoi il était obligé, ou a fait ce qui lui était interdit ». Après la réforme du droit des obligations, c'est-à-dire à compter du 1er octobre 2016, la force majeure sera définie ainsi dans l'article 1218 : « Il y a force majeure en matière contractuelle lorsqu'un événement échappant au contrôle du débiteur, qui ne pouvait être raisonnablement prévu lors de la conclusion du contrat et dont les effets ne peuvent être évités par des mesures appropriées, empêche l'exécution de son obligation par le débiteur. » La force majeure (et le cas fortuit) sont des cas d'exonérations pour le locataire. Il s'agit d'événements de nature exceptionnelle, dont la jurisprudence (avant la réforme du code civil) a déterminé trois caractères constants : l'événement est extérieur à celui qui s'en prévaut ; il est imprévisible et il est irrésistible. On cite communément des événements de nature cli-

1. SUR CETTE NOTION : Vidal, *AJDI* 2011. 602.
2. Civ. 3e, 10 févr. 1988, no 86-18.525, NP – RAPPR., jugeant qu'une occupation de six ans justifie que le bailleur soit indemnisé à hauteur de 20 % du coût des travaux de remise en état : Paris, 29 juill. 2016, no 14/04989, *AJDI* 2017. 120.
3. Civ. 3e, 25 févr. 1987, no 85-11.998, NP.
4. Civ. 3e, 17 juill. 1992, no 89-14.231, NP, *Rev. loyers* 1992. 403 – AUSSI, pour une occupation de dix-huit ans : Civ. 3e, 7 déc. 2017, no 16-19.447, NP, *AJDI* 2018. 42.
5. Civ. 3e, 11 janv. 2006, no 04-19.902, NP, *Administrer* avr. 2006. 34.
6. Civ. 3e, 20 mai 2014, no 13-13.901 : *Rev. loyers* juill. 2014, p. 366, Ph. G.
7. Civ. 3e, 21 déc. 1988, no 86-11.799, NP.
8. Civ. 3e, 17 oct. 1990, no 88-20.194, P III, no 188 ; *Gaz. Pal.* 13 mars 1991, 72-73 ; *Loyers et copr.* mai 1990, p. 5 – Refusant de prendre en compte l'usure des sols consécutive à des dégradations volontaires, aussi : Lyon, 30 oct. 2018, no 16/09222, *Loyers et copr.* 2019, no 23, obs. B. Vial-Pedroletti.
9. Civ. 3e, 25 oct. 2018, no 17-21.198, *Loyers et copr.* 2019, no 6, obs. B. Vial-Pedroletti.
10. 3 812 F.
11. Civ. 3e, 16 janv. 1991, no 89-17.294, NP.
12. Civ. 3e, 26 avr. 1989, no 87-16.343, NP.

matique (tempêtes, ouragans, inondations), dont la violence n'a pu être prévue. L'irrésistibilité tient au caractère insurmontable de l'événement pour la victime qui n'a pu réagir autrement qu'elle n'a fait.

233.68 Autres causes d'exonération. La malfaçon ou le vice de construction ne peuvent être davantage imputés au locataire. Le montant des réparations locatives doit être réduit dans la mesure où les dommages résultant d'infiltrations ou de taches d'humidité sont imputables à une construction défectueuse de l'immeuble[1]. La détérioration d'un store résultant d'un défaut de la chose, constituant un vice de fabrication, ne peut être assimilée à une réparation locative[2].

On aura souvent dans ces cas à recourir à un expert[3].

§ 2
En matière de dégradations

233.71 Présomption de faute à l'encontre du locataire. Les cas d'exonération énoncés par l'article 7 *c* de la loi du 6 juillet 1989, en matière de dégradations, sont au nombre de trois : la force majeure, la faute du bailleur ou le fait d'un tiers que le locataire n'a pas introduit dans le logement. Le locataire qui procède à l'enlèvement de meubles de cuisine, sans invoquer aucune des circonstances de l'article 7*c* ni se prévaloir d'une autorisation, doit répondre de ces dégradations et pertes[4].

C'est au locataire de rapporter la preuve des faits qui l'exonèrent et le juge du fond doit rechercher si le preneur démontrait que les désordres avaient eu lieu par vétusté, par cas de force majeure, par la faute de la bailleresse ou par le fait d'un tiers qu'il n'avait pas introduit dans le logement[5]. En effet, il existe une présomption de ce que les dégradations pendant la durée du bail relèvent d'une faute du locataire. Le locataire est notamment responsable des dégradations causées après son départ par l'occupant sans droit ni titre des lieux[6]. Par ailleurs les juges du fond doivent statuer sur la demande de remise en état des lieux loués, même si la demande principale en vue de l'acquisition de la clause résolutoire n'est plus sollicitée par le bailleur du fait du départ des locataires après congé[7]. Dès lors que les dégradations ont été constatées lors de la restitution des lieux[8] (ce qui est suffisamment rapporté par un courriel de l'administrateur de biens), le locataire est présumé en être responsable[9].

SECTION 5
INDEMNISATION DU BAILLEUR

233.81 Dommages intérêts générés par l'inexécution des réparations locatives. L'obligation qui pèse sur le locataire s'analyse en une restitution des lieux en bon état.

C'est à partir de la comparaison des états des lieux d'entrée et de sortie qu'est estimé le coût des réparations, sachant que le défaut d'entretien ou les dégradations ouvrent au bailleur un droit à indemnité.

Ce droit compense en réalité le préjudice subi du fait du défaut d'entretien ou des dégradations. Il se traduit par une indemnisation puisque l'obligation de procéder aux réparations locatives est une obligation de faire dont l'inexécution se résout en dommages et intérêts, conformément aux articles 1217 et 1221 et suivants du code civil[10] (ancien article 1142).

Il conviendra d'être attentif aux effets de la réforme du droit des obligations sur la matière. Cependant la rédaction de l'article 1221 relatif à l'exécution forcée en nature parait peu adaptée ici : « Le créancier d'une obligation peut, après mise en demeure, en poursuivre l'exécution en nature sauf si cette exécution est impossible ou s'il existe une disproportion manifeste entre son coût pour le débiteur et son intérêt pour le créancier »[11].

233.82 Conditions nécessaires à l'obtention de l'indemnité. La question s'est posée de savoir si le bailleur devait rapporter la preuve de l'exécution des travaux qui servent de base à l'estimation de son préjudice, autrement dit, s'il devait rapporter la preuve que les réparations ont bien été effectuées.

La jurisprudence de la Cour de cassation a affirmé que l'indemnisation du bailleur n'était pas subordonnée à la preuve de l'exécution par celui-ci des

1. Civ. 2e, 16 mai 1984, no 82-16.967, NP.
2. Civ. 3e, 21 nov. 1990, no 89-15.931, NP.
3. Pour un exemple v. ss no 233.42 : défaillance de fonctionnement d'une piscine.
4. Versailles 18 sept. 1998, no 96/00009936, *D.* 1999. Somm. 143, obs. CRDP Nancy 2.
5. Civ. 3e, 9 juin 2016, no 15-15.175.
6. Civ. 3e, 7 avr. 2010, no 09-13.512, *Loyers et copr.* 2010, no 159, note B. Vial-Pedroletti.
7. Civ. 3e, 28 oct. 2008, no 07-18.404, NP, *AJDI* 2009. 296, obs. Dreveau.
8. Jugeant qu'il appartient au bailleur de prouver l'existence des dégradations : Paris, 29 oct. 2015, no 14/07254, *Rev. loyers* 2015. 515, obs. S. B.
9. Civ. 3e, 9 avr. 2013 no 12-14.011, NP, *Loyers et copr.* 2013, no 172, note B. Vial-Pedroletti – AUSSI : Civ. 3e, 7 déc. 2017, no 16-11.703, *Administrer* 4/2018. 47, obs. P. Canu.
10. Dans leur rédaction issue de Ord. no 2016-131, 10 févr. 2016, *JO* 11 févr., no 26, en vigueur le 1er oct. 2016.
11. Sur la question, v. ss nos 221.41 s.

travaux dont il demande réparation[1]. Elle l'a ensuite réaffirmé à plusieurs reprises[2].

Mais elle a considéré que, pour que le bailleur puisse percevoir des dommages et intérêts, encore fallait-il que le juge, au moment où il statue, constate qu'il est résulté un préjudice de la faute contractuelle[3]. Le fait que le bailleur ne prétendait ni avoir réalisé des travaux ou contribué à l'aménagement du nouveau preneur, ni dû consentir un bail à des conditions plus défavorables que si l'état des lieux avait été différent, a entraîné le rejet de sa demande de dommages et intérêts.

Puis la Haute Cour est revenue à son raisonnement antérieur en affirmant que « le bailleur est en droit de demander la réparation intégrale du préjudice que lui cause l'inexécution par le preneur des réparations locatives prévues au bail, que son indemnisation n'est pas subordonnée à l'exécution de ces réparations et qu'il appartient au juge d'évaluer le montant d'un dommage dont il constate l'existence dans son principe[4] ».

Une décision, rendue par la Cour de cassation le 31 mars 2009, a été appréciée diversement par la doctrine. Toutefois, en dernière analyse, sa formulation, qui évoque à nouveau la nécessité d'un préjudice résultant de la faute contractuelle, ne remettrait pas en cause l'automaticité de l'indemnisation[5].

D'ailleurs, depuis, le juge du droit a eu l'occasion de réaffirmer que la preuve de l'exécution des travaux n'est pas requise[6].

Plus récemment la Haute cour a affirmé, à nouveau, que : « ...l'indemnisation du bailleur en raison de l'inexécution par le preneur des réparations locatives prévues au bail n'est pas subordonnée à l'exécution de ces réparations ; la cour d'appel, qui n'a pas recherché si le préjudice à raison de l'inexécution de l'obligation d'entretien du locataire n'avait pas existé jusqu'à démolition du bien, n'a pas donné de base légale à sa décision[7] ».

233.83 Position de l'administration. L'administration a pris position en indiquant que la loi ne prévoyait pas que le bailleur soit en mesure de produire des factures pour justifier la réalisation des travaux. D'une part, cela ne permettrait pas aux bailleurs qui le souhaitent de réaliser ces travaux, d'autre part, ce serait pénaliser les locataires compte tenu des délais de réalisation des travaux par les entreprises, les empêchant de récupérer rapidement la somme due[8].

Par ailleurs, la circonstance que les dégradations sont dues en partie à des tierces personnes ne justifie pas une diminution de la charge du locataire[9].

233.84 Évaluation du dédommagement. Le dédommagement du bailleur est bien souvent évalué à partir du coût (réel et non forfaitaire[10]) des travaux que devrait effectuer le bailleur pour compenser ce qui aurait dû être fait et ne l'a pas été par le locataire. Il s'agit soit de réparations sur le logement lui-même ou sur les équipements situés à l'intérieur du logement, de leur remplacement, le cas échéant, soit d'un nettoyage du logement, voire du rétablissement des lieux dans leur état initial lorsqu'il aura été procédé à des transformations sans autorisation. La Haute Cour censure la cour d'appel qui ne recherche pas, dans le cadre d'une procédure concernant l'évaluation des dommages-intérêts dus par le locataire qui n'a pas restitué les lieux en bon état, si les éléments enlevés par le locataire n'avaient pas été incorporés à l'immeuble pour devenir la propriété du bailleur par voie d'accession, au visa des articles 551 et 555 du code civil selon lesquels « tout ce qui s'unit et s'incorpore à la chose appartient au propriétaire »[11]. Le bailleur qui est obligé de retarder la vente de son bien en raison des dégradations imputables à son locataire est en droit de demander des dommages et intérêts à celui-ci[12]. Mais le bailleur qui engage d'importants travaux de rénovation avant la fin du bail peut se voir opposer la renonciation au bénéfice du préavis de trois mois de l'article 15 de la loi du 6 juillet 1989[13].

1. Civ. 3e, 3 avr. 2001, n° 99-13.668 NP, *Loyers et copr.* 2001, n° 139, obs. B. Vial-Pedroletti ; *Administrer* janv. 2002. 35, obs. P. Canu.
2. Civ. 3e, 29 janv. 2002, n° 99-20.768, NP – Civ. 3e, 30 janv. 2002, n° 00-15.784, P III, n° 17 – Civ. 3e, 2 déc. 2003, n° 02-17.106, NP, *AJDI* 2004. 117.
3. Civ. 3e, 3 déc. 2003, n° 02-18.033, P III, n° 221 ; *D.* 2004. IR 395, avec les obs. ; *AJDI* 2004. 204, obs. Beaugendre ; *Administrer* avr. 2004. 30, obs. Boccara et Lipman-Boccara.
4. Civ. 3e, 25 janv. 2006, n° 04-20.726, NP, *AJDI* 2006. 634, note V. Zalewski ; *Rev. bleue* mai 2006, p. 48, obs. Rouquet ; *Administrer* avr. 2006. 34, obs. P. Canu – AUSSI : Civ. 3e, 2 oct. 2007, n° 06-18.142, NP, *AJDI* 2007. 926 ; *Rev. loyers* 2007. 457, obs. Rémy – Civ. 3e, 16 sept. 2008, n° 07-15.789, NP, *Loyers et copr.* 2008, n° 241, obs. B. Vial-Pedroletti.
5. Civ. 3e, 31 mars 2009, n° 08-12.714, NP, *Administrer*, n° 432, p. 36.
6. Civ. 3e, 11 mars 2014, n° 12-28.396, NP, *AJDI* 2014. 776, obs. F. de La Vaissière ; *ibid.* 2015. 114, obs. P. Chatellard ; *Administrer* mai 2014. 37, obs. D. Lipman-W. Boccara ; *Loyers et copr.* 2014, n° 153, obs. Ph. – H. B. ; *Gaz. Pal.* 18-19 avr. 2014. 20, obs. J.-D. Barbier
7. Civ. 3e, 11 mars 2014, n° 12-28.396, NP, *AJDI*, 2015, p. 114, obs. P. Chatellard.
8. Rép. Min. n° 86462, *JOAN Q* 22 févr. 2011, p. 1836.
9. Civ. 3e, 14 nov. 2002, n° 01-03.511, NP, *Loyers et copr.* 2003, n° 34, obs. B. Vial-Pedroletti.
10. Civ. 3e, 13 oct. 2005, n° 04-14.863, NP, *Rev. loyers* 2006. 41.
11. Civ. 3e, 7 juill. 2004, n° 03-13.309, NP, *Administrer* oct. 2004, p. 60, obs. Boccara et Lipman-Boccara.
12. Bordeaux, 28 févr. 2006, *JurisData* 299263, *JCP* 2006. IV. 2535.
13. Civ. 3e, 19 mai 2010, n° 09-13.426, NP, *AJDI* 2010. 728.

Sur les conditions de restitution du dépôt de garantie au locataire, v. s^{s} n°s 142.41 s.

233.85 Avance du coût des réparations. En tout état de cause, le bailleur n'a pas à faire l'avance du coût des réparations. L'indemnisation due à un propriétaire au titre de l'impossibilité de relocation des lieux avant exécution des remises en état ne peut être réduite au motif qu'il peut faire exécuter les travaux [1] puisque la charge de ces remises incombe au preneur, que la relocation est impossible avant l'exécution des travaux et que le bailleur n'a pas à faire l'avance de leur coût [2]. Mais le trouble de jouissance subi par le bailleur doit être limité à la durée des travaux de réfection, dès lors que le rapport d'expertise ne comporte pas la moindre allusion à l'existence d'une situation de danger ou à une insalubrité, que le lien de causalité entre les désordres dans le logement et le départ du locataire n'est pas établi et qu'il n'est justifié d'aucune tentative de nouvelle location ou d'aucun refus de la part d'un éventuel locataire [3]. En outre le bailleur ne peut entreprendre des travaux qui excèdent de simples réparations locatives (comme une remise à neuf) [4].

Le juge du fond ne peut refuser d'évaluer le montant de la créance du bailleur dont il a constaté l'existence, au seul motif que les devis produits sont insuffisants [5].

233.86 Privation de jouissance et indemnité. À noter, enfin, qu'une jurisprudence ancienne, confirmée à plusieurs reprises, reconnaît au bailleur le droit de percevoir une indemnité de privation de jouissance pendant la durée des travaux, si le preneur ne les exécute pas avant de quitter les lieux [6] (sur l'extension de compétence, en matière de réparations, des commissions départementales de conciliation, prévue par la loi du 13 décembre 2000, dite loi SRU v. s^{s} n°s 811.61 s.).

Plus récemment, il a été jugé que le locataire doit verser une indemnité d'immobilisation pour perte de loyers à son cocontractant pour les mois durant lesquels son bien n'a pu être reloué [7].

1. Au besoin avec autorisation judiciaire.
2. Civ. 3e, 11 déc. 1991, n° 90-15.246, P III, n° 310 ; *D.* 1992. IR 15.
3. Civ. 3e, 20 janv. 2009, n° 08-11.912, NP.
4. Civ. 3e, 18 mars 2009, n° 07-15.110, NP, *Loyers et copr.* 2009, n° 111, note B. Vial-Pedroletti.
5. Civ. 3e, 28 sept. 2010, n° 09-15.336, NP, *Loyers et copr.* 2010, n° 309, note B. Vial-Pedroletti.
6. Cass., Req. 10 juin 1907 – Civ. 3e, 27 avr. 1979, n° 78-70.128, NP.
7. Civ. 3e, 6 févr. 2020, n° 19-10.117, NP, *AJDI* 2020. 508 ; *JCP E* 2020. 1269, n° 33, obs. Panepinto ; *Administrer* 5/ 2020. 43, obs. Guillaume.

TITRE

24. Les charges locatives incombant au preneur

SECTION 0
ORIENTEUR

24.00 Sommaire du titre.

Division. Il faudra définir les charges récupérables (chap. 241), avant d'en établir les caractéristiques et de les énumérer (chap. 242), puis d'étudier le régime applicable (chap. 243).

24.01 Principaux textes applicables.

TEXTES SOURCES

• **L. 6 juill. 1989,** art. 23, 23-1.

• **CCH,** art. L. 125-1 s., L. 442-3.

• **Décr. n° 87-713, 26 août 1987** pris en application de l'art. 18 de la loi 861290 du 23-12-1986 tendant à favoriser l'investissement locatif, l'accession à la propriété de logements sociaux et le développement de l'offre foncière et fixant la liste des charges récupérables, *JO* 30 août, p. 9976.

• **Décr. n° 82-955, 9 nov. 1982** fixant la liste des charges récupérables (charges locatives concernant les logements du secteur HLM) (ascenseurs et monte-charges, eau froide, eau chaude, chauffage collectif des locaux privatifs et des parties communes, installations individuelles, parties communes intérieures au bâtiment ou a l'ensemble de bâtiments d'habitation, espaces extérieurs au bâtiment ou a l'ensemble de bâtiments d'habitation, hygiène, équipements divers du bâtiment ou a l'ensemble de bâtiments d'habitation, impositions et redevances), *JO* 13 nov., p. 3405.

> Pour les charges de télévision

• **L. n° 66-457, 2 juill. 1966** relative à l'installation d'antennes réceptrices de radiodiffusion, *JO* 5 juill., p. 5654.

24.03 Bibliographie indicative.

Annuel. LAMY DR. IMMO, n°s 5977 s.

Encyclopédies. RÉP. CIV., *V° Bail d'habitation et mixte : rapports locatifs individuels – Loi du 6 juillet 1989*, N. Damas, n°s 229-261 – DICT. PERM. Gestion immob., *V° Baux d'habitation et mixtes*, n°s 267-291.

Ouvrages. E. Debaussart-Joniec, S. Fraîche-Dupeyrat, Ph. Pelletier, *Les baux d'habitation après la loi Élan*, 3e éd., « Actualité », 2019, LexisNexis – J. Lafond, B. Vial-Pedroletti, *Les baux d'habitation*, 8e éd., « Droit et professionnels », LexisNexis, 2017, n°s 935 s. – Ph. Pelletier (dir.), *Traité des baux d'habitation et professionnels*, « Référence juridique », Le Moniteur, 2021.

CHAPITRE

241. Définition des charges récupérables

SECTION 0 ORIENTEUR

241.00 **Sommaire du chapitre.**

241.01 **Principaux textes applicables.**

TEXTES SOURCES

- **L. 6 juill. 1989,** art. 23, 23-1.
- **CCH,** art. L. 125-1 s., L. 442-3.
- **CCH,** art. R. 134-1 s.

TEXTES *IN EXTENSO*

- **L. 6 juill. 1989,** art. 23

Les charges récupérables, sommes accessoires au loyer principal, sont exigibles sur justification en contrepartie :

1° Des services rendus liés à l'usage des différents éléments de la chose louée ;

2° Des dépenses d'entretien courant et des menues réparations sur les éléments d'usage commun de la chose louée. Sont notamment récupérables à ce titre les dépenses engagées par le bailleur dans le cadre d'un contrat d'entretien relatif aux ascenseurs et répondant aux conditions de l'article L. 125-2-2 [L. 134-3] du code de la construction et de l'habitation, qui concernent les opérations et les vérifications périodiques minimales et la réparation et le remplacement de petites pièces présentant des signes d'usure excessive ainsi que les interventions pour dégager les personnes bloquées en cabine et le dépannage et la remise en fonctionnement normal des appareils ;

3° Des impositions qui correspondent à des services dont le locataire profite directement.

La liste de ces charges est fixée par décret en Conseil d'État. Il peut y être dérogé par accords collectifs locaux portant sur l'amélioration de la sécurité ou la prise en compte du développement durable, conclus conformément à l'article 42 de la loi n° 86-1290 du 23 décembre 1986 précitée.

Les charges locatives peuvent donner lieu au versement de provisions et doivent, en ce cas, faire l'objet d'une régularisation annuelle. Les demandes de provisions sont justifiées par la communication de résultats antérieurs arrêtés lors de la précédente régularisation et, lorsque l'immeuble est soumis au statut de la copropriété ou lorsque le bailleur est une personne morale, par le budget prévisionnel.

Un mois avant cette régularisation, le bailleur en communique au locataire le décompte par nature de charges ainsi que, dans les immeubles collectifs, le mode de répartition entre les locataires et, le cas échéant, une note d'information sur les modalités de calcul des charges de chauffage et de production d'eau chaude sanitaire collectifs et sur la consommation individuelle de chaleur et d'eau chaude sanitaire du logement, dont le contenu est défini par décret en Conseil d'État. Durant six mois à compter de l'envoi de ce décompte, les pièces justificatives sont tenues, dans des conditions normales, à la disposition des locataires. À compter du 1er septembre 2015, le bailleur transmet également, à la demande du locataire, le récapitulatif des charges du logement par voie dématérialisée ou par voie postale.

Lorsque la régularisation des charges n'a pas été effectuée avant le terme de l'année civile suivant l'année de leur exigibilité, le paiement par le locataire est effectué par douzième, s'il en fait la demande.

Pour l'application du présent article, le coût des services assurés dans le cadre d'un contrat d'entreprise ou d'un contrat d'achat d'électricité, d'énergie calorifique ou de gaz naturel combustible, distribués par réseaux correspond à la dépense, toutes taxes comprises, acquittée par le bailleur.

- **L. 6 juill. 1989,** art. 23-1

Lorsque des travaux d'économie d'énergie sont réalisés par le bailleur dans les parties privatives d'un logement ou dans les parties communes de l'immeuble, une contribution pour le partage des économies de charge peut être demandée au locataire du logement loué, à partir de la date d'achèvement des travaux, sous réserve que ces derniers lui bénéficient directement et qu'ils lui soient justifiés. Elle ne peut toutefois être exigible qu'à la condition qu'un ensemble de travaux ait été réalisé et que le logement ait une consommation énergétique primaire inférieure à 331 kilowattheures par mètre carré et par an.

Cette participation, limitée au maximum à quinze ans, est inscrite sur l'avis d'échéance et portée sur la quittance remise au locataire. Son montant, fixe et non révisable, ne peut être supérieur à la moitié du montant de l'économie d'énergie estimée.

Un décret en Conseil d'État, pris après avis de la Commission nationale de concertation, précise les conditions d'application du présent article, notamment la liste des travaux éligibles à réaliser et les niveaux minimaux de performance énergétique à atteindre, ainsi que les modalités d'évaluation des économies d'énergie, de calcul du montant de la participation demandée au locataire du logement et de contrôle de ces évaluations après travaux.

• **CCH,** art. L. 126-28

En cas de vente de tout ou partie d'un immeuble bâti, le diagnostic de performance énergétique est communiqué à l'acquéreur dans les conditions et selon les modalités prévues aux articles L. 271-4 à L. 271-6.

Lorsque l'immeuble est offert à la vente ou à la location, le propriétaire tient le diagnostic de performance énergétique à la disposition de tout candidat acquéreur ou locataire.

• **CCH,** art. L. 442-3

I. – À compter du 13 novembre 1982 et nonobstant toute disposition ou stipulation contraire, dans les immeubles appartenant aux organismes d'habitations à loyer modéré, les charges récupérables, sommes accessoires au loyer principal, sont exigibles en contrepartie :

– des services rendus liés à l'usage des différents éléments de la chose louée ;

– des dépenses d'entretien courant et des menues réparations sur les éléments d'usage commun de la chose louée, qui ne sont pas la conséquence d'une erreur de conception ou d'un vice de réalisation. Sont notamment récupérables à ce titre les dépenses engagées par le bailleur dans le cadre d'un contrat d'entretien relatif aux ascenseurs et répondant aux conditions de l'article L. 134-3, qui concernent les opérations et les vérifications périodiques minimales et la réparation et le remplacement de petites pièces présentant des signes d'usure excessive ainsi que les interventions pour dégager les personnes bloquées en cabine et le dépannage et la remise en fonctionnement normal des appareils ;

– des impositions qui correspondent à des services dont le locataire profite directement.

La liste de ces charges est fixée par décret en Conseil d'État. Il peut y être dérogé par accords collectifs locaux portant sur l'amélioration de la sécurité ou la prise en compte du développement durable, conclus conformément à l'article 42 de la loi n° 86-1290 du 23 décembre 1986 tendant à favoriser l'investissement locatif, l'accession à la propriété de logements sociaux et le développement de l'offre foncière.

Pour l'application du présent I, le coût des services assurés dans le cadre d'un contrat d'entreprise ou d'un contrat d'achat d'électricité, d'énergie calorifique ou de gaz naturel combustible, distribués par réseaux correspond à la dépense, toutes taxes comprises, acquittée par le bailleur.

II. – Lorsque des travaux d'économie d'énergie sont réalisés par le bailleur dans les parties privatives d'un logement ou dans les parties communes de l'immeuble, une contribution pour le partage des économies de charge peut être demandée au locataire du logement loué, à partir de la date d'achèvement des travaux, sous réserve que ces derniers lui bénéficient directement et qu'ils lui soient justifiés. Elle ne peut toutefois être exigible qu'à la condition qu'un ensemble de travaux ait été réalisé et que le logement ait une consommation énergétique primaire inférieure à 331 kilowattheures par mètre carré et par an.

Cette participation, limitée au maximum à quinze ans, est inscrite sur l'avis d'échéance et portée sur la quittance remise au locataire. Son montant, fixe et non révisable, ne peut être supérieur à la moitié du montant de l'économie d'énergie estimée.

Un décret en Conseil d'État, pris après avis de la Commission nationale de concertation, précise les conditions d'application du présent II, notamment la liste des travaux éligibles à réaliser et les niveaux minimaux de performance énergétique à atteindre, ainsi que les modalités d'évaluation des économies d'énergie, de calcul du montant de la participation demandée au locataire du logement et de contrôle de ces évaluations après travaux.

• **CCH,** art. R. 134-1

Les ascenseurs auxquels s'appliquent les dispositions de la présente section sont les appareils qui desservent de manière permanente les niveaux de bâtiments et de constructions à l'aide d'une cabine qui se déplace le long de guides rigides dont l'inclinaison sur l'horizontale est supérieure à 15 degrés et qui est destinée au transport soit de personnes, soit de personnes et d'objets, soit uniquement d'objets dès lors qu'elle est accessible sans difficulté à une personne et qu'elle est équipée d'éléments de commande situés à l'intérieur ou à portée de la personne qui s'y trouve.

Sont également regardés comme des ascenseurs les appareils qui se déplacent selon une course parfaitement fixée dans l'espace, même s'ils ne se déplacent pas le long de guides rigides, notamment les ascenseurs guidés par des ciseaux.

La présente section ne s'applique pas aux appareils dont la vitesse n'excède pas 0,15 m/s.

241.03 Bibliographie indicative.

Annuel. LAMY DR. IMMO, n°s 5977 s.

Encyclopédies. RÉP. CIV., *V° Bail d'habitation et mixte : rapports locatifs individuels – Loi du 6 juillet 1989*, N. Damas, n°s 229-261 – DICT. PERM. Gestion immob., *V° Baux d'habitation et mixtes*, n°s 267-271.

Ouvrages. E. Debaussart-Joniec, S. Fraîche-Dupeyrat, Ph. Pelletier, *Les baux d'habitation après la loi Élan*, 3e éd., « Actualité », 2019, LexisNexis – J. Lafond, B. Vial-Pedroletti, *Les baux d'habitation*, 8e éd., « Droit et professionnels », LexisNexis, 2017, n°s 937 s. – Ph. Pelletier (dir.), *Traité des baux d'habitation et professionnels*, « Référence juridique », Le Moniteur, 2021.

SECTION 1
CARACTÉRISTIQUES

241.11 Sommes accessoires au loyer principal. La notion de « charges récupérables », également appelées « charges locatives », est aujourd'hui la même dans le secteur privé et dans le secteur HLM.

Les deux textes de référence[1] sont en effet, à une exception près (mentionnée ci-dessous), rédigés dans les mêmes termes.

Dans les deux cas, il est indiqué que les charges récupérables, sommes accessoires au loyer principal, sont exigibles sur justification en contrepartie :

- des services rendus liés à l'usage des différents éléments de la chose louée ;

- des dépenses d'entretien courant et des menues réparations sur les éléments d'usage commun de la chose louée ;

- des impositions qui correspondent à des services dont le locataire profite directement. L'ancien « droit de bail », rebaptisé « contribution annuelle représentative du droit de bail »[2] et visée par l'article 23 de la loi du 6 juillet 1989 avant sa modification par la loi du 13 juillet 2006, a été supprimé pour les revenus locatifs perçus à compter du 1er janvier 2001[3].

Quant à l'énumération précise des charges récupérables, fixée par décret, et à leurs caractéristiques, c'est tout l'objet du développement qui suit[4].

SECTION 2
ENTRETIEN COURANT

241.21 Entretien courant – Ascenseur. À propos des dépenses d'entretien courant et des menues réparations sur les éléments d'usage commun, deux remarques doivent être formulées. Tout d'abord, l'article L. 442-3 du code de la construction et de l'habitation diffère de l'article 23 de la loi de 1989 en ce qu'il se poursuit par le membre de phrase suivant « qui ne sont pas la conséquence d'une erreur de conception ou d'un vice de réalisation ».

241.22 Ascenseur – Loi du 13 juillet 2006. Par ailleurs et surtout, la loi du 13 juillet 2006 portant engagement national pour le logement[5], dite loi ENL, a amendé, tant l'article 23 de la loi de 1989 que l'article L. 442-3 du code de la construction et de l'habitation, de manière à préciser que « sont notamment récupérables les dépenses engagées par le bailleur dans le cadre d'un contrat d'entretien relatif aux ascenseurs et répondant aux conditions de l'article L. 134-3 du code de la construction et de l'habitation[6], qui concernent les opérations et les vérifications périodiques minimales et la réparation et le remplacement de petites pièces présentant des signes d'usure excessive ainsi que les interventions pour dégager les personnes bloquées en cabine et le dépannage et la remise en fonctionnement normal des appareils ». Il s'agissait de tirer les conséquences en matière de relation locative de la loi du 2 juillet 2003 urbanisme et habitat ayant soumis les ascenseurs à un contrôle technique périodique portant sur leur état de fonctionnement et sur la sécurité des personnes[7].

241.23 Information du preneur – Ascenseur. On précisera sur ce sujet que l'article R. 134-14 du code de la construction et de l'habitation donne au locataire le droit de consulter, dans les locaux du siège social ou du domicile du propriétaire ou dans ceux de son représentant (telle une agence immobilière), le rapport du contrôle technique. Sur sa demande et à ses frais, il peut en outre recevoir du propriétaire la copie écrite de ces documents.

241.24 Étapes de la mise en sécurité des ascenseurs. Aux termes de l'article R. 134-3 du code de la construction et de l'habitation, la mise en sécurité des ascenseurs anciens (entendons par là, installés avant le 27 août 2000) est prévue en trois étapes. À chaque étape correspondent des interventions techniques spécifiques. Le délai imparti pour réaliser les opérations mentionnées à la première étape (installation de serrures munies de dispositifs de contrôle de la fermeture et du verrouillage des portes palières, d'un dispositif de détection de la présence des personnes destiné à les protéger contre le choc des portes coulissantes lors de leur fermeture[8]...) s'est achevé le 31 décembre 2010[9]. Le deuxième, le 3 juillet 2014[10]. Quant à la troisième étape, elle doit impérativement être menée à bien avant le 3 juillet 2018.

1. L. n° 89-462, 6 juill. 1989, art. 23 – CCH, art. L. 442-3.
2. L. n° 98-1267, 30 déc. 1998, art. 12-J.
3. L. n° 99-1172, 30 déc. 1999, art. 12-A.
4. Sur la contribution pour le partage des économies de charges prévue à l'article 23-1 de la loi du 6 juill. 1989 v. ss nos 311.40 s.
5. L. n° 2006-872, 13 juill. 2006 portant engagement national pour le logement, *JO* 16 juill., p. 10662.
6. Anc. art. L. 125-2-2 du CCH, renuméroté à compter d'une une date fixée par décret en Conseil d'État, et au plus tard le 1er juill. 2021, par l'ord. n° 2020-71 du 29 janv. 2020, *JO* 31 janv., n° 62.
7. CCH, art. L. 134-1 s. ; issus de ord. n° 2020-71, 29 janv. 2020, en vigueur le 1er juill. 2021 ; CCH, art. R. 125-1 s. – Concernant le contrôle et les sanctions : CCH, art. L. 186-1 à L. 186-8 ; issus de ord. n° 2020-71, 29 janv. 2020, en vigueur le 1er juill. 2021).
8. CCH, art. R. 125-1-2.
9. Décr. n° 2008-291, 28 mars 2008 modifiant le décret n° 2004-964 du 9 sept. 2004 relatif à la sécurité des ascenseurs et le code de la construction et de l'habitation, *JO* 30 mars, p. 5391.
10. Décr. n° 2013-664, 23 juill. 2013, *JO* 25 juill., p. 12391, art. 1er-1°.

CHAPITRE

242. Caractéristiques et énumération des charges récupérables

SECTION 0 ORIENTEUR

242.00 Sommaire du chapitre.

Division. Il importe d'étudier le caractère impératif et limitatif de la liste des charges récupérables (sect. 1), l'énumération de ces charges (sect. 2), les dépenses de personnel (sect. 3) et le caractère récupérable des charges de télévision (sect. 4).

242.01 Principaux textes applicables.

TEXTES SOURCES

> Pour les charges de télévision

• **L. n° 66-457, 2 juill. 1966** relative à l'installation d'antennes réceptrices de radiodiffusion, *JO* 5 juill., p. 5654.

• **L. n° 89-462, 6 juill. 1989,** art. 23.

• **CCH,** art. L. 442-3.

• **Décr. n° 87-713, 26 août 1987** pris en application de l'art. 18 de la loi 861290 du 23-12-1986 tendant à favoriser l'investissement locatif, l'accession a la propriété de logements sociaux et le développement de l'offre foncière et fixant la liste des charges récupérables, *JO* 30 août, p. 9976.

• **Décr. n° 82-955, 9 nov. 1982** fixant la liste des charges récupérables (charges locatives concernant les logements du secteur HLM). (ascenseurs et monte-charges, eau froide, eau chaude, chauffage collectif des locaux privatifs et des parties communes, installations individuelles, parties communes intérieures au bâtiment ou a l'ensemble de bâtiments d'habitation, espaces extérieurs au bâtiment ou a l'ensemble de bâtiments d'habitation, hygiène, équipements divers du bâtiment ou a l'ensemble de bâtiments d'habitation, impositions et redevances), *JO* 13 nov., p. 3405.

TEXTES *IN EXTENSO*

• **L. 6 juill. 1989,** art. 23

* V. s^s n° 241.01

• **CCH.,** art. L. 442-3

* V. s^s n° 241.01

242.02 Jurisprudence de référence.

> Pour les charges de télévision

• **Civ. 3e, 28 juin 2000,** n° 97-21.684, P III, n° 131

* V. s^s n° 242.153

Un accord, proposé par un bailleur en matière de charges de télévision, et approuvé par la majorité des locataires, s'impose à tous.

• **Civ. 3e, 5 févr. 1992,** n° 90-13.153, P III, n° 38

* V. s^s n° 242.52

Le bailleur ne peut récupérer sur les locataires que le coût du combustible consommé, et non celui qu'il est éventuellement obligé de stocker entre chaque période de chauffage en raison du type de chauffage choisi.

• **Civ. 3e, 6 déc. 1995,** no 93-17.250, P III, no 251
* V. ss no 242.52

La liste des charges récupérables ne comporte pas les dépenses de modernisation des chaufferies du bailleur.

• **Civ. 3e, 17 juill. 1997,** no 95-18.100, P III, no 165
* V. ss no 242.91.

Les travaux de nettoyage de graffitis et de peinture ne peuvent être assimilés à des travaux d'entretien courant ni être classés dans les dépenses relatives aux fournitures consommables, dès lors que les graffitis apposés sur les parties communes des immeubles constituent des dégradations volontaires, dont les auteurs sont responsables.

• **Civ. 3e, 10 mars 1999,** no 97-10.499, P III, no 61
* V. ss no 242.14

L'annexe au décret no 87-713 du 26 août 1987 comporte une liste limitative des charges récupérables.

• **Civ. 3e, 30 oct. 2002,** no 01-10.617, P III, no 212
* V. ss no 242.73

Concernant les *frais de rôle de la taxe d'enlèvement des ordures ménagères,* jugeant que faute de figurer sur la liste des impositions et redevances annexée au décret no 87-713 du 26 août 1987, le prélèvement forfaitaire prévu à l'art. 1641 CGI (en contrepartie des frais de dégrèvement et de non-valeurs relatifs à la taxe d'enlèvement des ordures ménagères) n'est pas récupérable par le bailleur.

• **Civ. 3e, 15 mai 2008,** no 07-16.567, P III, no 84
* V. ss no 242.71

L'enlèvement des « encombrants » n'est pas inclus dans la liste des charges récupérables.

• **Civ. 3e ; 17 déc. 2013,** no 12-26.780, P III, no 165
* V. ss no 242.136

Lorsque le gardien d'un immeuble ou d'un groupe d'immeubles partage avec un tiers l'entretien des parties communes et l'élimination des rejets, ou une seule de ces deux tâches, les dépenses correspondant à sa rémunération ne sont récupérables que si le gardien ne peut en assurer seul l'exécution par suite d'une impossibilité matérielle temporaire. Ayant relevé que les gardiens effectuaient partiellement l'entretien des parties communes et l'élimination des déchets ou l'une de ces deux tâches avec l'aide d'une société tierce intervenant pendant leur temps de travail, le tribunal en a exactement déduit que les charges afférentes à la rémunération des gardiens n'étaient pas récupérables et devaient donner lieu à restitution.

242.03 Bibliographie indicative.

Annuel. LAMY DR. IMMO, nos 5977 s.

Encyclopédies. RÉP. CIV., Vo *Bail d'habitation et mixte : rapports locatifs individuels – Loi du 6 juillet 1989*, N. Damas, nos 229-261 – DICT. PERM. Gestion immob., Vo *Baux d'habitation et mixtes*, nos 269-271, 278-292.

Ouvrages. E. Debaussart-Joniec, S. Fraîche-Dupeyrat, Ph. Pelletier, *Les baux d'habitation après la loi Élan*, 3e éd., « Actualité », 2019, LexisNexis – J. Lafond, B. Vial-Pedroletti, *Les baux d'habitation*, 8e éd., « Droit et professionnels », LexisNexis, 2017, nos 937 s. – Ph. Pelletier (dir.), *Traité des baux d'habitation et professionnels*, « Référence juridique », Le Moniteur, 2021.

Article. Y. Rouquet, « Charges locatives : ce qui change en matière de dépenses de personnel », *AJDI* 2009. 87.

SECTION 1
CARACTÈRE IMPÉRATIF ET LIMITATIF DE LA LISTE DES CHARGES RÉCUPÉRABLES

242.11 Énumération établie par décret en Conseil d'État. La liste des charges récupérables est fixée par décret en Conseil d'État.

Pour les locations consenties dans le secteur privé, il s'agit du décret du 26 août 1987[1], texte pris sous l'empire de la loi du 23 décembre 1986, dite loi Méhaignerie, toujours en vigueur en application de l'article 25, V de la loi du 6 juillet 1989.

Pour les baux portant sur des logements appartenant à des organismes HLM, le texte concerné est le décret du 9 novembre 1982[2], modifié.

Le contenu de ces deux textes est identique.

242.12 Liste impérative et limitative. La liste des charges récupérables, annexée au texte, présente deux caractéristiques majeures : elle est impérative et, en principe, limitative.

242.13 Liste impérative. Le caractère impératif tombe sous le sens puisque le décret du 26 août 1987 est un décret d'application d'une loi d'ordre public. Les parties ne peuvent donc pas déroger aux dispositions de ce texte, quand bien même le règlement de copropriété, applicable au local loué, contiendrait-il des dispositions en opposition avec le « décret charges »[3].

Et le texte n'opérant pas de distinction selon le caractère collectif ou individuel de l'immeuble, un tribunal ne peut rejeter la demande de paiement des charges locatives d'un bailleur au motif qu'une

1. Décr. no 87-713, 26 août 1987 pris en application de l'art. 18 de la loi 861290 du 23 décembre 1986 tendant à favoriser l'investissement locatif, l'accession à la propriété de logements sociaux et le développement de l'offre foncière et fixant la liste des charges récupérables, *JO* 30 août, p. 9976. Ce texte est applicable à Mayotte depuis le 1er janv. 2014.
2. Décr. no 82-955, 9 nov. 1982 fixant la liste des charges récupérables (charges locatives concernant les logements du secteur HLM), *JO* 13 nov., p. 3405 – Ce texte est applicable à Mayotte depuis le 1er janv. 2014.
3. Civ. 3e, 16 févr. 2010, no 08-70.452, NP, *AJDI* 2010. 805, obs. Dreveau ; Aix-en-Provence, 18 déc. 1996, *Defrénois* 1997. 809, obs. Atias.

stipulation du contrat en prévoit le paiement pour les seuls immeubles collectifs[1].

242.14 **Liste en principe limitative.** Le caractère exhaustif de la liste annexée au décret se déduit de son article 1er. Ce texte dispose en effet que « la liste des charges récupérables... figure en annexe au présent décret ».

La formulation retenue diffère radicalement de celle de l'article 1er du décret du 26 août 1987 relatif aux réparations locatives, lequel dispose dans son second alinéa qu'« ont notamment le caractère de réparations locatives, les réparations énumérées en annexe au présent décret » et dont la jurisprudence s'accorde à reconnaître le caractère non limitatif[2].

Ainsi, un raisonnement *a contrario* permet à la jurisprudence de retenir que la liste des charges récupérables est limitative[3].

Certes, à propos du caractère récupérable des dépenses engagées par le bailleur dans le cadre d'un contrat d'entretien d'ascenseur[4], l'article 23 de la loi de 1989 modifié par la loi du 13 juillet 2006 emploie l'adverbe « notamment » (« sont notamment récupérables les dépenses... »). Cette maladresse du législateur ne semble toutefois pas être de nature à remettre en cause l'exhaustivité de la liste annexée décret[5].

En revanche, il existe bel et bien plusieurs tempéraments au caractère exhaustif de cette liste.

242.15 **Tempéraments au caractère exhaustif de la liste des charges récupérables.** On ne doit pas déduire du caractère exhaustif de cette liste qu'aucune autre charge ne puisse être réclamée au locataire et ce, pour au moins trois raisons.

1° Tout d'abord, une charge non énumérée par le décret, mais édictée par un texte spécifique, peut incomber au locataire. Il en va ainsi, par exemple, en matière de charges de télévision[6] ou d'assurance pour compte souscrite par le bailleur[7].

2° Par ailleurs, la jurisprudence a jugé que la liste limitative des charges récupérables ne s'oppose pas à ce que, par l'effet d'une convention séparée, les locataires supportent des frais en plus tels que :

- les frais des services d'administration, de sécurité et de santé, du service alimentaire, du service loisirs et des chambres d'hôtes d'une résidence du troisième âge, ces prestations ne constituant pas la contrepartie du seul usage de l'appartement loué[8] ;
- la rétribution des services d'un jardinier missionné par le bailleur[9].

3° Enfin, reprenant à son compte l'une des propositions phares du « Rapport Pelletier » du 11 juin 2003, la loi du 13 juillet 2006 portant engagement national pour le logement a modifié l'article 23 de la loi de 1989 de manière à pouvoir déroger à la liste fixée par décret en signant des accords collectifs locaux[10].

242.16 **Accords collectifs locaux – Domaine.** On notera toutefois que le texte n'autorise la conclusion de tels accords qu'en matière, d'une part, d'« amélioration de la sécurité » et, d'autre part, de la « prise en compte du développement durable ». Même si l'on conçoit assez bien ce qu'il faut entendre par « développement durable » (il est ici question d'économiser l'énergie), on peut regretter que le législateur n'ait pas cru bon de définir cette notion, relativement nouvelle, soit directement, soit en renvoyant à un texte d'application, coupant ainsi court à toute velléité contentieuse.

SECTION 2
ÉNUMÉRATION DES CHARGES RÉCUPÉRABLES

242.20 **Plan – Liste issue des décrets en Conseil d'État.** Le décret du 9 novembre 1982 et le décret du 26 août 1987, dont la rédaction est identique, énumèrent, dans une annexe, les charges récupérables, tout en traitant de manière spécifique les dépenses de personnel[11].

Après avoir énuméré les huit postes de charges récupérables (§ 1), nous nous intéresserons spécifiquement aux postes qui génèrent le plus de contentieux (§ 2).

§ 1
Huit postes de charges récupérables

242.31 **Huit postes.** L'annexe au décret, qui fixe la liste des charges récupérables, est composée des huit postes. Certains d'entre eux méritent qu'on s'y arrête, le contentieux qu'ils génèrent étant important.

1. Civ. 3e, 3 oct. 2012, no 11-21.923, P III, no 129 ; *D.* 2012. Actu. 2393 ; *ibid.* 2013. Pan. 863, spéc. 867, obs. N. Damas.
2. Sur ce point v. ss no 233.30.
3. Civ. 3e, 10 mars 1999, no 97-10.499, P III, no 61 ; *Administrer* juill. 1999, p. 35, note Beddeleem ; *JCP* 1999. II, no 10154, note Radé et Mozas – Civ. 3e, 29 janv. 2002, no 99-17.042, NP, *AJDI* 2002. 299, obs. Y. Rouquet ; *Administrer* juin 2002, p. 41, obs. Canu – Civ. 3e, 27 nov. 2002, no 01-11.130, P III, no 237 ; *AJDI* 2003. 119, obs. Y. Rouquet – Civ. 3e, 1er juin 2005, no 04-12.137, P III, no 121 ; *AJDI* 2005. 662, obs. Y. Rouquet (téléalarme et télésurveillance).
4. V. ss no 241.11.
5. SUR la question : N. Damas, *AJDI* 2006. 710.
6. À ce sujet v. ss no 242.151.
7. V. ss no 232.71.
8. Civ. 3e, 13 juill. 1999, no 97-12.047, P III, no 169 ; *Administrer* mai 2000, p. 31, note Beddeleem ; *RJDA* 1999, no 1057.
9. Angers, 8 oct. 2013, no 12/00750, *AJDI* 2014. 285.
10. Sur la signature de tels accords v. ss nos 812.21 s.
11. Sur ces dernières, v. ss nos 242.101 s.

242.32 Équipements, services et taxes. Il s'agit des postes suivants :

- I. Ascenseurs et monte-charge[1] ;
- II. Eau froide, eau chaude et chauffage collectif des locaux privatifs et des parties communes[2] ;
- III. Installations individuelles ;
- IV. Parties communes intérieures au bâtiment ou à l'ensemble des bâtiments d'habitation ;
- V. Espaces extérieurs au bâtiment ou à l'ensemble de bâtiments d'habitation (voies de circulation, aires de stationnement, abords et espaces verts, aires et équipements de jeux) ;
- VI. Hygiène ;
- VII. Équipements divers du bâtiment ou de l'ensemble de bâtiments d'habitation ;
- VIII. Impositions et redevances.

Le texte précise que le remplacement d'éléments d'équipement concernant l'un des postes de charges récupérables n'est considéré comme assimilable aux menues réparations (et donc récupérable) que si son coût est au plus égal au coût de celles-ci[3].

§ 2
Postes de charges récupérables générant un important contentieux

242.40 Plan. Seront détaillés :

- l'eau et le chauffage (A) ;
- l'hygiène (B) ;
- les taxes foncières, d'habitation, le droit de bail et la taxe sur les logements vacants (C) ;
- et les autres charges récupérables (D).

A.
Eau et chauffage

242.51 Charges d'eau. Il a été jugé que les dépenses d'entretien des pompes destinées à doser les produits utilisés pour éviter la corrosion des installations et des canalisations sont non récupérables[4]. Cela vaut, notamment, pour les adoucisseurs d'eau, destinés à limiter le dépôt de calcaire par salinisation de l'eau.

Conformément à l'annexe au décret « charges »[5], la TVA des charges locatives est récupérable au titre de l'eau chaude et de l'eau froide[6].

242.52 Charges de chauffage. Le bailleur n'est pas en droit de répercuter sur le locataire les frais de modernisation de la chaufferie[7]... pas plus que les frais de location d'une citerne de gaz[8], l'amortissement de ses installations[9], ou la réparation de la vanne du système de climatisation[10].

Notons que le bailleur ne peut récupérer que le coût du combustible consommé, et non celui qu'il est obligé de stocker entre deux périodes de chauffe, compte tenu du type de chauffage choisi[11].

Par ailleurs, il a été jugé que, à défaut de ventilation entre les dépenses récupérables et les autres dépenses, les missions de gestion, télégestion et télésurveillance du chauffage ne peuvent donner lieu à récupération[12].

242.53 Cas des contrats de vente de chaleur. Enfin, par deux fois, la Haute juridiction a indiqué que les contrats de vente de chaleur étaient soumis au « décret charges »[13]. Et c'est logique, puisque l'achat de vapeur, de chaleur ou de calories correspond à un « achat de combustible » ou à une « fourniture d'énergie » au sens du décret. Or, une calorie se définit comme une unité de mesure d'énergie thermique, la chaleur étant l'état final de toute forme d'énergie[14]. Dans la première espèce, il a été jugé que constitue un détournement d'une disposition d'ordre public le montage consistant à prévoir dans le bail que les locataires doivent faire leur affaire personnelle de la souscription d'un contrat de vente de chaleur auprès d'une société dénommée (dont les factures ne distinguaient pas entre les dépenses locatives et les dépenses de l'amortissement de l'installation de chauffage et des grosses réparations). Dans la seconde affaire, alors que le bailleur avait conclu directement avec un prestataire de services un marché selon lequel celui-ci finançait les nouvelles installations et facturait directement au locataire le coût du chauffage, de l'eau chaude et de l'entretien du matériel, la Cour de cassation a jugé que les locataires ne devaient pas supporter le rembourse-

1. Sur l'apport de la loi du 13 juillet 2006 à propos des charges d'ascenseurs v. s[s] n° 241.11.
2. Sur l'individualisation des contrats de fourniture d'eau v. s[s] n° 812.141.
3. Décr. n° 82-955, 9 nov. 1982, art. 2 c – Décr. n° 87-713, 26 août 1987, art. 2 e.
4. Paris, 18 mars 2008, n° 06/00086, *AJDI* 2008. 679.
5. Point II. 1 : « Les dépenses relatives à la consommation d'eau incluent l'ensemble des taxes et redevances [...]. »
6. Civ. 3e, 23 mars 2011, n° 10-10.013, NP, *AJDI* 2011. 529, note V. Zalewski ; Paris, 25 janv. 2007, n° 05/25410, *Loyers et copr.* 2007, n° 99, obs. B. Vial-Pedroletti.
7. Civ. 3e, 6 déc. 1995, n° 93-17.250, P III, n° 251 ; *Administrer* mai 1996, p. 32, note Beddeleem.
8. Rép. min. n° 55822, *JOAN Q* 14 janv. 1985, p. 192.
9. Toulouse, 16 mars 1999, n° 98/01808, *BICC* 1999, n° 1379.
10. Lyon, 5 déc. 2006, n° 04/05805, *Loyers et copr.* 2007, n° 76, obs. B. Vial-Pedroletti.
11. Civ. 3e, 5 févr. 1992, n° 90-13.153, P III, n° 38 ; *Administrer* août-sept. 1992, p. 42, note Aubert ; *Defrénois*, 1992, p. 1145, obs. Vermelle.
12. Civ. 3e, 23 mars 2004, n° 02-20.933, NP, *AJDI* 2004. 457.
13. Civ. 3e, 9 mars 2005, n° 01-18.039, P III, n° 59 ; *AJDI* 2005. 390, obs. Y. Rouquet (2 esp.).
14. Paris, 18 juill. 2008, n° 07/09128, *AJDI* 2008. 857 – SUR ce point aussi l'arrêt de rejet de la Cour de cassation : Civ. 3e, 10 nov. 2009, n° 08-20.035, NP.

ment de l'investissement de la société prestataire et l'amortissement du gros matériel.

242.54 **Réseaux de chaleur.** Depuis la loi du 7 décembre 2010[1] Nouvelle organisation du marché de l'électricité[2], dite loi Nome, le dernier alinéa de l'article 23 de la loi du 6 juillet 1989 précise que « pour l'application du présent article, le coût des services assurés dans le cadre d'un contrat d'achat d'électricité, d'énergie calorifique ou de gaz naturel combustible, distribués par réseaux[3] correspond à la dépense, toutes taxes comprises, acquittée par le bailleur ». A donc désormais vécu la jurisprudence refusant de déclarer récupérables auprès des locataires les dépenses d'investissement et de fonctionnement des réseaux de fourniture de chaleur[4].

242.55 **Individualisation des frais de chauffage, de refroidissement et de fourniture d'eau chaude.** Les textes[5] posent le principe de l'individualisation des frais de chauffage, des frais de refroidissement et des frais de fourniture d'eau chaude[6].

On retiendra par ailleurs :

– qu'il incombe au propriétaire de l'immeuble ou, en cas de copropriété, au syndicat des copropriétaires représenté par le syndic de s'assurer que l'immeuble comporte des installations répondant à ces obligations[7], [8] ;

– que tout système de comptage situé sur un point de livraison à destination d'un immeuble à usage d'habitation ou à usage professionnel et d'habitation est télé-relevable à partir du 25 octobre 2020, pour les systèmes de comptage mis en place à partir de cette date et au plus tard le 1er janvier 2027, pour l'ensemble des systèmes de comptage existants[9], [10] ;

– que, dans les immeubles à usage d'habitation ou à usage professionnel et d'habitation, lorsqu'un locataire en fait la demande, le propriétaire met à disposition du fournisseur de services énergétiques désigné par le locataire les informations relatives à sa consommation passée de chaleur et de froid de son local privatif[11] ;

– que lorsque l'immeuble est équipé d'une installation centrale de chauffage, de froid ou d'eau chaude sanitaire et muni des dispositifs d'individualisation des frais télé-relevables prévus à l'article L. 174-2 du code de la construction et de l'habitation, le bailleur transmet au locataire une évaluation de la consommation de chaleur, de froid et d'eau chaude sanitaire de son local privatif, selon des modalités précisées par décret en Conseil d'État[12] ;

– et que lorsque le logement est situé dans un immeuble relevant du statut de la copropriété, le bailleur transmet au locataire les informations qu'il a reçues dans les conditions prévues par l'article 24-9 de la loi du 10 juillet 1965 fixant le statut de la copropriété des immeubles bâtis[13, 14].

1. L. n° 2010-1488, 7 déc. 2010 portant nouvelle organisation du marché de l'électricité, *JO* 8 déc., p. 21467.
2. JUGEANT que cette loi, non interprétative, ne saurait rétroagir : Orléans, 15 févr. 2016, n° 14/03349, *Loyers et copr.* 2016, n° 119, obs. B. Vial-Pedroletti.
3. DÉCLARANT les mots « ou d'un contrat d'achat d'électricité, d'énergie calorifique ou de gaz naturel combustible, distribués par réseaux » conformes à la Constitution, aux motifs que le principe d'égalité ne s'oppose ni à ce que législateur règle de façon différente des situations différentes, ni à ce qu'il déroge à l'égalité pour des raisons d'intérêt général, pourvu que, dans l'un et l'autre cas, la différence de traitement qui en résulte soit en rapport direct avec l'objet de la loi qui l'établit ; que le principe d'égalité devant la loi n'impose pas que les règles de récupération des charges locatives pour les dépenses liées au chauffage soient identiques quel que soit le mode de chauffage retenu ; que les dispositions contestées incitent à recourir aux énergies de réseau dans un but de protection de l'environnement ; que la différence de traitement qui en résulte, s'agissant des charges que l'organisme d'HLM peut récupérer auprès de ses locataires, est en lien direct tant avec une différence de situation qu'avec l'objectif d'intérêt général que le législateur s'est assigné ; qu'en modifiant, y compris pour les baux en cours, le cadre légal applicable à la détermination des charges récupérables pour les habitations à loyer modéré, le législateur n'a pas porté atteinte aux conventions légalement conclues : Cons. const. 23 janv. 2015, n° 2014-441 QPC, *JO* 25 janv., p. 1151 ; *D.* 2015. Actu. 209 ; *ibid.* Pan. 1178, spéc. 1181, obs. N. Damas ; *D. actu.*, 11 févr. 2015, obs. C. Dreveau ; *AJDI* 2015. 285, obs. N. Damas ; *Loyers et copr.* 2015, n° 67, obs. B. Vial-Pedroletti ; *Rev. loyers* 2015. 130, obs. M. Jaoul.
4. Civ. 3e, 10 nov. 2009, n° 08-20.035, NP.
5. CCH, art. L. 174-2 (C. énergie, anc. art. L. 241-9) ; issu de ord. n° 2020-71, 29 janv. 2020, en vigueur le 1er juill. 2021 – C. énergie, art. R. 241-6 s.
6. Par souci de clarté, nous regroupons ci-après la question de l'individualisation des frais de chauffage et celle de fourniture d'eau chaude, les deux questions étant intimement liées.
7. CCH, art. L. 174-2 ; issu de ord. n° 2020-71, 29 janv. 2020, en vigueur le 1er juill. 2021.
8. SUR le pouvoir des fonctionnaires et des agents publics commissionnés à cet effet leur permettant de rechercher et constater les infractions et manquements à l'art. L. 174-2 du CCH : C. énergie, art. L. 242-1 et CCH, art. L. 185-1 à L. 185-4.
9. C. énergie, art. R. 713-1 ; issu du décr. n° 2020-886, 20 juill. 2020, en vigueur le 25 oct. 2020.
10. Concernant les contrats d'abonnement : C. énergie, art. L. 741-1 à L. 741-4 et R. 741-1 (dispositions communes) et art. L. 742-1 à L. 742-3 et R. 742-1 et R. 742-2 (dispositions particulières relatives au contrat d'abonnement d'un immeuble à usage d'habitation ou à usage professionnel et d'habitation).
11. C. énergie, art. L. 241-9-1 ; créé par ord. n° 2020-866, 15 juill. 2020, en vigueur le 25 oct. 2020.
12. L. n° 89-462, 6 juill. 1989, art. 6-2, al. 1er ; issu de ord. n° 2020-866, 15 juill. 2020, en vigueur le 25 oct. 2020.
13. L. n° 89-462, 6 juill. 1989, art. 6-2, al. 1er ; issu de ord. n° 2020-866, 15 juill. 2020, en vigueur le 25 oct. 2020.
14. V. cet art. *in Code de la copropriété*, Dalloz.

242.56 **Individualisation des frais de chauffage collectif et des frais de fourniture d'eau chaude – Principes.** Aux termes de l'article L. 174-2 du CCH [1], tout bâtiment collectif d'habitation ou mixte pourvu d'une installation centrale de chauffage doit comporter, quand la technique le permet, une installation permettant de déterminer et de réguler la quantité de chaleur et d'eau chaude fournie à chaque local occupé à titre privatif. Quant à la récupération des frais de chauffage et de fourniture d'eau chaude mis à la charge des occupants, le même article précise que, nonobstant toute disposition, convention ou usage contraires, les frais de chauffage et de fourniture d'eau chaude mis à la charge des occupants comprennent, en plus des frais fixes, le coût des quantités de chaleur calculées comme il est dit ci-dessus.

Le texte précise enfin que lorsqu'il n'est pas rentable ou techniquement possible d'utiliser des compteurs individuels pour déterminer la quantité de chaleur, des répartiteurs des frais de chauffage individuels sont utilisés pour déterminer la quantité de chaleur à chaque radiateur, à moins que l'installation de tels répartiteurs ne soit ni rentable ni techniquement possible. Dans ces cas, d'autres méthodes rentables permettant de déterminer la quantité de chaleur fournie à chaque local occupé à titre privatif sont envisagées.

La mise en œuvre de ces dispositions est précisée par décret.

Est visé tout immeuble qui comprend au moins deux locaux destinés à être occupés à titre privatif et chauffés ou alimentés en eau chaude par une même installation et, à l'intérieur de cet immeuble, tout « local occupé à titre privatif », c'est-à-dire celui qui est constitué par la pièce ou l'ensemble des pièces réservées à la jouissance exclusive de personnes physiques ou morales [2].

Dans les deux hypothèses, les textes posent un principe assorti d'exceptions.

242.57 **Individualisation des frais de chauffage collectif – Mise en œuvre.** L'article R. 241-7 du code de l'énergie affirme que tout immeuble collectif à usage d'habitation ou à usage professionnel et d'habitation pourvu d'une installation centrale de chauffage ou alimenté par un réseau de chaleur est muni de compteurs individuels d'énergie thermique permettant de déterminer la quantité de chaleur fournie à chaque local occupé à titre privatif et ainsi d'individualiser les frais de chauffage collectif.

Aux termes de l'article R. 241-14-1 du code de l'énergie [3], dans les immeubles munis des appareils prévus à l'article R. 241-7, lorsque ceux-ci sont télérelevables, l'évaluation de la consommation de chaleur et de froid du logement [4] est transmise semestriellement jusqu'au 31 décembre 2021 (elle est toutefois transmise trimestriellement sur demande du locataire dans les immeubles locatifs et, dans les immeubles relevant du statut de la copropriété, sur demande du copropriétaire à son initiative ou à celle de son locataire ou de l'occupant de bonne foi du logement) et mensuellement à partir du 1er janvier 2022 [5].

Les dispositions de l'article R. 241-7 du code de l'énergie ne sont toutefois pas applicables :

- aux logements foyers ;
- aux immeubles dans lesquels, pour des motifs et dans des cas précisés par arrêté, il est techniquement impossible d'installer des compteurs individuels pour mesurer la chaleur consommée par chaque local pris séparément ou de poser un appareil permettant aux occupants de chaque local de moduler la chaleur fournie par le chauffage collectif ;
- aux immeubles dont les valeurs de consommation en chauffage sont inférieures à un seuil fixé par arrêté ;
- aux autres immeubles pour lesquels le propriétaire ou, le cas échéant, le syndicat des copropriétaires, représenté par le syndic, justifient que l'individualisation des frais de chauffage par l'installation de compteurs individuels se révèle techniquement impossible ou entraîne un coût excessif au regard des économies d'énergie susceptibles d'être réalisées.

Dans tous les immeubles autres que les logements foyers, dans lesquels l'installation de compteurs individuels d'énergie thermique ne serait pas techniquement possible, ou entraînerait des coûts excessifs au regard des économies d'énergie attendues, des répartiteurs de frais de chauffage sont installés pour mesurer la consommation de chaleur à chaque radiateur à moins que l'installation de tels répartiteurs ne soit pas rentable ou ne soit pas » techniquement possible. Dans ces cas, d'autres méthodes rentables permettant de déterminer la quantité de chaleur fournie à chaque local occupé à titre privatif sont envisagées.

Toutefois, cette obligation d'installer des répartiteurs ne s'applique pas :

1. ISSU DE ord. n° 2020-71, 29 janv. 2020, *JO* 31 janv., n° 62, en vigueur le 1er juill. 2021.
2. C. énergie, art. R. 241-6 (chauffage), R. 241-15 (eau chaude).
3. ISSU DU décr. n° 2020-886 du 20 juill. 2020, *JO* 21 juill., n° 1, en vigueur le 25 oct. 2020.
4. Mentionnée au deuxième alinéa l'article 6-2 de la loi n° 89-462 du 6 juillet 1989 (v. ss n° 242.55).
5. Précisant le contenu et les modalités de ces informations : arr. du 27 août 2012 (*JO* 5 sept.) ; mod. par arr. du 30 mai 2016 (*JO* 31 mai) ; par arr. du 6 sept. 2019 (*JO* 10 sept.) et par arr. du 24 juill. 2020 (*JO* 31 juill.).

– aux immeubles dans lesquels, pour des motifs et dans des cas précisés par arrêté il est techniquement impossible d'installer ces répartiteurs ou de poser un appareil permettant aux occupants de chaque local de moduler la chaleur fournie par le chauffage collectif ;

– aux immeubles dont les valeurs de consommation en chauffage sont inférieures à un seuil fixé par arrêté ;

– aux autres immeubles pour lesquels le propriétaire ou, le cas échéant, le syndicat des copropriétaires, représenté par le syndic, justifient que l'individualisation des frais de chauffage par l'installation de répartiteurs de frais de chauffage se révèle techniquement impossible ou entraîne un coût excessif au regard des économies d'énergie susceptibles d'être réalisées.

Concernant la récupération des frais de chauffage mis à la charge des occupants, dans les immeubles collectifs dans lesquels l'individualisation de ces frais est mise en œuvre, les frais de chauffage afférents à l'installation commune sont divisés :

– d'une part, en frais de combustible ou d'énergie

– et, d'autre part, en autres frais de chauffage tels que les frais relatifs à la conduite et à l'entretien des installations de chauffage et les frais relatifs à l'utilisation d'énergie électrique (ou éventuellement d'autres formes d'énergie) pour le fonctionnement des appareillages, notamment les instruments de régulation, les pompes, les brûleurs et les ventilateurs[1].

Enfin, les frais de combustible ou d'énergie sont répartis entre les locaux desservis en distinguant des frais communs et des frais individuels[2].

242.58 Individualisation des frais de fourniture d'eau chaude – Mise en œuvre. L'article R. 241-16 du code de l'énergie pose le principe selon lequel, dans les immeubles collectifs où la production d'eau chaude est commune à tout ou partie des locaux occupés à titre privatif, les frais de combustible ou d'énergie afférents à la fourniture d'eau chaude sont répartis entre ces locaux proportionnellement à la mesure des compteurs individuels d'eau chaude[3].

Et lorsque les conditions de fourniture de l'eau chaude ne permettent pas de connaître la part des frais de combustible ou d'énergie entrant dans le prix de cette fourniture, cette part fait l'objet d'une estimation forfaitaire égale aux deux tiers au moins du prix total de l'eau chaude fournie par l'installation commune de l'immeuble[4].

Quant à l'article R. 241-16-1 du même code[5], il déclare l'article R. 241-14-1[6] applicable aux immeubles équipés d'un dispositif d'individualisation des frais d'eau chaude sanitaire prévu à l'article R. 241-16, lorsque ce dispositif est télé-relevable, pour ce qui concerne la consommation d'eau chaude sanitaire.

242.59 Individualisation des frais de refroidissement – Principes. Aux termes de l'article L. 174-2 du CCH[7], tout bâtiment collectif d'habitation ou mixte pourvu d'une installation centrale de froid doit comporter, quand la technique le permet, une installation permettant de déterminer et de réguler la quantité de froid fournie à chaque local occupé à titre privatif. Comme en matière de frais de chauffage, nonobstant toute disposition, convention ou usage contraires, les frais de refroidissement mis à la charge des occupants comprennent, en plus des frais fixes, le coût des quantités de chaleur et de froid calculées comme il est dit ci-dessus.

242.60 Individualisation des frais de refroidissement – Mise en œuvre. Est visé par l'individualisation des frais de refroidissement tout immeuble qui comprend au moins deux locaux destinés à être occupés à titre privatif et refroidis par une même installation et, à l'intérieur de cet immeuble, tout « local occupé à titre privatif » c'est-à-dire celui qui est constitué par la pièce ou l'ensemble des pièces réservées à la jouissance exclusive de personnes physiques ou morales[8].

L'article R. 241-8 du code de l'énergie indique que tout immeuble collectif à usage d'habitation ou à usage professionnel et d'habitation pourvu d'une installation centrale de froid ou alimenté par un réseau de froid est muni d'appareils de mesure permettant de déterminer la quantité de froid fournie à chaque local occupé à titre privatif et ainsi d'individualiser les frais de refroidissement collectif.

Selon l'article R. 241-14-1 du code de l'énergie[9], dans les immeubles munis des appareils prévus à l'article R. 241-8, lorsque ceux-ci sont télé-relevables, l'évaluation de la consommation de chaleur et de froid du logement[10] est transmise semestrielle-

1. C. énergie, art. R. 241-12.
2. C. énergie, art. R. 241-13.
3. Les articles R. 241-17 à R. 241-19 indiquent, quant à eux, les hypothèses dans lesquelles il peut être dérogé à ce principe.
4. Le texte se clôt par un renvoi à un arrêté devant préciser le contenu de la note d'information transmise aux occupants sur leur consommation d'eau chaude sanitaire mentionnée à l'article 23 de la loi n° 89-462 du 6 juillet 1989.
5. ISSU DU décr. n° 2020-886, 20 juill. 2020, *JO* 21 juill., n° 1, en vigueur le 25 oct. 2020.
6. V. s[s] n° 242.57.
7. ISSU DE ord. n° 2020-71 du 29 janv. 2020, *JO* 31 janv., n° 62, en vigueur le 1er juill. 2021.
8. C. énergie, art. R. 241-6.
9. Issu du décr. n° 2020-886, 20 juill. 2020, en vigueur le 25 oct. 2020.
10. Mentionnée au deuxième alinéa l'article 6-2 de la loi n° 89-462 du 6 juillet 1989 (v. s[s] n° 242.55) est transmise.

ment jusqu'au 31 décembre 2021 (elle est toutefois transmise trimestriellement sur demande du locataire dans les immeubles locatifs et, dans les immeubles relevant du statut de la copropriété, sur demande du copropriétaire à son initiative ou à celle de son locataire ou de l'occupant de bonne foi du logement) et mensuellement à partir du 1er janvier 2022[1].

À noter toutefois que l'obligation visée à l'article R. 241-8 du code de l'énergie ne concerne pas :

- les logements foyers ;
- les immeubles collectifs dans lesquels il est techniquement impossible de mesurer le froid consommé par chaque local pris séparément ou de poser un appareil permettant aux occupants de chaque local de réguler le refroidissement fourni par la centrale de froid ou le réseau de froid collectif ;
- les immeubles dont les valeurs de consommation en froid sont inférieures à un seuil fixé par arrêté ;
- les autres immeubles pour lesquels le propriétaire ou, le cas échéant, le syndicat des copropriétaires représenté par le syndic justifient que l'installation d'appareils de mesure permettant d'individualiser les frais de refroidissement collectif se révèle techniquement impossible ou entraîne un coût excessif au regard des économies d'énergie susceptibles d'être réalisées.

Sur le terrain de la récupération des frais de refroidissement mis à la charge des occupants, dans les immeubles collectifs dans lesquels l'individualisation de ces frais est mise en œuvre, les frais de refroidissement afférents à l'installation commune sont divisés :

- d'une part, en frais de combustible ou d'énergie
- et, d'autre part, en autres frais de refroidissement tels que les frais relatifs à la conduite et à l'entretien des installations de refroidissement et les autres frais relatifs à l'utilisation d'énergie électrique (ou éventuellement d'autres formes d'énergie) pour le fonctionnement des appareillages.

Enfin, les frais de combustible ou d'énergie sont répartis entre les locaux desservis en distinguant des frais communs et des frais individuels[2].

B. Hygiène

242.71 Charges concernant l'hygiène. Les frais de location des containers pour les ordures ménagères ne sont pas récupérables[3], pas plus que les frais du personnel ayant procédé au débouchage des vide-ordures (seuls les produits de désinsectisation et de désinfection étant mentionnés dans le décret)[4].

De la même manière, faute d'être visés par le décret, les frais de dératisation ne sont pas récupérables[5], pas plus que l'entretien des pompes de relevage des eaux usées[6] ou des frais de débouchage des égouts[7]. Il en va de même de l'enlèvement des « encombrants »[8].

À l'inverse, les frais de détartrage des colonnes de chutes, des branchements d'eaux usées et d'eaux-vannes, ainsi que les frais de curage des collecteurs extérieurs sont des charges récupérables[9].

Mais les frais de dégorgement des colonnes d'eaux usées des boîtes de branchement des eaux usées, et des colonnes « eaux-vannes », non compris dans la liste limitative des charges récupérables, ne peuvent être assimilés aux charges d'élimination des rejets, seuls les frais de personnel étant visés[10].

242.72 Taxe d'enlèvement des ordures ménagères. Si, en principe, cette taxe est récupérable par le bailleur[11], tel n'est pas le cas lorsqu'elle n'apparaît pas de façon indépendante dans le budget communal, qu'aucun taux d'imposition n'a été établi pour son calcul et qu'elle ne donne lieu à aucun produit[12].

242.73 Taxe d'enlèvement des ordures ménagères – Jurisprudence. Quant au caractère non récupérable des frais de rôle de cette taxe, la Cour de cassation l'a affirmé dans un arrêt de principe du 30 octobre 2002. Par cette décision, la Haute juri-

1. Précisant le contenu et les modalités de ces informations : arr. du 27 août 2012 (*JO* 5 sept.), mod. par arr. du 30 mai 2016 (*JO* 31 mai), par arr. du 6 sept. 2019 (*JO* 10 sept.) et par arr. du 24 juill. 2020 (*JO* 31 juill.).
2. C. énergie, art. R. 241-13.
3. Civ. 3e, 5 oct. 1994, no 92-11.622, NP, *Loyers et copr.* 1994, no 462.
4. Civ. 3e, 10 mars 1999, no 97-10.499, P III, no 61 ; *Administrer* juill. 1999, p. 35, note Beddeleem ; *JCP* 1999. II, no 10154, note Radé et Mozas – Civ. 3e, 27 nov. 2002, no 01-11.130, P III, no 237 ; *AJDI* 2003. 119, obs. Y. Rouquet.
5. Civ. 3e, 24 févr. 1999, no 97-14.386, NP, *Administrer* févr. 2000, p. 46, obs. Canu – Civ. 3e, 29 janv. 2002, no 99-17.042, NP, *AJDI* 2002. 299, obs. Y. Rouquet ; *Administrer* juin 2002, p. 41, obs. Canu.
6. Civ. 3e, 27 mai 2003, no 01-12.002, NP, *AJDI* 2003. 593 ; *Administrer* nov. 2003, p. 37, obs. Canu.
7. Civ. 3e, 3 avr. 2007, no 06-12.937, NP, *AJDI* 2007. 482 ; *Administrer* août-sept. 2007. 43, obs. Canu.
8. Civ. 3e, 15 mai 2008, no 07-16.567, P III, no 84 ; *D.* 2008. AJ 1483, obs. Y. Rouquet ; *AJDI* 2008. 854, note V. Zalewski.
9. Civ. 3e, 6 déc. 1995, no 93-17.250, P III, no 251 ; *Administrer* mai 1996, p. 32, note Beddeleem ; *Gaz. Pal.* 20 sept. 1999, 264-265.
10. Civ. 3e, 13 juin 2012, no 11-18.740, NP, *RJDA* 2012, no 837 (2e esp.) ; *Loyers et copr.* 2012, no 225, obs. B. Vial-Pedroletti.
11. Paris, 23 oct. 1997, no 96/81525, *Loyers et copr.* 1998, no 2, obs. B. Vial-Pedroletti.
12. Civ. 3e, 10 juin 1998, no 96-20.521, P III, no 122 ; *D.* 1999. Somm. 142, obs. CRDP Nancy 2.

diction a en effet jugé que, faute de figurer sur la liste des impositions et redevances annexée au décret du 26 août 1987, le prélèvement forfaitaire prévu à l'article 1641 du CGI (en contrepartie des frais de dégrèvement et de non-valeurs relatifs à la taxe d'enlèvement des ordures ménagères) n'est pas récupérable par le bailleur[1]. Cet arrêt est à rapprocher de la position qu'avait prise la cour d'appel de Paris dans un arrêt du 14 juin 2001, compte tenu, d'une part, du fait que ces frais ne sont pas visés par la liste - limitative - des charges récupérables et, d'autre part, qu'ils sont déductibles du revenu foncier[2]. On rappellera pour mémoire que le tribunal d'instance de Nîmes avait, par le passé, déjà dénié tout caractère récupérable à ces frais, dans la mesure où ils correspondent à une prestation dont bénéficie le propriétaire et non à un accessoire de la taxe des ordures ménagères[3].

Mais les « frais de traitement des ordures ménagères », qui correspondent au débarrassage des encombrants ne sont pas récupérables[4].

C.
Taxe foncière, taxe d'habitation, droit de bail et taxe sur les logements vacants

242.81 **Taxe foncière et taxe d'habitation.** La taxe foncière n'est, bien évidemment, pas une charge pesant sur le locataire[5].

Quant à la taxe d'habitation, bien qu'il incombe au preneur de l'acquitter, elle ne saurait juridiquement s'analyser en une charge récupérable puisque, d'une part, elle n'est pas mentionnée dans le « décret charges » et, d'autre part, parce qu'elle ne correspond pas à un service dont le locataire profite directement[6]. En vertu de l'article 1686 du CGI, le propriétaire est tenu de payer la taxe d'habitation due par le locataire qui a quitté les lieux loués. Le bailleur peut cependant dégager sa responsabilité en se faisant communiquer, un mois avant le déménagement de son cocontractant, la quittance de la taxe. Si celle-ci n'est pas présentée, le bailleur doit, dans le mois qui suit le départ de son locataire, en avertir les services fiscaux. En cas de déménagement « à la cloche de bois », l'information des services fiscaux doit intervenir dans les trois mois. Enfin, en cas d'expulsion, il suffit au propriétaire d'informer l'administration de l'obtention du jugement d'expulsion[7].

242.82 **Droit de bail et taxe additionnelle au droit de bail.** Sur le sujet, on se bornera à indiquer, pour mémoire, que le droit de bail, remplacé par la « contribution annuelle représentative du droit de bail », avant d'être purement et simplement supprimé pour les revenus locatifs perçus à compter du 1er janvier 2001[8] était une charge récupérable.

La contribution sur les revenus locatifs instituée à compter du 1er janvier 2001 est à la charge du seul bailleur[9].

242.83 **Taxe sur les logements vacants.** Notons qu'il a été décidé que la taxe annuelle sur les logements vacants dont le propriétaire peut être redevable[10] n'est pas récupérable auprès du locataire[11]. En l'occurrence, le bailleur avait dû s'acquitter de cette taxe plusieurs années suite à ses déclarations à la direction des services fiscaux sur l'occupation réelle d'une partie de sa propriété foncière.

D.
Autres charges récupérables

242.91 **Travaux de nettoyage de graffitis.** Dès lors que les graffitis apposés sur les parties communes de l'immeuble constituent des dégradations volontaires dont les auteurs n'ont pas été identifiés, ces travaux de nettoyage ne sont pas des charges locatives, faute de pouvoir être assimilés à des travaux d'entretien courant ni être classés dans les dépenses relatives aux fournitures consommables[12].

Il s'agit d'une dépense qui restera à la charge du bailleur[13].

242.92 **Charges d'électricité.** Dans une hypothèse où le bailleur réclamait au locataire des frais d'électricité autres que les dépenses d'électricité relatives aux parties et équipements communs (seules visées par le décret de 1987 au poste IV 1. de

1. Civ. 3e, 30 oct. 2002, no 01-10.617, P III, no 212 ; *D.* 2003. Somm. 801, obs. Pierre ; *AJDI* 2003. 268, obs. Y. Rouquet – Civ. 3e, 24 mars 2004, no 01-14.439, P III, no 60 ; *D.* 2004. 1208 ; *AJDI* 2004. 380, obs. Y. Rouquet.
2. Paris, 14 juin 2001, *Sociétés civiles SNR Sté Nouvelles Résidences c/Verger et autres*, no 1999/24887 – AUSSI : TI Calais, 11 mai 1999, no 11-99-000083.
3. TI Nîmes, 8 févr. 2000, *Assoc. comité de défense des locataires amicale de la ZUP de Nîmes c/OPHLM du Gard*, no 11-99-000694.
4. Lyon, 3 sept. 2015, no 14/03158, *Rev. loyers* 2015. 400.
5. Angers, 14 févr. 1994, no 1402/94, *D.* 1996. Somm. 377, obs. CRDP Nancy 2 – Besançon, 24 nov. 1999, no 98/00348, *Loyers et copr.* 2000, no 221.
6. Caen, 6 juin 1996, no 95/01125, *Loyers et copr.* 1997, no 139.
7. Rép. min. no 39419, *JOAN Q* 27 mars 2000, p. 1993 ; *Administrer* mai 2000, p. 67.
8. V. ss no 241.11.
9. Civ. 3e, 19 sept. 2007, no 06-16.409, P III, no 144 ; *RJDA* 2008, no 13 ; *Gaz. Pal.* 2007. 2. 4078, obs. Barbier.
10. V. ss chap. 952.
11. Paris, 11 oct. 2018, no 16/07036, *Rev. loyers* 2018. 477, obs. Brena.
12. Civ. 3e, 17 juill. 1997, no 95-18.100, P III, no 165 ; *Gaz. Pal.* 13 mai 1998, 133-134 ; *RDI* 1997. 628, obs. F. Collart-Dutilleul ; *Loyers et copr.* 1997, no 256, obs. B. Vial-Pedroletti.
13. V. ss no 133.301.

l'annexe), la Cour de cassation a jugé que si un bail d'habitation de logement vide ne peut contrevenir aux dispositions du décret du 26 août 1987 énonçant limitativement la liste des charges récupérables l'annulation après exécution de la clause qui contraignait le locataire au remboursement de la fourniture d'électricité dans les parties privatives entraîne des restitutions réciproques, obligeant la partie qui a bénéficié de la prestation en nature (le locataire), qu'elle ne peut restituer, à s'acquitter d'une indemnité équivalente à la valeur de cette prestation [1].

242.93 Charges concernant les espaces verts. L'entretien des espaces verts communs à l'ensemble des locataires est récupérable, puisqu'il s'agit d'une dépense d'entretien courant « sur les éléments d'usage commun de la chose louée » [2]. Il incombe au locataire qui conteste le montant des factures d'entretien des espaces verts d'en démontrer la surévaluation [3]. Il a toutefois été jugé que ne sont récupérables ni les frais de remplacement des plantes [4], ni l'élagage des arbres [5], ni leur abattage [6]. Par ailleurs, selon l'Administration, les toitures végétalisées ne constituent pas des « espaces verts » au sens du décret de 1987 et ne sauraient par conséquent donner lieu à récupération de charges [7].

Encore que seuls les frais d'entretien d'espaces verts appartenant au bailleur peuvent donner lieu à récupération. En effet, de tels frais ne peuvent être réclamés au locataire s'ils portent sur des espaces verts appartenant, non pas au bailleur, mais à un tiers [8], puisqu'alors, ces espaces verts ne font pas partie de la chose louée par le bailleur, lequel ne peut consentir de bail sur la chose d'autrui [9].

Par ailleurs, le locataire ne saurait participer à l'entretien d'espaces verts situés dans le jardin privatif d'un autre occupant de l'immeuble [10]. Et les frais de remplacement du matériel d'arrosage ne sont pas récupérables [11].

De plus, le coût de la taille des haies incombe au bailleur dès lors que cette opération est nécessaire dès l'entrée dans les lieux [12].

Enfin, il a été jugé que l'achat d'une brouette pour une surface de 10 000 m² est récupérable, s'agissant d'un « petit matériel nécessaire à l'entretien de propreté de l'ensemble des bâtiments d'habitation » [13].

242.94 Dépenses d'extincteurs. Faute de figurer dans la liste annexée au décret « charges », les dépenses d'extincteurs ne sont pas récupérables [14].

242.95 Mise à disposition d'un téléphone. Il a été jugé que même si la loge n'est pas ouverte aux locataires 24 h/24, les frais d'abonnement de la ligne téléphonique qui y est mise à leur disposition sont récupérables [15]. Toutefois, selon la Cour de cassation, la récupération de ces frais est conditionnée par l'existence d'une information préalable des locataires [16]. Aucune précision n'est malheureusement fournie sur la nature de l'information requise (information orale, lettre simple, LRAR, exploit d'huissier ?). Dans le doute, une stipulation faisant état de ce service semble s'imposer, soit dans le bail (hypothèse du nouveau contrat) soit dans un avenant (pour les locataires déjà en place). Ce, d'autant plus que la jurisprudence conditionne la récupération des frais d'abonnement de la ligne au fait que tous les locataires aient été informés de l'existence des postes de téléphone mis à leur disposition [17].

SECTION 3
DÉPENSES DE PERSONNEL

242.101 Charges récupérables auprès du locataire. La question de la récupération des dépenses de personnel, comprises dans l'énumération ci-dessus (poste IV « entretien de propreté » et poste VI « élimination des rejets ») est régie par l'article 2 des décrets de 1982 et de 1987.

La rédaction de l'article 2 des deux décrets est aujourd'hui identique. Seules subsistent quelques différences formelles, puisque l'article 2 *c* du décret de 1982 correspond à l'article 2 *e* du décret de 1987 ; l'article 2 *d*, à l'article 2 *c* et l'article 2 *e*, à l'article 2 *d*.

1. Civ. 3e, 2 mars 2017, nº 15-19.418, P III, nº 31 ; *D.* 2017. Actu. 569 ; *D. actu.* 23 mars 2017, obs. Ghiglino ; *AJDI* 2017. 518, obs. N. Damas ; *Administrer* 5/2017. 42, obs. Canu.
2. L. nº 89-462, 6 juill. 1989, art. 23, 2° – AUSSI : Toulouse, 16 janv. 2001, nº 1999/05691, *Loyers et copr.* 2002, nº 2, obs. Vial-Pedroletti.
3. Civ. 3e, 15 oct. 2008, nº 07-21.452, P III, nº 154 ; *D.* 2008. AJ 2669, obs. Y. Rouquet.
4. Paris, 4 mars 2004, nº 2002/18462, *AJDI* 2004. 382.
5. Civ. 3e, 23 mars 2004, nº 02-20.933, NP, *AJDI* 2004. 457.
6. Civ. 3e, 13 nov. 2007, nº 06-16.832, NP, *AJDI* 2008. 586, note V. Zalewski.
7. Rép. min. nº 7421, *JOAN Q* 9 oct. 2018, p. 9074 ; *AJDI* 2018. 827.
8. À une commune, par exemple.
9. Versailles, 2 juin 1989, *JurisData* 600701, *D.* 1989. IR 209 – Versailles, 18 déc. 1987, nº 8157/86, *Rev. loyers* 1988. 210.
10. Civ. 3e, 1er juin 1988, nº 87-10.561, NP, *Loyers et copr.* 1988, nº 317.
11. Aix-en-Provence, 7 janv. 2011, nº 09/01135, *AJDI* 2011. 297.
12. Rouen, 11 févr. 2016, nº 15/00714, *Loyers et copr.* 2016, nº 86, obs. B. Vial-Pedroletti.
13. Civ. 3e, 28 avr. 2009, nº 08-11.739, NP, *AJDI* 2009. 717, note Y. Rouquet.
14. Agen, 7 nov. 2007, nº 05/01785, *BICC* 2008, nº 1103 – AUSSI : Beddeleem, *Ann. loyers* 1997. 97.
15. Civ. 3e, 30 nov. 2005, nº 04-14.508, P III, nº 232 ; *AJDI* 2006. 468, note F. de la Vaissière – EN SENS CONTRAIRE CEPENDANT : Rép. min. nº 42805, *JOAN Q* 22 juill. 1991, p. 2900.
16. Civ. 3e, 29 oct. 2008, nº 06-21.633, P III, nº 163 ; *D.* 2008. AJ 2794, obs. Y. Rouquet.
17. Civ. 3e, 3 nov. 2016, nº 15-22.925, NP, *AJDI* 2017. 44 ; *Loyers et copr.* 2017, nº 1, obs. B. Vial-Pedroletti.

Selon l'article 2 *a* des deux décrets, il n'y a pas lieu de distinguer entre les services assurés par le bailleur en régie et les services assurés dans le cadre d'un contrat d'entreprise. Dans ce dernier cas (contrat d'entreprise), le texte précise que le bailleur doit s'assurer que le contrat d'entreprise distingue les dépenses récupérables et les autres dépenses. Quant aux lois du 13 juillet 2006 [1] et du 7 décembre 2010 [2], dite loi Nome, elles ont inséré un ultime alinéa à l'article 23 de la loi de 1989 précisant que « pour l'application du présent article, le coût des services assurés dans le cadre d'un contrat d'entreprise ou d'un contrat d'achat d'électricité, d'énergie calorifique ou de gaz naturel combustible, distribués par réseaux correspond à la dépense, toutes taxes comprises, acquittée par le bailleur ». Ces dispositions ont porté un coup d'arrêt définitif, d'une part, à la jurisprudence qui interdisait au bailleur de récupérer auprès du locataire la TVA [3], et la marge bénéficiaire de l'entreprise [4] et, d'autre part, à celle qui ne permettait pas au bailleur de récupérer les dépenses d'investissement et de fonctionnement des réseaux de fourniture de chaleur.

242.102 TVA – Réforme du 19 décembre 2008. Attendue de longue date par tous les acteurs de ce secteur, une réforme du régime de la récupération de ces dépenses est intervenue fin 2008, par le décret du 19 décembre 2008 [5].

Cette réforme intervient après de nombreuses années de négociation au sein de la Commission nationale de concertation [6] et à la suite du rapport remis par un groupe de travail présidé par Philippe Pelletier, alors président de l'Anah, au ministre du Logement de l'époque le 11 juin 2003 [7].

Applicable pour les charges échues à compter du 1er janvier 2009 [8], ce régime donne sa pleine mesure depuis 2010, lors de la régularisation de l'exercice 2009. Du moins, lorsque le contrat de location aura prévu le versement d'une provision mensuelle de charges [9].

Lorsque les parties auront envisagé le paiement du montant des charges réelles engagées par le bailleur au fur et à mesure qu'elles se présentent (hypothèse toutefois rare en pratique), les dispositions du nouveau texte joueront dès la date d'exigibilité des sommes engagées.

§ 1 Encadrement technique donnant lieu à récupération

242.111 Récupération maximale de 10 % des dépenses. Jusqu'à la réforme opérée par le décret du 19 décembre 2008 [10], le décret charges indiquait que « le coût des services assurés en régie inclut les dépenses de personnel d'encadrement technique ». Lorsque le décret emploie le terme de « régie » [11], il faut comprendre que les services sont assurés en interne par des salariés du bailleur.

Le texte nouveau précise que la récupération ne concerne que le personnel d'encadrement « chargé du contrôle direct du gardien, du concierge ou de l'employé d'immeuble » [12].

Par ailleurs, il indique que les dépenses de ce personnel d'encadrement ne peuvent donner lieu à récupération qu'« à concurrence de 10 % de leur montant ».

Quant au contenu des « dépenses de personnel » récupérables, il s'agit des dépenses de personnel récupérables correspondent à la rémunération et aux charges sociales et fiscales [13].

§ 2 Entretien des parties communes et élimination des rejets

242.120 Plan – Distinction gardien/employé d'immeuble. Le décret « charges » opère une distinction entre d'une part, le gardien ou le concierge (A) et, d'autre part, l'employé d'immeuble (B) [14].

1. Loi non rétroactive : Civ. 3e, 19 mars 2008, n° 07-10.704, P III, n° 55, *D.* 2008. AJ 988, obs. Y. Rouquet ; *AJDI* 2008. 676, note Chenu.
2. L. n° 2010-1488, 7 déc. 2010 portant nouvelle organisation du marché de l'électricité, *JO* 8 mars.
3. Civ. 3e, 13 nov. 2007, n° 03-20.630, NP, *Administrer* mai 2008, p. 52, obs. Canu – Agen, 7 nov. 2007, n° 05/01785, *BICC* 2008, n° 1103.
4. Civ. 3e, 30 oct. 2002, n° 01-01.179, P III, n° 212 ; *D.* 2003. Somm. 801, obs. Pierre ; *AJDI* 2003. 268, obs. Y. Rouquet – Civ. 3e, 24 mars 2004, n° 01-14.439, P III, n° 60 ; *D.* 2004. 1208*AJDI* 2004. 380, obs. Y. Rouquet.
5. Décr. n° 2008-1411, 19 déc. 2008, *JO* 26 déc. – POUR une étude d'ensemble : Y. Rouquet, *AJDI* 2009. 87 – AUSSI : Picard et Mathern, *Rev. Bleue*, févr. 2009, p. 26.
6. Sur la CNC, v. ss nos 812.21 s.
7. Le rapport « Pelletier » est consultable dans son intégralité sur http://www2.logement.gouv.fr/
8. Décr. susvisé du 19 déc. 2008, art. 3.
9. Sur ce point, v. ss nos 243.22 s.
10. Décr. n° 2008-1411, 19 déc. 2008, *JO* 26 déc.
11. Décr. de 1982 et de 1987, art. 2 a.
12. VOIR DÉJÀ, au préalable, jugeant que le bailleur doit démontrer que les « responsables commerciaux de site » encadrent et contrôlent les salariés chargés des tâches matérielles de nettoyage et d'enlèvement des ordures ménagères, Civ. 3e, 12 juin 2003, n° 02-10.539, NP, *Administrer* nov. 2003, p. 38, obs. Canu.
13. Décr. de 1982 et de 1987, art. 2 b.
14. DANS LE MÊME SENS, v. l'art. 18 de la Convention collective nationale des gardiens, concierges et employés d'immeubles du 11 déc. 1979 modifiée – *CONTRA*, confondant les deux fonctions : C. trav., art. 7211-2.

En pratique, la différence tient au fait que l'employé d'immeuble est uniquement chargé de procéder à l'entretien des parties communes et/ou à l'élimination des rejets, tandis que le gardien reçoit des missions complémentaires (accueil des nouveaux locataires, établissement des états des lieux, missions de surveillance...).

A. Entretien et/ou élimination des rejets assurés par un gardien ou un concierge

242.131 Pourcentage de la rémunération donnant lieu à récupération. Les missions du gardien n'étant pas cantonnées aux seules tâches récupérables, il a été convenu [1] que seuls 75 % du montant de sa rémunération seraient récupérables auprès des locataires. Plus exactement, le texte indiquait que « lorsque l'entretien des parties communes et l'élimination des rejets sont assurés par un gardien ou un concierge, les dépenses correspondant à sa rémunération, à l'exclusion du salaire en nature, sont exigibles au titre des charges récupérables à concurrence des trois quarts de leur montant ».

De cette rédaction, la Cour de cassation en a conclu que la récupération était conditionnée par une exécution cumulative des missions [2], sans partage d'activité avec un tiers [3], et de manière effective [4].

Dès lors que les conditions de cumul, d'effectivité et d'absence de partage d'activité sont réunies, il importe peu que le gardien accomplisse des activités pour le compte du bailleur [5].

242.132 Écueil des décrets de 1982 et 1987. Il s'est rapidement avéré que cette rigidité cadrait mal avec les exigences d'une gestion moderne et rationnelle du personnel de l'immeuble locatif. Il était difficilement acceptable que la récupération du gardien ne puisse avoir lieu au prétexte qu'il s'occupait de l'enlèvement des encombrants mais n'effectuait pas l'élimination des rejets [6].

242.133 Évolution de la législation (décret de 2008). Introduisant davantage de souplesse, le décret de 2008 distingue désormais :

- l'hypothèse où le gardien/concierge assure, conformément à son contrat de travail, l'entretien des parties communes et l'élimination des rejets, donnant lieu, comme auparavant, à récupération des dépenses correspondant à sa rémunération et aux charges sociales et fiscales y afférentes à concurrence de 75 % de leur montant ;
- de celle où, conformément à son contrat de travail, il n'assure que l'une ou l'autre des deux tâches. Alors, les dépenses de personnel ne sont récupérables qu'à concurrence de 40 % de leur montant [7].

Le nouveau texte évoque le gardien ou le concierge d'un immeuble ou d'un groupe d'immeubles.

242.134 Caractère forfaitaire de la récupération des frais de personnel. Le texte de 2008 se refuse toujours à prendre en compte l'activité réelle du gardien/concierge [8]. Il est en effet acquis, avant comme après la réforme, que le pourcentage donnant lieu à récupération est forfaitaire [9].

Un arrêt de la cour d'appel de Paris de 2008 a toutefois semé le trouble en précisant que l'évaluation forfaitaire à hauteur de 75 % représentait un maximum [10], nécessitant une mise au point de la part de l'administration.

C'est ainsi qu'en 2010, une réponse ministérielle a confirmé le caractère forfaitaire des sommes dues, tout en estimant que « l'usage de l'expression [à concurrence de] indique clairement que le bailleur peut décider de choisir d'appliquer, mais toujours forfaitairement, un pourcentage inférieur » [11].

242.135 Prise en compte des couples de gardiens/concierges. Pérennisant une récente jurisprudence de la Cour de cassation [12], et faisant preuve de pragmatisme, le décret de 2008 précise qu'un couple

1. Accord « Delmon » de 1974 entériné par les décrets de 1982 et 1987.
2. Civ. 3e, 7 mai 2002, no 00-16.268, P III, no 93 ; *AJDI* 2002. 458, note Y. Rouquet.
3. Civ. 3e, 27 sept. 2006, no 05-18.193, P III, no 186 ; *D.* 2006. IR 2416, avec les obs. ; *ibid.* 2007, Pan., p. 903, obs. N. Damas ; *AJDI* 2007. 39, note Y. Rouquet.
4. Civ. 3e, 30 nov. 2005, no 04-14.508, P III, no 232 ; *AJDI* 2006. 468, note F. de la Vaissière – AUSSI : Civ. 3e, 8 oct. 1997, no 95-20.113, P III, no 186 ; *D.* 1998. 345, note Y. Rouquet ; *Gaz. Pal.* 7 déc. 1997, 341/343 – Civ. 3e, 19 mars 2008, no 07-10.704, P III, no 55 ; *D.* 2008. AJ, 988, obs. Rouquet ; *AJDI* 2008. 676, note Chenu.
5. Civ. 3e, 10 nov. 2009, no 08-20.035, NP.
6. Civ. 3e, 15 mai 2008, no 07-16.567, P III, no 84 ; *D.* 2008. AJ, 1483, obs. Rouquet ; *AJDI* 2008. 854, note V. Zalewski.
7. POUR des illustrations : Civ. 3e, 8 mars 2018, no 17-11.985, P III, no 29 ; *D.* 2018. Actu. 560 ; *ibid.* Pan. 1117, spéc. 1123, obs. N. Damas ; *D. actu.* 29 mars 2018, obs. Dreveau ; *AJDI* 2018. 608, obs. Damas ; Civ. 3e, 8 mars 2018, no 17-11.986, NP, *AJDI* 2018. 366.
8. Refusant de moduler le pourcentage de récupération en fonction de cette activité réelle – AUSSI : Civ. 3e, 9 janv. 2008, no 06-21.794, P III, no 4 ; *D.* 2008. AJ 284, obs. Y. Rouquet ; *ibid.* 2008. Pan., 1300, spéc. 1308, obs. Damas ; *AJDI* 2008. 589, note Chenu.
9. CE 7 juin 2000, req. no 200201, *Gaz. Pal.* 2001. 1. Somm. 508 – Civ. 3e, 9 janv. 2008, no 06-21.794, P III, no 4 ; *D.* 2008. AJ 284, obs. Y. Rouquet ; *ibid.* 2008. Pan. 1300, spéc. 1308, obs. N. Damas ; *AJDI* 2008. 589, note Chenu.
10. Paris, 6e ch. B, 18 juill. 2008, no 07/09128, *AJDI* 2008. 857.
11. Rép. min. no 54143, *JOAN Q* 16 mars 2010, p. 3131 ; *AJDI* 2010. 358.
12. Civ. 3e, 15 oct. 2008, no 07-21.452, P III, no 154 ; *D.* 2008. AJ 2669, obs. Y. Rouquet.

de gardiens ou de concierges qui assure, dans le cadre d'un contrat de travail commun, l'entretien des parties communes et l'élimination des rejets est assimilé à un personnel unique. L'emploi du terme « couple » permet de viser l'hypothèse des époux, mais aussi celles des concubins et des pacsés. Cette interprétation a d'ailleurs été confirmée par une réponse ministérielle de septembre 2010, laquelle ajoute que la récupération à hauteur de 75 % des frais de gardiennage n'est pas conditionnée au fait que le mode de répartition des tâches au sein de ce couple soit défini[1].

242.136 **Remplacement du gardien/concierge.** Se faisant l'écho d'une réponse ministérielle de 1994, selon laquelle la notion de « rémunération » doit être prise au sens large et inclure les frais de remplacement des gardiens pendant leurs absences ou congés[2], le décret de 2008 envisage la récupération des frais de personnel (selon le cas, à concurrence de 75 % ou de 40 %) en cas d'intervention d'un tiers :

- pendant les repos hebdomadaires et les congés prévus dans les clauses de son contrat de travail ;
- en cas de force majeure et d'arrêt de travail ;
- ou en raison de l'impossibilité matérielle ou physique temporaire pour le gardien ou le concierge d'effectuer seul la ou les deux tâches qui lui incombent.

Sur l'exact champ d'application du texte, on relèvera cette jurisprudence de la Cour de cassation selon laquelle, en dépit de la lettre du texte, lorsque le gardien partage avec un tiers l'entretien des parties communes et l'élimination des rejets, ou une seule de ces deux tâches, les dépenses correspondant à sa rémunération ne sont récupérables que si le gardien ne peut en assurer seul l'exécution par suite d'une *impossibilité matérielle temporaire*[3]. Par ailleurs, l'impossibilité dont s'agit ne doit être que partielle, puisque le texte ne vise que les cas où le gardien/concierge ne peut effectuer seul sa (ses) mission(s).

242.137 **Impossibilité matérielle ou physique temporaire - Absence de définition.** Les notions nouvelles d'« impossibilité matérielle ou physique temporaire » n'ont pas été définies. Selon une réponse ministérielle, il ne pouvait en aller autrement, ces impossibilités pouvant être par nature très diverses et avoir trait à des événements aussi différents qu'une maladie, un handicap temporaire, une panne d'un outil ou même un événement météorologique imprévisible[4].

Par voie de conséquence, selon la même réponse ministérielle, il est impossible de prévoir une liste type de pièces justificatives à fournir par le bailleur. Il appartiendra donc au bailleur de présenter au titre de pièces justificatives tout document relatif au motif de cette incapacité et justifiant le bien-fondé de l'intervention nécessaire d'un tiers[5].

242.138 **Dépenses non récupérables.** Coupant cours à toute discussion (et à un certain nombre de contentieux), le nouveau texte dresse une liste de ce qu'il convient d'exclure des dépenses récupérables.

Sont visés :

- le salaire en nature (déjà prévue par l'ancienne version du décret à l'égard du gardien/concierge, la solution est nouvelle pour l'employé d'immeuble[6]) ;
- l'intéressement et la participation aux bénéfices de l'entreprise[7] ;
- les indemnités et primes de départ à la retraite[8] ;
- les indemnités de licenciement ;
- la cotisation à une mutuelle prise en charge par l'employeur ou par le comité d'entreprise ;
- la participation de l'employeur au comité d'entreprise ;
- la participation de l'employeur à l'effort de construction ;
- la cotisation à la médecine du travail. Ces exclusions valent aussi en cas de remplacement du gardien/concierge par un tiers.

B. Entretien et/ou élimination des rejets assurés par un employé d'immeuble

242.141 **Missions et pourcentage de la rémunération donnant lieu à récupération.** Les dépenses de personnel sont récupérables en totalité. Ce qui est logique, l'employé d'immeuble étant « dédié » aux seules missions récupérables.

La grande nouveauté du texte de 2008 est qu'il envisage désormais cette récupération, dès lors que l'employé d'immeuble assure, conformément à son contrat de travail, l'entretien des parties communes ou l'élimination des rejets.

1. Rép. min. n° 55825, *JOAN Q* 7 sept. 2010, p. 9756.
2. Rép. min. n° 14001, *JOAN Q* 11 juill. 1994, p. 3617.
3. Civ. 3e, 17 déc. 2013, n° 12-26.780, P III, n° 165 ; *D.* 2014. Actu. 11, obs. Y. Rouquet ; *D.* 2014. Chron. C. cass. 1004, obs. Pic ; *ibid.* Pan. 1221, spéc. 1222, obs. N. Damas ; *Loyers et copr.* 2014, n° 41, obs. B. Vial-Pedroletti ; *Rev. loyers* 2014. 69, obs. B. Humblot-Catheland.
4. Rép. min. n° 55883, *JOAN Q* 7 sept. 2010, p. 9758.
5. Rép. min. n° 55883, *JOAN Q* 7 sept. 2010, p. 9758.
6. EN SENS CONTRAIRE d'ailleurs : Civ. 3e, 30 mai 1996, n° 93-14.125, P III, n° 123 ; *D.* 1996. IR 151 – Civ. 3e, 1er mars 2000, n° 98-15.244, NP, *Administrer* mars 2001, p. 37, obs. P. Canu.
7. *CONTRA* : TI Versailles, 11 janv. 1996, *Rev. loyers* 1996. 414.
8. CONFIRMATION DE : Civ. 3e, 25 juin 2008, n° 07-15.598, P III, n° 114 ; *D.* 2008. AJ, 1900, obs. Y. Rouquet ; *RJDA* 2008, n° 996.

Contrairement à la situation antérieure, aucun cumul n'est plus requis, sans d'ailleurs que cela ait une incidence sur le taux de récupération (toujours égal à 100 %, même en cas d'exercice alternatif des missions).

242.142 Question du remplacement de l'employé d'immeuble. Si le mécanisme d'intervention d'un tiers prévu à l'égard du concierge/gardien [1] n'est pas ici reproduit, il ne faut pas en conclure qu'aucun remplacement n'est possible. En effet, si le texte n'envisage pas le remplacement de l'employé d'immeuble, c'est que, à la différence du concierge/gardien, il n'est pas affecté à un bâtiment en particulier (d'ailleurs le texte envisage « le » gardien ou « le » concierge, mais « un » employé d'immeuble). En conséquence, lorsqu'un employé sera empêché, il sera remplacé par un autre employé. Et ce remplacement sera parfaitement transparent pour le locataire.

242.143 Dépenses non récupérables. Les mêmes exclusions qu'en matière de dépenses de gardien/concierge sont applicables [2].

SECTION 4 CHARGES DE TÉLÉVISION : CARACTÈRE RÉCUPÉRABLE

242.151 Silence du décret relatif aux charges. Aux termes de l'article R. 113-4 du code de la construction et de l'habitation, les immeubles « groupant plusieurs logements », ce qui exclut de son champ d'application les logements individuels, doivent être munis des dispositifs collectifs nécessaires à la distribution des services de radiodiffusion sonore et de télévision dans les logements, et des gaines ou passages pour l'installation des câbles correspondants.

Pour autant, la question de la récupérabilité des charges de télévision et, le cas échéant, de leur étendue, est posée en raison de l'absence de référence à la télévision dans le décret relatif aux charges, tant dans le secteur privé que dans le secteur social. Sous le régime de la loi du 1er septembre 1948, l'article 38, dans sa rédaction antérieure à la réforme du 6 juillet 1989, n'évoquait pas davantage ces charges.

242.152 Justification. On doit considérer ces dépenses comme récupérables.

En effet, les charges avancées par le bailleur en matière de télévision répondent bien à la définition légale des charges dans la mesure où elles correspondent à des « services rendus liés à l'usage des différents éléments de la chose louée » [3]. Mais on a vu précédemment que les textes renvoyaient à un décret la définition des charges et ce de manière limitative.

La raison de ce traitement particulier tient en réalité à l'existence d'un texte antérieur de valeur législative que les différentes lois relatives aux rapports entre bailleurs et locataires n'ont pas remis en question. Il s'agit de la loi du 2 juillet 1966 modifiée, relative à l'installation d'antennes réceptrices de radiodiffusion [4]. Ce texte a été adapté à plusieurs reprises en considération des évolutions des techniques de diffusion télévisuelle et de télécommunication (câble, internet) [5].

La loi du 2 juillet 1966 prévoit expressément la possibilité de répercuter sur le locataire les frais liés à la télévision, dans des conditions particulières puisque même l'investissement est récupérable.

242.153 Modalités. L'article 2 de la loi du 2 juillet 1966 autorise le propriétaire qui a installé à ses frais une antenne collective ou un réseau interne raccordé à un réseau câblé à demander à chaque usager acceptant de se raccorder à cette antenne ou à ce réseau de prendre en charge une quote-part des frais engagés. En l'absence de conclusion d'un accord collectif [6], seuls les locataires acceptant d'être raccordés à un câble d'antenne collective de télévision doivent s'acquitter d'une quote-part des frais [7].

La loi du 2 juillet 1966, dite loi Malraux, du nom du ministre de la Culture de l'époque, avait pour objectif, notamment, de permettre le remplacement par une antenne unique des multiples antennes individuelles que les occupants des immeubles installaient sur les toits dans un mouvement souvent considéré comme anarchique.

Actuellement, les antennes et les réseaux existent dans la quasi-totalité des immeubles collectifs et le raccordement des logements a déjà été effectué dans les immeubles anciens ou est réalisé dès la construction des logements pour le neuf. Dans ces conditions la demande de raccordement est devenue désuète. En outre, lorsqu'il est procédé à un remplacement des antennes, la loi a prévu une procédure d'accord collectif qui, une fois voté, est opposable à

1. V. s^s n° 242.136.
2. En conséquence, v. s^s n° 242.136.
3. L. n° 89-462, 6 juill. 1989, art. 23 – CCH, art. L. 442-3.
4. L. n° 66-457, 2 juill. 1966 relative à l'installation d'antennes réceptrices de radiodiffusion, *JO* 5 juill., p. 5654 – AUSSI : Décr. n° 67-1171, 22 déc. 1967.
5. L. n° 2001-624, 17 juill. 2001, art. 20.
6. Civ. 3e, 28 juin 2000, n° 97-21.684, P III, n° 131 ; *D.* 2000. IR 227 ; *Rev. loyers* 2000. 447.
7. Civ. 3e, 29 janv. 2002, n° 99-17.042, NP, *AJDI* 2002. 299, obs. Y. Rouquet ; *Administrer* juin 2002, obs. V. Canu.

tous et permet la récupération des dépenses d'installation, d'entretien et de remplacement[1].

242.154 Réception de la télévision par antenne ou parabole collective et droits d'auteur. En modifiant l'article L. 132-20 du code de la propriété intellectuelle et en insérant un article L. 216-2 dans le même code, la loi du 1er août 2006[2] exonère du paiement de droits d'auteurs la distribution à des fins non commerciales de la télédiffusion sur les réseaux internes aux immeubles ou ensembles d'immeubles collectifs à usage d'habitation installés par leurs propriétaires ou copropriétaires, ou par les mandataires de ces derniers, à seule fin de permettre le raccordement de chaque logement de ces mêmes immeubles ou ensembles d'immeubles collectifs à usage d'habitation à des dispositifs collectifs de réception des télédiffusions par voie hertzienne normalement reçues dans la zone[3].

242.155 Cas des copropriétés. La loi du 2 juillet 1966 s'applique, en outre, aux immeubles « qui sont soumis au régime de la copropriété »[4].

L'installation des antennes et des réseaux est décidée par la copropriété, en tant qu'éléments d'équipement communs, selon les règles propres aux copropriétés. Toutefois le copropriétaire bailleur est fondé à demander à son locataire une participation dans les mêmes conditions[5]. Ainsi, la décision d'une assemblée générale interdisant la pose d'antennes paraboliques ou introduisant dans le règlement de copropriété des dispositions non-conformes à la loi est contraire aux dispositions d'ordre public de la loi du 2 juillet 1966 sur le droit à l'antenne[6].

242.156 Remplacement d'une antenne existante. L'article 1er de la loi du 2 juillet 1966 renvoie les modalités du remplacement d'une antenne par un réseau interne raccordé au réseau câblé à la signature d'un accord collectif pris en application de l'article 42 de la loi du 26 décembre 1986[7].

242.157 Dépenses concernées. Que l'on soit en présence d'une installation ou d'un remplacement d'antenne (ou d'un réseau) existant, l'étendue des dépenses récupérables est précisée par la loi du 2 juillet 1966. Il s'agit des dépenses d'installation, d'entretien et de remplacement de l'antenne ou du réseau. Ces dépenses sont réparties entre tous les locataires qui disposent d'un branchement à cette occasion. La quote-part de chacun est égale au total des frais divisé par le nombre de branchements[8].

Dans le cas d'un accord collectif pour le remplacement d'une antenne, l'accord précise, aux termes de la loi, « le contenu et la tarification » du service collectif proposé[9]. L'accord collectif voté s'impose à tous les locataires branchés sur l'antenne collective ou sur le réseau interne raccordé au réseau câblé. Un accord proposé par un bailleur et approuvé par la majorité des locataires s'impose à tous et cet accord intervenu dans le respect des dispositions légales, ne va pas à l'encontre du principe de la libre concurrence[10].

La loi du 2 juillet 1966 règle par ailleurs la question du droit d'un ou de plusieurs locataires à installer, entretenir ou remplacer à ses (leurs) frais une antenne individuelle et sur les conditions éventuelles d'opposition du bailleur[11].

1. Sur les accords collectifs, v. ss nos 812.121 s.
2. L. no 2006-961, 1er août 2006 relative au droit d'auteur et aux droits voisins dans la société de l'information, *JO* 3 août, p. 11529.
3. EN SENS CONTRAIRE PRÉCÉDEMMENT : Civ. 1re, 1er mars 2005, no 02-17.391, P I, no 105 ; *D.* 2005. 955, obs. Allaeys.
4. L. no 66-457, 2 juill. 1966, art. 4.
5. Rép. min. no 35930, *JOAN Q* 25 avr. 1988, p. 1776.
6. Paris, 23e ch. A, 30 mai 2001, no 2000/01205, *Loyers et copr.* 2001, no 233.
7. SUR les accords collectifs et plus précisément les conditions de signature de tels accords v. ss nos 812.121 s.
8. Décr. no 67-1171, 22 déc. 1967, art. 3.
9. Décr. no 67-1171, 22 déc. 1967, art. 2.
10. Civ. 3e, 28 juin 2000, no 97-21.684, P III, no 131 ; *RTD civ.* 2001. 160, note P.-Y. Gautier ; *Rev. loyers* 2000. 447.
11. V. ss nos 311.121 s.

CHAPITRE

243. Régime applicable aux charges récupérables

SECTION 0 ORIENTEUR

243.00 Sommaire du chapitre.

Division. Le régime applicable aux charges récupérables est un régime d'ordre public (sect. 1). Il faut tour à tour envisager la justification de la provision demandée (sect. 2), la procédure de régularisation annuelle (sect. 3) et la contestation (sect. 4).

243.01 Principaux textes applicables.

TEXTES SOURCES

• **L. n° 89-462, 6 juill. 1989,** art. 23.

TEXTES *IN EXTENSO*

• **L. 6 juill. 1989,** art. 23

* V. s[s] n° 241.01

243.02 Jurisprudence de référence.

• **Civ. 3e, 20 déc. 1995,** n° 93-20.123, P III, n° 262

* V. s[s] n° 243.57

La production de justificatifs de charges en cours de procédure est valable.

• **Civ. 3e, 28 janv. 2004,** n° 02-15.810, P III, n° 17

* V. s[s] n° 243.53

Le bailleur doit tenir les pièces justificatives à la disposition personnelle de chaque locataire.

• **Civ. 3e, 8 déc. 2010,** n° 09-71.124, P III, n° 216

* V. s[s] n° 243.32

Les charges locatives ne sont dues que pour autant que le bailleur communique au locataire leur mode de répartition et tient à sa disposition les pièces justificatives.

• **Civ. 3e, 21 mars 2012,** n° 11-14.174, P III, n° 49

* V. s[s] n° 243.32

En l'état de l'obligation légale d'une régularisation annuelle des charges pesant sur le bailleur, la réclamation présentée sur une période écoulée de cinq ans de plus du triple de la somme provisionnée, si elle est juridiquement recevable et exacte dans son calcul est, dans ce cas, déloyale et brutale et constitutive d'une faute dans l'exécution du contrat.

• **Civ. 3e, 2 déc. 2014,** n° 13-23.988, NP

* V. s[s] n° 243.32

Si la règle selon laquelle les conventions doivent être exécutées de bonne foi permet au juge de sanctionner l'usage déloyal d'une prérogative contractuelle, elle ne l'autorise pas à porter atteinte à la substance même des droits et obligations légalement convenus entre les parties.

243.03 Bibliographie indicative.

Annuel. LAMY DR. IMMO, n°s 5977 s.

Encyclopédies. RÉP. CIV., *V° Bail d'habitation et mixte : rapports locatifs individuels – Loi du 6 juillet 1989*, N. Damas, n°s 229-261 – DICT. PERM. Gestion immob., *V° Baux d'habitation et mixtes*, n°s 268, 272-276.

Ouvrages. E. Debaussart-Joniec, S. Fraîche-Dupeyrat, Ph. Pelletier, *Les baux d'habitation après la loi Élan*, 3e éd., « Actualité », 2019, LexisNexis – J. Lafond, B. Vial-Pedroletti, *Les baux d'habitation*, 8e éd., « Droit et professionnels », LexisNexis, 2017, n°s 719 s. et 966 s. – Ph. Pelletier (dir.), *Traité des baux d'habitation et professionnels*, « Référence juridique », Le Moniteur, 2021.

SECTION 1 RÉGIME D'ORDRE PUBLIC

243.11 Dispositions d'ordre public. Que le logement loué appartienne au secteur privé ou au secteur HLM, qu'il soit conventionné ou non, le régime applicable aux charges récupérables est le même.

Il découle des alinéas 6 et 7 de l'article 23 de la loi du 6 juillet 1989[1].

Il s'agit d'un texte d'ordre public[2].

Si le texte n'interdit pas au bailleur de demander à son cocontractant de lui régler les charges réelles au fur et à mesure qu'elles se présentent, en pratique, les parties se mettront toujours d'accord sur le versement d'une provision mensuelle et, une fois par an, procéderont à une régularisation de charges, c'est-à-dire à un ajustement des sommes acquittées avec les sommes réellement exposées.

Les charges récupérables sont toutefois dues même lorsque le bail ne prévoit pas de provision pour charges[3].

243.12 Rôle du juge. Non seulement il appartient au juge de rechercher si les charges sont justifiées[4] mais, de plus, de rechercher si les deux étapes successives de la régularisation (fourniture du décompte et mise à disposition des pièces justificatives) ont bien été respectées[5]. Il a été jugé que l'obligation aux charges n'est pas suspendue par l'effet d'un arrêté d'insalubrité[6].

SECTION 2
JUSTIFICATION DE LA PROVISION DEMANDÉE

243.21 Prohibition de toute évaluation forfaitaire. Quelle que soit la qualité du bailleur (personne physique ou personne morale) et quel que soit le régime juridique dont dépend le logement loué (logement dépendant d'une copropriété ou non), « les demandes de provisions sont justifiées par la communication de résultats antérieurs arrêtés lors de la précédente régularisation »[7].

Par ailleurs, lorsque le bailleur sera une personne morale ou lorsque le logement sera situé dans un immeuble soumis au régime de la copropriété, le bailleur devra, en plus, fournir au locataire le budget prévisionnel[8]. Ainsi, l'article 23 de la loi de 1989 prohibe toute évaluation forfaitaire des charges récupérables, ce, nonobstant toute clause contraire contenue dans le contrat de location[9]. Remarquons cependant que le titre Ier de la loi de 1989 étant un texte d'ordre public de protection, le preneur peut y renoncer valablement dès lors que cette renonciation est certaine et sans équivoque et qu'elle est intervenue en connaissance de cause et postérieurement à la signature du bail[10].

243.22 Dangers de ne pas fournir de justificatifs ou de sous-évaluer la provision pour charges. À défaut de fourniture des justificatifs, le locataire peut prétendre à la réduction de la provision pour charges qui lui est demandée[11]. En revanche, le simple retard apporté par le bailleur dans la présentation des comptes de charges ne peut être sanctionné par la suspension du paiement total des provisions[12].

Par ailleurs, sous-évaluer la provision mensuelle de charges peut s'avérer dangereux pour le propriétaire. Pour preuve, cet arrêt ayant condamné le bailleur à verser 2 000 euros au locataire n'ayant pu correctement estimer l'étendue de son engagement financier[13].

SECTION 3
PROCÉDURE DE RÉGULARISATION ANNUELLE

243.31 Possibilité d'une régularisation sur plusieurs années. Lorsque les charges locatives donnent lieu au versement de provisions, elles doivent « faire

1. L. n° 89-462, 6 juill. 1989 tendant à améliorer les rapports locatifs et portant modification de la loi 86-1290 du 23 déc. 1986, *JO* 8 juill., p. 8541, dite loi Mermaz-Malandain.
2. Civ. 3e, 16 févr. 2010, n° 08-70.452, NP, *Rev. loyers* 2010. 175.
3. Paris, 3 oct. 2006, *AJDI* 2006. 40.
4. Civ. 3e, 19 janv. 2000, n° 98-12.658, P III, n° 9 ; *D.* 2000. IR 34.
5. Civ. 3e, 30 juin 2004, n° 03-11.098, P III, n° 135 ; *D.* 2004. IR 2268, avec les obs. ; *Rev. loyers* 2004. 601, obs. Canu.
6. Paris, 20 mars 2007, n° 05/09544, *AJDI* 2007. 561 – COMP., en matière de loyer, au n° 231.31.
7. L. n° 89-462, 6 juill. 1989, art. 23, al. 6 – Civ. 3e, 3 avr. 2001, n° 99-20.337, NP, *Administrer* janv. 2002. 30, obs. Gauclère – AUSSI, jugeant qu'il appartient au bailleur de justifier de sa créance de charges à l'encontre du preneur : Civ. 3e, 22 mai 2013, n° 12-17.214, NP, *AJDI* 2013. 832 ; *Administrer* 11/2013. 46, obs. Canu ; – Paris, 21 mars 2017, n° 15/19724, *Rev. loyers* 2017. 180, obs. S. B. – Le bailleur doit par ailleurs prouver que ses décomptes de charges sont conformes à la réglementation en vigueur : Civ. 3e, 3 nov. 2016, n° 15-22.925, NP, *AJDI* 2017. 44.
8. L. n° 89-462, 6 juill. 1989, art. 23, al. 6 – Civ. 3e, 3 avr. 2001, n° 99-20.337, NP, *Administrer* janv. 2002. 30, obs. Gauclère.
9. Civ. 3e, 20 déc. 1995, n° 93-20.123, P III, n° 262 ; *Administrer* août-sept. 1996, p. 30, note Beddeleem ; *Gaz. Pal.* 9 oct. 1996, 283-284, [loi de 1982 et de 1986] – Civ. 3e, 4 mai 2010, n° 09-12.382, NP, *AJDI* 2010. 471 – Paris, 25 mars 1999, n° 1997/25926, *Loyers et copr.* 2000, n° 61, obs. B. Vial-Pedroletti.
10. Paris, 13 oct. 1995, n° 94/023776, *D.* 1995. IR 239 – SUR LA NOTION d'ordre public de protection, v. s^s n° 021.11.
11. Civ. 3e, 18 juin 2002, n° 01-01.856, NP, *Administrer* avr. 2003. 44, note Gauclère.
12. Civ. 3e, 29 avr. 2009, n° 08-11.332, NP, *AJDI* 2009. 795, note Dreveau.
13. Paris, 29 oct. 2003, n° 2002/20651, *AJDI* 2004. 27 – AUSSI : Paris, 26 juin 2008, n° 06/06352, *AJDI* 2008. 858 (500 euros).

l'objet d'une régularisation annuelle »[1]. Le bailleur qui ne respecterait pas l'obligation de faire, une fois par an, une régularisation de charges serait quand même en droit de procéder à une régularisation sur plusieurs années ce, dans la limite de la prescription de l'action[2].

Toutefois, depuis la modification de l'article 23 de la loi du 6 juillet 1989 par la loi du 24 mars 2014[3], dite loi Alur, l'avant-dernier alinéa de ce texte[4] dispose que « lorsque la régularisation des charges n'a pas été effectuée avant le terme de l'année civile suivant l'année de leur exigibilité, le paiement par le locataire est effectué par douzième, s'il en fait la demande ».

On notera également cette décision selon laquelle si la régularisation des charges locatives peut intervenir jusqu'à l'audience devant le juge, leur paiement ne peut être obtenu que dans les limites de la prescription de l'article 7-1 de la loi du 6 juillet 1989[5].

243.32 Conséquences du défaut de régularisation. Par ailleurs, dès avant l'avènement de la loi Alur, il avait été jugé qu'à défaut de régularisation :

- le bailleur ne peut réclamer les charges tant échues qu'à échoir[6], et le preneur est en droit de demander la restitution de provisions versées[7] ;
- le locataire est en droit de demander une réduction de la provision pour charges[8] ;
- en l'état de l'obligation légale d'une régularisation annuelle des charges pesant sur le bailleur, la réclamation présentée sur une période écoulée de cinq ans de plus du triple de la somme provisionnée, si elle est juridiquement recevable et exacte dans son calcul est, dans ce cas, déloyale et brutale et constitutive d'une faute dans l'exécution du contrat[9] ;
- une clause résolutoire ne saurait jouer pour non-paiement, les charges n'étant pas exigibles[10] ;
- les charges locatives ne sont pas dues, faute pour le bailleur d'avoir communiqué au locataire leur mode de répartition et avoir tenu à sa disposition les pièces justificatives[11].

Le bailleur devra alors communiquer au preneur un certain nombre de documents et mettre à sa disposition les justificatifs.

Toutefois, selon le juge du droit, si la règle selon laquelle les conventions doivent être exécutées de bonne foi permet au juge de sanctionner l'usage déloyal d'une prérogative contractuelle, elle ne l'autorise pas à porter atteinte à la substance même des droits et obligations légalement convenus entre les parties[12].

§ 1
Documents à communiquer au locataire

243.41 Communication du mode de répartition des charges locatives. Un mois avant cette régularisation, le bailleur doit communiquer à son cocontractant le décompte par nature de charges, ainsi que, dans les immeubles collectifs, le mode de répartition entre les locataires et le cas échéant, une note d'information sur les modalités de calcul des charges de chauffage et de production d'eau chaude sanitaire collectifs et sur la consommation individuelle de chaleur et d'eau chaude sanitaire du logement[13], dont le contenu est défini par décret en Conseil d'État[14].

Le bailleur qui communique le décompte de régularisation des charges et leurs justificatifs ne saurait obtenir le paiement d'un arriéré en l'absence de communication du mode de répartition des charges entre les locataires[15]. Ce droit à communication n'appartient par conséquent qu'au locataire et un occupant sans droit ni titre continuant de percevoir des allocations de logement ne pourrait réclamer des décomptes de charges[16].

1. L. n° 89-462, 6 juill. 1989, art. 23, al. 6, mod. par L. n° 2014-366, 24 mars 2014, *JO* 26 mars, p. 5809, sur ce point, applicable aux contrats en cours lors de son entrée en vigueur (le 27 mars 2014).
2. Rép. min. n° 108788, *JOAN Q* 17 avr. 2007, p. 3779 (sur cette question v. s[s] n° 231.58).
3. L. n° 2014-366, 24 mars 2014, *JO* 26 mars, p. 5809.
4. Applicable aux contrats en cours au 27 mars 2014.
5. Civ. 3e, 28 juin 2018, n° 17-18.473, NP, *Administrer* 10/2018. 67, obs. Canu.
6. Paris, 20 mars 2007, n° 05/09544, *AJDI* 2007. 561.
7. Civ. 3e, 9 juin 2015, n° 14-15.444, NP, *AJDI* 2015. 610.
8. Civ. 3e, 18 juin 2002, n° 01-01.856, NP, *Administrer* avr. 2003. 44, note Gauclère.
9. Civ. 3e, 21 mars 2012, n° 11-14.174, P III, n° 49 ; *D.* 2012. Actu. 946, obs. Y. Rouquet ; *ibid.* 2013. Pan. 863, spéc. 867, obs. Damas ; *AJDI* 2012. 597, obs. S. Le Gac-Pech – Civ. 3e, 8 oct. 2015, n° 14-21.710, NP, *AJDI* 2015. 843.
10. Paris, 1er juill. 2008, n° 05/11708, *AJDI* 2008. 857 – COMP. toutefois, jugeant que l'obligation du bailleur de procéder annuellement à une régularisation des charges n'est assortie d'aucune sanction : Aix-en-Provence, 17 sept. 2015, n° 14/11824, *Loyers et copr.* 2015, n° 218, obs. B. Vial-Pedroletti.
11. Civ. 3e, 8 déc. 2010, n° 09-71.124, P III, n° 216 ; *D.* 2011. 1181, obs. N. Damas ; *AJDI* 2011. 447, obs. V. Zalewski ; Civ. 3e, 31 mai 2011, n° 10-18.568, NP, *Administrer* nov. 2011. 34, obs. Canu.
12. Civ. 3e, 2 déc. 2014, n° 13-23.988, NP, *AJDI* 2015. 198 ; *Loyers et copr.* 2015, n° 33, obs. B. Vial-Pedroletti.
13. Précisant le contenu de cette note d'information : arr. 27 août 2012 relatif à la répartition des frais de chauffage dans les immeubles collectifs à usage principal d'habitation, *JO* 5 sept., NOR : ETLL1232630A ; mod. par arr. 30 mai 2016 (*JO* 31 mai) ; arr. 6 sept. 2019 (*JO* 10 sept.) ; arr. 24 juill. 2020 (*JO* 31 juill.).
14. L. n° 89-462, 6 juill. 1989, art. 23, al. 7.
15. Civ. 3e, 4 mars 2008, n° 06-21.192, NP, *Rev. loyers* 2008. 275, obs. Canu ; *RJDA* 2008, n° 1110.
16. Civ. 3e, 1er févr. 2011, n° 10-11.603, NP, *AJDI* 2011. 448, obs. Dreveau.

Les documents à communiquer doivent donc porter, non seulement sur la nature et la catégorie des charges, mais encore, dans les immeubles collectifs, sur leur mode de répartition [1].

243.42 Répartition des charges dans les immeubles collectifs. Dans les immeubles collectifs soumis au régime de la copropriété, ce mode de répartition ne fait pas de difficulté puisqu'il est inscrit dans le règlement de copropriété, chaque lot étant affecté d'un nombre précis de millièmes de charges générales et de charges spéciales.

En revanche, le problème de la clé de répartition à adopter entre les lots se pose, notamment en matière de logement social, lorsque l'immeuble collectif appartient tout entier à une seule personne (le bailleur), la loi étant muette sur ce point. Alors, en tout état de cause, la répartition devra, conformément à l'article 1135 du code civil, être équitable [2], prendre en compte la consistance, la superficie et la situation des lots, et ne pas être contraire aux dispositions de la loi de 1989 [3].

§ 2
Justificatifs mis à la disposition du locataire

243.51 Droit de consultation d'une durée de six mois. Durant six mois [4] à compter de l'envoi du décompte par nature de charges, les pièces justificatives sont tenues « dans des conditions normales » est venue préciser la loi du 24 mars 2014, dite loi Alur, à la disposition du locataire [5].

Et il incombe aux juges du fond de constater que le bailleur a tenu à la disposition du locataire les pièces justificatives des sommes réclamées [6].

Aux termes de l'article 23 de la loi du 6 juillet 1989, dans sa rédaction issue de la loi du 24 mars 2014, dite loi Alur [7], « à compter du 1er septembre 2015, le bailleur transmet également, à la demande du locataire, le récapitulatif des charges du logement par voie dématérialisée ou par voie postale ».

Plusieurs précisions doivent être apportées à ce sujet.

243.52 Nature des pièces justificatives. Les pièces en question n'ont pas été définies par le législateur de 1989. Mais, notamment par analogie avec les dispositions de la loi du 22 juin 1982, dite loi Quilliot [8], on peut estimer qu'il s'agit notamment des factures [9], des contrats de fourniture et d'exploitation en cours et de leurs avenants, de la quantité consommée et du prix unitaire de chacune des catégories de charges. Il en va de même du contrat de travail du gardien [10]. Il a été jugé que la production par le bailleur d'un seul décompte informatique est insuffisante [11]. Tout comme, ne sauraient constituer des justificatifs au sens de l'article 23 de la loi de 1989, les « comptes de gestion » qui sont destinés aux assemblées générales de copropriété et ont trait à la répartition des charges générales de copropriété, sans comporter de ventilation [12]. Dans le même sens, il a été jugé que les décomptes de charges de copropriété mentionnant des dépenses très générales sont insuffisants pour justifier la régularisation annuelle des charges récupérables [13].

243.53 Caractère individuel de ce droit de contrôle. Pour la première fois, en 2004, la Cour de cassation a déclaré qu'en période de régularisation de charges, le bailleur doit tenir les pièces justificatives à la disposition personnelle de chaque locataire [14].

En conséquence, le bailleur ne peut pas estimer avoir rempli son obligation légale de mise à disposition des justificatifs en organisant un contrôle de charges avec les représentants d'une association de défense (en vertu de l'article 44 de la loi du 23 décembre 1986) et en invitant chaque locataire à se joindre à ceux-ci [15].

243.54 Possibilité de coupler le droit de contrôle du locataire avec celui du copropriétaire-bailleur. Dans les immeubles soumis au statut de la copropriété, le droit de contrôle du locataire peut se combiner avec le droit de regard dont dispose lui-même le copropriétaire bailleur sur les charges de l'immeuble.

1. TI Privas, 19 mai 1993, *Rev. loyers* 1994. 211.
2. Paris, 27 oct. 1989, n° 02/5064, *Loyers et copr.* 1990, n° 286.
3. Paris, 17 sept. 2003, n° 2002/01169, *AJDI* 2003. 764.
4. Préalablement d'un mois, ce délai a été porté à six mois par la loi du 24 mars 2014, dite loi Alur, sur ce point, applicable aux contrats en cours.
5. L. n° 89-462, 6 juill. 1989, art. 23, al. 7.
6. Civ. 3e, 1er avr. 2009, n° 08-14.854, P III, n° 76 ; *D.* 2009. AJ 1089, obs. Y. Rouquet.
7. Opposable aux contrats en cours au 27 mars 2014.
8. L. n° 82-526, 22 juin 1982, art. 24.
9. Douai, 7 mars 2013, n° 12/00235, *AJDI* 2013. 529 – Civ. 3e, 9 mai 2019, n° 18-14.433, NP, *Loyers et copr.* 2019, n° 118, obs. B. Vial-Pedroletti.
10. Civ. 3e, 28 nov. 2019, n° 18-23.919, NP, *Loyers et copr.* 2020, n° 4, obs. B. Vial-Pedroletti.
11. TI Bobigny, 12 sept. 1995, *JCP N* 1997. II, n° 1014, obs. Gallet.
12. Paris, 14 déc. 2000, n° 1999/12055, *Loyers et copr.* 2001, n° 88, obs. B. Vial-Pedroletti.
13. Lyon, 20 avr. 2004, n° 01/06993, *Loyers et copr.* 2004, n° 179, obs. B. Vial-Pedroletti – AUSSI : Civ. 3e, 20 janv. 2009, n° 08-10.269, NP, *AJDI* 2009. 455, note Dreveau.
14. Civ. 3e, 28 janv. 2004, n° 02-15.810, P III, n° 17 ; *AJDI* 2004. 290, obs. Y. Rouquet.
15. Sur le contrôle de charges par une association de locataires, v. ss n° 812.61.

En effet, en vertu de la combinaison de l'article 18-1 de la loi du 10 juillet 1965 portant statut de la copropriété des immeubles bâtis[1] et de l'article 9-1 du décret du 17 mars 1967[2], pendant le délai s'écoulant entre la convocation de l'assemblée générale des copropriétaires appelée à connaître des comptes et la tenue de celle-ci, le copropriétaire peut se faire assister par son locataire dans le contrôle des pièces justificatives des charges de copropriété, notamment :

- les factures ;
- les contrats de fourniture et d'exploitation en cours et leurs avenants ;
- la quantité consommée et le prix unitaire ou forfaitaire de chacune des catégories de charges ;
- ainsi que, le cas échéant, une note d'information sur les modalités de calcul des charges de chauffage, de refroidissement et de production d'eau chaude sanitaire collectifs.

Aux termes de l'article 9-1 du décret de 1967, le copropriétaire-bailleur peut même autoriser son locataire à consulter en ses lieu et place les pièces justificatives de charges récupérables de l'article 23.

Reste à savoir si une telle consultation exercée de concert avec le bailleur ou en ses lieu et place satisfera aux conditions posées par l'article 23 de la loi de 1989, notamment, si les conditions dans lesquelles cette mise à disposition des justificatifs de charges aura lieu seront considérées comme « normales » au sens de ce dernier texte.

243.55 Bailleurs concernés par cette obligation. Cette obligation de mise à disposition des justificatifs de charges s'impose à tous les bailleurs, y compris aux bailleurs sociaux[3].

243.56 Opposabilité du délai de consultation. En vertu du principe selon lequel les conventions doivent être exécutées de bonne foi[4], le délai de consultation (d'un mois avant la loi Alur du 24 mars 2014 et de six mois depuis) n'est pas opposable au locataire dès lors que le bailleur a fait obstacle à la communication des justificatifs durant ce laps de temps[5].

243.57 Possibilité de fournir les justificatifs en cours de procédure. Le délai de communication (aujourd'hui de six mois) n'étant pas prescrit à peine de forclusion[6], il a été admis que la production des justificatifs pouvait intervenir en cours de procédure[7].

243.58 Étendue de l'obligation de mise à disposition des justificatifs par le bailleur. La question s'est posée de savoir si le locataire pouvait exiger du bailleur qu'il lui envoie les photocopies des justificatifs de charges.

La cour d'appel de Paris y a répondu par la négative, l'obligation légale de tenir des documents à la disposition du locataire ne pouvant s'interpréter en ce sens, même moyennant remboursement des frais au bailleur[8].

SECTION 4
CONTESTATION

243.61 Ineffectivité du consentement tacite. La contestation des charges locatives peut émaner du locataire lui-même, comme d'une association de défense des locataires déclarée[9]. Le fait de s'être acquitté sans réserve des provisions de charges et de ses régularisations pendant plusieurs années ne saurait valoir acquiescement des décomptes de la part du locataire[10].

Sur le délai de prescription applicable à une telle action en contestation v. s[s] n° 231.51. Sur la question du contrôle des charges par les associations de locataires v. s[s] n° 812.61. Sur l'extension de compétence, en matière de charges locatives, des commissions départementales de conciliation par la loi du 13 décembre 2000, dite loi SRU v. s[s] n°s 811.11 s.

1. Dans sa rédaction issue de l'ord. n° 2020-866 du 15 juill. 2020, *JO* 16 juill., n° 3, en vigueur le 25 oct. 2020.
2. Dans sa rédaction issue du décr. n° 2019-650 du 27 juin 2019, *JO* 28 juin, n° 148.
3. Rép. min. n° 20151, *JOAN Q* 9 janv. 1995, p. 213.
4. C. civ., art. 1134.
5. Rép. min. n° 19043, *JOAN Q* 9 janv. 1995, p. 213.
6. Beddeleem, « Guide des baux d'habitation », *Ann. loyers* 5/6 2008, n° 3065.
7. Civ. 3e, 20 déc. 1995, n° 93-20.123, P III, n° 262 ; *D.* 1996. IR 29 – Civ. 3e, 3 avr. 1996, n° 94-13.891, P III, n° 93 – Civ. 3e, 1er avr. 2009, n° 08-14.854, P III, n° 76 ; *D.* 2009. AJ 1089, obs. Rouquet – Civ. 3e, 9 nov. 2017, n° 16-22.445, P III, n° 122 ; *D.* 2017. Actu. 2302 ; *ibid.* 2018. Pan. 1117, spéc. 1121, obs. N. Damas ; *ibid.* Chron. C. cass. 1328, spéc. 1334, obs. Collomp ; *D. actu.* 17 nov. 2017, obs. Y. Rouquet ; *Rev. loyers* 2017. 487, obs. V. Zalewski-Sicard ; *AJDI* 2018. 279, obs. N. Damas.
8. Paris, 27 sept. 1996, n° 022676, *D.* 1997. Somm. 270, obs. CRDP Nancy 2 – Paris, 7 mars 2006, n° 2004/18377, *Loyers et copr.* 2006, n° 122, obs. B. Vial-Pedroletti.
9. Civ. 3[e], 17 juill. 1997, n° 95-18.100, P III, n° 165 ; *D.* 1997. IR 179.
10. Civ. 3e, 6 janv. 2009, n° 07-20.952, NP, *Loyers et copr.* 2009, n° 60, obs. B. Vial-Pedroletti – Paris, 12 oct. 1995, n° 023334, *Loyers et copr.* 1996, n° 59.

TITRE

25. L'assurance du locataire

SECTION 0
ORIENTEUR

25.00 Sommaire du titre.

Division. Il convient d'envisager l'étendue de l'obligation d'assurance (chap. 251) pesant sur le preneur, puis la sanction du défaut d'assurance (chap. 252).

25.01 Principaux textes applicables.

TEXTES SOURCES

- **L. 6 juill. 1989,** art. 4 *b*, 4 *g*, 7 *g*, 15.
- **C. assur.,** art. L. 215-1.

25.03 Bibliographie indicative.

Annuel. LAMY DR. IMMO, n°s 5977 s.

Encyclopédies. RÉP. CIV., *V° Bail d'habitation et mixte : rapports locatifs individuels – Loi du 6 juillet 1989*, N. Damas, n°s 229-261 – DICT. PERM. Gestion immob., *V[is] Assurances immobilières*, n°s 137-140, *Baux d'habitation et mixtes*, n°s 180 s.

Manuel. J. Lafond, B. Vial-Pedroletti, *Les baux d'habitation*, 8e éd., « Droit et professionnels », LexisNexis, 2017, n°s 1051 s.

Articles. P. Casson, « La résiliation du bail à défaut d'assurance des risques locatifs », *LPA* 11 avr. 2008 n° 74, p. 7 – G. Fau, R. Porte, « L'assurance obligatoire du locataire », *Ann. Loyers* 1990, p. 508 s.

CHAPITRE

251. Obligation d'assurance

SECTION 0

ORIENTEUR

251.00 Sommaire du chapitre.

Division. Ce n'est qu'en vertu d'une législation spécifique (sect. 1) que le preneur a l'obligation de « s'assurer contre les risques dont il doit répondre en sa qualité de locataire » (sect. 2).

251.01 Principaux textes applicables.

TEXTES SOURCES

• **L. n° 89-462, 6 juill. 1989,** art. 4 *b*, 7 *g*.

TEXTES *IN EXTENSO*

• **L. 6 juill. 1989,** art. 4 b

[Est réputée non écrite toute clause :]

b) Par laquelle le locataire est obligé de souscrire une assurance auprès d'une compagnie choisie par le bailleur ;

• **L. 6 juill. 1989,** art. 7 g

[Le locataire est obligé :]

g) De s'assurer contre les risques dont il doit répondre en sa qualité de locataire et d'en justifier lors de la remise des clés puis, chaque année, à la demande du bailleur. La justification de cette assurance résulte de la remise au bailleur d'une attestation de l'assureur ou de son représentant.

Toute clause prévoyant la résiliation de plein droit du contrat de location pour défaut d'assurance du locataire ne produit effet qu'un mois après un commandement demeuré infructueux. Ce commandement reproduit, à peine de nullité, les dispositions du présent alinéa.

À défaut de la remise de l'attestation d'assurance et après un délai d'un mois à compter d'une mise en demeure non suivie d'effet, le bailleur peut souscrire une assurance pour compte du locataire, récupérable auprès de celui-ci.

Cette mise en demeure doit informer le locataire de la volonté du bailleur de souscrire une assurance pour compte du locataire et vaut renoncement à la mise en œuvre de la clause prévoyant, le cas échéant, la résiliation de plein droit du contrat de location pour défaut d'assurance du locataire.

Cette assurance constitue une assurance pour compte au sens de l'article L. 112-1 du code des assurances. Elle est limitée à la couverture de la responsabilité locative mentionnée au premier alinéa du présent g. Le montant total de la prime d'assurance annuelle, éventuellement majoré dans la limite d'un montant fixé par décret en Conseil d'État, est récupérable par le bailleur par douzième à chaque paiement du loyer. Il est inscrit sur l'avis d'échéance et porté sur la quittance remise au locataire.

Une copie du contrat d'assurance est transmise au locataire lors de la souscription et à chaque renouvellement du contrat.

Lorsque le locataire remet au bailleur une attestation d'assurance ou en cas de départ du locataire avant le terme du contrat d'assurance, le bailleur résilie le contrat souscrit pour le compte du locataire dans le délai le plus bref permis par la législation en vigueur. La prime ou la fraction de prime exigible dans ce délai au titre de la garantie souscrite par le bailleur demeure récupérable auprès du locataire.

Toute clause prévoyant la résiliation de plein droit du contrat de location pour défaut d'assurance du locataire ne produit effet qu'un mois après un commandement demeuré infructueux. Ce commandement reproduit, à peine de nullité, les dispositions du présent paragraphe.

• **C. assur.,** art. L. 215-1

Toute personne assujettie à l'obligation d'assurance énoncée au g de l'article 7 de la loi n° 89-462 du 6 juillet 1989 tendant à améliorer les rapports locatifs et portant modification de la loi n° 86-1290 du 23 décembre 1986 ou tout bailleur souscrivant une assurance habitation pour le compte d'un locataire dans les conditions définies au même g qui, ayant sollicité la souscription d'un contrat auprès d'une entreprise d'assurance couvrant en France les risques dont elle doit répondre en sa qualité de locataire, se voit opposer un refus peut saisir le bureau central de tarification prévu à l'article L. 212-1.

Le bureau central de tarification fixe le montant de la prime moyennant laquelle l'entreprise d'assurance intéressée est tenue de garantir le risque qui lui a été proposé. Il peut, dans les conditions fixées par décret en Conseil d'État, déterminer le montant d'une franchise qui reste à la charge de l'assuré.

Toute entreprise d'assurance qui maintient son refus de garantir le risque dont la prime a été fixée par le bureau central de tarification est considérée comme ne fonctionnant plus conformément à la réglementation en vigueur. Elle encourt, selon le cas, soit le retrait des agréments prévus aux articles L. 321-1, L. 321-7, L. 321-8 ou L. 321-9, soit les sanctions prévues à l'article L. 363-4.

251.02 Jurisprudence de référence.

• **Civ. 3e, 20 janv. 2010,** n° 09-65.791, P III, n° 15

* V. ss n° 251.11

« L'obligation pour le locataire d'un local meublé de s'assurer contre les risques dont il doit répondre étant, sauf stipulation expresse contraire, facultative. »

251.03 Bibliographie indicative.

Annuel. LAMY DR. IMMO, nos 5977 s.

Encyclopédies. RÉP. CIV., *V° Bail d'habitation et mixte : rapports locatifs individuels – Loi du 6 juillet 1989*, N. Damas, nos 229-261 – DICT. PERM. Gestion immob., *Vis Assurances immobilières*, nos 137-139, *Baux d'habitation et mixtes*, nos 180-181, 183.

Manuel. J. Lafond, B. Vial-Pedroletti, *Les baux d'habitation*, 8e éd., « Droit et professionnels », LexisNexis, 2017, nos 908 s.

Articles. G. Fau, R. Porte, « L'assurance obligatoire du locataire », *Ann. Loyers* 1990, p. 508 s.

SECTION 1
CHAMP D'APPLICATION

251.11 Locations concernées. Le Code civil est muet sur une obligation de s'assurer pesant sur le locataire. Une telle obligation n'est prévue que par les dispositions spécifiques de la loi du 6 juillet 1989. Il en résulte que toutes les locations relevant de ce régime sont soumises à l'obligation de s'assurer, en ce compris les locations meublées, par renvoi de l'article 25-3 à l'article 7 de la loi du 6 juillet 1989. Avant la loi Alur, le régime des locations meublées, relevant des articles L. 632-1 et suivants du code de la construction et de l'habitation, ne prévoyait aucune obligation spécifique d'assurance, et la Cour de cassation en avait déduit que « l'obligation pour le locataire d'un local meublé de s'assurer contre les risques dont il doit répondre [est], sauf stipulation expresse contraire, facultative »[1].

251.12 Risques assurés. Les risques dont doit répondre le preneur sont les risques d'incendie ou d'explosion, les risques liés aux dégâts des eaux. L'assurance contre le vol, bien que fortement préconisée, n'est pas obligatoire[2].Il en va de même de l'assurance insolvabilité[3].

251.13 Refus d'assurance. Selon l'article L. 215-1 du code des assurances, toute personne assujettie à l'obligation d'assurance de l'article 7 *g* de la loi du 6 juillet 1989 qui, ayant sollicité la souscription d'un contrat auprès d'une entreprise d'assurance couvrant en France les risques dont elle doit répondre en sa qualité de locataire, se voit opposer un refus peut saisir le bureau central de tarification[4]. Il incombe alors à ce dernier, moyennant, le cas échéant une franchise restant à la charge de l'assuré, de fixer le montant de la prime moyennant laquelle l'entreprise d'assurance intéressée est tenue de garantir le risque qui lui a été proposé. Et toute entreprise d'assurance qui maintient son refus de garantir le risque dont la prime a été fixée par le bureau central de tarification est considérée comme ne fonctionnant plus conformément à la réglementation en vigueur. Elle encourt, selon le cas, soit le retrait de ses agréments[5], soit des sanctions[6].

SECTION 2
MODALITÉS

251.21 Principe. L'obligation d'assurance du locataire est continue. Elle doit être respectée tout au long de la relation locative. Il est dès lors nécessaire que le preneur soit assuré dès son entrée dans les lieux, mais également jusqu'à la restitution des clés, et qu'il en justifie auprès de son bailleur.

251.22 Justification lors de la remise des clés. Le locataire doit justifier de son assurance lors de la remise des clés. La justification de cette assurance résulte de la remise au bailleur d'une attestation de l'assureur ou de son représentant[7]. En revanche, le locataire n'est pas tenu de produire le contrat d'assurance lui-même[8]. Il serait très imprudent pour un bailleur d'accepter de remettre les clés au locataire sans avoir obtenu ladite justification.

1. Civ. 3e, 20 janv. 2010, n° 09-65.791, P III, n° 15 ; *D.* 2010. AJ 583, obs. Y. Rouquet ; *ibid.* 2011. Pan. 1181, obs. N. Damas ; *AJDI* 2010. 374, n. V. Zalewski ; *Loyers et copr.* 2010, n° 70, obs. B. Vial-Pedroletti.
2. Nancy, 28 févr. 1995, RG n° 3025/93, *Loyers et copr.* 1995, n° 351.
3. J. Lafond, B. Vial-Pedroletti, *Les baux d'habitation*, 8e éd., « Droit et professionnels », LexisNexis, 2017, n° 909.
4. Dont il est question à l'article L. 212-1 du code des assurances.
5. Ceux prévus aux articles L. 321-1, L. 321-7, L. 321-8 ou L. 321-9 du code des assurances.
6. Celles prévues à l'article L. 363-4 du code des assurances.
7. L. n° 89-462, 6 juill. 1989, art. 7 g, al. 1er.
8. Aix-en-Provence, 22 févr. 2013, n° 10/10491, *AJDI* 2013. 524 – Reims, 12 mars 2013, n° 11/03142, *AJDI* 2013. 61.

251.23 Justification en cours de bail. En cours de bail, chaque année, le locataire doit justifier auprès du bailleur qu'il est assuré. L'obligation ne pèse toutefois sur le preneur que si le bailleur en fait la demande. Il ne pourrait donc être reproché au locataire de ne pas avoir spontanément produit un justificatif d'assurance. Le texte n'apporte guère de précisions quant à la date à laquelle le bailleur pourra légitimement demander la production du justificatif (date anniversaire de la remise des clés, fin d'année civile...), se contentant d'évoquer une périodicité annuelle. L'on peut estimer que c'est à l'expiration de la période d'assurance en cours (en principe une année) que le bailleur peut exiger la production d'une attestation d'assurance pour la période à venir.

251.24 Choix de l'assurance. Le locataire choisit librement la compagnie d'assurance avec laquelle il contracte. Celle-ci ne peut, en particulier, être imposée par le bailleur. Une telle clause serait réputée non écrite en application de l'article 4 b) de la loi du 6 juillet 1989.

CHAPITRE

252. Sanctions

SECTION 0 ORIENTEUR

252.00 Sommaire du chapitre.

Division. Il convient d'étudier successivement les sanctions prononcées à l'encontre du locataire (sect. 1) et la responsabilité du bailleur et de son mandataire (sect. 2).

252.01 Principaux textes applicables.

TEXTES SOURCES

• **L. nº 89-462, 6 juill. 1989,** art. 4 *g*, 7 *g*, 15.

• **Décr nº 2016-383, 30 mars 2016,** art. 1.

• **C. civ.,** art. 1227.

TEXTES *IN EXTENSO*

• **L. 6 juill. 1989,** art. 4 g

[Est réputée non écrite toute clause :]

g) Qui prévoit la résiliation de plein droit du contrat en cas d'inexécution des obligations du locataire pour un motif autre que le non-paiement du loyer, des charges, du dépôt de garantie, la non-souscription d'une assurance des risques locatifs ou le non-respect de l'obligation d'user paisiblement des locaux loués, résultant de troubles de voisinage constatés par une décision de justice passée en force de chose jugée.

• **L. 6 juill. 1989,** art. 7 g

* V. s^s nº 251.01

• **Décr. 30 mars 2016,** art. 1

La prime d'assurance annuelle mentionnée au g de l'article 7 de la loi du 6 juillet 1989 susvisée peut être majorée dans la limite de 10 % de son montant.

• **L. 6 juill. 1989,** art. 15, I

I. – Lorsque le bailleur donne congé à son locataire, ce congé doit être justifié soit par sa décision de reprendre ou de vendre le logement, soit par un motif légitime et sérieux, notamment l'inexécution par le locataire de l'une des obligations lui incombant. À peine de nullité, le congé donné par le bailleur doit indiquer le motif allégué [...]. Le délai de préavis applicable au congé est de six mois lorsqu'il émane du bailleur. [...]

• **C. civ.,** art. 1227

La résolution peut, en toute hypothèse, être demandée en justice.

252.02 Jurisprudence de référence.

• **Civ. 3e, 21 nov. 1995,** nº 92-21.425, NP

* V. s^s nº 252.42

« Attendu qu'ayant relevé, par motifs propres et adoptés, que le propriétaire après avoir rappelé aux preneurs l'obligation prévue au bail de contracter une assurance, leur avait délivré une sommation de justifier de cette assurance ainsi que de l'acquis des cotisations dans le délai d'un mois et que l'attestation d'assurance adressée à M. Y..., avec effet rétroactif, ne pouvait être prise en considération pour faire échec à la clause résolutoire, le contrat n'ayant été souscrit qu'après l'expiration du délai imparti ».

• **Civ. 3e, 17 mai 2006,** nº 05-14.495, P III, nº 126

* V. s^s nº 252.21

« L'inexécution par le locataire de l'une des obligations lui incombant pouvant constituer un motif légitime et sérieux de congé même si elle a cessé à la date de délivrance de ce congé, la cour d'appel, qui a constaté qu'à l'occasion d'un dégât des eaux survenu dans l'immeuble, il était apparu que M. Y... n'avait pas souscrit une assurance et que cette carence faisait courir un risque important à la bailleresse, et qui a relevé que les retards de paiement des loyers étaient constants pour les années 1997 à 2004 et imputés à tort par le locataire à un tiers alors que le versement direct de l'allocation logement au bailleur était un fait récent, a souverainement retenu que le congé avait été délivré pour des motifs légitimes et sérieux ».

• **Civ. 2e, 24 mai 2012,** no 11-18.647, NP
* V. ss no 252.72

« Il appartenait à la société bailleresse de rapporter la preuve qu'elle avait vérifié annuellement que son locataire était assuré ».

• **Civ. 3e, 29 sept. 2015,** no 14-19.862, NP
* V. ss no 252.42

[La locataire] « n'avait pas justifié dans le mois suivant la délivrance du commandement être assurée contre les risques locatifs ».

• **Civ. 3e, 31 mars 2016,** no 15-11.078, NP
* V. ss no 252.71

« La mission de [l'administrateur de biens] étant limitée à la conclusion du bail, qui avait été consenti pour une durée d'un an, la seule faute pouvant lui être reprochée était de n'avoir pas exigé la remise d'une attestation d'assurance valable pour la période du 1er septembre 2003 au 1er septembre 2004, et, à bon droit, retenu, par motifs propres et adoptés, que, l'incendie s'étant produit le 12 novembre 2005, soit postérieurement au deuxième renouvellement du bail, il n'existait pas de lien de causalité entre la faute commise par [l'administrateur de biens] lors de l'entrée dans les lieux de la locataire et le sinistre, rien n'établissant que la locataire, à supposer qu'elle ait justifié d'un contrat d'assurance pour entrer dans les lieux, aurait maintenu celle-ci en vigueur à l'époque du sinistre ».

252.03 **Bibliographie indicative.**

Annuel. LAMY DR. IMMO, nos 5977 s.

Encyclopédies. RÉP. CIV., *Vo Bail d'habitation et mixte : rapports locatifs individuels – Loi du 6 juillet 1989*, N. Damas, nos 229-261 – DICT. PERM. Gestion immob., *Vis Assurances immobilières*, no 140, *Baux d'habitation et mixtes*, no 182.

Manuel. J. Lafond, B. Vial-Pedroletti, *Les baux d'habitation*, 8e éd., « Droit et professionnels », LexisNexis, 2017, nos 721 s., 1051 s.

Article. P. Casson, La résiliation du bail à défaut d'assurance des risques locatifs, *LPA* 11 avr. 2008 no 74, p. 7.

SECTION 1
À L'ENCONTRE DU LOCATAIRE

252.10 **Plan – Principe.** Le défaut d'assurance du locataire engage bien évidemment sa responsabilité puisqu'il s'agit du non-respect d'une obligation légale. Le préjudice occasionné au bailleur, ou à des tiers, devra dès lors être réparé. D'autres sanctions peuvent également s'appliquer, même en dehors de tout préjudice lié à un sinistre non garanti, et en particulier le bailleur peut délivrer un congé pour motif légitime et sérieux (§ 1), ou solliciter la résiliation du bail (§ 2), ou souscrire une assurance pour compte (§ 3).

§ 1
Congé pour motif légitime et sérieux.

252.21 **Manquement à une obligation.** Le bailleur peut s'opposer au renouvellement du bail en délivrant congé pour motif légitime et sérieux[1]. Ce motif peut être caractérisé par le manquement du locataire à ses obligations, en particulier celle de souscrire une assurance contre les risques locatifs[2]. La Cour de cassation a ainsi estimé, à juste titre, que « cette carence faisait courir un risque important à la bailleresse »[3].

§ 2
Résiliation du bail

252.30 **Plan – Office du juge.** La résiliation du bail peut être obtenue soit par la constatation par le juge de l'acquisition d'une clause résolutoire (A), soit par le prononcé par le juge de cette résiliation si les manquements du locataire sont jugés suffisamment graves (B).

A.
Clause résolutoire

252.41 **Est réputée non écrite la clause qui prévoit la résiliation de plein droit du bail pour un motif autre que les trois motifs listés (L. 6 juill. 1989, art. 4, g).** Parmi ceux-ci figure « la non-souscription d'une assurance des risques locatifs ». Il faut prendre garde au respect strict de ce texte, et ne pas confondre défaut de souscription d'assurance et défaut de justification de l'assurance souscrite. La clause résolutoire ne sera valable que si elle se cantonne au défaut de souscription[4].

252.42 **Mise en œuvre de la clause.** Toute clause prévoyant la résiliation de plein droit du contrat de location pour défaut d'assurance du locataire ne produit effet qu'un mois après un commandement demeuré infructueux. Ce commandement reproduit, à peine de la nullité, les dispositions de l'article 7, g)[5].

Le défaut d'assurance est donc sévèrement sanctionné par le législateur et par la jurisprudence[6]. L'attestation d'assurance adressée par le locataire avec effet rétroactif ne saurait être prise en compte pour faire échec à la clause résolutoire dès lors que la souscription du contrat a eu lieu postérieurement à

1. L. no 89-462, 6 juill. 1989, art. 15.
2. Paris 19 sept. 1991, no 5192/90, *Loyers et copr.* 1992, no 97 – Civ. 3e, 17 mai 2006, no 05-14.495, P III, no 126, *D.* 2007, Pan. 911, obs. N. Damas ; *AJDI* 2007. 200, note Laporte-Leconte.
3. Civ. 3e, 17 mai 2006, préc.
4. Versailles, ch. 1, sect. 2, 2 févr. 2010, no 09/01531 – Aix-en-Provence, 17 déc. 2020, no 19/04845, *Loyers et copr.* 2021, no 63, obs. B. Vial-Pedroletti.
5. L. no 89-462, 6 juill. 1989, art. 7 g, al. 2.
6. POUR DES EX. de résiliation : Paris, 5 sept. 2006, no 04/13328, *AJDI* 2006. 834 – Paris, 6 déc. 2006, RG no 05/03692, *AJDI* 2007. 393 – Paris, 25 oct. 2007, no 06/11806, *AJDI* 2008. 214.

l'expiration du délai d'un mois imparti pour régulariser la situation[1]. Les juges du fond sont partagés sur la possibilité pour le locataire de justifier tardivement (postérieurement au délai d'un mois) d'une assurance souscrite au cours de ce même délai[2]. Cette hésitation résulte du hiatus entre le champ d'application de la clause (qui vise le défaut de souscription de l'assurance) et le commandement (qui vise la justification de l'assurance). L'obligation pesant sur le locataire consiste avant tout à souscrire l'assurance.

Par ailleurs, la clause résolutoire est acquise à l'égard du locataire qui n'a pas produit d'attestation d'assurance dans le mois de la signification du commandement, la circonstance qu'il ait présenté cette attestation à l'audience étant indifférente[3].

La cour d'appel de Paris a eu l'occasion de refuser le jeu de la clause résolutoire pour défaut d'assurance, dès lors que le commandement ne visait l'acquisition de cette clause que du chef du non-paiement des loyers[4].

L'article 7, g) de la loi du 6 juillet 1989 ne prévoit pas que le locataire puisse solliciter des délais qui suspendront la clause résolutoire[5] (sur la mise en œuvre de la clause résolutoire, v. s[s] n°s 822.11 s.).

B. Résiliation judiciaire

252.51 Demande en justice. Sur le fondement de l'article 1227 du Code civil (anc. art. 1184), la résolution judiciaire peut toujours être demandée en justice. Le juge va alors apprécier si le manquement allégué est suffisamment grave. Le contentieux publié est peu fourni sur la question de l'assurance, et certaines décisions ont pu retenir que l'inexécution par le locataire de son obligation de s'assurer n'était pas suffisamment grave pour justifier le prononcé de la résolution[6].

1. Civ. 3e, 21 nov. 1995, n° 92-21.425, NP, *JCP N* 1997. II, n° 1008, obs. Gallet – Agen, 2 mai 2000, n° 98/01147, *Loyers et copr.* 2000, n° 271, obs. B. Vial-Pedroletti ; Grenoble, 2e ch., 15 déc. 2015, n° 15/01158.
2. J. Lafond, B. Vial-Pedroletti, *Les baux d'habitation*, 8e éd., « Droit et professionnels », LexisNexis, 2017, n°s 1052.
3. Civ. 3e, 29 sept. 2015, n° 14-19.862, NP – Rennes, 11 janv. 2001, n° 99/05479, *Loyers et copr.* 2002, n° 4, obs. B. Vial-Pedroletti – *CONTRA* : Versailles, ch. 1, sect. 2, 2 févr. 2010, n° 09/01531, préc.
4. Paris, 15 nov. 2002, n° 2002/08211, *AJDI* 2003. 114.
5. Aix-en-Provence, 21 févr. 2013, n° 11/21442, *AJDI* 2013. 525
6. Paris, 4 mars 2004, n° 2002/20023, *AJDI* 2004. 383 – Aix-en-Provence, 22 févr. 2013, n° 10/10491, *AJDI* 2013. 524 : hypothèse où le locataire justifiait être assuré pendant une période postérieure – AUSSI : Paris, 6e ch. B, 9 janv. 1987, *Loyers et copr.* 1987, comm. 210., et sous l'empire de la loi du 23 décembre 1986, Civ. 3e, 11 mai 1988, *Ann. Loyers* 1988. 1214.

§ 3 Assurance pour compte

252.61 Faculté pour le bailleur. En cas de manquement du locataire à son obligation d'assurance, le bailleur a la possibilité de souscrire une assurance pour compte.

Il s'agit d'une nouveauté issue de la loi du 24 mars 2014[7], dite loi Alur, et plus précisément de l'article 7, g) applicable aux contrats en cours lors de l'entrée en vigueur de la loi Alur. Il est ainsi prévu qu'« à défaut de la remise de l'attestation d'assurance [...], le bailleur peut souscrire une assurance pour compte du locataire ».

La loi Alur a également prévu la possibilité pour les parties d'insérer une clause dans le bail prévoyant une assurance pour compte des colocataires. Il s'agit alors de l'hypothèse particulière de la colocation[8].

252.62 Nature et caractéristiques de l'assurance. L'assurance dont il s'agit est une assurance pour compte au sens de l'article L. 112-1 du code des assurances.

L'assurance peut être contractée en vertu d'un mandat général ou spécial ou même sans mandat, pour le compte d'une personne déterminée. Dans ce dernier cas, l'assurance profite à la personne pour le compte de laquelle elle a été conclue, alors même que la ratification n'aurait lieu qu'après le sinistre. L'assurance peut aussi être contractée pour le compte de qui il appartiendra (ce qui sera sans doute peu fréquent en matière locative). La clause vaut, tant comme assurance au profit du souscripteur du contrat que comme stipulation pour autrui au profit du bénéficiaire connu ou éventuel de ladite clause. Le souscripteur d'une assurance contractée pour le compte de qui il appartiendra est seul tenu au paiement de la prime envers l'assureur ; les exceptions que l'assureur pourrait lui opposer sont également opposables au bénéficiaire du contrat, quel qu'il soit.

Cette assurance est limitée à la couverture de la responsabilité locative mentionnée au premier alinéa de l'article 7, g) de la loi du 6 juillet 1989, c'est-à-dire aux risques de dégât des eaux, d'explosion et d'incendie[9].

252.63 Prime récupérable. Si la possibilité, pour le bailleur, de se prévaloir de l'article L. 112-1 du code des assurances existait avant la loi du 24 mars

7. L. n° 2014-366, 24 mars 2014 pour l'accès au logement et un urbanisme rénové, *JO* 26 mars.
8. L. n° 89-462, 6 juill. 1989, art. 8-1, applicable aux seuls baux signés à compter du 27 mars 2014 (v. s[s] n°s 011.21 s.).
9. V. s[s] n° 232.121.

2014, dite loi Alur, le grand mérite de cette dernière est de rendre la prime payée par le bailleur récupérable auprès du locataire[1].

Le montant total de la prime d'assurance annuelle, éventuellement majoré dans la limite d'un montant fixé par décret en Conseil d'État, est récupérable par le bailleur par douzième à chaque paiement du loyer. Il est inscrit sur l'avis d'échéance et porté sur la quittance remise au locataire.

Pour la parfaite information de celui-ci, lors de la souscription et à chaque renouvellement du contrat, une copie du contrat d'assurance est transmise au locataire.

Le décret du 30 mars 2016[2] dispose en son article premier que la prime d'assurance annuelle mentionnée au g de l'article 7 de la loi du 6 juillet 1989 susvisée peut être majorée dans la limite de 10 % de son montant.

252.64 **Conditions de souscription d'une assurance pour compte.** Le bailleur ne peut souscrire une assurance pour compte qu'à défaut de la remise, par le locataire, de l'attestation d'assurance et après un délai d'un mois à compter d'une mise en demeure non suivie d'effet[3].

Cette mise en demeure doit informer le locataire de la volonté du bailleur de souscrire une assurance pour compte du locataire.

252.65 **Effets de l'assurance pour compte.** Au-delà du fait que la souscription d'une telle assurance va couvrir le locataire pour les risques dont il doit répondre, il convient de préciser que cette souscription entraîne, pour le bailleur, renoncement à la mise en œuvre de l'éventuelle clause résolutoire pour défaut d'assurance[4].

Le bailleur doit donc déterminer s'il prend le risque de mettre en œuvre une procédure en constatation de l'acquisition de la clause résolutoire avec un locataire non assuré, ou s'il préfère régulariser lui-même la situation.

Le bailleur pourrait peut-être envisager de souscrire à l'assurance pour compte, tout en reprochant au locataire sa carence, par le biais soit d'un congé pour motif légitime et sérieux, soit par celui d'une action en prononcé de la résiliation judiciaire du bail. Toutefois, ces deux actions supposent que la gravité du manquement soit démontrée, ce qui relèvera du pouvoir d'appréciation du juge. Or, si le bailleur a facilement pallié le manquement du locataire via l'assurance pour compte, qui plus est en récupérant la prime avec la majoration de 10 %, le caractère de gravité du manquement pourrait être rejeté.

252.66 **Refus d'assurance.** Tout bailleur qui, souhaitant souscrire une assurance habitation pour le compte d'un locataire, essuierait un refus de la part d'une entreprise d'assurance couvrant en France les risques dont le locataire doit répondre, peut saisir le bureau central de tarification dans les conditions édictées à l'article L. 215-1 du code des assurances[5].

252.67 **Événements mettant fin à l'assurance pour compte.** Le texte en envisage deux.

Il s'agit de la remise au bailleur, par le locataire, d'une attestation d'assurance et du départ du locataire avant le terme du contrat d'assurance.

Dans ces deux hypothèses, « le bailleur résilie le contrat souscrit pour le compte du locataire dans le délai le plus bref permis par la législation en vigueur »[6]. Le texte ajoute que la (fraction de) prime exigible dans ce délai au titre de la garantie souscrite par le bailleur demeure récupérable auprès du locataire.

SECTION 2
RESPONSABILITÉ DU BAILLEUR ET DE SON MANDATAIRE

252.71 **Responsabilité de l'intermédiaire professionnel.** Il importe que l'administrateur de biens vérifie la validité et l'étendue de l'assurance du locataire, et ce au plus tard lors de la remise des clés. À défaut sa responsabilité serait engagée[7], en particulier envers le bailleur. Il est à noter que cette responsabilité est cantonnée aux termes du mandat. Ainsi, retenant dans une décision récente[8] que la mission de l'administrateur était limitée à la conclusion du bail, qui avait été consenti pour une durée d'un an, la Cour de cassation estime que la seule faute pouvant lui être reprochée était de n'avoir pas exigé la remise d'une attestation d'assurance valable pour la période correspondante. Or, l'incendie s'étant déclaré lors d'un renouvellement ultérieur, la Cour de cassation a pu en déduire qu'il n'existait pas de lien de causalité entre la faute commise par l'administrateur lors de l'entrée dans les lieux de la locataire et le sinistre, rien n'établissant que la

1. L. n° 89-462, 6 juill. 1989, art. 7 g, al. 2, *in fine*, rédac. L. n° 2014-366, 24 mars 2014.
2. Décr. n° 2016-383, 30 mars 2016 fixant le montant maximal de la majoration de la prime annuelle d'assurance pour compte du locataire, *JO* 31 mars.
3. L. n° 89-462, 6 juill. 1989, art. 7, g).
4. Au sujet de laquelle, v. s[s] n°s 252.41 s. et 822.11.
5. V. s[s] n° 251.13.
6. L. n° 89-462, 6 juill. 1989, art. 7, g).
7. Civ. 2e, 13 oct. 2005, n° 04-16.139, NP – DÉJÀ : Civ. 1re, 9 nov. 1993, *RDI* 1995. 127, obs. D. Tomasin ; Civ. 2e, 4 oct. 1995, *RCA* déc. 1998, Hors-série Chron. 112, p. 168, n. H. Groutel.
8. Civ. 3e, 31 mars 2016, n° 15-11.078, NP.

locataire, à supposer qu'elle ait justifié d'un contrat d'assurance pour entrer dans les lieux, aurait maintenu celle-ci en vigueur à l'époque du sinistre. Il est toutefois permis de penser que le manquement de l'agent immobilier a fait perdre au bailleur une chance de refuser la conclusion initiale du bail avec ce candidat à la location.

252.72 **Responsabilité du bailleur.** Le fait pour le bailleur de ne pas veiller à ce que son locataire soit assuré peut également constituer une faute. En effet, l'absence d'assurance du locataire peut causer un préjudice aux tiers victimes, par exemple d'un sinistre ayant pris son origine dans le local loué, et qui s'est communiqué aux locaux voisins. En l'absence d'assurance, les tiers victimes qui entendent être indemnisés par le locataire seront dès lors dépendants de la solvabilité de celui-ci. En cas d'insolvabilité, leur préjudice ne sera peut-être pas complètement réparé par leur propre assurance. Saisie d'une action en responsabilité contre le bailleur (initiée par les tierces victimes d'une explosion provoquée par le suicide du locataire), la Cour de cassation a jugé « qu'il appartenait à la société bailleresse de rapporter la preuve qu'elle avait vérifié annuellement que son locataire était assuré »[1]. Bien que la décision n'affirme pas explicitement que la carence du bailleur (professionnel en l'espèce) constitue une faute au sens de l'article 1382 (auj. 1240) du Code civil (elle statue au visa de l'article 1315 (auj. 1353) relatif à la charge de la preuve), l'orientation semble assez clairement définie : le bailleur est fermement invité à exiger l'attestation d'assurance, et à défaut, il devra en tirer les conséquences en mettant en œuvre les nombreuses voies d'action dont il dispose[2].

1. Civ. 2e, 24 mai 2012, no 11-18.647, NP, *AJDI* 2012. 505, *Loyers et copr.* 2012, comm. 230, obs. B. Vial-Pédroletti.
2. V. ss nos 252.10 s.

LIVRE

3. LES ÉVÉNEMENTS INFLUANT SUR LE BAIL

SECTION 0 ORIENTEUR

3.00 Sommaire du livre.

Division. Seront successivement examinés les travaux dans le logement (titre 31), les événements personnels influant sur le bail (titre 32), le changement d'usage des logements (titre 33) et la vente du logement loué (titre 34).

3.03 Bibliographie indicative.

Annuel. LAMY DR. IMMO.

Encyclopédies. RÉP. IMMO., *V° Bail d'habitation et mixte : rapports locatifs individuels – Loi du 6 juillet 1989*, N. Damas – DICT. PERM. Gestion immob., *Vis Baux d'habitation et mixtes ; Droit de préemption*.

Ouvrages. E. Debaussart-Joniec, S. Fraîche-Dupeyrat, Ph. Pelletier, *Les baux d'habitation après la loi Élan*, 3e éd., « Actualité », 2019, LexisNexis – J. Lafond, B. Vial-Pedroletti, *Les baux d'habitation*, 8e éd., « Droit et professionnels », LexisNexis, 2017 – Ph. Pelletier (dir.), *Traité des baux d'habitation et professionnels*, « Référence juridique », Le Moniteur, 2021.

TITRE

31. Les travaux dans le logement

SECTION 0 ORIENTEUR

31.00 Sommaire du titre.

Division. Il y a lieu de distinguer les travaux en cours de contrat avec la participation du locataire (chap. 311), ceux réalisés par le bailleur (chap. 312) et ceux qui concernent les baux de la loi du 1er septembre 1948 et les HLM.

31.01 Principaux textes applicables.

TEXTES SOURCES

> Secteur HLM

- **CCH,** art. L. 353-15, III, L. 442-6, II.
- **L. 1er sept. 1948,** art. 11 à 14.

> Travaux d'économie d'énergie

- **Décr. n° 2009-1439, 23 nov. 2009** pris en application de l'article 23-1 de la loi n° 89-462 du 6 juill. 1989 tendant à améliorer les rapports locatifs, relatif à la contribution du locataire au partage des économies de charges issues des travaux d'économie d'énergie réalisés par un bailleur privé, *JO* 25 nov., p. 20228.

> Antenne de télévision / droit à la fibre optique

- **L. n° 66-457, 2 juill. 1966,** modifiée, relative à l'installation d'antennes réceptrices de radiodiffusion, *JO* 5 juill., p. 5654, art. 1 à 4.
- **Décr. n° 67-1171, 22 déc. 1967** fixant les conditions d'application de la loi n° 66-457 du 2 juillet 1966 relative à l'installation d'antennes réceptrices de radiodiffusion, *JO* 28 déc., p. 12830.

31.03 Bibliographie indicative.

Annuel. LAMY DR. IMMO., nos 5560, 5673, 5950 s., 5981, 6001.

Encyclopédies. RÉP. IMMO., V° *Bail d'habitation et mixte : rapports locatifs individuels – Loi du 6 juillet 1989*, N. Damas, nos 123 s., 177 s., 293 s. – DICT. PERM. Gestion immob., Vis *Baux d'habitation et mixtes*, nos 124, 178, 221 s., 293 ; *Baux-Loi du 1er septembre 1948*, nos 311 s.

Ouvrages. E. Debaussart-Joniec, S. Fraîche-Dupeyrat, Ph. Pelletier, *Les baux d'habitation après la loi Élan*, 3e éd., « Actualité », 2019, LexisNexis – J. Lafond, B. Vial-Pedroletti, *Les baux d'habitation*, 8e éd., « Droit et professionnels », LexisNexis, 2017, nos 1027 à 1065 – Ph. Pelletier (dir.), *Traité des baux d'habitation et professionnels*, « Référence juridique », Le Moniteur, 2021.

CHAPITRE

311. Travaux en cours de contrat avec la participation du locataire

SECTION 0 ORIENTEUR

311.00 Sommaire du chapitre.

Division – Règles communes. La question des travaux est commune à tous les régimes locatifs. Lorsque des particularités existent pour certains secteurs locatifs, elles sont signalées.

311.01 Principaux textes applicables.

TEXTES SOURCES

> Travaux d'économie d'énergie

• **Décr. n° 2009-1439, 23 nov. 2009** pris en application de l'article 23-1 de la loi n° 89-462 du 6 juill. 1989 tendant à améliorer les rapports locatifs, relatif à la contribution du locataire au partage des économies de charges issues des travaux d'économie d'énergie réalisés par un bailleur privé, *JO* 25 nov., p. 20228.

> Antenne de télévision / droit a la fibre optique

• **L. n° 66-457, 2 juill. 1966,** modifiée, relative à l'installation d'antennes réceptrices de radiodiffusion, *JO* 5 juill., p. 5654, art. 1 à 4.

• **Décr. n° 67-1171, 22 déc. 1967** fixant les conditions d'application de la loi n° 66-457 du 2 juillet 1966 relative à l'installation d'antennes réceptrices de radiodiffusion, *JO* 28 déc., p. 12830.

TEXTES *IN EXTENSO*

• **L. 2 juill. 1966,** art. 1

I. – Le propriétaire d'un immeuble ne peut, nonobstant toute convention contraire, même antérieurement conclue, s'opposer, sans motif sérieux et légitime à l'installation, à l'entretien ou au remplacement ainsi qu'au raccordement au réseau interne à l'immeuble, aux frais d'un ou plusieurs locataires ou occupant de bonne foi, que ces derniers soient personnes physiques ou morales, d'une antenne extérieure réceptrice de radiodiffusion ou réceptrice et émettrice de télécommunication fixe.

L'offre, faite par le propriétaire, de raccordement soit à une antenne collective, soit à un réseau interne à l'immeuble qui fournissent un service collectif dont le contenu et la tarification sont définis par un accord collectif pris en application de l'article 42 de la loi n° 86-1290 du 23 décembre 1986 tendant à favoriser l'investissement locatif, l'accession à la propriété de logements sociaux et le développement de l'offre foncière et constitue, notamment, un motif sérieux et légitime de s'opposer à l'installation ou au remplacement d'une antenne individuelle.

Les modalités de remplacement d'une antenne collective par un autre mode de réception des programmes sont déterminées par un accord collectif pris en application de l'article 42 de la loi n° 86-1290 du 23 décembre 1986 précitée.

Toutefois, le propriétaire d'un immeuble ne peut s'opposer, sans motif sérieux et légitime, à l'installation, au remplacement ou à l'entretien des antennes individuelles, émettrices et réceptrices, nécessaires au bon fonctionnement de stations du service amateur autorisées conformément à la réglementation en vigueur. Les bénéficiaires sont responsables, chacun en ce qui le concerne, des travaux d'installation, d'entretien ou de remplacement et des conséquences que pourrait comporter la présence des antennes en cause.

II. – Le propriétaire d'un immeuble ne peut, nonobstant toute convention contraire, même antérieurement conclue, s'opposer sans motif sérieux et légitime au raccordement à un réseau de communications électroniques à très haut débit en fibre optique ouvert au public ainsi qu'à l'installation, à l'entretien ou au remplacement des équipements nécessaires, aux frais d'un ou plusieurs locataires ou occupants de bonne foi.

Constitue notamment un motif sérieux et légitime de s'opposer au raccordement à un réseau de communications électroniques à très haut débit en fibre optique ouvert au public la préexistence de lignes de communications électroniques en fibre optique permettant de répondre aux besoins spécifiques du demandeur. Dans ce cas, le propriétaire peut demander que le raccordement soit réalisé au moyen desdites lignes, dans les conditions prévues par l'article L. 34-8-3 du code des postes et des communications électroniques.

Constitue également un motif sérieux et légitime de s'opposer au raccordement à un réseau de communications électroniques à très haut débit en fibre optique ouvert au public la décision prise par le propriétaire, dans un délai de six mois suivant la demande du ou des locataires ou occupants de bonne foi, d'installer des lignes de communications électroniques à très haut débit en fibre optique en vue d'assurer la desserte de l'ensemble des occupants de l'immeuble dans des conditions satisfaisant les besoins spécifiques du demandeur. Dans ce cas, une convention est établie entre le propriétaire de l'immeuble et l'opérateur dans les conditions prévues par l'article L. 33-6 du code des postes et des communications électroniques.

Lorsqu'elles sont réalisées par un opérateur de communications électroniques exploitant un réseau ouvert au public, les opérations d'installation mentionnées au premier alinéa du présent II se font dans les conditions financières prévues à l'article L. 33-6 du code des postes et des communications électroniques.

Le présent II est applicable à tous les immeubles à usage d'habitation ou à usage mixte, quel que soit leur régime de propriété.

• **L. 2 juill. 1966,** art. 2

Le propriétaire qui a installé à ses frais une antenne collective ou un réseau interne à l'immeuble fournissant un service collectif est fondé à demander à chaque usager acceptant de se raccorder à cette antenne collective ou à ce réseau interne, à titre de frais de branchement et d'utilisation, une quote-part des dépenses d'installation, d'entretien et de remplacement.

• **L. 2 juill. 1966,** art. 3

Le propriétaire peut, après un préavis de deux mois, raccorder les récepteurs individuels à l'antenne collective et déposer les antennes extérieures précédemment installées par des locataires ou occupants de bonne foi, lorsqu'il prend en charge les frais d'installation et de raccordement de l'antenne collective et les frais de démontage des antennes individuelles.

• **L. 2 juill. 1966,** art. 4

La présente loi est applicable aux immeubles qui se trouvent en indivision ou qui sont soumis au régime de la copropriété.

Les indivisaires, les copropriétaires et les membres des sociétés de construction peuvent, lorsqu'ils sont occupants, se prévaloir des dispositions de la présente loi.

311.02 Jurisprudence de référence.

> Protection des personnes en matière de liberté de recevoir des informations

• **CEDH 16 déc. 2008,** n° 23883-06

* V. s^s n° 311.122

Même si les autorités nationales jouissent d'une certaine marge d'appréciation, l'atteinte portée en l'espèce au droit des requérants à la liberté d'information n'était pas « nécessaire dans une société démocratique ». Ainsi, l'État défendeur a manqué à son obligation positive de protéger ce droit. Partant, il y a eu violation de l'article 10 de la Convention.

> Droit à l'antenne

• **Civ. 3e, 3 nov. 2005,** n° 02-21.489, P III, n° 207

* V. s^s n° 311.141

Le bailleur ne peut imposer dans le bail une autorisation préalable de pose de l'antenne.

• **Paris, 6e Ch. B, 27 sept. 2007,** RG n° 06/20676

* V. s^s n° 311.142

Le bailleur est fondé à demander la suppression de l'antenne qui est de nature à altérer de façon grave l'aspect de l'immeuble et à créer un surplomb dangereux pour les passants.

311.03 Bibliographie indicative.

Annuel. LAMY DR. IMMO., n°s 5560, 5673, 5950, 5981.

Encyclopédies. RÉP. IMMO., *V° Bail d'habitation et mixte : rapports locatifs individuels – Loi du 6 juillet 1989*, N. Damas, n°s 123 s., 178, 293 – DICT. PERM. Gestion immob., *V^is Baux d'habitation et mixtes*, n°s 124, 178, 293 ; *Baux-Loi du 1er septembre 1948*, n°s 311 s.

> Sur les travaux d'économie d'énergie

Article. A. Danon, J. Petitfils, « 3e ligne de quittance : la contribution du locataire aux travaux d'économie d'énergie », *Loyers et copr.* 2015. Ét. 9.

SECTION 1
« CLAUSE TRAVAUX » DE L'ARTICLE 6 DE LA LOI DU 6 JUILLET 1989

311.10 Plan – Aménagement de l'obligation de délivrance. L'article 6 *a* permet au bailleur d'échapper partiellement à son obligation de délivrer un logement en bon état d'usage et de réparation et des équipements en bon état de fonctionnement dès lors que les parties ont inséré dans le contrat ce qu'il est convenu d'appeler une « clause travaux ».

Une « clause travaux » est la clause du contrat de location par laquelle le locataire s'engage à exécuter ou à faire exécuter des travaux, moyennant une réduction temporaire du loyer.

Cette clause pose le problème de sa validité et celui de son incidence sur les relations entre les parties.

Les conditions de validité de la « clause travaux » retiendront tout d'abord notre attention (§ 1). Puis, nous examinerons les difficultés de mise en œuvre (§ 2).

§ 1 Conditions de validité de la « clause travaux »

311.21 **Forme et contenu.** Le législateur s'est montré exigeant quant à la validité d'une telle clause, tant sur la forme qu'elle doit revêtir que sur son contenu et sur la nature des travaux concernés.

311.22 **Forme.** Il doit s'agir d'une clause expresse du bail ou, bien que le texte ne l'indique pas explicitement, d'un avenant au contrat.

311.23 **Contenu.** Au-delà de la définition, de la description, du coût des travaux et de la date de leur réalisation, qui doivent, bien évidemment faire l'objet de mentions, l'article 6 *a* ajoute que la clause doit préciser les modalités de l'imputation de ces travaux sur le loyer et la durée de cette imputation. Il ressort donc de l'économie du texte que la réduction de loyer a vocation à n'être que temporaire.

Ce texte impose par ailleurs aux parties de prévoir les modalités de dédommagement du locataire en cas de départ « anticipé » de celui-ci, c'est-à-dire, en cas de départ avant la fin de la période de réduction du loyer. La loi prévoit alors que devront être présentés les justificatifs des dépenses effectuées (factures de travaux ou de matériaux puisque le locataire peut réaliser les travaux lui-même).

311.24 **Nature des travaux concernés.** Il ressort de l'article 6 *a* de la loi du 6 juillet 1989 qu'une « clause travaux » ne peut concerner que des logements répondant aux normes de décence telles que définies par le décret du 30 janvier 2002[1], normes de référence ayant remplacé (depuis la loi du 13 juillet 2006) celles issues du décret du 6 mars 1987 relatif aux normes minimales de confort et d'habitabilité. Il a ainsi été jugé qu'une « clause travaux » ne pourrait pas concerner des travaux de mise en conformité prévus au décret de 1987[2] ou à celui de 2002[3], tels la réfection de la toiture nécessaire à rendre le logement habitable[4]. Ainsi, une telle clause ne saurait porter sur un logement présentant des infiltrations et dont les ouvrants et le gros œuvre ne seraient pas en bon état[5]. De même, doit être invalidée la « clause travaux » portant sur l'aménagement et le raccordement en eau et en électricité d'un corps de bâtiment très vétuste, dépourvu de tout confort, ne comprenant ni cuisine, ni salle d'eau, ni cabinet d'aisance intérieur et, par suite, ne répondant pas aux normes minimales de confort et d'habitabilité prévues à l'article 6[6]. Enfin un locataire ne peut être contraint, même avec contrepartie, à réaliser des travaux de mise aux normes minimales de confort et d'habitabilité du logement prévus par le décret du 6 mars 1987 (travaux de cloisonnement de la salle de bains)[7].

§ 2 Difficultés de mise en œuvre de la « clause travaux »

311.31 **Critère de la validité.** Deux cas de figure sont à distinguer, selon que la clause est ou non valide.

311.32 **« Clause travaux » non valide.** Cette absence de validité peut avoir deux origines, chacune d'entre elles générant des effets spécifiques.

311.33 **Imprécision.** Si la non-validité de la clause est due à son manque de précision quant aux modalités de sa mise en œuvre, la sanction encourue est la nullité. Faute d'avoir prévu expressément les modalités d'exécution de la « clause travaux », celle-ci doit en effet être déclarée nulle et non avenue[8].

1. Décr. n° 2002-120, 30 janv. 2002 relatif aux caractéristiques du logement décent pris pour l'application de l'article 187 de la loi n° 2000-1208 du 13 déc. 2000 relative à la solidarité et au renouvellement urbains, *JO* 31 janv., p. 2090.

2. Civ. 3e, 3 févr. 2010, n° 08-21.205, P III, n° 28 ; *D.* 2010. AJ 442, obs. Y. Rouquet ; *ibid.* 2010. 1192, note Niboyet ; *AJDI* 2010. 640, obs. N. Damas – Paris, 27 sept. 2001, n° 1999/06392, *Loyers et copr.* 2002, n° 32, obs. B. Vial-Pedroletti – Paris, 30 avr. 2002, n° S00/35048 ; *D.* 2003. Somm. 802, obs. Gérard.
3. NOT. : Paris, 14 déc. 2006, n° 05/20771, *AJDI* 2007. 196 ; Paris, 26 juin 2008, *Loyers et copr.* 2008, n° 243, obs. B. Vial-Pedroletti ; Paris, 13 févr. 2014, n° 11/22094, *Loyers et copr.* 2014, n° 142, obs. B. Vial-Pedroletti ; *Rev. loyers* 2014. 128 ; Paris, 8 mars 2016, n° 14/13141, *Loyers et copr.* 2016, n° 116, obs B. Vial-Pedroletti.
4. Dijon, 2 oct. 1998, n° 97/00865, *Loyers et copr.* 1999, n° 179, obs. B. Vial-Pedroletti.
5. Paris, 19 déc. 1994, *JurisData* 025702, *Loyers et copr.* 1995, n° 399 – Montpellier, 7 mai 2002, n° 01/01991, *Loyers et copr.* 2003, n° 58, obs. B. Vial-Pedroletti.
6. Paris, 24 oct. 2001, n° 1999/23220, *Loyers et copr.* 2002, n° 198, obs. B. Vial-Pedroletti.
7. Civ. 3e, 3 févr. 2010, n° 08-21.205, P III, n° 28 ; *Opérations immobilières*, mars 2010, p. 40, note Crucis-Busquet.
8. Civ. 3e, 10 nov. 2004, n° 03-16.721, P III, n° 196, *D.* 2004. IR 3035 – TI Privas, 7 févr. 1995, *Rev. loyers* 1995. 426.

On relèvera même que, par un récent arrêt, la cour d'appel de Paris a considéré que la nullité de la « clause travaux », stipulation déterminante participant de l'équilibre du contrat, devait entraîner la nullité du bail[1]. Cependant, cette sanction ne sera pas retenue en présence d'une clause précise, les parties ayant uniquement omis de prévoir le cas du départ anticipé du locataire[2]. La voie consistant à demander au juge de compléter la clause imprécise et d'ordonner son exécution semble également possible.

311.34 Mise en conformité. Une autre hypothèse, d'une portée plus restreinte que la précédente, puisqu'elle ne concerne que les locaux vacants à compter du 23 décembre 1986 et qui étaient précédemment régis par la loi de 1948, doit être signalée. Si, lors de la délivrance, le logement ne respectait pas les normes de confort et d'habitabilité, la clause travaux ne peut s'appliquer et, en vertu de l'article 25 de la loi du 23 décembre 1986, le locataire est fondé, dans l'année qui suit la prise d'effet du contrat initial, à demander (amiablement, puis judiciairement), au bailleur qu'il réalise cette mise aux normes.

Une telle demande ne peut porter atteinte à la validité du contrat de location en cours[3].

À défaut de mise aux normes, le loyer sera fixé conformément à l'article 17 *b* de la loi du 6 juillet 1989[4].

311.35 « Clause travaux » valide. Lorsque la clause est valide, sa mise en œuvre peut cependant poser des difficultés.

311.36 Non respect de la clause. Tout d'abord, le preneur peut refuser de réaliser les travaux ou le bailleur peut refuser d'appliquer la minoration de loyer. La partie lésée pourra alors demander en justice l'exécution de son engagement par le contractant indélicat, voire l'annulation de la clause. Cette dernière éventualité pose problème lorsque c'est le bailleur qui refuse d'appliquer la minoration de loyer puisque, dans ce cas, si le juge annule la « clause travaux », le bailleur pourrait n'avoir pas rempli son obligation de délivrance. En pareille circonstance, le preneur devrait pouvoir obtenir la résiliation du bail pour violation de l'article 6 *a*.

311.37 Travaux non conformes à la clause. Ensuite, le preneur peut effectuer les travaux sans respecter les caractéristiques arrêtées par les parties. Le bailleur pourra, dans ce cas, faire constater ce non-respect et ne pas appliquer la minoration de loyer. Il pourra également faire jouer l'article 7 *f* et contraindre le locataire à remettre les lieux en état en fin de bail, voire immédiatement[5].

• En toute hypothèse, il incombe au locataire de ne pas effectuer, sans l'accord du bailleur, des travaux dépassant la valeur convenue au bail[6].

311.38 Renonciation à appliquer le loyer dû à l'issue de la période de minoration. L'article 6 *a* de la loi du 6 juillet 1989 étant un texte d'ordre public de protection[7], le bailleur pourrait, au-delà de la période de minoration, renoncer à appliquer le loyer convenu. Cette renonciation devrait toutefois être certaine, univoque, intervenue en connaissance de cause et postérieure à l'application de la clause travaux[8]. Dans une affaire où la période de minoration courait sur toute la durée du bail, il a été jugé que ni l'acceptation par le bailleur, avant la date de renouvellement du contrat, du calcul opéré par le locataire et du paiement de loyers indexés sur la base du loyer minoré correspondant au seul loyer exigible avant renouvellement, ni le silence gardé postérieurement au terme de cette période ne manifestent de manière non équivoque la volonté du bailleur de renoncer à exiger le loyer prévu au bail à compter de ce renouvellement[9].

SECTION 2
TRAVAUX D'ÉCONOMIE D'ÉNERGIE AVEC UNE CONTRIBUTION DU LOCATAIRE

311.40 Plan – Types de logement visés. L'article 119 de la loi du 25 mars 2009, de mobilisation pour le logement et la lutte contre l'exclusion[10], ouvre la faculté au bailleur qui réalise des travaux d'efficacité énergétique dans les parties privatives d'un logement et/ou dans les parties communes d'un immeuble de demander au locataire une « contribution pour le partage des économies de charges ». Cette disposition s'applique aussi bien dans le secteur privé relevant de la loi du 6 juillet 1989, par création d'un article 23-1 dans cette loi, que dans le secteur social, en complétant l'article L. 442-3 du code de la construction et de l'habitation. Elle est également ouverte en loi de 1948, l'article 23-1 de la loi de 1989 n'étant pas exclu du champ d'application de la loi de 1948, selon son article 40, II. La contribution ne peut être deman-

1. Paris, 27 sept. 2001, n° 1999/06392, *Loyers et copr.* 2002, n° 32, obs. B. Vial-Pedroletti.
2. Limoges, 20 janv. 1998, n° 2002/96, *Loyers et copr.* 1998, n° 263, obs. B. Vial-Pedroletti.
3. L. 23 déc. 1986, art. 25, al. 2.
4. Sur le loyer encadré, v. s^s^ n°s 422.21 s.
5. V. s^s^ n° 232.101.
6. Aix-en-Provence, 15 avr. 2011, n° 09/20019, *AJDI* 2012. 106.
7. En vertu de l'article 2, L. 6 juill. 1989 (v. s^s^ n° 021.11).
8. V. s^s^ n° 021.11.
9. Civ. 3e, 22 janv. 2014, n° 12-29.856, P III, n° 4 ; *D.* 2014. Actu. 277 ; *D. actu.*, 30 janv. 2014, obs. Rouquet ; *Administrer* mars 2014. 29, obs. Lipman-W. Boccara ; *Rev. loyers* 2014. 107, obs. J. Prigent.
10. Créé par l'art. 119 de la L. n° 2009-323, 25 mars 2009 de mobilisation pour le logement et la lutte contre l'exclusion, *JO* 27 mars, p. 5408.

dée pour une durée supérieure à quinze ans et elle n'est pas révisable. Enfin, et surtout, son montant ne peut être supérieur à la moitié du montant de l'économie d'énergie estimée. La contribution du locataire ne peut entrer dans le calcul de l'APL, que ce soit au titre du loyer principal ou au titre des charges[1].

La contribution du locataire est soumise à plusieurs conditions (§ 1). Par ailleurs, deux types de travaux peuvent justifier l'appel de la contribution (§ 2), dont il convient de préciser le mode de calcul (§ 3) et d'étudier la justification des travaux ainsi que leur opposabilité (§ 4).

§ 1 Conditions permettant d'exiger la contribution

311.51 Principes. La loi pose en principe que les travaux doivent bénéficier directement au locataire, qu'ils doivent lui être justifiés et que la contribution repose sur un ensemble de travaux et, depuis la loi « Climat et résilience » du 22 août 2021[2], que le logement ait un niveau de performance compris entre la classe A et la classe E au sens de l'article L. 173-1-1 du code de la construction et de l'habitation[3] (les conditions sont cumulatives). En outre la contribution n'est exigible qu'à la condition que le bailleur ait engagé une démarche de concertation préalable avec les locataires.

311.52 Concertation. Dans le secteur privé la concertation est réalisée par le bailleur avec son locataire (le texte précise qu'il s'agit du bailleur, de son représentant ou d'un tiers mandaté par lui). Dans le secteur social l'interlocuteur du bailleur est l'association (ou les associations) représentative(s) de locataires présente(s) dans son patrimoine. Cela suppose une vraie démarche de concertation. La concertation n'exige pas la signature d'un accord ; de même elle n'est pas soumise à un vote préalable des locataires. Elle s'appuie cependant sur une volonté concrète d'échanges en vue d'un résultat partagé avec les locataires (et dans le secteur social avec leurs associations).

311.53 Contenu. Le texte précise par ailleurs le contenu de cette concertation. La concertation porte sur le programme de travaux que le bailleur envisage d'entreprendre, les modalités de leur réalisation, les bénéfices attendus en termes de consommation énergétique des logements et la contribution des locataires, notamment sa durée, au partage des économies de charges résultant de ces travaux.

311.54 Date d'application. À l'issue des travaux, une ligne supplémentaire en sus des lignes relatives au loyer et aux charges, intitulée : « Contribution au partage de l'économie de charges » et la mention des dates de la mise en place et du terme de cette ligne supplémentaire, ainsi que de la date d'achèvement des travaux sont inscrites sur chaque avis d'échéance et portées sur chaque quittance remise au locataire.

311.55 Formalisme. Préalablement à la conclusion d'un nouveau bail avec un autre locataire pendant la durée de versement de la contribution, le bailleur apporte au nouveau locataire les éléments propres à justifier les travaux réalisés et le maintien de cette contribution et l'informe de son terme.

§ 2 Nature des travaux

311.60 Plan – Travaux susceptibles d'appel à contribution. Le décret du 23 novembre 2009[4] pour le secteur privé, l'article R. 442-27 du code de la construction et de l'habitation pour le secteur social, précisent les travaux pouvant justifier l'appel de la contribution. Ils sont de deux types.

Une contribution du locataire pour le partage des économies de charges peut en effet être demandée pour financer :

– soit une combinaison d'au moins deux actions d'amélioration de la performance énergétique du logement ou du bâtiment concerné (A) ;

– soit un ensemble de travaux permettant de ramener la consommation d'énergie du bâtiment pour le chauffage, la ventilation, la production d'eau chaude sanitaire, le refroidissement et l'éclairage des locaux en dessous d'un seuil (B).

A. Combinaison d'actions d'amélioration de la performance énergétique

311.71 Baisse de la consommation d'énergie. L'article 4 du décret du 23 novembre 2009 commence par envisager des travaux correspondant à une combinaison d'au moins deux actions d'amélioration de la performance énergétique du logement ou du bâtiment concerné, parmi les actions suivantes :

a) travaux d'isolation thermique des toitures ;

b) travaux d'isolation thermique des murs donnant sur l'extérieur ;

1. Rép. min. n° 113293, *JOAN Q* 8 mai 2012, p. 3576.
2. L. n° 2021-1104, 22 août 2021 portant lutte contre le dérèglement climatique et renforcement de la résilience face à ses effets, *JO* 24 août, n° 1.
3. Au sujet duquel, v. s[s] n° 211.43.
4. Décr. n° 2009-1439, 23 nov. 2009 pris en application de l'article 23-1 de la loi n° 89-462 du 6 juill. 1989 tendant à améliorer les rapports locatifs, relatif à la contribution du locataire au partage des économies de charges issues des travaux d'économie d'énergie réalisés par un bailleur privé, *JO* 25 nov., p. 20228.

c) travaux d'isolation thermique des parois vitrées donnant sur l'extérieur ;

d) travaux de régulation ou de remplacement de systèmes de chauffage ou de production d'eau chaude sanitaire ;

e) travaux d'installation d'équipements de chauffage utilisant une source d'énergie renouvelable ;

f) travaux d'installation d'équipements de production d'eau chaude sanitaire utilisant une source d'énergie renouvelable, sous réserve que ces travaux et le niveau minimal de performance énergétique atteint soient conformes, *a minima*, aux exigences définies aux articles R. 173-1 à R. 173-3 du code de la construction et de l'habitation (respect de prescriptions techniques). Les niveaux minima à atteindre pour chaque catégorie de travaux sont précisés par des arrêtés du 23 novembre 2009 [1].

311.72 **Baisse de la consommation d'énergie – Locaux visés.** Selon l'arrêté du 23 novembre 2009 ces dispositions s'appliquent dans le secteur privé aux bâtiments dont la date d'achèvement est antérieure au 1er janvier 1990. Dans le secteur social il s'agit de ceux achevés avant le 1er janvier 1948.

B. Travaux d'économie d'énergie permettant d'atteindre une performance énergétique globale minimale

311.81 **Travaux permettant de ramener la consommation d'énergie du bâtiment.** L'article 4 du décret du 23 novembre 2009 envisage également des travaux conformes *a minima* aux exigences définies aux articles R. 173-1 à R. 173-3 du code de la construction et de l'habitation (respect de prescriptions techniques) et permettant d'amener la consommation d'énergie du bâtiment pour cinq postes de dépenses définis, à savoir le chauffage, la ventilation, la production d'eau chaude sanitaire, le refroidissement et l'éclairage des locaux, en dessous d'un seuil défini par le même arrêté conjoint des ministres en charge de la construction et de l'énergie.

311.82 **Dates d'achèvement des locaux – Locaux visés.** Ces dispositions s'appliquent aux bâtiments dont la date d'achèvement est comprise entre le 1er janvier 1948 et le 31 décembre 1989 dans le secteur privé et à ceux achevés à partir du 1er janvier 1948 dans le secteur social.

311.83 **Dates d'achèvement des locaux.** Par rapport aux dates d'achèvement ci dessus on peut observer en particulier que, pour les logements sociaux (dont la très grande majorité a été achevée après le 1er janvier 1948), c'est la 2e catégorie de travaux, assise sur le respect d'un niveau de consommation d'énergie, qui va s'appliquer. Dans le secteur privé le choix est laissé au bailleur entre bouquet de travaux et respect d'un seuil après travaux.

§ 3 Calcul de la contribution

311.91 **Principe.** L'économie de charges sur laquelle est normalement basée la contribution demandée au locataire en contrepartie des travaux d'amélioration énergétique réalisés par le bailleur est calculée par une méthode de calcul conventionnel de la consommation d'énergie résultant d'une étude thermique préalable et prenant en compte les caractéristiques techniques et énergétiques du bâtiment, sa localisation géographique, ainsi qu'une occupation conventionnelle de celui-ci.

311.92 **Exception.** La contribution peut néanmoins être fixée de manière forfaitaire si l'une au moins des conditions suivantes est remplie :

a) les caractéristiques constructives du bâtiment sont incompatibles avec la méthode de calcul ;

b) le bailleur ne possède pas plus de trois logements mis à bail dans l'immeuble considéré.

311.93 **Détermination de la contribution par arrêté.** La méthode de calcul et le forfait, qui tient compte des caractéristiques des logements considérés, sont définis par un arrêté conjoint des ministres chargés de la construction et de l'énergie [2].

311.94 **Secteur social.** À l'issue de la réalisation de travaux d'économie d'énergie dans les bâtiments achevés à partir du 1er janvier 1948, le bailleur peut demander à son locataire une contribution mensuelle fixe et non révisable dont le montant est calculé sur la base d'une estimation de l'économie d'énergie en euros par mois calculée à partir de la méthode Th-C-E ex mentionnée dans un arrêté du 8 août 2008.

311.95 **Bâtiments achevés avant 1948 – Propriétaire de trois logements maximum.** En revanche dans les bâtiments achevés avant le 1er janvier 1948 ou dans lesquels le bailleur ne détient pas plus de trois logements locatifs, celui-ci peut demander à son locataire une contribution mensuelle forfaitaire fixe et non révisable s'élevant à : dix euros pour les logements comprenant une pièce principale ; quinze euros pour les logements comprenant deux ou trois pièces principales ; vingt euros pour les logements comprenant quatre pièces principales et plus.

1. Arr. 23 nov. 2009 (secteur privé), *JO* 25 nov., p. 20230 ; Arr. 23 nov. 2009 (secteur social), *JO* 25 nov., p. 20238.

2. Arr. 23 nov. 2009 (secteur privé), *JO* 25 nov., p. 20230 ; Arr. 23 nov. 2009 (secteur social), *JO* 25 nov., p. 20238.

311.96 **Secteur privé : bâtiments achevés avant 1948.** Dans le secteur privé, dans les bâtiments achevés avant le 1er janvier 1948 la contribution mensuelle, fixe et non révisable s'élève également à : dix euros pour les logements d'une pièce principale ; quinze euros pour les logements de deux ou trois pièces principales ; vingt euros pour les logements de quatre pièces principales ou plus.

311.97 **Immeuble achevé après 1948.** Dans les bâtiments achevés après le 1er janvier 1948, le bailleur peut demander à son locataire une contribution mensuelle fixe et non révisable dont le montant est calculé :

1° soit sur la base d'une estimation de l'économie d'énergie mensuelle en euros calculée à partir de la méthode Th-C-E ex mentionnée dans un arrêté du 8 août 2008 ;

2° soit sur la base d'une estimation de l'économie d'énergie mensuelle en euros calculée à partir d'une des méthodes réglementaires prévues dans un arrêté du 9 novembre 2006.

311.98 **Propriétaire de trois logements maximum.** En outre un bailleur privé qui ne possède pas plus de trois logements dans un immeuble peut demander un montant de contribution mensuelle fixé de manière forfaitaire, fixe et non révisable[1].

311.99 **Contribution forfaitaire.** Les montants forfaitaires pourront être actualisés tous les trois ans en fonction de l'évolution de l'indice de révision des loyers (IRL). Cette actualisation permettra aux bailleurs qui réaliseront après son intervention de tels travaux de bénéficier de tarifs nouveaux.

§ 4
Justification des travaux et opposabilité

311.101 **Intérêt d'une intervention sur tout l'immeuble.** Le bailleur est tenu de transmettre à son locataire des attestations en vue du contrôle de la réalisation effective des travaux à l'issue de la réalisation de ces derniers, selon un modèle de formulaire annexé à l'arrêté du 23 novembre 2009. En outre il tient à disposition des locataires (ou de leurs associations) les factures des travaux d'amélioration de la performance énergétique réalisés, pendant le mois qui suit la date d'achèvement des travaux[2].

311.102 **Opposabilité des travaux au locataire.** L'objectif d'amélioration de la performance énergétique sur lequel s'appuie le texte nécessite dans la plupart des cas une intervention sur la totalité d'un immeuble collectif, tant parties communes que parties privatives. Il était alors nécessaire de préciser les conditions d'opposabilité applicables à ces travaux. Aussi le législateur a-t-il adapté les textes relatifs aux rapports entre propriétaires et locataires sur ce point, ainsi que ceux concernant la copropriété.

La question pouvait en effet se poser en matière de baux d'habitation en vertu d'une jurisprudence relative à l'article 7 *e* de la loi du 6 juillet 1989. Il était impératif de permettre la réalisation de travaux qui sont dans l'intérêt de la collectivité tout entière. C'est ce que fait la loi du 12 juillet 2010, portant engagement national pour l'environnement dite loi Grenelle II dans son article 10, en rendant opposables au locataire « les travaux nécessaires au maintien en état, à l'entretien normal des locaux loués, ainsi que les travaux d'amélioration de la performance énergétique à réaliser dans ces locaux », après modification de l'article 7 *e* de la loi du 6 juillet 1989.

311.103 **Notion de travaux d'intérêt collectif.** Pour la copropriété, l'article 25 *f* de la loi du 10 juillet 1965 fixant le statut de la copropriété, dans sa rédaction issue de la loi du 12 juillet 2010 et de la loi Alur du 24 mars 2014, crée la notion de « travaux d'intérêt collectif », réalisés sur les parties privatives et aux frais du copropriétaire du lot concerné. En outre personne (copropriétaire ou occupant) ne peut s'opposer à de tels travaux régulièrement décidés par l'assemblée générale des copropriétaires, dès lors que l'affectation, la consistance ou la jouissance des parties privatives n'en sont pas altérées de manière durable, sous réserve toutefois de notification préalable (huit jours avant lesdits travaux)[3, 4].

SECTION 3
CAS DES TRAVAUX DE LA LOI DU 12 JUILLET 1967

311.111 **Amélioration de l'habitat.** Le locataire (de tous secteurs locatifs) peut exécuter ou faire

1. V. ss no 311.96.

2. On notera par ailleurs que les articles L. 126-35-2 et suivants du code de la construction et de l'habitation, issus de la loi « Climat et résilience » du 22 août 2021 (L. no 2021-1104, 22 août 2021 portant lutte contre le dérèglement climatique et renforcement de la résilience face à ses effets, *JO* 24 août, no 1) instaurent un « carnet d'information du logement ». Destiné à faciliter et à accompagner les travaux d'amélioration de la performance énergétique du logement ainsi que l'installation d'équipements de contrôle et de gestion active de l'énergie, ce carnet n'a certes pour vocation que de renseigner l'acquéreur du logement (CCH, art. L. 126-35-10). Pour autant, rien n'interdit au propriétaire de le transmettre au locataire, spontanément ou la demande de ce dernier.
3. L. no 65-557, 10 juill. 1965, art. 9.
4. D. Tomasin (dir.), *La copropriété,* 10e éd., « Dalloz action », 2021, spéc. no 333.122.

exécuter les travaux prévus par la loi du 12 juillet 1967, relative à l'amélioration de l'habitat[1], sous réserve de respecter les conditions suivantes :

– qu'il s'agisse exclusivement de travaux d'adaptation à des normes de salubrité, de sécurité, d'équipement et de confort fixées par le décret du 9 novembre 1968 tel qu'il a été modifié en 2002 par le décret relatif aux caractéristiques du logement décent[2] ; l'objectif poursuivi est de mettre les locaux en conformité avec tout ou partie du décret sur le logement décent, sans dépasser les caractéristiques qui y sont définies[3] ;

– que leur réalisation n'affecte pas d'autres parties de l'immeuble affectées à usage privatif ;

– qu'ils ne risquent pas de compromettre le bon état ou la solidité de l'immeuble.

311.112 Droit et obligation du propriétaire. Le propriétaire, informé par acte extrajudiciaire (acte d'huissier) ou par lettre recommandée avec AR peut éventuellement engager lui-même ces travaux ou s'y opposer sous le contrôle du juge pour un motif légitime et sérieux. S'il accepte la proposition du locataire, il doit l'indemniser à son départ en tenant compte de la valeur actualisée des travaux. et une clause d'exclusion de toute indemnité est contraire aux dispositions de l'article 5 de la loi de 1967[4]. Le propriétaire n'a toutefois pas l'obligation légale de réaliser les travaux d'amélioration visés par le décret du 9 novembre 1968[5] du 13 décembre 2000 qui oblige à remettre au locataire un logement décent.

SECTION 4
POSE D'UNE ANTENNE DE TÉLÉVISION À L'INITIATIVE DU LOCATAIRE

311.120 Plan. Le champ d'application de la loi du 2 juillet 1966[6] (§ 1), puis les conditions de sa mise en oeuvre (§ 2).

311.121 Droit à l'antenne protégé. L'article 1er de la loi du 2 juillet 1966 prévoit que : « Le propriétaire d'un immeuble ne peut, nonobstant toute convention contraire, même antérieurement conclue, s'opposer, sans motif sérieux et légitime, à l'installation, à l'entretien ou au remplacement, ainsi qu'au raccordement au câblage interne de l'immeuble aux frais d'un ou plusieurs locataires ou occupant de bonne foi, [...] d'une antenne extérieure réceptrice de radiodiffusion... ». Le locataire s'est ainsi vu reconnaître un droit à l'antenne protégé et à propos duquel plusieurs décisions de jurisprudence ont été rendues.

311.122 Protection par la Cour européenne des droits de l'homme. La Cour européenne des droits de l'homme exerce un contrôle vigilant sur la protection due aux personnes en matière de liberté de recevoir des informations, précisée par l'article 10 de la Convention européenne des droits de l'homme. Est ainsi disproportionnée l'expulsion de locataires intervenue en Suède pour avoir refusé de retirer une antenne parabolique dépassant d'une fenêtre, dès lors qu'il n'y avait pas d'autre moyen pour eux d'accéder à des programmes leur permettant de rester en contact avec la culture de leur pays d'origine[7].

§ 1
Champ d'application

311.131 Télévision et télécommunication. La loi du 2 juillet 1966 concerne la télévision et tous les modes de réception de celle-ci (antenne hertzienne, câble, satellite), mais également les antennes réceptrices et émettrices de télécommunication fixe[8], ce qui inclut le téléphone et le système de communication « internet ».

Elle s'applique en général dans les relations entre locataire et propriétaire[9], y compris en HLM[10], ainsi qu'aux immeubles qui se trouvent en indivision ou qui sont soumis au régime de la copropriété[11]. Les locataires personnes morales sont expressément concernées par la loi du 2 juillet 1966.

La loi du 2 juillet 1966, par ailleurs, s'applique aux lotissements[12].

§ 2
Conditions

311.141 Demande du locataire. Le locataire qui entend se prévaloir du droit à l'antenne doit, avant

1. L. nº 67-561, 12 juill. 1967 amélioration de l'habitat, *JO* 13 juill., p. 701.
2. Décr. nº 68-976, 9 nov. 1968, *JO* 10 nov. ; mod. par décr. nº 2002-120, 30 janv. 2002.
3. Sur la notion de logement décent, v. s[s] nº 211.42.
4. Besançon, 17 sept. 2002. *JurisData* 2002-187278. *Loyers et copr.* 2003, nº 2, note B. Vial-Pedroletti.
5. Civ. 3e, 27 févr. 2002, nº 00-14.230, NP, *Loyers et copr.* 2002, nº 252 – Cette solution, concernant un logement sans chauffage ni eau chaude, ne pourrait cependant plus être retenue depuis la loi nº 2000-1208 relative à la solidarité et le renouvellement urbains (SRU).
6. L. nº 66-457, 2 juill. 1966 relative à l'installation d'antennes réceptrices de radiodiffusion, *JO* 5 juill., p. 5654.
7. CEDH 16 déc. 2008, nº 23883-06, *AJDI* 2009. 438.
8. L. nº 2001-624, 17 juill. 2001 portant diverses dispositions d'ordre social, éducatif et culturel, modifiant la loi du 2 juill. 1966, *JO* 18 juill. 2001, p. 11496.
9. Civ. 3e, 21 juin 2000, nº 98-19.531, P III, nº 125 ; *Rev. loyers* 2000. 448.
10. Civ. 3e, 21 juin 2000, nº 98-19.531, P III, nº 125 ; *D.* 2000. IR *206, Rev. loyers* 2000. 448.
11. L. nº 66-457, 2 juill. 1966, art. 4.
12. Civ. 3e, 25 sept. 2002, P III, nº 183 ; *D.* 2002. IR *2778.*

de procéder à l'installation, informer le propriétaire par lettre recommandée avec accusé de réception en joignant une description détaillée des travaux à entreprendre ainsi que la nature du ou des services dont la réception sera obtenue[1].

Une cour d'appel ne peut condamner le locataire à retirer l'antenne qu'il avait posée en façade, le bailleur lui ayant imposé par contrat une demande d'autorisation préalable, car le texte législatif ne permet pas d'inscrire dans le bail une telle autorisation préalable[2]. Dans le même sens : le bailleur n'a pas à donner son autorisation à l'installation, mais seulement à être informé[3].

311.142 Défaut d'information du bailleur. Le défaut d'information du bailleur n'a pas pour effet de rendre illégale la pose de l'antenne, mais de rendre inopposable le délai de forclusion octroyé au bailleur pour s'y opposer[4]. Mais le juge doit vérifier si le locataire a rempli son obligation d'information du propriétaire assortie d'une description détaillée des travaux[5]. Ainsi, lorsque le preneur n'a pas procédé à l'information préalable et que l'antenne, installée sur le balcon de l'appartement, est de nature à altérer de façon grave l'aspect de l'immeuble et à créer un surplomb dangereux pour les passants, le bailleur est fondé à demander sa suppression dès lors que l'installation est possible sur le toit de l'immeuble et a été autorisée par le bailleur[6]. Le même bailleur peut se voir opposer l'absence de motif légitime et sérieux pour une installation d'antenne à l'arrière d'un pavillon dont il ne peut démontrer qu'elle altère l'harmonie d'une résidence[7] et voir valider sa demande de suppression d'une parabole qui contribue à altérer l'aspect de l'immeuble et qui, placée sur un balcon, est en outre de nature à créer un surplomb dangereux pour les personnes passant au pied de l'immeuble[8]. La parabole, entièrement visible de l'extérieur, nuit à l'esthétique de l'immeuble[9].

311.143 Position du propriétaire – recours au juge. Le propriétaire qui entend opposer un refus à l'installation projetée dispose de deux possibilités. Il peut d'abord recourir au juge. Le propriétaire peut saisir le tribunal judiciaire du lieu de l'immeuble dans le délai de trois mois à peine de forclusion, en arguant d'un motif légitime et sérieux. Le risque de dégradation du complexe d'étanchéité de la toiture-terrasse constitue un tel motif[10] de même que l'atteinte à l'harmonie et l'esthétique de l'immeuble[11]. Une pose d'antenne sur un rebord extérieur de balcon est de nature à altérer de manière grave l'aspect de l'immeuble et à créer un surplomb dangereux pour les personnes passant à son pied[12]. Mais ne nuit pas à l'harmonie de l'immeuble la pose d'une antenne sur le plancher d'un balcon, l'antenne ne dépassant que de quelques centimètres[13]. Dans tous les cas, le propriétaire doit rapporter la preuve des risques qu'il évoque[14].

311.144 Position du propriétaire – Raccordement à l'installation collective. Le propriétaire peut aussi proposer, dans le même délai, le raccordement au câble ou à l'antenne collective fournissant un service collectif défini par accord collectif pris en application de l'article 42 de la loi du 23 décembre 1986[15]. Les prestations collectives fournies doivent être comparables à l'installation projetée pour constituer un motif légitime et sérieux de refus[16]. C'est au propriétaire de démontrer que l'existence d'un autre raccordement possible constitue un motif légitime et sérieux de s'opposer au maintien de l'antenne parabolique[17].

Le propriétaire a toutefois la faculté de subordonner la réalisation de l'installation par le locataire au respect de conditions destinées à garantir l'intégrité de l'immeuble et la sécurité des personnes (inter-

1. Décr. n° 67-1171, 22 déc. 1967, *JO* 28 déc., p. 12830, art. 1er.
2. Civ. 3e, 3 nov. 2005, n° 02-21.489, P III, n° 207 ; *D.* 2005. IR *2822 ; ibid.* 2006, *Pan. 963*, obs. N. Damas ; *AJDI* 2006. 29, note Y. Rouquet ; *AJDA* 2006. 167 ; *Loyers et copr.* 2006, n° 5, obs. B. Vial-Pedroletti ; *Administrer* janv. 2006. 33 obs. Bouyeure.
3. Paris, 5 févr. 1998, n° 96/00265, *Loyers et copr.* 1998, n° 174, obs. B. Vial-Pedroletti – *CONTRA* : les locataires doivent demander l'autorisation au bailleur, Besançon, 2 févr. 2000, n° 134876, *Loyers et copr.* 2001, n° 140, obs. B. Vial-Pedroletti.
4. Civ. 3e, 5 janv. 2011, n° 09-72.538, P III, n° 1 ; *D. actu.*, 19 janv. 2011, obs. Y. Rouquet ; *ibid.* 2012, Pan 1086, spéc. 1089, obs. N. Damas ; *AJDI* 2011. 619, obs. N. Damas ; *Loyers et copr.* 2011, n° 70, obs. B. Vial-Pedroletti ; *Rev. loyers* 2011. 68, obs. Rémy ; *Administrer*, avr. 2011, 35, obs. Canu.
5. Civ. 3e, 10 févr. 1999, n° 97-13.356, NP.
6. Paris 6e ch. B, 27 sept. 2007, n° 06/20676, *Loyers et copr.* 2008, n° 1, note B. Vial-Pedroletti.
7. Paris, 15 oct. 2009, n° 379208, *Loyers et copr.* 2010, n° 286.
8. Paris, 17 mars 2009, n° 375897, *AJDI* 2009. 613.
9. Versailles, 3 mai 2012. *JurisData* 010494, *Loyers et copr.* 2012, n° 196.
10. Paris, 10 févr. 2000, n° 1998/11174, *Rev. loyers* 2000. 266.
11. Paris, 16 déc. 1999, n° 1998/14367, *Loyers et copr.* 2000, n° 94, obs. G. Vigneron.
12. Paris, 27 sept. 2007, n° 06/20676, *Loyers et copr.* 2008, n° 1, note B. Vial-Pedroletti.
13. Paris, 5 févr. 1998, n° 96/00266, *Loyers et copr.* 1998, n° 179.
14. Civ. 3e, 21 juin 2000, n° 98-19.531, P III, n° 125 ; *Rev. loyers* 2000. 448.
15. V. ss nos 812.121 s.
16. Paris, 28 mars 1995, nos 93/18333 et 93/23800, *D.* 1996. Somm. 380.
17. Paris, 28 févr. 2012, n° 10/23087, *JurisData*, n° 2012-003660, *Loyers et copr.* 2012, n° 130, note B. Vial-Pedroletti.

vention d'un spécialiste, souscription d'une assurance par exemple). Il n'est alors pas tenu de saisir le tribunal judiciaire dans les délais de la loi, dès lors qu'il ne s'oppose pas à la demande du locataire[1]. Le bailleur qui ne s'oppose pas dans le délai de trois mois pour un motif légitime et sérieux se voit justement opposer la forclusion[2].

Les radioamateurs détiennent le même droit à l'antenne dans le cadre de la loi du 2 juillet 1966.

311.145 **Passage au tout numérique en copropriété.** Le passage au tout numérique a eu lieu en 2011. Le syndic avait l'obligation de porter la question à l'ordre du jour de l'assemblée générale de copropriété. La décision relative aux travaux est prise à la majorité de l'article 24 de la loi du 10 juillet 1965[3] fixant le statut de la copropriété des immeubles bâtis (majorité des voix exprimées des copropriétaires présents ou représentés ou ayant voté par correspondance)[4].

SECTION 5
DROIT À LA FIBRE OPTIQUE

311.151 **Droit du locataire.** Le locataire bénéficie depuis la modification de l'article 1er de la loi du 2 juillet 1966[5] par la loi de modernisation pour l'économie du 4 août 2008[6] d'un droit équivalent au droit à l'antenne sous la forme de l'accès à la fibre optique. Il peut demander son raccordement à un réseau de communications électroniques à très haut débit en fibre optique ouvert au public, ainsi que l'installation, l'entretien ou le remplacement des équipements nécessaires, à ses frais ou à ceux de plusieurs locataires ou occupants de bonne foi.

311.152 **Opposition du propriétaire subordonnée à l'existence d'un motif sérieux et légitime.** Selon le même article 1er de la loi du 2 juillet 1966 dans sa rédaction issue de la loi du 4 août 2008, le propriétaire ne peut, nonobstant toute convention contraire, même antérieurement conclue, s'opposer sans motif sérieux et légitime à ce raccordement. Constitue notamment un motif sérieux et légitime de s'opposer à ce raccordement :

- soit la préexistence de lignes de communications électroniques en fibre optique permettant de répondre aux besoins spécifiques du demandeur. Dans ce cas, le propriétaire peut demander que le raccordement soit réalisé au moyen desdites lignes ;
- soit la décision prise dans un délai de six mois, suivant la demande du ou des locataires ou occupants de bonne foi, d'installer des lignes de communications électroniques à très haut débit en fibre optique en vue d'assurer la desserte de l'ensemble des occupants de l'immeuble dans des conditions satisfaisant les besoins spécifiques du demandeur. Dans ce cas, une convention est établie entre le propriétaire de l'immeuble et l'opérateur dans les conditions prévues par l'article L. 33-6 du code des postes et des communications électroniques.

311.153 **Champs d'application.** Le texte est applicable à tous les immeubles à usage d'habitation ou à usage mixte, quel que soit leur régime de propriété.

En copropriété le syndic a l'obligation d'inscrire à l'ordre du jour de l'assemblée générale toute proposition faite par un opérateur de fibre optique d'installer une ligne desservant l'ensemble des locaux.

Trois décrets du 15 janvier 2009[7] précisent les conditions d'application de la loi de modernisation de l'économie.

1. Civ. 3e, 9 févr. 2000, no 98-15.495, P III, no 30 ; *Loyers et copr.* 2000, no 120, obs. G. Vigneron.
2. Dijon, 13 janv. 1993, *JurisData* 600371, *Rev. loyers* 1994. 450, obs. Gallet ; *Dr. et pr.* 1993. 900.
3. L. no 65-557, 10 juill. 1965, art. 24-3.
4. D. Tomasin (dir.), *La copropriété*, 10e éd., « Dalloz action », 2021, spéc. nos 333.92 s.
5. L. no 66-457, 2 juill. 1966 relative à l'installation d'antennes réceptrices de radiodiffusion, *JO* 5 juill.
6. L. no 2008-776, 4 août 2008 de modernisation de l'économie, art. 109 (V), *JO* 5 août, p. 12471.
7. Décr. no 2009-52, 15 janv. 2009 relatif à l'installation de lignes de communications électroniques à très haut débit en fibre optique dans les bâtiments neufs ; décr. no 2009-53, 15 janv. 2009 relatif au droit au très haut débit pris en application du II de l'article 1er de la loi no 66-457 du 2 juill. 1966 relative à l'installation d'antennes réceptrices de radiodiffusion ; décr. no 2009-54, 15 janv. 2009 relatif à la convention entre opérateur et propriétaire portant sur l'installation, la gestion, l'entretien et le remplacement de lignes de communications électroniques à très haut débit en fibre optique dans un immeuble, *JO* 16 janv., p. 903 s.

CHAPITRE

312. Travaux en cours de contrat réalisés par le bailleur

SECTION 0 ORIENTEUR

312.00 **Sommaire du chapitre.**

Division. Il convient d'étudier successivement les travaux d'amélioration prévus par la loi du 6 juillet 1989 (sect. 1), le cas des travaux de la loi du 12 juillet 1967 (sect. 2), la protection des locataires en cas de rénovation (sect. 3) et la poste d'une antenne de télévision à l'initiative du propriétaire (sect. 4).

312.01 **Principaux textes applicables.**

TEXTES SOURCES

• **L. n° 89-462,** 6 juill. 1989, art. 17-1, II.

312.02 **Jurisprudence de référence.**

SECTEUR HLM ET LOI DE 1948

> Travaux n'entraînant pas le départ des locataires

• **Civ. 3e, 5 juin 1991,** n° 89-19.197, NP

* V. ss n° 313.44

C'est au locataire d'établir le manquement du bailleur dans le respect de la procédure de l'article 14 de la loi du 1er septembre 1948.

> Travaux entraînant le départ des locataires

• **Civ. 3e., 22 nov. 1995,** n° 93-21.723, P III, n° 137

* V. ss n° 313.61

Le permis de construire ou le permis de démolir ne tiennent pas lieu d'autorisation spécifique de l'article 12 de la loi du 1er septembre 1948.

> Local de relogement

• **Civ. 3e, 8 nov. 1977,** n° 76-12.845, P III, n° 374

* V. ss n° 313.83

Le loyer du local de relogement doit correspondre aux possibilités financières du bénéficiaire.

> Protection des locataires

• **Civ. 3e, 10 mai 1990,** n° 88-17.215, NP

* V. ss n° 312.63

La cour d'appel, qui a souverainement apprécié le montant de la diminution du loyer pour des travaux exécutés par le bailleur au-delà de 40 jours, a légalement justifié sa décision.

312.03 **Bibliographie indicative.**

Annuel. LAMY DR. IMMO, n° 5951, 6001.

Encyclopédies. RÉP. IMMO., Vis *Bail d'habitation et mixte : rapports locatifs individuels – Loi du 6 juillet 1989*, N. Damas, nos 177, 293 s. ; *Bail d'habitation ou professionnel – Loi du 1er septembre 1948*, H. des Lyons, n° 83-118 – DICT. PERM. Gestion immob., Vis *Baux d'habitation et mixtes*, nos 178, 221 s., 293 s. ; *Baux-Loi du 1er septembre 1948*, nos 313 s.

Article. S. Mayer, « La rénovation des locaux occupés soumis à la loi du 1er septembre 1948 », *Gaz. Pal.* 20-21 avr. 1994, p. 2 à 23.

312.05 **Concurrence d'intérêts légitimes.** L'équilibre doit être cherché entre une juste protection du locataire en cas de travaux et la nécessité de promouvoir l'amélioration en continu des logements ainsi que leur maintien en état d'habitabilité. Cette préoccupation se retrouve dans quasiment toutes les législations de la loi de 1948 à aujourd'hui.

SECTION 1
TRAVAUX D'AMÉLIORATION PRÉVUS PAR LA LOI DU 6 JUILLET 1989

312.10 **Plan – Possible majoration du loyer.** L'ancien article 17 *e* de la loi du 6 juillet 1989, devenu, depuis la loi du 24 mars 2014, dite loi Alur[1], l'article 17-1, II[2] énonce que « lorsque les parties sont convenues, par une clause expresse, de travaux d'amélioration du logement que le bailleur fera exécuter, le contrat de location ou un avenant à ce contrat peut fixer la majoration du loyer consécutive à la réalisation de ces travaux ».

Cette possibilité de majorer le loyer est exclue pour les logements HLM, qu'ils soient ou non conventionnés à l'APL[3]. Cela ne signifie pas que des travaux d'amélioration ne peuvent être réalisés en HLM[4], mais que leur contrepartie est soumise aux règles particulières qui régissent l'évolution des loyers HLM[5].

Nous verrons les conditions de validité de la prise en charge des travaux d'amélioration par le bailleur (§ 1), les conséquences de la réalisation de ces travaux (§ 2) et les sanctions encourues en cas de non-respect de l'article 17-1, II (§ 3).

§ 1
Conditions de validité de la prise en charge de travaux d'amélioration par le bailleur

312.21 **Clause.** • Forme. Cette prise en charge doit être prévue par une clause expresse du bail ou par un avenant à celui-ci. Un accord verbal ne saurait permettre à l'une des parties au contrat de revendiquer l'application de l'article 17-1, II[6].

• Contenu. La clause devra préciser les travaux qu'elle vise, leur date d'exécution et leur durée, ainsi que la majoration de loyer qui en résultera.

312.22 **Nature des travaux concernés.** Il doit s'agir de travaux d'amélioration.

La définition jurisprudentielle de la notion de « travaux d'amélioration » au sens de l'article 17-1, II devrait être la même que celle qui prévalait en application de l'ancien article 17 *e* de la loi du 6 juillet 1989. Ainsi, les travaux d'amélioration envisagés par l'article 17-1, II seraient notamment ceux qui apportent un équipement nouveau, un service ou une qualité supérieure au niveau des prestations existantes ; ou apportant une qualité permettant de diminuer d'une façon certaine les dépenses d'entretien ou d'exploitation ; ou encore, ceux qui apporteraient une plus grande sécurité pour les biens comme pour les personnes[7, 8].

Ces travaux d'amélioration ne pourraient donc pas être des interventions relevant de l'entretien courant ou constituant un rattrapage du défaut d'entretien, ou relevant de grosses réparations ou de gros entretien[9].

En conséquence, des travaux de ravalement ne pourraient être retenus dans le cadre de l'article 17-1, II de la loi du 6 juillet 1989. Il en irait de même de l'installation d'un filtre de centrifuge sur l'appareil de chauffage nécessaire à la conservation de la tuyauterie et des appareils de chauffage[10].

En revanche, la pose d'un lecteur de carte magnétique d'accès au parking serait une amélioration[11].

§ 2
Conséquences de la réalisation des travaux d'amélioration

312.31 **Majoration de loyer.** La principale conséquence de la réalisation de ces travaux est qu'elle va, en principe, permettre au bailleur d'appliquer une majoration de loyer.

Il s'agit d'une majoration définitive qui ne peut faire l'objet d'une action en diminution de loyer et qui ne peut intervenir qu'après l'exécution des travaux. Ainsi, il ne serait pas possible de prévoir une augmentation progressive du prix du bail en cours de travaux, en fonction de l'avancement de ceux-ci.

Le montant de cette majoration sera librement fixé entre les parties (dans le bail ou dans un avenant). Le bailleur n'aura donc pas à fournir des références de nature à rapporter la preuve que le nouveau loyer est conforme au prix du voisinage[12].

Attention toutefois, car depuis la loi « Climat et résilience » du 22 août 2021[13], l'article 17-1 s'est

1. L. n° 2014-366, 24 mars 2014 pour l'accès au logement et un urbanisme renforcé, *JO* 26 mars, p. 5809.
2. Applicable aux contrats en cours au 27 mars 2014, date d'entrée en vigueur de la loi du 24 mars 2014.
3. L. n° 89-462, 6 juill. 1989, art. 40 I et III.
4. V. s^s n°s 313.30 s.
5. V. s^s n°s 635.91 s.
6. Paris, 11 janv. 1993, n° 91/019874, *Loyers et copr.* 1993, n° 167, rendu au visa de l'anc. art. 17 *e*.
7. Paris, 3 nov. 1992, n° 91/003388, *Loyers et copr.* 1993, n° 83.
8. Jugeant que sont des travaux d'amélioration les travaux de maçonnerie, carrelage, menuiserie, remplacement de portes-fenêtres, de la porte d'entrée, de plusieurs pièces et de remise à neuf de l'installation électrique : Civ. 3e, 17 nov. 2016, n° 15-12.367, NP, *AJDI* 2017. 120.
9. Paris, 3 nov. 1992, n° 91/003388, préc.
10. Paris, 3 nov. 1992, n° 91/003388, préc.
11. Paris, 3 nov. 1992, n° 91/003388, préc.
12. Civ. 3e, 5 juin 2002, n° 00-18.697, NP, *AJDI* 2002. 609, obs. Y. Rouquet ; *Administrer* août-sept. 2002, p. 51, note Gauclère.
13. L. n° 2021-1104, 22 août 2021 portant lutte contre le dérèglement climatique et renforcement de la résilience face à ses effets, *JO* 24 août, n° 1.

enrichi d'un III aux termes duquel aucune majoration de loyer ne peut être appliquée dans les logements particulièrement énergivores, c'est-à-dire ceux relevant de la classe F ou de la classe G, au sens de l'article L. 173-1-1 du code de la construction et de l'habitation[1].

– Concernant l'entrée en vigueur de cette exception issue de la loi « Climat et résilience » en Métropole, le texte[2] précise que l'article 17-1 de la loi du 6 juillet 1989, dans sa rédaction nouvelle est applicable aux contrats de location conclus, renouvelés ou tacitement reconduits un an après la publication de la loi, soit à compter du 25 août 2022.

En Guadeloupe, en Martinique, en Guyane, à La Réunion et à Mayotte, cette exception vaut pour les contrats de location conclus, renouvelés ou tacitement reconduits après le 1er juillet 2024.

312.32 Calcul de la majoration. La base de la majoration du loyer étant le plus souvent assise sur le montant global des travaux d'amélioration, il est important de préciser qu'il convient de prendre en considération la seule quote-part afférente à l'appartement loué, et non la facture globale[3].

Relevons que l'article 17-1, II[4] se termine par la précision selon laquelle « cette majoration ne peut faire l'objet d'une action en diminution de loyer »[5].

§ 3 Sanctions encourues en cas de non-respect de l'article 17-1, II

312.41 Non respect de la clause par le bailleur. Lorsque le bailleur ne respectera pas son engagement de réaliser les travaux convenus (non-réalisation ou réalisation non conforme aux termes de la clause), le locataire n'aura pas à s'acquitter du supplément de loyer (en cas d'inexécution totale) ou pourra demander la résolution de la clause (en cas de travaux non conformes). Il pourra de plus demander des dommages et intérêts.

La sanction pourrait également, semble-t-il, prendre la forme de la résolution pure et simple du contrat s'il s'avérait que les travaux d'amélioration convenus ont été déterminants dans la décision du preneur de louer l'appartement. Il faudrait alors que ce caractère déterminant ressorte des termes du contrat. Tel pourrait être le cas lorsque le locataire souffre d'une infirmité et qu'il a été convenu que le logement fasse l'objet de travaux d'accessibilité aux personnes handicapées.

312.42 Absence d'imputabilité au bailleur de la non-réalisation des travaux. Pour autant, la non-réalisation des travaux n'est pas toujours imputable au bailleur. Tel est le cas lorsque la clause visait la création d'un ascenseur, création dont l'initiative revenait à la seule assemblée générale de copropriété. En pareille circonstance, il a été jugé que la clause insérée n'était pas purement potestative et qu'elle ne devait donc pas être annulée[6].

312.43 Non respect de la clause par le locataire. Au locataire qui refuse de payer la majoration de prix, la sanction appliquée sera la résiliation judiciaire ou la résiliation en application de la clause de résiliation de plein droit pour non-paiement[7].

SECTION 2 CAS DES TRAVAUX DE LA LOI DU 12 JUILLET 1967

312.51 Amélioration de l'habitat. Pour les travaux prévus par la loi de 1967[8], les logements visés sont essentiellement des logements dépourvus de confort mesuré à travers des normes de sécurité, de salubrité et d'équipement. Lorsque l'initiative est prise par le propriétaire, les travaux s'imposent au locataire, sauf s'ils présentent un caractère abusif ou vexatoire pour lesquels le juge judiciaire peut prescrire des mesures d'interdiction ou d'interruption[9]. Le bailleur qui ne justifie ni de l'utilité ni de la nécessité des travaux et ne produit aucun élément de nature à établir que les travaux litigieux entrent dans la catégorie des travaux prévus par la loi du 12 juillet 1967 doit être débouté[10].

Lorsque les travaux ne portent que sur un seul logement, le locataire ne peut cependant s'y opposer que s'il saisit le juge compétent dans le délai de deux mois à compter de la notification qui lui est faite, à peine de forclusion.

SECTION 3 PROTECTION DES LOCATAIRES EN CAS DE RÉNOVATION

312.61 Obligation d'information préalable du locataire par le bailleur pour les travaux relevant de

1. Au sujet duquel, v. ss no 211.43.
2. L. no 2021-1104, 22 août 2021, art. 159, IV.
3. Paris, 3 nov. 1992, no 91/003388, *Loyers et copr.* 1993, no 83.
4. Issu de la loi du 24 mars 2014, dite loi Alur, applicable aux contrats en cours le 27 mars 2014.
5. Sur laquelle, v. ss nos 423.301 s.
6. Paris, 12 mai 1989, no 88/013543, *D.* 1989. Somm. 40, obs. Bihr.
7. V. ss nos 822.11 et 823.21 s.
8. L. no 67-561, 12 juill. 1967 relative à l'amélioration de l'habitat, *JO* 13 juill., p. 701 (v. ss no 312.65).
9. L. no 67-561, 12 juill. 1967 relative à l'amélioration de l'habitat, art. 2.
10. Civ. 3e, 3 févr. 1993, *CNAVTS, Loyers et copr.* 1993, no 129.

la loi du 12 juillet 1967 ou de l'article 7 *e* de la loi du 6 juillet 1989. Depuis l'entrée en vigueur de la loi du 24 mars 2014[1], dite loi Alur, soit depuis le 27 mars 2014[2] une nouvelle obligation d'information pèse sur le bailleur qui réalise des travaux dans le cadre de la loi du 12 juillet 1967[3] ou les travaux listés dans l'article 7 *e* de la loi du 6 juillet 1989[4]. Cette obligation est applicable à tous les bailleurs. Avant le début des travaux, le locataire doit être informé par le bailleur de leur nature et des modalités de leur exécution par une notification de travaux qui lui est remise en main propre ou par lettre recommandée avec demande d'avis de réception. Aucuns travaux ne peuvent être réalisés les samedis, dimanches et jours fériés sans l'accord exprès du locataire. Si les travaux entrepris dans un local d'habitation occupé, ou leurs conditions de réalisation, présentent un caractère abusif ou vexatoire ou ne respectent pas les conditions définies dans la notification de préavis de travaux ou si leur exécution a pour effet de rendre l'utilisation du local impossible ou dangereuse, le juge peut prescrire, sur demande du locataire, l'interdiction ou l'interruption des travaux entrepris.

312.62 **Sanctions.** À défaut de respecter la notification ci-dessus ou les conditions d'exécution des travaux ou encore s'il passe outre à l'interdiction ou à l'interruption des travaux, le bailleur s'expose aux sanctions de l'article L. 480-4 du code de l'urbanisme.

Le tribunal peut, en outre, ordonner la remise en état des lieux aux frais du condamné.

312.63 **Indemnisation du locataire au-delà d'un certain délai.** Selon les termes de l'article 1724 du code civil, avant sa modification par la loi du 24 mars 2014, le locataire est tenu de subir certains travaux réalisés par le bailleur, sous réserve d'une indemnisation au-delà d'un certain délai : « Si, durant le bail, la chose louée a besoin de réparations urgentes et qui ne puissent être différées jusqu'à sa fin, le preneur doit les souffrir, quelque incommodité qu'elles lui causent, et quoiqu'il soit privé, pendant qu'elles se font, d'une partie de la chose louée.

Mais, si ces réparations durent plus de quarante jours, le prix du bail sera diminué à proportion du temps et de la partie de la chose louée dont il aura été privé. »

La cour d'appel, qui a souverainement apprécié le montant de la diminution du loyer pour des travaux exécutés par le bailleur au-delà de quarante jours, a légalement justifié sa décision[5]. Par ailleurs le bailleur ne peut se prévaloir d'une clause d'exclusion de toute indemnisation, l'article 7 *e* de la loi du 6 juillet 1989 qui renvoie à l'article 1724 du code civil étant d'ordre public, ce qui interdit toute dérogation conventionnelle[6].

La loi du 24 mars 2014, dite loi Alur, a prévu, dans le même sens, que le contrat ne peut contenir de clause qui exclue l'indemnisation du locataire pour des travaux, en portant le délai maximum à vingt et un jours (au lieu des quarante antérieurs).

La fin de l'article 1724 va plus loin dans la protection des locataires dans la mesure où il précise que : « Si les réparations sont de telle nature qu'elles rendent inhabitable ce qui est nécessaire au logement du preneur et de sa famille, celui-ci pourra faire résilier le bail. »

Les modifications de la loi Alur sont, depuis le 8 août 2015, date d'entrée en vigueur de la loi du 6 août 2015, dite Macron applicable aux contrats en cours[7].

312.64 **Droit d'opposition sauf en matière de performance énergétique.** Le bailleur dispose sous certaines conditions, de la faculté de réaliser des travaux sur les parties communes et les parties privatives[8]. La jurisprudence a notamment souligné la possibilité ouverte au locataire de refuser certains travaux dans son propre logement[9]. Mais le législateur, à l'occasion de la loi du 12 juillet 2010, dite loi Grenelle II, a formalisé pour le locataire l'obligation d'accepter les travaux d'efficacité énergétique, y compris dans son logement, afin de ne pas empêcher la poursuite de l'objectif de réduction des consommations d'énergie[10].

L'article 7 *e* de la loi du 6 juillet 1989, modifié par la loi du 24 mars 2014, dite loi Alur, ajoute aux travaux auxquels le locataire ne peut s'opposer « les travaux qui permettent de remplir les obligations mentionnées au premier alinéa de l'article 6 », c'est-à-dire les travaux relatifs à la décence des logements.

312.65 **Opposition : procédure.** Des dispositions législatives générales permettent aux locataires de s'opposer à certains travaux s'ils peuvent être considérés comme abusifs ou assimilés à une éviction,

1. L. n° 2014-366, 24 mars 2014 pour l'accès au logement et un urbanisme renforcé, *JO* 26 mars, p. 5809.
2. L. n° 2014-366, 24 mars 2014, art. 1 III, créant un 10-1 A, L. n° 75-1351, 31 déc. 1975 relative à la protection des occupants de locaux d'habitation.
3. V. s[s] n° 312.51.
4. V. s[s] n°s 232.51 s.
5. Civ. 3e, 10 mai 1990, n° 88-17.215, NP.
6. Paris, 6e ch. C, 15 mai 2001 : *Rev. loyers* 2001. 349.
7. L. n° 2015-990, 6 août 2015, art. 82-II, *JO* 7 août, p. 13537, en vigueur le 8 août 2015.
8. Sur les obligations du locataire, v. s[s] n° 232.51.
9. Civ. 3e, 5 mai 2004, n° 01-16.041, P III, n° 89 ; *AJDI* 2004. 556, obs. Y. Rouquet ; *D.* 2004. IR 1426 ; *Rev. loyers* 2004. 479, obs. Humblot-Gignoux.
10. L. n° 2010-788, 12 juill. 2010, art. 10, mod. art. 7 *g*, L. n° 89-462, 6 juill. 1989.

dans le cadre de la rénovation des centres anciens par exemple. Le locataire peut s'opposer à des travaux concernant le logement qu'il loue, même lorsqu'ils sont la conséquence d'une décision prise par la copropriété, dès lors qu'il n'est pas démontré que l'assemblée se soit prononcée sur la partie des travaux contestée qui affecte son logement, ni établi qu'ils étaient nécessaires[1]. Les nuisances diverses résultant de travaux engagés par le propriétaire et subies par les locataires pendant plus de deux ans justifient une indemnité[2].

312.66 Protection du locataire - Résiliation. L'article 6 de la loi du 31 décembre 1975[3], relative à la protection des occupants de locaux à usage d'habitation, accorde ainsi un délai de trente jours au locataire pour signer une convention de résiliation d'un bail en cours après réception d'une demande adressée par le propriétaire.

1° La demande doit être adressée par lettre recommandée avec demande d'avis de réception.

2° La lettre doit contenir la reproduction de l'article 6 de la loi de 1975, à peine de nullité.

3° Le projet doit avoir pour objet la démolition pour reconstruire un immeuble d'une surface habitable supérieure, ou des travaux ayant pour objet d'augmenter la surface d'habitation ou le confort de l'immeuble. La formule est par conséquent très inspirée des articles 11 et 12 de la loi de 1948[4].

4° Cette mesure de protection des locataires est applicable en cours de contrat de location. Elle favorise les actions de rénovation importantes sur des immeubles entiers.

SECTION 4
POSE D'UNE ANTENNE DE TÉLÉVISION À L'INITIATIVE DU PROPRIÉTAIRE

312.71 Participation financière du locataire. Le propriétaire, qui a installé à ses frais une antenne collective ou un réseau interne à l'immeuble raccordé à un réseau câblé fournissant un service collectif, est fondé à demander à chaque usager acceptant de se raccorder à cette antenne collective ou à ce réseau interne, une quote-part des dépenses d'installation, d'entretien et de remplacement à titre de frais de branchement et d'utilisation[5].

Le défaut d'acceptation de l'usager rend inopposable la demande du bailleur[6]. Aucune disposition de la loi du 2 juillet 1966, transposable aux copropriétés, ni aucune autre disposition légale n'autorise un syndicat à imposer aux personnes se raccordant au réseau câblé interne à l'immeuble un abonnement à un ensemble de chaînes, nul ne pouvant être contraint de s'abonner à des programmes télévisuels et la part réclamée au titre des charges correspond à un tel abonnement et non à des frais d'installation, d'entretien ou de remplacement de ce réseau[7].

312.72 Remplacement d'une antenne collective par un réseau câblé. Cette solution ne doit pas être confondue avec l'hypothèse prévue expressément à l'article 1er de la loi du 2 juillet 1966 qui renvoie à la négociation d'un accord collectif visé à l'article 42 de la loi du 23 décembre 1986 les modalités de remplacement d'une antenne collective par un réseau interne raccordé à un réseau câblé[8]. Dans ce cas, si l'accord proposé est accepté à la majorité, il s'impose à tous les usagers[9]. L'accord collectif peut prévoir alors le coût de l'installation ainsi que celui de l'abonnement au service de télévision fourni[10].

1. Civ. 3e, 16 avr. 2008, n° 07-12.789, NP, *AJDI* 2008. 766, obs. V. Zalewski.
2. Paris, 25 sept. 2007, n° 05/14147, *Loyers et copr.* 2008, n° 4.
3. L. n° 75-1351, 31 déc. 1975 relative à la protection des occupants de locaux d'habitation, *JO* 4 janv., p. 191.
4. V. s^s^ n°s 313.50 s.
5. L. n° 66-457, 2 juill. 1966, modifiée, relative à l'installation d'antennes réceptrices de radiodiffusion, *JO* 5 juill., p. 5654, art. 2.
6. Civ. 3e, 29 janv. 2002, n° 99-17.042, NP, *AJDI* 2002. 299, obs. Y. Rouquet ; *Administrer* juin 2002, p. 41, note Canu – Sur le paiement de droits d'auteur en matière de télévision, v. ss n° 242.154.
7. Civ. 3e, 1er déc. 1999, n° 98-11.726, NP, *D.* 2001. Somm. 346, obs. C. Giverdon ; *Loyers et copr.* 2000, n° 47, obs. G. Vigneron ; *AJDI* 2000. 260.
8. Rép. min. n° 39929, *JOAN Q* 19 oct. 2004, p. 8156.
9. Civ. 3e, 28 juin 2000, n° 97-21.684, P III, n° 131 ; *RTD civ.* 2001. 160, note P.-Y. Gautier ; *Rev. loyers* 2000. 447.
10. Sur les conditions de négociation de l'accord collectif, v. ss nos 812.141 s.

CHAPITRE

313. Travaux en cours de contrat - Baux de la loi du 1er septembre 1948 et HLM

SECTION 0 ORIENTEUR

313.00 Sommaire du chapitre.

Division – Régime différencié selon l'impact des travaux sur l'habitabilité. La réalisation de travaux à l'initiative du bailleur social trouve un double encadrement législatif : d'une part avec la loi du 6 juillet 1989 lorsqu'il s'agit de travaux légers de remise en état d'un logement décent lors de l'entrée dans les lieux, régime identique à celui des locations du parc privé, d'autre part avec la loi du 1er septembre 1948 pour les travaux dont la réalisation est envisagée au cours de la location.

On distinguera dans la seconde hypothèse le cas des travaux devant entraîner le départ du locataire de celui où ce dernier peut rester dans les lieux malgré les nuisances consécutives. Les conditions de réalisation de ces travaux et les conséquences au plan locatif diffèrent fortement de celles de la première hypothèse puisque le bailleur doit assurer le relogement du locataire, qu'il soit temporaire avec réintégration dans le logement concerné à l'issue des travaux ou définitif. Mais dans tous les cas et comme dans bien d'autres situations, le projet du bailleur n'échappe pas au contrôle des services locaux de l'État auprès desquels le bailleur HLM doit requérir une autorisation préalable, y compris dans l'éventualité où une autorisation d'urbanisme aurait été obtenue de la collectivité territoriale.

Le loyer pratiqué pourra parfois s'en trouver affecté mais dans des limites drastiquement définies par le législateur afin de protéger le locataire de toute dérive. Dans tous les cas est assurée la protection du domicile du locataire.

Ne sont pas applicables au parc locatif HLM les dispositions particulières des articles 40 et 73 de la loi du 1er septembre 1948 qui ouvrent au locataire la faculté de réaliser des travaux de toute nature aux lieu et place du bailleur, moyennant compensation financière librement négociée.

313.01 Principaux textes applicables.

TEXTES SOURCES

- **L. n° 89-462, 6 juill. 1989** tendant à améliorer les rapports locatifs et portant modification de la loi n° 86-1290 du 23 décembre 1986, *JO* 8 juill., art. 6 et 7.
- **L. n° 86-1290, 23 déc. 1986** tendant à favoriser l'investissement locatif, l'accession à la propriété de logements sociaux et le développement de l'offre foncière, *JO* 24 déc., p. 15531, art. 41 *ter*, 44 *quater*.
- **L. n° 48-360, 1er sept. 1948** portant modification et codification de la législation relative aux rapports des bailleurs et locataires ou occupants de locaux d'habitation ou à usage professionnel et instituant des allocations de logement, *JO* 2 sept., p. 8659, art. 12, 13, 13 *bis*, 13 *quater*, 14.
- **Ord. n° 2005-1566, 15 déc. 2005** relative à la lutte contre l'habitat insalubre ou dangereux, *JO* 16 déc., art. 8.
- **CCH,** art. L. 353-9-3, L. 442-1, L.442-3, L. 443-15-1, R.442-24 à R. 442-30, R. 443-17.

• **Décr. n° 48-1766, 22 nov. 1948** fixant les conditions de détermination de la surface corrigée des locaux d'habitation ou à usage professionnel, art. 14.

• **Décr. n° 64-1356, 30 déc. 1964** portant application de l'art. 14 de la loi n° 48-1360 du 1er septembre 1948 modifiée, *JO* 31 déc., p. 11910.

TEXTES *IN EXTENSO*

• **CCH,** art. L. 442-3

[...]

II. – Lorsque des travaux d'économie d'énergie sont réalisés par le bailleur dans les parties privatives d'un logement ou dans les parties communes de l'immeuble, une contribution pour le partage des économies de charge peut être demandée au locataire du logement loué, à partir de la date d'achèvement des travaux, sous réserve que ces derniers lui bénéficient directement et qu'ils lui soient justifiés. Elle ne peut toutefois être exigible qu'à la condition qu'un ensemble de travaux ait été réalisé ou que le logement atteigne un niveau minimal de performance énergétique.

Cette participation, limitée au maximum à quinze ans, est inscrite sur l'avis d'échéance et portée sur la quittance remise au locataire. Son montant, fixe et non révisable, ne peut être supérieur à la moitié du montant de l'économie d'énergie estimée.

Un décret en Conseil d'État, pris après avis de la Commission nationale de concertation, précise les conditions d'application du présent II, notamment la liste des travaux éligibles à réaliser et les niveaux minimaux de performance énergétique à atteindre, ainsi que les modalités d'évaluation des économies d'énergie, de calcul du montant de la participation demandée au locataire du logement et de contrôle de ces évaluations après travaux.

• **CCH,** art. L. 443-15-1

Sans préjudice des règles du code de l'urbanisme applicables au permis de démolir, un bâtiment à usage d'habitation appartenant à un organisme d'habitations à loyer modéré ne peut être démoli sans l'accord préalable du représentant de l'État dans le département, de la commune d'implantation et des garants des prêts.

Un décret en Conseil d'État fixe les conditions de remboursement des emprunts et des aides de l'État en cas de démolition totale ou partielle.

• **L. 23 déc. 1986,** art. 44 *ter*

Le conseil de concertation locative prévu à l'article 44 *bis* est consulté sur les différents aspects de la gestion de l'immeuble ou des ensembles immobiliers concernés, sur les projets d'amélioration ou de construction-démolition et plus généralement sur toutes mesures touchant aux conditions d'habitat et au cadre de vie des habitants des ensembles concernés.

Il est composé de représentants du bailleur et de représentants des locataires désignés dans les conditions prévues au premier alinéa de l'article 44.

Les membres du conseil de concertation locative peuvent être assistés, dans les conditions fixées par le plan de concertation locative, de toute personne dont la compétence est jugée utile.

Il doit être mis en place au plus tard dans les six mois qui suivent l'élaboration du plan de concertation locative et se réunit au moins une fois par an.

• **L. 23 déc. 1986,** art. 44 *quater*

Préalablement à toute décision d'engager une opération d'amélioration, ayant une incidence sur les loyers ou les charges locatives, ou de construction-démolition, le bailleur mentionné à l'article 44 *bis* est tenu d'organiser une réunion d'information des locataires. Pendant l'élaboration du projet, il est tenu de mener une concertation avec les représentants des locataires, désignés dans les conditions prévues au premier alinéa de l'article 44. Lorsque le conseil de concertation locative, prévu à l'article 44 *ter*, existe, cette concertation est également réalisée dans son cadre. À défaut de représentants des locataires dans l'immeuble ou le groupe d'immeubles et après en avoir informé le conseil de concertation locative, quand il existe le bailleur doit mener cette concertation avec les locataires réunis à cet effet.

La concertation porte sur la consistance et le coût des travaux, leur répercussion prévisible sur les loyers ou les charges locatives, les modalités de leur réalisation, sur l'opportunité de créer un local collectif résidentiel ainsi que, le cas échéant, sur les conditions de relogement des locataires, notamment pour les opérations de construction-démolition.

Les documents et les diagnostics ayant permis d'élaborer le projet sont tenus à disposition des locataires et de leurs représentants.

Parallèlement, le bailleur informe la commune de ses projets et de l'engagement de la concertation.

Une fois le projet élaboré et avant le début de l'opération d'amélioration ou de construction-démolition, le bailleur dresse un bilan de la concertation qui comporte, le cas échéant, l'avis motivé des représentants des locataires. Il en informe les locataires réunis à cet effet.

Un décret fixe, en tant que de besoin, les conditions d'application des articles 44 *bis*, 44 *ter* et du présent article.

• **L.1er sept. 1948,** art. 12

Le droit au maintien dans les lieux ne peut être opposé au propriétaire qui avec l'autorisation préalable du ministre chargé de la reconstruction et de l'urbanisme ou de son délégué effectue des travaux tels que surélévation ou addition de construction ayant pour objet d'augmenter la surface habitable, le nombre de logements ou le confort de l'immeuble, et qui rendent inhabitable ce qui est nécessaire au logement de l'occupant et de sa famille.

Il en est de même lorsque le propriétaire effectue des travaux nécessitant l'évacuation des lieux compris dans un secteur ou périmètre prévu à l'article 3 de la loi n° 62-903 du 4 août 1962 et autorisés ou prescrits dans les conditions prévues audit article.

Le propriétaire doit donner à chaque occupant un préavis de six mois pour quitter les lieux loués. Les travaux doivent être commencés dans les trois mois du départ du dernier occupant.

• **L. 1er sept. 1948,** art. 13

Les personnes évincées en application des articles 11 et 12 bénéficient, si elles ne sont pas relogées dans un local remplissant les conditions prévues à l'article 13 *bis* ci-dessous, du droit à réintégration dans un des locaux situés dans les immeubles ayant fait l'objet des travaux visés auxdits articles et peuvent s'y maintenir dans les conditions prévues par la présente loi.

Dès l'achèvement des travaux, le propriétaire devra, par lettre recommandée avec accusé de réception, ou par acte extrajudiciaire, les mettre en demeure de lui faire connaître, dans le délai d'un mois et dans la même forme, s'ils entendent user de ce droit. La notification devra mentionner, à peine de nullité, la forme et le délai de la réponse.

• **L. 1er sept. 1948,** art. 13 *bis*

Le local mis à la disposition des personnes évincées, en application des articles 11 et 12, doit satisfaire aux caractéristiques définies en application des premier et deuxième alinéas de l'article 6 de la loi no 89-462 du 6 juillet 1989 tendant à améliorer les rapports locatifs et portant modification de la loi no 86-1290 du 23 décembre 1986 et correspondre à leurs besoins personnels ou familiaux et, le cas échéant, professionnels, et à leurs possibilités. Il doit en outre être situé :

Dans le même arrondissement ou les arrondissements limitrophes ou les communes limitrophes de l'arrondissement où se trouve le local, objet de la reprise, si celui-ci est situé dans une commune divisée en arrondissements ;

Dans le même canton ou dans les cantons limitrophes de ce canton inclus dans la même commune ou dans les communes limitrophes de ce canton si la commune est divisée en cantons ;

Dans les autres cas sur le territoire de la même commune ou d'une commune limitrophe, sans pouvoir être éloigné de plus de 5 km.

• **L. 1er sept. 1948,** art. 13 *ter*

Le congé délivré en application des articles 11 et 12 ci-dessus doit, à peine de nullité, indiquer les motifs pour lesquels il est donné et reproduire les dispositions des articles 13 et 13 *bis* ci-dessus.

• **L. 1er sept. 1948,** art. 13 *quater*

Toute convention entre le bailleur et le locataire ou l'occupant pour la mise en œuvre des dispositions des articles 11 à 13 *bis* ci-dessus ne peut être signée, à peine de nullité, qu'après l'expiration d'un délai de trente jours suivant la réception de la demande.

Le projet de convention est adressé au locataire ou à l'occupant par lettre recommandée avec demande d'avis de réception.

À peine de nullité de la convention, ce projet ainsi que la convention ultérieurement signée doivent reproduire l'un et l'autre en caractères très apparents les dispositions du présent article. L'avis de réception mentionné au deuxième alinéa doit, également à peine de nullité de la convention, lui être annexé.

• **L. 1er sept. 1948,** art. 14

Nonobstant les dispositions de l'article 1723 du code civil, les locataires ou occupants d'un immeuble ne peuvent mettre obstacle aux travaux que le propriétaire se propose d'entreprendre avec l'autorisation préalable du ministre de la construction ou de son délégué et qui ont pour objet d'augmenter la surface habitable, le nombre de logements ou le confort de l'immeuble ou d'améliorer le confort d'un ou de plusieurs logements dudit immeuble, lorsque ces travaux ne rendent pas inhabitable ce qui est nécessaire au logement du locataire ou de l'occupant et de leur famille.

Toutefois, cette autorisation n'est pas nécessaire pour les travaux figurant sur une liste fixée par décret. La liste des travaux énumérés pourra dépendre de la situation du patrimoine immobilier bâti et des conditions de son utilisation dans la ou les communes soumises aux dispositions de la présente loi.

Selon la nature des travaux à exécuter et sous réserve d'un préavis de trois mois, les occupants sont tenus soit d'évacuer la partie des locaux intéressés par lesdits travaux, soit de permettre l'accès de leur logement et d'accepter notamment le passage de canalisations ne faisant que le traverser.

Si les travaux durent plus de quarante jours, le loyer sera diminué à proportion du temps et de la partie du local dont ils auront été privés.

Lorsque les travaux ont pour objet de diviser un logement insuffisamment occupé au sens des dispositions de l'article 10 7°, l'occupant ne peut prétendre qu'à l'occupation du nombre de pièces fixé en application de l'article 327 du code de l'urbanisme et de l'habitation.

En tout état de cause, lorsque les travaux visés au présent article n'affectent qu'un logement, le propriétaire doit notifier au locataire ou occupant, par acte extrajudiciaire ou par lettre recommandée avec demande d'avis de réception, son intention de les exécuter. Si le locataire ou occupant entend s'opposer aux travaux ou à leurs modalités d'exécution pour un motif sérieux et légitime, il doit saisir, à peine de forclusion, la juridiction compétente, dans le délai de deux mois à compter de la réception de la notification qui lui a été faite.

Le préavis de trois mois prévu au troisième alinéa ci-dessus comporte, à peine de nullité, la reproduction du texte intégral des articles 14 et 59 *bis* de la présente loi, la description sommaire des travaux, les conditions de leur exécution, l'indication des bases selon lesquelles le loyer sera calculé après leur achèvement, ainsi qu'une copie de l'autorisation visée au premier alinéa ci-dessus lorsqu'une telle autorisation est exigée.

En l'absence de l'autorisation ou de la notification prévues ci-dessus ou en cas d'exécution des travaux dans des conditions différentes de celles énoncées dans la notification ou encore plus généralement si les travaux, même non soumis à autorisation, présentent un caractère abusif ou vexatoire, le juge des contentieux de la protection, statuant par ordonnance de référé, est compétent pour prescrire l'interdiction ou l'interruption des travaux. Il peut ordonner l'interdiction ou l'interruption à titre provisoire s'il estime nécessaire une mesure d'instruction.

313.02 Jurisprudence de référence.

> Protection du domicile

• **Crim., 24 avr. 1985,** no 84-92.673, P no 158

> Obligation de minimiser la gêne subie par les locataires

• **Civ. 3e, 31 oct. 1978,** no 77-10.987, P III, no 328

• **Paris, 30 janv. 2008,** no 05/24326

> Motivation de l'autorisation de démolition

• **CAA Nancy, 21 nov. 2019,** req. no 18NC01817, NP

> **Contrôle par le juge du relogement**

• **Civ. 3e, 16 déc. 1997,** no 96-10.150, NP

• **Civ. 3e, 10 juin 1998,** no 96-18.701, NP

313.03 Bibliographie indicative.

Encyclopédie. DICT. PERM. Gestion immob., *Vis HLM-location*, nos 262 s., *Baux-loi 1er sept. 1948*, nos 97 s. – Rép. civ., *Vo Bail d'habitation ou professionnel – Loi du 1er sept. 1948*, nos 83 s.

SECTION 1
PARTICIPATION VOLONTAIRE DU LOCATAIRE AU COÛT DES TRAVAUX DANS LE SECTEUR HLM

313.11 Applicabilité de la « clause travaux » aux logements sociaux. L'article 6, a) de la loi du 6 juillet 1989 peut être mis en œuvre dans les locations du parc social, conventionné ou non, ainsi que dans celles dont le loyer est fixé par application du chapitre III la loi de du 1er septembre 1948, c'est-à-dire l'ensemble des dispositions de cette loi relatives à la fixation, à la révision et aux modifications du montant du loyer[1].

Deux autres dispositions de la loi de 1948 envisagent une hypothèse de travaux avec la participation du locataire, quoique dans des conditions différentes[2]. Ces dernières dispositions ne sont pas applicables dans le parc social, qu'il soit conventionné ou non.

SECTION 2
PARTICIPATION VOLONTAIRE DU LOCATAIRE OU DE L'OCCUPANT RELEVANT DE LA LOI DU 1ER SEPTEMBRE 1948 AU COÛT DES TRAVAUX

313.21 Travaux d'entretien et de réparation du logement. L'article 73 de la loi du 1er septembre 1948[3] autorise le locataire ou l'occupant dont le bail relève de cette législation et disposant de la part du propriétaire d'une autorisation amiable ou obtenue par voie de justice, à réaliser des travaux d'entretien ou de réparation au lieu et place de celui-ci, avec compensation dans le loyer. Le locataire peut même être autorisé par le juge, en cas de carence du bailleur, à bénéficier de l'aide financière de l'Agence nationale de l'habitat (Anah).

313.22 Travaux réalisés sur l'immeuble. L'article 40 de la loi de 1948 permet au locataire ou à l'occupant de passer une convention selon laquelle il s'engage, postérieurement à son entrée dans les lieux, ou à l'occasion de l'exécution de travaux afférents à l'immeuble, à participer à tout ou partie des dépenses exposées pour leur réalisation, à la seule condition que ces travaux aient été prévus dans la convention. Contrairement à la modalité prévue par la loi de 1989, la validité de l'engagement du locataire ou de l'occupant n'est pas conditionnée à la mise aux normes de décence du logement préalablement à la signature de la convention. Peuvent par conséquent faire l'objet de la convention des travaux relevant par exemple du gros-œuvre ou de gros équipements de l'immeuble, et sans d'ailleurs qu'ils affectent exclusivement le logement pris à bail.

SECTION 3
TRAVAUX RÉALISÉS PAR LE BAILLEUR DANS LE SECTEUR HLM ET EN LOI DE 1948

313.30 Plan – Tempérament à l'interdiction de modifier la chose louée et au droit au maintien dans les lieux.

Le principe général selon lequel le locataire ne peut se voir imposer une modification du bien qu'il a loué est impératif dans le secteur protégé de l'habitat[4]. Dans certaines situations cependant, le locataire pourra se voir imposer des travaux affectant les parties privatives du logement lorsque l'intervention du bailleur sera justifiée soit pour effectuer une réparation urgente soit pour réaliser une amélioration soit encore pour mettre le logement aux normes. Pour sa part, le locataire est tenu de permettre l'accès aux lieux loués pour la préparation et l'exécution de travaux d'amélioration des parties communes ou des parties privatives du même immeuble, de travaux nécessaires au maintien en état ou à l'entretien normal des locaux loués, de travaux d'amélioration de la performance énergétique à réaliser dans ces locaux et de travaux qui permettent de satisfaire au critère de décence (§ 1)[5].

Mais l'impact sur l'habitabilité du logement peut parfois conduire le locataire à quitter les lieux, temporairement ou définitivement, malgré le droit au maintien dans les lieux dont bénéficient les locations régies par la loi du 1er septembre 1948 et celles du secteur HLM (§ 2)[6]. En effet les réhabilitations lourdes et, depuis la loi du 1er août 2003[7], dite loi Borloo, la multiplication des opérations de restructuration et de démolition dans les quartiers concernés ont amené le législateur à élargir les exceptions au droit au maintien afin

1. L. no 89-462, 6 juill. 1989, art. 40, II.
2. V. ss nos 313.21 s.
3. L. no 48-1360, 1er sept. 1948 portant modification et codification de la législation relative aux rapports des bailleurs et locataires ou occupants de locaux d'habitation ou à usage professionnel et instituant des allocations de logement, *JO* 2 sept., p. 8659, dite loi Grimaud.
4. C. civ., art. 1723.
5. L. no 89-462, 6 juil. 1989, art. 7, e).
6. CCH, art. L. 353-15 et art. L. 442-6.
7. L. no 2003-710, 1er août 2003 d'orientation et de programmation pour la ville et la rénovation urbaine, *JO* 2 août.

de ne pas bloquer leur déroulement tout en imposant aux bailleurs des actions de concertation avec les locataires et leurs représentants (§ 3).

Parallèlement, les lois du 31 décembre 1975[1] et du 31 décembre 1976[2] ont apporté aux locataires des garanties, tant lors de travaux exécutés en leur présence que dans les situations exigeant leur départ (§ 4).

§ 1 Travaux n'entraînant pas le départ des locataires

313.41 **Nature des travaux.** Lorsqu'ils portent sur l'immeuble, ce sont des travaux d'augmentation de la surface habitable, du nombre de logements ou du confort de l'immeuble. Il peut s'agir aussi de travaux d'amélioration du confort d'un ou plusieurs logements. La notion d'amélioration a fait l'objet d'une définition indicative aux termes de l'accord collectif national de location en date du 25 novembre 1983 intervenu entre les organisations représentatives nationales des locataires et une organisation représentative des bailleurs du deuxième secteur au sens de l'article 37 de la loi du 22 juin 1982[3]. Ce texte a été rendu obligatoire à tous les logements HLM par décret du 11 mai 1984[4] pris en application de l'article 47 de la loi du 22 juin 1982. Ainsi, l'annexe audit accord national identifie les travaux d'amélioration à travers trois catégories :

- ceux qui apportent un service ou une qualité supérieure au niveau de prestation déjà existant ;
- ceux qui permettent de diminuer les dépenses d'entretien et/ou d'exploitation ;
- ceux qui apportent une plus grande sécurité pour les biens comme pour les personnes.

Au sens des financements que l'État peut apporter aux bailleurs sociaux, la notion d'amélioration s'entend plus largement et inclut, par exemple, les travaux de mise aux normes minimales d'habitabilité définies par l'arrêté du 30 décembre 1987[5] pris en application de l'article R. 323-3 du CCH.

1. L. n° 75-1351, 31 déc. 1975 relative à la protection des occupants de locaux d'habitation, *JO* 4 janv. 1976.
2. L. n° 76-1285, 31 déc. 1976 portant réforme de l'urbanisme, *JO* 1er janv. 1977.
3. L. n° 82-526, 22 juin 1982 relative aux droits et obligations des locataires et des bailleurs, *JO* 23 juin.
4. Décr. n° 82-364, 11 mai 1984 rendant obligatoire en application des articles 47 et 37 de la loi n° 82-526 du 22 juin 1982 un accord collectif national de location conclu le 23 novembre 1983 entre les représentants des organisations nationales représentatives des bailleurs dudit secteur et les représentants des organisations nationales représentatives des locataires, *JO* 15 mai.
5. Arr. 30 déc. 1987 relatif à la nature des travaux pouvant être financés par la subvention à l'amélioration des logements locatifs sociaux, NOR : EQUC8701110A.

313.42 **Nécessité d'une autorisation préalable de l'administration.** Ils résultent de l'application de l'article 14 de la loi du 1er septembre 1948 lequel permet au propriétaire qui détient une autorisation préalable de l'administration de réaliser des travaux auxquels les locataires ou occupants d'un immeuble ne peuvent « mettre obstacle ». Toutefois, certains travaux échappent à cette exigence et sont définis par le décret du 30 décembre 1964[6] : installation de l'eau, du gaz, de l'électricité, d'une salle de bains ou d'une salle de douches ou d'un cabinet de toilette, avec eau courante chaude et froide, d'un w.-c., du chauffage central, d'un vide-ordures et tous travaux de modernisation afférents à ces mêmes équipements. La liste est limitative et n'inclut pas, par exemple, des travaux conduisant seulement à l'agrandissement du logement[7].

L'autorisation de l'administration peut n'être pas suffisante notamment au sein des copropriétés lorsque les travaux du bailleur affectent les parties communes ; il devra en ce cas faire adopter par l'assemblée générale des copropriétaires une décision l'y autorisant, prise à la majorité des voix de tous les copropriétaires[8]. À l'inverse, chaque copropriétaire peut faire réaliser à ses frais des travaux pour l'accessibilité des logements aux personnes handicapées ou à mobilité réduite même s'ils affectent les parties communes ou l'aspect extérieur de l'immeuble. L'assemblée générale doit en être informée mais la loi a restreint les motifs d'une éventuelle opposition à l'atteinte portée par les travaux à la structure de l'immeuble ou à ses éléments d'équipements essentiels, ou à leur non-conformité à la destination de l'immeuble[9].

313.43 **Obligations du propriétaire.** Une fois l'autorisation administrative préalable obtenue, le bailleur doit procéder à une démarche d'information auprès des locataires intéressés, imposée par principe tant par la loi du 1er septembre 1948 que par la loi du 6 juillet 1989[10]. Par exemple, est de manière générale interdite l'exécution de travaux les samedis, dimanches et jours fériés sans l'accord exprès des locataires. Rappelons également que le logement fait l'objet d'une protection par la loi pénale qui sanctionne le délit de violation de domicile[11]. Ainsi, une situation d'urgence n'écarte pas l'exigence d'une autorisation judiciaire en l'absence du locataire et l'intervention forcée dans un logement meublé mais

6. Décr. n° 64-1356, 30 déc. 1964 portant application de l'art. 14 de la loi n° 48-1360 du 1er septembre 1948 modifiée, *JO* 31 déc.
7. Paris, 6e ch. B, 22 mars 2007, n° 05/11519.
8. L. n° 65-557, 10 juill. 1965, art. 25, b).
9. L. n° 65-557, 10 juill. 1965, art. 25-2.
10. V. ss n° 232.54.
11. C. pén., art. 226-4.

inoccupé en raison de travaux devant y être effectués constitue une violation de domicile[1].

Par ailleurs, une démarche de concertation devra être conduite lorsqu'il s'agit d'une opération d'amélioration ayant une incidence sur les loyers ou les charges locatives[2].

Le bailleur doit en outre veiller à préserver la tranquillité des occupants et respecter le fonctionnement de l'immeuble. Même autorisés par l'administration, les travaux ne doivent pas causer de trouble de jouissance pour les voisins, par exemple en réduisant l'accès à leur propre logement, en particulier lorsque le trouble aurait pu être évité par une meilleure organisation des lieux[3].

Cette exigence s'applique également pour le passage de canalisations dont la loi dispose que le locataire est tenu d'accepter dès lors qu'elles ne font que traverser le logement. Les juges exercent un pouvoir d'appréciation quant aux modalités d'exécution des travaux, il ne leur appartient pas uniquement de dire si les travaux compromettent la possibilité d'habiter le logement. Ils peuvent ainsi définir les conditions que doivent remplir les travaux afin que la gêne des locataires soit la moindre[4].

313.44 **Délivrance d'un préavis.** Le bailleur doit ensuite délivrer un préavis de trois mois aux occupants, comportant le texte intégral des articles 14 et 59 *bis* de la loi du 1er septembre 1948 et les informant de la nature des travaux notamment ; mais ni la durée[5], ni la description précise des travaux[6] ne sont exigées. C'est au locataire d'établir le manquement du bailleur dans le respect de la procédure de l'article 14[7].

313.45 **Formalisme particulier lorsqu'un seul logement est affecté.** Lorsque les travaux n'affectent qu'un seul logement, le propriétaire doit enfin notifier son intention de les exécuter au locataire ou à l'occupant par acte extrajudiciaire ou par lettre recommandée avec AR. Les contraintes étant de variétés multiples selon chaque situation, le texte ne fixe pas de durée pour le préavis.

Le propriétaire doit conserver l'habitabilité du logement pendant la durée des travaux. À défaut, il est débouté de toutes ses demandes[8].

313.46 **Sanctions encourues par le bailleur et les intervenants aux travaux.** Ce n'est pas uniquement pour l'absence d'autorisation préalable que le bailleur peut se voir sanctionné lors d'engagement de tels travaux mais également pour le fait de n'avoir pas notifié le préavis ou de n'avoir pas respecté les conditions d'exécution figurant dans la notification ou, enfin, d'en avoir poursuivi la réalisation malgré une ordonnance de référé du juge du tribunal judiciaire les interdisant ou les interrompant[9].

Les sanctions sont potentiellement lourdes en cas d'infraction[10]. Outre la condamnation sous astreinte à la remise en état des lieux aux frais du bailleur s'ajoutent les peines fixées en matière d'urbanisme : soit une amende comprise entre 1 200 euros et un montant qui ne peut excéder, soit, dans le cas de construction d'une surface de plancher, une somme égale à 6 000 euros par mètre carré de surface construite, démolie ou qui aurait pour effet de rendre l'utilisation des lieux impossible ou dangereuse, soit, dans les autres cas, un montant de 300 000 euros. En cas de récidive, outre la peine d'amende ainsi définie un emprisonnement de six mois pourra être prononcé. Les poursuites peuvent être engagées également envers le maître d'œuvre et les entreprises en charge des travaux[11].

313.47 **Situation des locataires.** À l'expiration du délai de trois mois, ils doivent laisser exécuter les travaux.

Ils peuvent saisir le juge du tribunal judiciaire qui, en cas de travaux abusifs ou vexatoires, peut prescrire l'interdiction ou l'interruption des travaux. Les locataires peuvent s'opposer à des travaux qui n'augmentent pas le confort ou la sécurité de leur logement[12].

Mais un refus exprimé pour seule convenance personnelle n'est pas recevable. Il en est ainsi par exemple d'un locataire qui dispose d'une installation individuelle de chauffage et fait obstacle à la mise en place d'un chauffage central collectif à tout l'immeuble. Confirmant le bien-fondé du projet poursuivi par le bailleur, les juges rappellent que l'esprit de la loi commande que l'intérêt de certains locataires soit, le cas échéant, primé par l'intérêt collectif lequel exige que les propriétaires soucieux de moderniser leurs immeubles ne soient pas découra-

1. Crim., 24 avr. 1985, n° 84-92.673, P n° 158.
2. V. s[s] n° 313.101.
3. Paris, 6e ch. B, 22 mars 2007, n° 06/02737, *Loyers et copr.* 2007, n° 120, note B. Vial-Pedroletti.
4. Civ. 3e, 31 oct. 1978, n° 77-10.987, P III, n° 328.
5. Civ. 3e, 8 févr. 1989, n° 87-15.164, NP, *Administrer* août-sept. 89, p. 54.
6. Paris, 9 juin 1995, n° 022119, *Loyers et copr.* 1996, n° 21.
7. Civ. 3e, 5 juin 1991, n° 89-19.197, NP, *Loyers et copr.* nov. 1991.
8. Civ. 3e, 28 nov. 2006, n° 05-17.810, NP, *Administrer* n° 399, p. 43, obs. V. Canu.
9. Depuis le 1er janvier 2020, c'est du tribunal judiciaire dont relèvent ces affaires pour lesquelles le tribunal d'instance avait compétence avant l'ordonnance n° 2019-964 du 18 septembre 2019 prise en application de la loi n° 2019-222 du 23 mars 2019 de programmation 2018-2022 et de réforme pour la justice.
10. L. 1er sept. 1948, art. 59 *bis*.
11. C. urb., art. L.480-4.
12. Dijon, 26 mars 1997, n° 00002981/95, *Loyers et copr.* 1997, n° 310, obs. B. Vial-Pedroletti.

gés par l'obligation qui leur serait faite de respecter les installations individuelles [1].

Des travaux de restructuration complète de l'immeuble, même réalisés dans le cadre d'une mission d'intérêt collectif [2] n'interdisent pas au locataire, qui doit « souffrir les travaux », au sens de l'article 7, e) de la loi du 6 juillet 1989, de rechercher la responsabilité du bailleur qui doit prendre toutes les précautions utiles pour limiter le préjudice subi par son locataire [3].

Si les travaux n'affectent qu'un seul logement, le locataire qui veut s'y opposer doit saisir, dans les deux mois qui suivent la notification qui lui a été faite, à peine de forclusion, le juge compétent [4] sur la base d'un motif légitime et sérieux. Il peut également saisir le juge des référés lorsqu'il estime que les travaux projetés ont un caractère abusif ou vexatoire sur le fondement de l'article 14, dernier alinéa de la loi du 1er septembre 1948 [5]. Au-delà du délai de deux mois pour saisir le juge, le locataire ne peut plus contester, au fond, les travaux [6].

Dans l'éventualité où les travaux constituent une des infractions au sens de l'article 59 *bis* de la loi de 1948 [7], le locataire peut se constituer partie civile afin de se voir indemniser sous réserve qu'il puisse démontrer un préjudice directement causé par l'exécution des travaux litigieux [8].

§ 2 Travaux entraînant le départ des locataires

313.50 Plan – Travaux importants ou démolition de l'immeuble. Ils sont de deux ordres : soit il est question de travaux importants sur l'immeuble tels que surélévation ou addition de construction, soit l'immeuble doit être démoli.

Il convient d'étudier successivement la nature des travaux (A), les conditions de forme et de délai (B), le relogement des occupants (C) et leur réintégration (D).

A. Nature des travaux

313.61 Travaux de structure. L'article 12 de la loi du 1er septembre 1948 permet au bailleur, muni d'une autorisation administrative spécifique, de réaliser des travaux lourds ayant pour objet d'augmenter la surface habitable ou le nombre de logements ou le confort de l'immeuble. N'est pas donnée de définition précise de la nature des travaux, mais par comparaison, le texte permet de retenir les opérations similaires aux surélévations ou additions de construction.

Le permis de construire ou le permis de démolir ne tiennent pas lieu d'autorisation spécifique [9]. L'article 12 ne prévoit pas d'exception à la nécessité de disposer d'une autorisation administrative [10]. Mais l'autorisation de travaux en secteur sauvegardé vaut autorisation administrative au sens de l'article 12 [11].

313.62 Démolition : immeubles régis par la loi de 1948. Le droit au maintien dans les lieux n'est pas opposable au propriétaire qui a reçu l'autorisation du ministre de la construction ou de son délégué de démolir un immeuble pour construire un autre immeuble, selon l'article 11 de la loi du 1er septembre 1948, à la condition que la nouvelle construction ait une surface habitable supérieure et contienne plus de logements que l'immeuble démoli. La condition cumulative imposée d'un nombre de logements supérieur a constitué pour le législateur une forme de garantie d'un relogement sur place pour l'ensemble des locataires occupant l'immeuble.

313.63 Démolition : HLM. Le législateur autorise dorénavant le bailleur à démolir des immeubles compris dans le périmètre d'une opération de l'Agence Nationale pour la Rénovation Urbaine (ANRU) ou, après autorisation du préfet, visée à l'article L. 443-15-1 du code de la construction et de l'habitation [12]. Ce second cas peut concerner par exemple des immeubles dont le coût de réhabilitation serait plus élevé qu'une reconstruction sur la même assiette foncière.

S'agissant de la légalité de la décision du préfet par laquelle il autorise la démolition, elle doit être prise en considération de ses effets sur les besoins en logement social de la commune [13].

Les procédures décrites ci-après s'appliquent aussi bien aux logements HLM conventionnés qu'aux logements HLM non conventionnés, les articles du code de la construction et de l'habitation y afférents renvoient aux mêmes dispositions de la loi du 1er septembre 1948 et de l'article L. 443-15-1. Par exception, l'article 11 de la loi de 1948 ne s'applique

1. Civ. 3e, 12 avr. 1972, n° 71-20.054, P III, n° 210.
2. Création de 28 logements sociaux.
3. Paris, 30 janv. 2008, n° 05/24326, *AJDI* 2008. 757.
4. Il s'agit du juge du tribunal judiciaire, juge de droit commun en matière de bail à compter du 1er janvier 2020.
5. Civ. 3e, 20 déc. 2000, n° 99-12.804, NP, *AJDI* 2001. 252, obs. J. Laporte.
6. Civ. 3e, 11 déc. 1979, *Gaz. Pal.* 1980. 1, Somm. 124.
7. V. s^{s} n° 313.46.
8. Crim. 1er févr. 1995, n° 94-81.735, P n° 47 ; *RSC* 1995. 825, obs. J.-H. Robert.
9. Civ. 3e., 22 nov. 1995, n° 93-21.723, P III, n° 137 ; *Loyers et copr.* 1996, n° 66.
10. Dijon, 4 avr. 2003, *JurisData* 208953, *Loyers et copr.* 2003, n° 195, note B. Vial-Pedroletti.
11. Bordeaux, 5e ch., 2 juill. 1992, *Rev. loyers* 1993. 33.
12. L. n° 2009-323, 25 mars 2009, art. 61, 5° ; mod. CCH, art. L. 353-15 pour les logements conventionnés et CCH, art. L. 442-6 pour les logements non conventionnés.
13. CAA Nancy, 21 nov. 2019, req. n° 18NC01817, NP.

pas aux démolitions des immeubles appartenant aux organismes HLM.

313.64 **Obligations du bailleur social relatives au relogement des locataires.** Le bailleur s'oblige à proposer jusqu'à trois offres de relogement au locataire dont l'immeuble est démoli. Il s'agit d'un chiffre maximum, l'acceptation par le locataire d'une seule offre conforme suffisant à cristalliser la procédure de relogement.

Les personnes devant quitter leur logement dans le cadre d'une opération de renouvellement urbain font partie des publics prioritaires devant être relogés en dehors des quartiers prioritaires de la politique de la ville (QPV). À ce titre elles font l'objet d'un enregistrement d'office par le bailleur dont elles sont locataires dans le système national d'enregistrement sur la base des informations fournies par le ménage ou, à défaut, connues du bailleur[1]. Cela permet le suivi de l'objectif détaillé aux alinéas 23 et 25 de l'article L. 441-1 du CCH qui dispose que, sur les territoires concernés, au moins 25 % des attributions annuelles suivies de baux signés, pour des logements situés hors QPV, doivent être consacrées à des demandeurs du premier quartile ou à des personnes relogées dans le cadre d'une opération de renouvellement urbain[2].

313.65 **Sort des aides publiques ayant financé l'immeuble.** L'accord de la commune d'implantation ainsi que celui du garant des prêts ayant servi à la construction est nécessaire. L'article R. 443-17 du code de la construction et de l'habitation pose le principe, en cas de démolition, du remboursement immédiat des aides de l'État et des prêts aidés ou consentis par lui. Mais le préfet dispose d'importantes facultés de dérogation pour tenir compte de la situation financière de l'organisme et de l'intérêt de l'opération au plan économique et social.

313.66 **Financement.** Les organismes d'HLM peuvent disposer de financements de type PLUS construction-démolition (CD) assortis de subventions, hors ZUS.

De plus, l'ANRU a permis de réunir dans un dispositif unique tous les financements de la rénovation urbaine afin d'accompagner des projets urbains globaux présentés par les élus et visant à transformer en profondeur les quartiers d'habitat social (plus de 750 quartiers en zone urbaine sensible sont éligibles). L'ANRU finance en conséquence les investissements sur les logements et ceux qui concernent les aménagements nécessaires à la restructuration du quartier.

Enfin, dans le cadre du Plan d'Investissement Volontaire (PIV) de neuf milliards d'euros signé avec l'État le 25 avril 2019, Action Logement a prévu une mesure de soutien à la démolition de logements sociaux en zone détendue et la construction d'un habitat plus attractif.

Au plan administratif, les dossiers d'instruction des demandes de financement imposent aux bailleurs sociaux de produire une note indiquant les modalités de concertation avec les locataires, des indications sur les loyers et charges des logements occupés et des logements dans lesquels seront relogés les locataires, sur l'évolution des taux d'effort, ainsi que sur les localisations des relogements et leur échéancier (projet de protocole de relogement, le cas échéant). Cette note doit permettre d'apprécier comment le plan de relogement a évolué depuis la prise en considération du projet de démolition[3].

313.67 **Démolition : conditions communes.** Le permis de démolir, selon le code de l'urbanisme[4], n'est exigible que si le conseil municipal en a décidé ainsi ou si la construction relève d'une protection particulière.

L'article L. 451-1 du même code, entré en vigueur le 1er octobre 2007 au terme de la réforme des autorisations d'urbanisme, précise que « lorsque la démolition est nécessaire à une opération de construction ou d'aménagement, la demande de permis de construire ou d'aménager peut porter à la fois sur la démolition et sur la construction ou l'aménagement. Dans ce cas, le permis de construire ou le permis d'aménager autorise la démolition ».

B. Conditions de forme et de délai

313.71 **Préavis de six mois – Offre de relogement.** Le bailleur soumis à la loi de 1948 doit donner congé avec un préavis de six mois à chacun des occupants. Le congé doit indiquer le motif pour lequel il est donné et reproduire les dispositions des articles 13 et 13 *bis* de la loi du 1er septembre 1948. En secteur HLM, en cas de démolition, la troisième offre de relogement répondant aux conditions légales est assortie de l'information donnée au locataire selon laquelle au terme d'un délai de six mois il sera déchu de tout titre d'occupation en cas de refus de cette troisième offre. Les trois offres de relogement

1. CCH, art. L.441-2-1, al. 2.
2. Objectif fixé par la loi n° 2017-86 du 27 janvier 2017. Un arrêté du 15 juin 2020 fixe pour l'année 2020 les valeurs de ressources correspondant au premier quartile (NOR : TERL2014152A, *JO* 30 juin).
3. Circ. n° 2001-77, 15 nov. 2001 relative à la déconcentration des décisions de financement pour démolition et changement d'usage de logements locatifs sociaux, NOR : EQUU0110221C.
4. C. urb., art. L. 421-3.

doivent également respecter les conditions de l'article 13 *bis* de la loi du 1er septembre 1948.

On notera cependant que l'obligation de proposer trois offres de relogement n'est pas imposée pour les travaux relevant de l'article 12 de la loi du 1er septembre 1948, ce pour les bailleurs relevant de cette loi ou pour les organismes HLM. Une offre unique répondant aux conditions de l'article 13 *bis* est suffisante : elle devra, en particulier, correspondre aux besoins personnels ou familiaux et, le cas échéant, professionnels des personnes relogées, ainsi qu'à leurs possibilités.

Il convient toutefois de réserver le cas où, un accord a été trouvé entre les parties pour une réintégration après travaux lorsque le relogement accepté ne répond pas à tous les critères de l'article 13 *bis*[1].

313.72 Absence de formalisme particulier mais un contenu imposé. Le congé de la loi de 1948, comme les offres de relogement en HLM ne sont pas soumis à une règle de forme particulière. Ils peuvent être notifiés notamment par lettre recommandée avec demande d'avis de réception ou encore être signifiés par acte d'huissier. Mais il doit impérativement contenir les motifs pour lesquels il est donné et reproduire les dispositions des articles 13 et 13 *bis* de la loi[2].

313.73 Autorisation et début des travaux. L'autorisation de démolir visée à l'article 11 doit avoir été délivrée préalablement à la notification du préavis de six mois[3]. Il en est de même de l'autorisation spécifique de l'article 12[4]. À défaut, le locataire ne peut se voir reprocher d'être resté dans les lieux[5]. En secteur HLM il est recommandé de solliciter bien en amont dans la procédure les autorisations de l'article L. 443-15-1 du code de la construction et de l'habitation et le permis de démolir quand il est nécessaire. La jurisprudence issue de l'article 11 de la loi du 1er septembre 1948 exige que le permis de démolir ait été obtenu préalablement à l'offre de relogement.

Les travaux de reconstruction doivent commencer, au plus tard, trois mois après le départ du dernier occupant. Dans le cas d'une démolition, les locaux rendus disponibles ne peuvent en aucun cas être réoccupés avant le début des travaux.

C. Relogement des occupants

313.81 Relogement définitif ou temporaire suivi de la réintégration. Le propriétaire « loi de 1948 » dispose du choix entre relogement et réintégration dans les logements qui ont été reconstruits. Le bailleur HLM doit, quant à lui, formuler jusqu'à trois offres, si nécessaire, hormis le cas d'éviction résultant des travaux visés à l'article 12.

Les conditions de relogement sont strictement définies par les dispositions des articles 13, 13 *bis* et 13 *quater* de la loi de 1948.

Cependant, l'article 13 prévoit l'hypothèse dans laquelle la personne évincée en application de l'article 11 ou 12 accepte un relogement temporaire qui ne répond pas aux exigences fixées par la loi. Si l'immeuble doit être reconstruit, le bailleur est alors tenu de lui promettre sa réintégration dans l'immeuble après achèvement des travaux. Cette promesse avec ses modalités de mise en œuvre doit faire l'objet d'une convention selon un formalisme protecteur du locataire, qu'il s'agisse d'une situation régie par la loi de 1948 ou du secteur HLM.

313.82 Formalisme obligatoire. Tout projet de convention pour le relogement doit être envoyé par lettre recommandée avec demande d'avis de réception et préciser s'il s'agit d'un relogement provisoire ou définitif et reproduire les dispositions de l'article 13 *quater* de la loi qui donne au locataire un délai d'un mois pour examiner les propositions qui lui sont faites et signer la convention.

L'avis de réception est joint à la convention, à peine de nullité.

Mais les circonstances peuvent parfois couvrir la non-conformité de l'accord malgré la nullité de la convention qui s'ensuit. Tel est le cas dans un litige où, bien qu'ayant constaté la nullité de la convention de relogement, la cour d'appel valide la proposition de relogement dont l'appartement, seul, avait fait l'objet d'objections de la locataire, alors qu'elle venait contester la validité de la convention en invoquant ses irrégularités plus de deux ans après sa signature[6].

313.83 Conditions du relogement. Le relogement répond à certaines conditions, posées par l'article 13 *bis* de la loi du 1er septembre 1948 :

– le local mis à la disposition des personnes évincées doit satisfaire aux caractéristiques du logement décent[7] ; ne répond pas à cette condition le logement qui se trouve encore occupé ou qui doit faire l'objet de travaux pour être habitable[8] ;

1. V. s[s] n°s 313.81, 313.83 et 313.91.
2. L. 1er sept. 1948, art. 13 *ter*.
3. Civ. 3e, 7 oct. 1980, n° 79-11.972, P III, n° 148.
4. Civ. 3e, 14 déc. 1994, n° 93-11.554, P III, n° 209 ; *Loyers et copr.* 1995, n° 157.
5. Civ. 3e, 31 mai 1994, n° 92-20.153, NP, *Loyers et copr.* 1994, n° 378.
6. Civ. 3e, 23 janv. 2007, n° 06-11.477, NP, *Rev. loyers* 2007. 141.
7. Depuis la loi n° 2009-323 du 25 mars 2009 de mobilisation pour le logement et la lutte contre l'exclusion (*JO* 27, p. 5480) – V. s[s] n°s 211.42 s.
8. Civ. 3e, 16 déc. 1997, n° 96-10.150, NP, *Rev. loyers* 1998. 235 ; ancienne rédaction : « le local est en bon état et répond à des conditions d'hygiène normales ».

– il correspond aux besoins personnels, familiaux et, le cas échéant, professionnels des personnes évincées, ainsi qu'à leurs possibilités ; le loyer doit correspondre aux possibilités financières du bénéficiaire[1]. Aucune disposition n'impose que le local proposé soit soumis au même régime juridique que celui dont la personne est évincée[2] ; le locataire qui conteste les propositions de relogement qui lui sont faites par la société d'HLM doit démontrer qu'elles ne satisfont pas aux conditions de bon état, d'hygiène ou de proximité ou que les logements ne correspondent pas à ses besoins personnels[3]. Si le refus du locataire n'est pas justifié, le bailleur pourra lui imposer le relogement en validant le congé par voie judiciaire. Par exemple, un bailleur peut assigner une locataire, même âgée de plus de 70 ans, qui refuse systématiquement de visiter les appartements proposés alors qu'ils correspondent bien à ses besoins et à des possibilités ainsi qu'aux critères géographiques imposés par l'article 13 *bis*[4].

À défaut de pouvoir proposer un relogement conforme à l'ensemble de ces exigences, et si le locataire en est d'accord, le bailleur peut lui proposer un relogement à titre transitoire en perspective d'une nouvelle location au sein de l'immeuble une fois qu'il aura été reconstruit ou restructuré.

Le relogement peut s'effectuer au sein du parc du bailleur ou de celui d'un autre organisme HLM ou encore dans le parc locatif privé. Dans les deux premiers cas se pose la question du respect des règles d'attribution et, notamment, du niveau des ressources au regard du plafond applicable au nouveau logement. Dans l'éventualité d'un dépassement, le bailleur qui mène l'opération de démolition ne dispose pas forcément d'une offre de logements de type intermédiaire par exemple, en interne ou sur le parc d'un autre organisme HLM, susceptibles de correspondre aux ressources du locataire. En outre, l'organisme HLM qui détient le logement de remplacement soumettra la candidature à la commission d'attribution qui sera tenue de refuser l'attribution en cas de ressources excédant le plafond du logement considéré. Le bailleur peut également se trouver dans l'impossibilité d'offrir un relogement dans le parc privé. Le blocage est d'autant plus accentué lorsque le bailleur a souscrit à une charte de relogement qui impose un loyer égal ou inférieur à celui du logement restitué. Pour autant, l'offre d'un logement de remplacement reste une obligation de résultat, sauf pour le bailleur à suspendre l'opération avec toutes les conséquences financières, politiques et sociales qui en résultent.

1. Civ. 3e, 8 nov. 1977, n° 76-12.845, P III, n° 374.
2. Paris, 27 janv. 2000, *Rev. loyers* 2000. 247.
3. Civ. 3e, 10 juin 1998, n° 96-18.701, NP, *Administrer* mars 1999, p. 34, obs. V. Canu.
4. Bordeaux, 15 juin 1993, *Loyers et copr.* 1994, n° 62.

313.84 Relogement – Condition de distance. Le local satisfait à des conditions de distance par rapport à l'ancien logement : dans la même commune ou une commune limitrophe ; dans le même arrondissement (canton) ou un arrondissement (canton) limitrophe ou une commune limitrophe de cet arrondissement (canton). Le juge du fond apprécie souverainement les caractères du local de remplacement et les besoins des personnes concernées[5].

313.85 Possibilité d'une offre unique de relogement. Enfin, la condition posée par la loi du 25 mars 2009[6] de faire jusqu'à trois offres de relogement en HLM n'est toutefois pas exigée du bailleur démontrant qu'un logement, répondant aux conditions de l'article 13 *bis*, a été conçu spécialement pour le relogement du locataire.

D. Réintégration des occupants

313.91 Acceptation dans le délai d'un mois à compter de la notification. La réintégration est envisagée par l'article 11 de la loi de 1948 après démolition et reconstruction (hors secteur HLM) ainsi qu'en cas de travaux lourds visés à l'article 12 (secteur privé et secteur social). Cette procédure fait l'objet d'une mise en demeure par lettre recommandée avec demande d'avis de réception ou par acte extrajudiciaire[7]. La notification mentionne à peine de nullité la forme et le délai de réponse (un mois).

L'absence de réponse à la proposition dans le délai vaut refus d'exercice du droit à réintégration. Le refus d'un relogement qui satisfait aux conditions de l'article 13 *bis* fait perdre le droit à réintégration et le locataire qui accepte un autre logement plus vaste dans l'immeuble reconstruit renonce aux dispositions de la loi[8].

§ 3 Concertation dans les projets de réhabilitation ou de démolition

313.101 Obligation du bailleur créée par la loi du 13 décembre 2000. La loi du 13 décembre 2000 relative à la solidarité et au renouvellement urbains[9] a apporté des modifications sensibles aux règles de

5. Civ. 3e, 10 juin 1998, n° 96-18.701, NP, *Administrer* mars 1999, p. 34, obs. V. Canu.
6. L. n° 2009-323, 25 mars 2009 de mobilisation pour le logement et la lutte contre l'exclusion, *JO* 27 mars, p. 5408.
7. L. 1er sept. 1948, art. 13.
8. Civ. 3e, 8 févr. 1972, n° 71-20.020, P III, n° 82 ; *JCP* 1972. IV. 69.
9. L. n° 2000-1208, 13 déc. 2000 relative à la solidarité et au renouvellement urbains, *JO* 14 déc., p. 19777.

concertation entre bailleurs et locataires en cas de travaux jusqu'alors essentiellement applicables dans le secteur social. Désormais, dans le cas de travaux d'amélioration des logements ou de leur démolition, la concertation se généralise.

Ainsi, à l'exception des bailleurs relevant du quatrième secteur locatif[1], à savoir les « bailleurs personnes physiques et les sociétés civiles immobilières constituées exclusivement entre parents et alliés jusqu'au quatrième degré inclus »[2], les autres bailleurs doivent, préalablement à toute décision d'amélioration ayant une incidence sur les loyers ou les charges ou de construction-démolition, mener une concertation avec les représentants des locataires[3]. La concertation porte en particulier sur la consistance et le coût des travaux, leur répercussion prévisible sur les loyers ou les charges locatives, les modalités de leur réalisation ainsi que, le cas échéant, sur les conditions de relogement des locataires, notamment pour les opérations de construction-démolition[4].

§ 4
Conséquences des travaux sur les loyers

313.111 Opérations de réhabilitation d'immeubles de logements sociaux. Pour les immeubles conventionnés, l'exécution des travaux, par elle-même, n'autorise pas la majoration du loyer plafond de la convention APL hormis le cas des restructurations d'immeubles qui peuvent entraîner une nouvelle typologie des logements avec une superficie du logement qui s'en trouve augmentée. Mais c'est alors l'assiette du loyer qui est affectée et non le prix du loyer unitaire.

En revanche, une majoration du loyer appelé au locataire (c'est-à-dire le loyer pratiqué), dans la limite du loyer plafond, lui-même révisé chaque année, peut intervenir lors d'une réhabilitation mais dans des conditions que la loi encadre strictement[5]. Ainsi, la direction déconcentrée de l'État compétente [6] peut autoriser l'organisme d'HLM concerné à pratiquer une hausse annuelle de loyer de l'immeuble réhabilité de 5 % maximum, hausse venant s'ajouter à celle résultant de la variation de l'indice de référence des loyers. Toutefois, cette majoration ne pourra être exercée que dans une durée limitée qui sera appréciée par la direction de l'État après analyse du projet d'opération. Un dossier spécifique sera préalablement déposé par l'organisme comportant notamment le calendrier prévisionnel des travaux, leur nature et leurs caractéristiques, les montants, le plan de financement et le prix de revient de l'opération, l'évolution prévisionnelle des loyers et charges, avant et après travaux, ainsi que l'échelonnement de l'application des hausses projetées.

Associée à un accord collectif local que l'organisme aura passé avec une ou plusieurs associations de locataires (ou avec les locataires directement) dans les conditions de l'article 42 de la loi du 23 décembre 1986, la hausse supplémentaire de loyer pourra éventuellement excéder ce pourcentage. Mais la limite du loyer plafond s'impose toujours à l'organisme d'HLM car ces accords ne peuvent jamais conduire à déroger aux règles de fixation et d'évolution des loyers des logements HLM, qu'ils soient ou non conventionnés.

Le mécanisme de cette majoration exceptionnelle et temporaire du loyer pratiqué s'applique dans les conditions identiques pour les immeubles réhabilités qui ne seraient pas encore conventionnés[7].

À compter de la date d'achèvement des travaux d'amélioration, le bailleur doit notifier aux locataires dans les lieux (ou réintégrés à la suite d'un relogement temporaire) le loyer applicable accompagné du décompte détaillé de la surface corrigée. Il en est de même pour les logements soumis au régime de la surface utile, étant observé que leur loyer fait l'objet d'un décompte spécifique[8].

Il convient de signaler la faculté donnée par la loi du 23 novembre 2018[9], dite loi Élan, aux locataires en place lors de l'acquisition de faire échec à l'application du nouveau loyer résultant du conventionnement mis en place, y compris lorsqu'il s'accompagne de travaux d'amélioration. Le locataire dont l'immeuble a par exemple été acquis par un organisme d'HLM et qui, à la date d'entrée en vigueur de la convention, se trouve titulaire d'un bail en cours de validité, ne se verra pas appliquer le loyer fixé par la convention dès lors qu'il aura refusé ayant refusé de conclure un nouveau bail en application de l'article L. 353-7 du CCH[10].

313.112 Travaux individualisés sur un logement social. Le bailleur peut être conduit à réaliser des travaux dans un logement loué en dehors de toute opération de réhabilitation ou de restructuration de l'immeuble. La superficie totale du logement servant d'assiette au loyer peut être supérieure après achèvement des travaux.

1. V. s[s] n° 812.22.
2. L. n° 86-1290, 23 déc. 1986, art. 41 *ter.*
3. SUR les conditions de cette concertation, v. s[s] n°s 812.51 s.
4. L. n° 86-1290, 23 déc. 1986, art. 44 *quater.*
5. CCH, art. L. 353-9-3, dern. al.
6. Il s'agit des directions régionales du ministère du Logement.
7. CCH, art. L. 442-1, dern. al.
8. CCH, art. D. 353-19.
9. L. n° 2018-1021, 23 nov. 2018 portant évolution du logement, de l'aménagement et du numérique, *JO* 24 nov.
10. CCH, art. L. 353-16.

Également, si le loyer du logement HLM est établi selon les règles de la surface corrigée, l'installation par le bailleur de nouveaux éléments d'équipement pourra venir majorer l'assiette du loyer si leurs caractéristiques déterminent une plus forte équivalence superficielle au sens des textes régissant le mécanisme de la surface corrigée[1].

Dans ces deux situations, le bailleur est dans l'obligation de notifier au locataire, par lettre recommandée avec demande d'avis de réception ou par acte extrajudiciaire, les modifications issues des travaux en joignant à l'envoi de cette notification un décompte détaillé des bases de calcul de ce loyer[2]. Si le logement ne relève pas de la surface corrigée, c'est un nouveau décompte de surface utile qui sera alors notifié au locataire après achèvement des travaux.

313.113 Travaux d'économie d'énergie réalisés par le bailleur. Lorsque des travaux d'économie d'énergie sont réalisés par le bailleur dans les parties privatives d'un logement ou dans les parties communes de l'immeuble, une contribution pour le partage des économies de charge peut être demandée au locataire du logement loué, à partir de la date d'achèvement des travaux, sous réserve que ces derniers lui bénéficient directement et qu'ils lui soient justifiés. Elle ne peut toutefois être exigible qu'à la condition qu'un ensemble de travaux ait été réalisé ou que le logement atteigne un niveau minimal de performance énergétique.

Selon l'article R. 442-27 du CCH, « La contribution du locataire peut être demandée pour financer les travaux d'économie d'énergie suivants[3] :

1° Soit des travaux correspondant à une combinaison d'au moins deux actions d'amélioration de la performance énergétique du logement ou du bâtiment concerné, parmi les actions suivantes :

a) Travaux d'isolation thermique des toitures ;

b) Travaux d'isolation thermique des murs donnant sur l'extérieur ;

c) Travaux d'isolation thermique des parois vitrées donnant sur l'extérieur ;

d) Travaux de régulation ou de remplacement de systèmes de chauffage ou de production d'eau chaude sanitaire ;

e) Travaux d'installation d'équipements de chauffage utilisant une source d'énergie renouvelable ;

f) Travaux d'installation d'équipements de production d'eau chaude sanitaire utilisant une source d'énergie renouvelable.

7° sous réserve que ces travaux et le niveau minimal de performance énergétique atteint soient confformes, *a minima*, aux exigences définies aux articles R. 131-25 à R. 131-28. Les niveaux minima à atteindre pour chaque catégorie de travaux sont précisés par un arrêté conjoint des ministres chargés de la construction et de l'énergie.

8° Soit des travaux conformes a minima aux exigences définies aux articles R. 131-25 à R. 131-28 du CCH et permettant d'amener la consommation d'énergie du bâtiment pour le chauffage, la ventilation, la production d'eau chaude sanitaire, le refroidissement et l'éclairage des locaux en dessous d'un seuil défini à l'article 5 de l'arrêté du 23 novembre 2009 relatif à la contribution du locataire au partage des économies de charges issues des travaux d'économie d'énergie réalisés par un bailleur social. »

Cette participation, limitée au maximum à quinze ans, est inscrite sur l'avis d'échéance et portée sur la quittance remise au locataire. Son montant, fixe et non révisable, ne peut être supérieur à la moitié du montant de l'économie d'énergie estimée[4].

SECTION 4
RELOGEMENT PAR L'ORGANISME D'HLM D'OCCUPANTS DU PARC PRIVÉ

313.121 Situations d'insécurité ou d'insalubrité. Les actions de traitement des immeubles menaçant ruine ainsi que les opérations de lutte contre l'insalubrité peuvent parfois conduire l'autorité publique à interdire, de manière temporaire ou définitive, l'habitation des lieux. Le propriétaire ou l'exploitant du bâtiment est par conséquent tenu d'assurer le relogement ou l'hébergement des occupants ; à défaut, il revient au maire ou au préfet, et le cas échéant, au président de l'EPCI, de prendre les dispositions nécessaires pour y procéder. Lorsqu'il s'agit d'une opération programmée d'amélioration de l'habitat ou une opération d'aménagement, c'est à la personne publique ayant pris l'initiative de l'opération qu'il revient de prendre les mesures pour assurer le relogement ou l'hébergement des occupants.

Les bailleurs sociaux qui disposent d'un parc locatif à proximité seront bien entendu sollicités par l'autorité publique pour assurer ces relogements. Les frais occasionnés font l'objet d'une indemnisation qui a été définie par une ordonnance du 15 décembre 2005[5] dont les dispositions ont été codifiées aux

1. Décr. n° 48-1766, 22 nov. 1948 fixant les conditions de détermination de la surface corrigée des locaux d'habitation ou à usage professionnel, art. 14.
2. L. 1er sept. 1948, art 32 *bis* – CCH, art. R. 442-3.
3. CCH, art. R. 442-27.
4. CCH, art. L.442-3, II – Sur le régime de cette participation, v. ss nos 311.60 s.
5. Ord. n° 2005-1566, 15 déc. 2005 relative à la lutte contre l'habitat insalubre ou dangereux, *JO* 16 déc.

articles L. 521-1 à L. 521-4 du code de la construction et de l'habitation.

Dans ces circonstances, l'article L. 521-3-2 prescrit à la charge du propriétaire ou de l'exploitant le versement d'une indemnité représentative des frais engagés pour le relogement, égale à un an du loyer prévisionnel.

TITRE

32. Les événements personnels influant sur le bail

SECTION 0
ORIENTEUR

32.00 **Sommaire du titre.**

Division. Il convient d'étudier successivement l'abandon de domicile et le décès du locataire (chap. 321), la sous-location et la cession (chap. 322), l'hébergement (chap. 323), l'échange de logements (chap. 324) et les événements personnels influant sur le bail 1948 et HLM.

32.01 **Principaux textes applicables.**

TEXTES SOURCES

> **Abandon de domicile, décès du locataire**

- **L. n° 89-462, 6 juill. 1989,** art. 14, 40, I et III.
- **C. civ.,** art. 515-1, 515-8, 1751.

> **Sous location et cession de bail**

- **L. n° 89-462, 6 juill. 1989,** art. 8.
- **CCH,** art. L. 442-8.
- **L. 1er sept. 1948,** art. 78.

> **Hébergement**

- **L. n° 89-462, 6 juill. 1989,** art. 4 n).

> **Échange de logements**

- **L. 6 juill 1989,** art. 9.

32.03 **Bibliographie indicative.**

Annuel. LAMY DR. IMMO, nos 5589, 5736, 5825, 5871, 5898, 5991 s.

Encyclopédies. RÉP. IMMO., V° *Bail d'habitation et mixte : rapports locatifs individuels – Loi du 6 juillet 1989*, N. Damas, nos 100, 146, 167, 202 s., 318 s. – DICT. PERM. Gestion immob., Vis *Baux d'habitation et mixtes*, n° 167, 198 s., 318 s. ; *Baux-loi du 1er septembre 1948*, nos 48 s., 67 ; *HLM-Location*, nos 256 s., 266, 292 s.

Manuel. J. Lafond, B. Vial-Pedroletti, *Les baux d'habitation*, 8e éd., « Droit et professionnels », LexisNexis, 2017.

CHAPITRE

321. Abandon de domicile et décès du locataire

SECTION 0 ORIENTEUR

321.00 Sommaire du chapitre.

Division – Protection des proches. Deux situations propres à la personne du locataire ont un effet sur le bail. En réglementant les conditions dans lesquelles certains bénéficiaires peuvent rester dans les lieux le législateur a eu pour objectif de préserver les proches de celui qui a abandonné son domicile ou qui est décédé. Il convient d'étudier successivement la transmission du contrat de bail (sect. 1), les hypothèses légales (sect. 2), les bénéficiaires de la transmission (sect. 3) et les conditions du transfert ou de la continuation du bail (sect. 4).

321.01 Principaux textes applicables.

TEXTES SOURCES

• **L. n° 89-462, 6 juill. 1989,** art. 14, 40, I et III.

• **C. civ.,** art. 515-1, 515-8, 1751.

TEXTES *IN EXTENSO*

• **L. 6 juill. 1989,** art. 14

En cas d'abandon du domicile par le locataire, le contrat de location continue :

– au profit du conjoint sans préjudice de l'article 1751 du code civil ;

– au profit des descendants qui vivaient avec lui depuis au moins un an à la date de l'abandon du domicile ;

– au profit du partenaire lié au locataire par un pacte civil de solidarité ;

– au profit des ascendants, du concubin notoire ou des personnes à charge, qui vivaient avec lui depuis au moins un an à la date de l'abandon du domicile.

Lors du décès du locataire, le contrat de location est transféré :

– au conjoint survivant qui ne peut se prévaloir des dispositions de l'article 1751 du code civil ;

– aux descendants qui vivaient avec lui depuis au moins un an à la date du décès ;

– au partenaire lié au locataire par un pacte civil de solidarité ;

– aux ascendants, au concubin notoire ou aux personnes à charge, qui vivaient avec lui depuis au moins un an à la date du décès.

En cas de demandes multiples, le juge se prononce en fonction des intérêts en présence.

À défaut de personnes remplissant les conditions prévues au présent article, le contrat de location est résilié de plein droit par le décès du locataire ou par l'abandon du domicile par ce dernier.

• **L. 6 juill. 1989,** art. 40, I et III

I. – Les 4°, 7° à 9° et le dernier alinéa de l'article 3, l'article 3-1, le II de l'article 5, les articles 8, 8-1, 10 à 12, 15 à 18, le 1° de l'article 20, les cinq premiers alinéas de l'article 23 et les articles 25-3 à 25-11 ne sont pas applicables aux logements appartenant aux organismes d'habitations à loyer modéré et ne faisant pas l'objet d'une convention passée en application de l'article L. 831-1 du code de la construction et de l'habitation.

L'article 14 leur est applicable à condition que le bénéficiaire du transfert ou de la continuation du contrat remplisse les conditions d'attribution et que le logement soit adapté à la taille du ménage. Les conditions de ressources et d'adaptation du logement à la taille du ménage ne sont pas requises envers le conjoint, le partenaire lié au locataire par un pacte civil de solidarité ou le concubin notoire et, lorsqu'ils vivaient effectivement avec le locataire depuis plus d'un an, les ascendants, les personnes présentant un handicap au sens de l'article L. 114 du code de l'action sociale et des familles et les personnes de plus de soixante-cinq ans. Lorsque le bénéficiaire du transfert est un descendant remplissant les conditions de ressources mais pour lequel le logement est inadapté à la taille du ménage, l'organisme bailleur peut proposer un relogement dans un logement plus petit pour lequel l'intéressé est prioritaire.

Les treizième à vingt-troisième alinéas du I de l'article 15 sont applicables lorsque le congé émane du locataire.

[...]

III. – Les 4°, 7° à 9° et le dernier alinéa de l'article 3, l'article 3-1, le II de l'article 5, les articles 8, 8-1, 10 à 12, 15 et 17, le II de l'article 17-1 et les articles 17-2 et 18 ne sont pas applicables aux logements régis par une convention conclue en application de l'article L. 831-1 du code de la construction et de l'habitation.

L'article 14 leur est applicable à condition que le bénéficiaire du transfert ou de la continuation du contrat remplisse les conditions d'attribution et que le logement soit adapté à la taille du ménage. Les conditions de ressources et d'adaptation du logement à la taille du ménage ne sont pas requises envers le conjoint, le partenaire lié au locataire par un pacte civil de solidarité ou le concubin notoire et, lorsqu'ils vivaient effectivement avec le locataire depuis plus d'un an, les ascendants, les personnes présentant un handicap au sens de l'article L. 114 du code de l'action sociale et des familles et les personnes de plus de soixante-cinq ans.

Les treizième à vingt-troisième alinéas du I de l'article 15 leur sont applicables.

L'article 16, le I de l'article 17-1, l'article 18, le 1° de l'article 20, les cinq premiers alinéas de l'article 23 et les articles 25-3 à 25-11 ne sont pas applicables aux logements régis par une convention conclue en application de l'article L. 353-14 du code de la construction et de l'habitation.

Les articles 25-3 à 25-11 de la présente loi ne sont pas applicables aux logements appartenant à une société d'économie mixte et qui sont régis par une convention conclue en application de l'article L. 831-1 du code de la construction et de l'habitation.

• **C. civ.**, art. 515-1

Un pacte civil de solidarité est un contrat conclu par deux personnes physiques majeures, de sexe différent ou de même sexe, pour organiser leur vie commune.

• **C. civ.**, art. 515-8

Le concubinage est une union de fait, caractérisée par une vie commune présentant un caractère de stabilité et de continuité, entre deux personnes, de sexe différent ou de même sexe, qui vivent en couple.

• **C. civ.**, art. 1751

Le droit au bail du local, sans caractère professionnel ou commercial, qui sert effectivement à l'habitation de deux époux, quel que soit leur régime matrimonial et nonobstant toute convention contraire et même si le bail a été conclu avant le mariage, ou de deux partenaires liés par un pacte civil de solidarité, dès lors que les partenaires en font la demande conjointement, est réputé appartenir à l'un et à l'autre des époux ou partenaires liés par un pacte civil de solidarité.

En cas de divorce ou de séparation de corps, ce droit pourra être attribué, en considération des intérêts sociaux et familiaux en cause, par la juridiction saisie de la demande en divorce ou en séparation de corps, à l'un des époux, sous réserve des droits à récompense ou à indemnité au profit de l'autre époux.

En cas de décès d'un des époux ou d'un des partenaires liés par un pacte civil de solidarité, le conjoint ou le partenaire lié par un pacte civil de solidarité survivant cotitulaire du bail dispose d'un droit exclusif sur celui-ci sauf s'il y renonce expressément.

321.02 Jurisprudence de référence.

> Abandon de domicile – Notion

• **Civ. 3e, 16 déc. 1987,** n° 86-12.424, NP

* V. ss n° 321.25

La notion d'abandon de domicile ne peut résulter d'un départ consécutif à une réorganisation de vie personnelle et professionnelle.

• **Civ. 3e, 26 nov. 2008,** n° 07-17.728, P III, n° 186

* V. ss n° 321.27

Le placement du locataire en maison de retraite, dans la mesure où il est définitif et qu'il s'impose au bénéficiaire de la continuation du contrat, a le caractère d'un abandon de domicile.

> Communauté de vie – Notion

• **Civ. 3e, 13 juill. 1994,** n° 92-15.928, P III, n° 145

* V. ss nos 321.82, 321.53

La personne qui revendique le bénéfice du transfert doit avoir vécu depuis au moins un an à la date du décès avec le locataire.

321.03 Bibliographie indicative.

Annuel. LAMY DR. IMMO, nos 5736, 5895 s.

Encyclopédies. RÉP. IMMO., V° *Bail d'habitation et mixte : rapports locatifs individuels – Loi du 6 juillet 1989*, N. Damas, nos 146, 202 s. – DICT. PERM. Gestion immob., Vis *Baux d'habitation et mixtes*, nos 198 s. ; *HLM-Location*, nos 292 s.

Ouvrage. N. Couzigou-Suhas, *La famille et son logement*, LAMY Axe Droit, 2010.

Articles. C. Beddeleem, « Le pacte civil de solidarité dans les baux d'habitation et mixtes », *Ann. Loyers* 2001, 12 – V. Brémond, « Réflexions autour du transfert à cause de mort du contrat de bail d'habitation », *JCP N* 2002, n° 14 et 15-16 – S. Castagné, « Mariage, Pacs, Concubinage. Analyse comparative », *JCP N* 2008. 1325 – P. de Belot, « Incidence du décès du locataire d'habitation sur son titre locatif », *Administrer* août 2002 – H. des Lyons, « Pacs et concubinage : les nouveaux couples face aux baux d'habitation », *AJ fam.* 2002. 170 – A. Djigo, « Le transfert du bail », *Loyers et copr.* nov. 1999, hors série, p. 20 ; « L'abandon de domicile : un départ définitif imposé au co-occupant », *Loyers et copr.* 2009, étude 12 – A. Durance et N. Piquemal, « Le couple et le logement », *AJDI* 2008. 913 – G. Fau, « Le droit des concubins », *Ann. Loyers* 1998, 331 – F. M., « Le transfert du droit au maintien dans les lieux en HLM », *AJPI*, 1991, p. 400 – F. Guégan, « Résiliation du bail d'habitation et reprise du logement abandonné par le locataire », *Rev. loyers* 2011. 346 – L. Lauvergnat, « La reprise des locaux abandonnés », *JPG*-G 2011, 1143 – J.-M. Legrand, « La transmission du bail d'habitation », *Administrer*, mai 1985 – Sagaut, « Le logement après le décès », *AJ Fam.* 2008. 364 – O. Salvat, « La notion d'abandon de domicile au sens de l'article 14 de la loi du 6 juillet 1989 », *AJDI* 2020. 815 – B. Vial-Pedroletti, « La protection spécifique du conjoint survivant en cas de décès du locataire », *Loyers et copr.* 2013, nº 9 – G. Teillais, « Le logement du conjoint survivant », *Ann. Loyers* 2001, 1080.

SECTION 1 TRANSMISSION DU CONTRAT DE BAIL

321.11 **Fin du bail.** L'abandon de domicile par le preneur ou son décès met normalement fin au contrat de location, conformément à l'article 14 de la loi du 6 juillet 1989. Ce faisant, la loi déroge au code civil dont l'article 1742 prévoit que le décès du preneur ou du bailleur ne met pas fin au contrat de location, le droit au bail étant alors transmis à ses héritiers.

321.12 **Continuation ou transfert du contrat de bail.** Ce principe de résiliation de plein droit du contrat à la date du décès du locataire pouvant avoir des conséquences lourdes pour certaines personnes qui partageaient le logement avec le locataire, le législateur est intervenu pour protéger les proches du disparu.

L'article 14 de la loi du 6 juillet 1989 prévoit :

- la « continuation » du contrat de location en cas d'abandon de domicile au profit de bénéficiaires nommés par la loi ;
- le « transfert » du contrat en cas de décès pour ces mêmes bénéficiaires.

321.13 **Sur la terminologie.** Cette différence entre continuation et transfert du contrat, si elle ne présente pas d'enjeu, peut trouver une explication dans la rupture que crée le décès du locataire. Les bénéficiaires voient dans ce cas transférés à leur profit les droits que le de cujus tenait du contrat de location. Dans le cas de l'abandon de domicile, l'idée d'une continuité du contrat prévaut, le précédent titulaire survivant.

Dans les deux cas, le contrat de location ne subit pas de modification : par exemple, le loyer ou la durée restent inchangés.

Examinons dans quelles hypothèses, pour quels bénéficiaires et dans quelles conditions le transfert (ou la continuation) du bail se produisent.

SECTION 2 HYPOTHÈSES LÉGALES

321.21 **Conditions de mise en œuvre de la mesure.** La loi retient deux hypothèses de mise en œuvre de la mesure : le décès du locataire et l'abandon du domicile.

321.22 **Décès.** Le décès est prouvé par l'acte d'état civil le constatant.

321.23 **Abandon de domicile.** L'abandon de domicile est traditionnellement défini comme un départ brusque et imprévisible[1]. La notion d'abandon de domicile ne peut résulter d'un départ consécutif à une réorganisation de vie personnelle et professionnelle[2]. Et le locataire en titre reste redevable du paiement du loyer jusqu'à la restitution des clés[3]. Il ne peut par conséquent résulter d'un départ concerté avec les personnes qui vivent avec le locataire[4]. À défaut de départ brusque et imprévisible de ses parents, les conditions d'application de l'article 14 ne sont pas réunies au bénéfice du fils des preneurs, même s'il a vécu avec eux jusqu'à leur départ[5]. En sens contraire, il a été jugé que la décision des parents de quitter le logement loué en raison de la dégradation des relations avec leur fils constituait un départ brusque et imprévisible[6]. Parfois, la notion de brusquerie et d'imprévisibilité n'est pas relevée par la Cour cassation : il a ainsi été jugé que des divergences d'ordre personnel entre la mère et la fille, qui entraînent le départ définitif de la première, sans informer la seconde de sa nouvelle adresse ni lui donner de nouvelles, caractérisent l'abandon de domicile au sens de l'article 14 de la loi du 6 juillet 1989[7].

321.24 **Congé et abandon.** Même en cas de congé délivré, le départ brusque et imprévisible d'un locataire qui donne congé le même jour peut s'analyser comme un abandon de domicile, l'article 14 de la loi de 1989 ne distinguant pas entre l'abandon de fait du logement et l'abandon juridique par un congé[8]. Mais le caractère brusque et imprévisible doit être démontré : le départ porté par écrit à la connaissance du bailleur, puis par congé dans lequel le preneur déclare

1. Civ. 3e, 6 juin 2019, nº 18-15.978, NP, *AJDI* 2019. 630.
2. Civ. 3e, 16 déc. 1987, nº 86-12.424, NP – DANS LE MÊME SENS : Paris, 29 janv. 1992, nº 91/002692, *D.* 1992. IR 122 ; *Loyers et copr.* 1992, nº 195 ; *Administrer* mai 1992, p. 43.
3. Paris, 26 mars 2002, nº 2000/18752, *Loyers et copr.* 2002, nº 277, obs. B. Vial-Pedroletti.
4. Paris, 27 mars 1997, nº 95/023237, *Loyers et copr.* 1997, nº 222 – Civ. 3e, 6 juin 2019, nº 18-15.978, préc.
5. Paris, 6e ch. B, 30 nov. 2000, nº 1999/17247, *AJDI* 2001. 166.
6. Paris, 4e ch., 21 mai 2019, nº 18/03898, *Loyers et copr.* 2019, comm. 143, B. Vial-Pedroletti.
7. Civ 3e, 8 juill. 2009, nº 08-16.992, P III, nº 173 ; *AJDI* 2010. 220, note N. Damas ; *Rev. loyers* 2009. 384, note Rémy.
8. Civ. 3e, 6 déc. 1995, nº 94-11.573, P III, nº 247 ; *D.* 1996. Somm. 367, obs. CRDP Nancy 2 ; *RDI* 1996. 287, obs. F. Collart-Dutilleul ; *Loyers et copr.* 1996, nº 103, obs. B. Vial-Pedroletti ; *AJPI* 1996. 482, note Blatter.

se désister au profit de son concubin ne caractérise pas un abandon de domicile[1].

321.25 **Abandon et disparition.** L'abandon de domicile ne signifie pas nécessairement la disparition du locataire. L'hospitalisation du locataire de manière imprévisible et dont l'état de santé justifie son séjour définitif dans une unité de longue durée peut être constitutive d'un abandon de domicile[2]. L'abandon de domicile se différencie ainsi de l'absence, même de longue durée, qui implique la réintégration à terme du domicile.

321.26 **Preuve.** Les éléments de preuve de l'abandon de domicile devront être rapportés par le bénéficiaire qui revendique la transmission du bail. Ainsi, le concubin doit faire la preuve de l'abandon des lieux par le preneur[3]. Le respect de la condition de cohabitation pendant une durée d'un an au moins ne suffit pas à lui seul et le fils de la locataire qui prétend à la continuation du bail à son profit doit apporter la preuve du départ soudain. La cour d'appel n'est pas tenue de rechercher d'office si le fils peut être considéré comme occupant du chef de son parent[4].

321.27 **Placement du locataire en maison de retraite.** À côté de la définition traditionnelle de l'abandon de domicile, entendu comme le départ brusque et imprévisible du locataire, la jurisprudence a évolué en 2008, en retenant que le placement du locataire en maison de retraite, dans la mesure où il était définitif et qu'il s'imposait au bénéficiaire de la continuation du contrat, avait le caractère d'un abandon de domicile[5]. Le communiqué rédigé par la Haute cour rapporte que la position antérieure adoptée pouvait paraître inadaptée aux situations dans lesquelles le départ était imposé par les événements sans pour autant revêtir un caractère soudain. Une maladie ou une infirmité peut contraindre le locataire à rejoindre un établissement adapté, et ses proches subissent entièrement ce départ. Il convenait de les protéger, dès lors que le départ est définitif et qu'il s'impose à celui qui reste.

1. Civ. 3e, 19 mars 2003, n° 01-14.973, NP, *Administrer* mai 2004, p. 29, obs. Beddeleem.
2. Nancy, 19 déc. 1996, n° 94/002583, *Loyers et copr.* 1997, n° 307, obs. B. Vial-Pedroletti – Paris, 30 oct. 2013, n° 10/09505. *AJDI* 2014. 284 – CEP. s'agissant d'une longue hospitalisation : Paris, 6 mai 1991, n° 90/6355, *Loyers et copr.* 1991, n° 362.
3. Paris, 27 mars 1997, n° 95/023237, *Loyers et copr.* 1997, n° 222.
4. Civ. 3e, 26 oct 2004 ; n° 03-13.841, NP, *Administrer* mai 2005, p. 35, note Canu.
5. Civ. 3e, 26 nov. 2008, n° 07-17.728, P III, n° 186 ; *D.* 2008. AJ 3087, obs. Y. Rouquet ; *ibid.* 2009. Pan. 896, spéc. 904, obs. N. Damas ; *ibid.* 2009. Chron. C. cass. 1231, spéc. 1234, obs. Monge ; *AJDI* 2009. 453, note N. Damas ; *Loyers et copr.* 2009, n° 29, obs. B. Vial-Pedroletti ; *Administrer* févr. 2009, 46 ; *ibid.* mai 2009, 47, obs. Canu – AUSSI : Versailles, 17 mai 2016, n° 15/04243.

SECTION 3
BÉNÉFICIAIRES DE LA TRANSMISSION

321.30 **Plan.** Il convient de distinguer les époux ou partenaires (§ 1) des autres bénéficiaires de la transmission (§ 2).

§ 1
Époux ou partenaire

321.41 **Condition de cohabitation d'un an minimum sauf pour l'époux ou le partenaire.** Suivant l'article 14 de la loi du 6 juillet 1989, peuvent bénéficier de la continuation ou du transfert du contrat les personnes suivantes : le conjoint, le partenaire lié par un pacte civil de solidarité[6], ainsi que le concubin notoire, les descendants, les ascendants, et les personnes à charge, à la condition, dans ces quatre derniers cas, qu'ils aient vécu avec le locataire pendant au moins un an à la date du décès de celui-ci.

321.42 **Conjoint – Abandon de domicile.** L'article 14 de la loi du 6 juillet 1989 réserve, en matière d'abandon de domicile, le cas de l'article 1751 du code civil. Dans la mesure où celui-ci confère au conjoint la cotitularité du bail, il bénéficie de ce fait d'un titre locatif qui préexiste à l'événement, si le logement « sert effectivement à l'habitation des deux époux ». Il restera titulaire du contrat dans ce cas, sans être mis en concurrence avec d'autres bénéficiaires potentiels.

Pour les autres cas, par exemple un logement qui ne sert de résidence habituelle qu'à l'un des époux, ou un local mixte professionnel et d'habitation, l'abandon de domicile ouvrira au conjoint la continuation du contrat sans condition de cohabitation, mais en concurrence avec les autres bénéficiaires listés à l'article 14.

321.43 **Conjoint – Décès du locataire.** En cas de décès deux hypothèses sont envisagées : le droit du conjoint, devenu un droit exclusif, d'une part, la concurrence entre bénéficiaires, d'autre part.

321.44 **Droits du conjoint.** Lorsque le conjoint à la date du décès bénéficie de l'article 1751, c'est-à-dire que les locaux loués servent « effectivement à l'habitation de deux époux », son droit personnel fait obstacle à la dévolution organisée au profit des autres bénéficiaires[7]. La jurisprudence a reconnu aux enfants des droits locatifs, sous condition de cohabitation dans les lieux, notamment à la suite

6. L. n° 99-944, 15 nov. 1999, art. 14.
7. B. Vial-Pedroletti « La protection spécifique du conjoint survivant en cas de décès du locataire », *Loyers et copr.* 2013, n° 9 – AUSSI : *AJDI* 2010. 453, obs. N. Damas ; *Administrer* 2010, 45, obs. Canu.

des décès successifs des deux époux[1]. Mais le transfert ne peut se réaliser dans l'hypothèse où le conjoint survivant est lui-même cotitulaire du bail. Ainsi au décès de la mère le fils n'a pu bénéficier du transfert du bail à son profit en présence des droits de son père. Et au départ de celui-ci, qui ne peut être caractérisé comme un abandon de domicile, le fils ne bénéficie pas davantage d'une continuation du bail à son profit. L'inoccupation effective des lieux par le père entraîne la résiliation du bail, le père et le fils étant condamnés *in solidum* jusqu'au départ effectif du fils[2].

On notera enfin que lorsque le mariage a été célébré à l'étranger il doit être retranscrit à l'état civil pour que ses effets puissent être reconnus en cas de décès de l'un des époux. Mais cette transcription, qui n'est soumise à aucune exigence de délai, rend la qualité de conjoint opposable aux tiers depuis la date du mariage (et non à la date de la transcription)[3].

321.45 Un droit devenu exclusif. L'article 1751 du code civil a été complété par la loi du 3 décembre 2001 qui accorde, depuis, au conjoint survivant un droit exclusif sur le bail[4]. Toutefois, il peut y renoncer[5]. Ce droit exclusif prive les héritiers qui vivent dans les lieux au moment du décès du preneur de tout droit locatif en présence d'un conjoint survivant[6].

Dans le cas d'un divorce en cours, l'épouse avait été autorisée à résider séparément de son mari par une ordonnance de non conciliation qui attribuait la jouissance exclusive du domicile conjugal au mari. Suite au décès de celui-ci, l'épouse ne peut être considérée comme ayant renoncé à son droit exclusif sur le bail avant qu'il ne soit né à la suite du décès de son époux[7].

En revanche après le divorce et sa transcription en marge des actes d'état civil, l'article 14 ne peut permettre à l'ancien époux de se prévaloir d'un transfert du bail suite au décès de son ex épouse[8].

1. Civ. 3e, 25 nov. 2009, n° 08-14.823, P III, n° 264 ; *Loyers et copr.* 2008, n° 39.
2. Paris, 19 janv. 2010, n° 08/06168, *AJDI* 2010. 640.
3. Civ. 1re, 7 déc. 2016, n° 15-22.996, P I, n° 242 ; *AJDA* 2017. 151 ; *D.* 2016. 2518 ; *D.* 2017. 1011, obs. H. Gaudemet-Tallon et F. Jault-Seseke ; *D.* 2017. 1082, obs. J.-J. Lemouland et D. Vigneau ; *D.* 2017. 1149, obs. N. Damas ; *AJDI* 2017. 357, obs. N. Damas ; *AJ fam.* 2017. 146, obs. A. Boiché ; *RTD civ.* 2017. 93, obs. J. Hauser ; *RTD civ.* 2017. 102, obs. J. Hauser.
4. L. n° 2001-1135, 3 déc. 2001, art. 14 [disp. applicables depuis le 1er juill. 2002].
5. Paris, 25 sept. 2007, n° 05/21120, *Loyers et copr.* 2008, n° 7.
6. Civ. 3e, 28 juin 2018, n° 17-20.409, P III, n° 77 ; *AJDA* 2018. 1365.
7. Civ. 3e, 18 mai 2011, n° 10-13.853, P III, n° 78 ; *D. actu.*, 30 mai 2011, note Y. Rouquet ; *AJDI* 2011. 786, obs. N. Damas ; *Rev. loyers* 2011. 254, note Rémy.
8. Paris, pôle 4, 3e ch., 15 oct. 2015, n° 13/24089.

321.46 Concurrence entre le conjoint survivant et d'autres bénéficiaires. Le conjoint survivant, qui ne remplit pas la condition de vie effective dans les lieux, peut cependant faire valoir son droit au transfert du contrat. Mais il peut alors se trouver en concurrence avec d'autres bénéficiaires désignés par la loi, le juge se prononçant en cas de litige.

Il a été jugé que le bail mixte professionnel et d'habitation doit être transmis au conjoint survivant, même en présence de l'héritier du défunt, qui exerçait sa profession dans les lieux avec le locataire décédé[9].

321.47 Partenaire d'un pacte civil de solidarité. Jusqu'à la loi du 15 novembre 1999[10], relative au pacte civil de solidarité, dorénavant défini à l'article 515-1 du code civil, seul le concubin notoire prenait rang parmi les bénéficiaires de l'article 14 de la loi du 6 juillet 1989. C'est dorénavant le cas également du partenaire d'un Pacs.

Mais, à la différence du concubin notoire, il bénéficie de la continuation du contrat en cas d'abandon de domicile ou de son transfert en cas de décès, par le seul effet du pacte.

La preuve du Pacs suffit, puisque la loi n'a pas prévu de condition de vie commune dans ce cas.

Depuis la loi du 24 mars 2014, dite loi Alur, et la modification de l'article 1751 qui en résulte, la cotitularité légale du droit au bail a été étendue des époux aux partenaires d'un Pacs. Le droit au bail du local est réputé appartenir à l'un et à l'autre des partenaires, à la condition toutefois qu'ils en fassent la demande conjointement, si le local sert effectivement à l'habitation des deux partenaires. Chacun dispose alors d'un droit exclusif, sans concurrence avec d'éventuels autres bénéficiaires, en cas de décès de l'autre[11].

§ 2
Autres bénéficiaires

321.51 Concubin notoire. Le concubin notoire bénéficie du transfert du contrat, à la condition qu'il vive depuis au moins un an avec le locataire parti ou décédé. Avant comme après la loi du 15 novembre 1999, qui l'a défini dans le code civil à l'article 515-8, le concubinage, en tant que situation de fait, peut être prouvé par tous moyens et c'est au concubin d'en rapporter la preuve[12]. Deux avis d'imposition successifs, une attestation d'assurance aux deux noms, neuf attestations de voisins et d'amis témoignant

9. Civ. 3e, 24 nov. 1993 ; *Rev. Huissiers* 1994, 428, note R. Martin.
10. L. n° 99-944, 15 nov. 1999 relative au pacte civil de solidarité, *JO* 16 nov., p. 959.
11. V. ss n° 321.45.
12. Versailles, 28 nov. 1997, n° 96/2668, *BICC* 1998, n° 844.

d'une vie commune peuvent établir le concubinage notoire[1].

La loi du 15 novembre 1999 s'applique au concubinage de personnes « de même sexe ». Auparavant, la jurisprudence ne reconnaissait pas le bénéfice du transfert à la personne de même sexe vivant avec le locataire[2]. La Cour européenne des droits de l'homme, dans une affaire opposant un ressortissant polonais à l'État polonais a reconnu que la protection de la famille prévue par la Constitution est un principe légitime pouvant justifier une différence de traitement, mais qu'il ne permet pas de refuser de manière générale la transmission d'un bail aux personnes vivant une relation homosexuelle[3].

321.52 **Concubin et loi de 1948.** Réservons le cas de la loi du 1er septembre 1948, pour laquelle la situation du concubin a été variable : bénéficiaire de l'article 16 de la loi du 22 juin 1982 pendant son application (art. 75, 2°), il a pu revendiquer et obtenir le transfert en cas de décès[4]. Toutefois, il ne peut actuellement se maintenir dans les lieux après le décès ou l'abandon de domicile du locataire ou de l'occupant, l'article 5 de la loi de 1948 ne le visant pas, même après la réforme intervenue dans la loi du 13 juillet 2006[5]. En effet l'article 40, II de la loi du 6 juillet 1989 répute l'article 14 inapplicable aux logements « loi de 1948 »[6].

321.53 **Autres bénéficiaires.** La loi du 6 juillet 1989 a uniformisé les conditions de transmission du contrat aux autres bénéficiaires par rapport aux lois antérieures. Ces bénéficiaires doivent tous justifier d'une durée de cohabitation d'un an minimum avec le locataire[7]. Il s'agit des ascendants, des descendants et des personnes à charge. L'ascendance comme la descendance concernent la parenté en ligne directe sans limitation de degré. Les collatéraux sont donc exclus : le décès de la tante du demandeur ne lui ouvre pas de droit au transfert[8].

La notion de personnes à charge recouvre des personnes qui n'ont pas nécessairement de lien de parenté avec le locataire et vivent avec lui en raison de ressources insuffisantes pour subvenir à leurs besoins[9].

Du fait du caractère limitatif de la liste de l'article 14, le légataire universel ne peut bénéficier de ces dispositions[10].

321.54 **Concurrence entre bénéficiaires.** Dans l'hypothèse d'une concurrence entre les bénéficiaires désignés par la loi, l'article 14 de la loi du 6 juillet 1989 précise « qu'en cas de demandes multiples, le juge se prononce en fonction des intérêts en présence ». On peut imaginer, par exemple, que celui qui dispose d'une situation professionnelle instable devrait se voir octroyer le bénéfice de la transmission du bail, dans la mesure où son dossier de candidature aurait certainement des difficultés à séduire un autre bailleur.

321.55 **Nullité de la clause étendant le bénéfice du transfert de bail.** La clause du bail qui étend à d'autres personnes vivant avec le locataire depuis au moins un an le bénéfice du transfert n'est pas valable. En effet les dispositions de l'article 14 ne sont pas destinées à assurer la seule protection des occupants mais, également, à limiter, au profit du bailleur, les personnes pouvant bénéficier d'un transfert du bail[11]. C'est ainsi que la clause qui diminuerait à six mois au lieu d'une année la condition de cohabitation ne saurait produire effet[12].

321.56 **Hypothèse des logements HLM.** Le « droit de suite » par lequel le bailleur HLM loue des appartements aux enfants d'anciens locataires ne constitue qu'une pratique qui n'oblige pas l'organisme à défaut de décès des parents[13] (aussi, sur le cas des logements HLM, v. ss nos 325.11 s.).

SECTION 4
CONDITIONS DU TRANSFERT OU DE LA CONTINUATION DU BAIL

321.60 **Plan.** Une première condition préalable pour le transfert ou la continuation du bail tient à l'existence d'un contrat en cours (§ 1). La loi de 1989 pose également comme condition préalable l'existence d'une communauté d'habitation (§ 2). Il convient ensuite de déterminer si la transmission du bail revêt un caractère automatique ou non (§ 3).

1. Paris, 3 mars 2011, n° 09/23760, *AJDI* 2011. 708.
2. Civ. 3e, 17 déc. 1997, n° 95-20.779, P III, n° 225 ; *D.* 1998, Jur. 111 concl. Weber et note Aubert ; *Gaz. Pal.* 12 avr. 1998, 102-106 – *CONTRA* : Paris, 8 juin 2006, *AJDI* 2006. 743.
3. CEDH 2 mars 2010, *K. c/Pologne*, n° 13102/02, *AJDI* 2010. 547.
4. Civ. 3e, 30 oct. 1990, n° 89-14.749, P III, n° 211.
5. L. n° 2006-872, 13 juill. 2006, art. 85.
6. Paris, 6e ch. C, 24 sept. 2003, *Rev. loyers* 2004. 31, note Rémy.
7. Civ. 3e, 13 juill. 1994, n° 92-15.928, P III, n° 145 ; *Loyers et copr.* 1994, n° 365.
8. Paris, pôle 4, 3e ch., 15 oct. 2015, n° 13/19329.
9. Civ. 14 mai 1956, P IV, n° 444.
10. Civ. 3e, 10 déc. 2008, n° 07-19.320, P III, n° 203 ; *D.* 2009. AJ 102 ; *ibid.* 2010. Pan. 1168, spéc. 1179, obs. N. Damas ; *Loyers et copr.* 2009, n° 27, obs. B. Vial-Pedroletti ; *Rev. loyers* 2009, obs. Rémy.
11. Paris, 19 févr. 2009, n° 06/14174, *Loyers et copr.* 2009, n° 170, note B. Vial-Pedroletti.
12. Civ. 3e, 1er oct. 2008, n° 07-13.008, P III, n° 140 ; *D.* 2008. 2504, obs. Y. Rouquet ; *AJDI* 2009. 303, obs. G. Forest ; *RTD civ.* 2009. 150, obs. M. Grimaldi.
13. Paris, 30 oct. 2002, n° 2002/08264, *AJDI* 2003. 134.

§ 1
Condition préalable : un contrat en cours

321.71 **Nécessité d'un titre locatif.** Une première condition est relative à l'existence d'un titre locatif. La protection de la loi ne s'entend en effet qu'en présence d'un contrat de location en cours.

Si le contrat a été résilié, les bénéficiaires éventuels de la transmission ne peuvent tenir de droits d'un auteur qui n'est plus locataire.

En revanche, en cas de congé délivré par le locataire, les bénéficiaires pourront prétendre à l'application de l'article 14 de la loi de 1989, pour la durée du préavis restant à courir.

§ 2
Communauté d'habitation

321.81 **Cohabitation habituelle, continue et effective.** La condition d'une communauté préalable d'habitation est posée par l'article 14 pour les bénéficiaires (à l'exception du conjoint et du partenaire d'un pacte civil de solidarité v. s^s^ n°s 321.41 s.).

321.82 **Cohabitation habituelle – Illustrations.** La loi protège le descendant qui vivait effectivement avec le prédécédé de manière stable et durable depuis au moins un an à la date du décès[1]. Il doit s'agir d'une cohabitation habituelle, continue et effective des lieux, permettant de dire, éventuellement, que la personne avait bien établi dans les lieux son domicile, au sens de l'article 102 du code civil[2]. Aussi n'a pas droit au transfert du bail, le fils qui n'avait pas vécu un an dans les lieux avec la locataire[3]. Il doit s'agir d'une communauté de vie : la descendante d'un locataire ne peut prétendre au transfert, sa présence quotidienne auprès de son père pour lui dispenser des soins n'équivalant pas à une communauté de vie[4]. De même, la locataire et sa fille ayant vécu moins d'un an dans les lieux à la date du décès, celle-ci ne peut prétendre à un transfert du contrat[5]. La cohabitation antérieure du fils, interrompue huit mois avant le décès de sa mère, ne lui ouvre pas de droit au transfert[6].

N'apporte pas la preuve d'une cohabitation d'au moins un an la fille, dont la présence attestée par de nombreux témoins auprès de ses parents malades pendant plus d'un an, a néanmoins conservé le logement dont elle était locataire dans l'immeuble voisin. L'article 14 de la loi du 6 juillet 1989 n'a pas pour objet d'offrir un choix entre deux logements à ceux qui en disposent déjà d'un[7].

La souscription d'un contrat de fourniture d'énergie, une facture d'accès Internet et des bons de visite d'un fournisseur de gaz n'attestent pas de la réalité d'une cohabitation, ces documents ayant été établis sur la seule foi des déclarations unilatérales du petit-fils de la locataire. En outre sa carte d'identité, établie il y a moins d'un an avant le décès mentionne une adresse différente à laquelle lui sont adressés les courriers de Pôle Emploi[8].

Les personnes à charge doivent remplir deux conditions cumulatives : elles ne doivent pas être autonomes financièrement et doivent dépendre d'une autre personne qui leur procure des moyens d'existence. La garde malade du locataire en titre décédé ne remplit pas ces deux conditions[9].

321.83 **Bailleur HLM et stipulation plus favorable.** La durée de cohabitation doit avoir été d'au moins un an. Le délai est calculé à compter du décès. Une stipulation conventionnelle, plus favorable aux ayants droit que l'article 14 de la loi du 6 juillet 1989, ne s'impose pas au bailleur HLM[10], les dispositions de l'article 14 ainsi que les conditions d'attribution des logements HLM n'étant pas destinées « à assurer la seule protection des preneurs »[11] (aussi, sur le cas des logements HLM, v. s^s^ n°s 325.11 s.).

§ 3
Caractère automatique ou non de la transmission du bail

321.91 **Nécessité d'une manifestation de volonté ?** Le décès (ou l'abandon de domicile) entraîne-t-il, sans qu'il y ait lieu à une quelconque manifestation de volonté de la part des personnes visées à l'article 14 de la loi du 6 juillet 1989, la

1. Civ. 3e, 13 juill. 1994, P III, n° 145 ; *Loyers et copr.* 1994, n° 365.
2. Versailles, 20 sept. 1996, n° 4566/94, *Loyers et copr.* 1997, n° 133.
3. Civ. 3e, 13 juill. 1999, n° 97-21.720, P III, n° 170 ; *Loyers et copr.* 1999, n° 242, obs. B. Vial-Pedroletti – *Idem* pour une cohabitation de seulement huit mois : Civ. 3e, 12 juin 2001, n° 98-21.451, NP, *Loyers et copr.* 2001, n° 225.
4. Grenoble, 24 mars 1998, n° 00001084/97, *Loyers et copr.* 1999, n° 91.
5. Civ. 3e, 13 juill. 1994, n° 92-15.928, P III, n° 145 ; *AJPI* 1994. 836, obs. J.-P. Blatter [à propos de la loi de 1982].
6. Civ. 3e, 12 juin 2001, n° 98-21.451, NP, *AJDI* 2002. 218, note Beaugendre.
7. Versailles, 1er juin 2004, n° 03/00693, *Loyers et copr.* nov. 2004, n° 182, note B. Vial-Pedroletti.
8. Colmar, 22 févr. 2016, n° 15/01008
9. Paris, 3e ch., 4 juin 2015, n° 14/07105, *Ann. Loyers* Sept. 2015, p. 71.
10. Le bail prévoyait une présence de six mois seulement.
11. Civ. 3e, 1er oct. 2008, n° 07-13.008, P III, n° 140 ; *D.* 2008. AJ 2504, obs. Rouquet ; *AJDI* 2009. 303, note N. Damas ; *Loyers et copr.* 2008, n° 245, note B. Vial-Pedroletti.

substitution desdits bénéficiaires au locataire décédé ou parti ?

321.92 **Textes.** La loi emploie les termes suivants : « le contrat continue », ou : « le contrat est transféré ». L'usage du présent de l'indicatif paraît conférer une valeur automatique à la transmission. C'est aussi la position exprimée par l'administration : « la continuation ou le transfert s'opère de par le seul effet de la loi et ne requiert donc aucune manifestation de volonté »[1].

321.93 **Jurisprudence.** La Cour de cassation s'est prononcée pour l'automaticité du transfert : « ...en l'absence de contestation entre les personnes pouvant prétendre bénéficier de la transmission du bail, celui-ci avait été automatiquement transmis (au bénéficiaire), qui remplissait les conditions d'habitation commune avec son père de plus d'une année »[2]. Des décisions des juges du fond admettent également qu'en cas de décès, le bail est transféré de plein droit, « aucune manifestation (du bénéficiaire) n'étant exigée par le texte pour ce transfert automatique »[3].

Dans le cas particulier où l'époux décédé occupait seul un logement, la question s'est à nouveau posée du caractère automatique ou non du transfert au bénéfice du conjoint séparé. Le cas était le suivant : le mari, séparé depuis 1974, avait loué un logement en 1995. À la suite de son décès en 2006 le bailleur, s'appuyant sur le caractère automatique du transfert, réclame à l'épouse, en 2009, le paiement des loyers sur trois ans. La Cour de cassation a confirmé le rejet de cette demande par le juge du fond. Elle considère qu'au décès du preneur « le bail est transféré au conjoint survivant qui n'habite pas dans les lieux à condition qu'il en fasse la demande »[4]. Ce faisant la Cour donne sa portée exacte à l'objectif poursuivi par le législateur, qui est de protéger d'éventuels bénéficiaires du transfert que le décès du preneur place en situation délicate. La solution pourrait certainement être transposée à l'hypothèse du partenaire pacsé qui ne réside pas habituellement dans le logement.

321.94 **Conséquences.** En cas de transfert automatique, la conséquence essentielle tient dans l'obligation faite au bénéficiaire de respecter les obligations découlant de la qualité de locataire. En particulier, si ce bénéficiaire n'entend pas se maintenir dans le logement, il devra délivrer congé en respectant le délai de préavis prévu par l'article 15 de la loi du 6 juillet 1989. Le contrat en cours n'est pas modifié ; un avenant peut cependant prendre en compte le nom du ou des bénéficiaires, dorénavant parties au contrat. En tout état de cause il est de l'intérêt des deux parties que le bénéficiaire du transfert automatique se fasse connaître du bailleur. Au terme du bail, le dépôt de garantie sera restitué, dans les conditions légales, au bénéficiaire de la continuation ou du transfert du bail[5].

321.95 **Absence de bénéficiaire.** En l'absence de tout bénéficiaire, le contrat est résilié de plein droit par le décès ou l'abandon de domicile. Il appartient alors au bailleur de prendre les mesures nécessaires à la libération des lieux. En présence d'une association, désignée légataire universelle par le locataire décédé, le juge du fond constate, à bon droit, que l'association ne remplissait pas les conditions posées par l'article 14 de la loi du 6 juillet 1989 pour occuper les lieux et a pu retenir qu'il appartenait au bailleur de prendre les mesures nécessaires pour les faire libérer. Dès lors, aucune indemnité d'occupation n'est due[6].

321.96 **Non transfert des dettes locatives.** Le bénéficiaire du transfert doit-il prendre en charge les loyers impayés antérieurs au décès du locataire ? Dès lors que le transfert s'effectue de manière automatique en vertu de la loi et qu'il s'agit par conséquent du même contrat, on pourrait en effet penser que les dettes nées du contrat s'imposent au bénéficiaire.

Le ministre de la Justice avait sur ce point exprimé une position favorable à cette analyse[7].

La Cour de cassation ne l'a pas suivi. Elle a en effet retenu que, l'article 14 de la loi du 6 juillet 1989 ne prévoyant pas la reprise de l'arriéré locatif par le bénéficiaire du transfert du bail, et les bénéficiaires n'ayant pas pris l'engagement de payer, la cour d'appel a considéré, à bon droit, que les nouveaux locataires ne pouvaient être, en tant que tels, reconnus débiteurs de l'arriéré de loyers[8]. En particulier, la demande de transfert ne peut être considérée comme une rétractation de la renonciation antérieure à la succession[9].

1. Rép. min. n° 25865, *JOAN Q* 26 oct. 1987, p. 5966.
2. Civ. 3e, 16 mai 2006, n° 05-13.910, NP.
3. Rennes, 4e ch., 6 mai 1999, n° 97/08855, *Loyers et copr.* 2000, n° 37, obs. B. Vial-Pedroletti.
4. Civ. 3e, 10 avr. 2013, n° 12-13.225, P III, n° 48 ; *D.* 2013. Actu. 997, obs. Y. Rouquet ; *Opér. Immob.*, mai 2013, p. 41, comm. Ph. Pelletier ; *Administrer* juill. 2013, p. 51 comm. Rouquette-Térouanne ; *Loyers et copr.* 2013, n° 173, note B. Vial-Pedroletti ; *AJDI* 2014. 205, note N. Damas.
5. Rép. min. n° 308, *JOAN* 17 oct. 1988.
6. Civ. 3e, 10 déc. 2008, n° 07-19.320, P III, n° 203 ; *D.* 2009. AJ 102 ; *ibid.* 2010. Pan. 1168, spéc. 1179, obs. N. Damas ; *AJDI* 2009. 545, note V. Zalewski.
7. Rép. min. n° 25865, *JOAN Q* 26 oct. 1987, p. 5966 : « le bénéficiaire est tenu au paiement des loyers exigibles antérieurement [au transfert] ».
8. Civ. 3e, 16 févr. 2000, n° 97-22.156, P III, n° 32 ; *Loyers et copr.* 2000, n° 140, obs. B. Vial-Pedroletti ; *D.* 2001. Somm. 2936, obs. Brémond – DANS LE MÊME SENS : Paris, 25 mars 2008, n° 06/15474, *AJDI* 2008. 682.
9. Paris, 24 avr. 2001, n° 1999/05724, *Loyers et copr.* 2002, n° 60.

Enfin les créances du locataire vis-à-vis du bailleur relèvent de l'actif successoral.

321.97 **Recours du bailleur.** Le bailleur n'est cependant pas dépourvu de tout recours. Il peut, bien évidemment, réclamer et, le cas échéant, poursuivre les héritiers pour le paiement de la dette locative qui fait partie du passif successoral. Ces héritiers peuvent être, éventuellement, les repreneurs du contrat et seront par conséquent tenus au paiement. Ils ne peuvent toutefois être condamnés solidairement, au nom du principe de division des dettes héréditaires[1].

Lorsque la restitution tardive des lieux est due à une instruction criminelle, il a été jugé que l'héritier ne peut être condamné au paiement d'une indemnité d'occupation[2].

321.98 **Sort des héritiers ayant renoncé à la succession.** Les héritiers qui renoncent à la succession sont censés n'avoir jamais hérité selon l'article 805 du code civil. Logiquement, le bailleur ne peut donc les poursuivre pour le paiement des arriérés de loyer ou le paiement d'une indemnité d'occupation. Les effets de la renonciation remontant au jour du décès, le bailleur ne peut réclamer une indemnité d'occupation, même si la renonciation est tardive, le simple fait de détenir les clés ne leur conférant par ailleurs pas la qualité d'occupants[3]. Mais l'héritier qui a été sommé de prendre parti, aux termes de l'article 772 du code civil, dispose d'un délai de deux mois pour se prononcer ou solliciter un délai supplémentaire lorsqu'il n'a pas été mis en mesure de clôturer l'inventaire commencé ou lorsqu'il justifie d'autres motifs sérieux et légitimes. À défaut d'avoir pris parti à l'expiration du délai de deux mois ou du délai prolongé, il est réputé acceptant pur et simple et doit être condamné à une indemnité d'occupation correspondant au montant des loyers et charges dus si le bail s'était poursuivi[4].

321.99 **Reprise des lieux.** Que se passe-t-il enfin lorsqu'il n'existe aucun bénéficiaire de la transmission du bail, ni aucun héritier déclaré ? Le bailleur est-il démuni ou peut-il recouvrer l'usage de son logement par une procédure adaptée. Il dispose en théorie de deux moyens qui sont concurrentiels.

L'article 1324 du code de procédure civile permet au bailleur de récupérer son logement en s'adressant au président du tribunal judiciaire. Celui-ci peut autoriser le propriétaire des locaux à faire enlever les meubles et à les faire soit déposer dans un autre lieu, soit cantonner dans une partie du local qui était occupé par le défunt. Les frais d'enlèvement et de conservation des meubles sont avancés par le propriétaire. Cette procédure peut, en fonction des circonstances locales (encombrement ou non des tribunaux par exemple) être considérée comme trop longue et, par conséquent, onéreuse.

Il existe une deuxième procédure qui consiste à saisir, sur requête, le président du tribunal judiciaire du domicile du défunt.

Dans le cadre de la procédure des successions vacantes et en déshérence, les articles 809 et suivants du code civil permettent à toute personne intéressée, dont le propriétaire du bien loué, de saisir sur requête le président du tribunal judiciaire, aux fins de voir confier la curatelle de la succession vacante à l'autorité administrative. Le curateur, s'il ne peut procéder à la vente des biens successoraux avant l'expiration d'un délai de six mois suivant l'ouverture de la succession, doit cependant en application des dispositions de l'article 810 du même code, prendre possession dès sa désignation des valeurs et autres biens du défunt détenus par des tiers et de l'ensemble des biens dans l'appartement loué. Ces textes visent au respect des intérêts tant des héritiers que des créanciers du défunt[5].

À l'issue de ce délai de six mois « il procède ou fait procéder à la vente des biens jusqu'à l'apurement du passif[6] ». La vente est faite selon les modalités qui apparaissent les plus appropriées, eu égard aux circonstances et à la nature des biens considérés[7]. La curatelle prend fin lorsque des héritiers se sont entretemps déclarés à la succession ou que celle-ci a été liquidée (par la réalisation de l'intégralité de ses actifs), ou enfin par l'envoi en possession de l'État, en sa qualité d'héritier ultime des successions vacantes.

Il est enfin envisageable de recourir à la procédure spécifique relative au logement abandonné édictée à l'article 14-1 de la loi du 6 juillet 1989[8].

1. Civ. 3e, 16 févr. 2000, nº 97-22.156, P III, nº 32.
2. Douai, 3e ch., 22 nov. 2012, nº 12/1166, *JurisData* 029601, *Loyers et copr.* 2013, nº 68, note B. Vial-Pedroletti.
3. Paris, 6e ch., 16 janv. 2003, nº 2001/07140, *Loyers et copr.* 2003, nº 212, obs. B. Vial-Pedroletti.
4. Paris, 4e ch., 21 janv. 2014, nº 12/11853, *Loyers et copr.* 2014, nº 105, note B. Vial-Pedroletti.
5. Rép. Min. nº 65706, *JOAN Q* 22 juin 2010, p. 7045.
6. C. civ., art. 810-2.
7. C. civ., art. 810-3.
8. V. ss nº 823.111.

CHAPITRE

322. Sous-location et cession

SECTION 0 ORIENTEUR

322.00 Sommaire du chapitre.

Division. Il convient d'étudier successivement l'interdiction de principe et ses exceptions (sect. 1), la qualification de la sous-location (sect. 2), la cession (sect. 3) et la distinction entre la sous-location partielle et l'hébergement (sect. 4).

322.01 Principaux textes applicables.

TEXTES SOURCES

> **Secteur privé**

• **L. n° 89-462, 6 juill. 1989,** art. 8.

> **Secteur HLM**

• **CCH,** art. L. 442-8.

> **Logement loi de 1948**

• **L. 1er sept. 1948,** art. 78.

TEXTES *IN EXTENSO*

• **L. 6 juill. 1989,** art. 8

Le locataire ne peut ni céder le contrat de location, ni sous-louer le logement sauf avec l'accord écrit du bailleur, y compris sur le prix du loyer. Le prix du loyer au mètre carré de surface habitable des locaux sous-loués ne peut excéder celui payé par le locataire principal. Le locataire transmet au sous-locataire l'autorisation écrite du bailleur et la copie du bail en cours.

En cas de cessation du contrat principal, le sous-locataire ne peut se prévaloir d'aucun droit à l'encontre du bailleur ni d'aucun titre d'occupation.

Les autres dispositions de la présente loi ne sont pas applicables au contrat de sous-location.

• **CCH, art. L. 442-8**

Dans tous les immeubles destinés à la location et financés au moyen de crédits prévus par le livre III, il est interdit de louer en meublé ou de sous-louer un logement, meublé ou non, sous quelque forme que ce soit, sous peine d'une amende de 9 000 €.

Le premier alinéa n'est pas applicable aux logements-foyers mentionnés à l'article L. 633-1.

• **L. 1er Juill. 1948,** art. 78

À dater de la publication de la présente loi, par dérogation à l'article 1717 du code civil, le preneur n'a le droit ni de sous-louer, ni de céder son bail, sauf clause contraire du bail ou accord du bailleur.

Toutefois, par dérogation à l'alinéa précédent et nonobstant toutes clauses contraires, le locataire principal ou l'occupant maintenu dans les lieux a toujours la faculté de sous-louer une pièce lorsque le local comporte plus d'une pièce.

Dans les communes visées à l'article 10 7° ci-dessus, le locataire principal ou l'occupant maintenu dans les lieux, vivant seul et âgé de plus de soixante-cinq ans, peut sous-louer deux pièces à la même personne ou à deux personnes différentes, sous réserve que le local ne comporte pas plus de cinq pièces.

Dans le délai d'un mois, le locataire ou occupant est tenu, à moins que la sous-location n'ait été expressément autorisée par le propriétaire ou son représentant, de notifier cette sous-location au bailleur par lettre recommandée avec demande d'avis de réception, en précisant le prix demandé au sous-locataire, sous peine de déchéance du droit au maintien dans les lieux.

322.02 Jurisprudence de référence.

> **Sous-location autorisée – Obligations du locataire principal**

• **Civ. 3e, 13 juin 1969,** P III, n° 480

* V. ss n° 322.13

Le locataire principal, tenu vis-à-vis du propriétaire de l'exécution des obligations du bail, est responsable des manquements du sous-locataire.

• **Civ. 3e, 12 sept. 2019,** n° 18-20.727, P

* V. ss n° 322.14

Sauf lorsque la sous-location a été autorisée par le bailleur, les sous-loyers perçus par le preneur constituent des fruits civils qui appartiennent par accession au propriétaire.

> Preuve de la sous-location

• **Civ. 2e, 6 mai 2010,** n° 09-15.199, NP

* V. ss n° 322.22

La mission confiée à l'huissier n'apporte pas une atteinte disproportionnée aux droits du locataire.

> Notion de sous-location

• **Civ. 3e, 17 mai 2006,** n° 05-13.045, NP

* V. ss n° 322.23

Le juge qui ne constate pas l'existence d'une contrepartie pour la jouissance des lieux ne donne pas de base légale à sa décision.

322.03 Bibliographie indicative.

Annuel. LAMY DR. IMMO, nos 5589 s., 5825 s., 5988 s.

Encyclopédies. RÉP. IMMO., Vis *Bail d'habitation et mixte : rapports locatifs individuels – Loi du 6 juillet 1989*, N. Damas, nos 318 s. ; *Bail d'habitation ou professionnel – Loi du 1er septembre 1948*, H. des Lyons, nos 64-81 – DICT. PERM. Gestion immob., Vis *Baux d'habitation et mixtes*, nos 318 s. ; *Baux-loi du 1er septembre 1948*, nos 67 s. ; *HLM-Location*, nos 256 s.

Articles. P. Derrez, « Les régimes de la sous-location d'un logement », *Opérations immobilières*, oct. 2012 – B. Vial-Pedroletti, « Le prêt de logement par le locataire », *Loyers et copr.* 2010. Ét. 6.

SECTION 1
INTERDICTION DE PRINCIPE ET EXCEPTIONS

322.11 Interdiction de principe. Le droit commun du bail autorise la cession et la sous-location si cette faculté n'a pas été interdite au locataire[1]. La loi du 6 juillet 1989, en son article 8, pose le postulat contraire et interdit par principe au locataire de sous-louer ou de céder son bail.

322.12 Exceptions conventionnelles. Le bailleur privé peut autoriser la sous-location, voire la cession du contrat, et en définir le contenu.

L'article 8 de la loi du 6 juillet 1989 précise que le contrat de sous-location n'est pas soumis aux dispositions de la loi du 6 juillet 1989. Mais il ajoute que le locataire doit transmettre au sous-locataire l'autorisation écrite du bailleur ainsi que la copie du bail en cours[2].

Dans le cas d'une sous-location autorisée avec l'accord du bailleur, le prix du sous-loyer au m² de surface habitable ne peut dépasser celui payé par le locataire et, s'il est supérieur, l'action en restitution du trop-perçu est recevable[3].

Il a été jugé que le consentement de la bailleresse a été vicié dans la mesure où elle n'a jamais eu l'intention d'autoriser des sous-locations meublées successives non limitées dans le temps et qu'elle n'a jamais donné son accord sur le prix du loyer de sous-location[4].

322.13 Rapports bailleur-locataire-sous-locataire. Le bailleur, même s'il n'a pas été appelé à concourir à l'acte de sous-location, ne peut agir en expulsion du sous-locataire tant que dure le bail principal, la sous-location produisant ses effets seulement dans les rapports entre locataire principal et sous-locataire[5].

À l'expiration du contrat principal, le sous-locataire ne peut en revanche se prévaloir d'aucun droit à l'encontre du bailleur, ni d'aucun titre d'occupation.

Le locataire principal, tenu vis-à-vis du propriétaire de l'exécution des obligations du bail, est responsable des manquements du sous-locataire comme s'il occupait lui-même le logement[6].

322.14 Sanction de la sous-location ou de la cession non autorisée. Le locataire qui sous-loue ou cède le bail sans avoir obtenu l'autorisation préalable du bailleur, ou sans qu'une clause du bail ne le permette, commet un manquement à l'article 8 de la loi du 6 juillet 1989. Ce manquement peut être sanctionné de diverses manières : le bailleur peut délivrer un congé pour motif légitime et sérieux, ou agir en résiliation judiciaire du bail, ce qui nécessitera l'appréciation par le juge de la gravité du comportement du preneur.

Dans un arrêt de principe, la Cour de cassation a mobilisé le droit des biens pour attribuer au bailleur le droit de revendiquer les sous-loyers issus d'une sous-location non autorisée[7]. En l'espèce, il s'agissait d'une sous-location touristique mais le raisonnement développé par la Cour est général et vaut

1. C. civ., art. 1717.
2. Depuis L. n° 2014-366, 24 mars 2014, art. 1, 12°.
3. Civ. 3e, 19 sept. 2006, n° 05-10.013, NP, *Rev. loyers* nov. 2006, p. 468.
4. Paris, pôle 4, 4e ch., 1er mars 2016, n° 14 /08524, NP.
5. Civ. 3e, 1er févr. 2012, n° 10-22.863, P III, n° 18 ; *AJDI* 2012. 247.
6. Civ. 3e, 13 juin 1969, P III, n° 480.
7. Civ. 3e, 12 sept. 2019, n° 18-20.727, P ; *D.* 2019. 2025, note J.-D. Pellier ; *D.* 2019. 2199, chron. L. Jariel, A.-L. Collomp et V. Georget ; *D.* 2020. 353, obs. M. Mekki ; *D.* 2020. 1148, obs. N. Damas ; *D.* 2020. 1761, obs. N. Reboul-Maupin et Y. Strickler ; *AJDI* 2020. 205, obs. N. Damas ; *AJDI* 2019. 796, obs. D. Houtcieff ; *AJDI* 2020. 604, Pratique P. de Plater ; *Dalloz IP/IT* 2020. 122, obs. M. Serror Fienberg, B. Gagnaire et J.-M. Briquet ; *Rev. prat. rec.* 2020. 31, chron. D. Gantschnig ; *RTD civ.* 2019. 865, obs. H. Barbier ; *RTD civ.* 2019. 888, obs. P.-Y. Gautier.

pour toute sous-location réalisée sans l'accord du bailleur : en application des règles relatives à l'accession, les sous-loyers perçus par le preneur constituent des fruits civils qui appartiennent au propriétaire. Sachant que le locataire doit en outre payer le loyer principal, cette décision ne peut que le dissuader de recourir à une sous-location sans autorisation.

SECTION 2
QUALIFICATION DE LA SOUS-LOCATION

322.21 Appréciation souveraine des juges du fond. Le principe de l'interdiction des sous-locations a entraîné une jurisprudence très importante qui permet de mieux définir cette notion.

Le pouvoir d'interprétation des juges du fond est souverain quant au contenu des clauses du bail.

322.22 Moyens de preuve du bailleur. En présence d'une clause d'interdiction de la sous-location prévue au contrat de location le bailleur peut, sans outrepasser ses droits, faire vérifier les conditions d'occupation du local : la mission confiée à l'huissier de justice (via une ordonnance sur requête) ne porte pas une atteinte disproportionnée au droit du locataire au respect de son domicile[1].

322.23 Contrepartie monétaire ou en nature. S'il est acquis que l'existence d'une obligation de paiement définit suffisamment la sous-location, celle-ci doit cependant être caractérisée. Ainsi, le juge qui ne constate pas l'existence d'une contrepartie pour la jouissance des lieux ne donne pas de base légale à sa décision[2].

Il y a ainsi sous-location :

- dans le cas de la fourniture d'une chambre de service pendant la durée de l'année scolaire[3] ;

- lorsqu'un tiers bénéficiant d'une chambre de service est lié par un contrat de travail avec les locataires, la mise à disposition de la chambre constituant une partie du salaire[4] ;

- lorsque l'occupant déclare payer un loyer de 168 euros, les locataires affirmant qu'il s'agit du prix de l'électricité consommée[5] ;

- lorsque la jouissance d'une chambre est attribuée en contrepartie de travaux ménagers dans l'appartement des locataires[6] ;

- lorsque le locataire fait publier une annonce par un organisme chargé de proposer une sélection de chambres meublées moyennant une contrepartie financière supérieure au prix du loyer, caractérisant ainsi une sous-location interdite[7].

En revanche, ce n'est pas le cas lorsqu'une personne fait les courses pour les autres occupants et procède parfois à un achat pour l'appartement[8].

Enfin la jurisprudence connaît ses premiers développements relatifs à la mise à disposition, pour de courtes périodes et sans autorisation du bailleur, de logements locatifs au bénéfice de touristes, essentiellement dans les centres-villes et en particulier à Paris, y compris pour des logements HLM. Cette pratique peut se heurter à plusieurs dispositions législatives telles que l'interdiction de sous-location, étudiée ici, les restrictions en matière de location meublée et les obligations en matière de changements d'usage exposées aux chapitres 432 et 435, en particulier à Paris.

La preuve de la sous-location peut être rapportée par la publication sur Internet d'annonces portant sur des locations meublées[9].

SECTION 3
CESSION : MISE À DISPOSITION DU LOGEMENT EN TOTALITÉ PAR LE LOCATAIRE

322.31 Obligation d'occupation personnelle des lieux par le locataire. Le fait pour un locataire de quitter les lieux loués au profit d'un occupant qui y réside à titre exclusif caractérise la cession de bail. L'hébergement prolongé pendant plusieurs années d'un tiers au bail, alors que le preneur n'occupe plus personnellement le logement, est assimilable à une cession de bail interdite par la loi[10]. Est une infraction à l'obligation « d'occuper les lieux par lui-même et sa famille » le fait pour le preneur d'avoir quitté les lieux pour les laisser à la disposition de sa fille et des enfants de celle-ci[11] ; ou le fait qu'occupent les lieux le fils du locataire[12], ou son petit-fils, à la suite

1. Civ. 2e, 6 mai 2010, no 09-15.199, NP, *Loyers et copr.* 2010, no 188, obs. B. Vial-Pedroletti.
2. Civ. 3e, 17 mai 2006, no 05-13.045, NP, *Loyers et copr.* 2006, no 171, note B. Vial-Pedroletti.
3. Civ. 3e, 19 mai 1999, no 97-18.057, NP, *RJDA* 1999, no 764 ; *AJDI* 1999. 715 – AUSSI à propos d'une personne logée assistant dans les actes quotidiens le locataire principal : Paris, 16 nov. 1993.
4. Paris, 31 janv. 2002, no 2000/15684, *AJDI* 2002. 287.
5. Civ. 3e, 29 avr. 2002, no 01-01.749, NP, *Administrer* oct. 2002, p. 29 obs. Canu.
6. Paris, 4 juill. 2002, no 2001/07747, *AJDI* 2002. 601.
7. Paris, 6e ch. C, 11 oct. 2005, no 03/240, *Rev. loyers* mars 2006, p. 149.
8. Civ. 3e, 5 juill. 1995, no 93-10.924, P III, no 164 ; *JCP* 1995. 1817 ; *Gaz. Pal.* juin 1996, 116.
9. Paris, pôle 4 Ch. 4, 15 mars 2016, no 14/18198, *Rev. loyers* 2016. 197, note S. B. – TI Paris, Ve arr., 6 avr. 2016, no 11-15-000294, NP.
10. Paris, 18 mars 1994, no 93/008536, *Loyers et copr.* 1994, no 226.
11. Civ. 3e, 4 oct. 1994, no 93-11.329, NP, *Rev. loyers* 1995. 210.
12. Paris, 6e ch. B, 8 mars 2007, no 06/01956, *Loyers et copr.* 2007, no 139, note B. Vial-Pedroletti.

de l'admission de la locataire dans une résidence spécialisée[1]. Le locataire a manqué non seulement à son obligation de faire usage desdits lieux à titre d'habitation principale, ce qui n'est pas compatible avec leur utilisation à titre de pied à terre, mais également à celle de ne pas en céder l'usage à un tiers, fût-ce sa mère dès lors que le droit d'héberger ses proches qui est reconnu à tout locataire implique que ce locataire continue à occuper lui-même les lieux loués avec les personnes qu'il héberge et non pas que ces personnes se substituent à lui dans cette occupation, comme en l'espèce pendant les jours ouvrables[2].

322.32 Possible interdiction de prêt du local. Il est d'ailleurs licite de prévoir dans le bail une stipulation interdisant le prêt des lieux à un tiers sans le consentement du bailleur. Elle n'interdit pas l'hébergement familial et n'est donc pas contraire à l'article 8. 1 de la Convention européenne de sauvegarde des droits de l'homme. Elle prohibe toute mise à disposition d'un tiers des locaux, le locataire n'habitant plus les lieux[3]. Mais « ...à défaut de caractériser l'existence d'une obligation de paiement à sa charge en contrepartie de la mise à disposition des locaux par son frère, il n'en résulte pas la preuve d'une sous-location à son profit[4] ».

SECTION 4
DISTINCTION ENTRE SOUS-LOCATION PARTIELLE ET HÉBERGEMENT

322.41 Appréciation par les juges des clauses prohibant le prêt du local. Les juges du fond détiennent un pouvoir souverain d'appréciation en fonction de la rédaction de la clause d'interdiction et des circonstances. Il a ainsi été jugé qu'en présence d'une interdiction de sous-location, cession ou prêt du logement, et en raison de l'utilisation de celui-ci par le locataire comme pied-à-terre tandis que son neveu avait déclaré y demeurer, la cour d'appel, qui n'a pas tiré les conséquences légales de ses propres constatations dont il résultait que le locataire n'occupait pas effectivement et personnellement le logement et l'avait laissé à la disposition de tiers, a violé les textes obligeant le locataire à respecter la destination des lieux prévue au contrat[5]. Le prêt d'une chambre par les locataires constitue une infraction aux clauses du bail mais la cour d'appel retient souverainement que cette infraction n'est pas d'une gravité suffisante pour entraîner la résiliation du contrat de location[6]. La fermeture à clé des chambres mises à la disposition des occupants, l'installation de lignes téléphoniques avec le paiement des factures par les occupants ne suffit pas à caractériser l'existence d'une contrepartie[7]. En revanche, en présence d'une clause interdisant de prêter les lieux loués à des tiers sous quelque prétexte que ce soit, la cour d'appel a légalement justifié sa décision en retenant souverainement que le prêt d'une chambre de service était un manquement grave de la locataire à ses obligations contractuelles et caractérisait sa mauvaise foi[8].

1. Paris, pôle 4, 4e ch., 4 oct. 2011, n° 10/09110, NP.
2. Paris, pôle 4, 4e ch., 1er juin 2010, n° 07/12046
3. Civ. 3e, 10 mars 2010, n° 09-12.135, P III, n° 56 ; *D.* 2010. 893, *Administrer* n° 435, p. 32 ; *Loyers et copr.* 2010, n° 131, note B. Vial-Pedroletti.
4. Montpellier, 2e ch. A, 11 déc. 2011, n° 00/03765 ; *Loyers et copr.* 2012, 247, obs. B. Vial-Pedroletti.
5. Civ. 3e, 14 janv. 2016, n° 14-23.621, NP, *Administrer*, juin 2016, p. 51, note V. Canu.
6. Civ. 3e, 7 juill. 1993, n° 91-19.253, NP, *Loyers et copr.* 1993, n° 338.
7. Civ. 3e, 14 nov. 2002, n° 01-12.558, NP, *Loyers et copr.* 2003, n° 34, obs. B. Vial-Pedroletti.
8. Civ. 3e, 9 févr. 1994, n° 91-17.012, NP, *Loyers et copr.* 1994, n° 150.

CHAPITRE

323. Hébergement

SECTION 0
ORIENTEUR

323.00 **Sommaire du chapitre.**

Division. Il convient d'étudier l'obligation d'occupation personnelle et ses limites (sect. 1) et l'hébergement familial autorisé (sect. 2).

323.01 **Principaux textes applicables.**

TEXTES SOURCES

• **L. n° 89-462, 6 juill. 1989,** art. 4 n).

TEXTES *IN EXTENSO*

• **L. 6 juill. 1989,** art. 4 n)

Est réputée non écrite toute clause :

[...]

n) Qui interdit au locataire d'héberger des personnes ne vivant pas habituellement avec lui.

323.02 **Jurisprudence de référence.**

• **Civ. 3e., 6 mars 1996,** n° 93-11.113, P III, n° 60

* V. s[s] n° 323.21

« ...attendu que les clauses d'un bail d'habitation ne pouvant, en vertu de l'article 8.1 de la Convention de sauvegarde des droits de l'homme et des libertés fondamentales, avoir pour effet de priver le preneur de la possibilité d'héberger ses proches... »

323.03 **Bibliographie indicative.**

Annuel. LAMY DR. IMMO, n° 5871.

Encyclopédies. RÉP. IMMO., *V[is] Bail d'habitation et mixte : rapports locatifs individuels – Loi du 6 juillet 1989*, N. Damas, n°s 100, 167 ; *Bail d'habitation ou professionnel – Loi du 1er septembre 1948*, H. des Lyons, n° 146 – DICT. PERM. Gestion immob., *V° Baux d'habitation et mixtes*, n° 167.

Article. B. Vial-Pedroletti, « Le prêt de logement par le locataire », *Loyers et copr.* 2010. Ét. 6.

323.05 **Contrat, jurisprudence et textes.** Les textes (article 8 de la loi du 6 juillet 1989) ne font mention que de l'interdiction de la cession de bail et de la sous-location. L'hébergement n'est pas mentionné.

Les litiges sont apparus car dans de nombreux cas, des clauses contractuelles ont prétendu interdire tout hébergement sous quelque forme que ce soit.

La jurisprudence, au contraire, reconnaît au locataire la faculté d'héberger chez lui des membres de sa famille, tout en continuant d'occuper le logement.

Le législateur est par ailleurs intervenu[1] pour compléter la liste des clauses réputées non écrites de l'article 4 de la loi du 6 juillet 1989 : est dorénavant réputée non écrite la clause qui interdit au locataire d'héberger des personnes ne vivant pas habituellement avec lui[2]. Il convient de souligner à ce propos que la jurisprudence aura vraisemblablement à préciser cette notion pour définir, notamment, les personnes concernées par cette formulation, qui pourrait s'interpréter très largement[3].

Mais, si le bail n'interdit pas l'hébergement des tiers (par exemple des enfants), il ne peut aboutir à autoriser l'occupation du logement aux lieu et place du locataire en titre[4].

1. L. n° 2006-872, 13 juill. 2006 portant engagement national pour le logement, *JO* 16 juill., p. 10662.
2. L. n° 89-462, 6 juill. 1989, art. 4 n.
3. NOT. : N. Damas, « Panorama de bail d'habitation. janv. 2006 – déc. 2006 », *D.* 2007. 903, n° 13.
4. Paris, 6e ch. B, 22 mai 2003, n° 2001/18617, *Loyers et copr.* 2003, n° 192, obs. B. Vial-Pedroletti – AUSSI, pour un cas où le locataire reproche au bailleur d'avoir conclu un bail directement avec le sous-locataire avant la fin du bail originel : Civ. 3e, 27 janv. 2004, n° 02-13.200, NP, *AJDI* 2004. 631, note Beaugendre.

SECTION 1
OBLIGATION D'OCCUPATION PERSONNELLE ET LIMITES

323.11 Principe de non-ingérence dans la vie privée du locataire. La jurisprudence s'est penchée sur les conséquences à tirer de clauses dites d'occupation strictement personnelle. Il a été jugé que la clause, imposant une occupation à caractère strictement personnel, ne saurait avoir pour effet de priver le locataire du droit d'héberger les personnes de son choix et qu'une telle clause prohibe seulement, conformément à l'article 8 de la loi du 6 juillet 1989, toute cession de bail et toute sous-location [1].

323.12 Conditions de cohabitation. La question des conditions de cohabitation dans les lieux avec le locataire et de ses limites avait été posée de manière précise devant les juges du fond : « L'hébergement d'une personne par le preneur, pouvant se fonder sur des relations amicales ou amoureuses, s'il constitue une violation formelle de la clause contractuelle interdisant de faire occuper les lieux par un tiers ne présente pas un caractère de gravité suffisant pour justifier la résiliation du bail, à moins d'accorder au bailleur, par l'effet d'une telle clause, un droit de regard et d'ingérence dans la vie privée du preneur que la législation et la morale actuelles n'accordent pas aux parents sur les agissements de leurs enfants proches de la majorité » [2]. Dans le même sens, il a été jugé qu'« il ne peut être reproché à la locataire de recevoir un homme avec qui elle a eu un enfant en l'absence d'un concubinage » [3]. Héberger n'est pas céder : si le locataire accueille dans le logement un proche, avec lequel il cohabite, il ne cède pas le droit au bail, mais il héberge ce tiers.

SECTION 2
HÉBERGEMENT FAMILIAL AUTORISÉ

323.21 Protection par la Convention européenne des droits de l'homme. Affinant son approche, la jurisprudence a tracé au cours des vingt dernières années le contour de l'interdiction contractuelle. Après avoir retenu la possibilité d'héberger « les personnes de son choix » [4], la Cour de cassation a reconnu que « l'hébergement familial ne constituait pas une sous-location prohibée » [5]. Dans le même sens, il a été jugé que « l'interdiction d'héberger des tiers ne peut viser les membres de la proche famille du preneur, et plus spécialement des descendants qui ne sont pas des tiers au sens des dispositions conventionnelles ou légales applicables en l'espèce » [6]. La Cour de cassation, en opposant les clauses d'un bail d'habitation et l'article 8-1 de la Convention de sauvegarde des droits de l'homme et des libertés fondamentales [7], a reconnu au preneur la possibilité d'héberger ses proches [8] :

« Mais attendu que les clauses d'un bail d'habitation ne pouvant, en vertu de l'article 8.1 de la Convention de sauvegarde des droits de l'homme et des libertés fondamentales, avoir pour effet de priver le preneur de la possibilité d'héberger ses proches, la cour d'appel qui, pour écarter l'existence d'un manquement du preneur à ses obligations, a relevé que Mme Mel Z... hébergeait M. Y..., père de ses deux derniers enfants, ainsi que Mlle X..., sa sœur, a, par ces seuls motifs et sans dénaturation, légalement justifié sa décision ».

323.22 Notion de proche. La notion de proche gagnerait à être mieux définie. Selon M. Toitot, conseiller à la Cour de cassation, elle comprend « les membres de la famille avec un lien de parenté ou d'alliance mais ne saurait exclure des situations de fait en fonction de l'évolution des mœurs » [9]. Pourtant, certains juges opposent une résistance à cette analyse en considérant que l'hébergement du père d'un des enfants de la locataire est un tiers au contrat, conclu *intuitu personae*, et qu'il constitue un manquement grave et continu justifiant la résiliation du bail [10].

En revanche « l'obligation d'occuper personnellement les lieux loués ne saurait avoir pour effet de priver la locataire du droit d'héberger un membre de sa proche famille, en l'occurrence sa sœur et le jeune fils de celle-ci, une telle clause prohibant, seulement, conformément au droit commun, toute cession de bail et toute sous-location, dont l'existence n'est pas établie en l'espèce... Il n'est pas interdit à l'intimée d'héberger dans les lieux loués sa sœur et son neveu, même durablement, dès lors qu'elle-même y conserve son domicile » [11]. La Cour de cassation a

1. Civ. 3e, 5 mai 1993, n° 91-14.650, NP, *JCP* 1993, n° 44-45.
2. Paris, 5 févr. 1988, *D.* 1988. IR 60.
3. Paris, 13 mars 1992, *Administrer* oct. 1992, p. 96.
4. Civ. 3e, 5 mai 1993, n° 91-14.650, NP, *JCP* 1993, n° 44-45, préc.
5. Civ. 3e, 14 déc. 1994, n° 92-15.129, P III, n° 210 ; *Rev. loyers* 1995. 344, à propos de l'art. 78 de la loi du 1er sept. 1948 et de l'hébergement des petites-filles de la locataire.
6. Paris, 27 févr. 1987, n° S6/I5832.
7. « Toute personne a droit au respect de sa vie privée et familiale, de son domicile et de sa correspondance. »
8. Civ. 3e, 6 mars 1996, n° 93-11.113, P III, n° 60 ; *D.* 1996. Somm. 379, obs. CRDP Nancy 2 ; *D.* 1997, Jur. 167, note de Lamy ; *Administrer* nov. 1996, p. 28, obs. Canu ; *RDI* 1996. 620, obs. F. Collart-Dutilleul ; *AJPI* 1996. 7, note B. Wertenschlag.
9. *Rapp. C. cass. 2000*, « Étude sur la protection du locataire de locaux à usage d'habitation ».
10. Versailles, 29 janv. 1999, n° 692/97, *D.* 2001. Somm. 169, obs. CRDP Nancy 2.
11. Paris, pôle 4, 3e ch., 10 déc. 2015, n° 14/02483, NP.

tiré toutes les conséquences du droit reconnu à l'hébergement dans une affaire opposant deux colocataires. En présence d'un bail signé par deux colocataires concubins, qui comporte une clause d'habitation personnelle prohibant toute sous-location, cession et mise à disposition même gratuite de l'appartement, l'un des concubins ne peut agir en expulsion de la fille de sa colocataire, alors que celle-ci avait établi sa résidence chez sa mère qui occupait personnellement les lieux, les clauses d'un bail ne pouvant avoir pour effet de priver le preneur de la possibilité d'héberger ses proches[1]. On retiendra cependant que la faculté d'héberger un membre de sa famille n'est envisageable que si le locataire occupe lui-même et concomitamment les lieux loués « de façon effective, réelle et continue »[2].

L'article 4 n) de la loi du 6 juillet 1989, issu de la loi du 13 juillet 2006, dite loi ENL, répute non écrite la clause interdisant au locataire d'héberger des personnes ne vivant pas habituellement avec lui. La formulation est quelque peu surprenante, car elle présuppose que la personne hébergée vive habituellement avec le locataire : a contrario, l'arrivée dans le logement d'une nouvelle personne n'ayant jamais vécu avec le locataire, pourrait être interdite... Cela est difficilement concevable et il est plus justifié de retenir la conception plus souple de la Cour de cassation, qui se réfère au proche du locataire.

1. Civ. 3e, 22 mars 2006 n° 04-19.349, P III, n° 73 ; *Rev. loyers* 2006. 287, note Rémy.

2. Paris, Pôle 4, 4e ch., 4 oct. 2011, n° 10/09110, NP.

CHAPITRE

324. Échange de logements

SECTION 0
ORIENTEUR

324.00 Sommaire du chapitre.

Division – Conditions strictement délimitées. La possibilité d'un « échange[1] » de logements entre deux locataires, sans opposition possible du bailleur (l'échange est « de droit »), est ouverte par l'article 9 de la loi du 6 juillet 1989. Elle est soumise à des conditions qui réduisent l'éventualité d'un tel échange à des cas exceptionnels (sect. 1).

Par ailleurs, les conséquences de cet échange peuvent conduire à considérer celui-ci comme porteur de certaines difficultés (sect. 2).

324.01 Principaux textes applicables.

TEXTES SOURCES

• **L. 6 juill. 1989,** art. 9.

TEXTES *IN EXTENSO*

• **L. 6 juill. 1989,** art. 9

Lorsque deux locataires occupant deux logements appartenant au même propriétaire et situés dans un même ensemble immobilier demandent à procéder à un échange de logements entre eux, cet échange est de droit dès lors que l'une des deux familles concernées comporte au moins trois enfants et que l'échange a pour conséquence d'accroître la surface du logement occupé par la famille la plus nombreuse.

Dans les contrats en cours, chaque locataire se substitue de plein droit à celui auquel il succède et ne peut être considéré comme un nouvel entrant.

Ces dispositions ne sont pas applicables lorsque l'un des deux ou les deux logements sont soumis aux dispositions du chapitre III du titre Ier de la loi n° 48-1360 du 1er septembre 1948 portant modification et codification de la législation relative aux rapports des bailleurs et locataires ou occupants des locaux à usage d'habitation ou à usage professionnel et instituant des allocations de logement.

324.02 Jurisprudence de référence.

> Sur la notion d'ensemble immobilier

• **Paris, 15 nov. 2007,** n° 06/16437

* V. ss n° 325.12

L'échange n'est pas de droit s'il porte sur deux appartements, situés dans la même commune, mais dans deux résidences éloignées l'une de l'autre et séparées par un fleuve.

> Sur la transmission des droits locatifs et ses conséquences pour le propriétaire

• **Civ. 3e, 15 mai 1996,** n° 94-17.262, NP

* V. ss n° 324.20

« Attendu que la cour d'appel a retenu, à bon droit, qu'à la suite de l'échange d'appartements, le droit locatif de Mme B… avait été transmis aux époux C… auxquels le bail était opposable. »

324.03 Bibliographie indicative.

Annuel. LAMY DR. IMMO, nos 5991-5994.

Encyclopédies. RÉP. IMMO., *Vis Bail d'habitation et mixte : rapports locatifs individuels – Loi du 6 juillet 1989*, N. damas, nos 320 s. ; *Bail d'habitation ou professionnel – Loi du 1er septembre 1948*, H. des Lyons, n° 82 – DICT. PERM. Gestion immob., *Vis Baux d'habitation et mixtes*, nos 320 s. ; *Baux-loi du 1er septembre 1948*, nos 48 s. ; *HLM-Location*, n° 266.

Manuel. J. Lafond, B. Vial-Pedroletti, *Les baux d'habitation*, 8e éd., « Droit et professionnels », LexisNexis, 2017, nos 1177 s.

SECTION 1
CONDITIONS D'UN ÉCHANGE

324.11 Conditions relevant des locataires concernés. Lorsque deux locataires souhaitent échanger leurs logements, ils doivent satisfaire deux conditions :

1. POUR une analyse critique de la notion : *J.-Cl.* Bail d'habitation, fasc. 138, n° 3, J.-P. Blatter.

– l'une des deux familles concernées doit comporter au moins trois enfants ;

– l'échange doit avoir pour effet de permettre à la famille la plus nombreuse d'accroître la surface du logement qu'elle occupe. Ici aussi, il n'y a pas d'autre condition : pas de surface minimale offerte à chaque occupant par exemple.

324.12 Conditions relevant des logements. La faculté d'échange visée par l'article 9 de la loi du 6 juillet 1989 repose sur trois conditions :

– il ne peut s'agir que de deux logements appartenant au même propriétaire. Toute autre hypothèse aurait rendu problématique sa mise en œuvre ;

– les logements doivent être situés dans le même ensemble immobilier. Cette notion n'est pas définie par la loi ou par un texte postérieur[1]. Elle fait appel à des notions d'unité physique et de proximité géographique ; l'échange n'est pas de droit s'il porte sur deux appartements, situés dans la même commune, mais dans deux résidences éloignées l'une de l'autre et séparées par un fleuve[2] ;

– aucun des deux logements concernés ne doit être soumis aux dispositions du chapitre III de la loi du 1er septembre 1948, relatif aux loyers. L'objectif est ici d'éviter que ne se prolonge davantage le régime exceptionnel de la loi de 1948, à travers la possibilité d'échanges successifs auxquels le propriétaire ne pourrait s'opposer.

SECTION 2
CONSÉQUENCES D'UN ÉCHANGE

324.20 Plan – Substitution pleine et entière du locataire. L'article 9 de la loi de 1989 précise que : « dans les contrats en cours, chaque locataire se substitue de plein droit à celui auquel il succède et ne peut être considéré comme un nouvel entrant ».

La formule est celle d'une substitution pleine et entière, et automatique, d'un locataire vis-à-vis de l'autre dans les contrats respectifs, avec toutes ses conséquences[3].

Il convient d'étudier successivement les effets de la substitution (§ 1) et ses limites (§ 2).

§ 1
Effets de la substitution

324.31 Acteurs multiples. L'analyse conduit à distinguer les effets touchant aux rapports entre le propriétaire et le preneur et ceux qui concernent les preneurs entre eux.

324.32 Effets dans les rapports entre propriétaire et locataires. Le texte exclut d'emblée toute évolution de loyer ou de dépôt de garantie, par exemple, à l'occasion de l'échange, puisqu'aucun des locataires n'est un nouvel entrant. Aucune augmentation ou somme quelconque ne peut donc être réclamée en raison de l'échange.

La substitution entraîne cependant l'obligation pour chacun de respecter le nouveau contrat, dans toutes ses clauses. Si des travaux ont été prévus par une clause spécifique ayant des effets sur le montant du loyer[4], elle devra être appliquée. Si un accord collectif[5] prévoit des augmentations suite à des améliorations, il s'impose au nouveau locataire qui ne l'a pas signé.

324.33 Situation du locataire se substituant. Le locataire se substituant à l'autre accepte par avance cette nouvelle situation à laquelle il ne peut opposer qu'une éventuelle demande d'adaptation du contrat, à la condition d'un accord préalable du bailleur. Il doit ainsi accepter le logement dans l'état où il se trouve et ne peut demander que le logement soit refait avant l'échange. Ainsi un locataire ne peut revendiquer, au moment de l'échange, l'application de l'article 3 de la loi du 6 juillet 1989 sur l'état des lieux. Il ne peut en conséquence exiger du bailleur le remboursement par moitié du constat d'huissier qu'il a fait réaliser[6]. La durée du bail échangé n'est pas modifiée.

324.34 Effets dans les rapports entre coéchangistes. La situation des preneurs est plus favorable puisque l'échange se fait à leur initiative, alors que le bailleur ne peut s'y opposer.

Chacun doit toutefois apprécier cet échange à la mesure de ses conséquences. À l'objectif d'une meilleure adéquation de la taille du logement, s'ajoute un montant de loyer différent avec des évolutions à terme, par exemple en cas de travaux, qui peuvent ne pas avoir été suffisamment mesurées. De même, la durée de la location peut varier d'un contrat à l'autre.

D'autres effets sont impératifs, tels que par exemple l'opposabilité à chacun des preneurs de l'état des lieux d'entrée signé par l'autre. L'obligation de réparations locatives est transférée à chacun d'entre eux, avec des conséquences qui pourraient être importantes à l'issue du contrat selon l'existence d'un état des lieux ou non[7], selon l'état du local au début de

1. Il est possible qu'un échange ait lieu entre un locataire d'une maison individuelle et un locataire d'un logement collectif : Rép. Min. n° 3122, *JO* Sénat Q 13 nov. 1997, p. 3171.
2. Paris, 15 nov. 2007, n° 06/16437, *Loyers et copr.* 2008, n° 29, note B. Vial-Pedroletti.
3. Civ. 3e, 15 mai 1996, n° 94-17.262, NP.
4. Sur cette notion, v. ss n° 311.10.
5. V. ss nos 812.30 s.
6. Versailles, 29 sept. 2009, n° 08/06935, *JurisData* 379216, *Loyers et copr.* 2010, n° 6, note B. Vial-Pedroletti.
7. V. ss nos 137.31 s.

la location et au moment de l'échange et, par conséquent, selon l'entretien du logement.

§ 2
Limites à la substitution

324.41 **Dépôt de garantie.** Certains effets de la substitution nécessitent un examen particulier et conduisent à s'interroger sur les limites de celle-ci. Tel est le cas du dépôt de garantie. Les montants des dépôts de garantie sont différents et les conditions de leur restitution sont liées à la durée respective des locations et à l'entretien du logement par chaque locataire.

Le dépôt de garantie est attaché au local mais l'obligation d'entretien est transférée d'un locataire à un autre. Cependant, le dépôt de garantie n'est pas restitué au moment de l'échange. Doit-il faire l'objet d'un compte entre les locataires ? Ils devront en décider, mais une telle stipulation est recommandée.

324.42 **Garanties du bailleur.** Les difficultés pourront provenir ici des différences de situation entre preneurs. À supposer que le bailleur ait souhaité qu'une personne se porte caution pour l'un ou pour l'autre des locataires, la substitution de l'un par l'autre ne peut entraîner celle des cautions, qui ne sont pas transférables sans leur accord.

En tout état de cause chacun, coéchangiste et bailleur, devra mesurer les difficultés qu'un échange peut entraîner afin que cette mesure de souplesse ne recèle pas de difficultés insurmontables à terme.

CHAPITRE

325. Événements personnels influant sur le bail 1948 et HLM

SECTION 0 ORIENTEUR

325.00 **Sommaire du chapitre.**

Division – Strict encadrement des changements d'occupant afin de prévenir les cessions de bail et sous-locations illicites. Si les possibilités de transfert ou de poursuite du bail du droit locatif commun s'appliquent également au parc locatif social, c'est sous réserve que les bénéficiaires satisfassent aux critères supplémentaires d'attribution des logements sociaux. La cession de bail reste interdite mais l'échange et la sous-location sont autorisés dans des cas bien précis.

325.01 **Principaux textes applicables.**

TEXTES SOURCES

• **L. n° 89-462, 6 juill. 1989** tendant à améliorer les rapports locatifs et portant modification de la loi n° 86-1290 du 23 décembre 1986, *JO* 8 juill., art. 9, 14, 40.

• **C. civ.,** art. 1751.

• **CCH,** art. L. 442-8 à L. 442-8-4.

TEXTES *IN EXTENSO*

• **L. 6 juill. 1989,** art. 9

Lorsque deux locataires occupant deux logements appartenant au même propriétaire et situés dans un même ensemble immobilier demandent à procéder à un échange de logements entre eux, cet échange est de droit dès lors que l'une des deux familles concernées comporte au moins trois enfants et que l'échange a pour conséquence d'accroître la surface du logement occupé par la famille la plus nombreuse.

Dans les contrats en cours, chaque locataire se substitue de plein droit à celui auquel il succède et ne peut être considéré comme un nouvel entrant.

Ces dispositions ne sont pas applicables lorsque l'un des deux ou les deux logements sont soumis aux dispositions du chapitre III du titre Ier de la loi n° 48-1360 du 1er septembre 1948 portant modification et codification de la législation relative aux rapports des bailleurs et locataires ou occupants des locaux à usage d'habitation ou à usage professionnel et instituant des allocations de logement.

• **L. 6 juill. 1989,** art. 14

En cas d'abandon du domicile par le locataire, le contrat de location continue :

– au profit du conjoint sans préjudice de l'article 1751 du code civil ;

– au profit des descendants qui vivaient avec lui depuis au moins un an à la date de l'abandon du domicile ;

– au profit du partenaire lié au locataire par un pacte civil de solidarité ;

– au profit des ascendants, du concubin notoire ou des personnes à charge, qui vivaient avec lui depuis au moins un an à la date de l'abandon du domicile.

– Lors du décès du locataire, le contrat de location est transféré :

– au conjoint survivant qui ne peut se prévaloir des dispositions de l'article 1751 du code civil ;

– aux descendants qui vivaient avec lui depuis au moins un an à la date du décès ;

– au partenaire lié au locataire par un pacte civil de solidarité ;

– aux ascendants, au concubin notoire ou aux personnes à charge, qui vivaient avec lui depuis au moins un an à la date du décès.

En cas de demandes multiples, le juge se prononce en fonction des intérêts en présence.

À défaut de personnes remplissant les conditions prévues au présent article, le contrat de location est résilié de plein droit par le décès du locataire ou par l'abandon du domicile par ce dernier.

• **L. 6 juill. 1989,** art. 40

[...]

L'article 14 leur est applicable à condition que le bénéficiaire du transfert ou de la continuation du contrat remplisse les conditions d'attribution et que le logement soit adapté à la taille du ménage. Les conditions de ressources et d'adaptation du logement à la taille du ménage ne sont pas requises envers le conjoint, le partenaire lié au locataire par un pacte civil de solidarité ou le concubin notoire et, lorsqu'ils vivaient effectivement avec le locataire depuis plus d'un an, les ascendants, les personnes présentant un handicap au sens de l'article L. 114 du code de l'action sociale et des familles et les personnes de plus de soixante-cinq ans.

[...]

• **CCH,** art. L. 442-8

Dans tous les immeubles destinés à la location et financés au moyen de crédits prévus par le livre III, il est interdit de louer en meublé ou de sous-louer un logement, meublé ou non, sous quelque forme que ce soit, sous peine d'une amende de 9 000 €.

Le premier alinéa n'est pas applicable aux logements-foyers mentionnés à l'article L. 633-1.

• **CCH,** art. L. 442-8-1

I. – Par dérogation à l'article L. 442-8, les organismes mentionnés à l'article L. 411-2 peuvent louer, meublés ou non, des logements :

– à des organismes bénéficiant de l'agrément relatif à l'intermédiation locative et à la gestion locative sociale prévu à l'article L. 365-4 en vue de les sous-louer ;

– à des organismes déclarés ayant pour objet de les sous-louer à titre temporaire à des personnes âgées, à des personnes présentant un handicap au sens de l'article L. 114 du code de l'action sociale et des familles, à des personnes de moins de trente ans ou à des actifs dont la mobilité professionnelle implique un changement de secteur géographique ;

– à des centres régionaux des œuvres universitaires et scolaires mentionnés à l'article L. 822-3 du code de l'éducation ayant pour objet de les sous-louer à des étudiants ;

– à des associations dont l'objet est de favoriser le logement des étudiants et de gérer des résidences universitaires ;

– à des personnes morales de droit public ou privé mentionnées à l'article L. 444-1 du code de l'action sociale et des familles en vue de les sous-louer à des accueillants familiaux visés à l'article L. 441-1 du même code, ainsi qu'aux personnes âgées ou aux personnes présentant un handicap au sens de l'article L. 114 du même code ayant conclu un contrat d'accueil avec ces accueillants ;

– à des centres communaux ou intercommunaux d'action sociale, dans le cadre de leurs compétences définies à la section 2 du chapitre III du titre II du livre Ier du même code, en vue de les sous-louer à titre temporaire à des personnes physiques ;

– à des centres communaux ou intercommunaux d'action sociale ou à des associations déclarées ayant pour objet de les sous-louer meublés, pour une durée n'excédant pas six mois, à des travailleurs dont l'emploi présente un caractère saisonnier tel que mentionné au 3° de l'article L. 1242-2 du code du travail ;

– à des établissements publics de coopération intercommunale dotés de la compétence d'aide aux personnes âgées.

II. – Par dérogation à l'article L. 442-8, les locataires des organismes mentionnés à l'article L. 411-2 peuvent, après information de l'organisme bailleur, sous-louer :

– une partie de leur logement à des personnes de plus de soixante ans ou à des personnes adultes présentant un handicap au sens de l'article L. 114 du code de l'action sociale et des familles avec lesquelles ils ont conclu un contrat conforme à l'article L. 442-1 du même code.

Le coût de la ou des pièces principales sous-louées est calculé au prorata du loyer et des charges rapporté à la surface habitable du logement.

III. – Peuvent être exigés en sus le montant des prestations, taxes et fournitures individuelles et tous impôts et taxes perçus à l'occasion des locations en meublé.

325.02 Jurisprudence de référence.

• **Civ. 3e, 25 mars 2015,** n° 14-11.043, P III, n° 33

* V. s^s n° 325.11

« Mais attendu qu'ayant énoncé qu'en application de l'article 40 de la loi du 6 juillet 1989 dans sa rédaction résultant de la loi n° 2009-323 du 25 mars 2009, l'article 14 de la loi du 6 juillet 1989 relatif au transfert du bail en cas de décès du locataire est applicable aux logements appartenant aux organismes d'habitations à loyer modéré à condition que le bénéficiaire du transfert ou de la continuation du contrat remplisse les conditions d'attribution du logement concerné et que le logement soit adapté à la taille du ménage et exactement retenu qu'aucun texte ne faisait obstacle à ce que le bail puisse faire l'objet d'un transfert commun aux trois frères et sœur qui vivaient ensemble dans les lieux depuis de nombreuses années et que le ménage devait être entendu dans son acception de cellule économique et familiale, la cour d'appel, qui a relevé que le logement de quatre pièces était adapté à la taille d'un ménage d'au moins trois personnes et que les ressources des demandeurs ne dépassaient pas le plafond fixé pour l'attribution d'un logement HLM, en a exactement déduit que la demande de transfert de bail formée conjointement par MM. et Mme Abdelkader, Souméa et Mohamed *X*... devait être accueillie [...]. »

• **Civ. 3e, 20 déc. 2018,** n° 18-10.124, P

* V. s^s n° 325.14

« Mais attendu, d'une part, qu'ayant constaté que le logement n'était pas adapté à la situation de M. *X*... qui vivait seul dans les lieux, la cour d'appel en a exactement déduit que celui-ci ne pouvait prétendre au transfert du bail à son profit ;

Attendu, d'autre part, qu'ayant retenu, à bon droit, que l'article L. 442-3-1 du code de la construction et de l'habitation ne s'applique qu'aux rapports entre l'organisme d'HLM et le locataire, la cour d'appel en a exactement déduit que la société Logirep n'était pas tenue de proposer un relogement à M. *X*... qui n'avait pas la qualité de locataire [...]. »

• **Civ. 3e, 6 mars 1996,** *Ann. Loyers* 1996 p. 1159, note R. Martin ; Paris, 9 nov. 1999, *AJDI* 2000.73

« Mais attendu que les clauses d'un bail d'habitation ne pouvant, en vertu de l'article 8.1 de la Convention de sauvegarde des droits de l'homme et des libertés fondamentales, avoir pour effet de priver le preneur de la possibilité d'héberger ses proches, la cour d'appel qui, pour écarter l'existence d'un manquement du preneur à ses obligations, a relevé que Mme Mel *Z*... hébergeait M. *Y*..., père de ses deux derniers enfants, ainsi que Mlle *X*..., sa sœur, a, par ces seuls motifs et sans dénaturation, légalement justifié sa décision [...]. »

325.03 Bibliographie indicative.

Annuel. LAMY DR. IMMO, nos 5698-5718.

Encyclopédie. DICT. PERM. Gestion immob., « HLM – Location », nos 329 s.

SECTION 1
DÉCÈS ET ABANDON DE DOMICILE – CONDITIONS PARTICULIÈRES PROPRES AUX LOGEMENTS HLM

325.11 Conditions d'attribution de logement social et d'adéquation de la taille du ménage au logement. La loi du 25 mars 2009[1] a modifié l'article 40 de la loi du 6 juillet 1989 dans les conditions suivantes. L'article 40, I de la loi du 6 juillet 1989 pour les logements HLM « non conventionnés », c'est-à-dire qui n'ont pas fait l'objet d'une convention signée avec l'État en application de l'article L. 831-1 du Code de la construction et de l'habitation, ouvrant droit en particulier à l'APL (aide personnalisée au logement), et l'article 40, III pour les logements HLM « conventionnés »[2] ajoutent deux conditions à la transmission du bail prévue par l'article 14 de la loi. Tout d'abord, le bénéficiaire doit respecter les conditions d'attribution dudit logement HLM, condition préalable à la transmission du bail ; ensuite, la loi du 25 mars 2009 a ajouté que le logement devait être adapté à la taille du ménage.

Ces deux conditions ne sont pas requises cependant du conjoint, du partenaire lié au locataire par un pacte civil de solidarité ou du concubin notoire ; elles ne sont pas requises non plus, à la condition qu'ils vivent effectivement avec le locataire depuis plus d'un an à la date du décès ou de l'abandon de domicile, des ascendants, des personnes présentant un handicap au sens de l'article L. 114 du code de l'action sociale et des familles, et des personnes de plus de soixante-cinq ans. Ces deux conditions s'ajoutant à celles de l'article 14 de la loi du 6 juillet 1989, une personne handicapée doit démontrer qu'elle avait une communauté de vie stable et continue avec le défunt pendant l'année précédant le décès[3]. S'agissant du handicap subi, s'y attachent autant la situation de travailleur handicapé définie par l'article L. 5213-1 du code du travail que celle de personne handicapée au sens de l'article 114 du code de l'action sociale et des familles. S'appuyant sur une interprétation restrictive de l'exception posée par l'article 40 de la loi de 1989 en faveur des personnes handicapées au sens du code de l'action sociale et des familles, la cour d'appel de Versailles avait rejeté le bénéfice du transfert envers un occupant qui s'était vu reconnaître la qualité de travailleur handicapé sur le seul fondement du code du travail et non sur l'article 114 du code de l'action sociale et des familles, considérant que les notions de travailleur handicapé et de personne handicapée coexistaient et ne pouvaient se confondre. La cour de cassation casse la décision et affirme que le travailleur handicapé bénéficie de l'exception réservée à l'article 40[4].

Les situations qui répondent aux critères requis sont multiples. Ainsi en est-il des fratries pour lesquelles la Cour de cassation a jugé qu'aucun texte ne fait obstacle à ce que le bail puisse faire l'objet d'un transfert commun à trois frères et sœur qui vivaient ensemble dans les lieux depuis de nombreuses années. Le bailleur faisant par ailleurs valoir que que ne constituaient pas un ménage les enfants du locataire qui occupent ensemble un tel logement, la Cour écarte l'argument considérant que le ménage devait être entendu dans son acception de cellule économique et familiale[5].

Outre les exigences spécifiques de la législation HLM quant à l'adéquation entre taille du ménage et typologie du logement lors du décès, le contexte familial de décès d'époux locataires fait prévaloir le droit du conjoint survivant en sa qualité de cotitulaire du bail : sauf s'il y renonce expressément, le conjoint survivant dispose d'un droit exclusif sur le bail au détriment notamment des descendants[6]. La règle a dû être rappelée dans une situation où, à la suite du décès de son père puis, quelques années après, de celui de sa mère, tous deux cotitulaires du bail d'un logement HLM de type 4, l'enfant majeur qui l'occupait seul prétendait que le transfert du droit au bail s'était opéré lors du décès de son père – intervenu en 2004, avant la loi du 25 mars 2009 ayant ajouté la condition d'adaptation du logement à la taille du ménage – et non lors du décès de sa mère en 2013. L'argument avancé était que l'héritier du preneur décédé est réputé avoir recueilli le droit au bail de son auteur par voie successorale, en sorte que ce droit, s'il est neutralisé tant que dure le droit exclusif d'origine légale du conjoint survivant,

1. L. n° 2009-323, 25 mars 2009 de mobilisation pour le logement et la lutte contre l'exclusion, *JO* 27 mars.
2. Sur cette notion, v. ss n° 612.26.
3. Paris, pôle 4, 4e ch., 22 janv. 2013, n° 10/16908, *Loyers et copr.* 2013, n° 10/16908, *Loyers et copr.* 2013, n° 109, note C. Coutant-Lapalus.
4. Civ. 3e, 12 déc. 2019, n° 18-13.476, P ; *AJDA* 2020. 1097 ; *D.* 2019. 2409 ; *ibid.* 2020. 1148, obs. N. Damas ; *ibid.* 1248, chron. A.-L. Collomp, C. Corbel et L. Jariel ; *AJDI* 2020. 510, obs. N. Damas ; *Rev. prat. rec.* 2020. 31, chron. D. Gantschnig.
5. Civ. 3e, 25 mars 2015, n° 14-11.043, P III, n° 33 ; *JCP N* 2015, n° 476.
6. C. civ., art. 1751, al. 3.

retrouve son empire lorsque ce dernier prend fin et qu'en conséquence, les conditions de transmission du droit au bail du preneur décédé à son héritier s'apprécient au jour du décès et non au jour où cesse le droit exclusif du conjoint survivant. Argument écarté par la Cour de cassation qui confirme l'interprétation de la cour d'appel ayant retenu à bon droit que ce droit exclusif prive les héritiers qui vivent dans les lieux au moment du décès du preneur de tout droit locatif en présence d'un conjoint survivant[1].

Enfin, le caractère impératif des conditions du transfert fixées par la loi du 6 juillet 1989 s'impose aux parties y compris lorsque des clauses insérées dans des baux anciens stipulent des conditions de transfert plus favorables tel que, par exemple, une durée d'occupation du logement d'au moins six mois au moment du décès du preneur. Dans cette hypothèse et malgré la clause favorable au preneur le transfert doit être refusé par le bailleur car les dispositions de l'article 14 ainsi que les conditions d'attribution des logements HLM sont d'ordre public et ne sont pas uniquement destinées à protéger les locataires[2].

325.12 Conditions de ressources et de régularité du séjour pour les étrangers. Le bénéficiaire doit justifier de ressources inférieures au plafond HLM. Dès avant la loi du 25 mars 2009, la jurisprudence avait jugé que pour les logements HLM la condition de ressources était imposée en cas de transfert du contrat de location : le transfert du bail ne peut intervenir au profit de la concubine notoire du locataire que si elle remplit les conditions d'attribution de logement régi par la législation sur les habitations à loyer modéré[3]. De même avait été cassé l'arrêt qui avait accordé le bénéfice de cette mesure à un descendant dont les ressources dépassaient le plafond fixé par la réglementation, sous le prétexte que, par suite du transfert à son profit du contrat consenti à son ascendant décédé, il n'était pas un candidat à une location nouvelle mais un locataire en place[4]. Or c'est bien le décès qui ouvre le droit à un titre locatif issu du transfert du contrat et non la seule présence dans les lieux du bénéficiaire antérieurement à celui-ci. La perception d'un supplément de loyer de solidarité[5] pour quelques mois, sous la réserve expresse de la régularisation juridique de l'occupation des lieux, ne signifie pas que le bailleur avait renoncé à se prévaloir de la résiliation du bail ni accepté sans réserve le principe d'un transfert de bail[6].

Au plan de la régularité du séjour pour les personnes étrangères et depuis l'entrée en vigueur de la loi du 23 novembre 2018[7], dite loi Élan, le bénéficiaire du transfert du bail ou de sa continuation doit désormais en justifier, y compris s'il entre dans l'une des catégories qui échappaient au respect des conditions d'attribution avant la loi Élan : conjoint, partenaire pacsé, concubin notoire ainsi que les ascendants, personnes handicapées, personnes de plus de 65 ans s'ils vivaient effectivement avec le locataire depuis plus d'un an. Par la nouvelle rédaction des paragraphes I et III de l'article 40 de la loi du 6 juillet 1989, les bénéficiaires du transfert ne sont plus exonérés que des seules conditions de ressources et d'absence de sous-occupation[8].

325.13 Date de référence. La date à retenir pour déterminer l'exercice dont les ressources doivent être prises en compte au bénéfice du concubin du locataire décédé est la date du décès de celui-ci et non celle où un accord intervient entre l'organisme propriétaire et le pétitionnaire quant à la possibilité d'un transfert[9]. Un demandeur ne peut se prévaloir des dispositions de l'article 40, I de la loi du 6 juillet 1989, dès lors que l'abandon de domicile est bien antérieur à la loi du 25 mars 2009 qui a modifié l'article 40, I[10].

325.14 Conditions d'adéquation de la taille du ménage au logement. C'est la deuxième condition imposée, dans un premier temps par la jurisprudence[11], puis par le texte des articles 40, I et III de la loi du 6 juillet 1989 (texte modifié par la loi du 25 mars 2009).

Les conditions d'occupation ne sont pas définies directement dans la loi du 6 juillet 1989. On a recours à la notion de logement « insuffisamment occupé », précisée par le code de la construction et de l'habitation.

Avant la loi du 27 janvier 2017 relative à l'égalité et à la citoyenneté, qui a redéfini la notion de sous-occupation[12], était considéré comme tel un logement dans lequel le nombre de pièces principales est

1. Civ. 3e, 28 juin 2018, no 17-20.409, P III, no 77 ; *AJDA* 2018. 1365.
2. Civ. 3e, 1er oct. 2008, no 07-13.008, P III, no 140 ; *D.* 2008. 2504, obs. Y. Rouquet ; *AJDI* 2009. 303, obs. G. Forest ; *RTD* civ. 2009. 150, obs. M. Grimaldi.
3. Civ. 3e, 4 oct. 1995, no 93-14.040, P III, no 212 ; *JCP N* 1996, p, 633, note A. Djigo ; *Administrer* mai 1996. 39, note Canu.
4. Civ. 3e, 8 nov. 1989, no 88-11.805, P III, no 209 [à propos de l'art. 16 de la loi du 22 juin 1982].
5. Sur cette notion, v. ss nos 637.11 s.
6. Civ. 3e, 6 mars 2012, no 11-14.760, NP, *AJDI* 2012. 365 ; *Loyers et copr.* 2012, no 201, note C. Coutant-Lapalus.
7. L. no 2018-1021, 23 nov. 2018 portant évolution du logement, de l'aménagement et du numérique, *JO* 24 nov.
8. L. no 2028-1021, 23 nov. 2018, art. 120.
9. Civ. 3e, 19 juill. 1995, no 92-11.512, P III, no 193 ; *Gaz. Pal.* 5 juill. 1996, 187-188 ; *D.* 1995. 36 ; *Rev. loyers* 1996. 98.
10. Paris, 30 oct. 2013, no 10/09505, *AJDI* 2014. 284.
11. Civ. 3e, 19 sept. 2012, no 11-20.307, NP, *AJDI* 2013. 211, obs. V. Zalewski.
12. CCH, art. L. 621-2.

supérieur de plus de deux au nombre d'occupants, soit une personne dans un type 4 ou deux personnes dans un type 5[1].

Sur ce fondement, la jurisprudence est venue illustrer la notion de sous-occupation. Par exemple, il a été jugé que le petit-fils, qui réside seul dans un appartement de 4 pièces, ne remplit pas les conditions de l'article 40 de la loi[2].

Cependant, la jurisprudence n'a pas été homogène quant aux conditions d'occupation des lieux avant ou après le décès. Bien qu'occupé par les deux fils de la locataire décédée, un logement de cinq pièces doit être considéré comme occupé par trois personnes dès lors qu'ils sont tous deux divorcés avec un et deux enfants avec un droit de visite exercé régulièrement et que l'une des filles va prochainement résider chez son père en raison de problèmes de santé[3].

Dans une interprétation plus restrictive la cour d'appel d'Aix-en-Provence a jugé que la taille du ménage s'appréciait au regard de la situation du bénéficiaire de la transmission au cours de l'année qui précède le décès du locataire. Ne remplit pas les conditions d'occupation le locataire qui était célibataire au cours de cette période, peu important qu'il vive dans le logement concerné, depuis le décès, avec une autre personne et les deux enfants de cette dernière[4].

Enfin l'article 40, I de la loi du 6 juillet 1989, modifié par la loi du 23 mars 2014[5], permet une adaptation dans le cas où le bénéficiaire, descendant du locataire en titre décédé, est en situation de sous occupation du logement qui lui est transmis. Il précise en effet que :

« Lorsque le bénéficiaire du transfert est un descendant remplissant les conditions de ressources mais pour lequel le logement est inadapté à la taille du ménage, l'organisme bailleur peut proposer un relogement dans un logement plus petit pour lequel l'intéressé est prioritaire. »

Cette rédaction appelle deux observations : la première est qu'elle n'ouvre qu'une faculté au bailleur. Il n'est pas tenu de faire cette proposition. La seconde est que le législateur a oublié d'étendre cette possibilité à l'article 40, III de la loi du 6 juillet 1989.

Or l'article 40, I, ne vise que les logements HLM non conventionnés, qui ne représentent plus qu'une très faible minorité des logements HLM alors que l'article 40, III, qui a été oublié, constitue plus de 97 % du patrimoine HLM.

Considérer que cette faculté est ouverte à tous les bailleurs HLM ne devrait pas être une difficulté sur le plan pratique.

En toute hypothèse, le descendant qui n'a pas obtenu le transfert ne peut exiger l'application de l'article L. 442-3-1 du CCH qui impose au bailleur, en cas de sous-occupation du logement, de proposer au locataire un nouveau logement correspondant à ses besoins, quand bien même ses ressources excéderaient le plafond applicable au logement concerné. Ne pouvant se prévaloir de la qualité de locataire, cette disposition se trouve inapplicable à son égard[6].

SECTION 2
CESSION ET SOUS-LOCATION - CONDITIONS PARTICULIÈRES PROPRES AUX LOGEMENTS HLM

325.21 **Nécessaire autorisation du bailleur.** Le code civil reconnaît au preneur le droit de sous-louer et même de céder son bail à un autre, si cette faculté ne lui a pas été interdite[7]. Les textes d'ordre public relatifs aux relations entre propriétaires et locataires ont posé le principe inverse.

• Pour les logements qui relèvent du droit commun : « le locataire ne peut ni céder le contrat de location, ni sous-louer le logement sauf avec l'accord écrit du bailleur »[8].

• Pour les logements HLM[9] et ceux qui relèvent de la loi du 1er septembre 1948[10] : « par dérogation à l'article 1717 du code civil, le preneur n'a le droit ni de sous-louer, ni de céder son bail, sauf clause contraire du bail ou accord du bailleur »[11].

Ce simple renvoi à la loi de 1948 laisse entendre la faculté pour le bailleur de consentir la cession du bail mais il n'en est rien. Un tel pouvoir discrétionnaire contreviendrait en effet aux règles d'ordre public d'attribution des logements HLM qui, d'une part, donnent compétence pour ce faire à la seule

1. CCH, anc. art. R. 641-4 ; abrogé par décr. n° 2017-1403, 25 sept. 2017.
2. Paris, pôle 4, ch. 3, 18 févr. 2016, n° 14-25.040, *Ann. Loyers* 2016, p. 53.
3. Caen, 2e ch., 5 janv. 2012, *JurisData* 003798, *Loyers et copr.* 2012, n° 137, obs. B. Vial-Pedroletti.
4. Aix-en-Provence, 11e ch., 17 déc. 2013, n° 12/02380, *Rev. loyers* févr. 2014, p. 74.
5. L. n° 2014-366, 23 mars 2014 pour l'accès au logement et un urbanisme rénové, *JO* 26 mars.
6. Civ. 3e, 20 déc. 2018, n° 18-10.124, P ; *AJDA* 2019. 1142 ; *D.* 2019. 8 ; *AJDI* 2019. 639, obs. N. Damas ; *RDI* 2019. 213, obs. H. Heugas-Darraspen.
7. C. civ., art. 1717.
8. L. n° 89-462, 6 juill. 1989, art. 8.
9. Qu'ils soient conventionnés ou non : CCH, art. L. 353-15 et L. 442-6.
10. L. n° 48-1360, 1er sept. 1948 portant modification et codification de la législation relative aux rapports des bailleurs et locataires ou occupants de locaux d'habitation ou à usage professionnel et instituant des allocations de logement, *JO* 2 sept., p. 8659, dite loi Grimaud.
11. L. n° 48-1360, 1er sept. 1948, art. 78.

commission d'attribution et, d'autre part, conditionnent cette décision à l'examen préalable de la situation personnelle des demandeurs.

325.22 **Exceptions légales.** La loi du 1er septembre 1948 prévoit toutefois une exception en vue d'une meilleure occupation des logements : le locataire principal ou l'occupant maintenu dans les lieux a toujours la faculté de sous-louer une pièce lorsque le local comporte plus d'une pièce. Dans les communes où la tension est élevée entre la demande et l'offre de logement qui sont définies à l'article 10, 7° de la loi, le locataire principal ou l'occupant maintenu dans les lieux, vivant seul et âgé de plus de soixante-cinq ans peut sous-louer deux pièces à la même personne ou à deux personnes différentes, sous réserve que le local ne comporte pas plus de cinq pièces. Dans le délai d'un mois, le locataire ou occupant est tenu, à moins que la sous-location n'ait été expressément autorisée par le propriétaire ou son représentant, de notifier cette sous-location au bailleur par lettre recommandée avec demande d'avis de réception, en précisant le prix demandé au sous-locataire, sous peine de déchéance du droit au maintien dans les lieux[1].

En HLM en revanche, l'interdiction de la sous-location est renforcée puisque l'article L. 442-8 du code de la construction et de l'habitation l'interdit rigoureusement, sauf exceptions d'origine légale qui sont développées ss n° 135.91.

Les organismes HLM peuvent, par ailleurs, dans des conditions réglementées, être locataires de logements privés, en vue de leur sous-location. Les organismes sont soit des offices publics de l'habitat, soit des sociétés anonymes d'habitations à loyer modéré, soit des sociétés anonymes coopératives de production d'habitations à loyer modéré[2]. Les logements sont des logements, meublés ou non, conventionnés suite à une aide de l'ANAH (agence nationale d'amélioration de l'habitat, devenue agence nationale de l'habitat avec la loi du 13 juillet 2006) et destinés à la sous-location aux personnes en difficultés de ressources ou de conditions d'existence ou aux personnes physiques dont la situation nécessite une solution locative de transition. Les règles régissant la location et la sous-location de ces logements (logement vacant depuis un an, logement décent, conditions d'attribution, application partielle de la loi du 6 juillet 1989 au contrat de sous-location, rapports entre le propriétaire, l'organisme HLM locataire et le sous-locataire en fin de bail...) sont précisées aux articles L. 444-1 à L. 444-9 du code de la construction et de l'habitation[3].

Enfin, la loi du 10 juillet 1989 modifiée[4] relative à l'accueil par des particuliers, à leur domicile et à titre onéreux, de personnes âgées ou handicapées adultes, permet aux locataires, sous réserve d'un agrément du président du conseil départemental du département de résidence, de signer un contrat d'accueillant familial avec ces bénéficiaires dans des conditions très réglementées[5].

SECTION 3
HÉBERGEMENT – CONDITIONS PARTICULIÈRES PROPRES AUX LOGEMENTS HLM

325.31 **Attribution conditionnée à la situation de famille et de ressources.** La question de l'hébergement en logement HLM est posée en raison de la nature des logements HLM, soumis à des règles strictes d'attribution et d'occupation[6].

Même si l'obligation d'occupation par les seules personnes identifiées au bail peut paraître justifiée lorsqu'il s'agit de logements sociaux attribués en fonction de la situation familiale et des ressources[7], le droit d'héberger ses proches a été affirmé par la Cour de cassation au regard de l'article 8.1 de la Convention européenne de sauvegarde des Droits de l'homme et des libertés fondamentales[8].

Le locataire d'un office d'HLM hébergeant dans son appartement deux tierces personnes depuis plusieurs années, et l'attribution d'un logement HLM étant fonction de la situation de famille et des ressources du preneur, celui-ci est tenu d'une obligation d'occupation « strictement » personnelle[9]. Les juges du fond gardent cependant leur faculté

1. L. n° 48-1360, 1er sept. 1948, art. 78, al. 2, 3 et 4.
2. Sur les différents organismes HLM, v. ss n° 611.31.
3. B. Wertenschlag, « La prise à bail de logements privés vacants par les organismes d'HLM », *AJDI* 1998. 332 ; Ch.-H. Gallet, « La prise à bail par les organismes d'HLM de logements vacants pour les sous-louer », *Rev. loyers* 1998. 531.
4. L. n° 89-475, 10 juill. 1989 relative à l'accueil par des particuliers, à leur domicile, à titre onéreux, de personnes âgées ou handicapées adultes, *JO* 12 juill., p. 8761, abrogée et reprise essentiellement aux art. L. 441 s. du code de l'action sociale et des familles (Ord. n° 2000-1249, 21 déc. 2000, *JO* 23 déc., p. 12471).
5. Ces conditions sont précisées aux articles L. 441-1 s. du code de l'action sociale et familiale, modifiés en dernier lieu par la loi n° 2002-73, 17 janv. 2002, art. 51 ; les bailleurs HLM ne peuvent s'opposer à la signature d'un tel contrat, s'il est conforme : CCH, art. L. 442-8-1 – V. Derrez, « Les régimes de la sous-location d'un logement », *Opérations immobilières*, oct. 2012, p. 48.
6. V. ss nos 621.10 s.
7. Paris, 24 oct. 1994, *Loyers et copr.* 1995, n° 113 – Versailles, 29 janv. 1999, *Loyers et copr.* 1999, n° 282, note crit. B. Vial-Pedroletti.
8. Civ. 3e, 6 mars 1996, *Ann. Loyers* 1996 p. 1159, note R. Martin ; Paris, 9 nov. 1999, *AJDI* 2000.73.
9. Civ. 3e, 29 juin 1989, *Loyers et copr.* nov. 1989, p. 9.

d'appréciation : il a été jugé que l'hébergement gracieux d'un ami n'était pas de nature à justifier la résiliation du bail HLM[1].

Depuis ces décisions, la jurisprudence a évolué vers la reconnaissance d'un certain droit à l'hébergement.

SECTION 4
ÉCHANGE – CONDITIONS PARTICULIÈRES PROPRES AUX LOGEMENTS HLM

325.41 **Conditions relevant des logements.** La faculté d'échange visée par l'article 9 de la loi du 6 juillet 1989 repose sur trois conditions :

- il ne peut s'agir que de deux logements appartenant au même propriétaire. Toute autre hypothèse aurait rendu problématique sa mise en œuvre ;

- les logements doivent être situés dans le même ensemble immobilier. Cette notion n'est pas définie par la loi ou par un texte postérieur[2]. Elle fait appel à des notions d'unité physique et de proximité géographique ; l'échange n'est pas de droit s'il porte sur deux appartements, situés dans la même commune, mais dans deux résidences éloignées l'une de l'autre et séparées par un fleuve[3] ;

- aucun des deux logements concernés ne doit être soumis aux dispositions du chapitre III de la loi du 1er septembre 1948, relatif aux loyers. L'objectif est ici d'éviter que ne se prolonge davantage le régime exceptionnel de la loi de 1948, à travers la possibilité d'échanges successifs auxquels le propriétaire ne pourrait s'opposer.

En revanche l'échange est ouvert dans les autres statuts, logements privés soumis à la loi du 6 juillet 1989, logements HLM.

Il convient de signaler la possibilité de concurrence entre l'échange qui est de droit en faveur des locataires concernés et le droit exclusif de désigner les nouveaux candidats à la location dont disposent les réservataires du parc social. Mais le second s'efface devant le premier qui résulte d'une disposition d'ordre public. Rien n'empêche cependant bailleur social et réservataire d'organiser dans leur convention les conséquences de cette situation, étant rappelé que le nouveau dispositif de gestion en flux élargi à l'ensemble du parc réservé en diminue fortement l'enjeu puisque les logements n'y sont plus physiquement identifiés[4].

1. Civ. 3e, 31 mai 1989, no 87-19.909, NP, *Rev. loyers* 1989. 417.
2. Il est possible qu'un échange ait lieu entre un locataire d'une maison individuelle et un locataire d'un logement collectif : Rép. min. no 3122, *JO Sénat Q* 13 nov. 1997, p. 3171.
3. Paris, 15 nov. 2007, no 06/16437, *Loyers et copr.* 2008, no 29, note B. Vial-Pedroletti.
4. CCH, art. R. 441-5.

TITRE

33. Le changement d'usage des logements

SECTION 0

ORIENTEUR

33.00 Sommaire du titre.

Division. Il convient d'étudier successivement l'évolution législative et le champ d'application du changement d'usage des logements (chap. 331), le régime d'autorisation (chap. 332), les exceptions à la règle d'autorisation préalable de changement d'usage (chap. 333), les régimes HLM (chap. 334) et des meublés touristiques (chap. 335).

33.01 Principaux textes applicables.

TEXTES SOURCES

> Changement d'usage (régime général)

• **CCH,** art. L. 621-4, L. 631-7 à L. 631-9, L. 651-2 à L. 651-4, L. 651-6, L. 651-7.

• **Circ. n° 2006-19, 22 mars 2006** sur l'application des mesures relatives au changement d'usage des locaux d'habitation, *BOMELT*, n° 2006/7, p. 81.

> Changement d'usage (régime HLM)

• **CCH,** art. L. 631-7-2 à L. 631-7-5.

> Meublés touristiques

• **C. tourisme,** art. L. 324-1, L. 324-1-1, L. 324-2, L. 324-2-1.

• **C. tourisme,** art. D. 324-1, D. 324-1-1, D. 324-1-2.

33.03 Bibliographie indicative.

Annuel. LAMY DR. IMMO, n°s 2323 s., 5559.

Encyclopédies. RÉP. IMMO., V[is] *Bail d'habitation et mixte : rapports locatifs individuels – Loi du 6 juillet 1989*, N. Damas, n°s 14 s. ; *Bail d'habitation ou professionnel – Loi du 1er septembre 1948*, H. des Lyons, n°s 143 s. ; *Habitat social (HLM)*, H. des Lyons, n° 183 – DICT. PERM. Gestion immob., V[is] *Changement d'usage des locaux ; Location saisonnière*, n°s 19, 24.

Ouvrages. G. Daudré et P. Wallut, *Changements d'usage des locaux d'habitation (les réformes de l'article L. 631-7 du Code de la construction et de l'habitation)*, 2e éd., LexisNexis, 2016.

CHAPITRE

331. Évolution législative et champ d'application

SECTION 0 ORIENTEUR

331.00 **Sommaire du chapitre.**

Division. Il convient d'étudier successivement l'évolution législative (sect. 1) et le champ d'application du changement d'usage des logements (sect. 2).

331.01 **Principaux textes applicables.**

TEXTES SOURCES

• **CCH,** art. L. 631-7, L. 631-7-1 B, L. 631-8, L. 631-9.

• **Ord. n° 2005-655, 8 juin 2005** relative au logement et à la construction, art. 29.

TEXTES *IN EXTENSO*

• **CCH,** art. L. 631-7

La présente section est applicable aux communes de plus de 200 000 habitants et à celles des départements des Hauts-de-Seine, de la Seine-Saint-Denis et du Val-de-Marne. Dans ces communes, le changement d'usage des locaux destinés à l'habitation est, dans les conditions fixées par l'article L. 631-7-1, soumis à autorisation préalable.

Constituent des locaux destinés à l'habitation toutes catégories de logements et leurs annexes, y compris les logements-foyers, logements de gardien, chambres de service, logements de fonction, logements inclus dans un bail commercial, locaux meublés donnés en location dans les conditions de l'article L.632-1 ou dans le cadre d'un bail mobilité conclu dans les conditions prévues au titre ler ter de la loi n° 89-462 du 6 juillet 1989 tendant à améliorer les rapports locatifs et portant modification de la loi n° 86-1290 du 23 décembre 1986.

Pour l'application de la présente section, un local est réputé à usage d'habitation s'il était affecté à cet usage au 1er janvier 1970. Cette affectation peut être établie par tout mode de preuve. Les locaux construits ou faisant l'objet de travaux ayant pour conséquence d'en changer la destination postérieurement au 1er janvier 1970 sont réputés avoir l'usage pour lequel la construction ou les travaux sont autorisés.

Toutefois, lorsqu'une autorisation administrative subordonnée à une compensation a été accordée après le 1er janvier 1970 pour changer l'usage d'un local mentionné à l'alinéa précédent, le local autorisé à changer d'usage et le local ayant servi de compensation sont réputés avoir l'usage résultant de l'autorisation.

Sont nuls de plein droit tous accords ou conventions conclus en violation du présent article.

Le fait de louer un local meublé destiné à l'habitation de manière répétée pour de courtes durées à une clientèle de passage qui n'y élit pas domicile constitue un changement d'usage au sens du présent article.

• **CCH,** art. L. 631-7-1 A

Une délibération du conseil municipal peut définir un régime d'autorisation temporaire de changement d'usage permettant à une personne physique de louer pour de courtes durées des locaux destinés à l'habitation à une clientèle de passage qui n'y élit pas domicile.

La délibération fixe les conditions de délivrance de cette autorisation temporaire par le maire de la commune dans laquelle est situé l'immeuble après avis, à Paris, Marseille et Lyon, du maire d'arrondissement concerné. Elle détermine également les critères de cette autorisation temporaire, qui peuvent porter sur la durée des contrats de location, sur les caractéristiques physiques du local ainsi que sur sa localisation en fonction notamment des caractéristiques des marchés de locaux d'habitation et de la nécessité de ne pas aggraver la pénurie de logements. Ces critères peuvent être modulés en fonction du nombre d'autorisations accordées à un même propriétaire personne physique.

Si la commune est membre d'un établissement public de coopération intercommunale compétent en matière de plan local d'urbanisme, la délibération est prise par l'organe délibérant de cet établissement.

Le local à usage d'habitation bénéficiant de cette autorisation temporaire ne change pas de destination, au sens du troisième alinéa de l'article L. 151-9 du code de l'urbanisme.

Lorsque le local à usage d'habitation constitue la résidence principale du loueur, au sens de l'article 2 de la loi n° 89-462 du 6 juillet 1989 tendant à améliorer les rapports locatifs et portant modification de la loi n° 86-1290 du 23 décembre 1986, l'autorisation de changement d'usage prévue à l'article L. 631-7 du présent code ou celle prévue au présent article n'est pas nécessaire pour le louer pour de courtes durées à une clientèle de passage qui n'y élit pas domicile.

• **CCH,** art. L. 631-7-1 B

Une délibération du conseil municipal peut définir un régime de déclaration préalable permettant d'affecter temporairement à l'habitation des locaux destinés à un usage autre que l'habitation, pour une durée n'excédant pas quinze ans.

Si la commune est membre d'un établissement public de coopération intercommunale compétent en matière de plan local d'urbanisme, la délibération est prise par l'organe délibérant de cet établissement.

Jusqu'à l'expiration du délai mentionné au premier alinéa, les locaux peuvent, par dérogation à l'article L. 631-7, retrouver leur usage antérieur.

En cas de location d'un local temporairement affecté à l'habitation en application du présent article, le contrat doit mentionner le caractère temporaire de cette affectation. Sous cette réserve, le retour des locaux à leur usage antérieur est un motif légitime et sérieux, au sens de l'article 15 de la loi n° 89-462 du 6 juillet 1989 tendant à améliorer les rapports locatifs et portant modification de la loi n° 86-1290 du 23 décembre 1986. Il ne constitue pas un événement au sens de l'article 11 de cette même loi.

• **CCH,** art. L. 631-8

Lorsque le changement d'usage fait l'objet de travaux entrant dans le champ d'application du permis de construire, la demande de permis de construire ou la déclaration préalable vaut demande de changement d'usage.

Ces travaux ne peuvent être exécutés qu'après l'obtention de l'autorisation mentionnée à l'article L. 631-7.

• **CCH,** art. L. 631-9

Dans les communes autres que celles mentionnées au premier alinéa de l'article L. 631-7, les dispositions dudit article peuvent être rendues applicables par décision de l'autorité administrative sur proposition du maire ou, pour les communes appartenant à une zone d'urbanisation continue de plus de 50 000 habitants dont la liste est fixée par le décret mentionné au I de l'article 232 du code général des impôts, par une délibération de l'organe délibérant de l'établissement public de coopération intercommunale compétent en matière de plan local d'urbanisme ou, à défaut, du conseil municipal.

Ces dispositions peuvent également, dans les mêmes conditions, être rendues applicables sur une partie seulement de la commune.

• **Ord. 8 juin 2005,** art. 29

I. – Les personnes qui, avant l'entrée en vigueur de la présente ordonnance, ont changé, sans autorisation l'usage d'un local auquel était applicable l'article L. 631-7 du code de la construction et de l'habitation, bénéficient sur demande d'une autorisation à titre personnel si elles justifient, avant le 1er juillet 2006, de l'usage continu et non contesté des lieux à des fins autres que l'habitation depuis au moins vingt ans à la date d'entrée en vigueur de la présente ordonnance.

II. – Les autorisations définitives accordées sur le fondement du même article L. 631-7 avant l'entrée en vigueur de la présente ordonnance et qui ont donné lieu à compensation effective, sont attachées au local et non à la personne.

III. – Les locaux régulièrement affectés à un usage autre que l'habitation qui, à la date d'entrée en vigueur de la présente ordonnance, sont temporairement affectés à l'habitation en vertu d'une déclaration d'affectation temporaire des locaux, peuvent, nonobstant les dispositions de l'article L. 631-7 du code de la construction et de l'habitation, retrouver leur affectation antérieure sur simple déclaration adressée au préfet avant l'expiration du délai mentionné dans la déclaration d'affectation temporaire. En l'absence de déclaration, les locaux qui, à l'expiration de ce délai, demeurent affectés à l'habitation sont régis par les dispositions applicables aux locaux à usage d'habitation.

331.02 Jurisprudence de référence.

• **CE 6e et 2e ss sect., 21 janv. 1998,** *Manuel*, req. n° 125863, *Lebon*

* V. ss n° 331.31

En dehors du périmètre défini par l'article L. 631-7 du code de la construction et de l'habitation aucune autorisation n'est à solliciter pour changer l'affectation d'un local à usage d'habitation.

• **Civ. 3e, 22 juin 2017,** n° 16-17.946, P III, n° 81

* V. ss n° 331.42

L'importance respective des surfaces consacrées à l'usage d'habitation et à l'usage professionnel est indifférente à l'application de l'article L. 631-7 CCH aux locaux d'un bail mixte professionnel et d'habitation.

• **Civ. 3e, 28 mai 2020,** n° 18-26.366, P

* V. ss n° 331.44

La preuve d'un usage d'habitation postérieurement au 1er janvier 1970 est inopérante.

• **CJUE, grande ch., 22 sept. 2020,** aff. jointes C-724/18 et C-727/18, Cali Apartments SCI et HX

* V. ss n° 331.17

Une réglementation nationale qui, pour des motifs visant à garantir une offre suffisante de logements destinés à la location de longue durée à des prix abordables, soumet certaines activités de location contre rémunération de locaux meublés destinés à l'habitation à une clientèle de passage n'y élisant pas domicile, effectuées de manière répétée et pour de courtes durées, à un régime d'autorisation préalable applicable dans certaines communes où la tension sur les loyers est particulièrement marquée est justifiée par une raison impérieuse d'intérêt général tenant à la lutte contre la pénurie de logements destinés à la location et proportionnée à l'objectif poursuivi, en ce que celui-ci ne peut pas être réalisé par une mesure moins contraignante, notamment parce qu'un contrôle a posteriori interviendrait trop tardivement pour avoir une efficacité réelle

• **Civ. 3e, 18 févr. 2021,** n° 17-26.156, P
* V. ss n° 331.17
L'obligation de compensation prévue par la réglementation de la Ville de Paris, dans son règlement municipal adopté en décembre 2008, modifié les 17, 18 et 19 novembre 2014, comme dans celui adopté en décembre 2018, est proportionnée à l'objectif poursuivi. Les critères prévus par l'article L. 631-7-1, tels que mis en œuvre par la Ville de Paris, sont donc conformes au principe de proportionnalité de l'article 10, paragraphe 2, sous c), de la directive 2006/123/CE du Parlement européen et du Conseil, du 12 décembre 2006, relative aux services dans le marché intérieur.

331.03 Bibliographie indicative.

Annuel. LAMY DR. IMMO, n° 2324.

Encyclopédies. RÉP. IMMO., *Vis Bail d'habitation et mixte : rapports locatifs individuels – Loi du 6 juillet 1989*, N. Damas, nos 14 s. ; *Bail d'habitation ou professionnel – Loi du 1er septembre 1948*, H. des Lyons, nos 143 s. – DICT. PERM. Gestion immob., *V° Changement d'usage des locaux.*

Ouvrages. G. Daudré et P. Wallut, *Changements d'usage des locaux d'habitation (les réformes de l'article L. 631-7 du Code de la construction et de l'habitation)*, 2e éd., LexisNexis, 2016 – Chérel (dir.) *Changement d'usage de l'immeuble*, LAMY Axe Droit, 2011.

Articles. A. Durance, « Changement de destination et changement d'affectation des immeubles », *AJPI* 1987. 169 – B. Boussageon, « La transformation des locaux d'habitation en locaux professionnels », *AJPI* 1990. 328 – J.-M. Gélinet, « La transformation en logements de locaux affectés à un autre usage », *Rev. loyers* 1995. 441 – G. Liet-Vaux, « Réflexions nouvelles sur les changements de destination ou affectation des locaux », *JCP N* 1990. I. 289 ; « Caractère personnel des dérogations sur des autorisations en matière de changement d'affectation des locaux », *AJDI* 2001. 319 – Hernberger, « La régularité de l'affectation du bien vendu », *Rev. loyers* 2003. 278.

Sur la réforme de 2005. Assouline, « Une réforme en trompe-l'œil », *JCP* 2005. Actu. 458 – C. Coutant-Lapalus, *Loyers et copr.* 2005. Ét. 9 – D. Dutrieux, « L'ordonnance du 8 juin 2005 relative au logement et à la construction : la réforme attendue des changements d'affectation », *JCP N* 2005. 1136 ; *Constr.-Urb.* juill.-août 2005, p. 18 – A. Hinfray, « La réforme des changements d'usage immobilier », *Loyers et copr.* nov. 2006, p. 4 – Lassner, « Les changements d'affectation après la réforme du 8 juin 2005 », *AJDI* 2006. 265 – S. Pérignon, « Le nouveau régime de changement d'usage des locaux d'habitation », *AJDA* 2005. 2112 – A. Vincent, « Changement d'affectation des locaux : entrée en vigueur de l'ordonnance du 8 juin 2005 », *D.* 2008. 922 ; *AJDA* 24 mars 2008, p. 557 – P. Wallut, « De l'affectation à l'usage : la réforme attendue de l'article L. 631-7 du CCH », *JCP N* 2005. 1745 – Wertenschlag et Abinader, *AJDI* 2005. 723.

Sur la réforme de 2008. Beddeleem, Ann. Loyers 2009, 57 – J.-P. Blatter, « La loi du 4 août 2008 », *AJDI* 2008. 649 – Briand, « Le bail et le changement d'usage », *Rev. loyers* 2012. 146 ; *JCP N* 2014. 1157 – Laporte-Leconte, *AJDI* 2010. 273 – J. Monéger et P.-H. Brault, *Loyers et copr.* 2008. Ét. 8 – Ruet, *LPA* 2009, n° 50, p. 3 – P. Wallut, « L'heure de la décentralisation pour le contrôle du changement d'usage de logements », *JCP N* 2009. 1126 –

Sur la réforme de 2014. Daudré et P. Wallut, « La loi du 24 mars 2014 », *Loyers et copr.* Hors série, mai 2014. Ét. 2 – Pays, « Le choix du local d'activité : les critères juridiques » *AJDI* 2015. 352.

Aussi. G. Daudré, « Usage des locaux au 1er janvier 1970 : à la recherche de la preuve », *AJDI* 2020. 206 – G. Daudré et P. Wallut, « Locations meublées de courtes durées : trois arrêts pour les sept ans de la loi Alur », *JCP N* 2021. 1130 – J.-P. Duchêne, « Article L. 631-7 du CCH : Compensations et marché de la commercialité à Paris de 2009 à 2016 », *AJDI* 2017. 401.

SECTION 1
ÉVOLUTION LÉGISLATIVE

331.11 Principe d'interdiction. Afin de maintenir le parc des logements disponibles dans l'après seconde guerre mondiale, un principe d'interdiction de tout changement d'affectation des locaux à usage d'habitation a été posé par l'ordonnance du 11 octobre 1945, principe codifié en 1978 aux articles L. 631-7 et suivants du code de la construction et de l'habitation.

La nécessité d'un maintien de cette police spéciale des immeubles s'est faite sentir principalement dans les grandes agglomérations, c'est-à-dire là où les difficultés d'accès au logement étaient les plus significatives.

Cette interdiction a rencontré des oppositions, notamment de la part des professions libérales, qui souhaitaient pouvoir affecter à leur activité professionnelle des locaux antérieurement à usage d'habitation.

331.12 2005 : adaptation et simplification. La loi du 9 décembre 2004 de simplification du droit a autorisé le gouvernement à prendre par ordonnance les dispositions « nécessaires pour adapter et simplifier le régime juridique applicable aux changements d'affectation des locaux »[1]. Sur le plan du vocabulaire tout d'abord, pour éviter les confusions avec la notion de destination utilisée en matière de permis de construire, le terme dorénavant reconnu est celui de changement d'usage. La réforme intervenue avec l'ordonnance du 8 juin 2005[2], relative au logement et à la construction, a redéfini le champ d'application de l'article L. 631-7 du code de la construction et de l'habitation, substitué un régime d'autorisation préalable à celui d'interdiction, clarifié la notion de locaux à usage d'habitation et instauré un régime

1. L. n° 2004-1343, 9 déc. 2004, art. 42.
2. Ord. n° 2005-655, 8 juin 2005 relative au logement et à la construction, *JO* 9 juin, p. 10083.

de compensation, qui ne s'appliquait jusqu'alors qu'à Paris [1]. L'ordonnance du 8 juin 2005 a été ratifiée par la loi du 13 juillet 2006, dont l'article 79 complète par ailleurs le régime des changements d'usage.

331.13 **2008 : modifications techniques.** Poursuivant l'allégement du contrôle des changements d'usage, la loi du 4 août 2008 [2], dite LME, transfère du préfet au maire la compétence dans ce domaine. Cette loi, de lecture particulièrement complexe dans sa partie relative au changement partiel d'usage d'un logement, permet cependant de clarifier le régime des changements d'usage en HLM. Dans ce parc, la demande de changement d'usage pour la totalité du local, réservée au seul bailleur, est réglementée dans l'article L. 443-11 du code de la construction et de l'habitation, tandis que le changement partiel, à la demande du bénéficiaire locataire, est fixé dans le livre VI du code.

La date d'entrée en vigueur de la réforme a été différée : prévue au 1er janvier 2009 par l'article 13, X de la loi du 4 août 2008, sous réserve de la compensation des charges assumées par les communes du fait du transfert de compétences [3], elle a été reportée au 1er avril 2009 par la loi pour l'accélération des programmes de construction et d'investissement publics et privés du 17 février 2009 [4]. Les arrêtés préfectoraux pris avant le 1er avril 2009 s'appliquent jusqu'à l'adoption des règlements municipaux par les villes concernées.

331.14 **2014 : locaux touristiques.** La loi du 24 mars 2014 [5], dite loi Alur, a adapté le régime d'autorisation de changement d'usage afin de prendre en compte, de manière plus explicite, la situation des logements loués à une clientèle de passage. Il s'agit bien d'un changement d'usage. Cette loi permet aussi aux communes d'adopter la possibilité de définir un régime d'autorisation temporaire pour les meublés touristiques, dans l'article L. 631-7-1 A [6].

331.15 **2015 : changement temporaire.** La loi du 6 août 2015 [7], dite loi Macron, facilite, sur délibération du conseil municipal, le passage vers l'usage d'habitation à titre temporaire de locaux affectés à un autre usage, dans l'article L. 631-7-1 B. Il s'agit d'inciter le propriétaire de locaux destinés, par exemple à une activité de bureaux, de les transformer en logements pour une durée de quinze ans au plus. Le retour à la destination initiale ne sera alors pas soumis à autorisation préalable.

331.16 **2016 et 2018 : sanction et procédure.** La loi du 18 novembre 2016 [8] et la loi du 23 novembre 2018 [9], dite loi Élan, ont apporté quelques modifications. Tout d'abord, sur le plan des sanctions, l'amende prévue à l'article L. 651-2 du CCH en cas de changement d'usage sans autorisation a été portée de 25 000 euros à 50 000 euros maximum. Ensuite, c'est la commune qui peut dorénavant déclencher les poursuites.

331.17 **Constitutionnalité et conformité au droit de l'Union européenne.** Les dispositions relatives au changement d'usage ont été portées devant le Conseil constitutionnel et devant la Cour de justice de l'Union européenne, qui ont toutefois validé le régime mis en place.

Le Conseil constitutionnel a ainsi été amené à se prononcer sur le régime de l'autorisation des changements d'usage. Saisi de la constitutionnalité du régime il a considéré que les dispositions des articles L. 631-7 et L. 631-7-1 A du code de la construction et de l'habitation « ne revêtent pas un caractère disproportionné au regard de l'objectif » de « lutte contre la pénurie de logements destinés à la location » [10].

À la suite d'un renvoi préjudiciel [11], la CJUE a apprécié la conformité du régime français (notamment en ce qu'il s'applique aux locations touristiques), eu égard à la directive 2006/123 du 12 décembre 2006 [12], relative aux services dans le marché intérieur [13]. Elle en a confirmé la validité. En particulier, elle a relevé qu'une réglementation nationale qui, pour des motifs visant à garantir une offre suffisante de logements destinés à la location de longue durée

1. SUR LA RÉFORME : circ. n° 2006-19, 22 mars 2006 relative au changement d'usage des locaux d'habitation, obs. Guillini et Raimbert, *Gaz. Pal.* 15-16 nov. 2006, p. 24 s.
2. L. n° 2008-776, 4 août 2008 de modernisation de l'économie, *JO* 5 août, p. 12471.
3. Arr. 29 févr. 2012 constatant le montant du droit à compensation au titre du transfert de la compétence, *JO* 8 mars, p. 4322, NOR : IOCB1125878A.
4. L. n° 2009-179, 17 févr. 2009 pour l'accélération des programmes de construction et d'investissement publics et privés, *JO* 18 févr., p. 2841.
5. L. n° 2014-366, 24 mars 2014 pour l'accès au logement et un urbanisme rénové, *JO* 26 mars, p. 5908.
6. Aussi, pour les développements sur les meublés touristiques dans le cadre de l'article L. 631-7-1 A, v. ss n° 335.33.
7. L.n° 2015-990, 6 août 2015 la croissance, l'activité et l'égalité des chances économiques, *JO* 7 août.
8. L. n° 2016-1547,18 nov. 2016 de modernisation de la justice du XXIe siècle, *JO* 19 nov.
9. L. n° 2018-1021, 23 nov. 2018 portant évolution du logement, de l'aménagement et du numérique, *JO* 24 nov.
10. Cons. const, 20 mars 2014, n° 2014-691 DC, *Loi pour l'accès au logement et un urbanisme rénové*, NON-CONFORMITÉ PARTIELLE, *JO* 26 mars, p. 5925.
11. Civ. 3e, 15 nov. 2018, n° 17-26.156, P ; *AJDA* 2018. 2273 ; *D.* 2019. 415, note C. Maréchal-Pollaud-Dulian ; *ibid.* 1129, obs. N. Damas ; *ibid.* 1358, chron. A.-L. Collomp, C. Corbel, L. Jariel et V. Georget ; *JT* 2019, n° 217, p. 10, obs. X. Delpech.
12. Dir. 2006/123/CE, Parlement et Conseil, 12 déc. 2006 relative aux services dans le marché intérieur, *JOCE* L 376, 27 déc.
13. CJUE, grande ch., 22 sept. 2020, *Cali Apartments SCI* et *HX*, aff. jointes C-724/18, C-727/18.

à des prix abordables, soumet certaines activités de location contre rémunération de locaux meublés destinés à l'habitation à une clientèle de passage n'y élisant pas domicile, effectuées de manière répétée et pour de courtes durées, à un régime d'autorisation préalable applicable dans certaines communes où la tension sur les loyers est particulièrement marquée est justifiée par une raison impérieuse d'intérêt général tenant à la lutte contre la pénurie de logements destinés à la location et proportionnée à l'objectif poursuivi, en ce que celui-ci ne peut pas être réalisé par une mesure moins contraignante, notamment parce qu'un contrôle a posteriori interviendrait trop tardivement pour avoir une efficacité réelle. Le régime de l'autorisation, notamment l'éventuelle compensation exigée, doit quant à lui être apprécié eu égard aux difficultés d'accès au logement dans la ville concernée.

La Cour de cassation a rapidement suivi cette position[1].

SECTION 2
CHAMP D'APPLICATION DU RÉGIME DES CHANGEMENTS D'USAGE

331.20 Plan – Deux catégories d'usage : habitation ou non habitation. L'article L. 631-7 du code de la construction et de l'habitation soumet à autorisation par principe tout changement d'usage des locaux affectés à l'habitation dans un champ géographique restreint (§ 1). Un changement d'usage sans autorisation administrative préalable est toutefois possible lorsqu'il ne s'agit que d'une partie d'un local d'habitation et que ni le bail ni le règlement de copropriété ne s'y opposent[2].

La loi ne retient plus que deux catégories d'usage : habitation ou non habitation. La référence à un usage professionnel ou administratif, commercial ou industriel a été rapportée. Enfin, la notion de local à usage d'habitation est désormais définie par la loi (§ 2).

§ 1
Champ d'application géographique

331.31 Communes et départements visés par la nécessité d'une autorisation administrative. Le champ géographique de l'autorisation est restreint aux communes de plus de 200 000 habitants et aux départements des Hauts-de-Seine, de la Seine-Saint-Denis et du Val-de-Marne[3]. Sont concernées les villes de : Paris, Lyon, Marseille, Bordeaux, Lille, Montpellier, Nantes, Nice, Rennes, Strasbourg et Toulouse.

Il va de soi qu'en dehors de ces périmètres, aucune autorisation n'est à solliciter[4]. Il est cependant utile de vérifier qu'une mesure d'extension n'a pas été prise dans la commune concernée. La décision d'extension relève soit du préfet, sur proposition du maire, soit, depuis la loi du 24 mars 2014, dite loi Alur, de l'organe délibérant de l'établissement public de coopération intercommunal compétent en matière de plan local d'urbanisme, dans les communes appartenant à une zone d'urbanisation de plus de 50 000 habitants[5]. La situation est particulière pour les logements de type HLM pour lesquels un changement total d'affectation relève d'autres dispositions[6].

§ 2
Locaux concernés

331.41 Locaux d'habitation visés exclusivement. Ces dispositions sont générales ; elles s'appliquent à tous les locaux d'habitation, mais seulement à eux, la réforme ne distinguant plus les usages autres que l'habitation. Ainsi, les changements d'usage des locaux à usage autre que d'habitation sont libres depuis le 10 juin 2005, y compris dans les communes qui sont dans le champ d'application de la réforme.

L'interdiction ne vise que les locaux à usage d'habitation, susceptibles d'être transformés en un autre usage.

Sont classés comme tels, selon le texte, « toutes catégories de logements et leurs annexes, y compris les logements foyers, logements de gardien, chambres de service, logements de fonction, logements inclus dans un bail commercial, locaux meublés donnés en location dans les conditions de l'article L. 632-1 ou dans le cadre d'un bail mobilité conclu dans les conditions prévues au titre Ier *ter* de la loi no 89-462 du 6 juillet 1989 »[7].

331.42 Usage mixte professionnel et d'habitation. Un local d'un bail mixte d'habitation et professionnel est soumis aux dispositions de l'article L. 631-7 du code de la construction et de l'habitation. Dès lors, l'affectation de la totalité des lieux à un usage professionnel est soumise à autorisation, et l'importance

1. Civ. 3e,18 févr. 2021, no 17-26.156, P ; *AJDA* 2021. 423 ; *D.* 2021. 425 ; *ibid.* 732, note P. Bouathong ; JT 2021, no 239, p. 11, obs. X. Delpech.
2. V. ss nos 333.11 s.
3. Est prise en compte la population permanente de la localité à la date du changement d'usage : Civ. 3e, 7 nov. 1979, no 78-10.980, P III, no 198.
4. CE 21 janv. 1998, *Manuel*, req. no 125863, *Lebon*.
5. CCH, art. L. 631-9.
6. V. ss nos 334.11 s.
7. Il s'agit de toute location d'un local meublé, que la location s'accompagne ou non de prestations secondaires, à usage de résidence principale du preneur.

respective des surfaces consacrées à l'usage d'habitation et à l'usage professionnel est indifférente[1].

331.43 Usage temporaire d'habitation. La loi du 6 août 2015, dite loi Macron, permet au conseil municipal de délibérer afin de définir un régime de déclaration préalable permettant d'affecter temporairement à l'habitation des locaux destinés à un usage autre que l'habitation.

La durée de validité de la délibération est fixée à quinze ans maximum[2].

Si la commune est membre d'un établissement public de coopération intercommunale compétent en matière de plan local d'urbanisme, la délibération est prise par l'organe délibérant de cet établissement.

Jusqu'à l'expiration du délai mentionné au premier alinéa, les locaux peuvent, par dérogation à l'article L. 631-7, retrouver leur usage antérieur.

Enfin l'arrivée du terme fixé pour l'affectation temporaire autorise le bailleur de tels locaux à donner congé au locataire au titre d'un motif légitime et sérieux, au sens de l'article 15 de la loi du 6 juillet 1989[3], à la condition que le contrat de location ait mentionné le caractère temporaire de cette affectation.

331.44 Date d'appréciation de l'usage d'un local. Les locaux construits après le 1er janvier 1970 sont réputés avoir l'usage pour lequel la construction a été autorisée. L'autorisation d'urbanisme jouera donc un rôle décisif.

La situation est plus complexe pour les locaux construits avant le 1er janvier 1970. L'article L. 631-7 du CCH pose la règle selon laquelle l'usage d'habitation est apprécié en fonction de l'usage effectif du bien au 1er janvier 1970 (date de la dernière révision des valeurs foncières). Cet usage peut être établi par tout mode de preuve. Il pourra être utilement rapporté grâce au fichier immobilier ou à tout bail, acte de vente, permis de construire.

Est assimilé à un local à usage d'habitation le local autre qu'à usage d'habitation au 1er janvier 1970 transformé en habitation par compensation, ainsi que le local autre qu'à usage d'habitation affecté temporairement à l'habitation dans les conditions de l'article L. 631-7-1 antérieur et qui n'a pas fait l'objet d'un retour à l'habitation[4]. Le préfet ne peut plus délivrer de certificat indiquant l'affectation du local à tel ou tel usage[5].

De nombreuses décisions ont été rendues dans lesquelles la ville de Paris n'a pu faire condamner le propriétaire d'un local (donné en location touristique sans autorisation préalable), au motif qu'elle ne rapportait pas la preuve, qui lui incombe, de ce que le local litigieux était à usage d'habitation au 1er janvier 1970. La preuve d'un usage d'habitation postérieurement à cette date est jugée inopérante[6].

331.45 D'un usage professionnel à un autre. Il n'est pas nécessaire de demander une nouvelle autorisation en cas de changement d'activité professionnelle « la notion de local professionnel devant s'entendre comme s'agissant du local où s'exerce régulièrement une profession qu'elle soit ou non commerciale, le changement de nature de l'activité professionnelle n'entraîne pas de changement de destination au sens de l'article L. 631-7 du code de la construction et de l'habitation »[7].

331.46 D'un usage mixte commercial et d'habitation à un usage exclusivement commercial. Il a été jugé que, en présence d'un lot composé d'un magasin, d'un appartement et de locaux annexes, donc à usage commercial et d'habitation, son passage en local exclusivement commercial ne modifie pas sa destination, qui reste commerciale. La Cour de cassation considère que la fin de l'usage d'habitation ne constitue pas un changement d'affectation contraire à la destination de l'immeuble[8].

331.47 Mesures transitoires. L'ordonnance susvisée du 8 juin 2005, entrée en vigueur le 10 juin 2005, a prévu plusieurs mesures destinées à résoudre des questions qui se posaient antérieurement[9].

Il convenait tout d'abord de régler le sort des changements d'affectation intervenus avant le 10 juin 2005 sans autorisation. Le texte permet aux personnes qui avaient procédé à un tel changement sans autorisation dans le régime de l'article L. 631-7, avant la réforme de décembre 2004, de bénéficier d'une autorisation à titre personnel à la condition de justifier, avant le 1er juillet 2006, « de l'usage continu et non contesté des lieux à des fins autres que l'habitation depuis au moins vingt ans ».

Par ailleurs, le nouveau régime permettant la délivrance d'attestations attachées au local et non plus à la personne dans le cas de compensations physiques[10], le législateur a, de manière rétroactive, étendu ce principe aux personnes qui ont obtenu, avant le 10 juin 2005, une autorisation définitive ayant donné lieu à compensation effective.

1. Civ. 3e, 22 juin 2017, no 16-17.946, P III, no 81 ; *D.* 2017. 1361.
2. CCH, art. L. 631-7-1 B.
3. V. ss no 435.23.
4. V. ss no 331.47.
5. CCH, anc. art. L. 631-7-2.
6. Civ. 3e, 28 nov. 2019, nos 18-23.769, 18-24.157, P ; *D.* 2019. 2352 ; *AJDI* 2020. 206, obs. G. Daudré ; *ibid.* 165, point de vue J.-L. Seynaeve ; *Rev. prat. rec.* 2020. 31, chron. D. Gantschnig – Civ. 3e, 28 mai 2020, no 18-26.366, P ; *D.* 2020. 1174 ; *AJDI* 2021. 128, obs. N. Damas.
7. Civ. 3e, 20 déc. 1995, no 94-12.897, P III, no 266 ; *JCP* 1996. II, no 22637 obs. Liet-Vaux ; *Administrer* nov. 1996, no 283, note Hinfray ; *Gaz. Pal.* 3 avr. 1997, 93.
8. Civ. 3e, 24 mars 2015, no 13-25.528, NP, *AJDI* 2015. 680, note C. Dreveau.
9. Ord. no 2005-655, 8 juin 2005, art. 29.
10. V. ss no 332.31.

CHAPITRE

332. Régime d'autorisation

SECTION 0

ORIENTEUR

332.00 Sommaire du chapitre.

Division. Il convient d'étudier successivement le principe (sect. 1), la nature de l'autorisation (sect. 2), la compensation (sect. 3) et les conséquences dans les relations entre bailleurs et locataires (sect. 4).

332.01 Principaux textes applicables.

TEXTES SOURCES

• **CCH,** art. L. 621-4, L. 631-7-1, L. 631-8, L. 651-2, L. 651-3, L. 651-6 et L. 651-7.

TEXTES *IN EXTENSO*

• **CCH,** art. L. 621-4

À Paris et dans les communes des départements des Hauts-de-Seine, de la Seine-Saint-Denis et du Val-de-Marne ayant appartenu à l'ancien département de la Seine, le service du logement est départemental. Dans ces communes, les agents assermentés ayant pour fonction le contrôle de l'usage des locaux destinés à l'habitation bénéficient des prérogatives prévues aux articles L. 651-6 et L. 651-7.

Il est institué à Paris et dans chacune des communes mentionnées ci-dessus un comité consultatif municipal du logement dont la composition est fixée par décision administrative.

• **CCH,** art. L. 631-7-1

L'autorisation préalable au changement d'usage est délivrée par le maire de la commune dans laquelle est situé l'immeuble, après avis, à Paris, Marseille et Lyon, du maire d'arrondissement concerné. Elle peut être subordonnée à une compensation sous la forme de la transformation concomitante en habitation de locaux ayant un autre usage.

L'autorisation de changement d'usage est accordée à titre personnel. Elle cesse de produire effet lorsqu'il est mis fin, à titre définitif, pour quelque raison que ce soit, à l'exercice professionnel du bénéficiaire. Toutefois, lorsque l'autorisation est subordonnée à une compensation, le titre est attaché au local et non à la personne. Les locaux offerts en compensation sont mentionnés dans l'autorisation qui est publiée au fichier immobilier ou inscrite au livre foncier.

L'usage des locaux définis à l'article L. 631-7 n'est en aucun cas affecté par la prescription trentenaire prévue par l'article 2227 du code civil.

Pour l'application de l'article L. 631-7, une délibération du conseil municipal fixe les conditions dans lesquelles sont délivrées les autorisations et déterminées les compensations par quartier et, le cas échéant, par arrondissement, au regard des objectifs de mixité sociale, en fonction notamment des caractéristiques des marchés de locaux d'habitation et de la nécessité de ne pas aggraver la pénurie de logements. Si la commune est membre d'un établissement public de coopération intercommunale compétent en matière de plan local d'urbanisme, la délibération est prise par l'organe délibérant de cet établissement.

• **CCH,** art. L. 631-8

* V. s[s] n° 331.01

• **CCH,** art. L. 651-2

Toute personne qui enfreint les dispositions de l'article L. 631-7 ou qui ne se conforme pas aux conditions ou obligations imposées en application dudit article est condamnée à une amende civile dont le montant ne peut excéder 50 000 € par local irrégulièrement transformé.

Cette amende est prononcée par le président du tribunal judiciaire statuant selon la procédure accélérée au fond, sur assignation de la commune dans laquelle est situé le local irrégulièrement transformé ou de l'Agence nationale de l'habitat. Le produit de l'amende est intégralement versé à la commune dans laquelle est situé ce local. Le tribunal judiciaire compétent est celui dans le ressort duquel est situé le local.

Sur assignation de la commune dans laquelle est situé le local irrégulièrement transformé ou de l'Agence nationale de l'habitat, le président du tribunal ordonne le retour à l'usage d'habitation du local transformé sans autorisation, dans un délai qu'il fixe. À l'expiration de celui-ci, il prononce une astreinte d'un montant maximal de 1 000 € par jour et par mètre carré utile du local irrégulièrement transformé. Le produit en est intégralement versé à la commune dans laquelle est situé le local irrégulièrement transformé.

Passé ce délai, l'administration peut procéder d'office, aux frais du contrevenant, à l'expulsion des occupants et à l'exécution des travaux nécessaires.

• **CCH,** art. L. 651-3

Quiconque a, pour l'une quelconque des déclarations prévues aux titres Ier (chapitre II), II (chapitre Ier), III et IV du présent livre, à l'exclusion des articles L. 612-1, L. 631-1 à L. 631-6, L. 641-12 et L. 641-14, ou par les textes pris pour leur application, sciemment fait de fausses déclarations, quiconque a, à l'aide de manœuvres frauduleuses, dissimulé ou tenté de dissimuler les locaux soumis à déclaration, est passible d'un emprisonnement d'un an et d'une amende de 80 000 euros ou de l'une de ces deux peines seulement.

Le tribunal correctionnel prononce, en outre, la résiliation du bail et l'expulsion des locataires irrégulièrement installés.

• **CCH,** art. L. 651-6

Les agents assermentés du service municipal du logement sont nommés par le maire. Ils prêtent serment devant le juge du tribunal judiciaire de leur résidence, au siège de ce tribunal ou, le cas échéant, de l'une de ses chambres de proximité, et sont astreints aux règles concernant le secret professionnel.

Leur nombre est fixé à 1 par 30 000 habitants ou fraction de ce chiffre. Ce nombre peut être augmenté par décision ministérielle.

Ils sont habilités à visiter les locaux à usage d'habitation situés dans le territoire relevant du service municipal du logement.

Ils doivent être munis d'un ordre de mission personnel ainsi que d'une carte d'identité revêtue de leur photographie.

La visite des locaux ne peut avoir lieu que de huit heures à dix-neuf heures ; l'occupant ou le gardien du local est tenu de laisser visiter sur présentation de l'ordre de mission ; la visite s'effectue en sa présence.

• **CCH,** art. L. 651-7

Les agents assermentés du service municipal du logement constatent les conditions dans lesquelles sont effectivement occupés les locaux qu'ils visitent. Ils sont habilités à recevoir toute déclaration et à se faire présenter par les propriétaires, locataires ou autres occupants des lieux toute pièce ou document établissant ces conditions. Sans pouvoir opposer le secret professionnel, les administrations publiques compétentes et leurs agents sont tenus de communiquer aux agents du service municipal du logement tous renseignements nécessaires à l'accomplissement de leur mission de recherche et de contrôle.

Quiconque fait volontairement obstacle, en violation des prescriptions ci-dessus, à la mission des agents du service municipal du logement, est passible de l'amende civile prévue à l'article L. 651-4.

332.02 Jurisprudence de référence.

• **Civ. 3e, 9 déc. 2009,** no 08-18.038, P III, no 277

* V. ss no 332.14

L'autorisation accordée par le bailleur d'affecter une des pièces de la maison louée à l'exercice d'une activité de coiffure n'entraîne pas de changement de destination du local d'habitation.

• **Civ. 3e, 23 nov. 1993,** no 91-21.489, NP

* V. ss no 332.42

C'est au propriétaire des lieux, préalablement à la conclusion du bail, de solliciter l'autorisation de changement d'affectation.

• **Civ. 3e, 15 janv. 2003,** no 01-03.076, P III, no 8

* V. ss no 332.44

L'article L. 631-7 du CCH étant d'ordre public, ses dispositions peuvent être invoquées par toute personne qui y a intérêt, et notamment par le syndicat des copropriétaires à l'encontre d'un copropriétaire et de sa locataire.

• **Civ. 3e, 10 juin 2015,** no 14-15.961, P III, no 58

* V. ss no 332.41

L'autorisation administrative exigée par la loi aurait dû être obtenue, par le propriétaire, préalablement à la signature du bail.

• **Cons. const. 5 avr. 2019,** no 2019-772 QPC, Visite des locaux à usage d'habitation par des agents municipaux, NON-CONFORMITÉ PARTIELLE, *JO* 6 avr.

* V. ss no 332.15

En prévoyant ainsi que les agents du service municipal du logement peuvent, procéder à une telle visite, sans l'accord de l'occupant du local ou de son gardien, et sans y avoir été préalablement autorisés par le juge, le législateur a méconnu le principe d'inviolabilité du domicile. Le sixième alinéa de l'article L. 651-6 doit donc être déclaré contraire à la Constitution.

332.03 Bibliographie indicative.

Annuel. LAMY DR. IMMO, nos 2326 s.

Encyclopédies. RÉP. IMMO., vo « Bail d'habitation et mixte : rapports locatifs individuels – Loi du 6 juillet 1989 », N. Damas, nos 14 s. – DICT. PERM. Gestion immob., « changement d'usage des locaux », nos 28 s.

Ouvrages. Chérel (dir.), *Changement d'usage de l'immeuble*, LAMY Axe Droit, 2011 – G. Daudré et P. Wallut, *Changements d'usage des locaux d'habitation (les réformes de l'article L. 631-7 du Code de la construction et de l'habitation)*, 2e éd., LexisNexis, 2016.

Articles. A. Belaud-Guillet, « Le nouveau règlement parisien en matière d'autorisations de changement d'usage et l'ouverture de la chasse aux touristes », *AJDI* 2015. 237 ; « Le nouveau règlement municipal parisien », *AJDI* 2015. 237 – D. Blaise, « Le régime de l'autorisation préalable de changement d'usage des locaux d'habitation : le cas parisien », *Dr. Adm.* 2012. Ét. 15 ; « L'autorisation préalable de changement d'usage des locaux d'habitation en rez-de-chaussée à Paris », *Dr. Adm.* 2014, Comm. 17 – G. Daudré, « Usage des locaux au 1er janvier 1970 : à la recherche de la preuve », *AJDI* 2020. 206 – G. Daudré et P. Wallut. « Nouvelles règles pour Paris », *Loyers et copr.* 2011. Ét. 4 ; « Changement d'usage des locaux d'habitation à Paris. Nouvelle modification du règlement municipal », *JCP N*, n° 12, 9 janv. 2015, p. 5 ; *Loyers et copr.* 2015. Ét. 5 – A. Fontin, « Lifting pour le changement d'usage à Paris : les règles sont retendues », DICT. PERM. *Gestion immob.* 5 janv. 2015 – Briand, « Le changement d'usage des locaux d'habitation à Paris : Nouvelle modification "du règlement" municipal », *JCP N* 2015. 1000.

SECTION 1
PRINCIPE

332.11 Autorisation accordée par le maire. L'autorisation préalable au changement d'usage est délivrée par le maire de la commune dans laquelle est situé l'immeuble, après avis, à Paris, Lyon et Marseille, du maire d'arrondissement concerné.

332.12 Autorisation pour un local en totalité. L'autorisation de changement d'usage n'a plus à être motivée.

Une délibération du conseil municipal fixe les conditions dans lesquelles sont délivrées les autorisations et déterminées les compensations[1] par quartier et, le cas échéant, par arrondissement. La loi inscrit cette démarche dans un cadre puisqu'elle fait référence aux « objectifs de mixité sociale », et elle précise ensuite qu'il sera tenu compte notamment « des caractéristiques des marchés de locaux d'habitation et de la nécessité de ne pas aggraver la pénurie de logements »[2]. Enfin, si la commune est membre d'un établissement public de coopération intercommunale compétent en matière de plan local d'urbanisme, la délibération est prise par l'organe délibérant de cet établissement.

332.13 Autorisation pour une partie du local. Le maire peut également accorder des autorisations pour une partie du local seulement[3]. Dans ce cas, l'exercice d'une activité professionnelle, y compris commerciale[4], est possible, sous les conditions suivantes :

- aucune stipulation contractuelle prévue dans le bail ou le règlement de copropriété ne doit s'y opposer[5] ;
- le local est la résidence principale du demandeur ;
- le changement n'engendre ni nuisance, ni danger pour le voisinage ;
- il ne conduit à aucun désordre pour le bâti.

Pour un exercice professionnel dans une partie d'un local d'habitation sans autorisation préalable, v. s^s n° 333.11.

332.14 Changement d'usage partiel et législation applicable. Le changement d'usage partiel ne peut entraîner l'application d'une autre législation que celle concernant les locaux d'habitation. En particulier, le bail n'est pas soumis aux dispositions des articles L. 145-1 et suivants du code de commerce et ne peut être un élément constitutif du fonds de commerce, ce qui s'entend puisque le local reste l'habitation principale du demandeur. Il a ainsi été jugé que le bail liant les parties stipulant un usage d'habitation, l'autorisation accordée par le bailleur d'affecter une des pièces de la maison louée à l'exercice d'une activité de coiffure n'a été donnée que pour requérir l'autorisation administrative nécessaire et sous la réserve exprimée que cet accord ne modifiât pas la nature de la location qui demeurait exclusivement à usage d'habitation[6].

332.15 Contrôles. Les agents municipaux chargés du contrôle des changements d'usage sont notamment régis par l'article L. 651-6 du CCH. Il s'agit d'agents assermentés prêtant serment devant le juge du tribunal judiciaire de leur résidence, au siège de ce tribunal ou, le cas échéant, de l'une de ses chambres de proximité, et sont astreints aux règles concernant le secret professionnel.

Le dernier alinéa de ce texte les autorisait, en cas de carence de la part de l'occupant ou du gardien du local, à se faire ouvrir les portes et visiter les lieux en présence du maire ou du commissaire de police. Les portes devaient être refermées dans les mêmes conditions. Cette disposition, issue de la loi du 2 juin 1983[7] a été jugée contraire au principe d'inviolabilité du domicile par le Conseil constitutionnel, saisi par voie de question prioritaire de constitutionnalité[8].

SECTION 2
NATURE DE L'AUTORISATION

332.21 Distinction selon la présence d'une compensation. L'autorisation de changement d'usage

1. V. s^s n°s 332.31 s.
2. CCH, art. L. 631-7-1.
3. CCH, art. L. 637-7-2.
4. Depuis le 1er janv. 2009, sauf dans les logements appartenant aux organismes d'HLM dans lesquels seule une autorisation professionnelle peut être délivrée.
5. Condition ajoutée expressément par la loi n° 2008-776 du 4 août 2008 de modernisation de l'économie.
6. Civ. 3e, 9 déc. 2009, n° 08-18.038, P III, n° 277 ; *AJDI* 2010. 543.
7. L. n° 83-440, 2 juin 1983 donnant force de loi à la première partie (législative) du code de la ?construction et de l'habitation et modifiant certaines dispositions de ce code, *JO* 3 juin.
8. Cons. const. 5 avr. 2019, n° 2019-772 QPC, *Visite des locaux à usage d'habitation par des agents municipaux*, NON-CONFORMITÉ PARTIELLE, *JO* 6 avr. – QPC transmise par : Civ. 3e, 17 janv. 2019, n° 18-40.040, P ; *AJDA* 2019. 142 ; *D.* 2019. 127 ; *AJDI* 2019. 538, obs. F. de La Vaissière.

total ou partiel est-elle accordée pour une personne ou pour un local ? Deux situations sont retenues par la loi selon que l'autorisation fait ou non l'objet d'une compensation.

332.22 Caractère personnel de principe de l'autorisation. L'autorisation est accordée à titre personnel au requérant, selon l'article L. 631-7-1, deuxième alinéa, du code de la construction et de l'habitation. Le texte ajoute qu'« elle cesse de produire effet lorsqu'il est mis fin, à titre définitif, pour quelque raison que ce soit, à l'exercice professionnel du bénéficiaire ». La réforme s'inscrit ainsi dans la continuité du principe qu'avait énoncé la loi du 23 décembre 1986 en faveur de la nature personnelle de l'autorisation.

Dès lors que le caractère personnel de l'autorisation est reconnu, toute cessation d'activité ou toute vente d'un local la rend caduque. Par ailleurs, elle ne peut pas être cédée. Une nouvelle autorisation doit être demandée afin qu'une autre personne puisse exercer une activité dans le local.

332.23 Caractère réel de l'autorisation avec compensation. La réforme de l'ordonnance du 8 juin 2005 a eu pour principal effet de conférer un caractère réel aux autorisations avec compensation et la loi du 4 août 2008 de modernisation de l'économie n'est pas revenue sur ce principe. Les autorisations avec compensation sont attachées au local et non à la personne du bénéficiaire. Elles donnent lieu en conséquence à publication au fichier immobilier[1] ou inscription au livre foncier, avec mention des locaux offerts en compensation. Elles ont un caractère réel et sont transmissibles. Leur sont assimilées les autorisations avec compensation délivrées antérieurement à la réforme[2] (v. s^s n° 331.47).

332.24 Nécessité d'exécuter des travaux et permis de construire. À l'occasion du changement d'usage, l'article L. 631-8 du code de la construction et de l'habitation précise que, si les travaux nécessaires entrent dans le champ du permis de construire, la demande de permis de construire ou la déclaration préalable vaut demande de changement d'usage. Mais ces travaux ne pourront être mis en œuvre qu'après l'obtention de l'autorisation de changement d'usage.

1. Aux frais du bénéficiaire selon la circulaire n° 2006-19 du 22 mars 2006 relative au changement d'usage des locaux d'habitation.
2. SUR LA QUESTION des dérogations avec compensation accordées avant le 10 juin 2005, date d'entrée en vigueur de la réforme de 2005 et de leurs effets : Civ. 3e, 9 mai 2012, n° 11-16.139, P III, n° 72 ; *AJDI* 2012. 432, note Daudré ; *Loyers et copr.* 2012, n° 195, note B. Vial-Pedroletti ; *Rev. loyers* 2012. 256, note Briand.

332.25 Sanctions. Les infractions aux règles de l'article L. 631-7 sont sanctionnées d'une amende civile dont le montant ne peut excéder 50 000 euros par local irrégulièrement transformé selon l'article L. 651-2 du code de la construction et de l'habitation[3].

Cette amende est prononcée par le président du tribunal judiciaire, statuant selon la procédure accélérée au fond[4], sur requête de la commune[5] dans laquelle est situé le local irrégulièrement transformé ou de l'Agence nationale de l'habitat. Le produit de l'amende est intégralement versé à la commune dans laquelle est situé ce local. Le tribunal judiciaire compétent est celui dans le ressort duquel est situé le local.

L'article L. 651-2 du CCH prévoit que, sur assignation de la commune dans laquelle est situé le local irrégulièrement transformé ou de l'Agence nationale de l'habitat, le président du tribunal ordonne la réaffectation des locaux à leur usage antérieur dans un délai qu'il fixe et au-delà duquel une astreinte est prononcée.

À l'expiration du délai, il prononce une astreinte d'un montant maximal de 1 000 euros par jour et par mètre carré utile du local irrégulièrement transformé. Le produit en est intégralement versé à la commune dans laquelle est situé le local irrégulièrement transformé.

Il faut y ajouter la nullité de plein droit des conventions ou accords intervenus en violation de l'article L. 631-7, notamment des éventuels baux conclus.

Par ailleurs l'article L. 651-3 prévoit une sanction pénale en cas de fausses déclarations ou de manœuvres frauduleuses en vue de dissimuler des locaux soumis à déclaration, avec un emprisonnement d'un an et d'une amende de 80 000 euros ou de l'une de ces deux peines seulement.

Les dispositions de la loi du 18 novembre 2016[6], en ce qu'elles confèrent qualité au maire de la commune pour saisir le président du tribunal de grande instance en cas de violation des règles sur le changement d'usage des locaux destinés à l'habitation, revêtent le caractère d'une loi de procédure et sont, à ce titre, d'application immédiate aux instances en cours[7].

3. L. n° 2016-1547, 18 nov. 2016, art. 59.
4. Avant la réforme judiciaire opérée par la loi n° 2019-222 du 23 mars 2019 de réforme pour la justice, le président du TGI était saisi par requête et statuait en la forme des référés.
5. Avant la loi n° 2018-1021 du 23 novembre 2018, dite loi Élan, le texte mentionnait le maire de la commune. La Cour de cassation a estimé que le requérant était en réalité déjà la commune, représentée par son maire, et non le maire dans l'exercice de ses pouvoirs propres : Civ. 3e, 24 sept. 2020, n° 18-22.142, P ; *D.* 2020. 1889.
6. L. n° 2016-1547, 18 nov. 2016 de modernisation de la justice du XXIe siècle, *JO* 19 nov.
7. Civ. 3e, 16 mai 2019, n° 17-24.474, P ; *D.* 2019. 1104 ; *ibid.* 2020. 1148, obs. N. Damas ; *AJDI* 2020. 204, obs. N. Damas – Civ. 3e, 24 sept. 2020, n° 18-22.142, P, préc.

SECTION 3
COMPENSATION

332.31 **Compensation légale.** La possibilité d'une compensation est directement prévue par le texte de l'article L. 631-7-1 du code de la construction et de l'habitation.

332.32 **Forme de la compensation.** Dès lors qu'une telle compensation est prévue, elle ne peut prendre alors qu'une seule forme qui est « la transformation concomitante en habitation de locaux ayant un autre usage ».

Depuis le 1er janvier 2009, c'est au conseil municipal d'en décider par délibération [1]. Ces compensations peuvent être fixées par quartiers, voire par arrondissements. La loi renvoie aux objectifs de mixité sociale, « en fonction notamment des caractéristiques des marchés de locaux d'habitation et de la nécessité de ne pas aggraver la pénurie de logements », qui reste ainsi, plus de soixante ans après 1945, la préoccupation principale en la matière [2].

332.33 **Évolution à Paris.** La situation à Paris a évolué depuis la réforme de 2008, relative à la décentralisation des décisions en matière de changement d'usage. Un premier règlement des 15, 16 et 17 décembre 2008 a été modifié successivement les 7 et 8 février 2011 puis les 17, 18 et 19 novembre 2014. Il est applicable depuis le 1er janvier 2015. Des modifications ont encore été apportées par la suite [3].

Les compensations proposées à Paris de locaux ayant un autre usage que l'habitation et transformés en logements doivent avoir une « qualité équivalente » aux surfaces transformées, correspondre à des « unités de logement » (pas de fraction possible) et le logement doit répondre aux critères du logement décent [4].

Ils doivent être de même surface que ceux qui font l'objet du changement et doivent être situés dans le même arrondissement. Mais compte tenu de la tension du marché il existe à Paris un secteur de compensation renforcé (SCR) couvrant les arrondissements 1 à 9, ainsi que le 16e arrondissement et certaines parties d'autres arrondissements [5]. La règle de compensation est alors de 2 pour 1 (2 m^2 de logements pour 1 m^2 d'autre surface compensée [6]), sauf si le logement offert est un logement social conventionné à l'APL [7] pour une durée de 30 ans ; dans ce cas la règle du 1 m^2 pour 1 m^2 s'applique. En outre pour ce type de compensation il est autorisé de compenser non pas dans le même arrondissement mais sur tout le territoire du secteur de compensation renforcé (SCR), selon certaines modalités qui prennent en compte les conséquences de cet avantage qui se font sentir sur les quartiers centraux des 1er au 8e arrondissement.

Certaines professions peuvent obtenir dans certains quartiers et dans certaines limites de surface une autorisation de changement d'usage pour exercer dans le local leur profession, et ce sans compensation [8]. Certaines personnes (physiques ou morales) qui exercent dans un local une mission d'intérêt général peuvent se voir délivrer une autorisation sans compensation pour ce local.

Pour les activités meublées soumises à contrôle, v. ss nos 335.00 s.

Le Conseil de Paris a complété sa réglementation en adoptant les 15, 16 et 17 février 2016 deux délibérations, exonérant pour 5 ans de taxe foncière les locaux à usage d'habitation issus de locaux professionnels ou de bureau, pour la première, et accordant, pour la seconde, au propriétaire qui a transformé des locaux en locaux d'habitation, une réversibilité sur 15 ans lui permettant de retourner à un autre usage ces locaux transformés en habitation, sans avoir à demander d'autorisation.

SECTION 4
CONSÉQUENCES DANS LES RELATIONS ENTRE BAILLEURS ET LOCATAIRES

332.41 **Protection d'ordre public du parc de logement.** Le changement d'usage d'un local d'habitation est soumis à autorisation selon l'article L. 631-7, dans le champ géographique qu'il définit. Ses dispositions sont d'ordre public. L'enjeu est bien de protéger le parc de logements et non des intérêts particuliers. En conséquence, sont réputés « nuls de plein droit tous accords ou conventions conclus en violation du présent article », selon l'article L. 631-7 du code de la construction et de l'habitation.

1. Le Conseil d'État a refusé de transmettre au Conseil constitutionnel une question prioritaire de constitutionnalité contre cette disposition de l'art. L. 631-7-1 du CCH : CE 8 juin 2012, req. no 357797, NP.
2. À Paris la question est réglée par un règlement municipal (16 déc. 2008, mod. par délib. des 7 et 8 févr. 2011, *BMO* 18 févr. 2011, p. 412).
3. Notamment les 4,5 et 6 juillet 2016, et en décembre 2018.
4. V. ss no 211.42.
5. Une carte est publiée en annexe de règlement municipal et est consultable sur www.paris.fr.
6. La surface est calculée dans les conditions de l'article R. 111-2 du code de la construction et de l'habitation.
7. Sur la notion de conventionnement, v. ss no 633.41.
8. Voir l'article 4 du règlement municipal.

Il a ainsi été jugé que le bail conclu en violation de ce régime d'autorisation est nul de nullité absolue[1], ce qui entraîne des restitutions réciproques[2].

332.42 Autorisation administrative préalable. La validité du contrat de location est subordonnée à l'accomplissement des formalités d'autorisation.

L'obligation pèse sur le bailleur de délivrer un local dont l'usage soit conforme à sa destination. C'est au propriétaire des lieux, préalablement à la conclusion du bail, de solliciter l'autorisation de changement d'affectation[3].

La clause selon laquelle « le preneur fait son affaire de l'obtention de toutes autorisations administratives qui seraient nécessaires pour son installation dans les locaux loués » est sans effet car l'autorisation administrative exigée par la loi « aurait dû être obtenue par la propriétaire, préalablement à la signature du bail »[4].

Mais la question est posée pour les autorisations à caractère personnel pour lesquelles le bénéficiaire est par exemple, une profession libérale[5].

Dans ce cas la doctrine renvoie à son obtention par le bénéficiaire, avant la signature du bail, avec l'accord du propriétaire, à moins que le bail soit conclu sous la condition suspensive de l'obtention de l'autorisation[6].

Enfin, l'article L. 631-8 du code de la construction et de l'habitation précise que lorsque le changement d'usage fait l'objet de travaux relevant du permis de construire, la demande de permis de construire ou de déclaration de travaux tient lieu de demande de changement d'usage et que les travaux ne peuvent débuter avant l'obtention de l'autorisation de changement d'usage.

332.43 Autorisation du bailleur. Un changement d'usage total d'un local d'habitation, à l'initiative du locataire, ne peut s'effectuer sans l'accord préalable du bailleur. À défaut, le locataire commettrait un manquement. L'exercice de la profession d'architecte dans les lieux affectés à usage d'habitation justifie la résiliation du bail, à défaut d'une autorisation non équivoque des bailleurs de changement de destination des lieux[7]. C'est à celui qui se prévaut de la nature commerciale du bail d'en rapporter la preuve[8]. Mais, les propriétaires ne peuvent poursuivre la locataire en déchéance du droit au maintien dans les lieux pour modification de la destination du bail alors qu'au début de l'activité de la locataire en janvier 1957, l'ordonnance du 11 octobre 1945, alors applicable, ne subordonnait pas l'exercice d'une activité libérale à la délivrance d'une autorisation[9].

Lorsque le locataire change l'usage du local, sans autorisation du bailleur, et sans procéder une demande auprès de la commune, il est passible des sanctions édictées par les articles L. 631-7 et suivants du CCH. Mais si le bailleur est « complice » de ce procédé, il ne pourra pas échapper à la condamnation[10].

332.44 Disposition d'ordre public. L'article L. 631-7 du code de la construction et de l'habitation étant d'ordre public, ses dispositions peuvent être invoquées par toute personne qui y a intérêt, et notamment par le syndicat des copropriétaires à l'encontre d'un copropriétaire et de sa locataire[11]. La jurisprudence admet par ailleurs que même dans le cas où le bailleur a accepté, de son propre fait, un changement d'affectation alors que celui-ci était illégal, il peut cependant demander la résiliation du bail. La règle *nemo auditur propriam turpitudinem allegans*[12], qui n'empêche pas de se prévaloir du caractère illicite de la convention, n'interdit pas au bailleur ayant autorisé une modification de la destination des lieux, prohibée par la loi, ou à ses ayants droit, de poursuivre la résiliation du bail[13].

1. Civ. 3e, 10 juin 2015, n° 14-15.961, P III, n° 58 ; *D.* 2015. 1319, obs. Y. Rouquet ; *ibid.* 2016. 1102, obs. N. Damas ; *AJDI* 2015. 773, obs. N. Damas.
2. DANS LE MÊME LITIGE QUE Civ. 3e, 10 juin 2015, n° 14-15.961, préc. : Civ. 3e, 14 juin 2018, nos 17-13.422 et 17-15.498, P III, n° 65 ; *D.* 2018. 1312 ; *ibid.* 2019. 1129, obs. N. Damas ; *AJDI* 2019. 201, obs. N. Damas.
3. Civ. 3e, 23 nov. 1993, n° 91-21.489, NP, *Rev. loyers* 1994. 149 – AUSSI : Civ. 3e, 11 déc. 1996, n° 94-12.025, NP, *Rev. loyers* 1997. 570 – Civ. 3e, 29 avr. 2002, n° 01-01.497, NP, *Rev. loyers* 2002. 410, note Vaissié.
4. Civ. 3e, 10 juin 2015, n° 14-15.961, P III, n° 58 ; *D.* 2015. 1319, obs. Y. Rouquet ; *ibid.* 2016. 1102, obs. N. Damas ; *AJDI* 2015. 773, note N. Damas ; *Loyers et copr.* 2015, 191, note B. Vial-Pedroletti.
5. V. ss nos 332.22 et 332.23.
6. Daudré et Wallut, G. Daudré et P. Wallut, *Changements d'usage des locaux d'habitation (les réformes de l'article L. 631-7 du Code de la construction et de l'habitation)*, 2e éd., LexisNexis, 2016.
7. Civ. 3e, 16 juill. 1997, n° 95-17.272, NP, *Loyers et copr.* 1997, n° 254.
8. PAR EX. dans le cas d'un bail consenti pour six ans à usage d'habitation : Civ. 3e, 14 nov. 2002, n° 01-10.282, P III, n° 222 ; *Ann. loyers* 2003. 446, note Beddeleem.
9. Civ. 3e, 1er juin 2005, n° 04-12.824, P III, n° 118 ; *Administrer* janv. 2006. 36.
10. Civ. 3e, 12 juill. 2018, n° 17-20.654, P ; *AJDA* 2018. 1477 ; *D.* 2018. 1551 ; *ibid.* 2435, chron. A.-L. Collomp, V. Georget et L. Jariel ; *ibid.* 2019. 1129, obs. N. Damas ; *AJDI* 2019. 118, obs. N. Damas ; *JT* 2018, n° 211, p. 9, obs. X. Delpech : il résultait de l'enquête diligentée par la Direction du logement et de l'habitat que l'appartement avait été loué ou proposé à la location sur plusieurs sites internet et que, par contrat du 2 juin 2010, il avait été donné en location meublée à une société avec autorisation expresse donnée au locataire de le sous louer de manière temporaire.
11. Civ. 3e, 15 janv. 2003, n° 01-03.076, P III, n° 8 ; *Loyers et copr.* 2003, n° 95, note B. Vial-Pedroletti.
12. « Nul ne peut se prévaloir de sa propre turpitude ».
13. Civ. 3e, 24 juin 1992, n° 90-21.276, P III, n° 219 ; *Gaz. Pal.* 11 déc. 1992, 346-347 ; *Rev. loyers* 1992. 396, note Vaissette.

332.45 Changement d'usage et règlement de copropriété. Enfin, le respect des dispositions du contrat ou du règlement de copropriété s'impose au locataire, dans les trois situations applicables au changement d'usage partiel des articles L. 631-7-2, 7-3, et 7-4[1].

1. V. tableau récapitulatif : le changement d'usage d'un local d'habitation dans le secteur privé, s^s n° 333.23.

CHAPITRE

333. Exceptions à la règle d'autorisation préalable de changement d'usage

SECTION 0 ORIENTEUR

333.00 Sommaire du chapitre.

Division. Le législateur a prévu deux cas dérogatoires pour faciliter le télétravail dans le local d'habitation du bénéficiaire (sect. 1) et favoriser la création d'entreprises (sect. 2).

333.01 Principaux textes applicables.

TEXTES SOURCES

- **CCH,** art. L. 631-7-3, L. 631-7-4.
- **C. com.,** art. L. 123-10, L. 123-11-1.

TEXTES *IN EXTENSO*

- **CCH,** art. L. 631-7-3

Dès lors qu'aucune stipulation contractuelle prévue dans le bail ou le règlement de copropriété ne s'y oppose, l'exercice d'une activité professionnelle, y compris commerciale, est autorisé dans une partie d'un local à usage d'habitation, dès lors que l'activité considérée n'est exercée que par le ou les occupants ayant leur résidence principale dans ce local et ne conduit à y recevoir ni clientèle ni marchandises.

Les dispositions du présent article sont applicables aux représentants légaux des personnes morales.

- **CCH,** art. L. 631-7-4

Dès lors qu'aucune stipulation contractuelle prévue dans le bail ou le règlement de copropriété ne s'y oppose, l'exercice d'une activité professionnelle, y compris commerciale, est autorisé dans une partie d'un local d'habitation situé au rez-de-chaussée, pourvu que l'activité considérée ne soit exercée que par le ou les occupants ayant leur résidence principale dans ce local, qu'elle n'engendre ni nuisance, ni danger pour le voisinage et qu'elle ne conduise à aucun désordre pour le bâti.

Le bail d'habitation de cette résidence principale n'est pas soumis au chapitre V du titre IV du livre Ier du code de commerce et ne peut être un élément constitutif du fonds de commerce.

- **C. com.,** art. L. 123-10

Les personnes physiques demandant leur immatriculation au registre du commerce et des sociétés ou au répertoire des métiers doivent déclarer l'adresse de leur entreprise et en justifier la jouissance. Elles peuvent notamment domicilier leur entreprise dans des locaux occupés en commun par plusieurs entreprises dans des conditions fixées par décret en Conseil d'État. Ce décret précise, en outre, les équipements ou services requis pour justifier la réalité de l'installation de l'entreprise domiciliée.

Les personnes physiques peuvent déclarer l'adresse de leur local d'habitation et y exercer une activité, dès lors qu'aucune disposition législative ou stipulation contractuelle ne s'y oppose.

Lorsqu'elles ne disposent pas d'un établissement, les personnes physiques peuvent, à titre exclusif d'adresse de l'entreprise, déclarer celle de leur local d'habitation. Cette déclaration n'entraîne ni changement d'affectation des locaux, ni application du statut des baux commerciaux.

- **C. com.,** art. L. 123-11-1

Toute personne morale est autorisée à installer son siège au domicile de son représentant légal et y exercer une activité, sauf dispositions législatives ou stipulations contractuelles contraires.

Lorsque la personne morale est soumise à des dispositions législatives ou stipulations contractuelles mentionnées à l'alinéa précédent, son représentant légal peut en installer le siège à son domicile, pour une durée ne pouvant ni excéder cinq ans à compter de la création de celle-ci, ni dépasser le terme légal, contractuel ou judiciaire de l'occupation des locaux.

Dans ce cas, elle doit, préalablement au dépôt de sa demande d'immatriculation ou de modification d'immatriculation, notifier par écrit au bailleur, au syndicat de la copropriété ou au représentant de l'ensemble immobilier son intention d'user de la faculté ainsi prévue.

Avant l'expiration de la période mentionnée au deuxième alinéa, la personne doit, sous peine de radiation d'office, communiquer au greffe du tribunal les éléments justifiant son changement de situation, selon les modalités fixées par décret en Conseil d'État.

Il ne peut résulter des dispositions du présent article ni le changement de destination de l'immeuble, ni l'application du statut des baux commerciaux.

333.02 **Jurisprudence de référence.**

• **Civ. 3e, 14 janv. 2004,** n° 02-12.476, P III, n° 2

* V. ss n° 333.12

Si le bail avait été conclu à usage exclusif d'habitation, la locataire, qui avait sa résidence principale dans les lieux, y exerçait une activité de styliste qui ne troublait pas la paix des habitants de l'immeuble et ne la conduisait pas à recevoir une clientèle ou des marchandises, la cour d'appel, qui a constaté que les conditions posées par l'article L. 631-7-3 du code de la construction et de l'habitation étaient réunies, a pu en déduire que le bailleur devait être débouté de sa demande en résiliation du bail.

• **Civ. 3e, 25 févr. 2016,** n° 15-13.856, P

* V. ss n° 333.21

Dès lors qu'aucune activité n'y est exercée la domiciliation d'une personne morale par son représentant légal dans le local à usage d'habitation qu'il loue n'entraîne pas de changement dans la destination des lieux.

333.03 **Bibliographie indicative.**

Annuel. LAMY DR. IMMO, n° 5559.

Encyclopédies. RÉP. IMMO., *V° Bail d'habitation ou professionnel – Loi du 1er septembre 1948*, H. des Lyons, nos 143-144 – DICT. PERM. Gestion immob., *V° Changement d'usage des locaux*, n° 18.

Ouvrages. F. Chérel (dir.) *Changement d'usage de l'immeuble*, LAMY Axe Droit, 2011 – G. Daudré et P. Wallut, *Changements d'usage des locaux d'habitation (les réformes de l'article L. 631-7 du Code de la construction et de l'habitation)*, 2e éd., LexisNexis, 2016.

Articles. G. Liet-Vaux, « Une petite faveur pour le télétravail dans des locaux d'habitation. Loi du 2 juillet 1998 », *Administrer*, avr. 1999, p. 16 – J. Rémy, « La prohibition des changements d'affectation et l'exercice d'une profession à domicile », *Rev. loyers* 1999. 270.

333.05 **Source légale.** Il existe plusieurs exceptions à la règle de l'autorisation préalable des changements d'usage posée par l'article L. 631-7 du code de la construction et de l'habitation qui sont toutes d'origine légale.

Il est à noter que la loi du 24 mars 2014, dite loi Alur, a supprimé l'exception qui s'appliquait depuis la loi du 14 novembre 1996, relative au pacte de relance pour la ville [1], dans les zones franches urbaines définies par la loi d'orientation pour l'aménagement et le développement du territoire [2]. L'article L. 631-10 du code de la construction et de l'habitation a été en effet abrogé [3].

SECTION 1
EXERCICE, SANS AUTORISATION PRÉALABLE, D'UNE ACTIVITÉ PROFESSIONNELLE DANS UNE PARTIE D'UN LOCAL À USAGE D'HABITATION

333.11 **Prévalence du contrat de bail et du règlement de copropriété.** Il s'agit de favoriser l'activité professionnelle des bénéficiaires, qu'ils soient locataires ou propriétaires, dans leur logement, sans avoir à solliciter l'autorisation de changement d'usage, que ce soit auprès du préfet dans l'ancienne réglementation, ou du maire depuis la loi du 4 août 2008.

Cette liberté était entière avant la loi de 2008, le bailleur ne pouvant s'y opposer. Selon le nouveau texte, applicable depuis le 1er avril 2009, le respect des prescriptions du bail et du règlement de copropriété est impératif. Il envisage l'exercice d'une activité professionnelle, y compris commerciale, dans une partie du local d'habitation [4], mais il distingue le cas particulier des rez-de-chaussée [5].

333.12 **Conditions.** Elles doivent être respectées cumulativement :

1° le bénéficiaire doit avoir sa résidence principale dans le logement ;

2° l'activité doit s'exercer dans une partie du logement seulement. Elle peut être professionnelle ou commerciale. Il s'agit bien, en tout état de cause, de permettre au bénéficiaire de travailler chez lui ;

3° seul l'occupant ou les occupants qui ont leur résidence principale dans le logement sont concernés ;

4° à la différence de l'autorisation partielle de l'article L. 631-7-2, il ne peut s'agir d'exercer une activité assimilable à une activité de professionnel libéral ou à réaliser des activités de ventes dans les locaux puisque le bénéficiaire ne peut ni recevoir de clientèle, ni stocker de marchandises. L'intention est de permettre des activités comme le télétravail. Ainsi l'activité de styliste dans les lieux loués est

1. L. n° 96-987, 14 nov. 1996 relative à la mise en œuvre du pacte de relance pour la ville, *JO* 15 nov., p. 16656.
2. L. n° 95-115, 4 févr. 1995 – POUR la délimitation des zones franches urbaines : décr. n° 96-1154, 26 déc. 1996, mod.
3. L. n° 2014-366, 24 mars 2014, art. 17.
4. CCH, art. L. 631-7-3.
5. CCH, art. L. 631-7-4.

autorisée dès lors qu'il n'est pas démontré que la locataire y reçoit de la clientèle ou des marchandises[1] ;

5° mais cette interdiction est levée pour les locaux qui se situent au rez-de-chaussée des immeubles[2] pour lesquels, sous condition de n'engendrer ni nuisance ni danger pour le voisinage et de ne conduire à aucun désordre pour le bâti, il est seulement précisé que le bail reste à usage d'habitation et n'est pas soumis aux articles L. 145-1 et suivants du code de commerce ;

6° enfin, le bail ou le règlement de copropriété ne doivent pas s'y opposer.

La loi du 1er août 2003 pour l'initiative économique[3] a étendu cette autorisation aux représentants légaux des personnes morales[4].

333.13 Conséquences. Le respect des conditions offre une relative liberté. Il n'est en effet pas nécessaire de solliciter une autorisation auprès de la commune. Par ailleurs, aucune durée maximale n'est fixée par les textes. Il appartient bien sûr à celui qui se prévaut de ce régime d'en vérifier scrupuleusement le respect des conditions, car à défaut, il s'expose à des poursuites, non seulement de la mairie, mais également de la copropriété ou de son bailleur (si les clauses du bail ou du règlement de copropriété interdisent l'activité envisagée).

SECTION 2

IMMATRICULATION AU REGISTRE DU COMMERCE ET/OU DOMICILIATION DU SIÈGE SOCIAL EN CAS DE CRÉATION D'UNE ENTREPRISE

333.21 Personne physique. Aux termes de l'article L. 123-10 du code de commerce, les personnes physiques demandant leur immatriculation au registre du commerce et des sociétés ou au répertoire des métiers peuvent déclarer l'adresse de leur local d'habitation et y exercer une activité, dès lors qu'aucune disposition législative ou stipulation contractuelle ne s'y oppose. L'objectif est, rappelons-le, de favoriser le télétravail à domicile, sans gêner le voisinage.

La domiciliation d'une personne morale par son représentant légal dans le local à usage d'habitation soumis à la loi du 1er septembre 1948 qu'il loue n'entraîne pas de changement dans la destination des lieux si aucune activité n'y est exercée[5]. Cette faculté ne saurait être étendue à un simple changement de siège social ou à l'extension d'une entreprise déjà existante[6].

Même en cas d'opposition légale ou conventionnelle lorsqu'elles ne disposent pas d'un établissement, les personnes physiques peuvent, à titre exclusif d'adresse de l'entreprise, déclarer celle de leur local d'habitation. Cette déclaration n'entraîne ni changement d'affectation des locaux, ni application du statut des baux commerciaux. Il faut en conclure, d'une part, que le propriétaire ou la copropriété ne peuvent s'opposer à cette simple domiciliation, et, d'autre part, que le bénéficiaire ne pourra pas revendiquer le bénéfice du statut des baux commerciaux[7].

333.22 Personne morale – principe. Aux termes de l'article L. 123-11-1 du code de commerce, la personne morale qui demande son immatriculation au registre du commerce et des sociétés est également autorisée à installer son siège au domicile de son représentant légal et à y exercer une activité, sauf disposition législative ou stipulation contractuelle contraire.

333.23 Personne morale – obligations. Lorsque la personne morale est soumise à des dispositions législatives ou stipulations contractuelles contraires (ex. : clause du bail ou règlement de copropriété), son représentant légal peut cependant en installer le siège à son domicile, pour une durée ne pouvant ni excéder cinq ans à compter de la création de celle-ci, ni dépasser le terme légal, contractuel ou judiciaire de l'occupation des locaux. Dans ce cas, elle doit, préalablement au dépôt de sa demande d'immatriculation, notifier par écrit au bailleur, au syndicat de la copropriété ou au représentant de l'ensemble immobilier son intention d'user de cette faculté.

Avant l'expiration du délai de cinq ans ou l'expiration du bail, la personne doit, sous peine de radiation d'office, communiquer au greffe du tribunal les éléments justifiant son changement de situation.

Il ne peut en résulter ni changement de destination de l'immeuble, ni application du statut des baux commerciaux. La loi du 1er août 2003 pour l'initiative économique a principalement augmenté la durée pour laquelle les nouvelles entreprises peu-

1. Civ. 3e, 14 janv. 2004, n° 02-12.476, P III, n° 2 ; *AJDI* 2004. 289, obs. Y. Rouquet – DÉJÀ dans la même affaire : Paris, 6e ch. C, 11 déc. 2001, n° 2000/07434, *Loyers et copr.* 2002, n° 197.
2. CCH, art. L. 631-7-4.
3. L. n° 2003-721, 1er août 2003 pour l'initiative économique, *JO* 5 août, p. 13449.
4. CCH, art. L. 631-7-3, dern. al.
5. Civ. 3e, 25 févr. 2016, n° 15-13.856, P III, n° 34 ; *Rev. loyers* 2016. 193.
6. Paris, 6e ch. B, 14 déc. 2000, *Rev. loyers* 2001. 194, obs. Rémy, arrêt rendu sous l'empire de l'ancien article L. 123-11 du code de commerce.
7. M.-P. Dumont, H. Kenfack (dir.), *Droit et pratique des baux commerciaux*, 6e éd., « Dalloz Action », 2020, nos 751.21 s., particulièrement 751.24.

vent bénéficier de cette domiciliation (5 ans et non plus 2 ans). Comme auparavant, il ne peut s'agir que de l'installation d'un siège social. Le stockage de matériaux ou l'exercice d'une activité de vente dans les lieux est prohibé.

TABLEAU RÉCAPITULATIF – LE CHANGEMENT D'USAGE D'UN LOCAL D'HABITATION DANS LE SECTEUR PRIVÉ

	Changement d'usage total d'un local à usage d'habitation [CCH, art. L. 631-7]	Changement d'usage partiel d'un local à usage d'habitation [CCH, art. L. 631-7-2]	Changement d'usage partiel d'un local à usage d'habitation sans autorisation [CCH, art. L. 631-7-3]	Changement d'usage partiel d'un local à usage d'habitation sans autorisation en rez-de-chaussée [CCH, art. L. 631-7-4]
Pourquoi ?	• Tout autre usage que l'habitation	• Exercice d'une activité professionnelle, y compris commerciale	• Exercice d'une activité professionnelle, y compris commerciale*	• Exercice d'une activité professionnelle, y compris commerciale**
Pour qui ?	• Propriétaire ou bénéficiaire	• Bénéficiaire ayant sa résidence principale dans le logement	• Bénéficiaire ayant sa résidence principale dans le logement	• Bénéficiaire ayant sa résidence principale dans le logement
Par qui ?	• Maire de la commune (après avis, à Paris, Lyon et Marseille, du maire d'arrondissement concerné)	• Maire de la commune (après avis, à Paris, Lyon et Marseille, du maire d'arrondissement concerné)		
Comment ?	• Autorisation (avec ou sans compensation)	• Autorisation	• Sans autorisation	• Sans autorisation
Où ?	• Communes de plus de 200 000 habitants et départements des Hauts-de-Seine, de la Seine-Saint-Denis et du Val-de-Marne	• Communes de plus de 200 000 habitants et départements des Hauts-de-Seine, de la Seine-Saint-Denis et du Val-de-Marne	• Communes de plus de 200 000 habitants et départements des Hauts-de-Seine, de la Seine-Saint-Denis et du Val-de-Marne	• Communes de plus de 200 000 habitants et départements des Hauts-de-Seine, de la Seine-Saint-Denis et du Val-de-Marne
Observations	• Une mesure d'extension peut être prise dans une autre commune (CCH, art. L. 631-9) • Si la commune est membre d'un établissement public de coopération intercommunale compétent en matière de plan local d'urbanisme, la délibération est prise par l'organe délibérant de cet établissement	• Aucune stipulation contractuelle prévue dans le bail ou le règlement de copropriété ne doit s'y opposer	• Aucune stipulation contractuelle prévue dans le bail ou le règlement de copropriété ne doit s'y opposer	• Aucune stipulation contractuelle prévue dans le bail ou le règlement de copropriété ne doit s'y opposer

* Il est interdit de recevoir de la clientèle, ou de stocker des marchandises.

** Possibilité de recevoir de la clientèle ou de stocker des marchandises.

CHAPITRE

334. Changement d'usage d'un logement HLM

SECTION 0 ORIENTEUR

334.00 Sommaire du chapitre.

Division – Principe d'interdiction de changement d'usage. Comment changer l'usage d'un logement HLM, puisque sa destination première est de loger des personnes à ressources modestes ou défavorisées et que le nombre de ces logements est encore insuffisant ? Le principe est donc ici que le changement d'usage est prohibé sur tout le parc HLM, sauf dispositions spéciales du code de la construction et de l'habitation, dont l'objectif est d'abord de dynamiser certains quartiers en difficulté.

Il faut distinguer le changement d'usage total (sect. 2), procédure réservée au seul secteur HLM et qui ne s'entend qu'en vue d'un nouvel usage de statut locatif (sect. 1), du changement partiel d'usage qui concerne tout les statuts d'habitation (sect. 3).

Le changement d'usage total d'un logement de type HLM n'est possible que dans le cadre de l'article L. 443-15-1-1 du code de la construction et de l'habitation et, aux termes de cet article, les dispositions des articles L. 631-7, L. 631-7-4, L. 631-7-5 et L. 311-3 du CCH sont écartées dans ce cas. La loi du 23 novembre 2018, dite loi Élan, a modifié la référence du texte, auparavant l'article L. 443-11, alinéas 9 et 10.

L'article L. 631-7-5 du code de la construction et de l'habitation a affirmé en outre les conditions du changement d'usage partiel des logements HLM (pour un tableau récapitulant ces dispositions particulières v. s^{s} n° 334.34).

334.01 Principaux textes applicables.

TEXTES SOURCES

• **CCH,** art. L. 443-15-1-1, L. 631-7-2 à L. 631-7-5.

TEXTES *IN EXTENSO*

• **CCH,** art. L. 443-15-1-1

« Afin d'assurer l'équilibre économique et social d'un ou plusieurs ensembles d'habitations ou d'un quartier connaissant des difficultés particulières, l'organisme d'habitations à loyer modéré propriétaire peut, après accord du représentant de l'État dans le département, qui consulte la commune d'implantation, louer à toute personne physique ou morale pour des usages autres que l'habitation. Afin de contribuer aux politiques de développement social des quartiers, et notamment de ceux connaissant des difficultés particulières, un organisme d'habitations à loyer modéré peut mettre à disposition d'une association des locaux moyennant, éventuellement, le paiement des charges locatives correspondant à ces locaux.

Dans les quartiers prioritaires de la politique de la ville ou dans les territoires définis à l'article 6 de la loi n° 2003-710 du 1er août 2003 d'orientation et de programmation pour la ville et la rénovation urbaine, les organismes d'habitations à loyer modéré peuvent, après avis de la commune d'implantation, louer des locaux d'habitation situés en rez-de-chaussée, en vue d'y exercer des activités économiques. Passé le délai d'un mois à compter du jour où le maire a reçu la consultation, cet avis est réputé favorable. Le bail d'habitation de ces locaux n'est pas soumis au chapitre V du titre IV du livre Ier du code de commerce et ne peut être un élément constitutif du fonds de commerce.

Dans ce cas, les dispositions prévues aux articles L. 311-3, L. 631-7, L. 631-7-4 et L. 631-7-5 du présent code ne s'appliquent pas. »

• **CCH,** art. L. 631-7-2

« Dès lors qu'aucune stipulation contractuelle prévue dans le bail ou le règlement de copropriété ne s'y oppose, le maire peut autoriser, dans une partie d'un local d'habitation utilisé par le demandeur comme sa résidence principale, l'exercice d'une activité professionnelle, y compris commerciale, pourvu qu'elle n'engendre ni nuisance, ni danger pour le voisinage et qu'elle ne conduise à aucun désordre pour le bâti.

Le bail d'habitation de cette résidence principale n'est pas soumis aux dispositions du chapitre V du titre IV du livre Ier du code de commerce et ne peut être un élément constitutif du fonds de commerce. »

• **CCH,** art. L. 631-7-3

* V. s^{s} n° 333.01

• **CCH,** art. L. 631-7-4

* V. s^{s} n° 333.01

• **CCH,** art. L. 631-7-5

« I. L'article L. 631-7-2 est applicable aux logements appartenant aux organismes mentionnés à l'article L. 411-2 [organisme d'HLM], sauf pour l'exercice d'une activité commerciale.

L'article L. 631-7-3 est applicable aux logements appartenant à ces mêmes organismes.

Par dérogation à l'article L. 631-7-4, l'exercice d'une activité professionnelle, y compris commerciale, dans une partie d'un local d'habitation appartenant à ces mêmes organismes et situé au rez-de-chaussée est soumis à une autorisation délivrée dans les conditions fixées à l'article L. 631-7-2.

II. L'autorisation délivrée en application de l'article L. 631-7-2 dans les cas visés au premier ou au dernier alinéa du I du présent article est précédée d'un avis du propriétaire du local. Passé un délai d'un mois, cet avis est réputé favorable. »

334.03 Bibliographie indicative.

Encyclopédies. RÉP. IMMO., *V° Habitat social (HLM)* », H. des Lyons, n° 183 – DP Gestion immob., *V° changement d'usage des locaux*, n° 14.

Articles. B. Wertenschlag, « Le changement d'affectation des logements HLM », *AJPI* 1993. 417.

SECTION 1
CHANGEMENT D'USAGE TOTAL : CONDITIONS

334.11 Champ d'application géographique. Il faut retenir ici que, même si l'activité envisagée sera mise en œuvre par la personne physique ou morale porteuse du projet, la démarche émane de l'organisme d'HLM propriétaire qui va solliciter un changement d'usage pour la totalité du logement.

Sont concernés, sous conditions, les logements HLM, implantés dans des quartiers en difficulté, peu important la taille de la commune (villes de plus de 200 000 habitants ou pas).

334.12 Locaux concernés et possibilités ouvertes au propriétaire (CCH, art. L. 443-15-1-1, al. 1). Deux cas sont visés par la loi. Dans le premier cas de l'article L. 443-15-1-1, alinéa 1er, il s'agit « d'assurer l'équilibre économique et social d'un ou plusieurs ensembles d'habitations ou d'un quartier connaissant des difficultés particulières ».

Malgré la rédaction défectueuse du nouvel article issu de la loi du 23 novembre 2018 [1], dite loi Élan, qui omet le complément d'objet au verbe louer, le champ d'application matériel de la mesure est limité aux logements vacants ainsi que le précisait le neuvième alinéa de l'ancien article L. 443-11. Le nouveau texte autorise le propriétaire « à louer ces logements à toute personne physique ou morale pour des usages autres que l'habitation ». Ces changements pourront permettre la création par exemple de commerces, d'activités de services sociaux ou de professionnels libéraux, de locaux d'animation.

334.13 Locaux concernés et possibilités ouvertes au propriétaire (CCH, art. L. 443-115-1-1, al. 2). Le second cas visé au second alinéa du même article a pour objectif de favoriser l'exercice d'activités économiques « au rez-de-chaussée » des immeubles situés dans certaines zones ou territoires, cette implantation facilitant l'accès de clientèle de la voie publique ainsi que la livraison de marchandises.

Le champ géographique couvre d'une part les quartiers prioritaires de la politique de la ville au sens de la loi du 21 février 2014 [2] et, d'autre part, les quartiers classés dans les anciennes zones urbaines sensibles (ZUS) [3]. Sont ici seuls concernés les locaux normalement à usage d'habitation, situés en rez-de-chaussée uniquement, le changement d'usage ayant pour effet d'autoriser l'exercice d'activités économiques, ce qui peut s'entendre par du développement ou de la création d'entreprises ou par l'implantation de commerces de proximité. C'est la location pour un autre usage qui est autorisée, non plus seulement à titre provisoire, mais définitivement, depuis le 1er janvier 2009 [4].

334.14 Objectifs poursuivis. La dynamisation des quartiers en difficulté par la création de surfaces de type commercial ou professionnel par exemple, par l'implantation d'activités de service au bénéfice des habitants et propres à créer des emplois, est à la base de cette procédure dérogatoire.

Plus précisément, les pouvoirs publics ont fixé plusieurs types d'objectifs que les changements d'usage peuvent combiner au service de la revalorisation des quartiers d'habitat social [5] :

– un objectif urbain : la transformation d'usage peut s'intégrer dans un projet global permettant de

1. L. n° 2018-1021, 23 nov. 2018 portant évolution du logement, de l'aménagement et du numérique, *JO* 24 nov.
2. L. n° 2014-173, 21 févr. 2014 de programmation pour la ville et la cohésion urbaine, *JO* 22 févr.
3. DÉFINIES comme des territoires et des quartiers classés comme prioritaires dans le cadre de la politique de la ville du fait des difficultés qu'ils rencontrent, principalement en matière d'emploi et de chômage. Le décret n° 96-1156 du 26 décembre 1996 fixe la liste de 750 Zones urbaines sensibles (Zus) qui a été par la suite modifiée à plusieurs reprises.
4. L. n° 2008-776, 4 août 2008 de modernisation de l'économie, art. 13, I, *JO* 5 août, p. 12471.
5. Circ. 8 janv. 1997 relative à la mise en œuvre du plan de relance pour la ville, NOR : LOGC9710011C.

créer un pôle attractif d'animation et en ouvrant le quartier sur son environnement ;

– un objectif social : le changement d'usage peut répondre à une demande des habitants en mettant à leur disposition, dans les locaux transformés, des services de proximité (agence du bailleur, locaux associatifs, services sociaux et médicaux ou de sécurité, reconstitution de locaux collectifs résidentiels...) ;

– un objectif patrimonial : le changement d'usage est alors un instrument de résorption de la vacance (alternatif à la démolition), et un moyen de rentabiliser une opération de réhabilitation ;

– un objectif économique : une opération de changement d'usage peut également viser à développer une offre de locaux d'activité à des niveaux de loyers attractifs ou à répondre à une demande d'implantation d'une entreprise sur le secteur.

334.15 **Procédure.** La demande provenant exclusivement de l'organisme propriétaire, la décision est prise, dans le premier cas (quartiers en difficulté) par le représentant de l'État dans le département, qui consulte le maire de la commune d'implantation des logements, et, dans le second cas (quartiers prioritaires de la politique de la ville et zones urbaines sensibles) sur le seul avis de la commune d'implantation, réputé favorable après un mois suivant la réception de sa demande.

SECTION 2
CHANGEMENT D'USAGE TOTAL : CONSÉQUENCES

334.21 **Affectation nouvelle des logements.** Le bien restant la propriété de l'organisme, les règles traditionnelles de la location seront applicables en fonction de la destination du local, professionnelle (ou mixte professionnelle et d'habitation), commerciale, éventuellement à usage de bureaux[1]. Le nouveau régime locatif doit être explicite et ne permet pas de cumuler le nouveau statut locatif avec celui attaché à l'ancienne affectation HLM. À cet égard, le texte interdit au nouveau locataire qui viendrait exploiter une activité commerciale dans le logement de retirer un avantage économique en intégrant le droit au bail d'habitation antérieur dans les éléments constitutifs de son fonds de commerce.

On notera que, contrairement aux conditions imposées par le droit commun en matière de changement d'usage des logements situés en rez-de-chaussée[2], le législateur n'a pas cru utile envers les occupants du parc social de subordonner l'exercice de la nouvelle activité à la condition qu'elle n'engendre ni nuisance, ni danger pour le voisinage et qu'elle ne provoque aucun désordre pour le bâti.

334.22 **Caractère de l'autorisation accordée.** Dans le cas de l'autorisation accordée par le préfet après avis du maire, le texte ne lui confère pas automatiquement un caractère définitif et rien n'interdit au préfet de subordonner son accord à certaines conditions ou de l'encadrer dans le temps, en fonction par exemple de phases de développement d'un projet de quartier. La même observation peut être exprimée s'agissant de l'autorisation du bailleur accordée après avis du maire pour ce qui concerne l'exercice d'activités économiques dans des locaux situés en rez-de-chaussée au sein des quartiers en difficulté. Une attention particulière devra donc être apportée aux éventuelles conditions suspensives ou restrictives dans les clauses du nouveau bail. Si l'immeuble fait l'objet d'un conventionnement, un avenant à la convention APL devra être formalisé afin d'en exclure les logements concernés, quel que soit le cas visé par l'article L. 445-15-1-1.

Enfin, l'autorisation accordée ne préjuge pas des conséquences juridiques et financières que l'organisme d'Hlm ou le bénéficiaire sera amené à devoir supporter. Là également, la prise en charge du coût ainsi que les conditions de mise aux normes d'accessibilité du nouveau local devront faire l'objet d'une rédaction précise des parties lors de la conclusion du nouveau bail. En outre, le principe d'équité devrait conduire l'organisme bailleur à tenir compte du nouvel usage dans le calcul des charges récupérables. Et si le logement se trouve situé au sein d'une copropriété, le changement de l'usage d'une ou plusieurs parties privatives pourra entraîner la modification de la répartition des charges afférentes aux services collectifs et aux éléments d'équipement commun qui profitent au logement dont l'usage a été modifié[3] ; tel est le cas d'un logement en étage qui se trouve destiné à la réception de clientèle, entraînant ainsi une modification dans la répartition des charges spéciales des ascenseurs, des portiers électroniques et d'entretien du hall et des escaliers[4].

334.23 **Absence de conditions financières.** L'idée d'une compensation financière sous forme de reconstitution de surface équivalente est tout à fait étrangère aux objectifs poursuivis par l'article L. 443-15-1-1 et doit donc être écartée.

1. SUR le régime locatif applicable au logement désaffecté : B. Wertenschlag, « Le changement d'affectation des logements HLM », *AJPI* 1993. 417 s.
2. CCH, art. L. 631-7-4.
3. L. n° 65-557, 10 juillet 1965 fixant le statut de la copropriété des immeubles bâtis, art. 25, e). La modification doit être adoptée à la majorité des voix de tous les copropriétaires.
4. Civ. 3e, 17 juill. 1996, n° 94-19.509, P III, n° 194 ; *AJDI* 1996. 1022, obs. P. Guitard.

Le texte ne prévoit pas non plus d'obligation de remboursement des aides d'État afférentes au logement concerné (pour sa construction, son acquisition ou son amélioration) comme l'impose l'avant-dernier alinéa de l'article L. 443-13 dans le cas où l'organisme d'HLM procède à la vente de logements vacants afin d'assurer l'équilibre économique et social d'un ou plusieurs ensembles d'habitation ou d'un quartier connaissant des difficultés particulières.

Enfin, se trouve écartée l'application de l'article L. 311-3 du code de la construction et de l'habitation qui impose le remboursement des primes relatives aux logements ayant bénéficié du régime des primes et prêts[1] avant 1977 dès lors que ces logements subissent des transformations de leur usage ou de leur consistance. C'est notamment le cas lorsque ces logements sont transformés en locaux professionnels ou commerciaux[2]. L'organisme qui enfreint l'interdiction encourt simultanément une amende de 45 000 euros, peine pouvant être prononcée également s'il affecte à la location saisonnière un logement primé lors de sa création ou s'il ne déclare pas ces interdictions dans les actes de mutation ou de location du ou des logements concernés.

Le législateur a exclu l'application de ces sanctions sont dans la mise en œuvre de l'article L. 443-15-1-1[3].

SECTION 3
CHANGEMENT D'USAGE PARTIEL

334.31 Autorisation du maire après acceptation du propriétaire. La loi du 4 août 2008 de modernisation pour l'économie[4] permet l'activité professionnelle, à la demande cette fois du locataire et non du bailleur, dans une partie d'un local d'habitation HLM. Trois cas sont à retenir.

334.32 Conditions de l'autorisation du maire. En vertu de l'article L. 631-7-2 le maire (et non plus le préfet) peut autoriser un demandeur à exercer une activité professionnelle - à l'exclusion de toute activité commerciale[5] - dans une partie d'un local d'habitation aux conditions cumulatives suivantes :

- le bail ou le règlement de copropriété ne s'y opposent pas ;
- le bénéficiaire doit avoir sa résidence principale dans le logement ;
- le changement n'engendre ni nuisance, ni danger pour le voisinage ;
- il ne conduit à aucun désordre pour le bâti ;
- le propriétaire donne son avis, réputé favorable après un délai d'un mois. L'avis négatif du propriétaire empêche par conséquent le changement d'usage[6].
- Précisons que l'exclusion de cette procédure pour l'exercice d'une activité commerciale n'a été prévue qu'envers les logements appartenant aux organismes d'HLM, quel que soit leur financement d'origine. Devient pas conséquent sans objet la disposition de l'article L. 631-7-5 selon laquelle le bail d'habitation n'est pas soumis aux dispositions du code du commerce et ne peut être un élément constitutif du fonds de commerce.

334.33 Locaux d'habitation situés en rez-de-chaussée. À l'article L. 631-7-4 la loi étend, pour les logements situés au rez-de-chaussée, la possibilité d'y exercer une activité commerciale sous les mêmes conditions et après autorisation du maire. Le propriétaire, consulté, peut donc également s'y opposer.

334.34 Autorisation non nécessaire - Conditions. Enfin, selon l'article L. 631-7-3, l'exercice d'une activité professionnelle, y compris commerciale, en étage comme en rez-de-chaussée, est possible dans une partie d'un local d'habitation, cette fois sans aucune autorisation, ni du maire, ni du bailleur, mais à trois conditions :

- le bail ou le règlement de copropriété ne l'interdisent pas (nouvelle condition depuis la loi pour la modernisation de l'économie) ;
- il n'y a ni réception de clientèle ni marchandises. Il s'agit ici de l'activité de télétravail ou de tous types de services (travail à façon, styliste par exemple) ;
- seul l'occupant ou les occupants qui ont leur résidence principale dans le logement sont concernés. La loi du 1er août 2003 pour l'initiative économique a étendu cette autorisation aux représentants légaux des personnes morales[7].

1. CCH, art. R. 311-1 s.
2. CCH, art. R. 311-8, a).
3. CCH, art. L. 443-15-1-1, dern. al.
4. L. n° 2008-776, 4 août 2008 de modernisation de l'économie, *JO* 5 août, p. 12471.
5. CCH, art. L. 631-7-5, I.
6. CCH, art. L. 631-7-5, II.
7. L. n° 2003-721, 1er août 2003 pour l'initiative économique, *JO* 5 août ; CCH, art. L. 631-7-3, dern. al.

TABLEAU RÉCAPITULATIF – LE CHANGEMENT D'USAGE EN HLM

	Changement d'usage total d'un logement [CCH, art. L. 443-15-1-1, al. 1]	Changement d'usage total d'un logement en rez-de-chaussée [CCH, art. L. 443-15-1-1, al. 2]	Changement d'usage partiel d'un logement [CCH, art. L. 631-7-2 et L. 631-7-5]	Changement d'usage partiel d'un logement en rez-de-chaussée [CCH, art. L. 631-7-4 et L. 631-7-5]	Changement d'usage partiel d'un logement sans autorisation [CCH, art. L. 631-7-3]
Pourquoi ?	• Louer des logements vacants pour un usage autre que l'habitation	• Louer des locaux d'habitation pour des activités économiques	• Exercice d'une activité professionnelle non commerciale	• Exercice d'une activité professionnelle, y compris commerciale	• Exercice d'une activité professionnelle, y compris commerciale
Pour qui ?	•Propriétaire	• Bailleur	• Bénéficiaire ayant sa résidence principale dans le logement	• Bénéficiaire ayant sa résidence principale dans le logement	• Bénéficiaire ayant sa résidence principale dans le logement
Par qui ?	• Préfet, qui consulte la commune d'implantation	• Propriétaire, après avis de la commune d'implantation	• Maire, après avis du propriétaire	• Maire, après avis du propriétaire	• Bénéficiaire
Comment ?	• Autorisation	• Décision	• Autorisation	• Autorisation	• Sans autorisation
Où ?	• Dans tout le parc HLM pour l'équilibre économique d'un ensemble ou quartier en difficulté	• Dans les QPV et les ZUS	• Dans les villes de plus de 200 000 habitants et dans les départements 92, 93 et 94	• Dans les villes de plus de 200 000 habitants et dans les départements 92, 93 et 94	• Dans les villes de plus de 200 000 habitants et dans les départements 92, 93 et 94
Observa-tions			• Sauf dispositions contraires du bail ou du règlement de copropriété	• Sauf dispositions contraires du bail ou du règlement de copropriété	• Sauf dispositions contraires du bail ou du règlement de copropriété • Interdiction de réception de clientèle ou de marchandises

CHAPITRE 335. Meublés touristiques

SECTION 0 ORIENTEUR

335.00 **Sommaire du chapitre.**

Division. Il convient d'étudier successivement le cadre général (sect. 1), la réglementation des meublés de tourisme (sect. 2) et celle du changement d'usage (sect. 3).

335.01 **Principaux textes applicables.**

TEXTES SOURCES

- **C. tourisme,** art. L. 324-1, L. 324-1-1, L. 324-2, L. 324-2-1.
- **C. tourisme,** art. D. 324-1, D. 324-1-1, D. 324-1-2.
- **CCH,** art. L. 631-7, L. 631-7-1 a, L. 651-2.

TEXTES *IN EXTENSO*

- **C. tourisme,** art. L. 324-1

L'État détermine les procédures de classement des meublés de tourisme selon des modalités fixées par décret.

La décision de classement d'un meublé de tourisme dans une catégorie, en fonction de critères fixés par un tableau de classement élaboré par l'organisme mentionné à l'article L. 141-2 et homologué par arrêté du ministre chargé du tourisme, est prononcée par l'organisme qui a effectué la visite de classement.

Cette visite de classement est effectuée :

1° Soit par des organismes évaluateurs accrédités, dans des conditions fixées par arrêté du ministre chargé du tourisme, dans les domaines correspondant à leurs missions par l'instance nationale d'accréditation mentionnée à l'article 137 de la loi n° 2008-776 du 4 août 2008 précitée ou par tout organisme européen équivalent signataire de l'accord multilatéral pris dans le cadre de la coordination européenne des organismes d'accréditation ;

2° Soit, dans des conditions fixées par décret, par les organismes qui, à la date du 22 juillet 2009, étaient titulaires de l'agrément requis pour la délivrance des certificats de visite des meublés de tourisme.

L'organisme qui a effectué la visite de classement transmet sa décision de classement à l'organisme mentionné à l'article L. 132-2.

- **C. tourisme,** art. L. 324-1-1

I. – Pour l'application du présent article, les meublés de tourisme sont des villas, appartements ou studios meublés, à l'usage exclusif du locataire, offerts à la location à une clientèle de passage qui n'y élit pas domicile et qui y effectue un séjour caractérisé par une location à la journée, à la semaine ou au mois.

II. – Toute personne qui offre à la location un meublé de tourisme, que celui-ci soit classé ou non au sens du présent code, doit en avoir préalablement fait la déclaration auprès du maire de la commune où est situé le meublé.

Cette déclaration préalable n'est pas obligatoire lorsque le local à usage d'habitation constitue la résidence principale du loueur, au sens de l'article 2 de la loi n° 89-462 du 6 juillet 1989 tendant à améliorer les rapports locatifs et portant modification de la loi n° 86-1290 du 23 décembre 1986.

III. – Par dérogation au II, dans les communes où le changement d'usage des locaux destinés à l'habitation est soumis à autorisation préalable au sens des articles L. 631-7 à L. 631-9 du code de la construction et de l'habitation une délibération du conseil municipal peut décider de soumettre à une déclaration préalable soumise à enregistrement auprès de la commune toute location d'un meublé de tourisme.

La déclaration indique si le meublé de tourisme offert à la location constitue la résidence principale du loueur au sens de l'article 2 de la loi n° 89-462 du 6 juillet 1989 précitée.

Un téléservice permet d'effectuer la déclaration. La déclaration peut également être faite par tout autre moyen de dépôt prévu par la délibération susmentionnée.

Dès réception, la déclaration donne lieu à la délivrance sans délai par la commune d'un accusé-réception comprenant un numéro de déclaration.

Un décret détermine les informations qui peuvent être exigées pour l'enregistrement.

IV. – Dans les communes ayant mis en œuvre la procédure d'enregistrement de la déclaration préalable mentionnée au

III, toute personne qui offre à la location un meublé de tourisme qui est déclaré comme sa résidence principale ne peut le faire au-delà de cent vingt jours au cours d'une même année civile, sauf obligation professionnelle, raison de santé ou cas de force majeure.

La commune peut, jusqu'au 31 décembre de l'année suivant celle au cours de laquelle un meublé de tourisme a été mis en location, demander au loueur de lui transmettre le nombre de jours au cours desquels ce meublé a été loué. Le loueur transmet ces informations dans un délai d'un mois, en rappelant l'adresse du meublé et son numéro de déclaration.

IV *bis*. – Sur le territoire des communes ayant mis en œuvre la procédure d'enregistrement prévue au III, une délibération du conseil municipal peut soumettre à autorisation la location d'un local à usage commercial en tant que meublé de tourisme.

Cette autorisation est délivrée au regard des objectifs de protection de l'environnement urbain et d'équilibre entre emploi, habitat, commerces et services, par le maire de la commune dans laquelle est situé le local.

Lorsque la demande porte sur des locaux soumis à autorisation préalable au titre d'un changement de destination relevant du code de l'urbanisme, l'autorisation prévue au premier alinéa tient lieu de l'autorisation précitée dès lors que les conditions prévues par le code de l'urbanisme sont respectées.

Un décret en Conseil d'État précise les modalités d'application du présent IV *bis*.

V. – Toute personne qui ne se conforme pas aux obligations résultant du III est passible d'une amende civile dont le montant ne peut excéder 5 000 €.

Toute personne qui ne se conforme pas aux obligations résultant du IV est passible d'une amende civile dont le montant ne peut excéder 10 000 €.

Toute personne qui ne se conforme pas aux obligations résultant du IV *bis* est passible d'une amende civile dont le montant ne peut excéder 25 000 €.

Ces amendes sont prononcées par le président du tribunal judiciaire statuant selon la procédure accélérée au fond, sur demande de la commune dans laquelle est situé le meublé de tourisme. Le produit de l'amende est versé à la commune. Le tribunal judiciaire compétent est celui dans le ressort duquel est situé le meublé de tourisme.

• **C. tourisme,** art. L. 324-2

Toute offre ou contrat de location saisonnière doit revêtir la forme écrite et contenir l'indication du prix demandé ainsi qu'un état descriptif des lieux.

Toute offre de location mentionnée au II de l'article L. 324-1-1 contient le numéro de déclaration mentionné à cet article et indique, dans des conditions définies par décret, si l'offre émane d'un particulier ou d'un professionnel au sens de l'article 155 du code général des impôts.

• **C. tourisme,** art. L. 324-2-1

I. – Toute personne qui se livre ou prête son concours contre rémunération ou à titre gratuit, par une activité d'entremise ou de négociation ou par la mise à disposition d'une plateforme numérique, à la mise en location d'un meublé de tourisme soumis à l'article L. 324-1-1 du présent code et aux articles L. 631-7 et suivants du code de la construction et de l'habitation informe le loueur des obligations de déclaration ou d'autorisation préalables prévues par ces articles et obtient de lui, préalablement à la publication ou à la mise en ligne de l'annonce de location, une déclaration sur l'honneur attestant du respect de ces obligations, indiquant si le logement constitue ou non sa résidence principale au sens de l'article 2 de la loi n° 89-462 du 6 juillet 1989, ainsi que, le cas échéant, le numéro de déclaration, obtenu en application du III de l'article L. 324-1-1 du présent code. Lorsque ce meublé de tourisme est soumis au même III, elle publie, dans toute annonce relative à ce meublé, ce numéro de déclaration.

II. – Dans les communes ayant mis en œuvre la procédure d'enregistrement mentionnée au III de l'article L. 324-1-1, la commune peut, jusqu'au 31 décembre de l'année suivant celle au cours de laquelle un meublé de tourisme a été mis en location, demander à la personne mentionnée au I du présent article, lorsque celle-ci en a connaissance, notamment lorsqu'elle met à disposition une plateforme numérique de nature à lui conférer la connaissance ou le contrôle des données stockées, de lui transmettre le nombre de jours au cours desquels ce meublé de tourisme a fait l'objet d'une location par son intermédiaire. La personne mentionnée au même I transmet ces informations dans un délai d'un mois, en rappelant le nom du loueur, l'adresse du meublé et son numéro de déclaration ainsi que, le cas échéant, le fait que ce meublé constitue ou non la résidence principale du loueur au sens de l'article 2 de la loi n° 89-462 du 6 juillet 1989 tendant à améliorer les rapports locatifs et portant modification de la loi n° 86-1290 du 23 décembre 1986. La commune peut demander un décompte individualisé pour les meublés de tourisme situés sur tout ou partie de son territoire.

Dans ces mêmes communes, la personne mentionnée audit I n'offre plus à la location un meublé de tourisme déclaré comme résidence principale du loueur lorsqu'elle a connaissance, notamment lorsqu'elle met à disposition une plateforme numérique de nature à lui conférer la connaissance ou le contrôle des données stockées, que ce meublé a été loué, par son intermédiaire, plus de cent vingt jours au cours d'une même année civile. Elle remplit ses obligations sur la base de la déclaration sur l'honneur mentionnée au même I. Le dispositif de retrait des offres peut être mutualisé par plusieurs personnes mentionnées au même I. Le cas échéant, ce dispositif mutualisé est certifié chaque année avant le 31 décembre par un tiers indépendant.

Un décret en Conseil d'État précise la fréquence et les modalités techniques de transmission des informations mentionnées au premier alinéa du présent II en fonction des caractéristiques des communes, de leurs besoins pour effectuer les contrôles de la réglementation prévue au présent chapitre et de la capacité de la personne mentionnée au I à répondre aux demandes des communes.

III. – Toute personne qui ne se conforme pas aux obligations résultant du I est passible d'une amende civile dont le montant ne peut excéder 12 500 € par meublé de tourisme objet du manquement.

Toute personne qui ne se conforme pas aux obligations résultant du premier alinéa du II est passible d'une amende civile dont le montant ne peut excéder 50 000 € par meublé de tourisme objet du manquement.

Toute personne qui ne se conforme pas aux obligations résultant du deuxième alinéa du même II est passible d'une amende civile dont le montant ne peut excéder 50 000 € par annonce faisant l'objet du manquement.

Ces amendes sont prononcées par le président du tribunal judiciaire statuant selon la procédure accélérée au fond sur demande de la commune dans laquelle est situé le meublé de tourisme. Le produit de l'amende est versé à la commune. Le tribunal judiciaire compétent est celui dans le ressort duquel est situé le meublé de tourisme.

IV. – Les agents assermentés du service municipal ou départemental du logement mentionnés aux articles L. 621-4 et L. 651-6 du code de la construction et de l'habitation sont habilités à rechercher et à constater tout manquement aux articles L. 324-1-1 et L. 324-2 du présent code ainsi qu'au présent article sur le territoire relevant du service municipal ou départemental du logement. À cette fin, ils sont habilités à se faire présenter toute déclaration par les personnes mentionnées au II de l'article L. 324-1-1 et au I du présent article.

• **C. tourisme,** art. D. 324-1

Les meublés de tourisme sont des villas, appartements, ou studios meublés, à l'usage exclusif du locataire, offerts en location à une clientèle de passage qui y effectue un séjour caractérisé par une location à la journée, à la semaine ou au mois, et qui n'y élit pas domicile.

• **C. tourisme,** art. D. 324-1-1

I. – La déclaration de location d'un meublé de tourisme, que celui-ci soit classé ou non au sens du présent code, prévue au II de l'article L. 324-1-1 est adressée au maire de la commune où est situé le meublé par tout moyen permettant d'en obtenir un accusé de réception.

La déclaration précise l'identité et l'adresse du déclarant, l'adresse du meublé de tourisme, le nombre de pièces composant le meublé, le nombre de lits, la ou les périodes prévisionnelles de location et, le cas échéant, la date de la décision de classement et le niveau de classement des meublés de tourisme.

II. – La déclaration, effectuée au moyen d'un téléservice dans les conditions prévues au III de l'article L. 324-1-1, indique :

1° L'identité, l'adresse postale et l'adresse électronique du déclarant ;

2° L'adresse du meublé de tourisme, précisant, lorsque ce dernier fait partie d'un immeuble comportant plusieurs locaux, le bâtiment, l'escalier, l'étage et le numéro d'appartement.

Lorsque cette possibilité lui est offerte, le déclarant peut indiquer le numéro invariant identifiant le logement tel qu'il ressort de son avis de taxe d'habitation, en lieu et place des informations mentionnées au premier alinéa du présent 2° ;

3° Son statut de résidence principale ou non ;

4° Le nombre de pièces composant le meublé, le nombre de lits et, le cas échéant, la date de la décision de classement et le niveau de classement ou de toute autre reconnaissance de qualité des meublés de tourisme.

La déclaration fait l'objet d'un numéro de déclaration délivré immédiatement par la commune. Ce numéro est constitué de treize caractères répartis en trois groupes séparés ainsi composés :

– le code officiel géographique de la commune de localisation à cinq chiffres ;

– un identifiant unique à six chiffres, déterminé par la commune ;

– une clé de contrôle à deux caractères alphanumériques, déterminée par la commune.

III. – Tout changement concernant les éléments d'information de la déclaration visée au I ou II du présent article fait l'objet d'une nouvelle déclaration.

• **C. tourisme,** art. R. 324-1-2

Le fait, pour une personne qui offre à la location un meublé de tourisme au sens de l'article L. 324-1-1, de ne pas respecter l'obligation de déclaration prévue au II de cet article L. 324-1-1 est puni des peines prévues pour les contraventions de la troisième classe.

• **CCH,** art. L. 631-7

* V. s^{s} n° 331.01

• **CCH,** art. L. 631-7-1°A

Une délibération du conseil municipal peut définir un régime d'autorisation temporaire de changement d'usage permettant à une personne physique de louer pour de courtes durées des locaux destinés à l'habitation à une clientèle de passage qui n'y élit pas domicile.

La délibération fixe les conditions de délivrance de cette autorisation temporaire par le maire de la commune dans laquelle est situé l'immeuble après avis, à Paris, Marseille et Lyon, du maire d'arrondissement concerné. Elle détermine également les critères de cette autorisation temporaire, qui peuvent porter sur la durée des contrats de location, sur les caractéristiques physiques du local ainsi que sur sa localisation en fonction notamment des caractéristiques des marchés de locaux d'habitation et de la nécessité de ne pas aggraver la pénurie de logements. Ces critères peuvent être modulés en fonction du nombre d'autorisations accordées à un même propriétaire personne physique.

Si la commune est membre d'un établissement public de coopération intercommunale compétent en matière de plan local d'urbanisme, la délibération est prise par l'organe délibérant de cet établissement.

Le local à usage d'habitation bénéficiant de cette autorisation temporaire ne change pas de destination, au sens du troisième alinéa de l'article L. 151-9 du code de l'urbanisme.

Lorsque le local à usage d'habitation constitue la résidence principale du loueur, au sens de l'article 2 de la loi n° 89-462 du 6 juillet 1989 tendant à améliorer les rapports locatifs et portant modification de la loi n° 86-1290 du 23 décembre 1986, l'autorisation de changement d'usage prévue à l'article L. 631-7 du présent code ou celle prévue au présent article n'est pas nécessaire pour le louer pour de courtes durées à une clientèle de passage qui n'y élit pas domicile.

• **CCH,** art. L. 651-2

* V. s^{s} n° 332.01

335.02 **Jurisprudence de référence.**

• **Civ. 3e, 18 févr. 2021,** n° 19-13.191, P

* V. ss n° 335.32

Le fait de louer, à plus d'une reprise au cours d'une même année, un local meublé pour une durée inférieure à un an, telle qu'une location à la nuitée, à la semaine ou au mois, à une clientèle de passage qui n'y fixe pas sa résidence principale au sens de l'article 2 de la loi du 6 juillet 1989 constitue un changement d'usage d'un local destiné à l'habitation et, par conséquent, est soumis à autorisation préalable.

335.03 **Bibliographie indicative.**

Annuel. LAMY DR. IMMO, n° 2324.

Encyclopédie. DICT. PERM. Gestion immob., *Vis Changement d'usage des locaux*, n° 8, *Location saisonnière*, nos 19, 24.

Ouvrages. G. Daudré et P. Wallut, *Changements d'usage des locaux d'habitation (les réformes de l'article L. 631-7 du Code de la construction et de l'habitation)*, 2e éd., LexisNexis, 2016.

Articles. G. Daudré et P. Wallut, « Locations meublées de courte durée. Le permis de louer à Paris », *Loyers et copr.* 2012, alerte 40 ; « Locations meublées de courtes durées : trois arrêts pour les sept ans de la loi Alur », *JCP N* 2021. 1130 – R. Defrance, « La location de vacances », *Rev. inf. jur. et pratique FNAIM* 2002, n° 300, p. 59 – J. Monéger, « La location d'un appartement meublé aux touristes n'est pas permis dans des locaux à usage d'habitation », *Loyers et copr.* 2010, repère 9 – H. Périnet-Marquet, « Les meublés touristiques dans les immeubles en copropriété », *JCP N* 2017. 1216 – D. Richard, « Airbnb et la loi de 1989 ou la prochaine extension du domaine de l'ordre public ? », *Loyers et copr.* 2016. Ét. 14.

SECTION 1
CADRE GÉNÉRAL

335.11 **Enjeu de la réglementation.** La location d'un meublé touristique échappe par nature aux grandes réglementations des locations d'habitations qui ne visent, à l'instar de la loi du 6 juillet 1989, que les locations de locaux dans lesquels le locataire va installer sa résidence principale. Le concept de location touristique s'inscrit quant à lui dans les locations de courte durée, qui ne nécessitent pas une protection spécifique du preneur. Dès lors, le contrat de location est soumis au droit commun du bail, régi par les articles 1709 et suivants du code civil, et donc à la liberté contractuelle.

Sur certains points particuliers, toutefois, une intervention des pouvoirs publics a été rendue nécessaire, qui se résume à deux domaines.

D'une part, le code du tourisme impose des obligations au loueur, notamment une obligation de déclaration[1], ainsi qu'aux intermédiaires. Ces obligations se sont assez nettement durcies depuis la loi du 7 octobre 2016[2]. D'autre part, le CCH a mis en place un dispositif visant, par le biais du mécanisme d'autorisation du changement d'usage, à contrôler la mise sur le marché des locations touristiques qui menacent de réduire l'offre de logements pérennes[3].

335.12 **Notion.** La notion de meublé touristique n'est pas définie dans les mêmes termes par les deux réglementations. L'article D. 324-1 du Code du tourisme définit les meublés de tourisme comme étant « des villas, appartements, ou studios meublés, à l'usage exclusif du locataire, offerts en location à une clientèle de passage qui y effectue un séjour caractérisé par une location à la journée, à la semaine ou au mois, et qui n'y élit pas domicile »[4]. Le CCH ne donne qu'une définition indirecte du meublé touristique, car il est précisé à l'article L. 631-7 dernier alinéa (issu de la loi du 24 mars 2014[5], dite loi Alur) que « le fait de louer un local meublé destiné à l'habitation de manière répétée pour de courtes durées à une clientèle de passage qui n'y élit pas domicile constitue un changement d'usage au sens du présent article ».

Le critère essentiel tient dès lors à ce que le locataire n'élise pas domicile dans le local. Il n'est pas fait référence à la résidence principale, et donc à la durée d'occupation sur l'année. Le CCH paraît plus restrictif car il mentionne expressément une location de courte durée, alors que le code du tourisme envisage la location au mois (qui pourrait être renouvelée).

Le terme de meublé de tourisme est propre au code du tourisme. La réglementation du code de la construction et de l'habitation est bien plus large et englobe toute location répétée de courte durée. Il n'y a toutefois pas d'enjeu particulier à identifier la qualité du locataire (réel touriste, ou déplacement d'affaires...).

SECTION 2
RÉGLEMENTATION DES MEUBLÉS DE TOURISME

335.21 **Déclaration.** Selon l'article L. 324-1-1 du Code de tourisme, toute personne qui offre à la location un meublé de tourisme, que celui-ci soit classé ou non au sens de ce code, doit en avoir préalablement fait la déclaration auprès du maire de la commune où est situé le meublé.

1. C. tourisme, art. L. 324-1 s.
2. L. n° 2016-1321, 7 oct. 2016 pour une République numérique, *JO* 8 oct.
3. CCH, art. L. 631-7 s.
4. AUSSI : C. tourisme, art. L. 324-1-1.
5. L. n° 2014-366, 24 mars 2014 pour l'accès au logement et un urbanisme rénové, *JO* 26 mars.

Cette déclaration de location d'un meublé de tourisme est adressée au maire de la commune où est situé le meublé par tout moyen permettant d'en obtenir un accusé de réception. La liste des meublés de tourisme, classés ou non au sens du code du tourisme, est ainsi consultable en mairie.

La déclaration précise l'identité et l'adresse du déclarant, l'adresse du meublé de tourisme, le nombre de pièces composant le meublé, le nombre de lits, la ou les périodes prévisionnelles de location et, le cas échéant, la date de la décision de classement et le niveau de classement des meublés de tourisme.

Tout changement concernant les éléments d'information que comporte la déclaration fait l'objet d'une nouvelle déclaration en mairie[1].

Le fait, pour une personne qui offre à la location un meublé de tourisme de ne pas respecter l'obligation de déclaration est puni des peines prévues pour les contraventions de la troisième classe[2].

335.22 Dérogation. Cette déclaration préalable n'est pas obligatoire lorsque le local à usage d'habitation constitue la résidence principale du loueur, au sens de l'article 2 de la loi 6 juillet 1989. Cette dérogation a été insérée par la loi Alur du 24 mars 2014 et s'harmonise avec la réglementation du changement d'usage qui prévoit une dérogation similaire.

335.23 Enregistrement. Dans les communes où le changement d'usage des locaux destinés à l'habitation est soumis à autorisation, une délibération du conseil municipal peut décider de soumettre à une déclaration préalable soumise à enregistrement auprès de la commune toute location d'un meublé de tourisme.

La déclaration, dont les modalités (notamment via un téléservice) ont été précisées notamment par un décret du 28 avril 2017[3] puis par un décret du 9 décembre 2019[4] donne lieu à délivrance d'un accusé-réception comprenant un numéro de déclaration, qui devra figurer sur toute offre de location.

Toute personne qui ne se conforme pas à ces obligations est passible d'une amende civile dont le montant ne peut excéder 5 000 euros.

Dans ces communes, toute personne qui offre à la location un meublé de tourisme qui est déclaré comme sa résidence principale ne peut le faire au-delà de cent vingt jours au cours d'une même année civile, sauf obligation professionnelle, raison de santé ou cas de force majeure.

La commune peut, jusqu'au 31 décembre de l'année suivant celle au cours de laquelle un meublé de tourisme a été mis en location, demander au loueur de lui transmettre le nombre de jours au cours desquels ce meublé a été loué. Le loueur transmet ces informations dans un délai d'un mois, en rappelant l'adresse du meublé et son numéro de déclaration.

Toute personne qui ne se conforme pas à ces obligations est passible d'une amende civile dont le montant ne peut excéder 10 000 euros.

335.24 Classement. Les meublés de tourisme peuvent faire l'objet d'un classement (de une à cinq étoiles), à l'initiative du propriétaire et réalisé soit par un organisme évaluateur accrédité, soit par les organismes qui, à la date du 22 juillet 2009, étaient titulaires de l'agrément requis pour la délivrance des certificats de visite des meublés de tourisme[5].

L'organisme qui a effectué la visite de classement dispose d'un délai d'un mois à compter de la date à laquelle s'est achevée la visite du meublé pour remettre au loueur du meublé ou à son mandataire le certificat de visite, qui comprend :

a) un rapport de contrôle attestant la conformité au tableau de classement dans la catégorie demandée ;

b) la grille de contrôle renseignée par l'organisme évaluateur ;

c) une proposition de décision de classement pour la catégorie indiquée dans le rapport de contrôle.

Le loueur du meublé ou son mandataire dispose d'un délai de quinze jours à compter de la réception de ce certificat de visite pour refuser la proposition de classement. À l'expiration de ce délai et en l'absence de refus, le classement est acquis. Le classement est prononcé pour une durée de cinq ans[6]. Le loueur du meublé ou son mandataire peut signaler le classement de son meublé par l'affichage d'un panonceau selon un modèle établi par l'organisme évaluateur et homologué par arrêté du ministre chargé du tourisme. Il doit afficher, de manière visible à l'intérieur du meublé, la décision de classement[7].

Le préfet peut prononcer la radiation de la liste des meublés classés meublés de tourisme pour défaut ou insuffisance grave d'entretien du meublé et de ses installations[8]. Cette radiation ne peut être

1. C. tourisme, art. D. 324-1-1, III.
2. C. tourisme, art. R. 324-1-2.
3. Décr. n° 2017-678, 28 avr. 2017 relatif à la déclaration prévue au II de l'article L. 324-1-1 du code du tourisme et modifiant les articles D. 324-1 et D. 324-1-1 du même code, *JO* 30 avr.
4. Décr. n° 2019-1325, 9 déc. 2019 modifiant les articles D. 324-1 et D. 324-1-1 du code du tourisme relatifs à la définition et aux modalités de déclaration des meublés de tourisme, *JO* 11 déc.
5. C. tourisme, art. L. 324-1, 2°.
6. C. tourisme, art. D. 324-4.
7. C. tourisme, art. D. 324-6.
8. C. tourisme, art. R. 324-7.

prononcée sans que l'exploitant en ait été préalablement avisé et invité à se faire entendre personnellement ou par mandataire[1].

335.25 Régime locatif. Toute offre ou contrat de location saisonnière doit revêtir la forme écrite et contenir l'indication du prix demandé ainsi qu'un état descriptif des lieux. Toute offre de location mentionnée au II de l'article L. 324-1-1 contient le numéro de déclaration mentionné à cet article et indique, dans des conditions définies par décret, si l'offre émane d'un particulier ou d'un professionnel au sens de l'article 155 du code général des impôts[2].

335.26 Intermédiaire. Toute personne qui se livre ou prête son concours contre rémunération, par une activité d'entremise ou de négociation ou par la mise à disposition d'une plateforme numérique, à la mise en location d'un logement soumis à l'article L. 324-1-1 du code du tourisme et aux articles L. 631-7 et suivants du code de la construction et de l'habitation informe le loueur des obligations de déclaration ou d'autorisation préalables prévues par ces articles et obtient de lui, préalablement à la publication ou à la mise en ligne de l'annonce de location, une déclaration sur l'honneur attestant du respect de ces obligations[3]. Cette disposition, initiée par la loi Alur du 24 mars 2014, traduit la volonté d'encadrer l'activité des intermédiaires professionnels (se développant notamment via internet), et de limiter le développement des locations touristiques ne respectant ni la réglementation touristique, ni celle du changement d'usage.

La loi du 7 octobre 2016 a renforcé les obligations pesant sur ces intermédiaires en ajoutant au contenu de l'attestation sur l'honneur l'indication selon laquelle le logement constitue ou non sa résidence principale (au sens de l'article 2 de la loi du 6 juillet 1989) ainsi, le cas échéant, que la mention du numéro de déclaration du logement lorsque la commune a mis en place une déclaration préalable soumise à enregistrement.

Ce numéro de déclaration doit en outre être publié dans l'annonce relative au local.

Toute personne qui ne se conforme pas à ces obligations est passible d'une amende civile dont le montant ne peut excéder 12 500 euros par meublé de tourisme objet du manquement.

Lorsque la déclaration est soumise à enregistrement, l'intermédiaire doit décompter le nombre de nuits faisant l'objet d'une occupation et en informe annuellement la commune, à sa demande. Selon l'article L. 324-2-1 II du code du tourisme, la commune peut, jusqu'au 31 décembre de l'année suivant celle au cours de laquelle un meublé de tourisme a été mis en location, demander à l'intermédiaire, lorsque celui-ci en a connaissance, notamment lorsqu'il met à disposition une plateforme numérique de nature à lui conférer la connaissance ou le contrôle des données stockées, de lui transmettre, dans le délai d'un mois, le nombre de jours au cours desquels ce meublé de tourisme a fait l'objet d'une location par son intermédiaire.

Toute personne qui ne se conforme pas à ces obligations est passible d'une amende civile dont le montant ne peut excéder 50 000 euros par meublé de tourisme objet du manquement.

L'intermédiaire ne peut plus offrir à la location un meublé de tourisme, soumis à enregistrement, déclaré comme résidence principale du loueur lorsqu'il a connaissance, notamment lorsqu'il met à disposition une plateforme numérique de nature à lui conférer la connaissance ou le contrôle des données stockées, que ce meublé a été loué, par son intermédiaire, plus de cent vingt jours au cours d'une même année civile. Toute personne qui ne se conforme pas à ces obligations est passible d'une amende civile dont le montant ne peut excéder 50 000 euros par annonce faisant l'objet du manquement.

335.27 Local à usage commercial. L'article 55 de la loi du 27 décembre 2019[4] autorise certaines communes à soumettre à autorisation la location en tant que meublés de tourisme de locaux commerciaux, afin de protéger l'environnement urbain et de préserver l'équilibre entre emploi, habitat, commerces et services sur leur territoire. Le décret du 11 juin 2021[5], qui créé les articles R. 324-1-4 à R. 324-1-7 au sein du code du tourisme, et l'article R. 425-32 au sein du code de l'urbanisme, détermine les locaux commerciaux concernés par cette faculté. Il indique également la manière dont les communes précisent les principes de mise en œuvre sur leur territoire des objectifs déterminés par la loi lorsqu'elles décident d'instaurer cette procédure d'autorisation. Le décret précise deux procédures alternatives, selon que la transformation d'un local commercial en meublé de tourisme est par ailleurs soumise, ou non, à une autre autorisation prévue par le code de l'urbanisme. L'objectif avancé est d'inscrire, dès lors que cela est possible, la nouvelle demande dans le cadre de procédures existantes, afin de simplifier les démarches des demandeurs comme des collectivités territoriales.

1. C. tourisme, art. R. 324-8.
2. C. tourisme, art. L. 324-2.
3. C. tourisme, art. L. 324-2-1.
4. L. n° 2019-1461, 27 déc. 2019 relative à l'engagement dans la vie locale et à la proximité de l'action publique, *JO* 28 déc.
5. Décr. n° 2021-757, 11 juin 2021 relatif à la location d'un local à usage commercial en tant que meublé de tourisme, *JO* 13 juin.

SECTION 3
RÉGLEMENTATION DU CHANGEMENT D'USAGE

335.31 Cadre général. La réglementation relative au changement d'usage des locaux, prévue aux articles L. 631-7 et suivants du code de la construction et de l'habitation, dépasse le seul cadre des meublés touristiques. Cette législation a pour objet de contrôler, et de limiter, la diminution de l'offre de logements au profit de l'offre commerciale ou professionnelle. C'est pourquoi un dispositif particulier d'autorisation a été mis en place[1].

Des dispositions particulières ont été prévues, relatives aux meublés touristiques, par la loi Alur du 24 mars 2014.

335.32 Principes. Le texte de l'article L. 631-7 du code de la construction et de l'habitation est tout d'abord complété par un alinéa qui affirme dorénavant que « le fait de louer un local meublé destiné à l'habitation de manière répétée pour de courtes durées à une clientèle de passage qui n'y élit pas domicile constitue un changement d'usage au sens du présent article. ». Les juges du fond avaient déjà fait entrer la location touristique dans le régime des autorisations préalables de changement d'usage, dès lors que la location meublée litigieuse ne répondait pas aux conditions posées par l'article L. 632-1 ancien du code de la construction et de l'habitation (absence de résidence principale)[2]. En conséquence, le régime des autorisations de changement d'usage s'appliquera en particulier lorsque le propriétaire d'un local à usage d'habitation, meublé ou non, décide de le louer (par hypothèse meublé) de manière répétée à des personnes de passage n'y élisant pas domicile. Le fait de donner en location un local sous le régime du bail mobilité[3] est exclu de la réglementation relative au changement d'usage.

La Cour de cassation a précisé que la location répétée est caractérisée dès la deuxième mise en location sur l'année[4].

335.33 Assouplissement. La nécessité d'obtenir une autorisation de changement d'usage peut disparaître si le conseil municipal (ou l'organe délibérant de l'établissement public de coopération intercommunale compétent en matière de plan local d'urbanisme si la commune en est membre) délibère pour préciser les conditions de délivrance de l'autorisation temporaire. Des critères peuvent être retenus, tels que la durée des contrats de location, la localisation du local. Ils peuvent de même être modulés en fonction du nombre d'autorisations accordées au même propriétaire. La loi du 23 novembre 2018[5], dite loi Élan, a précisé que ce propriétaire est une personne physique.

Ce régime d'autorisation temporaire est défini à l'article L. 631-7-1 A. Le champ géographique d'application du dispositif est le même que celui de l'article L. 631-7 du code de la construction et de l'habitation[6]. La Métropole de Nice a par exemple rapidement adopté ce régime d'autorisation temporaire[7].

335.34 Exception. L'article L. 631-7-1 A dernier alinéa précise que lorsque le local à usage d'habitation constitue la résidence principale du loueur, au sens de l'article 2 de la loi du 6 juillet 1989, l'autorisation de changement d'usage prévue à l'article L. 631-7 ou l'autorisation temporaire prévue à l'article 631-7-1 A n'est pas nécessaire pour le louer pour de courtes durées à une clientèle de passage qui n'y élit pas domicile. Ainsi, le propriétaire d'un logement peut le louer à titre touristique sans avoir à respecter le régime relatif au changement d'usage, dès lors que le logement reste sa résidence principale, c'est-à-dire qu'il l'occupe au moins huit mois par an[8]. Mais cette exception peut également s'appliquer à un locataire qui a sa résidence principale, et qui le sous-louerait à titre touristique, sous la réserve supplémentaire du respect nécessaire de l'article 8 de la loi du 6 juillet 1989, qui interdit la sous-location sauf avec l'accord écrit du bailleur[9].

335.35 Cas des copropriétés. Le Conseil constitutionnel a écarté une disposition de la loi du 24 mars 2014, dite loi Alur, qui ouvrait aux copropriétés la faculté d'exiger leur accord préalable pour de telles locations. Cette possibilité « portait une atteinte disproportionnée aux droits de chacun des copropriétaires[10] ».

1. V. s[s] n°s 332.11 s.
2. Paris 24 mai 2011, *AJDI* 2011. 532, obs. G. Daudré.
3. L. n° 89-462, 6 juill.1989, art. 25-12 s.
4. Civ. 3e, 18 févr. 2021, n° 19-13.191, P ; *AJDA* 2021. 423 ; *D.* 2021. 732, note P. Bouathong ; *JT* 2021, n° 239, p. 11, obs. X. Delpech.
5. L. n° 2018-1021, 23 nov. 2018 portant évolution du logement, de l'aménagement et du numérique, *JO* 24 nov.
6. V. s[s] n° 331.31.
7. Métropole Nice-Cote d'Azur, 10 juill. 2014, délib. n° 25-2.
8. V. s[s] n° 335.26.
9. Une sous-location sans autorisation du bailleur constitue un manquement et permet au bailleur d'appréhender, sur le fondement de l'accession, les sous-loyers : Civ. 3e, 12 sept. 2019, n° 18-20.727, P ; *D.* 2019. 2025, note J.-D. Pellier ; *ibid.* 2199, chron. L. Jariel, A.-L. Collomp et V. Georget ; *ibid.* 2020. 353, obs. M. Mekki ; *ibid.* 1148, obs. N. Damas ; *ibid.* 1761, obs. N. Reboul-Maupin et Y. Strickler ; *AJDI* 2020. 205, obs. N. Damas ; *ibid.* 2019. 796, obs. D. Houtcieff ; *ibid.* 2020. 604, Pratique P. de Plater ; *Dalloz IP/IT* 2020. 122, obs. M. Serror Fienberg, B. Gagnaire et J.-M. Briquet ; *Rev. prat. rec.* 2020. 31, chron. D. Gantschnig ; *RTD civ.* 2019. 865, obs. H. Barbier ; *ibid.* 888, obs. P.-Y. Gautier (v. s[s] n° 322.14).
10. Cons. const. n° 2014-691 DC, 20 mars 2014, *Loi pour l'accès au logement et un urbanisme rénové*, NON-CONFORMITÉ PARTIELLE, *JO* 26 mars.

TITRE

34. La vente du logement loué

SECTION 0

ORIENTEUR

34.00 Sommaire du titre.

Division. La relation locative ne peut rester indifférente à la vente du logement loué. Plus qu'un simple changement de cocontractant pour le locataire, la mutation de propriété du logement produit de nombreux effets juridiques, susceptibles de modifier les droits et obligations respectifs des parties. Le législateur a en particulier à cœur d'assurer au locataire une certaine stabilité, que ce soit en lui octroyant une faculté d'achat prioritaire du logement (chap. 342) ou en reportant le terme du bail en cours (chap. 341).

34.01 Principaux textes applicables

TEXTES SOURCE

- **C. civ.,** art. 1743.
- **L. n° 89-462, 6 juill. 1989,** art. 3, 11-1, 11-2, 15, 22.
- **L. n° 75-1351, 31 déc. 1975,** art. 10 et 10-1.
- **Accords collectifs des 9 juin 1998 et 16 mars 2005.**

34.03 Bibliographie indicative.

Encyclopédies. RÉP. IMMO., V° *Bail d'habitation et mixte : rapports locatifs individuels – Loi du 6 juillet 1989*, n°s 409 s., N. Damas – DICT. PERM. Gestion immob., V^{is} *Baux d'habitation et mixtes, n° 382, Droit de préemption*, n°s 200 s.

Manuel. J. Lafond, B. Vial-Pedroletti, *Les baux d'habitation*, 8e éd., « Droit et professionnels », LexisNexis, 2017, n°s 1511 s.

CHAPITRE

341. Effets généraux de la vente du logement loué

SECTION 0 ORIENTEUR

341.00 **Sommaire du chapitre.**

Division. Ni le code civil, ni les législations spécifiques n'établissent un statut général de la vente du logement loué. Ce n'est que par touches impressionnistes que l'on peut reconstituer un ensemble de règles, complété utilement par une jurisprudence abondante. Nous distinguerons les normes s'appuyant sur le code civil (sect. 1) de celles reposant sur la loi du 6 juillet 1989 (sect. 2).

341.01 **Principaux textes applicables**

TEXTES SOURCE

• **C. civ.,** art. 1743.

• **L. n° 89-462, 6 juill. 1989,** art. 3, 11-2, 15, 22.

TEXTES *IN EXTENSO*

• **C. civ.,** art. 1743

Si le bailleur vend la chose louée, l'acquéreur ne peut expulser le fermier, le métayer ou le locataire qui a un bail authentique ou dont la date est certaine.

Il peut, toutefois, expulser le locataire de biens non ruraux s'il s'est réservé ce droit par le contrat de bail.

• **L. 6 juill. 1989,** art. 3

Le contrat de location est établi par écrit et respecte un contrat type défini par décret en Conseil d'État, pris après avis de la Commission nationale de concertation.

Le contrat de location précise :

1° Le nom ou la dénomination du bailleur et son domicile ou son siège social ainsi que, le cas échéant, ceux de son mandataire ;

2° Le nom ou la dénomination du locataire ;

3° La date de prise d'effet et la durée ;

4° La consistance, la destination ainsi que la surface habitable de la chose louée, définie par le code de la construction et de l'habitation ;

5° La désignation des locaux et équipements d'usage privatif dont le locataire a la jouissance exclusive et, le cas échéant, l'énumération des parties, équipements et accessoires de l'immeuble qui font l'objet d'un usage commun, ainsi que des équipements d'accès aux technologies de l'information et de la communication ;

6° Le montant du loyer, ses modalités de paiement ainsi que ses règles de révision éventuelle ;

7° (Abrogé) ;

8° Le montant et la date de versement du dernier loyer appliqué au précédent locataire, dès lors que ce dernier a quitté le logement moins de dix-huit mois avant la signature du bail ;

9° La nature et le montant des travaux effectués dans le logement depuis la fin du dernier contrat de location ou depuis le dernier renouvellement du bail ;

10° Le montant du dépôt de garantie, si celui-ci est prévu.

Une notice d'information relative aux droits et obligations des locataires et des bailleurs ainsi qu'aux voies de conciliation et de recours qui leur sont ouvertes pour régler leurs litiges est annexée au contrat de location. Un arrêté du ministre chargé du logement, pris après avis de la Commission nationale de concertation, détermine le contenu de cette notice.

Lorsque l'immeuble est soumis au statut de la copropriété, le copropriétaire bailleur est tenu de communiquer au locataire les extraits du règlement de copropriété concernant la destination de l'immeuble, la jouissance et l'usage des parties privatives et communes, et précisant la quote-part afférente au lot loué dans chacune des catégories de charges. Ces extraits du règlement de copropriété sont communiqués par voie dématérialisée, sauf opposition explicite de l'une des parties au contrat.

Le bailleur ne peut pas se prévaloir de la violation du présent article.

Chaque partie peut exiger de l'autre partie, à tout moment, l'établissement d'un contrat conforme au présent article. En cas de mutation à titre gratuit ou onéreux du logement, le nouveau bailleur est tenu de notifier au locataire son nom ou sa dénomination et son domicile ou son siège social ainsi que, le cas échéant, ceux de son mandataire.

En cas d'absence dans le contrat de location d'une des informations relatives à la surface habitable et au dernier loyer acquitté par le précédent locataire, le locataire peut, dans un délai d'un mois à compter de la prise d'effet du contrat de location, mettre en demeure le bailleur de porter ces informations au bail. À défaut de réponse du bailleur dans le délai d'un mois ou en cas de refus de ce dernier, le locataire peut saisir, dans le délai de trois mois à compter de la mise en demeure, la juridiction compétente afin d'obtenir, le cas échéant, la diminution du loyer.

• **L. 6 juill. 1989,** art. 11-2

Lorsqu'un immeuble à usage d'habitation ou à usage mixte d'habitation et professionnel de cinq logements ou plus, situé dans une des zones mentionnées au I de l'article 17, est mis en copropriété :

1° Les baux en cours dont le terme intervient moins de trois ans après la date de mise en copropriété sont prorogés de plein droit d'une durée de trois ans ;

2° Les autres baux en cours sont prorogés d'une durée permettant au locataire d'occuper le logement pendant une durée de six ans à compter de la mise en copropriété.

• **L. 6 juill. 1989,** art. 15

I. – Lorsque le bailleur donne congé à son locataire, ce congé doit être justifié soit par sa décision de reprendre ou de vendre le logement, soit par un motif légitime et sérieux, notamment l'inexécution par le locataire de l'une des obligations lui incombant. À peine de nullité, le congé donné par le bailleur doit indiquer le motif allégué et, en cas de reprise, les nom et adresse du bénéficiaire de la reprise ainsi que la nature du lien existant entre le bailleur et le bénéficiaire de la reprise qui ne peut être que le bailleur, son conjoint, le partenaire auquel il est lié par un pacte civil de solidarité enregistré à la date du congé, son concubin notoire depuis au moins un an à la date du congé, ses ascendants, ses descendants ou ceux de son conjoint, de son partenaire ou de son concubin notoire. Lorsqu'il donne congé à son locataire pour reprendre le logement, le bailleur justifie du caractère réel et sérieux de sa décision de reprise. Le délai de préavis applicable au congé est de six mois lorsqu'il émane du bailleur.

En cas d'acquisition d'un bien occupé :

– lorsque le terme du contrat de location en cours intervient plus de trois ans après la date d'acquisition, le bailleur peut donner congé à son locataire pour vendre le logement au terme du contrat de location en cours ;

– lorsque le terme du contrat de location en cours intervient moins de trois ans après la date d'acquisition, le bailleur ne peut donner congé à son locataire pour vendre le logement qu'au terme de la première reconduction tacite ou du premier renouvellement du contrat de location en cours ;

– lorsque le terme du contrat en cours intervient moins de deux ans après l'acquisition, le congé pour reprise donné par le bailleur au terme du contrat de location en cours ne prend effet qu'à l'expiration d'une durée de deux ans à compter de la date d'acquisition.

En cas de contestation, le juge peut, même d'office, vérifier la réalité du motif du congé et le respect des obligations prévues au présent article. Il peut notamment déclarer non valide le congé si la non-reconduction du bail n'apparaît pas justifiée par des éléments sérieux et légitimes.

Toutefois, la possibilité pour un bailleur de donner congé à un locataire et la durée du bail sont suspendues à compter de l'engagement de la procédure contradictoire prévue à l'article L. 511-10 du code de la construction et de l'habitation, relative à la sécurité et à la salubrité des immeubles bâtis.

Cette suspension est levée à l'expiration d'un délai maximal de six mois à compter de la réception du courrier de l'autorité administrative compétente engageant l'une des procédures mentionnées aux a et b, faute de notification d'un des arrêtés prévus à leur issue ou de leur abandon.

Lorsque l'autorité administrative compétente a notifié l'arrêté prévu à l'article L. 511-11 du code de la construction et de l'habitation, il est fait application des articles L. 521-1 et L. 521-2 du même code.

Une notice d'information relative aux obligations du bailleur et aux voies de recours et d'indemnisation du locataire est jointe au congé délivré par le bailleur en raison de sa décision de reprendre ou de vendre le logement. Un arrêté du ministre chargé du logement, pris après avis de la Commission nationale de concertation, détermine le contenu de cette notice.

Lorsqu'il émane du locataire, le délai de préavis applicable au congé est de trois mois.

Le délai de préavis est toutefois d'un mois :

1° Sur les territoires mentionnés au premier alinéa du I de l'article 17 ;

2° En cas d'obtention d'un premier emploi, de mutation, de perte d'emploi ou de nouvel emploi consécutif à une perte d'emploi ;

3° Pour le locataire dont l'état de santé, constaté par un certificat médical, justifie un changement de domicile ;

3° bis Pour le locataire bénéficiaire d'une ordonnance de protection ou dont le conjoint, partenaire lié par un pacte civil de solidarité ou concubin fait l'objet de poursuites, d'une procédure alternative aux poursuites ou d'une condamnation, même non définitive, en raison de violences exercées au sein du couple ou sur un enfant qui réside habituellement avec lui ;

4° Pour les bénéficiaires du revenu de solidarité active ou de l'allocation adulte handicapé ;

5° Pour le locataire qui s'est vu attribuer un logement défini à l'article L. 831-1 du code de la construction et de l'habitation.

Le locataire souhaitant bénéficier des délais réduits de préavis mentionnés aux 1° à 5° précise le motif invoqué et le justifie au moment de l'envoi de la lettre de congé. À défaut, le délai de préavis applicable à ce congé est de trois mois.

Le congé doit être notifié par lettre recommandée avec demande d'avis de réception, signifié par acte d'huissier ou remis en main propre contre récépissé ou émargement. Ce délai court à compter du jour de la réception de la lettre recommandée, de la signification de l'acte d'huissier ou de la remise en main propre.

Pendant le délai de préavis, le locataire n'est redevable du loyer et des charges que pour le temps où il a occupé réellement les lieux si le congé a été notifié par le bailleur. Il est redevable du loyer et des charges concernant tout le délai de préavis si c'est lui qui a notifié le congé, sauf si le logement se trouve occupé avant la fin du préavis par un autre locataire en accord avec le bailleur.

À l'expiration du délai de préavis, le locataire est déchu de tout titre d'occupation des locaux loués.

II. – Lorsqu'il est fondé sur la décision de vendre le logement, le congé doit, à peine de nullité, indiquer le prix et les conditions de la vente projetée. Le congé vaut offre de vente au profit du locataire : l'offre est valable pendant les deux premiers mois du délai de préavis. Les dispositions de l'article 46 de la loi n° 65-557 du 10 juillet 1965 fixant le statut de la copropriété des immeubles bâtis ne sont pas applicables au congé fondé sur la décision de vendre le logement.

À l'expiration du délai de préavis, le locataire qui n'a pas accepté l'offre de vente est déchu de plein droit de tout titre d'occupation sur le local.

Le locataire qui accepte l'offre dispose, à compter de la date d'envoi de sa réponse au bailleur, d'un délai de deux mois pour la réalisation de l'acte de vente. Si, dans sa réponse, il notifie son intention de recourir à un prêt, l'acceptation par le locataire de l'offre de vente est subordonnée à l'obtention du prêt et le délai de réalisation de la vente est porté à quatre mois. Le contrat de location est prorogé jusqu'à l'expiration du délai de réalisation de la vente. Si, à l'expiration de ce délai, la vente n'a pas été réalisée, l'acceptation de l'offre de vente est nulle de plein droit et le locataire est déchu de plein droit de tout titre d'occupation.

Dans le cas où le propriétaire décide de vendre à des conditions ou à un prix plus avantageux pour l'acquéreur, le notaire doit, lorsque le bailleur n'y a pas préalablement procédé, notifier au locataire ces conditions et prix à peine de nullité de la vente. Cette notification est effectuée à l'adresse indiquée à cet effet par le locataire au bailleur ; si le locataire n'a pas fait connaître cette adresse au bailleur, la notification est effectuée à l'adresse des locaux dont la location avait été consentie. Elle vaut offre de vente au profit du locataire. Cette offre est valable pendant une durée d'un mois à compter de sa réception. L'offre qui n'a pas été acceptée dans le délai d'un mois est caduque.

Le locataire qui accepte l'offre ainsi notifiée dispose, à compter de la date d'envoi de sa réponse au bailleur ou au notaire, d'un délai de deux mois pour la réalisation de l'acte de vente. Si, dans sa réponse, il notifie son intention de recourir à un prêt, l'acceptation par le locataire de l'offre de vente est subordonnée à l'obtention du prêt et le délai de réalisation de la vente est porté à quatre mois. Si, à l'expiration de ce délai, la vente n'a pas été réalisée, l'acceptation de l'offre de vente est nulle de plein droit.

Les termes des cinq alinéas précédents sont reproduits à peine de nullité dans chaque notification.

Ces dispositions ne sont pas applicables aux actes intervenant entre parents jusqu'au troisième degré inclus, sous la condition que l'acquéreur occupe le logement pendant une durée qui ne peut être inférieure à deux ans à compter de l'expiration du délai de préavis, ni aux actes portant sur les immeubles mentionnés au deuxième alinéa de l'article L. 111-6-1 du code de la construction et de l'habitation.

Dans les cas de congés pour vente prévus à l'article 11-1, l'offre de vente au profit du locataire est dissociée du congé. En outre, le non-respect de l'une des obligations relatives au congé pour vente d'un accord conclu en application de l'article 41 *ter* de la loi n° 86-1290 du 23 décembre 1986 tendant à favoriser l'investissement locatif, l'accession à la propriété de logements sociaux et le développement de l'offre foncière, et rendu obligatoire par décret, donne lieu à l'annulation du congé.

Est nul de plein droit le congé pour vente délivré au locataire en violation de l'engagement de prorogation des contrats de bail en cours, mentionné au premier alinéa du A du I de l'article 10-1 de la loi n° 75-1351 du 31 décembre 1975 relative à la protection des occupants de locaux à usage d'habitation.

III. – Le bailleur ne peut s'opposer au renouvellement du contrat en donnant congé dans les conditions définies au paragraphe I ci-dessus à l'égard de tout locataire âgé de plus de soixante-cinq ans et dont les ressources annuelles sont inférieures à un plafond de ressources en vigueur pour l'attribution des logements locatifs conventionnés fixé par arrêté du ministre chargé du logement, sans qu'un logement correspondant à ses besoins et à ses possibilités lui soit offert dans les limites géographiques prévues à l'article 13 *bis* de la loi n° 48-1360 du 1er septembre 1948 précitée. Le présent alinéa est également applicable lorsque le locataire a à sa charge une personne de plus de soixante-cinq ans vivant habituellement dans le logement et remplissant la condition de ressources précitée et que le montant cumulé des ressources annuelles de l'ensemble des personnes vivant au foyer est inférieur au plafond de ressources déterminé par l'arrêté précité.

Toutefois, les dispositions de l'alinéa précédent ne sont pas applicables lorsque le bailleur est une personne physique âgée de plus de soixante-cinq ans ou si ses ressources annuelles sont inférieures au plafond de ressources mentionné au premier alinéa.

L'âge du locataire, de la personne à sa charge et celui du bailleur sont appréciés à la date d'échéance du contrat ; le montant de leurs ressources est apprécié à la date de notification du congé.

IV. – Le fait pour un bailleur de délivrer un congé justifié frauduleusement par sa décision de reprendre ou de vendre le logement est puni d'une amende pénale dont le montant ne peut être supérieur à 6 000 € pour une personne physique et à 30 000 € pour une personne morale.

Le montant de l'amende est proportionné à la gravité des faits constatés. Le locataire est recevable dans sa constitution de partie civile et la demande de réparation de son préjudice.

• **L. 6 juill. 1989,** art. 22

Lorsqu'un dépôt de garantie est prévu par le contrat de location pour garantir l'exécution de ses obligations locatives par le locataire, il ne peut être supérieur à un mois de loyer en principal. Au moment de la signature du bail, le dépôt de garantie est versé au bailleur directement par le locataire ou par l'intermédiaire d'un tiers.

Un dépôt de garantie ne peut être prévu lorsque le loyer est payable d'avance pour une période supérieure à deux mois ; toutefois, si le locataire demande le bénéfice du paiement mensuel du loyer, par application de l'article 7, le bailleur peut exiger un dépôt de garantie.

Il est restitué dans un délai maximal de deux mois à compter de la remise en main propre, ou par lettre recommandée avec demande d'avis de réception, des clés au bailleur ou à son mandataire, déduction faite, le cas échéant, des sommes restant dues au bailleur et des sommes dont celui-ci pourrait être tenu, aux lieu et place du locataire, sous réserve qu'elles soient dûment justifiées. À cette fin, le locataire indique au bailleur ou à son mandataire, lors de la remise des clés, l'adresse de son nouveau domicile.

Il est restitué dans un délai maximal d'un mois à compter de la remise des clés par le locataire lorsque l'état des lieux de sortie est conforme à l'état des lieux d'entrée, déduction faite, le cas échéant, des sommes restant dues au bailleur et des sommes dont celui-ci pourrait être tenu, en lieu et place du locataire, sous réserve qu'elles soient dûment justifiées.

Lorsque les locaux loués se situent dans un immeuble collectif, le bailleur procède à un arrêté des comptes provisoire et peut, lorsqu'elle est dûment justifiée, conserver une provision ne pouvant excéder 20 % du montant du dépôt de garantie jusqu'à l'arrêté annuel des comptes de l'immeuble. La régularisation définitive et la restitution du solde, déduction faite, le cas échéant, des sommes restant dues au bailleur et des sommes dont celui-ci pourrait être tenu en lieu et place du locataire, sont effectuées dans le mois qui suit l'approbation définitive des comptes de l'immeuble. Toutefois, les parties peuvent amiablement convenir de solder immédiatement l'ensemble des comptes.

Le montant de ce dépôt de garantie ne porte pas intérêt au bénéfice du locataire. Il ne doit faire l'objet d'aucune révision durant l'exécution du contrat de location, éventuellement renouvelé.

À défaut de restitution dans les délais prévus, le dépôt de garantie restant dû au locataire est majoré d'une somme égale à 10 % du loyer mensuel en principal, pour chaque période mensuelle commencée en retard. Cette majoration n'est pas due lorsque l'origine du défaut de restitution dans les délais résulte de l'absence de transmission par le locataire de l'adresse de son nouveau domicile.

En cas de mutation à titre gratuit ou onéreux des locaux loués, la restitution du dépôt de garantie incombe au nouveau bailleur. Toute convention contraire n'a d'effet qu'entre les parties à la mutation.

341.02 Jurisprudence de référence.

• **Civ. 3e, 18 févr. 2009,** n° 07-21.879, P III, n° 39

* V. s[5] n° 341.102

Le bail en cours transmis à l'OPAC [...] était soumis aux dispositions légales qui lui étaient applicables jusqu'à sa date d'expiration.

• **Cass. Ass. plén. 6 déc. 2004,** n° 03-10.713, P n° 14

* V. s[5] n° 341.61

En cas de vente de l'immeuble donné à bail, le cautionnement garantissant le paiement des loyers est, sauf stipulation contraire, transmis de plein droit au nouveau propriétaire en tant qu'accessoire de la créance de loyers cédée à l'acquéreur par l'effet combiné de l'article 1743 et des articles 1692, 2013 et 2015 du Code civil.

• **Civ. 3e, 22 sept. 2016,** n° 15-19.672, P III, n° 119

* V. s[5] n° 341.61

Est opposable au propriétaire d'un immeuble l'arrêté d'insalubrité pris antérieurement à l'acquisition, dès lors qu'il a été notifié au précédent propriétaire.

• **Civ. 3e, 21 févr. 2019,** n° 17-31.101, P

* V. s[5] n° 341.61

Doit être condamnée *in solidum* avec son vendeur, l'acquéreur qui, depuis son acquisition, est tenu d'une obligation envers le locataire de réaliser les travaux nécessaires à la délivrance conforme du bien loué, et ne s'en était pas acquitté.

• **Civ. 2e, 27 févr. 2020,** n° 18-19.174, P

* V. s[5] n° 341.51

La délivrance d'un commandement valant saisie immobilière n'interdit pas la conclusion d'un bail ou la reconduction tacite d'un bail antérieurement conclu, et le bail, même conclu après la publication d'un tel commandement est opposable à l'adjudicataire qui en a eu connaissance avant l'adjudication.

• **Civ. 3e, 28 mai 2020,** n° 19-14.089, P

* V. s[5] n° 341.61

Les dispositions propres aux logements appartenant à des organismes HLM ne faisant pas l'objet d'une convention ne sont pas applicables aux baux en cours lors de l'acquisition de ces logements par l'organisme HLM, mais les baux reconduits étant de nouveaux baux, ceux-ci ne peuvent, lors de leur reconduction, demeurer régis par les dispositions de droit commun des baux d'habitation auxquelles ils étaient initialement soumis

341.03 Bibliographie indicative.

Encyclopédies. RÉP. IMMO., V° *Bail d'habitation et mixte : rapports locatifs individuels – Loi du 6 juillet 1989,* n°s 409 s., N. Damas – DICT. PERM. gestion immob., V^{is} *Baux d'habitation et mixtes, n° 382, Droit de préemption*, n°s 200 s.

Articles. J. Carbonnier, « De l'opposabilité du bail à l'acquéreur de l'immeuble », *RTD civ.* 1948. 48 ; « Des effets du bail sans date certaine à l'égard de l'acquéreur de l'immeuble. L'opposabilité du bail à l'acquéreur de l'immeuble et les vicissitudes de l'article 1743 du Code civil », *RTD civ.* 1962. 351 – J.-M. Delpérier et J.-D. Roché, « La vente de l'immeuble loué », *JCP* N 2003. 640 s – P. Derrez « Le changement de bailleur au cours du bail d'habitation », *Ann. Loyers* 1994, p. 497 – C. Larroumet « L'acquéreur de l'immeuble loué et la caution du locataire », *D.* 2000. Chron. 155 s. – J. Lafond, « Loi ALUR : congédiement du locataire et baux en cours », *Loyers et copr.* 2015. Ét. 2 – J. Monéger « De quelques traits de plume : à propos de la vente de l'immeuble loué », *Loyers et copr.* 2003. Chron. 5 – Y. Trémorin, « La caution du locataire et la vente de l'immeuble loué », *JCP* N 2000. 950.

SECTION 1
DROIT COMMUN DU BAIL

341.10 **Plan – Principe de poursuite du bail en cours.** Les articles 1743 et suivants du Code civil posent le principe de la poursuite du bail (§ 1), assorti de l'exception de l'expulsion du preneur (§ 2).

§ 1
Principe de la poursuite du bail

341.20 **Plan.** Il convient d'étudier successivement les conditions (A) et les effets (B) de la poursuite du bail.

A.
Conditions

341.30 **Plan – Bail authentique.** Si le bailleur vend la chose louée, l'acquéreur ne peut expulser le fermier, le métayer ou le locataire qui a un bail authentique ou dont la date est certaine[1].

La nature du transfert de propriété (1°) est à distinguer de la nature du bail (2°)

1°
Nature du transfert de propriété

341.41 **Interprétation large.** Ainsi que l'énonce expressément l'article 1743 du Code civil, la vente du logement loué est l'hypothèse envisagée par le législateur. Toutes les ventes sont concernées, qu'il s'agisse d'une vente amiable ou d'une vente sur saisie immobilière[2], voire de licitation d'un bien indivis[3]. Mais la jurisprudence est allée au-delà du texte en étendant l'application de l'article 1743 à un apport en société[4] et même à une donation[5].

2°
Nature du bail

341.51 **Opposabilité.** Le bail doit être authentique ou avoir date certaine[6]. Il s'agit en particulier d'éviter toute fraude aux droits de l'acquéreur qui découvrirait, après l'acquisition, la présence d'un locataire dans le logement, muni d'un titre dont la date pourrait ne pas être sincère. La jurisprudence est toutefois allée au-delà des critères textuels en retenant qu'il suffit que l'acquéreur ait eu connaissance, avant l'acquisition, de l'existence du bail[7]. Les décisions sont particulièrement nombreuses en matière de ventes sur adjudication[8].

B.
Effets

341.61 **Situation de l'acquéreur.** L'acquéreur se trouve substitué dans les droits et obligations du vendeur. Il doit donc respecter les obligations nées du contrat de bail et peut se prévaloir des créances y afférentes. En particulier, au terme d'une véritable saga jurisprudentielle, il a été jugé que le cautionnement locatif se transmet de plein droit à l'acquéreur[9]. L'acquéreur peut également agir contre le preneur en dédommagement pour les dégradations commises, peu importe que ces dégradations aient été commises avant ou après l'acquisition du bien[10]. Il est par ailleurs possible, par une stipulation expresse, de subroger l'acheteur dans les droits et obligations du vendeur. L'acquéreur doit également respecter le régime locatif applicable[11]. Il se retrouve par ailleurs

1. C. civ., art. 1743.
2. Civ. 3e, 25 janv. 1977, n° 75-12.722, P III, n° 37
3. Civ. 1re, 19 mars 1991, n° 89-20.352, P I, n° 90 ; *D.* 1991. IR 99.
4. Com. 11 févr. 1964, *D.* 1964, jur. 262, note P. Esmein.
5. Com. 3 nov. 1966, P III, n° 416.
6. C. civ., art. 1743.
7. Civ. 3e, 12 juill. 1976, n° 75-13.652, P III, n° 305.
8. Civ. 3e, 29 sept. 1999, n° 97-22.129, P III, n° 188 ; *Loyers et copr.* 2000, comm. 2, obs. B. Vial-Pedroletti – Civ. 3e, 11 févr. 2004, n° 02-12.762, P III, n° 24 ; *D.* 2005, Pan. 749 spéc. 755, obs. N. Damas ; *AJDI* 2004. 371, Y. Rouquet, *Loyers et copr.* 2004, comm. 84, obs. B. Vial-Pedroletti – Civ. 3e, 23 janv. 2007, n° 06-14.433, NP – Civ. 2e, 27 févr. 2020, n° 18-19.174, P ; *D.* 2020. 494 ; *ibid.* 1148, obs. N. Damas ; *ibid.* 1380, obs. A. Leborgne ; *AJDI* 2020. 764, obs. N. Damas ; *Rev. prat. rec.* 2020. 9, obs. U. Schreiber ; *ibid.* 31, chron. D. Gantschnig ; *RTD civ.* 2021. 200, obs. N. Cayrol.
9. Cass. Ass. plén., 6 déc. 2004, n° 03-10.713, P n° 14 ; *D.* 2005. 227, note L. Aynès ; *ibid.* 70, obs. V. Avena-Robardet ; *ibid.* 749, obs. N. Damas ; *ibid.* 1424, obs. A. Boujeka, M. Bourassin, E. Claudel et B. Thullier ; *ibid.* 2078, obs. P. Crocq ; *AJDI* 2005. 240, obs. F. Cohet-Cordey ; *RTD com.* 2005. 51, obs. J. Monéger ; *ibid.* 404, obs. D. Legeais ; *JCP G* 2005. II. 10010, note S. Piédelièvre ; *Loyers et copr.* 2005, comm. 25, obs. B. Vial-Pedroletti.
10. Civ. 3e, 21 nov. 2001, n° 00-13.237, NP, *Loyers et copr.* 2002, comm. 57, obs. B. Vial-Pedroletti.
11. Civ. 3e, 24 sept. 2020, n° 19-17.068, P ; *D.* 2020. 1889 ; *ibid.* 2021. 310, obs. R. Boffa et M. Mekki ; *RTD civ.* 2021. 158, obs. P.-Y. Gautier : le fait d'avoir acquis l'appartement ▶

débiteur de certaines obligations dont le fait générateur est antérieur à la vente. Ainsi a-t-il été récemment jugé qu'est opposable au propriétaire d'un immeuble l'arrêté d'insalubrité pris antérieurement à l'acquisition, dès lors qu'il a été notifié au précédent propriétaire[1]. De même, l'acquéreur peut être tenu, au titre d'une obligation *in solidum*, du non-respect de l'obligation de délivrance pesant sur le vendeur[2].

341.62 **Situation du vendeur.** Sauf convention contraire, le vendeur cesse d'avoir tout droit ou obligation concernant l'immeuble vendu à compter de la date d'entrée en jouissance de l'acquéreur. Les dettes personnelles antérieures restent dues[3].

§ 2
Expulsion du preneur

341.71 **Prérogative légale.** L'expulsion du locataire peut être décidée par l'acquéreur dès lors que le bail n'est pas authentique ou n'a pas date certaine[4]. La jurisprudence a tempéré cette rigueur en décidant que l'acquéreur ayant eu connaissance de l'existence du bail ne peut demander l'expulsion du locataire[5].

341.72 **Statut locatif.** L'inopposabilité du bail à l'acquéreur du logement loué l'autorise à expulser le locataire. Si la solution ne soulève pas de problèmes particuliers lorsque la location est soumise au code civil, elle suscite des difficultés dans le cadre de législations impératives renforçant la protection du locataire. Une doctrine autorisée estime que les dispositions de l'article 1743 du Code civil prévalent sur la loi du 6 juillet 1989[6]. En revanche, les locaux soumis à la loi du 1er septembre 1948 connaissent un sort différent : le droit au maintien dans les lieux, d'origine légale, ne peut être évincé et l'occupant de bonne foi ne risquera pas l'expulsion, quand bien même l'acquéreur n'aurait pas eu connaissance de l'existence antérieure d'un bail[7].

341.73 **Prérogative contractuelle.** L'acquéreur peut se réserver le droit d'expulser le locataire[8]. Cependant, ces dispositions ne peuvent faire obstacle aux statuts impératifs résultant de la loi du 1er septembre 1948 et de la loi du 6 juillet 1989. Cette prérogative n'a dès lors qu'un champ d'application limité.

SECTION 2
Loi du 6 juillet 1989

341.80 **Plan – Prolongation de bail et report du droit à donner congé.** La loi du 6 juillet 1989 contient certaines dispositions relatives à la vente du logement loué, qui sont complétées par la jurisprudence. En principe, le bail est transféré à l'acquéreur, et se poursuit selon les conditions antérieures (§ 1). Toutefois, deux régimes spécifiques ont été aménagés, permettant une prolongation du bail (§ 2), ou un report de la possibilité de donner congé (§ 3).

§ 1
Principe : Continuation du bail en cours

341.90 **Plan – Maintien des droits locatifs.** La vente du logement loué est en principe indifférente pour le locataire en place. Ses droits et obligations ne sont pas affectés. Il en va ainsi quant au statut locatif applicable (A), et quant à la durée du bail en cours (B).

A.
Statut locatif applicable

341.101 **Hypothèse.** Le critère d'application de telle ou telle législation impérative peut résulter de la nature de la personne du bailleur. Ainsi, le fait pour un organisme d'habitation à loyer modéré de devenir propriétaire d'un logement peut conduire à la mise en œuvre de la législation HLM[9]. La question qui se pose est alors de savoir si cette application s'opère dès la vente ou est reportée à une échéance autre.

341.102 **Solution.** La Cour de cassation a jugé que le bail en cours transmis à l'organisme HLM était soumis aux dispositions légales qui lui étaient applicables jusqu'à sa date d'expiration[10]. En l'espèce,

► en cours de bail, en toute connaissance des restrictions imposées par la loi du 1er septembre 1948 quant au montant du loyer et à la faculté de reprise des lieux par le bailleur, empêche l'acquéreur d'invoquer une atteinte disproportionnée à son droit au respect de ses biens.

1. Civ. 3e, 22 sept. 2016, no 15-19.672, P ; *AJDI* 2017. 207, obs. N. Damas.
2. Civ. 3e, 21 févr. 2019, no 17-31.101, P.
3. AINSI, à propos d'un trouble de jouissance lié à la non-exécution de travaux par le vendeur : Civ. 3e, 14 nov. 2007, no 06-18.430, P III, no 202 ; *D.* 2007. 3069, obs. G. Forest ; *ibid.* 2008. 1300, obs. N. Damas ; *AJDI* 2008. 379, obs. V. Zalewski.
4. C. civ., art. 1743.
5. V. ss no 341.51.
6. P. Derrez, « Le changement de bailleur en cours de bail d'habitation », *Ann. Loyers* 1994. 499 ; B. Vial Pedroletti, *J.-Cl.* Bail à Loyer, Fasc. 289, no 25.
7. Soc. 11 juin 1949, *JCP G* 1949. II. 5099 – Civ. 3e, 13 nov. 1970, no 69-20.073, P III, no 597.
8. C. civ., art. 1743, al. 2 et art. 1745.
9. Par ex., v. ss nos 634.86 et 635.63.
10. Civ. 3e, 18 févr. 2009, no 07-21.879, P III, no 39 ; *D.* 2009. 731, obs. Y. Rouquet ; *ibid.* 2010. 1168, obs. N. Damas ; *AJDI* 2009. 625, obs. V. Zalewski.

le bail cédé étant soumis à la loi du 6 juillet 1989, l'acquéreur devait en respecter les dispositions impératives tout au long de la période en cours. Le nouveau statut locatif n'aurait alors vocation à s'appliquer que lors du renouvellement ou de la tacite reconduction du bail[1].

B.
Durée du bail

341.111 **Principe.** La durée initiale du bail est différente selon que le bailleur est une personne physique (à laquelle sont assimilées la société civile familiale et l'indivision, par application de l'article 13 de la loi du 6 juillet 1989) ou une personne morale[2]. Dans le premier cas, la durée du bail est de trois ans, alors qu'elle est de six ans dans le second cas. En cas de reconduction tacite, la durée du bail reconduit est de trois ans pour les bailleurs personnes physiques et assimilés, et de six ans pour les bailleurs personnes morales.

341.112 **Incidence de la vente.** Si un bail a été conclu avec un bailleur personne physique, pour une durée de trois ans, et si le logement loué est vendu au cours de cette période initiale, à un bailleur personne morale, il faut retenir que l'échéance initiale n'est pas affectée par le changement de qualité du bailleur. En revanche, la durée du bail reconduit tiendra compte du changement de qualité du bailleur, et sera portée à six ans. Un raisonnement identique doit être retenu lorsque c'est un bailleur personne morale qui cède le logement à un bailleur personne physique ou assimilé : la période en cours de six ans n'est pas modifiée, et la durée du bail reconduit sera ramenée à trois ans.

C.
Information quant à la mutation et sort du dépôt de garantie

341.121 **Information du locataire.** En cas de mutation à titre gratuit ou onéreux du logement, le nouveau bailleur est tenu de notifier au locataire son nom ou sa dénomination et son domicile ou son siège social ainsi que, le cas échéant, ceux de son mandataire[3].

341.122 **Débiteur de l'obligation de restitution du dépôt de garantie.** En cas de mutation à titre gratuit ou onéreux des locaux loués, la restitution du dépôt de garantie incombe au nouveau bailleur. Toute convention contraire n'a d'effet qu'entre les parties à la mutation[4]. La loi n'a donc pas prévu de plein droit la transmission du dépôt de garantie par le vendeur au profit de l'acquéreur. Celle-ci devra être expressément prévue dans l'acte de vente, ce qui relève de la pratique notariale courante. Le défaut de transmission à l'acquéreur ne saurait lui permettre de résister à une demande en restitution formée par le locataire. Cette rédaction de l'article 22 est issue de la loi du 25 mars 2009, qui a contré une jurisprudence critiquable obligeant le locataire à se retourner vers son bailleur initial. En cas de vente du logement, la jurisprudence décidait en effet que cette obligation de restitution, n'ayant pas une nature *propter rem*, restait, sauf convention contraire, à la charge du bailleur originaire[5]. L'obligation de restitution du dépôt de garantie ne se transmettait ainsi pas à l'ayant cause particulier[6]. La clause de l'acte de vente d'un immeuble loué à un tiers, relative à la transmission à l'acquéreur du dépôt de garantie perçu par le bailleur, n'était ainsi pas opposable au preneur, non partie à l'acte[7].

§ 2
Exception : Prolongation du bail en cours en cas de mise en copropriété de l'immeuble

341.130 **Plan.** Il convient d'étudier successivement les objectifs poursuivis par le législateur (A), le champ d'application de cette exception (B) et ses conséquences (C).

A.
Objectifs

341.141 **Objectif.** Le législateur entend protéger les locataires en cas de mise en copropriété d'un immeuble. La crainte est qu'à la suite de cette opération, des congés leur soient délivrés, que ce soit pour vendre ou pour reprendre. Des dispositifs successifs se sont ainsi appliqués, résultant d'un nouvel article 11-2 de la loi du 6 juillet 1989.

1. SOLUTION CONFIRMÉE PAR : Civ. 3e, 28 mai 2020, n° 19-14.089, P ; les dispositions propres aux logements appartenant à des organismes HLM ne faisant pas l'objet d'une convention ne sont pas applicables aux baux en cours lors de l'acquisition de ces logements par l'organisme HLM, mais les baux reconduits étant de nouveaux baux, ceux-ci ne peuvent, lors de leur reconduction, demeurer régis par les dispositions de droit commun des baux d'habitation auxquelles ils étaient initialement soumis.
2. L. n° 89-462, 6 juill. 1989, art. 10.
3. L. n° 89-462, 6 juill. 1989, art. 3.
4. L. n° 89-462, 6 juill. 1989, art. 22.
5. Douai, 6 févr. 1992, *BICC* 1992, n° 352.
6. Civ. 3e, 25 févr. 2004, n° 02-16.589, P III, n° 37
7. Civ. 3e, 18 janv. 1983, n° 81-15.516, P III, n° 14.

341.142 **Loi Alur.** Lorsqu'un immeuble indivis ayant cinq locaux d'habitation ou plus est mis en copropriété, les baux en cours sont prorogés de plein droit d'une durée de trois ans de plus que leur durée contractuelle ou légale antérieure, dès lors que l'immeuble est situé dans une des zones mentionnées au I de l'article 17 de la loi du 6 juillet 1989[1].

341.143 **Loi du 6 août 2015.** Cette loi, dite loi Macron, a remplacé le dispositif précédent et prévoit sous certaines conditions, la prorogation des baux en cours lors de la mise en copropriété de l'immeuble.

B.
Champ d'application

341.151 **Immeuble de 5 logements et plus.** L'immeuble doit comprendre cinq logements ou plus et être à usage d'habitation ou à usage mixte d'habitation et professionnel. La mixité de l'usage d'habitation avec l'usage commercial n'est pas envisagée. Dès lors, un immeuble comprenant cinq logements et un local commercial ne devrait pas entrer dans le régime de l'article 11-2 de la loi du 6 juillet 1989.

341.152 **Statut locatif.** Le texte ne précise pas si tous les baux sont concernés par la prorogation, ou si seuls ceux soumis à la loi du 6 juillet 1989 en bénéficient. Cette dernière interprétation a notre préférence, du fait de l'insertion du texte au sein de la loi du 6 juillet 1989. Par ailleurs, il est à noter que les baux portant sur des locaux meublés ne sont pas soumis à cette disposition, car elle ne figure pas dans la liste édictée à l'article 25-3 de la loi du 6 juillet 1989.

341.153 **Zone géographique.** Le champ d'application géographique est cantonné aux zones de tension locatives visées à l'article 17 I, soit, aux termes du décret du 10 juin 2015[2], les communes figurant sur la liste annexée au décret du 10 mai 2013[3].

341.154 **Mise en copropriété.** Le fait générateur de la protection est la mise en copropriété de l'immeuble. Cela signifie que l'immeuble devait antérieurement être la propriété d'une personne unique (ou d'une indivision). La mise en copropriété s'opérera notamment dès la prise d'effet de la première vente d'un lot à une personne autre que le propriétaire d'origine. Cette date marquera le point de départ de l'appréciation des délais de prorogation offerts à tous les locataires. Il convient de retenir la date de signature de l'acte authentique, car c'est à cette date, en principe, que s'opérera le transfert de propriété du logement. La mise en copropriété pourrait également résulter d'une donation d'une partie de l'immeuble ou d'un partage (immeuble indivis ou commun).

C.
Conséquences

341.161 **Distinction.** Les effets dépendent de la durée de la période séparant la mise en copropriété du terme du contrat en cours. La prorogation du bail est en effet différente selon que cette durée est considérée comme suffisante ou non. Il est important de noter que l'ensemble des baux en cours portant sur un logement situé dans l'immeuble mis en copropriété est affecté par cette mise en copropriété. Ainsi, dans l'hypothèse où un logement est vendu, la prorogation profitera au locataire du logement vendu, mais également à tous les autres locataires d'un logement soumis à la loi du 6 juillet 1989. Il n'est pas question de prendre en compte la vente ultérieure du lot occupé par tel ou tel locataire. Il se peut ainsi que le lot pris à bail par le locataire bénéficiaire de la prorogation ne soit même jamais offert à la vente.

341.162 **Terme proche.** Les baux en cours dont le terme intervient moins de trois ans après la date de mise en copropriété sont prorogés de plein droit d'une durée de trois ans. La nouvelle échéance sera donc variable selon chaque bail concerné.

341.163 **Terme plus éloigné.** Les autres baux en cours sont alors prorogés d'une durée permettant au locataire d'occuper le logement pendant une durée de six ans à compter de la mise en copropriété. Bien qu'il ne soit pas prévu expressément ici qu'elle s'opère de plein droit, l'emploi du présent de l'indicatif semble également conférer à cette prorogation ce caractère impératif et automatique. Le point de départ de la prorogation est unique pour tous les locataires. La prorogation effective est donc variable selon les cas.

341.164 **Exemples.** Un bail de six ans a été signé le 1er janvier 2017 et vient à expiration le 31 décembre 2022. L'immeuble est mis en copropriété le 1er novembre 2022 (moins de trois ans avant le terme). Le bail est prorogé de plein droit de trois ans, soit jusqu'au 31 décembre 2025.

Un bail de six ans a été signé le 1er janvier 2020 et vient à expiration le 31 décembre 2025. L'immeuble est mis en copropriété le 1er novembre 2022 (plus de trois ans avant le terme). Le bail doit être prorogé afin qu'une durée de six années à compter du 1er novem-

1. L. n° 89-462, 6 juill. 1989, art. 11-2 ; issu de L. n° 2014-366, 24 mars 2014, art. 5.
2. Décr. n° 2015-650, 10 juin 2015 relatif aux modalités de mise en œuvre du dispositif d'encadrement du niveau de certains loyers et modifiant l'annexe à l'article R.* 366-5 du code de la construction et de l'habitation, *JO* 12 juin.
3. Décr. n° 2013-392, 10 mai 2013 relatif au champ d'application de la taxe annuelle sur les logements vacants instituée par l'article 232 du code général des impôts, *JO* 12 mai.

bre 2022, soit jusqu'au 30 octobre 2028, soit atteinte. La prorogation est ici de deux ans et dix mois.

§ 3
Congés délivrés par l'acquéreur

341.171 **Hypothèses dans lesquelles le droit de donner congé est suspendu.** Le législateur a estimé que le locataire d'un logement vendu pouvait craindre la délivrance prochaine d'un congé par l'acquéreur de ce logement, soit en vue de le reprendre pour habiter, soit en vue de le revendre libre de toute occupation. La loi du 24 mars 2014, dite loi Alur, puis la loi du 6 août 2015, dite loi Macron, ont successivement mis en place deux mécanismes de suspension du droit pour l'acquéreur de délivrer congé.

341.172 **Loi Alur.** En cas d'« acquisition d'un bien occupé », ce qui vise l'hypothèse du logement vendu occupé en cours de bail, la loi Alur indiquait que :

- *tout congé pour vente* n'est autorisé qu'à compter du terme du premier renouvellement du bail en cours (à propos du congé pour vendre v. s^s n°s 341.174 s.) ;
- *tout congé pour reprise* (au sujet duquel, v. s^s n° 341.176) n'est autorisé qu'à compter du terme du bail en cours ou, si le terme du bail intervient moins de deux ans après l'acquisition, après un délai de deux ans.

Ces dispositions étaient relativement imprécises et ont soulevé un certain nombre d'interrogations [1]. La loi Macron a cependant rapidement modifié la rédaction du texte.

341.173 **Loi Macron.** Depuis la modification de l'article 15 par la loi du 6 août 2015 [2], dite loi Macron, les modalités de la suspension du droit pour le bailleur de donner congé ont été affinées et il faut distinguer selon la nature du congé délivré.

341.174 **Congé pour vendre.** La situation diffère selon le terme du contrat de location en cours, comparé à la date d'acquisition (soit l'acte authentique de vente, qui opère transfert de propriété). S'il intervient plus de trois ans après la date d'acquisition, le bailleur peut donner congé à son locataire pour vendre le logement au terme du contrat de location en cours. Cette situation, qui ne concerne ainsi par hypothèse que les baux de plus de trois ans, est donc conforme aux règles habituelles des congés. Si le terme du contrat de location en cours intervient moins de trois ans après la date d'acquisition, le bailleur ne peut donner congé à son locataire pour vendre le logement qu'au terme de la première reconduction tacite ou du premier renouvellement du contrat de location en cours. Selon que l'acquéreur est une personne physique (ou assimilée) ou morale, il devra donc patienter pendant une durée supplémentaire de trois ou six ans. Il est à noter que la loi n'a curieusement pas prévu l'hypothèse où le terme intervient trois ans exactement après l'acquisition. Le régime prévu lorsque le terme intervient moins de trois ans après l'acquisition dérogeant aux conditions habituelles du congé, il pourrait en résulter une interprétation stricte et donc son exclusion lorsque la durée est de trois ans exactement.

341.175 **Exemples.** Soit un bail de six ans ayant pris effet au 15 janvier 2019, venant à échéance le 14 janvier 2025. Le logement est cédé (signature de l'acte authentique) le 25 novembre 2021. Il y a plus de trois ans entre le 25 novembre 2021 et le 14 janvier 2025, et le congé pour vendre pourra être délivré pour cette échéance, sans changement.

Soit un bail de trois ans ayant pris effet au 15 janvier 2020, venant à échéance le 14 janvier 2023. Le logement est cédé (signature de l'acte authentique) le 25 novembre 2021. L'acheteur ne pourra pas délivrer un congé pour vendre en vue de la prochaine échéance du 14 janvier 2023, car il y a moins de trois ans entre le 25 novembre 2021 et cette date. Une reconduction tacite se produira alors, et le congé pourra être délivré pour l'échéance suivante (soit le 14 janvier 2026 si l'acquéreur est un bailleur personne physique ou assimilé et le 14 janvier 2029 s'il est une personne morale).

341.176 **Congé pour reprise.** La durée de référence est ici de deux ans. Lorsque le terme du contrat en cours intervient deux ans ou plus après l'acquisition, le congé pour reprise est délivré selon les règles habituelles. En revanche, lorsque le terme du contrat en cours intervient moins de deux ans après l'acquisition, le congé pour reprise donné par le bailleur au terme du contrat de location en cours ne prend effet qu'à l'expiration d'une durée de deux ans à compter de la date d'acquisition. En d'autres termes, le congé doit être donné six mois avant le terme initial, mais les effets de ce congé sont reportés à une date ultérieure. C'est en quelque sorte le délai de préavis qui se trouve ainsi augmenté.

341.177 **Exemple.** Soit un bail de trois ans ayant pris effet au 15 janvier 2020, venant à échéance le 14 janvier 2023. Le logement est cédé (signature de l'acte authentique) le 25 novembre 2021. Le délai entre l'acquisition et le terme est inférieur à deux ans. Dès lors, l'acheteur pourra certes délivrer un congé pour reprise six mois avant l'échéance du 14 janvier 2023, mais l'effet du congé sera reporté au 24 novembre 2023 (deux ans après l'acquisition).

1. N. Damas, « La loi Alur et les baux d'habitation », *AJDI* 2014. 334.
2. L. n° 2015-990, 6 août 2015 pour la croissance, l'activité et l'égalité des chances économiques, *JO* 7 août, p. 13537.

CHAPITRE

342. Droit de préemption du locataire

SECTION 0

ORIENTEUR

342.00 Sommaire du chapitre.

Division. Si en principe le locataire ne dispose pas d'une priorité d'achat en cas de vente du bien loué, les hypothèses dérogatoires se sont multipliées, avec l'objectif de faciliter le maintien du locataire dans les lieux et de faciliter l'accession à la propriété. Il en va ainsi en matière de vente par lot (sect. 1), et de ventes collectives de logement (sect. 2).

342.01 Principaux textes applicables

TEXTES SOURCES

- **L. n° 89-462, 6 juill. 1989,** art. 11-1.
- **L. n° 75-1351, 31 déc. 1975,** art. 10 et 10-1.
- **Accords collectifs des 9 juin 1998 et 16 mars 2005.**

TEXTES *IN EXTENSO*

- **L. 6 juill. 1989,** art. 11-1

Quand un congé pour vente conforme aux dispositions de l'article 15 est délivré par un bailleur relevant de secteurs locatifs définis aux quatrième et cinquième alinéas de l'article 41 *ter* de la loi n° 86-1290 du 23 décembre 1986 précitée, dans le cadre d'une vente par lots de plus de cinq logements dans le même immeuble, le bail peut être expressément reconduit pour une durée inférieure à celle prévue par l'article 10. Quand ce congé pour vente intervient moins de deux ans avant le terme du bail, la reconduction du bail est de droit, à la demande du locataire, afin de lui permettre, dans tous les cas, de disposer du logement qu'il occupe pendant une durée de deux ans à compter de la notification du congé pour vente.

La reconduction du bail est établie par écrit entre les parties au plus tard quatre mois avant l'expiration du bail en cours. À l'expiration de la durée fixée par les parties pour le bail reconduit, celui-ci est résilié de plein droit.

- **L. 31 déc. 1975,** art. 10

I. – Préalablement à la conclusion de toute vente d'un ou plusieurs locaux à usage d'habitation ou à usage mixte d'habitation et professionnel, consécutive à la division initiale ou à la subdivision de tout ou partie d'un immeuble par lots, le bailleur doit, à peine de nullité de la vente, faire connaître par lettre recommandée avec demande d'avis de réception, à chacun des locataires ou occupants de bonne foi, l'indication du prix et des conditions de la vente projetée pour le local qu'il occupe. Cette notification vaut offre de vente au profit de son destinataire.

L'offre est valable pendant une durée de deux mois à compter de sa réception. Le locataire qui accepte l'offre ainsi notifiée dispose, à compter de la date d'envoi de sa réponse au bailleur, d'un délai de deux mois pour la réalisation de l'acte de vente. Si dans sa réponse, il notifie au bailleur son intention de recourir à un prêt, son acceptation de l'offre de vente est subordonnée à l'obtention du prêt et, en ce cas, le délai de réalisation est porté à quatre mois. Passé le délai de réalisation de l'acte de vente, l'acceptation par le locataire de l'offre de vente est nulle de plein droit.

Dans le cas où le propriétaire décide de vendre à des conditions ou à un prix plus avantageux pour l'acquéreur, le notaire doit, lorsque le propriétaire n'y a pas préalablement procédé, notifier au locataire ou occupant de bonne foi ces conditions et prix à peine de nullité de la vente. Cette notification vaut offre de vente au profit du locataire ou occupant de bonne foi. Cette offre est valable pendant une durée d'un mois à compter de sa réception. L'offre qui n'a pas été acceptée dans le délai d'un mois est caduque.

Le locataire ou occupant de bonne foi qui accepte l'offre ainsi notifiée dispose, à compter de la date d'envoi de sa réponse au propriétaire ou au notaire, d'un délai de deux mois pour la réalisation de l'acte de vente. Si, dans sa réponse, il notifie son intention de recourir à un prêt, l'acceptation par le locataire ou occupant de bonne foi de l'offre de vente est subordonnée à l'obtention du prêt et le délai de réalisation de la vente est porté à quatre mois. Si, à l'expiration de ce délai, la vente n'a pas été réalisée, l'acceptation de l'offre de vente est nulle de plein droit. Les termes des cinq alinéas qui précèdent doivent être reproduits, à peine de nullité, dans chaque notification.

Nonobstant les dispositions de l'article 1751 du code civil, les notifications faites en application du présent article par le bailleur sont de plein droit opposables au conjoint du locataire ou occupant de bonne foi si son existence n'a pas été préalablement portée à la connaissance du bailleur.

II. – Lorsque la vente du local à usage d'habitation ou à usage mixte d'habitation et professionnel a lieu par adjudication volontaire ou forcée, le locataire ou l'occupant de bonne foi doit y être convoqué par lettre recommandée avec demande d'avis de réception un mois au moins avant la date de l'adjudication.

À défaut de convocation, le locataire ou l'occupant de bonne foi peut, pendant un délai d'un mois à compter de la date à laquelle il a eu connaissance de l'adjudication, déclarer se substituer à l'adjudicataire. Toutefois, en cas de vente sur licitation, il ne peut exercer ce droit si l'adjudication a été prononcée en faveur d'un indivisaire.

III. – Le présent article s'applique aux ventes de parts ou actions des sociétés dont l'objet est la division d'un immeuble par fractions destinées à être attribuées aux associés en propriété ou en jouissance à temps complet. Il ne s'applique pas aux actes intervenant entre parents ou alliés jusqu'au quatrième degré inclus. Il ne s'applique pas aux ventes portant sur un bâtiment entier ou sur l'ensemble des locaux à usage d'habitation ou à usage mixte d'habitation et professionnel dudit bâtiment. Il ne s'applique ni aux ventes d'un ou de plusieurs locaux à usage d'habitation ou à usage mixte d'habitation et professionnel d'un même immeuble à un organisme mentionné à l'article L. 411-2 du code de la construction et de l'habitation, ni, pour les logements faisant l'objet de conventions conclues en application de l'article L. 351-2 du même code, aux ventes d'un ou de plusieurs locaux à usage d'habitation ou à usage mixte d'habitation et professionnel d'un même immeuble à une société d'économie mixte mentionnée à l'article L. 481-1 dudit code ou à un organisme bénéficiant de l'agrément prévu à l'article L. 365-1 du même code.

• **L. 31 déc. 1975,** art. 10-1

I. – A. – Préalablement à la conclusion de la vente, dans sa totalité et en une seule fois, d'un immeuble à usage d'habitation ou à usage mixte d'habitation et professionnel de plus de cinq logements au profit d'un acquéreur ne s'engageant pas à proroger les contrats de bail à usage d'habitation en cours à la date de la conclusion de la vente afin de permettre à chaque locataire ou occupant de bonne foi de disposer du logement qu'il occupe pour une durée de six ans à compter de la signature de l'acte authentique de vente qui contiendra la liste des locataires concernés par un engagement de prorogation de bail, le bailleur doit faire connaître par lettre recommandée avec demande d'avis de réception à chacun des locataires ou occupants de bonne foi l'indication du prix et des conditions de la vente, dans sa totalité et en une seule fois, de l'immeuble ainsi que l'indication du prix et des conditions de la vente pour le local qu'il occupe.

Cette notification doit intervenir à peine de nullité de la vente, dans sa totalité et en une seule fois, de l'immeuble. Elle s'accompagne d'un projet de règlement de copropriété qui réglera les rapports entre les copropriétaires si l'un au moins des locataires ou occupants de bonne foi réalise un acte de vente, ainsi que des résultats d'un diagnostic technique portant constat de l'état apparent de la solidité du clos et du couvert et de celui de l'état des conduites et canalisations collectives ainsi que des équipements communs et de sécurité. Ce diagnostic est établi par un contrôleur technique au sens de l'article L. 111-23 du code de la construction et de l'habitation ou par un architecte au sens de l'article 2 de la loi n° 77-2 du 3 janvier 1977 sur l'architecture, qui ne doit avoir avec le propriétaire de l'immeuble ou son mandataire aucun lien de nature à porter atteinte à son impartialité ou à son indépendance. Les dépenses afférentes à ce diagnostic sont à la charge du bailleur.

Nonobstant les dispositions de l'article 1751 du code civil, cette notification est de plein droit opposable au conjoint du locataire ou occupant de bonne foi si son existence n'a pas été préalablement portée à la connaissance du bailleur. Elle vaut offre de vente au profit du locataire ou occupant de bonne foi.

L'offre est valable pendant une durée de quatre mois à compter de sa réception. Le locataire ou occupant de bonne foi qui accepte l'offre ainsi notifiée dispose, à compter de la date d'envoi de sa réponse au bailleur, d'un délai de deux mois pour la réalisation de l'acte de vente. Si, dans sa réponse, il notifie au bailleur son intention de recourir à un prêt, son acceptation de l'offre de vente est subordonnée à l'obtention du prêt et, en ce cas, le délai de réalisation est porté à quatre mois. Passé le délai de réalisation de l'acte de vente, l'acceptation de l'offre de vente est nulle de plein droit.

Lorsque, en raison de la vente d'au moins un logement à un locataire ou un occupant de bonne foi, l'immeuble fait l'objet d'une mise en copropriété et que le bailleur décide de vendre les lots occupés à des conditions ou à un prix plus avantageux à un tiers, le notaire doit, lorsque le propriétaire n'y a pas préalablement procédé, notifier au locataire ou occupant de bonne foi ces conditions et prix à peine de nullité de la vente. Cette notification vaut offre de vente à leur profit. Elle est valable pendant une durée d'un mois à compter de sa réception. L'offre qui n'a pas été acceptée dans le délai d'un mois est caduque.

Le locataire ou occupant de bonne foi qui accepte l'offre ainsi notifiée dispose, à compter de la date d'envoi de sa réponse au propriétaire ou au notaire, d'un délai de deux mois pour la réalisation de l'acte de vente. Si, dans sa réponse, il notifie son intention de recourir à un prêt, l'acceptation par le locataire ou occupant de bonne foi de l'offre de vente est subordonnée à l'obtention du prêt et le délai de réalisation de la vente est porté à quatre mois. Si, à l'expiration de ce délai, la vente n'a pas été réalisée, l'acceptation de l'offre de vente est nulle de plein droit.

Les dispositions du présent A doivent être reproduites, à peine de nullité, dans chaque notification.

B. – Préalablement à la conclusion de la vente mentionnée au premier alinéa du A, le bailleur communique au maire de la commune sur le territoire de laquelle est situé l'immeuble le prix et les conditions de la vente de l'immeuble dans sa totalité et en une seule fois. Lorsque l'immeuble est soumis à l'un des droits de préemption institués par les chapitres Ier et II du titre Ier du livre II du code de l'urbanisme, la déclaration préalable faite au titre de l'article L. 213-2 du même code vaut communication au sens du présent article.

II. – Les dispositions du I ne sont pas applicables en cas d'exercice de l'un des droits de préemption institués par le titre Ier du livre II du code de l'urbanisme ou lorsque la vente intervient entre parents ou alliés jusqu'au quatrième degré inclus.

Elles sont applicables aux cessions de la totalité des parts ou actions de sociétés lorsque ces parts ou actions portent attribution en propriété ou en jouissance à temps complet de chacun des logements d'un immeuble de plus de cinq logements.

Elles ne sont pas applicables aux cessions de parts ou actions susvisées lorsque ces cessions interviennent entre parents ou alliés jusqu'au quatrième degré inclus.

Elles ne sont pas applicables aux cessions d'immeubles à un organisme visé à l'article L. 411-2 du code de la construction et de l'habitation ni, pour les logements faisant l'objet de conventions conclues en application de l'article L. 831-1 du même code, aux cessions d'immeubles à une société d'économie mixte visée à l'article L. 481-1 du même code.

342.02 Jurisprudence de référence.

• **Civ. 3e, 8 juin 2005,** n° 04-12.999, P III, n° 127

* V. s^s^ n° 342.44

Le droit de préemption reconnu au locataire lors de la vente consécutive à la division initiale ou à la subdivision de tout ou partie d'un immeuble par lots ne s'applique pas aux ventes portant sur un bâtiment entier ou sur l'ensemble des locaux à usage d'habitation ou à usage mixte dudit bâtiment.

• **Civ. 3e, 17 déc. 2008,** n° 07-15.943, P III, n° 210

* V. s^s^ n° 342.52

Ayant souverainement retenu que l'offre de vente qui énonçait que le prix était « payable au comptant le jour de la signature de l'acte authentique de vente, en ce compris les honoraires de négociation » impliquait nécessairement que l'acquéreur supportait la commission due à l'intermédiaire (…), la cour d'appel (…) en a exactement déduit que les offres de vente faites aux locataires titulaires d'un droit de préemption étaient nulles.

• **Civ. 3e, 7 juill. 2009,** n° 08-13.195, NP

• **Civ. 3e, 12 avr. 2018,** n° 17-11.015, P III, n° 47

* V. s^s^ n° 342.55

Le non-respect du droit de préemption du locataire n'entraîne que la nullité de la vente et n'ouvre aucun droit de substitution au profit de celui-ci.

• **Civ. 3e, 23 juin 2010,** n°s 09-13.153 et 09-13.327, P III, n° 128

* V. s^s^ n° 342.76

L'offre de vente prévue à l'article 10 de la loi du 31 décembre 1975 avait été adressée (…) antérieurement à la réunion des locataires et à l'envoi de la lettre de confirmation constituant le point de départ du délai de trois mois à respecter avant d'envoyer cette offre, la cour d'appel en a exactement déduit que, les dispositions d'ordre public de l'accord du 9 juin 1998 n'ayant pas été respectées, l'offre de vente et le congé pour vendre délivrés (…) étaient nuls et qu'en conséquence la vente était frappée de nullité.

• **Civ. 3e, 5 sept. 2012,** n° 11-17.630, P III, n° 111

* V. s^s^ n° 342.76

Les dispositions de l'article 2.2 alinéa 1 de l'accord du 9 juin 1998, d'ordre public, n'ayant pas été respectées, il en résultait la nullité de l'offre de vente.

• **Civ. 3e, 11 févr. 2016,** n°s 14-25.682, 15-50.079, P III, n° 932.

* V. s^s^ n° 342.92

Seuls doivent être pris en compte, pour le calcul du nombre de logements rendant applicables les dispositions de l'article 10-1-I-A de la loi du 31 décembre 1975, les logements susceptibles d'être offerts à la location présentant les caractéristiques de décence fixées par le décret du 30 janvier 2002.

• **Cons. const. 9 janv. 2018,** n° 2017-683 QPC, *Droit de préemption en cas de vente consécutive à une division d'immeuble*, NON-CONFORMITÉ PARTIELLE – RÉSERVE, *JO* 11 janv.

* V. s^s^ n° 342.33

La protection apportée par le législateur ne saurait, sans méconnaître le droit de propriété, bénéficier à un locataire ou à un occupant de bonne foi dont le bail ou l'occupation sont postérieurs à la division ou la subdivision de l'immeuble.

Les deux derniers alinéas de l'article 10 instaurant un droit de préemption au profit de la commune portent une atteinte disproportionnée au droit de propriété.

• **CE 26 juill. 2018,** n° 412365, NP

* V. s^s^ n° 342.33

La décision implicite par laquelle le Premier ministre a refusé d'abroger l'article 1er du décret du 30 juin 1977 en tant que ces dispositions n'excluent pas du bénéfice du droit de préemption institué par la loi du 31 décembre 1975 les locataires et occupants de bonne foi dont le bail ou l'occupation est postérieur à la division ou la subdivision de l'immeuble est annulée.

• **Civ. 3e, 13 sept. 2018,** n° 17-20.180, P

* V. s^s^ n° 342.72

Les accords collectifs n'imposent pas que l'opération globale de vente par lots de plus de dix logements dans un même immeuble s'exécute dans une certaine durée et le placement du bailleur en liquidation judiciaire ne dispense pas le mandataire liquidateur de respecter, en cas de délivrance d'un congé pour vendre, les obligations du bailleur imposées par l'Accord collectif du 9 juin 1998, dont l'application n'est pas conditionnée à la situation in bonis du bailleur.

• **Civ. 3e, 20 déc. 2018,** n° 18-10.355, P

* V. s^s^ n° 342.72

L'accord collectif du 9 juin 1998 n'est pas applicable en cas de vente par adjudication volontaire ou forcée, où la protection du locataire est assurée par la procédure prévue par l'article 10, II de la loi du 31 décembre 1975.

• **Civ. 3e, 1er oct. 2020,** n° 19-20.737, NP

* V. ss n° 342.55

À compter de la demande en justice tendant à la résolution ou à l'annulation de la vente, le possesseur ne peut invoquer la bonne foi, et il importe peu à cet égard que la demande en résolution ou en annulation émane d'un tiers au contrat de vente.

342.03 Bibliographie indicative.

Encyclopédies. RÉP. IMMO., V° *Bail d'habitation et mixte : rapports locatifs individuels – Loi du 6 juillet 1989*, nos 409 s., N. Damas – DICT. PERM. gestion immob., Vis *Baux d'habitation et mixtes*, nos 469 s., *Droit de préemption*, nos 227 s.

Manuel. V. Zalewski- Sicard, *Baux d'habitation : Congés et droits de préemption*, Ellipses, 2016.

Articles. « Regards croisés sur les ventes à la découpe » (table ronde), *AJDI* 2006. 622 – W. Altide, « Loi du 13 juin 2006 relative au droit de préemption et à la protection des locataires en cas de vente d'un immeuble », *JCP N* 2006, n° 24, act. 412 – Ph. de Belot et J.-M. Legrand, « Le droit de préemption en matière de locaux d'habitation », *Gaz. Pal.* 1977. 2. Doctr. 587 – C. Berthault, « Les droits de préemption en matière de locaux d'habitation ou mixte », *Rev. loyers* 1985. 260 – Ph. Bihr, « Le droit de préemption du locataire en cas de vente du local servant à son habitation principale », *Administrer* 1991, p. 2 s. – L. Catin, E. Colas, C. Coutant-Lapalus, J.-L. Puygauthier, B. Vial-Pedroletti, V. Zalewski Sicard, « Congés pour vendre et pratique notariale », *JCP N* 2017. 1339 – E. Colas, « La vente d'un immeuble entier "à la découpe" : dispositifs applicables lors de la vente des lots », *JCP N* 2019. 1215, 1221, et 1265 – M. Dagot, « Le droit de préemption du locataire d'habitation », *JCP G* 1977. I. 2878 ; « Les modifications apportées au droit de préemption du locataire d'habitation en cas de mise en copropriété », *JCP N* 1982. I. 279 – G. Fau et R. Porte, « Le droit de préemption du locataire d'appartement », *Ann. loyers* 1990. 489 s. – P. Faure, « La fin du droit de substitution du locataire en matière de congé pour vendre », *AJPI* 1995. 199 s. – C. Fénardon, « Application et articulation des droits de préemption du locataire d'habitation », *JCP N* 2007. 1194 – E. Jubault, « Contribution à l'étude de la loi n° 2006-685 du 13 juin 2006 relative au droit de préemption et à la protection des locataires en cas de vente d'immeuble », *JCP N* 2007. 1173 – S. Lelièvre et S. Chaix-Bryan, « Nouveau regard sur la vente à la découpe », *Dr. et patr.* 2007, p. 32 – J. Lafond, « Que faire quand l'existence du droit de préemption du locataire pose problème ? », *JCP N* 2018. 1187 – L. Leveneur, « Droits de préférence et de préemption », *JCP N* 2015. 1093 – J. Monéger, « La vente par lot ou par appartement et la loi n° 75-1351 du 31 décembre 1975 : premières décisions », *Loyers et copr.* 2006. Ét. 2 – P. Pelletier, S. Fraiche-Dupeyrat, « La vente par lots et la vente en bloc à l'épreuve de la loi ALUR et du projet de loi Macron », *Rev. Loyers* 2015. 163 – J.-L. Puygautier, « Le droit de préemption du locataire en cas de vente après division d'un immeuble », *Defrénois* 2001. 37421, p. 1247 – B. Vial-Pedroletti, « La protection renforcée des locataires lors de la vente de plus de dix logements dans un même immeuble », *Loyers et copr.* 2006. Ét. 9.

SECTION 1 VENTE PAR LOT

342.10 Plan – Principe. Il ressort de l'article 10, I, alinéa 1er, de la loi du 31 décembre 1975 que « préalablement à la conclusion de toute vente d'un ou plusieurs locaux à usage d'habitation ou à usage mixte d'habitation et professionnel, consécutive à la division initiale ou à la subdivision de tout ou partie d'un immeuble par lots[1], le bailleur doit, à peine de nullité de la vente, faire connaître par lettre recommandée avec demande d'avis de réception, à chacun des locataires ou occupants de bonne foi, l'indication du prix et des conditions de la vente projetée pour le local qu'il occupe. Cette notification vaut offre de vente au profit de son destinataire ». Le décret du 30 juin 1977[2] précise les modalités d'application de ce texte.

§ 1 Champ d'application

342.20 Plan. Il convient d'étudier successivement les bénéficiaires de la vente par lot (A) et les opérations concernées (B).

A. Bénéficiaires

342.31 Locataire ou occupant de bonne foi. La notion de locataire doit être restreinte à la seule personne physique[3]. La notion d'occupant de bonne foi renvoie, selon l'article 1er du décret du 30 juin 1977, à celle énoncée à l'article 4 de la loi du 1er septembre 1948. Lorsque la location est consentie à plusieurs locataires, chacun d'eux bénéficie à titre d'individuel des dispositions de l'article 10 de la loi

1. Par « vente consécutive à la division de l'immeuble », il faut entendre la première vente par lots postérieure à l'établissement de l'état descriptif de division et du règlement de copropriété : Civ. 3e, 8 juin 2005, n° 04-12.999, P III, n° 127 ; *D.* 2005. IR 1729 ; *ibid.* 2006. 958, obs. N. Damas ; *AJDI* 2005. 652, obs. Y. Rouquet – Civ. 3e, 16 nov. 2005, n° 04-12.563, P III, n° 223 ; *D.* 2005. IR 2968, obs. Y. Rouquet ; *ibid.* 2006. Pan. 963, obs. N. Damas – EN SENS CONTRAIRE toutefois : Paris, 13 déc. 2007, n° 07/09127, *Loyers et copr.* 2008, n° 73, obs. B. Vial-Pedroletti.
2. Décr. n° 77-742, 30 juin 1977 pris pour l'application de l'article 10 de la loi n° 75-1351 du 31 décembre 1975 relative à la protection des occupants de locaux à usage d'habitation, *JO* 9 juill.
3. Paris, 2e ch. B 31 mai 2001, *Gaz. Pal.* 2002. 1074, n. M. Pialoux ; Paris, 16e ch. A, 13 juin 2007, n° 04/20352, *Loyers et copr.* 2007, comm. 235, obs. B. Vial-Pedroletti.

du 31 décembre 1975. Il en va de même lorsque les locataires sont époux cotitulaires au sens de l'article 1751 du code civil. L'article 10, I de la loi du 31 décembre 1975 précise toutefois que les notifications faites par le bailleur sont de plein droit opposables au conjoint du locataire ou occupant de bonne foi si son existence n'a pas été préalablement portée à la connaissance du bailleur. L'article 5 du décret précise les modalités spécifiques en cas d'instance en divorce ou en séparation de corps, et en cas de décès ou d'abandon de domicile d'un occupant pouvant se prévaloir du droit au maintien dans les lieux.

342.32 Antériorité du bail ou de l'occupation. Le Conseil constitutionnel, saisi par voie de question prioritaire de constitutionnalité [1], a restreint le champ d'application des locataires ou occupants concernés : il a en effet décidé que la protection apportée par le législateur ne saurait, sans méconnaître le droit de propriété, bénéficier à un locataire ou à un occupant de bonne foi dont le bail ou l'occupation sont postérieurs à la division ou la subdivision de l'immeuble. En d'autres termes, si le bail a été conclu après la division, mais avant la première vente du lot ainsi loué, le locataire ne bénéficie pas de ce droit de préemption.

Le Conseil d'État [2] a suivi cette jurisprudence, et l'article 1 du décret du 30 juin 1977 pris pour l'application de l'article 10 de la loi du 31 décembre 1975 [3] a été modifié par le décret du 17 septembre 2020 [4], afin qu'il soit expressément précisé que « les dispositions du présent article ne s'appliquent pas au locataire ou à l'occupant de bonne foi dont le bail ou l'occupation est postérieur à la division ou à la subdivision de l'immeuble ».

342.33 Occupation effective des lieux. L'article 1er du décret du 30 juin 1977 ajoute la précision d'une occupation effective des lieux. Une hésitation a pu apparaître, quant au domaine de cette exigence qui n'apparaît pas dans l'article 10 de la loi du 31 décembre 1975. La Cour de cassation a estimé que cette condition d'occupation effective concerne tant l'occupant de bonne foi que le locataire [5].

B. Opérations concernées

342.41 Nécessité d'une division préalable. L'immeuble doit avoir été divisé (ou subdivisé) par lots, antérieurement à la vente envisagée du lot. En principe, la division résulte de la publication de l'état descriptif de division [6]. Mais la Cour de cassation retient une conception plus souple, et ne subordonne pas l'existence du droit de préemption à une telle publication [7]. Par ailleurs, il est à noter que le droit de préemption de la loi du 31 décembre 1975 ne peut être invoqué par le locataire d'un appartement situé dans un immeuble qui, dès sa construction, a été placé sous le régime de la copropriété [8].

342.42 Première vente. La vente est la seule opération visée par l'article 10 de la loi du 31 décembre 1975. Le droit de préemption ne saurait donc jouer en matière d'apport en société, de partage ou d'aliénation à titre gratuit [9]. Il faut en outre que la vente soit la première depuis la division initiale de l'immeuble. Une vente de l'immeuble divisé ne constituera pas une première vente au sens du texte, car elle ne porte pas spécifiquement sur le lot loué [10]. Par ailleurs, lorsque, après la division d'une maison d'habitation, l'un des propriétaires vend pour la première fois son lot, le droit de préemption est ouvert aux locataires des deux appartements constituant ce lot [11].

342.43 Objet de la vente. Les locaux visés par la loi du 31 décembre 1975 sont à usage d'habitation ou à usage mixte d'habitation et professionnel. Les lots principaux comme les lots accessoires entrent dans son champ d'application [12].

342.44 Ventes exclues. L'article 10 de la loi du 31 décembre 1975 ne concerne que la vente d'appar-

1. Cons. const. 9 janv. 2018, n° 2017-683 QPC, *Droit de préemption en cas de vente consécutive à une division d'immeuble*, NON-CONFORMITÉ PARTIELLE – RÉSERVE, *JO* 11 janv.
2. CE 26 juill. 2018, n° 412365, NP, *D.* 2019. 1129, obs. N. Damas ; *AJDI* 2019. 124, obs. N. Damas.
3. L. n° 75-1351, 31 déc. 1975 relative à la protection des occupants de locaux à usage d'habitation, *JO* 4 janv. 1976.
4. Décr. n° 2020-1150, 17 sept. 2020 portant modification du décret n° 77-742 du 30 juin 1977 pris pour l'application de l'article 10 de la loi n° 75-1351 du 31 décembre 1975 relative à la protection des occupants de locaux à usage d'habitation, *JO* 19 sept.
5. Civ. 3e, 15 nov. 2006, n° 04-15.679, P III, n° 226 ; *AJDI* 2007. 476, note F. de La Vaissière ; *Loyers et copr.* 2007, comm. 21, obs. B. Vial-Pedroletti.
6. Décr. n° 77-742, 30 juin 1977, art. 1er.
7. Civ. 3e 17 déc. 2014, n° 13-20.976, NP, *D.* 2015. 721, note P. Cassia ; *AJDI* 2015. 287 ; *Loyers et copr.* 2015, comm. 58, obs. B. Vial-Pedroletti.
8. Civ. 3e, 30 nov. 1982, n° 81-15.724, P III, n° 238 ; *JCP* 1983. II, n° 20019, note M. Dagot.
9. M. Dagot, « Le droit de préemption du locataire d'habitation », *JCP G* 1977. I. 287.
10. Civ. 3e, 16 nov. 2005, n° 04-12.563, P III, n° 223 ; *D.* 2005. 2968, obs. Y. Rouquet ; *ibid.* 2006. 958, obs. N. Damas ; *AJDI* 2006. 372, obs. Y. Rouquet ; *Loyers et copr.* 2006, comm. 2, obs. B. Vial-Pedroletti : cas d'une société qui achète un bâtiment entier, puis le revend par lots. Le droit de préemption sera applicable lors de ces reventes.
11. Civ. 3e, 1er avr. 2009, n° 08-11.305, P III, n° 79 ; *D.* 2009. 1143 ; *ibid.* 1231, Chron. A.-C. Monge et F. Nési ; *ibid.* 2010. 1168, obs. N. Damas ; *AJDI* 2009. 715, obs. V. Zalewski.
12. Civ. 3e, 13 juin 1990, nos 88-18.095 et 88-19.188, P III, n° 148.

tements et non la vente d'un bâtiment entier[1] ni la vente de l'ensemble des locaux à usage d'habitation ou à usage mixte d'habitation et professionnel dudit bâtiment[2]. Le droit de préemption est également exclu lorsqu'il existe un lien de parenté ou d'alliance entre l'acquéreur et le vendeur, jusqu'au quatrième degré inclus, et dans l'hypothèse de la vente à un organisme HLM ou à une société d'économie mixte[3]. Il faut noter également que l'exercice antérieur de son droit de préemption par la commune sur un appartement interdit au bailleur d'invoquer la vente du bâtiment entier[4]. Ainsi, une vente groupée de lots distincts ne constitue pas une vente en bloc du bâtiment entier.

342.45 Cas particulier de la vente par adjudication. Un droit de préemption s'impose au bailleur même lorsque la vente a lieu par adjudication volontaire ou forcée[5]. Le locataire doit être convoqué à l'adjudication, et dispose, à défaut, d'un droit de substitution[6].

§ 2
Mise en œuvre

342.51 Offre de vente. Le bailleur doit obligatoirement offrir au bénéficiaire du droit de préemption la vente du lot en priorité. Elle doit être préalable à toute vente à un tiers. Il paraissait possible de conclure une promesse de vente avec un tiers acquéreur sous condition suspensive de non-préemption (ou sous réserve de préemption) par le locataire[7], mais la Cour de cassation a adopté récemment une lecture plus restrictive des textes, en annulant la promesse et la vente dès lors que la notification de l'offre a été réalisée après la conclusion de cette promesse[8]. La prudence commande donc de purger le droit de préemption du locataire, avant la conclusion (le cas échéant pendant le délai de réflexion offert au locataire) de toute promesse synallagmatique ou unilatérale de vente avec un tiers. Tout au plus une promesse unilatérale d'achat pourrait-elle être envisagée, car dans cette hypothèse, le propriétaire ne donne pas d'emblée son consentement à la vente.

342.52 Contenu de l'offre de vente. Le prix doit figurer dans l'offre de vente, et il ne peut, selon la Cour de cassation, inclure une commission au profit de l'intermédiaire[9]. Cette solution est logique, puisqu'à défaut, une telle clause ajouterait une condition dans l'exercice du droit de préemption du locataire qui n'est pas prévue par le texte[10]. D'ailleurs, la Cour a pu considérer que les juges du fond ont souverainement estimé que la clause figurant dans le mandat de négociation stipulant les honoraires à la charge du mandant, pourtant de nature à éclairer les juges, ne concerne pas le locataire[11].

342.53 Formalisme. La notification de l'offre doit être réalisée, à la diligence du vendeur, par lettre recommandée avec demande d'avis de réception, ou par acte d'huissier, et comporter, à peine de nullité, la reproduction des cinq premiers alinéas de l'article 10 de la loi du 31 décembre 1975.

342.54 Conséquences de la notification. La notification ouvre au locataire un droit de préemption dont le régime est similaire à celui existant dans le cadre de l'article 15, II de la loi de 1989[12] : l'offre est valable deux mois, et en cas d'acceptation, le locataire dispose d'un délai de deux mois pour réaliser la vente (délai qui est porté à quatre mois si la vente est subordonnée à l'obtention d'un prêt). L'absence de réponse du bénéficiaire est assimilée à un refus. Par ailleurs, un second droit de préemption (droit de préemption subsidiaire) est prévu en cas de vente ultérieure à un prix ou à des conditions plus avantageux. Le délai de réflexion est alors d'un mois.

342.55 Sanction. Le non-respect du droit de préemption est sanctionné par la nullité de la vente consentie au tiers. Le locataire pourra invoquer cette nullité dans les cinq années de la connaissance de

1. L. 31 déc. 1975, art. 10, III – AUSSI : Civ. 3e, 23 oct. 1984, *JurisData* n° 701657, *Rev. loyers* 1985. 390 – Civ. 3e, 19 mai 1999, n° 95-17.784, NP, *RJDA* 1999, n° 769.
2. L. n° 75-1351, 31 déc. 1975, art. 10, III.
3. L. n° 75-1351, 31 déc. 1975, art. 10, III.
4. Civ. 3e. 8 juin 2005, n° 04-12.999, P III, n° 127, *D.* 2005. IR 1729 ; *ibid.* 2006. 958, obs. N. Damas ; *AJDI* 2005. 652, obs. Y. Rouquet.
5. L. n° 75-1351, 31 déc. 1975, art. 10, II.
6. Décr. n° 77-742, 30 juin 1977, art. 7.
7. Civ. 3e, 17 juin 1992, n° 90-16.862, P III, n° 216 ; *Loyers et copr.* 1992, comm. 371, obs. B. Vial-Pedroletti.
8. Civ. 3e, 13 oct. 2016, n° 15-21.238, NP, *AJDI* 2017. 46.
9. Civ. 3e, 17 déc. 2008, n° 07-15.943, P III, n° 210 ; *D.* 2009. 101, obs. Y. Rouquet ; *ibid.* 2010. 1168, obs. N. Damas ; *AJDI* 2009. 533, note V. Zalewski.
10. DANS LE MÊME SENS, jugé au visa de l'article 15-II de la loi du 6 juill. 1989 relatif au congé pour vendre, AINSI : Paris, 4 mars 2004, n° 2002/18462, *AJDI* 2004. 382 – ENCORE : Civ. 3e, 1er juin 2010, n° 09-65.557, NP, *AJDI* 2010. 641 – Sur le fondement de l'article 15 de la loi du 6 juillet 1989, la Cour de cassation a toutefois précisé que la nullité du congé était conditionnée par la démonstration d'un grief : Civ. 3e, 8 oct. 2015, n° 14-20.666, P III, n° 92 ; *D.* 2015. 2074, obs. Y. Rouquet ; *ibid.* 2198, Chron. A.-L. Méano, V. Georget et A.-L. Collomp ; *ibid.* 2016. 1102, obs. N. Damas ; *AJDI* 2016. 514, obs. N. Damas.
11. COMP., jugeant que l'effet relatif des contrats n'interdit pas aux juges du fond de rechercher dans un acte étranger à l'une des parties en cause des renseignements de nature à éclairer leur décision : Civ. 1re, 24 janv. 1967, P I, n° 33 ; Com. 8 mai 1972, *JCP* 1972. II. 17193, note P. L. ; Civ. 1re, 3 janv. 1996, n° 93-20.404, P I, n° 7 ; *RTD civ.* 1996. 904, obs. J. Mestre ; *RDI* 1996. 388, obs. Groslière et Saint-Alary-Houin.
12. V. ss nos 434.93 s.

cette vente[1]. Il ne pourra en revanche pas être substitué dans les droits de cet acquéreur[2]. La nullité de la vente aura pour conséquences les nécessaires restitutions réciproques entre les parties[3]. Si l'acquéreur a perçu des loyers (puisque le logement est vendu loué), il ne devra les restituer que s'il est de mauvaise foi, en application des règles relatives à la possession. Or, cette mauvaise foi est acquise dès la demande en justice, et il importe peu à cet égard que la demande en résolution ou en annulation émane d'un tiers au contrat de vente[4].

342.56 Droit de préemption communal – Création. En amendant l'article 10 de la loi du 31 décembre 1975[5], la loi du 24 mars 2014, dite loi Alur, a créé un droit de préemption communal. En effet, le texte a ajouté qu'en cas d'absence d'acceptation par un des locataires ou occupants de bonne foi des offres de vente, le bailleur devait communiquer sans délai au maire de la commune sur le territoire de laquelle était situé l'immeuble le prix et les conditions de la vente de l'ensemble des locaux pour lesquels il n'y avait pas eu acceptation de ces offres de vente (à défaut, toute vente à un autre acquéreur était réputée nulle). Afin d'assurer le maintien dans les lieux des locataires, la commune disposait alors de deux mois à compter de cette notification pour décider d'acquérir le ou les logements au prix déclaré ou proposer de les acquérir à un prix inférieur (à défaut d'accord amiable, le prix d'acquisition était fixé judiciairement). En cas d'acquisition, la commune réglait le prix au plus tard six mois après sa décision d'acquérir le bien au prix demandé, la décision définitive de la juridiction ou la date de l'acte ou du jugement d'adjudication. En l'absence de paiement ou, s'il y avait obstacle au paiement, de consignation de la somme due à l'expiration du délai de six mois prévu au présent alinéa, le propriétaire reprenait la libre disposition de son bien.

342.57 Droit de préemption communal – Abrogation. Ce dispositif, trop peu contraignant pour la Commune, et laissant le propriétaire dans l'incertitude, a été jugé contraire à la Constitution, en raison d'une atteinte disproportionnée au droit de propriété, par le Conseil constitutionnel, saisi par voie de question prioritaire de constitutionnalité[6]. Les deux alinéas ajoutés par la loi du 24 mars 2014, dite loi Alur, ont dès lors été abrogés dès le 10 janvier 2018.

SECTION 2
VENTES COLLECTIVES

342.60 Plan – Protection légale des locataires. Afin de couper court à certaines pratiques qui conduisaient à la délivrance de nombreux congés donnés suite à la « découpe » d'un immeuble, spécialement de la part de fonds de pensions[7], la pratique, puis la loi, ont institué des garde-fous, dont la caractéristique est qu'ils envisagent tant la situation des locataires face à la vente occupée de leur logement par le propriétaire-bailleur que l'hypothèse du congé pour (re)vente[8].

Deux accords collectifs, aujourd'hui rendus obligatoires par décret pour l'ensemble des logements des secteurs II et III[9] présentent certaines garanties pour les locataires. Ces accords concernent la vente de plus de dix lots dans le même immeuble, sans toutefois envisager la vente de l'immeuble dans son ensemble (§ 1 et 2). Cette dernière hypothèse est toutefois explicitement prévue par la loi du 13 juin 2006[10], dite loi Aurillac (§ 3).

§ 1
Accord collectif de location du 9 juin 1998

342.71 Champ d'application. La Cour de cassation a précisé le champ d'application de l'accord collectif. Il concerne non seulement la mise en œuvre des congés pour vendre, mais également celle des offres de vente[11]. Il doit recevoir application, même lorsque, dans l'immeuble mis en vente, tous les locaux

1. Civ. 3e, 27 oct. 2004, n° 02-16.000, NP.
2. Civ. 3e, 15 nov. 2006, n° 04-15.679, P III, n° 226 ; *Loyers et copr.* 2007, comm. 21, obs. B. Vial-Pedroletti – Civ. 3e, 7 juill. 2009, n° 08-13.195, NP, *D.* 2010. 112, obs. P. Capoulade et C. Atias ; *AJDI* 2010. 137, obs. V. Zalewski ; *Loyers et copr.* 2009, comm. 230, obs. B. Vial-Pedroletti – Civ. 3e, 12 avr. 2018, n° 17-11.015, P III, n° 47 ; *D.* 2018. 849 ; *ibid.* 2019. 1129, obs. N. Damas ; *AJDI* 2019. 232, obs. F. Cohet ; *RTD civ.* 2018. 875, obs. H. Barbier.
3. C. civ., art. 1352 s.
4. Civ. 3e, 1er oct. 2020, n° 19-20.737, NP, *D.* 2020. 1952 ; *ibid.* 2021. 310, obs. R. Boffa et M. Mekki.
5. L. n° 75-1351, 31 déc. 1975 portant modification de la loi du 1er sept. 1948, *JO* 4 janv. 1976, p. 191.
6. Cons. const. 9 janv. 2018, n° 2017-683 QPC, *Droit de préemption en cas de vente consécutive à une division d'immeuble*, NON-CONFORMITÉ PARTIELLE – RÉSERVE, *JO* 11 janv.
7. SUR LA QUESTION : table ronde, « Regards croisés sur les ventes à la découpe », *AJDI* 2006. 622.
8. Sur le congé pour vendre sur le fondement de l'article 15, II de la loi de 1989, v. ss nos 434.11 s.
9. Sur la définition des secteurs locatifs et les accords collectifs v. ss nos 812.21 s.
10. L. n° 2006-685, 13 juin 2006 relative au droit de préemption et à la protection des locataires en cas de vente d'un immeuble, *JO* 14 juin, p. 8944.
11. Civ. 3e, 5 sept. 2012, n° 11-17.630, P III, n° 111 ; *D.* 2012. Actu. 2170 ; *ibid.* 2013. Pan. 863, spéc. 874, obs. N. Damas ; *D. actu.*, 18 sept. 2012, obs. Dreveau ; *AJDI* 2013. 351, obs. N. Damas – AUSSI sur l'absence de prise en compte de la seule durée entre l'offre de vente et le congé pour vendre : Civ., 3e, 18 janv. 2012, n° 11-30.003, P III, 12 ; *D.* 2012. 354, obs. Y. Rouquet ; *ibid.* 2013. 863, obs. N. Damas ; *AJDI* 2012. 755, obs. N. Damas

ne sont pas loués[1]. Les accords collectifs n'imposent pas que l'opération globale de vente par lots de plus de dix logements dans un même immeuble s'exécute dans une certaine durée[2]. En revanche, la haute juridiction a refusé d'appliquer cet accord collectif dans une hypothèse où avant sa date d'entrée en vigueur, le locataire avait reçu un congé pour vendre régulier ayant entraîné la déchéance de plein droit de tout titre d'occupation[3]. Le placement du bailleur en liquidation judiciaire ne dispense pas le mandataire liquidateur de respecter, en cas de délivrance d'un congé pour vendre, les obligations du bailleur imposées par l'Accord collectif du 9 juin 1998, dont l'application n'est pas conditionnée à la situation in bonis du bailleur[4]. L'accord collectif du 9 juin 1998 n'est pas applicable en cas de vente par adjudication volontaire ou forcée, où la protection du locataire est assurée par la procédure prévue par l'article 10, II de la loi du 31 décembre 1975[5].

342.72 Objets de l'accord. Cet accord[6], étendu par le décret du 22 juillet 1999[7], envisage notamment l'information du locataire, l'aménagement de l'exécution du bail et la prise en compte de situations particulières.

342.73 Informations relatives à la vente. Est prévue l'information des locataires ou de leurs représentants, tant préalable à la prise de la décision de vente de plus de dix logements[8] dans le même immeuble (le bailleur doit informer de son intention les associations de locataires représentatives[9]), qu'une fois la décision arrêtée (organisation d'une réunion d'information et envoi d'une documentation, relative notamment à l'état de l'immeuble, aux règles de fonctionnement des copropriétés et aux possibilités de relogement). Il est également prévu que le bailleur confirme par écrit à chaque locataire les modalités envisagées pour la vente ; qu'il donne, à titre purement indicatif, une information particulière aux locataires susceptibles d'acheter. À compter de cette confirmation, le bailleur devra attendre trois mois avant d'envoyer aux locataires l'offre de vente prévue à l'article 10 de la loi de 1975. Ce n'est qu'une fois notifiée l'offre de vente qu'un congé pour vente de l'article 15 de la loi de 1989 pourra être adressé. Enfin, une information est donnée au maire de la commune ou de l'arrondissement du siège de l'immeuble dès la décision de vente.

342.74 Mise en œuvre de mesures destinées à faciliter les opérations. Ainsi, il est prévu que le locataire, dont la durée du bail restant à courir est inférieure à trente mois à compter de la date de l'offre de vente de l'article 10 de la loi de 1975, peut, si sa situation le nécessite (départ en retraite, mutation...) demander au bailleur une prorogation du droit d'occuper son logement.

342.75 Prise en compte des situations particulières. Si le locataire ne se porte pas acquéreur et s'il justifie d'un revenu inférieur à 80 % du plafond de ressources PLI, le congé ne peut lui être délivré sans une proposition de relogement. De même, le renouvellement du bail est prévu lorsqu'un locataire ne peut ni acheter ni déménager (locataire de plus de 70 ans, locataire dont l'état de santé présente un caractère de gravité reconnue, handicapé physique ou atteint d'une dépendance psychologique établie).

342.76 Sanction. Quant à la sanction encourue en cas de non-respect de l'accord de 1998, il a été jugé qu'elle était constituée par la nullité du congé,

1. Civ. 3e, 5 mai 2004, n° 03-11.224, P III, n° 88, *Rev. loyers* 2004. 506, obs. Canu.
2. Civ. 3e, 13 sept. 2018, n° 17-20.180 – DÉJÀ : Paris, 6 déc. 2007, n° 05/19999, *AJDI* 2008. 213 : l'accord collectif doit s'appliquer même si les ventes ne débutent que plusieurs mois après la délivrance du congé et même si elles se déroulent sur plus de deux années.
3. Civ. 3e, 24 mars 2004, n° 02-19.242, P III, n° 59 ; *Rev. loyers* 2004. 403, obs. Canu – DANS LA MÊME AFFAIRE : Civ. 3e, 20 sept. 2006, n° 05-19.612, P III, n° 180 ; *AJDI* 2007. 388, note F. de La Vaissière.
4. Civ. 3e, 13 sept. 2018, n° 17-20.180, préc.
5. Civ. 3e, 20 déc. 2018, n° 18-10.355, P ; *D.* 2019. 8 ; *ibid.* 1129, obs. N. Damas ; *ibid.* 1358, chron. A.-L. Collomp, C. Corbel, L. Jariel et V. Georget ; *AJDI* 2019. 629, obs. N. Damas.
6. *JO* 23 juill. aussi : Circ. n° 98-75, 28 juill. 1998, *BOMELT* 98/16, p. 36.
7. Décr. n° 99-628, 22 juill. 1999 rendant obligatoire, en application de l'art. 41 *ter* de la loi 861290 du 23 déc. 1986, aux secteurs locatifs II et III, l'accord collectif de location relatif aux congés pour vente par lots aux locataires dans les ensembles immobiliers d'habitation, *JO* 23 juill. – AUSSI : Circ. n° 98-75, 28 juill. 1998, *BOMELT* 98/16, p. 36.
8. POUR UN EX. d'inapplicabilité de l'accord, les demandeurs ne démontrant pas que l'immeuble comporte plus de dix logements : Civ. 3e, 4 mars 2009, n° 08-10.977, NP, *Rev. loyers* 2009. 283, obs. Canu – Jugeant que l'accord collectif doit s'appliquer même s'il s'est écoulé plusieurs années entre la dernière vente et la délivrance d'un nouveau congé : Civ. 3e, 18 janv. 2012, n° 11-30.003, P III, n° 13 ; *D.* 2012. Actu. 354, obs. Y. Rouquet ; *ibid.* 2013. Pan. 863, spéc. 874, obs. Damas ; *AJDI* 2012. 755, obs. N. Damas.
9. SUR la prise en considération d'une association qui s'est constituée en cours d'application de l'accord collectif : Civ. 3e, 31 oct. 2012, n° 11-19.876, P III, n° 154 ; *D.* 2012. Actu. 2603, obs. Y. Rouquet ; *ibid.* 2013. Pan. 863, spéc. 875, obs. N. Damas ; *AJDI* 2013. 353, obs. N. Damas – Précisant que l'accord collectif de 1998 n'impose de concertation qu'avec les associations et non avec les groupements de locataires tels que définis dans la loi n° 86-1290 du 23 déc. 1986 : Civ. 3e, 11 déc. 2013, n° 12-13.441, P III, n° 160 ; *D.* 2014. Actu. 10 ; *Dalloz actu.*, 16 janv., obs. Dreveau.

de l'offre de vente[1] et, par voie de conséquence, de la vente elle-même[2].

§ 2
Accord collectif de location du 16 mars 2005

342.81 Extension des mesures de protection de l'accord de 1998. Cet accord, étendu par le décret du 10 novembre 2006[3], conserve les acquis de l'accord collectif de 1998 et en améliore certains aspects. Il prévoit, entre autres mesures :

- que le seuil de l'obligation de relogement pour les locataires de plus de 70 ans et les locataires handicapés est porté à 100 % des plafonds de ressources du PLI (toutefois, pour les locataires âgés, seuls sont concernés ceux qui ne sont pas assujettis à l'ISF) ;
- l'instauration de délais pour éviter les inconvénients d'un départ rapide si le locataire doit quitter son logement (pour les locataires qui ont des enfants à charge scolarisés, le bail est prolongé automatiquement jusqu'à la fin de l'année scolaire ; dans tous les cas, le bail est prolongé automatiquement compte tenu de l'ancienneté du locataire : à partir de six ans, à raison d'un mois par année d'ancienneté, dans la limite de trente mois) ;
- une information écrite, un affichage dans les immeubles, une information des associations de locataires, ainsi qu'une information sur le fonctionnement futur de la copropriété. L'article 15-II de la loi du 6 juillet 1989 (tel que modifié par la « loi Aurillac » du 13 juin 2006[4] ; v. s[s] n°s 342.92 s.) précise que le non-respect de l'une des obligations relatives au congé pour vente d'un accord collectif rendu obligatoire par décret donne lieu à l'annulation dudit congé.

§ 3
Loi du 13 juin 2006, dite loi Aurillac

342.91 Mesure de protection. Au-delà de ces accords collectifs d'une portée limitée (seuls les secteurs II et III étant concernés v. s[s] n°s 812.21 s.), et dès avant l'extension par décret de l'accord du 16 mars 2005, le législateur a entendu répondre au phénomène des ventes en bloc qui, quantitativement, représentaient en 2005, 15 % du total des ventes.

342.92 Droit de préemption du locataire – Obligations incombant à l'acquéreur. Ainsi, après l'article 10 de la loi du 31 décembre 1975, la loi du 13 juin 2006[5], dite loi Aurillac, a inséré un article 10-1, duquel il ressort que lorsque le propriétaire-bailleur d'un immeuble à usage d'habitation ou à usage mixte (habitation et professionnel) de plus de cinq logements (depuis la modification de ce texte par la loi du 24 mars 2014[6], dite loi Alur, dix logements auparavant[7]) décide de le vendre dans sa totalité et en une seule fois (hypothèse qui échappe à l'article 10 de la loi de 1975, ainsi que cela est précisé dans son § III), il doit :

- soit obtenir de l'acquéreur qu'il s'engage à proroger les baux d'habitation en cours pendant six ans à compter de la vente ; il ressort de l'article 15-II, *in fine*, de la loi du 6 juillet 1989, tel qu'amendé par la loi du 13 juin 2006, que le congé pour vente qui serait délivré au locataire en violation de l'engagement de prorogation serait nul de plein droit ;
- soit, si l'acquéreur n'a pas pris cet engagement de prorogation, adresser une notification aux locataires en place, aux termes de laquelle ils disposent d'un droit de préemption pour le logement qu'ils occupent.

1. Civ. 3e, 9 janv. 2008, n° 06-18.856, P III, n° 2 ; *D.* 2008. AJ 294, obs. G. Forest ; *AJDI* 2008. 674, note V. Zalewski – Civ. 3e, 20 févr. 2008, n° 06-21.122, P III, n° 30 ; *D.* 2008. AJ 692, obs. Y. Rouquet ; *ibid.* 2008. 1669, note Seïd Algadi ; *AJDI* 2008. 485, note de Lacger 0150 – Civ. 3e, 24 juin 2009, n° 08-14.731, P III, n° 156 ; *D.* 2009. AJ 1827, obs. G. Forest ; *ibid.* 2009. Chron. C. cass. 2573, obs. Monge ; *AJDI* 2010. 37, note N. Damas – Civ. 3e, 5 sept. 2012, n° 11-17.630, P III, n° 111 ; *D.* 2012. Actu. 2170 ; *ibid.* 2013. Pan. 863, spéc. 874, obs. N. Damas ; *D. actu.*, 18 sept. 2012, obs. Dreveau ; *AJDI* 2013. 351, obs. N. Damas.
2. Civ. 3e, 23 juin 2010, n°s 09-13.153 et 09-13.327, P III, n° 128 ; *D.* 2010. Actu. 1709, obs. Y. Rouquet ; *Loyers et copr.* 2010, n° 218, obs. B. Vial-Pedroletti.
3. Décr. n° 2006-1366, 10 nov. 2006 rendant obligatoire en application de l'article 41 *ter* de la loi n° 86-1290 du 23 déc. 1986, à tous les logements des deuxième et troisième secteurs locatifs, l'accord collectif de location relatif aux congés pour vente par lots aux locataires dans les ensembles immobiliers d'habitation, *JO* 11 nov., p. 17015.
4. L. n° 2006-685, 13 juin 2006 relative au droit de préemption et à la protection des locataires en cas de vente d'un immeuble, *JO* 14 juin, p. 8944.
5. L. n° 2006-685, 13 juin 2006 relative au droit de préemption et à la protection des locataires en cas de vente d'un immeuble, *JO* 14 juin, p. 8944.
6. L. n° 2014-366, 24 mars 2014 pour l'accès au logement et un urbanisme rénové, *JO* 26 mars, p. 5809.
7. POUR UN EX. de refus d'application de la loi Aurillac, faute pour l'immeuble de ne pas comporter plus de dix logements : Civ. 3e, 10 juill. 2012, n° 11-12.063, NP, *AJDI* 2013. 280, obs. V. Zalewski – Seuls doivent être pris en compte, pour le calcul du nombre de logements rendant applicables les dispositions de l'article 10-1-I-A de la loi du 31 décembre 1975, les logements susceptibles d'être offerts à la location présentant les caractéristiques de décence fixées par le décret du 30 janvier 2002 : Civ. 3e, 11 févr. 2016, n°s 14-25.682, 15-50.079, P III, n° 28 ; *D.* 2016. 425, obs. Y. Rouquet ; *ibid.* 1102, obs. N. Damas ; *AJDI* 2016. 690, obs. N. Damas.

342.93 Absence d'engagement de prorogation. Lorsque c'est la seconde branche de l'alternative qui est choisie, cette notification, qui intervient à peine de nullité de la vente, doit comporter un projet de règlement de copropriété, ainsi que les résultats d'un diagnostic technique - financé par le propriétaire-bailleur - portant constat de l'état apparent de la solidité du clos et du couvert, de l'état des conduites et canalisations collectives et de l'état des équipements communs et de sécurité.

Les locataires ont alors quatre mois pour se déterminer. S'ils acceptent l'offre, ils bénéficient d'un délai de deux ou de quatre mois (en cas d'emprunt) pour réaliser l'acte de vente.

On notera enfin que les locataires vont bénéficier d'un second droit de préemption lorsque l'un d'entre eux aura accepté l'offre qui lui aura été faite, qu'en conséquence, l'immeuble aura été mis en copropriété, dès lors que le bailleur aura décidé de vendre les lots occupés à des conditions ou à un prix plus avantageux[1].

342.94 Cessions particulières. En vertu de l'article 60 de la loi du 25 mars 2009[2], les dispositions de l'article 10-1 de la loi du 30 juillet 1975 ne sont pas applicables aux cessions d'immeubles à un organisme d'HLM (visé à CCH, art. L. 411-2), ni pour les logements faisant l'objet de conventions conclues en application de l'article L. 831-1 du même code, aux cessions d'immeubles à une société d'économie mixte visée à l'article L. 481-1 du même code.

En revanche, ces dispositions sont applicables aux cessions de la totalité des parts ou actions de sociétés lorsque ces parts ou actions portent attribution en propriété ou en jouissance à temps complet de chacun des logements d'un immeuble de plus de cinq logements (depuis la loi Alur du 24 mars 2014, dix auparavant). Elles ne vont toutefois pas jouer lorsque ces cessions de parts ou d'actions interviennent entre parents ou alliés jusqu'au quatrième degré inclus[3].

Notons enfin que les dispositions de l'article 10-1 de la loi de 1975, destinées à protéger les seules personnes physiques locataires, ne sauraient bénéficier à un locataire personne morale[4].

342.95 Intervention des pouvoirs publics. La loi prévoit des incitations fiscales pour l'acquéreur qui s'engage dans l'acte d'acquisition à affecter le logement à la location pendant une période minimale (CGI, art. 1584 *bis* et 1594 F *ter* et pour la sanction en cas de non-respect : art. 1840 G *ter*). En effet, Le nouveau texte permet aux conseils municipaux et aux conseils départementaux de décider, sur délibération, de réduire le taux de certaines taxes notamment lorsque l'acquéreur de l'immeuble s'engage dans l'acte d'acquisition à affecter le logement à la location pendant au moins trois ou six ans selon les cas. Les taxes visées sont la taxe de publicité foncière et les droits d'enregistrement (du ressort du département), ainsi que leurs taxes additionnelles (de la compétence des conseils municipaux).

Enfin, selon le nouvel article L. 210-2 du code de l'urbanisme, créé par la loi Aurillac, « en cas de vente d'un immeuble à usage d'habitation, la commune peut faire usage de son droit de préemption pour assurer le maintien dans les lieux des locataires »[5].

342.96 Reconduction du bail. Lorsqu'un congé pour vente est délivré par un bailleur relevant des secteurs II et III, dans le cadre d'une vente par lots de plus de cinq logements dans le même immeuble, l'article 11-1 de la loi du 6 juillet 1989 prévoit que le bail peut[6] être expressément reconduit pour une durée inférieure à celle prévue par l'article 10. Quand ce congé pour vente intervient moins de deux ans avant le terme du bail, la reconduction du bail est de droit, à la demande du locataire, afin de lui permettre, dans tous les cas, de disposer du logement qu'il occupe pendant une durée de deux ans à compter de la notification du congé pour vente. La reconduction du bail est établie par écrit entre les parties au plus tard quatre mois avant l'expiration du bail en cours[7]. À l'expiration de la durée fixée par les parties pour le bail reconduit, celui-ci est résilié de plein droit.

1. Sur la situation particulière du locataire en fin de bail lors de la vente, v. s^s n°s 412.61 s.
2. L. n° 2009-323, 25 mars 2009 de mobilisation pour le logement et la lutte contre l'exclusion, *JO* 27 mars 2009, p. 5408 – SUR CETTE LOI : N. Damas, *AJDI* 2009. 274 ; *D.* 2010. Pan. 1168, spéc. 1177 ; Lafond, *JCP N* 2009, n° 1136 ; Canu, *Rev. loyers* 2009. 262 ; Raclet, *Administrer* août-sept. 2009. 7.
3. L. n° 75-1351, 31 déc. 1975, art. 10-1-II.
4. Paris, 2 févr. 2012, *Loyers et copr.* 2012, n° 96, obs. B. Vial-Pedroletti.
5. POUR une étude d'ensemble de la loi Aurillac : F. de La Vaissière, *AJDI* 2006. 616.
6. Jugé que la reconduction n'est alors pas automatique et nécessite le consentement du bailleur et du locataire : Paris, 6e ch., 7 mars 2006, n° 2004/22141, *AJDI* 2006. 571 ; *Loyers et copr.* 2006. 126, obs. B. Vial-Pedroletti.
7. Le seul fait pour le locataire d'avoir sollicité que le bail fût prorogé ne pouvait faire obstacle à la recevabilité de sa demande tendant à faire constater que l'offre de vente et le congé délivrés étaient nuls : Civ. 3e, 18 janv. 2012, n° 11-10.389, P III, n° 12 ; *D.* 2012. 353, obs. Y. Rouquet ; *ibid.* 2013. 863, obs. N. Damas ; *AJDI* 2012. 754, obs. N. Damas.

LIVRE

4. LES SPÉCIFICITÉS DE LA DURÉE DU BAIL, DU LOYER ET DU CONGÉ DANS LE SECTEUR PRIVÉ

SECTION 0 ORIENTEUR

4.00 Sommaire du livre.

Division. Seront successivement envisagés la durée du contrat (titre 41), le loyer dans le secteur privé (titre 42), le congé donné par le bailleur dans le secteur privé (titre 43) et celui donné par le locataire dans le même secteur (titre 44).

4.01 Principaux textes applicables.

TEXTES SOURCES

• **L. n° 89-462, 6 juill. 1989,** art. 4 *l*, 8-1, 9-1, 10, 11-1, 11-2, 13, 13 a), 15, 15-III, 16, 17, 17-1, 17-2, 20.

• **L. 1er sept. 1948,** art. 13 *bis.*

• **C. civ.,** art. 1210, 1211, 1751.

• **CSP,** art. L. 1331-26.

• **CCH,** art. L. 126-17, L. 126-21, L. 183-15, L. 511-2, L. 521-1 s.

• **C. urb.,** art. L. 211-1 s.

• **Décr. n° 90-780, 31 août 1990** portant application de l'article 19 de la loi n° 89-462 du 6 juillet 1989 tendant à améliorer les rapports locatifs, *JO* 6 sept., p. 10827.

• **Décr. n° 2014-1334, 5 nov. 2014** relatif aux observatoires locaux des loyers, aux modalités de communication et de diffusion de leurs données et à la création du Comité scientifique de l'observation des loyers, *JO* 7 nov., p. 18813.

• **Décr. n° 2015-650, 10 juin 2015** relatif aux modalités de mise en œuvre du dispositif d'encadrement du niveau de certains loyers et modifiant l'annexe à l'article R. 366-5 du code de la construction et de l'habitation, *JO* 12 juin, p. 9713.

• **Décr. n° 2017-1198, 27 juill. 2017** relatif à l'évolution de certains loyers dans le cadre d'une nouvelle location ou d'un renouvellement de bail, applicable du 1er août 2021 au 31 juillet 2022, pris en application de l'article 18 de la loi n° 89-462 du 6 juillet 1989, *JO* 29 juill., n° 142 ; mod. par décr. n° 2019-437, 13 mai 2019 (*JO* 14 mai, n° 25) ; décr. n° 2019-802, 26 juill. 2019 (*JO* 28 juill., n° 49) ; décr.

n° 2020-945, 30 juill. 2020 (*JO* 31 juill., n° 56) ; décr. n° 2021-852, 29 juin 2021 (*JO* 30 juin, n° 72).

4.03 Bibliographie indicative.

Annuel. LAMY DR. IMMO, n°s 5837 s.

Encyclopédies. RÉP. PR. CIV., *V° Bail d'habitation*, F. de La Vaissière ; RÉP. CIV., *V° Bail d'habitation et mixte : rapports locatifs individuels – Loi du 6 juillet 1989*, N. Damas – DICT. PERM. Gestion immob., *V° Baux d'habitation et mixtes.*

Ouvrages. E. Debaussart-Joniec, S. Fraîche-Dupeyrat, Ph. Pelletier, *Les baux d'habitation après la loi Élan*, 3e éd., « Actualité », 2019, LexisNexis – J. Lafond, B. Vial-Pedroletti, *Les baux d'habitation*, 8e éd., « Droit et professionnels », LexisNexis, 2017 – Ph. Pelletier, *Traité des baux d'habitation et professionnels*, « Référence juridique », Le Moniteur, 2021 – V. Zalewski-Sicard, *Baux d'habitation – Congés et droits de préemption,* Ellipses, 2016.

TITRE

41. La durée du contrat

SECTION 0

ORIENTEUR

41.00 Sommaire du titre.

Division – Bail initial – Renouvellement – Bail à durée réduite. Trois cas de figure sont à dissocier.

Il faut en effet distinguer la durée du bail initial (chap. 411) de celle du bail renouvelé ou tacitement reconduit (chap. 412), sans oublier l'hypothèse de la conclusion d'un bail à durée réduite (chap. 413).

41.01 Principaux textes applicables.

TEXTES SOURCES

- **L. n° 89-462, 6 juill. 1989,** art. 4 *l*, 10, 11-1, 11-2, 13.
- **C. civ.,** art. 1210, 1211.

41.03 Bibliographie indicative.

Annuel. LAMY DR. IMMO, n°s 5887 s.

Encyclopédies. RÉP. PR. CIV., *V° Bail d'habitation*, F. de La Vaissière ; RÉP. CIV., *V° Bail d'habitation et mixte : rapports locatifs individuels – Loi du 6 juillet 1989*, N. Damas – DICT. PERM. Gestion immob., *V° Baux d'habitation et mixtes.*

Ouvrage. E. Debaussart-Joniec, S. Fraîche-Dupeyrat, Ph. Pelletier, *Les baux d'habitation après la loi Élan*, 3e éd., « Actualité », 2019, LexisNexis – J. Lafond, B. Vial-Pedroletti, *Les baux d'habitation*, 8e éd., « Droit et professionnels », LexisNexis, 2017 – Ph. Pelletier, *Traité des baux d'habitation et professionnels*, « Référence juridique », Le Moniteur, 2021.

CHAPITRE

411. Durée initiale du contrat de bail

SECTION 0 ORIENTEUR

411.00 Sommaire du chapitre.

Division. Il convient d'étudier le principe d'une durée minimale (sect. 1) et le cas particulier du bail conclu avec un bailleur établissement public de santé (sect. 2).

411.01 Principaux textes applicables.

TEXTES SOURCES

- **L. n° 89-462, 6 juill. 1989,** art. 10, 13.
- **C. civ.,** art. 1316.

TEXTES *IN EXTENSO*

- **L. 6 juill. 1989,** art. 10

Le contrat de location est conclu pour une durée au moins égale à trois ans pour les bailleurs personnes physiques ainsi que pour les bailleurs définis à l'article 13 et à six ans pour les bailleurs personnes morales.

Si le bailleur ne donne pas congé dans les conditions de forme et de délai prévues à l'article 15, le contrat de location parvenu à son terme est soit reconduit tacitement, soit renouvelé.

En cas de reconduction tacite, la durée du contrat reconduit est de trois ans pour les bailleurs personnes physiques ainsi que pour les bailleurs définis à l'article 13, et de six ans pour les bailleurs personnes morales.

En cas de renouvellement, la durée du contrat renouvelé est au moins égale à celles définies au premier alinéa du présent article. L'offre de renouvellement est présentée dans les conditions de forme et de délai prévues pour le congé, à l'article 15. Le loyer du contrat renouvelé est défini selon les modalités prévues à l'article 17-2.

À titre dérogatoire, après l'accord exprès des parties, le contrat de location peut être renouvelé avant l'expiration du bail en cours quand le propriétaire a signé avec l'Agence nationale de l'habitat une convention avec travaux mentionnée aux articles L. 321-4 et L. 321-8 du code de la construction et de l'habitation, et sous réserve que les ressources du locataire en place soient conformes aux plafonds prévus par cette convention. L'offre de renouvellement est présentée dans le délai de trois mois après l'accord des parties et dans les formes prévues à l'article 15 de la présente loi pour le congé. Le montant du loyer fixé par le contrat de location renouvelé doit être alors fixé selon les règles applicables au conventionnement des logements avec l'Agence nationale de l'habitat.

Concernant les locaux à usage d'habitation, régis par les dispositions d'ordre public de la présente loi, le contrat de bail conclu par l'emphytéote avec le locataire se poursuit automatiquement avec le propriétaire de l'immeuble jusqu'au terme du bail prévu par le contrat de location, lorsque le bail à construction ou le bail emphytéotique prend fin avant la fin du contrat de location. Toute clause contraire est réputée non écrite.

- **L. 6 juill. 1989,** art. 13

Les dispositions de l'article 11 [bail précaire] et de l'article 15 [congé] peuvent être invoquées :

a) Lorsque le bailleur est une société civile constituée exclusivement entre parents et alliés jusqu'au quatrième degré inclus, par la société au profit de l'un des associés ;

b) Lorsque le logement est en indivision, par tout membre de l'indivision.

- **C. civ.,** art. 1316

Le créancier qui reçoit paiement de l'un des codébiteurs solidaires et lui consent une remise de solidarité conserve sa créance contre les autres, déduction faite de la part du débiteur qu'il a déchargé.

411.02 Jurisprudence de référence.

- **Civ. 3e, 25 sept. 2002,** n° 01-01.034, P III, n° 171

* V. s[s] n° 411.14

La prorogation en cours de bail, pour trois années supplémentaires, du contrat initial de six ans, n'est pas contraire à l'article 10.

• **Civ. 3e, 28 nov. 2006,** n° 05-17.726, NP

* V. ss n° 411.11

La loi n'interdit nullement de conclure un bail de neuf ans.

• **Civ. 3e, 10 mars 2010,** n° 09-12.135, P III, n° 56

* V. ss n° 411.11

Lorsque le bail prévoit que le locataire sera maintenu dans les lieux sa vie durant, le bailleur ne peut délivrer congé avant l'arrivée de ce terme.

411.03 **Bibliographie indicative.**

Annuel. LAMY DR. IMMO, nos 5887 s.

Encyclopédies. RÉP. CIV., *V° Bail d'habitation et mixte : rapports locatifs individuels – Loi du 6 juillet 1989*, N. Damas, nos 323, 353 – DICT. PERM. Gestion immob., *V° Baux d'habitation et mixtes*, nos 184 s.

Ouvrage. E. Debaussart-Joniec, S. Fraîche-Dupeyrat, Ph. Pelletier, *Les baux d'habitation après la loi Élan*, 3e éd., « Actualité », 2019, LexisNexis – J. Lafond, B. Vial-Pedroletti, *Les baux d'habitation*, 8e éd., « Droit et professionnels », LexisNexis, 2017, nos 515 s. – Ph. Pelletier, *Traité des baux d'habitation et professionnels*, « Référence juridique », Le Moniteur, 2021.

411.05 **Dispositions d'ordre public.** En principe, le contrat de location est conclu pour une durée au moins égale à trois ans lorsque le bailleur est une personne physique et au moins égale à six ans pour le bailleur personne morale[1].

Il faut toutefois réserver le cas particulier du bail conclu avec un bailleur établissement public de santé.

Il s'agit d'une règle d'ordre public. En conséquence, saisis d'une clause du contrat prévoyant une durée inférieure à trois ans, les magistrats devront la réputer non écrite. La cour d'appel de Versailles a même donné raison au premier juge pour avoir porté à trois ans la durée du bail, tout en décidant que les autres clauses contractuelles qui pouvaient subsister de façon autonome devaient recevoir application[2, 3].

SECTION 1
PRINCIPE D'UNE DURÉE MINIMALE

411.11 **Durée minimale et stipulation contractuelle.** La loi ne fixe toutefois que la durée minimale des conventions à l'égard du bailleur. Rien n'interdit donc aux parties de s'entendre sur une durée plus longue[4]. Le bail pourra même prévoir que le locataire sera maintenu dans les lieux sa vie durant (hypothèse du bail « viager »). Alors, le bailleur s'interdira de délivrer congé avant l'arrivée de ce terme, certain dans son principe, même si la date ne peut, par définition être connue avec certitude[5]. Ainsi, un tel bail ne saurait être annulé pour cause de perpétuité, le locataire pouvant, de son côté, s'extraire du lien contractuel en délivrant un congé. À l'égard du locataire, la notion de durée minimale est en effet relative puisqu'en cours d'exécution du contrat, il peut mettre fin au bail à tout moment en respectant un préavis de trois mois, voire d'un mois dans certaines hypothèses[6].

D'origine prétorienne, la prohibition des baux perpétuels est aujourd'hui codifiée à l'article 1210 du code civil dans sa version issue de l'ordonnance du 10 février 2016[7]. Il s'évince en effet de ce texte, d'une part que les engagements perpétuels sont prohibés et, d'autre part. Chaque contractant peut y mettre fin dans les conditions prévues pour le contrat à durée indéterminée. Soit, aux termes de l'article 1211 du même code, le délai de préavis contractuellement prévu ou, à défaut, un délai raisonnable.

411.12 **Durée minimale et qualité du bailleur.** Cette durée minimale est déterminée par la qualité du bailleur lors de l'entrée dans les lieux. En conséquence, le changement de bailleur en cours de bail par substitution d'une personne morale à une personne physique est sans incidence[8].

411.13 **Bailleur personne physique.** Le bail est alors conclu pour une durée minimale de trois ans.

Notons qu'en vertu de l'article 13 de la loi du 6 juillet 1989, le bailleur est réputé être une personne physique lorsque le local appartient à une société civile familiale ou lorsque le logement est en indivision ; étant précisé qu'est une société civile familiale au sens de l'article 13 de la loi, la société civile « constituée exclusivement entre parents et

1. L. n° 89-462, 6 juill. 1989, art. 10.
2. Versailles, 5 mai 2000, RG n° 98/05483, *D.* 2002. Somm. 1722, obs. CRDP Nancy 2 – AUSSI : Paris, 23 oct. 2014, RG n° 12/02153, *Loyers et copr.* 2015, n° 4, obs. B. Vial-Pedroletti.
3. AUSSI, censurant l'arrêt ayant validé le congé donné avec prise d'effet au bout de deux ans au motif que la durée du bail ne peut être inférieure à trois ans : Civ. 3e, 26 janv. 2017, n° 15-18.096, NP, *Loyers et copr.* 2017, n° 70, obs. B. Vial-Pedroletti ; *Administrer* 5/2017. 41, obs. V. Canu.
4. Civ. 3e, 28 nov. 2006, n° 05-17.726, NP, *AJDI* 2007. 205, note de La Vaissière (bail de 9 ans) – 31 mai 2012, n° 11-18.041, NP, *Loyers et copr.* 2012, n° 228, obs. Vial-Pedroletti – Paris, 16 janv. 1997, RG n° 95/002241, *Loyers et copr.* 1997, n° 103 (bail de 7 ans) – 28 mars 2013, RG n° 11/16613, *AJDI* 2013. 529 – TI Melun, 28 nov. 1995, *Rev. loyers* 1996. 75 (bail de 12 ans).
5. Civ. 3e, 10 mars 2010, n° 09-12.135, P III, n° 56 ; *D.* 2010. AJ 766, obs. Y. Rouquet ; *ibid.* 2010. 1846, note Juillet ; *AJDI* 2010. 889, note N. Damas.
6. V. ss nos 442.40 s.
7. Ord. n° 2016-131, 10 févr. 2016 portant réforme du droit des contrats, du régime général et de la preuve des obligations, *JO* 11 févr., n° 26, en vigueur depuis le 1er oct. 2016.
8. Aix-en-Provence, 4 mars 1993, RG n° 93/291, *D.* 1996. Somm. 366, obs. CRDP Nancy 2.

alliés jusqu'au quatrième degré inclus ». Est donc exclue du champ d'application de l'article 13 la société constituée entre concubins[1].

Quant à la charge de la preuve du caractère familial de la société, il a été jugé qu'elle pesait sur le bailleur[2].

411.14 Bailleur personne morale. Le contrat de location devra alors être conclu pour une durée qui ne pourra être inférieure à six ans. La prorogation en cours de bail, pour trois années supplémentaires, du contrat initial de six ans, n'est pas contraire à l'article 10[3].

Il est des hypothèses où la détermination de la qualité du bailleur n'est pas sans poser problème. Il a notamment été jugé que le bail est de trois ans lorsqu'il a été conclu par une personne morale en sa qualité d'administrateur à la succession du bailleur, personne physique[4].

SECTION 2

CAS PARTICULIER DU BAIL CONCLU AVEC UN BAILLEUR ÉTABLISSEMENT PUBLIC DE SANTÉ.

411.21 Résiliation du bail par un bailleur établissement public de santé. Aux termes de l'article 14-2 de la loi du 6 juillet 1989 créé par la loi du 26 janvier 2016[5] les principaux bailleurs établissements de santé peuvent unilatéralement et à tout moment prononcer la résiliation du bail conclu avec un locataire qui ne travaille pas (ou plus) à l'hôpital au profit d'une personne employée par ce dernier[6].

Ainsi, faute d'être cantonné en fin de relation contractuelle[7], nous ne pouvons pas considérer que ce mécanisme instaure un congé-reprise d'un genre particulier[8].

411.22 Bailleurs concernés. Sont concernés le bailleur Assistance publique-hôpitaux de Paris (APHP), le bailleur hospices civils de Lyon ou le bailleur Assistance publique-hôpitaux de Marseille.

411.23 Cas d'ouverture du droit à dénonciation du bail. La résiliation du contrat de location peut être prononcée par le bailleur susmentionné en vue d'attribuer ou de louer le logement à une personne :

- en raison de l'exercice d'une fonction ou de l'occupation d'un emploi dans l'un de ces établissements publics de santé ;
- et dont le nom figure sur la liste des personnes ayant formulé une demande de logement.

411.24 Conditions de mise en œuvre du droit à dénonciation du bail. La résiliation peut être prononcée à tout moment en cours de bail.

Toutefois, elle ne peut produire effet qu'à l'issue d'un délai de six mois à compter de la notification à l'occupant de sa décision par l'un des établissements publics de santé visés par le texte.

Cette décision doit comporter le motif de la résiliation et la nature des fonctions occupées par la ou les personnes auxquelles le bailleur envisage d'attribuer ou de louer le logement.

411.25 Hypothèse dans laquelle le droit à dénonciation du bail tombe et ses conséquences. Si, en définitive, le logement n'est pas attribué ou loué à l'une des personnes éligibles[9], le droit à dénonciation du bail tombe et « l'établissement public de santé concerné est tenu, sur simple demande de l'ancien occupant, de conclure avec ce dernier un nouveau contrat de location pour la durée prévue à l'article 10 ».

On peut déceler une difficulté liée à la lettre de l'article 14-2, qui précise que le bailleur « est tenu [...] de conclure avec *[l'ancien occupant]* un nouveau contrat de location pour la durée prévue à l'article 10 ». En effet, cet article ne prévoyant qu'une durée minimale de six années lorsque, comme au cas particulier, le bailleur est une personne morale[10], on doit conclure que, sauf accord des parties pour une durée plus longue, la durée du nouveau bail sera par défaut de six ans.

411.26 Règles transitoires applicables aux baux en cours le 27 janvier 2016. Selon l'article 137-II de

1. Civ. 3e, 8 nov. 1995, nº 93-11.196, P III, nº 223.
2. Paris, 15 nov. 1993, RG nº 92/017437, *Loyers et copr.* 1994, nº 43.
3. Civ. 3e, 25 sept. 2002, nº 01-01.034, P III, nº 171 ; *AJDI* 2002. 857, obs. Y. Rouquet ; *Loyers et copr.* 2002, nº 280, obs. B. Vial-Pedroletti.
4. Civ. 3e, 18 mars 1998, nº 96-12.906, NP, *Administrer* oct. 1998, p. 51, obs. Canu.
5. L. nº 2016-41, 26 janv. 2016 de modernisation de notre système de santé, *JO* 27 janv. 2016, nº 1.
6. Jugeant que l'art. 14-2 de la loi de 1989 ne méconnaît ni le principe d'égalité devant la loi ni l'économie des contrats légalement conclus et déclarant ses dispositions conformément à la Constitution, sous réserve qu'elles ne s'interprètent pas comme pouvant s'appliquer aux agents en activité employés par les établissements bailleurs : Cons. const. 6 avr. 2018, nº 2018-697 QPC, *Résiliation des contrats de location d'habitation par certains établissements publics de santé*, CONFORMITÉ – RÉSERVE, *JO* 7 avr. ; *D.* 2018. 721 ; *ibid.* 2019. Pan. 1129, spéc. 1141, obs. N. Damas ; Rev. Loyers 2018. 250, obs. E. Pouliquen.
7. L'art. 14-2 peut indistinctement jouer au cours du bail initial, lors de sa reconduction ou au cours de son renouvellement.
8. Concernant les congés donnés par le bailleur dans le secteur privé, v. titre 43.
9. V. ss nº 411.12.
10. V. ss nos 411.11 s.

la loi de du 26 janvier 2016, l'article 14-2 est applicable aux contrats de location en cours le 27 janvier 2016, date de publication de la loi.

Pour ces baux en cours, la notification de la décision de l'établissement public de santé concerné doit intervenir dans un délai de huit mois avant la date d'effet de la résiliation.

Et le locataire titulaire d'un contrat de location au 27 janvier 2016 n'est pas concerné par le mécanisme de l'article 14-2 de la loi de 1989 dès lors qu'il répond aux conditions de ressources annuelles équivalentes ou inférieures au plafond prévu pour les prêts locatifs sociaux, mentionné au III de l'article 15 de la loi du 6 juillet 1989[1].

1. V. s[s] n° 436.12.

CHAPITRE

412. Durée du bail tacitement reconduit ou renouvelé

SECTION 0 ORIENTEUR

412.00 Sommaire du chapitre.

Division – Renouvellement à défaut de congé. À l'issue de la période initiale de trois ou six ans, les parties peuvent se retrouver dans l'une des trois situations suivantes :

– au moins six mois avant la fin du bail, le bailleur a, en vertu de l'article 15 de la loi du 6 juillet 1989, donné congé à son locataire pour l'un des motifs légaux (reprise pour habiter, congé pour vente ou congé pour motif légitime ou sérieux v. s[s] n°s 431.11 s.) ;

– dans le même délai, le bailleur a, conformément à l'article article 17-2 de la loi de 1989[1], proposé au preneur de renouveler le bail (v. s[s] n°s 422.12 s.) ;

– dans le délai légal, le bailleur n'a ni donné congé, ni proposé le renouvellement du bail à son locataire. Le bail va alors être reconduit tacitement.

Ces trois hypothèses (congé, renouvellement et tacite reconduction) sont prévues par l'article 10 de la loi du 6 juillet 1989.

Dans son alinéa 2, cet article indique en effet que « si le bailleur ne donne pas congé dans les conditions de forme et de délai prévues par l'article 15, le contrat de location parvenu à son terme est soit reconduit tacitement, soit renouvelé ».

1. Anc. art. 17 c, renuméroté par la loi du 24 mars 2014, dite loi Alur, applicable (aux termes de la loi n° 2015-990 du 6 août 2015, dite loi Macron) aux nouveaux baux et aux baux faisant l'objet d'un renouvellement, mais non aux baux tacitement reconduits.

412.01 Principaux textes applicables.

TEXTES SOURCES

• **L. n° 89-462, 6 juill. 1989,** art. 4, *l*, 10, 11-1, 11-2, 13.

TEXTES *IN EXTENSO*

• **L. 6 juill. 1989,** art. 4, *l*

Est réputée non écrite toute clause :

[...]

l) Qui prévoit le renouvellement du bail par tacite reconduction pour une durée inférieure à celle prévue à l'article 10.

• **L. 6 juill. 1989,** art. 10

* V. s[s] n° 411.01

• **L. 6 juill. 1989,** art. 11-1

Quand un congé pour vente conforme aux dispositions de l'article 15 est délivré par un bailleur relevant de secteurs locatifs définis aux quatrième et cinquième alinéas de l'article 41 *ter* de la loi n° 86-1290 du 23 décembre 1986 précitée, dans le cadre d'une vente par lots de plus de cinq logements dans le même immeuble, le bail peut être expressément reconduit pour une durée inférieure à celle prévue par l'article 10. Quand ce congé pour vente intervient moins de deux ans avant le terme du bail, la reconduction du bail est de droit, à la demande du locataire, afin de lui permettre, dans tous les cas, de disposer du logement qu'il occupe pendant une durée de deux ans à compter de la notification du congé pour vente.

La reconduction du bail est établie par écrit entre les parties au plus tard quatre mois avant l'expiration du bail en cours. À l'expiration de la durée fixée par les parties pour le bail reconduit, celui-ci est résilié de plein droit.

• **L. 6 juill 1989,** art. 11-2

Lorsqu'un immeuble à usage d'habitation ou à usage mixte d'habitation et professionnel de cinq logements ou plus, situé dans une des zones mentionnées au I de l'article 17, est mis en copropriété :

1° Les baux en cours dont le terme intervient moins de trois ans après la date de mise en copropriété sont prorogés de plein droit d'une durée de trois ans ;

2° Les autres baux en cours sont prorogés d'une durée permettant au locataire d'occuper le logement pendant une durée de six ans à compter de la mise en copropriété.

• **L. 6 juill. 1989,** art. 13

* V. s^s n° 411.01

412.02 Jurisprudence de référence.

• **Civ. 3e, 27 sept. 2006,** n° 05-18.168, P III, n° 185

* V. s^s n° 412.16

La durée du bail d'habitation tacitement reconduit doit être fixée selon la législation applicable à la date de la reconduction. Les dispositions de l'art. 10 modifiées par la loi du 21 juill. 1994 sont applicables à un bail d'habitation tacitement reconduit à une date postérieure à celle d'entrée en vigueur de cette loi.

• **Civ. 3e, 5 avr. 2006,** n° 04-18.398, P III, n° 94

* V. s^s n° 412.62

Les dispositions de l'article 11-1 sont inapplicables lorsque, lors de la délivrance du congé pour vente, l'immeuble ne comportait que sept logements.

• **Civ. 3e, 18 janv. 2012,** n° 11-10.389, P III, n° 12

* V. s^s n° 412.65

Ayant relevé, à bon droit, que la renonciation à un droit ou à une action ne peut se présumer et que, pour être utilement opposée par celui qui s'en prévaut, elle doit être certaine, expresse et non équivoque, une cour d'appel a pu, sans méconnaître l'article 6-1 de la Conv. EDH, retenir que le seul fait pour le locataire d'avoir sollicité que le bail fût prorogé à compter de la date prévue pour son terme en application de l'article 11-1, ne pouvait faire obstacle à la recevabilité de sa demande tendant à faire constater que l'offre de vente et le congé délivrés étaient nuls.

412.03 Bibliographie indicative.

Annuel. LAMY DR. IMMO, n°s 5904 s.

Encyclopédies. RÉP. CIV., *V° Bail d'habitation et mixte : rapports locatifs individuels – Loi du 6 juillet 1989*, N. Damas, n°s 354 s. – DICT. PERM. Gestion immob., *V° Baux d'habitation et mixtes*, n°s 195.

Ouvrage. E. Debaussart-Joniec, S. Fraîche-Dupeyrat, Ph. Pelletier, *Les baux d'habitation après la loi Élan*, 3e éd., « Actualité », 2019, LexisNexis – J. Lafond, B. Vial-Pedroletti, *Les baux d'habitation*, 8e éd., « Droit et professionnel », LexisNexis, 2017 – Ph. Pelletier, *Traité des baux d'habitation et professionnels*, « Référence juridique », Le Moniteur, 2021.

SECTION 1
DURÉE DU BAIL TACITEMENT RECONDUIT

412.11 Notion de « reconduction tacite ». Il y a reconduction tacite lorsqu'aucune des parties n'a donné congé en bonne et due forme ou lorsque le bailleur n'a pas proposé de renouveler le bail. Se fondant sur la lettre du texte (et remarquant que l'article 10 n'évoque que l'hypothèse du congé donné par le bailleur), certains auteurs se sont cependant demandés si, même à défaut de congé par le preneur, celui-ci ne pouvait pas quitter les lieux au terme du contrat[1]. Aucune décision de justice n'est, à notre connaissance, venue répondre à cette interrogation.

412.12 Reconduction tacite et durée du bail. L'article 10, alinéa 3, dispose qu'en cas de reconduction tacite (c'est-à-dire à défaut de congé ou de proposition de renouvellement), « la durée du contrat reconduit est de trois ans pour les bailleurs personnes physiques ainsi que pour les bailleurs définis à l'article 13[2] et de six ans pour les bailleurs personnes morales ». La durée du bail est déterminée par la qualité du bailleur[3] à la date de la reconduction tacite[4].

La durée d'un bail tacitement reconduit est donc identique à la durée minimale du bail initial. Si la durée du contrat reconduit est, en principe, fixe et non une durée minimale[5], la clause du bail consenti par une personne physique précisant clairement que le contrat doit être tacitement reconduit pour six ans a été déclarée applicable[6]. Cette solution s'explique par le fait que l'ordre public de la loi de 1989 est un ordre public de protection[7] et que la clause en question est favorable au locataire[8].

412.13 Clause stipulant une durée plus courte – sanction. À noter que l'article 4 *l* de la loi de 1989, créé par la loi du 13 juillet 2006, répute non-écrite la clause qui prévoit le renouvellement du bail par tacite reconduction pour une durée inférieure à celle prévue à l'article 10 de la loi[9].

412.14 Reconduction tacite – Effet. Les clauses du bail initial seront reconduites à l'identique. Ce principe n'est cependant pas absolu, notamment en

1. J.-L. Aubert (dir.), *Droit de la gestion de l'immeuble*, « Dalloz action », 2000, n° 3804.
2. V. n°s 511. 1 s.
3. Personne morale ou personne physique.
4. Paris, 27 janv. 2005, RG n° 03/02302, *AJDI* 2005. 309.
5. Paris, 7 nov. 2006, RG n° 04/21426, *Loyers et copr.* 2007, n° 47, obs. B. Vial-Pedroletti – Paris, 8 mai 2017, n° 16/22581, *Rev. loyers* 2017. 329, obs. S. Brena.
6. Civ. 3e, 17 oct. 2007, n° 06-11.104, NP, *AJDI* 2008. 210, note V. Zalewski ; *Administrer* févr. 2008. 27, obs. Canu – CEP., en l'absence de clause expresse et non équivoque fixant la durée de la tacite reconduction, le bail a été reconduit pour une durée de trois ans : Civ. 3e, 25 oct. 2018, n° 17-20.108, NP, *Loyers et copr.* 2018, n° 4, obs. B. Vial-Pedroletti ; *Administrer* 7/2019. 47, obs. V. Canu.
7. V. s^s n° 021.11.
8. Paris, 18 juill. 2008, RG n° 07/04895, *AJDI* 2008. 858.
9. Sur les clauses réputées non-écrites, v. s^s n°s 133.271 s. et 133.280 s.

matière de cautionnement[1] et d'application d'un accord collectif[2].

412.15 Modification de l'article 10 de la loi de 1989 par la loi de 1994. La loi du 21 juillet 1994 relative à l'habitat[3] a notablement modifié l'article 10 de la loi du 6 juillet 1989. En effet, alors que dans sa version initiale, la reconduction tacite du bail intervenait pour une durée égale à celle du contrat initial, dans la version actuelle, issue de la loi de 1994, cette durée est de trois ou de six ans, en fonction de la qualité du bailleur. La différence était donc sensible lorsque le bail initial avait été conclu pour une longue période (par exemple, neuf ou douze années).

412.16 Application dans le temps de la modification de l'article 10 de la loi de 1989 par la loi de 1994. En 2006, s'est posée la question de l'application dans le temps de la loi de 1994 : un bail signé en 1993 pour neuf ans devait-il être tacitement reconduit pour la même période ou, pour seulement trois ans (le bailleur étant une personne physique) ?

En affirmant que les dispositions de l'article 10 modifiées par la loi du 21 juillet 1994 sont applicables à un bail d'habitation tacitement reconduit à une date postérieure à celle d'entrée en vigueur de cette loi, la Cour de cassation[4] reprend une position classique en matière de reconduction tacite[5]. En effet, selon la doctrine, c'est « parce qu'on admet que la tacite reconduction emprunte sa force obligatoire non au contrat d'origine, mais à l'accord tacite en vertu duquel les effets du contrat sont prorogés, qu'on admet que c'est la loi en vigueur au jour de cet accord tacite qui doit fixer les conditions et la durée de la reconduction »[6].

SECTION 2 Durée du bail renouvelé

412.20 Plan. Le principe sera étudié (§ 1), puis ce sera au tour des exceptions (§ 2).

§ 1 Principe

412.31 Loi du 6 juillet 1989, article 10. La durée du bail renouvelé est fixée en considération du principe énoncé à l'article 10 de la loi, étant entendu que ce principe connaît deux exceptions (énoncées aux articles 10 *in fine* et 11-1 du même texte).

Le principe est qu'en cas de renouvellement du contrat de bail initial, les parties ne peuvent pas contracter pour une durée inférieure à la durée minimale du contrat initial, c'est-à-dire trois ou six ans (sur le régime du bail initial v. s^s n°s 411.11 s.)[7].

§ 2 Exceptions

412.40 Plan. Il y a lieu de distinguer la convention avec travaux signée entre le bailleur et l'Anah (A), la vente de plus de cinq logements dans le même immeuble (B) et les autres exceptions (C).

A. Convention avec travaux signée entre le bailleur et l'Anah

412.51 Exception en cas de convention avec travaux signée entre le bailleur et l'Anah. Depuis la loi du 25 mars 2009[8], l'article 10 de la loi de 1989 s'est enrichi d'un nouvel alinéa, aux termes duquel, à titre dérogatoire, le contrat de location peut être renouvelé avant l'expiration du bail en cours, lorsque le propriétaire a signé avec l'Agence nationale de l'habitat (Anah) une convention avec travaux mentionnée au code de la construction et de l'habitation, aux articles L. 321-4 (secteur locatif intermédiaire) et L. 321-8 (secteur locatif social).

Dans le cadre de ce conventionnement, le bailleur va bénéficier d'avantages fiscaux (déduction fiscale) et d'une subvention de l'Anah. En contrepartie, il s'engage, pour neuf ans au moins, à louer un logement décent à un locataire sous conditions de ressources et pour un prix maîtrisé. Toutes les précisions sont fournies sur www.anah.fr/. Il s'agit, on l'aura compris, d'encourager l'entretien du parc existant et de favoriser une certaine mixité sociale.

412.52 Conditions. Cette dérogation est soumise à plusieurs conditions.

– Tout d'abord, le texte précise que l'accord exprès des parties doit être préalablement recueilli.

1. Sur le cautionnement, v. s^s n°s 144.41 s.
2. Sur la notion d'accord collectif, v. s^s n°s 812.121 s.
3. L. n° 94-624, 21 juill. 1994 relative à l'habitat, *JO* 24 juill., p. 10685.
4. Civ. 3e, 27 sept. 2006, n° 05-18.168, P III, n° 185 ; *D.* 2006. IR 2415 ; *AJDI* 2007. 204, note Y. Rouquet.
5. Civ., 26 nov. 1929, *S.* 1930. 1. 345 – Civ., 5 mars 1947, *S.* 1947. 1. 94 ; *JCP* 1947. II. 3521, note P. L. P.
6. Aubry et Rau, t. 1, n° 109, cité par Bach, RÉP. CIV., v° *Conflits de lois dans le temps*, n° 515 – SUR LA QUESTION, aussi : J. Mestre et B. Fages, *RTD civ.* 2002. 507.
7. Par une décision critiquable et isolée, on notera que la cour d'appel de Nancy a considéré que la clause prévoyant l'absence de renouvellement ne contredit par l'article 10 de la loi du 6 juillet 1989, car elle ne prohibe pas la tacite reconduction du bail : Nancy, 28 nov. 2019, n° 18/02419, *Loyers et copr.* 2020, n° 3, obs. crit. B. Vial-Pedroletti.
8. L. n° 2009-323, 25 mars 2009 de mobilisation pour le logement et la lutte contre l'exclusion, *JO* 27 mars, p. 5408.

– Par ailleurs, cette dérogation ne peut valoir que sous réserve que les ressources du locataire en place soient conformes aux plafonds prévus par la convention en question.

412.53 Procédure. Quant à la procédure applicable, il est indiqué que l'offre de renouvellement doit être présentée dans le délai de trois mois après l'accord des parties et dans les formes prévues à l'article 15 de la loi pour le congé[1].

Ainsi, à l'accord des parties va succéder une offre de renouvellement.

412.54 Interrogations. On croit donc comprendre, puisque la caractéristique d'une offre est de pouvoir être déclinée, que l'accord en question ne porte que sur le principe du renouvellement anticipé, dont les modalités doivent être précisées dans l'offre, dont le contenu n'est pas défini par la loi.

Dès lors, que se passera-t-il si, *in fine*, le locataire refuse cette proposition ? Par ailleurs, se pose la question du moment auquel le bailleur doit signer la convention avec l'Anah : dès l'« accord des parties » ? Une fois l'offre acceptée ?

Autant d'interrogations (mais la liste n'est pas exhaustive) qu'une rédaction plus rigoureuse aurait dû permettre d'éviter.

412.55 Montant du loyer. Le montant du loyer du bail renouvelé, enfin, précisé dans le contrat de location renouvelé (mais aussi, imagine-t-on, dans l'offre), devra être fixé « selon les règles applicables au conventionnement des logements avec l'Agence nationale de l'habitat ».

B.
Vente de plus de cinq logements dans le même immeuble

412.61 Exception en cas de vente de plus de cinq logements dans le même immeuble. En vertu de l'article 11-1 de la loi du 6 juillet 1989 (inséré par l'article 198 de la loi du 13 décembre 2000 et modifié par la loi du 13 juin 2006, dite loi Aurillac et par la loi du 24 mars 2014[2], dite loi Alur), lorsque le congé émane d'un bailleur relevant de secteurs locatifs définis aux 4e et 5e alinéas de l'article 41 *ter* de la loi du 23 décembre 1986 (il s'agit des deuxième et troisième secteurs ; sur la définition des secteurs locatifs v. ss nos 812.22 s.), dans le cadre d'une vente par lots de plus de cinq logements depuis la loi du 24 mars 2014[3], dite loi Alur, (contre dix précédemment) dans le même immeuble, le bail peut être expressément reconduit pour une durée inférieure à celle prévue par l'article 10.

412.62 Champ d'application. Concernant le champ d'application de l'article 11-1, on retiendra que ses dispositions sont inapplicables lorsque, lors de la délivrance du congé pour vente, l'immeuble ne comporte que sept logements[4]. Par ailleurs, il a été jugé que, pour l'application de cet article, il n'y a pas lieu de distinguer, parmi les logements concernés, ceux qui sont soumis à la loi du 6 juillet 1989 et feront également l'objet de congés fondés sur son article 15[5].

412.63 Régime juridique – Accord des parties. Quant au régime juridique applicable, il a été jugé qu'en prévoyant que le bail peut être expressément reconduit pour une durée inférieure à celle prévue à l'article 10, l'article 11-1 n'implique aucun caractère obligatoire à la reconduction qu'il autorise et qui n'est susceptible d'être mise en œuvre que par l'effet du consentement du bailleur et du preneur[6].

412.64 Régime juridique – Reconduction de droit. Le texte ajoute que lorsque le congé pour vente intervient moins de deux ans avant le terme du bail, la reconduction du contrat est de droit, à la demande du locataire, afin de lui permettre, dans tous les cas, de disposer du logement qu'il occupe pendant une durée de deux ans à compter de la notification du congé pour vente. On relèvera la maladresse de la rédaction qui aboutit, lorsque le congé est délivré deux ans avant la fin du bail, ce qui est juridiquement tout à fait possible, à ne donner aucun délai supplémentaire au locataire[7] !

412.65 Prorogation du bail et requête en nullité de l'offre et du congé. Notons cette décision aux termes de laquelle le seul fait pour le locataire d'avoir sollicité que le bail fût prorogé à compter de la date prévue pour son terme en application de l'article 11-1 de la loi du 6 juillet 1989 ne peut faire obstacle à la recevabilité de sa demande tendant à faire constater que l'offre de vente et le congé délivrés étaient nuls[8].

La reconduction du bail doit alors faire l'objet d'un écrit entre les parties. Celui-ci doit intervenir au plus tard quatre mois avant l'expiration du bail en cours.

1. Soit par lettre recommandée avec demande d'avis de réception soit par voie d'huissier v. ss n° 432.11.
2. L. n° 2014-366, 24 mars 2014, *JO* 26 mars, p. 5809.
3. Modification applicable aux congés délivrés après le 27 mars 2014.
4. Civ. 3e, 5 avr. 2006, n° 04-18.398, P III, n° 94 ; *AJDI* 2006. 742, obs. F. de La Vaissière.
5. Paris, 7 mars 2006, RG n° 2004/22141, *AJDI* 2006. 571.
6. Paris, 7 mars 2006, RG n° 2004/22141, *AJDI* 2006. 571.
7. Canu *in AJDI* 2006. 624.
8. Civ. 3e, 18 janv. 2012, n° 11-10.389, P III, n° 12 ; *D.* 2012. Actu. 353, obs. Y. Rouquet ; *AJDI* 2012. 754, obs. N. Damas.

412.66 Fin de période de reconduction : résiliation de plein droit. Quant à la situation à la fin de la période de reconduction, dans ses dispositions finales, l'article 11-1 précise que le bail reconduit est « résilié de plein droit », rendant ainsi inutile tout congé de la part du bailleur.

412.67 Dissociation de l'offre de vente et du congé. Il est à noter, enfin, que l'article 15 de la loi de 1989, dispose que « dans les cas de congé pour vente prévus à l'article 11-1, l'offre de vente au profit du locataire est dissociée du congé » (sur le congé pour vendre v. s[s] n°s 434.11 s., ainsi que, spécialement, v. s[s] n°s 342.72 s., relatif aux accords collectifs de location des 9 juin 1998 et 16 mars 2005 étendus par décret).

C. Autres exceptions

412.71 Exception en cas de bail conclu par un emphytéote. Aux termes du dernier alinéa de l'article 10, issu de la loi du 24 mars 2014[1], dite loi Alur, concernant les locaux à usage d'habitation, régis par les dispositions d'ordre public de la loi du 6 juillet 1989, le contrat de bail conclu par l'emphytéote avec le locataire se poursuit automatiquement avec le propriétaire de l'immeuble jusqu'au terme du bail prévu par le contrat de location, lorsque le bail à construction ou le bail emphytéotique prend fin avant la fin du contrat de location. Toute clause contraire est réputée non écrite.

412.72 Exception en cas de mise en copropriété d'un immeuble situé en zone tendue. Aux termes de l'article 11-2 de la loi du 6 juillet 1989, qui, selon la loi Macron du 6 août 2015[2], s'applique aux contrats en cours, lorsqu'un immeuble indivis ayant cinq locaux d'habitation ou plus est mis en copropriété, les baux en cours sont prorogés de plein droit d'une durée de trois ans de plus que leur durée contractuelle ou légale antérieure, dès lors que l'immeuble est situé dans une des zones mentionnées au I de l'article 17[3].

1. Applicable aux baux signés à compter du 27 mars 2014.
2. L. n° 2015-990 du 6 août 2015, art. 82, II, *JO* 7 août, p. 13537 s., en vigueur le 8 août 2015.
3. Refusant l'application rétroactive de l'art. 11-2 : Paris, 3 mai 2017, n° 15/08298, *Rev. loyers* 2017. 287, obs. S. B.

CHAPITRE

413. Contrat à durée réduite

SECTION 0
ORIENTEUR

413.00 **Sommaire du chapitre.**

Division – Bail de moins de trois ans. Il est permis à certains bailleurs, confrontés à certains événements de conclure un bail de moins de trois ans[1]. Il faut par conséquent énoncer les conditions requises pour conclure un bail à durée réduite (sect. 1), ainsi que le régime qui est applicable à ce type de convention (sect. 2).

413.01 **Principaux textes applicables.**

TEXTES SOURCES

• **L. n° 89-462, 6 juill. 1989,** art. 11, 13.

TEXTES *IN EXTENSO*

• **L. 6 juill. 1989,** art. 11

Quand un événement précis justifie que le bailleur personne physique ait à reprendre le local pour des raisons professionnelles ou familiales, les parties peuvent conclure un contrat d'une durée inférieure à trois ans mais d'au moins un an. Le contrat doit mentionner les raisons et l'événement invoqués.

Par dérogation aux conditions de délai prévues à l'article 15, le bailleur confirme, deux mois au moins avant le terme du contrat, la réalisation de l'événement.

Dans le même délai, le bailleur peut proposer le report du terme du contrat si la réalisation de l'événement est différée. Il ne peut user de cette faculté qu'une seule fois.

Lorsque l'événement s'est produit et est confirmé, le locataire est déchu de plein droit de tout titre d'occupation du local au terme prévu dans le contrat.

Lorsque l'événement ne s'est pas produit ou n'est pas confirmé, le contrat de location est réputé être de trois ans.

Si le contrat prévu au présent article fait suite à un contrat de location conclu avec le même locataire pour le même local, le montant du nouveau loyer ne peut être supérieur à celui de l'ancien éventuellement révisé conformément à l'article 17-1.

• **L. 6 juill. 1989,** art. 13

* V. s[s] n° 411.01

413.02 **Jurisprudence de référence.**

• **Civ. 3e, 14 déc. 1994,** n° 92-19.219, P III, n° 211

* V. s[s] n° 413.14

Est insuffisante la seule mention de la nécessité, pour l'un des propriétaires, de s'installer à Paris, pour des raisons professionnelles *ou* familiales, alors que le contrat ne précise ni l'événement, ni la raison justifiant la nécessité de la reprise.

413.03 **Bibliographie indicative.**

Annuel. LAMY DR. IMMO, n°s 5888.

Encyclopédies. RÉP. CIV., *V° Bail d'habitation et mixte : rapports locatifs individuels – Loi du 6 juillet 1989*, N. Damas, n°s 346, 353 – DICT. PERM. Gestion immob., *V° Baux d'habitation et mixtes*, n°s 187 s.

Ouvrage. E. Debaussart-Joniec, S. Fraîche-Dupeyrat, Ph. Pelletier, *Les baux d'habitation après la loi Élan*, 3e éd., « Actualité », 2019, LexisNexis – J. Lafond, B. Vial-Pedroletti, *Les baux d'habitation*, 8e éd., « Droit et professionnels », LexisNexis, 2017, n°s 541 s. – Ph. Pelletier, *Traité des baux d'habitation et professionnels*, « Référence juridique », Le Moniteur, 2021.

SECTION 1
CONDITIONS DU BAIL À DURÉE RÉDUITE

413.11 **Minimum d'une année.** La première phrase du premier alinéa de l'article 11 dispose que

1. L. n° 89-462, 6 juill. 1989, art. 11.

« quand un événement précis justifie que le bailleur personne physique ait à reprendre le local pour des raisons professionnelles ou familiales, les parties peuvent conclure un contrat d'une durée inférieure à trois ans mais d'au moins un an ».

Il en découle que la conclusion d'un bail à durée réduite est soumise à deux conditions, la première ayant trait au bailleur, la seconde étant relative à l'événement précis qui la justifie.

413.12 Bailleur personne physique exclusivement. Il ressort expressément de la première phrase de l'article 11 que seul un bailleur personne physique peut conclure un bail à durée réduite.

Précisons que l'article 13 de la loi prévoit l'extension du bénéfice de l'article 11 aux bailleurs assimilés aux personnes physiques (sociétés civiles familiales et indivisions). Faisant application de ce qui précède, il a, par exemple, été jugé que la perspective de la sortie de l'indivision autorisait le bailleur à conclure un contrat à durée réduite[1].

413.13 Absence de liste énumérative. L'événement doit être précis et la raison invoquée doit être professionnelle ou familiale.

Les raisons et l'événement invoqués doivent faire l'objet d'une mention dans le contrat.

La loi ne dresse pas la liste des événements en question. Il peut s'agir, par exemple, du départ à la retraite du bailleur, de son retour en France (en raison, par exemple, de la fin de son contrat de travail à l'étranger[2]), de sa mutation professionnelle, du besoin de libérer les lieux pour accueillir l'un de ses enfants...

Les tribunaux exercent un contrôle assez strict sur les raisons et l'événement invoqués[3].

413.14 Une jurisprudence exigeante. La conclusion d'un bail de courte durée ne faisant état que de la seule installation d'un enfant n'a pas été admise[4] : il aurait fallu que le bailleur précise les circonstances de l'installation prévue de l'enfant[5].

De même, la seule mention de la nécessité pour le bailleur de reprendre le logement « pour des raisons professionnelles ou familiales », sans préciser ni l'événement ni la raison justifiant la nécessité de la reprise est insuffisante[6].

Par ailleurs, le « désir » de vendre le logement ne permet pas de déroger aux règles relatives à la durée du bail[7]. Il en va de même du « projet » de vendre le bien immobilier donné à bail[8]. Ce, d'autant plus que la vente du logement constitue l'un des motifs admis par l'article 15 de la loi du 6 juillet 1989 pour donner congé en fin de bail[9].

À noter également que la fin d'un conventionnement[10] avec la DDE ne saurait être considérée comme un événement précis au sens de l'article 11[11].

Retenons que l'événement prévu peut concerner un membre de la famille du bailleur obligé de se loger dans l'appartement repris en raison de son retour en France[12].

Dans tous les cas de figure, la fin de l'affectation temporaire d'un local à l'habitation ne saurait constituer un « événement » au sens de l'article 11 de la loi du 6 juillet 1989[13].

SECTION 2
RÉGIME DU BAIL À DURÉE RÉDUITE

413.20 Plan. Le régime du bail à durée réduite soulève trois questions. La première a trait à la durée de ce bail (§ 1), la seconde, à sa mise en œuvre (§ 2), et la troisième, au loyer applicable (§ 3).

§ 1
Durée du bail

413.31 Durée d'un an minimum. La durée du bail doit être comprise entre un et trois ans.

§ 2
Procédure

413.41 Notification au locataire de l'événement motif de la durée du bail. Deux mois au moins avant le terme du contrat à durée réduite, le bailleur doit confirmer au locataire la réalisation de l'événement

1. TI Paris, 1er mars 1999, *Rev. loyers* 1999. 297, obs. Gélinet.
2. Paris, 13 janv. 2015, RG n° 13/10268, *Rev. loyers* 2015. 75.
3. POUR des ex. : Toulouse, 29 mars 2011, RG n° 10/05230, *AJDI* 2011. 709 ; – Besançon, 23 mars 2011, RG n° 09/02601, *AJDI* 2011. 788.
4. Paris, 19 févr. 1991, RG n° 90/2751, *D.* 1993. Somm. 173, obs. Bihr, [loi de 1986] ; Reims, 5 mars 2014, *Rev. loyers* 2014. 205.
5. Dans la perspective de la réussite à un examen, de la fin du service militaire...
6. Civ. 3e, 14 déc. 1994, n° 92-19.219, P III, n° 211 ; *Administrer* août-sept. 1995, p. 28, note Canu.
7. Bordeaux, 29 juin 1995, *JurisData* 044013, *Loyers et copr.* 1996, n° 53 – Montpellier, 12 juin 2001, RG n° 98/03994, *Loyers et copr.* 2002, n° 113, obs. B. Vial-Pedroletti.
8. Nîmes, 10 janv. 2013, RG n° 12/00504, *AJDI* 2013. 527.
9. V. ss nos 434.11 s.
10. En vertu de CCH, art. L. 831-1.
11. Civ. 3e, 18 juill. 2001, n° 99-16.523, NP, *Administrer* mai 2002, p. 36, note Beddeleem.
12. Paris, 17 avr. 1991, RG n° 90/017162, *Loyers et copr.* 1991, n° 322, [loi de 1986].
13. CCH, art. L. 631-7-1 (sur les changements d'affectation v. ss titre 33).

qui a motivé la conclusion d'un tel bail[1]. En réalité, le juge ne se contente pas d'un courrier du bailleur : il exige que celui-ci apporte la preuve de la réalisation de l'événement[2]. Le texte est muet quant à la forme que doit prendre la confirmation. Comme en matière de congé, afin de se constituer une preuve que la notification n'a pas été tardive, le bailleur aura intérêt à adresser à son cocontractant une lettre recommandée avec accusé de réception, voire, compte tenu de la jurisprudence applicable en la matière, si le locataire était absent lors de la présentation de ce courrier et s'il tarde à le retirer à la poste, à avoir recours aux services d'un huissier de justice[3].

Plusieurs cas de figure sont à distinguer.

413.42 Événement confirmé et avéré. Lorsque ces deux conditions ont été cumulativement remplies, à l'échéance du bail, le locataire est déchu de plein droit de tout titre d'occupation.

413.43 Événement non avéré, ou tardivement confirmé. Que l'événement ne se soit pas produit, qu'il n'ait pas été confirmé ou qu'il ait été confirmé moins de deux mois avant la fin du contrat, la sanction est la même : le bail à durée réduite est transformé en bail à durée normale, c'est-à-dire qu'il est réputé avoir été conclu pour trois ans (la durée minimale légalement requise lorsque le bailleur est une personne physique)[4]. Un cas particulièrement intéressant s'est présenté en jurisprudence : un locataire avait quitté les lieux au terme du contrat à durée réduite, alors même que le bailleur n'avait pas confirmé l'événement. Le locataire ne pouvait par conséquent valablement soutenir que son départ résultait d'un comportement frauduleux du bailleur, bien que, du fait même de l'abstention de celui-ci, le locataire était fondé à revendiquer le bénéfice d'un bail de trois ans[5].

413.44 Réalisation différée de l'événement. En cas de réalisation différée de l'événement (le retour en France du bailleur est reporté, sa mise à la retraite est repoussée, l'installation dans les lieux d'un de ses enfants est retardée du fait de son échec à un examen...), le bailleur a la faculté (dont il ne peut user qu'une seule fois), au moins deux mois avant le terme du contrat, d'en proposer le report.

Un second report serait donc impossible : le bail serait alors *ipso facto* réputé avoir été conclu pour trois ans.

413.45 Schéma récapitulatif.

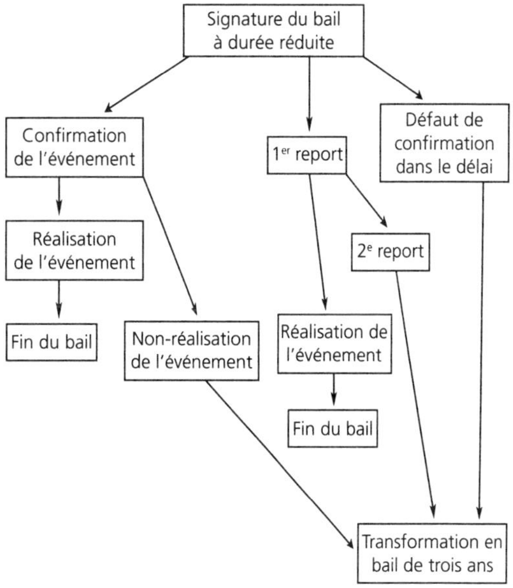

§ 3
Loyer applicable aux baux à durée réduite

413.51 Montant identique. Si, en principe, la fixation du loyer d'un bail à durée réduite ne répond pas à des règles particulières[6], il existe cependant une exception : lorsque le contrat à durée réduite « fait suite à un contrat conclu avec le même locataire pour le même local, le montant du nouveau loyer ne peut être supérieur à celui de l'ancien, éventuellement révisé »[7].

1. Civ. 3e, 11 juill. 2007, n° 06-17.229, P III, n° 131 ; *D.* 2007. AJ 2162 ; *ibid.* 2008. Pan. 1305, obs. N. Damas.
2. Paris, 22 mars 1996, RG n° 94/020361, *Loyers et copr.* 1996, n° 246 – AUSSI : Paris, 13 janv. 2015, RG n° 13/10268, *Rev. loyers* 2015. 75.
3. V. ss n° 432.26.
4. Civ. 3e, 10 janv. 2007, n° 05.21-408, P III, n° 1.
5. Versailles, 15 mai 1998, RG n° 96/00004147, *Loyers et copr.* 1999, n° 114, obs. B. Vial-Pedroletti ; *Gaz. Pal.* 1998. 2. Somm. 628 – Paris, 20 mars 2008, RG n° 06/17937, *AJDI* 2008. 591.
6. Sur les règles applicables v. ss nos 422.12 s.
7. L. n° 89-462, 6 juill. 1989, art. 11, *in fine*.

TITRE

42. Le loyer dans le secteur privé

SECTION 0 ORIENTEUR

42.00 Sommaire du titre.

Division. Il convient d'étudier successivement les observatoires locaux des loyers (chap. 421), la fixation du loyer initial (chap. 422), la fixation et l'application du loyer de renouvellement (chap. 423) et la révision du loyer (chap. 424).

42.01 Principaux textes applicables.

TEXTES SOURCES

- **L. n° 89-462, 6 juill. 1989,** art. 9-1, 16, 17, 17-1, 17-2, 20.
- **Décr. n° 90-780, 31 août 1990** portant application de l'article 19 de la loi n° 89-462 du 6 juillet 1989 tendant à améliorer les rapports locatifs (*JO* 6 sept., p. 10827).
- **Décr. n° 2014-1334, 5 nov. 2014** relatif aux observatoires locaux des loyers, aux modalités de communication et de diffusion de leurs données et à la création du Comité scientifique de l'observation des loyers (*JO* 7 nov., p. 18813).
- **Décr. n° 2015-650, 10 juin 2015** relatif aux modalités de mise en œuvre du dispositif d'encadrement du niveau de certains loyers et modifiant l'annexe à l'article R. 366-5 du code de la construction et de l'habitation (*JO* 12 juin, p. 9713).
- **Décr. n° 2017-1198, 27 juill. 2017** relatif à l'évolution de certains loyers dans le cadre d'une nouvelle location ou d'un renouvellement de bail, applicable du 1er août 2021 au 31 juillet 2022, pris en application de l'article 18 de la loi n° 89-462 du 6 juillet 1989 (*JO* 29 juill., n° 142) ; mod. par décr. n° 2019-437, 13 mai 2019 (*JO* 14 mai, n° 25) ; décr. n° 2019-802, 26 juill. 2019 (*JO* 28 juill., n° 49) ; décr. n° 2020-945, 30 juill. 2020 (*JO* 31 juill., n° 56) ; décr. n° 2021-852, 29 juin 2021 (*JO* 30 juin, n° 72).

42.03 Bibliographie indicative.

Annuel. LAMY DR. IMMO, nos 5942 s.

Encyclopédies. RÉP. CIV., *V° Bail d'habitation et mixte : rapports locatifs individuels – Loi du 6 juillet 1989*, N. Damas, nos 119 s. – DICT. PERM. Gestion immob., *V°* Baux d'habitation et mixtes, nos 210 s.

Ouvrage. E. Debaussart-Joniec, S. Fraîche-Dupeyrat, Ph. Pelletier, *Les baux d'habitation après la loi Élan*, 3e éd., « Actualité », 2019, LexisNexis – J. Lafond, B. Vial-Pedroletti, *Les baux d'habitation*, 8e éd., « Droit et professionnels », LexisNexis, 2017, nos 575 s. – Ph. Pelletier, *Traité des baux d'habitation et professionnels*, « Référence juridique », Le Moniteur, 2021.

CHAPITRE

421. Observatoires locaux des loyers

SECTION 0 ORIENTEUR

421.00 Sommaire du chapitre.

Division. Agréés par le ministre chargé du logement pour tout ou partie de la zone géographique sur laquelle ils interviennent, les observatoires locaux des loyersont notamment pour mission de recueillir les données relatives aux loyers sur une zone géographique déterminée et de mettre à la disposition du public des résultats statistiques représentatifs sur ces données. Ils constatent par ailleurs la structuration du marché locatif ainsi que les niveaux de loyer selon les catégories de logements et les secteurs géographiques.

421.01 Principaux textes applicables.

TEXTES SOURCES

• **L. n° 89-462, 6 juill. 1989,** art. 16.

• **Décr. n° 2014-1334, 5 nov. 2014** relatif aux observatoires locaux des loyers, aux modalités de communication et de diffusion de leurs données et à la création du Comité scientifique de l'observation des loyers (*JO* 7 nov., p. 18813).

TEXTES *IN EXTENSO*

• **L. 6 juill. 1989,** art. 16

Des observatoires locaux des loyers peuvent être créés à l'initiative des collectivités territoriales, des établissements publics de coopération intercommunale à fiscalité propre compétents en matière d'habitat ou de l'État. Ces observatoires ont notamment pour mission de recueillir les données relatives aux loyers sur une zone géographique déterminée et de mettre à la disposition du public des résultats statistiques représentatifs sur ces données.

Le parc de référence pour l'observation et l'analyse des loyers est constitué de l'ensemble des locaux à usage d'habitation ou à usage mixte professionnel et d'habitation, à l'exception de ceux appartenant aux organismes d'habitations à loyer modéré et aux sociétés d'économie mixte de construction et de gestion des logements sociaux, ainsi que de ceux appartenant aux organismes bénéficiant de l'agrément relatif à la maîtrise d'ouvrage prévu à l'article L. 365-2 du code de la construction et de l'habitation.

Les observatoires locaux des loyers mentionnés au premier alinéa sont agréés, pour tout ou partie de la zone géographique qui y est mentionnée, par le ministre chargé du logement, dans des conditions fixées par décret, après avis du comité régional de l'habitat et de l'hébergement ou du conseil départemental de l'habitat et de l'hébergement mentionnés à l'article L. 364-1 du même code et sous condition du respect des prescriptions méthodologiques émises par une instance scientifique indépendante chargée de conseiller le ministre chargé du logement, dans des conditions définies par décret. L'agrément ne peut être accordé à un observatoire que si les statuts de celui-ci assurent, au sein de ses organes dirigeants, la représentation équilibrée des bailleurs, des locataires et des gestionnaires ainsi que la présence de personnalités qualifiées ou s'il existe en son sein une instance, chargée de la validation du dispositif d'observations, assurant la représentation équilibrée des bailleurs, des locataires et des gestionnaires et comprenant des personnalités qualifiées. Les modalités de consultation et de fonctionnement de cette instance sont précisées par décret. L'État et les établissements publics de coopération intercommunale dotés d'un programme local de l'habitat exécutoire sont représentés au sein des organes dirigeants des observatoires. Toutefois, peuvent être agréés, à titre transitoire et jusqu'au 31 décembre 2015, les observatoires locaux des loyers dont les statuts ne sont pas conformes aux dispositions du présent article. Les observatoires locaux des loyers sont intégrés dans les observatoires de l'habitat et du foncier prévus au III de l'article L. 302-1 du code de la construction et de l'habitation.

Les observatoires locaux des loyers peuvent prendre la forme d'association ou de groupement d'intérêt public.

Ils transmettent l'ensemble de leurs données à l'association nationale mentionnée au troisième alinéa de l'article L. 366-1 du même code. Un décret fixe les conditions dans lesquelles ces données sont transmises et peuvent être communiquées à des tiers.

L'organisme mentionné à l'article L. 223-1 du code de la sécurité sociale transmet à l'association nationale mentionnée au troisième alinéa de l'article L. 366-1 du code de la construction et de l'habitation les données dont il dispose relatives aux loyers et aux caractéristiques des logements dont les occupants bénéficient de l'allocation mentionnée au 2° de l'article L. 821-1 du code de la construction et de l'habitation, ainsi que le nom et l'adresse des propriétaires de ces logements. Un décret en Conseil d'État fixe la nature de ces données et leurs conditions de transmission et d'utilisation.

421.03 **Bibliographie indicative.**

Annuel. LAMY DR. IMMO, n°s 5943 s.

Encyclopédies. RÉP. CIV., *V° Bail d'habitation et mixte : rapports locatifs individuels – Loi du 6 juillet 1989*, N. Damas, n°s 121, 144 – DICT. PERM. Gestion immob., *V° Baux d'habitation et mixtes*, n°s 211 s.

Ouvrage. E. Debaussart-Joniec, S. Fraîche-Dupeyrat, Ph. Pelletier, *Les baux d'habitation après la loi Élan*, 3e éd., « Actualité », 2019, LexisNexis – J. Lafond, B. Vial-Pedroletti, *Les baux d'habitation*, 8e éd., « Droit et professionnels », LexisNexis, 2017, n°s 576 s. et 626 s. – Ph. Pelletier, *Traité des baux d'habitation et professionnels*, « Référence juridique », Le Moniteur, 2021.

SECTION 1
INITIATIVE DE CRÉATION ET FORME

421.11 **Initiative de création.** Aux termes de l'article 16 de la loi du 6 juillet 1989 issu de la loi du 24 mars 2014, dite loi Alur et modifié par la loi du 23 novembre 2018, dite loi Élan et par la loi « Climat et résilience » du 22 août 2021[1], des observatoires locaux des loyers peuvent être créés à l'initiative des collectivités territoriales, des EPCI à fiscalité propre compétents en matière d'habitat ou de l'État.

Ces observatoires sont intégrés dans les observatoires de l'habitat et du foncier prévus au III de l'article L. 302-1 du code de la construction et de l'habitation.

421.12 **Forme.** Les observatoires locaux des loyers peuvent prendre la forme d'association ou de groupement d'intérêt public.

SECTION 2
AGRÉMENT ET MISSIONS

421.21 **Agrément.** Ces observatoires sont agréés par le ministre chargé du logement pour tout ou partie de la zone géographique sur laquelle ils interviennent et dans des conditions fixées par le décret du 5 novembre 2014[2], après avis du comité régional de l'habitat et de l'hébergement ou du conseil départemental de l'habitat et de l'hébergement mentionnés à l'article L. 364-1 du code de la construction et de l'habitation et sous condition du respect des prescriptions méthodologiques émises par le comité scientifique d'observation des loyers, instance indépendante chargée de conseiller le ministre chargé du logement, dans des conditions définies par l'article 5 du même décret[3], [4].

L'agrément ne peut être accordé à un observatoire que si les statuts de celui-ci assurent, au sein de ses organes dirigeants, la représentation équilibrée des bailleurs, des locataires et des gestionnaires, ainsi que la présence de personnalités qualifiées ou s'il existe en son sein une instance, chargée de la validation du dispositif d'observations, assurant la représentation équilibrée des bailleurs, des locataires et des gestionnaires et comprenant des personnalités qualifiées. Les modalités de consultation et de fonctionnement de cette instance sont précisées par décret. L'État et les EPCI dotés d'un programme local de l'habitat exécutoire sont représentés au sein des organes dirigeants des observatoires[5].

1. L. n° 2021-1104, 22 août 2021 portant lutte contre le dérèglement climatique et renforcement de la résilience face à ses effets, *JO* 24 août, n° 1.

2. Décr. n° 2014-1334, 5 nov. 2014 relatif aux observatoires locaux des loyers, aux modalités de communication et de diffusion de leurs données et à la création du Comité scientifique de l'observation des loyers, *JO* 7 nov., p. 18813.
3. V. AUSSI l'avis du 25 nov. 2014 relatif aux prescriptions méthodologiques émises par le comité scientifique de l'observation des loyers (*JO* 2 déc.), précisant que ces prescriptions peuvent être consultées sur le site du ministère du logement, de l'égalité des territoires et de la ruralité : http://www.territoires.gouv.fr.
4. Garant de la qualité statistique des données diffusées par les observatoires et placé auprès du ministre chargé du logement, le comité scientifique définit les prescriptions méthodologiques applicables, émet des avis et est informé de la mise en œuvre de la politique de valorisation et de diffusion des informations à caractère scientifique et technique. Il assure par ailleurs une veille du dispositif. Il est composé de cinq experts nommés par arrêté du ministre chargé du logement pour un mandat de trois ans renouvelable et choisis en raison de leur qualification en matière économique dans le domaine du logement ou des statistiques. Il se réunit sur convocation du ministre chargé du logement ou de son président, au moins une fois par an. Gratuites, les fonctions de membre du comité peuvent donner lieu à des remboursements de frais de transport et de séjour. Le fonctionnement de ce comité est régi par les articles 4 à 7, 9 et 12 à 14 du décret n° 2006-672 du 8 juin 2006 (*JO* 9 juin, p. 8706) relatif aux commissions administratives à caractère consultatif ainsi que par le règlement intérieur qu'il établit. Son secrétariat est assuré par le service statistique du ministre chargé du logement.
5. Toutefois, pouvaient être agréés, à titre transitoire et jusqu'au 31 décembre 2015, les observatoires locaux des loyers dont les statuts n'étaient sont pas conformes aux dispositions de l'article 16.

Délivré (et retiré) par le ministre chargé du logement, l'agrément nécessite qu'un dossier (dont le contenu est défini par un arrêté du 10 novembre 2014[1]) soit constitué. Après avoir vérifié l'ensemble des éléments fournis, le ministre transmet la demande d'agrément au préfet de région, lequel la soumet pour avis au comité régional de l'habitat et de l'hébergement ou au conseil départemental de l'habitat et de l'hébergement.

L'agrément est accordé à l'organisme pour un périmètre géographique donné constitué par une liste de communes dès lors que celui-ci justifie :

- du respect des prescriptions méthodologiques définies par le comité scientifique de l'observation des loyers[2] concernant les modalités de définition des objectifs de collecte des données, la méthode de collecte, de contrôle et de traitement des données ainsi que les modalités de diffusion des résultats par l'observatoire ;

- de la représentation équilibrée des bailleurs, des associations de locataires siégeant à la Commission nationale de concertation en matière locative, et des gestionnaires au sein de ses organes dirigeants ainsi que de la présence de personnalités qualifiées dans le domaine du logement ou de la statistique ou s'il existe au sein de l'observatoire une instance chargée de la validation du dispositif d'observations[3], assurant la représentation équilibrée des bailleurs, des associations de locataires siégeant à la Commission nationale de concertation en matière locative, et des gestionnaires et comprenant des personnalités qualifiées dans le domaine du logement ou de la statistique ;

- d'un statut d'association ou de groupement d'intérêt public ;

- de la représentation au sein des organes dirigeants de l'observatoire des préfets de département ou de région ou de leurs représentants ;

- de la représentation des EPCI dotés d'un programme local de l'habitat exécutoire au sein des organes dirigeants de l'observatoire.

C'est ainsi qu'ont été agréés en application de décret du 5 novembre 2014 :

- l'association Observatoire des loyers de l'agglomération parisienne (OLAP)[4] ;

- l'agence départementale pour l'information sur le logement (ADIL) du Nord[5] ;

- l'agence départementale d'information sur le logement (ADIL) de l'Orne[6] ;

- l'agence départementale pour l'information sur le logement du Nord et du Pas-de-Calais[7] ;

- l'agence départementale pour l'information sur le logement du Morbihan[8] ;

- l'agence d'urbanisme et d'aménagement Toulouse aire métropolitaine[9] ;

- l'agence d'urbanisme de la région grenobloise[10] ;

- l'agence de développement et d'urbanisme de l'agglomération strasbourgeoise[11] ;

- l'agence départementale d'information sur le logement de l'Hérault[12] ;

- l'agence d'urbanisme Bordeaux Aquitaine[13] ;

- l'agence d'urbanisme de Brest-Bretagne (ADEUPa)[14] ;

- l'agence d'urbanisme et de développement Clermont Métropole[15] ;

1. Arr. 10 nov. 2014 relatif aux observatoires locaux des loyers et aux modalités de communication et de diffusion de leurs données, *JO* 14 nov., p. 19190, NOR : ETLL1414505A ; mod. par arr. 29 mai 2020, *JO* 14 juin.
2. Dont la composition, les missions et les règles de fonctionnement sont définies à l'article 5 du décret n° 2014-1334 du 5 novembre 2014 (*JO* 7 nov.) – V. aussi l'avis du 25 nov. 2014 relatif aux prescriptions méthodologiques émises par le comité scientifique de l'observation des loyers (*JO* 2 déc.), précisant que ces prescriptions peuvent être consultées sur le site du ministère du logement, de l'égalité des territoires et de la ruralité : http://www.territoires.gouv.fr.
3. Aux termes de l'article 2-1 du décr. n° 2014-1334 du 5 nov. 2014 (mod. par décr. n° 2019-625, 21 juin 2019), l'État et les EPCI dotés d'un programme local de l'habitat peuvent également être représentés dans les instances chargées de la validation du dispositif d'observations. L'instance chargée de la validation du dispositif d'observations se réunit au moins une fois par an. Au titre de sa mission de validation du dispositif d'observations, cette instance est chargée d'émettre un avis sur les décisions, orientations, les productions relatives à l'observation locale des loyers, d'émettre un avis sur toute question relative à l'organisation de l'observation locale des loyers et les objectifs de l'année en fonction des ressources financières mobilisables et de produire un bilan des objectifs de l'année passée.
4. Par arr. du 22 déc. 2014, *JO* 26 déc. (pour la commune de Paris) ; mod. par arr. 29 juin 2016, *JO* 8 juill. [pour l'unité urbaine de Paris, regroupant 400 communes franciliennes de Seine-et-Marne, des Yvelines, de l'Essonne, de Hauts-de-Seine, de la Seine-Saint-Denis, du Val-de-Marne et du Val d'Oise).
5. Arr. 25 mars 2015, *JO* 28 mars, rect. 25 avr. (pour la commune de Lille).
6. Arr. 4 mai 2015, *JO* 8 mai (pour le territoire de la communauté urbaine d'Alençon).
7. Arr. 30 déc. 2019, *JO* 15 janv. 2020 (pour la communauté urbaine d'Arras) ; arr. 9 juin 2020, *JO* 14 juin (périmètre géographique d'observation correspondant au territoire comprenant 95 communes).
8. Arr. 24 janv. 2020, *JO* 5 févr. (pour les communautés urbaines de Lorient Agglomération, Auray Quiberon Terre Atlantique et Golfe du Morbihan-Vannes Agglomération).
9. Arr 27 févr. 2020, *JO* 5 mars (périmètre géographique d'observation comprenant 113 communes).
10. Arr. 10 août 2020, *JO* 29 août (pour 75 communes).
11. Arr. 29 oct. 2020, *JO* 5 nov. (pour 33 communes).
12. Arr 15 déc. 2020, *JO* 24 déc. (pour 50 communes).
13. Arr. 11 janv. 2021, *JO* 17 janv. (pour 28 communes).
14. Arr. 24 févr. 2021, *JO* 25 févr. (pour 8 communes).
15. Arr. 24 févr. 2021, *JO* 25 févr. (pour 104 communes).

– l'agence d'urbanisme de la région stéphanoise (epures)[1] ;

– l'agence d'urbanisme Atlantique et Pyrénées (AUDAP)[2] ;

– l'agence départementale d'information sur le logement des Alpes-Maritimes[3].

421.22 Missions. Ces observatoires ont notamment pour mission de recueillir les données relatives aux loyers sur une zone géographique déterminée et de mettre à la disposition du public des résultats statistiques représentatifs sur ces données.

En matière d'encadrement des loyers par voie préfectorale, les observatoires locaux des loyers jouent également un rôle important, puisqu'aux termes de l'article 140 de la loi du 23 novembre 2018[4], dite loi Élan, ils constatent la structuration du marché locatif ainsi que les niveaux de loyer selon les catégories de logements et les secteurs géographiques[5].

Les observatoires locaux des loyers transmettent par ailleurs l'ensemble de leurs données à l'association nationale mentionnée au troisième alinéa de l'article L. 366-1 du code de la construction et de l'habitation (il s'agit de l'Agence nationale d'information pour le logement – Anil). Le décret du 5 novembre 2014[6] et l'arrêté du 10 novembre 2014 précité fixent les conditions dans lesquelles ces données sont transmises et peuvent être communiquées à des tiers.

L'observatoire agréé :

– transmet les données qu'il a collectées et complétées à l'Anil ;

– met à la disposition du public une publication annuelle de ses résultats retraités et agrégés[7] ;

– transmet les données dont il dispose au service statistique ministériel du ministère chargé du logement. Cette transmission peut se faire, à la demande de l'observatoire agréé, par l'intermédiaire de l'Anil ;

– peut habiliter les chercheurs qui en font la demande motivée à accéder aux données individuelles, par l'intermédiaire d'un centre d'accès sécurisé et dans des conditions fixées par arrêté du ministre chargé du logement (cette habilitation peut également émaner de l'Anil) ;

– rend compte de son activité dans un rapport annuel dont le contenu est précisé par l'arrêté précité du 10 novembre 2014.

À noter, que selon le nouvel article 16 de la loi du 6 juillet 1989, la Caisse nationale des allocations familiales transmet également à l'Anil les données dont elle dispose relatives aux loyers et aux caractéristiques des logements dont les occupants bénéficient de l'allocation de logement mentionnée au 2° de l'article L. 821-1 du code de la construction et de l'habitation, ainsi que le nom et l'adresse des propriétaires de ces logements.

421.23 Parc de référence. Pour l'observation et l'analyse des loyers, ce parc de référence est constitué de l'ensemble des locaux à usage d'habitation ou à usage mixte professionnel et d'habitation, à l'exception de ceux appartenant aux organismes d'HLM et aux SEM de construction et de gestion des logements sociaux, ainsi que de ceux appartenant aux organismes bénéficiant de l'agrément relatif à la maîtrise d'ouvrage prévu à l'article L. 365-2 du code de la construction et de l'habitation.

421.24 Collecte des données. Aux termes de l'article 5, II de la loi du 6 juillet 1989, issu de la loi du 24 mars 2014, dite loi Alur et modifié par la loi du 23 novembre 2018, dite loi Élan[8], les données peuvent émaner de trois canaux : « toute personne intéressée », les professionnels de l'immobilier intervenant sur le secteur et les bailleurs possédant une part significative des locaux sur ledit secteur.

Pour ces deux derniers collecteurs, il s'agit d'une obligation légale, dont le non-respect est sanctionné par une amende administrative, prononcée par le représentant de l'État dans le département, dont le montant ne peut être supérieur à 5 000 euros pour une personne physique et à 15 000 euros pour une personne morale[9].

Les professionnels qui interviennent, à quelque titre que ce soit, lors de la conclusion du contrat de bail d'un logement, lors de la location ou pour en assurer la gestion locative doivent communiquer à l'observatoire local des loyers compétent[10], des informations relatives au logement et au contrat de location.

Par ailleurs, **tout bailleur possédant une part significative des locaux constituant le parc de référence**[11], à l'échelle de la zone géographique d'un observatoire local des loyers[12], est tenu de commu-

1. Arr. 24 févr. 2021, *JO* 25 févr. (pour 234 communes).
2. Arr. 15 mars 2021, *JO* 21 mars (pour 84 communes).
3. Arr. 2 nov. 2021, *JO* 7 nov. (pour 163 communes).
4. L. n° 2018-1021, 23 nov. 2018 portant évolution du logement, de l'aménagement et du numérique, *JO* 24 nov., n° 1.
5. V. s[s] n° 422.42.
6. Décr. n° 2014-1334, 5 nov. 2014, art. 3 ; mod. par décr. n° 2019-625, 21 juin 2019.
7. L'arrêté précité du 10 nov. 2014 (*JO* 14 nov., p. 19190) précise notamment quelles sont les informations que doivent contenir les résultats retraités de l'observatoire (publiés annuellement).
8. L. n° 2018-1021, 23 nov. 2018 portant évolution du logement, de l'aménagement et du numérique, *JO* 24 nov., n° 1.
9. L'amende est prononcée après que l'intéressé a été informé de la possibilité de présenter ses observations dans un délai déterminé. Le montant de l'amende est proportionné à la gravité des faits constatés.
10. Tel que défini à l'art. 16 de la loi du 6 juill. 1989.
11. Défini au deuxième al. du même art. 16.
12. Prévu au premier al. dudit art. 16.

niquer audit observatoire, des informations relatives au logement et au contrat de location.

À noter qu'aux termes du I de l'article 4 du décret du 1er août 2014[1], le nombre de logements correspondant à une part significative du parc de référence, à l'échelle de la zone géographique d'un observatoire local des loyers est de cinquante logements ou plus du parc de référence susvisé, sauf en Île-de-France, où ce seuil est de 200 logements ou plus du parc de référence.

Ces communications s'effectuent directement ou par l'intermédiaire d'un organisme tiers qui transmet ces informations à l'Anil, selon une méthodologie validée par l'instance scientifique chargée de conseiller le ministre chargé du logement, dans des conditions définies par décret mentionnée à l'article 16 de la loi du 6 juillet 1989. La nature de ces informations, les conditions dans lesquelles elles sont transmises et le nombre de logements correspondant à une part significative du parc de référence sont définis par décret.

Selon l'article 4 du décret du 1er août 2014, les professionnels concernés par la collecte des données (v. ci-dessus) transmettent, chaque année, par fichier informatique, à l'observatoire local des loyers compétent agréé par le ministre chargé du logement, les catégories d'informations suivantes :

- identifiant du logement interne au système d'information du professionnel ;
- localisation du logement ;
- caractéristiques principales du logement ;
- informations relatives au loyer ;
- date d'entrée du locataire dans le logement.

Un arrêté du 29 août 2014[2] a fixé le contenu de ces catégories d'informations, leur date limite de transmission et les caractéristiques du fichier informatique.

Par ailleurs, selon le décret du 1er août 2014 précité, lorsque la communication des informations s'effectue par l'intermédiaire d'un organisme tiers, celui-ci les transmet, dans les mêmes conditions, sans en modifier le contenu et complétées par les coordonnées de l'organisme professionnel ayant transmis les données en premier lieu, à l'Anil qui les transmet à son tour, dans un délai d'un mois, en intégralité, à l'observatoire local des loyers avec mention de l'identité de l'organisme professionnel ayant transmis les données en premier lieu.

Le texte précise enfin que l'observatoire local des loyers ou, le cas échéant, l'Adil délivre au professionnel un certificat de transmission des informations. Ce certificat peut être délivré par voie électronique.

1. Décr. n° 2014-890, 1er août 2014 ; rédac. décr. n° 2019-625, 21 juin 2019, *JO* 23 juin, n° 47.

2. Arr. 29 août 2014 pris en application de l'article 4 du décret n° 2014-890 du 1er août 2014 relatif au plafonnement des honoraires imputables aux locataires et aux modalités de transmission de certaines informations par les professionnels de l'immobilier, *JO* 9 oct., NOR : ETLL1417097A ; mod. par arr. 17 févr. 2020, *JO* 29 févr.

CHAPITRE

422. Fixation du loyer initial

SECTION 0 ORIENTEUR

422.00 Sommaire du chapitre.

Division – Limites à la liberté contractuelle. Jusqu'à l'entrée en vigueur de la loi du 24 mars 2014[1], dite loi Alur, le loyer initial était librement fixé entre le locataire et le bailleur. En 2012 et 2013, ce principe avait toutefois été tempéré par l'instauration, d'un décret annuel d'encadrement du loyer initial.

Pour les baux conclus à compter du 27 mars 2014 et jusqu'à l'entrée en vigueur de la loi du 23 novembre 2018[2], dite loi Élan, le loyer initial d'un local situé en zone « tendue » était doublement encadré : par décret et, possiblement, par la prise d'un arrêté préfectoral.

La loi Élan a, du moins en apparence, changé la donne, puisqu'elle affirme le principe de la liberté de la fixation du loyer initial. Cette liberté reste toutefois encadrée puisque, d'une part, le mécanisme de blocage du loyer par décret demeure et, d'autre part, une expérimentation de l'encadrement des loyers en zone tendue pendant cinq ans est prévue par l'article 140 de la loi Élan.

À noter enfin que, avant comme après la loi du 23 novembre 2018, la prise en charge de travaux par l'un ou par l'autre va avoir une incidence sur la fixation du loyer.

422.01 Principaux textes applicables.

TEXTES SOURCES

• **L. n° 89-462, 6 juill. 1989,** art. 17, 17-1, 20.

• **Décr. n° 2015-650, 10 juin 2015** relatif aux modalités de mise en œuvre du dispositif d'encadrement du niveau de certains loyers et modifiant l'annexe à l'article R. 366-5 du code de la construction et de l'habitation (*JO* 12 juin, p. 9713).

• **Décr. n° 2017-1198, 27 juill. 2017** relatif à l'évolution de certains loyers dans le cadre d'une nouvelle location ou d'un renouvellement de bail, pris en application de l'article 18 de la loi n° 89-462 du 6 juillet 1989 (*JO* 29 juill., n° 142) ; mod. par décr. n° 2019-437, 13 mai 2019 (*JO* 14 mai, n° 25) ; décr. n° 2019-802, 26 juill. 2019 (*JO* 28 juill., n° 49) ; décr. n° 2020-945, 30 juill. 2020 (*JO* 31 juill., n° 56) ; décr. n° 2021-852, 29 juin 2021 (*JO* 30 juin, n° 72).

TEXTES *IN EXTENSO*

• **L. 6 juill. 1989,** art. 17

I. – Les zones d'urbanisation continue de plus de 50 000 habitants où il existe un déséquilibre marqué entre l'offre et la demande de logements, entraînant des difficultés sérieuses d'accès au logement sur l'ensemble du parc résidentiel existant, qui se caractérisent notamment par le niveau élevé des loyers, le niveau élevé des prix d'acquisition des logements anciens ou le nombre élevé de demandes de logement par rapport au nombre d'emménagements annuels dans le parc locatif social, sont dotées d'un observatoire local des loyers mentionné à l'article 16. Un décret fixe la liste des communes comprises dans ces zones.

II. – La fixation du loyer des logements mis en location est libre.

1. L. n° 2014-366, 24 mars 2014, *JO* 26 mars, p. 5809.
2. L. n° 2018-1021, 23 nov. 2018 portant évolution du logement, de l'aménagement et du numérique, *JO* 24 nov., n° 1, dite loi Élan.

• **L. 6 juill. 1989,** art. 17-1

I. – Lorsque le contrat prévoit la révision du loyer, celle-ci intervient chaque année à la date convenue entre les parties ou, à défaut, au terme de chaque année du contrat.

La variation qui en résulte ne peut excéder, à la hausse, la variation d'un indice de référence des loyers publié par l'Institut national de la statistique et des études économiques chaque trimestre et qui correspond à la moyenne, sur les douze derniers mois, de l'évolution des prix à la consommation hors tabac et hors loyers. À défaut de clause contractuelle fixant la date de référence, cette date est celle du dernier indice publié à la date de signature du contrat de location.

À défaut de manifester sa volonté d'appliquer la révision du loyer dans un délai d'un an suivant sa date de prise d'effet, le bailleur est réputé avoir renoncé au bénéfice de cette clause pour l'année écoulée.

Si le bailleur manifeste sa volonté de réviser le loyer dans le délai d'un an, cette révision de loyer prend effet à compter de sa demande.

II. – Lorsque les parties sont convenues, par une clause expresse, de travaux d'amélioration du logement que le bailleur fera exécuter, le contrat de location ou un avenant à ce contrat peut fixer la majoration du loyer consécutive à la réalisation de ces travaux. Cette majoration ne peut faire l'objet d'une action en diminution de loyer.

• **L. 6 juill. 1989,** art. 20

Il est créé, auprès du représentant de l'État dans chaque département, une commission départementale de conciliation composée de représentants d'organisations de bailleurs et d'organisations de locataires, en nombre égal. La commission rend un avis dans le délai de deux mois à compter de sa saisine et s'efforce de concilier les parties.

La compétence de la commission porte sur :

1° Les litiges résultant de l'application des articles 17, 17-1, 17-2 et 18 de la présente loi et des articles 30 et 31 de la loi n° 86-1290 du 23 décembre 1986 tendant à favoriser l'investissement locatif, l'accession à la propriété de logements sociaux et le développement de l'offre foncière ;

2° Les litiges relatifs aux caractéristiques du logement mentionnées aux deux premiers alinéas de l'article 6 de la présente loi ;

3° Les litiges relatifs à l'état des lieux, au dépôt de garantie, aux charges locatives et aux réparations ;

4° Les litiges relatifs aux congés délivrés en application de l'article 15 ;

5° Les difficultés résultant de l'application des accords collectifs nationaux ou locaux prévus aux articles 41 *ter* et 42 de la loi n° 86-1290 du 23 décembre 1986 précitée ou de l'application du plan concertation locative prévu à l'article 44 *bis* de la même loi et les difficultés résultant des modalités de fonctionnement de l'immeuble ou du groupe d'immeubles.

Pour le règlement des litiges mentionnés aux 1° à 4° du présent article, la commission départementale de conciliation peut être saisie par le bailleur ou le locataire. Pour le règlement des difficultés mentionnées au 5°, elle peut être saisie par le bailleur, plusieurs locataires ou une association représentative de locataires.

À défaut de conciliation entre les parties, elle rend un avis comportant l'exposé du différend et la position des parties ainsi que, le cas échéant, celle de la commission. Cet avis peut être transmis au juge par l'une ou l'autre des parties. En cas de conciliation, elle établit un document de conciliation comportant les termes de l'accord trouvé.

La composition de la commission départementale de conciliation, le mode de désignation de ses membres, son organisation et ses règles de saisine et de fonctionnement sont fixés par décret.

• **L. 23 nov. 2018, art. 140 [version en vigueur jusqu'au 24 août 2022]**

I. – À titre expérimental et pour une durée de cinq ans à compter de la publication de la présente loi, dans les zones mentionnées à l'article 17 de la loi n° 89-462 du 6 juillet 1989 tendant à améliorer les rapports locatifs et portant modification de la loi n° 86-1290 du 23 décembre 1986, les établissements publics de coopération intercommunale compétents en matière d'habitat, la commune de Paris, les établissements publics territoriaux de la métropole du Grand Paris, la métropole de Lyon et la métropole d'Aix-Marseille-Provence peuvent demander qu'un dispositif d'encadrement des loyers régi par le présent article soit mis en place.

Sur proposition du demandeur transmise dans un délai de deux ans à compter de la publication de la loi, un décret détermine le périmètre du territoire de la collectivité demandeuse sur lequel s'applique le dispositif, lorsque les conditions suivantes sont réunies :

1° Un écart important entre le niveau moyen de loyer constaté dans le parc locatif privé et le loyer moyen pratiqué dans le parc locatif social ;

2° Un niveau de loyer médian élevé ;

3° Un taux de logements commencés, rapporté aux logements existants sur les cinq dernières années, faible ;

4° Des perspectives limitées de production pluriannuelle de logements inscrites dans le programme local de l'habitat et de faibles perspectives d'évolution de celles-ci.

Pour chaque territoire ainsi délimité, le représentant de l'État dans le département fixe, chaque année, par arrêté, un loyer de référence, un loyer de référence majoré et un loyer de référence minoré, exprimés par un prix au mètre carré de surface habitable, par catégorie de logements et par secteur géographique.

Au plus tard six mois avant son terme, le Gouvernement remet au Parlement un rapport d'évaluation de cette expérimentation.

Les logements appartenant à ou gérés par des organismes d'habitations à loyer modéré mentionnés à l'article L. 411-2 du code de construction et de l'habitation ou appartenant à ou gérés par des sociétés d'économie mixte agréées en application de l'article L. 481-1 du même code, et faisant l'objet d'une convention mentionnée à l'article L. 351-2 dudit code sont exclus de cette expérimentation.

II. – Pour l'application du I, les catégories de logements et les secteurs géographiques sont déterminés en fonction de la structuration du marché locatif constatée par l'observatoire local des loyers.

Chaque loyer de référence est égal au loyer médian calculé à partir des niveaux de loyers constatés par l'observatoire local des loyers selon les catégories de logements et les secteurs géographiques.

Chaque loyer de référence majoré et chaque loyer de référence minoré sont fixés, respectivement, par majoration et par minoration du loyer de référence.

Les compétences attribuées au représentant de l'État dans le département par le présent article sont exercées dans la région d'Ile-de-France par le représentant de l'État dans la région.

Le loyer de référence majoré est égal à un montant supérieur de 20 % au loyer de référence.

Le loyer de référence minoré est égal au loyer de référence diminué de 30 %.

III. — A. - Dans les territoires où s'applique l'arrêté mentionné au I, le loyer de base des logements mis en location est fixé librement entre les parties lors de la conclusion du contrat de bail, dans la limite du loyer de référence majoré. Une action en diminution de loyer peut être engagée si le loyer de base prévu dans le contrat de bail est supérieur au loyer de référence majoré en vigueur à la date de signature de ce contrat.

B. – Un complément de loyer peut être appliqué au loyer de base tel que fixé au A du présent III pour des logements présentant des caractéristiques de localisation ou de confort le justifiant, par comparaison avec les logements de la même catégorie situés dans le même secteur géographique.

Le montant du complément de loyer et les caractéristiques du logement le justifiant sont mentionnés au contrat de bail.

Lorsqu'un complément de loyer est appliqué, le loyer s'entend comme la somme du loyer de base et de ce complément.

Un complément de loyer ne peut être appliqué à un loyer de base inférieur au loyer de référence majoré.

Le locataire qui souhaite contester le complément de loyer dispose d'un délai de trois mois à compter de la signature du bail pour saisir la commission départementale de conciliation prévue à l'article 20 de la loi n° 89-462 du 6 juillet 1989 précitée, sauf lorsqu'il s'agit d'un bail mobilité soumis au titre Ier *ter* de la même loi.

En cas de contestation, il appartient au bailleur de démontrer que le logement présente des caractéristiques de localisation ou de confort le justifiant, par comparaison avec les logements de la même catégorie situés dans le même secteur géographique.

En cas de conciliation, le montant du loyer, tenant compte de l'éventuel complément de loyer, est celui fixé par le document de conciliation délivré par la commission départementale de conciliation.

En l'absence de conciliation, le locataire dispose d'un délai de trois mois à compter de la réception de l'avis de la commission départementale de conciliation pour saisir le juge d'une demande en annulation ou en diminution du complément de loyer. La fin de non-recevoir tirée de l'absence de saisine préalable de la commission départementale de conciliation peut être soulevée d'office par le juge.

Dans les deux cas, le loyer résultant du document de conciliation ou de la décision de justice s'applique à compter de la prise d'effet du bail.

IV. – L'arrêté mentionné au I du présent article fixe, pour les logements meublés soumis aux titres Ier bis et Ier *ter* de la loi n° 89-462 du 6 juillet 1989 précitée un loyer de référence, un loyer de référence majoré et un loyer de référence minoré par catégorie de logement et par secteur géographique. Le loyer de référence, le loyer de référence majoré et le loyer de référence minoré sont déterminés par l'application d'une majoration unitaire par mètre carré aux loyers de référence définis au II du présent article pour tenir compte du caractère meublé du logement. Cette majoration est déterminée à partir des écarts constatés entre les loyers des logements loués nus et les loyers des logements loués meublés observés par l'observatoire local des loyers.

Le complément de loyer tient compte des équipements et services associés aux logements meublés.

Ces dispositions ne sont pas applicables aux logements meublés situés dans une résidence avec services gérée selon un mode d'organisation adapté aux nécessités des résidents par un mandataire unique, définis au c du 4° de l'article 261 D du code général des impôts.

V. – Le contrat de location précise le loyer de référence et le loyer de référence majoré, correspondant à la catégorie de logements. En cas d'absence dans le contrat de location de cette mention, le locataire peut, dans un délai d'un mois à compter de la prise d'effet du contrat de location, mettre en demeure le bailleur de porter cette information au bail. À défaut de réponse du bailleur dans le délai d'un mois ou en cas de refus de ce dernier, le locataire peut saisir, dans le délai de trois mois à compter de la mise en demeure, la juridiction compétente afin d'obtenir, le cas échéant, la diminution du loyer.

VI. – Lors du renouvellement du contrat, une action en diminution de loyer peut être engagée si le montant du loyer fixé au contrat de bail, hors montant du complément de loyer le cas échéant, est supérieur au loyer de référence majoré.

Lors du renouvellement du contrat, une action en réévaluation de loyer peut être engagée dès lors que le loyer est inférieur au loyer de référence minoré.

Dans les cas prévus aux deux premiers alinéas du présent VI, l'une ou l'autre des parties peut proposer un nouveau loyer à son cocontractant, au moins six mois avant le terme du contrat pour le bailleur et au moins cinq mois avant le terme du contrat pour le locataire, dans les conditions de forme prévues à l'article 15 de la loi n° 89-462 du 6 juillet 1989 précitée. Le montant du loyer de référence majoré ou minoré pris en compte correspond à celui qui est en vigueur à la date de la proposition émise par l'une des parties.

Le nouveau loyer proposé dans le cadre d'une action en réévaluation de loyer est inférieur ou égal au loyer de référence minoré. Le locataire peut, par référence aux loyers habituellement constatés dans le voisinage pour des logements comparables, contester l'action en réévaluation de loyer selon la procédure prévue au présent article.

Les loyers servant de référence doivent être représentatifs de l'ensemble des loyers habituellement constatés dans le voisinage pour des logements comparables, situés soit dans le même groupe d'immeubles, soit dans tout autre groupe d'immeubles comportant des caractéristiques similaires et situés dans la même zone géographique.

Le nombre minimal de références à fournir est de trois. Toutefois, il est de six dans les communes, dont la liste est fixée par décret, faisant partie d'une agglomération de plus d'un million d'habitants.

Lorsque le bailleur fait application du présent VI, il ne peut donner congé au locataire pour la même échéance du contrat.

La notification d'une proposition d'un nouveau loyer reproduit intégralement, à peine de nullité, les dispositions du présent VI et mentionne le montant du loyer ainsi que le loyer de référence majoré ou le loyer de référence minoré ayant servi à le déterminer.

En cas de désaccord ou à défaut de réponse du cocontractant saisi quatre mois avant le terme du contrat, l'une ou l'autre des parties peut saisir la commission départementale de conciliation mentionnée à l'article 20 de la loi n° 89-462 du 6 juillet 1989 précitée.

À défaut d'accord constaté par la commission départementale de conciliation, le juge peut être saisi avant le terme du contrat. À défaut de saisine du juge, le contrat est reconduit de plein droit aux conditions antérieures du loyer, éventuellement révisé en application de l'article 17-1 de la même loi. Le contrat dont le loyer est fixé judiciairement est réputé renouvelé pour la durée définie aux articles 10 et 25-7 de ladite loi, à compter de la date d'expiration du contrat. La décision du juge est exécutoire par provision.

Lorsque les parties s'accordent sur une hausse du loyer ou lorsque cette hausse est fixée judiciairement, celle-ci s'applique par tiers ou par sixième selon la durée du contrat.

Toutefois, cette hausse s'applique par sixième annuel au contrat renouvelé, puis lors du renouvellement ultérieur, dès lors qu'elle est supérieure à 10 % si le premier renouvellement avait une durée inférieure à six ans.

Lorsque la hausse du loyer convenue entre les parties ou fixée judiciairement porte sur un contrat de location soumis aux dispositions du titre Ier bis de la loi n° 89-462 du 6 juillet 1989 précitée, elle s'applique au contrat renouvelé. Toutefois, si la hausse est supérieure à 10 %, elle s'applique par tiers annuel au contrat renouvelé et lors des renouvellements ultérieurs.

La révision éventuelle résultant de l'article 17-1 de la même loi s'applique à chaque valeur ainsi définie.

VII. – Lorsque le représentant de l'État dans le département constate qu'un contrat de bail ne respecte pas les dispositions du A du III, il peut mettre en demeure le bailleur, dans un délai de deux mois, d'une part, de mettre le contrat en conformité avec le présent article et, d'autre part, de procéder à la restitution des loyers trop-perçus. Le bailleur est informé des sanctions qu'il encourt et de la possibilité de présenter, dans un délai d'un mois, ses observations.

Si cette mise en demeure reste infructueuse, le représentant de l'État dans le département peut prononcer une amende à l'encontre du bailleur, dont le montant ne peut excéder 5 000 euros pour une personne physique et 15 000 euros pour une personne morale. Cette décision est motivée et indique les voies et délais de recours. L'amende est prononcée après que l'intéressé a été mis à même de présenter ses observations.

Le prononcé de l'amende ne fait pas obstacle à ce que le locataire engage une action en diminution de loyer.

VIII. - Un décret en Conseil d'État fixe les modalités d'application du présent article.

• L. 23 nov. 2018, art. 140 [version en vigueur à partir du 24 août 2022]

I. – À titre expérimental et pour une durée de cinq ans à compter de la publication de la présente loi, dans les zones mentionnées à l'article 17 de la loi n° 89-462 du 6 juillet 1989 tendant à améliorer les rapports locatifs et portant modification de la loi n° 86-1290 du 23 décembre 1986, les établissements publics de coopération intercommunale compétents en matière d'habitat, la commune de Paris, les établissements publics territoriaux de la métropole du Grand Paris, la métropole de Lyon et la métropole d'Aix-Marseille-Provence peuvent demander qu'un dispositif d'encadrement des loyers régi par le présent article soit mis en place.

Sur proposition du demandeur transmise dans un délai de deux ans à compter de la publication de la loi, un décret détermine le périmètre du territoire de la collectivité demandeuse sur lequel s'applique le dispositif, lorsque les conditions suivantes sont réunies :

1° Un écart important entre le niveau moyen de loyer constaté dans le parc locatif privé et le loyer moyen pratiqué dans le parc locatif social ;

2° Un niveau de loyer médian élevé ;

3° Un taux de logements commencés, rapporté aux logements existants sur les cinq dernières années, faible ;

4° Des perspectives limitées de production pluriannuelle de logements inscrites dans le programme local de l'habitat et de faibles perspectives d'évolution de celles-ci.

Pour chaque territoire ainsi délimité, le représentant de l'État dans le département fixe, chaque année, par arrêté, un loyer de référence, un loyer de référence majoré et un loyer de référence minoré, exprimés par un prix au mètre carré de surface habitable, par catégorie de logements et par secteur géographique.

Au plus tard six mois avant son terme, le Gouvernement remet au Parlement un rapport d'évaluation de cette expérimentation.

Les logements appartenant à ou gérés par des organismes d'habitations à loyer modéré mentionnés à l'article L. 411-2 du code de construction et de l'habitation ou appartenant à ou gérés par des sociétés d'économie mixte agréées en application de l'article L. 481-1 du même code, et faisant l'objet d'une convention mentionnée à l'article L. 351-2 dudit code sont exclus de cette expérimentation.

II. – Pour l'application du I, les catégories de logements et les secteurs géographiques sont déterminés en fonction de la structuration du marché locatif constatée par l'observatoire local des loyers.

Chaque loyer de référence est égal au loyer médian calculé à partir des niveaux de loyers [loyer] constatés par l'observatoire local des loyers selon les catégories de logements et les secteurs géographiques.

Chaque loyer de référence majoré et chaque loyer de référence minoré sont fixés, respectivement, par majoration et par minoration du loyer de référence.

Les compétences attribuées au représentant de l'État dans le département par le présent article sont exercées dans la région d'Île-de-France par le représentant de l'État dans la région.

Le loyer de référence majoré est égal à un montant supérieur de 20 % au loyer de référence.

Le loyer de référence minoré est égal au loyer de référence diminué de 30 %.

III. – A. – Dans les territoires où s'applique l'arrêté mentionné au I, le loyer de base des logements mis en location est fixé librement entre les parties lors de la conclusion du contrat de bail, dans la limite du loyer de référence majoré. Une action en diminution de loyer peut être engagée si le loyer de base prévu dans le contrat de bail est supérieur au loyer de référence majoré en vigueur à la date de signature de ce contrat.

B. – Un complément de loyer peut être appliqué au loyer de base tel que fixé au A du présent III pour des logements présentant des caractéristiques de localisation ou de confort le justifiant, par comparaison avec les logements de la même catégorie situés dans le même secteur géographique.

Le montant du complément de loyer et les caractéristiques du logement le justifiant sont mentionnés au contrat de bail.

Lorsqu'un complément de loyer est appliqué, le loyer s'entend comme la somme du loyer de base et de ce complément.

Un complément de loyer ne peut être appliqué à un loyer de base inférieur au loyer de référence majoré.

Le locataire qui souhaite contester le complément de loyer dispose d'un délai de trois mois à compter de la signature du bail pour saisir la commission départementale de conciliation prévue à l'article 20 de la loi n° 89-462 du 6 juillet 1989 précitée, sauf lorsqu'il s'agit d'un bail mobilité soumis au titre Ier *ter* de la même loi.

En cas de contestation, il appartient au bailleur de démontrer que le logement présente des caractéristiques de localisation ou de confort le justifiant, par comparaison avec les logements de la même catégorie situés dans le même secteur géographique.

En cas de conciliation, le montant du loyer, tenant compte de l'éventuel complément de loyer, est celui fixé par le document de conciliation délivré par la commission départementale de conciliation.

En l'absence de conciliation, le locataire dispose d'un délai de trois mois à compter de la réception de l'avis de la commission départementale de conciliation pour saisir le juge d'une demande en annulation ou en diminution du complément de loyer. La fin de non-recevoir tirée de l'absence de saisine préalable de la commission départementale de conciliation peut être soulevée d'office par le juge.

Dans les deux cas, le loyer résultant du document de conciliation ou de la décision de justice s'applique à compter de la prise d'effet du bail.

IV. – L'arrêté mentionné au I du présent article fixe, pour les logements meublés soumis aux titres Ier *bis* et Ier *ter* de la loi n° 89-462 du 6 juillet 1989 précitée un loyer de référence, un loyer de référence majoré et un loyer de référence minoré par catégorie de logement[s] et par secteur géographique. Le loyer de référence, le loyer de référence majoré et le loyer de référence minoré sont déterminés par l'application d'une majoration unitaire par mètre carré aux loyers de référence définis au II du présent article pour tenir compte du caractère meublé du logement. Cette majoration est déterminée à partir des écarts constatés entre les loyers des logements loués nus et les loyers des logements loués meublés observés par l'observatoire local des loyers.

Le complément de loyer tient compte des équipements et services associés aux logements meublés.

Ces dispositions ne sont pas applicables aux logements meublés situés dans une résidence avec services gérée selon un mode d'organisation adapté aux nécessités des résidents par un mandataire unique, définis au c du 4° de l'article 261 D du code général des impôts.

V. – Le contrat de location précise le loyer de référence et le loyer de référence majoré, correspondant à la catégorie de logements. En cas d'absence dans le contrat de location de cette mention, le locataire peut, dans un délai d'un mois à compter de la prise d'effet du contrat de location, mettre en demeure le bailleur de porter cette information au bail. À défaut de réponse du bailleur dans le délai d'un mois ou en cas de refus de ce dernier, le locataire peut saisir, dans le délai de trois mois à compter de la mise en demeure, la juridiction compétente afin d'obtenir, le cas échéant, la diminution du loyer.

VI. – Lors du renouvellement du contrat, une action en diminution de loyer peut être engagée si le montant du loyer fixé au contrat de bail, hors montant du complément de loyer le cas échéant, est supérieur au loyer de référence majoré.

Lors du renouvellement du contrat, une action en réévaluation de loyer peut être engagée dès lors que le loyer est inférieur au loyer de référence minoré. Toutefois, cette action ne peut pas être engagée pour les logements de la classe F ou de la classe G, au sens de l'article L. 173-1-1 du code de la construction et de l'habitation.

Dans les cas prévus aux deux premiers alinéas du présent VI, l'une ou l'autre des parties peut proposer un nouveau loyer à son cocontractant, au moins six mois avant le terme du contrat pour le bailleur et au moins cinq mois avant le terme du contrat pour le locataire, dans les conditions de forme prévues à l'article 15 de la loi n° 89-462 du 6 juillet 1989 précitée. Le montant du loyer de référence majoré ou minoré pris en compte correspond à celui qui est en vigueur à la date de la proposition émise par l'une des parties.

Le nouveau loyer proposé dans le cadre d'une action en réévaluation de loyer est inférieur ou égal au loyer de référence minoré. Le locataire peut, par référence aux loyers habituellement constatés dans le voisinage pour des logements comparables, contester l'action en réévaluation de loyer selon la procédure prévue au présent article.

Les loyers servant de référence doivent être représentatifs de l'ensemble des loyers habituellement constatés dans le voisinage pour des logements comparables, situés soit dans le même groupe d'immeubles, soit dans tout autre groupe d'immeubles comportant des caractéristiques similaires et situés dans la même zone géographique.

Le nombre minimal de références à fournir est de trois. Toutefois, il est de six dans les communes, dont la liste est fixée par décret, faisant partie d'une agglomération de plus d'un million d'habitants.

Lorsque le bailleur fait application du présent VI, il ne peut donner congé au locataire pour la même échéance du contrat.

La notification d'une proposition d'un nouveau loyer reproduit intégralement, à peine de nullité, les dispositions du présent VI et mentionne le montant du loyer ainsi que le loyer de référence majoré ou le loyer de référence minoré ayant servi à le déterminer.

En cas de désaccord ou à défaut de réponse du cocontractant saisi quatre mois avant le terme du contrat, l'une ou l'autre des parties peut saisir la commission départementale de conciliation mentionnée à l'article 20 de la loi n° 89-462 du 6 juillet 1989 précitée.

À défaut d'accord constaté par la commission départementale de conciliation, le juge peut être saisi avant le terme du contrat. À défaut de saisine du juge, le contrat est reconduit de plein droit aux conditions antérieures du loyer, éventuellement révisé en application de l'article 17-1 de la même loi. Le contrat dont le loyer est fixé judiciairement est réputé renouvelé pour la durée définie aux articles 10 et 25-7 de ladite loi, à compter de la date d'expiration du contrat. La décision du juge est exécutoire par provision.

Lorsque les parties s'accordent sur une hausse du loyer ou lorsque cette hausse est fixée judiciairement, celle-ci s'applique par tiers ou par sixième selon la durée du contrat.

Toutefois, cette hausse s'applique par sixième annuel au contrat renouvelé, puis lors du renouvellement ultérieur, dès lors qu'elle est supérieure à 10 % si le premier renouvellement avait une durée inférieure à six ans.

Lorsque la hausse du loyer convenue entre les parties ou fixée judiciairement porte sur un contrat de location soumis aux dispositions du titre Ier *bis* de la loi n° 89-462 du 6 juillet 1989 précitée, elle s'applique au contrat renouvelé. Toutefois, si la hausse est supérieure à 10 %, elle s'applique par tiers annuel au contrat renouvelé et lors des renouvellements ultérieurs.

La révision éventuelle résultant de l'article 17-1 de la même loi s'applique à chaque valeur ainsi définie.

VII. – Lorsque le représentant de l'État dans le département constate qu'un contrat de bail ne respecte pas les dispositions du A du III, il peut mettre en demeure le bailleur, dans un délai de deux mois, d'une part, de mettre le contrat en conformité avec le présent article et, d'autre part, de procéder à la restitution des loyers trop perçus. Le bailleur est informé des sanctions qu'il encourt et de la possibilité de présenter, dans un délai d'un mois, ses observations.

Si cette mise en demeure reste infructueuse, le représentant de l'État dans le département peut prononcer une amende à l'encontre du bailleur, dont le montant ne peut excéder 5 000 € pour une personne physique et 15 000 € pour une personne morale. Cette décision est motivée et indique les voies et délais de recours. L'amende est prononcée après que l'intéressé a été mis à même de présenter ses observations.

Le prononcé de l'amende ne fait pas obstacle à ce que le locataire engage une action en diminution de loyer.

VIII. – Un décret en Conseil d'État fixe les modalités d'application du présent article.

422.03 **Bibliographie indicative.**

Annuel. LAMY DR. IMMO, n°s 5943 s.

Encyclopédies. RÉP. CIV., V° *Bail d'habitation et mixte : rapports locatifs individuels – Loi du 6 juillet 1989*, N. Damas, n°s 121, 144 – DICT. PERM. Gestion immob., V° *Baux d'habitation et mixtes*, n°s 211 s.

Ouvrage. E. Debaussart-Joniec, S. Fraîche-Dupeyrat, Ph. Pelletier, *Les baux d'habitation après la loi Élan*, 3e éd., « Actualité », 2019, LexisNexis – J. Lafond, B. Vial-Pedroletti, *Les baux d'habitation*, 8e éd., « Droit et professionnels », LexisNexis, 2017, n°s 576 s. et 626 s. – Ph. Pelletier, *Traité des baux d'habitation et professionnels*, « Référence juridique », Le Moniteur, 2021.

SECTION 1
RÉGIME ANTÉRIEUR À LA LOI ALUR : UN LOYER EN PRINCIPE LIBREMENT FIXÉ PAR LES PARTIES

422.11 **Champ d'application du régime antérieur à la loi Alur.** Selon la loi du 6 août 2015, dite loi Macron[1], l'article 17 de la loi du 6 juillet 1989, dans sa rédaction issue de la loi du 24 mars 2014, dite loi Alur, s'applique aux nouveaux baux et aux baux faisant l'objet d'un renouvellement, mais non aux baux tacitement reconduits.

Ainsi, les baux conclus avant l'entrée en vigueur de la loi du 24 mars 2014[2], dite loi Alur, le 27 mars 2014, et tacitement reconduits depuis sont toujours régis par l'article 17 dans sa rédaction antérieure à la loi du 24 mars 2014.

422.12 **Une liberté encadrée de fixation du loyer initial.** Entre le 1er août 1997 et la date d'entrée en vigueur de la loi du 24 mars 2014, dite loi Alur, c'était la liberté contractuelle qui avait vocation à s'appliquer pour la fixation de tout loyer initial.

En effet, avant la loi Alur du 24 mars 2014, la loi du 6 juillet 1989[3] distinguait les logements pour lesquels le loyer est fixé librement (art. 17 *a*) des logements dont le loyer doit être déterminé par référence aux loyers pratiqués dans le voisinage (art. 17 *b*). Cependant, dans la mesure où cet article 17 *b* précisait que « les dispositions [de fixation des loyers par références] sont applicables jusqu'au 31 juillet 1997 » et qu'aucun texte n'était venu repousser cette date butoir, depuis le 1er août 1997, les loyers initiaux de tous les logements relevant de la loi de 1989 étaient fixés en toute liberté par les contractants.

Un décret du 20 juillet 2012[4], dont les modalités ont été pérennisées par un décret du 30 juillet

1. L. n° 2015-990, 6 août 2015, art. 82-II, en vigueur le 8 août 2015.
2. L. n° 2014-366, 24 mars 2014 pour l'accès au logement et un urbanisme rénové, *JO* 26 mars, p. 5809.
3. L. n° 89-462, 6 juill. 1989, art. 17.
4. Décr. n° 2012-894, 20 juill. 2012 relatif à l'évolution de certains loyers dans le cadre d'une nouvelle location ou d'un renouvellement de bail, pris en application de l'article 18 de la loi n° 89-462 du 6 juillet 1989, *JO* 21 juill.

2013 [1], bridait toutefois fortement cette liberté pour les logements vacants situés dans une zone tendue. Le mécanisme d'encadrement des loyers par décret mis en place était très proche de celui qui existe aujourd'hui [2].

SECTION 2
RÉGIME INSTAURÉ PAR LES LOIS ALUR, ÉLAN ET « CLIMAT ET RÉSILIENCE »

§ 1
Deux régimes distincts

422.21 Distinction entre le régime applicable en zones « tendues » et celui qui prévaut en dehors de ces zones. Dans les zones dites « tendues », le loyer initial est encadré par décret et cet encadrement peut être doublé par un encadrement préfectoral.

À l'inverse, en dehors de ces zones tendues, le loyer initial est en principe fixé librement.

Depuis la loi « Climat et résilience » du 22 août 2021 [3], ce principe souffre toutefois une exception à l'égard des logements énergivores.

§ 2
Régime applicable en zones tendues

422.30 Plan – Double encadrement. Le loyer en « zone tendue » (notion qui doit être définie) peut être soumis à un double encadrement. Le premier peut être le fait du préfet (A), tandis que le second découle d'un décret (B).

422.31 Notion de « zone tendue » et liste des communes. La notion de « zone tendue » est définie au I du nouvel article 17 de la loi du 6 juillet 1989.

Il s'agit des « zones d'urbanisation continue de plus de 50 000 habitants où il existe un déséquilibre marqué entre l'offre et la demande de logements, entraînant des difficultés sérieuses d'accès au logement sur l'ensemble du parc résidentiel existant, qui se caractérisent notamment par le niveau élevé des loyers, le niveau élevé des prix d'acquisition des logements anciens ou le nombre élevé de demandes de logement par rapport au nombre d'emménagements annuels dans le parc locatif social ».

Le décret du 10 juin 2015 fixe la liste des communes comprises dans ces zones, lesquelles devront se doter d'un observatoire local des loyers au sens de l'article 16 nouveau de la loi du 6 juillet 1989.

Aux termes de l'article 1er du décret du 10 juin 2015, il s'agit des communes des zones mentionnées à la liste annexée au décret du 10 mai 2013 relatif au champ d'application de la taxe annuelle sur les logements vacants, instituée par l'article 232 du code général des impôts. Sont donc concernées les agglomérations d'Ajaccio, Annecy, Arles, Bastia, Bayonne, Beauvais, Bordeaux, Draguignan, Fréjus, Genève-Annemasse, Grenoble, La Rochelle, La Teste-de-Buch - Arcachon, Lille, Lyon, Marseille - Aix-en-Provence, Meaux, Menton-Monaco, Montpellier, Nantes, Nice, Paris, Saint-Nazaire, Sète, Strasbourg, Thonon-les-Bains, Toulon et Toulouse [4, 5].

À noter qu'aux termes de l'article 6 du décret du 10 juin 2015, la liste des communes concernées peut être modifiée par décret.

A.
Encadrement émanant du préfet

1°
Principe

422.41 Expérimentation de l'encadrement du loyer par voie préfectorale. Aux termes de l'article 140, I de la loi du 23 novembre 2018 [6], dite loi Élan, à titre expérimental [7] et pour une durée de cinq ans à compter du 24 novembre 2018 (soit, jusqu'au 24 novembre 2023), dans les zones ten-

1. Décr. n° 2013-689, 30 juill. 2013 relatif à l'évolution de certains loyers dans le cadre d'une nouvelle location ou d'un renouvellement de bail, pris en application de l'article 18 de la loi n° 89-462 du 6 juillet 1989, *JO* 31 juill., p. 11956.
2. V. s^s n°s 422.61 s.
3. L. n° 2021-1104, 22 août 2021 portant lutte contre le dérèglement climatique et renforcement de la résilience face à ses effets, *JO* 24 août, n° 1.
4. V. le texte de ce décret *in Code des baux*, Dalloz, App., v° *Taxe sur les logements vacants*.
5. L'art. 232 du CGI a été modifié par l'art. 100 de la loi n° 2017-256 du 28 février 2017 (*JO* 1er mars, n° 1). Aux termes de cette modification, la liste des communes où la taxe est instituée inclut les communes situées dans les collectivités régies par l'art. 73 de la Constitution *[relatif aux départements et régions d'outre-mer]* comprises dans une zone d'urbanisation continue de plus de 50 000 habitants où existe un déséquilibre marqué entre l'offre et la demande de logements, entraînant des difficultés sérieuses d'accès au logement sur l'ensemble du parc résidentiel existant, qui se caractérisent notamment par le niveau élevé des loyers, le niveau élevé des prix d'acquisition des logements anciens ou le nombre élevé de demandes de logement par rapport au nombre d'emménagements annuels dans le parc locatif social.
6. L. n° 2018-1021, 23 nov. 2018 portant évolution du logement, de l'aménagement et du numérique, *JO* 24 nov., n° 1.
7. Les logements appartenant à ou gérés par des organismes d'HLM mentionnés à l'art. L. 411-2 du CCH ou appartenant à ou gérés par des sociétés d'économie mixte agréées en application de l'art. L. 481-1 du même code, et faisant l'objet d'une convention mentionnée à l'art. L. 831-1 dudit code sont exclus de cette expérimentation (L. n° 2018-1021, 23 nov. 2018, art. 140, I).

dues, les établissements publics de coopération intercommunale (EPCI) compétents en matière d'habitat, la commune de Paris, les établissements publics territoriaux de la métropole du Grand Paris, la métropole de Lyon et la métropole d'Aix-Marseille-Provence peuvent demander qu'un dispositif d'encadrement des loyers soit mis en place[1].

Sur proposition du demandeur transmise avant le 24 novembre 2020, soit, dans les deux ans de la publication de la loi Élan[2], un décret détermine le périmètre du territoire de la collectivité demandeuse sur lequel s'applique le dispositif, lorsque les conditions suivantes sont réunies :

1° un écart important entre le niveau moyen de loyer constaté dans le parc locatif privé et le loyer moyen pratiqué dans le parc locatif social ;

2° un niveau de loyer médian élevé ;

3° un taux de logements commencés, rapporté aux logements existants sur les cinq dernières années, faible ;

4° des perspectives limitées de production pluriannuelle de logements inscrites dans le programme local de l'habitat et de faibles perspectives d'évolution de celles-ci.

Pour chaque territoire ainsi délimité, le représentant de l'État dans le département[3] fixe, chaque année, par arrêté, un loyer de référence, un loyer de référence majoré et un loyer de référence minoré, exprimés par un prix au mètre carré de surface habitable, par catégorie de logements et par secteur géographique. On notera que cette expérimentation peut être limitée à une partie de zone tendue, l'article 140, I de la loi Élan du 23 novembre 2018 précisant (*supra*) qu'« un décret détermine le périmètre du territoire de la collectivité demandeuse sur lequel s'applique le dispositif ».

1. Au plus tard six mois avant son terme, le Gouvernement remet au Parlement un rapport d'évaluation de cette expérimentation (L. n° 2018-1021, 23 nov. 2018, art. 140, I).
2. Au-delà des villes de Paris et de Lille (pour lesquelles, v., respectivement, s[s] n°s 422.41 et 422.42), selon le ministère de la Transition écologique (communiqué de presse, 24 nov. 2020), huit EPCI se sont portés candidats à l'encadrement des loyers dans le délai imparti. Outre l'Établissement public territorial de Plaine Commune et celui de Est Ensemble, sur le territoire desquels l'encadrement préfectoral a d'ores et déjà été validé par le pouvoir exécutif (v. s[s] n°s 422.53 et 422.54), il s'agit de Grand Orly Seine Bièvre, de la Communauté d'agglomération Grand Paris Sud Seine Essonne Sénart - Commune de Grigny -, de Bordeaux Métropole - Ville de Bordeaux -, de Grenoble Métropole - Ville de Grenoble -, de Lyon Métropole - Villes de Lyon et Villeurbanne - et de Montpellier Métropole - Ville de Montpellier.
3. Les compétences attribuées au représentant de l'État dans le département sont exercées dans la région d'Île-de-France par le représentant de l'État dans la région (L. n° 2018-1021, 23 nov. 2018, art. 140, II).

Cette formulation constitue la réponse du législateur à la censure opérée par les juridictions administratives des arrêtés d'encadrement des loyers pour un an à Lille en 2016[4] et à Paris en 2015, 2016 et 2017[5], au motif que, selon l'article 17 de la loi de 1989 dans sa rédaction de la loi Alur, la mesure d'encadrement aurait dû concerner l'intégralité de la zone tendue[6]. Soit, en agglomération parisienne, les 413 communes concernées[7].

Le 5 juin 2019, le Conseil d'État[8] devait toutefois censurer pour erreur de droit la décision d'annulation des arrêtés préfectoraux parisiens par la cour administrative d'appel de Paris du 26 juin 2018[9, 10].

4. Arr. 16 déc. 2016, publié au *Recueil des actes administratifs de la préfecture du Nord*, n°s 327 à 333, 19 déc. 2016.
5. Arr. n° 2017-06-21-009, 21 juin 2017, publié au *Recueil des actes administratifs de la préfecture de la région d'Île-de-France*, abrogeant arr. n° 2016-06-20-001, 20 juin 2016, ayant lui-même abrogé arr. n° 2015-176-0007, 25 juin 2015.
6. Annulant les mesures d'encadrement à Lille : TA Lille, 17 oct. 2017, n° 1610304, *D.* 2018. Pan. 1117 , spéc. 1120, obs. N. Damas ; *D. actu* 20 oct. 2017, obs. Y. Rouquet ; *RJDA* 2018, n° 10 – ET, à Paris : CAA Paris, 26 juin 2018, n° 17PA03805, *D.* 2018. 1384, obs. Y. Rouquet ; *ibid.* Pan. 1772 , spéc. 1775, obs. N. Reboul-Maupin – SUR le caractère rétroactif de l'annulation de l'arrêté d'encadrement : Paris, 27 nov. 2018, n° 16/25873, *Loyers et copr.* 2019, n° 26, obs. B. Vial-Pedroletti.
7. Jugeant que l'annulation de l'arrêté parisien du 25 juin 2015 entraîne la nullité de l'offre de renouvellement assise sur des références sans réalité : Paris, 20 oct. 2020, n° 18/00597, *Loyers et copr.* 2020, n° 126, obs. B. Vial-Pedroletti.
8. CE 5 juin 2019, n° 423696, NP, *D.* 2019. 1226, obs. Y. Rouquet ; *ibid.* 2020. Pan. 1148, obs. N. Damas ; *AJDI* 2020. 216, obs. N. Damas ; *AJDA* 2019. 1197 ; *Ann. loyers* 7-8/2019. 67, obs. F. de La Vaissière.
9. Au motif que « l'autorité administrative disposait dès 2015, pour identifier les catégories de logement et secteurs géographiques sur le territoire de la commune de Paris, des travaux réalisés, avant même l'entrée en vigueur de la [loi Alur du 24 mars 2014], par l'Office [l'Observatoire] des loyers de l'agglomération parisienne ». La haute juridiction administrative ajoute que « les données relatives aux autres communes de la zone n'étaient, en revanche, pas disponibles à cette date, l'agrément de cet office n'ayant été étendu au territoire de la zone d'urbanisation qui englobe Paris et 412 communes des départements limitrophes que le 29 juin 2016. La décision précise par ailleurs qu'il ressort des pièces du dossier soumis aux juges du fond que la commune de Paris a connu une augmentation particulièrement sensible des loyers, en valeur absolue comme en valeur relative, depuis l'année 2000. En outre, au regard des spécificités du marché locatif à Paris, et notamment de l'attractivité de la capitale qui constitue par elle-même un facteur de renchérissement des loyers sur son territoire, la fixation des loyers de références dans les quatorze secteurs définis au sein du territoire de Paris n'était pas de nature à créer un risque sérieux de distorsion vis-à-vis du marché immobilier des secteurs limitrophes.
10. À la suite de l'arrêt du CE du 5 juin 2019, prononçant un sursis à statuer à propos d'une demande de validité d'un complément de loyer : Paris, 13 sept. 2019, n° 17/04761, *Loyers et copr.* 2019, n° 189, obs. B. Vial-Pedroletti – DANS LE MÊME SENS : Paris, 16 oct.2020, n° 18/05238, *Loyers et copr.* 2020, n° 125, obs. B. Vial-Pedroletti.

422.42 **Loyers de référence.** Chaque loyer de référence est « est égal au loyer médian calculé à partir des niveaux de loyers *[loyer]* constatés par l'observatoire local des loyers selon les catégories de logements et les secteurs géographiques »[1]. Et « les catégories de logements et les secteurs géographiques sont déterminés en fonction de la structuration du marché locatif constatée par l'observatoire local des loyers »[2, 3].

À propos des loyers de référence, l'article 2 du décret du 10 juin 2015[4] indique :

• que les catégories de logement mentionnées au II de l'article 140 de la loi du 23 novembre 2018, dite loi Élan, sont déterminées en fonction au moins des caractéristiques du logement relatives au type de location, meublée ou non meublée, au nombre de pièces principales au sens de l'article R. 111-1 du code de la construction et de l'habitation et à l'époque de construction ;

• que les secteurs géographiques délimitent des zones homogènes en termes de niveaux de loyer constatés sur le marché locatif.

Chaque loyer de référence majoré (égal à un montant supérieur de 20 % au loyer de référence) et chaque loyer de référence minoré (égal au loyer de référence diminué de 30 %) sont « fixés respectivement par majoration et par minoration du loyer de référence »[5].

On notera enfin qu'aux termes de l'article 2-1 du décret du 10 juin 2015 précité[6] que les données permettant de constater la structuration du marché locatif et les niveaux de loyers peuvent avoir été collectées par un observatoire local des loyers avant que celui-ci ait été agréé[7].

422.43 **Indication des loyers de référence dans le bail.** Sur la nécessaire indication des loyers de référence dans un contrat de location portant sur un local situé dans une zone soumise à un arrêté d'encadrement préfectoral, v. s[s] n° 133.83.

422.44 **Liberté de fixation du loyer de base.** Dans les territoires où s'applique l'arrêté préfectoral, le loyer de base des logements mis en location est fixé librement entre les parties lors de la conclusion du contrat de bail, dans la limite du loyer de référence majoré.

Une action en diminution de loyer peut toutefois être engagée si le loyer de base prévu dans le contrat de bail est supérieur au loyer de référence majoré en vigueur à la date de signature de ce contrat[8].

422.45 **Sanction encourue par le bailleur ne respectant pas le cadre légal de fixation du loyer de base.** En application de l'article 140, VII de la loi du 23 novembre 2018, dite loi Élan, lorsque le représentant de l'État dans le département constate qu'un contrat de bail ne respecte pas l'obligation de fixer le loyer de base dans la limite du loyer de référence majoré, il peut mettre en demeure le bailleur, dans un délai de deux mois, d'une part, de mettre le contrat en conformité avec le présent article et, d'autre part, de procéder à la restitution des loyers trop perçus.

Le bailleur est informé des sanctions qu'il encourt et de la possibilité de présenter, dans un délai d'un mois, ses observations.

Si cette mise en demeure reste infructueuse, le représentant de l'État dans le département peut prononcer une amende à l'encontre du bailleur, dont le montant ne peut excéder 5 000 euros pour une personne physique et 15 000 euros pour une personne morale. Cette décision est motivée et indique les voies et délais de recours. L'amende est prononcée après que l'intéressé a été mis à même de présenter ses observations.

Le prononcé de l'amende ne fait pas obstacle à ce que le locataire engage une action en diminution de loyer.

Mise en demeure. Aux termes du décret du 13 mai 2019[9], la mise en demeure doit indiquer :

– le manquement constaté ;

– la nécessité pour le bailleur de mettre en conformité le contrat de location avec les dispositions légales et, le cas échéant, de rembourser les loyers trop-perçus dans un délai de deux mois à compter de la mise en demeure, ainsi que le montant maximal de la sanction encourue si la mise en demeure reste infructueuse ;

– la possibilité pour le bailleur de présenter, dans un délai d'un mois à compter de la mise en demeure, ses observations dans les conditions définies aux articles L. 122-1 et L. 122-2 du code des relations entre le public et l'Administration.

Réponse du bailleur. Le même décret du 13 mai 2019 distingue deux hypothèses :

– le bailleur qui fait droit à la demande de l'Administration doit, dans les délais qui lui sont impartis,

1. L. n° 2018-1021, 23 nov. 2018, art. 140, II.
2. *Ibid.*
3. Au sujet des observatoires locaux des loyers, v. s[s] n°s 421.11 s.
4. Décr. n° 2015-650, 10 juin 2015, art. 2 ; mod. par décr. n° 2019-437, 13 mai 2019, art. 3 – Déclarant infondée la demande d'annulation de ce décret, v. CE 9 déc. 2016, n° 392538, *D. actu.*, n° 392538.
5. L. n° 2018-1021, 23 nov. 2018, art. 140, II.
6. Créé par décr. n° 2021-1142, 2 sept. 2021, art. 1er.
7. Concernant l'agrément des observatoires locaux des loyers, v. s[s] n° 421.21.
8. L. n° 2018-1021, 23 nov. 2018, art. 140, III, A.
9. Décr. n° 2019-437, 13 mai 2019 aux modalités d'application de la mise en demeure en cas de non-respect du dispositif expérimental d'encadrement du niveau des loyers et au recouvrement des amendes administratives dans le cadre des rapports locatifs, *JO* 14 mai, n° 25.

transmettre au préfet une copie du contrat mis en conformité ainsi que, le cas échéant, les éléments permettant de justifier le remboursement des loyers trop-perçus ;

- lorsque la mise en demeure reste infructueuse, le préfet est tenu d'informer le bailleur de son intention de prononcer, à son encontre, l'amende légale. Cette information doit mentionner le montant de l'amende envisagé, proportionné à la gravité du manquement constaté. Le bailleur dispose alors d'un mois pour présenter ses observations. Passé ce délai d'un mois, le préfet peut émettre un titre de perception dans les deux ans qui suivent la mise en demeure. Le titre de perception est recouvré par le Trésor public comme en matière de créances étrangères à l'impôt et au domaine.

422.46 Complément de loyer. Un complément de loyer peut toutefois être appliqué à ce loyer de base pour des logements présentant des « caractéristiques de localisation ou de confort par comparaison avec les logements de la même catégorie situés dans le même secteur géographique[1] ».

Aux termes de l'article 3 du décret du 10 juin 2015[2], ces caractéristiques ne vont permettre l'application d'un complément de loyer, prévu au B du III de l'article 140 de la loi du 23 novembre 2018, dite loi Élan que dès lors qu'elles réunissent les conditions suivantes :

• elles n'ont pas été prises en compte pour la détermination du loyer de référence correspondant au logement ;

• elles sont déterminantes pour la fixation du loyer, notamment par comparaison avec les logements de la même catégorie situés dans le même secteur géographique ;

• elles ne donnent pas lieu à récupération par le bailleur au titre des charges, ni à la contribution pour le partage des économies d'énergie pour les travaux réalisés par le bailleur.

On précisera[3] :

- que le montant du complément de loyer et les caractéristiques du logement le justifiant doivent être mentionnés dans le bail[4] ;

- que lorsqu'un complément de loyer est appliqué, le loyer s'entend comme la somme du loyer de base et de ce complément ;

- qu'un complément de loyer ne peut être appliqué à un loyer de base inférieur au loyer de référence majoré.

422.47 Contestation de l'application du complément de loyer. Le locataire qui entend contester l'application du complément de loyer doit, dans les trois mois de la signature du bail, saisir la commission départementale de conciliation[5] (au sujet de laquelle, v. s^s n°s 811.11 s.). En cas de contestation, il incombe au bailleur de démontrer que le logement présente des caractéristiques de localisation ou de confort par comparaison avec les logements de la même catégorie situés dans le même secteur géographique.

Si la commission arrive à concilier les parties, le montant du loyer est celui fixé par le document de conciliation délivré par la commission. À défaut, le locataire peut, dans les trois mois à compter de la réception de l'avis de la commission, saisir le juge d'une demande en annulation ou en diminution du complément de loyer.

Et la fin de non-recevoir tirée de l'absence de saisine préalable de la commission départementale de conciliation peut être soulevée d'office par le juge.

Dans tous les cas de figure[6], le loyer résultant du document de conciliation ou de la décision de justice s'applique à compter de la prise d'effet du bail[7].

2°
Mise en place

422.51 Mise en place de l'encadrement des loyers à Paris. Aux termes d'un décret du 12 avril 2019[8], le dispositif d'encadrement des loyers prévu à l'article 140 de la loi Élan du 23 novembre 2018 est mis en place sur l'intégralité du territoire de la ville de Paris.

Parachevant le dispositif, un arrêté du 4 juin 2021[9] émanant du préfet de la région d'Île-de-France, préfet de Paris a, en dernier lieu, été publié dans le Recueil des actes administratifs de la préfecture de région[10].

1. L. n° 2018-1021, 23 nov. 2018, art. 140, III, B.
2. Décr. n° 2015-650, 10 juin 2015 relatif aux modalités de mise en œuvre du dispositif d'encadrement du niveau de certains loyers et modifiant l'annexe à l'article R.* 366-5 du code de la construction et de l'habitation, *JO* 12 juin, p. 9713 ; mod. par décr. n° 2019-437, 13 mai 2019.
3. *Ibid.*
4. Jugeant que faute de mention dans le bail de l'existence d'un complément de loyer et des caractéristiques le justifiant, le bailleur doit restituer le trop-perçu et s'acquitter d'une amende administrative : TJ Paris, 9 nov. 2020, n° 11-20-006260, *Loyers et copr.* 2021, n° 34, obs. B. Vial-Pedroletti.
5. Cette saisine n'est pas obligatoire lorsque le bail concerné est un bail mobilité (au sujet duquel, v. s^s n°s 524.11 s.).
6. Conciliation ou absence de conciliation.
7. L. n° 2018-1021, 23 nov. 2018, art. 140, III, B.
8. Décr. n° 2019-315, 12 avr. 2019 fixant le périmètre du territoire de la ville de Paris sur lequel est mis en place le dispositif d'encadrement des loyers prévu à l'article 140 de la loi n° 2018-1021 du 23 novembre 2018 portant évolution du logement, de l'aménagement et du numérique, *JO* 13 avr.
9. Arr. n° IDF-2021-06-04-00002, 4 juin 2021.
10. http://www.prefectures-regions.gouv.fr/ile-de-france

Applicable à compter du 1er juillet 2020, cet arrêté fixe pour une année, sur l'intégralité du territoire de la ville de Paris, les loyers de référence, les loyers de référence majorés et les loyers de référence minorés, par catégorie de logement et par secteur géographique (mentionnés aux I et IV de l'article 140 de la loi Élan du 23 novembre 2018) en fonction de la structuration du marché locatif et à partir des niveaux de loyers constatés par l'Observatoire des loyers de l'agglomération parisienne (Olap).

Les catégories de logement sont déterminées en fonction :

- du type de location, non meublée ou meublée ;
- du nombre de pièces principales au sens de l'article R. 111-1-1 du code de la construction et de l'habitation ;
- de l'époque de construction.

Pour la fixation des loyers de référence des logements loués meublés, il est fait application, en fonction du secteur géographique et de la catégorie de logement, d'une majoration unitaire par mètre carré aux loyers de référence. Cette majoration est déterminée à partir des écarts constatés entre les loyers des logements loués non meublés et des logements loués meublés observés par l'Olap [1].

L'arrêté comporte en annexe :

- la liste des quatorze secteurs géographiques concernés (soit 80 quartiers) ;
- les loyers de référence, loyers de référence majorés et loyers de référence minorés tant pour les locations non meublées que pour les locations meublées ;
- la délimitation des quartiers par des documents cartographiques.

L'arrêté et ses annexes sont consultables sur le site de la Direction régionale et interdépartementale de l'hébergement et du logement d'Île-de-France (DRIHL) [2].

422.52 Mise en place de l'encadrement des loyers à Lille. Selon un décret du 22 janvier 2020 [3], le dispositif d'encadrement des loyers prévu à l'article 140 de la loi Élan du 23 novembre 2018 dite loi Élan est mis en place sur le territoire de la commune de Lille.

Le dispositif est complété par, en dernier lieu, un arrêté préfectoral du 22 février 2021 [4].

Cet arrêté fixe, dans la commune de Lille, les loyers de référence, les loyers de référence majorés et les loyers de référence minorés, par catégorie de logements et par secteur géographique (mentionnés aux I et IV de l'article 140 de la loi Élan du 23 novembre 2018).

Ces loyers, exprimés en euros par mètre carré de surface habitable, et ces catégories de logements figurent à l'annexe I de l'arrêté.

Les secteurs géographiques mentionnés à l'annexe 1 (il en existe quatre) sont délimités par les documents cartographiques figurant à l'annexe 2 du même arrêté.

422.53 Mise en place de l'encadrement des loyers sur le territoire de l'établissement public territorial Plaine Commune. Aux termes du décret du 17 décembre 2020 [5], le dispositif d'encadrement des loyers prévu à l'article 140 de la loi du 23 novembre 2018, dite loi Élan, est mis en place sur l'intégralité du territoire de l'établissement public territorial Plaine Commune.

Plaine Commune est un établissement public territorial qui regroupe les neuf villes suivantes : Aubervilliers, Épinay-sur-Seine, L'Île-Saint-Denis, La Courneuve, Pierrefitte-sur-Seine, Saint-Denis, Saint-Ouen-sur-Seine, Stains et Villetaneuse.

L'arrêté fixant sur ce territoire un loyer de référence, un loyer de référence majoré et un loyer de référence minoré, exprimés par un prix au mètre carré de surface habitable, par catégorie de logements et par secteur géographique a été signé le 1er avril 2021 [6].

S'il reprend l'architecture des arrêtés lillois et parisiens, il s'en éloigne tout de même en ce qu'il distingue les loyers de référence pour les maisons et pour les appartements.

Au sens de l'arrêté, une maison est un bâtiment à usage d'habitation ne comportant qu'un seul loge-

1. Concernant la fixation des loyers de référence des logements loués meublés, mentionnés au IV de l'article 140 de la loi Élan, qui vise les logements meublés « résidence principale » du titre Ier *bis* de la loi du 6 juillet 1989, comme les logements meublés loués dans le cadre d'un bail mobilité du titre Ier *ter*, v. respectivement, ss nos 523.00 s. et 524.00 s.
2. http://www.drihl.ile-de-france.developpement-durable.gouv.fr/
3. Décr. n° 2020-41, 22 janv. 2020 fixant le périmètre du territoire de la métropole européenne de Lille sur lequel est mis en place le dispositif d'encadrement des loyers prévu à l'article 140 de la loi n° 2018-1021 du 23 novembre 2018 portant évolution du logement, de l'aménagement et du numérique, *JO* 24 janv., n° 30.
4. Consultable, ainsi que ses annexes, sur le site internet des services de l'État dans le département du Nord : http://www.nord. gouv.fr/Politiques- publiques/Amenagement-urbanisme-habitat-et-construction/Habitat/Encadrement-des-loyers.
5. Décr. n° 2020-1619, 17 déc. 2020 fixant le périmètre du territoire de l'établissement public territorial Plaine Commune sur lequel est mis en place le dispositif d'encadrement des loyers prévu à l'article 140 de la loi n° 2018-1021 du 23 novembre 2018 portant évolution du logement, de l'aménagement et du numérique, *JO* 19 déc., n° 36.
6. Il est consultable, avec ses annexes sur le site internet de la direction régionale et interdépartementale de l'hébergement et du logement d'Ile-de-France : www.drihl.ile-de-france.developpement-durable.gouv.fr.

ment. Tout autre type de logement constitue un appartement.

Le texte précise par ailleurs que les bâtiments mitoyens ou issus de la division verticale d'un bâtiment unique sont considérés comme deux bâtiments.

422.54 Mise en place de l'encadrement des loyers sur le territoire de l'établissement public territorial Est Ensemble. C'est un décret du 28 mai 2021[1] qui instaure le dispositif d'encadrement des loyers par voie préfectorale prévu à l'article 140 de la loi du 23 novembre 2018, dite loi Élan, sur l'intégralité du territoire de l'établissement public territorial Est Ensemble.

Est Ensemble est un établissement public territorial qui regroupe les villes de Bagnolet, Bobigny, Bondy, Le Pré-Saint-Gervais, Les Lilas, Montreuil, Noisy-Le-Sec, Pantin et de Romainville.

L'arrêté fixant les loyers de référence, les loyers de référence majorés et les loyers de référence minorés pour l'établissement public territorial Est Ensemble a été signé le 3 novembre 2021[2].

Il est comparable à l'arrêté mettant en place l'encadrement des loyers sur le territoire de l'établissement public territorial Plaine Commune (v. s^s^ n° 422.53), jusque et y compris en ce qu'il distingue, selon les mêmes modalités, les loyers de référence pour les maisons (vides et meublées) et pour les appartements (vides et meublés).

Notons enfin que l'arrêté identifie dix secteurs géographiques (un par commune, sauf Montreuil, qui en compte deux)[3].

422.55 Mise en place de l'encadrement des loyers sur le territoire de la métropole de Lyon. Aux termes d'un décret du 2 septembre 2021[4], le dispositif d'encadrement des loyers prévu à l'article 140 de la loi du 23 novembre 2018, dite loi Élan, est mis en place sur le territoire des communes de Lyon et de Villeurbane.

L'arrêté fixant, dans les communes de Lyon et de Villeurbanne, les loyers de référence, les loyers de référence majorés et les loyers de référence minorés exprimés par un prix au mètre carré de surface habitable, par catégorie de logements (meublés ou non) et par secteur géographique (mentionnés aux I et IV de l'article 140 de la loi Élan du 23 novembre 2018) a été signé le 29 septembre 2021[5].

Entré en en vigueur depuis le 1er novembre 2021, il comporte deux annexes. La première définit les trois loyers de référence en fonction du secteur géographique (il existe quatre zones), du nombre de pièces et de l'époque de construction. La seconde représente une vue d'ensemble de la cartographie des secteurs géographiques[6].

422.56 Mise en place de l'encadrement des loyers à Montpellier. Selon le décret du 2 septembre 2021, le dispositif d'encadrement des loyers prévu à l'article 140 de la loi du 23 novembre 2018, dite loi Élan, est mis en place sur le territoire de la commune de Montpellier[7].

422.57 Mise en place de l'encadrement des loyers à Bordeaux. Il s'évince du décret du 2 septembre 2021, que le dispositif d'encadrement des loyers prévu à l'article 140 de la loi du 23 novembre 2018, dite loi Élan, est mis en place sur le territoire de la commune de Bordeaux[8].

B.
Encadrement découlant d'un décret

422.61 Principe. Dans ces zones tendues[9], l'encadrement « préfectoral » va pouvoir être doublé, d'un décret.

Très proche de sa rédaction antérieure[10], l'article 18 de la loi du 6 juillet 1989 issu de la loi du 24 mars 2014, dite loi Alur, précise désormais que, pour chacune des zones tendues, un décret en fixe annuellement le montant maximum d'évolution des loyers des logements vacants et des contrats renouvelés. Le texte ajoute que ce décret peut prévoir des adaptations particulières, notamment en cas de travaux réalisés par les bailleurs ou de loyers manifestement sous-évalués. Depuis la modification de cet article 18 par loi « Climat et résilience » du 22 août 2021[11], la préci-

1. Décr. n° 2021-688, 28 mai 2021 fixant le périmètre du territoire de l'établissement public territorial Est Ensemble sur lequel est mis en place le dispositif d'encadrement des loyers prévu à l'article 140 de la loi n° 2018-1021 du 23 novembre 2018 portant évolution du logement, de l'aménagement et du numérique, *JO* 30 mai, n° 45.
2. Arr. n° IDF-2021-11-03-00006, Recueil des actes administratifs spécial n° IDF-006-2021-11.
3. La délimitation des secteurs géographique de Montreuil est disponible à l'adresse suivante : www.drihl.ile-de-france.developpement-durable.gouv.fr
4. Décr. n° 2021-1143, 2 sept. 2021 fixant le périmètre du territoire de la métropole de Lyon sur lequel est mis en place le dispositif d'encadrement des loyers prévu à l'article 140 de la loi n° 2018-1021 du 23 novembre 2018 portant évolution du logement, de l'aménagement et du numérique, *JO* 3 sept., n° 17.
5. Arr. n° DDT-69-2021-0929-00005, 29 sept. 2021.
6. L'arrêté et ses annexes sont consultables sur https://www.rhone.gouv.fr/Politiques-publiques/Amenagement-du-territoire-urbanisme-construction-logement/Logement/Encadrement-des-loyers
7. À l'heure où ces lignes sont rédigées, l'arrêté préfectoral qui doit compléter le dispositif n'est pas paru.
8. À l'heure où ces lignes sont rédigées, l'arrêté préfectoral qui doit compléter le dispositif n'est pas paru.
9. Définies s^s^ n° 422.31.
10. V. s^s^ n° 422.12.
11. L. n° 2021-1104, 22 août 2021 portant lutte contre le dérèglement climatique et renforcement de la résilience face à ses effets, *JO* 3 sept., n° 18.

sion selon laquelle « ces adaptations particulières ne s'appliquent pas lorsque les logements ont une consommation énergétique primaire supérieure ou égale à 331 kilowattheures par mètre carré et par an » a été supprimée[1].

Enfin, l'article 18 précise qu'en cas de litige entre les parties résultant de l'application du décret, la commission départementale de conciliation[2] est compétente et sa saisine constitue un préalable obligatoire à la saisine du juge par l'une ou l'autre des parties.

422.62 **Locaux nus ou meublés.** Pour les contrats de location de locaux nus ou meublés conclus pendant la période du 1er août 2021 au 31 juillet 2022[3], un décret du 27 juillet 2017 modifié[4], est venu encadrer les loyers des baux conclus dans les agglomérations situées dans les zones tendues[5].

422.63 **Logements vacants.** Aux termes de ce texte, qui concerne les « logements inoccupés proposés à la location », à l'exception toutefois, des logements faisant l'objet d'une première location et des logements inoccupés par un locataire depuis plus de dix-huit mois[6], lorsqu'un logement vacant fait l'objet d'une nouvelle location, le loyer du nouveau bail ne peut excéder le dernier loyer appliqué au précédent locataire.

422.64 **Dernier loyer – Précisions.** L'article 8 du texte de 2017 précise que, lorsque le dernier loyer appliqué au précédent locataire a fait l'objet d'une réévaluation sans que celle-ci ait été entièrement appliquée à la date à laquelle cessent les relations contractuelles entre le bailleur et le précédent locataire, le « dernier loyer appliqué au précédent locataire » est le loyer convenu entre les parties ou fixé judiciairement, y compris la fraction non encore réévaluée.

422.65 **Révision du loyer.** Si aucune révision de loyer n'est intervenue au cours des douze mois précédant la conclusion du nouveau contrat de location, le loyer appliqué au nouveau locataire ne peut excéder le dernier loyer appliqué au précédent locataire révisé en fonction de la variation de l'indice de référence des loyers mentionnée au deuxième alinéa du I de l'article 17-1 de la loi de 1989[7]. Le même texte précise que la date de référence à prendre en compte pour cette révision est celle du dernier indice publié à la date de signature du nouveau contrat de location.

Selon l'article 9, 1° du décret de 2017[8], en cas d'encadrement du loyer par arrêté préfectoral (prévu au I de l'article 140 de la loi du 23 novembre 2018, dite loi Élan) pris à la date de la conclusion d'un nouveau contrat, la révision du loyer ne peut pas excéder la limite prévue au A du III de l'article 140 de la loi Élan, à savoir, le loyer de référence majoré[9].

422.66 **Réévaluation du loyer : conditions et limites.** L'article 4 du décret de 2017 prévoit par ailleurs des dérogations à ce qui précède, le loyer du nouveau contrat de location pouvant être réévalué dans les conditions et les limites suivantes :

1° Lorsque le bailleur a réalisé, depuis la conclusion du contrat de location initial avec le précédent locataire ou, au cas où le bail a été renouvelé, depuis son dernier renouvellement, des travaux d'amélioration ou de mise en conformité avec les caractéristiques de décence[10] portant sur les parties privatives ou sur les parties communes pour un montant au moins égal à la moitié de la dernière année de loyer, la hausse du loyer annuel ne peut excéder 15 % du coût réel des travaux TTC.

2° Lorsque le dernier loyer appliqué au précédent locataire est manifestement sous-évalué, la hausse du nouveau loyer ne peut excéder la moitié de la différence entre le montant d'un loyer déterminé par référence aux loyers habituellement constatés dans le voisinage pour des logements comparables et le dernier loyer appliqué au précédent locataire, révisé dans les limites prévues ci-dessus.

3° Le loyer relatif à un logement qui a fait l'objet depuis moins de six mois de travaux d'amélioration d'un montant au moins égal à la dernière année de loyer peut être librement réévalué. Toutefois, comme au 1°, d'une part, est exclu du montant des travaux d'amélioration ou de mise en conformité le coût des travaux ayant donné ou donnant lieu à une contribution pour le partage des économies de charge de l'article 23-1 de la loi de 1989[11] ou à une majoration du loyer consécutive à la réalisation de travaux

1. En Métropole, cette suppression vaut pour les contrats de location conclus, renouvelés ou tacitement reconduits un an après la publication de la loi, soit à compter du 25 août 2022. En Guadeloupe, en Martinique, en Guyane, à La Réunion et à Mayotte, cette suppression vaut pour les contrats de location conclus, renouvelés ou tacitement reconduits après le 1er juillet. 2024.
2. Au sujet de laquelle, v. ss nos 811.11 s.
3. SUR la durée des effets des décrets d'encadrement, v. ss no 422.12.
4. Décr. no 2017-1198, 27 juill. 2017 relatif à l'évolution de certains loyers dans le cadre d'une nouvelle location ou d'un renouvellement de bail applicable du 1er août 2021 au 31 juillet 2022, pris en application de l'article 18 de la loi no 89-462 du 6 juillet 1989, *JO* 29 juill., no 142 ; mod. par décr. no 2019-802, 26 juill. 2019 ; *par* décr. no 2020-945, 30 juill. 2020 et par décr. no 2021-852, 29 juin 2021 (*JO* 30 juin, no 72).
5. Définies ss no 422.31.
6. Décr. no 2016-1040, 29 juill. 2016, art. 2.
7. Décr. no 2017-1198, 27 juill. 2017, art. 3 (v. ss nos 424.11 s.).
8. Décr. no 2017-1198, 27 juill. 2017, art. 9 ; mod. par décr. no 2019-437, 13 mai 2019.
9. Au sujet duquel, v. nos 422.42 s.
10. Définies en application de la L. 6 juill. 1989, art. 6, al. 1er et 2.
11. V. ss nos 311.51 s.

d'amélioration par le bailleur en application du II de l'article 17-1[1] et, d'autre part, que le coût des travaux d'amélioration ou de mise en conformité portant sur les parties communes est déterminé en fonction des millièmes correspondant au logement[2].

422.67 Réévaluation du loyer : Mise en œuvre. Des précisions concernant la prise en compte de la sous-évaluation manifeste du loyer antérieur et des travaux réalisés doivent être apportées.

422.68 Réévaluation du loyer : conditions de prise en compte de la sous-évaluation manifeste du dernier loyer appliqué au précédent locataire. Aux termes de l'article 6 du décret de 2017 modifié[3],

- d'une part, les logements comparables servant à la détermination du loyer de référence sont situés soit dans le même groupe d'immeubles, soit dans tout autre groupe d'immeubles comportant des caractéristiques similaires et situé dans la même zone géographique. Les éléments constitutifs de ces références sont définis par le décret du 31 août 1990[4] ;

- et d'autre part, l'augmentation de loyer n'est possible que lorsque le logement atteint le niveau de performance énergétique minimal défini à l'article 7-1 du décret de 2017[5] (selon ce texte, le niveau de performance énergétique minimal en question, correspond à une consommation en énergie primaire du logement inférieure à 331 kWh par mètre carré et par an, telle qu'estimée par le diagnostic de performance énergétique défini à l'article L. 126-26 du code de la construction et de l'habitation). L'article 6 précise enfin que cette condition est présumée remplie lorsque l'atteinte de ce niveau de performance énergétique a été constatée par un diagnostic de performance énergétique établi moins de quatre ans auparavant.

422.69 Réévaluation du loyer : conditions de prise en compte des travaux réalisés. Concernant les travaux réalisés par le bailleur en vertu des 1° et 3° de l'article 4 du décret de 2017, en vertu de l'article 7 de ce texte :

- est exclu du montant des travaux d'amélioration ou de mise en conformité le coût des travaux ayant donné ou donnant lieu à une contribution pour le partage des économies de charge en application de l'article 23-1 de la loi de 1989[6] ou à une majoration du loyer suite à la réalisation de travaux d'amélioration par le bailleur en application du II de l'article 17-1[7] de la même loi[8] ;

- le coût des travaux d'amélioration ou de mise en conformité portant sur les parties communes est déterminé en fonction des millièmes correspondant au logement[9] ;

- l'augmentation de loyer n'est possible que lorsque, à l'issue des travaux, le logement atteint le niveau de performance énergétique minimal défini à l'article 7-1 du décret de 2017[10] (qui précise que ce niveau de performance énergétique minimal correspond à une consommation en énergie primaire du logement inférieure à 331 kWh/m2/an, telle qu'estimée par le DPE défini à l'article L. 126-26 du CCH). Comme en matière de sous-évaluation manifeste, cette condition est présumée remplie lorsque l'atteinte de ce niveau de performance énergétique, avant les travaux, a été constatée par un DPE établi moins de quatre ans auparavant[11].

422.70 Réévaluation du loyer : exclusion. Aux termes de l'article 9, 1° et 2° du décret du 27 juillet 2017[12], en cas d'encadrement du loyer par arrêté préfectoral[13], pris à la date de la conclusion d'un nouveau contrat :

- la réévaluation du loyer ne peut pas excéder la limite prévue au A du III de l'article 140 de la loi du 23 novembre 2018 susvisée, c'est-à-dire, le loyer de référence majoré[14] ;

- les trois dérogations susvisées[15] ne s'appliquent pas lorsque le dernier loyer appliqué au précédent locataire, tel que défini au troisième alinéa du B du III de l'article 140 de la loi du 23 novembre 2018, dite loi Élan, c'est-à-dire en tenant compte d'un complément de loyer[16], est supérieur au loyer de référence majoré en vigueur à la date de conclusion du nouveau contrat de location.

§ 3
Régime applicable en dehors des zones tendues

422.81 Principe de liberté. L'article 17, II de la loi du 6 juillet 1989 commence par énoncer que la fixation du loyer des logements mis en location est libre.

1. Décr. n° 2017-1198, 27 juill. 2017, art. 7, 1° (v. s^{s} n°s 422.93 s.).
2. Décr. n° 2017-1198, 27 juill. 2017, art. 7, 2°.
3. En dernier lieu par décr. n° 2021-852, 29 juin 2021, *JO* 30 juin, n° 72.
4. Décr. n° 90-780, 31 août 1990 portant application de l'article 19 de la loi n° 89-462 du 6 juillet 1989 tendant à améliorer les rapports locatifs, *JO* 6 sept., p. 10827.
5. Créé par décr. n° 2021-852, 29 juin 2021, *JO* 30 juin, n° 72.
6. V. s^{s} n°s 311.51 s.
7. V. s^{s} n°s 422.93.
8. Décr. n° 2017-1198, 27 juill. 2017, art. 7, 1°.
9. Décr. n° 2017-1198, 27 juill. 2017, art. 7, 2°.
10. Créé par décr. n° 2021-852, 29 juin 2021.
11. Décr. n° 2017-1198, 27 juill. 2017, art. 7, 3°.
12. Décr. n° 2017-1198, 27 juill. 2017, art. 9 ; mod. par décr. n° 2019-437, 13 mai 2019.
13. Prévu au I de l'article 140 de la loi n° 2018-1021 du 23 novembre 2018, dite loi Élan.
14. Au sujet duquel, v. n°s 422.42 s.
15. V. s^{s} n° 422.66.
16. Au sujet duquel, v. s^{s} n° 422.46.

Toutefois, dans une seconde phrase issue de la loi « Climat et résilience » du 22 août 2021 [1], le texte ajoute que lorsqu'un logement particulièrement énergivore, c'est-à-dire relevant de la classe F ou de la classe G, au sens de l'article L. 173-1-1 du code de la construction et de l'habitation [2] fait l'objet d'une nouvelle location, le loyer du nouveau contrat de location ne peut excéder le dernier loyer appliqué au précédent locataire.

Concernant l'entrée en vigueur de cette exception issue de la loi « Climat et résilience » en Métropole, le texte [3] précise que l'article 17 de la loi du 6 juillet 1989, dans sa rédaction résultant de la loi nouvelle est applicable aux contrats de location conclus, renouvelés ou tacitement reconduits un an après la publication de la loi, soit à compter du 25 août 2022.

En Guadeloupe, en Martinique, en Guyane, à La Réunion et à Mayotte, cette exception vaut pour les contrats de location conclus, renouvelés ou tacitement reconduits après le 1er juillet 2024.

SECTION 3
INCIDENCE DE LA PRISE EN COMPTE DES TRAVAUX SUR LA FIXATION DU LOYER

422.91 **Prise en charge des travaux.** La prise en charge de certains travaux par l'une des parties au contrat va avoir des incidences sur le prix du bail. Il existe deux cas de figure.

422.92 **Prise en charge de travaux par le locataire en vertu d'une « clause travaux ».** Une « clause travaux », prévue à l'article 6 *a* de la loi du 6 juillet 1989 est la clause du contrat de location par laquelle le locataire s'engage à exécuter ou à faire exécuter des travaux, moyennant une réduction temporaire du loyer [4].

422.93 **Prise en charge par le bailleur de travaux d'amélioration.** L'article 17-1, II de la loi de 1989 énonce que « lorsque les parties sont convenues, par une clause expresse, de travaux d'amélioration du logement que le bailleur fera exécuter, le contrat de location ou un avenant à ce contrat fixe la majoration du loyer consécutive à la réalisation de ces travaux » [5].

1. L. n° 2021-1104, 22 août 2021 portant lutte contre le dérèglement climatique et renforcement de la résilience face à ses effets, *JO* 24 août, n° 1.
2. Au sujet duquel, v. ss n° 211.43.
3. L. n° 2021-1104, 22 août 2021, art. 159, IV.
4. Les incidences de cette « clause travaux » sur le loyer font l'objet de développements v. ss nos 311.21 s.
5. Sur les incidences de cette clause sur le loyer v. ss nos 312.31 s.

CHAPITRE

423. Fixation et application du loyer de renouvellement

SECTION 0 ORIENTEUR

423.00 Sommaire du chapitre.

Division. L'évolution de la législation relative au loyer de renouvellement (sect. 1) retiendra notre attention avant d'examiner la fixation du loyer hors zone tendue (sect. 2) et la fixation du loyer en zone tendue (sect. 3).

423.01 Principaux textes applicables.

TEXTES SOURCES

• **L. n° 89-462, 6 juill. 1989,** art. 9-1, 16, 17-2, 20.

• **Décr. n° 90-780, 31 août 1990** portant application de l'article 19 de la loi n° 89-462 du 6 juillet 1989 tendant à améliorer les rapports locatifs, *JO* 6 sept., p. 10827.

• **Décr. n° 2017-1198, 27 juill. 2017** relatif à l'évolution de certains loyers dans le cadre d'une nouvelle location ou d'un renouvellement de bail, applicable du 1er août 2021 au 31 juillet 2022, pris en application de l'article 18 de la loi n° 89-462 du 6 juillet 1989, *JO* 29 juill., n° 142 ; mod. par décr. n° 2019-437, 13 mai 2019 ; décr. n° 2019-802, 26 juill.

2019 ; décr. nº 2020-945, 30 juill. 2020 (*JO* 31 juill., nº 56) ; décr. nº 2021-852, 29 juin 2021 (*JO* 30 juin, nº 72).

TEXTES *IN EXTENSO*

• **L. 6 juill. 1989,** art. 9-1

Nonobstant les dispositions des articles 515-4 et 1751 du code civil, les notifications ou significations faites en application du présent titre par le bailleur sont de plein droit opposables au partenaire lié par un pacte civil de solidarité au locataire ou au conjoint du locataire si l'existence de ce partenaire ou de ce conjoint n'a pas été préalablement portée à la connaissance du bailleur.

• **L. 6 juill. 1989,** art. 16

* V. s[s] nº 422.01

• **L. 6 juill. 1989,** art. 17-2

I. – Lors du renouvellement du contrat, et dans les zones où s'applique l'arrêté mentionné au I de l'article 17, une action en diminution de loyer peut être engagée si le montant du loyer fixé au contrat de bail, hors montant du complément de loyer le cas échéant, est supérieur au loyer de référence majoré.

Dans ces mêmes zones, lors du renouvellement du contrat, une action en réévaluation de loyer peut être engagée dès lors que le loyer est inférieur au loyer de référence minoré.

Dans ces deux cas, l'une ou l'autre des parties peut proposer un nouveau loyer à son cocontractant, au moins six mois avant le terme du contrat pour le bailleur et au moins cinq mois avant le terme du contrat pour le locataire, dans les conditions de forme prévues à l'article 15. Le montant du loyer de référence majoré ou minoré pris en compte correspond à celui qui est en vigueur à la date de la proposition émise par l'une des parties.

Le nouveau loyer proposé dans le cadre d'une action en réévaluation de loyer est inférieur ou égal au loyer de référence minoré. Le locataire peut, par référence aux loyers habituellement constatés dans le voisinage pour des logements comparables, contester l'action en réévaluation de loyer selon la procédure prévue au présent article.

Les loyers servant de références doivent être représentatifs de l'ensemble des loyers habituellement constatés dans le voisinage pour des logements comparables, situés soit dans le même groupe d'immeubles, soit dans tout autre groupe d'immeubles comportant des caractéristiques similaires et situés dans la même zone géographique. Un décret en Conseil d'État définit les éléments constitutifs de ces références.

Le nombre minimal de références à fournir est de trois. Toutefois, il est de six dans les communes, dont la liste est fixée par décret, faisant partie d'une agglomération de plus d'un million d'habitants.

Lorsque le bailleur fait application du présent I, il ne peut donner congé au locataire pour la même échéance du contrat.

La notification d'une proposition d'un nouveau loyer reproduit intégralement, à peine de nullité, les dispositions du présent I et mentionne le montant du loyer ainsi que le loyer de référence majoré ou le loyer de référence minoré ayant servi à le déterminer.

En cas de désaccord ou à défaut de réponse du cocontractant saisi quatre mois avant le terme du contrat, l'une ou l'autre des parties peut saisir la commission départementale de conciliation mentionnée à l'article 20.

À défaut d'accord constaté par la commission départementale de conciliation, le juge peut être saisi, avant le terme du contrat. À défaut de saisine du juge, le contrat est reconduit de plein droit aux conditions antérieures du loyer, éventuellement révisé en application de l'article 17-1. Le contrat dont le loyer est fixé judiciairement est réputé renouvelé pour la durée définie à l'article 10, à compter de la date d'expiration du contrat. La décision du juge est exécutoire par provision.

Lorsque les parties s'accordent sur une hausse du loyer ou lorsque cette hausse est fixée judiciairement, celle-ci s'applique par tiers ou par sixième selon la durée du contrat.

Toutefois, cette hausse s'applique par sixième annuel au contrat renouvelé, puis lors du renouvellement ultérieur, dès lors qu'elle est supérieure à 10 % si le premier renouvellement avait une durée inférieure à six ans.

La révision éventuelle résultant de l'article 17-1 s'applique à chaque valeur ainsi définie.

II. – Dans les zones où ne s'applique pas l'arrêté mentionné au I de l'article 17, lors du renouvellement du contrat, le loyer ne donne lieu à réévaluation que s'il est manifestement sous-évalué.

Dans ce cas, le bailleur peut proposer au locataire, au moins six mois avant le terme du contrat et dans les conditions de forme prévues à l'article 15, un nouveau loyer fixé par référence aux loyers habituellement constatés dans le voisinage pour des logements comparables dans les conditions définies aux cinquième et sixième alinéas du I du présent article.

Lorsque le bailleur fait application des dispositions du présent II, il ne peut donner congé au locataire pour la même échéance du contrat.

La notification reproduit intégralement, à peine de nullité, les dispositions du présent II et mentionne le montant du loyer ainsi que la liste des références ayant servi à le déterminer.

En cas de désaccord ou à défaut de réponse du locataire quatre mois avant le terme du contrat, l'une ou l'autre des parties saisit la commission départementale de conciliation.

À défaut d'accord constaté par la commission, le juge est saisi avant le terme du contrat. À défaut de saisine, le contrat est reconduit de plein droit aux conditions antérieures du loyer, éventuellement révisé. Le contrat dont le loyer est fixé judiciairement est réputé renouvelé pour la durée définie à l'article 10 à compter de la date d'expiration du contrat. La décision du juge est exécutoire par provision.

La hausse convenue entre les parties ou fixée judiciairement s'applique par tiers ou par sixième selon la durée du contrat.

Toutefois, cette hausse s'applique par sixième annuel au contrat renouvelé, puis lors du renouvellement ultérieur, dès lors qu'elle est supérieure à 10 % si le premier renouvellement avait une durée inférieure à six ans.

La révision éventuelle résultant de l'article 17-1 s'applique à chaque valeur ainsi définie.

• **L. 6 juill. 1989,** art. 20

* V. s[s] nº 422.01

• **L. 23 nov. 2018,** art. 140

* V. s[s] nº 422.01

423.02 **Jurisprudence de référence.**

• **Civ. 3e, 27 janv. 1993,** n° 90-21.933, NP

* V. ss n° 423.101

Est irrecevable la proposition de nouveau loyer émanant d'un bailleur ayant manqué à son obligation de délivrer au locataire un logement en bon état d'usage et de réparation et ne lui ayant pas assuré la jouissance paisible du logement.

• **Civ. 3e, 8 juin 1995,** n° 93-10.652, P III, n° 139

* V. ss n° 423.41

Les juges du fond apprécient souverainement la condition de sous-évaluation manifeste.

• **Civ. 3e, 19 janv. 2000,** n° 98-10.486, P III, n° 10

* V. ss n° 423.142

Lorsque la lettre n'a pas été remise au preneur, mais retournée au bailleur, la proposition de nouveau loyer n'a pas été faite valablement.

• **Civ. 3e, 27 nov. 2002,** n° 01-11.130, P III, n° 237

* V. ss n° 423.64

L'offre de renouvellement faite pour une date prématurée n'est pas nulle, mais prend effet à la date pour laquelle elle aurait dû être formulée.

• **Civ. 3e, 5 nov. 2003,** n° 01-11.247, P III, n° 187

* V. ss n° 423.181

Ajoute à la loi une condition qu'elle ne comporte pas la cour d'appel qui prononce la nullité de la proposition de nouveau loyer au motif que les références ont été annexées à la notification, dans un document distinct.

• **Civ. 3e, 12 oct. 2011,** n° 10-21.214, P III, n° 164

* V. ss n° 423.41

Il appartient au bailleur de rapporter la preuve que le loyer en cours est manifestement sous-évalué.

• **Civ. 3e, 12 oct. 2011,** n° 10-20.122, P III, n° 166

* V. ss n° 423.41

Au moment du renouvellement du bail d'une durée de trois ans, le loyer peut donner lieu à réévaluation s'il est manifestement sous-évalué, peu important qu'une précédente réévaluation, appliquée par 1/6e sur six ans suivant accord entre les parties constaté par la commission départementale de conciliation, fût en cours à cette date.

• **Civ. 3e, 7 mars 2012,** n° 10-27.820, P III, n° 39

* V. ss n° 423.251

Le juge ne peut être valablement saisi avant que la commission de conciliation ait donné son avis ou que le délai de deux mois qui lui est imparti à cette fin soit écoulé.

423.03 **Bibliographie indicative.**

Annuel. LAMY DR. IMMO, nos 5953 s.

Encyclopédies. RÉP. CIV., *V° Bail d'habitation et mixte : rapports locatifs individuels – Loi du 6 juillet 1989*, N. Damas, nos 145, 172 – DICT. PERM. Gestion immob., *V° Baux d'habitation et mixtes*, nos 227 s.

Ouvrage. E. Debaussart-Joniec, S. Fraîche-Dupeyrat, Ph. Pelletier, *Les baux d'habitation après la loi Élan*, 3e éd., « Actualité », 2019, LexisNexis – J. Lafond, B. Vial-Pedroletti, *Les baux d'habitation*, 8e éd., « Droit et professionnels », LexisNexis, 2017, nos 605 s. – Ph. Pelletier, *Traité des baux d'habitation et professionnels*, « Référence juridique », Le Moniteur, 2021.

SECTION 1
ÉVOLUTION DE LA LÉGISLATION

423.11 **Apports de la loi Alur et de la loi Élan.** La loi du 24 mars 2014, dite loi Alur [1] et, après elle, la loi du 23 novembre 2018 [2], dite loi Élan (mais à titre expérimental pour cinq ans [3]), ont créé un mécanisme d'encadrement applicable dans les zones tendues [4].

En dehors de ces zones, la procédure d'augmentation en raison de la sous-évaluation manifeste du loyer pratiqué, qui préexistait à la loi Alur, est maintenue.

SECTION 2
FIXATION DU LOYER HORS ZONE TENDUE

§ 1
Principes et exception

423.21 **Nécessité de l'accord exprès du locataire pour toute modification du bail.** La question de la fixation du loyer de renouvellement en cas de sous-évaluation manifeste est traitée, par l'article 17-2 de la loi du 6 juillet 1989 [5].

Si, la plupart du temps, l'offre de renouvellement porte sur une majoration du loyer, rien n'interdit au bailleur de proposer d'autres modifications du bail à l'issue du contrat initial (modification de la durée, insertion d'une clause de révision de loyer, d'une clause de résiliation de plein droit...). Alors, l'inertie du locataire aura pour conséquence de rendre la proposition caduque et le contrat sera renouvelé aux conditions antérieures sans qu'une action en justice puisse y changer quoi que ce soit (sauf, bien sûr, hypothèse où la demande de modification concernerait la mise en conformité du bail - sur cette question v. ss n° 133.252) [6].

423.22 **Renouvellement du contrat - Conditions de réévaluation.** Lors du renouvellement du contrat,

1. L. n° 2014-366, 24 mars 2014 pour l'accès au logement et un urbanisme rénové, *JO* 26 mars, p. 5809.
2. L. n° 2018-1021, 23 nov. 2018 portant évolution du logement, de l'aménagement et du numérique, *JO* 24 nov., n° 1.
3. V. ss nos 422.21 s.
4. SUR la notion de « zone tendue », v. ss n° 422.31.
5. Ce texte a été partiellement réécrit par la loi Élan du 23 novembre 2018.
6. J.-L. Aubert (dir.), *Droit de la gestion de l'immeuble*, 8e éd., « Dalloz action », 2000, nos 3817 s. – AUSSI : J. Lafond, B. Vial-Pedroletti, *Les baux d'habitation*, 8e éd., « Droit et professionnels », LexisNexis, 2017, nos 474 s.

le loyer ne donne lieu à réévaluation que s'il est manifestement sous-évalué [1].

Le principe est donc l'absence de majoration de loyer lors du renouvellement et l'exception ne peut jouer qu'en cas de sous-évaluation manifeste du loyer initial. En dehors de cette sous-évaluation manifeste, qui justifie une proposition de renouvellement pour un prix majoré, en pratique, les parties qui, au terme du bail, ne veulent pas interrompre leur relation contractuelle ne vont pas se manifester. Juridiquement, le bail ne va alors pas être renouvelé, mais, en vertu de l'article 10 de la loi du 6 juillet 1989, il sera tacitement reconduit pour une durée de trois ou six ans [2].

Il convient donc d'étudier la notion de loyer manifestement sous-évalué, de s'arrêter sur la proposition de nouveau loyer, puis d'envisager la procédure en cas de désaccord entre les parties ou à défaut de réponse du locataire, avant de consacrer quelques développements à l'application de la hausse de loyer [3].

423.23 Impossible réévaluation pour les logements trop énergivores. Depuis la loi « Climat et résilience » du 22 août 2021 [4], l'article 17-2 s'est enrichi d'un II aux termes duquel le loyer ne peut pas être réévalué lors du renouvellement du contrat dans les logements les plus énergivores, soit ceux de la classe F ou de la classe G, au sens de l'article L. 173-1-1 du code de la construction et de l'habitation [5].

Concernant l'entrée en vigueur de cette exception en Métropole, le texte [6] précise que l'article 17-2, II de la loi du 6 juillet 1989 est applicable aux contrats de location conclus, renouvelés ou tacitement reconduits un an après la publication de la loi, soit à compter du 25 août 2022.

En Guadeloupe, en Martinique, en Guyane, à La Réunion et à Mayotte, cette exception vaut pour les contrats de location conclus, renouvelés ou tacitement reconduits après le 1er juillet 2024.

§ 2 Loyer manifestement sous-évalué

423.30 Plan. Après avoir tenté de définir la notion de « sous-évaluation manifeste », nous étudierons ce qu'il faut entendre par « loyer de référence », concept permettant, en pratique, de déterminer s'il y a ou non lieu à majorer le loyer.

A. Définition de la sous-évaluation manifeste

423.41 Comparaison avec le loyer de référence. Si la sous-évaluation manifeste est une condition préalable à la proposition de réévaluation de loyer [7], il n'existe pas de définition légale de cette notion.

Tout est en fait affaire de comparaison : on va en effet considérer qu'un loyer est manifestement sous-évalué dès lors qu'il est très en dessous du prix pratiqué par les autres bailleurs du voisinage, pour un logement similaire.

Ce qui implique que le bailleur devra établir la sous-évaluation manifeste [8] à l'aide de loyers de référence. La casuistique est donc, en la matière, très importante, ce d'autant plus (mais comment pourrait-il en être autrement ?), que la sous-évaluation manifeste est appréciée souverainement par les juges du fond [9].

Et si, lors du renouvellement, une précédente réévaluation est en cours, elle ne fait pas obstacle à un nouveau réajustement du loyer dès lors que sa sous-évaluation est manifeste [10].

B. Loyers servant de référence

423.51 Critères qualitatif et quantitatif. Les loyers servant de référence doivent impérativement contenir certaines mentions, être en nombre suffisant et être joints au contrat.

1° Définition et contenu

423.61 Définition de la notion de « loyers – servant de référence ». « Les loyers servant de références doivent être représentatifs de l'ensemble des

1. L. n° 89-462, 6 juill. 1989, art. 17-2, I, al. 1er.
2. V. ss nos 412.11 s.
3. Sur les règles spécifiques de fixation du loyer d'un bail à durée réduite faisant suite à un contrat conclu avec le même locataire pour le même local v. ss n° 413.51.
4. L. n° 2021-1104, 22 août 2021 portant lutte contre le dérèglement climatique et renforcement de la résilience face à ses effets, *JO* 24 août, n° 1.
5. Au sujet duquel, v. ss n° 211.43.
6. L. n° 2021-1104, 22 août 2021, art. 159, IV.
7. Civ. 3e, 1er mars 1995, n° 92-16.919, P III, n° 63 ; *JCP* 1995. 130 ; *Gaz. Pal.* déc. 1995, 342-343.
8. Jugeant qu'il appartient au bailleur de rapporter la preuve que le loyer en cours est manifestement sous-évalué, Civ. 3e, 12 oct. 2011, n° 10-21.214, P III, n° 164 ; *D.* 2011. Actu. 2538, obs. Y. Rouquet ; *ibid.* 2012. Pan. 1086, spéc. 1091, obs. Damas ; *AJDI* 2012. 432, obs. N. Damas.
9. Civ. 3e, 8 juin 1995, n° 93-10.652, P III, n° 139 ; *D.* 1996. Somm. 375, obs. CRDP Nancy 2 ; *JCP* 1995. 236 ; *Gaz. Pal.* avr. 1996, 119-121 – Civ. 3e, 3 avr. 2001, n° 99-15.416, NP, *Administrer* janv. 2002. 34, obs. Canu – Sur les pouvoirs dévolus au juge v. aussi ss n° 423.261.
10. Civ. 3e, 12 oct. 2011, n° 10-20.122, P III, n° 166 ; *D.* 2011. Actu. 2538, obs. Y. Rouquet ; *ibid.* 2012. 190, note Boillot ; *ibid.* Pan. 1086, spéc. 1091, obs. Damas ; *AJDI* 2012. 430, obs. N. Damas – Aix-en-Provence, 21 févr. 2013, RG n° 11/19878, *AJDI* 2013. 524.

loyers habituellement constatés dans le voisinage pour des logements comparables, situés soit dans le même groupe d'immeubles, soit dans tout autre groupe d'immeubles comportant des caractéristiques similaires et situés dans la même zone géographique. »[1] On voit donc que rien n'interdit au bailleur de produire des références de loyers en dehors de l'immeuble où est situé le logement loué[2], voire des références situées dans un autre arrondissement[3] (l'immeuble visé doit toutefois être situé dans le « quartier »[4]). Ce, même si le juge pourra être tenté de privilégier les références provenant du même immeuble[5]. Il va, en définitive, prendre en compte la notion d'« unité géographique », caractérisée par le type d'habitat[6].

Précisons également que les logements servant de référence doivent nécessairement relever de la loi de 1989[7]. Sous cette réserve, les références peuvent concerner des locations consenties au profit d'organisations institutionnelles[8].

423.62 Contenu des références. En application du décret du 31 août 1990[9] dans sa rédaction issue du décret du 10 juin 2015[10], les références produites par le bailleur mentionnent au moins pour chaque logement loué :

- le nom de la rue et la dizaine de numéros où se situe l'immeuble ; en conséquence, les références ne comportant pas l'indication de la dizaine de numéros ne peuvent pas être prises en compte[11] ;
- le type d'habitat, individuel ou collectif et la qualité et l'époque de la construction de l'immeuble ;
- l'étage du logement et la présence éventuelle d'un ascenseur[12] ;
- la surface habitable du logement et le nombre de ses pièces principales (étant précisé que la surface habitable doit s'entendre de la surface plancher constante, déduction faite des dépendances telles les balcons[13]) ; les références concernant des logements plus grands que celui loué par le bailleur ne peuvent pas être validées[14] ;
- l'existence éventuelle d'annexes prises en compte pour le loyer ;
- l'état d'équipement du logement (notamment, w.-c. intérieur, salle d'eau, chauffage central)[15] ;
- l'indication selon laquelle le locataire est dans les lieux depuis plus ou moins de trois ans. À cet égard, on notera que l'article 1er-1 du décret du 31 août 1990, issu du décret du 10 juin 2015, se borne à préciser que « les références doivent porter non seulement sur des baux conclus récemment, mais également sur des baux conclus depuis plus de trois ans » (comp., avant la loi du 24 mars 2014, dite loi Alur[16], l'anc. art. 19, *in fine*, de la loi du 6 juillet 1989 exigeant que les références comportent, « *au moins pour deux tiers*, des références de locations pour lesquelles il n'y a pas eu de changement de locataire depuis trois ans ») ;
- le montant du loyer mensuel hors charges effectivement exigé ; lorsque l'augmentation proposée a vocation à s'appliquer par sixième, les références fournies devront concerner des loyers applicables dans les mêmes conditions[17] ;
- l'année de constatation des éléments constitutifs de la référence.

423.63 Indication de la destination du bien loué. On aurait tendance à vouloir ajouter à cette liste l'indication de la destination de l'appartement loué (habitation ou mixte). En effet, la Cour de cassation a jugé qu'à défaut d'avoir obtenu l'autorisation requise par l'article L. 637-1 du code de la construction et de l'habitation préalablement à la signature du bail initial, le propriétaire ne peut produire des références portant sur des baux à usage mixte[18]. Par ailleurs, participant de la même logique, une décision de la

1. L. n° 89-462, 6 juill. 1989, art. 17-2-I.
2. Civ. 3e, 1er juill. 1998, n° 96-20.163, NP, *Administrer* mars 1999, p. 34, obs. Canu [1re esp.].
3. Paris, 28 janv. 2010, RG n° 08/16328, *Loyers et copr.* 2010, n° 102, obs. B. Vial-Pedroletti.
4. Paris, 9 déc. 2004, RG n° 03/08794, *AJDI* 2005. 218.
5. Paris, 26 juin 2007, RG n° 05/06985, *AJDI* 2007. 930.
6. Paris, 10 mai 2007, RG n° 06/06016, *AJDI* 2007. 753.
7. Civ. 3e, 22 mars 1995, n° 93-16.930, NP, *D.* 1995. IR 101, [loi de 1986] – Civ. 3e, 21 nov. 1995 n° 93-21.087, NP, *Loyers et copr.* 1996, n° 56, [loi de 1986] – Jugeant que lors du renouvellement du bail, le loyer ne peut être réévalué que s'il est manifestement sous-évalué par rapport à des logements comparables, soumis au même régime locatif, v. Civ. 3e, 24 mai 2017, n° 16-15.750, P, *D.* 2017. 1121 ; *ibid.* 2018. Pan. 1117, spéc. 1120, obs. N. Damas ; *AJDI* 2017. 779, obs. N. Damas ; *D. actu.*, 20 juin 2017, obs. A. Cayol.
8. Paris, 29 sept. 2005, RG n° 04/06571, *AJDI* 2005. 909.
9. Décr. n° 90-780, 31 août 1990 portant application de l'article 17-2 de la loi n° 89-462 du 6 juillet 1989 tendant à améliorer les rapports locatifs, *JO* 6 sept. 1990, p. 10827.
10. Décr. n° 2015-650, 10 juin 2015 relatif aux modalités de mise en œuvre du dispositif d'encadrement du niveau de certains loyers et modifiant l'annexe à l'article R.* 366-5 du code de la construction et de l'habitation, *JO* 12 juin 2015, p. 9713.
11. Civ. 3e, 1er juill. 1998, n° 96-12.562, NP, *Administrer* mars 1999, p. 34, obs. Canu [2e esp.].
12. Paris, 7 avr. 2005, RG n° 04/16605, *AJDI* 2005. 841 – Précisant que les logements servant de référence doivent être comparables et non similaires, ce qui suppose une certaine diversité, par exemple des différences d'étage : Paris, 8 oct. 2015, n° 13/24706, *Rev. loyers* 2015. 453.
13. Civ. 3e, 19 juill. 2000, n° 98-15.994, NP, *Administrer* oct. 2001, p. 58, obs. Canu.
14. Paris, 27 févr. 1997, RG n° 06/80019, *Loyers et copr.* 1997, n° 191.
15. Paris, 7 avr. 2005, RG n° 04/16605, *AJDI* 2005. 841.
16. L. n° 2014-366, 24 mars 2014 pour l'accès au logement et un urbanisme rénové, *JO* 26 mars, p. 5809.
17. Civ. 3e, 12 avr. 1995, n° 93-13.210, P III, n° 105 ; *JCP* 1995. 185 ; *Gaz. Pal.* févr. 1996, 42-44.
18. Civ. 3e, 7 juill. 2004, n° 03-11.427, P III, n° 144 ; *D.* 2004. IR 2546, avec les obs. ; *AJDI* 2004. 890, obs. Y. Rouquet.

cour d'appel de Paris a refusé de prendre en considération une référence, faute de préciser le caractère mixte de la destination (habitation et professionnelle) [1].

423.64 **Éléments indifférents.** En revanche, le fait que le bailleur soit propriétaire des appartements loués servant de références est indifférent [2]. De même, le mode de financement (privé ou non) des immeubles servant de références n'a pas à être pris en compte [3]. Notons enfin que la loi n'impose pas de prendre en considération l'état intérieur du logement [4].

2°
Nombre de références

423.71 **Nombre de références que le bailleur doit fournir.** Selon l'article 17-2, I de la loi du 6 juillet 1989, en principe, le bailleur est tenu de fournir trois références.

Cependant, ce principe connaît une exception de taille, puisque le texte prévoit que le bailleur devra fournir six références au locataire si le logement est situé dans les communes faisant partie d'une agglomération de plus d'un million d'habitants. La liste des communes concernées est fixée par le décret du 2 octobre 1987 [5].

3°
Mention dans le contrat

423.81 **Annexion des références au contrat.** Aux termes de l'article 1er-1 du décret du 31 août 1990, créé par le décret du 10 juin 2015, précités, lorsque la détermination du montant d'un loyer manifestement sous-évalué est subordonnée à la présentation par le bailleur de références aux loyers habituellement constatés dans le voisinage pour des logements comparables, ces références sont jointes au contrat.

4°
Observatoire des loyers

423.91 **Aide à l'établissement de référence.** L'ancien article 16 de la loi de 1989 prévoyait que dans chaque département, ou au niveau d'une agglomération, il pouvait se créer un observatoire des loyers agréé par le ministère chargé du Logement, ayant pour vocation de recueillir et diffuser les données statistiques nécessaires à la détermination des références. Si le texte précisait que ces observatoires fournissaient les éléments d'information en leur possession aux commissions départementales de conciliation et aux juges qui en faisaient la demande afin de faciliter la conciliation ou de trancher un litige, en pratique, les observatoires constitués communiquaient ces informations aux particuliers qui s'adressaient à eux.

D'autres organismes ou institutions peuvent également aider le bailleur dans sa recherche (ou le preneur voulant s'opposer aux prétentions du bailleur). Il s'agit notamment des associations de défense des propriétaires ou des locataires et des agences immobilières ou de leurs fédérations (pour celles qui sont affiliées à une instance nationale).

423.92 **Perspectives d'évolution.** Les mesures d'encadrement mis en place par la loi du 24 mars 2014, dite loi Alur et, après elle, par la loi du 23 novembre 2018, dite loi Élan, dans les zones tendues, tant pour la fixation du loyer initial que pour la détermination du prix du bail renouvelé ont nécessité la réécriture de l'article 16 de la loi du 6 juillet 1989. Ces dernières années, les observatoires locaux des loyers se sont multipliés [6].

423.93 **Absence d'observatoire – Solution.** Bien évidemment, le « chasseur de références » peut, spécialement en dehors des zones tendues, prendre son bâton de pèlerin et faire le tour des locaux comparables au sien dans le voisinage. Cet exercice risque cependant d'être fastidieux.

§ 3
Proposition d'un nouveau loyer

423.101 **Conditions d'une majoration de loyer.** Lorsque le bailleur estime que le prix du bail est « manifestement sous-évalué », il va proposer au locataire, au moins six mois avant l'échéance du bail

1. Paris, 13 févr. 1997, RG n° 96/81643, *Loyers et copr.* 1997, n° 284 – Sur les changements d'affectation, v. ss titre 33.
2. Dès lors toutefois que les références fournies par le bailleur sont représentatives des loyers habituellement pratiqués dans le voisinage immédiat : Civ. 3e, 17 déc. 2014, n° 13-24.360, P III, n° 166 ; *D.* 2015. Actu. 73 ; *ibid.* 2015. Pan. 1178, spéc. 1180, obs. Damas ; *D. actu.*, 13 janv. 2015, obs. C. Dreveau ; *AJDI* 2015. 286, obs. N. Damas – DÉJÀ : Paris, 1er oct. 1990, RG n° 89/14729, *D.* 1993. Somm. 176, obs. Bihr ; Nîmes, 29 mai 1997, RG n° 96/457, *Loyers et copr.* 1998, n° 37, obs. B. Vial-Pedroletti – ENCORE : Versailles, 11 févr. 2014, RG n° 12/07467, *Loyers et copr.* 2014, n° 108, obs. B. Vial-Pedroletti.
3. Civ. 3e, 27 nov. 2002, n° 01-11.130, P III, n° 237 ; *AJDI* 2003. 119, obs. Y. Rouquet (2 esp.) – Paris, 22 févr. 1991, RG n° 89/18325, *Loyers et copr.* 1991, n° 281, [loi de 1986].
4. Civ. 3e, 27 nov. 2002, n° 01-11.130, P III, n° 237 ; *AJDI* 2003. 119, obs. Y. Rouquet – 2 esp. – TOUTEFOIS, précisant qu'il y a lieu de retenir l'état effectif du logement à la date de renouvellement du bail : Paris, 22 mars 2007, RG n° 06/02467, *AJDI* 2007. 572.
5. Décr. n° 87-818, 2 oct. 1987, *JO* 8 oct., p. 11717. Il s'agit d'un décret d'application de la loi Méhaignerie du 23 déc. 1986, toujours en vigueur en application de l'art. 25-V de la loi du 6 juill. 1989, et modifié, en dernier lieu, par le décret n° 2015-733 du 24 juin 2015, *JO* 26 juin, p. 10776.
6. Sur ces observatoires, v. chap. 421.

et dans les conditions de formes prévues en cas de congé, « un nouveau loyer fixé par référence aux loyers habituellement constatés dans le voisinage pour des logements comparables »[1].

En vertu de l'article 17-2, I de la loi du 6 juillet 1989, il est interdit à un bailleur ayant fait une proposition de renouvellement (dont, par exemple, les conditions financières n'auraient pas été acceptées), de donner congé au locataire pour la même échéance du contrat[2]. À noter qu'un bailleur ayant manqué à son obligation de délivrance et d'assurer la jouissance paisible du locataire n'est pas recevable à lui proposer un renouvellement avec majoration de loyer[3]. Par ailleurs, compte tenu du formalisme du texte, il a été jugé que son mécanisme ne peut jouer à l'égard d'un bail verbal[4].

L'étude de la proposition de nouveau loyer nécessite que l'on se penche sur son auteur et son destinataire, mais également que l'on s'arrête sur les règles de délai et de forme à respecter, avant d'en venir à son contenu.

A.
Auteur et destinataire de la proposition

1°
Auteur de la proposition

423.111 Bailleur, auteur exclusif de la proposition. La question de la capacité du bailleur à formuler cette proposition de renouvellement (lorsqu'il s'agit d'un mineur non émancipé, d'un majeur protégé, d'un usufruitier, lorsque le bien loué est en indivision...) a déjà été traitée[5]. On précisera toutefois que seul le bailleur est habilité à proposer le renouvellement du bail. Ainsi, est nulle la proposition présentée par un administrateur de biens, sans référence au bailleur, cette mention étant une condition de validité de l'acte[6]. Cette solution vaut même lorsque, dans les faits, le preneur connaissait l'identité du bailleur[7]. À noter toutefois qu'il a été jugé que l'offre de renouvellement émanant d'une filiale de la société bailleresse est valable[8].

1. L. 6 juill. 1989, art. 17-2, I, al. 2.
2. POUR des annulations de congé délivrés dans ces conditions : Civ. 3e, 31 oct. 2006, n° 05-16.483, NP, *Administrer* mars 2007, p. 45, obs. Canu et Paris, 11 déc. 2007, RG n° 05/08488, *AJDI* 2008. 212.
3. Civ. 3e, 27 janv. 1993, n° 90-21.933, P III, n° 11 ; *Gaz. Pal.* 7 juill. 1993, 188-189 ; *D.* 1993. IR 51, [loi de 1986].
4. SUR CE POINT : v. ss nos 132.11 s.
5. V. ss nos 134.20 s.
6. Paris, 27 mai 2003, RG n° 2001/04482, *Loyers et copr.* 2003, n° 217, obs. B. Vial-Pedroletti.
7. Lyon, 21 févr. 2006, RG n° 04/04991, *BICC* 2006, n° 1450.
8. Paris, 13 mai 2008, RG n° 05/18186, *AJDI* 2008. 769.

2°
Destinataire de la proposition : cas du conjoint du locataire

423.121 Opposabilité de plein droit au conjoint. La question de l'opposabilité au conjoint du locataire de cette offre peut poser difficulté[9].

Il ressort en effet de l'article 9-1 de la loi du 6 juillet 1989 que « nonobstant les dispositions des articles [...] et 1751 du code civil (instaurant entre les époux une cotitularité du droit de bail v. ss n° 121.12), les notifications ou significations faites en application du présent titre par le bailleur sont de plein droit opposables [...] au conjoint du locataire si l'existence de ce [...] conjoint n'a pas été préalablement portée à la connaissance du bailleur ». L'article 9-1 vaut pour toute notification ou signification faite par le bailleur au preneur. Il concerne donc la proposition de renouvellement, mais aussi le congé[10], comme toute autre mise en demeure, quelle qu'elle soit.

En application des articles 1751 du code civil et 9-1 de la loi du 6 juillet 1989, deux cas de figure sont à distinguer.

423.122 Bailleur connaissant l'existence du conjoint du locataire. Alors, le bailleur doit adresser sa proposition de renouvellement du bail à l'un et à l'autre des conjoints. À défaut de cette double notification, l'offre de renouvellement n'est pas opposable au conjoint[11].

Sur le plan pratique, la jurisprudence exige que la notification fasse l'objet de lettres distinctes adressées à chacun des époux[12].

423.123 Bailleur ne connaissant pas l'existence du conjoint du locataire. Lorsque l'existence du conjoint du locataire n'a pas été portée à la connaissance du bailleur, le législateur a décidé de sanctionner l'attitude du preneur qui est, au mieux, coupable d'une négligence fautive et, au pire, d'une parfaite mauvaise foi.

Alors, la notification de la proposition de renouvellement au seul locataire est suffisante et vaut à l'égard des deux conjoints.

Le contentieux le plus fréquent en la matière va donc porter sur la preuve de la connaissance par le bailleur de l'existence du conjoint du locataire.

9. Pour une étude d'ensemble de la question des parties au contrat, v. ss titre 12, spéc. v. ss n° 121.21, à propos des époux.
10. V. ss n° 431.72.
11. V. en matière de congé, Civ. 3e, 2 févr. 1982, n° 80-11.309, P III, n° 29 ; *Dr. et pr.* 1983. 644, obs. Galand.
12. V. pour un congé valant offre de renouvellement, Civ. 3e, 14 juin 1995, n° 93-11.331, NP, *Loyers et copr.* 1995, n° 348 – AUSSI À PROPOS d'un congé sans offre de renouvellement : Civ. 3e, 10 mai 1989, n° 88-10.363, P III, n° 103 ; *Defrénois* 1991. 728, obs. Aubert.

423.124 **Preuve de la connaissance par le bailleur de l'existence du conjoint du locataire.** Dans un arrêt de principe, la Cour de cassation a, en 2005, décidé que l'article 9-1 de la loi du 6 juillet 1989 fait peser sur le locataire une obligation d'information de son lien matrimonial impliquant une démarche positive de sa part envers son bailleur[1]. La cour a de plus précisé que la preuve que l'information a bien été donnée incombe au locataire.

Par voie de conséquence, une procédure d'expulsion engagée à l'encontre d'un locataire est opposable à son épouse dès lors que celui-ci ne justifie pas avoir porté, par une démarche positive, à la connaissance du bailleur, le fait qu'il était marié[2].

Il a par ailleurs a été jugé que le seul fait d'émettre un chèque au nom du nouveau conjoint ne saurait s'analyser en une démarche positive d'information[3].

On mentionnera enfin cette décision ancienne de la cour d'appel de Limoges, ayant jugé qu'un congé irrégulier dans sa forme[4] dans lequel le locataire fait état de la présence de son conjoint dans les lieux loués ne prouve pas que le bailleur a eu connaissance de l'existence de ce dernier[5].

3°
Destinataire de la proposition : cas du locataire pacsé

423.131 **Opposabilité au partenaire du locataire lié par un Pacs.** La situation est sensiblement la même que dans le cas précédent, puisque, selon l'article 9-1 de la loi du 6 juillet 1989, « nonobstant les dispositions des articles 515-4 et 1751 du code civil, les notifications ou significations faites en application du présent titre par le bailleur sont de plein droit opposables au partenaire [...] si l'existence de ce partenaire [...] n'a pas été préalablement portée à la connaissance du bailleur ».

Or, l'article 515-4 du code civil rend les partenaires liés par un Pacs solidaire, tandis que l'article 1751 du code même code, dans sa rédaction issue de la loi du 24 mars 2014, dite loi Alur, précise que « le droit au bail du local, sans caractère professionnel ou commercial, qui sert effectivement à l'habitation de [...] deux partenaires liés par un Pacte civil de solidarité, dès lors que les partenaires en font la demande conjointement, est réputé appartenir à l'un et à l'autre des [...] partenaires liés par un pacte civil de solidarité ».

Par conséquent, lorsque le bail n'a été signé que par le locataire, et non par son partenaire auquel il est lié par un Pacs, dès lors que les deux partenaires ont conjointement fait la demande de bénéficier de la cotitularité du droit au bail, démarche par laquelle l'existence du partenaire du locataire est portée à la connaissance du bailleur au sens de l'article 9-1 de la loi du 6 juillet 1989, le bailleur doit adresser un courrier séparé à chacun d'entre eux (pour une étude d'ensemble de la question des parties au contrat v. s[s] titre 12 et, à propos des partenaires liés par un Pacs, s[s] n°s 122.11 s.).

B.
Délai et forme

423.141 **Délai de six mois minimum avant le terme du bail.** La proposition de renouvellement doit être faite « au moins six mois avant le terme du contrat et dans les conditions de forme prévues à l'article 15 [de la loi de 1989, relatif au congé] », c'est-à-dire par lettre recommandée avec demande d'avis de réception, par acte d'huissier ou, depuis la loi Alur du 24 mars 2014, remise en main propre contre récépissé ou émargement. La notification effectuée par lettre simple est donc rigoureusement nulle[6].

Les règles de computation du délai sont importantes puisque, en pratique, elles vont induire la forme à retenir.

423.142 **Règles de computation du délai.** Le délai se calcule à compter de la remise de la lettre à son destinataire[7].

Le point de départ du délai ne pose aucun problème lorsque la notification est réalisée par huissier.

En revanche, lorsqu'elle est réalisée au moyen d'une lettre recommandée avec AR, la jurisprudence considère qu'elle n'a pas été valablement faite si le preneur n'a pas signé l'accusé de réception[8].

On observera enfin que, faisant application de l'article 641 du code de procédure civile selon lequel,

1. Civ. 3e, 19 oct. 2005, n° 04-17.039, P III, n° 198 ; *D.* 2006, Pan. 960, obs. N. Damas ; *AJDI* 2006. 201, obs. Y. Rouquet – AUSSI : Paris, 20 févr. 2007, RG n° 05/00972, *AJDI* 2007. 841, note V. Zalewski.
2. Civ. 3e, 29 oct. 2013, n° 12-23.138, P III, n° 135 ; *D.* 2014. Pan. 1221, obs. N. Damas ; *D. actu.*, 18 nov. 2013, obs. M. Kebir ; *AJDI* 2014. 283, obs. N. Damas ; *Loyers et copr.* 2014, n° 4, obs. B. Vial-Pedroletti.
3. Paris, 21 févr. 2020, n° 19/09189, *Loyers et copr.* 2020, n° 60, obs. B. Vial-Pedroletti.
4. Car envoyé par lettre simple.
5. Limoges, 28 avr. 1997, RG n° 96/12, *Loyers et copr.* 1998, n° 33, obs. crit. B. Vial-Pedroletti – Sur cette question v. s[s] n°s 121.22 s.
6. Paris, 8 sept. 1992, RG n° 91/8205, *Loyers et copr.* 1992, n° 455.
7. Civ. 3e, 10 janv. 1996, n° 93-21.097, P III, n° 5 ; *Administrer* nov. 1996, p. 28, obs. Canun ; *Gaz. Pal.* 8 nov. 1996, 313-314.
8. Civ. 3e, 19 janv. 2000, n° 98-10.486, P III, n° 10 ; *Loyers et copr.* 2000, n° 85, obs. B. Vial-Pedroletti – Versailles, 8 mars 2002, *JurisData*, n° 183383, *BICC* 2003, n° 56 ; *AJDI* 2002. 530, obs. Y. Rouquet.

lorsqu'un délai est exprimé en mois, il expire le jour du dernier mois qui porte le même quantième que le jour de l'acte, de l'événement, de la décision ou de la notification qui fait courir le délai et précisant qu'à défaut d'un quantième identique, le délai expire le dernier jour du mois, une proposition de renouvellement délivrée le 31 décembre pour le 30 juin a été validée[1].

423.143 **Forme à privilégier.** Dès lors, la prudence semble commander au bailleur d'avoir recours aux services d'un huissier dans le délai requis s'il s'aperçoit que le locataire ne va pas retirer la lettre recommandée avec AR qu'il lui a adressée[2].

423.144 **Validité d'une offre de renouvellement prématurée.** Par deux décisions récentes, la Cour de cassation a estimé que l'offre de renouvellement faite pour une date prématurée n'est pas nulle, mais prend effet à la date pour laquelle elle aurait dû être formulée[3].

C. Contenu de la proposition

423.151 **Mentions obligatoires.** La proposition de renouvellement doit impérativement comporter trois éléments : la reproduction de l'article 17-2, I de la loi du 6 juillet 1989, l'indication du montant du loyer proposé et la mention de la liste de références ayant servi à déterminer le loyer. En revanche, le texte n'impose pas au bailleur d'indiquer dans la notification que le loyer est « manifestement sous-évalué »[4], ou de mentionner la base de calcul de la sous-évaluation manifeste, ou encore de faire état de l'existence d'un décret de blocage applicable ou d'une incertitude sur le métrage de l'appartement[5].

En toute hypothèse, le bailleur pourra, dans ses conclusions, régulariser une offre de nouveau loyer imprécise ou incomplète[6].

1° Reproduction de l'article 17-2, I

423.161 **Nullité de forme.** À peine de nullité, la notification de proposition du renouvellement doit reproduire intégralement le texte requis.

423.162 **Sanction discutée.** La question de savoir si le manquement à cette obligation doit être sanctionné en dehors de tout grief pour le locataire est discutée.

423.163 **Sanction de la non-reproduction du texte.** La Cour de cassation se montre exigeante puisqu'elle considère qu'il s'agit d'une irrégularité de forme qui ne peut être sanctionnée que lorsqu'elle a généré un préjudice au preneur[7], préjudice que celui-ci devra bien évidemment établir[8].

Certains juges du fond reconnaissent cependant que la non-reproduction de l'article de loi constitue une irrégularité de fond qui doit être sanctionnée indépendamment de tout grief[9].

D'autres juridictions, enfin, adoptent une solution médiane consistant à reconnaître le caractère d'irrégularité de forme à ce manquement, mais, dans le même temps, à considérer qu'en lui-même cet oubli est constitutif d'un grief[10].

2° Indication du montant du loyer

423.171 **Indication essentielle.** L'indication du montant du loyer proposé pour le renouvellement est bien évidemment primordiale[11].

3° Mention de la liste de références ayant servi à déterminer le loyer

423.181 **Exigences légales.** Le texte exige uniquement que la notification mentionne la liste des références, étant entendu que la charge de la preuve pèse sur le bailleur[12]. En aucune façon, il ne saurait donc être reproché au bailleur de ne pas avoir produit

1. Civ. 3e, 16 oct. 2007, nos 06-17.590, 06-17.591, 06-17.592, 06-17.593 et 06-17.594, NP, *AJDI* 2008. 209, note Chenu [5 arrêts].
2. Versailles, 8 mars 2002, *JurisData*, n° 183383, *BICC* 2003, n° 56 ; *AJDI* 2002. 530, obs. Y. Rouquet – Sur la forme que doit revêtir la lettre de congé v. ss n° 432.11.
3. Civ. 3e, 27 mars 2002, n° 00-21.752, P III, n° 74 ; *D.* 2003. Somm. 803, obs. Pierre-Maurice ; *AJDI* 2002. 529, obs. Laporte-Leconte – Civ. 3e, 27 nov. 2002, n° 01-11.132, P III, n° 237 ; *AJDI* 2003. 119, obs. Y. Rouquet (1re esp.).
4. Civ. 3e, 30 nov. 2005, n° 04-16.050, P III, n° 234 ; *D.* 2006. IR 11 ; *AJDI* 2006. 203, obs. Y. Rouquet ; *Administrer* mars 2006, p. 44, obs. Canu.
5. Civ. 3e, 6 juill. 2017, n° 16-16.426, P ; *D.* 2017. 1473.
6. Civ. 3e, 6 juill. 2017, n° 16-16.426, P – Concernant cette faculté offerte au bailleur en matière de fournitures de références de loyer, v. aussi ss n° 423.182.
7. Civ. 3e, 8 juin 1995, n° 93-14.869, P III, n° 138 ; *D.* 1996. 378 ; *JCP* 1995. 236 ; *Gaz. Pal.* 28 avr. 1996, 119-121 – AUSSI : Paris, 7 avr. 2005, RG n° 04/07979, *AJDI* 2005. 841.
8. Civ. 3e, 9 mars 1994, n° 91-16.941, P III, n° 49 ; *JCP* 1994. 159 ; *Gaz. Pal.* 11 sept. 1994, 254-256 ; *Administrer* août-sept. 1994, p. 27, note Rémy et Pialoux, [deux arrêts].
9. Civ. 3e, 4 janv. 1995, n° 92-19.732, NP, *Rev. loyers* 1995. 226 – Paris, 15 avr. 1991, RG n° 10480/90, *Administrer* juill. 1991, p. 45.
10. Paris, 26 avr. 1993, RG n° 92/007793, *Loyers et copr.* 1993, n° 288 – Caen, 21 sept., 1995, RG n° 94/01626, *JCP* 1996. IV, n° 2669.
11. Sur les règles d'application de la hausse de loyer v. ss nos 424.11 s.
12. Versailles, 22 mai 1992, *JurisData* 600457, *Rev. loyers* 1992. 359, obs. Aubert, [loi de 1986] – Sur l'obligation de joindre ces références au bail v. ss n° 423.183.

les contrats de location ayant servi de références[1]. De la même manière, ne pas avoir incorporé les références dans le corps même de la notification est sans incidence, dès lors que la liste de références y a été annexée, dans un document distinct[2].

423.182 Élément de comparaison produit en cours de procédure – Examen par le juge. La question s'est posée de savoir si le bailleur peut, dans le cadre d'une action en justice, fournir en cours de procédure d'autres références afin de compléter (et valider) sa notification. La Cour de cassation admet une telle pratique[3], estimant notamment que l'élément de comparaison produit postérieurement au dépôt du rapport de l'expert doit être examiné par le juge[4].

Les juges du fond se montrent, quant à eux, beaucoup plus réservés. Par exemple, la cour d'appel de Paris a, dans le meilleur des cas, jugé que le bailleur ne peut, en cours d'instance, que consolider sa demande, sans pour autant pouvoir pallier sa carence initiale[5].

423.183 Sanction en cas de défaut de production des références. La sanction encourue est la nullité de la proposition. L'absence de jonction au bail des références de loyer ne saurait avoir pour conséquence le retour au loyer antérieur[6].

Reste à savoir si cette sanction va jouer en toute hypothèse ou uniquement en cas de grief avéré pour le locataire. Avec la plus grande constance, la Cour de cassation ne prononce la nullité de l'offre de renouvellement que dans la mesure où le preneur prouve le grief que l'irrégularité lui a causé. Cela a été jugé à l'égard de références ne respectant pas la règle des deux tiers[7], comme à l'égard de références n'indiquant pas la dizaine de numéros[8].

Cependant, il a été admis que le grief était constitué dès lors que l'absence d'informations essentielles ne mettait pas le preneur en mesure de discuter les prétentions du bailleur et d'en vérifier l'exactitude ainsi que la légalité (dans une hypothèse où les références, au nombre de quatre au lieu de six, ne précisaient ni l'adresse, ni l'état de l'équipement des logements, ni la date de construction de l'immeuble !)[9].

1. Nîmes, 29 mai 1997, RG n° 96/457, *Loyers et copr.* 1998, n° 37, obs. B. Vial-Pedroletti.
2. Civ. 3e, 5 nov. 2003, n° 01-11.247, P III, n° 187 ; *AJDI* 2004. 122, obs. Y. Rouquet ; *D.* 2003. IR 3006.
3. Civ. 3e, 1er mars 1995, n° 92-16.151, P III, n° 62 – Civ. 3e, 13 janv. 1999, n° 97-12.356, NP, *Administrer* févr. 2000, p. 43, obs. Canu.
4. Civ. 3e, 10 avr. 2002, n° 00-12.805, NP, *Loyers et copr.* 2002, n° 253, obs. B. Vial-Pedroletti.
5. Paris, 8 sept. 1992, RG n° 91/8205, *D.* 1993. Somm. 175, obs. Bihr – AUSSI : Paris, 7 avr. 2005, RG n° 04/16605, *AJDI* 2005. 841 – TI Paris, 23 mai 1991, *Rev. loyers* 1992. 110, note crit. Aubert.
6. Civ. 3e, 28 juin 2000, n° 98-21.703, NP, *AJDI* 2000. 843.
7. Civ. 3e, 22 mars 1995, n° 93-14.282, P III, n° 83 ; *D.* 1996. Somm. 375, obs. CRDP Nancy 2 (v. ss n° 423.62).
8. Civ. 3e, 1er juill. 1998, n° 96-12.562, NP, *Administrer* mars 1999, p. 34, obs. Canu [2e esp.].

§ 4
Procédure en cas de désaccord ou à défaut de réponse du locataire

423.191 Acceptation expresse obligatoire. Une fois l'offre de renouvellement adressée au locataire, celui-ci peut accepter ou refuser. En cas d'acceptation, celle-ci devra être expresse.

423.192 Refus. Quant au refus, il pourra se matérialiser de deux manières : il pourra être exprimé (le locataire répondra au bailleur qu'il n'accepte pas sa proposition), mais il pourra aussi résulter d'une abstention de sa part. En effet, le législateur a assimilé le défaut de réponse à un refus.

423.193 Absence d'accord. À défaut d'accord du locataire, la procédure à respecter commence par la saisine de la commission départementale de conciliation (CDC) et, en cas d'échec de cette saisine, va se poursuivre devant le juge. En pratique, la saisine de la commission est, la plupart du temps, le fait du bailleur, le locataire souhaitant contester la proposition de renouvellement n'ayant pas intérêt à effectuer cette saisine puisque son silence vaut refus et puisqu'en cas de non-saisine de la commission (et, le cas échéant, du juge v. ss nos 423.211 s.), « le contrat est reconduit de plein droit aux conditions antérieures du loyer éventuellement révisé »[10].

A.
Saisine de la commission départementale de conciliation

423.201 Phase obligatoire. L'alinéa 7 de l'article 17-2, I de la loi de 1989 dispose qu'« en cas de désaccord ou à défaut de réponse du locataire quatre mois avant le terme du contrat, l'une ou l'autre des parties saisit la commission de conciliation »[11].

À défaut d'accord entre les parties, la saisine de la commission de conciliation est une phase obligatoire : la saisine directe du tribunal ne serait pas recevable[12]. Il appartient aux juges du fond de rechercher si la commission a bien été saisie avant le tribunal[13].

9. Civ. 3e, 18 janv. 1995, n° 92-20.067, P III, n° 18 ; *Administrer* nov. 1995, p. 40, note Canu, [loi de 1986] – DANS LE MÊME SENS : Civ. 3e, 13 juill. 1999, n° 97-20.161, NP, *Administrer* oct. 2000, p. 57, obs. Canu ; *AJDI* 2000. 927.
10. L. n° 89-462, 6 juill. 1989, anc. art. 17 c, nouvel art. 17-2-I.
11. Concernant les CDC, v. ss nos 811.11 s.
12. EN CE SENS : Civ. 3e, 15 févr. 1995, n° 92-14.163 P III, n° 48 ; *Gaz. Pal.* 8 déc. 1995, 342-343.
13. Civ. 3e, 19 févr. 2003, n° 00-22.194, P III, n° 40 ; *Loyers et copr.* 2003, n° 107, obs. B. Vial-Pedroletti.

423.202 Délai de saisine. Dès que le locataire a exprimé son refus quant à la proposition de renouvellement ou, en cas d'absence de réponse, quatre mois avant le terme du contrat, le bailleur qui entend faire valoir ses prétentions devra saisir la commission. Précisons qu'une saisine antérieure au délai de quatre mois avant l'expiration du contrat serait irrecevable[1].

423.203 Date ultime de saisine. Quant à la date ultime de saisine de la commission, le texte n'en fixe pas, aucun délai n'étant imparti au locataire pour répondre à la proposition du bailleur. Ainsi, seule serait tardive la saisine après le terme du contrat[2]. La Cour de cassation a, dans un arrêt, décidé que le locataire ne disposait que d'un délai de deux mois à compter du renouvellement du bail pour saisir la commission de conciliation et contester le montant du loyer du bail renouvelé[3]. Cette décision, qui n'est conforme ni à la lettre ni à l'esprit du texte appelle les réserves les plus expresses[4].

423.204 Avis rendu tardivement. Si la commission ne rend pas son avis dans le délai maximum de deux mois prévu par l'article 20 de la loi de 1989 et par le décret 19 juillet 2001, les parties[5] auront intérêt à saisir le juge dès l'expiration de ce délai[6] et, en toute hypothèse, avant le terme du contrat. En effet, la saisine de la commission ne conserve pas les délais. À défaut, toute action judiciaire serait donc vouée à l'échec.

423.205 Perte de la lettre de saisine par la commission. La même attitude devra, *a fortiori*, être adoptée si la commission a purement et simplement perdu la lettre de saisine du requérant. En pareille circonstance, que celui-ci ne s'attende pas à recevoir une indemnisation (tout au plus pourra-t-il prétendre à une excuse de l'administration) puisque, ainsi que cela a été récemment jugé, la saisine du juge judiciaire n'étant pas subordonnée à l'émission d'un avis par la commission (la seule obligation légale des parties étant de saisir préalablement cette commission), la faute commise par celle-ci, dont le secrétariat a égaré la lettre de saisine du requérant, n'est pas de nature à ouvrir à ce dernier droit à indemnité[7].

423.206 Effets de l'avis. La commission rend un avis. Celui-ci peut constater trois types de situation : une conciliation totale, une conciliation partielle ou une absence de conciliation.

423.207 Conciliation totale. La conciliation va mettre fin au litige et va être suivie de la signature d'un nouveau bail aux conditions financières arrêtées par les parties. L'expression de l'accord du preneur devant la commission, les termes d'une lettre qu'il a envoyée au propriétaire ainsi que le paiement sans réserve du nouveau loyer pendant six mois consécutifs attestent de son acceptation[8].

423.208 Conciliation partielle. En cas de conciliation partielle, la commission constate la conciliation dont les termes font l'objet d'un document de conciliation. Ce document fait également apparaître les points de désaccord qui subsistent.[9].

423.209 Non-conciliation. Faute de conciliation totale (c'est-à-dire en cas de conciliation partielle ou de non-conciliation), le bailleur aura intérêt, avant le terme du contrat, à saisir le juge des contentieux de la protection, qui est un magistrat du Tribunal judiciaire connaissant « des actions dont un contrat de louage d'immeubles à usage d'habitation ou un contrat portant sur l'occupation d'un logement est l'objet, la cause ou l'occasion »[10]. En effet, à défaut, le bail sera reconduit de plein droit aux conditions antérieures du loyer éventuellement révisé.

B. Saisine du juge

423.211 Fixation judiciaire du loyer. La saisine du juge intervient en cas d'absence d'accord des parties devant la commission départementale de conciliation.

Elle va aboutir à la fixation du loyer de renouvellement par voie judiciaire, le point de départ du nouveau bail étant fixé à compter de la date d'expiration du contrat et la décision du juge étant exécutoire par provision.

1° Juge compétent

423.221 Compétence d'attribution. En vertu de l'article L. 213-4-4 du code de l'organisation judi-

1. Paris, 11 mars 1991, RG n° 90/1936, *Rev. loyers* 1991. 413, [loi de 1986] – Paris, 7 juin 1991, RG n° 89/016774, *Loyers et copr.* 1991, n° 381 [loi de 1986] – Paris, 11 févr. 2010, RG n° 08/05485, *Loyers et copr.* 2010, n° 187, obs. B. Vial-Pedroletti.
2. Civ. 3e, 27 nov. 2002, n° 01-11.134, P III, n° 238 ; *AJDI* 2003. 119, obs. Y. Rouquet (2e esp.) – Paris, 5 oct. 1999, *Rev. loyers* 2000. 213.
3. Civ. 3e, 8 févr. 2006, n° 04-17.690, P III, n° 28 ; *AJDI* 2006. 380, obs. Gariazzo ; *AJDI* 2006. 337, obs. crit. Y. Rouquet ; *Rev. loyers* 2006. 190, obs. crit. Canu.
4. Ne serait-ce parce qu'accorder une quelconque efficacité à une contestation, une fois le bail renouvelé, est *contra legem*.
5. En pratique, le bailleur v. ss n° 423.193.
6. Mais pas avant, sur ce point v. ss n° 423.251.
7. CE 19 mars 2001, req. n° 199743, *AJDI* 2001. 429, obs. Y. Rouquet ; *D.* 2002. Somm. 1722, obs. CRDP Nancy 2.
8. Civ. 3e, 23 juin 1993, n° 91-20.052, NP, *Administrer* févr. 1994, p. 53.
9. Décr. n° 2001-653, 19 juill. 2001, art. 8.
10. COJ, art. L. 213-4-4.

ciaire[1], « le juge des contentieux de la protection[2] connaît des actions dont un contrat de louage d'immeubles à usage d'habitation ou un contrat portant sur l'occupation d'un logement est l'objet, la cause ou l'occasion [...] ».

423.222 Compétence territoriale. Le juge compétent est le juge du lieu de la situation de l'immeuble[3].

2°
Forme de la saisine

423.231 Remise au greffe de la copie de l'assignation. En application de l'article 838 du code de procédure civile, la saisine doit être réalisée par remise au greffe d'une copie de l'assignation[4]. Le tribunal ne serait pas valablement saisi en cas de délivrance d'une citation à l'adversaire[5].

3°
Personnes visées par l'assignation

423.241 Toute partie au contrat de bail. Deux cas de figure sont à dissocier en fonction de l'auteur de l'assignation.

• Lorsque le demandeur est le locataire, il va assigner le bailleur.

• Lorsque la demande émane du bailleur, celui-ci doit, en toute hypothèse, diriger son (ses) assignation(s) à l'encontre de tous les signataires du bail.

423.242 Connaissance de l'existence du conjoint – Assignation. De surcroît, en application des articles 1751 du code civil et de l'article 9-1 de la loi de 1989, il devra également assigner le conjoint de celui-ci lorsque son existence aura été portée à sa connaissance[6].

Il a été jugé que la procédure de renouvellement devait être poursuivie contre chacun des époux. À défaut, compte tenu du principe de cotitularité du bail entre les conjoints posé par l'article 1751 du code civil, la procédure de renouvellement sera privée d'efficacité à l'égard des deux[7]. Pareille sanction atteindra le bailleur ayant omis d'assigner le partenaire pacsé du locataire, du moins dès lors que les deux partenaires auront conjointement fait la demande de bénéficier de la cotitularité du droit au bail[8]. Il en ira différemment du concubin du locataire, puisque celui-ci n'est pas cotitulaire du bail signé du seul locataire[9].

423.243 Ignorance de l'existence du conjoint – Opposabilité de plein droit. Si l'existence du conjoint du locataire n'a pas été portée à la connaissance du bailleur, toujours en application de l'article 9-1 de la loi du 6 juillet 1989, la signification du bailleur lui sera opposable de plein droit[10].

4°
Délai de la saisine

423.251 Double limite. La saisine doit intervenir avant le terme du bail. À défaut, le texte[11] indique expressément que celui-ci « est reconduit de plein droit aux conditions antérieures du loyer éventuellement révisé »[12].

Le juge ne peut toutefois être valablement saisi avant que la commission de conciliation ait donné son avis ou que le délai de deux mois, imparti à la commission de conciliation par l'article 20 de la loi de 1989 et par l'article 8 du décret du 19 juillet 2001 pour rendre son avis, soit écoulé[13].

Si cette solution s'éloigne un peu de la lettre du texte (qui conditionne la saisine du juge au défaut d'accord constaté par la commission), elle présente l'avantage de couper court à une pratique permettant au bailleur de contourner la phase de (tentative de) conciliation, et consistant à saisir coup sur coup la commission et la justice.

423.252 Précaution. Le bailleur prendra en conséquence soin de saisir la commission suffisamment tôt de manière à ce que le délai de deux mois susvisé s'achève avant l'expiration du bail, lui permettant ainsi de saisir la justice à temps. Notons que la

1. Issu de L. n° 2019-222, 23 mars 2019 de programmation 2018-2022 et de réforme pour la justice, *JO* 24 mars, n° 2.
2. Qui est un magistrat du Tribunal judiciaire.
3. COJ, art. R. 211-11 ; C. pr.civ., art. 42 s.
4. Paris, 16 mars 1993, RG n° 92/000958, *Administrer* nov. 1993, p. 45, note de Ricqlès-Marjolin.
5. Paris, 28 févr. 1990, RG n° 90/446, *Rev. loyers* 1990. 487, [loi de 1986] – Paris, 27 févr. 1992, *Administrer* juill. 1992, p. 49, [loi de 1986].
6. V. s^s n° 431.72.
7. Civ. 3e, 15 juin 1994, n° 92-10.332, NP, *Loyers et copr.* 1994, n° 363, [loi de 1986].
8. C. civ., art. 1751, mod. par L. 24 mars 2014, dite loi Alur (v. s^s n°s 122.15 et 122.22).
9. Sur ce point v. s^s n°s 123.11 s. et 134.71.
10. V. s^s n°s 121.22 s. et 423.121 s.
11. L. n° 89-462, 6 juill. 1989, art. 17-2, I.
12. Civ. 3e, 23 juin 1993, n° 91-19.272, P III, n° 98 ; *D.* 1993. IR 210 – Civ. 3e, 20 oct. 1998, *D.* 1999. Somm. 141, obs. CRDP Nancy 2 – Sur la révision du loyer, v. s^s n°s 424.11 s.
13. Civ. 3e, 13 déc. 2006, n° 05-20.761, P III, n° 249 ; *D.* 2007. AJ 83, obs. Y. Rouquet ; *ibid.* 2007. Pan. 907, obs. N. Damas ; *AJDI* 2007. 307, note F. de La Vaissière ; 12 oct. 2011, n° 10-21.216, P III, n° 165 ; *D.* 2011. Actu. 2539, obs. Y. Rouquet ; *ibid.* 2012. Pan. 1086, spéc. 1091, obs. N. Damas ; *AJDI* 2012. 431, obs. N. Damas – 7 mars 2012, n° 10-27.820, P III, n° 39 ; *D.* 2012. Actu. 815, obs. Y. Rouquet ; *ibid.* 2013. Pan. 863, spéc. 867, obs. N. Damas ; *AJDI* 2012. 596, obs. N. Damas – Sur ce délai, v. s^s n° 811.92 ; sur l'attitude à adopter lorsque la commission tarde à rendre son avis v. s^s n°s 423.204 s.

saisine d'un tribunal incompétent avant le terme du contrat est suffisante pour interrompre le délai : en vertu des articles 96 et 97 du code de procédure civile, à défaut de contredit, une action ainsi engagée se poursuivra devant la juridiction désignée par le juge incompétent[1].

5°
Devoirs et pouvoirs du juge

423.261 Vérification de la procédure de conciliation – Fixation du loyer. En ce qui concerne les devoirs du juge, on retiendra qu'il lui incombe de rechercher si la commission a bien été saisie avant le tribunal[2].

Quant à ses pouvoirs, ils sont très larges.

En effet, comme cela a déjà été précisé[3], les juges du fond apprécient souverainement les loyers de référence produits par les parties[4].

423.262 Appréciation souveraine. La marge de manœuvre des juges du fond est on ne peut plus large, puisque la Cour de cassation leur a même reconnu le pouvoir de fixer le loyer de renouvellement en s'affranchissant des règles de l'ancien article 19 de la loi de 1989 (abrogé par la loi du 24 mars 2014[5], dite loi Alur, et partiellement reversé à l'article 17-2)[6], dispositions qui ne s'imposent qu'au seul bailleur[7] de manière assez contradictoire avec ce qui précède, notons cependant que, dans un arrêt, la Haute cour a exigé que les juges du fond précisent en quoi les références prises en compte respectent les dispositions de cet article 19[8]. Pour autant, ils doivent indiquer le prix du loyer déterminé conformément aux dispositions de l'article 17 *c* (aujourd'hui, l'article 17-2-I de la loi du 6 juillet 1989)[9].

423.263 Appréciation souveraine – Moyenne mathématique des loyers de référence facultative. Il a par ailleurs été jugé que les juges du fond ne sont pas contraints de retenir la moyenne mathématique des loyers de référence produits par le bailleur[10]. Cela est d'autant plus vrai lorsque le preneur n'a pas fourni de références en réplique à celles produites par son cocontractant. À défaut de production d'éléments de comparaison par le locataire, le juge sera en effet enclin à opter pour une moyenne arithmétique[11].

423.264 Appréciation souveraine – Éléments de détermination. Encore pourrait-il se déterminer à partir d'autres éléments que ceux émanant du bailleur[12], tels l'avis de la commission de conciliation, des références émanant d'un observatoire des loyers, ou encore les conclusions d'un expert nommé par le tribunal[13]. Toutefois, une expertise ne saurait suppléer l'absence de fourniture de références[14].

Enfin, la cour d'appel de Paris a pris en compte l'absence de travaux particuliers et l'occupation continue des lieux pour minorer le loyer de renouvellement, arguant d'une absence de perte de loyer[15].

Ce dernier argument ne nous semble pas déterminant d'un point de vue économique, puisque ce n'est qu'à l'occasion de la relocation (suite à un changement de locataire) que les hausses de loyer sont les plus fortes (le prix du bail n'est alors soumis qu'à la loi du marché)[16].

Précisons que selon certains auteurs, le juge ne pourrait pas décider de fixer le prix du bail renouvelé à un prix inférieur au loyer initial[17].

Le bail dont le loyer de renouvellement aura été fixé par le juge est renouvelé pour trois ans si le bailleur est une personne physique, et pour six ans en cas contraire[18].

C.
Tableau récapitulatif

423.271 Suites à la proposition de renouvellement. Voici le récapitulatif des suites qui peuvent être données à la proposition de renouvellement et ce qui va en découler.

1. Civ. 3e, 10 mars 1993, no 91-11.268, P III, no 29 ; *Administrer* août-sept. 1993, p. 20, note Aubert.
2. Civ. 3e, 19 févr. 2003, no 00-22.194, P III, no 40 ; *AJDI* 2003. 416, obs. Y. Rouquet ; *D.* 2004. Somm. 845, obs. N. Damas ; *Gaz. Pal.* 2003. 2. 3078, obs. Rémy.
3. V. ss nos 423.41 et 423.261.
4. Civ. 3e, 18 déc. 1991, no 90-12.168, P III, no 322 ; *D.* 1992, Jur. 336, note Aubert ; *Gaz. Pal.* 29 avr. 1992, 120-121, [loi de 1986].
5. L. no 2014-366, 24 mars 2014 pour l'accès au logement et un urbanisme rénové, *JO* 26 mars, p. 5809.
6. Nombre minimal de références et règle des deux tiers, v. ss nos 423.62 et 423.63.
7. Civ. 3e, 8 juin 1995, no 93-10.652, P III, no 139 ; *D.* 1995. 375 ; *JCP* 1995. 236 ; *Gaz. Pal.* avr. 1996, 119-121.
8. Civ. 3e, 21 juin 1995, no 93-10.038, NP, *Loyers et copr.* 1995, no 352.
9. Civ. 3e, 29 mars 2000, no 98-16.415, P III, no 69 ; *D.* 2000. IR 119 ; *Administrer* juin 2001, p. 25, obs. Canu.
10. Civ. 3e, 16 nov. 1993, no 92-12.221, NP, *Loyers et copr.* 1994, no 48, [loi de 1986].
11. Reims, 27 nov. 1997, *JurisData* 047852, *JCP* 1998. IV, no 1878.
12. Civ. 3e, 8 juin 1995, no 93-13.999, P III, no 137 ; *JCP* 1995. 236 ; *Gaz. Pal.* avr. 1996, 119-121, [loi de 1986].
13. TI Puteaux, 30 juin 1988, *D.* 1989, Jur. 21, note Aubert, [loi de 1986].
14. Metz, 12 oct. 2017, no 14/01990, *Rev. loyers* 2017. 424, obs. S. B.
15. Paris, 12 mars 2009, RG no 07/17664, *AJDI* 2009. 711 – AUSSI, au sujet de cet arrêt : Y. Rouquet, *AJDI* 2009. 673.
16. POUR UNE ANALYSE critique de cette décision : Y. Rouquet, *AJDI* 2009. 673.
17. J. Lafond, B. Vial-Pedroletti, *Les baux d'habitation*, 8e éd., « Droit et professionnels », LexisNexis, 2017, no 2004 – C. Giverdon, *JCP N* 1989. I. 359.
18. Sur la durée du bail renouvelé, v. aussi ss nos 412.31 s.

SUITE DONNÉE À LA PROPOSITION DE RENOUVELLEMENT

Accord 4 mois avant la fin du contrat	Réponse 4 mois avant la fin du contrat	Saisine de la commission de conciliation	Conciliation	Saisine du juge avant le terme du contrat	Résultat
• NON	• NON	• NON	• Impossible	• Reconduction du contrat aux conditions antérieures (sans majoration de loyer, mais avec application de la clause de révision lorsqu'elle existe)	
• NON	• NON	• OUI	• NON	• NON	• Reconduction du contrat aux conditions antérieures (sans majoration de loyer, mais avec application de la clause de révision lorsqu'elle existe)
• NON	• NON	• OUI	• NON	• OUI	• Renouvellement du contrat (loyer fixé par le juge) avec hausse étalée sur 3 ou 6 ans
• NON	• NON	• OUI	• OUI	• Renouvellement du contrat (loyer fixé par l'accord) avec hausse étalée sur 3 ou 6 ans	
• OUI	• OUI	• Renouvellement du contrat avec majoration de loyer, avec hausse étalée sur 3 ou 6 ans			

§ 5
Application de la hausse de loyer

423.281 **Principe.** La hausse de loyer, qu'elle soit issue de la convention des parties, d'un accord en commission de conciliation ou d'une décision de justice, s'applique par tiers, lorsque le bail de renouvellement est d'une durée de trois ans ou par sixième, lorsque la durée du contrat renouvelé a été fixée à six ans.

423.282 **Exception : répartition de la majoration dans le temps.** Ce principe connaît une exception lorsque la hausse est supérieure à 10 %. Alors, cette hausse va s'appliquer par sixième annuel au contrat renouvelé, quelle que soit sa durée.

En conséquence, si le renouvellement a été conclu pour une durée inférieure à six ans (ce qui est généralement le cas, puisqu'en pratique lorsque le bailleur est une personne physique, le contrat est renouvelé pour trois ans), les effets de la majoration se poursuivront lors du renouvellement ultérieur.

423.283 **Application d'une majoration de loyer supérieure à 10 %.** Le loyer initial s'élevait à 600 euros et le loyer de renouvellement à 700 euros. La majoration est donc supérieure à 10 % du prix d'origine et la hausse va s'étaler sur six ans. Durant la première année du renouvellement du bail, le locataire devra donc s'acquitter d'un loyer mensuel de 616,67 euros, c'est-à-dire du loyer initial (600 euros) + 1/6 de l'augmentation (16,67 euros). Entre le début de la seconde année et la fin de la sixième année, le loyer mensuel augmentera tous les ans de 16,67 euros (633,34 euros la seconde année, 650 euros la troisième, 666,68 euros la quatrième, 683,35 euros la cinquième et 700 euros à compter de la sixième année). À cette augmentation, il conviendra d'ajouter les effets de l'éventuelle clause de révision.

423.284 **Clause d'indexation.** Concernant le jeu de cette clause d'indexation, la question s'est posée de savoir s'il convenait d'en tenir compte dès la première année de renouvellement ou, uniquement à partir de la seconde année, étant entendu que le texte de l'article 17-2-I de la loi de 1989 semble se déterminer en faveur de la première branche de l'alternative puisqu'il précise à cet égard que « la révision éventuelle résultant [d'une clause de révision] s'applique à chaque valeur ainsi définie »[1]. Par un arrêt de principe de 1994, la Cour de cassation a tranché en faveur d'une application littérale du texte en indiquant que la révision du loyer en fonction de l'indice Insee du coût de la construction, chaque

1. Sur la révision du loyer, v. ss nos 424.11 s.

année à la date convenue entre les parties, n'est pas incompatible avec l'augmentation du loyer par sixième. Ainsi, dès la première année de renouvellement, la révision annuelle indiciaire se cumule avec l'augmentation annuelle par sixième du loyer[1].

SECTION 3 FIXATION DU LOYER EN ZONE TENDUE

§ 1 Deux actions possibles

423.291 **Action en diminution ou en augmentation du loyer.** Aux termes de l'article 140, VI de la loi du 6 juillet 1989, lors du renouvellement du contrat portant sur un local situé dans une zone tendue, une action en diminution ou en réévaluation du loyer peut être engagée.

§ 2 Action en diminution du loyer de renouvellement

423.301 **Cas d'ouverture de l'action.** Une telle action peut être engagée par le locataire si le montant du loyer fixé au contrat de bail, hors montant du complément de loyer le cas échéant[2], est supérieur au loyer de référence majoré[3].

423.302 **Proposition de diminution.** Le preneur doit proposer une diminution de son loyer au moins cinq mois avant le terme du contrat et respecter les conditions de forme prévues à l'article 15 de la loi du 6 juillet 1989 relatif à la délivrance d'un congé (lettre recommandée avec demande d'avis de réception, acte d'huissier ou remise en main propre contre récépissé ou émargement, v. s[s] n° 442.11).

Le choix de ce délai de cinq mois n'est pas neutre, puisqu'il interdit au bailleur destinataire d'une proposition de diminution de loyer de délivrer un congé à son locataire[4].

La notification de la proposition d'un nouveau loyer doit reproduire intégralement, à peine de nullité, les dispositions de l'article 140, VI de la loi du 23 novembre 2018, dite loi Élan et mentionner le montant du loyer ainsi que le loyer de référence minoré ayant servi à le déterminer. Et le montant du loyer de référence minoré pris en compte doit correspondre à celui qui est en vigueur à la date de la proposition émise.

§ 3 Action en augmentation du loyer de renouvellement

423.311 **Cas d'ouverture de l'action.** Le nouveau loyer proposé dans le cadre d'une action en réévaluation de loyer est inférieur ou égal au loyer de référence minoré[5] (égal au loyer de référence diminué de 30 %, v. s[s] n° 422.42).

Lorsque le bailleur fait cette démarche, il ne peut donner congé au locataire pour la même échéance du contrat.

À noter toutefois que, depuis la modification de l'article 140, VI de la loi Élan par la loi « Climat et résilience » du 22 août 2021[6], cette action ne peut pas être engagée pour les logements de la classe F ou de la classe G, au sens de l'article L. 173-1-1 du code de la construction et de l'habitation[7].

En Métropole, cette interdiction vaut pour les contrats de location conclus, renouvelés ou tacitement reconduits un an après la publication de la loi, soit à compter du 25 août 2022. En Guadeloupe, en Martinique, en Guyane, à La Réunion et à Mayotte, cette suppression vaut pour les contrats de location conclus, renouvelés ou tacitement reconduits après le 1er juillet 2024[8].

423.312 **Proposition d'augmentation.** Cette proposition doit intervenir au moins six mois avant le terme du contrat et respecter les conditions de forme prévues à l'article 15 relatif à la délivrance d'un congé (lettre recommandée avec demande d'avis de réception, acte d'huissier ou remise en main propre contre récépissé ou émargement, v. s[s] n° 432.11).

La notification doit reproduire intégralement, à peine de nullité, les dispositions de l'article 140, VI de la loi du 23 novembre 2018, dite loi Élan, et mentionner le montant du loyer ainsi que le loyer de référence majoré ayant servi à le déterminer, lequel doit correspondre à celui qui est en vigueur à la date de la proposition émise.

Le nouveau loyer proposé doit être inférieur ou égal au loyer de référence minoré.

1. Civ. 3e, 30 nov. 1994, n° 92-13.425, P III, n° 202, *Defrénois* 1995. 427, obs. Vermelle.
2. Au sujet duquel, v. s[s] n° 422.46.
3. Lequel est égal à un montant supérieur de 20 % au loyer de référence, v. s[s] n° 422.42.
4. SUR LA QUESTION : N. Damas, *AJDI* 2014. 334, spéc. 342.
5. L. n° 2018-1021, 23 nov. 2018, art. 140, VI.
6. L. n° 2021-1104, 22 août 2021 portant lutte contre le dérèglement climatique et renforcement de la résilience face à ses effets, *JO* 24 août, n° 1.
7. Au sujet duquel v. s[s] n° 211.43.
8. En vertu de l'art. 159, IV de la loi n° 2021-1104 du 22 août 2021, dite loi « Climat et résilience ».

423.313 Contestation de la proposition d'augmentation par référence aux loyers de voisinage. Le locataire peut contester l'action en réévaluation de loyer en se référant aux loyers habituellement constatés dans le voisinage pour des logements comparables.

Comme en matière de réévaluation du loyer lors du renouvellement d'un bail portant sur un logement situé en zone non tendue[1], les loyers servant de référence doivent être représentatifs de l'ensemble des loyers habituellement constatés dans le voisinage pour des logements comparables, situés soit dans le même groupe d'immeubles, soit dans tout autre groupe d'immeubles comportant des caractéristiques similaires et situés dans la même zone géographique.

Et comme en zone non tendue, le nombre minimal de références à fournir est de trois. Toutefois, il est de six dans les communes dont la liste est fixée par le décret du 2 octobre 1987[2], faisant partie d'une agglomération de plus d'un million d'habitants.

Quant au contenu des références, il est identique à celui exigé dans le cadre d'une réévaluation du loyer lors du renouvellement d'un bail portant sur un logement situé en zone non tendue[3].

423.314 Procédure. En cas de désaccord ou à défaut de réponse du preneur saisi quatre mois avant le terme du contrat, l'une ou l'autre des parties « peut saisir »[4] la commission départementale de conciliation[5].

Comme en matière de contestation de la proposition de diminution du loyer :

- à défaut d'accord constaté par la CDC, le juge peut être saisi, avant le terme du contrat,

- à défaut de saisine du juge, le contrat est reconduit de plein droit aux conditions antérieures du loyer, éventuellement révisé[6],

- le contrat dont le loyer est fixé judiciairement est réputé renouvelé, à compter de la date d'expiration du contrat, pour une durée de trois ans lorsque le bailleur est une personne physique et pour une durée de six ans lorsque le bailleur est une personne morale.

La décision du juge est exécutoire par provision.

423.315 Modalités d'application de la hausse du loyer. Que la hausse intervienne sur accord entre les parties ou sur décision de justice, le principe est qu'elle s'applique par 1/3 ou par 1/6e selon la durée du contrat.

Cette hausse s'applique par 1/6e annuel au contrat renouvelé, puis lors du renouvellement ultérieur, dès lors qu'elle est supérieure à 10 % si le premier renouvellement avait une durée inférieure à six ans.

Et la révision éventuelle[7] s'applique à chaque valeur ainsi définie.

§ 4
Encadrement du loyer de renouvellement par décret

423.321 Montant maximum d'évolution des loyers de renouvellement. Comme l'évolution des logements vacants, l'évolution des loyers de renouvellement peut aussi être contrainte par un décret.

En effet, en application de l'article 18 de la loi du 6 juillet 1989 issue de la loi du 24 mars 2014[8], dite loi Alur, pour chacune des zones tendues, un décret en fixe annuellement le montant maximum d'évolution des loyers des logements vacants et des contrats renouvelés. Le texte ajoute :

- que ce décret peut prévoir des adaptations particulières, notamment en cas de travaux réalisés par les bailleurs ou de loyers manifestement sous-évalués ;

- qu'en cas de litige entre les parties résultant de l'application du décret, la commission départementale de conciliation[9] est compétente et sa saisine constitue un préalable obligatoire à la saisine du juge par l'une ou l'autre des parties.

423.322 Ce que prévoit le décret du 27 juillet 2017. Pour les contrats de location de locaux nus ou meublés conclus pendant la période du 1er août 2021 au 31 juillet 2022[10], un décret du 27 juillet 2017

1. Dont il est question aux nos 423.51 s.
2. Décr. no 87-818, 2 oct. 1987, *JO* 8 oct., p. 11717. Il s'agit d'un décret d'application de la loi Méhaignerie du 23 déc. 1986, toujours en vigueur en application de l'art. 25, V de la loi du 6 juill. 1989, et modifié, en dernier lieu, par le décret no 2015-733 du 24 juin 2015, *JO* 26 juin, p. 10776.
3. Dans sa rédaction issue du décr. no 2019-437 du 13 mai 2019 (*JO* 14 mai, no 25), l'art. 1er du décr. no 90-780 du 31 août 1990 précise que le contenu desdites références vaut également « pour le locataire, en application du VI de l'article 140 de la loi no 2018-1021 du 23 novembre 2018 portant évolution du logement, de l'aménagement et du numérique » mentionnent » (v. ss no 423.62).
4. Estimant qu'en dépit de la lettre du texte, cette saisine est obligatoire : N. Damas, *AJDI* 2014. 334, spéc. 342.
5. V. ss no 423.201.
6. Concernant la révision du loyer, v. ss nos 424.11 s.
7. Au sujet de laquelle, v. ss nos 424.11 s.
8. L. no 2014-366, 24 mars 2014 pour l'accès au logement et un urbanisme rénové, *JO* 26 mars, p. 5809.
9. Au sujet de laquelle, v. ss nos 811.11 s.
10. SUR la durée des effets des décrets d'encadrement, v. ss no 422.31.

modifié[1, 2], encadre les loyers de renouvellement des baux conclus dans les agglomérations situées dans les zones tendues[3].

Aux termes de l'article 5 du nouveau texte, lors du renouvellement d'un contrat de location, si le loyer est manifestement sous-évalué, la hausse de loyer convenue entre les parties ou fixée judiciairement ne peut excéder la plus élevée des deux limites suivantes.

423.323 Première limite : répercussion de la moitié de la différence entre l'ancien loyer et le loyer de marché. La moitié de la différence entre le montant d'un loyer déterminé par référence aux loyers habituellement constatés dans le voisinage pour des logements comparables et le loyer appliqué avant le renouvellement du contrat de location, révisé dans les limites prévues au I de l'article 17-1 de la loi de 1989[4].

À noter que, selon l'article 6 du décret de 2017 modifié[5] :

- d'une part, que les « logements comparables » servant à la détermination du loyer de référence sont situés soit dans le même groupe d'immeubles, soit dans tout autre groupe d'immeubles comportant des caractéristiques similaires et situé dans la même zone géographique. Les éléments constitutifs de ces références sont définis par le décret du 31 août 1990[6] ;

- et d'autre part, que l'augmentation de loyer n'est possible que lorsque le logement atteint le niveau de performance énergétique minimal défini à l'article 7-1 du décret de 2017[7] (selon ce texte, le niveau de performance énergétique minimal en question, correspond à une consommation en énergie primaire du logement inférieure à 331 kWh/m2/an, telle qu'estimée par le DPE défini à l'article L. 126-26 du CCH). Cette condition est toutefois présumée remplie lorsque l'atteinte de ce niveau de performance énergétique a été constatée par un diagnostic de performance énergétique établi moins de quatre ans auparavant.

Enfin, aux termes de l'article 8 du décret de 2017, lorsque le dernier loyer appliqué au précédent locataire a fait l'objet d'une réévaluation sans que celle-ci ait été entièrement appliquée à la date à laquelle cessent les relations contractuelles entre le bailleur et le précédent locataire, le « dernier loyer appliqué au précédent locataire » est le loyer convenu entre les parties ou fixé judiciairement, y compris la fraction non encore réévaluée.

423.324 Seconde limite : prise en compte de 15 % du montant des travaux. Une majoration du loyer annuel égale à 15 % du coût réel des travaux TTC, si le bailleur a réalisé, depuis la conclusion du contrat de location initial ou, lorsque le bail a été renouvelé, depuis son dernier renouvellement, des travaux d'amélioration ou de mise en conformité avec les caractéristiques de décence portant sur les parties privatives ou sur les parties communes pour un montant au moins égal à la dernière année de loyer.

À ce sujet, précisons, toutefois :

- qu'est exclu du montant des travaux d'amélioration ou de mise en conformité le coût des travaux ayant donné ou donnant lieu à une contribution pour le partage des économies de charge en application de l'article 23-1 de la loi de 198 ou à une majoration du loyer en application du II de l'article 17-1 de la même loi relatif aux « clauses travaux »[8] ;

- que le coût des travaux d'amélioration ou de mise en conformité portant sur les parties communes est déterminé en fonction des millièmes correspondant au logement[9] ;

- que l'augmentation de loyer n'est possible que lorsque, à l'issue des travaux, le logement atteint le niveau de performance énergétique minimal défini à l'article 7-1 du décret de 2017[10] (qui précise que ce niveau de performance énergétique minimal correspond à une consommation en énergie primaire du logement inférieure à 331 kWh/m2/an, telle qu'estimée par le DPE défini à l'article L. 126-26 du CCH). Cette condition est présumée remplie lorsque l'atteinte de ce niveau de performance énergétique, avant les travaux, a été constatée par un DPE établi moins de quatre ans auparavant[11].

423.325 Exclusion. Toutefois, en vertu de l'article 9, 3°, du décret du 27 juillet 2017 précité, lorsqu'un arrêté préfectoral d'encadrement a été pris à la date du renouvellement du bail, les dispositions qui précèdent ne s'appliquent pas lorsque la réévaluation du loyer est soumise aux dispositions du VI de l'article 140 de la loi du 23 novembre 2018, dite loi Élan, relatif à l'action en diminution du loyer ou en réévaluation[12].

1. Décr. n° 2017-1198, 27 juill. 2017 relatif à l'évolution de certains loyers dans le cadre d'une nouvelle location ou d'un renouvellement de bail applicable du 1er août 2021 au 31 juillet 2022, pris en application de l'article 18 de la loi n° 89-462 du 6 juillet 1989, *JO* 29 juill., n° 142 ; mod. par décr. n° 2019-802, 26 juill. 2019 ; par décr. n° 2020-945, 30 juill. 2020 et par décr. n° 2021-852, 29 juin 2021, *JO* 30 juin, n° 72.
2. Décr. n° 2015-931, 29 juill. 2015, *JO* 31 juill., p. 13097.
3. Définies s^s n° 422.31.
4. V. s^s n°s 424.11 s.
5. En dernier lieu par décr. n° 2021-852, 29 juin 2021, *JO* 30 juin, n° 72.
6. Décr. n° 90-780, 31 août 1990 portant application de l'article 19 de la loi n° 89-462 du 6 juillet 1989 tendant à améliorer les rapports locatifs, *JO* 6 sept., p. 10827.
7. Créé par décr. n° 2021-852, 29 juin 2021, *JO* 30 juin, n° 72.
8. Décr. n° 2017-1198, 27 juill. 2017, art. 7, 1° (v. s^s n°s 311.21 et 422.91).
9. Décr. n° 2017-1198, 27 juill. 2017, art. 7, 2°.
10. Créé par décr. n° 2021-852, 29 juin 2021 (*JO* 30 juin, n° 72).
11. Décr. n° 2017-1198, 27 juill. 2017, art. 7, 3°.
12. Dont il est question aux n°s 423.291 s.

CHAPITRE

424. Révision du loyer

SECTION 0 ORIENTEUR

424.00 Sommaire du chapitre.

424.01 Principaux textes applicables.

TEXTES SOURCES

- **L. n° 89-462, 6 juill. 1989,** art. 17-1.

TEXTES *IN EXTENSO*

- **L. 6 juill. 1989,** art. 17-1

* V. s^s^ n° 422.01

424.02 Jurisprudence de référence.

- **Civ. 3e, 12 mai 2016,** n° 15-16.285, P

* V. s^s^ n° 424.11

Le délai de prescription d'un an applicable à l'action en révision du loyer par le bailleur, prévu par l'art. 7-1, a couru, pour les indexations ayant pris effet antérieurement à l'entrée en vigueur de la loi du 24 mars 2014, à compter du jour de l'entrée en vigueur de cette loi, sans que la durée totale du délai ne puisse excéder la durée de cinq ans antérieurement applicable. Ayant relevé que le bail comportait une clause d'indexation et que la société chargée de la gestion du bien avait commis une erreur dans le calcul de l'indexation et exactement retenu qu'il y avait lieu de calculer l'indexation du loyer telle qu'elle aurait dû intervenir dès l'entrée en vigueur du bail, sur la base du loyer en vigueur à cette date.

424.03 Bibliographie indicative.

Annuel. LAMY DR. IMMO, n°s 5949 s.

Encyclopédies. RÉP. CIV., *V° Bail d'habitation et mixte : rapports locatifs individuels – Loi du 6 juillet 1989*, N. Damas, n°s 173, 184 – DICT. PERM. Gestion immob., *V° Baux d'habitation et mixtes*, n°s 227 s.

Ouvrage. E. Debaussart-Joniec, S. Fraîche-Dupeyrat, Ph. Pelletier, *Les baux d'habitation après la loi Élan*, 3e éd., « Actualité », 2019, LexisNexis – J. Lafond, B. Vial-Pedroletti, *Les baux d'habitation*, 8e éd., « Droit et professionnels », LexisNexis, 2017, n°s 605 s. et 1004 s. – Ph. Pelletier, *Traité des baux d'habitation et professionnels*, « Référence juridique », Le Moniteur, 2021.

SECTION 1 PREMIÈRE VUE SUR LA RÉVISION

424.11 Périodicité. Il ressort de l'article 17-1 de la loi du 6 juillet 1989, issu de la loi du 24 mars 2014, dite loi Alur[1] et applicable aux contrats en cours lors de l'entrée en vigueur de ce texte (le 27 mars 2014)[2, 3] que lorsque le bail prévoit la révision du loyer, celle-ci intervient chaque année à la date convenue entre les parties ou, à défaut, au terme de chaque année du contrat.

Et lorsque le bail comporte une clause d'indexation et que la société chargée de la gestion du bien a commis une erreur dans le calcul de l'indexation, il y a lieu de calculer l'indexation du loyer telle qu'elle aurait dû intervenir dès l'entrée en vigueur du bail, sur la base du loyer en vigueur à cette date[4].

1. L. n° 2014-366, 24 mars 2014 pour l'accès au logement et un urbanisme renforcé, *JO* 26 mars, p. 5809.
2. Cet art. 17-1 remplace l'anc. art. 17 *d* de la loi du 6 juill. 1989.
3. Précisant que, pour les baux en cours, l'art. 17-1 ne régit que les indexations postérieures au 27 mars 2014, v. Paris, 17 févr. 2015, n° 14/03164, *Loyers et copr.* 2015, n° 111, obs. B. Vial-Pedroletti. *Contra*, appliquant l'art. 17-1 à un bail en cours lors de la publication de la loi de 2014 pour l'indexation du loyer de 2012 : Paris, 1er juill. 2014, n° 12/23120, *Loyers et copr.* 2014, n° 234, obs. crit. B. Vial-Pedroletti.
4. Civ. 3e, 12 mai 2016, n° 15-16.285 P, *D.* 2016. Actu. 1078 ; *D. actu.*, 25 mai 2016, obs. Y. Rouquet.

À noter toutefois cette jurisprudence (rendue sous l'empire de l'ancien article 17 *d* de la loi de 1989), selon laquelle, lorsque le locataire s'est acquitté d'une indexation non prévue au bail, celui-ci ne peut contester le jeu de l'indexation au-delà du délai de prescription et la créance de restitution ne peut être calculée sur la base du loyer initial mais doit l'être sur celle du loyer acquitté à la date du point de départ de la prescription[1 2].

424.12 Assiette de la révision. L'article 17-1 de la loi du 6 juillet 1989 envisageant la « révision du loyer », l'assiette de la révision englobe l'éventuel complément de loyer prévu à l'article 17 de la loi du 6 juillet 1989 dans sa rédaction issue de la loi du 24 mars 2014, dite loi Alur[3], puisque ce texte précise que « lorsqu'un complément de loyer est appliqué, le loyer s'entend comme la somme du loyer de base et de ce complément ».

424.13 Prohibition de toute autre hausse en cours de bail. L'article 17-1 de la loi du 6 juillet 1989 (anc. art. 17 *d*), d'ordre public, interdit toute hausse autre que celle résultant de la révision. Toutefois, il a été jugé qu'en acceptant la fixation rétroactive d'un loyer à la hausse, le locataire a renoncé, après la naissance de son droit, à l'application de cette règle[4].

SECTION 2
CARACTÈRE FACULTATIF DE LA RÉVISION

424.21 Écrit obligatoire. La révision du loyer n'est qu'une faculté qui doit avoir été prévue par les parties. Une clause d'indexation pré-imprimée est valable[5], sous réserve toutefois qu'elle contienne une mention manuscrite[6].

SECTION 3
APPLICATION DE LA RÉVISION

424.31 Mise en œuvre. Contrairement à ce qui prévalait sous l'empire de l'ancien article 17 *d* de la loi de 1989, aux termes de l'article 17-1, créé par la loi du 24 mars 2014, dite loi Alur, et applicable aux contrats en cours au 27 mars 2014, date d'entrée en vigueur du nouveau texte, la clause ne va jouer que pour autant que le bailleur va manifester son souhait de l'appliquer.

424.32 Importance de l'attitude du bailleur. En effet, le texte dispose que, à défaut de manifester sa volonté d'appliquer la révision du loyer dans un délai d'un an suivant sa date de prise d'effet, le bailleur est réputé avoir renoncé au bénéfice de cette clause pour l'année écoulée[7] (sur le délai de prescription annale de l'action en paiement de la révision de loyer, v. s^s n°s 231.51 s.).

424.33 Cas particulier de la première révision. L'article 17-1 de la loi du 6 juillet 1989 précise que, si le bailleur manifeste sa volonté de réviser le loyer dans le délai d'un an, cette révision de loyer prend effet à compter de sa demande.

424.34 Cas particulier des logements trop énergivores. La loi « Climat et résilience » du 22 août 2021[8], a enrichi l'article 17-1 d'un III aux termes duquel aucune révision ne peut intervenir dans les logements particulièrement énergivores, entendons par-là ceux relevant de la classe F ou de la classe G, au sens de l'article L. 173-1-1 du code de la construction et de l'habitation[9].

– Concernant l'entrée en vigueur de cette prohibition, la loi « Climat et résilience »[10] précise qu'en Métropole l'article 17-1 de la loi du 6 juillet 1989, dans sa rédaction résultant de la loi nouvelle est applicable aux contrats de location conclus, renouvelés ou tacitement reconduits un an après la publication de la loi, soit à compter du 25 août 2022.

En Guadeloupe, en Martinique, en Guyane, à La Réunion et à Mayotte, cette interdiction vaut pour les contrats de location conclus, renouvelés ou tacitement reconduits après le 1er juillet 2024.

1. Civ. 3e, 6 juill. 2017, n° 16-16.426 P ; *D.* 2017. 1473 ; *ibid.* 2018. Pan. 1117, spéc. 1121, obs. N. Damas ; *AJDI* 2017. 854, obs. N. Damas.
2. Sur le délai de prescription annal de l'action en paiement de la révision de loyer, v. s^s n°s 231.52.
3. Au sujet duquel v. s^s n° 422.30.
4. Versailles, 9 avr. 2013, n° 11/01986, *Loyers et copr.* 2013, n° 202, obs. B. Vial-Pedroletti.
5. Civ. 3e, 15 avr. 2008, n° 07-11.795, NP, *RJDA* 2008, n° 768.
6. Paris, 2 juill. 2009, RG n° 08/03791, *Loyers et copr.* 2009, n° 253, obs. B. Vial-Pedroletti – Sur l'impossibilité d'appliquer la révision du loyer à un bail verbal v. s^s n° 423.101.
7. Comp., sous l'empire de l'anc. art. 17 d, jugeant que lorsqu'une clause d'indexation existe dans le contrat, elle s'applique automatiquement sans être subordonnée à une manifestation positive quelconque de la part du bailleur : Paris, 25 janv. 1995, RG n°s 94/018934 et 94/020478, *D.* 1996. Somm. 376, obs. CRDP Nancy 2 ; comp. aussi, jugeant que le fait, pour le bailleur, de ne pas réclamer le montant du loyer indexé dès sa prise d'effet n'implique pas renonciation de sa part à se prévaloir de la clause d'indexation : Paris, 25 janv. 1995, RG n°s 94/018934 et 94/020478, *D.* 1996. Somm. 376, obs. CRDP Nancy 2.
8. L. n° 2021-1104, 22 août 2021, portant lutte contre le dérèglement climatique et renforcement de la résilience face à ses effets, *JO* 24 août, n° 1.
9. Au sujet duquel, v. s^s n° 211.43.
10. L. n° 2021-1104, 22 août 2021, art. 159, IV.

SECTION 4
CHOIX DE L'INDICE

424.41 **Indice de référence des loyers.** Si les parties sont libres de choisir n'importe quel indice en rapport avec l'objet du bail[1], en pratique, leur choix s'arrêtera généralement sur l'indice de référence des loyers publié par l'Insee dont il est question à l'article 17-1, ce texte précisant que l'augmentation du loyer qui résulte de la révision ne peut excéder, à la hausse, la variation d'un indice de référence des loyers publié par l'Institut national de la statistique et des études économiques chaque trimestre et qui correspond à la moyenne, sur les douze derniers mois, de l'évolution des prix à la consommation hors tabac et hors loyers (IRL).

424.42 **Date de référence. Selon** l'article 17-1 de la loi du 6 juillet 1989, à défaut de clause contractuelle fixant la date de référence, cette date est celle du dernier indice publié à la date de signature du contrat de location.

SECTION 5
SENS DE LA VARIATION DE L'INDICE

424.51 **Liberté contractuelle.** On relèvera que l'article 17-1 de la loi du 6 juillet 1989 dispose que la variation qui résulte de la révision du loyer ne peut excéder, *à la hausse*, la variation de l'IRL.

Pour autant, rien ne semble interdire aux parties d'insérer une clause contractuelle aux termes de laquelle la révision va, le cas échéant, pouvoir jouer à la baisse[2].

1. C. mon. fin., art. L. 112-2.

2. Intervenues sous l'empire de l'anc. art. 17 *d*. V. Rép. min. n° 73902, *JOAN Q* 21 sept. 2010, p. 10425 – AUSSI : Rép. min. n° 40721 : *JOAN Q* 16 sept. 1996, p. 4958.

TITRE

43. Le congé donné par le bailleur dans le secteur privé

SECTION 0
ORIENTEUR

43.00 Sommaire du titre.

Division. Il convient d'étudier successivement l'auteur et le destinataire du congé (chap. 431), la forme et le délai du congé (chap. 432), la reprise pour habiter (chap. 433), le congé pour vendre (chap. 434), le congé pour motif légitime et sérieux (chap. 435) et la protection des locataires âgés et démunis (chap. 436).

43.01 Principaux textes applicables.

TEXTES SOURCES

- **L. n° 89-462, 6 juill. 1989,** art. 9-1, 13 a), 15, 15-III.
- **L. 1er sept. 1948,** art. 13 *bis*.
- **CSP,** art. L. 1331-26.
- **CCH,** art. L. 126-17, L. 126-21, L. 183-15, L. 511-2, L. 521-1 s.
- **C. urb.,** art. L. 211-1 s.

43.03 Bibliographie indicative.

Annuel. LAMY DR. IMMO, nos 5911 s.

Encyclopédies. RÉP. CIV., V° *Bail d'habitation et mixte : rapports locatifs individuels – Loi du 6 juillet 1989*, N. Damas, nos 375 s. – DICT. PERM. Gestion immob., V° *Baux d'habitation et mixtes*, nos 329 s.

Ouvrages. E. Debaussart-Joniec, S. Fraîche-Dupeyrat, Ph. Pelletier, *Les baux d'habitation après la loi Élan*, 3e éd., « Actualité », 2019, LexisNexis – J. Lafond, B. Vial-Pedroletti, *Les baux d'habitation*, 8e éd., « Droit et professionnels », LexisNexis, 2017, nos 1321 s. – Ph. Pelletier, *Traité des baux d'habitation et professionnels*, « Référence juridique », Le Moniteur, 2021 – V. Zalewski-Sicard, *Baux d'habitation – Congés et droits de préemption,* Ellipses, 2016.

Articles. N. Damas, « Congé délivré par le bailleur », *AJDI 2018. 777* ; « Délivrer congé en période d'urgence sanitaire », *AJDI* 2020. 360 – Ch. Gijsbers, « Prolifération des droits de préemption "privés" », *Defrénois* 15 mars 2018. 20 – M. Julienne, « Conflits entre droits de préemption », *Defrénois* 15 mars 2018. 36 – A. Muzard, « Tableau synoptique et comparatif des droits de préemption du locataire et des dispositifs de prorogation des baux », *SNH* 20/20 inf. 9 ; *ibid.* inf. 10 (notes de fin) – Ph. Pelletier et H. Gilliot, « Le traitement de l'occupant dans le cadre d'une saisie immobilière », *Loyers et copr.* 2018. Ét. 9 – Ph. Rezeau, « De l'usage du congé-vente après la loi ALUR et la loi Macron », *Administrer* 3/2017. 8 – B. Sturlèse, *AJDI 2019. 772* (les congés à travers la jurisprudence de la Cour de cassation).

CHAPITRE

431. Auteur et destinataire du congé

SECTION 0 ORIENTEUR

431.00 Sommaire du chapitre.

Division. Après des propos liminaires (sect. 1), l'auteur et le destinataire du congé (sect. 2) retiendront notre attention, avant que ne soient envisagées les obligations du bailleur pendant le préavis (sect. 3).

431.01 Principaux textes applicables.

TEXTES SOURCES

• **L. n° 89-462, 6 juill. 1989,** art. 9-1, 15.

TEXTES *IN EXTENSO*

• **L. 6 juill. 1989,** art. 9-1

Nonobstant les dispositions des articles 515-4 et 1751 du code civil, les notifications ou significations faites en application du présent titre par le bailleur sont de plein droit opposables au partenaire lié par un pacte civil de solidarité au locataire ou au conjoint du locataire si l'existence de ce partenaire ou de ce conjoint n'a pas été préalablement portée à la connaissance du bailleur.

• **L. 6 juill. 1989,** art. 15

I. – Lorsque le bailleur donne congé à son locataire, ce congé doit être justifié soit par sa décision de reprendre ou de vendre le logement, soit par un motif légitime et sérieux, notamment l'inexécution par le locataire de l'une des obligations lui incombant. À peine de nullité, le congé donné par le bailleur doit indiquer le motif allégué et, en cas de reprise, les nom et adresse du bénéficiaire de la reprise ainsi que la nature du lien existant entre le bailleur et le bénéficiaire de la reprise qui ne peut être que le bailleur, son conjoint, le partenaire auquel il est lié par un pacte civil de solidarité enregistré à la date du congé, son concubin notoire depuis au moins un an à la date du congé, ses ascendants, ses descendants ou ceux de son conjoint, de son partenaire ou de son concubin notoire. Lorsqu'il donne congé à son locataire pour reprendre le logement, le bailleur justifie du caractère réel et sérieux de sa décision de reprise. Le délai de préavis applicable au congé est de six mois lorsqu'il émane du bailleur.

En cas d'acquisition d'un bien occupé :

– lorsque le terme du contrat de location en cours intervient plus de trois ans après la date d'acquisition, le bailleur peut donner congé à son locataire pour vendre le logement au terme du contrat de location en cours ;

– lorsque le terme du contrat de location en cours intervient moins de trois ans après la date d'acquisition, le bailleur ne peut donner congé à son locataire pour vendre le logement qu'au terme de la première reconduction tacite ou du premier renouvellement du contrat de location en cours ;

– lorsque le terme du contrat en cours intervient moins de deux ans après l'acquisition, le congé pour reprise donné par le bailleur au terme du contrat de location en cours ne prend effet qu'à l'expiration d'une durée de deux ans à compter de la date d'acquisition.

En cas de contestation, le juge peut, même d'office, vérifier la réalité du motif du congé et le respect des obligations prévues au présent article. Il peut notamment déclarer non valide le congé si la non-reconduction du bail n'apparaît pas justifiée par des éléments sérieux et légitimes.

Toutefois, la possibilité pour un bailleur de donner congé à un locataire et la durée du bail sont suspendues à compter de l'engagement de la procédure contradictoire prévue à l'article L. 511-10 du code de la construction et de l'habitation, relative à la sécurité et à la salubrité des immeubles bâtis.

Cette suspension est levée à l'expiration d'un délai maximal de six mois à compter de la réception du courrier de l'autorité administrative compétente engageant l'une des procédures mentionnées aux a et b, faute de notification d'un des arrêtés prévus à leur issue ou de leur abandon.

Lorsque l'autorité administrative compétente a notifié l'arrêté prévu à l'article L. 511-11 du code de la construction et de l'habitation, il est fait application des articles L. 521-1 et L. 521-2 du même code.

Une notice d'information relative aux obligations du bailleur et aux voies de recours et d'indemnisation du locataire est jointe au congé délivré par le bailleur en raison de sa décision de reprendre ou de vendre le logement. Un arrêté du ministre chargé du logement, pris après avis de la Commission nationale de concertation, détermine le contenu de cette notice.

Lorsqu'il émane du locataire, le délai de préavis applicable au congé est de trois mois.

Le délai de préavis est toutefois d'un mois :

1° Sur les territoires mentionnés au premier alinéa du I de l'article 17 ;

2° En cas d'obtention d'un premier emploi, de mutation, de perte d'emploi ou de nouvel emploi consécutif à une perte d'emploi ;

3° Pour le locataire dont l'état de santé, constaté par un certificat médical, justifie un changement de domicile ;

4° Pour les bénéficiaires du revenu de solidarité active ou de l'allocation adulte handicapé ;

5° Pour le locataire qui s'est vu attribuer un logement défini à l'article L. 831-1 du code de la construction et de l'habitation.

Le locataire souhaitant bénéficier des délais réduits de préavis mentionnés aux 1° à 5° précise le motif invoqué et le justifie au moment de l'envoi de la lettre de congé. À défaut, le délai de préavis applicable à ce congé est de trois mois.

Le congé doit être notifié par lettre recommandée avec demande d'avis de réception, signifié par acte d'huissier ou remis en main propre contre récépissé ou émargement. Ce délai court à compter du jour de la réception de la lettre recommandée, de la signification de l'acte d'huissier ou de la remise en main propre.

Pendant le délai de préavis, le locataire n'est redevable du loyer et des charges que pour le temps où il a occupé réellement les lieux si le congé a été notifié par le bailleur. Il est redevable du loyer et des charges concernant tout le délai de préavis si c'est lui qui a notifié le congé, sauf si le logement se trouve occupé avant la fin du préavis par un autre locataire en accord avec le bailleur.

À l'expiration du délai de préavis, le locataire est déchu de tout titre d'occupation des locaux loués.

II. – Lorsqu'il est fondé sur la décision de vendre le logement, le congé doit, à peine de nullité, indiquer le prix et les conditions de la vente projetée. Le congé vaut offre de vente au profit du locataire : l'offre est valable pendant les deux premiers mois du délai de préavis. Les dispositions de l'article 46 de la loi n° 65-557 du 10 juillet 1965 fixant le statut de la copropriété des immeubles bâtis ne sont pas applicables au congé fondé sur la décision de vendre le logement.

À l'expiration du délai de préavis, le locataire qui n'a pas accepté l'offre de vente est déchu de plein droit de tout titre d'occupation sur le local.

Le locataire qui accepte l'offre dispose, à compter de la date d'envoi de sa réponse au bailleur, d'un délai de deux mois pour la réalisation de l'acte de vente. Si, dans sa réponse, il notifie son intention de recourir à un prêt, l'acceptation par le locataire de l'offre de vente est subordonnée à l'obtention du prêt et le délai de réalisation de la vente est porté à quatre mois. Le contrat de location est prorogé jusqu'à l'expiration du délai de réalisation de la vente. Si, à l'expiration de ce délai, la vente n'a pas été réalisée, l'acceptation de l'offre de vente est nulle de plein droit et le locataire est déchu de plein droit de tout titre d'occupation.

Dans le cas où le propriétaire décide de vendre à des conditions ou à un prix plus avantageux pour l'acquéreur, le notaire doit, lorsque le bailleur n'y a pas préalablement procédé, notifier au locataire ces conditions et prix à peine de nullité de la vente. Cette notification est effectuée à l'adresse indiquée à cet effet par le locataire au bailleur ; si le locataire n'a pas fait connaître cette adresse au bailleur, la notification est effectuée à l'adresse des locaux dont la location avait été consentie. Elle vaut offre de vente au profit du locataire. Cette offre est valable pendant une durée d'un mois à compter de sa réception. L'offre qui n'a pas été acceptée dans le délai d'un mois est caduque.

Le locataire qui accepte l'offre ainsi notifiée dispose, à compter de la date d'envoi de sa réponse au bailleur ou au notaire, d'un délai de deux mois pour la réalisation de l'acte de vente. Si, dans sa réponse, il notifie son intention de recourir à un prêt, l'acceptation par le locataire de l'offre de vente est subordonnée à l'obtention du prêt et le délai de réalisation de la vente est porté à quatre mois. Si, à l'expiration de ce délai, la vente n'a pas été réalisée, l'acceptation de l'offre de vente est nulle de plein droit.

Les termes des cinq alinéas précédents sont reproduits à peine de nullité dans chaque notification.

Ces dispositions ne sont pas applicables aux actes intervenant entre parents jusqu'au troisième degré inclus, sous la condition que l'acquéreur occupe le logement pendant une durée qui ne peut être inférieure à deux ans à compter de l'expiration du délai de préavis, ni aux actes portant sur les immeubles mentionnés au deuxième alinéa de l'article L. 126-17 du code de la construction et de l'habitation.

Dans les cas de congés pour vente prévus à l'article 11-1, l'offre de vente au profit du locataire est dissociée du congé. En outre, le non-respect de l'une des obligations relatives au congé pour vente d'un accord conclu en application de l'article 41 *ter* de la loi n° 86-1290 du 23 décembre 1986 tendant à favoriser l'investissement locatif, l'accession à la propriété de logements sociaux et le développement de l'offre foncière, et rendu obligatoire par décret, donne lieu à l'annulation du congé.

Est nul de plein droit le congé pour vente délivré au locataire en violation de l'engagement de prorogation des contrats de bail en cours, mentionné au premier alinéa du A du I de l'article 10-1 de la loi n° 75-1351 du 31 décembre 1975 relative à la protection des occupants de locaux à usage d'habitation.

III. – Le bailleur ne peut s'opposer au renouvellement du contrat en donnant congé dans les conditions définies au paragraphe I ci-dessus à l'égard de tout locataire âgé de plus de soixante-cinq ans et dont les ressources annuelles sont inférieures à un plafond de ressources en vigueur pour l'attribution des logements locatifs conventionnés fixé par arrêté du ministre chargé du logement, sans qu'un logement correspondant à ses besoins et à ses possibilités lui soit offert dans les limites géographiques prévues à l'article 13 *bis* de la loi n° 48-1360 du 1er septembre 1948 précitée. Le présent alinéa est également applicable lorsque le locataire a à sa charge une personne de plus de soixante-cinq ans vivant habituellement dans le logement et remplissant la condition de ressources précitée et que le montant cumulé des ressources annuelles de l'ensemble des personnes vivant au foyer est inférieur au plafond de ressources déterminé par l'arrêté précité.

Toutefois, les dispositions de l'alinéa précédent ne sont pas applicables lorsque le bailleur est une personne physique âgée de plus de soixante-cinq ans ou si ses ressources annuelles sont inférieures au plafond de ressources mentionné au premier alinéa.

L'âge du locataire, de la personne à sa charge et celui du bailleur sont appréciés à la date d'échéance du contrat ; le montant de leurs ressources est apprécié à la date de notification du congé.

IV. – Le fait pour un bailleur de délivrer un congé justifié frauduleusement par sa décision de reprendre ou de vendre le logement est puni d'une amende pénale dont le montant ne peut être supérieur à 6 000 € pour une personne physique et à 30 000 € pour une personne morale.

Le montant de l'amende est proportionné à la gravité des faits constatés. Le locataire est recevable dans sa constitution de partie civile et la demande de réparation de son préjudice.

431.02 Jurisprudence de référence.

• **Civ. 3e, 2 févr. 1982,** n° 80-11.309, P III, n° 29

* V. ss n° 431.72

Le congé délivré à un seul des conjoints n'est pas opposable à l'autre, et le conjoint non visé par le congé peut en contester la validité à son encontre.

• **Civ. 3e, 12 juill. 1988,** n° 86-19.610, P III, n° 126

* V. ss n° 431.12

Le congé de droit commun est un acte unilatéral qui met fin au bail par la seule manifestation de volonté de celui qui le délivre.

• **Cass., Ass. plén., 13 févr. 1998,** n° 95-10.378, P, n° 1

* V. ss n° 431.43

N'est pas valable le congé avec offre de vente émanant d'un cabinet de gestion au nom et pour le compte du propriétaire, alors que tout congé délivré en application de l'art. 22 de la loi de 1986 [art. 15 de la loi de 1989] doit comporter la dénomination sociale du bailleur lui-même.

431.03 Bibliographie indicative.

Annuel. LAMY DR. IMMO, nos 5917, 5923.

Encyclopédies. RÉP. CIV., *V° Bail d'habitation et mixte : rapports locatifs individuels – Loi du 6 juillet 1989*, N. Damas, n° 377 – DICT. PERM. Gestion immob., *V° Baux d'habitation et mixtes*, nos 329 s.

Ouvrages. E. Debaussart-Joniec, S. Fraîche-Dupeyrat, Ph. Pelletier, *Les baux d'habitation après la loi Élan*, 3e éd., « Actualité », 2019, LexisNexis – J. Lafond, B. Vial-Pedroletti, *Les baux d'habitation*, 8e éd., « Droit et professionnels », LexisNexis, 2017, nos 1322 s. – Ph. Pelletier, *Traité des baux d'habitation et professionnels*, « Référence juridique », Le Moniteur, 2021 – V. Zalewski-Sicard, *Baux d'habitation – Congés et droits de préemption,* Ellipses, 2016.

SECTION 1
REMARQUES PRÉLIMINAIRES

431.11 Évolution de la législation. La question du congé est importante, sa mise en œuvre étant délicate et l'inobservation des règles qui lui sont applicables ayant des conséquences radicales.

Le régime du congé a été en partie modifié par la loi du 24 mars 2014, dite loi Alur[1], applicable depuis le 8 août 2015, date d'entrée en vigueur de la loi n° 2015-990 du 6 août 2015, dite Macron[2], aux contrats en cours.

Les contrats conclus avant cette date restent, quant à eux, soumis à la législation antérieure.

431.12 Caractère unilatéral du congé. Le congé est un acte unilatéral qui met fin au bail par la seule manifestation de volonté de celui qui le délivre[3]. Aussi, sauf accord du cocontractant ou éventuelle erreur de droit (concept juridique délicat à manier, l'erreur devant porter sur la loi applicable, mais non sur l'interprétation de cette loi[4]), le congé ne peut être valablement rétracté par son auteur.

SECTION 2
AUTEUR ET DESTINATAIRE DU CONGÉ

431.20 Plan – Qualité des parties. C'est une évidence, le congé doit être donné par le bailleur au locataire.

1. L. n° 2014-366, 24 mars 2014 pour l'accès au logement et un urbanisme rénové, *JO* 26 mars, p. 5809.
2. L. n° 2015-990 du 6 août 2015, art. 82, II, en vigueur le 8 août 2015.
3. Civ. 3e, 12 juill. 1988, n° 86-19.610, P III, n° 126 – Civ. 3e, 12 juin 1996, n° 94-16.701, P III, n° 138 ; *D.* 1997. Somm. 273, obs. CRDP Nancy 2 – AUSSI, À PROPOS d'une location meublée : Civ. 3e, 4 févr. 2009, n° 07-20.980, P III, n° 30 ; *D.* 2009. AJ 491, note Y. Rouquet ; *ibid.* 2010. Pan. 1168, spéc. 1173, obs. N. Damas ; *AJDI* 2009. 608, note N. Damas – RAPPR., précisant qu'un courrier s'analysant en une décision unilatérale de mettre fin au contrat est un congé : Civ. 2e, 19 déc. 2019, n° 18-19.063, NP, *AJDI* 2020. 512, obs. Dreveau ; *Rev. prat. rec.* 2020. 31, chron. Gantschnig.
4. À PROPOS d'un congé pour vendre : Paris, 28 janv. 2010, RG n° 08/10194, Actu. 2010, 1349, obs. Y. Rouquet ; *Rev. bleue* juill.-août 2010. 14, obs. Dronne.

Si, la plupart du temps, l'identification, la capacité et le pouvoir de l'un et de l'autre ne posent pas de problème, il existe des hypothèses qui méritent que l'on s'y arrête.

§ 1
Auteur du congé

A.
Bailleur, personne morale

431.31 **Régularité de la représentation.** Lorsque le bailleur est une personne morale, il faudra s'assurer que la personne physique signataire du congé a bien qualité pour délivrer cet acte. Cette vérification implique que l'habilitation de l'auteur du congé (par les statuts de la société, par l'assemblée générale...) soit portée à la connaissance du locataire[1].

Lorsque le bailleur est une société civile familiale (c'est-à-dire constituée exclusivement entre parents et alliés jusqu'au quatrième degré inclus), le congé pourra être donné par la société au profit de l'un de ses associés[2].

B.
Bien géré par un agent immobilier

431.41 **Habilitation du mandataire.** Le mandataire doit être habilité à délivrer ce congé. La preuve explicite de l'existence d'un mandat de gestion doit être rapportée[3].

Selon un arrêt de la Chambre mixte de la Cour de cassation du 24 février 2017[4], lorsque le mandat n'est pas régulier (en l'occurrence, il ne contenait pas de limitation de durée[5] et n'était pas inscrit au registre des mandats[6]), il est atteint de nullité relative. Cela interdit par conséquent au locataire, tiers au mandat, destinataire d'un congé[7], de s'en prévaloir.

Il s'agit d'un revirement de jurisprudence induit par la réforme du droit des obligations opérées par l'ordonnance du 10 février 2016[8]. Selon la haute juridiction, l'évolution du droit des obligations résultant de ce texte conduit à apprécier différemment l'objectif poursuivi par les dispositions relatives aux prescriptions formelles que doit respecter le mandat, lesquelles visent la seule protection du mandant dans ses rapports avec le mandataire. L'existence de dispositions protectrices du locataire, qui assurent un juste équilibre entre les intérêts de ce dernier et ceux du bailleur, et la finalité de protection du seul propriétaire des règles fixées par la législation relative au mandat conduisent à modifier la jurisprudence et à décider que la méconnaissance des règles précitées doit être sanctionnée par une nullité relative[9].

Retenons enfin que si, en principe, le congé s'analyse en un acte d'administration, lorsqu'il s'agit d'un congé pour vendre, c'est alors un acte de disposition et l'agent immobilier a dû recevoir un mandat spécial[10].

431.42 **Hypothèse du décès du bailleur.** La question de la validité du congé donné par le mandataire du bailleur décédé est discutée en jurisprudence. La position de la Cour de cassation elle-même est assez contrastée. Par deux décisions distantes de moins de deux ans, cette juridiction a en effet rendu deux arrêts quelque peu contradictoires.

En 1995, elle a jugé que le mandataire d'un bailleur décédé avait agi dans les limites de son mandat en délivrant congé au locataire dès lors que la preuve qu'il avait connaissance du décès de son mandant n'avait pas été rapportée[11].

En 1997, la même juridiction a décidé que l'acte délivré au nom d'une personne décédée était entaché d'une irrégularité de fond pouvant être soulevée par tout intéressé[12].

431.43 **Indication du nom du propriétaire.** Lorsque le congé est délivré par l'intermédiaire d'un

1. Paris, 18 déc. 1997, RG n° 96/82418, *Gaz. Pal.* 1998. Somm. 287 – AUSSI, v. s[s] n° 431.41.
2. L. n° 89-462, 6 juill. 1989, art. 13 a – Sur la validité d'un congé émanant d'une personne morale dans l'hypothèse d'une reprise pour habiter, v. s[s] n° 433.13 ; à propos du congé pour vendre, v. s[s] n° 434.22.
3. Paris, 22 janv. 1998, *Gaz. Pal.* 1998. Somm. 285.
4. Cass., ch. mixte, 24 févr. 2017, n° 15-20.411 P ; *D.* 2017. 793, obs. explicative de la Cour de cassation, note B. Fauvarque-Cosson ; *ibid.* 1149, obs. N. Damas ; *D. actu.*, 10 mars 2017, obs. A. Gailliard ; *AJ Contrat* 2017. 175, obs. D. Houtcieff ; *RTD civ.* 2017. 377, obs. H. Barbier.
5. Violation de l'art. 7, al. 1er, de la loi n° 70-9, 2 janv. 1970, *JO* 4 janv., p. 142.
6. Violation de l'art. 72, al. 5, du Décr. n° 72-678, 20 juill. 1972, *JO* 22 juill., p. 7773.
7. En l'occurrence, il s'agissait d'un congé-vente.
8. Ord. n° 2016-131, 10 févr. 2016, *JO* 11 févr., n° 26, en vigueur depuis le 1er oct. 2016.
9. COMP. auparavant, retenant la nullité absolue du mandat : Civ. 3e, 25 févr. 2003, n° 01-00.461, NP, *Loyers et copr.* 2004, n° 22, obs. B. Vial-Pedroletti – Civ. 3e, 8 avr. 2009, n° 07-21.610, P III, n° 80 ; *D.* 2009. AJ 1142 ; *D. actu.*, 28 avr. 2009, obs. G. Forest ; *AJDI* 2009. 890, note M. Thioye – Civ. 1re, 18 oct. 2005, n° 02-16.046, P I, n° 363 ; *Administrer* janv. 2006. 54, obs. J.-R. Bouyeure ; *Rev. loyers* 2006. 16, obs. J. Prigent ; *Loyers et copr.* 2006, n° 26, obs. B. Vial-Pedroletti.
10. V. s[s] n° 434.21.
11. Civ. 3e, 19 juill. 1995, n° 93-14.579, P III, n° 190 ; *RDI* 1995. 769, obs. D. Tomasin.
12. Civ. 3e, 19 mars 1997, n° 95-16.826, NP, *Rev. loyers* 1997. 369 – Aix-en-Provence, 14 mars 1996, RG n° 92/13979, *Loyers et copr.* 1997, n° 15, obs. Brault et Mutelet.

mandataire, il doit impérativement comporter indication du nom du propriétaire. L'Assemblée plénière de la Cour de cassation a en effet jugé que le congé[1] émanant d'un cabinet de gestion délivré au nom et pour le compte du propriétaire doit comporter la dénomination sociale du bailleur lui-même[2]. Le fait que le mandataire soit investi d'un pouvoir régulier est insuffisant[3]. Par ailleurs, il a été jugé que le congé délivré par un mandataire au nom de la « succession propriétaire » est nul[4]. L'absence d'indication du nom du bailleur est cependant une irrégularité de fond qui sera sanctionnée indépendamment de tout grief subi par le locataire[5]. Cette solution vaut même lorsque le preneur connaissait, en fait, l'identité du bailleur[6]. Notons que le congé n'a pas à être signé par le bailleur[7].

C.
Bien loué en indivision

431.51 Unanimité ou accord des 2/3 des droits indivis. Lorsque le logement loué est en indivision, le congé pourra être délivré par tout membre de l'indivision[8], mais nécessitera l'accord unanime de tous les indivisaires ou, à tout le moins, depuis la modification de l'article 815-3 du code civil par la loi du 23 juin 2006 portant réforme des successions et des libéralités, l'accord du ou des indivisaires titulaires d'au moins 2/3 des droits indivis[9]. À défaut d'un tel accord, le congé sera nul[10]. Notons cependant que le congé délivré par un seul des indivisaires, sans l'accord requis, est valable, dès lors qu'avant l'expiration du bail, l'auteur du congé est devenu, suite au partage, propriétaire à part entière du logement[11].

431.52 Congé et personnalité juridique de son auteur. Par ailleurs, un congé délivré par « la famille propriétaire » est nul, cette notion étant dépourvue de toute personnalité juridique[12]. Il en va de même d'un congé (pour vente) donné par « l'indivision »[13].

431.53 Congé par un époux seul au nom des deux d'un bien commun – Opposabilité. On notera enfin s'agissant d'un bien appartenant à deux époux, qu'il a été jugé que la délivrance d'un congé (valant reprise pour habiter) par l'épouse seule, mais au nom des deux, est opposable au locataire[14].

D.
Bien loué en propriété démembrée

431.61 Pouvoir exclusif à l'usufruitier. L'usufruitier peut valablement donner congé[15].

Il est d'ailleurs le seul a en avoir le pouvoir : le congé délivré par le nu-propriétaire serait nul[16]. La solution est cependant différente en cas de congé pour vendre[17].

§ 2
Destinataire du congé

431.71 Situations du ou des locataires. Trois cas de figure sont à dissocier : les locataires sont des conjoints, les locataires sont des copreneurs, le locataire décède ou abandonne le domicile.

431.72 Locataires époux. L'article 9-1 de la loi du 6 juillet 1989 (modifié par la loi du 13 décembre 2000) précise : « nonobstant les dispositions de l'article 1751 du code civil (qui instaure entre les époux une cotitularité du droit de bail v. s^s n° 121.11), les notifications ou significations faites en applica-

1. En l'espèce, avec offre de vente.
2. Cass., Ass. plén., 13 févr. 1998, n° 95-10.378, P, n° 1 ; *D.* 1998. IR 71 ; *RDI* 2000. 82, obs. D. Tomasin ; *AJDI* 1998. 534, note J.-P. Blatter et C. Giverdon ; *JCP* 1998. II, n° 10060, concl. Sodini et note Monéger ; *Gaz. Pal.* 12 avr. 1998, 102-106, [loi de 1986] – AUSSI : Paris, 19 oct. 2004, RG n° 2002/20986, *Loyers et copr.* 2005, n° 28, obs. B. Vial-Pedroletti.
3. Versailles, 15 mai 1998, RG n° 4079/96, *Rev. loyers* 1999. 198, obs. Teilliais.
4. Paris, 29 août 2000, RG n° 1999/08149, *Loyers et copr.* 2001, n° 59, obs. B. Vial-Pedroletti.
5. Paris, 19 oct. 2004, RG n° 2002/20986, *Loyers et copr.* 2005, n° 28, obs. B. Vial-Pedroletti – AUSSI : Civ. 3e, 29 janv. 2002, n° 00-16.375, NP, *Administrer* oct. 2002, p. 27, obs. Canu [solution implicite] – EN SENS CONTRAIRE toutefois : Versailles, 15 mai 1998, RG n° 4079/96, *Rev. loyers* 1999. 198, obs. Teilliais.
6. Lyon, 21 févr. 2006, RG n° 04/04991, *BICC* 2006, n° 1450.
7. Cela a été jugé à propos d'un congé signé « pour ordre » par le mandataire du bailleur, sans que son identité ni cette qualité ne soient mentionnées : Civ. 3e, 16 mai 2007, n° 06-12.356, P III, n° 78 ; *D.* 2007. AJ 1502 ; *AJDI* 2008. 293, note F. de La Vaissière.
8. L. n° 89-462, 6 juill. 1989, art. 13 *b.*
9. Sur l'impact de la loi du 23 juin 2006 en matière de bail d'habitation, v. aussi s^s n° 134.192.
10. Com. 5 oct. 1966, P III, n° 379 – Civ. 3e, 8 avr. 1999, n° 97-15.706, P III, n° 88 ; *RDI* 1999. 466, obs. F. Collart-Dutilleul.
11. Civ. 3e, 22 janv. 1977, *Ann. loyers* 1977. 976 – Paris, 2 juin 1998, RG n° 96/81024, *Loyers et copr.* 1999, n° 58, obs. B. Vial-Pedroletti – DANS LE MÊME SENS AUSSI : Civ. 3e, 4 mai 2000, n° 98-18.108, P III, n° 96 ; *D.* 2000. IR 167.
12. Civ. 3e, 10 juin 1998, n° 96-17.975, NP, *Rev. loyers* 1998. 494, obs. Rémy.
13. Civ. 3e, 25 avr. 2001, n° 99-14.368, P III, n° 50 ; *D.* 2001. IR 1591 – Paris, 19 févr. 2004, RG n° 2002/20395, *AJDI* 2004. 382.
14. Paris, 2 sept. 2003, RG n° 2001/17090, *Loyers et copr.* 2003, n° 237, obs. B. Vial-Pedroletti.
15. Civ. 3e, 8 mai 1979, n° 77-15.885, P III, n° 102 ; *JCP* 1979. IV, n° 224 – Lyon, 26 mars 2002, RG n° 2000/04218, *JCP* 2003. IV, n° 1195.
16. Poitiers, 25 mars 1997, RG n° 056121, *Loyers et copr.* 1999, n° 31, obs. B. Vial-Pedroletti.
17. V. s^s n° 434.21.

tion du présent titre (dont l'art. 15 relatif au congé fait partie) par le bailleur sont de plein droit opposables [...] au conjoint du locataire si l'existence [...] de ce conjoint n'a pas été préalablement portée à la connaissance du bailleur ».

Dès lors :

- soit le bailleur connaît l'existence du conjoint du locataire et il devra délivrer congé aux deux preneurs [1] ; à défaut, le congé ne sera pas opposable au conjoint qui n'en aura pas été destinataire [2]. Ainsi, la décision d'expulsion du mari [3] et de tout occupant de son chef est inopposable à sa femme [4]. Il est alors plus prudent de donner congé par deux lettres distinctes adressées à chaque époux [5] (même si certaines décisions se contentent d'une seule notification [6]). Notons enfin, concernant l'épouse colocataire, qu'un congé délivré à celle-ci sous le nom patronymique de son mari serait valable, cette mention ne laissant aucun doute quant à l'identité du destinataire [7] ;

- soit l'existence du conjoint du locataire n'a pas été portée à la connaissance du bailleur, et la notification du congé au seul locataire déclaré est suffisante pour mettre fin au bail à l'égard des deux [8].

431.73 **Locataire pacsé.** Depuis la modification de l'article 1751 du code civil par la loi du 24 mars 2014 [9], dite loi Alur, applicable depuis le 8 août 2015, date d'entrée en vigueur de la loi n° 2015-990 du 6 août 2015, dite Macron [10], aux contrats en cours, lorsque les partenaires liés par un Pacs en font la demande conjointement, les deux partenaires sont cotitulaires du bail portant sur le local servant effectivement à leur habitation.

Par conséquent, en application de ce texte et de l'article 9-1 de la loi du 6 juillet 1989, dès lors qu'une telle demande conjointe a eu lieu, il convient de notifier le congé à chacun des partenaires [11].

1. Sur l'obligation, pour le locataire, d'informer son cocontractant dans le cadre d'une démarche positive v. s^{s} n° 423.123.
2. Civ. 3e, 2 févr. 1982, n° 80-11.309, P III, n° 29 ; *Dr. et pr.* 1983. 644, obs. Galand.
3. Seul destinataire du congé.
4. Civ. 3e, 23 janv. 1985, n° 83-14.962, P III, n° 16 ; *JCP N* 1986. II. 73, note Simler.
5. Civ. 3e, 10 mai 1989, n° 88-10.363, P III, n° 103, *RTD civ.* 1990. 300, obs. Rémy ; *Defrénois* 1991. 728, obs. Aubert.
6. Civ. 3e, 18 juill. 2000, n° 96-13.798, NP, *AJDI* 2000. 953.
7. À PROPOS d'une assignation donnée à l'épouse colocataire : Civ. 3e, 24 janv. 2001, n° 99-14.310, P III, n° 9 ; *AJDI* 2001. 509, obs. Briand.
8. Sur la preuve de la connaissance par le bailleur de l'existence du conjoint du locataire v. s^{s} n° 423.124.
9. L. n° 2014-366, 24 mars 2014 pour l'accès au logement et un urbanisme rénové, *JO* 26 mars, p. 5809.
10. L. n° 2015-990 du 6 août 2015, art. 82, II, *JO* 7 août, p. 13537 s., en vigueur le 8 août 2015.
11. Pour une étude d'ensemble relative aux parties au contrat v. s^{s} titre 12.

431.74 **Locataire vivant en concubinage.** Dans la mesure où le concubin du locataire non-signataire du contrat ne se voit conférer par les textes aucune cotitularité du bail, le congé ne devra être notifié qu'au seul locataire. La même solution va prévaloir à l'égard du concubin du locataire.

431.75 **Copreneurs et colocataires.** Deux régimes distincts sont applicables en fonction de la solidarité ou de l'absence de solidarité qui, en vertu d'une clause du bail, peut exister entre les preneurs (sur le régime de la colocation prévu par l'article 8-1 de la loi du 6 juillet 1989 issu de la loi du 24 mars 2014, dite loi Alur, notion qui se définit comme étant la location d'un même logement par plusieurs locataires, constituant leur résidence principale, et formalisée par la conclusion d'un contrat unique ou de plusieurs contrats entre les locataires et le bailleur, à l'exception de la location consentie exclusivement à des époux ou à des partenaires liés par un pacte civil de solidarité au moment de la conclusion initiale du contrat, v. s^{s} n°s 121.11 s. et 122.11).

431.76 **Copreneurs non solidaires.** Lorsque les copreneurs n'auront pas souscrit d'engagement solidaire, chacun d'entre eux devra être destinataire du congé. À défaut, le copreneur non averti officiellement du congé demeurera locataire [12]. Quant à la validité du congé à l'égard de celui qui en a été destinataire, elle a été reconnue par la Cour de cassation en 1971 [13], mais déniée par la cour d'appel de Paris dans un arrêt de 1987 au motif que le bail est nécessairement indivis et par nature indivisible [14].

431.77 **Copreneurs solidaires.** En présence de locataires solidaires, la notification du congé à l'un seul d'entre eux sera suffisante.

Bien que cela soit contesté par une partie de la doctrine [15], en vertu des dispositions du code civil relatives aux obligations solidaires [16], cette notification sera en effet opposable aux autres [17]. Afin d'éviter toute contestation (et tout contentieux...), il est cependant conseillé au bailleur de procéder à une notification individuelle à l'égard de chaque copreneur.

431.78 **Hypothèse du décès ou de l'abandon de domicile du locataire.** En cas de décès ou d'abandon

12. Paris, 12 juin 1997, RG n° 95/26476, *Loyers et copr.* 1997, n° 250.
13. Civ. 3e, 3 juin 1971, n° 70-20.040, P III, n° 347 ; *D.* 1971. Somm. 178.
14. Paris, 23 sept. 1987, RG n° 87/9974, *D.* 1987. IR 217.
15. NOT. : Aubert, *Administrer* juin 1991, p. 4 – Berthault, *Rev. loyers* 1992. 389.
16. C. civ., art. 1197 s.
17. Civ. 3e, 20 juill. 1989, n° 88-12.676, P III, n° 174 – Civ. 3e, 21 oct. 1992, n° 90-22.051, P III, n° 275, *JCP* 1993. II, n° 22184, note Dumortier.

de domicile du locataire, il incombe au bailleur de notifier le congé à l'éventuel bénéficiaire (ou aux éventuels bénéficiaires), selon le cas, du transfert ou de la continuation du bail au sens de l'article 14 de la loi de 1989[1].

431.79

TABLEAU RÉCAPITULATIF DU (DES) DESTINATAIRE(S) DU CONGÉ ÉMANANT DU BAILLEUR

Situation	Destinataire(s)
Époux locataires (existence du conjoint connue du bailleur)	Les deux
Époux locataires (existence du conjoint ignorée du bailleur)	Le locataire (mais le congé est opposable aux deux)
Copreneurs non solidaires	Les deux
Copreneurs solidaires	Un seul (cependant, en pratique, la notification d'un congé à chaque copreneur est plus prudente)
Locataire vivant avec un partenaire (Pacs) non-signataire du bail	Les deux partenaires si demande conjointe de cotitularité
Locataire vivant avec un concubin non-signataire du bail	Le seul locataire
Locataire décédé ou ayant abandonné le domicile	Le(s) bénéficiaire(s)

SECTION 3
OBLIGATIONS DU BAILLEUR PENDANT LE PRÉAVIS

431.81 **Effet du congé.** Que le congé émane du bailleur ou du locataire, à l'expiration du délai de préavis, le locataire est déchu de tout titre d'occupation des locaux loués[2].

Lorsque le congé a été notifié par le bailleur, pendant le délai de préavis, le locataire n'est redevable du loyer et des charges que pour le temps où il a occupé réellement les lieux[3]. Lorsque le preneur n'a pas pris l'initiative du congé, très logiquement, le législateur ne lui fait supporter le coût financier de la location que pour le temps où il reste effectivement dans les lieux. Ainsi, le loyer cesse d'être dû avant la fin du délai de préavis par le locataire sortant lorsque le logement est occupé par un autre preneur en accord avec le bailleur[4].

1. Civ. 3e, 2 nov. 2005, no 04-16.311, NP, *AJDI* 2006. 274, note F. de La Vaissière ; *Rev. loyers* 2006. 27, obs. Canu (v. ss nos 321.21 s.).

2. L. no 89-462, 6 juill. 1989, art. 15-I, *in fine* – Sur les conséquences de la fin du contrat v. ss nos 137.21 s.
3. L. no 89-462, 6 juill. 1989, art. 15-I, al. 3.
4. Civ. 3e, 28 oct. 2009, no 08-17.209, P III, no 236 ; *D.* 2009. AJ 2686, obs. G. Forest ; *AJDI* 2010. 318, obs. V. Zalewski.

CHAPITRE

432. Forme et délai du congé

SECTION 0
ORIENTEUR

432.00 **Sommaire du chapitre.**

Division. Il convient d'étudier la forme de la notification (sect. 1) et le délai à respecter (sect. 2).

432.01 **Principaux textes applicables.**

TEXTES SOURCES

• **L. n° 89-462, 6 juill. 1989,** art. 15.

• **CSP,** art. L. 1331-26.

• **CCH,** art. L. 511-2, L. 521-1 s.

TEXTES *IN EXTENSO*

• **L. 6 juill. 1989,** art. 15

* V. s[s] n° 431.01

• **CCH,** art. L. 511-2

La police mentionnée à l'article L. 511-1 a pour objet de protéger la sécurité et la santé des personnes en remédiant aux situations suivantes :

1° Les risques présentés par les murs, bâtiments ou édifices quelconques qui n'offrent pas les garanties de solidité nécessaires au maintien de la sécurité des occupants et des tiers ;

2° Le fonctionnement défectueux ou le défaut d'entretien des équipements communs d'un immeuble collectif à usage principal d'habitation, lorsqu'il est de nature à créer des risques sérieux pour la sécurité des occupants ou des tiers ou à compromettre gravement leurs conditions d'habitation ou d'utilisation ;

3° L'entreposage, dans un local attenant ou compris dans un immeuble collectif à usage principal d'habitation, de matières explosives ou inflammables, lorsqu'il est en infraction avec les règles de sécurité applicables ou de nature à créer des risques sérieux pour la sécurité des occupants ou des tiers ;

4° L'insalubrité, telle qu'elle est définie aux articles L. 1331-22 et L. 1331-23 du code de la santé publique.

• **CCH,** art. L. 511-11

L'autorité compétente prescrit, par l'adoption d'un arrêté de mise en sécurité ou de traitement de l'insalubrité, la réalisation, dans le délai qu'elle fixe, de celles des mesures suivantes nécessitées par les circonstances :

1° La réparation ou toute autre mesure propre à remédier à la situation [,] y compris, le cas échéant, pour préserver la solidité ou la salubrité des bâtiments contigus ;

2° La démolition de tout ou partie de l'immeuble ou de l'installation ;

3° La cessation de la mise à disposition du local ou de l'installation à des fins d'habitation ;

4° L'interdiction d'habiter, d'utiliser, ou d'accéder aux lieux, à titre temporaire ou définitif.

L'arrêté mentionne d'une part que, à l'expiration du délai fixé, en cas de non-exécution des mesures et travaux prescrits, la personne tenue de les exécuter est redevable du paiement d'une astreinte par jour de retard dans les conditions prévues à l'article L. 511-15, et d'autre part que les travaux pourront être exécutés d'office à ses frais.

L'arrêté ne peut prescrire la démolition ou l'interdiction définitive d'habiter que s'il n'existe aucun moyen technique de remédier à l'insalubrité ou à l'insécurité ou lorsque les travaux nécessaires à cette résorption seraient plus coûteux que la reconstruction.

Lorsque l'immeuble ou le logement devient inoccupé et libre de location après la date de l'arrêté pris sur le fondement du premier alinéa, dès lors qu'il est sécurisé et ne constitue pas un danger pour la santé ou la sécurité des tiers, la personne tenue d'exécuter les mesures prescrites n'est plus obligée de le faire dans le délai fixé par l'arrêté. L'autorité compétente peut prescrire ou faire exécuter d'office, aux frais de cette personne, toutes mesures nécessaires pour empêcher l'accès et l'usage du lieu, faute pour cette dernière d'y avoir procédé. Les mesures prescrites doivent, en tout état de cause, être exécutées avant toute nouvelle occupation, remise à disposition ou remise en location, sous peine des sanctions prévues à l'article L. 511-22.

• **CCH,** art. L. 521-1

Pour l'application du présent chapitre, l'occupant est le titulaire d'un droit réel conférant l'usage, le locataire, le sous-locataire ou l'occupant de bonne foi des locaux à usage d'habitation et de locaux d'hébergement constituant son habitation principale.

Le propriétaire ou l'exploitant est tenu d'assurer le relogement ou l'hébergement des occupants ou de contribuer au coût correspondant dans les conditions prévues à l'article L. 521-3-1.

• lorsqu'un établissement recevant du public utilisé aux fins d'hébergement fait l'objet de mesures destinées à faire cesser une situation d'insécurité en application de l'article L. 184-1.

Cette obligation est faite sans préjudice des actions dont dispose le propriétaire ou l'exploitant à l'encontre des personnes auxquelles l'état d'insalubrité ou de péril serait en tout ou partie imputable.

432.02 Jurisprudence de référence.

• **Civ. 3e, 14 déc. 1994,** n° 93-12.481, P III, n° 216

* V. s^s n° 432.25

Conformément à l'art. 669, al. 3, NCPC [C. pr. civ.], la date de réception d'une notification faite par lettre recommandée avec demande d'avis de réception est celle qui est apposée par l'Administration des postes lors de la remise de la lettre à son destinataire.

• **Civ. 3e, 10 janv. 1996,** n° 93-21.097, P III, n° 5

* V. s^s n° 432.25

La date d'arrivée de la lettre au bureau de poste n'est pas à prendre en compte, le délai de préavis devant se calculer à partir de la date de la remise.

432.03 Bibliographie indicative.

Annuel. LAMY DR. IMMO, n°s 5918, 5924.

Encyclopédies. RÉP. CIV., *V° Bail d'habitation et mixte : rapports locatifs individuels – Loi du 6 juillet 1989*, N. Damas, n°s 378 s. – DICT. PERM. Gestion immob., *V° Baux d'habitation et mixtes*, n°s 329 s.

Ouvrages. E. Debaussart-Joniec, S. Fraîche-Dupeyrat, Ph. Pelletier, *Les baux d'habitation après la loi Élan*, 3e éd., « Actualité », 2019, LexisNexis – J. Lafond, B. Vial-Pedroletti, *Les baux d'habitation*, 8e éd., « Droit et professionnels », LexisNexis, 2017, n°s 1352 s. et 1361 s. – Ph. Pelletier, *Traité des baux d'habitation et professionnels*, « Référence juridique », Le Moniteur, 2021 – V. Zalewski-Sicard, *Baux d'habitation – Congés et droits de préemption,* Ellipses, 2016.

SECTION 1
FORME DE LA NOTIFICATION

432.11 Lettre RAR, acte d'huissier ou remise en main propre.

Le congé doit être notifié par lettre recommandée avec demande d'avis de réception ou signifié par acte d'huissier[1]. Le congé adressé par lettre simple est donc nul[2]. Si la notification par acte d'huissier présente le plus de garanties pour le bailleur[3], elle ne constitue pas nécessairement une garantie de bonnes fins. À preuve, cette décision de la cour d'appel de Versailles[4] qui annule un congé signifié par huissier au domicile du locataire, motif pris que, connaissant les désordres affectant l'immeuble (ni la porte d'entrée, ni la boîte aux lettres du locataire ne fermaient plus à clés), le bailleur (il s'agissait d'un professionnel de la gestion locative) aurait dû veiller à ce que la remise du congé intervienne à la personne même de son cocontractant.

Pour les baux en cours au 8 août 2015, date d'entrée en vigueur de la loi n° 2015-990 du 6 août 2015, dite Macron[5], à ces deux formes (lettre recommandée avec demande d'avis de réception et acte d'huissier), s'ajoute une troisième : la remise en main propre contre récépissé ou émargement.

SECTION 2
DÉLAI À RESPECTER

432.21 Préavis de six mois minimum.

Le délai de préavis applicable au congé est de six mois lorsqu'il émane du bailleur[6]. Le bailleur ne peut donner congé que pour le terme du bail.

En matière de délai, le contentieux porte, principalement, sur le point de départ de la notification du congé et, accessoirement, sur la date de fin de préavis.

432.22 Hypothèses dans lesquelles le droit de donner congé est suspendu.

Pour les baux en cours le 8 août 2015, date d'entrée en vigueur de la loi n° 2015-990 du 6 août 2015, dite Macron[7], l'article 15 de la loi du 6 juillet 1989 dans sa rédaction issue de la loi du 24 mars 2014, dite loi Alur, le droit, pour le bailleur de délivrer congé, est suspendu dans plusieurs hypothèses.

432.23 Congé délivré par l'acquéreur du bien.

En cas d'« acquisition d'un bien occupé » (ce qui, on

1. L. n° 89-462, 6 juill. 1989, art. 15-I, al. 2, *in fine.*
2. Lyon, 25 juin 2002, RG n° 00/06330, *Loyers et copr.* 2003, n° 5, obs. B. Vial-Pedroletti – Amiens, 28 févr. 2003, RG n° 02/01530, *Loyers et copr.* 2003, n° 234, obs. B. Vial-Pedroletti – Fort-de-France, 24 avr. 2018, n° 16/00848, *Loyers et copr.* 2018, n° 166, obs. B. Vial-Pedroletti.
3. V. s^s n° 432.25.
4. Versailles, 25 mai 2010, RG n° 09/05872, *Loyers et copr.* 2010, n° 248, obs. B. Vial-Pedroletti.
5. L. n° 2015-990, 6 août 2015, art. 82, II, *JO* 7 août, p. 13537 s., en vigueur le 8 août 2015.
6. L. n° 89-462, 6 juill. 1989, art. 15, I, al. 2.
7. L. n° 2015-990, 6 août 2015, art. 82, II, *JO* 7 août, p. 13537 s., en vigueur le 8 août 2015.

l'aura compris, vise l'hypothèse du bien vendu occupé en cours de bail), la loi a évolué.

En effet, la loi Alur indiquait que :

– *tout congé pour vente* n'est autorisé qu'à compter du terme du premier renouvellement du bail en cours[1] ;

– *tout congé pour reprise*[2] n'est autorisé qu'à compter du terme du bail en cours ou, si le terme du bail intervient moins de deux ans après l'acquisition, après un délai de deux ans[3].

Depuis la modification de l'article 15 par la du 6 août 2015, dite loi Macron, le texte indique qu'en cas d'acquisition d'un bien occupé :

– lorsque le terme du contrat de location en cours intervient *plus de trois ans* après la date d'acquisition, le bailleur peut donner congé à son locataire pour vendre le logement au terme du contrat de location en cours ;

– lorsque le terme du contrat de location en cours intervient *moins de trois ans* après la date d'acquisition, le bailleur ne peut donner congé à son locataire pour vendre le logement qu'au terme de la première reconduction tacite ou du premier renouvellement du contrat de location en cours[4] ;

– lorsque le terme du contrat en cours intervient *moins de deux ans* après l'acquisition, le congé pour reprise donné par le bailleur au terme du contrat de location en cours ne prend effet qu'à l'expiration d'une durée de deux ans à compter de la date d'acquisition.

À noter que la cour d'appel de Paris a jugé que les dispositions de l'article 15-I restreignant la faculté pour l'acquéreur d'un bien occupé de délivrer congé ne s'appliquent pas en cas d'acquisition par voie successorale[5].

432.24 Déclaration d'insalubrité ou arrêté de péril. À compter du 1er janvier 2021, la possibilité pour un bailleur de donner congé à un locataire et la durée du bail sont suspendues à compter de l'engagement de la procédure contradictoire prévue à l'article L. 511-10 du code de la construction et de l'habitation, relative à la sécurité et à la salubrité des immeubles bâtis[6].

Cette suspension est toutefois levée à l'expiration d'un délai maximal de six mois à compter de la réception du courrier de l'autorité administrative compétente engageant l'une des procédures d'insalubrité ou de péril, faute de notification d'un des arrêtés prévus à leur issue ou de leur abandon.

Le texte précise enfin que lorsqu'un arrêté de mise en sécurité ou de traitement de l'insalubrité[7] est pris, le locataire bénéficie des mesures de protection des articles L. 521-1 et L. 521-2 du code de la construction et de l'habitation, aux termes desquelles loyer en principal ou toute autre somme versée en contrepartie de l'occupation cessent d'être dus et qui imposent au propriétaire ou à l'exploitant d'assurer le relogement ou l'hébergement des occupants ou de contribuer au coût correspondant dans les conditions prévues à l'article L. 521-3-1 du code de la construction et de l'habitation.

432.25 Détermination du point de départ de la notification du congé. Le problème se pose lorsque le congé a été adressé par lettre recommandée avec AR.

En effet, le délai de préavis « court à compter du jour de la réception de la lettre recommandée »[8].

Or, en application des règles du code de procédure civile[9], « la date de réception d'une notification faite par lettre recommandée avec demande d'avis de réception est celle qui est apposée par l'Administration des postes lors de la remise de la lettre à son destinataire »[10]. En conséquence, si la lettre n'est pas remise à son destinataire, notamment s'il ne va pas la chercher à la poste ou si l'accusé de réception est signé par un tiers[11], le délai de préavis ne commencera jamais à courir[12]. En effet, la date d'arrivée de la lettre au bureau de poste est indifférente[13], tout comme ne saurait être prise en considération la date de sa première présenta-

1. À propos du congé pour vendre v. ss nos 434.11 s.
2. Au sujet duquel, v. ss nos 433.11 s.
3. Jugeant ces dispositions issues de la loi Alur du 24 mars 2014 inapplicables à un congé délivré le 14 févr. 2014 : Paris, 13 sept. 2019, n° 15/22025, *Rev. loyers* 2019. 401, obs. Brena.
4. Annulant un congé délivré pour le terme du bail en cours, alors que celui-ci intervenait moins de trois ans après la date d'acquisition : Paris, 22 mars 2018, n° 17/00955, *Loyers et copr.* 2018, n° 111, obs. B. Vial-Pedroletti
5. Paris, 12 mars 2019, n° 16/17263, *Rev. loyers* 2019. 177, obs. Brena.
6. L. 6 juill. 1989, art. 15, I ; rédac. ord. n° 2020-1144, 16 sept 2020, en vigueur le 1er janv. 2021.
7. Prévu à l'art. L. 511-11 du CCH.
8. L. n° 89-462, 6 juill. 1989, art. 15-I, al. 2, *in fine*.
9. C. pr. civ., art. 669, al. 3.
10. Civ. 3e, 14 déc. 1994, n° 93-12.481, P III, n° 216 ; *AJPI* 1997. 209 – 10 janv. 1996, n° 93-17.725, P III, n° 10 ; *D.* 1996. Somm. 369, obs. CRDP Nancy 2 ; *AJPI* 1997. 209 (2e esp.) – Civ. 3e, 2 févr. 2005, n° 04-10.219, P III, n° 26 ; *AJDI* 2005. 463, obs. Y. Rouquet – Civ. 3e, 13 juill. 2011, n° 10-20.478, P III, n° 129, *D.* 2011. Actu. 2037, obs. Y. Rouquet ; *ibid.* 2012. Pan. 1086, spéc. 1092, obs. Damas ; *AJDI* 2012. 121, obs. N. Damas – Civ. 3e, 24 sept. 2020, n° 19-16.838, NP, *Loyers et copr.* 2020, n° 124, obs. B. Vial-Pedroletti.
11. Civ. 3e, 18 déc. 2002, n° 01-01.286, NP, *AJDI* 2003. 343 – AUSSI : Civ. 3e, 29 oct. 2008, n° 07-17.911, P III, n° 161 ; *D.* 2008. AJ 2872, obs. Y. Rouquet.
12. Civ. 3e, 10 janv. 1996, n° 93-21.097, P III, n° 5 ; *D.* 1996. Somm. 369, obs. CRDP Nancy 2 – Civ. 3e, 7 janv. 1998, n° 96-10.326, P III, n° 3 ; *RDI* 1998. 305, obs. F. Collart-Dutilleul.
13. Civ. 3e, 10 janv. 1996, n° 93-21.097, P III, n° 5 ; *D.* 1996. IR 38 ; *Administrer* nov. 1996, p. 28, obs. Canu.

tion[1]. Pour l'anecdote, on mentionnera cet arrêt de la cour d'appel de Versailles qui a confirmé cette jurisprudence très sévère pour le bailleur, dans une hypothèse où le locataire était employé de La Poste : la cour indique que cette seule qualité ne suffit pas à faire présumer la mauvaise foi du locataire qui était absent de son domicile lors des deux premières présentations de la lettre de congé (et qui l'a finalement reçue moins de six mois avant le terme du contrat, le bail se trouvant ainsi renouvelé tacitement)[2].

432.26 Avantage de la signification et de la remise en main propre contre récépissé ou émargement. Nonobstant le surcoût que cela implique, le recours à une signification par voie d'huissier sera souvent préférable[3] ou, pour les baux en cours le 8 août 2015, date d'entrée en vigueur de la loi du 6 août 2015, dite Macron[4], la remise en main propre contre récépissé ou émargement. En effet, en application de l'article 658 du code de procédure civile et de l'article 15 de la loi de 1989, le délai de préavis part alors du jour de la signification de l'acte, et non pas de celui de sa réception effective[5]. En tout état de cause, si le bailleur choisit la forme de l'envoi en recommandé, il lui sera conseillé d'adresser à son cocontractant une lettre recommandée avec AR suffisamment tôt pour pouvoir, si le preneur ne va pas la retirer, lui faire délivrer un acte d'huissier dans le délai légal[6], voire, pour les baux en cours le 8 août 2015, date d'entrée en vigueur de la loi n° 2015-990 du 6 août 2015, dite Macron[7], lui remettre le congé en main propre. Le conseil est d'autant plus judicieux qu'il est de jurisprudence constante qu'un congé prématuré n'est pas nul, ses effets étant seulement reportés à la date pour laquelle il aurait dû être donné[8]. En conséquence, en cas de congé prématuré, le bailleur ne pourra agir en justice pour le faire déclarer valable avant sa date d'effet[9]. Par ailleurs, en cas de congé-vente prématuré, aucune réactualisation du prix n'est envisageable : le propriétaire est lié par son offre de vente jusqu'à l'expiration des deux premiers mois du délai de préavis[10].

À l'inverse, un congé tardif[11] est bel et bien frappé de nullité[12].

432.27 Détermination de la date ultime pour délivrer congé– Règle. La détermination de la date de la fin du préavis suit les règles édictées par le code de procédure civile, duquel il ressort que :

Lorsque, comme en l'espèce, « un délai est exprimé en mois [...], ce délai expire le jour du dernier mois [...] qui porte le même quantième que le jour de l'acte [...] ou de la notification qui fait courir le délai. À défaut d'un quantième identique, le délai expire le dernier jour du mois »[13] ; ce principe ne connaît pas de dérogation[14].

1. Civ. 3e, 9 mars 2004, n° 02-20.886, NP, *Loyers et copr.* 2004, n° 106, obs. B. Vial-Pedroletti.
2. Versailles, 12 juin 1998, RG n° 4996/96, *Loyers et copr.* 1999, n° 116, obs. B. Vial-Pedroletti.
3. Préconisant de bannir l'emploi de la lettre recommandée avec AR : J.-P. Blatter, *AJPI* 1997. 192 – AUSSI : Magnin, *LPA* 1999, n° 12, p. 4.
4. L. n° 2015-990 du 6 août 2015, art. 82-II, *JO* 7 août, p. 13537 s., en vigueur le 8 août 2015.
5. Paris, 4 mars 1999, RG n° 1997/15965, *Loyers et copr.* 1999, n° 147, obs. B. Vial-Pedroletti.
6. Versailles, 15 mars 2002, *JurisData* 183380, *AJDI* 2002. 250, obs. Y. Rouquet.
7. L. n° 2015-990 du 6 août 2015, art. 82-II, *JO* 7 août, p. 13537 s., en vigueur le 8 août 2015.
8. Civ. 3e, 1er févr. 1989, n° 87-14.522, NP, *Loyers et copr.* 1989, n° 109, [loi de 1982] – Civ. 3e, 30 nov. 1994, n° 92-14.241, NP, *Loyers et copr.* 1995, n° 96 – Civ. 3e, 17 mai 2005, n° 04-15.781, NP, *Administrer* févr. 2005, p. 35, obs. Canu – Civ. 3e, 13 juin 2006, n° 05-13.252, NP, *AJDI* 2006. 743 – Civ. 3e, 10 janv. 2007, n° 05-21.408, P III, n° 1 ; *D.* 2007. AJ 298, obs. Y. Rouquet ; *AJDI* 2007. 480, note V. Zalewski ; – Civ. 3e, 19 sept. 2006, n° 04-19.555, NP, *AJDI* 2006. 911, note V. Zalewski – Civ. 3e, 29 oct. 2008, n° 07-17.911, P III, n° 161 ; *D.* 2008. AJ 2940, obs. Rouquet – Civ. 3e, 10 déc. 2008, n° 07-15.386, P III, n° 202 ; *D.* 2009. AJ 101, obs. Y. Rouquet ; *ibid.* 2010. Pan. 1168, spéc. 1180, obs. N. Damas ; *AJDI* 2009. 623, obs. F. de La Vaissière – RAPPR., rejetant la fin de non-recevoir soulevée par le locataire tirée du défaut d'intérêt à agir du bailleur en raison de ce que le congé, délivré pour une date prématurée, n'a produit effet qu'après l'introduction de l'instance, par application du principe selon lequel l'intérêt à agir n'est pas subordonné à la démonstration préalable du bien-fondé de l'action : Civ. 3e, 11 juill. 2019, n° 18-18.184, P ; *D.* 2019. 1494 ; ibid. 2020. Pan. 1148, obs. N. Damas ; *D. actu.* 12 sept. 2019, obs. Dreveau ; *AJDI* 2020. 218, obs. N. Damas ; *Loyers et copr.* 2019, n° 164, obs. B. Vial-Pedroletti ; *Ann. loyers* 11/2019. 75, obs. F. de La Vaissière ; *Administrer* 2/2020. 48, obs. Canu.
9. Civ. 3e, 8 déc. 1999, n° 98-10.206, P III, n° 231 – Civ. 3e, 8 févr. 2006, n° 04-17.512, P III, n° 23 ; *AJDI* 2006. 641, note F. de La Vaissière – Civ. 3e, 31 oct. 2006, n° 05-11.929, NP, *AJDI* 2007. 310.
10. Civ. 3e, 10 déc. 2008, n° 07-15.386, P III, n° 202 ; *D.* 2009. AJ 101, obs. Y. Rouquet ; *ibid.* 2010. Pan. 1168, spéc. 1180, obs. Damas ; *AJDI* 2009. 623, obs. F. de La Vaissière ; Civ. 3e, 19 mai 2010, n° 09-13.474, P III, n° 99 ; *D.* 2010. Actu. 1348, obs. Y. Rouquet – EN SENS CONTRAIRE toutefois : TGI Paris, 8 avr. 1991, *Rev. loyers* 1992. 164, note Aubert ; SUR le droit de préemption du locataire en cas de congé-vente v. ss nos 434.51 s.
11. Circonstance que le juge peut relever d'office : Paris, 20 mars 2007, RG n° 05/24186, *Loyers et copr.* 2007, n° 143, obs. Vial-Pedroletti.
12. Civ. 3e, 10 juill. 1996, n° 94-17.138, NP, *Rev. loyers* 1996. 414 – Civ. 3e, 8 avr. 1998, n° 97-15.929, P III, n° 82, *D.* 1998. 121 – Il a toutefois été jugé par la Cour de cassation que lorsque le congé est donné par le preneur pour une date déterminée, le bail est résilié à cette date si elle est postérieure à l'expiration du délai légal de préavis : Civ. 3e, 28 nov. 2019, n° 18-18.193, NP, *AJDI* 2020. 374, obs. de Plater ; *Loyers et copr.* 2020, n° 7, obs. B. Vial-Pedroletti.
13. C. pr. civ., art. 641, al. 2.
14. POUR UN EXEMPLE D'APPLICATION : Paris, 6 juin 1994, RG n° 93/008976, *Rev. huiss.* 1995, p. 354.

« Tout délai expire le dernier jour à vingt-quatre heures. Le délai qui expirerait normalement un samedi, un dimanche ou un jour férié ou chômé, est prorogé jusqu'au premier jour ouvrable suivant »[1]. Ainsi, un congé délivré pour le 1er du mois, date d'expiration du bail, est tardif, tout délai expirant le dernier jour à vingt-quatre heures[2]. Cette règle ne s'applique pas à la durée du bail : un bail qui expire le 31 du mois n'est pas prorogé au 1er du mois suivant si le 31 est, par exemple, un dimanche. En effet, l'article 642 du code de procédure civile ne va jouer que pour autant qu'une formalité doit être accomplie avant l'expiration d'un délai[3].

432.28 Détermination de la date ultime pour délivrer congé – Illustrations (congé délivré par le bailleur). Pour un bail s'achevant le 8 juillet, le bailleur, tenu de respecter un préavis de six mois, devra faire en sorte que le locataire reçoive la lettre de congé au plus tard le 8 janvier[4].

Mais pour un bail expirant le 30 septembre, un congé reçu par le locataire le 31 mars sera valable. Et lorsque le bail se termine le 30 juin, le bailleur doit s'assurer que son cocontractant a reçu congé au plus tard le 31 décembre[5].

Si le bail s'achève le 28 (ou le 29 février, d'ailleurs), le congé donné par le bailleur doit être reçu au plus tard le 31 août[6].

1. C. pr. civ., art. 642.
2. Civ. 3e, 8 avr. 1998, no 97-15.929, P III, no 82 ; COMP. : Civ. 3e, 2 mai 2007, no 06-13.575, NP, *AJDI* 2007. 746.
3. Civ. 2e, 14 févr. 1990, no 88-18.471, P II, no 32 ; *D.* 1990. Somm. 350, obs. Julien – Paris, 16 sept. 2004, RG no 03/06775, *Loyers et copr.* 2005, no 113.
4. À 24 heures.
5. Civ. 3e, 31 oct. 2006, no 05-16.483, NP, *Rev. loyers* 2007. 33 – DANS LE MÊME SENS, À PROPOS d'une proposition de renouvellement art. 17 c : Civ. 3e, 16 oct. 2007, nos 06-17.590, 06-17.591, 06-17.592, 06-17.593 et 06-17.594, NP, *AJDI* 2008. 209, note Chenu.
6. Civ. 3e, 1er juin 2010, no 08-16.320, NP, *AJDI* 2010. 642.

CHAPITRE

433. Reprise pour habiter

SECTION 0 ORIENTEUR

433.00 Sommaire du chapitre.

Division. Il y a lieu de s'arrêter sur le bénéficiaire de la reprise (sect. 1), l'objet de la reprise (sect. 2), les mentions du congé (sect. 3) et le contrôle de la réalité de la reprise (sect. 4).

433.01 Principaux textes applicables.

TEXTES SOURCES

• **L. n° 89-462 du 6 juill. 1989,** art. 13 a, 15.

TEXTES *IN EXTENSO*

• **L. 6 juill. 1989,** art. 13 *a*

Les dispositions de l'article 11 [bail précaire] et de l'article 15 [congé] peuvent être invoquées :

a) Lorsque le bailleur est une société civile constituée exclusivement entre parents et alliés jusqu'au quatrième degré inclus, par la société au profit de l'un des associés.

• **L. 6 juill. 1989,** art. 15

* V. s^s n° 431.01

433.02 Jurisprudence de référence.

• **Civ. 3e, 7 févr. 1996,** n° 93-20.135, P III, n° 35

* V. s^s n° 433.13

La reprise du logement de nature à justifier un congé donné par le bailleur sur le fondement de l'art. 15-I doit s'entendre de la reprise pour habiter. La décision de reprendre, au sens et pour l'application de ce texte, ne peut émaner d'un bailleur personne morale.

• **Civ. 3e, 19 avr. 2000,** n° 98-21.124, P III, n° 80

* V. s^s n° 433.95

La mutation professionnelle du bailleur qui a dû, sans attendre le départ de son locataire, se reloger et a signé pour ce faire un bail de six ans, ne constitue pas un cas de force majeure justifiant le défaut d'occupation du local objet de la reprise par le bénéficiaire.

• **Civ. 3e, 19 janv. 2005,** n° 03-15.922, P III, n° 9

* V. s^s n° 433.14

Une société civile de famille ne peut donner congé aux fins de reprise qu'au profit de l'un de ses associés.

• **Civ. 3e, 13 juill. 2005,** n° 04-12.577, P III, n° 156

* V. s^s n° 433.91

N'est pas frauduleux le congé délivré par le bailleur qui n'occupe pas les lieux en raison de l'aggravation de son état de santé après délivrance du congé, faisant ainsi obstacle à un changement de résidence.

433.03 Bibliographie indicative.

Annuel. LAMY DR. IMMO, n°s 5927 s.

Encyclopédies. RÉP. CIV., *V° Bail d'habitation et mixte : rapports locatifs individuels – Loi du 6 juillet 1989*, N. Damas, n°s 403 s. – DICT. PERM. Gestion immob., *V° Baux d'habitation et mixtes*, n°s 362 s.

Ouvrages. E. Debaussart-Joniec, S. Fraîche-Dupeyrat, Ph. Pelletier, *Les baux d'habitation après la loi Élan*, 3e éd., « Actualité », 2019, LexisNexis – J. Lafond, B. Vial-Pedroletti, *Les baux d'habitation*, 8e éd., « Droit et professionnels », LexisNexis, 2017, n°s 1778 s. – Ph. Pelletier, *Traité des baux d'habitation et professionnels*, « Référence juridique », Le Moniteur, 2021 – V. Zalewski-Sicard, *Baux d'habitation – Congés et droits de préemption,* Ellipses, 2016.

Articles. J. Lafond et D. Montoux, *Loyers et copr.* 2013. Formule 9 – B. Raclet, « Usage et limites », *Administrer* 10/2000. 22 ; *IRC* nov. 2005. 20 – J.-M. Roux, « Perception judiciaire de la fraude dans le congé pour habiter », *Ann. loyers* 2004. 1489.

SECTION 1
BÉNÉFICIAIRE DE LA REPRISE

433.11 Parents – Partenaires. Le bénéficiaire de la reprise « ne peut être que le bailleur, son conjoint, le partenaire auquel il est lié par un pacte civil de solidarité (Pacs[1]) enregistré à la date du congé, son concubin notoire depuis au moins un an à la date du congé, ses ascendants, ses descendants ou ceux de son conjoint, de son partenaire ou de son concubin notoire »[2]. Précision importante : l'action tendant à faire déclarer valable un congé aux fins de reprise, engagée par le titulaire de droit de reprise, est transmissible aux héritiers[3].

Plusieurs enseignements doivent être tirés de ce qui précède, tant en ce qui concerne le lien de parenté requis, qu'en ce qui concerne la possibilité de reprise pour habiter offerte à une personne morale, qu'en matière d'usufruit ou de nue-propriété.

433.12 Lien de parenté. En dehors du bailleur, seuls peuvent donc bénéficier du droit de reprise :

- son conjoint ;
- son partenaire, dans le cadre d'un Pacs enregistré à la date du congé ou son concubin notoire depuis au moins un an à la même date ;
- ses ascendants ; la formulation retenue par le législateur laisse donc supposer que la reprise pour habiter ne peut concerner que les ascendants du bailleur, à l'exclusion des ascendants de son conjoint, concubin notoire ou partenaire. C'est ce qu'a d'ailleurs indiqué la cour d'appel de Metz, en annulant le congé délivré par le bailleur pour loger sa belle-mère[4]. Cette interprétation est cependant combattue par une partie de la doctrine[5] ;
- ses descendants ou ceux de son conjoint, partenaire ou concubin notoire. Notons cependant que seule une reprise au profit d'un descendant majeur serait valable, le domicile légal d'un descendant mineur étant, en vertu du code civil[6], celui de ses père et mère[7]. En conséquence, lorsque la reprise pour habiter concerne un mineur et un majeur, le congé n'est validé qu'au seul bénéfice du majeur[8].

Tant par sa formulation (le « bénéficiaire de la reprise ne peut être que... ») que par son caractère d'ordre public[9], la liste de l'article 15 doit être considérée comme exhaustive. Ainsi, ne peuvent bénéficier d'une reprise pour habiter les neveux et nièces[10], un ex-conjoint ou concubin du bailleur[11], un frère, une sœur ou une aide à domicile[12].

433.13 Reprise pour habiter par le bailleur personne morale – Principe. Les personnes morales sont, par essence, exclues de ce droit de reprise puisqu'il s'agit d'une reprise pour habiter[13]. Cependant, les droits respectifs des parties devant s'apprécier au jour de la délivrance du congé, le bailleur, personne physique, a le droit de délivrer un congé pour habiter pour la date d'expiration du bail consenti par une personne morale à laquelle il s'est substitué[14].

433.14 Tempérament. Ce principe connaît toutefois une exception puisqu'en vertu de l'article 13 *a* de la loi de 1989, lorsque le bailleur est une société civile constituée exclusivement entre parents et alliés jusqu'au quatrième degré inclus, la reprise pour habiter peut jouer au profit de l'un de ses associés.

En conséquence, une société familiale est en droit d'exercer une reprise pour habiter au bénéfice d'un de ses associés. Le congé doit alors indiquer le nom de l'associé bénéficiaire de la reprise[15]. Une SCI constituée d'un seul associé après rachat de l'ensemble des parts sociales aux précédents associés avec lesquels il n'avait aucun lien de famille n'est pas une SCI familiale au sens de l'article 13 *a*[16]. La notion de « société familiale » est strictement définie à l'article 13 *a* et le congé pour reprise doit être annulé dès lors que la société civile bailleresse est constituée entre concubins[17] ou entre des personnes physiques et une personne morale[18].

1. Institué par L. n° 99-944, 15 nov. 1999 – P. Murat (dir.), *Droit de la famille*, 8e éd., « Dalloz Action », 2019, n° 152.171.
2. L. n° 89-462, 6 juill. 1989, art. 15-I, al. 1er.
3. Civ. 3e, 28 sept. 2005, n° 04-16.183, P III, n° 177 ; *AJDI* 2006. 200, obs. F. de La Vaissière ; *Rev. loyers* 2005. 564, obs. Canu.
4. Metz, 20 mai 1997, RG n° 2374/96, *Loyers et copr.* 1998, n° 294, obs. crit. B. Vial-Pedroletti.
5. J. Lafond, B. Vial-Pedroletti, *Les baux d'habitation*, 8e éd., « Droit et professionnels », LexisNexis, 2017, n° 1795.
6. C. civ., art. 108-2, al. 1er.
7. Paris, 2 juill. 1998, RG n° 97/07119, *Rev. loyers* 1999. 154, obs. Rémy – Toulouse, 1er juill. 2003, RG n° 2002/01313, *Loyers et copr.* 2004, n° 24, obs. Vial-Pedroletti.
8. Toulouse, 24 avr. 2007, RG n° 05/06698, *Loyers et copr.* 2007, n° 171.
9. Sur cette question v. ss n° 021.11.
10. Paris, 11 mars 1997, RG n° 95/23360, *D.* 1997, Jur. 355, note Bihr.
11. Toulouse, 1er juill. 2003, RG n° 2002/01313, *Loyers et copr.* 2004, n° 24, obs. B. Vial-Pedroletti.
12. Paris, 8 févr. 2011, RG n° 10/05674, *AJDI* 2011. 454.
13. Civ. 3e, 7 févr. 1996, n° 93-20.135, P III, n° 35 ; *Administrer* août-sept. 1996, p. 33, note Beddeleem.
14. Versailles, 24 mars 2000, RG n° 98/03677, *Loyers et copr.* 2001, n° 33, obs. B. Vial-Pedroletti – Versailles, 22 sept. 2009, RG n° 08/06693, *Loyers et copr.* 2010, n° 5, obs. B. Vial-Pedroletti.
15. Versailles, 3 avr. 2012, RG n° 11/01183, *AJDI* 2013. 355.
16. Civ. 3e, 31 mai 2007, n° 06-13.524, P III, n° 93 ; *D.* 2007. AJ 1726, obs. G. Forest ; *ibid.* 2008. Pan. 1310, obs. N. Damas ; *AJDI* 2008. 126, note V. Zalewski.
17. Civ. 3e, 8 nov. 1995, n° 93-11.196, P III, n° 223.
18. Paris, 23 mars 2006, RG n° 05/00620, *Loyers et copr.* 2006, n° 121, obs. B. Vial-Pedroletti.

On notera que, par un arrêt de principe, la Cour de cassation a précisé que ce droit de reprise n'existe qu'à l'égard de l'associé, et non à l'égard de l'ensemble des personnes énumérées à l'article 15, I (conjoint, concubin, descendant... de cet associé)[1], ce qui est conforme à la fois à une analyse littérale de l'article 13 *a* et à l'application de l'adage latin *specialia generalibus derogant*[2].

433.15 Mise en garde. Le locataire doit être en mesure de vérifier la régularité, la réalité et la sincérité du congé. Par conséquent, celui-ci doit nécessairement se référer à l'article 13 *a* de la loi de 1989 et justifier que, lors de sa délivrance, le bailleur était une SCI familiale. À défaut, le congé doit être annulé, ces irrégularités causant nécessairement grief au locataire[3].

Certains arrêts contournent cependant cette interdiction en validant le congé délivré par une personne morale sur le fondement d'un motif sérieux et légitime pour loger certains de ses collaborateurs[4]. Précisons, à toutes fins utiles que c'est à la date de délivrance du congé qu'il y a lieu de se placer pour apprécier le caractère familial de la société[5].

433.16 Usufruit. Les usufruitiers sont titulaires du droit de reprise que leur confère l'article 15 de la loi de 1989. Ils peuvent donc l'exercer au profit d'un de leurs descendants[6].

En revanche, le nu-propriétaire ne dispose pas de ce droit de reprise[7].

433.17 Indivision. Lorsque le logement loué est en indivision, les dispositions de l'article 15 peuvent être invoquées par tout membre de l'indivision[8], sous réserve, bien évidemment, de l'accord des autres membres de l'indivision (sur cette question, et sur l'incidence de la loi du 23 juin 2006 portant réforme des successions et libéralités v. aussi s[s] n° 431.51 ; sur l'application des dispositions protectrices des locataires âgés à l'égard du membre de l'indivision qui reprend le logement v. s[s] n° 436.31).

1. Civ. 3e, 19 janv. 2005, n° 03-15.922, P III, n° 9 ; *D.* 2005, Pan. 753, obs. N. Damas ; *AJDI* 2005. 216, obs. Y. Rouquet – AUSSI : Paris, 1er févr. 2005, RG n° 2004/04821, *AJDI* 2005. 392.
2. POUR une interprétation extensive de l'art. 13 a : Paris, 23 mars 1999, *D.* 1999. IR 127 – Versailles, 22 mars 1996, RG, n° 2686/94, *Loyers et copr.* 1996, n° 378.
3. Paris, 8 sept. 2009, RG n° 07/02259, *AJDI* 2010. 41.
4. V. s[s] n° 435.27.
5. Civ. 3e, 31 mai 2007, n° 06-13.524, P III, n° 93 ; *D.* 2007. AJ 1726, obs. G. Forest ; *ibid.* 2008. Pan. 1310, obs. N. Damas ; *AJDI* 2008. 126, note V. Zalewski – Civ. 3[e], 28 sept. 2011, n° 10-28.559, NP, *AJDI* 2012. 269, note V. Zalewski.
6. Versailles, 30 janv. 1985, RG n° 4844/83, *Gaz. Pal.* 1986. 2. Somm. 354, [loi de 1982].
7. Pau, 10 juill. 1986, *JurisData* 044459, *Cahiers jurispr. Aquitaine* 1987, n° 1, p. 73.
8. L. n° 89-462, 6 juill. 1989, art. 13 b.

SECTION 2
OBJET DE LA REPRISE

433.21 Liberté de choix entre plusieurs locaux. Cette question n'est susceptible de poser un problème que lorsque le bailleur est propriétaire de plusieurs logements qu'il pourrait reprendre. Notons qu'en pareille occurrence, il est jugé avec constance que le bailleur est libre de son choix[9].

SECTION 3
MENTIONS DU CONGÉ

433.30 Plan – Mentions obligatoires. En dehors de l'indication du nom du propriétaire[10], deux mentions doivent obligatoirement figurer dans le congé délivré par le bailleur. Il s'agit du motif de la reprise (§ 1) et des coordonnées du bénéficiaire de la reprise (§ 3). À ces deux mentions, s'en ajoute une troisième, pour les baux en cours le 8 août 2015, date d'entrée en vigueur de la loi du 6 août 2015, dite Macron[11] : le caractère réel et sérieux de la décision de reprendre du bailleur (§ 2).

Quant à la reproduction de l'article 15 de la loi de 1989 dans le congé pour habiter, il ne s'agit nullement d'une mention obligatoire[12].

§ 1
Motif de la reprise

433.41 Obligation légale. À peine de nullité, le congé donné par le bailleur doit indiquer le motif allégué[13]. Cette obligation légale s'impose pour tout congé émanant du bailleur.

Ici, le bailleur devra expressément indiquer qu'il entend reprendre le logement pour l'habiter lui-même ou le faire habiter par l'un des bénéficiaires de la reprise visés par le texte.

§ 2
Caractère réel et sérieux de la décision de reprise du bailleur

433.51 Justification du bailleur. Pour les baux en cours le 8 août 2015, date d'entrée en vigueur de la

9. Civ. 3e, 15 mai 1996, n° 94-14.879, NP, *Rev. loyers* 1996. 362, obs. J.-C. B. – Paris, 17 juin 1997, RG n°s 96/82029 et 96/82215, *Loyers et copr.* 1997, n° 260.
10. V. s[s] n° 431.43.
11. L. n° 2015-990 du 6 août 2015, art. 82, II, en vigueur le 8 août 2015.
12. Paris, 22 févr. 1994, RG n° 92/018481, *Loyers et copr.* 1994, n° 320.
13. L. n° 89-462, 6 juill. 1989, art. 15, al. 1er.

loi du 6 août 2015, dite Macron[1], l'article 15 modifié de la loi du 6 juillet 1989 exige du bailleur qu'il justifie du « caractère réel et sérieux de sa décision de reprise »[2].

Faute pour le bailleur de rapporter la preuve du caractère réel et sérieux de la reprise pour habiter, le congé pourra être annulé[3].

Il a toutefois été jugé, même si cela est souhaitable afin de couper court à tout contentieux, que l'auteur du congé n'est pas tenu d'annexer à l'acte les documents justifiant le bien-fondé de la reprise[4].

§ 3 Coordonnées du bénéficiaire de la reprise

433.61 **Possibilité de vérification.** À peine de nullité, le congé doit mentionner les nom et adresse du bénéficiaire de la reprise[5].

L'indication des coordonnées de la personne qui va reprendre le logement va permettre au preneur de s'assurer que celle-ci est bien une « bénéficiaire » du droit de reprise au sens de l'article 15[6].

433.62 **Nom du bénéficiaire.** L'identité du bénéficiaire est la première précision que doit fournir le bailleur.

433.63 **De la possibilité d'opérer une substitution de bénéficiaire.** La question s'est posée de savoir s'il pouvait y avoir substitution de bénéficiaire. Rien, dans le texte de la loi, ne permet de justifier que le bénéficiaire « réel » de la reprise soit différent de celui mentionné dans le congé. Il a cependant été admis qu'une telle pratique n'est pas frauduleuse, dès lors que le nouveau bénéficiaire remplit les conditions pour profiter d'un congé en vue de reprise familiale et que le motif invoqué par le bailleur pour justifier la substitution est légitime. Il appartient alors au bailleur d'en informer le locataire[7].

De la même manière, la question de la légalité d'une reprise alternative (c'est-à-dire au profit de telle personne ou de telle autre) a été débattue en jurisprudence.

433.64 **Reprise alternative.** Une reprise alternative est valable dès lors qu'elle n'est pas équivoque.

Est ainsi valable, le congé pour reprendre le logement afin de loger soit sa fille, soit sa mère[8].

En revanche, est nul, le congé pour reprise exprimé en des termes équivoques ne permettant pas de savoir si le bénéficiaire répond aux exigences légales[9].

433.65 **Adresse du bénéficiaire – Disposition légale.** L'adresse du bénéficiaire est une précision légalement requise dont l'omission est sanctionnée par la nullité du congé[10]. Il n'en ira autrement que dans l'hypothèse où l'adresse du bailleur et celle du bénéficiaire de la reprise seraient les mêmes[11].

La question de savoir si cette sanction est systématique ou si elle ne va jouer que dans l'hypothèse où l'omission va causer un grief au locataire est discutée.

433.66 **Conditions de mise en œuvre de la nullité du congé pour défaut d'adresse du bénéficiaire.** Certaines décisions[12], appliquant à cette omission le régime des nullités de forme[13], ne prononcent l'annulation du congé que dans la mesure où cet oubli a causé un grief au locataire[14]... alors que d'autres[15] considèrent qu'en elle-même, cette omission a causé un grief au preneur et annulent systématiquement le congé[16].

433.67 **Indication du lien de parenté avec le bailleur.** Si, pour les baux conclus avant le 27 mars 2014, cette précision était facultative[17], pour les

1. L. n° 2015-990 du 6 août 2015, art. 82, II, en vigueur le 8 août 2015.
2. V. annexe s^s n° 1121.21.
3. Douai, 25 janv. 2018, n° 16/07653, *Loyers et copr.* 2018, n° 57, obs. B. Vial-Pedroletti – Toulouse, 2 sept. 2020, n° 19/04120, *Loyers et copr.* 2020, n° 95, obs. B. Vial-Pedroletti – COMP. toutefois, jugeant que l'art. 15 ne prévoit pas la nullité du congé ne contenant pas la justification du caractère réel et sérieux de la reprise : Paris, 30 juin 2020, n° 17/21059, *Loyers et copr.* 2020, n° 76, obs. B. Vial-Pedroletti.
4. Paris, 4 juin 2019, n° 17/05125, *Loyers et copr.* 2019, n° 169, obs. B. Vial-Pedroletti.
5. L. n° 89-462, 6 juill. 1989, art. 15, al. 1er – POUR une illustration : Nancy, 23 mai 2019, n° 18/00717, *Loyers et copr.* 2019, n° 123, obs. B. Vial-Pedroletti.
6. V. s^s n°s 433.11 s.
7. Versailles, 2 févr. 1996, RG n° 4998/94, *D.* 1997. Somm. 266, obs. CRDP Nancy 2.
8. Civ. 3e, 4 nov. 1987, n° 86-13.968, NP, *Loyers et copr.* 1988, p. 7, [loi de 1982].
9. Civ. 3e, 10 déc. 1985, n° 84-16.722, P III, n° 166, [loi de 1982].
10. POUR un exemple d'annulation du congé et de l'octroie de dommages et intérêts au preneur à raison de l'absence de cette mention : Colmar, 22 janv. 2018, n° 16/05051, *Loyers et copr.* 2018, n° 89, obs. B. Vial-Pedroletti.
11. Civ. 3e, 6 nov. 1991, n° 90-14.286, NP, *JCP* 1992. IV, n° 69, [loi de 1982].
12. De la Cour de cassation, mais aussi de cours d'appel.
13. C. pr. civ., art. 114.
14. Civ. 3e, 6 nov. 1986, n° 85-14.476, P III, n° 146 ; *JCP* 1987. IV. 16, [loi de 1982] – Civ. 3e, 13 mars 1991, n° 89-18.477, P III, n° 92 ; *Administrer* févr. 1992, p. 31, note Gélinet, [loi de 1982] – Paris, 26 mars 1986, RG n° L/06954, *Rev. loyers* 1986. 274, [loi de 1982].
15. Émanant des juridictions du fond.
16. Paris, 22 mai 1996, RG n° 94/019283, *Loyers et copr.* 1996, n° 374 – Versailles, 14 nov. 1997, RG n° 4268/95, *Loyers et copr.* 1998, n° 208, obs. B. Vial-Pedroletti.
17. Civ. 3e, 2 févr. 2000, n° 98-13.690, P III, n° 21, *Loyers et copr.* 2000, n° 86, obs. B. Vial-Pedroletti – Paris, 22 mai 1996, RG n° 94/019283, *Loyers et copr.* 1996, n° 374.

contrats de location conclus à compter de cette date[1], l'article 15-I, dans sa rédaction issue de la loi du 24 mars 2014, dite loi Alur, exige du bailleur qu'il indique dans le congé « la nature du lien existant entre le bailleur et le bénéficiaire de la reprise ».

433.68 Pas de régime dérogatoire lorsque le bailleur est une SCI familiale. Lorsque le bailleur est une SCI familiale[2], la loi n'impose au bailleur ni de reproduire les termes de l'article 13 *a* de la loi du 6 juillet 1989, ni de justifier de cette particularité[3].

433.69 Notice d'information. L'article 15 de la loi du 6 juillet 1989 dans sa version émanant de la loi du 24 mars 2014, dite loi Alur, précise qu'une notice d'information relative aux obligations du bailleur et aux voies de recours et d'indemnisation du locataire doit être jointe au congé délivré par le bailleur en vue de la reprise ou de la vente du logement.

C'est un arrêté du 13 décembre 2017[4], applicable aux congés concernant les locaux loués vides délivrés à compter du 1er janvier 2018, qui en a précisé le contenu.

Après un préambule, elle s'intéresse successivement aux dispositions communes au congé pour vendre et au congé pour reprise (forme de la notification, auteur et destinataires du congé, délai de préavis, suspension de la possibilité de donner congé, locataires âgés, effet sur le locataire), aux dispositions propres à chaque catégorie de congé et aux litiges relatifs aux congés. Elle dresse enfin une liste des contacts utiles (Adil[5], Associations représentatives des bailleurs et des locataires, maisons de justice et du droit et point d'accès au droit, information administrative).

SECTION 4
CONTRÔLE DE LA RÉALITÉ DE LA REPRISE

433.70 Plan – Compétence du juge des contentieux de la protection. Ce n'est qu'en cas de contestation que le juge va exercer un contrôle préalable sur la réalité de l'intention du bailleur de reprendre son logement pour l'habiter (§ 1). Par ailleurs, il va aussi pouvoir contrôler *a posteriori* que la reprise pour habiter a bien lieu (§ 2) et va, le cas échéant, sanctionner les congés frauduleux (§ 3).

Le juge compétent est le juge des contentieux de la protection[6], du lieu de la situation de l'immeuble[7].

1. Date d'entrée en vigueur L. 24 mars 2014, dite loi Alur.
2. V. ss no 433.14.
3. Civ. 3e, 28 juin 2011, no 09-71.459, NP, *D.* 2012. Pan. 1086, spéc. 1095, obs. N. Damas ; *AJDI* 2012. 40, obs. Dreveau.
4. Arr. 13 déc. 2017, NOR : TERL1711455A, *JO* 20 déc.
5. Agences départementales d'information sur le logement.
6. Il s'agit d'un magistrat du Tribunal judiciaire.
7. COJ, art. L. 213-4-4 et R. 211-11 ; C. pr. civ., art. 42 s. (v. ss nos 423.221 et 423.222).

§ 1
Question du contrôle préalable

433.81 Conditions de validité de la reprise. La validité du congé n'est pas subordonnée à un contrôle préalable systématique[8].

Il appartient toutefois au juge, lorsque cela lui est demandé, de rechercher l'existence d'une fraude[9].

Ajoutons que, pour les baux en cours le 8 août 2015, date d'entrée en vigueur de la loi du 6 août 2015, dite Macron[10], l'article 15 de la loi du 6 juillet 1989, dans sa rédaction issue de la loi du 24 mars 2014, dite loi Alur, précise que, « en cas de contestation, le juge peut, même d'office, vérifier la réalité du motif du congé et le respect des obligations prévues au présent article. Il peut notamment déclarer non valide le congé si la non-reconduction du bail n'apparaît pas justifiée par des éléments sérieux et légitimes »[11].

On notera par ailleurs que le bailleur n'a pas à justifier de son besoin de logement ou de celui du bénéficiaire de la reprise[12]. De même, le fait pour le bailleur de disposer d'autres possibilités de logement à proximité semblant mieux correspondre à ses besoins ne suffit pas à caractériser la fraude[13], laquelle ne se présume pas[14].

En elle-même, la reprise pour habiter est un motif suffisant justifiant la décision de donner congé[15]. Encore faut-il qu'il s'agisse, pour le bénéficiaire, de reprendre le logement au titre de sa résidence princi-

8. Civ. 3e, 30 oct. 1990, no 89-15.747, NP, *Loyers et copr.* 1991, no 2, [loi de 1982].
9. Civ. 3e, 18 févr. 2003, no 01-16.664, NP, *Administrer* août-sept. 2003, p. 44, obs. Canu – Civ. 3e, 22 oct. 2003, no 02-14.702, NP, *Loyers et copr.* 2004, no 25, obs. B. Vial-Pedroletti – Civ. 3e, 26 oct. 2004, no 03-15.507, NP, *Administrer* mai 2005, p. 38, obs. Canu.
10. L. no 2015-990, 6 août 2015, art. 82-II, *JO* 7 août, p. 13537 s., en vigueur le 8 août 2015.
11. La loi n'ayant point d'effet rétroactif, jugeant que l'art. 15, I, de la L. du 6 juill. 1989, dans sa rédaction issue de la L. du 24 mars 2014, n'est pas applicable à un congé délivré avant son entrée en vigueur : Civ. 3e, 19 déc. 2019, no 18-20.854, P ; *D.* 2020. 11 ; *ibid.* Pan. 1148, obs. N. Damas ; *D. actu.* 4 févr. 2020, obs. E. Dreveau ; *AJDI* 2020. 511, obs. N. Damas ; *RTD civ.* 2020. 91, obs. Barbier ; *Loyers et copr.* 2020, no 20, obs. B. Vial-Pedroletti – Refusant d'appliquer cette disposition à un congé délivré avant le 8 août 2015 : Civ. 3e, 29 nov. 2018, no 17-28.001, NP, *AJDI* 2019. 62 ; – Paris, 6 févr. 2018, no 16/11899, *Loyers et copr.* 2018, no 83, obs. B. Vial-Pedroletti.
12. Civ. 3e, 24 janv. 1996, no 93-19.027, P III, no 20 ; *D.* 1996. Somm. 371, obs. CRDP Nancy 2 – Civ. 3e, 29 juin 2004, no 03-16.582, NP, *AJDI* 2004. 644.
13. Civ. 3e, 19 mai 2004, no 03-10.576, NP, *AJDI* 2004. 816, obs. V. Zalewski – Versailles, 6 nov. 1998, RG no 7264/96, *Loyers et copr.* 2000, no 63, obs. B. Vial-Pedroletti.
14. Civ. 3e, 11 juin 1997, no 95-20.020, NP, *RJDA* 1997, no 1019.
15. Paris, 27 juin 1995, RG no 94/003661, *Rev. huiss.* 1996, p. 231.

pale : une reprise pour habiter le logement comme résidence secondaire ou saisonnière serait nulle[1]. Et cela vaut lorsque le bénéficiaire est le bailleur lui-même[2], comme lorsqu'il s'agit d'une des autres personnes visées à l'article 15, I mentionnées au v. s[s] n° 433.11[3] (sur l'occupation discontinue des locaux v. s[s] n° 433.92).

§ 2
Contrôle *a posteriori* de la réalité de la reprise

433.91 Comportements frauduleux sanctionnables. Une fois le logement libéré, plusieurs comportements frauduleux vont être sanctionnés. Il s'agit de l'inoccupation des lieux, de l'occupation par une autre personne que le bénéficiaire de la reprise, de la remise du logement en location et de la vente du logement. Il faut préciser que l'intention frauduleuse du bailleur s'apprécie lors de la délivrance du congé[4]. La jurisprudence précise de plus que la loi n'impose pas au bailleur d'informer le locataire de la raison pour laquelle le motif légitime du congé à fin de reprise a perdu, pour une cause extérieure au bailleur, son actualité[5].

433.92 Conditions d'occupation – Délai d'occupation des lieux. Même si la loi du 6 juillet 1989 ne prévoit pas le délai maximum dans lequel la reprise effective doit intervenir, suite à la libération des lieux par le locataire, le bénéficiaire de la reprise doit occuper le logement dans un délai raisonnable[6].

Quant à la notion de « délai raisonnable », elle sera appréciée en fonction des éléments de chaque affaire. Il a ainsi été jugé qu'une inoccupation du logement pendant plus de deux ans était frauduleuse[7], sauf toutefois lorsque cette inoccupation est justifiée par la réalisation de travaux et l'état de santé du bailleur[8]. Par ailleurs, une vacance de dix mois n'a pas été considérée comme abusive[9], pas plus qu'une occupation au bout de trois ans après sa libération, compte tenu des travaux à réaliser et des problèmes de santé du bailleur[10]... alors que, dans d'autres circonstances, neuf mois d'inoccupation (ou même cinq)[11] ont été sanctionnés[12].

433.93 Condition d'occupation – Durée minimale d'occupation des lieux. Concernant la durée minimale d'occupation des lieux après la reprise, là encore, la loi est muette. Il semble que la jurisprudence se contente d'une occupation assez brève[13], puisqu'une période de cinq mois a été considérée comme étant suffisante[14] ; voire de trois mois (dans une affaire où pourtant, le logement était resté inoccupé pendant dix mois et où, suite à l'occupation d'un trimestre, il avait été reloué !)[15]. La reprise de la vie commune entre époux constitue une cause légitime de cessation de l'occupation des lieux repris[16].

433.94 Reprise partielle ou discontinue des locaux. On l'a vu[17], La reprise pour habiter s'entend, pour le bénéficiaire, d'une reprise du logement au titre de sa résidence principale.

Pour autant, la cour d'appel de Paris a jugé qu'une reprise partielle des lieux ne constituait pas une fraude de la part du bailleur[18]. Cette juridiction s'est également montrée clémente à l'égard d'un bailleur ayant occupé le logement de manière non

1. Jugeant que le fait que le congé mentionne que le bénéficiaire de la reprise est étudiant en province et doit effectuer des stages à Paris ne permet pas de conclure que la reprise serait effectuée pour occuper le logement à titre de résidence secondaire : Paris, 27 sept. 2018, n° 16/07116, *Loyers et copr.* 2018, n° 241, obs. B. Vial-Pedroletti.
2. Civ. 3e, 31 janv. 2001, n° 99-11.956, P III, n° 11 ; *AJDI* 2001. 341, obs. Y. Rouquet ; *D.* 2002. Somm. 1725, obs. CRDP Nancy 2 – Civ. 3e, 4 nov. 2003, n° 02-16.391, NP, *Loyers et copr.* 2004, n° 25, obs. B. Vial-Pedroletti – Paris, 6 nov. 1991, RG n° 90/021186, *JCP* 1992. IV, n° 670, [loi de 1982].
3. Civ. 3e, 13 nov. 2008, n° 05-19.722, P III, n° 169 ; *D.* 2008. AJ 3011, obs. Y. Rouquet : en l'occurrence, il s'agissait de la belle-mère âgée du bailleur qui ne pouvait rester sans surveillance et alternait les séjours auprès de ses deux enfants.
4. Paris, 11 janv. 1996, RG n° 94/021882, *Loyers et copr.* 1996, n° 153.
5. En l'occurrence, l'état de santé du propriétaire s'était aggravé un mois après délivrance du congé ; Civ. 3e, 13 juill. 2005, n° 04-12.577, P III, n° 156 ; *D.* 2006, Pan. 964, obs. N. Damas ; *AJDI* 2005. 740, obs. Y. Rouquet.
6. Paris, 7 janv. 1998, RG n° 95/25889, *Loyers et copr.* 1998, n° 98, obs. B. Vial-Pedroletti – Paris, 2 févr. 2006, RG n° 04/15970, *AJDI* 2006. 469.
7. Paris, 7 janv. 1998, RG n° 95/25889, *Loyers et copr.* 1998, n° 92, obs. B. Vial-Pedroletti – V. AUSSI pour une vacance de 23 mois : Paris, 9 déc. 2004, RG n° 04/02760, *AJDI* 2005. 217.
8. Civ. 3e, 5 janv. 2011, n° 09-67.861, NP, *D.* 2012. Pan. 1086, spéc. 1095, obs. N. Damas ; *AJDI* 2011. 368, note E. Dreveau.
9. Civ. 3e, 18 nov. 1998, n° 96-21.706, NP, *RDI* 1999. 157, obs. F. Collart-Dutilleul ; *Administrer* août-sept. 1999, p. 59, note Beddeleem.
10. Rouen, 18 juill. 2002, RG n° 01/01121, *JCP* 2003. IV. 1657.
11. Civ. 3e, 21 févr. 2001, n° 99-12.261, NP, *AJDI* 2001. 433, obs. Beaugendre.
12. Paris, 14 oct. 1997, RG n° 96/82124, *Loyers et copr.* 1998, n° 6, obs. B. Vial-Pedroletti.
13. Civ. 3e, 6 mars 1996, n° 94-15.513, NP, *RJDA* 1996, n° 760.
14. Toulouse, 23 juin 1998, RG n° 97/03122, *Loyers et copr.* 1999, n° 33, obs. B. Vial-Pedroletti.
15. Civ. 3e, 18 nov. 1998, n° 96-21.706, NP, *RDI* 1999. 157, obs. F. Collart-Dutilleul ; *Administrer* août-sept. 1999, p. 59, note Beddeleem.
16. Nîmes, 3 févr. 2009, RG n° 08/03810, *Loyers et copr.* 2009, n° 119, obs. B. Vial-Pedroletti.
17. V. s[s] n° 433.81.
18. Paris, 18 oct. 1990, RG n° 89/20710, *Gaz. Pal.* 1992. 2. Somm. 397, obs. de Belot, [loi de 1986].

continue, dans une hypothèse toutefois où cette occupation discontinue lui était dictée par son activité professionnelle[1].

433.95 Fait justificatif de l'inoccupation des lieux. Seuls certains événements vont permettre au bailleur de justifier l'inoccupation du logement. N'ont pas été admis comme justifiant la non-reprise du logement pour habiter : le fait que l'épouse du bénéficiaire ait trouvé un emploi dans une autre ville[2] ; l'obligation d'effectuer d'importants travaux dans le local libéré[3] ; le coût de tels travaux, dès lors que le bailleur ne rapporte pas la preuve qu'il aurait été incapable de les prendre en charge financièrement[4] ; l'état de santé de la femme du bailleur, dès lors que cet état de santé ne l'empêchait pas de déménager[5] ; la décision du bénéficiaire de la reprise de poursuivre ses études dans une autre ville que celle dans laquelle se trouve le logement[6] ou encore, la mutation professionnelle du bailleur, l'ayant obligé à se reloger sans attendre le départ de son locataire (et à signer un contrat de location)[7].

433.96 Inoccupation justifiée. La non-reprise est, à l'inverse, justifiée lorsqu'elle a été motivée par le souhait du grand-père d'aider son petit-fils à s'installer après son mariage, même si finalement, le petit-fils n'a pas occupé les locaux[8]. L'inoccupation des lieux a, par ailleurs été jugée sans incidence sur la validité du congé, lorsqu'elle a été la conséquence du maintien dans les lieux du locataire au-delà du terme du bail et de la nécessité de réaliser d'importants travaux de remise en état à son départ[9].

1. Paris, 8 nov. 1995, RG n° 94/018851, *Loyers et copr.* 1996, n° 100.
2. Versailles, 14 janv. 1994, RG n° 3756/92, *Rev. huiss.* 1995, p. 226.
3. Versailles, 14 janv. 1994, RG n° 3756/92, *Rev. huiss.* 1995, p. 226.
4. Paris, 14 oct. 1997, RG n° 96/82124, *Loyers et copr.* 1998, n° 6, obs. B. Vial-Pedroletti.
5. Paris, 22 nov. 1995, RG n° 94/019774, *Loyers et copr.* 1996, n° 101.
6. Rouen, 5 déc. 2000, RG n° 98/05448, *Loyers et copr.* 2001, n° 145, obs. B. Vial-Pedroletti.
7. Civ. 3e, 19 avr. 2000, n° 98-21.124, P III, n° 80 ; *Loyers et copr.* 2000, n° 164, obs. B. Vial-Pedroletti.
8. Paris, 9 nov. 1992, *D.* 1993. IR 41 – AUSSI, à propos du fils du locataire résidant avec son père mais ayant trouvé un emploi à proximité du local loué, avant d'être embauché ailleurs : Paris, 4 juin 2019, n° 17/05125, *Loyers et copr.* 2019, n° 169, obs. B. Vial-Pedroletti.
9. Versailles, 16 févr. 2001, RG n° 99/04519, *JCP* 2001. IV. 2812 ; Lyon, 16 juin 2009, RG n° 08/02508, *Loyers et copr.* 2009, n° 257, obs. B. Vial-Pedroletti ; Toulouse, 23 sept. 2008, RG n° 07/02954, *BICC* 2009, n° 946 – DANS LE MÊME SENS : Civ. 3e, 20 oct. 2016, n° 15-21.525, NP, *AJDI* 2017. 280, obs. C. Dreveau.

433.97 Occupation des lieux par une autre personne que le bénéficiaire de la reprise. L'occupation du local par une autre personne que le bénéficiaire de la reprise a été sanctionnée par la cour d'appel d'Amiens (dans une hypothèse où l'occupant était un employé du bénéficiaire)[10].

433.98 Remise du logement en location. Le comportement du bailleur qui remet son logement en location est fautif lorsque cela traduit sa mauvaise foi (toute convention devant être exécutée de bonne foi[11]). Cela sera le cas lorsque la remise en location aura été très rapprochée du départ du preneur. Ainsi, la relocation trois semaines après le départ du précédent locataire est frauduleuse[12]. En revanche, une remise en location plus d'un an après la fin de l'occupation par le locataire n'a pas été jugée frauduleuse (en l'espèce, le local avait, il est vrai, été occupé trois mois par le bailleur)[13]. Par ailleurs, le bailleur serait parfaitement en droit de relouer le logement au bénéficiaire de la reprise, « le législateur ayant seulement voulu favoriser l'habitation personnelle des membres d'une famille, sans imposer un quelconque régime d'occupation »[14].

433.99 Vente du logement. La mise en vente d'un logement ayant fait l'objet d'une reprise pour habiter sera sanctionnée dès lors que cela va refléter le défaut d'intention réelle du bailleur d'habiter les lieux libérés[15]. Il en ira également ainsi lorsque le bailleur aura effectué des démarches en vue de la vente de son logement (dans une espèce où, de surcroît, une promesse de vente avait été signée)[16]. En revanche, aucune fraude n'est caractérisée lorsque la vente du logement se justifie par la dégradation de l'état de santé du bailleur, dès lors que cette dégradation est, à la fois, postérieure à la délivrance du congé et incompatible avec l'occupation des lieux[17].

10. Amiens, 13 oct. 2017, n° 15/04960, *Loyers et copr.* 2018, n° 13, obs. B. Vial-Pedroletti.
11. C. civ., art. 1134.
12. Pau, 9 juin 1997, RG n° 96/001431, *Loyers et copr.* 1998, n° 66, obs. B. Vial-Pedroletti – AUSSI : Douai, 2 mars 2000, RG n° 1997/06846, *Loyers et copr.* 2001, n° 200, obs. B. Vial-Pedroletti.
13. Civ. 3e, 18 nov. 1998, n° 96-17.935, NP, *RDI* 1999. 157, obs. F. Collart-Dutilleul ; *Administrer* août-sept. 1999, p. 59, note Beddeleem.
14. Paris, 11 févr. 2010, RG n° 08/12983, *Loyers et copr.* 2010, n° 185, obs. B. Vial-Pedroletti.
15. Civ. 3e, 12 oct. 2004, n° 03-14.794, NP, *AJDI* 2004. 891 ; *Administrer* juin 2005, p. 740, obs. Y. Rouquet – Dijon, 11 janv. 1989, *JurisData* 043269, *Rev. loyers* 1989. 371, note Aubert, [loi de 1982].
16. Besançon, 18 juin 1993, *JurisData* 043620, *Loyers et copr.* 1994, n° 6.
17. Civ. 3e, 13 juill. 2005, n° 04-12.577, P III, n° 156 ; *D.* 2006, Pan. 964, obs. N. Damas ; *AJDI* 2005. 740, obs. Y. Rouquet.

§ 3
Sanction des congés frauduleux

433.101 **Indemnisation.** La réparation du (ou des) préjudice(s) se traduit par l'attribution de dommages et intérêts [1].

En revanche, la réintégration des locataires n'est jamais prononcée, et d'ailleurs, à en croire la jurisprudence, cette sanction ne serait pas légale, le texte ne la prévoyant pas. Ainsi, seule la sanction de droit commun de la responsabilité civile (l'allocation de dommages-intérêts) pourrait s'appliquer [2]. Certains auteurs ne partagent cependant pas cette analyse [3].

À noter que, comme en matière de congé pour vendre [4] pour les baux en cours le 8 août 2015, date d'entrée en vigueur de la loi du 6 août 2015, dite Macron [5], en vertu du § IV de l'article 15 issu de ce texte, « le fait pour un bailleur de délivrer un congé justifié frauduleusement par sa décision de reprendre ou de vendre le logement est puni d'une amende pénale dont le montant ne peut être supérieur à 6 000 euros pour une personne physique et à 30 000 euros pour une personne morale ». Le texte précise que « le montant de l'amende est proportionné à la gravité des faits constatés. Le locataire est recevable dans sa constitution de partie civile et la demande de réparation de son préjudice ».

1. Paris, 7 janv. 1998, RG n° 95/80217, *Loyers et copr.* 1998, n° 92, obs. B. Vial-Pedroletti – Besançon, 6 janv. 1999, RG n° 97/0713, *Loyers et copr.* 1999, n° 236, obs. B. Vial-Pedroletti.
2. Paris, 3 juill. 1991, RG n° 022436, *Loyers et copr.* 1991, n° 410 – Rouen, 1er mars 2005, RG n° 03/03762, *Loyers et copr.* 2005, n° 128, obs. B. Vial-Pedroletti – TI Boulogne-Billancourt, 24 juill. 1986, *Rev. loyers* 1986. 390, note Rémy et Pialoux.
3. Bihr et Aubert, *Droit de la Gestion de l'immeuble*, « Dalloz Action », 2000, n° 3866 – AUSSI : J. Lafond, B. Vial-Pedroletti, *Les baux d'habitation*, 8e éd., « Droit et professionnels », LexisNexis, 2017, n° 1835.
4. V. s[s] n° 434.131.
5. L. n° 2015-990 du 6 août 2015, art. 82, II, en vigueur le 8 août 2015.

CHAPITRE

434. Congé pour vendre

SECTION 0 ORIENTEUR

434.00 Sommaire du chapitre.

Division. Même si cela ressemble à une lapalissade, il faut, tout d'abord, préciser que le congé pour vendre implique la délivrance d'un congé. Il convient ensuite d'étudier qui doit être l'auteur du congé, quelles mentions doivent y figurer et comment s'exercent les deux droits de préemption dont dispose le locataire : droit de préemption initial et second droit de préemption en cas de vente à un tiers à des conditions plus avantageuses que celles proposées au preneur. Enfin, nous verrons quel est le contrôle exercé par le juge sur la réalité du congé. L'apport à une société de l'immeuble dans lequel se situe le local loué ne présente pas la nature juridique d'une vente [1].

434.01 Principaux textes applicables.

TEXTES SOURCES

- **L. n° 89-462, 6 juill. 1989,** art. 15.
- **CCH,** art. L. 126-17, L. 126-21, L. 183-14, L. 183-15.
- **C. urb.,** art. L. 211-1 s.

TEXTES *IN EXTENSO*

- **L. 6 juill. 1989,** art. 15

* V. s^s^ n° 431.01

- **CCH,** art. L. 126-17

Sont interdites, qu'elle soit en propriété ou en jouissance, qu'elle résulte de mutations à titre gratuit ou onéreux, de partage ou de locations :

1° Toute division par appartements d'immeubles qui sont frappés d'une interdiction d'habiter, ou d'un arrêté de péril, ou sont déclarés insalubres, ou comportent pour le quart au moins de leur superficie totale des logements loués ou occupés classés dans la catégorie IV mentionnée par la loi n° 48-1360 du 1er septembre 1948 portant modification et codification de la législation relative aux rapports des bailleurs et locataires ou occupants de locaux d'habitation ou à usage professionnel et instituant des allocations de logement ;

2° Toute division d'immeuble en vue de mettre à disposition des locaux à usage d'habitation d'une superficie et d'un volume habitables inférieurs respectivement à 14 m² et à 33 m³, les installations ou pièces communes mises à disposition des locaux à usage d'habitation nés de la division n'étant pas comprises dans le calcul de la superficie et du volume de ces locaux ;

3° Toute division d'immeuble en vue de mettre à disposition des locaux à usage d'habitation qui ne sont pas pourvus d'une installation d'alimentation en eau potable, d'une installation d'évacuation des eaux usées ou d'un accès à la fourniture de courant électrique, ou qui n'ont pas fait l'objet d'un

1. Civ. 3e, 3 oct. 2007, n° 06-16.948, NP, *AJDI* 2008. 391, note Zalewski ; *Administrer* févr. 2008. 26, obs. Canu.

constat de risque d'exposition au plomb prévu par l'article L. 1334-5 du code de la santé publique et d'une recherche de la présence d'amiante, ainsi que, le cas échéant, du diagnostic de l'état de conservation de l'amiante dans les matériaux et produits repérés, prévus par l'article L. 1334-12-1 du même code.

La division d'un immeuble bâti ou d'un groupe d'immeubles bâtis mentionnés au 1°, entre plusieurs personnes, par lots comprenant chacun une partie privative et une quote-part de parties communes est néanmoins autorisée lorsqu'il s'agit d'y réaliser des travaux de restauration immobilière déclarés d'utilité publique en application de l'article L. 313-4 du code de l'urbanisme.

• **CCH,** art. L. 126-21

Est interdite toute division par appartements d'immeuble de grande hauteur à usage d'habitation ou à usage professionnel ou commercial et d'habitation dont le contrôle exercé par la commission de sécurité a donné lieu à un avis défavorable de l'autorité compétente ou à des prescriptions qui n'ont pas été exécutées.

• **CCH,** art. L. 183-14

Lorsque des opérations de division conduisant à la création de locaux à usage d'habitation au sein d'un immeuble existant sont réalisées en l'absence de l'autorisation préalable prévue aux articles L. 126-18 et L. 126-19, le représentant de l'État dans le département peut, après avoir informé l'intéressé de la possibilité de présenter ses observations dans un délai déterminé, ordonner le paiement d'une amende au plus égale à 15 000 €. En cas de nouveau manquement dans un délai de trois ans, le montant maximal de cette amende est porté à 25 000 €.

Le produit de l'amende prévue au premier alinéa du présent article est intégralement versé à l'Agence nationale de l'habitat.

L'amende est proportionnée à la gravité des manquements constatés et ne peut être prononcée plus d'un an à compter de la constatation des manquements.

• **CCH,** art. L. 183-15

Sont punies d'un emprisonnement de deux ans et d'une amende de 75 000 € les personnes qui mettent en vente, en location ou à la disposition d'autrui des locaux destinés à l'habitation et provenant d'une division réalisée en méconnaissance des interdictions définies aux articles L. 126-17 et L. 126-21.

Les personnes physiques encourent également la peine complémentaire suivante : l'interdiction, pour une durée de cinq ans au plus, d'exercer une activité professionnelle ou sociale dès lors que les facilités que procure cette activité ont été sciemment utilisées pour préparer ou commettre l'infraction. Cette interdiction n'est toutefois pas applicable à l'exercice d'un mandat électif ou de responsabilités syndicales.

Les peines encourues par les personnes morales sont :

1° L'amende, selon les modalités prévues par l'article 131-38 du code pénal ;

2° Les peines complémentaires prévues aux 2°, 4°, 8° et 9° de l'article 131-39 du même code. Pour l'application du 8°, la confiscation porte sur le fonds de commerce ou sur l'immeuble destiné à l'hébergement des personnes et ayant servi à commettre l'infraction.

• **C. urb.,** art. L. 211-1 s.

Les communes dotées d'un plan d'occupation des sols rendu public ou d'un plan local d'urbanisme approuvé peuvent, par délibération, instituer un droit de préemption urbain sur tout ou partie des zones urbaines et des zones d'urbanisation future délimitées par ce plan, dans les périmètres de protection rapprochée de prélèvement d'eau destinée à l'alimentation des collectivités humaines définis en application de l'article L. 1321-2 du code de la santé publique, dans les zones et secteurs définis par un plan de prévention des risques technologiques en application de l'article L. 515-16 du code de l'environnement, dans les zones soumises aux servitudes prévues au II de l'article L. 211-12 du même code, ainsi que sur tout ou partie de leur territoire couvert par un plan de sauvegarde et de mise en valeur rendu public ou approuvé en application de l'article L. 313-1 lorsqu'il n'a pas été créé de zone d'aménagement différé ou de périmètre provisoire de zone d'aménagement différé sur ces territoires.

Les conseils municipaux des communes dotées d'une carte communale approuvée peuvent, en vue de la réalisation d'un équipement ou d'une opération d'aménagement, instituer un droit de préemption dans un ou plusieurs périmètres délimités par la carte. La délibération précise, pour chaque périmètre, l'équipement ou l'opération projetée.

Ce droit de préemption est ouvert à la commune. Le conseil municipal peut décider de le supprimer sur tout ou partie des zones considérées. Il peut ultérieurement le rétablir dans les mêmes conditions. Toutefois, dans le cas prévu au deuxième alinéa de l'article L. 210-1, le droit de préemption peut être institué ou rétabli par arrêté du représentant de l'État dans le département. Dans les parties actuellement urbanisées des communes couvertes par un plan d'occupation des sols devenu caduc en application de l'article L. 174-1, le droit de préemption prévu au deuxième alinéa de l'article L. 210-1 est maintenu.

Lorsqu'un lotissement a été autorisé ou une zone d'aménagement concerté créée, la commune peut exclure du champ d'application du droit de préemption urbain la vente des lots issus dudit lotissement ou les cessions de terrain par la personne chargée de l'aménagement de la zone d'aménagement concerté. Dans ce cas, la délibération du conseil municipal est valable pour une durée de cinq ans à compter du jour où la délibération est exécutoire.

Par dérogation au premier alinéa du même article L. 210-1, le droit de préemption institué dans les conditions prévues au présent article peut être exercé en vue de la relocalisation d'activités industrielles, commerciales, artisanales ou de services ainsi que pour le relogement d'occupants définitivement évincés d'un bien à usage d'habitation ou mixte en raison de la réalisation de travaux nécessaires à l'une des opérations d'aménagement définies au livre III du présent code.

434.02 Jurisprudence de référence.

• **Civ. 3e, 14 juin 2006,** n° 05-12.559, P III, n° 150

* V. s^s n° 434.141

Il appartient au preneur qui conteste la réalité du motif du congé de rapporter la preuve de l'absence d'intention de vendre du bailleur.

• **Civ. 1re, 12 juill. 2006,** n° 04-19.815, P I, n° 392

* V. s5 n° 434.21

L'administrateur de biens qui délivre un congé pour vente, acte de disposition et non de gestion, doit être titulaire d'un mandat spécial en ce sens.

• **Civ. 3e, 3 oct. 2007,** n° 06-16.948, NP

* V. s5 n° 434.01

L'apport à une société de l'immeuble dans lequel se situe le local loué ne présente pas la nature juridique d'une vente.

• **Civ. 3e, 11 mars 2015,** n° 14-10.447, P

* V. s5 n° 434.111

La vente de la totalité de l'immeuble ne donnant pas droit à l'exercice d'un droit de préemption au profit du locataire, lorsque la vente porte sur l'immeuble en son entier, le locataire n'est pas fondé à revendiquer le bénéfice d'un droit de préemption subsidiaire et le congé qui lui a été délivré est valable.

• **Civ. 3e, 8 oct. 2015,** n° 14-20.666, P

* V. s5 n° 434.44

Ayant exactement retenu que si le locataire, titulaire d'un droit de préemption, qui accepte l'offre de vente du bien qu'il habite ne peut se voir imposer le paiement d'une commission renchérissant le prix du bien, le prononcé de la nullité du congé suppose, en application de l'article 114 du code de procédure civile la preuve d'un grief, et souverainement retenu que l'intégration de la commission dans le prix demandé n'avait eu aucune incidence sur l'exercice du droit de préemption par le locataire, qui n'a subi aucun préjudice, une cour d'appel en a déduit à bon droit que la demande d'annulation du congé devait être rejetée.

434.03 **Bibliographie indicative.**

Annuel. LAMY DR. IMMO, nos 5930 s.

Encyclopédies. RÉP. CIV., *V° Bail d'habitation et mixte : rapports locatifs individuels – Loi du 6 juillet 1989*, N. Damas, nos 409 s. – DICT. PERM. Gestion immob., *V° Baux d'habitation et mixtes*, nos 382 s.

Ouvrages. E. Debaussart-Joniec, S. Fraîche-Dupeyrat, Ph. Pelletier, *Les baux d'habitation après la loi Élan*, 3e éd., « Actualité », 2019, LexisNexis – J. Lafond, B. Vial-Pedroletti, *Les baux d'habitation*, 8e éd., « Droit et professionnels », LexisNexis, 2017, nos 1511 s. – Ph. Pelletier, *Traité des baux d'habitation et professionnels*, « Référence juridique », Le Moniteur, 2021 – V. Zalewski-Sicard, *Baux d'habitation – Congés et droits de préemption,* Ellipses, 2016.

Articles. F. de La Vaissière, « Peut-on rétracter un congé pour vendre ? », *AJDI* 2009. 604 – Th. Grundeler, « Peut-on prévoir le versement d'une indemnité d'immobilisation dans un congé pour vente ? », *Administrer* 3/2007. 20 – J. Julien, « Congé pour vendre : une opération très sensible », *JCP N* 2005. 1190 – B.Humblot-Gignoux, « Points sensibles de la notification du congé pour vendre », *Rev. loyers* 2010. 202 – Ph. Pelletier, « Vente d'immeubles par lots », *Rev. loyers* 2004. 565 – B. Raclet, « Usage et limites », *Administrer* 2/2000. 8 ; *IRC* oct. 2005. 20 – P. Weinstadt, « Le congé pour vente et les blocs de compétence », *Loyers et copr.* 2010. Ét. 3 – Ph. Rezeau, « De l'usage du congé-vente après la loi ALUR et la loi Macron », *Administrer* 3/2017. 8 – Ch. Brenac et M. Thioye, « Traitement par le notaire du congé pour vendre irrégulier dans le cadre d'une vente immobilière », *Defrénois* 2017. 551 – L. Catin, E. Colas, Ch. Coutant-Lapalus, J.-L. Puygauthier, B. Vial-Pedroletti et V. Zalewski-Sicard, « Congés pour vendre et pratique notariale », *JCP N* 2017. 1339.

SECTION 1
NÉCESSITÉ DE LA DÉLIVRANCE D'UN CONGÉ

434.11 **Vente d'un local non occupé.** Le congé pour vente de l'article 15, II de la loi du 6 juillet 1989[1] est un mécanisme qui permet au bailleur de vendre le logement libre de toute occupation[2].

Il est sous-tendu par la délivrance d'un congé et se distingue donc de la mise en œuvre de l'article 10 de la loi du 31 décembre 1975, relative à la protection des occupants de locaux à usage d'habitation[3], puisque, en aucun cas, l'offre de vente présentée dans le cadre de l'article 10 de la loi de 1975 ne peut valoir congé[4].

434.12 **Articulation entre l'article 15-II de la loi de 1989 et l'article 10 de la loi de 1975.** Il ressort de l'article 10, I, alinéa 1er, de la loi du 31 décembre 1975 que « préalablement à la conclusion de toute vente d'un ou plusieurs locaux à usage d'habitation ou à usage mixte d'habitation et professionnel, consécutive à la division initiale ou à la subdivision de tout ou partie d'un immeuble par lots[5], le bailleur

1. L. n° 89-462, 6 juill. 1989 tendant à améliorer les rapports locatifs et portant modification de la loi 861290 du 23 déc. 1986, *JO* 8 juill., p. 8541, dite loi Mermaz-Malandain.
2. Précisant que lorsque le bailleur est mis en liquidation judiciaire (C. com., art. L. 641-11-1), le liquidateur qui entend céder de gré à gré et libre d'occupation le logement donné à bail d'habitation est tenu de délivrer au locataire un congé pour vendre, en se conformant aux dispositions de l'art. 15 de la loi de 1989 : Com. 7 oct. 2020, n° 19-10.685, P ; *D.* 2020. 2007 ; *ibid.* Chron. C. cass. 2475, spéc. 2478, obs. Barbot.
3. L. n° 75-1351, 31 déc. 1975 modification de la loi du 1er sept. 1948, *JO* 4 janv., p. 191.
4. Civ. 3e, 14 mai 1997, n° 95-13.833, P III, n° 106 ; *Administrer* déc. 1997, p. 36, note Beddeleem.
5. Par « vente consécutive à la division de l'immeuble », il faut entendre la première vente par lots postérieure à l'établissement de l'état descriptif de division et du règlement de copropriété : Civ. 3e, 8 juin 2005, n° 04-12.999, P III, n° 127 ; *D.* 2005. IR 1729 ; *AJDI* 2005. 652, obs. Y. Rouquet – Civ. 3e, 16 nov. 2005, n° 04-12.563, P III, n° 223 ; *D.* 2005. IR 2968, obs. Y. Rouquet ; *ibid.* 2006. Pan. 963, obs. N. Damas – EN SENS CONTRAIRE toutefois : Paris, 13 déc. 2007, RG n° 07/09127, *Loyers et copr.* 2008, n° 73, obs. B. Vial-Pedroletti.

doit, à peine de nullité de la vente, faire connaître par lettre recommandée avec demande d'avis de réception, à chacun des locataires ou occupants de bonne foi, l'indication du prix et des conditions de la vente projetée pour le local qu'il occupe. Cette notification vaut offre de vente au profit de son destinataire ».

434.13 **Droit de préemption communal – Création.** En amendant l'article 10 de la loi du 31 décembre 1975 [1], la loi du 24 mars 2014, dite loi Alur, avait créé un droit de préemption communal. En effet, le texte précisait qu'en cas d'absence d'acceptation par un des locataires ou occupants de bonne foi des offres de vente, le bailleur doit communiquer sans délai au maire de la commune sur le territoire de laquelle est situé l'immeuble le prix et les conditions de la vente de l'ensemble des locaux pour lesquels il n'y a pas eu acceptation de ces offres de vente (à défaut, toute vente à un autre acquéreur est réputée nulle). Afin d'assurer le maintien dans les lieux des locataires, la commune disposait alors de deux mois à compter de cette notification pour décider d'acquérir le ou les logements au prix déclaré ou proposer de les acquérir à un prix inférieur (à défaut d'accord amiable, le prix d'acquisition est fixé judiciairement). En cas d'acquisition, la commune réglait le prix au plus tard six mois après sa décision d'acquérir le bien au prix demandé, la décision définitive de la juridiction ou la date de l'acte ou du jugement d'adjudication. En l'absence de paiement ou, s'il y avait obstacle au paiement, de consignation de la somme due à l'expiration du délai de six mois prévu au présent alinéa, le propriétaire reprenait la libre disposition de son bien.

Ces dispositions se conjuguent toutefois au passé puisque, par une décision du 9 janvier 2018, le Conseil constitutionnel les a abrogées, au motif qu'elles sont contraires à la Constitution faute pour le législateur d'avoir restreint l'usage que la commune est susceptible de faire du bien ainsi acquis. En particulier, il n'a imposé à la commune aucune obligation d'y maintenir le locataire ou l'occupant de bonne foi à l'échéance du bail ou à l'expiration du titre d'occupation [2].

434.14 **Précisions jurisprudentielles – Offre de vente.** En matière d'offre de vente, on notera qu'il a été jugé par la haute cour [3] que c'est souverainement qu'une cour d'appel a annulé une offre énonçant que le prix est « payable au comptant le jour de la signature de l'acte authentique de vente, en ce compris les honoraires de négociation », dans la mesure où cette formulation implique nécessairement que l'acquéreur supporte la commission due à l'intermédiaire. Cette solution est logique, puisque cette clause ajoute une condition dans l'exercice du droit de préemption du locataire qui n'est pas prévue par le texte [4]. Par ailleurs, la Cour considère que les juges du fond ont souverainement estimé que la clause figurant dans le mandat de négociation stipulant les honoraires à la charge du mandant, pourtant de nature à éclairer les juges, ne concerne pas le locataire [5].

434.15 **Droit de préemption *stricto sensu*.** S'ouvre alors au locataire un droit de préemption similaire à celui existant dans le cadre de l'article 15, II de la loi de 1989 : offre valable deux mois, délai de deux mois pour réaliser la vente (délai qui est porté à quatre mois si la vente est subordonnée à l'obtention d'un prêt) et second droit de préemption en cas de vente plus avantageuse [6].

Précisons que l'article 10 de la loi du 31 décembre 1975 [7] ne concerne que la vente d'appartements et non la vente d'un bâtiment entier [8] ou la vente de l'ensemble des locaux à usage d'habitation ou à usage mixte d'habitation et professionnel dudit bâtiment [9], que l'exercice antérieur de son droit de préemption par la commune sur un appartement interdit au bailleur d'invoquer la vente du bâtiment entier [10], que la notification de l'offre de vente ne s'impose qu'à l'égard du locataire qui occupe effecti-

1. L. n° 75-1351, 31 déc. 1975 modification de la loi du 1er sept. 1948, *JO* 4 janv., p. 191.
2. Cons. const. n° 2017-683 QPC 9 janv. 2018, *Droit de préemption en cas de vente consécutive à une division d'immeuble*, NON-CONFORMITÉ PARTIELLE – RÉSERVE, *JO* 11 janv. 2018 ; *D.* 2018. Actu. 69 ; *ibid.* 2018. Pan. 1117, spéc. 1118, obs. N. Damas ; *D. actu.* 29 janv. 2018, obs. D. Pelet ; *AJDI* 2018. 441, obs. N. Damas ; *RDI* 2018. 181, obs. P. Soler-Couteaux ; *AJDA* 2018. 8.
3. Civ. 3e, 17 déc. 2008, n° 07-15.943, P III, n° 210 ; *D.* 2009. 101, obs. Y. Rouquet ; *AJDI* 2009. 533, note V. Zalewski.
4. DANS LE MÊME SENS, jugé au visa de l'article 15, II de la loi du 6 juill. 1989 relatif au congé pour vendre, v. d'ailleurs : Paris, 4 mars 2004, RG n° 2002/18462, *AJDI* 2004. 382 – ENCORE : Civ. 3e, 1er juin 2010, n° 09-65.557, NP, *AJDI* 2010. 641.
5. COMP., jugeant que l'effet relatif des contrats n'interdit pas aux juges du fond de rechercher dans un acte étranger à l'une des parties en cause des renseignements de nature à éclairer leur décision : Civ. 1re, 24 janv. 1967, P I, n° 33 ; Com. 8 mai 1972, *JCP* 1972. II. 17193, note P. L. ; Civ. 1re, 3 janv. 1996, n° 93-20.404, P I, n° 7 ; *RTD civ.* 1996. 904, obs. J. Mestre ; *RDI* 1996. 388, obs. Groslière et Saint-Halary-Houin.
6. V. ss nos 434.93 s.
7. L. n° 75-1351, 31 déc. 1975 modification de la loi du 1er sept. 1948, *JO* 4 janv., p. 191.
8. L. n° 75-1351, 31 déc. 1975, art. 10, III, AUSSI : Civ. 3e, 23 oct. 1984, *JurisData* n° 701657, *Rev. loyers* 1985. 390 – Civ. 3e, 19 mai 1999, n° 95-17.784, NP, *RJDA* 1999, n° 769.
9. L. n° 75-1351, 31 déc. 1975, art. 10, III.
10. Civ. 3e. 8 juin 2005, n° 04-12.999, P III, n° 127, *D.* 2005. IR 1729 ; *AJDI* 2005. 652, obs. Y. Rouquet.

vement les lieux[1] et que lorsque, après la division d'une maison d'habitation, l'un des propriétaires vend pour la première fois son lot, le droit de préemption est ouvert aux locataires des deux appartements constituant ce lot.

Par ailleurs, il est à noter que le droit de préemption de la loi du 31 décembre 1975 ne peut être invoqué par le locataire d'un appartement situé dans un immeuble qui, dès sa construction, a été placé sous le régime de la copropriété[2].

434.16 Distinction des deux droits de préemption. Le champ d'application de ces deux droits de préemption est donc bien délimité :

- dans le cadre de la loi du 31 décembre 1975, il s'agit d'une vente occupée consécutive à la mise en copropriété de l'immeuble ;

- dans l'hypothèse de l'article 15, II de la loi du 6 juillet 1989, le bailleur décide de se séparer de son locataire pour vendre le logement libre de toute occupation. Ainsi, il ne saurait être soutenu que, préalablement à l'offre du droit de préemption de l'article 15, celui de la loi du 31 décembre 1975 doit être purgé[3].

De la distinction de ces deux droits de préemption, il s'ensuit que lorsque le locataire aura contesté avec succès la validité d'un congé pour vendre, il pourra, de surcroît, sur le fondement de la loi de 1975, arguer d'une fraude à son détriment à l'occasion de la vente ultérieure de l'immeuble dont dépend son logement[4].

434.17 Absence de droit de préemption. En dehors du jeu de la loi de 1975, la vente du logement occupé n'ouvre pas de droit de préemption au profit du locataire.

En conséquence, lorsque le bailleur rétracte son congé (avec l'accord du locataire, le bail étant renouvelé), décidant, en définitive de vendre son bien occupé, le locataire ne dispose pas de droit de préemption[5].

La situation juridique de celui-ci n'est alors pas affectée par la vente : son titre locatif n'est pas remis en cause (le bail se poursuit avec le nouveau propriétaire)[6].

La seule incidence que la vente va avoir est que le nouveau bailleur va devoir notifier au locataire son nom, sa dénomination et son domicile ou son siège social, ainsi (éventuellement) que ceux de son mandataire[7].

SECTION 2
AUTEUR DU CONGÉ

434.21 Capacité et pouvoir de vendre le logement. À la différence des autres congés émanant du bailleur (reprise pour habiter et congé pour motif légitime et sérieux), le congé pour vendre implique que celui qui le donne ait la capacité et le pouvoir de passer des actes de disposition.

En conséquence, lorsque le bien loué est grevé d'usufruit, le concours du nu-propriétaire au congé donné par l'usufruitier est indispensable[8]. Le congé donné par le seul usufruitier[9] ou par le seul nu-propriétaire[10] serait en effet entaché de nullité.

Par ailleurs, l'administrateur de biens qui délivre un congé pour vente, acte de disposition, doit être titulaire d'un mandat spécial en ce sens[11].

De même, le congé pour vendre délivré par le donataire sans le consentement du donateur est irrégulier, dès lors que celui-ci avait stipulé dans l'acte de donation une clause d'inaliénabilité interdisant la vente de ses droits sur le logement sans son accord[12].

Enfin, est nul le congé délivré par le gérant d'une SCI dont l'objet statutaire consiste dans l'acquisition et la gestion d'un patrimoine immobilier, mais ne prévoit pas la vente d'immeubles[13].

1. Civ. 3e, 15 nov. 2006, nos 04-15.679 et 04-17.329, P III, no 226 ; *AJDI* 2007. 476, note F. de La Vaissière.
2. Civ. 3e, 30 nov. 1982, no 81-15.724, P III, no 238 ; *JCP* 1983. II, no 20019, note Dagot.
3. Civ. 3e, 14 déc. 1994, no 93-18.463, P III, no 207 ; *Rev. loyers* 1995. 286, note Vaissette – Paris, 30 nov. 1999, RG no 1998/06231, *AJDI* 2000. 145.
4. Civ. 3e, 15 sept. 2010, no 09-68.452, P III, no 159 ; *D.* 2010. 2158 ; *D. actu.*, 30 sept. 2010, obs. Chenu.
5. Civ. 3e, 22 mars 2005, no 04-11.032, P III, no 68 ; *AJDI* 2005. 483, note V. Zalewski – AUSSI : Civ. 3e, 13 juin 2006, no 04-14.169, NP, *AJDI* 2006. 831, note V. Zalewski – Civ. 3e, 20 sept. 2006, no 05-19.612, P III, no 180 ; *AJDI* 2006. 834 ; *Rev. loyers* 2006. 515, obs. Humblot-Gignoux – AUSSI : Civ. 3e, 11 juill. 2007, no 06-15.455, P III, no 129 ; *D.* 2007. AJ 2236, obs. G. Forest ; *ibid.* 2008. Pan. 1311, obs. N. Damas ; *AJDI* 2008. 389, note V. Zalewski.
6. Civ. 3e, 2 juin 1999, no 97-16.236, NP, *Rev. loyers* 2000. 39, obs. Rémy.
7. L. no 89-462, 6 juill. 1989, art. 3 (v. ss no 133.24) – Sur le cas particulier des ventes à la découpe, v. ss nos 342.60 s.
8. Paris, 1er mars 1995, RG no 94/028232, *D.* 1996. Somm. 372, obs. CRDP Nancy 2 – Rennes, 29 oct. 1998, RG no 97/08286, *Loyers et copr.* 1999, no 260, obs. B. Vial-Pedroletti.
9. TI Boulogne-Billancourt, 2 mars 1994, *Rev. loyers* 1994. 406 – Dijon, 18 févr. 2000, RG no 98/02019, *Loyers et copr.* 2001, no 31, obs. B. Vial-Pedroletti – Paris, 14 mars 2003, RG no 2002/02953, *AJDI* 2003. 422.
10. Paris, 15 mai 1996, RG no 94/26519, *Loyers et copr.* 1996, no 375.
11. Civ. 1re, 12 juill. 2006, no 04-19.815, P I, no 392 ; *D.* 2006. IR 2273 – Ch. mixte, 24 févr. 2017, no 15-20.411 P, *D.* 2017. 505 – Paris, 18 déc. 2007, RG no 06/03406, *AJDI* 2008. 212.
12. Civ. 3e, 31 mai 2006, no 05-10.270, P III, no 136 ; *AJDI* 2006. 830, note F. de La Vaissière.
13. Paris, 20 mai 2010, RG no 07/02637, *Loyers et copr.* 2010, no 249, obs. B. Vial-Pedroletti.

434.22 Validité du congé émanant d'une personne morale. Un congé pour vendre peut émaner d'un bailleur, personne physique comme d'un bailleur, personne morale[1].

SECTION 3 MENTIONS DU CONGÉ

434.30 Plan – Énumération. Au-delà de l'indication de la dénomination du bailleur, mention impérative quel que soit le type de congé[2], et, pour les baux en cours le 8 août 2015, date d'entrée en vigueur de la loi du 6 août 2015, dite Macron[3], de l'obligation de joindre au congé une notice d'information relative aux obligations du bailleur et aux voies de recours et d'indemnisation du locataire[4], le congé pour vendre doit obligatoirement indiquer quels sont le prix (§ 1) et les conditions de la vente (§ 2) et reproduire les termes des cinq premiers alinéas de l'article 15-II de la loi de 1989.

434.31 Indication du prix et des conditions de la vente. Lorsqu'il est fondé sur la décision de vendre le logement, le congé doit, à peine de nullité, indiquer le prix et les conditions de la vente projetée[5]. Le congé lui-même doit indiquer ces éléments[6].

Reste à déterminer ce que recouvrent les notions de « prix » et de « conditions de la vente ». En la matière, la jurisprudence est abondante, mais pas toujours univoque.

434.32 Notaire et date de vente. Il ne s'agit pas de précisions que le congé doit contenir[7].

§ 1 Prix

434.41 Prix. La cour d'appel de Versailles a annulé le congé au motif qu'il ne précisait pas si le prix était payable comptant ou s'il pouvait être échelonné et parce qu'il n'indiquait pas si la vente était conclue sous condition suspensive ou résolutoire[8]. Précisons toutefois que, par le passé, la même juridiction avait, à l'inverse, validé un congé muet sur les modalités de paiement du prix au motif que cette absence de précision impliquait que la vente n'était soumise à aucune condition particulière et que le prix devait être payé comptant[9].

Par ailleurs, l'indétermination du prix de vente entraînera également la nullité du congé[10], tout comme la proposition se bornant à mentionner qu'il sera consenti 20 % de réduction au locataire, sans par ailleurs indiquer le prix de vente[11] !

434.42 Indemnité d'immobilisation. De même, il a été jugé qu'en faisant obligation à un locataire, en cas d'acceptation de l'offre, de consigner à titre d'indemnité d'immobilisation 10 % du prix, le propriétaire d'un appartement a, dans son congé, abrégé les délais accordés au locataire pour réunir les fonds et subordonné l'acceptation de cette offre à une condition incompatible avec les dispositions d'ordre public de l'article 15 de la loi du 6 juillet 1989[12].

434.43 Commission d'intermédiaire. Enfin, est nul le congé imposant au locataire, en sus du prix de vente, le paiement d'une commission d'intermédiaire, dans la mesure où l'offre de vente comporte alors une condition posée pour l'exercice du droit de préemption du locataire non prévue par le texte de loi[13], [14].

Il a toutefois été jugé que le prononcé de la nullité du congé suppose, en application de l'article 114 du code de procédure civile, la preuve d'un grief[15].

1. Civ. 3e, 19 févr. 1997, n° 95-15.128, P III, n° 37 ; *Administrer* août-sept. 1997, p. 39, note Beddeleem ; *Loyers et copr.* 1997, n° 101, obs. B. Vial-Pedroletti – Sur l'auteur du congé v. aussi ss nos 431.31 s.
2. V. ss n° 431.43.
3. L. n° 2015-990 du 6 août 2015, art. 82, II, en vigueur le 8 août 2015.
4. V. ss n° 433.69.
5. L. n° 89-462, 6 juill. 1989, art. 15-II, al. 1er.
6. Paris, 22 avr. 1988, *JurisData* 022421, *D.* 1988. IR 139, [loi de 1982] – Versailles, 14 mai 1999, RG n° 4438/97, *RDI* 1999. 467, obs. F. Collart-Dutilleul.
7. Paris, 18 févr. 1986, RG n° K/11011, *D.* 1986. IR 436, obs. C. Giverdon, [loi de 1982].
8. Versailles, 12 juin 1998, RG n° 4998/96, *Gaz. Pal.* 1999. 1. Somm. 7.
9. Versailles, 13 nov. 1985, RG n° 2049/84, *Rev. loyers* 1986. 152, [loi de 1982].
10. Paris, 22 mai 2003, RG n° 2001/18617, *AJDI* 2003. 593 ; Paris, 9 mai 2003, RG n° 2002/20671, *Loyers et copr.* 2003, n° 213, obs. B. Vial-Pedroletti.
11. Paris, 9 mai 2003, RG n° 2002/20671, *AJDI* 2003. 593.
12. Civ. 3e, 1er mars 2000, n° 98-16.836, P III, n° 44 ; *D.* 2001. Somm. 173, obs. CRDP Nancy 2 ; *Administrer* mars 2001, p. 38, obs. Canu – CEP. EN SENS CONTRAIRE : Paris, 11 mars 1999, RG n° 1998/08124, *Loyers et copr.* 2000, n° 64, obs. B. Vial-Pedroletti.
13. Civ. 3e, 1er juin 2010, n° 09-65.557, NP, *AJDI* 2011. 50, note Darmon – AUSSI, à propos de cet arrêt : Darmon, *AJDI* 2011. 1 – ENCORE : Civ. 3e, 3 juill. 2013, n° 12-19.442, P III, n° 92 ; *D.* 2013. Actu. 1747, obs. Y. Rouquet ; *ibid.* 2014. Pan. 1221, spéc. 1223, obs. Damas ; *AJDI* 2014. 206, obs. N. Damas ; *Administrer* nov. 2013. 48, obs. Canu ; – Paris, 4 mars 2004, RG n° 2002/21160, *AJDI* 2004. 382 ; – Paris, 2 juill. 2015, n° 13/15796, *AJDI* 2015. 686 – DANS LE MÊME SENS, v. ss n° 434.11 un arrêt de la troisième chambre civile de la Cour de cassation, rendu au visa de l'article 10 de la loi du 10 déc. 1975 – *Contra* toutefois : Montpellier, 6 févr. 2013, n° 10/10197, *AJDI* 2013. 524.
14. COMP., dans le cadre du second droit de préemption, jugeant qu'alors la commission de l'agence est à la charge du locataire : Aix-en-Provence, 4 févr. 2014, n° 13/06869, *Loyers et copr.* 2014, n° 204, obs. B. Vial-Pedroletti – COMP. aussi, lorsque le prix de vente, qui inclus les frais d'agence, est nettement au-dessus de l'offre faite par le locataire : Civ. 3e, 12 janv. 2017, n° 15-24.785, NP, *AJDI* 2017. 208.
15. Jugeant que l'intégration de la commission dans le prix demandé n'a eu, en l'occurrence, aucune incidence sur ▶

434.44 **Prix global.** En revanche, lorsque le bailleur vend plusieurs appartements, il n'a pas à préciser le prix global qu'il demande pour l'ensemble[1]. D'ailleurs, le congé qui n'indiquerait que ce prix global serait, pour le coup, nul[2, 3].

434.45 **Frais notarié.** Par ailleurs, selon le dernier état de la jurisprudence, le montant des frais notarié n'a pas à être précisé[4].

434.46 **Vente en viager.** Enfin, en cas de vente en viager, il a été jugé que le congé doit comporter l'indication de la valeur du bien vendu, donnée essentielle qui permet de fixer le montant du bouquet et de la rente en fonction notamment de l'âge du vendeur[5].

§ 2 Conditions de la vente

A. Mentions obligatoires

434.51 **Consistance du bien mis en vente.** L'offre ne pouvant porter que sur les locaux loués[6], l'absence de précision concernant la consistance exacte du bien mis en vente va entraîner la nullité du congé[7]. De même, n'est pas valable l'offre de vente ne portant que sur une partie des lieux loués[8] ou celle portant sur les locaux loués et d'autres locaux[9].

Mais la nullité du congé ne peut être soulevée que par le contractant que la loi a entendu protéger, soit, le locataire[10].

Il a toutefois été jugé que le congé est valable même en l'absence d'indication du numéro de lot[11]. Par ailleurs, le locataire est libre de se porter acquéreur d'un ensemble plus vaste que les seuls locaux loués[12]. On notera de plus que la Cour de cassation a validé un congé pour vendre délivré avant la division de l'immeuble, au motif que l'objet de la vente pouvait être déterminé[13]. Enfin, le propriétaire n'encourt aucune sanction lorsque l'immeuble vendu dans son ensemble est indivisible[14].

434.52 **Reproduction des cinq premiers alinéas de l'article 15-II.** Seule la reproduction des cinq premiers alinéas de l'article 15-II est obligatoire : celle du paragraphe I du même article n'est pas requise[15]. Et cette reproduction peut, soit intervenir dans le congé lui-même, soit faire l'objet d'une annexe au congé, expressément annoncée dans le corps dudit congé[16].

La nullité attachée à l'absence de reproduction des alinéas imposés est une nullité de forme qui, comme telle[17], ne va jouer que dans la mesure où elle cause grief au locataire[18]. À noter que certaines décisions considèrent que le défaut de reproduction

► l'exercice du droit de préemption par le locataire, qui n'a subi aucun préjudice : Civ. 3e, 8 oct. 2015, n° 14-20.666, P III, n° 92 ; *D.* 2015. Actu. 2074, obs. Y. Rouquet ; *ibid.* Chron. C. cass. 2198, spéc. 2203, obs. A.-L. Collomp ; *ibid.* 2016. Pan. 1102, spéc. 1111, obs. Damas ; *AJDI* 2016. 514, obs. N. Damas ; *Loyers et copr.* 2015, n° 244, obs. B. Vial-Pedroletti ; *Administrer* janv. 2016. 43, obs. V. Canu.

1. Paris, 6 juill. 1994, RG n° 93/05190, *Loyers et copr.* 1994, n° 457.
2. Agen, 18 nov. 1997, RG n° 96/001426, *Loyers et copr.* 1998, n° 122, obs. B. Vial-Pedroletti.
3. COMP. toutefois, jugeant qu'en retenant exactement que l'offre de vente devait porter sur la totalité des locaux donnés à bail et en relevant que le bail portait à la fois sur les deux chambres réunies en un seul lot et sur l'emplacement de stationnement, une cour d'appel en a déduit, à bon droit, que le congé, qui proposait un prix global pour l'ensemble des biens inclus dans la location, était régulier : Civ. 3e, 7 déc. 2017, n° 16-21.442, NP, *AJDI* 2018. 42.
4. Civ. 3e, 28 nov. 2006, n° 05-20.567, NP, *AJDI* 2007. 139 – Paris, 16 avr. 2015, n° 12/17124, *Loyers et copr.* 2015, n° 159, obs. B. Vial-Pedroletti – EN SENS CONTRAIRE, annulant le congé comportant une incertitude sur la charge de ces frais notariés : Paris, 20 mai 1997, RG n° 96/87576, *Loyers et copr.* 1997, n° 226, obs. B. Vial-Pedroletti.
5. Paris, 14 févr. 2006, RG n° 2005/05976, *Loyers et copr.* 2006, n° 98, obs. B. Vial-Pedroletti.
6. Paris, 6 nov. 1986, RG n° 85/19270, *Gaz. Pal.* 1988. 1. Somm. 106, [loi de 1982].
7. Paris, 23 nov. 1999, RG n° 1998/20514, *Rev. loyers* 2000. 206, obs. Rémy.
8. Civ. 3e, 21 juin 2000, n° 98-14.045, P III, n° 121 ; *D.* 2001. Somm. 172, obs. CRDP Nancy 2 – Civ. 3e, 11 déc. 2013, n° 12-13.441, P III, n° 160 ; *D.* 2014. Actu. 10 ; *ibid.* 2014. Pan. 1221, spéc. 1224, obs. N. Damas ; *D. actu.*, 16 janv. 2014, obs. Dreveau ; *AJDI* 2014. 702, obs. N. Damas ; *Loyers et copr.* 2014, n° 74, obs. B. Vial-Pedroletti ; *Rev. loyers* 2014. 71, obs. Canu – Paris, 5 févr. 1996, RG n° 95/80066, *Rev. loyers* 1996. 254 – Paris, 10 mars 2005, RG n° 04/08552, *Loyers et copr.* 2005, n° 129, obs. B. Vial-Pedroletti.
9. Civ. 3e, 13 juill. 1999, n° 97-18.862, P III, n° 168 ; *Administrer* mai 2000, p. 35, note Beddeleem – Paris, 16 déc. 2004, RG n° 04/00991, *Loyers et copr.* 2005, n° 66, obs. B. Vial-Pedroletti.
10. Civ. 3e, 18 févr. 2009, n° 08-11.615, P III, n° 41 ; *D.* 2009. AJ 632, obs. Y. Rouquet ; *ibid.* 2010. Pan. 1168, spéc. 1181, obs. Damas ; *AJDI* 2009. 628, note N. Damas.
11. Civ. 3e, 28 nov. 2012, n° 11-25.529, NP, *Loyers et copr.* 2013, n° 36, obs. B. Vial-Pedroletti – Paris, 30 janv. 2007, RG n° 05/13718, *AJDI* 2007. 310 ; *Loyers et copr.* 2007, n° 95, obs. B. Vial-Pedroletti.
12. Rép. min. n° 60713, *JOAN Q* 30 août 2005, p. 8183.
13. Civ. 3e, 22 janv. 2003, n° 01-13.909, P III, n° 11 ; *D.* 2003. IR 397 ; *AJDI* 2003. 349, obs. Ascensi.
14. Civ. 3e, 24 nov. 2004, n° 03-13.571, P III, n° 209 ; *AJDI* 2005. 568, obs. Ascensi ; *Rev. loyers* 2005. 30, obs. Rémy.
15. Civ. 3e, 17 avr. 1996, n° 94-14.650, NP, *RJDA* 1996, n° 903.
16. Civ. 3e, 18 févr. 2009, n° 08-11.114, P III, n° 42 ; *D.* 2009. AJ 632, obs. Y. Rouquet ; *ibid.* 2010. Pan. 1168, spéc. 1181, obs. N. Damas ; *AJDI* 2009. 626, note N. Damas.
17. C. Pr. civ., art. 114.
18. Civ. 3e, 15 mai 2008, n° 07-10.243, P III, n° 83 ; *D.* 2008. AJ 1553, obs. G. Forest ; *AJDI* 2008. 852, note F. de La Vaissière – Civ. 3e, 3 févr. 2009, n° 07-21.484, NP, *AJDI* 2009. 306 – Versailles, 16 juin 1989, *D.* 1989. Somm. 398, obs. Bihr, [loi de 1986].

des cinq premiers alinéas de l'article 15-II cause forcément un grief au locataire[1].

B. Mentions non obligatoires

434.61 Délai d'exercice du droit de préemption. L'article 15 de la loi du 6 juillet 1989 n'exige pas que soit précisée la date d'expiration du délai de deux mois accordé au locataire pour répondre à l'offre de vente[2].

434.62 Délai de rétractation. Les dispositions de l'article L. 271-1 du code de la construction et de l'habitation relatives au délai de rétractation de sept jours du candidat acquéreur ne sont pas plus applicables à un congé pour vendre[3].

434.63 Règlement de copropriété et état descriptif. La question relative à l'obligation d'annexer ces documents au congé a été tranchée par la Cour de cassation : le congé pour vendre n'a pas à être accompagné du règlement de copropriété ni de l'état descriptif de division[4]. Partant, il importe peu que la mention du lot et des tantièmes de copropriété, visée au bail, ne figure pas au congé[5].

434.64 Superficie. En vertu de l'article 190 de la loi du 13 décembre 2000, « les dispositions de l'article 46 de la loi n° 65-557 du 10 juillet 1965 fixant le statut de la copropriété des immeubles bâtis [relatives à l'obligation de mentionner la superficie du lot dans l'acte de vente] ne sont pas applicables au congé fondé sur la décision de vendre le logement ». L'article 190-II du même texte dispose par ailleurs que, « sous réserve des décisions de justice passées en force de chose jugée, sont validés les congés fondés sur la décision de vendre le logement en tant qu'ils n'ont pas satisfait aux dispositions de l'article 46 » de la loi de 1965.

Ainsi, se trouve confirmée la jurisprudence selon laquelle le défaut d'indication de la superficie du lot, objet de l'offre de vente, n'entraînait pas la nullité du congé, l'article 46 de la loi n° 65-557 du 10 juillet 1965 relative à la copropriété ne s'appliquant pas au congé pour vendre[6].

Toutefois, bien que les dispositions de la loi Carrez ne soient applicables, le congé ayant fait état d'une superficie supérieure de 22 m² à la surface réelle a été jugé dolosif (et nul), car il a nécessairement induit le locataire en erreur[7]. Mais lorsque l'erreur de métrage est notifiée au locataire (par LRAR) dès sa découverte et qu'une réduction proportionnelle du prix lui est proposée, le congé est valable[8].

434.65 Informations non obligatoires. À ce sujet, signalons que, de manière contradictoire, la 6e chambre, section C, de la cour d'appel de Paris a, à six mois d'intervalle, d'abord jugé que l'erreur de superficie du logement loué ne constituait pas une cause de nullité du congé pour vendre[9], puis décidé que, même si la loi « Carrez » n'était pas ici applicable, le congé faisant état d'une superficie supérieure de 22 m² à la surface réelle devait être annulé en ce qu'il induisait nécessairement le locataire en erreur[10].

On notera par ailleurs qu'aux termes de l'article 3 de la loi du 6 juillet 1989, dans sa rédaction tant antérieure que postérieure à la loi du 24 mars 2014, dite loi Alur, le bail doit mentionner la surface habitable de la chose louée[11].

434.66 Information du locataire concernant les termites et le plomb. Il a été jugé que, dans le cadre d'un congé pour vendre, le bailleur n'était tenu ni par les dispositions relatives aux termites et autres insectes xylophages[12], ni par celles afférentes au saturnisme[13], ces textes n'imposant l'information de l'acquéreur qu'en annexe à l'acte authentique de vente[14].

Précisons toutefois que depuis le 27 mars 2014, date d'entrée en vigueur du nouvel article 3-3 de la

1. Civ. 3e, 3 juill. 2002, n° 01-02.472, NP, *Administrer* janv. 2003. 45, obs. Canu – Paris, 23 févr. 1999, RG n° 1997/21646, *Loyers et copr.* 1999, n° 176, obs. B. Vial-Pedroletti.
2. Civ. 3e, 12 oct. 2011, n° 10-20.582, NP, *Administrer* janv. 2012. 65, obs. Canu ; *RJDA* 2012, n° 24.
3. Paris, 12 mai 2011, n° 09/02778, *AJDI* 2012. 272.
4. Civ. 3e, 19 oct. 2005, n° 04-17.039, P III, n° 198 ; *AJDI* 2006. 201, obs. Y. Rouquet ; *D.* 2005. IR 2897 – Civ. 3e, 17 oct. 2007, n° 06 12.533, P III, n° 178 ; *D.* 2007. AJ 2806 ; *ibid.* 2008. Pan. 1311, obs. N. Damas ; *AJDI* 2008. 392, note Y. Rouquet.
5. Paris, 11 déc. 2014, n° 13/05965, *Rev. loyers* 2015. 38 ; 11 déc. 2014, n° 13/05962, *Loyers et copr.* 2015, n° 32, obs. B. Vial-Pedroletti.
6. Civ. 3e, 13 mars 2002, n° 00-18.044, P III, n° 62 ; *Loyers et copr.* 2002, n° 144, obs. B. Vial-Pedroletti – Paris, 14 sept. 1999, RG n° 1998/14246, *RDI* 2000. 68, obs. Groslière et Saint-Alary-Houin – Paris, 21 sept. 1999, RG n° 1998/14702, *Loyers et copr.* 2000, n° 5, obs. B. Vial-Pedroletti.
7. Paris, 6e ch. C, 11 mars 2003, *AJDI* 2003. 511.
8. Civ. 3e, 12 mars 2020, n° 19-10.556, NP, *AJDI* 2020. 512, reconnaissant au juge du fond le pouvoir souverain d'estimer que l'unique référence produite par le preneur était insuffisante, faute de mention de la superficie du logement de comparaison, pour démontrer le caractère excessif de ce prix.
9. Paris, 6e ch. C, 17 sept. 2002, RG n° 2000/20534, *AJDI* 2002. 858.
10. Paris, 6e ch. C, 11 mars 2003, RG n° 2001/07722, *AJDI* 2003. 511.
11. V. ss n° 133.61.
12. Aujourd'hui, CCH, art. L. 126-6, R. 126-2 s.
13. Aujourd'hui, code de la santé publique, art. L. 1334-1 s. et R. 1334-1 s.
14. Paris, 30 oct. 2001, RG n° 2001/05659, *Loyers et copr.* 2002, n° 115, obs. B. Vial-Pedroletti.

loi du 6 juillet 1989 inséré dans ce texte par la loi du 24 mars 2014, dite loi Alur, le dossier de diagnostic technique doit nécessairement comporter un constat de risque d'exposition au plomb[1]. Par ailleurs, contractuellement, les parties sont libres d'étendre l'obligation d'information du bailleur.

434.67 Information du locataire concernant le diagnostic technique. Selon la cour d'appel de Paris, l'absence de communication du diagnostic technique visé à l'article 3-1 de la loi de 1989, article 3-3 depuis la loi du 24 mars 2014, dite loi Alur[2] ne constitue pas une des conditions de la vente au sens de l'article 15[3].

434.68 Engagement pris par le vendeur de réaliser des travaux dans les parties communes. L'engagement pris par le vendeur dans l'acte de vente, de réaliser ces travaux dans les parties communes, constitue non une condition substantielle de la vente, mais un avantage annexe qui n'a pas à être mentionné dans l'offre qui porte à la connaissance des locataires les conditions essentielles de la vente[4].

SECTION 4
DROIT DE PRÉEMPTION EN FAVEUR DU LOCATAIRE

434.70 Plan – Droit d'option. Sauf exception, le locataire dispose d'un droit de préemption pour acquérir le bien mis en vente, droit qu'il peut cependant décider de ne pas exercer.

Il convient de se pencher sur les cas d'exclusion du droit de préemption (§ 1), sur l'acceptation de l'offre par le locataire (§ 2) et sur le refus de l'offre par le locataire (§ 3).

§ 1
Cas d'exclusion du droit de préemption

434.81 Trois limitations. Il en existe trois. Il s'agit de la vente consentie à un proche parent, de l'hypothèse d'un logement situé dans un immeuble déclaré inhabitable, et du cas où le droit de préemption du locataire est supplanté par le droit de préemption de la commune. À cette liste, ajoutons l'hypothèse du congé rétracté par le bailleur, avec l'aval du locataire. En effet, alors, le bail s'est renouvelé et le logement a été vendu occupé[5].

434.82 Vente consentie à un proche parent. Pour les baux conclus avant le 27 mars 2014, date d'entrée en vigueur de loi du 24 mars 2014, dite loi Alur, le locataire perdait son droit de préemption lorsque la vente intervenait au profit d'un parent du bailleur jusqu'au quatrième degré inclus (des cousins germains, un grand-oncle et son petit-neveu, ...).

Sous l'empire de l'article 15 de la loi du 6 juillet dans sa rédaction issue de la loi du 24 mars 2014, dite loi Alur, seul un lieu de parenté jusqu'au troisième degré inclus (un oncle et son neveu, un arrière-grand-père et son arrière-petite-fille, ...) permet d'échapper au droit de préemption du locataire.

Encore faudra-t-il, pour que ce droit de préemption disparaisse, que l'acquéreur occupe le logement durant au moins deux ans à compter de l'expiration du délai de préavis du locataire[6]. En pratique, on voit cependant mal un ancien locataire surveiller pendant deux ans l'acheteur et s'assurer qu'il occupe bel et bien le logement libéré. Par ailleurs, le texte ne dit pas si l'occupation en question doit être permanente ou si elle peut être discontinue, voire occasionnelle. Quant à la sanction encourue par l'acheteur qui ne respecterait pas cette condition d'occupation, il semble qu'il s'agisse de la nullité du congé[7].

434.83 Immeuble inhabitable. Aux termes de l'article 15, II, alinéa 7, de la loi du 6 juillet 1989[8], le droit de préemption du locataire disparaît lorsque la vente porte sur un immeuble mentionné au 1° de l'article L. 126-17 [...] ».

Il s'agit :

- des immeubles frappés d'une interdiction d'habiter ;
- des immeubles frappés d'un arrêté de péril ;
- des immeubles déclarés insalubres ;
- de ceux qui comportent pour le quart au moins de leur superficie totale des logements loués ou occupés classés dans la catégorie IV de la loi de 1948 (sur le classement des logements en catégories v. s[s] n° 714.21).

434.84 Exercice de son droit de préemption par la commune. En exerçant son droit de préemption urbain[9], la commune va supplanter le locataire. Le droit de préemption de celui-ci sera alors inefficace.

1. V. s[s] n°s 133.181 s.
2. V. s[s] n°s 133.151 s.
3. Paris, 28 nov. 2006, RG n° 04/21381, *AJDI* 2007. 139.
4. Paris, 21 janv. 2010, RG n° 08/20994, *AJDI* 2010. 643.
5. Civ. 3e, 22 mars 2005, n° 04-11.032, P III, n° 68 ; *AJDI* 2005. 483, obs. V. Zalewski – Civ. 3e, 13 juin 2006, n° 04-14.169, NP, *AJDI* 2006. 831, note V. Zalewski – Civ. 3e, 20 sept. 2006, n° 05-14.898, NP, *AJDI* 2006. 834 ; *Rev. loyers* 2006. 515, obs. Humblot-Gignoux.
6. L. n° 89-462, 6 juill. 1989, art. 15, II, al. 7.
7. J. Lafond, B. Vial-Pedroletti, *Les baux d'habitation*, 8e éd., « Droit et professionnels », LexisNexis, 2017, n° 1517.
8. Dans sa rédaction issue de l'ord. n° 2020-71, 29 janv. 2020, *JO* 31 janv., n° 62, en vigueur le 1er juill. 2021.
9. C. urb., art. L. 211-1 s.

§ 2
Acceptation de l'offre par le locataire

434.91 Bénéficiaire du droit de préemption : bénéficiaire exclusif. Le droit de préemption appartient au locataire et à lui seul. Par conséquent, il ne saurait être exercé par la SCI dont le locataire est l'associé [1].

434.92 Destinataire de l'acceptation de l'offre par le locataire. Si, en principe, le destinataire de cette acceptation est le propriétaire, la haute cour a jugé, au visa de l'article 111 du code civil, que l'acceptation de l'offre adressée par lettre recommandée avec AR à l'huissier expéditeur du congé est valable, dès lors que celui-ci contenait élection de domicile en l'étude de l'officier ministériel [2].

434.93 Durée de validité de l'offre. Le congé vaut offre de vente au profit du locataire : l'offre est valable pendant les deux premiers mois du délai de préavis [3]. Ainsi, est nul, le congé pour vente demandant une réponse sous huitaine [4].

On notera que la contestation du congé par le locataire n'a pas d'effet suspensif sur le délai d'acceptation de l'offre de vente [5]. En cas de contestation par le locataire, celui-ci a donc intérêt, à titre conservatoire (si l'acquisition du logement l'intéresse), à accepter l'offre, et, ultérieurement, à intenter une action en annulation du congé, cette action n'étant, quant à elle, pas enfermée dans le délai de l'acceptation de l'offre [6] (sur les effets d'un congé pour vendre délivré prématurément en matière de délai d'exercice du droit de préemption v. s[s] n° 432.25).

434.94 Effets de l'acceptation de l'offre. À l'égard des tiers, l'effet est radical. L'acceptation de l'offre implique la nullité de la vente consentie en fraude des droits du locataire [7]. Cette acceptation va rompre définitivement tous les liens de droit qui ont pu exister avec un tiers, signataire d'une promesse de vente. Ainsi, l'impossibilité pour le preneur d'acquérir finalement le bien [8] ne saurait faire revivre cette promesse [9]. Quant aux rapports entre les parties, notons cette décision selon laquelle la stipulation d'une condition résolutoire tenant à l'appréciation judiciaire de la validité du congé est indifférente à l'efficacité de l'acceptation de l'offre de vente [10].

434.95 Délai pour réaliser la vente. Le locataire qui accepte l'offre, dispose, à compter de la date d'envoi de sa réponse au bailleur, d'un délai de deux mois pour réaliser la vente.

Ce délai est porté à quatre mois lorsque, dans sa réponse valant acceptation, le locataire déclare qu'il va contracter un prêt.

Que le délai de réalisation de la vente soit de deux ou de quatre mois, l'acceptation de l'offre par le preneur va entraîner la prorogation de la relation contractuelle (jusqu'à l'expiration dudit délai).

Si, en définitive, la vente ne se réalisait pas (notamment pour défaut d'obtention de son prêt par le locataire), l'acceptation de l'offre serait déclarée nulle de plein droit et le locataire serait déchu de plein droit de tout titre d'occupation [11]. Précisons qu'en 1999, la Cour de cassation a indiqué que le bailleur ne pourrait abréger les délais accordés par la loi à son cocontractant pour réunir les fonds. Ainsi, le bailleur ne peut pas faire obligation au locataire, en cas d'acceptation de l'offre, de consigner à titre d'indemnité d'immobilisation 10 % du prix [12]. Notons cependant que la Cour de Paris a, dix jours après la décision de la Cour de cassation, décidé le contraire [13].

434.96 Réalisation de la vente. Une fois toutes les conditions réunies par le locataire, la vente doit être signée dans le délai légal. Le locataire qui refusera de signer l'acte de vente dans le délai légal verra son congé validé et devra être expulsé [14]. Si, toutefois, la

1. Paris, 10 sept. 2009, *JurisData* 379131, *Loyers et copr.* 2010, n° 4, obs. B. Vial-Pedroletti.
2. Civ. 3e, 28 mars 2007, n° 06-12.550, P III, n° 51 ; *Administrer* août-sept. 2007, p. 43, obs. Canu.
3. L. n° 89-462, 6 juill. 1989, art. 15-II, al. 1er.
4. Lyon, 25 juin 2002, RG n° 00/06330, *Loyers et copr.* 2003, n° 5, obs. Vial-Pedroletti.
5. Civ. 3e, 8 janv. 1997, n° 94-21.625, P III, n° 1 ; *D.* 1997. Somm. 267, obs. CRDP Nancy 2 – Civ. 3e, 18 févr. 2003, n° 01-02.362, P III, n° 38 ; *AJDI* 2003. 669, obs. Beaugendre ; *D.* 2003. IR 664.
6. Civ. 3e, 7 oct. 1998, n° 96-18.082, P III, n° 189 ; *D.* 1999. Somm. 139, obs. CRDP Nancy 2 – Civ. 3e, 18 févr. 2003, n° 01-02.362, P III, n° 38 ; *AJDI* 2003. 669, obs. Beaugendre ; *D.* 2003. IR 664.
7. Civ. 3e, 10 juill. 1996, n° 94-15.115, P III, n° 181 ; *Administrer* janv. 1997. 34, note Beddeleem, [loi de 1982].
8. Pour défaut d'obtention d'un crédit, faute d'avoir concrétisé la vente dans les délais.
9. Paris, 17 déc. 1997, RG n° 96/07214, *D.* 1999. Somm. 10, obs. O. Tournafond.
10. Civ. 3e, 17 oct. 2007, n° 06-12.533, P III, n° 178 ; *D.* 2007. AJ 2806 ; *ibid.* 2008. Pan. 1311, obs. N. Damas ; *AJDI* 2008. 392, note Y. Rouquet.
11. L. n° 89-462, 6 juill. 1989, art. 15, II, al. 3.
12. Civ. 3e, 1er mars 2000, n° 98-16.836, P III, n° 44 ; *D.* 2001. Somm. 173, obs. CRPS Nancy 2 ; *Administrer* mars 2001, p. 38, obs. Canu.
13. Paris, 11 mars 1999, RG n° 1998/05009, *Loyers et copr.* 2000, obs. B. Vial-Pedroletti.
14. Civ. 3e, 4 avr. 1991, n° 89-17.924, NP, *Rev. loyers* 1991. 323, [loi de 1982] – Reconnaissant à la cour d'appel, qui peut se fonder sur des circonstances postérieures à la date prévue pour la vente pour établir l'absence d'intention d'acquérir du preneur, et imputant l'échec de la vente à celui-ci, dans une affaire où son refus de signer l'acte de vente résultait de sa volonté d'obtenir une nouvelle réduction du prix en raison de l'état de l'appartement et de l'existence de litiges en cours l'opposant au bailleur : Civ. 3e, 12 mars 2020, n° 19-10.556, NP, *AJDI* 2020. 619.

signature ne pouvait avoir lieu dans les délais, suite à des atermoiements imputables au seul bailleur, la vente signée hors délai serait valable, et le locataire serait fondé à en demander la régularisation devant les tribunaux[1]. Il devra cependant alors sommer le bailleur de réitérer l'acte de cession chez le notaire avant l'expiration du délai légal d'acceptation : à défaut, son acceptation serait considérée comme tardive[2]. À noter que rien n'empêche le locataire de revendre immédiatement le bien acquis par voie de préemption, ce, même si, au passage, il réalise un profit substantiel (sauf bien sûr, hypothèse de manœuvre illicite)[3].

§ 3
Refus de l'offre par le locataire

434.101 Obligation de quitter le logement. À défaut d'acceptation de l'offre de vente, « à l'expiration du délai de préavis, le locataire [...] est déchu de plein droit de tout titre d'occupation sur le local »[4]. L'offre faite au locataire est à prendre ou à laisser : s'il conteste le prix ou les conditions proposés, son droit de préemption disparaît (sur l'exigence du propriétaire de consigner immédiatement une partie du prix v. s[s] n° 434.95)[5].

Le preneur devra alors quitter les lieux, au plus tard à l'expiration du préavis. Un locataire qui se maintiendrait dans les lieux au-delà de cette date ultime pourrait être expulsé[6]. De plus, si le bailleur rapporte la preuve que le maintien dans les lieux du locataire[7] a fait échouer la transaction en cours, il est en droit de lui demander des dommages et intérêts[8].

SECTION 5
VENTE À UN PRIX PLUS AVANTAGEUX (SECOND DROIT DE PRÉEMPTION)

434.111 Notification au locataire obligatoire. Si, pour une raison quelconque (état du marché immobilier notamment) le bailleur signe une promesse de vente avec un acquéreur à des conditions ou à un prix plus avantageux (pour l'acquéreur !), le notaire ou le bailleur sont dans l'obligation d'en avertir le locataire. À noter que l'obligation de notifier les conditions et prix plus avantageux joue en cas de minoration ultime consentie au bénéficiaire de la promesse de vente, quand bien même le bailleur aurait-il déjà notifié régulièrement au locataire deux prix de vente successifs[9].

Mais lorsque le congé est frappé de nullité, celle-ci ne laisse pas subsister le droit de préemption du locataire. Ce dernier n'est donc pas fondé à invoquer un défaut de notification de la vente consentie à un tiers et la privation d'un droit de préemption[10].

Par ailleurs, il a été jugé que le locataire qui n'a pas exercé son droit de préemption dans le cadre du congé pour vendre qu'il a reçu pour son logement ne saurait exciper du droit de préemption subsidiaire lorsque le bailleur propriétaire de l'immeuble vend ultérieurement le bâtiment dans son entier[11]. Cette décision mérite approbation, puisque le droit de préemption dont le locataire dispose sur le logement loué en vertu de l'article 15 de la loi de 1989 avait été purgé à l'issue des deux premiers mois du délai de préavis, la vente ultérieure par le bailleur, non pas du seul logement loué mais de l'intégralité de l'immeuble, rendant impossible, pour cause de défaut d'identité d'objets, le jeu du droit de préemption subsidiaire du locataire.

434.112 Modalités de la notification au locataire. Cette notification doit être réalisée au domicile nouveau du locataire (si celui-ci l'a communiqué) ou (à défaut) à l'adresse qu'il vient de quitter (ce qui lui permettra d'être au courant de la nouvelle offre de vente s'il a pris soin de faire suivre son courrier). La notification n'est requise qu'en cas de vente plus avantageuse[12].

434.113 Sanction du défaut de notification. À défaut de notification, la vente pourra être annulée.

Mais le non-respect du droit de préemption du locataire n'entraîne que la nullité de la vente et

1. Civ. 3e, 8 nov. 1995, n° 93-19.827, P III, n° 222.
2. Civ. 3e, 3 avr. 1996, n° 94-17.350, P III, n° 94 ; *D.* 1997. Somm. 267, obs. CRDP Nancy 2.
3. Civ. 3e, 16 oct. 1991, n° 89-20.260, P III, n° 243 ; *Defrénois* 1992. 376, obs. Vermelle, [loi de 1982].
4. L. n° 89-462, 6 juill. 1989, art. 15, II, al. 2.
5. Civ. 3e, 20 juin 1990, n° 88-20.106, P III, n° 151 ; *D.* 1990. Somm. 306, obs. Bihr, [loi de 1982] – Jugeant que l'acceptation de l'offre doit être sans réserve : Paris, 22 janv. 2013, *AJDI* 2013. 522 – Assimilant la contre-proposition du locataire pour un prix moindre à un refus de sa part : Lyon, 2 juill. 2019, n° 18/00639, *Loyers et copr.* 2019, n° 171, obs. B. Vial-Pedroletti.
6. Civ. 3e, 18 févr. 1998, n° 96-12.200, NP, *RJDA* 1998, n° 401.
7. Devenu occupant sans droit ni titre.
8. Civ. 3e, 13 mai 1998, n° 96-17.814, P III, n° 100 ; *Loyers et copr.* 1998, n° 185, obs. Vial-Pedroletti.
9. Versailles, 22 oct. 1999, RG n° 8234/97, *Gaz. Pal.* 2001. 1. Somm. 507.
10. Civ. 3e, 9 nov. 2011, n° 10-23.542, P III, n° 187 ; *D.* 2011. Actu. 2868 ; *ibid.* 2012. Pan. 1086, spéc. 1094, obs. N. Damas ; *D. actu.*, 24 nov. 2011, obs. Y. Rouquet ; *AJDI* 2012. 352, obs. N. Damas.
11. Civ. 3e, 11 mars 2015, n° 14-10.447, P., *D.* 2015. Actu. 680, obs. Y. Rouquet ; *ibid.* 2015. Pan. 1178, spéc. 1182, obs. Damas ; *AJDI* 2015. 684, obs. N. Damas ; *Loyers et copr.* 2015, n° 112, obs. B. Vial-Pedroletti ; *Constr.-Urb.* 2015, n° 79, obs. C. Sizaire.
12. Civ. 3e, 12 févr. 1992, n° 90-13.432, P III, n° 45 ; *Rev. loyers* 1992. 287, note Vaissette, [loi de 1982].

n'ouvre aucun droit de substitution au profit de celui-ci [1].

434.114 Valeur de la notification – Offre de vente. Cette notification va valoir offre de vente. L'ancien locataire aura alors un mois à compter de sa réception pour l'accepter [2]. Le délai d'un mois commençant à courir à compter de la réception de la notification par le locataire, le bailleur aura intérêt à procéder par voie d'huissier [3].

Si celui-ci décide de donner suite à la proposition, il disposera alors d'un délai de deux mois (s'il peut payer comptant) ou quatre mois (s'il doit obtenir un prêt pour réaliser cette acquisition) à compter de la date d'envoi de sa réponse (au bailleur ou au notaire) [4, 5].

SECTION 6 CONTRÔLE DE LA VENTE

434.121 Contrôle par le juge. Comme en matière de reprise pour habiter, le juge ne va pas vérifier la réalité de l'intention de vendre du bailleur : il n'exerce son contrôle et ne va sanctionner les congés frauduleux qu'en fonction du comportement du bailleur après le départ du locataire.

Toutefois, pour les baux en cours le 8 août 2015, date d'entrée en vigueur de la loi du 6 août 2015, dite Macron [6], l'article 15 de la loi du 6 juillet 1989, dans sa rédaction issue de la loi du 24 mars 2014 [7], dite loi Alur, précise que, « en cas de contestation, le juge peut, même d'office, vérifier la réalité du motif du congé et le respect des obligations prévues au présent article. Il peut notamment déclarer non valide le congé si la non-reconduction du bail n'apparaît pas justifiée par des éléments sérieux et légitimes » [8].

§ 1 Absence de contrôle de la réalité du motif

434.131 Indifférence d'une offre d'achat. En soi, la décision de vendre le logement est un motif péremptoire de congé [9]. La loi n'impose pas au bailleur de prouver qu'un tiers a fait une offre d'achat [10].

Toutefois, lorsque cela lui a été demandé, il incombe au juge de rechercher si le congé n'a pas été délivré frauduleusement [11].

§ 2 Contrôle du juge *a posteriori*

434.141 Preuve à rapporter par le locataire. Nous allons voir dans quelle mesure le juge va sanctionner un prix trop élevé proposé au locataire et la relocation du logement libéré, étant précisé qu'il appartient au preneur qui conteste la réalité du motif du congé de rapporter la preuve de l'absence d'intention de vendre du bailleur [12].

434.142 Fixation libre du prix. Le bailleur est libre de déterminer le prix qu'il souhaite [13]. En l'absence de manœuvre illicite, le désir du propriétaire de réaliser une plus-value n'est en effet pas répréhensible [14].

434.143 Prix abusif. Cependant, la pratique consistant à arrêter un prix volontairement dissuasif dans l'intention évidente d'empêcher le locataire d'exercer son droit de préemption constitue une fraude affectant l'acte juridique et justifiant son annulation [15]. La preuve de l'intention frauduleuse du bailleur doit alors être établie puisque la fraude ne se présume pas [16].

434.144 Prix frauduleux. Tout est affaire de circonstances, les juges du fond appréciant souverainement l'intention frauduleuse du bailleur [17]. Les

1. Civ. 3e, 11 oct. 2018, no 16-26.748, NP, *Loyers et copr.* 2018, no 242, obs. B. Vial-Pedroletti.
2. L. no 89-462, 6 juill. 1989, art. 15, II, al. 4.
3. SUR les règles de computation des délais : v. ss no 423.142.
4. L. no 89-462, 6 juill. 1989, art. 15, II, al. 5.
5. Sur la légalité du surenchérissement du prix de vente par le montant de la commission due à l'intermédiaire, v. no 434.43.
6. L. no 2015-990 du 6 août 2015, art. 82, II, en vigueur le 8 août 2015.
7. L. no 2014-366, 24 mars 2014 pour l'accès au logement et un urbanisme rénové, *JO* 26 mars, p. 5809.
8. Refusant d'appliquer cette disposition à un congé délivré avant le 8 août 2015 : Civ. 3e, 29 nov. 2018, no 17-28.001, NP, *AJDI* 2019. 62 ; – Paris, 6 févr. 2018, no 16/11899, *Loyers et copr.* 2018, no 83, obs. B. Vial-Pedroletti.
9. Paris, 9 oct. 1991, *D.* 1993. Somm. 174, obs. Bihr.
10. Pau, 25 juin 1987, *JurisData* 043966, *Gaz. Pal.* 1987. 2. Somm. 409, obs. de Belot, [loi de 1982].
11. Civ. 3e, 26 juin 2007, no 06-16.644, NP, *AJDI* 2008. 208, note V. Zalewski.
12. Civ. 3e, 14 juin 2006, no 05-12.559, P III, no 150 ; *D.* 2007. Pan. 911, obs. N. Damas ; *AJDI* 2006. 740, obs. Rouquet.
13. Civ. 3e, 7 févr. 1996, no 93-21.175, NP, *Ann. loyers* 1996. 1378.
14. Civ. 3e, 19 avr. 2000, no 98-18.123, P III, no 81 ; *JCP* 2000. IV, no 1918.
15. Civ. 3e, 5 juill. 1995, no 93-16.774, P III, no 169 ; *D.* 1996. Somm. 373, obs. CRDP Nancy 2, [2 arrêts] – Civ. 3e, 4 mai 2000, no 98-19.240, NP, *Administrer* juin 2001, p. 27, obs. Canu – Versailles, 1er juin 2001, RG no 00/08616, *D.* 2001. IR 2721.
16. Civ. 3e, 7 mai 2002, no 00-14.128, NP, *Administrer* janv. 2003. 43, obs. Canu – Civ. 3e, 16 sept. 2009, no 08-13.701, P III, no 189 ; *D.* 2009. AJ 2281, obs. Rouquet ; *ibid.* 2010. Pan. 1168, spéc. 1180, obs. Damas.
17. Civ. 3e, 5 juill. 1995, no 93-16.774, P III, no 169 ; *D.* 1996. Somm. 373, obs. CRDP Nancy 2, [2 arrêts] – Civ. 3e, 28 mai 2003, no 02-10.208, NP, *Administrer* mars 2004, p. 32, note Beddeleem.

magistrats seront d'autant plus vigilants que le bailleur est un professionnel.

Il a ainsi été jugé que le prix fixé à un montant correspondant au double de l'état du marché était frauduleux dès lors que le propriétaire était un marchand de biens ayant acquis l'immeuble entier dans le but de le vider de ses occupants et de revendre les logements rapidement, libres de toute occupation[1].

Dans le même ordre d'idées, un agent immobilier, qui connaît le prix du marché doit être sanctionné s'il propose un prix supérieur à 40 % de l'estimation d'un expert[2]. En revanche, il a été jugé qu'un prix correspondant à 112 % de l'estimation de l'expert n'est pas frauduleux[3].

Enfin, la collusion entre le bailleur et l'acquéreur pour fixer un prix manifestement exorbitant sera sanctionnée, spécialement s'il s'agit de deux sociétés appartenant au même groupe[4].

434.145 **Relocation.** Si l'article 15-II de la loi de 1989 n'interdit pas au bailleur de renoncer à vendre son logement et de décider, finalement, de le relouer, ce n'est que dans la mesure où ce revirement est exempt de fraude. Il a par exemple été jugé que le délai de six mois écoulé entre la signature du mandat de vente et la conclusion du nouveau contrat de location attestait suffisamment que le bailleur a eu l'intention de se séparer de son bien[5]. À l'inverse, en cas de contestation en justice de la validité du congé pour vendre, le bailleur qui reloue le logement avant que le juge ne valide ledit congé agit en fraude des droits de son cocontractant[6].

L'absence de démarches sérieuses pour trouver un acquéreur sera, par ailleurs, un élément que les magistrats retiendront[7].

§ 3
Sanction du congé frauduleux

434.151 **Indemnisation du locataire.** Si plusieurs sanctions sont juridiquement envisageables, en pratique, la sanction sera l'allocation de dommages et intérêts[8].

La réintégration du locataire ne sera, quant à elle, en pratique, que très rarement prononcée[9].

Lorsqu'elle intervient, la réintégration s'opère par la restitution des clés par le bailleur au locataire[10].

434.152 **Baux conclus au 27 mars 2014.** À noter que, comme en matière de congé pour reprise[11], pour les baux en cours le 8 août 2015, date d'entrée en vigueur de la loi n° 2015-990 du 6 août 2015, dite Macron[12], en vertu du § IV de l'article 15 issu de ce texte, « le fait pour un bailleur de délivrer un congé justifié frauduleusement par sa décision de [...] vendre le logement est puni d'une amende pénale dont le montant ne peut être supérieur à 6 000 euros pour une personne physique et à 30 000 euros pour une personne morale ». Et « le montant de l'amende est proportionné à la gravité des faits constatés. Le locataire est recevable dans sa constitution de partie civile et la demande de réparation de son préjudice ».

1. Paris, 16 sept. 1993, RG n° 92/19546, *D.* 1993. IR 221.
2. Paris, 20 nov. 1997, RG n° 93/23959, *Rev. loyers* 1998. 195, obs. G. A.
3. Civ. 3e, 19 avr. 2000, n° 98-18.123, P III, n° 81 ; *JCP* 2000. IV, n° 1918.
4. Civ. 3e, 24 févr. 1999, n° 97-16.140, NP, *RJDA* 1999, n° 389.
5. Rennes, 30 oct. 1997, RG n° 95/05607, *RDI* 1999. 157, obs. F. Collart-Dutilleul.
6. Civ. 3e, 7 oct. 1998, n° 96-18.082, P III, n° 189, *JCP* 1998. IV, n° 3243.
7. Civ. 3e, 5 juill. 1995, n° 93-16.774, P III, n° 169 ; *D.* 1996. Somm. 373, obs. CRDP Nancy 2, [2 arrêts] – Civ. 3e, 30 juin 1999, n° 97-18.938, NP, *Administrer* mai 2000, p. 33, obs. Beddeleem – Civ. 3e, 15 mars 2000, n° 98-14.372, NP, *AJDI* 2000. 557 ; *Administrer* mars 2001, p. 38, obs. Canu.
8. Paris, 16 oct. 1996, *D.* 1997. Somm. 266, obs. CRDP Nancy 2.
9. POUR UN EXEMPLE : Paris, 25 avr. 2006, RG n° 2004/17448.
10. Paris, 7 juill. 2006, RG n° 06/01911, *Loyers et copr.* 2006, n° 195, obs. B. Vial-Pedroletti.
11. V. ss n° 433.91.
12. L. n° 2015-990 du 6 août 2015, art. 82-II, *JO* 7 août, p. 13537 s., en vigueur le 8 août 2015.

CHAPITRE

435. Congé pour motif légitime et sérieux

SECTION 0
ORIENTEUR

435.00 **Sommaire du chapitre.**

Division – Bailleur personne physique ou personne morale. À côté du congé pour habiter et du congé pour vendre, le bailleur a la faculté de donner congé pour un motif légitime et sérieux. À noter que les personnes morales peuvent donner congé pour motif légitime et sérieux[1]. Les seules mentions impératives que le congé pour motif légitime et sérieux doit comporter sont la dénomination sociale du bailleur (mention impérative quel que soit le type de congé v. s^{s} n° 431.43) et le motif allégué.

Avant d'étudier le contrôle exercé par le juge sur la réalité du motif allégué, il y a lieu de distinguer les motifs de congédiement imputables au comportement du preneur de ceux qui lui sont étrangers.

435.01 **Principaux textes applicables.**

TEXTES SOURCES

• **L. n° 89-462, 6 juill. 1989,** art. 15.

TEXTES *IN EXTENSO*

• **L. 6 juill. 1989,** art. 15

* V. s^{s} n° 431.01

435.02 **Jurisprudence de référence.**

• **Civ. 3e, 2 oct. 2002,** n° 01-00.589, P III, n° 191

* V. s^{s} n° 435.13

Le comportement agressif du locataire, contraire aux obligations de bon voisinage vis-à-vis des autres habitants de l'immeuble et des bâtiments voisins, permet au bailleur de délivrer congé pour motif réel et sérieux.

• **Civ. 3e, 5 sept. 2012,** n° 11-22.336, P III, n° 112

* V. s^{s} n° 435.14

Le défaut d'usage à titre d'habitation principale, au moins partiellement, d'un logement constitue un motif légitime et sérieux de congé.

435.03 **Bibliographie indicative.**

Annuel. LAMY DR. IMMO, n°s 5936 s.

Encyclopédies. RÉP. CIV., *V° Bail d'habitation et mixte : rapports locatifs individuels – Loi du 6 juillet 1989*, N. Damas, n°s 430 s. – DICT. PERM. Gestion immob., *V° Baux d'habitation et mixtes*, n°s 415 s.

Ouvrages. E. Debaussart-Joniec, S. Fraîche-Dupeyrat, Ph. Pelletier, *Les baux d'habitation après la loi Élan*, 3e éd., « Actualité », 2019, LexisNexis – J. Lafond, B. Vial-Pedroletti, *Les baux d'habitation*, 8e éd., « Droit et professionnels », LexisNexis, 2017, n°s 1839 s. – Ph. Pelletier, *Traité des baux d'habitation et professionnels*, « Référence juridique », Le Moniteur, 2021 – V. Zalewski-Sicard, *Baux d'habitation – Congés et droits de préemption,* Ellipses, 2016.

SECTION 1
MOTIFS IMPUTABLES AU LOCATAIRE

435.11 **Sanction à l'inexécution d'une obligation par le locataire.** Le bailleur donne alors congé pour sanctionner le locataire en raison de l'inexécution de l'une (au moins) de ses obligations[2]. Étant précisé que l'inexécution par le locataire de l'une de ses obligations peut constituer un motif légitime et sérieux

1. Civ. 3e, 7 févr. 1996, n° 93-20.135, P III, n° 35 ; *Gaz. Pal.* 22 déc. 1996, 357-359, *Administrer* août-sept. 1996, p. 33, note Beddeleem – Paris, 24 juin 1999, RG n° 1997/19761, *JCP* 2000. IV, n° 1199.

2. Mais si le bailleur a délivré un congé pour reprise, il s'interdit, en cours d'instance, d'invoquer un manquement du locataire à ses obligations : Grenoble, 18 sept. 2018, n° 17/05798, *AJDI* 2019. 62.

de congé même si elle a cessé à la date de la délivrance du congé[1]. Relevons toutefois qu'il a été jugé que si l'appréciation du caractère sérieux et légitime du motif allégué doit en principe se faire au jour de la délivrance du congé, ceci n'exclut pas la prise en compte d'éléments postérieurs permettant de contrôler son caractère légitime et sérieux (en l'occurrence, il s'agissait de prendre en compte le paiement postérieur par une société dans le cadre de la garantie LocaPass®)[2].

435.12 Défaut de paiement du loyer. Le fait de ne pas s'acquitter intégralement de son loyer est un motif légitime et sérieux de congé[3]. Peu importe si la dette de loyer est faible[4].

Il en ira ainsi également du défaut répété de paiement au terme convenu[5], et ce, comme cela a été mentionné au v. s^s^ n° 435.11, même si, en définitive, le bailleur a été intégralement réglé. En revanche, le retard de paiement régularisé par le locataire dans le délai imparti par le juge ne justifie pas la délivrance d'un congé pour motif légitime et sérieux[6].

À noter qu'il a été jugé que la présence d'une clause résolutoire n'interdit pas au bailleur de s'opposer au renouvellement du bail en délivrant un congé pour motif légitime et sérieux[7, 8].

435.13 Défaut d'usage paisible des lieux loués. Le tapage tant diurne que nocturne a, par exemple été admis comme motif de congé[9]. *Idem* pour un locataire nourrissant des pigeons et causant du tapage tant diurne que nocturne (dans une espèce où le bailleur avait été condamné, suite à la procédure engagée par la copropriété)[10]. Il en va de même d'un locataire qui ne chauffe ni n'éclaire le local loué, duquel il émane des odeurs nauséabondes[11]. Une solution identique prévaut à l'encontre d'un locataire qui a un comportement agressif à l'égard des autres habitants de l'immeuble et des bâtiments voisins[12]. À noter qu'un bailleur qui se serait vu refuser la résiliation judiciaire du bail pour absence d'usage paisible du local, serait fondé à délivrer congé au locataire pour le même motif, les deux actions n'ayant pas le même fondement juridique[13].

435.14 Non-respect de la destination des lieux. Est justifié, le congé délivré au locataire qui, en violation de la clause d'habitation bourgeoise contenue dans le bail et des dispositions relatives à la domiciliation d'une entreprise, a exercé dans les lieux une activité commerciale, même réduite[14]. La solution serait la même à l'égard d'un locataire exerçant une profession libérale dans les lieux, en dépit d'une clause d'habitation bourgeoise absolue.

De même, le défaut d'usage à titre d'habitation principale, au moins partiellement, d'un logement constitue un motif légitime et sérieux de congé[15].

Et il a été jugé qu'un bailleur n'est pas de mauvaise foi en délivrant un congé pour motif légitime et sérieux au locataire exerçant son activité dans la totalité des lieux, alors qu'il a laissé reconduire le contrat ou provoqué son renouvellement à plusieurs reprises[16].

435.15 Défaut d'assurance. Ce motif a été admis pour justifier le non-renouvellement du bail[17].

435.16 Sous-location ou prêt des lieux loués à un tiers. Il s'agit là encore d'un motif de non-renouvellement dès lors que la sous-location ou le prêt sont intervenus en dehors de toute autorisation écrite du bailleur[18].

435.17 Opposition du locataire à la réalisation de travaux. En vertu de l'article *7 e* de la loi de 1989, le locataire doit laisser exécuter dans les lieux loués les travaux nécessaires « au maintien en état et à l'entretien des lieux loués »[19]. Ne pas respecter cette

1. Civ. 3e, 17 mai 2006, n° 05-14.495, P III, n° 126 ; *D.* 2007. Pan. 911, obs. N. Damas ; *AJDI* 2007. 200, note Laporte-Leconte.
2. Grenoble, 15 févr. 2011, RG n° 09/03710, *AJDI* 2011. 534.
3. Paris, 21 déc. 1984, *JurisData* 027413, *Gaz. Pal.* 1985. 2. Somm. 369, obs. de Belot, [loi de 1982].
4. Bourges, 21 mai 1997, *Loyers et copr.* 1998, n° 88, obs. Vial-Pedroletti.
5. Paris, 5 juin 1997, RG n° 96/80792, *Rev. loyers* 1997. 501 – Paris, 14 janv. 1999, RG n° 39302/96, *AJDI* 1999. 242.
6. Civ. 3e, 17 juill. 1996, n° 94-18.406, P III, n° 185 ; *AJPI* 1996. 897, note J.-P. Blatter.
7. Poitiers, 6 janv. 2016, n° 15/00256, *Rev. loyers* 2016. 76, obs. S. B.
8. Et, à l'inverse, la délivrance d'un congé ne fait pas obstacle à la demande du bailleur, avant le terme du bail, du bénéfice de l'acquisition de la clause résolutoire : Paris, 1er févr. 2018, n° 15/24609, *Loyers et copr.* 2018, n° 56, obs. B. Vial-Pedroletti.
9. Paris, 29 mai 1997, RG n° 95/10726, *Loyers et copr.* 1997, n° 229.
10. Paris, 12 févr. 2004, RG n° 2002/18348, *AJDI* 2004. 382.
11. Poitiers, 12 mai 1998, *Rev. huiss.* 1999, p. 110, obs. Bourdillat.
12. Civ. 3e, 2 oct. 2002, n° 01-00.589, P III, n° 191 ; *D.* 2002. IR 2985 ; *Rev. loyers* 2002. 646, obs. Canu.
13. Paris, 18 oct. 1990, RG n° 89/21842, *JCP* 1991. IV. 122, [loi de 1982].
14. Paris, 15 mars 2002, RG n° 2000/14235, *Loyers et copr.* 2002, n° 278, obs. B. Vial-Pedroletti.
15. Civ. 3e, 5 sept. 2012, n° 11-22.336, P III, n° 112 ; *D.* 2012. Actu. 2094, obs. Y. Rouquet ; *ibid.* 2013. Pan. 863, spéc. 871, obs. N. Damas ; *AJDI* 2013. 441, obs. N. Damas.
16. Civ. 3e, 9 mars 2011, n° 10-30.223, P III, n° 32 ; *D.* 2011. Actu. 877, obs. Y. Rouquet ; *ibid.* 2012. Pan. 1086, spéc. 1087, obs. N. Damas ; *AJDI* 2011. 705, note N. Damas.
17. Paris, 19 sept. 1991, RG n° 5192/90, *Loyers et copr.* 1992, n° 97.
18. Paris, 22 mars 1984, *JurisData* 021926, *D.* 1985. IR 288, obs. Giverdon, [loi de 1982].
19. V. s^s^ n° 232.51.

obligation justifie que le bailleur lui donne congé. Cela est d'autant plus justifié lorsque c'est le locataire lui-même qui a attiré l'attention du bailleur sur la nécessité desdits travaux[1] !

SECTION 2
MOTIFS ÉTRANGERS AU LOCATAIRE

435.21 Motif étranger au locataire – Non renouvellement du cautionnement. En dehors d'un manquement du locataire à l'une de ses obligations, le bailleur va être autorisé à donner congé pour motif légitime et sérieux dans toute une série d'hypothèses. En effet, un tel congé n'est pas limité à l'inexécution par le preneur de l'une de ses obligations[2]. Il a ainsi été jugé que le non-renouvellement du cautionnement pouvait constituer un motif sérieux et légitime de congé au sens de l'article 15 de la loi de 1989[3].

435.22 Démolition - Expropriation. Deux motifs non imputables au locataire sont communément relevés en jurisprudence. Il s'agit, d'une part, de la démolition, de la rénovation des lieux loués ou de l'expropriation pour cause d'utilité publique et, d'autre part, de la nécessité de loger une personne.

435.23 Changement d'affectation. À côté de ces deux motifs, nous nous devons de faire état du cas du congé délivré à un locataire occupant un local affecté temporairement à l'habitation en application de l'article L. 631-7-1 du code de la construction et de l'habitation (CCH). En vertu de ce texte « en cas de location d'un local temporairement affecté à l'habitation [pour une durée ne pouvant excéder 13 ans], le contrat doit mentionner le caractère temporaire de cette affectation. Sous cette réserve, le retour des locaux à leur usage primitif est un motif légitime et sérieux au sens de l'article 15 [de la loi de 1989] ». Précisons que ce retour à l'usage primitif ne saurait constituer un événement justifiant la signature d'un bail à durée réduite[4]. On notera enfin que l'interdiction définitive d'habiter les lieux prononcée en application de l'article L. 521-2 du CCH ne saurait constituer un motif valable de congé. En effet, en vertu de ce texte, les baux poursuivent de pleins droits leurs effets, exception faite de l'obligation de paiement[5].

435.24 Démolition. La démolition en vue de la reconstruction de l'immeuble peut justifier le non-renouvellement du bail pour motif légitime et sérieux[6].

Encore faut-il que cette opération de démolition-reconstruction soit avérée. Tel sera le cas si le bailleur est en mesure de fournir une promesse de vente de l'immeuble à une société de promotion immobilière[7], ou le dépôt d'une demande de démolition[8]. N'est pas fautif le bailleur qui, après avoir délivré un congé en vue de la destruction de l'immeuble et de l'édification d'un lotissement, décide en cours d'opération de vendre l'immeuble à un promoteur, dès lors que cette vente a été réalisée dans le même but : la réalisation d'un lotissement emportant démolition du logement loué. Dans ces conditions, le congé n'a pas à être requalifié en congé pour vente[9].

435.25 Rénovation ou expropriation. Des travaux de rénovation ou une décision d'expropriation vont pareillement justifier la délivrance d'un congé pour motif légitime et sérieux, dès lors que l'opération envisagée exige la libération des lieux[10, 11]. Là encore, il incombera au bailleur de prouver ses allégations. Ce sera chose faite s'il produit l'agrément que l'administration lui a octroyé[12] ou s'il peut justifier de l'avis favorable de la commission d'urbanisme[13]. Il a même été jugé que l'absence de justification par le bailleur de l'obtention des autorisations nécessaires pour la réalisation du projet était inopérante, dans la mesure où le défaut d'agrément de l'autorité administrative est sans incidence sur la preuve de la réalité de la volonté de reconstruction et n'empêche pas la présentation ultérieure d'un projet modifié

1. Paris, 31 mai 1995, RG n° 94/004151, *Loyers et copr.* 1995, n° 507.
2. Civ. 3e, 7 févr. 1996, n° 94-14.339, P III, n° 34 ; *D.* 1997. Somm. 268, obs. CRDP Nancy 2.
3. TGI Paris, 27 sept. 2000, *Loyers et copr.* 2001, n° 199, obs. B. Vial-Pedroletti.
4. Sur cette question, v. ss n° 413.13.
5. Paris, 5 oct. 2010, RG n° 08/20478, *Loyers et copr.* 2011, n° 6, obs. B. Vial-Pedroletti.
6. Versailles, 13 déc. 1991, *Administrer* mars 1993, p. 40, note J. Lafond – Paris, 4 févr. 2003, RG n° 2001/08017, *AJDI* 2003. 351.
7. Paris, 19 déc. 1996, RG n° 95/023878, *Loyers et copr.* 1997, n° 102, obs. B. Vial-Pedroletti.
8. Versailles, 12 juin 1998, RG n° 4998/96, *Ann. loyers* 2000. 86, obs. Teilliais.
9. Civ. 3e, 22 mars 2006, n° 04-10.900, P III, n° 76 ; *AJDI* 2006. 383, obs. Y. Rouquet.
10. Civ. 3e, 7 févr. 1996, n° 94-21.175, NP, *D.* 1997. Somm. 268, obs. CRDP Nancy 2 – AUSSI : Aix-en-Provence, 15 janv. 2018, n° 16/0136, *Loyers et copr.* 2018, n° 55, obs. B. Vial-Pedroletti ; – Paris, 2 oct. 2020, n° 20/03800, *Loyers et copr.* 2020, n° 123, obs. B. Vial-Pedroletti ; – Pau, 10 déc. 2020, n° 18/04005, *Loyers et copr.* 2021, n° 20, obs. B. Vial-Pedroletti.
11. En ce sens que le bailleur ne saurait être contraint à reloger le locataire provisoirement évincé en raison des travaux : Montpellier, 29 oct. 2019, *Loyers et copr.* 2019, n° 210, obs. B. Vial-Pedroletti.
12. Paris, 8 sept. 1993, RG n° 93/012197, *Rev. loyers* 1997. 30.
13. Rennes, 18 sept. 1997, RG n° 97/00851, *Loyers et copr.* 1998, n° 61, obs. B. Vial-Pedroletti.

répondant aux exigences administratives[1]. Notons cependant que certaines décisions se montrent plus exigeantes.

Il a enfin été que le bailleur n'est pas dans l'obligation d'annexer les pièces justificatives au congé[2].

435.26 Illustrations jurisprudentielles. Illustrant ce courant jurisprudentiel, on retiendra deux arrêts. Le premier émane de la Cour de cassation qui, se retranchant derrière l'appréciation souveraine des juges du fond, retient qu'une simple étude de faisabilité d'une opération à l'état de projet est insuffisante à démontrer le caractère légitime et sérieux du motif allégué[3]. Le second a été rendu, en matière d'expropriation, par la cour d'appel de Versailles. Il précise qu'un arrêté préfectoral portant déclaration d'utilité publique de l'acquisition de l'immeuble loué ne constitue pas un motif légitime et sérieux, cet arrêté n'étant que le premier acte préparatoire à la procédure d'expropriation[4].

Dans des domaines voisins, il a été jugé qu'est un motif légitime et sérieux, le risque d'effondrement de la toiture[5], ou la nécessité de mettre le local aux normes de décence[6].

On notera enfin que le motif légitime et sérieux doit concerner le bailleur. Cette condition ne pose pas de problème lorsque le bailleur est une personne physique. En revanche, en présence d'un bailleur personne morale, seuls des travaux décidés au nom de celle-ci pourront être invoqués. Sera en conséquence nul le congé donné afin de permettre à l'un des associés de s'agrandir[7].

435.27 Nécessité de loger une personne – Critique. Certaines décisions reconnaissent la faculté au bailleur de donner congé pour motif sérieux et légitime au preneur afin de loger quelqu'un. Un congé pour motif légitime et sérieux a ainsi été validé, le bailleur justifiant du besoin de loger dans l'appartement une aide à domicile exigée par l'état de santé du bailleur[8]. Encore faut-il alors que le bailleur puisse justifier l'existence de la personne à son service[9]. Cela est contestable puisqu'il nous semble que ce cas de figure est déjà réglé par la procédure (beaucoup plus rigoureuse et formaliste) du congé donné en vue de la reprise du bien pour l'habiter[10]. De plus, le congé pour motif légitime et sérieux pouvant émaner d'une personne morale[11], alors que la reprise pour habiter étant réservée aux seuls bailleurs personnes physiques[12], reconnaître que l'obligation de loger une personne relève du congé légitime et sérieux est paradoxal puisque cela revient à autoriser ce que la loi interdit par ailleurs !

435.28 Nécessité de loger une personne – Bailleur personne morale. Pourtant, la Cour de cassation semble avoir validé cette pratique en présence d'un bailleur personne morale. Par exemple, la Haute juridiction a jugé valable le congé délivré pour motif légitime et sérieux par l'Assistance publique afin de loger un salarié des Hôpitaux de Paris, dans le cadre d'un plan d'ensemble[13]. Elle a jugé de la même manière à propos d'une association religieuse souhaitant loger un enseignant[14]. Certaines juridictions du fond ont d'ailleurs suivi le même raisonnement[15]. On notera cependant que la Cour de cassation a rejeté le congé motivé par la décision du bailleur, personne morale, de transférer, pour convenance personnelle, son siège social dans les lieux loués[16].

SECTION 3
CONTRÔLE PAR LE JUGE DU MOTIF ALLÉGUÉ

435.31 Appréciation souveraine. En la matière, le juge du fond dispose d'un pouvoir souverain d'appréciation[17]. Il doit exercer un contrôle *a priori* sur les motifs allégués[18]. Doit ainsi être annulé le congé donné pour un motif[19] légitime et sérieux[20], alors qu'en réalité, le congé délivré l'a été afin de masquer l'intention du bailleur de vendre le loge-

1. Paris, 18 mai 2000, RG n° 1998/09893, *Loyers et copr.* 2001, n° 7, obs. B. Vial-Pedroletti.
2. Pau, 10 déc. 2020, n° 18/04005, *Loyers et copr.* 2021, n° 20, obs. B. Vial-Pedroletti.
3. Civ. 3e, 2 juill. 1997, n° 95-19.152, NP, *Loyers et copr.* 1997, n° 258, obs. B. Vial-Pedroletti.
4. Versailles, 15 janv. 1999, RG n° 8196/95, *BICC* 2000, n° 53.
5. Riom, 17 févr. 2011, *Loyers et copr.* 2011, n° 135, obs. B. Vial-Pedroletti.
6. Bordeaux, 19 févr. 2013, n° 11/07831, *AJDI* 2013. 525.
7. TI Paris, 13 juin 2003, n° 11/03/000069, *AJDI* 2003. 762, obs. Y. Rouquet.
8. Paris, 23 févr. 1994, RG n° 92/022607, *Loyers et copr.* 1994, n° 323.
9. Paris, 23 mars 1994, RG n° 92/022607, *Loyers et copr.* 1994, n° 223.
10. V. ss nos 433.11 s.
11. V. ss n° 435.01.
12. V. ss n° 433.13.
13. Civ. 3e, 7 févr. 1996, n° 93-20.135, P III, n° 35 ; *D.* 1996. IR 78 ; *Administrer* août-sept. 1996, p. 33, note Beddeleem.
14. Civ. 1re, 19 nov. 1996, n° 94-16.788, NP, *Rev. loyers* 1997. 444.
15. Agen, 5 mars 1997, RG n° 96/000376, *Loyers et copr.* 1998, n° 7, obs. B. Vial-Pedroletti – Paris, 24 juin 1999, RG n° 1997/19761, *JCP* 2000. IV, n° 1199 – Paris, 9 nov. 2004, RG n° 2003/06217, *Loyers et copr.* 2005, n° 91.
16. Civ. 3e, 29 janv. 2002, n° 00-18.094, NP, *Administrer* juin 2002, p. 41, obs. Canu.
17. Civ. 3e, 17 juill. 1996, *AJPI* 1996. 897, note J.-P. Blatter.
18. Civ. 3e, 7 févr. 1996, n° 93-20.135, P III, n° 35 ; *Administrer* août-sept. 1996, p. 33, note Beddeleem.
19. Soi-disant.
20. La construction d'un foyer pour personnes âgées ou la réalisation d'un programme de logements à prix modéré.

ment loué et de priver le locataire de son droit de préemption de l'article 15, II[1].

En ce qui concerne les baux en cours le 8 août 2015, date d'entrée en vigueur de la loi du 6 août 2015, dite Macron[2], l'article 15 de la loi, dans sa rédaction issue de la loi du 24 mars 2014[3], dite loi Alur, précise que, « en cas de contestation, le juge peut, même d'office, vérifier la réalité du motif du congé et le respect des obligations prévues au présent article. Il peut notamment déclarer non valide le congé si la non-reconduction du bail n'apparaît pas justifiée par des éléments sérieux et légitimes »[4].

La sanction prononcée est l'annulation du congé litigieux et, le cas échéant, l'octroi de dommages et intérêts.

1. Civ. 3e, 19 janv. 2000, n° 98-10.918, NP, *AJDI* 2000. 344 ; *RJDA* 2000, n° 252 ; *Administrer* août-sept. 2000, p. 26, obs. Beddeleem.
2. L. n° 2015-990 du 6 août 2015, art. 82, II, *JO* 7 août, p. 13537 s.
3. L. n° 2014-366, 24 mars 2014 pour l'accès au logement et un urbanisme rénové, *JO* 26 mars, p. 5809.
4. Refusant d'appliquer cette disposition à un congé délivré avant le 8 août 2015 : Civ. 3e, 29 nov. 2018, n° 17-28.001, NP, *AJDI* 2019. 62 ; – Paris, 6 févr. 2018, n° 16/11899, *Loyers et copr.* 2018, n° 83, obs. B. Vial-Pedroletti.

CHAPITRE

436. Protection des locataires âgés et démunis

SECTION 0 ORIENTEUR

436.00 Sommaire du chapitre.

Division – Protection corrélative à la situation du bailleur. L'article 15, III de la loi de 1989 instaure une protection particulière à l'égard des locataires âgés et démunis.

Cette protection, qui vaut pour tous les cas de congé, pour reprise, pour vente[1] ou pour un motif légitime et sérieux (notamment en cas de manquement grave du locataire à ses obligations)[2], mais pas en cas de résiliation judiciaire du bail pour manquement du locataire à ses obligations[3], disparaît lors du décès, en cours de bail, du locataire visé : elle ne saurait profiter au conjoint survivant ne remplissant pas les conditions requises par la loi[4].

Elle connaît un tempérament, lorsque le bailleur propose un logement de remplacement à son cocontractant et une exception, lorsque le bailleur est lui-même soit âgé, soit démuni. La protection des locataires âgés et démunis de l'article 15-III de la loi de 1989 s'applique aux cas de congé pour reprise ou pour vente[5].

436.01 Principaux textes applicables.

TEXTES SOURCES

- **L. n° 89-462, 6 juill. 1989,** art. 15, III.
- **L. 1er sept. 1948,** art. 13 *bis.*

TEXTES *IN EXTENSO*

- **L. 6 juill. 1989,** art. 15, III

* V. s^s n° 431.01

- **L. 1er sept. 1948,** art. 13 *bis*

Le local mis à la disposition des personnes évincées, en application des articles 11 et 12, doit satisfaire aux caractéristiques définies en application des premier et deuxième alinéas de l'article 6 de la loi n° 89-462 du 6 juillet 1989 tendant à améliorer les rapports locatifs et portant modification de la loi n° 86-1290 du 23 décembre 1986 et correspondre à leurs besoins personnels ou familiaux et, le cas échéant, professionnels, et à leurs possibilités. Il doit en outre être situé :

Dans le même arrondissement ou les arrondissements limitrophes ou les communes limitrophes de l'arrondissement où se trouve le local, objet de la reprise, si celui-ci est situé dans une commune divisée en arrondissements ;

Dans le même canton ou dans les cantons limitrophes de ce canton inclus dans la même commune ou dans les communes limitrophes de ce canton si la commune est divisée en cantons ;

Dans les autres cas sur le territoire de la même commune ou d'une commune limitrophe, sans pouvoir être éloigné de plus de 5 km.

436.02 Jurisprudence de référence.

- **Civ. 3e, 18 févr. 1998,** n° 96-18.125, P III, n° 36

* V. s^s n° 436.13

Il convient de donc des ressources annuelles du locataire déclarées à l'administration fiscale, avant tout abattement ou déduction pratiqués par cette administration.

1. Lyon, 9 nov. 1999, *Loyers et copr.* 2000, n° 58, obs. B. Vial-Pedroletti.
2. Paris, 15 mai 2020, n° 18/01921, *Loyers et copr.* 2020, n° 66, obs. B. Vial-Pedroletti.
3. Civ. 3e, 15 oct. 2014, n° 13-16.990, P III, n° 128 ; *D.* 2014. Actu. 2112 ; *D. actu.*, 30 oct. 2014, obs. Y. Rouquet ; *AJDI* 2015. 205, obs. N. Damas ; *Loyers et copr.* 2014, n° 296, obs. B. Vial-Pedroletti ; *Rev. loyers* 2015. 36, obs. B. Humblot-Catheland ; Paris, 27 oct. 2015, n° 13/22603 : *Rev. loyers* 2015. 516, obs. S. B.
4. Civ. 3e, 3 mai 2012, n° 11-17.010, P III, n° 63 ; *D.* 2012. Actu. 1331, obs. Y. Rouquet ; *ibid.* 2012. Chron. C. cass. 2540, spéc. 2542, obs. Pic ; *ibid.* 2013. Pan. 863, spéc. 869, obs. N. Damas ; *AJDI* 2013. 121, obs. N. Damas.
5. Lyon, 9 nov. 1999, RG n° 98/06648, *Loyers et copr.* 2000, n° 58, obs. B. Vial-Pedroletti.

• **Civ. 3e, 29 avr. 2009,** no 08-11.513, P III, no 91
* V. ss no 436.33

Il suffit que l'un des deux époux bailleurs soit âgé de plus de 60 ans à l'échéance du contrat de bail pour pouvoir délivrer un congé reprise sans offre de relogement au locataire âgé et de ressources modestes.

• **Civ. 3e, 2 juin 2010,** no 09-66.698, P III, no 111
* V. ss no 436.22

La loi de 1989 n'oblige pas le bailleur à présenter au locataire protégé une offre de relogement en même temps qu'il lui délivre le congé : il faut et suffit que cette offre soit faite pendant la période de préavis.

• **Civ. 3e, 15 oct. 2014,** no 13-16.990, P III, no 128
* V. ss no 436.01

Les dispositions protectrices des locataires âgés et démunis ne s'appliquent pas en cas de résiliation judiciaire du bail pour manquement du locataire à ses obligations.

• **Civ. 3e, 7 juill. 2016,** no 14-29.148, P
* V. ss no 436.34

Ayant exactement retenu que la bailleresse, personne morale, ne pouvait se prévaloir au profit de l'un de ses associés de la dispense d'offre de relogement réservée par l'article 15-III au bailleur personne physique et constaté que la locataire, qui était âgée de plus de 70 ans [65 ans] et dont les ressources étaient inférieures à une fois et demie le montant annuel du SMIC [plafond de ressources pour l'attribution d'un logement locatif conventionné], n'a bénéficié d'aucune offre de relogement, une cour d'appel a déduit, à bon droit, de ces seuls motifs, que les congés sont irréguliers et doivent être annulés.

436.03 Bibliographie indicative.

Annuel. LAMY DR. IMMO, no 5938.

Encyclopédies. RÉP. CIV., *Vo Bail d'habitation et mixte : rapports locatifs individuels – Loi du 6 juillet 1989*, N. Damas, nos 389 s. – DICT. PERM. Gestion immob., *Vo Baux d'habitation et mixtes*, nos 348 s.

Ouvrages. E. Debaussart-Joniec, S. Fraîche-Dupeyrat, Ph. Pelletier, *Les baux d'habitation après la loi Élan*, 3e éd., « Actualité », 2019, LexisNexis – J. Lafond, B. Vial-Pedroletti, *Les baux d'habitation*, 8e éd., « Droit et professionnels », LexisNexis, 2017, nos 1328 s. – Ph. Pelletier, *Traité des baux d'habitation et professionnels*, « Référence juridique », Le Moniteur, 2021 – V. Zalewski-Sicard, *Baux d'habitation – Congés et droits de préemption,* Ellipses, 2016.

Articles. J.-L. Aubert, *Administrer* 10/1990. 2 – R. Pialoux, *Rev. loyers* 2002. 126. – Guérin, « Vers un statut protecteur du locataire âgé ? », *RDSS* 2019. 626.

SECTION 1
PRINCIPE DE LA PROTECTION DES LOCATAIRES ÂGÉS ET DÉMUNIS

436.11 Personne âgée et démunie : seuils. Pour les baux conclus avant le 27 mars 2014, date d'entrée en vigueur de la loi du 24 mars 2014, dite loi Alur, le bailleur ne peut donner congé au locataire lorsque celui-ci remplit cumulativement deux conditions :

– est âgé de plus de 70 ans ;

– a des ressources annuelles inférieures à une fois et demie le montant annuel du Smic [1].

436.12 Âge et évaluation des ressources. La loi du 24 mars 2014, dite loi Alur, a revu ces critères. Pour les baux en cours le 8 août 2015 [2, 3], le locataire protégé est celui qui, à la fois :

– est âgé de plus de soixante-cinq ans ;

– et qui a des ressources annuelles inférieures à un plafond de ressources en vigueur pour l'attribution des logements locatifs conventionnés fixé par arrêté du ministre chargé du logement.

À noter que, depuis la loi du 6 août 2015, dite loi Macron [4], la protection joue aussi lorsque le locataire a à sa charge une personne de plus de soixante-cinq ans vivant habituellement dans le logement et remplissant la condition de ressources précitée et que le montant cumulé des ressources annuelles de l'ensemble des personnes vivant au foyer est inférieur au plafond de ressources déterminé par l'arrêté précité.

Conformément aux dispositions légales [5], la date à prendre en compte pour apprécier l'âge du locataire et, le cas échéant depuis la loi du 6 août 2015, dite loi Macron, de la personne à sa charge est la date de l'échéance du contrat [6], tandis que la date pour apprécier ses ressources est celle de la date de la notification du congé [7].

Un important contentieux s'est développé à propos des ressources du locataire.

1. Rejetant la QPC portant sur l'art. 15, III, au motif que la jurisprudence invoquée n'a pas été rendue sur le fondement de la disposition contestée dans sa rédaction issue de la L. du 24 mars 2014 qui a modifié les conditions de ressources du locataire : Civ. 3e, QPC, 20 juin 2019, no 19-40.009, P ; *D.* 2019. 1336 ; ibid. Chron. C. cass. 2199, spéc. 2200, obs. Collomp ; *D. actu.* 12 juill. 2019, obs. Dreveau.
2. Aux termes de l'art. 82 de la loi no 2015-990 du 6 août 2015, dite Macron, *JO* 7 août, p. 13537.
3. Déclarant la rédaction de l'art. 15, III de la loi de 1989 issue de la loi Alur applicable aux contrats en cours, V. AUSSI : Civ. 3e, 23 nov. 2017, no 16-20.475, P III, no 125 ; D. 2017. 2426 ; *ibid.* 2018. Pan. 1117, spéc. 1124, obs. N. Damas ; *AJDI* 2018. 281, obs. N. Damas ; *Loyers et copr.* 2018, no 6, obs. B. Vial-Pedroletti ; *RJDA* 2018, no 112 ; – Paris, 14 déc. 2018, no 16/15602, *Rev. loyers* 2019. 31, obs. Brena.
4. L. no 2015-990, 6 août 2015, *JO* 7 août, p. 13537.
5. L. no 89-462, 6 juill. 1989, art. 15-III, al. 3.
6. POUR des illustrations : Paris, 19 sept. 2007, RG no 06/19920, *AJDI* 2008. 128 ; – Aix-en-Provence, 12 avr. 2018, no 17/13120, *Loyers et copr.* 2018, no 145, obs. B. Vial-Pedroletti.
7. Civ. 3e, 10 déc. 1997, no 96-11.243, P III, no 220 ; *RJDA* 1998, no 156.

436.13 **Ressources à prendre en compte.** Les magistrats ont précisé qu'il s'agit des ressources annuelles du locataire déclarées à l'Administration fiscale, avant tout abattement ou déduction[1], étant entendu que la période à prendre en considération pour le calcul des ressources est la dernière année civile écoulée[2].

Seules doivent être prises en compte les ressources régulières[3], ce qui exclut les aides familiales épisodiques[4], la perception d'un capital[5], les primes d'assurance-vie[6], ou encore des revenus de capitaux de valeurs mobilières, des revenus soumis au prélèvement libératoire et du fruit de la vente de biens immobiliers[7].

Un problème particulier se pose lorsque le logement est occupé par plusieurs personnes.

436.14 **Appréciation des ressources de tous les occupants du logement loué.** Après quelques hésitations, il semble que la jurisprudence soit aujourd'hui fixée. En effet, par un arrêt de principe du 19 juillet 2000, la troisième Chambre de la Cour de cassation a précisé que pour le calcul des ressources du locataire âgé de plus de 70 ans, les ressources de chacun des époux colocataires doivent être appréciées séparément[8]. Cette solution avait d'ailleurs déjà été retenue en 1994 par la même juridiction en cas de cotitularité conventionnelle du droit de bail[9].

On retiendra par ailleurs cette décision de la cour d'appel de Paris, appliquant les dispositions de l'article 15, III de la loi du 6 juillet 1989, alors que seul l'un des coïndivisaires locataires remplissait la condition de ressources[10].

1. Civ. 3e, 18 févr. 1998, n° 96-18.125, P III, n° 36 ; *AJDI* 1999. 134, note Teilliais.
2. Paris, 15 mai 2003, RG n° 2002/14146, *D.* 2004. Somm. 841, obs. N. Damas.
3. Civ. 3e, 28 mai 1997, n° 95-18.116, P III, n° 117 – Versailles, 4 oct. 1996, RG n° 044615, *D.* 1996. Somm. 370, obs. CRDP Nancy 2.
4. Paris, 22 mai 1991, *JurisData* 600480, *Rev. loyers* 1991. 324, [loi de 1982].
5. Pau, 8 mars 1995, RG n° 94/000757, *Cah. jurispr. Aquitaine* 1995, p. 70.
6. Paris, 7 nov. 1996, RG n° 95/025126, *Loyers et copr.* 1997, n° 8.
7. Civ. 3e, 16 sept. 2009, n° 08-13.701, P III, n° 190 ; *D.* 2009. AJ 2282, obs. Y. Rouquet ; *ibid.* 2010. Pan. 1168, spéc. 1179, obs. N. Damas ; *AJDI* 2010. 222, note F. de La Vaissière.
8. Civ. 3e, 19 juill. 2000, n° 98-20.636, P III, n° 146, *D.* 2001. Somm. 172, obs. CRDP Nancy 2 ; *Rev. loyers* 2000. 441, obs. Rémy – Civ. 3e, 24 sept. 2002, n° 01-03.699, NP, *AJDI* 2003. 195, obs. Laporte-Leconte.
9. Civ. 3e, 15 juin 1994, n° 91-17.440, NP, *AJPI* 1994. 929, note Blatter.
10. Paris, 31 janv. 2002, RG n° 2001/08387, *AJDI* 2002. 300.

SECTION 2
TEMPÉRAMENT AU PRINCIPE : MISE À DISPOSITION D'UN LOGEMENT DE SUBSTITUTION

436.21 **Obligation du bailleur.** Le bailleur va retrouver la possibilité de donner congé à un locataire âgé et démuni dès lors qu'il lui proposera « un logement correspondant à ses besoins et possibilités » situé dans le voisinage[11]. Mais le bailleur ne pourra pas se contenter de lui communiquer diverses offres de location figurant sur le marché locatif : il devra s'assurer de l'effectivité de ces offres et de l'accord des propriétaires pour louer leurs biens au preneur évincé[12].

436.22 **Proposition de relogement et congé.** La proposition de relogement ne devra toutefois pas nécessairement être formulée dans le congé lui-même : il faut et suffit que cette offre soit faite pendant la période de préavis[13]. En revanche, si elle a déjà été faite officieusement avant la délivrance du congé, elle devra être réitérée avec le congé[14]. Quant au refus du locataire d'accepter le logement remplissant les conditions légales[15], elle ne saurait être fondée. En pareille circonstance, le bailleur serait réputé avoir rempli son obligation[16].

436.23 **Absence de proposition – Sanction.** Le défaut de proposition d'un logement de remplacement rendra le congé nul et le bail sera alors reconduit. Il ne peut en effet pas être soutenu que le congé délivré sans proposition de relogement sera valable dès que le bailleur aura pallié ce manquement[17].

436.24 **Logement adapté aux besoins et aux possibilités du locataire.** L'adéquation du logement avec les besoins et les possibilités du locataire est souverainement appréciée par les juges du fond. Un logement trop exigu ne pourra pas être pris en compte[18], pas plus qu'un logement dont le loyer serait trop

11. L. n° 89-462, 6 juill. 1989, art. 15-III, al. 1er.
12. Paris, 11 janv. 2011, RG n° 08/14726, *AJDI* 2011. 297 ; *Loyers et copr.* 2011, n° 101, obs. B. Vial-Pedroletti.
13. Civ. 3e, 2 juin 2010, n° 09-66.698, P III, n° 111 ; *D.* 2010. Actu. 1486 ; *ibid.* 2011. Pan. 1181, spéc. 1189, obs. Damas ; *AJDI* 2011. 51, obs. Y. Rouquet ; *Rev. loyers* 2010. 317, obs. Canu.
14. Civ. 3e, 26 juin 1996, n° 94-18.306, P III, n° 157 ; *Administrer* juill. 1997, p. 37, note Beddeleem.
15. Tant en termes de proximité qu'en termes d'adaptation du logement.
16. Toulouse, 31 oct. 1995, RG n° 125/94, *Loyers et copr.* 1996, n° 418.
17. Civ. 3e, 1er juill. 1998, n° 96-16.761, P III, n° 146 ; *RDI* 1998. 695, obs. F. Collart-Dutilleul.
18. Paris, 15 sept. 1989, RG n° 88/17006, *Loyers et copr.* 1990, n° 78.

élevé au regard des possibilités financières[1] du preneur[2]. Par ailleurs, un logement situé dans le même immeuble que celui occupé par le locataire, pour un loyer mensuel et provisions pour charges légèrement supérieurs ne correspond pas aux exigences légales, dès lors qu'il est proposé pour une durée maximale de trois ans, le propriétaire ayant l'intention de vendre à l'issue de ce délai[3]. Et le logement d'une surface moindre que celui actuellement occupé, situé au rez-de-chaussée au lieu du 7e étage et manquant de luminosité ne correspond pas aux besoins du locataire[4]. À l'inverse, répond aux critères légaux l'appartement de 72 m^2 (au lieu de 98), situé à moins de 50 mètres du logement actuel du locataire, dès l'instant où il a été rénové et que le loyer est inférieur aux prix du quartier[5].

436.25 **Logement à proximité.** Les limites géographiques imposées par l'article 15, III sont celles de l'article 13 *bis* de la loi de 1948[6].

En vertu de ce texte, le logement de remplacement doit être situé :

- dans le même arrondissement ou les arrondissements limitrophes ou les communes limitrophes de l'arrondissement où se trouve le local, objet de la reprise, si celui-ci est situé dans une commune divisée en arrondissements ;
- dans le même canton ou les cantons limitrophes de ce canton inclus dans la même commune ou dans les communes limitrophes de ce canton si la commune est divisée en cantons ;
- dans les autres cas sur le territoire de la même commune ou d'une commune limitrophe, sans pouvoir être éloigné de plus de cinq kilomètres.

SECTION 3
EXCEPTION AU PRINCIPE : LE BAILLEUR EST ÂGÉ OU DÉMUNI

436.31 **Règle générale – Évolution de la législation.** Pour les baux conclus avant l'entrée en vigueur de la loi du 24 mars 2014[7], dite loi Alur, soit avant le 27 mars 2014, le bailleur peut donner congé à son locataire âgé et démuni si lui-même remplit au moins l'une des deux conditions suivantes :

- être une personne physique âgée de plus de 60 ans ;
- avoir des ressources annuelles inférieures à une fois et demie le montant annuel du Smic. Et la période à prendre en considération pour le calcul des ressources annuelles est la dernière année civile écoulée et non la période calculée de quantième à quantième à partir du congé[8].
- Pour les baux conclus depuis le 27 mars 2014, l'article 15 de la loi du 6 juillet 1989 dans sa rédaction issue de la loi du 24 mars 2014, dite loi Alur, change ces critères.

436.32 **Conditions alternatives d'âge ou de ressources.** Désormais, pour échapper à l'obligation de reloger son locataire âgé et peu argenté, le bailleur doit :

- soit être âgé de plus de soixante-cinq ans ;
- soit avoir des ressources annuelles inférieures à un plafond de ressources en vigueur pour l'attribution des logements locatifs conventionnés fixé par arrêté du ministre chargé du logement.

À l'égard du bailleur, le législateur pose des conditions alternatives (alors qu'à l'égard du locataire, elles sont cumulatives). L'âge du bailleur est apprécié à la date d'échéance du contrat tandis que ses ressources sont appréciées à la date de notification du congé[9]. Il importe peu que la reprise bénéficie à un descendant de moins de 60 ans[10].

Si les dispositions protectrices du bailleur ne s'appliquent pas lorsque celui-ci est une personne morale[11]. la question de savoir si le bailleur répond aux conditions légales pose problème lorsque le logement :

- est en indivision ;
- appartient à une SCI familiale au sens de l'article 13 a de la loi de 1989 (v. s^{s} n° 436.34) ;
- ou lorsque le bien loué est grevé d'usufruit.

436.33 **Cas particulier du logement en indivision.** Le point de savoir si les conditions légales (âge et ressources) doivent être remplies par tous les indivisaires ou seulement par l'un d'entre eux est discuté[12].

1. Par définition limitées [loi de 1982].
2. Pau, 8 mars 1995, RG n° 94/000757, *Cah. jurispr. Aquitaine* 1995, p. 70.
3. Civ. 3e, 16 sept. 2009, n° 08-15.589, P III, n° 190 ; *D.* 2009. AJ 2282, obs. Y. Rouquet ; *ibid.* 2010. Pan. 1168, spéc. 1179, obs. N. Damas ; *AJDI* 2010. 222, note F. de La Vaissière.
4. Paris, 24 févr. 2011, *Loyers et copr.* 2011, n° 136, obs. B. Vial-Pedroletti.
5. Paris, 10 déc. 2009, RG n° 08/18695, *Loyers et copr.* 2010, n° 129, obs. B. Vial-Pedroletti.
6. L. n° 48-1360, 1er sept. 1948.
7. L. n° 2014-366, 24 mars 2014 pour l'accès au logement et un urbanisme rénové, *JO* 26 mars, p. 5809.
8. Paris, 10 mai 2011, RG n° 08/23997, *AJDI* 2012. 271.
9. L. n° 89-462, 6 juill. 1989, art. 15-III, al. 3.
10. Civ. 3e, 4 nov. 1992, n° 90-11.215, P III, n° 287 ; *Administrer* mai 1993, p. 42, note Aubert, [loi de 1982] – Paris, 11 mars 1999, RG n° 1998/08124, *Loyers et copr.* 1999, n° 208, obs. B. Vial-Pedroletti.
11. Paris, 14 mai 2019, n° 17/20405.
12. JUGEANT que le congé est valable dès lors que les conditions alternatives de l'article 15, III étaient réunies par un seul des coïndivisaires : Paris, 4 déc. 1996, RG n° 95/18746, *D.* 1997. Somm. 265, obs. CRDP Nancy 2 – Lyon, 9 nov. ▶

Mettant fin à la controverse, à deux reprises, la haute juridiction a précisé en 2009, en ce qui concerne la condition d'âge, qu'il suffit que l'un des deux époux bailleurs soit âgé de plus de 60 ans à l'échéance du contrat de bail pour pouvoir délivrer un congé-reprise sans offre de relogement au locataire âgé et de ressources modestes [1].

Et ce qui vaut pour l'âge doit, vraisemblablement, valoir pour la condition de ressources.

436.34 Logement appartenant à une SCI familiale. En 2016, la haute juridiction a jugé que la SCI bailleresse constituée exclusivement entre parents et alliés jusqu'au quatrième degré inclus doit offrir un logement de substitution au locataire âgé et démuni auquel elle a délivré un congé-reprise, alors même que l'associé bénéficiaire de la reprise est âgé [2]. Cette solution mérite approbation, car alors que l'article 13 *a* de la loi de 1989 assimile bailleur personne physique et bailleur SCI familiale lorsque le congé est délivré par la société au profit de l'un des associés, l'article 15, III de la même loi réserve expressément l'exception à l'obligation d'offrir de reloger un locataire âgé et démuni à l'hypothèse du bailleur personne physique lui-même âgé ou peu fortuné [3].

436.35 Logement grevé d'usufruit. Dans la mesure où l'usufruitier est la seule personne habilitée à donner congé (v. s[s] n° 431.61), les conditions d'âge et de ressources ne doivent s'apprécier qu'à son égard [4].

▶ 1999, RG n° 98/06648, *Loyers et copr.* 2000, n° 58, obs. B. Vial-Pedroletti – EN SENS CONTRAIRE : Orléans, 16 oct. 1996, RG n° 94/001610, *Loyers et copr.* 1997, n° 193, obs. crit. B. Vial-Pedroletti ; – Nîmes, 10 sept. 1998, RG n° 96.4372, *Loyers et copr.* 1999, n° 90, obs. crit. B. Vial-Pedroletti.

1. Civ. 3e, 29 avr. 2009, n° 08-11.513, P III, n° 91 ; *D.* 2009. AJ 1417, obs. Y. Rouquet ; *ibid.* 2010. Pan. 1168, spéc. 1180, obs. N. Damas *AJDI* 2009. 793, note E. Dreveau – DANS LE MÊME SENS, À PROPOS d'une indivision de 19 personnes, seules 8 d'entre elles ayant atteint l'âge requis : Civ. 3e, 16 sept. 2009, n° 08-13.701, P III, n° 189 ; *D.* 2009. AJ 2281, obs. Y. Rouquet ; *ibid.* 2010. Pan. 1168, spéc. 1180, obs. N. Damas.
2. Civ. 3e, 7 juill. 2016, n° 14-29.148, P III, n° 92 ; *D.* 2016. 1563 ; *ibid.* 2017. Pan. 1149, spéc. 1159, obs. N. Damas ; *D. actu.*, 21 juill. 2016, obs. Y. Rouquet ; *AJDI* 2017. 118, obs. N. Damas ; *D. actu.*, 21 juill. 2016, obs. Y. Rouquet.
3. DANS LE MÊME SENS, jugeant que la condition d'âge ou de ressources permettant au bailleur d'être exonéré de l'obligation d'offrir un relogement au locataire évincé s'apprécie en la personne du bailleur personne physique et non en celle du bénéficiaire de la reprise : Paris, 12 janv. 2016, n° 14/23305, *AJDI* 2016. 432 ; *Loyers et copr.* 2016, n° 87, obs. B. Vial-Pedroletti
4. Rennes, 29 oct. 1998, RG n° 9708286, *Loyers et copr.* 1999, n° 260, obs. B. Vial-Pedroletti.

CHAPITRE

437. Congés et état d'urgence sanitaire

SECTION 0 ORIENTEUR

437.00 Sommaire du chapitre.

Division. La pandémie de covid-19, et les décisions qui en ont découlé sur le plan sanitaire, ont profondément bouleversé l'activité économique à partir de mars 2020. Le Parlement, par la loi du 23 mars 2020[1] d'urgence pour faire face à l'épidémie de covid-19, a autorisé le Gouvernement à adopter des mesures provisoires, par voie d'ordonnances. En particulier, une ordonnance du 25 mars 2020[2] relative à la prorogation des délais échus pendant la période d'urgence sanitaire et à l'adaptation des procédures pendant cette même période, a produit certains effets sur les modalités de délivrance des congés en matière de bail d'habitation. D'autres délais (de prescription, de recours…) ont également été prorogés[3].

437.01 Principaux textes applicables.

• **Ord. n° 2020-306, 25 mars 2020,** art. 1 (mod. par ord. n° 2020-560, 13 mai 2020, art. 1)

I. – Les dispositions du présent titre sont applicables aux délais et mesures qui ont expiré ou qui expirent entre le 12 mars 2020 et le 23 juin 2020 inclus.

[…]

• **Ord. n° 2020-306, 25 mars 2020,** art. 2 (mod. par ord. n° 2020-427, 15 avr. 2020, art. 2 ; ord. n° 2020-666, 3 juin 2020, art. 2)

Tout acte, recours, action en justice, formalité, inscription, déclaration, notification ou publication prescrit par la loi ou le règlement à peine de nullité, sanction, caducité, forclusion, prescription, inopposabilité, irrecevabilité, péremption, désistement d'office, application d'un régime particulier, non avenu ou déchéance d'un droit quelconque et qui aurait dû être accompli pendant la période mentionnée à l'article 1er sera réputé avoir été fait à temps s'il a été effectué dans un délai qui ne peut excéder, à compter de la fin de cette période, le délai légalement imparti pour agir, dans la limite de deux mois.

Il en est de même de tout paiement prescrit par la loi ou le règlement en vue de l'acquisition ou de la conservation d'un droit.

Le présent article n'est pas applicable aux délais de réflexion, de rétractation ou de renonciation prévus par la loi ou le règlement, ni aux délais prévus pour le remboursement de sommes d'argent en cas d'exercice de ces droits.

Lorsque les dispositions du présent article s'appliquent à un délai d'opposition ou de contestation, elles n'ont pas pour effet de reporter la date avant laquelle l'acte subordonné à l'expiration de ce délai ne peut être légalement accompli ou produire ses effets ou avant laquelle le paiement ne peut être libératoire.

• **Ord. n° 2020-306, 25 mars 2020,** art. 5

Lorsqu'une convention ne peut être résiliée que durant une période déterminée ou qu'elle est renouvelée en l'absence de dénonciation dans un délai déterminé, cette période ou ce délai sont prolongés s'ils expirent durant la période définie au I de l'article 1er, de deux mois après la fin de cette période.

437.03 Bibliographie indicative.

Articles. S. Amrani Mekki, « La part du droit (et de la justice) dans l'angoisse contemporaine - La computation des

1. L. n° 2020-290, 23 mars 2020 d'urgence pour faire face à l'épidémie de covid-19, *JO* 24 mars.
2. Ord. n° 2020-306, 25 mars 2020 relative à la prorogation des délais échus pendant la période d'urgence sanitaire et à l'adaptation des procédures pendant cette même période, *JO* 26 mars.
3. N. Damas, « État d'urgence sanitaire et baux d'habitation », *AJDI* 2020. 325 – Sur la prolongation du sursis hivernal, v. s[s] n° 831.62.

délais », *Procédures* 2020.Ét. 15 – J.-P. Borelle, « Coronavirus : conséquences pour le notariat et les contrats en cours », *D. actu.* 7 avr. 2020 – N. Cayrol, « État d'urgence sanitaire : dispositions générales relatives aux délais », *JCP* 2020. 481 – N. Damas, « Comment donner congé en période d'urgence sanitaire ? », *AJDI* 2020. 360– C. Gijsbers, *Flash Cridon Paris*, 30 mars 2020 – M. Mekki, « Ordonnance du 25 mars 2020 relative à la prorogation des délais échus. – Quel kit de premiers secours pour les rédacteurs d'actes ? », *JCP N* 2020. 1079 ; « Calcul des délais : l'ordonnance "rectificative" du 15 avril 2020 », *JCP N* 2020. 1084 – B. Vial-Pedroletti, « Épidémie de Covid-19 et bail d'habitation : les questions que pose le confinement », *Loyers et copr.* 2020. Ét. 4.

Adde. Fiche mise en ligne par le ministère de la Justice, www.justice.gouv.fr/consequences-juridiques-etat-durgence-sanitaire-12982/

SECTION 1
NÉCESSITÉ DU DISPOSITIF

437.11 Justification. L'on sait l'importance du respect des délais, lorsque le bailleur entend délivrer congé à son locataire. Or, au cours de la première période de confinement, les difficultés matérielles ont été nombreuses, qui ont retardé voire empêché la notification de ce congé : le fonctionnement de la Poste était altéré, la remise en main propre peu envisageable, et la signification par huissier était également difficile à mettre en oeuvre. C'est pourquoi le Gouvernement a publié l'ordonnance du 25 mars 2020 relative à la prorogation des délais échus pendant la période d'urgence sanitaire et à l'adaptation des procédures pendant cette même période, qui sert de fondement au dispositif de report de la date ultime de délivrance d'un congé, lorsque cette date intervient au cours de la période définie.

437.12 Texte applicable. L'ordonnance du 25 mars 2020 contient deux articles susceptibles d'être appliqués à l'hypothèse d'un congé mettant fin à un bail en cours. L'article 2 dispose : « Tout acte, [...], notification [...] prescrit par la loi ou le règlement à peine de nullité, sanction, caducité, [...] déchéance d'un droit quelconque et qui aurait dû être accompli pendant la période mentionnée à l'article 1er sera réputé avoir été fait à temps s'il a été effectué dans un délai qui ne peut excéder, à compter de la fin de cette période, le délai légalement imparti pour agir, dans la limite de deux mois. »

L'article 5 indique quant à lui que : « Lorsqu'une convention ne peut être résiliée que durant une période déterminée ou qu'elle est renouvelée en l'absence de dénonciation dans un délai déterminé, cette période ou ce délai sont prolongés s'ils expirent durant la période définie au I de l'article 1er, de deux mois après la fin de cette période. »

À première vue, seul l'article 5 concerne l'hypothèse du congé, qui constitue bien un acte unilatéral de résiliation d'un contrat, car, très souvent, si un congé n'est pas délivré, le bail est reconduit pour une nouvelle période. C'est en ce sens que s'est prononcée la Doctrine même si des arguments pourraient être mis en avant, en faveur de l'applicabilité de l'article 2 [1].

SECTION 2
CHAMP D'APPLICATION

437.21 Congé par le locataire. Le congé par le locataire, qui peut être donné à tout moment et sans risque, à défaut, de renouvellement imposé, ne paraît pas être concerné par l'article 5 de l'ordonnance du 25 mars 2020. Comme il n'est pas soumis à une obligation de respecter une période déterminée afin de délivrer congé, un report de période n'a pas lieu d'être. Certes, le locataire est exposé aux mêmes difficultés matérielles de notification du congé, mais son risque est finalement limité à un retard de notification, et donc de point de départ du préavis. Il ne peut que prendre son mal en patience. Il est à noter que si le congé par le locataire a pu être délivré, le préavis légal (un ou trois mois en matière de bail d'habitation) s'appliquera sans qu'il ne soit affecté d'un quelconque report par l'ordonnance du 25 mars 2020.

437.22 Congé par le bailleur. Les enjeux sont ici plus importants. Prenons comme exemple un bail (d'habitation nue) expirant le 31 octobre 2020 : le congé par le bailleur devait être délivré au plus tard (préavis de six mois) le 30 avril 2020. Un report était-il possible ? L'hypothèse adéquate prévue par l'ordonnance semble être la suivante : « Lorsqu'une convention [...] est renouvelée en l'absence de dénonciation dans un délai déterminé [...] ». En l'occurrence, si le congé n'est pas délivré dans ce délai de six mois, un nouveau contrat se formera en effet à l'issue de la période initiale. À proprement parler, il ne s'agit pas d'un renouvellement (acte exprès), comme le précise l'ordonnance, mais d'une tacite reconduction (l'art. 10 de la loi du 6 juill. 1989 distingue bien les deux hypothèses). Il aurait été plus sécurisant que le texte édicte expressément : « ou qu'elle est renouvelée *ou tacitement reconduite* en l'absence de dénonciation dans un délai déterminé ». Mais l'on peut s'attendre à une interprétation large, tant le texte de l'article 5 est général et a vocation à embrasser de multiples situations, dont le bail

1. N. Damas, « Comment donner congé en période d'urgence sanitaire ? », *AJDI* 2020. 360.

d'habitation n'est qu'une illustration. Sous cette réserve, l'article 5 de l'ordonnance du 25 mars 2020 s'applique sans conteste aux congés délivrés par le bailleur dans le cadre d'un bail d'habitation.

SECTION 3
MODALITÉS DU REPORT

437.30 **Plan.** Afin d'étudier les modalités du report, il convient de déterminer la période juridiquement protégée (§ 1). La date limite peut ainsi être décalée au 23 août 2020 (§ 2). Les hypothèses exclues de tout report seront ensuite envisagées (§ 3).

§ 1
Détermination de la période juridiquement protégée

437.41 **Évolution.** L'article 5 de l'ordonnance du 25 mars 2020 précise que « cette période ou ce délai sont prolongés s'ils expirent durant la période définie au I de l'article 1er, de deux mois après la fin de cette période ». La période (qualifiée de période juridiquement protégée par la circulaire du 26 mars 2020) définie au I de l'article 1er renvoyait à la période d'état d'urgence sanitaire, définie par la loi du 23 mars 2020, augmentée d'un mois. Le point de départ de la période d'état d'urgence sanitaire était, selon cette loi, le 12 mars 2020 et le point d'arrivée le 23 mai 2020 à minuit. La période juridiquement protégée courait dès lors du 12 mars au 23 juin 2020 à minuit. La date du 23 juin 2020 comme terme de cette période juridiquement protégée a été confirmée en tant que telle (et donc indépendamment de la période d'état d'urgence sanitaire qui quant à elle avait été décalée au 10 juillet 2020) par l'article 1 de l'ordonnance du 13 mai 2020[1] (qui a modifié l'article 1 de l'ordonnance du 25 mars 2020).

437.42 **Période concernée.** En conséquence, si la date limite pour délivrer congé est intervenue au cours de la période juridiquement protégée, soit entre le 12 mars 2020 et le 23 juin 2020, le mécanisme de report de cette date s'est automatiquement appliqué.

§ 2
Décalage au 23 août 2020

437.51 **Principe.** Si la date limite pour délivrer congé intervient au cours de cette période juridiquement protégée, le texte précise que « cette période ou ce délai sont prolongés [...] de deux mois après la fin de cette période », soit jusqu'au 23 août 2020 inclus. La prolongation est automatiquement de deux mois.

Par exemple, soit un bail d'habitation (vide) expirant le 31 octobre 2020. Le bailleur devait délivrer congé au plus tard le 30 avril 2020. Cette date se trouvant en cours de la période juridiquement protégée, la date limite pour délivrer congé a été prolongée jusqu'au 23 août 2020. Un congé délivré par exemple le 10 juillet sera censé avoir été délivré efficacement au regard des textes imposant une date limite de délivrance du congé[2].

437.52 **Difficultés liées au terme du bail en cours.** Il peut tout d'abord arriver que l'échéance du bail soit intervenue (et donc que le cocontractant – le locataire – puisse penser se trouver dans un nouveau bail tacitement reconduit), et pourtant, un congé délivré postérieurement sera censé avoir été efficacement délivré pour s'opposer à cette tacite reconduction...

Par exemple, soit un bail meublé (préavis de trois mois à respecter en cas de congé par le bailleur) venant à expiration le 31 juillet 2020. Le bailleur devait donner congé au plus tard le 30 avril. Le report l'a conduit à pouvoir délivrer congé jusqu'au 23 août, empêchant la reconduction tacite d'un bail, plusieurs semaines après que celle-ci se soit théoriquement réalisée...

Cette situation se présentera lorsque le préavis est court, comme en matière de bail d'habitation portant sur un logement meublé. Une incertitude a régné tant que cette date du 23 août n'a pas été dépassée, créant ce qui a été qualifié de « situation contractuelle inédite »[3].

437.53 **Difficultés liées au préavis.** L'ordonnance ne précise pas que c'est l'échéance du bail qui est prolongée, mais uniquement la date possible de délivrance du congé. Or, le préavis est en principe calculé à rebours de l'échéance contractuelle, plutôt qu'à compter de la délivrance du congé par le bailleur. C'est ainsi particulièrement net en matière de congé pour vendre[4], où l'offre est valable pendant les deux premiers mois du préavis, calculé en se référant au point de départ théorique de ce délai[5].

Il est certes impossible d'imaginer que le congé, délivré efficacement à une date qui serait normalement considérée comme tardive, ne soit pas assorti d'un délai de préavis. Mais quelle durée lui affecter ?

1. Ord. n° 2020-560, 13 mai 2020 fixant les délais applicables à diverses procédures pendant la période d'urgence sanitaire, *JO* 14 mai.

2. L. n° 89-462, 6 juill. 1989, art. 15.
3. N. Cayrol, *État d'urgence sanitaire : dispositions générales relatives aux délais*, JCP 2020. 481
4. L. n° 89-462, 9 juill. 1989, art. 15, II.
5. Civ. 3e, 23 févr. 1994, n° 91-22.298, P III, n° 26 ; *D.* 1996. 372, obs. CRDP Nancy II.

La référence à l'échéance du bail paraît à cet égard peu satisfaisante, car elle conduirait à un préavis aléatoire : il serait soit raccourci[1] voire inexistant[2].

Le consensus semble l'emporter sur l'application des délais de préavis prévus par les textes[3].

Ainsi, dans l'exemple du congé délivré le 10 juillet 2020, la mise en œuvre d'un délai de préavis de six mois (durée expressément mentionnée à l'article 15 de la loi du 6 juillet 1989) le conduirait donc à prendre effet au 10 janvier 2021. Dans l'exemple du bail portant sur un logement meublé, le congé par le bailleur produirait effet après un préavis de trois mois[4], soit, s'il a été délivré le 23 août, le 23 novembre 2020.

437.54 Critiques. L'inconvénient de ces solutions de bon sens est que le renouvellement (ou la tacite reconduction) du bail est censé avoir été empêché à la date d'échéance normale de ce bail. En d'autres termes, décaler le préavis à partir de la date de notification réelle du congé revient à reporter le terme, donc à prolonger le bail... En toute rigueur, cela nous semble contestable sans un support textuel. Une telle disposition existe par exemple lorsque le droit pour le bailleur de délivrer congé est suspendu (dans le cas d'un logement menaçant ruine, selon l'article 15-I de la loi du 6 juillet 1989) et il est alors expressément prévu que la durée du bail est également suspendue. De même, depuis la loi du 6 août 2015[5], dite loi Macron, lors de l'acquisition d'un logement occupé, l'acquéreur qui délivre congé pour reprise voit, dans une circonstance particulière, la prise d'effet de ce congé décalée jusqu'à l'expiration d'une certaine durée : si le texte ne mentionne pas le report du terme du contrat, il énonce tout de même clairement le décalage et l'échéance du nouveau préavis imposé.

Il est regrettable que la loi de ratification de ces ordonnances n'est finalement pas été votée, qui aurait pu, pour sécuriser pleinement la solution consistant à appliquer, légitimement, la durée de préavis prévue par les textes légaux, indiquer, par exemple, que « le délai de préavis contractuellement ou légalement imposé se décompte alors à compter de la notification de la dénonciation ou de la résiliation ».

1. Par ex., pour un congé délivré le 10 juillet pour un terme au 31 octobre, v. s[s] n° 437.51.
2. Par ex., le terme du 31 juillet précédait la délivrance du congé en août, v. s[s] n° 437.52.
3. B. Vial-Pedroletti, « Épidémie de Covid-19 et bail d'habitation : les questions que pose le confinement », *Loyers et copr.* 2020. Ét. 4 ; C. Gijsbers, *Flash Cridon Paris*, 30 mars 2020 ; – *ADDE* : fiche mise en ligne par le ministère de la Justice, www.justice.gouv.fr/consequences-juridiques-etat-durgence-sanitaire-12982/
4. L. n° 89-462, 9 juill. 1989, art. 25-8.
5. L. n° 2015-990, 6 août 2015 pour la croissance, l'activité et l'égalité des chances économiques, *JO* 7 août.

§ 3
Hypothèses exclues de tout report

437.61 Échéance en dehors de la période définie par l'ordonnance. Dès lors que l'échéance pour délivrer congé ne s'est pas trouvée au cours de la période juridiquement protégée, elle ne peut être décalée. Deux hypothèses peuvent être présentées.

Si la date limite de délivrance du congé était antérieure au début de la période juridiquement protégée (soit jusqu'au 11 mars 2020 inclus), aucun report ne pouvait être mis en œuvre. Par exemple, si un bail d'habitation nue venait à échéance au 31 août 2020, le bailleur aurait dû délivrer congé au plus tard le 29 février 2020. Un congé délivré après cette date serait irrévocablement tardif et ne pourrait avoir été « rattrapé » sur le fondement de l'ordonnance du 25 mars 2020.

Si la date limite de délivrance du congé est postérieure à la fin de la période juridiquement protégée, soit après le 23 juin 2020, aucun report n'est là non plus prévu. Le congé devra être délivré avant la date initialement imposée par les textes ou le contrat. Par exemple, si bail d'habitation nue venait à échéance au 31 décembre 2020, le bailleur avait jusqu'au 30 juin 2020 pour donner congé. Il ne bénéficiera d'aucun report, et si le congé n'a pas été délivré à cette date, le bail aura été reconduit tacitement au 1er janvier 2021.

437.62 Efficacité de l'acte délivré même en cours de période. Le régime de report des délais est un assouplissement des règles normalement applicables, qui ne remet pas en cause la validité ou l'efficacité des actes notifiés au cours de cette période. Il s'agit en effet d'une règle de nature optionnelle.

Cela résulte clairement du rapport présenté au président de la République : « Ainsi, l'ordonnance ne prévoit pas de supprimer la réalisation de tout acte ou formalité dont le terme échoit dans la période visée ; elle permet simplement de considérer comme n'étant pas tardif l'acte réalisé dans le délai supplémentaire imparti »[6].

Par exemple, si un bail venait à échéance le 31 octobre 2020, et que la date ultime de délivrance d'un congé était fixée au 30 avril 2020, le report jusqu'au 23 août pouvait jouer. Mais un congé délivré le 20 avril 2020 produira bien ses effets à la date prévue (31 octobre 2020). L'auteur du congé n'a pas besoin du report puisqu'il est parvenu à délivrer congé malgré le contexte de crise.

De même, si un congé avec un préavis de trois mois a été délivré par un bailleur le 15 mars, avec

6. À propos de l'article 2 de l'ordonnance, mais selon nous transposable à l'article 5.

effet au 15 juin (échéance du bail meublé), cet acte produira ses effets à la date prévue, sans que le report soit nécessaire. Et il importera peu que la date d'effet du congé tombe au cours de la période définie par l'ordonnance, puisque celle-ci n'affecte pas la durée du préavis.

TITRE

44. Le congé donné par le locataire dans le secteur privé

SECTION 0
ORIENTEUR

44.00 **Sommaire du titre.**

Division. Après avoir étudié la question de l'auteur et du destinataire du congé, nous verrons que celui-ci n'a pas besoin d'être motivé pour être valable. Puis, nous nous arrêterons sur la forme et le délai que le preneur doit respecter (sur le caractère unilatéral du congé v. s[s] n° 431.12).

44.01 **Principaux textes applicables.**

TEXTES SOURCES

- **L. n° 89-462, 6 juill. 1989,** art. 8-1, 15.
- **C. civ.,** art. 1751.

44.03 **Bibliographie indicative.**

Annuel. LAMY DR. IMMO, n°s 5917 s.

Encyclopédies. RÉP. CIV., *V° Bail d'habitation et mixte : rapports locatifs individuels – Loi du 6 juillet 1989*, N. Damas, n°s 455 s. – DICT. PERM. Gestion immob., *V° Baux d'habitation et mixtes*, n°s 423 s.

Ouvrages. E. Debaussart-Joniec, S. Fraîche-Dupeyrat, Ph. Pelletier, *Les baux d'habitation après la loi Élan*, 3e éd., « Actualité », 2019, LexisNexis – J. Lafond, B. Vial-Pedroletti, *Les baux d'habitation*, 8e éd., « Droit et professionnels », LexisNexis, 2017, n°s 1183 s. à 1241 – Ph. Pelletier, *Traité des baux d'habitation et professionnels*, « Référence juridique », Le Moniteur, 2021 – V. Zalewski-Sicard, *Baux d'habitation – Congés et droits de préemption,* Ellipses, 2016.

CHAPITRE

441. Auteur et destinataire du congé

SECTION 0 ORIENTEUR

441.00 Sommaire du chapitre.

Division. Il convient d'étudier l'auteur et le destinataire du congé (sect. 1), l'absence de motivation du congé (sect. 2) et l'obligation du locataire pendant le préavis (sect. 3).

441.01 Principaux textes applicables.

TEXTES SOURCES

- **L. n° 89-462, 6 juill. 1989,** art. 8-1, 15.
- **C. civ.,** art. 1751.

TEXTES *IN EXTENSO*

- **L. 6 juill. 1989,** art. 8-1

I. – La colocation est définie comme la location d'un même logement par plusieurs locataires, constituant leur résidence principale, et formalisée par la conclusion d'un contrat unique ou de plusieurs contrats entre les locataires et le bailleur, à l'exception de la location consentie exclusivement à des époux ou à des partenaires liés par un pacte civil de solidarité au moment de la conclusion initiale du contrat.

II. – Lorsque la colocation est formalisée par la conclusion de plusieurs contrats entre les locataires et le bailleur, elle constitue une division du logement tenue au respect des articles L. 126-17, L. 126-18 et L. 126-21 du code de la construction et de l'habitation. Par dérogation aux mêmes articles L. 126-17 et L. 126-21, la surface et le volume habitables des locaux privatifs doivent être au moins égaux, respectivement, à 9 mètres carrés et à 20 mètres cubes. Pour l'application de l'article 6 de la présente loi, il est tenu compte de l'ensemble des éléments, équipements et pièces du logement.

Chaque contrat de bail formalisant une colocation respecte le présent titre Ier ou, s'il concerne un logement loué meublé, le titre Ier *bis* de la présente loi.

Le montant de la somme des loyers perçus de l'ensemble des colocataires ne peut être supérieur au montant du loyer applicable au logement en application des articles 17 ou 25-9. Les articles 17-1 et 17-2 sont applicables.

Les normes de peuplement prises en application de l'article L. 822-10 du code de la construction et de l'habitation s'imposent aux logements loués en colocation.

Un décret en Conseil d'État adapte aux logements loués en colocation les caractéristiques applicables aux conditions de décence.

III. – Le contrat de bail d'une colocation respecte un contrat type défini par décret en Conseil d'État, pris après avis de la Commission nationale de concertation.

IV. – Les parties au contrat de bail d'une colocation peuvent convenir dans le bail de la souscription par le bailleur d'une assurance pour compte récupérable auprès des colocataires dans les conditions prévues au g de l'article 7. Les colocataires peuvent provoquer la résiliation de l'assurance pour compte récupérable dans les conditions fixées au même article.

V. – Les charges locatives accessoires au loyer principal d'un contrat de bail d'une colocation sont récupérées par le bailleur au choix des parties comme prévu par ce contrat :

1° Soit dans les conditions prévues à l'article 23, lorsqu'il s'agit de provisions pour charges ;

2° Soit sous la forme d'un forfait versé simultanément au loyer, dont le montant et la périodicité de versement sont définis dans le contrat et qui ne peut donner lieu à complément ou à régularisation ultérieure. Le montant du forfait de charges est fixé en fonction des montants exigibles par le bailleur en application de l'article 23 et peut être révisé chaque année aux mêmes conditions que le loyer principal. Ce montant ne doit pas être manifestement disproportionné au regard des charges dont le locataire ou, le cas échéant, le précédent locataire se serait acquitté.

VI. – La solidarité d'un des colocataires et celle de la personne qui s'est portée caution pour lui prennent fin à la date d'effet du congé régulièrement délivré et lorsqu'un nouveau colocataire figure au bail. À défaut, elles s'éteignent au plus tard à l'expiration d'un délai de six mois après la date d'effet du congé.

L'acte de cautionnement des obligations d'un ou de plusieurs colocataires résultant de la conclusion d'un contrat de bail d'une colocation identifie nécessairement, sous peine de nullité, le colocataire pour lequel l'extinction de la solidarité met fin à l'engagement de la caution.

• **L. 6 juill. 1989,** art. 15

V. s^s n° 431.01

• **C. civ.,** art. 1751

Le droit au bail du local, sans caractère professionnel ou commercial, qui sert effectivement à l'habitation de deux époux, quel que soit leur régime matrimonial et nonobstant toute convention contraire et même si le bail a été conclu avant le mariage, ou de deux partenaires liés par un pacte civil de solidarité, dès lors que les partenaires en font la demande conjointement, est réputé appartenir à l'un et à l'autre des époux ou partenaires liés par un pacte civil de solidarité.

En cas de divorce ou de séparation de corps, ce droit pourra être attribué, en considération des intérêts sociaux et familiaux en cause, par la juridiction saisie de la demande en divorce ou en séparation de corps, à l'un des époux, sous réserve des droits à récompense ou à indemnité au profit de l'autre époux.

En cas de décès d'un des époux ou d'un des partenaires liés par un pacte civil de solidarité, le conjoint ou le partenaire lié par un pacte civil de solidarité survivant cotitulaire du bail dispose d'un droit exclusif sur celui-ci sauf s'il y renonce expressément.

441.02 Jurisprudence de référence.

• **Civ. 3e, 8 nov. 1995,** n° 93-17.110, P III, n° 220

* V. s^s n° 441.13

Le congé donné par l'un des copreneurs solidaires, qui a quitté les lieux, ne le libère pas de son obligation solidaire de payer les loyers et les charges.

• **Civ. 3e, 5 mai 2004,** n° 03-10.201, P III, n° 87

* V. s^s n° 441.13

Sauf stipulation expresse contraire, l'engagement solidaire souscrit par des co-preneurs ne survit pas à la résiliation du bail. Le co-preneur ayant quitté les lieux n'est donc pas redevable de l'indemnité d'occupation, due en raison de la faute quasi-délictuelle commise par celui qui se maintient dans les lieux.

441.03 Bibliographie indicative.

Annuel. LAMY DR. IMMO, n° 5919.

Encyclopédies. RÉP. CIV., *V° Bail d'habitation et mixte : rapports locatifs individuels – Loi du 6 juillet 1989*, N. Damas, n°s 457 s. – DICT. PERM. Gestion immob., *V° Baux d'habitation et mixtes*, n°s 442 s.

Ouvrages. E. Debaussart-Joniec, S. Fraîche-Dupeyrat, Ph. Pelletier, *Les baux d'habitation après la loi Élan*, 3e éd., « Actualité », 2019, LexisNexis – J. Lafond, B. Vial-Pedroletti, *Les baux d'habitation*, 8e éd., « Droit et professionnels », LexisNexis, 2017, n°s 1197 s. – Ph. Pelletier, *Traité des baux d'habitation et professionnels*, « Référence juridique », Le Moniteur, 2021 – V. Zalewski-Sicard, *Baux d'habitation – Congés et droits de préemption*, Ellipses, 2016.

SECTION 1
AUTEUR ET DESTINATAIRE DU CONGÉ

§ 1
Auteur du congé

441.11 Locataire unique ou pluralité de locataires. L'auteur du congé est le locataire. En cas de pluralité de locataires ou d'occupants, plusieurs hypothèses sont à envisager.

441.12 Colocataires non solidaires. Lorsqu'il n'existe pas de solidarité entre les signataires du bail (hypothèse cependant d'école puisque la quasi-totalité des contrats comportent une clause de solidarité), le congé donné uniquement par l'un d'eux produit ses pleins effets à son égard : à l'issue du préavis, il n'est donc plus tenu de respecter ses obligations locatives[1], à l'inverse du locataire n'ayant pas délivré de congé. Pour ce dernier, en effet, sauf stipulation contraire, le congé délivré par son colocataire est sans incidence[2].

441.13 Colocataires solidaires. Lorsque les signataires du bail sont solidaires, le congé doit émaner de chacun d'entre eux. En effet, un copreneur solidaire ne peut mettre fin au bail sans l'accord des autres[3].

À défaut de congé émanant de l'ensemble des locataires, l'auteur du congé restera toutefois tenu du paiement des loyers et des charges, quand bien même aurait-il quitté les lieux[4]. Sauf stipulation expresse contraire, l'engagement solidaire ne vaut pas pour l'indemnité d'occupation due par le locataire qui se maintient dans les lieux au-delà de l'échéance contractuelle ou judiciaire[5] du bail[6] (sur le régime de la colocation prévu par l'article 8-1 de la loi du 6 juillet 1989 issu de la loi du 24 mars 2014[7], dite loi Alur, v. s^s n°s 124.11 s.).

441.14 Locataires mariés. En application des principes de cotitularité du droit de bail[8] et de

1. Civ. 3e, 21 nov. 1990, n° 89-14.827, P III, n° 237.
2. Soc. 27 janv. 1961, P IV, n° 121 – Civ. 3e, 27 sept. 2005, n° 04-12.723, P III, n° 173 ; *AJDI* 2005. 900, note Y. Rouquet.
3. Soc. 27 janv. 1961, P IV, n° 121 – Civ. 3e, 27 sept. 2005, n° 04-12.723, P III, n° 173 ; *AJDI* 2005. 900, note Y. Rouquet.
4. Civ. 3e, 8 nov. 1995, n° 93-17.110, P III, n° 220 ; *D.* 1996. Somm. 368, obs. CRDP Nancy 2 – Civ. 3e, 1er févr. 2005, n° 04-10.417, NP, *Loyers et copr.* 2005, n° 83, obs. B. Vial-Pedroletti.
5. Hypothèse de la résiliation.
6. Civ. 3e, 5 mai 2004, n° 03-10.201, P III, n° 87 ; *D.* 2005, Pan. 750, obs. N. Damas ; *AJDI* 2004. 449, obs. Y. Rouquet.
7. L. n° 2014-366, 24 mars 2014 pour l'accès au logement et un urbanisme rénové, *JO* 26 mars, p. 5809.
8. C. civ., art. 1751.

solidarité entre les époux[1] (sur ces notions v. s[s] n°s 121.11 s.), le congé donné par l'un des deux époux seulement n'est pas opposable à l'autre, qui reste donc locataire[2]. De plus, tant que durent les liens du mariage (c'est-à-dire jusqu'à la publication du jugement de divorce), l'époux ayant donné congé restera malgré tout solidairement tenu du paiement des loyers et des charges[3]. À noter cette jurisprudence aux termes de laquelle le mari reste titulaire d'un droit au bail sur le local ayant effectivement servi à l'habitation des deux époux, quand bien même aurait-il cessé toute communauté de vie avec sa femme[4] (sur la situation du concubin du locataire v. s[s] n°s 123.11 s.).

441.15 Locataires liés par un Pacs. Même si le partenaire n'est pas signataire du bail, depuis la modification de l'article 1751 du code civil par la loi du 24 mars 2014[5], dite loi Alur, applicable depuis le 8 août 2015, date d'entrée en vigueur de la loi du 6 août 2015, dite Macron[6], aux contrats en cours, il est cotitulaire du droit au bail, du moins dès lors que les deux pacsés ont fait une demande conjointe en ce sens.

Partant, en cas de demande conjointe de cotitularité, le congé doit émaner de chacun d'entre eux[7].

441.16 Locataires vivant en concubinage. En dehors de l'hypothèse où les deux sont signataires du bail (auquel cas le congé doit émaner de chacun d'eux), le concubin n'étant ni cotitulaire ni solidaire[8], seul le signataire du bail doit donner congé.

441.17 Tableau récapitulatif.

AUTEURS DU CONGÉ DONNÉ PAR LE(S) LOCATAIRE(S)

Situation	Auteur(s)
Colocataires non solidaires	Les deux (sauf si l'un des colocataires veut continuer la relation contractuelle)
Colocataires solidaires	Les deux
Locataires mariés	Les deux
Locataire « pacsé » (partenaire non-signataire du bail)	Les deux si demande conjointe de cotitularité
Locataire vivant en concubinage (concubin non-signataire du bail)	Le seul locataire

1. C. civ., art. 220.
2. Civ. 3e, 20 févr. 1969, P III, n° 161 ; *JCP* 1969. II, n° 15946, note R. D.
3. Civ. 1re, 13 oct. 1992, n° 90-18.404, P III, n° 251 ; *Gaz. Pal.* 1er déc. 1993, 335-336, *Defrénois* 1993. 708, obs. Massip et p. 380, obs. Champenois.
4. Civ. 3e, 31 mai 2006, n° 04-16.920, P III, n° 135 ; *D.* 2006. IR 1632.
5. L. n° 2014-366, 24 mars 2014 pour l'accès au logement et un urbanisme rénové, *JO* 26 mars, p. 5809.
6. L. n° 2015-990 du 6 août 2015, art. 82, II.
7. Sur la question, v. s[s] n°s 122.11 s.
8. V. s[s] n° 123.12.

§ 2
Destinataire du congé

441.21 Bailleur ou représentants. Le destinataire du congé est le bailleur.

La notion de « bailleur » n'étant toutefois pas toujours sans poser de problèmes, rappelons pour l'essentiel que lorsque le logement sera en indivision, le congé devra être délivré à tous les indivisaires[9], lorsqu'il sera grevé d'usufruit, il devra être notifié à l'usufruitier, et lorsqu'il sera géré par une agence immobilière, il devra être donné au mandataire[10].

SECTION 2
ABSENCE DE MOTIVATION DU CONGÉ

441.31 Motif indifférent. Sous réserve, depuis la loi du 24 mars 2014[11], dite loi Alur, du locataire souhaitant bénéficier d'un délai de préavis abrégé[12], à l'inverse du bailleur, le locataire qui décide de rompre la relation contractuelle n'a pas à invoquer un quelconque motif.

SECTION 3
OBLIGATION DU LOCATAIRE PENDANT LE PRÉAVIS

441.41 Maintien de l'obligation de payer le loyer. Le locataire est redevable du loyer et des charges concernant tout le délai de préavis si c'est lui qui a notifié le congé[13], sauf si le logement se trouve occupé avant la fin du préavis par un autre locataire en accord avec le bailleur[14]. Mais le délai de préavis s'applique même en cas de remise des clés anticipée, dès lors que le logement ne s'est pas trouvé occupé avant la fin du préavis par un autre locataire[15].

9. V. toutefois s[s] n° 134.192, l'impact de la loi du 23 juin 2006 portant réforme des successions et des libéralités, en vigueur depuis le 1er janvier 2007.
10. Pour plus de précisions, v. s[s] n°s 431.31 s.
11. L. n° 2014-366, 24 mars 2014 pour l'accès au logement et un urbanisme rénové, *JO* 26 mars, p. 5809.
12. V. s[s] n°s 442.40 s., spéc. s[s] n° 442.61.
13. Mais toute clause figurant dans le bail d'un logement – social ou non – et prévoyant que « tout mois commencé est considéré comme entier » est illégale aux regards des dispositions de la loi du 6 juill. 1989 : Rép. min. n° 48140, *JOAN Q*, 21 mars 2017, p. 2377 ; *AJDI* 2017. 323.
14. L. n° 89-462, 6 juill. 1989, art. 15-I, al. 3.
15. Civ. 3e, 22 nov. 2011, n° 10-27.618, NP, *RJDA* 2012, n° 250 ; *Loyers et copr.* 2012, n° 6, obs. B. Vial-Pedroletti – RAPPR., jugeant que la réalisation de l'état des lieux de sortie et la restitution des clés ne mettent pas fin au bail, caractérisée par l'expiration du préavis contractuel : Civ. 3e, 28 nov. 2019, n° 18-18.193, NP, *AJDI* 2020. 374, obs. de Plater – RAPPR. ENCORE, jugeant que l'acceptation par le bailleur de la remise des clés avant la fin du préavis ne vaut pas ▶

À défaut d'occupation du logement par un autre locataire, éventuellement présenté par l'ancien locataire mais, en toute hypothèse, agréé par le bailleur, le loyer sera donc dû intégralement pendant la durée du préavis. Cela vaut également pour les charges locatives, telle la taxe d'enlèvement des ordures ménagères[1].

Ce, même si le preneur quitte les lieux avant l'expiration de ce délai.

La circonstance que le bailleur ait réalisé des travaux dans le logement libéré par anticipation par le locataire n'y change rien[2]. On notera toutefois que, à plusieurs reprises, le locataire a été exempté de tout préavis en raison de l'inhabitabilité des lieux[3].

441.42 Expiration du délai de préavis. À l'expiration du délai de préavis, le locataire est déchu de tout titre d'occupation des locaux loués[4].

▶ renonciation à ce préavis : Nancy, 25 juin 2020, nº 19/01735, *Loyers et copr.* 2020, nº 75, obs. B. Vial-Pedroletti.

1. Civ. 3e, 29 avr. 2002, nº 00-21.293, NP, *Administrer* oct. 2002, p. 28, obs. Canu – Sur les charges récupérables, v. ss nos 241.11 s.
2. Civ. 3e, 27 nov. 1990, nº 89-10.104, P III, nº 245.
3. V. ss nº 442.61.
4. L. nº 89-462, 6 juill. 1989, art. 15-I, *in fine* – Sur les conséquences de la fin du contrat v. ss nos 137.21 s.

CHAPITRE

442. Forme et délai du congé

SECTION 0 ORIENTEUR

442.00 Sommaire du chapitre.

Division. Après s'être intéressés à la forme du congé (sect. 1), nous examinerons le délai (sect. 2) qui lui est applicable.

442.01 Principaux textes applicables.

TEXTES SOURCES

• **L. n° 89-462, 6 juill. 1989,** art. 15.

TEXTES *IN EXTENSO*

• **L. 6 juill. 1989,** art. 15

* V. s^s n° 431.01

442.02 Jurisprudence de référence.

• **Civ. 3e, 4 avr. 2001,** n° 99-15.451, P III, n° 42

V. s^s n° 442.134

La seule absence d'emploi ne faisant pas partie des cas de modification de la situation professionnelle visés à l'art. 15, I, al. 2 de la loi n° 89-462 du 6 juill. 1989, pour le bénéfice d'un préavis d'un mois, le locataire qui subit une période de chômage n'est pas visé par ce texte.

• **Civ. 3e, 22 oct. 2003,** n° 02-15.627, P III, n° 179

V. s^s n° 442.123

Ajoute à la loi une condition qu'elle ne comporte pas, la cour qui exige que la mutation nécessite un changement de domicile dans une autre ville.

• **Civ. 3e, 3 déc. 2003,** n° 02-14.411, P III, n° 217

V. s^s n° 442.72

Le locataire qui bénéficiait d'une « promesse d'embauche », simple projet auquel l'employeur n'a pas donné suite, ne peut se prévaloir d'une perte d'emploi. Il ne peut donc pas prétendre à un délai de préavis réduit à un mois.

• **Civ. 3e, 20 janv. 2010,** 09-10.287, P III, n° 16

V. s^s n° 442.121

L'art. 15 prévoyant que le préavis est réduit à un mois en cas de mutation, sans préciser que celle-ci doit être imposée par l'employeur, il importe peu que le locataire soit à l'origine de cette mutation pour bénéficier de la réduction.

• **Civ. 3e, 5 févr. 2014,** n° 13-10.804, P III, n° 16

V. s^s n° 442.137

Ayant relevé que le locataire a perdu son emploi le 31 décembre puis retrouvé un nouvel emploi le 23 mars suivant, une cour d'appel en a déduit à bon droit qu'il peut, à l'occasion du congé délivré le 29 mai de la même année, se prévaloir d'un délai de préavis réduit.

• **Civ. 3e, 9 juin 2016,** n° 15-15.175, P

V. ss n° 442.133

La rupture conventionnelle du contrat de travail constitue une perte d'emploi au sens de l'art. 15 et permet au locataire de bénéficier d'un délai de préavis d'un mois.

442.03 **Bibliographie indicative.**

Annuel. LAMY DR. IMMO, nos 5918, 5920.

Encyclopédies. RÉP. CIV., *V° Bail d'habitation et mixte : rapports locatifs individuels – Loi du 6 juillet 1989*, N. Damas, nos 458 s. – DICT. PERM. Gestion immob., *V° Baux d'habitation et mixtes*, nos 424, 442 s.

Ouvrages. E. Debaussart-Joniec, S. Fraîche-Dupeyrat, Ph. Pelletier, *Les baux d'habitation après la loi Élan*, 3e éd., « Actualité », 2019, LexisNexis – J. Lafond, B. Vial-Pedroletti, *Les baux d'habitation*, 8e éd., « Droit et professionnels », LexisNexis, 2017, nos 1190 s. et 1202 s. – Ph. Pelletier, *Traité des baux d'habitation et professionnels*, « Référence juridique », Le Moniteur, 2021 – V. Zalewski-Sicard, *Baux d'habitation – Congés et droits de préemption*, Ellipses, 2016.

SECTION 1
FORME DU CONGÉ

442.11 **Lettre RAR ou huissier de justice ou remise en main propre.** La forme que doit revêtir la notification est la même que lorsque le congé émane du bailleur[1]. Le locataire a donc le choix entre envoyer une lettre recommandée avec AR, avoir recours aux services d'un huissier ou, pour les baux en cours le 8 août 2015, date d'entrée en vigueur de la loi du 6 août 2015, dite Macron[2], remettre le congé en main propre contre récépissé ou émargement[3].

442.12 **Autres formes – Nullité.** Toute autre forme serait nulle. Ainsi, la remise d'une lettre dans la boîte aux lettres du bailleur n'emporte pas congé. À noter cependant qu'une récente décision de la Cour de Paris a jugé valable le congé déposé dans la boîte du bailleur, celui-ci ayant répondu dès le lendemain[4]. Il n'en va pas différemment d'une lettre simple, ce, quand bien même, le bailleur ne contesterait-il pas l'avoir reçue[5]. De même, la remise des clés au concierge, mandataire du bailleur, accompagnée d'un appel téléphonique ne saurait valoir congé[6]. Dans le même sens, il a été jugé que la remise des clés par le locataire à un huissier de justice, son mandataire, et l'envoi d'une lettre au bailleur l'informant que l'officier ministériel détenait lesdites clés ne vaut pas congé[7]. Cependant, il a été remarqué que le formalisme du congé n'est pas prévu à peine de nullité[8] ; et que le seul but recherché par la loi est d'établir que le bailleur a bien été averti du congé, aucune sanction ne venant, dans ce cas, sanctionner le non-respect des formes par le preneur[9]. Enfin, la cour d'appel de Versailles a considéré qu'en application de l'article 114 du code de procédure civile[10], le non-respect du formalisme du congé ne doit être sanctionné que dans la mesure où cette irrégularité a causé un grief au bailleur[11].

Quant au commandement de payer délivré par le bailleur, il ne saurait, en aucune manière, être assimilé à un congé. Et la seule acceptation des clés et l'établissement d'un état des lieux de sortie ne caractérisent pas la renonciation du bailleur aux loyers dus par le locataire jusqu'au terme du délai de préavis[12].

SECTION 2
DÉLAI DU CONGÉ

442.20 **Plan – Principe et exceptions.** Le délai de droit commun est de trois mois (§ 1). Mais, par exception, il est des hypothèses où il est réduit à un mois (§ 2). Le locataire peut donner congé à tout moment en cours de bail.

§ 1
Délai de droit commun (trois mois)

442.31 **Droit commun.** Le délai de préavis est de trois mois lorsqu'il émane du locataire[13].

442.32 **Réduction possible du délai par accord du bailleur.** Le preneur peut donner congé à tout moment du bail.

Le point de départ du délai de préavis est le jour de la réception de la lettre recommandée ou de la signifi-

1. V. ss n° 432.11.
2. L. n° 2015-990 du 6 août 2015, art. 82-II.
3. Sur les formes pour lesquelles il est conseillé d'opter, compte tenu de la fixation du point de départ du délai de préavis, v. ss n° 432.25.
4. Paris, 20 mars 2001, RG n° 1999/05290, *Loyers et copr.* 2002, n° 86, obs. B. Vial-Pedroletti.
5. Civ. 3e, 3 avr. 2001, n° 99-15.175, NP, *Loyers et copr.* 2001, n° 173, obs. B. Vial-Pedroletti.
6. Civ. 3e, 24 mars 1993, n° 91-19.529, P III, n° 41 ; *Defrénois* 1994. 424, obs. Vermelle, [loi de 1982].
7. Civ. 3e, 13 juin 2001, n° 99-14.998, P III, n° 74 ; *D.* 2001. IR 2084.
8. Paris, 5 févr. 1996, RG n° 94/014959, *D.* 1996. Somm. 367, obs. CRDP Nancy 2.
9. Toulouse, 24 mars 1998, RG n° 97/02115, *Loyers et copr.* 1998, n° 296, obs. B. Vial-Pedroletti, [bail professionnel].
10. Relatif aux vices de forme.
11. Versailles, 20 nov. 1998, RG n° 97/00008812, *BICC* 1998, n° 907 – DANS LE MÊME SENS, à propos d'un congé reçu par SMS : Paris, 13 août 2018, n° 16/0579, *Loyers et copr.* 2018, n° 240, obs. B. Vial-Pedroletti.
12. Civ. 3e, 26 nov. 2008, n° 07-18.856, NP, *AJDI* 2009. 365, note E. Dreveau.
13. L. n° 89-462, 6 juill. 1989, art. 15, I, al. 2.

cation de l'acte d'huissier[1]. Compte tenu des règles applicables en la matière[2], il ne saurait donc être trop conseillé au preneur d'avoir recours au ministère d'un huissier.

Le délai se décompte donc de date à date en application des règles de computation décrites aux n°s 432.25 et 432.27.

442.33 Renonciation au délai légal par le bailleur. Les dispositions du titre premier de la loi de 1989 étant d'ordre public de protection, une telle renonciation est possible, dès lors qu'elle est certaine et non équivoque[3].

Notons, à ce sujet qu'il a été jugé que le simple fait, pour le bailleur, d'accepter les clés remises par le locataire - en dehors de tout congé ou en cours de préavis - ne saurait valoir renonciation de sa part au délai de préavis de trois mois[4]. En revanche, vaut renonciation la réalisation d'importants travaux par le bailleur, après le départ, en cours de préavis, du preneur ayant délivré congé et ayant restitué les clés[5].

§ 2
Délai réduit (un mois)

442.40 Plan – Situations visées. En la matière, il convient tout d'abord d'énumérer les six motifs mentionnés à l'article 15, I de la loi du 6 juillet 1989 permettant au locataire de bénéficier d'un délai de préavis d'un mois et de préciser que cette liste est exhaustive.

Il faudra ensuite s'arrêter sur chaque motif.

Il conviendra enfin de s'arrêter aux règles de preuve que le locataire devra respecter pour pouvoir bénéficier d'un préavis réduit.

A.
Six motifs, pas un de plus !

442.50 Plan. Il convient d'étudier la liste légale des motifs (1°) et son caractère limitatif (2°).

1°
Liste légale

442.61 Hypothèses visées. L'article 15, I de la loi du 6 juillet 1989 énumère les motifs que le locataire peut invoquer pour bénéficier d'un délai de préavis réduit à un mois.

Le délai est ainsi réduit :

- sur les territoires mentionnés au premier alinéa du I de l'article 17 ;

- en cas d'obtention d'un premier emploi, de mutation, de perte d'emploi ou de nouvel emploi consécutif à une perte d'emploi ;

- pour le locataire dont l'état de santé, constaté par un certificat médical, justifie un changement de domicile ;

- pour le locataire bénéficiaire d'une ordonnance de protection ou dont le conjoint, partenaire lié par un pacte civil de solidarité ou concubin fait l'objet de poursuites, d'une procédure alternative aux poursuites ou d'une condamnation, même non définitive, en raison de violences exercées au sein du couple ou sur un enfant qui réside habituellement avec lui ;

- pour les bénéficiaires du revenu de solidarité active ou de l'allocation adulte handicapé ;

- pour le locataire qui s'est vu attribuer un logement défini à l'article L. 831-1 du code de la construction et de l'habitation.

2°
Caractère limitatif de la liste

442.71 Liste limitative. Comme toute exception, cette liste[6] est d'interprétation stricte et doit donc être considérée comme limitative[7].

442.72 Caractère exhaustif de la liste fixant les cas de préavis réduit à un mois. Le délai de préavis réduit à un mois ne saurait jouer à l'égard d'un locataire qui a eu un grave accident[8]. Il en va de même de l'étudiant qui doit effectuer un stage en dehors de sa ville de résidence[9] ou qui termine ses études[10], du locataire qui bénéficie d'une « promesse d'embauche »[11], de celui qui abandonne une activité libérale[12]. Il ne saurait pas plus être invoqué par le preneur dont le logement a besoin de réparations urgentes ou a été partiellement détruit[13] ou par le commerçant boulanger qui cède son fonds de commerce[14]. De la

1. L. n° 89-462, 6 juill. 1989, art. 15, I, al. 2, *in fine*.
2. V. s^{s} n° 432.25.
3. Paris, 5 mars 1998, RG n° 96/81025, *Loyers et copr.* 1998, n° 264, obs. B. Vial-Pedroletti. V. s^{s} n° 021.11.
4. Respectivement, Bourges, 21 nov. 2000, RG n° 99/01903, *Loyers et copr.* 2001, n° 172, obs. B. Vial-Pedroletti – Civ. 3^{e}, 1er juill. 2003, n° 02-15.569, NP, *Loyers et copr.* 2003, n° 235, obs. B. Vial-Pedroletti.
5. Civ. 3e, 19 mai 2010, n° 09-13.426, NP, *AJDI* 2010. 728, note V. Zalewski.
6. L. n° 89-462, 6 juill. 1989, art. 15, I, al. 2.
7. Paris, 14 nov. 1996, RG n° 94/17004, *Loyers et copr.* 1997, n° 5.
8. Rép. min. n° 20610, *JOAN Q* 30 janv. 1995, p. 597.
9. Bordeaux, 30 mars 2000, *JurisData* 115914, *Loyers et copr.* 2000, n° 250, obs. B. Vial-Pedroletti.
10. Rép. min. n° 52184, *JOAN Q* 22 mars 2005, p. 3055 ; *AJDI* 2005. 513, obs. Y. R.
11. Civ. 3e, 3 déc. 2003, n° 02-14.411, P III, n° 217 ; *Administrer* juin 2004, p. 46, obs. Canu ; *Rev. loyers* 2004. 100, obs. Humblot-Gignoux.
12. Civ. 3e, 16 mars 1994, n° 92-15.816, P III, n° 51 ; *D.* 1994. IR 84 – Paris, 9 sept. 2004, RG n° 03/07129, *Loyers et copr.* 2004, n° 201, obs. B. Vial-Pedroletti.
13. Versailles, 11 oct. 1996, RG n° 7903/95, *Loyers et copr.* 1997, n° 134.
14. TI Lyon, 18 avr. 1986, *Ann. loyers* 1986. 589, [loi de 1982].

même manière, n'est pas éligible à un préavis réduit le locataire ayant entamé avec sous épouse, cotitulaire du bail, une procédure de séparation de corps[1] ou le locataire confronté au décès de son copreneur[2].

442.73 Manquement à l'obligation de délivrance. À noter cependant que, par une décision du 18 janvier 2000, la cour d'appel de Bordeaux a appliqué le délai de préavis d'un mois au locataire dont le bailleur n'avait pas respecté son obligation de délivrance (le logement étant très humide)[3]. Cette décision est contestable en ce qu'elle méconnaît la liste légale et en ce qu'elle ne tire pas les conséquences du manquement du bailleur : de deux choses l'une, soit (comme cela a d'ailleurs été jugé par la cour d'appel de Douai le 10 février 2000), la violation de l'obligation de délivrance du bailleur ne rend pas le logement impropre à sa destination et le délai de trois mois doit s'appliquer[4] (sans préjudice de l'octroi de dommages et intérêts au locataire pour trouble de jouissance), soit elle impose au locataire de déménager et alors, le locataire doit être purement et simplement dispensé de préavis (comme cela a déjà été jugé à propos d'un appartement infesté de puces[5] ou, plus généralement, pour un logement insalubre ou indécent[6]), le bail se trouvant résilié[7].

B.
Précisions concernant chaque motif

442.80 Plan. Il faut envisager successivement la location portant sur un logement situé en zone tendue (1°), le locataire ayant obtenu un premier emploi, ayant été muté, ayant perdu son emploi ou ayant trouvé un emploi consécutivement à une perte d'emploi (2°), le locataire dont l'état de santé justifie un changement de domicile (3°), le locataire victime de violences familiales (4°), le locataire bénéficiaire du RSA ou de l'AAH (5°) et le locataire qui s'est vu attribuer un logement ouvrant droit à APL (6°).

1°
Location portant sur un logement situé en zone tendue

442.91 Location en zone tendue. Depuis la loi du 24 mars 2014, dite loi Alur, applicable depuis le 8 août 2015, date d'entrée en vigueur de la loi Macron du 6 août 2015[8], bénéficie d'un préavis réduit le locataire dont le logement est situé dans un secteur tendu sur lequel des mesures d'encadrement des loyers sont en vigueur[9].

2°
Locataire ayant obtenu premier emploi, ayant été muté, ayant perdu son emploi ou ayant trouvé un nouvel emploi consécutif à une perte d'emploi

442.100 Plan. Ce motif protéiforme lié à l'activité professionnelle du locataire mérite qu'on s'arrête sur chacune de ses composantes : l'obtention d'un premier emploi (a), la mutation professionnelle (b) et la perte d'emploi (c).

a.
Premier emploi

442.111 Obtention d'un premier emploi. Une réponse ministérielle a précisé que, sous réserve de l'appréciation souveraine des tribunaux, il y a lieu de considérer la date d'affiliation au régime de Sécurité sociale comme la date de référence du premier emploi du locataire, quelle que soit la forme de son contrat de travail[10]. Par ailleurs, pour la Cour de cassation, n'est pas un premier emploi celui d'étudiant occupé par le locataire alors qu'il était domicilié chez ses parents et n'avait pas commencé son cycle universitaire[11].

b.
Mutation professionnelle

442.121 Mutation professionnelle (principe). L'article 15 prévoyant que le préavis est réduit à un mois en cas de mutation, sans préciser que celle-ci doit être imposée par l'employeur, il importe peu que le locataire soit à l'origine de cette mutation pour bénéficier de la réduction[12]. Mais le déménagement d'un médecin exerçant son activité en profession

1. Toulouse, 27 avr. 2010, RG n° 09/01326, *Loyers et copr.* 2010, n° 252, obs. Vial-Pedroletti.
2. Caen, 23 mai 2019, n° 18/00042, *Loyers et copr.* 2019, n° 145, obs. Vial-Pedroletti.
3. Bordeaux, 18 janv. 2000, *JurisData* 106726, *Loyers et copr.* 2000, n° 135, obs. crit. Vial-Pedroletti.
4. Douai, 10 févr. 2000, RG n° 1997/06589, *Loyers et copr.* 2001, n° 197, obs. Vial-Pedroletti.
5. Reims, 12 nov. 1998, RG n° 97/00721, *Loyers et copr.* 1999, n° 205, obs. B. Vial-Pedroletti – AUSSI : Paris, 3 mai 2001, RG n° 1999/16180, *loyers et copr.* 2002, n° 87, obs. B. Vial-Pedroletti.
6. Chambéry, 23 janv. 2007, *JCP* 2007. IV. 1846 – Amiens, 8 févr. 2018, n° 16/02494, *Loyers et copr.* 2018, n° 117, obs. B. Vial-Pedroletti – Pau, 29 juin 2020, n° 19/00379, *Loyers et copr.* 2020, n° 74, obs. B. Vial-Pedroletti – Rennes, 8 juill. 2020, n° 17/03352.
7. Sur l'obligation de délivrance, v. s^s n°s 211.21 s.
8. L. n° 2015-990, 6 août 2015, art. 82, II.
9. V. s^s n° 422.31.
10. Rép. min. n° 911, *JOAN Q* 14 oct. 2002, p. 3611 ; *Administrer* déc. 2002, p. 51.
11. Civ. 3e, 29 juin 2011, n° 10-18.271, P III, n° 112 ; *D.* 2012. Pan. 1086, spéc. 1093, obs. N. Damas ; *D. actu.*, 18 juill. 2011, obs. Y. Rouquet ; *AJDI* 2012. 199, note N. Damas.
12. Civ. 3e, 20 janv. 2010, n° 09-10.287, P III, n° 16 ; *D.* 2010. AJ 326, obs. Y. Rouquet – EN SENS CONTRAIRE toutefois : Versailles, 5 déc. 1997, RG n° 5390/95, *Administrer* juill. 1998, p. 33, note Teilliais.

libérale n'est pas une mutation[1]. Pas plus que n'est une mutation, le départ à la retraite du locataire[2].

On notera qu'il importe peu qu'en définitive l'annonce de la mutation n'ait pas été suivie d'effet, dès lors que ce revirement résulte, non pas de la seule volonté du locataire, mais de la redéfinition de sa mission par son employeur[3].

De la même manière, une mutation limitée dans le temps (on parle alors de « mission ») va permettre au locataire de bénéficier du délai de préavis réduit[4].

442.122 Mutation professionnelle (locataire concerné par la mutation). La mutation ne va justifier un préavis réduit que dans la mesure où elle touche le locataire lui-même. Lorsque le bail sera signé par plusieurs copreneurs, elle va permettre au copreneur muté de se dégager rapidement du contrat (il ne sera toutefois dégagé de ses obligations que pour autant qu'aucune solidarité ne sera stipulée au bail ; sur la question v. s[s] n° 441.13)[5]. En revanche, la mutation du concubin (qui n'est pas titulaire du bail) ou celle de la caution sont indifférentes[6].

442.123 Mutation professionnelle (indifférence du lieu). Quant au lieu de mutation, il est sans importance. La Cour de cassation, suivie par de nombreuses décisions de juridictions du fond[7], a en effet précisé que la réduction du délai de préavis n'est pas subordonnée à un certain éloignement géographique imposé par la nouvelle activité professionnelle[8]. À signaler tout de même qu'une décision isolée de la cour d'appel de Paris a refusé de prendre en compte la mutation du locataire dans un autre arrondissement de la même ville[9].

442.124 Mutation professionnelle (date de la mutation). Concernant le moment à laquelle cette mutation doit intervenir, à l'évidence, pour qu'un lien de causalité puisse être reconnu entre congé et mutation, le premier ne doit pas être donné trop longtemps après que la seconde ne se soit produite. Il a ainsi été jugé que le congé donné près de quatre mois après la mutation du locataire ne pouvait être considéré comme rentrant dans le cadre de l'aléa professionnel permettant sa réduction à un mois[10].

C.
Perte d'emploi

442.131 Perte d'emploi (qualité de salarié du preneur). La « perte d'emploi » ne saurait concerner une activité libérale[11], pas plus qu'une activité commerciale[12] (un locataire non-salarié ne peut en effet être licencié ![13]) ou la démission du locataire[14]. Une radiation du répertoire des métiers, démarche unilatérale, ne constitue pas plus une perte d'emploi[15]. De même, la perte d'emploi ne saurait s'appliquer à une activité indépendante telle l'activité de chambres d'hôtes[16].

En revanche, quel qu'en soit le motif, le licenciement du locataire lui permettra de bénéficier d'un délai de préavis abrégé[17].

442.132 Perte d'emploi et non-reconduction d'un CDD. De même, la non-reconduction du contrat de travail à durée déterminée (CDD) du locataire lui permet de n'être redevable que d'un préavis d'un mois[18]. Et le fait que le locataire n'a donné congé que trois mois après la fin de son contrat de travail est indifférent[19].

Il est pourtant des cas où la mauvaise foi du preneur va lui interdire de bénéficier de cet avantage. Il en sera ainsi lorsque le locataire aura signé le

1. Paris, 27 nov. 1990, RG n° 89/22433 ; *Administrer* mars 1991, p. 62, [loi de 1986].
2. Paris, 21 janv. 2003, RG n° 2001/07112, *AJDI* 2003. 198.
3. Paris, 4 juin 1999, RG n° 1998/25902, *Loyers et copr.* 2000, n° 35, obs. B. Vial-Pedroletti.
4. Paris, 22 mars 2001, RG n° 1999/16755, *Loyers et copr.* 2002, n° 59, obs. B. Vial-Pedroletti.
5. Paris, 11 mars 2004, RG n° 2002/20148, *AJDI* 2004. 451.
6. Aix-en-Provence, 26 févr. 1998, *JurisData* 041520, *Loyer et copr.* 1998, n° 290, obs. B. Vial-Pedroletti.
7. Paris, 8e ch., 12 mars 1997, RG n° 95/14710, *Loyers et copr.* 1997, n° 194, obs. B. Vial-Pedroletti ; Paris, 9 sept. 2004, RG n° 03/07129, *Rev. loyers* 2005. 36.
8. Civ. 3e, 22 oct. 2003, n° 02-15.627, P III, n° 179 ; *AJDI* 2004. 32, obs. Y. Rouquet ; *D.* 2004. Somm. 842, obs. Pierre – Civ. 3e, 20 juill. 1994, n° 92-18.450, P III, n° 151 ; *D.* 1994. Somm. 368, obs. CRDP Nancy 2.
9. Paris, 6e ch., 27 mars 1997, RG n° 95/28416, *Loyers et copr.* 1997, n° 194, obs. B. Vial-Pedroletti – Versailles, 28 mars 2017, n° 16/00166, *Loyers et copr.* 2017, n° 134, obs. B. Vial-Pedroletti.
10. Besançon, 30 janv. 2001, *JurisData* 133511, *Loyers et copr.* 2001, n° 174, obs. B. Vial-Pedroletti – DANS LE MÊME SENS : Paris, 16 oct. 2001, RG n° 2001/04245, *AJDI* 2002. 37, obs. Y. Rouquet.
11. Civ. 3e, 16 oct. 1994, *Administrer* juill. 1995, p. 23, note C. Giverdon.
12. Agen, 22 mars 2000, RG n° 98/00879, *Loyers et copr.* 2000, n° 269, obs. B. Vial-Pedroletti.
13. Civ. 3e, 18 juin 2002, *Administrer* janv. 2003. 44, obs. Canu.
14. Paris, 30 oct. 1997, RG n° 96/80572, *JCP N* 1998, n° 7, p. 226, obs. A. Djigo.
15. Nîmes, 17 févr. 2011, *Loyers et copr.* 2011, n° 212, obs. B. Vial-Pedroletti.
16. Pau, 28 mars 2013, RG n° 11/04627, *AJDI* 2013. 528.
17. Paris, 10 févr. 1998, RG n° 96/83542, *Loyer et copr.* 1998, n° 182, obs. crit. B. Vial-Pedroletti.
18. Civ. 3e, 8 déc. 1999, n° 98-10.206, P III, n° 236 ; *D.* 2000. IR 17 ; *Rev. loyers* 2000. 168, obs. crit. Mendak – Civ. 3e, 8 juill. 2009, n° 08 14.903, P III, n° 172 ; *D.* 2009. AJ 1974, obs. Y. Rouquet ; *ibid.* 2010. Pan. 1168, spéc. 1179, obs. N. Damas ; *AJDI* 2010. 139, note Dreveau – Paris, 16 mars 2000, RG n° 1998/02850, *AJDI* 2000. 434.
19. Pau, 3 nov. 2020, n° 19/00956, *Loyers et copr.* 2021, n° 5, obs. B. Vial-Pedroletti.

bail quelques jours seulement avant le terme de son CDD[1].

Il a par ailleurs été jugé que la fin d'une mission d'intérim ouvrait droit à un préavis réduit[2].

442.133 Perte d'emploi et rupture conventionnelle d'un CDI. La rupture conventionnelle du contrat de travail (créée par la loi du 25 juin 2008 portant modernisation du marché du travail[3] et prévue aux articles L. 1237-11 et suivants du code du travail) constitue une perte d'emploi au sens de l'article 15 de la loi du 6 juillet 1989 et permet au locataire de bénéficier d'un délai de préavis d'un mois[4, 5].

442.134 Perte d'emploi et chômage. Quant aux notions de « perte d'emploi » et de « chômage », elles ne sauraient se confondre. En effet, la Cour de cassation a indiqué que la seule absence d'emploi ne faisant pas partie des cas de modification de la situation professionnelle pour bénéficier d'un préavis d'un mois, le locataire qui subit une période de chômage ne peut s'en prévaloir[6].

Seule la perte d'emploi du locataire ou d'un des colocataires sera prise en compte[7].

442.135 Date de la perte d'emploi. En ce qui concerne le moment auquel intervient cette perte d'emploi, comme en matière de mutation, il doit être suffisamment proche de la délivrance du congé pour qu'existe un lien de causalité[8]. Ainsi, la perte d'emploi antérieure de près d'un an à la notification du congé ne va pas permettre au locataire d'échapper aux trois mois de préavis[9]. De même, le locataire qui a donné congé uniquement par crainte d'être licencié ne va pas bénéficier du délai réduit dès lors que son licenciement va intervenir dix-huit mois plus tard[10].

442.136 Perte d'emploi et maintien du locataire dans la région. Notons enfin que le bénéfice du préavis réduit n'est pas conditionné par le fait que le locataire quitte la région[11].

442.137 Nouvel emploi consécutif à une perte d'emploi. Il a été jugé que le locataire peut bénéficier d'un préavis réduit, même lorsque le nouvel emploi est à durée déterminée[12].

En tout état de cause, le préavis doit être délivré à une date suffisamment proche de la nouvelle embauche, pour que subsiste un lien de causalité entre les deux événements[13].

3°
Locataire dont l'état de santé justifie un changement de domicile

442.141 État de santé du locataire. Concernant le locataire souffrant, alors qu'avant la loi du 24 mars 2014, dite loi Alur, seul le locataire âgé de plus de 60 ans dont l'état de santé justifiait un changement de domicile était éligible à un préavis réduit, pour les baux en cours le 8 août 2015, date d'entrée en vigueur de la loi du 6 août 2015, dite Macron[14], la condition d'âge a disparu.

Désormais, tout locataire dont l'état de santé, constaté par un certificat médical, justifie un changement de domicile peut exciper d'un seul mois de préavis[15].

1. Civ. 3e, 30 sept. 1998, no 96-22.017, NP, *D.* 1999. Somm. 137, obs. CRDP Nancy 2.
2. Civ. 3e, 28 nov. 2019, no 18-16.352, NP, *Loyers et copr.* 2020, no 6, obs. B. Vial-Pedroletti.
3. L. no 2008-596, 25 juin 2008 portant modernisation du marché du travail, *JO* 26 juin, p. 10224.
4. Civ. 3e, 9 juin 2016, no 15-15.175 P, *D.* 2016. Actu. 1311 ; *Dalloz actu.*, 16 juin 2016, obs. Y. Rouquet – AUSSI, dans le même sens, Rép. min. no 40307, *JOAN Q* 16 mars 2010, p. 3128 ; *AJDI* 2010. 358 ; *D.* 2011. Pan. 1181, spéc. 1188, obs. crit. N. Damas.
5. Rép. min. no 40307, *JOAN Q* 16 mars 2010, p. 3128 ; *AJDI* 2010. 358 ; *D.* 2011. Pan. 1181, spéc. 1188, obs. N. Damas.
6. Civ. 3e, 4 avr. 2001, no 99-15.451, P III, no 42 ; *D.* 2002. Somm. 3054, obs. Willmann ; Civ. 3e, 24 mars 2010, no 09-10.084, P III, no 65 ; *D.* 2010. Actu. 964, obs. Y. Rouquet ; *AJDI* 2010. 724, note N. Damas.
7. Civ. 3e, 21 mars 1990, no 88-19.339, NP, *Loyer et copr.* 1990, no 262, [loi de 1982] – Paris, 24 oct. 2000, RG no 1998/2124, *Loyers et copr.* 2001, no 60, obs. B. Vial-Pedroletti.
8. Paris, 2 oct. 1995, RG no 1998/2124, *Loyers et copr.* 1996, no 6.
9. Paris, 2 oct. 1995, RG no 1998/2124, *Loyers et copr.* 1996, no 6.
10. Civ. 3e, 21 juill. 1999, no 97-21.043, P III, no 184 ; *D.* 1999. IR 211 ; *JCP N* 1999, no 47, p. 1677, obs. A. Djigo.
11. Civ. 3e, 19 sept. 2012, no 11-30.369, P III, no 125 ; *D.* 2012. Actu. 2243, obs. Y. Rouquet ; *ibid.* 2013. Pan. 863, spéc. 868, obs. N. Damas ; *AJDI* 2013. 521, obs. N. Damas.
12. Lyon, 13 janv. 2009, RG no 07/03403, *Loyers et copr.* 2009, no 143, obs. B. Vial-Pedroletti.
13. POUR une illustration, le locataire ayant perdu son emploi fin décembre, retrouvé un nouveau en mars et délivré congé en mai : Civ. 3e, 5 févr. 2014, no 13-10.804, P III, no 16 ; *D.* 2014. Actu. 424, obs. Y. Rouquet ; *ibid.* Pan. 1221, spéc. 1224, obs. N. Damas ; *Loyers et copr.* 2014, no 104, obs. B. Vial-Pedroletti ; *Rev. loyers* 2014. 118, obs. V. Zalewski-Sicard.
14. L. no 2015-990 du 6 août 2015, art. 82, II.
15. COMP., auparavant, sous l'empire de la législation avant la modification de l'art. 15 de la loi du 6 juill. 1989, exigeant du preneur qu'il démontre l'existence d'une incompatibilité entre le logement et son état de santé et refusant de prendre en compte des certificats médicaux établissant que le locataire a besoin d'un environnement calme et peu bruyant, au motif qu'on ne peut se constituer un titre à soi-même : Civ. 3e, 29 janv. 2002, no 00-18.664, NP, *AJDI* 2002. 531 ; *Administrer* juin 2002, p. 42, obs. Canu.

Et le bénéfice de la réduction du délai de préavis peut être revendiqué par le locataire dont le conjoint, cotitulaire légal du bail, présente un état de santé justifiant un changement de domicile conjugal[1].

On doit cependant réserver le cas des logements dont le bailleur est un organisme d'HLM. Dans l'interprétation faite par le Conseil constitutionnel de la loi du 24 mars 2014, dite loi Alur[2], ces dispositions nouvelles ne s'appliquent en effet pas aux locataires HLM des logements dont le contrat de location est antérieur au 27 mars 2014[3].

Précisons enfin que le fait que les difficultés de santé du locataire existent depuis de nombreuses années est indifférent[4], la nécessité soudaine de changement de domicile n'étant pas requise[5].

4°
Locataire victime de violences familiales

442.151 **violences familiales.** La loi visant à protéger les victimes de violences conjugales du 30 juillet 2020[6] a rendu éligible au préavis réduit le locataire bénéficiaire d'une ordonnance de protection ou dont le conjoint, partenaire lié par un pacte civil de solidarité ou concubin fait l'objet de poursuites, d'une procédure alternative aux poursuites ou d'une condamnation, même non définitive, en raison de violences exercées au sein du couple ou sur un enfant qui réside habituellement avec lui.

Ainsi, au fil des législations, la protection du locataire d'habitation victime de violences conjugales tend à s'organiser[7].

5°
Locataire bénéficiaire du RSA ou de l'AAH

442.161 **Locataire aux faibles ressources.** Pour ce qui est des locataires aux faibles ressources, alors qu'hier, étaient exonérés du respect du préavis de trois mois les bénéficiaires du revenu minimum d'insertion (RMI) ou du revenu de solidarité active (RSA), depuis la loi du 24 mars 2014, dite loi Alur, applicable depuis le 8 août 2015, date d'entrée en vigueur de la loi Macron du 6 août 2015[8], aux contrats en cours sont concernés les bénéficiaires du RSA et ceux de l'allocation adulte handicapé (AAH).

Compte tenu du caractère exhaustif de la liste de l'article 15 ouvrant droit à un préavis réduit[9], le locataire qui a des ressources équivalentes au RMI[10] ou, depuis la loi du 24 mars 2014[11], dite loi Alur, au RSA[12] ou à l'AAH[13], mais qui ne touche pas l'une de ces allocations ne saurait s'en prévaloir[14], la même solution s'appliquant à l'égard de celui qui perçoit des Assedic l'allocation spécifique de solidarité[15] ou, avant la loi Alur, l'AAH.

Quant à la concomitance entre le bénéfice du RSA et la demande de préavis réduit, elle n'est pas requise par le texte[16].

Et il a été jugé qu'ajoute à la loi une condition qu'elle ne comporte pas une cour d'appel qui subordonne le bénéfice du préavis d'un mois fondé sur la perception du RSA à la justification par la locataire de la perte de son emploi[17].

6°
Locataire qui s'est vu attribuer un logement ouvrant droit à l'APL

442.171 **Ajout de la loi Alur.** Depuis l'entrée en vigueur de la loi du 24 mars 2014, dite loi Alur, applicable depuis le 8 août 2015, date d'entrée en vigueur de la loi Macron du 6 août 2015[18], aux contrats en cours, le locataire qui s'est vu attribuer un logement ouvrant droit à l'aide personnalisée au logement[19] bénéficie d'un préavis réduit à un mois.

1. Civ. 3e, 5 janv. 2012, no 10-26.130, P III, no 1 ; *D.* 2012. Actu. 284, obs. Y. Rouquet.
2. Cons. const. no 2014-691, 20 mars 2014, *Loi pour l'accès au logement et un urbanisme rénové*, NON-CONFORMITÉ PARTIELLE, *JO* 26 mars, p. 5925.
3. V. ss no 612.52.
4. Civ. 3e, 6 nov. 2001, no 00-14.096, NP, *AJDI* 2002. 298, obs. Laporte-Leconte ; *Rev. loyers* 2002. 43, obs. Rémy.
5. Civ. 3e, 5 janv. 2012, no 10-26.130, P III, no 1 ; *D.* 2012. Actu. 284, obs. Y. Rouquet.
6. L. no 2020-936, 30 juill. 2020, *JO* 31 juill., no 2.
7. V. ss no 121.38, les développements relatifs à l'article 8-2 de la loi de 1989, issu de la loi Élan du 23 nov. 2018, mettant fin à la solidarité du locataire lorsqu'il quitte les lieux en raison de violences exercées au sein du couple ou sur un enfant qui réside habituellement avec lui.
8. L. no 2015-990, 6 août 2015, art. 82, II.
9. V. ss no 442.50.
10. Revenu minimum d'insertion.
11. L. no 2014-366, 24 mars 2014 pour l'accès au logement et un urbanisme rénové, *JO* 26 mars, p. 5809, sur ce point, applicable depuis le 8 août 2015, date d'entrée en vigueur de la loi « Macron » no 2015-990 du 6 août 2015 (*JO* 7 août, p. 13537 s.), aux contrats en cours.
12. Revenu de solidarité active.
13. Allocation adulte handicapé.
14. Toulouse, 19 mars 1996, RG no 1375/95, *Loyers et copr.* 1997, no 99, obs. B. Vial-Pedroletti – Versailles, 14 janv. 2014, no 13/01505, *Rev. loyers* 2014. 73 (RSA).
15. Rennes, 17 juin 1999, RG no 98/01479, *Loyers et copr.* 2000, no 65, obs. B. Vial-Pedroletti.
16. Civ. 3e, 18 févr. 2003, no 01-13.303, P III, no 39 ; *AJDI* 2003. 416, obs. Y. Rouquet ; *D.* 2004. Somm. 843, obs. N. Damas.
17. Civ. 3e, 19 oct. 2017, no 16-22.812, NP, *AJDI* 2018. 439, obs. N. Damas.
18. L. no 2015-990, 6 août 2015, art. 82, II.
19. CCH, art. L. 831-1.

C. Question de la preuve du motif de préavis réduit

442.181 **Preuve du motif de préavis réduit.** Pour les baux conclus avant le 27 mars 2014, l'article 15 de la loi de 1989 n'oblige pas le locataire à rapporter cette preuve à peine de nullité[1], il peut se borner, dans son congé, à affirmer bénéficier d'un préavis d'un mois, à charge pour lui, si le bailleur le lui demande, de prouver cette affirmation[2]. A ainsi été considéré comme ayant respecté les conditions fixées par l'article 15, le locataire qui a averti son cocontractant au moins un mois avant son départ et qui lui a adressé, par la suite, le justificatif du changement de son lieu de travail[3] ou la justification de la perte de son activité professionnelle[4]. De la même manière, le locataire justifiant être allocataire du RMI bénéficie d'un délai de préavis d'un mois, même s'il ne démontre pas avoir donné connaissance au bailleur de sa situation particulière[5]. Et le fait que le locataire n'ait justifié que tardivement de sa mutation ne le prive pas de son droit à donner congé avec un délai de préavis réduit[6].

En revanche, rien n'interdit au bailleur de se renseigner, notamment auprès de l'employeur de son locataire, pour savoir si l'allégation de ce dernier est exacte (les investigations ne doivent cependant pas alors, dépassant la convenance, dégénérer en une véritable enquête policière)[7].

442.182 **Baux conclus au 27 mars 2014.** Cette solution n'est plus de mise pour les baux conclus depuis le 27 mars 2014, date d'entrée en vigueur de la loi du 24 mars 2014[8], dite loi Alur, puisque, aux termes de l'article 15 de la loi du 6 juillet 1989, dans sa rédaction issue de ce nouveau texte, désormais, « le locataire souhaitant bénéficier des délais réduits de préavis [...] précise le motif invoqué et le justifie au moment de l'envoi de la lettre de congé. À défaut, le délai de préavis applicable à ce congé est de trois mois ».

Et, faute pour le locataire qui souhaite bénéficier d'un délai de préavis réduit de préciser le motif invoqué et d'en justifier au moment de l'envoi de la lettre de congé, le délai de préavis applicable à ce congé est de trois mois[9].

1. Civ. 3e, 8 déc. 1999, n° 98-10.206, P III, n° 236 ; *D.* 2000. IR 17.
2. Paris, 14e ch., 4 juin 1999, RG n° 1998/25902, *Loyers et copr.* 2000, n° 35, obs. B. Vial-Pedroletti.
3. TI Issoire, 1er avr. 1994, *JCP N* 1996. II. 308, note Gallet.
4. Limoges, 18 nov. 1997, RG n° 97/618, *Loyers et copr.* 1998, n° 91, obs. B. Vial-Pedroletti.
5. Civ. 3e, 30 juin 2010, n° 09-16.244, P III, n° 135 ; *D.* 2010. AJ 1788, obs. Y. Rouquet ; *ibid.* 2011. Pan. 1181, spéc. 1189, obs. N. Damas ; *AJDI* 2011. 294, note N. Damas ; *Dr. et pr.* 2010, n° 8, suppl. « Droit des baux immobiliers », p. 21, obs. Savaux.
6. Civ. 3e, 7 juill. 2004, n° 03-14.439, P III, n° 143 ; *AJDI* 2004. 889, obs. Y. Rouquet ; *Rev. loyers* 2004. 644, obs. Rémy.
7. Versailles, 5 déc. 1997, RG n° 5390/95, *Administrer* juill. 1998, p. 33, obs. Teilliais.
8. L. n° 2014-366, 24 mars 2014 pour l'accès au logement et un urbanisme rénové, *JO* 26 mars, p. 5809, sur ce point, applicable depuis le 8 août 2015, date d'entrée en vigueur de la loi Macron n° 2015-990 du 6 août 2015 (*JO* 7 août, p. 13537 s.), aux contrats en cours.
9. Civ. 3e, 11 avr. 2019, n° 18-14.256, P ; *D.* 2019. 819 ; *ibid.* 2020. Pan. 1148, obs. N. Damas ; *D. actu.* 29 avr. 2019, obs. Y. Rouquet ; *AJDI* 2020. 116, obs. N. Damas ; *Rev. prat. rec.* 2020. 45, obs. Gantschnig ; *Rev. loyers* 2019. 231, obs. V. Zalewski-Sicard ; *Loyers et copr.* 2019, n° 94, obs. Vial-Pedroletti – Civ. 3e, 28 nov. 2019, n° 18-16.352, NP, *Loyers et copr.* 2020, n° 6, obs. B. Vial-Pedroletti – Besançon, 5 nov. 2019, n° 18/01039, *Loyers et copr.* 2019, n° 211, obs. B. Vial-Pedroletti.

LIVRE

5. LES SPÉCIFICITÉS DE LA LOCATION MEUBLÉE RÉSIDENCE PRINCIPALE

SECTION 0 ORIENTEUR

5.00 Sommaire du livre.

Division. La location meublée présente de nombreuses particularités qui ont évolué dans le temps. À l'origine exclusivement soumis au droit commun issu du code civil, le régime des locations meublées[1] s'est peu à peu rapproché de celui issu de la loi du 6 juillet 1989, jusqu'à être absorbé, sous certaines réserves, par celui-ci (titre 52). Il est en premier lieu nécessaire de circonscrire le champ d'application de ce régime spécifique (titre 51).

5.01 Principaux textes applicables.

TEXTES SOURCES

• **L. n° 89-462, 6 juill. 1989,** art. 25-3 à 25-11.

• **CCH,** art. L. 632-1.

• **L. n° 2014-366, 24 mars 2014** pour l'accès au logement et un urbanisme rénové, *JO* 26 mars, p. 5809, art. 14.

• **L. n° 2015-990, 6 août 2015** pour la croissance, l'activité et l'égalité des chances économiques, *JO* 7 août, p. 3537, art. 82-II.

• **L. n° 2018-1021, 23 nov. 2018** portant évolution du logement, de l'aménagement et du numérique, *JO* 24 nov., art. 107, I et 139, I.

• **Décr. n° 2015-981, 29 juill. 2015** fixant la liste des éléments de mobilier d'un logement meublé, *JO* 31 juill., p. 13432.

• **Décr. n° 2015-587, 29 mai 2015** relatif aux contrats types de location de logement à usage de résidence principale, *JO* 31 mai, p. 9035.

• **Arr. 29 mai 2015** relatif au contenu de la notice d'information annexée aux contrats de location de logement à usage de résidence principale, *JO* 30 mai, p. 9041.

TEXTES *IN EXTENSO*

• **L. 6 juill. 1989,** art. 25-3

Les dispositions du présent titre sont d'ordre public et s'appliquent aux contrats de location de logements meublés tels que définis à l'article 25-4 dès lors qu'ils constituent la résidence principale du locataire au sens de l'article 2.

Les articles 1er, 3, 3-2, 3-3, 4, à l'exception du l, 5, 6, 6-2 7, 7-1, 8, 8-1, 18, 20-1, 21, 22, 22-1, 22-2, 24 et 24-1 sont applicables aux logements meublés.

Le présent titre ne s'applique ni aux logements-foyers, ni aux logements faisant l'objet d'une convention avec l'État portant sur leurs conditions d'occupation et leurs modalités d'attribution.

Le présent titre ne s'applique ni aux logements attribués ou loués en raison de l'exercice d'une fonction ou de l'occupation d'un emploi, ni aux locations consenties aux travailleurs saisonniers.

1. Les locations meublées « résidence secondaires », restent quant à elles régies par la convention des parties et/ou par le code civil – Sur la législation applicable aux « meublés touristiques », locations consenties pour une très courte période, v. s^s^ n°s 335.11 s.

• **L. 6 juill. 1989,** art. 25-4 (créé par L. n° 2014-366, 24 mars 2014, art. 8)

Un logement meublé est un logement décent équipé d'un mobilier en nombre et en qualité suffisants pour permettre au locataire d'y dormir, manger et vivre convenablement au regard des exigences de la vie courante.

La liste des éléments que doit comporter ce mobilier est fixée par décret.

• **L. 6 juill. 1989,** art. 25-5 (créé par L. n° 2014-366, 24 mars 2014, art. 8)

Un inventaire et un état détaillé du mobilier sont établis dans les mêmes formes et en autant d'exemplaires que de parties lors de la remise et de la restitution des clés. Ces documents, établis contradictoirement et amiablement, sont signés par les parties ou par un tiers mandaté par elles et joints au contrat de location. Ces documents ne peuvent donner lieu à aucune autre facturation que celle liée à l'établissement de l'état des lieux.

• **L. 6 juill. 1989,** art. 25-6 (créé par L. n° 2014-366, 24 mars 2014, art. 8)

Par dérogation à l'article 22, le montant du dépôt de garantie exigible par le bailleur est limité à deux mois de loyer en principal.

• **L. 6 juill. 1989,** art. 25-7 (créé par L. n° 2014-366, 24 mars 2014, art. 8)

Le contrat de location est établi par écrit et respecte un contrat type défini par décret en Conseil d'État, pris après avis de la Commission nationale de concertation.

Il est conclu pour une durée d'au moins un an.

Si les parties au contrat ne donnent pas congé dans les conditions prévues à l'article 25-8, le contrat de location parvenu à son terme est reconduit tacitement pour une durée d'un an.

Lorsque la location est consentie à un étudiant, la durée du bail peut être réduite à neuf mois. Dans ce cas, la reconduction tacite prévue au troisième alinéa du présent article est inapplicable.

• **L. 6 juill. 1989,** art. 25-8 (mod. par L. n° 2015-990, 6 août 2015, art. 82)

I. – Le locataire peut résilier le contrat à tout moment, sous réserve du respect d'un préavis d'un mois, y compris lorsque la durée du bail est réduite à neuf mois.

Le bailleur qui souhaite, à l'expiration du contrat, en modifier les conditions doit informer le locataire avec un préavis de trois mois. Si le locataire accepte les nouvelles conditions, le contrat est renouvelé pour un an.

Lorsqu'il donne congé à son locataire pour reprendre le logement, le bailleur justifie du caractère réel et sérieux de sa décision de reprise.

Le bailleur qui ne souhaite pas renouveler le contrat doit informer le locataire avec un préavis de trois mois et motiver son refus de renouvellement du bail soit par sa décision de reprendre ou de vendre le logement, soit par un motif légitime et sérieux, notamment l'inexécution par le locataire de l'une des obligations lui incombant.

À peine de nullité, le congé donné par le bailleur doit indiquer le motif allégué et, en cas de reprise, les nom et adresse du bénéficiaire de la reprise ainsi que la nature du lien existant entre le bailleur et le bénéficiaire de la reprise qui ne peut être que le bailleur, son conjoint, le partenaire auquel il est lié par un pacte civil de solidarité enregistré à la date du congé, son concubin notoire depuis au moins un an à la date du congé, ses ascendants, ses descendants ou ceux de son conjoint, de son partenaire ou de son concubin notoire.

En cas de contestation, le juge peut, même d'office, vérifier la réalité du motif du congé et le respect des obligations prévues au présent article. Il peut notamment déclarer non valide le congé si la non-reconduction du bail n'apparaît pas justifiée par des éléments sérieux et légitimes.

Le congé doit être notifié par lettre recommandée avec demande d'avis de réception ou signifié par acte d'huissier ou remis en main propre contre récépissé ou émargement. Ce délai court à compter du jour de la réception de la lettre recommandée ou de la signification de l'acte d'huissier ou de la remise en main propre.

Pendant le délai de préavis, le locataire n'est redevable du loyer et des charges que pour le temps où il a occupé réellement les lieux si le congé a été notifié par le bailleur. Il est redevable du loyer et des charges relatifs à l'intégralité de la période couverte par le préavis si c'est lui qui a notifié le congé, sauf si le logement se trouve occupé avant la fin du préavis par un autre locataire en accord avec le bailleur.

À l'expiration du délai de préavis, le locataire est déchu de tout titre d'occupation du logement loué.

II. – Le bailleur ne peut s'opposer au renouvellement du contrat en donnant congé dans les conditions définies au I à l'égard de tout locataire âgé de plus de soixante-cinq ans et dont les ressources annuelles sont inférieures à un plafond de ressources en vigueur pour l'attribution des logements locatifs conventionnés fixé par arrêté du ministre chargé du logement, sans qu'un logement correspondant à ses besoins et à ses possibilités lui soit offert dans les limites géographiques prévues à l'article 13 *bis* de la loi n° 48-1360 du 1er septembre 1948 précitée. Le présent alinéa est également applicable lorsque le locataire a à sa charge une personne de plus de soixante-cinq ans vivant habituellement dans le logement et remplissant la condition de ressources précitée et que le montant cumulé des ressources annuelles de l'ensemble des personnes vivant au foyer est inférieur au plafond de ressources déterminé par l'arrêté précité.

Toutefois, les dispositions du premier alinéa du présent II ne sont pas applicables lorsque le bailleur est une personne physique âgée de plus de soixante-cinq ans ou si ses ressources annuelles sont inférieures au plafond de ressources mentionné au même premier alinéa.

L'âge du locataire ou de la personne à sa charge et celui du bailleur sont appréciés à la date d'échéance du contrat ; le montant de leurs ressources est apprécié à la date de notification du congé.

III. – Le fait pour un bailleur de délivrer un congé justifié frauduleusement par sa décision de reprendre ou de vendre le logement est puni d'une amende pénale dont le montant ne peut être supérieur à 6 000 € pour une personne physique et à 30 000 € pour une personne morale.

Le montant de l'amende est proportionné à la gravité des faits constatés. Le locataire est recevable dans sa constitution de partie civile et la demande de réparation de son préjudice.

• **L. 6 juill. 1989,** art. 25-9 (mod. par L. n° 2018-1021, 23 nov. 2018, art. 139, I)

Pour la révision du loyer, le I de l'article 17-1 est applicable aux logements meublés.

L'article 17-2 est applicable aux logements meublés. La hausse du loyer convenue entre les parties ou fixée judiciairement s'applique au contrat renouvelé. Toutefois, si la hausse est supérieure à 10 %, elle s'applique par tiers annuel au contrat renouvelé et lors des renouvellements ultérieurs.

Lorsque les parties sont convenues, par une clause expresse, de travaux d'amélioration du logement que le bailleur fera exécuter ou d'acquisition d'équipements par le bailleur en sus de l'équipement initial, le contrat de location ou un avenant à ce contrat peut fixer une majoration de loyer consécutive à ces opérations.

• **L. 6 juill. 1989,** art. 25-10 (créé par L. n° 2014-366, 24 mars 2014, art. 8)

Les charges locatives accessoires au loyer principal sont récupérées par le bailleur au choix des parties et tel que prévu par le contrat de bail :

1° Soit dans les conditions prévues à l'article 23, lorsqu'il s'agit de provisions pour charges ;

2° Soit sous la forme d'un forfait versé simultanément au loyer, dont le montant et la périodicité de versement sont définis dans le contrat et qui ne peut donner lieu à complément ou à régularisation ultérieure. Le montant du forfait de charges est fixé en fonction des montants exigibles par le bailleur en application du même article 23 et peut être révisé chaque année aux mêmes conditions que le loyer principal. Ce montant ne peut pas être manifestement disproportionné au regard des charges dont le locataire ou, le cas échéant, le précédent locataire se serait acquitté.

• **L. 6 juill. 1989,** art. 25-11 (créé par L. n° 2014-366, 24 mars 2014, art. 8)

La commission départementale de conciliation mentionnée à l'article 20 est compétente pour l'examen des litiges relatifs aux logements meublés et résultant de l'application des dispositions relatives aux loyers, aux congés, à l'état des lieux et du mobilier, au dépôt de garantie, aux charges locatives, aux réparations et aux caractéristiques du logement mentionnées aux deux premiers alinéas de l'article 6.

• **CCH,** art. L. 632-1 (mod. par L. n° 2018-1021, 23 nov. 2018, art. 141)

I. – Une location d'un logement meublé constituant la résidence principale du preneur est soumise au titre Ier *bis* de la loi n° 89-462 du 6 juillet 1989 tendant à améliorer les rapports locatifs et portant modification de la loi n° 86-1290 du 23 décembre 1986.

Lorsque le bailleur est titulaire d'un bail commercial venant à expiration ou lorsque la cessation d'activité est prévue, le contrat peut être d'une durée inférieure à un an et doit mentionner les raisons et événements justificatifs.

Si le bail commercial est renouvelé ou si l'activité est poursuivie, la durée du contrat est portée à un an.

À peine d'irrecevabilité de la demande, l'assignation par l'exploitant d'un établissement recevant du public aux fins d'hébergement, aux fins de constat de résiliation ou de prononcé de la résiliation du bail d'une personne dont le logement loué meublé constitue la résidence principale est notifiée, à la diligence de l'huissier de justice, au représentant de l'État dans le département, par lettre recommandée avec demande d'avis de réception, au moins un mois avant l'audience, afin qu'il informe les services compétents, notamment les organismes chargés du service des aides au logement et le fonds de solidarité pour le logement.

II. – Lorsque la location d'un local meublé constituant la résidence principale du preneur est située dans un établissement recevant du public aux fins d'hébergement, celle-ci est soumise au titre Ier bis de la loi n° 89-462 du 6 juillet 1989 précitée. Ne sont pas applicables à cette location les articles 3-2, 3-3, 18, 24-1, 25-4 et 25-11 de la même loi.

Le local loué mentionné au premier alinéa doit être équipé du mobilier nécessaire au sommeil et à la vie courante du locataire ainsi qu'être pourvu de chauffage, d'une alimentation en eau et de sanitaires.

Lorsqu'un locataire ou plusieurs locataires ont avec le même bailleur un litige locatif ayant une origine commune, ils peuvent donner par écrit mandat d'agir en justice en leur nom et pour leur compte à une association dont l'un des objets est l'insertion ou le logement des personnes défavorisées ou à une association de défense des personnes en situation d'exclusion par le logement mentionnées à l'article 3 de la loi n° 90-449 du 31 mai 1990 visant à la mise en œuvre du droit au logement. Une de ces associations peut assister ou représenter un locataire, selon les modalités définies à l'article 828 du code de procédure civile, en cas de litige portant sur le respect des caractéristiques de décence de son logement.

5.03 Bibliographie indicative.

Annuel. LAMY DR. IMMO, n°s 5484, 5843 s.

Encyclopédies. RÉP. CIV., V° « Bail d'habitation et mixte : rapports locatifs individuels – Loi du 6 juillet 1989 », N. Damas, n°s 22-29 – DICT. PERM. Gestion immob., « Locations meublées », « Baux d'habitation et mixtes », n°s 38 s.

Articles. V. Canu, B. Gauclère et F. Gerner, « Être loueur professionnel en meublé ou non ? », *Administrer* 2004, n° 364, p. 9 – C. Dadi et D. Billet, « Location d'immeuble nu ou location d'immeuble meublé. Quels critères de choix fiscaux pour un investisseur particulier ? », *JCP G* 2011, prat. 1335 – J. Lafond, « Régime juridique de la location en meublé », *JCP N* 2002. 1665 – B. Raclet, « Locations en meublé, l'émergence d'un statut », *AJDI* 2006. 884 – G. Teilliais, « La location de locaux d'habitation en meublé », *Ann. Loyers* 1999, p. 3 s. – B. Vial-Pedroletti, « Locations de chambres dans un appartement : aménagements conventionnels et difficultés juridiques », *Loyers et copr.* 2008. Ét. 1.

TITRE

51. Le champ d'application du régime des locations meublées

SECTION 0 ORIENTEUR

51.00 Sommaire du titre.

Division. Les baux portant sur des locaux meublés ont successivement été soumis au Code civil, puis à l'article L. 632-1 du code de la construction et de l'habitation, enfin, depuis la loi Alur du 24 mars 2014, aux articles 25-3 et suivants de la loi du 6 juillet 1989 [1]. Les réglementations spécifiques ont mis en avant deux critères permettant de délimiter leur champ d'application : le local doit être suffisamment meublé (chap. 511), et il doit constituer la résidence principale du preneur (chap. 512). À défaut, le bail pourra être requalifié et soumis à un régime distinct (chap. 513). En revanche, l'article 25-3 indique que sont exclus du statut :

– les logements-foyers ;

– les logements faisant l'objet d'une convention avec l'État portant sur leurs conditions, d'occupation et leurs modalités d'attribution ;

– les logements attribués ou loués en raison de l'exercice d'une fonction ou de l'occupation d'un emploi ;

– les locations consenties aux travailleurs saisonniers.

51.01 Principaux textes applicables.

TEXTES SOURCES

- **L. n° 89-462, 6 juill. 1989,** art. 25-3 à 25-11.
- **CCH,** art. L. 632-1.
- **Décr. n° 2015-981, 29 juill. 2015** fixant la liste des éléments de mobilier d'un logement meublé, *JO* 31 juill., p. 13432.

51.03 Bibliographie indicative.

Annuel. LAMY DR. IMMO, n°s 5484, 5843 s.

Encyclopédies. RÉP. CIV., v° « Bail d'habitation et mixte : rapports locatifs individuels – Loi du 6 juillet 1989 », N. Damas, n°s 22-40 – DICT. PERM. Gestion immob., « Locations meublées », n°s 10 s., « Baux d'habitation et mixtes », n°s 38 s.

1. AUSSI : CCA, recomm. n° 13-01, 6 juin 2013, relative aux contrats de location non saisonnière de logement meublé, *BOCCRF*, 13 sept. 2013.

CHAPITRE

511. Un local meublé

SECTION 0 ORIENTEUR

511.00 **Sommaire du chapitre.**

Division. Il convient de définir le local meublé (sect. 1), puis d'en déterminer l'équipement (sect. 2).

511.01 **Principaux textes applicables.**

TEXTES SOURCES

• **L. n° 89-462, 6 juill. 1989,** art. 25-3, 25-4 et 25-5.

• **CCH,** art. L. 632-1.

• **Décr. n° 2015-981, 29 juill. 2015** fixant la liste des éléments de mobilier d'un logement meublé, *JO* 31 juill., p. 13432.

TEXTES *IN EXTENSO*

• **L. 6 juill. 1989,** art. 25-4, al. 1

* V. s^s n° 5.01

• **L. 6 juill. 1989,** art. 25-5

* V. s^s n° 5.01

511.02 **Jurisprudence de référence.**

• **Civ. 3e, 9 févr. 2005,** n° 03-15.128, P III, n° 35

* V. s^s n° 511.11

Mais attendu qu'ayant, par motifs adoptés, constaté que la liste des meubles était détaillée sur un papier libre ne comportant que la signature du bailleur et que cette liste ne visait que des éléments d'équipement accessoires (chaises, tables, matelas), sans faire référence à des éléments d'équipement essentiels tels que le réfrigérateur, des plaques chauffantes ou une gazinière permettant aux locataires d'avoir une jouissance normale des locaux, la cour d'appel a pu en déduire que le bail devait être qualifié de bail à usage d'habitation soumis aux dispositions de la loi du 6 juillet 1989.

• **Civ. 3e, 15 juin 2011,** n° 10-17.070, NP

* V. s^s n° 511.22

La cour d'appel, qui a souverainement retenu que le fait de déménager les meubles loués sans l'accord établi de M. Y... dans un garde-meubles qu'il avait seul payé n'avait pas modifié la nature de la location meublée qui lui avait été consentie, a pu, motivant sa décision, sans la fonder au regard des seuls contrats ayant précédé le contrat litigieux et sans dénaturation des écritures des locataires, en déduire que dès le premier contrat, la commune intention des parties avait été de conclure la location d'un logement meublé, que M. X..., qui avait gardé à sa disposition les meubles dont il payait la garde, ne démontrait pas leur insuffisance et que la connaissance tardive par le bailleur du déplacement du mobilier ne démontrait pas son accord pour modifier la nature du dernier contrat.

511.03 **Bibliographie indicative.**

Annuel. LAMY DR. IMMO, n° 5843.

Encyclopédies. RÉP. CIV., v° « Bail d'habitation et mixte : rapports locatifs individuels – Loi du 6 juillet 1989 », N. Damas, n°s 24-25 – DICT. PERM. Gestion immob., « Locations meublées », n°s 10-14, « Baux d'habitation et mixtes », n°s 38-40.

SECTION 1 DÉFINITION

511.11 **Cadre général.** Les juges ont toujours contrôlé que le logement est effectivement meublé[1]. L'article L. 632-1 du code de la construction et de l'habitation n'apportait aucune précision complémentaire et c'est alors le contentieux, très abondant devant les juges du fond[2], qui a permis de combler

1. Cass., Ass. plén., 3 mai 1956, *JCP* 1956. II. 9345 – Civ. 3e, 6 déc. 1977, n° 76-13.035, P III, n° 422 ; *Rev. loyers* 1978. 210 – Rennes, 5 mars 1998, *Loyers et copr.* 1998, n° 291, obs. B. Vial-Pedroletti (mobilier insuffisant) – Orléans, 29 juin 1998, *Loyers et copr.* 1999, n° 113, obs. B. Vial-Pedroletti (logement seulement garni d'un meuble en bois, d'une table de cuisine et d'une table pliante).
2. La Cour de cassation n'ayant statué sur cette question que très rarement, et sans poser de ligne directrice (PAR EX. : Civ. 3e, 9 févr. 2005, n° 03-15.128, P III, n° 35 ; *D.* 2005. 592 ; *ibid.* 2006. 958, obs. N. Damas ; *AJDI* 2005. 484, obs. Y. Rouquet – AUSSI : Civ. 3e, 27 avr. 2017, n° 16-12.357, NP).

cette imprécision en mettant en avant le critère suivant : le logement n'est pas suffisamment meublé s'il s'avère que les meubles loués avec le local ne sont pas en nombre et de qualité suffisants pour permettre au locataire de vivre convenablement[1]. Le critère essentiel de distinction est alors la possibilité pour le locataire de s'installer immédiatement dans les lieux sans avoir à apporter le moindre élément d'équipement, mais seulement des éléments de décoration et de consommation[2].

511.12 **Loi Alur.** La loi Alur du 24 mars 2014 a tenté de définir la notion de logement meublé, en s'inspirant des données du contentieux ci-dessus rappelées. C'est ainsi que l'article 25-4, al. 1er dispose qu'un logement meublé est « un logement décent équipé d'un mobilier en nombre et en qualité suffisants pour permettre au locataire d'y dormir, manger et vivre convenablement au regard des exigences de la vie courante ». Cette définition, finalement assez souple, synthétise des formulations couramment utilisées par les juges du fond lorsqu'il s'agit d'apprécier la consistance nécessaire de l'ameublement exigé[3].

511.13 **Un logement décent.** Cette précision peut paraître superflue dans la mesure où tout logement loué à titre d'habitation principale doit être décent, en application de l'article 1719 du code civil, et de l'article 6 de la loi du 6 juillet 1989 qui est déclaré expressément applicable aux logements meublés par l'article 25-3 de la loi du 6 juillet 1989[4]. Mais l'enjeu n'est pas négligeable, car si le texte érigeait la décence en critère de qualification du logement décent, la loi Alur renforcerait la sanction applicable au bailleur en cas de non-respect : celui-ci devrait non seulement effectuer les travaux nécessaires à la remise en état de décence, mais il pourrait également se voir opposer la requalification du contrat de location en location non meublée[5]. Une telle interprétation ne semble toutefois pas devoir prévaloir[6].

1. Versailles, 15 févr. 1991, *Administrer*, mai 1991. 59 – Civ. 3e, 18 juill. 2000, no 98-21.452, NP, *Loyers et copr.* 2001, no 62, obs. B. Vial-Pedroletti – Civ. 3e, 9 févr. 2005, no 03-15.128, P III, no 35 ; *D.* 2006. Pan. 958, obs. N. Damas, *AJDI* 2005. 484, obs. Y. Rouquet – Civ. 3e, 27 avr. 2017, no 16-12.357, NP.
2. AINSI l'absence de vaisselle ne permettait pas la qualification de local meublé : Nîmes, 30 nov. 2010, RG no 10/1931, *AJDI* 2011. 207. DÉJÀ, v. Paris pôle 1, ch. 2 18 nov. 2009 no 09-11.001, *AJDI* 2011. 207
3. PAR EX. : Paris, 9 déc. 2004, RG no 03/11005, *AJDI* 2005. 206 – Paris, 10 déc. 2009, RG no 08/13519, *AJDI* 2010. 303 – Paris, 22 févr. 2011. *Loyers et copr.* 2011, no 177, obs. B. Vial-Pedroletti.
4. Sur la notion de décence, v. ss nos 211.41 s.
5. V. chap. 513.
6. Douai, 29 juill. 2021, no 20/03151, *Loyers et copr.* 2021, no 146, obs. B. Vial-Pedroletti.

SECTION 2
ÉQUIPEMENT

511.21 **Équipement du logement.** Alors que le projet de loi Alur énonçait que ce mobilier devait nécessairement comporter un lit, une table et des chaises, une cuisine équipée auxquels s'ajoutent des éléments de confort supplémentaires, le texte finalement voté se contente d'indiquer qu'une liste des éléments du mobilier est précisée par décret, ce qui est à approuver, dans la mesure où ce niveau de détail relève en effet du pouvoir réglementaire et non de la loi. Le décret du 31 juillet 2015[7] est applicable à compter du 1er septembre 2015. D'une part, il est énoncé que chaque pièce d'un logement meublé est équipée d'éléments de mobilier conformes à sa destination. Il serait donc vain pour le bailleur de soutenir que l'ensemble du mobilier requis est mis à la disposition du locataire, s'il ne ressort pas de l'inventaire de ce mobilier (prévu par l'article 25-5) que chaque pièce comprend effectivement les meubles attendus. Ainsi, si la chambre ne comporte pas de lit, il importera peu qu'un élément de literie soit disponible dans le salon. Certaines décisions des juges du fond avaient déjà statué en ce sens[8]. D'autre part, le décret dispose que le mobilier comporte au minimum les éléments suivants :

1° Literie comprenant couette ou couverture ;

2° Dispositif d'occultation des fenêtres dans les pièces destinées à être utilisées comme chambre à coucher ;

3° Plaques de cuisson ;

4° Four ou four à micro-ondes ;

5° Réfrigérateur et congélateur ou, au minimum, un réfrigérateur doté d'un compartiment permettant de disposer d'une température inférieure ou égale à – 6 °C ;

6° Vaisselle nécessaire à la prise des repas ;

7° Ustensiles de cuisine ;

8° Table et sièges ;

9° Étagères de rangement ;

10° Luminaires ;

11° Matériel d'entretien ménager adapté aux caractéristiques du logement.

La liste reste relativement évasive, mais il aurait été difficile d'entrer plus avant dans les détails. L'utilité de cette liste est donc quelque peu douteuse, car le contentieux abondant porté devant les juges du fond avait retenu peu ou prou les mêmes solu-

7. Décr. no 2015-981, 29 juill. 2015 fixant la liste des éléments de mobilier d'un logement meublé, *JO* 31 juill., p. 13432.
8. Aix-en-Provence, 22 févr. 2013, no 11/01843, *AJDI* 2013. 513 (sur les 4 pièces composant le logement, seules 2 étaient meublées).

tions. Il est possible de remarquer qu'aucun appareil de réception télévisuelle n'est indispensable, ce qui est à approuver, ni un bureau, ce qui pourrait être plus surprenant, notamment lorsque le logement meublé est loué à un étudiant. Cette absence permet toutefois de ne pas perdre de vue l'essentiel : il appartient avant tout aux parties de négocier la présence, ou non, de mobilier complémentaire à celui imposé par le décret, qui ne fixe qu'une liste minimale.

511.22 **Évolution.** La consistance des meubles peut évoluer en cours d'exécution du contrat. Le bailleur doit maintenir le local meublé. Dès lors, ne saurait être qualifié de « meublé » le local dont le bailleur a vendu les meubles en cours de bail[1], tandis que le fait, pour le locataire, de substituer ses propres meubles à ceux fournis par le bailleur ne change en rien la réalité du caractère meublé du local[2]. C'est ainsi qu'il a été jugé que « le fait de déménager les meubles loués sans l'accord établi de M. Y... dans un garde-meubles qu'il avait seul payé n'avait pas modifié la nature de la location meublée qui lui avait été consentie »[3]. Il est toutefois conseillé, dans l'hypothèse où le locataire souhaiterait que le bailleur retire un meuble, de formaliser un avenant faisant apparaître que ce retrait est à l'initiative du locataire, et que le bailleur tient à sa disposition le meuble retiré, qui pourra être replacé dans les lieux à première demande.

1. Civ. 3e, 29 nov. 2005, n° 04-17.504, NP, *AJDI* 2005. 118.
2. Paris, 10 oct. 1985, RG n° K/07098, [loi de 1982], *D.* 1986. IR 433, obs. C. Giverdon.
3. Civ. 3e, 15 juin 2011, n° 10-17.070, NP, *AJDI* 2011. 621.

CHAPITRE

512. Résidence principale du locataire

SECTION 0

ORIENTEUR

512.00 Sommaire du chapitre.

512.01 Principaux textes applicables.

TEXTES SOURCES

- **L. n° 89-462, 6 juill. 1989,** art. 25-3 à 25-11.
- **CCH,** art. L. 632-1.

TEXTES *IN EXTENSO*

- **L. 6 juill. 1989,** art. 25-3

* V. s^s n° 5.01

- **CCH,** art. L. 632-1

* V. s^s n° 5.01

512.02 Jurisprudence de référence.

- **Civ. 3e, 4 févr. 2009,** n° 07-20.980, P III, n° 30

* V. s^s n° 512.12

Ayant relevé que Mme Y... était étudiante à l'institut universitaire de technologie de Grenoble et que ses parents demeuraient dans le département de la Loire, la juridiction de proximité en a exactement déduit, nonobstant toute clause contraire, que le studio meublé était sa résidence principale et que les dispositions impératives de l'article L. 632-1 du code de la construction et de l'habitation étaient applicables.

512.03 Bibliographie indicative.

Annuel. LAMY DR. IMMO, n° 5843.

Encyclopédies. RÉP. CIV., V° « Bail d'habitation et mixte : rapports locatifs individuels – Loi du 6 juillet 1989 », N. Damas, n°s 17-18 – DICT. PERM. Gestion immob., « Locations meublées », n° 15, « Baux d'habitation et mixtes », n°s 40-45.

Articles. N. Damas, « Meublé : régime et effet du congé », *AJDI* 2009. 608.

SECTION UNIQUE

DÉTERMINATION

512.11 Cadre général. Cette condition était déjà énoncée à l'article L. 632-1 du code de la construction et de l'habitation, et est reprise à l'article 25-3 de la loi du 6 juillet 1989. Il est précisé que les dispositions du titre premier *bis* « s'appliquent aux contrats de location de logements meublés tels que définis à l'article 25-4 dès lors qu'ils constituent la résidence principale du locataire au sens de l'article 2 ». C'est donc un renvoi à la définition de la résidence principale issue de la loi Alur, et qui a déjà été précisée *supra*[1].

512.12 Jurisprudence antérieure. Avant la loi Alur, la jurisprudence était restée assez peu fournie sur la question. Dans un arrêt de 2009[2], il avait été déduit de ce que le locataire, étudiant à l'institut universitaire de Grenoble et ayant ses parents résidant dans la Loire, avait nécessairement installé sa résidence principale dans le local meublé. Implicitement, l'éloignement géographique semblait imposer une présence récurrente du locataire dans le local meublé. Sans l'exprimer explicitement, la Cour de cassation renvoyait déjà à une appréciation quantitative de l'occupation du local.

Lorsque le locataire a demeuré dans les lieux sur une période courte, la caractérisation d'une occupation stable et continue à titre de résidence principale peut être délicate[3].

1. V. s^s n° 022.33.
2. Civ. 3e, 4 févr. 2009, n° 07-20.980, P III, n° 30 ; *D.* 2009. AJ 491, Y. Rouquet ; *D.* 2010. Pan. 1168, spéc. 1173, obs. N. Damas ; *AJDI* 2009. 608, obs. Damas ; *Loyers et copr.* 2009. 61, obs. B. Vial-Pedroletti.
3. Civ. 3e, 5 nov. 2015, n° 14-20.295, NP, *AJDI* 2016. 43, obs. F. de La Vaissière.

CHAPITRE

513. Modalités d'une action en requalification

SECTION 0 ORIENTEUR

513.00 Sommaire du chapitre.

Division. Le juge ne va pas s'arrêter à la dénomination « location meublée » retenue par les parties[1]. Si les conditions d'application du régime des locations meublées ne sont pas remplies, la location obéira à d'autres règles. En sens inverse, une location qui devrait relever du régime des locations meublées et qui est contractuellement soumise à un autre régime, peut également être requalifiée. Encore faut-il toutefois préciser les règles de preuve applicables (sect. 1), ainsi que les enjeux de la requalification envisagée (sect. 2).

513.01 Principaux textes applicables.

TEXTES SOURCES

- **L. n° 89-462, 6 juill. 1989,** art. 25-3, 25-4.

TEXTES *IN EXTENSO*

- **L. 6 juill. 1989,** art. 25-3

* V. s^{s} n° 5.01

- **L. 6 juill. 1989,** art. 25-4

* V. s^{s} n° 5.01

513.02 Jurisprudence de référence.

- **Civ. 3e, 9 févr. 2005,** n° 03-15.128, P III, n° 35

* V. s^{s} n° 513.11

Mais attendu qu'ayant, par motifs adoptés, constaté que la liste des meubles était détaillée sur un papier libre ne comportant que la signature du bailleur et que cette liste ne visait que des éléments d'équipement accessoires (chaises, tables, matelas), sans faire référence à des éléments d'équipement essentiels tels que le réfrigérateur, des plaques chauffantes ou une gazinière permettant aux locataires d'avoir une jouissance normale des locaux, la cour d'appel a pu en déduire que le bail devait être qualifié de bail à usage d'habitation soumis aux dispositions de la loi du 6 juillet 1989 [régime antérieur à la loi Alur].

- **Civ. 3e, 4 févr. 2009,** n° 07-20.980, P III, n° 30

* V. s^{s} n° 513.13

Ayant relevé que Mme Y... était étudiante à l'institut universitaire de technologie de Grenoble et que ses parents demeuraient dans le département de la Loire, la juridiction de proximité en a exactement déduit, nonobstant toute clause contraire, que le studio meublé était sa résidence principale et que les dispositions impératives de l'article L. 632-1 du code de la construction et de l'habitation étaient applicables.

513.03 Bibliographie indicative.

Article. V. Zalewski, « Local meublé et résidence principale : la charge de la preuve pèse sur le locataire », *AJDI* 2007. 201.

SECTION 1 RÈGLES DE PREUVE

513.11 Charge de la preuve. Il appartient en principe à celui qui invoque un régime différent de celui auquel il est soumis par la dénomination donnée au contrat, de démontrer que les conditions d'application de ce régime s'appliquent. Le contentieux révèle en réalité une approche différente, selon l'élément qualifiant qui est litigieux. Le locataire doit ainsi démontrer que le local constitue sa résidence principale[2], et doit donc être soumis aux articles 25-3 et suivants de la loi du 6 juillet 1989. En sens inverse, il appartiendra au bailleur de démontrer que le local est suffisamment meublé[3], et à

1. Paris, 20 mars 2008, RG n° 06/17937, *AJDI* 2008. 591 – Paris, 18 mars 2008, RG n° 05/17507, *AJDI* 2008. 668.

2. Civ. 3e, 20 sept. 2006, n° 05-16.363, NP, *AJDI* 2007. 201, note V. Zalewski ; *Loyers et copr.* 2006. 468.

3. Colmar, 17 mai 2004, *Loyers et copr.* 2005, n° 44, obs. B. Vial-Pedroletti – Paris, 20 mars 2008, RG n° 06/17937, *AJDI* 2008. 591 – Paris pôle 4, ch. 3, 10 déc. 2009, n° 08/13519, *AJDI* 2010. 303.

défaut, le bail sera requalifié en location nue[1]. Mais si le bail signé est présenté comme portant sur un logement meublé, et qu'il précise qu'un inventaire des meubles a été remis au locataire, il appartient alors à celui-ci de démontrer que le logement était vide, le cas échéant par des attestations[2]. De même, il appartiendra au bailleur de démontrer que le logement est décent, critère érigé par la loi Alur en élément qualifiant de la location meublée.

513.12 Administration de la preuve. Les éléments déterminants de la qualification de location meublée sont purement factuels[3] : il s'agit de démontrer soit que le locataire a installé, ou non, dans le local sa résidence principale, soit que la consistance des meubles est, ou non, suffisante pour mériter cette qualification de logement meublé. Il faut retenir en conséquence que cette preuve peut être librement administrée, par tous moyens. C'est ainsi qu'il a pu être jugé que la preuve du caractère suffisant de l'ameublement peut résulter d'un inventaire établi trois ans avant la date d'effet du bail[4]. De même, s'agissant de la résidence principale, la mention figurant dans le bail selon laquelle la locataire est domiciliée chez ses parents est sans incidence sur la détermination de sa résidence[5].

513.13 Caractère d'ordre public. Le régime des locations nues[6] et celui des locations meublées[7] sont d'ordre public. En conséquence, toute clause contraire est réputée non écrite, et en particulier la clause qui interdirait toute action en requalification, ou qui rejetterait par avance la démonstration de ce que le local est, ou n'est pas, suffisamment meublé, ou de ce que le locataire a, ou n'a pas, installé dans les lieux sa résidence principale[8].

SECTION 2
ENJEUX DE LA REQUALIFICATION

513.21 Cadre général. Dès lors que la location litigieuse est requalifiée en location meublée, l'ensemble du régime prévu aux articles 25-3 et suivants de la loi du 6 juillet 1989 est applicable à la relation locative. De même, si la location était présentée comme étant meublée, et que les conditions d'application faisant défaut, elle serait requalifiée en location nue (soumise au titre premier de la loi du 6 juillet 1989), les particularités de la location meublée ne sauraient s'appliquer. En particulier, la durée sera de trois ou six ans (en application de l'article 10 de la loi du 6 juillet 1989), et non d'un an. De même, l'éventuelle majoration de loyer, prévue par l'article 17 dans les zones d'encadrement des loyers ne se justifiera pas, et le locataire pourra obtenir un rappel de loyers indûment versés.

513.22 Conflit de qualification. En principe, la location qui fait l'objet d'une action en requalification est déjà, en apparence, soumise à une autre qualification. L'ordre public attaché à la loi du 6 juillet 1989 doit faire prévaloir le régime respectant les conditions légales, et la requalification doit être accueillie sans réserve, nonobstant toute clause contraire. Tel sera le cas lorsque le contrat a été soumis au droit commun issu du Code civil. Il faut cependant réserver l'hypothèse où les parties ont opté expressément pour un régime distinct, lui aussi d'ordre public. Par exemple, alors que la location devrait relever du statut des locations meublées, un contrat soumis au titre premier de la loi du 6 juillet 1989 a été conclu. Que décider si l'une des parties entend obtenir la requalification en location meublée (le bailleur, par exemple s'il veut valider un loyer comparé au loyer majoré applicable aux locations meublées en zone d'encadrement des loyers, ou délivrer congé avec un préavis réduit à trois mois, ou le locataire, par exemple s'il veut bénéficier sans condition d'une durée de préavis d'un mois) ? Sous la réserve que la clause de soumission à ce régime soit claire et non équivoque, il conviendrait de l'appliquer, en considération de ce que l'ordre public locatif est de protection, et que le régime des locations nues est (de manière générale) plus favorable au locataire que le régime des locations meublées[9]. À ces conditions, tant le locataire que le bailleur devraient se voir refuser la requalification. En sens contraire, si un contrat de location d'un local nu a été expressément soumis au régime des locations meublées, l'ordre public de protection devrait conduire à accueillir la demande en requalification en location nue, du moins lorsqu'elle émane du locataire.

1. Civ. 3e, 18 juill. 2000, n° 98-21.452, NP, *Loyers et copr.* 2001, n° 62, obs. B. Vial-Pedroletti ; Civ. 3e, 9 févr. 2005, n° 03-15.128, P III, n° 35 ; *D.* 2005. Somm. 961, obs. N. Damas ; *AJDI* 2005. 484, obs. Y. Rouquet.
2. Civ. 3e, 15 févr. 2018, n° 16-28.080, NP.
3. Paris, 4e ch., 13 nov. 2012, n° 10/04560 : la résidence principale est une notion de fait dont la preuve peut être rapportée par tout moyen admis par la loi sans être limitée par les dispositions de l'article 1341 (devenu 1359) du code civil.
4. Aix-en-Provence, 11 janv. 2013, n° 10/15472, *AJDI* 2013. 512.
5. Paris, 4e ch., 13 nov. 2012, n° 10/04560.
6. L. n° 89-462, 6 juill. 1989, art. 1er s.
7. L. n° 89-462, 6 juill. 1989, art. 25-3 s.
8. NOT. : Civ. 3e, 4 févr. 2009, n° 07-20.980, P III, n° 30 ; *D.* 2009. AJ 491, Y. Rouquet ; *D.* 2010. Pan. 1168, spéc. 1173, obs. N. Damas ; *AJDI* 2009. 608, obs. N. Damas ; *Loyers et copr.* 2009. 61, obs. B. Vial-Pedroletti.
9. Civ. 3e, 21 sept. 2005, n° 04-15.063, NP, *AJDI* 2006. 124, obs. F. de La Vaissière ; *Loyers et copr.* 2005. 569.

TITRE

52. Le régime des locations meublées

SECTION 0
ORIENTEUR

52.00 **Sommaire du titre.**

Division. Il convient d'étudier successivement l'évolution du cadre législatif de la location meublée (chap. 521), les dispositions transitoires (chap. 522), les dispositions spécifiques aux locations meublées (chap. 523) et les dispositions spécifiques au bail mobilité (chap. 524).

52.01 **Principaux textes applicables.**

TEXTES SOURCES

• **L. n° 89-462, 6 juill. 1989,** art. 1er, 3, 3-2, 3-3, 4 (sf I), 5, 6, 7, 7-1, 8, 8-1, 18, 20-1, 21, 22, 22-1, 22-2, 24 et 24-1 25-3 à 25-11.

• **L. n° 2014-366, 24 mars 2014** pour l'accès au logement et un urbanisme rénové, *JO* 26 mars, p. 5809, art. 14.

• **L. n° 2015-990, 6 août 2015** pour l'accès au logement et un urbanisme rénové, *JO* 7 août, p. 3537, art. 82-II.

TEXTES *IN EXTENSO*

• **L. 6 juill. 1989,** art. 25-3 à 25-11

* V. ss n° 5.01

52.03 **Bibliographie indicative.**

Annuel. LAMY DR. IMMO, n° 5843.

Encyclopédies. RÉP. CIV., v° « Bail d'habitation et mixte : rapports locatifs individuels – Loi du 6 juillet 1989 », N. Damas, nos 22 s. – DICT. PERM. Gestion immob., « Locations meublées », nos 16-21, « Baux d'habitation et mixtes », nos 38 s.

CHAPITRE

521. Évolution du cadre législatif de la location

SECTION 0 ORIENTEUR

521.00 Sommaire du chapitre

Division. Il convient de distinguer le cadre législatif de la location avant la loi Alur du 24 mars 2014 (sect. 1) et le cadre législatif postérieur (sect. 2).

521.01 Principaux textes applicables.

TEXTES SOURCES

- **L. n° 89-462, 6 juill. 1989,** art. 25-3.

TEXTES *IN EXTENSO*

- **L. 6 juill. 1989,** art. 25-3

* V. s[s] n° 5.01

521.02 Jurisprudence de référence.

- **Civ. 3e, 20 janv. 2010,** n° 09-65.791, P III, n° 15

* V. s[s] n° 521.11

L'obligation pour le locataire d'un local meublé de s'assurer contre les risques dont il doit répondre [est], sauf stipulation expresse contraire, facultative (...)

- **Civ. 3e, 17 déc. 2015,** n° 14-25.523, P III, n° 136

* V. s[s] n° 521.11

Si le locataire, informé par le bailleur avec un préavis de trois mois de son souhait de modifier les conditions du contrat à son expiration, n'accepte pas les nouvelles conditions, le contrat est renouvelé aux conditions antérieures.

Les conditions du bail ne peuvent être modifiées par les parties qu'à l'occasion de la reconduction du bail donnant naissance à un nouveau contrat et que la signature d'un nouveau contrat se substituant au contrat en cours ne peut faire échec aux dispositions de l'article L. 632-1.

La clause litigieuse qui fait peser sur le locataire la quasi-totalité des dépenses incombant normalement au bailleur et dispense sans contrepartie le bailleur de toute participation aux charges qui lui incombent normalement en sa qualité de propriétaire, a pour effet de créer, au détriment du consommateur, un déséquilibre significatif entre les droits et obligations des parties au contrat.

521.03 Bibliographie indicative.

Annuel. LAMY DR. IMMO, n° 5843.

Encyclopédies. RÉP. CIV., v° « Bail d'habitation et mixte : rapports locatifs individuels – Loi du 6 juillet 1989 », N. Damas, n°s 22 s. – DICT. PERM. Gestion immob., « Locations meublées », n°s 16-21, « Baux d'habitation et mixtes », n°s 38 s.

Articles. B. Raclet, « Locations en meublé, l'émergence d'un statut », *AJDI* 2006. 884 ; N. Damas, « La loi Alur et les baux d'habitation », *AJDI* 2014. 334.

SECTION 1 AVANT LA LOI ALUR DU 24 MARS 2014

521.11 Du code civil au code de la construction et de l'habitation. À l'origine exclusivement soumis au code civil, les locaux meublés ont été ensuite régis par un statut propre qui s'inspirait, pour partie seulement, de la loi du 6 juillet 1989[1], et qui était établi aux articles L. 632-1 et suivants du code de la construction et de l'habitation. Lorsque le régime des locaux meublés régissait le contrat de location, la loi du 6 juillet 1989 était ainsi évincée[2], sauf en ses dispositions relatives à l'obligation pour le bailleur de fournir un dossier de diagnostic technique[3], de délivrer un logement décent[4], à la possibilité pour le locataire de demander une mise en confor-

1. B. Raclet, « Locations en meublé, l'émergence d'un statut », *AJDI* 2006. 884.
2. Civ. 3e, 30 sept. 1998, n° 96-21.512, P III, n° 176 ; *D.* 1998. IR 227.
3. L. n° 89-462, 6 juill. 1989, anc. art. 3-1.
4. L. n° 89-462, 6 juill. 1989, anc. art. 6, al. 1er et 2.

mité[1], à la référence, en cas d'indexation du loyer, à la hausse résultant de l'indice de référence des loyers[2].

521.12 Particularités du bail locatif meublé. Schématiquement, le régime des locations de locaux meublés à usage de résidence principale était le suivant : le bail avait une durée d'un an, tacitement reconductible par période d'une année (à l'exception des locations consenties à des étudiants, dont la durée pouvait être réduite à neuf mois[3]). Le locataire pouvait donner congé à tout moment, en respectant un préavis d'un mois[4], alors que le bailleur ne pouvait s'opposer au renouvellement du contrat qu'en délivrant, trois mois au moins avant le terme du bail, un congé motivé par sa décision de reprendre le logement, de le vendre ou reposant sur un motif légitime et sérieux[5]. Jusqu'à la loi du 18 janvier 2005[6], ces dispositions supposaient que le bailleur loue habituellement plus de quatre logements meublés. Pour le surplus, le régime libéral du code civil avait vocation à s'appliquer[7], ainsi, le cas échéant, que certaines dispositions spécifiques, telles que le droit de la consommation[8].

SECTION 2
DEPUIS LA LOI ALUR DU 24 MARS 2014

521.21 Intégration à la loi du 6 juillet 1989. La loi Alur a profondément modifié le régime des logements meublés puisqu'il est intégré au sein même de la loi du 6 juillet 1989. Ainsi, il est créé un titre 1er *bis*, qui se substitue aux dispositions figurant actuellement aux articles L. 632-1 et suivants du code de la construction et de l'habitation (qui subsistent sur des points relativement accessoires) et qui est intitulé « Des rapports entre bailleurs et locataires dans les logements meublés résidence principale *[sic]* ».

521.22 Régime distinct. Certes, l'absorption par la loi du 6 juillet 1989 (entendue comme le régime des locations nues) n'est pas totale, puisqu'un régime spécifique est édicté. La loi Alur représente toutefois un saut qualitatif sans précédent, car le modèle constitué par le régime des locations nues est évident, et est affirmé dès l'article 25-3 de la loi de 1989, par la longue liste des dispositions du premier titre de la loi de 1989 qui sont déclarées applicables aux locations meublées (art. 1er, 3, 3-2, 3-3, 4, à l'exception du l, 5, 6,6-2 7, 7-1, 8, 8-1, 18, 20-1, 21, 22, 22-1, 22-2, 24 et 24-1). Les habitudes doivent être modifiées, car les textes visés ne sont nullement anodins (on pense, en particulier, à l'application du régime restrictif du cautionnement, des modalités de mise en œuvre de la clause résolutoire, ou de l'encadrement de la rémunération des intermédiaires professionnels). Cet accroissement de l'impérativité du régime ne se réalise par ailleurs pas uniquement en faveur du locataire. Ainsi, le renvoi à l'article 7 de la loi du 6 juillet 1989 le soumet aux obligations légales du locataire, alors qu'auparavant certaines obligations ne pesaient sur lui que si elles étaient expressément stipulées[9].

521.23 Détail. Aux termes de l'article 25-3 de la loi du 6 juillet 1989, sont applicables aux logements meublés les dispositions de la loi du 6 juillet 1989 suivantes :

- art. 1er (relatif au droit au logement, v. s[s] n°s 011.21 s.) ;
- art. 3 (contenu du contrat, v. s[s] n°s 133.11 s.)
- art. 3-2 (état des lieux, v. s[s] n°s 133.111 s.) ;
- art. 3-3 (dossier de diagnostic technique, v. s[s] n° 133.25) ;
- art. 4 (clauses réputées non-écrites, v. s[s] n°s 133.271 s.), à l'exception du *l* (durée du renouvellement du bail par tacite reconduction) ;
- art. 5 (rémunération des intermédiaires, v. s[s] n°s 134.112 s.) ;
- art. 6 (obligations du bailleur, v. s[s] n°s 211.11 s., 212.11 s., 221.11 s. et 222.11 s.) ;
- art. 6-2 (évaluation de la consommation de chaleur, de froid et d'eau chaude sanitaire) ;
- art. 7 (obligations du locataire, v. s[s] n°s 231.11 s., 232.11 s. et 233.11 s.) ;

1. L. n° 89-462, 6 juill. 1989, anc. art. 20-1.
2. L. n° 89-462, 6 juill. 1989, anc. art. 17, d).
3. CCH, anc. art. L. 632-1, al. 2.
4. CCH, anc. art. L. 632-1, al. 8.
5. CCH, anc. art. L. 632-1, al. 5.
6. L. n° 2005-32, 18 janv. 2005 de programmation pour la cohésion sociale, *JO* 19 janv.
7. D'où la nécessité de prévoir des stipulations particulières, notamment afin de contraindre le locataire à s'assurer, faute de régime légal impératif : Civ. 3e, 20 janv. 2010, n° 09-65.791, P III, n° 15 ; *D.* 2010. AJ 583, obs. Y. Rouquet ; *ibid.* 2011. Pan. 1181, obs. N. Damas ; *AJDI* 2010. 374, V. Zalewski ; *Loyers et copr.* 2010, n° 70, obs. B. Vial-Pedroletti (« l'obligation pour le locataire d'un local meublé de s'assurer contre les risques dont il doit répondre étant, sauf stipulation expresse contraire, facultative »).
8. Civ. 3e, 17 déc. 2015, n° 14-25.523, P, *D.* 2016. 71, obs. Y. Rouquet ; *ibid.* 1102, obs. N. Damas : « la clause litigieuse qui fait peser sur le locataire la quasi-totalité des dépenses incombant normalement au bailleur et dispense sans contrepartie le bailleur de toute participation aux charges qui lui incombent normalement en sa qualité de propriétaire, a pour effet de créer, au détriment du consommateur, un déséquilibre significatif entre les droits et obligations des parties au contrat ».
9. AINSI, en matière d'assurance : Civ. 3e, 20 janv. 2010, n° 09-65.791, P III, n° 15 ; *D.* 2010. AJ 583, obs. Y. Rouquet ; *ibid.* 2011. Pan. 1181, obs. N. Damas ; *AJDI* 2°010. 374, n. Zalewski ; *Loyers et copr.* 2010, n° 70, obs. B. Vial-Pedroletti.

– art. 7-1 (délai de prescription, v. s^{s} n°s 231.51 s.) ;

– art. 8 (cession et sous-location, v. s^{s} n°s 325.21 s.) ;

– art. 8-1 (colocation, v. s^{s} n°s 011.21 s.) ;

– art. 18 (décret d'encadrement des loyers, v. s^{s} n° 422.41) ;

– art. 20-1 (mise aux normes de décence, v. s^{s} n°s 211.91 s.) ;

– art. 21 (quittance de loyer, v. s^{s} n°s 223.11 s.) ;

– art. 22 (dépôt de garantie, toutefois, l'article 25-6 précise que, « par dérogation à l'article 22, le montant du dépôt de garantie exigible par le bailleur est limité à deux mois de loyer en principal ») ;

– art. 22-1 (cautionnement, v. s^{s} n°s 144.21 s.) ;

– art. 22-2 (pièces justificatives pouvant être demandées à un candidat locataire et à sa caution, v. s^{s} n°s 131.20 s.) ;

– art. 24 (clause résolutoire, v. s^{s} n°s 822.11 s.) ;

– et art. 24-1 (action collective, v. s^{s} n° 211.11).

Par ailleurs, aux termes de l'article 24-2 de la loi du 6 juillet 1989 issus de la loi du 24 mars 2014, dite loi Alur, la garantie universelle des loyers était applicable aux logements meublés constituant la résidence principale du preneur, tels que définis aux articles 25-3 et 25-4, mais cette garantie, qui n'est jamais entrée en vigueur, a été abrogée par la loi du 23 novembre 2018[1], dite loi Élan (à propos de la GUL, v. s^{s} n° 144.61).

Enfin, l'article 159 de la loi du 22 août 2021[2] modifie notamment l'article 25-3 de la loi du 6 juillet et prévoit, pour les contrats de location conclus, renouvelés ou tacitement reconduits à compter du 24 août 2022[3], l'application de l'article 17, qui disposera en particulier que lorsqu'un logement de la classe F ou de la classe G, au sens de l'article L. 173-1-1 du code de la construction et de l'habitation, fait l'objet d'une nouvelle location, le loyer du nouveau contrat de location ne peut excéder le dernier loyer appliqué au précédent locataire.

521.24 **Dispositions exclues (exemples).** Parmi les textes non repris dans la liste de l'article 25-3, figurent notamment :

– l'article 3-1 (réduction du loyer proportionnelle à la différence entre surface annoncée et surface réelle) ;

– l'article 9-1 (opposabilité d'une notification au conjoint dont l'existence n'a pas été portée à la connaissance du bailleur) ;

– l'article 14 (décès/abandon de domicile) ;

– l'article 14-1 (reprise après constat de logement abandonné) ;

– l'article 11-2 (prolongation des baux en cas de mise en copropriété d'un immeuble en zone tendue).

1. L. n° 2018-1021, 23 nov. 2018 portant évolution du logement, de l'aménagement et du numérique, *JO* 24 nov.
2. L. n° 2021-1104, 22 août 2021 portant lutte contre le dérèglement climatique et renforcement de la résilience face à ses effets, *JO* 24 août.
3. En Guadeloupe, en Martinique, en Guyane, à La Réunion et à Mayotte, ces dispositions sont applicables aux contrats de location conclus, renouvelés ou tacitement reconduits après le 1er juillet 2024.

CHAPITRE

522. Dispositions transitoires

SECTION 0 ORIENTEUR

522.00 Sommaire du chapitre.

Division. Il convient d'étudier successivement l'application dans le temps de la loi Alur (sect. 1) et de la loi Macron (sect. 2).

522.01 Principaux textes applicables.

TEXTES SOURCES

• **L. n° 89-462, 6 juill. 1989,** art. 25-3 à 25-11.

• **CCH,** art. L. 632-1.

• **C. civ.,** art. 2.

• **L. n° 2014-366, 24 mars 2014** pour l'accès au logement et un urbanisme rénové, *JO* 26 mars, p. 5809, art. 14.

• **L. n° 2015-990, 6 août 2015** pour l'accès au logement et un urbanisme rénové, *JO* 7 août, p. 3537, art. 82-II.

TEXTES *IN EXTENSO*

• **L. 24 mars 2014,** art. 14

Les contrats de location en cours à la date d'entrée en vigueur de la présente loi demeurent soumis aux dispositions qui leur étaient applicables.

Toutefois, pour les contrats en cours à la date d'entrée en vigueur de la présente loi et mentionnés au premier alinéa de l'article 2 de la loi n° 89-462 du 6 juillet 1989 tendant à améliorer les rapports locatifs et portant modification de la loi n° 86-1290 du 23 décembre 1986, dans sa rédaction antérieure à la présente loi :

1° Les articles 7, 17-1, 20-1, 21 et 23 de la même loi, dans leur rédaction résultant de la présente loi, sont applicables ;

2° L'article 11-1 de la loi n° 89-462 du 6 juillet 1989 précitée, dans sa rédaction résultant de la présente loi, leur est applicable pour les congés délivrés après l'entrée en vigueur de la présente loi.

Pour les contrats en cours à la date d'entrée en vigueur de la présente loi et mentionnés au premier alinéa de l'article L. 632-1 du code de la construction et de l'habitation, dans sa rédaction antérieure à la présente loi, les articles 6, 7, 20-1 et 25-11 de la loi n° 89-462 du 6 juillet 1989 précitée, dans leur rédaction résultant de la présente loi, sont applicables.

• **L. 6 août 2015,** art. 82-II

[...]

II. – Jusqu'à leur renouvellement ou leur reconduction tacite, les contrats des locations mentionnées au deuxième alinéa de l'article 2 et au premier alinéa de l'article 25-3 de la loi n° 89-462 du 6 juillet 1989 tendant à améliorer les rapports locatifs et portant modification de la loi n° 86-1290 du 23 décembre 1986 en cours à la date de publication de la présente loi demeurent soumis aux dispositions qui leur étaient applicables.

Toutefois :

1° L'article 22 ainsi que l'article 24, dans sa rédaction résultant du présent article, de la loi n° 89-462 du 6 juillet 1989 précitée leur sont applicables ;

2° L'article 7-1 de la même loi est applicable, dans les conditions fixées à l'article 2222 du code civil ;

3° Les articles 1724, 1751 et 1751-1 du même code leur sont applicables ;

4° L'article 11-2 de la loi n° 89-642 du 6 juillet 1989 précitée, dans sa rédaction résultant du présent article, leur est applicable ;

5° L'article 15 de la même loi, dans sa rédaction résultant du présent article, est applicable aux contrats des locations mentionnées au deuxième alinéa de l'article 2 de ladite loi ;

6° L'article 25-8 de la même loi, dans sa rédaction résultant du présent article, est applicable aux contrats de location mentionnés au premier alinéa de l'article 25-3 de ladite loi.

À compter de la date d'effet de leur renouvellement ou de leur reconduction tacite, les contrats des locations mentionnées au deuxième alinéa de l'article 2 de la loi n° 89-462 du 6 juillet 1989 précitée sont régis par l'ensemble des dispositions de cette même loi en vigueur au jour du renouvellement ou de la reconduction, à l'exception de ses articles 3, 17 et 17-2, qui ne s'appliquent qu'aux nouveaux baux et aux baux faisant l'objet d'un renouvellement.

À compter de la date d'effet de leur renouvellement ou de leur reconduction tacite, les contrats mentionnés au premier alinéa de l'article 25-3 de la même loi sont régis par l'ensemble des dispositions de cette même loi en vigueur au jour du renouvellement ou de la reconduction, à l'exception de l'article 3, du premier alinéa de l'article 22, de l'article 25-6 et du I de l'article 25-9, qui ne s'appliquent qu'aux nouveaux baux et aux baux faisant l'objet d'un renouvellement.

522.02 Jurisprudence de référence.

> Sur l'application dans le temps de la loi Alur

• **Cass., Avis, 16 févr. 2015,** n° 14-70.011, P n° 2

* V. s^s n° 522.14

La loi nouvelle régissant immédiatement les effets légaux des situations juridiques ayant pris naissance avant son entrée en vigueur et non définitivement réalisées, il en résulte que l'article 24 de la loi du 6 juillet 1989 modifié par la loi du 24 mars 2014 en ce qu'il donne au juge la faculté d'accorder un délai de trois ans au plus au locataire en situation de régler sa dette locative s'applique aux baux en cours à la date d'entrée en vigueur de la loi du 24 mars 2014.

522.03 Bibliographie indicative.

Annuel. LAMY DR. IMMO, n° 5843.

Encyclopédies. RÉP. CIV., v^is « Bail d'habitation et mixte : rapports locatifs individuels – Loi du 6 juillet 1989 », N. Damas, n°s 22-29 ; « Conflits de lois dans le temps », Bach, n° 515 – DICT. PERM. Gestion immob., « Locations immobilières », n°s 1, 10 s.

Articles. N. Damas, « La loi Alur et les baux d'habitation », *AJDI* 2014. 334 ; « La Loi Macron et les baux d'habitation », *AJDI* 2015. 654.

SECTION 1
APPLICATION DANS LE TEMPS DE LA LOI ALUR

522.11 Cadre général. Le principe est qu'une loi nouvelle régit les situations nées après son entrée en vigueur et n'est pas rétroactive, sauf disposition expresse[1]. En matière contractuelle, il en résulte que la loi nouvelle n'affecte pas la validité des contrats conclus antérieurement à son entrée en vigueur[2]. En revanche, la jurisprudence confère à la loi nouvelle une certaine application immédiate, restreinte aux effets légaux d'un contrat qui sont alors régis par la loi en vigueur au moment où ils se produisent[3].

La loi elle-même peut prévoir les modalités de son application transitoire. Tel est le cas de la loi Alur, tantôt quant à des dispositions spécifiques (c'est ainsi que la saisine de la commission de coordination des actions de prévention des expulsions locatives n'a été rendue obligatoire, dans certains cas, qu'à compter du 1er janvier 2015), tantôt de manière plus générale en son article 14, qui pose un principe général assorti d'exceptions.

522.12 Principe. Il est précisé que « les contrats de location en cours à la date d'entrée en vigueur de la présente loi demeurent soumis aux dispositions qui leur étaient applicables ». Il s'agit de la confirmation de la règle ci-dessus rappelée.

La loi Alur n'a pas d'effet rétroactif et ne s'applique pas aux contrats en cours, mais seulement aux contrats conclus à compter de son entrée en vigueur (soit le 27 mars 2014).

Encore faut-il s'entendre sur ce que recouvre la conclusion d'un contrat de bail. La matière est en effet particulière en ce que le bail, contrat à exécution successive, peut être soit tacitement reconduit, soit renouvelé.

L'on sait que dans les deux cas, un nouveau contrat est formé, qui devrait être soumis aux conditions de validité de la loi applicable au moment de cette formation[4]. Dès lors, un contrat de bail meublé, conclu par exemple le 1er juin 2013 pour un an, tacitement reconduit le 1er juin 2014 pour un an, devrait respecter les nouvelles conditions posées par la loi Alur, en particulier le contrat-type, l'encadrement des loyers...

On imagine aisément les complications engendrées par cette situation que le législateur n'a visiblement pas envisagée. La décision rendue par le conseil constitutionnel le 20 mars 2014 apporte un éclairage bienvenu[5]. Répondant aux arguments des

1. C. civ., art. 2.
2. Civ. 3e, 17 févr. 1993, n° 91-10.942, P III, n° 19 ; *RDI* 1994. 120, obs. J. Foyer et J. Hudault.
3. Civ. 3e, 3 juill. 2013, n° 12-21.541, P III, n° 89 ; *D.* 2013. 1742, obs. Y. Rouquet ; *ibid.* 2014. 1659, obs. M.-P. Dumont-Lefrand ; *AJDI* 2014. 34, obs. J.-P. Blatter : à propos de l'application de la loi du 4 août 2008 à un congé délivré après son entrée en vigueur, bien que le bail commercial ait été conclu antérieurement.
4. RÉP. CIV. v° « Conflits de lois dans le temps », Bach, spéc. n° 515 – AINSI : Civ. 3e, 27 sept. 2006, n° 05-18.168, P III, n° 185 ; *D.* 2006. 2415 ; *AJDI* 2007. 204, obs. Y. Rouquet : « la durée du bail d'habitation tacitement reconduit doit être fixée selon la législation applicable à la date de la reconduction et les dispositions de l'article 10 de la loi du 6 juillet 1999 modifiées par la loi du 21 juillet 1994 sont applicables à un bail d'habitation tacitement reconduit à une date postérieure à celle d'entrée en vigueur de cette loi ».
5. Cons. const. 20 mars 2014, n° 2014-691 DC, *Loi pour l'accès au logement et un urbanisme rénové*, NON-CONFORMITÉ PARTIELLE, *JO* 26 mars ; *AJDA* 2014. 655 ; *D.* 2014. 1844, obs. B. Mallet-Bricout et N. Reboul-Maupin, *AJDI* 2014. 325, point de vue F. de La Vaissière, *Constitutions* 2014. 169, Chron. P. Bachschmidt, *ibid.* 364, Chron. P. De Baecke.

parlementaires, selon lesquels les conditions d'entrée en vigueur de l'encadrement des loyers porteraient atteinte aux conventions légalement conclues, le Conseil affirme qu'il « ressort de l'article 14 de la loi déférée que les dispositions contestées de l'article 6 ne s'appliqueront pas aux baux conclus avant l'entrée en vigueur de la loi, y compris s'ils ont fait l'objet d'une reconduction tacite après cette entrée en vigueur ». Ce faisant, le Conseil retient une conception extensive de la notion de bail en cours en l'étendant aux tacites reconductions, palliant l'imprécision législative. Il est tout de même curieux que l'hypothèse du renouvellement n'ait pas été abordée ni par le législateur, ni par le Conseil constitutionnel, car la problématique est identique. Tacite reconduction et renouvellement ne pouvant être assimilés (v. L. 6 juill. 1989, art. 10 qui distingue clairement les deux situations), la prudence dans l'interprétation de la décision du Conseil constitutionnel veut que la loi Alur soit pleinement applicable en cas de renouvellement. Par ailleurs, la décision du Conseil ne vaut que pour les dispositions relatives à l'encadrement des loyers.

522.13 **Exceptions.** La loi Alur prévoit que certaines dispositions de la loi du 6 juillet 1989 s'appliqueront immédiatement aux contrats en cours. Il en va ainsi, à propos des locations de logements meublés, des articles suivants :

- l'article 6 (obligations du bailleur, v. s^s^ n°s 211.11 s.) ;
- l'article 7 (obligations du preneur, v. s^s^ n°s 231.11 s. et 232.11 s.) ;
- l'article 20-1 (mise en conformité des logements indécents, v. s^s^ n°s 211.91 s.) ;
- l'article 25-11 (compétence de la Commission départementale de conciliation pour l'examen des litiges relatifs aux logements meublés et relatifs aux loyers, aux congés, à l'état des lieux et du mobilier, au dépôt de garantie, aux charges locatives, aux réparations et aux caractéristiques du logement, v. s^s^ n°s 811.11 s.).

522.14 **Interrogations.** Cette application différenciée de la loi Alur, selon les dispositions en cours, ne va pas sans soulever quelques difficultés.

En principe, et au vu de la jurisprudence ci-dessus rappelée, les effets légaux des contrats en cours sont régis par la loi nouvelle. La transmission d'une quittance, les modalités de prolongation du bail en cas de délivrance d'un congé, ou la procédure de conciliation sont à n'en pas douter des effets légaux du contrat de location. Il ne devrait dès lors même pas être nécessaire d'indiquer qu'ils s'appliquent dès l'entrée en vigueur de la loi.

Mais c'est pour les autres dispositions nouvelles non listées dans cet article 14 de la loi Alur que le problème se pose : faut-il déduire de ce texte qu'*a contrario*, faute pour le législateur d'avoir prévu leur application expresse aux baux en cours, toutes ces autres dispositions (dont la possibilité offerte au juge d'octroyer un délai de grâce de trois ans et non plus de deux ans maximum, v. L. 6 juill. 1989, art. 24, ou la possibilité de délivrer congé par lettre remise en main propre, v. L. 6 juill. 1989, art. 15) ne s'appliqueront qu'aux baux conclus après la loi Alur ? Si telle a pu être l'interprétation doctrinale dominante, la Cour de cassation a rendu un avis qui fait prédominer la théorie de l'application immédiate de l'effet légal du contrat.

Ainsi, dans un avis rendu le 16 février 2015 [1], a-t-elle énoncé que « la loi nouvelle régissant immédiatement les effets légaux des situations juridiques ayant pris naissance avant son entrée en vigueur et non définitivement réalisées, il en résulte que l'article 24 de la loi du 6 juillet 1989 modifié par la loi du 24 mars 2014 en ce qu'il donne au juge la faculté d'accorder un délai de trois ans au plus au locataire en situation de régler sa dette locative s'applique aux baux en cours à la date d'entrée en vigueur de la loi du 24 mars 2014 ». Cette position a été confirmée depuis [2].

Cette mise à l'écart de l'article 14 de la loi Alur ne nous paraît pas justifiée juridiquement. Elle nous paraît également inopportune en ce que le critère mis en avant, l'effet légal d'une situation juridique ayant pris naissance antérieurement, est relativement imprécis.

De nombreuses dispositions issues de la loi Alur peuvent en effet relever des effets légaux d'une situation contractuelle, et en tout premier lieu les modalités nouvelles relatives au congé [3] ou à la restitution du dépôt de garantie [4], ce qui pourrait s'avérer lourd de conséquences pour les bailleurs. Nous avions mis en garde contre les risques d'une telle orientation [5], à propos précisément de l'application des articles 15 et 24 de la loi du 6 juillet 1989, et même conseillé aux bailleurs, par précaution, d'appliquer immédiatement les dispositions nouvelles. Il nous semblait tout de même que la lettre de l'article 14, listant expressément les seules dispositions d'effet immédiat, n'aurait pas dû conduire la Cour de cassation à emprunter la voie dangereuse, car source d'insécurité juridique, consa-

1. Cass., Avis, 16 févr. 2015, n° 14-70.011, P n° 2 ; *D.* 2015. 489, *ibid.* 1178, obs. N. Damas, *AJDI* 2015. 608, obs. N. Damas.
2. Civ. 3e, 17 nov. 2016, n° 15-24.552, P ; *D.* 2016. 2399 ; *ibid.* 2017. 1149, obs. N. Damas ; *AJDI* 2017. 281, obs. N. Damas ; *ibid.* 157, point de vue F. de La Vaissière ; *AJ Contrat* 2017. 47, obs. V. Forti ; *RTD civ.* 2017. 118, obs. H. Barbier.
3. L. n° 89-462, 6 juill. 1989, art. 15.
4. L. n° 89-462, 6 juill. 1989, art. 22.
5. N. Damas, *AJDI* 2014. 334, spéc. 337.

crée par cet avis. Si certaines décisions des juges du fond ont refusé d'appliquer aux baux en cours les modalités issues de la loi Alur et non listées à l'article 14[1], la Cour de cassation a maintenu sa lecture des textes[2]. L'application immédiate des nouvelles dispositions ne signifie toutefois pas leur application rétroactive[3].

SECTION 2
APPLICATION DANS LE TEMPS DE LA LOI MACRON

522.20 **Plan – Cadre général.** La loi du 6 août 2015[4], dite loi Macron, apporte des modifications importantes au droit des baux d'habitation, et révèle essentiellement, en ce qui concerne les dispositions transitoires, la volonté de corriger certaines imperfections rédactionnelles de la loi Alur. C'est l'article 82, II de la loi Macron qui traite de cette problématique, avec le souci évident de laisser le moins de prise possible à l'incertitude. Le pari n'est toutefois pas totalement gagné.

Il convient de distinguer les baux en cours (§ 1) et la situation à l'échéance du bail en cours (§ 2).

§ 1
Baux en cours

522.31 **Principe.** Le principe posé par la loi Macron reste similaire à celui de la loi Alur, en ce qu'il est d'emblée énoncé que, jusqu'à leur renouvellement ou leur reconduction tacite, les contrats des locations nues ou meublées « en cours à la date de publication de la présente loi demeurent soumis aux dispositions qui leur étaient applicables ».

La seule nuance à remarquer vient de ce que l'article 14 de la loi Alur se référait aux contrats en cours à la date d'entrée en vigueur de la loi (soit, selon l'article 2 du code civil, le lendemain de la publication au *Journal officiel* [JO 26 mars 2014], c'est-à-dire le 27 mars 2014), alors que la loi Macron vise sa date de publication, soit le 7 août 2015. Les baux en cours à cette date, par définition conclus antérieurement, restent donc soumis aux dispositions qui leur étaient applicables. Les baux conclus à compter du 8 août 2015 sont, sans qu'il ne soit besoin de le préciser expressément, bien sûr soumis aux nouvelles dispositions issues de la loi Macron.

Il est assez curieux que ce ne soit pas la date d'entrée en vigueur de la loi Macron qui serve de point de référence, car cela peut poser une difficulté pour les baux conclus précisément le 7 août 2015. Ils n'étaient pas en cours à la date de publication de la loi Macron, et ne peuvent donc pas se voir appliquer l'article 82 qui les soumettrait, en principe, aux dispositions antérieures, sauf exception. Mais il ne s'agit pas non plus d'un bail conclu après l'entrée en vigueur de la loi Macron soumis intégralement à ces dispositions nouvelles (ce qui serait le cas si le bail avait été conclu le 8 août). Situés dans une zone grise, de tels baux ne seraient régis que par la loi du 6 juillet 1989, dans sa rédaction applicable au 7 août 2015, et l'application de la loi Macron ne se concevrait qu'au travers des principes généraux posés, d'une part, par les dispositions générales de l'article 2 du code civil et, d'autre part, par la jurisprudence (notamment l'effet légal du contrat rappelé dans l'avis de la Cour de cassation du 16 février 2015), du moins jusqu'à leur reconduction tacite ou leur renouvellement...

522.32 **Exception.** Par exception, de nombreuses dispositions sont déclarées immédiatement applicables aux baux en cours.

Il s'agit, tout d'abord, des articles 22 (dépôt de garantie), 24 (résiliation judiciaire du bail pour défaut de paiement des loyers et des charges, et prévention des expulsions), 15 et 25-8 (modalités du congé dans les locations nues et meublées) de la loi du 6 juillet 1989. Il s'agit précisément des textes qui peuvent être identifiés comme constituant un effet légal du contrat. En d'autres termes, et en application de l'avis rendu par la Cour de cassation le 16 février 2015, il aurait été tout à fait envisageable (et même certain pour l'article 24) que ces dispositions soient déclarées immédiatement applicables aux baux en cours, même si l'article 82 de la loi Macron ne les avait pas visées. Au moins la situation est-elle clarifiée sur ce point.

D'autres textes sont déclarés immédiatement applicables : il en va ainsi, pour les locations nues et meublées, de l'article 7-1 de la loi du 6 juillet 1989. Ce dernier texte issu de la loi Alur réduit la durée de la prescription de cinq à trois ans pour les actions dérivant d'un contrat de bail et à un an pour les

1. PAR EX., à propos d'un congé pour reprise : Paris, 3e ch., 16 avr. 2015, no 14/08686, *Loyers et copr.* 2015. comm. B. Vial-Pedroletti, et à propos de l'offre de relogement : Paris, pôle 4, 3e ch., 1er oct. 2015, no 14/14713, S. c/G.
2. Civ. 3e, 17 nov. 2016, no 15-24.552, préc. (à propos du dépôt de garantie et de la majoration en cas de retard de restitution) – Civ. 3e, 23 nov. 2017, no 16-20.475, P III, no 125 (à propos du congé et de l'appréciation de l'âge et des ressources du locataire).
3. Civ. 3e, 1er déc. 2016, no 15-19.915, P III, no 161 ; *AJDI* 2017. 119 – Civ. 3e, *29 nov. 2018, no 17-28.001, NP, AJDI 2019. 62* – Civ. 3e, 19 déc. 2019, no 18-20.854, P ; *D.* 2020. 11 ; *ibid.* 1148, obs. N. Damas ; *ibid.* 2021. 310, obs. R. Boffa et M. Mekki ; *AJDI* 2020. 511, obs. N. Damas ; *Rev. prat. rec.* 2020. 31, chron. D. Gantschnig ; *RTD civ.* 2020. 91, obs. H. Barbier.
4. L. no 2015-990, 6 août 2015 pour la croissance, l'activité et l'égalité des chances économiques, *JO* 7 août.

actions « en révision du loyer ». Il est explicitement renvoyé à l'article 2222 du code civil. C'est plus précisément l'alinéa 2 de ce texte qui est pertinent puisque le délai de prescription a diminué. Il dispose qu'en « cas de réduction de la durée du délai de prescription ou du délai de forclusion, ce nouveau délai court à compter du jour de l'entrée en vigueur de la loi nouvelle, sans que la durée totale puisse excéder la durée prévue par la loi antérieure ».

Cette situation a été fréquemment rencontrée lors de l'entrée en vigueur de la loi du 17 juin 2008[1].

Enfin, les articles 1724, 1751 et 1751-1 du code civil sont également déclarés immédiatement applicables. Ces articles n'ont pas été modifiés par la loi Macron, mais la loi Alur en avait retouché les contours, en abaissant de 40 à 21 jours la durée des réparations au-delà de laquelle le preneur peut demander une diminution du prix du bail[2] et en étendant, avec certains aménagements, la cotitularité aux partenaires pacsés.

522.33 **Interrogations.** La liste des textes applicables immédiatement aux baux en cours se veut donc exhaustive, mais l'incertitude n'est pas complètement levée, dans la mesure où le raisonnement développé par la Cour de cassation dans son avis du 16 février 2015 pourrait être répliqué, dès lors qu'une disposition autre que celle mentionnée expressément à l'article 82, II de la loi Macron relèverait des effets légaux d'une situation juridique antérieure et non définitivement réalisée.

Du fait de l'application immédiate des articles 25-8, 22 et 24 de la loi du 6 juillet 1989, ces hypothèses devraient être restreintes. Mais il pourrait en aller ainsi de l'article 8-1 de la loi du 6 juillet 1989, relatif à la colocation, applicable aux locations meublées, et surtout à la limitation subséquente de la solidarité. Imaginons qu'un bail ait été conclu avec deux preneurs en juin 2013 et que l'un de ces preneurs donne congé en septembre 2015. La solidarité résultant d'une clause expresse pourrait prendre fin en application et selon les modalités de l'article 8-1, VI.

§ 2
Situation à l'échéance du bail en cours

522.41 **Cadre général.** Si les contrats en cours à la date de publication de la loi Macron restent soumis aux dispositions alors applicables, sous réserve des exceptions ci-dessus relatées, il ne faut pas oublier qu'à l'échéance de ce bail en cours, et à défaut de congé, il s'opère un nouveau bail, soit par tacite reconduction, soit par renouvellement exprès. Ce nouveau bail devrait donc être entièrement soumis, à la date de cette tacite reconduction ou de ce renouvellement, aux dispositions alors en vigueur. Dès l'entrée en vigueur de la loi Alur, nous avions noté les difficultés que cette règle pouvait poser, notamment en ce qui concerne les mentions obligatoires du bail ou l'encadrement des loyers. Le Conseil constitutionnel avait apporté une réponse bienvenue, mais partielle, en énonçant que les dispositions relatives à l'encadrement des loyers ne s'appliqueront pas aux baux conclus avant l'entrée en vigueur de la loi, y compris s'ils ont fait l'objet d'une reconduction tacite après cette entrée en vigueur. La loi Macron tente de prévenir toute difficulté en énonçant un principe et des exceptions, et en distinguant, à la marge, les locations de logements nus et les locations de logements meublés.

522.42 **Principe.** En ce qui concerne les locations meublées, le principe est que, « à compter de la date d'effet de leur renouvellement ou de leur reconduction tacite, les contrats des locations mentionnées au premier alinéa de l'article 25-3 de la loi n° 89-462 du 6 juillet 1989 précitée sont régis par l'ensemble des dispositions de cette même loi en vigueur au jour du renouvellement ou de la reconduction ».

L'objectif est louable en ce qu'il a le mérite de la simplicité : le nouveau contrat doit être conforme aux textes alors en vigueur.

Peut-être pourrait-on simplement, d'une part, regretter qu'il ne soit fait référence qu'à la loi du 6 juillet 1989 (alors que le code civil reste une source de droits et d'obligations en matière de baux d'habitation – en témoignent les modifications récentes de l'article 1751 –, de même que d'autres textes, telle la loi du 31 décembre 1975[3]) et, d'autre part, remarquer que cet engagement de la loi Macron est donné sous réserve qu'une loi ultérieure, modifiant la loi du 6 juillet 1989, ne contienne pas de dispositions transitoires différentes...

522.43 **Exceptions.** Il est prévu par l'article 82, II de la loi Macron qu'« à compter de la date d'effet de leur renouvellement ou de leur reconduction tacite, les contrats mentionnés au premier alinéa de l'article 25-3 de la même loi sont régis par l'ensemble des dispositions de cette même loi en vigueur au jour du renouvellement ou de la reconduction, à l'exception de l'article 3, du premier alinéa de l'article 22, de l'article 25-6 et du I de l'article 25-9, qui ne s'appliquent qu'aux nouveaux baux et aux baux faisant l'objet d'un renouvellement ».

1. L. n° 2008-561, 17 juin 2008 portant réforme de la prescription en matière civile, *JO* 18 juin.
2. C. civ., art. 1724.
3. L. n° 75-1351, 31 déc. 1975 à la protection des occupants de locaux à usage d'habitation, *JO* 4 janv. 1976.

La différence, avec les dispositions relatives aux locations nues, tient à ce que les textes relatifs au dépôt de garantie ne seront donc pas applicables aux baux en cours, y compris s'ils ont fait l'objet d'une tacite reconduction ultérieure. Le dépôt de garantie, dans les locations de logements meublés, est plafonné à deux mois de loyer en principal (et non pas à un mois, comme dans les locations de logements nus). Ce plafond a été instauré par la loi Alur, alors qu'auparavant il n'en existait pas. Si un dépôt de garantie plus important avait été stipulé avant l'entrée en vigueur de la loi Alur, le preneur aurait pu réclamer une restitution partielle afin de revenir à un montant correspondant à deux mois de loyer, à l'occasion de la tacite reconduction suivante. La loi Macron empêche cette issue (sauf en cas de renouvellement), mais peut-être un peu tardivement : le contrat de location d'un logement meublé étant souvent d'une durée d'un an, la tacite reconduction d'un bail en cours à la date d'entrée en vigueur de la loi Alur s'est certainement déjà opérée, avant que la loi Macron n'entre en vigueur. Dès lors, à défaut de précision légale contraire lors de cette tacite reconduction, le nouveau plafond du dépôt de garantie s'est appliqué, ce qui permet au preneur de réclamer la différence éventuelle. Par ailleurs, la référence aux nouveaux baux ne s'imposait pas, car il ne s'agit plus de traiter de la situation d'un bail en cours à la date de la loi Macron, qui se renouvellerait ou se reconduirait tacitement. Il est conforme à l'article 2 du code civil qu'un bail conclu après l'entrée en vigueur de la loi soit soumis à cette loi.

La référence au renouvellement s'inscrit, quant à elle, dans la continuité de la décision du Conseil constitutionnel du 20 mars 2014, qui distinguait selon que le bail faisait l'objet ultérieurement d'une reconduction tacite (l'encadrement des loyers ne s'appliquant alors pas) ou d'un renouvellement (l'encadrement des loyers s'appliquant alors, selon un raisonnement *a contrario*).

Cette solution est ainsi étendue à l'article 3, car il paraît difficile d'imposer le respect de mentions obligatoires alors que le bail est tacitement reconduit.

En revanche, l'exception n'est pas étendue au dossier de diagnostic technique (art. 3-3). Est-ce à dire que le bailleur devra fournir, lors d'une tacite reconduction, de nouveaux diagnostics si certains ont été créés ou sont entrés en vigueur depuis la conclusion du bail ? Ce n'est pas du tout certain, car l'article 3-3 prévoit lui-même que les diagnostics sont à annexer au contrat de location lors de sa signature ou de son renouvellement. La tacite reconduction ne semble pas être un fait générateur de production de ces diagnostics.

CHAPITRE

523. Dispositions spécifiques aux locations meublées

SECTION 0

ORIENTEUR

523.00 Sommaire du chapitre.

Division. Outre le renvoi à de nombreux articles du titre 1er de la loi du 6 juillet 1989, le titre Ier *bis* contient un certain nombre de dispositions spécifiques. Il s'agit des règles relatives au contrat de location, à l'inventaire et à l'état détaillé des meubles, au loyer, à la clause travaux, aux charges locatives, au congé, et à la compétence de la commission départementale de conciliation. Il s'agit aussi des dispositions relatives à l'action collective.

Enfin, certaines dispositions propres aux locations meublées situées dans établissements recevant du public méritent d'être mentionnées.

523.01 Principaux textes applicables.

TEXTES SOURCES

• **L. n° 89-462, 6 juill. 1989,** art. 25-3 à 25-11.

• **CCH,** art. L. 632-1.

• **Décr. n° 2015-587, 29 mai 2015** relatif aux contrats types de location de logement à usage de résidence principale, *JO* 31 mai, p. 9035.

• **Arr. 29 mai 2015** relatif au contenu de la notice d'information annexée aux contrats de location de logement à usage de résidence principale, *JO* 30 mai, p. 9041.

TEXTES *IN EXTENSO*

• **L. 6 juill. 1989,** art. 25-3 à 25-11

* V. ss n° 5.01

523.02 Jurisprudence de référence.

• **Civ. 3e, 6 avr. 2005,** n° 04-11.374, P III, n° 85

* V. ss n° 523.45

Sur le moyen unique :

Vu l'article L. 632-1 du Code de la construction et de l'habitation ;

(...) Le preneur, nonobstant toute clause contraire, peut résilier le bail dès la première année de location sous réserve de respecter un préavis d'un mois.

• **Civ. 3e, 15 oct. 2008,** n° 07-13.294, P III, n° 153

* V. ss n° 523.51

L'absence de contrat écrit ne dispensant pas le locataire du respect du délai de préavis prévu à l'article L. 632-1 du code de la construction et de l'habitation.

• **Civ. 3e, 5 nov. 2015,** n° 14-20.295, NP

* V. ss n° 523.51

Le locataire d'un logement meublé qui constitue sa résidence principale peut résilier le contrat à tout moment sous réserve du respect d'un préavis d'un mois.

• **Civ. 3e, 17 déc. 2015,** n° 14-25.523, P III, n° 136

* V. ss n° 523.33

Si le locataire, informé par le bailleur avec un préavis de trois mois de son souhait de modifier les conditions du contrat à son expiration, n'accepte pas les nouvelles conditions, le contrat est renouvelé aux conditions antérieures.

Les conditions du bail ne peuvent être modifiées par les parties qu'à l'occasion de la reconduction du bail donnant naissance à un nouveau contrat et [...] la signature d'un nouveau contrat se substituant au contrat en cours ne peut faire échec aux dispositions de l'article L. 632-1.

523.03 Bibliographie indicative.

Annuel. LAMY DR. IMMO, nos 5484, 5506 s., 5516, 5843 s.

Encyclopédies. RÉP. CIV., v° « Bail d'habitation et mixte : rapports locatifs individuels – Loi du 6 juillet 1989 », N. Damas, nos 26 s. – DICT. PERM. Gestion immob., « Locations meublées », nos 16-37.

SECTION 1
FORMATION DU CONTRAT

523.10 **Plan.** Il convient d'étudier successivement les règles de forme (§ 1) et les règles de fond (§ 2).

§ 1
Formalisme

523.21 **Inventaire.** Selon l'article 25-5 de la loi du 6 juillet 1989, un inventaire et un état détaillé du mobilier sont établis dans les mêmes formes et en autant d'exemplaires que de parties lors de la remise et de la restitution des clés. Ces documents, établis contradictoirement et amiablement, sont signés par les parties ou par un tiers mandaté par elles et joints au contrat de location. Ces documents ne peuvent donner lieu à aucune autre facturation que celle liée à l'établissement de l'état des lieux.

523.22 **Contrat-type.** L'article 25-7 précise que le contrat de location est établi par écrit et respecte un contrat-type défini par décret en conseil d'État. Le décret du 29 mai 2015 [1], permet l'application des articles 3 (logements nus) et 25-7 (logements meublés). Il est entré en vigueur le 1er août 2015. Son champ d'application est très large mais n'est pas pour autant universel, car l'article 2 du Décret précise qu'il s'applique aux locations soumises au titre Ier *bis* de la loi du 6 juillet 1989, à l'exception des colocations de logement meublé formalisées par la conclusion de plusieurs contrats entre les locataires et le bailleur. L'annexe 2 du décret ajoute que le contrat-type ne s'applique pas non plus aux locations de logement appartenant à un organisme d'habitation à loyer modéré et faisant l'objet d'une convention passée en application de l'article L. 351-2 du code de la construction et de l'habitation. En Guadeloupe, à la Martinique, en Guyane, à La Réunion et à Mayotte, le contrat type figurant en annexe n° 2 (logement meublé) ne s'applique pas aux locations de logement des sociétés d'économie mixte agréées conformément à l'article L. 481-1 du code de la construction et de l'habitation, construit, acquis ou amélioré avec le concours financier de l'État prévu à l'article R. 372-1 du même code.

Figure en annexe à ce décret le contrat type de location ou de colocation de logement meublé (Annexe 2). Il est d'emblée précisé que le régime de droit commun en matière de baux d'habitation est défini principalement par la loi du 6 juillet 1989. Le code civil n'accède même pas à un rôle de figuration... Il est présenté en préambule de cette annexe un certain nombre de principes :

– le présent contrat type de location contient uniquement les clauses essentielles du contrat dont la législation et la réglementation en vigueur au jour de sa publication imposent la mention par les parties dans le contrat. Il appartient cependant aux parties de s'assurer des dispositions applicables au jour de la conclusion du contrat.

– au-delà de ces clauses, les parties sont également soumises à l'ensemble des dispositions légales et réglementaires d'ordre public applicables aux baux d'habitation sans qu'il soit nécessaire de les faire figurer dans le contrat et qui sont rappelées utilement dans la notice d'information qui doit être jointe à chaque contrat.

– les parties sont libres de prévoir dans le contrat d'autres clauses particulières, propres à chaque location, dans la mesure où celles-ci sont conformes aux dispositions législatives et réglementaires en vigueur. Les parties peuvent également convenir de l'utilisation de tout autre support pour établir leur contrat, dans le respect du présent contrat type.

Le contrat-type reprend les mentions obligatoires imposées par l'article 25-7 de la loi du 6 juillet 1989. La rédaction proposée par le contrat type laisse à désirer dans la mesure où il s'agit plus de l'énumération de mots-clés que d'un contrat réellement rédigé. Est ainsi symptomatique le paragraphe IV. A. 2° des « modalités de révision », comprenant simplement la date de révision et la date ou le trimestre de référence de l'IRL. Ces indications nous semblent très insuffisantes à caractériser une clause d'indexation. Elles laissent à penser que la révision annuelle du loyer est légale, et qu'il ne faudrait qu'en préciser les modalités d'application. Au contraire, l'indexation du loyer reste une stipulation contractuelle qui doit être clairement rédigée. Les parties seront donc bien avisées de ne pas se contenter des seules mentions prévues au contrat type.

523.23 **Notice d'information.** Au contrat doit être jointe une notice d'information relative aux droits et obligations des locataires et des bailleurs, qui a été publiée par un arrêté du 29 mai 2015 [2], relatif au contenu de la notice d'information annexée aux contrats de location de logement à usage de résidence principale. Cette notice est rendue obligatoire en application de l'article 3 de la loi du 6 juillet 1989. Il s'agit d'un résumé, parfois proche de la vulgarisation, des dispositions législatives et réglementaires en vigueur.

1. Décr. n° 2015-587, 29 mai 2015 relatif aux contrats types de location de logement à usage de résidence principale, *JO* 31 mai.

2. Arr. 29 mai 2015 relatif au contenu de la notice d'information annexée aux contrats de location de logement à usage de résidence principale, *JO* 30 mai, p. 9041.

Cette notice d'information ne saurait valoir contractualisation de son contenu. Dès lors, l'évolution des textes d'ordre public s'impose aux parties, qui ne pourraient s'abriter derrière la rédaction de cette notice. Il en résulte que son utilité est assez douteuse, dans la mesure où les modifications législatives sont relativement fréquentes... Il suffit de prendre pour exemple la loi du 6 août 2015 pour la croissance, l'activité et l'égalité des chances économiques, dite loi Macron, qui a modifié certaines dispositions de la loi du 6 juillet 1989. La notice d'information du 29 mai 2015 n'était à cet égard déjà plus à jour... L'on remarquera enfin que la notice contient des indications relatives aux logements meublés, alors pourtant que l'article 3 de la loi du 6 juillet 1989 n'était pas déclaré applicable à ces logements par l'article 25-3, à la date de publication du décret. Cela a été corrigé depuis la promulgation de la loi du 6 août 2015, qui a ajouté la référence à l'article 3 de la loi du 6 juillet 1989 au sein de l'article 25-3. En dépit de l'excès de zèle du ministère du Logement, il n'a donc été nullement obligatoire d'annexer cette notice à un contrat de location d'un logement meublé conclu entre le 31 mai 2015 et le 8 août 2015.

§ 2
Règles de fond

523.31 **Dépôt de garantie.** Le dépôt de garantie est limité à deux mois de loyer en principal (art. 25-6). Avant la loi Alur, il n'existait pas de dispositions spécifiques, ce qui garantissait la possibilité d'une libre fixation contractuelle. Son montant, plus élevé que dans les locations nues, se justifie notamment par le fait que le preneur pourrait dégrader non seulement le local, mais également les meubles mis à disposition.

523.32 **Durée du bail.** La durée initiale est d'*au moins* un an (art. 25-7, al. 2 ; l'article L. 632-1 du code de la construction et de l'habitation visait une durée d'un an), avec une tacite reconduction pour une durée d'une année[1]. Lorsque le bailleur est titulaire d'un bail commercial venant à expiration ou lorsque la cessation d'activité est prévue, le contrat peut être d'une durée inférieure à un an et doit mentionner les raisons et événements justificatifs[2].

La dérogation de durée (neuf mois), qui était déjà prévue à l'article L. 632-1 du code de la construction et de l'habitation est maintenue pour les locations consenties à un étudiant (art. 25-7, al. 4). Dans ce cas, la reconduction tacite n'est pas applicable. Cette durée dérogatoire pourra notamment permettre au bailleur de louer le logement à titre touristique à l'issue de cette durée de neuf mois (en particulier au cours de la période estivale). Il conviendra toutefois de respecter les dispositions spécifiques à ce type de locations[3]. Dès lors qu'il s'agit de déroger au droit au renouvellement, l'appréciation des conditions d'application de cette durée réduite sera nécessairement stricte. Ainsi, le bailleur sera bien avisé de conserver la preuve de la qualité d'étudiant du locataire (photocopie de la carte d'étudiant), sachant toutefois qu'il peut arriver que le bail soit conclu (en été) avant que le locataire n'ait en sa possession une telle preuve (en septembre). Le locataire devra être contraint, par une clause spécifique, de communiquer immédiatement ce justificatif une fois qu'il sera en sa possession. L'on peut également se demander si cette durée a vocation à s'appliquer en cas de cotitularité du bail entre deux locataires, dont l'un seul a la qualité d'étudiant.

523.33 **Évolution.** En application des articles 1103 et 1193 (anc. 1134) du code civil, les parties devraient avoir la possibilité de conclure un avenant modifiant les conditions du bail. Toutefois, le droit des baux d'habitation regarde avec méfiance de tels avenants, qui pourraient être conclus sous la menace, exercée par le bailleur, de donner congé en cas de refus par le locataire. C'est pourquoi, en matière de locations meublées, l'article 25-8, alinéa 2, énonce que le bailleur qui souhaite, à l'expiration du contrat, en modifier les conditions doit informer le locataire avec un préavis de trois mois. Si le locataire accepte les nouvelles conditions, le contrat est renouvelé pour un an. Une procédure stricte est ainsi prévue, et il n'est pas possible d'y déroger. Tel en a jugé la Cour de cassation dans un arrêt du 17 décembre 2015[4].

SECTION 2
LOYER ET CHARGES

523.41 **Loyer initial.** Un dispositif d'encadrement des loyers était prévu à l'article 25-9. Il était

1. SUR l'obligation de conseil de l'agent immobilier quant à la durée du bail et des périodes de tacite reconduction : Civ. 3e, 22 mai 2013, n° 12-17.768, NP, *AJDI* 2014. 193, obs. N. Damas.
2. CCH, art. L. 632-1.
3. V. ss nos 335.11 s.
4. Civ. 3e, 17 déc. 2015, 14-25.523, P III, n° 136 ; *D.* 2016. 71, obs. Y. Rouquet ; *ibid.* 1102, obs. N. Damas. : « si le locataire, informé par le bailleur avec un préavis de trois mois de son souhait de modifier les conditions du contrat à son expiration, n'accepte pas les nouvelles conditions, le contrat est renouvelé aux conditions antérieures [...] Les conditions du bail ne peuvent être modifiées par les parties qu'à l'occasion de la reconduction du bail donnant naissance à un nouveau contrat et [...] la signature d'un nouveau contrat se substituant au contrat en cours ne peut faire échec aux dispositions de l'article L. 632-1 ».

très proche de celui mis en place pour les locations nues à l'article 17[1]. Depuis la loi du 23 novembre 2018[2], dite loi Élan, le dispositif d'encadrement a été sorti de la loi du 6 juillet 1989 et est dorénavant régi par l'article 140 de la loi Élan, et plus précisément par l'article 140, IV pour ce qui est des logements meublés. Le loyer de référence est une version majorée de celui fixé pour les logements loués nus, afin de tenir compte du caractère meublé du logement. Cette majoration est déterminée à partir des écarts constatés entre les loyers des logements loués nus et les loyers des logements loués meublés observés par l'observatoire local des loyers. Par ailleurs, le complément de loyer tient compte des équipements et services associés aux logements meublés.

523.42 **Évolution du loyer.** Les dispositions relatives à la révision du loyer, prévues pour les locations nues à l'article 17-1, sont également applicables aux locations meublées[3]. Il en va de même pour ce qui est de la possibilité d'augmenter ou de diminuer le loyer lors du renouvellement du bail (l'article 25-9 renvoyant à l'article 17-2). Toutefois, la loi Macron du 6 août 2015 puis la loi Élan du 23 novembre 2018 ont complété l'article 25-9 en prévoyant que « la hausse du loyer convenue entre les parties ou fixée judiciairement s'applique au contrat renouvelé. Toutefois, si la hausse est supérieure à 10 %, elle s'applique par tiers annuel au contrat renouvelé et lors des renouvellements ultérieurs ». Avant la loi Macron, cet étalement potentiel de la hausse du loyer durait six ans, ce qui est apparu peu adapté à l'hypothèse de la location d'un logement meublé dans la mesure où la durée du bail est, en principe, d'au moins un an. L'on peut regretter, toutefois, que la rédaction du nouvel article 25-9 se calque sur celle de l'article 17-2, en disposant que la hausse s'applique au contrat renouvelé et « lors des renouvellements ultérieurs » Or, ainsi que le prévoit expressément l'article 25-7, c'est en principe une reconduction tacite qui s'opère à la fin de chaque bail, dès lors qu'aucun congé n'est délivré. Une interprétation littérale pourrait conduire le locataire à prétendre que la hausse par tiers ne s'applique pas tant qu'un renouvellement exprès n'est pas constaté.

L'article 159 de la loi du 22 août 2021[4] prévoit, pour les contrats de location conclus, renouvelés ou tacitement reconduits à compter du 24 août 2022[5], l'application aux baux de logements meublés de l'article 17, III de la loi du 6 juillet 1989, qui disposera que la révision et la majoration de loyer prévues aux I et II de cet article ne peuvent pas être appliquées dans les logements de la classe F ou de la classe G, au sens de l'article L. 173-1-1 du code de la construction et de l'habitation.

523.43 **Résidences services.** Dans le but, sans doute, de ne pas (trop) dissuader les investisseurs (ni les opérateurs gestionnaires, *via* un bail commercial), les logements meublés situés dans une résidence service échappaient, selon la loi Alur, à l'encadrement des loyers (anc. art. 25-9, II). Il en résultait une liberté de fixation, de révision et de renouvellement du loyer, sous réserve cependant de l'application de l'article 18, visé par l'article 25-3. Deux modifications sont intervenues depuis la loi Alur. D'une part, la loi Macron du 6 août 2015 a modifié cet article 25-9 II en ce que la dérogation accordée aux locations de logements meublés situés dans une résidence avec services voyait son champ d'application se réduire légèrement. Ainsi ces locations étaient soumises à l'ancien article 25-9, III, relatif à la révision du loyer (renvoi à l'article 17-1, I) et à la majoration du loyer en cas de travaux d'amélioration. D'autre part, la loi du 23 novembre 2018, dite loi Élan, a repris cette nouvelle rédaction en la transférant toutefois au sein de l'article 140, IV de cette même loi.

523.44 **Convention expresse.** Selon l'article 25-9, alinéa 3, lorsque les parties sont convenues, par une clause expresse, de travaux d'amélioration du logement que le bailleur fera exécuter ou d'acquisition d'équipements par le bailleur en sus de l'équipement initial, le contrat de location ou un avenant à ce contrat peut fixer une majoration de loyer consécutive à ces opérations. Cette disposition est très proche de celle prévue à l'article 17-1, II, mais en diffère par la référence à l'acquisition d'équipements.

523.45 **Charges.** En application de l'article 25-10 de la loi du 6 juillet 1989, les charges peuvent être récupérées, au choix des parties, soit dans les conditions de l'article 23[6], soit de manière forfaitaire. Dans cette dernière hypothèse, le forfait est versé simultanément au loyer, dont le montant et la périodicité de versement sont définis dans le contrat et qui ne peut donner lieu à complément ou à régularisation ultérieure. Le montant du forfait de charges est fixé en fonction des montants exigibles

1. V. s[s] n°s 422.30 s.
2. L. n° 2018-1021, 23 nov. 2018 portant évolution du logement, de l'aménagement et du numérique, *JO* 24 nov.
3. V. s[s] n°s 424.11 s.
4. L. n° 2021-1104, 22 août 2021 portant lutte contre le dérèglement climatique et renforcement de la résilience face à ses effets, *JO* 24 août.
5. En Guadeloupe, en Martinique, en Guyane, à La Réunion et à Mayotte, ces dispositions sont applicables aux contrats de location conclus, renouvelés ou tacitement reconduits après le 1er juillet 2024.
6. V. s[s] n°s 243.11 s.

par le bailleur en application du même article 23 et peut être révisé chaque année aux mêmes conditions que le loyer principal. Ce montant ne peut pas être manifestement disproportionné au regard des charges dont le locataire ou, le cas échéant, le précédent locataire se serait acquitté.

SECTION 3 CONGÉS

523.51 Préavis. En application de l'article 25-8 de la loi du 6 juillet 1989, le locataire peut donner congé à tout moment[1], moyennant un préavis d'un mois, y compris lorsque la durée du bail est réduite à neuf mois. Il n'est pas prévu de durée dérogatoire. La possibilité de donner congé à tout moment s'impose même en cas de stipulation contraire dans le bail[2]. Et le respect du délai vaut même en l'absence de contrat écrit[3]. Il s'agit de l'application du caractère d'ordre public du régime des locations meublées (énoncée, avant la loi Alur à l'article L. 632-3, et depuis la loi Alur à l'article 25-3). Le bailleur ne peut donner congé que pour le terme du bail, moyennant un préavis de trois mois. *Pendant le délai de préavis*, si le congé a été notifié par le bailleur, le locataire n'est redevable du loyer et des charges que pour le temps où il a occupé réellement les lieux. À l'inverse, si c'est lui qui a notifié le congé, il est redevable du loyer et des charges relatifs à l'intégralité de la période couverte par le préavis. Sauf toutefois si le logement se trouve occupé avant la fin du préavis par un autre locataire en accord avec le bailleur. *À l'expiration du délai de préavis*, le locataire est déchu de tout titre d'occupation du logement loué.

523.52 Motivation. Alors que le locataire n'a aucun motif à apporter lorsqu'il donne congé, il en va différemment pour le bailleur. Les motifs restent identiques à ceux qui étaient énoncés à l'article L. 632-1 du code de la construction et de l'habitation. Ainsi, il doit motiver son refus de renouvellement du bail soit par sa décision de reprendre ou de vendre le logement, soit par un motif légitime et sérieux, notamment l'inexécution par le locataire de l'une des obligations lui incombant. L'accroissement du contrôle du juge sur le caractère réel, sérieux et légitime du congé, réalisé par la loi Alur, est transposé aux locations meublées.

Le congé pour vendre n'ouvre toutefois pas droit à préemption au profit du locataire. Par ailleurs, le congé pour reprise n'est ouvert qu'au bailleur personne physique, à l'exclusion des sociétés civiles familiales[4].

Les reports de la possibilité de donner congé pour vendre ou reprendre pour habiter, imposés par l'article 15 à l'acquéreur d'un logement loué, ne sont pas repris par l'article 25-8.

523.53 Notification. La faculté ouverte à l'article 15 de la loi du 6 juillet 1989 de donner congé par courrier remis en main propre, instituée par la loi Alur en complément de la signification par acte d'huissier ou par lettre recommandée avec demande d'avis de réception, n'avait curieusement pas été étendue aux congés délivrés dans le cadre de la location meublée. Cet oubli a été réparé par la loi du 6 août 2015, dite loi Macron.

523.54 Offre de relogement. La protection du locataire âgé de plus de soixante-cinq ans et aux ressources annuelles inférieures à un plafond, qui bénéficie d'une offre de relogement[5], est également transposée aux locations meublées[6]. La loi Alur avait institué une modalité nouvelle de prise en compte plus large, car l'âge et les ressources d'une personne à charge pouvaient être pris en considération, alors que le Conseil constitutionnel avait invalidé cette même disposition ajoutée à l'article 15 de la loi du 6 juillet 1989[7]. La loi Macron du 6 août 2015 harmonise le régime en posant le même régime, tant pour les locations nues que pour les locations meublées, et selon lequel le montant cumulé des ressources annuelles de l'ensemble des personnes vivant au foyer est inférieur au plafond de ressources.

SECTION 4 DIFFÉRENDS

523.61 Compétence de la commission départementale de conciliation. La commission départementale de conciliation[8] est compétente pour l'examen des litiges relatifs aux logements meublés et résultant de l'application des dispositions relatives aux loyers, aux congés, à l'état des lieux et du mobilier, au dépôt de garantie, aux charges locatives, aux

1. APPLIQUANT l'anc. art. L. 632-1 CCH : Civ. 3e, 5 nov. 2015, n° 14-20.295, NP, *AJDI* 2016. 43, obs. F. de La Vaissière.
2. Civ. 3e, 6 avr. 2005, n° 04-11.374, P III, n° 85 ; *D.* 2005. 1109, obs. Y. Rouquet ; *ibid.* 2006. 2006. Pan. 962, obs. N. Damas ; *AJDI* 2005. 651, obs. Y. Rouquet.
3. Civ. 3e, 15 oct. 2008, n° 07-13.294, P III, n° 153 ; *D.* 2008. AJ 2722, obs. Y. Rouquet.
4. Rép. min, n° 4495, *JOAN Q* 11 déc. 2018, p. 11398.
5. V. ss nos 436.11 s.
6. L. n° 89-462, 6 juill. 1989, art. 25-8, II.
7. Cons. const. 20 mars 2014, n° 2014-691 *DC*, *Loi pour l'accès au logement et un urbanisme rénové*, NON-CONFORMITÉ PARTIELLE, *JO* 26 mars ; *AJDI* 2014. 325, obs. F. de La Vaissière.
8. L. n° 89-462, 6 juill. 1989, art. 20, v. ss nos 811.11 s.

réparations et aux caractéristiques de décence du logement[1].

523.62 **Action collective.** Aux termes de l'article L. 632-1 du code de la construction et de l'habitation, dans sa rédaction issue de la loi du 24 mars 2014, dite loi Alur, lorsqu'un locataire ou plusieurs locataires, dont la résidence principale est située dans un établissement recevant du public aux fins d'hébergement, ont avec le même bailleur un litige locatif ayant une origine commune, ils peuvent donner par écrit mandat d'agir en justice en leur nom et pour leur compte à une association dont l'un des objets est l'insertion ou le logement des personnes défavorisées ou à une association de défense des personnes en situation d'exclusion par le logement mentionnées à l'article 3 de la loi du 31 mai 1990[2] visant à la mise en œuvre du droit au logement. Une de ces associations peut assister ou représenter un locataire[3], en cas de litige portant sur le respect des caractéristiques de décence de son logement.

1. L. n° 89-462, 6 juill. 1989, art. 25-11.
2. L. n° 90-449, 31 mai 1990 visant à la mise en œuvre du droit au logement, *JO* 2 juin, p. 6551.
3. Selon les modalités définies à C. pr. civ., art. 828.

CHAPITRE

524. Dispositions spécifiques au bail mobilité

SECTION 0 ORIENTEUR

524.00 Sommaire du chapitre.

Division. La loi du 23 novembre 2018, dite loi Élan, a inséré un titre Ier *ter* (art. 25-12 et suivants de la loi du 6 juillet 1989) consacré au bail mobilité. Il s'agit d'une déclinaison du bail d'un logement meublé. Cette innovation est le nouveau visage de la spécialisation contractuelle sans cesse accrue en matière de baux d'habitation : le bail d'un logement meublé, défini aux articles 25-3 et suivants de la loi du 6 juillet 1989, était jusqu'à présent un mécanisme dérogatoire au principe de la location d'un logement vide. Il s'agit dorénavant également d'un bail meublé de droit commun auquel fait exception le bail mobilité.

Il s'agit principalement pour le législateur d'offrir une voie médiane entre le bail classique d'un logement meublé, d'une durée d'au moins une année, et le bail « touristique » contre lequel luttent plusieurs grandes villes[1]. Le bail mobilité doit respecter des conditions de fond (sect. 1) et de forme (sect. 2), et est alors soumis à un régime particulier (sect. 3).

524.01 Principaux textes applicables.

TEXTES SOURCES

• **L. n° 89-462, 6 juill. 1989,** art. 25-12 à 25-18.

TEXTES *IN EXTENSO*

• **L. 6 juill. 1989,** art. 25-12

Le bail mobilité est un contrat de location de courte durée d'un logement meublé au sens de l'article 25-4 à un locataire justifiant, à la date de la prise d'effet du bail, être en formation professionnelle, en études supérieures, en contrat d'apprentissage, en stage, en engagement volontaire dans le cadre d'un service civique prévu au II de l'article L. 120-1 du code du service national, en mutation professionnelle ou en mission temporaire dans le cadre de son activité professionnelle.

Le bail mobilité est régi par les dispositions du présent titre, qui sont d'ordre public. Sauf disposition contraire, les dispositions du titre Ier *bis* ne sont pas applicables.

Les articles 1er, 3-2, 3-3, 4, 5, 6, 6-2, 7, 7-1 et 8, les I à IV de l'article 8-1 et les articles 18, 21, 22-1, 22-2, 25-4 et 25-5 sont applicables au bail mobilité.

La commission départementale de conciliation n'est pas compétente pour l'examen des litiges résultant de l'application des dispositions du présent titre.

Le présent titre ne s'applique ni aux logements-foyers, ni aux logements faisant l'objet d'une convention avec l'État portant sur leurs conditions d'occupation et leurs modalités d'attribution.

• **L. 6 juill. 1989,** art. 25-13

I. – Le contrat de location est établi par écrit et précise :

1° Le nom ou la dénomination du bailleur et son domicile ou son siège social ainsi que, le cas échéant, ceux de son mandataire ;

2° Le nom du locataire ;

3° La date de prise d'effet ;

4° La durée du contrat de location conformément à l'article 25-14 ;

5° La consistance, la destination ainsi que la surface habitable de la chose louée, définie par le code de la construction et de l'habitation ;

6° La désignation des locaux et équipements d'usage privatif dont le locataire a la jouissance exclusive et, le cas échéant, l'énumération des parties, équipements et accessoires de l'immeuble qui font l'objet d'un usage commun ainsi que des équipements d'accès aux technologies de l'information et de la communication ;

7° Le montant du loyer et ses modalités de paiement ;

8° Le motif justifiant le bénéfice du bail mobilité conformément à l'article 25-12 ;

9° Le montant et la date de versement du dernier loyer appliqué au précédent locataire, dès lors que ce dernier a

1. CCH, art. L. 631-7 s. et v. ss nos 335.01 s.

quitté le logement moins de dix-huit mois avant la signature du bail ;

10° La nature et le montant des travaux effectués dans le logement depuis la fin du dernier contrat de location ;

11° Une mention informant le locataire de l'interdiction pour le bailleur d'exiger le versement d'un dépôt de garantie.

Le contrat comporte en outre une mention selon laquelle le contrat de location est un bail mobilité régi par les dispositions du présent titre. À défaut de cette mention ou de l'une des informations prévues aux 4° ou 8° du I du présent article, le contrat de location est régi par les dispositions du titre Ier *bis*.

Lorsque l'immeuble est soumis au statut de la copropriété, le copropriétaire bailleur est tenu de communiquer au locataire les extraits du règlement de copropriété concernant la destination de l'immeuble, la jouissance et l'usage des parties privatives et communes, et précisant la quote-part afférente au lot loué dans chacune des catégories de charges.

Le bailleur ne peut pas se prévaloir de la violation du présent article.

En cas de mutation à titre gratuit ou onéreux du logement, le nouveau bailleur est tenu de notifier au locataire son nom ou sa dénomination et son domicile ou son siège social ainsi que, le cas échéant, ceux de son mandataire.

II. – Toute clause prévoyant une solidarité entre les colocataires ou leurs cautions est réputée non écrite.

• **L. 6 juill. 1989,** art. 25-14

Le bail mobilité est conclu pour une durée minimale d'un mois et une durée maximale de dix mois, non renouvelable et non reconductible.

La durée du contrat de location, prévue au 4° du I de l'article 25-13, peut être modifiée une fois par avenant sans que la durée totale du contrat ne dépasse dix mois.

Si, au terme du contrat, les parties concluent un nouveau bail portant sur le même logement meublé, ce nouveau bail est soumis aux dispositions du titre Ier *bis*.

• **L. 6 juill. 1989,** art. 25-15

Le locataire peut résilier le contrat à tout moment, sous réserve de respecter un délai de préavis d'un mois.

Le congé doit être notifié par lettre recommandée avec demande d'avis de réception ou signifié par acte d'huissier ou remis en main propre contre récépissé ou émargement. Le délai de préavis court à compter du jour de la réception de la lettre recommandée ou de la signification de l'acte d'huissier ou de la remise en main propre.

Le locataire est redevable du loyer et des charges relatifs à l'intégralité de la période couverte par le préavis, sauf si le logement se trouve occupé avant la fin du préavis par un autre locataire en accord avec le bailleur.

À l'expiration du délai de préavis, le locataire est déchu de tout titre d'occupation du logement loué.

• **L. 6 juill. 1989,** art. 25-16

Le loyer est librement fixé et ne peut être révisé en cours de bail.

• **L. 6 juill. 1989,** art. 25-17

Aucun dépôt de garantie ne peut être exigé par le bailleur.

• **L. 6 juill. 1989,** art. 25-18

Les charges locatives accessoires au loyer principal sont récupérées par le bailleur sous la forme d'un forfait versé simultanément au loyer, dont le montant et la périodicité de versement sont définis dans le contrat et qui ne peut donner lieu à complément ou à régularisation ultérieure. Le montant du forfait de charges est fixé en fonction des montants exigibles par le bailleur en application de l'article 23. Ce montant ne peut pas être manifestement disproportionné au regard du dernier décompte par nature de charges rapporté à la périodicité de versement du forfait.

* V. ss no 5.01

524.03 **Bibliographie indicative.**

Annuel. LAMY DR. IMMO, nos 5484, 5506 s., 5516, 5843 s.

Encyclopédies. RÉP. CIV., vo « Bail d'habitation et mixte : rapports locatifs individuels – Loi du 6 juillet 1989 », N. Damas, nos 26 s. – DICT. PERM. Gestion immob., « Locations meublées », nos 16-37.

Articles. N. Damas, « Loi Élan et les baux d'habitation », *AJDI* 2019. 26 – J. Prigent, « Le nouveau bail mobilité », *Rev. loyers* 2018. 514 – D. Richard, « Le bail mobilité : une formule présentant un avantage très relatif », *Loyers et copr.* 2018. Ét. 7 – B. Vial-Pédroletti, « La loi Élan et le bail d'habitation », *Loyers et copr.* 2019. Ét. 2.

SECTION 1
CONDITIONS DE FOND

524.11 **Énumération.** Le bail mobilité est un bail d'exception, dérogatoire au droit « commun » des baux portants sur un logement meublé, établi aux articles 25-3 et suivants de la loi du 6 juillet 1989. Il doit dès lors remplir des conditions strictes, qui ont trait à sa durée et aux locataires concernés. L'application de ce régime est d'ordre public.

524.12 **Durée.** Le bail mobilité est conclu pour une durée minimale d'un mois et une durée maximale de dix mois, non renouvelable et non reconductible[1]. Cette durée peut toutefois être modifiée une fois par avenant sans que la durée totale du contrat ne dépasse dix mois. La distinction entre renouvellement et avenant peut être subtile, et il aurait sans doute été plus simple de prévoir la possibilité de conclure un bail renouvelable une fois, dès lors que la durée totale n'excède pas dix mois (à l'image de ce que dispose l'article L. 145-5 du code de commerce pour le bail dérogatoire au statut des baux commerciaux). En tout état de cause, l'éventuel avenant (qui pourrait également prévoir une réduction de la durée initiale) devra être conclu avant l'expiration du bail. Le dernier alinéa de l'article 25-14 précise que « si au terme du contrat,

1. L. no 89-462, 6 juill. 1989, art. 25-14.

les parties concluent un nouveau bail portant sur le même logement meublé, ce nouveau bail est soumis aux dispositions du titre 1er *bis* ». En d'autres termes, à l'issue du bail mobilité, et vu le rejet du renouvellement et de la tacite reconduction, seul un bail d'un logement meublé au sens de l'article 25-3 peut être conclu. Il faut considérer que ce bail d'un logement meublé de droit commun soit sera conclu expressément, soit s'opérera tacitement dès lors que le preneur reste et est laissé en possession. Les parties seront donc bien avisées de matérialiser leur souhait de quitter ou de faire quitter les lieux avant l'expiration du bail mobilité, car il n'est pas exclu que les juridictions estiment que le maintien même sur une brève période de la situation antérieure caractérise la conclusion d'un bail verbal soumis au statut des baux de logement meublé de droit commun.

524.13 **Locataires.** Le bail mobilité s'adresse à un public ciblé[1] : le locataire doit en effet justifier, à la date de la prise d'effet du bail, d'être en formation professionnelle, en études supérieures, en contrat d'apprentissage, en stage, en engagement volontaire dans le cadre d'un service civique prévu au II de l'article L. 120-1 du code du service national, en mutation professionnelle ou en mission temporaire dans le cadre de son activité professionnelle. Le texte ne renvoie pas à la notion de résidence principale du locataire (au sens de l'article 2 de la loi, soit une occupation d'au moins huit mois par an), et cette circonstance est dès lors indifférente à l'application du régime du bail mobilité.

Le cas de recours applicable devra être mentionné dans le bail[2]. À cet égard, la rédaction est contradictoire en ce que l'article 25-12 vise le locataire justifiant, à la date de prise d'effet du bail, de remplir l'une des situations visées, alors que l'article 25-13, 8° prévoit que le contrat de bail précise la justification du motif ouvrant le bénéfice du bail mobilité. La justification semble devoir s'opérer à la fois lors de la conclusion du bail et lors de sa prise d'effet... Or il est possible que la conclusion du bail soit anticipée par rapport à sa prise d'effet. C'est pourquoi il nous semble que l'article 25-13 doit être interprété comme mentionnant obligatoirement le cas de recours avec en annexe, s'il est déjà disponible, un document en justifiant, tel qu'une attestation de l'employeur, une inscription dans un établissement d'enseignement supérieur... À défaut, ce document sera remis au bailleur lors de la prise d'effet (vraisemblablement lors de l'état des lieux d'entrée).

1. L. n° 89-462, 6 juill. 1989, art. 25-12.
2. L. n° 89-462, 6 juill. 1989, art. 25-13.

524.14 **Ordre public.** Les dispositions des articles 25-12 et suivants sont d'ordre public, ce qui conduit à s'interroger sur deux points, quant à l'obligation de se soumettre à ce régime.

En premier lieu, le non-respect du champ d'application ou de la durée doit conduire à la requalification du bail mobilité en bail d'un logement meublé de droit commun régi par les articles 25-3 et suivants (si les conditions en sont remplies). Le locataire pourra, bien sûr, en faire la demande, mais qu'en est-il du bailleur ? L'article 25-13 précise que celui-ci ne peut se prévaloir de la violation de cet article, relatif aux conditions de forme. Mais le non-respect de la durée maximale ou du champ d'application ne relève pas du simple formalisme, et une interprétation *a contrario* reviendrait dès lors à autoriser le bailleur, qui découvre par exemple que son locataire n'entre finalement pas dans un cas de recours prévu à l'article 25-12, à demander la requalification en bail d'un logement meublé de droit commun (et par là même à réclamer un dépôt de garantie ou l'application d'une éventuelle clause de solidarité).

En second lieu, le bail mobilité est-il obligatoire lorsque les conditions de son application sont remplies ? La réponse nous paraît être affirmative, dans la mesure où *toutes* ces conditions sont remplies (durée et locataire ciblé). En revanche, si l'une de ces conditions fait défaut, un autre régime pourra être envisagé. Ainsi, pour ce qui est de la durée, un locataire en mission temporaire professionnelle pourrait valablement conclure un bail de logement meublé de droit commun[3], ce qui impliquera le respect de la durée minimale d'un an. Pour ce qui est des cas de recours, un locataire qui ne les remplirait pas pourrait conclure un bail de quelques mois, soumis au code civil (s'il ne s'agit pas de sa résidence principale).

SECTION 2
CONDITIONS DE FORME

524.21 **Écrit et mentions obligatoires.** L'article 25-13 précise le formalisme du contrat de bail mobilité (écrit et mentions obligatoires). La forme du contrat devra être attentivement respectée, en particulier en ce qui concerne la dénomination de bail mobilité, la mention de sa durée et du motif (lié à la situation professionnelle du locataire).

Les mentions obligatoires (outre la qualification expresse de bail mobilité régi par le titre Ier *ter* de la loi du 6 juillet 1989) sont les suivantes :

3. L. n° 89-462, 6 juill. 1989, art. 25-3 s.

1° Le nom ou la dénomination du bailleur et son domicile ou son siège social ainsi que, le cas échéant, ceux de son mandataire ;

2° Le nom du locataire ;

3° La date de prise d'effet ;

4° La durée du contrat de location conformément à l'article 25-14 ;

5° La consistance, la destination ainsi que la surface habitable de la chose louée, définie par le code de la construction et de l'habitation ;

6° La désignation des locaux et équipements d'usage privatif dont le locataire a la jouissance exclusive et, le cas échéant, l'énumération des parties, équipements et accessoires de l'immeuble qui font l'objet d'un usage commun ainsi que des équipements d'accès aux technologies de l'information et de la communication ;

7° Le montant du loyer et ses modalités de paiement ;

8° Le motif justifiant le bénéfice du bail mobilité conformément à l'article 25-12 ;

9° Le montant et la date de versement du dernier loyer appliqué au précédent locataire, dès lors que ce dernier a quitté le logement moins de dix-huit mois avant la signature du bail ;

10° La nature et le montant des travaux effectués dans le logement depuis la fin du dernier contrat de location ;

11° Une mention informant le locataire de l'interdiction pour le bailleur d'exiger le versement d'un dépôt de garantie.

524.22 **Sanction.** Si le bail conclu ne contient pas la dénomination expresse de bail mobilité, la mention de sa durée et du motif (lié à la situation professionnelle du locataire), il sera requalifié en bail d'un logement meublé de droit commun, à la demande du seul locataire. Il s'agit d'une preuve supplémentaire de ce que le bail d'un logement meublé défini à l'article 25-3 a acquis le statut de bail d'un logement meublé de droit commun, figure autour de laquelle gravite, à titre dérogatoire, le bail mobilité, et centre d'attraction d'une action en justice contestant les conditions d'application de ces hypothèses dérogatoires (tout comme, en droit du travail, le contrat à durée indéterminée [CDI] est le principe et le contrat à durée déterminée [CDD] l'exception, ce qui explique qu'un CDD ne respectant pas certaines prescriptions formelles ou substantielles est requalifié en CDI : C. trav., art. L. 1245-1).

Le non-respect des autres mentions obligatoires n'appelle pas la requalification en bail meublé de droit commun, mais permet au locataire de demander la transmission d'un contrat de bail régularisé.

SECTION 3
PARTICULARITÉS DU RÉGIME JURIDIQUE

524.31 **Énumération.** L'article 25-12 précise que, sauf dispositions contraires, les textes régissant les baux d'un logement meublé de droit commun ne sont pas applicables au bail mobilité. Il est ensuite ajouté que les articles 1er, 3-2, 3-3, 4, 5, 6, 6-2, 7, 7-1 et 8, les I à IV de l'article 8-1 et les articles 18, 21, 22-1, 22-2, 25-4 et 25-5 sont applicables au bail mobilité. S'agissant d'un régime impératif, toute clause contraire serait réputée non écrite.

L'article 159 de la loi du 22 août 2021[1] prévoit, pour les contrats de location conclus, renouvelés ou tacitement reconduits à compter du 24 août 2022[2], l'application de l'article 17, qui disposera en particulier que lorsqu'un logement de la classe F ou de la classe G, au sens de l'article L. 173-1-1 du code de la construction et de l'habitation, fait l'objet d'une nouvelle location, le loyer du nouveau contrat de location ne peut excéder le dernier loyer appliqué au précédent locataire. L'article 25-12 de la loi du 6 juillet 1989 est complété afin d'édicter l'application, à cette même date, de l'article 17 aux bail mobilité.

524.32 **Particularités notables.** Les aspects essentiels du régime applicable sont les suivants.

Le loyer est librement fixé et ne peut être révisé en cours de bail (ce qui se justifie eu égard à sa brève durée). L'article 18 est toutefois applicable, qui prévoit un contrôle des loyers entre locataires successifs dans les zones tendues[3]. Surtout, l'article 140 de la loi du 23 novembre 2018[4], dite loi Élan, qui a réécrit le dispositif de l'encadrement des loyers, prévoit en son paragraphe IV que l'arrêté préfectoral détermine un loyer de référence pour les baux meublés de droit commun et les baux mobilité. La liberté de fixation du loyer initial, dans les zones concernées, est donc illusoire.

Aucun dépôt de garantie ne peut être réclamé au locataire[5], et toute clause prévoyant une solidarité entre les colocataires ou leurs cautions est réputée non écrite[6]. En conséquence, en cas de colocation,

1. L. n° 2021-1104, 22 août 2021 portant lutte contre le dérèglement climatique et renforcement de la résilience face à ses effets, *JO* 24 août.
2. En Guadeloupe, en Martinique, en Guyane, à La Réunion et à Mayotte, ces dispositions sont applicables aux contrats de location conclus, renouvelés ou tacitement reconduits après le 1er juillet 2024.
3. EN DERNIER LIEU, décr. n° 2017-1198, 27 juill. 2017 ; mod. par décr. n° 2020-1818, 30 déc. 2020.
4. L. n° 2018-1021, 23 nov. 2018 portant évolution du logement, de l'aménagement et du numérique, *JO* 24 nov.
5. L. n° 89-462, 6 juill. 1989, art. 25-17.
6. L. n° 89-462, 6 juill. 1989, art. 25-13, II.

les dispositions relatives à la limitation dans le temps de la solidarité en cas de congé[1] ne sont pas applicables. Les charges locatives sont fixées de manière forfaitaire[2] selon les modalités déjà prévues, mais de manière optionnelle, en matière de bail d'un logement meublé de droit commun.

Le bailleur ne peut délivrer congé, alors que le locataire peut résilier le contrat à tout moment, moyennant un préavis d'un mois[3].

524.33 **Perspectives.** Il reste, dès lors, à s'interroger sur le succès à venir de ce nouveau statut locatif. Le bailleur n'y trouvera peut-être pas grand intérêt, au vu des contraintes (loyer soumis à plafonnement et encadrement, absence de dépôt de garantie, interdiction de toute solidarité en cas de colocation). Il s'agira surtout de permettre des locations répétées, pour des durées plus ou moins courtes, sans tomber sous le coup du changement d'usage et des sanctions édictées aux articles L. 631-7 et suivants du code de la construction et de l'habitation (l'article L. 631-7, alinéa 2, intègre en effet expressément les logements faisant l'objet d'un bail mobilité parmi les locaux à usage d'habitation : aucune autorisation préalable n'est donc à solliciter). C'est dès lors dans les zones géographiques soumises à autorisation de changement d'usage que le bail mobilité présentera une utilité incontestable.

1. L. n° 89-462, 6 juill. 1989, art. 8-1, V.
2. L. n° 89-462, 6 juill. 1989, art. 25-18.
3. L. n° 89-462, 6 juill. 1989, art. 25-15.

LIVRE

6. LES SPÉCIFICITÉS DE LA LOCATION DANS LE SECTEUR HLM

SECTION 0

ORIENTEUR

6.00 Sommaire du livre.

Division. Il convient d'étudier successivement les caractéristiques HLM et les sources de la réglementation (titre 61), les règles d'attribution des logements (titre 62), le contrat de location HLM et ses conditions financières (titre 63), le congé et le droit au maintien dans les lieux (titre 64) et la vente du logement locatif HLM (titre 65).

6.01 Principaux textes applicables.

TEXTES SOURCES

> Caractéristiques HLM et sources de la réglementation

• **CCH,** particulièrement Livre IV.

• **L. n° 48-1360, 1er sept. 1948** portant modification et codification de la législation relative aux rapports des bailleurs et locataires ou occupants de locaux d'habitation ou à usage professionnel et instituant des allocations de logement, *JO* 2 sept., p. 8659.

• **L. n° 86-1290, 23 déc. 1986** tendant à favoriser l'investissement locatif, l'accession à la propriété de logements sociaux et le développement de l'offre foncière, *JO* 24 déc., p. 15531.

• **L. n° 89-462, 6 juill. 1989,** modifiée, tendant à améliorer les rapports locatifs et portant modification de la loi n° 86-1290 du 23 décembre 1986, *JO* 8 juill., p. 8541.

• **Loi n° 90-449 du 31 mai 1990** visant à la mise en œuvre du droit au logement, *JO* 2 juin, p. 6551.

> Attribution des logements

• **CCH,** art. L. 441 à L. 441-2-9, L. 442-2-3-1, L. 442-8 à L. 442-8-4, L. 442-12, L. 445-3.

• **CCH,** art. R. 331-12, R. 441-1 à R. 441-12.

• **CJA,** art. R. 778-1 à R. 778-8, R. 811-1.

• **L. n° 2007-290, 5 mars 2007** instituant le droit au logement opposable et portant diverses mesures en faveur de la cohésion sociale, *JO* 6 mars, p. 4190.

• **Décr. n° 92-726, 29 juill. 1992** portant application des articles 37, 38 et 41 de la loi d'orientation pour la ville, *JO* 30 juill., p. 10230.

• **Décr. nº 2007-1677, 28 nov. 2007** relatif à l'attribution des logements locatifs sociaux, au droit au logement opposable et modifiant le code de la construction et de l'habitation, *JO* 29 nov., p. 19402.

• **Décr. nº 2008-908, 8 sept. 2008** relatif aux conditions de permanence de la résidence des bénéficiaires du droit à un logement décent et indépendant et modifiant le code de la construction et de l'habitation, *JO* 10 sept., p. 14067.

• **Décr. nº 2010-398, 22 avr. 2010** relatif au droit au logement opposable, *JO* 24 avr., p. 7506.

• **Décr. nº 2011-176, 15 févr. 2011** relatif à la procédure d'attribution des logements sociaux et au droit au logement opposable, *JO* 16 févr., p. 2890.

• **Décr. nº 2013-730, 13 août 2013** portant modification du code de justice administrative, *JO* 15 août, p. 13960.

• **Décr. nº 2015-522, 12 mai 2015** portant diverses dispositions modifiant le code de la construction et de l'habitation en matière de demande de logement social, *JO* 13 mai, p. 8149.

• **Décr. nº 2015-523, 12 mai 2015** relatif au dispositif de gestion partagée de la demande de logement social et à l'information du demandeur, *JO* 13 mai, p. 8151.

• **Décr. nº 2015-52, 12 mai 2015** relatif au contenu, aux modalités d'élaboration, d'évaluation et de révision du plan partenarial de gestion de la demande de logement social et d'information des demandeurs, *JO* 13 mai, p. 8153.

• **Décr. nº 2017-834, 5 mai 2017** portant diverses dispositions modifiant le code de la construction et de l'habitation en matière de demande et d'attribution de logement social, *JO* 7 mai, nº 124.

• **Décr. nº 2017-917, 9 mai 2017** relatif aux demandes de logement locatif social et autorisant le traitement de données à caractère personnel dénommé « Numéro unique » *JO* 10 mai, nº 168.

• **Décr. nº 2019-1378, 17 déc. 2019** relatif à la cotation de la demande de logement social, *JO* 18 déc., nº 45.

• **Décr. nº 2020-145, 20 févr. 2020** relatif à la gestion en flux des réservations de logements locatifs sociaux, *JO* 21 févr., nº 47.

• **Arr. 22 déc. 2020** relatif au nouveau formulaire de demande de logement locatif social et aux pièces justificatives fournies pour l'instruction de la demande de logement locatif social, *JO* 27 déc., nº 57, NOR : LOGL2027782A.

> Contrats de location HLM et conditions financières

• **L. nº 89-462, 6 juill. 1989,** art. 3, 1° à 10°, 22, 22-1.

• **L. nº 48-1360, 1er sept. 1948,** art. 4.

• **C. civ.,** art. 1210 à 1215.

• **CCH,** art. L. 351-2, L. 353-1, L. 353-9-2, L. 353-9-3, L. 353-14 à L. 353-18, L. 441-3 à L. 441-15, L. 442-1 à 442-2, L. 445-1 à 445-8

• **CCH,** art. R. 353-1 à R. 353-22, R. 441-19 à R. 441-28, R. 442-1 à R. 442-3.

• **CCH,** art. R. 353-1, ann. 1.

> Congé, maintien dans les lieux, vente

• **L. nº 89-462, 6 juill. 1989,** art. 15, I.

• **CCH,** art. L. 443-7 à L. 443-15-1, L. 443-15-3 et L. 443-15-4, L. 451-5.

• **CCH,** art. R. 443-10 à R. 443-16.

• **CCH,** art. R. 443-11, annexe, Normes minimales d'habitabilité des logements vendus.

6.03 Bibliographie indicative.

Encyclopédie. DP Gestion immob., *Vº HLM-Location*, nºs 1-345.

Ouvrages. M. Amzallag et C. Taffin, *Le logement social*, 2e éd., LGDJ 2010 – Ch.-A. Dubreuil, P. Néhémie, *Le logement social en France*, PU, Clermont, 2014 – Ph. Pelletier (dir.), *Traité des baux d'habitation et professionnels*, Le Moniteur, 2021 – J-M. Stébé, *Le logement social en France*, « Que sais-je ? », Puf, 2019 – B. Wertenschlag, *Le logement social en action*, « Hors collection », Dalloz, 2019.

TITRE

61. Les caractéristiques HLM et les sources de la réglementation

SECTION 0

ORIENTEUR

61.00 Sommaire du titre.

Division. Il convient d'étudier successivement les caractéristiques HLM (chap. 611) et les sources de la réglementation HLM (chap. 612).

61.01 Principaux textes applicables.

TEXTES SOURCES

- **CCH, livres III et IV** (particulièrement : art. L. 411, L. 411-1, L. 411-2).
- **L. n° 48-1360, 1er sept. 1948** portant modification et codification de la législation relative aux rapports des bailleurs et locataires ou occupants de locaux d'habitation ou à usage professionnel et instituant des allocations de logement, *JO* 2 sept., p. 8659.
- **L. n° 86-1290, 23 déc. 1986** tendant à favoriser l'investissement locatif, l'accession à la propriété de logements sociaux et le développement de l'offre foncière, *JO* 24 déc., p. 15531.
- **L. n° 89-462, 6 juill. 1989** tendant à améliorer les rapports locatifs et portant modification de la loi n° 86-1290 du 23 décembre 1986, *JO* 8 juill., p. 8541, modifiée.
- **Loi n° 90-449, 31 mai 1990** visant à la mise en œuvre du droit au logement, *JO* 2 juin, p. 6551.

61.03 Bibliographie indicative.

Annuel. LAMY DR. IMMO, nos 2841 s.

Encyclopédie. *DP Gestion immob.*, V° *HLM-Location*, nos 1-345.

CHAPITRE

611. Caractéristiques HLM

SECTION 0 ORIENTEUR

611.00 Sommaire du chapitre.

Division. La vocation des logements HLM est particulière. Ils permettent à des personnes disposant de ressources modestes ou qui sont défavorisées de bénéficier d'habitats locatifs confortables à des prix modérés. Du fait du plafonnement des ressources pour l'accès à ces logements, il résulte naturellement des différences avec le droit commun de la location présenté dans la partie précédente.

Le présent chapitre fait le point sur cette distinction en abordant successivement les différences avec le droit de la location privée puis les éléments communs, ainsi qu'une typologie des opérateurs de logements HLM. À cette occasion le lecteur sera renvoyé aux chapitres développant les aspects spécifiques aux HLM ou aux chapitres relatifs aux aspects communs à la location privée et à la location sociale.

611.01 Principaux textes applicables.

TEXTES SOURCES

• **CCH,** art. L. 411, L. 411-1, L. 411-2.

TEXTES *IN EXTENSO*

• **CCH,** art. L. 411

La construction, l'aménagement, l'attribution et la gestion des logements locatifs sociaux visent à améliorer les conditions d'habitat des personnes de ressources modestes ou défavorisées. Ces opérations participent à la mise en œuvre du droit au logement et contribuent à la nécessaire mixité sociale des villes et des quartiers.

• **CCH,** art. L. 411-1

Les dispositions du présent livre ont pour objet de fixer les règles relatives à la construction, l'acquisition, l'aménagement, l'assainissement, la réparation, la gestion d'habitations collectives ou individuelles, urbaines ou rurales, répondant aux caractéristiques techniques et de prix de revient déterminées par décision administrative et destinées aux personnes et aux familles de ressources modestes.

À ces habitations peuvent être adjoints, dans des conditions fixées par décision administrative, des dépendances, des annexes et des jardins privatifs ou collectifs, accolés ou non aux immeubles.

En outre, les ensembles d'habitations mentionnés aux premiers alinéas peuvent comprendre accessoirement des locaux à usage commun et toutes constructions nécessaires à la vie économique et sociale de ces ensembles.

Les organismes d'habitations à loyer modéré peuvent librement louer les aires de stationnement vacantes dont ils disposent par application de l'article L. 442-6-4.

La location est consentie à titre précaire et révocable à tout moment par le bailleur. Un locataire de ce bailleur ne peut se voir opposer un refus de location d'une aire de stationnement au motif que cette aire est louée librement à une personne ne louant pas un logement dans le parc de ce bailleur.

Lorsque les aires de stationnement sont mutualisées en application de l'article L. 151-47 du code de l'urbanisme, les organismes d'habitations à loyer modéré peuvent également louer librement les aires de stationnement dont ils disposent.

Les usagers bénéficient d'un droit d'usage sur toute place libre, sans droit de préférence sur une aire de stationnement identifiée.

Le droit d'usage est consenti à titre précaire et révocable à tout moment par le bailleur. Dans la limite des droits d'usage dont le bailleur dispose, un locataire de ce bailleur ne peut se voir opposer un refus de droit d'usage d'une aire de stationnement au motif que cette aire est utilisée par une personne ne louant pas un logement dans le parc de ce bailleur.

• **CCH,** art. L. 411-2

Les organismes d'habitations à loyer modéré comprennent :

– les offices publics de l'habitat ;

– les sociétés anonymes d'habitations à loyer modéré ;

– les sociétés anonymes coopératives de production et les sociétés anonymes coopératives d'intérêt collectif d'habitations à loyer modéré ;

– les fondations d'habitations à loyer modéré ;

– les sociétés de coordination mentionnées à l'article L. 423-1-2 ;

– les sociétés de vente d'habitations à loyer modéré mentionnées à l'article L. 422-4.

Les organismes d'habitations à loyer modéré mentionnés aux alinéas précédents bénéficient, en conformité avec la décision 2012/21/UE de la Commission, du 20 décembre 2011, relative à l'application de l'article 106, paragraphe 2, du traité sur le fonctionnement de l'Union européenne aux aides d'État sous forme de compensations de service public octroyées à certaines entreprises chargées de la gestion de services d'intérêt économique général, d'exonérations fiscales et d'aides spécifiques de l'État au titre du service d'intérêt général défini comme :

– la construction, l'acquisition, l'amélioration, l'attribution, la gestion et la cession de logements locatifs à loyers plafonnés, lorsqu'elles sont destinées à des personnes dont les revenus sont inférieurs aux plafonds maximum fixés par l'autorité administrative pour l'attribution des logements locatifs conventionnés dans les conditions définies à l'article L. 831-1 et dont l'accès est soumis à des conditions de ressources. Font toutefois partie du service d'intérêt général, jusqu'au 1er janvier 2020, les opérations susmentionnées destinées à des personnes de revenu intermédiaire dont les ressources ne dépassent pas les plafonds fixés au titre IX du livre III, lorsque les logements correspondants représentent moins de 10 % des logements locatifs sociaux mentionnés à l'article L. 302-5 détenus par l'organisme ;

– la réalisation d'opérations d'accession à la propriété destinées à des personnes dont les revenus sont inférieurs aux plafonds maximum, majorés de 11 %, fixés par l'autorité administrative pour l'attribution des logements locatifs conventionnés dans les conditions définies à l'article L. 831-1 et dont l'accès est soumis à des conditions de ressources. Font toutefois partie du service d'intérêt général, dans la limite de 25 % des logements vendus par l'organisme, les opérations destinées à des personnes de revenu intermédiaire dont les ressources dépassent les plafonds maximum susmentionnés sans excéder les plafonds fixés au titre IX du livre III, majorés de 11 %, lorsque l'ensemble des opérations sont assorties de garanties pour l'accédant dans des conditions fixées par décret en Conseil d'État ;

– la gestion ou l'acquisition en vue de leur revente, avec l'accord du maire de la commune d'implantation et du représentant de l'État dans le département, de logements situés dans des copropriétés connaissant des difficultés importantes de fonctionnement ou faisant l'objet d'un plan de sauvegarde en application de l'article L. 615-1 ou d'une opération programmée d'amélioration de l'habitat visée à l'article L. 303-1 ou situés dans le périmètre d'opérations de requalification de copropriétés dégradées prévues à l'article L. 741-1 ainsi que, pour une période maximale de dix ans à compter de la première cession, la gestion des copropriétés issues de la cession des logements locatifs mentionnés au neuvième alinéa du présent article tant que l'organisme vendeur y demeure propriétaire de logements. À défaut d'opposition de la part du représentant de l'État notifiée dans le délai de deux mois à compter de la date de la réception de la demande, son avis est réputé favorable ;

– l'intervention comme opérateur, sans pouvoir être tiers-financeur, dans le cadre des procédures prévues à l'article 29-11 de la loi n° 65-557 du 10 juillet 1965 fixant le statut de la copropriété des immeubles bâtis et de l'article L. 615-10 du présent code ;

– les services accessoires aux opérations susmentionnées et les services que les organismes d'habitations à loyer modéré se rendent entre eux pour les besoins des opérations susmentionnées.

Au titre de la mission d'intérêt général que constitue la recherche de la mixité sociale et de la diversité de l'habitat, les organismes d'habitations à loyer modéré peuvent exercer les compétences d'aménagement, d'accession et de prestations de services prévues par les textes qui les régissent.

Les organismes mentionnés au présent article tiennent une comptabilité interne permettant de distinguer le résultat des activités relevant du service d'intérêt général et celui des autres activités.

Ils enregistrent les résultats de l'activité relevant de la gestion de services d'intérêt économique général mentionnés au présent article sur un compte ne pouvant être utilisé qu'au financement de cette activité. Toutefois, les sociétés peuvent les utiliser à la distribution d'un dividende, dans la limite d'un montant fixé par les clauses types mentionnées à l'article L. 422-5.

NOTA :

Conformément à l'article 88 XIII de la loi n° 2018-1021 du 23 novembre 2018, le dernier alinéa de l'article L. 411-2 est applicable aux exercices comptables des organismes d'habitations à loyer modéré ouverts à compter du 1er janvier 2021.

611.03 Bibliographie indicative.

Annuel. LAMY DR. IMMO, nos 2841 s.

Encyclopédies. *DP Gestion immob., Vis HLM-Location*, nos 1-345 ; *Logements locatifs conventionnés.*

Ouvrages. M. Amzallag, C. Taffin, *Le logement social*, 2e éd., LGDJ, 2010 – R. Butler, P. Noisette, *Le Logement social en France : 1815-1981, de la cité ouvrière au grand ensemble*, Maspero, 1983 – J.-C. Driant, *Les politiques du logement en France*, La documentation française, 2015 – J.-P. Flamand, *Loger le peuple : essai sur l'histoire du logement social en France*, La Découverte, 1989 – R.-H. Guerrand, *Une Europe en construction : deux siècles d'habitat social en Europe*, La Découverte, 1992 ; *Propriétaires et locataires : les origines du logement social en France, (1850-1914)*, Quintette, 1987 ; *Les origines du logement social en France*, Les Éditions Ouvrières, 1966 – P. Kamoun, *Le logement social à l'âge d'or de la carte postale*, Hors-série, HLM d'Aujourd'hui, 1994 ; (dir.) *Histoire d'habitants*, Commission mixte nationale HLM & habitants, 1999 ; *Vl'a Cochon qui déménage, Prélude au droit au logement, Histoire du syndicat des locataires de 1910 à 1914*, Éditions de la Botèlerie, 2000 ; *Chantons pour un toit, histoire du logement par la chanson de 1850 à nos jours*, Union nationale HLM, 2000 ; *La CNL en mouvement, 90 ans de lutte pour le droit au logement*, édition CNL, 2006 ; *Hygiène et Morale. La naissance des habitations à bon marché*, Union sociale pour l'habitat « Publications », 2012 – P. Malinvaud (dir.), *Droit de la construction*, 7e éd., « Dalloz Action », 2018, en particulier M. Carraz, dossier 340 : « HLM, la construction HLM » – J.-M. Stébé, *Le Logement social en France*, « Que sais-je », PUF, 2016 – Union sociale pour l'habitat, *Les HLM témoins et acteurs de leur temps : Le logement social, moteur de l'innovation*, Paris, 2006 – B. Wertenschlag, *Le logement social en action*, « Hors collection », Dalloz, 2019.

Articles. Centre d'analyse stratégique, « Les aides au logement des ménages modestes », note d'analyse, févr. 2012, n° 264.

SECTION 1
PARTICULARISME HLM AU REGARD DU DROIT COMMUN DE LA LOCATION

611.11 Visée sociale. L'article L. 411 du code de la construction et de l'habitation (CCH) précise que la construction, l'aménagement, l'attribution et la gestion des logements locatifs sociaux visent à améliorer les conditions d'habitat des personnes de ressources modestes ou défavorisées. Ces opérations participent à la mise en œuvre du droit au logement et contribuent à la nécessaire mixité sociale des villes et des quartiers. En 2019, les organismes HLM possèdent 4,6 millions de logements locatifs et 0,3 million de logements-foyers. 15 % de la population résidant en France occupe un logement social HLM, soit environ 10 millions de personnes.

611.12 Objectif précis. Le livre IV du code de la construction et de l'habitation, relatif aux HLM, a pour objet de « fixer les règles relatives à la construction, l'acquisition, l'aménagement, l'assainissement, la réparation, la gestion d'habitations collectives ou individuelles, urbaines ou rurales, répondant aux caractéristiques techniques et de prix de revient déterminées par décision administrative et destinées aux personnes et aux familles de ressources modestes ».

Sont ainsi clairement désignées :

• les personnes concernées, qui sont les personnes et les familles de ressources modestes[1]. En outre, les bénéficiaires des attributions se trouvent sous un statut locatif dérogatoire qui les autorise à se maintenir dans les lieux[2], le bailleur ne pouvant donner congé que dans des conditions très restrictives[3] ;

• les conditions d'encadrement réglementaire à prendre en compte, à savoir des caractéristiques techniques et des prix de revient administrés. Les textes prévoient des contraintes de prix maximum, avec le plafonnement des loyers, et une obligation de paiement d'un supplément de loyer de solidarité si les ressources du locataire dépassent un seuil légal[4].

611.13 Moyens spécifiques. En contrepartie de ces obligations de service public qui génèrent pour les organismes des charges supplémentaires ainsi qu'une lucrativité limitée, le droit communautaire autorise chaque État membre de l'Union européenne à consentir des aides aux opérateurs, de droit privé comme de droit public, qu'il a agréés et à qui il a confié la mission d'assurer le service d'intérêt économique général (SIEG) du logement social. Il s'agit d'une dérogation remarquable au principe général de libre concurrence du droit communautaire qui interdit formellement, sous quelque forme que ce soit, les aides publiques aux entreprises[5].

En effet, les aides de compensation que les États membres peuvent accorder aux entreprises publiques ou privées à qui elles ont confié la gestion d'un SIEG sont compatibles avec les règles de l'Union européenne, sous certaines conditions à respecter qui sont définies par la décision 2012/21 de la Commission en date du 20 décembre 2011[6]. Les États disposent d'un large pouvoir d'appréciation quant aux critères devant définir les services publics concernés : en matière de logement social, la définition du SIEG peut ne pas se limiter au seul plafond de revenus mais les Etats restent tenus de démontrer que le périmètre du SIEG est nécessaire et proportionné par rapport à un besoin réel de service public[7].

Ces aides devant compenser les charges de service public peuvent prendre des formes diverses telles que des subventions, des prêts à taux réduit[8] délivrés par la Caisse des dépôts et consignations, dont la ressource est constituée par le livret A des Caisses d'épargne.

Il peut s'agir aussi d'aides fiscales, comme l'exonération de la taxe foncière sur les propriétés bâties (TFPB), l'exonération d'impôt sur les sociétés, ou d'un taux réduit de TVA. Depuis 1996 et afin de réduire les coûts de production, les opérations de construction de logements sociaux ont bénéficié d'un taux de TVA réduit à 5,5 %. Depuis 1998, sont également visés par le taux réduit les travaux d'amé-

1. Sur les conditions d'attribution des logements, v. s[s] n°s 621.10 s.
2. V. s[s] n° 631.32.
3. V. s[s] n°s 641.61 s.
4. V. s[s] n°s 637.71 s.
5. TFUE, art. 107.
6. Décision 2012/21/UE, Commission, 20 déc. 2011 relative à l'application de l'article 106, paragraphe 2, du traité sur le fonctionnement de l'Union européenne aux aides d'État sous forme de compensations de service public octroyées à certaines entreprises chargées de la gestion de services d'intérêt économique général, *JOUE* L 7, 11 janv. 2012, p. 3.
7. Trib. UE, 8e ch. élargie, 15 nov. 2018, aff. T-202/10 et T-203/10, *JA* 2015, n° 522, p. 13, obs. L. Ghekière. La Commission peut remettre en question la définition de l'État en cas d'erreur manifeste.
8. V. s[s] n°s 633.21 s.

lioration, de transformation ou d'aménagement des logements locatifs sociaux ainsi que les opérations d'acquisition amélioration.

611.14 **Opérateurs particuliers.** C'est à des opérateurs particuliers qu'a été assignée la mission de construire, mais aussi d'attribuer et de gérer ces logements : organismes HLM[1] et SEM (sociétés d'économie mixte) agréées pour la construction et la gestion de logements sociaux se partagent ce rôle.

Les compétences des organismes HLM sont précisées dans le livre IV du code de la construction et de l'habitation et ils sont soumis à des contrôles sur leurs comptes et sur leurs activités[2]. Le contrôle sur pièces du ministre chargé du Logement est doublé d'un contrôle sur place du ministre des Finances. En outre, la Cour des comptes peut exercer un contrôle sur les organismes qui bénéficient d'un concours financier de l'État.

De multiples dispositions du livre IV, spécifiques aux organismes HLM, sont rendues applicables aux SEM agréées pour leurs logements qui font l'objet d'un conventionnement avec l'État ouvrant droit à l'APL[3].

611.15 **Conditions de location réglementées.** La location HLM implique des conditions particulières, différentes de la location du secteur privé.

Il s'agit par exemple, pour les bailleurs :

- de la durée spécifique des contrats de location HLM[4] ;
- des conditions de plafonnement des loyers et d'une évolution réglementée des loyers pratiqués[5] ;
- des conditions particulières de mise en œuvre de la clause résolutoire de plein droit prévue au contrat de location soumise à des conditions propres aux seuls logements HLM et conduisant à repousser l'assignation dans des délais supérieurs à ceux du droit commun[6].

Pour les locataires :

- de l'obligation de payer dans certaines conditions un supplément de loyer de solidarité lorsqu'il dépasse un certain niveau de ressources[7] ;
- de répondre sous peine de sanctions pécuniaires à des enquêtes relatives à leur situation en termes de ressources ou de participer à l'enquête biennale sur l'occupation des logements HLM. La première enquête est annuelle et relative aux ressources de l'ensemble des personnes vivant au foyer, les locataires devant communiquer leur avis d'imposition ou de non-imposition à l'impôt sur le revenu et des renseignements concernant l'ensemble des personnes vivant au foyer, à l'exclusion des locataires bénéficiant de l'APL ou d'allocations logement[8]. La seconde enquête répond à l'exigence d'élaboration par le Gouvernement du rapport biennal au Parlement sur la situation du logement en France[9]. Les données récoltées par cette seconde enquête portent sur l'état-civil et les ressources de l'ensemble des personnes vivant au foyer, les renseignements sur le bénéfice éventuel d'aides au logement, la nature de l'activité professionnelle ou la situation de demandeur d'emploi, le numéro d'immatriculation au répertoire national d'identification des personnes physiques de chaque occupant majeur (donnée qui restait encore non enquêtée en 2020)[10]. Cette seconde enquête vaut enquête au titre des renseignements demandés chaque année sur les ressources sur la base de l'article L. 441-9 du CCH.

À l'appui de ces renseignements, chaque organisme doit ensuite communiquer au préfet du département du lieu de situation des logements les statistiques[11] relatives à l'identification des logements sociaux et les multiples critères qualifiant leur occupation (nombre de logements conventionnés, non conventionnés, vacants, sous-loués pour l'insertion, âge des locataires, types de plafonds de ressources, catégories de ménages...)[12].

611.16 **Avantages.** Le locataire HLM bénéficie de certains avantages propres. Il en est ainsi :

- du bénéfice du droit au maintien dans les lieux[13] ;
- de l'existence de conditions de préavis raccourcis dans certains cas[14] ;
- de la possibilité offerte aux locataires de logements collectifs ayant bénéficié d'une aide de l'État et construits après 1977 de renoncer sans condition à l'usage d'une aire de stationnement louée[15] ;
- de la faculté de participer à une opération d'autoconsommation collective d'électricité[16].

611.17 **Représentation.** Les locataires bénéficient de moyens de représentation spécifiques :

- par l'élection de représentants au sein des conseils d'administration ou de surveillance des organismes d'HLM ;

1. V. s^{s} n°s 611.32 s.
2. CCH, art. L. 342-1 s. relatifs à l'Agence nationale de contrôle des organismes de logement social (Ancols).
3. CCH, art. L. 481-1 s.
4. V. s^{s} n°s 631.11 s.
5. V. s^{s} n°s 633.61 s.
6. V. s^{s} n°s 823.81 s.
7. V. s^{s} n°s 637.71 s.
8. CCH, art. L. 441-9 (v. s^{s} n° 637.81)
9. CCH, art. L. 442-5.
10. CCH, art. R. 442-13.
11. CCH, art. R. 442-14.
12. Arr. 13 février 2020 relatif à la collecte de renseignements statistiques en 2020 sur l'occupation des logements sociaux, *JO* 30 avr. 2020, n° 49.
13. V. s^{s} n° 642.11.
14. V. s^{s} n°s 641.41 s.
15. CCH, art. L. 442-6-4.
16. C. énergie, art. L.315-2-1 ; CCH, art. L. 424-3.

– par la présence de représentants des locataires dans les commissions d'attribution de logements ;

– par la possibilité, sans commune mesure avec la situation dans le secteur privé de l'habitat, de négocier avec les bailleurs des accords collectifs sur tout sujet ou de participer à des instances de concertation [1].

SECTION 2
LIMITES À LA SPÉCIFICITÉ HLM

611.21 Règles communes. Il existe de nombreux éléments communs de réglementation entre les secteurs locatifs privé et social qui tracent la frontière du particularisme HLM et que l'on mesure par exemple dans les textes législatifs de rééquilibrage des relations entre bailleurs et locataires, pris depuis 1948 et applicables à tous.

Parmi les nombreuses règles partagées, on soulignera notamment :

– les règles de forme du contrat équivalentes : écrit obligatoire, mêmes mentions obligatoires et clauses réputées non écrites ou interdites [2] ;

– les obligations des locataires et des bailleurs semblables [3] ;

– une liste identique de charges locatives récupérables, bien qu'inscrite dans deux textes réglementaires différents et des conditions équivalentes de justification et de régularisation [4] ;

– les conditions de transfert du contrat et d'échange semblables [5] ;

– une même juridiction compétente en matière de litiges locatifs [6].

611.22 Aides personnelles unifiées et généralisées – Projet de fusion (RUA). Les locataires de tous les secteurs bénéficient d'aides personnelles délivrées dans des conditions identiques :

– l'aide personnalisée au logement (APL) [7], créée par la loi du 3 janvier 1977, versée sous conditions de ressources aux locataires de logements conventionnés, neufs ou réhabilités (ou conventionnés sans travaux en HLM) ;

– l'allocation de logement familiale (ALF) [8], créée par la loi du 1er septembre 1948, versée à des personnes isolées ou à des ménages ayant à charge au moins une personne ou aux personnes qui perçoivent une prestation familiale ;

1. V. ss nos 812.91 s.
2. V. ss nos 133.271 s.
3. V. ss titres 21, 22, 23 et 25.
4. V. ss nos 241.11 s.
5. V. ss nos 321.11 s. et 325.41 s.
6. V. ss nos 821.21 s.
7. CCH, art. L. 831-1 s.
8. CCH, art. L. 841-1.

– l'allocation de logement sociale (ALS) [9], créée par la loi du 16 juillet 1971 en faveur des personnes défavorisées, notamment personnes âgées, infirmes, jeunes travailleurs a été étendue à toutes les situations de précarité jusqu'à être attribuée sous seules conditions de ressources aux personnes qui ne bénéficient pas de l'ALF ou de l'APL. L'ALS a fait l'objet d'un bouclage intervenu en 1993 qui permet à toute personne d'en bénéficier sous seules conditions de ressources sans avoir à justifier d'une situation particulière.

Ces aides sont exclusives les unes des autres. Une réforme a fusionné les barèmes des différentes aides existantes dans le secteur locatif. Tout en améliorant sensiblement les aides versées aux familles les plus modestes, elle doit permettre un traitement unifié des ressources, qu'il s'agisse de minima sociaux ou de revenus d'activité. Un barème unique pour l'allocation logement et l'aide personnalisée au logement a ainsi été mis en place dès 2001 et la réforme a été achevée au 1er janvier 2002.

Annoncé le 13 septembre 2018, le projet du gouvernement de rénover en profondeur le système des prestations monétaires versées aux ménages modestes, dénommé « revenu universel d'activité », vise à fusionner le plus grand nombre de prestations sociales, du RSA aux APL, afin d'aboutir, initialement en 2020, à une seule aide globale versée en une seule fois à la personne. Plusieurs motifs sont invoqués pour cette réforme : la trop forte complexité du système d'aides qui favorise le non-recours et des inégalités territoriales et qui de plus ne permet pas de savoir si la reprise d'un emploi améliorera réellement la situation financière. En outre, il s'avère que de nombreuses familles, de nombreux travailleurs pauvres ou de personnes en situation d'exclusion méconnaissent leurs droits et que beaucoup d'entre elles refusent la stigmatisation qui s'attache au fait de toucher des prestations sociales.

Il faut néanmoins observer que l'assimilation de l'aide personnelle au logement à un simple revenu vient en contradiction avec le droit au logement placé parmi les droits fondamentaux. À cet égard, la raison d'être de l'aide personnelle au logement est de permettre aux personnes disposant de faibles ressources d'accéder à un logement et de s'y maintenir ; elle n'a pas vocation à fournir un complément de revenu [10].

611.23 Support juridique unique. Qu'il soit question de location sociale ou de location privée, il existe un support juridique commun : le contrat de location.

9. CCH, art. L. 841-3 s.
10. Circ. USH no 82/19, 9 oct. 2019, Revenu universel d'activité : les positions du Mouvement HLM.

La part de libre détermination par les parties du contenu du contrat est certes limitée par le caractère d'ordre public des dispositions des textes de loi s'appliquant à la matière[1], mais pour autant le contrat fixe toujours trois éléments fondamentaux :

- la chose louée, le logement, ses caractéristiques et sa destination ;
- son prix, que constitue le montant du loyer ;
- les obligations générales des parties, bailleur et locataire.

SECTION 3
DIFFÉRENTS TYPES DE BAILLEURS HLM

611.31 Division – Plus de dix millions de locataires en HLM. Le parc HLM, composé de 4,7 millions de logements ordinaires accueillant plus de 10 millions de personnes est essentiellement urbain, collectif à 85 % et plus récent et confortable que le parc privé. S'y ajoutent plus de 350 000 logements-foyers.

Le parc HLM n'est pas uniforme. S'il répond à des objectifs particuliers par rapport au parc privé qui sont les mêmes sur tout le territoire, s'il est soumis à un régime locatif unique et à des conditions de financement semblables, il a été constitué en plus d'un siècle par des acteurs d'origine variée.

611.32 Offices publics de l'habitat – Sociétés anonymes et fondations HLM. Deux catégories de bailleurs se partagent, pour l'essentiel, le parc de logements locatifs HLM :

- les offices publics de l'habitat (OPH) pour 2,28 millions de logements ;
- les sociétés anonymes d'HLM (SA) et les fondations d'HLM, également pour 2,33 millions de logements.

Les sociétés coopératives d'HLM ont la compétence locative, mais sont principalement tournées vers l'accession à la propriété. Elles ont construit plus de 300 000 logements en un siècle, mais ne détiennent qu'environ 86 000 logements locatifs.

611.33 Offices d'HLM (Offices publics de l'habitat). Il existe 223 offices publics de l'habitat (OPH) en 2020. Les OPH sont des établissements publics[2].

L'ordonnance du 1er février 2007[3] a créé une cette nouvelle catégorie d'établissements publics HLM et organisé la transformation de plein droit en offices publics de l'habitat (OPH) de tous les OPHLM et OPAC existants, avec pour date butoir le 2 février 2009.

Les OPH sont des établissements publics locaux à caractère industriel et commercial rattachés aux collectivités territoriales (communes et départements) ou à leurs groupements (EPCI, établissements publics de coopération intercommunale). Ils sont créés par décret à la demande d'un EPCI compétent dans le domaine de l'habitat, d'un département ou d'une commune dès lors qu'elle n'est pas membre d'un EPCI compétent.

Ce nouveau cadre institutionnel permet aux offices d'HLM de s'adapter au contexte nouveau créé par le renforcement de compétences des collectivités territoriales dans le domaine de l'habitat.

611.34 Conséquences de la nature d'établissement public. Plusieurs conséquences sont attachées à la nature d'établissement public :

- les biens des offices publics de l'habitat sont insaisissables et ne sont pas susceptibles de faire l'objet de prise d'hypothèques ;
- la spécialité de l'établissement public le contraint à n'exercer de compétences que celles qui lui sont reconnues expressément[4] ;
- par délégation de leur collectivité locale de rattachement, ils peuvent exercer certaines prérogatives telles que l'expropriation ou le droit de préemption ;
- en tant qu'établissements publics locaux, les règles du contrôle de légalité s'appliquent à certains de leurs actes (délibérations du conseil d'administration, marchés de travaux...) ;
- enfin, le contrôle financier est assuré par les chambres régionales des comptes.

611.35 Sociétés et fondations d'HLM. Les sociétés anonymes et fondations d'HLM sont, en 2020 au nombre de 176[5]. Elles disposent d'un actionnariat diversifié constitué d'entreprises, publiques ou privées, de chambres de commerce, de collecteurs de la participation de l'employeur à l'effort de construction (PEEC), de collectivités territoriales, d'organismes HLM...

Sociétés anonymes soumises aux dispositions du code de commerce sur les sociétés commerciales, elles sont par ailleurs régies par des statuts soumis à des clauses types définies réglementairement. Elles sont ainsi des entreprises à lucrativité limitée en raison de dispositions qui leur sont propres quant à la rémunération du capital social, les cessions d'actions et la dévolution des actifs.

1. Sur la notion d'ordre public, v. s[s] n° 021.11.
2. SUR CETTE NOTION : L. Jegouzo-Vienot, *Établissement public et logement social*, « BDP », t. 223, LGDJ, 2002.
3. Ord. n° 2007-137, 1er févr. 2007 relative aux offices publics de l'habitat, *JO* 2 févr., p. 2028.
4. CCH, art. L. 421-1 et L. 421-4.
5. Leur dénomination est dorénavant « Entreprises sociales pour l'habitat ». Toutefois sur le plan juridique, qui nous intéresse principalement ici, il s'agit de sociétés anonymes.

La loi du 1er août 2003 [1] a prévu une évolution de la forme juridique des sociétés, effective depuis le 2 août 2005. Une nouvelle répartition du capital impose un actionnaire de référence majoritaire ainsi qu'une présence au conseil d'administration ou de surveillance de trois représentants des collectivités territoriales et de trois représentants des habitants.

Leur objet, comme celui des autres organismes d'HLM, est le logement des personnes modestes et défavorisées.

611.36 Sociétés coopératives d'HLM. Bien que par vocation, elles soient tournées essentiellement vers l'activité d'accession, les sociétés anonymes coopératives d'HLM (au nombre de 169 en 2017 dont 38 détiennent un parc locatif) ont la compétence pour construire et gérer des logements locatifs [2]. Ce sont des sociétés à capital variable fondées sur les principes coopératifs de démocratie et de transparence.

1. L. n° 2003-710, 1er août 2003 d'orientation et de programmation pour la ville et la rénovation urbaine, *JO* 2 août, p. 13281.

2. Elles en détiennent environ 86 000. Par ailleurs la loi du 1er août 2003 crée une nouvelle catégorie d'organisme d'HLM, la société coopérative d'intérêt collectif d'HLM, qui, à compétences égales, permet une coopération plus souple des collèges d'associés.

CHAPITRE

612. Sources de la réglementation HLM

SECTION 0 ORIENTEUR

612.00 Sommaire du chapitre.

Division – Quatre sources essentielles. La réglementation des conditions de location des logements HLM ne répond que pour partie au droit commun des locations de locaux d'habitation fixé par la loi du 6 juillet 1989 exposé dans la partie précédente.

Les sources actuelles du droit locatif social empruntent à de nombreux textes, qu'il s'agisse de codes ou de lois d'ordre public. Cette variété, et la complexité qui y est parfois liée, peuvent s'expliquer par deux motifs essentiels : l'absence de codification d'ensemble de la matière, d'une part, malgré plusieurs dispositions législatives dans ce sens, un empilement de textes législatifs intervenus depuis la deuxième moitié du XXe siècle pour réglementer les rapports entre bailleurs et locataires, applicables pour partie en HLM, d'autre part.

Il existe quatre sources essentielles de la réglementation HLM :

– le code de la construction et de l'habitation (sect. 1) ;

– la loi du 1er septembre 1948 (sect. 2) ;

– les différentes lois sur les rapports locatifs à partir des années quatre-vingt (sect. 3) ;

– les autres sources, essentiellement le code civil (sect. 4).

612.01 Principaux textes applicables.

TEXTES SOURCES

• **CCH, livres III et IV.**

• **L. n° 48-1360, 1er sept. 1948** portant modification et codification de la législation relative aux rapports des bailleurs et locataires ou occupants de locaux d'habitation ou à usage professionnel et instituant des allocations de logement, *JO* 2 sept., p. 8659.

• **L. n° 86-1290, 23 déc. 1986** tendant à favoriser l'investissement locatif, l'accession à la propriété de logements sociaux et le développement de l'offre foncière, *JO* 24 déc., p. 15531.

• **L. n° 89-462, 6 juill. 1989,** modifiée, tendant à améliorer les rapports locatifs et portant modification de la loi n° 86-1290 du 23 décembre 1986, *JO* 8 juill., p. 8541.

• **L. n° 90-449, 31 mai 1990** visant à la mise en œuvre du droit au logement, *JO* 2 juin, p. 6551.

612.02 Jurisprudence de référence.

• **Cass., Avis, 16 févr. 2015,** n° 14-70.011, P n° 2

* V. ss n° 612.54

La loi nouvelle (régit) immédiatement les effets légaux des situations juridiques ayant pris naissance avant son entrée en vigueur et non définitivement réalisées.

612.03 Bibliographie indicative.

Annuel. LAMY DR. IMMO., nos 2841 s.

Encyclopédie. *DP Gestion immob.*, *Vis HLM-Location*, nos 1-345 ; *Logements locatifs conventionnés*, nos 1 s.

SECTION 1 CODE DE LA CONSTRUCTION ET DE L'HABITATION

612.10 Plan – Parties spécifiques au logement social.

Compte tenu de ses conditions d'émergence et des objectifs qui lui étaient fixés, le parc HLM s'est vu soumettre à une réglementation propre, inscrite à l'origine dans le code de l'urbanisme et de l'habitation, devenu code de la construction et de l'habitation (CCH).

Actuellement, il existe ainsi un socle spécifique au logement social inscrit dans le CCH.

Le Premier ministre, par une circulaire du 27 mars 2013 (nº 5643/SG), avait demandé à ses ministres d'engager la refonte de certains codes, dont le Code de la construction et de l'habitation, afin d'« améliorer l'accessibilité et l'intelligibilité du droit », qui présentait à ses yeux « un enjeu de simplification administrative important pour nos concitoyens ». La démarche devait être relancée avec la loi nº 2014-366 du 24 mars 2014 « pour l'accès au logement et un urbanisme rénové » (art. 125) qui autorisait le Gouvernement à procéder par voie d'ordonnances à une nouvelle rédaction des dispositions législatives du code en y intégrant par ailleurs les dispositions des textes suivants :

– loi du 1er septembre 1948[1] ;

– loi du 6 juillet 1989[2] ;

– loi du 31 mai 1990[3] ;

– loi du 5 juillet 2000[4] ;

– loi du 1er août 2003[5].

L'annonce restait sans suite et, à nouveau, la loi du 27 janvier 2017[6] confiait au Gouvernement la mission, par voie d'ordonnance, de « procéder à une nouvelle rédaction du livre IV du code de la construction et de l'habitation afin d'en clarifier la rédaction et le plan. Cette nouvelle codification serait effectuée à droit constant après intégration des dispositions législatives en vigueur à la date de la publication de l'ordonnance ou entrant en vigueur après cette date, sous réserve des modifications qui seraient rendues nécessaires pour assurer le respect de la hiérarchie des normes et la cohérence rédactionnelle des textes, harmoniser l'état du droit et abroger les dispositions obsolètes ou devenues sans objet. ».

Prise en application de cette loi, l'ordonnance du 17 juillet 2019[7] procède à une refonte de la partie législative du livre VIII du CCH en y regroupant les dispositions relatives à l'ensemble des aides personnelles au logement dont l'aide personnalisée au logement traitée au chapitre I du titre V du livre III du CCH ainsi que l'allocation de logement sociale et l'allocation de logement familiale qui figuraient auparavant dans le code de la sécurité sociale.

Une seconde ordonnance du 29 janvier 2020[8] a été prise sur le fondement du II de l'article 49 de la loi du 10 août 2018[9], dite loi Essoc, qui habilite le Gouvernement à prendre des mesures visant à faciliter la réalisation des projets de construction, d'une part, en prévoyant la possibilité de plein droit pour le maître d'ouvrage de bâtiments de satisfaire à ses obligations en matière de construction s'il apporte la preuve qu'il parvient, par les moyens qu'il entend mettre en œuvre, à des résultats équivalents à ceux découlant de l'application des normes de référence et, d'autre part, en adoptant une rédaction des règles de construction applicables propre à l'éclairer sur les obligations qui lui incombent, notamment par l'identification des objectifs poursuivis. Cette ordonnance permet de généraliser en l'intégrant au droit commun la démarche d'innovation qui n'était qu'expérimentale dans le cadre de l'ordonnance du 30 octobre 2018[10].

Le code de la construction et de l'habitation est composé de manière hétérogène. Les règles qui concernent le logement social relèvent pour l'essentiel des livres III, IV et VIII, qui traitent respectivement des aides publiques, des habitations à loyer modéré et des aides personnelles au logement.

§ 1
Aides à la construction, aides à la personne : CCH, livre III

612.21 **Aides aux opérateurs et aux locataires.** Le livre III intitulé « Aides diverses à la construction d'habitations et à l'amélioration de l'habitat. Aide personnalisée au logement », traite dans sa partie législative non seulement des aides à la pierre et des aides à la personne mais également des politiques nationales (dispositif de l'article 55 de la loi SRU notamment) et locales de l'habitat.

612.22 **Aides à la construction et à la réhabilitation en HLM.** C'est dans la partie réglementaire du livre III que l'on retrouve les aides les plus courantes accordées aux opérateurs HLM :

– aide à la construction neuve : Prêt locatif à usage social (PLUS)[11], Prêt locatif aidé d'intégration (PLAI)[12] et Prêt locatif social (PLS)[13] ;

– aide à l'amélioration : Primes à l'amélioration des logements à usage locatif et à occupation sociale (PALULOS)[14].

612.23 **Autres aides.** La participation des employeurs à l'effort de construction (l'ex 1 %,

1. L. nº 48-1360, 1er sept. 1948 portant modification et codification de la législation relative aux rapports des bailleurs et locataires ou occupants de locaux d'habitation ou à usage professionnel et instituant des allocations de logement, *JO* 2 sept.
2. L. nº 89-462, 6 juill. 1989 tendant à améliorer les rapports locatifs et portant modification de la loi nº 86-1290 du 23 décembre 1986, *JO* 8 juill.
3. L. nº 90-449, 31 mai 1990 visant à la mise en œuvre du droit au logement, *JO* 2 juin.
4. L. nº 2000-614, 5 juill. 2000 relative à l'accueil et à l'habitat des gens du voyage, *JO* 6 juill.
5. L. nº 2003-710, 1er août 2003 d'orientation et de programmation pour la ville et la rénovation urbaine, *JO* 2 août.
6. L. nº 2017-86, 27 janv. 2017 relative à l'égalité et à la citoyenneté, *JO* 28 janv.
7. Ord. nº 2019-770, 17 juill. 2019 relative à la partie législative du livre VIII du code de la construction et de l'habitation, *JO* 25 juill.
8. Ord. nº 2020-71, 29 janv. 2020 relative à la réécriture des règles de construction et recodifiant le livre Ier du code de la construction et de l'habitation, *JO* 31 janv.
9. L. nº 2018-727, 10 août 2018 pour un État au service d'une société de confiance, *JO* 11 août.
10. Ord. nº 2018-937, 30 oct. 2018 visant à faciliter la réalisation de projets de construction et à favoriser l'innovation, *JO* 31 oct.
11. CCH, art. R. 331-1, I.
12. CCH, art. R. 331-1, II.
13. CCH, art. R. 331-17.
14. CCH, art. R. 323-1 s.

aujourd'hui, Action logement) ouverte aux bailleurs sociaux pour compléter le financement des constructions, l'épargne logement, les aides de l'Agence nationale de l'habitat (Anah), réservées aux seuls bailleurs privés ainsi que les aides à l'habitat rural sont précisées dans le livre III[1]. On remarque ici la variété des aides financières qui bénéficient tant aux bailleurs sociaux qu'au secteur privé, cette ouverture se retrouvant dans les aides fiscales qui complètent de plus en plus souvent les aides à la pierre, voire se substituent à elles.

612.24 **Garanties publiques.** Le livre III vise aussi les conditions de mobilisation de la garantie de l'État et des collectivités territoriales aux prêts consentis et aux emprunts contractés par les sociétés ou organismes ayant pour objet la construction d'immeubles à usage principal d'habitation, dont les organismes HLM[2].

612.25 **Aide personnalisée au logement.** La vocation des différentes aides personnelles au logement (AL : allocation logements, ALS : allocation logement sociale et APL : aide personnalisée au logement) est d'adapter les dépenses de logement aux ressources des familles, dans la limite d'un plafond. Depuis le 1er avril 1997, les barèmes de l'APL ont été unifiés, mettant ainsi fin à des distinctions en fonction de la date de conventionnement des immeubles[3]. En outre, depuis 2002, un barème unique en AL et APL a été mis en place.

La loi du 3 janvier 1977 qui a créé l'APL était la première réforme d'envergure depuis la loi du 1er septembre 1948 dans le domaine du logement. Le souci d'alléger le coût des dépenses publiques allait de pair avec une volonté d'efficacité sociale, l'aide ne devant bénéficier qu'aux occupants des logements répondant à des modalités de financement particulières et n'étant ouverte que sous réserve de la signature avec l'État d'une convention précisant un certain nombre d'obligations de la part du bailleur[4].

L'ordonnance du 17 juillet 2019 a regroupé dans le nouveau livre VIII du CCH les dispositions relatives à l'ensemble des aides personnelles au logement, dont celles relatives aux allocations de logement sociale et allocations de logement familiale jusqu'alors intégrées dans le Code de la sécurité sociale. Cette codification a intégré la jurisprudence du Conseil d'État et unifié dans son titre II les régimes contentieux des aides personnelles au logement dont la juridiction administrative se trouve désormais l'unique attributaire. Les dispositions relatives à l'Outre-mer ont été harmonisées et regroupées au titre VI tout en ouvrant, à compter du 1er janvier 2021, les allocations de logement à Saint-Pierre-et-Miquelon. La plupart des autres dispositions ont pris effet au 1er septembre 2019, hormis celles relatives à l'unification du contentieux qui sont entrées en vigueur à compter du 1er janvier 2020.

Les dispositions de nature réglementaire du livre VIII ont été par ailleurs codifiées par le décret du 24 juillet 2019[5].

Les références aux dispositions abrogées du livre III sont remplacées par les références aux dispositions correspondantes du livre VIII du CCH.

612.26 **Régime locatif des logements conventionnés.** Le régime du conventionnement étant ouvert à tous les bailleurs, leurs obligations respectives ont été réglementées. Ainsi, les articles L. 831-1 à L. 832-4 du code de la construction et de l'habitation fixent les règles de l'APL, tandis que le régime du conventionnement est précisé aux articles L. 353-1 à L. 353-22 pour la partie législative et R. 353-1 à R. 353-214 pour la partie réglementaire correspondant à treize types de conventions selon le bailleur ou le financement.

Le conventionnement HLM *stricto sensu* est quant à lui régi par les articles R. 353-1 à R. 353-22, qui définissent un régime de location et auxquels est annexée une convention type obligatoire pour tous les programmes neufs, acquis et/ou améliorés[6].

§ 2
HLM : CCH, livre IV

612.31 **Opérateurs.** Le livre IV est consacré aux habitations à loyer modéré.

Le livre IV aborde tous les aspects de l'activité, à partir tout d'abord des opérateurs[7] : il s'agit soit d'établissements publics (offices publics de l'habitat), soit d'organismes privés (fondations, sociétés anonymes d'HLM, sociétés anonymes coopératives de production d'HLM, sociétés anonymes coopératives d'intérêt collectif d'HLM, sociétés de coordination, sociétés de vente d'habitations à loyer modéré).

Y sont décrites notamment les compétences des différentes familles d'organismes HLM, leurs modes de création ou d'agrément, leurs principales conditions de fonctionnement (titre II), ainsi que les

1. CCH, art. L. 313-1 à L. 324-1.
2. CCH, art. L. 312-1 à L. 312-6.
3. V. s[s] n° 633.21.
4. V. s[s] n° 633.41.
5. Décr. n° 2019-772, 24 juill. 2019 relatif à la partie réglementaire du livre VIII du code de la construction et de l'habitation, *JO* 25 juill.
6. CCH, annexe à l'art. R. 353-1.
7. V. s[s] n°s 611.32 s.

dispositions financières qui leur sont applicables (titre III).

612.32 Gestion locative. Le titre IV intitulé : « Rapports des organismes d'HLM et des bénéficiaires » traite des questions d'attribution, de loyer et de charges récupérables, de cession, transformations et démolitions, enfin des conditions dans lesquelles les organismes HLM peuvent devenir locataires de logements vacants du parc privé.

Ces éléments seront analysés dans cette partie.

612.33 Contrôle. La loi du 24 mars 2014, dite loi Alur, a confié la mission du contrôle et de l'évaluation du logement social à l'Agence nationale de contrôle du logement social (Ancols), établissement public de l'État à caractère administratif créé à cet effet.

Ce contrôle constituant la contrepartie des aides qui leur sont apportées, tous les organismes d'HLM, qu'ils soient privés ou publics, y sont soumis, les SEM agréées pour le logement social, les entités du groupe Action Logement, les organismes agréés au titre de la maîtrise d'ouvrage sociale, les structures de coopération de ces opérateurs tels que les GIE, et, de manière générale, tous les opérateurs intervenant dans le logement social et qui sont financés directement ou indirectement par des aides publiques[1].

612.34 Application des textes en Outre-mer. L'application des règles HLM dans les DOM, à Saint-Martin et à Saint-Pierre-Et-Miquelon est précisée par arrêtés, conformément à l'article L. 472-1 du code de la construction et de l'habitation, particulièrement pour les modalités de financement.

Pour autant, l'essentiel des règles s'applique dans les DOM et ces deux collectivités, mais on relèvera cependant qu'à la différence de la métropole, l'APL n'existe pas Outre-mer. De même, il n'y a pas d'établissements publics tels que les offices publics de l'habitat.

SECTION 2
DISPOSITIONS DE LA LOI DU 1ER SEPTEMBRE 1948 APPLICABLES AUX HLM

612.41 Droit au maintien dans les lieux et calcul du prix du loyer. La réglementation HLM emprunte à la loi du 1er septembre 1948 deux idées phares justifiées par les circonstances de l'époque :

– le droit au maintien dans les lieux pour les occupants de locaux construits avant 1948 ; ils bénéficient également d'une protection en cas de modification substantielle de la chose louée (démolition, restructuration) ;

– le calcul « scientifique » du prix du loyer à l'aide d'une surface « corrigée », applicable aux cinq millions de logements de l'époque. En l'occurrence, les prix devaient être calculés de telle manière « qu'ils assurent, après application des correctifs, la rémunération du service rendu par le logement ainsi que son maintien en état d'habitabilité ».

Ces deux idées trouvent toujours une traduction concrète en HLM et sont une base de référence des relations entre bailleurs et locataires. Ainsi seules des circonstances exceptionnelles (démolition, sous-occupation du logement, dépassement excessif des plafonds de ressources, par exemple) peuvent justifier l'interruption du contrat[2]. Par ailleurs, le loyer HLM est encore calculé à la surface corrigée pour une grande partie du parc[3].

612.42 Applicabilité de la loi de 1948. Deux articles du code de la construction et de l'habitation renvoient à la loi de 1948 :

– l'article L. 353-15 pour les logements conventionnés ;

– l'article L. 442-6 pour les logements non conventionnés.

Le tableau ci-après précise les dispositions de la loi du 1er septembre 1948 qui s'appliquent aux HLM.

Pour l'essentiel, ce sont donc les dispositions sur le droit au maintien dans les lieux et sa perte, ainsi que la protection en cas de travaux, qui perdurent. Elles seront évoquées lors de l'examen de la durée du contrat[4], de la fin du contrat[5] et lors de l'examen de la question des travaux[6]. Par contre, les dispositions du chapitre 3 de la loi de 1948 relatives au prix du loyer ne s'appliquent pas en matière d'HLM[7].

APPLICATION DE LA LOI DU 1ER SEPTEMBRE 1948 AUX LOGEMENTS HLM

Chapitres ou articles de la loi du 1er septembre 1948	Types de mesure	Logements HLM conventionnés (CCH, art. L. 353-15)	Logements HLM non conventionnés (CCH, art. L. 442-6)
Chapitre 1er	Droit au maintien dans les lieux	Oui	Oui
Chapitre 1er	Perte du droit au maintien	Oui	Oui
Chapitre 1er	Travaux dans le logement	Oui	Oui

1. CCH, art. L. 342-1 s., issus de L. n° 2014-366, 24 mars 2014, art. 102.

2. V. s[s] n° 313.50.
3. V. s[s] n° 635.21.
4. V. s[s] n°s 631.31 s.
5. V. s[s] n°s 641.10 s.
6. V. s[s] n°s 635.111 s.
7. V. s[s] n°s 635.21 s.

Chapitre 1er	Démolition et relogement	Oui (en partie)	Oui (en partie)
Chapitre 2 *	Droit de reprise du bailleur	–	–
Chapitre 4 *	Maintien en meublé	–	–
Chapitre 5	Compétence du juge des contentieux de la protection	Oui	Oui
Chapitre 6	Sanctions	Oui	Oui
Chapitre 8 **	Dispositions financières	–	–
Article 70 ***	Dommages de guerre	–	–
Article 74	Paiement mensuel du loyer	Non	Oui
Article 78	Cession et sous-location	Oui	Oui

* Ces chapitres concernent le droit de reprise des bailleurs personnes physiques : ils n'ont pas vocation à s'appliquer en HLM, bien que le texte du CCH en fasse mention.

** Il en est de même pour ces dispositions d'ordre fiscal au bénéfice des bailleurs personnes physiques.

*** Cet article sur les dommages de guerre est obsolète.

SECTION 3

DISPOSITIONS LÉGISLATIVES DU DROIT COMMUN LOCATIF

612.51 Complémentarité entre dispositions spécifiques et de droit commun. Parce qu'il s'agit de lois d'équilibre des rapports locatifs, et parce qu'elles prévoient des mesures protectrices des locataires, les lois intervenues depuis 1982 ont complété le champ HLM.

C'est ainsi que, successivement la loi du 22 juin 1982, dite loi Quilliot[1], la loi du 23 décembre 1986, dite loi Méhaignerie[2], la loi du 6 juillet 1989, dite loi Mermaz[3], la loi du 24 mars 2014, dite loi Alur[4], la loi du 6 août 2015 pour la croissance, l'activité et l'égalité des chances économiques, dite loi Macron[5], la loi du 27 janvier 2017 relative à l'égalité et à la citoyenneté, toutes d'ordre public[6], ont précisé les dispositions retenues par le législateur comme étant communes à toutes les locations ou propres à chaque secteur locatif.

On ajoutera à ces textes fondamentaux la loi du 25 mars 2009[7] qui a apporté des réformes significatives au régime du droit au maintien dans les lieux des locataires[8] et rendu obligatoire la signature de conventions d'utilité sociale entre l'organisme d'HLM, l'État et les partenaires locaux[9].

612.52 Application dans le temps de la loi Alur. La loi du 24 mars 2014, dite loi Alur, modifie la loi du 6 juillet 1989 dans de nombreux domaines. Elle est, conformément à l'article 2 du code civil, applicable aux seuls baux signés à compter du 27 mars 2014, date de son entrée en vigueur. Il convient d'en tenir compte dans la rédaction des baux conclus après cette date.

612.53 Application immédiate de la loi Alur. Toutefois, l'article 14 de la loi Alur précise que certaines dispositions nouvelles sont applicables immédiatement aux baux en cours au 27 mars 2014. Il s'agit des articles concernant les obligations du locataire (L. 6 juill. 1989, art. 7 mod. qui envisage, notamment, l'application des accords collectifs de vétusté à la demande du locataire et la notification obligatoire au locataire en cas de travaux d'amélioration ou de maintien en l'état), la procédure de mise en conformité des logements qui ne répondent pas à la décence[10], l'interdiction des frais de quittance et de la transmission dématérialisée de la quittance[11] et, enfin, des conditions nouvelles de régularisation des charges locatives[12].

612.54 Application de la loi Alur : incertitudes. Le sort d'autres dispositions de la loi est resté incertain car la loi du 24 mars 2014, dite loi Alur, n'avait pas précisé dans quelles conditions certains articles allaient s'appliquer. Le principe généralement retenu est que la loi nouvelle, pour les contrats à exécution successive comme les baux d'habitation, est applicable à compter du premier renouvellement ou de la première reconduction postérieure à la loi. Or le Conseil constitutionnel dans sa décision sur la loi du 24 mars 2014, dite loi Alur[13], a précisé que la loi ne s'appliquait pas aux baux tacitement reconduits. Les baux HLM étant le plus souvent des baux de un à trois mois tacitement reconduits[14], ces

1. L. n° 82-526, 22 juin 1982, art. 75 1° et 3°, *JO* 23 juin, p. 1967.
2. L. n° 86-1290, 23 déc. 1986, art. 48, *JO* 24 déc., p. 15531.
3. L. n° 89-462, 6 juill. 1989, art. 40 I et III.
4. L. n° 2014-366, 24 mars 2014, art. 12 et 14, *JO* 26 mars, p. 5809.
5. L. n° 2015-990, 6 août 2015, art. 82, *JO* 7 août, p. 13776.
6. Sur cette notion, v. s^s^ n° 021.11.
7. L. n° 2009-323, 25 mars 2009 de mobilisation pour le logement et la lutte contre l'exclusion, *JO* 27 mars, p. 5408 – SUR CETTE LOI : B. Wertenschlag, *AJDI* 2009. 256.
8. V. s^s^ n° 642.11.
9. V. s^s^ n° 633.64.
10. L. n° 89-462, 6 juill. 1989, art. 20-1 mod. (v. s^s^ n° 211.91).
11. L. n° 89-462, 6 juill. 1989, art. 21 mod. (v. s^s^ n° 223.11).
12. L. n° 89-462, 6 juill. 1989, art. 23 mod. (v. s^s^ n° 243.31).
13. Cons. const., n° 2014-691, 20 mars 2014, *JO* 26 mars, p. 5925.
14. V. s^s^ n° 631.31.

dispositions nouvelles, non citées dans l'article 14, ne s'appliquaient pas aux baux en cours. Il s'agissait pour l'essentiel des conditions d'indemnisation du locataire au-delà d'un délai pour les travaux réalisés par le bailleur[1], de la prescription de trois ans pour les actions dérivant d'un contrat[2], de nouveaux motifs de réduction à un mois du délai de préavis du congé délivré par le locataire[3], de la restitution des clés en mains propres ou par lettre recommandée avec accusé de réception ou de la restitution du dépôt de garantie soumise à de nouveaux délais[4].

Ces mesures plus favorables au locataire ne s'appliquaient pas aux baux conclus avant le 27 mars 2014, ce qui pouvait placer les locataires concernés dans une situation d'inégalité.

La solution à cette impasse est venue en deux étapes. La cour de cassation, tout d'abord, la loi du 6 août 2015, dite loi Macron, ensuite, ont apporté les éclaircissements attendus.

La cour de cassation a rendu un avis le 16 février 2015 dans lequel elle a pris une position en faveur de l'application des dispositions nouvelles aux contrats en cours au jour de leur entrée en vigueur. Cette théorie, dite des effets légaux du contrat, permet à la cour d'affirmer que : « La loi nouvelle (régit) immédiatement les effets légaux des situations juridiques ayant pris naissance avant son entrée en vigueur et non définitivement réalisées ». Ainsi, les dispositions ci-dessus, particulièrement la durée réduite du congé dans les zones tendues sont bien applicables audits contrats[5].

La loi du 6 août 2015 pour la croissance, l'activité et l'égalité des chances économiques du 6 août 2015 retient, dans son article 82, que sont désormais immédiatement applicables aux baux en cours à la date de sa publication (c'est-à-dire le 7 août 2015), l'article 7-1 (relatif à la prescription triennale pour les actions dérivant d'un contrat de bail), l'article 15 (relatif au congé), l'article 22 (relatif au dépôt de garantie) et l'article 24 (relatif à la clause résolutoire). Solution attendue par les acteurs de terrain qui avaient pu, pour nombre d'entre eux, l'anticiper dans leurs relations avec leurs locataires dès l'avis de la cour de cassation, voire avant.

612.55 **Synthèse.** La distinction par secteur locatif entre articles applicables et non applicables dans les lois d'ordre public applicables aux baux d'habitation se justifie pour l'essentiel par l'existence d'autres textes préexistants en HLM. Ainsi, ne s'appliquent pas en HLM les articles de la loi du 6 juillet 1989 relatifs à la durée du contrat, aux loyers ou aux charges parce que d'autres textes particuliers traitent ces questions.

La synthèse - présentée sous forme de tableau[6] - permet de déterminer parmi l'ensemble des références évoquées jusqu'ici les sources du droit locatif HLM, thème par thème.

SECTION 4
CODE CIVIL ET CODE DE PROCÉDURE CIVILE

612.61 **Prévalence de la législation française.** L'activité des organismes HLM - en tant que constructeurs par exemple - a sa source dans de nombreuses autres réglementations telles que le code de l'urbanisme, le code de l'action sociale et des familles, le code de la commande publique.

Cependant, en matière de gestion locative, qui nous concerne ici, les autres sources intéressantes sont, pour l'essentiel, le code civil et, accessoirement, le code de procédure civile.

Il va de soi que la réglementation européenne trouve également à s'appliquer. Toutefois, le logement n'est pas une compétence européenne *stricto sensu*. De plus, c'est le plus souvent par le biais de la modification des textes français existants que sont transposées les directives européennes.

612.62 **Code civil.** Avant la loi du 22 juin 1982 sur les rapports entre bailleurs et locataires, le titre VII du code civil « Du contrat de louage » (articles 1708 à 1778), était la source quasi exclusive de droit à laquelle se raccrocher sachant par ailleurs qu'il n'intervenait qu'à titre supplétif, dans le silence du contrat liant les parties.

De façon générale, il faut considérer que le code civil reste applicable pour autant qu'il n'est pas contraire aux règles d'ordre public posées par ailleurs.

Dans certains cas, le législateur n'a pas trouvé utile ou nécessaire de reprendre certaines des dispositions du code civil dans les lois d'ordre public ; elles s'appliquent néanmoins. L'article 1733 du code civil affirme la présomption de responsabilité du preneur en cas d'incendie, sauf preuve contraire à sa charge. L'article 1751 du code civil reconnaît à chacun des époux le droit au bail sur le local sans caractère professionnel ou commercial et servant effectivement à leur habitation.

1. V. s[s] n° 312.63.
2. V. s[s] n°s 231.51 s.
3. V. s[s] n° 442.61.
4. V. s[s] n° 142.72.
5. Civ. 3e, avis, 16 févr. 2015, n° 14-70.011, P n° 2 ; *D.* 2015. 489 ; *ibid.* 1178, obs. N. Damas ; *AJDI* 2015. 608, obs. N. Damas ; *Loyers et copr.* 2015. comm. 88, note B. Vial-Pedroletti ; *Rev. loyers* avr. 2015. 180, note V. Zalewski-Sicard ; *RTD civ.* 2015. 569, obs. P. Deumier.
6. V. s[s] n° 612.62.

Tableau récapitulant les sources du droit locatif HLM thème par thème

Conclusion du contrat		
Forme et contenu	• Écrit et mentions obligatoires	L. 6 juill. 1989, art. 3
	• Clauses non écrites	L. 6 juill. 1989, art. 4
	• Rémunération des intermédiaires	L. 6 juill. 1989, art. 5
Durée du contrat	• Droit au maintien dans les lieux	L. 1er sept. 1948, chapitre 1er
Exécution du contrat		
Obligations des parties	• Obligations du bailleur	L. 6 juill. 1989, art. 6, art. 20-1, art. 22-2
	• Obligations du locataire	L. 6 juill. 1989, art. 7
Cession/Sous-location	• Interdiction	L. 1er sept. 1948, art. 78
Location en meublé	• Interdiction	CCH, art. L. 442-8
	• Exceptions	CCH, art. L. 442-8-1 s.
Colocation	• Attribution, loyer, charges	CCH, art. L. 442-8-4
Échanges de logement		L. 6 juill. 1989, art. 9
Transfert du contrat		L. 6 juill. 1989, art. 14 + art. 40
Travaux	• Clause travaux du locataire	L. 6 juill. 1989, art. 6
	• Démolition, restructuration	CCH, art. L. 353-15 et L. 442-6 L. 1er sept. 1948, art. 12, 13 *bis*
	• Sans départ du locataire	L. 1er sept. 1948, art. 14
	• Relogement/réintégration	L. 1er sept. 1948, art. 13
Fin du contrat		
Congé du locataire	• Motifs tous logements + logements conventionnés + logements non conventionnés	L. 6 juill. 1989, art. 15 CCH, art. L. 442-6-3
Congé du bailleur	• Perte droit au maintien • Démolition ou restructuration • Troubles de jouissance	L. 1er sept. 1948, chapitre 1er CCH, L. 442-3-1 et s. CCH, L. 353-15 et L. 442-6 CCH, art. L. 442-4-1
Résiliation de plein droit	• Tous logements • Logements conventionnés • Logements non conventionnés	L. 6 juill. 1989, art. 24, art. 24-1
Dispositions financières et garanties		
Loyer maximum, fixation et révision	• Montant • Logements conventionnés	CCH, art. L. 353-9-2
	• Montant • Logements non conventionnés	CCH, art. L. 442-1
Loyer initial	• Fixation • Logements conventionnés	CCH, art. L. 442-1-1 CCH, art. L. 353-16, art. L. 445-3 VI
	• Fixation • Logements non conventionnés	CCH, art. L. 442-1-1
Révision du loyer pratiqué	• Logements conventionnés	CCH, art. L. 442-1
	• Logements non conventionnés	CCH, art. L. 353-9-3
Supplément de loyer de Solidarité	• Principe • Montant	CCH, art. L. 441-3 CCH à art. L. 441-11
Charges récupérables	• Définition • Régularisation	CCH, art. L. 442-3 L. 6 juill. 1989, art. 23
Fourniture d'électricité	• Accès possible au régime d'autoconsommation collective	CCH, art. L. 424-3
Dépôt de garantie	• Montant : logements conventionnés • Logements non conventionnés • Restitution	L. 6 juill. 1989, art. 22
Cautionnement	• Durée et mentions obligatoires	L. 6 juill. 1989, art. 22-1

612.63 Code de procédure civile. Le code de procédure civile fixe, dans son Livre I, titre XVII, les conditions relatives aux délais, actes d'huissier de justice et notifications, qui permettent de connaître les règles de calcul des délais dans le cas de congé délivré par le bailleur ou le locataire par exemple.

Ainsi, les règles de computation des délais sont codifiées aux articles 640 à 642 dudit code qui permettent de déterminer la date de départ d'un délai, ses règles de calcul et sa date d'expiration[1].

Par ailleurs, les conditions dans lesquelles sont notifiés les actes de procédure sont précisées aux articles 651 et suivants dudit code : cela vaut pour les significations (c'est-à-dire les notifications faites par un huissier de justice) et pour les notifications des actes en la forme ordinaire.

612.64 **Code des procédures civiles d'exécution.** Le code des procédures civiles d'exécution définit les règles applicables aux opérations liées à l'expulsion d'un lieu habité, aux articles L. 411-1, L. 412-1 et suivants, L. 431-1 et L. 431-2, L. 433-1 et suivants, L. 451-1.

1. Sur ces points, v. s^{s} n°s 641.10 s.

TITRE

62. Les règles d'attribution des logements

SECTION 0
ORIENTEUR

62.00 Sommaire du titre.

Division. Il convient d'étudier successivement les politiques d'attribution, demandes de logement et réservations (chap. 621), les bénéficiaires (chap. 622), les plafonds de ressources (chap. 623), la commission d'attribution des logements HLM (chap. 624) et l'application de la loi sur le droit au logement opposable en HLM (chap. 625).

62.01 Principaux textes applicables.

TEXTES SOURCES

> Demande de logement

• **CCH,** art. L. 441 à L. 441-2-9.

• **CCH,** art. R. 441-1 à R. 441-12.

• **Décr. n° 2017-834, 5 mai 2017** portant diverses dispositions modifiant le code de la construction et de l'habitation en matière de demande et d'attribution de logement social, *JO* 7 mai, n° 14.

• **Décr. n° 2017-917, 9 mai 2017** relatif aux demandes de logement locatif social et autorisant le traitement de données à caractère personnel dénommé « Numéro unique », *JO* 10 mai, n° 168.

• **Arr. 6 août 2018** relatif au cahier des charges des systèmes particuliers de traitement automatisé de la demande de logement social, *JO* 4 sept., n° 7, NOR : TERL1819245A.

• **Décr. n° 2019-1378, 17 déc. 2019** relatif à la cotation de la demande de logement social, *JO* 18 déc., n° 45.

• **Arr. 22 déc. 2020** relatif au nouveau formulaire de demande de logement locatif social et aux pièces justificatives fournies pour l'instruction de la demande de logement locatif social, *JO* 27 déc., n° 57, NOR : LOGL2027782A.

> Bénéficiaires

• **CCH,** art. L. 441-1 s., L. 442-8 à L. 442-8-4.

• **CCH,** art. R. 441-1.

• **Arr. 29 mai 2019** fixant la liste des titres de séjour prévue au 1° de l'article R. 441-1 du code de la construction et de l'habitation, *JO* 9 juin, n° 22, NOR : TERL1904906A.

• **Note technique du 25 avril 2017** relative aux conditions d'application dans l'espace et dans le temps des principales dispositions de la loi n° 2017-86 du 27 janvier 2017 relative à l'égalité et à la citoyenneté relatives aux attributions et à la gestion de la demande, NOR : LHAL1712312N.

> Plafond de ressources

• **CCH,** art. L. 441-1, L. 442-8-4, L. 442-12, L. 445-3.

• **CCH,** art. R. 331-12, R. 441-1 à R. 441-1-2.

• **Arr. 29 juill. 1987** relatif aux plafonds de ressources des bénéficiaires de la législation sur les habitations à loyer modéré et des nouvelles aides de l'État en secteur locatif, NOR : EQUC8700526A (mod. par arr. 26 déc. 2019, NOR : LOGL1930996A).

• **Arr. 10 mars 2011** fixant la méthode de calcul du taux d'effort mentionné à l'art. R. 441-3-1, CCH, *JO* 18 mars, p. 4910, NOR : DEVL1101563A.

• **Instruction du 27 avril 2017** relative à la prise en compte de la nouvelle procédure de divorce par consentement mutuel issue de la loi n° 2016-1547 du 18 novembre 2016 de modernisation de la justice du XXIe siècle en matière d'attribution de logement social, NOR : LHAL1712224J.

> Commission d'attribution des logements

• **CCH,** art. L. 441-2.

• **Ord. n° 2020-1507, 2 déc. 2020** adaptant le droit applicable au fonctionnement des établissements publics et des instances collégiales administratives pendant l'état d'urgence sanitaire, *JO* 3 déc., n° 62.

• **Décr. n° 92-726, 29 juill. 1992** portant application des articles 37, 38 et 41 de la loi d'orientation pour la ville, *JO* 30 juill., p. 10230.

• **Décr. n° 2010-398, 22 avr. 2010** relatif au droit au logement opposable, *JO* 24 avr., p. 7506.

• **Décr. n° 2011-176, 15 févr. 2011** relatif à la procédure d'attribution des logements sociaux et au droit au logement opposable, *JO* 16 févr., p. 2890.

• **Décr. n° 2017-834, 5 mai 2017** portant diverses dispositions modifiant le code de la construction et de l'habitation en matière de demande et d'attribution de logement social, *JO* 7 mai, n° 14.

• **Arr. 10 mars 2011** fixant la méthode de calcul du taux d'effort mentionné à l'art. R. 441-3-1 du CCH, *JO* 18 mars, p. 4910.

• **Circ. 27 mars 1993** relative aux commissions d'attribution des organismes de logement social (non publiée).

> Droit au logement opposable

• **L. n° 2007-290, 5 mars 2007** instituant le droit au logement opposable et portant diverses mesures en faveur de la cohésion sociale, *JO* 6 mars, p. 4190.

• **CCH,** art. L. 441-1-4, L. 441-2-3, L. 442-2-3-1.

• **CJA,** art. R. 778-1 à R. 778-8, R. 811-1.

• **Décr. n° 2007-1677, 28 nov. 2007,** relatif à l'attribution des logements locatifs sociaux, au droit au logement opposable et modifiant le code de la construction et de l'habitation, *JO* 29 nov., p. 19402.

• **Décr. n° 2008-908, 8 sept. 2008** relatif aux conditions de permanence de la résidence des bénéficiaires du droit à un logement décent et indépendant et modifiant le code de la construction et de l'habitation, *JO* 10 sept., p. 14067.

• **Décr. n° 2011-176, 15 févr. 2011** relatif à la procédure d'attribution des logements sociaux et au droit au logement opposable, *JO* 16 févr., p. 2890.

• **Décr. n° 2013-730, 13 août 2013** portant modification du code de justice administrative, *JO* 15 août, p. 13960.

• **Décr. n° 2016-1866, 23 déc. 2016** relatif au délai au-delà duquel un demandeur reconnu prioritaire au titre du droit au logement opposable peut faire un recours devant la juridiction administrative en l'absence de proposition adaptée dans les départements comportant au moins une agglomération, ou une partie d'une agglomération, de plus de 300 000 habitants, *JO* 27 déc., n° 96.

• **Décr. n° 2017-834, 5 mai 2017** portant diverses dispositions modifiant le code de la construction et de l'habitation en matière de demande et d'attribution de logement social, *JO* 7 mai, n° 14.

• **Instruction du 23 décembre 2016** relative aux droits de réservation de l'État et au suivi des contingents des autres réservataires, NOR : LHAL1702498J.

• **Arr. 18 avr. 2014** pris pour l'application de l'article R. 441-14 du code de la construction et de l'habitation, *JO* 15 mai, p. 8075, NOR : ETLL1407567A.

• **Circ. 20 janv. 2012** relative à la mobilisation des attributions des associés collecteurs de l'UESL et de l'AFL ou de ses filiales en faveur du DALO, NOR : DEVL1129117C.

62.03 Bibliographie indicative.

Annuel. LAMY DR. IMMO., n°s 2841 s.

Encyclopédies. *DP Gestion immob., V° HLM-Location*, n°s 1-345.

Articles. Ph. Brouant, « Les pouvoirs du maire en matière d'attribution des logements sociaux », *AJDI* 1998. 335 – C. Coutant-Lapallus, « Vers une amélioration de la procédure d'attribution des logements sociaux ? », *Loyers et copr.* 2011, p. 7 ; « L'occupation du parc locatif social : les évolutions apportées par la loi Élan », *Loyers et copr.* 2019, p. 13 – E. Debaussant-Joniec, « Gestion de la demande de logement social après la loi Alur et les décrets de mai 2015 », *Opérations immobilières* oct. 2015, p. 48 – B. Fourcade, « La loi Élan et l'attribution des logements sociaux : recadrage des outils et ajustement des critères », *Loyers et copr.* 2019, p. 10 – G. Teilliais, « L'attribution des logements HLM », *Ann. loyers* 1997. 104 – Fr. Zitouni, « L'attribution des logements locatifs sociaux à la croisée des politiques sociales et territoriales », *RD sanit. soc.* 2006, n° 3, p. 432 ; Fiche juridique « Le régime des attributions de logements sociaux », *Actualités Habitat* n° 924, 15 mai 2011.

Dossiers. Union Sociale pour l'Habitat, Analyse du volet Logement de la Loi Égalité et Citoyenneté, « Collection Repères », n° 29, mars 2017 ; *ibid.*, Réforme de la gestion de la demande : mettre en œuvre l'article 97 de la loi Alur, « Collection Repères », n° 6, juill. 2015 ; *ibid.*, Renforcer la mobilité et le nouveau rôle de la commission d'attribution des logements, « Collection Repères », n° 65, livret 3, oct. 2021 – Ministère du Logement, de l'Égalité des territoires et de la Ruralité, Déploiement du « dossier unique », Guide à destination des services enregistreurs et instructeurs. Réforme de la demande de logement social, juill. 2015 – ANCOLS, Étude de la mobilité interne au sein du parc des organismes de logement social, rapp. avr. 2019.

CHAPITRE

621. Politiques d'attribution, demandes de logement et réservations

SECTION 0 ORIENTEUR

621.00 Sommaire du chapitre.

Division. Il convient d'étudier successivement les politiques d'attribution (sect. 1), les principes applicables aux demandes (sect. 2) et le mécanisme des réservations (sect. 3).

621.01 Principaux textes applicables.

TEXTES SOURCES

• **CCH,** art. L. 441 à L. 441-2-9.

• **CCH,** art. R. 441-1 à R. 441-12.

• **L. n° 2018-1021,** 23 nov. 2018, art. 114

• **Arr. 6 août 2018** relatif au cahier des charges des systèmes particuliers de traitement automatisé de la demande de logement social, *JO* 4 sept., n° 7, NOR : TERL1819245A.

• **Arr. 22 déc. 2020** relatif au nouveau formulaire de demande de logement locatif social et aux pièces justificatives fournies pour l'instruction de la demande de logement locatif social, *JO* 27 déc., n° 57, NOR : LOGL2027782A.

TEXTES *IN EXTENSO*

• **CCH,** art. L. 441

L'attribution des logements locatifs sociaux participe à la mise en œuvre du droit au logement, afin de satisfaire les besoins des personnes de ressources modestes et des personnes défavorisées.

L'attribution des logements locatifs sociaux doit notamment prendre en compte la diversité de la demande constatée localement ; elle doit favoriser l'égalité des chances des demandeurs et la mixité sociale des villes et des quartiers, en permettant l'accès à l'ensemble des secteurs d'un territoire de toutes les catégories de publics éligibles au parc social, en facilitant l'accès des personnes handicapées à des logements adaptés et en favorisant l'accès des ménages dont les revenus sont les plus faibles aux secteurs situés en dehors des quartiers prioritaires de la politique de la ville.

Les collectivités territoriales et les réservataires de logements locatifs sociaux concourent, en fonction de leurs compétences, à la réalisation des objectifs mentionnés aux alinéas précédents.

Les bailleurs sociaux attribuent les logements locatifs sociaux dans le cadre des dispositions de la présente section et peuvent pratiquer, le cas échéant, des loyers différents selon les secteurs ou au sein des immeubles, afin de remplir ces objectifs.

L'absence de lien avec la commune d'implantation du logement ne peut constituer à soi seul le motif de la non-attribution d'un logement adapté aux besoins et aux capacités du demandeur.

L'État veille au respect des règles d'attribution de logements sociaux.

• **CCH,** art. L. 441-1 (al. 23 à 26)

Sur le territoire des établissements publics de coopération intercommunale tenus de se doter d'un programme local de l'habitat en application du dernier alinéa du IV de l'article L. 302-1 ou ayant la compétence en matière d'habitat et au moins un quartier prioritaire de la politique de la ville, de la commune de Paris et des établissements publics territoriaux de la métropole du Grand Paris, au moins 25 % des attributions annuelles, suivies de baux signés, de logements situés en dehors des quartiers prioritaires de la politique de la ville, sont consacrées :

– à des demandeurs dont le niveau de ressources par unité de consommation est inférieur à un montant constaté annuellement par arrêté du ministre chargé du logement. Ce montant correspond au niveau de ressources le plus élevé du quartile des demandeurs aux ressources les plus faibles parmi les demandeurs d'un logement social situé sur le territoire de l'établissement public de coopération intercommunale ou, en Ile-de-France, sur le territoire de la région, enregistrés dans le système national d'enregistrement ;

– ou à des personnes relogées dans le cadre d'une opération de renouvellement urbain ou d'une opération de requalification des copropriétés dégradées définie aux articles L. 741-1 et L. 741-2.

Sur les territoires mentionnés au vingt-troisième alinéa du présent article, au moins 50 % des attributions annuelles de logements situés dans les quartiers prioritaires de la politique de la ville sont consacrés à des demandeurs autres que ceux mentionnés au vingt-quatrième alinéa.

• **CCH,** art. L. 441-1 (al. 35 et 36)

Ce décret détermine également les limites et conditions dans lesquelles les organismes d'habitations à loyer modéré peuvent, en contrepartie d'un apport de terrain, d'un financement ou d'une garantie financière, contracter des obligations de réservation d'un flux annuel de logements mentionnés au premier alinéa, lors d'une mise en location initiale ou ultérieure, à l'exception des logements réservés par des services relevant de la défense nationale ou de la sécurité intérieure qui sont identifiés précisément. Lorsque ces conventions de réservation ne respectent pas les limites prévues au présent alinéa, elles sont nulles de plein droit. Au moins un quart des attributions annuelles de logements réservés par une collectivité territoriale ou un groupement de collectivités territoriales est destiné aux personnes bénéficiant d'une décision favorable mentionnée à l'article L. 441-2-3 ou, à défaut, aux personnes prioritaires en application du présent article. En cas de manquement à cette obligation, le représentant de l'État dans le département procède à l'attribution aux publics concernés d'un nombre de logements équivalent au nombre de logements restant à attribuer. Ces attributions s'imputent sur les logements réservés par la collectivité territoriale ou le groupement de collectivités territoriales concerné.

Il fixe les conditions dans lesquelles ces conventions de réservation sont conclues, en contrepartie d'un apport de terrain, d'un financement ou d'une garantie financière, accordés par une commune ou un établissement public de coopération intercommunale. Il prévoit que ces obligations de réservation sont prolongées de cinq ans lorsque l'emprunt contracté par le bailleur et garanti par la commune ou l'établissement public de coopération intercommunale est totalement remboursé.

• **CCH,** art. L. 441-2-1

Les demandes d'attribution de logements sociaux sont présentées auprès des bailleurs de logements sociaux mentionnés à l'article L. 441-1, dans des conditions définies par décret en Conseil d'État. Elles peuvent l'être également, lorsqu'ils l'ont décidé, auprès de collectivités territoriales ou d'établissements publics de coopération intercommunale, de bénéficiaires des réservations de logements prévues au même article, de services de l'État, ainsi qu'auprès de tout service commun d'enregistrement placé sous la responsabilité de personnes morales énumérées au présent alinéa ou d'un service intégré d'accueil et d'orientation mentionné à l'article L. 345-2-4 du code de l'action sociale et des familles. Lorsque la demande émane de salariés d'une entreprise versant la participation à la société mentionnée à l'article L. 313-19 du présent code, elle peut être présentée auprès de cette société si elle est bénéficiaire de réservations de logements prévues à l'article L. 441-1.

La situation des personnes devant bénéficier d'un relogement dans le cadre d'une opération de renouvellement urbain fait l'objet d'un enregistrement d'office par le bailleur dont elles sont locataires dans le système national d'enregistrement sur la base des informations fournies par le ménage ou, à défaut, connues du bailleur.

Dès réception, chaque demande fait l'objet, dans les conditions fixées par la loi n° 78-17 du 6 janvier 1978 relative à l'informatique, aux fichiers et aux libertés, d'un enregistrement dans le système national d'enregistrement ou, dans des conditions fixées par décret en Conseil d'État, dans des systèmes particuliers de traitement automatisé agréés par le représentant de l'État dans le département ou, en Île-de-France, dans la région, couvrant tout le territoire du département ou, en Île-de-France, de la région. La demande peut aussi être enregistrée directement par le demandeur, par voie électronique, dans le système national d'enregistrement. Chaque demande est identifiée par un numéro unique délivré au niveau national.

Les informations fournies par le demandeur lors de sa demande ou à l'occasion des modifications éventuelles de celle-ci sont enregistrées dans le système national d'enregistrement dans les mêmes conditions. Il en est de même des informations permettant d'apprécier la situation du demandeur au regard des dispositions de la présente section.

Les personnes et services qui enregistrent la demande ou, selon le cas, le gestionnaire du système national d'enregistrement communiquent au demandeur une attestation de demande dans le délai maximal d'un mois à compter du dépôt de la demande. Le demandeur qui n'a pas reçu l'attestation au terme de ce délai saisit le représentant de l'État dans le département, qui fait procéder à l'enregistrement d'office de la demande par un bailleur susceptible de répondre à la demande ou, si la demande a été déjà enregistrée, enjoint au gestionnaire du système national d'enregistrement de transmettre sans délai à l'intéressé l'attestation de la demande.

L'attestation indique le numéro unique attribué au demandeur. Elle comporte la liste des bailleurs de logements sociaux et des organismes agréés mentionnés à l'article L. 365-2 disposant d'un patrimoine sur les communes demandées. Elle garantit les droits du demandeur en certifiant le dépôt de la demande et fait courir, dans les départements ou, pour l'Île-de-France, dans la région où sont situées les communes qui figurent dans sa demande de logement social, telle qu'enregistrée dans le système national d'enregistrement, les délais définis à l'article L. 441-1-4, à partir desquels le demandeur peut saisir la commission de médiation prévue à l'article L. 441-2-3, dont elle indique les modalités et les délais de saisine.

Les pièces justificatives servant à l'instruction de la demande sont déposées en un seul exemplaire. Elles sont enregistrées dans le système national d'enregistrement et rendues disponibles aux personnes ayant accès aux données nominatives de ce système. Avec l'accord du demandeur et parallèlement à l'instruction de la demande, les bailleurs mentionnés à l'article L. 411-2, ainsi que tout autre organisme mentionné au même article avec lequel ils ont conclu une convention à cet effet, dans les conditions fixées par la loi n° 78-17 du 6 janvier 1978 précitée, peuvent procéder à un examen de la situation du demandeur et, au regard des capacités de ce dernier, l'informer des possibilités d'accession à la propriété auxquelles il peut prétendre.

Lorsque le demandeur obtient un logement, le bailleur mentionné à l'article L. 441-1 qui a attribué le logement procède à l'enregistrement de l'attribution et à la radiation de la demande dès la signature du bail. Dans ce cas, la radiation intervient sans avis préalable au demandeur.

Lorsque le demandeur obtient un logement par l'intermédiaire d'un organisme mentionné à l'article L. 365-2, cet organisme en informe sans délai le gestionnaire du système national d'enregistrement, qui procède à l'enregistrement de l'attribution et à la radiation de la demande.

Aucune attribution de logement ne peut être décidée, ni aucune candidature examinée par une commission d'attribution si la demande n'a pas fait l'objet d'un enregistrement assorti de la délivrance d'un numéro unique.

La méconnaissance du présent article est passible des sanctions pécuniaires prévues à l'article L. 342-14.

L'État confie la gestion du système national d'enregistrement à un groupement d'intérêt public créé à cet effet, regroupant l'État, l'Union sociale pour l'habitat, la fédération des entreprises publiques locales et les représentants des réservataires de logements locatifs sociaux. Le financement du développement, de la gestion de ce système et des procédures applicables au dépôt et au renouvellement des demandes est assuré conjointement par la Caisse de garantie du logement locatif social et par l'État, selon une répartition arrêtée par l'autorité administrative.

Un comité d'orientation, placé auprès du ministre chargé du logement, est saisi pour avis de toute évolution du système national d'enregistrement ayant une incidence sur la relation aux demandeurs de logement social ou sur l'activité des organismes bailleurs ou aux réservataires de logements sociaux.

Il est composé de représentants de l'État, des établissements publics de coopération intercommunale dotés d'un programme local de l'habitat exécutoire, des organismes bailleurs de logements sociaux et des réservataires de logements sociaux, autres que l'État, et de représentants des associations de locataires siégeant à la Commission nationale de concertation ou dont l'un des objets est l'insertion ou le logement des personnes défavorisées ou la défense des personnes en situation d'exclusion par le logement.

Il est présidé conjointement par un représentant de l'État et un représentant des organismes bailleurs de logements sociaux.

• **L. 23 nov. 2018,** art. 114, IV

IV.- Les conventions de réservation conclues entre les bailleurs et les réservataires en application de l'article L. 441-1 du code de la construction et de l'habitation avant la publication de la présente loi et ne portant pas exclusivement sur un flux annuel de logements doivent être mises en conformité avec les dispositions du même article L. 441-1, dans sa rédaction résultant de la présente loi, dans des conditions précisées par décret en Conseil d'État et, au plus tard, dans un délai de trois ans à compter de la promulgation de la présente loi.

621.03 Bibliographie indicative.

Encyclopédie. *DP Gestion immob.*, *V° HLM-Location*, n°s 1-345.

Articles. E. Debaussant-Joniec, « Gestion de la demande de logement social après la loi Alur et les décrets de mai 2015 », Opérations immobilières oct. 2015, p. 48.

Dossiers. Union Sociale pour l'Habitat, *Analyse du volet Logement de la Loi Égalité et Citoyenneté*, « Collection Repères », n° 29, mars 2017 ; *ibid.*, *Réforme de la gestion de la demande : mettre en œuvre l'article 97 de la loi Alur*, « Collection Repères », n° 6, juill. 2015 – Ministère du Logement, de l'Égalité des territoires et de la Ruralité, Déploiement du « dossier unique », *Guide à destination des services enregistreurs et instructeurs. Réforme de la demande de logement social*, juill. 2015.

SECTION 1
POLITIQUES D'ATTRIBUTION

621.10 Plan – Mise en œuvre du droit au logement.

Les organismes HLM ont pour mission principale de construire, aménager, attribuer et gérer des logements locatifs sociaux au bénéfice des personnes de ressources modestes et des personnes défavorisées, ainsi qu'en dispose l'article L. 411 du code de la construction et de l'habitation. Par ce texte fondamental, le législateur fait participer l'attribution des logements locatifs sociaux à la mise en œuvre du droit au logement, droit à valeur constitutionnelle[1], et lui assigne l'objectif, aussi imprécis qu'ambitieux, de favoriser l'égalité des chances des demandeurs et la mixité sociale des villes et des quartiers.

1. Cons. const 19 janv. 1995, n° 94-359 DC, *Loi relative à la diversité de l'habitat*, CONFORMITÉ : le Conseil constitutionnel déduit des principes posés par le préambule de la Constitution de 1946 que la possibilité pour toute personne de disposer d'un logement décent est un objectif de valeur constitutionnelle.

À cet effet, les organismes HLM doivent permettre l'accès au parc social de toutes les catégories de demandeurs à tous les quartiers de la ville. En particulier, ils ont pour tâche de favoriser l'attribution de logements aux ménages les plus modestes en dehors des quartiers prioritaires de la politique de la ville, c'est-à-dire ceux qui cumulent les difficultés en termes d'emploi, d'éducation, de service et d'équipements. La loi du 23 novembre 2018[1], dite loi Élan, y ajoute l'obligation de faciliter l'accès des personnes handicapées à des logements adaptés.

À l'appui des organismes HLM dans la réalisation de ces objectifs, le législateur place plusieurs acteurs essentiels : d'une part les collectivités territoriales et les réservataires de logements locatifs sociaux qui reçoivent la mission d'y concourir en fonction de leurs compétences et, d'autre part, l'État dont le rôle de garant du respect de l'application des règles se trouve conforté.

Les logements locatifs sociaux sont attribués par une commission instituée obligatoirement dans chaque organisme d'HLM depuis 1991. Plusieurs lois importantes se sont succédé sur la question des attributions entre 1998 et 2018 avec l'ambition d'améliorer les conditions d'attribution des logements, de mieux garantir les droits des candidats à un logement social, de rendre les attributions plus transparentes et, enfin, de mettre en œuvre la mixité sociale.

Par ailleurs, un droit au logement opposable a été créé, doté d'instruments pour garantir l'accès effectif à un logement.

§ 1
Lois sur l'attribution et le droit au logement (1998-2014)

621.20 **Plan.** Il convient d'exposer les évolutions sur l'attribution et le droit au logement (A) et le bilan (B).

A.
Évolutions

621.31 **Loi de 1998 : des apports multiples.** La loi du 29 juillet 1998 relative à la lutte contre les exclusions a, tout d'abord, modifié les mécanismes de gestion de la demande HLM et les règles d'attribution des logements avec un triple objectif[2] :

1° inscrire l'attribution des logements locatifs sociaux dans la perspective du droit au logement, une première fois affirmé par l'article 1er de la loi du 6 juillet 1989.

2° satisfaire les besoins de catégories comprenant dorénavant, outre les personnes à ressources modestes, les personnes défavorisées.

3° favoriser l'égalité des chances et la mixité sociale des villes et des quartiers.

621.32 **Loi 2009 : simplification des démarches.** La loi du 25 mars 2009 de mobilisation pour le logement et de lutte contre l'exclusion[3] a engagé une réforme de la formulation et de l'enregistrement de la demande de logement social, afin de simplifier les démarches des demandeurs de logement. En outre, est mis en œuvre et applicable en mars 2011 un nouveau système d'enregistrement de la demande de logement qui se substitue au dispositif de délivrance du numéro unique de 1998.

621.33 **Loi Alur : amélioration de la procédure d'attribution.** La loi du 24 mars 2014, dite loi Alur[4], a poursuivi la réforme de la procédure d'attribution pour une meilleure transparence ainsi qu'une efficacité et une équité accrues pour le demandeur de logement social.

621.34 **Loi 2007 : droit au logement opposable.** La loi du 5 mars 2007, instituant le droit au logement opposable et portant diverses mesures en faveur de la cohésion sociale[5], apporte aux personnes qui ont le plus de difficulté à se loger les éléments indispensables à la reconnaissance et à l'opposabilité d'un droit inscrit dans les textes législatifs français depuis 1982. Elle présente une continuité certaine avec le texte de la loi de 1998 de lutte contre les exclusions et c'est pourquoi elle est, pour l'essentiel, présentée dans ce chapitre, même si les logements sociaux HLM ne représentent qu'une des réponses possibles aux objectifs qu'elle poursuit.

621.35 **Prise en compte et traitement des catégories de personnes en difficultés de logement.** La période qui suit la loi de 1998 jusqu'à la loi Alur de 2014 a retenu plusieurs principes pour apporter une réponse à la situation des personnes en difficulté de logement, soit en raison de l'urgence qui justifie un traitement particulier de leur dossier, soit parce qu'elles sont en situation d'exclusion par rapport au logement en raison d'un cumul de handicaps.

621.36 **Définition de prioritaires.** La définition de prioritaires pour l'accès au logement social est mise en avant[6]. Les droits à réservation du préfet sont destinés aux personnes prioritaires, notamment mal logées ou défavorisées[7].

621.37 **Objectif chiffré d'attribution défini conventionnellement.** Avant la loi relative à l'égalité et à

1. L. n° 2018-1021, 23 nov. 2018 portant évolution du logement, de l'aménagement et du numérique, *JO* 24 nov.
2. CCH, art. L. 441 à L. 441-2-3.
3. L. n° 2009-323, 25 mars 2009, art. 117, *JO* 27 mars, p. 5408.
4. L. n° 2014-366, 24 mars 2014, *JO* 26 mars, p. 5809.
5. L. n° 2007-290, 5 mars 2007, *JO* 6 mars, p. 4190.
6. V. ss n° 622.22.
7. CCH, art. L. 441-1.

la citoyenneté de 2017, la politique d'attribution aux personnes en situation économique difficile dans les territoires reposait notamment sur :

- des accords collectifs départementaux passés entre le préfet du département et les organismes HLM disposant de patrimoine sur le département[1] pour définir des objectifs quantifiés d'attribution au profit « des personnes connaissant des difficultés économiques et sociales » ;

- la possibilité d'accords collectifs intercommunaux passés par un EPCI, compétent en matière d'habitat et disposant d'un PLH adopté, avec les bailleurs sociaux et reposant sur les mêmes objectifs[2]. Dans ce cas, une commission de coordination, présidée par le président de l'EPCI, a pour mission d'examiner les dossiers des demandeurs de logement social concernés par l'accord collectif intercommunal et d'émettre un avis sur l'opportunité d'attribuer un logement dans le parc social du ressort concerné[3]. Cet accord se substitue, après agrément du préfet, à l'accord départemental signé entre l'État et les organismes d'HLM.

- la possibilité offerte à un EPCI disposant d'un PLH approuvé de créer une conférence intercommunale du logement pour définir des orientations pour l'attribution sur son territoire.

En outre, dans chaque département, le plan départemental d'action pour le logement et l'hébergement des personnes défavorisées (PDALHPD) détermine les principes propres à améliorer la coordination des attributions prioritaires de logements sociaux, en articulation avec l'accord départemental signé avec les bailleurs[4]. Enfin, la loi du 25 mars 2009[5] s'efforce de rendre plus cohérents ces accords en précisant que les représentants des organismes titulaires de droits de réservation sur des logements inclus dans ce patrimoine peuvent être signataires de l'accord collectif départemental ou de l'accord signé avec l'EPCI.

Depuis la loi relative à l'égalité et à la citoyenneté du 27 janvier 2017, la convention intercommunale d'attribution se substitue aux accords collectifs intercommunaux et départementaux dès lors qu'elle a été agréée par le préfet.

621.38 Droit de recours. Un droit de recours a été institué dès la loi du 29 juillet 1998. Il a été renforcé par les lois du 13 juillet 2006 et du 25 mars 2009. Une commission de médiation, créée dans chaque département auprès du préfet, reçoit toute réclamation des demandeurs de logement qui n'ont pas reçu de réponse dans le délai d'attente considéré comme normal, compte tenu des circonstances locales, fixé par le préfet. Elle reçoit également toute réclamation, sans conditions de délai, lorsqu'elle provient d'une personne en difficulté particulière (sous menace d'expulsion, hébergée temporaire ou vivant dans un taudis).

La commission est composée, à parts égales, de représentants de[6] :

- l'État ;

- du département des établissements publics de coopération intercommunale tenus de se doter d'un PLH ou ayant la compétence habitat et au moins un QPV, de la commune de Paris, des établissements publics territoriaux de la métropole du Grand Paris et des communes ;

- des organismes bailleurs et de ceux chargés de structures de logement temporaire ;

- d'associations de locataires et d'insertion ;

- pour renforcer la représentation du requérant, la loi du 27 janvier 2017 relative à l'égalité et à la citoyenneté a ajouté à ces membres des représentants des associations de défense des personnes en situation d'exclusion ouvrant dans le département et des représentants désignés par le conseil national ou régional des personnes accueilli ou accompagnées.

La commission est présidée par une personnalité qualifiée désignée par le préfet.

621.39 Mise en œuvre du Dalo (droit au logement opposable). Le préfet, saisi d'une demande d'une personne considérée comme prioritaire par la commission de médiation, peut désigner le demandeur à un organisme HLM disposant de logements correspondants à sa demande et fixer un délai pour qu'il soit logé. Cette attribution est alors imputée sur le contingent de réservation du préfet[7].

B. Bilan

621.41 Bilan des lois intervenues de 1998 à 2018. Les politiques d'attribution sont orientées de plus en plus vers la prise en compte des demandeurs prioritaires et les personnes reconnues au titre du droit au logement opposable, tout en conservant l'ouverture vers les différentes catégories de demandeurs à faibles ressources. En parallèle, le mouvement vers la reconnaissance des intercommunalités se développe depuis la loi Alur du 24 mars 2014. Ce

1. CCH, art. L. 441-1-2.
2. CCH, art. L. 441-1-1.
3. CCH, art. L. 441-1-1.
4. Rép. min. n° 14192, *JOAN Q* 9 sept. 2008, p. 7837.
5. L. n° 2009-323, 25 mars 2009 de mobilisation pour le logement et la lutte contre l'exclusion, *JO* 27 mars, p. 5408.
6. CCH, art. L. 441-2-3 et R. 441-13 – Sur la composition de la commission de médiation, v. s^s n°s 625.41 s.
7. CCH, art. L. 441-2-3 – Sur le rôle de la commission de médiation, v. s^s n°s 625.11 s.

mouvement s'est concrétisé très fortement avec la loi du 24 janvier 2017 relative à l'égalité et à la citoyenneté[1] mais pour les objectif de mixité sociale, la loi du 23 novembre 2018[2], dite loi Élan, a supprimé la possibilité offerte aux intercommunalités de moduler à la baisse les taux minimums d'attributions de logements, tant en dehors des QPV qu'au sein de ces quartiers[3].

§ 2 Affirmation des territoires dans les politiques d'attribution

621.51 Loi égalité et citoyenneté de 2017 : accueil des ménages à bas revenus et mixité sociale. La loi relative à l'égalité et à la citoyenneté du 27 janvier 2017 poursuit un objectif d'accueil des ménages à bas revenus en dehors des quartiers prioritaires de la politique de la ville (QPV), afin de diversifier leur composition sociale. Elle affirme que la politique d'attribution doit être réfléchie et orientée à l'échelle intercommunale.

Elle s'inscrit dans le prolongement des grandes lois présentées ci-dessus, qui ont eu pour projet de développer, dans l'habitat détenu par les organismes HLM, la mixité sociale et la lutte contre la ségrégation sociale et spatiale.

Elle généralise les outils de ces politiques, telles que la conférence intercommunale d'attribution, la convention du même nom et la commission de coordination qui émettra des avis sur les attributions de logement.

Elle simplifie par ailleurs les démarches d'accès au logement social HLM en mettant en place un numéro unique de demande au niveau national. Elle consacre les systèmes particuliers de traitement automatisé de la demande qui sont interconnectés avec le système national d'enregistrement.

621.52 Droit au logement et objectif de mixité sociale. L'article L. 441 du code de la construction affirme que l'attribution des logements sociaux participe à la mise en œuvre du droit au logement en permettant le logement des personnes de ressources modestes et des personnes défavorisées.

Pour autant, l'attribution doit « favoriser l'égalité des chances des demandeurs et la mixité sociale des villes et des quartiers ».

La loi relative à l'égalité et à la citoyenneté du 27 janvier 2017 a complété le texte de cet article en affirmant la nécessité d'un accès des ménages dont les revenus sont les plus faibles à tous les secteurs du territoire. Les organismes HLM pourront, pour ce faire, adapter leur politique des loyers à ces objectifs d'attribution[4] et les réservataires[5] de logements sociaux participeront à cet objectif.

Il convient de rappeler le contexte de cette disposition législative ayant pour origine l'injonction de lutte contre la radicalisation et la violence sociale qui avait été exprimée par le Gouvernement lors d'un comité interministériel du 6 mars 2015 à la suite des attentats en France. Cette dernière se traduisait notamment par la volonté de ne pas concentrer les publics pauvres dans les quartiers sensibles et, en pratique, de freiner fortement l'attribution de logements sociaux dans ces quartiers aux publics les plus pauvres[6].

Cependant, l'utilisation parfois détournée du concept flou de mixité sociale à l'encontre des demandeurs de logement les plus pauvres avait amené certains acteurs de l'action sociale à mettre en lumière une concurrence néfaste entre droit au logement et mixité sociale. Ainsi, la fondation Abbé Pierre observait dans son rapport 2016 sur le mal-logement que ces quartiers concentrent pourtant les logements qui leur sont les plus accessibles et qu'il n'y a pas nécessairement à choisir entre la mixité sociale et le droit au logement. Selon la fondation, « La contradiction apparente entre droit au logement et mixité sociale pose en outre une question de temporalité et d'échelle. Le droit au logement renvoie à une urgence de court terme pour trouver des solutions immédiates à des ménages dans le besoin, tandis que le rééquilibrage du parc social dans l'espace ne peut être qu'un objectif de long terme »[7].

1. L. n° 2017-86, 27 janv. 2017 relative à l'égalité et à la citoyenneté, *JO* 28 janv., n° 1.
2. L. n° 2018-1021, 23 nov. 2018 portant évolution du logement, de l'aménagement et du numérique, *JO* 24 nov.
3. V. s^{s} n° 621.53.
4. V. chap. 633.
5. V. s^{s} n° 621.123.
6. Déclaration de M. Manuel Valls, Premier ministre, sur les principales mesures pour favoriser la mixité sociale dans les secteurs du logement, de la politique de la ville et de l'éducation, à Paris le 6 mars 2015. Extrait : « Les mécanismes d'attribution des logements ne doivent pas amplifier la ségrégation mais la combattre. Arrêtons de rajouter de la pauvreté à la pauvreté ! Je demande à tous ceux qui attribuent des logements, et notamment aux préfectures qui ont la responsabilité du dispositif Dalo, de ne plus reloger dans les quartiers prioritaires de la politique de la ville les personnes dont les ressources sont en dessous du seuil de pauvreté. Relogeons ces demandeurs de logements dans les HLM des centres villes ! Dans les villes les plus favorisées ! En adaptant les loyers de ces logements aux capacités de paiement des familles. En encourageant les commissions d'attribution à se tenir au niveau des intercommunalités ! Nous devons être capables de concilier droit au logement et mixité sociale. »
7. Rapport 2016 sur l'état du mal-logement en France, partie 2.

621.53 Objectif d'accueil de ménages à bas revenus. La démarche poursuivie par ces objectifs de mixité définis à l'échelle des intercommunalités s'appuie sur la géographie prioritaire de la politique de la ville, il s'agit que les ménages modestes puissent accéder à des logements dans les secteurs plus favorisés, et que les quartiers prioritaires de la politique de la ville n'accueillent pas que les ménages les plus modestes.

Ainsi, la loi relative à l'égalité et à la citoyenneté affiche un objectif d'accueil en dehors des quartiers prioritaires de la politique de la ville (QPV[1]), correspondant à 25 % des attributions, pour les ménages à plus faibles revenus[2]. Sont concernées les personnes aux ressources relevant du quartile le plus bas parmi les demandeurs de logement sur le territoire[3]. Depuis la loi du 23 novembre 2018, dite loi Élan, ce n'est plus le préfet mais le ministre du logement qui détermine annuellement par arrêté le montant supérieur de ce quartile des demandeurs aux ressources les plus faibles. La loi Élan a supprimé par ailleurs la faculté dont disposait la conférence intercommunale de moduler à la baisse le taux d'accueil de 25 % en dehors des QPV.

La mesure s'applique obligatoirement sur le territoire des établissements publics de coopération intercommunale (EPCI) tenus de se doter d'un programme local de l'habitat (PLH) ou ayant la compétence habitat et au moins un QPV, de la commune de Paris et des établissements publics territoriaux (EPT) de la métropole du Grand Paris[4].

En outre, la loi relative à l'égalité et à la citoyenneté a assigné l'obligation aux organismes HLM d'accueillir dans les QPV un nombre de demandeurs dont les ressources excèdent le plafond du permier quartile afin de renforcer la mixité sociale dans ces quartiers. L'objectif chiffré d'au moins 50 % des attributions annuelles devra être arrêté par la conférence intercommunale du logement[5]. Là encore depuis la loi Élan, la conférence intercommunale d'attribution n'a plus la faculté de moduler ce taux à la baisse, elle ne peut que le majorer.

La notion de QPV au regard de ces objectifs est élargie par la loi Élan dans deux situations[6] :

- sont assimilés aux QPV pendant une période de six ans à compter du 1er janvier 2015, les quartiers classés en zones urbaines sensibles qui n'ont pas été classés en quartiers prioritaires de la politique de la ville ;
- sont assimilés aux QPV pendant une période de six ans à compter de leur sortie du classement en QPV les quartiers qui n'ont pas été reclassés en quartiers prioritaires de la politique de la ville.

§ 3
Moyens de la politique d'attribution dans les territoires

621.61 Conférence intercommunale du logement. La loi relative à l'égalité et à la citoyenneté du 27 janvier 2017 a pour partie redéfini les outils de la politique d'attribution en privilégiant le niveau intercommunal.

Avec la loi relative à l'égalité et à la citoyenneté, une conférence intercommunale du logement est obligatoirement mise en place dans les territoires des établissements publics de coopération intercommunale (EPCI) tenus de se doter d'un programme local de l'habitat (PLH)[7] ou ayant la compétence habitat et au moins un QPV, de la commune de Paris et des établissements publics territoriaux (EPT) de la métropole du Grand Paris.

La conférence intercommunale du logement adopte les orientations sur les attributions de logements sur ce territoire en précisant plusieurs objectifs qui tendent notamment à rééquilibrer le peuplement du parc locatif au sein des intercommunalités :

- les objectifs de mixité sociale et d'équilibre entre les secteurs du territoire, ainsi que le pourcentage d'attributions – suivies de baux signés – d'au moins 50 % en quartier prioritaire de la politique de la ville (QPV)[8] ;
- le taux minimal de 25 % des attributions annuelles pour l'attribution de logements – suivies de baux signés – en dehors des QPV pour les ménages du 1er quartile ;

1. Il s'agit de territoires identifiés selon un critère unique, celui du revenu par habitant. Les périmètres des quartiers prioritaires de la politique de la ville sont fixés par le décret n° 2014-1750 du 30 décembre 2014 pour la métropole et par le décret n° 2014-1751 du 30 décembre 2014 pour les départements et collectivités d'outre-mer, rectifiés par le décret n° 2015-1138 du 14 septembre 2015.
2. CCH, art. L. 441-1.
3. Pour l'année 2021, les ressources du 1er quartile sont fixées par l'arrêté du 30 juin 2021 modifiant l'arrêté du 15 juin 2020 fixant le seuil de ressources des demandeurs de logement social du premier quartile, *JO* 17 juill., n° 4.
4. V. note technique du 25 avril 2017 relative aux conditions d'application dans l'espace et dans le temps des principales dispositions de la loi n° 2017-86 du 27 janvier 2017 relative à l'égalité et à la citoyenneté relatives aux attributions et à la gestion de la demande (NOR : LHAL1712312N).
5. CCH, art. L. 441-1-5.
6. L. n° 2018-1021, 23 nov. 2018, art. 114, II.
7. CCH, art. L. 302-1, dern. al. : « Un programme local de l'habitat est élaboré dans les communautés de communes compétentes en matière d'habitat de plus de 30 000 habitants comprenant au moins une commune de plus de 10 000 habitants, dans les communautés d'agglomération, dans les métropoles et dans les communautés urbaines ».
8. V. ss n° 621.51.

– les objectifs de relogement des personnes prioritaires au titre du Dalo et des catégories de prioritaires définies à l'article L. 441-1 du code de la construction et de l'habitation ainsi que des personnes relevant des opérations de renouvellement urbain.

La conférence est composée des maires des communes membres de l'établissement, du représentant de l'État dans le département, des représentants des bailleurs sociaux présents sur le territoire concerné, des représentants du département, des représentants de tout organisme titulaire de droits de réservation, des représentants locaux des associations de locataires siégeant à la Commission nationale de concertation, des représentants des organismes agréés (en application de l'article L. 365-2 du CCH), des représentants des associations dont l'un des objets est l'insertion ou le logement des personnes défavorisées, des représentants locaux des associations de défense des personnes en situation d'exclusion par le logement (associations mentionnées à l'article 31 de la loi du 29 juillet 1998 [1] d'orientation relative à la lutte contre les exclusions et des représentants des personnes défavorisées) [2].

Elle est coprésidée par le représentant de l'État dans le département et par le président de l'établissement public de coopération intercommunale, le maire de la commune de Paris ou le président du conseil de territoire de l'établissement public territorial de la métropole du Grand Paris.

621.62 Convention intercommunale d'attribution. Ces orientations seront déclinées ensuite dans une convention intercommunale d'attribution. Celle-ci définit [3] plusieurs sortes d'engagements, le cas échéant en cohérence avec les objectifs du contrat de ville à laquelle la convention est alors annexée et en tenant compte, par secteur géographique, des capacités d'accueil et des conditions d'occupation des immeubles.

Le premier de ces engagements est annuel et quantifié avec un objectif de mixité sociale ; il doit être souscrit par chacun des bailleurs sociaux qui détiennent des logements sur le territoire d'un EPCI tenu de se doter d'un PLH ou qui a la compétence habitat et un quartier prioritaire de la politique de la ville, sur le territoire de la commune de Paris et des établissements publics territoriaux de la métropole du Grand Paris. Ces bailleurs doivent consacrer au moins 25 % des attributions annuelles (suivies de baux signés) de logements situés en dehors des quartiers prioritaires de la politique de la ville d'une part, à des demandeurs les plus modestes sur le territoire de l'EPCI (leurs ressources n'excèdent pas le niveau du premier quartile [4] dont le montant est fixé annuellement par arrêté ministériel) et, d'autre part, à des personnes relogées dans le cadre d'opérations de renouvellement urbain ou d'opérations de requalification de copropriétés dégradées définies aux articles L. 741-1 et L. 741-2 [5].

N'apparaît pas ici d'engagement spécifique sur l'objectif ajouté par la loi Élan qui, dans ces mêmes territoires, impose qu'au moins 50 % des attributions annuelles au sein des QPV soient consacrées à des demandeurs dont les ressources excèdent celles du premier quartile.

Le second engagement pour chaque bailleur social est également annuel et quantifié mais aussi territorialisé ; il vise l'attribution de logements aux personnes très prioritaires qui sont éligibles au dispositif Dalo [6] ainsi qu'aux personnes répondant aux critères généraux de priorité mentionnés à l'article L. 441-1. L'engagement inclut les modalités de relogement et d'accompagnement social nécessaires à sa mise en œuvre.

Le troisième engagement a pour objet les actions à mettre en œuvre dans le domaine de compétences de chaque bailleur pour atteindre les objectifs de mixité sociale et d'équilibre entre les secteurs à l'échelle du territoire concerné, en tenant compte de la situation des QPV, objectifs qui doivent être pris en compte à la fois pour les nouvelles attributions et pour les mutations au sein du parc locatif social de ces territoires [7].

À l'égard des autres signataires de la convention intercommunale d'attribution, celle-ci fixe pour chacun sa contribution à la mise en œuvre des actions permettant de respecter les engagements souscrits par les bailleurs sociaux et, le cas échéant, les moyens d'accompagnement adaptés.

Par ailleurs, la convention intercommunale d'attribution définit les modalités de relogement et d'accompagnement social des personnes relogées dans le cadre des opérations de renouvellement urbain.

Enfin, la convention précise les conditions dans lesquelles les réservataires de logements sociaux et les bailleurs sociaux procèdent à la désignation des candidats dont les demandes sont présentées aux commissions d'attribution des HLM ainsi que les modalités de la coopération entre les bailleurs sociaux et les titulaires de droits de réservation.

1. L. n° 98-657, 29 juill. 1998 d'orientation relative à la lutte contre les exclusions, *JO* 31 juill.
2. CCH, art. L. 441-1-5.
3. CCH, art. L. 441-1-6.
4. En 2019 le seuil ressources du premier quartile est fixé à 7 965 euros par an par unité de consommation. Il s'agit d'une moyenne sur l'ensemble des territoires, un seuil est défini chaque année pour chaque EPCI et EPT. Pour 2021, les ressources sont fixées par l'arrêté du 30 juin 2021 modifiant l'arrêté du 15 juin 2020 fixant le seuil de ressources des demandeurs de logement social du premier quartile, *JO* 17 juill., n° 4.
5. CCH, art. L. 441-1, al. 23 à 25.
6. CCH, art. L. 441-2-3 II (v. chap. 625).
7. Ces objectifs sont mentionnés au 1° l'article L. 441-1-5.

S'agissant de sa procédure d'élaboration, la convention est soumise pour avis à la conférence intercommunale du logement et au comité responsable du plan départemental d'action pour le logement et l'hébergement des personnes défavorisées (PDALHPD). Ces avis sont réputés favorables s'ils ne sont pas rendus dans les deux mois de sa transmission. Si elle est agréée par le préfet, elle se substitue à l'accord collectif intercommunal et à la convention d'équilibre territorial et, sur le territoire où il s'applique, à l'accord collectif départemental[1].

La convention intercommunale d'attribution doit prévoir la création d'une commission de coordination chargée d'assurer le suivi et l'évaluation de sa mise en œuvre. Cette commission peut également se voir confier la mission d'examiner certains dossiers de demandeurs de logement social concernés par la convention. Elle émet alors des avis quant à l'opportunité de présenter en commission d'attribution les dossiers présentés par les réservataires.

Outre les catégories de personnes qui sont visées par ces engagements quantitatifs, le législateur peut être tenté d'y ajouter d'autres publics pour des motifs liés à un contexte particulier. C'est le cas de la crise sanitaire apparue en 2020 avec le projet de loi relatif à la différenciation, la décentralisation, la déconcentration et portant diverses mesures de simplification de l'action publique locale, dit 3Ds[2]. En effet, une disposition de ce texte vient ajouter dans la convention intercommunale d'attribution un objectif d'attributions en faveur des demandeurs de logement exerçant une activité professionnelle qui ne peut être assurée en télétravail dans un « secteur essentiel pour la continuité de la vie de la Nation[3]. »

621.63 Bilan médiocre 2017-2019 de l'objectif de 25 % d'attributions hors QPV. Un premier bilan de ces prescriptions a été effectué en 2020.

Sur les 1258 EPCI et établissements publics territoriaux de la métropole du Grand Paris (EPT) qui existaient au 1er janvier 2019, 414 étaient concernés par l'objectif de consacrer en faveur des ménages du premier quartile au moins 25 % des attributions de logements situés hors des QPV. Cette même année, 42 189 attributions répondant à ce critère étaient réalisées, soit 15,5 % seulement de l'ensemble des 271 812 attributions hors QPV, pour un objectif de 25 %.

L'objectif de 25 % n'a été atteint que par 8 % des EPCI et EPT concernés. Le déficit global représente 26 370 attributions. Ce sont les territoires des zones les plus tendues (A bis et A) qui présentent les taux les moins élevés ; à l'inverse, les EPCI des zones les moins tendues atteignent les meilleurs taux.

Ces résultats sont pour partie sous-évalués car ils ne prennent pas en compte les ménages relogés en lien avec des opérations de renouvellement urbain, la donnée n'ayant pu être collectée qu'à partir de septembre 2018 avec l'entrée en application de la version 3 du Cerfa de la demande de logement social qui collecte cette donnée spécifique[4].

621.64 Modalités contraignantes imposées par l'avant-projet de loi 3Ds[5]. Les résultats décevants des objectifs assignés aux intercommunalités et aux bailleurs sociaux ont conduit les pouvoirs publics à modifier une nouvelle fois ce dispositif pour y introduire des éléments de coercition.

Ainsi, les intercommunalités concernées qui n'auront pas, à compter du jour de leur obligation effective, conclu dans les deux ans une convention intercommunale d'attribution ne disposeront à l'issue de ce délai que de quatre mois pour notifier à chaque bailleur et à chaque réservataire des objectifs qui correspondent aux trois engagements suivants : d'une part l'engagement d'attributions de logements hors des QPV en faveur des plus modestes, d'autre part l'engagement d'attributions en faveur des personnes à reloger dans le cadre d'opérations de renouvellement urbain ou de requalification de copropriétés dégradées, enfin, l'objectif d'attributions aux demandeurs qui exercent une activité professionnelle ne pouvant être assurée en télétravail dans un secteur essentiel pour la continuité de la vie de la nation.

Ce délai de deux ans est réduit à huit mois si, au jour de l'entrée en vigueur de la loi 3Ds, les intercommunalités concernées (y compris les établissements publics territoriaux de la métropole du Grand Paris et la Ville de Paris) disposent d'un PLH exécutoire ou disposent de la compétence en matière d'habitat avec un QPV sur leur territoire[6].

Dans l'hypothèse où aucune convention intercommunale d'attribution serait signée et que l'intercommunalité serait défaillante pour notifier leurs objectifs à chaque bailleur et à chaque réservataire, le texte en projet prévoit que le taux légal de 25 % s'appliquerait alors uniformément à chaque bailleur social.

1. V. ss no 621.61.
2. Projet de loi relatif à la différenciation, la décentralisation, la déconcentration et portant diverses mesures de simplification de l'action publique locale, art. 22. La mesure ne concerne que les logements situés sur le territoire des EPCI tenus de se doter d'un programme local de l'habitat ou ayant la compétence en matière d'habitat et au moins un quartier prioritaire de la politique de la ville, de la commune de Paris et des établissements publics territoriaux de la métropole du Grand Paris.
3. V. ss no 622.22.
4. Ancols, sept. 2020.
5. Projet de loi relatif à la différenciation, la décentralisation, la déconcentration et portant diverses mesures de simplification de l'action publique locale.
6. Conditions posées au vingt-troisième alinéa de l'article L. 441-1 du CCH.

Mais si par la suite la convention venait à être signée, ses engagements et objectifs d'attribution se substitueraient alors à ceux qui étaient imposés par l'intercommunalité.

Enfin, le texte en projet ouvre aux établissements publics de coopération intercommunale la faculté de faciliter l'accès au logement pour demandeurs qui exercent une activité professionnelle ne pouvant être assurée en télétravail dans un secteur essentiel pour la continuité de la vie de la Nation.

621.65 Aperçu des instances et outils de la politique intercommunaled'attribution. La superposition des instances et des outils que le législateur a créés au fil des années dans le but d'améliorer l'efficacité des pratiques en matière de gestion de la demande des logements locatifs sociaux ne manque pas de provoquer une impression de complexité, y compris parmi les professionnels les plus avertis. Complexité qui se confirme si l'on élargit le spectre au domaine de l'attribution proprement dite, avec ses divers intervenants et commissions, certaines étant obligatoires d'autres facultatives[1].

Le tableau ci-dessous présente de manière non exhaustive les principales instances et outils qui œuvrent au niveau des intercommunalités disposant d'un programme local de l'habitat exécutoire. Ils visent en premier lieu à définir localement les orientations d'attributions qui correspondent à la politique locale de l'habitat que souhaite l'intercommunalité. En second lieu, il s'agit de répondre au fort besoin d'efficacité dans le fonctionnement des multiples acteurs ainsi qu'au plan de la transparence envers les demandeurs de logement.

TABLEAU RÉCAPITULATIF DES INSTANCES ET ENTITÉS

Orientations des attributions	Gestion de la demande
Conférence intercommunale du logement	Plan partenarial de gestion de la demande et d'information des demandeurs
• fixe le cadre des orientations en matière d'attribution et de relogement • précise les objectifs de mixité sociale : 25 % minimum des attributions annuelles, suivies de baux signés, de logements situés hors QPV à des personnes relevant du premier quartile dans l'EPCI concerné et 50 % minimum des attributions annuelles de logements situés en QPV à des personnes relevant des trois autres quartiles • précise les objectifs de relogement des personnes prioritaires et de celles relevant d'opérations de renouvellement urbain • prévoit la création d'une commission de coordination qui assure le suivi et l'évaluation de la convention intercommunale d'attribution	• définit les orientations pour assurer la gestion partagée des demandes et satisfaire le droit à l'information des demandeurs • prévoit un système de qualification de l'offre de logements sociaux ainsi que les moyens pour atteindre les objectifs fixés • prévoit les modalités d'information des demandeurs et l'organisation du service d'information et d'accueil des demandeurs • met en place du dispositif de cotation de la demande au 1er septembre 2021. Il peut prévoir un dispositif de cotation spécifique aux demandes de mutation des locataires du parc social • peut prévoir les modalités d'un système de location voulue si l'EPCI le souhaite
Convention intercommunale d'attribution	Dispositif de gestion partagée
• décline les orientations de la conférence intercommunale du logement en tenant compte, par secteur géographique, des capacités d'accueil et des conditions d'occupation des immeubles • définit les conditions de désignation de leurs candidats par les réservataires et par les bailleurs sociaux • fixe pour chaque bailleur un engagement annuel quantifié et territorialisé d'attribution, avec les modalités de relogement et d'accompagnement social des personnes relogées dans le cadre des opérations de renouvellement urbain • fixe pour chaque bailleur un engagement sur les actions pour atteindre les objectifs de mixité sociale et d'équilibre entre les secteurs • définit pour les autres signataires de la convention un engagement sur leur contribution à ces objectifs • se substitue aux accords collectifs intercommunaux et départementaux dès son agrément par le préfet	• fait partager entre les différents acteurs du territoire les dossiers et les pièces justificatives sur les demandes, les offres de logements, les attributions. Il est interconnecté avec le SNE • fait l'objet d'une convention entre les acteurs qui définit les conditions de participation de chacune des parties au financement du dispositif. • toutes les informations sont enregistrées par la personne morale qui est à l'origine de l'événement ou de la modification, dès la survenance de l'événement : rectifications, caractère prioritaire, mention du contingent, visites de logements, décision de la commission d'attribution, refus éventuel du demandeur, signature du bail… • contient les informations du demandeur lors de sa demande initiale et les modifications qu'il peut y apporter directement • doit permettre d'appliquer le barème de cotation de la demande
Orientations d'attributions prises par les bailleurs sociaux	Dispositif d'information des demandeurs
• mettent en adéquation la stratégie d'offre de logements de l'organisme avec les priorités et les besoins locaux • sont rendues publiques et mises en ligne	• ils doivent notamment disposer d'informations sur les procédures applicables et les personnes morales intervenant dans le processus d'attribution des logements sur le territoire de l'EPCI, les critères de priorité, les modalités de la cotation de sa demande, les caractéristiques et la localisation du parc social, les indicateurs estimant le délai d'attente moyen par secteur et les types de logement, la liste des lieux d'accueil • les modalités de l'accueil physique des demandeurs sont fixées selon une répartition territoriale fixées par la convention d'application du plan partenarial de gestion de la demande

1. V. s[s] n° 624.45.

SECTION 2
PRINCIPES APPLICABLES AUX DEMANDES

621.70 Plan. Il convient d'étudier successivement l'enregistrement de la demande (§ 1), le renouvellement et la radiation (§ 2) et le droit à l'information du demandeur (§ 3).

§ 1
Enregistrement de la demande

621.81 Demandes d'attribution. Les demandes d'attribution de logements sociaux sont faites, soit directement par le demandeur par voie électronique, soit auprès de services d'enregistrement de la demande.

621.82 Services d'enregistrement de la demande. Il s'agit :

- des bailleurs de logements sociaux ;
- du service de l'État désigné à cette fin par le préfet ;
- du département, des communes, des établissements publics de coopération intercommunale (EPCI) et des établissements publics territoriaux (EPT) de la métropole du Grand Paris lorsqu'ils ont pris une délibération à cet effet.

Peuvent également l'être des réservataires de logements, les employeurs pour les demandes de leurs salariés, la société Action Logement Services pour les demandes des salariés des entreprises cotisant auprès d'elle, les organismes à caractère désintéressé, enfin le SIAO local (service intégré d'accueil et d'orientation)[1].

Les personnes morales ou services ci-dessus qui enregistrent les demandes de logement social peuvent confier, par convention, la mission d'enregistrer les demandes pour leur compte, à l'un ou l'autre d'entre eux, à un mandataire commun sur lequel ils ont autorité, ou au gestionnaire du système particulier de traitement automatisé. Dans ce cas, ces personnes morales ou services ne sont pas considérés comme services enregistreurs ; elle ou il ne pourra donc plus avoir accès aux données nominatives figurant dans le système national d'enregistrement (SNE).

Le système particulier de traitement automatisé, lorsqu'il est choisi, est commun à tous les bailleurs sociaux et à toutes les autres personnes ou services assurant dans ce territoire le service d'enregistrement. Il doit être conforme à un cahier des charges arrêté par le ministre chargé du logement[2]. Ce système particulier fait l'objet d'une convention qui précise notamment son organisation locale.

1. CCH, art. L. 441-2-1 et R. 441-2-1.

621.83 Garanties apportées au demandeur. Des garanties ont été apportées au profit du demandeur en 1998[3], renforcées dans les lois de 2006[4], de 2009[5], de 2014[6], de 2017[7] et de 2018[8].

621.84 Délivrance d'un numéro unique d'enregistrement. La demande de logement social s'effectue, soit auprès de l'un des guichets enregistreurs relevant des personnes morales ou services citées ci-dessus[9], du mandataire commun ou du système de traitement automatisé, aux fins qu'il l'enregistre dans le système national d'enregistrement (SNE), soit par voie électronique directement dans le SNE ou dans le système de traitement automatisé.

Les demandes font l'objet d'un enregistrement, assorti d'un numéro unique d'enregistrement.

Avec la loi relative à l'égalité et à la citoyenneté du 27 janvier 2017, l'enregistrement devient national[10]. Les demandeurs qui étaient amenés à faire des demandes dans plusieurs départements (dans le cas d'un bassin d'emploi disséminé sur ces départements par exemple) pourront bénéficier d'un numéro unique délivré au niveau national. L'ancienneté des demandes sera déterminée à dater de l'enregistrement national.

Au stade de l'enregistrement de la demande, le justificatif d'identité est le seul document requis (sauf pour les personnes de nationalité étrangère)[11]. Aucune autre pièce ne peut être exigée du demandeur pour refuser ou différer l'enregistrement de sa demande. En particulier, aucune demande ne peut être rejetée pour un défaut de résidence sur la commune d'implantation du logement sollicité.

De même, aucune attribution de logement ne peut être décidée, ni aucune candidature examinée par une commission d'attribution, si la demande n'a pas fait l'objet d'un enregistrement et de la délivrance d'un numéro unique[12].

2. Arr. 6 août 2018 relatif au cahier des charges des systèmes particuliers de traitement automatisé de la demande de logement social, *JO* 4 sept., n° 7.
3. L. n° 98-657, 29 juill. 1998 orientation relative à la lutte contre les exclusions, *JO* 31 juill., p. 11679.
4. L. n° 2006-872, 13 juill. 2006 portant engagement national pour le logement, *JO* 16 juill., p. 10662.
5. L. n° 2009-323, 25 mars 2009 de mobilisation pour le logement et la lutte contre l'exclusion, *JO* 27 mars, p. 5408.
6. L. n° 2014-366, 24 mars 2014 pour l'accès au logement et un urbanisme rénové, *JO* 26 mars, p. 5809.
7. L. n° 2017-86, 27 janv. 2017 relative à l'égalité et à la citoyenneté, *JO* 28 janv., n° 1.
8. L. n° 2018-1021, 23 nov. 2018 portant évolution du logement, de l'aménagement et du numérique, *JO* 24 nov., n° 1.
9. V. s[s] n° 621.82.
10. CCH, art. L. 441-2-1 et R. 441-2-2.
11. CCH, art. R. 441-2-3.
12. CCH, art. L. 441-2-1.

Aux informations de base à communiquer par le demandeur pour la délivrance du numéro unique est venu s'ajouter le numéro d'inscription au répertoire national d'identification (NIR ou numéro de sécurité sociale) du demandeur et des personnes physiques majeures au foyer autres que le demandeur[1]. L'objectif de fiabiliser les fichiers des demandeurs de logement social et les statistiques en la matière a conduit les pouvoirs publics à intégrer le NIR parmi les rubriques du formulaire de demande. Plus largement, les finalités du traitement du NIR et les catégories de responsables de traitement habilités ont été définies par le décret du 19 avril 2019[2] pris en application de l'article 22 de la loi du 6 janvier 1978[3]. Le traitement du NIR dans le champ du logement est ainsi réservé essentiellement à l'enregistrement des demandes de logement locatif social, leur suivi et l'attribution d'un numéro unique d'enregistrement de ces demandes. Toutefois, des raisons matérielles ont conduit à reporter en 2021 son traitement par les organismes HLM.

621.85 Formulaire national et dossier unique. L'enregistrement s'effectue à partir d'un formulaire national (Cerfa n° 14069*04 et notice n° 51423#04[4]). Les informations contenues dans le formulaire permettent à la fois la délivrance du numéro unique national, puis l'instruction ultérieure de la demande. La simplification obtenue en 2014 est de permettre également l'enregistrement des pièces justificatives de la situation du demandeur dans le système (c'est le dossier unique). Les personnes ayant accès au système du SNE peuvent accéder également à ces pièces justificatives pour traiter la demande de logement (les personnes, services ou organismes ayant accès au SNE sont listés à l'article R. 441-2-6 du CCH ; il s'agit des services habilités à enregistrer les demandes de logement social, v. s^s^ n° 621.82).

621.86 Attestation transmise au demandeur. Une attestation d'enregistrement est transmise au demandeur au plus tard dans le délai d'un mois à compter du dépôt de la demande. Elle comporte, notamment, le numéro unique national ainsi que la liste des bailleurs de logements sociaux disposant d'un patrimoine sur les communes demandées[5]. Un résumé de la demande et la description des étapes à venir du traitement de la demande doivent être joints en annexe à l'attestation. Une annexe à l'attestation indique la liste des pièces exigibles pour l'instruction du dossier (cette liste est limitative).

621.87 Commission de médiation – Saisine. La date de dépôt de la demande fait courir les délais, définis localement par arrêté du préfet[6], au-delà desquels les personnes qui ont déposé une demande de logement peuvent saisir la commission de médiation prévue à l'article L. 441-2-3 du code de la construction et de l'habitation, dans le cadre du droit au logement opposable (Dalo). L'attestation d'enregistrement de la demande, adressée au candidat[7] comporte la date à partir de laquelle cette commission peut être saisie par le demandeur ainsi que son adresse.

621.88 Dispositif de gestion partagée de la demande. La création d'un tel dispositif a été inscrite dans la loi Alur du 24 mars 2014, complétée par la loi relative à l'égalité et à la citoyenneté du 27 janvier 2017.

Il est destiné à mettre en commun, en vue d'une gestion partagée des dossiers, les demandes de logement social et les pièces justificatives nécessaires à leur instruction et les informations relatives à la situation des demandeurs et à l'évolution de leurs dossiers en cours de traitement. Le dispositif doit, en outre, permettre d'améliorer la connaissance des demandes sur le territoire en cause. Il est interconnecté avec le système national d'enregistrement ou avec tout dispositif assurant pour le compte de ce dernier l'enregistrement des demandes au niveau départemental et, en Île-de-France, au niveau régional. Une convention précise notamment les conditions de participation au financement du dispositif des personnes morales concernées par ce dispositif.

Tout établissement public de coopération intercommunale (EPCI) tenu de se doter d'un programme local de l'habitat (PLH) ou ayant la compétence habitat et au moins un quartier prioritaire de la politique de la ville (QPV), les bailleurs de logements sociaux situés dans son ressort territorial, les réservataires de logements sociaux dans ce ressort et les organismes et services chargés de l'information des demandeurs de logement social ou de l'enregistrement des demandes de logement social mettent en place ce dispositif de gestion partagée des demandes[8].

1. Décr. n° 2017-917, 9 mai 2017 relatif aux demandes de logement locatif social et autorisant le traitement de données à caractère personnel dénommé « Numéro unique », *JO* 10 mai, n° 168.
2. Décr. n° 2019-341, 19 avr. 2019 relatif à la mise en œuvre de traitements comportant l'usage du numéro d'inscription au répertoire national d'identification des personnes physiques ou nécessitant la consultation de ce répertoire, *JO* 21 avr.
3. L. n° 78-17, 6 janv. 1978, art. 30 ; rédac. L. n° 2019-774, 24 juill. 2019, art. 41.
4. Arr. 22 déc. 2020 relatif aux au nouveau formulaire de demande de logement locatif social et aux pièces justificatives fournies pour l'instruction de la demande de logement locatif social, NOR : LOGL2027782A, *JO* 27 déc., n° 57.
5. CCH, art. L. 441-2-1 et R. 441-2-4.
6. CCH, art. L. 441-1-4.
7. V. s^s^ n° 621.86.
8. CCH, art. L. 441-2-7.

Il respecte les dispositions de la loi relative à l'informatique, aux fichiers et aux libertés du 6 janvier 1978 pour la gestion des données personnelles des demandeurs qu'il contient.

Les informations contenues dans ce dispositif de gestion partagée sont précisées à l'article R. 441-2-15 du code de la construction et de l'habitation.

Le décret du 17 décembre 2019[1] généralise à compter du 1er septembre 2021 l'obligation d'y intégrer la fonctionnalité qui devra permettre l'application du barème de la cotation de la demande[2].

Tout demandeur a droit à une information sur les données le concernant, telles qu'elles figurent dans ce dispositif de gestion partagée[3]. Ainsi, le demandeur peut suivre les différentes étapes et le résultat de sa demande de logement. À compter du 1er septembre 2021, tout demandeur devra également être en mesure d'accéder aux critères de cotation, à la cotation de sa demande, aux modalités de pondération ainsi qu'aux effets d'un éventuel refus de logement sur la cotation de sa demande[4].

§ 2
Renouvellement et radiation de la demande

621.91 Conditions de renouvellement. L'attestation transmise au demandeur est valable un an. Le demandeur est prévenu un mois au moins avant sa date d'expiration qu'il doit renouveler sa demande s'il le souhaite. Cette information est faite selon les modalités suivantes[5] :

– si le demandeur n'a pas enregistré ou renouvelé au moins une fois sa demande directement dans le système national d'enregistrement (SNE), cette notification se fait par voie postale, et, le cas échéant, par voie électronique lorsque le demandeur a renseigné une adresse électronique ;

– si le demandeur a enregistré ou renouvelé au moins une fois sa demande directement dans le SNE, cette notification se fait par voie électronique.

À compter du 30 juin 2018, si le demandeur a enregistré ou renouvelé au moins une fois sa demande directement dans le SNE et a indiqué son souhait de recevoir cette notification par voie postale, cette notification se fera par voie électronique et par voie postale.

Le renouvellement s'effectue avec le même formulaire que lors de la demande initiale, soit auprès d'un service d'enregistrement qui lui remet une attestation de renouvellement de sa demande ou du système particulier de traitement automatisé, soit par voie électronique dans le SNE ou dans le système particulier de traitement automatisé. Le demandeur procède aux modifications nécessaires (mises à jour, corrections) des informations contenues dans sa demande. Il reçoit une attestation d'enregistrement du renouvellement de sa demande.

L'absence de renouvellement dans les délais entraîne la radiation de la demande.

621.92 Conditions de radiation. Une demande ne peut faire l'objet d'une radiation du système national d'enregistrement (SNE) que pour l'un des motifs définis à l'article R. 441-2-8 du CCH : l'attribution d'un logement social lorsqu'elle est suivie de la signature d'un bail ; la renonciation écrite par le demandeur ; l'absence de réponse du demandeur à un courrier envoyé à la dernière adresse qu'il a indiquée ; l'irrecevabilité de la demande au regard des règles d'accès au logement social et, enfin, l'absence de renouvellement de la demande dans le délai imparti par la lettre de notification concernant ce renouvellement. Pour la période de mise en place du numéro unique national[6], il est possible de fusionner plusieurs demandes disposant d'un numéro départemental (ou en Île-de-France régional) ; auquel cas sont radiées les demandes qui se trouvent absorbées du fait de la fusion.

§ 3
Droit à l'information du demandeur

621.101 Renforcement du droit à l'information du demandeur avec la loi Alur. La volonté de transparence et de modernisation du service public de l'attribution des logements sociaux s'est traduite en 2014 par une prise en compte du besoin d'information des demandeurs. La loi du 27 janvier 2017 relative à l'égalité et à la citoyenneté y a ajouté les éléments relatifs au système de cotation de la demande.

« Toute personne qui envisage de présenter une demande de logement social a droit à une information sur les modalités de dépôt de la demande et les pièces justificatives qui peuvent être exigées, ainsi que sur les caractéristiques du parc social et le niveau de satisfaction des demandes exprimées sur le territoire qui l'intéresse.

Tout demandeur de logement social a droit à une information sur les données le concernant qui figurent dans le système national d'enregistrement et dans le dispositif de gestion de la demande

1. Décr. n° 2019-1378, 17 déc. 2019 relatif à la cotation de la demande de logement social, *JO* 18 déc.
2. CCH, art. R. 441-2-15.
3. V. s[s] n° 621.101.
4. CCH, art. R. 441-2-17 ; mod. par décr. n° 2019-1378, 17 déc. 2019, art. 3.
5. CCH, art. R. 441-2-7.
6. V. s[s] n° 621.84.

mentionné à l'article L. 441-2-7, ainsi que sur les principales étapes du traitement de sa demande, notamment les conditions dans lesquelles est effectuée la désignation de sa demande en vue de son passage devant la commission mentionnée à l'article L. 441-2. Il a droit également à une information sur les caractéristiques du parc social et le niveau de satisfaction des demandes exprimées sur le territoire mentionné dans sa demande et sur tout autre territoire susceptible de répondre à ses besoins.

Lorsque le système de cotation de la demande prévu à l'article L 441-2-8 est mis en place sur ces territoires, le demandeur de logement social est également informé des critères de cotation, de leurs modalités de pondération ainsi que de la cotation de sa demande »[1].

621.102 Informations fournies en amont de la demande. Les informations qui doivent être fournies, soit en amont de la demande, soit sur la demande elle-même (avec intégration des données déclarées, modifiées ou rectifiées par le demandeur ou un intervenant habilité dans le SNE) sont précisées par les articles R. 441-2-4 à R. 441-2-9 du code de la construction et de l'habitation.

Les pièces justificatives peuvent être déposées :

- soit auprès de l'un des guichets enregistreurs[2], ou du mandataire commun pour qu'elles soient enregistrées dans le système national d'enregistrement (SNE) ou dans un système de traitement automatisé ;

- soit par voie électronique directement dans le SNE ou dans le système de traitement automatisé.

621.103 Élaboration du plan partenarial de gestion de la demande et d'information sur certains territoires. Un plan partenarial de gestion de la demande de logement social et d'information des demandeurs doit être élaboré par les établissements publics de coopération intercommunale (EPCI) tenus de se doter d'un PLH ou ayant la compétence habitat et au moins un QPV, la commune de Paris et les établissements publics territoriaux de la métropole du Grand Paris, en y associant les communes membres et un représentant des organismes HLM et des SEM de construction et de gestion de logements sociaux ainsi qu'un représentant de la société Action Logement Services[3].

Il peut, également, être élaboré par les autres EPCI selon les mêmes modalités. Pour les territoires non couverts par un plan partenarial, le représentant de l'État dans le département ou, en Île-de-France, le représentant de l'État dans la région peut élaborer un tel plan.

621.104 Contenu du plan. Ce plan, d'une durée de six ans, a pour objet de définir les orientations propres à assurer la gestion partagée des demandes de logement et à satisfaire le droit à l'information du demandeur. Il fixe, notamment, le délai dans lequel le demandeur peut être reçu, s'il le souhaite, après l'enregistrement de sa demande (de un mois maximum à deux mois dans les zones tendues)[4]. Il crée par ailleurs un service d'information et d'accueil des demandeurs avec au moins un lieu d'accueil. La loi du 27 janvier 2017 relative à l'égalité et à la citoyenneté précise que le plan doit prévoir la mise en place d'un système de qualification de l'offre de logements sociaux du territoire en fonction d'indicateurs fixés par le plan, ainsi que les moyens à mobiliser pour atteindre les objectifs fixés.

La loi du 23 novembre 2018, dite loi Élan, complète ce dispositif en associant un représentant du service intégré d'accueil et d'orientation (SIAO) à la mise en place du plan. Le plan devra en outre prévoir un système de cotation de la demande, dans le respect des critères de priorité. En application du décret du 17 décembre 2019, ces mesures entreront en vigueur au 1er septembre 2021.

Le contenu, les modalités d'élaboration, d'évaluation et de révision du plan partenarial de gestion de la demande de logement social et d'information des demandeurs sont précisés à l'article R. 441-2-10 du code de la construction et de l'habitation.

Le plan peut enfin prévoir des expérimentations comme un système de cotation de la demande ou un système de location voulue.

621.105 Cotation de la demande. Location voulue. Jusqu'au 1er septembre 2021, l'établissement public de coopération intercommunale (EPCI) à l'origine du plan partenarial peut choisir d'initier ou non un système de cotation de la demande lié à un système de qualification de l'offre de logements.

Les bailleurs sociaux participent à la mise en place de la cotation, initiée par l'EPCI, qui s'inscrit dans le cadre du plan partenarial de gestion de la demande et de l'information des demandeurs. Ce système doit être compatible avec les orientations adoptées par la conférence intercommunale du logement[5].

Au plan pratique, l'identification des candidatures les plus adéquates par les bailleurs peut s'opérer à partir de leur analyse de leur offre de logements : fonctionnement de la résidence concernée, orientations d'attribution, par exemple ; ces filtres

1. CCH, art. L. 441-2-6.
2. V. s^{s} n° 621.82.
3. CCH, art. L. 442-2-8.
4. CCH, art. L. 441-2-8.
5. CCH, art. R. 441-2-10.

devant faciliter la correspondance entre l'offre de logement et les multiples demandes.

Ce système fonctionne avec une notation – généralement sous forme de points – opérée sur chaque critère utilisé, qui se regroupe en quelques catégories :

- caractéristiques de la demande : externe au parc social, mutation, ancienneté, refus éventuels de propositions antérieures ;
- situation du demandeur : âge, catégorie de ménage, taille du logement recherché, niveau des ressources ;
- motifs de priorité : violence familiale, rapprochement du lieu de travail, sur-occupation, loyer excessif, logement insalubre, expulsion, handicap, problèmes de santé, séparation du ménage.

Ces critères peuvent ensuite faire l'objet d'une pondération en fonction, par exemple, des objectifs posés par la politique locale du logement : augmentation des attributions en dehors des QPV, diversification du peuplement au sein des résidences pour mixité sociale, relogement dans le cadre d'opérations de renouvellement urbain ou de requalification de copropriétés dégradées.

Il reste que le système de la cotation n'apparaît pas pertinent dans certaines situations de besoin immédiat de logement, en cas de violence familiale par exemple. Les bailleurs doivent par conséquent préserver une capacité de souplesse en dehors de l'outil afin de traiter au mieux ces situations.

Par ailleurs, un partage des critères doit être effectué par les bailleurs sociaux avec leurs réservataires afin qu'ils les prennent en compte pour optimiser leurs propositions de candidatures. En effet, le dispositif de gestion en flux confère désormais aux bailleurs un rôle de coordonnateur entre les multiples demandes de ses réservataires et ses offres de logements.

Son principe et ses modalités doivent être expressément mentionnés dans le plan lié au dispositif de gestion de la demande[1].

Le demandeur est informé des critères de cotation, de leurs modalités de pondération et de la cotation de sa demande. Le plan précise également les conséquences d'un refus de logement par le demandeur sur la cotation de sa demande.

Le cadre réglementaire du dispositif optionnel de la cotation, dans sa rédaction actuelle et non encore modifiée par le décret du 17 décembre 2019, demeure applicable aux territoires qui disposent d'un système de cotation de la demande jusqu'à la mise en place d'un système conforme aux dispositions dudit décret, au plus tard, jusqu'au 1er septembre 2021[2]. Toutefois, cette date butoir a été reportée au 31 décembre 2023 par le projet de loi relatif à la différenciation, la décentralisation, la déconcentration et portant diverses mesures de simplification de l'action publique locale[3]. La motivation apportée au report tient au fait que le dispositif de cotation, qui concerne plus de 400 territoires, n'aurait pas pu être imposé au 1er septembre 2021 dans les meilleures conditions en considérant que les années 2021 et 2021 n'ont pas pu être pleinement exploitées pour ce faire, en raison notamment de la crise sanitaire et du renouvellement des exécutifs locaux. Consécutivement à cette modification et par anticipation, un décret du 30 juillet 2021[4] a modifié le décret du 17 décembre 2019 en substituant à la date d'entrée en vigueur du 1er septembre 2021 la date butoir fixée au III de l'article 111 de la loi Élan qui est reportée au 31 décembre 2023. En outre, la nouvelle date butoir du 31 décembre 2023 devenant directement la date d'entrée en vigueur du dispositif obligatoire de cotation, l'intervention d'un autre décret devient inutile après publication de la loi relative à la différenciation, la décentralisation, la déconcentration et portant diverses mesures de simplification de l'action publique locale.

Par ailleurs, l'EPCI peut également, jusqu'à l'entrée en vigueur du dispositif obligatoire de cotation, choisir d'initier ou non un système de location voulue[5] ; son principe, son champ d'application, les modalités de prise en compte des choix des demandeurs via le dispositif, les modalités de sa mise en œuvre et de son évaluation doivent alors également être mentionnés dans le plan. Il consiste à porter à la connaissance du public tout ou partie des logements disponibles sur le territoire visé, leur description et leurs moyens d'accès. Si l'EPCI décide de sa création, il s'impose à tous les organismes d'habitat social et aux réservataires de logements dans son périmètre.

621.106 Publication des logements vacants. Les organismes d'habitations à loyer modéré et les sociétés d'économie mixte (SEM) de construction et de gestion de logements sociaux sont tenus de porter à la connaissance du public, avec leur description et leurs conditions d'accès, les logements sociaux vacants au plus tard le 1er janvier 2020[6]. L'Adminis-

1. CCH, art. L. 441-2-8 et R. 441-2-10.
2. Il s'agit des dispositions du 11° de l'article R. 441-2-10 et du quatrième alinéa de l'article R. 441-2-17 du code de la construction et de l'habitation, dans leur rédaction antérieure à l'entrée en vigueur du décret n° 2019-1378 du 17 décembre 2019 relatif à la cotation de la demande de logement social.
3. V. art. 22 du projet de loi.
4. Décr. n° 2021-1016, 30 juill. 2021, portant modification du décret n° 2019-1378 du 17 décembre 2019 relatif à la cotation de la demande de logement social et du décret n° 2020-145 du 20 février 2020 relatif à la gestion en flux des réservations de logements locatifs sociaux, *JO* 1er août.
5. CCH, art. L. 441-2-8 et R. 441-2-10.
6. CCH, art. L. 441-2-8.

tration a précisé la notion de logements vacants au sens de cette disposition : il s'agit des logements locatifs sociaux ordinaires libres de toute occupation, conventionnés ou non conventionnés dès lors qu'ils ont été construits, améliorés ou acquis avec le concours financier de l'État, quel que soit leur mode de financement. Les logements-foyers et résidences universitaires ne sont pas concernés car leurs logements ne relèvent pas de la commission d'attribution des logements.

Compte tenu de la généralité des termes de l'article L. 441-2-8, les supports matériels et les modalités de porter à connaissance du public sont librement définis par les bailleurs sociaux.

S'agissant des logements vacants qui font déjà l'objet de réservations, l'administration indique que leur mise en ligne sous forme de liste avec mention de l'adresse, du nombre de pièces, du financement (PLUS, PLAI, PLS), ainsi que du réservataire, suffit à répondre à l'obligation d'information. Pour les logements vacants qui n'ont pas vocation à être proposés à un réservataire ou à un ménage dans le cadre d'une opération nécessitant relogement (ANRU, requalification de copropriété dégradée, sortie d'habitat indigne), leur mise en ligne interviendra de façon préférentielle sur le site *www.bienveo.fr* ou sur un dispositif équivalent mis en place au niveau régional ou départemental. Il est toutefois possible pour le bailleur de procéder à la mise en ligne sur son site internet ou sur une plate-forme de location de logements [1].

SECTION 3
MÉCANISME DES RÉSERVATIONS

621.110 **Plan.** Il convient d'exposer successivement les principes (§ 1), le contingent préféctoral (§ 2) et les contingents des collectivités et autres partenaires (§ 3).

§ 1
Principes

621.121 **Principe légal.** Le droit à réservation des logements HLM est reconnu par la loi : les organismes d'HLM peuvent « en contrepartie d'un apport de terrain, d'un financement ou d'une garantie financière, contracter des obligations de réservation, lors d'une mise en location initiale ou ultérieure » [2]. Ce droit se transforme en obligation à l'égard du représentant de l'État dans le département lorsque les logements sont destinés à être occupés par les personnes prioritaires, notamment mal logées ou défavorisées.

621.122 **Définition et enjeux du droit de réservation.** Le droit qu'accorde l'organisme d'HLM au réservataire est celui de sélectionner des candidats à l'attribution d'un logement relevant de son contingent ; il s'oblige à affecter les logements aux candidats présentés et s'interdit de louer à d'autres personnes [3]. L'affectation est un engagement général, il n'y a pas d'automaticité entre présentation de candidat et attribution. À l'égard du réservataire, le contrat de réservation ne lui confère que le droit de sélectionner les candidats à l'attribution des logements qui sont mis à sa disposition et de les présenter à la commission d'attribution de l'organisme d'HLM.

Au plan de l'attribution du logement qui fait l'objet de la réservation, des candidatures de demandeurs sont proposées par le réservataire à l'organisme d'HLM avec, le cas échéant, un ordre préférentiel indiqué par le réservataire. Mais l'organisme ne peut promettre *a priori* l'attribution, il ne s'engage que sur une obligation de moyens et non de résultat car l'attribution reste, en définitive, du seul ressort de la commission d'attribution et ne peut être décidée par les services de l'organisme. Le droit de réservation n'exempte pas non plus chaque demande de logement de justifier au préalable du numéro unique national.

Par son positionnement en marge des nombreuses règles qui encadrent l'attribution proprement dite des logements sociaux et du fait du caractère négociable de sa contrepartie (en dehors des réservations légales), le procédé de réservation des logements locatifs sociaux induit de forts enjeux dans le système qui gouverne ce secteur.

En premier lieu, le droit conféré au réservataire, une entreprise par exemple, de présenter des demandeurs de logement implique l'exercice du pouvoir de choisir des personnes dont la demande sera présentée à la commission d'attribution du bailleur. Mis à part le critère objectif des ressources, le choix par le réservataire s'opère généralement de manière discrétionnaire selon des considérations qui peuvent être totalement opposées aux finalités assignées au logement social financé par l'argent public. En cas de pluralité de candidats pour un même logement libéré, le réservataire peut également déterminer librement une priorisation entre eux et la proposer à la commission du bailleur, au risque que celle-ci l'entérine purement et simplement. Des évolutions sont cependant constatées qui traduisent une volonté de professionnalisation avec, par exemple,

1. Min. de la Transition écologique et min. de la Cohésion des territoires, FLASH DGALN n° 02-2020, 15 janv. 2020.
2. CCH, art. L. 441-1.
3. T. confl. 17 févr. 1997, *Comité interprofessionnel du logement de la Seine-Saint-Denis c/OPHLM de la ville de Pantin*, req. n° 02988, *Lebon ; AJDI* 1997. 570, concl. J. Arrighi de Casanova.

des instances de désignation des candidats dont le fonctionnement s'affiche en toute transparence.

Ce stade de sélection en amont des commissions d'attribution a longtemps été ignoré du législateur qui, par ailleurs, ajoute régulièrement de nouveaux critères de priorité au stade de l'attribution. Une prise de conscience s'est opérée avec la loi relative à l'égalité et à la citoyenneté du 27 janvier 2017 qui affirme que le choix des candidats dont la demande sera présentée en commission d'attribution est une étape essentielle. En effet, les orientations d'attribution que la conférence intercommunale du logement (dénommée convention d'attribution pour la commune de Paris) doit élaborer doivent définir, d'une part, les conditions dans lesquelles les réservataires de logements sociaux et les bailleurs procèdent à la désignation des candidats en vue du passage en commission d'attribution et, d'autre part, les modalités de la coopération entre les bailleurs sociaux et les titulaires de droits de réservation [1]. Précisons que dans ce cadre, le système de cotation de la demande constitue une aide à la décision, tant pour la désignation des candidatures examinées en commission que pour l'attribution des logements sociaux [2].

Cette mesure de transparence vient compléter l'obligation faite aux bailleurs sociaux et aux réservataires de publier leurs conditions de désignation des candidats présentés aux commissions d'attribution ainsi qu'un bilan, à l'échelle départementale, des désignations qu'ils ont effectuées [3].

En second lieu, et en dehors des réservations imposées par la loi, l'octroi par le bailleur social de droits de réservation moyennant une contrepartie économique librement négociée constitue une modalité de financement substantielle dans le montage de ses opérations et permet d'en équilibrer le bilan. Cette négociation avait jusqu'alors pour objet des droits sur des logements physiquement identifiés dont le réservataire pouvait apprécier et définir avec le bailleur la situation géographique et la typologie. La contrepartie financière qui en résultait était liée à ces éléments, variables pour chaque opération avec par conséquent des montants susceptibles de différer pour chaque convention de réservation. Avec la loi du 23 novembre 2018, dite loi Élan, qui supprime l'identification des logements réservés, le dispositif de gestion en flux qui s'y substitue vient bouleverser le mode de valorisation économique des réservations consenties.

621.123 **Réservataires.** Les réservataires peuvent être l'État, les collectivités territoriales, leurs établissements publics, les établissements publics de coopération intercommunale (EPCI), les employeurs, la société Action Logement Services et les organismes à caractère désintéressé [4].

621.124 **Réservations de logements identifiés et réservations en flux de logements.** Sous le régime antérieur à la loi du 23 novembre 2018, dite loi Élan, les réservations pouvaient porter, soit sur des logements identifiés par programme (gestion dite « en stock »), soit sur un flux annuel de logements portant sur un ou plusieurs programmes ou l'ensemble du patrimoine de logements locatifs du bailleur, soit enfin par combinaison de ces deux formules.

La gestion en flux de logements réservés devient exclusive et obligatoire avec la loi Élan du 23 novembre 2018 [5]. Certaines réservations restent maintenues sous le régime des logements identifiés au sein de programmes immobiliers : il s'agit des réservations consenties au profit des services relevant de la défense nationale ou de la sécurité intérieure.

Les conventions de réservations existantes avant le 24 novembre 2018 et ne portant pas exclusivement sur un flux annuel de logements doivent être mises en conformité au plus tard le 24 novembre 2021 avec les dispositions de l'article L. 441-1-1 dans sa rédaction issue de la loi Élan et celles des articles R. 441-5 à R. 441-5-4 issues du décret du 20 février 2020 [6] qui constitue le texte d'application du nouveau dispositif. Il est cependant prévu que cette échéance soit reportée au 24 novembre 2023 par le projet de loi relatif à la différenciation, la décentralisation, la déconcentration et portant diverses mesures de simplification de l'action publique locale. La motivation apportée au report de deux années tient au fait que le dispositif de gestion en flux des réservations n'aurait pas pu être imposé au 24 novembre 2021 dans les meilleures conditions en considérant que les années 2021 et 2021 n'ont pas pu être pleinement exploitées pour ce faire, en raison notamment de la crise sanitaire et du renouvellement des exécutifs locaux.

Selon le ministère du Logement, la réservation sous la forme de logements identifiés - bien que pratiquée en grande majorité jusqu'à présent - ne permettait pas l'allocation optimale de l'offre de logement disponible à l'ensemble de la demande de logement social exprimée à un moment donné. En effet, selon cette modalité de réservation, l'offre disponible pour un réservataire est tributaire de l'historique des programmes et peut ne pas se trouver en

1. CCH, art. L. 441-1-6, 6°.
2. CCH, art. R. 441-2-10.
3. CCH, art. L. 441-1, al. 20.
4. CCH, art. R. 441-5.
5. L. n° 2018-1021, 23 nov. 2018, art. 114, IV.
6. Décr. n° 2020-145, 20 févr. 2020 relatif à la gestion en flux des réservations de logements locatifs sociaux, *JO* 21 févr.

adéquation avec les priorités actuelles ; ainsi le logement libéré peut ne pas correspondre à la demande de logement exprimée sur le contingent de rattachement alors qu'il correspondrait simultanément à une demande non satisfaite sur un autre contingent. Par ailleurs, cette modalité constitue un obstacle aux souhaits de changement des locataires déjà en place dans le parc social qui constitue un véritable enjeu national puisque leur proportion représente un tiers environ de la demande totale.

Avec la gestion en flux imposée par la loi Élan du 23 novembre 2018[1], le bailleur, qui a une vision d'ensemble des différents réservataires et de leurs orientations, devrait désormais être mis en situation, à chaque libération de logement, en fonction du contexte d'occupation sociale (à l'immeuble ou la cage d'escalier), d'orienter ce logement vers le réservataire dont le public de demandeurs privilégiés lui paraît le plus adapté. En outre, sur le parc adapté en termes de niveau de loyer et de typologie, la gestion des réservations en flux de logements devrait faciliter la répartition des attributions en faveur des ménages prioritaires, entre réservataires, et des ménages les plus pauvres.

621.125 Modalités de calcul du flux annuel. Le décret du 20 février 2020 détermine les modalités de calcul du flux annuel.

Les réservations portent sur un flux annuel de logements qui est exprimé en pourcentage du patrimoine locatif social de l'organisme bailleur, à l'exception de celles faites au profit des services relevant de la défense nationale ou de la sécurité intérieure. Ne sont pas pris en compte pour ce calcul les logements nécessaires, pour une année donnée, aux mutations de locataires au sein du parc social de l'organisme bailleur et aux relogements de personnes dans le cadre d'une opération de rénovation urbaine et ou de renouvellement urbain, d'une opération de requalification de copropriétés dégradées mentionnée aux articles L. 741-1 et L. 741-2 ou en application des articles L. 521-3-1 à L. 521-3-3 ou dans le cadre d'une opération de vente de logements locatifs sociaux dans les conditions des articles L. 443-7 et suivants du CCH.

En l'absence d'accord des parties à la convention de réservation, le flux annuel de logements, exprimé en pourcentage, mis à disposition d'un bénéficiaire de réservations, est calculé en fonction :

- du nombre de logements identifiés dans des programmes ou du flux annuel de logement réservés par le bénéficiaire sur le patrimoine de l'organisme bailleur dans le cadre de la convention qui doit être mise en conformité ;
- du nombre total de logements sociaux au sein du patrimoine de l'organisme bailleur.

Afin d'estimer le nombre de logements en flux annuel à répartir entre les réservataires et l'organisme bailleur, un taux de rotation annuel prévisionnel est appliqué au nombre constituant l'ensemble des logements locatifs sociaux du bailleur, après en avoir soustrait les logements qui ne peuvent être pris en compte selon la définition donnée supra par le décret du 20 février 2020.

621.126 Conventions de réservation. Le décret du 20 février 2020 impose la conclusion d'une convention unique par le bailleur avec chaque réservataire, à l'échelle du département. Par exception, la convention de réservation porte sur le patrimoine locatif social du bailleur situé sur le territoire de compétence du réservataire lorsqu'il s'agit d'une commune, d'un EPCI, d'un établissement public territorial de la métropole du Grand Paris, de la métropole de Lyon ou de la Ville de Paris[2], sauf si ce réservataire dispose de réservations sur un autre territoire.

En cas de nécessité dûment justifiée par le réservataire au regard des contraintes particulières relatives à certains demandeurs de logement social, la convention de réservation peut prévoir une territorialisation des flux à une échelle infra-départementale sans qu'un programme puisse être identifié.

Les clauses des conventions de réservations doivent préciser, notamment, les modalités des réservations (signalement de la vacance, délai de présentation des candidats...). Les modalités de concertation entre le bailleur et les réservataires pour les désignations des candidats sur les logements mis en location lors de la première mise en service d'un programme de logements sociaux.

Le cas échéant, la convention de réservation est actualisée annuellement pour adapter le calcul des réservations mises à disposition du réservataire sur le territoire concerné, en fonction des mises en service de programmes intervenues l'année précédente et de l'échéance des droits de réservation.

Par ailleurs, les conventions de réservation conclues par les préfets en faveur du logement des personnes défavorisées doivent satisfaire à des clauses types définies par voie réglementaire[3].

Concernant la portée des engagements souscrits dans la convention, si la loi du 23 novembre 2018, dite loi Élan, a supprimé l'identification des logements faisant l'objet de la réservation elle n'a pas modifié la nature du droit de réservation. Certaines interprétations ont fait valoir que les conventions devaient désormais stipuler un flux obligatoire de logements attribués : cela ne correspond pas à la définition du droit de réservation qui n'a été modi-

1. L. n° 2018-1021, 23 nov. 2018, art. 114, IV.

2. CCH, art. R. 441-5-3.
3. V. s[s] n° 621.131.

fiée, ni par la loi Élan ni par le décret du 20 février 2020. En revanche, le décret du 20 février 2020 introduit partiellement une forme d'obligation de résultat envers les réservataires et les organismes d'HLM : il contraint les deux parties à définir dans leurs conventions des clauses qui permettront aux réservataires d'assurer aux publics prioritaires et très prioritaires relevant du dispositif Dalo un quart des attributions réalisées chaque année sur leur contingent, engagement qui existait déjà avant la loi Élan. Le décret laisse aux parties le soin de négocier les clauses de la convention en ce sens.

D'autre part, sur les territoires des EPCI qui sont tenus de se doter d'un programme local de l'habitat[1] ou de ceux ayant la compétence habitat et au moins un quartier prioritaire de la politique de la ville (QPV), et sur le territoire de la commune de Paris et des établissements publics territoriaux de la métropole du Grand Paris, le décret impose aux deux parties de prévoir dans les conventions des modalités qui assureront la cohérence des attributions réalisées avec les objectifs que la conférence intercommunale du logement aura définis au titre de la mixité sociale, de l'équilibre entre les secteurs du territoire concerné et du relogement des prioritaires et des personnes relevant d'opérations de renouvellement urbain. Là aussi, le décret du 20 février 2020 laisse aux parties le soin de négocier les clauses de la convention afin de répondre à cette exigence.

En outre, la conférence intercommunale du logement (la conférence du logement pour Paris), peut formuler des préconisations relatives au contenu des conventions à modifier ou à conclure. L'initiative en revient au président de l'EPCI ou de la métropole ou du maire de Paris,

En cas de non-respect des conventions ou d'absence de déclaration des mises en service et des vacances, des sanctions sont prévues[2] :

- en cas de non-respect par le bailleur de ses engagements, le préfet peut résilier la convention après une mise en demeure restée sans suite pendant deux mois ;

- la méconnaissance des règles d'attribution et d'affectation des logements prévues dans une convention de réservation relative aux réservations dont bénéficie le préfet (ou dans l'arrêté préfectoral pris à défaut de convention) est passible des sanctions pécuniaires prévues au a du 1° du I de l'article L. 342-14 : sans préjudice de la restitution, le cas échéant, de l'aide publique, la sanction ne peut excéder dix-huit mois du loyer en principal du ou des logements concernés.

1. En application du dernier alinéa du IV de l'article L. 302-1 du CCH.
2. CCH, art. R. 441-5-2.

Les conventions de réservations existantes avant le 24 novembre 2018 et ne portant pas exclusivement sur un flux annuel de logements doivent être mises en conformité au plus tard le 24 novembre 2021 avec les dispositions de l'article L. 441-1-1 dans sa rédaction issue de la loi Élan et celles des articles R. 441-5 à R. 441-5-4 issues du décret du 20 février 2020[3] qui constitue le texte d'application du nouveau dispositif. Cette échéance est cependant reportée au 24 novembre 2023 par le projet de loi relatif à la différenciation, la décentralisation, la déconcentration et portant diverses mesures de simplification de l'action publique locale. La motivation apportée au report de deux années tient au fait que le dispositif de gestion en flux des réservations n'aurait pas pu être imposé au 24 novembre 2021 dans les meilleures conditions en considérant que les années 2021 et 2021 n'ont pas pu être pleinement exploitées pour ce faire, en raison notamment de la crise sanitaire et du renouvellement des exécutifs locaux. En conséquence, un décret du 30 juillet 2021[4] a modifié le décret du 20 février 2020 en substituant à la date butoir de mise en conformité du 24 novembre 2021, résultant du IV de l'article 114 de la loi Élan, une simple référence au délai maximum défini par cette disposition qui se trouvera porté de trois à cinq ans par le projet de loi susvisé, soit une mise en conformité au plus tard le 24 novembre 2023.

Quelle sanction le bailleur social encourt-il à défaut de respecter ce délai ? Aux termes de l'article 5 du décret du 20 février 2020, les logements qui se trouveraient encore réservés « en stock » s'ajouteraient automatiquement au flux annuel de logements réservé par le préfet. Le risque existe cependant que le report en 2023 de l'échéance de mise en conformité ne puisse être effectif avant l'échéance légale actuelle du 24 novembre 2021, faute de promulgation à temps de la loi relative à la différenciation, la décentralisation, la déconcentration et portant diverses mesures de simplification de l'action publique locale. Afin d'éviter une mise en œuvre obligatoire de la sanction imposée par le texte, le décret du 30 juillet 2021 rend facultatif le prononcé de la sanction et laisse ainsi aux services de l'État toute latitude pour ne pas pénaliser injustement les bailleurs sociaux.

621.127 **Exigences nouvelles de transparence et d'évaluation.** S'agissant des premières mises en ser-

3. Décr. n° 2020-145, 20 févr. 2020 relatif à la gestion en flux des réservations de logements locatifs sociaux, *JO* 21 févr.
4. Décr. n° 2021-1016, 30 juill. 2021, portant modification du décret n° 2019-1378 du 17 décembre 2019 relatif à la cotation de la demande de logement social et du décret n° 2020-145 du 20 février 2020 relatif à la gestion en flux des réservations de logements locatifs sociaux, *JO* 1er août.

vice de nouveaux programmes immobiliers, les bailleurs doivent engager une concertation avec l'ensemble de leurs réservataires quant aux désignations des candidats sur les logements mis en location. La convention de réservation doit en préciser les modalités.

Préalablement à la mise en conformité des conventions existantes et afin d'assurer l'information de l'ensemble des bénéficiaires de réservations de logements locatifs sociaux, chaque organisme bailleur leur transmet simultanément les données relatives à la localisation, au nombre et à la typologie des logements sociaux réservés en l'état des conventions conclues, réservataire par réservataire, pour l'ensemble de son patrimoine locatif social, sur un département donné. Sur les territoires des EPCI qui sont tenus de se doter d'un programme local de l'habitat[1] ou de ceux ayant la compétence habitat et au moins un quartier prioritaire de la politique de la ville (QPV), et sur le territoire de la commune de Paris et des établissements publics territoriaux de la métropole du Grand Paris, ces informations sont transmises au président de l'établissement public de coopération intercommunale ou au président de la métropole de Lyon ou au président de l'établissement public territorial concerné de la métropole du Grand Paris ou au maire de Paris.

D'autre part, toute nouvelle convention signée doit être transmise sans délai par l'organisme bailleur au préfet de département. Sur les territoires des EPCI qui sont tenus de se doter d'un programme local de l'habitat[2] ou de ceux ayant la compétence habitat et au moins un quartier prioritaire de la politique de la ville (QPV), et sur le territoire de la commune de Paris et des établissements publics territoriaux de la métropole du Grand Paris, la convention est transmise sans délai au président de l'EPCI ou au président de la métropole de Lyon ou au président de l'établissement public territorial concerné de la métropole du Grand Paris ou au maire de Paris.

Outre ces exigences de transparence dans la mise en place des conventions, le bilan de leur mise en œuvre fait l'objet de précisions réglementaires.

Selon l'article R. 441-5-1 du CCH, « Avant le 28 février de chaque année, l'organisme bailleur transmet à l'ensemble des réservataires un bilan annuel des logements proposés, ainsi que des logements attribués au cours de l'année précédente, par réservataire et par typologie de logement, type de financement, localisation hors et en quartier politique de la ville, commune et période de construction. »

1. En application du dernier alinéa du IV de l'article L. 302-1 du CCH.
2. En application du dernier alinéa du IV de l'article L. 302-1 du CCH.

Sur les territoires des EPCI qui sont tenus de se doter d'un programme local de l'habitat[3] ou de ceux ayant la compétence habitat et au moins un quartier prioritaire de la politique de la ville (QPV), et sur le territoire de la commune de Paris et des établissements publics territoriaux de la métropole du Grand Paris, ce bilan est transmis au président de l'EPCI ou au président de la métropole de Lyon ou au président de l'établissement public territorial concerné de la métropole du grand Paris ou au maire de Paris.

Le bilan est soumis à la conférence intercommunale du logement ou, pour la Ville de Paris, à la conférence du logement, avant le 31 mars. Sur proposition du président de l'EPCI ou de la métropole ou du maire de Paris, cette conférence peut procéder à une évaluation de l'évolution pluriannuelle des flux de réservation.

§ 2
Contingent préfectoral

621.131 **Mise en œuvre du contingent préfectoral.** La capacité de l'État à mobiliser son contingent en faveur des plus défavorisés a été renforcée. Une convention signée par l'organisme HLM avec l'État, avant le 1er octobre 2011, mentionne obligatoirement la nature et les modalités d'échange d'informations nécessaires à la mise en œuvre du contingent préfectoral[4]. Un arrêté du 10 mars 2011 fixe le contenu minimum obligatoire de cette convention[5], étant cependant observé que ce texte reste à mettre à jour au regard du décret du 20 février 2020. À défaut de signature de la convention ou en cas de résiliation de celle-ci, le préfet règle par arrêté les modalités pratiques de mise en œuvre des réservations dont bénéfice l'État.

L'utilisation du contingent réservé au préfet doit s'exercer au bénéfice des demandeurs reconnus prioritaires au titre du Dalo ou des personnes prioritaires pour l'attribution des logements sociaux dans le respect des règles énoncées par l'article L. 441-1 du code de la construction et de l'habitation[6].

Le dispositif de gestion en flux des logements réservés a fait l'objet de précisions quant à sa mise en œuvre territoriale. Sauf stipulation contraire, la

3. En application du dernier alinéa du IV de l'article L. 302-1 du CCH.
4. V. l'avis rendu par le conseil national des villes sur la gestion des contingents de réservation de logement et les politiques d'attributions à promouvoir, CNV, 30 sept. 2011.
5. Arr. 10 mars 2011 relatif au contenu de la convention de réservation de logements par l'État mentionné à l'avant-dernier alinéa de l'article R. 441-5 du code de la construction et de l'habitation, *JO* 19 mars., p. 4994, NOR : DEVL1100394A.
6. V. s[s] n° 622.22.

part du flux annuel de logements réservés par le préfet s'applique uniformément dans chacune des communes où l'organisme bailleur dispose de logements locatifs sociaux.

Le total des logements réservés par le préfet représente 30 % au plus du flux annuel total de logements de chaque organisme bailleur, dont au plus 5 % au bénéfice des agents civils et militaires de l'État. Afin de permettre le logement des personnels chargés de mission de sécurité publique ou pour répondre à des besoins d'ordre économique, un arrêté du préfet peut, à titre exceptionnel, déroger à ces limites, pour une durée déterminée qui ne peut excéder un an.

S'il n'en n'a pas été convenu autrement, la part du flux annuel de logements réservés par le préfet sur le patrimoine du bailleur situé en dehors des quartiers prioritaires de la ville ne peut être inférieure à 30 %[1].

Les conventions de réservation ayant pour objet le logement des agents de l'État devaient respecter des clauses types fixées par arrêté du 7 mars 2005[2]. Cette obligation jusqu'alors imposée par l'article R. 314-4 du CCH se trouve supprimée par le décret du 20 février 2020[3].

621.132 Délégation. La loi du 13 août 2004, relative aux libertés et aux responsabilités locales, prévoyait la possibilité pour le préfet de département de déléguer, par convention, au maire ou, avec l'accord du maire, au président d'un établissement public de coopération intercommunale compétent en matière d'habitat, tout ou partie des réservations de logements sociaux au profit de personnes prioritaires dont il bénéficie. La convention fixait les engagements du délégataire et donnait au préfet le pouvoir de reprendre la main si les objectifs du plan départemental en faveur des défavorisés n'étaient pas respectés[4]. La loi relative à l'égalité et à la citoyenneté du 27 janvier 2017 a supprimé ces facultés pour l'avenir.

Les conventions signées antérieurement à la loi peuvent être résiliées de plein droit par le préfet, après avis du comité régional de l'habitat et de l'hébergement. Elles l'ont été en revanche, obligatoirement, dans les communes faisant l'objet d'un arrêté de carence mentionné au 2e alinéa de l'article L. 302-9-1 du code de la construction et de l'habitation, un mois après la publication de la loi du 27 janvier 2017, soit le 28 février 2017.

621.133 Logements de fonction réservés en contrepartie d'une majoration de prêt. Pour une certaine catégorie de logements réservés par l'État au profit de ses agents, civils ou militaires, et de fonctionnaires, l'article L. 442-7 du CCH prévoit un régime de précarité lors de la survenance de certains événements tels que mutation, cessation de service ou décès. En effet, le fonctionnaire ou l'agent attributaire, ou ses ayants droit selon le cas, ne dispose dans ces situations que d'un droit au maintien réduit à six mois[5].

Le régime de ce type de réservation devait, tant pour la proportion des logements concernés que pour la définition de la majoration de prêt, être encadré par un décret qui n'est jamais paru. Le décret du 20 février 2020[6] est également silencieux à cet égard.

§ 3 Contingents des collectivités et autres partenaires

621.141 Réservations des collectivités territoriales. Au titre de la garantie financière des emprunts des organismes d'HLM, les collectivités territoriales, les établissements publics les regroupant, la part des logements réservés dans le cadre de la convention en contrepartie ne peut représenter globalement plus de 20 % du flux annuel sur leur territoire[7].

Les conditions de réservation et de présentation des candidats sont normalement fixées par une convention passée entre l'organisme d'HLM et le réservataire. Elle définit les modalités pratiques de mise en œuvre des réservations et, notamment, les délais de signalement par le bailleur de la vacance du logement réservé.

621.142 Réservations de la société Action Logement Services. La société Action Logement Services peut apporter des financements complémentaires à la construction en échange de réservations. Elles sont négociées dans le cadre de conventions signées à cet effet.

621.143 Réservations supplémentaires. Des réservations supplémentaires – excédant le cas

1. CCH, art. R. 441-5-2.
2. Arr. 7 mars 2005 portant convention type de réservation de logements au bénéfice de fonctionnaires et agents de l'État, *JO* 27 mars, p. 5189, NOR : SOCU0510118A.
3. Décr. n° 2020-145, 20 févr. 2020, art. 1er.
4. CCH, art. L. 441-1 – L. n° 2004-809, 13 août 2004 relative aux libertés et aux responsabilités locales, art. 60, *JO* 17 août, p. 14545.
5. V. ss n° 622.22 s.
6. Décr. n° 2020-145, 20 févr. 2020 relatif à la gestion en flux des réservations de logements locatifs sociaux, *JO* 21 févr.
7. CCH, art. R. 441-5-3 – À NOTER : les obligations de réservation sont automatiquement prolongées de cinq ans à la fin du remboursement des emprunts garantis par les communes ou les EPCI : CCH, art. L. 441-1.

échéant le pourcentage maximum accordé aux collectivités territoriales en contrepartie de garanties d'emprunt - peuvent être consenties par les organismes d'habitations à loyer modéré en contrepartie d'un apport de terrain ou d'un financement à l'État et aux collectivités territoriales et aux établissements publics les groupant. Dans ce cas également, une convention de réservation doit être signée pour préciser les conditions applicables à ces réservations.

621.144 Contribution des réservataires et des bailleurs sociaux aux priorités d'attribution. La loi relative à l'égalité et à la citoyenneté du 27 janvier 2017 donne une place particulière à une contribution des différents réservataires aux objectifs d'attribution des logements sociaux aux publics prioritaires[1].

C'est le cas tout d'abord des collectivités territoriales pour lesquelles au moins un quart des attributions annuelles de logements réservés par les collectivités territoriales est destiné aux personnes bénéficiant d'une décision favorable au titre du Dalo ou, à défaut, aux personnes prioritaires de l'article L. 441-1 du code de la construction et de l'habitation[2].

Le contingent des logements réservés par Action Logement est également ouvert, pour un quart des attributions de logements pour lesquels la société Action Logement Services dispose de contrats de réservation, au profit de salariés ou de demandeurs d'emploi bénéficiant d'une décision favorable au titre du Dalo ou, à défaut, prioritaires en application de l'article L. 441-1 du code de la construction et de l'habitation[3].

L'article L. 313-35 du code de la construction et de l'habitation fixe la même règle s'agissant du contingent de l'association Foncière Logement.

De même, au moins un quart des attributions annuelles de logements non réservés appartenant aux organismes HLM ou pour lesquels l'attribution à un candidat présenté par le réservataire a échoué, doit être affecté aux personnes bénéficiant d'une décision favorable au titre du Dalo ou, à défaut, aux personnes prioritaires en application de l'article L. 441-1 du code de la construction et de l'habitation[4].

À défaut, le représentant de l'État dans le département procède à l'attribution aux publics concernés d'un nombre de logements équivalent au nombre de logements restant à attribuer. Ces attributions s'imputent sur le contingent de chaque réservataire concerné.

Avec la transformation en gestion en flux des logements réservés imposée par la loi du 23 novembre 2018, dite loi Élan, les bailleurs sociaux voient leur responsabilité accrue dans l'atteinte des objectifs de mixité d'attribution sociale dont ils devront rendre compte annuellement, avant le 28 février. En effet, la suppression du lien entre logement identifié qui se libère et candidatures apportées par le réservataire permet désormais aux bailleurs d'assumer un rôle de coordonnateur entre les exigences de chaque réservataire, les engagements souscrits dans les conventions au titre notamment de la localisation des logements réservés, de leur typologie, du niveau de loyer et, bien entendu, les attentes spécifiques des demandeurs ainsi que, pour chaque bailleur, la préoccupation quotidienne d'équilibre social au sein de ses résidences.

621.145 Délégation. Il peut être convenu d'une délégation par le réservataire au bailleur par laquelle le réservataire confie à ce dernier le soin de proposer des candidats pour son compte à la commission d'attribution[5].

Cette faculté est un outil pour les bailleurs sociaux, à travers la maîtrise des logements libérés, de facilitation de leur rôle de coordonnateur dans le cadre de la gestion en flux des logements réservés puisqu'il leur permet d'orienter au mieux chaque logement remis en location vers le public le plus adéquat.

1. V. s^{s} n° 621.123.
2. CCH, art. L. 441-1, al. 36.
3. CCH, art. L. 313-26-2.
4. CCH, art. L. 441-1, al. 40.
5. CCH, art. R. 441-5.

CHAPITRE

622. Bénéficiaires

SECTION 0 ORIENTEUR

622.00 **Sommaire du chapitre.**

Division. Il convient d'étudier successivement le bénéficiaire personne physique ou morale (sect. 1) et les critères d'attribution (sect. 2).

622.01 **Principaux textes applicables.**

TEXTES SOURCES

• **CCH,** art. L. 441-1 s., L. 442-8 à L. 442-8-4.

• **CCH,** art. R. 441-1.

• **Arr. 29 mai 2019** fixant la liste des titres de séjour prévue au 1° de l'article R. 441-1 du code de la construction et de l'habitation, *JO* 9 juin, n° 22, NOR : TERL1904906A.

• **Arr. 22 déc. 2020** relatif au nouveau formulaire de demande de logement locatif social et aux pièces justificatives fournies pour l'instruction de la demande de logement locatif social, *JO* 27 déc., n° 57, NOR : LOGL 2027782A.

TEXTES *IN EXTENSO*

• **CCH,** art. L. 441-1

Le décret en Conseil d'État prévu à l'article L. 441-2-9 détermine les conditions dans lesquelles les logements construits, améliorés ou acquis et améliorés avec le concours financier de l'État ou ouvrant droit à l'aide personnalisée au logement et appartenant aux organismes d'habitations à loyer modéré ou gérés par ceux-ci sont attribués par ces organismes. Pour l'attribution des logements, ce décret prévoit qu'il est tenu compte notamment du patrimoine, de la composition, du niveau de ressources et des conditions de logement actuelles du ménage, de l'éloignement des lieux de travail, de la mobilité géographique liée à l'emploi et de la proximité des équipements répondant aux besoins des demandeurs. Le niveau des ressources tient compte, le cas échéant, du montant de l'aide personnalisée au logement ou des allocations de logement à caractère social ou familial auxquelles le ménage peut prétendre et des dépenses engagées pour l'hébergement de l'un des conjoints ou partenaires en établissement d'hébergement pour personnes âgées dépendantes. Il est également tenu compte, pour l'attribution d'un logement, de l'activité professionnelle des membres du ménage lorsqu'il s'agit d'assistants maternels ou d'assistants familiaux agréés.

Lorsque le demandeur de logement est l'un des conjoints d'un couple en instance de divorce, cette situation étant attestée, par une copie de l'acte de saisine du juge aux affaires familiales dans les conditions prévues au code de procédure civile ou par un justificatif d'un avocat attestant que la procédure de divorce par consentement mutuel extrajudiciaire est en cours, ou lorsque ce demandeur est dans une situation d'urgence attestée par une ordonnance de protection délivrée par le juge aux affaires familiales en application du titre XIV du livre Ier du même code, ou lorsque ce demandeur est une personne qui était liée par un pacte civil de solidarité dont elle a déclaré la rupture à l'officier de l'état civil ou au notaire instrumentaire, ou lorsque le demandeur est une personne mariée bénéficiaire de la protection internationale qui réside seule sur le territoire français, les seules ressources à prendre en compte sont celles du requérant. Cette disposition est également applicable aux personnes mariées, liées par un pacte civil de solidarité ou vivant maritalement lorsque l'une d'elles est victime de violences au sein du couple attestées par le récépissé du dépôt d'une plainte par la victime. Dans ces cas, la circonstance que le demandeur bénéficie d'un contrat de location au titre du logement occupé par le couple ne peut faire obstacle à l'attribution d'un logement. Si une demande a été déposée par l'un des membres du couple avant la séparation et qu'elle mentionnait l'autre membre du couple parmi les personnes à loger, l'ancienneté de cette demande est conservée au bénéfice de l'autre membre du couple lorsqu'il se substitue au demandeur initial ou lorsqu'il dépose une autre demande dans le cas où le demandeur initial maintient sa propre demande.

En sus des logements attribués à des personnes bénéficiant d'une décision favorable mentionnée à l'article L. 441-2-3, les logements mentionnés au premier alinéa du présent article sont attribués prioritairement aux catégories de personnes suivantes :

a) Personnes en situation de handicap, au sens de l'article L. 114 du code de l'action sociale et des familles, ou familles ayant à leur charge une personne en situation de handicap ;

b) Personnes sortant d'un appartement de coordination thérapeutique mentionné au 9° de l'article L. 312-1 du même code ;

c) Personnes mal logées ou défavorisées et personnes rencontrant des difficultés particulières de logement pour des raisons d'ordre financier ou tenant à leurs conditions d'existence ou confrontées à un cumul de difficultés financières et de difficultés d'insertion sociale ;

d) Personnes hébergées ou logées temporairement dans un établissement ou un logement de transition ;

e) Personnes reprenant une activité après une période de chômage de longue durée ;

f) Personnes exposées à des situations d'habitat indigne ;

g) Personnes mariées, vivant maritalement ou liées par un pacte civil de solidarité justifiant de violences au sein du couple ou entre les partenaires, sans que la circonstance que le conjoint ou le partenaire lié par un pacte civil de solidarité bénéficie d'un contrat de location au titre du logement occupé par le couple puisse y faire obstacle, et personnes menacées de mariage forcé. Ces situations sont attestées par une ordonnance de protection délivrée par le juge aux affaires familiales en application du titre XIV du livre Ier du même code ;

g *bis*) Personnes victimes de viol ou d'agression sexuelle à leur domicile ou à ses abords, lorsque l'autorité judiciaire a imposé à la personne suspectée, poursuivie ou condamnée et pouvant être à l'origine d'un danger encouru par la victime de l'infraction, une ou plusieurs des interdictions suivantes :

– une interdiction de se rendre dans certains lieux, dans certains endroits ou dans certaines zones définis dans lesquels la victime se trouve ou qu'elle fréquente ;

– une interdiction ou une réglementation des contacts avec la victime ;

h) Personnes engagées dans le parcours de sortie de la prostitution et d'insertion sociale et professionnelle prévu à l'article L. 121-9 du code de l'action sociale et des familles ;

i) Personnes victimes de l'une des infractions de traite des êtres humains ou de proxénétisme prévues aux articles 225-4-1 à 225-4-6 et 225-5 à 225-10 du code pénal ;

j) Personnes ayant à leur charge un enfant mineur et logées dans des locaux manifestement suroccupés ou ne présentant pas le caractère d'un logement décent ;

k) Personnes dépourvues de logement, y compris celles qui sont hébergées par des tiers ;

l) Personnes menacées d'expulsion sans relogement.

Les décisions favorables mentionnées à l'article L. 441-2-3 et les critères de priorité prévus au présent article sont pris en compte dans les procédures de désignation des candidats et d'attribution des logements sociaux.

Les réservataires de logements sociaux et les bailleurs rendent publics les conditions dans lesquelles ils procèdent à la désignation des candidats dont les demandes sont examinées par les commissions mentionnées à l'article L. 441-2, ainsi qu'un bilan annuel, réalisé à l'échelle départementale, des désignations qu'ils ont effectuées.

Pour l'appréciation des ressources du demandeur, les processus de désignation des candidats et d'attribution des logements sociaux prennent en compte le montant de l'aide personnalisée au logement ou des allocations de logement à caractère social ou familial auxquelles le ménage peut prétendre et appliquent la méthode de calcul du taux d'effort prévue par décret.

Le plan départemental d'action pour le logement et l'hébergement des personnes défavorisées, la convention intercommunale d'attribution ou, pour la commune de Paris, la convention d'attribution mentionnée à l'article L. 441-1-6 et les accords collectifs mentionnés aux articles L. 441-1-1 et L. 441-1-2 déterminent les conditions dans lesquelles les critères de priorité prévus au présent article sont pris en compte dans les procédures de désignation des candidats et d'attribution des logements sociaux.

Sur le territoire des établissements publics de coopération intercommunale tenus de se doter d'un programme local de l'habitat en application du dernier alinéa du IV de l'article L. 302-1 ou ayant la compétence en matière d'habitat et au moins un quartier prioritaire de la politique de la ville, de la commune de Paris et des établissements publics territoriaux de la métropole du Grand Paris, au moins 25 % des attributions annuelles, suivies de baux signés, de logements situés en dehors des quartiers prioritaires de la politique de la ville, sont consacrées :

– à des demandeurs dont le niveau de ressources par unité de consommation est inférieur à un montant constaté annuellement par arrêté du ministre chargé du logement. Ce montant correspond au niveau de ressources le plus élevé du quartile des demandeurs aux ressources les plus faibles parmi les demandeurs d'un logement social situé sur le territoire de l'établissement public de coopération intercommunale ou, en Ile-de-France, sur le territoire de la région, enregistrés dans le système national d'enregistrement ;

– ou à des personnes relogées dans le cadre d'une opération de renouvellement urbain ou d'une opération de requalification des copropriétés dégradées définie aux articles L. 741-1 et L. 741-2.

Sur les territoires mentionnés au vingt-troisième alinéa du présent article, au moins 50 % des attributions annuelles de logements situés dans les quartiers prioritaires de la politique de la ville sont consacrés à des demandeurs autres que ceux mentionnés au vingt-quatrième alinéa.

Pour l'application des vingt-troisième à vingt-sixième alinéas, sont assimilés à des quartiers prioritaires de la politique de la ville :

1° Pendant une période de six ans à compter du 1er janvier 2015, les quartiers classés en zones urbaines sensibles qui n'ont pas été classés en quartiers prioritaires de la politique de la ville ;

2° Pendant une période de six ans à compter de leur sortie du classement en application du II de l'article 5 de la loi no 2014-173 du 21 février 2014 de programmation pour la ville et la cohésion urbaine, les quartiers qui n'ont pas été reclassés en quartiers prioritaires de la politique de la ville.

La convention intercommunale d'attribution ou, pour la commune de Paris, la convention d'attribution mentionnée à l'article L. 441-1-6 fixe, en tenant compte de l'occupation sociale de leur patrimoine respectif et afin de favoriser la mixité sociale dans l'ensemble du parc concerné, la répartition entre les bailleurs sociaux des attributions à réaliser sous réserve que le taux applicable au territoire concerné soit globalement respecté. L'atteinte de ces objectifs fait l'objet d'une évaluation annuelle présentée à la conférence intercommunale du logement ou, pour la commune de Paris, la conférence du logement, mentionnée à l'article L. 441-1-5.

Les bailleurs peuvent adapter leur politique des loyers pour remplir les objectifs de mixité définis au présent article.

Lorsque l'objectif d'attribution fixé pour chaque bailleur n'est pas atteint, le représentant de l'État dans le département procède à l'attribution aux publics concernés d'un nombre de logements équivalent au nombre de logements restant à attribuer sur les différents contingents.

Le Gouvernement publie annuellement des données statistiques relatives à l'application des vingt-troisième à vingt-neuvième alinéas du présent article à l'échelle de chaque établissement public de coopération intercommunale concerné, de la commune de Paris et de chaque établissement public territorial de la métropole du Grand Paris.

Le décret mentionné au premier alinéa fixe les conditions dans lesquelles le maire de la commune d'implantation des logements est consulté sur les principes régissant ces attributions et sur le résultat de leur application.

Ce décret détermine également les limites et conditions dans lesquelles les organismes d'habitations à loyer modéré peuvent, en contrepartie d'un apport de terrain, d'un financement ou d'une garantie financière, contracter des obligations de réservation d'un flux annuel de logements mentionnés au premier alinéa, lors d'une mise en location initiale ou ultérieure, à l'exception des logements réservés par des services relevant de la défense nationale ou de la sécurité intérieure qui sont identifiés précisément. Lorsque ces conventions de réservation ne respectent pas les limites prévues au présent alinéa, elles sont nulles de plein droit. Au moins un quart des attributions annuelles de logements réservés par une collectivité territoriale ou un groupement de collectivités territoriales est destiné aux personnes bénéficiant d'une décision favorable mentionnée à l'article L. 441-2-3 ou, à défaut, aux personnes prioritaires en application du présent article. En cas de manquement à cette obligation, le représentant de l'État dans le département procède à l'attribution aux publics concernés d'un nombre de logements équivalent au nombre de logements restant à attribuer. Ces attributions s'imputent sur les logements réservés par la collectivité territoriale ou le groupement de collectivités territoriales concerné.

Il fixe les conditions dans lesquelles ces conventions de réservation sont conclues, en contrepartie d'un apport de terrain, d'un financement ou d'une garantie financière, accordés par une commune ou un établissement public de coopération intercommunale. Il prévoit que ces obligations de réservation sont prolongées de cinq ans lorsque l'emprunt contracté par le bailleur et garanti par la commune ou l'établissement public de coopération intercommunale est totalement remboursé.

Il détermine également les limites et conditions de réservation des logements par le représentant de l'État dans le département au profit des personnes prioritaires, notamment mal logées ou défavorisées. En cas de refus de l'organisme de loger le demandeur, le représentant de l'État dans le département qui l'a désigné procède à l'attribution d'un logement correspondant aux besoins et aux capacités du demandeur sur ses droits de réservation.

Dans les conventions de réservation mentionnées au présent article, en cours à la date de publication de la loi n° 2015-990 du 6 août 2015 pour la croissance, l'activité et l'égalité des chances économiques ou signées à compter de cette date, et conclues pour des logements situés dans les zones mentionnées au I de l'article 17 de la loi n° 89-462 du 6 juillet 1989 tendant à améliorer les rapports locatifs et portant modification de la loi n° 86-1290 du 23 décembre 1986, le délai dans lequel le réservataire propose un ou plusieurs candidats à l'organisme propriétaire des logements ne peut excéder un mois à compter du jour où le réservataire est informé de la vacance du logement. Le présent alinéa est d'ordre public.

Au moins un quart des attributions annuelles de logements non réservés ou pour lesquels l'attribution à un candidat présenté par le réservataire a échoué est destiné aux personnes bénéficiant d'une décision favorable mentionnée à l'article L. 441-2-3 ou, à défaut, aux personnes prioritaires en application du présent article. En cas de manquement d'un bailleur social à cette obligation, le représentant de l'État dans le département procède à l'attribution aux publics concernés d'un nombre de logements équivalent au nombre de logements restant à attribuer. Ces attributions s'imputent sur les logements non réservés ou sur ceux dont dispose le bailleur à la suite de l'échec de l'attribution à un candidat présenté par un réservataire.

Lorsque l'attribution d'un logement situé dans un quartier prioritaire de la politique de la ville à un candidat présenté par le réservataire a échoué, le logement est mis à disposition du maire de la commune pour qu'il désigne des candidats autres que ceux mentionnés au vingt-quatrième alinéa du présent article.

Les plafonds de ressources pour l'attribution des logements locatifs sociaux fixés en application du présent article sont révisés chaque année en tenant compte de la variation de l'indice de référence des loyers mentionné à l'article 17-1 de la loi n° 89-462 du 6 juillet 1989 tendant à améliorer les rapports locatifs dans des conditions définies par décret en Conseil d'État.

• **CCH,** art. R. 441-1

Les organismes d'habitations à loyer modéré attribuent les logements visés à l'article L. 441-1 aux bénéficiaires suivants :

1° Les personnes physiques séjournant régulièrement sur le territoire français dans des conditions de permanence définies par un arrêté conjoint du ministre chargé de l'immigration, du ministre chargé des affaires sociales et du ministre chargé du logement, dont les ressources n'excèdent pas des limites fixées pour l'ensemble des personnes vivant au foyer telles que définies par l'article L. 442-12 par arrêté conjoint du ministre chargé du logement, du ministre chargé de l'économie et des finances et du ministre chargé de la santé ; ces plafonds de ressources sont révisés chaque année au 1er janvier en tenant compte de la variation de l'indice de référence des loyers appréciée par comparaison entre le troisième trimestre de l'antépénultième année et le troisième trimestre de l'année précédente ; Pour apprécier ces plafonds, les dépenses engagées pour l'hébergement de l'un des conjoints ou partenaires en établissement d'hébergement pour personnes âgées dépendantes sont déduites des ressources du demandeur dans la limite du montant annuel donnant droit à réduction d'impôt défini à l'article 199 *quindecies* du code général des impôts ;

2° Dans les conditions fixées à l'article L. 442-8-1, les personnes morales mentionnées à cet article pour loger des personnes remplissant les conditions de ressources et de séjour définies au 1°.

• **CCH,** art. L. 442-8-1

I. – Par dérogation à l'article L. 442-8, les organismes mentionnés à l'article L. 411-2 peuvent louer, meublés ou non, des logements :

– à des organismes bénéficiant de l'agrément relatif à l'intermédiation locative et à la gestion locative sociale prévu à l'article L. 365-4 en vue de les sous-louer ;

– à des organismes déclarés ayant pour objet de les sous-louer à titre temporaire à des personnes âgées, à des personnes présentant un handicap au sens de l'article L. 114 du code de l'action sociale et des familles, à des personnes de moins de trente ans ou à des actifs dont la mobilité professionnelle implique un changement de secteur géographique ;

– à des centres régionaux des œuvres universitaires et scolaires mentionnés à l'article L. 822-3 du code de l'éducation ayant pour objet de les sous-louer à des étudiants ;

– à des associations dont l'objet est de favoriser le logement des étudiants et de gérer des résidences universitaires ;

– à des personnes morales de droit public ou privé mentionnées à l'article L. 444-1 du code de l'action sociale et des familles en vue de les sous-louer à des accueillants familiaux visés à l'article L. 441-1 du même code, ainsi qu'aux personnes âgées ou aux personnes présentant un handicap au sens de l'article L. 114 du même code ayant conclu un contrat d'accueil avec ces accueillants ;

– à des centres communaux ou intercommunaux d'action sociale, dans le cadre de leurs compétences définies à la section 2 du chapitre III du titre II du livre Ier du même code, en vue de les sous-louer à titre temporaire à des personnes physiques ;

– à des centres communaux ou intercommunaux d'action sociale ou à des associations déclarées ayant pour objet de les sous-louer meublés, pour une durée n'excédant pas six mois, à des travailleurs dont l'emploi présente un caractère saisonnier tel que mentionné au 3° de l'article L. 1242-2 du code du travail ;

– à des établissements publics de coopération intercommunale dotés de la compétence d'aide aux personnes âgées.

II. – Par dérogation à l'article L. 442-8, les locataires des organismes mentionnés à l'article L. 411-2 peuvent, après information de l'organisme bailleur, sous-louer :

– une partie de leur logement à des personnes de plus de soixante ans ou à des personnes adultes présentant un handicap au sens de l'article L. 114 du code de l'action sociale et des familles avec lesquelles ils ont conclu un contrat conforme à l'article L. 442-1 du même code.

Le coût de la ou des pièces principales sous-louées est calculé au prorata du loyer et des charges rapporté à la surface habitable du logement.

III. Peuvent être exigés en sus le montant des prestations, taxes et fournitures individuelles et tous impôts et taxes perçus à l'occasion des locations en meublé.

622.03 Bibliographie indicative.

Encyclopédie. *DP Gestion immob., V° HLM-Location*, nos 1-345.

Rapport. Rapport inter-associatif sur les difficultés d'accès au parc social des ménages à faibles ressources, juin 2020.

SECTION 1 BÉNÉFICIAIRE PERSONNE PHYSIQUE OU PERSONNE MORALE

622.11 **Personnes physiques.** La réglementation[1] prévoit que peuvent bénéficier de logements HLM :

– les personnes physiques de nationalité française ;

– les personnes physiques admises à séjourner régulièrement sur le territoire français dans des conditions de permanence définies par arrêté[2] ;

... à la condition que les ressources de l'ensemble des personnes du ménage logé n'excèdent pas des plafonds fixés par arrêté[3].

622.12 **Séjour régulier des personnes physiques étrangères sur le territoire. Au stade de l'enregistrement de la demande de logement locatif social,** le formulaire renseigné doit être accompagné de la copie d'une pièce attestant l'identité du demandeur ou, pour les étrangers autres que les citoyens de l'Union européenne et que les ressortissants d'un autre État partie à l'accord sur l'Espace économique européen ou de la Confédération suisse qui remplissent les conditions exigées pour bénéficier d'un droit au séjour sur le fondement des articles L. 121-1 et L. 122-1 du code de l'entrée et du séjour des étrangers et du droit d'asile, d'une pièce attestant la régularité de son séjour sur le territoire national[4].

Ensuite, pour l'instruction ultérieure du dossier, une annexe à l'attestation de demande délivrée indique les divers justificatifs à produire. S'agissant de la condition de régularité du séjour, ils diffèrent selon la situation du pays et la catégorie du demandeur[5] :

– pour les citoyens de l'Union européenne, les ressortissants d'un autre État partie à l'accord sur

1. CCH, art. R. 441-1.
2. Arr. 29 mai 2019 fixant la liste des titres de séjour prévue au 1° de l'article R. 441-1 du code de la construction et de l'habitation, *JO* 9 juin., n° 22, NOR : TERL1904906A.
3. V. chap. 623.
4. CCH, art. R. 441-2-3.
5. Arr. 22 déc. 2020 relatif au nouveau formulaire de demande de logement locatif social et aux pièces justificatives fournies pour l'instruction de la demande de logement locatif social, *JO* 27 déc., n° 57, NOR : LOGL 2027782A.

l'Espace économique européen ou de la Confédération helvétique, les pièces nécessaires à la vérification du respect des conditions exigées pour bénéficier d'un droit de séjour sur le fondement des articles L. 233-1 (droit au séjour de plus de trois mois) et L. 234-1 (droit au séjour permanent) du code de l'entrée et du séjour des étrangers et du droit d'asile[1] ;

- pour les citoyens de l'Union européenne soumis à des mesures transitoires par le traité d'adhésion à l'Union européenne de l'État membre dont ils sont ressortissants et exerçant une activité professionnelle, la justification d'un droit au séjour attesté par l'un des titres de séjour mentionnés par l'arrêté pris en application de l'article R. 441-1 (1°) du code de la construction et de l'habitation ;

- pour les membres de famille des ressortissants visés aux cas ci-dessus, lorsqu'ils possèdent la nationalité d'un État tiers, la justification d'un droit au séjour attesté par l'un des titres de séjour mentionnés par l'arrêté pris en application de l'article R. 441-1 (1°) du code de la construction et de l'habitation ;

- pour les personnes de nationalité étrangère autres que celles visées aux cas ci-dessus, l'un des titres de séjour mentionnés par l'arrêté pris en application de l'article R. 441-1 (1°) du code de la construction et de l'habitation.

Au stade de l'examen de la demande de logement par la commission, la condition de titre de séjour régulier pour les personnes étrangères constitue, avec celle du respect des plafonds de ressources, une condition essentielle dont on a vu que le non-respect entraînait l'irrecevabilité de la demande de logement et, par conséquent, le rejet de la demande par la commission suivi de sa radiation[2].

La condition de régularité du séjour est exigible de toutes les personnes majeures appelées à vivre dans le logement.

Le règlement renvoie à un arrêté la définition des conditions de permanence du séjour qui sont requises pour justifier de sa régularité[3].

Pour les demandeurs relevant de pays liés à l'Union européenne :

Les citoyens de l'Union européenne, les ressortissants d'un autre État partie à l'accord sur l'Espace économique européen[4] ou de la Confédération suisse qui remplissent les conditions exigées pour bénéficier d'un droit de séjour sur le fondement des articles L. 233-1 (droit au séjour de plus de trois mois) et L. 234-1 (droit au séjour permanent) du code de l'entrée et du séjour des étrangers et du droit d'asile[5] ;

Les citoyens de l'Union européenne soumis à des mesures transitoires par le traité d'adhésion à l'Union européenne de l'État membre dont ils sont ressortissants et exerçant une activité professionnelle qui justifient d'un droit au séjour attesté par un titre de séjour ;

Les membres de famille des ressortissants visés aux 1 et 2, lorsqu'ils possèdent la nationalité d'un État tiers et qui, en application des articles L. 233-2 et L. 233-5 du code de l'entrée et du séjour des étrangers et du droit d'asile[6], justifient d'un droit au séjour attesté par un titre de séjour, portant l'une des mentions suivantes :

- « carte de séjour de membre de la famille d'un citoyen de l'Union/EEE/Suisse – toutes activités professionnelles »,

- « carte de séjour de membre de la famille d'un citoyen de l'Union – toutes activités professionnelles, sauf salariées », ou le récépissé de demande de renouvellement de telles cartes.

Pour les demandeurs relevant de pays autres, les personnes qui sont titulaires de l'un des titres de séjour suivants :

- carte de résident ;
- carte de résident permanent ;
- carte de résident portant la mention « résident de longue durée – UE » ;
- carte de séjour pluriannuelle ;
- carte de séjour « compétences et talents » ;
- carte de séjour temporaire ;
- certificat de résidence de ressortissant algérien ;
- récépissé de demande de renouvellement de l'un des titres numérotés de 1 à 7 ;
- récépissé de demande de titre de séjour valant autorisation de séjour portant la mention « reconnu réfugié » ou « a obtenu le bénéfice de la protection subsidiaire » ;
- titre de séjour délivré à un ressortissant andorran ou à un ressortissant de pays tiers membre de sa famille mentionnant la convention signée le 4 décembre 2000 entre la République française, le

1. Nouvelle codification du CESEDA depuis le 1er mai 2021, à droit constant : ord. n° 2020-1733, 16 déc. 2020, portant partie législative du code de l'entrée et du séjour des étrangers et du droit d'asile, *JO* 30 déc., n° 41 ; décr. n° 2020-1734, 16 déc. 2020, portant partie réglementaire du code de l'entrée et du séjour des étrangers et du droit d'asile, *JO* 30 déc., n° 42.
2. CCH, art. R. 441-2-8, d).
3. Arr. 29 mai 2019, NOR : TERL1904906A.
4. Allemagne, Autriche, Belgique, Bulgarie, Chypre, Croatie, Danemark, Espagne, Estonie, Finlande, France, Grèce, Hongrie, Irlande, Islande, Italie, Lettonie, Liechtenstein, Lituanie, Luxembourg, Malte, Norvège, Pays-Bas, Pologne, Portugal, République tchèque, Roumanie, Slovaquie, Slovénie, Suède.
5. Nouvelle codification du CESEDA depuis le 1er mai 2021, à droit constant : ord. n° 2020-1733, 16 déc. 2020, préc. ; décr. n° 2020-1734, 16 déc. 2020, préc.
6. *Idem.*

royaume d'Espagne et la principauté d'Andorre relative à l'entrée, à la circulation, au séjour et à l'établissement de leurs ressortissants ;

– passeport monégasque revêtu d'une mention du consul général de France à Monaco valant autorisation de séjour ;

– visa de long séjour valant titre de séjour dès lors qu'il a fait l'objet de la procédure prévue à l'article R. 431-17 du code de l'entrée et du séjour des étrangers et du droit d'asile[1] ;

– autorisation provisoire de séjour prévue à l'article L. 425-4 du code de l'entrée et du séjour des étrangers et du droit d'asile[2].

En pratique, la demande de logement peut s'articuler avec la procédure de regroupement familial engagée par le même demandeur mais celle-ci peut ne pas aboutir si le demandeur ne dispose pas ou ne disposera pas à la date d'arrivée de sa famille en France, d'un logement considéré comme normal pour une famille comparable vivant dans la même région géographique[3]. L'Administration avait dans le passé prôné une tolérance quant à l'exigence du titre de séjour du membre demeuré à l'étranger dans la mesure où sa délivrance intervient au terme de la procédure de regroupement familial[4]. Il en va différemment désormais car la régularité du séjour doit être effective par toutes les personnes appelées à vivre dans le logement, En conséquence, une décision d'attribution du logement sous condition suspensive de justification du titre de séjour pourra être prononcée par la commission (sous réserve des autres critères), avec un délai de réalisation qui doit être fixé dans la décision. En parallèle, l'instruction du dossier de regroupement familial se poursuit car il n'est pas exigé la disponibilité immédiate du logement mais le demandeur du regroupement aura néanmoins à produire tout document de nature à établir qu'il disposera d'un logement à la date qu'il doit indiquer[5].

1. La référence était l'alinéa 20 de l'article R. 311-3 avant la nouvelle codification du CESEDA intervenue au 1er mai 2021, à droit constant : ord. n° 2020-1733, 16 déc. 2020, préc. ; décr. n° 2020-1734, 16 déc. 2020, préc. Cette référence était l'alinéa 17 du même article R. 311-3 avant sa modification intervenue par décret n° 2019-141 du 27 février 2019 (pris pour l'application de la loi n° 2018-778 du 10 septembre 2018 pour une immigration maîtrisée, un droit d'asile effectif et une intégration réussie et portant diverses dispositions relatives au séjour et à l'intégration des étrangers, *JO* 28 févr., n° 47).
2. Nouvelle codification du CESEDA depuis le 1er mai 2021, à droit constant : ord. n° 2020-1733, 16 déc. 2020, préc. ; décr. n° 2020-1734, 16 déc. 2020, préc.
3. CESEDA, art. L. 411-5.
4. Rép. min. QE n° 31194, *JO Sénat* 24 janv. 2002, p. 238.
5. Formulaire Cerfa n° 11437*04, Attestation de mise à disposition d'un logement dans le cadre d'un regroupement familial.

622.13 Condition de séjour régulier lors du transfert ou de la continuation du bail. La régularité du séjour pour les personnes étrangères n'a pas à être contrôlée par le bailleur social pendant la durée de la location, à l'exception des cas de transfert ou de continuation du bail au bénéfice d'un proche du locataire après décès ou abandon de domicile par ce dernier. En effet, si la loi de 1989 organise une substitution de plein droit de locataire dans ces deux situations, c'est à la condition, dans le parc social, que le bénéficiaire satisfasse aux conditions d'attribution du logement et que le logement soit adapté à la taille du ménage.

Mais pour des considérations liées à la communauté de vie ou à l'état des personnes, les conditions de ressources et d'adaptation du logement à la taille du ménage ne sont pas requises envers le conjoint, le partenaire lié au locataire par un pacte civil de solidarité ou le concubin notoire et, lorsqu'ils vivaient effectivement avec le locataire depuis plus d'un an, les ascendants, les personnes présentant un handicap et les personnes de plus de soixante-cinq ans. Jusqu'à l'entrée en vigueur de la loi du 23 novembre 2018, dite loi Élan, ces catégories de proches n'avaient à satisfaire ni aux conditions d'attribution ni à celle relative à la taille du ménage.

Par conséquent, l'absence éventuelle de titre de séjour régulier pour l'un de ces bénéficiaires ne faisait pas obstacle à la substitution de locataire. Voulant rétablir une forme d'égalité de traitement avec la situation des étrangers demandeurs de logement social, le législateur de 2018 a modifié la rédaction des paragraphes I et III de l'article 40 de la loi du 6 juillet 1989 aux termes desquels, désormais, les bénéficiaires de la continuation ou du transfert du bail, lorsqu'ils sont de nationalité étrangère, ne sont plus exonérés de l'obligation de justifier d'un titre de séjour régulier ; ils échappent néanmoins aux conditions de ressources et d'adaptation du logement à la taille du ménage[6].

Par ailleurs, signalons le nouveau cas de suppression des titres de séjour qui a été institué par la loi du 24 août 2021 confortant le respect des principes de la République : ce texte dispose que l'autorité administrative doit retirer tout document de séjour détenu par un étranger qui se trouverait en situation de polygamie. Quant au droit de séjour du conjoint de l'étranger, il devra faire l'objet d'un examen individuel dans lequel l'autorité administrative tiendra compte, pour statuer sur le droit de séjour, du caractère non consenti de la situation de polygamie[7].

6. L. n° 2028-1021, 23 nov. 2018, art. 120.
7. L. n° 2021-1109, 24 août 2021, art. 25. Précisons que la loi interdit bien entendu de délivrer tout titre de séjour à un étranger vivant en France en état de polygamie.

622.14 Personnes morales. La volonté d'ouvrir l'accès des logements HLM à des catégories particulières de population en difficultés, ou disposant de ressources précaires, a conduit à admettre comme locataires, en vue de la sous-location, certaines personnes morales[1].

622.15 Organismes agréés d'aide à certaines catégories de population. Les personnes morales suivantes peuvent sous-louer des logements à des catégories particulières de personnes avec lesquelles elles sont en relation pour leur apporter une intermédiation (personnes en difficulté, en voie d'insertion ou de réinsertion), une aide (personnes âgées ou handicapées) ou tout simplement faciliter leur logement (jeunes de moins de trente ans, jeunes en formation) ;

– organismes bénéficiant de l'agrément relatif à l'intermédiation locative et à la gestion locative sociale prévu à l'article L. 365-4 du code de la construction et de l'habitation en vue de les sous-louer ;

– organismes déclarés ayant pour objet de les sous-louer à titre temporaire à des personnes âgées, à des personnes présentant un handicap au sens de l'article L. 114 du code de l'action sociale et des familles, à des personnes de moins de trente ans ou, depuis la loi du 27 janvier 2017 relative à l'égalité et à la citoyenneté, à des actifs dont la mobilité professionnelle implique un changement de secteur géographique ;

– centres régionaux des œuvres universitaires et scolaires mentionnés à l'article L. 822-3 du code de l'éducation ayant pour objet de les sous-louer à des étudiants ;

– depuis la loi du 27 janvier 2017 relative à l'égalité et à la citoyenneté, à des associations dont l'objet est de favoriser le logement des étudiants et de gérer des résidences universitaires ;

– personnes morales de droit public ou privé mentionnées à l'article L. 444-1 du code de l'action sociale et des familles en vue de les sous-louer à des accueillants familiaux visés à l'article L. 441-1 du même code, ainsi qu'aux personnes âgées ou aux personnes présentant un handicap au sens de l'article L. 114 du même code ayant conclu un contrat d'accueil avec ces accueillants ;

– centres communaux ou intercommunaux d'action sociale, dans le cadre de leurs compétences définies à la section 2 du chapitre III du titre II du livre Ier du même code, en vue de les sous-louer à titre temporaire à des personnes physiques ;

– centres communaux ou intercommunaux d'action sociale ou à des associations déclarées ayant pour objet de les sous-louer meublés, pour une durée n'excédant pas six mois, à des travailleurs dont l'emploi présente un caractère saisonnier tel que mentionné au 3° de l'article L. 1242-2 du code du travail ;

– établissements publics de coopération intercommunale (EPCI) dotés de la compétence d'aide aux personnes âgées.

Les conditions de la sous-location de ces logements sont fixées par l'article L. 442-8-2 du code de la construction et de l'habitation.

622.16 Hébergement. Il existe, en outre, depuis la loi Alur du 24 mars 2014, deux nouvelles catégories de bénéficiaires auxquels les organismes HLM peuvent louer à titre subsidiaire des logements, meublés ou non, en vue de leur fournir des places d'hébergement[2].

1° Cette faculté concerne des personnes ou familles mentionnées au II de l'article L. 301-1[3] dès lors que les besoins ont été identifiés dans le plan local d'action pour le logement et l'hébergement des personnes défavorisées (PDALHPD).

Les organismes locataires sont :

a) Les organismes bénéficiant de l'agrément relatif à l'intermédiation locative et à la gestion locative sociale prévu à l'article L. 365-4 ;

b) Les organismes mentionnés au 8° du I de l'article L. 312-1 du code de l'action sociale (aides aux personnes ou familles en difficulté ou en situation de détresse) et à l'article L. 322-1 du même code (personne physique ou toute personne morale privée qui veut héberger, à titre gratuit ou onéreux, des adultes).

2° Sont également bénéficiaires de logements conventionnés pour leur hébergement des personnes mariées, liées par un pacte civil de solidarité ou vivant maritalement qui se trouvent dans une situation d'urgence. Cette situation doit être suffisamment rapportée par une ordonnance de protection délivrée par le juge aux affaires familiales.

Il peut s'agir également de victimes de violences au sein du couple, qui sont attestées par le récépissé du dépôt d'une plainte par la victime.

Le plan local d'action pour le logement et l'hébergement des personnes défavorisées doit avoir identifié les besoins pour ces personnes.

L'ensemble des personnes hébergées n'a vocation qu'à occuper temporairement ces logements, qui sont normalement destinés à la location. C'est pourquoi il est précisé qu'ils ne peuvent être consi-

1. CCH, art. L. 442-8-1 s.

2. CCH, art. L. 442-8-1-1.
3. CCH, art. L. 301-1, II : « Toute personne ou famille éprouvant des difficultés particulières, en raison notamment de l'inadaptation de ses ressources ou de ses conditions d'existence, a droit à une aide de la collectivité pour accéder à un logement décent et indépendant ou s'y maintenir. »

dérés ni comme des locataires, ni comme des sous locataires.

622.17 Locaux mis à disposition du comité d'organisation des JO 2024. En perspective des jeux Olympiques de 2024, les pouvoirs publics ont souhaité que les constructions des locaux nécessaires à l'organisation des jeux viennent s'intégrer totalement dans les nouveaux quartiers urbains de sorte qu'ils trouvent un usage opérationnel dès la fin de l'événement (logements libres, logements sociaux, locaux commerciaux, bureaux et services). En contrepartie, les logements locatifs sociaux qui seront construits ou acquis dans ces quartiers pourront être mis temporairement à disposition du comité d'organisation des JO afin de loger des athlètes, des personnels de l'organisation et des journalistes, notamment.

L'étude d'impact du projet de loi a prévu 3 100 logements dédiés à cet objectif. Au sein du village olympique, le pourcentage de logements locatifs sociaux, tant familiaux que résidences universitaires, atteindrait 40 %. S'agissant de l'accueil des médias, 20 % de logements sociaux sont prévus soit 300 logements environ pour accueillir 700 journalistes environ.

Les conditions de mise à disposition temporaire seront définies par les contrats conclus avec le comité d'organisation des JO. Les locaux construits ou acquis pourront n'être à ce moment que de simples chambres, sans équipement de cuisine par exemple. Le cas échéant ils pourront être meublés et être occupés à d'autres usages tels que de bureaux par exemple. Ils seront par ailleurs attribués sans aucune condition de ressources.

Ce projet contrevient à de multiples dispositions d'ordre public qui régissent les organismes HLM. D'une part, ces organismes ne disposent d'aucune compétence leur permettant à ces organismes de mettre à disposition les immeubles de leur parc locatif au profit d'une organisation sportive. D'autre part, les modalités du conventionnement à l'APL conclu avec l'État s'imposent dès l'achèvement des travaux ou de l'acquisition de l'immeuble. Enfin, ces logements ne peuvent pas être attribués sans respecter les plafonds de ressources réglementaires.

En conséquence, la loi relative à l'organisation des jeux[1] introduit en son article 18 des dérogations exceptionnelles et temporaires qui autorisent les organismes HLM – exclusivement – à acquérir et construire des locaux, à usage d'habitation ou non, afin de les mettre temporairement à disposition du comité d'organisation des jeux Olympiques et Paralympiques dans le cadre de contrats conclus pour l'organisation de ces manifestations. Cette disposition exceptionnelle voit son champ d'application limité aux départements de la Seine-Saint-Denis et des Bouches-du-Rhône.

Les organismes bailleurs sont également habilités à déroger aux dispositions qui constituent le socle du régime locatif HLM. Jusqu'à l'expiration des contrats conclus pour l'organisation des jeux, le législateur a prévu la suspension à la fois des effets des conventions APL ainsi que des dispositions législatives et réglementaires relatives à l'attribution des logements HLM, aux plafonnements des ressources, au loyer et aux charges récupérables, au supplément de loyer de solidarité, à la réduction de loyer de solidarité, au droit au maintien dans les lieux, à la sous-location[2].

Mais ce régime d'exception ne sera que temporaire. Le législateur impose aux organismes concernés, dès l'expiration des contrats susvisés, de transformer ces locaux en logements à usage locatif et de les gérer en conformité aux dispositions du code de la construction et de l'habitation et à celles des conventions APL conclues lors du montage des opérations.

622.18 Logements étudiants loués au comité d'organisation des JO 2024. Une autre série de mesures dérogatoires a été instaurée par le législateur visant à modifier les règles d'accueil dans les résidences étudiantes[3]. Il s'agit de mobiliser les logements loués aux Crous, aux associations qui œuvrent pour loger les étudiants et pour gérer les résidences universitaires[4]. Toutefois, ne pourront être loués au comité d'organisation des JO que les logements qui seront vacants au 1er juillet 2024.

Leur location pourra s'effectuer meublée, ou non. Elle sera réservée à l'accueil des seules personnes qui auront été accréditées par le Comité international olympique et le Comité international paralympique.

Ces locations devront prendre fin au plus tard au jour suivant la cérémonie de clôture des jeux Paralympiques de 2024, soit une durée courant du 1er juillet au 1er octobre 2024.

Le champ géographique de ces mesures d'exception est plus large que celui de la mesure autorisant la mise à disposition de logements HLM[5]. Les départements concernés sont ceux des régions d'Ile-de-France, des Alpes-Maritimes, des Bouches-du-Rhône, de la Gironde, de la Haute-Garonne, de la Loire, de la Loire-Atlantique, du Nord et du Rhône.

1. L. n° 2018-2202, 26 mars 2018 relative à l'organisation des jeux Olympiques et Paralympiques de 2024, *JO* 27 mars, n° 1.

2. CCH, chap. Ier et II du titre IV du livre IV.
3. L. n° 2018-802, 26 mars 2018, art. 19.
4. CCH, art. L. 442-8-1 et L. 631-12.
5. V. ss n° 622.15.

Le régime juridique dérogatoire des locations au comité d'organisation des JO s'apparente à celui examiné plus haut. Lorsque ces logements ont fait l'objet d'une convention APL, les effets de la convention ainsi que l'application des chapitres Ier et II du titre IV du livre IV du même code sont suspendus[1], à titre dérogatoire, pour la durée du contrat de location conclu avec le comité d'organisation des JO.

SECTION 2
CRITÈRES D'ATTRIBUTION

622.21 **Objectifs.** L'attribution des logements HLM doit respecter des critères généraux et des critères de priorité. Avant l'intervention de la loi relative à l'égalité et à la citoyenneté du 27 janvier 2017, l'article L. 441-2 du code de la construction et de l'habitation précisait que la commission d'attribution exerçait sa mission d'attribution des logements locatifs « dans le respect des objectifs fixés à l'article L. 441 du code de la construction et de l'habitation (relatif aux objectifs généraux d'attribution) et des priorités définies aux premier à dixième alinéas de l'article L. 441-1 en faveur des personnes défavorisées et de celles qui rencontrent des difficultés de logement. »

Le texte reconnaît dorénavant une importance particulière aux personnes prioritaires, dont celles qui relèvent du droit au logement opposable : « La commission exerce sa mission d'attribution des logements locatifs dans le respect des articles L. 441-1 (critères de priorité) et L. 441-2-3 (critères du dispositif Dalo), en prenant en compte les objectifs fixés à l'article L. 441 (objectifs généraux d'attribution). »

En outre, la loi impose que les ménages bénéficiant du droit au logement opposable (Dalo) soient relogés avant que ne s'appliquent les autres critères de priorité.

622.22 **Critères légaux de priorité.** La loi relative à l'égalité et à la citoyenneté du 27 janvier 2017 a unifié les critères de priorité existants, inscrits soit dans l'article L. 441-1 du code de la construction et de l'habitation, soit dans le plan départemental d'action pour le logement et l'hébergement des personnes défavorisées (PDLAHPD). Désormais, il n'existe plus, pour l'attribution des logements HLM, qu'une liste de critères de priorité à prendre en compte dans les documents de la politique d'attribution (accord collectif départemental, accord collectif intercommunal, convention intercommunale d'attribution, PDALHPD). Elle est fixée par l'article L. 441-1 du code de la construction et de l'habitation et a fait l'objet d'un critère complémentaire par la loi du 23 novembre 2018, dite loi Élan, en faveur des personnes victimes de viol ou d'agression sexuelle.

Cette liste comprend désormais, outre les personnes reconnues prioritaires au titre du droit au logement opposable (Dalo), les personnes physiques suivantes :

a) personnes en situation de handicap, au sens de l'article L. 114 du code de l'action sociale et des familles, ou familles ayant à leur charge une personne en situation de handicap ;

b) personnes sortant d'un appartement de coordination thérapeutique mentionné au 9° de l'article L. 312-1 du même code ;

c) personnes mal logées ou défavorisées et personnes rencontrant des difficultés particulières de logement pour des raisons d'ordre financier ou tenant à leurs conditions d'existence ou confrontées à un cumul de difficultés financières et de difficultés d'insertion sociale ;

d) personnes hébergées ou logées temporairement dans un établissement ou un logement de transition ;

e) personnes reprenant une activité après une période de chômage de longue durée ;

f) personnes exposées à des situations d'habitat indigne ;

g) personnes mariées, vivant maritalement ou liées par un pacte civil de solidarité justifiant de violences au sein du couple ou entre les partenaires, sans que la circonstance que le conjoint ou le partenaire lié par un pacte civil de solidarité bénéficie d'un contrat de location au titre du logement occupé par le couple puisse y faire obstacle, et personnes menacées de mariage forcé. Ces situations sont attestées par une ordonnance de protection délivrée par le juge aux affaires familiales en application du titre XIV du livre Ier du même code ;

h) g *bis*) personnes victimes de viol ou d'agression sexuelle à leur domicile ou à ses abords, lorsque l'autorité judiciaire a imposé à la personne suspectée, poursuivie ou condamnée et pouvant être à l'origine d'un danger encouru par la victime de l'infraction, une ou plusieurs des interdictions suivantes :

– une interdiction de se rendre dans certains lieux, dans certains endroits ou dans certaines zones définis dans lesquels la victime se trouve ou qu'elle fréquente,

– une interdiction ou une réglementation des contacts avec la victime ;

i) personnes engagées dans le parcours de sortie de la prostitution et d'insertion sociale et profes-

1. CCH, art. L. 441 à L. 442-12.

sionnelle prévu à l'article L. 121-9 du code de l'action sociale et des familles ;

j) personnes victimes de l'une des infractions de traite des êtres humains ou de proxénétisme prévues aux articles 225-4-1 à 225-4-6 et 225-5 à 225-10 du code pénal ;

k) personnes ayant à leur charge un enfant mineur et logées dans des locaux manifestement sur-occupés ou ne présentant pas le caractère d'un logement décent ;

l) personnes dépourvues de logement, y compris celles qui sont hébergées par des tiers ;

m) personnes menacées d'expulsion sans relogement.

Des compléments sont ajoutés à cette liste au fil de textes législatifs qui viennent identifier une nouvelle catégorie parmi les personnes prioritaires selon le contexte politique ou social du moment.

Un récent exemple l'illustre avec le projet de loi relatif à la différenciation, la décentralisation, la déconcentration et portant diverses mesures de simplification de l'action publique locale. Ce texte complète la liste avec la catégorie nouvelle des ménages qui permettent un équilibre en matière de mixité sociale pour les logements à attribuer qui sont situés dans des résidences dont le besoin prioritaire de mixité sociale a été identifié dans la convention intercommunale d'attribution. À cet effet, chaque bailleur social devrait désigner parmi ses résidences celles qui font l'objet d'un tel enjeu pour les identifier dans la convention intercommunale d'attribution [1].

Le même projet de loi prévoit en outre d'imposer aux intercommunalités dotées d'un programme local de l'habitat d'insérer dans leur convention intercommunale d'attribution un objectif d'attributions en faveur des demandeurs exerçant une activité professionnelle qui ne peut être assurée en télétravail dans un secteur essentiel pour la continuité de la vie de la nation [2]. Un décret viendrait en préciser les modalités de mise en œuvre. De cet objectif supplémentaire d'attributions imposé aux bailleurs sociaux, il résulte nécessairement une priorisation supplémentaire parmi les demandeurs de logement ; elle vient réduire à proportion les droits potentiels des autres catégories de personnes qui répondent aux critères légaux de priorité. Le texte en projet n'apportant aucune dérogation à cet égard, les demandeurs relevant de cette nouvelle catégorie devront bien entendu satisfaire aux critères légaux d'accès au logement social. Il reste d'autre part à clarifier la notion de secteur d'activité essentiel pour la continuité de la vie de la nation.

622.23 Logements aménagés – Personnes handicapés. Il est à noter que, pour les logements « construits ou aménagés en vue de leur occupation par des personnes handicapées », ces dernières sont prioritaires dans ces logements : à défaut, ils sont attribués à des personnes âgées dont l'état le justifie ou aux ménages qui les hébergent [3].

622.24 Attributions liées à l'âge ou au handicap. La commission peut attribuer en priorité tout ou partie des logements construits ou aménagés spécifiquement pour cet usage à des personnes en perte d'autonomie liée à l'âge ou au handicap [4].

Cette faculté est toutefois réservée au seul cas des logements inscrits dans le cadre de programmes bénéficiant d'une autorisation spécifique délivrée par le représentant de l'État dans le département. Les modalités d'octroi de cette autorisation spécifique sont définies par décret [5]. De telles attributions peuvent être faites en dehors du contingent réservé au préfet. En effet, celui-ci, dans le cadre de son contingent propre et en fonction de son appréciation des besoins locaux de logements adaptés à ce type de population, peut seul proposer prioritairement les logements construits ou aménagés spécifiquement pour cet usage à des personnes en perte d'autonomie liée à l'âge ou au handicap.

Également, la commission peut attribuer en priorité tout ou partie des logements à des jeunes de moins de trente ans dans le cadre de programmes ayant reçu une autorisation spécifique du préfet, à la condition que ces logements n'entrent pas dans les réservations consenties au profit de l'État. Un décret définit les conditions d'octroi de cette autorisation [6].

1. V. art. 22 *quater* du projet de loi. Une annexe spécifique à la convention contiendrait cette liste actualisée tous les trois ans.
2. V. art. 22 du projet de loi. La mesure ne concernerait que les logements situés sur le territoire des EPCI tenus de se doter d'un programme local de l'habitat ou ayant la compétence en matière d'habitat et au moins un quartier prioritaire de la politique de la ville, de la commune de Paris et des établissements publics territoriaux de la métropole du Grand Paris.
3. CCH, art. R. 441-4.
4. CCH, art. L. 441-2, mod. par L. n° 2015-1776, 28 déc. 2015 relative à l'adaptation de la société au vieillissement, *JO* 29 déc., p. 24268.
5. Décr. n° 2017-760, 3 mai 2017 pris pour application de l'article 20 de la loi n° 2015-1776 du 28 décembre 2015 relative à l'adaptation de la société au vieillissement et portant diverses dispositions relatives aux modalités d'instruction des demandes de décision favorable pour le financement de logements sociaux, *JO* 5 mai, n° 115.
6. Décr. n° 2019-624, 21 juin 2019 portant diverses dispositions relatives aux procédures d'octroi des aides à l'investissement pour la construction, l'acquisition et l'amélioration de logements locatifs et pris pour application de l'article 109 de la loi n° 2018-1021 du 23 novembre 2018 portant évolution du logement, de l'aménagement et du numérique, *JO* 23 juin, n° 46.

Ce dispositif d'attribution prioritaire avec autorisation spécifique a été élargi par un décret du 4 août 2021 aux immeubles existants, sous la condition qu'ils aient été préalablement conventionnés et que les logements aient été construits ou aménagés spécifiquement pour l'usage des personnes en perte d'autonomie liée à l'âge ou au handicap[1].

622.25 Critères généraux. Pour l'attribution du logement, il est tenu compte de la composition, du niveau des ressources et des conditions de logement actuelles du ménage, ainsi que de l'éloignement des lieux de travail et de la proximité des équipements répondant aux besoins des demandeurs.

Sont considérées comme personnes vivant au foyer pour l'attribution d'un logement HLM[2] :

- le ou les titulaires du bail ;
- les personnes figurant sur les avis d'imposition du ou des titulaires du bail ;
- le concubin notoire du titulaire du bail ;
- le partenaire lié par un pacte civil de solidarité au titulaire du bail ;
- les personnes réputées à charge au sens des articles 194, 196, 196 A bis et 196 B du code général des impôts ;
- les enfants qui font l'objet d'un droit de visite et d'hébergement.

La loi du 23 novembre 2018, dite loi Élan, a complété la liste avec la catégorie des enfants faisant l'objet d'un droit de visite et d'hébergement[3].

622.26 Autres critères généraux. Il est également tenu compte, d'une part, de l'activité professionnelle du demandeur, au bénéfice des assistants maternels ou des assistants familiaux agréés[4], d'autre part, des dépenses engagées pour l'hébergement de l'un des conjoints ou partenaires en établissement d'hébergement pour personnes âgées dépendantes (EHPAD) et, enfin, du patrimoine du demandeur[5]. Sur ce dernier point, depuis la loi du 25 mars 2009 de mobilisation pour le logement et la lutte contre l'exclusion, complétée par la loi relative à l'égalité et à la citoyenneté du 27 janvier 2017 (qui ont précisé le contenu de l'article L. 441-2-2 du code de la construction et de l'habitation), le fait pour l'un des membres du ménage candidat à l'attribution d'un logement social d'être propriétaire d'un logement adapté à ses besoins et capacités ou susceptible de générer des revenus suffisants pour accéder à un logement du parc privé peut constituer un motif de refus pour l'obtention de celui-ci.

CHIFFRES DU LOGEMENT SOCIAL EN FRANCE

Commissariat général au développement durable : Le parc locatif social au 1er janvier 2019

Au 1er janvier 2019, le parc locatif social compte 5 089 800 logements, en progression de 1,7 % sur un an (86 300 logements supplémentaires).

En 2018, 80 400 logements ont été mis en service. 88 % d'entre eux étaient neufs. Dans le même temps, 11 300 logements ont été démolis, 10 800 ont été vendus et 700 ont changé d'usage ou ont été restructurés.

Au 1er janvier 2019, 2,9 % des logements sont vacants ; ce taux était de 2,8 % au 1er janvier 2018. Le taux de vacance de plus de trois mois, de 1,4 %, varie lui aussi très peu (- 0,1 point par rapport à l'année précédente).

Par ailleurs, 9,3 % de l'ensemble des logements sociaux (hors nouvelles mises en service) ont fait l'objet d'un emménagement.

1. Décr. n° 2021-1037, 4 août 2021 pris pour application des articles 20 de la loi n° 2015-1776 du 28 décembre 2015 relative à l'adaptation de la société au vieillissement et 109 de la loi n° 2018-1021 du 23 novembre 2018 portant évolution du logement, de l'aménagement et du numérique, *JO* 5 août, n° 33. L'arrêté du 4 août 2021 définit la composition du dossier à déposer en vue de l'obtention de l'autorisation spécifique (NOR : LOGL2109727A, *JO* 5 août, n° 34).
2. CCH, art. L. 442-12.
3. L. n° 2018-1021, 23 nov. 2018, art. 110.
4. L. n° 2005-706, 28 juin 2005, art. 15, modifiant l'art. L. 441-1 du CCH.
5. CCH, art. L. 441-1.

CHAPITRE

623. Plafonds de ressources

SECTION 0 ORIENTEUR

623.00 **Sommaire du chapitre.**

Division. La règle de respect des plafonds de ressources est impérative. Elle ne subit que de rares exceptions soumises à un strict contrôle.

Les plafonds sont déterminés par l'arrêté du 29 juillet 1987, modifié.

623.01 **Principaux textes applicables.**

TEXTES SOURCES

• **CCH,** art. L. 441-1, L. 442-8-4, L. 442-12, L. 445-3.

• **CCH,** art. R. 331-12, R. 441-1 à R. 441-1-2.

• **Arr. 29 juill. 1987** relatif aux plafonds de ressources des bénéficiaires de la législation sur les habitations à loyer modéré et des nouvelles aides de l'État en secteur locatif, NOR : EQUC8700526A (mod. par arr. 24 déc. 2020).

• **Arr. 10 mars 2011** fixant la méthode de calcul du taux d'effort mentionné à l'art. R. 441-3-1, CCH, *JO* 18 mars, p. 4910, NOR : DEVL1101563A.

• **Arr. 22 déc. 2020** relatif au nouveau formulaire de demande de logement locatif social et aux pièces justificatives fournies pour l'instruction de la demande de logement locatif social, *JO* 27 déc., n° 57, NOR : LOGL 2027782A.

TEXTES *IN EXTENSO*

• **CCH,** art. L. 441-1

* V. s[s] n° 622.01

• **CCH,** art. L. 442-8-4

Par dérogation à l'article L. 442-8 du présent code et à l'article 40 de la loi n° 89-462 du 6 juillet 1989 tendant à améliorer les rapports locatifs et portant modification de la loi n° 86-1290 du 23 décembre 1986, les organismes mentionnés à l'article L. 411-2 du présent code peuvent louer, meublés ou non, des logements à plusieurs personnes lorsque celles-ci en ont fait la demande, dans le cadre d'une colocation telle que définie au I de l'article 8-1 de la loi n° 89-462 du 6 juillet 1989 précitée.

Un contrat de location est conclu avec chaque locataire d'un même logement.

Ces logements sont attribués à chaque colocataire dans les conditions prévues aux articles L. 441 à L. 441-2-9 du présent code. Le respect du plafond de ressources applicable au logement s'apprécie dans le cadre de chaque contrat de location.

Les caractéristiques de décence du logement sont appréciées dans les conditions prévues au II de l'article 8-1 de la loi n° 89-462 du 6 juillet 1989 précitée.

Le montant de la somme des loyers perçus de l'ensemble des colocataires ne peut être supérieur au montant du loyer applicable au logement en application de la convention prévue à l'article L. 353-2 ou de l'article L. 442-1 du présent code.

Les charges locatives accessoires au loyer principal des logements peuvent être récupérées par le bailleur sous la forme d'un forfait versé simultanément au loyer, dont le montant et la périodicité de versement sont définis au contrat et qui ne peut donner lieu à complément ou à régularisation ultérieure. Le montant du forfait de charges est fixé en fonction des montants exigibles par le bailleur en application de l'article 23 de la loi n° 89-462 du 6 juillet 1989 précitée. Ce montant ne doit pas être manifestement disproportionné au regard des charges dont le locataire ou, le cas échéant, le précédent locataire se serait acquitté.

• **CCH,** art. L. 442-12

Sont considérées comme personnes vivant au foyer au titre des articles L. 441-1 et L. 441-4 :

– le ou les titulaires du bail ;

– les personnes figurant sur les avis d'imposition du ou des titulaires du bail ;

– le concubin notoire du titulaire du bail ;

– le partenaire lié par un pacte civil de solidarité au titulaire du bail ;

– les personnes réputées à charge au sens des articles 194, 196, 196 A *bis* et 196 B du code général des impôts ;

– les enfants qui font l'objet d'un droit de visite et d'hébergement.

• **CCH,** art. L. 445-3

I. – Les plafonds de ressources prévus par la nouvelle politique des loyers mentionnée à l'article L. 445-2 sont ceux prévus pour l'attribution des logements locatifs sociaux et mentionnés à l'article L. 441-1 ou résultant de la réglementation en vigueur. Un ou plusieurs plafonds de ressources peuvent être institués au sein de chaque ensemble immobilier [...].

623.03 Bibliographie indicative.

Encyclopédie. DP Gestion immob., V° HLM – Location, n°s 12 s.

Article. L. Auriac, « Pratique des plafonds de ressources en logement social », AJDI 2014. 770.

SECTION 1
PRINCIPES

623.10 Plan. Il convient d'étudier successivement les revenus pris en compte (§ 1), la détermination des plafonds de ressources (§ 2) et les niveaux des plafonds (§ 3).

§ 1
Revenus pris en compte

623.21 Cas général. Le montant des ressources pris en compte correspond à la somme des revenus fiscaux de référence au sens du 1° du IV de l'article 1417 du code général des impôts, figurant sur les avis d'imposition de chaque personne composant le ménage établi au titre de l'avant-dernière année précédant celle de la signature du contrat de location (ainsi, pour une attribution en 2021, les revenus de 2019 seront retenus). Doit par conséquent être pris en compte le revenu fiscal de référence de toutes les personnes appelées à vivre dans le logement et qui sont considérées comme vivant au foyer au sens de l'article L. 442-12.

Toutefois, si le(s) requérant(s) peu(ven)t justifier, pour la dernière année civile ou les douze derniers mois, de revenus inférieurs au moins de 10 % à ceux de l'année $n - 2$, il en est tenu compte[1].

Lors de l'instruction proprement dite de la demande, étape suivant celle de l'enregistrement de la demande, les personnes concernées présentent l'avis d'imposition correspondant ou l'avis de situation déclarative à l'impôt sur le revenu. À défaut de pouvoir présenter l'un ou l'autre, l'arrêté du 22 décembre 2020 prévoit la possibilité de produire un document administratif dit « de taxation » qui est délivré en pratique par le service des impôts à la personne qui, n'ayant pas effectué de télédéclaration, se rend sur place pour procéder à une déclaration tardive de ses ressources. Ce document de taxation récapitule le détail des revenus déclarés, la situation de famille, le nombre de parts et le montant de l'impôt sur le revenu. Toutefois, ces rubriques ne constituant pas formellement le revenu fiscal de référence, sa prise en compte par la commission fait encourir un risque de décision illégale.

623.22 Avis de situation déclarative à l'impôt sur le revenu (ASDIR). L'avis de situation déclarative (ASDIR) est un justificatif de revenus immédiatement accessible à la fin de la déclaration en ligne sur le site *impots.gouv.fr*. Il permet aux contribuables de justifier de leurs revenus et de leurs charges, dès l'ouverture de la déclaration en ligne, auprès notamment des banques, bailleurs, administrations qui exigent des copies d'avis. Ce document évite d'attendre l'avis d'impôt qui est adressé en général à partir de juillet.

L'ASDIR remplace l'avis de non-imposition pour les personnes non-imposables. Les ménages modestes peuvent ainsi bénéficier plus facilement de certaines aides ou allocations conditionnées au niveau de ressources.

Par ailleurs, l'ASDIR peut être pris en compte en tant que justificatif pour les ménages requérants qui arguent d'une baisse de revenus d'au moins 10 % par rapport à ceux de l'année $n - 2$ et demandent que soient pris en compte les revenus imposables perçus au titre de la dernière année civile ou au cours des douze derniers mois précédant la date de signature du contrat de location. Ils peuvent présenter leur avis d'imposition de l'année $n - 2$ et l'ASDIR pour justifier éventuellement de la baisse de leurs ressources à l'année $n - 1$.

623.23 Date à retenir pour apprécier les ressources. Les revenus sont pris en compte à la date de la signature du contrat de location, selon l'arrêté du 29 juillet 1987, modifié, relatif aux plafonds de ressources. Cela signifie, en particulier, que pour

1. Arr. 29 juill. 1987 relatif aux plafonds de ressources des bénéficiaires de la législation sur les habitations à loyer modéré et des nouvelles aides de l'État en secteur locatif, NOR : EQUC8700526A (mod. par arr. 24 déc. 2020).

une commission d'attribution qui statue à la fin du mois de décembre, il conviendra de retenir les ressources de l'année $n - 2$ par rapport à la date de signature du contrat de location, qui peut intervenir en janvier.

623.24 Individualisation des ressourcespour les couples en séparation. Les ressources à prendre en compte sont celles du seul requérant au titre de l'avant-dernière année précédant celle de la signature du nouveau contrat dans certaines situations propres aux difficultés des couples :

- lorsque le demandeur de logement est l'un des conjoints d'un couple en instance de divorce (situation attestée par une copie de l'acte de saisine du juge aux affaires familiales dans les conditions prévues au code de procédure civile ou par un justificatif d'un avocat attestant que la procédure de divorce par consentement mutuel extrajudiciaire est en cours) ;
- lorsque le demandeur est dans une situation d'urgence (attestée par une ordonnance de protection délivrée par le juge aux affaires familiales en application des articles 515-9 à 515-13 du titre XIV du livre Ier du code civil relatif aux mesures de protection des victimes de violences) ;
- lorsque le demandeur est une personne qui était liée par un pacte civil de solidarité dont elle a déclaré la rupture à l'officier de l'état civil ou au notaire instrumentaire ;
- aux personnes mariées, liées par un pacte civil de solidarité ou vivant maritalement lorsque l'une d'elles est victime de violences au sein du couple (attestées par le récépissé du dépôt d'une plainte par la victime) ;
- lorsque le demandeur est une personne mariée bénéficiaire de la protection internationale qui réside seule sur le territoire français [1].

La réforme pour la justice portée par la loi du 23 mars 2019 [2] ayant supprimé la phase de conciliation au 1er janvier 2021, il n'est plus possible de produire une ordonnance de non-conciliation à l'effet d'individualiser les ressources. La même conséquence s'infère de l'impossibilité d'obtenir désormais du juge des mesures urgentes au titre de l'article 257 du code civil.

Jusqu'à l'entrée en vigueur de la loi du 24 mars 2014, dite loi Alur, la formulation d'une demande individuelle par un membre d'un ménage en cours de séparation et se trouvant déjà locataire d'un logement social conduisait en pratique à un rejet faute d'opposabilité de la séparation aux tiers lorsque les formalités de mention en marge prescrites par les règles de l'état civil n'étaient pas encore accomplies [3]. Désormais, la circonstance que le demandeur bénéficie d'un contrat de location au titre du logement occupé par le couple ne peut faire obstacle à l'attribution d'un logement.

D'autres facilités ont été accordées par le législateur pour permettre la résolution de ces situations de rupture qui s'accompagnent parfois de mise en danger pour le demandeur de logement. Ainsi, si une demande avait été auparavant déposée par l'un des membres du couple avant la séparation et qu'elle mentionnait l'autre membre du couple parmi les personnes à loger, l'ancienneté de cette demande est conservée au bénéfice de l'autre membre du couple lorsqu'il se substitue au demandeur initial ou lorsqu'il dépose une autre demande dans le cas où le demandeur initial maintient sa propre demande [4].

623.25 Situation des étrangers ou des français ayant vécu à l'étranger. Lorsque tout ou partie des revenus perçus par le ménage requérant au cours de l'année de référence n'a pas été imposé en France mais dans un autre État ou territoire connaissant une législation fiscale propre, ce ménage doit produire un avis d'impôt sur le revenu, correspondant aux dispositions fiscales en vigueur qui réglementent l'impôt sur le revenu dans cet État ou de ce territoire, ou un document en tenant lieu, établi par l'administration fiscale de cet État ou de ce territoire [5].

En cas d'impossibilité justifiée de se procurer un tel document, la présentation d'une attestation d'une autre administration compétente ou, le cas échéant, du ou des employeurs peut être admise.

Ces documents doivent être traduits en français et les revenus convertis en euros.

Les demandeurs qui, du fait notamment de leur date d'entrée récente sur le territoire, justifient ne pouvoir produire ni d'avis d'imposition français ni un document équivalent ne pourront voir leurs ressources évaluées sur la base des revenus perçus depuis les douze derniers mois ou, le cas échéant, depuis l'entrée sur le territoire, démontrées par tous moyens de preuve, en particulier les documents prévus à la rubrique ci-dessous « montant des ressources mensuelles », à l'exception d'attestation sur l'honneur. Les documents rédigés en langue étrangère doivent être traduits en français [6].

1. CCH, art. L. 441-1. Cette situation a été ajoutée par la loi du 23 novembre 2018, dite loi Élan (art. 113).
2. L. n° 2019-222, 23 mars 2019 de programmation 2018-2022 et de réforme pour la justice, *JO* 24 mars, n° 2.
3. C. civ., art. 262.
4. CCH, art. L. 441-1.
5. Arr. 29 juill. 1987 relatif aux plafonds de ressources des bénéficiaires de la législation sur les habitations à loyer modéré et des nouvelles aides de l'État en secteur locatif, art. 4.
6. Arr. 22 déc. 2020 relatif au nouveau formulaire de demande de logement locatif social et aux pièces justificatives fournies pour l'instruction de la demande de logement locatif social, NOR : LOGL 2027782A (v. annexe, II, B, i).

623.26 Bénéficiaires de la protection subsidiaire. Lorsque, pour certains réfugiés, bénéficiaires de la protection subsidiaire ou apatrides, il est impossible de fournir tout document, les bailleurs sont autorisés à prendre en compte les ressources perçues depuis l'entrée sur le territoire national, démontrées par tous moyens de preuve, à l'exception d'une attestation sur l'honneur[1].

623.27 Français provenant de l'étranger en situation d'indigence. Pour les Français rentrés de l'étranger en situation d'indigence attestée, l'examen des ressources s'effectue sur la base de l'attestation de situation d'indigence visée par le ministère des affaires étrangères[2].

§ 2
Détermination des plafonds de ressources

623.31 Considération de la composition du ménage. Les plafonds de ressources sont fixés pour l'ensemble des personnes vivant au foyer par référence à une catégorie de ménages.

Ces catégories dépendent de la composition du ménage demandeur, en prenant en compte les seuls occupants du logement répondant à la définition de l'article L. 442-12 du code de la construction et de l'habitation[3].

Les jeunes ménages (couples dont la somme des âges révolus est inférieure à 55 ans) et les personnes seules avec une ou plusieurs personnes à charge bénéficient d'un surclassement de catégorie (v. tableau ci-après). Depuis le 1er janvier 2019, les personnes en situation de handicap et les ménages composés d'une personne en situation de handicap se trouvent également surclassés. Un ménage composé d'une personne seule en situation de handicap entre dans la catégorie 2 ; un couple composé d'une personne en situation de handicap entre dans la catégorie 3. La personne en situation de handicap est celle titulaire de la carte « mobilité inclusion » portant la mention « invalidité » prévue à l'article L. 241-3 du code de l'action sociale et des familles[4].

Depuis la loi du 25 mars 2009, créant l'article L. 442-12 du code de la construction et de l'habitation, les enfants de parents séparés ne sont considérés comme vivant au foyer de l'un et de l'autre parent que dans le cas d'une garde alternée[5]. Les plafonds sont calculés par zones géographiques qui sont au nombre de trois : Paris et les communes limitrophes, le reste de l'Île-de-France et les autres régions.

§ 3
Niveaux des plafonds

623.41 Plafonds pour l'attribution. Il existe deux niveaux de plafonds de ressources en HLM.

623.42 Premier plafond : régime de droit commun. Le premier niveau, de droit commun, conditionne l'accès aux logements HLM soit construits, améliorés ou acquis et améliorés avec le concours financier de l'État soit conventionnés. Il concerne le plus grand nombre des demandeurs de logement social.

PLAFONDS DE RESSOURCES ANNUELLES EN LOCATIF HLM (HORS PLA-I ET PLA-TS) AU 1ER JANVIER 2021 – À COMPARER AU REVENU FISCAL DE RÉFÉRENCE DE 2019

Catégorie de ménages	Paris et communes limitrophes (en euros)	Île-de-France hors Paris et communes limitrophes (en euros)	Autres régions (en euros)
• 1	• 24 116	• 24 116	• 20 966
• 2	• 36 042	• 36 042	• 27 998
• 3	• 47 247	• 43 325	• 33 670
• 4	• 56 410	• 51 897	• 40 648
• 5	• 67 116	• 61 435	• 47 818
• 6	• 75 523	• 69 134	• 53 891
• Par personne supplémentaire	• 8 416	• 7 703	• 6 011

623.43 Second plafond : ménages en difficultés. Le second, réservé aux ménages qui rencontrent des difficultés d'insertion particulières[6] leur permet d'accéder à des logements HLM également financés avec le concours financier de l'État ou conventionnés, mais bénéficiant de conditions plus favorables de loyers. Les locataires de ces logements répondent à des conditions de ressources spécifiques (au maximum 60 % des plafonds de droit commun), qui sont les suivantes :

1. Arr. 22 déc. 2020 relatif au nouveau formulaire de demande de logement locatif social et aux pièces justificatives fournies pour l'instruction de la demande de logement locatif social, NOR : LOGL 2027782A (v. annexe, II, B, h).
2. Arr. 22 déc. 2020, NOR : LOGL 2027782A (v. annexe, II, B, g).
3. V. ss no 622.25.
4. Arr. 28 déc. 2018 modifiant l'arrêté du 29 juillet 1987 relatif aux plafonds de ressources des bénéficiaires de la législation sur les habitations à loyer modéré et des nouvelles aides de l'État en secteur locatif, NOR : LOGL1832656A.
5. Alors que depuis un arrêté du 19 novembre 2001 modifiant l'arrêté du 29 juillet 1987 relatif aux plafonds de ressources, les enfants étaient pris en compte indifféremment par chacun de leurs parents.
6. CCH, art. R. 331-1.

PLAFONDS DE RESSOURCES ANNUELLES EN PLA D'INTÉGRATION EN 2021 – À COMPARER AU REVENU FISCAL DE RÉFÉRENCE DE 2019

Catégorie de ménages	Paris et communes limitrophes (en euros)	Île-de-France hors Paris et communes limitrophes (en euros)	Autres régions (en euros)
• 1	• 13 268	• 13 268	• 11 531
• 2	• 21 626	• 21 626	• 16 800
• 3	• 28 348	• 25 995	• 20 203
• 4	• 31 029	• 28 543	• 22 479
• 5	• 36 912	• 33 792	• 26 300
• 6	• 41 539	• 38 024	• 29 641
• Par personne supplémentaire	• 4 628	• 4 235	• 3 306

623.44 **Actualisation.** Les plafonds de ressources sont actualisés chaque année au 1er janvier, en tenant compte de la variation de l'indice de référence des loyers (IRL) mentionné à l'article 17, I, 1 de la loi du 6 juillet 1989, modifiée par la loi du 24 mars 2014, dite loi Alur[1]. La révision intervient « chaque année au 1er janvier en tenant compte de la variation de l'indice de référence des loyers appréciée par comparaison entre le troisième trimestre de l'antépénultième année et le troisième trimestre de l'année précédente »[2].

623.45 **Baisse des plafonds.** Les plafonds de ressources pour l'attribution des logements locatifs sociaux fixés en application de l'article L. 441-1 du code de la construction et de l'habitation ont en outre été minorés de 10,3 % à compter du 1er juin 2009. Cette baisse a affecté tous les plafonds des logements sociaux financés avec des prêts PLUS, mais aussi PLA-I et PLS. Elle a eu comme conséquence de ramener la proportion des ménages éligibles au parc social au niveau qui existait à la fin des années 90[3].

Ministère du logement et de l'habitat durable.
Comment sont attribués les logements sociaux (avril 2016).

« ...Contrairement à des idées reçues, les plafonds de ressources pour l'accès à un logement social sont relativement élevés puisque 60 % de la population y est éligible. À Paris par exemple, une personne seule ne devra pas gagner plus de 2 130 euros mensuels pour prétendre à un logement PLUS (soit 80 % des logements sociaux). Pour un logement PLAi, donc très social, les ressources ne doivent pas dépasser 12 722 euros par an, soit un peu plus de 1 000 euros mensuels. Partout, hors Île-de-France, une famille de deux enfants ne devra pas gagner plus de 3 590 euros. Dans les faits, on constate que le logement social accueille des ménages très éloignés de ces maximums. Plus de 60 % des personnes logées dans le parc social ont en effet des revenus inférieurs à 60 % de ces plafonds. »

1. L. n° 2014-366, 24 mars 2014, *JO* 26 mars, p. 5809.
2. CCH, art. R. 441-1.
3. Rép. min. n° 43973, *JOAN Q* 10 nov. 2009, p. 10711.

Plus récemment, l'analyse des demandes en cours fin 2018 et des demandes satisfaites en 2018 a fait ressortir que 75 % concernent des ménages attributaires dont les ressources sont inférieures à 60 % des plafonds des logements PLUS, 22 % concernent des ménages aux ressources entre 60 % et 100 % du plafond PLUS, 3 % ont des ressources supérieures à ce plafond. Le phénomène de paupérisation des locataires du parc social s'accentue compte tenu du plus faible niveau de ressources des demandeurs et des attributaires de logements sociaux que celui des occupants[4].

SECTION 2
DÉROGATIONS ET EXCEPTIONS

623.50 **Plan.** Il convient de distinguer les dérogations liées à la nature du financement (§ 1), celles accordées par le préfet de département (§ 2), les dérogations spécifiques (§ 3) et le cas des logements non soumis à plafonds de ressources (§ 4).

§ 1
Dérogations liées à la nature du financement

623.61 **Cas particulier des logements financés en PLUS.** Le financement en PLUS[5] résulte de la réforme du financement du logement locatif social opérée par le décret du 7 octobre 1999[6].

Il prévoit que 10 % au maximum des logements d'une opération peuvent être attribués à des candidats dont les ressources sont au plus égales à 120 % du plafond de ressources HLM.

Cette mesure, favorisant la mixité sociale et couplée avec un niveau de loyer plus élevé pour ces seuls logements, doit contribuer à l'équilibre de l'opération, les autres logements (90 %) bénéficiant de loyers inférieurs.

La dérogation est inscrite dans la convention passée avec l'État par le bailleur.

De même, 30 % au moins des logements doivent être occupés par des ménages dont les ressources n'excèdent pas 60 % du plafond de ressources prévu au premier alinéa de l'article R. 331-12 du code de la construction et de l'habitation pour l'attribution des logements sociaux, c'est-à-dire le plafond PLUS.

4. Les HLM en chiffres, Union sociale pour l'habitat, 80e congrès 2019, p. 14.
5. Prêt locatif à usage social, distribué par la Caisse des dépôts et consignations.
6. Décr. n° 99-864, 7 oct. 1999 modifiant le CCH en ce qui concerne les conventions conclues entre l'État et les organismes d'HLM, *JO* 8 oct., p. 14879.

623.62 Dérogations pour les logements financés en PLS (anciennement PLA-CFF). L'arrêté du 29 juillet 1987 modifié relatif aux plafonds de ressources précise que les plafonds HLM sont majorés de 30 % pour les logements financés en PLS.

623.63 Logements intermédiaires. Certains logements destinés à des catégories intermédiaires font l'objet de financements spécifiques, qui ne sont pas aidés par l'État, mais répondent néanmoins à des plafonds de ressources particuliers. Il s'agit des PC (prêts conventionnés) et des PLI (prêts locatifs intermédiaires).

Les logements financés en PC locatifs [1], autrefois exonérés, sont soumis dorénavant à un plafond de ressources lorsqu'ils sont conventionnés à l'APL [2]. Ce plafond correspond à ceux du prêt locatif social (PLS).

Les prêts PLI sont réglementés depuis 2001 [3] : leurs conditions d'emploi sont précisées ainsi que leur mode et leurs conditions de distribution. Leurs plafonds de ressources sont fixés par arrêté.

Le niveau maximum des ressources en PLI – qui correspondait depuis mars 2001 à environ 1,5 fois les plafonds PLUS HLM, est dorénavant fixé, depuis le 1er août 2004, à 180 % des plafonds en zone A [4], 160 % en zone B [5] et 140 % en zone C [6].

§ 2 Dérogations accordées par le préfet de département

623.71 Cas général. Les motifs acceptés pour une dérogation sont limités et précisés dans un arrêté préfectoral. Le préfet peut fixer par arrêté des règles dérogeant localement et temporairement aux conditions de ressources.

Les motifs de la dérogation sont limités à quatre [7] :

– résoudre des problèmes graves de vacance de logements ;

– faciliter les échanges de logement dans l'intérêt des familles ;

– permettre l'installation d'activités nécessaires à la vie économique et sociale des ensembles d'habitations ;

– favoriser la mixité sociale dans les grands ensembles et les quartiers prioritaires de la politique de la ville (QPV).

L'arrêté détermine les plafonds de ressources dérogatoires applicables. Il désigne les immeubles ou les secteurs qui font l'objet de la dérogation, ainsi que la durée de celle-ci.

Dans les mêmes conditions, des dérogations aux plafonds de ressources peuvent également être accordées, en dehors des grands ensembles et des QPV, pour les logements d'un même immeuble ou ensemble immobilier lorsque ceux-ci sont occupés à plus de 65 % par des ménages bénéficiant de l'aide personnalisée au logement (APL).

§ 3 Dérogations spécifiques

623.81 Dérogations dans les cas de délégation d'aides à la pierre. La convention de délégation des aides à la pierre, prévue par la loi du 13 août 2004 relative aux libertés et aux responsabilités locales [8], peut prévoir des majorations aux plafonds de ressources dans la limite d'un dépassement de 30 % [9], afin de favoriser la mixité sociale, pour des logements d'un même immeuble situés dans des ensembles immobiliers ou quartiers dans lesquels plus de 20 % des logements locatifs sociaux sont vacants depuis au moins trois mois ou pour des logements situés dans des quartiers classés en zone urbaine sensible ou pour les logements d'un même immeuble ou ensemble immobilier lorsqu'ils sont occupés à plus de 65 % par des ménages bénéficiant des aides personnelles au logement.

623.82 Dérogations en cas de conventionnement d'utilité sociale (CUS). La convention signée avec l'État dans le cadre des articles L. 445-1 et suivants du code de la construction et de l'habitation autorisait l'organisme d'HLM à déroger aux plafonds de ressources réglementaires, dans le respect des orientations fixées éventuellement par le PLH [10]. L'article R. 445-8 limitait ces dérogations à deux cas permettant de favoriser la mixité sociale dans les immeubles concernés : dans les immeubles sous plafonds de ressources PLUS, la CUS pouvait autoriser un plafond majoré de 30 % ; dans les immeubles occupés à plus de 65 % par des bénéficiaires de l'APL, il pouvait être dérogé dans la limite du plafond PLI, aux plafonds

1. PC : prêts conventionnés ne comportant pas d'aide de l'état : la référence à une convention dans leur titre vise en réalité celle passée par l'État avec les banques et les établissements financiers qui distribuent ce prêt.
2. CCH, art. R. 353-11.
3. CCH, art. R. 391-1 s.
4. Agglomération parisienne, Côte d'Azur et partie française de l'agglomération de Genève.
5. Autres agglomérations de plus de 50 000 habitants.
6. Reste du territoire.
7. CCH, art. R. 441-1-1.
8. V. ss no 633.63.
9. CCH, art. R. 441-1-2.
10. CCH, art. L. 445-3.

de ressources PLUS, si le préfet et, le cas échéant, le délégataire des aides à la pierre, donnait son accord ; celui-ci était réputé donné après trois mois.

La loi relative à l'égalité et à la citoyenneté du 27 janvier 2017 a supprimé sous cette forme cette faculté de dérogation, en modifiant l'article L. 445-3 du code de la construction et de l'habitation. Dorénavant, dans le cadre de la CUS 2 et si l'organisme engage la nouvelle politique des loyers[1], il pourra instituer plusieurs plafonds de ressources dans le cadre d'un immeuble ou d'un ensemble immobilier dont il veut développer la diversité des personnes accueillies.

§ 4 Cas des logements non soumis à plafonds de ressources

623.91 **Conditions relatives au local lui-même.** Il s'agit, tout d'abord, d'un nombre très réduit de logements HLM pour lesquels la réglementation a exclu l'application des plafonds de ressources de manière expresse. C'est le cas pour les logements ILN (immeubles à loyers normaux), correspondant aux immeubles à loyer intermédiaire des années 1960-1970.

Par ailleurs, la question reste posée des logements construits sur fonds propres par les organismes d'HLM et non conventionnés à l'APL dont une interprétation littérale de l'article L. 442-10 du CCH conduit à considérer qu'ils ne sont pas soumis à plafonds de ressources. Pour autant, la raison d'être des organismes d'HLM, quel que soit leur statut, ainsi que l'agrément qu'ils reçoivent de l'État leur fait endosser la mission d'intérêt général du logement des personnes modestes et défavorisées[2], dans les conditions définies au livre IV du code de la construction et de l'habitation. Cela implique notamment un plafonnement à la fois des ressources des bénéficiaires et des prix pratiqués à leur égard.

Le fait que des logements puissent être réalisés au moyen de fonds propres n'affecte pas l'objectif essentiel de la mission des organismes d'HLM et ce serait oublier que les compétences des organismes sont limitativement définies par le législateur qui n'a pas envisagé ce cas de figure, contrairement au cas des sociétés d'économie mixte de construction et de gestion de logements sociaux qui sont habilitées à développer tant un parc locatif privé qu'un parc social conventionné. En toute hypothèse, le législateur a rendu les règles de fixation et d'évolution de loyer des logements du parc privé inapplicables aux logements appartenant aux organismes d'HLM, même lorsqu'ils ne sont pas conventionnés[3], quel que soit leur financement d'origine.

En revanche, la détention par des organismes d'HLM d'immeubles locatifs acquis ponctuellement dans le parc privé n'est pas rare, sans projet de conventionnement ou avec un projet n'ayant pas été finalisé. L'ANCOLS a commenté cette situation dans son rapport de 2015 en relevant que « Dans une part significative des organismes contrôlés, majoritairement des SA d'HLM, l'Agence relève que le parc géré comprend des logements non conventionnés financés sur fonds propres et prêts bancaires banalisés qui ne font l'objet d'aucun encadrement en termes de plafonds de ressources et de plafonds de loyers, et dont l'attribution ne respecte aucune procédure formalisée en garantissant la transparence. » L'ANCOLS conclut ainsi : « Cette pratique fait question au regard de l'objet social et du financement public de ces organismes. Dès lors, à l'occasion de ses contrôles, l'Agence demande systématiquement aux organismes gérant des logements non conventionnés que soient fixés, par le conseil d'administration, des plafonds de ressources et de loyers, et que l'attribution des logements suive une procédure transparente. »

Les logements ainsi visés sont normalement destinés à terme à être conventionnés afin d'en permettre une gestion normalisée sauf à les intégrer dans le parc de logements locatifs intermédiaires de l'organisme en respectant deux contraintes : le plafonnement au niveau des PLI des ressources et du loyer pratiqué ainsi que la limitation du volume de ce parc à 10 % du parc locatif social de l'organisme. À cet égard, le ministère du Logement fixe également comme plafond de référence le plafond de ressources PLI pour les logements qui n'entrent pas dans les catégories de financements HLM[4].

Ces situations devraient par conséquent rester exceptionnelles et provisoires, avec une régularisation de leur régime par la voie du conventionnement. Dans un cas de figure comparable comme l'acquisition de parts de sociétés civiles immobilières, la loi du 23 novembre 2018, dite loi Élan, impose à l'organisme se trouvant détenir l'intégralité des parts d'une SCI de dissoudre la société dans l'année qui suit l'acquisition des parts et de conventionner à l'APL l'ensemble des logements concernés dans l'année suivant la transmission du patrimoine à son profit. De plus, l'organisme devra avoir vérifié

1. Sur ces notions, v. s[s] n°s 636.81 s.
2. CCH, art. L. 411.
3. L. n° 89-462, 6 juill. 1989, art. 40, I.
4. Circ. 12 avr. 2010 relative aux conventions d'utilité sociale des organismes d'habitations à loyer modéré (HLM), des sociétés d'économie mixte (SEM) et des unions d'économie sociale (UES), NOR : DEVU1007856C.

au préalable que l'opération respecte bien son objet social et sa compétence géographique. Toutes ces conditions sont requises à peine de nullité de l'opération, quel que soit le statut de l'organisme[1].

623.92 Conditions relatives à la situation du demandeur. On doit également mentionner l'hypothèse d'un changement de logement proposé par le bailleur envers les locataires qui se trouvent dans des situations particulières exigeant la restitution du logement avec proposition d'un nouveau logement par le bailleur sans qu'il soit tenu compte d'un éventuel dépassement des plafonds de ressources :

– situation de sous-occupation du logement visée par l'article L. 442-3-1 du code de la construction et de l'habitation, au regard des critères légaux[2] ;

– situation visée par l'article L. 442-3-2 du code de la construction et de l'habitation d'occupation d'un logement adapté à un handicap mais dont la personne présentant ce handicap a quitté le logement.

De même, lorsque deux locataires échangent leurs logements dans les conditions prévues par l'article 9 de la loi du 6 juillet 1989[3], il n'y a pas lieu de tenir compte des plafonds de ressources.

1. L. n° 2018-1021, 23 nov. 2018, art. 88.

2. Les locaux insuffisamment occupés sont définis « comme des locaux comportant un nombre de pièces habitables, [...] non compris les cuisines, supérieur de plus d'un au nombre de personnes qui y ont effectivement leur résidence principale » (CCH, art. L. 621-2).

3. V. s[s] n°s 325.41 s.

CHAPITRE

624. Commission d'attribution des logements et d'examen de l'occupation des logements

SECTION 0 ORIENTEUR

624.00 Sommaire du chapitre.

Division – Création par la loi du 13 juillet 1991. La loi du 13 juillet 1991 [1] d'orientation pour la ville a introduit dans tous les organismes HLM des commissions d'attribution.

Les innovations de la loi du 13 juillet 1991 ont porté sur :

– la généralisation des commissions d'attribution aux sociétés anonymes d'HLM,

– l'attribution nominative des logements par la commission d'attribution : un logement à un demandeur,

– la participation des représentants des locataires à la commission d'attribution,

– et la participation des maires, membres de droit des commissions.

Sont ensuite intervenues successivement les lois :

– du 13 décembre 2000 relative à la solidarité et au renouvellement urbains (dite loi SRU),

– du 25 mars 2009, de mobilisation pour le logement et la lutte contre l'exclusion,

– du 24 mars 2014, pour l'accès au logement et un urbanisme rénové,

– la loi du 27 janvier 2017, relative à l'égalité et à la citoyenneté,

– enfin la loi du 23 novembre 2018, portant évolution du logement, de l'aménagement et du numérique qui a notamment élargi le rôle des commissions en y ajoutant l'examen triennal des conditions d'occupation des logements lorsqu'ils sont situés en zone tendue.

– qui ont complété la législation sur les commissions d'attribution.

624.01 Principaux textes applicables.

TEXTES SOURCES

• **CCH,** art. L. 441-2.

• **Décr. n° 92-726, 29 juill. 1992** portant application des articles 37, 38 et 41 de la loi d'orientation pour la ville, *JO* 30 juill., p. 10230.

• **Décr. n° 2010-398, 22 avr. 2010** relatif au droit au logement opposable, *JO* 24 avr., p. 7506.

• **Décr. n° 2011-176, 15 févr. 2011** relatif à la procédure d'attribution des logements sociaux et au droit au logement opposable, *JO* 16 févr., p. 2890.

• **Décr. n° 2017-834, 5 mai 2017** portant diverses dispositions modifiant le code de la construction et de l'habitation en matière de demande et d'attribution de logement social, *JO* 7 mai, n° 124.

• **Arr. 10 mars 2011** fixant la méthode de calcul du taux d'effort mentionné à l'art. R. 441-3-1 du CCH, *JO* 18 mars, p. 4910, NOR : DEVL1101563A.

• **Circ. 27 mars 1993** relative aux commissions d'attribution des organismes de logement social (non publiée).

• **Arr. 22 déc. 2020** relatif au nouveau formulaire de demande de logement locatif social et aux pièces justificatives fournies pour l'instruction de la demande de logement locatif social, *JO* 27 déc., n° 57, NOR : LOGL2027782A.

1. L. n° 91-662, 13 juill. 1991 d'orientation pour la ville, *JO* 19 juill., p. 9521.

TEXTES *IN EXTENSO*

• **CCH,** art. L. 441-2

I. – Il est créé, dans chaque organisme d'habitations à loyer modéré, une commission d'attribution des logements et d'examen de l'occupation des logements.

Une commission d'attribution des logements et d'examen de l'occupation des logements est créée sur demande d'un établissement public de coopération intercommunale mentionné au vingt-troisième alinéa de l'article L. 441-1, d'un établissement public territorial de la métropole du Grand Paris ou de la commune de Paris lorsque, sur le territoire concerné, un même organisme dispose de plus de 2 000 logements locatifs sociaux.

II. – La commission prévue au I est composée :

1° De six membres représentant l'organisme d'habitations à loyer modéré, désignés selon des modalités définies par décret, qui élisent en leur sein un président ;

2° Du maire de la commune où sont implantés les logements attribués ou de son représentant. Il dispose d'une voix prépondérante en cas d'égalité des voix ;

3° Du représentant de l'État dans le département ou de son représentant ;

4° Du président de l'établissement public de coopération intercommunale mentionné au vingt-troisième alinéa de l'article L. 441-1 ou du président du conseil de territoire de l'établissement public territorial de la métropole du Grand Paris où sont situés les logements ou de leur représentant.

Lorsqu'une convention de gérance prévue à l'article L. 442-9 inclut l'attribution de logements, le président de la commission d'attribution des logements et d'examen de l'occupation des logements de l'organisme ayant confié la gérance des immeubles est membre de droit, pour ces logements, de la commission d'attribution des logements et d'examen de l'occupation des logements de l'organisme gérant.

Participent aux travaux de la commission avec voix consultative :

a) Un représentant désigné par des organismes bénéficiant de l'agrément relatif à l'ingénierie sociale, financière et technique prévu à l'article L. 365-3, selon des modalités définies par décret ;

b) Les maires d'arrondissement des communes de Paris, Marseille et Lyon ou leurs représentants pour les logements situés dans les arrondissements où ils sont territorialement compétents ;

c) Les réservataires non membres de droit pour les logements relevant de leur contingent.

III. – La commission attribue nominativement chaque logement locatif.

Elle exerce sa mission d'attribution des logements locatifs dans le respect des articles L. 441-1 et L. 441-2-3, en prenant en compte les objectifs fixés à l'article L. 441.

Par dérogation au deuxième alinéa du présent III et pour les seuls logements ne faisant pas l'objet d'une réservation par le représentant de l'État dans le département en application du trente-septième alinéa de l'article L. 441-1, la commission d'attribution des logements et d'examen de l'occupation des logements peut attribuer en priorité tout ou partie des logements construits ou aménagés spécifiquement pour cet usage à des personnes en perte d'autonomie liée à l'âge ou au handicap, dans le cadre de programmes bénéficiant d'une autorisation spécifique délivrée par le représentant de l'État dans le département.

Pour les logements faisant l'objet d'une réservation par le représentant de l'État dans le département, celui-ci peut s'engager, en fonction de son appréciation des besoins locaux de logements adaptés à ce type de population, à proposer prioritairement les logements construits ou aménagés spécifiquement pour cet usage à des personnes en perte d'autonomie liée à l'âge ou au handicap.

Par dérogation au deuxième alinéa du présent III et pour les seuls logements ne faisant pas l'objet d'une réservation par le représentant de l'État dans le département en application du trente-septième alinéa de l'article L. 441-1, la commission d'attribution peut également attribuer en priorité tout ou partie des logements à des jeunes de moins de trente ans, dans le cadre de programmes bénéficiant d'une autorisation spécifique délivrée par le représentant de l'État dans le département.

Pour les logements faisant l'objet d'une réservation par le représentant de l'État dans le département, celui-ci peut s'engager, en fonction de son appréciation des besoins locaux de logements adaptés à ce type de population, à proposer prioritairement les logements à des jeunes de moins de trente ans.

L'obligation de disposer des autorisations spécifiques mentionnées aux troisième et cinquième alinéas du présent III s'applique également aux bailleurs autres que ceux mentionnés au présent article, dès lors qu'un programme de logements est réservé prioritairement en tout ou partie aux publics mentionnés aux troisième et cinquième alinéas du présent III.

Un décret fixe les modalités d'octroi des autorisations spécifiques précitées pour les personnes physiques ou morales pouvant bénéficier, en application des titres Ier à III du livre III, de prêts et de subventions pour la construction, l'acquisition et l'amélioration des logements locatifs aidés.

La séance de la commission d'attribution peut prendre une forme numérique en réunissant ses membres à distance selon des modalités définies par son règlement et approuvées également par le représentant de l'État dans le département. Pendant la durée de la commission d'attribution numérique, les membres de la commission font part de leurs décisions de manière concomitante à l'aide d'outils informatiques garantissant un accès sécurisé, un choix libre et éclairé, la confidentialité des échanges, le respect de la vie privée des demandeurs et la possibilité, à tout moment et pour tout membre, de renvoyer la décision à une commission d'attribution physique.

IV. – La commission examine également les conditions d'occupation des logements que le bailleur lui soumet en application de l'article L. 442-5-2 ainsi que l'adaptation du logement aux ressources du ménage. Elle formule, le cas échéant, un avis sur les offres de relogement à proposer aux locataires et peut conseiller l'accession sociale dans le cadre du parcours résidentiel. Cet avis est notifié aux locataires concernés.

624.02 **Jurisprudence de référence.**

• **CE 27 juill. 2001,** *Ass. Droit au logement*, req. n° 214768, NP

* V. s^s n° 624.31

La commission d'attribution des logements (CAL) est seule compétente pour attribuer chaque logement ayant bénéficié d'une aide de l'État ou ouvrant droit à l'aide personnalisée au logement. Ce pouvoir de fixation par les organismes d'HLM des règles d'attribution ne résulte donc pas d'un transfert illégal.

• **Aix-en-Provence, 28 juin 2005,** n° 2005/369

* V. s^s n° 624.56

Un bailleur HLM peut, « eu égard à l'appréciation du contexte social du quartier dans lequel se trouve le logement sollicité », motiver son refus d'attribution par la « non concordance avec les objectifs de mixité sociale conduits conformément à la loi sur le quartier concerné ».

• **T. confl. 16 févr. 2016,** req. n° 4048, *Lebon*

* V. s^s n° 624.55

Quel que soit le statut, public ou privé, du bailleur social, la décision de refus d'attribuer un logement constitue une décision administrative, dont il incombe à la seule juridiction administrative d'apprécier la légalité.

624.03 **Bibliographie indicative.**

Encyclopédie. DP Gestion immob., V° HLM-Location, n°s 67 s.

Articles. Ph. Brouant, « Les pouvoirs du maire en matière d'attribution des logements sociaux », AJDI 1998. 335 – C. Coutant-Lapallus, « Vers une amélioration de la procédure d'attribution des logements sociaux ? », Loyers et copr. 2011, p. 7 – G. Teilliais, « L'attribution des logements HLM », Ann. loyers 1997. 104 – Fr. Zitouni, « L'attribution des logements locatifs sociaux à la croisée des politiques sociales et territoriales », RD sanit. soc. 2006, n° 3, p. 432 ; Actualités Habitat n° 924, 15 mai 2011.

SECTION 1
PRINCIPES

624.11 **Principe.** Il est créé, dans chaque organisme d'habitations à loyer modéré, une commission d'attribution des logements et d'examen de l'occupation des logements chargée d'attribuer nominativement chaque logement locatif. Elle comprend plusieurs catégories de membres dont certains ont une voix délibérative et d'autres une voix consultative.

Ces membres représentent une multiplicité d'intérêts que concerne l'attribution des logements locatifs sociaux : l'organisme HLM qui en assure la gestion, les locataires de l'organisme, la commune et les arrondissements, l'intercommunalité, les organismes d'ingénierie sociale, les réservataires de logements s'ils ne sont pas déjà membres de droit, et si besoin, l'action sociale du département.

624.12 **Autorité indépendante ou organe de l'organisme HLM ?** La question s'est posée de la nature juridique de la commission lors de litiges nés de ses décisions et, particulièrement, de leur portée à l'égard de l'organisme HLM dont elle est issue. L'enjeu réside dans la recherche de la responsabilité de la personne morale de l'organisme et, le cas échéant, de celle des personnes physiques dirigeantes du fait de décisions illégales prises par une commission. Les personnes morales sont en effet responsables pénalement des infractions commises, pour leur compte, par leurs organes ou représentants ; en outre, la responsabilité pénale des personnes morales n'exclut pas, sous certaines conditions, celle des personnes physiques auteurs ou complices des mêmes faits[1].

La commission est seule habilitée à prononcer les décisions d'attribution, de non-attribution et de rejet et cette mission assignée par le législateur ne peut-être déléguée aux services gestionnaires de l'organisme HLM[2]. Cependant, si elle est une instance distincte des services internes, la commission n'est pas pour autant une autorité extérieure à l'organisme HLM et elle reste un organe du bailleur même si des personnalités extérieures siègent en son sein. Elle rend compte au moins une fois par an de son activité au conseil d'administration ou de surveillance de l'organisme[3].

Selon la cour de cassation, il résulte des termes de l'article L. 441-2 que la commission d'attribution créée dans chaque organisme d'habitations à loyer modéré en est un organe, même si des personnalités extérieures siègent en son sein et que l'article L. 441-1 ne remet pas en cause cette compétence et cette responsabilité puisqu'il renvoie à un décret en Conseil d'État le soin de déterminer les conditions dans lesquelles sont attribués « par les organismes d'habitations à loyer modéré » et non par un tiers ou par toute instance extérieure, les logements dont ils sont propriétaires ou dont ils assurent la gestion. En conséquence, l'organisme HLM peut voir sa responsabilité engagée du fait par exemple de comportements ou décisions à caractère délictueux même s'ils se sont produits dans le seul cadre de la commission d'attribution[4].

624.13 **Création d'une ou plusieurs commissions d'attribution.** Le conseil d'administration (ou le conseil de surveillance) décide la création d'une ou de plusieurs commissions en fonction de la dispersion géographique du parc de l'organisme, sans limite particulière (ce qui permet l'installation de commissions par commune si nécessaire). Il définit les orien-

1. C. pén., art. L. 121-2.
2. CCH, art. R. 441-3 – CAA Paris, 30 déc. 1999, *OPDHLM des Hauts-de-Seine*, req. n° 98PA02252, *AJDI* 2000. 949 ; *AJDI* 2000. 895, étude J.-P. Brouant et J.-P. Brouillaud.
3. CCH, art. R. 441-9, dern. al.
4. Crim. 11 juill. 2017, n° 16-82.426, P n° 211.

tations d'attribution des commissions dans le respect notamment des orientations adoptées par la conférence intercommunale du logement ou, pour la Ville de Paris, la conférence du logement, et du contenu du plan partenarial de gestion de la demande de logement social et d'information des demandeurs.

624.14 **Attribution nominative des logements.** La commission attribue nominativement chaque logement. Elle ne peut se contenter de définir une liste de personnes sans mentionner le logement effectivement attribué à chacun, ni attribuer à une famille un certain type de logement, ni encore entériner purement et simplement un choix fait par un service gestionnaire du bailleur ou un réservataire.

Doivent être regardées comme ayant été pris par une autorité incompétente les décisions d'attribution prises par le service administratif de l'office et hors de la présence du maire de la commune concernée [1].

Ce principe de décision d'attribution par l'organisme qui gère le logement a toujours été maintenu et apporte la garantie fondamentale de la responsabilité du bailleur dès l'attribution et pendant toute la durée du contrat de location.

624.15 **Création d'une commission d'attribution à la demande d'un EPCI.** Depuis la loi relative à la solidarité et au renouvellement urbains (loi du 13 décembre 2000 dite loi SRU) [2], un organisme HLM qui détient plus de 2 000 logements sur une même commune ou établissement public de coopération intercommunale (EPCI), devait créer une commission d'attribution à leur demande.

La loi du 27 janvier 2017, relative à l'égalité et à la citoyenneté [3], a modifié cette disposition [4]. Dorénavant, seuls les EPCI tenus de se doter d'un programme local de l'habitat (PLH) ou ayant la compétence habitat et au moins un quartier prioritaire de la politique de la ville (QPV) sur leur territoire, ainsi que les établissements publics territoriaux de la métropole du Grand Paris ou de la commune de Paris peuvent demander à un organisme qui détient plus de 2 000 logements sur leur territoire de créer une commission d'attribution.

Ainsi, les communes dans la même situation ne pourront plus faire cette demande.

1. CAA Paris, 30 déc. 1999, *OPDHLM des Hauts-de-Seine*, req. n° 98PA02252, préc.
2. L. n° 2000-1208, 13 déc. 2000, *JO* 14 déc., p. 19777, art. 153 IV.
3. L. n° 2017-86, 27 janv. 2017 relative à l'égalité et à la citoyenneté, *JO* 28 janv., n° 1.
4. CCH, art. L. 441-2.

SECTION 2
COMPOSITION DE LA COMMISSION

624.21 **Commission unique.** La commission comprend six membres représentant l'organisme HLM. En cas de commission unique, la composition est la suivante :

- pour les offices publics de l'habitat et les sociétés anonymes : six membres, désignés par le conseil d'administration parmi ses membres ; l'un des membres a la qualité de représentant des locataires ;
- pour les sociétés : six membres désignés par le conseil d'administration ou le conseil de surveillance, avec l'un des membres ayant la qualité de représentant des locataires.

624.22 **Commissions multiples.** En cas de création de plusieurs commissions, les membres de celles-ci ne sont pas nécessairement membres du conseil d'administration, qui peuvent être en nombre insuffisant. Le conseil d'administration, ou le conseil de surveillance selon le cas, désigne librement les membres dans les mêmes proportions que ci-dessus. Les critères d'éligibilité sont fixés par le conseil. La circulaire du 27 mars 1993, relative aux commissions d'attribution des organismes de logement social précise à cette occasion : « Il appartient au seul conseil d'administration ou de surveillance de désigner les membres des commissions, sur la base des propositions des diverses catégories de membres, comme le prévoit le décret (du 29 juillet 1992). Le conseil d'administration ou de surveillance de l'organisme peut refuser la proposition qui lui est faite par une de ces catégories, par décision motivée.

Dans le cas où l'une des catégories évoquées ci-dessus ne formulerait aucune proposition de nomination, ou si le conseil d'administration ou de surveillance a considéré par décision dûment motivée, comme inacceptable les propositions formulées, la commission peut siéger malgré l'existence d'un siège vacant de ce fait. Mais le conseil doit s'efforcer de mettre un terme rapide à une telle situation, pour permettre à la commission de fonctionner dans les conditions prévues par le texte. De plus, il y a lieu d'appeler l'attention des organismes sur le fait que les refus de nomination éventuellement prononcés par le conseil après que des propositions de nomination lui aient été faites sont, bien entendu, susceptibles de recours contentieux. »

624.23 **Membres de droit.** Sont membres de droit des commissions pour les logements situés sur leur territoire [5] :

- six membres représentant l'organisme HLM, qui désignent en leur sein un président ;

5. CCH, art. L. 441-2 et R. 441-9.

- le maire de la commune où sont implantés les logements attribués, ou son représentant ;
- le représentant de l'État dans le département, ou son représentant ;
- le président de l'établissement public de coopération intercommunale, ou son représentant, lorsque l'EPCI est tenu de se doter d'un PLH a la compétence habitat avec un QPV sur son territoire, ou le président du conseil de territoire de l'établissement public territorial de la métropole du Grand Paris où sont situés les logements, ou son représentant.

624.24 **Hypothèse d'un mandat de gestion des logements.** En cas de mandat de gérance comprenant la mission d'attribution des logements, participe à la commission avec voix délibérative le président de la commission d'attribution de l'organisme mandant ou son représentant.

624.25 **Bénéficiaires d'une voix consultative.** Peuvent participer avec voix consultative aux commissions[1] :

- un représentant des organismes bénéficiant de l'agrément relatif à l'ingénierie sociale, financière et technique prévu à l'article L. 365-3 du code de la construction et de l'habitation, désigné par les organismes bénéficiant de cet agrément dans le département[2] ;
- à Paris, Lyon ou Marseille : les maires d'arrondissement ou leur représentant pour les logements à attribuer dans leur arrondissement ;
- depuis la loi du 27 janvier 2017 relative à l'égalité et à la citoyenneté, les réservataires des logements dans l'organisme, non membres de droit, en ce qui concerne l'attribution des logements relevant de leur contingent[3].

Par ailleurs, lorsqu'un éclairage ou un avis s'avère nécessaire aux travaux de la commission, le président de la commission peut appeler à siéger, à titre consultatif, un représentant des centres communaux d'action sociale ou un représentant du service chargé de l'action sanitaire et sociale du département du lieu d'implantation des logements.

624.26 **Caractéristiques des mandats.** La durée du mandat des membres de la commission est fixée par le conseil d'administration ou le conseil de surveillance. Elle peut être par exemple de quatre ans par rérérence à la durée du mandat d'administrateur représentant les locataires. S'agissant du représentant des organismes d'ingénierie sociale, leur mandat ne peut excéder une durée de cinq ans renouvelable. Il est possible de désigner des membres suppléants. En cas de commission unique, le suppléant est nécessairement administrateur de l'organisme.

1. CCH, art. L. 441-2, R. 441-9.
2. CCH, art. L. 441-2, mod. par L. n° 2009-323, 25 mars 2009, et CCH, art. R. 441-9 ; mod. par décr. n° 2009-1684, 30 déc. 2009 – À défaut d'accord entre les organismes agréés pour désigner un représentant, celui-ci est désigné par le préfet parmi les personnes proposées par ces organismes. Le mandat de ce représentant ne peut excéder une durée de cinq ans renouvelable : CCH, art. R. 441-9-1.
3. L. n° 2017-86, 27 janv. 2017 relative à l'égalité et à la citoyenneté, art. 75, *JO* 28 janv., n° 1 – Sur les réservataires, v. s[s] n° 621.123.

SECTION 3
FONCTIONNEMENT DE LA COMMISSION

624.31 **Règles de fonctionnement propres.** La commission est seule compétente pour attribuer chaque logement ayant bénéficié d'une aide de l'État ou ouvrant droit à l'aide personnalisée au logement. Les membres qui composent la commission ne peuvent mettre en œuvre leurs propres prérogatives dans le but de modifier ou d'adapter les règles d'ordre public. Ainsi, l'organe de gouvernance du bailleur qui définit les règles de fonctionnement de la commission ne peut y intégrer de nouveaux critères d'attribution ou de priorité. Si les organismes HLM ont compétence pour définir des orientations applicables à l'attribution des logements locatifs sociaux, ces dernières ne peuvent que préciser l'application des dispositions législatives et réglementaires en ce domaine au patrimoine locatif concerné[4]. De même, un maire ne peut utiliser son pouvoir de police pour réserver aux seuls habitants de la commune l'attribution des logements sociaux et confier au service du logement de la ville le traitement des demandes d'attribution[5].

Ce sont les membres de la commission qui évaluent les demandes de logement présentées au regard du besoin et de l'urgence de chaque situation, en appréciant l'ensemble des ressources des demandeurs. Des avis exprimés en amont sur des candidatures par certaines instances sont à prendre en compte. C'est le cas notamment des avis de la commission de coordination qui est mise en place dans le cadre des conventions intercommunales d'attribution : ses avis portent sur l'opportunité de présenter en commission d'attribution certains dossiers proposés par les réservataires ; avant l'entrée en vigueur de la loi du 23 novembre 2018, dite loi Élan, ses avis portaient sur l'opportunité d'attribuer un logement à certains candidats[6]. C'est le cas par ailleurs de la commission de coordination chargée

4. CE 27 juill. 2001, *Ass. Droit au logement*, req. n° 214768, *AJDI* 2002. 54, obs. J.-P. Brouant.
5. CE 10 juill. 1996, *Ville d'Épinay-sur-Seine*, req. n° 162601, *AJDI* 1998. 336, obs. J.-P. Brouant.
6. CCH, art. L. 441-1-6.

d'examiner les dossiers des demandeurs qui sont concernés par l'accord collectif intercommunal dont l'objet est de fixer pour chaque organisme HLM un engagement annuel quantifié d'attribution aux personnes les plus prioritaires. Cette commission émet des avis quant à l'opportunité d'attribuer un logement dans le parc social situé dans le ressort territorial concerné ; elle n'a pas à se substituer aux décisions des commissions d'attribution des organismes[1]. Il faut, enfin, évoquer les désignations de personnes très prioritaires au titre du droit au logement opposable (Dalo) auxquelles procèdent les commissions de médiation créées auprès des préfets. Les bailleurs qui détiennent des logements correspondant aux demandes sont identifiés par les préfets qui disposent, en cas de refus d'un bailleur de loger le demandeur, d'un droit d'attribution directe pris sur son contingent[2]. En pratique ces demandes éligibles au Dalo sont transmises aux bailleurs concernés et sont examinées par leurs commissions d'attribution. Il n'est pas rare que ces dernières soient contraintes de refuser l'attribution, soit au motif qu'un autre demandeur plus prioritaire est positionné sur le logement identifié, soit en raison du fait que le dossier déclaré éligible au Dalo ne satisfait pas en réalité aux critères légaux avec, par exemple, un dépassement avéré des plafonds de ressources. Il est clair que dans ces hypothèses, la commission ne peut passer outre la législation d'ordre public et se trouve contrainte de refuser la demande.

Dans ce dernier cas de figure, compte tenu que les dispositions de l'article L. 441-2-3-1 font peser une obligation de résultat sur l'État désigné comme garant du droit au logement opposable, le demandeur peut saisir le tribunal administratif afin qu'il ordonne au préfet de faire usage des pouvoirs qu'il tient des dispositions du III de l'article L. 441-2-3 du CCH en vue de procéder à l'attribution d'un logement correspondant à ses besoins et à ses capacités. Mais il peut aussi saisir le tribunal administratif d'une demande d'annulation pour excès de pouvoir de la décision de refus prononcée par la commission d'attribution de l'organisme de logement social. En effet, cette demande ne tend pas à faire exécuter par l'État la décision de la commission de médiation reconnaissant le demandeur comme prioritaire et devant être relogé en urgence, elle est détachable de la procédure engagée par ailleurs pour obtenir l'exécution de cette décision[3].

D'autres interventions en amont des séances de la commission peuvent influer sur le sens de ses décisions, dans le cadre par exemple de la commercialisation des logements neufs ou vacants au cours de laquelle des orientations sur le profil des candidats peuvent être appliquées en relation avec les réservataires. Ce peut être aussi à l'occasion de la constitution des dossiers des demandeurs où le collaborateur de l'organisme exprimera une appréciation personnelle à destination des membres de la commission. La recherche d'optimisation des ressources et du temps au sein des organismes peut parfois conduire, sous couvert d'efficacité, à réduire l'intervention de la commission qui peut alors, *nolens volens*, se contenter d'entériner les propositions de décisions qui lui sont soumises. Cette dérive s'accentuera probablement avec le dispositif de cotation de la demande qui permet d'automatiser l'analyse, étant rappelé qu'il est censé n'être qu'un outil d'aide à la décision des commissions d'attribution[4].

S'agissant de la conduite des séances de la commission, elle doit faire respecter la règle de collégialité qui se traduit notamment par des décisions sous forme de délibérations devant être prises exclusivement en séance ainsi que par l'égalité d'expression en séance qui doit garantir à chacun des membres la possibilité de faire valoir son avis et, le cas échéant, faire inscrire ses remarques au procès-verbal de la séance. Cette modalité participe du plein exercice du mandat de membre de la commission. On observera toutefois que la présence majoritaire de collaborateurs de l'organisme HLM, outre souvent placés dans la même ligne hiérarchique, n'est pas de nature à faciliter l'expression d'avis indépendants, alors même qu'ils peuvent constituer les uniques membres présents aux séances des commissions.

Au sens du code des relations entre le public et l'administration, les procès-verbaux des commissions d'attribution sont des documents administratifs à caractère définitif, y compris lorsqu'ils émanent de sociétés anonymes HLM car elles sont considérées comme étant en charge d'une mission de service public[5]. Ces procès-verbaux sont par consé-

1. CCH, art. L. 441-1-1.
2. CCH, art. L. 441-2-3.
3. CE 14 févr. 2018, req. n° 407124, *Lebon* T ; *AJDA* 2018. 366 ; *JA* 2018, n° 576, p. 10, obs. T. Giraud – CE, 26 juill. 2018, req. n° 410398, NP.

4. CCH, art. R. 441-2-10 : « [...] Le système de cotation constitue une aide à la décision participant à la mise en œuvre des objectifs mentionnés à l'article L. 441 tant pour la désignation des candidatures examinées en commission d'attribution que pour l'attribution des logements sociaux. »
5. CRPA, art. L. 300-2 s. : « Sont considérés comme documents administratifs, au sens des titres Ier, III et IV du présent livre, quels que soient leur date, leur lieu de conservation, leur forme et leur support, les documents produits ou reçus, dans le cadre de leur mission de service public, par l'État, les collectivités territoriales ainsi que par les autres personnes de droit public ou les personnes de droit privé chargées d'une telle mission. Constituent de tels documents notamment les dossiers, rapports, études, comptes rendus, procès-verbaux, statistiques, instructions, circulaires, notes et réponses ministérielles, correspondances, avis, prévisions, codes sources et décisions. »

quent communicables à toute personne qui en fait la demande. Les mentions à caractère nominatif qu'ils comportent doivent au préalable être rendues illisibles, hormis bien entendu celles relatives au demandeur de la communication.

624.32 Attribution nominative. C'est une attribution nominative, qui oblige par conséquent à désigner un bénéficiaire pour un logement déterminé. Ainsi est illégale la pratique d'une commission d'attribution qui ne prend pas de décision nominative d'attribution de logements mais laisse irrégulièrement ce soin au service administratif de l'organisme ; il en résulte que l'ensemble de ces décisions doivent être regardées comme ayant été prises par une autorité incompétente et doivent par conséquent être annulées [1].

624.33 Condition d'attribution : enregistrement de la demande. Aucune attribution de logement ne peut être décidée, ni aucune candidature examinée par une commission d'attribution si la demande n'a pas fait l'objet d'un enregistrement assorti de la délivrance d'un numéro unique [2].

624.34 Mutation et relogement. Les demandes de mutation par des locataires déjà logés au sein d'un organisme constituent un volume substantiel qui représente presque le tiers du total de la demande de logement social. Elles constituent des demandes à part entière qui doivent faire l'objet d'un enregistrement préalable avec numéro unique et sont soumises à la commission d'attribution.

Qu'en est-il du relogement que le bailleur est tenu d'offrir au locataire dans certaines situations où celui-ci perd le droit à se maintenir dans les lieux ? Sont concernés les relogements consécutifs aux démolitions, aux situations de sous-occupation ainsi qu'à celles où un logement qui se trouve adapté au handicap physique n'est plus occupé à ce titre.

Selon une opinion répandue, le caractère d'obligation de résultat du relogement que le législateur impose au bailleur dans ces circonstances justifierait que soient écartées les règles d'attribution, en particulier l'exigence du numéro de demande préalable et l'examen du dossier par la commission d'attribution. Les règles d'ordre public de l'attribution des logements sociaux ne prévoient cependant aucune d'exception à cet égard, hormis la non-application des plafonds de ressources pour les locataires en sous-occupation ou occupant un logement adapté au handicap [3]. Par exemple, le relogement d'un locataire étranger ne pourrait s'effectuer dans un logement social si un membre du ménage locataire n'était pas en mesure de justifier d'un titre de séjour valide lors de l'examen de son dossier par la commission.

Deux difficultés juridiques rendent néanmoins difficile le strict respect des règles d'attribution. D'une part, le locataire qui ne souhaite pas déménager n'a aucune raison de s'engager de lui-même dans la démarche de demande d'un logement social ; hormis le cas du relogement pour démolition, le bailleur ne peut, sans son accord, se substituer au locataire pour lui faire obtenir un numéro unique de demande. Une telle démarche exigerait pour le bailleur de produire la pièce d'identité du locataire ; en outre, la commission d'attribution ne disposerait probablement pas d'un dossier entièrement à jour pour instruire l'offre de relogement et arrêter valablement sa décision.

D'autre part, le bailleur est juridiquement tenu de formuler de véritables offres de relogement, comportant les éléments essentiels de la location proposée et exprimant sa volonté d'être lié en cas d'acceptation [4] ; l'offre qui serait grevée d'une condition de décision favorable de la commission d'attribution ne répondrait donc pas à l'exigence légale.

Au plan opérationnel par ailleurs, en admettant que le locataire disposât d'un numéro de demande, les contraintes de négociation ne permettraient pas forcément au bailleur d'obtenir à temps l'avis de la commission pour la notification de ses offres.

S'agissant de la première difficulté évoquée ci-dessus, depuis la loi relative à l'égalité et à la citoyenneté du 27 janvier 2017, est devenu obligatoire l'enregistrement par le bailleur dans le système national d'enregistrement de la situation des personnes qui doivent bénéficier d'un relogement dans le cadre d'une opération de renouvellement urbain (démolition, par exemple), sur la base des informations fournies par le ménage ou, à défaut, de celles connues du bailleur [5]. Cette exigence permet de suivre la réalisation de l'objectif d'au moins 25 % des attributions, avec baux signés, effectuées sur des logements situés en dehors des quartiers prioritaires de la politique de la ville lorsqu'il s'agit de demandeurs aux ressources du premier quartile ou des personnes à reloger dans le cadre d'opérations de renouvellement urbain ou de requalification de copropriétés dégradées [6]. Ce motif apparaît désormais dans le formulaire national de demande de logement social. Les autres conditions de validité d'une demande de logement restent applicables.

1. CAA Paris, 30 déc. 1999, *OPDHLM des Hauts-de-Seine*, n° 98PA02252.
2. CCH, art. L. 441-2-1 (V. s^s n° 621.81 s.).
3. CCH, art. L. 442-3-1 et L. 442-3-2.
4. C. civ., art. 1114.
5. CCH, art. L. 441-2-1, al. 2.
6. CCH, art. L. 441-1, al. 25.

624.35 Président de la commission. Un président est élu par les six membres désignés par le conseil d'administration ou de surveillance de l'organisme HLM, soit à durée fixe, soit à chaque séance. Il peut aussi être désigné pour la durée de l'exercice annuel conduisant jusqu'à la prochaine séance du conseil au cours de laquelle sera examiné le compte-rendu d'activité de chaque commission, ainsi que l'impose la loi.

624.36 Voix prépondérante. L'article 75 de la loi du 27 janvier 2017, relative à l'égalité et à la citoyenneté avait changé la règle de la prépondérance, attribuée antérieurement au maire de la commune concernée[1].

C'était le président de l'établissement public de coopération intercommunale (EPCI) qui disposait d'une voix prépondérante en cas d'égalité des voix, mais à une double condition : l'EPCI devait avoir créé une conférence intercommunale du logement (prévue à CCH, art. L. 441-1-5) et avoir adopté le plan partenarial de gestion de la demande de logement social et d'information des demandeurs (prévu à CCH, art. L. 441-2-8). Ceci valait également pour l'établissement public territorial de la métropole du Grand Paris, dans les mêmes conditions.

À défaut, le maire de la commune où se situent les logements à attribuer disposait d'une voix prépondérante en cas d'égalité des voix.

La loi du 23 novembre 2018, dite loi Élan, revient une nouvelle fois sur cette disposition en accordant au maire la voix prépondérante en cas d'égalité des voix, sans condition. Le décret du 20 février 2020 modifie en conséquence le texte d'application réglementaire[2].

624.37 Règlement intérieur de la commission d'attribution. Le conseil d'administration établit un règlement intérieur de la commission et fixe les règles de *quorum* applicables à ses délibérations[3]. Ce règlement intérieur doit être rendu public.

Dans le règlement intérieur, sont définies les règles d'organisation, de fonctionnement de la commission et d'instruction des dossiers, de convocation des réunions et leur fréquence, ainsi que les règles d'établissement du procès-verbal de la commission.

Il semble admis en pratique, dans la rédaction des règlements intérieurs, une certaine tolérance dans des circonstances exceptionnelles et d'extrême urgence, en prévoyant par exemple qu'un ménage puisse être accueilli dans un logement à titre précaire avec une attribution prononcée ultérieurement par la commission.

Le conseil d'administration ne peut pas ajouter dans ce règlement des critères d'attribution ; il entre en revanche dans sa compétence de définir les orientations applicables à l'attribution des logements dans le respect des dispositions de l'article L. 441-1, du II de l'article L. 441-2-3, du III de l'article 4 de la loi du 31 mai 1990[4] des orientations adoptées par la conférence intercommunale du logement ou, pour la Ville de Paris, la conférence du logement, et du contenu du plan partenarial de gestion de la demande de logement social et d'information des demandeurs[5].

624.38 Fréquence minimale des réunions. Une réunion de la commission doit avoir lieu au moins tous les deux mois.

624.39 Commission dématérialisée. La loi du 24 mars 2014[6], dite loi Alur, a prévu, à titre dérogatoire pour trois ans, que la CAL pouvait prendre une forme numérique, en réunissant ses membres à distance pour délibérer sur les attributions de logement. Le représentant de l'État dans le département en approuve les modalités. « Pendant la durée de la commission d'attribution numérique, les membres de la commission font part de leurs décisions de manière concomitante à l'aide d'outils informatiques garantissant un accès sécurisé, un choix libre et éclairé, la confidentialité des échanges, le respect de la vie privée des demandeurs et la possibilité, à tout moment et pour tout membre, de renvoyer la décision à une commission d'attribution physique »[7]. Cette possibilité avait été prorogée pour trois nouvelles années, soit jusqu'au 26 mars 2020, par la loi du 27 janvier 2017 relative à l'égalité et à la citoyenneté[8]. Elle est appliquée par exemple par certains bailleurs en Alsace, Auvergne, Pas-de-Calais et Saône-et-Loire, notamment. La loi du 23 novembre 2018, dite loi Élan, met fin à l'expérimentation réservée aux zones tendues et pérennise ce dispositif en le généralisant à toutes les zones. L'accord du préfet reste nécessaire.

S'agissant des mesures d'exception prises pendant la crise sanitaire liée au Covid-19, une ordonnance

1. CCH, art. L. 441-2 et R. 441-9.
2. Décr. n° 2020-145, 20 févr. 2020 relatif à la gestion en flux des réservations de logements locatifs sociaux, *JO* 21 févr., n° 47.
3. CCH, art. R. 441-9, IV.
4. L. n° 90-449, 31 mai 1990 visant à la mise en œuvre du droit au logement, *JO* 2 juin.
5. *Idem*. Ce pouvoir de fixation par les organismes d'HLM d'orientations en la matière ne résulte pas d'un transfert illégal de compétences de l'État : CE 27 juill. 2001, *Ass. Droit au logement*, req. n° 214768, NP, *AJDI* 2002. 54, obs. J.-P. Brouant.
6. L. n° 2014-366, 24 mars 2014, *JO* 26 mars, p. 5809.
7. CCH, art. L. 441-2.
8. L. n° 2017-86, 27 janv. 2017 relative à l'égalité et à la citoyenneté, *JO* 28 janv., n° 1.

du 27 mars 2020, prise en application de la loi d'urgence du 23 mars 2020, a prescrit des mesures assurant la continuité des instances collégiales administratives pendant la crise ; en font partie les séances des commissions d'attribution des organismes HLM, y compris les organismes de droit privé[1]. Ont ainsi été autorisées, à l'initiative des personnes chargées d'en convoquer les réunions, à compter du 12 mars 2020 jusqu'au 10 juillet 2020, les séances de ces commissions sous la forme numérique avec réunion de leurs membres à distance, y compris lorsque les statuts de l'organisme n'en prévoyaient pas la possibilité ou si l'instance de gouvernance de l'organisme n'avait pas autorisé cette modalité ou, si l'ayant décidé, le préfet n'en n'avait pas encore approuvé les modalités. Cette modalité a été renouvelée par une ordonnance du 2 décembre 2020 à effet du 3 décembre 2020 jusqu'à l'expiration de la période de l'état d'urgence sanitaire augmentée d'un mois, soit jusqu'au 16 mars 2021 dans un premier temps puis jusqu'au 1er juillet 2021 à la suite de la prolongation de l'état d'urgence sanitaire par la loi du 15 février 2021[2].

Toutefois, cette mesure exceptionnelle était subordonnée au respect des conditions matérielles propres aux délibérations à distance des instances administratives à caractère collégial[3]. En particulier, la validité des délibérations exigeait la mise en œuvre d'un dispositif permettant l'identification des participants et le respect de la confidentialité des débats vis-à-vis des tiers ; à cet effet, les modalités d'enregistrement et de conservation des débats devaient obligatoirement être définies par une première délibération, elle-même susceptible d'être prise par conférence téléphonique ou audiovisuelle dès lors qu'il pouvait être procédé à son compte rendu sous la forme écrite.

SECTION 4
INSTRUCTION DES DOSSIERS ET DÉCISIONS D'ATTRIBUTION

624.41 **Obligations de la commission.** Les commissions ont l'obligation d'examiner au moins trois demandes par logement à attribuer, « sauf en cas d'insuffisance du nombre des candidats »[4]. Il est également fait exception à ce principe d'examen de trois dossiers lorsqu'il s'agit de personnes considérées comme prioritaires par la commission de médiation du département et désignées par le préfet à l'organisme, pour se voir attribuer un logement dans le cadre de la procédure du droit au logement opposable (Dalo). Un seul dossier peut alors être soumis à la commission d'attribution mais, en pratique, il est fréquent de voir s'ajouter une autre candidature sur le même logement ; un préfet pouvant même adresser simultanément plusieurs candidatures relevant du Dalo.

La loi relative à l'égalité et à la citoyenneté du 27 janvier 2017 a introduit une nouvelle obligation : pour l'appréciation des ressources du demandeur, les processus de désignation des candidats et d'attribution des logements sociaux doivent prendre en compte le montant de l'aide personnalisée au logement (APL) ou des allocations de logement à caractère social ou familial auxquelles le ménage peut prétendre[5]. La méthode de calcul du taux d'effort, dont la définition est fixée par arrêté[6], doit également être appliquée.

L'obligation d'examen des candidatures s'entend, pour chaque demande examinée, d'une véritable appréciation par les membres du besoin de logement ainsi que la prise en compte de l'urgence de la situation. Cette appréciation doit s'exercer sous une forme collégiale ce qui n'interdit pas qu'une analyse préparatoire soit réalisée par les services de l'organisme afin d'éclairer la réflexion des membres. Deux autres appuis matériels facilitent ce travail : d'une part l'outil de cotation de la demande qui apporte une forme d'objectivation dans l'évaluation des demandes grâce à des critères transparents et systématisés[7], et, d'autre part le dispositif de qualification de l'offre du bailleur concerné qui apporte à la commission une indication sur le fonctionnement de la résidence où se trouve le logement à attribuer et, le cas échéant, les orientations d'attribution qui lui sont applicables. L'application croisée de ces outils peut optimiser le travail de mise en correspondance entre logement offert et demandes tout en

1. Ord. n° 2020-347, 27 mars 2020 adaptant le droit applicable au fonctionnement des établissements publics et des instances collégiales administratives pendant l'état d'urgence sanitaire, *JO* 28 mars, n° 28.
2. L. n° 2021-160,15 févr. 2021 prorogeant l'état d'urgence sanitaire, *JO* 16 févr., n° 1.
3. Ord. n° 2014-1329, 6 nov. 2014 relative aux délibérations à distance des instances administratives à caractère collégial, *JO* 7 nov., n° 6 – Décr. n° 2014-1627, 26 déc. 2014 relatif aux modalités d'organisation des délibérations à distance des instances administratives à caractère collégial, *JO* 28 déc., n° 1.
4. CCH, art. R. 441-3.
5. CCH, art. L. 441-1.
6. Arr. 10 mars 2011 fixant la méthode de calcul du taux d'effort mentionné à l'art. R. 441-3-1 du CCH, *JO* 18 mars, p. 4910.
7. La loi Élan (L. n° 2018-1021, 23 nov. 2018, art. 111) et son décret d'application du 17 décembre 2019 imposent le système de cotation de la demande qui doit être prévu dans le PPGDID, dans le respect des critères légaux de priorité. Il doit être mis en application au plus tard le 1er septembre 2021.

laissant à la délibération collégiale la prérogative de la décision finale.

624.42 Classement des bénéficiaires. La commission d'attribution peut retenir plusieurs attributaires lors de sa délibération et les classer par ordre de priorité[1]. Ainsi, celui qui se situe en deuxième position pourra se voir attribuer le logement si le premier classé le refuse. *Idem* pour le troisième.

624.43 Décisions de la commission. Du point de vue réglementaire la commission se trouve liée dans l'exercice de ses prérogatives. Pour chaque candidature soumise à son examen, ses délibérations doivent s'inscrire parmi cinq types de décisions définies par décret[2] :

a) Attribution du logement proposé à un candidat.

b) Attribution du logement proposé en classant les candidats par ordre de priorité, l'attribution du logement étant prononcée au profit du candidat suivant en cas de refus de l'offre faite dans les conditions de l'article R. 441-10 par le ou les candidats classés devant lui : il est accordé un délai au bénéficiaire de l'offre pour faire connaître son acceptation ou son refus ; ce délai ne peut être inférieur à dix jours.

c) Attribution du logement proposé à un candidat sous condition suspensive, « lorsqu'une pièce justificative, relevant de la liste mentionnée à l'article R. 441-2-4-1[à ce jour, liste annexée à l'arrêté du 6 août 2018 relatif au nouveau formulaire de demande de logement social], est manquante au moment de l'examen de la demande par la commission d'attribution ; ce type de décision emporte l'obligation pour le bailleur de signer un bail avec l'attributaire sur le logement objet de l'attribution si la fourniture de la pièce dans le délai fixé par la décision d'attribution ne remet pas en cause le respect des conditions d'accès à un logement social du candidat »[3]. En ce cas, la commission fixe un délai maximal pour la fourniture du justificatif par le demandeur. Si la pièce est produite dans les délais, l'attribution est effective. Si la pièce n'est pas produite, l'organisme constate que la condition n'est pas remplie et la décision de non-attribution s'applique, sans nouveau passage en commission et le logement est proposé au candidat ayant fait l'objet d'une décision d'attribution, placé derrière lui.

d) Non-attribution au candidat du logement proposé ; la décision de non-attribution doit être motivée.

La décision de non-attribution, c'est-à-dire celle de ne pas attribuer tel logement à tel demandeur à un moment donné, n'a pas pour conséquence la radiation de la demande dans le fichier des demandes ; elle ne lui fait pas perdre son ancienneté dans le fichier des demandeurs. Le motif de non-attribution relève de la décision souveraine de la commission. Ce peut être, par exemple, l'inadaptation du logement aux besoins du ménage en raison d'une typologie du logement inadéquate (sous-occupation telle que définie à l'article L. 621-2 du CCH, suroccupation), étant précisé que cela s'apprécie en fonction de la composition du ménage donnée par l'article L. 442-12 du CCH. Ce peut être également en raison d'un handicap rendant le logement manifestement inadapté au besoin du demandeur, étant observé que le risque de qualification de la non-attribution en discrimination au sens de l'article 225-1 du code pénal recommande d'associer à la décision négative soit une proposition d'un autre logement adapté soit une réorientation de la demande.

Une autre situation particulière concerne les demandes formulées par des personnes en cours de séparation au sein d'un ménage déjà locataire d'un logement social. L'occupation d'un logement social étant réservé à la résidence principale, un membre du ménage ne peut en conséquence se voir attribuer un second logement social. Mais le législateur a ouvert une exception à la règle pour certaines circonstances dans lesquelles, en outre, l'attribution à un membre du ménage sera facilitée puisque ses seules ressources pourront être prises en compte et non celles des personnes composant le ménage[4]. Il s'agit des situations précisément définies ci-après :

– le demandeur de logement est l'un des conjoints d'un couple en instance de divorce, cette situation étant attestée, par une copie de l'acte de saisine du juge aux affaires familiales dans les conditions prévues au code de procédure civile ou par un justificatif d'un avocat attestant que la procédure de divorce par consentement mutuel extrajudiciaire est en cours ;

– le demandeur est dans une situation d'urgence attestée par une ordonnance de protection délivrée par le juge aux affaires familiales en application du titre XIV du livre Ier du code de procédure civile ;

1. CCH, art. R. 441-3.
2. CCH, art. R. 441-3.
3. Rédaction issue du décr. n° 2017-834 du 5 mai 2017 portant diverses dispositions modifiant le code de la construction et de l'habitation en matière de demande et d'attribution de logement social – Auparavant, la décision d'attribution sous condition suspensive était limitée aux situations dans lesquelles manque « une des conditions d'accès au logement social ». Cette rédaction limitait juridiquement ce type de décision à la production d'un document justifiant du respect des plafonds de ressources ou de la régularité du séjour.
4. CCH, art. L. 441-1.

– le demandeur est une personne qui était liée par un pacte civil de solidarité dont elle a déclaré la rupture à l'officier de l'état civil ou au notaire instrumentaire ;

– le demandeur est une personne mariée bénéficiaire de la protection internationale qui réside seule sur le territoire français ;

– le demandeur est une personne mariée, liée par un pacte civil de solidarité ou vivant maritalement et qui est victime de violences au sein du couple attestées par le récépissé du dépôt d'une plainte par la victime.

En dehors des situations ainsi définies, une décision de non-attribution prononcée par la commission serait légitime.

Par ailleurs, certains comportements ou modes de vie de demandeurs (troubles de voisinage, animaux dangereux, violences, comportements asociaux...) peuvent rendre réticentes les commissions à attribuer un logement, en particulier dans un immeuble collectif, tenant compte du fait que les bailleurs doivent assurer la jouissance paisible de leur logement à tous leurs locataires[1]. De manière générale, une décision de refus liée à ce type de situation exige de s'appuyer sur des éléments factuels et avérés, par des témoignages notamment.

La commission peut ainsi retenir un certain nombre de motifs, liés à la situation du demandeur, qui n'entraînent pas le rejet de sa demande.

a) Décision de rejet pour irrecevabilité de la demande au regard des conditions législatives et réglementaires d'accès au logement social.

Cette décision de rejet doit être notifiée à l'intéressé par écrit (par lettre recommandée avec demande d'avis de réception ou tout autre moyen permettant d'attester la remise à la personne concernée), en exposant le ou les motifs du rejet[2]. Le rejet de la demande pour irrecevabilité entraîne la radiation de la demande. Il s'agit de motifs qui rendent incompatible la demande avec les règles d'attribution, soit en raison des ressources excessives du demandeur, soit en raison du non-respect des règles d'accès au logement social pour les étrangers.

Une décision de rejet, à la différence d'une décision de non-attribution, a pour conséquence la radiation de la demande dans le système national d'enregistrement (SNE). Seule une situation conforme au regard des règles d'attribution (plafonnement des ressources par exemple) permettra de faire une nouvelle demande.

Il convient de relever l'articulation problématique de deux objectifs essentiels pour les bailleurs sociaux : d'une part la mission fondamentale d'accueillir les personnes de ressources modestes au cœur du service public du logement social et, d'autre part, l'exigence économique d'équilibre d'exploitation de l'entreprise que constitue tout organisme – y compris les offices publics de l'habitat – qui le conduit à s'assurer d'un minimum de solvabilité du candidat locataire, aides sociales incluses. À cet égard, une position déjà ancienne des pouvoirs publics indiquait que les commissions n'étaient pas tenues d'accepter des candidats insolvables et restent responsables de l'appréciation des capacités des demandeurs issues de leurs ressources et des aides[3].

Mais des réponses plus récentes ont relativisé cette position, notamment celle rappelant que la loi de lutte contre les exclusions du 29 juillet 1998 a créé les accords collectifs départementaux conclus entre préfet et bailleurs sociaux qui visent à satisfaire les demandes de certains ménages que les bailleurs sociaux n'accueillent pas spontanément[4] ainsi que celle affirmant que les concitoyens les plus fragiles qui ne peuvent se loger dans le parc privé sont particulièrement légitimes à bénéficier de l'attribution des logements sociaux[5].

Parallèlement, certaines juridictions ont annulé des décisions de refus d'attribution qui avaient été prises sur le seul fondement de l'insuffisance des ressources des demandeurs. Par exemple, la fixation d'un plancher minimum de ressources ayant pour effet d'exclure les candidats les plus défavorisés a été jugée contraire à la lettre et à l'esprit des articles L. 441 et suivants du code de la construction et de l'habitation[6].

Par la loi du 24 juin 2016, ces interprétations protectrices des plus modestes se trouvaient consacrées avec une disposition pénale sanctionnant les comportements abusant des personnes en situation de précarité sociale[7]. Transposée dans le cadre des rapports locatifs par la loi du 6 juillet 1989 (art. 1), cette mesure fait encourir une peine correctionnelle aux personnes refusant la location d'un logement à une personne physique sur le fondement de la particulière vulnérabilité résultant de la situation économique, apparente ou connue de l'auteur du refus.

624.44 Loi relative à l'égalité et à la citoyenneté. La loi relative à l'égalité et à la citoyenneté du 27 janvier 2017 a précisé dans l'article L. 441 du

1. L. n° 89-462, 6 juill. 1989, art. 6.
2. CCH, art. L. 441-2-2.
3. Rép. min. n° 10691, *JOAN* 7 août 1999.
4. Rép. min. n° 64405, *JOAN* 5 nov. 2001, p. 6368.
5. Rép. min. n° 45018, *JOAN* 6 avr. 2010, p. 4069.
6. TA Marseille, 23 avr. 2001, *Ass. droit au logement Marseille-Provence*, n° 01/1684, *AJDI* 2001. 634, obs. J.-P. Brouant.
7. L. n° 2016-832, 24 juin 2016 visant à lutter contre la discrimination à raison de la précarité sociale, *JO* 25 juin, n° 1.

code de la construction et de l'habitation que l'absence de lien avec la commune ne pouvait constituer, à elle seule, un motif de non-attribution d'un logement adapté aux besoins et aux capacités du demandeur. C'est un élément nouveau car, jusqu'à présent, l'absence de résidence dans la commune ne pouvait, en aucun cas, justifier un tel motif de rejet de la demande. Dorénavant, ce motif pourra être utilisé à la condition d'être accompagné d'une justification complémentaire. On sait, par ailleurs, qu'aucune condition de résidence préalable dans la commune ne peut être opposée au demandeur pour refuser d'enregistrer sa demande[1]. Également, la présence du ménage demandeur sur le territoire communal ne peut être un critère de priorité. Doit être annulée la délibération prise par une commune ayant pour objet d'attribuer des « points » de priorité au profit des demandeurs de logements sociaux qui pourraient justifier de résider depuis deux ans ou d'avoir résidé deux ans au moins dans la commune[2].

Par ailleurs, la loi de 2017 a complété la rédaction de l'article L. 441-2-2 du code de la construction et de l'habitation : « Le fait pour l'un des membres du ménage candidat à l'attribution d'un logement social d'être propriétaire d'un logement adapté à ses besoins et capacités *ou susceptible de générer des revenus suffisants pour accéder à un logement du parc privé* peut constituer un motif de refus pour l'obtention d'un logement social. »

La commission d'attribution doit faire la démonstration de ces éléments en rapportant que le logement est « adapté aux besoins et capacités du demandeur » propriétaire ou qu'il génère des « revenus suffisants pour accéder à un logement du parc privé ». On peut s'interroger sur la capacité des membres d'une commission à pouvoir apprécier objectivement ce type de situation.

Une exception à la mise en œuvre de ce critère de refus a été instituée par la loi du 28 décembre 2019 visant à agir contre les violences au sein de la famille, en faveur des demandeurs de logement lorsqu'ils sont membres d'un ménage et qu'ils bénéficient, ou ont bénéficié, d'une ordonnance de protection délivrée par le juge aux affaires familiales en application des articles 515-9 à 515-13 du code civil traitant des mesures de protection des victimes de violences.

624.45 Projet de loi relatif à la différenciation, la décentralisation, la déconcentration et portant diverses mesures de simplification de l'action publique locale. Une disposition de ce texte ajoute un motif de refus spécifique aux résidences ayant un enjeu prioritaire de mixité sociale et qui auront été identifiées dans la convention intercommunale d'attribution. Selon cette mesure du projet, dans l'éventualité où un ménage candidat risquerait d'accentuer la fragilité de la résidence en matière d'occupation sociale, la commission pourrait prendre une décision de non-attribution[3].

624.46 Avis et décisions à prendre en compte par la commission d'attribution. Plusieurs entités et instances, certaines facultatives d'autres obligatoires, sont habilitées à formuler des avis ou des décisions à l'égard de demandeurs, en amont de la présentation des dossiers devant les commissions d'attribution des bailleurs sociaux qui restent au final les instances décisionnaires. Inspirés par un louable souci de transparence, ces dispositifs ajoutent à la complexité d'un système déjà critiqué à ce titre. Le sentiment d'incompréhension qui en résulte ne peut qu'alimenter le reproche d'opacité que le législateur cherche pourtant à combattre, notamment depuis la loi du 24 mars 2014, dite loi Alur.

Entités et instances	Compétences des entités et instances	Décisions/avis rendus par les entités et instances	Prise en compte par la commission d'attribution (CAL)
• Réservataires (État, collectivités territoriales, leurs établissements publics, EPCI, employeurs, organismes à caractère désintéressé, Action Logement Services)	• Désigne des candidats selon les conditions fixées par la CIA	• Propose au moins trois candidats par logement sauf insuffisance ou Dalo, avec ou sans classement	• La CAL examine chaque dossier et ne peut se contenter d'entériner l'éventuel classement proposé par le réservataire
• Commission de médiation Dalo auprès du préfet	• Apprécie les demandes, les admet, les rejette, les réoriente	• Désigne au préfet les demandeurs retenus. Le préfet désigne chaque demandeur à un bailleur social	• La CAL vérifie la régularité des dossiers ; en cas de refus du bailleur le préfet peut attribuer directement un logement sur son contingent
• Instance non dénommée pouvant être prévue par la conférence intercommunale du logement (CIL)	• Désigne les candidats par un commun accord entre bailleurs, élus et réservataires	• Désigne des candidats sur certains secteurs ou certaines catégories de logements ou de demandeurs	• La CAL examine chaque dossier et ne peut se contenter d'entériner sans analyser avant de décider

1. CCH, art. R. 441-2-3.
2. CE 5 oct. 1998, *Commune de Longjumeau*, req. n° 172597, *Lebon* T.
3. V. art. 22 *quater* du projet de loi dans sa rédaction issue de la première lecture du Sénat (amendements n^os^ COM-692 et COM-931, 24 juin 2021).

• Commission de coordination chargée du suivi et de l'évaluation de la convention intercommunale d'attribution (CIA)	• Peut avoir mission d'examiner certains dossiers de demandeurs concernés par la CIA	• Émet des avis quant à l'opportunité de présenter en CAL les dossiers présentés par les réservataires	• La CAL doit prendre les avis en compte mais ces avis ne se substituent pas à ses décisions
• Commission de coordination de l'accord collectif intercommunal (ACI)	• Examine les dossiers des demandeurs concernés par l'ACI	• Émet des avis quant à l'opportunité d'attribuer un logement dans le parc social du territoire concerné	• La CAL doit prendre les avis en compte mais ces avis ne se substituent pas à ses décisions
• Commission de désignation des candidats en QPV réunie à la demande du maire	• Désigne les candidats par un commun accord entre bailleurs, élus et réservataires	• Désigne les candidats selon les modalités définies par la CIA	• La CAL examine chaque dossier et ne peut se contenter d'entériner sans analyser avant de décider

SECTION 5
RECOURS JURIDICTIONNELS CONTRE LES DÉCISIONS DE LA COMMISSION

624.51 Motivation obligatoire des rejets des demandes. Tout rejet d'une demande d'attribution doit être notifié par écrit au demandeur, dans un document exposant le ou les motifs du refus d'attribution[1]. La question du juge compétent n'est toutefois pas tranchée par la législation, mais par la jurisprudence.

624.52 Tribunal compétent – Nature des organismes HLM. Hormis les fondations, les organismes HLM sont, soit des organismes publics, sous la forme d'EPIC (établissements publics industriels et commerciaux), soit des organismes privés (SA d'HLM), relevant des dispositions du code de commerce sur les sociétés[2].

La contestation d'une décision prise par la commission d'attribution d'un organisme public d'HLM relève-t-elle du juge judiciaire ou est-elle susceptible de recours devant les tribunaux administratifs compte tenu de la nature juridique de l'organisme ?

624.53 Compétence du juge administratif. Le tribunal administratif de Nantes[3], saisi d'une demande d'annulation de décisions implicites de refus opposées à deux requérants par un office public, un OPAC et une SA d'HLM, après avoir décliné sa compétence quant à la décision de la SA, qui présentait « un caractère de droit privé », a accueilli la demande contre les décisions des deux offices publics, considérées comme « détachables des contrats de location à intervenir » et comme telles susceptibles d'être attaquées pour excès de pouvoir devant la juridiction administrative. Dans le même sens, la cour administrative d'appel de Paris, jugeant que l'attribution nominative avait un caractère détachable du contrat, a considéré que son examen relevait du juge de l'excès de pouvoir[4]. Dans le sens contraire, une cour administrative d'appel a pu retenir que des décisions d'attribution, ne révélant l'exercice d'aucune prérogative de puissance publique, des refus d'attribution ne relevaient pas de la compétence du juge administratif[5].

624.54 Compétence du juge judiciaire. Du point de vue des tribunaux judiciaires eux-mêmes, la cour de cassation, ayant eu à examiner les conditions dans lesquelles une attribution avait été faite par une SA d'HLM, organisme de droit privé, n'avait pas décliné sa compétence[6].

624.55 Position du tribunal des conflits. Face à ces divergences d'appréciation au sein des tribunaux le tribunal des conflits a eu à se prononcer. À l'origine de l'affaire jugée en 2016, une ancienne locataire HLM, à la suite de son expulsion d'un logement qu'elle louait à un Office HLM, a saisi la commission départementale de médiation de son département[7] qui l'a déclarée prioritaire pour l'attribution d'un logement social. À la suite de cette décision, sur injonction du tribunal administratif, le préfet a soumis sa candidature à l'OPH qui l'avait expulsée. Cette candidature restant sans suite, l'ex-locataire a saisi le tribunal administratif pour lui demander, d'une part, d'annuler la décision implicite par laquelle l'Office avait « refusé de lui attribuer la location d'un logement » et, d'autre part, d'enjoindre à l'office de réexaminer sa candidature, soutenant que celle-ci n'avait pas même été soumise à la commission d'attribution. En défense, l'Office a fait valoir notamment que, sur sa suggestion, le préfet avait en définitive proposé une autre candidature.

Le tribunal administratif ayant décliné la compétence de la juridiction administrative, la plaignante soumet ses demandes au tribunal de grande instance

1. CCH, art. L. 441-2-2.
2. Sur ces distinctions, v. s[s] n°s 144.22 s.
3. TA Nantes, 14 mars 1995, *AJPI* 1995. 597, note Wertenschlag et Girard.
4. CAA Paris, 30 déc. 1999, *OPHLM des Hauts-de-Seine*, n° 98PA02252, *AJDI* 2000. 949, obs. Brouant et Brouillaud. V. AUSSI : CAA Versailles, 10 févr. 2005, req. n° 02VE01219 ; CAA Marseille, 27 févr. 2001, req. n° 00MA02559.
5. CAA Lyon, 12 mai 1998, *Vernaz*, req. n° 95LYO0342.
6. Civ. 3e, 14 nov. 1991, n° 90-12.852, NP.
7. V. s[s] n° 625.31.

local. Par ordonnance du 3 novembre 2015, le juge de la mise en état, estimant que la détermination de l'ordre de juridiction compétent soulevait une difficulté sérieuse, a saisi le Tribunal des conflits.

La question posée était la suivante : quelle est la juridiction compétente pour statuer sur une demande d'annulation d'une décision d'un office public de l'habitat refusant d'attribuer un logement à une personne déclarée prioritaire dans le cadre de la procédure Dalo ?

À qui a-t-elle été posée : au Tribunal des conflits, juridiction composée à parité, de membres du Conseil d'État et de la Cour de cassation et dont la mission est de résoudre les conflits de compétence entre les juridictions de l'ordre judiciaire et les juridictions de l'ordre administratif et de prévenir un déni de justice dans le cas de contrariété de décisions définitives rendues, dans le même litige, par une juridiction de chacun des deux ordres.

Le rapporteur a précisé les positions affirmées jusqu'alors : « La première question qui se pose à vous est celle de savoir à quelle catégorie d'actes se rattache le refus d'attribution d'un logement social. Les juridictions du fond sont partagées. Certaines y voient un acte pris pour l'exécution du service public dont le contentieux ressortit aux juridictions administratives, à condition, selon quelques décisions, qu'il émane de la commission d'attribution d'un organisme public [1]. D'autres ont jugé qu'un tel refus n'était pas détachable du bail de sorte que seules les juridictions judiciaires étaient compétentes pour en connaître, sans qu'il y ait à distinguer selon la nature publique ou privée de l'organisme de logement social [2]. »

Il appelle le Tribunal à observer que « la décision relative à l'attribution d'un logement social nous apparaît plutôt indissociable de l'exécution du service public dont elle constitue pour ainsi dire l'objet », et que la décision est bien « détachable de la gestion du domaine privé de l'Office », question qui n'avait pas été posée précédemment, sous cette forme, par les tribunaux administratifs eux-mêmes.

Y a-t-il une distinction, nécessaire ou non, à faire entre les décisions d'attribution des organismes privés et celles des organismes publics d'HLM. Le rapporteur avance en faveur de l'unicité de la solution au nom de deux idées : d'une part, le rôle des commissions d'attribution est le même dans les deux cas ; d'autre part, la décision de la commission d'attribution refusant l'attribution d'un logement « prise dans un but d'intérêt général s'inscrit dans un cadre législatif et réglementaire l'enserrant dans des contraintes strictes et exorbitantes du droit commun ». Le respect des règles de priorité, les sanctions associées donnent à la commission un rôle et des prérogatives de puissance publique : sa décision est une décision administrative. [3]

Le tribunal des conflits a suivi son rapporteur en décidant que quel que soit le statut, public ou privé, du bailleur social, la décision de refus d'attribuer un logement constituait une décision administrative, dont il incombait à la seule juridiction administrative d'apprécier la légalité. Ainsi la qualification retenue pour de telles décisions vaut pour tous les organismes de logement social, publics comme privés, ce qui permet d'avancer que, dorénavant, les contestations portant sur les décisions des organismes en matière d'attribution de logement social relèveront bien, exclusivement, des tribunaux administratifs.

624.56 Étendue du contrôle du juge. Les décisions intervenues dans le cadre de l'obligation de motiver les refus d'attribution, inscrite dans la loi relative à la lutte contre les exclusions de 1998, reflètent la complexité de la mission de service public assignée aux organismes HLM, tenus, à la fois, de loger les plus modestes tout en devant assurer une certaine mixité sociale dans les quartiers.

Ainsi, en présence d'une demande urgente tenant à une sur-occupation manifeste du logement actuel, de la dangerosité des lieux et de l'accouchement prochain de l'épouse du demandeur, commet une erreur de droit l'organisme HLM qui se fonde sur le seul motif de l'insuffisance des ressources pour refuser une attribution [4].

Parallèlement, un bailleur HLM, « eu égard à l'appréciation du contexte social du quartier dans lequel se trouve le logement sollicité », peut motiver son refus d'attribution par la « non concordance avec les objectifs de mixité sociale conduits conformément à la loi sur le quartier concerné » [5]. Dans cette affaire, la Cour d'appel validait une décision de refus d'attribution fondée sur la non concordance de la situation du ménage (femme veuve avec quatre enfants à charge, percevant le RMI) avec l'objectif de mixité sociale que le bailleur social s'était fixé pour le quartier d'implantation réputé « difficile ». La commission avait en effet considéré qu'il fallait surseoir à l'installation de familles – telles que celle du ménage demandeur – qui ne sauraient trouver

1. TA Nantes, 14 mars 1995, *AJPI* 1995. 597, note Wertenschlag et Girard, précit. s^{s} n° 624.53.
2. CAA Lyon, 12 mai 1998, *Vernaz*, req. n° 95LYO0342, préc. s^{s} n° 624.53.
3. T. confl. 9 mai 2016, req n° 4048, *Lebon ; AJDA* 2016. 930 ; *ibid.* 1704, note P. Quilichini ; *Loyers et copr.* 2016, 174, comm. B. Vial-Pedroletti ; *Act. Soc. Hebdo.* juill. 2016, p. 41.
4. TA Versailles, 6 juill. 2001, NP.
5. Aix-en-Provence, 28 juin 2005, n° 2005/369, *AJDI* 2005. 860.

dans cet environnement difficile les conditions requises pour une insertion réussie.

On mesure la difficulté d'appréciation pour les membres de la commission, et la limite de ses prérogatives lorsqu'elle se trouve conduite à présupposer, contre l'avis du ménage demandeur, l'inaptitude de ce dernier à s'intégrer dans un quartier jugé « difficile ».

624.57 **Motivation et personnes prioritaires.** Le juge vérifie que le bailleur respecte les dispositions réglementaires, notamment au regard des critères fixés pour les personnes prioritaires.

Dans sa décision du 14 novembre 1991[1], la Cour de cassation confirme l'arrêt d'appel, selon lequel « l'énumération des priorités faite [par CCH, art. R. 441-4] n'obéit pas à un ordre préférentiel ». Il en résulte qu'entre les différentes catégories de prioritaires énoncées par la réglementation ou à l'intérieur de chaque catégorie, il n'y a pas de classement ; le juge éventuellement saisi d'un recours reste libre d'apprécier au cas par cas la situation des demandeurs.

La Cour de cassation retient que les demandeurs reconnus prioritaires pour une demande d'attribution ne bénéficient plus de cette priorité lorsqu'ils sont locataires du parc HLM et qu'ils demandent une mutation dans ce parc[2].

À propos d'un arrêt d'une cour d'appel invitant un office HLM, à la suite de l'expulsion confirmée d'un locataire, à présenter prioritairement un dossier à la commission d'attribution, elle avait considéré que la cour d'appel s'était « immiscée dans la conduite de la procédure d'attribution des logements HLM, en dehors de tous rapports locatifs » et excédé de ce fait ses pouvoirs[3].

Le juge ne peut en effet s'immiscer dans la conduite de la procédure d'attribution, qui relève de la commission d'attribution, y compris quand la Halde (Haute Autorité de Lutte contre les Discriminations – les compétences de la Halde relèvent aujourd'hui du Défenseur des droits) a été saisie en parallèle par le requérant[4].

En aucun cas, le motif retenu ne peut être discriminatoire au sens de la loi pénale[5].

SECTION 6

NOUVELLE COMPÉTENCE D'EXAMEN TRIENNAL DES CONDITIONS D'OCCUPATION DES LOGEMENTS EN ZONES TENDUES

624.61 **Nouvelle obligation du bailleur et nouvelle compétence de la commission conférées par la loi du 23 novembre 2018, dite loi Élan.** La permanence d'une forte demande d'accès au logement locatif social en zones tendues, corrélée à une offre insuffisante et un faible taux de rotation, a conduit les pouvoirs publics à envisager une forme de contrôle sur la pertinence de l'occupation du parc social dans les secteurs géographiques les plus concernés. Traduite dans l'article 109 de la loi Élan et codifiée à l'article L. 442-5-2 du CCH, elle responsabilise un peu plus les bailleurs sociaux et leurs commissions d'attribution en leur confiant cette nouvelle mission, dont on peut rappeler que ces derniers n'en avaient pas exprimé la demande.

Pour leurs logements locatifs sociaux qui se trouvent situés en zones tendues[6], les bailleurs sociaux doivent désormais vérifier tous les trois ans, à compter de la date de signature du bail, que les conditions d'occupation des locataires concernés correspondent au réel besoin de logement relatif à leur situation actuelle.

Le nouveau rôle de la commission n'interviendra qu'après que le bailleur lui aura transmis les dossiers des locataires qui se trouvent dans des situations que le législateur a identifiées précisément :

1° sur-occupation du logement selon les critères réglementaires : doit présenter une surface habitable globale au moins égale à neuf mètres carrés pour une personne seule, seize mètres carrés pour un ménage sans enfant ou deux personnes, augmentée de neuf mètres carrés par personne en plus, dans la limite de soixante-dix mètres carrés pour huit personnes et plus[7] ;

2° sous-occupation du logement selon le critère légal suivant : est insuffisamment occupé le logement comportant un nombre de pièces habitables, au sens de l'article 28 de la loi du 1er septembre 1948[8], non compris les cuisines, supérieur de plus d'un au nombre de personnes qui y ont effective-

1. Civ. 3e, 14 nov. 1991, n° 90-12.852, NP.
2. Civ. 3e, 30 sept. 2009, n° 08-18.820, P III, n° 210 ; *AJDI* 2010. 570, note F. Zitouni ; *Loyers et copr.* 2010, n° 245, note B. Vial-Pedroletti.
3. Civ. 3e, 20 déc. 1994, n° 92-18.883, NP.
4. Nîmes, 8 févr. 2011, n° 10/03675. *Loyers et copr.* 2011, n° 243, note C. Coutant-Lapallus.
5. Crim. 11 juill. 2017, n° 16-82.426, P n° 211 : dans cette affaire, le refus de logement opposé au demandeur par la commission d'attribution, en raison de l'origine du demandeur, est jugé constitutif du délit de discrimination (C. pén., art. 225-1 s.).
6. Il s'agit des zones visées à l'article R.*442-3-3 et qui sont définies par l'arrêté du 3 octobre 2017 relatif aux zones géographiques mentionnées aux articles R.*442-3-3 et R.*481-11 du code de la construction et de l'habitation, *JO* 1er nov., NOR : TERL 1719425A.
7. CCH, art. R. 822-25.
8. L. n° 48-1360, 1er sept. 1948 portant modification et codification de la législation relative aux rapports des bailleurs et locataires ou occupants de locaux d'habitation ou à usage professionnel et instituant des allocations de logement, *JO* 2 sept.

ment leur résidence principale[1] ; la loi Élan complète la définition des personnes composant le foyer en y ajoutant les enfants qui font l'objet d'un droit de visite et d'hébergement[2] ;

3° logement quitté par l'occupant qui présentait un handicap, lorsqu'il s'agit d'un logement adapté au handicap ;

4° reconnaissance d'un handicap ou d'une perte d'autonomie nécessitant l'attribution d'un logement adapté aux personnes présentant un handicap ;

5° dépassement du plafond de ressources applicable au logement.

Un examen de ces dossiers doit être ensuite effectué par la commission afin que soit confirmée, le cas échéant, la réalité d'une des situations visées plus haut. Si elle est avérée, la commission doit définir, dans un second temps, quelles peuvent être les caractéristiques d'un logement adapté aux besoins actuels du locataire.

Lorsque le bailleur envisage de mettre en œuvre l'expérimentation prévue par l'ordonnance du 15 mai 2019 sur l'adaptation des loyers en fonction de la capacité financière des ménages nouveaux entrants du parc social, il doit, préalablement à l'examen des dossiers de demande par la commission, informer celle-ci des candidats qui seront concernés par l'expérimentation dont, en cas de décision d'attribution par la commission. En effet, ce dispositif expérimental conduit, indépendamment du mode de financement d'origine des logements, à minorer le loyer de certains logements destinés à des ménages à très faibles ressources ; en contrepartie, les loyers d'une autre partie des logements faisant l'objet de l'expérimentation peuvent être fixés, lors d'une nouvelle location, à un niveau supérieur à celui précédemment pratiqué dans ces logements, dans la limite toutefois des plafonds applicables aux logements financés en PLS, c'est-à-dire au niveau le plus élevé des loyers maximums conventionnés[3].

Elle peut également, si l'analyse du dossier s'y prête, conseiller au locataire une démarche d'accession sociale à la propriété. Il s'agit donc pour les membres de la commission d'un positionnement bien différent de leur mission première où l'appréciation de la situation d'un demandeur s'effectue au regard de critères de priorité fixés par les textes.

Dénommée désormais « commission d'attribution des logements et d'examen de l'occupation des logements », le rôle qu'elle se voit confier élargit légèrement son champ d'intervention puisqu'il lui est demandé d'exprimer ce que devrait être, *a priori*, le logement correspondant au mieux aux besoins de locataires qu'elle n'aura cependant pas rencontrés au préalable.

C'est en effet dans un second temps qu'un entretien se déroulera, mais entre le bailleur et le ménage identifié, sur la base de l'avis rendu par la commission. Cet entretien portera, d'une part, sur l'examen de la situation du ménage et, d'autre part, sur les possibilités d'évolution de son parcours résidentiel avec, dans les cas de sous-occupation ou d'occupation d'un logement adapté à un handicap, l'obligation de restituer le logement moyennant un relogement par le bailleur. On peut douter par conséquent de la pertinence d'un avis théorique qu'il est demandé à la commission de produire, d'autant que le bailleur n'est pas tenu de l'informer de la suite des démarches qu'il aura menées avec les locataires concernés.

En toute hypothèse, la gouvernance de l'organisme devra modifier le règlement intérieur de la – ou des – commission afin d'en décrire les nouvelles modalités induites par l'extension de ses missions.

La recherche d'efficience pourrait amener à porter à connaissance de la commission, avant qu'elle n'exprime son avis sur les dossiers transmis, une liste des logements vacants ou devant l'être prochainement de sorte que son avis puisse intégrer de possibles correspondances entre les besoins supposés des ménages et l'offre disponible. Cette modalité d'organisation exigerait bien entendu de l'insérer au règlement intérieur de la commission par le conseil d'administration ou de surveillance de l'organisme.

624.62 Reprise obligatoire du logement par le bailleur dans deux situations. La loi rend applicables dans deux situations les dispositions d'ordre public qui imposent au locataire concerné la restitution de son logement, quand bien même ses obligations locatives se trouveraient par ailleurs entièrement satisfaites et que ses ressources dépasseraient le plafond réglementaire.

La première situation est celle de la sous-occupation au sens de l'article L. 621-2 du CCH dans laquelle Le bailleur doit proposer au locataire un nouveau logement dont le loyer doit être inférieur à celui du logement actuel. De plus, ce logement doit satisfaire aux prescriptions de l'article 13 *bis* de la loi du 1er septembre 1948 c'est-à-dire correspondre aux besoins personnels ou familiaux du ménage et, le cas échéant, professionnels, et à ses possibilités ; il doit en outre être situé :

– dans le même arrondissement ou les arrondissements limitrophes ou les communes limitrophes de l'arrondissement où se trouve le logement objet

1. CCH, art. L. 621-2.
2. L. n° 2018-1021, 23 nov. 2018, art. 110.
3. Ord. n° 2019-453, 15 mai 2019 relative à l'expérimentation d'une politique des loyers prenant mieux en compte la capacité financière des ménages nouveaux entrants du parc social, *JO* 16 mai, n° 51.

de la reprise si celui-ci est situé dans une commune divisée en arrondissements ;

- dans le même canton ou dans les cantons limitrophes de ce canton inclus dans la même commune ou dans les communes limitrophes de ce canton si la commune est divisée en cantons ;

- dans les autres cas sur le territoire de la même commune ou d'une commune limitrophe, sans pouvoir être éloigné de plus de 5 km.

La loi ne prévoit pas d'autre mesure contraignante sauf en zone tendue où l'offre de relogement doit aboutir à la reprise effective du logement par le bailleur qui doit par conséquent mettre en œuvre les moyens utiles au départ du locataire. Au terme d'un délai de six mois suivant la notification d'une troisième offre, le locataire est déchu de tout droit d'occupation et le bailleur doit, si nécessaire, mettre en œuvre l'action judiciaire adéquate afin de faire libérer les lieux. Des exceptions sont cependant prévues pour les logements situés dans les quartiers prioritaires de la politique de la ville ainsi qu'en faveur des ménages vulnérables : locataires âgés de plus de soixante-cinq ans, locataires présentant un handicap ou ayant à leur charge une personne présentant un tel handicap, locataires présentant une perte d'autonomie physique ou psychique, ou ayant à leur charge une personne présentant une telle perte d'autonomie[1].

La seconde situation est celle de l'occupation d'un logement adapté au handicap d'une personne du ménage en situation de handicap et qui ne fait plus partie du foyer. Là également, un nouveau logement doit être proposé par le bailleur, avec un loyer inférieur et répondant aux critères de l'article 13 *bis* de la loi du 1er septembre 1948. À défaut d'acceptation du locataire et six mois après notification d'une troisième offre (délai porté à dix-huit mois en cas de décès d'une personne handicapée à la charge du locataire), le locataire se trouve sans titre d'occupation et, à défaut de restitution du logement, il appartient au bailleur d'engager la procédure visant à en récupérer la disposition. Les locataires âgés de plus de soixante-cinq ans font exception à cette mesure coercitive[2].

1. CCH, art. L. 442-3-1.
2. CCH, art. L. 442-3-2.

CHAPITRE

625. Application de la loi sur le droit au logement opposable en HLM

SECTION 0 ORIENTEUR

625.00 Sommaire du chapitre.

Division – Rôle éminent des commissions de médiation. La loi sur le droit au logement opposable, dite loi « Dalo[1] » a été mise en œuvre à partir du 1er janvier 2008. À cette date, des commissions de médiation sont installées dans tous les départements[2]. Issues du texte de la loi du 29 juillet 1998, relative à la lutte contre l'exclusion, ces commissions jouent un rôle important dans la poursuite des objectifs de la loi qui sont d'offrir aux demandeurs « Dalo » le bénéfice de l'accès à un toit, assorti d'une faculté de recours en cas d'échec.

La loi du 25 mars 2009[3] a complété le texte antérieur afin de rendre le dispositif Dalo plus efficace, notamment en Île-de-France.

La loi Alur[4] a prévu que la commission de médiation pouvait proposer au demandeur un logement loué par une personne morale à un organisme d'HLM en vue de sa sous-location au demandeur. Les conditions de cette sous-location sont précisées à l'article L. 442-8-3 du code de la construction et de l'habitation.

Elle a ouvert également à la commission la faculté de saisir le juge lorsque le demandeur est reconnu prioritaire alors qu'il fait l'objet d'une décision d'expulsion afin qu'il puisse bénéficier d'un délai.

Elle a modifié les conditions du recours pour le droit à l'hébergement opposable pour tenir compte des personnes qui ne remplissent pas les conditions de régularité et de permanence du séjour. Elle a organisé par ailleurs le circuit de l'hébergement en faisant intervenir le SIAO (service d'information, d'accueil et d'orientation) chargé de trouver une place correspondant aux besoins des demandeurs à l'hébergement. La Comed (commission de médiation) peut comprendre, à titre consultatif, un représentant de la personne morale gérant le SIAO.

La loi relative à l'égalité et à la citoyenneté[5] a précisé le délai au-delà duquel (et non à partir duquel) les personnes qui ont déposé une demande de logement peuvent saisir la commission de médiation. Elle a renforcé la représentation des requérants dans la commission de médiation, à travers les représentants d'associations d'insertion notamment[6].

625.01 Principaux textes applicables.

TEXTES SOURCES

• **L. n° 2007-290, 5 mars 2007** instituant le droit au logement opposable et portant diverses mesures en faveur de la cohésion sociale, *JO* 6 mars, p. 4190.

1. L. n° 2007-290, 5 mars 2007 instituant le droit au logement opposable et portant diverses mesures en faveur de la cohésion sociale, *JO* 6 mars, p. 4190.
2. V. s[s] n° 621.37.
3. L. n° 2009-323, 25 mars 2009 de mobilisation pour le logement et la lutte contre l'exclusion, *JO* 27 mars, p. 5408 – Sur cette loi : B. Wertenschlag, *AJDI* 2009. 256.
4. L. n° 2014-366, 24 mars 2014 pour l'accès au logement et un urbanisme rénové, *JO* 26 mars, p. 5809.
5. L. n° 2017-86, 27 janv. 2017 relative à l'égalité et à la citoyenneté, *JO* 28 janv., n° 1 ; CCH, art. L. 441-1-4.
6. CCH, art. L. 441-2-3 et R. 441-13.

• **CCH,** art. L. 441-1-4, L. 441-2-3, L. 442-2-3-1.

• **CCH,** art. R. 441-13 à R. 441-18-5.

• **CJA,** art. R. 778-1 à R. 778-8, R. 811-1.

• **Décr. n° 2007-1677, 28 nov. 2007** relatif à l'attribution des logements locatifs sociaux, au droit au logement opposable et modifiant le code de la construction et de l'habitation, *JO* 29 nov., p. 19402.

• **Décr. n° 2008-908, 8 sept. 2008** relatif aux conditions de permanence de la résidence des bénéficiaires du droit à un logement décent et indépendant et modifiant le code de la construction et de l'habitation, *JO* 10 sept., p. 14067.

• **Décr. n° 2011-176, 15 févr. 2011** relatif à la procédure d'attribution des logements sociaux et au droit au logement opposable, *JO* 16 févr., p. 2890.

• **Décr. n° 2013-730, 13 août 2013** portant modification du code de justice administrative, *JO* 15 août, p. 13960.

• **Décr. n° 2014-116, 11 févr. 2014** relatif au droit au logement opposable, *JO* 13 févr., p. 2497.

• **Décr. n° 2016-1866, 23 déc. 2016** relatif au délai au-delà duquel un demandeur reconnu prioritaire au titre du droit au logement opposable peut faire un recours devant la juridiction administrative en l'absence de proposition adaptée dans les départements comportant au moins une agglomération, ou une partie d'une agglomération, de plus de 300 000 habitants, *JO* 27 déc., n° 96.

• **Décr. n° 2017-759, 3 mai 2017** relatif à la composition du comité de suivi de la mise en œuvre du droit au logement opposable et modifiant le décret n° 2007-295 du 5 mars 2007 instituant le comité de suivi de la mise en œuvre du droit au logement opposable, *JO* 5 mai, n° 114.

• **Décr. n° 2017-834, 5 mai 2017** portant diverses dispositions modifiant le code de la construction et de l'habitation en matière de demande et d'attribution de logement social, *JO* 7 mai, n° 124.

• **Arr. 18 avr. 2014,** pris pour l'application de l'article R. 441-14 du code de la construction et de l'habitation, *JO* 15 mai, p. 8075.

• **Circ. 20 janv. 2012** relative à la mobilisation des attributions des associés collecteurs de l'UESL et de l'AFL ou de ses filiales en faveur du DALO (NOR : DEVL1129117C).

TEXTES *IN EXTENSO*

• **CCH,** art. L. 441-1-4

Les délais au-delà desquels les personnes qui ont déposé une demande de logement locatif social peuvent saisir la commission de médiation prévue à l'article L. 441-2-3 sont déterminés, au regard des circonstances locales, par un arrêté du représentant de l'État dans le département pris après avis :

1° Du comité responsable du plan départemental d'action pour le logement et l'hébergement des personnes défavorisées ;

2° Des conférences intercommunales du logement ou, pour la commune de Paris, de la conférence du logement mentionnée à l'article L. 441-1-5 ;

3° Des établissements publics de coopération intercommunale ou des établissements publics territoriaux de la métropole du Grand Paris ayant conclu une convention intercommunale d'attribution mentionnée à l'article L. 441-1-6 ;

4° De la commune de Paris, si elle a conclu la convention d'attribution mentionnée à l'article L. 441-1-6 ;

5° Des représentants des bailleurs sociaux dans le département.

• **CCH,** art. L. 441-2-3

I. – Dans chaque département, une ou plusieurs commissions de médiation sont créées auprès du représentant de l'État dans le département. Chaque commission est présidée par une personnalité qualifiée désignée par le représentant de l'État dans le département.

Dans des conditions fixées par décret en Conseil d'État, les commissions sont composées à parts égales :

1° De représentants de l'État ;

2° De représentants du département, ou, en Corse, de la collectivité de Corse, des établissements publics de coopération intercommunale mentionné au vingt-troisième alinéa de l'article L. 441-1, de la commune de Paris, des établissements publics territoriaux de la métropole du Grand Paris et des communes ;

3° De représentants des organismes bailleurs et des organismes chargés de la gestion d'une structure d'hébergement, d'un établissement ou d'un logement de transition, d'un logement-foyer ou d'une résidence hôtelière à vocation sociale, œuvrant dans le département ;

4° De représentants des associations de locataires et des associations et organisations dont l'un des objets est l'insertion ou le logement des personnes défavorisées, œuvrant dans le département ;

5° De représentants des associations de défense des personnes en situation d'exclusion œuvrant dans le département et de représentants désignés par les instances mentionnées à l'article L. 115-2-1 du code de l'action sociale et des familles.

Un représentant de la personne morale gérant le service intégré d'accueil et d'orientation dans le département peut assister à la commission à titre consultatif.

II. – La commission de médiation peut être saisie par toute personne qui, satisfaisant aux conditions réglementaires d'accès à un logement locatif social, n'a reçu aucune proposition adaptée en réponse à sa demande de logement dans le délai fixé en application de l'article L. 441-1-4.

Elle peut être saisie sans condition de délai lorsque le demandeur, de bonne foi, est dépourvu de logement, menacé d'expulsion sans relogement, hébergé ou logé temporairement dans un établissement ou un logement de transition, un logement-foyer ou une résidence hôtelière à vocation sociale, logé dans des locaux impropres à l'habitation ou présentant un caractère insalubre ou dangereux. Elle peut également être saisie, sans condition de délai, lorsque le demandeur est logé dans des locaux manifestement suroccupés ou ne présentant pas le caractère d'un logement décent, s'il a au moins un enfant mineur, s'il présente un handicap au sens de l'article L. 114 du code de l'action sociale et des familles ou s'il a au moins une personne à charge présentant un tel handicap.

Le demandeur peut être assisté par les services sociaux, par un organisme bénéficiant de l'agrément relatif à l'ingénierie sociale, financière et technique prévu à l'article L. 365-3, ou par une association agréée de défense des personnes en situation d'exclusion.

La commission reçoit notamment du ou des bailleurs chargés de la demande ou ayant eu à connaître de la situation locative antérieure du demandeur tous les éléments d'information sur la qualité du demandeur et les motifs invoqués pour expliquer l'absence de proposition. Elle reçoit également des services sociaux qui sont en contact avec le demandeur et des instances du plan départemental d'action pour le logement et l'hébergement des personnes défavorisées ayant eu à connaître de sa situation toutes informations utiles sur ses besoins et ses capacités et sur les obstacles à son accès à un logement décent et indépendant ou à son maintien dans un tel logement.

Dans un délai fixé par décret, la commission de médiation désigne les demandeurs qu'elle reconnaît prioritaires et auxquels un logement doit être attribué en urgence. Elle détermine pour chaque demandeur, en tenant compte de ses besoins et de ses capacités, les caractéristiques de ce logement, ainsi que, le cas échéant, les mesures de diagnostic ou d'accompagnement social nécessaires. Elle peut préconiser que soit proposé au demandeur un logement appartenant aux organismes définis à l'article L. 411-2 loué à une personne morale aux fins d'être sous-loué à titre transitoire dans les conditions prévues au deuxième alinéa de l'article L. 442-8-3. Elle notifie par écrit au demandeur sa décision qui doit être motivée. Elle peut faire toute proposition d'orientation des demandes qu'elle ne juge pas prioritaires.

La commission de médiation transmet au représentant de l'État dans le département ou, en Île-de-France, au représentant de l'État dans la région la liste des demandeurs auxquels doit être attribué en urgence un logement. Les personnes figurant sur cette liste auxquelles un logement est attribué sont comptabilisées au titre de l'exécution des engagements souscrits par les bailleurs et par les titulaires de droits de réservation dans le cadre des accords collectifs définis aux articles L. 441-1-1 et L. 441-1-2, ainsi que des conventions intercommunales d'attribution ou, pour la commune de paris, de la convention d'attribution, définies à l'article L. 441-1-6.

Après avis des maires des communes concernées et en tenant compte des objectifs de mixité sociale définis par les orientations mentionnées à l'article L. 441-1-5 et la convention mentionnée à l'article L. 441-1-6 ou par l'accord collectif intercommunal ou départemental, le représentant de l'État dans le département ou, en Ile-de-France, le représentant de l'État dans la région définit le périmètre au sein duquel ces logements doivent être situés et qui, en Île-de-France, peut porter sur des territoires situés dans d'autres départements de la région après consultation du représentant de l'État territorialement compétent. Le représentant de l'État dans le département ou, en Île-de-France, le représentant de l'État dans la région tient compte, dans des conditions fixées par décret, de la situation des quartiers prioritaires de la politique de la ville pour la définition de ce périmètre. Il fixe le délai dans lequel le demandeur doit être logé. Le représentant de l'État dans le département ou, en Île-de-France, le représentant de l'État dans la région désigne chaque demandeur à un organisme bailleur disposant de logements correspondant à la demande. Cette attribution s'impute sur les droits à réservation du représentant de l'État dans le département dans lequel le logement est situé ou, dans les conditions prévues à l'article L. 441-1, sur les droits de réservation d'une collectivité territoriale ou d'un groupement de collectivités territoriales ou sur les logements dont disposent les bailleurs ou, lorsque le demandeur est salarié ou demandeur d'emploi, sur les droits à réservation de la société mentionnée à l'article L. 313-19 dans les conditions prévues à l'article L. 313-26-2 ou sur la fraction réservée des attributions de logements appartenant à l'association foncière logement ou à l'une de ses filiales en application de l'article L. 313-35. Dans les communes faisant l'objet d'un arrêté de carence pris en application de l'article L. 302-9-1, cette attribution s'impute en priorité sur les droits à réservation de la commune, dans les conditions prévues au même article.

Le représentant de l'État dans le département ou, en Ile-de-France, le représentant de l'État dans la région peut également, par décision motivée, proposer au demandeur un logement faisant l'objet d'une convention mentionnée à l'article L. 321-8 dès lors que le bailleur s'est engagé sur des conditions spécifiques d'attribution ou que le logement est donné à bail à un organisme public ou privé dans les conditions prévues à l'article L. 321-10, ou un logement appartenant aux organismes définis à l'article L. 411-2 loué à une personne morale aux fins d'être sous-loué à titre transitoire dans les conditions prévues au deuxième alinéa de l'article L. 442-8-3.

Les personnes auxquelles une proposition de logement a été adressée reçoivent du représentant de l'État dans le département une information écrite relative aux dispositifs et structures d'accompagnement social intervenant sur le périmètre défini au septième alinéa du présent article et, le cas échéant, susceptibles d'effectuer le diagnostic ou l'accompagnement social préconisé par la commission de médiation.

Le représentant de l'État dans le département, ou en Île-de-France, le représentant de l'État dans la région peut également faire au demandeur une proposition de logement en application des articles L. 641-1 et suivants et L. 642-1 et suivants dans l'attente de l'attribution d'un logement définitif.

En cas de refus de l'organisme de loger le demandeur, le représentant de l'État qui l'a désigné procède à l'attribution d'un logement correspondant aux besoins et aux capacités du demandeur sur ses droits de réservation. En cas de refus de l'organisme de signer un bail à son nom avec un sous-locataire occupant le logement dans les conditions prévues au deuxième alinéa de l'article L. 442-8-3 au terme de la période transitoire, le représentant de l'État, après avoir recueilli les observations du bailleur, peut procéder à l'attribution du logement à l'occupant, qui devient locataire en titre en lieu et place de la personne morale locataire.

Lorsque ces droits ont été délégués, le représentant de l'État demande au délégataire de procéder à la désignation et, le cas échéant, à l'attribution du logement dans un délai qu'il détermine. En Île-de-France, la demande est faite par le représentant de l'État dans la région. En cas de désaccord, la demande est faite par le représentant de l'État au niveau régional. En cas de refus du délégataire, le représentant de l'État dans le département ou, en Ile-de-France, le représentant de l'État dans la région se substitue à ce dernier.

Si l'organisme bailleur fait obstacle à ces attributions, le représentant de l'État dans le département ou, en Île-de-

France, le représentant de l'État dans la région met en œuvre les dispositions de l'article L. 441-1-3.

III. La commission de médiation peut également être saisie, sans condition de délai, par toute personne qui, sollicitant l'accueil dans une structure d'hébergement, un logement de transition, un logement-foyer ou une résidence hôtelière à vocation sociale, n'a reçu aucune proposition adaptée en réponse à sa demande. Si le demandeur ne justifie pas du respect des conditions de régularité et de permanence du séjour mentionnées au premier alinéa de l'article L. 300-1, la commission peut prendre une décision favorable uniquement si elle préconise l'accueil dans une structure d'hébergement. La commission de médiation transmet au représentant de l'État dans le département ou, en Île-de-France, au représentant de l'État dans la région la liste des demandeurs pour lesquels doit être prévu un tel accueil dans une structure d'hébergement, un logement de transition, un logement-foyer ou une résidence hôtelière à vocation sociale et précise, le cas échéant, les mesures de diagnostic ou d'accompagnement social nécessaires.

Le représentant de l'État dans le département ou, en Île-de-France, le représentant de l'État dans la région désigne chaque demandeur au service intégré d'accueil et d'orientation prévu à l'article L. 345-2-4 du code de l'action sociale et des familles aux fins de l'orienter vers un organisme disposant de places d'hébergement présentant un caractère de stabilité, de logements de transition ou de logements dans un logement-foyer ou une résidence hôtelière à vocation sociale correspondant à ses besoins et qui sera chargé de l'accueillir dans le délai fixé par le représentant de l'État. L'organisme donne suite à la proposition d'orientation, dans les conditions prévues aux articles L. 345-2-7 et L. 345-2-8 du même code. En cas d'absence d'accueil dans le délai fixé, le représentant de l'État désigne le demandeur à un tel organisme aux fins de l'héberger ou de le loger. Au cas où l'organisme vers lequel le demandeur a été orienté ou à qui il a été désigné refuse de l'héberger ou de le loger, le représentant de l'État dans le département ou, en Île-de-France, le représentant de l'État dans la région procède à l'attribution d'une place d'hébergement présentant un caractère de stabilité ou d'un logement de transition ou d'un logement dans un logement-foyer ou une résidence hôtelière à vocation sociale correspondant à ses besoins. Le cas échéant, cette attribution s'impute sur les droits à réservation du représentant de l'État dans le département.

Les personnes auxquelles une proposition d'accueil dans une structure d'hébergement, un logement de transition, un logement-foyer ou une résidence hôtelière à vocation sociale a été adressée reçoivent du représentant de l'État dans le département une information écrite relative aux dispositifs et structures d'accompagnement social présents dans le département dans lequel l'hébergement, le logement de transition, le logement-foyer ou la résidence hôtelière à vocation sociale est situé et, le cas échéant, susceptibles d'effectuer le diagnostic ou l'accompagnement social préconisé par la commission de médiation.

IV. – Lorsque la commission de médiation est saisie d'une demande de logement dans les conditions prévues au II et qu'elle estime, au vu d'une évaluation sociale, que le demandeur est prioritaire mais qu'une offre de logement n'est pas adaptée, elle transmet au représentant de l'État dans le département ou, en Ile-de-France, au représentant de l'État dans la région cette demande pour laquelle doit être proposé un accueil dans une structure d'hébergement, un établissement ou un logement de transition, un logement-foyer ou une résidence hôtelière à vocation sociale.

Lorsque la commission de médiation, saisie d'une demande d'hébergement ou de logement dans un établissement ou un logement de transition, un logement-foyer ou une résidence hôtelière à vocation sociale dans les conditions prévues au III, estime qu'un tel accueil n'est pas adapté et qu'une offre de logement doit être faite, elle peut, si le demandeur remplit les conditions fixées aux deux premiers alinéas du II, le désigner comme prioritaire pour l'attribution d'un logement en urgence et transmettre au représentant de l'État dans le département ou, en Île-de-France, au représentant de l'État dans la région cette demande aux fins de logement, dans le délai fixé au cinquième alinéa du II.

IV *bis*. – Les propositions faites en application du présent article aux demandeurs reconnus prioritaires par les commissions de médiation ne doivent pas être manifestement inadaptées à leur situation particulière.

IV *ter*. – Un demandeur ne peut saisir qu'une commission de médiation en application du présent article.

V. – La commission de médiation établit, chaque année, un état des décisions prises et le transmet au représentant de l'État dans le département, ou, en Île-de-France, au représentant de l'État dans la région, au comité régional de l'habitat et de l'hébergement d'Île-de-France, au comité responsable du plan départemental d'action pour le logement et l'hébergement des personnes défavorisées et aux établissements publics de coopération intercommunale compétents en matière d'habitat. Elle est informée, dans tous les cas, des suites qui sont réservées à ses décisions.

VI. – Les membres de la commission de médiation et les personnes chargées de l'instruction des saisines sont soumis au secret professionnel dans les conditions prévues à l'article 226-13 du code pénal.

Par dérogation aux dispositions du même article 226-13, les professionnels de l'action sociale et médico-sociale définie à l'article L. 116-1 du code de l'action sociale et des familles fournissent aux services chargés de l'instruction des recours amiables mentionnés ci-dessus les informations confidentielles dont ils disposent et qui sont strictement nécessaires à l'évaluation de la situation du requérant au regard des difficultés particulières mentionnées au II de l'article L. 301-1 du présent code et à la détermination des caractéristiques du logement répondant à ses besoins et à ses capacités.

VII. – Lorsque la commission de médiation est saisie, dans les conditions prévues au II, d'un recours au motif du caractère impropre à l'habitation, insalubre, dangereux ou ne répondant pas aux caractéristiques de la décence des locaux occupés par le requérant, elle statue au vu d'un rapport des services mentionnés à l'article L. 1331-26 du code de la santé publique, le cas échéant, de l'établissement public de coopération intercommunale ou de la commune bénéficiaire de la délégation prévue aux articles L. 301-5-1-1 et L. 301-5-1-2 du présent code ou des opérateurs mandatés pour constater l'état des lieux. Si les locaux concernés sont déjà frappés d'une mesure de police, un rapport présentant l'état d'avancement de l'exécution de la mesure est également produit.

Lorsque le rapport conclut au caractère impropre à l'habitation, insalubre, dangereux ou ne répondant pas aux caractéristiques de la décence des locaux occupés par le requérant, les autorités publiques compétentes instruisent sans délai, indépendamment de la décision de la commission de médiation, les procédures prévues par les dispositions législatives, notamment l'article L. 184-1 et le chapitre Ier du titre Ier du livre V du présent code. La mise en œuvre de ces procédures ne fait pas obstacle à l'examen du recours par la commission de médiation.

Les locaux ou logements dont le caractère impropre à l'habitation, insalubre, dangereux ou ne répondant pas aux caractéristiques de la décence a été retenu par la commission de médiation pour statuer sur le caractère prioritaire et sur l'urgence du relogement de leurs occupants sont signalés aux organismes chargés du service des aides personnelles au logement et au gestionnaire du fonds de solidarité pour le logement. Ils sont également signalés au comité responsable du plan départemental d'action pour le logement et l'hébergement des personnes défavorisées aux fins d'inscription à l'observatoire nominatif prévu au cinquième alinéa de l'article 3 de la loi n° 90-449 du 31 mai 1990 visant à la mise en œuvre du droit au logement.

VIII. Lorsque la commission de médiation reconnaît un demandeur prioritaire auquel un logement doit être attribué en urgence et que celui-ci fait l'objet d'une décision de justice prononçant l'expulsion de son domicile, elle peut saisir le juge afin que celui-ci accorde des délais dans les conditions prévues aux articles L. 412-3 et L. 412-4 du code des procédures civiles d'exécution.

• **CCH,** art. L. 441-2-3-1

I. – Le demandeur qui a été reconnu par la commission de médiation comme prioritaire et comme devant être logé d'urgence et qui n'a pas reçu, dans un délai fixé par décret, une offre de logement tenant compte de ses besoins et de ses capacités peut introduire un recours devant la juridiction administrative tendant à ce que soit ordonné son logement ou son relogement.

Le demandeur peut être assisté par les services sociaux, par un organisme bénéficiant de l'agrément relatif à l'ingénierie sociale, financière et technique prévu à l'article L. 365-3 ou par une association agréée de défense des personnes en situation d'exclusion.

Ce recours est ouvert à compter du 1er décembre 2008 aux personnes mentionnées au deuxième alinéa du II de l'article L. 441-2-3 et, à compter du 1er janvier 2012, aux demandeurs mentionnés au premier alinéa du même II.

En l'absence de commission de médiation dans le département, le demandeur peut exercer le recours mentionné à l'alinéa précédent si, après avoir saisi le représentant de l'État dans le département, il n'a pas reçu une offre tenant compte de ses besoins et de ses capacités dans un délai fixé par voie réglementaire.

Le président du tribunal administratif ou le magistrat qu'il désigne statue en urgence, dans un délai de deux mois à compter de sa saisine. Sauf renvoi à une formation collégiale, l'audience se déroule sans conclusions du commissaire du Gouvernement.

Le président du tribunal administratif ou le magistrat qu'il désigne, lorsqu'il constate que la demande a été reconnue comme prioritaire par la commission de médiation et doit être satisfaite d'urgence et que n'a pas été offert au demandeur un logement tenant compte de ses besoins et de ses capacités, ordonne le logement ou le relogement de celui-ci par l'État et peut assortir son injonction d'une astreinte. Pour les seuls jugements prononcés après le 1er janvier 2016, le jugement prononçant l'astreinte mentionne que les sommes doivent être versées jusqu'au jugement de liquidation définitive.

Le produit de l'astreinte est versé au fonds national d'accompagnement vers et dans le logement, institué en application de l'article L. 300-2.

Pour les seules astreintes prononcées après le 1er janvier 2016, tant que l'astreinte n'est pas liquidée définitivement par le juge, le versement de l'astreinte au fonds est effectué deux fois par an, le premier versement devant intervenir à la fin du sixième mois qui suit le mois à compter duquel l'astreinte est due en application du jugement qui l'a prononcée. Toute astreinte versée en application du jugement la prononçant reste acquise au fonds. Lorsque l'astreinte a été liquidée définitivement, le versement du solde restant dû, le cas échéant, est effectué dans le mois qui suit la notification de la décision de liquidation définitive.

II. – Le demandeur qui a été reconnu par la commission de médiation comme prioritaire et comme devant être accueilli dans une structure d'hébergement, un établissement ou logement de transition, un logement-foyer ou une résidence hôtelière à vocation sociale et qui n'a pas été accueilli, dans un délai fixé par décret, dans l'une de ces structures peut introduire un recours devant la juridiction administrative tendant à ce que soit ordonné son accueil dans une structure d'hébergement, un établissement ou logement de transition, un logement-foyer ou une résidence hôtelière à vocation sociale.

Ce recours est ouvert à compter du 1er décembre 2008.

Le président du tribunal administratif ou le magistrat qu'il désigne statue en urgence, dans un délai de deux mois à compter de sa saisine. Sauf renvoi à une formation collégiale, l'audience se déroule sans conclusions du commissaire du Gouvernement.

Le président du tribunal administratif ou le magistrat qu'il désigne, lorsqu'il constate que la demande a été reconnue prioritaire par la commission de médiation et que n'a pas été proposée au demandeur une place dans une structure d'hébergement, un établissement ou logement de transition, un logement-foyer ou une résidence hôtelière à vocation sociale, ordonne l'accueil dans l'une de ces structures et peut assortir son injonction d'une astreinte. Pour les seuls jugements prononcés après le 1er janvier 2016, le jugement prononçant l'astreinte mentionne que les sommes doivent être versées jusqu'au jugement de liquidation définitive.

Le produit de l'astreinte est versé au fonds national d'accompagnement vers et dans le logement, institué en application de l'article L. 300-2.

Pour les seules astreintes prononcées après le 1er janvier 2016, tant que l'astreinte n'est pas liquidée définitivement par le juge, le versement de l'astreinte au fonds est effectué deux fois par an, le premier versement devant intervenir à la fin du sixième mois qui suit le mois à compter duquel l'astreinte est due en application du jugement qui l'a prononcée. Toute astreinte versée en application du jugement la prononçant reste acquise au fonds. Lorsque l'astreinte a été liquidée définitivement, le versement du solde restant dû, le cas échéant, est effectué dans le mois qui suit la notification de la décision de liquidation définitive.

III. – Lorsque la juridiction administrative est saisie d'un recours dans les conditions prévues au I, elle peut ordonner l'accueil dans une structure d'hébergement, un établissement ou logement de transition, un logement-foyer ou une résidence hôtelière à vocation sociale.

• **CJA,** art. R. 778-1

Sont présentées, instruites et jugées selon les dispositions du présent code, sous réserve des dispositions particulières du code de la construction et de l'habitation et des dispositions du présent chapitre :

1° Les requêtes introduites par les demandeurs reconnus par la commission de médiation prévue à l'article L. 441-2-3 du code de la construction et de l'habitation comme prioritaires et devant se voir attribuer un logement en urgence, en application des dispositions du II du même article, et qui n'ont pas, passé le délai mentionné à l'article R. 441-16-1 du même code, reçu une offre de logement tenant compte de leurs besoins et de leurs capacités ;

2° Les requêtes introduites par les demandeurs reconnus par la commission de médiation comme prioritaires pour un accueil dans une structure d'hébergement, un établissement ou logement de transition, un logement-foyer ou une résidence hôtelière à vocation sociale, en application des dispositions du III ou du IV de l'article L. 441-2-3 du code de la construction et de l'habitation, et qui n'ont pas, passé le délai mentionné à l'article R. 441-18 du même code, été accueillis dans l'une de ces structures, logements ou établissements ;

3° Les requêtes introduites par les demandeurs qui, en l'absence de commission de médiation, ont saisi le préfet en application du quatrième alinéa du I de l'article L. 441-2-3-1 du code de la construction et de l'habitation et qui n'ont pas, passé le délai prévu par l'article R. 441-17 du même code, reçu une offre de logement tenant compte de leurs besoins et de leurs capacités.

• **CJA,** art. R. 778-2

Les requêtes mentionnées à l'article R. 778-1 sont présentées dans un délai de quatre mois à compter de l'expiration des délais prévus aux articles R. 441-16-1, R. 441-17 et R. 441-18 du code de la construction et de l'habitation. Ce délai n'est toutefois opposable au requérant que s'il a été informé, dans la notification de la décision de la commission de médiation ou dans l'accusé de réception de la demande adressée au préfet en l'absence de commission de médiation, d'une part, de celui des délais mentionnés aux articles R. 441-16-1, R. 441-17 et R. 441-18 de ce code qui était applicable à sa demande et, d'autre part, du délai prévu par le présent article pour saisir le tribunal administratif.

À peine d'irrecevabilité, les requêtes doivent être accompagnées, sauf impossibilité justifiée, soit de la décision de la commission de médiation dont se prévaut le requérant, soit, en l'absence de commission, d'une copie de la demande adressée par le requérant au préfet.

• **CJA,** art. R. 778-3

Les jugements sont rendus par le président du tribunal administratif ou le magistrat qu'il désigne à cet effet, qui doit avoir atteint au moins le grade de premier conseiller ou une ancienneté de deux ans. Sauf mention expresse contraire dans la décision de désignation, les magistrats désignés au titre de l'article R. 222-13 assurent également ces fonctions.

• **CJA,** art. R. 778-4

Le président du tribunal administratif ou le magistrat qu'il désigne à cet effet statue dans le délai prévu à l'article L. 441-2-3-1 du code de la construction et de l'habitation.

Les décisions prises pour l'instruction des affaires sont notifiées aux parties par tous moyens.

Le président du tribunal administratif ou le magistrat qu'il désigne à cet effet peut, dès l'enregistrement de la requête, par une décision qui tient lieu d'avis d'audience, fixer la date à laquelle l'affaire sera appelée à l'audience.

L'avis d'audience ou la décision prévue à l'alinéa précédent reproduit les dispositions des articles R. 731-1, R. 731-2, R. 731-3, R. 732-1 et R. 732-2 en précisant que l'audience, sauf renvoi à une formation collégiale, se déroule sans conclusions du rapporteur public.

• **CJA,** art. R. 778-5

Le juge statue au terme d'une procédure contradictoire écrite ou orale.

Dès qu'il reçoit notification de la requête, le préfet communique au tribunal administratif l'ensemble du dossier constitué pour l'instruction de la demande correspondante, tant devant la commission départementale de médiation que pour donner suite à la décision de celle-ci.

L'instruction est close soit après que les parties ou leurs mandataires ont formulé leurs observations orales, soit, si ces parties sont absentes ou ne sont pas représentées, après appel de leur affaire à l'audience. Toutefois, afin de permettre aux parties de verser des pièces complémentaires, le juge peut décider de différer la clôture de l'instruction à une date postérieure dont il les avise par tous moyens.

L'instruction est rouverte en cas de renvoi à une autre audience.

• **CJA,** art. R. 778-6

Les dispositions des articles R. 522-4, R. 522-7, R. 522-9 et R. 522-11 à R. 522-13 sont applicables.

• **CJA,** art. R. 778-7

À la demande du requérant, la personne assurant l'assistance prévue au deuxième alinéa du I de l'article L. 441-2-3-1 du code de la construction et de l'habitation peut être entendue lors de l'audience.

• **CJA,** art. R. 778-8

Lorsque le président du tribunal administratif ou le magistrat désigné à cet effet constate, d'office ou sur la saisine du requérant, que l'injonction prononcée n'a pas été exécutée, il procède à la liquidation de l'astreinte en faveur du fonds prévu à l'article L. 300-2 du code de la construction et de l'habitation.

Le président du tribunal administratif ou le magistrat désigné à cet effet peut statuer par ordonnance, dans les conditions prévues par le chapitre II du titre IV du livre VII du présent code, après avoir invité les parties à présenter leurs observations sur l'exécution de l'injonction prononcée.

Il liquide l'astreinte en tenant compte de la période pendant laquelle, postérieurement à l'expiration du délai imparti par le jugement, l'injonction est demeurée inexécutée par le fait de l'administration. Il peut, eu égard aux circonstances de l'espèce, modérer le montant dû par l'État voire, à titre exceptionnel, déclarer qu'il n'y a pas lieu de liquider l'astreinte.

• **CJA,** art. R. 811-1

Toute partie présente dans une instance devant le tribunal administratif ou qui y a été régulièrement appelée, alors même qu'elle n'aurait produit aucune défense, peut interjeter appel contre toute décision juridictionnelle rendue dans cette instance.

Toutefois, le tribunal administratif statue en premier et dernier ressort :

1° Sur les litiges relatifs aux prestations, allocations ou droits attribués au titre de l'aide ou de l'action sociale, du logement ou en faveur des travailleurs privés d'emploi, mentionnés à l'article R. 772-5, y compris le contentieux du droit au logement défini à l'article R. 778-1 ; [...].

625.02 Jurisprudence de référence.

• **CE 13 mai 2019,** req. n° 417190, *Lebon* T

* V. s^s n° 625.64.

Ne peut être considéré comme ayant cherché délibérément à échapper à ses obligations de locataire et créé la situation qui a conduit à son expulsion rendant son relogement nécessaire le locataire du parc privé qui a laissé s'accumuler d'importants retards de loyers à partir de son licenciement, sans pouvoir honorer le plan d'apurement conclu avec son propriétaire, alors qu'il avait pour seule ressources le RSA pour un montant inférieur à celui du loyer. En estimant qu'il ne pouvait être regardé comme un demandeur de bonne foi, la commission de médiation a entaché sa décision d'une erreur d'appréciation.

• **CE 14 févr. 2018,** req. n° 407124, *Lebon* T

* V. s^s n° 624.31.

Lorsque la commission d'attribution d'un organisme de logement social désigné par le préfet oppose un refus, le demandeur peut saisir le tribunal administratif afin qu'il ordonne au préfet de faire usage des pouvoirs qu'il tient des dispositions du III de l'article L. 441-2-3 du Code de la construction et de l'habitation en vue de procéder à l'attribution d'un logement correspondant à ses besoins et à ses capacités étant rappelé que les dispositions de l'article L. 441-2-3-1 font peser une obligation de résultat sur l'État désigné comme garant du droit au logement opposable. Mais le demandeur peut par ailleurs saisir aussi le tribunal administratif d'une demande d'annulation pour excès de pouvoir de la décision de refus prononcé par la commission d'attribution de l'organisme de logement social. En effet, cette demande ne tend pas à faire exécuter par l'État la décision de la commission de médiation reconnaissant le demandeur comme prioritaire et devant être relogé en urgence, elle est détachable de la procédure engagée par ailleurs pour obtenir l'exécution de cette décision.

• **CE 8 juill. 2016,** req. n° 381333, *Lebon* T

* V. s^s n° 625.85.

En dehors du cas où les locaux occupés par le demandeur sont, en raison de leurs caractéristiques physiques, impropres à l'habitation, insalubres ou dangereux, ces dispositions permettent à la commission de désigner comme prioritaire et devant être relogée en urgence une personne établissant l'existence, dans l'immeuble où elle réside, d'une situation d'insécurité liée à des actes commis de manière habituelle et qui, du fait d'une vulnérabilité particulière ou d'autres éléments liés à sa situation personnelle, créent des risques graves pour elle-même ou pour sa famille. La circonstance que la demanderesse était déjà locataire d'un logement social n'excluait pas qu'elle puisse être désignée comme prioritaire et devant être logée d'urgence, si son logement présentait les caractéristiques mentionnées à l'article R*. 441-14-1 du code de la construction et de l'habitation.

• **CE 27 juin 2016,** req. n° 384492, *Lebon*

* V. s^s n° 625.61

Le juge, suite à relogement, peut néanmoins estimer que l'urgence perdure si le logement obtenu ne répond manifestement pas aux besoins de l'intéressé, excède notablement ses capacités financières ou présente un caractère précaire.

• **CE 4 nov. 2015,** req. n° 374241, *Lebon* T

• **CE, avis, 1er juill. 2016,** req. n° 398546, *Lebon*

* V. s^s n° 625.65

C'est seulement si le demandeur a été informé des conséquences d'un refus, que le fait de rejeter une offre de logement peut lui faire perdre le bénéfice de la décision de la commission de médiation le reconnaissant comme prioritaire. Il appartient à l'administration d'établir que cette information a été délivrée au demandeur.

625.03 Bibliographie indicative.

Encyclopédie. *DP Gestion immob.*, V° *Droit au logement opposable.*

Articles. ANIL, « Droit au logement opposable : le contentieux du relogement », *Habitat Actualité,* févr. 2013 – C. Brugnon, G. Iacono, « Les critères d'éligibilité au droit à l'hébergement opposable », *AJDI* 2011. 843 – J.-P. Brouant, « Un droit au logement variablement opposable », *AJDA* 2008. 506 – J. Monéger, « Égalité et Citoyenneté ou l'aventure du ballot du Dalo », *Loyers et copr.,* juill. 2016, repère 7 – A. Firmin et S. Slama, « Le Dalo : évaluation juridique à la veille de l'échéance du 1er janvier 2012 », *AJDI* 2011. 839 – D. Malégat-Mély, « Le coût des procédures Dalo », *AJDI* 2011. 849 ; « Les frontières incertaines du droit au logement et à l'hébergement des étrangers », *AJDI* 2010. 610 s. ; « Le Dalo », *Les cahiers du Gridauh*, série « Droit de l'habitat », n° 21, 2011 – P. Nguyen-Duy, « Droit au logement opposable, acte II », *AJDA* 2009. 514 – Quilichini, « Le droit au logement opposable », *AJDI* 2007. 364 s. – F. Zitouni, « Logement social et droit au logement ». Chronique de jurisprudence 2013, *AJDI* 2014. 500 ; *ibid.* Chronique de jurisprudence 2014, *AJDI*

2015. 752 ; *ibid.* Chronique de jurisprudence 2015, *AJDI* 2016. 667.

Documents. *Droit au logement, droit du logement*, Rapport du Conseil d'État 2009, La Documentation française.

SECTION 1
UN DROIT AU LOGEMENT (DALO), POUR QUELS BÉNÉFICIAIRES ?

625.11 **Loi inscrite dans un long processus.** Texte de circonstance (à la suite de l'affaire des tentes du canal Saint-Martin) ou au contraire aboutissement d'un lent processus d'élaboration sur plus de trente ans (1982-2012) d'un droit français au logement, la loi du 5 mars 2007, dite loi Dalo [1] est en tout cas une recherche de solution pour l'accès à un habitat décent des personnes les plus en difficulté. Cet objectif est complexe puisqu'il suppose que soient résolues de multiples questions : du financement du logement à qui décide de son attribution, des bénéficiaires qu'il vise aux conditions dans lesquelles ils accèdent à ce logement.

625.12 **Dispositif supplémentaire pour le droit au logement.** L'exercice d'un droit au logement, au-delà d'un affichage dans des documents de nature législative, voire constitutionnelle [2], ne peut trouver sa concrétisation que si le bénéficiaire potentiel de ce droit sait auprès de quelle autorité le faire valoir.

Les textes antérieurs, de la loi du 22 juin 1982 à la loi du 29 juillet 1998, ont permis d'avancer vers une meilleure maîtrise de l'accès pour tous à un logement décent.

La loi « Dalo » a apporté une accélération certaine à cette ambition, tout en posant un défi de taille puisque, d'une part, la réponse devait être donnée sur tout le territoire national et, d'autre part, la mise en place a dû être réalisée avant 2012 [3].

La mise en place du dispositif Dalo constitue une réponse politique à l'expression médiatisée d'un besoin incontestable de logement. Ce dispositif vient se superposer aux commissions d'attribution des organismes HLM et entre totalement dans la mission de service public déjà assignée par le législateur à ces organismes, avec l'État placé en garant du respect des règles d'attribution de logements sociaux [4]. S'y ajoute cependant le parc privé conventionné qui constitue un champ complémentaire pour l'accès au logement des ménages éligibles au Dalo : logements conventionnés des SEM agréées, logements privés conventionnés avec l'ANAH, logements privés loués à des organismes HLM et destinés à être sous-loués à titre transitoire aux personnes prioritaires.

Le droit au logement social issu des nombreux critères de priorité enrichis depuis de nombreuses années par le législateur devrait-il être considéré comme « non opposable » alors que le mécanisme de ce nouveau droit au logement qui, par lui-même, ne favorise en rien la production d'aucun logement à très faible loyer, n'est concrètement opposable que par la sanction indemnitaire qu'il est susceptible de générer à l'encontre de l'État.

Alors que la complexité des règles du logement social se trouve régulièrement critiquée, la création dans chaque département de commissions de médiation dédiées au Dalo et rattachées aux préfets y ajoute une superposition administrative : d'une part les publics concernés sont ceux déjà visés par les bailleurs sociaux qui concluent pourtant des accords collectifs départementaux et intercommunaux afin de quantifier leurs engagements de loger les personnes les plus en difficulté (c'est-à-dire, concrètement et par euphémisme, les demandeurs dont le dossier n'est attractif pour aucun bailleur, quel qu'il soit), d'autre part, les critères de priorité entre le droit commun du logement social et le Dalo sont regroupés dans une seule liste depuis la loi du 27 janvier 2017. En outre, la légitimité d'une commission de médiation placée au côté du préfet qui peut désigner tant des bailleurs sociaux privés que des organismes HLM pour assurer le relogement des demandeurs n'est pas vraiment avérée au vu des statistiques démontrant l'absence quasi-totale de bailleurs privés participant à cet effort. Enfin, les demandes jugées éligibles au Dalo sont, au final, désignées aux bailleurs sociaux par le préfet et elles restent soumises à l'examen préalable de leurs commissions d'attribution.

N'aurait-on pu améliorer le dispositif existant afin de mieux prendre en compte les plus défavorisés ? Ne faut-il pas rendre plus opérationnelle la participation aux commissions d'attribution, avec voix délibérative et non consultative, des associations agréées d'ingénierie sociale ? L'intelligibilité du droit au logement et sa crédibilité opérationnelle envers l'ensemble des publics concernés, et des acteurs au quotidien pourrait sans doute y gagner.

625.13 **Textes antérieurs.** Les lois françaises ont tout d'abord reconnu que le droit à l'habitat était

1. L. n° 2007-290, 5 mars 2007 instituant le droit au logement opposable et portant diverses mesures en faveur de la cohésion sociale, *JO* 6 mars, p. 4190.
2. Plusieurs constitutions européennes (Espagne, Belgique, par ex.) contiennent la référence à un droit à un logement décent et adapté, les Pays-Bas assurant pour leur part que « les autorités publiques ont le devoir de fournir un logement convenable » et la Suède affirmant qu'il « incombe à la communauté d'assurer le droit au logement ».
3. V. dossier spécial « Le Dalo : évaluation juridique à la veille de l'échéance du 1er janvier 2012 », *AJDI* 2011. 839 s.

4. CCH, art. L. 411.

« un droit fondamental, qui s'exerce dans le cadre des lois qui le régissent »[1] et que garantir le droit au logement constituait « un devoir de solidarité pour l'ensemble de la nation »[2] avec la création d'instruments forts de solidarité que sont le plan départemental d'accès au logement des personnes défavorisées (PDALPD[3]) et le fonds de solidarité logement (FSL).

625.14 Loi du 29 juillet 1998. Puis la loi du 29 juillet 1998[4] a pris des mesures destinées à faciliter l'accès et le maintien dans le logement de populations défavorisées. Elle crée, par département, un délai au-delà duquel l'attente pour bénéficier d'un logement social paraît manifestement anormale. Elle est par ailleurs à l'origine des commissions de médiation qui pouvaient être saisies de toute réclamation relative à l'absence d'offre de logement dans le délai ainsi défini[5]. La commission émettait un avis et pouvait saisir le préfet du dossier du demandeur. Dans le cas de personnes défavorisées, elle saisissait le plan départemental pour apporter une réponse au demandeur.

625.15 Loi du 13 juillet 2006. La loi du 13 juillet 2006[6], dite loi ENL, est allée plus loin en ouvrant la saisine des commissions de médiation ? sans que soit opposable le délai anormalement long, dès lors que la réclamation émanait de plusieurs catégories :

- personnes qui sont menacées d'expulsion sans relogement ;
- personnes qui sont hébergées temporairement chez des tiers ;
- personnes logées dans des taudis ou dans un logement insalubre.

Si la commission mettait en avant le caractère prioritaire d'une demande, le préfet ou le président d'un EPCI délégataire des aides à la pierre pouvait désigner la personne concernée à un organisme de logement social et fixer le délai pour son relogement.

625.16 Contenu de la loi du 5 mars 2007. La loi du 5 mars 2007[7] réaffirme le droit à un logement décent et indépendant aux bénéficiaires qu'elle désigne, à savoir « toute personne qui, résidant sur le territoire français dans des conditions de permanence définies par décret en Conseil d'État[8], n'est pas en mesure d'y accéder par ses propres moyens ou de s'y maintenir » ; elle étend les catégories de bénéficiaires de la loi ENL.

La loi Dalo pose un principe d'exception : ceux qui ne peuvent accéder à un logement « par leurs propres moyens » sont concernés, mais on pourrait ajouter : eux seuls ; la procédure de la loi Dalo n'est pas un coupe-file pour ceux qui sont dans le circuit normal de la demande de logement, pour lesquels nous avons exposé la procédure d'accès au logement social[9].

625.17 État : garant du Dalo. La loi du 5 mars 2007 place l'État dans un rôle de garant de ce droit. Cette solution diffère de celle retenue en Écosse qui fait de la commune le garant. Seuls dans l'Union européenne les parlements français et écossais (par le *Homeless Scotland Act* de 2003) ont créé formellement un droit au logement opposable. La Charte des droits fondamentaux de l'Union européenne reconnaît pour sa part depuis le 7 décembre 2000 le droit à une aide au logement.

625.18 Voies de recours et actions indemnitaires. Les demandeurs qui n'obtiennent pas satisfaction pour être reconnues prioritaires au dispositif Dalo peuvent contester les décisions des commissions de médiation en formant un recours en excès de pouvoir devant la juridiction administrative. Par ailleurs, la loi du 5 mars 2007 ouvre un recours contentieux afin d'obtenir une injonction (sous astreinte éventuellement) contre l'État aux personnes reconnues prioritaires qui n'ont pas reçu, dans un délai de trois ou de six mois, selon les départements, une offre de logement. Enfin, les demandeurs qui justifient d'un préjudice lié à l'absence de relogement peuvent également tenter d'obtenir une indemnisation devant la juridiction administrative.

625.19 Renforcement des moyens d'hébergement durable. Une alternative est proposée aux personnes qui ne sont pas en mesure d'occuper un logement pérenne sans adaptation et, pour ce faire, la loi du 5 mars 2007 renforce les moyens de l'hébergement durable. Elle impose une norme communale pour la réalisation de places d'urgence. Enfin, elle permet à toute personne de rester dans les structures conçues à cet effet ou de saisir la commission de médiation pour y accéder.

1. L. n° 82-526, 22 juin 1982, art. 1er, L. n° 89-462, 6 juill. 1989, art. 1er.
2. L. n° 90-449, 31 mai 1990 visant à la mise en œuvre du droit au logement, dite loi Besson, art. 1er, *JO* 2 juin, p. 6551.
3. Aujourd'hui, plan départemental d'action pour le logement et l'hébergement des personnes défavorisées (PDALHPD).
4. L. n° 98-657, 29 juill. 1998 d'orientation relative à la lutte contre les exclusions, *JO* 31 juill., p. 1167.
5. V. s^s n° 621.37.
6. L. n° 2006-872, 13 juill. 2006 portant engagement national pour le logement, *JO* 16 juill., p. 10662.
7. L. n° 2007-290, 5 mars 2007 instituant le droit au logement opposable et portant diverses mesures en faveur de la cohésion sociale, *JO* 6 mars, p. 4190.
8. Décr. n° 2008-908, 8 sept. 2008 relatif aux conditions de permanence de la résidence des bénéficiaires du droit à un logement décent et indépendant et modifiant le code de la construction et de l'habitation, *JO* 10 sept., p. 14067.
9. V. s^s n°s 621.81 s.

SECTION 2
COMMISSION DE MÉDIATION

625.20 **Plan. Compétence départementale.** Une ou plusieurs commissions de médiation peuvent être installées dans chaque département, chacune étant présidée par une personne qualifiée désignée par le représentant de l'État dans le département. Mais le demandeur ne peut saisir qu'une seule commission.

Il convient d'étudier successivement la saisine et le rôle de la commission (§ 1) et sa composition (§ 2).

§ 1
Saisine et rôle de la commission

625.31 **Saisine de la commission : par qui ?** La commission de médiation peut tout d'abord être saisie par les demandeurs qui satisfont aux conditions d'accès au logement social et n'ont reçu aucune proposition de logement dans le délai normal d'attribution d'un logement social [1]. Ce délai est fixé par le préfet du département. Il est fonction des « circonstances locales ». La loi relative à l'égalité et à la citoyenneté a réécrit l'article L. 441-1-4 du code de la construction et de l'habitation. Il vise désormais les délais au-delà desquels (et non plus à partir desquels) les personnes qui ont déposé une demande de logement locatif social peuvent saisir la commission de médiation.

Le préfet, pour la détermination du délai, prend l'avis d'un certain nombre d'instances locales, dont le comité responsable du plan départemental d'action pour le logement et l'hébergement des personnes défavorisées (PDALHPD), les conférences intercommunales du logement (chap. 621) ou, la conférence du logement de Paris, les établissements publics de coopération intercommunale ou les établissements publics territoriaux de la métropole du Grand Paris ayant conclu une convention intercommunale d'attribution, ainsi que les représentants des bailleurs sociaux dans le département.

Elle peut par ailleurs être saisie, sans condition de délai, par six catégories de personnes, de bonne foi :

- dépourvues de logement ;
- menacées d'expulsion sans relogement ;
- hébergées ou logées temporairement dans un établissement ou un logement de transition ;
- logées dans des locaux impropres à l'habitation ou présentant un caractère insalubre ou dangereux ;
- logées en logements foyers et en résidence hôtelière à vocation sociale.

1. Depuis le 1er juillet 2014, l'arrêté du 18 avril 2014 remplace les formulaires anciens pour le recours devant la commission (*JO* 15 mai, p. 8075).

La loi y ajoute une dernière catégorie : « le demandeur logé dans des locaux manifestement sur-occupés ou ne présentant pas le caractère d'un logement décent, s'il a au moins un enfant mineur, s'il présente un handicap au sens de l'article L. 114 du code de l'action sociale et des familles ou s'il a au moins une personne à charge présentant un tel handicap » [2].

Pour saisir la commission de médiation, le demandeur transmet un formulaire dédié [3] (à télécharger ou à retirer en préfecture).

Le formulaire doit être accompagné des pièces justificatives mentionnées sur la notice d'accompagnement.

Le dossier doit être envoyé ou déposé au secrétariat de la commission de médiation, dont les coordonnées sont communicables en préfecture et figurent sur le site internet de chaque préfecture.

625.32 **Point de départ du délai.** Le point de départ du délai fixé à la commission pour rendre son avis est le jour du dépôt du dossier. En cas de dossier incomplet, le demandeur est informé par courrier précisant le délai pour produire les éléments manquants, les délais d'instruction étant suspendus.

625.33 **Assistance du demandeur.** Le demandeur peut être assisté par les services sociaux, par un organisme bénéficiant de l'agrément relatif à l'ingénierie sociale, financière et technique prévu à l'article L. 365-3 du code de la construction et de l'habitation [4], ou par une association agréée de défense des personnes en situation d'exclusion. Le demandeur doit être « de bonne foi » [5] et doit répondre aux conditions d'accès au logement social. Pour apprécier la bonne foi du demandeur, la commission de médiation est fondée à tenir compte de son comportement. En particulier, un comportement tel que celui causant des troubles de jouissance conduisant à une expulsion est de nature à justifier que la commission de médiation, eu égard à l'ensemble des éléments du dossier qui lui est soumis, estime que le demandeur n'est pas de bonne foi et, par suite, refuse de le reconnaître comme prioritaire et devant être logé d'urgence [6].

2. CCH, art. L. 441-2-3.
3. Cerfa n° 15036*01 « Recours amiable devant la commission départementale de médiation en vue d'une offre de logement », ainsi que sa notice d'information Cerfa n° 51754*01 ; Cerfa n° 15037*01 « Recours amiable devant la commission départementale de médiation en vue de l'accueil dans une structure d'hébergement, un logement de transition, un logement-foyer ou une résidence hôtelière à vocation sociale » et sa notice d'information Cerfa n° 51755*01.
4. POUR les conditions d'agrément : CCH, art. R. 441-13-1.
5. Sur la notion de bonne foi, v. Quilichini, « Le droit au logement opposable », *AJDI* 2007. 364 s.
6. CE 17 juill. 2013, *min. de l'Écologie, du Développement durable, des Transports et du Logement c/Epx Peyrelon*, req. n° 349315, *Lebon T* ; *AJDA* 2013. 1542 ; *JA* 2013, n° 486, p. 10, obs. S.Z. ; *AJDI* 2014. 500, ét. F. Zitouni.

625.34 **Rôle de la commission.** La commission, après instruction du dossier, va pouvoir désigner les demandeurs auxquels « un logement doit être attribué en urgence » et va déterminer les caractéristiques du logement. Afin de rendre le recours amiable plus efficace, la commission de médiation peut rechercher des éléments d'information auprès du ou des bailleurs chargés de la demande mais aussi de ceux qui ont connu la situation locative antérieure du demandeur. Elle peut recevoir des services sociaux en contact avec le demandeur et des instances du PDALHPD qui ont connu sa situation, toutes informations utiles sur les besoins et capacités du demandeur, sur les obstacles à son accès ou à son maintien dans un logement décent et indépendant.

625.35 **Délai pour instruire la demande.** La commission a un délai de trois mois à compter de la réception du dossier pour rendre sa décision[1]. Ce délai est porté à six mois dans les Dom.

Pour un dossier de demande d'hébergement, le délai est de six semaines.

625.36 **Délai exceptionnel.** Un délai exceptionnel de six mois pour proposer un logement avait été prévu en Île-de-France (jusqu'au 1er janvier 2015) et dans les départements comportant au moins une agglomération, ou une partie d'une agglomération, de plus de 300 000 habitants (jusqu'au 1er janvier 2014).

625.37 **Transmission de la liste des bénéficiaires.** La liste des demandeurs qui doivent être logés d'urgence est transmise au préfet, qui désigne à un bailleur le demandeur auquel doit être attribué le logement en urgence et le périmètre au sein duquel ces logements doivent être situés[2]. En Île-de-France, il peut s'agir d'autres départements de la région après consultation du représentant de l'État territorialement compétent. Ainsi, l'offre de logement peut intervenir sur le territoire d'autres départements de la région IDF que celui sur lequel le demandeur Dalo aura fait son recours.

§ 2 Composition de la commission

625.41 **Intervenants publics et privés.** La composition de la commission de médiation est précisée à l'article R. 441-13 du code de la construction et de l'habitation, modifié en dernier lieu par le décret du 5 mai 2017[3] pris en application de la loi relative à l'égalité et à la citoyenneté du 27 janvier 2017, qui a complété cette composition. Elle a notamment renforcé la représentation des requérants.

Les commissions comprennent des représentants, à part égale, des catégories suivantes :

- l'État ;
- le département, les EPCI tenus de se doter d'un PLH ou ayant la compétence habitat et au moins un QPV, la commune de Paris et les établissements publics territoriaux de la métropole du Grand Paris ;
- les bailleurs et les gestionnaires de structures d'hébergement ;
- les associations de locataires et d'insertion ;
- les associations de défense des personnes en situation d'exclusion œuvrant dans le département et les instances mentionnées à l'article L. 115-2-1 du code de l'action sociale et des familles (conseil régional des personnes accueillies ou accompagnées).

625.42 **Présence à titre consultatif.** En outre, peut assister à titre consultatif aux séances un représentant de la personne morale gérant le service intégré d'accueil et d'orientation dans le département (SIAO).

625.43 **Autres participants.** Un représentant d'organismes bénéficiant d'un agrément pour des activités de maîtrise d'ouvrage d'insertion ou d'intermédiation et de gestion locative sociale participe à cette commission.

625.44 **Présidence et vice-présidence.** Elle est présidée par une personnalité qualifiée désignée par le préfet, qui a voix prépondérante. Deux vice-présidents peuvent être désignés, qui exercent les attributions du président en l'absence de ce dernier.

625.45 **Membres suppléants.** Les membres de la commission peuvent avoir plusieurs suppléants.

625.46 **Règlement intérieur.** En cas de pluralité de commissions, un règlement intérieur unique est applicable qui fixe les règles d'organisation et de fonctionnement de la commission.

625.47 **Durée du mandat.** Le mandat des membres est d'une durée de trois ans, renouvelable deux fois. Les membres démissionnaires ou décédés sont remplacés par de nouveaux membres nommés pour la durée du mandat restant à courir.

625.48 **Qualité de prioritaire – Appréciation au regard des critères légaux.** La commission peut « par une décision spécialement motivée » désigner comme prioritaire et devant être logée en urgence une personne qui ne répond qu'incomplètement aux critères légaux[4].

1. CCH, art. R. 441-15.
2. CCH, art. L. 441-2-3.
3. Décr. n° 2017-834, 5 mai 2017, *JO* 7 mai, n° 124.
4. CCH, art. R. 441-14-1.

SECTION 3
DISTINCTION ENTRE LOGEMENT ET HÉBERGEMENT

625.51 Contingents mobilisés. Afin de loger les demandeurs reconnus prioritaires, l'État va pouvoir mobiliser ses droits de réservation dans le parc social de logements.

Mais le contingent préfectoral[1] n'est pas la seule réponse possible et le préfet peut également avoir recours au parc privé conventionné, qui a fait l'objet d'aides particulières dans le cadre d'un programme social thématique[2]. Ces logements peuvent être loués à des organismes publics ou privés en vue de leur sous-location, meublée ou non, aux demandeurs Dalo.

Enfin, la participation des employeurs à l'effort de construction (auparavant, le « 1 % ») est incluse dans le dispositif depuis la loi du 25 mars 2009[3], si le ménage reconnu prioritaire est salarié ou demandeur d'emploi. L'article L. 313-26-2 du code de la construction et de l'habitation prévoit qu'un quart des attributions de logements réservés par la société Action Logement Services est réservé aux salariés et aux demandeurs d'emploi reconnus prioritaires par la commission de médiation et auxquels un logement doit être attribué dans le cadre du droit opposable au logement ou, à défaut, aux prioritaires conformément aux critères généraux (art. L. 441-1 du CCH)[4].

L'État et Action Logement ont convenu de renforcer la performance du contingent géré par Action Logement au titre du Dalo. C'est l'objet de l'accord intervenu le 7 mars 2016 en Île-de-France, qui concentre 57 % des recours Dalo, pour atteindre progressivement le taux de 25 % des attributions annuelles du contingent d'Action Logement.

Les résultats attendus étaient fixés à à 60 % de cet objectif en 2016, 80 % en 2017 et jusqu'à 100 % en 2018 (soit 4 777 logements). Compte tenu du dépassement des résultats attendus pour 2016, le Comité de suivi de la loi Dalo recommandait dans son bilan chiffré du Dalo 2008-2016 la généralisation de ces modalités d'actions au sein des organismes d'Action Logement dans tous les territoires tendus.

625.52 Périmètre des logements. Dans le respect des objectifs de mixité sociale, le préfet désigne un périmètre dans lequel les logements doivent être situés après avis des maires et en tenant compte des objectifs de mixité sociale définis par les orientations adoptées par la conférence intercommunale et la convention d'attribution intercommunale ou par l'accord collectif intercommunal ou départemental[5].

Ce périmètre doit tenir compte de la situation des quartiers prioritaires de la politique de la ville. En outre, les personnes qui se voient attribuer un logement sont comptabilisées au titre des droits de réservation des communes qui font l'objet d'un arrêté de carence pour la construction de logements sociaux sur leur territoire.

Les préfets peuvent également faire au demandeur une proposition de relogement dans le cadre d'une réquisition de logements vacants[6] dans l'attente d'un logement définitif.

625.53 Caractéristiques des logements. Pour apprécier les caractéristiques du logement devant être attribué en urgence à toute personne reconnue prioritaire, il est tenu compte de différents éléments : la taille et la composition du foyer, l'état de santé, les aptitudes physiques ou les handicaps des personnes qui vivront au foyer, la localisation des lieux de travail ou d'activité et la disponibilité des moyens de transport, la proximité des équipements et services nécessaires à ces personnes[7]. Il peut également être tenu compte de tout autre élément pertinent propre à la situation personnelle du demandeur ou des personnes composant le foyer.

Le logement peut être loué par une association et sous-loué au demandeur[8]. À cette occasion, un bail dit « glissant » est mis en œuvre entre le bailleur, l'association et le sous-locataire. Un examen périodique de la situation est réalisé, afin, au terme de la convention tripartite convenue, de permettre la signature du bail directement avec le sous-locataire. Le bailleur qui refuse ce glissement doit motiver sa décision. En cas de refus, le préfet peut attribuer directement le logement.

625.54 Hébergement. La loi du 5 mars 2007[9] permet également au demandeur de solliciter un accueil dans une structure d'hébergement. Depuis la loi du 24 mars 2014, dite loi Alur[10], l'orientation de ce type de demande est confiée, par le préfet, au service intégré d'accueil et d'intégration (SIAO)

1. V. s[s] n° 621.131.
2. SUR les aides de l'Anah (Agence nationale pour l'habitat) : CCH, art. R. 321-1 s.
3. L. n° 2009-323, 25 mars 2009 de mobilisation pour le logement et la lutte contre l'exclusion, *JO* 27 mars, p. 5408.
4. Circ. 20 janv. 2012 relative à la mobilisation des attributions des associés collecteurs de l'UESL et de l'AFL ou de ses filiales en faveur du DALO, NOR : DEVL1129117C.
5. CCH, art. L. 441-2-3.
6. CCH, art. L. 641-1 et L. 642-1.
7. CCH, art. R. 441-16-2.
8. L. n° 2014-366, 24 mars 2014, *JO* 26 mars, p. 5809, art. 41 ; CCH, art. L. 442-8-3.
9. L. n° 2007-290, 5 mars 2007 instituant le droit au logement opposable et portant diverses mesures en faveur de la cohésion sociale, *JO* 6 mars, p. 4190.
10. L. n° 2014-366, 24 mars 2014, *JO* 26 mars, p. 5809.

dans chaque département. En absence d'accueil, le préfet peut désigner le service chargé d'héberger le demandeur, voire procéder à l'attribution de la place d'hébergement, avec imputation sur le contingent du préfet.

Mais la commission de médiation peut également désigner le demandeur en vue de l'attribution d'un logement d'urgence, si elle estime qu'un accueil dans une structure d'hébergement n'est pas adapté.

SECTION 4
APPRÉCIATION DU JUGE SUR LA NOTION D'URGENCE ET SUR LE COMPORTEMENT DES BÉNÉFICIAIRES

625.61 Appréciation de l'urgence. Le pouvoir confié au juge pour constater la situation lui permet de porter une appréciation sur l'urgence du relogement, la consistance de l'offre et son adaptation au demandeur.

La circonstance que, postérieurement à la décision de la commission de médiation, l'intéressé a obtenu un logement ne saurait par elle-même être regardée comme établissant que l'urgence a disparu, notamment lorsque, compte tenu des caractéristiques de ce logement, il continue de se trouver dans une situation lui permettant d'être reconnu comme prioritaire et devant être relogé en urgence en application des dispositions de l'article R. 441-14-1 du code de la construction et de l'habitation[1]. Si tel n'est pas le cas, le juge peut néanmoins estimer que l'urgence perdure si le logement obtenu ne répond manifestement pas aux besoins de l'intéressé, excède notablement ses capacités financières ou présente un caractère précaire[2].

L'hébergement temporaire dans une structure d'hébergement ou un logement de transition ne suffit pas à faire disparaître l'urgence de le reloger[3]. En outre, un hébergement attribué à un demandeur prioritaire doit être stable pour accompagner le demandeur vers l'accès au logement. L'hébergement est une étape vers le logement autonome[4]. La décision de la commission de médiation qui a refusé de reconnaître le demandeur comme prioritaire et devant être logé en urgence au seul motif qu'il avait été précédemment reconnu comme devant être hébergé en urgence (et non logé) doit être annulée[5].

La commission peut légalement tenir compte de la circonstance que l'intéressé dispose déjà d'un logement, à condition que, eu égard à ses caractéristiques, au montant de son loyer et à sa localisation, il puisse être regardé comme adapté à ses besoins. Mais elle ne peut légalement fonder un refus envers un demandeur n'ayant pas reçu de proposition adaptée à sa demande de logement social présentée treize ans auparavant, sur le fait qu'il dispose d'un logement dans le parc privé, alors que le loyer acquitté excède ses capacités financières[6].

625.62 Droit à l'hébergement d'urgence. Dans le même temps, on observera que le juge administratif a consacré le droit à l'hébergement d'urgence (qui se distingue à la fois du Dalo et du Daho, droit à l'hébergement) en considérant qu'il constitue une liberté fondamentale mettant à la charge de l'État une obligation de résultat[7].

625.63 Quels bénéficiaires étrangers ? Si le Conseil d'État dans son arrêt Gisti a annulé le décret du 8 septembre 2008[8] qui a méconnu le principe d'égalité en excluant du bénéfice du Dalo les détenteurs de certaines catégories de séjour[9], il a retenu par ailleurs que l'exercice du droit au logement était subordonné au respect de la condition de régularité du séjour pour l'ensemble des personnes composant le foyer[10].

La détention par l'épouse du demandeur d'un visa de long séjour délivré en application de l'article L. 752-1 du code de l'entrée et du séjour des étrangers et du droit d'asile dans le cadre de la procédure de réunification familiale suffit pour faire regarder l'intéressée comme ayant une résidence permanente en France, au sens de l'article L. 300-1 du code de la construction et de l'habitation ; doit par conséquent être annulée la décision de refus de la commission qui a estimé que l'épouse ne remplissait pas la condition de résidence permanente en France mentionnée à l'article L. 300-1 du code de la construction et de l'habitation dès lors qu'elle

1. CE 23 déc. 2015, req. n° 379940, *Lebon ; AJDI*, 2016, p. 671, note F. Zitouni.
2. CE 27 juin 2016, req. n° 384492, *Lebon* – CE 4 nov. 2016, req. n° 387292, NP.
3. CE 1er juin 2012, req. n° 339631, *Lebon ; D. actu.* 8 juin 2012, note Grand ; *AJDA* 2012. 1084 ; *AJDI* 2013. 489, étude F. Zitouni.
4. CE 22 avr. 2013, req n° 358427, *Lebon, AJDA*, 2013, 825, note Grand ; *AJDI* 2014. 500, étude F. Zitouni.
5. CAA Versailles, 18 juill. 2013, req. n° 11VE04226.
6. CE 13 oct. 2017, req. n° 399710, *Lebon* T ; *AJDA* 2017. 1987.
7. CE, Ord. 10 févr. 2012, *Fofana*, req. n° 356456, *Lebon, AJDA*, 2012, 716, note Duranthon ; *D.* 2012. 555, et les obs. ; *ibid.* 2013. 324, obs. O. Boskovic, S. Corneloup, F. Jault-Seseke, N. Joubert et K. Parrot ; *AJDI* 2012. 411, étude R. Piastra ; *ibid.* 444 ; *ibid.* 2013. 489, étude F. Zitouni.
8. Décr. n° 2008-908, 8 sept. 2008 relatif aux conditions de permanence de la résidence des bénéficiaires du droit à un logement décent et indépendant et modifiant le code de la construction et de l'habitation (partie réglementaire), *JO* 10 sept.
9. CE 11 avr. 2012, req. n° 322326, *Lebon ; AJDA* 2012. 735.
10. CE 26 nov. 2012, req. n° 352420, *Lebon ; AJDI* 2013. 298, obs. Brouant ; *ibid.*, chr. F. Zitouni 2013, p. 492.

n'était titulaire ni d'une carte de résident, ni d'un titre de séjour prévu par un traité ou accord international et conférant des droits équivalents à ceux attachés à la carte de résident, ni d'un titre portant la mention « vie privée et familiale »[1].

Un demandeur d'asile peut revendiquer un droit à l'hébergement, sans avoir au préalable demandé à bénéficier d'une place en centre d'accueil[2].

625.64 Comportement du demandeur. Une jurisprudence importante s'est développée à partir des notions de bonne foi et de comportement du demandeur de logement dans la procédure Dalo. Le juge est amené à apprécier en particulier si ce comportement peut être de nature à délier l'administration de son obligation dans le cadre du Dalo.

La commission de médiation est fondée, pour apprécier la bonne foi du demandeur, à tenir compte du comportement de celui-ci. Elle peut refuser de reconnaître la bonne foi du demandeur causant des troubles de jouissance conduisant à son expulsion[3]. Le refus par le demandeur de suivre les mesures d'accompagnement social que la commission de médiation a elle-même demandées est de nature à délier l'administration de l'obligation de résultat qui pèse sur elle[4].

Ne peut être considéré comme ayant cherché délibérément à échapper à ses obligations de locataire et créé la situation qui a conduit à son expulsion rendant son relogement nécessaire le locataire du parc privé qui a laissé s'accumuler d'importants retards de loyers à partir de son licenciement, sans pouvoir honorer le plan d'apurement conclu avec son propriétaire, alors qu'il avait pour seule ressource le RSA pour un montant inférieur à celui du loyer. En estimant qu'il ne pouvait être regardé comme un demandeur de bonne foi, la commission de médiation a entaché sa décision d'une erreur d'appréciation[5].

Le fait par un demandeur d'hébergement de n'avoir pas actualisé son dossier auprès du SIAO Insertion ne caractérise pas une entrave à l'exécution de l'obligation qui pèse sur le préfet[6]. Par ailleurs, de simples inexactitudes de faible portée dans le formulaire rempli par l'intéressé ne sont pas de nature à caractériser une entrave à l'exécution de l'obligation de relogement[7].

La seule circonstance que, postérieurement à la décision favorable de la commission de médiation, le bénéficiaire de cette décision soit radié du fichier des demandeurs de logement social n'a pas pour effet de délier l'État de l'obligation qui pèse sur lui d'en assurer l'exécution. Il n'en va ainsi que si la radiation résulte de l'exécution même de la décision de la commission de médiation ou si les faits ayant motivé cette radiation révèlent, de la part de l'intéressé, une renonciation au bénéfice de cette décision ou un comportement faisant obstacle à son exécution par le préfet. Commet par conséquent une erreur de droit le tribunal administratif qui juge, sur ce seul motif, que la radiation du demandeur du fichier des demandeurs de logement social intervenue, en raison du non-renouvellement de sa demande, deux mois et demi après la décision favorable de la commission de médiation, faisait obstacle à ce que l'intéressé exerce le recours tendant à ce que soit ordonné son logement ou son relogement[8].

625.65 Refus du demandeur et conséquences. Les bénéficiaires doivent être informés des conséquences de leur refus d'une proposition de logement ou d'hébergement, en particulier du risque de perte du bénéfice de la décision de la commission de médiation, s'ils refusent l'offre qui leur est faite[9]. C'est seulement si le demandeur a été informé des conséquences d'un refus, que le fait de rejeter une offre de logement peut lui faire perdre le bénéfice de la décision de la commission de médiation le reconnaissant comme prioritaire. Il appartient à l'administration d'établir que cette information a été délivrée au demandeur[10].

À ce stade, l'urgence justifie qu'une seule proposition de logement correspondant aux besoins du demandeur soit suffisante.

Ne doit pas être pris en compte le refus par la demanderesse fondé sur le fait que le logement

1. CE 30 mars 2018, req. n° 408994, *Lebon* T ; *AJDA* 2018. 711.
2. CE 1er août 2013, req. n° 345130, *Lebon ; AJDA* 2013. 1658, note Poupeau ; *AJDI* 2014. 296, obs. J.-P. Brouant ; *ibid.* 500, étude F. Zitouni – AUSSI : A. Firmin et S. Slama, « Les frontières incertaines du droit au logement et à l'hébergement des étrangers », *AJDI* 2010. 610 s.
3. CE 17 juill. 2013, req. n° 349315, *Lebon ; AJDA* 2013. 1542 ; *AJDI* 2014. 500, étude F. Zitouni – *DP Gestion immob., Bull.* 9 sept. 2013, note Perdereau.
4. CE 28 mars 2013, req. n° 347794, *Lebon ; D. actu.* 9 avr. 2013, note Grand ; *AJDA* 2013. 717 ; *AJDI* 2014. 502.
5. CE 13 mai 2019, req. n° 417190, *Lebon* T ; *AJDA* 2019. 1026 ; *JA* 2019, n° 603, p. 12, obs. T. Giraud.
6. CE 16 juin 2016, req. n° 383986, *Lebon ; AJDA* 2016. 1266.
7. CE 15 févr. 2013, req. n° 336006, *Lebon ; AJDA* 2013. 375 ; *ibid.* 1355, concl. N. Polge ; *AJDI* 2014. 500, étude F. Zitouni.
8. CE 8 juill. 2020, req. n° 420472, *Lebon* T ; *AJDA* 2020. 1455 ; *RDI* 2020. 458, obs. A. Fuchs-Cessot.
9. POUR une analyse de la jurisprudence des tribunaux administratifs (janv. 2009-févr. 2013) : ANIL Habitat Actualité, « Droit au logement opposable : le contentieux du relogement », févr. 2013.
10. CE 4 nov. 2015, req. n° 374241, *AJDA* 2015. 2124, note R. Grand ; *AJDI* 2016. 667, Chron. F. Zitouni – *DP Gestion immob., Bull.* 23 nov. 2015, note Me Perdereau – CE, avis, 1er juill. 2016, req. n° 398546, *Lebon ; AJDA* 2016. 1369.

proposé se situait en rez-de-chaussée et que, vivant seule, elle craignait pour sa sécurité en cas d'effraction. Un tel motif ne revêtant pas, à raison de sa généralité, le caractère de motif impérieux de refus, son refus lui fait perdre le bénéfice de la décision de la commission de médiation[1].

SECTION 5 RECOURS CONTENTIEUX

625.70 **Plan.** Il convient d'étudier successivement les conditions (§ 1), les pouvoirs du juge (§ 2) et le contentieux indemnitaire (§ 3).

§ 1 Conditions

625.81 **Recours contentieux corrélé à l'opposabilité du droit au logement.** Si la loi « Dalo » s'est fixée pour objectifs l'affirmation du droit au logement, ainsi que la définition d'une autorité responsable de ce droit, elle apporte aussi la garantie d'un recours contentieux pour le demandeur.

Le demandeur qui a été reconnu par la commission de médiation comme prioritaire et comme devant être logé d'urgence et qui n'a pas reçu une offre de logement tenant compte de ses besoins et de ses capacités, peut introduire un recours devant la juridiction administrative tendant à ce que soit ordonné son logement ou son relogement[2]. Le recours contentieux apporte ainsi à la loi la signature indispensable à son opposabilité.

625.82 **Délais du recours contentieux.** Le recours devant la juridiction administrative peut être introduit par le demandeur qui n'a pas reçu d'offre de logement tenant compte de ses besoins et capacités passé un délai de trois mois à compter de la décision de la commission de médiation le reconnaissant comme prioritaire et comme devant être logé d'urgence[3]. Dans les départements d'outre-mer et dans les départements comportant au moins une agglomération, ou une partie d'une agglomération, de plus de 300 000 habitants, ce délai est de six mois.

625.83 **Recours contentieux proprement dit.** Les requêtes des demandeurs reconnus par la commission de médiation comme prioritaires et devant se voir attribuer un logement en urgence, qui n'ont pas reçu d'offre de logement tenant compte de leurs besoins et de leurs capacités, doivent déposer leur requête dans un délai de quatre mois, à compter de l'expiration du délai de trois ou six mois[4] après notification de la décision de la commission de médiation[5].

625.84 **Assistance du requérant.** Une association agréée, un organisme bénéficiant de l'agrément relatif à l'ingénierie sociale, financière et technique prévu à l'article L. 365-3 du code de la construction et de l'habitation, ou les services sociaux, peuvent, à la demande du requérant, assister celui-ci à l'audience.

625.85 **Jugement insusceptible d'appel.** Aux termes de l'article 4 du décret du 13 août 2013[6] qui modifie l'article R. 811-1 du code de justice administrative, le tribunal administratif statue en premier et dernier ressort sur le contentieux relatif au droit au logement opposable. Ceci s'applique aux décisions rendues à compter du 1er janvier 2014. Ainsi, aucun appel n'est possible, mais un recours en révision ou un pourvoi en cassation peut être porté directement devant le Conseil d'État[7].

625.86 **Recours pour le droit à l'hébergement opposable (Daho).** La loi Alur[8] a modifié les conditions du recours pour le droit à l'hébergement opposable[9] pour tenir compte des personnes qui ne remplissent pas les conditions de régularité et de permanence du séjour. La commission peut prendre une décision favorable, mais uniquement si elle préconise l'accueil dans une structure d'hébergement. Elle organise par ailleurs le circuit de l'hébergement en faisant intervenir le Siao (service d'information, d'accueil et d'orientation) chargé de trouver une place correspondant aux besoins des demandeurs à l'hébergement. La Comed (commission de médiation) peut comprendre, à titre consultatif, un représentant de la personne morale gérant le Siao.

§ 2 Pouvoirs du juge

625.91 **Effets du recours contentieux – Mesures prises par le juge.** Le président du tribunal administratif ou le magistrat qu'il désigne statue en urgence, dans un délai de deux mois à compter de sa saisine. Sauf renvoi à une formation collégiale, l'audience se déroule sans conclusions du commissaire du Gou-

1. CE 10 févr. 2020, req. nº 420874, NP.
2. CCH, art. L. 441-2-3-1.
3. CCH, art. R. 441-16-1.

4. V. ss nº 625.34.
5. CJA, art. R. 778-2.
6. Décr. nº 2013-730, 13 août 2013 portant modification du code de justice administrative, *JO* 15 août, p. 13960.
7. CE 8 juill. 2016, req. nº 381333, *Lebon ; AJDA* 2016. 1428
8. L. nº 2014-366, 24 mars 2014 pour l'accès au logement et un urbanisme rénové, *JO* 26 mars, p. 5809.
9. CCH, art. L. 441-2-3, III.

vernement. Le juge ordonne le logement ou le relogement du demandeur par l'État.

S'il constate que la demande a été reconnue par la commission de médiation comme prioritaire, il peut ordonner une astreinte financière à l'État[1].

Il peut également ordonner l'accueil du demandeur dans une structure d'hébergement, un établissement ou un logement de transition ou un logement foyer ou enfin une résidence hôtelière à vocation sociale, s'il considère cette mesure mieux adaptée.

Si les dispositions de l'article L. 441-2-3-1 prévoient que le président du tribunal statue dans un délai de deux mois, elles n'ont pas pour effet de rendre irrégulier un jugement prononcé après l'expiration de ce délai[2].

625.92 **Compétences du juge.** Il n'appartient pas au juge, saisi en vertu des dispositions de l'article L. 441-2-3-1 du code de la construction et de l'habitation d'apprécier la légalité des décisions des commissions départementales de médiation, tant à la demande de l'Administration qu'à celle du demandeur de logement ou d'hébergement. En revanche, le juge administratif doit s'assurer « que la demande de l'intéressé a été reconnue comme prioritaire et devant être satisfaite d'urgence par la commission et que ne lui a pas été offert un logement tenant compte de ses besoins et de ses capacités définis par la commission »[3].

625.93 **Expulsion et recours à la force publique.** L'absence de relogement dans la procédure Dalo peut-elle s'analyser comme un motif de refus d'octroi de la force publique dans une procédure d'expulsion ? La haute cour administrative a été amenée à préciser que les difficultés rencontrées par les personnes expulsées du fait de l'absence de solution de relogement ne pouvaient être analysées comme étant d'une gravité telle qu'elles justifieraient un refus d'octroi de la force publique[4].

625.94 **Astreinte.** Le juge qui ordonne à l'État le logement ou le relogement peut assortir son injonction d'une astreinte selon l'article L. 441-2-3-1 du code de la construction et de l'habitation. La portée de l'astreinte a été encadrée par la loi du 25 mars 2009[5]. Le montant de cette astreinte est déterminé en fonction « du loyer moyen du type de logement considéré comme adapté aux besoins du demandeur par la commission de médiation ». En outre, le produit de l'astreinte n'est pas versé au demandeur de logement.

625.95 **Effet du non-versement au demandeur.** Cette absence de versement à un fonds et non au mal logé a été considérée comme étant compatible avec la Convention européenne des droits de l'homme par un avis rendu le 2 juillet 2010 par le Conseil d'État. Saisie par le tribunal administratif de Paris, la haute juridiction a considéré par ailleurs que « le législateur n'a pas entendu limiter le montant de cette astreinte au montant du loyer moyen du logement, mais permettre qu'elle soit modulée, selon les circonstances de l'espèce, en fonction de ce montant, calculé sur la même période que l'astreinte ». Et, « dès lors que le juge dispose ainsi de la faculté de moduler le montant de l'astreinte, il doit pouvoir prendre en compte [...] des critères tenant notamment à la taille de la famille, à la vulnérabilité particulière du demandeur, à la célérité et aux diligences de l'État, tant lors de la fixation de l'astreinte que lors de sa liquidation[6] ».

Ce n'est pas l'avis de la CEDH qui a retenu que l'État français, en payant l'astreinte au lieu de procéder au relogement du demandeur, viole l'article 6-1 de la Convention européenne de sauvegarde des droits de l'homme et des libertés fondamentales sur le procès équitable[7].

Le conseil d'État a répondu à la CEDH. Selon lui, la voie de recours spécifique ouverte aux demandeurs par les dispositions de l'article L. 441-2-3-1 du code de la construction et de l'habitation, devant un juge doté d'un pouvoir d'injonction et d'astreinte de nature à surmonter les éventuels obstacles à l'exécution de ses décisions, présente un caractère effectif, au regard des exigences découlant de l'article 6-1 de la convention européenne de sauvegarde des droits de l'homme et des libertés fondamentales. Il en va ainsi, alors même que l'astreinte éventuellement prononcée sur le fondement de l'article précité, compte tenu des critères qu'il énonce, est versée par l'État, non au requérant, mais au fonds d'accompagnement dans et vers le logement, créé par

1. CCH, art. L. 442-3-1.
2. CE 28 mars 2013, req. n° 347794, *Lebon ; D. actu.* 9 avr. 2013, note Grand ; *AJDA* 2013. 717 ; *AJDI* 2014. 502.
3. CE 21 juill. 2009 *Mme Idjihadi* (avis), req. n° 324809, NP – CE 15 févr. 2013, req. n° 336006, *Lebon ; D. actu.* 21 févr. 2013, obs. Poupeau ; *AJDA* 2013. 375 ; *ibid.* 1355, concl. N. Polge ; *AJDI* 2014. 500, étude F. Zitouni – CE 28 mars 2013, req. n° 361269, *D. actu.* 9 avr. 2013, note Grand.
4. CE 30 juin 2010, req. n° 332259, *Lebon ; AJDA* 2011. 568, note J. Le Gars ; *ibid.* 2010. 1344 ; *D.* 2011. 1509, obs. A. Leborgne ; *AJDI* 2011. 421, Chron. F. Zitouni.
5. L. n° 2009-323, 25 mars 2009 de mobilisation pour le logement et la lutte contre l'exclusion, *JO* 27 mars, p. 5408.
6. CE 2 juill. 2010, *Maache* (avis) req. n° 332825, *Lebon ; AJDA* 2010. 1343.
7. CEDH 5e sect., 9 avr. 2015, n° 65829/12, *Tchokontio Happi/France., AJDA* 2015. 720 ; *D.* 2015. 805, obs. C. de presse ; *AJDI* 2016. 667, Chron. F. Zitouni ; *Dr. soc.* 2016. 697, étude J.-P. Marguénaud et J. Mouly ; *RDSS* 2015. 651, note D. Tharaud.

l'article L. 300-2 du code de la construction et de l'habitation et institué, depuis 2011, au sein d'un établissement public national autonome, la Caisse de garantie du logement locatif social[1].

§ 3
Contentieux indemnitaire

625.101 Contentieux indemnitaire. Un contentieux indemnitaire s'est développé autour du droit au logement opposable, dans les zones tendues dans lesquelles le relogement est difficile en l'absence d'une offre suffisante de logements notamment. Appuyée sur la responsabilité pour faute de l'État du fait du non relogement, les indemnités allouées ont pu être alourdies en appel. C'est ce qu'a jugé la cour administrative d'appel de Paris le 22 novembre 2012 en constatant la double carence de l'État qui n'a pas attribué de logement au requérant et n'a pas exécuté le jugement du tribunal administratif enjoignant au préfet d'assurer le relogement de la famille[2].

Le juge des référés peut être saisi à cette fin par le demandeur. Ainsi, le seul fait que le préfet n'ait pas adressé de proposition de logement dans le délai qui lui était imparti pour exécuter la décision de la commission de médiation autorise le demandeur à saisir le juge des référés pour obtenir une indemnisation. Le préfet n'ayant proposé de relogement au demandeur ni dans le délai prévu par le code de la construction et de l'habitation à compter de la décision de la commission de médiation, ni dans le délai fixé par le jugement lui enjoignant de faire une telle proposition, le juge des référés ne pouvait en conséquence juger que cette carence, constitutive d'une faute de nature à engager la responsabilité de l'État, ne causait aucun préjudice au demandeur. Celui-ci justifiait bien d'un trouble dans ses conditions d'existence car il se trouvait toujours logé avec ses trois enfants dans un appartement de transition, situation qui avait justifié initialement la décision de la commission[3].

Cumulée à la carence fautive de l'État, la circonstance de conditions d'habitat pénible subies par le demandeur, outre l'absence de relogement, ouvre ainsi la possibilité d'une indemnisation. Les troubles subis relèvent le plus souvent de trois catégories qui peuvent parfois se cumuler. Il s'agit en premier lieu du poids d'un loyer manifestement disproportionné au regard des ressources du demandeur[4], étant observé que le préjudice pécuniaire admissible ne peut correspondre à la simple différence entre le loyer acquitté pendant la période d'attente depuis la décision de la commission de médiation et celui d'un logement social qui aurait été attribué[5]. En second lieu, les troubles subis dans les conditions d'existence peuvent résulter de la suroccupation du logement, situation qui doit s'apprécier en tenant compte notamment du nombre de personnes composant le foyer du demandeur pendant la période de responsabilité de l'État[6]. En troisième lieu peut être prise en compte l'existence de désordres rendant le logement insalubre, notamment lorsque cette situation a des répercussions négatives sur la santé des occupants[7].

SECTION 6
BILAN DES COMMISSIONS DE LA LOI DU 5 MARS 2007

625.111 Bilan 2008-2014. Le bilan 2008-2014 du Dalo, rendu par le comité de suivi du Dalo dans son 10e rapport, le 12 janvier 2016, fait état de 499 326 recours depuis 2007 :

- 82 028 demandeurs ont pu obtenir un logement social Chiffres du Dalo 2013/2014. Haut Comité pour le logement des personnes défavorisées. www.hclpd.gouv.fr.
- 85 % des recours sont déposés dans 17 départements. Le taux de décisions favorables baisse cependant : il atteint 32,2 % en 2014, pour 45,9 % en 2008. Environ 60 000 ménages restent à reloger.
- 57 % des recours et 74 % des ménages à reloger sont concentrés en Île-de-France, – les Bouches-du-Rhône recueillent 5 800 dossiers avec 130 % de hausse des demandes en 2014, 83 % des familles restant à reloger, – le Rhône avec 3 204 dossiers en 2014 n'a que 15 % des ménages à loger.

Madame M.-A. Carlotti, présidente du Haut Comité pour le logement des personnes défavorisées et du comité de suivi du Dalo, a reçu mission d'identifier les moyens de renforcer l'effectivité du Dalo[8].

À partir d'une analyse faite dans 13 départements métropolitains comportant plus de 250 ménages à reloger, elle constate que l'offre de logements Dalo n'est pas assez mobilisée, le contingent de l'État, théoriquement de 25 %, est sous utilisé, la part d'Action Logement est de 9 % au lieu de 25 % et la mobilisation du parc privé est dérisoire.

1. CE, avis, 27 mai 2016, req. n° 397842, *Lebon ; AJDA* 2016. 1094, note M.-C. de Montecler.
2. CAA Paris 20 sept. 2012, n° 11PA04843, *AJDI* 2013, chr. Zitouni, p. 497 ; *Opérations immobilières*, févr. 2013, note Mariani.
3. CE 26 oct. 2017, req. n° 405984, NP.
4. CE 2 avr. 2021, req. n° 437799, *Lebon T* ; *AJDA* 2021. 1812, note M. Chapouton.
5. CE 28 juill. 2017, req. n° 397513, *Lebon T.*
6. CE 13 juill. 2016, req. n° 382872, *Lebon T.*
7. CE 26 avr. 2018, req. n° 408373, *Lebon T.*
8. M.-A. Carlotti, *L'effectivité du Dalo dans 14 départements*, 18e rapport de mission, HCLPD, déc. 2016.

31 propositions ont été faites par le comité qui portent notamment sur le fonctionnement des commissions de médiation, sur l'identification et la gestion du contingent préfectoral et, enfin, militent pour des attributions plus justes et efficaces.

625.112 **Bilan 2008-2016 du Comité de suivi de la loi Dalo.** En 2016, 25 202 ménages ont été reconnus prioritaires et urgents au titre du Dalo pour l'accès au logement. Ce nombre est le plus faible depuis l'année 2012. Dans un contexte où tous les indicateurs de la crise du logement dénotent une détérioration de la situation, cette baisse est particulièrement inquiétante.

Par ailleurs, avec 28,6 % de recours logement acceptés par les Comed, le taux de décisions favorables a atteint en 2015 son niveau le plus bas depuis 2008. Le taux de décisions favorables se stabilise à 29,1 % en 2016, sans que l'on puisse considérer que ceci constitue une rupture de tendance par rapport à la baisse continue des années précédentes. Cette baisse du taux de décisions favorables s'explique par la généralisation de pratiques restrictives de la part des commissions de médiation. Celles-ci ont été documentées dans le rapport de la mission Carlotti, remis à la ministre du Logement en décembre 2016.

Ce rapport a notamment souligné que « l'immense majorité des doctrines élaborées par les Comed vont dans le sens d'une restriction de l'accès au droit au logement opposable ». L'ensemble des Comed peine encore à s'approprier le guide des bonnes pratiques élaboré par la DHUP.

Le rapport Carlotti a également mis en évidence l'existence de critères informels, s'ajoutant aux critères de reconnaissance fixés par la loi :

- une reconnaissance au titre du Dalo conditionnée à l'offre de logement disponible sur le territoire Ceci est contraire au principe même d'un droit opposable, selon lequel le droit reconnu au citoyen crée une obligation de résultat à la collectivité : il s'agit d'ajuster l'offre de logement en fonction du besoin des personnes recourant au Dalo et non l'inverse ;

- une anticipation du refus des commissions d'attribution. Certaines Comed refusent la reconnaissance au titre du Dalo à des personnes dont elles estiment que le dossier ne permettra pas d'accéder à un logement correspondant à leur situation : très faibles ressources, situation de surendettement, famille nombreuse. Les ménages les plus en difficulté se trouvent ainsi exclus de l'accès au Dalo. À ces motifs, s'ajoute la notion très subjective de « la capacité à habiter » entraînant de nombreuses requalifications de recours logement vers l'hébergement, en contradiction avec le principe du logement d'abord ;

- une appréciation des situations en comparaison avec d'autres dossiers : la situation des personnes requérantes est évaluée dans certaines commissions de médiation au regard de celle des autres requérants, ce qui conduit à relativiser la situation personnelle de chacun au regard d'un contexte global. La reconnaissance du Dalo ne doit pas s'apparenter à une sélection ou une hiérarchisation des ménages dans les situations de mal logement les plus graves mais seulement constater si une situation personnelle correspond à l'un des 6 critères prévus par la loi ;

- la persistance de présupposés et de préjugés dans l'instruction du recours : les pièces communiquées lors du dépôt d'un recours Dalo ne sont pas toujours suffisantes pour permettre à la Comed de comprendre au mieux la situation d'une personne requérante. Ces zones d'incertitude sont trop souvent comblées par des présupposés sur la situation réelle de la personne requérante, qui ont très souvent tendance à s'effectuer en défaveur de celle-ci ;

- la confusion entre évaluation de l'urgence et respect par le requérant d'un deuxième critère d'accès au Dalo. C'est particulièrement le cas des personnes formulant un recours sur le motif « délai anormalement long » logées dans un logement social ou « hébergées chez un tiers ». Dans ces situations, certaines Comed ont tendance à reconnaître uniquement les ménages confrontés à un second critère de la loi, le plus souvent sur occupation ou indécence. La loi Dalo est pourtant claire à ce sujet : un seul critère est nécessaire pour bénéficier de la reconnaissance. La baisse du taux de reconnaissance est également la conséquence d'une augmentation importante du nombre de dossiers rejetés parce que considérés comme incomplets. Cette augmentation est à relier au manque d'accompagnement des ménages dans la formulation de leur recours : l'élaboration d'un recours Dalo nécessite un temps conséquent (environ 45 minutes) et requiert une bonne maîtrise des démarches administratives. De plus, certains documents considérés comme des pièces obligatoires ne peuvent pas toujours être fournis par les personnes requérantes, notamment du fait de la précarité de la situation dans laquelle elles peuvent se trouver.

625.113 **Statistiques 2019.** Après plusieurs années de stagnation (86 086 en 2014, 85 926 en 2015, 86 077 en 2016), le nombre de recours Dalo déposés repart à la hausse avec 99 799 recours déposés en 2019 au titre de la demande de logement.

Le nombre de décisions prises passe la barre des 100 000.

Le nombre de ménages reconnu augmente également (34 451) ainsi que le taux de décisions favorables des commissions de médiation qui, après une baisse importante, revient en progression depuis 2017 pour atteindre 34,3 %.

Malgré une légère baisse dans plusieurs des départements les plus tendus (Paris, Var, Alpes-Maritimes...), le nombre total de recours reçus dans les dix-huit départements recevant plus de 1 000 recours est en légère hausse entre 2014 et 2015. En volume, la majeure partie de la baisse globale est due aux 31 départements à l'activité moyenne (entre 199 et 999 recours reçus en 2016), enregistrant plusieurs centaines de recours en moins entre 2014 et 2016 et la plus forte décroissance en pourcentage : 5,2 % de baisse pour 0,1 % au niveau national.

Le nombre des recours pour la reconnaissance au titre du Droit à l'hébergement opposable est, comme en 2018, passé sous la barre des 10 000 recours (10 081 recours déposés en 2017 contre 9 874 en 2019). Le Daho se trouve de moins en moins employé par les ménages du fait d'un très faible niveau de propositions d'hébergement (seulement 550 en 2019 sur 7 629 ménages reconnus Daho).

Depuis le vote de la loi Dalo, 304 514 ménages ont été reconnus éligibles au titre du Dalo et 189 774 ménages ayant accédé à un logement en conséquence. Mais il reste 71 713 ménages éligibles au Dalo qui sont toujours en attente d'un logement depuis un à onze ans.

TITRE

63. Le contrat de location HLM et ses conditions financières

SECTION 0
ORIENTEUR

63.00 **Sommaire du titre.**

Division. Il convient d'étudier successivement le contenu et la durée du contrat (chap. 631), le cautionnement et le dépôt de garantie (chap. 632), le financement HLM et le conventionnement du parc (chap. 633), le loyer maximum (chap. 634), le loyer pratiqué (chap. 635), le régime des loyers dans les CUS (chap. 636), le supplément (chap. 637), la réduction (chap. 638) de loyer de solidarité et l'autoconsommation collective d'électricité (chap. 639).

63.01 **Principaux textes applicables.**

TEXTES SOURCES

> Contrat

- **L. n° 89-462, 6 juill. 1989,** art. 3, 1° à 10°.
- **L. n° 48-1360,** 1er sept. 1948, art. 4.

- **C. civ.,** art. 1210 à 1215.

> Cautionnement et dépôt de garantie

- **L. nº 89-462, 6 juill. 1989,** art. 22, 22-1.

> Financement HLM et conventionnement du parc

- **CCH,** art. L. 821-1, L. 353-1, L. 353-14 à L. 353-18.
- **CCH,** art. R. 353-1 à R. 353-22.
- **CCH,** art. R. 353-1, ann. 1.

> Loyers

- **CCH,** art. L. 353-9-2, L. 353-9-3, L. 442-1 à L. 442-2.
- **CCH,** art. R. 353-16, R. 442-1 à R. 442-3.
- **CCH,** art. R. 353-1, ann. I, conv type, art. 9 à 10 *bis.*

> CUS

- **CCH,** art. L. 353-9-3, L. 442-1 à L. 442-2, L. 445-1 à 445-8.

> Supplément de loyer de solidarité

- **CCH,** art. L. 441-3 à L. 441-15.
- **CCH,** art. R. 441-19 à R. 441-28.

> Réduction de loyer de solidarité

- **CCH,** art. L. 442-2-1.

63.03 Bibliographie indicative.

Encyclopédie. DP Gestion immob., V^is HLM-Location, n°s 1-345 ; Logements locatifs conventionnés.

CHAPITRE

631. Contenu et durée du contrat

SECTION 0 ORIENTEUR

631.00 Sommaire du chapitre.

Division. Il convient d'étudier successivement le contrat *stricto sensu* (sect. 1) et la durée du contrat de location HLM (sect. 2).

631.01 Principaux textes applicables.

TEXTES SOURCES

- **L. n° 89-462, 6 juill. 1989,** art. 3, 1° à 10°.
- **L. n° 48-1360, 1er sept. 1948,** art. 4.
- **C. civ.,** art. 1210 à 1215.

TEXTES *IN EXTENSO*

- **L. n° 89-462, 6 juill. 1989,** art. 3, 1° à 10°

Le contrat de location est établi par écrit et respecte un contrat type défini par décret en Conseil d'Etat, pris après avis de la Commission nationale de concertation.

Le contrat de location précise :

1° Le nom ou la dénomination du bailleur et son domicile ou son siège social ainsi que, le cas échéant, ceux de son mandataire ;

2° Le nom ou la dénomination du locataire ;

3° La date de prise d'effet et la durée ;

4° La consistance, la destination ainsi que la surface habitable de la chose louée, définie par le code de la construction et de l'habitation ;

5° La désignation des locaux et équipements d'usage privatif dont le locataire a la jouissance exclusive et, le cas échéant, l'énumération des parties, équipements et accessoires de l'immeuble qui font l'objet d'un usage commun, ainsi que des équipements d'accès aux technologies de l'information et de la communication ;

6° Le montant du loyer, ses modalités de paiement ainsi que ses règles de révision éventuelle ;

7° (Abrogé) ;

8° Le montant et la date de versement du dernier loyer appliqué au précédent locataire, dès lors que ce dernier a quitté le logement moins de dix-huit mois avant la signature du bail ;

9° La nature et le montant des travaux effectués dans le logement depuis la fin du dernier contrat de location ou depuis le dernier renouvellement du bail ;

10° Le montant du dépôt de garantie, si celui-ci est prévu.

[...]

- **L. n° 48-1360, 1er sept. 1948,** art. 4

Les occupants de bonne foi des locaux définis à l'article 1er bénéficient de plein droit et sans l'accomplissement d'aucune formalité, du maintien dans les lieux loués, aux clauses et conditions du contrat primitif non contraires aux dispositions de la présente loi, quelle que soit la date de leur entrée dans les lieux.

Sont réputés de bonne foi les locataires, sous-locataires, cessionnaires de baux, à l'expiration de leur contrat, ainsi que les occupants qui, habitant dans les lieux en vertu ou en suite d'un bail écrit ou verbal, d'une sous-location régulière, d'une cession régulière d'un bail antérieur, d'un échange opéré dans les conditions légales, exécutent leurs obligations.

L'acte par lequel le bailleur notifie au locataire qu'il met fin au contrat de louage et qui entraîne l'application des dispositions précédentes doit, à peine de nullité, reproduire les dispositions des deux alinéas précédents et préciser qu'il ne comporte pas en lui-même obligation d'avoir à quitter effectivement les lieux.

Le fait pour le locataire ou l'occupant d'un local à usage professionnel d'exercer une activité, soit en collaboration avec d'autres personnes exerçant une profession libérale dans les conditions prévues par les règles régissant leurs professions, soit au sein d'une société constituée conformément à la loi n° 66-879 du 29 novembre 1966 ne peut être considéré en lui-même comme une infraction aux clauses du bail.

En cas de location partielle ou de sous-location partielle, le droit au maintien dans les lieux n'est opposable ni au propriétaire, ni au locataire ou occupant principal, lorsque les locaux occupés forment, avec l'ensemble des lieux, un tout indivisible, ou lorsqu'il s'agit de pièces constituant l'accessoire du local habité par le propriétaire, le locataire ou l'occupant principal.

• **C. civ.,** art. 1210

Les engagements perpétuels sont prohibés.

Chaque contractant peut y mettre fin dans les conditions prévues pour le contrat à durée indéterminée.

• **C. civ.,** art. 1211

Lorsque le contrat est conclu pour une durée indéterminée, chaque partie peut y mettre fin à tout moment, sous réserve de respecter le délai de préavis contractuellement prévu ou, à défaut, un délai raisonnable.

• **C. civ.,** art. 1212

Lorsque le contrat est conclu pour une durée déterminée, chaque partie doit l'exécuter jusqu'à son terme.

Nul ne peut exiger le renouvellement du contrat.

• **C. civ.,** art. 1213

Le contrat peut être prorogé si les contractants en manifestent la volonté avant son expiration. La prorogation ne peut porter atteinte aux droits des tiers.

• **C. civ.,** art. 1214

Le contrat à durée déterminée peut être renouvelé par l'effet de la loi ou par l'accord des parties.

Le renouvellement donne naissance à un nouveau contrat dont le contenu est identique au précédent mais dont la durée est indéterminée.

• **C. civ.,** art. 1215

Lorsqu'à l'expiration du terme d'un contrat conclu à durée déterminée, les contractants continuent d'en exécuter les obligations, il y a tacite reconduction. Celle-ci produit les mêmes effets que le renouvellement du contrat.

631.02 Jurisprudence de référence.

• **Civ. 3e,** 2 mars 1988, n° 86-16.200, P III, n° 50

* V. ss n° 631.33

En l'état d'un bail conclu pour un an avec faculté de renouvellement d'année en année par tacite reconduction, le bail tacitement reconduit est un bail à durée indéterminée.

• **Civ. 3e,** 31 oct. 2007, n° 206-18.212, P III, n° 188

* V. ss n° 631.16

La faculté de renoncer à une aire de stationnement n'est ouverte qu'aux locataires dont la location du logement a été subordonnée à la location d'une aire de stationnement.

631.03 Bibliographie indicative.

Annuel. LAMY DR. IMMO., n° 5845.

Encyclopédies. *Rép. civ., V° Bail d'habitation et mixte : rapports locatifs individuels – loi du 6 juillet 1989*, N. Damas, nos 322-327 – *DP Gestion immob., Vis HLM-Location*, nos 171 s. ; *Logements locatifs conventionnés*, nos 96 s.

SECTION 1
CONTRAT *STRICTO SENSU*

631.11 Application aux HLM de la loi du 6 juillet 1989. La loi du 6 juillet 1989 s'applique pour partie aux contrats de location de logements loués par les organismes HLM propriétaires, tant dans ses dispositions essentielles concernant la « chose louée » (maison ou appartement), que pour celles touchant aux locaux accessoires[1]. La loi du 24 mars 2014, dite loi Alur[2], a apporté des modifications importantes à la loi du 6 juillet 1989, notamment à travers un contrat type dont certaines dispositions devaient être rendues applicables en HLM après parution d'un décret jamais intervenue[3]. Elle a également précisé que certaines dispositions étaient d'application immédiate aux baux en cours au 27 mars 2014, date de son entrée en vigueur. Les baux HLM ont cependant aussi leur spécificité qui les soumet à des règles particulières. Le contrat de location doit dans tous les cas préciser la surface habitable de la chose louée.

631.12 Affectation des locaux. Les locaux sont loués nus à usage de résidence principale. Les règles classiques sont ici applicables au contrat de location HLM : il s'agit d'un louage de chose, les relations locatives portant sur un logement (la chose), pour un certain temps (la durée) et moyennant un certain prix (le loyer).

Le locataire doit y résider au moins huit mois par an[4].

Il s'y ajoute certaines contraintes opposables au bailleur et propres au caractère aidé des logements : le logement ne peut pendant une durée d'au moins quinze ans par exemple être affecté à un autre usage, tel que l'usage professionnel ou commercial, ni être utilisé à titre de logement de fonction, ou comme accessoire au contrat de travail[5].

631.13 Baux à usage mixte. L'usage mixte professionnel et d'habitation principale n'est pas proscrit par principe. Il est possible de le prévoir lors de la signature du bail. Il peut s'acquérir en cours de bail dans le respect d'une procédure spécifique de chan-

1. V. ss nos 022.91 s. et 612.61.
2. L. n° 2014-366, 24 mars 2014, *JO* 26 mars, p. 5809, art. 12 notamment.
3. Sur la forme et le contenu du contrat, v. ss nos 132.11 s. et 133.11 s.
4. Inscrite dans l'article 4 de la loi du 1er septembre 1948, applicable en HLM selon les articles L. 353-15 du CCH pour les logements conventionnés HLM et L. 442-6 du CCH pour les logements non conventionnés, cette durée minimum obligatoire a été reprise par la loi du 24 mars 2014, dite loi Alur, pour tous les logements locatifs (art. 2 de la loi du 6 juill. 1989 modifié).
5. CCH, art. R. 331-4.

gement d'usage, décrite s^s n° 332.11, assortie d'exceptions, soit à l'initiative du locataire[1], soit à celle du bailleur HLM[2].

631.14 Changement d'usage. Dans les mêmes conditions, tout autre changement d'usage d'un logement HLM, à usage entièrement professionnel ou à un autre usage (locaux de bureau, de services, commerciaux ou artisanaux) est également soumis à une procédure spéciale sous le contrôle du préfet ou du maire[3].

631.15 Locaux accessoires et aires de stationnement. En complément du local principal à usage de logement, le même bailleur peut louer des locaux accessoires, tels que des « cours, terrains ou jardins », selon la dénomination qu'en donne la loi du 1er septembre 1948 (art. 36), applicable en l'espèce. Il y est précisé que le loyer de ces accessoires fait l'objet d'une évaluation séparée. Il s'y ajoute les « remises et garages » n'ayant aucune affectation commerciale ou industrielle. Toutefois, si l'immeuble a fait l'objet d'un conventionnement à l'APL sous le régime de la surface utile, les éléments accessoires qui n'entrent pas dans le calcul de la surface utile (aires de stationnement, partie des terrasses, cours et jardins), mais dont le locataire a la jouissance exclusive, se voient appliquer un loyer maximum mensuel dont le montant est indiqué dans la convention APL.

Mais dans le cas où ces accessoires ne trouvent pas preneur auprès des locataires de l'immeuble ou de tout autre immeuble conventionné appartenant au même bailleur ou géré par lui, le bailleur peut les louer à un tiers sans être tenu par le loyer maximum. S'agissant des aires de stationnement ainsi disponibles, elles ne peuvent être louées à des tiers que par convention obligatoirement précaire et révocable à tout moment par le bailleur. Un locataire de ce bailleur ne peut se voir opposer un refus de location d'une aire de stationnement au motif que cette aire est louée librement à une personne ne louant pas un logement dans le parc de ce bailleur[4]. La même faculté s'applique aux aires de stationnement qui sont mutualisées au profit de plusieurs catégories d'utilisateurs ; par exemple, usage dans la journée par les véhicules d'occupants d'un immeuble de bureaux et, pour le reste du temps, occupation par les véhicules des locataires d'un immeuble d'habitation implanté à proximité des bureaux[5]. En raison de l'impossible appropriation exclusive des aires de stationnement, les locataires des logements ne bénéficient que d'un droit personnel d'usage sur toute place libre, sans droit de préférence sur une aire de stationnement identifiée. Là également, le droit d'usage est consenti à titre précaire et révocable à tout moment par le bailleur et dans la limite des droits d'usage dont le bailleur dispose, un locataire de ce bailleur ne peut se voir opposer un refus de droit d'usage d'une aire de stationnement au motif que cette aire est utilisée par une personne ne louant pas un logement dans le parc de ce bailleur[6]. Au plan de la contrepartie au droit d'usage susceptible d'être demandée, il est évident qu'elle ne saurait être équivalente au montant du loyer d'une location à part entière d'une aire de stationnement, et toujours dans la limite du maximum de la convention APL.

631.16 Location facultative d'une aire de stationnement. Dans les immeubles collectifs qui ont fait l'objet d'une aide de l'État, il n'est pas possible d'imposer au locataire la location d'une aire de stationnement (parking ou garage). Ce principe, applicable aux logements conventionnés à l'APL[7], a été étendu à tous les logements HLM aidés par la loi du 24 mars 2014[8], dite loi Alur.

En corollaire, le locataire peut renoncer à une aire de stationnement à tout moment[9].

La faculté de renoncer à une aire de stationnement n'est ouverte qu'aux locataires dont la location du logement a été subordonnée à la location d'une aire de stationnement[10].

Aux termes de la loi du 24 décembre 2019[11], ces dispositions s'appliquent également lorsque les aires de stationnement de l'immeuble sont placées sous le régime de la mutualisation[12].

631.17 Location accessoire et stipulation contractuelle. Le contrat d'origine devra préciser bien évidemment l'existence des locaux accessoires et en prévoir le prix. L'existence d'une location verbale peut être reconnue, à la condition que le loyer accessoire ait été versé depuis la signature du contrat de location[13]. À l'inverse, le tribunal peut retenir par interprétation souveraine des termes ambigus du contrat de bail[14] que celui-ci ne pouvait faire l'objet

1. V. s^s n° 333.11.
2. V. s^s n° 334.11.
3. V. s^s n° 334.11.
4. CCH, art. L. 411-1.
5. La mutualisation des aires de stationnement permet de minorer leur nombre avec, par conséquent, un moindre coût de construction des immeubles concernés et l'optimisation de la ressource foncière : C. urb., art. R. 151-45.
6. CCH, art. L. 411-1.
7. V. s^s n° 633.41.
8. L. n° 2014-366, 24 mars 2014, art. 118.
9. CCH, art. L. 442-6-4.
10. Civ. 3e, 31 oct. 2007, n° 06-18.212, P III, n° 188.
11. L. n° 2019-1428, 24 déc. 2019, art. 65.
12. V. s^s n° 631.15.
13. Civ. 3e, 1er juill. 2003, n° 02-11.626, NP, *Ann. loyers* 2003. 2498, note J.-M. Roux – Civ. 3e, 8 mars 2005, n° 04-10.883, NP, *AJDI* 2005. 564, note V. Zalewski.
14. Qui ne faisait aucune référence au garage.

d'un loyer supplémentaire[1]. De même, l'identification dans l'état des lieux contradictoire d'un garage annexé au logement, lequel est seul visé au contrat de location, sans que soit perçu de manière accessoire de loyer, interdit au bailleur de demander le paiement d'un tel loyer dès lors qu'il ne peut pas démontrer que les garages avaient été mis en location séparément[2].

SECTION 2
DURÉE DU CONTRAT DE LOCATION HLM

631.20 Plan – Impact de la réforme du droit des obligations. Distinguons la situation avant (§ 1) et après (§ 2) la réforme intervenue du droit des obligations par l'ordonnance du 10 février 2016[3].

§ 1
Situation avant la réforme du droit des obligations

631.31 Réglementation spécifique. La durée de droit commun de l'article 15 de la loi du 6 juillet 1989 n'est pas applicable[4]. Les contrats de location HLM ne sont donc pas de six ans au moins, comme pour les bailleurs personnes morales de droit commun.

Par tradition, la durée des contrats est même souvent très courte : un an, trois mois, voire un mois seulement. En tout état de cause, le locataire est protégé, soit parce qu'il bénéficie du droit au maintien dans les lieux à la fin de son contrat, soit parce que celui-ci se renouvelle à son expiration par la voie de la tacite reconduction.

631.32 Droit au maintien dans les lieux. Le droit au maintien dans les lieux est ouvert aux locataires, sous-locataires, cessionnaires de baux, à l'expiration de leur contrat, s'ils exécutent leurs obligations.

Cette disposition de l'article 4 de la loi de 1948, applicable en HLM[5], est la garantie pour les locataires de baux à durée déterminée expirés ou qui vont expirer, que la fin du bail n'implique pas pour eux la déchéance du titre d'occupation.

Il naît en effet à cette date une nouvelle période au cours de laquelle le bailleur ne pourra donner congé que dans des conditions définies par la loi et strictement contrôlées[6].

631.33 Contrat HLM à durée indéterminée. Observons à titre préliminaire que la très grande majorité des locataires HLM dispose de contrats reconductibles sans limitation de durée. Ces contrats d'un an, de trois mois ou d'un mois se renouvellent par tacite reconduction. La Cour de cassation a reconnu à ce type de conventions le caractère de contrats à durée indéterminée[7].

Dans ce cas également, le bailleur ne peut donner congé que pour des motifs limités (travaux importants, démolition, troubles graves de jouissance) avec, la plupart du temps, des solutions de relogement[8].

Il n'en va différemment que lorsque le locataire ne respecte pas le contrat de location et que le bailleur poursuit la résiliation du contrat, soit en vertu d'une clause résolutoire de plein droit, soit devant le juge judiciaire sur la base de l'article 1184 du code civil, dans sa version antérieure à la réforme du droit des contrats[9].

§ 2
Réforme du droit des obligations et conséquences

631.41 Ordonnance du 10 février 2016. La rédaction des articles 1211 à 1215 du code civil, issue de l'ordonnance du 10 février 2016, prévoit plusieurs rédactions possibles pour la durée des contrats.

Si le contrat est conclu pour une durée indéterminée[10], les parties pourront y mettre fin à tout moment en respectant les règles de durée et de congé prévues au contrat.

Si le contrat est conclu pour une durée déterminée, il a vocation à se poursuivre jusqu'au terme fixé par les parties, sans possibilité pour chaque partie de donner congé pendant cette durée. Le contrat qui se renouvelle, soit avec l'accord des parties[11], soit tacitement[12], est un nouveau contrat dont la durée est indéterminée.

On a vu précédemment que dans leur très grande majorité les locataires HLM disposaient de contrats

1. Civ. 3e, 2 févr. 2005, no 03-19.282, NP.
2. Civ. 3e, 27 mai 2003, no 01-10.875, NP, *Ann. loyers* 2003. 2498, note Roux.
3. Ord. no 2016-131, 10 févr. 2016 portant réforme du droit des contrats, du régime général et de la preuve des obligations, *JO* 11 févr., no 26.
4. L. 6 juill. 1989, art. 40 I et III.
5. POUR les logements conventionnés : CCH, art. L. 353-15 – POUR les logements non conventionnés : CCH, art. L. 442-6.
6. Sur les motifs possibles de congé et la procédure suivie, en cas de déchéance du droit au maintien dans les lieux, v. s^s nos 713.61 s.
7. POUR les baux d'un an renouvelables d'année en année : Civ. 3e, 2 mars 1988, no 86-16.200, P III, no 50.
8. Sur le congé, v. ss no 641.61.
9. Sur la résiliation du bail, v. ss nos 822.11 s. et 823.21 s.
10. C. civ., art. 1211.
11. C. civ., art. 1214.
12. C. civ., art. 1215.

d'une durée courte, d'un mois, de trois mois, plus rarement d'un an. Ces contrats se reconduisaient tacitement et étaient considérés comme à durée indéterminée pour toute leur durée.

Les nouvelles dispositions du code civil relatives à la durée remettent en cause cette solution. À compter du 1er octobre 2016, date d'application de l'ordonnance du 16 février, à défaut de stipulations contraires, les nouveaux contrats de location prévoyant une durée fixe doivent être qualifiés de contrats à durée déterminée jusqu'à leur terme. Puis, par l'effet de la tacite reconduction, ils deviennent des contrats à durée indéterminée.

631.42 **Évolutions possibles.** Quel choix doit être fait pour entrer dans le fil de la réforme des contrats ? Deux solutions paraissent être ouvertes pour fixer la durée des nouveaux contrats.

1° pour les baux en cours au 1er octobre 2016.

Les baux d'une durée de un mois ou de trois mois, en cours à la date du 1er octobre 2016, se sont tous reconduits tacitement pour une durée indéterminée depuis le 1er octobre 2016.

Les baux d'une durée d'un an, conclus jusqu'au 1er octobre 2016, posent la question de la faculté pour le locataire de donner congé au cours de leur première période d'un an. Selon le texte d'ordre public de la loi du 6 juillet 1989, le locataire peut donner congé à tout moment dans le respect de la durée du préavis applicable. Ils ne peuvent ou ne pourront en être empêchés.

2° pour les nouveaux baux conclus à compter du 1er octobre 2016.

Plusieurs choix paraissent possibles.

Choix n° 1 : il est précisé dès sa signature que le contrat de location est à durée indéterminée. En ce cas, une clause spécifique devra préciser que le locataire pourra donner congé à tout moment, dans les conditions de l'article 15 de la loi du 6 juillet 1989. En outre, une clause précisant que le bailleur peut donner congé dans les cas ouverts par la réglementation est également nécessaire (travaux d'amélioration, démolition par exemple).

Choix n° 2 : le contrat a une durée déterminée (par exemple, un mois, trois mois ou un an). Il convient de préciser dans une clause spécifique que, pendant cette durée déterminée, le locataire pourra donner congé à tout moment dans les conditions de l'article 15 de la loi du 6 juillet 1898 et que le bailleur pourra lui-même donner congé pour un des motifs autorisés par la réglementation. À son terme il se reconduira tacitement pour une durée indéterminée.

CHAPITRE

632. Cautionnement et dépôt de garantie

SECTION 0
ORIENTEUR

632.00 Sommaire du chapitre.

Division. Il convient d'étudier successivement le cautionnement (sect. 1) et le dépôt de garantie (sect. 2).

632.01 Principaux textes applicables.

TEXTES SOURCES

- **L. n° 89-462, 6 juill. 1989,** art. 22, 22-1.

TEXTES *IN EXTENSO*

- **L. n° 89-462, 6 juill. 1989,** art. 22

Lorsqu'un dépôt de garantie est prévu par le contrat de location pour garantir l'exécution de ses obligations locatives par le locataire, il ne peut être supérieur à un mois de loyer en principal. Au moment de la signature du bail, le dépôt de garantie est versé au bailleur directement par le locataire ou par l'intermédiaire d'un tiers.

Un dépôt de garantie ne peut être prévu lorsque le loyer est payable d'avance pour une période supérieure à deux mois ; toutefois, si le locataire demande le bénéfice du paiement mensuel du loyer, par application de l'article 7, le bailleur peut exiger un dépôt de garantie.

Il est restitué dans un délai maximal de deux mois à compter de la remise en main propre, ou par lettre recommandée avec demande d'avis de réception, des clés au bailleur ou à son mandataire, déduction faite, le cas échéant, des sommes restant dues au bailleur et des sommes dont celui-ci pourrait être tenu, aux lieu et place du locataire, sous réserve qu'elles soient dûment justifiées. À cette fin, le locataire indique au bailleur ou à son mandataire, lors de la remise des clés, l'adresse de son nouveau domicile.

Il est restitué dans un délai maximal d'un mois à compter de la remise des clés par le locataire lorsque l'état des lieux de sortie est conforme à l'état des lieux d'entrée, déduction faite, le cas échéant, des sommes restant dues au bailleur et des sommes dont celui-ci pourrait être tenu, en lieu et place du locataire, sous réserve qu'elles soient dûment justifiées.

Lorsque les locaux loués se situent dans un immeuble collectif, le bailleur procède à un arrêté des comptes provisoire et peut, lorsqu'elle est dûment justifiée, conserver une provision ne pouvant excéder 20 % du montant du dépôt de garantie jusqu'à l'arrêté annuel des comptes de l'immeuble. La régularisation définitive et la restitution du solde, déduction faite, le cas échéant, des sommes restant dues au bailleur et des sommes dont celui-ci pourrait être tenu en lieu et place du locataire, sont effectuées dans le mois qui suit l'approbation définitive des comptes de l'immeuble. Toutefois, les parties peuvent amiablement convenir de solder immédiatement l'ensemble des comptes.

Le montant de ce dépôt de garantie ne porte pas intérêt au bénéfice du locataire. Il ne doit faire l'objet d'aucune révision durant l'exécution du contrat de location, éventuellement renouvelé.

À défaut de restitution dans les délais prévus, le dépôt de garantie restant dû au locataire est majoré d'une somme égale à 10 % du loyer mensuel en principal, pour chaque période mensuelle commencée en retard. Cette majoration n'est pas due lorsque l'origine du défaut de restitution dans les délais résulte de l'absence de transmission par le locataire de l'adresse de son nouveau domicile.

En cas de mutation à titre gratuit ou onéreux des locaux loués, la restitution du dépôt de garantie incombe au nouveau bailleur. Toute convention contraire n'a d'effet qu'entre les parties à la mutation.

- **L. n° 89-462, 6 juill. 1989,** art. 22-1

Le cautionnement ne peut pas être demandé, à peine de nullité, par un bailleur qui a souscrit une assurance, ou toute autre forme de garantie, garantissant les obligations locatives du locataire, sauf en cas de logement loué à un étudiant ou un apprenti. Cette disposition ne s'applique pas au dépôt de garantie mentionné à l'article 22.

Si le bailleur est une personne morale autre qu'une société civile constituée exclusivement entre parents et alliés jusqu'au quatrième degré inclus, le cautionnement ne peut être demandé que :

– s'il est apporté par un des organismes dont la liste est fixée par décret en Conseil d'État ;

– ou si le logement est loué à un étudiant ne bénéficiant pas d'une bourse de l'enseignement supérieur.

Lorsqu'un cautionnement pour les sommes dont le locataire serait débiteur dans le cadre d'un contrat de location conclu en application du présent titre est exigé par le bailleur, celui-ci ne peut refuser la caution présentée au motif qu'elle ne possède pas la nationalité française ou qu'elle ne réside pas sur le territoire métropolitain.

Lorsque le cautionnement d'obligations résultant d'un contrat de location conclu en application du présent titre ne comporte aucune indication de durée ou lorsque la durée du cautionnement est stipulée indéterminée, la caution peut le résilier unilatéralement. La résiliation prend effet au terme du contrat de location, qu'il s'agisse du contrat initial ou d'un contrat reconduit ou renouvelé, au cours duquel le bailleur reçoit notification de la résiliation.

La personne physique qui se porte caution signe l'acte de cautionnement faisant apparaître le montant du loyer et les conditions de sa révision tels qu'ils figurent au contrat de location, la mention exprimant de façon explicite et non équivoque la connaissance qu'elle a de la nature et de l'étendue de l'obligation qu'elle contracte ainsi que la reproduction de l'avant-dernier alinéa du présent article. Le bailleur remet à la caution un exemplaire du contrat de location. Ces formalités sont prescrites à peine de nullité du cautionnement.

• **L. n° 89-462, 6 juill. 1989,** art. 8-2

Lorsque le conjoint du locataire, son partenaire lié par un pacte civil de solidarité ou son concubin notoire quitte le logement en raison de violences exercées au sein du couple ou sur un enfant qui réside habituellement avec lui, il en informe le bailleur par lettre recommandée avec demande d'avis de réception, accompagnée de la copie de l'ordonnance de protection délivrée par le juge aux affaires familiales dont il bénéficie et préalablement notifiée à l'autre membre du couple ou de la copie d'une condamnation pénale de ce dernier pour des faits de violences commis à son encontre ou sur un enfant qui réside habituellement avec lui et rendue depuis moins de six mois.

La solidarité du locataire victime des violences et celle de la personne qui s'est portée caution pour lui prennent fin le lendemain du jour de la première présentation du courrier mentionné au premier alinéa au domicile du bailleur, pour les dettes nées à compter de cette date.

Le fait pour le locataire auteur des violences de ne pas acquitter son loyer à compter de la date mentionnée au deuxième alinéa est un motif légitime et sérieux au sens du premier alinéa de l'article 15.

632.03 Bibliographie indicative.

Encyclopédies. *DP Gestion immob., V^is HLM-Location, n°s 238-239 ; Logements locatifs conventionnés*, n° 397.

SECTION 1
CAUTIONNEMENT

632.11 Cautionnement interdit en principe. La règle a évolué à partir de la loi n° 2009-323 du 25 mars 2009 de mobilisation pour le logement et la lutte contre l'exclusion qui a interdit aux bailleurs personnes morales, autres qu'une société civile constituée exclusivement entre parents et alliés jusqu'au quatrième degré inclus, de demander qu'une personne physique puisse se porter caution pour les logements qu'elles louent.

La caution apportée au locataire garantit le paiement du loyer, des charges ou de tout engagement du locataire[1].

Le recours à une caution est cependant possible, s'il s'agit :

– d'un organisme dont la liste est fixée par le décret du 28 décembre 2009[2] ;

– ou si le logement est loué à un étudiant ne bénéficiant pas d'une bourse de l'enseignement supérieur.

632.12 Organismes autorisés. Les organismes qui peuvent apporter une caution aux bailleurs personnes morales sont les suivants :

– les fonds de solidarité pour le logement (FSL), prévus à l'article 6 de la loi du 31 mai 1990[3] et les fonds locaux prévus à l'article 7 de la même loi ;

– les organismes collecteurs agréés de la participation des employeurs à l'effort de construction prévue à l'article L. 313-1 du code de la construction et de l'habitation ;

– les associations auxquelles un fonds de solidarité pour le logement ou un fonds local accorde sa garantie en application des dispositions de l'article 6 de la loi du 31 mai 1990 susvisée ;

– tous les organismes ou associations qui apportent, à titre gratuit, leur caution à un candidat à la location afin de favoriser son accès au logement.

632.13 Régime de la caution. En HLM, à la différence du secteur privé, les baux ne sont pas, le plus souvent, des baux à durée déterminée[4]. C'est pourquoi, lorsqu'une caution est mobilisée, il convient de prévoir une durée précise aux engagements qu'elle prend.

En effet, si l'engagement de caution est conclu sans limitation de durée, celui qui l'a souscrit pourra le résilier à tout moment ; il ne restera, en aucun

1. L. n° 2009-323, 25 mars 2009, art. 55 modifiant l'art. 22-1 de la loi n° 1989-462, 6 juill. 1989.
2. Décr. n° 2009-1659, 28 déc. 2009 pris pour l'application de l'article 22-1 de la loi n° 89-462 du 6 juillet 1989 tendant à améliorer les rapports locatifs, *JO* 30 déc., applicable à Mayotte.
3. L. n° 90-449, 31 mai 1990 visant à la mise en œuvre du droit au logement, *JO* 2 juin, p. 6551.
4. V. s^s n° 631.41.

cas, tenu jusqu'au terme du contrat, puisque, par définition, celui-ci n'en a pas.

Signalons que la loi du 23 novembre 2018 [1], dite loi Élan, a supprimé l'exigence de mentions manuscrites imposée à la personne se portant caution, formalisme qui s'imposait jusqu'à présent mais sans réelle valeur ajoutée [2].

Elle a d'autre part prévu la libération de la caution pour les dettes locatives de la personne locataire ou cotitulaire du bail qui sont nées après le départ du logement de celle-ci lorsque ce départ est devenu nécessaire en raison de violences exercées au sein du couple ou sur un enfant qui réside habituellement avec elle. La personne victime en informe le bailleur par lettre recommandée avec demande d'avis de réception, accompagnée de la copie de l'ordonnance de protection délivrée par le juge aux affaires familiales dont elle bénéficie et préalablement notifiée à l'autre membre du couple ou de la copie d'une condamnation pénale de ce dernier pour des faits de violences commis à son encontre ou sur un enfant qui réside habituellement avec elle et rendue depuis moins de six mois. La solidarité de la personne qui s'est portée caution pour la victime prend fin le lendemain du jour de la première présentation du courrier au domicile du bailleur, pour les dettes nées à compter de cette date [3].

Sur le régime du cautionnement, en particulier les conditions de l'engagement, on se reportera aux développements faits pour le secteur privé [4].

SECTION 2
DÉPÔT DE GARANTIE

632.20 **Plan – Pratique fréquente.** Le versement d'un dépôt de garantie n'est obligatoire, selon la loi du 6 juillet 1989 applicable ici en HLM [5], que si le contrat de location le prévoit. C'est en général la norme pratiquée en HLM. Le dépôt a pour objet de garantir l'exécution de ses obligations par le locataire, qui en rend compte, en règle générale, à la fin du contrat. Le montant du dépôt est cependant limité. Il convient donc d'étudier le montant du dépôt de garantie (§ 1) et la restitution (§ 2).

§ 1
Montant du dépôt de garantie

632.31 **Un régime unifié.** Pour tous les logements appartenant aux organismes HLM, qu'ils soient conventionnés ou non conventionnés [6], le montant du dépôt de garantie est limité à un mois maximum [7].

Cette règle est impérative et il ne peut, en conséquence, y être dérogé. Cette situation résulte de l'unification du régime du dépôt de garantie en HLM, à la suite des dispositions de la loi du 27 janvier 2017 [8]. Ce faisant ont été harmonisées les règles du secteur privé et du secteur social de l'habitat locatif.

632.32 **Régime antérieur à 2017 pour les logements non conventionnés en HLM.** Avant le 29 janvier 2017, date d'entrée en vigueur de la loi nouvelle, lorsque le logement n'était pas conventionné, l'article 75 de la loi du 1er septembre 1948 s'appliquait [9]. Il précisait que : « Les loyers payés d'avance, sous quelque forme que ce soit et même à titre de garantie, ne peuvent excéder une somme correspondant à deux mois de loyer pour les locations faites au mois et au quart du loyer annuel pour les autres cas. »

Étant précisé que les locations sont faites au mois, il en résultait que le dépôt de garantie ne pouvait, selon la nature du terme, dépasser un mois ou deux mois en HLM non conventionné.

Si le terme était échu, c'est-à-dire lorsque le paiement du loyer était fait en fin de mois, le dépôt de garantie demandé pouvait être de deux mois (correspondant à 2 mois payés d'avance, selon la formule retenue par l'article 78).

Si le terme était à échoir, c'est-à-dire si le loyer était versé en début de mois, le dépôt de garantie demandé ne pouvait pas dépasser un mois (soit un mois de loyer d'avance et un mois de dépôt). On peut noter toutefois que ces cas étaient rares, le parc HLM étant conventionné en quasi-totalité.

On retiendra enfin que les cas de versements de dépôts de garantie supérieurs à un mois, résultant de l'ancienne réglementation, restent valables. Ils ne sont pas soumis à une exigence de régularisation en cours de bail à l'occasion de la sortie de la loi du 27 janvier 2017. De même, il n'a pas été prévu d'harmoniser le terme pour les contrats en cours. Enfin, au terme du contrat, lors de la restitution du dépôt de garantie, s'il y a lieu, les montants versés seront pris en compte.

1. L. n° 2018-1021, 23 nov. 2018 portant évolution du logement, de l'aménagement et du numérique, *JO* 24 nov.
2. L. n° 2018-1021, 23 nov. 2018, art. 134.
3. L. n° 89-462, 6 juill. 1989, art. 8-2.
4. V. s^s n°s 144.21 s.
5. L. n° 89-462, 6 juill. 1989, art. 40, I et III.
6. Sur la notion de conventionnement, v. s^s n° 633.41.
7. Pour les logements conventionnés, v. art. 17 de la convention type annexée à l'art. R. 353-1 – POUR les conventions antérieures au 9 oct. 1999, voir les engagements de portée générale, annexés aux conventions signées avec l'État.
8. L. n° 2017-86, 27 janv. 2017 relative à l'égalité et à la citoyenneté, art. 120, *JO* 28 janv., n° 1.
9. Par renvoi de CCH, art. L. 442-6.

§ 2
Restitution du dépôt de garantie

632.41 Règles de droit commun. S'agissant de la restitution du dépôt à la fin du contrat, les règles sont les mêmes que dans la location privée. Ainsi la restitution du dépôt de garantie en HLM obéit aux dispositions de l'article 22 de la loi du 6 juillet 1989 [1], qui indiquent les délais de restitution et les sanctions applicables à défaut de restitution dans ces délais [2].

632.42 Changement de bailleur. On notera qu'en cas de mutation des locaux loués, à titre gratuit ou onéreux, au cours du bail, c'est au nouveau bailleur qu'incombera l'obligation de restitution du dépôt de garantie au locataire [3]. Toute convention contraire lui sera inopposable [4].

1. L. n° 89-462, 6 juill. 1989, art. 40-I et III.
2. Sur ces questions, v. s[s] n°s 142.41 s.
3. Civ. 3e, 8 sept. 2016, n° 15-19.169, NP.
4. L. n° 2009-323, 25 mars 2009, art. 103 – SUR cette loi : B. Wertenschlag, « Le volet "Logement social" de la loi du 25 mars 2009 », *AJDI* 2009. 256.

CHAPITRE

633. Financement HLM et conventionnement du parc

SECTION 0 ORIENTEUR

633.00 Sommaire du chapitre.

Division. Après des propos liminaires (sect. 1), il conviendra d'étudier successivement les modes de financement (sect. 2), le conventionnement HLM (sect. 3) et les évolutions législatives significatives (sect. 4).

633.01 Principaux textes applicables.

TEXTES SOURCES

- **CCH,** art. L. 831-1, L. 353-1, L. 353-14 à L. 353-18.
- **CCH,** art. D. 353-1 à D. 353-22.
- **CCH,** art. D. 353-1, ann. 1.

TEXTES *IN EXTENSO*

- **CCH,** art. L. 831-1

L'aide personnalisée au logement s'applique aux :

1° Logements occupés par leurs propriétaires, construits, acquis ou améliorés au moyen d'aides de l'État ou de prêts dont les caractéristiques et les conditions d'octroi sont fixées par voie réglementaire, sous les réserves énoncées à l'article L. 831-2 ;

2° Logements à usage locatif appartenant à des organismes d'habitations à loyer modéré ou gérés par eux ou appartenant aux bailleurs du secteur locatif définis au quatrième alinéa de l'article 41 *ter* de la loi n° 86-1290 du 23 décembre 1986 tendant à favoriser l'investissement locatif, l'accession à la propriété des logements sociaux et le développement de l'offre foncière, à condition que ces bailleurs s'engagent à respecter les obligations précisées par des conventions régies par le chapitre III du titre V du livre III, ainsi que les logements à usage locatif appartenant à d'autres bailleurs, à condition que ceux-ci s'engagent à respecter les obligations précisées par des conventions régies par la section 3 du chapitre Ier du titre II du livre III ;

3° Logements à usage locatif construits, acquis ou améliorés au moyen d'aides de l'État ou de prêts régis par le chapitre III du titre II ou par le titre III du livre III ; l'octroi de ces aides est subordonné à l'engagement pris par les bailleurs de respecter les obligations précisées par des conventions régies par le chapitre III du titre V du livre III ;

4° Logements à usage locatif construits ou améliorés dans des conditions fixées par voie réglementaire et dont les bailleurs s'engagent à respecter les obligations précisées par des conventions régies par le chapitre III du titre V ou par la section 3 du chapitre Ier du titre II du livre III ;

5° Logements-foyers assimilés dans des conditions fixées par voie réglementaire aux logements mentionnés aux 2° et 3° ci-dessus, dès lors qu'ils font l'objet des conventions régies par le chapitre III du titre V du livre III ;

6° Logements occupés par des titulaires de contrats de location-accession conclus dans les conditions prévues par la loi n° 84-595 du 12 juillet 1984 définissant la location-accession à la propriété immobilière, lorsque ces logements ont été construits, améliorés ou acquis et améliorés au moyen d'aides de l'État ou de prêts dont les caractéristiques et les conditions d'octroi sont fixées par voie réglementaire, sous les réserves énoncées à l'article L. 831-2.

- **CCH,** art. L. 353-1

Les dispositions du présent chapitre règlent, dans la mesure où elles dérogent à la législation en vigueur, les rapports entre propriétaires et locataires ou occupants des logements qui ont fait l'objet d'une convention en application de l'article L. 831-1.

Les obligations à la charge des bailleurs de logements à usage locatif mentionnés aux 2°, 3° et 4° de l'article L. 831-1 et donnant lieu au versement de l'aide personnalisée au logement sont fixées par voie réglementaire.

Les conventions régies par le présent chapitre et les conventions régies par la section 3 du chapitre Ier du titre II du livre III du présent code doivent être conformes à des conventions types fixées par voie réglementaire en application de l'alinéa précédent ou du 5° de l'article L. 831-1.

• **CCH,** art. L. 353-14

Par dérogation aux dispositions de la section I du présent chapitre, les dispositions de la présente section sont applicables aux logements conventionnés appartenant aux organismes d'habitation à loyer modéré mentionnés à l'article L. 411-2, aux logements apportés aux sociétés civiles immobilières régies par les articles L. 443-6-2 et suivants, ainsi qu'à ceux appartenant aux collectivités locales et gérés par lesdits organismes.

• **CCH,** art. L. 353-17

Par dérogation à l'article L. 353-3, les conventions concernant les logements mentionnés à l'article L. 353-14 prennent effet à leur date de signature.

En cas de mutation entre vifs à titre gratuit ou onéreux des biens faisant l'objet de ces conventions, l'acte de cession de ces biens doit faire mention desdites conventions.

La validité de la mutation est subordonnée à l'engagement pris par le nouveau propriétaire de respecter toutes les stipulations des conventions.

• **CCH,** art. D. 353-1

Les conventions conclues en application des dispositions de l'article L. 831-1 (2° et 3°) entre l'État et les organismes d'habitations à loyer modéré doivent être conformes à l'une des conventions types annexées au présent article.

633.03 **Bibliographie indicative.**

Encyclopédie. *DP Gestion immob.*, *V^is^ Aides aux logements locatifs ; HLM – Location*, n°s 178, 205 ; *Logements locatifs conventionnés*, n°s 76 s.

Ouvrages. M. Amzallag, C. Taffin, *Le logement social*, 2e éd., LGDJ, 2010 – J.-C. Driant, *Les politiques du logement en France*, La documentation française, 2015 – B. Wertenschlag, *Le logement social en action*, Dalloz, 2019.

SECTION 1
PROPOS LIMINAIRES

633.11 **Contexte européen applicable au financement HLM.** L'activité des organismes HLM repose sur un régime de financement et d'aides spécifiques qui leur permet de répondre à l'objectif d'intérêt général qu'ils poursuivent.

Cette activité s'exerce dans le contexte du droit européen, le Traité de Rome précisant à l'origine que « les entreprises chargées de la gestion d'un service d'intérêt économique général sont soumises aux règles du Traité, notamment aux règles de concurrence, dans les limites où l'application de ces règles ne fait pas échec à l'accomplissement en droit et en fait de la mission particulière qui leur a été impartie. Le développement des échanges ne doit pas être affecté dans une mesure contraire à l'intérêt de la communauté[1]. »

L'article 107 du traité sur le fonctionnement de l'Union européenne[2] précise en outre que : « 1. Sauf dérogations prévues par les traités, sont incompatibles avec le marché intérieur, dans la mesure où elles affectent les échanges entre États membres, les aides accordées par les États ou au moyen de ressources d'État sous quelque forme que ce soit qui faussent ou qui menacent de fausser la concurrence en favorisant certaines entreprises ou certaines productions. »

À la suite de l'arrêt de la Cour de justice des communautés européennes rendu dans l'affaire *Altmark* en 2003[3], la Commission européenne a adopté trois textes relatifs à l'analyse, au regard du droit des aides d'État au sens de l'article 87 du traité sur les Communautés européennes, des financements versés par les pouvoirs publics en compensation des charges de service d'intérêt économique général (SIEG).

Parmi ces textes, la décision de la Commission européenne du 28 novembre 2005[4] précise que sont exemptées de notification les compensations de service public octroyées aux entreprises de logement social qui exercent des activités qualifiées de services d'intérêt économique général.

Pour les organismes HLM les missions d'intérêt général qui leur sont confiées relèvent d'un mandat de nature législative, inscrit dans l'article L. 411-2 du code de la construction et de l'habitation, selon lequel :

« Les organismes d'habitations à loyer modéré mentionnés aux alinéas précédents bénéficient, en conformité avec la décision 2012/21/UE de la Commission, du 20 décembre 2011, relative à l'application de l'article 106, paragraphe 2, du traité sur le fonctionnement de l'Union européenne aux aides d'État sous forme de compensations de service public octroyées à certaines entreprises chargées de la gestion de services d'intérêt économique général, d'exonérations fiscales et d'aides spécifiques de l'État au titre du service d'intérêt général défini comme :

– la construction, l'acquisition, l'amélioration, l'attribution, la gestion et la cession de logements

1. V. Traité de Rome, 1957, art. 90.
2. Anciennement, v. Traité de l'Union européenne, art. 87.
3. CJCE 24 juill. 2003, Aff. C-280/00, *Altmark Trans* GMBH, *Rec.* 2003, p. I-7747 ; *AJDA* 2003. 1739, note S. Rodrigues ; *ibid.* 2146, Chron. J.-M. Belorgey, S. Gervasoni et C. Lambert ; *ibid.* 2004. 315, Chron. J.-M. Belorgey, S. Gervasoni et C. Lambert ; *D.* 2003. 2814, note J.-L. Clergerie ; *RTD eur.* 2004. 33, étude S. Bracq ; *Rev. UE* 2015. 396, étude C. Guillard ; *ibid.* 425, étude C. Blumann.
4. Décis. Commission n° 2005/842/CE 28 nov. 2005 concernant l'application des dispositions de l'article 86§2 CE aux aides d'État sous forme de compensations de service public octroyées à certaines entreprises chargées de la gestion de services d'intérêt économique général, *JOUE* L 312/67, 29 nov.

locatifs à loyers plafonnés, lorsqu'elles sont destinées à des personnes dont les revenus sont inférieurs aux plafonds maximum fixés par l'autorité administrative pour l'attribution des logements locatifs conventionnés dans les conditions définies à l'article L. 831-1 et dont l'accès est soumis à des conditions de ressources. Font toutefois partie du service d'intérêt général, jusqu'au 1er janvier 2020, les opérations susmentionnées destinées à des personnes de revenu intermédiaire dont les ressources ne dépassent pas les plafonds fixés au titre IX du livre III, lorsque les logements correspondants représentent moins de 10 % des logements locatifs sociaux mentionnés à l'article L. 302-5 détenus par l'organisme ;

– la réalisation d'opérations d'accession à la propriété destinées à des personnes dont les revenus sont inférieurs aux plafonds maximum, majorés de 11 %, fixés par l'autorité administrative pour l'attribution des logements locatifs conventionnés dans les conditions définies à l'article L. 831-1 et dont l'accès est soumis à des conditions de ressources. Font toutefois partie du service d'intérêt général, dans la limite de 25 % des logements vendus par l'organisme, les opérations destinées à des personnes de revenu intermédiaire dont les ressources dépassent les plafonds maximum susmentionnés sans excéder les plafonds fixés au titre IX du livre III, majorés de 11 %, lorsque l'ensemble des opérations sont assorties de garanties pour l'accédant dans des conditions fixées par décret en Conseil d'État ;

– la gestion ou l'acquisition en vue de leur revente, avec l'accord du maire de la commune d'implantation et du représentant de l'État dans le département, de logements situés dans des copropriétés connaissant des difficultés importantes de fonctionnement ou faisant l'objet d'un plan de sauvegarde en application de l'article L. 615-1 ou d'une opération programmée d'amélioration de l'habitat visée à l'article L. 303-1 ou situés dans le périmètre d'opérations de requalification de copropriétés dégradées prévues à l'article L. 741-1 ainsi que, pour une période maximale de dix ans à compter de la première cession, la gestion des copropriétés issues de la cession des logements locatifs mentionnés au neuvième alinéa du présent article tant que l'organisme vendeur y demeure propriétaire de logements. À défaut d'opposition de la part du représentant de l'État notifiée dans le délai de deux mois à compter de la date de la réception de la demande, son avis est réputé favorable ;

– l'intervention comme opérateur, sans pouvoir être tiers-financeur, dans le cadre des procédures prévues à l'article 29-11 de la loi n° 65-557 du 10 juillet 1965 fixant le statut de la copropriété des immeubles bâtis et de l'article L. 615-10 du présent code ;

– les services accessoires aux opérations susmentionnées et les services que les organismes d'habitations à loyer modéré se rendent entre eux pour les besoins des opérations susmentionnées. »

En outre, la signature des conventions d'aides personnalisées au logement (APL), en application de l'article L. 831-1 du code de la construction et de l'habitation conditionne l'obtention des aides pour les organismes.

633.12 **Une législation complexe.** Les conditions financières de la location HLM sont, on vient de le voir, très spécifiques à ce secteur locatif.

La réglementation est complexe du fait, par ailleurs, d'un empilement des textes, les nouveaux ne remplaçant pas toujours les anciens.

Cette situation résulte pour l'essentiel de l'histoire du financement HLM, particulièrement original en Europe, puisqu'il s'appuie sur la transformation en prêts de très long terme ouverts aux opérateurs HLM, d'une partie de l'épargne populaire placée sur les livrets A, livrets de développement durable et livrets d'épargne populaire.

Elle repose en particulier sur la notion de conventionnement, issue de la loi du 3 janvier 1977[1], présentée plus loin. Les conventions dont il est ici question sont des contrats passés par un organisme HLM avec l'État ou un délégataire qui, à la fois, lui apportent les moyens financiers de construire et l'engagent sur le long terme dans le respect de plafonds de loyers et de ressources pour les logements construits. Il s'agit des conventions dites APL (ouvrant droit à l'aide personnalisée au logement), conclues conformément à l'article L. 831-1 du code de la construction et de l'habitation.

La volonté des pouvoirs publics de réserver un régime propre à ce secteur s'illustre également dans le domaine des charges qui doivent être supportées par les locataires, appelées charges locatives récupérables. Dès la loi du 3 septembre 1947[2], une limitation des charges communes est instaurée dans une proportion maximale de 20 % du montant du loyer maximum, outre le remboursement des fournitures individuelles faites aux locataires ainsi que le remboursement des taxes communales et de l'impôt foncier. Par la suite, l'article L. 442-3 du CCH, issu de l'article 9 de la loi du 30 décembre 1981[3], deviendra le texte légal de référence en matière de charges récupérables applicable aux logements locatifs des organismes d'HLM. La loi du 22 juin 1982[4],

1. L. n° 77-1, 3 janv. 1977 sur l'architecture, *JO* 4 janv.
2. L. n° 47-1686, 3 sept. 1947, art. 6.
3. L. n° 81-1161, 30 déc. 1981 relative à la modération des loyers, *JO* 31 déc.
4. L. n° 82-526, 22 juin 1982 relative aux droits et obligations des locataires et des bailleurs, *JO* 23 juin.

dite loi Quilliot, retiendra une rédaction identique en son article 23.

SECTION 2
MODES DE FINANCEMENT

633.21 Financement antérieur ou postérieur à la réforme de 1977. On peut distinguer essentiellement deux types de logements HLM, selon qu'ils ont bénéficié d'un régime d'aide antérieurement à la réforme de 1977 ou postérieurement à celle-ci.

633.22 Financement initial antérieur à 1977. Au lendemain de la Seconde Guerre mondiale, l'urgence est à la reconstruction et l'État met en place un système de financement qui repose sur des aides à la pierre, subventions et prêts, versées aux producteurs de logements. En outre un effort vers l'unification des régimes de prêt avait été engagé. À partir des années soixante et le début de deux décennies de fort développement de la construction de logements sociaux, ce mouvement s'est interrompu. Les programmes HLM sont construits et financés selon des conditions diversifiées, en fonction notamment des ressources des candidats locataires. Mais les normes techniques étaient elles-mêmes adaptées à ces différents produits, entraînant des différences de confort sensibles selon les programmes.

633.23 Diversité des programmes. Les programmes sociaux de relogement (PSR) visaient les occupants de locaux voués à la démolition, avec des plafonds de ressources inférieurs de 25 % par rapport aux HLM ordinaires.

Les habitations à loyer modéré ordinaires (HLMO) constituaient la part la plus nombreuse du parc avant 1977 puisqu'ils en représentaient alors 80 %.

Les programmes à loyer réduit (PLR) étaient une catégorie intermédiaire entre les deux précédentes, créée en 1968, avec un financement plus avantageux que les HLMO, et des conditions de ressources équivalentes à celles des PSR.

Les immeubles à loyer moyen (ILM), créés en 1968 également, avaient une superficie de 10 % supérieure à celle des HLMO et leur accès était soumis à des conditions de ressources supérieures de 50 %.

Enfin, les immeubles à loyer normal (ILN) n'étaient pas soumis à plafonds de ressources et disposaient de conditions de financement moins avantageuses, avec des loyers plus élevés.

633.24 Financement initial postérieur à 1977. La réforme du financement du logement social, inscrite dans la loi du 3 janvier 1977[1] portant reforme de l'aide au logement, a été conduite à partir d'un double constat : d'une part, à l'ambition de construire en nombre pour répondre à une demande importante, il convient de substituer une qualité de construction neuve attendue des nouveaux locataires ; d'autre part, le système d'aides à la pierre, inéquitable et inefficace, demande à être remplacé par un système d'aides à la personne qui tienne mieux compte des capacités de chacun.

Depuis l'entrée en vigueur de la réforme du financement de la construction en 1977, les logements HLM ont été financés avec le prêt locatif aidé (PLA), répondant à des normes de confort homogénéisées, en réaction à la période précédente, puis en PLUS (prêt locatif à usage social), à partir de 2000[2].

L'engagement de l'État pour le logement des plus démunis s'est concrétisé, en outre, par la création de prêts aux conditions de financement plus favorables, sous réserve que les logements soient occupés par des locataires dont les ressources ne dépassent pas 60 % du plafond de ressources HLM[3]. Ces prêts se sont appelés successivement : prêt locatif aidé très social (PLATS), prêt locatif aidé à loyer modéré (PLALM), prêt locatif aidé insertion, puis intégration (PLAI).

633.25 Financement du logement locatif intermédiaire. Le financement du logement des catégories intermédiaires, ouvert aux HLM, est constitué par le prêt locatif social (PLS), pour les personnes disposant de ressources inférieures à 130 % du plafond HLM, ou par le prêt locatif intermédiaire (PLI).

Le PLS relève du logement conventionné HLM à la différence du PLI, dont l'accès est soumis à un niveau de ressources incompatible avec la perception de l'aide personnalisée au logement.

Les logements locatifs intermédiaires en PLI sont des logements faisant l'objet d'une aide directe ou indirecte, sous quelque forme que ce soit, accordée par l'État, une collectivité locale ou l'un de ses groupements, ou par toute autre personne morale et conditionnée au respect, pendant une certaine durée, de conditions de plafonnement des ressources et des loyers[4]. Ces conditions sont fixées aux articles D. 391-1 et suivants du code de la construction et de l'habitation.

SECTION 3
CONVENTIONNEMENT HLM

633.30 Plan – Convention ouvrant droit à l'aide personnalisée au logement. Deux types de logements HLM se distinguent, selon qu'ils ont fait l'objet ou non d'une conven-

1. L. n° 77-1, 3 janv. 1977 relative au maintien des aides publiques à l'investissement malgré l'institution de l'aide personnalisée au logement, *JO* 4 janv.
2. Circ. n° 99-71, 14 oct. 1999 relative à la mise en place du prêt locatif à usage social (PLUS), NOR : EQUU9910204C.
3. V. s[s] n° 623.41.
4. CCH, art. L. 302-16, rédac. ord. n° 2014-159, 20 févr. 2014.

tion avec l'État ouvrant droit à l'aide personnalisée au logement (APL). L'aide personnalisée prend en charge une partie de la dépense de logements des personnes modestes et défavorisées. Il convient de signaler que la quasi-totalité des logements HLM est conventionnée [1].

§ 1 Logements conventionnés

633.41 **Régime.** Le régime du conventionnement est issu de la réforme du 3 janvier 1977 [2]. Il s'appuie sur une convention signée avec l'État qui ouvre aux locataires le droit à l'APL sous conditions de ressources ; elle détermine le loyer maximum applicable aux logements qu'elle concerne et soumet leur attribution à un plafond de ressources. Elle permet au représentant de l'État dans le département de bénéficier de réservations dans les immeubles concernés.

633.42 **Contenu de la convention.** La convention fixe les conditions de la location : engagements du bailleur à l'égard des locataires (forme et contenu du bail, loyer et dépôt de garantie, conditions de réalisation des travaux), engagements à l'égard de l'État (conditions d'occupation pendant toute la durée de la convention), engagements, enfin, en matière d'APL.

Sa durée est, en HLM, égale à la durée du prêt principal (soit en PLUS - 40 ans, puis 50, en PLS - 15 à 30 ans, en PALULOS 20 ans).

633.43 **Modalités de conventionnement.** Il existe trois modalités de conventionnement des logements HLM :

- en construction neuve ou en acquisition-amélioration, sur financement aidé par l'État : financement réalisé à partir de 1977 en prêt locatif aidé (PLA), délivré par la Caisse des dépôts et consignations (CDC) ou le Crédit Foncier de France, puis en prêt locatif à usage social (PLUS) depuis le 1er janvier 2000 [3] ou en prêt locatif aidé d'intégration (PLAI) et, enfin, en prêt locatif social (PLS) [4] ;

- en amélioration, avec un financement aidé également : il s'agit des PALULOS ou Primes à l'amélioration des logements à usage locatif et à occupation sociale [5] ;

- en convention sans travaux. Cette solution, destinée à favoriser l'extension de l'APL à tous les locataires de l'organisme HLM a été initiée en 1988 [6], pour tous les logements construits ou acquis avec une aide de l'État, sous une forme qu'on a appelé le « bouclage » du parc HLM à l'APL ; elle a ensuite été étendue à tous les logements sans condition [7].

Le régime du conventionnement est donc soit lié au financement d'origine des logements, soit le résultat de démarches ultérieures conjointes entre l'État et les organismes de logement social.

§ 2 Logements non conventionnés

633.51 **Logements non conventionnés.** Les logements HLM non conventionnés (moins de 2 % du parc en 2017) sont soit des logements qui ont été financés avec les anciennes aides de l'État, avant la réforme de 1977 [8], et qui n'ont pas fait l'objet d'une amélioration financée en PALULOS ou d'un bouclage du patrimoine, soit des logements construits ou acquis sur fonds propres ou sur financements non aidés, qui n'ont pas été conventionnés à l'APL.

633.52 **Logements locatifs intermédiaires.** Au titre des logements non conventionnés le logement locatif intermédiaire est financé par le prêt locatif intermédiaire (PLI). Il est distribué par des établissements financiers ayant signé une convention annuelle avec la Caisse des dépôts et consignations ou sont octroyés directement par elle. Il est réservé à des candidats sous plafonds de ressources et de loyers spécifiques. Le régime en a été défini en mars 2001 [9]. Toutefois il existe des PLI depuis 1987, dont les contrats de prêt définissaient les plafonds applicables.

En tant qu'ils appartiennent aux organismes bailleurs HLM les logements locatifs intermédiaires ouvrent droit au maintien dans les lieux pour leurs bénéficiaires ; leur régime de charges est le même que pour celui des autres logements HLM [10].

SECTION 4 ÉVOLUTIONS LÉGISLATIVES SIGNIFICATIVES

633.61 **Genèse.** Depuis la réforme de 1977 créant le régime du conventionnement APL, plusieurs évolutions ont marqué les conditions de financement

1. Enquête OPS (Observatoire du parc social), v. CCH art. L. 442-5.
2. L. n° 77-1, 3 janv. 1977 portant réforme de l'aide au logement, *JO* 4 janv., p. 64.
3. CCH, art. R. 331-1 s.
4. CCH, art. R. 331-17 s.
5. CCH, art. R. 323-1 s.
6. Circ. 1er févr. 1988 relative à la mise en œuvre du « bouclage » des aides au logement, à la conclusion des accords-cadres et au nouveau régime du conventionnement après travaux, *BOMELATT*, n° 9, 31 mars 1988.
7. L. n° 90-449, 31 mai 1990, visant à la mise en œuvre du droit au logement modifiant l'article L. 351-2, CCH.
8. V. s^s n° 633.22.
9. CCH, art. R. 391-1 s.
10. CCH, art. L. 442-3.

des logements HLM, à la fin du XXe siècle tout d'abord, puis au début du XXIe. Elles ont eu des incidences sur les relations entre bailleurs et locataires HLM.

633.62 **Première évolution.** Une première évolution significative date des années quatre-vingt-dix qui ont vu se succéder :

- le changement de la norme de surface pour le calcul des loyers HLM, passée de la surface corrigée à la surface utile, pour la construction neuve et l'acquisition amélioration, depuis le 1er juillet 1996 ;
- la réforme de la subvention de l'État, à laquelle s'est substituée une TVA à taux réduit, depuis le 1er octobre 1996 ;
- la réforme du prêt pour le financement du logement social, par l'adoption du prêt locatif à usage social (PLUS), à la place du PLA et du PLALM, à compter du 1er janvier 2000, afin de simplifier le régime du financement social et de l'adapter à la mixité sociale.

Ainsi, à partir de 1996 l'application de la réforme aux seules opérations nouvelles s'est traduite, pour les opérateurs HLM, par une gestion du parc à deux vitesses : l'un, relevant de la surface corrigée et l'autre, le plus récent, relevant de la surface utile.

633.63 **Seconde évolution : la délégation aux collectivités territoriales des aides à la pierre.** La loi du 13 août 2004[1] a marqué une nouvelle étape, à travers la poursuite de la décentralisation, en renforçant les compétences des collectivités territoriales et des EPCI (Établissement public de coopération intercommunale) dans le domaine du logement.

Elle crée une procédure, facultative, de délégation aux collectivités territoriales de la compétence d'attribution des aides publiques à la pierre dans leur ressort, après signature d'une convention avec l'État. Une dérogation aux plafonds de ressources est possible et le contingent de réservation du préfet pouvait être transféré au maire ou au président de l'établissement public de coopération intercommunale[2]. L'EPCI ou le département délégataire des aides à la pierre est alors le signataire de la convention APL. En complément ou indépendamment des aides de l'État, ils peuvent aider à la réalisation, la réhabilitation, la démolition de logements locatifs sociaux et apporter des compléments aux aides personnelles au logement.

Dans le même temps, on a assisté à une accélération du désengagement de l'État dans le financement du logement social et à un rôle accru pris par les collectivités territoriales et les EPCI.

1. L. n° 2004-809, 13 août 2004 relative aux libertés et responsabilités locales, *JO* 17 août, p. 14545.
2. V. s^s^ n° 621.125.

633.64 **Troisième évolution.** Le régime du conventionnement APL portait en lui un inconvénient, apparu dans les années 90. Les loyers plafonds applicables aux logements locatifs sont définis par rapport à l'équilibre financier de l'opération au moment de sa construction, sans variation possible dans le temps. Or la durée de la convention APL est alignée sur la durée du prêt principal le plus long ayant permis la construction des logements et celle-ci peut atteindre cinquante ans.

Ce qui est une garantie de stabilité pour le locataire peut aboutir à une distorsion dans le temps avec la réalité du terrain : soit le loyer plafond ne pourra être atteint par le loyer pratiqué parce que les caractéristiques de l'environnement de l'immeuble ont changé négativement ; soit le loyer plafond est inférieur à ce qu'il pourrait être, plus de vingt ou trente ans après la construction, compte tenu des mêmes caractéristiques de cet environnement (situation dans la ville, services collectifs proches, qualité des transports publics, etc.).

Pour pallier cette situation, sera conçu le conventionnement global permettant une certaine remise en ordre des loyers en fonction de la qualité du service rendu.

La loi du 13 août 2004 relative aux libertés et aux responsabilités locales[3] a mis en place ce régime dit de conventionnement global qui permet aux organismes qui s'engagent vis-à-vis de l'État sur un cahier des charges social, à réorganiser, à masse constante, les loyers maximaux applicables dans les logements conventionnés qu'ils gèrent.

Ces dispositions n'ont pu véritablement jouer à plein et elles ont été remplacées par celles de la loi du 25 mars 2009[4] qui substitue la convention d'utilité sociale (CUS) à la convention globale de patrimoine avec plusieurs objectifs : rendre obligatoire la signature de la convention, associer plus étroitement les partenaires locaux à sa signature, adapter le supplément de loyer de solidarité perçu par les organismes auprès de leurs locataires dans les zones tendues, définir des indicateurs de performance que les organismes seront tenus de suivre.

633.65 **Caractéristiques de la convention d'utilité sociale (première génération).** On peut retenir quatre caractéristiques des premières conventions d'utilité sociale :

1° La convention d'utilité sociale devient obligatoire. Chaque organisme d'HLM a conclu une convention d'utilité sociale avant le 1er juillet 2011.

3. L. n° 2004-809, 13 août 2004, relative aux libertés et responsabilités locales, *JO* 17 août, p. 14545.
4. L. n° 2009-323, 25 mars 2009 de mobilisation pour le logement et la lutte contre l'exclusion, *JO* 27 mars, p. 5408 – SUR CETTE LOI : B. Wertenschlag, *AJDI* 2009. 256.

2° La convention d'utilité sociale est signée par l'État et l'organisme d'HLM pour une durée de six ans renouvelable. La loi du 25 mars 2009 introduit formellement la participation à la négociation des départements et des EPCI dotés d'un programme local de l'habitat (PLH). Les modalités d'association au dialogue de ces partenaires locaux ont été définies par décret en Conseil d'État[1]. La signature des CUS par ces collectivités et EPCI devient obligatoire pour ceux auxquels l'organisme est rattaché et reste optionnelle pour les autres.

3° L'organisme HLM peut déroger aux règles du supplément de loyer de solidarité (SLS), en restant conforme aux orientations du PLH en la matière, le cas échéant. La convention d'utilité sociale doit respecter en outre sur les zones de marché tendu des conditions de modulation du SLS définies par décret en Conseil d'État[2].

4° Des indicateurs de performance ont été précisés par décret en Conseil d'État[3]. Ils portent sur les grands thèmes de la mission sociale des organismes et permettent de vérifier que les objectifs fixés en commun pour chaque aspect de la politique de l'organisme sont atteints.

633.66 Objectifs contractuels non atteints – Conséquences. Lorsque les objectifs contractuels ne sont pas atteints, une procédure contradictoire permet de remédier à la situation. Ce n'est que dans le cas où le manquement constaté résulte de la seule responsabilité de l'organisme qu'une sanction sous forme de pénalité plafonnée à 100 euros par logement pourra être prononcée.

633.67 Applications. Mis en place au 1er juillet 2011, le régime du conventionnement d'utilité sociale devait, sur le plan des loyers, permettre aux propriétaires HLM de bénéficier d'une gestion plus cohérente, grâce à une surface de référence unique sur tout leur parc, soit en surface corrigée, soit, plus vraisemblablement en surface utile, au choix de l'organisme propriétaire. Les locataires auraient vu leur loyer mieux adapté au service qui leur est rendu, leur loyer ne dépendant plus du financement d'origine de leur immeuble, quels que soient le confort et le service rendu. Or, dès la fin 2011 la législation a imposé, pour six ans, dans des conditions économiques contraintes, une limitation des évolutions des loyers, à hauteur de la variation de l'indice de référence des loyers (IRL)[4]. Les (rares) organismes qui s'étaient engagés dans la remise en ordre des loyers, conformément à la réglementation alors applicable, n'ont pu poursuivre celle-ci comme envisagé.

633.68 Loi égalité citoyenneté. La loi relative à l'égalité et à la citoyenneté du 27 janvier 2017 a engagé une nouvelle démarche s'appuyant sur un triple objectif : un objectif d'accueil des ménages à très faibles ressources en dehors des quartiers de la politique de la ville (QPV), considérés comme moins attractifs ; un objectif de diversification des personnes accueillies dans les quartiers QPV ; une nouvelle politique des loyers (la NPL), adaptée à ces objectifs d'accueil diversifié et les rendant possibles. Les dispositions de la loi nouvelle sont précisées par un décret du 9 mai 2017[5].

633.70 Plan suivi. Les développements qui suivent présentent les règles de fixation des loyers en HLM, pour le loyer maximum (chap. 634) et le loyer pratiqué (chap. 635). Ils décrivent les évolutions autorisées de ces loyers avant de traiter de la réglementation applicable en 2017 et après, dans le cadre des conventions d'utilité sociale prévues pour la période de six ans comprise entre 2019 et 2024 (chap. 636).

1. Décr. n° 2009-1486, 3 déc. 2009 relatif aux conventions d'utilité sociale des organismes d'habitations à loyer modéré, *JO* 4 déc., p. 20930.
2. Décr. n° 2009-1682, 30 déc. 2009 relatif au supplément de loyer de solidarité, *JO* 31 déc., p. 23053.
3. Décr. n° 2009-1486, 3 déc. 2009, préc.
4. L. n° 2010-1657, 29 déc. 2010, art. 210, III ; L. n° 2014-366, 24 mars 2014, art. 103.
5. Décr. n° 2017-922, 9 mai 2017 modifiant le chapitre III du titre V du livre III du code de la construction et de l'habitation relatif au régime juridique des logements locatifs conventionnés et le titre IV du livre IV du même code relatif aux rapports des organismes d'habitations à loyer modéré et des bénéficiaires, *JO* 10 mai, n° 173.

CHAPITRE

634. Loyer maximum

SECTION 0
ORIENTEUR

634.00 Sommaire du chapitre.

Division – Fixation encadrée. Le montant des loyers HLM est encadré, parce que les logements sont destinés à des personnes de ressources modestes et dès lors qu'une aide a été apportée à la réalisation des logements. Les aides peuvent en effet recouvrir plusieurs formes :

– aides budgétaires de l'État et des collectivités ;

– aides dites "de circuit" ou de taux (financement à conditions préférentielles par la Caisse des dépôts et consignations sur la ressource du livret A) ;

– aides fiscales enfin (taux réduit de TVA, exonération de taxe foncière…).

Il existe ainsi un loyer maximum ou loyer plafond pour toutes les opérations aidées, que le logement soit conventionné ou non.

634.01 Principaux textes applicables.

TEXTES SOURCES

• **CCH,** art. L. 353-9-2.

• **CCH,** art. R. 353-16.

• **CCH,** art. R. 353-1, ann. I, conv type, art. 9 à 10 *bis*.

• **CCH,** art. L. 442-1 à L. 442-2.

• **CCH,** art. R. 442-1 à R. 442-3.

TEXTES *IN EXTENSO*

• **CCH,** art. L. 353-9-2

Les loyers et redevances maximaux des conventions conclues en application de l'article L. 831-1 sont révisés chaque année au 1er janvier en fonction de l'indice de référence des loyers prévu au I de l'article 17-1 de la loi n° 89-462 du 6 juillet 1989 tendant à améliorer les rapports locatifs et portant modification de la loi n° 86-1290 du 23 décembre 1986. La date de l'indice de référence des loyers prise en compte pour cette révision est celle du deuxième trimestre de l'année précédente.

Le présent article est applicable à compter du 1er janvier 2010 à toutes les conventions, y compris aux conventions en cours.

• **CCH,** art. D. 353-16

1° Le loyer maximum applicable aux logements conventionnés, ainsi que les conditions de son évolution sont fixées par les conventions.

2° Pour les conventions conclues postérieurement au 1er juillet 1996, y compris celles conclues lors de l'acquisition des logements, le loyer maximum de chaque logement est le produit des trois éléments suivants :

a) La surface utile du logement ;

b) Le prix au mètre carré applicable à l'ensemble des logements de l'immeuble ou de l'ensemble immobilier qui fait l'objet de la convention, établi en tenant compte des caractéristiques de ce dernier, notamment de sa localisation, de la qualité de sa construction et de la taille moyenne des logements ;

c) Le coefficient propre au logement, établi en tenant compte notamment de sa taille et de sa situation dans l'immeuble ou l'ensemble immobilier.

La surface utile est égale à la surface habitable du logement, telle qu'elle est définie à l'article R. 111-2, augmentée de la moitié de la surface des annexes définies par un arrêté du ministre chargé du logement.

La somme des résultats du produit, pour chaque logement, du coefficient par la surface utile ne doit pas excéder la surface utile totale de l'immeuble ou de l'ensemble immobilier qui fait l'objet de la convention.

La convention mentionne la surface utile totale de l'immeuble ou de l'ensemble immobilier et le coefficient applicable à chaque logement.

Les annexes qui n'entrent pas dans le calcul de la surface utile peuvent donner lieu à la perception d'un loyer accessoire, dans les limites et conditions fixées par la convention.

3° Par dérogation au 2° ci-dessus, le loyer maximum des logements conventionnés à l'occasion de travaux d'amélioration ou des logements conventionnés sans travaux pendant le cours de leur exploitation est fixé au mètre carré de surface corrigée, telle que celle-ci résulte des dispositions de l'article R. 442-1, du décret n° 48-1766 du 22 novembre 1948 et de l'article 4 du décret n° 60-1063 du 1er octobre 1960 modifié, sauf en cas de signature d'une convention d'utilité sociale telle que prévue à l'article L. 445-1 fixant le montant maximal des loyers au mètre carré de surface utile.

4° Le loyer maximum est majoré dans des limites fixées par décret pour les catégories de logements nouvellement conventionnés suivantes :

a) Les logements déjà occupés lors du conventionnement, lorsque les occupants sont des ménages dont les ressources sont supérieures aux plafonds mentionnés à la première phrase de l'article R. 331-12 ;

b) Les logements financés par des prêts locatifs à usage social, quand les logements sont attribués, dans les conditions fixées au II de l'article R. 331-12, à des ménages dont les ressources sont supérieures aux plafonds mentionnés au a ci-dessus.

5° Le loyer maximum des logements financés en prêt locatif aidé d'intégration, occupés ou devant être occupés par des ménages dont les ressources n'excèdent pas celles correspondant à un prêt locatif à usage social, peut être majoré dans la limite du loyer maximum des logements financés en prêt locatif à usage social. Les conditions d'application de cette majoration de loyer, pour les logements financés en prêt locatif aidé d'intégration, sont définies par arrêté préfectoral en tenant compte notamment de la situation des occupants et des caractéristiques des logements occupés.

• **CCH,** art. L. 442-1 (réd. postérieure au 1er janv. 2017)

L'autorité administrative détermine les prix de base au mètre carré afférents aux différentes catégories de construction réalisées par les organismes d'habitations à loyer modéré.

En vue d'assurer l'équilibre de la situation financière de ces organismes, elle fixe, pour les loyers, un montant minimum et un montant maximum établis en tenant compte notamment des prix de revient de la construction à la charge desdits organismes et des frais de gestion, de contrôle et d'entretien.

Dans le cas où la situation financière d'un organisme d'habitations à loyer modéré fait craindre qu'il ne puisse plus faire face à ses obligations, l'autorité administrative peut imposer à l'organisme préalablement saisi l'application aux logements construits postérieurement au 3 septembre 1947 d'un loyer susceptible de rétablir l'équilibre d'exploitation.

Les loyers pratiqués pour les logements des organismes d'habitations à loyer modéré sont révisés chaque année au 1er janvier en fonction de l'indice de référence des loyers prévu au I de l'article 17-1 de la loi n° 89-462 du 6 juillet 1989 tendant à améliorer les rapports locatifs et portant modification de la loi n° 86-1290 du 23 décembre 1986. La date de l'indice de référence des loyers prise en compte pour cette révision est celle du deuxième trimestre de l'année précédente.

L'autorité administrative peut autoriser, pour une durée qu'elle détermine, un organisme à déroger à l'avant-dernier alinéa du présent article soit dans le cadre d'un plan de redressement approuvé par la Caisse de garantie du logement locatif social, soit pour une partie du patrimoine de l'organisme ayant fait l'objet d'une réhabilitation. Toutefois, d'une année par rapport à l'année précédente, la hausse de loyer est plafonnée à 5 % en sus de la variation de l'indice de référence des loyers mentionné au même avant-dernier alinéa. Sous réserve de l'accord des associations représentatives de locataires et des locataires dans les conditions fixées à l'article 42 de la loi n° 86-1290 du 23 décembre 1986 tendant à favoriser l'investissement locatif, l'accession à la propriété de logements sociaux et le développement de l'offre foncière, cette hausse peut être supérieure à ce plafond.

NOTA : Conformément au III de l'article 81 de la loi n° 2017-86 du 27 janvier 2017, les présentes dispositions s'appliquent à compter du 1er janvier 2017, y compris aux contrats en cours.

• **CCH,** art. L. 442-1-1

Les organismes d'habitations à loyer modéré fixent librement les loyers des logements faisant l'objet d'une nouvelle location dans les limites prévues au deuxième alinéa de l'article L. 442-1 ou, pour les logements conventionnés en application de l'article L. 831-1, dans la limite des loyers maximaux de ces conventions ou, pour les logements financés à l'aide de primes ou de prêts spéciaux à la construction du Crédit foncier de France ou de la Caisse centrale de coopération économique, dans la limite de leurs loyers plafonds.

634.03 **Bibliographie indicative.**

Encyclopédie. *DP Gestion immob., Vis HLM – Location*, n° 177 ; *Logements locatifs conventionnés*, nos 167 s.

Ouvrages. M. Amzallag, C. Taffin, *Le logement social*, 2e éd., LGDJ, 2010 – J.-C. Driant, *Les politiques du logement en France*, La documentation française, 2015 – B. Wertenschlag, *Le logement social en action*, Dalloz, 2019.

SECTION 1
CHAMP D'APPLICATION DU LOYER MAXIMUM

634.10 **Plan.** L'idée de départ est simple. C'est l'autorité administrative qui fixe le prix maximum des logements HLM.

Le parc non conventionné comme le parc conventionné sont concernés [1].

1. CCH, art. L. 442-1 et L. 353-2.

Quel est le champ d'application du loyer maximum et comment est-il déterminé ?

Un loyer maximum est-il applicable partout ?

On distinguera tout d'abord le cas des logements (§ 1), puis les accessoires du logement (§ 2), enfin, les autres locaux appartenant aux organismes d'HLM (§ 3).

§ 1 Logement

634.21 **Logement d'habitation.** Le loyer des logements HLM ayant fait l'objet d'une aide est plafonné.

634.22 **Principe du loyer maximum.** Le livre IV du code de la construction et de l'habitation, intitulé : « Habitations à loyer modéré »[1] définit l'activité des organismes HLM, au sens des compétences qu'ils peuvent exercer.

À ce titre, l'article L. 411-1 donne vocation aux organismes HLM à réaliser des habitations au bénéfice des personnes et familles de ressources modestes, ainsi qu'aux personnes défavorisées, au moyen de formes spécifiques d'aides de l'État et de prêts accordés par l'État : PSR, PLR, HLMO, ILM, avant 1977, puis PLUS, PLA-I, PALULOS, PLS, prêts ouvrant droit à l'APL après la réforme de 1977[2].

Le principe à retenir est clair, puisqu'à tous ces financements correspond un plafond de loyer fixé par l'autorité administrative.

634.23 **Cas particuliers.** Parmi les financements auxquels les organismes HLM ont eu recours, certains prévoient des plafonds de loyers, notamment pour les PCL, PLI, d'autres non. Les ILN ne sont pas plafonnés, et ce réglementairement[3]. Des anciennes positions prises par l'Administration[4], devenues juridiquement inopposables, ont pu un temps laisser entendre que les organismes HLM pouvaient recourir à des financements sur fonds propres ou à des prêts non réglementés pour échapper au plafonnement des loyers et/ou des ressources. Mais une telle interprétation apparaît difficilement soutenable aujourd'hui. En effet, la raison d'être des organismes d'HLM, quel que soit leur statut, ainsi que l'agrément qu'ils reçoivent de l'État, leur assigne une mission d'intérêt général pour laquelle leurs ressources doivent être entièrement dédiées. Cette mission a pour objectif essentiel et général de loger des personnes modestes et défavorisées[5], dans les conditions définies au livre IV du code de la construction et de l'habitation.

Cela implique notamment un plafonnement à la fois des ressources des bénéficiaires et des prix pratiqués à leur égard. Le prix des loyers des logements locatifs sociaux est encadré, qu'il s'agisse de logements HLM non conventionnés ou conventionnés à l'APL[6]. En revanche, la détention par des organismes d'HLM d'immeubles locatifs acquis ponctuellement dans le parc privé n'est pas rare, sans projet de conventionnement ou avec un projet n'ayant pas été finalisé. L'ANCOLS a commenté cette situation dans son rapport de 2015 en relevant que « Dans une part significative des organismes contrôlés, majoritairement des SA d'HLM, l'Agence relève que le parc géré comprend des logements non conventionnés financés sur fonds propres et prêts bancaires banalisés qui ne font l'objet d'aucun encadrement en termes de plafonds de ressources et de plafonds de loyers, et dont l'attribution ne respecte aucune procédure formalisée en garantissant la transparence. » L'ANCOLS conclut ainsi : « Cette pratique fait question au regard de l'objet social et du financement public de ces organismes. Dès lors, à l'occasion de ses contrôles, l'Agence demande systématiquement aux organismes gérant des logements non conventionnés que soient fixés, par le conseil d'administration, des plafonds de ressources et de loyers, et que l'attribution des logements suive une procédure transparente. »

Dans le cadre de l'élaboration des conventions d'utilité sociale, l'exigence de classement du patrimoine des organismes, depuis 2011, les conduit à fixer un plafonnement des ressources pour chaque immeuble, quel que soit son financement d'origine. Pour les logements non conventionnés et relevant d'un financement non réglementé ou n'ayant pas fixé de limite aux ressources des locataires, l'administration retient un plafond équivalent à celui des logements PLI[7]. Dans la pratique, les locataires de ces ensembles disposent d'un contrat HLM de droit commun, assorti du droit au maintien dans les lieux.

§ 2 Locaux accessoires

634.31 **Définition.** Aux habitations, peuvent être adjoints « des dépendances, des annexes et des jardins privatifs ou collectifs, accolés ou non aux immeubles »[8].

1. Sur les sources de la réglementation HLM, v. s^{s} n°s 612.10 s.
2. V. s^{s} n° 633.24.
3. Arr. 14 oct. 1963, *JO* 16 oct. 1963, p. 9270.
4. Lettre du directeur de la construction du ministère de l'Équipement du 23 sept. 1991 adressée au président de l'UNFOHLM.
5. CCH, art. L. 411
6. CCH, art. L. 442-1-1.
7. Circ. 12 avr. 2010 relative aux conventions d'utilité sociale des organismes d'habitations à loyer modéré, des sociétés d'économie mixte et des unions d'économie sociale, p. 23, NP.
8. CCH, art. L. 411-1.

634.32 **Loyer initial.** Jusqu'à une époque récente, le loyer de ces annexes dans les nouvelles opérations, qu'il s'agisse de garages ou de jardins, terrasses, cours ou autres accessoires, n'était pas plafonné.

L'article 36 de la loi du 1er septembre 1948 s'appliquait par renvoi du code de la construction et de l'habitation[1]. C'est donc par accord entre les parties et, à défaut d'accord, sur décision de justice, que les loyers de ces accessoires étaient déterminés, sous la forme d'une évaluation séparée de leur valeur.

634.33 **Loyer maximum depuis le 1er juillet 1996.** Depuis la réforme de la surface utile, entrée en application le 1er juillet 1996, l'autorité administrative peut fixer un loyer maximum des annexes privatives par décision prise dans la convention signée par le préfet et l'organisme HLM. L'évolution du loyer maximum est alors la même que celle du loyer maximum des logements. Lorsqu'aucun plafond n'est fixé c'est le contrat qui détermine le montant du loyer de l'accessoire.

Ces règles ne sont toutefois applicables qu'aux opérations postérieures à la réforme de la surface utile. Dans les autres cas, c'est toujours l'article 36 de la loi du 1er septembre 1948 qui s'applique pour la fixation initiale du loyer : il n'y a alors pas de loyer maximum.

634.34 **Évolution des loyers pratiqués.** Depuis le 2 août 1998, date d'entrée en vigueur de la loi du 29 juillet 1998 d'orientation relative à la lutte contre les exclusions[2], la révision du loyer pratiqué des accessoires est au plus égale à celle du loyer principal pour tous les logements HLM.

§ 3
Autres locaux

634.41 **Locaux à usage commun.** Les organismes HLM peuvent également adjoindre aux ensembles d'habitations qu'ils construisent et qu'ils gèrent des accessoires, sous la forme de locaux à usage commun, ainsi que « toutes constructions nécessaires à la vie économique et sociale de ces ensembles »[3].

634.42 **Locaux collectifs.** S'agissant des locaux à usage commun, appelés généralement locaux collectifs résidentiels (LCR), il n'y a plus d'obligation d'en construire depuis la réforme de la surface utile dans les textes concernant l'habitation. Cependant, la création de LCR est favorisée par un financement public, sous forme de subvention et de TVA réduite, et autorise une majoration du loyer des ensembles concernés.

Ces locaux ne sont pas soumis à un loyer maximum. Leur usage est destiné prioritairement aux résidents des immeubles collectifs et à leurs associations.

Les circulaires du 28 avril 1977[4] et du 12 mars 1986[5] précisent les conditions de leur utilisation. Le principe en est la gratuité ; les utilisateurs peuvent cependant participer aux charges correspondant à l'usage de ces locaux.

634.43 **Constructions accessoires.** Il peut s'agir de locaux commerciaux, de locaux professionnels, voire de locaux administratifs, d'équipements divers, enfin, sportifs, sociaux, culturels, dont la présence dans les ensembles d'habitations HLM est nécessaire pour animer les quartiers et fournir aux habitants tous les services dont ils ont besoin.

Les compétences des organismes HLM sont définies limitativement mais sont régulièrement complétées et élargies au fil des années et de lois successives. La loi du 23 novembre 2018[6], dite loi Élan, a élargi les catégories d'immeubles qui peuvent entrer dans le patrimoine locatif des organismes HLM ou que ces derniers peuvent gérer : équipements locaux d'intérêt général, locaux à usage commercial ou professionnel, immeubles abritant des équipements locaux d'intérêt général, locaux à usage commercial ou professionnel.

634.44 **Locaux commerciaux.** Il n'existe pas de règle de plafonnement particulière pour les locaux commerciaux détenus par les organismes HLM, leur loyer est librement fixé en fonction de la commercialité et des prix du marché. Mais contrairement à la pratique répandue, leur attribution n'est pas totalement libre.

En effet, depuis la loi du 13 décembre 2000[7], dite loi SRU, les attributions des locaux commerciaux en pied des immeubles construits ou acquis par les organismes HLM doivent s'effectuer en tenant compte des objectifs de mixité urbaine et de mixité sociale du quartier ou de l'arrondissement où les immeubles se situent[8].

L'intérêt de la prise en compte de la mixité urbaine est d'éviter le monofonctionnalisme des commerces afin d'assurer pour les habitants une

1. CCH, art. R. 442-1.
2. L. n° 98-657, 29 juill. 1998, art. 48, complétant l'art. 36 de la loi du 1er sept. 1948.
3. CCH, art. L. 411-1.
4. *JO* 24 juin 1977, p. 3388.
5. *BOMULTE*, n° 86-11, 11 avr. 1986.
6. L. n° 2018-1021, 23 nov. 2018 portant évolution du logement, de l'aménagement et du numérique, *JO* 24 nov.
7. L. n° 2000-1208, 13 déc. 2000 relative à la solidarité et au renouvellement urbains, *JO* 14 déc.
8. CCH, art. L. 411-7.

offre de services diversifiée à proximité de leur domicile. Quant à l'objectif de mixité sociale qui serait à prendre en compte en matière commerciale, il paraît avoir pour but d'assurer une certaine qualité dans l'offre pour garantir l'attractivité du quartier à l'égard des diverses catégories socio-professionnelles.

Si la traduction opérationnelle de la mesure reste imprécise, en pratique, les bailleurs se concertent fréquemment avec les communes lorsque la commercialisation porte sur des locaux implantés dans des quartiers sensibles. À noter que cette disposition ne comporte aucune sanction.

L'instauration de cette mesure envers les seuls commerces de pied d'immeuble en écarte par conséquent les locaux commerciaux qui, par exemple, sont intégrés dans les centres commerciaux bâtis à proximité des immeubles d'habitation comme c'est le cas dans de nombreux grands ensembles d'habitat social qui ont été construits dans les années 1970.

634.45 **Locaux exclusivement professionnels.** Les locaux réservés à une activité professionnelle ne subissent pas davantage de plafonnement du seul fait de leur appartenance à un groupe HLM. On se reportera par conséquent aux règles de droit commun[1] sur les conditions de fixation du loyer de ces locaux.

Dans certains cas, des logements HLM peuvent être transformés en locaux professionnels, commerciaux ou d'activités par la procédure du changement d'usage, conformément à l'article L. 443-15-1-1 du code de la construction et de l'habitation, dans l'objectif de dynamiser des quartiers en difficulté. Le préfet dispose de larges pouvoirs d'appréciation pour obliger les organismes constructeurs à rembourser ou non les aides de l'État[2].

634.46 **Locaux à usage mixte professionnel et d'habitation.** Ils sont soumis aux règles de plafonnement des loyers, comme leurs locataires le sont aux règles d'attribution HLM, puisqu'il s'agit de logements. La surface corrigée du local est cependant majorée de 30 % pour tenir compte de l'usage mixte professionnel et d'habitation du local[3]. La même idée de souplesse que ci-dessus pour les locaux à usage de logement transformés en locaux mixtes dans les quartiers visés à l'article L. 443-15-1-1 du code de la construction et de l'habitation doit prévaloir.

Cette majoration n'a pas été prévue pour les logements placés sous le régime de la surface utile.

SECTION 2
FIXATION DU LOYER MAXIMUM

634.50 **Plan – Conditions de plafonnement.** Les conditions du plafonnement vont dépendre du fait que le logement est ou non conventionné à l'APL[4].

§ 1
Logements non conventionnés

634.61 **Réglementation en cours.** La réglementation ancienne continue de s'appliquer aux logements non conventionnés (qui représentent moins de 2 % du parc au 1er janvier 2017), hors locatif intermédiaire.

634.62 **Sources de la réglementation.** L'autorité administrative détermine les prix de base au mètre carré afférents aux différentes catégories de construction réalisées par les organismes HLM.

« En vue d'assurer l'équilibre de la situation financière de ces organismes, elle fixe, pour les loyers, un montant minimum et un montant maximum établis en tenant compte notamment des prix de revient de la construction à la charge desdits organismes et des frais de gestion, de contrôle et d'entretien. »[5] Il s'agit de la « fourchette » HLM. L'arrêté du 14 octobre 1963, relatif au prix du loyer des logements construits par les organismes d'HLM depuis le 3 septembre 1947 (et applicable aux logements neufs jusqu'à la réforme du financement du logement de 1977), en précise le mécanisme.

634.63 **Modalités.** Les logements financés à l'aide de prêts antérieurs à la réforme de 1977 sont soumis aux valeurs de la fourchette applicables à chaque catégorie de financement, selon les modalités suivantes :

– répartition du patrimoine entre quatre catégories : PSR-PLR, HLM-O, ILM, ILN[6] ;

– détermination du prix de revient global par catégorie à partir d'un prix de revient théorique des logements établi à partir de la surface par type de logement et d'un prix de revient réglementaire par type ;

– application au prix de revient global par catégorie des pourcentages suivants permettant de fixer le montant annuel minimum et maximum du loyer en masse :

Catégorie	Taux minimum	Taux maximum
PSR PLR	2	4,5
HLM Ordinaire	3,5	6
ILM	6	7,9
ILN	6	Pas de maximum

1. V. s[s] n°s 022.161 s.
2. Sur les changements d'usage en HLM, v. s[s] n°s 334.11 s.
3. Décr. n° 48-176, 22 nov. 1948, art. 15.
4. Sur la notion de conventionnement, v. s[s] n° 633.41.
5. CCH, art. L. 442-1.
6. V. s[s] n° 633.23.

Le montant est alors rapporté à la surface corrigée totale des logements de la catégorie pour obtenir les loyers annuels mini et maxi au m^2 de surface corrigée applicables à tout logement de la catégorie concernée.

Ce système a fonctionné jusqu'en 1978, c'est-à-dire jusqu'à la réforme du financement HLM. À cette date, le PLA est devenu le financement unique pour les nouveaux programmes. Un arrêté du 27 février 1979 est venu geler les « fourchettes » HLM existantes à cette date.

634.64 **Révision du loyer maximum.** Le minimum et le maximum des fourchettes étaient depuis 1979 révisés chaque 1er juillet en fonction des variations de la moyenne sur quatre trimestres de l'indice Insee du coût de la construction, puis en fonction de l'indice de référence des loyers (IRL). À compter du 1er janvier 2010, les montants de la fourchette sont révisés tous les 1er janvier en fonction de la variation annuelle de l'IRL[1], de la même manière que les loyers maximums des conventions. Le trimestre de référence pour la révision est le deuxième trimestre.

L'actualisation est effectuée en une fois pour tous les logements de la même catégorie des anciens financements.

634.65 **Logements locatifs intermédiaires et logements financés en PLI.** Depuis la loi du 6 août 2015, la construction des logements intermédiaires, financée ou non en PLI n'est plus réservée aux zones d'urbanisation continue ni aux communes en forte croissance démographique. C'est seulement dans les communes faisant l'objet d'un arrêté préfectoral de carence au titre des obligations de la loi SRU que ce type d'opération peut être bloqué.

Les plafonds de loyer des logements locatifs intermédiaires définis à l'article L. 302-16 du CCH sont égaux aux plafonds fixés au 1° du I de l'article 2 *terdecies* D de l'annexe III au code général des impôts, ou, le cas échéant, en application du III de ce même article, auxquels s'applique le coefficient multiplicateur prévu à ce même article. Pour les logements situés en zone C, les plafonds sont égaux à ceux définis par cet article pour la zone B2. Toutefois, pour les logements situés en outre-mer, ces plafonds sont égaux à ceux fixés au 1° du I de l'article 2 *terdecies* F de ce même code, ou, le cas échéant, en application du III de ce même article, auxquels s'applique le coefficient multiplicateur prévu aux deuxième à quatrième alinéa du 1° du I de l'article 2 *terdecies* D[2].

S'agissant des logements financés en prêt locatif intermédiaire (PLI) visé aux articles D. 391-1 à D. 391-9 du CCH, le loyer ne peut excéder le plafond fixé pour les logements intermédiaires[3]. Ce plafond, initialement fixé pour les logements PLI qui ont été financés avec des offres de prêts émises à compter du 1er janvier 2015, résulte du décret du 30 septembre 2014[4], complété par l'arrêté 30 septembre 2014[5]. Ce texte a aligné les plafonds de loyer et de ressources du dispositif dit « Borloo ancien » et du PLI sur ces mêmes plafonds.

Pour les logements ayant fait l'objet d'un financement antérieur au décret du 6 mars 2001[6] qui a créé l'encadrement réglementaire des logements PLI, le loyer maximum applicable se trouvait inscrit dans le contrat de prêt avec les clauses d'indexation.

§ 2
Logements conventionnés

634.70 **Plan.** Il convient d'étudier successivement la fixation du loyer maximum (A), la révision du loyer maximum conventionnel (B), les dérogations limitées au loyer maximum réglementaire (C) et la durée d'application du loyer maximum conventionnel (D).

A.
Fixation du loyer maximum

634.81 **Fixation conventionnelle du loyer maximum.** L'article L. 353-2 du code de la construction et de l'habitation renvoie à la convention signée avec l'État la détermination du loyer maximum du programme.

634.82 **Objectifs de la convention.** Les conventions, qui sont non seulement des instruments de régulation des prix des logements mais également, à l'origine en 1977, des instruments de réglementation des rapports locatifs (avant les législations d'ordre public qui interviendront à partir de 1982), précisent, notamment, outre le loyer maximum :

1. Arr. 17 avr. 2009 abrogeant l'arrêté du 22 octobre 2007 modifiant l'arrêté du 27 février 1979 et modifiant l'arrêté du 14 octobre 1963 relatif au prix du loyer des logements construits par les organismes d'habitations à loyer modéré, *JO* 6 mai, p. 7625, NOR : LOGU0909097A.
2. CCH, art. D. 302-29.
3. CCH, art. D. 391-7.
4. Décr. n° 2014-1102, 30 sept. 2014 relatif aux plafonds de loyer, de prix et de ressources applicables au logement intermédiaire, *JO* 1er oct.
5. Arr. 30 sept. 2014 pris en application de l'article R. 304-1 du code de la construction et de l'habitation, NOR : ETLL1419458A.
6. Décr. n° 2001-208, 6 mars 2001 modifiant le code de la construction et de l'habitation et relatif aux dispositions concernant l'attribution de prêts pour la réalisation ou l'amélioration des logements locatifs intermédiaires, *JO* 7 mars.

- les caractéristiques techniques des logements après construction ou amélioration ;
- les conditions d'occupation et de peuplement des logements ;
- les charges qui incombent aux locataires ;
- les obligations des bailleurs à l'égard des organismes chargés de la liquidation et du paiement de l'aide personnalisée au logement.

634.83 Détermination du loyer maximum réglementaire. Le loyer maximum réglementaire est fixé annuellement par un avis ministériel publié dans le courant du mois de janvier.

Il fixe le montant des valeurs maximales des loyers des logements qui feront l'objet d'une convention ouvrant droit à l'Aide Personnalisée au Logement (APL) signée entre le 1er janvier et le 31 décembre de l'année.

Sont compris dans le champ d'application de l'avis ministériel non seulement les logements appartenant aux organismes d'HLM qui sont construits, acquis, acquis et améliorés, ou améliorés au cours de l'année mais, également, les logements appartenant à une collectivité territoriale, construits ou acquis en application de la législation HLM, et gérés par un organisme d'HLM [1].

Le loyer maximum réglementaire est fixé par zone géographique (il en existe quatre) et en fonction des prêts qui ont servi à la réalisation des logements et/ou à leur amélioration (en particulier PLUS, PLAI, PLS).

634.84 Détermination du loyer maximum conventionnel. Les valeurs fixées par l'avis annuel ne constituant que des plafonds susceptibles de ne pas être atteints, les services de l'État ont pour instruction de vérifier l'adéquation entre le niveau de loyer nécessaire à l'équilibre de gestion de l'organisme et la solvabilité des locataires concernés.

Afin de préserver le caractère social des logements conventionnés, l'avis ministériel demande en outre aux services locaux de l'État qu'un écart minimum d'environ 20 % soit maintenu entre les loyers du parc privé et les loyers maximaux des conventions.

Pour autant, il s'avère en pratique que le loyer envisagé est peu discuté au cours de l'instruction. Selon un référé de la Cour des comptes publié le 28 août 2019 : « Les *maximas* de l'avis sont considérés comme des planchers de loyers plutôt que des plafonds par les bailleurs. Ces derniers s'efforcent, dès la conception du projet, de réunir les conditions nécessaires pour obtenir un taux favorable de majoration au titre de la marge locale ou du coefficient de structure. L'exploitation du répertoire du parc locatif social (RPLS) a permis de connaître les loyers moyens réels proposés aux premiers occupants des logements mis en service en 2018. En Île-de-France et en Provence-Alpes-Côte d'Azur (PACA), deux régions où l'enjeu social est majeur, les loyers réels observés dépassent de l'ordre de 18 % le maximum de zone. Malgré un « avantage HLM » indéniable offert aux locataires, les loyers des biens actuellement mis en service sont donc très au-dessus des loyers du parc ancien » [2].

D'autre part, les mesures de la loi du 22 août 2021 [3] de lutte contre la dérèglementation climatique qui interdisent la révision, la majoration ou la réévaluation du loyer des logements régis par la loi du 6 juillet 1989, lorsqu'ils sont très énergivores (classes F et G), ne s'appliquent pas aux loyers des logements HLM relevant des mêmes catégories. Ces logements ne représentent que 7 % du parc HLM, contre 18,7 % du parc privé.

634.85 Valeur du loyer maximum. Les valeurs du loyer maximum sont exprimées en euros par mètre carré de surface utile pour les logements neufs et en acquisition amélioration, conventionnés après le 1er juillet 1996, et en euros par mètre carré de surface corrigée pour les logements réhabilités ou conventionnés sans travaux [4].

634.86 Cas des logements acquis. Les opérations d'acquisition d'immeubles existants, favorisées par la rareté du foncier dans les villes et par le désengagement de certains acteurs institutionnels, ont posé la question de la définition du loyer maximum applicable après l'acquisition. Depuis un décret du 3 mai 2002 [5], la fixation de deux niveaux de loyer maximum lors du conventionnement est autorisée.

Ce double plafonnement ne s'applique que dans le cas où l'immeuble acquis est occupé par des personnes dont les ressources sont supérieures au plafond de ressources HLM applicable aux logements. Les articles 9 *bis* et 10 *bis* de la convention type HLM prévoient la réalisation d'une enquête effectuée dans les quatre mois de l'acquisition de l'immeuble. Elle permet de déterminer si des ménages occupants ont des ressources supérieures aux plafonds prévus par la convention. Si c'est le cas, les locataires concernés se voient appliquer un plafond majoré de loyer défini à l'article 9 *bis* de la convention type, à titre dérogatoire de manière à ce que le conventionnement n'oblige pas le bailleur à baisser le loyer appliqué auparavant à ces personnes.

1. CCH, art. L. 442-10.
2. C. comptes, *Les aides à la pierre : retrouver la finalité des loyers modérés*, réf. S2019-1252, 22 mai 2019.
3. L. n° 2021-1104, 22 août 2021, art. 159.
4. CCH, art. R. 353-16, 3°.
5. Décr. n° 2002-844, 3 mai 2002 modifiant les dispositions du CCH et relatif aux conventions conclues entre l'État et les organismes d'HLM, *JO* 5 mai, p. 8835.

Le plafond majoré sera également exigible des locataires qui n'auront pas répondu à l'enquête de ressources.

Par exception, ce plafond dérogatoire est lié à la personne occupant le logement lors de l'acquisition et dont les ressources excédaient le plafond HLM ou qui étaient supposées le dépasser faute de réponse à l'enquête. Ce plafond est dérogatoire en ce qu'il ne sera pas abaissé au niveau du plafond normal de la convention, quand bien même les ressources de l'occupant viendraient diminuer à l'avenir ; ce n'est qu'à son départ du logement que le loyer plafond normal de la convention viendra s'appliquer. Ainsi, tous les logements acquis et vacants sont obligatoirement attribués selon les règles HLM avec un loyer ne pouvant excéder le plafond normal de la convention, que les travaux soient ou non achevés.

Qu'en est-il des personnes en place lors de l'acquisition et dont les ressources étaient inférieures aux plafonds réglementaires ?

Durant le mois le mois qui suit la signature de la convention APL, le bailleur a l'obligation d'informer les locataires et les occupants de bonne foi en place à la date de signature de la convention, d'une part, qu'ils disposent d'un délai de deux mois à compter de la réception de l'information du bailleur pour présenter leurs justificatifs de revenus de la manière qui est requise pour l'attribution des logements sociaux et, d'autre part, que ceux qui disposent de ressources inférieures aux plafonds réglementaires se verront appliquer, à partir de la réception par le bailleur des justificatifs et au plus tard le quatrième mois suivant la date de signature de la convention, un nouveau loyer qui ne pourra pas excéder le plafond normal de la convention.

Dans le cas où l'opération s'accompagne d'un programme de travaux visés à la convention APL, l'application du nouveau loyer interviendra au plus tard le quatrième mois suivant la date d'achèvement des travaux. À l'égard des personnes dont les ressources sont inférieures au plafond réglementaire et qui acquitteraient un loyer excédant le loyer maximum dérogatoire, le bailleur est dans l'obligation, à titre transitoire dans l'attente de la fin des travaux, d'abaisser ce loyer au moins au niveau du loyer maximum dérogatoire défini à l'article 9 bis. S'agissant d'un maximum, il est possible que le bailleur appelle un loyer inférieur mais il sera tenu d'établir un nouveau décompte de surface qui pourrait, le cas échéant, devoir être modifié après achèvement en raison de l'impact des travaux sur les divers éléments constitutifs de la surface, en particulier si le loyer est assis sur la surface corrigée. Et quand bien même les travaux n'affecteraient pas la surface du logement, l'article D.353-19 impose au bailleur de notifier le nouveau loyer après l'achèvement, accompagné du décompte de surface, utile ou corrigée.

Si un locataire ou un occupant de bonne foi n'avait pas répondu à l'enquête mais se trouve néanmoins en capacité de justifier que ses ressources étaient effectivement inférieures aux plafonds lors de l'acquisition, il peut présenter ces justificatifs à tout moment et bénéficier de la même mesure à compter du mois qui suit la présentation de ces justificatifs.

B.
Révision du loyer maximum conventionnel

634.91 Révision du loyer maximum jusqu'en 2009. Le loyer maximum des conventions était révisé tous les ans à la date du 1er juillet jusqu'à fin 2009.

Avant le 1er janvier 1995, le loyer maximum était révisé en fonction des variations de l'indice du coût de la construction (ICC), entre l'indice du quatrième trimestre précédant l'année de révision et l'indice du quatrième trimestre de l'année antérieure à l'année précédant la première date de révision.

Du 1er janvier 1995 au 31 décembre 2005, la révision annuelle du loyer maximum des conventions en cours s'opérait selon la variation de la moyenne sur quatre trimestres (moyenne associée) de l'ICC[1].

Depuis le 1er janvier 2006, les conventions en cours étaient réactualisées sur la base de la variation de l'IRL. À compter de la loi du 8 février 2008 pour le pouvoir d'achat[2], l'IRL correspondait à la moyenne sur les douze derniers mois de l'évolution des prix à la consommation hors tabac et hors loyers.

634.92 À compter du 1er janvier 2010. Les loyers et redevances maximaux des conventions APL sont révisés chaque année à la date du 1er janvier[3].

La date de l'indice de référence des loyers prise en compte pour cette révision est celle du deuxième trimestre de l'année précédente. Cette disposition s'applique à toutes les conventions, y compris celles en cours, à partir du 1er janvier 2010. L'augmentation des loyers et des redevances maximaux des conventions, résultant de la révision du 1er juillet 2009, ne pouvait excéder la variation de l'indice de référence des loyers du quatrième trimestre de

1. Circ. 4 juill. 2008 relative à la fixation du loyer maximal des conventions, *BO Équipement* n° 13, 25 juill. 2008, NOR : MLVU0815753C.
2. L. n° 2008-111, 8 févr. 2008 pour le pouvoir d'achat, *JO* 9 févr., p. 2451.
3. CCH, art. L. 353-9-2.

l'année 2008. Puis, au 1er janvier 2010, l'indexation a été limitée à la variation sur six mois de l'IRL, de janvier 2009 à juin 2009.

Par la suite, l'article 126 de la loi de finances pour 2018[1] a bloqué toute augmentation des loyers à compter du 1er janvier 2018 jusqu'au 31 décembre 2018, qu'il s'agisse des loyers et redevances pratiqués ou des loyers et redevances maximaux, y compris des contrats de location en cours. Toutefois, une hausse des loyers et redevances pratiqués était autorisée pour les logements faisant l'objet d'une réhabilitation ou relevant d'un plan de redressement approuvé par la CGLLS. Pour les révisions des années suivantes, les bailleurs ne pouvaient prendre en compte l'année 2018 dans la période de variation de l'indice, ce qui leur aurait permis d'atténuer l'effet du « gel » ainsi subi.

D'autre part, les mesures de la loi du 22 août 2021[2] de lutte contre la dérèglementation climatique qui interdisent la révision, la majoration ou la réévaluation du loyer des logements régis par la loi du 6 juillet 1989, lorsqu'ils sont très énergivores (classes F et G), ne s'appliquent pas aux loyers des logements HLM relevant des mêmes catégories. Ces logements ne représentent que 7 % du parc HLM, contre 18,7 % du parc privé.

C.
Dérogations limitées au loyer maximum réglementaire

634.101 Dérogations limitées du loyer maximum. Des dérogations sont possibles par rapport aux valeurs inscrites dans l'avis annuel des loyers pour certains logements. Elles sont éventuellement accordées par les services de l'État, après concertation avec les bailleurs, à la condition d'être justifiées par une amélioration de la qualité du service rendu en faveur du locataire, en tenant compte la localisation des logements, ou par la contribution à la transition énergétique et environnementale permettant une meilleure maîtrise par le locataire de ses charges.

Les majorations sont limitativement définies en fonction du type d'opération et de son financement :

1° en prêt PLUS et PLAI, des dépassements peuvent être accordés par les services d'État dans le département pour tenir compte de la diversité du marché locatif et de la qualité des opérations, limités à 15 % mais pouvant aller jusqu'à 18 % pour les opérations comportant des annexes importantes (au sens de la surface utile) et jusqu'à 25 % lorsqu'elles sont réalisées avec un ascenseur non obligatoire ;

2° en prêt PLS, les valeurs de loyer maximum tiennent compte du financement de ces opérations et les marges ne sont dorénavant possibles que dans la limite de 18 % maximum dans le seul cas où le locataire bénéficierait d'annexes importantes ;

3° en prêt conventionné locatif (PCL), pour lequel une majoration dans la limite de 50 % est possible, en fonction de la charge foncière (en neuf) ou immobilière (en acquisition-amélioration) ;

4° en cas d'acquisition d'immeubles, une dérogation est possible pour les locataires de l'immeuble acquis qui dépassent le plafond de ressources applicable à leur logement[3].

D.
Durée d'application du loyer maximum conventionnel

634.111 Durée d'application du plafonnement. Le loyer maximum s'applique pour toute la durée de la convention, soit la durée restant à courir pour l'amortissement intégral des prêts.

Le fait qu'ultérieurement de nouveaux financements publics soient mobilisés ne modifie pas le niveau du loyer maximum de l'opération, actualisé comme il vient d'être décrit.

À la date prévue pour leur expiration, les conventions sont renouvelées par période de trois ans, sauf dénonciation par l'une des parties. Le loyer maximum est alors reconduit.

634.112 Pérennisation d'un loyer maximum à l'expiration du conventionnement. À la cessation des effets d'une convention APL portant sur des logements HLM ceux-ci restent régis par l'ensemble des dispositions du livre quatrième du CCH, qui pour l'essentiel sont celles qui régissent l'attribution des logements, les plafonds de ressources, les conventions d'utilité sociale, les loyers, le SLS, les charges locatives, la sous-location, la vente des logements[4].

Cette pérennisation du caractère social instituée par la loi SRU[5] sur les logements locatifs des organismes HLM et des SEM a été élargie par la loi ENL du 13 juillet 2006[6] aux logements conventionnés des filiales de la Caisse des dépôts et consignations ; initiative motivée par un contexte de privatisation de plusieurs milliers de logements de la

1. L. fin. n° 2017-1837, 30 déc. 2017, art. 126.
2. L. n° 2021-1104, 22 août 2021, art. 159.
3. V. ss n° 634.86.
4. CCH, art. L. 411-6.
5. L. n° 2000-1208, 13 déc. 2000, art. 145, créant CCH, art. L. 411-6.
6. L. n° 2006-872, 13 juill. 2006 portant engagement national pour le logement, *JO* 16 juill., p. 10662.

société ICADE liée à la fin du conventionnement. Outre les fortes hausses de loyer consécutives aux ventes, la disparition de leur caractère social créait des difficultés pour certaines communes dont le taux de logements sociaux revenait sous le seuil de 20 % imposé par l'article 55 de la loi SRU.

Pour des raisons de constitutionnalité eu égard au caractère concurrentiel de l'activité des filiales immobilières de la Caisse des dépôts et consignations, la pérennisation du caractère social de leurs logements après la fin du conventionnement a été limitée à six années [1]. Cette limitation dans le temps ne s'applique pas aux logements aidés et/ou conventionnés appartenant ou ayant appartenu aux organismes HLM [2] ni aux logements locatifs sociaux aidés et conventionnés des SEM [3].

Le loyer maximum applicable aux logements déconventionnés n'est pas explicitement défini par les textes. En effet, la règle de l'article L. 442-1 du CCH selon laquelle le loyer maximum des logements non conventionnés doit s'établir en tenant compte notamment des prix de revient de la construction, des frais de gestion et d'entretien n'est pas opérante en situation de déconventionnement car elle vise exclusivement les logements HLM n'ayant jamais été conventionnés et qui avaient été construits avant la réforme de l'aide au logement portée par la loi du 3 janvier 1977 [4].

Le loyer maximum qui était celui en vigueur à la date d'expiration de la convention apparaît le plus pertinent ; il est évoqué par la réglementation dans les situations où l'organisme HLM procède à la cession des logements [5] mais rien ne paraît empêcher d'y recourir indépendamment d'une opération conduisant au transfert de propriété. En effet, les textes organisent la faculté de dénonciation des conventions en cours sans en réserver la mise en œuvre pour ces seules opérations [6]. Par ailleurs, le principe de pérennité qui justifie le maintien d'un loyer maximum a pour finalité de protéger les locataires à l'issue du conventionnement, que leurs logements soient vendus ou non par le bailleur social.

L'actualisation de ce loyer maximum s'opère au 1er janvier en fonction de la variation de l'IRL du 2e trimestre ainsi que le prévoit l'article R. 491-5 du CCH.

Dans le cadre de la nouvelle politique des loyers et afin d'assurer l'équilibre financier des opérations d'amélioration, le loyer maximum peut être augmenté, après accord de l'administration et pour une durée qu'elle détermine, dans la limite de plus de 5 % par an en sus de la variation de l'IRL [7].

Enfin, le régime de la CUS 1 (2011-2017) avec remise en ordre des loyers maximums, comme celui de la CUS 2 (2019-2025) avec application de la Nouvelle Politique des Loyers, autorise, dans certaines conditions, le déplafonnement du loyer maximum de certains immeubles ou ensembles immobiliers [8].

De plus, la loi du 23 novembre 2018 [9], dite loi Élan, a autorisé le Gouvernement à prendre par voie d'ordonnance des mesures qui doivent permettre, d'une part, aux organismes d'HLM et aux SEM agréées d'expérimenter une politique de loyers prenant mieux en compte la capacité financière des ménages qui accèdent au parc social et, d'autre part, d'adapter le mode de calcul du supplément de loyer de solidarité afin de renforcer la prise en compte des capacités financières des locataires en place [10]. S'agissant de la politique expérimentale des loyers, elle a fait l'objet d'une ordonnance du 15 mai 2029 [11] qui se veut un dispositif simple et laissant une grande marge de manœuvre aux organismes en incitant les bailleurs volontaires à proposer des loyers bas (inférieurs à ceux pratiqués antérieurement) à des ménages entrants modestes, notamment ceux sans domicile stable visés par le Plan logement d'abord 2018-2022, avec la possibilité de financer cet effort par une hausse d'autres loyers pour des locataires proches des plafonds.

Ce dispositif ne crée cependant aucun lien direct entre loyer et revenu. Il ne se substitue pas au dispositif de la nouvelle politique de loyer (NPL) issu de la loi du 27 janvier 2017 [12] qui accorde aux bailleurs sociaux la faculté de répartir, au sein de leurs ensembles immobiliers, différents niveaux de loyers et plafonds de ressources des locataires sans tenir compte du type de financement du logement mais en conservant la même masse globale de loyers. L'expérimentation organisée par l'ordonnance du 15 mai 2019 s'inscrit dans une période maximum de cinq ans et comportera un bilan annuel adressé au préfet, celui-ci pouvant mettre fin à cette politique expérimentale après une procédure contradictoire avec le bailleur.

1. CCH, art. L. 411-5.
2. CCH, art. L. 411-3.
3. CCH, art. L. 411-4.
4. L. n° 77-1, 3 janv. 1977 sur l'architecture, *JO* 4 janv.
5. CCH, art. L. 411-3 et R. 491-2.
6. CCH, art. R. 353-4.
7. CCH, art. L.445-3, III.
8. Sur les conditions financières de location dans le cadre des CUS, v. chap. 636.
9. L. n° 2018-1021, 23 novembre 2018 portant évolution du logement, de l'aménagement et du numérique, *JO* 24 nov.
10. L. n° 2018-1021, 23 nov. 2018, art. 88.
11. Ord. n° 2019-453, 15 mai 2019 relative à l'expérimentation d'une politique des loyers prenant mieux en compte la capacité financière des ménages nouveaux entrants du parc social, *JO* 16 mai.
12. L. n° 2017-86, 27 janv. 2017 relative à l'égalité et à la citoyenneté, *JO* 28 janv.

CHAPITRE

635. Loyer pratiqué

SECTION 0 ORIENTEUR

635.00 Sommaire du chapitre.

Division. L'organisme HLM bailleur fixe le loyer pratiqué par logement dans la limite du loyer maximum défini, soit par la fourchette HLM [1], soit par la convention ouvrant droit à l'APL signée avec l'État ou le délégataire.

635.01 Principaux textes applicables.

TEXTES SOURCES

> Loyers

- **CCH,** art. L. 353-9-3.
- **CCH,** art. R. 353-1, ann. I, conv type, art. 9 à 10 *bis.*
- **CCH,** art. L. 442-1 à L. 442-2.
- **CCH,** art. R. 442-1 à R. 442-3.

1. V. s^s n°s 634.81 s.

TEXTES *IN EXTENSO*

- **CCH,** art. L. 353-9-3

Les loyers et redevances pratiqués pour les logements faisant l'objet d'une convention conclue en application de l'article L. 831-1, à l'exception des logements mentionnés à l'article L. 321-8, sont révisés chaque année au 1er janvier en fonction de l'indice de référence des loyers prévu au I de l'article 17-1 de la loi n° 89-462 du 6 juillet 1989 tendant à améliorer les rapports locatifs et portant modification de la loi n° 86-1290 du 23 décembre 1986. La date de l'indice de référence des loyers prise en compte pour cette révision est celle du deuxième trimestre de l'année précédente.

L'autorité administrative peut autoriser, pour une durée qu'elle détermine, un organisme à déroger au premier alinéa du présent article soit dans le cadre d'un plan de redressement approuvé par la Caisse de garantie du logement locatif social, soit pour une partie du patrimoine de l'organisme ayant fait l'objet d'une réhabilitation. Toutefois, d'une année par rapport à l'année précédente, la hausse de loyer est plafonnée à 5 % en sus de la variation de l'indice de référence des loyers mentionné au même premier alinéa. Sous réserve de l'accord des associations représentatives de locataires et des locataires dans les conditions fixées à l'article 42 de la loi n° 86-1290 du 23 décembre 1986 tendant à favoriser l'investissement locatif, l'accession à la propriété de logements sociaux et le développement de l'offre foncière, cette hausse peut être supérieure à ce plafond.

- **CCH,** art. L. 442-1 (réd. postérieure au 1er janv. 2017)

* V. s^s n° 634.01

- **CCH,** art. L. 442-1-1

* V. s^s n° 634.01

- **CCH,** art. L. 442-1-2

Toute délibération d'un organisme d'habitations à loyer modéré relative aux loyers applicables à compter du 1er juillet 1987 est transmise deux mois avant son entrée en vigueur au représentant de l'État dans le département du siège de l'organisme et à celui du département du lieu de situation des logements. Le représentant de l'État dans le département du lieu de situation des logements peut, dans le délai d'un mois à compter de la plus tardive de ces transmissions, demander à l'organisme une nouvelle délibération.

• **CCH,** art. R. 442-1

Le loyer applicable aux logements construits en application de la législation sur les habitations à loyer modéré est calculé conformément aux dispositions des articles 28, 29, 32, 32 *bis* et 36 de la loi n° 48-1360 du 1er septembre 1948, modifiée.

• **CCH,** art. R. 442-3

Les loyers des logements construits en application de la législation sur les habitations à loyer modéré peuvent être révisés dans les conditions fixées par l'article 32 *bis* de la loi n° 48-1360 du 1er septembre 1948 précitée.

635.02 **Jurisprudence de référence.**

• **Civ. 3e, 10 janv. 1996,** n° 94-21.992, P III, n° 8

* V. ss n° 635.63

Les dispositions légales sur le conventionnement HLM « constituent un régime locatif dérogatoire applicable quels que soient les textes auxquels se référait le bail, dès l'entrée en vigueur de la convention ».

• **Civ. 3e, 18 janv. 2011,** n° 09-72.408, NP

* V. ss n° 635.66

L'augmentation des loyers, suite à des travaux d'amélioration subventionnés avec autorisation administrative, n'est pas soumise à une notification particulière dès lors qu'ils n'entraînent pas de modification de la surface corrigée.

• **Civ. 3e, 28 mai 2020,** n° 19-14.089, P

* V. ss n° 635.63

• Les dispositions régissant les baux portant sur des logements non conventionnés appartenant à des organismes HLM sont applicables, en cas d'acquisition de logements faisant l'objet de baux d'habitation de droit commun, à compter de la reconduction de ces baux.

635.03 **Bibliographie indicative.**

Encyclopédie. *DP Gestion immob., Vis HLM – Location,* nos 175 s. ; *Logements locatifs conventionnés,* nos 167 s.

SECTION 1
SURFACE DE RÉFÉRENCE

635.10 **Plan – Surface de référence duale.** Le loyer pratiqué est égal au produit de la surface du logement par le prix au mètre carré applicable [1].

La surface de référence est, soit la surface corrigée (§ 1), soit la surface utile (§ 2).

635.11 **De la surface corrigée à la surface utile.** La surface de référence des nouvelles opérations a été la surface corrigée du logement jusqu'au 1er juillet 1996. Depuis cette date, elle a été remplacée par la surface utile dans les conditions qui vont être détaillées ci-après.

Pour les opérations de réhabilitation des logements anciens, le loyer reste calculé, avant comme après les travaux, à la surface corrigée.

1. CCH, art. R. 353-16.

635.12 **Existence de deux surfaces – Perspectives d'évolution avec les CUS.** Cette situation, qui conduit à utiliser deux surfaces de référence différentes pour un même patrimoine, est amenée à évoluer.

La loi du 25 mars 2009 a permis la signature entre l'État et un organisme HLM d'une convention d'utilité sociale (CUS) pour six ans. À cette occasion, la surface peut être unifiée pour tout le patrimoine du bailleur, soit en surface corrigée, soit en surface utile. C'est à l'échelle de l'immeuble que la surface de référence est déterminée.

L'organisme signataire de la convention d'utilité sociale ne pouvait procéder à cette unification de la surface de référence que s'il optait pour une remise en ordre des loyers, à partir de 2011 (CUS 1).

Depuis 2019, l'option pour l'application de la nouvelle politique des loyers (NPL), dans la convention d'utilité sociale n° 2 (CUS 2) est toujours possible. Si l'option n'est pas prise, la surface de référence pour le calcul des loyers du patrimoine reste inchangée (surface corrigée ou surface utile). Sur la notion de CUS, v. ss chap. 636.

§ 1
Surface corrigée

635.21 **Utilité.** Au même titre que pour les logements soumis à la loi du 1er septembre 1948, la surface de référence HLM est longtemps restée la surface corrigée :

– son utilisation concerne aussi bien les logements non conventionnés que les logements conventionnés ;

– elle n'est plus la référence pour les opérations nouvelles depuis le 1er juillet 1996 ;

– elle reste cependant utilisée pour tous les logements HLM construits avant le 1er juillet 1996 ou réhabilités ultérieurement, soit la grande majorité des logements HLM actuels ;

– à chaque contrat de location, est annexé un décompte de surface corrigée ;

– le loyer maximal reste fixé en surface corrigée lorsque l'immeuble se trouve conventionné en cours d'exploitation.

Ainsi, une très grande majorité des loyers HLM reste calculée par référence à la notion de surface corrigée issue de la loi du 1er septembre 1948, le reste l'étant à la surface utile.

635.22 **Textes de référence.** Pour les logements non conventionnés, l'article R. 442-1 du code de la construction et de l'habitation précise que « le loyer applicable aux logements construits en application de la législation sur les HLM est calculé conformément aux articles 28, 29, 32, 32 *bis* et 36 de la loi du

1er septembre 1948, modifiée ». Pour les logements conventionnés, l'article R. 353-16, 3° du code de la construction et de l'habitation renvoie quant à lui au même article R. 442-1 pour les logements faisant l'objet de travaux d'amélioration ou conventionnés sans travaux.

Pour le calcul de la surface corrigée, le texte de référence est le décret du 22 novembre 1948[1], modifié.

635.23 Calcul de la superficie. La détermination de la superficie nécessitait de suivre les cinq étapes suivantes (v. annexe ss n° 1122.12).

635.24 Surface réelle. La surface réelle de chaque pièce du logement est prise en compte et affectée de correctifs correspondants :

- à sa nature (pièce habitable, pièce secondaire ou annexe) ;
- à son éclairement, son ensoleillement et sa vue ;
- ce qui permet d'obtenir la surface corrigée des pièces ou annexes.

635.25 Correctif d'ensemble. Cette surface est affectée d'un correctif d'ensemble tenant compte de la vétusté et de l'état d'entretien du local et de son emplacement dans l'agglomération. En application de l'article 4 du décret du 1er octobre 1960[2], le coefficient d'entretien des logements HLM est plafonné à 1, alors qu'il peut atteindre 2,35 pour un immeuble collectif en bon état appartenant à un autre bailleur. On obtient alors la surface corrigée du local.

635.26 Ajout des équivalences de surface. Des équivalences de surface sont ajoutées à cette surface corrigée pour tenir compte des éléments d'équipement et de confort fournis par le propriétaire (il s'agit des postes d'eau chaude et froide, de l'équipement sanitaire, de l'électricité, du gaz et du chauffage central, de l'ascenseur, cf. art. 14 du décret du 22 novembre 1948). Lorsque les installations ont été effectuées à frais communs entre le preneur et le bailleur, les équivalences sont réduites proportionnellement à la participation de chacun. La liste de ces équipements n'a pas été modifiée depuis 1964, ce qui interdit la valorisation d'équipements techniques intervenus depuis (ventilation, interphones, par exemple).

635.27 Éléments fixés par arrêté préfectoral. Le préfet peut toutefois compléter cette liste à partir d'éléments « en usage dans tout ou partie du département et qui donnent une plus-value incontestable aux locaux qui en sont dotés »[3]. Par exemple, un arrêté du 16 mars 1992 du préfet du Finistère prévoit une surface de 2,5 m^2 pour une installation domotique comprenant la régulation du chauffage et le contrôle des consommations d'eau, de gaz, d'électricité. Dans les Bouches-du-Rhône, la présence d'un interphone permet une surface de 1 m^2 (arr. 16 mars 1983). Un arrêté du préfet de la région Nord-Pas-de-Calais du 18 septembre 1995 prend en compte l'isolation thermique et fixe une équivalence de 1,5 m^2 par pièce isolée par le bailleur.

635.28 Abattement et majoration. Lorsque le local n'est pas desservi par un ascenseur, la surface corrigée du local est réduite de 5 % pour les locaux situés au 4e étage, de 10 % pour les locaux situés au 5e étage, et de 15 % pour les locaux situés au 6e étage et au-dessus, l'entresol étant compté comme un étage. Lorsque tout ou partie du local est affecté à un usage professionnel, la surface corrigée du logement est majorée de 30 %. On obtient ainsi la surface corrigée d'ensemble du local.

635.29 Loyer du logement. À l'intérieur des valeurs *minima* et *maxima* de la fourchette ou du maximum de la convention, le conseil d'administration de l'organisme d'HLM fixe le prix du loyer applicable aux logements du programme.

Le loyer par logement correspond au produit de la surface corrigée obtenu par le prix au mètre carré fixé par l'organisme dans les limites qui viennent d'être évoquées. En application de l'article 14, dernier alinéa, du décret du 22 novembre 1948, le bailleur peut en outre louer des équipements exceptionnels (cuisine équipée par exemple). Le prix de ces équipements est bien inclus dans le loyer, mais il fait alors l'objet d'une évaluation séparée.

Enfin, le loyer des accessoires (garage, cour, jardin...) est ajouté à ces éléments pour déterminer le loyer total[4].

§ 2
Surface utile

635.31 Surface de référence depuis le 1er juillet 1996. À travers la réforme de la surface utile, les pouvoirs publics ont cherché à simplifier le système de calcul du loyer HLM, tout en donnant aux opérateurs une plus grande liberté dans la conception des logements.

1. Décr. n° 48-1766, 22 nov. 1948 fixant les conditions de détermination de la surface corrigée des locaux d'habitation ou à usage professionnel, *JO* 23 nov., p. 11367.
2. Décr. n° 60-1063, 1er oct. 1960 modifiant le décret n° 48-1766 du 22 novembre 1948 fixant les conditions de détermination de la surface corrigée des locaux d'habitation ou à usage professionnel, *JO* 4 oct., p. 9007.
3. Décr. n° 48-1766, 22 nov. 1948, art. 17.
4. V. ss nos 634.41 s.

La surface utile est prise en compte pour les nouvelles opérations à partir du 1er juillet 1996 (nouvelles constructions, mais aussi immeubles acquis et conventionnés) et sert de référence, aussi bien pour le calcul du loyer maximum et du loyer pratiqué, que pour celui de la subvention d'État versée à l'organisme. Après le 1er octobre 1996, l'adoption de la réforme du PLA fiscal a eu pour effet de substituer une TVA à taux réduit (5,5 %) à la subvention de l'État.

635.32 **Définition.** La surface utile est égale à la surface habitable, augmentée de la moitié de la surface des annexes privatives[1].

Ces annexes comprennent les caves, sous-sols, remises, ateliers, séchoirs et celliers extérieurs au logement, les réserves, combles et greniers aménageables, balcons, loggias et vérandas et, dans la limite de 9 mètres carrés, les parties de terrasses accessibles en étage ou aménagées sur ouvrage enterré ou à moitié enterré[2].

635.33 **Modulations.** Le calcul du loyer maximum au m² de surface utile est fait sur la base d'un plafond national adapté dans certaines limites sous forme de modulations ou de majorations locales :

- un coefficient de structure permet de tenir compte du coût plus élevé des petits logements au mètre carré ;

- un barème local précise les majorations applicables en fonction de la localisation et des caractéristiques de l'opération (présence ou non d'ascenseurs, label de performance énergétique...) ; la majoration peut atteindre 18 % en présence d'ascenseur (ou 20 % en cas de délégation de compétence).

635.34 **Répartition du produit locatif à l'intérieur de l'opération.** Le produit locatif maximum est égal au produit de la surface utile totale par le loyer maximum au m² fixé dans la convention pour l'opération, qui peut comprendre un ou plusieurs immeubles.

Les organismes peuvent cependant moduler les loyers des logements d'un même immeuble en fonction de la taille et de la qualité de chacun d'entre eux (par exemple, une meilleure exposition, un étage élevé...). Cette modulation, qui reste facultative, fait l'objet, le cas échéant, d'une grille de coefficients par logement annexée à la convention. Le produit locatif total de l'opération peut ainsi être réparti entre les appartements de l'immeuble.

635.35 **Loyer du logement.** L'organisme ayant choisi pour chaque logement un coefficient de modulation du loyer (à défaut, il est égal à 1), le loyer maximum par logement sera égal au produit de la surface utile du logement, du loyer maximum de l'opération et du coefficient propre au logement, qui tient compte notamment de sa taille et de son implantation dans l'immeuble. Le loyer pratiqué est fixé dans cette limite.

TABLEAU RÉCAPITULATIF DES SURFACES APPLICABLES EN HLM POUR LE CALCUL DES LOYERS

Surface utile	Surface corrigée
Conventions conclues postérieurement au 1er juillet 1996 et portant sur : – de la construction neuve ; – de l'acquisition ; – de l'acquisition-amélioration.	Conventions conclues avant le 1er juillet 1996. Conventions conclues postérieurement au 1er juillet 1996 et portant sur des logements : – conventionnés à l'occasion de travaux d'amélioration ; – conventionnés sans travaux pendant le cours de leur exploitation.

SECTION 2
LOYER INITIAL

635.40 **Plan.** Il convient d'étudier successivement la liberté de fixation du loyer initial (§ 1), l'opposabilité du loyer au locataire (§ 2) et les obligations du bailleur (§ 3).

§ 1
Liberté de fixation du loyer initial

635.51 **Liberté de principe.** Depuis la loi du 23 décembre 1986, dite loi Méhaignerie, « les organismes d'HLM fixent librement les loyers des logements faisant l'objet d'une nouvelle location... », cette liberté étant limitée par le maximum de la fourchette HLM ou le maximum de la convention[3].

D'autre part, les mesures de la loi du 22 août 2021[4] de lutte contre la dérèglementation climatique qui interdisent la révision, la majoration ou la réévaluation du loyer des logements régis par la loi du 6 juillet 1989, lorsqu'ils sont très énergivores (classes F et G), ne s'appliquent pas aux loyers des logements HLM relevant des mêmes catégories. Ces logements ne représentent que 7 % du parc HLM, contre 18,7 % du parc privé.

635.52 **Cas des logements acquis avec ou sans amélioration.** Qu'en est-il pour les logements qui sont, non pas construits, mais acquis par les organismes HLM ?

1. V. annexe ss no 1122.12.
2. Arr. 9 mai 1995, *JO* 11 mai ; mod. par arr. 10 mai 1996, *JO* 29 mai et Arr. 24 juill. 1997, *JO* 1er août.
3. CCH, art. L. 442-1-1.
4. L. no 2021-1104, 22 août 2021, art. 159.

Ces immeubles ont vocation, tout d'abord, à faire l'objet d'une convention avec l'État, pour permettre aux organismes propriétaires de respecter leur vocation sociale.

Selon le cas :

- le loyer des locataires entrés après l'acquisition et le conventionnement est fixé dans la limite du loyer maximum ordinaire ;

- le loyer des locataires présents lors de l'acquisition (relevant du régime locatif de la loi du 6 juillet 1989, par exemple, ou bénéficiaires du droit au maintien dans les lieux dans le régime locatif de la loi du 1er septembre 1948) dépend de leurs ressources enquêtées dans les mois qui suivent l'acquisition, sous réserve des droits acquis au titre du bail qui est en cours lors de l'acquisition et de la faculté accordée au locataire de refuser de signer un nouveau bail conforme à la convention APL[1].

Le nouveau loyer fait l'objet d'une notification, à compter d'un délai d'au plus quatre mois après la signature de la convention ou après la fin des travaux si la convention en prévoit. La forme la plus courante de la notification est la lettre recommandée avec demande d'avis de réception.

§ 2
Opposabilité du loyer au locataire

635.61 Pour les nouveaux locataires. Le contrat de location comprend obligatoirement un décompte de surface corrigée[2] ou un décompte de surface utile[3] qui récapitule les éléments de loyer pour les nouvelles constructions, après leur mise en service.

Il en est de même pour toutes les nouvelles locations d'immeubles existants et chaque locataire doit disposer d'un décompte de surface utile ou corrigée, selon la date de construction de l'immeuble.

S'agissant du loyer, le bailleur social n'est pas tenu par le niveau de prix pratiqué lors de la location précédente mais doit respecter le loyer maximum correspondant à la catégorie du logement et à son financement, soit fixé en application du prix de revient des logements HLM non conventionnés[4] soit fixé par la convention APL[5].

Pour le cas particulier des logements acquis du secteur privé qui n'ont pas fait l'objet de financement aidé et qui ne sont pas encore conventionnés, les textes n'envisagent pas ce cas de figure ce qui conduit l'organisme HLM oblige à retenir comme plafond admissible le loyer maximum applicable aux logements intermédiaires. En effet, le loyer maximum dérogatoire issu du loyer pratiqué le plus élevé avant une acquisition d'un immeuble du secteur privé n'est exigible que des locataires déjà en place et dont les ressources sont supérieures aux plafonds HLM ; au départ du locataire, le bailleur doit pratiquer un loyer conforme à la convention APL.

635.62 Expérimentation d'une politique des loyers dissociée des plafonds réglementaires. L'article 88 de la loi du 23 novembre 2018, dite loi Élan, avait habilité le Gouvernement à prendre par ordonnance des mesures permettant la mise en œuvre, à titre expérimental, d'une politique des loyers prenant mieux en compte la capacité financière des ménages nouveaux entrants du parc social. L'ordonnance du 15 mai 2019[6] prévoit, jusqu'au 15 mai 2025, un dispositif permettant aux bailleurs volontaires de s'affranchir des conditions de financement initiales des immeubles. L'enjeu est de faciliter le logement des plus modestes en dehors des quartiers qui concentrent les difficultés sociales, économiques et d'éducation ; l'objectif recherché s'articulant avec les obligations de mixité sociale qui imposent d'attribuer à ces publics au moins 25 % des logements sociaux[7].

Cette politique des loyers dérogatoire peut être expérimentée sur tout ou partie du patrimoine qui a été conventionné avant le 1er janvier 2013, sur des logements vacants ou en relocation. Elle repose sur des baisses substantielles de loyers en faveur de ménages entrants dont les ressources sont inférieures à 80 % du plafond de ressources pour l'attribution des logements financés par des prêts locatifs aidés d'intégration (PLAI). Les bailleurs leur appliqueront des loyers à la relocation inférieurs aux loyers pratiqués des précédents locataires. Ces loyers devront en toute hypothèse être inférieurs ou égaux aux plafonds de loyers pris en compte pour le calcul de l'aide personnalisée au logement (APL). La mesure concerne aussi les locataires qui bénéficient d'une mutation dans le parc du fait de la sous-occupation de leur ancien logement ou du départ d'un logement adapté au handicap d'un occupant.

Pour assurer le financement du dispositif, les bailleurs engagés dans cette expérimentation pourront appliquer à d'autres locataires entrants des loyers plus élevés, supérieurs aux plafonds des conventions APL en cours et dans la limite des loyers maximaux prévus pour les logements financés par

1. V. ss nos 634.86 et 635.64.
2. L. 1er sept. 1948, art. 32 (v. annexe no 1122.22).
3. Décr. no 97-56, 21 janv. 1997 (v. annexe no 1122.21).
4. CCH, art. R.442-2.
5. CCH, art. L. 353-16.
6. Ord. no 2019-453, 15 mai 2019 relative à l'expérimentation d'une politique des loyers prenant mieux en compte la capacité financière des ménages nouveaux entrants du parc social, *JO* 16 mai.
7. CCH, art. L. 441-1. Ces attributions doivent être concrétisées par la signature du bail.

des prêts locatifs sociaux (PLS), les plafonds de ressources pour l'attribution de ces logements étant ceux applicables pour l'attribution des logements financés par des prêts locatifs sociaux.

L'initiative de l'expérimentation reste aux bailleurs mais après déclaration auprès du préfet de département du lieu d'implantation de leur siège ou de leur collectivité de rattachement. Les bailleurs devront réaliser un bilan annuel de la mise en œuvre de cette expérimentation, dans lequel ils indiqueront le nombre de logements concernés, le montant global des minorations et des majorations de loyers, ainsi que les caractéristiques des ménages bénéficiaires du dispositif. Ce bilan sera présenté au conseil d'administration de l'organisme et transmis au préfet de département au plus tard le 31 janvier de l'année suivante.

La viabilité économique du dispositif exige une recherche d'équilibre financier global puisque le total des hausses et des baisses de loyers devra être équilibré au terme de l'expérimentation. Le préfet pourra mettre un terme à l'expérimentation si les objectifs ne sont pas respectés ou lorsque l'équilibre entre les minorations et les majorations de loyers ne peut manifestement plus être atteint. Une procédure contradictoire est prévue entre le bailleur et le préfet lorsque celui-ci envisage de mettre un terme à l'expérimentation.

Les situations juridiques locatives créées par l'expérimentation ne sont pas remises en cause dans l'hypothèse où il est mis fin à l'expérimentation, les locataires bénéficiant d'un loyer minoré ne peuvent donc se voir imposer une réévaluation de son montant.

Un rapport sera remis au Parlement quatre mois avant la fin de l'expérimentation[1].

635.63 **Pour les immeubles acquis.** Dans le cas d'une acquisition d'immeuble[2] ou d'un conventionnement sans travaux, l'opposabilité du nouveau loyer pour les locataires en place est inscrite dans l'article L. 353-16 du code de la construction et de l'habitation, qui précise que le nouveau loyer est applicable « dès sa notification aux titulaires de baux en cours ou aux bénéficiaires du droit au maintien dans les lieux sans qu'il soit nécessaire de leur donner congé ». Certains locataires ont pu contester le fait que, disposant d'un contrat conclu dans le cadre d'une autre législation que celle qui s'applique en HLM, ils se voient soumis à ces règles. Leur contrat en cours à la date de l'acquisition de l'immeuble n'a-t-il pas vocation à être maintenu jusqu'à son terme ? Leur loyer ne pourrait alors être modifié avant ce terme.

La Cour de cassation répond à ces arguments que les dispositions légales sur le conventionnement HLM « constituent un régime locatif dérogatoire applicable quels que soient les textes auxquels se référait le bail, dès l'entrée en vigueur de la convention », y compris lorsque le propriétaire initial s'était engagé jusqu'au remboursement définitif de la totalité du prêt à respecter des règles particulières de fixation du loyer en contrepartie des conditions financières avantageuses obtenues pour la construction des logements[3]. La convention de conventionnement conclue à l'occasion du rachat de l'immeuble est applicable aux locataires en place, conformément aux dispositions de l'article L. 353-16 du code de la construction et de l'habitation, même si l'organisme HLM acquéreur ne réalise aucuns travaux d'amélioration[4]. En cas de travaux lors du conventionnement de l'immeuble qui a fait l'objet d'une acquisition préalable, le nouveau loyer s'applique à compter de la date d'achèvement des travaux[5]. Toutefois, le juge du fond n'est pas lié par l'attestation d'exécution conforme délivrée par l'administration et peut contester leurs conséquences[6].

Mais une disposition spécifique de la loi du 23 novembre 2018[7], dite loi Élan, a rendue caduque cette jurisprudence bien établie en excluant la possibilité pour le bailleur d'appliquer unilatéralement le nouveau loyer issu de la convention dès lors que le locataire en place refuse de conclure le nouveau bail conforme à la convention APL que le bailleur doit lui proposer, ainsi que l'impose l'article L. 353-7 du CCH. Le législateur a donc fait prévaloir les dispositions générales du conventionnement sur les dispositions particulières de l'article L. 353-16 propres au secteur HLM ; le locataire en place dispose désormais d'un droit de refus qu'il n'a pas à justifier par un motif particulier.

Apparue en fin de parcours législatif dans le texte issu de la commission mixte paritaire du 19 septembre 2018, cette disposition nouvelle intégrée au dernier alinéa de l'article L.353-16 du CCH n'a fait l'objet d'aucun débat parlementaire. Présentée comme une mesure visant à préserver les droits des

1. Rapp. au président de la République relatif à l'ordonnance n° 2019-453 du 15 mai 2019 relative à l'expérimentation d'une politique des loyers prenant mieux en compte la capacité financière des ménages nouveaux entrants du parc social, *JO* 16 mai, n° 50.
2. V. s^s n°s 612.61 s.
3. Civ. 3e, 10 janv. 1996, n° 94-21.992, P III, n° 8.
4. Civ. 3e, 22 oct. 2015, n° 14-17.545, P III, n° 103 , *Loyers et copr.* n° 2, févr. 2016, note C. Coutant-Lapalus.
5. Civ. 3e, 12 mars 2014, n° 13-14.403, P III, n° 36 ; *D. actu.* 1er avr. 2014, note M. Kebir ; *D.* 2014. 778 ; *AJDI* 2015. 752, étude F. Zitouni ; *RDI* 2014. 340, obs. H. Heugas-Darraspen.
6. Civ. 3e, 23 mars 2005, n° 03-19.281, P III, n° 71 ; *AJDI* 2005. 500, note Brouant.
7. L. n° 2018-1021, 23 nov. 2018, art. 88.

locataires en place lors des acquisitions d'immeubles par les organismes HLM, à l'image de la disposition identique qui avait déjà été adoptée pour le SLS[1], sa rédaction générale lui confère un champ d'application qui ne se limite pas aux seules opérations d'acquisition. Elle peut notamment concerner les locataires d'un immeuble HLM construit avant 1977 et que l'organisme bailleur souhaite conventionner.

L'organisme bailleur conserve néanmoins la faculté d'imposer un nouveau loyer lorsqu'il apporte en contrepartie un service supplémentaire au locataire par la réalisation de certains travaux comme le prévoit le régime général du conventionnement. Par dérogation aux dispositions de l'article L. 353-7, l'article L. 353-8 rend les dispositions de la convention APL applicables de plein droit, dès l'achèvement des travaux, à tous les occupants et locataires. Mais ces travaux doivent avoir été définis au préalable dans la convention APL et répondre à des exigences de salubrité, ou de sécurité ou encore de mise aux normes d'habitabilité. Enfin, le bailleur devra respecter les conditions de fond, de forme et de délai fixées par l'article 14 de la loi du 1er septembre 1948 concernant les travaux qui ont pour objet d'augmenter la surface habitable, le nombre de logements ou le confort de l'immeuble ou d'améliorer le confort d'un ou de plusieurs logements dudit immeuble, lorsque ces travaux ne rendent pas inhabitable ce qui est nécessaire au logement du locataire ou de l'occupant et de leur famille. Ces travaux doivent avoir en outre fait l'objet au préalable d'une autorisation administrative spécifique, hormis pour certains travaux définis par le décret du 30 décembre 1964[2].

La solution sera différente dans l'hypothèse, plus rare, où l'organisme HLM ne conventionne pas immédiatement avec l'État l'immeuble qu'il acquiert. Les baux en cours qui sont transmis à l'organisme HLM restent alors soumis aux dispositions légales qui leur étaient applicables, jusqu'à leur date d'expiration[3]. Cela implique que l'organisme se trouve dans l'incapacité juridique de notifier un congé pour travaux selon les modalités applicables au parc locatif HLM.

Mais à l'expiration du bail en cours, et si l'immeuble n'est pas encore conventionné, la législation des baux HLM non conventionnés s'appliquera dans les relations entre l'organisme et les locataires en place, les dispositions de la loi du 6 juillet 1989 relatives à la durée des baux et à leur renouvellement étant exclues de par la loi, ce qui écarte tout renouvellement ou prorogation du bail aux conditions antérieures[4].

635.64 Contestation du loyer par le locataire. Deux hypothèses doivent être retenues selon qu'il y a contestation du loyer initial ou de son évolution à la suite d'une modification des éléments ayant servi à le déterminer.

635.65 Désaccord sur la surface ou le loyer. En cas de désaccord sur la surface ou le loyer, le nouveau locataire doit notifier par lettre recommandée avec avis de réception ou par acte d'huissier le loyer qu'il propose, et préciser les éléments sur lesquels porte le désaccord. Le délai de contestation est limité à deux mois par l'article 32 de la loi du 1er septembre 1948, applicable ici.

La remise en mains propres du décompte ne présente pas de garanties équivalentes à une notification par lettre recommandée ou par acte extrajudiciaire[5].

635.66 Modification de la surface corrigée ou utile – Procédure amiable. Si, à l'occasion de travaux par exemple, la surface subit une modification, l'article 32 *bis* de la loi du 1er septembre 1948 renvoie à l'initiative de l'une ou de l'autre des parties la possibilité d'une révision du loyer.

Dans la très grande majorité des cas, c'est le bailleur ou le syndicat des copropriétaires qui est à l'origine de la modification des paramètres de calcul de la surface. Mais des événements étrangers à l'immeuble, l'édification d'un immeuble voisin par exemple, peuvent affecter la valeur de certains paramètres tels que les coefficients d'éclairement, d'ensoleillement et de vue qui sont utilisés comme correctif dans le décompte de surface corrigée[6]. Dans le calcul de la surface utile, peuvent être pris en compte les coefficients d'ensoleillement et de vue afin de moduler la surface utile de chaque logement[7]. Il faut souligner que si ce correctif est obligatoire en matière de surface corrigée, l'usage du coefficient de modulation de la surface utile, dénommé également « coefficient bailleur » reste facultatif. Mais en toute hypothèse, si le bailleur a valorisé ces éléments de situation spécifiques à chaque logement pour en déterminer le loyer initial, leur modification matérielle, positive ou négative pour l'usage du logement, qui résulterait d'évolutions du voisinage immédiat, pourrait amener l'une

1. CCH, art. L. 441-3, dern. al.
2. Décr. n° 64-1356, 30 déc. 1964 portant application de l'article 14 de la loi du 1er septembre 1948 modifiée, *JO* 31 déc., p. 11910.
3. Civ. 3e, 18 févr. 2009, n° 07-21.879, P III, n° 39 ; *D.* 2009. 731, obs. Y. Rouquet ; *D.* 2010. 1168, obs. N. Damas ; *AJDI* 2009. 625, obs. V. Zalewski.
4. Civ. 3e, 28 mai 2020, n° 19-14.089, P ; *D.* 2020. 1174.
5. Versailles, 7 déc. 2010, *Loyers et copr.* 2011, n° 76.
6. Décr. n° 48-1766, 22 nov. 1948, art. 7 à 10.
7. CCH, art. D. 353-16, 2°, c).

ou l'autre des parties à réclamer la révision du loyer en application de l'article 32 *bis*.

Par lettre recommandée avec AR ou par acte d'huissier, la partie qui demande la modification propose les bases de calcul du nouveau loyer, en annexant un nouveau décompte de surface. Par exemple, le locataire qui conteste le loyer en raison de problèmes d'infiltration d'eau et d'humidité dans le logement doit respecter la procédure prévue par l'article 32 *bis* et proposer les éléments qu'il souhaite prendre en compte[1].

L'autre partie a alors deux mois pour répondre et faire connaître son éventuelle contre-proposition. Ce délai est un délai de forclusion, au-delà duquel il n'est par conséquent plus possible d'agir. Pour les logements conventionnés cependant, l'article L. 353-15 du code de la construction et de l'habitation précise que seuls les premier et deuxième alinéas de l'article 32 *bis* sont applicables aux logements conventionnés, ce qui, en cas de modification des éléments ayant servi à déterminer le loyer, supprime le délai de forclusion.

L'augmentation des loyers, suite à des travaux d'amélioration subventionnés avec autorisation administrative, n'est pas soumise à une notification particulière dès lors qu'ils n'entraînent pas de modification de la surface[2].

635.67 Modification de la surface corrigée ou utile – Recours au juge. En cas de différend persistant, le juge d'instance, juge de droit commun des loyers, peut être saisi. Il a pu être décidé par un juge l'exonération totale du loyer, en présence de bruits intolérables provoqués par l'exploitation d'un pressing rendant les lieux inhabitables dans la journée[3].

§ 3 Obligations du bailleur

635.71 Quittance. Le paiement du loyer s'effectue à la date prévue par le contrat. Il se fait à terme échu (paiement du loyer du mois au début du mois suivant) pour les logements conventionnés. Il peut être en terme à échoir (paiement au début du mois en cours) pour les logements non conventionnés.

Pour tous les logements, le loyer maximum doit être inscrit sur la quittance remise au locataire, en sus du loyer principal, du loyer des accessoires et du montant de l'APL, le cas échéant[4].

Le bailleur est tenu de transmettre gratuitement la quittance au locataire qui en fait la demande. Aucuns frais liés à la gestion de l'avis d'échéance ou de la quittance ne peuvent être facturés au locataire[5].

Avec l'accord exprès du locataire, le bailleur peut procéder à la transmission dématérialisée de la quittance.

SECTION 3 ÉVOLUTION DU LOYER

635.80 Plan. Il convient d'étudier successivement le principe (§ 1), le loyer administré (§ 2), le loyer en cas de travaux (§ 3) et la participation du locataire en cas de travaux de performance énergétique (§ 4).

§ 1 Principe

635.91 Décision soumise au contrôle des pouvoirs publics. La révision du loyer pratiqué résulte d'une décision de l'organisme HLM bailleur. Ce dernier ne peut toutefois appliquer d'augmentation conduisant le loyer pratiqué à dépasser le loyer maximum autorisé.

Cette décision, prise par le conseil d'administration ou le conseil de surveillance de l'organisme, est soumise au contrôle du représentant de l'État dans le département.

Toutefois, le loyer des nouvelles locations reste libre, dans la limite des plafonds actualisés applicables au logement.

D'autre part, les mesures de la loi du 22 août 2021[6] de lutte contre la dérèglementation climatique qui interdisent la révision, la majoration ou la réévaluation du loyer des logements régis par la loi du 6 juillet 1989, lorsqu'ils sont très énergivores (classes F et G), ne s'appliquent pas aux loyers des logements HLM relevant des mêmes catégories. Ces logements ne représentent que 7 % du parc HLM, contre 18,7 % du parc privé.

635.92 Contrôle réglementaire sur les loyers. Il est exercé par le préfet du département du lieu d'implantation des immeubles.

Toute délibération d'un organisme en matière de loyer est transmise deux mois avant son application au préfet du siège de l'organisme et au préfet du lieu

1. Civ. 3e, 30 juin 1999, n° 97-19.308, P III, n° 156 ; *AJDI* 1999. 920, note B. Wertenschlag.
2. Civ. 3e, 18 janv. 2011, n° 09-72.408, NP.
3. Paris, 16e ch. B, 29 mars 2002, *Rev. Habitat Social* 2003, n° 47-48, p. 35.
4. CCH, art. R. 442-2-1 – Art. 16 de la convention type HLM annexée à l'art. R. 353-1, CCH.
5. L. n° 89-462, 6 juill. 1989, art. 21 ; mod. par L. n° 2014-366 du 24 mars 2014, art. 6.
6. L. n° 2021-1104, 22 août 2021 portant lutte contre le dérèglement climatique et renforcement de la résilience face à ses effets, *JO* 24 août, art. 159.

de situation des logements, ce dernier pouvant, dans le mois qui suit la transmission, demander une nouvelle délibération [1].

Le préfet ne peut cependant s'opposer à la mise en application d'une seconde délibération qui confirmerait entièrement ou en partie les hausses prévues dans la première délibération.

La seconde délibération n'est pas soumise à un nouveau délai de deux mois et entre en application à la date prévue à l'origine pour la première délibération. La publicité donnée à la demande de seconde délibération a pour effet de conduire l'organisme à une nouvelle réflexion sur sa décision. La compétence du préfet à ce stade se limite à un strict contrôle de légalité : respect des fourchettes de loyers et des maximas des conventions APL. Il peut en revanche s'opposer à une seconde délibération prévoyant des hausses supérieures à celles décidées lors de la première délibération ou portant sur des loyers dont le sort n'était pas traité lors de cette première délibération. Il y aurait là, à l'évidence, détournement de la loi [2].

635.93 **Modalités.** Pendant très longtemps deux textes formalisaient dans des conditions légèrement différentes les conditions d'augmentation des loyers, selon que le logement faisait ou non l'objet d'une convention.

1° Les loyers des logements non conventionnés ne pouvaient augmenter d'un semestre à l'autre de plus de 10 % [3].

2° Pour les logements conventionnés, la convention type HLM permettait la révision des loyers pratiqués le 1er janvier ou le 1er juillet de chaque année sans pouvoir dépasser un pourcentage fixé par la convention, en général 20 % par an.

Ces chiffres n'étaient pas atteints, sauf exception, lorsque des travaux importants avaient été réalisés.

À certaines époques, le Gouvernement recommandait par circulaire aux organismes HLM de ne pas dépasser un pourcentage, généralement égal à l'inflation prévisionnelle dans le budget pour l'année suivante [4].

À partir du 1er janvier 2011, la loi de finances pour 2011 [5] a limité l'évolution des loyers pratiqués à la variation de l'indice de référence des loyers (IRL). L'indice retenu était l'indice du 3e trimestre de l'année. Valable pour trois ans (2011-2013), cette limitation à hauteur de l'IRL a été reconduite pour trois nouvelles années (2014-2016) par la loi Alur du 24 mars 2014 [6]. Le régime de révision des loyers après le 1er janvier 2017 est exposé dans le chapitre suivant.

§ 2
Loyer administré

635.101 **Loyer administré.** Le prix du loyer HLM doit permettre d'assurer l'équilibre financier de l'organisme. Si celui-ci menace d'être rompu « l'autorité administrative peut autoriser pour une durée qu'elle détermine un organisme à déroger au premier alinéa du présent article [...] dans le cadre d'un plan de redressement approuvé par la Caisse de garantie du logement locatif social (CGLLS) » [7].

La dérogation à l'application de l'IRL est fonction de la situation de l'organisme qui doit, au préalable, relever d'un plan CGLLS. La CGLLS est un établissement public à caractère administratif (EPA), opérateur de l'État, et une société de financement. Elle est chargée, notamment, de prévenir les difficultés financières des bailleurs sociaux et d'aider au rétablissement de leur équilibre.

Toutefois, d'une année par rapport à l'année précédente, poursuit le texte, la hausse de loyer est plafonnée à 5 % en sus de la variation de l'indice de référence des loyers (soit IRL + 5 %).

§ 3
Loyer en cas de travaux

635.111 **Travaux et conséquences.** Comment évolue le loyer lorsque le bailleur réalise des travaux ? En cas de travaux, les textes ont évolué à partir de 2017 et les règles applicables à partir de cette date seront exposées au chapitre suivant.

Avant le 1er janvier 2017, les règles de droit commun étaient les suivantes. Le loyer pouvait augmenter dans la limite de 10 % par semestre ou dans la limite de 20 % en général pour les logements conventionnés. Toutefois, de 2011 à 2016, l'augmentation du loyer relevait de l'accord du préfet (conformément au dispositif instauré par la loi de finances pour 2011 et renouvelé par la loi Alur).

Un deuxième régime d'augmentation, exceptionnel, pouvait s'appliquer lorsque des travaux étaient réalisés par le bailleur après l'acquisition d'un immeuble, suivie de son conventionnement à l'APL. Afin de limiter la hausse pouvant résulter de la réhabilitation des logements, une circulaire de 1988 avait précisé les conditions dans lesquelles un

1. CCH, art. L. 442-1-2.
2. Rép. min. n° 22411, *JOAN Q* 24 août 1987, p. 4724.
3. CCH, art. L. 442-1.
4. Rép. min. n° 2013, *JO Sénat* 10 janv. 2008, p. 69.
5. L. n° 2010, 29 déc. 2010, art. 210, III, *JO* 30 déc., p. 23033.
6. V. ss n° 636.41.
7. CCH, art. L. 353-9-3, dernier alinéa et art. L. 442-1, dernier alinéa dans leur rédaction antérieure à la loi du 27 janvier 2017.

immeuble faisant l'objet de travaux pouvait être conventionné à l'APL à partir du 1er janvier 1988[1].

Le loyer pratiqué pour les locataires en place devait être fonction du coût des travaux et de leur amortissement. L'augmentation résultant des travaux ne pouvait ainsi dépasser 10 % du coût des travaux, hors subvention de l'État (le taux pouvant être porté exceptionnellement à 12,5 % si les travaux avaient été financés avec des prêts d'une durée inférieure à quinze ans). Si un accord collectif avait été conclu avec les locataires ou leurs associations, il pouvait y avoir dérogation aux limites posées par la circulaire (sur les accords collectifs v. ss nos 812.21 s. – Sur les conditions d'augmentation des loyers après travaux à partir de 2017, v. ss no 635.111).

§ 4
Participation du locataire en cas de travaux de performance énergétique

635.121 **Conditions.** Une participation du locataire peut être demandée par le bailleur qui réalise des travaux de performance énergétique sur son immeuble. Cette participation, en sus du loyer et des charges, prend la forme d'une contribution pour le partage des économies de charges. Un décret du 23 novembre 2009[2] précise les conditions d'application de cette disposition introduite par l'article 119 II de la loi du 25 mars 2009[3], notamment, la liste des travaux éligibles à réaliser et les niveaux minimaux de performance énergétique à atteindre, ainsi que les modalités d'évaluation des économies d'énergie, de calcul du montant de la participation demandée au locataire du logement et de contrôle de ces évaluations après travaux (sur tous ces points, v. le développement dans le chapitre relatif aux travaux[4].

La participation n'est cependant pas un loyer au sens strict. Elle est limitée sur 15 ans et son montant n'est pas intégré au loyer pour le calcul de l'aide personnalisée au logement, délivrée au locataire sous conditions de ressources.

635.122 **Tableau récapitulatif.**

FIXATION ET ÉVOLUTION DES LOYERS HLM JUSQU'AU 1ER JANVIER 2017

	PLUS PLA-I	PALULOS	Conventionnement sans travaux	Logements non conventionnés
Loyer maximum	Inscrit dans la convention	Inscrit dans la convention	Inscrit dans la convention	Fourchette fixée par arrêté
Évolution du loyer maximum	Actualisé le 1er janvier selon IRL*	Actualisé le 1er janvier selon IRL*	Actualisé le 1er janvier selon IRL*	Actualisé le 1er janvier selon IRL*
Loyer pratiqué initial	Dans la limite du maximum fixé par la convention	Dans la limite de 10 % du coût des travaux	Pas de modification du loyer	Dans la limite du maximum de la fourchette
Évolution du loyer pratiqué (2011-2016)	Dans la limite de l'IRL et du maximum fixé par la convention et révisé	Dans la limite de l'IRL et du maximum fixé par la convention et révisé	Dans la limite de l'IRL et du maximum fixé par la convention et révisé	Dans la limite de l'IRL et du maximum de la fourchette et révisé

* IRL, indice de référence des loyers v. ss no 634.91.

1. Circ. 1er févr. 1988 relative à la mise en œuvre du « bouclage » des aides au logement, à la conclusion des accords-cadres et au nouveau régime du conventionnement après travaux, BOMELATT, no 9, 31 mars 1988.
2. Décr. no 2009-1438, 23 nov. 2009 relatif à la contribution du locataire au partage des économies de charges issues des travaux d'économie d'énergie réalisée par un bailleur social, *JO* 25 nov. 2009, p. 20227 – CCH, art. R. 442-24 s.
3. L. no 2009-323, 25 mars 2009 de mobilisation pour le logement et la lutte contre l'exclusion, *JO* 27 mars, p. 5408 – CCH, art. L. 442-3.
4. V. ss nos 311.51 s.

CHAPITRE

636. Régime des loyers dans les CUS

SECTION 0 ORIENTEUR

636.00 **Sommaire du chapitre.**

Division – Conventionnement global et conventionnement d'utilité sociale. Quatre lois successives sont intervenues pour définir des objectifs nouveaux d'accueil des personnes modestes dans le logement social, ayant une incidence sur la politique des loyers des organismes.

Les deux premières ont été prises en 2004 et en 2009, mais leur application n'a été effective qu'à partir de 2011. Il s'agit de la réforme du conventionnement global du parc HLM, auquel s'est substitué le conventionnement d'utilité sociale depuis la loi du 25 mars 2009[1].

Mise en œuvre à compter du 1er juillet 2011, la première convention d'utilité sociale (la CUS 1) avait une durée de 6 ans, soit jusqu'au 31 décembre 2016.

La troisième loi, relative à l'égalité et à la citoyenneté du 27 janvier 2017[2] avait, d'une part, prorogé les effets de la CUS 1 jusqu'au 31 décembre 2017 et, d'autre part, affiché des objectifs nouveaux pour la deuxième convention d'utilité sociale (la CUS 2), dont la date d'effet avait été fixée au 1er janvier 2018 et devait se poursuivre jusqu'au 31 décembre 2023.

Enfin, la loi du 23 novembre 2018[3], dite loi Élan, crée de nouvelles rubriques dans la CUS :

– le plan de mise en vente des logements ;

– les engagements pris pour les engagements pris par l'organisme pour le développement de partenariats avec la personne morale chargée du service intégré d'accueil et d'orientation (SIAO), des associations et des organismes agréés en vue d'accompagner les personnes bénéficiant d'une décision favorable au Dalo ainsi que les personnes relevant d'une catégorie de personnes prioritaires en application des critères généraux de priorité pour l'attribution de logements locatifs sociaux.

Le projet des nouvelles conventions d'une durée de six ans devait être adressé au préfet avant le 1er juillet 2019 pour signature avant le 31 décembre 2019 et prise d'effet au 1er juillet 2019. Jusqu'à signature des nouvelles conventions les organismes étaient tenus par les engagements souscrits dans le cadre des CUS précédentes[4]. Dans l'hypothèse d'un projet de rapprochement avec un ou plusieurs organismes, un délai supplémentaire d'un an renouvelable une fois peut être accordé afin de proroger la CUS en cours.

Par ailleurs, les sociétés de vente créées par la loi Élan doivent également conclure une convention d'utilité sociale qui comporte des clauses et des engagements spécifiques à leur activité. Le décret du 22 mai 2019[5] fixe le contenu des indi-

1. L. n° 2009-323, 25 mars 2009 de mobilisation pour le logement et la lutte contre l'exclusion, *JO* 27 mars, p. 5408.
2. L. n° 2017-86, 27 janv. 2017 relative à l'égalité et à la citoyenneté, *JO* 28 janv., n° 1.
3. L. n° 2018-1021, 23 nov. 2018 portant évolution du logement, de l'aménagement et du numérique, *JO* 24 nov., n° 1.
4. L. n° 2018-1021, 23 nov. 2018, art. 104.
5. Décr. n° 2019-499, 22 mai 2019 relatif aux indicateurs des conventions d'utilité sociale des sociétés de vente d'habitations à loyer modéré, *JO* 23 mai.

cateurs spécifiques à ces conventions qui ne contiennent aucune disposition dérogatoire aux règles applicables en matière de loyer, qu'il s'agisse des loyers maximums ou des loyers pratiqués[1]. Les engagements de la CUS de l'organisme vendeur ne s'appliquent plus après le transfert de propriété ou des droits réels (issus d'un bail à construction, bail emphytéotique, bail à réhabilitation, usufruit, bail réel solidaire) qu'il détenait sur les logements concernés. En revanche, les stipulations des conventions APL en vigueur lors du transfert de propriété s'imposent à la société de ventes pour lesdits logements[2]. Si le nouveau gestionnaire des logements vendus est un autre bailleur social que le vendeur, les dispositions de sa CUS ne s'appliquent pas aux logements vendus dont il reçoit mandat de gestion par la société de ventes propriétaire ou dont il assure la gestion dans le cadre d'une coopération de service public conclue avec cette dernière. Le cas échéant, il appartiendra à l'organisme HLM vendeur d'envisager dans l'acte de vente les modalités de reprise par la société de ventes des engagements qu'il aura pu souscrire envers la collectivité territoriale ou l'EPCI du territoire, sous réserve bien entendu de leur compatibilité avec les orientations que celle-ci aura prises dans sa propre CUS, en matière de stratégie patrimoniale notamment.

Les textes présentés en début de chapitre (textes *in extenso*) se rapportent à la CUS 1 (pour la version antérieure au 1er janvier 2017) et à la CUS 2 (pour la version postérieure au 1er janvier 2017).

Quels ont été les objectifs des CUS 1 et 2, avec quelle politique des loyers associée ?

636.01 Principaux textes applicables.

TEXTES SOURCES

> Loyers

• **CCH,** art. L. 353-9-3, L. 442-1 à L. 442-2.

> CUS

• **CCH,** art. L. 445-1 à 445-8.

• **Décr. n° 2017-922, 9 mai 2017** modifiant le chapitre III du titre V du livre III du code de la construction et de l'habitation relatif au régime juridique des logements locatifs conventionnés et le titre IV du livre IV du même code relatif aux rapports des organismes d'habitations à loyer modéré et des bénéficiaires, *JO* 10 mai, n° 173.

• **Décr. n° 2019-801, 27 juill. 2019** relatif aux conventions d'utilité sociale des organismes d'habitation à loyer modéré et des sociétés d'économie mixte de construction et de gestion de logements sociaux, *JO* 28 juill., n° 48.

Décr. n° 2019-499, 22 mai 2019 relatif aux indicateurs des conventions d'utilité sociale des sociétés de vente d'habitations à loyer modéré, *JO* 23 mai, n° 49.

TEXTES *IN EXTENSO*

> CUS 1 (2011-2016)

• **CCH,** art. L. 442-1 (réd. antérieure au 1er janv. 2017)

* V. ss n° 635.01

• **CCH,** art. L. 445-1 (réd. antérieure au 1er janv. 2017)

Avant le 1er juillet 2011, les organismes d'habitations à loyer modéré concluent avec l'État, sur la base du plan stratégique de patrimoine mentionné à l'article L. 411-9 et en tenant compte des programmes locaux de l'habitat, une convention d'utilité sociale d'une durée de six ans renouvelable.

Les établissements publics de coopération intercommunale dotés d'un programme local de l'habitat et les départements sont associés, selon des modalités définies par décret en Conseil d'État, à l'élaboration des dispositions des conventions d'utilité sociale relatives aux immeubles situés sur leur territoire. Ils sont signataires des conventions d'utilité sociale conclues par les organismes qui leur sont rattachés ainsi que pour les organismes disposant d'un patrimoine représentant plus de 20 % du parc social sur leur territoire. Ils peuvent l'être pour les autres organismes disposant d'un patrimoine sur leur territoire.

La convention d'utilité sociale comporte :

– le classement des immeubles ou ensembles immobiliers ; ce classement est établi en fonction du service rendu aux locataires, après concertation avec les locataires dans des conditions fixées dans le plan de concertation locative prévu à l'article 44 *bis* de la loi n° 86-1290 du 23 décembre 1986 tendant à favoriser l'investissement locatif, l'accession à la propriété de logements sociaux et le développement de l'offre foncière ;

– l'énoncé de la politique patrimoniale et d'investissement de l'organisme, comprenant notamment un plan de mise en vente à leurs locataires des logements à usage locatif détenus par l'organisme et les orientations retenues pour le réinvestissement des fonds provenant de la vente. Cet énoncé comporte les mesures d'information à l'égard des locataires en cas de vente, cession ou fusion ;

– les modalités de la concertation locative avec les locataires, dans le cadre fixé à l'article 44 *bis* de la loi n° 86-1290 du 23 décembre 1986 précitée ;

– les engagements pris par l'organisme sur la qualité du service rendu aux locataires ;

– un cahier des charges de gestion sociale de l'organisme.

La convention d'utilité sociale comporte des indicateurs permettant de mesurer si les objectifs fixés pour chaque aspect de la politique des organismes mentionnés au présent article ont été atteints. Ces indicateurs sont définis par décret en Conseil d'État. Dans les zones géographiques se caractérisant par un déséquilibre entre l'offre et la demande de logements, la convention prévoit également un dispositif de modulation du supplément de loyer de solidarité selon des seuils et des modalités définis par décret en Conseil d'État.

Si un organisme d'habitations à loyer modéré n'a pas adressé un projet de convention d'utilité sociale au représentant de l'État du département de son siège avant le 30 juin 2010, le ministre chargé du logement peut lui retirer une ou plusieurs des compétences mentionnées aux articles L. 421-1 à L. 421-4, L. 422-2 et L. 422-3, pendant une durée qui ne peut excéder cinq ans. Le ministre chargé du logement peut en outre, pour la même durée, majorer la cotisation due par cet organisme en vertu de l'article L. 452-4, dans une proportion qui ne peut excéder le quintuple du montant initialement dû.

1. CCH, art. D. 445-5-6 et D. 445-5-7.
2. CCH, art. L. 353-4.

Si, au cours de la durée de la convention, le représentant de l'État signataire de la convention constate que l'organisme n'a pas respecté les engagements définis par la convention, il le met en demeure de présenter ses observations et, le cas échéant, de faire des propositions permettant de remédier aux manquements constatés dans un délai d'un mois.

Si cet examen de la situation de l'organisme démontre que celui-ci a gravement manqué, de son fait, à ses engagements, le représentant de l'État propose au ministre chargé du logement de prononcer une pénalité à son encontre.

Le montant de cette pénalité, proportionné à l'écart constaté entre les objectifs définis par la convention et leur degré de réalisation ainsi qu'à la gravité des manquements, ne peut excéder 100 € par logement sur lequel l'organisme détient un droit réel, augmenté du montant de l'exonération de la taxe foncière sur les propriétés bâties dont il a, le cas échéant, bénéficié pour une fraction de son patrimoine au cours du dernier exercice connu.

La pénalité est recouvrée au bénéfice de la Caisse de garantie du logement locatif social, dans les conditions prévues à l'avant-dernier alinéa de l'article L. 452-5.

Nonobstant la date fixée au premier alinéa, les conventions globales de patrimoine qui ont été conclues entre l'État et les organismes d'habitations à loyer modéré avant le 27 mars 2009 peuvent faire l'objet d'un avenant qui intègre les dispositions propres des conventions d'utilité sociale. Le projet d'avenant est adressé par l'organisme d'habitations à loyer modéré au représentant de l'État dans le département où l'organisme a son siège dans un délai de trois mois à compter de la promulgation de la loi n° 2011-525 du 17 mai 2011 de simplification et d'amélioration de la qualité du droit et signé dans un délai de six mois à compter de la même date. À compter de la date de signature de l'avenant susvisé, les conventions globales de patrimoine sont qualifiées de conventions d'utilité sociale. Si l'organisme d'habitations à loyer modéré n'a pas transmis le projet d'avenant dans un délai de trois mois à compter de la promulgation de la loi n° 2011-525 du 17 mai 2011 précitée, les sanctions prévues au dixième alinéa du présent article sont applicables.

Dans un délai de six mois à compter de la promulgation de la loi n° 2011-525 du 17 mai 2011 précitée, les organismes d'habitations à loyer modéré n'ayant pas de patrimoine locatif concluent avec l'État une convention d'utilité sociale « accession » d'une durée de six ans renouvelable selon des modalités définies par décret.

• **CCH,** art. L. 445-2 (réd. antérieure au 1er janv. 2017)

Le cahier des charges de gestion sociale mentionné à l'article L. 445-1 récapitule les obligations de l'organisme relatives aux conditions d'occupation et de peuplement des logements qui tiennent compte des engagements fixés par les accords mentionnés aux articles L. 441-1-1 et L. 441-1-2, ainsi que celles relatives à la détermination des loyers. Il précise les actions d'accompagnement menées, en lien avec les associations d'insertion, en faveur des personnes mentionnées au II de l'article L. 301-1, notamment celles occupant les logements ayant bénéficié des financements prévus au II de l'article R. 331-1. Il porte sur l'ensemble des logements pour lesquels l'organisme détient un droit réel.

Le cahier des charges est révisé tous les six ans.

Il fixe notamment, par immeuble ou ensemble immobilier :

– les plafonds de ressources applicables pour l'attribution des logements ;

– les conditions dans lesquelles l'organisme peut exiger des locataires le paiement d'un supplément de loyer de solidarité, et ses modalités de calcul ;

– le montant maximal total des loyers, rapporté à la surface utile ou à la surface corrigée totale, exprimé en euros par mètre carré et par mois. Il tient compte du classement des immeubles ou groupes d'immeubles mentionné à l'article L. 445-1. Pour l'établissement de la première convention d'utilité sociale, l'organisme peut déroger au présent alinéa. Toutefois, pendant la durée de la première convention, il peut être procédé par avenant à la fixation de ce montant maximal total des loyers, dans le respect des dispositions relatives au classement des immeubles prévues à l'article L. 445-1. Cette fixation prend effet au début d'une année civile.

Les engagements du cahier des charges se substituent à ceux prévus par la réglementation en vigueur à la date de son établissement.

Les engagements qui sont de même nature que ceux figurant dans les conventions conclues au titre de l'article L. 351-2 et en vigueur à la date de signature de la convention d'utilité sociale mentionnée à l'article L. 445-1 se substituent de plein droit à ceux-ci ainsi qu'à l'engagement d'occupation sociale inscrit dans ces conventions pour la durée de celles-ci. Pour les conventions conclues au titre de l'article L. 351-2, postérieurement à la date d'entrée en vigueur de la loi n° 2004-809 du 13 août 2004 relative aux libertés et responsabilités locales, la substitution intervient au terme de la sixième année de leur application.

• **CCH,** art. L. 445-4 (réd. antérieure au 1er janv. 2017)

Le montant maximal de la masse des loyers de l'ensemble des immeubles de l'organisme résultant du cahier des charges mentionné à l'article L. 445-2 ne peut excéder le montant maximal résultant, à la date d'établissement de ce même cahier des charges, des conventions visées à l'article L. 351-2 ou résultant de la réglementation en vigueur. Il peut être augmenté, pendant la durée de la convention et en vue d'assurer l'équilibre financier d'opérations d'amélioration modifiant le classement des immeubles, dans des conditions prévues par le cahier des charges. Celui-ci peut prévoir si nécessaire, lors de son établissement ou au moment du renouvellement de la convention, un montant maximal plus élevé que celui résultant des dispositions précédentes, à la demande d'un organisme et en vue de préserver ses équilibres financiers, après avis de la Caisse de garantie du logement locatif social.

Le montant maximal de la masse des loyers prévu au précédent alinéa est actualisé au 1er juillet de chaque année conformément au mode de calcul défini à l'article 17-1 de la loi n° 89-462 du 6 juillet 1989 tendant à améliorer les rapports locatifs et portant modification de la loi n° 86-1290 du 23 décembre 1986.

L'organisme fixe le loyer maximal applicable à chaque logement en tenant compte notamment de sa taille et de sa situation dans l'immeuble ou l'ensemble immobilier.

L'organisme fixe librement les loyers applicables aux bénéficiaires des baux ou engagements en cours dans la limite des loyers maximaux. Toutefois, aucune augmentation de loyer ne doit entraîner, d'une année par rapport à l'année précédente, une hausse qui excède de plus de 5 % le montant maximal prévu en application de l'article 17-1 de la loi nº 89-462 du 6 juillet 1989 précitée, sauf accord des associations représentatives de locataires ou des locataires dans les conditions fixées par l'article 42 de la loi nº 86-1290 du 23 décembre 1986 tendant à favoriser l'investissement locatif, l'accession à la propriété de logements sociaux et le développement de l'offre foncière.

La convention d'utilité sociale peut prévoir, à titre expérimental, pour sa durée, un dispositif permettant de moduler les loyers en fonction des revenus des locataires nonobstant les plafonds de loyers fixés par les conventions conclues en application de l'article L. 351-2 ou résultant de la réglementation en vigueur. Ces loyers ne peuvent excéder une part des ressources de l'ensemble des personnes vivant au foyer. Le minimum et le maximum de cette part sont déterminés par décret en Conseil d'État.

> CUS 2 (2019-2024)

• **CCH,** art. L. 353-9-3 (réd. postérieure au 1er janv. 2017)

* V. s^s nº 635.01

• **CCH,** art. L. 442-1 (réd. postérieure au 1er janv. 2017)

* V. ss nº 634.01

• **CCH,** art. L. 445-1 (réd. postérieure au 1er janv. 2017)

Les organismes d'habitations à loyer modéré mentionnés aux deuxième à cinquième alinéas de l'article L. 411-2 concluent avec l'État, sur la base du plan stratégique de patrimoine mentionné à l'article L. 411-9, le cas échéant du cadre stratégique patrimonial et du cadre stratégique d'utilité sociale mentionnés à l'article L. 423-1-1, et en tenant compte des programmes locaux de l'habitat, une convention d'utilité sociale d'une durée de six ans, au terme de laquelle elle fait l'objet d'un renouvellement.

La convention est conclue dans les six mois qui suivent son dépôt.

Les communes compétentes pour l'élaboration du programme local de l'habitat, les établissements publics de coopération intercommunale mentionnés au vingt-troisième alinéa de l'article L. 441-1, la commune de Paris, les établissements publics territoriaux de la métropole du Grand Paris, la métropole de Lyon et les départements sont associés, selon des modalités définies par décret en Conseil d'État, à l'élaboration des stipulations des conventions d'utilité sociale relatives aux immeubles situés sur leur territoire. Ils sont signataires des conventions d'utilité sociale conclues par les organismes qui leur sont rattachés. Ils peuvent être signataires, à leur demande, des conventions d'utilité sociale des organismes disposant d'un patrimoine sur leur territoire. Toutefois, dans ce dernier cas, l'absence de signature de la convention d'utilité sociale par l'établissement public de coopération intercommunale, la commune de Paris, l'établissement public territorial, la métropole de Lyon ou le département ne fait pas obstacle à sa conclusion.

La convention d'utilité sociale comporte :

– l'état de l'occupation sociale de leurs immeubles ou ensembles immobiliers établi d'après les renseignements statistiques mentionnés à l'article L. 442-5 et décliné selon que ces immeubles ou ensembles immobiliers sont situés ou non sur le territoire d'un quartier prioritaire de la politique de la ville défini à l'article 5 de la loi nº 2014-173 du 21 février 2014 de programmation pour la ville et la cohésion urbaine ;

– l'état du service rendu aux locataires dans les immeubles ou les ensembles immobiliers, après concertation avec les locataires dans les conditions fixées dans le plan de concertation locative prévu à l'article 44 *bis* de la loi nº 86-1290 du 23 décembre 1986 tendant à favoriser l'investissement locatif, l'accession à la propriété de logements sociaux et le développement de l'offre foncière ;

– l'énoncé de la politique patrimoniale et d'investissement de l'organisme, comprenant notamment un plan de mise en vente des logements à usage locatif détenus par l'organisme et les orientations retenues pour le réinvestissement des fonds provenant de la vente. Cet énoncé comporte les mesures d'information à l'égard des locataires en cas de vente, cession ou fusion. Le plan de mise en vente comprend la liste des logements par commune et par établissement public de coopération intercommunale concernés que l'organisme prévoit d'aliéner pour la durée de la convention et soumis à autorisation en application de l'article L. 443-7 ainsi que les documents relatifs aux normes d'habitabilité et de performance énergétiques mentionnées au même article L. 443-7. L'organisme est tenu de consulter la commune d'implantation ainsi que les collectivités et leurs groupements qui ont accordé un financement ou leurs garanties aux emprunts contractés pour la construction, l'acquisition ou l'amélioration des logements concernés. La commune émet son avis dans un délai de deux mois à compter du jour où le maire a reçu la consultation. Faute d'avis de la commune à l'issue de ce délai, celui-ci est réputé favorable. En cas d'opposition de la commune qui n'a pas atteint le taux de logements sociaux mentionné à l'article L. 302-5 ou en cas d'opposition de la commune à une cession de logements sociaux qui ne lui permettrait plus d'atteindre le taux précité, la vente n'est pas autorisée ;

– les engagements pris par l'organisme sur la qualité du service rendu aux locataires ;

– les engagements pris par l'organisme pour le développement de partenariats avec la personne morale mentionnée à l'article L. 345-2-4 du code de l'action sociale et des familles, des associations et des organismes agréés en vue d'accompagner les personnes bénéficiant d'une décision favorable mentionnée à l'article L. 441-2-3 du présent code et les personnes relevant d'une catégorie de personnes prioritaires en application de l'article L. 441-1 ;

– le cas échéant, l'énoncé de la politique menée par l'organisme en faveur de l'hébergement ;

– le cas échéant, l'énoncé de la politique d'accession de l'organisme ;

– les engagements pris par l'organisme en matière de gestion sociale, établis après concertation avec les locataires dans des conditions fixées dans le plan de concertation locative prévu à l'article 44 *bis* de la loi nº 86-1290 du 23 décembre 1986 précitée.

– les modalités de la concertation locative avec les locataires, dans le cadre fixé au même article 44 *bis* ;

– les engagements pris par l'organisme en faveur d'une concertation avec les locataires, notamment en termes de politique sociale et environnementale.

La convention d'utilité sociale comporte des indicateurs permettant de mesurer le niveau de réalisation des objectifs fixés pour chaque aspect de la politique des organismes mentionnés au présent article. Ces indicateurs sont définis par décret en Conseil d'État.

Si un organisme d'habitations à loyer modéré n'a pas adressé un projet de convention d'utilité sociale au représentant de l'État du département de son siège au plus tard six mois avant l'échéance de la convention en cours, ou n'a pas signé la nouvelle convention dans les six mois suivant son dépôt, il ne peut pas bénéficier des dérogations prévues au deuxième alinéa de l'article L. 353-9-3 et au dernier alinéa de l'article L. 442-1 et le ministre chargé du logement peut lui retirer une ou plusieurs des compétences mentionnées aux articles L. 421-1 à L. 421-4, L. 422-2 et L. 422-3, pendant une durée qui ne peut excéder cinq ans. Le ministre chargé du logement peut en outre, pour la même durée, majorer la cotisation due par cet organisme en vertu de l'article L. 452-4, dans une proportion qui ne peut excéder le quintuple du montant initialement dû.

Le représentant de l'État auquel un organisme est tenu d'adresser un projet de convention d'utilité sociale peut, à la demande de l'organisme, lui octroyer un délai d'un an renouvelable une fois pour satisfaire à cette obligation. Le demandeur doit justifier d'un projet de rapprochement avec un ou plusieurs autres organismes. Dans ce cas, la convention en vigueur est prorogée par avenant jusqu'à conclusion de la nouvelle convention.

Le représentant de l'État ou l'organisme peuvent demander la conclusion d'une nouvelle convention dans un délai de trois ans dès lors que l'activité de l'organisme d'habitations à loyer modéré a connu des modifications substantielles non prévues par la convention d'utilité sociale en vigueur.

Si, au cours de la durée de la convention, le représentant de l'État signataire de la convention constate que l'organisme n'a pas respecté les engagements définis par la convention, il le met en demeure de présenter ses observations et, le cas échéant, de faire des propositions permettant de remédier aux manquements constatés dans un délai d'un mois.

Si cet examen de la situation de l'organisme démontre que celui-ci a gravement manqué, de son fait, à ses engagements, le représentant de l'État propose au ministre chargé du logement de prononcer une pénalité à son encontre.

Le montant de cette pénalité, proportionné à l'écart constaté entre les objectifs définis par la convention et leur degré de réalisation ainsi qu'à la gravité des manquements, ne peut excéder 200 € par logement sur lequel l'organisme détient un droit réel, augmenté du montant de l'exonération de la taxe foncière sur les propriétés bâties dont il a, le cas échéant, bénéficié pour une fraction de son patrimoine au cours du dernier exercice connu.

• **CCH,** art. L. 445-2 (réd. postérieure au 1er janv. 2017)

Les engagements pris par l'organisme en matière de gestion sociale mentionnés à l'article L. 445-1 récapitulent les obligations de l'organisme relatives aux conditions d'occupation et de peuplement des logements qui tiennent compte des engagements fixés par les accords mentionnés aux articles L. 441-1-1 et L. 441-1-2, ainsi que des objectifs de mixité sociale définis aux vingt-troisième à vingt-sixième alinéas de l'article L. 441-1. Ils précisent les actions d'accompagnement menées, en lien avec les associations d'insertion, en faveur des personnes mentionnées au II de l'article L. 301-1, notamment celles occupant les logements ayant bénéficié des financements prévus au II de l'article R. 331-1. Ils portent sur l'ensemble des logements pour lesquels l'organisme détient un droit réel.

Les objectifs de mixité sociale mentionnés aux vingt-troisième à vingt-sixième alinéas de l'article L. 441-1 peuvent être introduits par avenant à la convention d'utilité sociale, pendant toute la durée d'application de celle-ci

La convention d'utilité sociale mentionnée à l'article L. 445-1 peut fixer la nouvelle politique des loyers de l'organisme. Cette politique des loyers, qui tient compte de l'état de l'occupation sociale des immeubles ou ensembles immobiliers mentionné à l'article L. 445-1 ainsi que des objectifs de mixité sociale définis aux vingt-troisième à vingt-sixième alinéas de l'article L. 441-1, s'applique aux baux conclus après son entrée en vigueur. Dans ce cas, la convention d'utilité sociale détermine également :

1° Les plafonds de ressources applicables, dans les conditions prévues au I de l'article L. 445-3 ;

2° Le montant maximal de la masse des loyers de l'ensemble des immeubles de l'organisme, dans les conditions prévues au II du même article L. 445-3 ;

3° Les montants maximaux de loyers applicables aux ensembles immobiliers, dans les conditions prévues au III dudit article L. 445-3 ;

4° Les montants maximaux de la moyenne des loyers maximaux applicables aux logements de l'ensemble immobilier, dans les conditions prévues au IV du même article L. 445-3.

Cette politique des loyers peut être introduite par avenant à la convention d'utilité sociale, pendant toute la durée d'application de celle-ci. Elle s'applique à compter du 1er janvier de l'année civile qui suit la signature de la convention ou de l'avenant.

Les engagements relatifs à cette nouvelle politique des loyers se substituent à ceux prévus par la réglementation en vigueur ainsi qu'aux engagements de même nature figurant dans les conventions conclues au titre de l'article L. 831-1 depuis plus de six ans à la date de prise d'effet de cette nouvelle politique des loyers ou de son renouvellement.

• **CCH,** art. L. 445-3 (réd. postérieure au 1er janv. 2017)

I. – Les plafonds de ressources prévus par la nouvelle politique des loyers mentionnée à l'article L. 445-2 sont ceux prévus pour l'attribution des logements locatifs sociaux et mentionnés à l'article L. 441-1 ou résultant de la réglementation en vigueur. Un ou plusieurs plafonds de ressources peuvent être institués au sein de chaque ensemble immobilier.

II. – Le montant maximal de la masse des loyers de l'ensemble des immeubles de l'organisme résultant de la nouvelle politique des loyers mentionnée à l'article L. 445-2, rapporté à la surface corrigée ou à la surface utile, ne peut excéder le montant maximal résultant, à la date de prise d'effet de la nouvelle politique des loyers, des conventions mentionnées à l'article L. 831-1 ou résultant de la réglementation en vigueur ou, le cas échéant, des montants fixés dans la convention d'utilité sociale pour les immeubles ou ensembles immobiliers mentionnés à l'article L. 445-3-1. Lors du renouvellement de la nouvelle politique des loyers, ce montant ne peut être supérieur au montant maximal résultant des montants fixés dans la convention d'utilité sociale charges en application du III du présent article, révisés et éventuellement augmentés et, le cas échéant, dans les conventions mentionnées à l'article L. 831-1. Par avenant, la convention d'utilité sociale peut être modifiée, si nécessaire, afin de prévoir un montant maximal plus élevé que celui résultant du présent II, à la demande d'un organisme signataire d'un plan de redressement approuvé par la Caisse de garantie du logement locatif social et en vue de résoudre des difficultés dues à un déséquilibre financier grave et durable, après avis du conseil d'administration de la caisse.

III. – Le montant maximal des loyers d'un ensemble immobilier fixé dans la nouvelle politique des loyers est exprimé en euros par mètre carré et par mois. Lorsqu'il est exprimé en euros par mètre carré de surface utile, il peut être modulé en fonction de la taille moyenne des logements de l'ensemble immobilier.

Il peut être augmenté, après accord de l'autorité administrative et pour une durée qu'elle détermine, en vue d'assurer l'équilibre financier d'opérations d'amélioration. D'une année par rapport à l'année précédente, la hausse du montant maximal des loyers est plafonnée à 5 % en sus de la variation de l'indice de référence des loyers prévu au I de l'article 17-1 de la loi n° 89-462 du 6 juillet 1989 tendant à améliorer les rapports locatifs et portant modification de la loi n° 86-1290 du 23 décembre 1986. La date de l'indice de référence des loyers prise en compte pour cette révision est celle du deuxième trimestre de l'année précédente.

IV. – L'organisme fixe, dans la nouvelle politique des loyers, le montant maximal, exprimé en euros par mètre carré et par mois, de la moyenne des loyers maximaux applicables aux logements de l'ensemble immobilier. Ce montant est fixé pour chaque plafond de ressources déterminé pour l'attribution de ces logements. Les loyers maximaux ne peuvent excéder, en moyenne, la valeur ainsi déterminée. À l'exception des logements financés en prêts locatifs intermédiaires ou à un niveau équivalent, le montant du loyer maximal de chaque logement est inférieur ou égal au montant du loyer maximal des logements financés en prêts locatifs sociaux.

V. – Les montants prévus aux II, III et IV du présent article sont révisés au 1er janvier de chaque année en fonction de l'indice de référence des loyers prévu au I de l'article 17-1 de la loi n° 89-462 du 6 juillet 1989 précitée. La date de l'indice de référence des loyers prise en compte pour cette révision est celle du deuxième trimestre de l'année précédente.

VI. – Les loyers applicables sont fixés librement dans la limite des loyers maximaux. Les modalités de révision et de hausse des loyers pratiqués sont fixées conformément à l'article L. 353-9-3 et aux deux derniers alinéas de l'article L. 442-1.

636.03 **Bibliographie indicative.**

Encyclopédie. *DP Gestion immob., V*is *HLM – Location,* n° 178, 205 ; *Logements locatifs conventionnés,* nos 209 s., 260 s.

Actualisables. Circ. 12 avr. 2010 définissant les modalités d'élaboration et de suivi des CUS, NOR : DEVU1007856C, NP – *CUS 2e génération, Guide de rédaction et d'élaboration,* DGALN/DHUP/LO4, déc. 2019.

SECTION 1
CUS 1 (2011-2016)

636.10 **Plan.** Il convient d'étudier les objectifs (§ 1), la politique des loyers (§ 2), les limites de l'évolution (§ 3) et les règles d'évolution des loyers pratiqués de la CUS 2 et les loyers en 2017 (§ 4).

§ 1
Objectifs

636.21 **Service rendu et mixité sociale.** Les articles L. 445-1 à L. 445-7 du code de la construction et de l'habitation (CCH), issus de la loi du 13 août 2004 relative aux libertés et responsabilités locales, modifiée par la loi du 25 mars 2009 (art. 1er), précisent l'obligation pour les organismes HLM de conclure avec l'État une convention d'utilité sociale avant le 1er juillet 2011 pour une durée de six ans.

Selon ces dispositions, la convention d'utilité sociale doit comporter un classement des immeubles, établi en fonction du service rendu aux locataires, après concertation avec eux. L'objectif poursuivi est de rendre plus objectif le rapport entre les loyers maximums applicables aux logements des ensembles immobiliers avec l'état du service qui est rendu à leurs locataires, sans être contraint par le loyer maximum fixé à l'origine lors de la construction de l'immeuble[1].

Le texte autorise une remise en ordre des loyers maximums, en gardant constante la masse de ces loyers maximums sur tout le patrimoine du bailleur. En parallèle, l'organisme doit veiller à rendre accessibles aux personnes dont les ressources sont les plus faibles les immeubles les mieux classés dans son patrimoine pour favoriser la mixité sociale des ensembles immobiliers.

La convention d'utilité sociale comprend l'énoncé de la politique patrimoniale et d'investissement de l'organisme, dont ses objectifs en termes de vente aux locataires HLM de leurs logements, des engagements sur la qualité de service rendu aux locataires et un cahier des charges de gestion sociale.

Le cahier des charges récapitule les obligations des organismes en matière d'occupation et de peuplement des logements, en rapport avec les accords collectifs qu'il a signé, soit avec un établissement

1. V. ss n° 634.31.

public de coopération intercommunale, dans le ressort de cet établissement, soit avec l'État à l'échelle du département[1].

Les EPCI et les départements délégataires sont consultés sur cette convention d'utilité sociale et en sont signataires s'ils sont collectivité de rattachement de l'organisme. Les décrets d'application sont parus les 3 et 30 décembre 2009. La CUS 1 est entrée en vigueur le 1er juillet 2011. La CUS 2 s'est trouvée reportée au 1er juillet 2019 ou, selon l'avancement du regroupement des bailleurs sociaux imposés par la loi du 23 novembre 2018[2], dite loi Élan, au 1er juillet 2020 ou au 1er juillet 2021.

§ 2
Politique des loyers

636.31 **Avant l'entrée dans la CUS.** Il convient au préalable de noter que l'entrée dans le régime des loyers applicable aux CUS qui va être développé ci-dessous n'intervient qu'au bout de six années pour certains logements. On doit retenir en effet que :

- pendant les six premières années, tout logement neuf conventionné, comme tout logement acquis et conventionné à l'APL par les organismes HLM, est soumis aux règles générales de fixation des loyers prévues par les conventions APL que signent les organismes avec l'État ou le délégataire local (loyer maximum défini par circulaire et loyer pratiqué défini par l'organisme dans la limite du loyer maximum : v. ss nos 634.10 s.) ;

- ce n'est qu'au terme de la sixième année des conventions APL que ce logement entre dans le régime applicable aux CUS, avec, le cas échéant, la possibilité pour l'organisme propriétaire de définir des loyers plafonds nouveaux, dans le cadre de la CUS 2 signée par les organismes HLM avec l'État et les autres signataires autorisés.

636.32 **Dispositions spéciales pour la première convention.** Pour la durée de la première convention d'utilité sociale (2011-2016), l'organisme a eu le choix de procéder ou non à une remise en ordre de ses loyers.

636.33 **Remise en ordre des loyers maximums.** L'organisme qui opte pour une remise en ordre des loyers dès la première convention (on estime que moins de 10 % des organismes d'HLM ont choisi cette solution) poursuit l'objectif de restaurer la cohérence entre service rendu et loyer, en restant économiquement et socialement neutre. Il peut modifier la valeur par m² du loyer maximum de chaque ensemble immobilier, qui reste cependant limitée par un plafond réglementaire[3]. Ce nouveau loyer maximum remplace la valeur qui figure dans la convention APL d'origine. Il n'est toutefois pas nécessaire de procéder par avenant dans les conventions APL, la CUS 1 valant novation.

Les nouveaux loyers maximums sont inscrits dans le cahier des charges signé par l'organisme, l'État et les autres personnes publiques associées. Il est opposable aux locataires.

L'organisme qui fait le choix de la remise en ordre bénéficie, à cette occasion, de la possibilité de procéder à l'unification de la surface de référence pour la gestion de tout son patrimoine. Le passage à la surface utile (ou à la surface corrigée) est permis.

Afin d'évoluer progressivement dans le sens de cette remise en ordre, les loyers peuvent évoluer à hauteur de la variation de l'IRL sur une année, augmentée de 5 %.

636.34 **Absence de remise en ordre des loyers maximums.** S'il ne procède pas à la remise en ordre des loyers maximums, alors les dispositions relatives aux loyers des conventions APL de chaque ensemble immobilier restent en vigueur. Dans ce cas, la CUS ne comporte pas de partie spécifique sur les loyers ; les articles L. 445-2 et L. 445-4 du code de la construction et de l'habitation relatifs à l'inscription de nouveaux plafonds de ressources et loyers maximums par immeuble, dans leur version antérieure au 1er janvier 2017, ne s'appliquent pas.

Les règles d'évolution des loyers pratiqués, restent inchangées. Pour les logements non conventionnés, les loyers qui résultent de la réglementation (anciens financements) ou le contenu des contrats de prêts (certains PLI) restent applicables.

636.35 **Loi Alur et CUS.** La loi du 24 mars 2014[4], dite loi Alur, permettait de passer un avenant pendant la durée de la première CUS (2011-2016). L'avenant permettait aux organismes qui n'avaient pas opté dès l'origine pour la remise en ordre des loyers de procéder à la remise en ordre au cours de la CUS 1, en fixant le montant maximal total des loyers des immeubles dans le respect des règles de classement exposées ci-dessus. Cependant, une telle fixation ne pouvait prendre effet qu'au début d'une année civile. *A priori*, cette possibilité n'a pas été utilisée entre 2014 et fin 2016, date d'expiration de la CUS 1.

1. SUR ces accords collectifs : CCH, art. L. 441-1-1 et L. 441-1-2.
2. L. nº 2018-1021, 23 nov. 2018 portant évolution du logement, de l'aménagement et du numérique, *JO* 24 nov.
3. Valeurs maximales de loyer par m² à respecter fixées par arr. 3 juin 2010, *JO* 6 juin, nº 2.
4. L. nº 2014-366, 24 mars 2014 pour l'accès au logement et un urbanisme rénové, *JO* 26 mars, p. 5809.

§ 3
Évolution limitée (2011-2016)

636.41 **Plafonnement des loyers en 2011.** Alors que la rédaction des CUS 1 était en cours, l'article 210 de la loi de finances pour 2011[1] a plafonné pour trois ans (2011-2013) la révision des loyers pratiqués au 1er janvier, à hauteur de la variation de l'IRL du 3e trimestre.

Le loyer maximum des conventions restait révisé en fonction de la variation de l'IRL du 2e trimestre, par application de l'article L. 353-9-2 du code de la construction et de l'habitation.

Cette limitation a été reconduite pour trois nouvelles années (2014-2016) par loi du 24 mars 2014, dite loi Alur.

Ce plafonnement, applicable dès le 1er janvier 2011, valait pour tous les organismes HLM, y compris ceux qui avaient signé une CUS avec remise en ordre des loyers et modifié en conséquence leurs loyers maximums. Il rendait impossible l'application de la remise en ordre, les loyers pratiqués ne pouvant atteindre leur nouveau loyer maximum.

Ce plafonnement s'appliquait également au loyer des annexes (garages, jardins) considérés comme accessoires à la location principale, dont la révision ne peut être supérieure à celle du loyer principal.

Les loyers des logements vacants offerts à la relocation n'étaient cependant pas concernés par cette limitation.

Il pouvait, par ailleurs, être dérogé à cette limitation dans le cas de travaux de réhabilitation, avec l'accord du préfet.

Enfin, les organismes qui faisaient l'objet d'un plan de redressement approuvé par la Caisse de garantie du logement locatif social (CGLLS) n'étaient pas concernés par cette disposition.

§ 4
Règles d'évolution des loyers pratiqués de la CUS 2 et loyers en 2017

636.51 **Loi relative à l'égalité et à la citoyenneté.** La loi relative à l'égalité et à la citoyenneté du 27 janvier 2017[2] fixe, à partir du 1er janvier 2017, de nouvelles conditions d'augmentation des loyers pratiqués.

Le nouveau régime s'applique aux logements conventionnés et aux logements non conventionnés, dans une rédaction identique des articles L. 353-9-3 et L. 442-1 du code de la construction et de l'habitation[3].

Les loyers pratiqués pour les logements des organismes d'habitations à loyer modéré ne peuvent être désormais révisés qu'au 1er janvier de chaque année en fonction de l'indice de référence des loyers (IRL), l'échéance du 1er juillet est supprimée. La date de l'indice de référence des loyers prise en compte pour cette révision est celle du deuxième trimestre de l'année précédente.

Si la référence à l'IRL est maintenue, par rapport à la période antérieure, c'est l'indice du deuxième trimestre de l'IRL qui est retenu au lieu de celui du 3e trimestre.

Disparaît ainsi la faculté de majorations semestrielles, jusqu'à 10 % en secteur non conventionné, héritage d'époques d'inflation à deux chiffres.

L'objectif poursuivi par le législateur à cet égard était d'harmoniser les règles en vigueur au sein du parc social, notamment avec celles déjà en vigueur pour les SEM et les autres bailleurs, ce qui améliorait l'intelligibilité du droit tout en garantissant aux locataires un taux d'effort supportable et l'absence de variations erratiques.

Outre ces changements substantiels opérés par la loi du 27 janvier 2017, il s'infère de la rédaction du nouveau texte la subordination de la variation du loyer pratiqué à l'exacte variation de l'indice, ce qui équivaut à une indexation du loyer avec son caractère d'automaticité excluant l'appréciation du bailleur qui pourrait, comme c'était le cas auparavant, décider d'une hausse inférieure à celle résultant du jeu de l'indice en raison, par exemple, d'un taux de vacance élevé. Pour des hausses infimes, le coût de gestion de mise en œuvre pourrait par ailleurs conduire le bailleur à renoncer à toute augmentation. Mais l'administration considère que la modification opérée par la loi du 27 janvier 2017 supprime toute marge de manœuvre au bailleur et rend illégale les décisions contraires au principe de l'indexation.

Réciproquement, en cas de variation négative de l'indice par exemple, les bailleurs n'auraient plus la faculté de décider de maintenir le même niveau de loyer que celui de l'année écoulée mais devraient diminuer à proportion les montants appelés aux locataires, sans que ceux-ci aient à leur formuler la demande. Cette situation n'est pas inenvisageable avec, par exemple, une variation nulle de l'IRL constatée pour celui du deuxième trimestre 2016 ou une variation négative pour celui du quatrième trimestre 2015.

Deux dérogations au plafonnement du loyer au niveau de la variation de l'indice sont cependant

1. L. n° 2010-1657, 29 déc. 2010 de finances pour 2011, *JO* 30 déc., p. 23033.
2. L. n° 2017-86, 27 janv. 2017, art. 81.
3. Pour la rédaction des textes postérieurs au 1er janvier 2017, v. ss n° 636.01.

possibles : lorsqu'un organisme se trouve placé en plan de redressement de ses comptes par la CGLLS, d'une part, en cas de travaux de réhabilitation d'immeuble, d'autre part.

Il est alors possible, mais toujours à effet du 1er janvier, d'augmenter les loyers à hauteur de la variation de l'IRL majorée de 5 %, chaque année, avec l'accord du préfet, pour une durée à déterminer avec lui. Cet étalement permet d'appliquer une hausse plus forte justifiée par l'importance des travaux et le fait qu'elle devrait être, dans une certaine proportion, compensée par une baisse des charges inhérente à l'amélioration de la performance énergétique du bâtiment. Si les locataires concernés par les travaux signent, en outre, avec l'organisme un accord, conclu dans les conditions de l'article 42 de la loi du 23 décembre 1986, la hausse n'est alors plafonnée que par le loyer maximum applicable et peut dépasser la variation de l'IRL majorée de 5 %.

Cette modalité particulière de révision annuelle au 1er janvier ne se substitue pas à la règle en vigueur en matière de travaux d'amélioration qui ouvre au bailleur la faculté de notifier un nouveau loyer dès leur achèvement en raison du service supplémentaire dont profite immédiatement le locataire[1]. Mais au 1er janvier suivant, la hausse ne pourra excéder la variation de l'IRL majorée de 5 %, et sous la condition d'obtenir l'accord préfectoral.

636.52 Critique de l'automaticité de la révision du loyer. Le caractère d'indexation du loyer sur la variation de l'indice, sans intervention du bailleur, apparaît néanmoins contestable sous plusieurs aspects.

L'objectif du législateur de 2017 sur ce point était à la fois de pérenniser le plafonnement des loyers à l'IRL dans l'ensemble du parc social, sauf en cas de travaux de réhabilitation ou de plan d'aide CGLLS tout en homogénéisant les règles de révision des loyers pratiqués entre les SEM et les autres bailleurs sociaux.

Il n'apparaît aucune recherche d'automaticité ou d'indexation dans le nouveau mode de révision du loyer mais bien d'en garantir le plafonnement à tous les locataires concernés : « Dans un contexte économique difficile et compte tenu du niveau des ressources des locataires en place, le projet de loi prévoit de pérenniser les modalités de révision annuelle des loyers pratiqués pour les OHLM, instituées par la loi du 29 décembre 2010 précitée. Ainsi, tous les logements du parc social seront soumis aux mêmes règles de révision annuelle et ne pourront être augmentés au-delà du montant de l'IRL.

1. CCH, art. L. 353-16.

Selon l'enquête occupation du parc social (OPS) de 2014, dans les logements sociaux de France métropolitaine gérés par les HLM ou les SEM, 90 % des ménages ont un niveau de ressources inférieur ou égal au plafond PLUS de référence[2]. »

La même étude ajoute que ces mesures ne modifient pas l'ordonnancement juridique alors en vigueur.

Observons par ailleurs que les auteurs de la loi ont conservé l'obligation faite aux bailleurs de transmettre aux préfets toute délibération relative aux loyers pratiqués, qu'elles aient, ou non, pour objet la révision annuelle[3]. Par conséquent, le représentant de l'État opère toujours le contrôle sur les décisions affectant un composant essentiel du bail des habitations à loyer modéré. Il peut ainsi s'assurer de l'adéquation entre le service rendu aux locataires et le niveau de loyer pratiqué. Si le législateur avait voulu l'automaticité de la révision, cette disposition n'aurait dû être maintenue que pour les cas de déplafonnement autorisés par la loi.

D'autres motifs militent dans le sens d'une règle de plafonnement par opposition à ce qui peut être entendu comme une règle d'indexation. Outre les exceptions légales autorisant une majoration supérieure à la variation de l'indice dans le cas de travaux de réhabilitation ou de plan de redressement de l'organisme, les bailleurs doivent également pouvoir fixer des loyers différenciés dans le cadre de la nouvelle politique de loyer (NPL) ou de la politique expérimentale des loyers définie par l'ordonnance du 15 mai 2019[4] qui facilite, sous certaines conditions, la mise en œuvre des obligations de relogement des plus modestes en dehors des quartiers prioritaires de la politique de la ville avec une minoration des loyers pratiqués et, sur d'autres immeubles, des majorations qui ne sont applicables que lors des relocations. Enfin, les bailleurs sont parfois amenés à minorer la hausse issue du jeu de l'indice, voire l'écarter sur certains immeubles pour des raisons commerciales ou simplement au motif de coût de gestion lorsque la variation des indices est très faible.

L'indexation organise une forme d'irresponsabilité des bailleurs sociaux sur l'aspect essentiel du prix du loyer qui les prive d'un attribut majeur quant à l'appréciation du niveau pertinent d'évolution du loyer et son impact sur la solvabilité des locataires. Cette capacité des bailleurs d'apprécier le niveau de majoration du loyer en cours de bail est un des

2. V. étude d'impact, L. 27 janv. 2017, p.122 et p.123.
3. CCH, art. L. 442-1-2.
4. Ord. n° 2019-453, 15 mai 2019 relative à l'expérimentation d'une politique des loyers prenant mieux en compte la capacité financière des ménages nouveaux entrants du parc social, *JO* 16 mai, n° 51.

leviers qui permet d'assurer leur vocation sociale, notamment en période de crise. En ce sens, il est remarquable que le législateur de 2017 n'a pas modifié la disposition selon laquelle les bailleurs sociaux fixent librement le loyer des logements faisant l'objet d'une nouvelle location[1], cette mesure permettant de garantir un taux d'accessibilité suffisant au parc social.

L'argument du principe constitutionnel d'égalité des locataires devant la charge du loyer exigé est parfois invoqué contre les bailleurs pour contester la faculté de moduler la majoration du loyer ou d'y renoncer. Mais l'on doit reconnaître aux bailleurs la capacité d'appréciation de différences de situations au sein de leur parc locatif justifiant des mesures circonstanciées incompatibles avec l'application uniforme à l'ensemble des logements sociaux d'un unique pourcentage issu de la seule variation d'un indice. D'ailleurs, le Conseil constitutionnel admet que le principe d'égalité ne s'oppose pas à ce que l'autorité investie du pouvoir réglementaire règle de façon différente des situations différentes ni à ce qu'il déroge à l'égalité pour des raisons d'intérêt général pourvu que, dans l'un comme l'autre cas, la différence de traitement qui en résulte soit en rapport direct avec l'objet de la norme qui l'établit[2].

La révision du loyer peut par conséquent ne pas être uniforme ou automatique dès lors que les caractéristiques spécifiques des groupes immobiliers sont prises en compte dans la délibération du conseil d'administration. Ainsi, le conseil d'administration est légitime à prendre en compte, par exemple, un taux de vacance excessif ou bien un niveau de loyer qui peut s'avérer trop élevé dans certains groupes immobiliers au regard de l'offre sur le parc privé. Le conseil d'administration peut également considérer que la mise en œuvre d'une majoration infime représentera un coût de gestion inutile et décider l'absence totale de majoration sur l'ensemble du parc social concerné.

SECTION 2
CUS 2 (2019-2025)

636.60 **Plan.** La parution de la loi du 27 janvier 2017, relative à l'égalité et à la citoyenneté, en dehors des règles d'évolution des loyers pratiqués qui viennent d'être exposées, autorise les organismes HLM à modifier leurs loyers maximums dans certaines conditions, pour la période initialement prévue 2018-2023.

Quels sont les objectifs et les conditions de signature de la CUS 2 (§ 1) ? Comment peuvent évoluer les loyers maximums applicables aux immeubles et aux logements (§ 2) ?

§ 1
Objectifs

636.71 **CUS 2 – Objectifs.** Les objectifs affichés par la loi du 27 janvier 2017 s'inscrivent dans la continuité des lois de 1998, de lutte contre les exclusions, de 2000, pour la solidarité et le renouvellement urbains, de 2006, portant engagement national pour le logement, de février 2014 de programmation pour la ville et la cohésion sociale, de mars 2014, dite Alur, pour l'accès au logement et un urbanisme rénové : il s'agit de favoriser une plus grande mixité sociale dans le logement social par la diversification des flux d'accueil dans les quartiers prioritaires de la politique de la ville (QPV), par un meilleur accès au parc HLM en dehors de ces quartiers pour les ménages les plus pauvres. Ceci implique une nouvelle approche des attributions des logements (v. titre 62), grâce à une meilleure transparence, un partenariat étroit avec les collectivités territoriales, leurs élus, l'État et les réservataires de logements.

La mixité sociale, qui se traduit par une obligation d'accueillir les ménages les plus pauvres à hauteur de 25 % en dehors des quartiers de la politique de la ville est favorisée par la possibilité donnée aux organismes de mettre en place une nouvelle politique des loyers (NPL) dans les CUS 2.

636.72 **CUS 2 – Calendrier.** Avant la loi Élan, il était prévu que les organismes d'habitations à loyer modéré transmettent, avant le 1er janvier 2018, au représentant de l'État du département de leur siège un projet de convention d'utilité sociale[3] afin qu'une signature de la nouvelle convention intervienne avant le 1er juillet 2018, pour une durée de six ans renouvelable prenant effet le 1er janvier 2018.

Ce calendrier est bouleversé par la loi Élan[4] qui prévoit un échéancier décalé :

– avant le 1er juillet 2019 : transmission du projet de CUS par les organismes au représentant de l'État dans le département de leur siège ; cependant, une instruction ministérielle du 12 juin 2019 accordait un délai supplémentaire pour le dépôt des projets, jusqu'au 1er octobre 2019 ;

– avant le 31 décembre 2019 : signature de la convention ;

– le 1er juillet 2019 : entrée en vigueur, avec effet rétroactif.

1. CCH, art. L. 442-2-1.
2. Cons. const., n° 96-380 DC, 23 juill. 1996, *Loi relative à l'entreprise nationale France télécom*, CONFORMITÉ, *JO* 27 juil. 1996, p.11408.
3. L. n° 2017-86, 27 janv. 2017, art. 81, III.
4. L. n° 2018-1021, 23 nov. 2018, art. 104.

En outre, les organismes peuvent se voir accorder par le préfet du département un report d'une année, renouvelable une fois, lorsqu'ils sont engagés dans un projet de rapprochement avec un autre organisme. Ils doivent en ce cas justifier de leur démarche en produisant une délibération de leur conseil d'administration ou, le cas échéant, de leur directoire, qui atteste de l'intention de rapprochement.

636.73 **CUS 2 – Personnes publiques associées et signataires.** Instrument de développement d'une politique de mixité sociale dans un périmètre donné, la CUS associe à son élaboration de multiples personnes publiques.

Le conseil d'administration ou, le cas échéant, le directoire de l'organisme d'habitations à loyer modéré engage, par une délibération, la procédure d'élaboration de la convention[1], laquelle est transmise au préfet signataire de la convention, au préfet du département dans lequel est situé le siège social de l'organisme ainsi qu'aux personnes publiques qui doivent être associées (PPA) à l'élaboration de la convention, et, le cas échéant la signer en application de l'article R. 445-2-4.

L'organisme doit transmettre à l'ensemble des PPA concernées, la délibération d'engagement de l'élaboration de la CUS.

Les PPA disposent d'un délai de deux mois pour informer l'organisme de leur demande d'être signataire de la convention d'utilité sociale prévu au dernier alinéa de l'article R. 445-2-4 précité.

Lorsque la collectivité de rattachement d'un OPH figure sur la liste des PPA, la signature de son représentant est obligatoire. Les autres collectivités de la liste des PPA sont signataires à titre facultatif ; l'absence de leur signature ne fait pas obstacle à la conclusion de la CUS.

Mise à part la Ville de Paris et les communes compétentes pour l'élaboration d'un PLH, les communes ne sont pas au nombre des signataires à titre facultatif ou obligatoire prévu par l'article L. 445-1. De même, un EPCI qui ne fait pas partie de la liste des EPCI mentionnés au vingtième alinéa de l'article L. 441-1 ou qui n'est pas un établissement public territorial de la métropole du Grand Paris, qu'il soit EPCI de rattachement ou non, ne fait pas partie de la liste des signataires à titre facultatif ou obligatoire.

Il revient ensuite à l'organisme d'entreprendre l'association des personnes publiques associées (PPA), la concertation locative et d'entrer en discussion de manière informelle avec les services de l'État très rapidement afin que les échéances du calendrier puissent être respectées. Ces dialogues peuvent s'étendre au-delà de la transmission du projet mais il est préférable que ces discussions soient particulièrement détaillées avant la transmission du projet de CUS. Leur niveau d'avancement est en effet un gage de qualité pour le projet déposé.

L'association des PPA dure nécessairement plus d'un mois, puisque l'organisme doit proposer une réunion dans ce délai après communication à ces dernières, d'éléments composant son projet de CUS[2].

Ainsi, un délai de trois mois court après envoi de la délibération par l'organisme aux PPA : un premier délai de deux mois pendant lequel les PPA peuvent demander à être signataires, puis l'association avec l'organisation d'une réunion un mois après l'envoi d'éléments par le bailleur[3].

636.74 **CUS 2 – Concertation avec les représentants des locataires.** En application de l'article L. 445-1, cette concertation est obligatoire pour l'état du service rendu et les engagements pris en matière de gestion sociale des immeubles et ensembles immobiliers. Il appartient à l'organisme de décider s'il souhaite élargir le champ de cette concertation au-delà des associations de locataires, notamment aux comités de résidents mis en place dans les logements-foyers[4] ou des conseils de vie sociale existant dans les institutions sociales ou médico-sociales qui assurent une mission d'hébergement[5].

Ces modalités sont définies par l'organisme dans le cadre de son plan de concertation locative (PCL). L'organisme n'est pas tenu d'adapter spécifiquement son PCL pour la concertation sur la CUS. La concertation locative associe :

– les associations de locataires disposant d'une représentation dans le patrimoine du bailleur et affiliées à une organisation siégeant à la Commission nationale de concertation, au Conseil national de l'habitat, ou au Conseil national de la consommation ;

– les représentants des associations de locataires ayant obtenu plus de 10 % des suffrages exprimés aux dernières élections ;

– les administrateurs élus représentants des locataires.

Si aucune de ces personnes n'existe au sein de l'organisme, alors l'organisme n'est pas soumis à cette obligation. Il transmet alors un constat de carence au préfet.

1. CCH, art. R. 445-2-3.

2. CCH, art. R. 445-2-5.
3. Min. de la Cohésion des territoires et des Relations avec les collectivités territoriales, *CUS 2e génération, Guide de rédaction et d'élaboration*, déc. 2019.
4. CCH, art. L. 633-4.
5. CASF, art. L. 311-6.

Ces modalités sont définies par l'organisme dans le cadre de son plan de concertation locative (PCL). L'organisme n'est pas tenu d'adapter spécifiquement son PCL pour la concertation sur la CUS. La concertation locative associe :

- les associations de locataires disposant d'une représentation dans le patrimoine du bailleur et affiliées à une organisation siégeant à la Commission nationale de concertation, au Conseil national de l'habitat, ou au Conseil national de la consommation ;
- les représentants des associations de locataires ayant obtenu plus de 10 % des suffrages exprimés aux dernières élections ;
- les administrateurs élus représentants des locataires.

Si aucune de ces personnes n'existe au sein de l'organisme, alors l'organisme n'est pas soumis à cette obligation. Il transmet alors un constat de carence au préfet.

636.75 **CUS 2 – Contenu du projet.** Le projet de CUS a dû être déposé au préfet de département au 1er juillet 2019 (ou aura dû l'être au 1er juillet 2020 voire au 1er juillet 2021, en cas de report justifié par une démarche de regroupement auprès d'autres bailleurs sociaux). Il contient :

- le plan stratégique de patrimoine, réalisé ou actualisé depuis moins de trois ans (document facultatif au moment du dépôt du projet mais qui facilite l'étude du projet par les services de l'État ; il doit être fourni avant la signature de la CUS) ;
- la délibération approuvant ou actualisant le plan stratégique de patrimoine ;
- la délibération de lancement de l'élaboration, qui comprend le cas échéant des modalités d'association des personnes publiques associées ;
- le cadre stratégique d'utilité sociale et le cadre stratégique de patrimoine, le cas échéant ;
- un projet de CUS incluant les tableurs des indicateurs associés aux objectifs conventionnels) [1].

636.76 **CUS 2 – Contenu.** La conclusion de la CUS est fondée sur le plan stratégique de patrimoine (PSP) établi par le bailleur tel que défini à l'article L. 411-9, ainsi que pour les organismes membres d'un groupe, sur un cadre stratégique patrimonial défini à l'article R. 445-2-2. Il est précisé à l'article R. 445-2-2 que l'organisme doit disposer d'un PSP approuvé ou actualisé par délibération de son directoire ou, le cas échéant, de son conseil d'administration, depuis moins de trois ans.

Les organismes membres d'un groupe doivent également disposer d'un cadre stratégique d'utilité qui définit, à l'échelle de l'ensemble des organismes qui constituent le groupe, des orientations générales et des objectifs chiffrés pour les engagements sur la qualité de service rendu aux locataires, la politique patrimoniale, la gestion sociale, la concertation locative avec les locataires et, le cas échéant, la politique en faveur de l'hébergement et la politique d'accession [2].

Le cadre stratégique d'utilité sociale et le cadre stratégique patrimonial ne sont pas contractualisés avec l'État et leur contenu n'est pas encadré juridiquement. Le ministère du logement rappelle qu'il n'incombe pas à l'État de contrôler si les organismes respectent les orientations de ces cadres car il s'agit de stratégies internes aux groupes. Toutefois, les services de l'État doivent s'assurer que les organismes soumis à cette disposition sont bien en possession de ces deux cadres.

La CUS 2 contient les documents de la CUS 1 [3]. Elle prévoit en outre l'établissement d'un état de l'occupation sociale, à partir des informations issues de l'enquête sur l'occupation du parc social, dite enquête OPS, réalisée tous les deux ans et dont les informations peuvent être utilisées à cette occasion, conformément à l'article L. 442-5 modifié du code de la construction et de l'habitation.

Un certain nombre d'indicateurs quantitatifs et qualitatifs sont joints à la CUS. Pour la CUS 2, le décret du 9 mai 2017 [4] les définit en simplifiant les outils de suivi : alors que la première CUS comprenait trente-six indicateurs, ce décret en rassemble six obligatoires qui s'appliquent à tous les organismes HLM sur l'ensemble de leur territoire et cinq indicateurs optionnels dont l'activation est laissée un choix du préfet signataire [5].

Ces outils sont à nouveau modifiés en application de la loi Élan par le décret du 26 juillet 2019 [6] qui modifie les dispositions relatives aux conventions d'utilité sociale en ce qui concerne notamment des nouvelles conditions de la vente des logements sociaux, des groupes d'organismes de logement social et l'obligation de disposer d'un cadre straté-

1. Min. de la Cohésion des territoires et des Relations avec les collectivités territoriales, *CUS 2e génération, Guide de rédaction et d'élaboration*, déc. 2019.

2. CCH, art. L. 423-1-1.
3. V. ss no 636.21.
4. Décr. no 2017-922, 9 mai 2017 modifiant le chapitre III du titre V du livre III du code de la construction et de l'habitation relatif au régime juridique des logements locatifs conventionnés et le titre IV du livre IV du même code relatif aux rapports des organismes d'habitations à loyer modéré et des bénéficiaires, *JO* 10 mai, no 173.
5. Sur le contenu de la CUS 2 : CCH, art. L. 445-5 (issu de la loi no 2017-86, 27 janv. 2017) et R. 445-3 à R. 445-5-5 (tels qu'issus du décret no 2017-922, 9 mai 2017).
6. Décr. no 2019-801, 26 juill. 2019 relatif aux conventions d'utilité sociale des organismes d'habitation à loyer modéré et des sociétés d'économie mixte de construction et de gestion de logements sociaux, *JO* 28 juill., no 48.

gique d'utilité sociale et d'un cadre stratégique patrimonial. Ce texte modifie ou complète également les indicateurs des CUS portant sur la rénovation énergétique (PP-2 et PP-LF-2), la réhabilitation (PP-3 et PP-LF-3), la vente de logement social (PP-4) et les coûts de gestion (nouvel indicateur G1) et prévoit une transmission annuelle des indicateurs relatifs à la rénovation énergétique et la réhabilitation. Il supprime des indicateurs portant sur la vacance (G1), les mises en services (PP-1 *bis* et PP-LF-1 *bis*) et l'accession sociale (PS-ACC-2).

La concertation avec les locataires est par ailleurs étendue, en particulier aux engagements souscrits dans la CUS [1] :

- qui contiennent les obligations de l'organisme sur les conditions d'occupation et de peuplement des logements et des objectifs de mixité sociale ;
- qui précisent les actions d'accompagnement en faveur des personnes en difficultés ;
- qui peuvent prévoir la nouvelle politique des loyers (NPL) et fixent alors, dans ce cas, les plafonds de ressources, les montants maximaux de loyers des immeubles et les loyers maximaux moyens.

Les modalités de la concertation sont inscrites dans le plan de concertation locative.

636.77 CUS 2 – Conséquences des regroupements imposés par la loi Élan. L'objectif d'accélérer le regroupement des bailleurs sociaux recherché par les pouvoirs publics s'est traduit dans la loi du 23 novembre 2018, dite loi Élan, par des dispositions imposant aux organismes gérant moins de 12 000 logements sociaux d'avoir rejoint un groupe d'organismes de logement social à compter du 1er janvier 2021 [2]. Un groupe d'organismes prend l'une des deux formes suivantes : soit un groupe capitalistique au sens du code de commerce soit un groupe formé autour d'une société de coordination dont les membres détiennent le capital [3].

Chaque groupe d'organismes se trouve par ailleurs tenu d'élaborer deux documents stratégiques : un cadre stratégique patrimonial et un cadre stratégique d'utilité sociale. Ce dernier document définit, à l'échelle de l'ensemble des organismes constituant le groupe, des orientations générales et des objectifs chiffrés pour les engagements sur la qualité de service rendue aux locataires, la politique patrimoniale, la gestion sociale, la concertation locative avec les locataires et, le cas échéant, la politique en faveur de l'hébergement et la politique d'accession.

La loi Élan n'a pas imposé une hiérarchisation entre le cadre stratégique d'utilité sociale du groupe et les CUS de chacun de ses organismes membres. Néanmoins, les organismes qui avaient élaboré leur nouvelle CUS avant un éventuel regroupement ou, parfois une fusion avec un autre organisme HLM, peuvent se trouver contraints de réexaminer les orientations et les objectifs déclinés dans leur CUS à l'aune du cadre stratégique patrimonial et du cadre stratégique d'utilité sociale en vigueur dans leur groupe. Si le degré de conséquence est faible sur la CUS conclue avant les documents de groupe, il peut s'ensuivre simplement la conclusion d'un simple avenant à la CUS existante. Mais la réponse ne sera pas identique dans le cas inverse.

Selon la position du ministère du logement, la réorganisation peut nécessiter la conclusion d'une nouvelle CUS en cas de modifications substantielles, dans un délai que la loi limite à trois ans à compter de la signature de la CUS [4]. En présence d'une fusion entre deux organismes ayant auparavant élaboré leur CUS, le plan stratégique de patrimoine actualisé après fusion impliquera la réalisation d'une nouvelle CUS s'il s'agit d'organismes de taille comparable. Mais s'il s'agit de la CUS d'un organisme absorbant un autre de taille modeste, un avenant pourrait suffire.

Si le contexte est celui d'un regroupement et non d'une fusion, les deux documents stratégiques de groupe devront en toute hypothèse avoir été déjà élaborés lors du dépôt du projet des CUS des organismes membres du groupe. En l'absence de cadre juridique contraignant pour les documents stratégiques de groupe, leur impact sur les orientations des CUS des organismes du groupe exigera une analyse au cas par cas. Il est donc possible qu'un organisme ait davantage eu intérêt à déposer sa CUS avant l'échéance du 1er juillet 2021, sans attendre l'établissement des documents de groupe. Et si le groupe entend porter une politique d'ensemble plus forte, une nouvelle CUS s'avérera sans doute nécessaire. Dans le cas inverse, un avenant devrait permettre d'intégrer les orientations des documents stratégiques du groupe dans le contenu de la CUS des membres du groupe.

§ 2
Politique des loyers

636.80 Plan. Il convient d'étudier successivement les règles applicables en matière de loyers maximums quand l'organisme n'a pas recours à la nouvelle politique des loyers (A), les règles applicables en matière de loyers maximums dans le cadre de la nouvelle politique des loyers (B) et la révi-

1. SUR les engagements pris en matière de gestion sociale : CCH, art. L. 445-2 (issu de la loi n° 2017-86, 27 janv. 2017) et R. 445-6 à R. 445-10 (tels qu'issus du décret n° 2017-922 du 9 mai 2017).
2. CCH, art. L. 423-2.
3. CCH, art. L. 423-1-1.
4. CCH, art. L. 445-1.

sion des loyers en cas de nouvelle location ou pour les baux en cours ou en cas de travaux dans la nouvelle politique des loyers (C).

636.81 **Avant l'entrée dans la CUS.** Comme pour les CUS 1, il convient au préalable de noter que l'entrée dans le régime des loyers applicable aux CUS, qui va être développé ci-dessous, n'intervient qu'au bout de six années pour certains logements. On doit retenir en effet que :

- pendant les six premières années tout logement neuf conventionné, comme tout logement acquis et conventionné à l'APL par les organismes HLM, est soumis aux règles générales de fixation des loyers prévues par les conventions APL que signent les organismes avec l'État ou le délégataire local (loyer maximum défini par circulaire et loyer pratiqué défini par l'organisme dans la limite du loyer maximum : v. s[s] n° 634.50) ;
- ce n'est qu'au terme de la sixième année des conventions APL que ce logement entre dans le régime applicable aux CUS, avec la possibilité pour l'organisme propriétaire de définir des loyers plafonds nouveaux, dans le cadre de la CUS 2, signée par les organismes HLM avec l'État et les autres signataires autorisés.

A. Règles applicables en matière de loyers maximums quand l'organisme n'a pas recours à la nouvelle politique des loyers (NPL)

636.91 **Principes.** Tout d'abord, la nouvelle politique des loyers (NPL) [1] est facultative. À défaut d'opter pour la NPL, les loyers plafonds des immeubles de l'organisme HLM ne changent pas.

La nouvelle politique des loyers est conçue pour faciliter l'objectif d'accueil des ménages à bas revenus en dehors des quartiers de la politique de la ville (QPV), à savoir l'attribution de logements à au moins 25 % de ménages relevant du quartile de revenus le plus faible observé sur le territoire de l'EPCI (ou de la commune de Paris et des établissements publics territoriaux de la métropole du Grand Paris).

En conséquence, la NPL :

- doit permettre de rendre compatibles les loyers et les ressources des ménages concernés par l'objectif de 25 % des attributions annuelles hors QPV ;
- n'est plus une remise en ordre des loyers liée à la qualité de service.

Elle peut être mise en place à tout moment par avenant à la CUS ; elle prend alors effet au 1er janvier qui suit.

Compte tenu du calendrier des CUS exposé ci-dessus, la première année d'application effective de la NPL est l'année 2019.

On doit noter cependant que cette obligation d'attribution de 25 % hors des quartiers existe néanmoins dès 2017. L'organisme qui n'a pas recours à la NPL devra proposer cet accès aux plus modestes à partir de sa grille de loyers maximums inchangée.

636.92 **Intérêt de la NPL.** Le choix de la nouvelle politique des loyers, décliné dans les articles L. 445-2 et suivants du code de la construction et de l'habitation [2], apporte une souplesse nouvelle en matière de loyer maximum, mais également sur d'autres aspects de la politique des loyers de l'organisme. Ils sont résumés dans le tableau ci-dessous.

TABLEAU EXPLICATIF DES EFFETS DU NON-RECOURS À LA NPL

	SANS NPL	AVEC NPL
Variation annuelle des loyers pratiqués	IRL ou IRL + 5 % ou Accord collectif	IRL ou IRL + 5 % ou Accord collectif
Loyer maximum de l'ensemble immobilier (surface)	Inchangé	Passage possible en surface utile (ou corrigée) pour tout ou partie du patrimoine
Loyer maximum de l'ensemble immobilier	Inchangé	Augmentation possible dans le respect de la masse des loyers maximums
Loyer maximum de l'ensemble immobilier en cas de travaux	Inchangé	Augmentation possible de la masse des loyers maximums

B. Règles applicables en matière de loyers maximums dans le cadre de la nouvelle politique des loyers (NPL)

636.101 **Mécanisme de la NPL.** Le mécanisme de la NPL s'applique aux seules nouvelles locations, donc au fur et à mesure de la rotation des locataires.

Cela signifie que, même après fixation de nouveaux loyers plafonds par immeuble dans la NPL, les locataires en place des immeubles correspondants ne pourront pas voir leur loyer modifié du seul fait de la NPL.

Les engagements relatifs à cette nouvelle politique des loyers se substituent à ceux prévus par la réglementation en vigueur, ainsi qu'aux engagements de même nature figurant dans les conventions conclues au titre de l'article L. 831-1 du code

1. CCH, art. L. 445-2 s. (issus de L. n° 2017-86, 27 janv. 2017).

2. V. texte *in extenso* s[s] n° 636.01

de la construction et de l'habitation depuis plus de six ans à la date de prise d'effet de cette nouvelle politique des loyers ou de son renouvellement. Il n'est toutefois pas nécessaire de procéder par avenant dans les conventions APL, la CUS 2 valant novation.

636.102 Masse des loyers maximums dans la NPL. La masse des loyers maximums de l'organisme qui applique la NPL doit rester constante par rapport à la situation antérieure. Cette règle s'applique lors de la signature de la CUS 2 avec NPL ou lors de la mise en place d'une NPL ultérieurement.

L'article L. 445-3 du code de la construction et de l'habitation précise que : « Le montant maximal de la masse des loyers de l'ensemble des immeubles de l'organisme résultant de la nouvelle politique des loyers mentionnée à l'article L. 445-2, rapporté à la surface corrigée ou à la surface utile, ne peut excéder le montant maximal résultant, à la date de prise d'effet de la nouvelle politique des loyers, des conventions mentionnées à l'article L. 831-1 ou résultant de la réglementation en vigueur [...]. »

636.103 Loyers plafonds par ensemble immobilier dans la NPL. L'ensemble immobilier est un immeuble ou un regroupement de plusieurs immeubles physiques situés à proximité les uns des autres, généralement de manière continue. Ces immeubles du bailleur doivent être géographiquement cohérents mais ils peuvent relever de plusieurs sources de financement différentes, avec plusieurs conventions APL.

À l'inverse, il est recommandé d'éviter qu'une même convention APL régisse plusieurs ensembles immobiliers afin d'éviter une complexité inutile. Également, la cohérence avec le découpage territorial des indicateurs de la CUS et les objectifs d'attribution commande qu'un ensemble immobilier ne puisse appartenir à plusieurs EPCI ou à plusieurs départements. Pour les maisons individuelles et les petits immeubles collectifs, les ensembles immobiliers peuvent être délimités à l'échelle d'un lotissement ou d'un quartier.

Le montant maximal des loyers d'un ensemble immobilier, fixé dans la nouvelle politique des loyers, est exprimé en euros par mètre carré et par mois.

À l'occasion de la mise en place de la NPL, on a vu que l'organisme pouvait choisir d'unifier la surface de référence de son patrimoine en choisissant, soit la surface corrigée, soit la surface utile. Cela lui permet de disposer d'une seule unité de référence de calcul pour ses loyers maximaux et pour leur répartition entre les immeubles de son patrimoine.

Le texte précise que « le montant maximal de loyer d'un ensemble immobilier exprimé en surface corrigée peut être exprimé en surface utile (...) sans que ce mode de calcul ne modifie à lui seul ce montant maximal de loyer »[1].

636.104 Répartition des loyers maximums dans l'immeuble ou l'ensemble immobilier. L'organisme fixe, dans la nouvelle politique des loyers, le montant maximal de la moyenne des loyers maximaux applicables aux logements de l'ensemble immobilier. Il est exprimé en euros par mètre carré et par mois.

Ce montant est fixé pour chaque plafond de ressources déterminé pour l'attribution de ces logements.

Ainsi, un même immeuble ou un même ensemble immobilier peut voir ses logements répartis autour d'un, de deux ou de trois plafonds de ressources (PLAI, PLUS et PLS).

L'objectif consiste à déterminer une cible de répartition des PLAI, PLUS et PLS dans l'immeuble ou l'ensemble immobilier, assortie des valeurs des loyers plafonds correspondants[2]. Cette cible permettra de procéder aux attributions des logements en vue de la mixité sociale, en particulier hors des quartiers de la politique de la ville, afin de remplir l'objectif poursuivi par l'organisme. Les valeurs des loyers les plus élevés devraient compenser celles des loyers rendus plus accessibles aux personnes modestes.

À l'exception des logements financés en prêts locatifs intermédiaires (PLI) ou à un niveau équivalent, le montant du loyer maximal de chaque logement dans la nouvelle politique des loyers doit rester inférieur ou égal au montant du loyer maximal des logements financés en prêts locatifs sociaux (PLS).

636.105 Plafonds de ressources et la NPL. Les plafonds de ressources dans la nouvelle politique des loyers sont ceux prévus pour l'attribution des logements locatifs sociaux et mentionnés à l'article L. 441-1 ou résultant de la réglementation en vigueur.

Un ou plusieurs plafonds de ressources peuvent être institués au sein de chaque ensemble immobilier[3].

Le montant du loyer maximal moyen est fixé pour chaque plafond de ressources déterminé pour l'attribution de ces logements.

636.106 Révision des loyers plafonds. Les loyers plafonds sont révisés le 1er janvier en fonction de la variation de l'IRL du 2e trimestre. On notera que cette révision à l'indice du deuxième trimestre vaut

1. CCH, art. R. 445-9.
2. V. schéma explicatif s^s n° 635.122.
3. CCH, art. L. 445-3, I et IV.

pour tous les loyers maximums, que l'organisme applique ou non la nouvelle politique des loyers.

Pour un schéma explicatif de la NPL, v. schéma s[s] n° 636.116.

C.
Révision des loyers en cas de nouvelle location ou pour les baux en cours ou en cas de travaux dans la nouvelle politique des loyers (NPL)

636.111 Loyers des nouvelles locations dans la NPL Les loyers applicables en cas de changement de locataire sont fixés librement dans la limite des loyers maximaux.

636.112 Révision des loyers en cours avec ou sans NPL. Il n'y a pas de différence pour la révision des loyers dans ou sans la NPL. Les règles exposées ci-dessus pour les loyers en 2017 sont applicables[1].

636.113 Cas des logements réhabilités. La loi du 27 janvier 2017 a créé une possibilité d'augmentation des loyers pour une partie du patrimoine de l'organisme qui fait l'objet d'une réhabilitation, avec ou sans application de la NPL[2].

L'autorité administrative (il s'agit du préfet de département) peut autoriser un organisme à déroger à la règle de base en matière d'augmentation des loyers pratiqués annuelle, qui est celle du respect de la variation de l'IRL du deuxième trimestre.

Le texte précise que cette dérogation vaut « pour une durée déterminée » par l'autorité administrative, ce qui justifie que la hausse s'applique sur plusieurs exercices, en fonction de la nature et du montant des travaux.

Toutefois, d'une année par rapport à l'année précédente, poursuit le texte, la hausse de loyer est plafonnée à 5 % en sus de la variation de l'indice de référence des loyers (IRL).

Ce dernier plafonnement peut néanmoins être contourné : « Sous réserve de l'accord des associations représentatives de locataires et des locataires dans les conditions fixées à l'article 42 de la loi n° 86-1290 du 23 décembre 1986 tendant à favoriser l'investissement locatif, l'accession à la propriété de logements sociaux et le développement de l'offre foncière, cette hausse peut être supérieure à ce plafond. » Il est ici renvoyé à la négociation d'un accord collectif, dans les conditions de l'article 42 de la loi du 23 décembre 1986, c'est-à-dire à un vote[3]. Mais cette dérogation doit respecter le plafond maximum applicable à l'immeuble ou à l'ensemble immobilier.

636.114 Loyers en cas de travaux dans le cadre de la NPL. Dans la NPL, un organisme peut, en outre, déroger à la règle selon laquelle la masse des loyers plafonds avant comme après la NPL est constante. En effet, selon l'article L. 445-3, III du code de la construction et de l'habitation, l'augmentation du loyer maximum pour l'immeuble ou l'ensemble immobilier qui fait l'objet de travaux peut s'effectuer sur plusieurs années selon les modalités suivantes. « Le montant maximal des loyers d'un ensemble immobilier [...] peut être augmenté, après accord de l'autorité administrative et pour une durée qu'elle détermine, en vue d'assurer l'équilibre financier d'opérations d'amélioration. D'une année par rapport à l'année précédente, la hausse du montant maximal des loyers est plafonnée à 5 % en sus de la variation de l'indice de référence des loyers prévu au I de l'art. 17-1 de la loi n° 89-462 du 6 juillet 1989 tendant à améliorer les rapports locatifs et portant modification de la loi n° 86-1290 du 23 décembre 1986. La date de l'indice de référence des loyers prise en compte pour cette révision est celle du deuxième trimestre de l'année précédente. » Ainsi, il est possible de déroger au loyer maximum de l'immeuble, sur plusieurs années, pour amortir des travaux de réhabilitation significatifs. La hausse se fait au-delà de la masse des loyers maximums du patrimoine de l'organisme.

636.115 Situation des organismes ayant signé la CUS 1 avec remise en ordre des loyers. La loi prévoit que les engagements relatifs aux immeubles ou ensembles immobiliers dont le montant maximal de loyer a été fixé dans la CUS 1 après remise en ordre des loyers sont prorogés à chaque renouvellement de CUS, en substitution des engagements de même nature des conventions conclues au titre de l'article L. 831-1 du code de la construction et de l'habitation. Cela signifie que ces organismes peuvent continuer à se référer aux loyers maximums qu'ils ont déterminés dans le cadre de la CUS 1.

Les loyers maximaux de ces immeubles ou ensembles immobiliers sont révisés au 1er janvier de chaque année en fonction de l'indice de référence des loyers du deuxième trimestre de l'année précédente. Les modalités de révision et de hausse des loyers pratiqués sont fixées conformément à l'article L. 353-9-3 et aux deux derniers alinéas de l'article L. 442-1 du code de la construction et de l'habitation, comme pour les autres organismes.

Cette dérogation prévue à l'article L. 445-3-1 du code de la construction et de l'habitation cesse de s'appliquer aux immeubles ou ensembles immobiliers qui sont intégrés dans le champ de la nouvelle politique des loyers (NPL) mentionnée à l'article

1. V. s[s] n° 636.51.
2. CCH, art. L. 353-9-3 et L. 442-1.
3. Sur les accords collectifs de l'art. 42, v. s[s] n°s 812.121 s.

L. 445-2 du code de la construction et de l'habitation. Dans ce cas l'organisme peut, pour remplir les objectifs de la CUS 2, procéder à une redéfinition des loyers maximums de son patrimoine.

636.116 Fixation et évolution des loyers HLM après le 1er janvier 2017.

	Sans NPL	Avec NPL
Loyer maximum de l'immeuble ou de l'ensemble immobilier	Inchangé	Modulable par immeuble ou ensemble immobilier et par logement
Loyer maximum de l'immeuble ou de l'ensemble immobilier en cas de travaux	Inchangé	Dépassement du loyer maximum possible étalé sur plusieurs années
Évolution du loyer maximum	IRL 2e trimestre au 1er janvier	IRL 2e trimestre au 1er janvier
Loyer pratiqué initial	Dans la limite du maximum de la convention	Dans la limite du nouveau loyer maximum modulé
Évolution du loyer pratiqué sans travaux	IRL 2e trimestre au 1er janvier	IRL 2e trimestre au 1er janvier
Évolution du loyer pratiqué avec travaux	IRL + 5 % sur une ou plusieurs années (ou plus si accord art. 42 L. 1986 avec les locataires)	IRL + 5 % sur une ou plusieurs années (ou plus si accord art. 42 L. 1986 avec les locataires)

Sources : Ministère du logement/DHUP. Union sociale pour l'habitat / DMOP, DEEF.

CHAPITRE

637. Supplément de loyer de solidarité (SLS)

SECTION 0 ORIENTEUR

637.00 Sommaire du chapitre.

Division. Après des propos liminaires (sect. 1), il conviendra d'étudier les logements concernés par le supplément de loyer de solidarité (sect. 2), les locataires concernés par le supplément de loyer de solidarité (sect. 3), le montant du supplément de loyer de solidarité (sect. 4) et le régime applicable à compter du 1er janvier 2018 (sect. 5).

637.01 Principaux textes applicables.

TEXTES SOURCES

- **CCH,** art. L. 441-3 à L. 441-15.
- **CCH,** art. R. 441-19 à R. 441-31.
- **Décr. n° 2008-825, 21 août 2008** relatif au supplément de loyer de solidarité, *JO* 23 août, n° 50.
- **Décr. n° 2009-1682, 30 déc. 2009** relatif au supplément de loyer de solidarité, *JO* 31 déc., n° 18.
- **Arr. 20 déc. 2017** relatif à l'enquête annuelle sur l'application du supplément de loyer de solidarité, *JO* 10 janv., n° 12.
- **Ord. n° 2019-454, 15 mai 2019** portant adaptation du calcul du supplément de loyer de solidarité, *JO* 16 mai, n° 53.
- **Décr. n° 2020-103, 7 févr. 2020** relatif au plafonnement du cumul du montant du loyer et du montant du supplément de loyer de solidarité en application de l'article L. 441-4 du code de la construction et de l'habitation, *JO* 8 févr., n° 36.

TEXTES *IN EXTENSO*

- **CCH,** art. L. 441-3

Les organismes d'habitations à loyer modéré perçoivent des locataires des logements visés au premier alinéa de l'article L. 441-1 le paiement d'un supplément de loyer de solidarité en sus du loyer principal et des charges locatives dès lors qu'au cours du bail les ressources de l'ensemble des personnes vivant au foyer excèdent d'au moins 20 % les plafonds de ressources en vigueur pour l'attribution de ces logements.

Les ressources sont appréciées selon les modalités applicables en matière d'attribution des logements. Toutefois, les dernières ressources connues de l'ensemble des personnes vivant au foyer sont prises en compte sur demande du locataire qui justifie que ces ressources sont inférieures d'au moins 10 p. 100 à celles de l'année de référence. En outre, il est tenu compte de l'évolution de la composition familiale intervenue dans l'année en cours à la condition qu'elle soit dûment justifiée.

Les plafonds pris en compte sont ceux qui sont applicables à la date à laquelle le supplément de loyer est exigé.

Les dispositions du présent article ne sont pas applicables dans les zones de revitalisation rurale telles que définies par la loi n° 95-115 du 4 février 1995 d'orientation pour l'aménagement et le développement du territoire ainsi que dans les quartiers classés en quartiers prioritaires de la politique de la ville.

Ces dispositions demeurent non applicables aux locataires bénéficiant de cet avantage et résidant, au plus tard le 31 décembre 2014, dans les quartiers classés en zones urbaines sensibles qui n'auront pas été classés en quartiers prioritaires de la politique de la ville.

Le présent article n'est pas applicable, pendant une durée de trois ans à compter de la date de signature de la convention, aux locataires de logements faisant l'objet d'un bail en cours et dont le loyer n'est pas établi sur la base de la surface corrigée ou de la surface utile au moment de leur conventionnement en application de l'article L. 351-2.

Le présent article n'est pas applicable aux locataires ayant refusé de conclure un nouveau bail en application de l'article L. 353-7.

• **CCH,** art. L. 441-8

Sous réserve des dispositions de l'article L. 441-3-1, le supplément de loyer de solidarité appliqué par l'organisme d'habitations à loyer modéré est calculé par lui en fonction :

– des valeurs du coefficient de dépassement du plafond de ressources, déterminées par décret en Conseil d'État ;

– du montant par mètre carré habitable du supplément de loyer de référence fixé par décret en Conseil d'État selon les zones géographiques tenant compte du marché locatif.

• **CCH,** art. R. 441-23

Le dépassement des plafonds de ressources est déterminé au cours de l'année civile en fonction :

1° – des plafonds de ressources applicables aux logements locatifs sociaux fixés à l'annexe 1 de l'arrêté prévu à la première phrase de l'article D. 331-12 en ce qui concerne la métropole et par l'arrêté prévu à l'article L. 472-1 en ce qui concerne les départements d'outre-mer ;

• **des plafonds de ressources majorés applicables aux logements locatifs sociaux financés à l'aide de prêts prévus à l'article D. 331-17,** aux logements mentionnés à la deuxième phrase de l'article D. 353-11, ainsi qu'aux logements attribués dans les conditions fixées au II de l'article D. 331-12 ;

2° Des ressources de l'ensemble des personnes vivant au foyer et afférentes à la pénultième année civile. Toutefois, les ressources afférentes à la dernière année civile ou aux douze derniers mois sont prises en compte sur demande du locataire qui justifie qu'elles sont inférieures d'au moins 10 % à celles de la pénultième année. Les ressources sont évaluées selon les modalités fixées par l'arrêté mentionné au 1° ci-dessus.

La modification de la composition du ménage ou de ses ressources telle que prévue à l'article L. 441-3 est prise en compte pour le calcul du dépassement du plafond de ressources du locataire à partir du mois qui suit la survenance de l'événement et sur la base de justificatifs dûment transmis à l'organisme d'habitations à loyer modéré dans le délai de trois mois suivant la survenance de l'événement. En cas de transmission de ces pièces après ce délai, cette modification est prise en compte à partir du mois qui suit cette transmission.

637.02 Jurisprudence de référence.

• **Civ. 3e, 16 mars 2017,** n° 16-12.773, P III, n° 38

* V. ss n° 637.82.

Lorsque le locataire d'un logement loué par un organisme d'habitations à loyer modéré ne communique pas le montant de ses ressources, le bailleur peut appliquer, pour la détermination du supplément de loyer de solidarité, un coefficient de dépassement du plafond des ressources à sa valeur maximale, mais ne peut retirer au preneur le bénéfice du plafonnement du supplément de loyer prévu par l'article L. 441-4 du code de la construction et de l'habitation.

• **Civ. 3e, 11 janv. 2011,** n° 10-40.051, P III, n° 2

* V. ss n° 637.14

Les articles L. 441-3 et L. 441-4 du code de la construction et de l'habitation n'opèrent aucune discrimination entre les locataires d'un logement entrant dans le champ d'application de cette loi, répondent à un motif d'intérêt général de justice sociale, enfin, leur mise en œuvre est entourée de garanties procédurales et de fond suffisantes.

• **Civ. 3e, 19 janv. 2000,** n° 98-11.041, NP

* V. ss n° 637.61

Le paiement d'un supplément de loyer est exigible du locataire d'un immeuble acquis par un organisme HLM, « en vertu d'une prérogative de puissance publique dérogeant aux dispositions de droit commun du louage ».

• **Civ. 3e, 27 févr. 2002,** n° 00-18.411, P III, n° 48

* V. ss n° 637.86

La restitution du supplément de loyer indûment perçu est soumise à la prescription de trois ans, conformément à l'article 68 de la loi du 1er septembre 1948 auquel renvoient les articles L. 442-6 et L. 442-10 du code de la construction et de l'habitation.

637.03 Bibliographie indicative.

Encyclopédies. *DP Gestion immob., Vis HLM – Location*, n° 185-217. ; *Logements locatifs conventionnés*, nos 253-256.

> Régime de SLS applicable en 1996

Articles. B. Wertenschlag, « Les suppléments de loyer en secteur HLM », *AJPI* 1995. 677 (régime antérieur à la loi n° 96-162 du 4 mars 1996) ; « Le supplément de loyer de solidarité », *AJPI* 1996. 558 (régime de la loi n° 96-162 du 4 mars 1996).

> Régime de SLS applicable depuis 1996

Articles. L. Auriac, « Le supplément de loyer de solidarité en pratique », *AJDI* 2015. 504 – G Forest, « SLS et mixité sociale », *AJDI* 2008. 153.

Instruction. Min. de la Cohésion des territoires, Direction Générale de l'Aménagement, du Logement et de la Nature (DGALN), Direction de l'Habitat, de l'Urbanisme et des Paysages (DHUP), *Instruction technique relative à la mise en œuvre du supplément de loyer de solidarité*, juin 2018 – Union sociale pour l'habitat, direction des études et direction juridique et fiscale, *Guide Supplément de loyer de solidarité au 1er janvier 2021*.

SECTION 1
PROPOS LIMINAIRES

637.11 Origine et évolution du SLS. Caractéristique proprement HLM, mais applicable également aux logements locatifs des SEM s'ils sont conventionnés à l'APL et aux autres personnes morales détenant des logements locatifs conventionnés, le versement d'un supplément de loyer de solidarité, rendu obligatoire par la loi du 4 mars 1996[1], a été étendu par la loi portant engagement national pour le logement du 13 juillet 2006[2] et ses barèmes ont été renforcés en 2008.

La réforme de 1996 partait d'un bilan mitigé de l'application du surloyer qui existait sous des formes variables depuis 1958 et avec un traitement inéquitable des locataires car sa mise en œuvre par les organismes d'HLM n'était que facultative et s'opérait dans des conditions très différentes selon les organismes.

• **De l'après-guerre jusqu'en 1986 :** surloyer obligatoire avec un barème national incitant à quitter leur logement les occupants qui disposaient de ressources excédant les plafonds.

Deux décrets du 31 décembre 1958 ont posé le principe du paiement obligatoire d'une indemnité d'occupation par les locataires ou occupants qui ne respectent pas les conditions d'occupation ou de ressources pour l'attribution des logements aidés par l'État. L'indemnité devient exigible dès que les revenus dépassent 10 % les plafonds de ressources. Elle est soumise à un double plafonnement : elle ne peut ni excéder le double du loyer réglementaire ni le quart de l'excédent des ressources constaté par rapport au plafond réglementaire[3].

Dans la période de crise extrême du logement d'après-guerre, l'objectif est de libérer ces logements en faisant partir les locataires les moins modestes ; le paiement d'un supplément de loyer ne leur permet pas de se maintenir dans les lieux au-delà de trois années.

Un arrêté du 24 décembre 1969 réorganise le dispositif surloyer[4]. Les locataires du parc social sont soumis au paiement d'un surloyer mais le dépassement pris en compte diffère selon la nature des programmes et leur financement : le surloyer est exigible lorsque le revenu excède les plafonds de 15 % pour les logements des programmes à loyer réduit et ceux des programmes sociaux de relogement et de 20 % s'il s'agit d'habitations à loyer modéré ou d'immeubles à loyer moyen. Le surloyer est majoré tous les ans afin qu'à l'issue d'une période de cinq ans, le locataire soit conduit à supporter en réalité le loyer d'un logement de catégorie supérieure et donc incité à se loger dans le parc privé.

• **De 1986 à 1996 :** surloyer devenant facultatif pour préserver une certaine mixité sociale et faculté pour chaque organisme d'établir son propre barème.

La loi du 23 décembre 1986 tendant à favoriser l'investissement locatif accession à la propriété de logements sociaux et le développement de l'offre foncière, dite loi Méhaignerie, réforme en profondeur le dispositif. D'une part, elle rend facultatif ce dispositif qui reste par conséquent à la discrétion du bailleur social pour sa mise en place et, d'autre part, le barème national est remplacé par des barèmes établis par chaque organisme après agrément du préfet.

Ces barèmes sont définis pour des immeubles ou groupes d'immeubles, en tenant compte de l'importance du dépassement du plafond de ressources, du loyer acquitté ainsi que du nombre et de l'âge des personnes vivant au foyer.

La nouvelle orientation politique qui prévaut alors vise à instaurer un mécanisme de solidarité s'imposant aux plus aisés des locataires qui conservent en contrepartie le droit de conserver leur logement social. Elle résulte de trois considérations fondamentales :

– la paupérisation croissante des locataires du parc social qui bloque l'accès au parc locatif privé du logement et à l'accession sociale à la propriété ;

– le développement de pratiques spéculatives qui ont contribué, tant en accession qu'en location, au renchérissement du prix des logements ;

– l'émergence d'une politique de la ville – issue des premières manifestations de la crise urbaine au début des années 1980 – dont l'un des objectifs est de lutter contre la ségrégation urbaine en tentant de maintenir une forme de mixité sociale des quartiers en difficulté grâce au maintien sur place des ménages à revenu moyen.

Il en résultait une faible application du dispositif du surloyer qui s'expliquait également par un coût élevé de gestion pour les bailleurs sociaux ainsi que par des réticences politiques de la part d'élus locaux dont les organismes ne peuvent pas ne pas tenir compte. En 1991, le Gouvernement évaluait à 50 % le pourcentage des organismes mettant en œuvre le supplément de loyer (75 % en Île-de-France). 10 %

1. L. n° 96-162, 4 mars 1996 relative au supplément de loyer de solidarité, *JO* 5 mars, p. 3406.
2. L. n° 2006-872, 13 juill. 2006 portant engagement national pour le logement, *JO* 16 juill., p. 10662.
3. Décr. n° 58-1469, 31 déc. 1958 relatif aux habitations à loyer modéré, *JO* 4 janv. 1959, p. 272 – Décr. n° 58-1470, 31 déc. 1958 modifiant le décret n° 54-346 du 27 mars 1954 fixant les conditions d'attribution des logements des organismes d'habitations à loyer modéré, *JO* 4 janv. 1959, p. 274.
4. Arr. 24 déc. 1969 relatifs aux plafonds de ressources des bénéficiaires de la législation sur le HLM, *JO* 30 déc.

des locataires de ces organismes l'acquittant pour un montant moyen de 190 francs par mois, soit environ 15 % du loyer moyen pratiqué dans l'ensemble du parc concerné. La ressource complémentaire tirée du surloyer par ces organismes était estimée à moins de 1 % du montant total des loyers perçus [1].

• **Avec la loi du 4 mars 1996 relative au supplément de loyer de solidarité** : versement du SLS obligatoire mais maintien des barèmes propres à chaque organisme.

Les auteurs du texte ont estimé que le maintien de populations à revenus intermédiaires dans le parc social était essentiel et ont, par conséquent, dispensé les organismes de l'application du dispositif du surloyer dans les quartiers urbains les plus sensibles. Ainsi, à l'exception du patrimoine social situé dans les zones urbaines sensibles (ZUS) et les zones de revitalisation rurale (ZRR) où le SLS ne s'appliquait pas, il devenait obligatoire à partir de 40 % de dépassement des plafonds de ressources d'accès au parc locatif social. Les organismes avaient toutefois la faculté de l'appliquer à partir d'un seuil de dépassement de 10 %. Les organismes avaient également le choix d'opter soit pour un barème de calcul du SLS national soit un barème de calcul du SLS spécifique.

Par la suite, le législateur a modifié le dispositif à plusieurs reprises. Citons brièvement et sans exhaustivité les textes significatifs : loi SRU du 13 décembre 2000 [2] (passage du seuil obligatoire d'application du SLS de 40 % à 60 % de dépassement des plafonds de ressources), loi du 13 juillet 2006 (fixation d'un barème national unique avec suppression des barèmes spécifiques, exigibilité du SLS dès 20 % de dépassement des plafonds au lieu de 60 % auparavant), loi du 25 mars 2009 [3] (introduction d'un second plafonnement du montant du SLS, faculté de dérogation aux règles du SLS dans le cadre des CUS, modulation possible du barème du SLS dans les zones tendues), loi du 24 mars 2014 [4], dite loi Alur (suppression du second plafond du montant du SLS), loi du 27 janvier 2017 [5] (exonération de SLS des locataires en place lors d'une acquisition de d'immeuble du secteur privé, pendant trois ans à compter de la signature de la convention APL).

À ce jour, le paiement d'un supplément de loyer de solidarité (SLS) est exigible des locataires occupant un logement HLM dont les ressources dépassent d'au moins 20 % le plafond d'entrée dans le logement.

Le montant des ressources est calculé par rapport à l'année $n - 2$ [6].

Tous les deux ans, un rapport est présenté par le Gouvernement au Parlement sur la situation du logement en France. Ce rapport comprend notamment un bilan d'application du supplément de loyer de solidarité [7].

En janvier 2017, 85 601 locataires étaient assujettis au SLS, représentant 4 % des logements entrant dans le champ d'application du SLS. Le montant moyen mensuel de SLS exigible par locataire concerné s'élevait à 102 euros.

Depuis la loi du 24 mars 2014, dite loi Alur, afin notamment de favoriser la mixité sociale des villes et des quartiers, en permettant l'accès à l'ensemble des secteurs d'un territoire de toutes les catégories de publics éligibles au parc social et en favorisant l'accès des ménages dont les revenus sont les plus faibles aux secteurs situés en dehors des QPV, le produit du SLS peut être affecté au financement de remises sur le loyer acquitté par les locataires connaissant des difficultés économiques et sociales. Cette remise effectuée par le bailleur doit faire l'objet d'une mention expresse sur la quittance mensuelle délivrée au locataire [8]. Elle ne modifie pas le loyer contractuel et il revient au bailleur d'en fixer la durée en en informant les locataires concernés.

637.12 Adoption d'un barème réglementaire et adaptation du SLS. Le décret d'application du 21 août 2008 [9], qui a défini le barème réglementaire de SLS applicable, en a précisé les possibilités d'adaptation.

Le nouveau dispositif prévoyait que des barèmes adaptés aux conditions locales pouvaient être mis en place, soit par le programme local de l'habitat (PLH) [10], soit lorsque l'organisme d'HLM s'engageait dans la mise en œuvre d'un conventionnement global de patrimoine, avant le 1er janvier 2009, pour conclure cette convention avant le 1er janvier 2010. Entre-temps, la loi du 25 mars 2009 a substitué à ce régime, facultatif, celui de la convention d'utilité sociale, obligatoire [11].

Concrètement, c'est dans le cahier des charges des CUS que les organismes HLM ont adopté des barèmes de SLS, applicables depuis 2011 et pouvant contenir des modulations du barème SLS selon les

1. Sénat, rapp. n° 167, D. Braye, commission des affaires économiques, séance du 17 janvier 1996.
2. L. n° 2000-1208, 13 déc. 2000 relative à la solidarité et au renouvellement urbains, *JO* 14 déc.
3. L. n° 2005-323, 25 mars 2009 de mobilisation pour le logement et la lutte contre l'exclusion, *JO* 27 mars.
4. L. n° 2014-366, 24 mars 2014 pour l'accès au logement et un urbanisme rénové, *JO* 26 mars.
5. L. n° 2017-86, 27 janv. 2017 relative à l'égalité et à la citoyenneté, *JO* 28 janv.
6. V. ss nos 623.22 s.
7. CCH, art. L. 101-1.
8. CCH, art. L. 441-3-2.
9. Décr. n° 2008-825, 21 août 2008 relatif au supplément de loyer de solidarité, *JO* 23 août, p. 13290.
10. V. ss n° 637.51.
11. V. ss n° 636.01.

zones. Ils ont largement appliqué ces modulations dans les zones tendues.

637.13 Loi relative à l'égalité et à la citoyenneté. La loi du 27 janvier 2017 relative à l'égalité et à la citoyenneté[1] a modifié le régime du SLS. La réforme ne s'appliquait cependant qu'à compter du 1er janvier 2018, pour l'essentiel[2].

637.14 Absence de discrimination. La Cour de cassation a pris position sur le régime du supplément de loyer de solidarité dans une décision de 2011, à l'occasion d'une demande de renvoi devant le Conseil constitutionnel. Une question prioritaire de constitutionnalité soutenait que l'article L. 441-4 du code de la construction et de l'habitation, dans sa rédaction issue de la loi du 13 juillet 2006, était contraire au principe d'égalité devant la loi garanti par l'article 6 de la Déclaration des droits de l'homme et du citoyen et au principe d'égalité devant les charges publiques institué par l'article 13 de cette même déclaration et, subsidiairement, au principe d'individualisation des peines, qui découle de l'article 8 de la Déclaration des droits de l'homme et du citoyen. En réponse, la Cour considère que les articles L. 441-3 et L. 441-4 du code de la construction et de l'habitation critiqués n'opèrent à l'évidence aucune discrimination entre les locataires d'un logement entrant dans le champ d'application de cette loi et remplissent les conditions financières qu'elle définit ; ils répondent en outre à un motif d'intérêt général de justice sociale et, enfin, leur mise en œuvre est entourée de garanties procédurales et de fond suffisantes. Elle décide par ailleurs que, le dispositif du supplément de loyer de solidarité ne prévoyant pas de sanction ayant le caractère d'une punition, il n'est pas soumis aux principes de nécessité, de proportionnalité et d'individualisation des peines découlant de l'article 8 de la Déclaration des droits de l'homme et du citoyen. Il n'y avait donc pas lieu à renvoi devant le Conseil constitutionnel de la question prioritaire de constitutionnalité[3].

SECTION 2
LOGEMENTS CONCERNÉS PAR LE SUPPLÉMENT DE LOYER DE SOLIDARITÉ (SLS)

637.20 Plan. Il convient d'étudier successivement les logements inclus dans le champ du supplément de loyer de solidarité (§ 1), les logements exclus (§ 2), le programme local de l'habitat (§ 3) et les logements acquis (§ 4).

§ 1
Logements inclus dans le champ du supplément de loyer de solidarité (SLS)

637.31 Principe. Le SLS s'applique aux logements occupés appartenant aux organismes HLM ou gérés par eux qui ont été construits, améliorés ou acquis et améliorés avec le concours financier de l'État, ou qui sont conventionnés à l'APL[4].

Le champ d'application du SLS s'est élargi à de nouvelles catégories après la loi du 13 juillet 2006, à savoir les logements financés en PLA-CFF et en prêt conventionné locatif (PCL) avec convention APL. Restent soumis au SLS les logements dont le locataire a été autorisé à exercer, partiellement, un usage professionnel tout en y conservant sa résidence principale[5].

Toutefois, un certain nombre de logements qui répondent à un mode de financement particulier, ou dont la localisation justifie de favoriser le maintien de la diversité sociale, sont exclus du champ du SLS.

§ 2
Logements exclus du champ du supplément de loyer de solidarité (SLS)

637.41 Exclusions tenant au mode de financement du logement. Sont exclus les logements qui ont bénéficié d'une subvention de l'Agence nationale de l'habitat (Anah).

Dans les Dom, les immeubles à loyer moyen (ILM) sont également exclus[6].

Par ailleurs, et parce qu'ils n'ont pas bénéficié d'un financement aidé, on ajoute à la liste des exclusions : les logements ILN, les logements financés par les anciens PLS (de mars 1992 à mai 1993), ceux financés en PLI ou sur fonds propres, à la condition toutefois que ces logements ne soient pas conventionnés à l'APL.

637.42 Exclusions tenant à l'usage du local. Parce qu'ils ne correspondent pas à proprement parler à la définition d'un logement, le SLS ne s'applique pas aux logements-foyers et aux résidences sociales, ni aux logements de fonction des gardiens et concierges,

1. L. n° 2017-86, 27 janv. 2017 relative à l'égalité et à la citoyenneté, *JO* 28 janv., n° 1.
2. V. s[s] n° 637.141.
3. Civ. 3e, 11 janv. 2011, n° 10-40.051, P III, n° 2 ; *AJDA*, 2011, p. 639 ; *Loyers et copr.* 2011, n° 80, note C. Coutant-Lapalus ; Civ. 3e, 6 févr. 2013, n° 12-22.136, P III, n° 18 ; *Loyers et copr.* 2013, n° 108, note C. Coutant-Lapallus ; *D. actu.*, 26 févr. 2013, obs. Y. Rouquet.
4. V. s[s] n° 633.41.
5. Min. du Logement et de la Ville, Instruction technique relative à la mise en œuvre du supplément de loyer de solidarité, 31 déc. 2008.
6. CCH, art. L. 441-14.

ni aux logements attenants à des commerces et inclus dans des baux commerciaux.

Ne s'applique pas non plus le SLS envers l'occupant d'un logement qui lui a été attribué en qualité d'accessoire à son contrat de travail et sans existence d'un bail, avec faculté pour l'employeur d'y mettre fin à tout moment au cas où son employé viendrait à cesser ses fonctions[1].

Il en est de même lorsque le local, initialement conçu à usage de logement, a par la suite fait l'objet d'un changement d'usage avec l'accord du préfet et dans le but d'assurer l'équilibre économique et social d'un ensemble d'habitations ou d'un quartier connaissant des difficultés particulières[2]. C'est le cas notamment des logements loués à des associations dès lors qu'ils sont affectés à à un usage autre que d'habitation ou des logements qui ont ainsi été totalement affectés à un usage professionnel et loués dans le cadre d'un bail exclusivement professionnel.

637.43 Exclusions tenant à la localisation des logements. Nombreux sont les logements HLM qui sont exclus du champ du SLS du seul fait de leur situation[3]. Il s'agit des logements situés :

– dans les zones urbaines sensibles (ZUS) jusqu'à la fin 2014 et, à partir du 1er janvier 2015, ceux situés dans les quartiers prioritaires de la politique de la ville (QPV). Toutefois, les locataires qui occupent un logement situé en ZUS au 31 décembre 2014, dont l'immeuble n'est plus classé en QPV en 2015, continueront d'être exemptés de SLS[4] ;

– dans les zones de revitalisation rurale (ZRR), définies par arrêté du 16 mars 2017[5]. En application de la loi de finances 2020[6], les communes sorties de la liste du classement en ZRR le 1er juillet 2017 continuaient à bénéficier des effets du dispositif jusqu'au 31 décembre 2020, cette mesure de faveur ayant été prorogée jusqu'au 31 décembre 2022 par la loi de finances 2021[7].

L'intention affichée ici est de développer, ou de maintenir, la mixité sociale de certains quartiers qui ont souffert d'une ségrégation particulière, ou de zones rurales moins développées.

637.44 Autres exclusions légales. Les textes applicables en HLM ont exclu l'application du SLS pour les logements qui sont loués à un certain nombre de personnes morales[8] en vue de leur sous-location à des personnes en difficultés[9]. Étant sous-locataires, ces derniers ne sont pas visés par l'article L. 441-3 qui n'accorde la perception du SLS par les bailleurs sociaux que sur leurs locataires. Les sous-locataires sont parfois assimilés aux locataires mais pour des aspects délimités par la loi, notamment pour le bénéfice des aides personnelles au logement et le droit au maintien dans les lieux, sous certaines conditions. Dans tous les cas, les sous-locataires qui ne répondent plus aux conditions pour être logées par les personnes morales locataires perdent le droit au maintien dans les lieux ; il appartient donc à la personne morale de définir dans le contrat de location les critères d'accès aux logements, les modalités de contrôle et les conséquences qui en résultent pour le sous-locataire[10].

Par ailleurs, avant l'entrée en vigueur de la loi du 23 novembre 2018, dite loi Élan, certains logements meublés, attribués à des jeunes, en colocation ou non, n'étaient pas soumis pour leur attribution à un plafond de ressources et ne relevaient donc pas du champ du SLS. Cette exception a disparu et, désormais, le plafond de ressources s'applique à chaque colocataire avec, le cas échéant, exigibilité du SLS[11].

Enfin, il existe, provisoirement, un cas d'exemption de SLS créé avant la loi Égalité et citoyenneté du 27 janvier 2017 et qui était alors fondé sur la faculté ouverte par l'article R. 445-12 de déroger aux plafonds de ressources, dans le respect des orientations du programme local de l'habitat. En effet, le cahier des charges de gestion sociale des CUS pouvait, dans un objectif de mixité sociale, fixer des plafonds de ressources définis à l'article R. 445-8, qui étaient supérieurs aux montants réglementaires mais dans la limite, cependant, des plafonds des logements intermédiaires. Dans ces situations, le SLS n'était pas applicable mais le décret du 9 mai 2017 est venu supprimer cet avantage à effet du 31 décembre 2020. À compter du 1er janvier 2021, il restaure le SLS mais en se référant aux plafonds dérogatoires fixés à l'article R. 445-8 dans sa rédaction antérieure au décret du 9 mai 2017[12].

1. Civ. 3e, 22 juin 2017, no 16-15.743, P III, no 79 ; *D.* 2017. 1361 ; *D.* 2018. 1117, obs. N. Damas ; *AJDI* 2017. 835, obs. N Damas.
2. CCH, art. L. 443-11 ; après la loi Élan : CCH, art. L. 443-15-1-1.
3. CCH, art. L. 441-3.
4. CCH, art. L. 441-3, al. 5.
5. Arr. 16 mars 2017 constatant le classement de communes en zone de revitalisation rurale, *JO* 29 mars.
6. L. fin. no 2019-1479, 28 déc. 2019, art. 127.
7. L. fin. no 2020-1721, 29 déc. 2020, art. 223.
8. CCH, art. L. 442-8-1.
9. Min. de la Cohésion des territoires, Direction générale de l'aménagement, du logement et de la nature (DGALN), Direction de l'habitat, de l'urbanisme et des paysages (DHUP), Instruction technique relative à la mise en œuvre du supplément de loyer de solidarité, juin 2018, p. 7.
10. CCH, art. L. 442-8-2.
11. CCH, art. L. 442-8-4.
12. Décr. no 2017-822, 9 mai 2017 modifiant le chapitre III du titre V du livre III du code de la construction et de l'habitation relatif au régime juridique des logements locatifs conventionnés et le titre IV du livre IV du même code relatif aux rapports des organismes d'habitations à loyer modéré et des bénéficiaires, *JO* 10 mai, no 173.

§ 3
Programme local de l'habitat

637.51 Primauté du PLH. Le programme local de l'habitat (PLH) peut, depuis la loi du 13 juillet 2006[1], définir des zones géographiques ou des quartiers dans lesquels le SLS ne s'appliquera pas et « fixer les orientations relatives à sa mise en œuvre ». Le PLH est établi par un établissement public de coopération intercommunale pour l'ensemble des communes qui en sont membres[2]. Sur la question du SLS, le PLH est opposable à la double condition que les organismes et les SEM concernés aient été associés à son élaboration et que le préfet ait rendu un avis conforme.

Cette possibilité n'a pas été remise en cause par la loi relative à l'égalité et à la citoyenneté du 27 janvier 2017. La suppression ou la modulation du SLS reste possible par conséquent, dans les conditions du PLH approuvé.

En outre, on rappellera que, pour la période antérieure à 2018, les dispositions éventuelles du PLH en vigueur relatives au SLS (dérogations, exclusion de certaines zones) s'appliquent dans tous les cas. Le PLH prime en effet sur les règles relatives au SLS inscrites dans la CUS et s'impose dès son entrée en vigueur, même si celle-ci intervient après la signature de la CUS.

637.52 Prorogation du PLH. Lors de l'élaboration d'un nouveau PLH, les établissements publics de coopération intercommunale peuvent proroger le PLH antérieur durant la période nécessaire à l'adoption du nouveau[3].

§ 4
Logements acquis

637.61 Acquisition du patrimoine. Le paiement d'un supplément de loyer est exigible du locataire d'un immeuble acquis par un organisme HLM, « en vertu d'une prérogative de puissance publique dérogeant aux dispositions de droit commun du louage ». En effet, précise la Haute cour, l'attribution du logement par une commission d'attribution[4] n'est pas une condition d'application du SLS[5].

Suite à l'acquisition de l'immeuble et à la signature d'une convention avec l'État par le nouveau bailleur HLM, les logements conventionnés sont soumis à l'application du SLS, dès la signature de la convention, bien que le bailleur ait prorogé les baux antérieurs[6].

637.62 Loi relative à l'égalité et à la citoyenneté. Si le SLS a vocation à s'appliquer, y compris dans le cas où le logement a été acquis avec le concours financier de l'État par un organisme HLM, la loi relative à l'égalité et à la citoyenneté du 27 janvier 2017[7] a toutefois prévu une exception particulière. Elle exclut du SLS, pendant trois ans, les locataires des immeubles acquis par les organismes HLM et conventionnés à l'APL en application de l'article L. 351-2 du code de la construction et de l'habitation.

Elle précise en effet que le SLS n'est pas applicable, pendant une durée de trois ans à compter de la date de signature de la convention APL, aux locataires de logements faisant l'objet d'un bail en cours et dont le loyer n'est pas établi sur la base de la surface corrigée ou de la surface utile au moment de leur conventionnement.

Cette disposition n'est cependant pas rétroactive et n'est donc applicable qu'au cas des logements relevant des conventions APL signées après l'entrée en vigueur de la loi, c'est-à-dire à partir du 29 janvier 2017.

637.63 Loi portant évolution du logement, de l'aménagement et du numérique, dite loi Élan. Par son article 88, la loi Élan a ouvert un nouveau cas d'exclusion en faveur des locataires qui étaient en place lors du conventionnement de l'immeuble par le bailleur social et qui auront refusé de signer un nouveau bail HLM conforme aux stipulations de la convention APL. Insérée au dernier alinéa de l'article L. 441-3 du CCH, cette faculté est conçue plus largement que la disposition de la loi relative à l'égalité et à la citoyenneté exonérant de SLS pendant trois ans les locataires dont le bail en cours : il n'est ici pas exigé que le loyer n'ait pas été établi sur la base de la surface utile ni sur celle de la surface corrigée. Elle n'est également pas limitée aux cas d'acquisition d'immeubles locatifs privés par un organisme HLM. Peuvent par conséquent s'en prévaloir les locataires de logements HLM non conventionnés qui sont vendus à un autre organisme HLM. Cette disposition nouvelle qui instaure une option en faveur des locataires titulaires d'un bail en cours ne peut s'appliquer de manière rétroactive[8].

1. L. n° 2006-872, 13 juill. 2006, préc. – CCH, art. L. 441-3-1.
2. SUR le PLH : CCH, art. L. 302-1 s.
3. Rép. min. n° 03627, *JO Sénat Q* 13 déc. 2012, p. 2888.
4. Sur les règles d'attribution, v. titre 62.
5. Civ. 3e, 19 janv. 2000, n° 98-11.041, NP, *AJDI* 2000. 545, note B. Wertenschlag.
6. Civ. 3e, 10 juill. 2013, n° 12-18.918, P III, n° 99, *D. actu.*, 6 sept. 2013, obs. Dreveau ; *Loyers et copr.* 2013, n° 202, note C. Coutant-Lapalus, *AJDI* 2014. 224, note B. Wertenschlag.
7. L. n° 2017-86, 27 janv. 2017, *JO* 28 janv., n° 1 – CCH, art. L. 441-3.
8. Civ. 3e, 3 juin 2021, n° 20-12.353, P ; *AJDA* 2021. 1666 ; *D.* 2021. 1133.

Rappelons que la disposition identique a été créée par la loi Élan (insérée à l'article L. 353-16 du CCH) qui permet au locataire en place de ne pas se voir appliquer le nouveau loyer conventionné lorsqu'en application de l'article L. 353-7 du CCH, il a refusé de signer le nouveau bail HLM conforme aux clauses de la convention APL.

Par le passé, le calcul du SLS était en pratique écarté par certains bailleurs envers les locataires en place dans les immeubles locatifs privés dont ils réalisaient l'acquisition. Malgré le texte de loi impératif ne prévoyant aucune exception à l'application du SLS et une jurisprudence établie au plus haut niveau[1], l'Administration a admis un certain temps qu'en raison du niveau déjà élevé des loyers dérogatoires acquittés par les locataires aux ressources excédant les plafonds HLM, il y avait lieu de considérer que le SLS était en quelque sorte déjà inclus dans ce loyer pratiqué[2], tout en reconnaissant le caractère opposable des règles du SLS envers les locataires en place. Concrètement, le cumul du loyer dérogatoire et du montant du SLS conduisait dans de nombreux cas le bailleur social à exiger de ses nouveaux locataires un montant supérieur aux loyers constatés dans le secteur privé. Cette position de l'Administration évolua en considération d'une jurisprudence de la cour de cassation affirmant la prévalence des textes d'ordre public relatifs au loyer et au SLS sur les engagements souscrits par l'organisme HLM au profit des locataires en place lors de l'acquisition d'un immeuble d'habitation[3]. Ainsi, l'engagement prix par l'organisme HLM de proroger les baux privés en cours pour une durée de six années - afin de faire échec au droit de préemption des locataires - ne pouvait conduire à exonérer ces derniers de leur obligation légale de payer le loyer conventionné ainsi que le SLS[4].

RÉCAPITULATIF DU CHAMP DU SLS SELON LE FINANCEMENT DES LOGEMENTS

	Financement principal et conventionnement	Champ d'application du SLS
MÉTROPOLE	Logements conventionnés (CCH, art. L. 351-2)	
	PLA-CDC, PLUS, PLALM, PLATS / I, PLS de mars 2001	x
	PALULOS ou conventionnés sans travaux	x
	Logements financés sans le concours de l'État	x
	PLA-CFF, PCLS	x
	Prêts conventionnés locatifs	x
	RAPAPLA	x
	PAP locatifs	
	Logements-foyers et résidences sociales	
MÉTROPOLE	Logements non conventionnés	
	PSR	x
	PLR	x
	HLMO	x
	ILM	x
	Logements sociaux ayant bénéficié d'une subvention Anah	
	ILN	
	PLI	
	PLS de 1992-1993	
	PAP locatifs	
	Prêts conventionnés locatifs	
	Logements de fonction	
	Logements financés sans le concours de l'État	
	Logements foyers	
DOM	PSR	x
	PLR	x
	HLMO	x
	LLS	x
	LLSS et LLST	x
	Immeubles à loyer moyen (ILM)	
	Logements de fonction	
	Logements loyers	
	Logements financés sans le concours de l'État	
	Dans le champ de l'enquête	x
	Hors du champ de l'enquête	

1. Civ. 3e, 10 janv. 1996, n° 94-21.992, P III, n° 8.
2. Min. du Logement et de la Ville, Direction générale de l'aménagement, du logement et de la nature (DGALN), Direction de l'habitat, de l'urbanisme et des paysages (DHUP), Instruction technique relative à la mise en œuvre du supplément de loyer de solidarité, 31 déc. 2008, p. 4.
3. Rép. min. n° 21795, *JO* 15 oct. 2019.
4. Civ. 3e, 10 juill. 2013, n° 12-18.918, P III, n° 99 ; *AJDI* 2014. 55, obs. N. Parguel ; *AJDI* 2014. 224, obs. B. Wertenschlag ; *AJDI* 2015. 752, ét. F. Zitouni.

SECTION 3
LOCATAIRES CONCERNÉS PAR LE SUPPLÉMENT DE LOYER DE SOLIDARITÉ (SLS)

637.70 **Plan.** Il convient d'étudier successivement l'enquête auprès des locataires (§ 1), les ressources prises en compte (§ 2) et la baisse des ressources et le changement de situation familiale (§ 3).

637.71 **Paiement obligatoire du supplément de loyer et obligation de recouvrement par le bailleur.** Le paiement d'un SLS est obligatoire pour les locataires dès lors qu'au cours du bail, les ressources de l'ensemble des personnes vivant au foyer dépassent d'au moins 20 % le plafond applicable pour l'attribution du logement.

Le SLS est exigible sans qu'il ait à figurer dans le bail[1].

Pour sa part, le bailleur social est tenu de réclamer le paiement du SLS auprès des locataires redevables. S'il n'exige pas le paiement du SLS ou s'il ne procède pas aux diligences nécessaires pour son recouvrement, il encourt une pénalité[2] qui était, jusqu'au 31 décembre 2017, d'un montant égal à 50 % des sommes exigibles et qu'il n'aurait pas mises en recouvrement. Ce montant a été porté à 100 % par la loi de finances pour 2018[3].

§ 1
Enquête auprès des locataires

637.81 Enquête annuelle obligatoire. Afin de déterminer les locataires assujettis et le montant du SLS pour l'année, une enquête est réalisée tous les ans, à partir de septembre/octobre pour une application du SLS l'année suivante[4].

Les locataires qui bénéficient d'une aide au logement (aide personnalisée au logement – APL –, aide de logement familiale – ALF – ou allocation de logement social – ALS –) ne sont pas enquêtés, dans la mesure où leurs ressources sont inférieures au plafond de ressources HLM de droit commun. Mais l'année où est conduite l'enquête sur l'occupation du parc social définie à l'article L. 442-5, elle est étendue à l'ensemble des locataires du parc social, y compris ceux qui ne sont pas allocataires d'aides à la personne et ceux habitant les QPV, ZUS et ZRR.

L'organisme HLM demande annuellement à chaque locataire communication des avis d'imposition ou de non-imposition à l'impôt sur le revenu et des renseignements concernant l'ensemble des personnes vivant au foyer permettant de calculer l'importance du dépassement éventuel du plafond de ressources et de déterminer si le locataire est redevable du SLS.

Depuis la loi du 23 novembre 2018, dite loi Élan, l'organisme HLM doit en outre demander à chaque locataire la communication de sa carte « mobilité inclusion » portant la mention « invalidité » prévue à l'article L. 241-3 du code de l'action sociale et des familles. En effet, depuis le 1er janvier 2019, l'organisme doit prendre en compte pour le calcul des ressources le surclassement de catégorie des ménages qui comportent une personne en situation de handicap et qui justifie être titulaire de la nouvelle carte[5]. Pour des raisons matérielles, l'administration admet une justification au moyen de l'ancienne carte d'invalidité, jusqu'au 31 décembre 2026.

Le locataire est tenu d'y répondre dans le délai d'un mois et de communiquer les avis d'imposition de tous les occupants justifiant des ressources à l'année *n* – *2* précédant le paiement du SLS (2016 pour 2018, par exemple), ainsi que les informations concernant les personnes vivant au foyer.

Sont considérées comme personnes vivant au foyer, depuis la loi du 23 novembre 2018, dite loi Élan, les personnes visées à l'article L. 442-12 du code de la construction et de l'habitation :

« Sont considérées comme personnes vivant au foyer au titre des articles L. 441-1, et L. 441-4 ;

– le ou les titulaires du bail ;

– les personnes figurant sur les avis d'imposition du ou des titulaires du bail ;

– le concubin notoire du titulaire du bail ;

– le partenaire lié par un pacte civil de solidarité au titulaire du bail ;

– les personnes réputées à charge au sens des articles 194, 196, 196 A *bis* et 196 B du code général des impôts ;

– les enfants qui font l'objet d'un droit de visite et d'hébergement. »

Cette règle aboutit à ne pas tenir compte des personnes qui, à la fois, ne sont pas à la charge du locataire et qui ne sont pas titulaires du bail (enfants majeurs du titulaire par exemple) et à exclure leurs ressources pour le calcul du SLS.

Une décision de la cour de cassation, pourtant sans s'appuyer sur l'article L. 442-12 du code de la construction et de l'habitation précité, a considéré que si le locataire est tenu du paiement du SLS, ce n'est pas le cas de l'occupant du logement, son fils, dont les revenus ne peuvent être pris en compte[6]. Cette solution peut être contestée, au moins dans le principe, puisque l'article L. 441-3 du code de la construction et de l'habitation retient que, pour le calcul du SLS, « les dernières ressources de l'ensemble des personnes vivant au foyer sont prises en compte ».

Mais par un arrêt récent de sa troisième chambre civile, la Cour confirme que la liste des personnes

1. Chambéry, 30 janv. 1996, n° 94/00079, *D.* 1997. Somm. 272.
2. CCH, art. L. 441-11.
3. L. fin. n° 2017-1837, 30 déc. 2017, *JO* 31 déc., n° 2.
4. CCH, art. L. 441-9.
5. Arr. 29 juill. 1987 relatif aux plafonds de ressources des bénéficiaires de la législation sur les habitations à loyer modéré et des nouvelles aides de l'État en secteur locatif, NOR : EQUC8700526A, art. 2.
6. Civ. 3e, 29 sept. 2015, n° 14-18.421, NP, *AJDI* 2015. 855 ; *ibid.* 2016. 667, Chron. F. Zitouni ; *Loyers et copr.* févr. 2016, comm. 38, note C. Coutant-Lapalus.

assimilées à des personnes vivant au foyer présente un caractère limitatif. Ainsi l'avis de taxe d'habitation ne peut être assimilé à l'avis d'imposition qui, lui seul, concerne les revenus, lesquels constituent la base de calcul du supplément de loyer. En conséquence, un enfant majeur ne figurant plus sur l'avis d'imposition, quoique matériellement à leur charge, ne peut être assimilé à une personne vivant au foyer au sens de l'article L. 442-12[1].

637.82 Non réponse à l'enquête. En cas de non réponse du locataire dans le délai, et quinze jours après une mise en demeure, le SLS est liquidé avec application du supplément de loyer maximum, c'est-à-dire d'un SLS déterminé en tenant compte du coefficient de dépassement du plafond à sa valeur maximale (cette valeur est fixée à 14,90 euros[2]). Selon la cour de cassation, cette sanction n'exclut pas l'application du plafond prévu, par l'article L. 441-4, alinéa 2, lorsque le montant du SLS, cumulé avec le montant du loyer principal, excède 25 % des ressources de l'ensemble des personnes vivant au foyer (la loi du 27 janvier 2017 relative à l'égalité et à la citoyenneté porte le seuil de déclenchement de ce plafond à 30 % des ressources, à compter du 1er janvier 2018)[3].

La notification (mise en demeure), qui a une incidence sur le montant du loyer, doit être adressée à chacun des co-titulaires du bail[4].

637.83 Indemnité pour frais de dossier. À défaut de réponse à l'enquête, une indemnité de 25 euros maximum pour frais de dossier est perçue[5]. Les juges du fond doivent exposer les moyens de fait et de droit justifiant leur décision de condamner la locataire au paiement des frais de dossier[6].

637.84 Sanction aggravée pour non réponse pendant deux ans. Une sanction lourde en cas de non réponse à l'enquête SLS a été prévue par la loi relative à l'égalité et à la citoyenneté du 27 janvier 2017[7]. Elle ne s'applique cependant que « dans les zones géographiques définies par décret en Conseil d'État se caractérisant par un déséquilibre important entre l'offre et la demande de logements », c'est-à-dire les zones dites « tendues[8] ».

Les locataires qui, au cours de deux années consécutives, ne répondent pas à l'enquête prévue à l'article L. 441-9 du code de la construction et de l'habitation n'ont plus le droit au maintien dans les lieux à l'issue d'un délai de dix-huit mois à compter du 1er janvier de l'année qui suit ces deux années.

Six mois avant l'issue de ce délai de dix-huit mois, le bailleur notifie aux locataires par lettre recommandée avec demande d'avis de réception ou leur signifie par acte d'huissier la date à laquelle les locaux loués doivent être libres de toute occupation. À l'issue de cette échéance, les locataires sont déchus de tout titre d'occupation des locaux loués.

Si, au cours de la période de dix-huit mois, les locataires communiquent au bailleur les documents et renseignements prévus au premier alinéa de l'article L. 441-9 et justifient que leurs ressources sont inférieures aux plafonds de ressources requis pour l'attribution des logements financés en prêts locatifs sociaux, ils bénéficient à nouveau du droit au maintien dans les lieux. Ainsi, un locataire qui ne répondrait pas aux enquêtes pour l'établissement du SLS de 2018 et de 2019 pourrait perdre son droit au maintien dans les lieux à l'issue d'un délai de 18 mois commençant à courir le 1er janvier 2020, soit le 1er juillet 2021.

637.85 Exceptions à la perte du droit au maintien. L'article L. 442-3-4 du code de la construction et de l'habitation prévoit plusieurs exceptions à cette sanction.

Elle n'est pas applicable aux locataires qui, au cours de l'année suivant la constatation par le bailleur de l'absence de réponse pour la deuxième année consécutive à l'enquête SLS, atteignent leur soixante-cinquième anniversaire et aux locataires présentant un handicap, au sens de l'article L. 114

1. Civ. 3e, 3 juin 2021, n° 19-16.045, P ; *D.* 2021. 1133.
2. CCH, R. 441-26.
3. Civ. 3e, 16 mars 2017, n° 16-12.773, P, *AJDA* 2017. 1092 ; *RDI* 2017. 283, obs. H. Heugas-Darraspen.
4. Civ. 3e, 12 mars 2014, n° 13-14.403, P III, n° 36 ; *D. actu.* 1er avr. 2014, note M. Kebir ; *D.* 2014. 778 ; *AJDI* 2015. 752, étude F. Zitouni ; *RDI* 2014. 340, obs. H. Heugas-Darraspen.
5. Arr. 22 oct. 2008 relatif au montant maximum de l'indemnité pour frais de dossier prévu à l'article L. 441-9 du code de la construction et de l'habitation, NOR : MLVU0823408A.
6. Civ. 3e, 17 sept. 2008, n° 07-15.784, P III, n° 135 ; *D.* 2008. 2432 ; *AJDI* 2008. 942, obs. F. de La Vaissière.
7. CCH, art. L. 442-3-4 créé par L. n° 2017-86 du 27 janv. 2017, art. 82 – Conformément à l'article 82, II de la loi n° 2017-86 du 27 janvier 2017, cette sanction s'applique à compter du 1er janvier 2018. Elle ne s'appliquera pas, jusqu'au 31 décembre 2020, aux locataires résidant, au plus tard le 31 décembre 2014, dans les quartiers classés en zones urbaines sensibles (ZUS) qui n'ont pas été classés en quartiers prioritaires de la politique de la ville (QPV). Cette mesure a été prorogée jusqu'au 31 décembre 2022 par la loi de finances 2021, n° 2020-1721, 29 déc. 2020, art. 223.
8. En application de l'article R.*442-3-3, l'arrêté du 3 octobre 2017 relatif aux zones géographiques mentionnées aux articles R.*442-3-3 et R.*481-11 du code de la construction et de l'habitation (*JO* 1er nov., n° 11), précise que les zones géographiques se caractérisant par un déséquilibre important entre l'offre et la demande de logements sont les zones A *bis*, A et B1 qui sont définies en annexe 1 de l'arrêté du 1er août 2014 pris en application de l'article R. 304-1 du CCH.

du code de l'action sociale et des familles, ou ayant à leur charge une personne présentant un tel handicap.

Elle ne s'applique pas non plus aux locataires de logements situés dans les quartiers prioritaires de la politique de la ville (QPV).

Enfin, l'article 82, II, de la loi du 27 janvier 2017 prévoit que cette mesure ne touchera pas, jusqu'au 31 décembre 2020, les locataires qui occupaient au 31 décembre 2014, un logement situé dans les quartiers classés en zones urbaines sensibles (ZUS) qui n'ont pas été classés en quartiers prioritaires de la politique de la ville. Cette mesure a été prorogée jusqu'au 31 décembre 2022 par l'article 223 de la loi de finances 2021[1].

637.86 Réponse tardive du locataire – Régularisation. Lorsque le locataire qui n'avait pas répondu apporte les informations nécessaires au calcul du SLS, l'organisme procède au remboursement du trop-perçu éventuel dans le délai de deux mois[2]. L'indemnité reste acquise au bailleur. La restitution du supplément de loyer indûment perçu est soumise à la prescription de trois ans, conformément à l'article 68 de la loi du 1er septembre 1948 auquel renvoient les articles L. 442-6 et L. 442-10 du code de la construction et de l'habitation[3].

637.87 Information du locataire. Le locataire soumis au SLS est informé du détail des éléments de calcul retenus pour évaluer le supplément de loyer qui lui est réclamé et des possibilités de révision de ce montant en cas de baisse de ressources ou de changement de situation familiale ou d'occupation. Les litiges relatifs à l'application du barème établi, qui touchent aux relations de droit privé entre un locataire et son bailleur, ne relèvent pas du juge administratif[4].

§ 2
Ressources prises en compte.

637.91 Ressources prises en compte. Les ressources prises en compte pour le calcul du SLS sont les mêmes que pour l'attribution des logements HLM[5]. Elles correspondent à l'ensemble des revenus imposables de l'avant-dernière année de toutes les personnes qui occupent le logement. Le plafond de référence est celui en vigueur pour l'attribution des logements[6]. Il évolue par conséquent tous les ans au 1er janvier.

Un locataire occupant un logement financé en PLUS ou en PLS verra son SLS calculé par rapport au niveau du plafond d'entrée dans ce type de logement.

Toutefois, il convient de noter que le calcul du dépassement pour les personnes entrées sous le plafond de ressources applicable aux logements financés en PLA-I est le plafond PLUS. Ceci résulte de la rédaction de l'article R. 441-23 du code de la construction et de l'habitation dont les deux premiers alinéas disposent :

« Le dépassement des plafonds de ressources est déterminé au cours de l'année civile en fonction :

1° des plafonds de ressources applicables aux logements locatifs sociaux fixés à l'annexe 1 de l'arrêté prévu à la première phrase de l'article D. 331-12 en ce qui concerne la métropole et par l'arrêté prévu à l'article L. 472-1 en ce qui concerne les départements d'outre-mer ; [...] ».

Le renvoi à la première phrase de l'article R. 331-12 vise le plafond PLUS. Il aurait été anormal, en effet, de prévoir que le calcul du SLS pour les locataires les moins fortunés se réalise à partir d'un niveau plus bas que pour les autres locataires.

Par ailleurs, l'article R. 441-23 prévoit qu'en cas de PLUS majoré le seuil de référence du SLS correspond au plafond PLUS augmenté de 20 %, qui est le plafond d'entrée dans ces logements.

Pour le calcul du SLS, il y a lieu de prendre en compte le barème unique des plafonds de ressources des bénéficiaires de la législation HLM pour les logements à loyer modéré et les logements à loyer moyen, tels qu'ils résultent de l'arrêté du 29 juillet 1987, modifié[7].

Pour les locataires de logements construits en application de la loi du 13 juillet 1928 établissant un programme de construction ou d'habitation à bon marché et de logements, en vue de remédier à la crise de l'habitation, le plafond de ressources à prendre en compte est supérieur de 50 % au plafond de droit commun HLM[8] ; tel est le cas d'application immédiate du relèvement du seuil de déclenchement du SLS à un ILM 28 sans attendre la publication du décret prévu par la loi[9].

1. L. fin. n° 2020-1721, 29 déc. 2020, *JO* 30 déc., n° 1.
2. CCH, art. L. 441-9.
3. Civ. 3e, 27 févr. 2002, n° 00-18.411, P III, n° 48 ; *AJDI* 2002. 455, obs. S. Beaugendre.
4. CAA Paris, 21 mars 2000, *Brouty*, req. n° 97PA01025.
5. CCH, art. L. 441-3.
6. Arr. 29 juill. 1987 relatif aux plafonds de ressources des bénéficiaires de la législation sur les habitations à loyer modéré et des nouvelles aides de l'État en secteur locatif, NOR : EQUC8700526A (v. ss nos 623.41 s.).
7. Civ. 3e, 28 avr. 2002, n° 00-18.936, NP.
8. CCH, art. L. 442-10.
9. Civ. 3e, 23 mai 2002, n° 00-21.116, P III, n° 107 ; *Revue de l'Habitat Social* 2003, n° 47-48, p. 20.

Catégorie de logements	Plafond de ressources applicable pour le calcul du coefficient de dépassement [v. s^{s} n° 637.101]
PLUS, PLA-I, PLA de la CDC et anciens financements sous plafonds de ressources PLUS ou PLA-I (HLMO, PLR, PSR, ILM...)	PLUS
Logements financés en PLUS attribués sous condition de ressources PLUS + 20 %	PLUS + 20 %
PLS, PLA-CFF, prêt conventionné locatif (PCL) avec convention APL	PLUS + 30 %

§ 3 Baisse des ressources et changement de situation familiale

637.101 Baisse des ressources – Changements familiaux. Deux événements doivent être pris en compte par le bailleur, à savoir une baisse de ressources ou un changement dans la composition du ménage.

L'article L. 441-3 du code de la construction et de l'habitation précise que :

« Toutefois, les dernières ressources connues de l'ensemble des personnes vivant au foyer sont prises en compte sur demande du locataire qui justifie que ces ressources sont inférieures d'au moins 10 p. 100 à celles de l'année de référence. En outre, il est tenu compte de l'évolution de la composition familiale intervenue dans l'année en cours à la condition qu'elle soit dûment justifiée. »

En outre, les évolutions familiales (naissance d'un enfant, décès, divorce) justifient également le réexamen de la situation du locataire lors de leur signalement au bailleur.

Le locataire doit présenter les justificatifs correspondants. La baisse de ressources retenue va porter soit sur l'année civile antérieure (année N-1), puisque les ressources retenues pour le calcul du SLS sont celles de l'année N-2, soit sur les douze derniers mois.

Ne peut être retenue une baisse de ressources qui serait seulement « attendue » pour les mois à venir. Seule la baisse effective et d'au moins 10 % sera considérée. Le demandeur doit amener la preuve qu'au cours des douze derniers mois, ou l'année civile précédente, ses ressources ont bien subi une baisse de 10 %. Un départ à la retraite, par exemple, permet de constater une baisse de revenus dès le premier mois de la retraite, mais celle-ci n'aura d'effet à hauteur de 10 % qu'après plusieurs mois. La baisse du SLS prend effet le mois suivant la notification faite au bailleur. Ainsi, en cas de retraite l'événement est constitué par la baisse des ressources d'au moins 10 %, constatée et notifiée au bailleur.

Un événement familial en revanche aura un effet dans l'immédiat (naissance ou décès).

L'article R. 441-23 du code de la construction et de l'habitation précise les conditions dans lesquelles un changement est retenu :

« La modification de la composition du ménage ou de ses ressources telle que prévue à l'article L. 441-3 est prise en compte pour le calcul du dépassement du plafond de ressources du locataire à partir du mois qui suit la survenance de l'événement et sur la base de justificatifs dûment transmis à l'organisme d'habitations à loyer modéré dans le délai de trois mois suivant la survenance de l'événement. En cas de transmission de ces pièces après ce délai, cette modification est prise en compte à partir du mois qui suit cette transmission. »

Ainsi, le fait générateur du changement est l'événement justifiant un nouveau calcul du SLS : événement familial ou baisse effective de ressources d'au moins 10 %.

S'il est justifié dans les trois mois qui le suivent, le SLS sera modifié à la date du mois de l'événement. Mais s'il est justifié plus de trois mois après sa survenance, il n'aura d'effet sur le montant du SLS qu'à la date de la transmission des justificatifs (bulletin des salaires, de pension, acte de naissance...).

SECTION 4 MONTANT DU SUPPLÉMENT DE LOYER DE SOLIDARITÉ (SLS)

637.110 Plan. Il convient d'étudier le calcul du supplément de loyer de solidarité (§ 1) et le supplément de loyer de solidarité entre 2011 et le 1er janvier 2018 (§ 2).

§ 1 Calcul du supplément de loyer de solidarité (SLS)

637.121 Calcul du SLS. Le barème national de SLS a été fixé par décret en Conseil d'État[1].

Le SLS est calculé par mètre carré de surface habitable à partir des ressources du locataire et des occupants du logement établies par l'enquête.

Le coefficient de dépassement du plafond de ressources (CDPR) applicable au ménage est alors connu. Signalons la modification apportée à la composition du ménage par la loi Élan dont l'article 110 intègre dans la liste des personnes vivant au foyer les enfants qui font l'objet d'un droit de visite et d'hébergement. Cette nouvelle définition doit être

1. Décr. n° 2008-825, 21 août 2008 relatif au supplément de loyer de solidarité, *JO* 23 août, p. 13290.

appliquée pour procéder au calcul du SLS [1]. En outre, la catégorisation des ménages a été modifiée depuis le 1er janvier 2019 afin de tenir compte des situations de handicap dans la détermination des plafonds de ressources applicables ; par exemple, un ménage composé d'une personne handicapée, seule, se trouve désormais classé en catégorie 2 [2].

Le supplément de loyer de référence (SLR) mensuel par mètre carré de surface habitable est défini par immeuble et par zone.

Les valeurs du SLR fixées par zone géographique sont révisées chaque année en fonction de la variation de l'indice de référence des loyers (IRL) du 3e trimestre soit une majoration de 0,46 % pour 2021.

Localisation des immeubles	SLR par m² habitable au 1er janvier 2020	SLR par m² habitable au 1er janvier 2021
Zone 1 *bis*	2,77 euros	2,78 euros
Reste de la zone 1	2,22 euros	2,23 euros
Zone 2	1,10 euro	1,11 euros
Zone 3	0,26 euro	0,26 euros

Le SLS est alors appliqué au ménage concerné :

SLS = CDPR × SLR × m² <GREC />SH (surface habitable du logement).

§ 2
Supplément de loyer de solidarité (SLS) entre 2011 et le 1er janvier 2018

637.131 Modulation du barème du SLS dans les CUS. Pendant toute la durée des premières conventions d'utilité sociale (CUS), soit du 1er juillet 2011 au 31 décembre 2017, des modulations de barème de SLS ont été autorisées. Dans les communes classées en zones A, B1 et B2, considérées comme des zones de marché tendu, le coefficient de dépassement des plafonds de ressources (CDPR) du barème forfaitaire a pu être modulé à la hausse ou à la baisse dans des limites fixées par l'article R. 441-21-1 du code de la construction et de l'habitation. Le coefficient de dépassement modulé retenu par l'organisme doit figurer dans le cahier des charges de gestion locative de la CUS. Le coefficient de dépassement modulé choisi pour une zone donnée s'applique à tous les logements situés dans la zone.

La modulation doit respecter les dispositions du PLH, qui prévoit éventuellement des dérogations du SLS applicables dans son ressort.

En dehors de ces zones, les organismes d'HLM peuvent déroger au barème national défini dans le décret du 21 août 2008 [3].

Ces modulations, précisées par l'article R. 441-21-1 du code de la construction et de l'habitation, s'appliquent jusqu'au 1er janvier 2018, date à laquelle la loi relative à l'égalité et à la citoyenneté du 27 janvier 2017 les a supprimées.

637.132 Plafonnement du SLS. Le montant du SLS est plafonné lorsque, cumulé avec le loyer principal, il excède 25 % des ressources de l'ensemble des personnes vivant au foyer [4]. Ce plafond est calculé par l'organisme directement, avant tout appel de SLS. La loi du 13 juillet 2006 [5] autorise le programme local de l'habitat (PLH) à porter jusqu'à 35 % ce plafond. La somme cumulée des deux loyers et des deux suppléments de loyer afférents au local principal et au local secondaire ne doit pas excéder 25 % des revenus imposables du locataire au titre de chacun des deux baux [6].

637.133 Second plafond – Suppression par la loi Alur. Le montant du SLS était également plafonné lorsque, cumulé avec le montant du loyer principal, il excédait, par mètre carré de surface habitable, un plafond fixé par le décret du 29 juillet 2009 portant application de l'article 62 de la loi du 25 mars 2009 de mobilisation pour le logement et la lutte contre l'exclusion [7]. Ce deuxième plafond a été supprimé par loi du 24 mars 2014 [8], dite loi Alur, avec effet immédiat au 27 mars 2014.

637.134 Fin de la déduction du SLS en cas d'acquisition du logement. Le locataire qui acquiert son logement ne bénéficie plus depuis la loi du 13 juillet 2006 d'une déduction sur le prix du bien égale au montant de supplément de loyer acquitté pendant cinq ans.

SECTION 5
RÉGIME DU SUPPLÉMENT DE LOYER DE SOLIDARITÉ (SLS) À COMPTER DU 1ER JANVIER 2018

637.141 CUS et SLS. À compter du 1er janvier 2018, la loi du 27 janvier 2017 relative à l'égalité et

1. CCH, art. L. 442-12.
2. Arr. 28 déc. 2018 modifiant l'arrêté du 29 juillet 1987 relatif aux plafonds de ressources des bénéficiaires de la législation sur les habitations à loyer modéré et des nouvelles aides de l'État en secteur locatif, NOR : LOGL1832656A, *JO* 30 déc., n° 123.
3. Décr. n° 2008-825, 21 août 2008 relatif au supplément de loyer de solidarité, *JO* 23 août, p. 13290.
4. CCH, art. L. 441-4.
5. L. n° 2006-872, 13 juill. 2006 portant engagement national pour le logement, *JO* 16 juill., p. 10662.
6. Civ. 3e, 14 janv. 2004, n° 02-16.599, P III, n° 7 ; *Rev. loyers* 2004. 316, note Rémy.
7. CCH, art. R. 441-20-1.
8. L. n° 2014-366, 24 mars 2014 pour l'accès au logement et un urbanisme rénové, *JO* 26 mars, p. 5809.

à la citoyenneté revient à l'application pure et simple du barème de SLS.

S'agissant des dispositions liées aux CUS, elle a prévu :

– la suppression de la faculté pour l'organisme de définir les conditions dans lesquelles l'organisme peut exiger des locataires le paiement d'un supplément de loyer de solidarité, et ses modalités de calcul (suppression du 5e alinéa de l'article L. 445-2 du CCH) ; c'est le barème national qui s'applique tel quel.

– la suppression de la possibilité pour la convention d'utilité sociale (CUS) de déroger aux dispositions sur le SLS (les articles L. 441-12 et L. 445-5 du CCH sont abrogés par la loi) ;

– la suppression de la possibilité pour la CUS de moduler le supplément de loyer de solidarité, dans les zones géographiques se caractérisant par un déséquilibre entre l'offre et la demande de logements, selon des seuils et des modalités qui ont été définis par décret en Conseil d'État (suppression de la dernière phrase du neuvième alinéa de l'article L. 445-1 du CCH).

La loi n'a cependant pas porté atteinte à la possibilité qu'a le PLH de déroger ou de prévoir des adaptations au SLS sur son territoire. De nouvelles mesures d'exonération peuvent ainsi être prévues à tout moment à ce titre.

637.142 **Double plafonnement des montants cumulés du SLS et du loyer.** Un premier plafonnement définit une proportion maximale entre les ressources du ménage et le total des sommes qu'il doit verser au titre du loyer et du SLS. Le montant du SLS est plafonné lorsque, cumulé avec le montant du loyer principal, il excède 30 % des ressources de l'ensemble des personnes vivant au foyer. Cette proportion maximale était fixée à 25 % avant la réforme intervenue par la loi relative à l'égalité et à la citoyenneté du 27 janvier 2017[1]. Le nouveau plafonnement a pris effet à compter du 1er janvier 2018[2].

Un second plafonnement a été ajouté par une ordonnance du 15 mai 2019 prise en application de l'article 88 de la loi du 23 novembre 2018, dite loi Élan. Ce texte rétablit au sein de l'article L. 441-4 du CCH le double plafonnement qui avait été supprimé par la loi du 24 mars 2014, dite loi Alur[3]. L'objectif du législateur est de renforcer la prise en compte des capacités financières des locataires en adaptant le mode de calcul du SLS. Ainsi, pour les locataires qui, au moment de la conclusion d'un bail conforme aux stipulations de la convention APL, avaient des ressources supérieures aux plafonds de ressources en vigueur pour l'attribution de leur logement (ou qui n'avaient pas produit les justificatifs de leurs ressources), le montant du supplément de loyer de solidarité est plafonné lorsque, cumulé avec le montant du loyer principal, il excède, par mètre carré de surface habitable, un plafond fixé par décret qui tient compte des loyers moyens constatés dans la zone géographique concernée.

Ces valeurs par mètre carré de surface habitable ont été fixées par le décret du 7 février 2020[4] et sont révisées chaque année au 1er janvier en fonction de la variation annuelle du dernier indice de référence des loyers. Pour l'année 2021, l'arrêté du 4 décembre 2020[5] fixe, dans les mêmes zones géographiques que celles utilisées pour le supplément de loyer de référence, les plafonds ci-après :

– 24,71 euros pour les logements situés à Paris, à Boulogne-Billancourt, à Levallois-Perret, à Neuilly-sur-Seine, à Saint-Mandé et à Vincennes ;

– 16,83 euros pour les logements situés dans le reste de la zone 1 *bis* ;

– 15,47 euros pour les logements situés en zone 1 ;

– 11,39 euros pour les logements situés en zone 2 ;

– 10,33 euros pour les logements situés en zone 3.

Selon le rapport au président de la République[6], il s'agit par ce double plafonnement d'éviter que ce montant cumulé puisse dépasser le niveau des loyers du marché privé au détriment des locataires qui acceptent de signer un bail conforme à la convention APL mais dont les ressources excèdent alors le plafond réglementaire. En effet, le bailleur social doit leur réclamer un loyer supérieur au loyer social maximum de la convention APL, appelé loyer dérogatoire, et qui est égal, ou supérieur dans la limite de 10 %, au loyer qui était fixé dans leur bail privé et acquitté avant le conventionnement[7].

Cette mesure constitue une forme de réponse à certaines pratiques de bailleurs sociaux qui écartaient l'application du SLS envers les locataires de logements acquis dans le parc locatif privé afin de tenir compte de la charge financière jugée excessive pour les locataires concernés qui doivent s'acquitter,

1. L. n° 2017-86, 27 janv. 2017, art. 82.
2. CCH, art. 441-20 (nouveau plafond issu du décr. n° 2017-922, 9 mai 2017).
3. V. ss n° 637.133.
4. Décr. n° 2020-103, 7 févr. 2020 relatif au plafonnement du cumul du montant du loyer et du montant du supplément de loyer de solidarité en application de l'article L. 441-4 du code de la construction et de l'habitation, *JO* 8 févr., n° 36.
5. Arr. 4 déc. 2020 pris en application du II de l'article D. 441-20-1 du code de la construction et de l'habitation, *JO* 12 déc., n° 7.
6. Rapp. au président de la République relatif à l'ordonnance n° 2019-454 du 15 mai 2019 portant adaptation du mode de calcul du supplément de loyer de solidarité, *JO* 16 mai 2019, n° 52.
7. CCH, art. D. 353-16, 4°, a) – Convention type APL, annexe n° 1 à l'art. D. 353-1, art. 9 *bis*.

à la fois, du même niveau de loyer appliqué avant le conventionnement de l'immeuble ainsi que d'un supplément de loyer pouvant atteindre plusieurs centaines d'euros par mois.

S'agissant du champ de la mesure, on observera que le caractère général de la rédaction du nouvel alinéa de l'article L. 441-4 ne limite pas ce second plafonnement aux seules situations d'acquisition de logement privés qu'évoque le rapport au président de la République.

CHAPITRE

638. Réduction de loyer de solidarité (RLS)

SECTION 0 ORIENTEUR

638.00 Sommaire du chapitre.

Division. Après des propos liminaires (sect. 1), il conviendra d'étudier les logements concernés (sect. 2) et les logements exclus (sect. 3) par la réduction de loyer de solidarité, les locataires concernés (sect. 4), les plafonds de ressources mensuelles ouvrant droit à la réduction (sect. 5), le montant mensuel de la réduction (sect. 6) et le régime de la réduction à compter du 1er février 2018 (sect. 7).

638.01 Principaux textes applicables.

TEXTES SOURCES

- **CCH,** art. L. 442-2-1.
- **CCH,** art. L. 351-3.
- **Décr. n° 2018-136, 27 févr. 2018** relatif à la baisse de l'aide personnalisée au logement dans le cadre du dispositif de réduction de loyer de solidarité, *JO* 28 févr.
- **Arr. 27 févr. 2018** relatif à la réduction de loyer de solidarité, *JO* 28 févr., n° 14, NOR : TERL1801551A.
- **Arr. 27 déc. 2018** relatif à la revalorisation des plafonds de ressources et des montants de réduction de loyer de solidarité applicables, modifiant l'arrêté du 27 février 2018 relatif à la réduction de loyer de solidarité, *JO* 29 déc., n° 102, NOR : LOGL1831321A.
- **Arr. 31 déc. 2019** relatif à la revalorisation des plafonds de ressources et des montants de réduction de loyer de solidarité applicables, modifiant l'arrêté du 27 février 2018 relatif à la réduction de loyer de solidarité, *JO* 1er janv. 2020, n° 61, NOR : LOGL1934007A.
- **Arr. 30 sept. 2020** modifiant l'arrêté du 27 février 2018 relatif à la réduction de loyer de solidarité, *JO* 1er oct., n° 55, NOR : LOGL 2020748A.
- **Arr. 17 déc. 2020** relatif à la revalorisation des plafonds de ressources et des montants de réduction de loyer de solidarité applicables modifiant l'arrêté du 27 février 2018 relatif à la réduction de loyer de solidarité, *JO* 22 déc., n° 52, NOR : LOGL 2028276A.
- **Arr. 17 sept. 2021** modifiant l'arrêté du 27 février 2018 relatif à la réduction de loyer de solidarité, *JO* 1er oct., n° 22, NOR : LOGL2124653A.

TEXTE *IN EXTENSO*

- **CCH,** art. L. 442-2-1

Pour les logements ouvrant droit à l'aide personnalisée au logement gérés par les organismes mentionnés à l'article L. 411-2, à l'exception des logements-foyers conventionnés en application du 5° de l'article L. 831-1, une réduction de loyer de solidarité est appliquée par les bailleurs aux locataires dont les ressources sont inférieures à un plafond, fonction de la composition du foyer et de la zone géographique.

Pour les locataires ne bénéficiant pas de l'aide personnalisée au logement mentionnée à l'article L. 821-1, la demande prévue à l'article L. 441-9 permet au bailleur de déterminer si le locataire bénéficie de la réduction de loyer de solidarité.

Le montant mensuel de la réduction de loyer de solidarité est fixé chaque année par arrêté conjoint des ministres chargés du logement et du budget, dans la limite des montants fixés de la manière suivante pour l'année 2018 :

(En euros)

Désignation	Montant maximal		
	Zone I	Zone II	Zone III
Bénéficiaire isolé	50	44	41
Couple sans personne à charge	61	54	50
Bénéficiaire isolé ou couple ayant une personne à charge	69	60	56
Par personne à charge supplémentaire	10	9	8

Le zonage appliqué est celui utilisé pour le calcul des aides au logement.

L'arrêté mentionné au troisième alinéa du présent article peut prévoir un montant de réduction de loyer de solidarité spécifique pour les colocations.

Ces plafonds sont indexés, chaque année au 1er janvier, sur l'indice de référence des loyers défini à l'article 17-1 de la loi n° 89-462 du 6 juillet 1989 tendant à améliorer les rapports locatifs et portant modification de la loi n° 86-1290 du 23 décembre 1986.

Chaque année au 1er janvier, la revalorisation du montant mensuel de la réduction de loyer de solidarité correspond au moins à l'évolution de l'indice de référence des loyers défini au même article 17-1.

Les plafonds de ressources mensuelles ouvrant droit à la réduction de loyer de solidarité sont fixés par arrêté conjoint des ministres chargés du logement et du budget, dans la limite des montants fixés de la manière suivante pour l'année 2018 :

(En euros)

Désignation	Montant maximal		
	Zone I	Zone II	Zone III
Bénéficiaire isolé	1 294	1 209	1 171
Couple sans personne à charge	1 559	1 474	1 426
Bénéficiaire isolé ou couple ayant une personne à charge	1 984	1 880	1 823
Bénéficiaire isolé ou couple ayant deux personnes à charge	2 361	2 239	2 173
Bénéficiaire isolé ou couple ayant trois personnes à charge	2 890	2 749	2 654
Bénéficiaire isolé ou couple ayant quatre personnes à charge	3 334	3 173	3 069
Bénéficiaire isolé ou couple ayant cinq personnes à charge	3 712	3 532	3 410
Bénéficiaire isolé ou couple ayant six personnes à charge	4 109	3 910	3 778
Personne à charge supplémentaire	400	375	350

Le zonage appliqué est celui utilisé pour le calcul des aides au logement.

Ces montants, ainsi que le montant des plafonds de ressources, sont indexés chaque année, au 1er janvier, sur l'évolution en moyenne annuelle de l'indice des prix à la consommation des ménages hors tabac, constatée pour l'avant-dernière année précédant cette revalorisation.

Les ressources mentionnées au premier alinéa du présent article s'entendent comme les ressources prises en compte dans le calcul de l'aide définie à l'article L. 823-1.

La réduction de loyer de solidarité fait l'objet d'une mention expresse sur la quittance mensuelle délivrée au locataire.

638.02 Jurisprudence de référence.

• **Cons. const. n° 2017-758 DC, 28 déc. 2017,** *Loi de finances pour 2018*, NON-CONFORMITÉ PARTIELLE, *JO* 31 déc., n° 7

* V. ss n° 638.11

638.03 Bibliographie indicative.

Encyclopédie. *DP Gestion immob.*, *Vis HLM – Location*, n° 185-217 ; *Logements locatifs conventionnés*, nos 253-256.

Articles. P. Gareau, « *Le dispositif de réduction de loyer de solidarité* », *Actualités Habitat*, 15 janv. 2018, n° 1070. Actualités Habitat – B. Wertenschlag, « La loi de finances du 30 décembre 2017 et le logement social : réduction de loyer et incitation à la concertation », *AJDI* 2018. 91.

SECTION 1
PROPOS LIMINAIRES

638.11 Origine et définition de la RLS. Créée par la loi de finances 2018 du 30 décembre 2017[1], la réduction de loyer de solidarité (RLS) s'inscrivait directement dans l'objectif du gouvernement de réduire la dépense publique affectée au logement, évaluée en 2017 à 40 milliards d'euros environ, dont 17,5 pour le secteur social incluant 8 milliards d'euros d'aides personnelles au logement. Ce dispositif conduit à ajuster le montant du loyer fixé en fonction du logement et du niveau de ressources du locataire en modulant le loyer à la baisse pour les ménages dont le revenu est inférieur à un certain niveau de ressources, à l'inverse du dispositif du supplément de loyer de solidarité. La diminution d'APL reste neutre pour le locataire qui y est éligible car c'est le bailleur qui supporte la baisse de loyer.

La réforme a été présentée par le gouvernement autour de deux principes :

– en premier lieu une baisse sur trois ans des loyers des ménages modestes du parc social, avec la mise en place de la réduction de loyer de solidarité ;

– en second lieu, adossée à cette réduction de loyer, une baisse de la dépense publique des aides personnalisées au logement.

L'inversion des objectifs dans cette présentation place la baisse des APL comme une conséquence de la RLS alors que la réduction des loyers, et donc des

1. L. fin. n° 2017-1837, 30 déc. 2017, art. 126.

recettes des bailleurs sociaux, était l'objectif essentiel ainsi qu'il ressort de l'exposé des motifs du projet de loi de finances qui, par ailleurs, insistait sur l'excédent brut d'exploitation des organismes et leur niveau de trésorerie. En réalité, la baisse des APL constitue une décision financière prise dans la perspective d'équilibrer le budget et les comptes de l'État. Elle apparaît par conséquent comme l'opposé d'une mesure prise pour la mise en œuvre de l'objectif à valeur constitutionnelle que constitue la possibilité d'accéder à un logement décent. Si tel avait été le cas, cette disposition aurait dû prendre place dans la future loi Élan prévue en 2018[1].

Il en résulte que la demande de baisse des loyers, qui vise seulement à compenser une mesure d'économie budgétaire, constitue un transfert de charge pour équilibrer le budget de l'État ; elle a donc été adoptée sans lien avec le droit au logement des foyers modestes. L'objectif poursuivi par le législateur est ainsi uniquement financier alors que la jurisprudence du Conseil constitutionnel a toujours refusé de reconnaître le caractère d'intérêt général à une décision motivée pour des raisons purement financières[2]. Néanmoins, dans sa décision du 28 décembre 2017, le Conseil considérait que le législateur avait entendu non seulement réduire le coût pour les finances publiques de la politique du logement, mais aussi améliorer les mécanismes de fixation des loyers afin de mieux les ajuster à la réalité des niveaux de vie des locataires, en particulier ceux aux revenus modestes et rencontrant des difficultés particulières d'accès au logement social. Il poursuivait donc un motif d'intérêt général[3].

Pour cette raison, le Gouvernement n'a pas voulu prendre la mesure qui aurait simplement fait coïncider baisse d'APL et RLS. Il s'est trouvé contraint de présenter la baisse d'APL comme la conséquence de la RLS et a d'ailleurs repris cet argument dans ses observations à l'occasion de la saisine du Conseil constitutionnel en indiquant qu'« Une superposition exacte des deux dispositifs n'aurait eu de sens que s'il s'était seulement agi de poursuivre un objectif budgétaire de réduction des dépenses. Tel n'est pas précisément le cas, l'article 126 de la loi déférée ayant pour objet de freiner, s'agissant des loyers du parc social public, l'effet inflationniste de certains instruments de la politique du logement dont celui des APL et, dans le cadre d'une réflexion plus large sur la bonne adaptation des niveaux de loyer aux ressources des ménages, d'améliorer l'accès des plus modestes au logement social. »

En pratique, le dispositif de la RLS consiste à imposer aux bailleurs l'application aux locataires du parc social – sous condition de ressources – d'une remise sur le loyer acquitté par le locataire, sans toutefois diminuer le montant contractuel du loyer prévu dans le bail (création d'un nouvel article L. 442-2-1 du CCH). Simultanément, l'APL des locataires concernés est diminuée de manière à ce que la baisse de l'aide soit toujours inférieure à la RLS. L'article L. 832-3 du CCH dispose que le montant de l'APL est diminué, pour les bénéficiaires concernés par la RLS, à hauteur d'une fraction de cette réduction comprise entre 90 % et 98 %. Cette fraction est fixée par voie réglementaire ; le décret du 21 juin 2018 la fixe à 98 %[4].

638.12 Encadrement conventionnel de l'enveloppe globale annuelle de la RLS. L'accord signé entre le Gouvernement et le mouvement HLM le 25 avril 2019[5] a limité l'impact des dispositions de la loi de finances 2018 sur le compte d'exploitation des organismes de logement social.

À cet effet, l'État s'est engagé à stabiliser l'économie budgétaire sur les APL à 1,3 milliard d'euros, compensée pour les allocataires par le mécanisme de la RLS. Plusieurs mesures à prendre par l'État ont été actées pour ce faire et, notamment :

– respecter au plus près ce montant de 1,3 milliard d'euros tout en stabilisant le montant global de la RLS et, en conséquence, lors de la loi de finances pour 2020, supprimer les règles d'indexation annuelle des forfaits de RLS (plafonds et montants mensuels) et des plafonds de ressources d'éligibilité ;

– maîtriser l'évolution du nombre des locataires non bénéficiaires de la RLS qui sont éligibles à la RLS et utiliser la hausse des forfaits au lieu d'augmenter les plafonds de ressources déterminant les ménages éligibles à la RLS.

SECTION 2
LOGEMENTS CONCERNÉS PAR LA RÉDUCTION DE LOYER DE SOLIDARITÉ (RLS)

638.21 Logements satisfaisant à deux conditions cumulatives. Sont visés les logements qui sont à la

1. L. n° 2018-1021, 23 nov. 2018 portant évolution du logement, de l'aménagement et du numérique, *JO* 24 nov.
2. Cons. const. 29 déc. 2012, n° 2012-662 DC, *Loi de finances pour 2013*, NON-CONFORMITÉ PARTIELLE – RÉSERVE, *JO* 30 déc., p. 20966.
3. Cons. const. 28 déc. 2017, n° 2017-758 DC, *Loi de finances pour 2018*, NON-CONFORMITÉ PARTIELLE, *JO* 31 déc., n° 11.
4. Décr. n° 2018-505, 21 juin 2018 relatif à la baisse de l'aide personnalisée au logement dans le cadre du dispositif de réduction de loyer de solidarité et modifiant le code de la construction et de l'habitation, *JO* 24 juin, n° 10 – CCH, art. D. 823-16.
5. Accord dénommé « Conclusion de la clause de revoyure pour le logement social, et engagement des parties 2020-2022 ».

fois gérés par l'organisme HLM, ou une SEM[1], et qui font l'objet d'un conventionnement à l'APL, à l'exception des logements-foyers conventionnés.

Qu'en est-il des logements qui n'appartiennent pas aux organismes HLM ou aux SEM mais dont ils assurent la gestion dans le cadre d'un mandat qui leur a été confié, par une commune par exemple ? La loi n'exige pas que les logements soient la propriété de l'organisme HLM ou de la SEM, ils sont concernés dès lors que l'organisme ou la SEM en assure la gestion.

L'occupation par des publics spécifiques tels que les étudiants ou les modes particuliers d'occupation comme la colocation n'excluent pas les logements du champ de la RLS. Il en va de même des logements conventionnés qui sont gérés en résidence universitaire.

SECTION 3
LOGEMENTS EXCLUS DE LA RÉDUCTION DE LOYER DE SOLIDARITÉ (RLS)

638.31 Logements non conventionnés à l'APL. En sont exclus les logements sociaux qui ne font pas l'objet d'un conventionnement à l'APL.

Sont par conséquent exclus les logements sociaux situés dans les départements et les collectivités d'outre-mer.

638.32 Logements conventionnés mais non gérés par un organisme HLM ou une SEM. Sont également exclus les logements conventionnés à l'APL mais qui sont gérés par les bailleurs privés ou par des opérateurs n'ayant qualité ni d'organisme HLM ni de SEM bien qu'étant agréés au titre d'activités en faveur des personnes défavorisées.

Ces logements peuvent être à la fois sociaux et conventionnés mais ils ne trouvent pas gérés par un organisme HLM. La double condition n'est donc pas remplie.

Sont visés notamment par cette exclusion :

- les organismes qui bénéficient de l'agrément relatif à l'intermédiation locative et à la gestion locative sociale pour les activités mentionnées au 3° de l'article L. 365-1 du CCH ;
- les organismes qui ont pour objet de sous-louer à des personnes âgées, à des personnes présentant un handicap, à des personnes de moins de trente ans ou à des actifs dont la mobilité professionnelle implique un changement de secteur géographique dans le cadre des articles L. 442-8-1 et suivants du CCH ;
- les Crous ayant pour objet de sous-louer à des étudiants, les associations dont l'objet est de favoriser le logement des étudiants et de gérer des résidences universitaires ;
- les organismes sous-louant à des accueillants familiaux ainsi qu'aux personnes âgées ou présentant un handicap ;
- les CCAS et CIAS qui sous-louent à titre temporaire à des personnes physiques et à des travailleurs saisonniers ;
- les EPCI qui sous-louent dans le cadre de la compétence d'aides aux personnes âgées.

SECTION 4
LOCATAIRES CONCERNÉS PAR LA RÉDUCTION DE LOYER DE SOLIDARITÉ (RLS)

638.41 Condition de ressources mais sans éligibilité à l'APL obligatoire. Il s'agit des locataires dont les ressources sont inférieures à un plafond fonction de la composition du ménage et de la zone géographique.

Les ressources s'entendent comme celles prises en compte dans le calcul de l'APL.

Le zonage appliqué est celui utilisé pour le calcul des aides au logement.

Le logement du locataire doit être conventionné mais le bénéfice personnel de l'APL n'est pas une condition pour l'ouverture du droit à la RLS.

SECTION 5
PLAFONDS DE RESSOURCES MENSUELLES OUVRANT DROIT À LA RÉDUCTION DE LOYER DE SOLIDARITÉ (RLS)

638.50 Plan. Il convient de distinguer les plafonds de ressources fixés par la loi (§ 1) et ceux fixés par arrêté (§ 2).

§ 1
Plafonds de ressources fixés par la loi

638.61 Montants actualisés au 1er janvier 2020. L'article L. 442-2-1 du CCH créé par l'article 126 de la loi de finances pour 2018 définit les limites des plafonds de ressources ouvrant droit à la RLS en deçà desquelles un arrêté conjoint des ministres du Budget et du Logement fixe, chaque année, les montants applicables par catégorie de ménage et selon la zone géographique[2].

Un premier arrêté du 27 février 2018[3] a fixé ces montants pour l'année 2018. Un deuxième arrêté

1. L'article L. 481-2 du CCH rend applicable l'article L. 442-2-1 aux logements conventionnés et qui sont gérés par des SEM, à l'exception des logements-foyers.

2. V. s^s n° 638.71.

3. Arr. 27 févr. 2018 relatif à la réduction de loyer de solidarité, *JO* 28 févr., NOR : TERL1801551A.

du 27 décembre 2018 [1] les a revalorisés pour l'année 2019. Un troisième arrêté du 31 décembre 2019 [2] les a revalorisés pour 2020 et pour 2021, l'arrêté du 27 décembre 2020 [3] en fixe les montants selon le tableau ci-dessous.

Le zonage appliqué est celui utilisé pour le calcul des aides au logement.

Ces montants, ainsi que le montant des plafonds de ressources, sont indexés chaque année, au 1er janvier, sur l'évolution en moyenne annuelle de l'indice des prix à la consommation des ménages hors tabac, constatée pour l'avant-dernière année précédant cette revalorisation.

Les ressources s'entendent comme les ressources prises en compte dans le calcul de l'APL.

MONTANTS DES PLAFONDS DE RESSOURCES MENSUELLES OUVRANT DROIT À LA RÉDUCTION DE LOYER DE SOLIDARITÉ FIXÉS PAR LA LOI AU 1ER JANVIER 2020

Désignation	Montant maximal (en euros)		
	Zone I	Zone II	Zone III
• Bénéficiaire isolé	• 1 339	• 1 251	• 1 212
• Couple sans personne à charge	• 1 615	• 1 526	• 1 477
• Bénéficiaire isolé ou couple ayant une personne à charge	• 2 055	• 1 947	• 1 887
• Bénéficiaire isolé ou couple ayant deux personnes à charge	• 2 445	• 2 318	• 2 251
• Bénéficiaire isolé ou couple ayant trois personnes à charge	• 2 992	• 2 846	• 2 748
• Bénéficiaire isolé ou couple ayant quatre personnes à charge	• 3 452	• 3 286	• 3 178
• Bénéficiaire isolé ou couple ayant cinq personnes à charge	• 3 843	• 3 658	• 3 531
• Bénéficiaire isolé ou couple ayant six personnes à charge	• 4 255	• 4 049	• 3 913
• Par personne à charge supplémentaire	• 414	• 389	• 362

1. Arr. 27 déc. 2018 relatif à la revalorisation des plafonds de ressources et des montants de réduction de loyer de solidarité applicables, modifiant l'arrêté du 27 février 2018 relatif à la réduction de loyer solidarité, *JO* 29 déc., NOR : LOGL1831321A.
2. Arr. 31 déc. 2019 relatif à la revalorisation des plafonds de ressources et des montants de réduction de loyer de solidarité applicables, modifiant l'arrêté du 27 février 2018 relatif à la réduction de loyer solidarité, *JO* 1er janv. 2020, NOR : LOGL1934007A.
3. Arr. 17 déc. 2020 relatif à la revalorisation des plafonds de ressources et des montants de réduction de loyer de solidarité applicables, modifiant l'arrêté du 27 février 2018 relatif à la réduction de loyer solidarité, *JO* 22 déc., NOR : LOGL 2028276A.

§ 2
Plafonds des ressources mensuelles fixés par arrêté

638.71 **Montants actualisés au 1er janvier 2020.** La loi de finances pour 2020 [4] ayant gelé l'indexation qui aurait dû s'effectuer sur l'évolution en moyenne annuelle de l'indice des prix à la consommation des ménages hors tabac constatée en 2018, les plafonds de ressources mensuelles pour 2020 ouvrant droit à la RLS sont identiques à ceux de 2019 qui avaient été fixés par l'arrêté du 27 décembre 2018 (tableau ci-dessous). Cette mesure dérogatoire a été reconduite pour 2021 par la loi de finances pour 2021 [5].

MONTANTS DES PLAFONDS DE RESSOURCES MENSUELLES OUVRANT DROIT À LA RÉDUCTION DE LOYER DE SOLIDARITÉ FIXÉS PAR ARRÊTÉ AU 1ER JANVIER 2020

Désignation	Montant maximal (en euros)		
	Zone I	Zone II	Zone III
• Bénéficiaire isolé	• 915	• 854	• 828
• Couple sans personne à charge	• 1 102	• 1 042	• 1 008
• Bénéficiaire isolé ou couple ayant une personne à charge	• 1 403	• 1 329	• 1 289
• Bénéficiaire isolé ou couple ayant deux personnes à charge	• 1 669	• 1 583	• 1 536
• Bénéficiaire isolé ou couple ayant trois personnes à charge	• 2 043	• 1 943	• 1 877
• Bénéficiaire isolé ou couple ayant quatre personnes à charge	• 2 357	• 2 243	• 2 169
• Bénéficiaire isolé ou couple ayant cinq personnes à charge	• 2 624	• 2 497	• 2 411
• Bénéficiaire isolé ou couple ayant six personnes à charge	• 2 905	• 2 764	• 2 671
• Par personne à charge supplémentaire	• 283	• 266	• 247

638.72 **Appréciation des ressources des locataires.** Pour les locataires éligibles à l'APL, ce sont les caisses d'allocations familiales (CAF) et les caisses de la mutualité sociale agricole (CMSA) qui transmettent aux bailleurs le montant de la RLS à appliquer et informent parallèlement les locataires de la baisse d'APL et du loyer.

Mais s'agissant des locataires ne bénéficiant pas de l'APL, il revient aux bailleurs d'utiliser les informations en leur possession pour identifier parmi eux les locataires, même s'ils sont en très faible proportion, qui pourraient être éligibles à la RLS.

4. L. no 2019-1479, 28 déc. 2019, art. 200.
5. L. no 2020-1721, 29 déc. 2020, art. 197.

L'appréciation des ressources des locataires qui doivent être prises en considération pour vérifier l'éligibilité à la RLS s'opère à l'identique de leur prise en compte pour calculer l'APL.

Cependant, les modalités de l'enquête sur les ressources à laquelle procèdent les bailleurs chaque année diffèrent des modalités[1] qu'appliquent les CAF et les CMSA ; ces dernières recourent à des informations que ne détiennent pas les bailleurs (appréciation trimestrielle, abattements spéciaux et fiscaux, évaluation forfaitaire, par ex.), ce qui peut générer des écarts.

L'article L. 442-2-1 dispose que, pour les locataires ne bénéficiant pas de l'APL, l'enquête annuelle sur les ressources des locataires doit permettre au bailleur de déterminer si le locataire bénéficie de la RLS.

Un mode opératoire a été par conséquent proposé par l'Union sociale pour l'habitat afin de déterminer l'éligibilité à la RLS au moyen de deux paramètres à utiliser successivement : le niveau de loyer d'une part, et le montant des ressources du ménage qui figure sur les avis d'imposition de l'année *n* - *2* (montant annuel à diviser par douze)[2].

SECTION 6
MONTANT MENSUEL DE LA RÉDUCTION DE LOYER DE SOLIDARITÉ (RLS)

638.80 Plan. Il convient de distinguer les montants maximums de RLS fixés par la loi (§ 1) et les montants mensuels de RLS réglementaires fixés par arrêté (§ 2).

§ 1
Montants maximums de RLS fixés par la loi

638.91 Montants actualisés au 1er janvier 2021. L'article L. 442-2-1 du CCH créé par l'article 126 de la loi de finances pour 2018 définit les montants maximums de la RLS en deçà desquels un arrêté conjoint des ministres du budget et du logement fixe, chaque année, les montants applicables par catégorie de ménage et selon la zone géographique[3]. Ces montants sont indexés chaque année au 1er janvier sur l'indice de référence des loyers.

L'arrêté du 27 février 2018 a fixé ces montants pour l'année 2018. Des arrêtés successifs les actualisent chaque année. Pour 2021, les valeurs ont été fixées par un arrêté du 17 décembre 2020, pour la période du 1er janvier au 30 septembre 2021, et par un arrêté du 17 septembre 2021 pour la période du 1er octobre au 31 décembre 2021.

Le zonage appliqué est celui utilisé pour le calcul des aides au logement.

Le montant exigible est attaché à la personne du locataire et non à son logement, ainsi qu'il en est également pour le supplément de loyer de solidarité.

MONTANTS MAXIMUMS DE RLS FIXÉS PAR LA LOI ET ACTUALISÉS AU 1ER JANVIER 2021

Désignation	Montant maximal (en euros)		
	Zone I	Zone II	Zone III
• Bénéficiaire isolé	• 52,46	• 46,21	• 43,20
• Couple sans personne à charge	• 63,29	• 56,26	• 52,24
• Personne seule ou couple ayant une personne à charge	• 71,33	• 62,29	• 58,27
• Par personne à charge supplémentaire	• 10,05	• 9,04	• 8,04

§ 2
Montants mensuels de RLS réglementaires fixés par arrêté

638.101 Montants actualisés au 1er janvier et au 1er octobre 2020. Chaque année, au 1er janvier, la revalorisation du montant mensuel de la RLS doit correspondre au moins à l'évolution de l'IRL. On observe que le terme général de revalorisation – et non celui d'indexation dont l'effet est automatique – laisse ouverte l'éventualité d'une évolution de la RLS fixée par l'arrêté qui pourrait être supérieure à la seule variation de l'IRL, dans la limite cependant du plafond indexé de la RLS. Ainsi, pour l'année 2020, la revalorisation excédait fortement le niveau de la variation constatée de l'IRL en raison de l'objectif convenu entre l'État et le secteur HLM, de 2020 à 2022, de stabilisation de l'économie budgétaire sur les APL à 1,3 milliards d'euros et, réciproquement, du montant global de la RLS. En effet, l'Administration se basait en fin d'année 2019 sur une conjoncture économique favorable devant conduire à une baisse du nombre de bénéficiaires de la RLS et, par conséquent, obligeant à en majorer les forfaits (v. 1er tableau ci-dessous). Or, les effets négatifs de la crise sanitaire sur le nombre de ménages éligibles ont amené à revoir cette position en diminuant de 31 % les montants des forfaits dès le 1er octobre 2020 (v. 2e tableau ci-dessous). À défaut, le montant total de la RLS pour l'année 2020 aurait excédé d'environ 100 millions d'euros l'objectif convenu de 1,3 milliard d'euros[4].

Pour l'année entière 2021, les valeurs avaient été fixées par l'arrêté du 17 décembre 2020 en tenant

1. CCH, art. R. 822-2 s.
2. USH, Guide Réduction de loyer de solidarité, 15 mai 2018.
3. V. ss no 638.101.
4. V. ss nos 638.12 s.

compte de la mise en place du nouveau calcul de l'APL selon les ressources actualisées tous les trois mois (v. 3e tableau ci-dessous). Mais le nombre des bénéficiaires de la RLS s'est révélé inférieur aux prévisions, rendant ainsi non tenable l'objectif de 1,3 milliard d'euros. Par conséquent, les pouvoirs publics ont dû porter les forfaits au niveau du maximum légal afin d'effectuer un rattrapage de 35 millions d'euros sur le dernier trimestre 2021 (v. 4e tableau ci-dessous, montants fixés par l'arrêté du 17 septembre 2021), à compléter en 2022 par un autre rattrapage à hauteur de 41 millions d'euros.

La dépendance de la réduction de loyer et cet objectif lié aux politiques publiques et au contexte économique soumettent par conséquent la RLS à une variabilité inopportune pour les bailleurs sociaux dont l'action s'inscrit dans la durée, avec les nombreuses anomalies et dysfonctionnements de calculs qui en résultent.

MONTANTS MENSUELS DE RLS DU 1ER JANVIER AU 30 SEPTEMBRE 2020

Désignation	Montant maximal (en euros)		
	Zone I	Zone II	Zone III
• Bénéficiaire isolé	• 49,50	• 43,14	• 40,43
• Couple sans personne à charge	• 59,70	• 52,79	• 49,01
• Personne seule ou couple ayant une personne à charge	• 67,46	• 59,40	• 54,95
• Par personne à charge supplémentaire	• 9,78	• 8,65	• 7,87

MONTANTS MENSUELS DE RLS DU 1ER OCTOBRE AU 31 DÉCEMBRE 2020

Désignation	Montant maximal (en euros)		
	Zone I	Zone II	Zone III
• Bénéficiaire isolé	• 34,10	• 29,72	• 27,85
• Couple sans personne à charge	• 41,13	• 36,37	• 33,76
• Personne seule ou couple ayant une personne à charge	• 46,47	• 40,92	• 37,85
• Par personne à charge supplémentaire	• 6,74	• 5,96	• 5,42

MONTANTS MENSUELS DE RLS DU 1ER JANVIER AU 30 SEPTEMBRE 2021

Désignation	Montant maximal (en euros)		
	Zone I	Zone II	Zone III
• Bénéficiaire isolé	• 46,47	• 40,51	• 37,96
• Couple sans personne à charge	• 56,05	• 49,57	• 46,01
• Personne seule ou couple ayant une personne à charge	• 63,33	• 55,77	• 51,59
• Par personne à charge supplémentaire	• 9,18	• 8,12	• 7,39

MONTANTS MENSUELS DE RLS DU 1ER OCTOBRE AU 31 DÉCEMBRE 2021

Désignation	Montant maximal (en euros)		
	Zone I	Zone II	Zone III
• Bénéficiaire isolé	• 52,24	• 46,21	• 43,20
• Couple sans personne à charge	• 63,29	• 56,26	• 52,24
• Personne seule ou couple ayant une personne à charge	• 71,33	• 62,29	• 58,27
• Par personne à charge supplémentaire	• 10,05	• 9,04	• 8,04

638.102 Cas particulier des personnes en situation de colocation. Il est prévu la faculté laissée aux pouvoirs publics de fixer chaque année, dans l'arrêté, un montant de RLS spécifique pour les colocations.

L'arrêté du 27 février 2018 fixe la réduction de loyer de solidarité à 75 % des montants actualisés chaque année.

Aucune indication n'est apportée par le législateur quant aux principes qui organisent la RLS dans ces situations.

SECTION 7

RÉGIME DE LA RÉDUCTION DE LOYER DE SOLIDARITÉ (RLS) À COMPTER DU 1ER FÉVRIER 2018

638.111 Entrée en vigueur du dispositif de RLS. Le dispositif de la RLS est entré en vigueur le 1er février 2018.

Il s'appliquait alors y compris aux contrats de location qui étaient cours. Cependant, pour des raisons techniques liées tant aux adaptations des systèmes d'information des bailleurs qu'à la difficulté de traiter des ressources de natures différentes, sa mise en œuvre opérationnelle n'a pu réellement s'opérer qu'à compter du 1er avril 2018 avec effet rétroactif au 1er février 2018.

638.112 Information du locataire. La RLS doit faire l'objet d'une mention expresse sur chaque quittance mensuelle délivrée au locataire.

638.113 Interactions entre le dispositif RLS et celui de l'APL. Bien que constituant à l'origine les deux paramètres d'une même réforme visant à diminuer la dépense publique des aides au logement, ces systèmes relèvent de régimes juridiques dissociés.

Des interactions interviennent cependant au cours de leur mise en œuvre qui complexifient les modalités de gestion pour les bailleurs sociaux. Citons quelques situations dont le traitement ne fait pas toujours l'objet, à ce jour, d'un cadre réglementaire précis :

– la suspension d'APL pour des motifs propres à la situation du ménage n'implique pas suppression du droit à la RLS si les ressources du ménage restent en deçà du plafond fixé par arrêté ; le bailleur est donc amené à rester vigilant dans l'identification de ce type de situation pour s'assurer du maintien de la RLS ;

– la situation d'impayés de loyer ne supprime pas, à elle seule, l'éligibilité à la RLS lorsqu'elle existe ; étant observé par ailleurs que son arrêt ne ferait qu'aggraver l'insolvabilité du locataire ;

– la résiliation de bail supprime en principe le droit à l'APL qui est conditionné à la qualité de locataire mais son maintien est prévu lorsque l'occupant s'acquitte d'une indemnité d'occupation et des charges fixées par le juge[1] ou si un plan d'apurement a été convenu avec le protocole d'accord[2]. L'Union sociale pour l'habitat préconise dans ce cas de continuer à appliquer la RLS lorsqu'elle a été calculée par les CAF et les CMSA[3] ;

– la suspension d'APL causée par la diminution de loyer entraînée par la RLS est une situation à risque pour les locataires concernés qui sont susceptibles de perdre à la fois l'APL et la RLS ; cela exige par conséquent du bailleur un repérage afin d'assurer le maintien de la RLS lorsque le ménage y reste éligible.

1. CCH, art. R. 824-14.
2. CCH, art. R. 824-15 s.
3. Guide Réduction de loyer de solidarité, 15 mai 2018.

CHAPITRE

639. Autoconsommation collective d'électricité

SECTION 0
ORIENTEUR

639.00 **Sommaire du chapitre.**

Division. Le développement des installations de production d'électricité à faible coût – notamment photovoltaïques - a conduit les pouvoirs publics à encourager l'autoconsommation en adaptant les textes relatifs aux réseaux d'électricité et de gaz et aux énergies renouvelables. L'autoconsommation est collective lorsque les producteurs ou les consommateurs finaux sont multiples ; ils doivent dans ce cas se regrouper au sein d'une entité juridique (association, coopérative...) créée à cet effet. Dans le secteur de l'habitat social, le législateur a accordé aux organismes d'HLM la capacité de revêtir la qualité d'entité organisatrice de l'opération mais sans pouvoir, cependant, y associer des personnes non-locataires. Le périmètre de l'autoconsommation collective n'est pas figé et peut être arrêté sur un ou plusieurs bâtiments collectifs. À l'égard des locataires, le bailleur doit effectuer une information en préalable à leur participation éventuelle, qu'ils soient déjà dans les lieux ou prêts à signer leur bail. Des modalités réglementaires précisent les conditions dans lesquelles se déterminent les décisions favorables ou de refus des locataires qu'ils peuvent exprimer et modifier tout au long de la location.

639.01 **Principaux textes applicables.**

TEXTES SOURCES

- **CCH,** art. L. 424-3
- **C. énergie,** art. L. 315-2-1
- **Décr. n° 2021-895, 5 juill. 2021** relatif à l'autoconsommation collective dans les habitations à loyer modéré, *JO* 7 juill.

TEXTE *IN EXTENSO*

- **CCH,** art. L. 424-3

Les organismes d'habitations à loyer modéré peuvent créer, gérer et participer à des opérations d'autoconsommation collective d'électricité en application des articles L. 315-2 et L. 315-2-1 du code de l'énergie. À ce titre, un organisme d'habitations à loyer modéré peut être désigné comme la personne morale organisatrice d'une opération d'autoconsommation collective.

- **C. énergie,** art. L. 315-2-1

Lorsque l'opération d'autoconsommation collective réunit un organisme d'habitations à loyer modéré, au sens de l'article L. 411-2 du code de la construction et de l'habitation, et ses locataires ou des personnes physiques ou morales tierces, la personne morale organisatrice mentionnée à l'article L. 315-2 du présent code peut être ledit organisme d'habitations à loyer modéré.

Le bailleur informe ses locataires du projet d'autoconsommation collective ainsi que les nouveaux locataires de l'existence d'une opération d'autoconsommation collective. À compter de la réception de cette information, chaque locataire ou nouveau locataire dispose d'un délai raisonnable pour informer son bailleur de son refus de participer à l'opération d'autoconsommation collective. À défaut d'opposition de la part du locataire ou du nouveau locataire, ce dernier est considéré comme participant à l'opération d'autoconsommation collective. Chaque locataire peut informer à tout moment son bailleur de son souhait d'interrompre sa participation à l'opération d'autoconsommation collective. Un décret en Conseil d'État détermine les modalités d'application du présent article.

SECTION 1
OBLIGATIONS D'INFORMATION À LA CHARGE DU BAILLEUR HLM

639.11 **Bailleur organisateur d'une opération d'autoconsommation collective.** Ainsi qu'il est défini par le code de l'énergie, l'opération d'autoconsommation est dite collective lorsque la fourniture d'électricité est effectuée entre un ou plusieurs producteurs et un ou plusieurs consommateurs finals liés entre eux au sein d'une personne morale et dont les points de soutirage et d'injection sont situés sur une même antenne basse tension du réseau public de distribution [1].

De par la loi, les organismes d'HLM ont la capacité d'intervenir en tant que personne morale organisatrice d'opérations d'autoconsommation collective d'électricité. À ce titre, ils peuvent créer, gérer et participer à ce type d'opération. Cette capacité n'est, à ce jour, pas étendue aux sociétés d'économie mixte agréées pour le logement social.

Le bailleur social qui organise l'opération d'autoconsommation collective indique au gestionnaire de réseau public de distribution compétent la répartition de la production autoconsommée entre les consommateurs finals concernés. Et si le locataire, consommateur final, fait appel à un fournisseur pour compléter son alimentation en électricité, le gestionnaire du réseau public de distribution d'électricité concerné établit les index de consommation de l'électricité relevant de ce fournisseur en prenant en compte la répartition de la production autoconsommée entre les consommateurs finals concernés [2].

639.12 **Locataires concernés par le projet d'autoconsommation collective.** Le cadre juridique du dispositif ne comporte aucune exclusive, par conséquent peuvent participer tous les locataires du périmètre de l'opération y compris les locataires de locaux professionnels, commerciaux ou administratifs. En revanche, ne peuvent s'y associer des personnes physiques ou morales qui n'ont pas qualité de locataires du bailleur organisateur : propriétaires particuliers, agences locales des services publics...

639.13 **Modalités exigées du bailleur pour l'information des locataires en place.** Lorsqu'une opération d'autoconsommation collective réunit un organisme d'HLM et ses locataires, le bailleur informe les locataires concernés par l'organisation d'une réunion spécifique. Elle aura pour objet de les informer des modalités de fonctionnement du projet et de ses conséquences pour les locataires souhaitant y participer.

Après cette réunion, et un mois au moins avant la mise en œuvre du projet, un document contenant les informations fixées réglementairement est affiché à l'emplacement prévu à cet effet au sein de l'immeuble et remis individuellement à chaque locataire selon les modalités de communication habituellement utilisées par le bailleur [3]. Ce document indique clairement que, durant le délai d'un mois suivant cette remise, tout locataire peut faire part au bailleur de son refus de participer à l'opération d'autoconsommation collective, dans les conditions prévues à l'article R. 315-14 du code de l'énergie.

Lorsque le bailleur en a connaissance, cette communication doit être adaptée aux handicaps des locataires.

Les informations exigées sont les suivantes [4] :

1° l'identité de la personne morale organisatrice de l'opération l'autoconsommation collective ;

2° les coordonnées téléphoniques et électroniques de la personne morale organisatrice ;

3° la description de l'opération d'autoconsommation collective, les modalités de répartition de l'énergie entre les locataires envisagées ;

4° les modalités de répercussion financière de la participation à l'opération d'autoconsommation collective pour les locataires, les modes de paiement proposés et, le cas échéant, les conditions d'évolution de la répercussion financière ;

5° la durée de l'opération et les conditions dans lesquelles ses caractéristiques peuvent être modifiées ;

6° l'existence du droit de refus de participer à l'opération et de la possibilité de la quitter ou de l'intégrer ou de la réintégrer à tout moment selon les modalités prévues à l'article R. 315-14 du code de l'énergie ;

7° une simulation de l'impact financier global pour un ou plusieurs ménages types d'une participation à l'opération d'autoconsommation collective, exprimée en euros par an. Les hypothèses de calcul sont jointes à la simulation. Il est précisé que cette simulation est informative et ne constitue pas un engagement contractuel ;

8° le délai du préavis mentionné à l'article R. 315-16 du code de l'énergie ;

9° les situations rendant possible la sortie d'un participant de l'opération d'autoconsommation collective à l'initiative de la personne morale organisatrice, ainsi que les modalités de mise en œuvre de cette décision.

Ces informations sont mises à la disposition des locataires par écrit ou sur support durable. Elles font l'objet d'un affichage à l'emplacement prévu à cet effet au sein de l'immeuble pendant toute la durée de l'opération.

639.14 **Information précontractuelle envers les nouveaux locataires.** Le bailleur social Informe chaque nouveau locataire de l'existence d'une opération

1. C. énergie, art. L. 315-2.
2. C. énergie, art. L. 315-4.
3. C. énergie, art. R. 315-12.
4. C. énergie, art. R. 315-13.

d'autoconsommation collective, par la remise, au plus tard lors de la signature du bail, d'un document reprenant les mêmes informations que celles dues aux locataires en place[1]. Le bail doit comporter une clause relative à l'existence d'une opération d'autoconsommation collective et mentionner la remise de ce document.

Les informations qui figurent sur ce document sont mises à la disposition des futurs locataires par écrit ou sur support durable. Elles font l'objet d'un affichage à l'emplacement prévu à cet effet au sein de l'immeuble pendant toute la durée de l'opération.

SECTION 2
RÉPONSE DU LOCATAIRE À LA PROPOSITION DU BAILLEUR

639.21 Liberté de décision du locataire et modalités de réponse au bailleur. À l'égard des futurs locataires ne souhaitant pas participer à l'opération d'autoconsommation collective, le code de l'énergie prévoit qu'à compter de la signature du bail, le locataire dispose de quatorze jours pour faire part au bailleur de son refus selon les modalités détaillées ci-après[2].

Qu'il s'agisse de locataires en place ou de futurs locataires, ils doivent faire part de leur refus de participer à l'opération d'autoconsommation collective - ou de leur souhait de quitter l'opération - en informant le bailleur de leur décision par lettre recommandée avec demande d'avis de réception, exprimant de manière dénuée d'ambiguïté leur volonté de ne pas, ou de ne plus, participer à l'opération d'autoconsommation collective.

La décision du locataire ou futur locataire de refuser de participer à l'opération d'autoconsommation collective, de la quitter ou de l'intégrer n'a pas à être motivée.

Le bailleur peut permettre au locataire de remplir et de transmettre en ligne, sur son site internet ou sur l'espace numérique personnel du locataire, un formulaire ou une déclaration permettant de faire part de son refus de participer à l'opération d'autoconsommation collective, de sa volonté de la quitter ou de l'intégrer. Le bailleur accuse alors réception au locataire de sa déclaration, sans délai et sur un support durable.

SECTION 3
ÉVÉNEMENTS SURVENANT AU COURS DE L'OPÉRATION

639.31 Changement de décision du locataire et conséquences. Un locataire ayant refusé de participer ou s'étant retiré de l'opération d'autoconsommation collective peut ultérieurement faire part au bailleur de sa volonté d'y participer, selon les mêmes formes indiquées *supra*[3]. Dans cette situation, le bailleur peut indiquer au locataire que sa demande ne sera effective qu'au terme d'un délai de mise en œuvre qui ne peut être supérieur à six mois.

À l'inverse, dans le cas où le locataire informe son bailleur de son souhait d'interrompre sa participation à l'opération, la réception de l'information délivrée par le locataire au bailleur fait courir un délai de préavis, fixé par la personne morale organisatrice de l'opération, pendant lequel le locataire continue de participer à l'opération. Ce délai ne peut être supérieur à deux mois. Les parties peuvent s'accorder sur un délai inférieur[4].

639.32 Modifications économiques substantielles en cours d'opération. Lorsqu'une modification des termes ou des coefficients de répartition de l'opération d'autoconsommation collective entraîne des répercussions économiques notables, le bailleur doit informer les locataires de l'impact économique individuel induit par cette modification[5].

Cette information individuelle aux locataires doit être réalisée dans les conditions identiques à celles dues par le bailleur lorsqu'il informe les locataires en place de son projet d'opération d'autoconsommation collective[6]

639.33 Sort de la participation du locataire en cas de la résiliation du bail. Qu'elle soit amiable ou judiciaire, la résiliation du bail entraîne automatiquement l'interruption de la participation du locataire à l'opération d'autoconsommation collective à la date de résiliation du bail, sans que le locataire n'ait à en formuler explicitement la demande[7].

1. V. s^s n° 639.13.
2. C. énergie, art. R. 315-14.
3. V. s^s n° 639.21.
4. C. énergie, art. R. 315-16.
5. C. énergie, art. R. 315-15.
6. V. s^s n° 639.13.
7. C. énergie, art. R. 315-16.

TITRE

64. Le congé et le droit au maintien dans les lieux

SECTION 0

ORIENTEUR

64.00 **Sommaire du titre.**

Division. Il convient d'étudier successivement le congé (chap. 641) et le droit au maintien dans les lieux (chap. 642).

64.01 **Principaux textes applicables.**

TEXTES SOURCES

> Congé et droit au maintien dans les lieux

• **L. n° 89-462, 6 juill. 1989,** art. 15, I, art. 40.

> Vente HLM

• **CCH,** art. L. 443-7 à L. 443-15-1, L. 443-15-3 et L. 443-15-4, L. 451-5.

• **CCH,** art. R. 443-10 à R. 443-16.

• **CCH,** art. R. 443-11, annexe, Normes minimales d'habitabilité des logements vendus.

64.03 **Bibliographie indicative.**

Encyclopédie. *DP Gestion immob., V° HLM – Location,* n°s 267 ; 298.

CHAPITRE

641. Congé

SECTION 0
ORIENTEUR

641.00 Sommaire du chapitre.

Division. Le locataire, en donnant congé, s'engage à respecter un préavis, s'oblige de son plein gré à quitter le logement à la date qu'il a choisie, doit rendre le logement en état d'usage et, à défaut, devra assumer le coût des réparations locatives et des éventuelles dégradations.

Les motifs qui justifient qu'il soit mis fin au contrat en secteur HLM à l'initiative du bailleur sont en nombre limité et sont soumis à un formalisme renforcé du fait des droits dont dispose le locataire au maintien dans les lieux. Le bailleur peut toutefois s'appuyer sur les dispositions législatives qui l'autorisent à donner congé afin, par exemple, d'engager des travaux importants sur son patrimoine ou en cas de démolition, liée au renouvellement urbain. Le bailleur peut également proposer une offre de relogement au locataire qui contrevient à l'obligation d'usage paisible de son logement.

Un développement particulier sera consacré à la remise en question du droit au maintien dans les lieux, dont bénéficient les locataires de logements HLM. La loi du 25 mars 2009[1], complétée par la loi du 27 janvier 2017[2], a bouleversé le paysage législatif antérieur, en introduisant une remise en cause du droit au maintien dans les lieux en raison notamment des ressources du locataire.

641.01 Principaux textes applicables.

TEXTES SOURCES

• **L. n° 89-462, 6 juill. 1989,** art. 15, I.

TEXTES *IN EXTENSO*

• **L. n° 89-462, 6 juill. 1989,** art. 15, I, 1 3e à 23e al.

Lorsqu'il émane du locataire, le délai de préavis applicable au congé est de trois mois.

Le délai de préavis est toutefois d'un mois :

1° Sur les territoires mentionnés au premier alinéa du I de l'article 17 ;

2° En cas d'obtention d'un premier emploi, de mutation, de perte d'emploi ou de nouvel emploi consécutif à une perte d'emploi ;

3° Pour le locataire dont l'état de santé, constaté par un certificat médical, justifie un changement de domicile ;

3° *bis* Pour le locataire bénéficiaire d'une ordonnance de protection ou dont le conjoint, partenaire lié par un pacte civil de solidarité ou concubin fait l'objet de poursuites, d'une procédure alternative aux poursuites ou d'une condamnation, même non définitive, en raison de violences exercées au sein du couple ou sur un enfant qui réside habituellement avec lui ;

4° Pour les bénéficiaires du revenu de solidarité active ou de l'allocation adulte handicapé ;

5° Pour le locataire qui s'est vu attribuer un logement défini à l'article L. 831-1 du code de la construction et de l'habitation.

Le locataire souhaitant bénéficier des délais réduits de préavis mentionnés aux 1° à 5° précise le motif invoqué et le justifie au moment de l'envoi de la lettre de congé. À défaut, le délai de préavis applicable à ce congé est de trois mois.

1. L. n° 2009-323, 25 mars 2009 de mobilisation pour le logement et la lutte contre l'exclusion, *JO* 27 mars, p. 5408 – SUR CETTE LOI : B. Wertenschlag, *AJDI* 2009. 256.
2. L. n° 2017-86, 27 janv. 2017 relative à l'égalité et à la citoyenneté, *JO* 28 janv., n° 1.

Le congé doit être notifié par lettre recommandée avec demande d'avis de réception, signifié par acte d'huissier ou remis en main propre contre récépissé ou émargement. Ce délai court à compter du jour de la réception de la lettre recommandée, de la signification de l'acte d'huissier ou de la remise en main propre.

Pendant le délai de préavis, le locataire n'est redevable du loyer et des charges que pour le temps où il a occupé réellement les lieux si le congé a été notifié par le bailleur. Il est redevable du loyer et des charges concernant tout le délai de préavis si c'est lui qui a notifié le congé, sauf si le logement se trouve occupé avant la fin du préavis par un autre locataire en accord avec le bailleur.

À l'expiration du délai de préavis, le locataire est déchu de tout titre d'occupation des locaux loués.

• **L. n° 89-462, 6 juill. 1989,** art. 40, I et III *in fine*.

[...] Les treizième à vingt-troisième alinéas du I de l'article 15 sont applicables lorsque le congé émane du locataire.

641.02 **Jurisprudence de référence.**

• **Civ. 3e, 16 juin 2011,** n° 10-18.814, P III, n° 104

* V. ss n° 641.61

Si l'article 40 de la loi du 6 juillet 1989 exclut, en HLM, l'application de l'article 15 de la loi du 6 juillet 1989 pour un congé à l'initiative du bailleur, cet article, ni aucun autre texte, n'interdit au bailleur HLM de délivrer congé en application de l'article 1736 du code civil.

• **Civ. 3e, 31 mars 1998,** n° 96-14.871, NP

* V. ss n° 641.72

Le droit au maintien dans les lieux « naissant à l'expiration du bail », il incombe au bailleur, qui entend le contester, de délivrer préalablement au locataire un congé visant le motif invoqué avant de saisir la juridiction compétente d'une action en déchéance de ce droit.

641.03 **Bibliographie indicative.**

Encyclopédie. *DP Gestion immob., V° HLM – Location*, nos 267, 298, 316.

SECTION 1
CONGÉ DU LOCATAIRE

641.10 **Plan – Liberté contractuelle.** Le locataire HLM peut donner congé à tout moment, en respectant les conditions de forme du congé et les règles de délai de préavis prescrites par la loi.

On signalera toutefois qu'à la suite de ce qu'il faut appeler une erreur dans la rédaction de la loi du 24 mars 2014, dite loi Alur[1], l'article 12 de la loi du 6 juillet 1989, qui autorise le locataire à donner congé à tout moment dans les conditions de l'article 15, n'a pas été rendu applicable dans les logements HLM par l'article 40, I et III. Sa stricte application aboutirait à interdire au locataire de donner congé.

La protection particulière accordée par la loi du 23 novembre 2018[2], dite loi Élan, aux personnes victimes de violences conjugales les autorise, sous certaines conditions, à quitter le logement et se trouver (ainsi que leur caution) libérées envers le bailleur des dettes locatives nées postérieurement à l'information officielle du bailleur[3]. L'exercice de ce droit par la personne cotitulaire du bail ou locataire en titre ne constitue pas juridiquement un congé ; ses droits attachés au bail ne sont ni diminués ni suspendus.

Il convient d'étudier successivement la forme du congé (§ 1) et le délai de préavis (§ 2).

§ 1
Forme du congé

641.21 **Application du droit commun locatif.** Les mêmes principes que ceux en vigueur pour les logements privés de droit commun sont applicables. En effet, l'article 40 de la loi du 6 juillet 1989 précise que l'article 15, I (13e à 23e alinéas) est applicable en HLM quand le congé émane du locataire.

Il en résulte que le congé doit être donné par lettre recommandée avec demande d'avis de réception, signifié par acte d'huissier ou remis en main propre contre récépissé ou émargement. En cas de délai de préavis réduit selon les situations définies à l'article 15, le locataire doit en préciser le motif et le justifier au moment de l'envoi du congé ; à défaut, le délai de trois mois prévaut. La communication tardive au bailleur de la lettre de l'organisme HLM informant l'attributaire qu'il bénéficiait d'un préavis d'un mois est sans effet[4].

Pour de plus amples développements sur la forme du congé v. ss nos 442.11 s.

§ 2
Délai de préavis

641.30 **Plan.** Il convient d'aborder la loi Alur et la loi Macron (A) et les délais spécifiques aux mutations dans le parc social (B).

641.31 **Délai de droit commun.** Le préavis, normalement d'une durée de trois mois, est réduit à un mois dans un certain nombre de cas limitativement énoncés[5]. Si le locataire à l'issue du délai de préavis doit laisser le logement libre de toute occupation, la Cour de cassation relève que le fait de libérer les lieux en cours de préavis n'est pas en soi constitutif

1. L. n° 2014-366, 24 mars 2014 pour l'accès au logement et un urbanisme rénové, *JO* 26 mars, p. 5809.

2. L. n° 2018-1021, 23 nov. 2018, art. 136.
3. L. n° 89-462, 6 juill. 1989, art. 8-2.
4. Civ. 3e, 11 avr. 2019, n° 18-14.256, P III ; *D.* 2019. 819 ; *D.* 2020. 1148, obs. N. Damas ; *AJDI* 2020. 116, obs. N. Damas ; *Rev. prat. rec.* 2020. 45, chron. D. Gantschnig.
5. V. ss nos 442.40 s.

d'un manquement à l'obligation de jouissance paisible et la cour d'appel doit rechercher si l'intrusion de squatters dans le logement ne constitue pas un cas de force majeure faisant obstacle à la restitution[1].

641.32 **Cas de départ du logement des victimes de violences familiales.** Le congé que délivre la personne locataire en raison de violences conjugales subies qui est ici examiné ne vise pas la situation matérielle de départ du logement qui a été facilitée par la loi Élan en libérant la personne et sa caution des dettes locatives nées postérieurement à l'information officielle donnée au bailleur[2]. La loi du 30 juillet 2020[3], par son article 11, allège les obligations de la victime en réduisant à un mois la durée de son préavis.

L'article 15, I de la loi du 6 juillet 1989 est en conséquence complété par un alinéa 3 *bis* qui accorde cette facilité au locataire bénéficiaire d'une ordonnance de protection ou dont le conjoint, partenaire lié par un pacte civil de solidarité ou concubin fait l'objet de poursuites, d'une procédure alternative aux poursuites ou d'une condamnation, même non définitive, en raison de violences exercées au sein du couple ou sur un enfant qui réside habituellement avec lui. La rédaction de la proposition de loi adoptée en première lecture qui ouvrait également le préavis réduit sur simple justificatif du dépôt de plainte a été durcie en commission mixte paritaire au motif de possibles usages détournés, par exemple avec un retrait ultérieur de la plainte à seule fin de bénéficier de la mesure et d'en faire peser les effets sur le bailleur. Ajoutons que les personnes victimes de ces violences bénéficient d'un critère de priorité pour l'attribution d'un logement social[4].

Toutefois, le caractère HLM de la location nécessite certaines précisions complémentaires sur le délai de préavis.

A. Loi Alur et loi Macron

641.41 **Loi Alur et loi Macron.** La loi du 24 mars 2014[5], dite loi Alur, prévoit de nouvelles conditions de réduction du délai pour les baux conclus après la date de son entrée en vigueur, soit le 27 mars 2014. Dans ce cas, c'est le droit commun résultant de l'article 15 de la loi du 6 juillet 1989 qui s'applique[6]. En revanche, pour les baux en cours au 27 mars 2014, la réduction du délai à un mois pour raisons de santé, pour handicap ou dans les zones tendues ne s'applique pas, la loi n'ayant pas réputé l'article 15 d'application immédiate[7].

Un avis rendu par la cour de cassation est venu apporter une analyse toute personnelle de la Haute cour. Elle a considéré, en effet, à propos de l'article 24 de la loi du 6 juillet 1989, relatif aux délais accordés au locataire pour payer sa dette de loyers que : « La loi nouvelle régissant immédiatement les effets légaux des situations juridiques ayant pris naissance avant son entrée en vigueur et non définitivement réalisées, il en résulte que l'article 24 de la loi du 6 juillet 1989 modifié par la loi du 24 mars 2014 en ce qu'il donne au juge la faculté d'accorder un délai de trois ans au plus au locataire en situation de régler sa dette locative s'applique aux baux en cours à la date d'entrée en vigueur de la loi du 24 mars 2014[8]... »

Sur la même base, le locataire serait, par exemple, autorisé à donner congé avec le préavis réduit pour raisons de santé, de handicap ou dans les zones tendues, que la loi Alur ne lui a pas ouvert.

Cette interprétation aurait pu être contestée. Elle l'a été, dans une affaire portant cette fois sur l'article 22 de la loi de 1989, relatif aux conditions de restitution du dépôt de garantie. La cour de cassation a repris, dans son arrêt, l'analyse qu'elle avait avancée dans son avis[9].

Or la loi suivante du 6 août 2015, dite loi Macron[10], a précisé dans son article 82, que : « L'article 15 de la loi, dans sa rédaction résultant du présent article, est applicable aux contrats des locations mentionnées au deuxième alinéa de l'article 2 de ladite loi ».

Ainsi, peut-on avancer maintenant que dès l'entrée en vigueur de la loi Macron, c'est-à-dire le 8 août 2015, l'article 15 dans sa nouvelle rédaction est applicable aux contrats en cours à cette date. Ceci laisse de côté la période qui a couru entre l'entrée en vigueur de la loi Alur, le 27 mars 2014, et le 8 août 2015, pendant laquelle il faut recourir au raisonnement défendu par la cour de cassation pour donner aux dispositions plus favorables au locataire en matière de congé leur plein effet. Solution motivée si l'on suit la Haute cour mais complexe, on en conviendra.

1. Civ. 3e, 9 janv. 2008, nº 07-11.379, P III, nº 3 ; *Administrer* mai 2008, p. 55.
2. V. ss nº 641.10.
3. L. nº 2020-936, 30 juill. 2020, art. 11.
4. CCH, art. L. 441-1, g).
5. L. nº 2014-366, 24 mars 2014 pour l'accès au logement et un urbanisme rénové, *JO* 26 mars, p. 5809.
6. V. ss nos 442.40 s.
7. Sur ce point, v. ss nº 442.50 s.
8. Cass. Avis, 16 févr. 2015, nº 14-70.011, P nº 2 ; *D.* 2015. 489, *ibid* 1178, obs. N. Damas ; *AJDI* 2015. 608, obs. N. Damas ; *RTD civ.* 2015. 569, obs. P. Deumier.
9. Civ. 3e, 17 nov. 2016, nº 15-24.552, P, *D.* 2016. 2399 ; *AJDI* 2017. 157, point de vue F. de La Vaissière.
10. L. nº 2015-990, 6 août 2015 pour la croissance, l'activité et l'égalité des chances économiques, *JO* 7 août, p. 13537.

B.
Délais spécifiques aux mutations dans le parc social

641.51 **Changement de résidence principale.** Avant l'entrée en vigueur de la loi du 23 novembre 2018, dite loi Élan, la mobilité sociale des locataires HLM avait été prise en compte par le législateur en favorisant des congés avec un délai de préavis réduit en cas de changement de résidence principale, qui s'ajoutait aux cas visés à l'article 15, I (al. 13 à 23) de la loi du 6 juillet 1989.

641.52 **Préavis réduit à un mois.** L'article L. 353-15 du code de la construction et de l'habitation pour les logements conventionnés et l'article L. 442-6-3 du même code pour les logements non conventionnés, dans une rédaction issue de la loi du 29 juillet 1998 relative à la lutte contre les exclusions, autorisaient le locataire à donner un préavis réduit à un mois :

- lorsqu'il quitte un logement HLM ayant bénéficié d'une aide de l'état ou conventionné à l'aide personnalisée au logement (APL) ;
- ou s'il quitte un logement aidé ou conventionné géré par un organisme d'HLM ;
- et qu'il entre dans un logement répondant aux mêmes conditions et situé dans le parc du même bailleur.

Ce délai réduit à un mois n'était pas soumis à la situation du logement en zone tendue selon la définition de l'article 17 de la loi du 6 juillet 1989.

La loi Élan conserve le préavis d'un mois en cas de mutation dans le parc du même bailleur, non soumis aux conditions de l'article 15 de la loi du 6 juillet 1989, pour tout logement aidé ou conventionné appartenant ou géré par un organisme HLM. Cette règle dérogatoire n'est conservée qu'à l'article L. 442-6-3 du CCH dont les dispositions à caractère général, par renvoi à l'article L. 441-1, visent tous les logements appartenant aux organismes HLM ou gérés par eux, qu'ils aient bénéficié d'un financement aidé ou qu'ils aient été conventionnés.

Il en résulte qu'un congé donné pour une mutation dans le parc d'un autre organisme HLM relève désormais du régime de l'article 15 de la loi du 6 juillet 1989 avec un délai de trois mois, sauf à justifier d'un des cas dérogatoires parmi lesquels on citera la situation du logement en zone tendue et l'attribution d'un logement conventionné. Précisons que ce dernier cas dérogatoire n'est pas limité par la loi aux seuls locataires du parc privé ; la loi Élan ayant supprimé la disposition spécifique du préavis de deux mois en cas de mutation dans le parc d'un autre organisme HLM, le texte d'ordre public de l'article 15 s'applique à cette situation.

641.53 **Suppression par la loi Élan du préavis réduit à deux mois.** Un préavis réduit à deux mois était prévu si le locataire quittait un logement HLM conventionné pour un autre logement HLM, lui aussi conventionné, mais appartenant à un autre bailleur HLM. La loi Élan met fin à cette particularité.

SECTION 2
CONGÉ DU BAILLEUR

641.60 **Plan.** Il convient d'étudier successivement l'application de la loi du 1er septembre 1948 (§ 1), l'application de la loi du 13 décembre 2000 (§ 2) et la procédure spéciale en cas de troubles de jouissance (§ 3).

641.61 **Motifs spécifiques aux HLM.** En HLM, il faut écarter d'emblée les cas de congé du bailleur prévus par la loi du 6 juillet 1989. L'article 15 de la loi du 6 juillet 1989, qui prévoit le congé pour reprise, pour vente et pour motif légitime et sérieux n'est en effet pas applicable ici, conformément à l'article 40, I et III de la loi.

Toutefois, si l'article 40 de la loi du 6 juillet 1989 exclut, en secteur HLM, l'application de l'article 15 de la loi du 6 juillet 1989 pour un congé à l'initiative du bailleur, cet article, ni aucun autre texte, n'interdit au bailleur HLM de délivrer congé en application de l'article 1736 du code civil aux termes duquel « si le bail a été fait sans écrit, l'une des parties ne pourra donner congé à l'autre qu'en observant les délais fixés par l'usage des lieux » [1].

Il existe un certain nombre de motifs qui peuvent justifier un congé de la part d'un bailleur HLM. Il s'agit, d'une part, des nombreux congés résultant de l'application de la loi du 1er septembre 1948, d'autre part, du congé de la loi du 13 décembre 2000, en cas d'impossibilité de se maintenir dans les lieux suite à la démolition de l'immeuble et, enfin, de la procédure pour troubles de jouissance.

§ 1
Application de la loi du 1er septembre 1948

641.71 **Conditions de perte du droit au maintien dans les lieux.** Conformément aux articles L. 353-15

1. Civ. 3e, 16 juin 2011, n° 10-18.814, P III, n° 104 ; *Loyers et copr.* 2011, n° 244, note C. Coutant Lapallus ; *Administrer* 2012, n° 455, p. 15. À propos de l'application de l'article 10, 9° de la loi du 1er septembre 1948, qui précise que « n'ont pas droit au maintien dans les lieux les personnes qui ont à leur disposition ou peuvent recouvrer, en exerçant leur droit de reprise, un autre local répondant à leurs besoins et à ceux des membres de leur famille ou des personnes à leur charge qui vivaient habituellement avec elles depuis plus de six mois. »

et L. 442-6 du code de la construction et de l'habitation, les dispositions du chapitre I de la loi du 1er septembre 1948 sont applicables en HLM. Le bailleur peut ainsi opposer les conditions de perte du droit au maintien dans les lieux dans les cas prévus par ce chapitre.

641.72 Article 10 de la loi du 1er septembre 1948. L'article 10 de la loi du 1er septembre 1948 n'évoque pas moins de onze cas de perte du droit dont l'analyse est faite dans la partie relative à la loi de 1948 [1]. La contestation du droit au maintien dans les lieux du locataire qui reçoit un congé sur le fondement de l'article 10 n'est pas subordonnée à la délivrance d'un congé préalable de pure forme de l'article 4 [2]. Mais le droit au maintien dans les lieux « naissant à l'expiration du bail », il incombe au bailleur, qui entend le contester, de délivrer préalablement au locataire un congé visant le motif invoqué avant de saisir la juridiction compétente d'une action en déchéance de ce droit [3].

(Sur la procédure applicable en cas de mise en œuvre de l'article 10 de la loi du 1er septembre 1948 v. ss nos 713.83 s.)

Les articles 12 et suivants de la loi du 1er septembre 1948, quant à eux, autorisent le bailleur à donner congé en cas de travaux nécessitant le départ du locataire et donc également la perte du droit.

Ces travaux engagés par le bailleur HLM pour préserver l'habitabilité des logements ou en améliorer le confort, donnent lieu à une protection particulière sous forme de droit à relogement ou à réintégration dans les lieux pour le locataire [4].

§ 2
Application de la loi du 13 décembre 2000

641.81 Loi du 13 décembre 2000. La loi pour la solidarité et le renouvellement urbains du 13 décembre 2000, puis la loi portant engagement national pour le logement du 13 juillet 2006, enfin la loi du 25 mars 2009 [5], ont adapté les textes permettant au bailleur social de délivrer congé pour démolition, nonobstant le droit au maintien dans les lieux du locataire. Ce régime est inscrit dans les articles L. 353-15 et L. 442-6 du code de la construction et de l'habitation. Il oblige le bailleur à reloger le locataire dans un autre logement correspondant à ses besoins et capacités [6].

§ 3
Procédure spéciale en cas de troubles de jouissance

641.91 Mesure équilibrée. Créée par la loi du 29 juillet 1998 relative à la lutte contre les exclusions, la procédure décrite ici cherche à réduire les cas de troubles graves de voisinage causés par certains locataires.

Elle se veut équilibrée puisque le ou les auteurs de ces troubles se voient proposer une solution de relogement dans un local d'habitation correspondant à leurs possibilités et que leur refus de cette offre peut entraîner leur expulsion.

641.92 Proposition de relogement. Lorsque le locataire ne respecte pas l'obligation de jouissance paisible, visée à l'article 7 *b* de la loi du 6 juillet 1989, le bailleur peut le mettre en demeure.

À défaut pour le preneur de se conformer à l'obligation qui lui a été rappelée, le bailleur dispose d'un choix :

- soit il propose au locataire un relogement [7] correspondant à ses besoins et ses possibilités [8]. L'offre est faite par lettre recommandée avec demande d'avis de réception ;

- soit il engage une action en résiliation de bail devant le juge d'instance. La proposition de relogement reste en effet une faculté et, en aucun cas, une obligation pour le bailleur [9] dans cette hypothèse.

641.93 Suite de la procédure. Si le locataire accepte la proposition de relogement qui lui est faite, la procédure se termine sur ce point.

Si le locataire ne répond pas ou s'il refuse la proposition dans le délai d'un mois de l'envoi de l'offre, le bailleur peut saisir le juge. Celui-ci, au vu des éléments qui lui seront apportés, prononcera ou non la résiliation du bail.

Les conditions sont alors plus rigoureuses pour le locataire qui a refusé l'offre de relogement, si le bail est résilié. Il ne pourra en effet bénéficier des délais prévus à l'article L. 412-3 du code des procédures civiles d'exécution, selon lequel le juge (des référés, de l'exécution ou qui prononce l'expulsion) peut accorder des délais de trois mois à trois ans aux personnes expulsées dont le relogement pose des

1. V. ss nos 713.61 s.
2. Civ. 3e, 31 mars 1998, no 96-14.871, NP, *Rev. loyers* 1998. 502, note Rémy.
3. Civ. 3e, 20 mai 2008, no 07-10.550, P III, no 97.
4. Sur la question et la procédure applicable, v. ss nos 313.61 s.
5. L. no 2009-323, 25 mars 2009 de mobilisation pour le logement et la lutte contre l'exclusion, *JO* 27 mars, p. 5408 – SUR CETTE LOI : B. Wertenschlag, *AJDI* 2009. 256.
6. Sur la question et la procédure applicable, v. ss nos 313.61 s.
7. CCH, art. L. 442-4-1.
8. V. ss no 313.83.
9. CCH, art. L. 442-4-2.

difficultés. Solution logique puisqu'il aura refusé une première offre de relogement.

L'expulsion pourra alors être poursuivie, après signification du jugement et envoi du commandement de quitter les lieux, le délai de deux mois après celui-ci pouvant être réduit par le juge en cas de refus de l'offre de relogement de l'article L. 442-4-1 du code de la construction et de l'habitation [1].

1. L. nº 98-657, 29 juill. 1998, art. 122 sur l'ensemble de la procédure.

CHAPITRE

642. Droit au maintien dans les lieux – bail HLM

SECTION 0
Orienteur

642.00 **Sommaire du chapitre.**

SECTION UNIQUE
Déchéance du droit au maintien dans les lieux dans le code de la construction et de l'habitation

642.11 **Affaiblissement du droit au maintien par la loi du 25 mars 2009.** La loi du 25 mars 2009 remet en question une institution ancienne. Les locataires HLM détiennent, par l'effet de la loi du 1er septembre 1948, à laquelle renvoient les articles L. 353-15 et L. 442-6 du code de la construction et de l'habitation, le droit à se maintenir dans les logements qui leur ont été attribués, sous la réserve du respect de leurs obligations.

Ce droit n'a cependant pas un caractère illimité, la loi du 1er septembre 1948 ayant prévu les conditions de la déchéance de ce droit dans certaines conditions[1].

642.12 **Nouvelles déchéances.** La loi de 2009 susvisée ouvre plusieurs hypothèses nouvelles de déchéance du droit qui ne concernent que les logements de type HLM. Elles sont codifiées aux articles L. 442-3-1 à L. 442-3-3 du code de la construction et de l'habitation.

Trois cas sont retenus :

- lorsqu'il y a sous-occupation du logement ;
- lorsque le logement occupé est réservé à des personnes handicapées et que le ou les occupants ne sont pas ou ne sont plus handicapés ;
- lorsque le logement est occupé par des personnes dont les revenus dépassent significativement et de manière continue un certain niveau de ressources.

§ 1
Sous-occupation du logement

A.
Propositions de relogement

642.21 **Proposition de relogement corrélative.** Lorsque le logement ne répond plus aux conditions d'occupation légales, l'organisme d'HLM propriétaire doit proposer une solution de relogement respectant des impératifs particuliers introduits par le législateur[2].

642.22 **Conditions.** La loi pose en principe l'obligation faite au bailleur de proposer au locataire une solution de relogement lorsqu'il sous-occupe son logement. Est considéré comme insuffisamment

1. V. ss nos 641.72 et 713.61 s.
2. CCH, art. L. 442-3-1.

occupé un local dont le nombre de pièces habitables est supérieur de plus de un aux personnes qui y ont leur résidence principale. Ainsi, une personne seule sous-occupe un trois pièces et deux personnes sous occupent un quatre pièces[1].

Quelles sont les conditions que devra respecter le local de relogement ?

642.23 **Besoins du locataire.** Le logement proposé doit correspondre aux besoins du locataire. Il est ici question, par renvoi du texte à l'article 13 *bis* de la loi du 1er septembre 1948, de ses besoins personnels, familiaux et, le cas échéant, professionnels[2].

642.24 **Plafond de ressources.** Le locataire pour bénéficier du nouveau logement n'a pas à respecter les plafonds de ressources applicables à l'entrée dans un logement social.

642.25 **Loyer inférieur.** Le loyer principal du nouveau logement doit être inférieur à celui du logement d'origine. Cette condition est impérative. Elle répond à l'une des difficultés de tout relogement qui peut entraîner dans certains cas une hausse du montant du loyer, les petits logements n'étant pas nécessairement les moins chers ou n'étant pas nécessairement moins chers que le logement quitté.

642.26 **Aide à la mobilité.** Les conditions d'une aide à la mobilité prise en charge par le bailleur sont définies par décret codifié à l'article R. 442-3-2 du CCH et portent sur cinq aspects[3].

S'agissant des frais de déménagement, la participation du bailleur est limitée à 1 000 euros lorsque l'entreprise est choisie par ce dernier ; mais si le locataire déclare en faire son affaire, une somme forfaitaire de 400 euros lui est versée au plus tard le mois suivant la remise des clés de l'ancien logement. Ces montants fixés par décret du 22 septembre 2009 sont révisés chaque année au 1er janvier en fonction de l'évolution du dernier indice connu des prix à la consommation hors loyers et hors tabac.

Les frais d'ouverture ou de fermeture ou de transfert d'abonnements aux réseaux de distribution d'eau, d'électricité, de gaz et de téléphonie sont pris en charge par le bailleur sur justificatifs. Les frais correspondants ne sont pris en charge que pour des prestations identiques à celles souscrites par le locataire dans son logement précédent.

Le dépôt de garantie du nouveau bail ne peut excéder le montant du dépôt de garantie de l'ancien logement. Les frais de réparations dont le locataire est redevable lui sont facturés à partir de l'état des lieux établi contradictoirement par les parties lors de la remise des clés.

Lorsque le logement proposé n'a pas le même niveau de qualité que celui de l'ancien logement en raison de travaux qui y ont été réalisés par le locataire ou pour son compte, en ce qui concerne notamment les revêtements de sol, les revêtements muraux, les équipements sanitaires et ceux relatifs à la sécurité, le bailleur, sur la demande du locataire qui a réalisé ou fait réaliser ces travaux, procède avant l'emménagement à des travaux de remise à niveau dans la limite d'un montant de 1 500 euros. Ce montant est majoré de 500 euros par personne à charge, au sens des articles 196,196 A *bis* et 196 B du code général des impôts.

Enfin, si cela apparaît nécessaire, le bailleur met en place un accompagnement social.

B.
Sanction du refus du relogement

642.31 **Sanction.** Quelle sanction pour le locataire qui refuserait un tel relogement ? La loi va plus loin puisque, sur certains territoires, mais ceux-là seuls, elle a prévu la sanction de la déchéance du droit au maintien dans les lieux[4].

642.32 **Territoires concernés.** Il s'agit des zones géographiques définies par un arrêté ministériel parmi les zones dans lesquelles la tension sur le marché locatif privé est la plus forte. L'arrêté du 3 octobre 2017[5] précise que les zones géographiques se caractérisant par un déséquilibre important entre l'offre et la demande de logements sont les zones A *bis*, A et B1 qui sont définies en annexe 1 de l'arrêté du 1er août 2014[6] pris en application de l'article R. 304-1 du CCH.

642.33 **Locataire concerné.** Le locataire ayant refusé trois offres de relogement, faites par le bailleur et respectant les conditions prévues à l'article 13 *bis*

1. CCH, art. L. 621-2 qui résulte de la loi n° 2017-86 du 27 janvier 2017 relative à l'égalité et la citoyenneté. La définition antérieure de la sous-occupation, prévue à l'article R. 641-4 du CCH, était plus souple ; par exemple, elle prévoyait qu'une personne seule sous occupait un trois pièces et que deux personnes sous occupaient un quatre pièces.
2. Pour une application de l'article 13 *bis* au cas de démolition, v. ss n° 313.83.
3. Décr. n° 2009-1141, 22 sept. 2009 pris pour l'application des articles L. 442-3-1, L. 442-3-2, L. 482-1 et L. 482-2 du code de la construction et de l'habitation et relatif à l'aide à la mobilité dans le parc social, *JO* 24 sept., n° 4.
4. CCH, art. L. 442-3-1.
5. Arr. 3 oct. 2017 relatif aux zones géographiques mentionnées aux articles R. 442-3-3 et R. 481-11 du code de la construction et de l'habitation, *JO* 1er nov., n° 11, NOR : TERL1719425A.
6. Arr. 1er août 2014 pris en application de l'article R. 304-1 du code de la construction et de l'habitation, *JO* 6 août, n° 54.

de la loi du 1er septembre 1948[1], est déchu de son droit au maintien dans les lieux.

642.34 Moment de la déchéance. À l'expiration d'un délai de six mois à compter de la notification de la troisième offre de relogement, le locataire est déchu de tout titre d'occupation des locaux loués.

642.35 Exceptions. Y a-t-il des exceptions à l'application de la déchéance du droit ? Elles sont assez nombreuses et tiennent à des conditions d'âge, de handicap ou de territoires.

Sont exclus de toute obligation de relogement et peuvent par conséquent se maintenir dans les lieux les personnes suivantes qui sous-occupent leur logement :

Les locataires âgés de plus de soixante-cinq ans.

Les locataires présentant un handicap au sens de l'article L. 114 du code de l'action sociale et des familles ou ayant à leur charge une personne présentant un tel handicap.

Les locataires présentant une perte d'autonomie physique ou psychique, ou ayant à leur charge une personne présentant une telle perte d'autonomie[2].

Le texte ne s'applique pas non plus aux logements situés dans les quartiers prioritaires de la politique de la ville[3]. Auparavant, étaient concernées par cette exemption les zones urbaines sensibles, définies au 3 de l'article 42 de la loi du 4 février 1995[4] d'orientation pour l'aménagement et le développement du territoire (ZUS). C'est pourquoi le législateur a pris soin de préciser que : « Ces dispositions demeurent non applicables aux locataires bénéficiant de cet avantage et résidant, au plus tard le 31 décembre 2014, dans les quartiers classés en zones urbaines sensibles qui n'auront pas été classés, à compter du 1er janvier 2015, en quartiers prioritaires de la politique de la ville. »

§ 2
Logements réservés aux handicapés

642.41 Priorité aux personnes à mobilité réduite. Il s'agit ici de permettre la libération de logements normalement réservés et adaptés aux personnes présentant un handicap[5].

1. V. ss no 642.23.
2. Il s'agit des personnes mentionnées aux 3° et 4° de l'art. L. 322-3 du code de la sécurité sociale et des personnes bénéficiant d'une pension d'invalidité versée par un des régimes de sécurité sociale – CCH, art. R. 442-3-1.
3. POUR la définition des QPV, v. ss no 621.51.
4. L. no 95-115, 4 févr. 1995 d'orientation pour l'aménagement et le développement du territoire, *JO* 5 févr.
5. CCH, art. L. 442-3-2.

642.42 Conditions. À partir du moment où le ou les occupants présentant un tel handicap n'occupent plus le logement adapté, le bailleur a l'obligation de proposer à cet ou ces occupants de quitter ce logement adapté et d'en proposer un autre.

1. Le relogement se fait sans tenir compte des plafonds de ressources HLM.

2. Le loyer principal du nouveau logement doit ici aussi être inférieur à celui du logement d'origine.

3. Les conditions d'une aide à la mobilité prise en charge par le bailleur sont définies par décret[6].

642.43 Sanction. La sanction s'applique ici sans distinction de territoires, puisque l'objectif est de reprendre le logement adapté au handicap, mais qui, dans les faits, ne profite pas à une personne en situation de handicap.

1. Le locataire ayant refusé trois offres de relogement faites par le bailleur et respectant les conditions prévues à l'article 13 *bis* de la loi du 1er septembre 1948[7] ne bénéficie plus du droit au maintien dans les lieux.

2. À l'expiration d'un délai de six mois à compter de la notification de la troisième offre de relogement, le locataire est déchu de tout titre d'occupation des locaux loués.

3. Le délai est cependant porté à dix-huit mois en cas de décès d'une personne handicapée à la charge du locataire. Il est tenu compte des circonstances particulières dans lesquelles le logement ne se trouve plus occupé par une personne handicapée.

642.44 Exception. Le texte n'est pas applicable aux locataires âgés de plus de soixante-cinq ans.

§ 3
Logements occupés par des locataires en dépassement de ressources

642.51 Dépassement durable et significatif. Le législateur a la volonté d'écarter des logements sociaux HLM les personnes qui, durablement et significativement, dépassent un plafond de ressources fixé par la loi. L'objectif poursuivi est d'obtenir le départ effectif de ces ménages.

642.52 Conditions. La mise en œuvre du dispositif suppose réunies trois conditions[8] :

Sont visés les logements locatifs sociaux appartenant aux organismes d'habitations à loyer modéré, mais également ceux qui sont gérés par eux.

6. CCH, art. R. 442-3-2.
7. V. ss no 642.23.
8. CCH, art. L. 442-3-3.

Les logements doivent être situés dans des zones géographiques, définies par un décret en Conseil d'État[1], qui se caractérisent par un déséquilibre important entre l'offre et la demande de logements. Le législateur a considéré qu'il n'était pas nécessaire de poursuivre la libération de logements dans des zones peu tendues.

Les locataires dont les ressources, au vu des résultats de l'enquête réalisée tous les ans à l'occasion de l'application du SLS[2], sont, deux années consécutives, supérieures d'au moins 200 % aux plafonds de ressources pour l'attribution des logements (plafond dit « PLUS ») n'ont plus le droit au maintien dans les lieux. La perte du droit au maintien prend effet à l'issue d'un délai de trois ans à compter du 1er janvier de l'année qui suit les résultats de l'enquête faisant apparaître, pour la deuxième année consécutive, le dépassement retenu. La loi du 27 janvier 2017[3] a durci ce dispositif : le seuil de dépassement est fixé à 150 %, les plafonds de ressources pris en compte sont ceux applicable pour les logements financés en prêt locatif social (plafonds dits « PLS ») et la perte du droit au maintien dans les lieux intervient dans un délai réduit à 18 mois. Ce nouveau dispositif s'applique depuis le 1er janvier 2018[4].

642.53 **Sanction.** Le constat doit donc être fait, deux années consécutives, d'un dépassement de 150 % du plafond de ressources PLS à l'occasion de l'enquête SLS. Dès que les résultats de l'enquête font apparaître, pour la deuxième année consécutive, un dépassement du double de ces plafonds, le bailleur en informe les locataires sans délai. Il les informe qu'à compter du 1er janvier qui suit, un délai de 18 mois s'ouvre, au terme duquel ils peuvent perdre leur droit au maintien dans les lieux.

Six mois avant l'issue de ce délai de 18 mois, le bailleur notifie par lettre recommandée avec demande d'avis de réception, ou signifie par acte d'huissier, la date à laquelle les locaux loués doivent être libres de toute occupation. À l'issue de cette échéance, les locataires sont déchus de tout titre d'occupation des locaux loués.

Ce dispositif applicable depuis le 1er janvier 2018, issu de la loi du 27 janvier 2017 a diminué le délai de répit qui était de trois ans auparavant.

Si un dépassement du plafond a été constaté à l'occasion des enquêtes SLS de 2018 et 2019, les locataires concernés pourront perdre leur droit au maintien, après un délai de 18 mois, qui court à partir du 1er janvier 2020, soit le 1er juillet 2021.

642.54 **Exception.** Il existe quatre situations dans lesquelles la sanction peut ne pas s'appliquer.

642.55 **Ressources inférieures aux plafonds d'attribution.** Tout d'abord, si au cours de la période de 18 mois évoquée ci-dessus, le locataire justifie que ses ressources sont devenues inférieures aux plafonds pour l'attribution du logement, il bénéficie à nouveau du droit au maintien dans les lieux.

642.56 **Personnes de 65 ans.** Ensuite, une mesure écartant les personnes âgées de plus de 65 ans a été envisagée par le législateur. Mais, sans doute en raison de l'urgence déclarée sur le projet de loi de mobilisation pour le logement et la lutte contre l'exclusion[5] et le passage par une seule lecture du texte devant chaque chambre du Parlement qui en est la conséquence, une erreur d'écriture a été commise dans la loi. Le texte exclut ainsi de son champ, non pas les locataires de plus de 65 ans, mais « les locataires qui, l'année suivant les résultats de l'enquête faisant apparaître, pour la deuxième année consécutive, un dépassement du double des plafonds de ressources, atteignent leur soixante-cinquième anniversaire »[6]. C'est une exclusion bien singulière qui ferait de la survenance une année donnée d'une date anniversaire le seul critère d'exclusion et non l'âge lui-même. Or, ce sont bien les personnes de plus de 65 ans qui sont visées.

642.57 **Locataires atteints d'un handicap.** Les locataires présentant un handicap au sens de l'article L. 114 du code de l'action sociale et des familles ou ayant à leur charge une personne présentant un tel handicap sont également exclus de cette mesure.

642.58 **Locataires des quartiers prioritaires de la politique de la ville (QPV).** Enfin, sont exclus les logements situés dans les quartiers prioritaires de la politique de la ville (QPV). Étaient exclus auparavant les logements des zones urbaines sensibles, définies au 3 de l'article 42 de la loi du 4 février 1995[7] d'orientation pour l'aménagement et le développement du territoire. Le législateur a prévu, ici également, que cette sanction demeure non appli-

1. L'arrêté du 3 octobre 2017 précise que les zones géographiques se caractérisant par un déséquilibre important entre l'offre et la demande de logements sont les zones A *bis*, A et B1 qui sont définies en annexe 1 de l'arrêté du 1er août 2014 pris en application de l'article R. 304-1 du CCH.
2. CCH, art. L. 441-9.
3. L. n° 2017-86, 27 janv. 2017 relative à l'égalité et à la citoyenneté, *JO* 28 janv.
4. L. n° 2017-86, 27 janv. 2017, art. 82.
5. DEVENU L. n° 2009-323, 25 mars 2009 de mobilisation pour le logement et la lutte contre l'exclusion, *JO* 27 mars, p. 5408.
6. CCH, art. L. 442-3-3.
7. L. n° 95-115, 4 févr. 1995 d'orientation pour l'aménagement et le développement du territoire, *JO* 5 févr. 1995, p. 1973.

cable aux locataires bénéficiant de cet avantage et résidant, au plus tard le 31 décembre 2014, dans les quartiers classés en zones urbaines sensibles qui n'auront pas été classés, à compter du 1er janvier 2015, en quartiers prioritaires de la politique de la ville.

Il faut signaler enfin que les organismes HLM peuvent décider, par délibération de leur conseil d'administration ou de leur conseil de surveillance, d'appliquer ces dispositions aux logements leur appartenant situés en dehors des zones géographiques ci-dessus.

§ 4 Logements occupés par des gardiens, des fonctionnaires ou des agents de l'État

642.61 Logements loués pour nécessité de service aux gardiens des bailleurs. Par exception à la règle selon laquelle le contrat de location d'un logement HLM ne peut être l'accessoire d'un contrat de travail, l'article R. 441-11 du CCH l'autorise pour les seuls logements qui sont attribués pour nécessité de service aux personnes affectées au gardiennage des immeubles. Par conséquent, le salarié de l'organisme dont la location sociale répond à ce critère ne dispose que d'un droit au maintien précaire, qui sera anéanti par l'application de la clause du bail imposant la restitution du logement lors de la disparition de la nécessité de service. On observera que ce critère peut disparaître en raison d'un changement d'organisation du travail sans pour autant que prennent fin les fonctions de gardiennage du salarié locataire du logement.

Il revient à l'organisme employeur d'apprécier la réalité de la nécessité de service au regard de ses contraintes et des caractéristiques de son patrimoine. Le lien nécessaire entre le logement et l'exercice de la fonction peut s'établir en dehors des périmètres géographiques où l'obligation de gardiennage ou de surveillance des immeubles collectifs à usage locatif est imposée aux bailleurs par les dispositions du code de la sécurité intérieure[1].

642.62 Logements réservés pour les fonctionnaires et agents de l'État en contrepartie d'une majoration de prêt. Peuvent être assimilés à des logements de fonction, avec un droit au maintien écarté par la loi dans certains cas, les logements HLM qui ont été réservés par l'État pour ses agents et les fonctionnaires en contrepartie d'une contribution financière versée à l'organisme constructeur. Celle-ci se traduit par une majoration de prêt qui devait être définie par un décret, mais qui n'a jamais paru. Ce même décret devait fixer la quotité maximale des logements ainsi réservés[2].

Il convient de distinguer ces logements de ceux qui appartiennent aux organismes HLM et qui sont réservés aux fonctionnaires sans contrepartie financière de l'État au titre du contingent de 5 % attribué au préfet conformément à l'article R. 441-5-2 du CCH. Cette catégorie de logements n'est pas visée par l'exclusion du droit au maintien pour les événements définis par le législateur[3].

642.63 Cas de perte du droit au maintien des fonctionnaires et agents de l'État. Pour les logements réservés par l'État qui ont fait l'objet d'une majoration spécifique de prêt, les événements qui entraînent la perte du droit au maintien sont limitativement définis.

Dans les cas de mutation, de cessation de service ou de décès, les fonctionnaires et agents de l'état civil et militaire, ou leurs ayants droit, ne bénéficient du maintien dans les lieux que pendant un délai de six mois. Toutefois, une réponse ministérielle accorde une souplesse en présence de situations individuelles ou familiales particulièrement graves ; le préfet ou l'organisme HLM peuvent, ponctuellement, maintenir un agent dans les lieux pour une période supérieure à six mois sous réserve que l'organisme mette à la disposition de l'État un logement offrant des caractéristiques équivalentes[4].

La restriction affectant le droit au maintien dans les lieux opère également lorsque le droit au bail a été attribué par le juge à un membre du foyer. Si, par exemple, le juge des affaires familiales attribue à l'épouse la jouissance du logement et que celui-ci a effectivement servi au logement des deux époux, l'épouse ne peut revendiquer la poursuite de l'occupation en qualité de co-titulaire du bail en application de l'article 1751 du code civil ; les dispositions dérogatoires de l'article L. 442-7 du CCH prévalent à cet égard[5].

1. CSI, art. R. 271-1. Est concerné par cette obligation tout bailleur dès lors qu'il gère cent logements locatifs ou plus dans un immeuble ou groupe d'immeubles collectifs formant un ensemble situé soit dans une zone urbaine sensible définie au 3 de l'article 42 de la loi n° 95-115 du 4 février 1995 d'orientation pour l'aménagement et le développement du territoire, soit dans une commune dont la population dépasse 25 000 habitants ou qui est comprise dans une aire urbaine d'un seul tenant regroupant au moins 50 000 habitants et dont une ou plusieurs communes comptent plus de 15 000 habitants.
2. CCH, art. L. 442-7.
3. Rép. min., *JO Sénat*, 6 avr. 1989, p. 559.
4. *Idem*.
5. Civ. 3e, 9 juin 2016, n° 15-14.119, P III, n° 74 ; *AJDA* 2016. 1851 ; *D.* 2016. 2086, obs. V. Brémond ; *ibid.* 2017. 1149, obs. N. Damas ; *AJDI* 2016. 703, obs. N. Damas.

TITRE

65. La vente du logement HLM

SECTION 0

ORIENTEUR

65.00 Sommaire du titre.

CHAPITRE

651. Conditions de la vente du logement locatif HLM

SECTION 0 ORIENTEUR

651.00 **Sommaire du chapitre.**

Division. La vente du logement HLM à son occupant répond d'abord au souhait du législateur de faciliter une accession à la propriété à dimension sociale offrant au locataire de ressources modestes l'opportunité d'acquérir le logement qu'il occupe dans des conditions de prix et de transparence satisfaisantes. Elle fait ensuite partie intégrante de la politique patrimoniale et d'investissement de l'organisme qui doit comporter un plan de vente intégré dans la convention d'utilité sociale et définir les orientations retenues pour le réinvestissement des fonds provenant de la vente.

Son régime, défini aux articles L. 443-7 et suivants du code de la construction et de l'habitation, ouvre à l'organisme vendeur la faculté de proposer aux locataires d'acquérir par d'autres outils juridiques moins usités : le contrat de location-accession d'une part et la vente d'immeuble à rénover d'autre part. Ce régime garantit en outre à l'acquéreur un logement répondant aux normes d'habitabilité, doté du confort lié aux caractéristiques techniques exigées pour la construction des logements HLM, et respectant une performance énergétique minimale.

En outre, le régime de la vente HLM, entendue comme une vente à l'occupant locataire qui peut seul acheter le logement qu'il occupe, a été assoupli. C'est ainsi que la loi du 21 juillet 1994[1] a supprimé plusieurs obstacles tels que l'obligation faite au vendeur d'occuper le logement à titre principal pendant cinq ans. De même, pour permettre à certains membres de la famille du locataire de se porter acquéreurs à la place de celui-ci, la loi a élargi les bénéficiaires du régime de vente HLM.

La loi du 23 novembre 2018, dite loi Élan[2], vise à faciliter le développement des ventes dans un contexte où les organismes sont conduits à accroître et pérenniser les recettes issues de cette activité qui est devenue partie intégrante de leur modèle économique. En matière de développement, la vente d'un logement permet de financer plusieurs logements neufs. À cet effet, la loi a cherché à assouplir les conditions de mise en vente et de fixation du prix et étendu la liste des acquéreurs potentiels. Elle autorise la vente des logements financés en PLS à toute personne morale de droit privé, faute d'acquéreur prioritaire, dès lors qu'ils ont été construits ou acquis par un organisme d'HLM depuis plus de quinze ans. Pour autant, certaines modalités d'application ont rigidifié la vente de logements vacants avec, notamment, la contrainte de l'appel d'offres d'achat.

La loi Élan instaure d'autre part les nouvelles sociétés de vente d'HLM qui sont destinées à acquérir, en bloc comme en diffus, des logements des organismes afin de massifier les volumes de ventes grâce à leur qualité d'opérateur spécialisé dans ce domaine d'activité.

La sécurisation des acquéreurs est renforcée par la clause de rachat d'une durée de dix ans devant être insérée dans les actes de vente, au bénéfice des acquéreurs respectant un plafond de ressources et pour des événements limitativement définis par la loi.

Par ailleurs, a été créé un statut original, préparatoire à la copropriété, qui peut être mis en place lors de la vente de logements à des personnes physiques.

Enfin, la taxation sur les plus-values réalisées sur les ventes de logements HLM qui avait été instaurée par la loi de finances pour 2018[3] a été supprimée par la loi de finances pour 2020[4].

1. L. n° 94-624, 21 juill. 1994 relative à l'habitat, *JO* 24 juill. 1994, p. 10685.
2. L. n° 2018-1021, 23 nov. 2018 portant évolution du logement, de l'aménagement et du numérique, *JO* 24 nov., n° 1.
3. L. n° 2017-1837, 30 déc. 2017 de finances pour 2018, *JO* 31 déc., n° 2.
4. L. n° 2019-1479, 28 déc. 2019 de finances pour 2020, *JO* 29 déc., n° 1.

Seront successivement analysés le champ d'application, les bénéficiaires de la vente, les conditions de celle-ci et le risque lié aux conflits d'intérêts.

On signalera que le conseil d'administration ou de surveillance de l'organisme d'HLM est tenu de définir une politique de vente en fixant annuellement les objectifs à atteindre[1]. Dans la convention d'utilité sociale qu'il signe avec l'État[2], l'organisme fixe sa politique patrimoniale et, le cas échéant, l'énoncé de sa politique d'accession.

651.01 Principaux textes applicables.

TEXTES SOURCES

- **CCH,** art. L. 423-10.
- **CCH,** art. L. 443-7 à L. 443-15-1, L. 443-15-3 et L. 443-15-4, L. 443-15-5-1 à L. 443-15-5-8, L. 451-5.
- **CCH,** art. R. 443-10 à R. 443-16.
- **CCH,** art. R. 443-11, annexe, Normes minimales d'habitabilité des logements vendus.

TEXTES *IN EXTENSO*

- **CCH,** art. L. 423-10

Toute convention, conclue directement ou par personne interposée entre un des organismes mentionnés à l'article L. 411-2 et un de ses dirigeants, un de ses salariés, un de ses administrateurs, un des membres du conseil de surveillance ou une personne morale dans laquelle un de ses dirigeants, un de ses salariés, un de ses administrateurs ou membres du conseil de surveillance exerce des fonctions d'administrateur, de membre du conseil de surveillance ou de dirigeant est subordonnée à l'autorisation préalable du conseil d'administration ou du conseil de surveillance de l'organisme.

- **CCH,** art. L. 443-7

Les organismes d'habitations à loyer modéré peuvent aliéner aux bénéficiaires prévus à l'article L. 443-11 des logements ou des ensembles de logements construits ou acquis depuis plus de dix ans par un organisme d'habitations à loyer modéré. Ils peuvent proposer à ces mêmes bénéficiaires la possibilité d'acquérir ces mêmes logements au moyen d'un contrat de location-accession. Ils peuvent proposer à ces mêmes bénéficiaires la possibilité d'acquérir ces mêmes logements au moyen d'un contrat de vente d'immeuble à rénover défini aux articles L. 262-1 à L. 262-11. Ces logements doivent répondre à des normes d'habitabilité minimale fixées par décret en Conseil d'État. Ces logements doivent, en outre, répondre à des normes de performance énergétique minimale fixées par décret. Ces normes d'habitabilité et de performance énergétique minimales doivent être remplies après réalisation des travaux, lorsque les logements sont cédés dans le cadre d'un contrat de vente d'immeuble à rénover.

La décision d'aliéner est prise par l'organisme propriétaire. Elle ne peut porter sur des logements et immeubles insuffisamment entretenus. Elle ne doit pas avoir pour effet de réduire de manière excessive le parc de logements sociaux locatifs existant sur le territoire de la commune ou de l'agglomération concernée.

La convention d'utilité sociale mentionnée à l'article L. 445-1 vaut autorisation de vendre pour les logements mentionnés dans le plan de mise en vente de la convention mentionnée au même article L. 445-1 pour la durée de la convention.

La convention d'utilité sociale mentionnée audit article L. 445-1 conclue entre l'État et un organisme d'habitations à loyer modéré vaut autorisation de vendre pour les logements mentionnés dans le plan de mise en vente de cette convention au bénéfice de la société de vente d'habitations à loyer modéré qui les a acquis auprès de l'organisme ayant conclu la convention. L'autorisation de vendre au bénéfice de la société de vente est valable pendant la durée de la convention précitée.

Si l'organisme propriétaire souhaite aliéner des logements qui ne sont pas mentionnés dans le plan de mise en vente de la convention mentionnée au même article L. 445-1, il adresse au représentant de l'État dans le département une demande d'autorisation. Le représentant de l'État dans le département consulte la commune d'implantation ainsi que les collectivités publiques qui ont accordé un financement ou leur garantie aux emprunts contractés pour la construction, l'acquisition ou l'amélioration des logements concernés. La commune émet son avis dans un délai de deux mois à compter du jour où le maire a reçu la consultation du représentant de l'État dans le département. Faute d'avis de la commune à l'issue de ce délai, l'avis est réputé favorable. En cas d'opposition de la commune qui n'a pas atteint le taux de logements sociaux mentionné à l'article L. 302-5 ou en cas d'opposition de la commune à une cession de logements sociaux qui ne lui permettrait plus d'atteindre le taux précité, la vente n'est pas autorisée. À défaut d'opposition motivée du représentant de l'État dans le département dans un délai de quatre mois, la vente est autorisée. L'autorisation est rendue caduque par la signature d'une nouvelle convention mentionnée au même article L. 445-1.

L'autorisation mentionnée au cinquième alinéa du présent article vaut autorisation de vendre au bénéfice de la société de vente d'habitations à loyer modéré qui a acquis les logements concernés auprès de l'organisme ayant reçu l'autorisation. L'autorisation de vendre au bénéfice de la société de vente est rendue caduque par la signature par l'organisme précité d'une nouvelle convention mentionnée au même article L. 445-1.

Lorsque la société de vente d'habitations à loyer modéré détient des logements pour lesquels l'autorisation de vente est devenue caduque, elle adresse au représentant de l'État dans le département une demande d'autorisation de vendre. Le représentant de l'État dans le département consulte la commune d'implantation ainsi que les collectivités publiques qui ont accordé un financement ou leur garantie aux emprunts contractés pour la construction, l'acquisition ou l'amélioration des logements concernés. La commune émet son avis dans un délai de deux mois à compter du jour où le maire a reçu la consultation du représentant de l'État dans le département. Faute d'avis de la commune à l'issue de ce délai, l'avis est réputé favorable. En cas d'opposition de la commune qui n'a pas atteint le taux de logements sociaux mentionné à l'article L. 302-5 ou en cas d'opposition de la

1. CCH, art. L. 443-7.
2. V. s^s n° 642.58.

commune à une cession de logements sociaux qui ne lui permettrait plus d'atteindre le taux précité, la vente n'est pas autorisée. À défaut d'opposition motivée du représentant de l'État dans le département dans un délai de quatre mois, la vente est autorisée. L'autorisation est caduque à l'issue d'un délai de six ans.

Lorsque la société n'a pas obtenu d'autorisation de vendre, les logements sont cédés à un organisme mentionné à l'article L. 411-2 ou à une société d'économie mixte agréée en application de l'article L. 481-1 dans un délai de six mois à compter du refus de vendre. Si la société de vente d'habitations à loyer modéré n'a pas trouvé d'acquéreur, le ministre chargé du logement peut mettre en demeure un organisme d'habitations à loyer modéré mentionné à l'article L. 411-2 ou une société d'économie mixte agréée en application de l'article L. 481-1 d'acquérir tout ou partie de ces logements.

L'opération ne peut avoir pour effet d'accroître de plus de 20 % le nombre de logements locatifs sociaux gérés par l'organisme ou la société d'économie mixte mis en demeure, sauf en cas d'accord de sa part, et ne peut pas excéder sa compétence géographique.

Une aide mentionnée au troisième alinéa de l'article L. 452-1 peut être accordée à l'organisme ou à la société mis en demeure.

En cas de désaccord constaté six mois après la mise en demeure sur le prix d'acquisition des logements, le ministre chargé du logement en fixe le prix après avis de la commission mentionnée à l'article L. 452-2-1. Les litiges relatifs à la fixation du prix sont portés devant la juridiction administrative.

Lorsqu'une métropole régie par le chapitre VII du titre Ier du livre II de la cinquième partie du code général des collectivités territoriales ou la métropole de Lyon a pris la compétence de délivrance aux organismes d'habitations à loyer modéré des agréments d'aliénation de logements prévue au présent article, la demande d'autorisation d'aliénation pour des logements qui ne sont pas mentionnés au plan de mise en vente de la convention mentionnée à l'article L. 445-1 est transmise au président du conseil de la métropole où est situé le logement. Le président du conseil de la métropole consulte la commune d'implantation ainsi que les collectivités publiques qui ont accordé un financement ou leur garantie aux emprunts contractés pour la construction, l'acquisition ou l'amélioration des logements concernés. La commune émet son avis dans le délai de deux mois à compter du jour où le maire a reçu la consultation du président du conseil de la métropole. Faute d'avis de la commune à l'issue de ce délai, celui-ci est réputé favorable. En cas d'opposition de la commune qui n'a pas atteint le taux de logements sociaux mentionné à l'article L. 302-5 ou en cas d'opposition de la commune à une cession de logements sociaux qui ne lui permettrait plus d'atteindre le taux précité, la vente n'est pas autorisée. À défaut d'opposition motivée du président du conseil de la métropole dans un délai de quatre mois, la vente est autorisée.

Toutefois, lorsque le logement est affecté à la location saisonnière, l'autorisation d'aliéner ne peut être délivrée qu'après accord de la commune d'implantation.

En cas de non-respect de l'obligation d'autorisation de l'aliénation par le représentant de l'État dans le département ou par le président du conseil de la métropole, l'organisme vendeur est passible d'une sanction pécuniaire, dans la limite de 40 % du montant de la vente, hors frais d'acte, arrêtée par l'Agence nationale de contrôle du logement social ou le président du conseil de la métropole dans la situation prévue au cinquième alinéa du présent article.

Le conseil d'administration ou de surveillance de chaque organisme d'habitations à loyer modéré délibère annuellement sur les orientations de sa politique de vente de logements, fixe les objectifs à atteindre en nombre de logements vendus et apprécie les résultats obtenus l'année précédente, au regard du nombre de logements mis en commercialisation.

Le comité régional de l'habitat et de l'hébergement est saisi chaque année d'un rapport du représentant de l'État ou du président du conseil de la métropole dans la situation prévue au douzième alinéa portant sur la vente de logements d'habitation à loyer modéré. Ce rapport analyse si le réinvestissement des fonds provenant de la vente permet le maintien quantitatif et qualitatif de l'offre locative. Il peut émettre à cette occasion des recommandations.

• **CCH,** art. L. 443-11

I. – L'organisme propriétaire peut vendre tout logement à un autre organisme d'habitations à loyer modéré ou à une société d'économie mixte agréée au titre de l'article L. 481-1 du présent code ou à un organisme bénéficiant de l'agrément relatif à la maîtrise d'ouvrage prévu à l'article L. 365-2 du présent code ou à un organisme de foncier solidaire défini à l'article L. 329-1 du code de l'urbanisme en vue de la conclusion d'un bail réel solidaire tel que défini aux articles L. 255-1 à L. 255-5 du présent code, sans qu'il soit fait application des conditions d'ancienneté, d'habitabilité et de performance énergétique prévues à l'article L. 443-7. La convention mentionnée à l'article L. 353-2 n'est pas résiliée de droit et les locataires en place continuent à bénéficier des conditions antérieures de location.

Les aliénations aux bénéficiaires mentionnés au premier alinéa du présent I ne font pas l'objet de l'autorisation prévue à l'article L. 443-7 mais font l'objet d'une simple déclaration au représentant de l'État dans le département et au maire de la commune d'implantation des logements aliénés.

Le prix de vente aux bénéficiaires mentionnés au premier alinéa du présent I est fixé librement par l'organisme.

Toutefois, lorsqu'une aliénation à ces bénéficiaires conduit à diminuer de plus de 30 % le parc de logements locatifs détenu sur les trois dernières années par un organisme d'habitations à loyer modéré, elle doit faire l'objet d'une demande d'autorisation auprès du représentant de l'État dans le département. Cette demande d'autorisation doit mentionner la motivation du conseil d'administration ou du directoire et préciser si cette cession se fait dans le cadre d'un projet de dissolution de l'organisme. Dans ce dernier cas, l'autorisation d'aliéner est examinée au regard des conditions de mise en œuvre des dispositions relatives à la dissolution de l'organisme.

En cas de non-respect de l'obligation prévue à l'avant-dernier alinéa du présent I, l'acte entraînant le transfert de propriété est entaché de nullité. L'action en nullité peut être intentée par l'autorité administrative ou par un tiers dans un délai de cinq ans à compter de la publication de l'acte au fichier immobilier.

II. – Un logement occupé ne peut être vendu qu'à son locataire, s'il occupe le logement depuis au moins deux ans. Toutefois, sur demande du locataire qui occupe le logement depuis au moins deux ans, le logement peut être vendu à son conjoint ou, s'ils ne disposent pas de ressources supérieures à celles qui sont fixées par l'autorité administrative, à ses ascendants et descendants qui peuvent acquérir ce logement de manière conjointe avec leur conjoint, partenaire ayant conclu un pacte civil de solidarité ou concubin.

Tout locataire qui occupe le logement depuis au moins deux ans peut adresser à l'organisme propriétaire une demande d'acquisition de son logement. La réponse de l'organisme doit être motivée et adressée à l'intéressé dans les deux mois suivant la demande.

Les logements occupés auxquels sont appliqués les plafonds de ressources des prêts locatifs sociaux peuvent aussi être vendus, s'ils ont été construits ou acquis par un organisme d'habitations à loyer modéré depuis plus de quinze ans, à des personnes morales de droit privé. Dans ce cas, les baux et la convention mentionnée à l'article L. 353-2 demeurent jusqu'au départ des locataires en place.

III. – Les logements vacants des organismes d'habitations à loyer modéré peuvent être vendus, dans l'ordre décroissant de priorité :

– à toute personne physique remplissant les conditions auxquelles doivent satisfaire les bénéficiaires des opérations d'accession à la propriété, mentionnées à l'article L. 443-1, parmi lesquels l'ensemble des locataires de logements appartenant aux bailleurs sociaux disposant de patrimoine dans le département, ainsi que les gardiens d'immeuble qu'ils emploient sont prioritaires ;

– à une collectivité territoriale ou un groupement de collectivités territoriales ;

– à toute autre personne physique.

Les logements vacants auxquels sont appliqués les plafonds de ressources des prêts locatifs sociaux peuvent être vendus s'ils ont été construits ou acquis par un organisme d'habitations à loyer modéré depuis plus de quinze ans, aux bénéficiaires mentionnés aux deuxième à avant-dernier alinéas du présent III auxquels s'ajoute, en dernier ordre de priorité, toute personne morale de droit privé.

IV. – La mise en vente du ou des logements doit se faire par voie d'une publicité dont les modalités sont fixées par décret en Conseil d'État et à un prix fixé par l'organisme propriétaire en prenant pour base le prix d'un logement comparable, libre d'occupation lorsque le logement est vacant, ou occupé lorsque le logement est occupé.

Lorsqu'une personne physique a acquis soit un logement auprès d'un organisme d'habitations à loyer modéré, soit un logement locatif appartenant à une société d'économie mixte ou à l'association mentionnée à l'article L. 313-34 et faisant l'objet d'une convention conclue en application de l'article L. 831-1, elle ne peut se porter acquéreur d'un autre logement appartenant à un organisme d'habitations à loyer modéré ou appartenant à une société d'économie mixte ou à l'association mentionnée à l'article L. 313-34 et faisant l'objet d'une convention conclue en application de l'article L. 831-1, sous peine d'entacher de nullité le contrat de vente de cet autre logement. Toutefois, cette interdiction ne s'applique pas en cas de mobilité professionnelle impliquant un trajet de plus de soixante-dix kilomètres entre le nouveau lieu de travail et le logement, ou si le logement est devenu inadapté à la taille du ménage ou en cas de séparation du ménage, sous réserve de la revente préalable du logement précédemment acquis.

V. – Tous les logements, vacants ou occupés, peuvent également être vendus dans le cadre d'opérations de renouvellement urbain aux établissements publics créés en application du chapitre Ier du titre II du livre III du code de l'urbanisme et des articles L. 324-1 et L. 326-1 du même code, en vue de leur démolition préalablement autorisée par le représentant de l'État dans le département ; dans ce cas, les baux demeurent jusqu'au départ des locataires en place, le cas échéant.

VI. – Afin d'assurer l'équilibre économique et social d'un ou plusieurs ensembles d'habitations ou d'un quartier connaissant des difficultés particulières, l'organisme d'habitations à loyer modéré propriétaire peut, après accord du représentant de l'État dans le département, qui consulte la commune d'implantation, vendre des logements vacants à toute personne physique ou morale.

VII. – Lorsqu'il est procédé à la vente d'un ensemble de plus de cinq logements d'un même immeuble ou ensemble immobilier, vacants ou occupés, auxquels sont appliqués les plafonds de ressources des prêts locatifs sociaux et qui ont été construits ou acquis depuis plus de quinze ans par un organisme d'habitations à loyer modéré, ces logements peuvent être cédés à toute personne morale de droit privé sans qu'il y ait lieu d'appliquer, pour les logements vacants, l'ordre de priorité mentionné au III du présent article. Pour les logements occupés, les baux et la convention mentionnée à l'article L. 353-2 demeurent jusqu'au départ des locataires en place.

Les dispositions du IV du présent article et celles de l'article L. 443-12 ne sont pas applicables à la mise en vente d'un ensemble de logements en application du premier alinéa du présent VII. Le prix de vente est librement fixé par l'organisme propriétaire.

• **CCH,** art. L. 443-12

Lorsque le logement est vendu à des bénéficiaires prévus au III de l'article L. 443-11, l'organisme vend, par ordre de priorité défini au même article L. 443-11, à l'acheteur qui le premier formule l'offre qui correspond à ou qui est supérieure au prix évalué en application dudit article L. 443-11 ou, si l'offre est inférieure au prix évalué, qui en est la plus proche, dans des conditions définies par décret.

• **CCH,** art. L443-12-1

L'acquéreur personne physique qui souhaite revendre son logement dans les cinq ans qui suivent l'acquisition est tenu d'en informer l'organisme d'habitations à loyer modéré, qui peut se porter acquéreur en priorité.

L'acquéreur personne physique ayant acquis son logement à un prix inférieur au prix de mise en vente fixé en application de l'article L. 443-11 et l'ayant vendu dans les cinq ans suivant cette acquisition est tenu de verser à l'organisme d'habitations à loyer modéré une somme égale à la différence entre le prix de vente et le prix d'acquisition. Cette somme ne peut excéder l'écart constaté entre le prix de mise en vente lors de l'acquisition et le prix d'acquisition.

Ces prix s'entendent hors frais d'acte et accessoires à la vente.

Lorsque l'acquéreur personne physique a acquis son logement à un prix inférieur au prix de mise en vente fixé en application de l'article L. 443-11 et qu'il le loue dans les cinq ans qui suivent l'acquisition, le niveau de loyer ne doit pas excéder des plafonds fixés par l'autorité administrative.

À peine de nullité, le contrat de vente entre l'acquéreur et l'organisme d'habitations à loyer modéré comporte la mention de ces obligations.

• **CCH,** art. L. 451-5

L'avis de l'autorité compétente de l'État est requis par les organismes d'habitations à loyer modéré et les sociétés d'économie mixte de construction et de gestion de logements sociaux agréées en application de l'article L. 481-1 préalablement à leurs acquisitions ou cessions immobilières à l'exception de celles relatives aux opérations entreprises en vue de l'accession à la propriété et de celles intervenant entre deux organismes d'habitations à loyer modéré ou sociétés d'économie mixte de construction et de gestion de logements sociaux agréées en application du même article L. 481-1.

• **CCH,** art. L. 451-6

L'article L. 451-5 n'est pas applicable aux cessions ni aux acquisitions régies par le chapitre III du titre IV du livre IV.

651.02 Jurisprudence de référence.

• **CE 19 déc. 1994,** req. n° 133039

* V. s[s] n° 651.42

Lorsqu'un locataire demande à acquérir son logement, l'organisme doit lui transmettre une réponse motivée dans le délai de deux mois. La contestation du refus opposé par une SA d'HLM de vendre un logement occupé est un litige de droit privé qui relève du juge judiciaire.

• **CDBF, 20 déc. 2007,** *S[té] SCIC Hab. IdF*, req. n° 158-534, *Lebon*

* V. s[s] n° 651.24

Le prix de vente ne doit pas être différent du prix proposé ayant fait l'objet des mesures de publicité réglementaire auprès des acquéreurs prioritaires et la modification du prix initialement proposé par voie de publicité nécessite donc une nouvelle publicité.

651.03 Bibliographie indicative.

Annuel. LAMY DR. IMMO., n°s 2876 s.

Encyclopédies. *DP Gestion immob., V° HLM – Location*, n°s 316-346 s.

Articles. P. Derrez, « Acquisition de logements HLM par leurs occupants », *Ann. Loyers* 1994, p. 6 – G. Lecouëdic, « La vente HLM en questions », *Actualités Habitat* n° 1117, 29 févr. 2020, p. 25 s. – R. Roux, « La vente de logements HLM vacants », *JCP N* 1995, n°s 44-45, p. 1525, n° 3528.

SECTION 1
CHAMP D'APPLICATION

651.11 **Financement indifférent.** La loi ne fait ici aucune distinction entre les logements HLM. Le seul critère à retenir est celui de l'appartenance du logement à l'organisme HLM, peu important les conditions de sa construction, le fait qu'il ait ou non bénéficié de prêts aidés, ou qu'il soit ou non conventionné[1]. Dans le cas de logements conventionnés, les dispositions de la convention sont inopposables aux acquéreurs successifs, car la convention rendrait impossible une occupation personnelle.

Toutefois, si le logement concerné fait l'objet d'une réservation au profit d'une personne morale, l'organisme vendeur doit proposer au réservataire un logement équivalent, sauf si les parties en décident autrement[2].

651.12 **Application à d'autres bailleurs sociaux et propriétaires.** Les dispositions du code de la construction et de l'habitation relatives à la vente de logements s'appliquent également, avec quelques adaptations, aux aliénations de logements locatifs conventionnés – ou logements locatifs aidés dans les DOM – réalisées par les sociétés d'économie mixte et les collectivités territoriales, à celles réalisées par les organismes agréés de maîtrise d'ouvrage sociale, hormis pour les logements subventionnés par l'Anah[3].

Il en va de même des aliénations de logements acquis par les SCI qui sont filiales de l'association Foncière Logement, à la condition que l'aliénation ait fait l'objet d'une convention APL[4].

651.13 **Logement construits ou acquis depuis plus de dix ans.** La décision de vente ne peut concerner que des logements construits ou acquis depuis plus de dix ans par l'organisme vendeur[5]. Le délai est calculé à partir de la date d'achèvement des travaux de construction ou de la date d'acquisition. Le délai est porté à vingt ans si l'organisme HLM ou l'organisme agréé au titre de la maîtrise d'ouvrage sociale a bénéficié d'un prix d'acquisition du terrain avec décote[6].

Le préfet du département d'implantation des logements ou le président du conseil de la métropole compétent le cas échéant[7] peut toutefois déroger à

1. Sur ces notions, v. s[s] n°s 633.21 s.
2. CCH, art. L. 443-9.
3. CCH, art. L. 443-15-2 à L. 443-15-2-2.
4. CCH, art. L. 443-15-2-3.
5. Cette condition est facultative dans les cas de vente à un autre organisme d'HLM, à une SEM, à un OFS ou à un organisme agréé au titre de la maîtrise d'ouvrage sociale.
6. CGPPP, art. L. 3211-7, IV.
7. V. s[s] n° 651.41.

cette règle en cas de circonstances économiques et sociales particulières. Il doit dans ce cas consulter la commune d'implantation du logement et motiver sa décision[1].

651.14 Logement PLS construits ou acquis depuis plus de quinze ans. Lorsqu'ils sont en cours de location, les logements auxquels sont appliqués les plafonds de ressources du financement PLS et qui ont été construits ou acquis depuis plus de quinze ans par un organisme HLM peuvent être directement vendus à des personnes morales de droit privé. Les baux ainsi que la convention APL produisent leurs effets jusqu'au départ des locataires en place.

Lorsque ces logements sont vacants lors de leur mise en vente, l'organisme doit appliquer les critères de priorité, en premier lieu aux personnes physiques définies par la loi, ensuite aux collectivités territoriales ou leurs groupements et, enfin, à toute personne morale de droit privé.

Dans l'hypothèse où l'organisme vend un ensemble d'au moins six logements PLS, vacants ou occupés, situés dans un même immeuble ou un même ensemble immobilier, toute personne morale de droit privé peut se porter directement acquéreur. Si des logements sont occupés, les baux ainsi que la convention APL se poursuivent jusqu'au départ des locataires concernés.

651.15 Logement répondant à des conditions de confort. Des conditions de confort sont exigées pour les logements susceptibles d'être vendus[2]. Ces normes minimales définies par un décret du 1er juin 1987[3] portent sur la qualité du gros œuvre, l'étanchéité du logement et son équipement minimal en eau et électricité, avec une cuisine, une salle d'eau dans les immeubles collectifs et des sanitaires intérieurs, des ouvertures et une aération suffisantes.

Elles portent également sur les parties communes et les équipements de l'immeuble qui doivent être suffisamment entretenus.

651.16 Logement répondant à des normes de performance énergétique. L'obligation de respecter des normes de confort énergétique a d'abord concerné les logements collectifs, selon la loi du 24 mars 2014[4], dite loi Alur. Les logements de ces immeubles doivent avoir une consommation d'énergie correspondant au maximum à l'étiquette E[5], sauf pour les logements pour lesquels un agrément d'aliénation a été délivré avant le 1er janvier 2015[6].

Depuis la loi de transition énergétique du 17 août 2015[7], la même condition s'applique aux logements individuels.

651.17 Dérogations applicables à certaines ventes. Les conditions d'ancienneté, de confort et de performances énergétiques ne sont toutefois pas applicables aux ventes entre organismes HLM ou à une SEM ou à un organisme de foncier solidaire en vue de la conclusion d'un bail réel solidaire ou à un organisme agréé pour la maîtrise d'ouvrage en application de l'article L. 365-2 du code de la construction et de l'habitation[8].

S'agissant des cas où les normes d'habitabilité et de performances énergétiques ne sont pas atteintes, la loi du 23 novembre 2018[9], dite loi Élan, a ouvert la possibilité de recourir à la vente d'immeuble à rénover qui permet de ne pas retarder le processus de commercialisation. Cet outil juridique comporte l'avantage d'intégrer la charge et la réalisation des travaux dans la même opération de vente. En effet, l'organisme vendeur s'engage à réaliser les travaux, dans un délai fixé dans le contrat, et reçoit, en contrepartie, l'argent de l'acquéreur avant la livraison des travaux, au fur et à mesure de leur exécution[10]. Les normes exigées doivent être atteintes à l'issue des travaux.

SECTION 2
BÉNÉFICIAIRES

651.21 Critère de l'occupation. La situation varie selon que le logement est ou non occupé.

651.22 Vente du logement occupé. Le principe est posé par l'article L. 443-11 (II) du code de la construction et de l'habitation : « Un logement occupé ne peut être vendu qu'à son locataire, s'il occupe le logement depuis au moins deux ans. ».

Tout locataire qui occupe son logement depuis au moins deux ans peut en demander l'acquisition au bailleur. Celui-ci doit répondre dans les deux mois et, le cas échéant, motiver son refus ou les éven-

1. CCH, art. L. 443-8.
2. CCH, art. R. 443-11. Cette condition est facultative en cas de vente à un autre organisme HLM, à une SEM, à un OFS ou à un organisme bénéficiant de l'agrément relatif à la maîtrise d'ouvrage prévu à l'article L. 365-2 du CCH.
3. Décr. n° 87-477, 1er juin 1987, annexe à l'art. R. 443-11.
4. L. n° 2014-366, 24 mars 2014, *JO* 26 mars, p. 5809, art. 114 V.
5. À savoir les logements dont la consommation d'énergie est inférieure ou égale à 330 kWh d'énergie primaire par mètre carré et par an.
6. Déc. n° 2014-1648, 26 déc. 2014 relatif aux normes de performance énergétique minimale des logements collectifs faisant l'objet d'une vente par un organisme d'habitation à loyer modéré, *JO* 28 déc., p. 22711.
7. L. n° 2015-992, 17 août 2015, art. 13.
8. CCH, art. L. 443-11.
9. L. n° 2018-1021, 23 nov. 2018 portant évolution du logement, de l'aménagement et du numérique, *JO* 24 nov.
10. CCH, art. L. 262-1 s.

tuelles restrictions en s'appuyant sur les orientations de sa politique de vente, lesquelles font l'objet d'une délibération annuelle du conseil d'administration ou du conseil de surveillance.

L'acquéreur de son logement doit l'avoir occupé depuis au moins deux ans, ainsi que l'impose désormais une disposition de la loi du 23 novembre 2018, dite loi Élan [1].

La loi du 21 juillet 1994 a ouvert la possibilité d'une vente au conjoint du locataire [2], sur la demande du locataire, ou, s'ils répondent à des conditions de ressources réglementaires, aux ascendants et descendants du locataire [3]. Ne sont concernés par conséquent que les proches en ligne directe (parents, grands-parents, enfants, petits-enfants). Une facilité supplémentaire d'acquisition - au plan financier notamment - a été ajoutée par la loi Élan qui autorise les ascendants et descendants d'acquérir le logement conjointement avec leur conjoint, concubin ou partenaire ayant conclu un pacte.

Mais le plafonnement des ressources des ménages ascendants ou descendants de ménages locataires acquéreurs de logements locatifs s'impose toujours. En effet, les ressources visées doivent être inférieures ou égales au PLS, soit 130 % des plafonds PLUS qui donnent accès au logement locatif HLM [4].

Le montant des ressources à prendre en considération au cours d'une année donnée est égal à la somme des revenus fiscaux de référence au sens du 1° du IV de l'article 1417 du code général des impôts de chaque personne composant le ménage au titre de l'avant-dernière année précédant celle de l'acquisition.

En revanche, l'acquéreur de son logement n'est pas soumis au respect de plafonds de ressources.

651.23 **Réponse du locataire.** La loi ne prévoyant pas de délai de réponse, l'organisme vendeur peut le fixer dans sa proposition.

Il a été jugé, qu'en l'état d'une offre de vente faite en 1998, la réponse du locataire intervenue en 2006 a dépassé les délais ; sa demande d'indemnisation et de remboursement des loyers versés depuis 1998 est dès lors rejetée [5].

1. V. s^s n° 623.91.
2. La notion de conjoint est ici entendue au sens du code civil, ce qui exclut le concubin ou le partenaire pacsé.
3. Arr. 26 juill. 2007 relatif aux plafonds de ressources applicables aux ascendants ou descendants de ménages locataires qui acquièrent un logement locatif auprès d'un organisme d'habitation à loyer modéré ou d'une société d'économie mixte ayant pour objet statutaire la réalisation de logements, *JO* 25 oct., p. 17511, NOR : MLVU0758305A.
4. Rép. min. n° 21350, *JO Sénat* 11 janv. 2001, p. 97 (v. s^s n° 623.41).
5. Nancy, 20 nov. 2008, *JurisData* 375126.

Engage sa responsabilité un organisme de logement social qui avait consenti une promesse unilatérale de vente au profit de sa locataire, puis l'avait informée de la caducité de cette proposition suite au transfert de son patrimoine, alors que celle-ci avait déjà manifesté son intention d'acquérir le bien au prix offert [6].

651.24 **Commercialisation des logements vacants.** La loi Élan établit un nouvel ordre de priorité parmi les publics bénéficiaires. Ainsi, les logements vacants des organismes HLM peuvent être vendus, dans l'ordre décroissant de priorité suivant [7] :

1) à toute personne physique dont les ressources n'excèdent pas les plafonds de ressources des opérations d'accession sociale à la propriété [8], étant précisé que dans cette première catégorie, sont prioritaires l'ensemble des locataires de logements appartenant aux bailleurs sociaux disposant de patrimoine dans le département, ainsi que les gardiens d'immeuble que ces derniers emploient ;

2) à une collectivité territoriale ou un groupement de collectivités territoriales ;

3) à toute autre personne physique.

Avant l'entrée en vigueur de la loi Élan, les locataires bénéficiaient d'une priorité sous réserve de répondre à une double condition : être locataire du bailleur vendeur dans un logement situé dans le même département que le bien à vendre.

La loi nouvelle élargit le public prioritaire des locataires puisque, désormais, il est constitué de l'ensemble des locataires de logements appartenant aux bailleurs sociaux qui disposent de patrimoine dans le département, y compris lorsque les locataires ne résident pas dans le département considéré. En revanche, l'organisme ne pourrait, au sein de la première catégorie de personnes physiques prioritaires, instaurer une priorité supplémentaire en faveur de ses locataires résidant dans le département du logement ou de ses gardiens.

Par ailleurs, le cas des offres d'achat émises en indivision oblige l'organisme vendeur à tenir compte de chaque co-indivisaire pour qualifier la situation. Selon la position prise par l'administration, si un co-indivisaire appartient au premier rang des prioritaires alors que l'autre n'en relève pas, l'organisme devra considérer l'offre d'achat comme appartenant à la catégorie la moins élevée dans l'ordre des prioritaires.

S'agissant des logements PLS vacants qui sont détenus depuis plus de quinze ans, ils peuvent être

6. Civ. 3e, 11 avr. 2012, n° 11-16.329, NP.
7. CCH, art. L. 443-11, III.
8. Plafonds de ressources des logements intermédiaires majorés de 11 %.

vendus aux bénéficiaires des deux premières catégories décrites ci-dessus, auxquels s'ajoute, en dernier ordre de priorité, toute personne morale de droit privé.

Une fois autorisé à vendre, l'organisme a l'obligation d'effectuer une publicité qui doit mentionner la consistance du bien, le prix proposé, les modalités de visite et de remise des offres d'achat, la date limite à laquelle ces offres doivent être transmises et les contacts auprès desquels des renseignements peuvent être obtenus [1].

Les modalités de publicité de mise en vente sont, au minimum, constituées par :

1° une publication sur un site internet d'annonces immobilières accessible au grand public ;

2° un affichage dans le hall de l'immeuble dans lequel le bien est mis en vente et, s'il s'agit d'une maison individuelle, par l'apposition sur cette maison, ou à proximité immédiate, d'un écriteau visible de la voie publique ;

3° une insertion dans un journal local diffusé dans le département.

Le délai entre l'accomplissement de la dernière de ces trois publicités et la date limite à laquelle les offres d'achat doivent être transmises ne peut être inférieur à un mois.

Observons qu'avec le recours à un site d'annonces immobilières, la publicité porte bien au-delà du public des seuls locataires de l'organisme vendeur. Mais il ne peut s'agir du site propre à l'organisme lui-même mais d'un site spécialisé et accessible au grand public. Au plan du contenu, là où seuls la consistance du bien et son prix étaient requis, le décret du 15 novembre 2019 y ajoute une forme de règlement de consultation devant assurer un meilleur accès aux candidats potentiels et une plus grande transparence.

Bien que non citée, l'information du classement énergétique du logement reste obligatoire [2].

651.25 **Traitement des offres d'achat reçues.** Pour la vente de logements vacants auprès des diverses catégories de personnes prioritaires, les offres d'achat sont classées selon les modalités ci-dessous qui sont d'ordre public. En conséquence, les organismes ne pourraient faire délibérer leurs instances afin d'établir des règles contradictoires.

S'agissant du classement des offres d'achat reçues, les règles d'acceptation des offres diffèrent selon qu'il existe, ou non, des offres au moins égales au prix évalué.

1. CCH, art. R. 443-12.
2. CCH, art. R. 134-5-1.

S'il existe des offres égales ou supérieures au prix, c'est le candidat de rang de priorité le plus élevé qui sera retenu, et si les candidats sont de même rang, on retient celui dont l'offre est la première reçue.

Ce nouveau mode opératoire bouleverse à certains égards les pratiques antérieures. Par exemple, les nouvelles règles ne permettent en aucun cas à l'organisme vendeur d'utiliser d'autres critères. Par exemple, est interdite la prise en compte d'un taux d'endettement jugé excessif pour motiver le refus d'une offre d'achat régulière.

Le décret du 15 décembre 2019 formalise plus précisément qu'auparavant les modalités matérielles et impose un délai minimum de remise des offres ainsi qu'un classement des offres reçues qui tendent à assurer l'égalité de traitement des candidats, cela, au prix d'une certaine lourdeur malgré l'objectif du législateur qui visait à accélérer et amplifier le volume des ventes.

Toutefois, une facilité a été ajoutée qui autorise le vendeur, sans attendre l'issue du délai de remise des offres, à retenir immédiatement la première offre au moins égale au prix dès lors qu'elle émane d'un candidat parmi les plus prioritaires c'est-à-dire parmi les locataires des bailleurs sociaux du département et leurs gardiens. Compte tenu du risque de rétractation par le candidat, il est recommandé de laisser le délai de publicité courir à son terme avant de recourir à cette faculté dérogatoire.

Si l'ensemble des offres restent en deçà du prix, c'est le candidat dont l'offre est la plus proche du prix qui sera retenu à moins que le vendeur retire le bien de la vente ; si les offres sont d'un même montant, c'est le candidat le plus prioritaire qui sera retenu, et s'ils sont de même rang, on retient celui dont l'offre est la première reçue.

L'organisme conserve néanmoins la faculté d'engager une nouvelle procédure de vente avec une publicité qui devra s'effectuer dans les mêmes conditions que la première, à l'exception du délai minimal des offres qui sera ramené d'un mois à quinze jours.

En toute hypothèse, une fois écoulé le délai et si toutes les offres reçues restent inférieures au prix, si le vendeur ne retire pas alors le bien de la vente ou s'il ne relance pas une nouvelle publicité, il se voit offrir la possibilité de maintenir le bien en vente et d'accepter toute nouvelle offre au moins égale au prix. Conçue comme une souplesse offerte à l'organisme vendeur, cette modalité inhabituelle devrait être formellement connue des candidats potentiels si sa mise en œuvre était envisagée et la mention de l'intention d'y recourir devrait figurer dans la publicité initiale. À défaut, son usage discrétionnaire constituerait une véritable entorse au principe général d'équité avec un risque élevé de favoritisme.

Enfin, quel que soit le résultat de la procédure, dès lors que le candidat retenu s'est désisté ou bien que la vente n'a pu être concrétisée faute, par exemple, de financement, l'organisme peut, sans autre formalité préalable, décider de vendre le logement à l'acheteur suivant selon l'ordre de priorité décroissant applicable à la situation.

La date de remise des offres d'achat pouvant être constatée par tout moyen, l'organisme a tout intérêt de se doter en amont d'une procédure assurant la transparence et la fiabilité des données traitées à chaque étape. En particulier, devront pouvoir être attestées la date et l'heure de réception de chaque offre d'achat afin de pouvoir départager, selon le cas, des candidats de même rang ou des offres de même montant.

651.26 **Acquisition limitée à un seul logement.** Une personne physique qui a acquis un logement vacant auprès d'un organisme HLM ou d'une SEM ou de l'Association foncière logement ne peut acquérir un autre logement vacant auprès des mêmes organismes, sous peine de nullité du contrat de vente. Il faut signaler que depuis la loi Élan, l'Administration applique plus rigoureusement cette règle. Elle comprend dans la notion de première acquisition un logement qui aura été acquis antérieurement par le candidat dans le cadre de l'accession sociale à la propriété, au motif que l'accédant a bénéficié une première fois de l'avantage lié au caractère social du logement.

Toutefois, cette interdiction ne s'applique pas en cas de mobilité professionnelle impliquant un trajet de plus de soixante-dix kilomètres entre le nouveau lieu de travail et le logement, ou si le logement est devenu inadapté à la taille du ménage ou en cas de séparation du ménage, sous réserve de la revente préalable du logement précédemment acquis.

651.27 **Vente à des opérateurs sociaux.** Les logements peuvent également être vendus sous la forme d'une vente, en bloc ou non, à un autre organisme d'habitations à loyer modéré, à un organisme de foncier solidaire ou à une société d'économie mixte ou à un organisme bénéficiant de l'agrément relatif à la maîtrise d'ouvrage prévu à l'article L. 365-2 du code de la construction et de l'habitation, sans qu'il soit fait application des conditions d'ancienneté, d'habitabilité et de performance énergétique.

En outre, l'organisme vendeur fixe librement le prix de vente.

La convention APL se poursuit et les locataires en place continuent de bénéficier des conditions antérieures de location[1].

1. CCH, art. L. 443-11.

651.28 **Vente pour démolition en renouvellement urbain.** Dans le cadre d'une opération de renouvellement urbain, les logements vacants ou occupés peuvent être également vendus, en vue de leur démolition (préalablement autorisée par le préfet), à des établissements publics fonciers et d'aménagement[2].

Les baux des logements occupés demeurent jusqu'au départ des locataires en place.

651.29 **Prise en compte de l'équilibre économique et social du quartier.** Enfin, la vente de logements vacants est possible au bénéfice de toute personne physique ou morale sans condition particulière si l'équilibre économique et social d'un ou plusieurs ensemble d'habitations ou d'un quartier connaissant des difficultés particulières le justifie, après accord du préfet qui consulte la commune d'implantation[3].

SECTION 3
CONDITIONS

651.30 **Plan –Régime.** Elles concernent la procédure et les modalités financières de l'opération qui ont fait l'objet d'importants compléments dans la loi du 13 juillet 2006[4], puis dans la loi du 25 mars 2009[5] et, enfin dans la loi du 23 novembre 2018, dite loi Élan.

Il convient d'étudier successivement les conditions procédurales (§ 1), les conditions financières (§ 2) et la garantie décennale de rachat (§ 3).

§ 1
Conditions procédurales

651.41 **Procédure.** Si l'initiative de la vente est du libre choix du propriétaire des logements, le préfet ou le président du conseil de la métropole compétent est amené à formuler un avis.

En revanche, ne font l'objet que d'une simple notification au préfet et au maire les aliénations effectuées aux autres organismes HLM, SEM agréées, organismes de foncier solidaire (en vue de la conclusion d'un bail réel solidaire) et organisme agréés au titre de la maîtrise d'ouvrage sociale. Également, sont simplement notifiées au préfet dans le délai d'un mois les aliénations de logements intermédiaires[6] et d'éléments de patrimoine immo-

2. Établissements visés aux articles L. 321-1 et L. 326-1 du code de l'urbanisme.
3. CCH, art. L. 443-11.
4. L. n° 2006-872, 13 juill. 2006 portant engagement national pour le logement, *JO* 16 juill., p. 10662.
5. L. n° 2009-323, 25 mars 2009 de mobilisation pour le logement et la lutte contre l'exclusion, *JO* 27 mars, p. 5408.
6. CCH, art. L. 443-14.

bilier d'organisme HLM qui ne constituent pas des logements[1].

651.42 Initiative de la vente. L'initiative de la vente appartient à l'organisme propriétaire seul, sur décision de son conseil d'administration ou de surveillance.

Lorsqu'un locataire demande à acquérir son logement, l'organisme doit lui transmettre une réponse motivée dans le délai de deux mois. La contestation du refus opposé par une SA d'HLM de vendre un logement occupé est un litige de droit privé qui relève du juge judiciaire[2].

Il n'est pas envisagé de créer un droit individuel à l'acquisition car il porterait atteinte au droit de propriété. La priorité n'est pas de réduire le parc social existant, mais de générer davantage de logements abordables[3].

651.43 Convention d'utilité sociale valant autorisation de vente. La CUS conclue entre l'État et un organisme HLM vaut autorisation de vendre pour les logements mentionnés dans son plan de mise en vente, pour la durée de la convention.

Sauf caducité, toutes les autorisations de vendre implicites ou notifiées devaient être reprises dans le plan de vente à la signature de la première CUS conclue postérieurement à la publication de la loi Élan[4]. Selon la règle posée par la loi du 24 mars 2014[5], dite loi Alur, se trouvait atteinte de caducité la décision d'aliéner qui n'avait pas reçu commencement d'exécution dans un délai de cinq ans à compter de la date à laquelle l'autorisation implicite était intervenue ou à laquelle l'autorisation avait été notifiée à l'organisme. Ce délai pouvait être prorogé par l'autorité ayant accordé l'autorisation de vente[6].

Les logements doivent satisfaire aux nouvelles normes de performance énergétique qui ont été rendues obligatoires par décret[7] pour les ventes de logements HLM à compter du 1er janvier 2015. Sont ainsi exclus de la vente les logements dont la consommation d'énergie est supérieure à 330 kilowattheures d'énergie primaire par mètre carré et par an (classes énergie F et G) estimée selon les conditions du diagnostic de performance énergétique[8]. Le décret du 26 décembre 2014 a écarté cette exigence envers les logements pour lesquels l'agrément d'aliénation avait été délivré avant le 1er janvier 2015. La mise en vente de logements aux locataires participe de la politique patrimoniale des organismes et fait, à ce titre, l'objet d'engagements obligatoires de l'organisme dans le cadre de la CUS ; ils sont évalués à l'aide des indicateurs PP-1, PP-2, PP-2 complémentaire, PP-3 ainsi que de l'indicateur optionnel PP-5.

651.44 Autorisation du préfetpour les logements non-inscrits dans le plan de vente de la convention d'utilité sociale. Si l'organisme propriétaire souhaite aliéner des logements qui ne sont pas mentionnés dans le plan de mise en vente de la convention d'utilité sociale, il adresse au préfet une demande d'autorisation. Le préfet consulte la commune d'implantation ainsi que les collectivités publiques qui ont accordé un financement ou leur garantie aux emprunts contractés pour la construction, l'acquisition ou l'amélioration des logements concernés. La commune émet son avis dans un délai de deux mois à compter du jour où le maire a reçu la consultation du préfet. Faute d'avis de la commune à l'issue de ce délai, l'avis est réputé favorable.

En cas de non-respect de l'obligation d'autorisation de l'aliénation par le préfet ou par le président du conseil de la métropole, l'organisme vendeur est passible d'une sanction pécuniaire, dans la limite de 40 % du montant de la vente, hors frais d'acte, arrêtée par l'Agence nationale de contrôle du logement social ou le président du conseil de la métropole.

À défaut d'opposition motivée du préfet dans le délai de quatre mois, la vente est autorisée. Le motif de refus doit s'appuyer sur le risque de réduction excessive du parc locatif social de la commune ou de l'agglomération, le non-respect des normes d'habitabilité ou de performance énergétique (sauf cas de vente d'immeuble à rénover), ou encore sur l'insuffisance d'entretien du logement ou de l'immeuble[9].

651.45 Pouvoir de la commune d'empêcher la vente des logements. Dans le cadre de la procédure d'autorisation de vente relative à des logements non mentionnés dans le plan de vente de la CUS ou à des logements détenus par une société de vente HLM et pour lesquels l'autorisation de vente est caduque, la commune dispose d'un pouvoir de bloquer la vente au titre de ses engagements liés à la production de logements sociaux, imposés par la loi SRU. C'est, d'une part, lorsque la commune n'a pas atteint le taux exigé de logements sociaux et, d'autre part, lorsqu'elle estime qu'une cession de logements sociaux ne lui permettrait plus d'atteindre le taux précité[10].

1. CCH, art. L. 443-11.
2. CE 19 déc. 1994, req. n° 133039.
3. Rép. min. n° 10695, *JOAN* 1er nov. 2016, p. 9177.
4. L. n° 2018-1021, 23 nov. 2018, art. 97, IV.
5. L. n° 2014-366, 24 mars 2014 pour l'accès au logement et un urbanisme rénové, *JO* 26 mars, n° 1.
6. L. n° 2014-366, 24 mars 2014, art. 114, V.
7. Décr. n° 2014-1648, 26 déc. 2014 relatif aux normes de performance énergétique minimale des logements collectifs faisant l'objet d'une vente par un organisme d'habitation à loyer modéré, *JO* 28 déc., n° 57.
8. CCH, art. R. 443-11-1.
9. CCH, art. L. 443-7.
10. V. ss nos 651.45.

Par ailleurs, lorsque le logement est affecté à la location saisonnière, l'autorisation d'aliéner ne peut être délivrée qu'après accord de la commune d'implantation.

651.46 Contrôle d'État spécifique sur les cessions massives de patrimoine. La loi relative à l'égalité et à la citoyenneté du 27 janvier 2017[1] a prévu que l'organisme qui envisage de vendre plus de 30 % de son patrimoine détenu sur les trois dernières années doit motiver sa décision et déclarer au préfet s'il a l'intention de poursuivre son activité ou non. Dans ce dernier cas, la décision d'aliéner est examinée au regard des conditions de mise en œuvre des dispositions relatives à la dissolution de l'organisme. Cette obligation permet au préfet de vérifier, en opportunité, l'orientation stratégique retenue par l'organisme vendeur, sa démarche ne se limitant plus alors à une simple aliénation.

À défaut de respecter cette obligation, l'acte entraînant le transfert de propriété est entaché de nullité. L'action en nullité peut être intentée par l'autorité administrative ou par un tiers dans un délai de cinq ans à compter de la publication de l'acte au fichier immobilier.

Cette nouvelle mesure de contrôle issue de la loi du 27 janvier 2017 a résulté de situations constatées en pratique, dans lesquelles un organisme décidait la cession de l'intégralité de son patrimoine avant même d'en avoir tiré toutes les conséquences juridiques, au plan des règles de dissolution et du sort du boni de liquidation, notamment. Il reste néanmoins que la procédure d'autorisation de cession de patrimoine immobilier et celle de dissolution d'un organisme HLM sont deux procédures distinctes et que l'administration ne peut s'opposer à une cession de logements sociaux pour des motifs s'appuyant uniquement sur les conditions financières d'une dissolution de l'organisme vendeur[2].

651.47 Cession à une société de vente – Cession par la société de vente. La CUS vaut autorisation de vendre pour les logements mentionnés dans son plan de mise en vente au bénéfice de la société de vente HLM qui les a acquis auprès de l'organisme ayant conclu la CUS. L'autorisation de vendre au bénéfice de la société de vente est valable pendant la durée de la convention[3].

L'autorisation du préfet vaut autorisation de vendre au bénéfice de la société de vente HLM qui a acquis les logements concernés auprès de l'organisme ayant reçu l'autorisation. L'autorisation de vendre au bénéfice de la société de vente est rendue caduque par la signature par l'organisme précité d'une nouvelle CUS.

Lorsque la société de vente HLM détient des logements pour lesquels l'autorisation de vente est devenue caduque, elle adresse au préfet une demande d'autorisation de vendre. Le préfet consulte la commune d'implantation ainsi que les collectivités publiques qui ont accordé un financement ou leur garantie aux emprunts contractés pour la construction, l'acquisition ou l'amélioration des logements concernés. La commune émet son avis dans un délai de deux mois à compter du jour où le maire a reçu la consultation du préfet. Faute d'avis de la commune à l'issue de ce délai, l'avis est réputé favorable. En cas d'opposition de la commune qui n'a pas atteint le taux de logements sociaux au titre de la loi SRU ou en cas d'opposition de la commune à une cession de logements sociaux qui ne lui permettrait plus d'atteindre le taux précité, la vente n'est pas autorisée. À défaut d'opposition motivée du préfet dans un délai de quatre mois, la vente est autorisée. L'autorisation est caduque à l'issue d'un délai de six ans.

Lorsque la société n'a pas obtenu d'autorisation de vendre, les logements sont cédés à un organisme HLM ou à une société d'économie mixte agréée dans un délai de six mois à compter du refus de vendre. Si la société de vente HLM n'a pas trouvé d'acquéreur, le ministre chargé du logement peut mettre en demeure un organisme HLM ou une société d'économie mixte agréée d'acquérir tout ou partie de ces logements.

L'opération ne peut avoir pour effet d'accroître de plus de 20 % le nombre de logements locatifs sociaux gérés par l'organisme ou la société d'économie mixte mis en demeure, sauf en cas d'accord de sa part, et ne peut pas excéder sa compétence géographique.

Une aide mentionnée au troisième alinéa de l'article L. 452-1 peut être accordée à l'organisme ou à la société mis en demeure.

En cas de désaccord constaté six mois après la mise en demeure sur le prix d'acquisition des logements, le ministre chargé du Logement en fixe le prix après avis de la commission de péréquation et de réorganisation des organismes de logement social qui est placée auprès du conseil d'administration de la caisse de garantie du logement locatif social.

Les litiges relatifs à la fixation du prix sont portés devant la juridiction administrative.

651.48 Rôle des métropoles. Lorsqu'une métropole a pris la compétence de délivrance aux organismes HLM des agréments d'aliénation de logements, la demande d'autorisation d'aliénation pour des logements qui ne sont pas mentionnés au plan de mise en vente de la CUS est transmise non pas au

1. L. n° 2017-86, 27 janvier 2017 relative à l'égalité et à la citoyenneté, *JO* 28 janv.
2. CAA Versailles, 3e ch., 15 oct. 2019, req. nos 17VE03933, 17VE03948.
3. CCH, art. L. 443-7.

préfet mais au président du conseil de la métropole où est situé le logement[1]. Ce dernier consulte la commune d'implantation ainsi que les collectivités publiques qui ont accordé un financement ou leur garantie aux emprunts contractés pour les logements concernés.

La commune émet son avis dans le délai de deux mois. Faute d'avis de la commune à l'issue de ce délai, celui-ci est réputé favorable. En cas d'opposition de la commune qui n'a pas atteint le taux de logements sociaux exigible au titre de la loi SRU ou en cas d'opposition de sa part à une cession qui ne lui permettrait plus d'atteindre le taux précité, la vente n'est pas autorisée. À défaut d'opposition motivée du président du conseil de la métropole dans un délai de quatre mois, la vente est autorisée.

651.49 Vente HLM et droit de préemption urbain. Les immeubles construits ou acquis par les organismes HLM leur appartenant sont soumis au droit de préemption urbain depuis la loi du 24 mars 2014[2], dite loi Alur. Cette charge n'est cependant que de principe car le législateur[3] ne l'exprime que sous réserve des droits des locataires définis à l'article L. 443-11, c'est-à-dire des locataires susceptibles d'acquérir leur logement. Ne sont pas ici visés l'ensemble des locataires susceptibles d'acquérir un logement vacant car l'esprit de cette disposition du code de l'urbanisme n'est que de préserver les droits des locataires occupants dans l'éventualité d'une mise en vente de leur logement.

651.50 Régime des logements vendus à une société de vente. La création de cette nouvelle catégorie d'organisme d'HLM par la loi Élan a pour objectif de démultiplier les ventes par les organismes et accroître leur autofinancement dans un contexte de raréfaction des aides publiques et de diminution de leurs recettes par la mise en œuvre de la réduction de loyer de solidarité.

Son objet est limité à l'acquisition et l'entretien – en vue de leur vente – des immeubles et logements appartenant aux organismes HLM, hormis les fondations et les sociétés de coordination, aux organismes agréés pour la maîtrise d'ouvrage sociale et aux SEM agréées. Elles ont l'obligation de confier la gestion de ces biens aux organismes d'HLM, SEM agréées et organismes agréés pour la maîtrise d'ouvrage sociale mais il faut souligner que la prestation de service de gestion n'est pas réservée au vendeur des biens concernés.

Les sociétés de vente d'HLM doivent conclure une convention d'utilité sociale spécifique qui décrit notamment leur politique de gestion déléguée au regard des engagements de qualité de service rendu aux locataires[4]. La société de vente met donc en œuvre sa politique de vente sur les logements ainsi acquis mais, pour autant, leurs locataires se voient toujours appliquer les règles de la location HLM par l'organisme mandataire dès lors qu'il s'agit de logements aidés ou conventionnés (en matière notamment de droit au maintien dans les lieux, de loyer et de SLS) ainsi que celles de la RLS lorsqu'ils sont conventionnés.

651.51 Information des acquéreurs préalablement à la vente. L'acquéreur personne physique doit être informé par écrit du montant des charges locatives et, le cas échéant, de copropriété, au cours des deux dernières années. Il est informé par le vendeur qu'il sera redevable de la taxe foncière sur les propriétés bâties.

Afin de l'informer complètement sur l'état du logement et de l'immeuble, le vendeur doit en outre préciser les travaux intervenus les cinq dernières années sur les parties communes et la liste des travaux qu'il serait nécessaire d'entreprendre pour l'amélioration des parties communes et des éléments d'équipement communs[5]. Une évaluation du montant global de ces travaux et de la quote-part imputable à l'acquéreur doit lui être transmise depuis la loi du 25 mars 2009.

Bien entendu, l'organisme communiquera également l'ensemble des informations juridiques, financières et techniques relatives au logement et à l'immeuble qui sont requises en matière de vente immobilière (diagnostics techniques[6], état relatif à la présence de termites[7], information sur le risque de présence de mérule[8], état des risques naturels, miniers et technologiques[9], constat de risque d'exposition au plomb si l'immeuble a été construit avant le 1er janvier 1949[10], état mentionnant la présence ou l'absence d'amiante si le permis de construire a été délivré avant le 1er juillet 1997[11]...). De plus, l'annonce de mise en vente devra comporter la lettre correspondant à l'échelle de référence du classement énergétique, dans des conditions de forme précises[12].

Lorsque le logement vendu s'intègre dans un immeuble sous le régime la copropriété, s'y ajoutent diverses informations : documents relatifs à l'organisation de l'immeuble, informations financières dont la part du fonds de travaux afférente au lot principal vendu, carnet d'entretien de l'immeuble, notice d'information relative aux droits et obliga-

1. CCH, art. L. 443-7.
2. L. n° 2014-366, 24 mars 2014, art. 149, 4°.
3. C. urb., art. L. 213-1.
4. CCH, art. L. 445-1-1.
5. CCH, art. L. 443-14-2.
6. CCH, art. L. 134-1 s.
7. CCH, art. L. 133-6.
8. CCH, art. L. 133-9.
9. C. envir., art. L. 125-5.
10. CSP, art. L. 1334-5.
11. CSP, art. L. 1334-13.
12. CCH, art. R. 134-5-1 s.

tions des copropriétaires ainsi qu'au fonctionnement des instances du syndicat de copropriété, conclusions du diagnostic technique global s'il a été réalisé[1]. Au stade de la commercialisation, l'organisme vendeur, ou son mandataire, aura dû, dès la publication de l'annonce, mentionner, outre le classement énergétique du bien, le fait que le bien est soumis au statut de la copropriété, le nombre de lots, le montant moyen annuel de la quote-part, à la charge du vendeur, du budget prévisionnel correspondant aux dépenses courantes, l'existence éventuelle de procédures menées envers le syndicat des copropriétaires en raison de difficultés financières[2].

651.52 **Bénéfice du PTZ pour financer la primo-accession à la propriété.** Lorsque le logement est ancien, les prêts sont octroyés sous certaines conditions et, en particulier, la condition de vente du parc social à ses occupants[3].

Sont ainsi concernées au titre de la vente du parc social aux occupants les ventes de logements d'organismes HLM (ou de logements conventionnés des SEM agréées) à deux catégories de bénéficiaires : d'une part les locataires de ces logements s'ils les occupent depuis au moins deux ans (il peut s'agir aussi de leurs ascendants ou descendants, dans le respect des conditions du premier alinéa du II de l'article L. 443-11) ; il peut s'agir d'autre part des personnes physiques qui acquièrent des logements vacants à la condition de satisfaire aux plafonds de ressources de l'accession sociale à la propriété et parmi lesquelles sont prioritaires l'ensemble des locataires de logements appartenant aux bailleurs sociaux implantés dans le département ainsi que leurs gardiens[4].

L'emprunteur justifie du respect de la condition de vente du parc social à ses occupants en fournissant à l'organisme prêteur le compromis de vente précisant[5] :

- la qualité du vendeur du logement (organisme HLM ou SEM agréée). S'il s'agit d'une SEM agréée, l'emprunteur fournit également la convention APL dont le logement fait l'objet ;

- le caractère occupé ou vacant du logement ;

- le prix de vente.

651.53 **Organisme vendeur syndic de droit.** Sauf s'il y renonce, l'organisme vendeur est de droit syndic de la copropriété résultant de la vente HLM tant qu'il demeure propriétaire d'au moins un logement[6].

Mais l'assemblée générale des copropriétaires peut désigner un autre syndic dès lors que les copropriétaires autres que l'organisme vendeur détiennent au moins 60 % des voix du syndicat.

L'organisme vendeur peut néanmoins continuer d'exercer ce mandat, en qualité de syndic de droit commun, après avoir vendu tous ses logements.

Par ailleurs et pour faciliter la gestion de l'immeuble, l'organisme qui détient encore au moins un logement dans une copropriété issue de la vente HLM peut, en tant que de besoin, mettre son personnel à disposition du syndicat des copropriétaires afin d'assurer des missions de gardiennage, d'agent de propreté, d'élimination des déchets, d'entretien technique courant et de veille du bon fonctionnement des équipements communs. La prestation peut alors, sous certaines conditions, être facturée en franchise de TVA.

651.54 **Nouveau régime de la copropriété différée.** Afin de laisser des marges de manœuvre dans la gestion des immeubles que les bailleurs sociaux ont placés sous le régime de la vente HLM, la loi Élan leur ouvre la faculté de différer le régime de la copropriété, pendant dix ans maximum à compter de la mise en vente des logements.

En effet, ces bailleurs détiennent le plus souvent la très grande majorité des logements dans les copropriétés issues de la vente HLM et sont en capacité d'assurer une période transitoire parfois nécessaire à l'installation de la copropriété.

Une ordonnance publiée en mai 2019 en a déterminé les modalités[7].

Pour une durée fixe, définie dans chaque contrat de vente, l'organisme HLM peut ainsi continuer d'intervenir directement sur les parties communes et assurer les travaux nécessaires, mais sans pouvoir prendre de décision qui porterait atteinte à la valeur ou aux conditions de jouissance des parties communes et de celles des lots. Quant à l'acquéreur, il n'est à ce stade que titulaire d'un droit d'usage réel des parties communes et des équipements communs de l'immeuble en participant aux charges de fonctionnement de l'immeuble.

À l'image d'un locataire, l'acquéreur verse à l'organisme vendeur une contribution aux charges

1. CCH, art. L. 721-2.
2. CCH, art. L. 721-1.
3. CCH, art. L. 31-10-2.
4. CCH, art. L. 31-10-3 – SUR les conditions de prêt à taux zéro : CCH, art. D. 31-10-2 s.
5. Arr. 30 déc. 2010 relatif aux conditions d'application de dispositions concernant les prêts ne portant pas intérêt consentis pour financer la primo-accession à la propriété, art. 9. Conformément à l'article 2 de l'arrêté du 6 janvier 2020 (*JO* 7 janv.), les dispositions modifiées qui résultent de cet arrêté s'appliquent aux offres de prêts émises à compter du 1er janvier 2020.
6. CCH, art. L. 443-15.
7. Ord. n° 2019-418, 7 mai 2019 relative à la vente de logements appartenant à des organismes d'habitations à loyer modéré à des personnes physiques avec application différée du statut de la copropriété, *JO* 8 mai, n° 18.

en contrepartie des services rendus liés à l'usage des parties communes et des équipements communs, des dépenses d'entretien courant et des menues réparations sur les parties communes et les équipements communs et enfin des services rendus liés à l'usage des différents éléments du logement, y compris dans le cadre d'un contrat d'entreprise ou d'un contrat d'achat[1].

§ 2
Conditions financières

651.61 **Modalités financières – Sources.** Elles relèvent des articles L. 443-8, L. 443-11, L. 443-13, R. 443-14 à R. 443-16 du code de la construction et de l'habitation dont les dispositions précisent notamment la fixation du prix de vente ainsi que les modalités de remboursement des emprunts et de reversement des aides publiques.

651.62 **Fixation du prix de vente.** Jusqu'à l'entrée en vigueur de la loi Élan, les règles étaient les suivantes. Si le prix de vente était fixé par l'organisme propriétaire, France-Domaines devait être obligatoirement consulté sur l'évaluation du bien[2] sauf en cas de vente à un autre organisme HLM ou une Sem ou un organisme agréé maîtrise d'ouvrage de l'article L. 365-2 du code de la construction et de l'habitation.

Le prix de vente à l'acquéreur, personne physique, ne pouvait être inférieur ou supérieur de 35 % à l'évaluation de France-Domaines. L'évaluation ne constituait qu'un prix plancher pour les ventes à une personne morale autre qu'un organisme HLM, une Sem ou un organisme agréé maîtrise d'ouvrage de l'article L. 365-2 du code de la construction et de l'habitation.

Avec le nouveau régime fixé par la loi Élan, sont supprimés l'évaluation préalable de France-Domaines[3] ainsi que l'avis consultatif du maire. Le prix fixé par l'organisme propriétaire doit prendre pour base le prix d'un logement comparable, libre d'occupation lorsque le logement est vacant, ou occupé lorsque le logement est occupé[4].

Cette dernière modalité qui oblige à prendre pour base le prix d'un logement comparable occupé surprend dans le cadre d'une vente au locataire. En matière d'évaluation immobilière, la fixation d'un prix tenant compte du caractère occupé concerne les ventes de logements dont le bail est en cours et qui ne seront pas libérés en vue de la vente. Il est donc justifié que l'acquéreur bénéficie d'une réfaction sur le prix dont le niveau (en pratique, de 10 à 20 % le plus souvent) sera fonction des éventuelles possibilités de reprise des lieux. Mais s'agissant du prix d'un logement qui sera vendu à son locataire, il n'y a aucune raison objective à lui faire bénéficier d'une décote. En ce sens, lorsqu'un locataire du parc privé reçoit l'offre de vente liée à un congé, le prix de vente a déjà été fixé en fonction du marché ; soit le locataire exerce son droit et accepte l'offre au prix fixé, soit il ne donne pas suite[5]. Le régime antérieur à la loi Élan ouvrait à l'organisme, à partir de l'évaluation des services de l'État, la faculté d'appliquer à la valeur fournie (prix pivot) une surcote ou une décote allant jusqu'à 35 %. Des variantes de prix étaient ainsi pratiquées en fonction des profils d'acquéreurs potentiels[6].

Désormais, lors de la vente de logements vacants, la consultation nouvelle imposée par le législateur a clairement pour objet de recueillir les offres d'achat pour un même logement ; elle n'autorise plus, en amont de la procédure, la pratique des prix distincts selon les catégories d'acquéreurs. De même, une fois l'acquéreur identifié au terme de la commercialisation, l'organisme ne peut modifier le prix ayant fait l'objet des mesures de publicité, directement sous la forme de ristourne (en faveur de locataires acquéreurs par exemple) ou indirectement par la prise en charge des frais de notaire ou par la réalisation de travaux dans le logement objet de la vente.

Dans l'hypothèse de modification des conditions financières, l'organisme vendeur devrait obligatoirement effectuer une nouvelle publicité comportant le prix modifié[7].

651.63 **Droit de rétractation ou de réflexion de l'acquéreur.** L'acquéreur dispose d'un délai de dix jours pour se rétracter, délai pendant lequel le versement de toute somme d'argent est interdit[8]. À défaut d'avant-contrat, l'acquéreur dispose d'un délai de réflexion de dix jours, pendant lequel aucun acte ne peut être signé.

L'organisme n'est plus tenu d'accorder à l'acquéreur un échelonnement du paiement du prix depuis la loi du 21 juillet 1994.

1. CCH, art. L. 443-15-5-5.
2. Conformément à l'article L. 451-5 du CCH (v. « textes *in extenso* » en début de chapitre), v. s[s] n° 651.01.
3. CCH, art. L. 451-6.
4. Rép. min. n° 32950, *JOAN* 16 mars 2021, p. 2359.
5. L. n° 89-462, 6 juill. 1989, art. 15.
6. Rép. min. n° 32950, *JO* AN, 16 mars 2021, n° 2359. La question posée illustre un certain comportement paternaliste envers le locataire dont la légitimité d'acquérir à un moindre prix reposerait sur la « fidélité à son bailleur » et sur le mérite d'avoir payé un loyer pendant de nombreuses années.
7. CDBF, 20 déc. 2007, *S[té] SCIC Hab. IdF*, req. n° 158-534, *Lebon*. 617 ; *AJDA*. 2008. 12.
8. CCH, art. L. 271-1.

651.64 Encadrement des conditions de revente et de location après acquisition. La loi du 13 juillet 2006, complétée par la loi du 25 mars 2009[1], prévoit des mesures pour faire pièce à d'éventuelles spéculations sur le prix de revente des logements HLM acquis. En cas de revente dans les cinq ans, l'acquéreur personne physique doit ainsi informer l'organisme vendeur qui est prioritaire pour l'acquisition. L'acquéreur personne physique ayant acquis son logement à un prix inférieur au prix de mise en vente et l'ayant vendu dans les cinq ans suivant cette acquisition est tenu de verser à l'organisme d'habitations à loyer modéré une somme égale à la différence entre le prix de vente et le prix d'acquisition. Cette somme ne peut excéder l'écart constaté entre le prix de mise en vente lors de l'acquisition et le prix d'acquisition[2].

Par ailleurs, la personne physique qui a acquis son logement à un prix inférieur au prix de mise en vente ne peut le louer pendant cinq ans que dans la limite de plafonds de loyer fixés par l'autorité administrative. Le contrat de vente doit préciser ces obligations à peine de nullité. L'arrêté du 5 décembre 2007 précise que l'acquéreur ne peut percevoir un loyer supérieur au dernier loyer qu'il payait avant l'acquisition de son logement. Il prévoit également que ce montant est révisé le 1er janvier dans les conditions prévues à l'article 17 d de la loi du 6 juillet 1989, or ces dispositions sont depuis la loi du 24 mars 2014, dite loi Alur, reprises à l'article 17-1, mais sans que l'arrêté de 2007 ait été mis à jour de cette nouvelle référence.

651.65 Remboursement des prêts et des aides publiques. Les conditions de remboursement des prêts et des aides publiques pour les logements vendus sont précisées aux articles L. 443-11 et L. 443-13, R. 443-15 et R. 443-16 du code de la construction et de l'habitation.

En cas de cession d'un élément de patrimoine immobilier d'un organisme HLM, la fraction correspondante des emprunts contractés pour la construction, l'acquisition ou l'amélioration de l'ensemble auquel appartient le bien vendu devient immédiatement exigible. Cependant, l'organisme peut continuer à rembourser selon l'échéancier initialement prévu les prêts comportant une aide de l'Etat sous réserve que leur remboursement demeure garanti dans les conditions qui avaient permis l'obtention du prêt[3].

L'organisme doit alors saisir le garant de l'emprunt d'une demande de maintien de la garantie. Le garant de l'emprunt fait part de sa décision dans un délai de trois mois à compter du jour où il a reçu la demande. À défaut d'opposition dans ce délai de trois mois, l'accord est réputé donné.

Dans le cas d'une vente à un autre organisme HLM (autre qu'une société de vente HLM, ou une société d'économie mixte), les emprunts sont transférés avec maintien des garanties y afférentes consenties par des collectivités territoriales, par leurs groupements ou par des chambres de commerce et d'industrie territoriales, sauf opposition des créanciers ou des garants dans les trois mois qui suivent la notification par le vendeur du projet de transfert du prêt lié à la vente.

Dans le cas d'une vente à une société de vente HLM, l'acquéreur et le vendeur ont la liberté de décider que les emprunts seront transférés, avec maintien des garanties. Là, également, il appartient au vendeur de rechercher l'accord des garants afin d'obtenir ce maintien.

Par ailleurs, en cas de vente d'un logement ayant fait l'objet de travaux d'amélioration financés avec l'aide de l'État depuis moins de cinq ans, l'organisme vendeur est tenu de rembourser cette aide. Le délai de cinq ans court à compter de la date de déclaration d'achèvement des travaux ou, pour les travaux ne donnant pas lieu à la délivrance d'un permis de construire ou à la déclaration prévue par l'article L. 421-4 du code de l'urbanisme, de la date de leur réception par le maître d'ouvrage[4].

Afin d'assurer l'équilibre économique et social d'un ou plusieurs ensembles d'habitations ou d'un quartier connaissant des difficultés particulières, l'organisme HLM propriétaire peut, après accord du préfet, lequel consulte la commune d'implantation, vendre des logements vacants à toute personne physique ou morale[5]. Dans cette situation, les aides de l'État sont calculées selon les modalités définies à l'article R. 443-14. Leur remboursement est en principe immédiatement exigible. Toutefois, le préfet peut, lorsque l'opération risque d'avoir des répercussions défavorables sur la situation financière de l'organisme, autoriser un remboursement en plusieurs fractions. Cet échelonnement ne peut être supérieur à la durée prévue par l'échéancier initial du prêt principal correspondant[6].

651.66 Réaffectation des sommes dans les communes relevant de la loi SRU. Au moins 50 % du produit venant des ventes de logements sociaux situés sur une commune n'ayant pas atteint le taux de logements sociaux fixé au titre de la loi SRU est affecté au financement de programmes nouveaux de construction de logements sociaux ou d'acquisitions de logements en vue de leur conventionnement ou, à défaut, de travaux de rénovation d'un ensemble d'habitations sociales. Ces investissements sont réa-

1. L. n° 2009-323, 25 mars 2009, art. 12 – SUR CETTE LOI : B. Wertenschlag, *AJDI* 2009. 256.
2. CCH, art. L. 443-12-1.
3. CCH, art. L. 443-13.
4. CCH, art. R. 443-16.
5. CCH, art. L. 443-11.
6. CCH, art. R. 443-15.

lisés sur le territoire de la commune concernée ou, avec l'accord de celle-ci et du préfet, sur le territoire de l'établissement public de coopération intercommunale à fiscalité propre auquel la commune concernée appartient ou sur le territoire du département[1].

Cette obligation d'investissement est assurée par l'organisme HLM ou par la société d'économie mixte agréée qui vend ce patrimoine ou par un organisme ou par une société appartenant au même groupe de logement social. Elle est inscrite dans la convention d'utilité sociale de l'organisme investisseur.

Chaque année, l'organisme transmet au préfet la répartition communale des ventes de logements sociaux réalisées sur ces communes, le produit de ces ventes ainsi que le montant des sommes réinvesties.

Ces dispositions ne sont pas applicables aux ventes à un autre organisme HLM (hors sociétés de coordination et sociétés de vente) ou à une société d'économie mixte agréée ainsi qu'aux ventes effectuées par des sociétés de vente HLM.

§ 3
Garantie décennale de rachat

651.71 Champ d'application. Lorsque la vente du logement se fait au bénéfice d'une personne physique dont les ressources n'excèdent pas les plafonds de l'accession sociale à la propriété, l'organisme HLM et SEM de logements agréées sont désormais tenus d'inclure dans les contrats de vente une clause de rachat systématique, valable pour une durée de dix ans, applicable en cas de perte d'emploi, de rupture du cadre familial ou de raisons de santé[2].

La loi retient le critère de ressources de la personne, elle ne distingue pas entre les catégories de logements objet de la vente.

Cette protection n'était, jusqu'à la loi du 23 novembre 2018, dite loi Élan, imposée que dans les opérations d'accession sociale à la propriété.

651.72 Mise en œuvre de la garantie. La garantie de rachat de son logement est inscrite dans le contrat de vente. Cette garantie est offerte par le vendeur ou par la personne avec qui le vendeur a conclu une convention à cet effet[3].

Sous réserve que le logement soit toujours occupé à titre de résidence principale, la garantie peut être mise en jeu, sur demande de l'acquéreur, ou, en cas de décès, sur demande de son conjoint ou de ses descendants directs occupant le logement au jour du décès, dans les dix ans à compter de la date d'achat du logement.

La demande, adressée par lettre recommandée avec demande d'avis de réception, doit intervenir dans un délai d'un an suivant la survenance, pour le demandeur, de l'un des faits suivants :

1° perte d'emploi de l'acquéreur d'une durée supérieure à un an attestée par l'inscription à Pôle emploi ;

2° rupture du cadre familial liée au décès de l'acquéreur, de son conjoint ou de l'un de ses descendants directs occupant le logement avec l'acquéreur, à son divorce ou à la rupture d'un pacte civil de solidarité ;

3° raison de santé entraînant une invalidité reconnue, soit par la carte « mobilité inclusion » comportant la mention « invalidité » prévue à l'article L. 241-3 du code de l'action sociale et des familles, soit par la décision de la commission des droits et de l'autonomie des personnes handicapées mentionnée à l'article L. 146-9 du même code.

En cas de mise en jeu de cette garantie, l'organisme vendeur, ou toute personne morale garante avec laquelle il a conclu une convention à cet effet, est tenu de racheter le logement à un prix qui ne peut être inférieur à 80 % du prix de la vente initiale. Toutefois, ce prix de rachat peut être diminué de 1,5 % au plus par année écoulée entre la sixième et la dixième année suivant celle au cours de laquelle la vente initiale a eu lieu.

Ce prix est minoré, le cas échéant, des frais de réparation rendus nécessaires du fait de dégradations qui n'ont pas été causés par un usage normal du logement ou par la vétusté de ses installations. Ces frais de réparation sont fixés sur la base du montant le moins élevé de trois devis à produire par l'organisme vendeur ou la personne morale garante.

SECTION 4
CONFLITS D'INTÉRÊTS ET DÉONTOLOGIE

651.81 Autorisation préalable du conseil en cas de vente à un salarié ou à un dirigeant de l'organisme vendeur. La conclusion d'une vente immobilière entre un organisme HLM et un de ses salariés ou dirigeants n'est pas un acte anodin, à tout le moins pour ces personnes physiques, à la différence de l'organisme vendeur pour lequel l'opération entre dans ses activités habituelles.

Alors que les dispositions du code de commerce ne régissent que les conventions conclues entre la société et ses dirigeants, administrateurs ou actionnaires[4], celles du code de la construction et de l'habi-

1. CCH, art. L. 443-13.
2. CCH, art. L. 443-15-8.
3. CCH, art. R. 443-12-2.
4. C. com., art. L. 225-38 s. et L. 225-86 s.

tation qui traitent de ce sujet ne se limitent pas aux sociétés et s'appliquent à l'ensemble des familles d'organismes HLM au sens de l'article L. 411-2. De plus, leur champ inclut les conventions passées avec les salariés [1].

Ce dispositif, dit des conventions réglementées, subordonne à l'autorisation préalable du conseil d'administration – ou conseil de surveillance – toute convention conclue directement ou par personne interposée entre un des organismes HLM et un de ses dirigeants, un de ses salariés, un de ses administrateurs, un des membres du conseil de surveillance ou une personne morale dans laquelle un de ses dirigeants, un de ses salariés, un de ses administrateurs ou membres du conseil de surveillance exerce des fonctions d'administrateur, de membre du conseil de surveillance ou de dirigeant est subordonnée à l'autorisation préalable du conseil d'administration ou du conseil de surveillance de l'organisme [2].

Ces conventions doivent être communiquées par l'intéressé au président du conseil, à l'exception de celles qui, en raison de leur objet ou de leurs implications financières, ne seraient pas significatives pour les signataires, on pense ici, par exemple, à des cessions biens ou droits immobiliers à prix modique et qui n'ont pas pour objet un logement. Le président en communique la liste et l'objet aux membres du conseil [3].

Si un salarié concerné par cette situation se trouve par ailleurs titulaire d'un mandat social au conseil, il ne pourra participer au vote sur l'autorisation sollicitée [4].

Le conflit d'intérêts pouvant résulter de conventions conclues indirectement, par personne interposée notamment, le développement des groupes d'organismes de logements sociaux avec des mises en commun de dirigeants et des relations croisées vient accroître le risque de situations susceptibles d'entrer dans le champ des conventions réglementées.

Le non-respect de ces obligations peut conduire à l'annulation de la convention si celle-ci a généré un préjudice pour l'organisme. Dans le même temps, la responsabilité de la personne physique intéressée pourrait, le cas échéant, être engagée mais, le plus souvent, c'est à l'égard des règles de déontologie internes à l'organisme que le problème se posera. Dans ce cadre, l'organisme employeur édicte des recommandations, éventuellement des interdictions, et des procédures qui visent à traiter les cas de conflits d'intérêts. Peuvent être prescrites des sanctions en la matière mais leur caractère d'adjonction au règlement intérieur d'entreprise exigera au préalable l'avis du comité économique et social [5].

651.82 **Risque de prise illégale d'intérêt.** Il reste que l'obtention de l'autorisation du conseil d'administration - ou du conseil de surveillance - en préalable à une vente de logement ne garantit pas une sécurité juridique totale, notamment lorsque le salarié acquéreur a qualité de dirigeant au titre, par exemple, d'un mandat social. En effet, la mission de service public conférée aux organismes HLM, de droit privé comme de droit public, fait peser sur leurs dirigeants un risque pénal lorsqu'il peut être démontré qu'ils ont pris un intérêt dans une opération dont ils avaient la charge ou la surveillance. Il s'agit d'une situation délictueuse qualifiée pénalement de prise illégale d'intérêt [6].

L'intérêt peut être pris ou reçu, directement ou indirectement ; il est quelconque et n'est pas forcément matérialisé par un avantage financier, il peut être simplement moral et peut être constitué simplement par des liens d'amitié ou familiaux. Ainsi, le fait pour un dirigeant de faciliter, au profit d'un proche, la vente d'un logement détenu directement par son entreprise, ou, indirectement, par une filiale de la première. La qualification pénale ne requiert pas l'existence d'un intérêt contraire à l'entreprise, contrairement à l'abus de bien social.

651.83 **Nouvelle condition de détention du logement d'au moins deux ans.** Un logement occupé ne peut être vendu qu'à son locataire et à la condition que celui-ci l'occupe depuis au moins deux ans. Cette condition doit déjà avoir été remplie par les locataires s'ils souhaitent exprimer leur intention d'acquérir leur logement auprès du bailleur [7].

Cette exigence nouvelle apparue avec la loi du 23 novembre 2018, dite loi Élan, a pour objectif d'éviter un effet d'aubaine pour des personnes dont la demande de logement locatif social ne serait, en réalité, qu'une démarche d'acquisition du logement à un prix avantageux, lorsque, par exemple, le candidat demandeur d'un logement locatif s'est trouvé informé de la décision de mise en vente de l'immeuble concerné, lui permettant ainsi de concrétiser l'acquisition du logement après sa prise à bail.

Le délai minimal de deux ans a pour objet l'occupation effective du logement, c'est donc l'entrée

1. CCH, art. L. 423-10 s.
2. CCH, art. L. 423-10.
3. CCH, art. L. 423-11-1.
4. CCH, art. L. 423-11-2.
5. C. trav., art. L. 1321-4.
6. C. pén., art. 432-12, al. 1 : « Le fait, par une personne dépositaire de l'autorité publique ou chargée d'une mission de service public ou par une personne investie d'un mandat électif public, de prendre, recevoir ou conserver, directement ou indirectement, un intérêt quelconque dans une entreprise ou dans une opération dont elle a, au moment de l'acte, en tout ou partie, la charge d'assurer la surveillance, l'administration, la liquidation ou le paiement, est puni de cinq ans d'emprisonnement et de 75 000 euros d'amende. »
7. CCH, art. L. 443-11, II.

dans les lieux qui prévaut et non la date d'effet du bail.

D'autre part, l'occupation doit avoir été effective dans le même logement destiné à l'acquisition, la condition du délai minimal ne pourrait être satisfaite en cumulant des locations successives de logements distincts.

LIVRE

7. LA LOI DU 1ER SEPTEMBRE 1948

SECTION 0
ORIENTEUR

7.00 Sommaire du livre.

Division. Il convient d'étudier successivement le régime de la loi de 1948 (titre 71) et la sortie de ce régime (titre 72).

7.01 Principaux textes applicables.

TEXTES SOURCES

- **L. n° 48-360, 1er sept. 1948** portant modification et codification de la législation relative aux rapports des bailleurs et locataires ou occupants de locaux d'habitation ou à usage professionnel et instituant des allocations de logement, *JO* 2 sept., p. 8659.
- **L. n° 86-1290, 23 déc. 1986** tendant à favoriser l'investissement locatif, l'accession à la propriété de logements sociaux et le développement de l'offre foncière, *JO* 24 déc., p. 15531, art. 25, 28 à 34.
- **L. n° 89-462, 6 juill. 1989,** art. 40, II.
- **Décr. n° 48-1766, 22 nov. 1948** fixant les conditions de détermination de la surface corrigée des locaux d'habitation ou à usage professionnel, *JO* 23 nov., p. 11367.
- **Décr. n° 48-1881, 10 déc. 1948** déterminant le prix de base au mètre carré des locaux d'habitation ou à usage professionnel, *JO* 11 déc., p. 12090.

7.03 Bibliographie indicative.

Annuel. LAMY DR. IMMO, nos 5674-5834.

Encyclopédies. *Rép. civ., V° Baux d'habitation et professionnels (loi du 1er sept. 1948)*, H. des Lyons et Y. Rouquet – *DP Gestion immob., V° Baux – loi du 1er septembre 1948.*

TITRE

71. Le régime de la loi de 1948

SECTION 0 ORIENTEUR

71.00 Sommaire du titre.

Division. Il convient d'étudier successivement le champ d'application de la loi de 1948 (chap. 711), le régime juridique du contrat de location (chap. 712), le droit au maintien dans les lieux du locataire et le droit de reprise du bailleur (chap. 713) et la fixation du prix (chap. 714).

71.01 Principaux textes applicables.

TEXTES SOURCES

• **L. n° 48-360, 1er sept. 1948,** art. 1, 4, 5, 10, 18, 19, 26 à 44.

• **Décr. n° 48-1766, 22 nov. 1948** fixant les conditions de détermination de la surface corrigée des locaux d'habitation ou à usage professionnel, *JO* 23 nov., p. 11367.

• **Décr. n° 48-1881, 10 déc. 1948** déterminant le prix de base au mètre carre des locaux d'habitation ou à usage professionnel, *JO* 11 déc., p. 12090.

71.03 Bibliographie indicative.

Annuel. LAMY DR. IMMO, nos 5674-5834.

Encyclopédies. *Rép. civ., V° Baux d'habitation et professionnels (loi du 1er sept. 1948)*, H. des Lyons et Y. Rouquet – *DP Gestion immob., V° Baux – loi du 1er septembre 1948.*

Articles. Brière de Lisle, « Réflexions sur le vœu d'abrogation de la loi du 1er septembre 1948 », *Administrer*, nov. 1985, p. 7 – Ascensio, « Le droit au maintien dans les lieux dans les locaux d'habitation soumis à la loi du 1er septembre 1948 », *D.* 1976. Chron. 177 – B. Boussageon, « Majorations de loyer applicables aux locaux régis par la loi du 1er septembre 1948 », *AJPI* 1985. 461 – C. Berthault-Azéma, « Dans quels cas la loi du 1er septembre 1948 cesse-t-elle de s'appliquer ? », *Rev. loyers* 1986. 13 – P. Guitard, « La loi de 1948 : un régime exsangue qui ne veut pas mourir », *AJPI* 1987. 439 ; « Le 40e anniversaire de la loi du 1er septembre 1948 », *Administrer* août-sept. 1988 – J. Monéger, « La loi de 1948 a cinquante ans », *Loyers et copr.* déc. 1998 – Magnin, « La loi de 1948 une peau de chagrin qui perdure », *LPA* 1999, n° 202, p. 4 – H. des Lyons et Y. Rouquet, « Revue de jurisprudence janv. 2003-juin 2004 », *AJDI* 2004. 607 ; *ibid.*, « Chronique d'actualité législative et jurisprudentielle juill. 2004-août 2005 », *AJDI* 2005. 802 – N. Damas, « Commentaire de la loi du 13 juillet 2006 », *AJDI* 2006. 706 ; *D.* 2007, Pan. 912 ; « La loi du 1er septembre 1948 ne porte pas atteinte au droit de propriété », *AJDI* 2021. 448 – B. Raclet, « Loi ENL du 13 juill. 2006 », *IRC* sept. 2006, 26 ; « Que reste-t-il de la loi de 1948 », *Administrer* mai 2012, 13.

CHAPITRE

711. Champ d'application de la loi de 1948

SECTION 0 ORIENTEUR

711.00 Sommaire du chapitre.

Division. Il convient d'étudier successivement la nature et les finalités de la loi de 1948 (sect. 1), les communes visées (sect. 2) et les locaux visés (sect. 3).

711.01 Principaux textes applicables.

TEXTES SOURCES

• **L. n° 48-360, 1er sept. 1948,** art. 1.

TEXTES *IN EXTENSO*

• **L. 1er sept. 1948,** art. 1

À Paris,

Dans un rayon de cinquante kilomètres de l'emplacement des anciennes fortifications de Paris.

Dans les communes dont la population municipale totale est supérieure à 4 000 habitants ou qui sont limitrophes de communes dont la population municipale totale est au moins égale à 10 000 habitants, ces populations s'évaluant d'après le recensement général de 1968.

Dans les communes de 4 000 habitants au plus dont la population municipale totale s'est accrue de plus de 5 p. 100 à chacun des recensements généraux de 1954, 1962 et 1968 par rapport au recensement précédent.

Sous réserve des décrets pris en application du dernier alinéa du présent article, l'occupation des locaux d'habitation ou à usage professionnel sans caractère commercial ou industriel ou ne relevant pas du statut du fermage, ainsi que des locaux affectés à l'exercice d'une fonction publique dans lesquels l'habitation est indivisiblement liée au local utilisé pour ladite fonction, est régie, après l'expiration du bail écrit ou verbal, par les dispositions suivantes.

Des décrets pris sur le rapport du ministre de l'équipement et du logement détermineront les communes dans lesquelles la présente législation cessera d'être appliquée soit totalement, soit partiellement, ou pourra, dans les mêmes conditions, être rendue applicable.

711.02 Jurisprudence de référence.

> Renonciation au régime de la loi de 1948

• **Civ. 3e, 23 mai 2002,** n° 00-22.402, NP

* V. ss n° 711.17

Même dans le cadre d'une transaction intervenue entre les parties, la validité de la renonciation au régime de la loi de 1948 par le bénéficiaire n'est possible que si le droit a déjà pris naissance, que le bénéficiaire y renonce en parfaite connaissance de la portée de celle-ci et qu'elle a un caractère certain et non équivoque.

• **Civ. 3e, 7 mars. 2012,** n° 11-12.027, NP

* V. ss n° 711.17

Postérieurement à la conclusion d'un premier bail au visa de la loi de 1948, la signature de plusieurs baux successifs sous l'empire des lois de 1986 et de 1989 caractérise la renonciation sans équivoque des locataires à se prévaloir des dispositions de la loi du 1er septembre 1948.

> Champ d'application

• **Civ. 3e, 10 déc. 2002,** n° 01-11.793, P III, n° 254

* V. ss n° 711.51

C'est au locataire qui invoque le bénéfice de la loi de démontrer que le local a été construit avant le 1er septembre 1948.

711.03 Bibliographie indicative.

Annuel. LAMY DR. IMMO, nos 5675-5691.

Encyclopédies. Rép. civ., *V° Baux d'habitation et professionnels (loi du 1er sept. 1948)*, H. des Lyons et Y. Rouquet, nos 19-42 – *DP Gestion immob., V° Baux – loi du 1er septembre 1948*, nos 7-42.

SECTION 1
NATURE ET FINALITÉS DE LA LOI DE 1948

711.11 Caractéristiques. La loi du 1er septembre 1948[1] est souvent définie à travers deux caractéristiques essentielles : c'est une loi d'exception ; c'est une loi en extinction[2].

711.12 Loi d'exception. La loi de 1948 est une loi d'exception parce que la crise du logement caractérisait l'après-guerre et qu'il fallait, d'une part, remettre en ordre les loyers des logements en fonction du service rendu, et, d'autre part, rendre la rentabilité à l'investissement locatif.

Ainsi, pour chaque catégorie de logement a été défini un loyer de rentabilité correspondant au coût d'un immeuble de remplacement (la valeur locative) ; mais, compte tenu des circonstances de l'époque, il a été convenu que ce loyer ne serait atteint que par étapes, alors qu'un loyer « salaire » serait applicable immédiatement, compatible avec le revenu moyen d'un locataire.

Dans le même temps, le loyer des logements neufs a été libéré.

Par ailleurs, la loi a accordé aux locataires le droit au maintien dans les lieux à l'expiration de leur contrat. La protection du locataire est renforcée par le caractère d'ordre public de la législation de 1948[3].

La reprise du logement par le propriétaire, exception au droit au maintien dans les lieux, n'est envisageable que pour son habitation personnelle ou celle des membres de sa famille.

Des solutions étaient en outre avancées pour assurer l'amélioration du bâti ou les réparations justifiées par le bon entretien de l'immeuble.

711.13 Loi en extinction. La loi de 1948 est une loi en extinction par ailleurs dès lors qu'elle n'était applicable qu'aux logements construits avant son entrée en vigueur et que des mesures de « sortie » progressive de ces logements ont été définies dans les cinquante années suivantes. Pour mémoire en 1959, la liberté était reconnue pour les locations nouvelles dans les communes de moins de 10 000 habitants[4]. En 1965, dans les villes de plus de 10 000 habitants, les logements répondant à un certain équipement et, à condition que le bail soit d'au moins six ans, bénéficiaient également de la liberté. Ce transfert aux héritiers est désormais impossible.

Depuis 1968, les locaux les plus prestigieux (catégorie exceptionnelle et I) sont sortis de la loi de 1948[5]. De même, en 1975, les logements de la catégorie II A sortent de la loi[6], suivis en 1986 de ceux des catégories II B et II C[7], sous certaines conditions. L'impossibilité de revenir dans le champ d'application de la loi a complété ce dispositif de sortie[8].

711.14 Projets de réforme. Un projet significatif de réforme de la loi avait été annoncé en 2003 pour faciliter la sortie des derniers baux du système de la loi de 1948 vers le droit commun. La réforme contenue dans la loi du 13 juillet 2006[9] n'a pas la dimension annoncée. Le législateur s'est en effet contenté de limiter les effets combinés de l'article 5 de la loi et de l'article 1742 du code civil qui, en cas de décès du locataire, permettaient aux héritiers, quels qu'ils soient, de bénéficier du transfert du bail[10]. Le parc de la loi de 1948 est en constante diminution et ne représentait plus que 131 400 logements en 2013 contre 520 000 en 1988. Dans ces conditions il n'est pas envisagé que le montant des loyers concernés fasse l'objet d'une exonération fiscale, au-delà des régimes de droit commun[11]. La non-transmissibilité du bail ayant pour effet de réduire progressivement et automatiquement le nombre de ces logements, aucune modification de la loi du 1er septembre 1948 n'est envisagée actuellement[12].

711.15 Statistiques. Évolution du nombre de logements restant soumis à la loi de 1948, selon l'enquête logement de l'Insee :

1970 : 1,4 million logements ;
1978 : 930 000 logements ;
1984 : 700 000 logements ;
1988 : 520 000 logements ;
1992 : 440 000 logements ;
1996 : 337 000 logements ;
2002 : 246 000 logements ;
2006 : 263 260 logements ;
2013 : 131 400 logements[13].

711.16 Loi d'ordre public. Aux termes de l'article 87 de la loi du 1er septembre 1948, les dispositions de son titre Ier sont d'ordre public. Cette

1. L. no 48-1360, 1er sept. 1948 portant modification et codification de la législation relative aux rapports des bailleurs et locataires ou occupants de locaux d'habitation ou à usage professionnel et instituant des allocations de logement, *JO* 2 sept., p. 8659.
2. AUSSI, sur le régime de la loi de 1948 : RÉP. CIV., *Vo Baux d'habitation et professionnels (L. 1er sept. 1948)*, H. des Lyons et Y. Rouquet.
3. Sur la notion d'ordre public, v. ss no 021.11.
4. L. 1er sept. 1948, art. 3 *bis*.
5. Décr. no 67-519, 30 juin 1967.
6. Décr. no 75-803, 26 août 1975.
7. L. no 86-1290, 23 déc. 1986.
8. Sur les baux de sortie de la loi, v. ss nos 722.11 s.
9. L. no 2006-872, 13 juill. 2006, art. 85.
10. V. ss no 713.132.
11. Rép. min. no 41283, 6 avr. 2010, *JOAN Q* 6 avr. 2010, p. 4067.
12. Rép. min. no 786, *JOAN Q* 11 juin 2013, p. 6111.
13. Rép. min. no 21026, *JOAN Q* 15 oct. 2019, p. 8815 – AUSSI : Raclet, « Que reste-t-il de la loi du 1er septembre 1948 », *Administrer* no 454, mai 2012.

affirmation interdit aux parties de déroger à ses dispositions. On est en présence d'un ordre public de protection qui, sous certaines conditions, peut faire l'objet d'un renoncement de la part du locataire ou du bailleur.

711.17 **Renonciation au régime.** La validité de la renonciation au régime de la loi de 1948 par le bénéficiaire n'est possible que si le droit a déjà pris naissance, que le bénéficiaire y renonce en parfaite connaissance de la portée de celle-ci et qu'elle a un caractère certain et non équivoque[1]. Ne manifeste pas sa volonté de renoncer au bénéfice des dispositions de la loi du 1er septembre 1948 le preneur qui se borne à contester le montant des loyers et des charges de son bail[2].

La signature d'un nouveau bail, au visa de la loi du 6 juillet 1989, par une personne de grand âge et ayant un handicap visuel non contesté, n'est pas en soi constitutive de manœuvres dolosives au sens de l'article 1137 du code civil (anct art. 1116)[3]. Le nouveau bail faisant référence à plusieurs reprises aux dispositions de la loi du 22 juin 1982, le locataire, en le concluant, avait renoncé, sans équivoque, à se prévaloir de la loi du 1er septembre 1948[4]. La renonciation ne se présume pas, elle doit être explicite[5]. La signature, pendant de nombreuses années, de baux successifs visant les lois du 23 décembre 1986 et du 6 juillet 1989 vaut renonciation non équivoque à se prévaloir des dispositions de la loi du 1er septembre 1948[6].

711.18 **Application volontaire prohibée du régime.** En raison du caractère d'ordre public des dispositions de la loi du 23 décembre 1986 qui soumettent les locaux vacants répondant à des normes minimales de confort à la loi du 6 juillet 1989, les parties ne peuvent s'entendre pour conclure un bail de la loi de 1948[7].

Si le locataire peut renoncer au régime protecteur de la loi, il n'est pas possible, même par accord, d'en revendiquer l'application pour des locaux vacants.

711.19 **Réduction du champ d'application.** Défini aux articles 1er, 1er *bis*, 1er *ter*, 2, 3 et 3 *bis*, le champ d'application de la loi du 1er septembre 1948 tend à se restreindre progressivement.

La loi du 1er septembre 1948 crée un régime de droit au maintien dans les lieux applicable à des bénéficiaires dont le bail est expiré et sous certaines conditions[8]. La condition de la validité d'un titre d'occupation préalable est posée par l'article 1er de la loi selon lequel l'occupation des locaux est régie par la loi « après l'expiration du bail écrit ou verbal ».

SECTION 2
COMMUNES VISÉES

711.21 **Critère du nombre d'habitants.** De manière originale, le champ géographique de la loi étant défini par zones et par taille de communes, elle peut s'appliquer ou ne pas s'appliquer dans deux communes voisines géographiquement. Le champ d'application de la loi est par ailleurs soumis à de possibles évolutions.

711.22 **Cas général.** La loi du 1er septembre 1948 s'applique[9] :

- à Paris ;

- dans un rayon de cinquante kilomètres autour de Paris (et, plus précisément des anciennes fortifications de Paris) ;

- dans les communes dont la population totale est supérieure à 4 000 habitants ou dont la population est inférieure mais qui sont limitrophes de communes de 10 000 habitants au moins[10] ;

- dans les communes de 4 000 habitants au plus dont la population s'est accrue de plus de 5 % à chacun des recensements généraux de 1954, 1962 et 1968 par rapport au recensement précédent.

711.23 **Extensions ou dérogations.** L'article 1er de loi du 1er septembre 1948 ajoute que ce champ peut être élargi ou restreint par décret ; le retrait peut toutefois être partiel, et l'article 1er *bis* précise que le décret peut comprendre des dérogations pour certaines catégories de personnes en difficulté qui continueront d'en bénéficier.

En outre, dans les communes de moins de 10 000 habitants, sauf jusqu'à 50 kilomètres de Paris, les dispositions de la loi ne s'appliquent pas aux locataires entrés dans les lieux après le 1er janvier 1959. Des décrets ont pu, ici aussi, étendre ou restreindre ce champ d'exclusion défini par la date d'entrée du locataire. La population à prendre en compte est celle du recensement de 1968[11].

1. Civ. 3e, 23 mai 2002, no 00-22.402, NP, *Administrer* mai 2003, p. 36.
2. Civ 3e, 5 avr. 2011, no 09-68-155, NP, *AJDI* 2011. 372.
3. Civ. 3e, 28 janv. 2004, no 02-18.603, NP, *Administrer* nov. 2005, p. 30, obs. Beddeleem.
4. Civ. 3e, 12 nov. 2008, no 07-17.876, NP, *AJDI* 2009. 32 ; *Administrer* août-sept. 2009, p. 17.
5. Paris, 15 janv. 2009, no 07-15.621, NP, *AJDI* 2009. 368.
6. Civ. 3e, 7 mars 2012, no 11-12.027, NP, *Loyers et copr.* 2012, no 136, note B. Vial-Pedroletti.
7. Civ. 3e, 19 mars 2003, no 01-12.529, P III, no 64 ; *D.* 2004. 846, et les obs., obs. S. Gérard ; *AJDI* 2003. 418, obs. Y. Rouquet ; *Loyers et copr.* 2003, no 108, obs. B. Vial-Pedroletti – Paris, Pôle 4, ch. 3, 16 sept. 2010, *AJDI* 2011. 59.
8. V. ss no 713.31.
9. L. 1er sept. 1948, art. 1er.
10. Mesurés par le recensement de 1968.
11. Civ. 3e, 2 oct. 2002, no 01-03.431, P III, no 190 ; *D.* 2002. 3123 ; *Rev. loyers* 2003. 33, note Canu.

SECTION 3
Locaux visés

711.30 Plan – Critères multiples. Les critères relatifs aux locaux peuvent concerner leur destination (§ 1), leur date de construction ou leur classement par catégorie (§ 2). En outre, certains locaux sont sortis de la loi de manière expresse.

§ 1
Destination des locaux

711.41 Application de la loi. Les locaux à usage d'habitation, à usage mixte d'habitation et professionnel ou à usage professionnel, sans caractère commercial, industriel ou relevant du statut du fermage, entrent dans le champ d'application de la loi, ainsi que les locaux affectés à l'exercice d'une fonction publique lorsque le logement est « indivisiblement » lié au local de fonction. La loi s'applique à une chambre de service constituant l'habitation principale du locataire[1].

711.42 Clause d'habitation bourgeoise. La domiciliation d'une personne morale dans les locaux à usage d'habitation pris à bail par son représentant légal n'entraîne pas un changement de la destination des lieux si aucune activité n'y est exercée[2].

711.43 Location postérieure à la réforme du 23 décembre 1986. Si les réformes successives de la loi du 1er septembre 1948 ont eu pour objet, et pour effet, d'en réduire le champ, il reste possible cependant de voir consacrée l'application de la loi ancienne, même pour une location postérieure à la loi du 23 décembre 1986[3]. C'est le cas lorsque le propriétaire, après une location verbale initiale relevant de la loi de 1948, accepte son extension à des locaux vacants situés dans le même immeuble et, condition essentielle sans laquelle il aurait pu voir son procès conclu différemment, qu'il modifie globalement le montant du loyer et des charges sans exiger de nouveau dépôt de garantie. La cour d'appel a pu en déduire que les locaux « étaient soumis dans leur ensemble aux dispositions de la loi du 1er septembre 1948 »[4]. Par contre, une pièce isolée, indépendante du local principal, louée selon un bail verbal, pour y entreposer des papiers et revues, n'est pas destinée à l'habitation et par conséquent ne relève pas de son champ, l'article 1er de la loi ne visant que des locaux d'habitation ou à usage professionnel[5].

711.44 Non-application de la loi. Sont hors du champ de la loi : les garages et les remises à usage de garage, loués accessoirement et situés dans des immeubles collectifs[6].

La conséquence est la possibilité de reprise par le bailleur de ces remises ou garages ou de leur restitution en cours de bail par le locataire, ou par l'occupant, sans que l'autre partie puisse s'y opposer. Toutefois, la reprise est écartée lorsque le garage forme avec les autres locaux loués un ensemble matériellement indivisible[7].

§ 2
Date de construction

711.51 Application de la loi. Les logements construits ou achevés avant le 1er septembre 1948 sont dans le champ de la loi. C'est au locataire qui invoque le bénéfice de la loi de démontrer que le local a été construit avant le 1er septembre 1948[8].

Des dérogations sont prévues pour certains logements construits après le 1er septembre 1948, qui ont été reconstruits à la suite de faits de guerre s'ils sont occupés par les personnes qui les habitaient antérieurement ou qui les occupaient à la date de promulgation de la loi du 4 août 1962.

711.52 Non-application de la loi. La loi ne s'applique pas aux logements, même construits avant le 1er septembre 1948, s'ils étaient affectés avant le 1er juin 1948 à d'autres fins que l'habitation.

De même, n'entrent pas dans le champ d'application de la loi les locaux qui :

– résultent d'une reconstruction après démolition (et qui comprennent plus de logements ou une surface habitable supérieure) ;

– résultent d'une surélévation ou d'une addition de construction, ayant augmenté le nombre de logements, la surface habitable ou le confort de l'immeuble ;

– ont fait l'objet de travaux et sont compris dans un secteur sauvegardé ou un périmètre de restaura-

1. Paris, 18 déc. 2003, n° 2002/14792, *Rev. loyers* 2004. 330.
2. Civ. 3e, 25 févr. 2016, n° 15-13.856, P, *D.* 2016. 545, obs. Y. Rouquet ; *ibid.* 1102, obs. N. Damas ; *AJDI* 2016. 683, obs. N. Damas ; *Rev. sociétés* 2016. 604, note A. Reygrobellet ; *Rev. loyers* 2016. 193, note F. Cornette.
3. L. n° 86-1290, 23 déc. 1986 tendant à favoriser l'investissement locatif, l'accession à la propriété de logements sociaux et le développement de l'offre foncière, *JO* 24 déc., p. 15531, dite loi Méhaignerie.
4. Civ. 3e, 17 oct. 2007, n° 06-17.472, P III, n° 177 ; *D.* 2007. 2805, obs. G. Forest ; *AJDI* 2008. 484, obs. V. Zalewski ; *Loyers et copr.* 2007, n° 240, note B. Vial-Pedroletti.
5. Civ. 3e, 2 oct. 2007, n° 06-16.112, NP, *Administrer* févr. 2008, p. 25, obs. Canu.
6. Civ. 3e, 17 juill. 1992, n° 90-19.333, P III, n° 252 ; *Administrer* mai 1993. 43, note Franck.
7. Soc. 26 oct. 1967, P IV, n° 677.
8. Civ. 3e, 10 déc. 2002, n° 01-11.793, P III, n° 254 ; *AJDI* 2003. 508, obs. S. Beaugendre ; *Rev. loyers* 2003. 94, note Canu – POUR un arrêt dans lequel le bailleur doit établir que le local a été achevé postérieurement au 1er sept. 1948 : Civ. 3e, 21 déc. 1987, n° 86-15.589, NP, *Rev. loyers* 1988. 63.

tion immobilière, sauf pour les locataires ou occupants maintenus ou réintégrés.

711.53 Locaux vacants. La loi du 23 décembre 1986[1] a, dans son article 25, posé un principe d'exclusion de la loi pour tous les locaux vacants, quelle que soit leur date de construction : « les locaux vacants à compter du 23 décembre 1986 ne sont pas soumis aux dispositions de la loi n° 48-1360 du 1er septembre 1948. Ils sont désormais régis par les chapitres Ier à III du titre Ier de la loi n° 89-462 du 6 juillet 1989[2], à l'exception des locaux à usage exclusivement professionnel qui sont régis par l'article 57 A et par les dispositions du code civil ».

711.54 Impossibilité de soumettre le bail à la loi de 1948. La Cour de cassation a une première fois rappelé le caractère d'ordre public des dispositions de l'article 25 de la loi du 23 décembre 1986 en ce qu'elles ne sont pas destinées à assurer la seule protection du preneur, l'argument d'une protection plus élevée apportée au locataire par le statut de la loi de 1948 pour en justifier l'adoption volontaire restant par conséquent irrecevable[3]. Par trois arrêts rendus le même jour en 2003[4], la Cour confirmait que « les dispositions de l'article 25 de la loi du 23 décembre 1986, d'ordre public, ne peuvent être écartées par la soumission conventionnelle d'un bail à la loi du 1er septembre 1948 », après une période au cours de laquelle le retour à la loi de 1948 était possible, si les locaux vacants ne répondaient pas aux normes d'habitabilité. En présence de deux locations successives portant sur deux appartements, le deuxième étant conclu au visa de l'article 25 de la loi du 23 décembre 1986, la validité du congé délivré pour ce logement ne peut s'apprécier au regard des dispositions de la loi du 1er septembre 1948[5].

711.55 Recours du locataire. Quelle peut être alors l'action du locataire dont le logement ne répond pas aux normes d'habitabilité ? L'article 25 a été complété et son alinéa 2 précise que : « Si les locaux loués depuis le 23 décembre 1986 ne satisfont pas aux caractéristiques définies en application des premier et deuxième alinéas de l'article 6 de la loi n° 89-462 du 6 juillet 1989 précitée, relatifs à la notion de logement décent, le locataire peut, dans le délai d'un an à compter de la date de prise d'effet du contrat de location initial, demander au propriétaire leur mise en conformité avec ces normes sans qu'il soit porté atteinte à la validité du contrat de location en cours ».

Un arrêt important de la cour de cassation, rendu en assemblée plénière, a considéré que, bien que le loyer du logement classé en catégorie IV de la loi de 1948 avait été déterminé en considération de ce classement, que la locataire avait été informée de ce qu'il ne sera pas possible de faire installer l'eau courante et que le gestionnaire lui avait fait une proposition de relogement qu'elle avait refusée, l'exigence de la délivrance au preneur d'un logement décent impose son alimentation en eau courante[6].

1. V. note s[s] n° 711.43.
2. L. n° 89-462, 6 juill. 1989 tendant à améliorer les rapports locatifs et portant modification de la loi n° 86-1290 du 23 déc. 1986, *JO* 8 juill., p. 8541.
3. Civ. 3e, 2 juin 1999 n° 97-17373, P III, n° 123. *D.* 2000. 733, note Beaugendre.
4. Civ. 3e, 19 mars 2003, n° 01-12.529, P III, n° 64 ; *D.* 2004. 846, et les obs., obs. S. Gérard ; *AJDI* 2003. 418, obs. Y. Rouquet – Civ. 3e, 19 mars 2003, n° 01-12.530, NP.
5. Civ. 3e, 10 mars 2010, n° 09-13.589, P III, n° 61 ; *AJDI* 2010. 807, obs. N. Damas ; *Administrer* août-sept. 2010, p. 33, obs. Canu.
6. Civ. 3e, 15 déc. 2004, n° 02-20.614, P III, n° 239. *D.* 2005. IR 109, obs. Y. Rouquet ; *ibid.* Pan. 751, obs. N. Damas ; *AJDI* 2005. 125, note Y. Rouquet ; *RDI* 2005. 113, obs. Heugas-Darraspen ; *Rev. loyers* 2005. 88 obs. Humblot-Gignoux ; *Loyers et copr.* 2005, n° 29, obs. C. Coutant-Lapalus.

CHAPITRE

712. Régime juridique du contrat de location

SECTION 0 ORIENTEUR

712.00 **Sommaire du chapitre.**

Division – Sources. Le régime juridique du contrat dit loi de 1948 résulte de plusieurs sources législatives : de la loi du 1er septembre 1948 évidemment mais également, voire surtout depuis 1986 puis 1989 et 2014, des lois d'ordre public intervenues postérieurement, dont certains articles ont été rendus applicables aux contrats en cours de la loi de 1948 ou à la situation des occupants de bonne foi ; enfin s'applique le code civil, qui règle les conditions de conclusion du contrat de location. Ainsi, la durée de celui-ci n'est pas réglementée et sa forme est libre (contrat écrit ou verbal[1]).

Le régime est applicable aux locataires ou aux occupants qui bénéficient du doit au maintien dans les lieux après l'expiration de leur bail.

712.01 **Principaux textes applicables.**

TEXTES SOURCES

- **L. n° 48-360, 1er sept. 1948,** ch. I à VII.
- **L. n° 89-462, 6 juill. 1989,** art. 40, II.

TEXTES *IN EXTENSO*

- **L. 6 juill. 1989,** art. 40, II

II – Les dispositions des articles 3, 3-1, 8 à 20, du premier alinéa de l'article 22 et de l'article 24 ne sont pas applicables aux logements dont le loyer est fixé en application des dispositions du chapitre III de la loi n° 48-1360 du 1er septembre 1948 précitée.

712.02 **Jurisprudence de référence.**

> Régime juridique applicable au bail

- **Civ. 3e, 22 mai 2012,** n° 11-17.382, NP

* V. ss n° 712.00

Le juge du fond apprécie souverainement l'application de la loi au bail en cause.

> Régime de la sous-location

- **Civ. 3e, 17 janv. 1969,** P III, n° 54

* V. ss n° 712.23

L'autorisation du bailleur de sous-louer doit résulter d'un acte positif impliquant nécessairement un accord non équivoque.

712.03 **Bibliographie indicative.**

Annuel. LAMY DR. IMMO, nos 5728-5730.

Encyclopédies. *Rép. civ., V° Baux d'habitation et professionnels (loi du 1er sept. 1948)*, H. des Lyons et Y. Rouquet, nos 50-63 – *DP Gestion immob., V° Baux – loi du 1er septembre 1948*, nos 2 s.

SECTION 1 EFFETS SUR LE CONTRAT DES LÉGISLATIONS D'ORDRE PUBLIC

712.11 **Dispositions de la loi du 6 juillet 1989 relatives à la loi de 1948.** L'article 40-II de la loi du 6 juillet 1989 permet de connaître les articles de cette loi qui sont applicables « aux logements dont le loyer est fixé en application des dispositions du chapitre III de la loi n° 48-1360 de la loi du 1er septembre 1948 ».

712.12 **Articles applicables.** Sont applicables aux relations entre les bailleurs et les locataires ou occupants relevant de la loi du 1er septembre 1948,

1. Les juges du fond apprécient souverainement l'application de la loi au bail en cause (délivrance de quittances de loyer, courriers du bailleur) : Civ. 3e, 22 mai 2012, n° 11-17.382, NP, *Ann. loyers* déc. 2012, n° 28438, Beddelem.

par déduction des dispositions de l'article 40, II, les articles :

• 1er et 2, relatifs au droit au logement et au caractère d'ordre public de la loi [1] ;

- 3-2 sur l'état des lieux [2] ;

- 3-3 sur le dossier de diagnostic technique [3] ;

- 4, qui répute non écrites plusieurs clauses du contrat ; les baux de la loi du 1er septembre 1948 doivent donc respecter les clauses réputées non écrites de l'article 4 de la loi du 6 juillet 1989 [4] ;

- 5 sur le partage des honoraires d'intermédiaires [5] ;

- 6, 6-1, 6-2 (dispositions applicables à compter du 25 octobre 2020 et relatives à l'information due par le bailleur au locataire sur ses consommations de chaleur, de froid et d'eau chaude sanitaire) et 7 sur les obligations du bailleur et du locataire [6] ;

- 7-1 sur la prescription [7] ;

- 20-1 sur la décence [8] ;

- 21 sur l'obligation de transmettre gratuitement une quittance ou un reçu au locataire [9] ; la loi du 25 mars 2009 de mobilisation pour le logement et la lutte contre l'exclusion, a substitué le mot « transmettre » au mot « remettre » antérieur, adaptant ainsi l'obligation du bailleur aux moyens modernes de communication. La quittance porte le détail des sommes versées par le locataire en distinguant le loyer et les charges ;

- 22, sauf le 1er alinéa, sur le dépôt de garantie [10] ;

- 22-1 et 22-1-I sur le cautionnement [11] ;

- 22-2 sur les pièces justificatives [12] ;

- 23 sur les charges locatives récupérables [13] ;

- 23-1 sur les travaux d'économie d'énergie [14] ;

- 24-1 sur la résolution des litiges [15] ;

- 25 et suivants relatifs aux dispositions modificatives de la loi du 23 décembre 1986 et les dispositions diverses.

712.13 Articles non applicables. En revanche les articles suivants de la loi du 6 juillet 1989 ne sont pas applicables, les dispositions particulières de la loi de 1948 étant maintenues :

- art. 3 sur la forme du contrat [16] ; en écartant l'article 3 relatif à l'établissement du contrat par écrit et à son contenu, le texte laisse la liberté aux parties de fixer la forme du contrat, qui peut être un contrat verbal, comme l'autorise, en droit commun, l'article 1714 du code civil. L'état des lieux n'est pas obligatoire, le principe de son établissement étant inscrit dans le même article 3 de la loi du 6 juillet 1989. Le code civil [17], s'applique à titre supplétif et le preneur doit rendre les locaux tels qu'il les a reçus en cas de rédaction d'un état des lieux. À défaut de rédaction d'un état des lieux l'article 1731 présume que le preneur a reçu le local en bon état, sauf preuve contraire par tous moyens ;

- art. 3-1 sur la surface habitable [18] ;

- art. 8 sur la cession et la sous-location [19] ;

- art. 8-1 sur la colocation [20] ;

- art. 9 sur l'échange de logement [21] ;

- art. 9-1 sur l'opposabilité des notifications [22] ;

- art. 10 à 13 sur la durée du contrat [23] ;

- art. 14 sur le transfert du contrat ; [24]

- art. 14-1 sur l'abandon du logement [25] ;

- art. 15 sur le congé [26] ;

- art. 16 à 20 sur le loyer [27] ;

- art. 22, al. 1er, sur le montant du dépôt de garantie [28] ;

- art. 24 sur la clause résolutoire [29].

SECTION 2
RÉGIME DU CONTRAT RELEVANT DE LA LOI

712.21 Dispositions applicables. L'apport actuel de la loi du 1er septembre 1948 au régime du contrat reste pour l'essentiel le droit au maintien dans les lieux [30] et la définition du loyer à la surface corrigée [31]. Mais, d'autres dispositions continuent de s'appliquer depuis l'origine.

712.22 Montant du dépôt de garantie. Le dépôt de garantie est limité à deux mois de loyer pour les locations faites au mois ou à trois mois dans les autres

1. V. ss nos 021.11 s.
2. V. ss nos 137.12 s.
3. V. ss nos 133.25 s.
4. V. ss nos 133.271 s.
5. V. ss nos 134.111 s.
6. V. ss titres 21, 22, 23 et 24.
7. V. ss no 231.51.
8. V. ss no 211.42.
9. V. ss no 714.64.
10. V. ss nos 712.22 s.
11. V. ss no 144.47.
12. V. ss nos 131.20 s.
13. V. ss nos 241.11 s.
14. V. ss nos 311.40 s.
15. V. ss no 211.11.
16. V. ss no 132.11.
17. C. civ., art. 1730 s.
18. V. ss no 133.25.
19. V. ss no 712.23.
20. V. ss nos 124.11 s.
21. V. ss no 713.31.
22. V. ss no 121.22.
23. V. ss no 713.31.
24. V. ss nos 713.121 s.
25. V. ss no 823.111.
26. V. ss nos 713.10 s.
27. V. ss nos 714.11 s.
28. V. ss no 712.22.
29. V. ss nos 714.111 s.
30. V. ss nos 713.10 s.
31. V. ss nos 714.41 s.

cas, en tenant compte des loyers payés d'avance[1]. Par conséquent, si le loyer est payé d'avance (terme à échoir), le dépôt de garantie ne pourra pas dépasser un mois pour les locations faites au mois et deux mois dans les autres cas.

Les clauses contraires sont frappées d'une nullité de plein droit.

712.23 **Cession et sous-location – Principe.** La cession et la sous-location sont également interdites sauf autorisation du bailleur[2]. L'autorisation du bailleur doit résulter d'un acte positif impliquant nécessairement un accord non équivoque[3]. L'occupant logeait d'autres personnes dans l'appartement, qui y recevaient leur courrier, ce qui caractérise sa mauvaise foi. Les personnes hébergées n'étant pas des proches, l'article 8-1 de la Convention de sauvegarde des droits de l'homme et des libertés fondamentales[4] n'est pas violé[5].

712.24 **Cession et sous-location – Tempérament.** Toutefois, la faculté de sous-louer une pièce quand le local en comporte au moins deux est reconnue légalement. Les chambres de service sont comprises dans la faculté de sous-louer[6].

Il n'y a sous-location qu'en présence d'une contrepartie à l'occupation du logement par les personnes hébergées. L'usage même gratuit et prolongé des locaux par d'autres personnes que le bénéficiaire du droit au maintien dans les lieux ne répond pas à cette exigence[7].

Le chiffre est porté à deux pièces susceptibles d'être sous-louées quand le local ne dépasse pas cinq pièces et qu'il se trouve dans une commune visée à l'article 10-7°, le locataire ou l'occupant vivant seul et étant âgé de plus de 75 ans.

La notification est faite par le locataire ou l'occupant au bailleur dans un délai d'un mois sous peine de déchéance du droit au maintien dans les lieux et par lettre recommandée avec demande d'avis de réception. La notification n'est toutefois pas obligatoire si la sous-location est déjà autorisée par le bail[8]. La cession est opposable au bailleur dès lors que, avisé, il y a acquiescé tacitement par la perception de loyers versés par le cessionnaire[9].

712.25 **Travaux.** Le régime des travaux de la loi du 1er septembre 1948 est traité au v. ss nos 313.30 s.

712.26 **Sanctions.** Le chapitre 6 de la loi est tout entier consacré aux sanctions susceptibles d'être prononcées en cas de comportement frauduleux de la part des bailleurs et des locataires.

Elles visent aussi bien la perception de loyers illicites (art. 51, 57 et 63) que le dépassement de la valeur locative ou le versement de « pas-de-porte » au départ du locataire (art. 52), voire la discrimination envers les candidats locataires ayant une famille nombreuse (art. 54).

Des sanctions pénales sont prévues à l'encontre des propriétaires exécutant des travaux en dehors des conditions légales ou malgré une décision d'interdiction ou d'interruption prononcée par le juge (art. 59 et 59 *bis*),

Enfin, l'exercice du droit de reprise[10] sans occupation consécutive par le bénéficiaire est frappé d'amendes civiles, sans présomption des dommages-intérêts éventuellement dus au locataire (art. 60 à 62, art. 66).

712.27 **Procédure et prescription.** L'article 46 de la loi pose le principe de la compétence du juge des contentieux de la protection du lieu de situation de l'immeuble pour connaître des contestations nées de l'application de la loi.

En effet, depuis la réforme **posée par la loi du 23 mars 2019**[11] **de programmation 2018-2022 et de réforme pour la justice,** le juge des contentieux de la protection connaît des actions dont un contrat de louage d'immeubles à usage d'habitation ou un contrat portant sur l'occupation d'un logement est l'objet, la cause ou l'occasion ainsi que des actions relatives à l'application de la loi du 1er septembre 1948[12].

L'article 68 de la loi précise que : « Les actions en nullité et les actions en répétition prévues au présent chapitre se prescrivent par trois ans. » On notera que cette durée de prescription a vocation à s'appliquer dans les relations entre bailleurs et locataires HLM, l'article 68 relevant du titre VI de la loi de 1948, qui s'applique aux logements conventionnés HLM[13] et aux logements HLM non conventionnés[14]. Sur la prescription v. aussi ss no 714.65.

1. L. 1er sept. 1948, art. 75.
2. L. 1er sept. 1948, art. 78.
3. Civ. 3e, 17 janv. 1969, P III, no 54.
4. V. ss no 323.21.
5. Civ. 3e, 26 oct. 2011, no 10-16.694, NP. *Ann. loyers* 2012, no 28440, Beddelem.
6. Civ. 3e, 28 nov. 1968, P III, no 497.
7. Civ. 3e, 5 mai 1999, P III, no 103.
8. Civ. 3e, 12 juin 1968, P III, no 269.
9. Com. 17 janv. 1951, *JCP* 1951. II, no 6297.
10. V. ss nos 713.170 s.
11. L. no 2019-222, 23 mars 2019 de programmation 2018-2022 et de réforme pour la justice, *JO* 24 mars.
12. COJ, art. L. 213-4-4.
13. CCH, art. L. 353-15.
14. CCH, art. L. 442-6.

CHAPITRE

713. Droit au maintien dans les lieux du locataire et droit de reprise du bailleur

SECTION 0

ORIENTEUR

713.00 Sommaire du chapitre.

Division. Il convient d'étudier successivement le droit au maintien dans les lieux (sect. 1) et le droit de reprise du bailleur (sect. 2).

713.01 Principaux textes applicables.

TEXTES SOURCES

• **L. n° 48-360, 1er sept. 1948,** art. 4, 5, 10, 18 et 19.

TEXTES *IN EXTENSO*

• **L. 1er sept. 1948,** art. 4 [Bénéfice du droit au maintien dans les lieux]

Les occupants de bonne foi des locaux définis à l'article 1er bénéficient de plein droit et sans l'accomplissement d'aucune formalité, du maintien dans les lieux loués, aux clauses et conditions du contrat primitif non contraires aux dispositions de la présente loi, quelle que soit la date de leur entrée dans les lieux.

Sont réputés de bonne foi les locataires, sous-locataires, cessionnaires de baux, à l'expiration de leur contrat, ainsi que les occupants qui, habitant dans les lieux en vertu ou en suite d'un bail écrit ou verbal, d'une sous-location régulière, d'une cession régulière d'un bail antérieur, d'un échange opéré dans les conditions légales, exécutent leurs obligations.

L'acte par lequel le bailleur notifie au locataire qu'il met fin au contrat de louage et qui entraîne l'application des dispositions précédentes doit, à peine de nullité, reproduire les dispositions des deux alinéas précédents et préciser qu'il ne comporte pas en lui-même obligation d'avoir à quitter effectivement les lieux.

Le fait pour le locataire ou l'occupant d'un local à usage professionnel d'exercer une activité, soit en collaboration avec d'autres personnes exerçant une profession libérale dans les conditions prévues par les règles régissant leurs professions, soit au sein d'une société constituée conformément à la loi n° 66-879 du 29 novembre 1966 ne peut être considéré en lui-même comme une infraction aux clauses du bail.

En cas de location partielle ou de sous-location partielle, le droit au maintien dans les lieux n'est opposable ni au propriétaire, ni au locataire ou occupant principal, lorsque les locaux occupés forment, avec l'ensemble des lieux, un tout indivisible, ou lorsqu'il s'agit de pièces constituant l'accessoire du local habité par le propriétaire, le locataire ou l'occupant principal.

• **L. 1er sept. 1948,** art. 5 [extension du bénéfice du droit au maintien dans les lieux]

I. – Le bénéfice du maintien dans les lieux pour les locaux visés à l'article premier appartient, en cas d'abandon de domicile ou de décès de l'occupant de bonne foi, au conjoint ou au partenaire lié à lui par un pacte civil de solidarité, et lorsqu'ils vivaient effectivement avec lui depuis plus d'un an, aux ascendants, aux personnes handicapées visées au 2° de l'article 27 ainsi que, jusqu'à leur majorité, aux enfants mineurs.

Le maintien reste acquis au conjoint, au partenaire lié par un pacte civil de solidarité ou au concubin de l'occupant, lorsque cet occupant a fait l'objet d'une condamnation devenue définitive, assortie d'une obligation de résider hors du domicile ou de la résidence du couple, pour des faits de violences commis sur son conjoint, son concubin, son partenaire lié par un pacte civil de solidarité ou sur leurs enfants.

I *bis*. – Nonobstant les dispositions de l'article 1742 du code civil, même en l'absence de délivrance d'un congé au locataire, le contrat de location est résilié de plein droit par le décès du locataire. Le contrat de bail est également résilié de plein droit en cas d'abandon du domicile par le locataire, même en l'absence de délivrance d'un congé.

Toutefois, le bénéfice du maintien dans les lieux appartient aux personnes visées au I du présent article.

II. – Nonobstant les dispositions du I ci-dessus, le maintien dans les lieux reste acquis aux personnes qui en bénéficiaient antérieurement à la publication de la présente loi.

En cas d'instance en divorce ou en séparation de corps, la juridiction saisie attribue à l'un des époux l'éventuel droit au maintien dans les lieux en considération des intérêts sociaux ou familiaux en cause. Si l'époux qui en est bénéficiaire n'est pas celui au nom duquel étaient délivrées les quittances, notification de la décision devra être faite au bailleur dans le délai de trois mois de son prononcé par lettre recommandée avec avis de réception. La juridiction prévue au chapitre V reste compétente sur toute contestation du bailleur quant à l'application des conditions exigées par la présente loi.

Toutefois, le bénéfice du maintien dans les lieux ne s'appliquera pas aux locaux à usage exclusivement professionnel, à moins que l'une des personnes visées aux alinéas précédents ne continue à y exercer la profession à laquelle ces locaux étaient affectés.

• **L. 1er sept. 1948,** art. 10 [Perte du droit au maintien dans les lieux]

N'ont pas droit au maintien dans les lieux les personnes définies aux articles 4, 5, 6, 7 et 8 :

1° Qui ont fait ou feront l'objet d'une décision judiciaire devenue définitive ayant prononcé leur expulsion par application du droit commun ou de dispositions antérieures permettant l'exercice du droit de reprise ou qui feront l'objet d'une semblable décision prononçant leur expulsion pour l'une des causes et aux conditions admises par la présente loi ; toutefois, lorsque la décision n'aura ordonné l'expulsion qu'en raison de l'expiration du bail ou d'un précédent maintien dans les lieux accordé par les lois antérieures, l'occupant ne sera pas privé du droit au maintien dans les lieux ;

2° Qui n'ont pas occupé effectivement par elles-mêmes les locaux loués ou ne les ont pas fait occuper par les personnes qui vivaient habituellement avec elles et qui sont, soit membres de leur famille, soit à leur charge. L'occupation doit avoir duré huit mois au cours d'une année de location, à moins que la profession, la fonction de l'occupant ou tout autre motif légitime ne justifie une occupation d'une durée moindre. En particulier, lorsque l'occupant apportera la preuve qu'il est tenu par ses obligations professionnelles à résider temporairement hors de la France métropolitaine, la durée d'occupation susvisée pourra être réduite à six mois pour une période de trois années.

3° Qui ont plusieurs habitations, sauf pour celle constituant leur principal établissement, à moins qu'elles ne justifient que leur fonction ou leur profession les y oblige ;

4° Qui occupent des locaux visés à l'article L. 43 du code de la santé publique, ou des locaux ayant fait l'objet soit d'une interdiction d'habiter prononcée en application de l'article L. 28 ou L. 42 du code de la santé publique, soit d'un arrêté de péril prescrivant, en vertu des articles L. 511-1 et L. 511-2 du code de la construction et de l'habitation la réparation ou la démolition de l'immeuble menaçant ruine dans lequel les locaux sont situés.

Toutefois, lorsque l'interdiction n'a été édictée qu'à titre temporaire ou si l'arrêté de péril visé à l'alinéa précédent a été rapporté, les anciens occupants peuvent invoquer les dispositions du présent chapitre pour rentrer en possession ;

5° Qui occupent des locaux situés dans des immeubles acquis ou expropriés à la suite d'une déclaration d'utilité publique, à charge par l'administration d'assurer le relogement des locataires ou occupants expulsés ;

6° Qui occupent des locaux de plaisance, pour lesdits locaux ;

7° Qui, dans les communes comprises, au sens du recensement général de la population, dans une agglomération de plus de 50 000 habitants et comprenant au moins une commune de plus de 15 000 habitants ainsi que dans les communes de plus de 20 000 habitants ne remplissent pas à l'expiration d'un délai de six mois à compter de la signification du congé les conditions d'occupation suffisante fixées en application de l'article L. 621-2 du code de la construction et de l'habitation.

Ces dispositions pourront être rendues applicables aux communes non visées ci-dessus par décret pris sur le rapport de la construction.

Pour l'application des conditions susvisées, l'occupation des locaux doit être appréciée compte non tenu de la ou des pièces régulièrement sous-louées et des occupants de ces pièces.

La diminution du nombre des occupants par suite de mariage ou de décès ne pourra être invoquée qu'à l'expiration d'un délai d'un an à compter de ce mariage ou de ce décès.

Le présent paragraphe ainsi que les conditions d'occupation suffisante fixées pour la commune en application de l'article L. 621-2 du code de la construction et de l'habitation et les dispositions de l'article 79 de la présente loi devront être reproduites, à peine de nullité, dans tout congé donné en application du présent paragraphe ;

8° Dont le titre d'occupation est l'accessoire du contrat de travail ;

9° Qui ont à leur disposition ou peuvent recouvrer, en exerçant leur droit de reprise, un autre local répondant à leurs besoins et à ceux des personnes membres de leur famille ou à leur charge, qui vivaient habituellement avec elles depuis plus de six mois ;

Toutefois, lorsque l'occupant pourra justifier d'une instance régulièrement engagée dans la quinzaine de la contestation du droit au maintien dans les lieux, et suivie, il ne sera contraint de quitter les lieux que lorsqu'il pourra prendre effectivement possession dudit local ;

10° Qui dans les stations balnéaires, climatiques ou thermales, classées ou en voie de classement, occupent des locaux habituellement affectés avant le 2 septembre 1939 à la location saisonnière ou occupés pendant la saison par leur propriétaire.

Toutefois les dispositions du présent paragraphe ne sont pas applicables aux sinistrés et réfugiés privés de leur habitation, jusqu'au moment où ils pourront réintégrer leur local réparé ou le local reconstruit en remplacement de leur habitation primitive ou occuper le local correspondant à leurs besoins mis provisoirement à leur disposition par l'administration.

Ces dispositions ne s'appliquent pas non plus aux titulaires d'une location amiable résultant de la transformation de leur titre antérieur de réquisition.

11° Qui, après s'être vu offrir un logement définitif correspondant à leurs besoins et n'excédant pas les normes HLM, continuent d'occuper des locaux appartenant aux organismes d'HLM et destinés à assurer le relogement provisoire des occupants des locaux ou installations visés au premier alinéa de l'article 13 de la loi n° 70-612 du 10 juillet 1970.

12° Qui ont fait l'objet d'une condamnation devenue définitive, assortie d'une obligation de résider hors du domicile ou de la résidence du couple, pour des faits de violences commis sur leur conjoint, leur concubin, leur partenaire lié par un pacte civil de solidarité ou sur leurs enfants.

• **L. 1er sept. 1948,** art. 18 [Droits de reprise du bailleur]

Le droit au maintien dans les lieux cesse d'être opposable au propriétaire de nationalité française ou ressortissant d'un État membre de la Communauté européenne qui veut reprendre son immeuble pour l'habiter lui-même ou le faire habiter par son conjoint, ses ascendants ou ses descendants ou par ceux de son conjoint, lorsqu'il met à la disposition du locataire ou de l'occupant un local en bon état d'habitation, remplissant des conditions d'hygiène normales ou au moins équivalentes à celles du local objet de la reprise et correspondant à ses besoins personnels ou familiaux et, le cas échéant, professionnels, et à ses possibilités.

Le local offert peut être constitué par une partie du local faisant l'objet de la reprise après exécution éventuelle de travaux d'aménagement.

Le propriétaire ne peut exercer le droit ouvert à l'alinéa 1er que pour des locaux correspondant aux besoins personnels ou familiaux du bénéficiaire de la reprise, et, le cas échéant, à ses besoins professionnels.

Le propriétaire qui veut bénéficier de la disposition ci-dessus doit prévenir par acte extrajudiciaire celui dont il se propose de reprendre le local ; ledit acte doit indiquer à peine de nullité ;

Le nom et l'adresse du propriétaire du local offert ;

L'emplacement de celui-ci ;

Le nombre de pièces qu'il comporte ;

Le degré de confort ;

Le loyer ;

Le délai à l'expiration duquel il veut effectuer la reprise et pendant lequel il peut être pris possession du local offert, délai qui ne peut être inférieur à trois mois s'il s'agit d'un locataire ;

L'identité du bénéficiaire de la reprise ainsi que sa situation de famille et sa profession.

Si, dans le délai d'un mois à compter de la signification de l'acte extrajudiciaire, le locataire ou l'occupant donne son acceptation écrite à la proposition qui lui est faite, il doit remettre le local qu'il occupe à la disposition du propriétaire, au plus tard à la date fixée pour la reprise dans l'acte extrajudiciaire prévu à l'alinéa précédent.

Si, dans le même délai d'un mois, le locataire ou l'occupant refuse ou ne fait pas connaître sa décision, le propriétaire l'assigne, suivant la procédure prévue au chapitre V du présent titre, aux fins de nomination d'un expert.

Ledit expert, qui peut être saisi sur minute et avant enregistrement, a pour mission de visiter les locaux offerts, de dire s'ils remplissent les conditions d'hygiène prévues au premier alinéa et sont susceptibles de satisfaire aux besoins personnels ou familiaux, et le cas échéant professionnels, du locataire ou de l'occupant, de vérifier enfin si les possibilités de ce dernier lui permettent d'en supporter les charges.

Il doit déposer son rapport dans la quinzaine du jour où il a été saisi. Faute par lui de ce faire, il est de plein droit dessaisi et le juge doit pourvoir d'office à son remplacement par nouvelle ordonnance rendue dans les quarante-huit heures suivant l'expiration dudit délai.

Dans les quarante-huit heures qui suivent le dépôt de ce rapport, les parties sont informées par le greffier par lettre recommandée avec accusé de réception, comportant convocation pour la plus prochaine audience utile.

• **L. 1er sept. 1948,** art. 19 [Reprise sans relogement]

Le droit au maintien dans les lieux n'est pas opposable au propriétaire de nationalité française ou ressortissant d'un État membre de la Communauté européenne qui veut reprendre son immeuble pour l'habiter lui-même ou le faire habiter par son conjoint, ses ascendants, ses descendants ou par ceux de son conjoint et qui justifie que le bénéficiaire de la reprise ne dispose pas d'une habitation correspondant à ses besoins normaux et à ceux des membres de sa famille vivant habituellement ou domiciliés avec lui.

Lorsque l'immeuble a été acquis à titre onéreux, ce droit de reprise ne peut être exercé que si l'acte d'acquisition a date certaine, ou bien avant le 2 septembre 1939, ou bien plus de dix ans avant l'exercice de ce droit. Néanmoins, le propriétaire d'un immeuble acquis depuis plus de quatre ans peut être autorisé par justice à exercer le droit de reprise s'il établit que son acquisition n'a été faite que pour se loger ou pour satisfaire un intérêt familial légitime à l'exclusion de toute idée de spéculation. En cas d'acquisition à titre gratuit, les délais prévus au présent alinéa courent à partir de la dernière acquisition à titre onéreux.

Le propriétaire qui veut bénéficier du droit de reprise doit prévenir, au moins six mois à l'avance, par acte extrajudiciaire, le locataire ou l'occupant dont il se propose de reprendre le local ; ledit acte doit, à peine de nullité :

Indiquer que le droit de reprise est exercé en vertu du présent article ;

Préciser la date et le mode d'acquisition de l'immeuble ;

Faire connaître le nom et l'adresse du propriétaire qui loge le bénéficiaire ainsi que l'emplacement et le nombre de pièces du local occupé par ce dernier.

Le juge doit toujours apprécier les contestations qui lui sont soumises au jour de la signification de l'acte extrajudiciaire.

Le bénéficiaire du droit de reprise prévu au présent article est tenu de mettre à la disposition du locataire ou de l'occupant dont il reprend le local, le logement qui, le cas échéant, pourrait être rendu vacant par l'exercice de ce droit.

Le bénéficiaire du droit de reprise devra notifier à son propriétaire l'action qu'il exerce par acte extrajudiciaire dans le même délai que celui prévu à l'alinéa 3 ci-dessus. Le propriétaire de son logement ne pourra s'opposer à la venue de ce nouveau locataire ou occupant qu'en excipant de motifs sérieux et légitimes. S'il entend user de ce droit, il devra, à peine de forclusion, saisir la juridiction compétente aux termes des articles 46 et suivants de la présente loi dans un délai de quinze jours à dater de la modification susvisée.

Cette notification devra, à peine de nullité, indiquer que, faute par le propriétaire d'avoir saisi la juridiction compétente dans le délai de quinze jours, il sera forclos.

Le nouvel occupant aura le titre d'occupant de bonne foi.

713.02 Jurisprudence de référence.

1. DROIT AU MAINTIEN DANS LES LIEUX

> Bénéficiaires

• **Soc. 25 mars 1954**

* V. s^s n° 713.10

Les occupants de bonne foi sont maintenus dans les lieux aux clauses et conditions du contrat originaire.

> Notion d'occupant de bonne foi

• **Soc. 18 juill. 1960**

• **Civ. 3e, 6 mars 1991,** n° 89-12800, NP

* V. s^s n° 713.42

Est de mauvaise foi l'occupant qui paye ses loyers avec des retards répétés, sous réserve de graves difficultés économiques qui restent à l'appréciation des juges du fond.

> Perte du droit au maintien

• **Soc. 24 oct. 1960,** P IV, n° 921 – **Civ. 3e, 19 déc. 2000,** n° 99-13.542, NP

* V. s^s n° 713.81

L'occupation des lieux (huit mois par an) doit être réelle, effective et suffisamment continue.

• **Civ. 3e, 22 janv. 2003,** n° 01-13.850, P III, n° 10

* V. s^s n° 713.89

Les conditions d'occupation suffisante s'apprécient non pas en fonction de la destination des lieux prévue dans le contrat primitif, mais compte tenu de leur utilisation effective.

> Disposition d'un autre local

• **Civ. 3e, 16 juin 2011,** n° 10-18.814, P III, n° 104

* V. s^s n° 713.105

N'a pas droit au maintien dans les lieux le locataire qui dispose dans la même commune d'un vaste pavillon lui appartenant, occupé sans bail par ses enfants.

2. DROIT DE REPRISE DU BAILLEUR

> Avec relogement du locataire

• **Civ. 3e, 28 juin 2000,** n° 97-20.887, P III, n° 130

* V. s^s n° 713.181

Le droit de reprise ne peut être exercé que pour l'habitation principale du bénéficiaire.

> Conditions applicables au local de remplacement

• **Civ. 3e, 8 nov. 1977,** n° 76-12.845, P III, n° 374

* V. s^s n° 713.182

Le loyer du local de remplacement doit correspondre aux possibilités financières du locataire.

> Sans relogement du locataire

• **Paris 6e ch. C, 19 juin 2007,** n° 05/05202

* V. s^s n° 713.201

Le demandeur en reprise doit démontrer par tous moyens que le bénéficiaire ne dispose pas d'un logement satisfaisant.

713.03 Bibliographie indicative.

Annuel. LAMY DR. IMMO, n°s 5731-5755.

Encyclopédies. RÉP. CIV., *V° Baux d'habitation et professionnels (loi du 1er sept. 1948)*, H. des Lyons et Y. Rouquet, n°s 119-297 – *DP Gestion immob., V° Baux – loi du 1er septembre 1948*, n°s 135-310.

SECTION 1 DROIT AU MAINTIEN DANS LES LIEUX

713.10 Plan – Droit sans limitation de durée mais atteinte non excessive au droit de propriété. Défini par l'article 4, il permet au locataire de se maintenir dans les lieux après l'expiration de son bail, aux clauses et conditions du contrat primitif. Le locataire devient occupant de bonne foi. C'est un élément caractéristique de la loi qui lui a donné sa renommée et a motivé parfois l'hostilité qui lui était portée.

Y a-t-il pour autant une atteinte excessive au droit de propriété ? L'article 1er du protocole additionnel à la Convention européenne des droits de l'homme énonce que « Toute personne physique ou morale a droit au respect de ses biens. Nul ne peut être privé de sa propriété que pour cause d'utilité publique et dans les conditions prévues par la loi et les principes généraux du droit international. Les dispositions précédentes ne portent pas atteinte au droit que possèdent les États de mettre en vigueur les lois qu'ils jugent nécessaires pour réglementer l'usage des biens conformément à l'intérêt général ou pour assurer le paiement des impôts ou d'autres contributions ou des amendes ». Une décision récente écarte l'atteinte excessive au droit de propriété en considérant que, si les mesures protectrices de la loi de 1948 encadrent fortement le montant des loyers et restreignent la faculté de reprise du logement par le bailleur, elles ne méconnaissent pas pour autant les exigences du protocole additionnel nº 1 à la Convention européenne de sauvegarde des droits de l'homme et des libertés fondamentales. Et le juge n'a pas à rechercher si ces dispositions sont toujours justifiées et si l'impossibilité pour le bailleur de récupérer son logement ou de percevoir un loyer au prix du marché n'est pas disproportionnée au regard du but poursuivi par la loi [1].

§ 1
Conditions d'ouverture du droit au maintien

713.20 **Plan.** Il convient d'étudier l'hypothèse du bail expiré (A) et celle de l'occupant de bonne foi (B).

A.
Bail expiré

713.31 **Régularité du titre à l'origine du droit.** Il peut s'agir :

- d'un bail écrit ou verbal ;
- d'un contrat de sous-location ;
- d'une cession régulière d'un bail antérieur ;
- d'un échange régulier.

Il ne peut s'agir que d'un échange intervenu au titre de la loi du 1er septembre 1948 (art. 79, abrogé depuis par la loi du 23 déc. 1986), et non d'un échange de l'article 9 de la loi du 6 juillet 1989, inapplicable ici [2].

713.32 **Congé délivré par le bailleur.** Le droit au maintien est ouvert au locataire qui a reçu du bailleur un congé appelé « congé de pure forme » qui, selon l'article 4 de la loi, doit « préciser qu'il ne comporte pas en lui-même obligation d'avoir à quitter les lieux ». Ce congé transforme le locataire en occupant de bonne foi et est destiné notamment à l'empêcher de transmettre son droit au bail [3]. Le congé n'est pas nul faute de reproduire intégralement les deux premiers alinéas de l'article 4, si cette omission ne cause aucun grief à son destinataire dès lors qu'il lui est précisé qu'il est maintenu dans les lieux [4]. Le congé délivré à un seul époux n'est pas opposable à l'autre [5].

B.
Occupant de bonne foi

713.41 **Bonne foi contractuelle.** Sont de bonne foi les occupants qui exécutent leurs obligations.

713.42 **Paiement des loyers.** Est de mauvaise foi celui qui paie les loyers avec des retards réitérés et après mise en demeure [6] ou celui qui s'abstient de payer [7].

Mais le juge a un pouvoir souverain d'appréciation. Des retards justifiés par de graves difficultés économiques ne sont pas constitutifs de mauvaise foi, d'autant plus si l'arriéré a été payé intégralement [8].

713.43 **Transformations des lieux.** La modification des lieux loués suffit à justifier le refus du droit au maintien, abstraction faite de tout préjudice subi par le bailleur [9]. Mais l'exécution sans autorisation de travaux améliorant les lieux loués ne justifie pas la déchéance du droit au maintien [10].

713.44 **Changement de destination des lieux.** L'occupant qui change la destination des lieux est de mauvaise foi [11], sauf autorisation tacite du propriétaire [12]. L'interdiction vise aussi bien une activité artisanale [13] que commerciale [14]. En revanche, la simple domiciliation du siège d'une entreprise est possible, même en présence d'une stipulation contractuelle s'y opposant, et elle n'entraîne ni changement d'affectation des lieux ni application du statut des baux commerciaux [15].

713.45 **Sous-location et hébergement.** Le locataire qui consent une sous-location interdite est de mauvaise foi [16], de même que celui qui méconnaît la

1. Civ. 3e, 24 sept. 2020, nº 19-17.068, P ; *D.* 2020. 1889 ; *D.* 2021. 310, obs. Boffa et Mekki ; *AJDI* 2021. 448, obs. N. Damas ; *RTD civ.* 2021. 158, obs. P.-Y. Gautier.
2. Sur l'échange de l'art. 9, v. ss nos 325.41 s.
3. Ce qui n'a plus qu'un intérêt relatif depuis que l'art. 26 II de la loi du 23 déc. 1986 a interdit une telle transmission.
4. Civ. 3e, 11 juill. 1990, nº 89-10.201, P III, nº 173.
5. Civ. 3e, 4 mai 1994, nº 92-10.115, NP, *Loyers et copr.* 1994, nº 276.
6. Soc. 18 juill. 1960, *AJPI* 1960. 120.
7. Soc. 3 mars 1966, P IV, nº 236.
8. Civ. 3e, 6 mars 1991, nº 89-12.800, NP, *Rev. huiss.* 1er nov. 1991, p. 1007.
9. Soc. 3 nov. 1956, P IV, nº 812.
10. Civ. 3e, 22 févr. 1989, nº 87-17.658, NP, *Loyers et copr.* 1989, nº 259.
11. JURISPRUDENCE CONSTANTE : Soc. 2 juin 1955, P IV, nº 474.
12. Soc. 21 avr. 1955, P IV, nº 318.
13. Soc. 20 juin 1958, P IV, nº 763.
14. Soc. 9 janv. 1958, P IV, nº 46.
15. C. com., art. L. 123-10 (v. ss nº 333.21).
16. JURISPRUDENCE CONSTANTE : Soc. 1er févr. 1952, P IV, nº 105.

clause d'interdiction de prêter les lieux à des tiers, par exemple en laissant pendant plusieurs mois une pièce à la disposition d'un tiers[1]. Mais les clauses limitant l'hébergement des proches sont généralement abusives[2] et la gravité du manquement, en ce qu'il peut être constitutif de mauvaise foi, s'apprécie au cas par cas. L'hébergement d'un ami dans une chambre de service, sans contrepartie, ne peut être assimilé à une sous-location et ne peut justifier la déchéance du droit au maintien dans les lieux[3].

713.46 **Jouissance paisible.** À cet égard, les juges disposent d'un large pouvoir d'appréciation[4]. Est de mauvaise foi le locataire qui incommode les autres locataires par son comportement et par les personnes qu'il a introduites dans les lieux et dont il est responsable[5].

713.47 **Notion d'occupant.** Un bailleur, à la suite de l'acquisition d'un logement, s'est mépris sur le sens à donner à la notion d'occupant, estimant celui-ci sans droit ni titre. Sa demande de résiliation judiciaire est sans objet à l'égard d'un occupant maintenu dans les lieux par application de la loi du 1er septembre 1948[6].

§ 2
Faculté de renoncer au droit au maintien

713.51 **Renonciation strictement encadrée.** Le droit au maintien dans les lieux étant d'ordre public, il ne peut y avoir de renonciation anticipée du locataire au bénéfice du droit. L'article 16 de la loi est explicite, aux termes duquel « il ne peut être renoncé au droit au maintien dans les lieux qu'à l'expiration du bail ». En conséquence, toute renonciation qui serait inscrite dans la convention locative, ou même qui résulterait d'un acte postérieur à la convention, mais antérieur à l'expiration du bail, est nul. Il a été jugé qu'un congé comportant renonciation au maintien dans les lieux donné par le locataire le jour même où le bail lui est consenti est nul, car il indique l'intention de contourner les dispositions de l'article 16[7]. Le droit au maintien ne peut résulter de dispositions conventionnelles[8]. Le bailleur qui entend contester le droit au maintien dans les lieux doit délivrer préalablement au locataire un congé visant le motif invoqué, avant de saisir la juridiction compétente d'une action en déchéance de ce droit[9]. La renonciation de l'époux, qui a signé des baux dérogatoires au régime de la loi du 1er septembre 1948, est inopposable à l'épouse non-signataire des baux dérogatoires et le paiement des loyers est insuffisant à établir de façon certaine et non équivoque sa renonciation au bénéfice des dispositions de la loi du 1er septembre 1948[10]. L'exécution d'un bail dérogatoire par la locataire au-delà de son terme, et qui en a elle-même donné congé, ne constitue pas une renonciation sans équivoque de sa part à invoquer les vices ayant pu affecter ce bail[11].

713.52 **Licéité de la renonciation expresse.** Mais il est possible et licite de renoncer au droit au maintien dès que le bénéfice en est acquis. Le droit au maintien naît à la suite de la délivrance du congé de pure forme prévu par l'article 4 de la loi[12]. En particulier le juge est attentif aux conditions que les parties se sont offertes réciproquement à cette occasion. Ainsi l'engagement pris par l'occupant de restituer l'appartement qu'il occupait en vertu de son droit au maintien, en l'échange d'une renonciation du propriétaire à toute augmentation découlant de la rénovation de l'immeuble et de l'installation de l'ascenseur, ainsi qu'à tout recours en matière d'état des lieux, fait apparaître que les parties se sont fait des concessions réciproques, et la renonciation est valable[13].

713.53 **Congé et renonciation.** Le locataire qui donne congé renonce, de ce fait, au droit au maintien dans les lieux[14]. *A fortiori* en cas de congé de l'occupant. Cette renonciation, qui peut intervenir à tout moment, vaut abandon du droit au maintien dans les lieux[15].

§ 3
Perte du droit au maintien

713.61 **Motifs et procédure.** L'article 10 de la loi du 1er septembre 1948 énonce un certain nombre de

1. Civ. 3e, 11 oct. 1989, no 88-14.851, NP, *Loyers et copr.* 1989, no 508.
2. CCA, recomm. no 2000-01, 17 févr. 2001, no 31.
3. Civ. 3e, 11 oct. 1989, no 88-14.593, NP.
4. Soc. 8 janv. 1965, P IV, no 13.
5. JURISPRUDENCE CONSTANTE : Soc. 3 janv. 1957, P IV, no 2.
6. Civ. 3e, 22 mai 2012, no 11-17.382, NP, *Ann. loyers*, 2012, no 28441 ; *Administrer* 2012 no 458, p. 14, note critique Beddelem.
7. Civ. 3e, 11 janv. 1968, no 66-20.204, P III, no 8.
8. Civ. 3e, 20 déc. 1989, no 88-14.389, P III, no 242.
9. Soc. 14 févr. 1957, P IV, no 164 – Civ. 3e, 28 mai 2008, no 07-10.550, P III, no 97 ; *D.* 2008. 1625 ; *Administrer*, janv. 2009, p. 41, obs. Canu.
10. Civ. 3e, 12 mai 2015, no 14-13.282, NP, *AJDI* 2015. 519 ; *Rev. loyers* 2015. 345 et s., note P. Gomar.
11. Civ. 3e, 11 oct. 1989, no 88-13.123, NP.
12. V. ss no 713.32.
13. Civ. 3e, 28 nov. 2007. no 06-19.272, P III, no 214 ; *D.* 2008. AJ 18, obs. G. Forest ; *AJDI* 2008. 588, note V. Zalewski.
14. Soc. 10 févr. 1956, P IV, no 144 ; 14 mars 1962 ; *ibid.* IV, no 274 ; 22 juin 1960, *D.* 1960. 688 – Civ. 3e, 27 févr. 1969, P III, no 175.
15. Soc. 19 mai 1967, P IV, no 408, *Rev. loyers* 1967. 325.

motifs entraînant la perte du droit au maintien dans les lieux pour les locataires ou occupants des logements. L'action intentée sur un des motifs de l'article 10 ne peut se fonder sur l'article 1224 du code civil (anc^t art. 1184) sans avoir été précédée d'un congé[1]. En l'absence d'interdiction légale, le bailleur peut se prévaloir, en cours d'instance, de moyens de déchéance du droit au maintien dans les lieux autres que ceux invoqués dans le congé[2].

A. Expulsion

713.71 Décision définitive d'expulsion (L. 1948, art. 10, 1°). La décision définitive d'expulsion est la décision qui a statué en dernier ressort et qui n'est plus susceptible d'aucun recours ordinaire[3], y compris, dans les mêmes conditions, les décisions de référé[4].

B. Inoccupation et occupation insuffisante

713.81 Inoccupation effective du logement (L. 1948, art. 10, 2°). L'occupation doit avoir duré au moins huit mois par an, sauf justification (profession, fonction ou motif légitime). L'occupation doit être réelle, effective et suffisamment continue, et ne saurait résulter de ce que le locataire vient occasionnellement dans les lieux. Le juge n'a pas à tenir compte de la réintégration des lieux en cours d'instance[5]. Une pièce isolée louée par une famille composée de trois personnes, dont un enfant de dix-sept ans, locataire dans l'immeuble voisin (appartenant au même bailleur) d'un appartement de deux pièces, doit être considérée comme effectivement occupée, ces locaux pris dans leur ensemble constituant l'habitation principale de cette famille[6].

713.82 Motif légitime d'inoccupation – Appréciation. Les juges du fond apprécient souverainement le motif légitime d'inoccupation[7] : motif de santé (d'autant plus si l'hypothèse d'un proche retour peut être envisagée[8]), motif lié à la fonction ou à la profession[9]... Le placement en maison de retraite depuis trois ans, sans perspective de retour, constitue un motif de déchéance du droit au maintien dans les lieux. À la différence d'une hospitalisation ou d'un placement temporaire qui peut constituer un motif légitime pour une occupation inférieure à huit mois au cours d'une année, le défaut permanent d'occupation ne peut constituer ce motif[10].

713.83 Procédure. En matière de procédure, il faut signaler que, lorsqu'un congé fondé sur l'article 4 de la loi du 1er septembre 1948 a été donné au préalable, qui met fin au bail et place le locataire sous le régime du droit au maintien dans les lieux, il n'est pas nécessaire de reformuler un congé, l'article 10, 2° ne l'exigeant pas[11]. L'action en déchéance du droit peut alors être menée directement.

713.84 Appréciation de l'inoccupation. La situation des parties s'apprécie à la date de l'assignation, lorsque celle-ci est postérieure de plus d'un an à la date du congé. Les juges ne sauraient donc retenir l'année qui suit la date du congé[12].

Peut-on pour autant compenser l'inoccupation ? S'il est possible à l'occupant d'accueillir des membres de sa famille, l'installation de la petite-fille dans les lieux, après le décès de sa grand-mère, ne lui ouvre aucun droit[13].

Le locataire qui passe la plus grande partie de l'année dans le sud du pays, y retire les lettres recommandées qui lui sont adressées à son adresse parisienne et y dispose d'un logement plus grand répondant à ses besoins, est déchu de son droit au maintien dans les lieux[14].

713.85 Occupation insuffisante (L. 1948, art. 10, 7°). L'insuffisance d'occupation ne peut s'apprécier que par rapport à l'article L. 621-2 du code de la construction et de l'habitation[15]. Est, par conséquent, considéré comme insuffisamment occupé un local dont le nombre de pièces habitables est supérieur de plus de deux aux personnes qui y ont leur résidence principale. Ne caractérise pas la renonciation d'un

1. Civ. 3e, 28 mai 2008, n° 07-10.550, P III, n° 97 ; *D.* 2008. 1625 ; *Administrer*, janv. 2009, p. 41, obs. Canu.
2. POUR une substitution de l'art. 10, 2° à la place du 10, 3° : Civ. 3e, 7 mars 2001, n° 99-13.547, P III, n° 27 ; *AJDI* 2001. 701 ; *ibid.* 702, obs. S. Beaugendre ; *Rev. loyers* 2001. 241, obs. Rémy ; *Administrer* avr. 2002. 38, note Canu.
3. Soc. 11 juin 1954, P IV, n° 404.
4. Soc. 3 mai 1956, P IV, n° 313.
5. Soc. 24 oct. 1960, P IV, n° 921 – Civ. 3e, 19 déc. 2000, n° 99-13.542, NP, *AJDI* 2001. 432, obs. S. Laporte, *Administrer* oct. 2001, p. 50, obs. Beddeleem – Civ. 3e, 12 oct. 2004, n° 03-13.700, NP, *Administrer* mai 2005, p. 37, obs. Canu.
6. Civ. 3e, 22 févr. 1989, n° 87-17658, NP.
7. Civ. 3e, 24 janv. 1996, n° 93-19.027, P III, n° 19.
8. Civ. 3e, 2 juin 1993, n° 91-22.046, NP, *Loyers et copr.* 1993, n° 300.
9. Soc. 6 avr. 1954, *D.* 1954. 493 – Civ. 3e, 13 déc. 2000, n° 99-14.309, NP, *Administrer* mai 2001, p. 51, obs. Beddeleem.
10. Paris, 6e ch. C, 15 mai 2007, n° 05/12039, *Loyers et copr.* sept. 2007, note B. Vial-Pedroletti.
11. Civ. 3e, 14 nov. 2012, n° 11-24.778, P III, n° 168 ; *D.* 2012. 2738 ; *AJDI* 2014. 39, obs. N. Damas ; *Loyers et copr.* 2013, n° 8, note B. Vial-Pedroletti.
12. Civ. 3e, 9 juill. 2003, n° 02-11.343, P III, n° 146 ; *D.* 2004. 846, obs. N. Pierre ; *Rev. loyers* 2003. 606, note Rémy ; *Ann. loyers* 2003. 2496.
13. Paris, 6e ch. B, 21 oct. 2004, n° 03/09801, *Loyers et copr.* 2005, n° 30, obs. B. Vial-Pedroletti.
14. Paris, pôle 4 ch. 3, 17 mars 2015, n° 14/06395, NP.
15. Civ. 3e, 1er févr. 1983, n° 81-12.457, P III, n° 30.

propriétaire à se prévaloir de l'insuffisance d'occupation, la cour d'appel qui retient que les locaux litigieux, composés de deux appartements réunis, de deux pièces chacun, ont été loués à un même locataire qui les a toujours occupés seul et que le dernier propriétaire a acquis les lieux en parfaite connaissance de cause [1]. La définition de la sous-occupation donnée par l'article L. 621-2 a été renforcée par la loi relative à l'égalité et à la citoyenneté du 27 janvier 2017 puisqu'il suffit désormais que le nombre de pièces habitables soit supérieur de plus de un au nombre de personnes y ayant leur résidence principale.

713.86 Occupation insuffisante – Champ d'application. La déchéance du droit au maintien dans les lieux pour motif d'insuffisance d'occupation n'est applicable, depuis la modification de la loi intervenue dans la loi du 25 mars 2009 [2] que : « dans les communes comprises, au sens du recensement général de la population, dans une agglomération de plus de 50 000 habitants et comprenant au moins une commune de plus de 15 000 habitants ainsi que dans les communes de plus de 20 000 habitants ».

713.87 Formalisme. Le propriétaire doit délivrer un congé au visa de l'article 10, 7°, reproduisant celui-ci et l'article L. 621-2 du code de la construction et de l'habitation, à peine de nullité. Il doit par ailleurs être attentif au fait que l'article 10, 7°, utilisant le terme de signification, le congé doit être notifié par acte d'huissier, conformément à l'article 651 du code de procédure civile [3].

713.88 Régularisation – Délai. Les locataires ou occupants disposent d'un délai de six mois pour remplir les conditions imposées. Pour ce faire, ils peuvent accueillir chez eux un membre de leur famille ou consentir une sous-location régulière, voire prendre une personne à leur service.

713.89 Critère d'appréciation. Les conditions d'occupation suffisante s'apprécient non pas en fonction de la destination des lieux prévue dans le contrat primitif, mais compte tenu de leur utilisation effective [4].

C.
Pluralité d'habitations

713.91 Pluralité d'habitations (L. 1948, art. 10, 3°). Le fait de disposer de plusieurs habitations contrevient aux obligations légales, si le locataire n'a pas son « principal établissement » dans le logement loué, c'est-à-dire s'il ne l'occupe pas au moins huit mois par an. Au sens de l'article 10 de la loi du 1er septembre 1948, l'habitation correspond à l'ensemble des locaux loués nécessaires à la satisfaction des besoins du groupe familial, sans qu'ils puissent être regardés comme constitutifs d'une pluralité d'habitations [5]. Mais l'existence de logements distincts dans un même immeuble ne constitue pas une pluralité d'habitations.

713.92 Jurisprudence. On retiendra enfin la position prise par la Cour de cassation dans l'affaire suivante. La Cour sanctionne, au visa de l'article 455 du code de procédure civile, l'arrêt qui ne se prononce pas sur la cause sur laquelle s'est fondé le propriétaire pour justifier la déchéance du droit au maintien dans les lieux, bien qu'elle soit intervenue en cours d'instance, à savoir l'article 10, 3° de la loi, alors que le congé était fondé sur l'article 10, 2°. La Haute Cour reconnaît ainsi la validité d'un argument présenté au cours de l'instance et qui ne constitue pas une prétention nouvelle [6].

D.
Motif lié au local

713.101 Locaux déclarés insalubres ou frappés d'un arrêté de péril (L. 1948, art. 10, 4°). Sont concernés les locaux visés aux articles L. 28, L. 42, L. 43 du code de la santé publique [7] ou L. 511-1 et L. 511-2 du code de la construction et de l'habitation. Cette protection du locataire ne vise que les décisions définitives d'interdiction, dans les autres cas les occupants ou locataires peuvent réintégrer les locaux.

713.102 Locaux visés par une expropriation d'utilité publique (L. 1948, art. 10, 5°). Il s'agit des locaux acquis ou expropriés à la suite d'une déclaration, dans le cadre d'opérations d'aménagement par exemple, les locataires bénéficiant d'un relogement.

713.103 Locaux de plaisance (L. 1948, art. 10, 6°). L'interdiction d'utiliser le logement à titre de résidence secondaire ou de locaux de vacances est vérifiée pour un local qui n'est occupé que pendant les grandes vacances [8].

1. Civ. 3e, 20 sept. 2006, n° 05-16.896, P III, n° 179, *AJDI* 2007. 137, obs. F. de La Vaissière.
2. L. n° 2009-323, 25 mars 2009 de mobilisation pour le logement et la lutte contre l'exclusion, art. 61-II.
3. Civ. 3e, 7 mai 2002, n° 00-19.011, P III, n° 92 ; *AJDI* 2002. 694, obs. Laporte-Leconte ; *Rev. loyers* 2002. 443, note Canu.
4. Civ. 3e, 22 janv. 2003, n° 01-13.850, P III, n° 10 ; *AJDI* 2003. 587, obs. Laporte-Leconte.
5. Civ 3e, 22 mars 2006, n° 05-11.895, NP, *AJDI* 2006. 741, obs. V. Zalewski.
6. Civ. 3e, 20 févr. 2007, n° 06-11.368, NP, *AJDI* 2007. 570, obs. V. Zalewski.
7. DEVENUS respectivement CSP, art. L. 1331-28, L. 1336-3 et L. 1331-23.
8. Soc. 22 juin 1960, P IV, n° 662.

713.104 **Logement accessoire au contrat de travail (L. 1948, art. 10, 8°).** Le paiement de loyers ou d'une redevance n'exclut pas le caractère d'accessoire au contrat de travail de la location[1].

713.105 **Disposition d'un autre local (L. 1948, art. 10, 9°).** Les personnes qui disposent ou peuvent retrouver un logement répondant à leurs besoins et à ceux des membres de leur famille qui vivaient avec eux depuis six mois au moins, n'ont pas davantage droit au maintien. C'est le cas si le locataire a vendu en viager un appartement dont il s'est réservé l'usufruit et qu'il n'a pas consenti de bail au tiers occupant[2]. Il n'appartient pas au bailleur de prouver que le locataire dispose d'un autre local[3]. C'est également le cas lorsqu'un bailleur HLM, auquel l'article 10, 9° s'applique par renvoi de l'article L. 442-6 du code de la construction et de l'habitation, délivre congé à son locataire qui dispose dans la même commune d'un vaste pavillon lui appartenant, occupé sans bail par ses enfants[4].

Enfin le bailleur peut, successivement, engager une action fondée sur un droit de reprise, puis, une demande de déchéance du droit au maintien dans les lieux sans que l'autorité de la chose jugée sur la première action ne s'y oppose[5].

E.
Motif lié à l'occupant

713.111 **Occupant auteur de violence familiale.** La loi du 4 août 2014 pour l'égalité réelle entre les femmes et les hommes[6] ajoute un cas d'exclusion du droit au maintien pour les auteurs de violences, en complétant l'article 10 de la loi du 1er septembre 1948 par un 12°. L'occupant doit avoir fait l'objet d'une condamnation devenue définitive, assortie d'une obligation de résider hors du domicile ou de la résidence du couple, pour des faits de violences. Il s'agit de violences commises sur son conjoint, son concubin, son partenaire lié par un pacte civil de solidarité ou sur ses enfants. Dans ces cas le bénéfice du maintien dans les lieux revient au conjoint, au partenaire lié par un pacte civil de solidarité ou au concubin qui n'est pas l'auteur des violences[7].

§ 4
Transmission du droit au maintien

A.
Principe

713.121 **Intransmissibilité de principe.** Par principe, le droit au maintien dans les lieux est « exclusivement attaché à la personne », selon l'article 17 de la loi. Par conséquent, il ne saurait être transmis.

Le même article 17 réservait cependant le cas de l'article 5 qui prévoit des exceptions au principe de l'intransmissibilité.

Puis, la loi du 13 juillet 2006[8] a interdit, à compter de son entrée en vigueur, soit le 17 juillet 2006, tout transfert du bail aux héritiers du locataire[9].

Antérieurement à la loi du 13 juillet 2006, le fils de la locataire devenue occupante ne bénéficie pas du droit au maintien dans les lieux, n'ayant jamais été titulaire d'un titre locatif. Il ne pouvait pas davantage prétendre au transfert d'un tel droit car l'article 5 de la loi du 1er septembre 1948 en exclut les enfants majeurs, ce qui était le cas en l'espèce[10].

B.
Exceptions limitées

713.131 **Deux cas d'exception.** Selon l'article 5 de la loi le décès ou l'abandon de domicile de l'occupant ou du locataire ouvrent à certains bénéficiaires un droit soumis à stricte interprétation par les tribunaux[11].

713.132 **Bénéficiaires. Conjoint. Partenaire d'un Pacs. Concubin.** Le premier bénéficiaire est le conjoint qui, même s'il n'habite pas effectivement dans les lieux, bénéficiera du transfert. En cas de divorce ou de séparation de corps, le texte renvoie au juge l'attribution du droit, en considération des intérêts sociaux ou familiaux en cause.

La loi du 13 juillet 2006 ajoute le partenaire d'un pacte civil de solidarité[12] à la liste[13], mais le concubin a été oublié[14].

1. Soc. 29 oct. 1957, *Rev. loyers* 1958. 25.
2. Paris, 3 juill. 1992, n° 91/16112, *Loyers et copr.* 1992, n° 467.
3. Civ. 3e, 23 juin 1993, n° 90-17.542, P III, n° 95 ; *RDI* 1994. 110, obs. G. Brière de l'Isle et J. Derruppé.
4. Civ. 3e, 16 juin 2011, n° 10-18.814, P III, n° 104 ; *D.* 2011. 1760, obs. Y. Rouquet ; *ibid.* 2012. 1086, obs. N. Damas ; *AJDI* 2011. 808, obs. N. Damas ; *ibid.* 2012. 487, Chron. F. Zitouni ; *AJCT* 2011. 468, obs. Y. Rouquet ; *Loyers et copr.* 2011, n° 244, note Coutant-Lapallus.
5. Civ. 3e, 4 juill. 2012, n° 11-19-725, P III, n° 103 ; *AJDI* 2013. 210, note N. Damas ; *Rev. loyers* 2012. 356, note Rémy ; *Loyers et copr.* 2012, n° 231, note B. Vial-Pedroletti.
6. L. n° 2014-873, *JO* 5 août, art. 32.
7. C. civ., art. 515-11.
8. L. n° 2006-872, 13 juill. 2006 portant engagement national pour le logement, *JO* 16 juill., p. 10662.
9. L. n° 2006-872, 13 juill. 2006, art. 85.
10. Civ. 3e, 17 déc. 2015, n° 12-20.672, P III, n° 137 ; *D.* 2016. 72 ; *ibid.* 1102, obs. N. Damas ; *AJ fam.* 2016. 169, obs. S. Thouret ; *Loyers et copr.* févr. 2016, comm. 33, B. Vial-Pedroletti ; *Opérations immobilières* mars 2016, p. 38, comm. P. Pelletier – Paris, 9 juin 2020, n° 18/05358.
11. Sur la définition de ces deux notions, v. ss nos 321.21 s.
12. V. ss n° 122.11.
13. L. n° 2006-872, 13 juill. 2006, art. 85.
14. V. ss n° 321.52.

Le concubin d'un occupant loi de 1948, s'il n'est pas lui-même titulaire, ne détient aucun droit en propre sur le logement, en particulier en cas de décès ou d'abandon de domicile de l'occupant[1]. La situation du concubin reste par conséquent toujours fragile au regard du droit au maintien issu de la loi de 1948 à la suite du décès ou de l'abandon de domicile du titulaire du bail, à la différence de la loi du 6 juillet 1989, qui le reconnaît par son article 14[2]. L'article 5 ne bénéficie pas à la concubine du locataire[3]. La loi du 4 août 2014 lui apporte cependant une protection en cas de violences[4].

713.133 **Famille proche – Personne handicapée.** En outre, sous condition d'habitation préalable pendant un an avec le locataire ou l'occupant, les ascendants, les personnes handicapées, et les enfants, mais seulement jusqu'à leur majorité, peuvent se voir transmettre le droit au maintien. Un bailleur ne saurait soutenir qu'un mineur ne peut bénéficier du droit au maintien dans les lieux que si son parent survivant en bénéficie aussi[5].

C. Héritiers

713.141 **Héritier.** La loi du 13 juillet 2006 a interdit le transfert du bail à l'héritier du locataire. Antérieurement, la Cour de cassation avait retenu que l'héritier pouvait poursuivre le bail sur le fondement de l'article 1742 du code civil, aux termes duquel le décès du preneur ne mettait pas fin au bail, dès lors qu'il n'avait pas été délivré au locataire de congé de l'article 4[6]. Par ailleurs, le congé délivré à un héritier, au titre de l'article 4, ne privait pas les autres successeurs de leur droit[7]. Cette solution permettait à l'héritier de revendiquer le bénéfice du bail, même s'il n'avait jamais occupé les locaux et quel que soit son lien de parenté avec le prédécédé. En privant l'héritier du locataire de la faculté de reprendre le bail, l'article 85 de la loi du 13 juillet 2006 aligne la transmission du droit au maintien à des bénéficiaires limités (v. s[s] n° 713.131)[8], que l'on soit en présence, à l'origine, d'un locataire ou d'un occupant de bonne foi[9]. Par cohérence, l'article 9 *bis* est abrogé. Il permettait au bailleur de demander la résiliation du bail lorsque les héritiers ou ayants droit n'occupaient pas le local dans les trois mois du décès. Le silence gardé par le bailleur pendant de longues années sur une situation juridique peu claire (bail consenti en 1944, suivi du décès du dernier époux en 1993 et assignation du bailleur en expulsion de la petite-nièce des époux en 2013) n'entraîne aucun droit acquis à l'occupant[10].

D. Violences familiales

713.151 **Maintien du droit dans certaines circonstances – Violences familiales.** En cas de violences familiales la loi du 4 août 2014[11] permet au conjoint, au partenaire d'un pacte civil de solidarité et au concubin, de conserver l'acquis du droit au maintien dans les lieux s'il est victime de violences de la part de l'occupant qui, lui, en est privé. La loi du 28 décembre 2019 visant à agir contre les violences au sein de la famille a précisé que, dans ce cas, la prise en charge des frais afférents peut être à la charge du conjoint violent[12].

En réalité ce maintien est déjà acquis au conjoint ainsi qu'au partenaire d'un Pacs par l'effet de l'article 1751 du code civil, modifié par la loi du 24 mars 2014, dite loi Alur.

Quant au concubin non titulaire il tient en droit la faculté de se maintenir dans le logement en cas de violence familiale sur ordonnance de protection du juge aux affaires familiales qui, selon l'article 515-11 du code civil, modifié par les lois du 4 août 2014[13], du 28 décembre 2019[14], du 30 juillet 2020[15] et par l'ordonnance du 18 septembre 2019[16], peut :

« Se prononcer sur le logement commun de partenaires liés par un pacte civil de solidarité ou de

1. V. s[s] n° 321.51.
2. V. s[s] n° 321.51.
3. Paris, 24 sept. 2003, *Rev. loyers* 2004. 31, note Rémy – AUSSI : Paris, 15 juin 1990, n° 89/13284, *Loyers et copr.* 1990, n° 425 – COMP. CEP. un arrêt rendu sur le fondement de l'art. 16 de la loi du 22 juin 1982, réputé applicable aux logements soumis à la loi de 1948 [art. 75, 2° de la loi de 1982] : Civ. 3e, 30 oct. 1990, n° 89-14.749, P III, n° 211.
4. V. s[s] n° 713.151.
5. Paris, 4 mai 1990, n° 89/20272, *JurisData* 022293, *D.* 1992. Somm. 70, obs. Vauvillé.
6. Civ. 3e, 26 juin 1996, n° 94-17.238, P III, n° 155 ; *RDI* 1996. 622, obs. F. Collart-Dutilleul et J. Derruppé – Civ. 3e, 25 juin 2003, n° 02-11.260, NP, *Rev. loyers* 2003. 615 ; *Loyers et copr.* 2004, n° 27, obs. B. Vial-Pedroletti – Civ. 3e, 24 mai 2000, n° 98-19.336, P III, n° 11 ; *D.* 2000. 167 ; *Administrer* 2003, p. 34.
7. Civ. 3e, 27 juin 2001, n° 99-17.737, NP, *AJDI* 2002. 220, note Beaugendre ; *Administrer* févr. 2002, p. 31, note Gauclère.
8. Toutefois, le fils qui a hérité avant l'entrée en vigueur de la loi nouvelle bénéficie des dispositions antérieures. Civ. 3e, 16 juin 2011, n° 10-16.121, NP, *Loyers et copr.* 2011, comm. n° 317.
9. SUR LA RÉFORME de la loi du 1er sept. 1948 : N. Damas, *AJDI* 2006. 706 s.
10. Paris, pôle 4 ch. 3, 10 déc. 2015, n° 14-02.936, NP.
11. L. n° 2014-873, 4 août 2014, art. 32.
12. V. s[s] n° 713.111.
13. L. n° 2014-873, art. 32.
14. L. n° 2019-1480, art. 4.
15. L. n° 2020-936, art. 1, 2 et 26.
16. Ord. n° 2019-964, art. 35.

concubins. La jouissance du logement commun est attribuée, sauf ordonnance spécialement motivée justifiée par des circonstances particulières, au partenaire lié par un pacte civil de solidarité ou au concubin qui n'est pas l'auteur des violences, et ce même s'il a bénéficié d'un hébergement d'urgence. Dans ce cas, la prise en charge des frais afférents peut être à la charge du partenaire ou concubin violent. »

E. Local professionnel

713.161 **Baux professionnels.** Le bénéfice du maintien dans les lieux ne s'applique pas aux locaux à usage exclusivement professionnel, à moins que l'un des bénéficiaires cités ci-dessus continue à y exercer la profession à laquelle ces locaux étaient affectés. La Cour de cassation a fait prévaloir une interprétation littérale de l'article 5 dernier alinéa de la loi en refusant le bénéfice du droit au maintien au fils de l'occupant alors qu'il exerçait la même profession que son père, au motif que le droit au transfert est réservé aux seuls enfants mineurs (depuis la modification de l'art. 5 par la loi du 23 déc. 1986) [1].

SECTION 2 DROIT DE REPRISE DU BAILLEUR

713.170 **Plan –Reprise avec ou sans relogement du locataire.** Il s'agit d'un droit ouvert par la loi au bailleur qui lui permet d'obtenir le départ du locataire (ou de l'occupant) à la fin de son bail. Ce droit de reprise est fixé par les articles 18 à 25 de la loi. Il complète la reprise pour travaux liée à la décision de démolir ou de réaliser des travaux importants nécessitant le départ du locataire [2].

Plusieurs hypothèses sont envisagées selon que le droit de reprise est accompagné d'un relogement du locataire (art. 18) (§ 1), ou non (art. 19 et 20) (§ 2). Des protections spécifiques existent dans certaines conditions (art. 21, 22, 22 *bis* et 23) (§ 3). Enfin, le local peut être repris s'il a été loué à titre provisoire et des pièces isolées peuvent faire l'objet de reprise.

§ 1 Reprise avec relogement (L. 1er sept. 1948, art. 18)

713.181 **Bénéficiaires.** Peuvent bénéficier de la reprise pour habiter le propriétaire, son conjoint, ses ascendants ou ses descendants ou ceux de son conjoint à la condition que le local repris corresponde aux besoins personnels ou familiaux et, le cas échéant, professionnels du bénéficiaire. Le droit de reprise ne peut être exercé que pour l'habitation principale du bénéficiaire [3]. Si le droit de propriété fait l'objet d'un démembrement, c'est le titulaire du droit de jouissance sur le logement qui peut exercer le droit de reprise [4]. La validité du congé délivré n'est pas seulement subordonnée au fait que le local de remplacement correspond bien aux besoins des locataires évincés. Le juge du fond doit aussi vérifier que le local repris est conforme aux besoins de son bénéficiaire [5].

713.182 **Local de remplacement.** Le local mis à la disposition du locataire ou de l'occupant évincé doit être en bon état d'habitation et répondre à des conditions d'hygiène normales ou au moins équivalentes à celle du local d'origine, et correspondre aux besoins personnels ou familiaux et, le cas échéant, professionnels, du locataire ou de l'occupant et à ses possibilités. Vérification doit notamment être faite que le loyer du local de remplacement correspond aux possibilités financières du locataire [6].

En revanche, le repreneur n'a pas à être propriétaire du local proposé : l'accord du propriétaire du local suffit [7]. Il n'est pas nécessaire non plus que le local de relogement présente nécessairement une garantie de droit au maintien dans les lieux [8].

713.183 **Procédure.** Le propriétaire notifie par acte extrajudiciaire au locataire ou à l'occupant ses intentions en précisant, à peine de nullité, le nom et l'adresse du propriétaire du local offert, l'emplacement de celui-ci, son nombre de pièces, son degré de confort, son loyer, le délai de la reprise et de la mise à disposition du local de remplacement, qui ne peut être inférieur à trois mois pour un occupant ou à la durée du congé pour un locataire.

713.184 **Formalisme à peine de nullité.** Le congé délivré par le bailleur pour reprise de l'article 18 de la loi du 1er septembre 1948 est assorti de conditions précises de forme pour le congé, à peine de nullité. L'omission d'une mention [9] suffit-elle pour autant à justifier la nullité du congé ? Oui, selon le juge du fond. Il ajoute que l'article 114 du code de procédure civile, selon lequel la nullité ne peut être

1. Civ. 3e, 29 sept. 1999, no 98-12.018, P III, no 189 ; *D.* 1999. 240 ; *RDI* 1999. 693, obs. F. Collart-Dutilleul ; *Administrer* oct. 2000, p. 53, obs. Canu.
2. V. ss nos 313.50 s.
3. Civ. 3e, 28 juin 2000, no 97-20.887, P III, no 130 ; *AJDI* 2000. 844 ; *Administrer* oct. 2001, p. 57.
4. Soc., 1er juin 1954, P IV, no 58.
5. Civ. 3e, 4 juill. 2001, no 99-21.820, P III, no 89 ; *AJDI* 2001. 987, obs. Laporte-Leconte.
6. Civ. 3e, 8 nov. 1977, no 76-12.845, P III, no 374.
7. Soc. 23 juin 1961, P IV, no 694.
8. Civ. 3e, 24 avr. 1981, no 79-15.898, P III, no 82.
9. Ici la situation de famille du repreneur et sa profession n'avait pas été renseignées.

prononcée qu'à charge pour l'adversaire qui l'invoque de prouver le grief que lui cause l'irrégularité, même lorsqu'il s'agit d'une formalité substantielle ou d'ordre public, n'est pas applicable ici. Mais il est contredit par la Cour de cassation qui impose à l'occupant de rapporter la preuve de l'existence d'un grief[1].

713.185 **Refus ou silence du preneur.** En cas de refus ou de silence du locataire ou de l'occupant dans le délai d'un mois, le propriétaire doit l'assigner devant le juge d'instance du lieu de l'immeuble pour faire nommer un expert. Celui-ci rend son rapport dans les quinze jours de sa saisine et précise si le local de remplacement correspond aux prescriptions légales.

§ 2
Reprise sans relogement (L. 1er sept. 1948, art. 19 et 20)

713.190 **Plan.** Il convient d'étudier l'hypothèse du bénéficiaire disposant d'un logement insuffisant (A) et celle du propriétaire répondant à une situation particulière (B).

A.
Bénéficiaire disposant d'un logement insuffisant

713.201 **Hypothèse.** C'est le cas si le logement du bénéficiaire ne correspond pas à ses besoins et à ceux des membres de sa famille vivant habituellement avec lui. La liste des bénéficiaires est la même que dans le cas précédent.

La preuve est rapportée par le demandeur en reprise et par tous moyens que le bénéficiaire ne dispose pas du logement satisfaisant. C'est le cas par exemple pour un célibataire de 25 ans occupant une chambre chez sa mère et le congé est alors justifié.

713.202 **Motifs justifiant la reprise.** Sur quels motifs le bailleur peut-il s'appuyer ? En voici quelques-uns (dont la liste n'est pas exhaustive) : mariage prochain, retour en France, abandon d'un logement de fonction et mise à la retraite, nouvelle profession, fait de disposer d'un logement excédant les besoins normaux du couple[2], rapprochement de parents, poursuite d'études dans une autre ville, besoins du commerce.

713.203 **Motifs de refus.** Doit être rejetée la demande du bailleur qui bénéficie déjà d'une habitation correspondant à ses besoins normaux[3].

En l'absence de motif médical, psychologique ou pédagogique justifiant un traitement thérapeutique ou une scolarité dans un établissement à Paris pour ses enfants, la cour d'appel retient souverainement que la propriétaire ne démontrait pas qu'elle ne disposait pas d'un logement correspondant à ses besoins et à ceux de ses enfants mineurs[4].

713.204 **Conditions.** Le droit de reprise est soumis à des conditions particulières relatives au bien qui en fait l'objet. Il doit, s'il a été acquis à titre onéreux :

- avoir été acquis depuis plus de dix ans ;
- ou avant le 2 septembre 1949 ;
- ou, si l'acquisition a plus de quatre ans, le tribunal peut autoriser la reprise si le propriétaire démontre que cette acquisition a été faite pour se loger ou pour satisfaire un intérêt familial légitime.

713.205 **Acquisition à titre gratuit.** Si l'acquisition a été faite à titre gratuit, les délais précédents courent à compter de la date de la dernière acquisition. Le propriétaire est libre de choisir le local qui fait l'objet de la reprise[5] et l'existence d'un appartement équivalent resté vacant dans l'immeuble n'établit pas nécessairement l'intention de nuire du propriétaire[6]. De même est indifférent le fait que le propriétaire dispose d'un autre appartement dans un autre immeuble, dès lors qu'il rapporte la preuve que son logement actuel est trop exigu[7].

713.206 **Mise à disposition du local.** Le bénéficiaire de la reprise doit cependant mettre à disposition de la personne évincée le logement qu'il occupait lui-même, le cas échéant. Le propriétaire de celui-ci, prévenu par acte extrajudiciaire ne pourra s'opposer à la venue de la personne évincée que pour des motifs légitimes, sous le contrôle du juge qu'il doit saisir dans les quinze jours de la notification qui lui a été faite. L'obligation n'a pas un caractère formel et automatique[8]. Est un motif légitime et sérieux le refus de l'usufruitier afin de loger son petit-fils majeur, hébergé par sa mère[9]. L'omission des mentions requises, précisant que le bénéficiaire de la reprise était propriétaire du logement libéré, n'a pas mis en mesure les locataires de vérifier si les conditions de la reprise étaient réunies et s'ils pouvaient prétendre à un local de remplacement, ce qui leur a causé grief et rend le congé nul[10].

1. Civ. 3e, 20 mars 2007, n° 06-12.599, NP, *AJDI* 2007. 661, note V. Zalewski.
2. Paris, 18 déc. 2001, n° 1999/22362, *Rev. loyers* 2002. 180.
3. Paris, 24 avr. 2001, n° 2000/02244, *Rev. loyers* 2001. 350.
4. Civ. 3e, 29 mars 2000, n° 98-15.604, NP, *AJDI* 2000. 558 ; *Administrer* juin 2001, p. 25 obs. Canu.
5. Soc. 9 juill. 1966, P IV, n° 621.
6. TI Paris, 9 nov. 1996, *Rev. loyers* 1997. 115, note Azéma.
7. Civ. 3e, 5 oct. 1999, n° 98-11.279, NP, *Administrer* janv. 2001. 33.
8. Soc. 11 déc. 1952, P IV, n° 905.
9. Civ. 3e, 26 juin 1996, n° 94-16.601, NP, *Loyers et copr.* n° 348.
10. Paris, 29 oct. 2009, n° 08/18685, *AJDI* 2010. 227.

713.207 **Procédure.** La procédure de reprise sans relogement est déclenchée par un acte d'huissier délivré par le propriétaire au locataire ou à l'occupant, au moins six mois à l'avance, en précisant, à peine de nullité :

- la date et le mode d'acquisition de l'immeuble ;
- le nom et l'adresse du propriétaire du bénéficiaire, l'emplacement et le nombre de pièces du logement du bénéficiaire. Cette mention est toutefois inutile si le bénéficiaire ne détient aucun droit locatif ou au maintien sur l'appartement[1].

S'agissant du délai de grâce que peut habituellement accorder le juge aux occupants dont l'expulsion a été ordonnée, lorsque le relogement ne peut avoir lieu dans des conditions normales, cette mesure protectrice ne s'applique pas lorsque le propriétaire exerce son droit de reprise sur le fondement de l'article 19[2].

713.208 **Opposabilité de la nullité du congé.** La nullité du congé n'est opposable que si elle cause grief au locataire[3]. Il n'est pas nécessaire de délivrer au préalable un congé au visa de l'article 4 de la loi, l'article 19 prévoyant la reprise contre le locataire ou l'occupant[4].

B. Propriétaire répondant à une situation particulière

713.211 **Bailleur obligé lui-même de quitter son logement.** L'article 20 réserve plusieurs cas qui concernent le propriétaire seul.

Il dispose d'un droit de reprise lorsqu'il peut justifier :

- qu'il est lui-même locataire et qu'il est évincé par l'exercice d'un droit de reprise de l'article 19 ou de l'article 20 ;
- qu'il est locataire ou occupant de locaux frappés d'un arrêté de péril, d'une interdiction d'habiter, d'une procédure d'expropriation ;
- qu'il a acquis le bien objet de la reprise depuis plus de cinq ans et qu'il est fonctionnaire, agent, ouvrier ou employé et contraint de quitter un logement de fonction occupé depuis plus de deux ans.

La procédure prévoit un acte d'huissier délivré six mois à l'avance indiquant la situation du propriétaire, la date et le mode d'acquisition du logement et toutes indications permettant au locataire de vérifier le bien-fondé de la demande.

1. Civ. 3e, 17 déc. 1969, P III, n° 839 ; *D.* 1970. Somm. 86.
2. C. pr. civ., art. L. 412-3.
3. Civ. 3e, 18 févr. 1998, n° 96-12.200, NP, *Rev. loyers* 1998. 492, note Rémy.
4. Civ. 3e, 4 mai 2000, n° 98-19.998, P III, n° 93 ; *AJDI* 2000. 640 ; *Administrer* juin 2001, p. 28, obs. Canu.

§ 3 Protection des locataires et des occupants

713.221 **Justifications éthiques ou économiques.** La protection particulière des locataires et des occupants permet de faire échec au droit de reprise du bailleur des articles 20 et 21 dans le cas où une intention de nuire ou d'éluder la loi peut être rapportée (art. 21), ou au bénéfice de locataires de locaux professionnels (art. 22), enfin au profit de personnes âgées aux ressources modestes (art. 22 *bis*).

713.222 **Intention de nuire.** La preuve de l'intention de nuire est à la charge de celui qui l'invoque, sous le contrôle souverain du juge. Il peut s'agir de la « haine du propriétaire »... manifestée par des procédures abusives et vexatoires[5]. Mais une défense du bailleur dans le cadre d'une procédure de retour à la loi de 1948 ne suffit pas à démontrer l'intention de nuire[6].

713.223 **Fraude à la loi.** La tentative de fraude à la loi peut résulter d'allégations mensongères du propriétaire, du fait, par exemple, qu'il dispose d'une habitation qui correspond à ses besoins ou de la mise en vente d'un appartement pour ne pas exercer la reprise sur le bien vendu. Le propriétaire qui donne congé n'invoque le droit de reprise que pour éluder la loi du 1er septembre 1948, le bénéficiaire de la reprise s'étant placé volontairement dans l'impossibilité de mettre les lieux qu'il occupait à disposition[7].

Caractérise la volonté d'éluder les règles de la loi du 1er septembre 1948 le cas dans lequel l'exercice du droit de reprise avait nécessité trois actes pour que l'associé devienne propriétaire du logement occupé alors que la société disposait d'appartements disponibles dans l'immeuble[8].

713.224 **Local professionnel.** Le droit de reprise sans relogement des articles 19 et 20 ne peut être exercé contre celui qui exerce sa profession dans le local « au vu et au su du propriétaire et avec son accord au moins tacite ».

Il ne peut s'agir d'une activité à caractère commercial ou industriel, ni artisanale[9]. L'acceptation du bailleur doit résulter d'un acte positif, à l'exclusion d'une abstention ou d'une attitude passive[10].

5. Soc. 16 nov. 1960, P IV, n° 1027.
6. Paris, 4 févr. 1993, *Loyers et copr.* 1993, n° 175.
7. Compromis de vente signé vingt jours avant la délivrance du congé à l'occupant. Le bénéficiaire de la reprise fait preuve de mauvaise foi en mettant en vente le logement dont l'occupant aurait pu bénéficier ou le local qui aurait pu être mis à sa disposition : Civ. 3e, 28 sept. 2005, n° 04-15.974, NP, *AJDI* 2006. 125, obs. F. de La Vaissière.
8. Civ. 3e, 6 déc. 2011, n° 10-31.135, NP.
9. Civ. 3e, 17 juill. 1987, n° 86-11.766, NP, *D.* 1987. IR 179.
10. Civ. 3e, 2 juill. 1969, P III, n° 556.

Le propriétaire d'au moins 75 ans qui reprend le local pour lui-même est protégé.

713.225 **Personnes âgées.** Le droit de reprise sans relogement des articles 19 et 20 ne peut être exercé à l'encontre de l'occupant de plus de 70 ans dont les ressources annuelles sont inférieures à une fois et demie le montant du Smic, sauf si le bénéficiaire a plus de 65 ans. Pour apprécier l'âge de l'occupant, il faut prendre en compte la date du congé et non celle de sa date d'effet[1]. Le montant des ressources de l'occupant s'apprécie à la date de la demande en justice[2].

La protection du bénéficiaire de plus de 65 ans ne vaut que s'il exerce la reprise du logement à son profit. Un bénéficiaire de plus de 65 ans ne peut exercer la reprise au profit de ses enfants d'un appartement occupé par une personne de plus de 70 ans, lui-même s'installant dans le local libéré par ses enfants[3].

Pour le calcul des ressources des occupants, il est tenu compte de celles des personnes vivant avec lui de manière effective et permanente[4]. L'assiette des ressources ne se limite pas au revenu imposable[5].

713.226 **Choix du local de reprise.** En cas de pluralité de locaux loués ou occupés dans le même immeuble, l'article 23 précise que le propriétaire exerce son droit sur celui qui est occupé par le plus petit nombre de personnes si les locaux susceptibles d'être repris sont sensiblement équivalents. L'article 23 permet de tenir compte tant du confort et de la commodité des lieux que des besoins du bénéficiaire de la reprise, qu'il ne limite pas[6].

1. Civ. 3e, 4 oct. 1983, nos 82-11.440 et 82-13.184, P III, no 176.
2. Paris, 3 nov. 1966, *JCP* 1967 II. 15060.
3. Civ. 3e, 23 oct. 1969, P III, no 667, *D.* 1970. 50.
4. Civ. 3e, 20 janv. 1988, no 86-16.357, P III, no 11 ; *Rev. loyers* 1988. 220, note Vaissette.
5. Caen, 28 oct. 2004. *Loyers et copr.* 2005, no 48, obs. B. Vial-Pedroletti.
6. Soc. 21 janv. 1954, P IV, no 45 ; *Rev. loyers* 1954. 85.

CHAPITRE

714. Fixation du prix

SECTION 0 ORIENTEUR

714.00 Sommaire du chapitre.

Division. Le montant du loyer est fonction du classement de chaque logement dans sa catégorie. Le loyer notifié par le bailleur peut être contesté par le locataire dans des conditions définies légalement. Ses conditions d'augmentation sont réglementées. Une clause de résiliation de plein droit peut sanctionner le défaut de paiement du loyer.

714.01 Principaux textes applicables.

TEXTES SOURCES

- **L. n° 48-360, 1er sept. 1948,** art. 26 à 44.
- **Décr. n° 48-1766, 22 nov. 1948** fixant les conditions de détermination de la surface corrigée des locaux d'habitation ou à usage professionnel, *JO* 23 nov., p. 11367.
- **Décr. n° 48-1881, 10 déc. 1948** déterminant le prix de base au mètre carre des locaux d'habitation ou à usage professionnel, *JO* 11 déc., p. 12090.

TEXTES *IN EXTENSO*

- **L. 1er sept. 1948,** art. 26

Le prix des loyers des locaux soumis aux dispositions de la présente loi est déterminé en application des règles ci-après.

- **L. 1er sept. 1948,** art. 27 – [Prix]

La valeur locative d'un local est égale au produit de la surface corrigée, telle qu'elle résulte de l'article 28, par le prix de base du mètre carré de chacune des catégories de logements prévues à l'article 30.

Lorsque la faculté de céder ou de sous-louer est incluse dans un bail portant sur un local à usage professionnel, la valeur locative ainsi déterminée pourra être majorée, pendant le cours du bail, de 50 p. 100 au maximum.

Le montant du loyer des locaux pour lesquels le droit au bail ou le droit au maintien dans les lieux a été postérieurement au 1er juillet 1966 transmis aux héritiers ou transféré dans les conditions prévues à l'article 5 de la présente loi, est égal à la valeur locative majorée de 50 p. 100. Ces dispositions ne sont toutefois pas applicables en cas d'attribution de l'un de ces droits au conjoint du locataire ou de l'occupant ni en cas de transfert à un descendant mineur.

Les prix résultant des dispositions de l'alinéa 1er du présent article demeurent applicables aux logements occupés par les personnes qui ont bénéficié entre le 1er juillet 1965 et le 30 juin 1966 du maintien dans les lieux prévu à l'article 5 ci-dessus, à moins qu'il ne s'agissent du conjoint, veuf, séparé ou divorcé.

Dans les communes visées à l'article 10 (7°) ci-dessus, le loyer de la totalité des locaux inoccupés ou insuffisamment occupés ou faisant l'objet d'une sous-location totale ou partielle est égal à la valeur locative majorée de 50 p. 100. Cette majoration cesse de droit dès que prend fin la situation qui l'avait motivée. Les locataires ou occupants auxquels est ou a été appliquée cette majoration continuent de bénéficier du droit au maintien dans les lieux prévu à l'article 4, nonobstant les dispositions du 7° de l'article 10.

Lorsque l'insuffisance d'occupation a pour origine le décès ou le mariage de l'un des occupants, la majoration prévue dans ce cas par l'alinéa précédent ne prend effet qu'à l'expiration d'un délai d'un an à compter de ce mariage ou de ce décès.

La majoration pour insuffisance d'occupation n'est pas applicable :

1° Aux personnes âgées de plus de soixante-dix ans ;

2° Aux personnes titulaires :

Soit d'une pension de grand invalide de guerre ouvrant droit au bénéfice des dispositions de l'article L. 31 du code des pensions militaires d'invalidité et des victimes de la guerre ;

Soit d'une rente d'invalide du travail correspondant à une incapacité au moins égale à 80 p. 100.

Soit d'une allocation servie à toute personne dont l'infirmité entraîne au moins 80 p. 100 d'incapacité permanente et qui est qualifiée Grand infirme en application de l'article 169 du code de la famille et de l'aide sociale.

En cas de sous-location, la majoration de 50 p. 100 ne s'applique pas aux locataires ou occupants qui sous-louent une ou plusieurs pièces lorsqu'ils occupent suffisamment les locaux compte tenu de ces pièces ou qu'ils appartiennent aux catégories visées aux 1° et 2° ci-dessus, à la condition que la sous-location soit conclue au profit de personnes appartenant à des catégories déterminées par arrêté interministériel.

Pour l'application des dispositions ci-dessus, sont, sauf preuve contraire, présumées sous-locataires les personnes vivant de façon continue au foyer du locataire ou de l'occupant, des lors qu'elles ne présentent avec ce dernier aucun lien de parenté ou d'alliance au sens de la loi ou qu'elles ne sont ni à sa charge ni à son service.

Les majorations de 50 p. 100 prévues au présent article ne peuvent se cumuler.

• **L. 1er sept. 1948,** art. 28 – [Surface corrigée]

Un décret, pris sur le rapport du ministre chargé de la reconstruction et de l'urbanisme, déterminera les conditions dans lesquelles sera obtenue la surface corrigée en affectant la superficie des pièces habitables et celle des autres parties du logement de correctifs dont il donnera le taux pour qu'il soit tenu compte, notamment, de la hauteur du plafond, de l'éclairement, de l'ensoleillement et des vues de chacune des pièces habitables, ainsi que des caractéristiques particulières des autres parties du local.

Il définira les pièces habitables et les conditions dans lesquelles sera calculée la superficie desdites pièces, ainsi que celle des autres parties du local et des annexes.

Le même décret précisera également les correctifs applicables à l'ensemble du logement pour tenir compte notamment de son état d'entretien, de sa vétusté, de l'importance du local, de son affectation, de sa situation et des éléments d'équipement propres, soit au local, soit à l'ensemble de l'immeuble.

Ne pourront entrer en ligne de compte dans l'évaluation des correctifs que les éléments d'équipement et de confort fournis par le propriétaire.

• **L. 1er sept. 1948,** art. 29

Le préfet peut, éventuellement, dans les limites fixées par le décret prévu à l'article 28, adapter par arrêté certains correctifs aux conditions locales et fixer ceux relatifs à la situation des immeubles dans les différentes zones qu'il aura déterminées.

• **L. 1er sept. 1948,** art. 30

Le prix de base du mètre carré applicable chaque année au 1er juillet est déterminé par décret pour les différentes catégories de logements en fonction de la qualité de leur construction et, le cas échéant, suivant la localité dans laquelle ils sont situés.

Les prix de base doivent être tels qu'ils assurent, après application des correctifs, la rémunération du service rendu par le logement ainsi que son maintien en état d'habitabilité.

Le décret prévu à l'alinéa 1er fixe les modalités selon lesquelles les prix de base s'appliquent lors de leur révision aux locataires ou occupants dont le loyer avait déjà atteint la valeur locative résultant de l'application des anciens prix de base.

• **L. 1er sept. 1948,** art. 31

Indépendamment du prix de base déterminé conformément aux dispositions de l'article 30 ci-dessus, le décret prévu audit article fixe le prix du mètre carré applicable jusqu'à ce que le loyer ait atteint la valeur locative définie à l'article 27.

À compter du 1er juillet 1965, le loyer est majoré chaque année d'une fraction du loyer applicable au cours du dernier mois de la période précédente.

L'augmentation maximale de loyer résultant de l'application de la majoration prévue à l'alinéa précédent peut faire l'objet d'un abattement en considération de l'âge ou de l'état physique des bénéficiaires et compte tenu de leurs ressources, à la condition que le local ne soit pas insuffisamment occupé ou ne fasse pas l'objet d'une sous-location totale ou partielle et sans que l'abattement puisse dépasser la moitié de cette augmentation.

Lorsque des modifications sont apportées à la surface corrigée du local pour quelque cause que ce soit, notamment en raison de l'affectation de tout ou partie du local à un usage professionnel, il doit être tenu compte de l'incidence de ces modifications pour déterminer le loyer servant de base au calcul des majorations annuelles. Les taux de majoration sont fixés par le décret prévu à l'article 30.

• **L. 1er sept. 1948,** art. 32

Chaque propriétaire devra, avant le 1er janvier 1949, faire connaître à chaque locataire ou occupant, par lettre recommandée, avec accusé de réception, ou par acte extrajudiciaire, le loyer des locaux qu'il occupe.

Le propriétaire doit joindre, à l'appui de cette modification, un décompte détaillé, établi d'après un modèle type qui sera annexé au décret prévu à l'article 28, des bases de calcul de ce loyer.

En cas de désaccord, le locataire ou l'occupant devra, à peine de forclusion, aviser, dans les deux mois, le propriétaire, par lettre recommandée avec accusé de réception ou par acte extrajudiciaire, du loyer qu'il propose lui-même, en précisant les éléments sur lesquels porte ce désaccord.

La notification par le propriétaire devra, à peine de nullité, indiquer que faute par le locataire ou l'occupant d'avoir contesté le loyer dans le délai de deux mois, il sera forclos à l'expiration de ce délai et que ce loyer s'imposera comme nouveau prix.

Le différend sera porté devant le tribunal compétent suivant les règles de procédure prévues au chapitre V du présent titre.

Pour la détermination de la compétence, le loyer pris en considération est celui qui était payé antérieurement à l'application de la présente loi.

• **L. 1er sept. 1948,** art. 32 *bis*

En cas de modification totale ou partielle des éléments ayant servi de base à la détermination du loyer, ce loyer pourra être révisé à la demande de l'une ou de l'autre des parties.

Le demandeur doit faire connaître à l'autre partie par lettre recommandée avec demande d'avis de réception ou par acte extrajudiciaire les nouveaux éléments proposés. Il doit joindre à l'envoi de cette notification un décompte détaillé, établi d'après un modèle type annexé au décret prévu à l'article 28, des bases de calcul de ce loyer.

En cas de désaccord sur les nouveaux éléments proposés par le demandeur, l'autre partie doit, à peine de forclusion, aviser, dans les deux mois, le demandeur, par lettre recommandée avec demande d'avis de réception ou par acte extrajudiciaire, du loyer qu'il propose lui-même, en précisant les éléments sur lesquels porte ce désaccord.

La notification par le demandeur devra à peine de nullité, indique que faute par l'autre partie d'avoir contesté le loyer dans le délai de deux mois, il sera forclos à expiration de ce délai et que ce loyer s'imposera comme un nouveau prix. En cas de contestation, le différend sera porté devant le tribunal compétent, suivant les règles de procédure prévues au chapitre V du présent titre.

Pour la détermination de la compétence, le loyer pris en considération est celui qui était exigible à la date de la notification.

• **L. 1er sept. 1948,** art. 33

Les prix résultant de l'application de la présente loi sont applicables de plein droit à dater du 1er janvier 1949, sans qu'il soit nécessaire de donner congé ni aux titulaires de baux écrits ou verbaux, ni à ceux qui sont maintenus dans les lieux.

Au cas où la notification prévue au premier alinéa de l'article 32 est faite à une date postérieure au 1er janvier 1949, les prix résultants de l'application de la présente loi ne seront applicables qu'à partir du terme d'usage qui suivra cette notification ; toutefois, s'il y a lieu à réduction en application des dispositions de l'article 35, et quelle que soit la date de la notification, le nouveau prix sera applicable à partir du 1er janvier 1949.

• **L. 1er sept. 1948,** art. 34

Les parties pourront, d'un commun accord, se dispenser de l'application des règles de fixation des loyers prévues aux articles précédents en prenant forfaitairement comme base le loyer pratiqué au 1er juillet 1948.

À compter du 1er juillet 1965, le loyer est majoré chaque année d'une fraction du loyer applicable au cours du dernier mois de la période précédente. Le taux de majoration est fixé par le décret prévu à l'article 30.

Cet accord pourra être dénoncé par chacune des parties par lettre recommandée avec accusé de réception adressée dans la quinzaine suivant le paiement de chaque terme de loyer. Dans ce cas, les règles des articles 26 et suivants deviendront définitivement applicables aux termes de loyer qui suivront la dénonciation de l'accord.

Le demandeur devra joindre à l'appui de sa dénonciation un décompte détaillé, établi d'après un modèle type annexé au décret prévu à l'article 28, des bases de calcul du nouveau loyer. Les dispositions des trois derniers alinéas de l'article 32 *bis* sont applicables.

L'augmentation de loyer résultant de l'application de la majoration prévue au deuxième alinéa ci-dessus peut faire l'objet d'un abattement en considération de l'âge ou de l'état physique des bénéficiaires et compte tenu de leurs ressources à la condition que le local ne soit pas insuffisamment occupé ou ne fasse pas l'objet d'une sous-location totale ou partielle et sans que l'abattement puisse dépasser la moitié de cette augmentation.

• **L. 1er sept. 1948,** art. 34 *bis*

I. – Les parties peuvent également, d'un commun accord, fixer un prix de loyer dans la limite de la valeur locative définie à l'article 27.

• **L. 1er sept. 1948,** art. 35

Les loyers qui dépassent la valeur locative telle qu'elle est définie à l'article 27 seront ramenés à cette valeur locative.

• **L. 1er sept. 1948,** art. 36

Les dispositions des articles qui précèdent ne sont pas applicables à la détermination du loyer des cours, jardins ou terrains loués ou occupés accessoirement aux locaux visés à la présente loi. Ce loyer fera l'objet d'une évaluation séparée. À défaut d'accord amiable, il sera procédé à l'évaluation du loyer par justice. Le juge devra tenir compte de tous éléments d'appréciation, notamment de la proximité de l'habitation, des possibilités de culture et des plantations existant au moment de la location.

Il sera procédé de même pour l'évaluation du loyer des locaux, tels que remises et garages, loués ou occupés accessoirement aux locaux visés par la présente loi et n'ayant aucune affectation commerciale ou industrielle.

Ce loyer est augmenté chaque année du taux de majoration applicable au loyer du local principal.

• **L. 1er sept. 1948,** art. 37

Le loyer des locaux mentionnés à l'article 8 de la présente loi sera fixé, à défaut d'accord amiable, par le juge à l'aide de tous éléments d'appréciation.

• **L. 1er sept. 1948,** art. 38

Les locataires ou occupants sont tenus, en sus du loyer principal, au remboursement des charges locatives définies à l'article 23 de la loi no 89-462 du 6 juillet 1989, dans les conditions prévues à cet article.

• **L. 1er sept. 1948,** art. 39

Il ne peut être exigé des sous-locataires de locaux nus un loyer supérieur à celui payé par le locataire ou occupant principal augmenté du montant des prestations, taxes locatives et fournitures individuelles énumérées à l'article 38. Le locataire ou occupant principal est tenu, à la demande du sous-locataire, d'en justifier par la production de sa quittance.

Dans le cas de sous-location partielle de locaux nus, il devra être tenu compte, pour la fixation du loyer, de l'importance des locaux sous-loués et d'un prorata des prestations, taxes et fournitures payées par le locataire principal. Le principal du loyer ainsi déterminé pourra être majoré de 20 p. 100 et, en outre, du prix des prestations particulières que le locataire principal serait appelé à fournir.

• **L. 1er sept. 1948,** art. 40

En aucun cas, l'application des dispositions du présent chapitre ne pourra être invoquée par le bailleur pour se soustraire à l'exécution des obligations mises à sa charge par le contrat ou par la loi.

Toutefois, sont autorisées les conventions par lesquelles tout locataire ou occupant s'engage, postérieurement à son entrée dans les lieux ou à l'occasion de l'exécution de travaux afférents à l'immeuble et déterminés dans la convention, à participer à tout ou partie des dépenses exposées pour leur réalisation.

• **L. 1er sept. 1948,** art. 41

Le preneur pourra, nonobstant toutes clauses ou conventions contraires, résilier le bail tant que la valeur locative résultant des dispositions qui précèdent ne sera pas atteinte.

• **L. 1er sept. 1948,** art. 42

Les occupants évincés en application des articles 11 et 12 et usant du droit à réintégration prévu à l'article 13 ne devront payer que le loyer, les prestations, taxes et fournitures individuelles tels qu'ils résultent de l'application des dispositions du présent chapitre.

• **L. 1er sept. 1948,** art. 43

Le bailleur qui, n'exerçant pas la profession de loueur en meublé, loue exceptionnellement en totalité un local normalement meublé, est autorisé à majorer le montant du loyer, tel qu'il est déterminé au présent chapitre, du prix de location des meubles, qui ne pourra lui-même dépasser le montant du loyer principal. Il pourra, en outre, récupérer les prestations, taxes et fournitures définies à l'article 38 et tous impôts et taxes perçus à l'occasion des locations en meublé.

Pour les sous-locations partielles en meublé existant au jour de la promulgation de la présente loi et pour les sous-locations partielles en meublé autorisées en application des dispositions de l'article 78, le prix du loyer est déterminé comme il est dit à l'article 39, alinéa 2, et le prix de location des meubles ne peut dépasser le montant dudit loyer. Il pourra être exigé en sus le montant de tous impôts et taxes perçus à l'occasion des locations en meublé.

• **L. 1er sept. 1948,** art. 44

Les travaux ayant pour objet d'augmenter le nombre de logements par la division des logements existants ouvrent droit, pour le propriétaire, à la récupération du montant des dépenses par une majoration du prix des loyers des locaux rendus disponibles.

Cette majoration ne devra, en aucun cas, permettre l'amortissement du capital dépensé sur une période inférieure à dix années. Elle n'est autorisée qu'à la condition que les appartements créés comportent trois pièces principales au moins.

714.02 **Jurisprudence de référence.**

> Classement des locaux

• **Civ. 3e, 3 juill. 2002,** n° 01-02.701, P III, n° 154

* V. ss n° 714.29

Les travaux réalisés par le locataire ne peuvent justifier un classement dans une catégorie supérieure.

> Valeur locative

• **Civ. 3e, 5 nov. 2015,** n° 14-23.693, P

* V. ss n° 714.41

Compte tenu du caractère d'ordre public de la loi du 1er septembre 1948, les parties ne peuvent convenir de l'application d'une clause conventionnelle d'indexation.

> Prescription

• **Civ. 3e, 12 mars 2002,** n° 00-18.935, NP

* V. ss n° 714.65

Les sommes indûment perçues par le bailleur sont sujettes à la prescription abrégée de trois ans (Supplément de loyer en secteur HLM).

> Clause résolutoire

• **Civ. 3e, 11 mai 1995,** n° 93-14.039, P III, n° 115

* V. ss n° 714.112

La clause résolutoire prévue au bail ne peut produire d'effet si elle vise des loyers illicites.

714.03 **Bibliographie indicative.**

Annuel. LAMY DR. IMMO, nos 5805-5823.

Encyclopédies. RÉP. CIV., V° *Baux d'habitation et professionnels (loi du 1er sept. 1948)*, H. des Lyons et Y. Rouquet, nos 298-366 – *DP Gestion immob., V° Baux – loi du 1er septembre 1948*, nos 103-134.

SECTION 1 CLASSEMENT DES LOCAUX

§ 1 Catégories de logements

714.11 **Cinq catégories de logement.** L'annexe I du décret du 10 décembre 1948 distingue cinq catégories de locaux, selon un classement par catégories et sous-catégories, pour le calcul du loyer du logement :

- catégorie exceptionnelle de luxe ;
- première catégorie ;
- deuxième catégorie, comprenant les sous-catégories II A, II B, II C ;
- troisième catégorie, comprenant les sous-catégories III A et III B ;
- quatrième catégorie.

§ 2 Classement dans les catégories

714.21 **Règle générale de classement.** Les principes régissant le classement sont les suivants :

1° Le classement se fait par local et non par immeuble.

Les différences entre locaux d'un même immeuble se justifient par la situation du local dans l'immeuble (entresol, accès par escalier de service).

2° Les caractéristiques définies pour chaque catégorie doivent être complétées par divers éléments propres à l'immeuble.

714.22 Caractéristiques par catégorie. Elles tiennent pour l'essentiel à la qualité des constructions mesurée à travers l'emploi de matériaux assurant des conditions d'habitabilité : « excellentes » en 1re catégorie, « bonnes ou très bonnes » en 2e catégorie, « ordinaires ou médiocres » en 3e catégorie, « exceptionnellement défectueuses » en 4e catégorie.

S'y ajoutent des caractéristiques d'aspect intérieur et extérieur, de conception des pièces (dimension), de qualité des installations et équipements et, dans les immeubles collectifs, de dimension et de conception des parties communes.

714.23 Catégorie exceptionnelle de luxe – Conditions. Le classement en catégorie exceptionnelle de luxe tient à l'emploi de matériaux nobles tels que bois précieux, marbre ou à la présence d'équipements de très grand luxe.

714.24 Catégorie II B – Conditions. Un classement en catégorie II B est impossible en l'absence de salle d'eau avant l'installation d'une salle de bains par le locataire[1]. L'installation d'une salle d'eau par le locataire ne peut être retenue pour le calcul de la surface corrigée, mais n'interdit pas un classement en sous-catégorie II C[2]. Un logement de la catégorie IV reste soumis à l'obligation de décence[3].

714.25 Sous-catégorie. Pour le classement en sous-catégorie, les distinctions tiennent compte des mêmes éléments de qualité de construction, de dimension des pièces...

714.26 Distinction selon la région. Dans la deuxième catégorie, une distinction est faite entre la région parisienne et la province.

714.27 Absence d'accord – Solution. À défaut d'accord entre les parties sur le classement, il peut être convenu d'un classement en catégorie intermédiaire, le loyer étant calculé en conséquence.

714.28 Éléments propres à l'immeuble ou au local. La liste avancée dans l'annexe au décret du 10 décembre 1948 n'est pas limitative.

On retiendra notamment le plan du logement : qualité de distribution des pièces ou leur inadaptation (dimension excessive), ainsi que la présence d'inconvénients notables tels que la difficulté d'installer des équipements d'hygiène, les pièces sous combles ou en sous-sol, la qualité inférieure de la construction dans une partie importante du local, l'absence de cave ou de grenier...

714.29 Évolutions. Le changement de catégorie en cours d'occupation peut intervenir à l'occasion de travaux réalisés par le propriétaire.

Il est précédé d'une notification conforme à l'article 32 *bis* de la loi de 1948 (modification totale ou partielle des éléments ayant servi à déterminer le loyer).

Les travaux réalisés par le locataire ne peuvent, quant à eux, justifier un classement dans une catégorie supérieure[4], ni par ailleurs être pris en compte pour le calcul du loyer[5].

SECTION 2
DÉTERMINATION DU PRIX

714.31 Fixation réglementaire. Le chapitre III de la loi de 1948 fixe les principes de calcul du prix applicable[6].

Les règles en sont précisées par les décrets du 22 novembre 1948[7] et du 10 décembre 1948[8].

§ 1
Valeur locative

714.41 Calcul. Le point de départ du système des loyers de la loi du 1er septembre 1948 est la valeur locative.

La valeur locative est égale au produit du prix de base au mètre carré de la catégorie du local par sa surface corrigée[9].

Compte tenu du caractère d'ordre public de la loi du 1er septembre 1948, les parties ne peuvent conve-

1. Paris, 3 juill. 2001, *Rev. loyers* 2001. 466.
2. Civ. 3e, 9 juin 2009, no 08-13.804, NP, *Rev. loyers*, nov. 2009, p. 439, note Rémy.
3. Civ. 3e, 15 déc. 2004, no 02-20.614, P III, no 239 ; *D.* 2005. 109, obs. Y. Rouquet ; *ibid.* 305, tribune J. Monéger ; *ibid.* 749, obs. N. Damas ; *AJDI* 2005. 125, obs. Y. Rouquet ; *RDI* 2005. 113, obs. H. Heugas-Darraspen – Sur la notion de décence, v. ss nos 022.101, 211.42 et 211.91.
4. Civ. 3e, 3 juill. 2002, no 01-02.701, P III, no 154 ; *AJDI* 2002. 693, obs. S. Beaugendre ; *Loyers et copr.* 2002, no 228. Paris, 3e Ch., 7 févr. 2013, no 10/23869, *Loyers et copr.* 2013, no 138.
5. Pour la prise en compte de ces travaux en cas de sortie du local de la loi, v. ss no 722.131.
6. L. 1er sept. 1948, art. 26 à 44.
7. Décr. no 48-1766, 22 nov. 1948 fixant les conditions de détermination de la surface corrigée des locaux d'habitation ou à usage professionnel, *JO* 23 nov.
8. Décr. no 48-1881, 10 déc. 1948 déterminant les prix de base au mètre carré des locaux d'habitation ou à usage professionnel, *JO* 11 déc.
9. L. 1er sept. 1948, art. 27.

nir de l'application d'une clause conventionnelle d'indexation[1].

714.42 **Prix de base au mètre carré.** Le prix de base du mètre carré est fixé par le décret du 10 décembre 1948 selon la catégorie du local. Ce prix a vocation à assurer tant la rémunération du service rendu par le logement que son maintien en état d'habitabilité. La valeur locative est une valeur maximale que le loyer ne peut pas dépasser.

714.43 **Surface corrigée.** La loi a défini un critère commun à tous les logements : la surface corrigée correspondant à la surface réelle, corrigée par le niveau d'équipement du logement, son état d'entretien et la situation de l'immeuble[2].

714.44 **Révision de la valeur locative.** Le prix de base au mètre carré est révisé tous les ans par décret. Le décret fixe les modalités selon lesquelles les prix de base s'appliquent lors de leur révision aux locaux dont le loyer a atteint la valeur locative[3]. Le dernier décret paru, du 28 juin 2021 (décr. n° 2021-829, *JO* 29 juin), autorise, à compter du 1er juillet 2021, une augmentation des loyers de 0,09 % pour les locaux des catégories III A et III B, pour les locaux des catégories II B et II C et pour les locaux de la catégorie II A restant soumis aux dispositions de la loi du 1er septembre 1948.

Les loyers des locaux de la catégorie IV, eux, ne subissent aucune majoration annuelle légale.

Compte tenu des retards réguliers pris par l'administration pour fixer le prix du loyer révisé, retards préjudiciables aux bailleurs, la loi du 25 mars 2009[4] a fixé par principe sa date de révision au 1er juillet de chaque année.

§ 2
Montant du loyer

714.51 **Alternative.** La valeur locative n'a pas été applicable immédiatement, notamment à cause de la différence qui pouvait exister entre les loyers appliqués après-guerre et cette valeur.

Aussi, lors de l'entrée en vigueur de la loi, le choix a été laissé aux parties du type de loyer qui devait s'appliquer dans leurs relations. Il en existe deux : le loyer dit scientifique et le loyer forfaitaire.

1. Civ. 3e, 5 nov. 2015, n° 14-23.693, P III, n° 107 ; *AJDI* 2016. 515, note N. Damas ; *Rev. loyers* 2016. 562 et s. note F. Cornette ; *Loyers et copr.* 2015, n° 246, note B. Vial-Pedroletti ; *Ann. Loyers* janv./févr. 2016, p. 58 – *DP Gestion immob., bull.* déc. 2015, p. 8, note A.-C. Monge.
2. Pour la détermination de la surface corrigée, v. ss nos 635.21 s.
3. L. 1er sept. 1948, art. 30, dern. al.
4. L. n° 2009-323, 25 mars 2009, art. 121.

714.52 **Loyer salaire (ou loyer technique ou loyer scientifique).** Le loyer salaire résulte de l'article 31 de la loi. Depuis le 1er juillet 1965, il est augmenté régulièrement jusqu'à ce qu'il atteigne la valeur locative. Ces augmentations sont fixées par le décret annuel évoqué ci-dessus et prennent effet au premier juillet.

À l'heure actuelle, la plupart des loyers des locaux encore soumis à la loi de 1948 ont atteint la valeur locative, sauf ceux de la catégorie IV qui sont de fait bloqués.

714.53 **Loyer forfaitaire.** Le loyer forfaitaire est défini aux articles 34 et suivants de la loi.

Les parties étaient autorisées « d'un commun accord » à se dispenser d'appliquer le loyer salaire ou loyer scientifique et de prendre comme base le loyer pratiqué au 1er juillet 1948. Ce loyer a été majoré en juillet 1965 et chaque année par décret.

Si l'une des parties voulait dénoncer le loyer forfaitaire, il lui suffisait de transmettre un décompte de surface corrigée, le nouveau loyer étant calculé alors selon le droit commun (valeur locative ou loyer scientifique).

714.54 **Loyer des accessoires.** Sont concernés, selon les termes de l'article 36 de la loi, les cours, jardins ou terrains auxquels s'ajoutent *in fine* les remises et garages n'ayant aucune affectation commerciale ou industrielle. Sont également concernées les terrasses dont la dimension ou l'aménagement apporte un avantage inhabituel aux locaux concernés[5].

Il est procédé à une évaluation séparée de ces accessoires, par accord amiable entre les parties, et sous le contrôle du juge, le cas échéant. Depuis l'entrée en vigueur de la loi du 29 juillet 1998, la révision du loyer accessoire ne peut dépasser celle du loyer principal.

714.55 **Loyer des locaux meublés.** Il est fixé dans les conditions habituelles, le loyer des meubles s'y ajoutant, sans que ce dernier ne puisse dépasser le montant du loyer principal.

SECTION 3
APPLICATION DU LOYER

714.61 **Notification.** Le loyer doit être notifié au locataire (en pratique dans le bail lui-même pour les locataires entrés dans les lieux après le 1er janvier 1949), en annexant un décompte de surface corrigée conforme au modèle établi par le décret du 22 novembre 1948.

5. Civ. 3e, 24 févr. 1976, n° 74-13.963, P III, n° 78.

714.62 Contestation. Le locataire ou l'occupant a deux mois pour contester le loyer. C'est un délai de forclusion au-delà duquel le loyer s'impose comme nouveau prix. Bien qu'il ait accepté un prix de loyer établi sans notification préalable d'un décompte comportant classement du local, le locataire reste recevable à solliciter la détermination du loyer conformément au décret du 10 décembre 1948 [1].

En l'absence d'une notification conforme à l'article 32 de la loi le délai de deux mois opposable aux locataires ne court pas et ils sont recevables à contester le loyer [2].

714.63 Notification du loyer et opposition du locataire. Le locataire avise le propriétaire par lettre recommandée avec demande d'avis de réception ou par acte extrajudiciaire et propose un loyer en précisant les éléments sur lesquels porte le désaccord.

714.64 Paiement du loyer. Le paiement mensuel est de droit [3]. Chaque partie, bailleur ou locataire, pourra demander le paiement mensuel si le bail avait prévu d'une période supérieure.

La délivrance d'une quittance, ou d'un reçu en cas de paiement partiel, est obligatoire comme prévu par la loi du 6 juillet 1989 [4].

714.65 Prescription. L'action en paiement des loyers à l'encontre du locataire se prescrit par cinq ans par application de l'article 2224 du code civil [5].

La loi du 1er septembre 1948 a prévu une prescription abrégée pour les actions en remboursement de loyers illicites. Elle est de trois ans, conformément à l'article 68 de la loi. L'article 68 vise notamment les actions tendant à la fixation de la valeur locative en application des articles 27 à 35 de la loi [6]. Toutes les sommes indûment perçues sont sujettes à la prescription abrégée de trois ans [7]. Le délai de prescription de l'article 68 ne court que du jour de la perception de chaque loyer illicite [8].

1. Civ. 3e, 28 mars 1995, n° 92-20.784, NP, *Rev. loyers* 1996. 413.
2. Civ. 3e, 2 juill. 2013, n° 12-19.813, NP, *Loyers et copr.* 2013, n° 303, note B. Vial-Pedroletti.
3. L. n° 89-462, 6 juill. 1989, art. 7 a, applicable en loi de 1948 et art. 74 de la dite loi.
4. L. n° 89-462, 6 juill. 1989, art. 21.
5. C. civ., anc. art. 2277 (remplacé par C. civ., nouv. art. 2224, issu L. n° 2008-561, 17 juin 2008 portant réforme de la prescription en matière civile, *JO* 18 juin, p. 9856).
6. Civ. 3e, 18 janv. 1984, n° 82-15.080, P III, n° 14.
7. POUR UNE APPLICATION au supplément de loyer perçu par les organismes d'HLM par renvoi des art. L. 442-6 et L. 442-10 du CCH : Civ. 3e, 12 mars 2002, n° 00-18.935, NP – *Idem* en matière de charges locatives : Civ. 3e, 18 févr. 2003, n° 01-16.880, NP, *Administrer* mai 2004, p. 31, note Beddeleem.
8. Soc. 6 déc. 1961, P IV, n° 996.

SECTION 4
AUGMENTATION OU BAISSE DU LOYER

714.70 Plan. Il convient d'étudier successivement la modification de la surface corrigée (§ 1), les installations d'équipements nouveaux (§ 2) et les autres augmentations possibles (§ 3).

§ 1
Modification de la surface corrigée

714.81 Procédure – Formalisme. Le loyer peut être révisé à la demande de l'une ou de l'autre des parties, suite à la modification de la surface corrigée. Cette révision n'implique forcément une majoration du loyer car certains éléments utilisés pour le calcul de la surface corrigée, en particulier le correctif d'ensemble, prennent en compte par exemple l'agrément et les sujétions de voisinage, le caractère résidentiel de la zone où est situé le logement. Ces paramètres peuvent bien entendu varier dans le temps en fonction de l'urbanisation affectant les propriétés voisines : diminution de l'ensoleillement, suppression de vues [9]... Le bailleur ayant valorisé ces éléments de situation spécifiques à chaque logement pour en déterminer le loyer initial, leur modification matérielle, positive ou négative pour l'usage du logement, qui résulterait d'évolutions du voisinage immédiat, pourrait amener l'une ou l'autre des parties à réclamer la révision du loyer en application de l'article 32 *bis* [10].

La procédure de l'article 32 *bis* prévoit la transmission d'une lettre recommandée avec accusé de réception ou un acte extrajudiciaire contenant les nouveaux éléments proposés.

714.82 Délai de proposition – Délai de forclusion. Un délai de deux mois s'ouvre alors à l'autre partie pour proposer un loyer en précisant les éléments sur lesquels porte le désaccord. Le locataire ne peut se borner à formuler un refus pur et simple et doit indiquer les éléments sur lesquels porte son désaccord [11].

Ce délai est un délai de forclusion. La mention du délai de forclusion dans la notification faite par le propriétaire est prescrite à peine de nullité [12].

714.83 Recours au juge. Le juge des contentieux de la protection du lieu de l'immeuble traite des litiges de loyer de la loi du 1er septembre 1948 [13].

9. V. ss nos 313.30 s.
10. V. ss nos 635.67 s.
11. Paris, 27 nov. 1964, *Gaz. Pal.* 1965. 1. 17.
12. Civ. 3e, 8 nov. 1995, n° 93-15.681, NP, *Loyers et copr.* 1996, n° 22.
13. L. 1er sept. 1948, art. 46.

L'article 32 *bis* ne fixe aucun délai pour la saisine du tribunal compétent après que chacun des bailleur et preneur a notifié à l'autre les éléments devant servir de base à une modification des loyers [1].

§ 2
Installations d'équipements nouveaux

714.91 Majoration des équivalences superficielles. En cas d'installation d'éléments d'équipements nouveaux ou de substitution d'une installation moderne à l'ensemble d'une installation ancienne, l'article 8 du décret du 10 décembre 1948 autorise le bailleur à majorer les équivalences superficielles (sur cette notion v. s[s] n° 635.23) correspondantes à hauteur de 100 % pendant quinze ans.

S'il s'agit du remplacement d'appareils sanitaires, de modernisation ou de remembrement d'une partie essentielle d'une installation du local ou de l'immeuble telle que chauffe-eau, chaudière de chauffage central, la majoration est de 50 %.

§ 3
Autres augmentations possibles

714.101 Sous-occupation du local. La majoration de la valeur locative est de 50 % en cas d'occupation insuffisante.

Est insuffisamment occupé le local comportant un nombre de pièces habitables [2] supérieur de plus de un au nombre de personnes qui y ont leur résidence principale [3].

714.102 Communes concernées. Ne sont concernées que les communes visées à l'article 10-7° de la loi, à savoir Paris, les communes se situant dans un rayon de 50 km des anciennes fortifications de Paris et les communes de plus de 10 000 habitants ou celles désignées par décret.

714.103 Cessation de la majoration. La majoration cesse de droit quand la situation prend fin.

714.104 Personnes exemptées de majoration. Les personnes de plus de 70 ans sont exemptées de la majoration ainsi que les catégories suivantes :

- grand invalide de guerre ;
- invalide du travail ou grand infirme civil ayant une incapacité d'au moins 80 %.

714.105 Droit au maintien dans les lieux. Le droit au maintien dans les lieux bénéficie aux personnes auxquelles s'applique la majoration.

Il n'est donc plus possible au bailleur qui perçoit la majoration de poursuivre le locataire ou l'occupant au titre de la déchéance de l'article 10, 7° (v. s[s] n° 713.85), y compris lorsque, la locataire ayant atteint l'âge de 70 ans, la majoration ne s'applique plus [4].

714.106 Cession ou sous-location. La majoration est de 50 % de la valeur locative, lorsque la faculté de céder ou de sous-louer est incluse dans le bail portant sur un local à usage professionnel.

Les deux majorations au titre de la sous-location et de l'insuffisance d'occupation ne se cumulent pas.

714.107 Transmission aux héritiers. Les bénéficiaires du transfert du droit au bail ou du droit au maintien dans les lieux dont le droit est né après le 1er juillet 1966 sont tenus au paiement d'une majoration de 50 % de la valeur locative.

714.108 Exercice d'une activité professionnelle dans le logement. La majoration est de 30 % en cas d'activité professionnelle dans tout ou partie du logement.

SECTION 5
CLAUSE RÉSOLUTOIRE DE PLEIN DROIT

714.111 Application partielle de la loi du 6 juillet 1989. Une clause peut être prévue au contrat à défaut de paiement du loyer aux échéances convenues entre les parties, conformément à l'article 80 de la loi.

L'article 24 de la loi du 6 juillet 1989 n'a pas été étendu à la loi du 1er septembre 1948 et la procédure de résiliation de plein droit n'est donc pas homogène pour tous les baux d'habitation. Par contre, l'article 7 *g* de la loi de 1989, qui permet d'inscrire une clause de résiliation de plein droit en cas de défaut d'assurance, s'applique aux logements soumis à la loi de 1948. Le locataire n'a qu'un mois à compter du commandement pour souscrire une assurance, le juge ne pouvant lui accorder de délai supplémentaire.

714.112 Conditions. La clause ne peut produire d'effet, même en cas de disposition contractuelle contraire, qu'au terme d'un délai d'un mois après la sommation ou le commandement de payer demeuré infructueux.

La mise en demeure ou le commandement doit, à peine de nullité, préciser ce délai. Faute de détailler la somme réclamée, le commandement ne peut entraîner le jeu de la clause résolutoire [5]. La clause ne peut

1. Civ. 3e, 10 juill. 1978, n° 76-15.638, P III, n° 287.
2. AU SENS du décr. n° 48-1766, 22 nov. 1948.
3. CCH, art. L. 621-2.
4. Civ. 3e, 19 déc. 2000, n° 99-13.542, NP, *AJDI* 2001. 432, obs. Laporte.
5. Paris, 1er sept. 1997, n° 95/10510, *Loyers et copr.* 1997, n° 280, obs. B. Vial-Pedroletti.

produire d'effet si elle vise des loyers illicites[1] ou en cas de non-paiement de charges[2].

714.113 **Effets.** Le locataire peut saisir le juge pour obtenir des délais de paiement. La clause de résiliation est suspendue pendant les délais accordés. Elle reprend effet à défaut de respect du plan d'apurement.

L'article 80 renvoie la décision au juge des référés. Le plan d'apurement ne peut dépasser deux ans[3].

1. Civ. 3e, 11 mai 1995, n° 93-14.039, P III, n° 115.
2. Paris, 25 juin 1998, *JurisData* 230538, *Rev. loyers* 1998. 504, note Azéma.
3. C. civ., art. 1343-5 (anct 1244-1).

TITRE

72. La sortie du régime de la loi de 1948

SECTION 0
ORIENTEUR

72.00 Sommaire du titre.

Division. Seront tour à tour étudiés les locaux vacants (chap. 721) et les baux de sortie du régime de la loi du 1er septembre 1948 (chap. 722).

72.01 Principaux textes applicables.

TEXTES SOURCES

- **L. n° 86-1290, 23 déc. 1986,** art. 25, 28 à 34.
- **L. n° 48-1360, 1er sept. 1948,** art. 3 *bis*, 3 *quater*, 3 *octies*.

72.03 Bibliographie indicative.

Annuel. LAMY DR. IMMO, nos 5692-5727.

Encyclopédies. RÉP. CIV., *V° Baux d'habitation et professionnels (loi du 1er sept. 1948)*, P. Gareau, H. des Lyons † et Y. Rouquet, nos 372-508 – DICT. PERM. Gestion immob., *Vis Baux – loi du 1er septembre 1948*, 30-34, *Baux de sortie de la loi de 1948*.

Ouvrage. Ph. Pelletier (dir.), *Traité des baux d'habitation et professionnels*, « Référence juridique », Le Moniteur, 2021.

CHAPITRE

721. Locaux vacants

SECTION 0

ORIENTEUR

721.00 Sommaire du chapitre.

Division. Les locaux relevant de la loi du 1er septembre 1948 (v. ss nos 711.11 s.) vont tout d'abord pouvoir s'affranchir des dispositions de ce texte, à l'occasion de leur vacance. De plus, le bailleur va avoir la possibilité, sous certaines conditions, d'imposer au locataire en place la sortie du régime de cette loi.

Précision étant apportée qu'à chaque situation (vacance/bail de sortie), va correspondre deux sous-hypothèses : celle de droit commun et celle relevant de baux dérogatoires [1].

1. AUSSI, sur les différentes hypothèses de sortie de la loi de 1948, VOIR : des Lyons et Rouquet RÉP. CIV., v° « Baux d'habitation et professionnels (L. 1er sept. 1948) ».

721.01 Principaux textes applicables.

TEXTES SOURCES

- **L. n° 86-1290, 23 déc. 1986,** art. 25 et 34.
- **L. n° 48-1360, 1er sept. 1948,** art. 3 *bis*, 3 *quater*, 3 *octies*.

TEXTES *IN EXTENSO*

- **L. 23 déc. 1986,** art. 25 (Mod. par L. n° 2014-366, 24 mars 2014, art. 6)

Les locaux vacants à compter du 23 décembre 1986 ne sont pas soumis aux dispositions de la loi n° 48-1360 du 1er septembre 1948 précitée. Ils sont désormais régis par les chapitres Ier à III du titre Ier de la loi n° 89-462 du 6 juillet 1989, à l'exception des locaux à usage exclusivement professionnel qui sont régis par l'article 57 A et par les dispositions du code civil.

Si les locaux loués depuis le 23 décembre 1986 ne satisfont pas aux caractéristiques définies en application des premier et deuxième alinéas de l'article 6 de la loi n° 89-462 du 6 juillet 1989 précitée, le locataire peut, dans le délai d'un an à compter de la date de prise d'effet du contrat de location initial, demander au propriétaire leur mise en conformité avec ces normes sans qu'il soit porté atteinte à la validité du contrat de location en cours.

À défaut d'accord entre les parties, le juge saisi détermine, le cas échéant, la nature des travaux à réaliser et le délai de leur exécution, qu'il peut même d'office assortir d'une astreinte. Il peut également se prononcer sur une demande de modification du loyer fixé par le bailleur ou proposé par le locataire.

À défaut de mise aux normes effectuée dans les conditions précitées, le loyer des locaux soumis au présent article est fixé conformément aux II ou III de l'article 17 de la loi n° 89-462 du 6 juillet 1989.

Les dispositions du présent article ne sont pas applicables aux locaux classés en catégorie IV.

- **L. 23 déc. 1986,** art. 34 (Mod. par L. n° 89-462, 6 juill. 1989, art. 30 et 39)

À l'expiration des contrats de location conclus en application des articles 3 *bis*, 3 *quater*, 3 *quinquies*, 3 *sexies* et 3 *septies* de la loi n° 48-1360 du 1er septembre 1948 précitée, en cours au moment de la publication de la présente loi, et portant sur des locaux à usage d'habitation ou mixte, il est fait application de l'article 20. À l'expiration des contrats conclus après la publication de la présente loi en application des articles 3 *bis*, 3 *quater* et 3 *octies* de la loi n° 48-1360 du 1er septembre 1948 précitée, les contrats de location des locaux d'habitation ou mixte sont soumis aux dispositions des chapitres Ier à III de la loi 89-462 du 6 juillet 1989, à l'exception de l'article 16, du paragraphe c de l'article 17 et des articles 18 à 20.

À l'expiration des contrats conclus en application des mêmes articles et portant sur des locaux à usage exclusivement professionnel, il est fait usage des dispositions de l'article 57 A et des dispositions du code civil.

• **L. 1er sept. 1948,** art. 3 *bis*

Dans les communes dont la population municipale totale est inférieure à 10 000 habitants (l'exclusion de celles situées dans un rayon de 50 kilomètres de l'emplacement des anciennes fortifications de Paris), les dispositions du présent titre ne seront pas applicables aux locataires qui entreront dans les lieux postérieurement au 1er janvier 1959, à l'exception toutefois de ceux visés à l'article 79.

Des décrets pris sur le rapport du ministre de la construction pourront :

1° Apporter des dérogations aux dispositions de l'alinéa qui précède ;

2° Étendre lesdites dispositions à d'autres communes.

• **L. 1er sept. 1948,** art. 3 *quater*

Les dispositions du présent titre ne sont pas applicables aux locaux utilisés en tout ou partie à usage professionnel lorsque le local et le contrat répondront aux conditions qui seront fixées par décret pris sur le rapport du ministre de la construction et que l'entrée dans les lieux sera postérieure à la date de publication de ce décret.

• **L. 1er sept. 1948,** art. 3 *octies*

Dans les communes qui ne sont pas visées par le premier alinéa de l'article 3 *bis* et qui n'ont pas fait l'objet d'un décret pris en vertu du 2° du même article, la location des locaux classés en catégorie IV et effectivement vacants, autres que ceux libérés depuis moins de cinq ans par l'exercice d'un des droits de reprise prévus aux articles 18, 19, 20 *bis*, 24 et 25 ci-après, n'est pas soumise aux dispositions du présent titre.

Les dispositions du présent titre demeureront applicables aux personnes qui entreront dans les lieux en vertu d'un relogement effectué en application des articles 18 et 19 ci-après.

Ces locaux devront satisfaire aux normes prévues à l'article 25 de la loi n° 86-1290 du 23 décembre 1986.

À l'expiration du bail valablement conclu en application du présent article, le local ne sera plus soumis aux dispositions de la présente loi.

721.02 Jurisprudence de référence.

• **Civ. 3e, 17 oct. 2007,** n° 06-17.472, P III, n° 177

* V. s[s] n° 721.23

Ayant constaté que le loyer du preneur, locataire d'un appartement au 1er étage d'un immeuble appartenant au bailleur, a été toujours fixé et modifié globalement au vu de l'adjonction des divers locaux situés au 2e et 3e étage du même immeuble, donnés à bail verbalement par le bailleur, qu'il en a été de même pour les charges, que le locataire a mensuellement réglé un seul loyer pour l'ensemble des locaux et une provision mensuelle sur charges globale et qu'il n'y a eu qu'un seul dépôt de garantie, une cour d'appel, qui retient souverainement que les différentes prises de possession ne constituent qu'une adjonction de locaux au bail verbal initial, a pu en déduire que les locaux étaient soumis dans leur ensemble aux dispositions de la loi du 1er sept. 1948 applicable au logement initialement loué.

721.03 Bibliographie indicative.

Annuel. LAMY DR. IMMO, n°s 5698-5718.

Encyclopédies. RÉP. CIV., *V° Baux d'habitation et professionnels (loi du 1er sept. 1948)*, H. des Lyons et Y. Rouquet, n°s 375-414 – DICT. PERM. Gestion immob., *V° Baux – loi du 1er septembre 1948*, n°s 30-34.

Ouvrage. Ph. Pelletier (dir.), *Traité des baux d'habitation et professionnels*, « Référence juridique », Le Moniteur, 2021.

SECTION 1
RÉGIME DE L'ARTICLE 25 DE LA LOI DU 23 DÉCEMBRE 1986

721.11 Non-application de la loi de 1948 aux locaux vacants. En application de l'article 25 de la loi du 23 décembre 1986[1], dite loi Méhaignerie, certains locaux vacants vont être exclus de la loi du 1er septembre 1948. La Cour de cassation a indiqué que les dispositions d'ordre public de l'article 25 de la loi du 23 décembre 1986 ne sont pas destinées à assurer la seule protection du preneur. Elles peuvent donc être invoquées également par le bailleur[2].

§ 1
Locaux concernés

721.21 Exclusion des logements de catégorie IV. Pour ne plus être soumis aux dispositions de la loi du 1er septembre 1948, les locaux doivent être vacants et appartenir à une autre catégorie que la catégorie IV.

Depuis la loi du 21 juillet 1994, le respect de normes minimales de confort et d'habitabilité (normes auxquelles ont été substituées, depuis la loi du 13 juill. 2006[3], les normes de la décence) n'est plus une condition de libération des locaux.

1. L. n° 86-1290, 23 déc. 1986 tendant à favoriser l'investissement locatif, l'accession à la propriété de logements sociaux et le développement de l'offre foncière, *JO* 24 déc., p. 15531, dite loi Méhaignerie.
2. Civ. 3e, 2 juin 1999, n° 97-17.373, P III, n° 123 ; *D.* 2000. 733, note Beaugendre ; *RDI* 1999. 466, obs. F. Collart-Dutilleul – Civ. 3e, 19 mars 2003, n° 01-12.529, P III, n° 64 ; *D.* 2003. IR 1006, avec les obs. ; *AJDI* 2003. 418, obs. Y. Rouquet – CEP., cette position n'est pas partagée par la cour d'appel de Paris : Paris, 25 nov. 1999, *Rev. loyers* 2000. 248, obs. crit. Rémy.
3. L. n° 2006-872, 13 juill. 2006 portant engagement national pour le logement, *JO* 16 juill., p. 10662.

721.22 **Vacance des locaux.** Ne sont plus soumis aux dispositions de la loi de 1948, les locaux vacants à compter du 23 décembre 1986. Cela vaut aussi pour les locaux vacants meublés [1].

En conséquence, chaque fois qu'un locataire quitte un logement régi par la loi de 1948, celui-ci est libéré. Ce, sous réserve, bien sûr, qu'il appartienne à une catégorie « libérable ».

721.23 **Adjonction de locaux au bail initial.** La question de la soumission à la loi de 1948 d'un local nouvellement loué qui, ajouté à un précédent relevant de cette législation, constitue le logement du locataire, fait débat.

En effet, alors qu'en 2007, la Cour de cassation a estimé que les locaux étaient soumis dans leur ensemble aux dispositions de la loi du 1er septembre 1948 applicable au logement initialement loué [2], en 2010, les hauts magistrats ont considéré qu'un bail conclu postérieurement à l'entrée en vigueur de la loi du 23 décembre 1986 ne peut être soumis à la loi de 1948, même si l'appartement sur lequel il porte constitue, associé à un autre appartement objet d'un bail distinct et soumis à cette loi, l'habitation du preneur [3]. Il est vrai toutefois que, dans l'espèce de 2007, l'adjonction de locaux avait donné lieu à un bail verbal, le loyer et les charges étaient fixés et payés globalement et qu'il n'existait qu'un seul dépôt de garantie, tandis qu'en 2010, deux baux distincts semblent avoir été signés.

721.24 **Catégorie de logements concernés.** Il s'agit des locaux soumis aux dispositions de la loi de 1948, à l'exception de ceux qui relèvent de la catégorie IV (sur la possibilité de libérer les locaux vacants de la catégorie IV v. cependant s^s n° 711.53).

En d'autres termes, sont concernés par l'article 25 de la loi du 23 décembre 1986 les logements des catégories II B, II C, III A et III (sur la détermination de la catégorie du local loué v. ss nos 711.11 s.).

§ 2
Respect des normes de décence

721.31 **Indifférence de l'état de décence du logement.** Le non-respect de ces normes ne va pas permettre au locataire de se prévaloir des dispositions de la loi du 1er septembre 1948. Il disposera cependant d'un recours contre son cocontractant.

Ainsi, les locaux vacants vont échapper à la loi de 1948 même s'ils ne répondent pas aux normes de décence, telles que définies par le décret du 30 janvier 2002 [4]. Pour autant, le locataire entrant dans un tel local pourra exiger sa mise aux normes.

721.32 **Possibilité pour le locataire d'obtenir la mise aux normes.** Un locataire qui signe un contrat de location portant sur un local vacant antérieurement soumis à la loi de 1948 ne respectant pas ces normes peut exiger du bailleur qu'il entreprenne les travaux de mise en conformité nécessaires.

Cette demande ne pourra pas porter atteinte à la validité du contrat de location en cours [5].

Cette exigence du preneur est cependant enfermée dans un délai strict puisqu'elle doit intervenir dans le délai d'un an à compter de la date de la prise d'effet du contrat de location initial [6]. Toute demande judiciaire au-delà de ce délai sera vouée à l'échec [7]. À noter que le bailleur ne pourrait pas imposer au preneur qu'il réalise lui-même ces travaux de mise aux normes en contrepartie d'une diminution temporaire de loyer (sur les « clauses travaux » v. ss nos 311.10 s.).

721.33 **Motifs de saisine du juge.** En cas de conflit entre les parties, le juge pourra être saisi. Les motifs de sa saisine sont nombreux. Elle peut intervenir :

- suite à un refus pur et simple du bailleur de s'exécuter ;

- en cas de désaccord sur la nature des travaux à entreprendre ;

- à propos d'un différend quant au délai de leur réalisation. Le juge pourra alors, même d'office, assortir ce délai de réalisation d'une astreinte [8] ;

- sur une demande de modification du loyer fixé par le bailleur ou proposé par le locataire. Quant à l'intérêt à agir du demandeur à l'action, il est à noter qu'un locataire qui a donné congé n'est plus recevable à demander la mise en conformité du logement ni la fixation d'un nouveau loyer [9].

721.34 **Conséquence du défaut de mise aux normes.** Depuis la loi du 24 mars 2014, dite loi Alur [10], à défaut de mise aux normes, le loyer devra être fixé conformément aux dispositions « aux II ou III de l'article 17 », c'est-à-dire, selon que le logement est

1. Civ. 3e, 30 janv. 2002, n° 00-15.724, P III, n° 18 ; *AJDI* 2002. 457, obs. Beaugendre ; *Administrer* juin 2002, p. 43, obs. Canu.
2. Civ. 3e, 17 oct. 2007, n° 06-17.472, P III, n° 177 ; *D.* 2007. AJ 2805, obs. G. Forest ; *AJDI* 2008. 484, note V. Zalewski.
3. Civ. 3e, 10 mars 2010, n° 09-13.589, P III, n° 61 ; *D.* 2010. AJ 828, obs. G. Forest.
4. Décr. n° 2002-120, 30 janv. 2002 relatif aux caractéristiques du logement décent pris pour l'application de l'article 187 de la loi n° 2000-1208 du 13 déc. 2000 relative à la solidarité et au renouvellement urbains, *JO* 31 janv., p. 2090.
5. L. n° 86-1290, 23 déc. 1986, art. 25, al. 2.
6. L. n° 86-1290, 23 déc. 1986, art. 25, al. 2.
7. Paris, 11 févr. 2005, n° 04/17314, *AJDI* 2005. 393.
8. L. n° 86-1290, 23 déc. 1986, art. 25, al. 3.
9. Versailles, 27 nov. 1998, n° 96/00007551, *Gaz. Pal.* 24-26 oct. 1999. Somm. 19.
10. L. n° 2014-366, 24 mars 2014 pour l'accès au logement et un urbanisme rénové, *JO* 26 mars, p. 5809.

situé ou non en « zone tendue », en respectant l'arrêté d'encadrement préfectoral[1] ou librement.

En dépit de la réécriture de l'article 17 de la loi de 1989 par la loi du 23 novembre 2018[2], dite loi Élan, (le texte ne comporte désormais plus de III), qui n'a pas été répercutée à l'article 25 de la loi du 23 décembre 1986, il ne semble pas faire de doute que c'est toujours cette règle qui prévaut. Du moins, tant que dure l'expérimentation de l'encadrement des loyers en zone tendue prévue à l'article 140 de la loi Élan du 23 novembre 2018[3].

§ 3
Régime juridique

721.41 **Application du droit commun locatif.** Deux cas de figure sont à distinguer.

• Le local est à usage d'habitation ou à usage d'habitation et professionnel. Il est désormais soumis aux dispositions de la loi du 6 juillet 1989[4, 5].

• Le local est à usage exclusivement professionnel. Le local est alors régi par les articles 57 A et 57 B de la loi du 23 décembre 1986 et par les dispositions du code civil[6].

SECTION 2
BAUX DÉROGATOIRES DE L'ARTICLE 3 *TER* DE LA LOI DU 1ER SEPTEMBRE 1948

721.51 **Régime commun.** Il convient de distinguer les baux de l'article 3 *bis* de ceux relevant de l'article 3 *quater* et de ceux visés à l'article 3 *octies*, étant précisé qu'ils relèvent tous trois du régime de l'article 3 *nonies*.

§ 1
Champ d'application des baux dérogatoires des articles 3 *bis*, 3 *quater* et 3 *octies* de la loi de 1948

721.61 **Baux de l'article 3 *bis*.** En application de l'article 3 *bis* de la loi du 1er septembre 1948, dans les communes dont la population municipale totale est inférieure à 10 000 habitants (à l'exclusion de celles situées dans un rayon de 50 kilomètres de l'emplacement des anciennes fortifications de Paris), les dispositions de la loi du 1er septembre 1948 ne sont pas applicables aux locataires qui sont entrés dans les lieux postérieurement au 1er janvier 1959. La population à prendre en compte pour l'application de l'article 3 *bis* est celle évaluée d'après le recensement général de 1968, par référence à l'article 1er, alinéa 2, de la loi de 1948[7].

Le 2° de l'article 3 *bis* prévoit la possibilité d'étendre par décret les cas d'exclusion de la loi de 1948.

721.62 **Les baux de l'article 3 *quater*.** L'article 3 *quater* exclut l'application de la loi du 1er septembre 1948 aux locaux utilisés en tout ou en partie à usage professionnel dès lors que les conditions suivantes sont remplies :

– le local et le contrat doivent répondre aux normes minimales de confort et d'habitabilité ;

– l'entrée dans les lieux du locataire (ou de l'occupant) doit être postérieure au 5 octobre 1962. Aujourd'hui, compte tenu de l'article 25 de la loi du 23 décembre 1986[8], dite loi Méhaignerie[9], les baux de l'article 3 *quater* ne concernent plus que les locaux de la catégorie IV.

721.63 **Baux de l'article 3 *octies*.** Lorsque les locaux vacants relèvent de la catégorie IV, ils peuvent, par le jeu de l'article 3 *octies* de la loi, échapper à la loi de 1948.

Cet article 3 *octies* va jouer à l'égard de locaux :

– qui n'ont pas été libérés en application de l'article 3 *bis*[10] ;

– qui satisfont aux normes de décence issues du décret du 30 janvier 2002[11] ;

– qui sont effectivement vacants, étant précisé que ne sont pas vacants, au sens de l'article 3 *octies*, les locaux libérés depuis moins de cinq ans par l'exercice d'un des droits de reprise prévus aux articles 18, 19, 20 *bis*, 24 et 25 de la loi du 1er septembre 1948.

1. Dans le cadre de l'expérimentation prévue à l'art. 140 de la loi n° 2018-1021 du 23 nov. 2018 (portant évolution du logement, de l'aménagement et du numérique, dite loi Élan, *JO* 24 nov., n° 1) – Concernant cette expérimentation, v. ss nos 422.21 s.
2. L. n° 2018-1021, 23 nov. 2018 portant évolution du logement, de l'aménagement et du numérique, *JO* 24 nov., n° 1.
3. V. ss nos 422.21 s.
4. L. n° 86-1290, 23 déc. 1986, art. 25, al. 1er.
5. Sur le régime juridique applicable, v. ss nos 422.21 s.
6. Sur le régime applicable aux baux professionnels, v. ss n° 022.161.
7. Civ. 3e, 2 oct. 2002, n° 01-00.589, P III, n° 190 ; *D.* 2002. IR 3123.
8. L. n° 86-1290, 23 déc. 1986 tendant à favoriser l'investissement locatif, l'accession à la propriété de logements sociaux et le développement de l'offre foncière, *JO* 24 déc., p. 15531.
9. V. ss nos 721.51 s.
10. V. ss n° 722.183.
11. Décr. n° 2002-120, 30 janv. 2002 relatif aux caractéristiques du logement décent pris pour l'application de l'article 187 de la loi n° 2000-1208 du 13 déc. 2000 relative à la solidarité et au renouvellement urbains, *JO* 31 janv., p. 2090.

§ 2
Régime applicable aux baux des articles 3 *bis* (2°), 3 *quater* et 3 *octies* de la loi de 1948

721.71 Caractéristiques communes aux baux des articles 3 *bis* (2°) et 3 *octies*. En vertu de l'article 3 *nonies* de la loi de 1948, ces baux doivent présenter les caractéristiques suivantes :

- ils doivent avoir une durée minimale de six ans ;

- la faculté de résiliation annuelle ne doit appartenir qu'au preneur à la fin de chaque année ;

- sous réserve de respecter un préavis de trois mois, le preneur doit pouvoir résilier le bail à tout moment pour raisons familiales ou professionnelles.

Il est à noter, par ailleurs, qu'en vertu du décret du 6 mars 1987, un constat de l'état du local et de l'immeuble est établi par huissier au moment de la signature du bail dérogatoire des articles 3 *bis*, 3 *quater* et 3 *octies*.

721.72 Textes applicables. Lorsque les locaux n'ont pas un usage exclusivement professionnel, ces baux sont soumis aux dispositions des chapitres Ier à III de la loi du 23 décembre 1986 qui ne sont pas contraires aux dispositions de l'article 3 *nonies*. Là encore, il y a certainement lieu de considérer que ce sont les dispositions de la loi du 6 juillet 1989 qui sont désormais applicables [1].

721.73 Baux irréguliers. Concernant le local qui aurait été loué en vertu de l'article 3 *bis* ou 3 *quater* sans respecter les normes minimales, le locataire ne peut pas demander à se voir appliquer les dispositions de la loi de 1948.

La jurisprudence est, à cet égard, dénuée d'ambiguïté [2].

En effet, en vertu de la loi du 21 juillet 1994 [3], il peut seulement demander la mise en conformité des locaux (sans que cette demande ne puisse d'ailleurs porter atteinte à la validité du bail en cours).

L'article 20 est applicable aux baux en cours [4] et ne subordonne pas sa propre application à une demande de mise en conformité aux normes du bail par le locataire [5].

La solution était inverse avant la loi de 1994, puisqu'en application de l'article 35 de la loi du 23 décembre 1986, la jurisprudence estimait que la sanction du défaut de respect des normes était le retour à la loi de 1948 [6].

721.74 Demande de mise aux normes. Cette demande de mise aux normes doit être formulée dans l'année suivant la prise d'effet du bail. Pour les baux conclus antérieurement à la publication de la loi du 23 décembre 1986 (le 24 déc. 1986), le délai d'un an avait cette date de parution comme point de départ.

721.75 Absence d'accord des parties. À défaut d'accord entre les parties, le juge peut, soit fixer un nouveau loyer par référence aux loyers habituellement constatés dans le voisinage pour des logements comparables, soit déterminer, le cas échéant, la nature des travaux à réaliser et le délai de leur exécution (délai pouvant être, même d'office, assorti d'une astreinte). Quant au non-respect des normes pour les locaux régis par un bail de l'article 3 *octies*, un raisonnement *a contrario* tiré de ce qui précède semble valider la possibilité d'un retour aux dispositions de la loi de 1948.

721.76 Locaux vacants. L'article 20 de la loi du 21 juillet 1994 précise *in fine* que ces dispositions ne sont pas applicables aux locaux vacants à compter du 23 décembre 1986. En effet, à compter de cette date, la location de locaux vacants relève de l'article 25 de la loi du 23 décembre 1986 [7]. À noter qu'un bail relatif à un local meublé qui n'a pas été conclu en vertu des articles 3 *bis*, 3 *quater*, 3 *quinquies*, 3 *sexies* ou 3 *septies* ne remplit pas les conditions pour bénéficier des dispositions de l'article 20 [8].

§ 3
Situation applicable à l'expiration des baux

721.81 Deux hypothèses. Deux cas de figure sont à distinguer, en fonction de l'usage pour lequel les lieux ont été loués. Les locaux à usage non professionnel se partagent en fonction de la date de conclusion du contrat.

1. V. ss no 722.171.
2. Civ. 3e, 18 nov. 1998, no 96-22.420, P III, no 215 ; *RDI* 1999. 156, obs. F. Collart-Dutilleul – Civ. 3e, 24 févr. 1999, no 97-12.485, P III, no 46 ; *D.* 1999. IR 80 ; *Administrer* févr. 2000, p. 46, obs. Canu – Civ. 3e, 26 sept. 2001, no 99-17.433, P III, no 103 ; *AJDI* 2002. 296, obs. Laporte-Leconte (2e esp.).
3. L. no 94-624, 21 juill. 1994, art. 20.
4. Civ. 3e, 3 avr. 1997, no 95-15.623, P III, no 81 ; *D.* 1997. IR 111 – Précisant que l'art. 20 est applicable aux situations nées avant son entrée en vigueur et non encore définitivement réalisées, AUSSI : Civ. 3e, 17 févr. 2010, no 08-21.360, P III, no 45 ; *D.* 2010. AJ 710 ; *AJDI* 2010. 553, obs. Y. Rouquet.
5. Civ. 3e, 17 févr. 2010, no 08-21.360, P III, no 45 ; *D.* 2010. AJ 710 ; *AJDI* 2010. 553, obs. Y. Rouquet.
6. Civ. 3e, 7 févr. 1990, no 88-16.998, P III, no 42 ; *D.* 1990. Somm. 314, obs. Bihr – Civ. 3e, 16 janv. 1991, no 89-16.839, P III, no 22.
7. V. ss no 721.22.
8. Civ. 3e, 13 juill. 1999, no 97-18.529, P III, no 166 ; *D.* 1999. IR 207 ; *RDI* 1999. 692, obs. F. Collart-Dutilleul.

A.
Locaux à usage d'habitation ou à usage mixte

721.91 **Baux en cours au moment de la publication de la loi du 23 décembre 1986.** À l'expiration des baux conclus en application des articles 3 *bis* et 3 *quater*, en cours au moment de la publication de la loi du 23 décembre 1986[1], les relations entre les parties se trouvent aujourd'hui régies par la loi du 6 juillet 1989[2].

721.92 **Baux conclus après la publication de la loi du 23 décembre 1986.** À l'expiration des contrats conclus en application des articles 3 *bis*, 3 *quater* et 3 *octies*, les baux des locaux d'habitation ou à usage mixte sont soumis aux dispositions de la loi du 6 juillet 1989, à l'exclusion des articles 16 (observatoires des loyers), 17 *c* (relatif au loyer de renouvellement et abrogé par la loi du 24 mars 2014[3], dite loi Alur), 18 (prévoyant un décret de blocage des loyers dans certaines zones et modifié par la loi du 24 mars 2014, dite loi Alur), 19 (loyers de référence, abrogé par la loi du 24 mars 2014, dite loi Alur) et 20 (commission départementale de conciliation, texte également amendé par la loi du 24 mars 2014, dite loi Alur)[4].

B.
Locaux à usage exclusivement professionnel

721.101 **Application du droit commun.** À l'expiration du bail dérogatoire, les règles applicables sont celles des articles 57 A et 57 B de la loi du 23 décembre 1986 et du code civil[5].

1. L. n° 86-1290, 23 déc. 1986 tendant à favoriser l'investissement locatif, l'accession à la propriété de logements sociaux et le développement de l'offre foncière, *JO* 24 déc. 1986.
2. L. n° 86-1290, 23 déc. 1986, art. 34, al. 1er.
3. L. n° 2014-366, 24 mars 2014 pour l'accès au logement et un urbanisme rénové, *JO* 26 mars, p. 5809.
4. L. n° 86-1290, 23 déc. 1986, art. 34, al. 1er, *in fine*.
5. L. n° 86-1290, 23 déc. 1986, art. 34, al. 2.

CHAPITRE

722. Baux de sortie du régime de la loi du 1er septembre 1948

SECTION 0 ORIENTEUR

722.00 Sommaire du chapitre.

Division. Il convient de distinguer les baux de sortie des locaux des catégories II b ou II C (sect. 1) des baux de sortie dérogatoire du régime de la loi du 1er septembre 1948 (sect. 2).

722.01 Principaux textes applicables.

TEXTES SOURCES

• **L. n° 86-1290, 23 déc. 1986,** art. 28 à 33.

• **L. n° 48-1360, 1er sept. 1948,** art. 3 *ter.*

TEXTES *IN EXTENSO*

• **L. 23 déc. 1986,** art. 28 (mod. par L. n° 94-624, 21 juill. 1994, art. 13)

Le bailleur d'un local classé en sous-catégorie II B ou II C dont le loyer ou l'indemnité d'occupation est fixé conformément aux dispositions du chapitre III de la loi n° 48-1360 du 1er septembre 1948 précitée peut proposer au locataire ou occupant de bonne foi un contrat de location régi par les dispositions des articles 30 à 33 du présent chapitre et des chapitres Ier à III, à l'exception des articles 10 et 11, de la loi n° 89-462 du 6 juillet 1989 tendant à améliorer les rapports locatifs et portant modification de la loi n° 86-1290 du 23 décembre 1986 et, s'il s'agit d'un local à usage exclusivement professionnel, par les dispositions du code civil et les articles 30 à 33 et 57 A de la présente loi.

Les dispositions des deuxième et troisième alinéas de l'article 25 sont applicables aux locaux loués en application du présent article.

• **L. 23 déc. 1986,** art. 29 (mod. par L. n° 89-462, 6 juill. 1989, art. 27)

Les dispositions de l'article 28 ne sont pas opposables au locataire ou occupant de bonne foi dont les ressources, cumulées avec celles des autres occupants du logement, sont inférieures à un seuil fixé par décret.

Le seuil est calculé en fonction de la localisation géographique du logement et du nombre de personnes qui l'occupent.

Toutefois, si, à l'expiration du contrat prévu à l'article 30 ci-dessous, le locataire est âgé de plus de soixante-cinq ans ou handicapé visé au 2° de l'article 27 de la loi n° 48-1360 du 1er septembre 1948 précitée, il bénéficiera, nonobstant les dispositions de l'article 33, du droit au maintien dans les lieux prévu à l'article 4 de la loi n° 48-1360 du 1er septembre 1948 précitée.

• **L. 23 déc. 1986,** art. 30 (mod. par L. n° 94-624, 21 juill. 1994, art. 6)

Le contrat de location conclu en application de l'article 28 est d'une durée de huit ans. Son loyer est fixé par référence aux loyers non régis par le chapitre III de la loi n° 48-1360 du 1er septembre 1948 précitée et habituellement constatés dans le voisinage au cours des trois dernières années pour les logements comparables.

La différence entre le loyer du contrat de location établi en application de l'article 28 et le loyer ou l'indemnité d'occupation antérieur s'applique par huitième au cours des huit années de ce contrat. La révision éventuelle résultant du I de l'article 17-1 de la loi n° 89-462 du 6 juillet 1989 précitée s'applique à chaque valeur ainsi définie.

• **L. 23 déc. 1986,** art. 31 (mod. par L. n° 89-462, 6 juill. 1989, art. 28)

Le contrat de location proposé en application de l'article 28 doit, à peine de nullité, reproduire les dispositions des articles 25 et 28 à 33.

Le bailleur notifie, à peine de nullité de la proposition de contrat, la liste des références ayant servi à déterminer le prix proposé. Les éléments constitutifs de ces références sont fixés par décret, après avis de la Commission nationale de concertation.

Dans un délai de deux mois à compter de la réception de la proposition du bailleur, le locataire ou l'occupant de bonne foi fait, le cas échéant, connaître au bailleur, en présentant les justifications, qu'il remplit les conditions de l'article 29.

Dans le même délai, le locataire ou occupant de bonne foi qui ne peut se prévaloir des conditions de l'article 29 fait connaître au bailleur son acceptation ou son refus du contrat de location ainsi que, le cas échéant, le montant des travaux dont il demande le remboursement en application de l'article 32.

Les notifications prévues aux trois premiers alinéas du présent article sont faites par lettre recommandée avec demande d'avis de réception ou signifiées par acte d'huissier.

En cas de désaccord ou à défaut de réponse du locataire, l'une ou l'autre partie peut saisir la commission prévue à l'article 20 de la loi n° 89-462 du 6 juillet 1989 dans les trois mois qui suivent la réception de la proposition du contrat de location faite par le bailleur. Si, en l'absence d'accord entre les parties, à l'expiration d'un délai de six mois à compter de la proposition de contrat de location faite par le bailleur, le juge n'a pas été saisi, le local reste soumis aux dispositions de la loi n° 48-1360 du 1er septembre 1948 précitée.

En cas de saisine du juge, celui-ci fixe le montant du loyer et statue sur les demandes des parties. Le contrat de location est alors réputé être conclu avec les clauses et conditions fixées judiciairement. La décision est exécutoire par provision.

Sauf convention expresse contraire, le contrat de location conclu dans les conditions du présent article prend effet à l'expiration d'un délai de six mois à compter de la date de la proposition de contrat de location faite par le bailleur.

À la date d'effet du contrat de location, les rapports entre le bailleur et le locataire ou occupant de bonne foi ne sont plus régis par les dispositions de la loi n° 48-1360 du 1er septembre 1948 précitée.

• **L. 23 déc. 1986,** art. 32

Lorsqu'il est fait application de l'article 28, le coût des travaux ayant amélioré substantiellement le confort ou l'équipement du local effectués par le locataire ou l'occupant de bonne foi est remboursé par le propriétaire. Un décret en Conseil d'État détermine la nature des travaux pris en compte ainsi que les modalités de leur évaluation.

Le montant en est fixé et le remboursement effectué lors de la conclusion du contrat de location prévu à l'article 28.

Si le bailleur le demande, le règlement intervient par compensation sur la fraction du nouveau loyer qui excède le montant de l'ancien. Si la dette n'est pas éteinte à l'expiration du bail mentionné à l'article 28, le bailleur en règle alors le solde.

• **L. 23 déc. 1986,** art. 33 (mod. par L. n° 89-462, 6 juill. 1989, art. 29)

À l'expiration du contrat conclu en application de l'article 31, le local est soumis aux dispositions des chapitres Ier à III du titre Ier de la loi n° 89-462 du 6 juillet 1989 et les locaux à usage exclusivement professionnel aux dispositions de l'article 57 A et aux dispositions du code civil.

• **L. 1er sept. 1948,** art. 3 *ter*

* V. ss n° 721.01

722.02 Jurisprudence de référence.

• **Civ. 3e, 28 févr. 1992,** n° 90-18.912, P III, n° 58

* V. ss n° 722.92

La notification du contrat de location doit comporter, outre la reproduction des articles 25 et 28 à 33 de la loi du 23 décembre 1986, tous les éléments du contrat énumérés à l'art. 3 de la loi de 1989.

• **Civ. 3e, 29 mars 2000,** n° 98-15.881, P III, n° 68

* V. ss n° 722.92

Est nulle, la proposition de bail de sortie portant sur l'appartement seul, alors que le bail en cours englobait, en plus de l'appartement, deux chambres de service.

• **Civ. 3e, 20 mars 1996,** n° 94-10.710, P III, n° 73

* V. ss n° 722.11

Les dispositions de la loi du 23 décembre 1986 relatives aux baux de sortie de la loi de 1948 étaient d'ordre public et le sont restées après les modifications issues de la loi de 1989. Une convention conclue en juin 1988 ne pouvait contenir renonciation pour le bailleur à invoquer la nullité de la clause excluant le bénéfice d'une nouvelle loi d'ordre public.

• **Civ. 3e, 30 mai 1996,** n° 94-14.839, P III, n° 124

* V. ss n° 722.43

L'absence de congé donné par un des deux locataires conjoints et solidaires ayant quitté les lieux entraînant le maintien de la cotitularité du bail, il convient de cumuler les revenus des deux locataires pour déterminer si les conditions de l'art. 29 sont remplies.

• **Civ. 3e, 1er oct. 1997,** n° 95-19.140, P III, n° 175

* V. ss nos 722.33, 722.97

La réparation des locaux n'est pas une des conditions préalables que doit remplir le bailleur pour proposer à ses locataires un bail de sortie de la loi de 1948.

• **Civ. 3e, 10 déc. 2008,** n° 08-10.319, P III, n° 200

* V. ss n° 722.142

À l'expiration du contrat de bail de huit ans qui lui a été consenti, le locataire, âgé de plus de 65 ans, bénéficie non d'un bail renouvelé mais d'un droit au maintien dans les lieux aux clauses et conditions du bail expiré.

722.03 **Bibliographie indicative.**

Annuel. LAMY DR. IMMO, nos 5704-5725.

Encyclopédies. RÉP. CIV., *V° Baux d'habitation et professionnels (loi du 1er sept. 1948)*, H. des Lyons et Y. Rouquet, nos 415-508 – DICT. PERM. Gestion immob., *V° Baux de sortie de la loi de 1948*.

Ouvrage. Ph. Pelletier (dir.), *Traité des baux d'habitation et professionnels*, « Référence juridique », Le Moniteur, 2021.

SECTION 1 BAUX DE SORTIE DES LOCAUX DES CATÉGORIES II B OU II C

722.11 **Sortie progressive du régime de 1948.** Les articles 28 à 33 de la loi du 23 décembre 1986 permettent, sous certaines conditions, au bailleur d'un logement soumis à la loi de 1948 d'imposer au preneur la sortie progressive de la loi de 1948. Les dispositions des articles 28 à 33 sont d'ordre public[1].

Il y a lieu de déterminer les conditions de conclusion d'un bail de sortie, ses caractéristiques, la procédure à respecter et le régime applicable à son expiration.

§ 1 Conditions de la conclusion d'un bail de sortie

722.21 **Deux conditions cumulatives.** La validité d'une proposition de bail de sortie des articles 28 et suivants de la loi du 23 décembre 1986 est soumise à deux conditions. L'une a trait au logement occupé, l'autre est relative aux ressources des occupants du local. Il s'agit de conditions cumulatives. Pour ce qui est du logement lui-même, trois points doivent être étudiés. Le premier a trait à la catégorie du logement, le deuxième à son prix, et le troisième à son état.

1. Civ. 3e, 20 mars 1996, n° 94-10.710, P III, n° 73 ; *D.* 1997. Somm. 272, obs. CRDP Nancy 2 – Civ. 3e, 16 févr. 2000, n° 97-22.012, P III, n° 31 ; *D.* 2000, Jur. 733, note Beaugendre.

A. Logement concerné

722.31 **Catégorie du logement.** Aux termes de l'article 28, alinéa 1er de la loi du 23 décembre 1986[2], dite loi Méhaignerie, la location doit porter sur un local classé en sous-catégorie II B ou II C dont le loyer (ou l'indemnité d'occupation) est fixé conformément à la surface corrigée (traitée au chapitre III de la loi de 1948). À noter que lorsque le locataire a fait installer à ses frais une salle d'eau, un système de chauffage et de distribution d'eau chaude qui n'existaient pas lors de l'engagement de location, le propriétaire n'est pas fondé à notifier un nouveau décompte de surface corrigée, à reclasser le bien loué en catégorie II C et à invoquer les dispositions de l'article 28 de la loi de 1986[3] (sur le classement des locaux en catégories v. ss nos 711.11 s.).

722.32 **Prix du logement.** Selon le 1er alinéa de l'article 28 de la loi du 23 décembre 1986, le loyer ou l'indemnité d'occupation du local doit être fixé « conformément aux dispositions du chapitre III de la loi n° 48-1360 du 1er septembre 1948 », soit, en fonction de la surface corrigée[4].

722.33 **État du logement.** Aucune condition n'est requise concernant l'état du logement. Ainsi, la réparation des locaux n'est pas une condition préalable que doit remplir le bailleur pour proposer à son locataire un bail de sortie[5].

Quant au respect par le local des normes de décence, instaurées par le décret du 30 janvier 2002, que la loi du 13 juillet 2006, dite loi ENL, a substitué aux normes minimales de confort et d'habitabilité définies par le décret du 6 mars 1987, il n'est pas non plus requis[6]. Pour autant, le locataire à qui il serait proposé un bail de sortie serait en droit d'exiger cette mise aux normes[7] dans l'année qui suit la conclusion du contrat puisqu'il ressort de l'article 28, *in fine* que les dispositions des deuxième et troisième alinéas de l'article 25 de la loi de 1986 sont applicables à ces baux de sortie[8].

2. L. n° 86-1290, 23 déc. 1986 tendant à favoriser l'investissement locatif, l'accession à la propriété de logements sociaux et le développement de l'offre foncière, *JO* 24 déc., p. 15531.
3. Civ. 3e, 3 juill. 2002, n° 01-03.070, P III, n° 154 ; *AJDI* 2002. 693, obs. Beaugendre ; *Rev. loyers* 2002. 586, obs. Rémy – AUSSI : Paris, 27 mars 2008, RG n° 06/22765, *AJDI* 2008. 680.
4. Civ. 3e, 10 nov. 1992, n° 90-21.936, P III, n° 289.
5. Civ. 3e, 1er oct. 1997, n° 95-19.140, P III, n° 175 ; *Administrer* mai 1998, p. 38, obs. Canu ; *Gaz. Pal.* 24 déc. 1997, 358-359.
6. Civ. 3e, 3 juill. 2002, n° 01-03.070, P III, n° 155 ; *AJDI* 2002. 768, obs. Beaugendre – Paris, 30 oct. 1996, *Loyers et copr.* 1997, n° 14.
7. Paris, 30 oct. 1996, *Loyers et copr.* 1997, n° 14.
8. Sur les conditions d'exercice de ce droit de mise aux normes, v. ss n° 721.32.

B.
Ressources du locataire

722.41 **Plafond et mode de calcul des revenus.** Un bail de sortie de la loi de 1948 ne pourra pas être proposé à un locataire (ou occupant de bonne foi) dont les ressources, cumulées avec celles des autres occupants du logement, sont inférieures au seuil fixé par le décret du 22 décembre 2006[1]. Sont considérées comme occupants du logement les personnes y habitant depuis plus de six mois à la date de la proposition du contrat[2].

722.42 **Ressources prises en compte.** Les ressources à prendre en compte sont le revenu net imposable (et non le « revenu réel »[3]) de l'année civile précédant celle au cours de laquelle est formulée la proposition de bail de sortie[4]. Il faut tenir compte de l'ensemble des revenus perçus, quelle que soit leur nature, dès lors qu'ils sont imposables, et d'adopter le même mode de calcul que celui retenu par le fisc, soit après déduction des abattements de 10 % et de 20 % sur les salaires et pensions[5]. Par ailleurs, la décision de l'administration des impôts d'opérer une rectification, à la demande du contribuable, de son revenu imposable, s'impose au bailleur en l'absence de fraude démontrée par ce dernier[6].

722.43 **Critères de calcul du seuil.** Ce seuil est calculé en fonction de la localisation géographique du logement et du nombre de personnes qui l'occupent[7]. Il a été jugé que l'absence de congé donné par l'un des deux locataires, conjoints et solidaires ayant quitté les lieux, entraîne le maintien de la cotitularité du droit de bail, et qu'ainsi les ressources des deux locataires doivent être cumulées[8].

722.44 **Révision du seuil.** Le seuil de ressources est révisé chaque année en fonction de l'indice de référence des loyers publié par l'Insee, en prenant en compte la valeur de cet indice correspondant au deuxième trimestre de l'année précédente[9].

722.45 **Seuils de ressources.** À l'heure où ces lignes sont rédigées (soit sur la base de l'IRL du deuxième trimestre 2021[10]), les seuils en question sont les suivants :

SEUILS DE RESSOURCES MENTIONNÉS À L'ARTICLE 29 DE LA LOI N° 86-1290 DU 23 DÉCEMBRE 1986 (EN €)

	Île-de-France	Autres régions
• Personne seule	40 802	30 601
• 2 personnes	49 791	37 343
• 3 personnes	58 781	43 086
• 4 personnes	67 771	50 829
• Personne supplémentaire	+ 8 990	+ 6 742

§ 2
Caractéristiques du contrat de sortie

A.
Régime applicable au cours du bail de sortie

722.51 **Fin de l'application du régime de 1948.** À la date d'effet du contrat, les rapports entre les parties ne sont plus régis par les dispositions de la loi de 1948[11].

Aux termes de la loi de 1986[12], deux cas de figure sont à dissocier en fonction de l'usage du local.

722.52 **Local à usage d'habitation ou à usage mixte.** Si le local est à usage d'habitation ou à usage mixte (usage d'habitation et usage professionnel), le contrat proposé au locataire sera régi par :

– les articles 30 à 33 de la loi du 23 décembre 1986, relatifs à la durée du bail et à son loyer (art. 30), au formalisme qui entoure la proposition de contrat de sortie et à son contenu (art. 31), au remboursement du coût des travaux d'amélioration réalisés par le preneur (art. 32) et au régime applicable au local à l'expiration du bail de sortie (art. 33) ;

– les chapitres Ier à III (du titre Ier) de la loi du 6 juillet 1989 (soit les art. 1er à 25-2), à l'exception des articles 10 (relatif à la durée du contrat de location) et 11 (prévoyant la possibilité de conclure un bail pour une durée réduite).

722.53 **Local à usage exclusivement professionnel.** Si le local est à usage exclusivement professionnel, le bail de sortie sera régi par :

– les dispositions du code civil ;

– les articles 30 à 33 de la loi du 23 décembre 1986 ;

– les articles 57 A et 57 B de la même loi (relatif aux baux professionnels).

1. L. n° 86-1290, 23 déc. 1986, art. 29, al. 1er.
2. Décr. n° 2006-1679, 22 déc. 2006, art. 1er.
3. Civ. 3e, 29 juin 1994, n° 92-16.948, P III, n° 130 ; *AJDI* 1995. 129, obs. J.-P. Blatter.
4. Décr. n° 2006-1679, 22 déc. 2006, art. 1er – AUSSI : Civ. 3e, 25 nov. 2009, n° 08-14.604, NP, *AJDI* 2010. 385, obs. F. de La Vaissière.
5. Civ. 3e, 16 déc. 1992, n° 91-10.507, P III, n° 322 ; *Defrénois* 1993. 1066, obs. Vermelle.
6. Paris, 5 janv. 1990, n° 89/00010, *D.* 1990. IR 44.
7. L. n° 86-1290, 23 déc. 1986, art. 29, al. 2.
8. Civ. 3e, 30 mai 1996, n° 94-14.839, P III, n° 124 ; *Administrer* janv. 1997. 38, note Beddeleem.
9. Décr. n° 2006-1679, 22 déc. 2006, art. 3.
10. D'une valeur de 131,12 (+ 0,42 %) : *Informations rapides de l'INSEE*, n° 179 du 13 juill. 2021.
11. L. n° 86-1290, 23 déc. 1986, art. 31, *in fine*.
12. L. n° 86-1290, 23 déc. 1986, art. 28, al. 1er.

B.
Durée du bail de sortie

722.61 **Durée fixe.** Le contrat de sortie est conclu pour une durée de huit ans[1].

C.
Fixation du loyer

722.71 **Fixation par référence.** Le loyer est fixé par référence aux loyers non régis par la loi de 1948 et habituellement constatés dans le voisinage au cours des trois dernières années pour les logements comparables[2] (sur le nombre de références à fournir et leur contenu v. s^s^ n° 722.94).

La différence entre le loyer du bail de sortie (fixé par référence aux loyers du voisinage) et le loyer (ou l'indemnité d'occupation) antérieur ne va pas s'appliquer intégralement dès la prise d'effet du bail.

En effet, étalée sur la durée du bail, la hausse s'appliquera chaque année par huitième.

L'éventuelle révision annuelle du loyer (telle que définie au I de l'article 17-1 de la loi du 6 juillet 1989) s'appliquera à chaque valeur définie.

Le calcul de l'indice doit s'effectuer chaque année par rapport à l'indice de l'année précédente[3].

722.72 **Exemple d'étalement de la hausse de loyer.** Soit un loyer initial de 80 euros et un loyer de sortie qui s'élève à 232 euros. La différence à considérer est donc de 152 euros.

Cette différence devra être prise en compte tous les ans à hauteur de 19 euros (152 : 8).

En admettant que pendant les huit années que dure le bail de sortie, la révision annuelle soit égale à 2 % par an, on obtient les loyers suivants :

- loyer lors de la 1re année : 80 + 19 = 99 euros ;
- loyer lors de la 2e année : 99 + 1,98 + 19 = 119,98 euros ;
- loyer lors de la 3e année : 119,98 + 2,40 + 19 = 141,38 euros ;
- loyer lors de la 4e année : 141,38 + 2,83 + 19 = 163,21 euros ;
- loyer lors de la 5e année : 163,21 + 3,26 + 19 = 185,47 euros ;
- loyer lors de la 6e année : 185,47 + 3,71 + 19 = 208,18 euros ;
- loyer lors de la 7e année : 208,18 + 4,16 + 19 = 231,34 euros ;
- loyer lors de la 8e année : 231,34 + 4,63 + 19 = 254,97 euros.

À noter que le loyer applicable à l'expiration du bail de sortie (254,97 euros) est supérieur au loyer initialement prévu (232 euros) puisque, dans notre exemple, le loyer était indexé.

722.73 **Dépôt de garantie.** Quant à la fixation d'un éventuel dépôt de garantie, il ressort d'une réponse ministérielle que, sous réserve de l'interprétation des tribunaux, le calcul de son montant doit s'appuyer sur le loyer de la huitième année. En conséquence, la somme exigible ne peut pas dépasser deux mois de loyer hors charges [un mois depuis la loi n° 2008-111 du 8 février 2008 pour le pouvoir d'achat] de cette huitième année, déduction faite, le cas échéant, de la somme déjà détenue par le bailleur au titre d'un précédent dépôt de garantie[4].

§ 3
Procédure relative à la proposition d'un bail de sortie

A.
Forme et moment de la proposition

722.81 **Auteur et destinataires.** La proposition doit être adressée par le bailleur ou l'administrateur qui gère ses biens[5] au preneur par lettre recommandée avec accusé de réception ou signifiée par acte d'huissier[6]. Lorsque le logement sert effectivement à l'habitation des deux époux, en application de l'article 1751 du code civil, la proposition de nouveau contrat doit faire l'objet de lettres distinctes adressées à chacun des deux époux[7]. La même solution.

Cette solution jurisprudentielle qui, *mutatis mutandis*, vaut désormais lorsque le locataire est Pacsé et que les deux partenaires ou fait une demande conjointe de cotitularité du bail[8], doit cependant être tempérée puisque, en 2000, la Cour de cassation a considéré valable l'unique proposition adressée à « Monsieur et Madame », dès lors que l'accusé de réception avait été signé par les deux époux[9].

722.82 **Moment.** Le bailleur n'est pas tenu d'attendre l'expiration du bail en cours pour faire sa proposition[10].

1. L. n° 86-1290, 23 déc. 1986, art. 30, al. 1er.
2. L. n° 86-1290, 23 déc. 1986, art. 30, al. 1er, *in fine*.
3. TI Paris, 14 déc. 1995, *Rev. loyers* 1996. 186.
4. Rép. min. n° 3780, *JOAN Q* 16 août 1993, p. 2584.
5. Paris, 13 mai 2008, n° 05/23484, *AJDI* 2008. 768.
6. L. n° 86-1290, 23 déc. 1986, art. 31, al. 5.
7. Civ. 3e, 18 mars 1992, n° 90-13.759, P III, n° 92 ; *D.* 1993. Somm. 178, obs. Bihr – Civ. 3e, 20 juill. 1994, n° 92-21.682, P III, n° 149 ; *AJDI* 1995. 128 ; *ibid.* 129, obs. J.-P. Blatter.
8. C. civ., art. 1751, mod. par L. 24 mars 2014, dite loi Alur ; v. s^s^ n° 122.21.
9. Civ. 3e, 2 févr. 2000, n° 98-11.471, P III, n° 19 ; *D.* 2000. IR 57 ; *AJDI* 2000. 618, obs. J.-P. Blatter.
10. Paris, 7 déc. 1989, n° 89/1445, *D.* 1990. IR 10.

B. Contenu de la proposition

722.91 Contrat, mentions obligatoires et références. La proposition doit contenir trois types d'information.

722.92 Contrat de location. S'il n'est pas indispensable que la notification contienne la rédaction complète du nouveau bail[1], encore faut-il que la proposition comporte tous les éléments du contrat énumérés à l'article 3 de la loi du 6 juillet 1989[2]. Sous couvert de proposer un bail de sortie de la loi de 1948, il n'est pas possible au bailleur de modifier non seulement le loyer, mais aussi les autres conditions du bail et notamment d'exclure de celui-ci la possibilité pour le locataire d'exercer une profession libérale ou de céder son bail, alors que cela lui était permis dans le contrat initial[3]. De même, il est impossible au bailleur de faire porter le bail de sortie sur un objet différent de celui du bail initial, notamment en supprimant des chambres de service[4]. Le bail est cependant un nouveau contrat qui peut contenir des clauses ne figurant pas dans le précédent (notamment une clause de pénalité de retard)[5].

722.93 Articles à reproduire. En application de l'article 31 de la loi de 1986[6], le contrat de location proposé doit, à peine de nullité, reproduire les dispositions des articles suivants de la loi du 23 décembre 1986 :

- art. 25 (relatif à la libération des locaux vacants antérieurement soumis à la loi de 1948) ;
- art. 28 (proposition de bail de sortie) ;
- art. 29 (locataires à faibles ressources et locataires âgés) ;
- art. 30 (durée du bail de sortie et loyer) ;
- art. 31 (formalisme qui entoure la proposition de contrat de sortie et contenu) ;
- art. 32 (remboursement du coût des travaux d'amélioration réalisés par le preneur) ;
- art. 33 (régime applicable au local à l'expiration du bail de sortie).

722.94 Références. Le bailleur doit, à peine de nullité de la proposition, notifier la liste des références ayant servi à déterminer le loyer proposé[7]. Aucune disposition légale n'oblige le bailleur à joindre les baux des logements servant de références[8].

722.95 Nombre minimal de références. Le nombre minimal de références à fournir est de trois, sauf si le local loué est situé dans une des communes faisant partie d'une agglomération de plus d'un million d'habitants figurant au décret n° 87-818 du 2 octobre 1987, auquel cas ce nombre est porté à six[9].

722.96 Critères de choix des références. En vertu du décret n° 90-781 du 31 août 1990, ces références doivent être représentatives de l'ensemble des loyers habituellement constatés au cours des trois dernières années dans le voisinage pour les logements comparables, quelle que soit la date d'entrée dans les lieux du locataire[10].

Elles doivent être prises dans le voisinage du logement loué, c'est-à-dire soit dans le même groupe d'immeubles, soit dans un autre groupe d'immeubles comportant des caractéristiques similaires et situé dans la même zone géographique[11].

La liste des références doit comporter, au moins pour les deux tiers, des références de locations pour lesquelles il n'y a pas eu de changement de locataires depuis trois ans[12].

722.97 Contenu des références. Elles doivent comprendre les éléments suivants :

- le nom de la rue et la dizaine de numéros où se situe l'immeuble ;
- la qualité et l'époque de construction de l'immeuble ;
- l'étage du logement et la présence éventuelle d'un ascenseur ;
- la surface habitable du logement et le nombre de ses pièces principales ; à noter qu'il a été jugé que le fait de fournir des références dont certaines concernent des logements d'une superficie différente que celle de l'appartement en cause est sans effet sur la régularité de la proposition[13] ;
- l'existence éventuelle d'annexes prises en compte pour le loyer ;
- son état d'équipement : notamment WC intérieur, salle d'eau, chauffage ;
- l'indication selon laquelle le locataire est dans les lieux depuis plus ou moins de trois ans ;
- le montant du loyer mensuel hors charges effectivement exigé. La nullité des références incomplètes

1. Civ. 3e, 19 juin 1991, n° 90-11.465, P III, n° 181 ; *Rev. loyers* 1991. 508, note J.-C. B.
2. Civ. 3e, 26 févr. 1992, n° 90-18.912, P III, n° 58 ; *D.* 1993. Somm. 178, obs. Bihr ; *Administrer* juill. 1992, p. 29, note Aubert (v. ss nos 021.11 s.).
3. TI Ivry-sur-Seine, 9 déc. 1988, *D.* 1988. Somm. 396, obs. Bihr.
4. Civ. 3e, 29 mars 2000, n° 98-15.881, P III, n° 68 ; *Loyers et copr.* 2000, n° 138, obs. B. Vial-Pedroletti.
5. TI Paris, 24 mars 1992, *Rev. loyers* 1993. 140, note Aubert.
6. L. n° 86-1290, 23 déc. 1986, art. 31, al. 1er.
7. L. n° 86-1290, 23 déc. 1986, art. 31, al. 2.
8. Civ. 3e, 4 avr. 2007, n° 06-10.980, P III, n° 55 ; *D.* 2007. AJ 1202 ; *AJDI* 2007. 751, note Y. Rouquet.
9. Décr. n° 90-781, 31 août 1990, art. 2.
10. Décr. n° 90-781, 31 août 1990, art. 1er, al. 1.
11. Décr. n° 90-781, 31 août 1990, art. 3.
12. Décr. n° 90-781, 31 août 1990, art. 4.
13. Nîmes, 18 nov. 1997, n° 97/562, *Loyers et copr.* 1998, n° 262, obs. crit. B. Vial-Pedroletti.

ne sera cependant prononcée que dans la mesure où le locataire fera état d'un grief[1]. Les juges du fond doivent souverainement[2] rechercher si les références produites respectent les prescriptions du décret n° 90-781 du 31 août 1990[3].

C.
Réponse du locataire

722.101 **Forme.** La réponse du preneur doit intervenir par lettre recommandée avec accusé de réception ou être signifiée par acte d'huissier[4].

722.102 **Contenu et délai.** Dans les deux mois de la réception de la proposition du bailleur, le locataire (ou l'occupant de bonne foi) doit, le cas échéant, et justificatifs à l'appui, faire connaître au bailleur qu'il remplit les conditions de l'article 29 de la loi de 1986 rendant la conclusion d'un bail de sortie impossible à l'égard d'un locataire ayant de faibles ressources (v. s[s] n° 722.41)[5]. Dès lors que le délai de deux mois est respecté, le refus du locataire peut prendre la forme d'une assignation du bailleur aux fins de déterminer, en application de la loi de 1948, le loyer légal du contrat[6]. Concernant la nature juridique de ce délai, on retiendra qu'il ne s'agit pas d'un délai de forclusion[7]. En conséquence, un locataire pourra, postérieurement à ce délai de deux mois, refuser le bail de sortie dès lors qu'il justifiera de ses faibles ressources. Et le bailleur ne pourra que demander l'allocation de dommages et intérêts[8].

722.103 **Réponse du locataire.** Dans ce même délai de deux mois, le locataire (ou occupant de bonne foi) qui ne peut arguer de faibles ressources, fait connaître au bailleur son acceptation ou son refus ainsi que, le cas échéant, le montant des travaux dont il demande le remboursement (v. s[s] n°s 722.131 s.)[9].

722.104 **Saisine du juge.** Jusqu'à l'expiration du délai de six mois dans lequel le juge peut être saisi[10], le bailleur doit maintenir son offre. Le refus du locataire ne l'autorise pas à la rétracter[11].

D.
Conséquence d'un refus ou d'une absence de réponse du locataire

722.111 **Conciliation ou recours.** Un refus ou une absence de réponse va entraîner la saisine de la commission départementale de conciliation et/ou la saisine du juge.

722.112 **Saisine de la commission départementale de conciliation.** En cas de désaccord ou à défaut de réponse du locataire, l'une ou l'autre des parties peut, dans les trois mois de la réception de la proposition de contrat, saisir la commission départementale de conciliation (sur cette commission v. s[s] n°s 811.11 s.)[12]. La saisine de la commission de conciliation est facultative[13].

722.113 **Saisine du juge.** À défaut d'accord devant la commission de conciliation, le bailleur aura intérêt à saisir le juge puisqu'alors, si à l'expiration d'un délai de six mois à compter de la proposition de contrat, le juge n'a pas été saisi, le local reste soumis aux dispositions de la loi de 1948[14]. Le bailleur pourra également saisir directement le juge, la saisine de la commission étant facultative[15].

Lorsqu'il est saisi, le juge fixe le montant du loyer et, plus généralement, statue sur les demandes des parties[16].

Le juge compétent est juge des contentieux de la protection (JCP), qui est un magistrat du tribunal judiciaire connaissant « des actions dont un contrat de louage d'immeubles à usage d'habitation ou un contrat portant sur l'occupation d'un logement est l'objet, la cause ou l'occasion ainsi que des actions relatives à l'application de la loi n° 48-1360 du 1er septembre 1948 »[17]. Le tribunal territorialement compétent est celui, du lieu de la situation de l'immeuble[18].

Le bail est alors réputé être conclu aux clauses et conditions fixées judiciairement[19].

La décision de justice est exécutoire par provision.

1. Civ. 3e, 1er oct. 1997, n° 95-19.140, P III, n° 175 ; *Administrer* mai 1998, p. 38, obs. Canu.
2. Civ. 3e, 4 avr. 2007, n° 06-10.980, P III, n° 55 ; *D.* 2007. AJ 1202 ; *AJDI* 2007. 751, note Y. Rouquet.
3. Décr. n° 90-781, 31 août 1990, *JO* 6 sept. 1990, p. 10828 – Civ. 3e, 12 mars 2002, n° 97-20.519, NP, *Loyers et copr.* 2002, n° 255, obs. B. Vial-Pedroletti.
4. L. n° 86-1290, 23 déc. 1986, art. 31, al. 5.
5. L. n° 86-1290, 23 déc. 1986, art. 31, al. 3.
6. Civ. 3e, 26 juin 1991, n° 89-21.733, P III, n° 189 ; *JCP* 1991. 339 ; *Gaz. Pal.* déc. 1990, 310.
7. Civ. 3e, 10 déc. 2008, n° 07-20.027, P III, n° 201 ; *D.* 2009. AJ 168, obs. Y. Rouquet ; *AJDI* 2009. 367, note F. de La Vaissière.
8. Paris, 29 mars 2007, n° 06/03296, *BICC* 2007, n° 1441 ; *AJDI* 2008. 292, obs. F. de La Vaissière.
9. L. n° 86-1290, 23 déc. 1986, art. 31, al. 4.
10. V. s[s] n° 722.113.
11. Paris, 11 janv. 1990, n° 88/20591, *Loyers et copr.* 1990, n° 174.
12. L. n° 86-1290, 23 déc. 1986, art. 31, al. 6.
13. Paris, 30 nov. 2004, n° 2003/06442, *Loyers et copr.* 2005, n° 49, obs. B. Vial-Pedroletti.
14. L. n° 86-1290, 23 déc. 1986, art. 31, al. 6, *in fine*.
15. V. s[s] n° 722.112.
16. L. n° 86-1290, 23 déc. 1986, art. 31, al. 7.
17. COJ, art. L. 213-4-4.
18. COJ, art. R. 211-11 et C. pr. civ., art. 42 s.
19. L. n° 86-1290, 23 déc. 1986, art. 31, al. 7.

E.
Date de prise d'effet du bail de huit ans

722.121 **Délai de six mois.** Sauf clause contraire insérée dans le bail, celui-ci prend effet à l'expiration d'un délai de six mois à compter de la date de la proposition faite par le bailleur[1]. En conséquence, une cour d'appel ne peut décider que le point de départ du nouveau contrat sera la date de signification de sa décision[2].

F.
Remboursement des travaux d'amélioration effectués par le locataire

722.131 **Modalités de remboursement.** Le coût des travaux effectués par le locataire (ou l'occupant de bonne foi) ayant amélioré substantiellement le confort ou l'équipement du local est remboursé par le propriétaire[3].

Le montant en est fixé et le remboursement a lieu lors de la conclusion du bail de huit ans[4].

Quant aux modalités de remboursement, le bailleur peut demander que celui-ci intervienne en diminution du nouveau loyer[5].

Si, à l'expiration du bail de huit ans, la dette n'est pas éteinte, le bailleur devra en régler le solde au locataire[6].

Le décret du 28 août 1987 est venu préciser la nature des travaux pris en compte ainsi que les modalités de leur évaluation.

722.132 **Nature des travaux pris en compte.** Il doit s'agir de travaux ayant amélioré substantiellement le confort ou l'équipement du local effectués par le locataire (ou l'occupant de bonne foi). Peu importe que ces travaux n'aient pas été autorisés par le bailleur[7] (sur l'impossibilité de reclasser un local en catégorie II C suite à la réalisation d'importants travaux par le locataire v. s^s n° 722.31).

Ces travaux ne doivent pas être consécutifs à des dégradations ou des pertes dont le locataire (ou l'occupant de bonne foi) serait responsable.

Ils doivent conserver une valeur effective d'utilisation et doivent avoir été exécutés suivant les règles de l'art et la réglementation.

1. L. n° 86-1290, 23 déc. 1986, art. 31, al. 8.
2. Civ. 3e, 12 mars 2002, n° 97-20.519, NP, *Loyers et copr.* 2002, n° 255, obs. B. Vial-Pedroletti.
3. L. n° 86-1290, 23 déc. 1986, art. 32, al. 1er.
4. L. n° 86-1290, 23 déc. 1986, art. 32, al. 2.
5. L. n° 86-1290, 23 déc. 1986, art. 32, al. 3.
6. L. n° 86-1290, 23 déc. 1986, art. 32, *in fine*.
7. Paris, 19 févr. 1998, n° 96/82013, *Loyers et copr.* 1998, n° 209, obs. B. Vial-Pedroletti.

La part du montant des travaux qui aurait été couverte par une subvention versée au locataire n'est pas prise en considération[8].

722.133 **Évaluation des travaux.** Les règles d'évaluation des travaux sont passablement compliquées[9].

Les travaux sont évalués à la date de leur réalisation (justificatifs à l'appui).

Les installations ayant un caractère somptuaire ou qui ont été facturées à un prix supérieur au prix du marché ne sont prises en compte que comme s'il s'agissait d'installations normales réalisées au juste prix. À noter que seules les installations somptuaires faisant partie des travaux ayant substantiellement amélioré le confort ou l'équipement du local sont prises en compte[10].

Le montant retenu est actualisé par application du rapport entre le dernier indice du coût de la construction connu à la date de la proposition du bail de sortie et la valeur de ce même indice connue à la date du remboursement des travaux.

Le montant ainsi obtenu devra cependant être réduit de 6 % par année pleine écoulée entre la date d'achèvement des travaux et la date de la proposition du bail de sortie.

§ 4
Régime applicable à l'expiration du bail de huit ans

722.141 **Application du droit commun locatif.** À l'expiration du bail de huit ans, deux cas sont à distinguer[11].

- Lorsque le local est à usage d'habitation ou à usage mixte, il est alors soumis aux dispositions des chapitres Ier à III du titre Ier de la loi du 6 juillet 1989.
- Lorsque le local est à usage exclusivement professionnel, il est soumis aux dispositions des articles 57 A et 57 B de la loi du 23 décembre 1986 et aux dispositions du code civil.

722.142 **Droit au maintien dans les lieux – Condition.** Précisons toutefois que si, à l'expiration du bail de sortie de huit ans, le locataire est âgé de plus de 65 ans, ou est handicapé au sens du 2° de l'article 27 de la loi de 1948, il va bénéficier du droit au maintien dans les lieux prévu à l'article 4 de la même loi.

Ce droit au maintien dans les lieux va interdire au bailleur, non seulement de délivrer congé à son

8. Décr. n° 87-714, 26 août 1987, art. 1er.
9. Décr. n° 87-714, 26 août 1987, art. 2.
10. Paris, 29 mars 1993, n° 92/003697, *Loyers et copr.* 1993, n° 304.
11. L. n° 86-1290, 23 déc. 1986, art. 33.

locataire au visa de l'article 15 de la loi du 6 juillet 1989, mais aussi de tenter d'obtenir une hausse de loyer lors du renouvellement du bail. En effet, à l'expiration du contrat de bail de huit ans, le locataire, âgé de plus de 65 ans ou handicapé, bénéficie non d'un bail renouvelé mais d'un droit au maintien dans les lieux aux clauses et conditions du bail expiré[1].

722.143 Appréciation de l'âge du preneur. La date à prendre en compte pour apprécier l'âge du locataire est celle de la proposition de bail de sortie[2], étant entendu qu'en présence de plusieurs locataires, la condition est remplie dès lors que l'un d'entre eux a plus de 65 ans[3].

722.144 Conséquence de l'indivisibilité du droit de bail. Compte tenu de l'indivisibilité du droit de bail entre époux[4], la solution est la même à l'égard d'un logement à usage d'habitation loué au mari alors que seule la femme a atteint l'âge requis[5]. Il en ira différemment lorsque le logement des époux ou des pacsés[6] est à usage mixte, l'article 1751 du code civil n'ayant alors pas vocation à s'appliquer[7].

722.145 Personne handicapée – Détermination. Les personnes handicapées au sens du 2° de l'article 27 de la loi du 1er septembre 1948 sont les suivantes :

- titulaires d'une pension de grand invalide de guerre ouvrant droit au bénéfice des dispositions de l'article L. 31 du code des pensions militaires d'invalidité et des victimes de guerre ;
- titulaires d'une rente d'invalide de travail correspondant à une incapacité au moins égale à 80 % ;
- titulaires d'une allocation servie à toute personne dont l'infirmité entraîne au moins 80 % d'incapacité permanente et qui est qualifiée « grand infirme » en application de l'article L. 241-3 du code de l'action sociale et des familles.

SECTION 2
BAUX DE SORTIE DÉROGATOIRE DU RÉGIME DE LA LOI DU 1ER SEPTEMBRE 1948

722.151 Régime de l'article 3 *ter* de la loi de 1948. Par la signature d'un bail de l'article 3 *ter*, les parties peuvent déroger pendant son cours aux dispositions de la loi de 1948. Si la signature d'un tel bail est possible quelle que soit la catégorie du local, en pratique, elle ne va intervenir qu'à propos de locaux classés en catégorie III ou en catégorie IV, le bail de sortie des articles 28 et suivants de la loi du 23 décembre 1986, dite loi Méhaignerie, étant préféré lorsque le bail sera classé II B ou II C.

Un tel bail dérogatoire pose la question des conditions de sa validité, de son régime juridique, ainsi que de celui qui sera applicable à son terme.

§ 1
Conditions de validité d'un bail de l'article 3 *ter* de la loi de 1948

722.161 Locaux concernés. Il ressort de la combinaison des articles 3 *ter* et 10-4° de la loi de 1948 (auquel se réfère l'art. 3 *ter*) et de l'article L. 1336-3 du code de la santé publique, que tous les locaux sont concernés par le bail dérogatoire de l'article 3 *ter*, à l'exception :

- des caves ;
- des sous-sols ;
- des combles ;
- des pièces dépourvues d'ouverture sur l'extérieur ;
- des locaux ayant fait l'objet d'une interdiction d'habiter, prononcée en application de l'article L. 1331-28 du code de la santé publique[8] ou L. 1331-23 du même code ;
- des locaux ayant fait l'objet d'un arrêté de péril prescrivant la réparation ou la démolition de l'immeuble menaçant ruine dans lequel les locaux sont situés[9].

722.162 Date de conclusion du bail de l'article 3 *ter*. Le bail doit être conclu après l'entrée du preneur dans les lieux. Les dispositions de l'article 3 *ter* ont en effet pour objet de permettre à un locataire ou à un occupant bénéficiant déjà d'un titre conventionnel ou légal de le confirmer pour la durée du bail dérogatoire[10] (sur cette durée v. ss n° 722.166).

722.163 Locaux objet de la location. L'article 3 *ter* ne va recevoir application que si les locaux dont le preneur avait antérieurement la jouissance sont rigoureusement identiques à ceux faisant l'objet du bail. Tel n'est pas le cas lorsque deux locaux ont été réunis et que le preneur n'en occupait auparavant qu'un seul[11].

1. Civ. 3e, 10 déc. 2008, n° 08-10.319, P III, n° 200 ; *D.* 2009. AJ 169, obs. Y. Rouquet ; *AJDI* 2009. 544, note V. Zalewski.
2. Paris, 21 juin 1989, *JurisData* 023760, *D.* 1989. IR 214.
3. Paris, 30 oct. 1990, *JCP* 1991. IV. 282, RG n° 90/791 – TI Paris, 27 janv. 1988, *Rev. loyers* 1988. 347.
4. C. civ., art. 1751 (v. ss n° 134.51).
5. Paris, 30 oct. 1990, n° 90/791, *JCP* 1991. IV. 282 – TI Paris, 27 janv. 1988, *Rev. loyers* 1988. 347.
6. V. ss n° 121.13.
7. Paris, 13 sept. 1989, n° 87/019845, *D.* 1989. IR 250.
8. Auj., CCH, art. L. 511-11 s.
9. CCH, art. L. 511-1 et L. 511-2.
10. Civ. 3e, 9 janv. 1991, n° 89-20.039, NP, *Administrer* mai 1991, p. 38, note Frank.
11. Paris, 4 mai 1988, n° 86/010425, *Loyers et copr.* 1988, n° 367.

722.164 **État du logement.** Concernant l'état du logement, l'article 3 *ter* ne pose aucune condition de conformité aux normes minimales de confort et d'habitabilité définies par le décret du 6 mars 1987, ni d'ailleurs aux normes de décence issues du décret du 30 janvier 2002[1]. D'ailleurs, cet article n'envisage pas l'établissement d'un état des lieux lors de la signature du bail[2].

722.165 **Avantage pour le bailleur.** La conclusion d'un bail de l'article 3 *ter* est donc intéressante pour le bailleur qui pourra percevoir un loyer libre[3] et ne sera pas tenu de mettre le local aux normes en cours de contrat. Il a en effet été jugé que les dispositions de l'article 20 de la loi du 21 juillet 1994[4] n'étaient pas applicables au bail conclu au visa de l'article 3 *ter*[5] (cependant sur la sanction, en fin de bail dérogatoire, d'un tel défaut de conformité v. s[s] n°s 722.182 s.).

722.166 **Durée du bail.** Le bail doit avoir une durée au moins égale à six ans. Il est en effet possible de prévoir une durée plus longue[6].

Le preneur n'est cependant pas lié durant toute cette période, puisque la faculté de résiliation annuelle est réservée de droit au locataire et ne peut être stipulée qu'à son profit[7]. Il s'agit d'une faculté dont le locataire dispose de plein droit, même en l'absence de clause contractuelle stipulée en ce sens[8].

En revanche, le bailleur ne pourrait se réserver la possibilité de reprendre annuellement le logement[9].

§ 2 Régime juridique applicable pendant la durée du bail

722.171 **Plus grande liberté contractuelle.** Le bail est soumis aux dispositions des chapitres Ier à III de la loi du 23 décembre 1986, en ce qu'elles ne sont pas contraires aux dispositions de l'article 3 *ter*. Les dispositions citées de la loi de 1986 ayant été abrogées par la loi du 6 juillet 1989, il y a certainement lieu de considérer que ce sont à présent les dispositions de ce dernier texte qui doivent s'appliquer, la persistance à la référence à la loi du 23 décembre 1986 résultant vraisemblablement d'une omission du législateur de 1989.

Le loyer n'est donc plus enfermé dans le carcan imposé par la loi de 1948, le droit au maintien dans les lieux n'existe plus, etc.

§ 3 Situation à l'expiration du bail

722.181 **Norme de décence.** En application du décret du 6 mars 1987, un constat de l'état du local et de l'immeuble est établi par huissier au moment de la signature du contrat de location faisant suite au contrat conclu en application de l'article 3 *ter*[10].

La situation juridique applicable à l'issue du bail va dépendre du respect ou non des normes de décence fixées par le décret du 30 janvier 2002.

722.182 **Local ne satisfaisant pas aux normes de décence.** Le local va alors retomber sous le coup des dispositions générales la loi du 1er septembre 1948[11].

722.183 **Local satisfaisant aux normes de décence.** Le local qui, à l'expiration du bail, satisfait à ces normes minimales échappe à la loi de 1948. Le point de savoir qui, du bailleur ou du preneur, a réalisé ces travaux de conformité est indifférent[12].

Il est alors soumis, aux termes de l'article 3 *ter*, aux dispositions des chapitres Ier à III de la loi du 23 décembre 1986. Depuis l'entrée en vigueur de la loi du 6 juillet 1989 (qui a abrogé partiellement la loi de 1986, et notamment les chapitres Ier à III du titre Ier), se pose, là aussi, la question de la législation effectivement applicable[13]. Comme pendant la durée du bail[14], la loi du 6 juillet 1989 semble devoir recevoir application[15]. On notera cependant sur ce point les hésitations de la sixième chambre de la cour d'appel de Paris, dont la section B a, en 1994, déclaré applicable la loi du 23 décembre 1986[16], alors qu'en 2001, la section C a fait application de l'article 15 de la loi du 6 juillet 1989[17].

1. Décr. n° 2002-120, 30 janv. 2002 relatif aux caractéristiques du logement décent pris pour l'application de l'article 187 de la loi n° 2000-1208 du 13 déc. 2000 relative à la solidarité et au renouvellement urbains, *JO* 31 janv., p. 2090.
2. Paris, 2 oct. 1991, n° 90/6928, *Loyers et copr.* 1992, n° 63.
3. V. s[s] n° 722.171.
4. En vertu desquelles le locataire peut demander la mise en conformité du logement, v. s[s] n° 721.73.
5. Civ. 3e, 26 sept. 2001, n° 99-18.742, P III, n° 104 ; *AJDI* 2002. 296, obs. Laporte-Leconte [1re esp.] ; *Administrer* avr. 2002. 40, obs. Canu.
6. Civ. 3e, 15 juin 1983, n° 82-12.128, P III, n° 140.
7. L. 1er sept. 1948, art. 3 *ter*, al. 1er, *in fine*.
8. Civ. 3e, 14 oct. 1980, n° 79-11.295, P III, n° 155.
9. Civ. 3e, 4 nov. 1992, n° 90-11.215, P III, n° 286.
10. Décr. n° 87-150, 6 mars 1987, art. 1er.
11. Civ. 3e, 10 juill. 1991, n° 90-12.295, P III, n° 210 ; *Gaz. Pal.* déc. 1991, 260.
12. Civ. 3e, 16 mai 2000, n° 98-15.928, NP, *Administrer* oct. 2001, p. 54, obs. Canu – EN SENS CONTRAIRE AUPARAVANT : Paris, 26 févr. 1998, *Gaz. Pal.* 1999. 1. Somm. 7.
13. Sur ce point, v. notre remarque s[s] n° 722.171.
14. V. s[s] n° 722.171.
15. EN CE SENS : notamment J. Lafond, Vial-Pedroletti, *Les baux d'habitation*, 8e éd., LexisNexis, n°s 257 s.
16. Paris, 6e ch. B, 25 mars 1994, n°s 91/010731 et 93/009693, *Loyers et copr.* 1994, n° 429.
17. Paris, 6e ch. C, 15 mai 2001, n° 1999/16882, *Loyers et copr.* 2002, n° 6, obs. Vial-Pedroletti.

Précisons enfin que, si le bail dérogatoire a été conclu avant la publication de la loi du 23 décembre 1986 [1], il est à présent également régi par les dispositions de la loi du 6 juillet 1989 [2].

1. L. n° 86-1290, 23 déc. 1986, *JO* 24 déc., p. 15531 et partiellement abrogée par la loi du 6 juillet 1989.
2. Interprétation de la loi du 1er sept. 1948, art. 3 *ter, in fine*, par la doctrine, et notamment par Bihr et Aubert, *Droit de la gestion de l'immeuble*, « Dalloz Action », 2000, n° 2025.

LIVRE

8. LA PRÉVENTION ET LES PROCÉDURES CONTENTIEUSES

SECTION 0
ORIENTEUR

8.00 Sommaire du livre

8.03 Bibliographie indicative.

Annuel. LAMY DR. IMMO.

Encyclopédies. rép. pr. civ., *V^{is} Bail d'habitation*, F. de La Vaissiere ; *Force publique : refus de concours*, R. Vandermeeren – rép. immo., *V^{is} Bail (expulsion)*, S. Gérard ; *Baux d'habitation et mixtes (Rapports locatifs collectifs)*, N. Damas ; *Expulsion*, A. Gaonac'h – dict. perm. Gest. Immo., *V^{is} Baux d'habitation et mixte, Expulsion.*

Ouvrages. Bérenger F., *Guide de l'expulsion locative*, Annales des loyers, Edilaix, 2011 – *Confédération nationale du logement : Locataires. Connaissez vos droits*, www.lacnl.com

TITRE

81. La prévention

SECTION 0 ORIENTEUR

81.00 **Sommaire du titre.**

Division. Il convient d'étudier la conciliation (chap. 811), la concertation et les accords collectifs (chap. 812) et les mesures préventives à l'expulsion (chap. 813).

81.01 **Principaux textes applicables.**

TEXTES SOURCES

- **L. n° 89-462, 6 juill. 1989,** art. 20, 24.
- **CCH,** art. L. 353-15-2, L. 442-6-5.
- **L. n° 86-1290, 23 déc. 1986** tendant à favoriser l'investissement locatif, l'accession à la propriété de logements sociaux et le développement de l'offre foncière, *JO* 24 déc., p. 15531, art. 41 à 44 *quater*.
- **L. n° 2009-323, 25 mars 2009** de mobilisation pour le logement et la lutte contre l'exclusion, *JO* 27 mars, p. 5408.
- **L. n° 2014-366, 24 mars 2014** pour l'accès au logement et un urbanisme rénové, *JO* 26 mars, p. 5809.
- **Décr. n° 2001-653, 19 juill. 2001** pris pour l'application de l'article 20 de la loi n° 89-462 du 6 juillet 1989 modifiée et relatif aux commissions départementales de conciliation, *JO* 21 juill., p. 11779.
- **Décr. n° 2015-1384, 30 oct. 2015** relatif à la commission de coordination des actions de prévention des expulsions locatives, *JO* 31 oct., p. 20411.
- **Décr. n° 2016-393, 31 mars 2016** relatif à la charte pour la prévention de l'expulsion, *JO* 1er avr., n° 49.

81.03 **Bibliographie indicative. Encyclopédies.** RÉP. PR. CIV., *V° Bail d'habitation*, F. de La Vaissiere – RÉP. IMMO., *V° Baux d'habitation et mixtes (Rapports locatifs collectifs)*, N. Damas – DICT. PERM. Gest. Immo., *V° Expulsion*.

Ouvrages. B. Herbert, *Prévention des expulsions, locataires et bailleurs face à l'impayé*, ANIL, oct. 2011 – *Confédération nationale du logement : Locataires. Connaissez vos droits*, www.lacnl.com – Ph. Pelletier (dir.), *Traité des baux d'habitation et professionnels*, « Référence juridique », Le Moniteur, 2021.

CHAPITRE

811. Conciliation

SECTION 0
ORIENTEUR

811.00 Sommaire du chapitre.

Division. Après des propos liminaires (sect. 1), il convient de présenter les commissions départementales de conciliation (sect. 2), leur compétence (sect. 3), ainsi que leur fonctionnement (sect. 4).

811.01 Principaux textes applicables.

TEXTES SOURCES

• **L. n° 89-462, 6 juill. 1989,** art. 20.

• **Décr. n° 2001-653, 19 juill. 2001** pris pour l'application de l'article 20 de la loi n° 89-462 du 6 juillet 1989 modifiée et relatif aux commissions départementales de conciliation, *JO* 21 juill., p. 11779.

TEXTES *IN EXTENSO*

• **L. 6 juill. 1989,** art. 20 (mod. par L. n° 2014-366, 24 mars 2014, art. 6)

Il est créé, auprès du représentant de l'État dans chaque département, une commission départementale de conciliation composée de représentants d'organisations de bailleurs et d'organisations de locataires, en nombre égal. La commission rend un avis dans le délai de deux mois à compter de sa saisine et s'efforce de concilier les parties.

La compétence de la commission porte sur :

1° Les litiges résultant de l'application des articles 17, 17-1, 17-2 et 18 de la présente loi et des articles 30 et 31 de la loi n° 86-1290 du 23 décembre 1986 tendant à favoriser l'investissement locatif, l'accession à la propriété de logements sociaux et le développement de l'offre foncière ;

2° Les litiges relatifs aux caractéristiques du logement mentionnées aux deux premiers alinéas de l'article 6 de la présente loi ;

3° Les litiges relatifs à l'état des lieux, au dépôt de garantie, aux charges locatives et aux réparations ;

4° Les litiges relatifs aux congés délivrés en application de l'article 15 ;

5° Les difficultés résultant de l'application des accords collectifs nationaux ou locaux prévus aux articles 41 *ter* et 42 de la loi n° 86-1290 du 23 décembre 1986 précitée ou de l'application du plan de concertation locative prévu à l'article 44 *bis* de la même loi et les difficultés résultant des modalités de fonctionnement de l'immeuble ou du groupe d'immeubles.

Pour le règlement des litiges mentionnés aux 1° à 4° du présent article, la commission départementale de conciliation peut être saisie par le bailleur ou le locataire. Pour le règlement des difficultés mentionnées au 5°, elle peut être saisie par le bailleur, plusieurs locataires ou une association représentative de locataires.

À défaut de conciliation entre les parties, elle rend un avis comportant l'exposé du différend et la position des parties ainsi que, le cas échéant, celle de la commission. Cet avis peut être transmis au juge par l'une ou l'autre des parties. En cas de conciliation, elle établit un document de conciliation comportant les termes de l'accord trouvé.

La composition de la commission départementale de conciliation, le mode de désignation de ses membres, son organisation et ses règles de saisine et de fonctionnement sont fixés par décret.

811.02 **Jurisprudence de référence.**

• **Civ. 3e, 14 nov. 2002,** n° 01-10.282, P III, n° 222

* V. ss n° 811.84

La saisine de la Commission par lettre simple constitue une irrégularité de forme.

• **Civ. 3e, 28 mai 2003,** n° 01-13.387, P III, n° 115

* V. ss n° 811.82

La saisine de la commission départementale de conciliation par une personne qui n'est ni le locataire, ni le bailleur, ni le mandataire habilité par l'une ou l'autre des parties équivaut à une absence de saisine.

811.03 **Bibliographie indicative.**

Encyclopédies. RÉP. PR. CIV., *V° Bail d'habitation*, F. de La Vaissiere, nos 14-19 – RÉP. IMMO., *V° Baux d'habitation et mixtes (Rapports locatifs collectifs)*, N. Damas, nos 2-29.

Ouvrage. Ph. Pelletier (dir.), *Traité des baux d'habitation et professionnels*, « Référence juridique », Le Moniteur, 2021.

SECTION 1
PREMIÈRES VUES

811.11 **Organisation et missions des services de conciliation.** À côté des commissions mixtes HLM-usagers, instances départementales ou régionales propres au monde HLM qui ne sont que partiellement dédiées à la recherche de la conciliation dans l'intérêt des parties, il existe les commissions départementales de conciliation (CDC), qui interviennent tant dans les rapports locatifs du secteur privé que dans ceux du secteur social.

Depuis la loi du 13 décembre 2000[1], dite loi SRU, la loi du 13 juillet 2006[2], dite loi ENL, et la loi du 24 mars 2014[3], dite loi Alur, le champ d'intervention de ces instances a été considérablement élargi. En effet, désormais, à côté de la mission qui est la leur depuis la loi du 23 décembre 1986[4], dite loi Méhaignerie, en matière de fixation de loyers, il leur revient à présent de connaître des litiges portant sur les caractéristiques du logement décent, de ceux relatifs à l'état des lieux, au dépôt de garantie, aux charges locatives, aux réparations et aux congés, ainsi que des difficultés résultant de l'application des accords collectifs nationaux ou locaux, de l'application du plan de concertation locative et des modalités de fonctionnement de l'immeuble ou du groupe d'immeubles. Cette extension de compétences a nécessité la mise en place de commissions rénovées, répondant à une nouvelle organisation, celle qui est prévue par le décret du 19 juillet 2001[5], modifié par le décret du 24 juin 2015[6]. Conformément à l'article 11 du décret de 2001, qui a abrogé le décret du 26 juin 1987[7], les commissions qui avaient été constituées en application de ce décret ont continué à exercer les compétences conférées et leurs membres sont restés en fonctions jusqu'à la mise en place des nouvelles commissions, laquelle mise en place devait intervenir (en vertu de l'article 10 du texte), dans les six mois suivant la publication du décret, soit avant le 21 janvier 2002.

1. L. n° 2000-1208, 13 déc. 2000 relative à la solidarité et au renouvellement urbains, *JO* 14 déc.
2. L. n° 2006-872, 13 juill. 2006 portant engagement national pour le logement, *JO* 16 juill., p. 10662.
3. L. n° 2014-366, 24 mars 2014 pour l'accès au logement et un urbanisme rénové, *JO* 26 mars, p. 5809.
4. L. n° 86-1290, 23 déc. 1986 tendant à favoriser l'investissement locatif, l'accession à la propriété de logements sociaux et le développement de l'offre foncière, *JO* 24 déc.

SECTION 2
PRÉSENTATION DES COMMISSIONS DÉPARTEMENTALES DE CONCILIATION

811.20 **Plan.** Il convient d'en étudier la composition (§ 1) et le fonctionnement interne (§ 2).

§ 1
Composition

811.31 **Commissions paritaires.** Les CDC sont des commissions paritaires composées en nombre égal de représentants d'organisations de bailleurs et d'organisations de locataires représentatives au niveau départemental[8].

Toutefois, s'il n'existe pas d'organisation de bailleurs ou d'organisation de locataires représentative au niveau départemental, ou en cas de carence de celles-ci, les commissions départementales de conciliation peuvent être composées de représentants des organisations de bailleurs ou de locataires représentatives au niveau régional ou, à défaut, au niveau national[9].

Il ressort de l'article 2 du décret du 19 juillet 2001 que le préfet arrête la liste des organisations de

5. Décr. n° 2001-653, 19 juill. 2001 pris pour l'application de l'article 20 de la loi n° 89-462 du 6 juillet 1989 modifiée et relatif aux commissions départementales de conciliation, *JO* 21 juill., p. 11779.
6. Décr. n° 2015-733, 24 juin 2015 relatif aux commissions départementales de conciliation des litiges locatifs, *JO* 26 juin, p. 10776.
7. Décr. n° 87-449, 26 juin 1987 portant application de l'art. 24 de la loi n° 86-1290 du 23 décembre 1986 et relatif aux commissions départementales de conciliation, *JO* 30 juin, p. 7020.
8. L. n° 89-462, 6 juill. 1989, art. 20 – Décr. n° 2001-653, 19 juill. 2001, art. 1er.
9. Décr. n° 2001-653, 19 juill. 2001, art. 1er; mod. par décr. n° 2015-733, 24 juin 2015.

bailleurs et de locataires répondant aux critères de représentativité définis à l'article 43 de la loi du 23 décembre 1986.

811.32 Critères de représentativité. Conformément à ce texte, les critères retenus sont le montant global des cotisations, l'indépendance, l'expérience et l'activité de l'organisation dans le domaine du logement. En outre, pour les organisations de bailleurs et de gestionnaires, il est tenu compte du nombre de leurs adhérents et du nombre de logements détenus ou gérés par leurs adhérents ; et, pour les organisations de locataires, du nombre et de la répartition géographique de leurs adhérents.

811.33 Nombre de sièges – Répartition. Le préfet fixe le nombre de sièges attribués à chacune des organisations retenues ainsi que le nombre des membres de la commission qui comporte en nombre égal des membres titulaires et des membres suppléants.

811.34 Désignation des membres – Durée du mandat. Toujours en application de l'article 2 du décret du 19 juillet 2001, chaque organisation doit communiquer au préfet le nom de ses représentants, titulaires et suppléants, qui sont nommés pour trois ans renouvelables par arrêté du préfet.

Les représentants des organisations représentatives au niveau départemental sont désignés parmi les adhérents de celles-ci [1].

On notera par ailleurs que toute personne ayant perdu la qualité en raison de laquelle elle a été nommée cesse d'appartenir à la commission, et que son remplaçant est nommé par arrêté du préfet pour la durée du mandat restant à courir.

§ 2
Fonctionnement interne

811.41 Formation unique ou constitution de sections au sein de la commission. La commission adopte un règlement intérieur qui précise ses modalités d'organisation et de fonctionnement. Ce règlement peut notamment prévoir notamment qu'elle se réunit en formation unique ou en plusieurs sections [2].

Si c'est la seconde branche de l'alternative qui est retenue, lesdites sections devront être composées selon le principe de parité énoncé au v. s[s] n° 811.81.

Alors, le collège des bailleurs de chaque section devra être constitué :

– d'un nombre égal de représentants des bailleurs sociaux et des bailleurs privés pour l'examen des litiges relatifs à la décence du logement [3], à l'état des lieux, au dépôt de garantie, aux charges locatives et aux réparations, ainsi qu'aux litiges relatifs aux congés de l'article 15 de la loi de 1989 [4] ;

– des seuls représentants des bailleurs privés pour l'examen des litiges relatifs à l'encadrement du loyer par décret [5] ou par mesure préfectorale [6], au loyer de renouvellement [7], au loyer révisé [8], ou au loyer déterminé suite à la réalisation de travaux d'amélioration par le bailleur [9] et au loyer de sortie de la loi du 1er septembre 1948 [10] et pour l'examen des difficultés résultant de l'application des accords collectifs nationaux ou locaux, de l'application du plan de concertation locative et des modalités de fonctionnement de l'immeuble ou du groupe d'immeubles dans le privé [11] ;

– des seuls représentants des bailleurs sociaux pour l'examen des difficultés résultant de l'application des accords collectifs nationaux ou locaux, de l'application du plan de concertation locative et des modalités de fonctionnement de l'immeuble ou du groupe d'immeubles.

811.42 Règles générales. Conformément à l'article 3 du décret du 19 juillet 2001, la commission désigne, pour un an, son président parmi ses membres. Il doit être alternativement choisi parmi les représentants des locataires et les représentants des bailleurs.

811.43 Président, vice-président. La commission désigne en son sein un président et un vice-président choisis alternativement parmi les représentants des locataires et des bailleurs pour une durée d'un an. Le président et le vice-président sont issus de deux collèges différents. Le vice-président supplée le président en cas d'absence ou d'empêchement [12].

811.44 Règles applicables à la première présidence. Pour la première présidence, il est procédé par voie de tirage au sort pour désigner le collège concerné. Faute d'accord au sein de la commission pour la désignation du président, le préfet désigne le président dans le collège concerné. La même procédure est applicable pour la désignation du vice-président.

1. Décr. n° 2001-653, 19 juill. 2001, art. 2 ; mod. par décr. n° 2015-733, 24 juin 2015.
2. Décr. n° 2001-653, 19 juill. 2001, art. 3 ; mod. par décr. n° 2015-733, 24 juin 2015.
3. L. n° 89-462, 6 juill. 1989, art. 6, al. 1er et 2.
4. Au sujet desquels, v. s[s] titres 43 et 44.
5. L. n° 89-462, 6 juill. 1989, art. 18.
6. L. n° 89-462, 6 juill. 1989, art. 17.
7. L. n° 89-462, 6 juill. 1989, art. 17-2.
8. L. n° 89-462, 6 juill. 1989, art. 17-1, I.
9. L. n° 89-462, 6 juill. 1989, art. 17-1, II.
10. L. n° 86-1290, 23 déc. 1986, art. 30 et 31.
11. L. n° 86-1290, 23 déc. 1986, art. 41 *ter* et 42.
12. Décr. n° 2001-653, 19 juill. 2001, art. 3 ; mod. par décr. n° 2015-733, 24 juin 2015.

811.45 **Secrétariat.** Le secrétariat de la commission est assuré[1] :

- par un service de l'État désigné par le préfet et,
- dans les départements de Paris, des Hauts-de-Seine, de la Seine-Saint-Denis et du Val-de-Marne, par l'unité territoriale de la direction régionale et interdépartementale de l'hébergement et du logement d'Île-de-France.

811.46 **Rémunération des membres.** Les membres de la commission sont rémunérés sous forme de vacations dans des conditions fixées par arrêté pris par le ministre chargé du Budget et le ministre chargé du Logement[2].

L'arrêté en vigueur est celui du 18 décembre 2001.

Ce texte fixe, depuis le 1er janvier 2002, le taux horaire de la vacation alloué aux membres de commissions départementales de conciliation « dans la limite des crédits ouverts à cet effet », à 8 euros (alors que ce taux était de 40 francs, ou 6,10 euros, depuis un arrêté du 20 novembre 2000). Ces indemnités horaires sont exclusives de toute autre rémunération[3], exception faite cependant du remboursement des frais de déplacement, expressément visés par l'article 9 du décret de 2001 et dont le sort est réglé par le décret du 28 mai 1990 modifié (en dernier lieu par le décret du 22 septembre 2000[4]).

SECTION 3
COMPÉTENCE DES COMMISSIONS

811.50 **Plan – Compétences *ratione materiae* et *ratione loci*.** Seront étudiées leurs compétences d'attribution (§ 1) et territoriale (§ 2).

§ 1
Compétence d'attribution

811.61 **Évolution de la législation.** À côté de leur compétence traditionnelle en matière de fixation du loyer, compétence qui était la leur dès avant la loi du 13 décembre 2000 dite SRU, la rédaction de l'article 20 de la loi du 6 juillet 1989 issue de ce texte, ainsi que de la loi ENL du 13 juillet 2006 leur a reconnu la possibilité d'examiner un certain nombre d'autres questions (caractéristiques du logement, état des lieux, dépôt de garantie, charges locatives, réparations et application des accords collectifs).

Pour les contrats conclus à compter du 27 mars 2014, le nouvel article 20 de la loi du 6 juillet 1989 issu de la loi du 24 mars 2014, dite loi Alur, qui ne retranche aucune des compétences précédemment reconnues aux CDC, étend leur domaine d'intervention aux litiges relatifs aux congés.

Les commissions ne sauraient être valablement saisies d'autres sujets.

Il a ainsi par exemple été jugé qu'une commission n'est pas compétente en matière de résolution de plein droit d'un bail d'habitation pour défaut de paiement de loyers[5].

811.62 **Compétence en matière de fixation du loyer.** La compétence des commissions porte sur les litiges résultant :

- de l'application des dispositions de l'ancien article 17 de la loi du 6 juillet 1989, et plus précisément de l'application des dispositions de l'ancien article 17 *c* relatif à la fixation du loyer de renouvellement[6], devenus, depuis la loi du 24 mars 2014, dite loi Alur, les articles 17 (loyer en zones tendues[7]), 17-1 (révision du loyer et augmentation de loyer suite à la réalisation de travaux d'amélioration[8]), 17-2 (loyer de renouvellement en zone tendue ou non[9]) et 18 (encadrement des loyers par décret[10]) ;
- de l'application des articles 30 et 31 de la loi du 23 décembre 1986, relatifs à la fixation du loyer d'un bail de sortie de la loi du 1er septembre 1948[11].

811.63 **Autres compétences dévolues aux commissions.** Les lois SRU de 2000, ENL de 2006 et la loi du 24 mars 2014, dite loi Alur, ont étendu la compétence des CDC dans deux directions : elles peuvent en effet connaître de certains litiges et de certaines difficultés.

811.64 **Examen de certains litiges.** Les commissions sont compétentes pour connaître des litiges relatifs à la décence du logement loué, à l'état des lieux, au dépôt de garantie, ainsi qu'aux charges locatives et aux réparations ; concernant les réparations, en dépit d'une circulaire selon laquelle « seules les réparations

1. Décr. n° 2001-653, 19 juill. 2001, art. 4 ; mod. par décr. n° 2015-1689, 17 déc. 2015.
2. Décr. n° 2001-653, 19 juill. 2001, art. 9.
3. Arr. 18 déc. 2001, NOR : EQUP0101574A, *JO* 31 janv., p. 2091, art. 3.
4. Décr. n° 2000-928, 22 sept. 2000 modifiant le décret n° 90-437 du 28 mai 1990 fixant les conditions et les modalités de règlement des frais occasionnés par les déplacements des personnels civils sur le territoire métropolitain de la France lorsqu'ils sont à la charge des budgets de l'État, des établissements publics nationaux à caractère administratif et de certains organismes subventionnés, *JO* 23 sept.
5. Besançon, 19 oct. 2016, n° 16/00513, *Loyers et copr.* 2017, n° 3, obs. B. Vial-Pedroletti.
6. V. s[s] n°s 423.191 s.
7. V. s[s] n°s 422.21 s.
8. V., respectivement, s[s] n°s 424.11 s. et 312.31 s.
9. V. s[s] n°s 423.291 s.
10. V. s[s] n°s 422.30 et 423.321 s.
11. Sur l'intervention (facultative) des commissions départementales de conciliation en matière de sortie de la loi de 1948, v. s[s] n° 722.112.

locatives sont concernées ce qui exclut les travaux à la charge du bailleur »[1], une réponse ministérielle a précisé que les commissions départementales de conciliation étaient compétentes pour connaître des litiges portant sur les réparations incombant au bailleur[2].

À ces litiges, la loi du 24 mars 2014, dite loi Alur, en réécrivant l'article 20 de la loi du 6 juillet 1989 a ajouté ceux « relatifs aux congés délivrés en application de l'article 15 »[3].

811.65 **Examen de certaines difficultés.** La compétence des commissions est également étendue à l'examen des difficultés résultant de l'application des accords collectifs nationaux ou locaux prévus aux articles 41 *ter* et 42 de la loi Méhaignerie du 23 décembre 1986[4] et de celle du plan de concertation locative prévu à l'article 44 *bis* de la loi du 23 décembre 1986 et des modalités de fonctionnement de l'immeuble ou du groupe d'immeubles[5].

§ 2
Compétence territoriale

811.71 **Compétence départementale.** La commission est compétente pour connaître des litiges ou des difficultés portant sur les logements locatifs situés dans le département[6].

Toutefois, cette règle connaît une exception puisque, pour l'examen des difficultés liées à l'application des plans de concertation locative dont il est question à l'article 44 *bis* de la loi du 23 décembre 1986, la commission compétente est celle dans le ressort de laquelle est situé le siège social de l'organisme bailleur concerné (à propos des plans de concertation locative v. s[s] n°s 812.81 s. ; sur les conséquences de la saisine d'une commission territorialement incompétente v. s[s] n° 811.112).

SECTION 4
FONCTIONNEMENT DES COMMISSIONS

§ 1
Saisine de la commission

811.81 **Personnes habilitées à saisir la commission.** Le règlement des litiges et celui des difficultés doivent être distingués.

811.82 **Règlement des litiges.** Pour le règlement des litiges résultant de l'application de l'article 17 [depuis la loi du 24 mars 2014, dite loi Alur, des articles 17, 17-1, 17-2 et 18, v. s[s] n°s 423.11 s. et 424.11 s.] de la loi de 1989 ou des articles 30 et 31 de la loi de 1986 ou relatifs à l'état des lieux, au dépôt de garantie, aux charges locatives eaux réparations et, depuis l'entrée en vigueur du nouvel article 20 dans sa rédaction issue de la loi du 24 mars 2014, dite loi Alur[7], aux congés, la commission devra être saisie par le bailleur, le locataire ou leur mandataire. La saisine de la commission par une autre personne équivaut à une absence de saisine[8]. Concernant la procédure en cas de saisine de la commission en application de l'ancien article 17 *c* de la loi de 1989 [nouv. art. 17-2] v. s[s] n°s 423.191 s. À propos de l'intervention de la commission en matière de sortie de la loi de 1948 v. s[s] n° 722.112.

811.83 **Règlement des difficultés.** Pour le règlement des difficultés au sens de l'article 20 de la loi de 1989[9], la commission peut être saisie par le bailleur, plusieurs locataires ou une association représentative de locataires.

811.84 **Forme de la saisine.** La commission est saisie par lettre recommandée avec avis de réception adressée à son secrétariat[10] ou par voie électronique[11]. Dans ce dernier cas, le procédé technique utilisé doit assurer l'authentification de l'émetteur, l'intégrité du message et permettre de vérifier la réception du message par la commission à une date certaine[12].

La demande peut également être réalisée au moyen d'un formulaire prévu par un arrêté du préfet[13].

À noter cependant que la saisine de la commission par lettre simple ne constitue qu'une irrégularité de forme. En conséquence, elle ne pourra être sanctionnée que pour autant que le demandeur à l'action en ait éprouvé un grief[14]. Pour un modèle de saisine de la commission v. annexe s[s] n° 1121.33.

811.85 **Contenu de la saisine.** Le (les) demandeur(s) doi(ven)t indiquer dans sa (leur) saisine ses (leurs) nom, qualité et adresse, ceux du défendeur et

1. Circ. n° 2002-38, 3 mai 2002, *BOME* 2002/10, p. 28.
2. Rép. min. n° 30861, *JOAN Q* 25 mai 2004, p. 3851 ; *AJDI* 2004. 732, obs. Y. Rouquet.
3. Au sujet desquels, v. s[s] titres 43 et 44.
4. V. s[s] n°s 812.161 s.
5. V. s[s] n°s 812.81 s.
6. Décr. n° 2001-653, 19 juill. 2001, art. 6.
7. Applicable aux contrats signés à compter du 27 mars 2014.
8. Civ. 3e, 28 mai 2003, n° 01-13.387, P III, n° 115 ; *AJDI* 2003. 670, obs. Y. Rouquet; *Rev. loyers* 2003. 528, obs. Canu.
9. V. s[s] n° 811.64.
10. Décr. n° 2001-653, 19 juill. 2001, art. 7.
11. Décr. n° 2001-653, 19 juill. 2001, art. 7 ; mod. par décr. n° 2015-733, 24 juin 2015.
12. Décr. n° 2001-653, 19 juil2001, art. 7 ; mod. par décr. n° 2015-733, 24 juin 2015.
13. Décr. n° 2001-653, 19 juill. 2001, art. 7 ; mod. par décr. n° 2015-733, 24 juin 2015.
14. Civ. 3e, 14 nov. 2002, n° 01-10.282, P III, n° 222 ; *D.* 2003. IR 465 [rendu s[s] décr. 87-449, 26 juin 1987].

l'objet du litige ou de la difficulté[1]. Si la demande est introduite par plusieurs locataires ayant, avec un même bailleur, une ou des difficultés de même nature, la lettre de saisine établie par chacun d'entre eux doit préciser le nom d'un ou de deux représentants communs à tous et qui seront expressément mandatés aux fins de conciliation. La demande émanant d'une association représentative de locataires doit également comporter le nom d'un ou de deux représentants de celle-ci.

811.86 **Saisine incomplète ou adressée dans une forme inadéquate.** Lorsque la saisine est incomplète ou n'est pas adressée dans les formes requises, le demandeur en est informé par courrier ou par voie électronique si la saisine a été effectuée par cette voie. Le procédé technique utilisé doit, dans ce cas, assurer l'authentification de l'émetteur ainsi que l'intégrité du message[2].

§ 2 Convocation des parties

811.91 **Forme.** Lorsque la demande est recevable, la convocation doit intervenir par lettre ou par voie électronique. Ainsi, une convocation par lettre simple est valable.

811.92 **Délai.** Le secrétariat convoque les parties au minimum quinze jours avant la date retenue[3].

811.93 **Contenu.** La convocation doit préciser l'objet du litige ou de la difficulté[4].

811.94 **Destinataires.** Il va s'agir du demandeur et du défendeur. Si la demande est introduite par une association représentative de locataires ou par plusieurs locataires, la convocation est adressée à leurs représentants désignés dans le document de saisine[5].

§ 3 Réunion de la commission

811.101 **Périodicité.** La commission se réunit selon une périodicité fixée par le règlement intérieur et, le cas échéant, sur l'initiative de son président ou sur convocation du préfet[6].

811.102 ***Quorum.*** La commission peut valablement siéger lorsque sont présents au minimum quatre membres et au plus six membres représentant de manière paritaire les bailleurs et les locataires[7] étant précisé que le président de séance est compris dans ce décompte[8].

811.103 **Présidence de la séance.** Il revient au président de la commission ou, en cas d'absence de celui-ci, à son vice-président, de présider la réunion.

En cas d'absence du président et du vice-président, la commission devra, au début de la séance, désigner en son sein son président de séance, choisi dans le collège du président de la commission[9].

811.104 **Présence, représentation et assistance des parties.** Si la règle est que les parties doivent se présenter en personne devant la commission[10], celles-ci peuvent néanmoins se faire représenter par une personne munie d'un mandat spécial en ce sens. La possibilité de se faire représenter n'existe cependant pas à l'égard des représentants d'une association ou de plusieurs locataires[11].

On notera par ailleurs que les parties peuvent également, en vertu du même article 7, se faire assister par toute personne de leur choix, pourvu que celle-ci ne soit pas membre (titulaire ou suppléant) de la commission.

Précisons, enfin, que le membre titulaire ou suppléant qui est partie à un litige, ou à une difficulté, soumis à l'avis de la commission, ne peut siéger pour l'examen de cette affaire[12].

De la même manière, si une organisation représentative est partie à un litige ou une difficulté, ou représente ou assiste une des parties en séance, les membres titulaires ou suppléants représentant cette organisation ne peuvent siéger valablement pour l'examen de cette affaire. Dans ce cas, si le nombre minimum de membres pour que la commission puisse siéger ne peut être réuni, ce nombre peut être réduit à deux[13].

811.105 **Déroulement de la réunion.** Une séance de la commission de conciliation se déroule en trois

1. Décr. nº 2001-653, 19 juill. 2001, art. 7 ; mod. par décr. nº 2015-733, 24 juin 2015.
2. Décr. nº 2001-653, 19 juill. 2001, art. 7 ; mod. par décr. nº 2015-733, 24 juin 2015.
3. Décr. nº 2001-653, 19 juill. 2001, art. 7 ; mod. par décr. nº 2015-733, 24 juin 2015.
4. Décr. nº 2001-653, 19 juill. 2001, art. 7 ; mod. par décr. nº 2015-733, 24 juin 2015.
5. Décr. nº 2001-653, 19 juill. 2001, art. 7 ; mod. par décr. nº 2015-733, 24 juin 2015.
6. Décr. nº 2001-653, 19 juill. 2001, art. 5 ; mod. par décr. nº 2015-733, 24 juin 2015.
7. Toutefois, v. s^s nº 811.104.
8. Décr. nº 2001-653, 19 juill. 2001, art. 5 ; mod. par décr. nº 2015-733, 24 juin 2015.
9. Décr. nº 2001-653, 19 juill. 2001, art. 5.
10. Décr. nº 2001-653, 19 juill. 2001, art. 7.
11. Décr. nº 2001-653, 19 juill. 2001, art. 7, *in fine*.
12. Décr. nº 2001-653, 19 juill. 2001, art. 5 ; mod. par décr. nº 2015-733, 24 juin 2015.
13. Décr. nº 2001-653, 19 juill. 2001, art. 5 ; mod. par décr. nº 2015-733, 24 juin 2015.

temps. Tout d'abord, la commission entend les parties. Puis, elle s'efforce de les concilier. Enfin, elle émet un avis[1]. C'est cette troisième étape qui va à présent retenir notre attention.

§ 4
Avis de la commission

811.111 **Modalité de vote.** L'avis de la commission va faire l'objet d'un vote de la part des membres de cette instance.

En cas de partage égal des voix, la voix du président n'est pas prépondérante[2].

811.112 **Délai dans lequel l'avis doit être rendu.** La commission doit rendre son avis dans un délai de deux mois maximum à compter de la réception par le secrétariat de la lettre ou du message électronique de saisine pour les litiges relatifs au loyer en application des articles 30 et 31 de la loi du 23 décembre 1986 et de l'article 17 ► [devenu l'article 17-2-II depuis la loi Alur du 24 mars 2014] de la loi du 6 juillet 1989[3] (sur les conséquences d'un avis tardif ou d'un défaut d'avis dans le cadre d'un litige sur la fixation du loyer de renouvellement de l'article 17 *c*, v. s[s] n°s 423.204 s.).

Ce délai de deux mois ne court qu'à compter d'une saisine complète et réalisée conformément à l'article 7 du décret du 19 juillet 2001[4]. En cas de saisine d'une commission territorialement incompétente, ce délai court à compter de la réception de la lettre ou du message électronique par le secrétariat de la commission initialement saisie, sauf si le dossier est incomplet[5].

811.113 **Sens de l'avis.** Trois cas de figure doivent être distingués.

811.114 **Conciliation totale.** En cas de conciliation, la commission établit un document de conciliation comportant les termes de l'accord trouvé[6].

811.115 **Conciliation partielle.** En cas de conciliation partielle, la commission constate la conciliation dont les termes font l'objet d'un document de conciliation. Ce document fait également apparaître les points de désaccord qui subsistent[7].

811.116 **Absence de conciliation.** L'article 20 de la loi du 6 juillet 1989 et l'article 8 du décret du 19 juillet 2001 modifié[8] distinguent plusieurs hypothèses :

- les parties étaient présentes ou représentées. À défaut de conciliation, la commission rend un avis qui comporte l'exposé du différend et la position des parties ainsi que, le cas échéant, celle de la commission. L'avis rendu par la commission pourra être transmis au juge saisi par l'une ou l'autre des parties ;
- en cas de motif légitime de non-comparution dûment justifié par l'une des parties avant la séance, une nouvelle et ultime convocation peut être adressée ;
- si les parties dûment convoquées ne sont ni présentes ni représentées à la séance ou si une seule des parties est présente ou représentée, la commission constate l'impossibilité de concilier les parties et émet éventuellement un avis sur le litige ou la difficulté.

811.117 **Matérialisation de la décision.** L'avis et, en cas de conciliation partielle ou totale, le document de conciliation, sont établis par le secrétariat de la commission.

Ils sont signés par le président de la séance et cosignés par un membre présent à la séance appartenant au collège qui n'assure pas la présidence.

Par ailleurs, le document de conciliation est signé par les parties. Enfin, avis et documents de conciliation sont remis ou adressés à chacune des parties[9].

1. Décr. n° 2001-653, 19 juill. 2001, art. 8.
2. Décr. n° 2001-653, 19 juill. 2001, art. 3.
3. Décr. n° 2001-653, 19 juill. 2001, art. 8 ; mod. par décr. n° 2015-733, 24 juin 2015.
4. V. s[s] n° 811.85.
5. Décr. n° 2001-653, 19 juill. 2001, art. 8 ; mod. par décr. n° 2015-733, 24 juin 2015.
6. L. n° 89-462, 6 juill. 1989, art. 20, rédac. L. n° 2014-366, 24 mars 2014, dite loi Alur.
7. Décr. n° 2001-653, 19 juill. 2001, art. 8 ; mod. par décr. n° 2015-733, 24 juin 2015.
8. Décr. n° 2001-653, 19 juill. 2001, art. 5 ; mod. par décr. n° 2015-733, 24 juin 2015.
9. Décr. n° 2001-653, 19 juill. 2001, art. 8.

CHAPITRE

812. Concertation et accords collectifs

SECTION 0

ORIENTEUR

812.00 Plan du chapitre.

Division – Intention législative continue. La volonté du législateur a constamment été, dans les lois de 1982 (Quilliot), 1986 (Méhaignerie), 1989 (Mermaz-Malandain) et 2000 (Solidarité et renouvellement urbains), de donner un cadre de référence à la concertation entre bailleurs et locataires à une double échelle :

– nationale d'abord avec une commission placée auprès du ministre du Logement, appelée à rendre des avis mais aussi à servir de lieu de négociation d'accords qui peuvent éventuellement être rendus obligatoires par décret ;

– locale ensuite, c'est-à-dire à l'échelle de l'immeuble, du groupe d'immeubles, ou du patrimoine d'un bailleur, soit par la concertation sur les sujets les plus courants tels que les charges récupérables ou la gestion de l'immeuble, soit par la négociation d'accords collectifs locaux qui, dans certaines conditions, peuvent s'imposer au-delà des seuls signataires.

La législation actuellement applicable résulte de la loi du 23 décembre 1986[1], modifiée par les diverses lois intervenant dans le domaine des rapports locatifs, spécialement les lois des 13 décembre 2000[2], 25 mars 2009[3] et 27 janvier 2017[4].

812.01 Principaux textes applicables.

TEXTES SOURCES

• **L. n° 86-1290, 23 déc. 1986** tendant à favoriser l'investissement locatif, l'accession à la propriété de logements sociaux

1. L. n° 86-1290, 23 déc. 1986 tendant à favoriser l'investissement locatif, l'accession à la propriété de logements sociaux et le développement de l'offre foncière, *JO* 24 déc., p. 15531, art. 41 à 44 *quater*.
2. L. n° 2000-1208, 13 déc. 2000 relative à la solidarité et au renouvellement urbains, *JO* 14 déc., p. 19777.
3. L. n° 2009-323, 25 mars 2009 de mobilisation pour le logement et la lutte contre l'exclusion, *JO* 27 mars, p. 5408.
4. L. n° 2017-86, 27 janv. 2017 relative à l'égalité et à la citoyenneté, *JO* 28 janv., n° 1.

et le développement de l'offre foncière, *JO* 24 déc., p. 15531, art. 41 à 44 *quater*.

• **CCH,** art. L. 445-1.

TEXTES *IN EXTENSO*

• **L. 23 déc. 1986,** art. 44

Dans un immeuble ou groupe d'immeubles, tout groupement de locataires affilié à une organisation siégeant à la Commission nationale de concertation ou toute association qui représente au moins 10 % des locataires ou toute association de locataires affiliée à une organisation nationale siégeant à la Commission nationale de concertation, au Conseil national de l'habitat ou au Conseil national de la consommation désigne au bailleur, et, le cas échéant, au syndic de copropriété par lettre recommandée avec demande d'avis de réception, le nom de trois au plus de ses représentants choisis parmi les locataires de l'immeuble ou du groupe d'immeubles. Les associations ci-dessus désignées doivent œuvrer dans le domaine du logement. Elles doivent être indépendantes de tout parti politique ou organisation philosophique, confessionnelle, ethnique ou raciale. En outre, elles œuvrent dans le secteur locatif social et ne doivent pas poursuivre des intérêts collectifs qui seraient en contradiction avec les objectifs du logement social fixés par le code de la construction et de l'habitation, et notamment par les articles L. 411 et L. 441, ou du droit à la ville tel que défini par la loi n° 91-662 du 13 juillet 1991 d'orientation pour la ville.

Ces représentants ont accès aux différents documents concernant la détermination et l'évolution des charges locatives. À leur demande, le bailleur ou, s'il y a lieu, l'administrateur de la copropriété les consulte chaque semestre sur les différents aspects de la gestion de l'immeuble ou du groupe d'immeubles.

Dans les immeubles soumis au statut de la copropriété, les représentants des associations désignés ci-dessus peuvent assister à l'assemblée générale de copropriété et formuler des observations sur les questions inscrites à l'ordre du jour de l'assemblée générale. Le syndic de la copropriété informe les représentants des associations, par lettre recommandée avec demande d'avis de réception, de la date, de l'heure, du lieu et de l'ordre du jour de l'assemblée générale.

Les décisions prises en assemblée des copropriétaires et relatives à l'entretien de l'immeuble et aux travaux font l'objet d'un procès-verbal abrégé affiché dans les parties communes de l'immeuble.

Dans chaque bâtiment d'habitation, un panneau d'affichage doit être mis à la disposition des associations ou groupements de locataires, définis au premier alinéa du présent article, pour leurs communications portant sur le logement, l'habitat et les travaux, dans un lieu de passage des locataires.

• **L. 23 déc. 1986,** art. 44 *bis*

Les bailleurs des secteurs locatifs mentionnés aux troisième, quatrième et cinquième alinéas de l'article 41 *ter* sont tenus d'élaborer, avec les représentants des associations de locataires présentes dans le patrimoine du bailleur affiliées à une organisation siégeant à la Commission nationale de concertation au Conseil national de l'habitat ou au Conseil national de la consommation, les représentants des associations de locataires ayant obtenu 10 % des suffrages exprimés aux dernières élections et les administrateurs élus représentants des locataires, un plan de concertation locative couvrant l'ensemble de leur patrimoine.

Le plan de concertation locative, validé par le conseil d'administration ou le conseil de surveillance du bailleur, définit les modalités pratiques de la concertation applicables aux immeubles ou aux ensembles immobiliers de leur patrimoine. Il précise notamment les règles destinées à formaliser les relations locatives locales, instaure un ou plusieurs conseils de concertation locative dont il peut prévoir la composition et prévoit des moyens matériels attribués aux représentants des locataires pour exercer leurs fonctions dans ce cadre. Il prévoit des moyens financiers, au moins égaux à 2 € par logement du patrimoine concerné par le plan et par an, pour soutenir les actions des associations qui participent à la concertation locative. Ces moyens sont répartis entre les associations de locataires en fonction de leur résultat aux dernières élections des représentants des locataires. L'usage de ces moyens et les modalités de suivi de cet usage sont définis dans le plan de concertation locative. Un bilan annuel de l'utilisation de ces moyens est adressé par les associations bénéficiaires à l'organisme concerné.

Le plan doit être élaboré dans le délai de neuf mois après publication de la loi n° 2000-1208 du 13 décembre 2000 relative à la solidarité et au renouvellement urbains.

Le plan fait l'objet de bilans et de révisions périodiques, dans les conditions qu'il définit, entre les partenaires visés au premier alinéa ci-dessus.

Dans un délai de trois ans après publication de la loi n° 2000-1208 du 13 décembre 2000 précitée, le Gouvernement présentera un bilan de la mise en œuvre des mesures relatives à la concertation après avis des secteurs concernés de la Commission nationale de concertation.

NOTA : Conformément à l'article 94 II de la loi n° 2017-86 du 27 janvier 2017, les quatre dernières phrases du deuxième alinéa, telles qu'elles résultent du I dudit article 94 de ladite loi, sont applicables lors du renouvellement de chaque plan de concertation locative effectué après la publication de la présente loi et, au plus tard, le 1er janvier 2019.

• **L. 23 déc. 1986,** art. 44 *ter*

Le conseil de concertation locative prévu à l'article 44 *bis* est consulté sur les différents aspects de la gestion de l'immeuble ou des ensembles immobiliers concernés, sur les projets d'amélioration ou de construction-démolition et plus généralement sur toutes mesures touchant aux conditions d'habitat et au cadre de vie des habitants des ensembles concernés. Il est composé de représentants du bailleur et de représentants des locataires désignés dans les conditions prévues au premier alinéa de l'article 44.

Les membres du conseil de concertation locative peuvent être assistés, dans les conditions fixées par le plan de concertation locative, de toute personne dont la compétence est jugée utile. Il doit être mis en place au plus tard dans les six mois qui suivent l'élaboration du plan de concertation locative et se réunit au moins une fois par an.

• **L. 23 déc. 1986,** art. 44 *quater*

Préalablement à toute décision d'engager une opération d'amélioration, ayant une incidence sur les loyers ou les charges locatives, ou de construction-démolition, le bailleur mentionné à l'article 44 *bis* est tenu d'organiser une réunion d'information des locataires. Pendant l'élaboration du projet, il est tenu de mener une concertation avec les représentants des locataires, désignés dans les conditions prévues au premier alinéa de l'article 44. Lorsque le conseil de concertation locative, prévu à l'article 44 *ter*, existe, cette concertation est également réalisée dans son cadre. À défaut de représentants des locataires dans l'immeuble ou le groupe d'immeubles et après en avoir informé le conseil de concertation locative, quand il existe le bailleur doit mener cette concertation avec les locataires réunis à cet effet.

La concertation porte sur la consistance et le coût des travaux, leur répercussion prévisible sur les loyers ou les charges locatives, les modalités de leur réalisation, sur l'opportunité de créer un local collectif résidentiel ainsi que, le cas échéant, sur les conditions de relogement des locataires, notamment pour les opérations de construction-démolition.

Les documents et les diagnostics ayant permis d'élaborer le projet sont tenus à disposition des locataires et de leurs représentants. Parallèlement, le bailleur informe la commune de ses projets et de l'engagement de la concertation.

Une fois le projet élaboré et avant le début de l'opération d'amélioration ou de construction-démolition, le bailleur dresse un bilan de la concertation qui comporte, le cas échéant, l'avis motivé des représentants des locataires. Il en informe les locataires réunis à cet effet.

Un décret fixe, en tant que de besoin, les conditions d'application des articles 44 *bis*, 44 *ter* et du présent article.

• **CCH,** art. L. 445-1

La convention d'utilité sociale comporte :

[...]

– l'état du service rendu aux locataires dans les immeubles ou les ensembles immobiliers, après concertation avec les locataires dans les conditions fixées dans le plan de concertation locative prévu à l'article 44 *bis* de la loi n° 86-1290 du 23 décembre 1986 tendant à favoriser l'investissement locatif, l'accession à la propriété de logements sociaux et le développement de l'offre foncière ;

[...]

– les engagements pris par l'organisme en matière de gestion sociale, établis après concertation avec les locataires dans des conditions fixées dans le plan de concertation locative prévu à l'article 44 bis de la loi n° 86-1290 du 23 décembre 1986 précitée.

– les modalités de la concertation locative avec les locataires, dans le cadre fixé au même article 44 *bis* ;

– les engagements pris par l'organisme en faveur d'une concertation avec les locataires, notamment en termes de politique sociale et environnementale.

812.02 **Jurisprudence de référence.**

• **Civ. 3e, 18 janv. 2011,** n° 09-72.408, NP

* V. s^{s} n° 812.103

La concertation avec les représentants des locataires de la résidence concernée par les travaux ayant donné lieu à validation de l'ensemble du programme des travaux envisagés et étant intervenue avant le démarrage des travaux et l'envoi des appels d'offres, respecte les conditions légales posées par l'article 44 *quater* de la loi du 23 décembre 1986.

• **Civ. 3e, 28 juin 2000,** n° 97-21.684, P III, n° 131

* V. s^{s} n° 812.204

Un accord proposé par un bailleur et approuvé par la majorité des locataires s'impose à tous.

812.03 **Bibliographie indicative.**

Encyclopédies. RÉP. PR. CIV., *V° Bail d'habitation*, F. de La Vaissiere – RÉP. IMMO., *V^{is} Baux d'habitation et mixtes (Rapports locatifs collectifs)*, N. Damas, n°s 30-66 ; *Habitat social*, n°s 81-88.

Ouvrages. Confédération nationale du logement, *Locataires. Connaissez vos droits*, www.lacnl.com

Articles. Dallagi. « HTC. Le conseil de concertation locative : un outil intégré au service du mieux vivre ensemble », *Cahiers d'Actualités Habitat*, n° 140, janv. 2011 ; « La concertation entre bailleurs et locataires », www.familles-de-France.org, juill. 2014 – H. des Lyons, « La loi SRU et la concertation dans l'habitat locatif », *AJDI* 2001. 671.

SECTION 1
CONCERTATION

812.10 **Plan.** Il convient de distinguer la Commission nationale de concertation (§ 1) et la concertation locale (§ 2).

§ 1
Commission nationale de concertation

812.21 **Missions.** La commission nationale de concertation (CNC) a pour mission de rendre des études, de donner des avis et de faire des propositions. Elle est placée auprès du ministre chargé de la Construction et de l'Habitation.

812.22 **Secteurs locatifs.** Pour faciliter la concertation, quatre secteurs locatifs homogènes ont été créés :

– le secteur I regroupe les logements appartenant ou gérés par les organismes d'HLM ;

– le secteur II regroupe les logements des Sem, des sociétés immobilières à participation majoritaire de la Caisse des dépôts et consignations, des collectivités publiques, des sociétés filiales d'un organisme collecteur du 1 % logement, et des filiales de ces organismes ;

– le secteur III comprend les logements des entreprises d'assurance, des établissements de crédit, et des filiales de ces organismes ainsi que des personnes morales autres que celles des deux premiers secteurs définis ci-dessus ;

– le secteur IV enfin regroupe les logements appartenant aux bailleurs personnes physiques et aux sociétés civiles immobilières constituées exclusivement entre parents et alliés jusqu'au quatrième degré inclus.

812.23 Représentativité des organisations nationales. La représentativité de ces organisations est appréciée à partir du montant global des cotisations et de l'indépendance, de l'expérience et de l'activité de l'organisation dans le domaine du logement.

En outre, il est tenu compte, pour les associations de bailleurs et de gestionnaires du nombre de leurs adhérents et des logements détenus ou gérés par les adhérents et, pour les organisations de locataires du nombre et de la répartition géographique de leurs adhérents[1].

Cinq organisations de locataires sont représentées à la CNC. Il s'agit de :

- la Confédération nationale du logement (CNL) ;
- la Confédération générale du logement (CGL) ;
- la Confédération syndicale des familles (CSF) ;
- la Consommation Logement Cadre de Vie (CLCV) ;
- l'association Force ouvrière consommateurs (AFOC).

812.24 Accords collectifs nationaux. Des accords peuvent être conclus par secteur locatif entre une ou plusieurs associations de bailleurs et de locataires. Ces accords sont opposables aux organisations signataires de ces accords et aux adhérents de ces organisations.

En outre, publiés au *Journal officiel*, ils peuvent être rendus obligatoires par décret à tous les logements des secteurs locatifs concernés, à l'issue d'un délai d'un mois après cette publication et sauf opposition de la majorité des organisations représentatives des bailleurs d'un ou plusieurs secteurs et des organisations représentatives des locataires[2].

812.25 Objets. Au début des années quatre-vingt, les accords nationaux ont eu pour thèmes les loyers et les travaux.

Dans les années quatre-vingt-dix, deux accords collectifs nationaux ont été signés, dans le premier et les deuxième et troisième secteurs réunis, qui donnent la mesure des préoccupations très concrètes des organisations concernées.

• L'accord collectif national du 7 juillet 1998 dans le premier secteur (HLM). Il s'applique à la concertation sur les programmes de travaux visant à une meilleure maîtrise des charges locatives et réalisés en contrepartie de l'économie de TVA induite par l'application du taux de TVA à 5,5 % pour certains travaux. Cet accord a été signé par les cinq organisations de locataires et les fédérations nationales des offices d'HLM et des sociétés anonymes et fondations d'HLM.

• L'accord collectif de location relatif aux congés pour vente par lots aux locataires dans les ensembles immobiliers d'habitation. Cet accord a été rendu obligatoire par le décret du 22 juillet 1999[3]. L'accord définit les conditions d'information des locataires par les bailleurs qui vendent plus de dix logements dans un même ensemble immobilier. Il recommande le recours aux procédures de conciliation, le cas échéant.

• L'accord collectif de location du 16 mars 2005.

Cet accord, étendu par le décret du 10 novembre 2006[4], améliore certains aspects de l'accord collectif de 1998[5].

812.26 Autres champs de réflexion : charges locatives – Révision des loyers. La commission nationale a repris, à l'été 2004, son travail de concertation sur la question des charges locatives, à partir d'un texte proposé par l'administration, mais sans parvenir à un accord. La constitution d'un nouvel indice de révision des loyers, mieux adapté que l'ICC, a été également débattue à la CNC. La loi du 26 juillet 2005[6] a créé le nouvel indice de référence des loyers[7].

812.27 Autres champs de réflexion : état des lieux. En novembre 2006 la commission nationale a élaboré un document de recommandations et de précisions relatives à l'état des lieux. Il rappelle succinctement les droits et devoirs des bailleurs et des locataires selon les dispositions de la loi du 6 juillet 1989. Ces recommandations ressortent des bonnes conduites qui peuvent être pratiquées afin d'améliorer les rapports entre bailleurs et locataires. Il a été signé par toutes les organisations nationales représentant les bailleurs, les gestionnaires et les locataires.

812.28 Autres champs de réflexion : colocation. En 2010, la présidente de la commission nationale de concertation a été chargée d'une réflexion sur la

1. L. n° 86-1290, 23 déc. 1986, art. 43.
2. L. n° 86-1290, 23 déc. 1986, art. 41 *ter*, modifié par la loi n° 2006-685, 13 juin 2006 relative au droit de préemption et à la protection des locataires en cas de vente d'un immeuble, *JO* 14 juin, p. 8944.
3. Décr. n° 99-628, 22 juill. 1999, *JO* 23 juill., p. 10951
4. Décr. n° 2006-1366, 10 nov. 2006 rendant obligatoire en application de l'article 41 *ter* de la loi n° 86-1290 du 23 déc. 1986, à tous les logements des deuxième et troisième secteurs locatifs, l'accord collectif de location relatif aux congés pour vente par lots aux locataires dans les ensembles immobiliers d'habitation, *JO* 11 nov., p. 17015.
5. Sur ces deux derniers accords et leurs conséquences, v. les développements particuliers relatifs aux mesures protectrices contre les ventes à la découpe, v. s[s] n°s 342.10 s.
6. L. n° 2005-841, 26 juill. 2005 relative au développement des services à la personne et portant diverses mesures en faveur de la cohésion sociale. *JO* 27 juill., p 12152.
7. V. s[s] n° 424.41.

colocation, « tant sur le plan juridique qu'au regard de la mise en œuvre, par les bailleurs, de ce nouveau mode d'habitation répondant aux préoccupations de plus en plus fréquentes de nos concitoyens [1] ». La loi Alur a depuis créé un régime de colocation [2] inscrit dans l'article 8-1 de la loi du 10 juillet 1989 [3].

812.29 Activité de la CNC après la loi dite Alur du 24 mars 2014. La commission nationale a rendu de nombreux avis sur les projets de décrets élaborés par le Gouvernement en application de la loi Alur :

- article 3 : contrat type de bail vide défini par décret en Conseil d'État ;
- articles 3 et 15 : contenu de la notice d'information défini par arrêté du ministre chargé du logement ;
- article 7 : modalités de prise en compte de la vétusté de la chose louée déterminées en décret en Conseil d'État ;
- article 8-1 : contrat type de bail d'une colocation défini par décret en Conseil d'État ;
- article 22-2 : liste des pièces justificatives exigées du candidat ou de sa caution définie par décret en Conseil d'État ;
- article 25-7 : contrat type de bail meublé défini par décret en Conseil d'État.

§ 2 Concertation locale

812.30 Plan – Sphère de l'immeuble ou de l'ensemble immobilier. Elle intervient au niveau de l'immeuble ou, selon le texte de l'article 44 de la loi du 23 décembre 1986, de « l'ensemble immobilier ».

La loi sur la solidarité et le renouvellement urbain du 13 décembre 2000, dite loi SRU, a ajouté, pour les patrimoines appartenant à des bailleurs sociaux ou institutionnels, la création de conseils de concertation [4].

Cette concertation locale est applicable dans tous les secteurs locatifs (A). Il convient d'étudier les évolutions induites par la loi du 13 décembre 2000, dite loi SRU (B) et la concertation dans le cadre des documents d'utilité sociale (C).

A. Concertation applicable dans tous les secteurs locatifs

812.40 Plan. Il convient d'étudier la représentation des locataires à l'échelle de l'immeuble ou du groupe d'immeubles (1°) et les thèmes de la concertation (2°).

1. Rép. min. n° 72508, *JOAN Q* 2 mars 2010, p. 2284.
2. L. n° 2014-366, 24 mars 2014 pour l'accès au logement et un urbanisme rénové, *JO* 26 mars, p. 5809.
3. V. s^s n° 124.11 s.
4. L. n° 2000-1208, 13 déc. 2000 relative à la solidarité et au renouvellement urbains, *JO* 14 déc., p. 19777.

1° Représentation des locataires à l'échelle de l'immeuble ou du groupe d'immeubles

812.51 Association ou groupement de locataires. Les locataires sont représentés soit par une association, soit, depuis la loi du 13 décembre 2000, par un groupement de fait [5].

La représentativité de l'association sera fonction de son affiliation ou non à l'une des cinq associations nationales de locataires [6] :

- si l'association est affiliée, elle est légitimée en quelque sorte par cette affiliation ;
- si elle n'est pas affiliée, elle doit représenter au moins 10 % des locataires de l'immeuble ou de l'ensemble immobilier.

La loi du 27 janvier 2017 [7] a élargi le critère en intégrant les associations de locataires affiliées à une organisation siégeant au Conseil national de l'habitat ou au Conseil national de la consommation.

812.52 Indépendance de l'association. Les associations doivent être « indépendantes de tout parti politique ou organisation philosophique, confessionnelle, ethnique ou raciale » ; elles œuvrent dans le domaine du logement et « dans le secteur social », sans poursuivre « d'intérêts collectifs qui seraient en contradiction avec les objectifs du logement social fixés par le code de la construction et de l'habitation [...] ou du droit à la ville [...] » [8].

812.53 Formalisme. La création d'une association n'est pas soumise à un formalisme particulier. Si, en revanche, l'association veut voir reconnaître sa capacité juridique (pour pouvoir contracter, recueillir des dons ou ester en justice par exemple), une publicité devra être donnée à son existence [9].

812.54 Condition de la reconnaissance de la qualité d'interlocuteur. Le groupement de fait entre locataires est dorénavant reconnu comme interlocuteur à la condition qu'il soit affilié à l'une des cinq associations nationales de locataires [10].

812.55 Participation des représentants. L'association ou le groupement désigne trois au plus de ses représentants choisis à l'intérieur de l'immeuble. C'est la deuxième condition posée par l'article 44 de la loi de 1986.

5. L. n° 2000-1208, 13 déc. 2000, art. 193, 2° *a* (v. s^s n° 812.54).
6. V. s^s n° 812.23.
7. L. n° 2017-86, 27 janv. 2017 relative à l'égalité et à la citoyenneté, art. 93, *JO* 28 janv., n° 1.
8. L. n° 2000-1208, 13 déc. 2000 relative à la solidarité et au renouvellement urbains, *JO* 14 déc. 2000, p. 19777, art. 193, 2° *b*.
9. Lemeunier, *Associations*, 12e éd., « Encyclopédie Delmas », Dalloz, 2009.
10. V. s^s n° 812.23.

L'information est faite par lettre recommandée avec demande d'avis de réception. Sont informés le bailleur et, dans les immeubles en copropriété, le syndic.

2°
Thèmes de la concertation

812.61 **Charges locatives.** L'association, ou le groupement, par ses représentants désignés, a accès aux « différents documents concernant la détermination et l'évolution des charges locatives ». Ces notions n'ont cependant jamais été définies et la jurisprudence ne s'est, semble-t-il, pas davantage prononcée.

Le contrôle des charges ainsi évoqué est associé de manière générale à la régularisation qui a lieu chaque année lorsque les charges donnent lieu au versement de provisions[1].

812.62 **Gestion de l'immeuble.** Le bailleur comme l'administrateur de la copropriété sont tenus de consulter, à leur demande, l'association, au moins une fois par semestre, sur les différents aspects de la gestion de l'immeuble ou du groupe d'immeubles.

812.63 **Copropriété.** Dans les copropriétés, les représentants peuvent assister aux assemblées générales et formuler des observations sur les questions de l'ordre du jour. La loi du 13 décembre 2000 a prévu que les décisions des copropriétaires en matière d'entretien et de travaux font l'objet d'une publicité dans les parties communes de l'immeuble[2].

812.64 **Information des locataires.** Par le biais de panneaux d'affichage mis à leur disposition dans les immeubles, les représentants peuvent communiquer sur le logement, l'habitat et les travaux.

812.65 **Travaux.** Depuis la loi du 13 décembre 2000, une concertation préalable aux travaux est instaurée pour certains bailleurs dans les conditions définies ci-dessous.

B.
Concertation locale après la loi du 13 décembre 2000

812.71 **Plan – Obligations relatives à la concertation incombant au bailleur personne morale.** La loi sur la solidarité et le renouvellement urbains, sans remettre en cause les modalités de concertation ci-dessus, a renforcé notablement la concertation locale à l'échelle d'un patrimoine et au niveau de l'immeuble.

Elle a cependant procédé à une distinction entre les bailleurs puisque les bailleurs personnes physiques, relevant du quatrième secteur, sont dispensés des obligations imposées aux bailleurs des trois premiers secteurs en matière de concertation[3].

Pour ces derniers, l'article 193 de la loi du 13 décembre 2000 complète les textes antérieurs par trois apports essentiels :

1° Un plan de concertation de patrimoine doit être élaboré par chaque bailleur (1°)[4].

2° Un ou plusieurs conseils de concertation sont en place dans le patrimoine de chaque bailleur (2°)[5].

3° Toute opération d'amélioration ayant une incidence sur les loyers ou les charges locatives ou toute démolition est dorénavant précédée d'une concertation avec les représentants des locataires ou avec les locataires directement (3°)[6].

1°
Plan de concertation locative

812.81 **Étendue du plan.** Les bailleurs des trois premiers secteurs locatifs définis à l'article 41 *ter* de la loi du 23 décembre 1986 sont tenus d'élaborer un plan de concertation locative applicable sur l'ensemble de leur patrimoine.

812.82 **Interlocuteurs.** Les interlocuteurs du bailleur pour l'élaboration du plan sont :

– les représentants des associations de locataires affiliées à une organisation nationale siégeant à la CNC[7], ou siégeant au Conseil national de l'habitat ou au Conseil national de la consommation, et présentes dans le patrimoine ;

– les représentants des associations ayant obtenu plus de 10 % aux dernières élections de locataires ;

– les administrateurs élus représentants des locataires au conseil d'administration (CA) ou au conseil de surveillance (CS) du bailleur. Les associations membres de la CNC devront pouvoir justifier de leur présence dans le patrimoine par tout élément, qu'elles soient ou non déclarées, la loi n'exigeant pas cette dernière condition. Quant aux associations non affiliées, elles seront directement désignées par leurs résultats aux élections de locataires, pour autant qu'il y en ait eu, ce qui est le cas dans les seuls patrimoines détenus par les organismes HLM et par les Sem, les autres bailleurs personnes morales

1. V. s[s] n° 243.31.
2. L. n° 2000-1208, 13 déc. 2000, art. 193, 2° c.
3. V. s[s] n° 812.22.
4. L. n° 86-1290, 23 déc. 1986, art. 44 *bis*.
5. L. n° 86-1290, 23 déc. 1986, art. 44 *ter*.
6. L. n° 86-1290, 23 déc. 1986, art. 44 *quater*.
7. V. s[s] n° 812.23.

n'étant pas tenus à cette obligation. Il en est de même pour les administrateurs élus.

812.83 **Objet du plan.** Le plan de concertation locative a pour mission de définir tout d'abord le formalisme des relations locatives locales. Ceci peut recouvrir la mise à plat des « règles du jeu » de la concertation locale : À quelle échelle est-elle menée ? Dans quelles conditions ? Sur quels thèmes ?

Par ailleurs, le plan doit instaurer un ou plusieurs conseils de concertation « dont il peut prévoir la composition »[1].

Enfin, des moyens matériels et financiers sont prévus en faveur des représentants des locataires dans le cadre de ces conseils.

Le plan est validé par le conseil d'administration ou le conseil de surveillance, il fait l'objet de bilans et est révisable.

812.84 **Apports de la loi « Égalité Citoyenneté » du 27 janvier 2017.** La loi du 27 janvier 2017 relative à l'égalité et à la citoyenneté a précisé la nature des moyens financiers mis à la disposition des associations par le plan de concertation locative.

« Il prévoit des moyens financiers, au moins égaux à 2 € par logement du patrimoine concerné par le plan et par an, pour soutenir les actions des associations qui participent à la concertation locative. Ces moyens sont répartis entre les associations de locataires en fonction de leur résultat aux dernières élections des représentants des locataires. L'usage de ces moyens et les modalités de suivi de cet usage sont définis dans le plan de concertation locative. Un bilan annuel de l'utilisation de ces moyens est adressé par les associations bénéficiaires à l'organisme concerné. » Ces dispositions s'appliquent depuis le 1er janvier 2019.

S'agissant des modalités de la répartition des deux euros de subvention, les termes « en fonction des résultats » conduisent à retenir une répartition strictement proportionnelle aux résultats des élections, sans conditionner la subvention, même partiellement, à une sorte d'évaluation des résultats quant aux actions réalisées. En effet, les associations constituant des personnes morales autonomes dans la gouvernance desquelles les bailleurs n'apparaissent pas, le versement d'une somme imposée par la loi ne peut être, pour des raisons évidentes de conflit d'intérêts, subordonné à l'appréciation du bailleur sur le contenu du bilan annuel à l'image d'une évaluation par un employeur qui intègre une part variable dans la rémunération d'un collaborateur en fonction d'un niveau de performance attendu. D'autre part, le caractère proportionnel du scrutin permet de répartir les financements au plus près des suffrages exprimés par les locataires ; l'intention du législateur étant d'édicter une règle de financement identique pour l'ensemble des bailleurs, mettre en place une part fixe et une part variable générerait des mises en œuvre opérationnelles forcément variables d'un bailleur à l'autre et contraire au principe général d'équité.

En revanche, il s'infère des termes de la loi que ce financement est accordé au titre des actions que chaque association doit mener, il ne s'agit donc pas de financer le fonctionnement général et indifférencié de l'association. Le bailleur est par conséquent fondé à exiger en contrepartie de sa participation un minimum de justificatifs quant à la réalité des actions menées par l'association, dans la conformité des usages définis par le plan de concertation. C'est la raison d'être de l'obligation matérielle de remise au bailleur du bilan annuel de l'association. Quant aux modalités de versement à préciser dans le plan de concertation, elles relèvent de la liberté des parties.

Par ailleurs, rien n'empêche un bailleur de verser des subventions d'un montant supérieur à deux euros ou de mettre en place des financements autres de type appel à projets. Ces deux options permettent de soutenir les associations en fonction de la réalité de leur implication sur le terrain, si celle-ci devait être différente du jugement des urnes.

2°
Conseil de concertation locative

812.91 **Formation.** Le conseil de concertation est évoqué dans les trois articles nouveaux de la loi du 23 décembre 1986 créés par la loi du 13 décembre 2000.

L'article 44 *bis* prévoit que le plan de concertation en précise le nombre et peut en prévoir la composition.

L'article 44 *ter* précise son objet et sa composition.

L'article 44 *quater* en fait le lieu naturel de la concertation, notamment en cas de travaux d'amélioration ou de démolition.

La loi ne précise pas le ressort d'activité de ces conseils dans le patrimoine du bailleur, ce qui n'est pas sans poser de difficultés. Les débats parlementaires n'apportent pas non plus de précision sur ce point[2].

Si le principe de leur création par le plan de concertation est bien retenu par l'article 44 *bis*, la seule contrainte est d'en nommer un ou plusieurs. Il existe bien ainsi une liberté que la loi n'encadre pas, ce qui ne serait pas dommageable s'il n'y avait risque

1. V. ss no 812.91.

2. NOT. : *JOAN CR* 17 mars 2000, p. 2285 s. ; *JO Sénat* 19 mai 2000, p. 2915.

de concurrence entre conseils de concertation au détriment de la concertation en matière de travaux ou de démolition par exemple[1].

812.92 **Objet.** Le conseil de concertation est un organe de consultation dont le champ d'intervention est vaste : il touche aux « différents aspects de la gestion de l'immeuble ou des ensembles immobiliers concernés », aux « projets d'amélioration et de construction - démolition » et enfin, plus généralement, à « toutes mesures touchant aux conditions d'habitat et au cadre de vie des habitants des ensembles immobiliers concernés ». Il est ainsi prévu de manière expresse sa consultation dans la mise en œuvre des obligations de sécurité et de tranquillité des locaux fixées par le décret du 3 mai 2002[2].

812.93 **Bilans.** Deux bilans ont été réalisés, en 2005 et en 2009, dans le parc locatif social HLM sur les plans et les conseils de concertation. 80 % des organismes enquêtés ont un conseil de concertation locative (CCL) unique par patrimoine. Pour 61 % de bailleurs enquêtés, le travail dans les CCL a abouti à des projets ou des actions concrètes. Les thèmes de concertation les plus fréquents sont : les charges et la qualité du service (+ de 80 % des cas) ; la tranquillité, la vie collective et le renouvellement urbain (démolition, réhabilitation, résidentialisation : + de 60 %) ; le supplément de loyer de solidarité (+ de 40 %) ; les travaux (+ de 20 %). Les bailleurs soulignent l'amélioration de la qualité des relations avec les associations qui en résulte, notamment quant aux échanges constructifs, à la relation de plus en plus confiante et à la meilleure efficacité des informations remontant des ensembles immobiliers gérés[3].

812.94 **Bilan 2015.** En 2015, l'Union sociale pour l'habitat, les fédérations qui la composent et les associations de locataires regroupées au sein de l'Instance de concertation nationale (ICN) ont établi un nouveau bilan du fonctionnement et des activités des conseils de concertation locative. Ce bilan a retenu les thématiques suivantes : projets patrimoniaux, projets stratégiques de l'organisme, charges locatives, entretien courant, maintenance et propreté, traitement des réclamations, le « vivre "ensemble" »[4].

812.95 **Composition.** Il est composé de représentants du bailleur et de représentants désignés par les locataires[5] dans les conditions prévues à l'article 44 de la loi du 23 décembre 1986. Peuvent ainsi être représentées les associations affiliées et celles regroupant au moins 10 % des locataires, auxquelles la loi du 13 décembre 2000 ajoute les « groupements de locataires affiliés » à l'une des associations nationales siégeant à la CNC. Les conditions de représentativité des associations sont différentes selon qu'il s'agit de leur participation à l'élaboration du plan de concertation locative ou du conseil de concertation locative. En effet, le législateur a souhaité que la concertation menée au sein du conseil de concertation, qui porte sur les différents aspects de la gestion de l'immeuble, soit élaborée avec les locataires dudit immeuble plutôt qu'avec les associations représentatives du patrimoine, plus éloignée de la vie courante de l'immeuble[6].

Une association de locataires qui intente une action en dommages-intérêts vis-à-vis du bailleur n'est pas tenue de répondre aux critères de représentativité de l'article 44 de la loi du 23 décembre 1986[7].

3°
Concertation en matière de travaux

812.101 **Concertation obligatoire.** La concertation est obligatoire dans un champ précis et avec des interlocuteurs désignés. L'article 44 *quater* pose une triple condition :

- le principe de la concertation préalable est posé dans le champ ainsi défini ;
- la concertation doit être menée à l'échelle de l'immeuble ou du groupe d'immeubles, parce qu'il renvoie à l'article 44, 1er alinéa ;
- la concertation est menée prioritairement dans le cadre du conseil de concertation, s'il existe évidemment. L'article 44 *quater* de la loi du 23 décembre 1986[8] impose une concertation préalable aux travaux mais il ne peut s'appliquer aux réhabilitations antérieures à la loi du 13 décembre 2000 qui crée l'article 44 *quater*[9].

Le bailleur qui, outre la consultation obligatoire prévue à l'article 44 *quater*, procède à une consultation individuelle des locataires prévue par l'article 42, mais non obligatoire, ne peut procéder à l'augmentation des loyers lorsque l'accord collectif de l'article 42 n'est pas approuvé à la majorité requise[10].

1. V. ss no 812.101.
2. V. ss no 213.21.
3. Dallagi, « HTC. Le conseil de concertation locative : un outil intégré au service du mieux vivre ensemble », *Cahiers d'Actualités Habitat*, no 140, janv. 2011.
4. Instance de concertation nationale, « Cadre de référence pour les plans et les conseils de concertation locative », 24 nov. 2015, Union sociale pour l'habitat.
5. Le conseil de concertation n'est pas nécessairement un organe paritaire.
6. Rép. min. no 120098, *JOAN Q* 28 févr., p. 1906.
7. Civ. 3e, 2 mai 2012, no 11-17.859, NP, *Administrer* no 458, oct. 2012, p. 50, obs. Canu.
8. L. no 86-1290, 23 déc. 1986, *JO* 24 déc., p. 15531.
9. Amiens, 1re ch., 16 mars 2006, no 04/01959, NP.
10. Civ. 3e, 22 janv. 2014, no 12-16.953, P III, no 5 ; *D. actu.*, 14 févr., obs. Dreveau.

812.102 **Champ d'application.** Sont concernées toutes les opérations d'amélioration « ayant une incidence sur le loyer ou les charges » et celles de construction-démolition. Par opposition, les travaux de grosses réparations ou ceux prescrits par l'administration en matière de sécurité par exemple ne devraient pas rentrer dans cette définition. Ainsi, des travaux de grosses réparations et de mise en conformité ne peuvent justifier une augmentation de loyer après leur réalisation[1].

La notion d'amélioration a fait l'objet d'une définition indicative aux termes de l'accord collectif national de location en date du 25 novembre 1983 intervenu entre les organisations représentatives nationales des locataires et une organisation représentative des bailleurs du deuxième secteur au sens de l'article 37 de la loi du 22 juin 1982[2]. Ce texte a été rendu obligatoire à tous les logements HLM par décret du 11 mai 1984[3] pris en application de l'article 47 de la loi du 22 juin 1982. Ainsi, l'annexe audit accord national identifie les travaux d'amélioration à travers trois catégories :

- ceux qui apportent un service ou une qualité supérieure au niveau de prestation déjà existant ;
- ceux qui permettent de diminuer les dépenses d'entretien et/ou d'exploitation ;
- ceux qui apportent une plus grande sécurité pour les biens comme pour les personnes.

812.103 **Partenaires.** Les interlocuteurs sont les représentants des locataires « désignés dans les conditions du premier alinéa de l'article 44 ». Il s'agit, à l'échelle de l'immeuble ou du groupe d'immeubles, des partenaires suivants :

- le groupement de locataires affilié à une organisation nationale de la CNC ;
- l'association affiliée à une organisation nationale de la CNC, au Conseil national de l'habitat ou au Conseil national de la consommation ;
- l'association non affiliée et représentant au moins 10 % des locataires.

Enfin, le texte ajoute que la concertation préalable obligatoire avant toute opération d'amélioration ou de construction - démolition est menée par priorité dans le cadre du conseil de concertation existant. À défaut, elle est menée avec les représentants des locataires dans l'immeuble ou le groupe d'immeubles ou, en leur absence, avec les locataires réunis à cet effet. L'idée d'un vote des locataires n'est cependant pas reprise dans les conditions posées par la loi, même si elle n'est pas écartée en pratique[4].

La concertation avec les représentants des locataires de la résidence concernée par les travaux ayant donné lieu à validation de l'ensemble du programme des travaux envisagés et étant intervenue avant le démarrage des travaux et l'envoi des appels d'offres, respecte les conditions légales posées par l'article 44 *quater* de la loi du 23 décembre 1986[5].

C.
Concertation dans le cadre des documents d'utilité sociale

812.111 **Concertation sur l'état du service rendu pour les conventions d'utilité sociale.** Chaque convention d'utilité sociale comporte, notamment, un état du service rendu aux locataires dans les immeubles ou les ensembles immobiliers[6].

Cet état doit être établi après une concertation menée avec les associations de locataires qui disposent d'une représentation dans le patrimoine du bailleur et qui sont affiliées à une organisation siégeant à la Commission nationale de concertation, ou au Conseil national de l'habitat ou bien au Conseil national de la consommation, ainsi qu'avec les représentants des associations de locataires ayant obtenu plus de 10 % des suffrages exprimés aux dernières élections et avec les administrateurs élus représentants des locataires[7]. Les associations affiliées à une organisation siégeant au Conseil national de l'habitat ou au Conseil national de la consommation ont été intégrées par le décret du 9 mai 2017[8].

Sous l'empire de la loi du 24 mars 2014, dite loi Alur, et jusqu'à la loi du 27 janvier 2017, la concertation avait pour objet, non pas le service rendu mais le classement des immeubles, établi en fonction du service rendu.

812.112 **Concertation sur les engagements pris en matière de gestion sociale pour les conventions d'utilité sociale.** Un autre document constitutif des

1. Douai, 13 nov. 2008, n° 07/05999.
2. L. n° 82-526, 22 juin 1982 relative aux droits et obligations des locataires et des bailleurs, *JO* 23 juin.
3. Décr. n° 82-364, 11 mai 1984 rendant obligatoire en application des art. 47 et 37 de la loi n° 82-526 du 22 juin 1982 un accord collectif national de location conclu le 23 novembre 1983 entre les représentants des organisations nationales représentatives des bailleurs dudit secteur et les représentants des organisations nationales représentatives des locataires, *JO* 15 mai.
4. Sur la concertation en matière de travaux d'efficacité énergétique, v. s^s n° 311.53.
5. Civ. 3e, 18 janv. 2011, n° 09-72.408, NP.
6. CCH, art. L. 445-1, al. 6.
7. CCH, art. R. 445-2-7.
8. Décr. n° 2017-922, 9 mai 2017 modifiant le chapitre III du titre V du livre III du code de la construction et de l'habitation relatif au régime juridique des logements locatifs conventionnés et le titre IV du livre IV du même code relatif aux rapports des organismes d'habitations à loyer modéré et des bénéficiaires, *JO* 10 mai.

CUS fait également l'objet d'une concertation, il s'agit des engagements pris par l'organisme en matière de gestion sociale, auparavant dénommé « cahier des charges de gestion sociale » avant que la loi du 23 novembre 2018[1], dite loi Élan, n'en change l'appellation. Ces engagements sont formalisés après concertation réalisée selon les conditions fixées dans le plan de concertation locative de l'article 44 *bis* de la loi du 23 décembre 1986[2].

812.113 **Modalités et engagements du bailleur en faveur de la concertation locativepour les conventions d'utilité sociale.** Doivent enfin être définies dans les CUS, à la fois les modalités de la concertation locative avec les locataires, dans le cadre fixé à l'article 44 *bis* de la loi du 23 décembre 1986, ainsi que les engagements pris par l'organisme en faveur d'une concertation avec les locataires, avec le bilan des actions menées dans le cadre du plan de concertation locative[3], notamment en termes de politique sociale et environnementale[4]. Ces éléments complémentaires de la CUS ont été intégrés par le décret du 9 mai 2017, pris en application de la loi Égalité et citoyenneté du 27 janvier 2017.

812.114 **Cadre stratégique d'utilité sociale à l'échelle des groupes.** Avec la reconnaissance par la loi du 23 novembre 2018, dite loi Élan, des groupes d'organismes de logement social, le législateur leur a imposé l'élaboration d'outils stratégiques dont le cadre stratégique d'utilité sociale commun à l'ensemble des membres du groupe, qu'il s'agisse d'organismes en liens capitalistiques au sens de l'article L. 233-3 du code de commerce ou regroupés autour d'une société de coordination au sens de l'article L. 423-1-2 du CCH.

Ce document stratégique définit en particulier, à l'échelle de l'ensemble des organismes constituant le groupe, des orientations générales et des objectifs chiffrés pour les engagements sur la qualité de service rendu aux locataires et la concertation locative avec les locataires[5].

SECTION 2
ACCORDS COLLECTIFS

812.121 **Plan – Domaines non limitatifs.** À la concertation institutionnalisée qui vient d'être décrite, le dispositif législatif[6] ajoute la possibilité de négocier des accords collectifs dont le domaine d'intervention est ouvert.

Il n'exige qu'un formalisme minimum dans la rédaction des accords mais il en précise clairement les conditions d'opposabilité à tous les locataires.

Il convient d'étudier successivement les domaines d'application et leurs limites (§ 1) et le cadre juridique de la négociation collective (§ 2).

§ 1
Domaines d'application et limites

812.131 **Plan – Respect de l'ordre public quant aux loyers et aux charges locatives.** Les domaines d'application sont multiples pour faciliter la recherche d'accords (A). Ceux-ci ne peuvent toutefois pas déroger aux principes posés par la loi dans le domaine des loyers et de la définition des charges (B).

A.
Domaines de la négociation

812.141 **Sources législatives.** Le législateur a cité certains exemples qu'il souhaitait privilégier tels que les charges locatives récupérables (à travers la maîtrise de leur évolution), les réparations locatives (*via* les grilles de vétusté), l'amélioration et l'entretien des logements et des parties communes, les locaux collectifs résidentiels. Pour le secteur HLM, les suppléments de loyer sont également évoqués.

Par ailleurs, la loi du 2 juillet 1966 relative à l'installation d'antennes réceptrices de radiodiffusion renvoie explicitement à la négociation d'un accord collectif de l'article 42 de la loi du 23 décembre 1986 « les modalités du remplacement d'une antenne collective par un réseau interne raccordé au réseau câblé »[7]. Un bailleur a proposé de substituer à l'antenne collective un raccordement collectif au câble à ses locataires de l'immeuble en leur demandant leur avis, puis leur a fait part de ce qu'une majorité d'entre eux avait accepté ce raccordement ; M. X... ayant avisé la bailleresse de son refus du changement, a saisi le juge en restitution de la somme correspondant au coût de l'installation ;

« Attendu que pour accueillir cette demande, le jugement retient que le bailleur ne peut prétendre que le raccordement au réseau collectif câblé aurait un caractère obligatoire pour tous les locataires en raison de l'acceptation de l'offre par la majorité d'entre eux, que le fait que ce "raccordement soit réputé applicable" implique seulement sa validité pour ceux qui l'ont accepté et que permettre à la bailleresse d'imposer aux preneurs un type particu-

1. L. n° 2018-1021, 23 nov. 2018 portant évolution du logement, de l'aménagement et du numérique, *JO* 24 nov.
2. CCH, art. L. 445-1, al. 12.
3. CCH, art. R. 445-2, al. 9.
4. CCH, art. L. 445-1, al. 13 et 14.
5. CCH, art. L. 423-1-1.
6. L. n° 86-1290, 23 déc. 1986, art. 42.
7. V. s[s] n°s 242.156 et 311.121 s.

lier d'équipement porte atteinte au principe de la libre concurrence.

Qu'en statuant ainsi, alors qu'un accord proposé par un bailleur et approuvé par la majorité des locataires s'impose à tous et que cet accord intervenu dans le respect des dispositions légales, ne va pas à l'encontre du principe de la libre concurrence, le Tribunal a violé les textes susvisés »[1].

Enfin, la loi du 13 décembre 2000 relative à la solidarité et au renouvellement urbains prévoit également de manière expresse l'intervention d'un accord de même nature pour définir les conditions de l'individualisation des contrats de fourniture d'eau dans les immeubles collectifs[2].

812.142 **Accords collectifs : vers une amélioration des rapports entre bailleurs et locataires.** Des accords collectifs peuvent être librement conclus dans le respect des obligations générales des bailleurs et des locataires. Les accords collectifs ont pour objet d'améliorer les rapports entre bailleurs et locataires, tout en respectant l'équilibre économique et juridique du contrat de location. Ainsi un accord collectif peut, pour améliorer la sécurité, prévoir la pose de volets aux fenêtres avec la participation financière des locataires[3].

Une réponse ministérielle va jusqu'à admettre la possibilité d'une contribution des locataires aux fins de remplacement de boîtes aux lettres vétustes ou de leur mise aux normes dans le cadre d'un accord collectif local signé selon les dispositions de l'article 42[4]. Cette position adopte une lecture extensive de la notion d'amélioration.

812.143 **Applications.** Au début des années quatre-vingt, les préoccupations dans la négociation d'accords collectifs locaux ont porté prioritairement sur la sécurisation des rapports locatifs, à travers la rédaction de documents contractuels tels que les états des lieux. De même, la formalisation de grilles de vétusté à prendre en compte dans le calcul des réparations locatives lors du départ des locataires a fortement mobilisé les partenaires locaux.

Très vite cependant, de nombreux accords de patrimoine ont concerné les travaux, avec leurs conséquences sur les loyers puis la maîtrise des charges locatives récupérables.

812.144 **Prolongation du mouvement au niveau local.** Ce mouvement s'est prolongé au niveau local et a concerné souvent l'amélioration de la sécurité des logements collectifs (avec la pose de dispositifs de type digicode et interphone), le contenu et l'amélioration du confort des logements, la rédaction de grilles de vétusté. Ainsi pour une majoration de loyer à la suite d'un accord collectif intervenu pour l'installation de portes blindées et autorisée par le Directeur départemental de l'équipement[5].

Attendu que l'article 42 de la loi du 23 décembre 1986 permet au bailleur de proposer directement aux locataires des accords collectifs réputés applicables dès lors qu'ils ont été approuvés par écrit par la majorité des locataires dans un délai maximum d'un mois à compter de la réception de la notification individuelle faite aux preneurs par le bailleur ; qu'ayant constaté que l'accord collectif du 28 novembre 2003, concernant l'installation d'un portier interphone et l'augmentation annuelle des charges, avait été approuvé par la majorité des locataires de la résidence dans le délai d'un mois, la cour d'appel en a exactement déduit que l'accord était valable et opposable[6].

En général, ces accords ont, pour l'essentiel, été négociés dans les secteurs locatifs I et II, à savoir les ensembles de logements appartenant à des organismes d'HLM, à des sociétés d'économie mixte ou aux sociétés immobilières de la Caisse des dépôts et consignations ainsi qu'aux sociétés filiales d'un organisme collecteur de la contribution des employeurs à l'effort de construction, et, dans une moindre mesure dans le secteur III, qui vise les logements appartenant aux sociétés d'assurances, aux établissements de crédit et aux filiales de ces organismes.

B. Limites

812.151 **Deux limitations.** Le législateur, s'il a laissé largement ouvert le champ de la négociation, a cependant prescrit deux limites quant au contenu et aux conséquences de tels accords, l'une explicite, l'autre implicite.

812.152 **Limite explicite : les règles de plafond en matière de loyers.** L'article 54 de la loi du 23 décembre 1986 modifiée interdit toute dérogation aux règles générales de fixation et d'évolution des loyers, même par accord collectif, qu'il soit national, départemental ou local.

Sont visés tant les loyers maxima résultant des conventions signées avec l'État en application de l'article L. 351-2 du CCH, que les règles de fixation des loyers des logements financés par des prêts du

1. Civ. 3e, 28 juin 2000, n° 97-21.684, P III, n° 131. *D.* 2000. 227; *Administrer* oct. 2001, p. 56, obs. Canu ; *RTD civ.* 2001. 160, obs. P.-Y. Gautier.
2. L. n° 2000-1208, 13 déc. 2000, art. 93 – Décr. n° 2003-408, 28 avr. 2003, *JO* 6 mai, p. 7854.
3. Civ. 3e, 25 avr. 1990, n° 88-19.011, P III, n° 98 ; *D.* 1990. 124; *JCP* 1990. 231 ; *Gaz. Pal.* oct. 1990, 165, [loi de 1982].
4. Rép. min. n° 45425, *JOAN Q* 13 janv. 1997, p. 144.
5. Toulouse, 19 nov. 2002, n° 2001/04603, NP.
6. Civ. 3e, 17 sept. 2008, n° 07-15.784, P III, n° 135.

Crédit Foncier de France ou de ceux soumis à la loi du 1er septembre 1948.

Pour les HLM enfin, les règles de fixation et d'évolution des loyers résultant soit de l'article L. 353-16 du CCH sur le loyer plafond des conventions APL soit de l'article L. 442-1 du CCH sont intangibles [1].

Dès lors, une participation financière des locataires que l'accord collectif n'aurait pas limitée dans le temps viendrait par conséquent se capitaliser et s'assimiler à un loyer complémentaire ; la hausse correspondante du loyer pratiqué ne peut donc s'envisager que dans le respect des limites légales de révision des loyers HLM.

812.153 Limite implicite : l'encadrement des charges locatives récupérables. En matière de charges récupérables, la liste annexée au décret relatif aux charges récupérables est limitative [2]. Elle ne pourrait être allongée ou modifiée par un accord collectif, sauf disposition législative plus favorable.

Ainsi, dans le cadre de l'article 41 de la loi du 6 juillet 1989, selon laquelle pour la période concernée du 13 novembre 1982 au 31 décembre 1986, les services rendus liés à l'usage des différents éléments de la chose louée prévus par l'article L. 442-3 du Code de la construction et de l'habitation n'incluaient pas les dépenses du personnel chargé de l'entretien des parties communes et de l'élimination des rejets, il a été jugé qu'un accord collectif, conclu en application de l'article 44 de la loi du 22 juin 1982, ne pouvait mettre à la charge des locataires de telles dépenses [3].

Un accord collectif de location ne peut déroger aux dispositions des lois des 23 décembre 1986 et 6 juillet 1989 ni contenir renonciation à un droit d'ordre public. Ainsi, si l'article 42 a un caractère non limitatif pour définir l'objet de l'accord, une association de locataires et un bailleur ne peuvent s'entendre pour déroger à la liste du décret relatif aux charges récupérables, il ne s'agit pas d'un ordre public de protection auquel les locataires pourraient renoncer [4].

Toutefois, la mise en application d'un contrat « multiservices », proposée aux locataires par la société et approuvée après constat d'huissier par plus de 65 % des locataires, s'impose à tous [5].

812.154 Évolutions. La législation a, cependant, évolué. La réflexion intervenue à la suite de la remise par P. Pelletier au ministre du Logement d'un rapport sur les charges récupérables [6], a permis l'évolution des textes. La loi du 13 juillet 2006 [7] autorise dorénavant la signature d'accords collectifs allongeant la liste des charges dans les deux domaines de la sécurité et du développement durable.

§ 2
Cadre juridique de la négociation collective

812.161 Plan – Dispositions de la loi du 23 décembre 1986. Les articles 41 *ter* et 42 de la loi du 23 décembre 1986 modifiée, dite loi Méhaignerie, définissent le cadre juridique de la négociation collective dans les rapports entre locataires et bailleurs.

Tous les secteurs locatifs sont ici concernés [8].

Il convient d'étudier successivement l'étendue de l'accord collectif (A), la représentativité des locataires et de leurs associations (B), la notification de l'accord et la réponse du locataire (C) et l'opposabilité de l'accord (D).

A.
Étendue de l'accord collectif

812.171 Tout ou partie du patrimoine. L'article 42 de la loi du 23 décembre 1986 renvoie à « tout ou partie » du patrimoine. Par conséquent, l'accord peut être conclu à l'échelle d'un bâtiment ou d'un groupe, d'un quartier, ou sur tout le patrimoine du même bailleur.

B.
Représentativité des locataires et de leurs associations

812.181 Association de locataires ou locataires. Les accords locaux peuvent être négociés selon deux modalités : soit avec une ou des associations de locataires présentes sur le terrain, soit, à défaut, directement avec les locataires eux-mêmes. Dans les deux cas cependant il convient de souligner qu'un accord collectif de l'article 42 est opposable aux locataires qu'il concerne que s'il a fait l'objet d'un vote de ceux-ci.

812.182 Négociation avec les associations. Les accords négociés avec les associations sont obliga-

1. V. ss nos 635.91 s.
2. V. ss no 242.20.
3. Civ. 3e, 9 oct. 1991, no 90-11.928, NP, *Gaz. Pal.* 2 févr. 1992
4. Civ. 3e, 19 janv. 2000, no 98-12.658, P III, no 9 ; *D.* 2000. 34; *Loyers et copr.*, no 84, note B. Vial-Pedroletti ; *Administrer* oct. 2000, p. 45, Comm. B. Gauclère. *D.* 2000. IR 34
5. Douai, 21 juin 2007, no 06/01089, NP.
6. Ph. Pelletier, « Les charges locatives », juin 2003, ministère de l'Équipement, des Transports, du Logement, du Tourisme et de la Mer.
7. L. no 2006-872, 13 juill. 2006 portant engagement national pour le logement, *JO* 16 juill., p. 10662.
8. Sur la définition des secteurs locatifs, v. ss no 812.22.

toires sur tout ou partie du patrimoine, dès lors qu'ils ont été conclus[1] :

- soit par une ou plusieurs associations affiliées à une organisation siégeant à la commission nationale de concertation, présentes dans le patrimoine du bailleur ;

- soit par une ou plusieurs associations regroupant au moins 50 % des voix des locataires aux élections au conseil d'administration ou au conseil de surveillance de l'organisme ;

- soit par une ou plusieurs associations regroupant au moins 20 % des locataires concernés par l'accord. Ces chiffres concernent les adhérents des associations et non les votes au conseil d'administration qui ne peuvent être mesurés par immeuble ou groupe d'immeubles.

C'est à l'association de démontrer sa représentativité par tous moyens.

À la fin de la négociation, le projet d'accord est formalisé par écrit, avant transmission à l'ensemble des locataires.

	Avant la loi du 25 mars 2009	Après la loi du 25 mars 2009
Représentativité des associations	• L'association (ou les associations) doit (doivent), pour pouvoir signer un accord collectif : – soit regrouper le tiers des locataires concernés par l'accord ; – soit regrouper 20 % des locataires concernés, si l'association (ou les associations) est (sont) affiliée(s) à une organisation siégeant à la commission nationale de concertation (CGL-CNL-CLCV-CSF-AFOC).	• Les accords négociés avec les associations sont obligatoires sur tout ou partie du patrimoine dès lors qu'ils ont été conclus : – soit par une ou plusieurs associations affiliées à une organisation siégeant à la commission nationale de concertation, présentes dans le patrimoine du bailleur ; – soit par une ou plusieurs associations regroupant au moins 50 % des voix des locataires aux élections au conseil d'administration ou au conseil de surveillance de l'organisme ; – soit par une ou plusieurs associations regroupant au moins 20 % des locataires concernés par l'accord.

1. L. n° 2009-323, 25 mars 2009 de mobilisation pour le logement et la lutte contre l'exclusion, art. 13, *JO* 27 mars, p. 5408 – SUR CETTE LOI : N. Damas, *AJDI* 2009. 274; *D.* 2010. Pan. 1168, spéc. 1177 ; Lafond, *JCP N* 2009, n° 1136 ; Canu, *Rev. loyers* 2009. 262 ; Raclet, *Administrer* août-sept. 2009. 7.

812.183 Accord collectif conclu directement avec les locataires. L'accord est, dans ce cas, passé directement par le bailleur, par écrit, avec les locataires concernés.

L'article 42 de la loi du 23 décembre 1986 a été complété par la loi du 13 décembre 2000[2]. Les bailleurs ne pourront proposer d'accords directement aux locataires qu'« en l'absence » d'accords signés avec les représentants.

C. Notification de l'accord et réponse du locataire

812.191 Contenu de l'accord. Le formalisme a été réduit au minimum par la législation. Elle précise que :

1° La durée de l'accord peut être déterminée ou indéterminée. En cas d'accord à durée indéterminée, la précision des conditions de dénonciation de l'accord est primordiale. Il peut, par exemple, être prévu que l'accord sera dénoncé si une majorité de locataires supérieure à celle qui a voté l'accord se manifeste.

2° L'accord doit préciser les conditions de sa dénonciation, de son renouvellement ou de sa révision.

812.192 Information du locataire. L'information du locataire doit être claire et complète, notamment sur :

- les objectifs de l'accord ;
- le contenu de l'accord proposé et ses incidences, notamment sur les loyers, le cas échéant ;
- sa durée ;
- les conditions de réponse des locataires et notamment le délai de réponse ;
- les conditions de dénonciation, de renouvellement ou de révision de l'accord.

812.193 Modalités de réponse du locataire. La loi du 25 mars 2009[3] impose une réponse écrite du locataire.

La réponse doit parvenir dans le délai de deux mois à compter de la réception de la notification individuelle par le bailleur. Compte tenu des règles de majorité énoncées, le bailleur doit pouvoir démontrer que l'accord a bien été accepté et il devra

2. L. n° 2000-1208, 13 déc. 2000, art. 193, 1°.
3. L. n° 2009-323, 25 mars 2009 de mobilisation pour le logement et la lutte contre l'exclusion, *JO* 27 mars, p. 5408 – SUR CETTE LOI : N. Damas, *AJDI* 2009. 274; *D.* 2010. Pan. 1168, spéc. 1177 ; Lafond, *JCP N* 2009, n° 1136 ; Canu, *Rev. loyers* 2009. 262 ; Raclet, *Administrer* août-sept. 2009. 7.

conserver en conséquence les éléments de preuve pendant au moins toute la durée de l'accord (voir davantage si l'accord a, par exemple, une incidence sur les loyers).

D.
Opposabilité de l'accord

812.201 Accords négociés avec une association. L'accord négocié avec l'association doit toujours être transmis à tous les locataires concernés. Ces accords ne sont pas obligatoires s'ils ont été rejetés par écrit par 50 % des locataires concernés, dans un délai de deux mois à compter de leur notification individuelle par le bailleur.

L'accord visant à offrir à l'ensemble des locataires un service télévisuel nouveau donnant lieu à un abonnement récupéré par l'office d'HLM est opposable aux locataires, qu'ils utilisent ou non ce service mis à leur disposition[1].

812.202 Accord négocié directement. Ces accords sont réputés applicables dès lors qu'ils ont été approuvés, par écrit, par la majorité des locataires concernés par l'accord qui se sont exprimés, dans un délai de deux mois à compter de la réception de la notification individuelle par le bailleur, à condition que 25 % des locataires concernés par l'accord se soient exprimés. À défaut, une nouvelle consultation est alors engagée et l'accord est réputé applicable dès lors qu'il a été approuvé, par écrit, par la majorité des locataires qui se sont exprimés, dans un délai de deux mois à compter de la réception de la nouvelle notification individuelle par le bailleur.

Dans tous les cas, il n'est attribué qu'une seule voix par logement loué.

812.203 Assouplissement des règles de majorité. La loi du 25 mars 2009[2] a assoupli les règles de majorité pour rendre l'accord opposable et exprime ainsi la volonté du législateur de favoriser les accords collectifs. Pour calculer la majorité requise ne sont plus comptées que les voix des locataires qui se sont exprimés, au lieu et place de celles des locataires inscrits, antérieurement à la loi du 25 mars 2009, ce qui signifiait auparavant que les abstentions étaient considérées comme des votes négatifs.

Conditions de vote des locataires	Avant la loi du 25 mars 2009	Après la loi du 25 mars 2009
Accord signé avec une ou des associations	L'accord n'est opposable que s'il n'est pas rejeté, par écrit, dans le délai d'un mois, par un nombre de locataires supérieur à celui que regroupe(nt) l'association ou les associations signataires	Ces accords ne sont pas obligatoires s'ils ont été rejetés, par écrit, par 50 % des locataires concernés, dans un délai de deux mois à compter de leur notification individuelle par le bailleur
Accord négocié directement avec les locataires	L'accord est applicable si la proposition du bailleur est approuvée par écrit par la majorité des locataires concernés, dans le délai d'un mois	Ces accords sont réputés applicables s'ils ont été approuvés, par écrit, par la majorité des locataires concernés qui se sont exprimés, dans un délai de deux mois après notification par le bailleur, si au moins 25 % des locataires concernés par l'accord ont voté. À défaut, après un nouveau vote, l'accord est réputé applicable s'il a été approuvé, par écrit, par la majorité des locataires qui se sont exprimés, dans un délai de deux mois

812.204 Opposabilité de l'accord aux locataires en général. L'accord une fois voté dans les conditions décrites est opposable à tous les locataires concernés à l'échelle qui a été choisie pour l'accord. Un accord proposé par un bailleur et approuvé par la majorité des locataires s'impose à tous[3]. Il s'impose dans le délai de deux mois visé à l'article 42, à compter de sa notification individuelle par le bailleur. Un accord collectif concernant l'installation d'un portier interphone et l'augmentation annuelle des charges, avait été approuvé par la majorité des locataires de la résidence dans le délai d'un mois, la cour d'appel en a exactement déduit que l'accord était valable et opposable à Mme X., peu important que cette dernière ait été invitée à se prononcer sur la proposition de la bailleresse sous quinze jours[4].

S'agissant des nouveaux locataires qui entrent dans les lieux après conclusion de l'accord, il est

1. Rennes, 4e ch., 2 févr. 2012, *JurisData* 003829, *Loyers et copr.* 2012, n° 138.
2. L. n° 2009-323, 25 mars 2009 de mobilisation pour le logement et la lutte contre l'exclusion, *JO* 27 mars, p. 5408.
3. Civ. 3e, 28 juin 2000, n° 97-21.684, P III, n° 131 ; *D.* 2000. 227; *Rev. loyers* 2000. 447 ; *Administrer* oct. 2001, p. 56 ; *RTD civ.* 2001. 160, obs. P.-Y. Gautier, à propos d'un accord visant à substituer à l'antenne collective un raccordement collectif au câble.
4. Civ. 3e, 17 sept. 2008, n° 07-15.784, P III, n° 135 ; *Administrer* août-sept. 2009, p. 17. La décision est antérieure à la modification intervenue dans la loi du 25 mars 2009 qui impose dorénavant un délai de deux mois.

habituellement admis que les conditions de l'accord leur sont opposables en raison du caractère matériel et objectif, et non personnel, des prestations ou des travaux réalisés dans l'immeuble au titre de l'accord. C'est le cas par exemple d'un accord collectif conclu pour l'installation d'un nouveau service télévisuel et dont les termes stipulent son application aux nouveaux locataires [1].

Mais le bailleur étant tenu d'indiquer les conditions financières du bail à tout nouveau locataire, il encourt le risque d'une contestation s'il omet l'existence de l'accord lors de la signature du bail. Jugé ainsi que si l'accord collectif est obligatoire même envers les locataires qui ne l'étaient pas encore au moment où il a été conclu, c'est à la condition que son existence soit rappelée dans les contrats souscrits postérieurement. En effet, le bail doit déterminer les obligations incombant à chacune des parties afin que le preneur contracte en connaissance de cause [2].

1. Rennes, 4e ch., 2 févr. 2012, *JurisData* 003829, *Loyers et copr.* 2012, n° 138.

2. Rouen, ch. de la prox., 3 juin 2010, n° 09/03862.

CHAPITRE

813. Mesures préventives à l'expulsion

SECTION 0 ORIENTEUR

813.00 Plan du chapitre.

Division. Il convient d'étudier successivement l'expulsion et la prévention (sect. 1), les politiques menées entre 1990 et 2005 (sect. 2) et entre 2005 et 2013 (sect. 3) et la loi du 24 mars 2014, dite loi Alur (sect. 4).

813.01 Principaux textes applicables.

TEXTES SOURCES

- **L. n° 89-462, 6 juill. 1989,** art. 24.
- **CCH,** art. L. 353-15-2, L. 442-6-5.
- **L. n° 2009-323, 25 mars 2009** de mobilisation pour le logement et la lutte contre l'exclusion, *JO* 27 mars, p. 5408.
- **L. n° 2014-366, 24 mars 2014** pour l'accès au logement et un urbanisme rénové, *JO* 26 mars, p. 5809.
- **L. n° 2018-1021, 23 nov. 2018** portant évolution du logement, de l'aménagement et du numérique, art. 118, *JO* 24 nov., n° 1.
- **L. n° 2020-546, 11 mai 2020** prorogeant l'état d'urgence sanitaire et complétant ses dispositions, art. 10, *JO* 12 mai, n° 1.
- **Décr. n° 2015-1384, 30 oct. 2015** relatif à la commission de coordination des actions de prévention des expulsions locatives, *JO* 31 oct., p. 20411.
- **Décr. n° 2016-393, 31 mars 2016** relatif à la charte pour la prévention de l'expulsion, *JO* 1er avr., n° 49.
- **Instruction du 22 mars 2017** relative à la mise en œuvre du plan interministériel pour la prévention des expulsions locatives (NOR : LHAL1709078C).
- **Guide annexe à l'instruction du 22 mars 2017.**
- **Décr. n° 2017-923, 9 mai 2017** relatif au document d'information en vue de l'audience délivré aux locataires assignés aux fins de constat ou de prononcé de la résiliation du contrat de bail, *JO* 10 mai, n° 174.
- **Décr. n° 2019-455, 16 mai 2019** relatif à l'information des bailleurs quant aux conséquences de l'absence de contestation des décisions de la commission du surendettement et du juge du surendettement sur la décision d'expulsion conditionnelle antérieurement rendue par le juge du bail, *JO* 17 mai, n° 1.
- **Instruction du 2 juill. 2020,** réf. D20008000, relative à l'hébergement d'urgence.

TEXTES *IN EXTENSO*

- **L. 6 juill. 1989,** art. 24

I. – Toute clause prévoyant la résiliation de plein droit du contrat de location pour défaut de paiement du loyer ou des charges aux termes convenus ou pour non-versement du dépôt de garantie ne produit effet que deux mois après un commandement de payer demeuré infructueux.

Le commandement de payer contient, à peine de nullité :

1° La mention que le locataire dispose d'un délai de deux mois pour payer sa dette ;

2° Le montant mensuel du loyer et des charges ;

3° Le décompte de la dette ;

4° L'avertissement qu'à défaut de paiement ou d'avoir sollicité des délais de paiement, le locataire s'expose à une procédure judiciaire de résiliation de son bail et d'expulsion ;

5° La mention de la possibilité pour le locataire de saisir le fonds de solidarité pour le logement de son département, dont l'adresse est précisée, aux fins de solliciter une aide financière ;

6° La mention de la possibilité pour le locataire de saisir, à tout moment, la juridiction compétente aux fins de demander un délai de grâce sur le fondement de l'article 1343-5 du code civil.

Lorsque les obligations résultant d'un contrat de location conclu en application du présent titre sont garanties par un cautionnement, le commandement de payer est signifié à la caution dans un délai de quinze jours à compter de sa signification au locataire. À défaut, la caution ne peut être tenue au paiement des pénalités ou des intérêts de retard.

Le représentant de l'État dans le département fixe, par arrêté, le montant et l'ancienneté de la dette au-delà desquels les commandements de payer, délivrés pour le compte d'un bailleur personne physique ou société civile constituée exclusivement entre parents et alliés jusqu'au quatrième degré inclus, sont signalés par l'huissier de justice à la commission de coordination des actions de prévention des expulsions locatives prévue à l'article 7-2 de la loi n° 90-449 du 31 mai 1990 précitée. Ce signalement est fait dès lors que l'un des deux seuils est atteint. Il s'effectue par voie électronique par l'intermédiaire du système d'information prévu au dernier alinéa du même article 7-2.

L'arrêté mentionné à l'avant-dernier alinéa du présent I est pris après avis du comité responsable du plan départemental d'action pour le logement et l'hébergement des personnes défavorisées ainsi que de la chambre départementale des huissiers de justice. Les modalités de détermination du montant et de l'ancienneté de la dette au-delà desquels les commandements sont signalés sont fixées par décret en Conseil d'État.

II. – Les bailleurs personnes morales autres qu'une société civile constituée exclusivement entre parents et alliés jusqu'au quatrième degré inclus ne peuvent faire délivrer, sous peine d'irrecevabilité de la demande, une assignation aux fins de constat de résiliation du bail avant l'expiration d'un délai de deux mois suivant la saisine de la commission de coordination des actions de prévention des expulsions locatives prévue à l'article 7-2 de la loi n° 90-449 du 31 mai 1990 précitée. Cette saisine est réputée constituée lorsque persiste une situation d'impayés, préalablement signalée dans les conditions réglementaires aux organismes payeurs des aides au logement en vue d'assurer le maintien du versement des aides mentionnées à l'article L. 821-1 du code de la construction et de l'habitation. Cette saisine, qui contient les mêmes informations que celles des signalements par les huissiers de justice des commandements de payer prévus au I du présent article, s'effectue par voie électronique par l'intermédiaire du système d'information prévu au dernier alinéa de l'article 7-2 de la loi n° 90-449 du 31 mai 1990 précitée.

III. – À peine d'irrecevabilité de la demande, l'assignation aux fins de constat de la résiliation est notifiée à la diligence de l'huissier de justice au représentant de l'État dans le département au moins deux mois avant l'audience, afin qu'il saisisse l'organisme compétent désigné par le plan départemental d'action pour le logement et l'hébergement des personnes défavorisées, suivant la répartition de l'offre globale de services d'accompagnement vers et dans le logement prévue à l'article 4 de la loi n° 90-449 du 31 mai 1990 précitée. Cette notification s'effectue par voie électronique par l'intermédiaire du système d'information prévu au dernier alinéa de l'article 7-2 de la même loi. La saisine de l'organisme mentionné à la première phrase du présent III peut s'effectuer par voie électronique, selon des modalités fixées par décret. L'organisme saisi réalise un diagnostic social et financier, selon des modalités et avec un contenu précisés par décret, au cours duquel le locataire et le bailleur sont mis en mesure de présenter leurs observations, et le transmet au juge avant l'audience, ainsi qu'à la commission de coordination des actions de prévention des expulsions locatives ; le cas échéant, les observations écrites des intéressés sont jointes au diagnostic.

IV. – Les II et III sont applicables aux assignations tendant au prononcé de la résiliation du bail lorsqu'elle est motivée par l'existence d'une dette locative du preneur. Ils sont également applicables aux demandes additionnelles et reconventionnelles aux fins de constat ou de prononcé de la résiliation motivées par l'existence d'une dette locative, la notification au représentant de l'État dans le département incombant au bailleur.

V. – Le juge peut, même d'office, accorder des délais de paiement dans la limite de trois années, par dérogation au délai prévu au premier alinéa de l'article 1343-5 du code civil, au locataire en situation de régler sa dette locative. Le quatrième alinéa de l'article 1343-5 s'applique lorsque la décision du juge est prise sur le fondement du présent alinéa. Le juge peut d'office vérifier tout élément constitutif de la dette locative et le respect de l'obligation prévue au premier alinéa de l'article 6 de la présente loi. Il invite les parties à lui produire tous éléments relatifs à l'existence d'une procédure de traitement du surendettement au sens du livre VII du code de la consommation.

VI. – Par dérogation à la première phrase du V, lorsqu'une procédure de traitement du surendettement au sens du livre VII du code de la consommation a été ouverte au bénéfice du locataire et qu'au jour de l'audience, le locataire a repris le paiement du loyer et des charges, le juge qui constate l'acquisition de la clause de résiliation de plein droit du contrat de location statue dans les conditions suivantes :

1° Lorsque la commission de surendettement des particuliers a rendu une décision de recevabilité de la demande de traitement de la situation de surendettement formée par le locataire, le juge accorde des délais de paiement jusqu'à, selon les cas, l'approbation du plan conventionnel de redressement prévu à l'article L. 732-1 du code de la consommation, la décision imposant les mesures prévues aux articles L. 733-1, L. 733-4, L. 733-7 et L. 741-1 du même code, le jugement prononçant un rétablissement personnel sans liquidation judiciaire, le jugement d'ouverture d'une procédure de rétablissement personnel avec liquidation judiciaire ou toute décision de clôture de la procédure de traitement du surendettement ;

2° Lorsqu'un plan conventionnel de redressement prévu à l'article L. 732-1 dudit code a été approuvé ou que la commission de surendettement des particuliers a imposé les mesures prévues aux articles L. 733-1, L. 733-4 et L. 733-7 du même code, dont le bailleur a été avisé, le juge accorde les délais et modalités de paiement de la dette locative contenus dans le plan ou imposés par la commission de surendettement des particuliers. Lorsque la commission de surendettement des particuliers a imposé pendant un délai la suspension de l'exigibilité de la créance locative en application du 4° de l'article L. 733-1 du même code, le juge accorde ce délai prolongé de trois mois pour permettre au locataire de saisir à nouveau la commission de surendettement des particuliers en application de l'article L. 733-2 du même code. Lorsque, dans ce délai, la commission de surendettement des particuliers a de nouveau été saisie d'une demande de traitement de la situation de surendettement, l'exigibilité de la créance locative demeure suspendue jusqu'à, selon les cas, l'approbation d'un plan conventionnel de redressement prévu à l'article L. 732-1 du même code, la décision imposant les mesures prévues aux articles L. 733-1, L. 733-4, L. 733-7 et L. 741-1 du même code, le jugement prononçant un rétablissement personnel sans liquidation judiciaire, le jugement d'ouverture d'une procédure de rétablissement personnel avec liquidation judiciaire ou toute décision de clôture de la procédure de traitement du surendettement. À défaut, ou dès lors que la nouvelle procédure de traitement du surendettement est clôturée sans que de nouveaux délais de paiement de la dette locative aient été accordés, la clause de résiliation de plein droit reprend son plein effet ;

3° Par dérogation au 2° du présent VI, lorsqu'en application de l'article L. 733-10 du même code, une contestation a été formée par l'une des parties contre les délais et modalités de paiement de la dette locative imposés par la commission de surendettement des particuliers, le juge accorde des délais de paiement jusqu'à la décision du juge statuant sur cette contestation ;

4° Lorsque le juge statuant en application de l'article L. 733-10 du même code a pris tout ou partie des mesures mentionnées au 2° du présent VI, le juge accorde les délais et modalités de paiement de la dette locative imposés dans ces mesures. Lorsque la suspension de l'exigibilité de la créance locative a été imposée pendant un délai en application du 4° de l'article L. 733-1 du code de la consommation, le juge accorde ce délai prolongé de trois mois pour permettre au locataire de saisir à nouveau la commission de surendettement des particuliers en application de l'article L. 733-2 du même code. Lorsque, dans ce délai, la commission de surendettement des particuliers a de nouveau été saisie d'une demande de traitement de la situation de surendettement, l'exigibilité de la créance locative demeure suspendue jusqu'à, selon les cas, l'approbation d'un plan conventionnel de redressement prévu à l'article L. 732-1 dudit code, la décision imposant les mesures prévues aux articles L. 733-1, L. 733-4, L. 733-7 et L. 741-1 du même code, le jugement prononçant un rétablissement personnel sans liquidation judiciaire, le jugement d'ouverture d'une procédure de rétablissement personnel avec liquidation judiciaire ou toute décision de clôture de la procédure de traitement du surendettement. À défaut, ou dès lors que la nouvelle procédure de traitement du surendettement est clôturée sans que de nouveaux délais de paiement de la dette locative aient été accordés, la clause de résiliation de plein droit reprend son plein effet.

VII. – Pendant le cours des délais accordés par le juge dans les conditions prévues aux V et VI du présent article, les effets de la clause de résiliation de plein droit sont suspendus. Ces délais et les modalités de paiement accordés ne peuvent affecter l'exécution du contrat de location et notamment suspendre le paiement du loyer et des charges.

Si le locataire se libère de sa dette locative dans le délai et selon les modalités fixés par le juge, la clause de résiliation de plein droit est réputée ne pas avoir joué. Dans le cas contraire, elle reprend son plein effet.

VIII. – Lorsqu'un rétablissement personnel sans liquidation judiciaire a été imposé par la commission de surendettement des particuliers ou prononcé par le juge ou lorsqu'un jugement de clôture d'une procédure de rétablissement personnel avec liquidation judiciaire a été rendu, le juge suspend les effets de la clause de résiliation de plein droit pendant un délai de deux ans à partir de la date de la décision imposant les mesures d'effacement ou du jugement de clôture.

Par dérogation au premier alinéa du présent VIII, lorsqu'en application de l'article L. 741-4 du code de la consommation, une contestation a été formée par l'une des parties contre la décision de la commission de surendettement des particuliers imposant un rétablissement personnel sans liquidation judiciaire, le juge suspend les effets de la clause de résiliation de plein droit jusqu'à la décision du juge statuant sur cette contestation.

Ce délai ne peut affecter l'exécution du contrat de location et notamment suspendre le paiement du loyer et des charges.

Si le locataire s'est acquitté du paiement des loyers et des charges conformément au contrat de location pendant le délai de deux ans mentionné au premier alinéa du présent VIII, la clause de résiliation de plein droit est réputée ne pas avoir joué. Dans le cas contraire, elle reprend son plein effet.

IX. – La notification de la décision de justice prononçant l'expulsion indique les modalités de saisine et l'adresse de la commission de médiation prévue à l'article L. 441-2-3 du code de la construction et de l'habitation.

• **CCH,** art. L. 353-15-2

Lorsque le bail de l'occupant d'un logement appartenant à un organisme d'habitations à loyer modéré ou géré par lui est résilié par décision judiciaire pour défaut de paiement de loyer et de charges, la signature d'un protocole d'accord conclu entre le bailleur et l'intéressé en vue du rétablissement du bail vaut titre d'occupation et donne droit à l'aide personnalisée au logement instituée par l'article L. 821-1. Dans des conditions fixées par décret, le droit à l'aide personnalisée au logement peut être étendu à la période comprise entre la résiliation du bail et la conclusion du protocole. Dans ce cas, la prescription prévue à l'article L. 821-7 n'est pas applicable au paiement de l'aide personnalisée au logement.

L'occupant s'engage à payer régulièrement l'indemnité d'occupation et les charges fixées dans la décision judiciaire et à respecter un plan d'apurement de sa dette locative approuvé par l'organisme payeur mentionné à l'article L. 824-2 et joint au protocole.

Pour permettre le respect du plan d'apurement, l'organisme payeur mentionné au deuxième alinéa procède, en tant que de besoin, à la saisine du fonds de solidarité pour le logement par application des dispositions de l'article 6-2 de la loi n° 90-449 du 31 mai 1990 visant à la mise en œuvre du droit au logement.

En l'absence de dette locative, le protocole prévoit que l'occupant s'engage à payer régulièrement l'indemnité d'occupation et les charges fixées dans la décision judiciaire. Ce protocole est transmis pour information à l'organisme payeur mentionné à l'article L. 824-2 du présent code.

La durée du protocole est de deux ans au plus. En cas de nouvelle négociation du plan d'apurement, elle peut être, par avenant, prolongée de trois années au plus.

Sous réserve du respect des engagements de l'occupant, le bailleur renonce à la poursuite de la procédure d'expulsion et conclut un bail dans un délai prévu par le protocole et ne pouvant excéder trois mois.

Les parties prévoient dans le protocole, le cas échéant, l'accompagnement social, tel que prévu par le septième alinéa de l'article 6 de la loi n° 90-449 du 31 mai 1990 précitée, nécessaire à la gestion de son budget par l'intéressé, à l'ouverture de l'ensemble des droits aux prestations sociales et à l'aide au logement et à la mobilisation des différents dispositifs d'aide, et l'examen par le bailleur de la possibilité de proposer au locataire une mutation vers un logement avec un loyer plus adapté tenant compte de la typologie du ménage.

Lorsque la décision de recevabilité de la demande mentionnée à l'article L. 722-1 du code de la consommation est déclarée et qu'un protocole de cohésion sociale a été conclu avec le bailleur antérieurement, le paiement des arriérés de loyer prévu par ledit protocole est suspendu jusqu'à la mise en place des mesures prévues aux 1° et 2° de l'article L. 724-1 ou aux articles L. 732-1, L. 733-1, L. 733-2, L. 733-4, L. 733-7, L. 733-13, L. 741-1, L. 741-6, L. 742-20 et L. 742-21 du même code. Lorsque lesdites mesures prévoient des modalités de règlement de la dette de loyer, celles-ci se substituent aux modalités de règlement de la dette de loyer prévues dans le protocole de cohésion sociale, dont la durée est prolongée jusqu'au règlement de la dette de loyer, dans la limite de la durée des mesures de redressement prises en application des articles L. 732-1, L. 733-1, L. 733-2, L. 733-4, L. 733-7, L. 733-13, L. 741-1, L. 741-6, L. 742-20 et L. 742-21 dudit code.

Si les engagements pris par l'occupant ne sont pas respectés, le bailleur retrouve le droit de faire exécuter la décision judiciaire prononçant ou constatant la résiliation du bail.

• **CCH,** art. L. 442-6-5

Lorsque le bail de l'occupant d'un logement appartenant à un organisme d'habitations à loyer modéré ou géré par lui est résilié par décision judiciaire pour défaut de paiement de loyer et de charges, la signature d'un protocole d'accord conclu entre le bailleur et l'intéressé en vue du rétablissement du bail vaut titre d'occupation et donne droit aux allocations de logement prévues au 2° de l'article L. 821-1. Dans des conditions fixées par décret, le droit aux allocations de logement peut être étendu à la période comprise entre la résiliation du bail et la conclusion du protocole. Dans ce cas, la prescription prévue à l'article L. 821-7 n'est pas applicable aux paiements des allocations de logement.

L'occupant s'engage à payer régulièrement l'indemnité d'occupation et les charges fixées dans la décision judiciaire et à respecter un plan d'apurement de sa dette locative approuvé par le représentant de l'organisme payeur de l'allocation et joint au protocole.

Pour permettre le respect du plan d'apurement, le représentant de l'organisme payeur mentionné au deuxième alinéa procède, en tant que de besoin, à la saisine du fonds de solidarité pour le logement en application des dispositions de l'article 6-2 de la loi n° 90-449 du 31 mai 1990 visant à la mise en œuvre du droit au logement.

En l'absence de dette locative, le protocole prévoit que l'occupant s'engage à payer régulièrement l'indemnité d'occupation et les charges fixées dans la décision judiciaire. Ce protocole est transmis pour information à l'organisme payeur mentionné à l'article L. 824-2

La durée du protocole est de deux ans au plus. En cas de nouvelle négociation du plan d'apurement, elle peut être, par avenant, prolongée de trois années au plus.

Sous réserve du respect des engagements de l'occupant, le bailleur renonce à la poursuite de la procédure d'expulsion et conclut un bail dans un délai prévu par le protocole et ne pouvant excéder trois mois.

Les parties prévoient dans le protocole, le cas échéant, l'accompagnement social, tel que prévu par le septième alinéa de l'article 6 de la loi n° 90-449 du 31 mai 1990 précitée, nécessaire à la gestion de son budget par l'intéressé, à l'ouverture de l'ensemble des droits aux prestations sociales et à l'aide au logement et à la mobilisation des différents dispositifs d'aide et l'examen par le bailleur de la possibilité de proposer au locataire une mutation vers un logement avec un loyer plus adapté tenant compte de la typologie du ménage.

Lorsque la décision de recevabilité de la demande mentionnée à l'article L. 722-1 du code de la consommation est déclarée et qu'un protocole de cohésion sociale a été conclu avec le bailleur antérieurement, le paiement des arriérés de loyer prévu par ledit protocole est suspendu jusqu'à la mise en place des mesures prévues aux 1° et 2° de l'article L. 724-1 ou aux articles L. 732-1, L. 733-1, L. 733-2, L. 733-4, L. 733-7, L. 733-13, L. 741-1, L. 741-6, L. 742-20 et L. 742-21 du code de la consommation. Lorsque lesdites mesures prévoient des modalités de règlement de la dette de loyer, celles-ci se substituent aux modalités de règlement de la dette de loyer prévues dans le protocole de cohésion sociale, dont la durée est prolongée jusqu'au règlement de la dette de loyer, dans la limite de la durée des mesures de redressement prises en application des articles L. 732-1, L. 733-1, L. 733-2, L. 733-4, L. 733-7, L. 733-13, L. 741-1, L. 741-6, L. 742-20 et L. 742-21 du même code.

Si les engagements pris par l'occupant ne sont pas respectés, le bailleur retrouve le droit de faire exécuter la décision judiciaire prononçant ou constatant la résiliation du bail.

• **C. consom.,** art. L714-1

I. – Lorsque le locataire a repris le paiement du loyer et des charges et que, dans le cours des délais de paiement de la dette locative accordés par une décision du juge saisi en application de l'article 24 de la loi n° 89-462 du 6 juillet 1989 tendant à améliorer les rapports locatifs et portant modification de la loi n° 86-1290 du 23 décembre 1986, la commission impose de nouveaux délais et modalités de paiement de cette dette, dont le bailleur est avisé, ces délais et modalités de paiement se substituent à ceux précédemment accordés en application du même article 24. Lorsque ces nouveaux délais résultent d'une mesure prévue au 4° de l'article L. 733-1 du présent code, ils sont en outre prolongés de trois mois pour permettre au locataire de saisir à nouveau la commission en application de l'article L. 733-2. Lorsque, dans ces délais, la commission a de nouveau été saisie d'une demande de traitement de la situation de surendettement, l'exigibilité de la créance locative demeure suspendue jusqu'à, selon les cas, l'approbation d'un plan conventionnel de redressement prévu à l'article L. 732-1, la décision imposant les mesures prévues aux articles L. 733-1, L. 733-4, L. 733-7 et L. 741-1, le jugement prononçant un rétablissement personnel sans liquidation judiciaire, le jugement d'ouverture d'une procédure de rétablissement personnel avec liquidation judiciaire ou toute décision de clôture de la procédure de traitement du surendettement. À défaut, ou dès lors que la nouvelle procédure de traitement du surendettement est clôturée sans que de nouveaux délais de paiement de la dette locative aient été accordés, la clause de résiliation de plein droit reprend son plein effet.

Toutefois, lorsqu'en application de l'article L. 733-10 une contestation a été formée par l'une des parties contre les délais et modalités de paiement de la dette locative imposés par la commission, ces délais ne se substituent pas à ceux précédemment accordés. Les délais et modalités de paiement accordés postérieurement par le juge statuant sur cette contestation, de même que ceux accordés par le juge statuant en application de l'article L. 742-24, se substituent, le cas échéant, à ceux précédemment accordés. Lorsque ces nouveaux délais résultent d'une mesure prévue au 4° de l'article L. 733-1, ils sont en outre prolongés de trois mois pour permettre au locataire de saisir à nouveau la commission en application de l'article L. 733-2. Lorsque, dans ces délais, la commission a de nouveau été saisie d'une demande de traitement de la situation de surendettement, l'exigibilité de la créance locative demeure suspendue jusqu'à, selon les cas, l'approbation d'un plan conventionnel de redressement prévu à l'article L. 732-1, la décision imposant les mesures prévues aux articles L. 733-1, L. 733-4, L. 733-7 et L. 741-1, le jugement prononçant un rétablissement personnel sans liquidation judiciaire, le jugement d'ouverture d'une procédure de rétablissement personnel avec liquidation judiciaire ou toute décision de clôture de la procédure de traitement du surendettement. A défaut, ou dès lors que la nouvelle procédure de traitement du surendettement est clôturée sans que de nouveaux délais de paiement de la dette locative aient été accordés, la clause de résiliation de plein droit reprend son plein effet.

Pendant le cours des délais mentionnés aux deux premiers alinéas du présent I, les effets de la clause de résiliation de plein droit sont suspendus. Ces délais et modalités de paiement ne peuvent affecter l'exécution du contrat de location et notamment suspendre le paiement du loyer et des charges. Si le locataire se libère de sa dette locative dans les délais et selon les modalités fixés, la clause de résiliation de plein droit est réputée ne pas avoir joué. Dans le cas contraire, elle reprend son plein effet.

II. – Lorsque le locataire a repris le paiement du loyer et des charges et que, dans le cours des délais de paiement de la dette locative accordés par une décision du juge saisi en application de l'article 24 de la loi n° 89-462 du 6 juillet 1989 précitée, un rétablissement personnel sans liquidation judiciaire a été imposé par la commission ou prononcé par le juge ou lorsqu'un jugement de clôture d'une procédure de rétablissement personnel avec liquidation judiciaire a été rendu, les effets de la clause de résiliation de plein droit du contrat de location sont suspendus pendant un délai de deux ans à compter de la date de la décision imposant les mesures d'effacement de la dette locative ou du jugement de clôture.

Par dérogation au premier alinéa du présent II, lorsqu'en application de l'article L. 741-4, une contestation a été formée par l'une des parties contre la décision de la commission imposant un rétablissement personnel sans liquidation judiciaire, la décision de la commission n'a pas d'incidence sur la suspension des effets de la clause de résiliation de plein droit du contrat de location.

La suspension des effets de la clause de résiliation de plein droit du contrat de location ne peut affecter l'exécution du contrat de location et notamment suspendre le paiement du loyer et des charges.

Si le locataire s'est acquitté du paiement des loyers et des charges conformément au contrat de location pendant le délai de deux ans mentionné au premier alinéa du présent II, la clause de résiliation de plein droit est réputée ne pas avoir joué. Dans le cas contraire, elle reprend son plein effet.

III. – Lorsqu'elle intervient postérieurement à la mise en œuvre des modalités de traitement de la dette locative prévues par la commission ou par le juge statuant en application de l'article L. 713-1, la déchéance du bénéfice de la procédure de traitement du surendettement prévue à l'article L. 761-1 emporte rétablissement des délais et modalités de paiement de la dette locative accordés, le cas échéant, antérieurement par la décision judiciaire en application de l'article 24 de la loi n° 89-462 du 6 juillet 1989 précitée.

IV. – Le bailleur est informé expressément des conséquences de l'absence de contestation des décisions de la commission ou du juge mentionnées au présent article, dans des conditions fixées par décret en Conseil d'État.

En l'absence de contestation formée par le bailleur, les décisions de la commission et leurs effets s'imposent à lui, sauf s'il n'a pas été informé dans les conditions prévues au premier alinéa du présent IV.

• **C. consom.,** art. L. 722-5

La suspension et l'interdiction des procédures d'exécution diligentées à l'encontre des biens du débiteur emportent interdiction pour celui-ci de faire tout acte qui aggraverait son insolvabilité, de payer, en tout ou partie, une créance autre qu'alimentaire, y compris les découverts mentionnés aux 10° et 11° de l'article L. 311-1, née antérieurement à la suspension ou à l'interdiction, de désintéresser les cautions qui acquitteraient des créances nées antérieurement à la suspension ou à l'interdiction, de faire un acte de disposition étranger à la gestion normale du patrimoine ; elles emportent aussi interdiction de prendre toute garantie ou sûreté.

Le débiteur peut toutefois saisir le juge du tribunal d'instance afin qu'il l'autorise à accomplir l'un des actes mentionnés au premier alinéa.

L'interdiction mentionnée au même premier alinéa ne s'applique pas aux créances locatives lorsqu'une décision judiciaire a accordé des délais de paiement au débiteur en application des V et VI de l'article 24 de la loi n° 89-462 du 6 juillet 1989 tendant à améliorer les rapports locatifs et portant modification de la loi n° 82-1290 du 23 décembre 1986.

• **C. consom.,** art. L. 722-16

Lorsqu'un protocole de cohésion sociale prévu aux articles L. 353-15-2 et L. 442-6-5 du code de la construction et de l'habitation a été conclu avec le bailleur antérieurement à la décision de recevabilité, le paiement des arriérés de loyer prévu par ledit protocole est suspendu jusqu'à la mise en œuvre des mesures prévues aux 1° et 2° de l'article L. 724-1 ou aux articles L. 732-1, L. 733-1, L. 733-4 et L. 733-7.

Lorsque ces mesures prévoient des modalités de règlement de la dette de loyer, celles-ci se substituent aux modalités de règlement de la dette de loyer prévues dans le protocole de cohésion sociale, dont la durée est prolongée jusqu'au règlement de la dette de loyer, dans la limite de la durée des mesures de redressement prises en application des dispositions des articles L. 732-1, L. 733-1, L. 733-4 ou L. 733-7.

Lorsque ces mesures prévoient une procédure de rétablissement personnel avec ou sans liquidation judiciaire, la dette locative mentionnée au protocole de cohésion sociale est effacée, sans préjudice de l'engagement de l'occupant relatif au paiement régulier de l'indemnité d'occupation et des charges. Par dérogation aux dispositions prévues au cinquième alinéa des articles L. 353-15-2 et L. 442-6-5 du code de la construction et de l'habitation, la durée du protocole est portée à trois ans à partir de la date de la décision imposant les mesures d'effacement. Sous réserve du paiement par le locataire de l'indemnité d'occupation et des charges aux termes convenus dans le protocole, le bailleur renonce à la poursuite de la procédure d'expulsion et conclut un bail au terme du protocole dans le délai prévu par celui-ci et ne pouvant excéder trois mois. Dans le cas contraire, le dernier alinéa des mêmes articles L. 353-15-2 et L. 442-6-5 s'applique.

813.03 Bibliographie indicative.

Encyclopédies. RÉP. PR. CIV., *V° Bail d'habitation*, F. de La Vaissiere, n°s 46-47 – RÉP. IMMO., *V° Bail d'habitation et mixte : rapports individuels – loi du 6 juillet 1989*, N. Damas, n° 450 – DICT. PERM. Gest. Immo., *V° Baux d'habitation et mixte*, n° 447.

Ouvrages. Union Sociale pour l'habitat, *Prévention des impayés et des expulsions : l'action des organismes HLM*, « Collection Cahiers », *Repères* n° 7, juill. 2015 – Bérenger F., *Guide de l'expulsion locative*, Annales des loyers, Edilaix, 2011.

Articles. S. Antunes, « Loi Alur : nouvelles obligations du bailleur à l'égard de la CCAPEX », *Revue de l'habitat,* févr. 2015 – P. Derrez, « Expulsions locatives : les dispositifs de prévention », *Opérations immobilières*, Juin 2014, p. 46 ; P. Vincent, « Comment en arrive-t-on à l'expulsion ? », *Informations sociales*, 4/2014/14, n° 184, p. 42 – P. Le More, « Impayés de loyer d'un bail d'habitation : comment réagir ? », *Revue de l'habitat*, oct. 2013 – Adil du Gard, « Comment en arrive-t-on à l'expulsion ? », ADIL Gard, 2012.

Rapports. ANIL, *Intervenir de façon précoce pour prévenir les expulsions*, avr. 2010 ; *Prévention des expulsions : locataires et bailleurs face à l'impayé*, oct. 2011 – F. Brunet, J. Faure, *Les conséquences psychologiques et sociales de la procédure d'expulsion*, secteur Études et recherches de la Fondation Abbé Pierre, 2004 – C. Frisque, *La prévention des expulsions locatives : les paradoxes de la banalisation d'un nouveau risque*, Direction de la recherche, des études, de l'évaluation et des statistiques (Drees), 2007 – J.-P. Grunspan, *Définition d'un système d'observation des expulsions locatives, de leur mécanisme et de leur prévention*, Conseil général des Ponts et chaussées, 2004.

SECTION 1
EXPULSION ET PRÉVENTION

813.11 Titre exécutoire. Lorsque le juge a rendu une décision d'expulsion, le propriétaire est alors muni d'un titre exécutoire et peut engager la procédure d'expulsion. Elle est soumise à certaines conditions et le juge exerce son contrôle sur les différentes phases qui peuvent conduire à l'expulsion effective. Les pouvoirs publics ont cependant développé une politique de prévention des expulsions. En favorisant le maintien des locataires dans leur logement, par une politique de gestion anticipée des impayés, ils ont également tenté de réduire le coût des expulsions pour les comptes publics, lorsque l'intervention de la force publique est requise[1].

813.12 Prévention de l'expulsion. Le choix de développer une politique de prévention des expulsions est maintenant ancien. Il s'est installé progressivement depuis une vingtaine d'années, en réponse à la montée des impayés dans un contexte de crise économique et sociale installée que connaît dorénavant la France. Trois dates fixent les repères pour cette période : la loi du 31 mai 1990 visant à la mise en œuvre du droit au logement, la loi du 25 mars 2009, de mobilisation pour le logement et la lutte contre l'exclusion, enfin la loi du 24 mars 2014 pour l'accès au logement et un urbanisme rénové et ses textes d'application.

SECTION 2
DU FONDS DE SOLIDARITÉ SOCIALE À LA SIGNATURE DE PROTOCOLES (1990-2005)

813.21 Loi visant à mettre en œuvre le droit au logement, 31 mai 1990. La politique menée par les pouvoirs publics a d'abord consisté à mettre en place des outils de solidarité pour assurer le suivi des difficultés des personnes les plus défavorisées. La loi du 31 mai 1990 a installé les FSL (fonds de solidarité pour le logement) et les PDALPD (plans départementaux d'aide au logement des personnes défa-

1. Chap. 931 à 933.

vorisées). Il s'agit, à l'aide d'outils d'observations et de suivi créés par le plan, d'ouvrir l'accès des personnes en difficulté à des aides financières qu'offre le FSL. Celui-ci est, à l'époque, abondé à parts égales par l'État et le conseil général. L'article 24 de la loi du 6 juillet 1989 prévoit que les ménages en impayés sont informés de l'existence de ce fonds et de son adresse au moment du commandement de payer[1].

813.22 **Loi de lutte contre les exclusions, 29 juillet 1998.** Puis la loi de lutte contre les exclusions du 29 juillet 1998, dans le parc social uniquement, a obligé le bailleur à saisir la SDAPL (section départementale de l'APL) avant toute assignation, pour examiner la situation du ménage au regard des aides au logement et décider de leur suspension ou de leur maintien. En outre un délai de deux mois entre la saisine du tribunal d'instance et l'audience est obligatoire, cette fois pour tous les secteurs du logement, afin que le préfet, informé par l'huissier, diligente une enquête sociale sur le ménage assigné en paiement de loyer et charges[2]. Le juge peut également accorder des délais de paiement au débiteur, même après l'expiration du délai de deux mois du commandement. L'objectif est d'éviter la résiliation du bail et de maintenir le locataire dans les lieux, en mettant en place des plans d'apurement de la dette.

813.23 **Chartes de prévention des expulsions.** En parallèle des chartes de prévention des expulsions locatives doivent être signées dans chaque département. « Le nouveau dispositif dans lequel les acteurs publics et sociaux ont à jouer un rôle tout à fait majeur vise à substituer à une logique d'ordre public une logique de traitement social et préventif de l'expulsion », précise la circulaire du 15 février 1999, relative à la prévention des expulsions des personnes en impayés de loyer.

Il s'agit d'associer, selon les modalités définies dans la charte départementale de prévention des expulsions, l'ensemble des partenaires des PDALPD, en premier lieu les départements, les communes ou groupements de communes mais également les organismes payeurs de l'aide personnalisée au logement ou d'une des allocations de logement, les bailleurs publics et privés, les commissions de surendettement, la commission d'action sociale d'urgence (CASU) et les associations. La charte a pour ambition de mobiliser l'ensemble des partenaires, en fonction des réalités locales, « pour accroître leur efficacité et réduire très sensiblement le nombre des expulsions ».

1. V. s[s] n° 822.31.
2. V. s[s] n°s 823.82 s.

SECTION 3
UNE POLITIQUE RENFORCÉE DE PRÉVENTION DES EXPULSIONS (2005-2013)

813.31 **Deuxième chance.** Après avoir développé des instruments d'aide aux impayés les pouvoirs publics se sont tournés vers un soutien des débiteurs après la décision de résiliation du bail par le juge, dans le secteur du logement social. Au plan législatif, avec la loi de programmation pour la cohésion sociale du 18 janvier 2005[3], est encouragée, dans les relations entre les bailleurs HLM ou Sem et leurs occupants, dont le bail a été résilié par décision judiciaire pour défaut de paiement des loyers, la signature de protocoles, afin de rétablir d'une part le versement de l'APL ou des allocations de logement et, d'autre part, un bail valant titre d'occupation pendant la période couverte[4]. Dans ce protocole, d'une durée de deux ans pouvant être portée à cinq, l'occupant s'engage à payer l'indemnité d'occupation et les charges prévues par la décision judiciaire, et à respecter le plan d'apurement, éventuellement avec l'aide du fonds de solidarité pour le logement. Le bailleur renonce à poursuivre la procédure d'expulsion et conclut un nouveau bail dans un délai de trois mois. Le non-respect par l'occupant de ses engagements ouvre à l'organisme propriétaire le droit de faire exécuter la décision judiciaire antérieure. Cette procédure n'est toutefois pas applicable en cas de résiliation du bail pour violation de l'obligation de jouissance des lieux en bon père de famille[5].

813.32 **Circulaire du 11 mai 2005.** Le gouvernement a, par ailleurs, demandé aux préfets de donner une nouvelle impulsion aux dispositifs existants de prévention des expulsions locatives. Une première circulaire du 11 mai 2005 les invite à développer la signature de chartes de prévention des expulsions, là où elles n'existent pas encore, et à améliorer les résultats des dispositifs antérieurs créés par la loi du 29 juillet 1998 d'orientation relative à la lutte contre les exclusions (traitement trop lent des dossiers par les SDAPL, taux d'échec élevé des plans d'apurement prévus par le juge, défaut de réalisation des enquêtes sociales).

813.33 **Circulaire du 13 juillet 2005.** Une deuxième circulaire, du 13 juillet 2005, commente les dispositions législatives nouvelles de prévention des expulsions, tant dans la phase antérieure à

3. L. n° 2005-32, 18 janv. 2005 de programmation pour la cohésion sociale, *JO* 19 janv., p. 864.
4. CCH, art. L. 353-15-1, puis L. 353-15-2 après L. n° 2014-366, 24 mars 2014 dite loi Alur.
5. Rouen, 23 oct. 2007, n° 06/03459, *Loyers et copr.* 2008, n° 25, note B. Vial-Pedroletti.

l'assignation que dans sa phase postérieure, afin de favoriser le maintien dans le logement des personnes de bonne foi. Deux avantages sont mis en avant : l'APL, ou l'allocation logement, est rétablie par la loi du 18 janvier 2005 dans les cas où le bail est résilié ; parfois même elle est versée avec rappel depuis la date de résiliation du bail, ce qui doit faciliter la reprise du paiement régulier de l'indemnité ainsi que le plan d'apurement. En outre, la faculté ouverte au bailleur par la loi, en cas de non-respect du plan d'apurement, de retrouver le droit de faire exécuter la décision judiciaire prononçant ou constatant la résiliation du bail, assortie d'une possibilité de renégocier le plan d'apurement dans la limite de cinq ans, devrait satisfaire les objectifs poursuivis [1].

On observera cependant que la loi de 2005 n'étend pas au secteur privé les solutions préventives, développées dans le secteur social du logement, au-delà du délai incompressible de deux mois entre l'assignation et le jugement.

813.34 **Circulaire du 14 octobre 2008.** Une troisième circulaire, du 14 octobre 2008, fait le constat d'une augmentation sensible des assignations en justice dans les rapports entre bailleurs et locataires (plus de 130 000) et des décisions prononçant l'expulsion (plus de 100 000) [2] pour demander une amélioration des démarches de prévention pour éviter l'expulsion et l'exclusion qui en résulte. Or, au 1er janvier 2007, seuls 36 départements disposaient d'une charte de prévention des expulsions, prévues par la loi du 29 juillet 1998. Le développement de ces chartes et la mise en place de CCAPEX (commissions spécialisées de coordination des actions de prévention des expulsions locatives) [3] sont préconisés. La circulaire donne aux services préfectoraux les points de repère utiles et commente les nouveaux outils mis à leur disposition [4].

813.35 **Lois de 2007 et de 2009.** La loi du 5 mars 2007 instaure l'État comme garant du droit au logement, reconnu dorénavant par la loi comme opposable. Il doit permettre le relogement des ménages dits Dalo (bénéficiaires du Droit au Logement opposable), classés parmi les catégories prioritaires par les commissions de médiation départementales, dont celle des personnes « menacées d'expulsion » [5]. La loi a ouvert aux ménages menacés d'expulsion (dont le bail a été résilié en justice) de déposer un recours sans délai auprès de la commission de médiation.

La loi du 25 mars 2009, de mobilisation pour le logement et la lutte contre l'exclusion, a rendu obligatoire l'instauration par le comité responsable du PDALPD de la commission spécialisée de coordination des actions de prévention des expulsions locatives, la CCAPEX, dont la mission est de délivrer des avis aux instances décisionnelles en matière d'aides personnelles au logement, d'attribution d'aides financières sous forme de prêts ou de subventions et d'accompagnement social lié au logement, en faveur des personnes en situation d'impayés.

La recherche d'une intervention précoce est soulignée comme le moyen qui doit être privilégié, qu'il s'agisse d'établir un plan d'apurement ou de trouver un nouveau logement [6]. L'ANIL constate par ailleurs que : « La mise en œuvre du dispositif de prévention des expulsions ne devrait pas conduire à rechercher à tout prix le maintien du ménage en impayés dans le logement qu'il occupe, mais à lui proposer une solution de logement viable à long terme, c'est-à-dire compatible avec ses ressources » [7].

813.36 **Circulaire du 26 octobre 2012.** Une circulaire du ministre de l'intérieur et de la ministre du logement du 26 octobre 2012 a levé le paradoxe qui conduisait le préfet à requérir la force publique pour des ménages dont il instruisait en parallèle le relogement, à la suite d'une commission de médiation les ayant reconnus comme devant être relogés d'urgence. C'est ainsi que la circulaire demandait que toute personne faisant l'objet d'un commandement de quitter soit informée de la possibilité d'un recours Dalo, et de rappeler à la commission de médiation qu'il n'était « pas nécessaire que le concours de la force publique ait été demandé, voire accordé, pour que la condition d'urgence à laquelle est conditionnée la reconnaissance du Dalo soit constituée. »

Enfin le financement du fonds national vers et dans le logement doit être mobilisé pour éviter que les ménages qui ont accumulé des dettes locatives

1. Circ. 13 juill. 2005 relative à l'application des dispositions de prévention des expulsions de la loi de programmation pour la cohésion sociale, NOR : SOCU0510337C.
2. V. tableau ss no 832.22.
3. Décr. no 2008-187, 26 févr. 2008 relatif à la commission spécialisée de coordination des actions de prévention des expulsions locatives, *JO* 28 févr., p. 3473. Ce décret définit la composition et le fonctionnement de cette commission créée par le comité responsable du plan départemental d'action pour le logement des personnes défavorisées (PDALPD).
4. Circ. DGALN/DHUP, 14 oct. 2008 relative à la prévention des expulsions locatives.
5. V. ss nos 625.20 s.
6. *Intervenir de façon précoce pour prévenir les expulsions*, rapp. ANIL, avr. 2010 – *Prévention des expulsions : locataires et bailleurs face à l'impayé, rapp.* ANIL, oct. 2011 – *Comment en arrive-t-on à l'expulsion ?* Étude ADIL du Gard, févr. 2012.
7. ANIL, *Prévention des expulsions : constat et améliorations possibles*, mars 2012.

voient rendu plus difficile leur accès au logement social, pour réaliser un diagnostic social et fournir à ces ménages un accompagnement social.

813.37 Bilan de la seconde période. Le comité interministériel pour la modernisation de l'action publique a demandé qu'un rapport d'évaluation de la prévention des expulsions locatives soit réalisé en 2014, dans le triple contexte d'une croissance des procédures d'expulsion, des difficultés persistantes sur le marché du logement et de la perspective d'une réforme législative du dispositif, intervenue avec la loi du 24 mars 2014[1], dite loi Alur[2].

Selon le résumé de ce rapport « La mission a procédé à trois constats principaux : la mobilisation des acteurs est réelle mais trop tardive ; les dispositifs de prévention existent mais privilégient les interventions en aval ; les objectifs de prévention ne sont pas priorisés. Par-delà la protection particulière que constitue le logement en période de crise, le coût des indemnisations des propriétaires en aval est d'autant plus réduit que la prévention intervient plus précocement en amont. »

Les recommandations vont largement en ce sens : prévention au stade des premiers impayés, pour réduire le nombre de jugements et de procédures par le développement du conseil, du diagnostic, de l'apurement ou du relogement ; développement d'une offre de logement abordable avec des logements plus nombreux à faible loyer ; animation et suivi national et territorial ; renforcement du rôle des préfets dans la stratégie départementale de prévention ; enfin développement du rôle des collectivités territoriales (communes, intercommunalités et métropoles) en phase avec la réforme territoriale en cours.

Ce constat recoupe largement certaines analyses réalisées par des chercheurs comme Vincent Pascale : « La prévention des expulsions est une préoccupation centrale des politiques publiques en direction des ménages défavorisés. Pourtant, chaque année en France, plusieurs milliers de personnes sont encore expulsées de leur logement. La rencontre avec celles qui ont subi cette épreuve est riche d'enseignements. Elle montre que, s'ajoutant à une mauvaise compréhension du déroulement de la procédure, c'est principalement un cumul de difficultés de tous ordres qui empêche la mobilisation et conduit ces locataires à rester dans leur logement jusqu'à l'expulsion effective. Les multiples entraves au relogement des ménages stigmatisés par une situation d'expulsion les enferment de surcroît dans un attentisme infructueux. Ce constat confirme que l'accompagnement des ménages en difficulté sur les questions sociales mais aussi juridiques est un indispensable facteur de réussite de la prévention lors d'une procédure d'expulsion. »[3]

Le constat semble ainsi établi qu'un suivi plus précoce des impayés, un accompagnement plus fort des ménages en situation d'impayés reste la première démarche à envisager. Ensuite le maintien dans les lieux est possible s'il est accepté par tous et qu'il est efficace au regard de la situation du ménage en difficulté. C'est dire qu'un relogement adapté peut se trouver être une solution pérenne. Or des choix politiques orientés vers le maintien dans les lieux avec un accompagnement insuffisant ou l'allongement des délais de procédure dans les cas d'insuffisance économique des ménages pourraient se révéler infructueux pour régler les difficultés rencontrées.

813.38 Rappel des délais pouvant être accordés par le juge. Les textes ont prévu, dans l'ordre de la procédure suivie dans une résiliation judiciaire, les délais suivants :

- un délai de deux mois entre le commandement de payer et la délivrance de l'assignation (pour régler la dette locative ou demander des délais au juge) ;
- un délai de deux mois pour les bailleurs personnes morales entre la saisine de la CCAPEX et la délivrance de l'assignation ;
- un délai de deux mois entre la délivrance de l'assignation et celle-ci pour la réalisation d'une enquête sociale et financière à destination du juge ;
- un délai de deux mois entre le commandement de quitter et la demande d'octroi de concours de la force publique (délai de prévenance pour les occupants) ;
- un délai de deux mois pour octroyer ou non le concours de la force publique ; le respect de la trêve hivernale du 1er novembre au 31 mars.

Le juge peut, en outre et de lui-même, accorder des délais au locataire pour payer sa dette, avec une suspension des effets de la clause résolutoire, pour 24 mois, ce qui est le cas dans plus de 40 % des affaires traitées devant le juge d'instance (statistique 2012, ministère de la justice).

Devant le juge d'instance, à l'occasion de la demande d'expulsion, devant le juge des référés, lorsque la demande en est faite avant le commandement de quitter, ou devant le juge de l'exécution, après la délivrance du commandement de quitter, il peut être sursis à l'exécution de l'expulsion pour des délais pouvant aller de trois mois à trois ans, lorsque le relogement des personnes expulsées ne peut avoir

1. L. n° 2014-366, 24 mars 2014 pour l'accès au logement et un urbanisme rénové, *JO* 26 mars.
2. Fr. Henry (IGA), P. Tardivon (CGEDD), Ph. Laffon (IGAS), N. Combot (IGSJ), M. de Blasi (IGSJ), Ph. Mouchard (IGSJ), *Rapport au comité interministériel pour la modernisation de l'action publique*, oct. 2014.
3. V. Pascale, « Comment en arrive-t-on à l'expulsion ? », *Informations sociales*, 2014/4, n° 184, p. 42-51.

lieu dans des conditions normales. Mais le constat est fait que ces délais ne concernent au final qu'un peu moins de 2 % du nombre annuel des décisions d'expulsion locative (ministère de la justice).

Selon l'analyse faite dans le rapport sur l'évaluation de la prévention des expulsions locatives[1] :

« En moyenne, le délai entre la délivrance du commandement de payer et l'expulsion à proprement parler est compris entre 18 et 24 mois. Dans cet intervalle relativement long, on recense les délais incompressibles fixés par les textes, les délais qu'accordent le juge et enfin les délais liés au traitement des affaires et à la mise à exécution des décisions.

L'ensemble de ces délais rend l'expulsion "virtuelle", "désacralise" la procédure d'expulsion et concourt sauf exception à une augmentation de la dette locative. Il peut, en outre, induire des comportements en marge de la loi de la part de bailleurs qui cherchent à s'en affranchir et exercent sur leurs locataires une pression psychologique qui confine parfois au harcèlement moral.

En dehors des délais incompressibles imposés par les textes, la durée de la procédure est variable mais toujours longue. Elle résulte de contraintes extérieures (encombrement des tribunaux, absence de solution de relogement...) mais les acteurs, et particulièrement les bailleurs sociaux, la modulent et s'en servent pour trouver des solutions alternatives à l'expulsion. Ces solutions seraient pourtant plus aisées à mettre en œuvre avant que la procédure soit engagée. »

SECTION 4
LA LOI ALUR (2014 – 2017)

813.40 **Plan.** Il convient d'étudier successivement les objectifs de la loi Alur (§ 1), les missions de prévention de la CCAPEX (§ 2), la Charte départementale pour la prévention des expulsions (§ 3), le bilan 2014-2017 (§ 4) et le bilan provisoire 2018-2020 (§ 5).

§ 1
Objectifs

813.51 **Quelles pistes ont été poursuivies par les textes et la pratique depuis 2014 ?** Il convient de souligner d'emblée les différences d'objectifs, souvent liés à des moyens et à une organisation différents, entre les bailleurs du secteur privé et du secteur social. Ils n'ont pas les mêmes capacités pour faire face à un contexte de crise qui se poursuit. Le bailleur privé qui ne détient très majoritairement qu'un ou deux logements a la nécessité d'en recouvrer la disposition en cas d'impayés lourds et le temps qui passe peut être pour lui particulièrement grave. Les bailleurs sociaux sont quant à eux mobilisés plus tôt face à un impayé. Selon le rapport rendu en 2014 par l'Administration « une proportion plus élevée de locataires du secteur privé redevables de dettes plus importantes sont sujets aux expulsions avec concours de la force publique ».

Et de conclure que des marges doivent être recherchées par les bailleurs privés aux moments clés que sont la prévention et le traitement de l'impayé.

813.52 **Déclenchement en amont du dispositif.** La loi du 24 mars 2014, dite loi Alur[2], révise le dispositif d'actions pour la prévention des expulsions afin qu'il soit déclenché le plus en amont possible de la procédure.

Son article 27 renforce la procédure de l'article 24 de la loi du 6 juillet 1989, avec un formalisme complété[3], et donne un rôle prépondérant à la commission de coordination des actions de prévention des expulsions (CCAPEX) pour coordonner, évaluer et orienter le dispositif de prévention, en lien avec le plan départemental d'action pour le logement et l'hébergement des personnes défavorisées (PDALHPD), la charte de prévention des expulsions à mettre en place dans chaque département et le fonds de solidarité pour le logement (FSL) qui vient en aide aux personnes en difficulté.

813.53 **Décrets d'application.** Deux décrets signés successivement à la fin de l'année 2015 et au début de l'année 2016 reflètent l'engagement des pouvoirs publics à voir fonctionner les instruments de la prévention des expulsions dont la mise en œuvre tarde à se concrétiser.

Le premier définit la composition et l'organisation de la CCAPEX et le second précise les conditions de réalisation de la charte de prévention des expulsions qui, de facultative, devient obligatoire.

§ 2
Missions de prévention de la CCAPEX

813.61 **Décret n° 2015-1384 du 30 octobre 2015[4] et circulaire du 22 mars 2017.** Il est pris pour l'application des articles 27 et 28 de la loi Alur.

1. V. s[s] n° 813.37.

2. L. n° 2014-366, 24 mars 2014 pour l'accès au logement et un urbanisme rénové, *JO* 26 mars, p. 5809.
3. V. s[s] n°s 822.54 s. et 823.92.
4. Décr. n° 2015-1384, 30 oct. 2015 relatif à la commission de coordination des actions de prévention des expulsions locatives, *JO* 31 oct., p. 20411.

La CCAPEX est investie de deux missions. La première est une mission de coordination, d'évaluation et d'orientation de la politique de prévention des expulsions locatives pour laquelle la commission, doit, chaque année, réaliser un bilan des procédures d'expulsions locatives dans le département, évaluer son activité (notamment un bilan des avis, recommandations aux bailleurs et aux occupants, ainsi que les suites réservées), recenser enfin les améliorations envisageables. Ce bilan est destiné au comité responsable du PDALPD du département, dans un souci de coordination des acteurs et des actions. La circulaire du 22 mars 2017 précise que pour mener à bien cette mission, la CCAPEX doit réfléchir à l'amélioration de la coordination des acteurs, avoir un regard critique sur les procédures et l'attribution des aides financières (FSL notamment). Elle peut émettre toutes suggestions susceptibles d'améliorer les différents dispositifs et actions prévus par le plan départemental d'action pour le logement et l'hébergement des personnes défavorisées ainsi que la Charte de prévention et formuler tous avis ou suggestions en matière d'action générale susceptibles d'améliorer la prévention des expulsions, notamment dans le cadre de la Charte pour la prévention des expulsions locatives.

La seconde mission consiste à délivrer des avis et des recommandations à tout organisme ou personne susceptible de participer à la prévention de l'expulsion, ainsi qu'aux bailleurs et aux locataires concernés par une situation d'impayé ou de menace d'expulsion. À cet effet, elle est informée par le préfet des situations faisant l'objet d'un commandement d'avoir à libérer les locaux lui ayant été signalés. Les avis et recommandations émis doivent ainsi faire l'objet d'une réflexion commune entre les partenaires de la CCAPEX de façon à définir des situations types auxquelles seront associées des préconisations types en termes de saisines des dispositifs d'apurement, de maintien dans les lieux ou de relogement ou de suspension des mesures d'exécution de la procédure. Ces préconisations serviront de cadre à l'instruction des saisines par le secrétariat ainsi qu'aux discussions entre les partenaires lors des commissions opérationnelles et ce, sans leur ôter une capacité d'adaptation aux situations spécifiques qui fait leur plus-value[1].

813.62 Saisine et information de la CCAPEX. La CCAPEX est saisie de manière systématique par les organismes payeurs des aides au logement avant toute suspension de l'aide.

Elle est informée, dès la délivrance du commandement de payer.

Elle doit être saisie en effet par les bailleurs personnes morales (essentiellement le secteur du logement social) qui délivrent un commandement de payer et elle est informée par l'huissier de ceux qui sont délivrés par les bailleurs personnes physiques (essentiellement le secteur privé du logement) au-delà d'un certain montant[2].

Elle est destinataire du diagnostic social et financier réalisé avant toute assignation dans la procédure de l'article 24 de la loi du 6 juillet 1989 modifiée.

Dès la délivrance d'un commandement de quitter[3] l'huissier informe le préfet qui informe la CCAPEX. Elle est également informée des demandes de concours de la force publique.

Elle est également saisie par la commission de médiation dans le cadre du droit au logement opposable (Dalo)[4] quand elle est saisie d'un recours amiable déposé par un locataire menacé d'expulsion sans relogement.

Elle est ainsi placée au centre du dispositif avec un objectif de coordination qui lui permettra, si d'autres structures de traitement des impayés existent au niveau local, d'en coordonner le fonctionnement et de traiter les cas les plus sensibles. À défaut, elle sera placée dans un rôle d'orientation et de développement des actions de prévention.

Enfin, une charte pour la prévention de l'expulsion est élaborée dans chaque département avec les partenaires concernés localement. Le décret du 31 mars 2016 précise les dispositions devant figurer dans la charte. La CCAPEX en évalue annuellement le fonctionnement.

813.63 Membres de la commission. Il existe deux catégories de membres, selon qu'ils ont une voix délibérative ou seulement consultative.

Dans le premier cas il s'agit des personnes suivantes :

1° Le préfet ou son représentant.

2° Le président du conseil départemental ou son représentant.

3° Le cas échéant, le président du conseil de la métropole ou son représentant.

4° Un représentant de chacun des organismes payeurs des aides personnelles au logement.

5° Le cas échéant, un représentant de chaque sous-commission que chacune désigne parmi ses membres.

6° Un représentant de chacun des établissements publics de coopération intercommunale ayant conclu une convention avec l'État en application de l'article L. 301-5-1 du code de la construction et de

1. Guide annexe à la circulaire du 22 mars 2017, p. 24.

2. V. s^{s} n° 822.56.
3. V. s^{s} n° 831.26.
4. V. s^{s} n°s 625.11 s.

l'habitation, ou, à défaut, un représentant d'un établissement public de coopération intercommunale doté d'un programme local de l'habitat exécutoire.

La présidence de la commission est assurée conjointement par le préfet et le président du conseil départemental.

Ont par ailleurs une voix consultative, à leur demande, un ou des représentants :

- de la commission de surendettement des particuliers mentionnée à l'article L. 331-1 du code de la consommation ;

- des bailleurs sociaux ;

- des bailleurs privés ;

- des organismes collecteurs de la participation des employeurs à l'effort de construction ;

- des centres d'action sociale mentionnés aux articles L. 123-4 et suivants du code de l'action sociale et des familles ;

- des associations de locataires ;

- des associations dont l'un des objets est le logement des personnes défavorisées ou la défense des personnes en situation d'exclusion par le logement ;

- de l'union départementale des associations familiales mentionnée à l'article L. 211-2 du code de l'action sociale et des familles ;

- des associations d'information sur le logement mentionnées à l'article L. 366-1 du code de la construction et de l'habitation ;

- de la chambre départementale des huissiers de justice mentionnée à l'article 6 de l'ordonnance du 2 novembre 1945 susvisée.

813.64 Commission et sous-commissions. La commission peut créer des sous-commissions avec des périmètres divers, adaptés aux instances en place dans le ressort de la commission (par exemple les instances locales du PDLHPD, les EPCI ou les départements).

Les sous-commissions pilotées par les sous-préfets compétents ou les collectivités territoriales ont pour vocation d'optimiser le traitement opérationnel des saisines et des signalements relevant de leur territoire entre acteurs au plus près du terrain [1].

Le préfet et le président du conseil départemental fixent la composition et le ressort des sous-commissions.

Le ménage et le bailleur concernés par un dossier peuvent être invités par la commission ou une sous-commission et peuvent présenter leurs observations par écrit avant la réunion et inviter le maire à y participer.

1. Instr. 22 mars 2017, NOR : LHAL1709078C.

Le décret détermine enfin le fonctionnement des commissions et sous-commissions (règlement intérieur, secrétariat, instruction des dossiers) et soumet leurs membres au secret professionnel dans les conditions de l'article 226-13 du code pénal [2]. Les données personnelles utilisées relèvent de la loi du 6 janvier 1978 relative à l'informatique, aux fichiers et aux libertés, notamment quant au droit d'accès et de rectification, mais le droit d'opposition ne peut être exercé par les personnes concernées.

Le décret fixe par ailleurs les modalités de détermination du montant (un multiple du montant du loyer hors charges locatives) et de l'ancienneté de la dette (entre trois et six mois) au-delà desquels les commandements de payer, délivrés pour le compte d'un bailleur personne physique ou société civile constituée exclusivement entre parents et alliés jusqu'au quatrième degré inclus, sont signalés par l'huissier de justice à la CCAPEX. C'est un arrêté préfectoral, d'une durée maximale de six ans (trois jusqu'au 31 décembre 2018), qui détermine le seuil relatif à l'ancienneté de la dette et à son montant. Le signalement peut être effectué par voie électronique.

813.65 Méthodologie de traitement et de suivi des signalements. Le guide annexe à la circulaire du 22 mars 2017 détaille l'organisation des actions pour chacun des stades de la procédure : commandement de payer, assignation, commandement de quitter les lieux, concours de la force publique.

Au stade du commandement de payer, seuls les locataires du parc privé feront l'objet d'un traitement par le secrétariat de la CCAPEX. Au sein de ces signalements, des critères de vulnérabilités pourront être établis par la CCAPEX départementale dans sa doctrine en concertation avec les partenaires locaux de la prévention de façon à concentrer l'intervention sur les locataires les plus en difficultés. L'utilisation des indicateurs socio-économiques définis par la charte pour la prévention de l'expulsion conformément aux dispositions de la circulaire du 22 mars 2017 – notamment le reste pour vivre – doivent servir de base à l'établissement de ces critères.

Au stade de l'assignation, tous les signalements doivent faire l'objet d'un traitement et être orientés vers un service social et juridique désigné par le PDALHPD de façon à réaliser le diagnostic social et financier qui sera ensuite transmis aux magistrats.

À ces deux stades (commandement de payer et assignation), le secrétariat de la CCAPEX génère un listing hebdomadaire transmis successivement aux

2. La révélation d'une information à caractère secret par une personne qui en est dépositaire soit par état ou par profession, soit en raison d'une fonction ou d'une mission temporaire, est punie d'un an d'emprisonnement et de 15 000 euros d'amende.

différents services sociojuridiques du département de façon à déterminer, dans un premier temps, les locataires faisant déjà l'objet d'un suivi social. Ces services sociaux sont contactés dans l'ordre suivant :

1. Services sociaux de la CAF ;
2. Services sociaux du conseil départemental ;
3. Contact des services sociaux municipaux.

Chaque service social sollicité par la CCAPEX identifie, au sein du listing, les ménages dont il assure déjà le suivi social et prend contact avec eux, de façon à leur proposer un entretien spécifique à la prévention des expulsions ; il en avertit l'antenne de prévention des expulsions la plus proche en vue d'un rendez-vous et d'un diagnostic commun ou partagé avec un juriste. Une fois ces ménages identifiés, le service social renvoie le listing à la CCAPEX en lui précisant les locataires signalés dont il assure la prise en charge. Ces locataires sont retirés du listing par la CCAPEX qui le transfère ensuite au service social suivant qui répète le même processus jusqu'à épuisement des services sociaux et partenaires connus de la prévention des expulsions.

À l'issue de cette première phase, la CCAPEX détermine les locataires signalés qui ne bénéficient d'aucune prise en charge par un service public à ce stade. Elle envoie alors ce dernier listing au service social ad hoc défini par la charte pour la prévention de l'expulsion conformément aux dispositions de la circulaire du 22 mars 2017 (v. G annexe 1 p) qui se charge de prendre attache avec ces personnes pour leur proposer un rendez-vous par tous les moyens à sa disposition. Une fois les rendez-vous proposés, le service social ad hoc renvoie le listing à la CCAPEX en indiquant les locataires signalés qu'il n'a pas réussi à joindre et qui ne se sont pas présentés à l'entretien.

Au stade du commandement de quitter les lieux, priorité est donnée au traitement des signalements dont les locataires ne bénéficient d'aucun suivi social à ce stade et en particulier à ceux du parc privé. Le secrétariat de la CCAPEX charge ainsi le service social ad hoc de contacter ces locataires sur la base du listing effectué avant audience de façon à leur proposer un entretien de diagnostic et solliciter les dispositifs de prévention adaptés.

Au stade du concours de la force publique, les signalements sont transmis par le secrétariat de la CCAPEX aux différents services sociojuridiques selon la même procédure qu'au stade de l'assignation de façon à ce qu'ils prennent contact avec les locataires pour leur proposer un rendez-vous et réaliser un état des lieux des démarches qu'ils ont engagées. Le secrétariat reçoit les états des lieux effectivement réalisés et les transmet à la cellule technique de la CCAPEX pour étude de la situation et envisager les possibilités de relogement éventuelles avant octroi du CFP. Si le concours de la force publique est accordé, le secrétariat en informe le travailleur social en charge de l'accompagnement du locataire de façon à ce qu'il saisisse le service intégré de l'accueil et de l'orientation (SIAO) d'une demande d'hébergement à la date prévue.

Quel que soit le stade de la procédure, les diagnostics sociojuridiques (dont les diagnostics sociaux et financiers) sont adressés simultanément au dispositif d'apurement de la dette locative identifié par le travailleur social ainsi qu'à la CCAPEX. Si un relogement est nécessaire, la CCAPEX se charge de contacter immédiatement les bailleurs sociaux et les agences immobilières du département signataires de la charte pour la prévention de l'expulsion. La CCAPEX supervise par ailleurs la saisine des dispositifs d'apurement et sa cellule technique traite directement des cas les plus complexes pour lesquels le diagnostic initial s'est déclaré incompétent ou sans solution. Au stade l'assignation, le diagnostic social et financier est transmis à la CCAPEX qui le transmet immédiatement au greffe du tribunal d'instance où est enregistrée l'assignation. Le service social peut également envoyer directement le diagnostic social et financier au greffe à condition de mettre le secrétariat de la CCAPEX en copie de façon à pouvoir centraliser le suivi (diagnostics réalisés/non réalisés).

§ 3
Charte départementale pour la prévention des expulsions

813.71 Charte départementale : des engagements à vocation opérationnelle L'idée d'une charte départementale pour la prévention des expulsions est ancienne puisqu'elle remonte à la loi du 29 juillet 1998. Mais c'est depuis la loi du 24 mars 2014 qu'il est fait obligation de réaliser une telle charte afin que l'ensemble des partenaires intervenant au sein du département se mobilisent pour réduire sensiblement le nombre des expulsions. Le décret du 31 mars 2016[1] fixe la liste des dispositions appelées à figurer dans la charte ainsi que les modalités d'élaboration, de signature et d'évaluation de celle-ci.

Elle doit déterminer :

1° Les engagements des partenaires de la charte pour la mise en œuvre des mesures et actions en vue de prévenir les expulsions, pour tout motif, à chacune des étapes de la procédure ainsi que les moyens qu'ils prévoient d'allouer, en matière :

– d'information des particuliers, des bailleurs et des agences immobilières sur les droits et devoirs des propriétaires et des locataires, le déroulement de la

1. Décr. n° 2016-393, 31 mars 2016 relatif à la charte pour la prévention de l'expulsion, *JO* 1er avr., n° 49.

procédure, les démarches et dispositifs pouvant être sollicités pour la prévention des expulsions, en particulier la commission de coordination des actions de prévention des expulsions locatives mentionnée à l'article 7-2 de la loi du 31 mai 1990 susvisée ;

- d'aides et de secours mobilisables selon la situation du ménage relatifs au cautionnement des ménages, à l'apurement des dettes antérieures, à la prise en charge des frais de procédures et à la garantie des associations faisant de la sous-location, notamment ceux du fonds de solidarité pour le logement ;

- de relogement dans le parc social dans le cadre des contingents des réservataires ou d'attribution hors contingent ;

- de dispositifs de conciliation ;

- d'accompagnements sociaux, médico-sociaux et juridiques auxquels le locataire ou le bailleur peuvent recourir ;

- de définition du contenu du diagnostic social et financier et de répartition de sa réalisation telle que prévue par le plan d'action pour le logement et l'hébergement des personnes défavorisées en application du 9° du IV de l'article 4 de la loi du 31 mai 1990 ;

- de formation des intervenants sociaux en matière de politiques sociales du logement ;

- de procédures de coordination des acteurs, notamment adaptées aux situations d'urgence ;

- d'information de la commission de coordination des actions de prévention des expulsions locatives et de ses sous-commissions sur le suivi de leurs avis et recommandations.

2° Les objectifs quantitatifs et qualitatifs poursuivis exprimés notamment en termes de réduction du nombre de ménages concernés aux différents stades de la procédure et de leur part parmi les ménages locataires ;

3° La liste des maires qui souhaitent être invités aux réunions de la commission de coordination des actions de prévention des expulsions locatives et de ses sous-commissions lorsque le dossier d'un de leurs administrés y est examiné conformément au deuxième alinéa de l'article 8 du décret du 30 octobre 2015 ;

4° Sa durée, qui ne peut excéder six ans, la définition des indicateurs permettant son évaluation ainsi que les modalités de son suivi, de son évaluation et de sa révision.

L'instruction ministérielle du 22 mars 2017 rappelle aux préfets que la charte pour la prévention de l'expulsion est le document central de la prévention des expulsions sur leur territoire. Elle doit préciser, selon la politique générale définie dans le PDALHPD, les engagements individuels à réaliser par chacun des acteurs pour atteindre l'objectif de réduction du nombre de décisions de justice prononçant l'expulsion. Le ministre insiste sur le fait qu'elle ne saurait se résumer à un document formel qui se bornerait à réaffirmer de façon générale ce que les textes ont déjà prévu ou à confirmer des pratiques professionnelles courantes, non plus qu'elle ne peut constituer un lieu d'enregistrement de simples déclarations d'intentions. Il est ainsi enjoint aux préfets de veiller aux engagements concrets de chacun des partenaires et à la définition d'objectifs qualitatifs et quantitatifs précis, fondés sur une description détaillée des modalités d'action qui permettront leur réalisation opérationnelle. En outre, il est rappelé que la charte a pour objectif de faire émerger une culture d'action commune en ménageant des temps et des espaces réguliers d'échanges et d'amélioration de la connaissance des logiques d'intervention de chacun des acteurs. La charte doit ainsi définir la structure et la temporalité de formations interdisciplinaires annuelles incluant l'ensemble des partenaires et des secteurs professionnels.

813.72 **Personnes associées.** La charte est élaborée par le préfet et le président du conseil départemental en y associant les organismes payeurs des aides personnelles au logement, les établissements publics de coopération intercommunale, le cas échéant la métropole, les communes, les organismes collecteurs de la participation des employeurs à l'effort de construction, les bailleurs sociaux, les organismes représentant les bailleurs privés, les organismes représentant les professions immobilières, les centres d'action sociale mentionnés aux articles L. 123-4 et suivants du code de l'action sociale et des familles, la commission de surendettement des particuliers mentionnée à l'article L. 331-1 du code de la consommation, l'union départementale des associations familiales mentionnée à l'article L. 211-1 du code de l'action sociale et des familles, les associations d'information sur le logement mentionnées à l'article L. 366-1 du code de la construction et de l'habitation, les tribunaux d'instance et le conseil départemental de l'accès au droit, l'ordre des avocats, la chambre départementale des huissiers de justice, les associations dont l'un des objets est le logement des personnes défavorisées, les associations de défense des personnes en situation d'exclusion par le logement, les associations de locataires, la commission de médiation prévue à l'article L. 441-2-3 du code de la construction et de l'habitation, les acteurs compétents en matière d'accompagnement social, médico-social ou de médiation locative, les autorités administratives compétentes en matière de protection des majeurs ou des mineurs, les groupements d'intérêt public mentionnés aux articles 10 et 11 du décret du 30 octobre 2015 susvisé.

813.73 **Signature et bilan.** La charte est approuvée par le comité responsable du plan départemental d'action pour le logement et l'hébergement des personnes défavorisées.

Elle est signée par le préfet et le président du conseil départemental, qui présentent chaque année une évaluation de la charte au regard de ses objectifs.

Depuis le 24 mars 2017 elle est approuvée par le comité responsable du PDALHPD.

§ 4
Bilan 2014-2017

813.81 **Conclusion sur la période.** La volonté affichée en 2014 de reprendre en main la politique nationale de prévention des expulsions par l'État s'est traduite par un nombre important de mesures de suivi et d'évaluation des moyens.

1. Le renforcement des CCAPEX comme instrument central de la coordination et de l'évaluation de la politique de prévention s'accompagne d'une centralisation des informations sur la situation des ménages à travers la commission ou les sous-commissions, demain grâce à l'outil EXPLOC (v. ci-dessous).

2. L'élaboration effective des chartes de prévention des expulsions favorise le travail en commun des partenaires sur les territoires. Elle est accompagnée d'engagements chiffrés de ces partenaires et de l'allocation de moyens.

3. La redéfinition de la notion d'impayé, inscrite dans le décret du 6 juin 2016 [1] et la modification des procédures d'apurement de ces impayés entre partenaires concernés (bailleur, CAF, CCAPEX, FSL, voire commission de surendettement) ont pour objectif de réaliser un traitement plus précoce de l'impayé locatif et pour effet de favoriser le maintien des aides personnelles au logement par les CAF ou les MSA, ou leur rétablissement, après avis de la CCAPEX.

4. Enfin des moyens numérisés importants sont mobilisés à la suite de la création d'un système d'information sur les ménages menacés d'expulsion, par l'arrêté du 23 juin 2016 (système EXPLOC, pour expulsions locatives). Alimenté par les CAF, les huissiers, puis par les bailleurs sociaux, il concentre des données sur les ménages en impayés et a vocation à être un instrument d'observation et de pilotage de la politique de prévention des expulsions.

Avec cet outil, il s'agit à la fois de faciliter le travail de gestion par un partage dématérialisé des dossiers de procédure et de mutualiser, en les fiabilisant, les informations sur la situation des ménages détenues par l'ensemble des intervenants à la prévention des expulsions locatives (huissiers de justice, CAF, Banque de France, notamment).

813.82 **Bailleurs sociaux et prévention des expulsions.** Les bailleurs sociaux sont des acteurs majeurs de la prévention des expulsions dès le stade de l'impayé.

Le parc locatif social représente près de 4,7 millions de logements gérés essentiellement par 234 offices publics de l'habitat et 198 entreprises sociales pour l'habitat, auxquels s'ajoutent 39 coopératives HLM détenant environ 100 000 logements locatifs et des SEM disposant d'un parc de logements conventionnés. Ces bailleurs sont presque toujours signataires des chartes de prévention et membres des CCAPEX.

Le poids des créances admises en non-valeur pèse sur les comptes des organismes et sur leur capacité d'autofinancement. La démarche de prévention du risque d'impayés est cruciale pour les bailleurs sociaux qui mettent en place une panoplie d'actions variées :

• beaucoup ont un entretien avec le candidat locataire avant le passage en commission d'attribution pour bien mesurer l'adéquation entre le loyer, les charges et les ressources et sont très vigilants sur le choix d'un logement adapté aux ressources du demandeur. Pour les ménages les plus fragiles, ils peuvent avoir recours à des dispositions spécifiques : demande de mesures d'accompagnement vers et dans le logement (AVDL) pour des ménages ayant déjà eu des dettes, veille sur les ménages ayant bénéficié d'une aide FSL-accès, mise en place de baux glissants...

• à l'entrée dans les lieux, pour compenser l'inconvénient de la mise en place de l'aide au logement à terme échu le premier mois (« mois de carence »), certains pratiquent une avance au loyer qui sera remboursée par la suite et de façon étalée, d'autres décalent la date de signature du bail au moment où l'aide est versée. Beaucoup remplissent les demandes d'aide personnalisée au logement (APL) pour les locataires ;

• certains prévoient une visite au domicile du locataire dans les trois mois qui suivent l'emménagement pour savoir si le logement lui convient ;

• dans le cadre de la gestion courante, ils adaptent leur gestion pour limiter les risques et éviter des difficultés pour les locataires : dates de quittancement calées sur la date de perception des revenus, mise en place du prélèvement automatique. Certains bailleurs invitent (par voie d'affichage dans les halls d'immeubles ou dans les courriers annexés aux quittances) leurs locataires à contacter leur chargé de clientèle ou leur service social s'ils esti-

1. Décr. n° 2016-748, 6 juin 2016 relatif aux aides personnelles au logement, *JO* 7 juin, n° 18.

ment rencontrer des difficultés financières ou encore organisent des réunions sur les charges et la maîtrise de celles-ci ;

• quand un impayé est repéré, au-delà des courriers de relance automatisés, un contact personnel peut être recherché avec le locataire, en mobilisant, successivement ou concomitamment selon les organisations, le chargé de clientèle, un agent du service recouvrement ou un travailleur social, conseiller en économie sociale et familiale (CESF) quand il y en a au sein de l'organisme. Ces contacts débouchent souvent sur la signature d'un protocole/plan d'apurement, le commandement de payer étant utilisé comme un moyen ultime pour faire réagir les locataires qui n'ont pas engagé de dialogue avec les personnels de l'organisme ;

• les travailleurs sociaux apportent une plus-value certaine dans la prévention des impayés. Bien que n'étant pas présents chez tous les bailleurs, leur nombre ne cesse de croître : en 2014 en Seine-Saint-Denis, 25 bailleurs représentant 82 % du parc social et ayant répondu à une enquête sollicitée par la mission employaient 56 travailleurs sociaux diplômés, soit 1 pour 3 700 logements. En Gironde, une enquête réalisée par l'association régionale des organismes d'HLM (AROSHA) en recensait dix, soit un ratio de 1 pour 5 800 logements[1].

813.83 Résultats des enquêtes menées sur le parc HLM entre 2014 et 2017[2]. Au début de l'année 2014, une étude de l'Union sociale pour l'Habitat (USH) en matière d'impayés et de prévention des expulsions indiquait que 17 % des locataires se trouvaient en incident de paiement et 6 % des locataires étaient en situation d'impayé de loyer résiduel (après déduction de l'aide au logement) de plus de trois mois.

Au titre de l'année 2017, il ressortait de l'étude menée par l'USH une relative stabilité du taux et du nombre de ménages en impayés depuis 2014. Toutefois, il était constaté une hausse du nombre et du taux de ménages partis en impayés.

Fin 2017, 798 000 ménages se trouvaient en retard de paiement dans le parc HLM (18,5 % des ménages présents), 271 000 en impayés de trois mois ou plus (6,3 % des ménages présents) et 61 000 en impayés de plus de douze mois (1,4 % de ménages présents).

Les démarches amiables engagées par les organismes HLM auprès de leurs locataires restent à un niveau important, avec plus de cinq millions de courriers de relance envoyés et plus de 473 000 plans d'apurement amiable signés. Les organismes HLM réalisent un important travail de prévention et de recherche de solutions négociées avec leurs locataires en difficulté tout au long de la procédure.

L'activité contentieuse des organismes HLM est stable entre 2016 et 2017 en taux, avec une légère diminution en valeur. Les commandements de payer représentent 3,2 % des ménages présents, les assignations 1,6 % et les commandements de quitter les lieux 0,8 %.

Les organismes HLM sont en revanche fortement impactés par les effacements de dettes de leurs locataires dans le cadre du surendettement. Le montant total de ces effacements s'élève à 81 millions d'euros en 2017, chiffre qui n'a cessé d'augmenter depuis 2012.

Enfin, le taux financier d'impayés est à peu près stable depuis 2015 entre 8,2 et 8,3 %. Le coût total des impayés reste, *in fine*, maîtrisé, à hauteur de 1 % du quittancement.

D'une manière générale, le traitement précoce des impayés de la part des organismes HLM, dès les premiers signes, permet de trouver des solutions pour une grande partie des situations.

Face aux difficultés de leurs locataires, les organismes HLM réalisent un lourd travail de prévention :

– en première alerte, les organismes ont adressé plus de cinq millions de courriers de relance en 2017. Au-delà des courriers, les organismes HLM multiplient et diversifient les modes de contact, notamment par courriels, téléphone, textos ;

– un peu plus de 473 000 plans d'apurement amiable ont été signés en 2017. Ce nombre est en légère diminution, puisqu'il était de 497 000 en 2016 et 479 000 environ en 2015 ;

– 13 600 protocoles de cohésion sociale ont été signés en 2017 avec des ménages dont le bail a été résilié par la justice, leur permettant de rétablir leur situation et de continuer à bénéficier de l'APL. Ce chiffre était de 14 400 en 2016 et 13 600 en 2015.

En 2017, 5 100 protocoles signés ont permis l'apurement de la dette et 3 800 baux ont été signés grâce à la conclusion d'un protocole. Les organismes HLM ont fortement investi cet axe préventif qui permet de régler la majeure partie des situations. L'objectif est de traiter le plus en amont possible les situations de fragilité et de rechercher des solutions négociées, y compris après la résiliation du bail. Les bailleurs sociaux se professionnalisent à cet égard, ils généralisent la recherche de contact vers les ménages en difficulté en s'appuyant sur les compétences de travailleurs sociaux.

1. F. Henry (IGA), P. Tardivon (CGEDD), Ph. Laffon (IGAS), N. Combot (IGSJ), M. de Blasi (IGSJ), ph. Mouchard (IGSJ), *Rapport pour l'évaluation de la prévention des expulsions locatives*, remis au comité interministériel pour la modernisation de l'action publique, oct. 2014 (extraits).
2. USH, Direction des politiques urbaines et sociales, M. Sylvestre, *Impayés et prévention des expulsions, Résultats de l'enquête sur les données de 2017*, mai 2019 (extraits).

Si malgré le travail de prévention réalisé par les organismes, la situation d'impayés persiste, une procédure contentieuse est alors mise en œuvre tout en poursuivant la recherche de solutions amiables permettant le maintien dans le logement du ménage.

Environ 137 000 commandements de payer ont été délivrés en 2017. Il s'agit d'actes délivrés par huissier ordonnant au locataire d'exécuter ses obligations de paiement dans un délai de deux mois. Ce chiffre a légèrement diminué depuis 2014. De 151 000 en 2014, il a baissé à 140 000 en 2015 et à 138 000 en 2016. Les commandements de payer concernent 3,2 % des ménages présents au 31 décembre 2017 (taux identique à celui de 2016).

- 67 100 assignations en justice ont été délivrées en 2017, soit une proportion de 1,6 % des ménages présents. Ce chiffre a légèrement diminué entre 2016 et 2017 (72 000 assignations en 2016). Le taux est cependant resté stable ;

- 38 300 baux ont été résiliés par décision judiciaire en 2017 (38 600 en 2016), représentant 0,9 % des ménages présents ;

- 33 400 commandements de quitter les lieux ont été délivrés en 2017 (33 300 en 2016). Cela correspond à 0,8 % des ménages présents en 2017, taux stable depuis 2014.

En dernier recours, l'organisme HLM sollicite auprès du préfet le concours de la force publique pour faire exécuter la décision de justice. En cas de refus de concours, le bailleur peut être indemnisé par l'État.

Une très faible partie des procédures a été engagée suite à des troubles de jouissance occasionnés par les locataires : ne sont dénombrés à ce titre que 1 100 assignations et 520 commandements de quitter les lieux. 290 expulsions avec concours de la force publique ont été réalisées sur le fondement de troubles de jouissance.

Depuis 2014, une hausse de 50 % du montant des effacements de dettes dans le cadre du surendettement. En 2017, 28 000 ménages ont été concernés par un effacement de dettes (25 000 en 2016) dans le cadre d'un plan de redressement ou d'une procédure de rétablissement personnel au titre du surendettement, pour une dette moyenne s'élevant à 2 880 euros (3 000 € en 2016). Les dettes locatives effacées représentent pour l'ensemble des organismes HLM un montant, et donc un coût de 81 millions d'euros en 2017. Ce montant est en constante augmentation : 54 millions d'euros en 2014, 72 millions d'euros en 2015 et 75 millions d'euros en 2016.

Il existe des différences régionales dans les taux d'impayés. Avec une moyenne, pour toute la France, à 8,2 %, le taux d'impayés est de 6,1 % en Occitanie, 6,2 % en Pays de la Loire, et 6,8 % en Bretagne et en Nouvelle Aquitaine. Il est de 9,7 % en Ile-de-France, de 20,6 % en Corse et 12,9 % dans les DOM. D'une manière générale, le taux d'impayés a faiblement augmenté depuis 2014. La Corse est le territoire où le taux a le plus augmenté (+ 2,9 points). Dans les Hauts-de-France, le taux a progressé de 0,8 point, en Auvergne Rhône-Alpes de 0,6. Il a baissé de 0,3 point en Bourgogne-Franche-Comté, passant de 8,6 % à 8,3 %. D'importantes disparités sont constatées au sein même des régions. C'est particulièrement le cas pour la région Nouvelle Aquitaine : alors que l'Aquitaine est le territoire ou le taux d'impayés est le plus faible (5,3 %), il est à l'inverse élevé dans le Limousin (10,7 %) et en Poitou Charentes (9,5 %).

§ 5
Bilan provisoire 2018-2020

813.91 **Données de l'année 2018 issues de l'enquête sur le secteur HLM.** Le nombre et la proportion de ménages en retard de paiement et en impayés ont très légèrement augmenté ces dernières années. Ainsi, en 2018, 820 000 ménages sont en retard de paiement (18,6 % des ménages présents), 286 000 en impayés de plus de trois mois (6,5 % des ménages présents), 64 000 en impayés de plus de douze mois (soit 1,5 % des ménages présents).

Les démarches amiables menées par les organismes HLM auprès de leurs locataires restent à un niveau important, avec plus de cinq millions de courriers de relance envoyés et plus de 458 000 plans d'apurement. On note toutefois une légère diminution du nombre de plans d'apurement amiables signés en 2018.

L'activité contentieuse est en légère diminution entre 2017 et 2018, plus marquée en fin de procédures. On constate notamment une légère baisse en nombre des baux résiliés, des commandements de quitter les lieux et des concours de la force publique demandés, accordés, et exécutés, même si les taux en pourcentage de ménages présents restent identiques.

À nouveau, cette année, on constate une forte hausse des effacements de dettes dans le cadre du surendettement. Les organismes HLM sont fortement impactés par ces effacements de dettes, dont le montant s'élève en 2018 à 89 millions d'euros. Ce chiffre n'a cessé d'augmenter depuis 2012.

Concernant les indicateurs financiers, on observe une légère hausse du taux d'impayés (passant de 8,2 % à 8,5 % du quittancement) et du coût des impayés (passant de 1 à 1,1 %). Mais cette évolution est à prendre avec précaution : elle est essentiellement liée à la mise en œuvre de la RLS qui a impacté à la baisse le quittancement et donc, mécaniquement, a amplifié les ratios.

Une part non négligeable des locataires HLM rencontre des difficultés de paiement. Au 31 décembre 2018, 820 000 ménages se trouvent en retard de paiement, ce qui représente 18,6 % des ménages présents dans le parc. Ces chiffres ont légèrement augmenté depuis 2016. Le taux est passé de 17,7 % en 2016 à 18,5 % en 2017 et 18,6 % en 2018.

Parmi ces ménages, 286 000 sont en impayés de trois mois ou plus, soit 6,5 % des ménages présents. Ce taux est en légère augmentation entre 2016 et 2018 passant de 6,3 à 6,5 %, mais reste inférieur au taux de 2015 (6,7 %).

64 000 ménages sont en impayés de plus de douze mois au 31 décembre 2018 (61 000 en 2017), soit 1,5 % des ménages présents dans le parc (1,4 % en 2017). Les chiffres sont donc en légère augmentation depuis 2016.

D'une manière générale, le traitement précoce des impayés de la part des organismes HLM, dès les premiers signes, permet de trouver des solutions pour une grande partie des situations.

En 2018, 171 700 ménages sont partis en impayés, représentant 3,9 % des ménages présents. Après avoir augmenté entre 2015 et 2017, le taux et le nombre de ménages partis en impayés ont fortement diminué en 2018, avec une baisse du taux passant de 4,4 % à 3,9 %

• **L'importance du travail amiable mené par les organismes HLM.** Face aux difficultés de leurs locataires, les organismes HLM réalisent un important travail de prévention. En première alerte, les organismes ont envoyé plus de cinq millions de courriers de relance en 2018.

458 700 plans d'apurement amiables ont été signés en 2018. Ce nombre est en légère diminution depuis 2016 : 473 000 plans d'apurement en 2017 et 497 000 en 2016. Soit un taux, en pourcentage de ménages présents, passant de 11,4 % en 2016 à 10,4 % en 2018.

13 400 protocoles de cohésion sociale ont été signés en 2018 (13 600 en 2017) avec des ménages dont le bail a été résilié par la justice, leur permettant de rétablir leur situation et de continuer à bénéficier de l'APL. Ce nombre représente 0,3 % des ménages présents. En 2018, 3 600 protocoles signés ont permis l'apurement de la dette et 3 800 baux ont été signés suite à la réussite d'un protocole.

Les organismes HLM sont investis sur cet axe préventif, qui permet de régler la majeure partie des situations. L'objectif est de traiter le plus en amont possible les situations de fragilités et de rechercher des solutions négociées y compris après la résiliation du bail. Les organismes HLM multiplient et diversifient les modes de contact, développent des postures professionnelles « proactives », sont à la recherche de solutions sur les ménages les plus en difficultés en s'appuyant sur les compétences de travailleurs sociaux.

• **Diminution des procédures contentieuses.** Malgré le travail de prévention réalisé par les organismes, si le ménage est toujours en situation d'impayés, une procédure contentieuse est mise en œuvre. Elle est réalisée tout en poursuivant la recherche de solutions amiables permettant le maintien dans le logement du ménage.

137 700 commandements de payer ont été délivrés en 2018. Ce chiffre est relativement stable depuis 2015, même s'il diminue très légèrement en taux sur 2018. Le nombre de commandements de payer représente 3,1 % des ménages présents dans le parc.

68 200 assignations en justice ont été délivrées en 2018, soit 1,5 % des ménages présents. Ces chiffres sont également relativement stables depuis 2015, avec également une légère baisse du taux entre 2017 et 2018. Même s'il peut y avoir un décalage dans le temps, on peut considérer qu'environ un commandement de payer sur deux entraîne le paiement par le locataire de ses obligations.

35 200 baux ont été résiliés suite à une assignation par décision de justice en 2018, correspondant à 0,8 % des ménages présents. Ce chiffre a légèrement diminué. Il était de 38 600 en 2016 et 38 300 en 2017, avec un taux passant de 0,9 % à 0,8 %.

30 800 commandements de quitter les lieux ont été délivrés en 2018 (33 400 en 2017 et 2016). Ce chiffre est donc en légère diminution, avec un taux, en pourcentage de ménages présents, passant de 0,8 % à 0,7 %.

En dernier recours, l'organisme HLM sollicite auprès du préfet le concours de la force publique pour faire exécuter la décision de justice. Lorsque des moyens sont disponibles, des actions concertées avec des organismes spécialisés peuvent permettre au bailleur de reloger le ménage dans le cadre, si besoin, d'une sous-location assortie d'un accompagnement social.

Une très faible partie des procédures a été engagée suite à des troubles de jouissance occasionnés par les locataires : 1 000 assignations et 450 commandements de quitter les lieux. 220 expulsions avec concours de la force publique ont été réalisées pour troubles de jouissance.

– Lorsque le préfet refuse le concours, le bailleur doit être indemnisé par l'État.

• **Un montant de dettes effacées en constante augmentation.** En 2018, 29 000 ménages sont concernés par des effacements de dettes (28 000 en 2017) dans le cadre d'un plan de redressement ou d'une procédure de rétablissement personnel au titre du surendettement, pour une dette moyenne par ménage s'élevant à 3 040 euros (2 880 € en 2017). Le montant moyen des effacements de dettes est assez fluctuant depuis 2015, se situant entre 2 500 euros et 3 000 euros.

Les dettes locatives effacées continuent en revanche de s'accroître. En 2018, elles représentent un montant et donc un coût de 89 millions d'euros. Ce montant est en constante augmentation : 54 millions d'euros en 2014, 75 millions d'euros en 2016, et désormais 89 millions d'euros en 2018, soit une augmentation de quasiment 65 % entre 2014 et 2018.

• **Une évolution des indicateurs comptables en grande partie liée à la mise en œuvre de la RLS.** L'évolution des indicateurs comptables « en % du quittancement » est biaisée en 2018 par la mise en œuvre de la RLS. En effet, la RLS ayant impacté à la baisse les montants quittancés, mécaniquement, les indicateurs s'amplifient. Ainsi, les taux sont difficilement comparables entre 2017 et 2018.

- Le taux d'impayés, c'est-à-dire le cumul des créances locatives rapporté au quittancement brut de l'année s'élève en 2018, à 8,5 %.

- Le taux de non-recouvrement, à savoir la part des loyers non récupérés dans l'année s'établit à 0,8 % en 2018.

- Le coût des impayés - c'est-à-dire les pertes sur créances irrécouvrables ou pertes comptables pour impayés - se situe en 2018 à hauteur de 1,1 % du quittancement.

• **Des diversités régionales.** Il existe des différences régionales dans les taux d'impayés. Avec une moyenne, pour toute la France, à 8,5 %, le taux d'impayés est de 6,3 % en Pays de la Loire, 6,6 % en Occitanie, et 6,6 % en Bretagne. Il est de 10 % en Ile-de-France et de 13,7 % dans les DOM.

C'est en Nouvelle Aquitaine (+ 0,9 point) et en Auvergne Rhône Alpes (+ 0,7 point) que les taux d'impayés ont le plus augmenté entre 2015 et 2018. Il n'a baissé qu'en Centre Val de Loire (- 0,1 point). Ces chiffres sont également à prendre avec précaution compte tenu de la mise en œuvre de la RLS en 2018.

Il faut noter par ailleurs d'importantes disparités au sein même des régions. C'est particulièrement le cas pour la région Nouvelle Aquitaine : alors que l'Aquitaine est le territoire ou le taux d'impayés est le plus faible (5,9 %), il est à l'inverse élevé dans le Limousin (11,6 %) et en Poitou Charentes (9,4 %).

813.92 Faculté pour les organismes HLM de conclure des protocoles de cohésion sociale même en l'absence de dette locative. Le code de la construction et de l'habitation[1] prévoit pour l'occupant d'un logement HLM - conventionné ou non - le bénéfice des allocations de logement lorsque son bail a été résilié par décision judiciaire pour défaut de paiement de loyer et de charges et qu'il a conclu un protocole d'accord avec le bailleur valant rétablissement du bail. Ce protocole vaut titre d'occupation et donne droit aux allocations de logement si l'occupant s'engage à payer régulièrement l'indemnité d'occupation et les charges fixées dans la décision judiciaire et à respecter un plan d'apurement de sa dette locative approuvé par la CAF, ou la CMSA le cas échéant, qui est joint au protocole.

Cet avantage étant jusqu'alors subordonné à l'existence d'une dette de loyer ou de charges, le bénéfice des aides se trouvait écarté envers l'occupant qui avait soldé sa dette dans le cadre d'un plan d'apurement.

La loi du 23 novembre 2018[2], dite loi Élan, intègre cette situation en autorisant la signature d'un protocole d'une durée maximale de deux ans, sans plan d'apurement, par lequel l'occupant s'engage à payer régulièrement l'indemnité d'occupation et les charges fixées dans la décision judiciaire. Les CAF et CMSA sont destinataires de ces protocoles.

813.93 Coordination par la loi du 23 novembre 2018, dite loi Élan, de la procédure de surendettement avec la procédure de résiliation judiciaire du bail. L'article 118 de la loi du 23 novembre 2018, dite loi Élan, a permis l'articulation de la procédure d'expulsion locative et de la procédure de surendettement afin de maintenir dans leur logement les locataires de bonne foi ayant repris le paiement de leur loyer et s'acquittant du remboursement de leur dette locative.

Ainsi que le détaille l'état des lieux établi lors du projet de loi Élan[3], l'absence de coordination entre les deux procédures de surendettement et d'expulsion se matérialisait à travers plusieurs dysfonctionnements avant et après la décision de justice statuant sur la résiliation du bail. Le magistrat ne prenait pas en compte les mesures antérieures de la commission de surendettement, quand bien même ces mesures traitaient précisément la dette locative à l'origine de la procédure judiciaire sur laquelle il devait statuer. Le locataire débiteur était ainsi confronté à une double injonction contradictoire relative au remboursement de sa dette locative. La loi du 6 juillet 1989 prévoit en effet que le juge d'instance peut conditionner le maintien dans les lieux du locataire assigné pour expulsion dans le cadre d'un impayé de loyer au remboursement de sa dette, suivant des modalités de paiement fixées par décision judiciaire dans une limite de trente-six mois.

Ces décisions d'expulsion, dites « conditionnelles », ne sont accordées que dans la mesure où le locataire a repris le paiement régulier de son loyer.

1. CCH, art. L. 353-15-2 et L. 442-6-5.

2. L. n° 2018-1021, 23 nov. 2018 portant évolution du logement, de l'aménagement et du numérique, *JO* 24 nov.
3. Étude d'impact, L. n° 2028-1021, 23 nov. 2018.

En cas de non-paiement du loyer ou d'une échéance, la procédure d'expulsion reprend son cours ; dans le cas contraire, le bail est maintenu une fois la dette apurée, quel que soit le moyen utilisé pour y parvenir.

Or dans l'hypothèse où l'échéancier judiciaire différait des mesures de la commission de surendettement, le respect de ces dernières provoquait un défaut dans le paiement du premier et donc la résiliation automatique du bail et la reprise de la procédure d'expulsion ; à l'inverse, le respect de l'échéancier judiciaire entraînait la caducité du dossier de surendettement.

Symétriquement, aucune articulation n'était prévue entre la décision judiciaire qui octroie des délais de paiement de la dette locative conditionnant le maintien du bail et les mesures de surendettement postérieures traitant cette même dette locative.

Ces saisines de la commission de surendettement postérieures à la décision d'expulsion conditionnelle s'expliquaient notamment par le fait que le juge prenait en compte dans sa décision les dispositifs administratifs à disposition du locataire pour apurer la dette - aide FSL, dossier de surendettement - dont l'usage est conçu *de jure* comme complémentaire de sa décision. L'échéancier judiciaire qui en découle prévoit donc fréquemment des modalités de paiement qui ne permettent pas à elles seules de solder la dette - la quasi-totalité de son montant reposant alors sur la dernière échéance qui, selon l'expression juridiquement consacrée, « solde la dette ».

Dans ces conditions, si le locataire n'était pas en mesure de payer cette dernière échéance et si le FSL ne pouvait prendre en charge la dette - que ce soit du fait de la faiblesse de son plafond d'attribution locale ou du refus du bailleur d'en accepter les conditions - le dossier de surendettement restait la seule solution pour apurer la dette. Or les mesures qui s'ensuivaient entrent presque systématiquement en conflit avec la décision antérieure du juge d'instance. Le locataire-débiteur était alors confronté au même dilemme qu'évoqué plus haut : le respect des mesures de surendettement entraînait le non-respect de l'échéancier judiciaire et donc la reprise de la procédure d'expulsion tandis que le respect de l'échéancier judiciaire entraînait la caducité du dossier de surendettement.

La loi Élan apporte un traitement plus équitable de la dette locative qui permet son remboursement effectif au bailleur-créancier lorsqu'elle est légalement exigible, à travers le recours au surendettement. Les auteurs de la loi Élan ont pris en compte le fait que les commissions de surendettement disposent de moyens d'analyses supérieurs et plus précis que ceux des magistrats d'instance pour déterminer la situation budgétaire et financière du locataire, ce qui leur permet, *in fine*, de définir des modalités d'apurement de la dette locative plus pertinentes.

Le dispositif mis en place par la loi Élan s'adresse uniquement aux locataires ayant repris le paiement du loyer et des charges et donc en capacité de se maintenir dans leur logement sans préjudice actuel ou futur pour leur bailleur. Parmi eux, seuls les locataires éligibles aux deux critères d'admissibilité de la procédure de surendettement peuvent encore y prétendre. Le locataire-débiteur doit ainsi impérativement être de bonne foi quant à la nature de ses dettes et ses capacités de remboursements déclarées (article L. 711-1 du code de la consommation). Il doit par ailleurs être dans une situation telle qu'il soit dans l'impossibilité manifeste de faire face à l'ensemble de ses dettes ; en ce sens, le seul fait d'avoir contracté une dette locative ne suffit pas à bénéficier d'une mesure de surendettement.

Par ce dispositif, le législateur instaure une exception au principe selon lequel la décision de recevabilité du dossier de surendettement interdit au débiteur de faire tout acte qui aggraverait son insolvabilité, s'agissant d'une dette locative dont le paiement conditionne la suspension des effets de la clause résolutoire et ce, jusqu'à ce que la commission de surendettement prenne sa décision.

• Première situation : validation et intégration des délais et modalités de paiement prévus par les mesures de la commission de surendettement, ou le juge du surendettement, dans la décision judiciaire statuant postérieurement sur la demande d'expulsion du locataire sur le moyen de la dette locative. Quatre cas peuvent se présenter :

1) en cas de plan d'apurement : si le locataire a repris le paiement du loyer et des charges au jour de l'audience, la suspension des effets de la résiliation ou de la clause résolutoire est conditionnée par le juge au respect du plan d'apurement, pour la durée impartie par la commission de surendettement au remboursement de la seule dette locative (et non de l'ensemble des créances). Un défaut de paiement (dette ou loyer) entraîne la reprise immédiate de l'expulsion ;

2) en cas d'effacement total de la dette du fait d'une procédure de rétablissement personnel : si le locataire a repris le paiement du loyer et des charges au jour de l'audience, l'effacement est entériné par le juge qui constate la résiliation du bail ou l'acquisition de la clause résolutoire. Il suspend les effets et conditionne le maintien du bail au respect du paiement régulier du loyer sur une période probatoire d'une durée de deux ans. Un défaut de paiement entraîne la reprise immédiate de l'expulsion ;

3) en cas d'effacement partiel : si le locataire a repris le paiement du loyer et des charges au jour de l'audience, l'effacement partiel est entériné par le juge qui constate la résiliation du bail ou l'acquisi-

tion de la clause résolutoire. Il suspend les effets et conditionne le maintien du bail au respect du plan d'apurement défini par la commission de surendettement sur la partie non-effacée de la dette locative. Un défaut de paiement entraîne la reprise immédiate de la procédure d'expulsion ;

4) en cas de moratoire : si le locataire a repris le paiement du loyer et des charges au jour de l'audience, les effets de la clause résolutoire sont suspendus par le juge pour la durée du moratoire jusqu'à la réévaluation de la situation par la commission de surendettement et la mise en place d'un plan d'apurement ou d'un effacement de la dette dont les modalités respectives d'articulation avec la procédure judiciaire s'appliquent alors. Pendant la durée du moratoire, la suspension de la résiliation du bail est conditionnée au paiement régulier du loyer et des charges.

• Deuxième situation : substitution des délais de paiement prévus par les mesures de la commission de surendettement à ceux prévus par la décision judiciaire d'expulsion conditionnelle antérieure. Quatre cas peuvent se présenter :

5) en cas de plan conventionnel de redressement : le plan conventionnel de redressement proposé par la commission de surendettement se substitue à l'échéancier prévu antérieurement par le juge. Son respect entraîne le maintien dans les lieux du locataire ; à l'inverse, un défaut de paiement du loyer, des charges ou de l'échéance entraîne la reprise de l'expulsion ;

6) en cas d'effacement partiel : le plan d'apurement proposé par la commission de surendettement sur la partie non effacée de la dette se substitue à l'échéancier prévu antérieurement par le juge. Son respect entraîne le maintien dans les lieux du locataire ; à l'inverse, un défaut de paiement entraîne la reprise de l'expulsion ;

7) en cas de procédure de rétablissement personnel : le locataire qui continue de s'acquitter sans défaut de son loyer et de ses charges pendant une période de deux ans suivant l'effacement est maintenu dans son logement ;

8) en cas de moratoire : l'échéancier prévu par le juge est suspendu pendant sa durée sans entraîner l'acquisition de la clause résolutoire et la poursuite de la procédure d'expulsion qui en résulte et ce, jusqu'à la réévaluation de la situation par la commission de surendettement dont les mesures ou recommandations se substituent alors à celles du juge d'instance. Pendant la durée du moratoire, la suspension de la résiliation du bail est conditionnée au paiement régulier du loyer et des charges.

La suspension est conditionnée à la re-saisine de la commission de surendettement dans le délai réglementaire de trois mois après la fin de la période de suspension. Faute de quoi, le bailleur peut alors faire immédiatement exécuter la décision de justice et faire procéder à l'expulsion.

Lorsque la commission de surendettement a de nouveau été saisie dans les délais d'une demande de traitement de la situation de surendettement formée par le locataire, ce délai se poursuit jusqu'à, selon les cas, la mise en œuvre d'une des mesures de surendettement précédemment évoquées. À défaut, ou dès lors que la nouvelle procédure de traitement du surendettement est clôturée sans que de nouveaux délais de paiement de la dette locative aient été accordés, la clause de résiliation de plein droit reprend son plein effet.

Quel que soit le stade auquel l'articulation entre les deux procédures s'opère, le bailleur conserve le droit de contester les mesures de surendettement devant le juge compétent, et avec elles, leurs implications en termes d'articulation avec la procédure d'expulsion. Il dispose à cet effet d'un délai de trois mois suivant la signification de la décision de la commission de surendettement pour y recourir. La signification explicite les conséquences d'une absence de contestation sur la procédure d'expulsion parallèlement en cours. Toute contestation formulée durant ce délai entraîne la suspension immédiate des mesures de surendettement ainsi que des modalités afférentes d'articulation avec la procédure d'expulsion. Cette suspension est effective jusqu'à la décision du juge du surendettement statuant sur le bien-fondé de la contestation du bailleur.

813.94 **Clarification des informations transmises à la CCAPEX par les bailleurs.** La saisine de la CCAPEX par le bailleur social vise à l'informer le plus tôt possible des incidents de paiement des locataires pour traiter leur situation le plus en amont possible. C'est le plus souvent le commandement de payer qu'il transmet à la commission, or, les mentions obligatoires prévues par la loi pour le commandement de payer en cas d'impayé de loyer ou de charges apparaissaient insuffisantes pour que les CCAPEX disposent de l'information utile pour bien remplir leur mission d'examen et de traitement des situations individuelles des ménages menacés d'expulsion.

Par son article 122, la loi Élan supprime de l'article 24 de la loi du 6 juillet 1989 les références obsolètes aux dates d'entrées en vigueur des obligations de signalement et de saisine de la CCAPEX issues de la loi ALUR. Mais surtout, son article 137 détaille les informations et les montants – le décompte de la dette locative notamment – que doit comporter le commandement de payer, à peine de nullité. La mention obligatoire du décompte de la dette locative donne une base légale à la jurisprudence relative au contenu minimal du commandement de payer afin qu'il puisse permettre l'acquisition de la clause résolutoire. La Cour de cassation, dans un arrêt du

1er mars 2000[1], avait considéré en effet que la résiliation de plein droit en vertu de la clause résolutoire ne pouvait être valablement poursuivie sur le fondement d'un commandement de payer imprécis qui ne permet pas au locataire d'apprécier la nature ou le bien-fondé des demandes qui lui sont adressées.

813.95 Dimension financière ajoutée aux diagnostics sociaux transmis à la CCAPEX et au juge. L'article 119 de la loi Élan ajoute la dimension financière aux diagnostics sociaux établis par l'organisme compétent qui aura été désigné par le PDALHPD. En cas de difficulté, le coût de ces diagnostics reste au final supporté par le FSL.

Dans sa rédaction modifiée par la loi Élan, l'article 6 de la loi du 31 mai 1990[2] dispose désormais que le FSL prend en charge les mesures d'accompagnement social individuelles ou collectives qui sont nécessaires au maintien dans un logement des personnes et des familles bénéficiant du plan départemental, notamment l'accompagnement des ménages dans la recherche d'un logement et les diagnostics sociaux et financiers prévus au III de l'article 24 de la loi du 6 juillet 1989 dont le FSL finance la réalisation en dernier recours, concernant les ménages menacés d'expulsion.

Un décret à paraître précisera les modalités de réalisation du diagnostic social et financier ainsi que son contenu.

813.96 Durcissement par la loi Élan et le projet de loi d'accélération et de simplification de l'action publique des mesures à l'encontre des squatters. En premier lieu, l'article 201 de la loi Élan supprime la faculté dont le juge disposait jusqu'alors pour accorder le délai de répit de deux mois après commandement de quitter aux personnes qui se sont introduites sans droit ni titre dans le domicile d'autrui par voies de fait.

En second lieu, la loi supprime le bénéfice de la trêve hivernale pour les squatters entrés dans le domicile d'autrui. S'agissant de locaux autres que le domicile, la possibilité de réduire ou de supprimer la trêve hivernale est laissée à l'appréciation du juge. Les articles L. 412-1 et L. 412-6 du code des procédures civiles d'exécution sont modifiés en conséquence.

Outre le traitement judiciaire de ces situations, signalons que l'article 38 de la loi relative au droit au logement opposable (Dalo) du 5 mars 2007[3] dispose qu'en cas d'introduction dans le domicile d'autrui à l'aide de manœuvres, menaces, voies de fait ou de contrainte, le propriétaire ou le locataire du logement occupé peut, après dépôt de plainte, demander au préfet de mettre en demeure l'occupant de quitter les lieux. À défaut d'effet dans le délai de mise en demeure d'au moins vingt-quatre heures, la loi impose au préfet de procéder à l'évacuation forcée du logement. Les services de police et de gendarmerie peuvent intervenir dans le cadre de l'enquête de flagrance et pénétrer dans le domicile tant que dure cette occupation.

Le projet de loi d'accélération et de simplification de l'action publique – en l'état du texte adopté par l'Assemblée nationale dans sa séance du 2 octobre 2020 – étend cette mesure administrative aux cas d'occupation illicites de tout lieu pouvant être qualifié de domicile, sans qu'il s'agisse obligatoirement de la résidence principale du propriétaire ou du locataire concerné. Ce texte impose au préfet d'effectuer la mise en demeure dans le délai maximum de quarante-huit heures à réception de la demande, sauf motif de refus communiqué sans délai au demandeur. Les peines d'amende et d'emprisonnement fixées par l'article 226-4 du code pénal qui sanctionnent le délit de violation de domicile se trouvent par ailleurs aggravées.

813.97 Suspension des expulsions sans relogement pendant la prolongation de la trêve hivernale fixée par la loi du 11 mai 2020 prorogeant l'état d'urgence sanitaire. La loi du 11 mai 2020[4] prorogeant l'état d'urgence sanitaire et complétant ses dispositions a prolongé la période de trêve hivernale jusqu'au 10 juillet 2020 inclus.

Par une instruction en date du 2 juillet 2020[5] adressée aux préfets, le ministre du Logement réaffirmait le principe de non-remise à la rue de personnes expulsées sans relogement et fixait des orientations à mettre en œuvre à compter du 10 juillet 2020.

Ainsi, pour toute expulsion ordonnée judiciairement, aucun concours de la force publique ne peut être accordé par les préfets sans l'existence, soit d'une proposition effective et adaptée de relogement, soit d'une proposition d'hébergement et d'accompagnement pour les occupants qui portent gravement atteinte à leur environnement matériel ou humain immédiat. Il est également demandé des préfets de veiller à leur identification dans les publics priori-

1. Civ. 3e, 1er mars 2000, no 98-15.244, NP, *AJDI* 2000. 553 : est imprécis l'acte qui indique le montant des sommes demandées à titre de charges mais qui ne comporte aucun décompte permettant à la locataire de faire une quelconque vérification.
2. L. no 90-449, 31 mai 1990, visant la mise en œuvre du droit au logement, *JO* 2 juin.
3. L. no 2007-290, 5 mars 2007 instituant le droit au logement opposable et portant diverses mesures en faveur de la cohésion sociale, *JO* 6 mars, no 4.
4. L. no 2020-546, 11 mai 2020 prorogeant l'état d'urgence sanitaire et complétant ses dispositions, *JO* 12 mai.
5. Min. chargé de la ville et du logement, Instr. 2 juill. 2020, réf. D20008000.

taires en lien avec les CCAPEX, avec le recensement systématique de tous les commandements de quitter les lieux et le croisement avec les demandes de logement social inscrites dans le système national de la demande de logement social (SNE).

Les réservataires sont également mobilisés par leur obligation de loger au moins 25 % de publics prioritaires.

Par ailleurs, l'instruction du 2 juillet impose de maintenir après le 10 juillet l'ouverture des places exceptionnelles qui n'ouvrent qu'en période hivernale et pendant la crise sanitaire dès lors que des solutions alternatives ne seront pas trouvées. Les personnes accueillies dans le parc exceptionnel doivent bénéficier systématiquement d'une évaluation sociale en lien avec les acteurs locaux de l'accompagnement et du service intégré d'accueil et d'orientation (SIAO) afin qu'elles puissent être orientées vers un logement ou une solution adaptée à leur situation.

813.98 Prolongation de la trêve hivernale jusqu'au 31 mai 2021. La loi du 14 novembre 2020 prorogeant l'état d'urgence sanitaire[1] avait autorisé le Gouvernement à prendre par ordonnances, jusqu'au 16 février 2021, toute mesure relevant du domaine de la loi en vue de prolonger ou de rétablir l'application des dispositions déjà prises.

Sur ce fondement, l'ordonnance du 10 février 2021[2] a prolongé la période de trêve hivernale jusqu'au 31 mai 2021. Elle en a dans le même temps tiré les conséquences au plan du calcul de la période de responsabilité de l'État en prévoyant, d'une part, que toute décision de refus de concours de la force publique née entre le 1er novembre 2020 et le 31 mars 2021 engage la responsabilité de l'État à compter du 1er avril 2021, et, d'autre part, que toute décision de refus née entre le 1er avril 2021 et le 31 mai 2021 engage la responsabilité de l'État à compter de la date du refus.

L'ordonnance dispose par ailleurs que le report de l'exécution du concours de la force publique ouvre droit à indemnisation auprès du bénéficiaire de la décision judiciaire d'expulsion à compter du 1er avril 2021, jusqu'à son exécution effective.

Ces mesures ont entraîné une très forte baisse des expulsions pour l'année 2020. En 2019, près de 16 700 expulsions ont été recensées, contre 15 993 en 2018 alors que le nombre de décisions judiciaires atteignait 130 514, contre 119 554 en 2018[3]. En 2020, ce sont moins de 3 500 personnes qui ont subi cette procédure soit une diminution de 79 % par rapport à l'année antérieure.

Si ces résultats sont satisfaisants au plan humain, il reste que la mise en échec de l'exécution des décisions judiciaires par le refus du concours de la force publique – hormis bien entendu les relogements volontaires – pose question au regard de la valeur constitutionnelle du droit de propriété. À cet égard, la Cour de cassation n'a pas considéré que le relogement effectif devait être une condition de la mise en œuvre de l'expulsion.

Saisie d'une question prioritaire de constitutionnalité portant sur les articles L. 613-1 à L. 613-3 du code de la construction et de l'habitation, devenus L. 412-2 et suivants du code des procédures civiles d'exécution, invoquant le fait que le droit à un logement décent notamment n'était pas respecté dès lors qu'une personne peut être expulsée sans avoir la garantie de disposer d'une offre de relogement, la Cour a répondu, rappelant le droit de propriété du propriétaire des lieux, le droit au logement de l'occupant et les mesures de protection de l'habitation prévues par la loi, que la question ne présentait pas un caractère sérieux. Les garanties prévues par le législateur permettent d'assurer un juste équilibre[4].

813.99 Instruction ministérielle du 28 avril 2021 pour la sortie de trêve hivernale. Selon les termes de l'instruction signée des ministres déléguées au logement et à la citoyenneté, son objectif est de définir « les étapes d'une transition progressive de l'état d'urgence vers une reprise maîtrisée de l'application de la procédure administrative d'expulsion locative durant l'année 2021, tout en tenant compte de la permanence des risques sanitaires et socio-économiques liés au Covid-19 qui demeurent pour les personnes les plus vulnérables. »

Concrètement, les services locaux de l'État ont ordre d'assortir tout concours de la force publique d'une proposition de relogement effective à l'occupant dont l'expulsion a été ordonnée judiciairement ou, à défaut, d'une proposition d'hébergement et d'accompagnement adaptée, en fonction des capacités de relogement et d'hébergement de leur territoire. En conséquence, la mise en œuvre des concours de la force publique doit, au cours des années 2021 et 2022, être échelonnée tant dans le parc privé que dans le parc social. De plus, il leur est demandé qu'une politique de prévention plus active soit menée afin de limiter de nouvelles demandes de réquisition de la force publique.

En contrepartie et parmi d'autres mesures annoncées, l'État accorde des crédits complémen-

1. L. n° 2020-1379, 14 nov. 2020 autorisant la prorogation de l'état d'urgence sanitaire et portant diverses mesures de gestion de la crise sanitaire, *JO* 15 nov.
2. Ord. n° 2021-141, 10 févr. 2021 relative au prolongement de la trêve hivernale, *JO* 11 févr.
3. Délégation interministérielle à l'hébergement et à l'accès au logement, 17 nov. 2020.
4. Civ. 2e, 13 mai 2015, n° 14-25.812, NP – Étude annuelle 2019, *La propriété dans la jurisprudence de la Cour de cassation*, La documentation française, p. 160.

taires au fonds d'indemnisation des bailleurs qui n'auront pu retrouver la disposition de leur logement pour cause de refus de concours de la force publique. En amont, au plan de la prévention des impayés de loyers, la capacité des fonds de solidarité pour le logement des départements et des métropoles est également augmentée afin de limiter au maximum l'engagement de procédures judiciaires.

En outre, l'instruction ministérielle annonce une structuration au plan national de ces mesures préventives territoriales dans le but d'améliorer en profondeur le système de prévention des expulsions locatives.

813.100 Plan d'action interministériel 2021-2022 de prévention des expulsions locatives. Un rapport visant à proposer des mesures pour mieux prévenir les expulsions locatives liées notamment aux impayés de loyer avait été demandé par le Premier ministre en septembre 2020 au député Nicolas Démoulin. C'est sur la base des recommandations de ce rapport remis le 8 janvier 2021 qu'un plan d'actions a été publié le 3 juin 2021 par la Délégation ministérielle à l'hébergement et à l'accès au logement.

Sur la base de trois grandes orientations, ce sont 32 actions qui sont détaillées et priorisées. Sont reprises à titre d'exemple quelques actions venant illustrer chacune de ces trois orientations et dont certaines préfigurent déjà une évolution des textes réglementaires et législatifs en la matière.

1. Définir et mettre en œuvre une stratégie territorialisée de sortie de l'état d'urgence en matière de prévention des expulsions locatives.

Par exemple, afin de garantir l'ouverture et le suivi du versement des allocations logement pour les personnes menacées d'expulsion locative par la CCAPEX, devront être prévues à cette fin :

- la désignation systématique d'un référent de la CAF et de la MSA auprès de la CCAPEX ;

- l'ouverture d'un profil CAFPro CDAP T11 aux services déconcentrés en charge de la CCAPEX, dans l'attente de l'interfaçage D'EXPLOC avec CRISTAL (SI de la CNAF), de façon à leur fournir la composition familiale ainsi que les ressources des ménages allocataires qui leur sont signalés.

Une autre action prévoit d'inscrire la prévention des expulsions dans les relations avec les bailleurs sociaux au sein d'une stratégie nationale et départementale qui veillera notamment à :

- intégrer l'orientation visant la fusion des services amiables et contentieux, notamment dans les CUS au niveau local ;

- permettre les relogements ou les échanges de logements mais aussi les mutations provoquées des locataires dont la dépense de logement est inadaptée à leurs ressources ;

- mettre en place les dispositifs d'apurement de la dette idoines dès que possible et le plus en amont possible sans attendre l'obtention d'un titre exécutoire ;

- garantir une prise en charge sociale visant la prévention de l'expulsion dès les premiers impayés.

2. Coordonner une prise en charge rapide et pluridisciplinaire des ménages menacés d'expulsion.

- Étudier l'opportunité ainsi que les modalités de réduction des délais réglementaires de signalement de l'impayé locatif à la CAF de façon à pouvoir prendre en charge le plus rapidement possible les ménages en difficulté de paiement.

- Confier aux commissaires de justice une mission réglementaire de sensibilisation et de recueil d'informations auprès des locataires dès le stade du commandement de payer afin, d'une part, de disposer des informations nécessaires à la prise en charge rapide et adaptée des locataires en situation d'impayé locatif par la CCAPEX, et, d'autre part, de détailler l'ensemble des aides et accompagnements à disposition des ménages dans un document adaptant les contacts à chaque département.

3. Favoriser le maintien et améliorer les capacités de relogement des ménages menacés d'expulsion locative.

Engager une concertation avec l'ADF et France urbaine afin d'envisager les évolutions réglementaires et/ou législatives pour :

a) développer la collégialité du financement et de la gestion du FSL ;

b) optimiser le financement du FSL par tous les opérateurs de l'énergie, de l'eau et des réseaux de télécommunications ;

c) harmoniser les critères d'accès aux aides maintien de façon à réduire les inégalités de traitement entre les différents territoires ;

d) diminuer le taux de non-recours parmi les personnes menacées d'expulsions pour impayé locatif ;

e) optimiser la répartition du financement des aides au maintien entre prêt et subventions ;

f) garantir la mise en œuvre effective de l'article 35 de la loi Alur permettant d'accorder l'aide au maintien du FSL aux locataires ayant repris le paiement de leur loyer même en cas de refus du bailleur.

Définir au niveau national en lien avec les partenaires de la prévention, la notion réglementaire de mauvaise volonté en matière d'impayés locatifs de façon à permettre aux dispositifs administratifs (FSL, CCAPEX, CAF) et judiciaire de discriminer objectivement ce critère à l'instar de la Banque de France.

Devrait par conséquent être mieux coordonnée la mise en place de dispositifs de soutien aux locataires et propriétaires-bailleurs impactés par la crise. Au plan des ressources financières, 30 millions d'euros sont réservés en faveur des locataires en situation d'impayés locatifs du fait des conséquences économiques de la crise sanitaire et 20 millions d'euros supplémentaires ont été octroyés aux préfectures pour permettre l'indemnisation des bailleurs impactés par la prolongation de la trêve hivernale et le report des expulsions locatives qui en résulte. S'y ajoutent 3,7 millions d'euros alloués aux préfectures pour renforcer les effectifs des commissions de coordination de prévention des expulsions locatives et faciliter la mise en œuvre des mesures du plan d'actions interministériel sur l'ensemble du territoire national.

Enfin, le plan s'emploie à consolider la territorialisation de la stratégie de prévention des expulsions en lien étroit avec les collectivités territoriales et les partenaires institutionnels au niveau local.

TITRE

82. Le contentieux du bail

SECTION 0
ORIENTEUR

82.00 **Sommaire du titre.**

Division. Il convient d'étudier successivement les règles de compétence (chap. 821), la clause résolutoire de plein droit (chap. 822), la résiliation judiciaire (chap. 823) et le surendettement du locataire (chap. 824).

82.01 **Principaux textes applicables.**

TEXTES SOURCES

• **COJ,** art. R. 211-4, R. 221-4, R. 221-5, R. 221-38 et R. 221-48.

• **L. n° 89-462, 6 juill. 1989,** art. 4 g), 7 g), 24.

82.03 **Bibliographie indicative. Annuel.** LAMY DR. IMMO, n°s 5912-5915.

Encyclopédies. RÉP. PR. CIV., *V° Bail d'habitation*, F. de La Vaissiere – RÉP. IMMO., *V° Bail d'habitation et mixte : rapports individuels – loi du 6 juillet 1989*, N. Damas, n°s 444-454 – DICT. PERM. Gest. Immo., *V° Expulsion*.

Manuel. J. Lafond, B. Vial-Pedroletti, *Les baux d'habitation*, 8e éd., « Droit et professionnels », LexisNexis, 2017, n°s 1243 s.

CHAPITRE

821. Règles de compétence

SECTION 0 ORIENTEUR

821.00 Sommaire du chapitre.

Division. La loi du 23 mars 2019[1] de réforme de la justice, entrée en vigueur le 1er janvier 2020, a modifié les règles de compétence en matière de baux d'habitation. Le juge des contentieux de la protection est dorénavant le pivot juridictionnel des litiges en cette matière (sect. 2). Auparavant, la compétence était attribuée au tribunal d'instance, épaulé un temps par le juge de proximité (sect. 1).

821.01 Principaux textes applicables.

TEXTES SOURCES

• **COJ, anc.** art. R. 211-4, R. 221-4, R. 221-5, R. 221-38 et R. 221-48.

TEXTES *IN EXTENSO*

• **COJ,** anc. art. R. 211-4 (mod. par décr. n° 2017-890, 6 mai 2017)

Le tribunal de grande instance a compétence exclusive dans les matières déterminées par les lois et règlements, au nombre desquelles figurent les matières suivantes :

1° État des personnes : mariage, filiation, adoption, déclaration d'absence ;

2° « Annulation » des actes d'état civil [en vigueur 1er nov. 2017] ;

3° Successions ;

4° Amendes civiles encourues par les officiers de l'état civil ;

5° Actions immobilières pétitoires « *et possessoires* » *[abrogé] ;*

6° Récompenses industrielles ;

7° Dissolution des associations ;

8° Sauvegarde, redressement judiciaire et liquidation judiciaire lorsque le débiteur n'est ni commerçant ni immatriculé au répertoire des métiers ;

9° Assurance contre les accidents et les maladies professionnelles des personnes non salariées en agriculture ;

10° Droits d'enregistrement, taxe de publicité foncière, droits de timbre et contributions indirectes et taxes assimilées à ces droits, taxes ou contributions ;

11° Baux commerciaux à l'exception des contestations relatives à la fixation du prix du bail révisé ou renouvelé, baux professionnels et conventions d'occupation précaire en matière commerciale ;

12° Inscription de faux contre les actes authentiques ;

13° Actions civiles pour diffamation ou pour injures publiques ou non publiques, verbales ou écrites ;

14° Contestations concernant le paiement, la garantie ou le remboursement des créances de toute nature recouvrées par l'administration des douanes et les autres affaires de douanes, dans les cas et conditions prévus au code des douanes. »

• **COJ, anc.** art. R. 221-4

Le tribunal d'instance connaît des actions mentionnées à l'article L. 221-4.

Toutefois, lorsqu'il est appelé à connaître, en matière civile, d'une action personnelle ou mobilière portant sur une demande dont le montant est inférieur ou égal à la somme de 4 000 euros ou sur une demande indéterminée qui a pour origine l'exécution d'une obligation dont le montant est inférieur ou égal à cette somme, le tribunal d'instance statue en dernier ressort.

• **COJ,** anc. art. R. 221-5

Le tribunal d'instance connaît des actions tendant à l'expulsion des personnes qui occupent aux fins d'habitation des immeubles bâtis, sans droit ni titre.

1. L. n° 2019-222, 23 mars 2019 de programmation 2018-2022 et de réforme pour la justice, *JO* 24 mars.

• **COJ,** anc. art. R. 221-38 (mod. par décr. nº 2017-683, 28 avr. 2017)

Le tribunal d'instance connaît des actions dont un contrat de louage d'immeubles à usage d'habitation ou un contrat portant sur l'occupation d'un logement est l'objet, la cause ou l'occasion, ainsi que des actions relatives à l'application de la loi nº 48-1360 du 1er septembre 1948 portant modification et codification de la législation relative aux rapports des bailleurs et locataires ou occupants de locaux d'habitation ou à usage professionnel et instituant des allocations de logement.

• **COJ,** anc. art. R. 221-48

Dans les cas prévus aux articles R. 221-5 et R. 221-12, aux 1°, 2° et 6° de l'article R. 221-14, aux 1° à 4° de l'article R. 221-16, aux 1° à 3° de l'article R. 221-17 et aux articles R. 221-19, R. 221-22-1 et R. 221-38, la demande est portée devant le tribunal dans le ressort duquel sont situés les biens.

• **COJ,** art. L. 213-4-1(créé par L. nº 2019-222, 23 mars 2019, art. 95)

Au sein du tribunal judiciaire, un ou plusieurs juges exercent les fonctions de juge des contentieux de la protection.

• **COJ,** art. L. 213-4-3 (créé par L. nº 2019-222, 23 mars 2019, art. 95)

Le juge des contentieux de la protection connaît des actions tendant à l'expulsion des personnes qui occupent aux fins d'habitation des immeubles bâtis sans droit ni titre.

• **COJ,** art. L. 213-4-4

Le juge des contentieux de la protection connaît des actions dont un contrat de louage d'immeubles à usage d'habitation ou un contrat portant sur l'occupation d'un logement est l'objet, la cause ou l'occasion ainsi que des actions relatives à l'application de la loi nº 48-1360 du 1er septembre 1948 portant modification et codification de la législation relative aux rapports des bailleurs et locataires ou occupants de locaux d'habitation ou à usage professionnel et instituant des allocations de logement.

• **COJ,** art. R. 213-9-2 (créé par décr. nº 2019-912, 30 août 2019, art. 17)

Les règles relatives à la compétence matérielle du juge des contentieux de la protection sont déterminées par le code de procédure civile, le code de la consommation et les dispositions ci-après ainsi que par les autres lois et règlements.

• **COJ,** art. R. 213-9-3 (créé par décr. nº 2019-912, 30 août 2019, art. 17)

Le juge des contentieux de la protection connaît à charge d'appel des actions mentionnées à l'article L. 213-4-3.

• **COJ,** art. R. 213-9-4 (créé par décr. nº 2019-912, 30 août 2019, art. 17)

Le juge des contentieux de la protection connaît, en dernier ressort jusqu'à la valeur de 5 000 euros, et à charge d'appel lorsque la demande excède cette somme ou est indéterminée, des actions énumérées aux articles L. 213-4-4, L. 213-4-5 et L. 213-4-6.

• **COJ,** art. R. 213-9-5 (créé par décr. nº 2019-912, 30 août 2019, art. 17)

Les règles relatives à la compétence territoriale du juge des contentieux de la protection sont déterminées par le code de procédure civile, le code de la consommation et les dispositions ci-après ainsi que par les autres lois et règlements.

• **COJ,** art. R. 213-9-6 (créé par décr. nº 2019-912, 30 août 2019, art. 17)

Les juges des contentieux de la protection exercent leurs compétences dans le ressort des tribunaux judiciaires ou, le cas échéant, des chambres de proximité dont ils relèvent.

Le siège et le ressort des tribunaux judiciaires et des chambres de proximité dont les juges des contentieux de la protection sont seuls compétents, dans le ressort de certains tribunaux judiciaires, pour connaître des mesures de traitement des situations de surendettement des particuliers et des procédures de rétablissement personnel, sont fixés par décret conformément au tableau IX-I annexé au présent code.

• **COJ,** art. R. 213-9-7 (créé par décr. nº 2019-912, 30 août 2019, art. 17)

Dans les cas prévus aux articles L. 213-4-3 et L. 213-4-4, le juge des contentieux de la protection territorialement compétent est celui du lieu où sont situés les biens.

821.02 Jurisprudence de référence.

• **Civ. 3e, 17 nov. 2016,** nº 15-25.265, P III, nº 157

* V. ss nº 821.25

Le tribunal d'instance, qui connaît des actions dont un contrat portant sur l'occupation d'un logement est l'objet, la cause ou l'occasion, est compétent pour connaître des actions portant sur les baux mixtes, à usage d'habitation et professionnel.

• **Civ. 2e, 22 oct. 2020,** nº 19-18.707, P

* V. ss nº 821.24

Si le tribunal d'instance est seul compétent pour se prononcer sur la responsabilité du bailleur, la demande en réparation d'un préjudice corporel fondée sur un contrat de bail, qui en serait l'objet, la cause ou l'occasion, relève de la compétence exclusive du tribunal de grande instance.

821.03 Bibliographie indicative.

Encyclopédie. RÉP. PR. CIV., *Vis Bail d'habitation*, F. de La Vaissiere, nos 6-13, 18-26 ; *Juridictions de proximité*, M. Douchy-Oudot, nos 63-73.

Manuel. J. Lafond, B. Vial-Pedroletti, *Les baux d'habitation,* 8e éd., « Droit et professionnels », LexisNexis, 2017, nos 1295 s.

Articles. C. Bléry, « Les aspects civils de la loi nº 2005-47 du 26 janvier 2005 relative aux compétences du tribunal d'instance, de la juridiction de proximité et du tribunal de grande instance », *D.* 2005. Chron. 461 – De Kergunic, « La juridiction de proximité et les litiges immobiliers », *AJDI* 2004. 437.

Sur la réforme de 2019. B. Beignier et V. Egéa, « La nouvelle organisation judiciaire et les compétences juridictionnelles », *Procédures* 2020. Ét. 2 – H. Croze, « Loi nº 2019-222 du 23 mars 2019 de programmation 2018-2022 et de réforme pour la justice : entrée en vigueur des dispositions civiles », *Procédures* 2019. Ét. 9 – F. de la Vaissière, « Que faut-il retenir de la réforme de la justice ? », *AJDI* 2019.428 – N. Fricero, « Tout ce que vous voulez savoir sur la réforme de la procédure civile sans oser le demander… », *Procédures* 2020. Ét. 1 ; « Panorama de Procédure civile », *D.* 2020. 576 –

M. Véricel, « La disparition de la justice de proximité », *D.* 2019. 1772 – G. Maugain, « Réforme de la procédure civile : cas de recours préalable obligatoire aux modes de résolution amiable des différends », *D. actu.* 16 déc. 2019 – Y. Strickler, « Le juge des contentieux de la protection (aspects procéduraux) », *Procédures* 2020. Ét. 8.

SECTION 1
AVANT LA LOI DU 23 MARS 2019

821.10 **Plan.** Il convient d'étudier successivement la compétence du tribunal d'instance (§ 1) et celle du juge de proximité (§ 2).

§ 1
Compétence du tribunal d'instance

821.21 **Compétence exclusive.** Selon l'ancien article R. 221-38 du COJ, le tribunal d'instance connaissait, à charge d'appel ou en dernier ressort, selon le montant de la demande, des actions dont un contrat de louage d'immeuble à usage d'habitation ou un contrat portant sur l'occupation d'un logement est l'objet, la cause ou l'occasion, ainsi que des actions relatives à l'application de la loi du 1er septembre 1948[1].

821.22 **Étendue.** Le texte ne renvoyait pas au régime juridique de la location (hormis en ce qui concerne la loi du 1er septembre 1948). Il est indifférent, dès lors, que la location relève de la loi du 6 juillet 1989 (en son titre premier relatif aux locations nues, ou en son titre premier *bis* relatif aux locations de logements meublés), du Code civil, ou de la loi du 1er septembre 1948. Le tribunal d'instance était compétent tant pour le secteur privé que pour le secteur social.

821.23 **Taux de ressort.** Le tribunal d'instance statuait en dernier ressort pour les demandes dont le montant était inférieur ou égal à la somme de 4 000 euros, ou sur une demande indéterminée qui avait pour origine l'exécution d'une obligation dont le montant est inférieur ou égal à cette somme[2]. Les demandes respectives du bailleur et du preneur ne s'additionnaient toutefois pas[3].

821.24 **Exclusions.** Le tribunal de grande instance avait compétence exclusive en matière de baux commerciaux et de baux professionnels[4]. En aucun cas le litige ne pouvait être porté devant le tribunal d'instance[5]. C'est le décret du 29 décembre 2009[6], qui a repris de nombreuses propositions du rapport Guinchard de juin 2008[7], qui avait clairement réparti les compétences entre le tribunal d'instance et le tribunal de grande instance.

Dans un arrêt de principe, la Cour de cassation a précisé que « si le tribunal d'instance est seul compétent pour se prononcer sur la responsabilité du bailleur, la demande en réparation d'un préjudice corporel fondée sur un contrat de bail, qui en serait l'objet, la cause ou l'occasion, relève de la compétence exclusive du tribunal de grande instance »[8].

821.25 **Bail mixte.** Lorsque le bail est mixte, commercial et d'habitation, ou professionnel et d'habitation, la juridiction compétente était plus difficile à identifier. Dans les deux cas, la location porte, au moins en partie, sur un logement. Il pourrait dès lors être avancé que le tribunal d'instance devait être compétent. Mais c'est en réalité la nature du régime locatif applicable qui doit commander la compétence. Ainsi, le bail mixte, commercial et d'habitation, soumis au statut des baux commerciaux, devait relever de la compétence du tribunal de grande instance. En revanche, le bail mixte, professionnel et d'habitation, étant soumis à la loi du 6 juillet 1989 (art. 2), devait relever de la compétence du tribunal d'instance. Ainsi en a jugé la Cour de cassation dans un arrêt de principe[9].

821.26 **Expulsion.** Selon l'article R. 221-5 du COJ, le tribunal d'instance connaissait, à charge d'appel, des actions tendant à l'expulsion des personnes qui occupent aux fins d'habitation des immeubles bâtis sans droit ni titre[10].

1. L. n° 48-1360, 1er sept. 1948 portant modification et codification de la législation relative aux rapports des bailleurs et locataires ou occupants de locaux d'habitation ou à usage professionnel et instituant des allocations de logement, *JO* 2 sept.
2. COJ, anc. art. R. 221-4.
3. Civ. 2e, 24 mai 2007, n° 06-12.741, P II, n° 137 ; *D.* 2008. 1300, obs. N. Damas ; *AJDI* 2007. 832, obs. C. Saint-Didier.
4. COJ, art. R. 211-4.
5. Civ. 3e, 27 janv. 2004, n° 02-16.908, NP, *AJDI* 2004. 377, obs. C. Denizot.
6. Décr. n° 2009-1693, 29 déc. 2009 relatif à la répartition des compétences entre le tribunal de grande instance et le tribunal d'instance, *JO* 31 déc.
7. *L'ambition raisonnée d'une justice apaisée*, rapp. au garde des Sceaux sur la répartition des contentieux, La Documentation française, août 2008.
8. Civ. 2e, 22 oct. 2020, n° 19-18.707, P ; *D.* 2021. 1048, obs. N. Damas ; *Rev. prat. rec.* 2021. 33, chron. D. Gantschnig.
9. Civ. 3e, 17 nov. 2016, n° 15-25.265, P III, n° 157 [cassation de Paris, 3 juill. 2015, RG n° 15/05094, *AJDI* 2015. 689] ; *D.* 2016. 2399; *ibid.* 2017. 1068, chron. A.-L. Méano et A.-L. Collomp; *ibid.* 1149, obs. N. Damas; *AJDI* 2017. 356, obs. N. Damas.
10. V. ss nos 832.11 s.

§ 2
Compétence du juge de proximité

821.31 La juridiction de proximité n'a bénéficié que d'une compétence résiduelle, qui a pris fin au 1er juillet 2017.

821.32 Compétence exclusive mais réduite. La juridiction de proximité a connu, en dernier ressort, jusqu'à la valeur de 4 000 euros, des actions relatives à l'application de l'article 22 de la loi du 6 juillet 1989, c'est-à-dire le contentieux lié à la fixation et à la restitution du dépôt de garantie. Il apparaît de la rédaction du texte que cette juridiction devait toujours statuer en dernier ressort d'une part, et jamais au-delà de 4 000 euros d'autre part. Les demandes en restitution du dépôt de garantie non fondées sur l'article 22 de la loi du 6 juillet 1989 ne relevaient pas de la compétence du juge de proximité.

821.33 Demande reconventionnelle. La question s'était posée de savoir si le juge de proximité conservait sa compétence en cas de demande reconventionnelle formulée par le bailleur. L'hypothèse est, en pratique, fort courante : face à une action en restitution du dépôt de garantie initiée par le locataire, le bailleur peut se défendre en invoquant à titre reconventionnel des loyers impayés, ou des travaux de remise en état du logement, afin de compenser tout ou partie du dépôt de garantie, voire de réclamer une indemnisation au locataire. Si la demande initiale du locataire en restitution amène le bailleur à former une demande reconventionnelle en indemnisation du préjudice subi, le fondement de cette demande n'est plus lié à l'article 22, mais dépend directement de l'obligation inexécutée par le locataire[1]. Les règles habituelles de procédure auraient alors dû s'appliquer : en application de l'article 51, alinéa 2, du code de procédure civile, une juridiction d'exception ne peut statuer sur une demande incidente qui ne relève pas de sa compétence d'attribution. Le litige aurait donc dû être renvoyé devant le tribunal d'instance. C'est une solution différente qu'avait toutefois adoptée la Cour de cassation en rendant un avis favorable au maintien de la compétence de la juridiction de proximité[2].

821.34 Suppression de la juridiction de proximité. La loi du 13 décembre 2011[3], relative à la répartition des contentieux et à l'allégement de certaines procédures juridictionnelles, a supprimé la juridiction de proximité et rattaché les juges de proximité au tribunal de grande instance, en leur conférant de nouvelles prérogatives. Dès lors, l'exception disparaissant, le tribunal d'instance était redevenu compétent pour l'intégralité du contentieux relatif à un bail d'habitation, y compris les demandes fondées sur l'article 22 de la loi du 6 juillet 1989.

821.35 Entrée en vigueur. La loi a cependant prévu une entrée en vigueur différée. Selon l'article 70, I de la loi du 13 décembre 2011, ces différentes dispositions devaient entrer en vigueur le premier jour du treizième mois suivant celui de sa promulgation (soit le 1er janvier 2013). Cette date a été reportée une première fois in extremis, au 1er janvier 2015, par l'article unique de la loi du 24 décembre 2012[4]. À nouveau, un report a été décidé par l'article 99 de la loi de finances pour 2015 du 29 décembre 2014[5]. La suppression de la juridiction de proximité devait ainsi intervenir au 1er janvier 2017. Finalement, la loi du 18 novembre 2016[6] a reporté cette suppression au 1er juillet 2017.

SECTION 2
Après la loi du 23 mars 2019

821.41 Ligne directrice. La loi du 23 mars 2019 a profondément bouleversé l'organisation juridictionnelle, notamment par le remplacement des tribunaux de grande instance et des tribunaux d'instance par le tribunal judiciaire, au sein duquel officie le juge des contentieux de la protection, plus spécifiquement chargé des questions locatives. De multiples décrets d'application ont été publiés (et notamment, en cette matière, les décrets du 30 août 2019[7], du 11 décembre 2019[8], et du 20 décembre 2019[9]), et la réforme est entrée en vigueur le 1er janvier 2020.

1. L. n° 89-462, 6 juill. 1989, art. 7.
2. L. n° 2011-1862, 13 déc. 2011 relative à la répartition des contentieux et à l'allègement de certaines procédures juridictionnelles, *JO* 14 déc. – Cass. Avis, 10 oct. 2005, n° 05-00.023, P n° 7, *D.* 2006. Pan. 958, obs. N. Damas; *AJDI* 2006. 32, obs. Y. Rouquet.
3. Cass. Avis, 10 oct. 2005, n° 05-00.023, P n° 7, *D.* 2006. Pan. 958, obs. N. Damas; *AJDI* 2006. 32, obs. Y. Rouquet.
4. L. n° 2012-1441, 24 déc. 2012 relative aux juridictions de proximité, *JO* 26 déc.
5. L. n° 2014-1654, 29 déc. 2014 de finances pour 2015, *JO* 30 déc.
6. L. n° 2016-1547, 18 nov. 2016 de modernisation de la justice du XXIe siècle, *JO* 19 déc.
7. Décr. n° 2019-912, 30 août 2019 modifiant le code de l'organisation judiciaire et pris en application des articles 95 et 103 de la loi n° 2019-222 du 23 mars 2019 de programmation 2018-2022 et de réforme pour la justice, *JO* 1er sept.
8. Décr. n° 2019-1333, 11 déc. 2019 réformant la procédure civile, *JO* 12 déc.
9. Décr. n° 2019-1419, 20 déc. 2019 relatif à la procédure accélérée au fond devant les juridictions judiciaires, *JO* 22 déc.

Le juge des contentieux de la protection se voit attribuer les compétences qui étaient dévolues au tribunal d'instance, en matière de bail d'habitation.

§ 1
Compétence matérielle

821.51 **Compétence exclusive.** Comme le tribunal d'instance avant la réforme, le juge des contentieux de la protection est doté d'une compétence exclusive dans certaines matières, et en particulier, selon l'article L. 213-4-3 du COJ, « le juge des contentieux de la protection connaît des actions tendant à l'expulsion des personnes qui occupent aux fins d'habitation des immeubles bâtis sans droit ni titre ».

Selon l'article L. 213-4-4 du COJ, « Le juge des contentieux de la protection connaît des actions dont un contrat de louage d'immeubles à usage d'habitation ou un contrat portant sur l'occupation d'un logement est l'objet, la cause ou l'occasion ainsi que des actions relatives à l'application de la loi n° 48-1360 du 1er septembre 1948 portant modification et codification de la législation relative aux rapports des bailleurs et locataires ou occupants de locaux d'habitation ou à usage professionnel et instituant des allocations de logement. »

Les développements relatifs au tribunal d'instance[1] restent pertinents, car la rédaction des textes est identique.

821.52 **Taux de ressort.** Les articles R. 213-9-3 et R. 213-9-4 du COJ distinguent, en ce qui concerne la possibilité d'interjeter appel, selon l'objet de la demande en justice :

- le juge des contentieux de la protection connaît à charge d'appel des actions mentionnées à l'article L. 213-4-3 (action en expulsion) ;
- le juge des contentieux de la protection connaît, en dernier ressort jusqu'à la valeur de 5 000 euros, et à charge d'appel lorsque la demande excède cette somme ou est indéterminée, des actions énumérées à l'article L. 213-4-4 (action dont un contrat de louage d'immeubles à usage d'habitation ou un contrat portant sur l'occupation d'un logement est l'objet, la cause ou l'occasion).

821.53 **Représentation par avocat.** Selon l'article 761 du code de procédure civile, modifié par le décret du 20 décembre 2019, il est précisé que les parties sont dispensées de constituer avocat dans les matières relevant de la compétence du juge des contentieux de la protection. La représentation par avocat n'est donc pas obligatoire, et les parties peuvent se faire représenter par les personnes mentionnées à l'article 762 du CPC (modifié par le décret du 11 décembre 2019).

Lorsque la représentation par avocat n'est pas obligatoire, les parties se défendent elles-mêmes.

Les parties peuvent se faire assister ou représenter par :

- un avocat ;
- leur conjoint, leur concubin ou la personne avec laquelle elles ont conclu un pacte civil de solidarité ;
- leurs parents ou alliés en ligne directe ;
- leurs parents ou alliés en ligne collatérale jusqu'au troisième degré inclus ;
- les personnes exclusivement attachées à leur service personnel ou à leur entreprise.

Le représentant, s'il n'est avocat, doit justifier d'un pouvoir spécial.

821.54 **Représentation spécifique.** L'article 24-1 de la loi du 6 juillet 1989 prévoit un mécanisme spécifique permettant au locataire de mandater certaines personnes afin d'agir en son nom. Lorsqu'un locataire a avec son bailleur un litige locatif ou lorsque plusieurs locataires ont avec un même bailleur un litige locatif ayant une origine commune, ils peuvent donner par écrit mandat d'agir en justice en leur nom et pour leur compte à une association siégeant à la Commission nationale de concertation ; si le litige porte sur les caractéristiques du logement mentionnées aux premier et deuxième alinéas de l'article 6, ce mandat peut être donné en outre à une association dont l'un des objets est l'insertion ou le logement des personnes défavorisées ou à une association de défense des personnes en situation d'exclusion par le logement mentionnées à l'article 3 de la loi du 31 mai 1990[2] visant à la mise en œuvre du droit au logement. Une association précitée peut assister ou représenter, selon les modalités définies à l'article 828 du code de procédure civile, un locataire en cas de litige portant sur le respect des caractéristiques de décence de son logement. La collectivité territorialement compétente en matière d'habitat ainsi que les organismes payeurs des aides au logement territorialement compétents peuvent être destinataires du mandat à agir mentionné au présent alinéa.

Ces dispositions sont applicables aux locataires des locaux mentionnés aux 1° à 3° de l'article 2 lorsque le litige locatif porte sur la décence du logement.

821.55 **Action de groupe.** L'action de groupe a été introduite dans le droit français par la loi du

1. V. ss n° 821.21.

2. L. n° 90-449, 31 mai 1990 visant à la mise en œuvre du droit au logement, *JO* 2 juin.

17 mars 2014[1], dite loi Hamon, relative à la consommation, et permet à des consommateurs, victimes d'un même préjudice de la part d'un professionnel, de se regrouper et d'agir en justice.

À l'origine, l'article L. 623-1 du code de la consommation ne visait que la vente de biens ou la fourniture de services. Un litige a été porté devant la Cour de cassation, dont l'issue commandait de déterminer si un bail, pouvait être qualifié de contrat de prestation de services, ce qui peut être discuté car il n'impose pas au bailleur, à titre principal, l'exécution d'une prestation[2]. Le bail étant qualifié par la Cour de cassation de contrat de fourniture de chose, il ne pouvait être soumis à la loi Hamon sur l'action de groupe, et l'action en justice de l'association a été déclarée irrecevable[3].

La loi du 23 novembre 2018[4], dite loi Élan, a modifié la rédaction de l'article L. 623-1 du code de la consommation, en prévoyant dorénavant expressément son application « dans le cadre de la location d'un bien immobilier », ce qui dépasse d'ailleurs le simple cadre de la location d'habitation.

821.56 **Mard.** L'article 750-1 (créé par le décret du 11 décembre 2019) du code de procédure civile a repris ce qui avait été initié la loi du 18 novembre 2016, de modernisation de la justice du XXIe siècle, en systématisant l'obligation de recourir à un mode alternatif de règlement des différends, du moins pour « certains » petits litiges. Il est prévu qu'à peine d'irrecevabilité que le juge peut prononcer d'office, la demande en justice doit être précédée, au choix des parties, d'une tentative de conciliation menée par un conciliateur de justice, d'une tentative de médiation ou d'une tentative de procédure participative, lorsqu'elle tend au paiement d'une somme n'excédant pas 5 000 euros.

À l'instar de l'appréciation du montant de la demande en vue de déterminer si la juridiction statue en premier ou en dernier ressort, il paraît incontestable qu'une demande contenant plusieurs prétentions connexes (par exemple, indéterminée en ce qu'elle tend à faire prononcer la résiliation du bail, et déterminée en ce qu'elle tend au paiement d'un rappel de loyers inférieur à 5 000 €) devrait échapper à ce préalable obligatoire[5].

821.57 **Dispense de droit commun.** L'article 750-1 du CPC précise que les parties sont dispensées de l'obligation mentionnée au premier alinéa dans les cas suivants :

1° si l'une des parties au moins sollicite l'homologation d'un accord ;

2° lorsque l'exercice d'un recours préalable est imposé auprès de l'auteur de la décision ;

3° si l'absence de recours à l'un des modes de résolution amiable mentionnés au premier alinéa est justifiée par un motif légitime tenant soit à l'urgence manifeste soit aux circonstances de l'espèce rendant impossible une telle tentative ou nécessitant qu'une décision soit rendue non contradictoirement soit à l'indisponibilité de conciliateurs de justice entraînant l'organisation de la première réunion de conciliation dans un délai manifestement excessif au regard de la nature et des enjeux du litige ;

4° si le juge ou l'autorité administrative doit, en application d'une disposition particulière, procéder à une tentative préalable de conciliation.

821.58 **Dispense spécifique ?** Une interrogation est suscitée par le dispositif amiable propre aux baux d'habitation, et prévu par l'article 20 de la loi du 6 juillet 1989, instituant une commission de conciliation ayant vocation à être saisie par les parties[6]. Dans le cadre d'une demande inférieure à 5 000 euros, la saisine de la commission de conciliation vaut-elle tentative de règlement amiable au sens de l'article 750-1 du CPC ? L'objectif est commun (parvenir à une issue amiable ; tout faire pour éviter un procès), et il n'y a pas de raison de douter de l'efficacité éprouvée du dispositif propre aux baux d'habitation. Toutefois, les termes utilisés au sein de l'article 750-1 nous conduisent à une approche très prudente : il est fait en effet mention par le texte d'un conciliateur de justice (dont le statut est régi par le décret du 20 mars 1978[7]), ce que n'est pas la commission de conciliation. L'enjeu étant la recevabilité de la demande, le risque est très important pour le demandeur. Dans l'attente d'une précision par les textes ou la jurisprudence à venir, cet oubli par l'article 750-1 de tout renvoi à un mécanisme optionnel de conciliation institué dans certaines matières spécifiques condamne le recours à ces

1. L. n° 2014-344, 17 mars 2014 relative à la consommation, *JO* 18 mars.
2. P.-Y. Gautier, « Halte à la déformation des catégories : le bail n'est pas un contrat de services (suite) », *RTD civ.* 2019. 605 – CONTRA : C. Aubert de Vincelles, « La distinction s'impose selon la nature, nationale ou supranationale, de la disposition consumériste : Éclairage européen sur la banalisation de la notion de "service" en droit de la consommation », *D.* 2019. 548.
3. Civ. 1re, 19 juin 2019, n° 18-10.424, P ; *D.* 2019. 1332 ; *ibid.* 2020. 624, obs. H. Aubry, E. Poillot et N. Sauphanor-Brouillaud ; *ibid.* 1148, obs. N. Damas ; *JA* 2019, n° 603, p. 10, obs. X. Delpech ; *ibid.* 2020, n° 612, p. 32, ét. S. Damarey ; *AJDI* 2020. 217, obs. N. Damas ; *Rev. prat. rec.* 2020. 23, chron. R. Bouniol ; *RTD civ.* 2019. 605, obs. P.-Y. Gautier.
4. L. n° 2018-1021, 23 nov. 2018 portant évolution du logement, de l'aménagement et du numérique, *JO* 24 nov.
5. N. Fricero, « Panorama de procédure civile », *D.* 2020. 576.
6. V. s^{s} n°s 811.01 s.
7. Décr. n° 78-381, 20 mars 1978 relatif aux conciliateurs de justice, *JO* 23 mars.

modes alternatifs, du moins pour les enjeux inférieurs à 5 000 euros.

La situation est sans doute différente lorsque la saisine de la commission de conciliation est impérative. Ainsi en va-t-il à propos d'une offre de renouvellement du bail moyennant réévaluation du loyer[1]. L'absence de saisine de la commission rend irrégulière toute saisine ultérieure du juge. Il est difficile d'imaginer imposer au demandeur la saisine de la commission, puis celle du conciliateur de justice... Dans un tel cas de figure, les textes imposant la saisine de la commission de conciliation devraient l'emporter et ce en l'application de l'article 750-1, 4° du CPC (la commission de conciliation étant placée sous l'autorité du préfet).

§ 2 Compétence territoriale

821.61 **Lieu de l'immeuble.** La compétence territoriale est définie par l'article R. 213-9-7du code de l'organisation judiciaire par envoi au lieu où sont situés les biens. Cette compétence est exclusive[2].

1. L. n° 89-462, 6 juill. 1989, art. 17-2.

2. Civ. 3e, 16 déc. 1998, n° 96-21.579, NP.

CHAPITRE

822. Clause résolutoire de plein droit

SECTION 0 ORIENTEUR

822.00 **Sommaire du chapitre.**

Division. Lorsqu'une clause résolutoire est insérée dans un contrat et que le débiteur de l'obligation visée par la clause ne l'exécute pas, son contrat est résilié. Cette clause est facultative dans les baux d'habitation (le contrat type de location annexé au décret du 29 mai 2015[1] le précise expressément).

La clause est qualifiée de clause de résiliation (ou résolutoire) de plein droit parce que son effet est tel que le juge ne peut, normalement, la tempérer : une fois le manquement constaté, le contrat est automatiquement résilié. Elle présente dès lors un danger certain pour le débiteur défaillant, dont on imagine qu'il s'agit exclusivement, dans ce cas de figure, du locataire. L'abus qui a pu être fait des clauses résolutoires de plein droit avant 1982 a conduit le législateur à réglementer leur usage une première fois dans la loi du 22 juin 1982, relative aux droits et aux obligations des locataires et des bailleurs. Puis, à partir de 1998 le caractère automatique de la clause a été remis en cause afin de favoriser le maintien des locataires dans leur logement, en privilégiant un aménagement de leur dette locative. Mais la clause résolutoire (aujourd'hui codifiée à l'article 1225 du Code civil, en application de l'ordonnance du 10 février 2016) n'est pas simplement cantonnée aux dettes financières du locataire.

Il conviendra de déterminer la mise en œuvre et les objectifs de la clause résolutoire contenue dans le contrat de location d'un local d'habitation. À cet effet, seront détaillés les conditions légales posées pour son application et les pouvoirs régulateurs du juge.

Les développements qui suivent sont applicables aux baux d'habitation régis par la loi du 6 juillet 1989, qu'il s'agisse d'un logement nu (art. 4, 7 et 24) ou meublé (art. 25-3). Les logements du secteur social sont également concernés sous certaines réserves (art 40). Les logements relevant de la loi de 1948 feront l'objet de précisions ponctuelles[2]. Lorsque le bail n'est pas soumis à une législation spécifique, le droit commun issu des articles 1225 et suivants du Code civil (anc. art. 1184) a vocation à s'appliquer[3].

1. Décr. n° 2015-587, 29 mai 2015 relatif aux contrats types de location de logement à usage de résidence principale, *JO* 31 mai.
2. V. aussi s[s] n°s 711.11 s.
3. Civ. 3e, 23 mars 2017, n° 16-13.060, P III, n° 42 ; *D.* 2017. 760; *ibid.* 1149, obs. N. Damas.

822.01 Principaux textes applicables.

TEXTES SOURCES

• **L. n° 89-462, 6 juill. 1989,** art. 4 g), 7 g), 24.

TEXTES *IN EXTENSO*

• **L. 6 juill. 1989,** art. 4 g)

Est réputée non écrite toute clause :

[...]

g) Qui prévoit la résiliation de plein droit du contrat en cas d'inexécution des obligations du locataire pour un motif autre que le non-paiement du loyer, des charges, du dépôt de garantie, la non-souscription d'une assurance des risques locatifs « ou le non-respect de l'obligation d'user paisiblement des locaux loués, résultant de troubles de voisinage constatés par une décision de justice passée en force de chose jugée »

• **L. 6 juill. 1989,** art. 7 g)

Le locataire est obligé :

[...]

g) De s'assurer contre les risques dont il doit répondre en sa qualité de locataire et d'en justifier lors de la remise des clés puis, chaque année, à la demande du bailleur. La justification de cette assurance résulte de la remise au bailleur d'une attestation de l'assureur ou de son représentant.

Toute clause prévoyant la résiliation de plein droit du contrat de location pour défaut d'assurance du locataire ne produit effet qu'un mois après un commandement demeuré infructueux. Ce commandement reproduit, à peine de nullité, les dispositions du présent alinéa. À défaut de la remise de l'attestation d'assurance et après un délai d'un mois à compter d'une mise en demeure non suivie d'effet, le bailleur peut souscrire une assurance pour compte du locataire, récupérable auprès de celui-ci.

Cette mise en demeure doit informer le locataire de la volonté du bailleur de souscrire une assurance pour compte du locataire et vaut renoncement à la mise en œuvre de la clause prévoyant, le cas échéant, la résiliation de plein droit du contrat de location pour défaut d'assurance du locataire.

Cette assurance constitue une assurance pour compte au sens de l'article L. 112-1 du code des assurances. Elle est limitée à la couverture de la responsabilité locative mentionnée au premier alinéa du présent *g*. Le montant total de la prime d'assurance annuelle, éventuellement majoré dans la limite d'un montant fixé par décret en Conseil d'État, est récupérable par le bailleur par douzième à chaque paiement du loyer. Il est inscrit sur l'avis d'échéance et porté sur la quittance remise au locataire.

Une copie du contrat d'assurance est transmise au locataire lors de la souscription et à chaque renouvellement du contrat.

Lorsque le locataire remet au bailleur une attestation d'assurance ou en cas de départ du locataire avant le terme du contrat d'assurance, le bailleur résilie le contrat souscrit pour le compte du locataire dans le délai le plus bref permis par la législation en vigueur. La prime ou la fraction de prime exigible dans ce délai au titre de la garantie souscrite par le bailleur demeure récupérable auprès du locataire.

• **L. 6 juill. 1989,** art. 24

I. – Toute clause prévoyant la résiliation de plein droit du contrat de location pour défaut de paiement du loyer ou des charges aux termes convenus ou pour non-versement du dépôt de garantie ne produit effet que deux mois après un commandement de payer demeuré infructueux.

Le commandement de payer contient, à peine de nullité :

1° La mention que le locataire dispose d'un délai de deux mois pour payer sa dette ;

2° Le montant mensuel du loyer et des charges ;

3° Le décompte de la dette ;

4° L'avertissement qu'à défaut de paiement ou d'avoir sollicité des délais de paiement, le locataire s'expose à une procédure judiciaire de résiliation de son bail et d'expulsion ;

5° La mention de la possibilité pour le locataire de saisir le fonds de solidarité pour le logement de son département, dont l'adresse est précisée, aux fins de solliciter une aide financière ;

6° La mention de la possibilité pour le locataire de saisir, à tout moment, la juridiction compétente aux fins de demander un délai de grâce sur le fondement de l'article 1343-5 du code civil.

Lorsque les obligations résultant d'un contrat de location conclu en application du présent titre sont garanties par un cautionnement, le commandement de payer est signifié à la caution dans un délai de quinze jours à compter de sa signification au locataire. À défaut, la caution ne peut être tenue au paiement des pénalités ou des intérêts de retard.

Le représentant de l'État dans le département fixe, par arrêté, le montant et l'ancienneté de la dette au-delà desquels les commandements de payer, délivrés pour le compte d'un bailleur personne physique ou société civile constituée exclusivement entre parents et alliés jusqu'au quatrième degré inclus, sont signalés par l'huissier de justice à la commission de coordination des actions de prévention des expulsions locatives prévue à l'article 7-2 de la loi n° 90-449 du 31 mai 1990 précitée. Ce signalement est fait dès lors que l'un des deux seuils est atteint. Il s'effectue par voie électronique par l'intermédiaire du système d'information prévu au dernier alinéa du même article 7-2.

L'arrêté mentionné à l'avant-dernier alinéa du présent I est pris après avis du comité responsable du plan départemental d'action pour le logement et l'hébergement des personnes défavorisées ainsi que de la chambre départementale des huissiers de justice. Les modalités de détermination du montant et de l'ancienneté de la dette au-delà desquels les commandements sont signalés sont fixées par décret en Conseil d'État.

II. – Les bailleurs personnes morales autres qu'une société civile constituée exclusivement entre parents et alliés jusqu'au quatrième degré inclus ne peuvent faire délivrer, sous peine d'irrecevabilité de la demande, une assignation aux fins de constat de résiliation du bail avant l'expiration d'un délai de deux mois suivant la saisine de la commission de coordination des actions de prévention des expulsions locatives prévue à l'article 7-2 de la loi n° 90-449 du 31 mai 1990 précitée. Cette saisine est réputée constituée lorsque persiste une situation d'impayés, préalablement signalée dans les conditions réglementaires aux organismes payeurs des aides au logement en vue d'assurer le maintien du versement des aides mentionnées à l'article L. 821-1 du code de la construction et de l'habitation. Cette saisine, qui contient les mêmes informations que celles des signalements par les huissiers de justice des commandements de payer prévus au I du présent article, s'effectue par voie électronique par l'intermédiaire du système d'information prévu au dernier alinéa de l'article 7-2 de la loi n° 90-449 du 31 mai 1990 précitée.

III. – À peine d'irrecevabilité de la demande, l'assignation aux fins de constat de la résiliation est notifiée à la diligence de l'huissier de justice au représentant de l'État dans le département au moins deux mois avant l'audience, afin qu'il saisisse l'organisme compétent désigné par le plan départemental d'action pour le logement et l'hébergement des personnes défavorisées, suivant la répartition de l'offre globale de services d'accompagnement vers et dans le logement prévue à l'article 4 de la loi n° 90-449 du 31 mai 1990 précitée. Cette notification s'effectue par voie électronique par l'intermédiaire du système d'information prévu au dernier alinéa de l'article 7-2 de la même loi. La saisine de l'organisme mentionné à la première phrase du présent III peut s'effectuer par voie électronique, selon des modalités fixées par décret. L'organisme saisi réalise un diagnostic social et financier, selon des modalités et avec un contenu précisés par décret, au cours duquel le locataire et le bailleur sont mis en mesure de présenter leurs observations, et le transmet au juge avant l'audience, ainsi qu'à la commission de coordination des actions de prévention des expulsions locatives ; le cas échéant, les observations écrites des intéressés sont jointes au diagnostic.

IV. – Les II et III sont applicables aux assignations tendant au prononcé de la résiliation du bail lorsqu'elle est motivée par l'existence d'une dette locative du preneur. Ils sont également applicables aux demandes additionnelles et reconventionnelles aux fins de constat ou de prononcé de la résiliation motivées par l'existence d'une dette locative, la notification au représentant de l'État dans le département incombant au bailleur.

V. – Le juge peut, même d'office, accorder des délais de paiement dans la limite de trois années, par dérogation au délai prévu au premier alinéa de l'article 1343-5 du code civil, au locataire en situation de régler sa dette locative. Le quatrième alinéa de l'article 1343-5 s'applique lorsque la décision du juge est prise sur le fondement du présent alinéa. Le juge peut d'office vérifier tout élément constitutif de la dette locative et le respect de l'obligation prévue au premier alinéa de l'article 6 de la présente loi. Il invite les parties à lui produire tous éléments relatifs à l'existence d'une procédure de traitement du surendettement au sens du livre VII du code de la consommation.

VI. – Par dérogation à la première phrase du V, lorsqu'une procédure de traitement du surendettement au sens du livre VII du code de la consommation a été ouverte au bénéfice du locataire et qu'au jour de l'audience, le locataire a repris le paiement du loyer et des charges, le juge qui constate l'acquisition de la clause de résiliation de plein droit du contrat de location statue dans les conditions suivantes :

1° Lorsque la commission de surendettement des particuliers a rendu une décision de recevabilité de la demande de traitement de la situation de surendettement formée par le locataire, le juge accorde des délais de paiement jusqu'à, selon les cas, l'approbation du plan conventionnel de redressement prévu à l'article L. 732-1 du code de la consommation, la décision imposant les mesures prévues aux articles L. 733-1, L. 733-4, L. 733-7 et L. 741-1 du même code, le jugement prononçant un rétablissement personnel sans liquidation judiciaire, le jugement d'ouverture d'une procédure de rétablissement personnel avec liquidation judiciaire ou toute décision de clôture de la procédure de traitement du surendettement ;

2° Lorsqu'un plan conventionnel de redressement prévu à l'article L. 732-1 dudit code a été approuvé ou que la commission de surendettement des particuliers a imposé les mesures prévues aux articles L. 733-1, L. 733-4 et L. 733-7 du même code, dont le bailleur a été avisé, le juge accorde les délais et modalités de paiement de la dette locative contenus dans le plan ou imposés par la commission de surendettement des particuliers. Lorsque la commission de surendettement des particuliers a imposé pendant un délai la suspension de l'exigibilité de la créance locative en application du 4° de l'article L. 733-1 du même code, le juge accorde ce délai prolongé de trois mois pour permettre au locataire de saisir à nouveau la commission de surendettement des particuliers en application de l'article L. 733-2 du même code. Lorsque, dans ce délai, la commission de surendettement des particuliers a de nouveau été saisie d'une demande de traitement de la situation de surendettement, l'exigibilité de la créance locative demeure suspendue jusqu'à, selon les cas, l'approbation d'un plan conventionnel de redressement prévu à l'article L. 732-1 du même code, la décision imposant les mesures prévues aux articles L. 733-1, L. 733-4, L. 733-7 et L. 741-1 du même code, le jugement prononçant un rétablissement personnel sans liquidation judiciaire, le jugement d'ouverture d'une procédure de rétablissement personnel avec liquidation judiciaire ou toute décision de clôture de la procédure de traitement du surendettement. À défaut, ou dès lors que la nouvelle procédure de traitement du surendettement est clôturée sans que de nouveaux délais de paiement de la dette locative aient été accordés, la clause de résiliation de plein droit reprend son plein effet ;

3° Par dérogation au 2° du présent VI, lorsqu'en application de l'article L. 733-10 du même code, une contestation a été formée par l'une des parties contre les délais et modalités de paiement de la dette locative imposés par la commission de surendettement des particuliers, le juge accorde des délais de paiement jusqu'à la décision du juge statuant sur cette contestation ;

4° Lorsque le juge statuant en application de l'article L. 733-10 du même code a pris tout ou partie des mesures mentionnées au 2° du présent VI, le juge accorde les délais et modalités de paiement de la dette locative imposés dans ces mesures. Lorsque la suspension de l'exigibilité de la créance locative a été imposée pendant un délai en application du 4° de l'article L. 733-1 du code de la consommation, le juge accorde ce délai prolongé de trois mois pour permettre au locataire de saisir à nouveau la commission de surendettement des particuliers en application de l'article L. 733-2 du même code. Lorsque, dans ce délai, la commission de surendettement des particuliers a de nouveau été saisie d'une demande de traitement de la situation de surendettement, l'exigibilité de la créance locative demeure suspendue jusqu'à, selon les cas, l'approbation d'un plan conventionnel de redressement prévu à l'article L. 732-1 dudit code, la décision imposant les mesures prévues aux articles L. 733-1, L. 733-4, L. 733-7 et L. 741-1 du même code, le jugement prononçant un rétablissement personnel sans liquidation judiciaire, le jugement d'ouverture d'une procédure de rétablissement personnel avec liquidation judiciaire ou toute décision de clôture de la procédure de traitement du surendettement. À défaut, ou dès lors que la nouvelle procédure de traitement du surendettement est clôturée sans que de nouveaux délais de paiement de la dette locative aient été accordés, la clause de résiliation de plein droit reprend son plein effet.

VII. – Pendant le cours des délais accordés par le juge dans les conditions prévues aux V et VI du présent article, les effets de la clause de résiliation de plein droit sont suspendus. Ces délais et les modalités de paiement accordés ne peuvent affecter l'exécution du contrat de location et notamment suspendre le paiement du loyer et des charges.

Si le locataire se libère de sa dette locative dans le délai et selon les modalités fixés par le juge, la clause de résiliation de plein droit est réputée ne pas avoir joué. Dans le cas contraire, elle reprend son plein effet.

VIII. – Lorsqu'un rétablissement personnel sans liquidation judiciaire a été imposé par la commission de surendettement des particuliers ou prononcé par le juge ou lorsqu'un jugement de clôture d'une procédure de rétablissement personnel avec liquidation judiciaire a été rendu, le juge suspend les effets de la clause de résiliation de plein droit pendant un délai de deux ans à partir de la date de la décision imposant les mesures d'effacement ou du jugement de clôture.

Par dérogation au premier alinéa du présent VIII, lorsqu'en application de l'article L. 741-4 du code de la consommation, une contestation a été formée par l'une des parties contre la décision de la commission de surendettement des particuliers imposant un rétablissement personnel sans liquidation judiciaire, le juge suspend les effets de la clause de résiliation de plein droit jusqu'à la décision du juge statuant sur cette contestation.

Ce délai ne peut affecter l'exécution du contrat de location et notamment suspendre le paiement du loyer et des charges.

Si le locataire s'est acquitté du paiement des loyers et des charges conformément au contrat de location pendant le délai de deux ans mentionné au premier alinéa du présent VIII, la clause de résiliation de plein droit est réputée ne pas avoir joué. Dans le cas contraire, elle reprend son plein effet.

IX. – La notification de la décision de justice prononçant l'expulsion indique les modalités de saisine et l'adresse de la commission de médiation prévue à l'article L. 441-2-3 du code de la construction et de l'habitation.

822.02 Jurisprudence de référence.

• **Cass. Avis, 29 juin 2001,** n° 01-00.003, P n° 4

* V. s^s n° 822.13

L'article 24 de la loi du 6 juillet 1989, modifié par l'article 114 de la loi du 29 juillet 1998 est d'application générale, sans distinction relative à la qualité du bailleur et au mode de recouvrement du loyer ou des charges et que le juge judiciaire peut donc accorder des délais de paiement au locataire, conformément aux dispositions de ce texte, même lorsque le bailleur est soumis aux règles de la comptabilité publique.

• **Civ. 3e, 17 déc. 2002,** n° 01-12.532, NP

* V. s^s n° 822.184

Aucun délai n'est imposé au preneur pour saisir le juge d'une demande de délais de paiement et de suspension des effets de la clause résolutoire.

• **Civ. 3e, 18 mars 2009,** n° 08-10.743, P III, n° 65

* V. s^s n°s 822.123, 822.182

Le juge, qui retient que le locataire, bénéficiaire d'un plan d'apurement consenti par son bailleur dans le délai de deux mois du commandement de payer visant la clause résolutoire, a, au terme de ce plan, respecté ses engagements, en déduit, sans violer l'article 24 de la loi du 6 juillet 1989, que la demande en constatation de l'acquisition de la clause résolutoire doit être rejetée, peu important le retard apporté dans le paiement des premières mensualités de ce plan amiable.

822.03 Bibliographie indicative.

Annuel. LAMY DR. IMMO, n°s 5912-5915.

Encyclopédies. RÉP. PR. CIV., *V° Bail d'habitation*, F. de La Vaissiere, n°s 33-55 – RÉP. IMMO., *V° Bail d'habitation et mixte : rapports individuels – loi du 6 juillet 1989*, N. Damas, n°s 446, 448 s. – DICT. PERM. Gest. Immo., *V° Expulsion*, sp. n°s 8 et 15.

Manuel. J. Lafond, B. Vial-Pedroletti, *Les baux d'habitation*, 8e éd., « Droit et professionnels », LexisNexis, 2017, n°s 1270 s.

Article. B. Vial-Pedroletti, « Quel avenir pour la clause résolutoire en matière de bail d'habitation ? », *Loyers et copr.* 1999. Chron. 4.

SECTION 1
CHAMP D'APPLICATION LIMITÉ

822.11 Une automaticité redoutée. Le caractère automatique de la clause résolutoire de plein droit a conduit le législateur à intervenir à plusieurs reprises pour en limiter les effets dans le champ des baux d'habitation. D'une part, de telles clauses ne peuvent sanctionner que les manquements les plus graves au contrat ; d'autre part, la clause ne prend effet qu'après un délai minimal offert à l'autre partie pour s'exécuter ; enfin le juge qui, en théorie, ne peut que constater l'acquisition de la clause et, éventuellement, accorder des délais pour le paiement de la dette ou l'expulsion, détient depuis l'adoption de la loi d'orientation du 29 juillet 1998, relative à la lutte contre les exclusions, de réels pouvoirs d'appréciation de la situation.

822.12 Clause de plein droit limitée à quatre cas. Dès la loi du 22 juin 1982[1], le principe a été posé

1. L. n° 82-526, 22 juin 1982, art. 25.

d'un nombre limité de cas d'ouverture de la clause résolutoire de plein droit. Celle-ci n'était envisageable que pour trois motifs [1] :

- le défaut de paiement du loyer et des charges ;
- le non-versement du dépôt de garantie ;
- la non-souscription d'une assurance garantissant les risques locatifs.

L'article 18-II de la loi relative à la prévention de la délinquance [2] en a ajouté un nouveau : « le non-respect de l'obligation d'user paisiblement des locaux loués, résultant de troubles de voisinage constatés par une décision de justice passée en force de chose jugée ». Ce motif ne peut toutefois jouer qu'après une décision de justice définitive, rendue au profit d'un tiers, nécessairement un voisin du locataire, et à la condition que le bailleur dispose du jugement.

822.13 **Source.** Actuellement la législation relative à la clause résolutoire est inscrite dans les articles 4, 7 et 24 de la loi du 6 juillet 1989. Ces dispositions sont applicables au bail portant sur un logement meublé (par renvoi de l'article 25-3) et, à l'exception de l'article 24, au bail mobilité (par renvoi de l'article 25-12).

Il est à noter que ces textes sont d'application générale, sans distinction selon la qualité du bailleur et le mode de recouvrement du loyer ou des charges. Ainsi le juge judiciaire peut accorder des délais de paiement au locataire, même lorsque le bailleur, un office public d'aménagement et de construction, est soumis aux règles de la comptabilité publique [3].

822.14 **Clause d'interprétation stricte.** Toute clause contraire à la limitation légale est réputée non écrite [4]. La clause ne peut être appliquée que si le motif avancé est constaté. Il a ainsi été jugé que la clause ne peut être mise en œuvre pour un défaut de paiement des frais de recouvrement, et qu'un commandement ne peut produire effet que pour les loyers ou les charges qu'il vise [5]. Il en a été jugé de même s'agissant d'un défaut de paiement d'une indemnité forfaitaire résultant d'une clause pénale [6]. Enfin des sommes qui ne sont pas exigibles à la date de délivrance du commandement concernant des charges non encore régularisées ne sauraient permettre la mise en jeu de la clause résolutoire [7].

Le bailleur peut toujours, dans les autres cas, c'est-à-dire si le motif avancé de résiliation ne fait pas partie des cas d'ouverture prévus par la loi, engager une action en résiliation judiciaire, conformément à l'article 1227 du code civil [8].

822.15 **Particularités procédurales.** La mise en œuvre de la clause résolutoire suppose, en principe, la délivrance d'un commandement préalable. Par ailleurs, des formalités spécifiques devront être accomplies si la clause résolutoire est invoquée dans le cadre de l'existence d'une dette locative (loyers et/ou charges : v. s[s] n°s 823.71 s.).

SECTION 2
COMMANDEMENT PRÉALABLE

822.21 **Délais obligatoires après l'envoi d'un commandement.** Les clauses de résiliation de plein droit n'ont pas d'effet immédiat. La loi impose un délai donné au cocontractant pour satisfaire à l'obligation contractuelle, après la délivrance obligatoire d'un commandement. N'entre toutefois pas dans ce schéma le quatrième motif de résiliation de plein droit, ajouté par la loi du 5 mars 2007 [9] en matière de troubles de voisinage, puisque la condamnation du locataire suffit pour saisir directement le juge afin de faire constater l'acquisition de la clause prévue au contrat.

822.22 **Défaut de paiement.** S'agissant du défaut de paiement du loyer, des charges ou du dépôt de garantie l'article 24 I, alinéa 1, de la loi du 6 juillet 1989 précise : « Toute clause prévoyant la résiliation de plein droit du contrat de location pour défaut de paiement du loyer ou des charges aux termes convenus ou pour non-versement du dépôt de garantie ne produit effet que deux mois après un commandement de payer demeuré infructueux. »

822.23 **Défaut d'assurance.** Pour le défaut d'assurance la rédaction de l'article 7 *g*, alinéa 2 de la loi du 6 juillet 1989 est la suivante : « Toute clause prévoyant la résiliation de plein droit du contrat de location pour défaut d'assurance du locataire ne produit effet qu'un mois après un commandement demeuré infructueux. Ce commandement reproduit, à peine de nullité, les dispositions du présent alinéa. »

§ 1
Modalités du commandement

822.31 **Plan – Définition.** Le commandement est un acte extrajudiciaire et doit en respecter le formalisme général [10].

1. L. n° 89-462, 6 juill. 1989, art. 24.
2. L. n° 2007-297, 5 mars 2007 relative à la prévention de la délinquance, *JO* 7 mars, p. 4297.
3. Cass. Avis, 29 juin 2001, n° 01-00.003, P n° 4; *D.* 2001. IR 2558 ; *AJDI* 2002. 224; *Rev. loyers*, 2001, p. 443.
4. L. n° 89-462, 6 juill. 1989, art. 4.
5. Paris, 6e ch. C, 1er juill. 1997, RG n° 96/82971, *Loyers et copr.* 1997, n° 257.
6. Civ. 3e, 18 mai 1988, n° 86-17.827, P III, n° 184.
7. Paris, 1er juill. 2008, RG n° 05/11708, *AJDI* 2008. 857.
8. V. s[s] n°s 823.21 s.
9. L. n° 2007-297, 5 mars 2007 relative à la prévention de la délinquance, *JO* 7 mars.
10. C. pr. civ., art. 648 s.

Il a vocation à produire ses effets en dehors de toute procédure juridictionnelle, même s'il peut être le préalable d'une telle action.

Le commandement informe la partie adverse d'un manquement à une obligation née du contrat de location. Il est signifié par un huissier de justice. Il peut cependant être rédigé par un avocat, un notaire ou tout auxiliaire de justice.

L'obligation de recourir à une signification permet également de fixer le début du délai imparti par la loi.

Le formalisme du commandement (A) et son contenu (B) seront analysés successivement.

A.
Formalisme du commandement

822.40 **Plan.** Il convient d'étudier le formalisme du commandement de payer (1°), celui du commandement pour défaut d'assurances (2°) et les sanctions (3°).

1°
Commandement de payer

822.51 **Contenu et formalisme.** Le formalisme spécifique aux commandements de payer a été revu par la loi du 23 novembre 2018 [1], dite loi Élan, et doit être respecté de manière précise, « à peine de nullité » souligne l'article 24, I de la loi de 1989 [2] :

« Le commandement de payer contient, à peine de nullité :

1° La mention que le locataire dispose d'un délai de deux mois pour payer sa dette ;

2° Le montant mensuel du loyer et des charges ;

3° Le décompte de la dette ;

4° L'avertissement qu'à défaut de paiement ou d'avoir sollicité des délais de paiement, le locataire s'expose à une procédure judiciaire de résiliation de son bail et d'expulsion ;

5° La mention de la possibilité pour le locataire de saisir le fonds de solidarité pour le logement de son département, dont l'adresse est précisée, aux fins de solliciter une aide financière ;

6° La mention de la possibilité pour le locataire de saisir, à tout moment, la juridiction compétente aux fins de demander un délai de grâce sur le fondement de l'article 1343-5 du code civil. »

Avant la loi Élan, les termes dans lesquels le commandement lui-même devait être rédigé n'étaient pas précisés dans l'article 24 [3]. La mention en caractères très apparents de l'article 24, reproduit sur une feuille annexée au commandement, satisfaisait aux prescriptions de la loi [4].

822.52 **Information du locataire.** Le renvoi à l'adresse du fonds de solidarité a pour objet de tenir le locataire informé de l'existence et des coordonnées de ce fonds qui peut accorder une aide aux locataires en difficulté.

Mais le commandement n'a pas à informer le locataire de son droit à former un recours auprès de la commission dite Dalo [5].

822.53 **Information de la caution.** En présence d'un cautionnement pour garantir les obligations relevant du contrat le commandement de payer doit être signifié à la caution dans un délai de quinze jours à compter de la signification du commandement au locataire. À défaut, la caution ne pourra être tenue au paiement de pénalités ou d'intérêts de retard.

822.54 **Réforme de 2014 : la loi Alur.** La loi du 24 mars 2014 [6], dite loi Alur, dans le souci d'améliorer la rapidité de la réponse aux cas d'impayés de loyer a précisé que l'huissier qui délivre le commandement de payer doit signaler celui-ci à la commission de coordination des actions de prévention des expulsions locatives (la CCAPEX [7]). Lorsque le bailleur est une personne morale, la CCAPEX doit être saisie avant toute assignation.

La CCAPEX est ainsi amenée à avoir un rôle majeur dans les années à venir pour anticiper les risques d'expulsion résultant d'impayés en particulier [8].

822.55 **Bailleurs – Distinction.** L'article 24 de la loi du 6 juillet 1989 distingue le signalement (art. 24, I) et la saisine (art. 24, II) de la CCAPEX, selon que le bailleur est une personne physique (et assimilée) ou une personne morale.

822.56 **Signalement à la CCAPEX.** Depuis le 1er janvier 2015, les commandements de payer délivrés pour le compte des bailleurs personnes physiques ou d'une société civile constituée exclusivement entre parents et alliés jusqu'au quatrième degré inclus, sont signalés par l'huissier de justice à la CCAPEX à partir d'un certain seuil de dette. L'article 14 du décret du 30 octobre 2015 [9] a précisé que le signalement est effectué lorsque :

1. L. n° 2018-1021, 23 nov. 2018 portant évolution du logement, de l'aménagement et du numérique, *JO* 24 nov.
2. V. ss n° 822.71.
3. Nîmes, 28 mai 1996, RG n° 95/3273, *Loyers et copr.* 1996, n° 336.
4. Paris, 22 déc. 1983, *JurisData* 030198, *D.* 1984. 329, note C. Giverdon ; *JCP* 1984. II. 20260, note Thuillier.
5. Versailles, 10 avr. 2013, n° 12/04141, *Loyers et copr.* 2013, n° 204, note B. Vial-Pedroletti.
6. L. n° 2014-366, 24 mars 2014, *JO* 26 mars, p. 5809.
7. V. ss nos 813.11 s.
8. V. ss nos 813.51 s.
9. Décr. n° 2015-1384, 30 oct. 2015 relatif à la commission de coordination des actions de prévention des expulsions locatives, *JO* 31 oct.

– soit le locataire est en situation d'impayé de loyer ou de charges locatives sans interruption depuis une durée fixée en mois par arrêté préfectoral, comprise entre trois et six mois ;

– soit la dette de loyer ou de charges locatives du locataire est équivalente à un multiple, fixé par arrêté préfectoral, compris entre trois et six fois le montant du loyer mensuel hors charges locatives.

Les seuils relatifs à l'ancienneté et au montant de la dette peuvent varier au sein d'un même département.

Il suffit que l'un des deux seuils soit atteint. Le signalement s'effectue par voie électronique depuis la loi Égalité et Citoyenneté du 27 janvier 2017 [1], via l'application EXPLOC [2].

822.57 **Saisine de la CCAPEX.** Depuis le 1er janvier 2015, les bailleurs personnes morales (autres que les sociétés civiles familiales) ne peuvent faire délivrer, sous peine d'irrecevabilité de la demande, une assignation aux fins de constat de résiliation du bail avant l'expiration d'un délai de deux mois suivant la saisine de la commission de coordination des actions de prévention des expulsions locatives (CCAPEX).

Cette saisine est réputée constituée lorsque persiste une situation d'impayés, préalablement signalée dans les conditions réglementaires aux organismes payeurs des aides au logement en vue d'assurer le maintien du versement des aides mentionnées à l'article L. 821-1 du code de la construction et de l'habitation.

Cette saisine, qui contient les mêmes informations que celles des signalements par les huissiers de justice des commandements de payer, s'effectue par voie électronique par l'intermédiaire du système d'information prévu au dernier alinéa de l'article 7-2 de la loi du 31 mai 1990.

Cette procédure se substitue pour les bailleurs de logements sociaux à une disposition qui prévoyait un délai de trois mois avant toute assignation pour les locataires en impayés bénéficiant d'une aide personnelle (AL ou APL). En conséquence les articles L. 353-15-1 et L. 442-6-1 du CCH ont été abrogés par la loi Alur [3].

822.58 **Destinataire de la signification – Locataire marié.** Le commandement doit être signifié à chacun des époux à peine d'inopposabilité à l'autre [4]. Signifié aux deux époux il est ainsi opposable à celui qui n'a pas signé le bail [5].

1. L. n° 2017-86, 27 janv. 2017 relative à l'égalité et à la citoyenneté. V. Dossier « Loi Égalité et citoyenneté : gestion immobilière », *AJDI* 2017. 245 s.
2. L. n° 90-449 du 31 mai 1990, art. 7-2, dern. al.
3. V. ss nos 823.61 s.
4. Versailles, 16 févr. 1988, RG n° 5941/86, *Gaz. Pal.* 1988. 2. Somm. 446.

2° Commandement pour défaut d'assurances

822.61 **Mentions obligatoires.** Le commandement doit reproduire, à peine de nullité, les dispositions de l'article 7, g), alinéa 2. Il s'agit là encore d'une nullité pour vice de forme, qui devrait nécessiter la démonstration d'un grief [6].

3° Sanctions

822.71 **Sanction du défaut de reproduction du texte – Jurisprudence.** Le défaut de reproduction du texte a été diversement analysé : certaines décisions ont refusé de prononcer la nullité du commandement, le preneur n'alléguant ni ne démontrant le grief qu'aurait pu lui causer l'omission dont il se prévaut [7]. À l'inverse, une réponse ministérielle a estimé que le défaut de reproduction du texte doit être sanctionné par la nullité du commandement, que l'omission ait ou non fait grief au locataire [8]. Cette dernière position nous semble contestable.

La Cour de cassation semble privilégier l'analyse en termes de simple vice de forme : le locataire qui s'est abstenu de retirer à la mairie le commandement de payer, dont il avait eu communication par la lettre simple que lui avait adressée l'huissier instrumentaire, ne rapporte la preuve d'aucun grief consécutif aux irrégularités de forme affectant le commandement [9].

822.72 **Nullité du commandement – Absence de représentant légal.** Un commandement délivré par une société dépourvue de représentant légal est entaché d'une nullité de fond, insusceptible de régularisation [10].

B. Contenu du commandement de payer

822.81 **Mentions du commandement de payer.** Avant que la loi du 23 novembre 2018, dite loi Élan, ne détaille le contenu du commandement de payer, la jurisprudence avait précisé que le commandement doit indiquer, à peine de nullité, le décompte des

5. Montpellier, 27 janv. 2003, RG n° 01/04833, *Loyers et copr.* 2004, n° 45, obs. B. Vial-Pedroletti.
6. V. ss n° 822.71.
7. Paris, 25 mai 1992, RG n° 91/018210, *Loyers et copr.* 1992, n° 324 – Paris, 28 avr. 1998, RG n° 96/81132, *ibid.* 1999, n° 4, obs. B. Vial-Pedroletti – Montpellier 27 janv. 2003, RG n° 01/04833, *Loyers et copr.* 2004, n° 45, obs. B. Vial-Pedroletti – Nîmes, 2e ch. B, 10 juill. 2020, RG n° 20/00206, *Loyers et copr.* 2020. Comm. 93, B. Vial-Pédroletti.
8. Rép. min. n° 38371, *JOAN Q* 1er juill. 1991, p. 2597.
9. Civ. 3e, 29 juin 1994, n° 92-18.438, NP, *Rev. loyers* 1994. 495.
10. Civ. 3e, 4 janv. 2006, n° 03-14.115, NP, *AJDI* 2006. 195; *Administrer* avr. 2006. 33, obs. Canu.

sommes dues, la ventilation, le cas échéant, entre le loyer et les charges et la période de référence, permettant aux locataires de vérifier le bien-fondé de la demande[1], les dates d'échéance des sommes réclamées[2]. Lorsque le commandement comprend des loyers dus au titre des locaux d'habitation dans un bail commercial, la cour d'appel doit rechercher la part exacte que représentent les loyers dus au seul titre du bail commercial pour permettre au locataire de régulariser sa situation au titre de ce bail[3]. Un commandement indiquant la somme demandée, et comportant en annexe un relevé de compte locatif a pu être validé par la Cour de cassation[4].

822.82 **Limites – Loyers illicites.** Le commandement de payer visant la clause résolutoire ne peut produire effet s'il porte sur des loyers illicites : un arrêt définitif ayant reconnu le bénéfice de la loi du 1er septembre 1948 aux locataires et nommé un expert pour fixer le loyer, la clause résolutoire ne pouvait produire effet dès lors que le commandement visait des loyers illicites[5].

822.83 **Limites – Erreurs.** Par ailleurs, le commandement peut contenir certaines erreurs, dont la nature va influer sur sa validité : le commandement notifié pour une somme supérieure au montant de la créance n'en est pas moins valable à due concurrence des sommes exigibles[6]. Mais il a été jugé que le commandement de payer portant sur une somme supérieure à celle qui est due ne saurait produire d'effet dès lors que les sommes versées par le locataire avant l'expiration du délai imparti sont d'un montant supérieur à la dette de loyer et que les parties n'ont pas donné d'imputation précise aux paiements[7]. Dans le même sens, un commandement insuffisamment détaillé soulève une contestation sérieuse[8].

822.84 **Litige sur le montant des charges – Prohibition de la résiliation.** Le bail peut ne pas être résilié en présence d'un litige sur le montant des charges.

N'a pas satisfait aux exigences de l'article 455 du code de procédure civile, la cour d'appel qui ne répond pas aux conclusions de la locataire qui soutenait qu'elle n'avait jamais cessé de payer les loyers, seul étant en litige le problème des charges récupérables ou non récupérables, alors que les comptes annuels de régularisation des charges ne lui avaient jamais été fournis, conformément aux obligations légales du propriétaire[9]. Mais le juge apprécie souverainement le caractère certain de la compensation entre un trop perçu de charges et les sommes objet du commandement[10].

§ 2
Délai du commandement

822.91 **En matière d'impayés.** Aux termes de l'article 24, I de la loi du 6 juillet 1989, toute clause prévoyant la résiliation de plein droit du contrat pour défaut de paiement du loyer ou des charges ne produit effet que deux mois après un commandement de payer demeuré infructueux. Déjà l'article 80 de la loi du 1er septembre 1948 prévoyait un délai d'un mois avant toute prise d'effet de la sommation ou du commandement de payer. La loi de 1982 retenait également ce délai d'un mois, repris en 1986 par la loi du 23 décembre, puis allongé à deux mois en 1989.

822.92 **En matière d'assurance.** En cas de non-souscription de l'assurance obligatoire, l'article 7 de la loi du 6 juillet 1989 prévoit un délai d'un mois après le commandement. La non-justification de son assurance par le locataire dans le délai imparti justifie la résiliation du bail[11]. Sur le caractère automatique de la clause résolutoire, il a été jugé que « l'attestation adressée au bailleur avec effet rétroactif ne pouvait être prise en considération pour faire échec à la clause résolutoire, le contrat (d'assurance) ayant été souscrit après le délai imparti »[12].

822.93 **En matière de dépôt de garantie.** Le non-versement du dépôt peut donner lieu à commandement ouvrant un délai de deux mois.

La question ne se pose cependant pas en pratique pour au moins deux raisons :

– d'une part, le dépôt est exigé en début de contrat et son versement conditionne généralement la remise des clés au locataire ;

1. Paris, 28 nov. 1996, RG n° 95/026796, *Loyers et copr.* 1997, n° 37, obs. B. Vial-Pedroletti – Paris, 3e ch., 8 juin 2017, RG n° 15/06768, *Loyers et copr.* 2017. Comm. 190, obs. B. Vial-Pedroletti.
2. Rouen, 12 déc. 1995, *Rev. loyers* 1993. 533 – Versailles, 7 déc. 2001, RG n° 00/08131, *BICC* 2002, n° 837.
3. Civ. 3e, 30 juin 2010, n° 09-16.244, P III, n° 135; *AJDI* 2011. 294, note N. Damas.
4. Civ. 3e, 25 sept. 2014, n° 13-18.201, NP.
5. Civ. 3e, 11 mai 1995, n° 93-14.039, P III, n° 115 ; *Administrer* n° 274, p. 58, note Canu.
6. Civ. 3e, 5 févr. 1992, n° 90-13.153, P III, n° 38, *RTD civ.* 1992. 763, obs. J. Mestre; *ibid.* 1993. 152, obs. P.-Y. Gautier; *Loyers et copr.* 1992, n° 345 – Civ. 3e, 31 mai 2011, n° 10-17.846, NP, *Loyers et copr.* 2011, n° 235, note B. Vial-Pedroletti.
7. Civ. 3e, 10 juill. 1996, n° 94-18.132, NP, *RJDA* 1996, n° 1302.
8. Paris, 14e ch., 14 mars 2003, RG n° 2002/16010, *AJDI* 2003. 503.
9. Civ. 3e, 21 mars 1990, n° 88-12.589, NP, *Rev. loyers* 1990. 392.
10. Civ. 3e, 18 juill. 2001, n° 00-10.116, NP, *Administrer* avr. 2002. 34, note Gauclère.
11. Paris, 21 mars 1994, RG n° 91/014673, *Loyers et copr.* 1994, n° 273.
12. Civ. 3e, 21 nov. 1995, n° 92-21.425, NP, *JCP N* 1997. II, n° 1008, obs. Gallet.

– d'autre part, en cours de contrat, le montant du dépôt n'est pas révisable et l'hypothèse d'un défaut de versement ne se pose alors plus[1].

SECTION 3 CONSÉQUENCES DU COMMANDEMENT

822.101 **Plan.** Il convient d'étudier l'attitude du locataire pendant le délai du commandement (§ 1) et celle du bailleur (§ 2).

822.102 **Information du locataire – Point de départ des délais.** Le commandement informe le locataire qu'une procédure est sur le point d'être engagée contre lui pour le recouvrement du loyer ou la souscription d'une assurance. Il a également un caractère comminatoire en ce qu'il fait courir des délais d'un mois ou de deux mois, selon la nature de l'obligation concernée.

§ 1 Attitude du locataire pendant le délai du commandement

822.111 **Plan.** Dans ce délai, le locataire dispose de plusieurs possibilités : paiement de la dette ou souscription d'une assurance (A), négociation d'un plan d'apurement avec le bailleur (B), départ du locataire ou maintien de sa position (C). Le locataire pourra aussi saisir le juge pour demander un délai de paiement, ou pour contester le commandement (D).

A. Paiement de la dette ou souscription de l'assurance

822.121 **Exécution libératoire de l'obligation.** Ce sont évidemment les solutions qui libèrent le locataire pour l'avenir.

822.122 **Commandement de payer – Règlement des sommes dues.** S'agissant des sommes dues, il doit veiller à s'acquitter de celles visées au commandement. La clause résolutoire est alors paralysée. Il en va de même, *a fortiori*, lorsque le locataire règle un montant supérieur à celui indiqué dans l'acte[2]. Le locataire n'ayant que très partiellement réglé dans le délai les causes du commandement, la cour d'appel a légalement justifié sa décision en résiliation de bail, expulsion, paiement de provision et fixation d'indemnité d'occupation[3]. Le paiement doit être intégral et ne donne pas de base légale à sa décision la cour d'appel qui, pour juger que la clause résolutoire n'était pas acquise, retient que la somme due, d'un montant inférieur à la somme réclamée dans le commandement, a été versée par la suite, sans préciser la date à laquelle avait été effectué le paiement[4]. La clause est également acquise si le locataire n'agit pas dans le délai prescrit et qu'il déduit un coût de travaux incombant selon lui au bailleur[5]. De même, l'impossibilité pour le preneur de s'acquitter de sa dette locative entraîne l'application de la clause, notamment du fait de son incarcération[6].

822.123 **Commandement de payer – Loyers non échus.** Ne sont cependant pas visés dans le commandement les loyers qui continuent de courir, dont le non-paiement est soumis à l'appréciation des juges du fond. Une cour d'appel a légalement justifié sa décision en retenant que l'ordonnance de référé avait suspendu les effets de la clause résolutoire pour le seul paiement des causes du commandement et que les locataires s'étant acquittés de leur dette dans les conditions prescrites, leur expulsion constituait un trouble manifestement illicite qu'il convenait de faire cesser[7]. En sens contraire, le locataire ne s'étant pas acquitté des loyers en cours alors que l'ordonnance de référé dont il n'avait pas été interjeté appel, avait jugé que pendant la période courant jusqu'au remboursement de la dette, les loyers courants restaient dus, la clause résolutoire se trouve acquise[8]. L'article 24, VII de la loi de 1989 précise que les délais octroyés par le juge « ne peuvent affecter l'exécution du contrat de location et notamment suspendre le paiement du loyer et des charges ».

822.124 **Commandement de payer – Sommes perçues par le bailleur au titre de l'APL.** Enfin, par dérogation aux dispositions du code civil et selon les textes spéciaux relatifs à l'APL, il a été jugé par une cour d'appel que les sommes perçues par le bailleur au titre de l'APL doivent s'imputer, depuis le commandement de payer, sur les loyers correspondants aux périodes pour lesquelles elles ont été versées[9].

1. Sur le dépôt de garantie, v. s[s] n°s 142.11 s.
2. Civ. 3e, 29 sept. 2015, n° 14-19.862, NP (résolution acquise toutefois en l'espèce pour défaut d'assurance).
3. Civ. 3e, 8 déc. 2009, n° 08-20.017, NP, *Administrer* mai 2010. 41.
4. Civ. 3e, 21 févr. 1996, n° 93-21.106, NP, *RJDA* 1996, n° 620.
5. Civ. 3e, 14 oct. 1987, n° 86-12.959, NP – Civ. 3e, 18 févr. 2003, n° 00-22.318, NP, *Administrer* août 2004. 24, note Beddeleem.
6. Riom, 1re ch., 9 janv. 2003, RG n° 02/00656, *Loyers et copr.* 2003, n° 150, obs. B. Vial-Pedroletti.
7. Civ. 3e, 16 juin 1993, n° 91-18.444, NP, *Rev. loyers* 1993. 364.
8. Civ. 3e, 18 mars 2009, n° 08-10.743, P III, n° 65; *AJDI* 2009. 214, obs. F. de La Vaissière.
9. Grenoble, 28 août 2011, RG n° 11/00579, *Loyers et copr.* 2012, n° 322, note B. Vial-Pedroletti.

822.125 Commandement de souscrire à une assurance. Le cas de résiliation de plein droit autorisé par l'article 4 de la loi du juillet 1989 vise le défaut de souscription de l'assurance. Il doit en être déduit que le commandement laisse au locataire un délai d'un mois pour souscrire cette assurance[1]. Faut-il également que le locataire justifie d'une telle souscription dans ce même délai ? L'analyse du contentieux porté devant les juges du fond le laisse entendre[2], ainsi que la Cour de cassation qui, dans un arrêt du 29 septembre 2015 (non publié), indique que la clause résolutoire est acquise lorsque le locataire ne justifie de l'existence de son assurance que postérieurement au délai d'un mois visé par le commandement[3]. Plusieurs arrêts ont été rendus en ce sens en matière de bail commercial : même si la preuve est rapportée *a posteriori* que les locaux étaient couverts par une assurance durant le mois qui avait suivi la délivrance du commandement, la clause résolutoire avait valablement joué[4].

Mais l'avis d'échéance comportant une mention manuscrite témoignant du paiement réalisé et le courrier de l'assureur corroborant le paiement sont des éléments de preuve suffisants de la souscription de l'assurance[5].

B. Négociation d'un plan d'apurement amiable avec le bailleur, avec ou sans l'intervention des services sociaux

822.131 Suspension de la clause résolutoire. Cette solution doit être recommandée aux locataires de bonne foi, afin d'éviter que la dette ne s'aggrave, réduisant ainsi l'espoir d'une solution rapide.

Elle est appliquée, autant que possible, par les bailleurs sociaux qui disposent d'équipes formées à l'analyse de ces solutions.

Lorsqu'elle est mise en œuvre et que le plan d'apurement est respecté, la clause de résiliation est suspendue. En outre, le juge conserve sa faculté d'appréciation. Le locataire, à jour de ses paiements au moment de la décision du juge d'instance, ne peut voir son bail résilié, même dans le cas où des retards de paiement sont intervenus au cours du déroulement du plan[6].

C. Départ du locataire pendant le délai

822.141 Respect du préavis de congé régulier. Le départ du locataire dans les deux mois de la délivrance du commandement doit se faire dans le respect du délai de préavis de trois mois[7]. Certaines décisions des juges du fond ont adopté des positions quelque peu surprenantes, en raisonnant par analogie avec l'article 15 de la loi du 6 juillet 1989. C'est ainsi que la cour d'appel d'Agen, dans un arrêt publié au *BICC* a jugé qu'en application de cet article 15, lorsque le locataire quitte les lieux après notification d'un commandement visant la clause résolutoire, il n'est redevable du loyer que pour le temps où il a réellement occupé les lieux. En revanche, lorsqu'à réception du commandement de payer, le locataire a sollicité la suspension de la clause résolutoire, manifestant ainsi son intention de poursuivre l'exécution du bail, et qu'il quitte les lieux plus de quatre mois après la signification du commandement, il doit respecter le délai de préavis de trois mois de l'article 15[8]. La Cour de cassation a énoncé fermement une position plus rigoureuse : le commandement de payer ne s'assimilant pas à un congé, le départ du locataire dans les deux mois de la délivrance du commandement, la remise des clés et l'établissement de l'état des lieux de sortie, ne suffisent pas à caractériser la renonciation non équivoque du bailleur aux loyers dus par le locataire jusqu'au terme du délai de préavis[9].

D. Saisine du juge pour obtenir des délais de paiement

822.151 Faiblesse de l'information délivrée au locataire. La demande de délais auprès du juge, quoique peu utilisée par les locataires dès le début des impayés, était favorisée par les textes antérieurs à la loi du 29 juillet 1998. Ainsi la loi du 22 juin

1. Civ. 3e, 21 nov. 95, n° 92-21.425, NP, *JCP N* 1997. II. 1008, obs. Gallet : « l'attestation d'assurance adressée [au bailleur] avec effet rétroactif, ne pouvait être prise en considération pour faire échec à la clause résolutoire, le contrat n'ayant été souscrit qu'après l'expiration du délai imparti ».
2. J. Lafond, B. Vial-Pedroletti, *Les baux d'habitation*, 7e éd., LexisNexis, 2017, n° 1052.
3. Civ. 3e, 29 sept. 2015, n° 14-19.862, NP.
4. Pau, 2e ch., 12 juin 2003, RG n° 02/00925, *Loyers et copr.* 2003, n° 171, obs. B. Vial-Pedroletti – Civ. 3e, 24 juin 2009, n° 08-13.718, NP, *AJDI* 2009. 859, obs. F. de La Vaissière. v. AUSSI Paris, 14e ch., 17 sept. 2003, RG n° 2003/06580, *Rev. loyers* 2003. 659, note Rémy – Civ. 3e, 23 juin 2009, n° 08-13.890, NP, *AJDI* 2009. 859, obs. F. de La Vaissière.
5. Civ. 3e, 27 sept. 2011, n° 10-24.361, NP, *AJDI* 2012. 201, obs. C. Dreveau; *Les Cahiers de l'Hab.* nov.-déc. 2011, p. 16.
6. Civ. 3e, 18 mars 2009, n° 08-10.743, P III, n° 65; *AJDI* 2009. 712, obs. F. de La Vaissière; *Loyers et copr.* 2009, n° 113, note B. Vial-Pedroletti.
7. Chambéry, 20 janv. 2004, RG n° 01/01208, *Loyers et copr.* 2004, n° 162, obs. B. Vial-Pedroletti.
8. Agen, 30 mai 2002, RG n° 00/01211, *BICC* 2003, n° 112.
9. Civ. 3e, 26 nov. 2008, n° 07-18.856, NP, *AJDI* 2009. 366, obs. Dreveau.

1982 précisait-elle que le commandement de payer devait reproduire cette information en caractère « très apparents ».

Depuis la loi du 23 novembre 2018, dite loi Élan, l'article 24, I de la loi du 6 juillet 1989, impose de délivrer, dans le commandement de payer, l'information au locataire selon laquelle il peut demander à tout moment à la juridiction compétente un délai de grâce sur le fondement de l'article 1343-5 du code civil (soit trois ans au plus).

822.152 Délais et suspension de la clause résolutoire. La suspension des effets de la clause résolutoire est subordonnée à l'octroi par le juge de délais de paiement. Cette règle peut s'avérer problématique lorsque le locataire s'est acquitté de l'ensemble des sommes dues au jour où le juge statue, mais postérieurement au délai d'un mois imparti par le commandement de payer. La Cour de cassation impose aux juges du fond d'accorder malgré tout des délais (dès lors fictifs) s'ils entendent suspendre les effets de la clause [1]. Le Gouvernement a été alerté de cette incongruité par le Rapport Annuel de la Cour de Cassation en 2015 [2].

E.
Autres moyens ouverts au locataire

822.161 Mauvaise foi du bailleur. L'expiration du délai n'interdit pas au locataire de se prévaloir de la mauvaise foi du bailleur, et celle-ci peut priver la clause résolutoire de son effet [3].

A pu être jugé de mauvaise foi le bailleur qui a délivré un commandement en juillet, rendant impossible l'intervention du fonds de solidarité pour le logement dans les deux mois, compte tenu des congés légaux [4]. Par ailleurs la clause résolutoire ne peut produire effet dès lors que le non-respect de l'ordonnance de référé condamnant le preneur à apurer sa dette selon un échéancier précis est imputable au mandataire du bailleur qui n'a pas fait le nécessaire pour percevoir dans un délai raisonnable l'aide du fonds de solidarité accordée audit preneur [5].

Est de mauvaise foi le bailleur qui a manqué à son obligation d'entretien et de délivrance d'un logement décent, a délivré un commandement de payer un arriéré de loyer supérieur à la créance réelle, et n'a pas réclamé en temps utile le rappel de loyers résultant de la clause d'indexation figurant dans le contrat de bail [6].

822.162 Exception d'inexécution. Le locataire peut opposer l'exception d'inexécution au bailleur et écarter en conséquence l'acquisition de la clause, par exemple en cas de vétusté et de dégradation des fenêtres de l'appartement [7].

Le juge doit examiner la demande reconventionnelle du locataire assigné en résiliation de bail qui demande réparation de son trouble de jouissance (vétusté et dangerosité de l'installation électrique et problèmes d'humidité) [8]. La jurisprudence se montrant quelque peu stricte dans l'appréciation de la gravité des manquements commis par le bailleur, le locataire devra manier avec précaution cette arme de l'exception d'inexécution. Le défaut de paiement des loyers suppose en effet que le logement soit inhabitable.

§ 2
Attitude du bailleur pendant le délai du commandement

822.171 Renonciation. Si le bailleur peut renoncer tacitement au bénéfice d'une clause de résiliation, cette renonciation ne se présume pas et doit résulter de faits qui l'impliquent nécessairement [9].

L'acceptation sans réserve d'un paiement partiel après commandement n'implique pas renonciation [10] ; pas plus que la délivrance de quittances de loyer [11].

Mais une lettre du bailleur proposant au locataire une reconduction de son bail sans réserve, peut valoir renonciation du bailleur à se prévaloir de l'acquisition de la clause résolutoire [12].

1. Civ. 3e, 7 déc. 2004, n° 03-18.144, P III, n° 224 – Civ. 3e, 8 avr. 2010, n° 09-11.292, P III, n° 78 ; *D.* 2010. 1072, obs. Y. Rouquet ; *ibid.* 2011. 1786, obs. M.-P. Dumont-Lefrand ; *AJDI* 2010. 798, obs. J.-P. Blatter – Les juges du fond adoptent cette pratique : Paris, 11 févr. 2020, RG n° 18/21519, *Loyers et copr.* 2020. Comm. 46, obs. B. Vial-Pedroletti, si le locataire paye sa dette au stade de l'audience, le juge peut accorder des délais rétroactifs et constater ainsi que la clause résolutoire n'a pas joué.
2. *Rapp. C. cass. 2015*, La documentation française, 2016, p. 64.
3. Civ. 3e, 17 juill. 1992, n° 90-18.810, P III, n° 254; *D.* 1992. Somm. 399 obs. Aubert [loi de 1982].
4. Nancy, 17 juin 1996, RG n° 3974/94, *Loyers et copr.* 1997, n° 136.
5. Lyon, 2 févr. 1994, RG n° 93/06121, *Loyers et copr.* 1994, n° 416; *Rev. huiss.* 1995. 224.
6. Civ. 3e, 23 avr. 2013, n° 12-12.684, NP.
7. Paris, 26 févr. 2002, RG n° 2000/15326, *AJDI* 2002. 370.
8. Civ. 3e, 22 nov. 2011, n° 10-27.120, NP, *AJDI* 2012. 289, obs. F. de La Vaissière; *Les cahiers de l'hab.* nov.-déc. 2011, p. 14.
9. Com. 18 mai 1953, P III, n° 175.
10. Civ. 3e, 23 mars 1999, n° 97-15.048, NP, *AJDI* 1999. 635.
11. Civ. 3e, 23 nov. 1993, n° 91-21.489, NP, *Loyers et copr.* 1994, n° 17.
12. Paris, 22 mars 1989, *D.* 1989. IR 119.

822.172 **Irrecevabilité de la saisine anticipée du juge.** Le bailleur n'a pas un intérêt né et actuel à assigner le locataire avant l'expiration du délai de deux mois, même si, au jour des plaidoiries, ce délai est expiré[1].

SECTION 4
CONSÉQUENCES LIÉES À LA FIN DU DÉLAI

822.181 **Portée de la clause résolutoire.** À l'arrivée du terme fixé par le commandement, le bailleur qui n'a pas obtenu du locataire le paiement de l'arriéré locatif ou la justification de la souscription de l'assurance peut en principe se prévaloir de ce que le bail est résilié de plein droit et que le locataire n'a plus de titre pour se maintenir dans les lieux loués. Si celui-ci ne libère pas spontanément les lieux, le bailleur dispose de recours judiciaires[2]. Les droits du locataire ont toutefois profondément évolué au fil des réformes, et l'automaticité de la résiliation est loin d'être acquise pour le bailleur.

822.182 **Avant la loi du 29 juillet 1998.** La loi du 22 juin 1982 et celle du 23 décembre 1986 précisaient que le locataire qui avait reçu le commandement pouvait saisir le juge dans le délai prévu par celui-ci pour obtenir des délais de paiement. S'il ne le faisait pas (ou s'il ne s'acquittait pas de sa dette), il se trouvait forclos à l'expiration du délai, c'est-à-dire déchu de toute possibilité d'agir, de former un recours. Le juge, saisi cette fois par le bailleur, ne pouvait alors que constater que la clause était acquise et devait résilier le contrat. Si la loi du 6 juillet 1989 n'employait plus le terme de « forclusion », la Cour de cassation a confirmé l'impossibilité pour le locataire d'agir après l'expiration du délai assortissant le commandement. Elle a jugé, que « viole l'article 24 l'arrêt qui accorde des délais de paiement à un locataire ayant saisi le juge plus de deux mois après le commandement de payer demeuré infructueux, au motif que ledit article 24, contrairement aux articles 25 de la loi du 22 juin 1982 et 19 de la loi du 23 décembre 1986, ne sanctionnait pas expressément ce délai par la forclusion »[3].

822.183 **Depuis la loi du 29 juillet 1998.** Avec la réforme intervenue dans la loi du 29 juillet 1998[4], la nouvelle rédaction de l'article 24 de la loi de 1989 a permis de poursuivre la recherche de solutions après le délai de deux mois du commandement de payer, de manière à maintenir le locataire dans les lieux. L'expiration du délai de deux mois ne produit donc plus de conséquences définitives à cet égard.

822.184 **Saisine du juge par le bailleur et pouvoir modérateur du juge.** Le délai du commandement n'est ainsi plus définitif et la suite de la procédure est alors soumise à l'appréciation portée sur la situation par le juge, après que le bailleur l'ait saisi. L'automaticité de la résiliation du bail ne joue plus : « ... aucun délai n'est imposé au preneur pour saisir le juge d'une demande de délais de paiement et de suspension des effets de la clause résolutoire »[5]. Le législateur permet au juge, saisi pour constater la résiliation du bail, soit de confirmer celle-ci, soit d'accorder des délais de paiement et de suspendre, même d'office, l'effet de la clause résolutoire.

822.185 **Esprit de la réforme – Conséquences.** La réforme inscrite dans la loi du 29 juillet 1998, et confirmée ensuite, a ainsi fait le choix du maintien du locataire dans le logement, au prix sans doute d'un allongement de la procédure, les délais ainsi ouverts devant être mis à profit pour trouver, après enquête, une solution favorable à la résorption des impayés[6]. La question de la dette risque cependant dans ce cas d'être repoussée, voire aggravée, si le locataire ne dispose pas des moyens de la rembourser. Les dispositifs existants d'aide aux débiteurs seront mobilisés et la solution dépendra, pour le locataire comme pour le bailleur, de la bonne coordination des acteurs : préfet, CAF, FSL, CCAPEX et, parfois, commission de surendettement.

1. Civ. 3e, 29 sept. 2004, no 00-16.524, NP, *Administrer* mai 2005. 36, obs. Canu ; *ibid.* juin 2005. 39, note Beddeleem ; *RTD civ.* 2004. 774, obs. R. Perrot – AUSSI : Lyon, 30 janv. 2008, RG no 05/04752, *Loyers et copr.* 2008, no 125, obs. B. Vial-Pedroletti.
2. V. ss nos 823.21 s.
3. Civ. 3e, 18 mai 1994, no 92-20.298, P III, no 102; *AJDI* 1994. 535, obs. J.-P. Blatter; *Administrer* août-sept. 1994, p. 26, note Duthil ; *Rev. loyers* 1994. 472, note J.-C. B.
4. L. no 98-657, 29 juill. 1998 d'orientation relative à la lutte contre les exclusions, art. 114.
5. Civ. 3e, 17 déc. 2002, no 01-12.532, NP – Civ. 3e, 16 févr. 2011, no 10-14.945; P III, no 26; *D.* 2011. 677, obs. Y. Rouquet; *ibid.* 2012. 1086, obs. N. Damas; *AJDI* 2011. 625, obs. N. Damas; *Loyers et copr.* 2011, no 100, note B. Vial-Pedroletti; *Revue loyers*, 2011 no 916, p. 160, obs. Canu; *Ann. loyers* avr. 2011, p. 547 s., note Beddeleem.
6. V. les développements sur la procédure après la loi du 24 mars 2014, dite loi Alur, ss no 823.81.

CHAPITRE

823. Résiliation judiciaire

SECTION 0 ORIENTEUR

823.00 Sommaire du chapitre.

Division. À un certain stade de la relation entre le bailleur et le locataire, la question du recours au juge pour trancher un différend est souvent considérée comme la dernière solution possible, d'autres ayant échoué ou ne pouvant être mises en œuvre : absence de possibilité de saisir la commission de conciliation [1], échecs des tentatives amiables, mauvaise foi de la partie adverse, voire simplement temps qui passe, sont des raisons suffisantes pour celui qui agit. Le recours au juge prendra la forme de l'assignation, le plus souvent.

Le législateur a cependant tenté à plusieurs reprises de faciliter la recherche de solutions qui soit permettent au bailleur de reprendre son bien dans des délais courts (1982-1998), soit ménagent des délais à l'occupant pour qu'il se maintienne dans son logement tout en remboursant ses dettes (depuis 1998), dans un contexte général d'insuffisance de logements locatifs pour permettre une solution de relogement adaptée à la situation de chacun.

Il en est résulté des mouvements de va-et-vient qui nécessitent une mise à plat des procédures.

Seront analysés successivement : les conditions du choix entre clause résolutoire et résiliation judiciaire (sect. 1) ; les caractéristiques de l'assignation et le diagnostic en cas de dette locative (sect. 2) ; le rôle du juge, dans le déroulement de la procédure depuis les réformes de 1998 et de 2014 (sect. 3) et la résiliation judiciaire du bail en cas de suspicion d'abandon du logement par le locataire (sect. 4).

823.01 Principaux textes applicables.

TEXTES SOURCES

- **L. n° 89-462, 6 juill. 1989,** art. 24.

TEXTES *IN EXTENSO*

- **L. 6 juill. 1989,** art. 24

* V. s⁵ n° 822.01

823.02 Jurisprudence de référence.

- **Cass. Avis, 29 juin 2001,** n° 01-00.003, P n° 4

* V. s⁵ n° 823.105

L'article 24 de la loi du 6 juillet 1989, modifié par l'article 114 de la loi du 29 juillet 1998 est d'application générale, sans distinction relative à la qualité du bailleur et au mode de recouvrement du loyer ou des charges et que le juge judiciaire peut donc accorder des délais de paiement au locataire, conformément aux dispositions de ce texte, même lorsque le bailleur est soumis aux règles de la comptabilité publique.

- **Civ. 3e, 13 oct. 2004,** n° 03-14.266, P III, n° 168

* V. s⁵ n° 823.82

Le moyen tiré du défaut de la notification, prévue à l'article 24 de la loi du 6 juillet 1989, de l'assignation au représentant de l'État dans le département n'étant pas de pur droit comme impliquant l'appréciation de circonstances de fait, une cour d'appel n'a pas l'obligation de le relever d'office. Ce même moyen ne peut, par conséquent, être soulevé pour la première fois devant la Cour de cassation.

- **Civ. 3e, 16 avr. 2008,** n° 07-12.264, P III, n° 73

* V. s⁵ n° 823.82

1. V. s⁵ n° 811.61.

À peine d'irrecevabilité de la demande, l'assignation aux fins de constat de la résiliation est notifiée à la diligence de l'huissier de justice au représentant de l'État dans le département, par lettre recommandée avec demande d'avis de réception, au moins deux mois avant l'audience, et ces dispositions sont applicables aux assignations tendant au prononcé de la résiliation du bail lorsqu'elle est notamment motivée par l'existence d'une dette locative du preneur.

• **Cass., avis, 16 févr. 2015,** n° 14-70.011, P n° 2

* V. s^s n° 823.102

La loi nouvelle régissant immédiatement les effets légaux des situations juridiques ayant pris naissance avant son entrée en vigueur et non définitivement réalisées, il en résulte que l'article 24 de la loi du 6 juillet 1989 modifié par la loi du 24 mars 2014 en ce qu'il donne au juge la faculté d'accorder un délai de trois ans au plus au locataire en situation de régler sa dette locative s'applique aux baux en cours à la date d'entrée en vigueur de la loi du 24 mars 2014.

• **Civ. 2e, 18 févr. 2016,** n° 14-17.782, P II, n° 951

* V. s^s n° 823.94

Le moyen tiré de l'effacement de la dette locative à l'issue d'une procédure de traitement du surendettement alors que la clause résolutoire était acquise est inopérant.

• **Cass., avis, 4 juill. 2017,** n° 17-70.008, P n° 8

* V. s^s n° 823.107

Les juges du fond disposent d'un pouvoir souverain pour évaluer le montant d'une indemnité due par un occupant sans droit ni titre.

• **Civ. 3e, 17 déc. 2020,** n° 18-24.823, P

* V. s^s n° 823.31

Les violences commises par le fils du locataire à l'encontre des employés du bailleur et réitérées après une première condamnation pénale constituaient des manquements à l'obligation d'usage paisible des lieux incombant au preneur et aux personnes vivant sous son toit et le lieu de commission des violences importait peu dès lors que les victimes étaient des agents du bailleur.

• **Civ. 3e, 8 avr. 2021,** n° 20-18.327, P

* V. s^s n° 823.31

Tout copropriétaire peut, à l'instar du syndicat des copropriétaires, exercer les droits et actions du copropriétaire-bailleur pour obtenir la résiliation d'un bail lorsque le preneur méconnaît les stipulations du règlement de copropriété contenues dans celui-ci.

823.03 Bibliographie indicative.

Annuel. LAMY DR. IMMO, n°s 5912-5915.

Encyclopédies. RÉP. PR. CIV., V° *Bail d'habitation* », F. de La Vaissiere, n°s 41-50 – RÉP. IMMO., *V° Bail d'habitation et mixte : rapports individuels – loi du 6 juillet 1989*, N. Damas, n°s 445, 448-454 – DICT. PERM. Gest. Immo., *V° Expulsion*, sp. n° 15.

Manuel. J. Lafond, B. Vial-Pedroletti, *Les baux d'habitation*, 8e éd., « Droit et professionnels », LexisNexis, 2017, n°s 1261 s.

Articles. F. de La Vaissière, « Clause résolutoire ou résiliation judiciaire : quelle voie privilégier ? » *AJDI* 2010. 536 – Commeignes, « Les difficultés liées à la résiliation du bail d'habitation », *Gaz. Pal.* 1999. 2. Doctr. 1315 – M. Lotte, « La résiliation judiciaire et l'expulsion », *AJDI* 2019. 777 – B. Vial-Pedroletti, « Résiliation ou résolution du bail ? », *Loyers et copr.* 2003. Chron. 9 – Schutz, « Les clauses résolutoires dans les baux d'immeubles », *Dr. et pr.* 2012, suppl. au n° 11, p. 53 – O. Salvat, « La résolution des baux d'habitation pour non-paiement du loyer et des charges depuis la réforme du droit des contrats », *D.* 2017. 2049.

SECTION 1
MISE EN ŒUVRE D'UNE CLAUSE RÉSOLUTOIRE OU DE LA RÉSILIATION DE DROIT COMMUN

823.10 Plan. Il convient d'étudier le choix du bailleur (§ 1) et les motifs pouvant justifier la résiliation judiciaire (§ 2).

§ 1
Choix du bailleur

823.21 Mise en œuvre de la clause résolutoire. Dans le cadre de la mise en œuvre de la clause de résiliation de plein droit[1], la saisine du juge compétent par le bailleur suit l'expiration du délai de deux mois (dette locative) ou d'un mois (défaut d'assurance) du commandement, lorsque le débiteur n'a pas réagi ou qu'un plan d'apurement de la dette, décidé de manière amiable, a échoué. La saisine du juge a alors pour objet de voir déclarer acquise la clause résolutoire, de voir constater la résiliation du bail et de demander en conséquence l'expulsion du locataire.

823.22 Résolution judiciaire. La saisine directe du juge sans mise en œuvre de la clause résolutoire, peut intervenir, quant à elle, dans plusieurs hypothèses :

– le contrat ne contient pas de clause résolutoire de plein droit, ou le bailleur fait le choix d'une action directe en justice[2] ;

– le litige touche à des motifs non couverts par la clause résolutoire : appréciation du caractère récupérable ou non des charges locatives, non-respect de l'obligation de jouissance paisible, travaux non effectués...

Le support de l'action en justice est ici l'article 1224 du code civil (anc. art. 1184), qui énonce : « La résolution résulte soit de l'application d'une clause résolutoire soit, en cas d'inexécution suffisamment grave, d'une notification du créancier au débiteur ou d'une décision de justice. »

1. V. s^s n°s 822.11 s.
2. F. de La Vaissière, « Clause résolutoire ou résiliation judiciaire : quelle voie privilégier ? », *AJDI* 2010. 536.

Selon l'article 1228 du code civil, « Le juge peut, selon les circonstances, constater ou prononcer la résolution ou ordonner l'exécution du contrat, en accordant éventuellement un délai au débiteur, ou allouer seulement des dommages et intérêts[1]. »

La résolution du bail produit en principe un effet rétroactif, mais la Cour de cassation distingue selon que l'inexécution a été constatée ou non depuis l'origine[2].

823.23 Résolution unilatérale. Le code civil (art. 1226) consacre la possibilité, pour le créancier, de mettre fin unilatéralement, et sans saisine d'un juge, au contrat, dès lors que l'inexécution du débiteur est suffisamment grave et qu'une mise en demeure lui a été notifiée. Même si un débat existe sur ce point[3], il ne nous semble pas envisageable que ce mécanisme puisse être transposé en matière de bail d'habitation, tant les dispositifs protecteurs de la loi du 6 juillet 1989 pourraient être contournés, du moins lorsque la résolution (ou l'acquisition de la clause résolutoire) est encadrée par l'article 24 de cette loi.

823.24 Procédures alternatives au procès. Avant le procès toutefois, il est souvent possible d'avoir recours à des procédures qui, tout en passant par l'intervention du juge, ont été conçues pour éviter l'inconvénient de délais excessifs pour les requérants. En outre, ces procédures sont moins coûteuses qu'un procès civil traditionnel.

En matière d'impayés notamment, le créancier peut choisir des actions en paiement, telles que l'injonction de payer, le référé provision.

Le décret du 20 janvier 2012[4] a créé dans le code de procédure civile un livre consacré aux modes de résolution amiable des différends en dehors d'une procédure judiciaire (médiation, conciliation)[5]. La place des modes alternatifs de règlement des différends s'est amplifiée depuis 2016, puisqu'ils sont parfois des préalables impératifs antérieurement à la saisie d'une juridiction[6].

§ 2 Motifs pouvant justifier la résiliation judiciaire

823.31 Motifs pouvant justifier la résiliation du bail. Le bailleur n'est pas lié par l'énonciation des motifs permettant l'acquisition d'une clause résolutoire, figurant à l'article 4, g) de la loi du 6 juillet 1989.

Parmi les motifs retenus par la jurisprudence on peut relever que le retard systématique dans le paiement du loyer sans explication admissible est constitutif de mauvaise foi et caractérise le manquement aux obligations contractuelles dont le caractère grave et sérieux justifie la résiliation du bail[7]. À l'inverse, en présence d'une autorisation verbale expresse du précédent propriétaire, les travaux réalisés contribuant à l'amélioration des lieux loués, la cour d'appel a souverainement retenu que le manquement des locataires à leur obligation de ne pas transformer les lieux sans autorisation écrite n'était pas suffisamment grave pour justifier la résiliation du bail[8]. Le locataire est responsable des nuisances et actes de malveillance commis par ses enfants, qu'il héberge, quand bien même ceux-ci échapperaient de façon totale et définitive à son autorité[9]. Il est responsable des troubles majeurs causés à l'ensemble des voisins par les occupants de son local d'habitation (ses enfants), entraînant la résiliation du bail[10]. Mais les troubles doivent être occasionnés à proximité immédiate des lieux loués : il a ainsi été jugé que les faits d'entrave en réunion à l'accès et à la circulation dans les parties communes, commis par le fils majeur des locataires résidant dans les lieux loués, à plus d'un kilomètre de ceux-ci, privent de fondement la violation prétendue de l'obligation de jouissance paisible des lieux loués, dont le périmètre ne peut être étendu au-delà de l'immeuble dans lequel ils se situent[11]. Une exception a toutefois été édictée lorsque les violences, éloignées du logement loué, ont été commises sur un agent du bailleur[12]. Un acte de violence isolé, alors même qu'il serait sanctionné pénalement, ne justifie pas nécessairement la résiliation du bail[13]. On notera que

1. POUR UNE APPLICATION de la résolution du bail pour inexécution partielle de l'obligation de délivrance : Civ. 3e, 30 avr. 2003, n° 01-14.890, P III, n° 87 ; *D.* 2003. 1408, et les obs. ; *RTD civ.* 2003. 501, obs. J. Mestre et B. Fages; *Loyers et copr.* 2003, n° 196, note B. Vial-Pedroletti.
2. B. Vial-Pedroletti, « Résiliation ou résolution du bail ? », *Loyers et copr.* 2003. Chron. 9 – Civ. 3e, 30 avr. 2003, n° 01-14.890, P III, n° 87, préc.
3. O. Salvat, « La résolution des baux d'habitation pour non-paiement du loyer et des charges depuis la réforme du droit des contrats », *D.* 2017. 2049.
4. Décr. n° 2012-66, 20 janv. 2012 relatif à la résolution amiable des différends, *JO* 22 janv., p. 1280.
5. AUSSI, de manière plus générale : N. Fricero (dir.), *Le guide des modes amiables de résolution des différents (MARD)*, 3e éd., « Guides », Dalloz, 2017.
6. V. ss n° 821.35.
7. Civ. 3e, 10 juin 2008, n° 07-16.233, NP, *AJDI* 2008. 839, obs. V. Zalewski.
8. Civ. 3e, 24 juin 2008, n° 07-14.424, NP, *AJDI* 2008. 839, obs. V. Zalewski.
9. Civ. 3e, 10 nov. 2009, n° 08-21.874, P III, n° 245 ; *D. actu.*, 2 déc. 2009, comm. Chenu ; *Administrer* oct. 2010, p. 26, note Beddeleem.
10. Versailles, 26 juin 2012, n° 11/05333, 11 sept. 2012, n° 11/05309, n° 11/05332.
11. Civ. 3e, 14 oct. 2009, n° 08-16.955, P III, n° 221 ; *D.* 209. 2552, obs. G. Forrest; *ibid.* 2010. 1168, obs. N. Damas; *AJDI* 2010. 316, obs. V. Zalewski.
12. Civ. 3e,17 déc. 2020, n° 18-24.823, P ; *D.* 2021. 11.
13. Aix-en-Provence, 6 mai 2011, RG n° 10/00286, cite par Rémy et Pialoux, *Revue des loyers*, déc. 2012, p. 460.

lorsque des locaux loués à usage d'habitation sont impropres à cet usage, le bailleur ne peut se prévaloir de la nullité du bail ou de sa résiliation pour demander l'expulsion de l'occupant[1].

Il est à noter que si le demandeur à l'action en résiliation judiciaire est en principe le bailleur, un tiers peut également avoir intérêt à agir, sur le fondement de l'action oblique, lorsque le bailleur s'abstient de toute action : ainsi a-t-il été jugé que l'action du syndicat des copropriétaires[2], ou d'un autre copropriétaire[3], était parfaitement recevable.

SECTION 2 ASSIGNATION

823.41 **Plan – Définition et utilité.** La procédure applicable à tous les secteurs locatifs pour saisir le juge est l'assignation. L'assignation est un acte d'huissier de justice par lequel le demandeur cite son adversaire à comparaître devant le juge[4].

Dans le cadre d'une action pour obtenir le respect de l'application du bail, une des parties, bailleur ou locataire, assigne l'autre pour obtenir satisfaction.

Un décret du 9 mai 2017[5] rend obligatoire, depuis le 1er juin 2017, un document d'information en vue de l'audience délivré aux locataires assignés aux fins de constat ou de prononcé de la résiliation du contrat de bail. Ce document, déposé par l'huissier de justice au domicile ou à la résidence du destinataire, par pli séparé de l'avis de passage, précise :

- la date, l'horaire et le lieu de l'audience ;
- l'importance de la présentation du destinataire à l'audience ;
- la possibilité de déposer, avant l'audience, une demande d'aide juridictionnelle et de saisir les acteurs qui contribuent à la prévention des expulsions locatives (visés à l'art. 4, IV, 4° de la loi « Besson » du 31 mai 1990).

Ce document est également remis par l'huissier de justice au destinataire de l'assignation lorsque celle-ci est délivrée à personne.

Avant d'analyser la suite de la procédure, dans le cadre notamment de la loi du 24 mars 2014[6], dite loi Alur, et de la loi du 23 novembre 2018[7], dite loi Élan, il faut rappeler qu'une phase précontentieuse était obligatoire pour les bailleurs sociaux, pour les locataires bénéficiant d'une aide personnelle.

§ 1 Phase précontentieuse dans le secteur social

823.50 **Plan.** Il convient de distinguer la phase précontentieuse dans le secteur social avant la loi Alur (A) et depuis (B).

A. Avant la loi Alur

823.61 **Obligation de saisine.** Pour les seuls bailleurs sociaux, l'article 115 de la loi du 29 juillet 1998[8] instaurait une procédure préalable spécifique et obligatoire avant toute assignation aux fins de constat de résiliation du bail, sous réserve que le locataire bénéficie de l'APL ou d'une allocation de logement, ce qui peut être rapporté par tous moyens. La définition des bailleurs sociaux recouvre les organismes d'HLM pour l'ensemble de leur parc conventionné ou non conventionné et les sociétés d'économie mixte pour leur parc conventionné et, dans les départements d'Outre-mer, pour les logements construits, acquis et améliorés avec le concours financier de l'État[9].

Le bailleur devait saisir, préalablement à toute assignation, l'organisme payeur (CAF ou MSA).

La saisine peut être réalisée dès la constitution de l'impayé, ce qui, au sens de l'article R. 351-30 du CCH, s'entend de trois termes nets consécutifs totalement impayés ou de deux fois le montant mensuel brut du loyer et des charges. Cette obligation ne s'imposait évidemment qu'en présence de bénéficiaires des aides locatives[10].

Le bailleur doit pouvoir prouver qu'il a effectué la saisine. Il n'y a pas de règle de forme imposée par le texte, mais son omission entraînerait l'irrecevabilité de la demande[11].

1. L. n° 2009-323, 25 mars 2009 de mobilisation pour le logement et la lutte contre l'exclusion, *JO* 27 mars, p. 5408, art. 58 (complétant C. civ., art. 1719, 1°) – SUR CETTE LOI : N. Damas, *AJDI* 2009. 274 ; *D.* 2010. Pan. 1168, spéc. 1177 ; Lafond, *JCP N* 2009, n° 1136 ; Canu, *Rev. loyers* 2009. 262 ; Raclet, *Administrer* août-sept. 2009. 7.
2. Civ. 3e, 14 nov. 1985, n° 84-15.577, P III, n° 143.
3. Civ. 3e, 8 avr. 2021, n° 20-18.327, P.
4. C. pr. civ., art. 55.
5. Décr. n° 2017-923, 9 mai 2017 relatif au document d'information en vue de l'audience délivré aux locataires assignés aux fins de constat ou de prononcé de la résiliation du contrat de bail, *JO* 10 mai.
6. L. n° 2014-366, 24 mars 2014 pour l'accès au logement et un urbanisme rénové, *JO* 26 mars, p. 5809.
7. L. n° 2018-1021, 23 nov. 2018 portant évolution du logement, de l'aménagement et du numérique, *JO* 24 nov.
8. CCH, art. L. 353-15-1 pour les logements conventionnés et CCH, art. L. 442-6-1 pour les logements non conventionnés, abrogés depuis L. n° 2014-366, 24 mars 2014, dite loi Alur.
9. Circ. 9 févr. 1999 relative à la prévention des expulsions locatives, *JO* 17 févr., p. 2506.
10. Sur la définition des aides, v. ss n° 611.22.
11. L. n° 2005-32, 18 janv. 2005 de programmation pour la cohésion sociale, art. 99 – CCH, art. L. 353-15-1 et L. 442-6-1.

Toute assignation tendant à la résiliation du bail doit être notifiée au préalable à la commission, peu important qu'elle ait été antérieurement saisie dans le cadre d'une précédente procédure[1].

823.62 **Délai imposé.** Un délai de trois mois était obligatoire entre cette saisine et l'assignation, sauf si la CAF se prononçait plus tôt.

Si l'assignation était déposée avant l'expiration de ce délai, elle était irrecevable[2]. L'irrecevabilité ne s'appliquait qu'aux assignations délivrées postérieurement à la date d'entrée en vigueur de la loi du 18 janvier 2005[3].

823.63 **Objectif poursuivi.** Cette phase avait pour objet de faciliter la recherche d'une solution amiable, pour mettre au point notamment un plan d'apurement de la dette, accompagné éventuellement d'une participation financière du FSL ou d'une mesure d'accompagnement du locataire.

Elle était doublée par l'enquête obligatoire prévue entre l'assignation et la tenue de l'audience aux termes de l'article 24, 2e alinéa de la loi du 6 juillet 1989, dans sa version antérieure à la loi du 24 mars 2014, dite loi Alur[4].

L'aide au logement était maintenue durant une période conservatoire de trois mois au cours de laquelle une solution amiable est recherchée[5].

B.
Depuis la loi Alur

823.71 **Loi du 24 mars 2014, dite loi Alur.** Dorénavant, la loi du 24 mars 2014, dite loi Alur, a cherché à renforcer le dispositif en faveur de la prévention des expulsions et la procédure a été simplifiée. Elle est entrée en vigueur le 1er janvier 2015[6].

Les articles L. 824-1 et suivants du CCH précisent que :

– si le bénéficiaire d'une aide personnelle au logement ne règle pas la part de la dépense de logement restant à sa charge, le bailleur ou le prêteur auprès duquel l'aide personnelle est versée signale la défaillance du bénéficiaire à l'organisme payeur, dans des conditions définies par voie réglementaire ;

– lorsque le bénéficiaire de l'aide personnelle ne règle pas la dépense de logement, l'organisme payeur :

1) si le bénéficiaire est de bonne foi, maintient le versement de l'aide personnelle au logement,

2) dans les autres cas, décide du maintien ou non du versement.

§ 2
Diagnostic social et financier en cas de dette locative

823.81 **Deux modes de résiliation du bail, une procédure commune.** En cas de dette locative le bailleur peut avoir choisi de mettre en jeu la clause résolutoire prévue dans le bail[7] ou de poursuivre directement le locataire devant le juge.

Dans les deux cas un diagnostic social et financier est posé dès l'assignation et en préalable à l'ouverture des débats judiciaires, afin que la situation du locataire en difficulté soit appréciée.

La réforme intervenue dans la loi du 24 mars 2014[8], dite loi Alur, précise en effet que : « À peine d'irrecevabilité de la demande, l'assignation aux fins de constat de la résiliation est notifiée à la diligence de l'huissier de justice au représentant de l'État dans le département par lettre recommandée avec demande d'avis de réception, au moins deux mois avant l'audience, afin qu'il saisisse l'organisme compétent désigné par le PDHLPD (plan départemental d'aide à l'hébergement ou au logement des personnes défavorisées). L'organisme saisi réalise un diagnostic social et financier au cours duquel le locataire et le bailleur sont mis en mesure de présenter leurs observations, et le transmet au juge avant l'audience, ainsi qu'à la CCAPEX[9]. » La loi Égalité et citoyenneté du 27 janvier 2017 n'exige plus que la notification au Préfet soit réalisée par lettre recommandée avec demande d'avis de réception, mais par voie électronique via le système d'information Exploc. Par ailleurs, la saisine de l'organisme ci-dessus mentionné s'effectue également par voie électronique.

L'obligation pèse sur tous les logements sans distinction d'appartenance à tel ou tel type de bailleur, social ou privé.

Cette obligation pour l'huissier de notifier l'assignation au préfet est applicable aux assignations tendant au prononcé de la résiliation du bail lorsqu'elle est motivée par l'existence d'une dette locative du preneur. Elle est également applicable aux demandes reconventionnelles aux fins de constat ou de pro-

1. Civ. 3e, 18 juin 2014, no 13-15.049, P III, no 87, *D. actu*, 4 juill. 2014, obs. Y. Rouquet ; *D.* 2015. 1178, obs. N. Damas.
2. L. no 2005-32, 18 janv. 2005 de programmation pour la cohésion sociale, ayant modifié CCH, art. L. 353-15-1 et L. 442-6-1, *JO* 19 janv., p. 864.
3. Civ. 3e, 26 nov. 2008, no 07-17.810, P III, no 185 ; *D.* 2009. 22, obs. G. Forest ; *AJDI* 2009. 305, obs. C. Dreveau.
4. V. ss nos 823.82 s.
5. Circ. 9 févr. 1999 – Mais l'aide est souvent maintenue pour une durée de 6 mois.
6. V. ss no 822.54.
7. V. ss nos 822.11 s.
8. L. no 2014-366, 24 mars 2014, *JO* 26 mars, p. 5809.
9. L. no 89-462, 6 juill. 1989, art. 24, III, mod. par L. no 2014-366, 24 mars 2014, art. 27.

noncé de la résiliation motivées par l'existence d'une dette locative, mais cette fois la notification au représentant de l'État incombe au bailleur, selon l'article 24, IV de la loi du 6 juillet 1989, modifiée par la loi du 24 mars 2014, dite loi Alur.

Le cas des demandes additionnelles, visées par le même article de la loi dans sa version antérieure, avait été oublié lors de la réécriture de l'article 24, IV par la loi Alur. Cet oubli a été corrigé par la loi du 6 août 2015[1], dite loi Macron.

Le décret du 5 janvier 2021[2] a précisé le contenu de ce diagnostic social et financier.

823.82 **Notification obligatoire.** Dans la rédaction de l'article 24 de la loi du 6 juillet 1989 dès avant la loi du 24 mars 2014, dite loi Alur, l'obligation de notification de l'assignation au préfet par l'huissier préexistait.

Le préfet devait quant à lui saisir les services compétents pour qu'ils réalisent une enquête sociale et financière. La réforme de 2014 a pour ambition, en impliquant la CCAPEX le plus en amont[3], de favoriser un meilleur suivi du locataire en difficulté.

Il a été jugé, dans le cadre antérieur à la loi du 24 mars 2014, dite loi Alur, que peu importe que l'assignation ait été notifiée au sous-préfet et non au préfet, dès lors qu'il est établi que celui-ci l'a bien reçue en réalité[4].

En cas d'assignation aux fins de résiliation du bail, la cour d'appel n'a pas l'obligation de relever d'office le défaut de notification de l'assignation au préfet, s'agissant d'un moyen qui n'est pas de pur droit comme impliquant l'appréciation de circonstances de fait[5].

Il doit s'écouler au minimum un délai de deux mois entre l'information du préfet et la date de l'audience. La saisine précoce du tribunal par le bailleur n'est pas justifiée, le bailleur n'ayant pas, au regard de l'article 31 du code de procédure civile, un intérêt né et actuel à agir, justifiant une saisine avant la fin du délai de deux mois, qui ne peut par conséquent être abrégé[6]. N'est pas davantage valable la régularisation en appel dès lors que le délai de deux mois n'est pas respecté[7].

Mais la notification s'impose-t-elle même si la demande n'est motivée qu'en partie par l'existence d'une dette locative ? La Cour de cassation l'affirme. Le fait que la demande soit notamment motivée par l'existence d'une dette locative suffit[8]. Dans le cas contraire, il aurait été tentant pour le bailleur d'ajouter à un grief de non-paiement des loyers un autre grief pour s'affranchir de l'obligation de notification qui a, rappelons-le, pour objectif le relogement. La notification au préfet des conclusions signifiées en cours d'instance n'a pas valeur de régularisation ; elle ne repose sur aucun texte et n'est pas recevable[9].

823.83 **Absence de dette.** La formalité prévue par l'article 24, III n'est pas requise lorsque c'est le locataire qui a pris l'initiative de la résiliation du bail et que l'action du bailleur consiste à faire constater la qualité d'occupant sans titre de l'ancien locataire qui s'est maintenu dans les lieux[10].

N'est pas motivée par l'existence d'une dette locative du preneur l'assignation aux fins de constat de la résiliation du bail résultant de nuisances causées au voisinage. Elle n'a, par conséquent, pas à être notifiée au préfet[11].

Si l'assignation n'est pas motivée par une dette locative, le délai de deux mois avant l'audience n'a pas lieu d'être et le juge peut poursuivre la procédure.

823.84 **Rôle du préfet dans le délai.** Dans ce délai de deux mois, le préfet saisit l'organisme compétent, désigné par le Plan Départemental d'action pour l'Hébergement le Logement des Personnes Défavorisées pour la réalisation du diagnostic social et financier et informe le juge sur les causes de l'impayé.

Rappelons que cette procédure est à appliquer dans tous les cas, qu'il s'agisse du parc social ou du parc privé.

1. L. n° 2015-990, 6 août 2015 pour la croissance, l'activité et l'égalité des chances économiques, *JO* 7 août.
2. Décr. n° 2021-8, 5 janv. 2021 relatif aux modalités de réalisation et au contenu du diagnostic social et financier effectué dans le cadre d'une procédure judiciaire aux fins de résiliation du bail, *JO* 7 janv.
3. V. s[s] n° 822.54.
4. Douai, 10 févr. 2000, RG n° 1999/05735, *Loyers et copr.* 2001, n° 144, obs. B. Vial-Pedroletti.
5. Civ. 3e, 13 oct. 2004, n° 03-14.266, P III, n° 138, *AJDI* 2005. 308, obs. Y. Rouquet; *Administrer* mai 2005, p. 38, obs. Canu.
6. Civ. 3e, 29 sept. 2004, n° 00-16.524, NP, *RTD civ.* 2004. 774, obs. R. Perrot; *Administrer* 2005, p. 39, note Beddeleem – Lyon, 30 janv. 2008, RG n° 05/04752, *Loyers et copr.* 2008, n° 125, note B. Vial-Pedroletti.
7. Civ. 3e, 14 févr. 2012, n° 11-30.072, NP, *Loyers et copr.* 2012, n° 98, note B. Vial-Pedroletti – AUSSI : Lyon, 8e ch., 8 sept. 2015, n° 14/00274, *Loyers et copr.* 2015. 248, obs. B. Vial-Pédroletti, le non-respect par le bailleur de cette notification constitue, non pas une exception de procédure, mais une fin de non-recevoir que le locataire est recevable à invoquer en appel sans avoir à établir un grief.
8. Civ. 3e, 16 avr. 2008, n° 07-12.264, P III, n° 73 ; *BICC* 15 sept. 2008, n° 1290; *Loyers et copr.* 2008, n° 126, note B. Vial-Pedroletti ; *Ann. loyers* juill. 2007, note F. de La Vaissière.
9. Civ. 3e, 16 avr. 2008, n° 07-12.264, P III, n° 73 ; *BICC* 15 sept. 2008, n° 1290 ; *Loyers et copr.* 2008, n° 126, note B. Vial-Pedroletti ; *Ann. loyers* juill. 2007, note F. de La Vaissière.
10. Civ. 3e, 23 mars 2011, n° 09-68.942, P III, n° 48; *D.* 2011. 1015, obs. Y. Rouquet ; *ibid.* 2012. 1086, obs. N. Damas ; *Loyers et copr.* 2011, n° 139, note B. Vial-Pedroletti.
11. Civ. 3e, 7 déc. 2004, n° 03-19.276, NP, *Rev. loyers* 2005. 155.

À la fin du délai de deux mois, le préfet transmet au juge les informations dont il dispose à la suite du diagnostic rendu, en tenant compte des éléments recueillis auprès des organismes payeurs pour les locataires qui bénéficient d'aides au logement.

§ 3
Assignation *stricto sensu*

823.91 **Formalisme.** L'assignation doit comprendre un certain nombre de mentions obligatoires, d'une part parce qu'il s'agit d'un acte d'huissier de justice, d'autre part en fonction de sa nature même. Le formalisme de l'assignation a évolué au regard des réformes procédurales, et est régi par les articles 54 et 56 du code de procédure civile, modifiés en dernier lieu par le décret du 27 novembre 2020[1].

823.92 **Formalités préalables.** La demande en justice sera irrecevable dans deux circonstances expressément visées par l'article 24 de la loi du 6 juillet 1989. D'une part, si l'assignation n'a pas été notifiée au représentant de l'État dans le département au moins deux mois avant l'audience[2]. D'autre part, depuis le 1er janvier 2015, si la CCAPEX n'a pas été saisie lorsque le bailleur est une personne morale autre qu'une société civile familiale[3].

823.93 **Demandes du bailleur.** Le bailleur, dans le cadre d'une action en résiliation, demande au juge soit de constater l'acquisition de la clause résolutoire soit de prononcer la résiliation du contrat et, dans les deux cas, le paiement de la dette et, le cas échéant, le prononcé de l'expulsion du locataire.

En outre, il peut solliciter à cette occasion le paiement par le locataire du coût du commandement et l'application de l'article 700 du code de procédure civile pour les frais qu'il a engagés.

Enfin si le contrat est résilié, le locataire devient occupant sans titre et le bailleur demandera que soit fixé le montant de l'indemnité d'occupation jusqu'au départ du locataire.

823.94 **Surendettement et dette locative.** L'article 24, VI, VII et VIII de la loi du 6 juillet 1989 concilie la procédure en résiliation du bail et l'éventuelle procédure de surendettement ouverte au profit du locataire. Cet aspect est traité spécifiquement[4].

Il convient toutefois de préciser ici que depuis la loi du 18 janvier 2005, dite loi de Cohésion sociale, une mesure en faveur des bailleurs a été introduite aux termes de laquelle les dettes locatives bénéficient d'une priorité de règlement dans le cadre d'une procédure de surendettement. Le nouvel article L. 711-6 (anc. L. 333-1-1) du code de la consommation qui en résulte précise que cette priorité s'exerce à l'encontre des créances des établissements de crédit et des sociétés de financement et aux crédits. Aussi, dans le cadre d'un plan conventionnel de redressement comme au stade des mesures adoptées par la commission, le bailleur bénéficiera dorénavant d'une priorité de règlement par rapport à de telles dettes bancaires.

823.95 **Synthèse.** À ce stade, la procédure peut être résumée de la manière suivante :

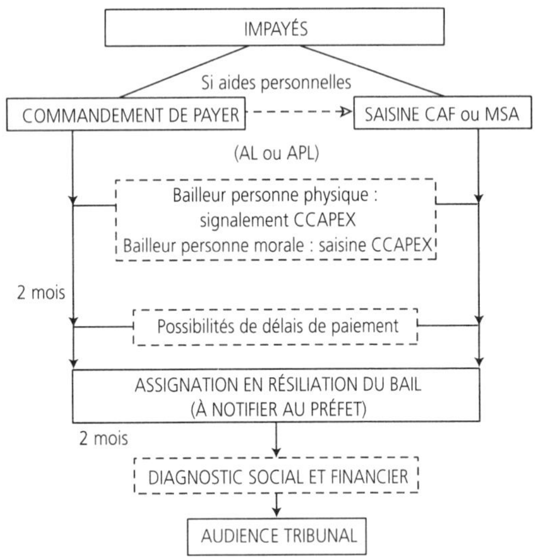

SECTION 3
POUVOIRS DU JUGE

823.101 **Mesures de soutien du locataire.** Le juge, à cette phase du jugement, peut accorder au débiteur des délais de paiement, mais également, tout en prononçant l'expulsion, assortir celle-ci d'un délai, et/ou informer le préfet de la situation pour faciliter le relogement des personnes expulsées.

823.102 **Conditions.** « Le juge peut, même d'office, accorder des délais de paiement dans la limite de trois années par dérogation au délai prévu au 1er alinéa de l'article 1343-5 du code civil, au locataire en situation de régler sa dette locative »[5].

1. Décr. n° 2020-1452, 27 nov. 2020 portant diverses dispositions relatives notamment à la procédure civile et à la procédure d'indemnisation des victimes d'actes de terrorisme et d'autres infractions, *JO* 28 nov.
2. V. ss n° 823.81.
3. V. ss n° 822.57.
4. V. ss nos 824.01 s.

5. L. n° 89-462, 6 juill. 1989, art. 24 V, après mod. par L. n° 2014-366, 24 mars 2014, dite loi Alur.

Seul le tribunal d'instance est compétent pour accorder des délais qui suspendent la clause résolutoire[1].

Le texte de l'article 24, V modifié de la loi du 6 juillet 1989 ajoute que le juge peut vérifier, à l'occasion des délais qu'il accorde, « tout élément constitutif de la dette locative et le respect de l'obligation de [décence du logement] », et ce d'office, c'est-à-dire par lui-même, sans saisine préalable par l'une des parties. Il invite les parties à lui produire tous éléments relatifs à l'existence d'une procédure de traitement du surendettement au sens du livre VII du code de la consommation[2].

Les délais de paiement ont été portés de deux à trois ans par la loi Alur du 24 mars 2014, et la Cour de cassation a estimé que cette modification était d'application immédiate, y compris aux baux en cours[3].

823.103 Conséquences. La décision favorable du juge a une triple conséquence :

- elle permet d'échelonner, ou de reporter le paiement des sommes dues ;
- elle suspend l'application de la clause résolutoire pendant les délais octroyés ;
- elle suspend les procédures d'exécution qui auraient été engagées par le créancier ; les majorations d'intérêts et les pénalités encourues cessent d'être dues pendant le délai si elles résultent du retard de paiement.

Le locataire n'en reste pas moins tenu de continuer à payer les loyers qui courent pendant ces délais.

Le juge judiciaire peut accorder des délais de paiement au locataire, conformément aux dispositions de l'article 24 de la loi du 6 juillet 1989, alors même que le bailleur est soumis aux règles de la comptabilité publique[4]. Mais la suspension par le juge de l'exécution de l'exigibilité des dettes[5], après l'expiration du délai de deux mois suivant la délivrance du commandement de payer, n'a pas pour conséquence de suspendre la clause résolutoire dont les effets se poursuivent[6].

Si le locataire se libère de sa dette dans les délais et selon les modalités fixées par le juge, la clause est réputée ne pas avoir joué. Dans le cas contraire, elle reprend ses effets. Toutefois, le locataire peut arguer d'événements extérieurs, imprévisibles et irrésistibles, constitutifs de la force majeure, tel qu'un bogue informatique ayant rendu le paiement d'une échéance de la dette impossible, un mois donné, ce qui annule le commandement de quitter les lieux et le procès-verbal de tentative d'expulsion[7].

823.104 Sursis à exécution à l'occasion du jugement d'expulsion. Le juge peut, également, prononcer la résiliation du bail et l'expulsion, quels que soient les motifs invoqués, tout en accordant le sursis à l'exécution de sa décision.

Les délais peuvent être accordés même d'office, conformément à l'article L. 613-1, alinéa 2, du CCH, qui renvoie aux dispositions du code des procédures civiles d'exécution.

Ces délais sont renouvelables si le relogement des intéressés ne peut avoir lieu dans des conditions normales. Ils ne peuvent cependant ni être inférieurs à trois mois, ni être supérieurs à trois ans.

823.105 Procédure. Le jugement rendu fait l'objet d'une signification par huissier, lequel informe la partie adverse de la décision. La signification marque le point de départ des voies de recours ouvertes aux parties. Le délai d'appel est d'un mois pour les jugements et de quinze jours pour les ordonnances de référé. Si la décision est assortie de l'exécution provisoire (ce qui est le principe en application de l'article 514 du code de procédure civile, en sa rédaction issue du décret du 11 décembre 2019[8]), elle peut être appliquée immédiatement, même en cas d'appel. La cour d'appel, pour annuler une procédure d'expulsion à l'encontre du sous-locataire, alors qu'une ordonnance de référé a prononcé l'expulsion du locataire principal, ne peut affirmer que le bailleur devait au préalable signifier au sous-locataire cette ordonnance[9].

823.106 Relogement. La loi relative à la lutte contre les exclusions du 29 juillet 1998[10] a souhaité faciliter la recherche de solutions de relogement des locataires en voie d'expulsion. Elle incite le juge qui ordonne l'expulsion, ou qui statue sur une demande de délais, à transmettre au préfet son ordonnance ou sa décision, et ce même d'office, afin de prendre en compte la demande de l'occupant dans les dispositifs de relogement existant au niveau départemental[11].

1. Civ. 3e, 5 juin 2002, n° 00-21.774, P III, n° 132 ; *D.* 2002. 2302 ; *Loyers et copr.* 2002, n° 225, obs. B. Vial-Pedroletti.
2. V. ss nos 824.01 s.
3. Cass. Avis, 16 févr. 2015, n° 14-70.011, P n° 2 ; *D.* 2015. 489 ; *ibid.* 1178, obs. N. Damas ; *AJDI* 2015. 608, obs. N. Damas ; *RTD civ.* 2015. 569, obs. P. Deumier.
4. Cass. Avis, 29 juin 2001, n° 01-00.003, P n° 4 ; *D.* 2001. IR 2558; *AJDI* 2002. 224; *Rev. loyers*, 2001, p. 443.
5. En cas de surendettement.
6. Civ. 2e, 13 juill. 2005, n° 03-18.293, P II, n° 205 ; *AJDI* 2005. 739, note Y. Rouquet.
7. Civ. 3e, 17 févr. 2010, n° 08-20.943, P III, n° 47 ; *Loyers et copr.* 2010, n° 106, note E. Chavance.
8. Décr. n° 2019-1333, 11 déc. 2019 réformant la procédure civile, *JO* 12 déc.
9. Civ. 3e, 30 nov. 2005, n° 04-18.686, P III, n° 229 ; *D.* 2006. 99 ; *AJDI* 2006. 371, obs. F. de La Vaissière.
10. L. n° 98-657, 29 juill. 1998, *JO* 31 juill., p. 11679.
11. V. ss nos 813.11 s.

Ainsi, comme dans le cas de la clause résolutoire, un rôle prépondérant est confié au juge pour apprécier les conditions de la rupture du bail et ses conséquences sur le départ du locataire du logement.

823.107 Indemnité d'occupation. La date d'effet de la résiliation du bail fait naître une créance d'indemnité d'occupation au profit du bailleur si les locaux étaient encore occupés par l'ex-locataire. L'indemnité d'occupation a une nature mixte, compensatoire et indemnitaire[1].

Les juges du fond ont un pouvoir souverain d'appréciation du montant de cette indemnité, et peuvent donc fixer un montant différent du montant du loyer[2], et l'assortir des modalités qu'ils estiment nécessaires (telle qu'une réévaluation annuelle), conformément au principe de la réparation intégrale[3].

Le débiteur de l'indemnité est l'ex-locataire, mais il peut également s'agir de la caution ou d'un codébiteur solidaire, à la condition que leurs engagements respectifs mentionnent expressément l'hypothèse de l'indemnité d'occupation[4].

SECTION 4
LA RÉSILIATION JUDICIAIRE DU BAIL EN CAS D'ABANDON DU LOGEMENT

823.111 Disposition créée par la loi du 22 décembre 2010. La loi du 22 décembre 2010[5] offre une opportunité propre à favoriser la reprise par le bailleur d'un logement que le locataire a quitté.

L'article 14-1 de la loi du 6 juillet 1989 ainsi créé prévoit trois temps précis d'intervention : la mise en demeure, le constat d'abandon, la résiliation. Cette solution est évidemment à privilégier à partir du moment où des éléments solides laissent présager du départ du locataire. La nouvelle procédure ne supprime pas l'intervention du juge dont les conditions sont fixées par un décret du 10 août 2011[6].

Il est à noter que le fait pour le bailleur de reprendre unilatéralement le bien loué, sans mise en œuvre d'une quelconque procédure de résiliation du bail dans les conditions prévues aux articles 14-1 ou 24 de la loi du 6 juillet 1989, est fautive et pourrait même constituer une violation de domicile au sens pénal du terme[7]. La Cour de cassation a par ailleurs jugé que la seule constatation d'une reprise illicite d'un logement ouvre droit à réparation au profit du locataire[8].

823.112 Mise en demeure par acte d'huissier. « Art. 14-1. – Lorsque des éléments laissent supposer que le logement est abandonné par ses occupants, le bailleur peut mettre en demeure le locataire de justifier qu'il occupe le logement. »

« Cette mise en demeure, faite par acte d'huissier de justice, peut être contenue dans un des commandements visés aux articles 7 et 24. »

La loi permet donc d'utiliser le support des commandements des articles 7 sur le défaut d'assurance ou 24 sur le commandement de payer[9] ou de procéder à une mise en demeure avant la saisine directe du juge en vue de la résiliation judiciaire sans commandement préalable, le seul fait que le bailleur « détienne des éléments laissant supposer que le logement est abandonné par ses occupants » permettant de lancer la mise en demeure. Il convient de s'aménager la preuve de ces éléments (état des consommations d'eau ou d'électricité, courriers postaux non relevés...). Si le logement est régulièrement occupé ce sera au locataire d'en apporter la preuve.

823.113 Constat de l'abandon du domicile par l'huissier. L'article 14-1 précise ensuite : « S'il n'a pas été déféré à cette mise en demeure un mois après signification, l'huissier de justice peut procéder dans les conditions prévues aux articles L. 142-1 et L. 142-2 du code des procédures civiles d'exécution[10] pour constater l'état d'abandon du logement. »

L'huissier de justice peut pénétrer dans les lieux, en l'absence de l'occupant mais en présence du maire de la commune, d'un conseiller municipal ou d'un fonctionnaire municipal délégué par le maire à cette fin, d'une autorité de police ou de gendarmerie, requis pour assister au déroulement des opérations ou, à défaut, de deux témoins majeurs qui ne sont au service ni du créancier, ni de l'huissier de justice chargé de l'exécution. Dans les mêmes conditions, il peut procéder à l'ouverture des meubles.

1. Civ. 3e, 27 avr. 1982, n° 80-15.139, P III, n° 103.
2. Civ. 3e, 26 nov. 1997, n° 96-12.003, P III, n° 210 ; *D.* 1999. 146, obs. CRDP Nancy II ; *AJDI* 1998. 1066 ; *ibid.* 1067, obs. G. Teilliais ; *RDI* 1998. 141, obs. F. Collart-Dutilleul et J. Derruppé.
3. Cass., avis, 4 juill. 2017, n° 17-70.008, P n° 8.
4. Civ. 3e, 6 mars 1996, n° 93-16.540, NP, *D.* 2001. 2514 ; 11 févr. 2016, n° 14-25.948, NP, *AJDI* 2016. 271.
5. L. n° 2010-1609, 22 déc. 2010 relative à l'exécution des décisions de justice, aux conditions d'exercice de certaines professions réglementées et aux experts judiciaires, *JO* 23 déc. 2010, p. 22552, art. 4.1.
6. Décr. n° 2011-945, 10 août 2011, *JO* 12 août, p. 13848.
7. Bourges, 27 oct. 2016, n° 15/01636.
8. Civ. 3e, 6 juill. 2017, n° 16-15.752, P III, n° 85 (action en responsabilité intentée à l'encontre de l'huissier ayant dressé un procès-verbal de reprise des lieux et fait changer la serrure du logement, en l'absence d'une mise en demeure et d'une décision de justice constatant la résiliation du bail prévues à l'article 14-1 de la loi du 6 juillet 1989).
9. V. ss n° 822.21.
10. Anct L. n° 91-650, 9 juill. 1991, art. 21.

Puis le texte de l'article 14-1 nouveau de la loi du 6 juillet 1989 poursuit : « Pour établir l'état d'abandon du logement en vue de voir constater par le juge la résiliation du bail, l'huissier de justice dresse un procès-verbal des opérations. Si le logement lui semble abandonné, ce procès-verbal contient un inventaire des biens laissés sur place, avec l'indication qu'ils paraissent, ou non, avoir valeur marchande. »

Ainsi l'huissier de justice va dresser procès-verbal de l'opération, assisté des personnes visées plus haut ; il recense le mobilier qu'il a trouvé dans les lieux, pour préserver les droits de l'occupant.

823.114 **Résiliation judiciaire du bail.** « La résiliation du bail est constatée par le juge dans des conditions prévues par voie réglementaire. »

Le décret du 10 août 2011 [1] précise que le demandeur peut procéder par la voie d'une requête, s'il le souhaite, ou par assignation. Le juge se prononce alors sur la résiliation du bail ainsi que sur la reprise des lieux, le paiement éventuel des sommes dues au titre du bail et sur l'abandon des meubles hors valeur marchande. On notera que le juge des contentieux de la protection (auparavant le juge d'instance), depuis la réforme et la codification des procédures d'exécution intervenue par décret du 30 mai 2012, peut statuer sur le sort de la totalité des meubles laissés dans les locaux abandonnés et non plus seulement sur les seuls ayant une valeur marchande.

823.115 **Sort des documents de nature personnelle.** Les papiers et documents de nature personnelle sont conservés sous pli scellé, l'huissier devant les conserver deux ans.

823.116 **Rejet de la demande.** Une décision de rejet par le juge est sans recours pour le bailleur, sauf à utiliser la voie ordinaire pour l'expulsion du locataire.

823.117 **Abandon et départ volontaire.** En cas de constat d'abandon par le juge une expédition de son ordonnance par huissier à l'initiative du bailleur dans les deux mois est transmise au locataire et aux derniers occupants connus du bailleur. Le locataire a un délai d'un mois pour faire opposition. Le juge des contentieux de la protection statue et son jugement se substitue à l'ordonnance antérieure, sauf si aucune partie ne se présente, ce qui rend caduque l'ordonnance.

En cas de départ volontaire l'huissier peut procéder à un constat de reprise des lieux, le bailleur bénéficiant d'une procédure d'expulsion simplifiée sans délivrance d'un commandement de quitter [2].

1. Décr. n° 2011-945, 10 août 2011, *JO* 12 août, p. 13848.

2. V. s[s] n° 823.111.

CHAPITRE

824. Surendettement du locataire

SECTION 0 ORIENTEUR

824.00 Sommaire du chapitre.

Division. Il convient de distinguer deux hypothèses dans lesquelles les procédures de résiliation (sect. 1) et d'expulsion (sect. 2) sont menées parallèlement à la procédure de surendettement du locataire.

824.01 Principaux textes applicables.

TEXTES SOURCES

• **L. n° 89-462, 6 juill. 1989,** art. 24.

TEXTES *IN EXTENSO*

• **L. 6 juill. 1989,** art. 24

[...]

V. – Le juge peut, même d'office, accorder des délais de paiement dans la limite de trois années, par dérogation au délai prévu au premier alinéa de l'article 1343-5 du code civil, au locataire en situation de régler sa dette locative. Le quatrième alinéa de l'article 1343-5 s'applique lorsque la décision du juge est prise sur le fondement du présent alinéa. Le juge peut d'office vérifier tout élément constitutif de la dette locative et le respect de l'obligation prévue au premier alinéa de l'article 6 de la présente loi. Il invite les parties à lui produire tous éléments relatifs à l'existence d'une procédure de traitement du surendettement au sens du livre VII du code de la consommation.

VI. – Par dérogation à la première phrase du V, lorsqu'une procédure de traitement du surendettement au sens du livre VII du code de la consommation a été ouverte au bénéfice du locataire et qu'au jour de l'audience, le locataire a repris le paiement du loyer et des charges, le juge qui constate l'acquisition de la clause de résiliation de plein droit du contrat de location statue dans les conditions suivantes :

1° Lorsque la commission de surendettement des particuliers a rendu une décision de recevabilité de la demande de traitement de la situation de surendettement formée par le locataire, le juge accorde des délais de paiement jusqu'à, selon les cas, l'approbation du plan conventionnel de redressement prévu à l'article L. 732-1 du code de la consommation, la décision imposant les mesures prévues aux articles L. 733-1, L. 733-4, L. 733-7 et L. 741-1 du même code, le jugement prononçant un rétablissement personnel sans liquidation judiciaire, le jugement d'ouverture d'une procédure de rétablissement personnel avec liquidation judiciaire ou toute décision de clôture de la procédure de traitement du surendettement ;

2° Lorsqu'un plan conventionnel de redressement prévu à l'article L. 732-1 dudit code a été approuvé ou que la commission de surendettement des particuliers a imposé les mesures prévues aux articles L. 733-1, L. 733-4 et L. 733-7 du même code, dont le bailleur a été avisé, le juge accorde les délais et modalités de paiement de la dette locative contenus dans le plan ou imposés par la commission de surendettement des particuliers. Lorsque la commission de surendettement des particuliers a imposé pendant un délai la suspension de l'exigibilité de la créance locative en application du 4° de l'article L. 733-1 du même code, le juge accorde ce délai prolongé de trois mois pour permettre au locataire de saisir à nouveau la commission de surendettement des particuliers en application de l'article L. 733-2 du même code. Lorsque, dans ce délai, la commission de surendettement des particuliers a de nouveau été saisie d'une demande de traitement de la situation de surendettement, l'exigibilité de la créance locative demeure suspendue jusqu'à, selon les cas, l'approbation d'un plan conventionnel de redressement prévu à l'article L. 732-1 du même code, la décision imposant les mesures prévues aux articles L. 733-1, L. 733-4, L. 733-7 et L. 741-1 du même code, le jugement prononçant un rétablissement personnel sans liquidation judiciaire, le jugement d'ouverture d'une procédure de rétablissement personnel avec liquidation judiciaire ou toute décision de clôture de la procédure de traitement du surendettement. À défaut, ou dès lors que la nouvelle procédure de traitement du surendettement est clôturée sans que de nouveaux délais de paiement de la dette locative aient été accordés, la clause de résiliation de plein droit reprend son plein effet ;

3° Par dérogation au 2° du présent VI, lorsqu'en application de l'article L. 733-10 du même code, une contestation a été formée par l'une des parties contre les délais et modalités de paiement de la dette locative imposés par la commission de surendettement des particuliers, le juge accorde des délais de paiement jusqu'à la décision du juge statuant sur cette contestation ;

4° Lorsque le juge statuant en application de l'article L. 733-10 du même code a pris tout ou partie des mesures mentionnées au 2° du présent VI, le juge accorde les délais et modalités de paiement de la dette locative imposés dans ces mesures. Lorsque la suspension de l'exigibilité de la créance locative a été imposée pendant un délai en application du 4° de l'article L. 733-1 du code de la consommation, le juge accorde ce délai prolongé de trois mois pour permettre au locataire de saisir à nouveau la commission de surendettement des particuliers en application de l'article L. 733-2 du même code. Lorsque, dans ce délai, la commission de surendettement des particuliers a de nouveau été saisie d'une demande de traitement de la situation de surendettement, l'exigibilité de la créance locative demeure suspendue jusqu'à, selon les cas, l'approbation d'un plan conventionnel de redressement prévu à l'article L. 732-1 dudit code, la décision imposant les mesures prévues aux articles L. 733-1, L. 733-4, L. 733-7 et L. 741-1 du même code, le jugement prononçant un rétablissement personnel sans liquidation judiciaire, le jugement d'ouverture d'une procédure de rétablissement personnel avec liquidation judiciaire ou toute décision de clôture de la procédure de traitement du surendettement. À défaut, ou dès lors que la nouvelle procédure de traitement du surendettement est clôturée sans que de nouveaux délais de paiement de la dette locative aient été accordés, la clause de résiliation de plein droit reprend son plein effet.

VII. – Pendant le cours des délais accordés par le juge dans les conditions prévues aux V et VI du présent article, les effets de la clause de résiliation de plein droit sont suspendus. Ces délais et les modalités de paiement accordés ne peuvent affecter l'exécution du contrat de location et notamment suspendre le paiement du loyer et des charges.

Si le locataire se libère de sa dette locative dans le délai et selon les modalités fixés par le juge, la clause de résiliation de plein droit est réputée ne pas avoir joué. Dans le cas contraire, elle reprend son plein effet.

VIII. – Lorsqu'un rétablissement personnel sans liquidation judiciaire a été imposé par la commission de surendettement des particuliers ou prononcé par le juge ou lorsqu'un jugement de clôture d'une procédure de rétablissement personnel avec liquidation judiciaire a été rendu, le juge suspend les effets de la clause de résiliation de plein droit pendant un délai de deux ans à partir de la date de la décision imposant les mesures d'effacement ou du jugement de clôture.

Par dérogation au premier alinéa du présent VIII, lorsqu'en application de l'article L. 741-4 du code de la consommation, une contestation a été formée par l'une des parties contre la décision de la commission de surendettement des particuliers imposant un rétablissement personnel sans liquidation judiciaire, le juge suspend les effets de la clause de résiliation de plein droit jusqu'à la décision du juge statuant sur cette contestation.

Ce délai ne peut affecter l'exécution du contrat de location et notamment suspendre le paiement du loyer et des charges.

Si le locataire s'est acquitté du paiement des loyers et des charges conformément au contrat de location pendant le délai de deux ans mentionné au premier alinéa du présent VIII, la clause de résiliation de plein droit est réputée ne pas avoir joué. Dans le cas contraire, elle reprend son plein effet.

[...]

• **C. consom.**, art. L. 714-1 (créé par L. n° 2018-1021, 23 nov. 2018, art. 118)

I. – Lorsque le locataire a repris le paiement du loyer et des charges et que, dans le cours des délais de paiement de la dette locative accordés par une décision du juge saisi en application de l'article 24 de la loi n° 89-462 du 6 juillet 1989 tendant à améliorer les rapports locatifs et portant modification de la loi n° 86-1290 du 23 décembre 1986, la commission impose de nouveaux délais et modalités de paiement de cette dette, dont le bailleur est avisé, ces délais et modalités de paiement se substituent à ceux précédemment accordés en application du même article 24. Lorsque ces nouveaux délais résultent d'une mesure prévue au 4° de l'article L. 733-1 du présent code, ils sont en outre prolongés de trois mois pour permettre au locataire de saisir à nouveau la commission en application de l'article L. 733-2. Lorsque, dans ces délais, la commission a de nouveau été saisie d'une demande de traitement de la situation de surendettement, l'exigibilité de la créance locative demeure suspendue jusqu'à, selon les cas, l'approbation d'un plan conventionnel de redressement prévu à l'article L. 732-1, la décision imposant les mesures prévues aux articles L. 733-1, L. 733-4, L. 733-7 et L. 741-1, le jugement prononçant un rétablissement personnel sans liquidation judiciaire, le jugement d'ouverture d'une procédure de rétablissement personnel avec liquidation judiciaire ou toute décision de clôture de la procédure de traitement du surendettement. À défaut, ou dès lors que la nouvelle procédure de traitement du surendettement est clôturée sans que de nouveaux délais de paiement de la dette locative aient été accordés, la clause de résiliation de plein droit reprend son plein effet.

Toutefois, lorsqu'en application de l'article L. 733-10 une contestation a été formée par l'une des parties contre les délais et modalités de paiement de la dette locative imposés par la commission, ces délais ne se substituent pas à ceux précédemment accordés. Les délais et modalités de paiement accordés postérieurement par le juge statuant sur cette contestation, de même que ceux accordés par le juge statuant en application de l'article L. 742-24, se substituent, le cas échéant, à ceux précédemment accordés. Lorsque ces nouveaux délais résultent d'une mesure prévue au 4° de l'article L. 733-1, ils sont en outre prolongés de trois mois pour permettre au locataire de saisir à nouveau la commission en application de l'article L. 733-2. Lorsque, dans ces délais, la commission a de nouveau été saisie d'une demande de traitement de la situation de surendettement, l'exigibilité de la créance locative demeure suspendue jusqu'à, selon les cas, l'approbation d'un plan conventionnel de redressement prévu à l'article L. 732-1, la décision imposant les mesures prévues aux articles L. 733-1, L. 733-4, L. 733-7 et L. 741-1, le jugement prononçant un rétablissement personnel sans liquidation judiciaire, le jugement d'ouverture d'une procédure de rétablissement personnel avec liquidation judiciaire ou toute décision de clôture de la procédure de traitement du surendettement. À défaut, ou dès lors que la nouvelle procédure de traitement du surendettement est clôturée sans que de nouveaux délais de paiement de la dette locative aient été accordés, la clause de résiliation de plein droit reprend son plein effet.

Pendant le cours des délais mentionnés aux deux premiers alinéas du présent I, les effets de la clause de résiliation de plein droit sont suspendus. Ces délais et modalités de paiement ne peuvent affecter l'exécution du contrat de location et notamment suspendre le paiement du loyer et des charges. Si le locataire se libère de sa dette locative dans les délais et selon les modalités fixés, la clause de résiliation de plein droit est réputée ne pas avoir joué. Dans le cas contraire, elle reprend son plein effet.

II. – Lorsque le locataire a repris le paiement du loyer et des charges et que, dans le cours des délais de paiement de la dette locative accordés par une décision du juge saisi en application de l'article 24 de la loi n° 89-462 du 6 juillet 1989 précitée, un rétablissement personnel sans liquidation judiciaire a été imposé par la commission ou prononcé par le juge ou lorsqu'un jugement de clôture d'une procédure de rétablissement personnel avec liquidation judiciaire a été rendu, les effets de la clause de résiliation de plein droit du contrat de location sont suspendus pendant un délai de deux ans à compter de la date de la décision imposant les mesures d'effacement de la dette locative ou du jugement de clôture.

Par dérogation au premier alinéa du présent II, lorsqu'en application de l'article L. 741-4, une contestation a été formée par l'une des parties contre la décision de la commission imposant un rétablissement personnel sans liquidation judiciaire, la décision de la commission n'a pas d'incidence sur la suspension des effets de la clause de résiliation de plein droit du contrat de location.

La suspension des effets de la clause de résiliation de plein droit du contrat de location ne peut affecter l'exécution du contrat de location et notamment suspendre le paiement du loyer et des charges.

Si le locataire s'est acquitté du paiement des loyers et des charges conformément au contrat de location pendant le délai de deux ans mentionné au premier alinéa du présent II, la clause de résiliation de plein droit est réputée ne pas avoir joué. Dans le cas contraire, elle reprend son plein effet.

III. – Lorsqu'elle intervient postérieurement à la mise en œuvre des modalités de traitement de la dette locative prévues par la commission ou par le juge statuant en application de l'article L. 713-1, la déchéance du bénéfice de la procédure de traitement du surendettement prévue à l'article L. 761-1 emporte rétablissement des délais et modalités de paiement de la dette locative accordés, le cas échéant, antérieurement par la décision judiciaire en application de l'article 24 de la loi n° 89-462 du 6 juillet 1989 précitée.

IV. – Le bailleur est informé expressément des conséquences de l'absence de contestation des décisions de la commission ou du juge mentionnées au présent article, dans des conditions fixées par décret en Conseil d'État.

En l'absence de contestation formée par le bailleur, les décisions de la commission et leurs effets s'imposent à lui, sauf s'il n'a pas été informé dans les conditions prévues au premier alinéa du présent IV.

• **C. consom.,** art. L. 722-6 (mod. par ord. n° 2019-964, 18 sept. 2019, art. 4)

Dès que la décision de recevabilité de la demande de traitement de la situation de surendettement est intervenue, la commission peut saisir le juge des contentieux de la protection aux fins de suspension des mesures d'expulsion du logement du débiteur.

• **C. consom.,** art. L. 722-7 (créé par ord. n° 2016-301, 14 mars 2016)

En cas d'urgence, la saisine du juge peut intervenir à l'initiative du président de la commission, du délégué de ce dernier, du représentant local de la Banque de France ou du débiteur. La commission est informée de cette saisine.

• **C. consom.,** art. L. 722-8 (créé par ord. n° 2016-301, 14 mars 2016)

Si la situation du débiteur l'exige, le juge prononce la suspension provisoire des mesures d'expulsion de son logement, à l'exception de celles fondées sur un jugement d'adjudication rendu en matière de saisie immobilière et de celles ordonnées sur le fondement du troisième alinéa de l'article 2198 du code civil.

• **C. consom.,** art. L. 722-9 (mod. par L. n° 2016-1547, 18 nov. 2016, art. 58)

Cette suspension est acquise, pour une période maximale de deux ans et, selon les cas, jusqu'à l'approbation du plan conventionnel de redressement prévu à l'article L. 732-1, jusqu'à la décision imposant les mesures prévues aux articles L. 733-1, L. 733-4, L. 733-7 et L. 741-1, jusqu'au jugement prononçant un rétablissement personnel sans liquidation judiciaire ou jusqu'au jugement d'ouverture d'une procédure de rétablissement personnel avec liquidation judiciaire.

SECTION 1
SURENDETTEMENT ET RÉSILIATION

824.10 **Plan – Coordination. Principaux textes applicables.** Lorsqu'un locataire met en place une procédure de surendettement, alors qu'en parallèle une procédure de résiliation judiciaire est mise en œuvre par le bailleur, le risque est grand que des contradictions de décisions soient prises. C'est pourquoi la loi du 23 novembre 2018 [1], dite loi Élan, a mis en place une coordination des procédures. Il faut distinguer deux possibilités : soit la procédure en surendettement est

1. L. n° 2018-1021, 23 nov. 2018 portant évolution du logement, de l'aménagement et du numérique, *JO* 24 nov.

antérieure à la décision du juge du bail (§ 2)[1], soit elle intervient après cette décision (§ 1)[2].

§ 1
Préalable du surendettement

824.21 **Principe.** Le juge du bail doit tenir compte de la procédure de surendettement, qui influe sur ses possibilités de statuer, selon les différentes phases de cette procédure détaillées à l'article 24 (VI à VIII) de la loi du 6 juillet 1989. Une condition est toutefois posée : il faut qu'au jour de l'audience, le locataire ait repris le paiement du loyer et des charges.

824.22 **Recevabilité de la demande.** Lorsque la commission de surendettement des particuliers a rendu une décision de recevabilité de la demande de traitement de la situation de surendettement formée par le locataire, le juge accorde des délais de paiement jusqu'à, selon les cas, l'approbation du plan conventionnel de redressement prévu à l'article L. 732-1 du code de la consommation, la décision imposant les mesures prévues aux articles L. 733-1, L. 733-4, L. 733-7 et L. 741-1 du même code, le jugement prononçant un rétablissement personnel sans liquidation judiciaire, le jugement d'ouverture d'une procédure de rétablissement personnel avec liquidation judiciaire ou toute décision de clôture de la procédure de traitement du surendettement.

824.23 **Plan conventionnel ou mesures de redressement.** Lorsqu'un plan conventionnel de redressement prévu à l'article L. 732-1 du code de la consommation a été approuvé ou que la commission de surendettement des particuliers a imposé les mesures prévues aux articles L. 733-1, L. 733-4 et L. 733-7 du même code, dont le bailleur a été avisé, le juge accorde les délais et modalités de paiement de la dette locative contenus dans le plan ou imposés par la commission de surendettement des particuliers.

Lorsque la commission de surendettement des particuliers a imposé pendant un délai la suspension de l'exigibilité de la créance locative en application du 4° de l'article L. 733-1 du même code, le juge accorde ce délai prolongé de trois mois pour permettre au locataire de saisir à nouveau la commission de surendettement des particuliers en application de l'article L. 733-2 du même code.

Lorsque, dans ce délai, la commission de surendettement des particuliers a de nouveau été saisie d'une demande de traitement de la situation de surendettement, l'exigibilité de la créance locative demeure suspendue jusqu'à, selon les cas, l'approbation d'un plan conventionnel de redressement prévu à l'article L. 732-1 du même code, la décision imposant les mesures prévues aux articles L. 733-1, L. 733-4, L. 733-7 et L. 741-1 du même code, le jugement prononçant un rétablissement personnel sans liquidation judiciaire, le jugement d'ouverture d'une procédure de rétablissement personnel avec liquidation judiciaire ou toute décision de clôture de la procédure de traitement du surendettement. À défaut, ou dès lors que la nouvelle procédure de traitement du surendettement est clôturée sans que de nouveaux délais de paiement de la dette locative aient été accordés, la clause de résiliation de plein droit reprend son plein effet.

824.24 **Contestation.** Par dérogation aux dispositions qui précèdent, lorsqu'en application de l'article L. 733-10 du même code, une contestation a été formée par l'une des parties contre les délais et modalités de paiement de la dette locative imposés par la commission de surendettement des particuliers, le juge accorde des délais de paiement jusqu'à la décision du juge statuant sur cette contestation.

Lorsque le juge statuant en application de l'article L. 733-10 du même code a pris tout ou partie des mesures mentionnées au 2° de l'article 24, VI, le juge accorde les délais et modalités de paiement de la dette locative imposés dans ces mesures. Lorsque la suspension de l'exigibilité de la créance locative a été imposée pendant un délai en application du 4° de l'article L. 733-1 du code de la consommation, le juge accorde ce délai prolongé de trois mois pour permettre au locataire de saisir à nouveau la commission de surendettement des particuliers en application de l'article L. 733-2 du même code. Lorsque, dans ce délai, la commission de surendettement des particuliers a de nouveau été saisie d'une demande de traitement de la situation de surendettement, l'exigibilité de la créance locative demeure suspendue jusqu'à, selon les cas, l'approbation d'un plan conventionnel de redressement prévu à l'article L. 732-1 dudit code, la décision imposant les mesures prévues aux articles L. 733-1, L. 733-4, L. 733-7 et L. 741-1 du même code, le jugement prononçant un rétablissement personnel sans liquidation judiciaire, le jugement d'ouverture d'une procédure de rétablissement personnel avec liquidation judiciaire ou toute décision de clôture de la procédure de traitement du surendettement. À défaut, ou dès lors que la nouvelle procédure de traitement du surendettement est clôturée sans que de nouveaux délais de paiement de la dette locative aient été accordés, la clause de résiliation de plein droit reprend son plein effet.

824.25 **Suspension de la clause résolutoire.** Pendant le cours des délais accordés par le juge dans les conditions prévues à l'article 24, V et VI, les effets de

1. L. n° 89-462, 6 juill. 1989, art. 24, VI à VIII.
2. C. consom., art. L. 714-1.

la clause de résiliation de plein droit sont suspendus. Ces délais et les modalités de paiement accordés ne peuvent affecter l'exécution du contrat de location et notamment suspendre le paiement du loyer et des charges.

Si le locataire se libère de sa dette locative dans le délai et selon les modalités fixés par le juge, la clause de résiliation de plein droit est réputée ne pas avoir joué. Dans le cas contraire, elle reprend son plein effet.

824.26 Rétablissement personnel. Lorsqu'un rétablissement personnel sans liquidation judiciaire a été imposé par la commission de surendettement des particuliers ou prononcé par le juge ou lorsqu'un jugement de clôture d'une procédure de rétablissement personnel avec liquidation judiciaire a été rendu, le juge suspend les effets de la clause de résiliation de plein droit pendant un délai de deux ans à partir de la date de la décision imposant les mesures d'effacement ou du jugement de clôture.

Par dérogation au premier alinéa de l'article 24, VIII, lorsqu'en application de l'article L. 741-4 du code de la consommation, une contestation a été formée par l'une des parties contre la décision de la commission de surendettement des particuliers imposant un rétablissement personnel sans liquidation judiciaire, le juge suspend les effets de la clause de résiliation de plein droit jusqu'à la décision du juge statuant sur cette contestation.

Ce délai ne peut affecter l'exécution du contrat de location et notamment suspendre le paiement du loyer et des charges.

Si le locataire s'est acquitté du paiement des loyers et des charges conformément au contrat de location pendant le délai de deux ans mentionné au premier alinéa du présent VIII, la clause de résiliation de plein droit est réputée ne pas avoir joué. Dans le cas contraire, elle reprend son plein effet.

§ 2
Préalable de la décision du juge du bail

824.31 Principe. La jurisprudence avait déjà eu à concilier les contradictions éventuelles entre une décision du juge du surendettement et celle du juge du bail. Il a ainsi été jugé que le moyen tiré de l'effacement de la dette locative à l'issue d'une procédure de traitement du surendettement alors que la clause résolutoire était acquise est inopérant[1]. La réforme réalisée par la loi du 23 novembre 2018, dite loi Élan, tente de favoriser au mieux la prévisibilité et la gestion de ces situations, en faisant prévaloir la procédure de surendettement sur celle en résiliation du bail, par un mécanisme de substitution.

824.32 Délais et modalités de paiement. Lorsque le locataire a repris le paiement du loyer et des charges et que, dans le cours des délais de paiement de la dette locative accordés par une décision du juge saisi en application de l'article 24 de la loi du 6 juillet 1989, la commission impose de nouveaux délais et modalités de paiement de cette dette, dont le bailleur est avisé, ces délais et modalités de paiement se substituent à ceux précédemment accordés en application du même article 24. Lorsque ces nouveaux délais résultent d'une mesure prévue au 4° de l'article L. 733-1 du code de la consommation, ils sont en outre prolongés de trois mois pour permettre au locataire de saisir à nouveau la commission en application de l'article L. 733-2. Lorsque, dans ces délais, la commission a de nouveau été saisie d'une demande de traitement de la situation de surendettement, l'exigibilité de la créance locative demeure suspendue jusqu'à, selon les cas, l'approbation d'un plan conventionnel de redressement prévu à l'article L. 732-1, la décision imposant les mesures prévues aux articles L. 733-1, L. 733-4, L. 733-7 et L. 741-1, le jugement prononçant un rétablissement personnel sans liquidation judiciaire, le jugement d'ouverture d'une procédure de rétablissement personnel avec liquidation judiciaire ou toute décision de clôture de la procédure de traitement du surendettement. À défaut, ou dès lors que la nouvelle procédure de traitement du surendettement est clôturée sans que de nouveaux délais de paiement de la dette locative aient été accordés, la clause de résiliation de plein droit reprend son plein effet.

824.33 Contestation. Toutefois, lorsqu'en application de l'article L. 733-10 une contestation a été formée par l'une des parties contre les délais et modalités de paiement de la dette locative imposés par la commission, ces délais ne se substituent pas à ceux précédemment accordés. Les délais et modalités de paiement accordés postérieurement par le juge statuant sur cette contestation, de même que ceux accordés par le juge statuant en application de l'article L. 742-24, se substituent, le cas échéant, à ceux précédemment accordés. Lorsque ces nouveaux délais résultent d'une mesure prévue au 4° de l'article L. 733-1, ils sont en outre prolongés de trois mois pour permettre au locataire de saisir à nouveau la commission en application de l'article L. 733-2. Lorsque, dans ces délais, la commission a de nouveau été saisie d'une demande de traitement de la situation de surendettement, l'exigibilité de la créance locative demeure suspendue jusqu'à, selon les cas, l'approbation d'un plan conventionnel de redresse-

1. Civ. 2e, 18 févr. 2016, n° 14-17.782, P II, n° 53 ; *D.* 2016. 1102, obs. N. Damas ; *ibid.* 1886, Chron. H. Adida-Canac, T. Vasseur, E. de Leiris, G. Hénon, N. Palle, O. Becuwe et N. Touati ; *AJDI* 2016. 690, obs. N. Damas.

ment prévu à l'article L. 732-1, la décision imposant les mesures prévues aux articles L. 733-1, L. 733-4, L. 733-7 et L. 741-1, le jugement prononçant un rétablissement personnel sans liquidation judiciaire, le jugement d'ouverture d'une procédure de rétablissement personnel avec liquidation judiciaire ou toute décision de clôture de la procédure de traitement du surendettement. À défaut, ou dès lors que la nouvelle procédure de traitement du surendettement est clôturée sans que de nouveaux délais de paiement de la dette locative aient été accordés, la clause de résiliation de plein droit reprend son plein effet.

824.34 Suspension de la clause résolutoire. Pendant le cours des délais mentionnés aux deux premiers alinéas de l'article L. 714-1 I, les effets de la clause de résiliation de plein droit sont suspendus. Ces délais et modalités de paiement ne peuvent affecter l'exécution du contrat de location et notamment suspendre le paiement du loyer et des charges. Si le locataire se libère de sa dette locative dans les délais et selon les modalités fixés, la clause de résiliation de plein droit est réputée ne pas avoir joué. Dans le cas contraire, elle reprend son plein effet.

824.35 Rétablissement personnel. Lorsque le locataire a repris le paiement du loyer et des charges et que, dans le cours des délais de paiement de la dette locative accordés par une décision du juge saisi en application de l'article 24 de la loi du 6 juillet 1989, un rétablissement personnel sans liquidation judiciaire a été imposé par la commission ou prononcé par le juge ou lorsqu'un jugement de clôture d'une procédure de rétablissement personnel avec liquidation judiciaire a été rendu, les effets de la clause de résiliation de plein droit du contrat de location sont suspendus pendant un délai de deux ans à compter de la date de la décision imposant les mesures d'effacement de la dette locative ou du jugement de clôture.

Par dérogation, lorsqu'en application de l'article L. 741-4, une contestation a été formée par l'une des parties contre la décision de la commission imposant un rétablissement personnel sans liquidation judiciaire, la décision de la commission n'a pas d'incidence sur la suspension des effets de la clause de résiliation de plein droit du contrat de location.

La suspension des effets de la clause de résiliation de plein droit du contrat de location ne peut affecter l'exécution du contrat de location et notamment suspendre le paiement du loyer et des charges.

Si le locataire s'est acquitté du paiement des loyers et des charges conformément au contrat de location pendant le délai de deux ans mentionné au premier alinéa de l'article L. 714-1, II, la clause de résiliation de plein droit est réputée ne pas avoir joué. Dans le cas contraire, elle reprend son plein effet.

824.36 Déchéance. Lorsqu'elle intervient postérieurement à la mise en œuvre des modalités de traitement de la dette locative prévues par la commission ou par le juge statuant en application de l'article L. 713-1, la déchéance du bénéfice de la procédure de traitement du surendettement prévue à l'article L. 761-1 emporte rétablissement des délais et modalités de paiement de la dette locative accordés, le cas échéant, antérieurement par la décision judiciaire en application de l'article 24 de la loi du 6 juillet 1989.

824.37 Information et contestation du bailleur. Le bailleur est informé expressément des conséquences de l'absence de contestation des décisions de la commission ou du juge mentionnées au présent article, dans des conditions fixées par le décret du 16 mai 2019[1].

En l'absence de contestation formée par le bailleur, les décisions de la commission et leurs effets s'imposent à lui, sauf s'il n'a pas été informé dans les conditions prévues ci-dessus.

SECTION 2
SURENDETTEMENT ET EXPULSION

824.41 Principe. Il a été jugé que le juge du bail ne pouvait suspendre une procédure d'expulsion dans le cadre d'une procédure de surendettement menée en parallèle, la procédure d'expulsion n'étant pas destinée au recouvrement de la créance de loyer[2]. Et en effet, la coordination mise en place depuis la loi du 23 novembre 2018, dite loi Élan, entre la procédure de surendettement et la procédure de résiliation n'existe pas de manière aussi nette en matière d'expulsion.

824.42 Exceptions. La protection du débiteur surendetté a tout de même évolué. Selon l'article L. 722-6 du code de la consommation (mod. par ord. 14 mars 2016[3]), « dès que la décision de recevabilité de la demande de traitement de la situation de surendettement est intervenue, la com-

1. Décr. n° 2019-455, 16 mai 2019 relatif à l'information des bailleurs quant aux conséquences de l'absence de contestation des décisions de la commission du surendettement et du juge du surendettement sur la décision d'expulsion conditionnelle antérieurement rendue par le juge du bail, *JO* 17 mai.
2. Civ. 1re, 30 mai 1995, n° 93-04.189, P I, n° 228 ; *D.* 1995. IR 156 – Civ. 3e, 22 janv. 2002, n° 99-16.752, P III, n° 26 ; *Loyers et copr.* 2002, n° 110, obs. B. Vial-Pedroletti.
3. Ord. n° 2016-301, 14 mars 2016 relative à la partie législative du code de la consommation, *JO* 16 mars, n° 29.

mission peut saisir le juge des contentieux de la protection aux fins de suspension des mesures d'expulsion du logement du débiteur ».

Par ailleurs l'article L. 722-7 ajoute qu'en cas d'urgence, la saisine du juge peut intervenir à l'initiative du président de la commission, du délégué de ce dernier, du représentant local de la Banque de France ou du débiteur.

Enfin « si la situation du débiteur l'exige, le juge prononce la suspension provisoire des mesures d'expulsion de son logement » selon l'article L. 722-8.

La suspension est acquise pour une période maximale de deux ans. Dans ce délai une solution est recherchée sous la forme de l'approbation du plan conventionnel de redressement, l'homologation par le juge des mesures recommandées par la commission, un jugement prononçant un redressement personnel sans liquidation judiciaire ou un jugement d'ouverture d'une procédure de rétablissement personnel avec liquidation judiciaire [1].

Déjà, auparavant, le jugement d'ouverture d'une procédure de redressement personnel avec liquidation judiciaire devant le juge de l'exécution, quant à lui, suspendait et interdisait les procédures d'exécution, les cessions des rémunérations ainsi que la procédure d'expulsion, selon l'article L. 332-6, alinéa 2, du code de la consommation, tel que modifié par la loi du 1er juillet 2010.

La Cour de cassation a considéré que cette suspension temporaire ne privait pas le propriétaire de son droit de propriété et que la mesure était proportionnée à l'objectif d'intérêt général poursuivi en raison de garanties de fond et de procédure existantes [2].

1. C. consom., art. L. 722-9.
2. Civ. 3e, 11 juill. 2012, QPC, no 12-40.043, P III, no 109 ; *D.* 2012. 1950 ; *AJDI* 2013. 56, obs. F. de La Vaissière.

TITRE

83. Le contentieux de l'expulsion

SECTION 0 ORIENTEUR

83.00 Sommaire du titre.

Division. Il convient d'étudier successivement les formalités préalables à l'expulsion (chap. 831), la procédure d'expulsion (chap. 832) et le concours de la force publique (chap. 833).

83.01 Principaux textes applicables.

TEXTES SOURCES

• **C. pr. exéc.,** art. L. 122-1 à L. 122-2, L. 142-1, L. 153-1, L. 153-2, L. 411-1, L. 412-1 à L. 412-8, L. 433-1 à L. 433-3, L. 451-1.

• **C. pr. exéc.,** art. R. 153-1, R. 412-1.

• **L. n° 2010-1609, 22 déc. 2010** relative à l'exécution des décisions de justice, aux conditions d'exercice de certaines professions réglementées et aux experts judiciaires, *JO* 23 déc., p. 22552.

83.03 Bibliographie indicative.

Annuel. LAMY DR. IMMO, n°s 5651-5666.

Encyclopédies. RÉP. PR. CIV., *V° Force publique : refus de concours*, R. Vandermeeren – RÉP. IMMO., *V° Expulsion*, A. Gaonac'h – DICT. PERM. Gest. Immo., *V° Expulsion*.

Ouvrages. GIP Charente SolidaritéS, *Les expulsions locatives en Charente*. Bilan 2013, 2014 – Y. Maurel, P. Vincent, 2012, *Comment en arrive-t-on à l'expulsion ? 100 ménages expulsés de leur logement rencontrés par les ADIL, ADIL du Gard*, févr. 2012 – B. Herbert, *Prévention des expulsions, locataires et bailleurs face à l'impayé,* ANIL, oct. 2011 – M. Hirsch, D. Chemla (dir.). *Code des droits contre l'exclusion,* « Droits d'urgence », Dalloz, 2006 – J.-P. Grunspan, *Définition d'un système d'observation des expulsions locatives, de leur mécanisme et de leur prévention,* Conseil général des ponts et chaussées, juill. 2004 – F. Bérenger, *Guide de l'expulsion locative,* Annales des loyers, Edilaix, 2011.

Articles. L. Auvergnat, « La procédure d'expulsion au lendemain de la loi Alur du 24 mars 2014 », *Gaz. Pal.*, 7 au 9 sept. 2014 – P. Combeau, « L'Administration face aux expulsions locatives », *AJDA* 2012. 1939 – M. Lotte, « La résiliation judiciaire et l'expulsion », *AJDI* 2019. 777 – P. Pelletier, S. Fraîche-Dupeyrat, « Les contentieux locatifs d'habitation après les lois Alur et Hamon », *Opérations immobilières*, mars 2015, p. 18 s. – V. Pascale, « Comment en arrive-t-on à l'expulsion ? », Informations sociales 2014/4, n° 184, p. 42 s. – R. Rossi-Landi, « L'expulsion du locataire pour impayés de loyer depuis la loi Alur », www.village-justice.com, 5 juin 2015.

CHAPITRE

831. Formalités préalables à l'expulsion

SECTION 0 ORIENTEUR

831.00 Sommaire du chapitre.

Division. Il convient d'étudier successivement les distinctions principales à opérer (sect. 1), le commandement de quitter (sect. 2) et les délais (sect. 3).

831.01 Principaux textes applicables.

TEXTES SOURCES

• **C. pr. exéc.,** art. L. 411-1, L. 412-1 à L. 412-8.

• **C. pr. exéc.,** art. R. 412-1.

• **L. n° 2010-1609, 22 déc. 2010** relative à l'exécution des décisions de justice, aux conditions d'exercice de certaines professions réglementées et aux experts judiciaires, *JO* 23 déc., p. 22552.

• **L. n° 2007-290, 5 mars 2007** instituant le droit au logement opposable et portant diverses mesures en faveur de la cohésion sociale, *JO* 6 mars.

TEXTES *IN EXTENSO*

• **L. 5 mars 2007,** art. 38

En cas d'introduction et de maintien dans le domicile d'autrui, qu'il s'agisse ou non de sa résidence principale, à l'aide de manœuvres, menaces, voies de fait ou de contrainte, la personne dont le domicile est ainsi occupé ou toute personne agissant dans l'intérêt et pour le compte de celle-ci peut demander au préfet de mettre en demeure l'occupant de quitter les lieux, après avoir déposé plainte, fait la preuve que le logement constitue son domicile et fait constater l'occupation illicite par un officier de police judiciaire.

La décision de mise en demeure est prise par le préfet dans un délai de quarante-huit heures à compter de la réception de la demande. Seule la méconnaissance des conditions prévues au premier alinéa ou l'existence d'un motif impérieux d'intérêt général peuvent amener le préfet à ne pas engager la mise en demeure. En cas de refus, les motifs de la décision sont, le cas échéant, communiqués sans délai au demandeur.

La mise en demeure est assortie d'un délai d'exécution qui ne peut être inférieur à vingt-quatre heures. Elle est notifiée aux occupants et publiée sous forme d'affichage en mairie et sur les lieux. Le cas échéant, elle est notifiée à l'auteur de la demande.

Lorsque la mise en demeure de quitter les lieux n'a pas été suivie d'effet dans le délai fixé, le préfet doit procéder sans délai à l'évacuation forcée du logement, sauf opposition de l'auteur de la demande dans le délai fixé pour l'exécution de la mise en demeure.

• **C. pr. exéc.,** art. L. 411-1

Sauf disposition spéciale, l'expulsion d'un immeuble ou d'un lieu habité ne peut être poursuivie qu'en vertu d'une décision de justice ou d'un procès-verbal de conciliation exécutoire et après signification d'un commandement d'avoir à libérer les locaux.

• **C. pr. exéc.,** art. L. 412-1

Si l'expulsion porte sur un lieu habité par la personne expulsée ou par tout occupant de son chef, elle ne peut avoir lieu qu'à l'expiration d'un délai de deux mois qui suit le commandement, sans préjudice des dispositions des articles L. 412-3 à L. 412-7. Toutefois, le juge peut, notamment lorsque la procédure de relogement effectuée en application de l'article L. 442-4-1 du code de la construction et de l'habitation n'a pas été suivie d'effet du fait du locataire, réduire ou supprimer ce délai.

Le délai prévu au premier alinéa du présent article ne s'applique pas lorsque le juge qui ordonne l'expulsion constate que les personnes dont l'expulsion a été ordonnée sont entrées dans les locaux par voie de fait.

• **C. pr. exéc.,** art. L. 412-2

Lorsque l'expulsion aurait pour la personne concernée des conséquences d'une exceptionnelle dureté, notamment du fait de la période de l'année considérée ou des circonstances atmosphériques, le délai prévu à l'article L. 412-1 peut être prorogé par le juge pour une durée n'excédant pas trois mois.

• **C. pr. exéc.,** art. L. 412-3

Le juge peut accorder des délais renouvelables aux occupants de lieux habités ou de locaux à usage professionnel, dont l'expulsion a été ordonnée judiciairement, chaque fois que le relogement des intéressés ne peut avoir lieu dans des conditions normales, sans que ces occupants aient à justifier d'un titre à l'origine de l'occupation.

Le juge qui ordonne l'expulsion peut accorder les mêmes délais, dans les mêmes conditions.

Cette disposition n'est pas applicable lorsque le propriétaire exerce son droit de reprise dans les conditions prévues à l'article 19 de la loi n° 48-1360 du 1er septembre 1948 portant modification et codification de la législation relative aux rapports des bailleurs et locataires ou occupants de locaux d'habitation ou à usage professionnel et instituant des allocations de logement ainsi que lorsque la procédure de relogement effectuée en application de l'article L. 442-4-1 du code de la construction et de l'habitation n'a pas été suivie d'effet du fait du locataire.

• **C. pr. exéc.,** art. L. 412-4

La durée des délais prévus à l'article L. 412-3 ne peut, en aucun cas, être inférieure à trois mois ni supérieure à trois ans. Pour la fixation de ces délais, il est tenu compte de la bonne ou mauvaise volonté manifestée par l'occupant dans l'exécution de ses obligations, des situations respectives du propriétaire et de l'occupant, notamment en ce qui concerne l'âge, l'état de santé, la qualité de sinistré par faits de guerre, la situation de famille ou de fortune de chacun d'eux, les circonstances atmosphériques, ainsi que des diligences que l'occupant justifie avoir faites en vue de son relogement. Il est également tenu compte du droit à un logement décent et indépendant, des délais liés aux recours engagés selon les modalités prévues aux articles L. 441-2-3 et L. 441-2-3-1 du code de la construction et de l'habitation et du délai prévisible de relogement des intéressés.

• **C. pr. exéc.,** art. L. 412-5

Dès le commandement d'avoir à libérer les locaux, l'huissier de justice chargé de l'exécution de la mesure d'expulsion en saisit le représentant de l'État dans le département afin que celui-ci en informe la commission de coordination des actions de prévention des expulsions locatives prévue à l'article 7-2 de la loi n° 90-449 du 31 mai 1990 visant à la mise en œuvre du droit au logement, et qu'il informe le ménage locataire de la possibilité de saisir la commission de médiation en vue d'une demande de relogement au titre du droit au logement opposable. À défaut de saisine du représentant de l'État dans le département par l'huissier, le délai avant l'expiration duquel l'expulsion ne peut avoir lieu est suspendu.

La saisine du représentant de l'État dans le département par l'huissier et l'information de la commission de coordination des actions de prévention des expulsions locatives par le représentant de l'État dans le département s'effectuent par voie électronique par l'intermédiaire du système d'information prévu au dernier alinéa du même article 7-2.

• **C. pr. exéc.,** art. L. 412-6

Nonobstant toute décision d'expulsion passée en force de chose jugée et malgré l'expiration des délais accordés en vertu de l'article L. 412-3, il est sursis à toute mesure d'expulsion non exécutée à la date du 1er novembre de chaque année jusqu'au 31 mars de l'année suivante, à moins que le relogement des intéressés soit assuré dans des conditions suffisantes respectant l'unité et les besoins de la famille.

Par dérogation au premier alinéa du présent article, ce sursis ne s'applique pas lorsque la mesure d'expulsion a été prononcée en raison d'une introduction sans droit ni titre dans le domicile d'autrui par voies de fait.

Le juge peut supprimer ou réduire le bénéfice du sursis mentionné au même premier alinéa lorsque les personnes dont l'expulsion a été ordonnée sont entrées dans tout autre lieu que le domicile à l'aide des procédés mentionnés au deuxième alinéa.

• **C. pr. exéc.,** art. L. 412-7

Les dispositions des articles L. 412-3 à L. 412-6 ne sont pas applicables aux occupants de locaux spécialement destinés aux logements d'étudiants lorsque les intéressés cessent de satisfaire aux conditions en raison desquelles le logement a été mis à leur disposition. Les dispositions du titre II du présent livre ne sont pas non plus applicables à ces occupants.

• **C. pr. exéc.,** art. L. 412-8

Les articles L. 412-1 à L. 412-7 ne sont pas applicables à l'expulsion du conjoint, du partenaire lié par un pacte civil de solidarité ou du concubin violent ordonnée par le juge aux affaires familiales sur le fondement de l'article 515-9 du code civil.

• **C. pr. exéc.,** art. R. 412-1

Lorsque l'expulsion porte sur un lieu habité par la personne expulsée ou par tout occupant de son chef, le commandement d'avoir à libérer les locaux contient, à peine de nullité, en plus des mentions prévues à l'article R. 411-1, la reproduction des articles L. 412-1 à L. 412-6.

Par dérogation au précédent alinéa, les articles L. 412-3 à L. 412-6 ne sont pas reproduits pour l'application de l'article L. 412-7.

Les articles L. 412-1 à L. 412-6 ne sont pas reproduits pour l'application de l'article L. 412-8.

831.02 Jurisprudence de référence.

• **Civ. 3e, 30 sept. 2009,** n° 08-15.203, P III, n° 208

* V. ss n° 831.24

Le commandement d'avoir à libérer les locaux contient, à peine de nullité, en plus des mentions prévues à l'article L. 411-1 du C. pr. exéc. la reproduction des articles L. 412-1 à L. 412-6 C. pr. exéc. Le non-respect de cette formalité entraîne la nullité de l'acte, mais elle est subordonnée à la preuve de l'existence d'un grief.

• **Civ. 3e, 19 mai 2010,** n° 09-12.424, P III, n° 100

* V. ss n° 831.26

Ne donne pas de base légale à sa décision, la cour d'appel qui rejette une demande contestant la régularité d'une procédure d'expulsion, sans rechercher, comme il lui était demandé, si l'huissier de justice avait, dès la délivrance du commandement de quitter, adressé au préfet copie de cet acte et s'il lui avait communiqué tous les renseignements utiles relatifs à la personne concernée, cette notification étant obligatoire.

• **Civ. 3e, 21 déc. 2017,** n° 16-25.469, P III, n° 145

* V. ss n° 831.23

L'occupation sans droit ni titre du bien d'autrui constitue un trouble manifestement illicite.

• **Civ. 3e, 4 juill. 2019,** n° 18-17.119, P

• **Civ. 3e, 28 nov. 2019,** n° 17-22.810, P

* V. ss n° 831.23

L'expulsion étant la seule mesure de nature à permettre au propriétaire de recouvrer la plénitude de son droit sur le bien occupé illicitement, l'ingérence qui en résulte dans le droit au respect du domicile de l'occupant ne saurait être disproportionnée eu égard à la gravité de l'atteinte portée au droit de propriété.

• **Civ. 2e, 9 janv. 2020,** n° 18-23.975, P

* V. ss n° 831.23

La personne établissant qu'elle avait son domicile dans les locaux d'une entreprise, qui avait été expulsée, faisant ainsi ressortir qu'elle habitait effectivement les lieux, son expulsion devait respecter l'article L. 412-1 du code des procédures civiles d'exécution et ce même si l'usage des lieux en tant que logement était interdit par le bail.

• **Civ. 3e, 25 mars 2021,** n° 20-10.947, P

* V. ss n° 831.23

L'action en expulsion d'un occupant sans droit ni titre, fondée sur le droit de propriété, constitue une action en revendication qui n'est pas susceptible de prescription.

• **CE 5e et 7e ss sect.,** 29 mars 2002, *SCI Stephaur et autres*, req. n° 243338, *Lebon*

* V. ss n° 831.61

Le juge des référés fait une application inexacte de l'article L. 613-3 du CCH (devenu L. 421-6, C. pr. exéc.,) en fondant sa décision sur la période d'hiver, qui n'est pas applicable aux squatters.

831.03 Bibliographie indicative.

Annuel. LAMY DR. IMMO, nos 5653-5654, 5664.

Encyclopédies. RÉP. PR. CIV., *V° Bail d'habitation*, F. de La Vaissiere – RÉP. IMMO., *V° Expulsion*, A. Gaonac'h, nos 26-53, 111-146 – DICT. PERM. Gest. Immo., *V° Expulsion*, nos 29-66.

Ouvrages. M. Hirsch, D. Chemla (dir.). *Code des droits contre l'exclusion*, « Droits d'urgence », Dalloz, 2006 – F. Bérenger, *Guide de l'expulsion locative*, Annales des loyers, Edilaix, 2011.

Articles. L. Auvergnat, « La procédure d'expulsion au lendemain de la loi Alur du 24 mars 2014 », *Gaz. Pal.*, 7 au 9 sept. 2014 – P. Combeau, « L'Administration face aux expulsions locatives », *AJDA* 2012. 1939 – N. Damas, « Expulsion des squatteurs : vers plus d'efficacité ? », *D.* 2020. 2512 – A. Dorange, « La gestion procédurale du squat : la protection du domicile contre l'occupation sans droit ni titre », *RSC* 2011. 371 – M. Lotte, « La résiliation judiciaire et l'expulsion », *AJDI* 2019. 777 – R. Rossi-Landi, « L'expulsion du locataire pour impayés de loyer depuis la loi Alur », www.village-justice.com, 5 juin 2015.

SECTION 1
DISTINCTIONS PRINCIPALES

831.11 Occupant sans droit ni titre. L'expulsion ne peut être demandée à l'encontre d'une personne qui dispose d'un titre d'occupation du logement (locataire, emprunteur...) ou d'un droit d'usage de ce logement. Le propriétaire aurait alors, le cas échéant, à faire constater ou prononcer au préalable l'absence de tout titre ou droit (suite à congé, annulation, résiliation...).

Un occupant sans droit ni titre peut désigner une personne qui a eu un titre ou un droit dans le passé, mais qui en est dépourvue au jour de la demande (soit par suite d'un congé, résiliation, annulation du contrat par exemple). L'appellation peut également désigner une personne qui n'a jamais eu de titre ou de droit. Le terme de « squatteur » est alors souvent utilisé, même s'il n'a pas de signification légale. Parmi cette catégorie d'occupants sans droit ni titre, les textes distinguent ceux qui sont entrés dans les lieux par voie de fait, et qui sont souvent privés de certains délais protecteurs[1].

831.12 Expulsion administrative. L'article 38 de la loi du 5 mars 2007, dite loi Dalo[2], instituant le droit au logement opposable, permet de procéder à l'expulsion sans avoir recours au juge en cas d'introduction et de maintien dans le domicile d'autrui à l'aide de manœuvres, menaces, voies de fait ou de contrainte. Cette procédure a été assouplie par la loi du 7 décembre 2020[3].

En cas d'introduction et de maintien dans le domicile d'autrui, qu'il s'agisse ou non de sa résidence principale, à l'aide de manœuvres, menaces, voies de fait ou de contrainte, la personne dont le domicile est ainsi occupé ou toute personne agissant dans l'intérêt et pour le compte de celle-ci peut demander au préfet de mettre en demeure l'occupant de quitter les lieux, après avoir déposé plainte, fait la preuve que le logement constitue son domicile et fait constater l'occupation illicite par un officier de police judiciaire.

La décision de mise en demeure est prise par le préfet dans un délai de quarante-huit heures à compter de la réception de la demande. Seule la méconnaissance des conditions prévues au premier alinéa ou l'existence d'un motif impérieux d'intérêt général peuvent amener le préfet à ne pas engager la mise en demeure. En cas de refus, les motifs de la

1. V. ss nos 831.25 et 831.61.
2. L. n° 2007-290, 5 mars 2007 instituant le droit au logement opposable et portant diverses mesures en faveur de la cohésion sociale, *JO* 6 mars, p. 4190.
3. N. Damas, « Expulsion des squatteurs : vers plus d'efficacité ? », *D.* 2020. 2512.

décision sont, le cas échéant, communiqués sans délai au demandeur.

La mise en demeure est assortie d'un délai d'exécution qui ne peut être inférieur à vingt-quatre heures. Elle est notifiée aux occupants et publiée sous forme d'affichage en mairie et sur les lieux. Le cas échéant, elle est notifiée à l'auteur de la demande.

Lorsque la mise en demeure de quitter les lieux n'a pas été suivie d'effet dans le délai fixé, le préfet doit procéder sans délai à l'évacuation forcée du logement, sauf opposition de l'auteur de la demande dans le délai fixé pour l'exécution de la mise en demeure.

831.13 **Expulsion judiciaire.** En dehors de l'hypothèse de l'expulsion administrative visée précédemment, toute expulsion est le résultat d'une procédure judiciaire. Une telle procédure peut avoir pour unique objet le prononcé de l'expulsion de l'occupant sans droit ni titre, ou présenter un objet multiple (action en acquisition de la clause résolutoire et en expulsion ; action en validation du congé et en expulsion...). Le défendeur à l'action est l'occupant sans droit ni titre, mais la difficulté, parfois, d'identifier avec précision l'ensemble des occupants conduit à viser l'expulsion de l'occupant sans droit ni titre, ainsi que de « tous occupants de son chef », qui n'est pas, selon la Cour de cassation, une notion sujette à interprétation[1].

La jurisprudence a eu à préciser les conditions d'une action en expulsion, notamment au regard des libertés fondamentales du défendeur à cette action. La Cour de cassation fait nettement prévaloir le droit de propriété : il est ainsi régulièrement jugé que « l'expulsion étant la seule mesure de nature à permettre au propriétaire de recouvrer la plénitude de son droit sur le bien occupé illicitement, l'ingérence qui en résulte dans le droit au respect du domicile de l'occupant ne saurait être disproportionnée eu égard à la gravité de l'atteinte portée au droit de propriété »[2]. Il en résulte également que le juge des référés est compétent car « l'occupation sans droit ni titre du bien d'autrui constitue un trouble manifestement illicite »[3].

Par ailleurs, « l'action en expulsion d'un occupant sans droit ni titre, fondée sur le droit de propriété, constitue une action en revendication qui n'est pas susceptible de prescription »[4].

Enfin, les délais prévus par le code de procédure civile d'exécution doivent être respectés même si l'occupation des lieux à usage d'habitation était interdite par le bail initial[5].

831.14 **Infractions.** Le code pénal incrimine les comportements délictuels tant du « squatteur » que du bailleur.

Selon l'article 226-4 du code pénal, l'introduction dans le domicile d'autrui à l'aide de manœuvres, menaces, voies de fait ou contrainte, hors les cas où la loi le permet, est punie d'un an d'emprisonnement et de 15 000 euros d'amende. Le maintien dans le domicile d'autrui à la suite de l'introduction mentionnée au premier alinéa, hors les cas où la loi le permet, est puni des mêmes peines.

Selon l'article 226-4-2 du code pénal, le fait de forcer un tiers à quitter le lieu qu'il habite sans avoir obtenu le concours de l'État dans les conditions prévues à l'article L. 153-1 du code des procédures civiles d'exécution, à l'aide de manœuvres, menaces, voies de fait ou contraintes, est puni de trois ans d'emprisonnement et de 30 000 euros d'amende.

Le différentiel de niveau de sanction entre ces deux délits a été critiqué et la loi du 7 décembre 2020 d'accélération et de simplification de l'action publique prévoyait une aggravation des peines encourues par le « squatteur », mais le conseil constitutionnel a considéré qu'il s'agissait d'un cavalier législatif et a censuré la disposition.

D'après la chambre criminelle de la Cour de cassation, la notion de domicile vise le lieu où une personne, qu'elle y habite ou non, a le droit de se dire chez elle, quels que soient le titre juridique de son occupation et l'affectation donnée aux locaux, l'article 226-4 n'ayant pas pour objet de garantir d'une manière générale les propriétés immobilières contre une usurpation[6].

1. Civ. 3e, 7 janv. 2021, no 19-21.786, P ; *D.* 2021. 1048, obs. N. Damas.
2. Civ. 3e, 4 juill. 2019, no 18-17.119, P ; *D.* 2019. 2163, note R. Boffa ; *ibid.* 2199, chron. L. Jariel, A.-L. Collomp et V. Georget ; *ibid.* 2020. 1148, obs. N. Damas ; *ibid.* 1380, obs. A. Leborgne ; *ibid.* 1761, obs. N. Reboul-Maupin et Y. Strickler ; *AJDI* 2020. 139, obs. N. Le Rudulier – Civ. 3e, 28 nov. 2019, no 17-22.810, P ; *D.* 2019. 2350 ; *ibid.* 2020. 1148, obs. N. Damas ; *ibid.* 1380, obs. A. Leborgne ; *ibid.* 1761, obs. N. Reboul-Maupin et Y. Strickler ; *AJDI* 2020. 519, obs. F. de La Vaissière ; *ibid.* 633, obs. N. Damas ; *Légipresse* 2020. 64, ét. G. Loiseau ; *RTD civ.* 2020. 156, obs. W. Dross.
3. Civ. 3e, 21 déc. 2017, no 16-25.469, P III, no 145 ; *D.* 2018. 9 ; *ibid.* 1328, chron. A.-L. Méano, V. Georget et A.-L. Collomp ; *ibid.* 1772, obs. L. Neyret et N. Reboul-Maupin ; *AJDI* 2018. 450, obs. N. Le Rudulier ; *RTD civ.* 2018. 158, obs. W. Dross ; *ibid.* 970, obs. N. Cayrol.
4. Civ. 3e, 25 mars 2021, no 20-10.947, P ; *D.* 2021. 695.
5. Civ. 2e, 9 janv. 2020, no 18-23.975, P ; *D.* 2020. 89 ; *AJDI* 2020. 613, obs. F. de La Vaissière ; *Rev. prat. rec.* 2020. 14, obs. M. Aressy, M.-P. Mourre-Schreiber et U. Schreiber ; *RTD civ.* 2020. 193, obs. N. Cayrol.
6. Crim. 22 janv. 1997, no 95-81.186, P no 31 – AUSSI : Crim. 26 févr. 1963, P no 92 ; *D.* 1963. Somm. 68, le terme de domicile au sens de l'article 184 du code pénal ne désigne pas seulement le lieu où une personne a son principal établissement, mais encore le lieu, qu'elle y habite ou non, où elle a le droit de se dire chez elle, quels que soient le titre juridique de son occupation et l'affectation donnée aux locaux.

SECTION 2
COMMANDEMENT DE QUITTER

831.21 Nécessité d'un titre. Le bailleur muni du titre exécutoire qui l'autorise à demander l'expulsion, ne peut agir directement. Il est tenu de faire délivrer à l'occupant par un huissier de justice un commandement de quitter les lieux (ou d'avoir à libérer les locaux). L'article L. 411-1 du code des procédures civiles d'exécution[1] dispose en effet que « sauf disposition spéciale, l'expulsion d'un immeuble ou d'un lieu habité ne peut être poursuivie qu'en vertu d'une décision de justice ou d'un procès-verbal de conciliation exécutoire et après signification d'un commandement d'avoir à libérer les locaux ».

On notera que le commandement de quitter peut être délivré dans l'acte de signification du jugement d'expulsion.

L'indivision successorale n'ayant pas la personnalité morale ne peut délivrer un commandement de quitter[2]. S'agissant d'un acte conservatoire, un indivisaire a qualité pour faire délivrer un commandement, sans avoir à respecter la majorité des deux tiers de l'article 815-3 du code civil[3].

831.22 Titre exécutoire. Selon l'article L. 411-1 du code des procédures civiles d'exécution, le titre exécutoire pour une expulsion est soit une décision de justice, soit un procès-verbal de conciliation exécutoire. La décision de justice résulte de l'acquisition de la clause résolutoire ou de la décision rendue suite à saisine directe du tribunal. Le jugement doit contenir la mention expresse de l'expulsion et il doit avoir force exécutoire, c'est-à-dire être passé en force de chose jugée, ce qui est le cas des jugements qui ne sont plus susceptibles de recours suspensif d'exécution. La conciliation entre les parties étant possible soit directement, soit par l'intermédiaire d'un juge, le procès-verbal de conciliation contient les termes de la conciliation, il est signé par le juge, ce qui lui donne valeur exécutoire, et par les parties[4].

831.23 Délai de prescription des jugements d'expulsion. L'exécution des titres exécutoires ne peut être poursuivie que pendant dix ans, sauf si les actions en recouvrement des créances qui y sont constatées se prescrivent par un délai plus long[5]. Ce délai n'est susceptible ni de suspension ni d'interruption.

831.24 Contenu du commandement de quitter. Le commandement doit contenir à peine de nullité :

– l'indication du titre exécutoire en vertu duquel l'expulsion est poursuivie ;

– la désignation de la juridiction devant laquelle peuvent être portées les demandes de délais et toutes contestations relatives à l'exécution des opérations d'expulsion ;

– la date à laquelle les locaux devront être libérés ;

– l'avertissement qu'à compter de cette date, il pourra être procédé à l'expulsion forcée du débiteur et de tout occupant de son chef.

En outre, conformément à l'article R. 412-1 du C. pr. exéc. : « Lorsque l'expulsion porte sur un lieu habité par la personne expulsée ou par tout occupant de son chef, le commandement d'avoir à libérer les locaux contient, à peine de nullité, en plus des mentions prévues à l'article L. 411-1, la reproduction des articles L. 412-1 à L. 412-6 ». Le non respect de cette formalité entraîne la nullité de l'acte, mais elle est subordonnée à la preuve de l'existence d'un grief[6].

831.25 Délai du commandement. S'agissant d'un local d'habitation principale, l'expulsion ne peut avoir lieu qu'à l'expiration d'un délai de deux mois qui suit le commandement.

L'article L. 412-1 du C. pr. exéc. ajoute cependant deux nuances à ce principe.

D'une part, le juge peut, notamment lorsque la procédure de relogement effectuée en application de l'article L. 442-4-1 du code de la construction et de l'habitation n'a pas été suivie d'effet du fait du locataire, réduire ou supprimer ce délai.

D'autre part, depuis la loi du 23 novembre 2018, dite loi Élan, le délai ne s'applique pas lorsque le juge qui ordonne l'expulsion constate que les personnes dont l'expulsion a été ordonnée sont entrées dans les locaux par voie de fait. Le juge perd tout pouvoir d'appréciation et la suppression de ce délai est automatique.

Avant la loi Élan, le juge disposait d'un pouvoir d'appréciation quant à l'opportunité de réduire ou supprimer ce délai. A ainsi été justifiée l'ordonnance du premier juge qui, par décision spéciale et motivée, a écarté le délai de deux mois en relevant « qu'il apparaissait à l'évidence que les intéressés s'étaient introduits par voie de fait dans les locaux »[7]. Mais la

1. Anc[t] art. 61, L. n° 91-650, 9 juill. 1991 portant réforme des procédures civiles d'exécution, codifiée par ord. n° 2011-1895, 19 déc. 2011, *JO* 20 déc., p. 21464, entrée en vigueur le 1er juin 2012.
2. Civ. 2e, 9 juin 2011, n° 10-19.241, P II, n° 129 ; *D. actu.*, 6 juill. 2011, note Tahri ; *D.* 2011. 2188, note F. Julienne.
3. Civ. 2e, 16 nov. 2017, n° 16-23.173, NP.
4. C. pr. civ., art. 130.
5. C. pr. exéc., art. L. 111-4.
6. Civ. 3e, 30 sept. 2009, n° 08-15.203, P III, n° 208 ; *D.* 2010, Pan. 1307, spéc. 1320, obs. Leborgne ; *Loyers et copr.* 2009, n° 247, obs. B. Vial-Pedroletti – Civ. 2e, 13 juill. 2006, n° 04-13.248, P II, n° 212 – Civ. 2e, 8 févr. 2007, n° 05-20.936, P II, n° 25 ; *Loyers et copr.* 2008, n° 91, obs. B. Vial-Pedroletti.
7. Paris, 26 sept. 2001, RG n° 01/04479, *AJDI* 2001. 979.

procédure d'expulsion reste subordonnée à la formalité de la signification d'un commandement d'avoir à libérer les locaux, l'article 62 (devenu C. pr. exéc., art. L. 412-1) n'autorisant que la suppression du délai de deux mois [1].

En sens contraire, et selon l'article L. 412-2, le délai peut être prorogé par le juge, dans la limite de trois mois si l'expulsion est susceptible d'entraîner des conséquences d'une exceptionnelle dureté, compte tenu par exemple des circonstances atmosphériques.

Rappelons en outre que la loi du 22 décembre 2010 [2], autorise l'huissier, qui relève des critères objectifs d'abandon du logement, à pénétrer dans les lieux en présence de l'une des personnes énumérées par le texte (maire, conseiller municipal ou fonctionnaire délégué par le maire...) afin de constater que la personne expulsée et les occupants de son chef ont volontairement libéré les locaux postérieurement à la signification du commandement de quitter et de procéder à la reprise des lieux [3].

831.26 Saisine du préfet par l'huissier. L'huissier doit immédiatement saisir le préfet de la délivrance du commandement de quitter. À défaut, le délai de deux mois prévu entre le commandement et l'expulsion est suspendu [4].

Ne donne pas de base légale à sa décision, la Cour d'appel qui rejette une demande contestant la régularité d'une procédure d'expulsion, sans rechercher, comme il lui était demandé, si l'huissier de justice avait, dès la délivrance du commandement de quitter, adressé au préfet copie de cet acte et s'il lui avait communiqué tous les renseignements utiles relatifs à la personne concernée, cette notification étant obligatoire [5]. La notification du commandement d'avoir à libérer les locaux ne se confond pas avec l'information prévue par l'article 24 de la loi du 6 juillet 1989, relative aux dettes locatives [6].

Mais dès lors que le locataire dont l'expulsion est poursuivie ne réside pas dans le local d'habitation, accessoire aux locaux à usage professionnel, l'huissier de justice n'a pas à procéder aux formalités d'information de l'article 197 du décret du 31 juillet 1992 [7] (C. pr. exéc., art. L. 412-5) [8].

Le préfet doit informer la CCAPEX et indiquer au locataire la possibilité qu'il détient de solliciter la commission de médiation pour bénéficier d'un relogement éventuel au titre du droit au logement opposable (Dalo, v. s^{s} n° 625.31). Le locataire peut saisir la commission dès la notification du jugement d'expulsion. Si la commission retient l'urgence du relogement le préfet devra reloger le locataire dans un délai déterminé.

Pour saisir la commission de médiation, le demandeur transmet le formulaire cerfa n° 15036*01 (à télécharger ou à retirer en préfecture). Le formulaire doit être accompagné des pièces justificatives mentionnées sur la notice d'accompagnement.

Le dossier doit être envoyé ou déposé au secrétariat de la commission de médiation, dont les coordonnées sont communicables en préfecture et figurent sur le site internet de chaque préfecture.

La saisine du représentant de l'État dans le département par l'huissier et l'information de la commission de coordination des actions de prévention des expulsions locatives par le représentant de l'État dans le département s'effectuent par voie électronique.

831.27 Saisine du préfet par le juge. Lorsque l'expulsion porte sur un lieu habité par la personne expulsée ou par tout occupant de son chef, le juge qui ordonne l'expulsion ou qui, avant la délivrance du commandement d'avoir à libérer les locaux mentionné à l'article L. 411-1, statue sur une demande de délais présentée sur le fondement des articles L. 412-3 et L. 412-4 peut, même d'office, décider que l'ordonnance ou le jugement sera transmis, par les soins du greffe, au préfet du département, en vue de la prise en compte de la demande de relogement de l'occupant dans le cadre du plan départemental d'action pour le logement des personnes défavorisées prévu par la loi du 31 mai 1990 [9].

SECTION 3
DÉLAIS

831.31 Plan – Saisine du juge. À compter de la signification du commandement d'avoir à libérer les locaux, toute demande de délais formée en application des articles L. 412-2 à L. 412-6 du code des procédures civiles d'exécution est portée devant le juge de l'exécution du lieu de situation de l'immeuble [10].

1. Paris, 26 sept. 2001, RG n° 01/04479, *AJDI* 2001. 979.
2. L. n° 2010-1609, 22 déc. 2010 relative à l'exécution des décisions de justice, aux conditions d'exercice de certaines professions réglementées et aux experts judiciaires, *JO* 23 déc., p. 22552, art. 4.
3. V. s^{s} n° 823.111.
4. C. pr. exéc., art. L. 412-5.
5. Civ. 3e, 19 mai 2010, n° 09-12.424, P III, n° 100 ; *BICC* 2010, n° 1489 ; *Act. D. immob.* 2010, p. 1350; *AJDI*, 2010, p. 817, obs. F. de La Vaissière; *Loyers et copr.* 2010, n° 213, obs. B. Vial-Pedroletti – AUSSI : Civ. 2e, 13 juill. 2006, n° 04-13.248, P II, n° 212.
6. Même arrêt.
7. Décr. n° 92-755, 31 juill. 1992, *JO* 5 août, p. 10530.
8. Civ. 2e, 23 juin 2011, n° 10-18.551, P II, n° 143 ; *D. actu.*, 6 juill. 2011, note V. Avena-Robardet.
9. L. n° 90-449, 31 mai 1990 visant à la mise en œuvre du droit au logement, *JO* 2 juin.
10. C. pr. exéc., art. R. 412-4.

Il convient d'étudier successivement le sursis à exécution après la décision d'expulsion (§ 1), les conditions du sursis (§ 2) et la période d'hiver (§ 3).

§ 1 Sursis à exécution après la décision d'expulsion

831.41 **Délais applicables.** Des délais peuvent être accordés, bien que la décision d'expulsion soit devenue définitive, à la demande de la personne expulsée chaque fois que le relogement des personnes intéressées ne pourra avoir lieu dans des conditions normales. Ils sont précisés aux articles L. 412-4 et L. 412-7 du code des procédures civiles d'exécution. Selon l'article L. 412-4 du code des procédures civiles d'exécution, le délai ne peut être inférieur à trois mois ni supérieur à trois ans (avant la loi Alur, ce délai ne pouvait être ni inférieur à un mois ni supérieur à un an).

La saisine du juge aux fins d'obtention d'un délai commande de ne pas procéder à l'exécution forcée : commet une faute ouvrant droit à réparation le propriétaire qui fait procéder à l'exécution d'une décision d'expulsion pendant le cours du délibéré d'une demande de sursis à exécution[1].

831.42 **Compétence du juge de l'exécution.** Le juge de l'exécution est compétent pour connaître « des difficultés relatives aux titres exécutoires et des contestations qui s'élèvent à l'occasion de l'exécution forcée »[2]. En revanche, il est incompétent pour accorder des délais de paiement tant qu'aucun commandement de quitter ou aucun acte de saisie n'a été délivré[3].

Il ne connaît pas non plus du traitement du surendettement et de la procédure de redressement personnel.

Sur l'étendue de la compétence du juge de l'exécution, la Cour de cassation a rendu la décision suivante : saisi par un locataire d'une demande en réintégration du logement dont il avait été expulsé, après un arrêt infirmant la décision d'expulsion rendue à titre provisoire, le juge de l'exécution, constatant que les lieux ont été reloués, alloue des dommages-intérêts à titre de restitution du locataire dans ses droits. La Cour casse la décision, le juge ayant excédé les pouvoirs qu'il tenait de l'article L. 311-12-1 du code de l'organisation judiciaire[4], la demande étant étrangère aux dispositions du titre exécutoire[5].

§ 2 Conditions du sursis

831.51 **Critères.** L'article L. 412-4 du C. pr. exéc. contraint le juge à tenir compte, lorsqu'il prononce des délais ou qu'il examine une demande, des éléments suivants :

- bonne ou mauvaise volonté manifestée par l'occupant dans l'exécution de ses obligations ;
- situations respectives du propriétaire et de l'occupant notamment en ce qui concerne l'âge, l'état de santé, la situation de famille et de fortune de chacun ;
- circonstances atmosphériques ;
- diligences de l'occupant en vue de son relogement.

Il est tenu compte également du droit à un logement décent et indépendant et des délais de recours du Dalo lorsqu'une demande a été faite.

831.52 **Exceptions.** La possibilité d'ordonner un sursis à exécution n'est pas applicable lorsque le propriétaire des locaux exerce son droit de reprise au titre de l'article 19 de la loi du 1er septembre 1948, c'est-à-dire en cas de reprise avec relogement[6]. Elle ne l'est pas non plus lorsque la procédure de relogement effectuée en application de l'article L. 442-4-1 du code de la construction et de l'habitation (dans le contexte d'un défaut d'usage paisible par le locataire) n'a pas été suivie d'effet du fait du locataire.

Les occupants de logements d'étudiants qui cessent de satisfaire aux conditions pour lesquelles le logement a été mis à leur disposition ne bénéficient pas de ces mesures[7].

Il en est de même dans les cas d'expulsion à la suite de violences dans les couples[8].

§ 3 Période d'hiver

831.61 **Sursis hivernal.** L'article L. 412-6 du C. pr. exéc. sursoit à toute mesure d'expulsion non exécutée entre le 1er novembre et le 31 mars[9] de l'année suivante, à moins d'un relogement des intéressés

1. Civ. 3e, 28 sept. 2005, n° 04-14.882, P III, n° 176 ; *Rev. loyers*, janv. 2006, p. 37, note Canu.
2. SUR la compétence du juge de l'exécution, COJ, art. L. 213-5 s.
3. Paris, 6 sept. 2001, RG n° 2000/22915, *Loyers et copr.* 2002, n° 249, obs. B. Vial-Pedroletti.
4. Devenu COJ, art. L. 213-6.
5. Civ. 3e, 23 mars 2005, n° 03-19.071, P III, n° 72 ; *Rev. loyers* 2005. 323, note Rémy.
6. V. ss n° 713.170.
7. C. pr. exéc., art. L. 412-7.
8. C. pr. exéc., art. L. 412-7, qui renvoie à C. civ., art. 515-9.
9. Au lieu du 15 mars depuis L. n° 2014-366, 24 mars 2014 pour l'accès au logement et un urbanisme rénové, *JO* 26 mars, p. 5809, dite loi Alur.

dans des conditions respectant l'unité et les besoins de la famille.

Cette mesure ne bénéficie pas automatiquement aux personnes qui se sont introduites par voie de fait dans les locaux et il faut alors distinguer, depuis la loi du 23 novembre 2018, dite loi Élan, si le logement ainsi occupé constitue ou non le domicile d'autrui. S'il s'agit du domicile d'autrui, le sursis hivernal n'est pas applicable. S'il ne s'agit pas du domicile d'autrui (mais par exemple un logement vacant), le juge retrouve son pouvoir d'appréciation et peut supprimer ou réduire le bénéfice du sursis hivernal[1].

831.62 **État d'urgence sanitaire.** Dans le contexte de la pandémie de covid-19, des mesures exceptionnelles ont été prises. L'ordonnance du 25 mars 2020[2], prise en vertu de la loi du 23 mars 2020[3] d'urgence pour faire face à l'épidémie de covid-19 avait prolongé le sursis hivernal jusqu'au 31 mai 2020. Une seconde prolongation avait été accordée jusqu'au 10 juillet 2020 inclus par la loi du 11 mai 2020 prorogeant l'état d'urgence sanitaire et complétant ses dispositions[4]. Une décision similaire a été prise en 2021 : selon une ordonnance du 10 février 2021[5], prise sur le fondement de la loi du 14 novembre 2020[6] autorisant la prorogation de l'état d'urgence sanitaire, la trêve hivernale se terminera non le 31 mars 2021, mais le 31 mai 2021. Un dispositif d'indemnisation des propriétaires concernés est mis en place.

En parallèle, est reportée du 31 mars au 31 mai 2021 la fin de la période durant laquelle les fournisseurs d'électricité, de chaleur, de gaz ne peuvent procéder, dans une résidence principale, à l'interruption, y compris par résiliation de contrat, pour non-paiement des factures, de la fourniture d'électricité, de chaleur ou de gaz aux personnes ou familles[7].

1. SUR la jurisprudence antérieure : CE 29 mars 2002, *SCI Stephaur et a*, req. n° 243338, *Lebon* ; *AJDA* 2003. 345, note Grosieux – POUR un cas d'expulsion d'occupants entrés par voie de fait, à la suite d'une ordonnance sur requête : Chambéry, 18 sept. 2007, RG n° 07/01038, *Loyers et copr.* 2008, n° 3, note B. Vial-Pedroletti.
2. Ord. n° 2020-331, 25 mars 2020 relative au prolongement de la trêve hivernale, *JO* 26 mars.
3. L. n° 2020-290, 23 mars 2020 d'urgence pour faire face à l'épidémie de covid-19, *JO* 24 mars.
4. L. n° 2020-546, 11 mai 2020, art. 10.
5. Ord. n° 2021-141, 10 févr. 2021 relative au prolongement de la trêve hivernale, *JO* 11 févr.
6. L. n° 2020-1379, 14 nov. 2020 autorisant la prorogation de l'état d'urgence sanitaire et portant diverses mesures de gestion de la crise sanitaire, *JO* 15 nov.
7. CASF, art. L. 115-3.

CHAPITRE
832. Procédure d'expulsion

SECTION 0 ORIENTEUR

832.00 **Sommaire du chapitre.**

Division – Intervention du législateur. La procédure d'expulsion proprement dite a fait l'objet d'une attention particulière du législateur, notamment dans la loi du 29 juillet 1998 qui est venue compléter les mesures instaurées par la loi du 9 juillet 1991, portant réforme des procédures civiles d'exécution désormais codifiée dans le code des procédures civiles d'exécution.

Un rôle central est conféré à l'huissier de justice chargé de l'exécution forcée du jugement. En cas d'impossibilité d'exécuter, il devra solliciter le concours de la force publique. Lorsque celle-ci n'est pas accordée, le créancier doit être indemnisé.

832.01 **Principaux textes applicables.**

TEXTES SOURCES

• **C. pr. exéc.,** art. L. 122-1 à L. 122-2, L. 142-1, L. 433-1 à L. 433-3, L. 451-1.

TEXTES *IN EXTENSO*

• **C. pr. exéc.,** art. L. 122-1

Seuls peuvent procéder à l'exécution forcée et aux saisies conservatoires les huissiers de justice chargés de l'exécution. Ils sont tenus de prêter leur ministère ou leur concours sauf lorsque la mesure requise leur paraît revêtir un caractère illicite ou si le montant des frais paraît manifestement susceptible de dépasser le montant de la créance réclamée, à moins que cette dernière résulte d'une condamnation symbolique que le débiteur refuserait d'exécuter.

• **C. pr. exéc.,** art. L. 122-2

L'huissier de justice chargé de l'exécution a la responsabilité de la conduite des opérations d'exécution. Il est habilité, lorsque la loi l'exige, à demander au juge de l'exécution ou au ministère public de donner les autorisations ou de prescrire les mesures nécessaires.

• **C. pr. exéc.,** art. L. 142-1

En l'absence de l'occupant du local ou si ce dernier en refuse l'accès, l'huissier de justice chargé de l'exécution ne peut y pénétrer qu'en présence du maire de la commune, d'un conseiller municipal ou d'un fonctionnaire municipal délégué par le maire à cette fin, d'une autorité de police ou de gendarmerie, requis pour assister au déroulement des opérations ou, à défaut, de deux témoins majeurs qui ne sont au service ni du créancier ni de l'huissier de justice chargé de l'exécution. Dans les mêmes conditions, il peut être procédé à l'ouverture des meubles.

• **C. pr. exéc.,** art. L. 142-3

À l'expiration d'un délai de huit jours à compter d'un commandement de payer signifié par un huissier de justice et resté sans effet, celui-ci peut, sur justification du titre exécutoire, pénétrer dans un lieu servant à l'habitation et, le cas échéant, faire procéder à l'ouverture des portes et des meubles.

• **C. pr. exéc.,** art. L. 433-1

Les meubles se trouvant sur les lieux sont remis, aux frais de la personne expulsée, en un lieu que celle-ci désigne. À défaut, ils sont laissés sur place ou entreposés en un autre lieu approprié et décrits avec précision par l'huissier de justice chargé de l'exécution avec sommation à la personne expulsée d'avoir à les retirer dans un délai fixé par voie réglementaire.

• **C. pr. exéc.,** art. L. 433-2

À l'expiration du délai imparti, il est procédé à la mise en vente aux enchères publiques des biens susceptibles d'être vendus. Les biens qui ne sont pas susceptibles d'être vendus sont réputés abandonnés.

Le produit de la vente est remis à la personne expulsée après déduction des frais et de la créance du bailleur.

• **C. pr. exéc.,** art. L. 433-3

Les articles L. 433-1 et L. 433-2 ne sont pas applicables à l'expulsion du conjoint, du partenaire lié par un pacte civil de solidarité ou du concubin violent ordonnée par le juge aux affaires familiales sur le fondement de l'article 515-9 du code civil.

• **C. pr. exéc.,** art. L. 451-1

L'huissier de justice chargé de l'exécution de la mesure d'expulsion peut procéder comme il est dit à l'article L. 142-1 pour constater que la personne expulsée et les occupants de son chef ont volontairement libéré les locaux postérieurement à la signification du commandement prévu à l'article L. 411-1 et pour procéder à la reprise des lieux.

832.02 Jurisprudence de référence.

• **Civ. 2e, 10 janv. 2013,** n° 11-23.151, P II, n° 5

* V. s^s n° 832.11

L'huissier doit relater avec précision les diligences qu'il a accomplies en vue de rechercher la nouvelle adresse du destinataire de l'acte. À défaut le fait que le locataire n'ait pas transmis sa nouvelle adresse ne suffit pas à exonérer l'huissier de sa recherche.

• **Lyon, 16 janv. 2008,** RG n° 06/02550

* V. s^s n° 832.13

Commet une violation flagrante des droits du locataire le bailleur qui procède à une reprise des lieux non contradictoire et à un déménagement des effets du locataire.

• **Civ. 2e, 11 avr. 2013,** n° 12-15.948, P II, n° 80

* V. s^s n° 832.31

Les effets personnels du locataire expulsé, à la suite des mesures d'exécution forcée, ne peuvent être rendus indisponibles et c'est l'huissier de justice, seul responsable de l'exécution de la mesure d'expulsion qui est tenu de l'obligation de restitution et non le commissaire-priseur désigné séquestre.

• **Civ. 2e, 16 mai 2019,** n° 18-16.934, P

* V. s^s n° 832.42

Le juge de l'exécution, après avoir annulé la mesure d'expulsion, ne peut rejeter la demande de réintégration pour un motif tiré de l'absence de droit d'occupation de la personne expulsée.

• **Civ. 3e, 12 déc. 2019,** n° 18-22.410, P

* V. s^s n° 832.43

Après avoir relevé que le logement était loué à un tiers, la cour d'appel, qui n'a pas tiré les conséquences légales de ses propres constatations relatives à l'impossibilité de procéder à la réintégration du demandeur, a violé l'article 809 du code de procédure civile.

832.03 Bibliographie indicative.

Annuel. LAMY DR. IMMO, n°s 5655-5665.

Encyclopédies. RÉP. IMMO., V° *Expulsion*, A. Gaonac'h, n°s 54-108 ; DICT. PERM. Gest. Immo., V° *Expulsion*, n°s 67-73, 85-95.

Ouvrages. M. Hirsch, D. Chemla (dir.). *Code des droits contre l'exclusion*, 2e éd., « Droits d'urgence », Dalloz, 2010 – Bérenger F., *Guide de l'expulsion locative*, Annales des loyers, Edilaix, 2011.

Articles. P. Derrez, « Expulsions locatives : les moyens de coercition », *Opérations immobilières*, juill. 2014.

SECTION 1
PRINCIPES

832.11 Rôle de l'huissier. Seul l'huissier de justice chargé de l'exécution peut procéder à l'exécution forcée et aux saisies conservatoires[1].

Il doit ainsi prêter son concours sauf s'il estime que la mesure a un caractère illicite et il devra dans ce cas en référer au juge de l'exécution. L'intervention tardive de l'huissier de justice n'est pas de nature à engager la responsabilité de l'État[2].

L'article L. 122-2 du C. pr. exéc. rappelle le lien constant entre l'huissier et le juge. L'huissier a « la responsabilité de la conduite des opérations d'exécution », et il doit dresser procès-verbal en présence d'une difficulté, le juge tranchant celle-ci après avoir entendu ou appelé le débiteur.

L'huissier doit relater avec précision les diligences qu'il a accomplies en vue de rechercher la nouvelle adresse du destinataire de l'acte. À défaut le fait que le locataire n'ait pas transmis sa nouvelle adresse ne suffit pas à exonérer l'huissier de sa recherche[3].

832.12 Accès de l'huissier aux parties communes. Aux termes de l'article L. 111-6-6 du code de la construction et de l'habitation (issu de L. 22 déc. 2010[4]), et qui est recodifié sous l'article L. 126-14 à compter du 1er juillet 2020, le propriétaire ou, en cas de copropriété, le syndicat des copropriétaires représenté par le syndic permet aux huissiers de justice d'accéder, pour l'accomplissement de leurs missions de signification ou d'exécution, aux parties communes des immeubles d'habitation.

L'objectif de ce texte est, notamment, de faciliter la remise des significations (d'un jugement, d'un congé...) à personne.

Le décret d'application s'est fait attendre près de dix ans[5] et a créé les articles R. 111-17-1 à R. 111-17-3 du CCH (recodifiés sous les numéros R. 126-5 ; R. 126-6 et R. 126-7 du CCH, par le décret n° 2021-872 du 30 juin 2021).

Lorsque les parties communes d'un immeuble d'habitation ne sont pas accessibles librement depuis la voie publique, l'huissier de justice, ou le clerc assermenté, adresse, par tout moyen, une demande d'accès à celles-ci au propriétaire ou, en cas de copropriété, au syndic représentant le syndicat des

1. C. pr. exéc., art. L. 122-1 (anc. art. 18, L. 9 juill. 1991).
2. CE 14 oct. 1987, *SCI du Bois de Grâce*, req. n° 71329, *Lebon* T.
3. Civ. 2e, 10 janv. 2013, n° 11-23.151, P II, n° 5 ; *Loyers et copr.* 2013, n° 70 ; *D. actu.*, 30 janv. 2013, note Kebir.
4. L. n° 2010-1609, 22 déc. 2010, *JO* 23 déc., p. 22552.
5. Décr. n° 2019-650, 27 juin 2019 portant diverses mesures relatives au fonctionnement des copropriétés et à l'accès des huissiers de justice aux parties communes d'immeubles, *JO* 28 juin.

copropriétaires concerné en justifiant de son identité, de sa qualité professionnelle ainsi que de la mission de signification ou d'exécution qui lui a été confiée.

Le propriétaire ou, en cas de copropriété, le syndic représentant le syndicat des copropriétaires concerné, remet à l'huissier de justice ou au clerc assermenté un moyen matériel d'accès aux parties communes ou lui adresse les codes lui permettant d'y accéder pour l'accomplissement de sa mission de signification ou d'exécution.

La remise ou la transmission des moyens d'accès à l'immeuble intervient dans un délai maximal de cinq jours ouvrables à compter de la réception de la demande, contre récépissé ou par tout autre moyen propre à établir la preuve de la remise ou de la transmission et la date à laquelle celle-ci a eu lieu.

Lorsqu'un moyen matériel d'accès aux parties communes lui a ainsi été remis, l'huissier de justice ou le clerc assermenté le restitue, sans délai et contre récépissé, au propriétaire ou, en cas de copropriété, au syndic représentant le syndicat des copropriétaires concerné, après accomplissement de sa mission de signification ou d'exécution.

832.13 **Rôle du bailleur.** Le bailleur ne peut, bien évidemment, en aucun cas poursuivre par lui-même l'exécution. Commet une violation flagrante des droits du locataire le bailleur qui procède à une reprise des lieux non contradictoire et à un déménagement des effets du locataire[1].

L'article R. 141-3 du C. pr. exéc. ajoute que la personne qui requiert une mesure d'exécution forcée ne peut assister aux opérations d'exécution, sauf décision du juge. Le bailleur ne peut interdire au locataire l'accès aux locaux pour y récupérer ses objets personnels après lui avoir fait sommation de retirer ses meubles[2].

Enfin la loi du 24 mars 2014, dite loi Alur, a inséré un article 226-4-2 au sein du code pénal, selon lequel le fait de forcer un tiers à quitter le lieu qu'il habite sans avoir obtenu le concours de l'État dans les conditions prévues à l'article L. 153-1 du code des procédures civiles d'exécution, à l'aide de manœuvres, menaces, voies de fait ou contraintes, est puni de trois ans d'emprisonnement et de 30 000 euros d'amende.

832.14 **Cotitularité.** La procédure d'expulsion est opposable à l'épouse du locataire dès lors que celui-ci ne justifie pas avoir porté, par une démarche positive, à la connaissance du bailleur, le fait qu'il était marié[3].

1. Lyon, 16 janv. 2008, RG n° 06/02550, *Loyers et copr.* 2008, n° 123, note B. Vial-Pedroletti.
2. Civ. 3e, 9 juill. 2003, n° 01-11.709, NP, *AJDI* 2004. 711.

SECTION 2
CONDITIONS DE L'EXPULSION

832.21 **Conditions d'intervention.** En première hypothèse, l'huissier doit, manifestant ainsi sa diligence, se présenter seul au domicile du débiteur et tenter de poursuivre l'expulsion.

En cas d'absence ou de résistance de l'occupant, ses conditions d'intervention sont strictement réglementées. En règle générale il ne peut entrer dans les lieux. Toutefois, l'article L. 451-1 du C. pr. exéc. permet, sous certaines conditions, de pénétrer dans les lieux « pour constater que la personne expulsée et les occupants de son chef ont volontairement libéré les locaux postérieurement à la signification du commandement (de quitter), et pour procéder à la reprise des lieux ».

Dans ce cas, l'huissier ne peut y pénétrer « qu'en présence du maire de la commune, d'un conseiller municipal ou d'un fonctionnaire municipal délégué par le maire à cette fin, d'une autorité de police ou de gendarmerie, requis pour assister au déroulement des opérations ou, à défaut, de deux témoins majeurs qui ne sont au service ni du créancier, ni de l'huissier de justice chargé de l'exécution. »

832.22 **Statistiques d'évolution des différentes étapes de la procédure : du contentieux à l'exécution des décisions de justice avec octroi de concours de la force publique.**

	2001	2005	2010	2015
Contentieux locatif avec demande de délivrance d'un titre exécutoire	125 706	140 587	155 874	168 775
Décisions prononçant l'expulsion	nd	nd	112 195	132 196
Nbre de commandements de quitter les lieux	47 473	53 976	58 739	67 406
Nbre de décisions accordant le concours de la force publique	16 844	23 054	26 502	33 461
Nbre d'interventions effectives de la force publique	6 337	10 182	11 670	14 363

Source : ministère de la Justice

On assiste à une hausse sensible (+ 24 %) du concours effectif de la force publique en 2014/2015, alors que dans les années précédentes (2001-2014) la hausse constatée était en lente progression.

3. Civ. 3e, 29 oct. 2013, n° 12-23.138, P III, n° 135, *D. actu.*, 18 nov. 2013, note Kebir.

En 2017, il faut noter que 165 772 demandes ont eu pour objet l'expulsion d'un occupant[1].

SECTION 3
SORT DES MEUBLES

832.31 Conditions. La question du mobilier lors de l'expulsion est traitée par les articles L. 433-1 et L. 433-3 du C. pr. exéc.

Ils sont remis, aux frais de la personne expulsée, en un lieu désignée par elle.

À défaut, ils sont laissés sur place ou entreposés en un lieu approprié, et décrits par l'huissier de justice. La personne expropriée est sommée d'avoir à les retirer dans le délai initialement d'un mois et qui a été porté à deux mois par le décret du 26 septembre 2019[2]. Ce délai court à compter de la remise de la signification du procès-verbal d'expulsion.

À l'expiration du délai imparti, il est procédé à la mise en vente aux enchères publiques des biens susceptibles d'être vendus. Les biens qui ne sont pas susceptibles d'être vendus sont réputés abandonnés.

Le produit de la vente est remis à la personne expulsée après déduction des frais et de la créance du bailleur.

La personne expulsée peut saisir le juge de l'exécution pour contester l'absence de valeur marchande des biens retenue par l'huissier de justice dans l'inventaire. La saisine doit être effectuée, à peine d'irrecevabilité, dans le délai d'un mois à compter de la remise ou de la signification du procès-verbal d'expulsion. Elle suspend le délai de deux mois mentionné à l'article R. 433-2 au terme duquel les biens déclarés sans valeur marchande sont réputés abandonnés. L'huissier de justice peut être entendu à l'audience sur cette contestation[3].

Les biens n'ayant aucune valeur marchande sont réputés abandonnés, à l'exception des papiers et documents de nature personnelle qui sont placés sous enveloppe scellée et conservés pendant deux ans par l'huissier de justice. Avis en est donné à la personne expulsée, dans les conditions prévues au dernier alinéa de l'article R. 433-5. A l'expiration de ce délai de deux ans, l'huissier de justice détruit les documents conservés et dresse un procès-verbal qui fait mention des documents officiels et des instruments bancaires qui ont été détruits.

Il a été jugé que les effets personnels du locataire expulsé, à la suite des mesures d'exécution forcée, ne peuvent être rendus indisponibles et c'est l'huissier de justice, seul responsable de l'exécution de la mesure d'expulsion qui est tenu de l'obligation de restitution et non le commissaire-priseur désigné séquestre[4].

Cette procédure n'est cependant pas applicable au cas particulier d'une expulsion ordonnée par le juge aux affaires familiales dans le cadre de violences familiales ou conjugales visée à l'article 515-9 du code civil[5].

SECTION 4
ANNULATION DE LA MESURE D'EXPULSION

832.41 Conséquence de la nullité. Si un occupant est expulsé, et conteste en parallèle, ou ultérieurement, cette mesure d'expulsion, il peut en obtenir la nullité si la procédure n'a pas été respectée. Le principe est alors la réintégration dans les lieux occupés, mais il peut être dérogé à ce principe.

832.42 Principe de la réintégration. La mesure d'expulsion étant censée n'avoir jamais existé, l'occupant peut obtenir sa réintégration forcée, au besoin sous astreinte. Le juge de l'exécution ne peut rejeter la demande de réintégration pour un motif tiré de l'absence de droit d'occupation de la personne expulsée[6].

832.43 Exception. Si la réintégration est impossible, juridiquement ou matériellement, elle ne pourra pas lui être accordée par le juge. Le fait que le logement ait été reloué, entre-temps, par le bailleur, peut constituer une telle impossibilité : il a *ainsi été jugé que, après a*voir relevé que le logement était loué à un tiers, la cour d'appel, qui n'a pas tiré les conséquences légales de ses propres constatations relatives à l'impossibilité de procéder à la réintégration du demandeur, a violé l'article 809 du code de procédure civile en accordant la réintégration[7].

1. Infostat Justice mars 2019, n° 167.
2. C. pr. exéc., art. R. 433-2.
3. C. pr. exéc., art. R. 433-3.
4. Civ. 2e, 11 avr. 2013, n° 12-15.948, P II, n° 80 ; *AJDI* 2013. 772, note F. de La Vaissière.
5. C. pr. exéc., art. L. 433-3.
6. Civ. 2e, 16 mai 2019, n° 18-16.934, P ; *D.* 2019. 1112 ; *ibid.* 2020. 1380, obs. A. Leborgne ; *Rev. prat. rec.* 2020. 9, obs. S. Dorol.
7. Civ. 3e, 12 déc. 2019, n° 18-22.410, P ; *D.* 2020. 11 ; *ibid.* 1148, obs. N. Damas ; *ibid.* 1380, obs. A. Leborgne ; *AJDI* 2020. 510, obs. N. Damas ; *Rev. prat. rec.* 2020. 9, obs. S. Dorol.

CHAPITRE

833. Concours de la force publique

SECTION 0 ORIENTEUR

833.00 Sommaire du chapitre.

Division. Il convient d'étudier successivement la requête (sect. 1), le refus de concours et la responsabilité de l'État (sect. 2), la période de responsabilité (sect. 3), l'évaluation du préjudice (sect. 4) et les frais (sect. 5).

833.01 Principaux textes applicables.

TEXTES SOURCES

• **C. pr. exéc.,** art. L. 153-1, L. 153-2.

• **C. pr. exéc.,** art. R. 153-1.

TEXTES *IN EXTENSO*

• **C. pr. exéc.,** art. L. 153-1

L'État est tenu de prêter son concours à l'exécution des jugements et des autres titres exécutoires. Le refus de l'État de prêter son concours ouvre droit à réparation.

• **C. pr. exéc.,** art. L. 153-2

L'huissier de justice chargé de l'exécution peut requérir le concours de la force publique.

• **C. pr. exéc.,** art. R. 153-1

Si l'huissier de justice est dans l'obligation de requérir le concours de la force publique, il s'adresse au préfet.

La réquisition contient une copie du dispositif du titre exécutoire. Elle est accompagnée d'un exposé des diligences auxquelles l'huissier de justice a procédé et des difficultés d'exécution. Toute décision de refus de l'autorité compétente est motivée. Le défaut de réponse dans un délai de deux mois équivaut à un refus.

Ce refus est porté à la connaissance du créancier par l'huissier de justice.

833.02 Jurisprudence de référence.

• **CE 25 nov. 2009,** *min. de l'Int.*, req. n° 323359, *Lebon* T

* V. s^s n° 833.11

Les dispositions de l'article R. 153-1 du Code des procédures d'exécution ont pour objet d'éclairer le préfet sur la situation et sur les risques de troubles que l'expulsion peut comporter.

• **CE 18 févr. 2010,** *SA HLM de Guyane*, req. n° 316987, *Lebon* T

* V. s^s n°s 833.11 et 833.12

La demande prématurée du concours, à l'intérieur du délai de deux mois suivant la délivrance du commandement de quitter les lieux, est nulle et le préfet n'est pas valablement saisi.

• **CE 30 nov. 1923,** *Couitéas*, req. n°s 38284 et 48688, *Lebon*

* V. s^s n° 833.21

Le principe de l'autorité des décisions de justice oblige l'État à les faire respecter et, à défaut, à réparer le préjudice subi.

• **CE 26 oct. 1998,** *M. et Mme Peultier*, req. n° 260867, NP

* V. s^s n° 833.23

Le préfet peut refuser le concours de la force publique si l'expulsion est de nature à créer un trouble à l'ordre public.

• **CE 26 juin 1968,** *A. et Martinod*, req. n° 70982, *Lebon*

* V. s^s n°s 833.31 et 833.33

La responsabilité de l'État débute à l'expiration de la période de deux mois dont dispose l'administration pour instruire la demande de concours de la force publique.

Elle prend fin lorsque l'occupant sans titre a libéré effectivement les lieux.

• **CE 5 mai 2006,** *min. de l'Int. c/SCI de la Terre de Savigny et de Fertot*, req. n° 277632, NP

* V. s^s n° 833.41

Un délai d'intervention tardif après que la force publique a été accordée peut présenter un caractère anormal de nature à engager la responsabilité de l'État, lorsqu'il n'est pas imputable à des carences de la société requérante ou de l'huissier dans la mise en œuvre des aspects matériels de l'opération qui leur incombait.

• **Cass., avis, 4 juill. 2017,** n° 17-70.008, P

* V. s^s n° 833.41

Les juges du fond disposent d'un pouvoir souverain pour évaluer le montant d'une indemnité due par un occupant sans droit ni titre.

• **CE 22 nov. 2019,** req. n° 417631, *Lebon* T

* V. s^s^ n° 833.33

Lorsque l'administration a refusé au propriétaire d'un local le concours de la force publique pour procéder à l'expulsion d'occupants sans droit ni titre de ce local et qu'il est établi que ceux-ci ont spontanément quitté les lieux, la responsabilité de l'État n'est susceptible d'être engagée à l'égard du propriétaire, au titre des préjudices résultant pour lui de l'indisponibilité du local, que jusqu'à la date du départ des occupants.

833.03 Bibliographie indicative.

Annuel. LAMY DR. IMMO, n° 5666.

Encyclopédies. RÉP. PR. CIV., *V° Force publique : refus de concours*, R. Vandermeeren » – RÉP. IMMO., *V° Expulsion*, A. Gaonac'h, n° 64 – DICT. PERM. Gest. Immo., *V° Expulsion*, n°s 74-81.

Ouvrages. M. Belin, *Refus du concours de la force publique ; indemnisation,* « Points de Droit », Edilaix, 2010 – F. Bérenger, *Guide de l'expulsion locative*, Annales des loyers, Edilaix, 2011.

Contribution. R. Vandermeeren, « Un contentieux en pleine mutation : le refus de concours de la force publique devant le juge administratif », *in Le dialogue des juges, Mél.* B. Genevois, 2009, Dalloz, p. 1063.

Articles. V. de Bary, « L'obtention du concours de la force publique pour l'exécution d'une décision de justice », www.village-justice.com, 7 oct. 2015 – H. des Lyons, « Expulsion, refus de concours de la force publique et indemnisation du bailleur : revue de jurisprudence commentée », *Actualités Habitat*, 15 mai 2008 – A. Jacquemet-Gauché, « La jurisprudence *Couitéas* : du mythe doctrinal à la réalité indemnitaire », *AJDA* 2014. 1821 – Pélissier, « La responsabilité de l'État du fait de la décision de prêter le concours de la force publique à l'exécution d'une décision de justice », *AJDA* 2006. 1947 – B. Seiller, « L'actualité de l'arrêt Couitéas », *RFDA* 2013. 1012.

SECTION 1
REQUÊTE

833.11 Conditions. L'huissier requiert le concours de la force publique, en s'adressant au préfet. Sa réquisition contient copie du dispositif du titre exécutoire et mentionne ses diligences et les difficultés d'exécution. Les dispositions de l'article R. 153-1 du code des procédures civiles d'exécution prévoyant que la réquisition est accompagnée d'un exposé des diligences auxquelles l'huissier a procédé et des difficultés d'exécution « ont pour objet, non d'habiliter le préfet à porter une appréciation, qui n'appartient qu'à l'huissier, sur la nécessité de demander le concours de la force publique, mais de l'éclairer sur la situation et sur les risques de troubles que l'expulsion peut comporter »[1]. Le préfet saisi doit s'assurer du caractère exécutoire du jugement autorisant l'expulsion[2].

Il a été jugé que la demande n'est pas recevable si la décision judiciaire n'a pas été signifiée[3]. La demande n'est pas recevable non plus pendant les délais de grâce accordés par le juge. Elle doit alors être renouvelée « à la date où l'ordonnance d'expulsion devenue exécutoire est susceptible d'exécution »[4]. La demande prématurée du concours, à l'intérieur du délai de deux mois suivant la délivrance du commandement de quitter les lieux, est nulle et le préfet n'est pas valablement saisi[5].

Toutefois, si le juge a supprimé le délai de deux mois pour quitter les lieux la notification du commandement et la réquisition de la force publique peuvent être simultanées[6].

Il a été jugé que le propriétaire pouvait saisir valablement par lui-même le préfet d'une demande de concours de la force publique pour l'exécution d'un jugement d'expulsion : les articles L. 153-2 et R. 153-1 du code des procédures civiles d'exécution n'ont ni pour objet ni pour effet d'imposer au propriétaire d'agir par l'intermédiaire d'un huissier de justice[7].

L'absence de mention des diligences de l'huissier ne rend pas irrégulière la réquisition. En revanche, conformément à l'article 62 de la loi du 9 juillet 1991 [art. L. 412-1 s., C. pr. exéc.], l'administration ne peut être saisie qu'à l'expiration du délai de deux mois suivant la notification qui lui a été faite de la copie du commandement de quitter, lorsqu'il est resté sans effet[8].

L'approbation donnée par le bailleur à un plan conventionnel de redressement de son débiteur ne vaut pas renonciation à sa demande préalable de concours de la force publique. Il doit cependant la renouveler au vu de la situation. À défaut, la période d'indemnisation ne s'étend que jusqu'à la date de signature du plan de redressement[9].

1. CE 25 nov. 2009, *min. de l'Int.*, req. n° 323359, *Lebon* T ; *D. actu.*, 4 déc. 2009, obs. Brondel.
2. CE 28 nov. 2014, req. n° 364391, *Lebon* T ; *Loyers et copr.* 2015, n° 8, obs. B. Vial-Pedroletti.
3. CE 8 déc. 1989, *SA Faïenceries de Longwy*, req. n° 68586, NP.
4. CE 16 déc. 1966, *Sieur Caillat.*
5. CE 18 févr. 2010, *SA HLM de Guyane*, req. n° 316987, *Lebon* T – CE 8 oct. 2010, *OPHLM Puteaux*, req. n° 328645, NP.
6. CE 12 déc. 2014, *S^té^ Ogif*, req. n° 363372, *Lebon.*
7. CE 10 févr. 2014, req. n° 350265, *Lebon* T ; *D. actu.*, 14 févr. 2014, note V. Avena-Robardet.
8. CE 18 févr. 2010, req. n° 316987, *Lebon* T ; *AJDA* 2010. 857 – CE 14 nov. 2011, req. n° 343908, *Lebon* T ; *AJDA* 2011. 2267.
9. CE 17 janv. 2011, *SA France Hab.*, n° 325663, *Lebon* T ; *AJDA* 2011. 133, note Blondel.

833.12 **Effets.** Trois situations sont à retenir :

- le concours de la force publique est accordé ;
- le concours est refusé : dans ce cas le préfet doit motiver sa décision ;
- l'administration ne répond pas : le silence vaut refus au bout de deux mois.

L'huissier de justice porte le refus à la connaissance du créancier[1]. Avant un décret du 6 mai 2017[2], l'huissier devait également informer le procureur de la république, sans que cette démarche ne paraisse avoir de conséquences particulières.

833.13 **Recours du bailleur à l'encontre de la décision du préfet.** Le bailleur peut contester la légalité du refus du concours de la force publique. Il peut ainsi saisir les juridictions administratives afin qu'il soit enjoint au préfet de prendre toutes mesures nécessaires pour assurer l'exécution de la décision d'expulsion. Il a par exemple été jugé que le refus du préfet d'apporter le concours de la force publique porte une atteinte grave et manifestement illégale à la liberté fondamentale que constituent le droit de propriété et son corollaire qu'est le droit pour le locataire de disposer des biens pris à bail, dans l'hypothèse de squatters motivés par des objectifs « de nature principalement revendicative ». En conséquence le préfet est condamné à prendre toutes les mesures pour assurer l'exécution sous quinze jours de l'ordonnance d'expulsion et, au-delà, sous astreinte de 100 euros par jour[3].

Il est toutefois tenu compte des circonstances particulières. Ainsi il n'y a pas urgence à exécuter une décision d'expulsion dès lors que la société propriétaire qui sollicite le concours de la force publique connaissait, lors de l'acquisition de l'immeuble, la présence de squatters et les difficultés que cela entraînerait pour elle[4].

Le préfet peut refuser le concours de la force publique si l'expulsion est de nature à créer un trouble à l'ordre public[5]. S'agissant du contrôle du juge sur la décision d'octroi du concours, le Conseil d'État précise « qu'en cas d'octroi de la force publique il appartient au juge de rechercher si l'appréciation à laquelle s'est livrée l'administration sur la nature et l'ampleur des troubles à l'ordre public susceptibles d'être engendrés par sa décision, ou sur les conséquences de l'expulsion des occupants, compte tenu de la survenance de circonstances postérieures à la décision de justice l'ayant ordonné, n'est pas entaché d'une erreur manifeste d'appréciation », et « en estimant que le seul fait que les personnes expulsées n'aient pas de solution de relogement était susceptible d'entraîner un trouble à l'ordre public justifiant que l'autorité administrative puisse, sans erreur manifeste d'appréciation, ne pas prêter son concours à l'exécution d'une décision juridictionnelle, le juge des référés a commis une erreur de droit[6] ». La circonstance selon laquelle l'administration invoque « la précarité des ressources de l'occupante et l'état de santé de l'un de ses trois enfants » ne permet pas, selon les juges du fond, d'établir en quoi l'expulsion pouvait entraîner à l'époque des troubles à l'ordre public[7].

La Cour européenne des droits de l'homme a déclaré irrecevable un recours dirigé contre la France, en considérant que le refus de concours de la force publique ne heurte pas nécessairement le droit à l'exécution d'une décision de justice[8] et le droit au respect des biens[9], dès lors que « les occupants se trouvaient en situation de précarité et fragilité, et apparaissaient mériter, à ce titre, une protection renforcée[10] ». Mais le refus prolongé d'accorder le concours de la force publique a pour conséquence, faute de toute justification d'intérêt général, de conduire à une sorte d'expropriation privée, en violation de l'article 1er du protocole n° 1 relatif au droit de propriété (la France est condamnée à verser 3 000 euros à la société propriétaire des locaux illégalement occupés)[11].

Le bailleur peut, en outre, présenter un recours devant le tribunal administratif, par la voie du référé liberté, lorsque, aux termes de l'article L. 521-2 du code de justice administrative, « saisi d'une demande en ce sens justifiée par l'urgence, le juge des référés peut ordonner toutes mesures nécessaires à la sauvegarde d'une liberté fondamentale à laquelle une personne morale de droit public ou un organisme de droit privé chargé de la gestion d'un service public aurait porté, dans l'exercice d'un de ses pouvoirs, une atteinte grave et manifestement illégale. Le juge des référés se prononce dans un délai de quarante-huit heures. » Cette voie suppose

1. C. pr. exéc., art. R. 153-1.
2. Décr. n° 2017-892, 6 mai 2017 portant diverses mesures de modernisation et de simplification de la procédure civile, *JO* 10 mai.
3. CE 29 mars 2002, *SCI Stephaur et autres*, req. n° 243338, *Lebon* ; *AJDA* 2003. 345, note Grosieux.
4. CE 3 janv. 2003, *min. de l'Int. c/Société Kerry*, req. n° 253001, *Lebon* T ;*AJDA* 2003. 342, note Gilli.
5. CE 26 oct. 1998, *M. et Mme Peultier*, req. n° 260867, NP, cité par Pélissier, « La responsabilité de l'État du fait de la décision de prêter le concours de la force publique à l'exécution d'une décision de justice », *AJDA* 2006. 1947.
6. CE 30 juin 2010, *min. de l'Int.*, req. n° 332259, *Lebon* ; *AJDA* 2010. 1344, comm. Royer.
7. CAA Paris, 7 juin 2007, n° 06PA03783.
8. Conv. EDH, art. 6.
9. Conv. EDH, prot. add., art. 1er.
10. CEDH 12 oct. 2010, req. n° 23516/08, *D.* 2010. 2843, obs. C. de Gaudemont; *ibid.* 2011. 2298, obs. B. Mallet-Bricout et N. Reboul-Maupin; *AJDI* 2011. 153, obs. J. Raynaud.
11. CEDH 2 déc. 2010, req. n° 6722/05, *AJDA* 2010. 2341; *D.* 2011. 2298, obs. B. Mallet-Bricout et N. Reboul-Maupin.

cependant que la condition posée par le code soit vérifiée : le refus de concours de la force publique opposé au propriétaire depuis un an et demi apparaît ainsi entaché d'une illégalité manifeste et constitutif d'une situation d'urgence au sens et pour l'application de l'article L. 521-2 du code de justice administrative[1].

Dans le contexte particulier de la fusion de deux sociétés, la société absorbante bénéficie de la transmission universelle du patrimoine de la société absorbée et peut engager l'action indemnitaire envers l'État, suite au refus de concours opposé à la société absorbée[2]. Mais la société devenue propriétaire en 2006 d'un logement pour lequel un refus implicite de concours avait été opposé en 2004, ne peut se prévaloir des droits dont disposait la société propriétaire de l'immeuble pour la période antérieure à son acquisition, alors qu'elle n'a demandé le concours de la force publique que deux ans plus tard[3].

833.14 Contestation par le locataire. Le locataire peut également contester la décision du préfet d'accorder le concours de la force publique. Le Conseil d'État s'est ainsi prononcé sur les incidences de la procédure consécutive à la loi Dalo du 5 mars 2007 et a jugé que la décision de la commission de médiation, qui désigne le locataire comme prioritaire et devant être relogé d'urgence et la décision du juge des enfants lui accordant le droit d'héberger sa fille deux week-ends par mois, ne sont pas de nature à créer un doute sérieux quant à la légalité de la décision du préfet accordant le concours de la force publique[4].

SECTION 2
REFUS DE CONCOURS ET RESPONSABILITÉ DE L'ÉTAT

833.21 Principe. Le principe de l'autorité des décisions de justice, et de leur caractère exécutoire, oblige l'État à les faire respecter et, à défaut, à réparer le préjudice subi.

La question de l'indemnisation du bailleur lorsque l'État refuse de prêter son concours à l'exécution d'une décision de justice repose sur une jurisprudence ancienne[5].

L'obligation de l'État de prêter son concours à l'exécution des jugements a, depuis, été énoncée clairement dans l'article L. 153-1 du C. pr. exéc. : « L'État est tenu de prêter son concours à l'exécution des jugements et autres titres exécutoires. Le refus de l'État de prêter son concours ouvre droit à réparation. »

Le Conseil constitutionnel a par ailleurs rappelé que « toute décision de justice est exécutoire ; tout jugement peut donner lieu à une exécution forcée, la force publique devant, si elle y est requise, prêter main-forte à cette exécution[6] ».

La tendance observée va dans le sens d'une intervention plus fréquente du concours rapportée au nombre de commandements de quitter délivrés.

Années	Rapport intervention effective de la force publique / CQL (commandement de quitter les lieux)
2003	18,20 %
2004	12,80 %
2005	18,80 %
2006	19,50 %
2007	19,00 %
2008	19,10 %
2009	19,6 %
2010	19,80 %
2011	22,80 %
2012	23,11 %

Source : Ministère de l'Intérieur

833.22 Conséquences. Le refus de l'administration de prêter son concours, ou le défaut de réponse dans les deux mois, permet au créancier de poursuivre l'État par un recours contentieux devant le tribunal administratif. De même, un délai d'intervention tardif après que la force publique a été accordée peut présenter un caractère anormal de nature à engager la responsabilité de l'État, lorsqu'il n'est pas imputable à des carences de la société requérante ou de l'huissier dans la mise en œuvre des aspects matériels de l'opération qui leur incombait[7].

Mais le bailleur n'est pas fondé à solliciter la condamnation de l'État en réparation de ses préjudices subis du fait du refus du concours de la force publique en vue de l'expulsion d'un de ses locataires, dans la mesure où le jugement dont il se prévalait n'ordonnait l'expulsion que d'un seul des époux locataires, seul assigné dans le cadre de la procédure d'expulsion. Dans ces conditions, même si ce dernier avait été expulsé, le préjudice du bailleur aurait subsisté tant du fait de l'occupation des lieux que

1. CE 27 nov. 2002, n° 251898, *Lebon*.
2. CE 28 nov. 2008, *min. de l'Int.*, req. n° 301548, NP.
3. CE 18 déc. 2009, *FSM*, req. n° 320961, NP.
4. CE 11 févr. 2010, *min. de l'Int.*, req. n° 329927, NP.
5. CE 30 nov. 1923, *Couitéas*, req. n°s 38284 et 48688, *Lebon*.
6. Cons. const. 29 juill. 1998, n° 98-403 *DC*, *Loi d'orientation relative à la lutte contre les exclusions*, NON-CONFORMITÉ PARTIELLE, *JO* 31 juill., p. 11710 ; *AJDA* 1998. 739, note E. Glaser.
7. CE 5 mai 2006, *min. de l'Int. c/SCI de la Terre de Savigny et de Fertot*, req. n° 277632, NP.

des sommes restant dues au titre du bail. La demande en indemnisation du bailleur ne peut donc qu'être rejetée [1]. Par ailleurs la responsabilité de l'État ne peut être engagée qu'à l'égard de la personne au profit de laquelle a été rendue la décision ou de la personne investie ultérieurement des droits de cette dernière [2]. En outre, même dans le cas où les occupants du chef de la personne à expulser ne sont pas mentionnés dans la décision prononçant l'expulsion, le droit à indemnité existe [3]. Mais si l'immeuble est vide au moment de la réquisition du préfet, ou occupé par d'autres personnes que le locataire visé par la décision de justice ou les occupants de son chef l'indemnisation par l'État est écartée [4].

On notera que le preneur à bail emphytéotique peut rechercher la responsabilité de l'État après le refus de concours, suite à un jugement d'expulsion obtenu par le propriétaire [5].

833.23 **Fondement.** La responsabilité de l'État est engagée, sans faute si le refus est justifié par des motifs d'ordre public, et sur le fondement de la faute, si le refus de l'État n'est pas justifié pour des raisons d'ordre public [6] ou s'il est justifié par un délai de grâce accordé par l'Administration [7]. Dans les deux cas, l'inaction de l'État cause un préjudice anormal au bailleur bénéficiaire d'une décision de justice.

Lorsque l'ex-locataire fait l'objet, après la demande de concours, d'une procédure de rétablissement personnel, qui emporte suspension des voies d'exécution, l'État n'en est pas moins condamné à réparer l'ensemble des préjudices que l'occupation irrégulière a causé au propriétaire jusqu'à la date de libération des locaux [8].

SECTION 3
PÉRIODE DE RESPONSABILITÉ

833.31 **Début.** La responsabilité de l'État débute à l'expiration de la période de deux mois dont dispose l'administration pour instruire la demande de concours de la force publique [9].

Si le délai de réflexion expire entre le 1er novembre et le 15 mars, la responsabilité de l'État n'est engagée qu'à la fin de cette période [10]. À l'expiration du sursis hivernal, le droit à réparation court sans qu'il soit subordonné à une réitération de la réquisition de la force publique [11].

Mais, qu'en est-il si la demande de concours est portée dans le délai de grâce ?

Il faut rappeler tout d'abord que la lecture de l'article L. 412-6 du code des procédures civiles d'exécution (et du renvoi réalisé par l'article L. 613-1 du CCH) conduit à exclure formellement toute expulsion pendant la période d'hiver et un huissier ne peut procéder à une tentative d'expulsion [12].

A fortiori, la force publique ne peut intervenir dans ce délai.

Mais, contrairement à l'analyse avancée par le ministère de l'Intérieur dans une circulaire (inédite) du 17 octobre 2005, l'administration peut valablement être saisie pendant la période d'hiver d'une demande de concours dont le rejet est susceptible d'entraîner la responsabilité de l'État. Ainsi, une demande faite le 19 janvier engage la responsabilité de l'État à partir du 19 mars [13] (hypothèse antérieure à la loi du 24 mars 2014, dite loi Alur, qui reporté la fin de la trêve hivernale du 15 au 31 mars). Le Conseil d'État a jugé par ailleurs qu'en présence d'un délai qu'il considère comme anormalement long entre la date d'octroi du concours et l'expulsion elle-même, la responsabilité de l'État se trouvait engagée, et ce à compter du quinzième jour suivant la démarche de l'huissier, en l'absence de circonstances particulières [14].

833.32 **Suspension.** La période de responsabilité de l'État est suspendue :

– si le propriétaire, qui n'a pas obtenu le concours de la force publique, renonce, même à titre provisoire, à sa demande ;

– si un protocole d'accord est signé entre le bailleur social et le locataire dans les conditions de l'article L. 353-15-2 du code de la construction et de l'habitation. À compter de la conclusion du protocole, l'État n'a plus à prêter son concours et ne peut voir sa responsabilité engagée à raison de son refus de concours. Mais l'organisme bailleur retrouve le

1. CE 30 août 2006, *min. de l'Int. c/SCI Ciber*, req. n° 277760, NP.
2. CE 2 sept. 2009, *Soc. Slibail Immob*, req. n° 297126, (2e esp.), *AJDI* 2010. 239, obs. F. de La Vaissière.
3. CE 22 juin 2011, req. n° 340614, NP.
4. CE 9 juill. 2014, req. n° 358130, NP, *AJDI* 2015. 132, obs. J. Mazure; *Rev. loyers*, 2014, p. 507, note V. Canu.
5. CE 10 oct. 2012, *Paris Habitat OPH*, req. n° 352770, *Lebon* T ; *AJDA* 2013. 85.
6. CE 19 févr. 1986, *SPCI*, req. n° 51157, NP.
7. CE 3 juin 1938, *Société La Cartonnerie et imprimerie Saint Charles*, req. nos 58698 et 58699, *Lebon* ; cité par *AJPI* 1985. 595.
8. CE 24 avr. 2012, *Duquesne*, req. n° 338777, *Lebon* T ; *AJDA* 2012. 916, note Grand.
9. CE 26 juin 1968, *A. et Martinod*, req. n° 70982, *Lebon*.
10. CE 4 mars 1988, *Gaillard*, req. n° 53722, NP.
11. CE 20 nov. 1985, *Arthur et Tiffen*.
12. Rép. min. n° 18682, *JOAN Q* 29 avr. 2008, p. 3669.
13. CE 27 avr. 2007, *min. de l'Int.*, req. n° 291410, *Lebon* T.
14. CE 27 janv. 2010, *OPAC Habitat Marseille Provence*, req. n° 320642, *Lebon* T ; *AJDA* 2010. 181; *AJDI* 2010. 487, obs. F. de La Vaissière.

droit de poursuivre l'exécution si l'occupant ne remplit pas ses obligations financières ; la notification au préfet de la dénonciation du protocole doit être regardée comme valant réquisition de prêter le concours de la force publique à l'expulsion du locataire[1]. Il incombe au bailleur qui veut être indemnisé de transmettre au préfet le protocole d'accord et tous les éléments d'information sur l'exécution par le locataire défaillant de ses engagements relatifs à l'apurement de la dette[2]. En outre, l'organisme doit être indemnisé tant pour la première période où il avait sollicité le concours de la force publique après le jugement d'expulsion que pour la seconde qui débute au terme d'un délai de deux mois à compter du courrier constatant la défaillance du locataire suite au protocole intervenu[3] ;

– si le propriétaire conclut avec les occupants un accord ayant pour seul objet de fixer la date de leur départ[4].

En revanche, la période de responsabilité de l'État n'est pas suspendue par la circonstance, postérieure à la date du refus et indépendante de la volonté du propriétaire, que le juge judiciaire accorde un délai de grâce à l'occupant[5].

833.33 **Fin.** Elle prend fin lorsque l'occupant sans titre a libéré effectivement les lieux[6].

La responsabilité de l'État prend fin également si le bailleur renonce à exécuter la décision d'expulsion, soit en signant un nouveau contrat, soit en renonçant expressément au bénéfice de la décision judiciaire. Même dans ce cas, l'État reste responsable pour la période pendant laquelle il a refusé le concours de la force publique[7]. Mais, le refus de donner suite à une demande de concours de la force publique pour assurer l'exécution d'un jugement ordonnant l'expulsion d'un occupant sans titre ne crée aucun droit pour ce dernier à se maintenir dans les lieux et l'autorité compétente peut revenir à tout moment sur son refus initial et accorder le concours de la force publique demandé[8].

Lorsque l'Administration a refusé au propriétaire d'un local le concours de la force publique pour procéder à l'expulsion d'occupants sans droit ni titre de ce local et qu'il est établi que ceux-ci ont spontanément quitté les lieux, la responsabilité de l'État n'est susceptible d'être engagée à l'égard du propriétaire, au titre des préjudices résultant pour lui de l'indisponibilité du local, que jusqu'à la date du départ des occupants. En cas de réinstallation ultérieure de ceux-ci ou de toute personne n'y ayant pas de titre, la responsabilité de l'État ne peut, le cas échéant, être engagée au titre de cette nouvelle occupation qu'en raison d'un nouveau refus de concours de la force publique répondant à une nouvelle demande du propriétaire[9].

SECTION 4
ÉVALUATION DU PRÉJUDICE

833.41 **Loyers et charges.** L'indemnité d'occupation s'appuie sur le montant du loyer contractuel, révisable, le cas échéant[10], dans le cadre du pouvoir souverain des juges du fond[11]. Le surloyer n'est pas pris en compte[12], les pénalités de retard prévues au contrat non plus[13]. Mais les charges récupérables font partie du préjudice du bailleur, en tant qu'accessoire du loyer principal[14].

Le bailleur a droit aux intérêts et à la capitalisation des intérêts sur les loyers et charges échus pendant la période de responsabilité de l'État[15].

833.42 **Travaux.** Le coût des travaux nécessaires à la remise en état résultant des négligences ou du défaut d'entretien des occupants est indemnisable, sauf la vétusté[16]. Encore faut-il pouvoir justifier ce coût, notamment par un état des lieux[17]. Les travaux d'élimination du plomb prescrits par l'administration « ont constitué des mesures palliatives dont le seul objet a été de diminuer les risques sanitaires encourus par les occupants sans droit ni titre, et par suite, ces travaux constituent un préjudice ayant un lien direct avec le refus de concours de la force publique opposé par l'État »[18].

Mais les réparations locatives « qui ne sont pas en relation de cause à effet avec l'occupation abusive des locaux » ne sont pas indemnisées[19]. Le remboursement des frais de protection de l'immeuble destinés à empêcher l'occupation de certains des

1. CE 16 avr. 2008, req. n° 300268, *Lebon* ; *AJDA* 2008. 839.
2. CE 27 janv. 2010, n° 316576, *Lebon* T ; *AJDA* 2010. 182.
3. CE 30 mai 2008, req. n° 302136, NP.
4. CE 4 févr. 2015, req. n° 369224, *Lebon* T.
5. CE 11 avr. 2014, req. n° 359575, *Lebon* T ; *AJDA* 2014. 824 ; *D.* 2015. 1339, obs. A. Leborgne.
6. CE 26 juin 1968, *A. et Martinod*, req. n° 70982, *Lebon*.
7. CE 3 mai 1974, *Dame Dandres*, req. n° 88306, *Lebon* T.
8. CE 5 déc. 2005, *min. de la Sécurité intérieure et des libertés locales*, req. n° 280050, *Lebon* ; *AJDA* 2006. 277.
9. CE 22 nov. 2019, req. n° 417631, *Lebon* T ; *AJDA* 2019. 2408.
10. CE 5 avr. 1980, *Mme Marchand*.
11. Cass., avis, 4 juill. 2017, n° 17-70.008, P n° 8.
12. CE 18 févr. 1983, *FFF*.
13. CE 7 mai 1982, *SNI* – CE 21 janv. 2011, *SNI*.
14. CE 20 mars 1985, Tharel, req. n° 46731, *Lebon*.
15. CE 15 mai 2009, req. n° 316626, NP.
16. CE 3 mai 1974, *Dame Veuve Félix*, req. n° 88306, *Lebon* T.
17. CE 13 juill. 1995, *SA La Lutèce*, req. n° 64467, NP.
18. CE 21 sept. 2007, *Soc. Kerry*, req. n° 381330.
19. CE 19 juin 1992, CIRP, req. n° 93106, NP.

logements libérés n'est pas en relation directe avec la décision contestée de l'administration refusant le concours de la force publique et ne peuvent, par suite, donner lieu à réparation [1].

Les frais qui ne relèvent pas d'une dégradation postérieure à la décision d'expulsion ne sont pas inclus [2].

Dans le cas particulier de locaux occupés par des personnes entrées par voie de fait ayant fait l'objet d'un jugement d'expulsion avec refus de concours de la force publique, dans lesquels le préfet de Paris a décidé d'exécuter d'office des travaux de désintoxication au plomb, la charge revenant normalement au propriétaire peut être transférée à l'État, la somme venant en déduction de l'indemnité qui lui sera versée en indemnisation de l'occupation illégale [3].

833.43 **Perte de valeur vénale.** Les refus réitérés de l'administration pendant près de sept ans aux demandes tendant à l'octroi de la force publique ont conduit la société à vendre l'immeuble à un prix inférieur à celui qu'elle aurait obtenu si les occupants avaient vidé les lieux. Elle est fondée à obtenir de l'État une indemnité à ce titre [4]. En refusant toute indemnisation au seul motif que le montant de l'indemnité demandée avait été calculé par équivalence avec les loyers qu'aurait pu rapporter la location de l'immeuble pendant la période d'inertie de l'administration, sans rechercher si un autre mode de calcul permettait de mieux évaluer le préjudice subi par les créanciers, le tribunal administratif a commis une erreur de droit [5].

SECTION 5
FRAIS

833.51 **Nature. • Frais de procédure**

Les frais de procédure engagés pendant la période de responsabilité de l'État pour l'exécution du jugement d'expulsion ne sont indemnisables que s'ils ont un lien direct avec le refus de concours de la force publique. Ce n'est pas le cas des frais de procédure et de tentative d'exécution du jugement, ni des frais de déménagement, procès-verbal d'expulsion, procès-verbal de recollement et de signification de vente « qui n'avaient pour objet que de parvenir à l'exécution du jugement et qui, de toute façon, auraient dû être exposés par les requérants » [6]. C'est le cas en revanche des frais d'expertise servant à fixer l'indemnité d'occupation [7].

• Frais d'avocats

Les honoraires d'avocat et d'avoué acquittés par le bailleur ne sont pas, généralement, remboursés [8]. Certaines juridictions consentent parfois un remboursement partiel

• Dégradations

Si des dégradations sont commises par les forces de l'ordre au cours d'une opération d'expulsion, l'État, qui est son propre assureur selon l'article L. 211 du code des assurances, procède à l'indemnisation des victimes [9].

• Autres indemnisations

Enfin, un propriétaire social s'est vu indemnisé « des troubles de gestion que lui a occasionnés le refus de l'administration de lui accorder le concours de la force publique ». Cette indemnité couvre « les actions engagées [...] pour assumer l'exécution de sa mission dans le domaine du logement social » [10].

833.52 **Coût de l'indemnisation pour l'État.** L'État, qui doit indemniser les bailleurs, a vu augmenter considérablement les sommes consacrées à cette dépense. Aussi a-t-il cherché à réduire la pression sur les finances publiques résultant de cette obligation. Par circulaire du 17 octobre 2005 [11], le ministre de l'Intérieur a incité les préfets à recourir systématiquement au mécanisme de la transaction, avec les bailleurs sociaux notamment, en proposant des abattements sur les sommes dues. Les contentieux s'étant poursuivis malgré cette recommandation, les bailleurs souhaitant obtenir la compensation intégrale de leur préjudice, l'État a pris acte de la situation en demandant aux préfets par circulaire du 22 janvier 2010 [12], de renoncer aux abattements dans les transactions amiables. La transaction emporte renonciation « à tous droits, actions et prétentions ».

À l'issue de la transaction amiable ou du jugement le condamnant à indemniser le bénéficiaire du jugement, il convient de rappeler que l'administration est subrogée dans les droits que le bailleur

1. CE 10 oct. 2005, *Soc. Transimmeubles*, req. n° 267043, NP.
2. CE 26 avr. 1989, *SA France Habitation*, req. n° 68013, NP, pour des frais de remise en peinture.
3. CE 7 déc. 2011, n° 343128, *Lebon* T ; *Loyers et copr.* 2012, n° 64, note B. Vial-Pedroletti.
4. CE 17 mai 2006, *Soc. Brink's France*, req. n° 277714, NP.
5. CE 25 juill. 2007, *Me Massart*, req. n° 293377, *Lebon* T.
6. CE 31 mars 1989, *épx Morainville*, req. n° 71088, NP.
7. CE 24 nov. 1976, *Santos de Casuro*, req. n° 99811, *Lebon* T.
8. CE 29 juill. 1983, *D.* 1984. IR 120.
9. Rép. min. n° 27834, *JOAN* 21 oct. 2008, p. 9068.
10. CE 13 juill. 1995, *SA La Lutèce*, req. n° 64467, NP – CONFIRMATION de l'indemnisation de l'immobilisation du bien au titre des troubles de gestion : CE 15 mai 2009, req. n° 316626, NP.
11. NOR INT D 05 00091 C, non publiée.
12. Circ. 22 janv. 2010 relative à la définition de la transaction amiable pour indemniser les conséquences des refus de concours de la force publique en matière d'expulsion locative, NOR 10CD1002892C.

détenait sur son débiteur et peut, par le biais d'actions récursoires, récupérer auprès de l'occupant les sommes versées[1]. Le juge, lorsqu'il condamne l'État à indemniser un propriétaire doit, même d'office, subroger l'État dans les droits du propriétaire à l'encontre des occupants[2].

1. Rép. min. n° 86043, *JOAN Q* 16 nov. 2010, p. 12476.
2. CE 27 juill. 2016, n° 389690, *Lebon* T ; *AJDA* 2016. 1597, note M.-C. de Montecler.

LIVRE

9. LA FISCALITÉ DU LOGEMENT LOCATIF

SECTION 0

ORIENTEUR

9.00 Sommaire du livre.

Division. Qu'elle soit exercée dans un cadre patrimonial ou économique, la location de logement est appréhendée par la fiscalité française, avec toute la richesse et la complexité qui caractérisent cette dernière.

Le bailleur ou son revenu sont ainsi impactés par les impositions directes (impôt sur le revenu ou impôt sur les sociétés, contributions sociales...) et indirectes (TVA...), nationales et locales (taxe foncière et contributions annexes...).

Au chapitre de la complexité, on relèvera qu'à l'image de la fiscalité française, celle du bailleur est de prime abord lourde, mais impactée par de multiples atténuations ou régimes de faveur (investissement locatif, prise en compte des déficits...), qui, s'ils ont un effet d'atténuation ou d'incitation, rendent son application délicate.

La fiscalité du bailleur a également une dimension « répressive », qui s'illustre par diverses impositions mises en place ces dernières années dans le cadre de la pénurie d'offre locative (taxe sur les micro logements, impositions sur les logements vacants).

La fiscalité applicable à la location dépend en premier lieu du statut juridique du bailleur (personne physique ou morale), mais également de nombreux autres critères (location nue ou meublée...), variables d'une imposition à l'autre.

Le tableau ci-après situe les problématiques fiscales à examiner, en fonction des principaux critères.

	Fiscalité du revenu locatif	Contribution sur les revenus locatifs	TVA	Taxe foncière	Contribution économique territoriale (CET)
• Particulier louant un logement nu	• Impôt sur le revenu dans la catégorie des revenus fonciers + contributions sociales	• Non soumis	• Non soumis	• Imposable	• Non soumis
• Particulier louant un logement meublé	• Impôt sur le revenu dans la catégorie des bénéfices industriels et commerciaux + contributions sociales	• Non soumis	• Non soumis, sauf fourniture de services para-hôteliers	• Imposable	• Imposable
• Personnes morales passibles de l'impôt sur les sociétés – logement nu	• Impôt sur les sociétés, sauf régime particulier (collectivités territoriales, bailleurs sociaux, organismes sans but lucratif…)	• Soumis (sauf régime particulier)	• Non soumis	• Imposable	• Non soumis
• Personnes morales passibles de l'impôt sur les sociétés – logement meublé	• Impôt sur les sociétés, sauf régime particulier (collectivités territoriales, bailleurs sociaux, organismes sans but lucratif…)	• Soumis (sauf régime particulier)	• Non soumis, sauf fourniture de services para-hôteliers	• Imposable	• Imposable
• Sociétés non soumises à l'IS – location nue	• Imposition des associés selon leur propre régime (IR ou IS)	• Soumis si l'un des associés est soumis à l'IS	• Non soumis	• Imposable	• Non soumis
• Sociétés non soumises à l'IS – location meublée	• Imposition des associés selon leur propre régime (IR ou IS)	• Soumis si l'un des associés est soumis à l'IS	• Non soumis, sauf fourniture de services para-hôteliers	• Imposable	• Imposable

TITRE

91. La fiscalité du revenu locatif (impôt sur le revenu, impôt sur les sociétés)

SECTION 0 ORIENTEUR

91.00 Sommaire du titre.

Division. L'activité de location de logement dégage un résultat économique. Celui-ci est naturellement appréhendé par l'impôt, selon différents régimes.

Les régimes d'imposition dépendent de plusieurs critères : qualité du bailleur (personne physique ou morale), location nue ou meublée ...

Le revenu effectivement imposable est alors défini selon les règles propres à chaque catégorie d'imposition. Sont définies dans ce cadre la nature des produits et des charges retenues. De même, lorsque le résultat fiscal est déficitaire, les modalités de prise en compte du déficit sont différentes selon la catégorie d'imposition.

Pour les bailleurs particuliers (personnes physiques) (chap. 911), l'imposition des locations nues relève de la catégorie des revenus fonciers[1] (v. s^s n°s 911.10 s.). Lorsque la location est meublée, elle relève des bénéfices industriels et commerciaux[2] (v. s^s n°s 911.331 s.). La sous-location relève quant à elle des bénéfices non commerciaux (v. s^s n°s 911.371 s.).

Les bailleurs personne morale (chap. 912) sont soumis, selon leur forme juridique et dans certains cas sur option, soit à l'impôt sur les sociétés (v. s^s n°s 912.21 s.), soit exonérés de cet impôt (le résultat est alors imposé entre les mains des associés – v. s^s n°s 912.61 s.).

1. CGI, art. 14 s.
2. CGI, art. 34 s.

CHAPITRE

911. Bailleur particulier

SECTION 0 ORIENTEUR

911.00 **Sommaire du chapitre.**

Division. Le bailleur particulier est imposable sur le revenu tiré de la location d'immeuble à l'impôt sur le revenu. La catégorie d'imposition est celle dite des « revenus fonciers » s'il s'agit d'une location nue (v. s[s] nº 911.21), des bénéfices industriels et commerciaux s'il s'agit de location meublée (v. s^{s} n° 911.331), ou des bénéfices non commerciaux en cas de sous-location de locaux nus (v. s^{s} n° 911.371). Il demeure par ailleurs soumis à des prélèvements sociaux (v. s^{s} n°s 911.381 s.).

911.01 Principaux textes applicables.

TEXTES SOURCES

- **CGI,** art. 14 à 32, 34, 35 *bis*, 156-I-3°, 199 *novovicies*, 199 *tervicies*
- **CSS,** art. L. 136-6-1-a, L. 245-14.
- **Ord. n° 96-50, 26 janv. 1996** relative au remboursement de la dette sociale, art. 15.
- **CASF,** art. L. 14-10-4 2°.
- **CGI,** art. 1600-0 S.

TEXTES *IN EXTENSO*

- **CGI,** art. 14

Sous réserve des dispositions de l'article 15, sont compris dans la catégorie des revenus fonciers, lorsqu'ils ne sont pas inclus dans les bénéfices d'une entreprise industrielle, commerciale ou artisanale, d'une exploitation agricole ou d'une profession non commerciale :

1° Les revenus des propriétés bâties, telles que maisons et usines, ainsi que les revenus :

[...]

c) Des bateaux utilisés en un point fixe et aménagés pour l'habitation, le commerce ou l'industrie, même s'ils sont seulement retenus par des amarres.

- **CGI,** art. 28

Le revenu net foncier est égal à la différence entre le montant du revenu brut et le total des charges de la propriété.

- **CGI,** art. 29

Sous réserve des dispositions des articles 33 *ter* et 33 *quater*, le revenu brut des immeubles ou parties d'immeubles donnés en location, est constitué par le montant des recettes brutes perçues par le propriétaire, augmenté du montant des dépenses incombant normalement à ce dernier et mises par les conventions à la charge des locataires. Les subventions et indemnités destinées à financer des charges déductibles sont comprises dans le revenu brut. Il n'est pas tenu compte des sommes versées par les locataires au titre des charges leur incombant.

Dans les recettes brutes de la propriété sont comprises notamment celles qui proviennent de la location du droit d'affichage ou du droit de chasse, de la concession du droit d'exploitation des carrières, de redevances tréfoncières ou autres redevances analogues ayant leur origine dans le droit de propriété ou d'usufruit.

- **CGI,** art. 30

Sous réserve des dispositions de l'article 15-II, le revenu brut des immeubles ou parties d'immeubles dont le propriétaire se réserve la jouissance est constitué par le montant du loyer qu'ils pourraient produire s'ils étaient donnés en location. Il est évalué par comparaison avec les immeubles ou parties d'immeubles similaires faisant l'objet d'une location normale, ou, à défaut, par voie d'appréciation directe. Il est majoré, s'il y a lieu, des recettes visées au deuxième alinéa de l'article 29. Cette disposition ne concerne pas le droit de chasse.

- **CGI,** art. 31

I. Les charges de la propriété déductibles pour la détermination du revenu net comprennent :

1° Pour les propriétés urbaines :

a) Les dépenses de réparation et d'entretien effectivement supportées par le propriétaire ;

a) *bis*) les primes d'assurance ;

a) *ter*) Le montant des dépenses supportées pour le compte du locataire par le propriétaire dont celui-ci n'a pu obtenir le remboursement, au 31 décembre de l'année du départ du locataire ;

a) *quater*) Les provisions pour dépenses, comprises ou non dans le budget prévisionnel de la copropriété, prévues à l'article 14-1 de la loi n° 65-557 du 10 juillet 1965 fixant le statut de la copropriété des immeubles bâtis, supportées par le propriétaire, diminuées du montant des provisions déduites l'année précédente qui correspond à des charges non déductibles ;

b) Les dépenses d'amélioration afférentes aux locaux d'habitation, à l'exclusion des frais correspondant à des travaux de construction, de reconstruction ou d'agrandissement, ainsi que des dépenses au titre desquelles le propriétaire bénéficie du crédit d'impôt sur le revenu prévu à l'article 200 *quater* ou de celui prévu à l'article 200 *quater* A ;

b) *bis*) Les dépenses d'amélioration afférentes aux locaux professionnels et commerciaux destinées à protéger ces locaux des effets de l'amiante ou à faciliter l'accueil des handicapés, à l'exclusion des frais correspondant à des travaux de construction, de reconstruction ou d'agrandissement ;

[...]

c) Les impositions, autres que celles incombant normalement à l'occupant, perçues, à raison desdites propriétés, au profit des collectivités territoriales, de certains établissements publics ou d'organismes divers, à l'exception de la taxe annuelle sur les locaux à usage de bureaux, les locaux commerciaux et les locaux de stockage perçue dans la région d'Île-de-France prévue à l'article 231 *ter* ;

d) Les intérêts de dettes contractées pour la conservation, l'acquisition, la construction, la réparation ou l'amélioration des propriétés, y compris celles dont le contribuable est nu-propriétaire et dont l'usufruit appartient à un organisme d'habitations à loyer modéré mentionné à l'article, à une société d'économie mixte ou à un organisme disposant de l'agrément prévu à l'article du même code ;

e) Les frais de gestion, fixés à 20 € par local, majorés, lorsque ces dépenses sont effectivement supportées par le propriétaire, des frais de rémunération des gardes et concierges, des frais de procédure et des frais de rémunération, honoraire et commission versés à un tiers pour la gestion des immeubles ;

e) *bis*) Les dépenses supportées par un fonds de placement immobilier mentionné à l'article 239 *nonies* au titre des frais de fonctionnement et de gestion à proportion des actifs mentionnés au a du 1° du II de l'article du code monétaire et financier détenus directement ou indirectement par le fonds, à l'exclusion des frais de gestion variables perçus par la société de gestion mentionnée à l'article du même code en fonction des performances réalisées.

Les frais de gestion, de souscription et de transaction supportés directement par les porteurs de parts d'un fonds de placement immobilier mentionné à l'article 239 *nonies* ne sont pas compris dans les charges de la propriété admises en déduction ; [...]

o) 1. Une déduction fixée :

A. – Pour les logements situés dans les communes classées par arrêté des ministres chargés du budget et du logement dans les zones géographiques se caractérisant par un déséquilibre important entre l'offre et la demande de logements entraînant des difficultés d'accès au logement sur le parc locatif existant :

– à 30 % des revenus bruts des logements donnés en location dans le cadre d'une convention mentionnée à l'article L. 321-4 du code de la construction et de l'habitation conclue entre le 1er janvier 2017 et le 31 décembre 2022 ;

– à 70 % des revenus bruts des logements donnés en location dans le cadre d'une convention mentionnée à l'article L. 321-8 du même code conclue entre le 1er janvier 2017 et le 31 décembre 2022.

B.- Dans les zones géographiques se caractérisant par un déséquilibre entre l'offre et la demande de logements, autres que celles mentionnées au A du présent 1 :

– à 15 % des revenus bruts des logements donnés en location dans le cadre d'une convention mentionnée à l'article L. 321-4 du code de la construction et de l'habitation conclue entre le 1er janvier 2017 et le 31 décembre 2022 ;

– à 50 % des revenus bruts des logements donnés en location dans le cadre d'une convention mentionnée à l'article L. 321-8 du même code conclue entre le 1er janvier 2017 et le 31 décembre 2022.

C. – Dans les zones géographiques autres que celles mentionnées aux A et B du présent 1, à 50 % des revenus bruts des logements donnés en location dans le cadre d'une convention mentionnée à l'article L. 321-8 du code de la construction et de l'habitation, conclue entre le 1er janvier 2018 et le 31 décembre 2022, lorsque cette convention prévoit la réalisation de travaux mentionnés au a de l'article L. 321-4 du même code.

D. – Les taux mentionnés aux A, B et C du présent 1 sont portés, y compris lorsque la convention prévue au C ne prévoit pas la réalisation de travaux, à 85 % des revenus bruts lorsque les logements mentionnés au présent 1 sont donnés en mandat de gestion ou en location à un organisme public ou privé, agréé en application de l'article L. 365-4 du code de la construction et de l'habitation, soit en vue de leur location ou sous-location, meublée ou non, à des personnes mentionnées au II de l 'article L. 301-1 du même code ou aux personnes physiques dont la situation nécessite une solution locative de transition, soit en vue de l'hébergement de ces mêmes personnes.

2. La déduction mentionnée au 1 du présent o s'applique à compter de la date de prise d'effet de la convention et pendant toute sa durée.

3. La déduction prévue au 1 du présent o s'applique aux logements pour lesquels le contribuable justifie du respect d'un niveau de performance énergétique globale fixé par arrêté conjoint des ministres chargés du logement, de l'énergie et du budget.

4. Le bénéfice de la déduction prévue au 1 du présent o est subordonné à l'engagement du contribuable ou de la société propriétaire de louer le logement nu pendant toute la durée d'application de la convention à usage d'habitation principale.

Cet engagement prévoit que :

A. Le loyer et les ressources du locataire appréciées à la date de conclusion du bail ne doivent pas excéder des plafonds fixés par décret en fonction de la localisation du logement ;

B. La location ne peut être conclue avec un membre du foyer fiscal, un ascendant ou un descendant du contribuable, une personne occupant déjà le logement, sauf à l'occasion du renouvellement du bail, ou, si le logement est la propriété d'une société non soumise à l'impôt sur les sociétés, l'un de ses associés ou un membre du foyer fiscal, un ascendant ou un descendant d'un associé. Les associés d'une société non soumise à l'impôt sur les sociétés doivent conserver leurs parts pendant toute la durée de la convention.

5. Pour le bénéfice des déductions prévues au présent o, lorsqu'elle fait l'objet de l'une des conventions mentionnées au 1 du présent o, la location du logement consentie dans les mêmes conditions à un organisme public ou privé pour le logement ou l'hébergement de personnes physiques à usage d'habitation principale, à l'exclusion du propriétaire du logement, des membres de son foyer fiscal ou de ses descendants ou ascendants, ne fait pas obstacle au bénéfice de la déduction, à la condition que cet organisme ne fournisse aucune prestation hôtelière ou para-hôtelière. Un décret précise les modalités d'appréciation des loyers et des ressources de l'occupant, ainsi que les conditions de cette location.

6. Lorsque, à l'échéance de l'une des conventions mentionnées au 1 du présent o, y compris après une période triennale de prorogation, le contrat de location du logement concerné est en cours de validité conformément à l'article 10 de la loi n° 89-462 du 6 juillet 1989 tendant à améliorer les rapports locatifs et portant modification de la loi n° 86-1290 du 23 décembre 1986, le bénéfice de l'une des déductions des revenus bruts prévues au présent o est maintenu jusqu'à la date fixée pour le renouvellement ou la reconduction de ce contrat de location tant que le même locataire reste en place et que toutes les conditions, notamment celle relative au montant du loyer, sont remplies.

7. En cas de non-respect de l'un des engagements mentionnés au présent o ou de cession du logement ou des parts sociales, la déduction fait l'objet d'une reprise au titre de l'année de la rupture de l'engagement ou de la cession. Toutefois, aucune reprise n'est effectuée si la rupture de l'engagement ou la cession survient à la suite de l'invalidité correspondant au classement dans la deuxième ou la troisième des catégories prévues à l'article L 341-4 du code de la sécurité sociale, du licenciement ou du décès du contribuable ou de l'un des membres du couple soumis à imposition commune.

8. Les dispositions du présent o sont exclusives de celles prévues aux f à m du présent 1° et aux articles 31 *bis*, 199 *decies* I, 199 *undecies* A, 199 *septvicies* et 199 *novovicies* du présent code. Elles ne sont pas non plus applicables aux

immeubles classés ou inscrits au titre des monuments historiques ou ayant reçu le label délivré par la « Fondation du patrimoine », mentionnés au premier alinéa du 3° du I de l'article 156.

• **CGI,** art. 32

1. Par dérogation aux dispositions de l'article 31, lorsque le montant du revenu brut annuel défini aux articles 29 et 30 n'excède pas 15 000 €, le revenu imposable correspondant est fixé à une somme égale au montant de ce revenu brut diminué d'un abattement de 30 %.

Dans le cas où le contribuable détient des parts de fonds de placement immobilier mentionnés à l'article 239 *nonies* ou des parts de sociétés, autres que celles visées à l'article 1655 *ter*, qui donnent en location des immeubles nus et dont les résultats sont imposés dans les conditions prévues à l'article 8, la limite de 15 000 € est appréciée en tenant compte du montant du revenu brut annuel défini aux articles 29 et 30 à proportion de ses droits dans les bénéfices comptables de ces sociétés ou de ces fonds. Le revenu imposable est déterminé en tenant compte de cette quote-part.

2. Les dispositions du 1 s'appliquent à l'ensemble des revenus fonciers perçus par le foyer fiscal. Les contribuables concernés portent directement le montant du revenu brut annuel sur la déclaration prévue à l'article 170.

Les dispositions du 1 ne sont pas applicables lorsque le contribuable ou l'un des membres du foyer fiscal est propriétaire d'un ou plusieurs biens appartenant aux catégories suivantes :

a) Monuments historiques et assimilés ou immeubles en nue-propriété, donnés en location et visés au 3° du I de l'article 156 ;

b) Immeubles au titre desquels est demandé le bénéfice des dispositions du b *ter* du 1° du I de l'article 31 ou de celles du deuxième alinéa du 3° du I de l'article 156 ;

c) Logements au titre desquels est demandé le bénéfice de l'une des déductions prévues aux j et k du 1° du I de l'article 31 ou de l'une des déductions au titre de l'amortissement prévues aux f, g et h du 1° du I de l'article 31 ;

d) Parts de sociétés, autres que celles visées à l'article 1655 *ter*, qui donnent en location des immeubles nus et dont les résultats sont imposés dans les conditions prévues à l'article 8 lorsque leur détenteur n'est pas propriétaire d'un immeuble donné en location nue.

e) Parts de sociétés, autres que celles visées à l'article 1655 *ter*, et parts de fonds de placement immobilier mentionnés à l'article 239 *nonies*, qui donnent en location un immeuble visé aux a, b et c ou qui font l'objet de la déduction au titre de l'amortissement prévue à l'article 31 *bis* et dont les résultats sont imposés dans les conditions prévues à l'article 8.

f) Logements au titre desquels est demandé le bénéfice de la déduction prévue au i, au m ou au n du 1° du I de l'article 31.

g) Parts de fonds de placement immobilier mentionnés à l'article 239 *nonies* lorsque leur détenteur n'est pas propriétaire d'un immeuble donné en location nue ;

3. L'année au cours de laquelle le seuil prévu au 1 est dépassé ou celle au titre de laquelle l'une des exclusions mentionnées au 2 est applicable, le revenu net foncier est déterminé dans les conditions prévues aux articles 28 et 31 ;

4. Les contribuables qui souhaitent renoncer au bénéfice des dispositions du 1 peuvent opter pour la détermination de leur revenu net foncier dans les conditions prévues aux articles 28 et 31.

L'option est exercée pour une période de trois ans dans le délai prévu pour le dépôt de la déclaration mentionnée à l'article 170 de la première année au titre de laquelle elle s'applique. Irrévocable durant cette période, elle est valable tant que le contribuable reste de manière continue dans le champ d'application du 1.

• **CGI,** art. 34

Sont considérés comme bénéfices industriels et commerciaux, pour l'application de l'impôt sur le revenu, les bénéfices réalisés par des personnes physiques et provenant de l'exercice d'une profession commerciale, industrielle ou artisanale.

• **CGI,** art. 35

I. Présentent également le caractère de bénéfices industriels et commerciaux, pour l'application de l'impôt sur le revenu, les bénéfices réalisés par les personnes physiques désignées ci-après :

[...]

5° *bis* Personnes qui donnent en location directe ou indirecte des locaux d'habitation meublés ; [...]

• **CGI,** art. 35 *bis*

I. Les personnes qui louent ou sous-louent en meublé une ou plusieurs pièces de leur habitation principale sont exonérées de l'impôt sur le revenu pour les produits de cette location sous réserve que les pièces louées constituent pour le locataire ou le sous-locataire en meublé sa résidence principale ou sa résidence temporaire, dès lors qu'il justifie d'un contrat conclu en application du 3° de l'article L. 1242-2 du code du travail, et que le prix de location demeure fixé dans des limites raisonnables.

II. À compter du 1er janvier 2001 et jusqu'au 31 décembre 2023, les personnes qui mettent de façon habituelle à la disposition du public une ou plusieurs pièces de leur habitation principale sont exonérées de l'impôt sur le revenu sur le produit de ces locations lorsque celui-ci n'excède pas 760 € par an.

Cette exonération ne peut se cumuler avec les dispositions de l'article 50-0.

• **CGI,** art. 155

IV. – 2. L'activité de location directe ou indirecte de locaux d'habitation meublés ou destinés à être loués meublés est exercée à titre professionnel lorsque les deux conditions suivantes sont réunies :

1° (Abrogé)

2° Les recettes annuelles retirées de cette activité par l'ensemble des membres du foyer fiscal excèdent 23 000 € ;

3° Ces recettes excèdent les revenus du foyer fiscal soumis à l'impôt sur le revenu dans les catégories des traitements et salaires au sens de l'article 79, des bénéfices industriels et commerciaux autres que ceux tirés de l'activité de location meublée, des bénéfices agricoles, des bénéfices non commerciaux et des revenus des gérants et associés mentionnés à l'article 62.

Pour l'application du 3°, les recettes afférentes à une location ayant commencé avant le 1er janvier 2009 ou portant sur un local d'habitation acquis ou réservé avant cette date dans les conditions prévues aux articles L. 261-2, L. 261-3, L. 261-15 ou L. 262-1 du code de la construction et de l'habitation sont comptées pour un montant quintuple de leur valeur, diminué de deux cinquièmes de cette valeur par année écoulée depuis le début de la location, dans la limite de dix années à compter du début de celle-ci.

La location du local d'habitation est réputée commencer à la date de son acquisition ou, si l'acquisition a eu lieu avant l'achèvement du local, à la date de cet achèvement. L'année où commence la location, les recettes y afférentes sont, le cas échéant, ramenées à douze mois pour l'appréciation des seuils mentionnés aux 2° et 3° du présent 2. Il en est de même l'année de cessation totale de l'activité de location.

• **CGI,** art. 199 *novovicies*

I. – A. – Les contribuables qui acquièrent, entre le 1er janvier 2013 et le 31 décembre 2024, alors qu'ils sont domiciliés en France au sens de l'article 4 B, un logement neuf ou en l'état futur d'achèvement dans un bâtiment d'habitation collectif bénéficient d'une réduction d'impôt sur le revenu à condition qu'ils s'engagent à le louer nu à usage d'habitation principale pendant une durée minimale fixée, sur option du contribuable, à six ans ou à neuf ans. Cette option, qui est exercée lors du dépôt de la déclaration des revenus de l'année d'achèvement de l'immeuble ou de son acquisition si elle est postérieure, est irrévocable pour le logement considéré.

La réduction d'impôt s'applique, dans les mêmes conditions, à l'associé d'une société non soumise à l'impôt sur les sociétés, autre qu'une société civile de placement immobilier, lorsque l'acquisition du logement est réalisée, alors que l'associé est domicilié en France au sens du même article 4 B, par l'intermédiaire d'une telle société et à la condition que le porteur de parts s'engage à conserver la totalité de ses titres jusqu'à l'expiration de l'engagement de location mentionné au premier alinéa.

B. – La réduction d'impôt s'applique également dans les mêmes conditions :

1° Au logement situé dans un bâtiment d'habitation collectif que le contribuable fait construire et qui fait l'objet d'un dépôt de demande de permis de construire entre le 1er janvier 2013 et le 31 décembre 2024 ;

2° Au logement que le contribuable acquiert entre le 1er janvier 2013 et le 31 décembre 2024 et qui fait ou qui a fait l'objet de travaux concourant à la production ou à la livraison d'un immeuble neuf au sens du 2° du 2 du I de l'article 257 ;

3° Au logement qui ne satisfait pas aux caractéristiques de décence, prévues à l'article 6 de la loi n° 89-462 du 6 juillet 1989 tendant à améliorer les rapports locatifs et portant modification de la loi n° 86-1290 du 23 décembre 1986, que le contribuable acquiert entre le 1er janvier 2013 et le 31 décembre 2024 et qui fait ou qui a fait l'objet de travaux de réhabilitation, définis par décret, permettant au logement d'acquérir des performances techniques voisines de celles d'un logement neuf ;

4° Au local affecté à un usage autre que l'habitation que le contribuable acquiert entre le 1er janvier 2013 et le 31 décembre 2024 et qui fait ou qui a fait l'objet de travaux de transformation en logement.

5° Au logement que le contribuable acquiert entre le 1er janvier 2019 et le 31 décembre 2022 et qui fait ou qui a fait l'objet de travaux d'amélioration définis par décret, ainsi qu'au local affecté à un usage autre que l'habitation que le contribuable acquiert entre le 1er janvier 2019 et le 31 décembre 2022 et qui fait ou qui a fait l'objet de travaux de transformation en logement. Le montant des travaux, facturés par une entreprise, doit représenter au moins 25 % du coût total de l'opération.

C. – L'achèvement du logement doit intervenir dans les trente mois qui suivent la date de la signature de l'acte authentique d'acquisition, dans le cas d'un logement acquis en l'état futur d'achèvement, ou la date de l'obtention du permis de construire, dans le cas d'un logement que le contribuable fait construire.

Pour les logements qui font l'objet des travaux mentionnés aux 2° à 5° du B après l'acquisition par le contribuable, l'achèvement de ces travaux doit intervenir au plus tard le 31 décembre de la deuxième année qui suit celle de l'acquisition du local ou du logement concerné.

Pour les logements qui ont fait l'objet des travaux mentionnés aux mêmes 2° à 5° avant l'acquisition par le contribuable, la réduction d'impôt s'applique aux logements qui n'ont pas été utilisés ou occupés à quelque titre que ce soit depuis l'achèvement des travaux.

D. – La location ne peut pas être conclue avec un membre du foyer fiscal du contribuable ou, lorsque le logement est la propriété d'une société non soumise à l'impôt sur les sociétés, autre qu'une société civile de placement immobilier, avec l'un des associés ou un membre du foyer fiscal de l'un des associés.

La location du logement consentie à un organisme public ou privé qui le donne en sous-location nue à usage d'habitation principale à une personne autre que l'une de celles mentionnées au premier alinéa ne fait pas obstacle au bénéfice de la réduction d'impôt à la condition que cet organisme ne fournisse aucune prestation hôtelière ou para-hôtelière.

La réduction d'impôt n'est pas applicable aux logements dont le droit de propriété est démembré ou aux logements appartenant à une société non soumise à l'impôt sur les sociétés, autre qu'une société civile de placement immobilier, dont le droit de propriété des parts est démembré.

Elle n'est pas non plus applicable aux immeubles classés ou inscrits au titre des monuments historiques ou ayant reçu le label délivré par la « Fondation du patrimoine », mentionnés au premier alinéa du 3° du I de l'article 156, et aux logements financés au moyen d'un prêt mentionné à l'article D. 331-1 du code de la construction et de l'habitation.

E. – Un contribuable ne peut, pour un même logement, bénéficier à la fois du m du 1° du I de l'article 31, de l'une des réductions d'impôt prévues aux articles 199 *undecies* A, 199 *undecies* C et 199 *tervicies* et de la réduction d'impôt prévue au pré sent article.

F. – Les dépenses de travaux retenues pour le calcul de la réduction d'impôt prévue au présent article ne peuvent faire l'objet d'une déduction pour la détermination des revenus fonciers.

II. – La réduction d'impôt s'applique aux logements pour lesquels le contribuable justifie du respect d'un niveau de performance énergétique globale fixé par décret en fonction du type de logement concerné.

III. – L'engagement de location mentionné au I doit prendre effet dans les douze mois qui suivent la date d'achèvement de l'immeuble ou de son acquisition si elle est postérieure. Cet engagement prévoit que le loyer et les ressources du locataire appréciées à la date de conclusion du bail ne doivent pas excéder des plafonds fixés par décret en fonction de la localisation du logement et de son type.

Les plafonds de loyer mentionnés au premier alinéa peuvent être réduits, dans des conditions définies par décret, par le représentant de l'État dans la région après avis du comité régional de l'habitat et de l'hébergement mentionné à l'article L. 364-1 du code de la construction et de l'habitation, afin d'être adaptés aux particularités des marchés locatifs locaux.

IV. – Sous réserve des dispositions du IV *bis*, la réduction d'impôt s'applique exclusivement aux logements situés dans des communes classées, par arrêté des ministres chargés du budget et du logement, dans des zones géographiques se caractérisant par un déséquilibre important entre l'offre et la demande de logements entraînant des difficultés d'accès au logement sur le parc locatif existant et aux logements situés dans des communes dont le territoire est couvert par un contrat de redynamisation de site de défense ou l'a été dans un délai de huit ans précédant l'investissement.

IV *bis*.-La réduction d'impôt mentionnée au 5° du B du I s'applique exclusivement aux logements situés dans les communes dont le besoin de réhabilitation de l'habitat en centre-ville est particulièrement marqué ou qui ont conclu une convention d'opération de revitalisation de territoire prévue à l'article L. 303-2 du code de la construction et de l'habitation. Les modalités d'application du présent IV *bis*, notamment la liste des communes répondant à la condition liée au besoin de réhabilitation de l'habitat en centre-ville, sont fixées par arrêté des ministres chargés du logement et du budget.

V. – A. – La réduction d'impôt est calculée sur le prix de revient d'au plus deux logements, retenu dans la limite d'un plafond par mètre carré de surface habitable fixé par décret et sans pouvoir dépasser la limite de 300 000 € par contribuable et pour une même année d'imposition.

Lorsque la réduction d'impôt est acquise au titre des 2° à 5° du B du I, le prix de revient mentionné au premier alinéa du présent A s'entend du prix d'acquisition du local ou du logement augmenté du prix des travaux.

B. – Lorsque le logement est détenu en indivision, chaque indivisaire bénéficie de la réduction d'impôt dans la limite de la quote-part du prix de revient correspondant à ses droits dans l'indivision.

Lorsque les logements sont la propriété d'une société non soumise à l'impôt sur les sociétés, autre qu'une société civile de placement immobilier, le contribuable bénéficie de la réduction d'impôt dans la limite de la quote-part du prix de revient correspondant à ses droits sur les logements concernés.

VI. – Le taux de la réduction d'impôt est fixé à :

1° 12 % lorsque l'engagement de location mentionné au I est pris pour une durée de six ans. Par dérogation, ce taux est fixé à 10,5 % pour les acquisitions, autres que celles mentionnées au 5° du B du I, réalisées en 2023 et pour les constructions mentionnées au 1° du même B dont le permis de construire a été déposé cette même année ; il est fixé à 9 % pour les acquisitions, autres que celles mentionnées au 5° dudit B, réalisées en 2024 et pour les constructions mentionnées au 1° du même B dont le permis de construire a été déposé cette même année ;

2° 18 % lorsque l'engagement de location mentionné au I est pris pour une durée de neuf ans. Par dérogation, ce taux est fixé à 15 % pour les acquisitions, autres que celles mentionnées au 5° du B du I, réalisées en 2023 et pour les constructions mentionnées au 1° du même B dont le permis de construire a été déposé cette même année ; il est fixé à 12 % pour les acquisitions, autres que celles mentionnées au 5° dudit B, réalisées en 2024 et pour les constructions mentionnées au 1° du même B dont le permis de construire a été déposé cette même année.

VII. – La réduction d'impôt est répartie, selon la durée de l'engagement de location, sur six ou neuf années. Elle est accordée au titre de l'année d'achèvement du logement, ou de son acquisition si elle est postérieure, et imputée sur l'impôt dû au titre de cette même année, puis sur l'impôt dû au titre de chacune des cinq ou huit années suivantes à raison d'un sixième ou d'un neuvième de son montant total au titre de chacune de ces années.

En cas de transfert du domicile fiscal du contribuable hors de France durant cette période, la réduction d'impôt s'impute, dans les conditions prévues au premier alinéa du présent VII, sur l'impôt établi dans les conditions prévues à l'article 197 A, avant imputation des prélèvements ou retenues non libératoires. Elle ne peut pas donner lieu à remboursement.

VII *bis*. – A. – À l'issue de la période couverte par l'engagement de location mentionnée au I, lorsque le logement reste loué par période triennale dans les conditions prévues au III, le contribuable peut continuer à bénéficier de la réduction d'impôt prévue au présent article, à la condition de proroger son engagement initial pour au plus :

1° Trois années supplémentaires, renouvelables une fois, si l'engagement de location mentionné au I était d'une durée de six ans. Dans ce cas, la réduction d'impôt est égale à 6 % du prix de revient du logement, mentionné au A du V, pour la première période triennale et à 3 % pour la seconde période triennale. Par dérogation, la réduction d'impôt est égale à 4,5 % pour la première période et 2,5 % pour la seconde pour les acquisitions, autres que celles mentionnées au 5° du B du I, réalisées en 2023 et pour les constructions mentionnées au 1° du même B dont le permis de construire a été déposé cette même année ; elle est égale à 3 % pour la première période et 2 % pour la seconde, pour les acquisitions, autres que celles mentionnées au 5° dudit B, réalisées en 2024 et pour les constructions mentionnées au 1° du même B dont le permis de construire a été déposé cette même année ;

2° Trois années supplémentaires, si l'engagement de location mentionné au I était d'une durée de neuf ans. Dans ce cas, la réduction d'impôt est égale à 3 % du prix de revient du logement, mentionné au A du V, pour cette période triennale. Par dérogation, la réduction d'impôt est égale à 2,5 %, pour les acquisitions, autres que celles mentionnées au 5° du B du I, réalisées en 2023 et pour les constructions mentionnées au 1° du même B dont le permis de construire a été déposé cette même année ; elle est égale à 2 % pour les acquisitions, autres que celles mentionnées au 5° dudit B, réalisées en 2024 et pour les constructions mentionnées au 1° du même B dont le permis de construire a été déposé cette même année.

B. – Pour l'application du A du présent VII *bis*, la réduction d'impôt est imputée, par période triennale, à raison d'un tiers de son montant sur l'impôt dû au titre de l'année au cours de laquelle l'engagement de location a été prorogé et des deux années suivantes.

En cas de transfert du domicile fiscal du contribuable hors de France durant cette période, la réduction d'impôt s'impute, dans les conditions prévues au premier alinéa du présent B, sur l'impôt établi dans les conditions prévues à l'article 197 A, avant imputation des prélèvements ou retenues non libératoires. Elle ne peut pas donner lieu à remboursement.

VIII. – A. – La réduction d'impôt est applicable, dans les mêmes conditions, au titre de la souscription par les contribuables, alors qu'ils sont domiciliés en France au sens de l'article 4 B, de parts de sociétés civiles de placement immobilier régies par le paragraphe 4 de la sous-section 2 de la section 2 du chapitre IV du titre Ier du livre II du code monétaire et financier dont la quote-part de revenu est, en application de l'article 8 du présent code, soumise en leur nom à l'impôt sur le revenu dans la catégorie des revenus fonciers.

B. – La réduction d'impôt, qui n'est pas applicable aux titres dont le droit de propriété est démembré, est subordonnée à la condition que 95 % de la souscription servent exclusivement à financer un investissement pour lequel les conditions d'application du présent article sont réunies. Le produit de la souscription annuelle doit être intégralement investi dans les dix-huit mois qui suivent la clôture de celle-ci.

C. – La société doit prendre l'engagement de louer le logement dans les conditions prévues au présent article. L'associé doit s'engager à conserver la totalité de ses titres jusqu'au terme de l'engagement de location souscrit par la société.

D. – La réduction d'impôt est calculée sur 100 % du montant de la souscription retenu dans la limite de 300 000 € par contribuable et pour une même année d'imposition.

E. – Le taux de la réduction d'impôt est fixé à :

1° 12 % pour les souscriptions qui servent à financer des logements faisant l'objet d'un engagement de location pris pour une durée de six ans. Par dérogation, le taux de la réduction est fixé à 10,5 % pour les souscriptions réalisées en 2023 et à 9 % pour celles réalisées en 2024 ;

2° 18 % pour les souscriptions qui servent à financer des logements faisant l'objet d'un engagement de location pris pour une durée de neuf ans. Par dérogation, le taux de la réduction est fixé à 15 % pour les souscriptions réalisées en 2023 et à 12 % pour celles réalisées en 2024.

F. – La réduction d'impôt est répartie, selon la durée de l'engagement de location, sur six ou neuf années. Elle est accordée au titre de l'année de la souscription et imputée sur l'impôt dû au titre de cette même année, puis sur l'impôt dû au titre de chacune des cinq ou huit années suivantes à raison d'un sixième ou d'un neuvième de son montant total au titre de chacune de ces années.

En cas de transfert du domicile fiscal du contribuable hors de France durant cette période, la réduction d'impôt s'impute, dans les conditions prévues au premier alinéa du présent F, sur l'impôt établi dans les conditions prévues à l'article 197 A, avant imputation des prélèvements ou retenues non libératoires. Elle ne peut pas donner lieu à remboursement.

IX. – (Abrogé).

X. – Le montant total des dépenses retenu pour l'application du présent article au titre, d'une part, de l'acquisition ou de la construction de logements et, d'autre part, de souscriptions de titres ne peut excéder globalement 300 000 € par contribuable et pour une même année d'imposition.

X *bis*.-Le montant des frais et commissions directs et indirects imputés au titre d'une même acquisition de logement ouvrant droit à la réduction d'impôt prévue au présent article par les personnes physiques ou morales exerçant, au titre de l'acquisition, une activité de conseil ou de gestion au sens de l'article L. 321-1 du code monétaire et financier, un acte de démarchage au sens de l'article L. 341-1 du même code ou une activité d'intermédiation en biens divers au sens de l'article L. 551-1 dudit code ou qui se livrent ou prêtent leur concours à l'opération au sens de l'article 1er de la loi no 70-9 du 2 janvier 1970 réglementant les conditions d'exercice des activités relatives à certaines opérations portant sur les immeubles et les fonds de commerce ne peut excéder un plafond exprimé en pourcentage du prix de revient et fixé par décret.

Pour l'application du présent X bis, les frais et commissions directs et indirects s'entendent des frais et commissions versés par le promoteur ou le vendeur aux intermédiaires mentionnés au premier alinéa.

Ces dispositions s'appliquent à toutes les acquisitions de logements mentionnées au A du I, pour lesquelles l'acquéreur demande le bénéfice de la réduction d'impôt prévue au présent article.

Une estimation du montant des frais et commissions directs et indirects effectivement imputés ainsi que leur part dans le prix de revient sont communiquées à l'acquéreur lors de la signature du contrat prévu à l'article L. 261-15 du code de la construction et de l'habitation. Le montant définitif de ces frais et commissions figure dans l'acte authentique d'acquisition du logement.

Tout dépassement du plafond prévu au premier alinéa du présent X *bis* est passible d'une amende administrative due par le vendeur cosignataire de l'acte authentique. Son montant ne peut excéder dix fois les frais excédant le plafond.

XI. – A. – La réduction d'impôt obtenue fait l'objet d'une reprise au titre de l'année au cours de laquelle intervient :

1° La rupture de l'un des engagements mentionnés au I, au VII *bis* ou au VIII ;

2° Le démembrement du droit de propriété de l'immeuble concerné ou des parts. Toutefois, aucune remise en cause n'est effectuée lorsque le démembrement de ce droit ou le transfert de la propriété du bien résulte du décès de l'un des membres du couple soumis à imposition commune et que le conjoint survivant attributaire du bien ou titulaire de son usufruit s'engage à respecter les engagements prévus au I, au VII *bis* et, le cas échéant, au VIII, dans les mêmes conditions et selon les mêmes modalités, pour la période restant à courir à la date du décès.

B. – Aucune reprise n'est effectuée en cas d'invalidité correspondant au classement dans la deuxième ou la troisième des catégories prévues à l'article L. 341-4 du code de la sécurité sociale, de licenciement ou de décès du contribuable ou de l'un des membres du couple soumis à imposition commune.

XII. – Les investissements mentionnés aux I et VIII et afférents à des logements situés en Guadeloupe, en Guyane, en Martinique, à La Réunion, à Mayotte, à Saint-Barthélemy, à Saint-Martin, à Saint-Pierre-et-Miquelon, en Nouvelle-Calédonie, en Polynésie française et dans les îles Wallis et Futuna ou à des souscriptions employées dans les conditions définies aux B et C du VIII pour le financement de tels logements ouvrent droit à la réduction d'impôt prévue au présent article dans les mêmes conditions, sous réserve des adaptations suivantes :

1° Le II n'est pas applicable à Mayotte. Il est applicable à Saint-Barthélemy, Saint-Martin, Saint-Pierre-et-Miquelon, en Nouvelle-Calédonie, en Polynésie française et dans les îles Wallis et Futuna dans des conditions fixées par décret et à compter de l'entrée en vigueur de ce décret ;

2° Les plafonds de loyer et de ressources du locataire mentionnés au III peuvent être adaptés par décret ;

3° Par dérogation au VI et au E du VIII, le taux de la réduction d'impôt est fixé à :

a) 23 % lorsque l'engagement de location mentionné au I est pris pour une durée de six ans et pour les souscriptions qui servent à financer des logements faisant l'objet d'un engagement de location pris pour une durée de six ans. Par dérogation, ce taux est fixé à 21,5 % pour les acquisitions, autres que celles mentionnées au 5° du B du même I, réalisées en 2023, pour les constructions mentionnées au 1° du même B dont le permis de construire a été déposé cette même année et pour les souscriptions mentionnées au VIII réalisées cette même année ; il est fixé à 20 % pour les acquisitions, autres que celles mentionnées au 5° du B du I, réalisées en 2024, pour les constructions mentionnées au 1° du même B dont le permis de construire a été déposé cette même année et pour les souscriptions mentionnées au VIII réalisées cette même année ;

b) 29 % lorsque l'engagement de location mentionné au même I est pris pour une durée de neuf ans et pour les souscriptions qui servent à financer des logements faisant l'objet d'un engagement de location pris pour une durée de neuf ans. Par dérogation, ce taux est fixé à 26 % pour les acquisitions, autres que celles mentionnées au 5° du B du I, réalisées en 2023, pour les constructions mentionnées au 1° du même B dont le permis de construire a été déposé cette même année et pour les souscriptions mentionnées au VIII réalisées cette même année ; il est fixé à 23 % pour les acquisitions, autres que celles mentionnées au 5° du B du I, réalisées en 2024, pour les constructions mentionnées au 1° du même B dont le permis de construire a été déposé cette même année et pour les souscriptions mentionnées au VIII réalisées cette même année.

• **CGI,** art. 235 *ter*

I. – Il est institué :

1° Un prélèvement de solidarité sur les revenus du patrimoine mentionnés à l'article L. 136-6 du code de la sécurité sociale ;

III. – Le taux des prélèvements de solidarité mentionnés au I est fixé à 7,5 %.

• **CSS,** art. L. 136-6

I. – Les personnes physiques fiscalement domiciliées en France au sens de l'article 4 B du code général des impôts sont assujetties à une contribution sur les revenus du patrimoine assise sur le montant net retenu pour l'établissement de l'impôt sur le revenu, à l'exception de ceux ayant déjà supporté la contribution au titre des articles L. 136-3, L. 136-4 et L. 136-7 :

a) Des revenus fonciers ;

[…].

• **Ord. n° 96-50, 26 janv. 1996,** art. 15

I. – Il est institué une contribution perçue à compter de 1996 et assise sur les revenus du patrimoine désignés aux I et I *bis* de l'article L. 136-6 du code de la sécurité sociale perçus par les personnes redevables de la contribution prévue au même article L. 136-6.

Cette contribution est établie chaque année sur les revenus de l'année précédente, à l'exception de ceux ayant supporté la contribution prévue à l'article 16.

Toutefois, la contribution due sur les revenus de la première année d'imposition est assise sur les onze douzièmes des revenus de l'année 1995.

Elle est établie, recouvrée et contrôlée dans les conditions et selon les modalités prévues au III de l'article L. 136-6 du code de la sécurité sociale, à l'exception du troisième alinéa.

II. – La contribution est mise en recouvrement et exigible en même temps, le cas échéant, que la contribution sociale instituée par l'article L. 136-6 du code de la sécurité sociale. Il n'est pas procédé au recouvrement lorsque le montant total par article de rôle est inférieur à 61 euros.

911.02 Jurisprudence de référence.

> Loyer imposable – compensation

• **CE 30 nov. 1973,** n° 86977, *Lebon,* p. 681

* V. s[s] n° 911.30

Si la société bailleresse n'a pas perçu le loyer normalement prévu au bail, cette dernière ne s'étant pas de son côté acquitté auprès de son locataire de son engagement de contribuer aux travaux de grosse réparation, elle doit être regardée comme ayant perçu par compensation le loyer prévu au contrat ; il en résulte que ce revenu doit être soumis à l'impôt sur le revenu des personnes physiques dans la catégorie des revenus fonciers.

> Loyer imposable – saisie-arrêt

• **CE 28 juin 1968,** n° 72307

* V. s[s] n° 911.30

Les loyers acquis par le propriétaire doivent être regardés comme un revenu dont il a disposé, alors même que ces sommes auraient fait l'objet d'une saisie-arrêt.

> Loyer imposable – loyer sous évalué

• **CE 26 mai 1976,** req. n° 98816, *Lebon*

EN CE SENS AUSSI : **CE 23 nov. 1977,** req. n° 98227, *Lebon* ; – **CE 9e et 7e s[s]-sect., 13 févr. 1980,** req. n° 16937, *Lebon*

* V. s[s] n° 911.55

Doit être considéré comme anormalement bas le loyer qui est notoirement inférieur à la valeur locative des propriétés données en location, sans que le propriétaire puisse justifier d'aucune circonstance indépendante de sa volonté de nature à faire obstacle à la location des immeubles pour un prix normal.

> Charges déductibles – intérêts d'emprunts

• **CE 27 janv. 1988,** req. n° 76282, *Lebon*

* V. s[s] n° 911.161

Présentent le caractère de charges déductibles les intérêts qui se rapportent à des sommes empruntées pour acheter un terrain à bâtir ou un immeuble ou faire construire un bâtiment destiné à être donné en location nue dans le cadre des revenus fonciers, sous réserve du respect des conditions générales de déduction des charges.

• **CE 27 juin 1990,** n° 57559

* V. s[s] n° 911.161

Les intérêts d'un emprunt contracté pour l'acquisition d'un immeuble restent déductibles même si l'immeuble ne produit plus de revenus, dès lors qu'il a été démoli en vue de sa reconstruction et de l'obtention par le propriétaire de revenus fonciers plus élevés.

> Charges déductibles – frais d'emprunts

• **CE 8e et 3e s[s]-sect., 5 oct. 2007,** *Guyon*, req. n° 281658, *Lebon*

* V. s[s] n° 911.162

Est déductible l'indemnité de résiliation anticipée d'un emprunt dès lors que le remboursement anticipé de l'emprunt initial et la souscription du nouvel emprunt à un taux moins élevé n'ont eu ni pour objet ni pour effet d'accroître la valeur d'actif mais pour seule finalité la conservation du revenu net foncier de l'emprunteur.

> Charges déductibles – indemnités d'éviction

• **CAA Paris, 31 janv. 1991,** req. n° 89PA01032

* V. s[s] n° 911.181

L'indemnité d'éviction versée à un commerçant en vue de la libération d'un local commercial pour remise en état avant location nouvelle constitue une dépense déductible en ce qu'elle vise l'acquisition et la conservation du revenu foncier.

> Imputation des déficits – activité non-commerciale

• **CE 10e et 9e s[s]-sect., 8 juill. 2009,** *Cazenave*, req. n° 304815, *Lebon T*

* V. s[s] n° 911.372

La sous-location d'immeubles nus n'étant pas une activité libérale en ce qu'elle ne requiert pas un art ou un savoir-faire propre à l'exercice d'une profession libérale, les déficits tirés de cette activité non commerciale ne sont pas imputables sur le revenu global.

911.03 **Bibliographie indicative.**

Annuel. *Mémento fiscal*, « Impôt sur le revenu – Revenus fonciers », n°s 27000 s. ; « Impôt sur le revenu – Bénéfices industriels et commerciaux », n°s 7025 s. ; « Impôt sur le revenu – Bénéfices non-commerciaux », n°s 13205 s., « Impôts sur le revenu – CSG et autres prélèvements sociaux », n°s 342000 s., Francis Lefebvre, 2021.

Encyclopédie. DICT. PERM. Gestion immob, *V[is] Revenu foncier ; Locations meublées*, n°s 57 s.

SECTION 1
LOCATIONS IMPOSABLES DANS LA CATÉGORIE DES REVENUS FONCIERS

911.10 **Plan.** Lorsque la location nue est imposable dans la catégorie des revenus fonciers (v. s[s] n° 911.21), la détermination du revenu peut être effectuée selon un régime dit « normal », qui prend en compte la plupart des charges (v. s[s] n° 911.80), ou simplifié, auquel cas les charges sont forfaitisées (v. s[s] n° 911.211).

Des règles particulières sont prévues lorsqu'un déficit foncier est constaté (v. s[s] n° 911.220).

§ 1
Champ d'application

911.21 **Locations imposables.** Les locations consenties par les personnes physiques et portant sur des immeubles bâtis, fixés au sol à perpétuelle demeure, sont de plein droit dans le champ des revenus fonciers (CGI, art. 14). Sont également expressément visées par cette disposition les locations de bateaux utilisés en un point fixe et aménagés pour l'habitation, même s'ils ne sont retenus que par des amarres. L'administration considère que sont ainsi imposables les péniches ou bateaux de plaisance utilisés comme habitations et qui ne quittent pratiquement jamais leur lieu d'amarrage, lorsque d'une part ils ne sont pas destinés à la navigation, d'autre part ils sont soumis à la taxe foncière sur les propriétés bâties[1] (v. s[s] n° 941.11).

Ces locations sont imposables dans la catégorie des revenus fonciers pour autant qu'elles ne se rattachent pas à une activité professionnelle, commerciale, industrielle, artisanale, agricole... exercée par le bailleur. Est notamment considérée comme une activité commerciale la location (et la sous-loca-

1. *BOI*-RFPI-CHAMP-10-10-20120912, § 40.

tion) de logement meublé, qui relève par conséquent du régime des bénéfices industriels et commerciaux (v. s[s] n° 911.331).

De même, la sous-location de locaux nus n'est pas imposable en tant que revenus fonciers mais dans la catégorie des bénéfices non commerciaux (v. s[s] n° 911.371).

911.22 Personnes imposables. Le régime des revenus fonciers concerne les revenus perçus par les personnes physiques dans le cadre de la gestion de leur patrimoine privé, mais également par des sociétés translucides ou transparentes (v. s[s] n° 912.61). Le principe général d'imposition des revenus du foyer fiscal (CGI, art. 6) conduit bien entendu à retenir le cas échéant l'ensemble des revenus fonciers perçus par chaque membre du foyer.

Lorsque le bien loué est détenu en indivision, chaque co-indivisaire est tenu d'acquitter l'impôt en proportion des droits qu'il détient dans l'indivision. Les répartitions de revenus et de charges qui dérogent aux droits respectifs des co-indivisaires ne sont pas opposables à l'administration. Ainsi, si un co-indivisaire abandonne tout ou partie des revenus auxquels il a droit, il reste néanmoins redevable de l'impôt à proportion de ses droits. De même, s'il prend à sa charge plus de dépenses qu'il ne devrait en supporter, il ne peut pas déduire de ses revenus fonciers l'excédent de charges correspondant[1].

En cas de démembrement de propriété, c'est bien entendu l'usufruitier qui est redevable de l'impôt. En effet, c'est lui qui jouit des fruits que procure l'immeuble (C. civ., art. 578). La doctrine administrative commente la situation dans laquelle l'usufruitier abandonne les loyers au nu-propriétaire. Si cette situation n'est pas entérinée par un acte de transmission de l'usufruit soumis aux droits de mutation, l'administration considère que le revenu foncier reste imposable entre les mains de l'usufruitier. En outre, le nu-propriétaire perçoit de fait un revenu régulier non spécifiquement visé par une catégorie d'imposition (revenu non dénommé) et relève donc par défaut de la catégorie des bénéfices non commerciaux[2].

§ 2
La définition du revenu imposable – Régime normal

911.30 Plan – Régime normal. En application du principe général selon lequel les revenus catégoriels sont des revenus nets, le revenu foncier est en principe constitué par la différence entre les recettes perçues par le bailleur et les charges supportées en vue de cette perception (régime normal). Lorsque le revenu locatif est peu élevé, il peut relever d'un régime simplifié, dit « micro-foncier »[3].

Les recettes et charges dont il est question dans le régime normal sont celles effectivement perçues ou payées. On parle donc de comptabilité de caisse, et non d'engagement (cette dernière retenant les créances acquises et les dettes certaines, indépendamment des dates de paiement). Ainsi, les loyers effectivement encaissés sont imposables au titre de l'année d'encaissement, même s'ils sont courus au cours d'une année antérieure (loyers différés ou recouvrés tardivement). La perception du loyer peut résulter d'une compensation avec une dette envers le locataire (ex. : compensation avec le dépôt de garantie)[4]. Est également considéré comme perçu un loyer recouvré par saisie-arrêt[5].

Il convient d'étudier successivement les recettes imposables (A) et les charges déductibles (B).

A.
Recettes imposables

911.40 Plan – Sommes perçues. Les recettes imposables sont constituées par l'ensemble des sommes perçues par le bailleur. Il s'agit principalement des loyers mais également des dépenses incombant légalement au bailleur et mises à la charge du locataire, ainsi que certaines subventions et indemnités[6]. Sont également imposables les recettes accessoires (emplacements publicitaires, location de toiture pour une antenne de téléphonie mobile...).

Il convient de distinguer les loyers et accessoires (1), les dépenses mises à la charge du locataire (2) et les indemnités perçues par le bailleur (3).

1°
Loyers et accessoires

911.51 Loyers abandonnés ou impayés. Le régime fiscal des loyers non effectivement perçus par le bailleur dépend des circonstances. Si l'absence d'encaissement résulte d'une remise de loyers s'analysant comme un acte de disposition ou une libéralité consentie au locataire, le loyer abandonné constitue une recette imposable[7]. En revanche, les loyers impayés du fait du locataire et malgré les tentatives de recouvrement effectuées par le bailleur ne sont pas imposables[8].

911.52 Loyers remboursés par le bailleur. Lorsque le bailleur est amené à rembourser au locataire des loyers perçus antérieurement, il n'est pas fondé à demander la restitution de l'impôt correspondant acquitté au titre de l'année d'encaissement.

1. *BOI*-RFPI-CHAMP-30-30-20120912, § 10.
2. *BOI*-RFPI-CHAMP-30-30-20120912, § 30.
3. V. s[s] n° 911.211.
4. CE 30 nov. 1973, n° 86977, *Lebon,* p. 681.
5. CE 28 juin 1968, n° 72307.
6. CGI, art. 29.
7. *BOI*-RFPI-BASE-10-10-20140214, n° 70.
8. *BOI*-RFPI-BASE-10-10-20140214, § 140.

En revanche, le remboursement constitue une charge déductible du revenu foncier de l'année de remboursement[1].

911.53 **Cas des loyers soumis à la TVA.** Dans le cas où les loyers d'habitation sont soumis à la TVA (certaines locations meublées avec prestations de services[2]), le bailleur encaisse, outre le loyer proprement dit, la TVA qui a été quittancée au locataire. Cependant, la TVA ainsi collectée étant reversée au Trésor, elle ne constitue pas un revenu pour le bailleur. Les recettes à déclarer pour les revenus fonciers sont donc bien les loyers pour leur montant hors TVA. Par ailleurs, il résulte de l'assujettissement à la TVA de la location que le bailleur est en droit de récupérer la TVA grevant les dépenses qu'il paye. Cette TVA ne constituant ainsi pas une charge définitive, les dépenses déductibles ne sont à prendre en compte que pour leur montant hors TVA.

911.54 **Dépôt de garantie.** En principe, le dépôt de garantie réclamé par le bailleur ne constitue pas une contrepartie de la mise à disposition du logement. Il ne fait donc pas partie du revenu pour le bailleur au moment de son versement par le locataire. Corrélativement, le reversement à ce dernier en fin de bail de son dépôt de garantie ne constitue pas une charge déductible du revenu foncier.

En revanche, lorsque le bailleur conserve le dépôt de garantie pour se couvrir de loyers impayés, la somme conservée est considérée comme un loyer imposable. Il en va de même selon l'administration de la conservation du dépôt pour se couvrir de frais de remise en état du logement[3], ou encore des sommes conservées par le propriétaire pour financer des charges locatives acquittées par lui-même et non remboursées par le locataire. Ces sommes doivent en principe être rajoutées aux recettes brutes, puis déduites au titre des charges récupérables non récupérées.

La doctrine admet toutefois, que le bailleur s'abstienne de faire état des sommes correspondant à ces charges locatives lorsque le chiffre à déclarer dans les recettes brutes est identique à celui porté en déduction. Cette condition implique notamment que les charges locatives dont le propriétaire obtient le remboursement par le biais d'une retenue effectuée sur le dépôt de garantie n'aient pas déjà été déduites[4].

911.55 **Loyer anormalement bas.** Lorsque le loyer est sensiblement inférieur au loyer normal, l'administration peut réintégrer dans les revenus locatifs imposables la différence entre le loyer normal et le loyer pratiqué[5]. Cette faculté est subordonnée au fait que le propriétaire ne puisse établir que des circonstances indépendantes de sa volonté font obstacle à la location de l'immeuble à son prix normal[6]. Pour justifier de la réintégration qu'elle opérerait, l'administration devrait bien entendu faire état de locations portant sur des logements comparables (caractéristiques physiques, localisation, période...).

911.56 **Bail fictif.** Le bail fictif est par exemple celui pour lequel le propriétaire ne perçoit en fait aucun loyer, en l'absence de locataire ou en présence d'une occupation qui est de fait à titre gratuit. Dans ce cas, il est considéré que le propriétaire se réserve la jouissance du logement. Il ne relève dès lors pas des revenus fonciers et ne peut par conséquent pas déduire de ses revenus les charges liées au logement.

2°
Dépenses mises à la charge du locataire

911.61 **Charges locatives.** Les charges incombant légalement au locataire, payées par le bailleur et qui lui sont remboursées par le locataire ne constituent pas des revenus fonciers imposables. Elles ne doivent donc pas être déclarées par le bailleur. Corrélativement, les charges locatives payées par lui ne sont pas déductibles de son revenu foncier.

3°
Indemnités perçues par le bailleur

911.71 **Indemnités.** Les indemnités perçues par le bailleur sont en principe imposables dès lors qu'elles constituent des recettes se substituant aux loyers[7]. Il en va ainsi par exemple des indemnités d'assurance couvrant les loyers impayés[8]. Dans le cas d'indemnités fixées par une décision de justice mises à la charge d'occupants sans titre, la doctrine administrative prévoit l'imposition de la fraction correspondant à la mise à disposition du logement. La fraction représentative de l'indemnisation du préjudice lié à la situation n'est pas imposable[9]. Par ailleurs, la même doctrine[10] présume que les indemnités pour retard de livraison versées à l'acquéreur d'un logement par le constructeur ont pour objet de compenser une perte de loyer et sont donc imposables. Une indemnité d'assurance perçue du fait de dépenses de remise en état du logement (suite à un

1. *BOI*-RFPI-BASE-10-10-20140214, § 160.
2. V. s[s] n° 932.11.
3. *BOI*-RFPI-BASE-10-10-20140214, § 380.
4. *BOI*-RFPI-BASE-10-10 n° 400, 12 septembre 2012.
5. CE 26 mai 1976, req. n° 98816, *Lebon ; RJF* 7/76 n° 303 – CE 23 nov. 1977, req. n° 98227, *Lebon* – CE 9e et 7e s[s]-sect., 13 févr. 1980, req. n° 16937, *Lebon*.
6. *BOI*-RFPI-BASE-10-10-20140214, § 430.
7. CGI, art. 29.
8. V. s[s] n° 911.40.
9. *BOI*-RFPI-BASE-10-20-20140113, § 110.
10. *BOI*-RFPI-BASE-10-20-20140113, § 100.

sinistre, à des dégradations commises par un locataire...), elles-mêmes déductibles du revenu foncier, est également imposable[1]. D'après l'administration fiscale, il en va ainsi même si les travaux ne sont pas réalisés par le propriétaire. En revanche, une indemnité réparant un préjudice subi par le propriétaire n'est pas imposable[2].

911.72 **Subventions.** Le principe est que les subventions perçues par le bailleur constituent un revenu imposable lorsqu'elles financent des charges déductibles de ce revenu[3]. Il en va ainsi quelle que soit l'origine de la subvention (État, collectivité territoriale, Anah, Opah, Ademe...). Lorsque la subvention finance des dépenses non déductibles (acquisition, construction, reconstruction...), elle n'est pas imposable. Il convient donc de vérifier d'une part l'affectation de la subvention (conditions d'octroi...), d'autre part la nature des travaux réalisés, au vu des critères précisés plus bas[4].

B.
Charges déductibles

911.80 **Plan – Principes.** Le revenu imposable étant nécessairement un revenu net, les charges supportées par le bailleur en vue de percevoir les revenus sont en principe déductibles. Ces charges déductibles sont cependant limitativement définies par le code général des impôts[5]. Concernant les logements, sont ainsi déductibles les charges suivantes :

– les dépenses de réparation et d'entretien effectivement supportées par le propriétaire ;

– les primes d'assurance ;

– le montant des dépenses supportées pour le compte du locataire par le propriétaire dont celui-ci n'a pas pu obtenir le remboursement au 31 décembre de l'année de départ du locataire ;

– les provisions pour dépenses, comprises ou non dans le budget prévisionnel de la copropriété, supportées par le propriétaire, diminuées du montant des provisions déduites l'année précédente, qui correspond à des charges non déductibles ;

– les dépenses d'améliorations, à l'exclusion des frais correspondant à des travaux de construction, de reconstruction ou d'agrandissement, ainsi que des dépenses au titre desquelles le propriétaire bénéficie du crédit d'impôt pour dépenses en faveur de la transition énergétique[6] ;

– les impositions, autres que celles incombant normalement à l'occupant, perçues au profit des collectivités territoriales et d'organismes divers ;

– les intérêts de dettes contractées pour la conservation, l'acquisition, la construction, la réparation ou l'amélioration du logement ;

– les frais de gestion, fixés à vingt euros par local, majorés, lorsque ces dépenses sont effectivement supportées par le propriétaire, des frais de rémunération des gardes et concierges, des frais de procédure et des frais de rémunération, honoraire et commission versés à un tiers pour la gestion du logement.

En plus de ces charges, certains régimes de faveur prévoient l'application d'un abattement forfaitaire calculé en pourcentage du revenu brut[7].

911.81 **Règles générales.** La déductibilité des charges, quelles qu'elles soient, est subordonnée à des conditions générales :

– être effectivement payées par le propriétaire au cours de l'année civile en cause ;

– être justifiées par tout document approprié.

1°
Les travaux

911.90 **Plan – Distinction.** L'article 31 du code général des impôts distingue entre trois catégories de travaux :

– les travaux de réparation et d'entretien, qui sont déductibles (a),

– les travaux d'amélioration du logement, également déductibles (b),

– les travaux de construction, reconstruction ou d'agrandissement, qui ne sont pas déductibles (c).

Il s'agit de bien qualifier la nature des travaux réalisés, afin de leur appliquer le régime fiscal adéquat. La frontière entre ces catégories n'est pas toujours aisée à tracer. La doctrine administrative et la jurisprudence viennent donc préciser ces différentes notions (d).

Pour éviter un cumul d'avantages fiscaux, les travaux ne sont pas déductibles des revenus fonciers notamment s'ils ont fait l'objet d'un crédit d'impôt au titre des travaux en faveur de la transition énergétique[8].

a.
Les travaux de réparation et d'entretien.

911.101 **Définition.** Les travaux de réparation et d'entretien déductibles sont définis comme ceux ayant pour objet de maintenir ou de remettre un immeuble en bon état et d'en permettre un usage normal, conforme à sa destination, sans en modifier la consistance, l'agencement ou l'équipement initial. Il s'agit de dépenses de maintien en l'état et des dépenses de réparation pouvant consister en la remise en état, la réfection ou le remplacement des équipements essentiels pour maintenir l'immeuble en mesure d'être utilisé normalement[9].

1. *BOI*-RFPI-BASE-10-20-20140113, § 130.
2. *BOI*-RFPI-BASE-10-20-20140113, § 160.
3. CGI, art. 29.
4. V. s[s] n°s 911.90 s.
5. CGI, art. 31.
6. CGI, art. 200 *quater* et 200 *quater* A.
7. V. s[s] n° 911.301.
8. CGI, art. 200 *quater*.
9. *BOI*-RFPI-BASE-20-30-10-2014-02-03, § 10.

Les dépenses de petit entretien et réparations à la charge du locataire en application du décret charge[1] sont notamment considérées comme déductibles. En revanche, les travaux ayant la nature de réparations locatives[2] ne sont en principe pas déductibles. En effet, elles ne sont pas visées par l'article 31 du code général des impôts. Il existe toutefois trois exceptions qui limitent fortement la portée pratique de ce principe. Les réparations locatives payées par le propriétaire sont en effet déductibles :

- lorsqu'elles sont réalisées par le propriétaire pour cause de vétusté, de force majeure ou de malfaçons (ex. : travaux induits par des travaux plus importants incombant au propriétaire, travaux faisant suite à une inondation) ;

- lorsqu'elles sont engagées en vue de faciliter la location ou la relocation ;

- lorsqu'elles sont supportées par le propriétaire, qui n'a pu en obtenir le remboursement auprès du locataire au 31 décembre de l'année du départ de ce dernier.

911.102 **Exemples.** La doctrine administrative donne des exemples de dépenses d'entretien déductibles[3] :

- traitement des bois contre les insectes xylophages, dépenses de recherche et d'analyse de l'amiante ;

- part de la dépense payée au titre d'un contrat d'entretien d'un ascenseur restant à la charge du propriétaire ;

- autres dépenses de recherches et d'analyse rendues obligatoires par la réglementation telles que les diagnostics relatifs aux risques d'exposition au plomb, à la sécurité des installations intérieures de gaz et d'électricité, à la performance énergétique ou à l'information des acquéreurs et locataires sur les risques naturels et technologiques majeurs.

La doctrine précise également les natures de travaux de réparation déductibles :

Nature de la dépense	Références
• Remise en état du gros-œuvre (toiture, façades...), des canalisations ou de l'installation électrique	• CE 8 juill. 1992, n° 93366, NP
• Remise en état de l'installation de chauffage central (remplacement de canalisations et d'éléments de radiateurs)	• CE 30 juin 1971, n° 74385, *Lebon*
• Substitution à l'ancienne installation électrique d'un théâtre, d'un équipement conforme aux normes de sécurité imposées par la réglementation des locaux ouverts au public	• CE 30 juin 1971, n° 74385, *Lebon*
• Remise en état du mur d'une propriété	• CE 24 oct. 1969, n° 75706, *Lebon* T
• Travaux de réparation des plafonds, des planchers et de l'escalier et travaux de réfection des enduits extérieurs	• CE 17 déc. 1976, n° 92159, *Lebon* • CE 14 déc. 1977, n° 05010, *Lebon* T
• Travaux de remise en état de la toiture de l'immeuble, ravalement et crépissage des murs et réfection des peintures extérieures	• CE 25 févr. 1976, n° 97398, *Lebon* T
• Remise en état d'une partie de la construction à la suite de détériorations dues à des malfaçons constatées dans la construction	• CE 13 janv. 1965, n° 61104, *Lebon*
• Remplacement de la chaudière du chauffage central	• CE 13 janv. 1965, n° 61104, *Lebon*
• Dépenses effectuées pour rendre une installation d'ascenseur conforme aux normes réglementaires de sécurité ou pour remplacer un ascenseur vétuste	• RM Mer n° 16266, *JOAN* 3 avr. 1966, p. 252 • RM Dolez n° 35462, *JOAN* 28 janv. 1991, p. 302
• Travaux effectués dans des locaux à usage industriel et ayant consisté, sans apporter de modifications au gros-œuvre ni entraîner un accroissement du volume de ces locaux, à remettre en état la climatisation, un escalier, l'étanchéité d'une terrasse, les descentes pluviales, la plomberie, les peintures, les revêtements de sols et les sanitaires, à remplacer un monte-charge, des faux plafonds et des tubes fluorescents et à mettre en conformité un ascenseur et l'électricité	• CAA Paris, 21 janv. 1992, n° 89PA01205
• Remise en état de la loge d'un concierge	• CE 26 juill. 1985, n° 30830
• Frais de remise en état et travaux confortatifs des immeubles à la suite d'une catastrophe naturelle, pour la part réellement supportée (intempéries, inondations, secousses sismiques, glissements de terrains) • Frais de remise en état d'une cuisine aménagée existante (hors dépenses de remplacement des appareils électroménagers considérées comme des dépenses d'investissement dont l'objet diffère de celui de l'entretien ou la réparation de l'immeuble nu)	• RM De Gastines n° 17714, *JOAN* 23 mai 1975, p. 3124 • RM Ebrard n° 3324, *JOAN* 5 avr.1968 • RM Gissinger n° 34087, *JOAN* 29 sept. 1980, p. 4125 • RM Palmero n° 27724, *JO Sénat* 27 mai 1977 • RM Palmero n° 1255, *JO Sénat* 31 oct. 1981 • RM Carat n° 5084, *JO Sénat* 26 mai 1982

1. V. s[s] n° 233.21.
2. V. s[s] n°s 233.11 s.
3. *BOI*-RFPI-BASE-20-30-10-2014-02-03, § 30 et 40.

b.
Les travaux d'amélioration.

911.111 **Définition.** En matière de revenus fonciers, les travaux d'amélioration ne devraient en principe pas être déduits, du fait qu'ils ont pour effet d'accroître la valeur du bien. Toutefois, par exception, il est possible de déduire les travaux d'amélioration des locaux d'habitation. Le bailleur d'un logement peut ainsi déduire de son revenu les travaux consistant à ajouter un élément de confort nouveau ou mieux adapté aux conditions actuelles de vie, sans apporter de modification à la structure de l'immeuble : création d'une cuisine, d'une salle de bains, installation d'un chauffage central, d'un ascenseur, raccordement au tout à l'égout...

La déduction est immédiate dans l'année de paiement des dépenses. Toutefois, dans le cas de certains régimes particuliers d'incitation fiscale à l'investissement locatif (« Périssol », « Robien »...), la déduction est étalée sous la forme d'un amortissement[1].

911.112 **Exemples.** Sont considérés comme des travaux d'amélioration ceux visant à remplacer des équipements en vue de les mettre aux normes ou de protéger les usagers : enlèvement, fixation ou encoffrement d'amiante, remplacement de portes d'ascenseurs par des portes automatiques, mise en conformité de canalisations en plomb...). Les travaux d'amélioration du confort du logement sont également déductibles : par exemple, l'agrandissement des ouvertures, le réaménagement intérieur par décloisonnement, l'asphaltage des abords. De même, des travaux à l'intérieur d'un immeuble, consistant à réaménager celui-ci en appartements (ouvertures, cloisonnement, ajout de cuisines ou de salles de bains...) sans changement d'affectation, sans toucher au gros œuvre ni augmenter la surface, ont pu être considérés comme des travaux d'amélioration[2].

La doctrine précitée donne des exemples de travaux d'amélioration considérés comme déductibles :

Nature de la dépense	Références
• Installation d'une porte automatique d'ascenseur dans le cadre de dépenses occasionnées par la mise en conformité aux normes réglementaires de sécurité	• RM Dolez n° 35462, *JOAN* 28 janv. 1991, p. 302 • RM Calloud n° 44474, *JOAN* 16 sept. 1991, p. 3747
• Dépenses d'enlèvement, de fixation et d'encoffrement des matériaux contenant de l'amiante (notamment flocage et calorifugeage)	• RM Rochebloine n° 10390, *JOAN* 13 avr. 1998, p. 2097 • RM Briand n° 8, *JOAN* 26 août 2002, p. 2932
• Agrandissement des fenêtres et pose de persiennes (notamment pour y placer des huisseries normalisées)	• CE 17 déc. 1976, n° 92159, *Lebon*
• Reprise des fondations de l'immeuble	• CE 9 juill. 1969, n°s 70852 et 73690, *Lebon*
• Asphaltage du trottoir attenant à la propriété	• CE 20 nov.1968, n° 71753, *Lebon* T
• Réfection de l'installation électrique et aménagement de nouvelles installations sanitaires sans accroissement du volume et de la surface habitable	• CE 17 déc. 1976, n° 92159, *Lebon* • CE 14 déc. 1977, n° 5010 • CE 21 oct. 1987, n° 52181, *Lebon* T
• Pose de portes palières et aménagement de cuisines et de commodités entraînant la transformation d'un immeuble meublé en appartements sans affecter le gros-œuvre, augmenter la surface habitable ou modifier l'affectation des locaux	• CE 7 déc. 1987, n° 67252, *Lebon* T • CE 9 mars 1988, n°s 81067 et 81068, *Lebon* T
• Démolition d'un petit local, anciennement à usage de buanderie, destinée à améliorer la salubrité d'une cour intérieure d'un immeuble d'habitation	• CE 19 nov. 1984, n° 37072
• Réparation de la toiture d'un bâtiment, par remplacement d'une partie de la charpente, le ravalement de sa façade, l'ajout de balcons enferforgé, la pose de dalles ainsi que la consolidation ou le changement des cloisons intérieures de manière à aménager des appartements dans les volumes existants. Ces travaux n'ont pas apporté de modifications importantes au gros-œuvre et n'ont pas augmenté la surface des lieux déjà consacrés à l'habitation du temps où l'immeuble était exploité en meublé	• CE 29 mars 1989, n°s 91879 et 68330, NP • CAA Bordeaux, 3e ch, 28 juin 1995, n° 94BX00457
• Pose de sanitaires, installation de salles d'eau, réfection de la peinture et de la plomberie, demanière à aménager des appartements dans les volumes existants. Ces travaux, qui n'ont pasconcerné le gros-œuvre ni entraîné d'augmentation de la surface habitable, ont eu pour effet deremettre en état une partie de l'immeuble et d'en assurer une meilleure utilisation, sans modifierl'usage à titre d'habitation auquel les locaux étaient auparavant affectés	• CAA Nantes, 22 déc. 1993, n° 92NT00582
• Travaux de mise en conformité des canalisations en plomb	• RM Depierre n° 15020, *JOAN* 20 oct. 2003, p. 8011

L'Administration[3] admet que les dépenses d'installation d'une cuisine aménagée et équipée soient globalement considérées, lorsqu'elles sont effectuées dans un logement qui en était dépourvu, comme des dépenses d'amélioration déductibles pour la détermination du revenu net foncier, y compris pour la part correspondant à l'acquisition d'équipements ménagers et électroménagers intégrés à cette installation.

1. *BOI*-RFPI-BASE-20-30-20-2014-02-03, § 130.
2. *BOI*-RFPI-BASE-20-30-10-2014-02-03, § 100.
3. *BOI*-RFPI-BASE-20-30-10-2014-02-03, § 70.

Cette faculté est toutefois subordonnée au fait que la mise à disposition de ces éléments soit expressément prévue dans le bail ou dans un avenant à celui-ci lorsque ces dépenses sont réalisées en cours de bail dans un logement loué.

Cette mesure ne contredit pas l'exclusion des dépenses de réparation déductibles des revenus fonciers des dépenses de remplacement des appareils électroménagers engagées lors de la remise en état d'une cuisine aménagée existante, lesquelles sont considérées comme des dépenses d'investissement dont l'objet diffère de celui de l'entretien ou de la réparation de l'immeuble nu. Enfin, de telles dépenses ne constituent pas non plus des dépenses d'amélioration déductibles.

c. Les travaux de construction, de reconstruction, d'agrandissement.

911.121 Définition. La définition des travaux de construction, de reconstruction ou d'agrandissement est importante car les dépenses correspondantes ne sont pas déductibles du revenu foncier. Or, peuvent être visés des travaux réalisés sur des immeubles existants, dès lors qu'ils ont une certaine importance ou touchent par nature à des éléments structurels de l'immeuble. Cette question fait l'objet d'un contentieux important, qui peut donner des indications permettant d'éclairer le bailleur sur le traitement fiscal qu'il doit retenir.

Les travaux de démolition totale suivis d'une reconstruction ne sont bien entendu pas déductibles.

Sont également considérés comme tels notamment :

- les travaux ayant pour effet d'apporter une modification importante au gros œuvre de locaux existants ;
- les travaux d'aménagement interne qui, par leur importance, équivalent à une reconstruction (démolition intérieure complète suivie de création d'aménagements neufs) ;
- les travaux qui ont pour effet d'accroître le volume ou la surface habitable de l'immeuble existant ;
- les travaux de transformation de locaux d'activités ou de dépendances non affectées à l'habitation (combles, garages, granges...), en logements.

La doctrine administrative donne des exemples de jurisprudences ayant tranché dans des cas particuliers sur la qualification de reconstruction non déductible ou d'amélioration déductible[1] :

Nature de la dépense	Références
• Transformation d'un étage d'un immeuble ancien, qui a nécessité la démolition et la reconstruction de deux murs principaux de deux étages et des combles, les murs mitoyens et le rez-de-chaussée récemment réaménagé ayant pu, seuls être conservés	• CE 27 oct. 1971, n° 80173, *Lebon* T
• Démolition de réfection des toitures, des planchers, des plafonds, des modifications substantiellesdes ouvertures existantes ainsi que l'aménagement des locaux suivant une disposition totalement différente entraînant un déplacement de l'ensemble des cloisons et aboutissant à la création de 47 pièces d'habitation, dans des immeubles qui n'en comportaient auparavant que 26	•CE 17 déc. 1976, n°s 99017 et 00787, *Lebon*
• Travaux effectués dans une maison d'habitation qui ont consisté en une réfection complète des sols, des planchers et des plafonds, en la restructuration interne de l'habitation, par augmentation de 4 à 6 du nombre de pièces, ayant entraîné le remaniement des cloisons intérieures et le percement d'un certain nombre d'ouvertures extérieures	• CE 7 juin 1978, n° 05822, *Lebon*
• Travaux qui ont notamment comporté la consolidation des murs extérieurs, la démolition des murs intérieurs, des cloisons et des conduits de cheminées, la mise en place de piliers verticaux, destinés à la consolidation de la structure de l'immeuble, la réfection partielle de la charpente et la reprise d'un mur pignon, la démolition de l'escalier d'accès aux combles et la pose d'un escalier mécanique, l'installation d'une ouverture en toiture. Ces travaux ont affecté le gros-œuvre de manière importante et entraîné une redistribution totale de l'aménagement intérieur	• CE 8 juill. 2005, n° 253291, *Lebon*

On relèvera que le juge s'attache à la nature et à l'importance des travaux, et non à leur coût proprement dit. Il reste souvent difficile dans certains cas pour le bailleur de savoir si les travaux qu'il pense être déductibles ne risquent pas d'être écartés par l'administration. De ce point de vue, on observe que le législateur n'a pas, en matière de revenus fonciers, défini de critères objectifs, comme il l'a fait depuis 2006 en matière de TVA immobilière[2].

d. Précisions et modalités de déduction des travaux.

911.131 Réalisation des travaux dans le cadre d'un contrat de vente d'immeuble à rénover. Lorsque le bailleur acquiert le logement dans le cadre d'un contrat de vente d'immeuble à rénover[3], celui-ci prévoit la réalisation de travaux. Ces derniers sont considérés par la doctrine administrative comme un

1. *BOI*-RFPI-BASE-20-30-10-2014-02-03, § 110 s.

2. CGI, art. 257-I-2 et CGI annexe II art. 245-A.

3. CCH, art. L. 262-1 s.

élément du coût d'acquisition de l'immeuble. Il en résulte selon elle que ces travaux, n'étant pas engagés « en vue de l'acquisition ou de la conservation du revenu », ne sont pas déductibles[1].

Cette analyse fait l'objet d'un contentieux, et la cour administrative d'appel de Nantes[2] a considéré que les circonstances « qu'en vertu de l'article L. 262-2 du code de la construction et de l'habitation, le vendeur conserve, postérieurement à la vente et jusqu'à la livraison des travaux aux acquéreurs, la maîtrise d'ouvrage et que l'accord par lequel ce vendeur s'engage à réaliser, directement ou indirectement, des travaux de rénovation pour les acquéreurs, moyennant un prix convenu entre eux, intervienne de manière concomitante à la vente, n'a pas pour effet de conférer au prix payé en contrepartie de ces travaux le caractère d'une dépense en capital ».

Cette solution, favorable en matière de revenus fonciers, est en contradiction avec celles applicables en matière de plus-values immobilières des particuliers. En effet, dans ce cas, la doctrine administrative considère que pour le calcul de la plus-value (différence entre le prix de vente et le prix d'acquisition), ce dernier comprend à la fois le prix de l'existant et celui des travaux[3]. L'application simultanée des deux solutions aboutirait à une double déduction. Il conviendra donc d'attendre sur ce point une clarification par l'administration ou par la jurisprudence[4].

911.132 **Paiement des travaux.** Les travaux déductibles au titre d'une année sont ceux effectivement payés par le propriétaire au cours de cette année, quelle que soit la date de réalisation. Les acomptes sont ainsi pris en compte au titre de l'année de leur versement. Lorsque les travaux sont payés directement aux entreprises par un établissement de crédit et remboursés par le bailleur dans le cadre d'un emprunt, c'est l'année de paiement aux entreprises qui est retenue.

Le montant des dépenses à déduire est le montant TVA comprise, dans la mesure où le bailleur, non assujetti, ne peut pas récupérer la TVA.

Les dépenses connexes et accessoires sont également admises en déduction (ex. : honoraires d'architecte). La réalisation des travaux peut impliquer des frais de relogement du locataire ou le versement d'une indemnité d'éviction. Ces dépenses sont en principe déductibles.

Lorsque le bailleur réalise lui-même les travaux, seul le coût d'achat des matériaux et équipements est déductible.

Bien entendu, le bailleur doit être en mesure de justifier de la nature et du paiement des travaux, par tous moyens (factures, devis, plans, photos, documents d'urbanisme, rapports, expertises...). Il est donc recommandé de faire en sorte que ces documents soient suffisamment explicites.

Notons que l'application de certains régimes locatifs spécifiques qui prennent en compte les travaux réalisés (logements touristiques, loi Malraux...) peut, pour éviter un cumul d'avantages, impliquer l'impossibilité de déduire les travaux des revenus fonciers[5].

911.133 **Travaux réalisés dans les parties communes d'immeubles en copropriété.** Lorsque le logement locatif est en copropriété, les dépenses d'entretien et de travaux réalisés sur les parties communes sont payées par le syndic et remises à la charge du copropriétaire par les provisions. En matière de revenus fonciers, le code général des impôts retient comme critère le paiement des provisions pour charges et non le paiement effectif des travaux par la copropriété.

Le mécanisme est le suivant :

– les provisions payées au titre d'une année sont déduites ;

– l'année suivante, le bailleur réintègre dans son revenu la part de provision de l'année précédente qui ne correspond pas à des dépenses d'entretien ou de réparations déductibles.

Ce mécanisme concerne les dépenses courantes de maintenance, de fonctionnement et d'administration des parties communes et équipements communs de l'immeuble[6] et les dépenses de travaux qui n'ont pas à figurer dans le budget prévisionnel et dont la liste est fixée par décret[7].

En revanche, les travaux réalisés dans le cadre de provisions spéciales[8] ne sont déductibles que dans l'année de paiement des travaux par la copropriété.

2°
Les frais d'administration et de gestion

911.141 **Principe.** Les frais de rémunération des gardes et concierges, de procédure, les rémunérations, honoraires et commissions versés pour la gestion du logement sont déductibles du revenu foncier[9]. Pour ces dépenses, la déduction porte sur le montant réel

1. *BOI*-RFPI-BASE-20-30-30-2014-02-03, § 25.
2. CAA Nantes, 29 juin 2017, n° 16NT00954, *RJF* 1/18, n° 38.
3. *BOI*-RFPI-PVI-20-10-20-10, n° 140.
4. SUR CETTE QUESTION : V. Rivière, M.-B. Pain, C. Vermuse, « Prix des travaux prévus dans un contrat de vente d'immeuble à rénover : charges de la propriété déductible ou charge en capital non déductible ? », *Dr. fiscal* 7 juin 2019, n° 23, inf. 286.
5. *BOI*-RFPI-BASE-20-30-30-2014-02-03, § 90.
6. L. n° 65-557, 10 juill. 1965, art. 14-1.
7. L. n° 65-557, 10 juill. 1965, art. 14-2 et décr. n° 67-223, 17 mars 1967, art. 44.
8. L. n° 65-557, 10 juill. 1965, art. 18.
9. CGI, art. 31-I-1°-e.

effectivement supporté par le bailleur. En outre, une somme forfaitaire de 20 euros, représentative des autres frais de gestion, est également déductible.

Lorsque la dépense de gestion est supportée sous la forme d'une provision pour charges de copropriété (ex. : honoraires de syndic), c'est le montant de la provision pour charges qui est retenu, sous réserve de sa régularisation l'année suivante[1].

Par ailleurs, la quote-part de frais de gestion incombant au locataire (ex. : fraction récupérable de la rémunération du gardien) n'est pas déductible par le propriétaire, sauf pour la part qu'il supporte entre deux locations ou de celle qu'il n'a pu recouvrer auprès du locataire au 31 décembre de l'année du départ de ce dernier.

911.142 **Rémunérations des gardiens et concierges.** Il s'agit des rémunérations allouées aux personnes en charge du gardiennage de l'immeuble, au titre de cette fonction. Si ces personnes fournissent d'autres prestations (travaux domestiques pour le compte personnel du propriétaire ou du locataire), la part correspondante n'est pas déductible. Cependant, les prestations de travaux réalisées par le gardien dont la nature est elle-même déductible peuvent être prises en compte.

Les rémunérations à retenir sont celles versées en numéraire (salaire et charges sociales) et les avantages en nature (électricité, eau, gaz, chauffage, valeur locative du logement si celle-ci a été ajoutée au revenu foncier).

911.143 **Rémunérations, honoraires et commissions.** Sont à ce titre notamment déductibles du revenu foncier :

- les rémunérations des gérants d'immeubles ou d'administrateurs de biens auxquels le propriétaire a recours ;
- les sommes versées à un tiers pour la tenue de la comptabilité ou la gestion administrative du logement ;
- les rémunérations de salariés du bailleur, affectés à la gestion des logements ;
- les commissions versées par le propriétaire à une agence de location (recherche de locataire, rédaction du bail, état des lieux...) ;
- les honoraires versés à un conseil pour l'établissement des déclarations fiscales de revenus fonciers ;
- les frais de gestion de biens de majeurs incapables (tutelle, curatelle...) ;
- les cotisations versées à des chambres syndicales ou fédérations de chambres syndicales de copropriétaires qui fournissent aide et information personnalisées pour la gestion des logements donnés en location par leurs adhérents (assistance téléphonique, conseils...).

En revanche, ne sont pas déductibles notamment les cotisations versées à des organismes ayant pour objet la défense et la représentation de leurs adhérents, qui ne leur fournissent pas de prestations individualisées concernant la gestion de leur logement ni les sommes versées à un tiers pour l'acquisition ou la cession de l'immeuble donné en location.

911.144 **Frais de procédure.** Il s'agit par exemple des frais engagés par le propriétaire dans le cadre de litiges avec son locataire (recouvrement, entretien...) ou encore avec ses fournisseurs (litiges sur les travaux...). Sont visés les honoraires des experts, avocats, huissiers...

911.145 **Autres frais de gestion.** Les autres frais supportés par le propriétaire dans le cadre de la gestion de son bien (frais postaux, de téléphone, informatique, déplacement...) ne sont pas déductibles pour leur montant réel. Une déduction forfaitaire de 20 € par logement, censée représenter ces frais, est toutefois prévue par l'article 31 du code général des impôts.

3°
Les frais d'assurance

911.151 **Principe.** La déduction des primes d'assurances payées par le propriétaire est expressément prévue par l'article 31-I-1-a *bis* du code général des impôts. Il s'agit des primes d'assurance individuelle ou collective versées en vue de l'acquisition ou de la conservation du revenu, c'est-à-dire notamment celles qui couvrent les risques suivants :

- incendie, dégâts des eaux, bris de glace, dégâts causés par les catastrophes naturelles et intempéries (tempête, grêle, neige...) ;
- vol, vandalisme ;
- responsabilité civile du propriétaire bailleur (assurance propriétaire non occupant).

Les primes d'assurance garantissant un emprunt contracté pour l'acquisition ou la réalisation de travaux déductibles sont déductibles en tant que frais accessoires à ces prêts[2]. Il en résulte notamment que la part de déficit foncier qui pourrait provenir de ces primes n'est pas imputable sur le revenu global du propriétaire.

Notons que, jusqu'en 2016, certaines primes d'assurance contre les impayés de loyers de logements conventionnés pour le bénéfice de l'aide personnalisée au logement pouvaient bénéficier d'un crédit d'impôt, prévu par l'article 200 *nonies*

1. V. s^s n° 911.202.

2. V. s^s n° 911.161.

du code général des impôts. Le bénéfice du crédit d'impôt privait le bailleur de la possibilité de déduire ces primes de son revenu foncier. Le crédit d'impôt a été supprimé par la loi de finances pour 2017[1] pour les primes payées à compter du 1er janvier 2017.

4°
Les intérêts et frais d'emprunts

911.161 **Principes.** L'article 31-I-1-d du code général des impôts prévoit la déduction des intérêts d'emprunt contractés pour l'acquisition, la construction, la conservation, l'amélioration, la réparation du bien loué.

Au titre de la conservation du bien, sont déductibles les intérêts d'emprunts contractés pour le paiement des droits de mutation à titre gratuit.

Les emprunts liés à l'acquisition sont ceux contractés pour l'achat de l'immeuble existant ou à construire (VEFA, immeuble achevé neuf ou ancien), l'achat du terrain et le coût de construction en cas de construction par le bailleur (y compris les intérêts correspondant au paiement des droits de mutation à titre onéreux). Si l'immeuble est démoli et reconstruit, les intérêts du premier emprunt restent déductibles, dès lors que l'objectif est de percevoir des revenus plus élevés[2]. La doctrine administrative permet également que le propriétaire occupant, qui change de résidence principale et donne en location son premier logement, puisse déduire les intérêts d'emprunt contractés pour l'acquisition de celui-ci des revenus qu'il tire de la location ce logement.

En revanche, les arrérages d'une rente viagère ne sont pas considérés par la jurisprudence comme des intérêts d'emprunt et ne sont par conséquent pas déductibles[3].

La déductibilité porte sur les intérêts proprement dits (à l'exclusion par conséquent du remboursement du capital de l'emprunt) mais également sur les frais accessoires :

- frais de dossier ;

- frais d'inscription d'hypothèque ou de privilège de prêteur de deniers, y compris les honoraires du notaire afférents à ces formalités ;

- frais de cautionnement non remboursables, commission de l'organisme de cautionnement (à l'exclusion des dépôts restituables en fin de prêt) ;

- frais de mainlevée ;

- primes d'assurance pour garantir le remboursement du prêt.

1. L. n° 2016-1917, 29 déc. 2016, art. 32-I-5° et II-C.
2. *BOI*-RFPI-BASE-20-80-2012-09-12, § 50.
3. NOT. : CE 27 janv. 1988, req. n° 76282 ; CE 27 juin 1990, req. n° 57559.

911.162 **Remboursement anticipé.** D'après la doctrine administrative, les intérêts d'un emprunt se substituant à un autre ne sont en principe pas déductibles. Cependant, ce principe est fortement tempéré par une exception[4]. La déduction est en effet admise aux conditions cumulatives suivantes :

- que le nouvel emprunt soit souscrit pour rembourser ou se substituer à l'emprunt initial, cette condition étant réputée remplie lorsque le nouveau contrat ou l'avenant fait référence à l'ancien prêt (le nouveau peut bien entendu être souscrit auprès d'un autre établissement financier) ;

- les intérêts admis en déduction n'excèdent pas ceux de l'échéancier initial, cette limitation s'appréciant globalement en comparant la somme des intérêts figurant respectivement sur l'échéancier de l'emprunt initial et l'échéancier du nouvel emprunt ;

- le bailleur indique dans ses déclarations le prêt auquel le nouvel emprunt se substitue, et peut sur demande de l'administration en justifier.

Par ailleurs, les frais ou pénalités occasionnés par le remboursement anticipé d'un prêt ne sont pas considérés comme engagés en vue de la perception du revenu foncier et ne sont donc pas déductibles[5], sauf s'ils sont versés en vue de la souscription d'un nouvel emprunt dont le taux est moins élevé[6].

911.163 **Cas particuliers.** Les intérêts payés par le contribuable particulier au titre d'emprunts contractés pour la souscription ou l'acquisition de parts de sociétés immobilières non soumises à l'impôt sur les sociétés ou de fonds de placement immobilier sont déductibles du revenu foncier. Il en va de même de l'emprunt contracté pour faire apport du logement à ces structures.

En cas de démembrement de propriété ou de parts de sociétés non soumises à l'impôt sur les sociétés, les intérêts supportés par l'usufruitier pour l'acquisition de ses droits sont déductibles.

Par ailleurs, les intérêts d'emprunt supportés par le nu-propriétaire pour l'acquisition de ses droits sont également déductibles, alors même qu'il n'est pas imposable au titre des revenus fonciers de l'immeuble, mais à condition que le logement soit donné en location par l'usufruitier, et imposés chez ce dernier en tant que revenus fonciers. Le déficit foncier ainsi dégagé au titre de l'immeuble en cause est imputable exclusivement sur d'autres revenus fonciers du nu-propriétaire au cours des dix années suivantes[7].

4. *BOI*-RFPI-BASE-20-80-2012-09-12, § 110.
5. *BOI*-RFPI-BASE-20-80-2012-09-12, § 210.
6. CE 8e et 3e ss-sect., 5 oct. 2007, *Guyon*, req. n° 281658, *Lebon*.
7. *BOI*-RFPI-BASE-20-80-2012-09-12, §170 – AUSSI, v. ss nos 912.41 s. et 911.241.

911.164 **Cas des logements sociaux démembrés.** Le particulier nu-propriétaire d'un logement social dont l'usufruitier est un bailleur social[1] peut déduire des revenus fonciers qu'il tire d'autres logements donnés en location, les intérêts d'emprunt correspondant à l'acquisition de la nue-propriété des logements démembrés qu'il possède[2].

5°
Les impositions et taxes

911.171 **Impositions déductibles.** L'article 31-I-1-c du code général des impôts prévoit la déductibilité des impositions, autres que celles incombant au propriétaire, acquittées au profit des collectivités territoriales et de certains établissements publics.

Sont ainsi déductibles les impositions suivantes :

- les taxes foncières sur les propriétés bâties et sur les propriétés non bâties[3] ;

- certaines taxes annexes aux taxes foncières : taxe spéciale d'équipement établie au profit des établissements publics fonciers, impositions au profit des communautés urbaines pour la fraction se rattachant aux taxes foncières, taxe additionnelle spéciale au profit de la région Île de France ;

- la contribution sur les revenus locatifs[4].

L'imposition est déductible dans l'année de son paiement. Toutefois, la doctrine administrative admet que les taxes établies et non encore payées au 31 décembre de l'année d'imposition soient déduites, sous réserves d'éventuelles régularisations l'année suivante. Si les taxes ne sont pas encore établies, le bailleur peut déduire provisoirement le montant acquitté au titre de l'année précédente[5].

911.172 **Impositions non déductibles.** *A contrario*, ne sont pas déductibles les impositions établies au profit de l'État (impôt sur le revenu, droits de mutation à titre gratuit ou onéreux, taxe sur les loyers élevés des logements de petite surface, dite « taxe Apparu »[6]) et celles incombant au locataire (taxe d'habitation, taxe d'enlèvement des ordures ménagères, taxe de balayage).

Par ailleurs, ne sont pas non plus déductibles les taxes d'urbanisme qui font partie du prix de revient de l'immeuble, perçues notamment lors de sa construction ou de son extension (taxe d'aménagement, versement pour dépassement du plafond légal de densité).

1. CCH, art. L. 253-1 s.
2. CGI, art. 31-I-1°-d.
3. V. s^s n° 941.11.
4. V. s^s n° 921.11.
5. *BOI*-RFPI-BASE-20-50-2015-04-01, § 60.
6. V. s^s n° 951.10.

6°
Les indemnités d'éviction et frais de relogement

911.181 **Indemnités d'éviction.** Les indemnités versées par le propriétaire pour évincer le locataire sont déductibles, à condition que la finalité soit l'obtention ou la conservation du revenu foncier (CGI, art. 13-1). Ainsi, le propriétaire peut déduire l'indemnité versée en vue d'effectuer des travaux puis de relouer immédiatement dans de meilleures conditions[7]. En revanche, si l'éviction intervient dans un contexte de valorisation du patrimoine du bailleur, elle n'est pas déductible (ex. : éviction en vue d'occuper le logement ou de le vendre libre d'occupation)[8].

911.182 **Frais de relogement.** Le coût que supporte le propriétaire pour reloger temporairement son locataire pendant la réalisation de travaux est déductible du revenu foncier, sous réserve que l'engagement et le montant des frais résultent d'une gestion normale[9].

7°
Les charges locatives

911.191 **Contexte.** Les charges locatives constituent en principe pour le bailleur une dépense (paiement à un tiers) et un encaissement (remboursement par le locataire). En matière de revenu foncier, le principe est que ces flux ne sont pas pris en compte : le remboursement perçu n'est pas un revenu imposable et les charges correspondantes ne sont corrélativement pas déductibles.

Ce principe connaît toutefois deux exceptions : le bailleur peut déduire les charges correspondantes lorsqu'elles lui incombent définitivement, soit qu'il n'en obtienne pas le remboursement auprès du locataire, soit que le logement est temporairement vacant.

La déduction intervient au titre de l'année du départ du locataire[10].

8°
Les provisions pour charges de copropriété

911.201 **Principe de déduction immédiate.** Lorsque le logement locatif est situé dans une copropriété, une partie des charges déductibles du revenu foncier est payée par la copropriété (ex. : travaux sur les parties communes). Le bailleur copropriétaire supporte ces dépenses sous la forme de charges de copropriété, reversées à cette dernière

7. CAA Paris, 31 janv. 1991, req. n° 89PA01032.
8. *BOI*-RFPI-BASE-20-20-2014-02-14, § 1.
9. *BOI*-RFPI-BASE-20-20-2014-02-14, § 30.
10. *BOI*-RFPI-BASE-20-40-2012-09-12, § 90.

à titre de provisions, lesquelles font ensuite l'objet d'une régularisation.

Toutefois, les provisions appelées ne couvrent pas exclusivement des charges déductibles des revenus fonciers. Pour tenir compte de cette situation, le législateur a retenu le schéma suivant :

- pour une année n, le bailleur déduit de son revenu foncier l'intégralité des provisions pour charges de copropriété qu'il a versées, sans distinguer entre les dépenses déductibles ou non ;

- au titre de l'année n+1, le bailleur soustrait la quote-part des charges de l'année N non déductible[1].

En pratique, le bailleur déduit donc obligatoirement l'intégralité des provisions pour charges qu'il a versées au titre d'une année, toutes dépenses confondues, même s'il connaît déjà leur répartition. Les provisions concernées sont celles couvrant les dépenses, comprises ou non dans le budget prévisionnel, prévues aux articles 14-1 et 14-2 de la loi du 10 juillet 1965[2] modifiée :

- dépenses courantes de maintenance, de fonctionnement et d'administration des parties communes et équipements communs de l'immeuble, comprises dans le budget prévisionnel ;

- dépenses pour travaux qui ne figurent pas dans le budget prévisionnel et dont la liste est fixée par décret[3].

En revanche, les provisions spéciales destinées à faire face à des travaux non encore décidés par l'assemblée générale, prévues par l'article 18 de la loi précitée, ne sont pas concernées par ce dispositif. Elles ne sont donc pas déduites en tant que telles. Seuls les travaux proprement dits seront déduits, si leur nature le permet, au titre de l'année de leur paiement aux fournisseurs par l'intermédiaire du syndic.

911.202 Régularisation de la fraction non déductible. L'arrêté des comptes présenté à l'assemblée générale en n+1 permet de procéder à la ventilation des charges payées sous la forme de provisions en année n. Le copropriétaire bailleur doit alors majorer son revenu imposable des dépenses non déductibles. Il s'agit notamment :

- des travaux non déductibles par nature (agrandissement...[4] ;

- des dépenses récupérables auprès du locataire (dépenses d'éclairage, de chauffage...[5]) ;

- des dépenses couvertes par la déduction forfaitaire pour frais divers[6] ;

- le solde de régularisation, s'il est positif ; il s'agit de la situation dans laquelle le montant des provisions versées excède les dépenses réelles ; par hypothèse, les versements, ne correspondent pas à des dépenses effectivement payées par la copropriété et ne sont par conséquent pas déductibles (si le solde est négatif, le versement correspondant constituera une charge déductible en tant que versement de provision au titre de l'année N+1, sous réserve de régularisation ultérieure).

Des dispositions particulières sont prévues par la doctrine administrative en cas de cessation de la location[7]. Il est admis dans ce cas que les provisions pour charges de copropriété versées au cours de l'année de la cessation de la location fassent l'objet d'une régularisation prévisionnelle anticipée.

Ainsi, la déclaration des revenus fonciers de l'année de cessation doit mentionner sur la ligne appropriée d'une part, la régularisation des charges de copropriété déduites l'année précédente et d'autre part, la régularisation prévisionnelle anticipée de la déduction de la provision déduite la même année (au titre de la période couverte par la location).

Cette régularisation anticipée peut, par exemple, être effectuée en retenant la même proportion de charges déductibles que celle qui a été constatée au cours de l'exercice précédent. Si le montant ainsi déterminé se révèle inexact après l'arrêté des comptes, le bailleur doit déposer une déclaration rectificative.

§ 3
La définition du revenu imposable – Régime du micro-foncier

911.211 Principe. Le régime dit « micro-foncier » concerne les bailleurs dont les revenus fonciers n'excèdent pas 15 000 euros par an. À ce niveau de revenu peu élevé, il leur est permis d'appliquer un régime simplifié, consistant principalement en une dispense de dépôt de la déclaration spéciale des revenus fonciers et un calcul forfaitaire des charges déductibles.

911.212 Champ d'application. Le régime dit « micro-foncier » concerne les particuliers bailleurs d'immeubles dans les conditions précisées[8] dont les recettes brutes de location, telles qu'exposées plus haut (v. s[s] n°s 911.40 s.) sont, au titre d'une année, inférieures ou égales à 15 000 euros.

1. CGI, art. 31-I-1°-a *quater*.
2. L. n° 65-557, 10 juill. 1965 fixant le statut de la copropriété des immeubles bâtis, *JO* 11 juill.
3. Décr. n° 67-223, 17 mars 1967, art. 44.
4. V. s[s] n° 911.121.
5. V. s[s] n°s 241.11 s.
6. V. s[s] n° 911.145.
7. *BOI*-RFPI-BASE-20-70-2013-01-07, § 90.
8. V. s[s] n° 911.213.

Il convient de retenir l'ensemble des revenus fonciers du foyer fiscal, y compris la quote-part de revenus comptables de sociétés de personnes revenant à ces derniers dans la proportion de leurs droits en tant qu'associés.

Il s'applique également à l'associé personne physique d'une société transparente (CGI, art. 1655 *ter* – société d'attribution ou de copropriété) si l'associé donne lui-même son lot en location. Les associés d'une société translucide (CGI, art. 8) qui donne en location le logement et les porteurs de parts d'un fonds de placement immobilier peuvent également bénéficier du régime micro-foncier, à condition toutefois d'être par ailleurs propriétaires directs d'un autre bien donné en location. En effet, si ce n'est pas le cas, la société elle-même ou le fonds déterminent un revenu net qui est directement mentionné dans la déclaration de revenu n° 2042.

En revanche, le régime micro-foncier ne s'applique pas aux foyers dont l'un des membres perçoit des revenus fonciers bénéficiant de certains régimes fiscaux (monuments historiques, Malraux, amortissements spécifiques...) [1].

911.213 Montant du revenu à retenir pour l'appréciation du plafond. Le total des revenus fonciers perçus par le bailleur (et le cas échéant les membres du foyer fiscal) ne doit pas excéder 15 000 euros annuels. Si les loyers sont soumis à la TVA [2], il convient de retenir le montant hors TVA du loyer.

Lorsque le bailleur est propriétaire de biens autres que des logements dont il se réserve la jouissance, et qui sont donc imposables, il convient de tenir compte du loyer normal que pourraient produire ces biens.

Le montant de 15 000 euros annuels est à retenir même si la location a duré moins d'un an. Autrement dit, il n'y a pas lieu de réduire ce montant *prorata temporis*.

La franchise inclut les revenus perçus par l'intermédiaire d'une société translucide ou d'un fonds de placement immobilier, dans la proportion des droits du porteur de parts.

911.214 Modalités d'imposition. Le contribuable déclare l'ensemble des revenus définis ci-dessus, pour leur montant brut, sans déduction des charges. En effet, un abattement forfaitaire de 30 % est appliqué et se substitue aux charges réelles, lesquelles ne sont par conséquent pas déductibles. Cet abattement est appliqué automatiquement par l'administration dès lors que les revenus sont bien mentionnés en tant que micro-foncier dans la déclaration de revenu.

Par hypothèse, ce régime ne peut pas générer de déficit foncier. En revanche, les déficits fonciers dégagés le cas échéant par le bailleur alors qu'il relevait au titre des années précédentes du régime normal seraient imputables sur le revenu micro-foncier net, régime dans lequel ce dernier se trouverait suite par exemple à une diminution de ses recettes imposables.

911.215 Sortie du régime. La sortie du régime micro-foncier peut résulter :

– de plein droit du fait que les revenus excèdent le montant de 15 000 euros ou du fait qu'une des situations d'exclusion de ce régime survient [3],

– d'une option du bailleur pour le régime normal [4].

Le régime normal est celui décrit plus haut [5]. L'option est exercée pour une durée de trois ans. Au terme des trois ans, le bailleur est réputé opter de nouveau pour un an à chaque dépôt d'une déclaration de revenus fonciers normale. Il peut dès lors renoncer l'année suivante à ce régime et revenir au micro-foncier si les conditions sont remplies.

§ 4 Déficits fonciers

911.220 Plan – Principe. Le bailleur soumis au régime normal d'imposition déclare les revenus et charges du bien ou de l'ensemble des biens loués par les membres du foyer fiscal. En cas de pluralité de biens, les revenus positifs et négatifs se compensent mécaniquement entre eux. Le revenu foncier d'ensemble peut lui-même être déficitaire.

L'article 156-I-3° du code général des impôts permet dans certaines conditions et limites l'imputation de ce déficit foncier sur le revenu global du foyer (A). La fraction non imputable peut être reportée sur les revenus fonciers des années suivantes (B).

L'imputation des déficits sur le revenu global n'est pas possible dans le cadre du régime du micro-foncier.

A. Imputation sur le revenu global

911.231 Principes. Le déficit foncier constaté est imputable sur le revenu global dans la limite d'un montant de 10 700 euros [6]. Les intérêts d'emprunt ne sont toutefois pas retenus pour le calcul du déficit imputable. Ce plafonnement n'est pas appli-

1. *BOI*-RFPI-DECLA-10-2013-07-30, § 60 et 70.
2. V. s[s] n° 911.53.

3. V. s[s] n° 911.212.
4. CGI, art. 32-4.
5. V. s[s] n°s 911.30 s.
6. Cette limite est portée à 15 300 euros dans le cadre des dispositifs d'investissement Périssol ou Cosse ; des précisions sur les conditions de ce relèvement figurent au *BOI*-RFPI-BASE-30-20-10, n°s 110 s.

cable aux logements loués dans certains immeubles historiques [1].

911.232 Conditions. L'imputation du déficit n'est définitivement acquise que si le bailleur poursuit la location au moins jusqu'au 31 décembre de la troisième année qui suit celle de l'année d'imputation. Lorsque l'immeuble est détenu par l'intermédiaire d'une société translucide, ce délai s'impose à la société et le bailleur doit lui-même conserver les titres de la société pendant le même délai.

La doctrine administrative [2] exige que la location soit effective et permanente, ce qui n'est pas le cas par exemple lorsque le propriétaire perçoit et déclare des revenus de remplacement d'une assurance. Il est cependant admis qu'une période de vacance incompressible entre deux locations ne remette pas en cause l'imputation (sous réserve de démontrer les diligences nécessaires et la conformité de l'offre au marché). Par ailleurs, l'affectation à la location meublée est considérée comme une rupture de la location, du fait qu'elle entraîne un changement de régime d'imposition [3].

911.233 Modalités. Le déficit imputable est calculé en faisant abstraction des intérêts d'emprunt et des charges accessoires à ces emprunts, définis plus haut [4].

La fraction de déficit provenant de ces charges exclues est reportable sur les revenus fonciers des années suivantes [5].

En pratique, il convient dans un premier temps d'identifier pour l'ensemble des propriétés les revenus, les charges d'emprunt et les autres charges.

Afin de s'assurer que le déficit ne provient pas des charges d'emprunt, celles-ci sont imputées sur les revenus. Les autres charges sont ensuite déduites de ce revenu net des charges d'emprunt. S'il en résulte un déficit, celui-ci est imputable sur le revenu global, dans les limites sus-indiquées.

Il résulte de ce mode de calcul que les charges d'emprunt ne sont prises en compte que dans la limite du revenu brut. Elles peuvent tout au plus le neutraliser, mais pas contribuer à la constitution du déficit imputable.

L'imputation du déficit foncier sur les revenus d'autres catégories (salaires, bénéfices industriels et commerciaux ou non commerciaux...) entraîne une diminution de l'impôt sur le revenu proprement dit. En revanche, les contributions sociales restent calculées sur le revenu de chaque catégorie avant imputation des déficits. Le déficit foncier imputable ne procure donc pas d'avantage en matière de contributions sociales [6].

911.234 Remise en cause de l'imputation. L'imputation du déficit sur le revenu global est en principe remise en cause lorsque la location n'est pas poursuivie jusqu'au 31 décembre de la troisième année qui suit celle de l'imputation (par exemple en cas de cession du logement).

La remise en cause consiste à recalculer l'impôt sur le revenu sans prendre en compte l'imputation du ou des déficits, et à recalculer le report déficitaire imputable sur les revenus fonciers futurs. En outre, la doctrine administrative considère que, dans l'hypothèse où les revenus fonciers n'auraient pas suffi à absorber la totalité des déficits qui provenaient du ou des logements dont la location a cessé, l'imputation du solde n'est plus possible au-delà de l'année de cessation de la location [7]. Toutefois, cette doctrine a été invalidée par le Conseil d'État, qui a considéré que le solde de déficit restait imputable le cas échéant sur les autres revenus fonciers du foyer fiscal dans le délai de dix ans [8].

La loi prévoit trois exceptions à la remise en cause de l'imputation des déficits sur le revenu global : le décès, l'invalidité et le licenciement. Par tolérance, l'administration admet également l'absence de remise en cause en cas d'expropriation ou de fusion de FCPI [9].

B.
Report sur les revenus des années suivantes

911.241 Principes. Il résulte des règles rappelées précédemment que ne sont pas imputables sur le revenu global :

– la part de déficit foncier provenant des intérêts d'emprunt ;

– la part de déficit foncier imputable par nature (autres charges) excédant les limites de 10 700 euros ou de 15 300 euros.

Ces fractions de déficit sont imputables sur les revenus fonciers des dix années suivantes.

Lors de leur imputation sur les revenus fonciers futurs, ces déficits procurent au contribuable un avantage en matière d'impôt sur le revenu et de contributions sociales. Pour ces dernières, c'est bien le revenu catégoriel, servant d'assiette, qui est impacté, et non le revenu global [10].

1. V. s[s] n° 911.312.
2. *BOI*-RFPI-BASE-30-20-10-2012-09-12, § 50.
3. V. s[s] n° 911.331.
4. V. s[s] n° 911.161.
5. V. s[s] n° 911.241.
6. V. s[s] n° 911.382.
7. *BOI*-RFPI-BASE-30-20-10 § 240.
8. CE 26 avr. 2017, req. n° 400441.
9. *BOI*-RFPI-BASE-30-20-10, § 290 s.
10. V. s[s] n° 911.233.

C. Cas particulier des déficits subis par les nus propriétaires

911.251 **Logement dont la propriété est démembrée et est donné en location par l'usufruitier.** Dans ce cas, le nu-propriétaire ne perçoit pas de revenus. Les travaux qu'il supporte en tant que tel ne sont donc en principe pas déductibles. Cette absence de déduction ne serait pas satisfaisante d'un point de vue économique car les travaux supportés par le nu-propriétaire concourent bien *in fine* à la perception de revenus imposables, même si ceux-ci ne sont pas perçus par le nu-propriétaire. Pour corriger ce qui serait une anomalie, ce dernier peut déduire le coût des travaux qu'il supporte des revenus fonciers dont il dispose par ailleurs[1]. Cette mesure est donc strictement limitée au cas où l'usufruitier donne le logement en location (il ne l'occupe pas) et où il est imposable dans la catégorie des revenus fonciers (il ne s'agit pas d'une société soumise à l'impôt sur les sociétés).

Notons que l'article 156-II-*quater*, 2° du code général des impôts permet également, sur option, aux nus-propriétaires de déduire de leur revenu global certains travaux. L'option pour ce régime est incompatible avec la déduction du revenu foncier sus-évoquée[2]. Ce régime a cessé de s'appliquer aux dépenses supportées à compter du 1er janvier 2017[3].

§ 5 Modalités de déclaration

911.261 **Micro-foncier.** L'objet même de ce régime étant de simplifier la gestion fiscale des personnes dont les revenus fonciers sont peu élevés, les modalités de déclaration sont très simples : le montant des recettes brutes est mentionné directement dans la déclaration de revenus (formulaire n° 2042). L'abattement est calculé et appliqué directement par l'administration fiscale.

911.262 **Régime réel normal.** Les contribuables relevant du régime réel normal doivent remplir une déclaration annexe spécifique à ces revenus (formulaire n° 2044 en général ou n° 2044 spéciale en cas d'application de régimes spécifiques - monuments historiques, Malraux, investissement locatif...).

Ces déclarations détaillent, le cas échéant pour chaque immeuble, les revenus et les charges.

Les contribuables qui ne perçoivent pas d'autres revenus fonciers que ceux procurés par des parts de sociétés immobilières non soumises à l'impôt sur les sociétés et d'OPCI sont dispensés de déposer ces déclarations et peuvent porter directement les revenus des parts dans leur déclaration de revenus. Ils doivent toutefois fournir une note annexe à leur déclaration indiquant les coordonnées des sociétés, les revenus et éventuellement le montant des intérêts des emprunts souscrits pour l'acquisition des parts.

§ 6 Régimes fiscaux spécifiques d'incitation à la location de logements

911.270 **Plan – Contexte.** La fiscalité directe du bailleur particulier est fortement marquée par des régimes spécifiques d'incitation à l'investissement ou à la location de logements dans certaines conditions. Ces dispositifs visent d'une part l'investissement dans le logement locatif neuf, d'autre part la restauration de certains immeubles, notamment historiques. Plus récemment, des incitations à l'investissement ou à la location dans le logement social ont également été mises en place. S'ils existent depuis plusieurs décennies, ces régimes sont marqués par une très grande instabilité dans leurs modalités d'application. Les critères d'éligibilité des investissements et la forme même de l'incitation fiscale sont très régulièrement modifiés par le législateur. Il en résulte une juxtaposition de régimes très divers selon la date à laquelle l'opération a été réalisée.

Le propos sera donc ici limité à l'exposé des principales caractéristiques des régimes applicables aux investissements réalisés actuellement.

A. Investissements dans les logements locatifs neufs (« Duflot-Pinel-Denormandie »)

911.281 **Historique.** Les dispositifs d'incitation des particuliers à investir dans l'immobilier locatif existent depuis de nombreuses années. La tradition veut que chaque ministre ou secrétaire d'État en charge du logement laisse son nom au régime qu'il aura créé ou modifié. Le régime actuel est ainsi dénommé « Duflot-Pinel ». Il a été précédé, entre 2009 et 2012, par le régime « Scellier ». Ces deux régimes prennent la forme d'une réduction d'impôt imputable sur l'impôt dû par le foyer fiscal. Auparavant, l'incitation reposait sur un amortissement de l'investissement, déductible du revenu foncier. Il pouvait en résulter un déficit foncier qui était imputable sur le revenu global, ce qui *in fine* réduisait le montant de l'impôt dû (régimes « Périssol », « Robien », « Besson neuf », « Borloo »). Certains autres régimes reposaient sur une déduction forfaitaire majorée, pour certaines locations à caractère social (« Lienemann », « Besson ancien »...). Pour

1. *BOI*-RFPI-BASE-20-30-30, § 70 (v. ss n° 911.163).
2. *BOI*-RFPI-BASE-20-60-20.
3. L. n° 2016-1917, 29 déc. 2016, art. 32, I-4° et II-B.

les conditions d'application de ces régimes, qui peuvent pour certains encore produire leurs effets sur l'imposition du bailleur, le lecteur pourra se reporter aux commentaires administratifs (*BOI*) et guides déclaratifs des éditions spécialisées.

911.282 **Opérations éligibles au régime « Duflot-Pinel-Denormandie ».** Le dispositif actuellement en vigueur permet à des particuliers qui acquièrent un logement locatif directement ou via une société translucide[1] de bénéficier d'une réduction d'impôt sur le revenu (CGI art. 199 *novovicies*).

Sont visés les logements qui sont, sur la période comprise entre 2013 et 2024, selon le cas : acquis neufs achevés (jamais occupés ni utilisés), acquis en l'état futur d'achèvement, construits par l'investisseur ou remis à neuf au sens de la TVA immobilière[2]. Pour les investissements en neuf réalisés à compter de 2021, seuls sont visés les logements situés dans des bâtiments collectifs.

Sont également éligibles :

- les opérations de transformation de locaux affectés à un usage autre que d'habitation en logements ;
- les réhabilitations de logements vétustes permettant d'atteindre des performances techniques proches de celles des logements neufs (définies par arrêté ministériel) ;
- les logements acquis entre le 1er janvier 2019 et le 31 décembre 2022 qui font l'objet de travaux de rénovation définis par décret ;
- les acquisitions de locaux affectés à un usage autre que l'habitation entre le 1er janvier 2019 et le 31 décembre 2022 qui font ou ont fait l'objet de travaux de transformation en logement. Le montant de ces travaux, facturés par une entreprise, doit représenter au moins 25 % du coût total de l'opération ; ces logements doivent être situés dans des communes dont le besoin de réhabilitation de l'habitat du centre-ville est particulièrement marqué ou qui ont conclu une convention d'opération de revitalisation de territoire. La liste des communes et la détermination du centre des communes éligibles sont fixées par un arrêté.

Les logements doivent répondre à des normes de performance énergétique, attestées selon le cas par différents labels prévus par l'article 46 AZA *octies*-0-A de l'annexe III au code général des impôts. Le dispositif est centré sur des zones géographiques considérées comme tendues, définies par décret. Jusqu'au 31 décembre 2017, il s'agissait des zones A *bis*, A et B1, et, sous certaines conditions et sur agrément dans les autres zones. Pour les investissements réalisés depuis le 1er janvier 2018, les zones B2 et C ne sont plus éligibles au bénéfice de faveur. Cependant, à titre transitoire, le dispositif a été maintenu pour les acquisitions de logements pour lesquelles une demande de permis de construire avait été déposée au plus tard le 31 décembre 2017, si l'acquisition a été réalisée au plus tard le 15 mars 2019. Sont également éligibles les investissements réalisés dans les communes dont le territoire est couvert par un contrat de redynamisation de sites de défense, quelle que soit la zone dans laquelle se situe la commune.

L'investisseur doit s'engager à louer le bien à usage de résidence principale pendant six ou neuf ans. L'engagement peut être prorogé pour trois ans. La durée totale maximale de l'engagement ne peut excéder douze ans. D'après la doctrine administrative, le point de départ du délai est fixé à la date d'effet du premier bail. Ce point a été confirmé par la jurisprudence, qui a écarté comme date de départ celle à laquelle le propriétaire avait engagé les démarches utiles pour trouver un preneur[3].

La location ne doit pas être consentie à un membre du foyer fiscal. Mais, depuis 2015, elle peut être consentie à un ascendant ou descendant.

Lorsque l'investissement est réalisé à travers une société translucide, l'engagement est pris par cette dernière. La location ne peut alors pas être conclue avec un associé ou un membre du foyer fiscal des associés, mais elle est possible avec ses ascendants ou descendants pour les investissements réalisés depuis 2015. Dans ce cas, l'engagement de conservation porte également sur les parts de la société. Le loyer ne doit pas excéder des plafonds définis par zone (CGI, ann. III, art. 2 *terdecies* D). Cet article fixe également des plafonds de ressources des locataires, variables selon la localisation et la composition du ménage.

La location doit débuter dans les douze mois de l'acquisition ou de l'achèvement ou de la construction du logement ou des travaux et doit être continue. En cas de congé du locataire, le bailleur doit rechercher immédiatement et activement un autre locataire, sans exigences anormales en termes de conditions de location, de revenus ou garanties, sous peine d'une remise en cause de l'avantage fiscal.

Les dépenses de travaux retenues pour le calcul de la réduction d'impôt ne sont pas déductibles pour la détermination des revenus fonciers.

911.283 **Définition de l'avantage fiscal.** Le montant de la réduction d'impôt est calculé sur le prix de revient du logement, plafonné à 5 500 € par mètre carré de surface habitable et globalement à 300 000 euros par an et sur deux logements au maximum.

1. V. ss no 912.81 ou une SCPI dédiée à 95 % à des investissements éligibles.
2. V. ss no 933.41.
3. CAA Bordeaux, 5e ch., 28 juin 2013, *Bontemps*, no 12 BX01808, *RJF* 12/13, no 1144.

Si l'engagement de location est pris sur six ans, la réduction d'impôt s'élève à 12 %. Elle est répartie par parts égales sur six ans. En cas de prolongation de trois ans, le taux est de 6 % pour le premier renouvellement, 3 % pour le second.

Si l'engagement initial est pris sur neuf ans, la réduction s'élève à 18 % (étalée par parts égales sur neuf ans) et le taux applicable en cas de prorogation est de 3 %.

Si la réduction excède l'impôt dû, le solde n'est pas reportable sur les impositions futures. Rappelons enfin que la réduction d'impôt est prise en compte dans le calcul du plafonnement des niches fiscales.

Sur la période d'application restante du dispositif, les taux de la réduction d'impôt sont progressivement réduits :

Durée de location	Investissements réalisés en 2021-2022	Investissements réalisés en 2023	Investissements réalisés en 2024
• Engagement initial de location de six ans	12 %	10,5 %	9 %
• Première période supplémentaire de trois ans ;	6 %	4,5 %	3 %
• Seconde période supplémentaire de trois ans	3 %	2,5 %	2 %
• Engagement initial de location de neuf ans	18 %	15 %	
•Période supplémentaire de trois ans	3 %	2,5 %	2 %
• Engagement de location outre-mer (période de six ans)	23 %	21,5 %	20 %
• Engagement de location outre-mer (période de neuf ans)	29 %	26 %	23 %

La réduction des taux ne s'applique pas :

- aux logements situés dans un quartier prioritaire de la politique de la ville ;

- aux logements qui respectent un niveau de qualité, en particulier en matière de performance énergétique et environnementale, supérieure à la réglementation (critères définis par décret) ;

- à la réduction d'impôt Denormandie.

911.284 Particularités du dispositif « Denormandie ». La réduction d'impôt « Duflot-Pinel » a été étendue à certaines opérations d'investissement locatif, dite « Denormandie ». Cette réduction d'impôt s'applique aux investissements réalisés entre le 1er janvier 2019 et le 31 décembre 2022 (CGI, art. 199 *nonies* I B 5°). Elle vise certains logements anciens faisant l'objet de travaux ou la transformation de locaux en logements, situés dans des zones détendues.

Les logements visés sont ceux acquis entre le 1er janvier 2019 et le 31 décembre 2022 et qui font ou ont fait l'objet de travaux de rénovation (investissements réalisés en 2019) ou d'amélioration (investissements réalisés à compter du 1er janvier 2020).

Le dispositif vise également des locaux affectés à un autre usage et qui sont transformés en logements acquis entre le 1er janvier 2019 et le 31 décembre 2022 et qui font ou ont fait l'objet de travaux de transformation en logement. Le montant de ces travaux, facturés par une entreprise, doit représenter au moins 25 % du coût total de l'opération. Contrairement au dispositif « Duflot-Pinel », les logements individuels restent éligibles à la réduction d'impôt « Denormandie ».

Les locaux à usage mixte peuvent ouvrir droit à l'avantage fiscal sous réserve que les trois quarts au moins de leur superficie soient affectés à l'habitation, le bénéfice de la mesure étant alors réservé à la seule fraction louée à usage d'habitation principale.

L'opération doit être réalisée dans des communes dont le besoin de réhabilitation de l'habitat du centre-ville est particulièrement marqué ou qui ont conclu une convention d'opération de revitalisation de territoire[1]. La liste des communes éligibles est fixée par arrêté ministériel[2]. Pour les acquisitions réalisées à compter du 1er janvier 2020, dans toutes ces communes éligibles, les logements ouvrant droit à la réduction d'impôt peuvent être situés indifféremment en tout lieu sur leur territoire (et plus seulement dans leur centre comme auparavant).

Les travaux éligibles sont :

- la création de surfaces habitables nouvelles ou de surfaces annexes ;

- la modernisation, l'assainissement ou l'aménagement des surfaces habitables ou des surfaces annexes ;

- la réalisation d'économies d'énergie pour l'ensemble de ces surfaces.

Les surfaces annexes sont les garages, emplacements de stationnement et locaux collectifs à usage commun et les dépendances suivantes : loggias, balcons, terrasses accessibles privatives, vérandas, séchoirs extérieurs au logement, caves d'une surface d'au moins deux mètres carrés ainsi que, en habitat

1. CCH, art. L. 303-2.
2. Arr. 26mars 2019 relatif à la réduction d'impôt sur le revenu au titre de l'investissement locatif prévue à l'article 199 *novovicies* du code général des impôts, pris pour l'application du 3° de l'article 46 AZA *octies*-0 A de l'annexe III du même code, NOR : LOGL1903827A, *JO* 27 mars.

individuel uniquement, garages individuels et combles accessibles. Sont exclus les travaux portant sur des locaux ou des équipements d'agrément.

Les travaux doivent représenter au moins 25 % du coût de l'opération et leur achèvement doit intervenir au plus tard le 31 décembre de la deuxième année qui suit celle de l'acquisition du local ou du logement. Le prix de revient pour l'application du dispositif (calcul de la réduction et plafond de 300 000 €) s'entend du prix d'acquisition du local ou du logement augmenté du prix des travaux. La réduction d'impôt est conditionnée au respect de critères environnementaux, définis par l'article 46 AZA *octies*-0 A, 3° de l'annexe III au CGI.

911.285 **Points de vigilance.** Le bénéfice de la réduction d'impôt est subordonné au respect de nombreuses conditions, qui sont très instables dans le temps. L'investisseur doit donc s'assurer que l'opération qu'il réalise remplit au départ toutes les conditions (nature de l'investissement, localisation, nature des travaux...) et que les conditions s'appréciant dans la durée sont également respectées tout au long de la période d'engagement.

Ces points d'attention font l'objet de commentaires administratifs et parfois de contentieux, dont certains sont exposés ici.

• **Notion de logement neuf (« Duflot-Pinel »).** D'après la doctrine administrative, les logements neufs sont ceux dont la construction est achevée et qui n'ont jamais été habités ni utilisés sous quelque forme que ce soit. Le fait qu'un logement ait fait l'objet d'une précédente mutation (à titre onéreux ou à titre gratuit) ne suffit pas à elle seule à lui faire perdre le caractère de logement neuf pour le bénéfice de l'avantage fiscal. En revanche, ne peuvent pas être considérés comme neufs les logements dont la première location a pris effet avant la date de leur acquisition, même lorsque cette dernière s'accompagne du transfert au profit de l'acquéreur du bail conclu par le vendeur. Cependant, la doctrine admet de considérer comme neufs les appartements témoins d'un programme immobilier[1].

• **Notion d'achèvement.** L'achèvement d'un logement acquis en l'état futur d'achèvement doit intervenir dans les trente mois qui suivent la date de la signature de l'acte authentique d'acquisition. La date d'achèvement du logement d'habitation s'entend de celle à laquelle l'état d'avancement des travaux de construction est tel qu'il permet une utilisation du local conforme à l'usage prévu, c'est-à-dire, s'agissant d'une construction affectée à l'habitation, lorsqu'elle est habitable. Normalement, la preuve de l'achèvement d'une construction devrait résulter du certificat de conformité délivré au constructeur ou du récépissé de la déclaration d'achèvement des travaux. Cependant, le point de savoir à quelle date une construction peut être considérée comme terminée est une question de fait dont la solution appelle un examen des circonstances propres à chaque cas particulier[2]. Par ailleurs, l'Administration peut accorder une prorogation du délai d'achèvement dans certains cas de force majeure[3].

• **Notion de logement.** D'après la doctrine administrative, la réduction d'impôt s'applique aux immeubles à usage de logement au sens des articles R. 111-1-1 à R. 111-17 du CCH. Le bien doit, par conséquent, satisfaire aux conditions de volume, de surface, de confort et de sécurité définies par ces dispositions. Le locataire peut néanmoins domicilier son entreprise, à condition que le logement reste totalement affecté à usage d'habitation.

Dans le cas des locaux à usage mixte d'habitation et professionnel, en principe exclus, il est admis que la partie du logement louée à usage d'habitation ouvre droit à la réduction d'impôt si le local est affecté à l'habitation pour les trois quarts au moins de sa superficie. Enfin, pour les travailleurs à domicile, aucune réfaction n'est appliquée dès lors qu'aucune pièce n'est aménagée spécifiquement à l'exercice de la profession[4].

• **Démembrement et indivision.** L'investissement peut être réalisé en indivision. Dans ce cas, l'engagement de location nue doit être pris par tous les indivisaires conjointement. La location doit être, par ailleurs, consentie à une personne autre que l'un des indivisaires, un membre du foyer fiscal de l'un des indivisaires[5].

En revanche, le démembrement de l'immeuble fait obstacle au bénéfice du dispositif[6]. L'immeuble ne peut donc pas être démembré au stade de son acquisition ni au cours de la période d'engagement. De même, en cas de réalisation de l'opération par une société translucide, les parts de celle-ci ne peuvent pas être démembrées. Toutefois, lorsque le démembrement de la propriété résulte du décès de l'un des membres d'un couple soumis à imposition commune, le conjoint survivant, attributaire du bien en pleine propriété ou titulaire de son usufruit, peut demander la reprise du dispositif à son profit[7]. Par ailleurs, la réduction d'impôt obtenue par le couple soumis à imposition commune n'est pas remise en cause, que le conjoint survivant opte ou non pour la reprise de l'engagement.

1. *BOI*-IR-RICI-360-10-10, n°s 20 et 30.

2. *BOI*-IR-RICI-360-10-10, n° 120.
3. *BOI*-IR-RICI-360-10-10, n° 115, 13 juill. 2018.
4. *BOI*-IR-RICI-360-10-30, n° 1.
5. *BOI*-IR-RICI-360-20-10, n° 10.
6. *BOI*-IR-RICI-360-10-20, n° 10.
7. CGI, art. 199 *novovicies* XI-2°.

B. Restauration immobilière dans certains quartiers (« Malraux »)

911.291 **Historique.** La législation prévoit depuis de nombreuses années des mécanismes fiscaux incitant les bailleurs à rénover des bâtiments historiques. Jusqu'en 2008, l'incitation reposait sur le calcul du revenu foncier, en permettant la déduction de dépenses plus large qu'en droit commun et une imputation illimitée du déficit foncier sur le revenu global[1]. Depuis 2009, l'incitation prend la forme d'une réduction d'impôt. Son champ a été étendu à la restauration d'immeubles non historiques, situés dans certains quartiers[2].

911.292 **Opérations éligibles au régime « Malraux ».** Le dispositif actuel permet à des bailleurs particuliers qui investissent (directement ou via une société de personnes ou une SCPI) dans des opérations de restauration immobilière dans certains quartiers urbains de bénéficier d'une réduction d'impôt.

L'opération doit consister en une restauration complète d'un immeuble bâti, qui doit être situé soit dans une des zones suivantes :

- site patrimonial remarquable ;
- quartier ancien dégradé ;
- quartier présentant une concentration élevée d'habitat ancien dégradé dont la liste est fixée par arrêté.

La zone doit être déclarée d'utilité publique ou avoir fait l'objet d'un plan de sauvegarde et de mise en valeur approuvé.

Les dépenses prises en compte pour le calcul de la réduction d'impôt sont les suivantes :

- les charges retenues par le droit commun des revenus fonciers (travaux de réparation et d'entretien, primes d'assurance, dépenses d'amélioration, impositions, frais de gestion, fraction des provisions pour dépenses de travaux de copropriété pour le montant effectivement employé par le syndic pour le paiement desdites dépenses) ;
- les frais d'adhésion à une association foncière urbaine de restauration ;
- les travaux imposés ou autorisés par l'autorité publique y compris les travaux de transformation en logement de tout ou partie d'un immeuble d'habitation réalisés ou non dans le volume bâti existant (travaux ayant pour effet de rendre habitables des combles, des greniers ou des parties communes, extension de superficies habitables...).

Le montant des aides ou subventions dont le bailleur a pu bénéficier doit être déduit du coût des travaux.

Les travaux peuvent être réalisés dans le cadre d'un contrat de vente d'immeuble à rénover[3]. Le montant des dépenses ouvrant droit à la réduction d'impôt est alors celui correspondant au prix des travaux devant être réalisés par le vendeur (prévus dans l'acte) et effectivement payés par l'acquéreur selon l'échéancier prévu.

Le propriétaire doit prendre l'engagement de louer le logement nu pendant neuf ans à usage de résidence principale du locataire.

911.293 **Définition de l'avantage fiscal.** Le taux de la réduction d'impôt dépend du type d'opération réalisée.

Il s'élève à 30 % du montant des dépenses éligibles pour les immeubles situés dans le périmètre d'un site patrimonial remarquable couvert par un plan de sauvegarde et de mise en valeur approuvé, dans un quartier ancien dégradé ou dans un quartier présentant une concentration élevée d'habitat ancien dégradé.

Pour les opérations réalisées dans le périmètre d'un site patrimonial remarquable couvert par un plan de valorisation du patrimoine approuvé et celles déclarées d'utilité publique, le taux est de 22 %.

Ces taux s'appliquent aux dépenses éligibles, retenues dans une limite de 400 000 euros. À compter du 1er janvier 2017 (date de demande de permis de construire ou du dépôt de la déclaration préalable), le plafond des dépenses s'apprécie sur une période pluriannuelle de quatre ans (auparavant, il s'agissait d'un plafond annuel de 100 000 €).

La réduction d'impôt est accordée au titre de l'année du paiement des dépenses. Depuis le 1er janvier 2017 (date de demande de permis de construire ou de dépôt de la déclaration préalable), lorsque la fraction de la réduction d'impôt imputable au titre d'une année d'imposition est supérieure au montant de l'impôt dû, l'excédent est reportable sur l'impôt dû au titre des trois années suivantes.

Contrairement à la réduction d'impôt « Duflot-Pinel », la réduction d'impôt « Malraux » n'est pas prise en compte pour l'application du plafonnement des niches fiscales.

C. Logements loués dans le cadre d'un conventionnement ANAH (« Cosse »)

911.301 **Principe.** Les propriétaires de logements sont fiscalement incités à les donner en location

1. CGI, art. 31, I-1°-b *ter* et 156, I-3° – al. 3 et 4.
2. CGI, art. 199 *tervicies*.
3. CCH, art. L. 262-1.

dans le cadre d'un conventionnement ANAH (Agence Nationale de l'Habitat). L'incitation prend la forme d'une déduction spécifique prise en compte dans le cadre du calcul du revenu foncier.

Ce régime, dit « Cosse »[1], qui s'est appliqué à compter des revenus de l'année 2017, s'est substitué progressivement aux régimes « Borloo ancien »[2] et « Besson ancien »[3].

911.302 Opérations éligibles au régime « Cosse ». Le dispositif vise les propriétaires particuliers qui donnent en location nue directement ou indirectement (société de personnes, SCPI), un logement à usage de résidence principale du locataire.

Les logements peuvent être anciens ou neufs.

Le bailleur peut confier la gestion du logement (par mandat ou en le donnant en location) à un organisme d'intermédiation locative ou de gestion locative sociale agréé[4].

Le dispositif est ciblé sur les zones géographiques tendues (A *bis*, A, B1 et B2 principalement). Son application est subordonnée à la conclusion par le bailleur d'une convention avec l'Anah, d'une durée de six ans (ou neuf ans en cas de subventionnement de travaux par l'Anah). La convention impose des plafonds de ressources du ménage et des plafonds de loyers, variables selon la localisation du bien.

911.303 Définition de l'avantage fiscal. Dans le cadre du calcul de son revenu foncier, le bailleur peut déduire un montant forfaitaire, calculé en pourcentage du revenu brut, en plus des autres charges déductibles habituelles[5] :

Localisation de l'immeuble	Conventionnement Anah	
	Secteur intermédiaire	Secteur social ou très social
Zones A *bis*, A, B1	30 %	70 %
Zone B2	15 %	50 %
Zone C	–	50 %[a]

a. Sous conditions de conventionnement Anah social ou très social et de réalisation de travaux d'amélioration.

En cas de location par l'intermédiaire d'un organisme agréé, le taux de la déduction est fixé à 85 %, y compris en zone C, quel que soit le type de conventionnement (intermédiaire ou social).

En outre, ce dispositif présente deux autres avantages fiscaux :

– si le revenu foncier global est déficitaire, et qu'il provient pour partie d'une opération bénéficiant du dispositif Cosse, il peut être imputé sur le revenu global dans la limite de 15 300 euros au lieu de 10 700 euros en droit commun ;

– les investissements ne sont pas pris en compte pour le calcul du plafonnement des niches fiscales.

D. Monuments historiques

911.311 Opérations éligibles. Les propriétaires de certains « immeubles historiques » bénéficient des dispositions spécifiques en matière de revenus fonciers.

Sont visés les immeubles classés monuments historiques ou inscrits à l'Inventaire supplémentaire ainsi que les immeubles faisant partie du patrimoine national en raison du label délivré par la Fondation du patrimoine.

Le propriétaire doit prendre l'engament de conserver l'immeuble pendant quinze ans au moins à compter de son acquisition. La détention indirecte via certaines sociétés peut être admise, sous conditions. Par ailleurs, il ne faut pas que l'immeuble ait fait l'objet d'une division depuis le 1er janvier 2009, sauf si cette mise en copropriété fait l'objet d'un agrément.

911.312 Définition de l'avantage fiscal. Dans le cas où les logements sont donnés en location, toutes les charges dont la déduction est admise en matière de revenus fonciers sont déductibles, et notamment les travaux[6].

La particularité du régime tient au fait que s'il en résulte un déficit foncier, celui-ci est intégralement imputable sur le revenu global du foyer fiscal[7]. Cette imputation n'est pas limitée par le plafond de 10 700 euros prévu en droit commun[8].

Si le classement ou l'inscription à l'inventaire supplémentaire des monuments historiques ne vise que des éléments isolés ou dissociables de l'ensemble immobilier, la déduction est limitée au coût des travaux qui sont exposés sur ces éléments. En revanche, en cas de classement partiel mais visant la protection de l'ensemble architectural, les déficits relatifs aux parties non inscrites de l'immeuble peuvent être déduits.

SECTION 2 LOCATIONS IMPOSABLES DANS LA CATÉGORIE DES BÉNÉFICES INDUSTRIELS ET COMMERCIAUX

911.320 Plan. Il convient d'étudier successivement le champ d'application (§ 1), le régime micro-BIC (§ 2), le régime normal (§ 3) et les modalités de déclaration (§ 4).

1. CGI, art. 31-I-1°-o.
2. CGI, art. 31-I-1°-m.
3. CGI, art. 31-I-1°-j.
4. CCH, art. L. 365-4.
5. V. ss nos 911.90 s.
6. V. ss no 911.102.
7. CGI, art. 156-I-3°.
8. V. ss no 911.231.

§ 1
Champ d'application

911.331 **Principe.** Les particuliers qui louent ou sous-louent des logements meublés sont considérés du point de vue fiscal comme exerçant une activité commerciale. Les revenus sont dans ce cas imposés non pas dans la catégorie des revenus fonciers [1] mais dans celle des bénéfices industriels et commerciaux [2].

Il en va de même de certains revenus [3] :

- de location d'immeubles inscrits à l'actif d'une entreprise commerciale, industrielle, artisanale ;
- de location nue accompagnée de certaines prestations ;
- de location de logements destinés à être meublés lorsque le bailleur participe aux résultats de l'exploitant ;
- revenus distribués par un fonds de placement immobilier au titre de locations meublées.

Notons que depuis 2017, les revenus des locations meublées sont imposables dans cette catégorie, même si elles n'ont qu'un caractère occasionnel [4]. Auparavant, ces locations relevaient de la catégorie des revenus fonciers. Cela vise notamment à clarifier la situation des particuliers qui louent des logements meublés via des plateformes internet, qui sont désormais de plein droit soumis au régime des BIC, même si la location n'est qu'occasionnelle.

Comme chaque catégorie d'imposition, celle des bénéfices industriels et commerciaux (BIC) a ses propres règles, notamment en matière d'assiette. En effet, dans le régime réel normal, le revenu est défini sur la base d'une comptabilité commerciale. Cela implique notamment que les loyers imposables sont les loyers courus (comptabilité d'engagement), et que les charges déductibles ne font pas l'objet d'une liste limitative comme en matière de revenus fonciers [5].

Par ailleurs, en cas de déficit, les règles d'imputation sont spécifiques à cette catégorie [6]. Elles sont différentes selon que le bailleur est considéré fiscalement comme professionnel ou pas. Enfin, il existe comme en matière de revenus fonciers un régime simplifié pour les bailleurs en meublé dont les revenus locatifs sont peu élevés [7].

911.332 **Notion de location meublée.** Une location est considérée comme meublée si le bailleur fournit en plus des locaux les meubles indispensables à un usage normal du bien en tant que logement [8]. Cependant, ne relève pas de la location meublée celle qui s'accompagne de prestations de services qui, par leur nature et leur importance, permettent de considérer l'activité comme assimilable à une activité hôtelière [9]. Ainsi par exemple, si le nettoyage du logement n'est effectué qu'au départ du locataire, que la réception se limite à la simple remise des clés ou si la fourniture du linge n'est pas régulière, l'activité n'est pas exercée dans des conditions comparables à l'hôtellerie et relève donc du régime des locations meublées. Dans un schéma de location à un exploitant, si les services sont fournis par ce dernier, le bailleur est soumis au régime des locations meublées (sauf s'il est associé aux résultats de l'exploitant). Cette question et les conséquences de cette analyse sont traitées plus précisément plus bas [10].

911.333 **Exonération des locations ou sous-locations de pièces de l'habitation principale.** Les particuliers qui louent ou sous-louent en meublé une ou plusieurs pièces de leur habitation principale sont exonérés de l'impôt sur le revenu pour les revenus procurés (CGI, art. 35 *bis*-I). La doctrine administrative admet que les chambres de service aménagées sous les combles soient considérées comme faisant partie de l'habitation principale [11].

Les pièces louées doivent constituer pour l'occupant sa résidence principale. Cette condition est satisfaite par un locataire étudiant ou apprenti, même s'il reste légalement domicilié chez ses parents. L'exonération s'applique également aux pièces louées à titre temporaire à un occupant qui justifie d'un contrat saisonnier [12].

Le loyer doit selon l'article 35 *bis* précité être « raisonnable ». En pratique, l'administration fixe par instruction un montant maximum qui est présumé satisfaire à cette condition [13]. Pour l'année 2021, le plafond annuel par mètre carré habitable est ainsi fixé à 191 euros pour l'Île-de-France et 141 euros en province.

911.334 **Exonération des mises à disposition de pièces de l'habitation principale.** Les particuliers qui mettent à disposition d'occupants à titre temporaire une ou plusieurs pièces de leur habitation principale sont exonérés de l'impôt sur le revenu si les loyers

1. CGI, art. 14 s. (v. s^s n° 911.21).
2. CGI, art. 35-5°*bis*.
3. *BOI*-RFPI-CHAMP-10-30, § 10 s.
4. L. n° 2016-1918, 29 déc. 2016, art. 114 – CGI, art. 35-5°-*bis*.
5. V. s^s n° 911.80.
6. V. s^s n° 911.303.
7. V. s^s n° 911.341.
8. *BOI*-BIC-CHAMP-40-10, § 1 et 10.
9. *BOI*-BIC-CHAMP-40-10, § 20.
10. V. s^s n°s 932.31 s.
11. *BOI*-BIC-CHAMP-40-10, § 110.
12. C. trav., art. L. 1242-3°.
13. *BOI*-BIC-CHAMP-10-40, § 140.

perçus sont inférieurs à 760 euros toutes taxes comprises par an[1]. Cette disposition vise principalement à encourager la location de chambres d'hôtes. Cette activité doit être exercée de manière habituelle.

§ 2 Définition du revenu imposable – Régime micro-BIC

911.341 Détermination du bénéfice – Régime des micro-entreprises. Pour les bailleurs dont les recettes annuelles sont inférieures à certains montants, le bénéfice est déterminé simplement par application aux recettes d'un abattement forfaire[2]. L'application de ce régime est conditionnée au fait que le bailleur bénéficie de la franchise en base de TVA[3].

Pour les locations de meublés de tourisme[4] et les chambres d'hôtes[5] mentionnés aux 2° et 3° du III de l'article 1407 du code général des impôts, le seuil de chiffre d'affaires est celui mentionné au 1er alinéa de l'article 50-0 du CGI (176 200 euros en 2021 – il convient pour plus de détails de se reporter aux conditions générales d'application du régime micro-BIC). L'abattement forfaitaire représentatif des charges est alors de 71 %.

Pour les locations meublées autres que les précédentes, le seuil de chiffre d'affaires est celui mentionné au II de l'article 50-0 précité (soit en principe 72 600 euros au titre de l'année précédente), et l'abattement forfaitaire n'est que de 50 %.

§ 3 Définition du revenu imposable – Régime normal

911.351 Détermination du bénéfice – Principes. Le bénéfice imposable en matière de BIC est défini sur la base d'un résultat établi par la différence entre l'ensemble des produits et l'ensemble des charges de l'activité de location (CGI, art. 38-1). Les charges et les produits sont définis essentiellement selon les règles de la comptabilité de commerce. L'article 38 *quater* de l'annexe 3 au code général des impôts indique en effet que les entreprises relevant des BIC « doivent respecter les définitions édictées par le plan comptable général, sous réserve que celles-ci ne soient pas incompatibles avec les règles applicables pour l'assiette de l'impôt ». Autrement dit, le résultat est un résultat comptable, établi selon les règles de la comptabilité commerciale. Il ne peut être corrigé, pour l'assiette de l'impôt sur le revenu, que si des règles spécifiques prévues par le code général des impôts prévoient une dérogation (ex. : la taxe sur les loyers élevés des micro-logements constitue une charge comptable, mais elle n'est pas déductible fiscalement). Il convient donc pour le bailleur concerné de se reporter à l'ensemble des règles applicables à cette catégorie. Nous limiterons ici notre propos à quelques rappels et points importants spécifiques à l'activité de location.

L'une des caractéristiques de la comptabilité commerciale est qu'il s'agit d'une comptabilité d'engagement : les créances sont imposables dès qu'elles sont acquises et les dettes déductibles dès qu'elles sont certaines, contrairement au régime des revenus fonciers, où il s'agit d'une comptabilité de caisse (recettes encaissées et charges payées[6]).

Les revenus imposables sont tous ceux générés par l'activité de location (loyers courus), même s'ils n'ont pas encore été encaissés. Les éventuels impayés peuvent, dans le respect des règles comptables et sous le contrôle de l'administration et *in fine* du juge de l'impôt, faire l'objet de provisions puis le cas échéant d'un passage en perte.

Le résultat prend en compte en principe de toutes les charges liées à la location des logements (intérêts des emprunts, travaux, assurances, frais de gestion, impositions – à l'exception de l'impôt sur le revenu lui-même...). Il s'agit des charges réelles. Contrairement à la catégorie des revenus fonciers, il n'y a pas de liste limitative. Toutes les charges comptabilisées liées à l'activité sont en principe, sous réserve du contrôle de l'administration, déductibles.

911.352 Détermination du bénéfice – Amortissements. La comptabilité commerciale prescrit la comptabilisation en charge de l'amortissement des actifs immobilisés qui se déprécient dans le temps. Cela concerne notamment le ou les logements que le loueur en meublé donne en location et qu'il a acquis ou construits. Seule la valeur des constructions est amortissable, étant considéré que le terrain ne se déprécie pas dans le temps. Le prix d'acquisition ou de revient des logements doit donc être ventilé afin de distinguer la valeur du terrain et celle de la construction.

En outre, les règles comptables conduisent à identifier au sein d'une construction différents composants qui ont des durées d'utilisation différentes (Plan comptable général, art. 214-9).

À ce propos, une attention particulière doit être apportée aux travaux réalisés ultérieurement sur les

1. CGI, art. 35 *bis*-II.
2. CGI, art. 50-0.
3. V. ss nos 931.11 s. et 932.21.
4. C. tourisme, art. L. 324-1.
5. C. tourisme, art. L. 324-3.

6. V. ss n° 911.30.

logements. En effet, selon leur nature et leur importance, ils peuvent, soit constituer une charge déductible en totalité dans l'exercice (ex. : travaux de réparation ou d'entretien courant), soit constituer une dépense amortissable (ex. : création d'un nouvel équipement constituant du point de vue comptable un composant), auquel cas la déduction est étalée dans le temps.

La déduction des amortissements des biens loués par les particuliers fait cependant l'objet d'une limitation au plan fiscal. En effet, l'article 39-C-II du code général des impôts prévoit qu'en cas de location ou de mise à disposition de biens consentie par une personne physique, directement ou indirectement, l'amortissement des biens admis en déduction du résultat fiscal ne peut excéder, au titre d'un exercice, la différence entre le loyer acquis et les autres charges afférentes au bien loué. Il en résulte que l'amortissement comptable ne peut ni directement ni indirectement constituer un déficit au plan fiscal. L'amortissement non déductible au titre d'un exercice peut seulement être déduit du résultat des exercices suivants, dans la limite de déduction propre à chaque exercice.

Lorsque le bailleur loue plusieurs biens, la fraction d'amortissement non déductible est calculée globalement par la différence entre l'ensemble des loyers et l'ensemble des charges de tous les biens confondus. Cette fraction est répartie proportionnellement entre les biens pour lesquels la dotation aux amortissements excède le montant du loyer et des charges.

La règle de limitation de l'amortissement des loueurs en meublé s'applique tant aux loueurs en meublé non professionnels que professionnels[1].

911.353 **Régime des déficits.** En principe, dans le cadre de la définition du revenu global du foyer fiscal, le résultat déficitaire d'une catégorie d'imposition vient s'imputer sur les résultats des autres catégories[2]. Ce principe connaît cependant une exception en matière de location meublée : l'imputation n'est possible que si le bailleur est considéré comme « professionnel » au sens fiscal[3].

Les déficits constatés par les loueurs en meublé non professionnels ne sont imputables que sur les bénéfices constatés le cas échéant au titre de la même activité dans les dix exercices suivants.

Le statut fiscal de loueur en meublé professionnel est de ce fait souvent présenté comme plus avantageux que le statut non professionnel. Cette analyse doit cependant être relativisée puisque le déficit fiscalement imputable ne peut provenir des amortissements, même pour un loueur en meublé professionnel. Il n'existe donc de déficit fiscalement imputable que si les charges autres que les amortissements sont supérieures aux revenus. La distinction entre les loueurs en meublé professionnels et non professionnels est examinée s^s^ n° 911.354.

Par ailleurs, dans le cas où la mise à disposition de locaux s'accompagne de prestations de services importantes et rendues dans des conditions similaires à celles du secteur hôtelier, l'activité ne s'analyse plus au plan fiscal comme un louage de biens mais comme un louage de service. Or, le régime d'imputation par les particuliers des déficits sur leur revenu global est soumis à des conditions différentes pour les activités industrielles ou commerciales autres que la location meublée. Dans ces conditions, il convient donc d'examiner également la distinction entre les loueurs en meublé et les loueurs de services[4].

911.354 **Définition du loueur en meublé professionnel.** Les critères de définition du loueur en meublé professionnel sont fixés par l'article 155-IV du code général des impôts. Sont considérés comme tels les bailleurs qui remplissent cumulativement les deux conditions suivantes :

– les recettes annuelles de l'activité de location en meublé du foyer fiscal excèdent 23 000 euros ;

– le montant de ces recettes excède celui des autres revenus professionnels du foyer fiscal ; ces derniers s'entendent des traitement et salaires, pensions, bénéfices industriels et commerciaux (autres que les locations meublées), bénéfices agricoles, bénéfices non commerciaux et revenus des gérants et associés assimilés à des salariés[5].

Les bailleurs qui ne remplissent pas ces conditions sont considérés comme loueurs en meublé « non professionnels ». En pratique, le bailleur qui remplirait les deux dernières conditions et serait donc *a priori* « professionnel » peut *de facto* renoncer à ce régime et se placer sous le régime des loueurs non professionnels en ne s'inscrivant pas au registre du commerce et des sociétés. Cela permet de choisir entre le régime le plus adapté à la situation du contribuable.

La qualité de loueur en meublé professionnel impacte comme on l'a vu les conditions d'imputation des déficits. Il a également des conséquences sur le régime fiscal de la vente des biens :

– la plus-value réalisée par le loueur en meublé non professionnel est en principe imposée selon le régime des plus-values des particuliers[6] ; celui-ci permet notamment à l'application d'abattements en fonction de la durée de détention, qui aboutissent à

1. Sur cette distinction, v. s^s^ n° 911.354.
2. CGI, art. 156-I.
3. CGI, art. 156-I-1°-*ter*.
4. V. s^s^ n° 911.355.
5. CGI, art. 62.
6. CGI, art. 150-U.

une exonération totale de l'impôt sur le revenu après vingt-deux ans de détention et de contributions sociales après trente ans de détention ;

- la plus-value réalisée par le loueur en meublé professionnel est imposée en principe selon les règles applicables aux plus-values à court ou long terme (CGI, art. 39 *duodecies*) ; cela signifie l'application de l'impôt sur le revenu aux plus-values en cas de cession dans les deux ans de l'acquisition et, en cas de cession au-delà de ce délai, à la fraction correspondant aux amortissements déduits (le surplus est imposé au taux de 12,8 % auquel s'ajoutent les contributions sociales) ; cependant, ces plus-values peuvent bénéficier d'une exonération totale si l'activité est exercée depuis au moins cinq ans et à condition que la moyenne des recettes tirées de la location au titre des exercices clos au cours des deux années civiles précédentes soit inférieure à 90 000 euros hors TVA (l'exonération est partielle dans le cas où les recettes sont comprises entre 90 000 euros et 126 000 euros hors TVA - CGI, art. 151 *septies*) ;

- en outre, la plus-values à long terme (bien détenu depuis plus de deux ans) est imposée après application d'un abattement de 10 % pour chaque année de détention échue au titre de l'exercice de réalisation de la plus-value au-delà de la cinquième lorsque ces plus-values portent sur des biens immobiliers affectés à une activité de loueur en meublé professionnel[1].

Le régime d'exonération des plus-values professionnelles peut dans certains cas être plus avantageux, mais il convient de tenir compte également du régime de la plus-value au regard des cotisations sociales, dès lors que le loueur en meublé professionnel est assujetti au régime des travailleurs non-salariés[2].

Par ailleurs, en cas de commencement de l'activité de loueur en meublé professionnel, la loi[3] permet la prise en compte rétroactive des frais préalables au démarrage de l'activité[4].

Notamment, lorsque l'immeuble est acquis, les charges engagées avant la mise en location (intérêts d'emprunt, frais d'acquisition...) dégagent par hypothèse un déficit puisqu'aucun revenu n'est encore perçu. En outre, en l'absence de revenus, le loueur ne peut être considéré comme professionnel. Le déficit n'est donc pas imputable. Dans ce cas, l'administration admet cependant que, si le loueur remplit les conditions pour être considéré comme professionnel dès le début de la location, celui-ci peut imputer les charges préalables par tiers sur les trois premières années d'activité.

1. CGI, art. 151 *septies* B.
2. CSS, art. L. 613-1-8°.
3. CGI, art. 156-I-1°-*ter*.
4. *BOI*-BIC-CHAMP-40-20, § 360 s.

911.355 **Distinction entre le louage de bien et le louage de service.** Le régime fiscal des loueurs en meublé professionnels, bien que relevant de la catégorie des bénéfices industriels et commerciaux, diffère de celui applicable en droit commun à cette catégorie. Or, la qualification de location meublée d'une activité de mise à disposition de locaux peut être écartée lorsque celle-ci s'accompagne de prestations de services importantes. L'activité est alors considérée du point de vue fiscal comme une activité commerciale normale. Il en résulte principalement deux conséquences au plan fiscal :

- les conditions d'imputation des déficits sont plus restrictives que pour les loueurs en meublé professionnels ; elles résultent en effet de l'article 156-I-1°-*bis* du CGI qui subordonne la possibilité d'imputer les déficits d'une activité commerciale ou industrielle « ordinaire » à une participation personnelle, continue et directe de l'un des membres du foyer fiscal à l'accomplissement des actes nécessaires à l'activité ;

- en revanche, la limitation de l'imputation des déficits[5] est propre aux opérations de location et n'est donc pas applicable aux activités industrielles ou commerciales « ordinaires » ; les amortissements sont donc totalement déductibles et peuvent contribuer à la constitution d'un déficit imputable.

Pour faire la distinction entre le louage de biens et de service, la doctrine administrative fait référence aux prestations dites para-hôtelières. Ainsi, les conventions d'hébergement dont le contenu dépasse la simple jouissance du bien du fait de services supplémentaires rendus par l'exploitant (nettoyage régulier des locaux, fourniture du linge de maison, réception de la clientèle...) sont considérées comme un louage de service, dès lors que les services sont rendus dans des conditions similaires au secteur hôtelier[6]. *A contrario*, la fourniture de ces services de façon très accessoire et dans des conditions différentes d'un établissement hôtelier conduit à considérer qu'il s'agit d'une location de biens (ex. : l'accueil se limite à la remise des clés, la fourniture de linge ou le nettoyage ne sont effectués qu'au départ du locataire...).

§ 4
Modalités de déclaration

911.361 **Micro-BIC.** Les bailleurs qui sont soumis au régime micro-BIC[7] mentionnent leurs recettes brutes directement dans leur déclaration de revenu global (Cerfa n° 2042 C Professions non

5. CGI, art. 39-C-II (v. s^{s} n° 911.352).
6. *BOI*-BIC-CHAMP-40-10, § 20.
7. V. s^{s} n° 911.341.

salariées). Ce régime dispense de fait le bailleur de déclarer une comptabilité complète. L'abattement forfaitaire représentatif des charges (71 % ou 50 % selon le cas) est appliqué directement par l'administration fiscale.

911.362 Régime réel normal. L'application du régime réel normal entraîne l'obligation de déclarer le bénéfice sur le formulaire n° 2031 et sur les imprimés 2050 à 2059-G (dénommés en pratique « liasse fiscale »), lesquels reprennent la comptabilité complète de l'activité, établie selon les règles du plan comptable général (bilan, compte de résultat, annexes, informations diverses...). L'imprimé 2058-A permet de passer du résultat comptable au résultat fiscal en effectuant le cas échéant les retraitements prescrits par le code général des impôts[1]. En pratique, ce régime implique donc l'établissement d'une comptabilité commerciale, et donc le plus souvent le recours à un professionnel.

Le résultat est reporté sur la déclaration de revenus globale du foyer fiscal (formulaire n° 2042 C).

SECTION 3
LOCATIONS IMPOSABLES DANS LA CATÉGORIE DES BÉNÉFICES NON COMMERCIAUX

911.371 Principe. Les revenus de la sous-location de logements nus sont imposables dans la catégorie des bénéfices non commerciaux[2]. Il en va de même de la sous-location d'immeubles pris en crédit-bail ou à bail emphytéotique.

Toutefois, si la sous-location est meublée, elle relève de la catégorie des bénéfices industriels et commerciaux[3].

911.372 Principales caractéristiques du régime. Le bénéfice est en principe calculé en fonction des recettes encaissées et des charges payées (comptabilité de caisse). Toutefois, les contribuables soumis à la déclaration contrôlée ont la possibilité d'opter pour la détermination du résultat en fonction d'une comptabilité d'engagement (créances acquises et dettes certaines, comme en matière de BIC[4]). Il n'existe pas, comme en matière de revenus fonciers, de liste limitative des charges déductibles. Toutes celles qui sont affectables à la sous-location sont donc déductibles, à l'exception de l'impôt sur le revenu lui-même.

Lorsque le résultat est déficitaire, le déficit n'est pas imputable sur le revenu global. Il ne peut être imputé que sur les bénéfices de la même activité réalisés dans les années suivantes, jusqu'à la sixième[5]. Cette analyse a été confirmée par la jurisprudence[6].

911.373 Modalités d'imposition et de déclaration. Les titulaires de bénéfices non commerciaux dont les recettes annuelles sont inférieures à 72 600 euros relèvent du régime micro-BNC[7]. Ils déclarent leurs recettes brutes directement sur le formulaire n° 2042 C Pro. L'administration applique un abattement forfaitaire de 34 % pour l'établissement du revenu net, qui est ajouté aux autres revenus du foyer fiscal et imposé au barème de l'impôt sur le revenu.

Le régime, normal, dit de la déclaration contrôlée, s'applique de plein droit si le montant de recettes précité est dépassé ou en cas d'option exercée par le bailleur qui relèverait en principe du régime micro-BNC. Le régime normal amène le bailleur à déposer une déclaration spécifique[8] dont le résultat est reporté sur la déclaration d'ensemble[9].

SECTION 4
CONTRIBUTIONS SOCIALES

911.381 Contributions applicables. Les contributions sociales frappent la plupart des revenus des assujettis, en distinguant les revenus d'activités ou de remplacement d'une part et les revenus du patrimoine d'autre part. Les bailleurs peuvent donc selon leur situation relever de l'un ou l'autre de ces régimes :

– les revenus imposés dans la catégorie des revenus fonciers ou dans celle des bénéfices industriels et commerciaux en tant que loueur en meublé non professionnel sont considérés en principe comme des revenus patrimoniaux ;

– les revenus imposés selon le régime des loueurs en meublé professionnels sont considérés comme des revenus d'activité, dès lors que le bailleur relève du régime de protection sociale des professionnels.

Les revenus fonciers et BIC non professionnels perçus par les contribuables personnes physiques sont expressément soumis aux diverses contributions sociales : contribution sociale généralisée (CSG), contribution au remboursement de la dette sociale (CRDS), prélèvement social, contribution addition-

1. PAR EX. : en cas de déficit comptable, réintégration de la fraction d'amortissements non déductibles, v. s[s] n° 911.352.
2. CGI, art. 92 – *BOI*-RFPI-CHAMP-10-30, § 240.
3. V. s[s] n° 911.331.
4. V. s[s] n° 911.351.
5. CGI, art. 156-I-1°-*bis*.
6. CE 10e et 9e s[s]-sect., 8 juill. 2009, *Cazenave*, req. n° 304815, *RJF* 11/09, n° 906.
7. CGI, art. 102-*ter*.
8. Cerfa n° 2035, CGI, art. 97.
9. Formulaire n° 2042.

nelle au prélèvement social et prélèvement de solidarité.

Les bénéfices réalisés par les loueurs en meublé professionnels, en tant que revenus d'activités, ne sont soumis qu'à la CSG et à la CRDS.

911.382 **Assiette.** Les contributions sont assises sur le revenu net de l'année tel qu'il est défini selon les règles des revenus fonciers[1] ou des BIC (loueurs en meublé non professionnels[2]) en tenant compte le cas échéant des déficits imputés[3]. Dans le cas où une fraction du déficit foncier n'a pu être imputée sur le revenu global, celui-ci étant insuffisant, le reliquat, imputable uniquement sur le revenu global des années suivantes, ne vient pas en diminution de l'assiette des contributions, qui reste donc calculée sur le revenu foncier annuel déclaré.

Par ailleurs, aucune compensation n'est possible avec les déficits éventuels d'autres revenus catégoriels (placements...). Ainsi, dans le cas où un déficit foncier est constaté et imputé sur le revenu global[4], le contribuable réalise une économie d'impôt sur le revenu mais pas de prélèvements sociaux. En revanche, la fraction de déficit foncier reportée sur les années suivantes, qui s'imputera sur des revenus fonciers par hypothèse positifs, permettra une économie d'impôt sur le revenu et de contributions sociales.

Pour les revenus des loueurs en meublé professionnels, l'assiette est définie comme en matière de cotisations sociales.

911.383 **Taux.** Le taux des contributions sociales applicables aux revenus fonciers et aux bénéfices des loueurs en meublé non professionnels est actuellement fixé à 9,2 % pour la CSG, 0,5 % pour la CRDS, 7,5 % pour le prélèvement de solidarité.

Le montant total de ces contributions s'élève ainsi actuellement à 17,2 %.

La CSG sur les revenus fonciers est déductible pour le calcul du revenu imposable à l'impôt sur le revenu, à hauteur de 6,8 %. Il reste donc une fraction de 2,4 % non déductible. La CRDS et le prélèvement de solidarité ne sont pas déductibles. Les revenus des loueurs en meublé professionnels répondant aux critères d'assujettissement aux cotisations de sécurité sociale sont soumis à la CSG au taux de 9,2 % et à la CRDS au taux de 0,5 %. Une partie de la CSG est déductible pour le calcul de l'impôt sur le revenu.

911.384 **Déclaration et paiement.** Du fait qu'elles sont établies comme en matière d'impôt sur le revenu, les contributions sociales dues par les bailleurs relevant des revenus fonciers et les loueurs en meublé non professionnels sont mises en recouvrement par l'administration fiscale par voie de rôle au vu des sommes portées par le contribuable dans sa déclaration annuelle de revenus[5].

Les contributions sociales sont payées comme l'impôt sur le revenu c'est-à-dire par prélèvement à la source, qui prend la forme d'un acompte (prélèvement direct sur le compte bancaire du contribuable[6]), avec bien entendu un règlement du solde. Lorsque le montant total des contributions est inférieur à 61 euros, il n'est pas mis en recouvrement[7]. Les loueurs en meublé professionnels au sens de la législation sociale[8] sont affiliés au régime de l'assurance maladie-maternité des non-salariés et à l'assurance vieillesse des industriels et commerçants.

Les contributions sociales dues par ces derniers sont donc recouvrées comme les cotisations sociales (Urssaf).

1. V. s^s^ n° 911.21.
2. V. s^s^ n° 911.351.
3. V. s^s^ n°s 911.220 s.
4. Dans les conditions indiquées s^s^ 911.231.
5. Cerfa n° 2042.
6. CGI, art. 204-C.
7. CSS, art. L. 136-6.
8. CSS, art. L. 311-3, 35°, L. 611-1, 6°.

CHAPITRE

912. Bailleur personne morale

SECTION 0
ORIENTEUR

912.00 **Sommaire du chapitre.**

Division. Lorsque la location des logements est consentie par une personne morale (société, association, personne morale de droit public…), le régime fiscal du résultat dépend de celui applicable à la structure concernée. Au plan fiscal, il convient de distinguer entre les personnes morales passibles de l'impôt sur les sociétés (sect. 1) et les sociétés non passibles selon qu'elles sont dites « transparentes » ou « translucides » (sect. 2).

912.01 **Principaux textes applicables.**

TEXTES SOURCES

- **CGI,** art. 8, 8 *bis,* 206, 1 et 5, 207, 1-4° et 1-4° *bis,* 219 *bis,* 1655 *ter.*
- **CCH,** art. L. 411-2 al. 7.

TEXTES *IN EXTENSO*

- **CGI,** art. 8

Sous réserve des dispositions de l'article 6, les associés des sociétés en nom collectif et les commandités des sociétés en commandite simple sont, lorsque ces sociétés n'ont pas opté pour le régime fiscal des sociétés de capitaux, personnellement soumis à l'impôt sur le revenu pour la part de bénéfices sociaux correspondant à leurs droits dans la société. En cas de démembrement de la propriété de tout ou partie des parts sociales, l'usufruitier est soumis à l'impôt sur le revenu pour la quote-part correspondant aux droits dans les bénéfices que lui confère sa qualité d'usufruitier. Le nu-propriétaire n'est pas soumis à l'impôt sur le revenu à raison du résultat imposé au nom de l'usufruitier.

Il en est de même, sous les mêmes conditions :

1° Des membres des sociétés civiles qui ne revêtent pas, en droit ou en fait, l'une des formes de sociétés visées au 1 de l'article 206 et qui, sous réserve des exceptions prévues à l'article 239 *ter*, ne se livrent pas à une exploitation ou à des opérations visées aux articles 34 et 35 ;

2° Des membres des sociétés en participation – y compris les syndicats financiers – qui sont indéfiniment responsables et dont les noms et adresses ont été indiqués à l'administration ;

3° Des membres des sociétés à responsabilité limitée qui ont opté pour le régime fiscal des sociétés de personnes dans les conditions prévues au IV de l'article 3 du décret n° 55-594 du 20 mai 1955 modifié ou dans celles prévues par l'article 239 *bis* AA ;

4° De l'associé unique d'une société à responsabilité limitée lorsque cet associé est une personne physique ;

5° De l'associé unique ou des associés d'une exploitation agricole à responsabilité limitée ;

6° Des membres des sociétés anonymes, des sociétés par actions simplifiées et des sociétés à responsabilité limitée qui ont opté pour le régime fiscal des sociétés de personnes dans les conditions prévues par l'article 239 *bis* AB ;

7° Nonobstant les dispositions du 1°, des membres des sociétés interprofessionnelles de soins ambulatoires mentionnées à l'article L. 4041-1 du code de la santé publique.

• **CGI,** art. 8 *bis*

Les associés ou actionnaires des sociétés visées à l'article 1655 *ter* sont personnellement soumis à l'impôt sur le revenu pour la part des revenus sociaux correspondant à leurs droits dans la société.

• **CGI,** art. 206, 1, 3 et 5

1. Sous réserve des dispositions des articles 8 *ter*, 239 *bis* AA, 239 *bis* AB et 1655 *ter*, sont passibles de l'impôt sur les sociétés, quel que soit leur objet, les sociétés anonymes, les sociétés en commandite par actions, les sociétés à responsabilité limitée n'ayant pas opté pour le régime fiscal des sociétés de personnes dans les conditions prévues au IV de l'article 3 du décret n° 55-594 du 20 mai 1955 modifié, les sociétés coopératives et leurs unions ainsi que, sous réserve des dispositions des 6° et 6° *bis* du 1 de l'article 207, les établissements publics, les organismes de l'État jouissant de l'autonomie financière, les organismes des départements et des communes et toutes autres personnes morales se livrant à une exploitation ou à des opérations de caractère lucratif.

3. Sont soumis à l'impôt sur les sociétés s'ils optent pour leur assujettissement à cet impôt dans les conditions prévues à l'article 239 :

a. Les sociétés en nom collectif ;

b. Les sociétés civiles mentionnées au 1° de l'article 8 ;

c. Les sociétés en commandite simple ;

d. Les sociétés en participation ;

e. Les sociétés à responsabilité limitée dont l'associé unique est une personne physique ;

f. Les exploitations agricoles à responsabilité limitée mentionnées au 5° de l'article 8 ;

g. les groupements d'intérêt public mentionnés à l'article 239 *quater* B ;

h. Les sociétés civiles professionnelles visées à l'article 8 *ter* ;

i. les groupements de coopération sanitaire et les groupements de coopération sociale et médico-sociale mentionnés à l'article 239 *quater* D ;

j. Les sociétés interprofessionnelles de soins ambulatoires mentionnées au 7° de l'article 8.

Cette option entraîne l'application auxdites sociétés et auxdits groupements, sous réserve des exceptions prévues par le présent code, de l'ensemble des dispositions auxquelles sont soumises les personnes morales visées au 1.

[...]

5. Sous réserve des exonérations prévues aux articles 1382 et 1394, les établissements publics, autres que les établissements scientifiques, d'enseignement et d'assistance au titre de leurs exercices ouverts jusqu'au 31 décembre 2023, ainsi que les associations et collectivités non soumis à l'impôt sur les sociétés en vertu d'une autre disposition, à l'exception, d'une part, des fondations reconnues d'utilité publique et, d'autre part, des fonds de dotation dont les statuts ne prévoient pas la possibilité de consommer leur dotation en capital, sont assujettis audit impôt en raison des revenus patrimoniaux qui ne se rattachent pas à leurs activités lucratives.

Sont qualifiés de revenus patrimoniaux :

a. Les revenus de la location des immeubles bâtis et non bâtis dont ils sont propriétaires, et de ceux auxquels ils ont vocation en qualité de membres de sociétés immobilières de copropriété visées à l'article 1655 *ter* [...]

• **CGI,** art. 207, 1-4° et 4 *quater*

1. Sont exonérés de l'impôt sur les sociétés :

[...]

4° Les organismes d'habitations à loyer modéré mentionnés à l'article L. 411-2 du code de la construction et de l'habitation, les sociétés d'économie mixte visées à l'article L. 481-1 du même code et les sociétés anonymes de coordination entre les organismes d'habitations à loyer modéré mentionnées à l'article L. 423-1-1 du même code pour :

a) les opérations réalisées au titre du service d'intérêt général défini aux septième à onzième alinéas de l'article L. 411-2 du même code ainsi que les produits issus de la cession de certificats d'économies d'énergie mentionnés à l'article L. 221-7 du code de l'énergie ;

b) les produits engendrés par les locaux annexes et accessoires des ensembles d'habitations mentionnés à l'article L. 411-1 du code de la construction et de l'habitation, à la condition que ces locaux soient nécessaires à la vie économique et sociale de ces ensembles ;

c) les produits financiers issus du placement de la trésorerie de ces organismes.

La fraction du bénéfice provenant d'activités autres que celles visées aux alinéas précédents est soumise à l'impôt sur les sociétés ;

Pour l'application des dispositions du premier alinéa de l'article 221 *bis*, la deuxième condition mentionnée à cet alinéa n'est pas exigée des sociétés qui cessent totalement ou partiellement d'être soumises au taux prévu au deuxième alinéa du I de l'article 219 du fait des dispositions du présent 4°. Les dispositions de l'article 111 *bis* ne s'appliquent pas à ces mêmes sociétés.

Les dispositions du présent 4° s'appliquent aux exercices clos à compter du 1er janvier 2006.

Toutefois, les organismes et les sociétés mentionnés au premier alinéa peuvent opter pour l'application anticipée de ces dispositions aux exercices clos à compter du 1er janvier 2005. Cette option est irrévocable.

4° *quater* Les unions d'économie sociale dont les dirigeants de droit ou de fait ne sont pas rémunérés, pour :

a. Les activités mentionnées à l'article L. 365-1 du code de la construction et de l'habitation pour lesquelles les unions d'économie sociale font l'objet des agréments prévus aux articles L. 365-2 à L. 365-4 du même code lorsqu'elles relèvent du service d'intérêt général défini aux septième et neuvième alinéas de l'article L. 411-2 du même code ainsi que les services accessoires à ces activités ;

b. les produits engendrés par les locaux annexes et accessoires des ensembles d'habitations mentionnés à l'article L. 411-1 du même code, à la condition que ces locaux soient nécessaires à la vie économique et sociale de ces ensembles ;

c. les produits financiers issus du placement de la trésorerie de ces organismes ;

[...].

• **CGI,** art. 219 *bis*

Par dérogation aux dispositions de l'article 219, le taux de l'impôt sur les sociétés est fixé à 24 % en ce qui concerne les revenus visés au 5 de l'article 206, perçus par les établissements publics, associations et collectivités sans but lucratif.

1° Ce taux est fixé à 10 % pour :

a) Les produits des titres de créances mentionnés au 1° *bis* du III *bis* de l'article 125 A ;

b) Les revenus des titres émis à compter du 1er janvier 1987 tels qu'ils sont définis aux articles 118, 119, 238 *septies* A, 238 *septies* B et 238 *septies* E.

2° Ce taux est fixé à 15 % pour les dividendes.

• **CGI,** art. 239

1. Les sociétés et groupements mentionnés au 3 de l'article 206 peuvent opter, dans des conditions qui sont fixées par arrêté ministériel, pour le régime applicable aux sociétés de capitaux. Dans ce cas, l'impôt sur le revenu dû par les associés en nom, commandités, coparticipants, l'associé unique de société à responsabilité limitée et les associés d'exploitations agricoles est établi suivant les règles prévues aux articles 62 et 162.

L'option doit être notifiée avant la fin du troisième mois de l'exercice au titre duquel l'entreprise souhaite être soumise pour la première fois à l'impôt sur les sociétés. Toutefois, en cas de transformation d'une société de capitaux en une des formes de société mentionnées au 3 de l'article 206 ou en cas de réunion de toutes les parts d'une société à responsabilité limitée entre les mains d'une personne physique, l'option peut être notifiée avant la fin du troisième mois qui suit cette transformation ou cette réunion pour prendre effet à la même date que celle-ci.

Les sociétés et groupements mentionnés au premier alinéa du présent 1 qui désirent renoncer à leur option pour le régime des sociétés de capitaux notifient leur choix à l'administration avant la fin du mois précédant la date limite de versement du premier acompte d'impôt sur les sociétés de l'exercice au titre duquel s'applique la renonciation à l'option. En cas de renonciation à l'option, les sociétés et groupements ne peuvent plus opter à nouveau pour le régime des sociétés de capitaux. En l'absence de renonciation avant la fin du mois précédant la date limite de versement du premier acompte d'impôt sur les sociétés du cinquième exercice suivant celui au titre duquel l'option a été exercée, l'option devient irrévocable.

• **CGI,** art. 1655 *ter*

Sous réserve des dispositions de l'article 60, du 2° du I de l'article 827 et du 2° du I de l'article 828, les sociétés qui ont, en fait, pour unique objet soit la construction ou l'acquisition d'immeubles ou de groupes d'immeubles en vue de leur division par fractions destinées à être attribuées aux associés en propriété ou en jouissance, soit la gestion de ces immeubles ou groupes d'immeubles ainsi divisés, soit la location pour le compte d'un ou plusieurs des membres de la société de tout ou partie des immeubles ou fractions d'immeubles appartenant à chacun de ces membres, sont réputées, quelle que soit leur forme juridique, ne pas avoir de personnalité distincte de celle de leurs membres pour l'application des impôts directs, des droits d'enregistrement, de la taxe de publicité foncière exigible sur les actes qui donnent lieu à la formalité fusionnée en application de l'article 647, ainsi que des taxes assimilées (1).

Notamment, les associés ou actionnaires sont personnellement soumis à l'impôt sur le revenu ou à l'impôt sur les sociétés, suivant le cas, pour la part des revenus sociaux correspondant à leurs droits dans la société.

• **CCH,** art. L. 411-2

Les organismes d'habitations à loyer modéré comprennent :

[...]

Les organismes d'habitations à loyer modéré mentionnés aux alinéas précédents bénéficient, en conformité avec la décision 2012/21/UE de la Commission, du 20 décembre 2011, relative à l'application de l'article 106, paragraphe 2, du traité sur le fonctionnement de l'Union européenne aux aides d'État sous forme de compensations de service public octroyées à certaines entreprises chargées de la gestion de services d'intérêt économique général, d'exonérations fiscales et d'aides spécifiques de l'État au titre du service d'intérêt général défini comme :

– la construction, l'acquisition, l'amélioration, l'attribution, la gestion et la cession de logements locatifs à loyers plafonnés, lorsqu'elles sont destinées à des personnes dont les revenus sont inférieurs aux plafonds maximum fixés par l'autorité administrative pour l'attribution des logements locatifs conventionnés dans les conditions définies à l'article L. 351-2 et dont l'accès est soumis à des conditions de ressources. Font toutefois partie du service d'intérêt général, jusqu'au 1er janvier 2020, les opérations susmentionnées destinées à des personnes de revenu intermédiaire dont les ressources ne dépassent pas les plafonds fixés au titre IX du livre III, lorsque les logements correspondants représentent moins de 10 % des logements locatifs sociaux mentionnés à l'article L. 302-5 détenus par l'organisme.

912.02 Jurisprudence de référence.

> Organisme à but non-lucratif – revenus annexes

• **CE 7e et 8e ss-sect., 22 oct. 1980,** req. no 4906, *Lebon* – AUSSI : TA Toulouse, 1re ch., 28 janv. 2003, *Association Institut Protestant*, req. no 98-779

* V. ss no 912.33

Les revenus tirés de la location d'une exploitation agricole dans laquelle sont placés des travailleurs handicapés doivent être dispensés de l'impôt sur les sociétés en ce que ces revenus ne sont pas des revenus d'exploitation agricole mais sont indissociables de l'activité non-lucrative de l'organisme propriétaire.

> Assujettissement à l'IS – exercice de l'option – accord de tous les associés

• **CE 3e et 8e ss-sect., 28 déc. 2007,** *Nave*, req. no 277370, *RJF* 3/08, no 282

* V. ss no 912.91

L'option d'une société civile pour le régime de l'impôt sur les sociétés doit être signée par les deux époux associés.

> Assujettissement à l'IS – exercice de l'option – formalisme

• **CE 8e et 3e ss-sect., 30 déc. 2011,** *SARL Distribur*, req. no 342566, *RJF* 3/12, no 227

* V. ss no 912.91

Le dépôt par une SCI, auprès du centre de formalités des entreprises, de sa déclaration d'existence, accompagnée de ses statuts comportant l'option pour l'impôt sur les sociétés, mais sans que la case prévue à cet effet dans le formulaire de déclaration d'existence n'ait été cochée, ne permet pas de regarder comme accomplie la formalité de notification de cette option à l'administration fiscale.

912.03 **Bibliographie indicative.**

Annuel. *Mémento fiscal*, « Impôt sur les sociétés – Personnes assujetties », n°s 35550 s ; « Impôt sur les sociétés – Associations et organismes sans but lucratif », n°s 89200 s. ; « Impôt sur les sociétés – Bailleurs sociaux », n°s 37110, « impôts sur les bénéfices des sociétés – Sociétés de personnes et assimilées », n°s 375.00 s., Francis Lefebvre, 2021.

SECTION 1
PERSONNES MORALES PASSIBLES DE L'IMPÔT SUR LES SOCIÉTÉS

912.10 **Plan.** Il convient d'étudier successivement les personnes morales soumises à l'impôt sur les sociétés dans les conditions de droit commun (§ 1), le régime des organismes sans but lucratif (§ 2) et le régime des bailleurs sociaux (§ 3).

§ 1
Personnes morales soumises à l'impôt sur les sociétés dans les conditions de droit commun

912.21 **Principe.** L'article 206-1 du code général des impôts définit les personnes morales qui sont soumises de plein droit à l'impôt sur les sociétés du seul fait de leur forme juridique. Il s'agit des sociétés commerciales : sociétés anonymes, sociétés à responsabilité limitée (qui n'ont pas opté pour le régime des sociétés de personnes), société par actions simplifiées, sociétés en commandite par actions, sociétés coopératives.

Leur objet social ou activité réelle étant indifférents, il en résulte que la location de logements par ces sociétés est de plein droit assujettie à l'impôt sur les sociétés, nonobstant notamment le caractère civil de cette activité. Il en va ainsi quelles que soient les conditions de location (nu, meublé, avec ou sans services...).

Sont également soumis de plein droit à l'impôt sur les sociétés les établissements publics, les organismes de l'État jouissant de l'autonomie financière, les organismes des départements et des communes et toutes les autres personnes morales se livrant à une exploitation ou à des opérations de caractère lucratif. Ainsi, une association dont la gestion n'est pas désintéressée ou dont l'activité est lucrative (au sens défini par la jurisprudence et la doctrine administrative) est soumise à l'impôt dans les conditions de droit commun. Il en résulte qu'un de ces organismes, qui aurait pour objet la gestion de logements et qui ne pourrait pas être considéré comme non lucratif serait soumis de plein droit à l'impôt dans les conditions de droit commun.

Enfin, certaines sociétés qui par leur forme sont normalement soumises au régime des sociétés de personnes (translucidité fiscale) peuvent être soumises à l'impôt sur les sociétés du fait d'une option qu'elles ont exercé : il s'agit notamment des sociétés civiles immobilières, sociétés en nom collectif, sociétés en participation, EURL dont l'associé unique est une personne physique.

912.22 **Conditions d'imposition.** L'article 209-1 du code général des impôts prévoit que l'assiette de l'impôt sur les sociétés est déterminée par application des règles prévues pour la catégorie des bénéfices industriels et commerciaux. Certaines règles spécifiques à l'impôt sur les sociétés peuvent cependant venir corriger le résultat fiscal ainsi défini. S'agissant ici de location de logements, nous avons évoqué les principales particularités au plan fiscal dans la partie concernant les loueurs en meublé, qui sont applicables ici, à l'exception des règles relatives au report des déficits, qui sont propres à l'impôt sur les sociétés [1].

Le résultat d'ensemble de ces sociétés et organismes est en principe imposé au taux normal de l'impôt sur les sociétés, soit en 2021 26,5 ou 27,5 % en fonction du chiffre d'affaires de la société, (sous réserve de l'application de taux spécifiques [2], de contributions additionnelles pour les structures importantes [3]...).

§ 2
Régime des organismes sans but lucratif

912.31 **Principe.** Les organismes sans but lucratif (établissements publics, associations...), c'est-à-dire ceux dont la gestion est désintéressée et l'activité non lucrative, au sens de la jurisprudence et de la doctrine administrative, échappent à l'impôt sur les sociétés au taux de droit commun. Ils sont cependant soumis à cet impôt, à des taux réduits, sur certains produits de leur patrimoine, notamment immobilier [4].

Il en résulte que les revenus tirés de la location de logements par ces organismes supportent de plein droit l'impôt sur les sociétés au taux réduit.

Sont visées la location des logements appartenant à l'organisme (ce qui exclut de fait les revenus de

1. V. s^s^ n°s 911.351 s.
2. Taux réduit à 15 % sur une partie du bénéfice de certaines PME (CGI, art. 219-I-b).
3. CGI, art. 235 *ter* ZC, 235 *ter* ZAA et 235 *ter* ZCA.
4. CGI, art. 206-5-a.

sous-location), ainsi que la location d'immeubles auxquels l'organisme a vocation en qualité d'associé d'une société civile immobilière de copropriété visée à l'article 1655 *ter* du code général des impôts (v. s[s] n° 912.61). En revanche, les revenus locatifs perçus par l'intermédiaire d'une société civile autre que de copropriété dont l'organisme est associé (v. s[s] n° 912.81) ne sont pas imposables.

912.32 Conditions d'imposition. Le résultat de la location des logements (et le cas échéant d'autres immeubles) est défini par la différence entre les recettes brutes et les charges.

La doctrine administrative ancienne donnait des précisions sur les modalités de calcul[1]. Cette doctrine n'a pas été reprise au *BOFIP* en 2012 et n'est donc plus en vigueur. Les solutions qu'elle comporte semblent cependant toujours pertinentes et nous les reprenons ci-dessous.

Le revenu brut comprend les recettes et le cas échéant les dépenses incombant normalement au propriétaire et mises à la charge du locataire. Comme en matière de revenus fonciers, sont également retenues les subventions finançant des charges déductibles (ANAH, collectivités territoriales) et les indemnités d'assurance. Les dépenses correspondantes sont en contrepartie déductibles en totalité.

Les charges effectivement supportées au cours de la période d'imposition sont déductibles. Il s'agit des charges liées à l'acquisition, la conservation, la gestion des logements, sans limitation particulière. En effet, s'agissant d'impôt sur les sociétés, l'assiette est définie comme en matière de bénéfices industriels et commerciaux[2]. Il en résulte notamment que l'organisme est en droit de déduire l'amortissement des biens loués.

Le résultat est soumis à l'impôt sur les sociétés au taux réduit de 24 %[3]. Il est déclaré sur le formulaire n° 2070.

L'article 206-5-a précité ne visant que les revenus de la location et étant d'interprétation stricte, les plus-values de cession des biens loués ne sont pas soumises à l'impôt sur les sociétés.

912.33 Cas particulier des organismes dont l'objet est la location de logements. Les organismes sans but lucratif sont totalement exonérés de l'impôt sur les sociétés sur le résultat de leur activité non lucrative et sont, comme on vient de le voir, soumis à cet impôt au taux de 24 % sur les revenus locatifs tirés de leur patrimoine immobilier. Cependant, pour certains organismes, la location de logements n'est pas effectuée dans le cadre d'une démarche patrimoniale mais constitue leur objet même.

Il en résulte que si cet objet est lui-même reconnu comme non lucratif, les revenus locatifs sont totalement exonérés de l'impôt.

La jurisprudence a eu l'occasion de confirmer ce principe à propos de l'exploitation par des associations de propriétés agricoles (normalement imposables au taux réduit), dans le cadre de centres d'aide par le travail. Elle a confirmé que cette exploitation, concourant directement à l'exécution même de l'activité à but non lucratif de l'association, n'était pas dissociable de celle-ci et échappait par conséquent à l'imposition des revenus patrimoniaux[4]. L'administration avait entériné cette solution[5].

Cette analyse serait tout à fait transposable au cas d'un organisme dont l'objet même serait la location de logements dans des conditions non lucratives par nature (hébergement d'urgence, logement d'insertion...) et dans les conditions mêmes de location (montant des loyers...). L'administration avait d'ailleurs précisé que les associations agréées qui ont pour objet de louer ou sous-louer des logements aux personnes démunies dans le cadre des plans départementaux d'action pour le logement des personnes défavorisées prévus par la loi n° 90-449 du 31 mai 1990 étaient exonérées de l'impôt sur les sociétés[6].

De même, les associations PACT-ARIM (SOLIHA) qui donnent en location des logements sociaux sont considérées par l'Administration fiscale comme non lucratives au titre de cette activité (lettres de M. Sautter en date du 6 octobre 1999 et de Mme Parly en date du 5 juillet 2000). Les locations concernées sont celles consenties aux personnes nécessitant une aide, qui s'entendent des personnes dont les revenus sont inférieurs aux plafonds de ressources des bénéficiaires de la législation sur les habitations à loyer modéré et des aides de l'État en secteur locatif (plafond de ressources annuelles prévus aux articles L. 441-3, R. 331-12 et R. 441-1 (1°) du code de la construction et de l'habitation applicables aux logements autres que ceux mentionnés au dernier alinéa de l'article R. 331-1).

§ 3
Régime des bailleurs sociaux

912.41 Principe. Les bailleurs sociaux définis par la loi bénéficient d'une exonération d'impôt sur les

1. Doc. Adm. 4 H-6122, n° 2, 12 juill. 1997.
2. V. s[s] n° 911.351.
3. CGI, art. 219 *bis*.
4. CE 7e et 8e s[s]-sect., 22 oct. 1980, req. n° 4906 ; *Lebon ; RJF* 12/80, n° 496 – AUSSI : TA Toulouse, 1re ch., 28 janv. 2003, *Association Institut Protestant*, req. n° 98-779 ; *RJF* 6/03, n° 687.
5. Rép. Beix, n° 36485, *JOAN* 9 mars 1981, p. 973.
6. Rép. Luppi, n° 59017, *JOAN* 5 oct. 1992, p. 4603.

sociétés au titre de certaines activités ou opérations définies, dont l'exploitation de leur patrimoine locatif social[1].

912.42 **Organismes concernés.** Les bailleurs sociaux pouvant bénéficier de cette exonération sont limitativement énumérés par les textes précités. Il s'agit :

- des offices publics de l'habitat[2] ;
- des sociétés anonymes d'HLM[3] ;
- des sociétés coopératives de production d'HLM[4] et des sociétés coopératives d'intérêt collectif (SCIC) d'HLM[5] ;
- des fondations d'HLM[6] ;
- des sociétés de coordination entre organismes d'HLM[7] ;
- des sociétés d'économie mixte exerçant l'activité de bailleur social, mentionnées à l'article L. 481-1 du CCH ;
- des unions d'économie sociale agréées[8], à condition que leurs dirigeants de droit ou de fait ne soient pas rémunérés directement ou indirectement[9].

912.43 **Activité concernée.** L'objectif du législateur a été d'exonérer les logements locatifs sociaux. Or, il n'existe pas de définition précise de ceux-ci, notamment du fait que la constitution du parc locatif social actuel s'est échelonnée sur plus d'un siècle et donc selon des modalités juridiques et financières très variables dans le temps. Le critère retenu a été celui de l'existence de contraintes de ressources, au plus égales à celles prévues dans le cadre du conventionnement pour l'aide personnalisée au logement[10] et de l'existence de plafonds de loyers. Il est donc fait référence à la définition actuelle des logements sociaux produits par les bailleurs sociaux. Pour les logements qui ne sont pas conventionnés, notamment en raison du fait que lors de leur construction, le conventionnement APL n'existait pas (avant 1977), l'exonération est applicable à condition que les logements subissent des contraintes équivalentes.

L'activité de bailleur social bénéficiant de l'exonération est définie par l'article L. 411-2 du code de la construction et de l'habitation comme « *la construction, l'acquisition, l'amélioration, l'attribution, la gestion et la cession de logements locatifs* » sociaux. Tous les actes décrits génèrent en effet des produits et des charges dont le résultat final bénéficiera de l'exonération.

Le cœur de l'exonération est constitué par les logements dont les loyers sont plafonnés (sans que la loi ne fasse référence aux plafonds APL ni à une autre législation) et l'attribution destinée à des locataires dont les ressources n'excèdent pas les plafonds du conventionnement APL, c'est-à-dire les plafonds du Prêt Locatif Social (PLS).

Cependant, jusqu'en 2020, étaient également exonérés, à titre accessoire, les logements destinés à des locataires dont les ressources sont comprises entre les plafonds PLS et PLI (prêt locatif intermédiaire[11]), à condition que ces logements représentent moins de dix pour cent des logements sociaux au sens de l'article L. 302-5 du CCH détenus par l'organisme.

La condition de ressources s'apprécie au moment de l'attribution du logement. Autrement dit, le fait que les ressources d'un locataire en place viennent à dépasser les plafonds d'attribution ne remet pas en cause le fait que la réattribution du logement serait soumise à un plafond. Le logement reste donc exonéré.

912.44 **Logements exonérés.** Les critères légaux rappelés précédemment sont illustrés et précisés par la doctrine administrative[12].

Sont ainsi exonérés essentiellement les logements suivants :

- les logements conventionnés APL ;
- les logements non conventionnés APL mais qui sont assujettis par une réglementation ou une convention (ex. : certains financements) à une contrainte d'attribution identique au conventionnement APL et à une contrainte de loyer ;
- les logements-foyers conventionnés APL, ainsi que ceux loués dans les conditions prévues à l'article L. 442-8-1 du CCH (y compris les résidences sociales) ;
- les places dans les centres d'hébergement et de réinsertion sociale (CHRS) ;
- les logements financés par un prêt HLMO, y compris postérieur au 5 janvier 1977 ;
- les logements appartenant aux sociétés d'HLM et aux sociétés d'économie mixte des départements d'outre-mer ;
- certains logements destinés à d'anciens mineurs ou à leurs ayants droit (cf. *BOI* précité, § 430) ;
- les logements situés dans des résidences dédiées à l'accueil des étudiants lorsque ces logements sont destinés à des étudiants dont les revenus sont inférieurs aux plafonds PLS.

Sont visés par l'exonération les logements proprement dits mais également leurs dépendances, parties

1. CGI, art. 207-1-4°, 207-1-4° *quater* et CCH, art. L. 411-2, al. 7.
2. CCH, art. L. 421-1.
3. CCH, art. L. 422-2.
4. CCH, art. L. 422-3.
5. CCH, art. L. 422-3-2.
6. CCH, art. L. 422-1.
7. CCH, art. L. 423-1-1.
8. CCH, art. L. 365-1.
9. CGI, art. 207-1-4°-*quater*.
10. CCH, art. L. 351-1 s.
11. CCH, art. R. 391-1 s.
12. *BOI*-IS-CHAMP-30-30-10-15, § 140 s.

communes et accessoires (emplacements de stationnement, caves, greniers, locaux communs, loges et logements de gardiens, espaces extérieurs...).

En ce qui concerne les emplacements de stationnement, ils sont exonérés du seul fait qu'ils constituent une dépendance de logements exonérés, même s'ils sont loués à une personne non locataire d'un logement dans l'ensemble immobilier.

912.45 **Logements acquis.** Lorsqu'un bailleur social acquiert des logements achevés, ceux-ci ne sont généralement pas immédiatement conventionnés APL, notamment lorsque le bailleur réalise des travaux (opérations d'acquisition-amélioration).

L'administration en déduit qu'en principe, ils ne sont pas exonérés pendant la période qui s'écoule entre la date d'acquisition et la date de signature de la convention APL.

Elle admet toutefois par tempérament qu'ils ne soient pas imposés, à la double condition :

- que l'organisme prenne l'engagement dans l'acte d'acquisition de réaliser les travaux dans un délai maximum de deux ans,

- que le logement ne soit pas donné en location pendant la période précédant le conventionnement ou, s'il est loué, que les loyers respectent les plafonds du conventionnement.

Les conditions posées pour bénéficier de cet assouplissement sont en pratique difficiles à respecter, notamment l'obligation le cas échéant d'abaisser les loyers, qui n'existe pas au plan réglementaire.

912.46 **Gendarmeries, casernes de pompiers.** Les bailleurs sociaux peuvent donner en location à la gendarmerie nationale ou aux services d'incendie des casernes. Les logements étant attribués aux fonctionnaires par ces services, *a priori* sans contrainte de ressources, l'administration fiscale en conclut que la location de ces locaux est imposable.

912.47 **Locaux d'activité accessoires.** Les locaux d'activités (commerces, bureaux, cabinets médicaux, équipements publics...) situés dans les ensembles de logements sociaux sont exonérés à la condition qu'ils soient accessoires et nécessaires à la vie du quartier [1]. La notion de nécessité est interprétée largement puisque la doctrine administrative l'entend comme toute activité visant à satisfaire les besoins courants des locataires (commerces et services de proximité, services publics...) [2].

Les locaux d'activité non accessoires, c'est-à-dire non situés dans un ensemble de logements sociaux, sont imposables. Il en va de même des locaux accessoires mais non nécessaires à la vie de l'ensemble (activité non tournée vers les habitants). Toutefois, pour ces derniers, l'administration admet qu'ils ne soient pas imposés si les recettes que dégage l'ensemble de ces locaux représentent moins de 5 % des recettes totales de l'organisme [3].

Cette franchise inclut également les recettes de location d'emplacements publicitaires ou pour les antennes de téléphonie ainsi que la vente d'électricité photovoltaïque.

912.48 **Portée de l'exonération.** L'impôt sur les sociétés ayant pour assiette le bénéfice réalisé, l'exonération porte *de facto* sur le résultat de l'exploitation et le cas échéant de la cession des logements concernés. Le bailleur doit donc isoler toutes les écritures comptables qui concourent à la définition de ce résultat. L'exonération est ainsi susceptible de couvrir des produits d'exploitation (loyers, remboursement des charges locatives, indemnités d'occupation, redevances...) mais aussi des produits exceptionnels (plus-values, indemnités d'assurance, dégrèvements de taxe foncières...) ou calculés (reprises de provisions, subventions étalées...).

912.49 **Logements imposables.** Les logements qui ne répondent pas aux critères d'exonération légaux ou doctrinaux sont imposables à l'impôt sur les sociétés dans les conditions de droit commun. Il s'agit notamment des logements ne subissant aucune contrainte de loyer et de ressources, de logements subissant de telles contraintes lorsqu'elles sont supérieures au PLS (sous réserve des logements intermédiaires accessoires), des logements PLI non accessoires (supérieurs à 10 %) jusqu'en 2019 (depuis 2020, tous les logements PLI sont imposables), des casernes de pompiers et de gendarmes...

S'agissant d'impôt sur les sociétés, le résultat est naturellement calculé comme en matière de BIC [4]. Il comprend, outre les activités locatives taxables, toutes les autres activités non exonérées que l'organisme peut exercer par ailleurs.

Compte tenu du fait que l'assujettissement à l'impôt sur les sociétés n'est que partiel, les bailleurs sont conduits à identifier les produits et les charges liés aux biens concernés, dans le cadre d'une démarche analytique. La doctrine administrative en précise les modalités, notamment les conditions de prise en compte des charges indirectes [5].

Pour les organismes d'HLM (au sens de CCH, art. L. 411-2) qui étaient exonérés de l'impôt sur les sociétés jusqu'en 2005, une réévaluation fiscale des biens soumis à l'impôt sur les sociétés a été mise en place par la doctrine administrative (bilan fiscal de départ). Ce mécanisme conduit à la constatation

1. CGI, art. 207-1-4°.
2. *BOI*-IS-CHAMP-30-30-10-15, § 380 s.
3. *BOI*-IS-CHAMP-30-30-10-15, § 390.
4. V. s[s] n° 911.351.
5. *BOI*-IS-CHAMP-30-30-10-20, § 290 s.

d'amortissements purement fiscaux qui viennent réduire le résultat imposable[1]. Le même traitement (réévaluation fiscale) est prévu en ce qui concerne les logements PLI qui sont devenus imposables en 2020. Il est applicable à tous les bailleurs sociaux.

Ces réévaluations sont également prises en compte pour le calcul de la plus-value de cession de ces logements.

SECTION 2
PERSONNES MORALES NON SOUMISES À L'IMPÔT SUR LES SOCIÉTÉS

912.50 **Plan.** Il convient de distinguer les sociétés transparentes (§ 1) des sociétés translucides (§ 2).

§ 1
Sociétés transparentes

912.61 **Définition.** Les sociétés dites transparentes sont celles qui attribuent à chacun de leurs associés un droit en propriété ou en jouissance sur une partie divise de l'immeuble.

En pratique, les statuts identifient des parts qui donnent droit à leur détenteur à un lot précis dans l'immeuble. Elles sont également dénommées « sociétés d'attribution ». Ce type de société très particulier n'est pas courant en pratique.

912.62 **Régime fiscal : transparence.** Au plan fiscal, ces sociétés sont considérées comme n'ayant pas de personnalité, notamment au regard de l'impôt sur le revenu[2].

Il en résulte d'une part que la société elle-même n'est pas soumise à l'impôt sur les sociétés (ni bien entendu à l'impôt sur le revenu), d'autre part que chaque associé est personnellement imposable sur les revenus qu'il tire le cas échéant du ou des lot(s) dont il est attributaire de par les statuts.

Si le détenteur des parts est un particulier, il sera considéré comme propriétaire bailleur au plan fiscal. Selon les circonstances (précisées *infra* pour chaque catégorie), il sera donc soumis à l'impôt sur le revenu dans la catégorie des revenus fonciers (location nue) ou des BIC (loueur en meublé, professionnel ou non).

Un associé personne morale prendra en compte dans son résultat imposable le résultat de la location du bien (ou des biens) dont il est attributaire, qui sera ainsi soumis à l'impôt sur les sociétés.

Ces sociétés ne peuvent pas opter pour leur assujettissement à l'impôt sur les sociétés[3].

1. *BOI*-IS-CHAMP-30-30-10-20, § 190 s.
2. CGI, art. 1655 *ter.*

§ 2
Sociétés translucides

912.70 **Plan.** Il convient de préciser les principes (A) et d'étudier l'assujettissement sur option (B) ainsi que le régime des sociétés civiles immobilières (C).

A.
Principes

912.81 **Définition.** Les sociétés dites translucides fiscalement ne sont pas soumises à l'impôt sur les sociétés. Leur régime juridique est classique, au sens où les associés n'ont pas de droit sur un élément précis de l'actif. Ils ont simplement droit à une quote-part des résultats (ou de l'actif en cas de dissolution) en proportion de leur participation au capital. Ces sociétés sont visées principalement à l'article 8 et du code général des impôts. Il s'agit notamment des sociétés en nom collectif, des sociétés civiles (à conditions qu'elles n'aient pas une activité commerciale ou industrielle au sens fiscal, notamment pas de location meublée), des EURL dont l'associé unique est une personne physique, des sociétés en participation (lorsque les membres sont indéfiniment responsables et se sont identifiés auprès de l'administration).

912.82 **Régime fiscal : translucidité.** Ces sociétés ne sont en principe pas soumises à l'impôt sur le bénéfice qu'elles réalisent. En effet, chaque associé est imposé personnellement sur le résultat réalisé en proportion de ses droits dans la société, c'est-à-dire en général selon le pourcentage de sa participation au capital.

Contrairement à la société transparente (ou d'attribution), l'associé n'est donc pas imposable sur le revenu d'un lot en particulier mais sur une quote-part du résultat global de la société, déterminée en proportion de ses droits en tant qu'associé.

En revanche, le régime d'imposition est le même :

- impôt sur le revenu, dans la catégorie correspondante (revenus fonciers, loueur en meublé professionnel ou non professionnel selon le cas[4]), pour les associés particuliers ;
- impôt sur les sociétés pour les sociétés associées soumises à cet impôt.

Lorsque la société a pour associés à la fois des personnes physiques soumises à l'impôt sur le revenu et des associés soumis à l'impôt sur les sociétés, elle

3. CGI, art. 239-1-a.
4. Par hypothèse, l'imposition selon le régime des loueurs en meublés ne peut s'appliquer aux revenus tirés d'une SCI car le fait pour celle-ci de louer en meublé lui fait perdre sa translucidité fiscale. Ce régime peut cependant s'appliquer si la société est une SNC ou une EURL.

doit, à partir des mêmes données financières (charges, produits...), établir pour chacun un résultat fiscal différent, selon les règles propres à chaque associé et catégorie d'imposition.

La particularité fiscale de ces sociétés tient également au fait que le résultat annuel est imposé entre les mains des associés indépendamment de sa distribution. Inversement, lorsque le résultat est déficitaire, le déficit est imputable sur les revenus de l'associé (même si celui-ci ne l'a pas pris en charge financièrement), dans le cadre bien entendu de l'application des règles d'imputation propres à son régime d'imposition.

B. Assujettissement sur option à l'impôt sur les sociétés

912.91 **Exercice de l'option.** Les sociétés qui sont en principe translucides peuvent opter pour leur assujettissement à l'impôt sur les sociétés[1].

Il en résulte que l'intégralité de leur résultat est alors déterminée selon les règles propres à cet impôt, c'est-à-dire principalement selon les règles applicables en matière de bénéfices industriels et commerciaux[2].

L'option peut être exercée lors de la création de la société ou au cours de son existence.

L'option doit être notifiée à l'administration fiscale (service du siège ou du principal établissement) avant la fin du troisième mois de l'exercice au titre duquel l'entreprise souhaite être soumise pour la première fois à l'impôt sur les sociétés. Cette option était jusqu'en 2018 irrévocable[3].

La notification de l'option indique la désignation de la société (adresse, siège social), les noms, prénoms et adresse de chacun des associés ainsi que la répartition du capital ou des droits. Elle est signée dans les conditions prévues par les statuts, ou à défaut, par tous les associés. L'administration doit en délivrer un récépissé[4].

L'exigence de signature par tous les associés est appliquée strictement par le Conseil d'État. Ainsi, dans le cas d'une SCI constituée entre époux, la signature par l'un d'entre eux seulement est insuffisante, même s'ils font l'objet d'une imposition commune et sont mariés sous le régime de la communauté de biens[5].

Cependant, la jurisprudence[6], entérinée ensuite par la doctrine administrative[7], a considéré que l'option pouvait valablement être effectuée lors de la création de la société, dans le formulaire d'immatriculation déposé au centre de formalités des entreprises, en y cochant la case prévue.

912.92 **Conséquences de l'option.** À compter de sa date d'effet, l'option a naturellement pour conséquence d'assujettir la société à l'impôt sur les sociétés dans les conditions de droit commun. Elle implique donc la tenue d'une comptabilité commerciale et l'application des règles propres à cet impôt[8].

Les bénéfices sont imposés au nom de la société. Les associés ne sont eux-mêmes soumis à l'impôt sur le revenu que si la société distribue ce résultat. C'est une différence importante avec la translucidité, qui entraîne une imposition directe à l'impôt sur le revenu de chaque résultat annuel, même en l'absence de distribution.

Lorsqu'elle est exercée au cours de l'existence de la société, l'option a également un effet immédiat, lié au changement de régime fiscal. En effet, celui-ci entraîne en principe les mêmes conséquences qu'une cessation d'activité, c'est-à-dire l'imposition immédiate de tous les bénéfices et plus-values latentes.

Le code général des impôts prévoit toutefois des dispositions particulières pour neutraliser les conséquences de ce changement. Elles sont différentes selon que la société exerce une activité industrielle ou commerciale (location meublée), ou civile (location nue). Pour l'application de ces dispositions, la nature de l'activité est appréciée au niveau de la société et non selon le régime fiscal de leurs associés.

912.93 **Option par une société dont l'activité était professionnelle.** Pour les sociétés de personnes dont l'activité relève des BIC (ex. : SNC, Eurl, louant en meublé), il devrait résulter du changement de régime fiscal l'imposition immédiate notamment des résultats en sursis d'imposition et des plus-values latentes sur les immobilisations (CGI, art. 202 *ter*-I). S'agissant de sociétés propriétaires de logements, cela conduit notamment à l'imposition des plus-values latentes sur ces derniers, calculées selon les règles applicables en matière de BIC[9]. À défaut de prix de vente, la plus-value est calculée par rapport à la valeur de marché des logements. Cette imposition serait problématique dans la mesure où la société et ses associés ne perçoivent pas la plus-value correspondante. C'est la raison pour laquelle le second

1. CGI, art. 206-3 et 239.
2. V. s[s] n° 911.351.
3. V. s[s] n° 912.95.
4. CGI ann. IV, art. 22 et 23.
5. CE 3e et 8e s[s]-sect., 28 déc. 2007, *Nave*, req. n° 277370, *RJF* 3/08, n° 282.
6. CE 8e et 3e s[s]-sect., 30 déc. 2011, *SARL Distribur*, req. n° 342566, *RJF* 3/12, n° 227.
7. *BOI*-IS-CHAMP-40, § 135.
8. V. s[s] n° 912.21.
9. V. s[s] n° 911.351.

alinéa de cette disposition prévoit l'absence d'imposition immédiate, à la double condition :

– qu'il ne soit apporté aucune modification aux écritures comptables ;

– et que l'imposition des bénéfices et plus-values latentes reste possible dans le nouveau régime fiscal applicable à la société.

Ces conditions permettent de garantir l'imposition future des bénéfices en sursis d'imposition et, en cas de cession ultérieure des actifs, des plus-values latentes acquises à la date de l'option. La société doit dans un délai de soixante jours établir et produire un bilan d'ouverture[1].

912.94 Option par une société dont l'activité était non professionnelle. Pour les sociétés dont l'activité ne relève pas des bénéfices industriels et commerciaux, et notamment celles dont les revenus étaient imposés selon le régime des revenus fonciers (locations nues), les conséquences de l'option sont prévues par l'article 202 *ter*-II à IV du code général des impôts.

Elles concernent en premier lieu l'imposition du résultat de la dernière période (fin de la dernière période imposée jusqu'à la date d'effet de l'option). Des dispositions particulières sont nécessaires afin de tenir compte, pour les associés personnes physiques imposables dans la catégorie des revenus fonciers, du basculement d'une comptabilité de caisse, propre à cette catégorie, à une comptabilité d'engagement (BIC/IS). L'objectif est d'éviter toute absence d'imposition mais aussi toute double imposition.

Pour ce faire, le dernier résultat est déterminé selon les règles des bénéfices industriels et commerciaux : les loyers imposables sont non seulement ceux qui ont été encaissés mais également ceux qui sont courus (créances acquises) ; corrélativement, chaque associé peut déduire non seulement les dépenses déjà décaissées mais aussi celles qui sont certaines dans leur principe et leur montant (dettes certaines). Le résultat peut également prendre en compte le cas échéant des provisions (pour créances douteuses, pour risques et charges, notamment travaux de gros entretien), si les conditions fiscales de constitution et de déduction sont remplies[2]. Le cas échéant, les créances et les dettes comptabilisées après ce dernier exercice ne sont pas prises en compte fiscalement si elles ont déjà été encaissées ou payées au cours de la dernière période d'imposition précédant l'option.

Le second aspect à traiter du fait du changement de régime fiscal est celui des plus-values latentes sur les immeubles. En effet, les textes garantissent là aussi la neutralité du régime. Le choix est offert entre la taxation immédiate des plus-values latentes et leur non-imposition, qui sera alors reportée à la cession future des biens.

Les associés doivent tenir compte des conditions d'imposition de la plus-value pour opérer le meilleur choix. En effet, un associé particulier peut bénéficier d'une exonération totale de plus-value au terme d'une certaine durée de détention (vingt-deux ans pour l'impôt sur le revenu – CGI, art. 150-VC et trente ans pour les contributions sociales – CSS, art. L. 136-VI-2°). Il n'a donc pas intérêt à solliciter le report de l'imposition s'il bénéficie d'une exonération totale.

En cas d'option pour l'imposition immédiate, la société inscrira à son bilan fiscal de départ les biens pour leur valeur réelle à la date d'effet de l'option. Cela lui permettra de déduire un amortissement sur cette valeur à compter de l'exercice d'effet de l'option.

Si la société fait le choix de l'absence d'imposition immédiate des plus-values latentes, elle devra établir un bilan fiscal de départ, en inscrivant les logements pour leur valeur d'origine, en faisant apparaître les amortissements et provisions qui auraient pu être déduits depuis leur acquisition si la société avait été soumise à l'impôt sur les sociétés depuis l'origine. Cette obligation garantit que la part de plus-value latente non imposée lors de l'option sera imposable en cas de cession future du bien. Le choix est global pour l'ensemble du patrimoine de la société.

912.95 Renonciation à l'option. Les sociétés ayant opté pour l'impôt sur les sociétés peuvent renoncer à leur option pour l'assujettissement à l'impôt sur les sociétés jusqu'au cinquième exercice suivant celui au titre duquel l'option a été exercée. Le droit de renonciation à l'option pour l'impôt sur les sociétés s'applique aux exercices clos à partir du 31 décembre 2018. Ce droit de renonciation s'applique ainsi notamment aux sociétés ou groupements ayant opté au titre d'exercices clos antérieurement au 31 décembre 2018 et pour lesquelles la période de cinq exercices pour renoncer à cette option n'est pas forclose.

La renonciation à l'option pour l'assujettissement à l'impôt sur les sociétés doit être exercée au plus tard à la fin du mois précédant la date limite de versement du premier acompte d'impôt sur les sociétés de l'exercice au titre duquel s'applique la renonciation à l'option.

Conformément aux dispositions des premier et deuxième alinéas du II de l'article 350 F de l'annexe III au CGI, la notification de la renonciation à l'assujettissement optionnel à l'impôt sur les sociétés est adressée au service des impôts auprès duquel est souscrite la déclaration de résultats de la société, sur papier libre ou de manière dématérialisée.

1. CGI, art. 202 *ter*-III.
2. CGI ann. III, art. 46-E.

Cette notification doit indiquer :

- la dénomination sociale de la société ;
- le lieu du siège et, s'il est différent, du principal établissement de la société ;
- l'exercice à compter duquel s'applique la renonciation à l'option pour l'impôt sur les sociétés.

L'adoption du régime des sociétés de personnes, par renonciation de l'option pour le régime des sociétés de capitaux, produit les mêmes effets que l'option pour le régime des sociétés de personnes.

Ainsi, du fait du changement de régime fiscal, la renonciation entraîne en principe les conséquences de la cessation d'entreprise conformément au deuxième alinéa du 2 de l'article 221 du CGI : les résultats d'exploitation non encore taxés, les bénéfices en sursis d'imposition et les plus-values latentes incluses dans l'actif social font l'objet d'une imposition immédiate.

Toutefois, lorsqu'une société cesse totalement ou partiellement d'être soumise à l'impôt sur les sociétés dans les conditions de droit commun, elle peut bénéficier de l'atténuation prévue à l'article 221 *bis* du CGI, si les deux conditions cumulatives suivantes sont satisfaites :

- la société ne doit pas modifier ses écritures comptables ;
- l'imposition de ses revenus, profits latents et plus-values latentes demeure possible sous le nouveau régime fiscal.

Si ces conditions sont respectées, les bénéfices en sursis d'imposition, les plus-values latentes incluses dans l'actif social et les profits non encore imposés sur les stocks ne font pas l'objet d'une imposition immédiate. Par ailleurs, les bénéfices et réserves, capitalisés ou non, sont réputés distribués aux associés en proportion de leurs droits[1].

Les entreprises ou groupements qui ont renoncé à leur option pour l'assujettissement à l'impôt sur les sociétés ne peuvent plus opter à nouveau pour cet impôt[2].

C. Régime des sociétés civiles immobilières

912.101 **Régime fiscal de la société.** La société civile immobilière est fréquemment utilisée pour y loger un patrimoine immobilier, notamment familial, et le donner en location. Le statut civil de la société correspond bien à l'activité de location de logements nus. On parle alors de société civile immobilière de gestion.

Du point de vue fiscal, une telle société est soumise au régime de la translucidité fiscale en application de l'article 8-1° du code général des impôts. Ce régime est cependant subordonné au fait que la société ne se livre pas à une activité relevant de la catégorie des bénéfices industriels et commerciaux. Or, le fait de louer les logements meublés est considéré comme tel[3]. Il en résulte qu'en cas de location en meublé, la société civile perd sa translucidité fiscale et se trouve *de facto* assujettie à l'impôt sur les sociétés.

Le régime de la translucidité est également en principe remis en cause en cas d'exercice par la société d'une activité commerciale, quelle que soit son importance.

Ainsi, en cas de cession de logements par la société, il convient de veiller à ce qu'elles n'interviennent pas dans un cadre habituel ou spéculatif. Si c'était le cas, il s'agirait d'une activité de marchand de biens, relevant de plein droit des bénéfices industriels et commerciaux. Les critères de qualification d'une telle activité sont définis au cas par cas par la jurisprudence et font l'objet de commentaires par l'administration fiscale[4].

Hormis le cas d'une qualification d'activité de marchand de biens, la doctrine administrative admet le maintien du régime de translucidité en cas d'exercice d'activités commerciales accessoires, si le montant hors TVA de ces opérations n'excède pas 10 % des recettes totales hors TVA de la société[5].

Lorsqu'une société civile perd sa translucidité et devient assujettie à l'impôt sur les sociétés, le changement de régime fiscal qui en résulte est traité comme évoqué précédemment en cas d'option volontaire[6].

L'option pour l'impôt sur les sociétés a notamment pour effet de permettre la déduction des amortissements du ou des immeubles, ce qui réduit le résultat imposable. En outre, celui-ci est soumis à l'impôt sur les sociétés, dont le taux peut être inférieur au taux marginal de l'impôt sur le revenu auquel serait soumis le revenu d'une société translucide. En l'absence de distribution, l'imposition est donc inférieure dans ce cas. Cependant, si la société vient à céder un bien, la plus-value sera imposable à l'impôt sur les sociétés, l'assiette comprenant notamment tous les amortissements déduits fiscalement. Alors que la cession d'un logement par une société translucide, dont les revenus relevaient de la catégorie des revenus fonciers, bénéficie des abattements conduisant à une exonération totale après trente-et-un ans.

912.102 **Aspects patrimoniaux.** L'intérêt principal de loger un patrimoine locatif dans une SCI réside dans la souplesse que permet celle-ci dans la

1. CGI, art. 111 bis.
2. CGI, art. 239, 1-al. 3.
3. V. s[s] n° 911.331.
4. *BOI*-IS-CHAMP-20-10-10.
5. *BOI*-BIC-CESS-10-20-30, § 390.
6. V. s[s] n° 912.91.

démarche de transmission. L'investisseur initial peut en effet transférer tous les quinze ans des parts à ses descendants en se limitant à l'abattement de 100 000 euros, ce qui permet d'échapper aux droits dans cette limite.

Les titres de la SCI peuvent en outre être démembrés, ce qui permet de réduire la valeur des titres et donc d'en transmettre, en nue-propriété, un plus grand nombre, toujours dans la limite de l'abattement. Au décès du donateur, l'usufruit reviendra aux donataires sans droits.

Bien entendu, si la SCI est endettée, la valeur des parts servant d'assiette aux droits, est réduite en conséquence.

912.103 Articulation avec les dispositifs fiscaux d'investissement. La réalisation d'un investissement locatif via une SCI translucide est compatible avec les dispositifs fiscaux spécifiques :

• Cosse :

- le logement ne peut pas être donné en location à l'un des associés de la SCI ou à un membre du foyer fiscal, un ascendant ou descendant d'un associé de la SCI,

- les associés doivent conserver leurs parts pendant la durée de la convention Anah (attention au démembrement, assimilé à une cession) ;

• Duflot-Pinel-Denormandie :

- l'engagement de louer (6 ou 9 ans) est pris par la société, la location ne pouvant être conclue avec un associé ou un membre de son foyer fiscal, mais possible avec un ascendant ou descendant non-membre du foyer fiscal,

- l'associé doit s'engager à conserver la totalité de ses parts jusqu'à l'expiration de la période couverte par l'engagement de location ;

• Malraux :

- les associés doivent s'engager à conserver leurs parts jusqu'au terme de l'engagement de location pris par la société,

- le locataire doit être une personne autre que l'un des associés ou un membre de son foyer fiscal, un ascendant ou un descendant.

TITRE

92. La contribution sur les revenus locatifs

SECTION 0

ORIENTEUR

92.00 **Sommaire du titre.**

Division. Il convient d'étudier successivement le champ d'application (chap. 921) et les modalités d'imposition (chap. 922).

CHAPITRE

921. Champ d'application

SECTION 0
ORIENTEUR

921.00 Sommaire du chapitre.

Division. Il convient d'étudier successivement les locations assujetties (sect. 1), les personnes assujetties (sect. 2) et les exonérations (sect. 3).

921.01 Principaux textes applicables.

TEXTES SOURCES

• **CGI,** art. 234 *nonies.*

BOI-RFPI-CTRL-20-20 (Contribution annuelle sur les revenus locatifs (CRL) – Exonérations).

TEXTES *IN EXTENSO*

• **CGI,** art. 234 *nonies*

I. – Il est institué une contribution annuelle sur les revenus retirés de la location de locaux situés dans des immeubles achevés depuis quinze ans au moins au 1er janvier de l'année d'imposition, acquittée par les bailleurs mentionnés au I de l'article 234 *duodecies* et aux articles 234 *terdecies* et 234 *quaterdecies.*

(...)

III. – Sont exonérés de la contribution les revenus tirés de la location :

1° dont le montant annuel n'excède pas 1 830 € par local ;

2° qui donne lieu au paiement de la taxe sur la valeur ajoutée ;

3° consentie à l'État ou aux établissements publics nationaux scientifiques, d'enseignement, d'assistance ou de bienfaisance ;

4° consentie en vertu des livres I et II du code de l'action sociale et des familles et exclusivement relative au service de l'aide sociale ;

5° à vie ou à durée illimitée ;

6° des immeubles appartenant ou destinés à appartenir, dans le cadre des contrats énumérés à l'article *1048 ter*, à l'État, aux collectivités territoriales, aux établissements et organismes publics qui en dépendent et aux organismes d'habitations à loyer modéré ;

7° des locaux d'habitation qui font partie d'une exploitation agricole ou sont annexés à celle-ci, ainsi que des locaux dont les propriétaires ont procédé au rachat du prélèvement sur les loyers, prévu par l'article 11 de la loi de finances rectificative pour 1964 (L. n° 64-1278, 23 déc. 1964, *JO* 24 déc., p. 11503) ;

8° des immeubles appartenant aux sociétés d'économie mixte de construction ou ayant pour objet la rénovation urbaine ou la restauration immobilière dans le cadre d'opérations confiées par les collectivités publiques, ainsi que de ceux appartenant aux houillères de bassin ;

9° des immeubles faisant partie de villages de vacances ou de maisons familiales de vacances agréés ;

10° Des logements appartenant aux organismes sans but lucratif ou aux unions d'économie sociale réalisant les activités mentionnées à l'article du code de la construction et de l'habitation, et dont les dirigeants de droit ou de fait ne sont pas rémunérés ;

11° Des logements qui ont fait l'objet de travaux de réhabilitation définis par décret, lorsque ces travaux ont été financés à hauteur d'au moins 15 % de leur montant par une subvention versée par l'Agence nationale de l'habitat, pour les quinze années suivant celle de l'achèvement des travaux ;

12° Des logements qui ont fait l'objet, après une vacance continue de plus de douze mois, d'une mise en location assortie d'une convention conclue à compter du 1er juillet 2004 en l'application du 4° de l'article L. 831-1 du code de la construction et de l'habitation, le bénéfice de l'exonération s'appliquant jusqu'au 31 décembre de la troisième année suivant celle de la conclusion du bail.

921.03 Bibliographie indicative.

Annuel. *Mémento fiscal,* « Taxes diverses – Contribution sur les revenus locatifs », nos 74800, Francis Lefebvre, 2021.

SECTION 1
LOCATIONS ASSUJETTIES

921.11 **Locaux imposables.** La contribution sur les revenus locatifs frappe les locations de biens immobiliers achevés depuis plus de quinze ans au 1er janvier de l'année d'imposition. Elle ne concerne donc pas les locations de terrains nus. Par ailleurs, les biens ruraux ne sont pas imposables.

La notion d'achèvement est une question de fait. En pratique, la date d'achèvement correspond à celle à laquelle le logement est utilisable en tant que tel dans des conditions normales. Cette possibilité d'utilisation n'est pas incompatible avec le fait qu'il puisse rester quelques travaux, *a priori* mineurs, à réaliser. Dans un immeuble collectif, cette date s'apprécie logement par logement.

En pratique, les services fiscaux peuvent se baser sur des documents d'urbanisme (déclaration d'achèvement et de conformité des travaux) ou fiscaux (déclarations H1 ou H2 en matière de taxe foncière). Mais l'appréciation peut également être faite au vu de la situation réelle du logement.

921.12 **Locations imposables.** Seules les locations à durée limitée sont imposables, condition qui ne pose pas de difficulté s'agissant des baux d'habitation. D'après la doctrine administrative, les sous-locations ne sont pas imposables. Ainsi, le revenu locatif tiré par le locataire principal de la sous-location échappe à la contribution. Seul le loyer principal est imposable[1]. La jurisprudence considère que légalement, la contribution serait également exigible au titre de la sous-location[2]. Mais les contribuables concernés peuvent bien entendu s'en dispenser en invoquant la doctrine administrative, qui est plus favorable sur ce point et donc opposable à l'administration sur le fondement de l'article L. 80-A du livre des procédures fiscales.

En principe, la contribution ne frappe que les revenus de la location (jouissance du bien), à l'exclusion de revenus tirés de prestations de nature hôtelière. Toutefois, la doctrine administrative indique que lorsque les services fournis ont un caractère accessoire par rapport à la location du bien, tout le revenu est imposable à la contribution. Elle cite comme exemple les résidences pour étudiants ou jeunes travailleurs, les chambres d'hôtes et gîtes ruraux et les maisons de retraite[3]. Notons que si ces résidences sont, du fait des services rendus, assujetties à la TVA[4], les loyers échapperont à la contribution[5].

On peut concevoir qu'une ventilation entre la prestation d'hébergement proprement dite et les prestations annexes ne soit pas toujours aisée. La règle posée par la doctrine administrative doit cependant certainement être confrontée aux modalités concrètes de facturation mises en place dans ces résidences.

SECTION 2
PERSONNES ASSUJETTIES

921.21 **Personnes morales.** La contribution sur les revenus locatifs ne frappe que les revenus perçus par certaines personnes morales. Les particuliers donnant en location un bien qui leur appartient échappent donc à la contribution.

Les différentes catégories de personnes morales concernées sont précisées par les articles 234 *duodecies*-I, 234 *terdecies* et 234 *quaterdecies* du code général des impôts.

921.22 **Personnes morales soumises à l'impôt sur les sociétés au taux normal.** La contribution sur les revenus locatifs vise en premier lieu toutes les sociétés et autres personnes morales dont les résultats sont imposables à l'impôt sur les sociétés au taux de droit commun. L'article 234 *duodecies*-I fait en effet référence à celles qui doivent déclarer leur résultat sur le formulaire 2065.

Rappelons que l'impôt sur les sociétés peut s'appliquer de plein droit (ex. : société anonyme, SARL...) ou sur option (société civile immobilière qui serait normalement translucide et qui décide d'opter).

Le fait que le résultat soit déficitaire ou que la société ou personne morale bénéficie d'une exonération totale ou partielle d'impôt sur les sociétés ou encore soit membre d'un groupe fiscalement intégré est indifférent dès lors qu'elle est assujettie à l'obligation de souscription de la déclaration précitée.

En revanche, les personnes morales dont les résultats sont imposés à l'impôt sur les sociétés aux taux réduits prévus par l'article 219 *bis* du code général des impôts (organismes sans but lucratif) relèvent des dispositions prévues au quatrième alinéa de l'article 234 *quaterdecies* du même code[6].

921.23 **Société et autres personnes morales translucides.** Les sociétés et autres personnes morales non soumises à l'impôt sur les sociétés mais relevant du régime des sociétés de personnes sont également assujetties à la contribution, à la condition qu'au moins un de leurs associés ou membres soit lui-même assujetti à l'impôt sur les sociétés au taux de droit commun[7].

1. *BOI*-RFPI-CTRL-20-10, n° 180.
2. CAA Paris 23 mars 2017, n° 16PA00198, *SARL HPB Hotels*, *RJF* 7/17, n° 693.
3. *BOI*-RFPI-CTRL-20-10, n° 190.
4. V. s[s] n° 932.12.
5. V. s[s] n° 921.32.
6. V. s[s] n° 921.24.
7. CGI, art. 234 *terdecies*.

Les personnes concernées sont notamment les sociétés en nom collectif, les sociétés civiles immobilières, y compris celles ayant pour objet la construction en vue de la vente, les sociétés en participation ou de fait, certaines sociétés commerciales ayant pu opter pour le régime des sociétés de personnes, groupement d'intérêt économique ou d'intérêt public, les sociétés civiles de placement immobilier..., à condition bien entendu qu'elles n'aient pas opté pour l'assujettissement à l'impôt sur les sociétés (auquel cas elles relèveraient de la catégorie précédente (v. s^s n°s 912.91 s.).

Une société civile immobilière constituée exclusivement de personnes physiques (SCI familiale) et qui n'a pas opté pour l'impôt sur les sociétés échappe à la contribution.

921.24 **Organismes sans but lucratif.** Les organismes sans but lucratif non soumis à l'impôt sur les sociétés au taux normal restent imposables sur certains revenus patrimoniaux (notamment immobiliers) à un taux d'impôt sur les sociétés réduit[1]. Il s'agit notamment des associations, fondations, congrégations et de certains établissements publics sans caractère lucratif[2]. Ils sont redevables de la contribution en application de l'article 234 *quaterdecies* 4e alinéa du code général des impôts.

Sont en pratique visés les organismes qui déclarent leur résultat sur le formulaire n° 2070.

Ceux qui ont sectorisé leurs activités (secteur lucratif soumis à l'impôt sur les sociétés au taux de droit commun et secteur non lucratif) doivent le cas échéant affecter les loyers à chaque secteur selon que les locations sont ou non lucratives.

921.25 **Autres personnes morales et organismes.** Les trois premiers alinéas de l'article 234 *quaterdecies* du code général des impôts visent toutes les personnes morales non concernées par les dispositions précédentes. Il s'agit en pratique notamment des associations ou fondations qui louent des logements dans le cadre d'une activité sociale non lucrative (bailleur caritatif). Dans ce cas, elles échappent en effet à l'impôt sur les sociétés au taux réduit sur les revenus patrimoniaux.

SECTION 3
EXONÉRATIONS

921.30 **Texte applicable.** L'article 234 *nonies*-III du code général des impôts prévoit diverses exonérations de la contribution.

921.31 **Locations d'un faible montant.** La contribution sur les revenus locatifs n'est pas due au titre des locations dont les revenus annuels sont inférieurs à 1 830 euros.

Cette limite s'apprécie logement par logement, en tenant compte le cas échéant des locations accessoires (emplacements de stationnement...), même si ces dernières font l'objet d'un bail distinct.

La période de référence est selon le cas l'année civile ou l'exercice et prend en compte l'ensemble des loyers encaissés, même s'ils se rapportent à une autre période (retards de paiements...).

En cas d'indivision, la limite s'apprécie au niveau du logement loué et non au niveau des sommes perçues par chaque co-indivisaire.

Lorsque la durée de location est inférieure à douze mois (ex. : début ou fin de la location dans l'année), il n'y a pas lieu d'ajuster le plafond *prorata temporis*[3].

921.32 **Locations soumises à la TVA.** La contribution sur les revenus locatifs n'est pas due au titre des locations qui sont soumises à la TVA[4].

En pratique, s'agissant de logements, cette exonération n'est susceptible de s'appliquer que s'ils sont loués meublés et si le bailleur fournit en plus certains services[5] ou s'il s'agit de la location principale de logements à des exploitants eux-mêmes imposables[6].

921.33 **Locations consenties à l'État ou aux établissements publics nationaux scientifiques, d'enseignement, d'assistance ou de bienfaisance.** Cette exonération ne s'applique pas aux locations aux collectivités territoriales ou à leurs établissements publics.

Il est admis de considérer que la location d'un logement à un gendarme, titulaire du bail, bénéficie de l'exonération lorsque par convention avec le propriétaire, l'État s'acquitte des loyers et charges locatives[7].

921.34 **Locations consenties dans le cadre de l'aide sociale.** L'article 234 *nonies*-III-4° du code général des impôts exonère de contribution les locations consenties aux gestionnaires de maisons de retraite habilitées au titre de l'aide sociale[8] et aux gestionnaires de centres d'hébergement et de réadaptation sociale agréés[9].

921.35 **Immeubles appartenant à l'État, aux collectivités territoriales et à leurs établissements publics et à certains bailleurs sociaux.** Les articles 234

1. CGI, art. 206-5 et 219 *bis*.
2. V. s^s n° 912.31.
3. *BOI*-RFPI-CTRL-20-20, § 60.
4. CGI, art. 234 *nonies*-III-2°.
5. V. s^s n°s 932.12 s.
6. V. s^s n° 932.31.
7. *BOI*-RFPI-CTRL-20-20, § 580.
8. CASF, art. L. 231-4.
9. CASF, art. L. 345-1.

nonies-III-6° et 8° et 10° du code général des impôts exonèrent de la contribution les locations d'immeubles appartenant :

- à l'État et aux établissements publics d'État ;
- aux collectivités territoriales et aux établissements publics qui en dépendent ;
- aux organismes d'HLM au sens de l'article L. 411-2 du code de la construction et de l'habitation (offices publics de l'habitat, sociétés anonymes d'HLM, fondations d'HLM, sociétés coopératives d'HLM) ;
- aux sociétés d'économie mixte ayant pour objet la construction, la rénovation urbaine ou la restauration immobilière dans le cadre de conventions avec les collectivités territoriales ;
- aux houillères de bassin ;
- aux organismes agréés dans le cadre des dispositions de l'article L. 365-1 et suivants du code de la construction et de l'habitation (organismes sans but lucratif et unions d'économie sociale) pour la location de leurs logements.

921.36 Logements réhabilités avec un financement de l'Anah. Les logements ayant fait l'objet d'une réhabilitation financée à hauteur de 15 % au moins par une subvention de l'Anah sont exonérés de la contribution pour une durée de quinze ans à compter de l'année suivant celle de l'achèvement des travaux (CGI, art. 234 *nonies*-III-11°). Les travaux concernés sont ceux visés par le *BOI*-IR-RICI-80-10-20-10, § 260 s.

L'article 58-0 A *bis* de l'annexe III au code général des impôts prévoit que, « pour l'application du 11° du III de l'article 234 *nonies* du CGI, les travaux de réhabilitation des logements s'entendent des travaux de modification ou de remise en état du gros œuvre ou des travaux d'aménagement interne qui, par leur nature, équivalent à de la reconstruction ainsi que des travaux d'amélioration qui leur sont indissociables ».

Une société avait entrepris sur des logements des travaux pour lesquels elle avait obtenu de l'Agence nationale de l'habitat un financement supérieur au seuil de 15 % fixé par l'article 234 *nonies* du CGI. Les travaux avaient consisté notamment en la réalisation de l'isolation par l'extérieur des bâtiments, le ravalement des façades, l'étanchéité des murs, combles et caves, et la révision des couvertures et zinguerie, avec remplacement des gouttières et tuyaux d'évacuation. Le tribunal administratif de Montreuil a considéré que ces travaux n'avaient fait qu'entretenir ou réparer les bâtiments ou les améliorer grâce à l'isolation par l'extérieur et qu'il s'agissant donc de travaux d'entretien et de réparation qui n'affectaient pas substantiellement le gros œuvre des bâtiments, ni ne remettaient en état des éléments du gros œuvre substantiellement dégradés[1].

921.37 Logements vacants remis en location dans le cadre d'un conventionnement APL. L'exonération vise des logements qui sont restés vacants pour une durée d'au moins douze mois continus, avant d'être remis en location dans le cadre d'une convention APL signée par le propriétaire dans le cadre de l'article L. 831-1-4° du code de la construction et de l'habitation.

L'exonération s'applique jusqu'au 31 décembre de la troisième année suivant celle de la signature du bail.

La vacance suppose une absence totale d'occupation du logement (à titre onéreux, gratuit, avec ou sans titre, par le propriétaire ou un tiers...). Le point de départ du délai de douze mois est constitué selon le cas, en cas de location, par la date de résiliation ou d'échéance du bail ou de départ du locataire, en cas d'acquisition de logement déjà vacant, par la date d'acquisition, ou par la date de départ effectif (ex. : propriétaire occupant).

921.38 Immeubles considérés comme remis à neuf. Dans la mesure où la contribution sur les revenus locatifs ne concerne que les biens achevés depuis plus de quinze ans, les biens remis à neuf au sens fiscal échappent *de facto* à cette imposition.

Pour définir la notion d'immeuble remis à neuf, la doctrine administrative fait référence aux critères définis par la jurisprudence en matière de revenus fonciers, telle que commentée par le *BOI*-RFPI-BASE-20-30-20, § 80 s., v. s[s] n° 911.121.

921.39 Dispenses de contribution par tolérance administrative. Outre les exonérations légales évoquées précédemment, l'administration admet par tolérance de ne pas imposer certaines locations[2].

Il s'agit :

- des immeubles ayant fait l'objet d'un arrêté préfectoral d'interdiction d'habiter ou d'insalubrité (CSP, art. L. 1331-28 et L. 1331-29), à compter de l'année au cours de laquelle intervient l'arrêté préfectoral ;
- des immeubles ayant fait l'objet d'une décision administrative prescrivant leur réparation et pour lesquels l'ANAH a refusé son concours financier, à compter de l'année au cours de laquelle intervient la décision de refus ;
- des immeubles compris dans les périmètres de rénovation et figurant sur la liste des bâtiments à démolir dressée par le préfet, à compter de l'année au cours de laquelle intervient la décision du préfet ;
- des immeubles compris dans les ZAC et dont la destination ne correspond pas au plan d'aménage-

1. TA Montreuil 31 mars 2016, 1re ch., n°s 1409978 et 1504563, *SAS Sainte-Barbe*.
2. *BOI*-RFPI-CTRL-20-20, § 540.

ment de la zone, à compter de l'année au cours de laquelle intervient l'approbation par le préfet du plan de la zone ;

- des immeubles faisant l'objet, pour tout autre motif, d'une procédure d'expropriation, à compter de l'année au cours de laquelle intervient la déclaration d'utilité publique.

CHAPITRE

922. Modalités d'imposition

SECTION 0
ORIENTEUR

922.00 **Sommaire du chapitre.**

922.01 **Principaux textes applicables.**

TEXTES SOURCES

• **CGI,** art. 234 *duodecies, terdecies, quaterdecies* et *quindecies.*

BOI-RFPI-CTRL-20-30 (Contribution annuelle sur les revenus locatifs (CRL) – Base, taux, modalités d'imposition, de déclaration et de paiement).

TEXTES *IN EXTENSO*

• **CGI,** art. 234 *duodecies*

I. – Lorsque la location est consentie par une personne morale ou un organisme devant souscrire la déclaration prévue au 1 de l'article 223, à l'exclusion de ceux imposés aux taux de l'impôt sur les sociétés prévus à l'article 219 *bis*, la contribution prévue à l'article 234 *nonies* est assise sur les recettes nettes définies à l'article 29 qui ont été perçues au cours de l'exercice ou de la période d'imposition définie au deuxième alinéa de l'article 37.

II. – La contribution est déclarée, contrôlée et recouvrée selon les mêmes règles et sous les mêmes garanties et sanctions qu'en matière d'impôt sur les sociétés.

III. – La contribution est payée spontanément au comptable public compétent, au plus tard à la date prévue au 2 de l'article 1668.

Elle donne lieu au préalable, à la date prévue pour le paiement du dernier acompte d'impôt sur les sociétés de l'exercice ou de la période d'imposition, à un acompte égal à 2,5 % des recettes nettes définies à l'article 29 qui ont été perçues au cours de l'exercice précédent.

Lorsque la somme due au titre d'un exercice ou d'une période d'imposition en application du deuxième alinéa est supérieure à la contribution dont l'entreprise prévoit qu'elle sera finalement redevable au titre de ce même exercice ou de cette même période, l'entreprise peut réduire ce versement à concurrence de l'excédent estimé.

IV. – Les crédits d'impôt de toute nature ainsi que la créance mentionnée à l'article 220 *quinquies* ne sont pas imputables sur cette contribution.

• **CGI,** art. 234 *terdecies*

Lorsque la location est consentie par une société ou un groupement soumis au régime prévu aux articles 8, 8 *ter*, 238 *ter*, 239 *ter* à 239 *quinquies*, 239 *septies* et 239 *nonies* dont l'un des membres est soumis, à la date de clôture de l'exercice, à l'impôt sur les sociétés au taux de droit commun, la contribution prévue à l'article 234 *nonies*, établie dans les conditions définies au I de l'article 234 *duodecies*, est acquittée par cette société ou ce groupement, auprès du comptable public compétent, au vu d'une déclaration spéciale, au plus tard à la date prévue pour le dépôt de la déclaration de leur résultat.

Elle donne lieu au préalable au versement d'un acompte payable au plus tard le 15 du dernier mois de l'exercice, dont le montant est déterminé selon les modalités définies au III de l'article 234 *duodecies.*

La contribution est contrôlée et recouvrée selon les mêmes garanties et sanctions qu'en matière d'impôt sur les sociétés.

• **CGI,** art. 234 *quaterdecies*

Lorsque la location est consentie par une personne morale ou un organisme de droit public ou privé, non mentionné à l'article 234 *duodecies* ou à l'article 234 *terdecies*, la contribution prévue à l'article 234 *nonies*, assise sur le montant des recettes nettes définies à l'article 29 et perçues au cours de l'année civile au titre de la location, est acquittée par cette personne ou cet organisme, auprès du comptable public compétent, au vu d'une déclaration spéciale, au plus tard le 15 octobre de l'année qui suit celle de la perception des revenus soumis à la contribution.

Sous cette réserve, la contribution est contrôlée et recouvrée selon les mêmes règles et sous les mêmes garanties et sanctions qu'en matière d'impôt sur les sociétés.

Elle donne lieu à la date prévue au premier alinéa à un acompte égal à 2,5 % de trois quarts des recettes nettes définies à l'article 29 et perçues au cours de l'année précédente.

Pour les personnes morales ou organismes imposés aux taux de l'impôt sur les sociétés prévus à l'article 219 *bis*, la contribution, établie dans les conditions définies au I de l'article 234 *duodecies*, est déclarée, recouvrée et contrôlée comme l'impôt sur les sociétés dont ils sont redevables, par exception aux dispositions des premier à troisième alinéas.

• **CGI,** art. 234 *quindecies*

La contribution prévue à l'article 234 *nonies* est égale à 2,5 % de la base définie aux articles 234 *duodecies* à 234 *quaterdecies*.

922.03 Bibliographie indicative.

Annuel. *Mémento fiscal*, « Taxes diverses – Contribution sur les revenus locatifs », n°s 74855 s., Francis Lefebvre, 2021.

SECTION 1
ASSIETTE D'IMPOSITION – TAUX

922.11 Assiette d'imposition. L'assiette de la contribution sur les revenus locatifs est constituée par les recettes perçues par le bailleur. Lorsque le bailleur tient une comptabilité commerciale, celle-ci traduit en produit les loyers courus. La détermination de l'assiette oblige ainsi ces redevables à identifier les seules recettes effectivement encaissées au cours de l'exercice.

L'assiette est constituée par tous les revenus tirés de la location, définis comme en matière de revenus fonciers[1]. Il s'agit donc essentiellement du loyer en principal, des subventions, primes et indemnités d'assurance couvrant des dépenses déductibles, des revenus accessoires[2]...

922.12 Taux d'imposition. Le taux de la contribution est fixé à 2,5 %[3].

SECTION 2
ÉTABLISSEMENT DE LA CONTRIBUTION

922.21 Redevable. Le redevable de la contribution due au titre de logements est le bailleur, qui en supporte la charge.

922.22 Modalités d'imposition pour les personnes morales soumises à l'impôt sur les sociétés au taux normal. Il s'agit des personnes morales définies précédemment[4].

La période d'imposition est l'exercice social, comme pour l'impôt sur les sociétés[5]. L'assiette de la contribution est mentionnée directement dans le formulaire de déclaration de l'impôt sur les sociétés[6], dans les cases prévues à cet effet.

Le paiement est effectué spontanément par le redevable. Un acompte égal au montant de la contribution acquittée au titre de l'exercice précédent doit être versé en même temps que le dernier acompte d'impôt sur les sociétés (formulaire n° 2571, à télédéclarer). Cet acompte n'est pas dû si le montant est inférieur à 100 euros[7]. En cas de diminution prévue de l'assiette, le redevable peut réduire le montant de l'acompte en informant le comptable public[8].

Lors de la liquidation définitive de la contribution en année n+1, le montant dû est comparé à l'acompte versé. Le solde est versé spontanément en même temps que le solde de l'impôt sur les sociétés. Il fait l'objet du formulaire de relevé de solde n° 2572. Ce dernier est télédéclaré et le solde doit être télépayé. En cas de solde négatif, l'administration restitue l'excédent versé spontanément.

Notons que les sociétés membres d'un groupe fiscal restent chacune personnellement redevable de la contribution.

922.23 Modalités d'imposition pour les sociétés et groupements relevant du régime des sociétés de personnes. Il s'agit des personnes morales définies précédemment[9].

Malgré la translucidité fiscale, qui conduit à imposer le résultat de la société ou du groupement entre les mains de ses associés ou membres, la contribution est acquittée directement par la société ou le groupement.

La période d'imposition est l'exercice social pour les entités dont le résultat relève de la catégorie des bénéfices industriels et commerciaux[10]. Si les résultats relèvent des revenus fonciers, la période d'imposition est l'année civile.

L'assiette est déclarée dans les espaces prévus à cet effet dans les formulaires n° 2072 pour les sociétés immobilières non soumises à l'impôt sur les sociétés lorsque cette dernière est déposée sous forme papier ou du formulaire n° 2582 pour les autres sociétés et groupements.

Un acompte égal au montant de la contribution de l'année précédente est versé spontanément au plus tard le 15 du dernier mois de la période d'imposition, sous réserve qu'il soit supérieur à 100 euros[11].

1. CGI, art. 234 *duodecies*, qui renvoie à CGI, art. 29.
2. V. s^s n°s 911.40 s.
3. CGI, art. 234 *quindecies*.
4. V. s^s n° 921.22.
5. Des modalités particulières sont prévues en cas de clôture multiples en cours d'année ou d'absence de clôture d'exercice en cours d'année ; v. *BOI*-RFPI-CTRL-20-30, § 80.
6. Cerfa n° 2065.
7. CGI ann. III, art. 376.
8. *BOI*-RFPI-CTRL-20-30, § 140.
9. V. s^s n°s 921.23 s.
10. V. s^s n° 911.331.
11. Formulaire n° 2581.

Le solde de la contribution est versé spontanément au plus tard à la date limite de dépôt de la déclaration de résultat (soit en général le deuxième jour ouvré suivant le premier mai). Si la différence entre le montant de la contribution et l'acompte versé, le solde négatif est restitué d'office par l'administration.

922.24 Modalités d'imposition pour les organismes publics ou privés sans but lucratif. Il s'agit des personnes morales définies précédemment[1].

La période d'imposition est la même que pour les catégories précédentes. L'assiette de la contribution est déclarée dans le formulaire de déclaration des résultats n° 2070, qui est déposé dans les trois mois de la clôture de l'exercice ou le 2e jour ouvré suivant le 1er mai en cas d'exercice coïncidant avec l'année civile. Le paiement spontané est effectué en même temps. Il n'est pas réclamé d'acompte.

922.25 Modalités d'imposition pour les autres personnes morales. Il s'agit des **organismes ne relevant ni de l'impôt sur les sociétés ni du régime des sociétés de personnes,** définies précédemment (ex. : organisme public ou privé totalement exonéré de l'impôt sur les sociétés).

L'acompte et le solde de la contribution sont déclarés sur le formulaire n° 2073. Ce formulaire, accompagné du paiement, est déposé au plus tard le 15 octobre de l'année suivant celle de perception des revenus.

1. V. ss n° 921.24.

TITRE

93. Le régime de TVA

SECTION 0
ORIENTEUR

93.00 Sommaire du titre.

Division. Les bailleurs de logements sont *a priori* peu concernés par la TVA puisque les locations de logements nus ou meublés sont largement exonérées (chap. 931). Seules les locations meublées assorties de certaines prestations de services sont imposables (locations dites « para-hôtelières », (chap. 932).

Par ailleurs, les propriétaires et locataires de logements sont susceptibles de bénéficier de taux réduits de TVA sur certains travaux qu'ils réalisent (chap. 933).

93.01 Principaux textes applicables.

TEXTES SOURCES

• **CGI,** art. 256, I, 260, 2°, 260-D, 261-D.

TEXTES *IN EXTENSO*

• **CGI,** art. 256, I

I. Sont soumises à la taxe sur la valeur ajoutée les livraisons de biens et les prestations de services effectuées à titre onéreux par un assujetti agissant en tant que tel.

• **CGI,** art. 260, 2°

Peuvent sur leur demande acquitter la taxe sur la valeur ajoutée :

1° (Disposition devenue sans objet).

2° Les personnes qui donnent en location des locaux nus pour les besoins de l'activité d'un preneur assujetti à la taxe sur la valeur ajoutée ou, si le bail est conclu à compter du 1er janvier 1991, pour les besoins de l'activité d'un preneur non assujetti.

L'option ne peut pas être exercée :

a) Si les locaux nus donnés en location sont destinés à l'habitation ou à un usage agricole ;

b) Si le preneur est non assujetti, sauf lorsque le bail fait mention de l'option par le bailleur (1).

• **CGI,** art. 260-D

Pour l'application de la taxe sur la valeur ajoutée la location d'un local meublé ou nu dont la destination finale est le logement meublé est toujours considérée comme une opération de fourniture de logement meublé quelles que soient l'activité du preneur et l'affectation qu'il donne à ce local.

• **CGI,** art. 261-D

Sont exonérées de la taxe sur la valeur ajoutée :

1° Les locations de terres et bâtiments à usage agricole ;

1° *bis* Les locations d'immeubles résultant d'un bail conférant un droit réel ;

2° Les locations de terrains non aménagés et de locaux nus, à l'exception des emplacements pour le stationnement des véhicules ; toutefois, ces dispositions ne sont pas applicables lorsque les locations constituent pour le bailleur un moyen de poursuivre, sous une autre forme, l'exploitation d'un actif commercial ou d'accroître ses débouchés ou lorsque le bailleur participe aux résultats de l'entreprise locataire ;

3° Les locations ou concessions de droits portant sur les immeubles visés aux 1° et 2° dans la mesure où elles relèvent de la gestion d'un patrimoine foncier.

4° Les locations occasionnelles, permanentes ou saisonnières de logements meublés ou garnis à usage d'habitation.

Toutefois, l'exonération ne s'applique pas :

a) Aux prestations d'hébergement fournies dans les hôtels de tourisme classés, les villages de vacances classés ou agréés et les résidences de tourisme classées lorsque ces dernières sont destinées à l'hébergement des touristes et qu'elles sont louées par un contrat d'une durée d'au moins neuf ans à un ou plusieurs exploitants qui ont souscrit un engagement de promotion touristique à l'étranger dans les conditions fixées par un décret en Conseil d'État ;

b) Aux prestations de mise à disposition d'un local meublé ou garni effectuées à titre onéreux et de manière habituelle, comportant en sus de l'hébergement au moins trois des prestations suivantes, rendues dans des conditions similaires à celles proposées par les établissements d'hébergement à caractère hôtelier exploités de manière professionnelle : le petit-déjeuner, le nettoyage régulier des locaux, la fourniture de linge de maison et la réception, même non personnalisée, de la clientèle ;

c) Aux locations de locaux nus, meublés ou garnis consenties à l'exploitant d'un établissement d'hébergement qui remplit les conditions fixées aux a ou b, à l'exclusion de celles consenties à l'exploitant d'un établissement mentionné à l'article L. 633-1 du code de la construction et de l'habitation dont l'activité n'ouvre pas droit à déduction ;

93.03 Bibliographie indicative.

Annuel. *Mémento fiscal,* « Taxe sur la valeur ajoutée », n°s 46000 s., Francis Lefebvre, 2021.

CHAPITRE

931. Exonération de principe des locations de logements

SECTION 0

ORIENTEUR

931.00 **Sommaire du chapitre.**

931.01 **Principaux textes applicables.**

TEXTES SOURCES

• **CGI,** art. 261-D, 2° et 4°.

TEXTES *IN EXTENSO*

• **CGI,** art. 261-D, 2° et 4°

* V. s[s] n° 93.01

931.02 **Jurisprudence de référence.**

> Assujettissement ou non des propriétaires personnes physiques

• **CJUE 29 avr. 2004,** *EDM*, aff. C-77/01, *D.* 2004. 1500 ; *RTD eur.* 2005. 711, Chron. D. Berlin

* V. s[s] n° 931.12

Le simple exercice du droit de propriété d'un titre financier par son titulaire ne saurait – en lui-même – être considéré comme une activité économique assujettie à la TVA.

> Champ d'application de l'exonération – revenus annexes

• **CJCE 13 juill. 1989,** *Morten Henriksen*, aff. 173/88, *D.* 1990. 95 ; *RJF* 10/89, n° 1183

* V. s[s] n° 931.14

Si les locations d'emplacement pour le stationnement des véhicules, y compris les garages fermés, font partie des activités normalement assujetties à la TVA, elles ne sauraient être exclues du bénéfice de l'exonération prévue en faveur de la « location de biens immeubles », si elles sont étroitement liées à celles, elles-mêmes exonérées, de biens destinés à un autre usage.

931.03 **Bibliographie indicative.**

Annuel. *Mémento fiscal,* « Taxe sur la valeur ajoutée – Location immobilière », n°s 46835 s., Francis Lefebvre, 2021.

SECTION UNIQUE

ÉTUDE D'ENSEMBLE

931.11 **Situation des loyers au regard du champ de la TVA.** Le champ d'application de la TVA, défini par la directive communautaire du 28 novembre 2006[1] est très large et comprend l'ensemble des activités économiques.

S'agissant d'un impôt indirect, le champ de la taxe est défini avant tout par les opérations réalisées, le statut de l'opérateur étant très secondaire. Il comprend les prestations de services ou les livraisons de biens[2]. Pour être dans le champ de la TVA, ces opérations doivent être effectuées à titre onéreux, c'est-à-dire moyennant une contrepartie (qui est très généralement un prix payé en numéraire). Enfin, l'opération doit être réalisée par un assujetti agissant en tant que tel.

Le champ de la TVA est donc défini avant tout par la nature des opérations. Leur cadre juridique, le statut juridique ou la situation au regard des autres impôts de la personne qui réalise l'opération sont en principe indifférents.

Un assujetti est donc une personne, quelle qu'elle soit, qui réalise habituellement et de façon indépendante des prestations de services ou des livraisons de bien à titre onéreux.

De ce point de vue, l'activité de location de logement est *a priori* dans le champ de la TVA. En effet, il s'agit d'une prestation de service (la mise à disposition d'un logement) réalisée à titre onéreux (moyennant le paiement d'un loyer).

Par ailleurs, le bailleur est considéré comme un assujetti dès lors qu'il agit de façon indépendante et

1. Dir. n° 2006/112/CE 28 nov. 2006 relative au système commun de taxe sur la valeur ajoutée, *JOUE* L347/1, 11 déc. 2006.
2. CGI, art. 256-I.

que l'activité de location est par hypothèse habituelle, puisqu'elle est permanente.

Ces règles s'appliquent à toute personne, indépendamment de son statut juridique. Ainsi, un bailleur est *a priori* assujetti, qu'il soit une personne physique (particulier) ou morale. Dans ce dernier cas, le statut juridique est indifférent ; il peut donc s'agir d'une société commerciale ou civile, d'une association, d'une personne morale de droit public (collectivité territoriale, office public de l'habitat ou autre établissement public...).

De même, la qualification de l'activité au regard du droit est indifférente. Ainsi, le fait qu'une location nue constitue une activité civile n'empêche pas de considérer qu'elle est dans le champ de la TVA.

Enfin, la situation du bailleur au regard des autres impôts est indifférente.

931.12 **Cas des bailleurs particuliers.** Les principes énoncés précédemment devraient conduire à considérer qu'une personne physique, propriétaire à titre privé d'un logement qu'elle donne en location, est un assujetti au sens de la TVA : elle rend un service (mise à disposition du logement), à titre onéreux (moyennant le paiement d'un loyer) et agit de façon indépendante et habituelle.

Toutefois la jurisprudence communautaire a pu, notamment dans le cadre de la gestion de patrimoines financiers, considérer qu'il ne s'agissait pas d'une activité économique mais patrimoniale [1]. Elle en déduit que l'activité n'est pas exercée en tant qu'assujetti et qu'elle se trouve donc en dehors du champ de la TVA.

La question de la transposition de cette approche à la location de logements n'a pas fait l'objet de décisions jurisprudentielles à ce jour.

La doctrine administrative évoque toutefois la situation des particuliers bailleurs (en direct ou via une SCI) dans ses commentaires sur le champ d'application de la TVA immobilière [2]. Elle envisage la possibilité qu'un tel bailleur puisse être considéré comme non assujetti, compte tenu de la jurisprudence communautaire précitée.

Cependant, une telle solution pourrait être pénalisante et remettre en cause des situations déjà existantes dans lesquelles des particuliers bailleurs sont soumis à la TVA et en ont tiré les conséquences en exerçant des droits à déduction :

– location de locaux d'activité équipés,

– location de locaux d'activité nus, en cas d'option,

– location de logements meublés accompagnée de certaines prestations de services [3].

Ainsi, probablement dans un souci de pragmatisme, la doctrine précitée laisse au particulier la liberté de se considérer comme assujetti ou pas.

931.13 **Principe d'exonération de TVA des locations de logements.** En pratique, la question de savoir si l'activité de location de logement est ou non dans le champ de la TVA a une portée réduite. En effet, même si elle est dans le champ, cette activité échappe à la TVA du fait d'une exonération expresse prévue par l'article 261-D du code général des impôts. L'exonération vise tant les locations nues [4] que les locations meublées [5].

Aucun texte ne permet au bailleur d'un logement d'opter pour la taxation des loyers. Une option est prévue mais uniquement pour les bailleurs de locaux à usage autre que d'habitation (locaux commerciaux, bureaux [6]...). D'ailleurs, lorsque cette option est exercée sur un immeuble mixte comprenant des logements, le texte exclut expressément que l'option ait un effet sur ces derniers.

La seule exception à l'exonération des logements concerne les locations meublées assorties de certaines prestations de services [7].

931.14 **Portée de l'exonération.** L'exonération vise l'opération de « location ». En pratique, elle conduit donc à exonérer les sommes que le bailleur perçoit en contrepartie de la mise à disposition des logements. Il s'agit en premier lieu du loyer lui-même. Le remboursement des charges locatives par le locataire est, en tant qu'accessoire du loyer, également exonéré de TVA.

L'exonération s'applique quel que soit le statut juridique du bailleur ou son régime fiscal. Ainsi, une location de logement nu ou meublé consentie par une société commerciale est exonérée [8].

L'article 261-D-2° précité exclut expressément de l'exonération les locations d'emplacements de stationnement. Toutefois, la jurisprudence communautaire est venue tempérer cette règle en précisant qu'une telle location, liée à celle d'un logement, était également exonérée [9].

La doctrine administrative a repris cette solution en indiquant que la location d'emplacements de stationnement est exonérée dès lors qu'elle est

1. CJUE 29 avr. 2004, *EDM*, aff. C-77/01 – CJCE 22 juin 1993, *Sofitam*, aff. C-333/91 – CJCE 11 juill. 1996, *Régie dauphinoise*, aff. C-306/94 – CJCE 14 nov. 2000, *Floridienne et Berginvest*, aff. C-142/99.
2. *BOI*-TVA-IMM-10-10-10-10, § 40 s.
3. V. s[s] n° 932.12.
4. CGI, art 261-D, 2°.
5. CGI, art 261-D, 4°.
6. CGI, art. 260-2°.
7. V. s[s] n° 932.11.
8. *BOI*-TVA-CHAMP-20-10-50, n° 30.
9. CJCE 13 juill. 1989, *Morten Henriksen*, aff. 173/88, *D.* 1990. 95 ; *RJF* 10/89, n° 1183.

étroitement liée à la location, elle-même obligatoirement exonérée, d'un logement nu ou meublé[1].

Pour que les locations du logement et de l'emplacement soient considérées comme liées, la doctrine retient quatre critères[2] :

- l'emplacement est situé dans le même ensemble immobilier que le logement ;
- l'emplacement et le logement sont donnés en location par le même bailleur ;
- l'emplacement et le logement sont pris en location par le même locataire ;
- l'emplacement est l'accessoire des logements qui constituent l'objet principal du bail ; cependant, l'existence de baux ou de loyers distincts ne s'oppose pas à l'exonération.

Notons que la notion de « même ensemble immobilier » n'est pas définie par la doctrine. Il s'agit donc en pratique d'une appréciation qui peut s'avérer délicate dans certaines configurations et susceptible d'interprétations divergentes.

931.15 **Régime du dépôt de garantie.** Au stade de la signature du bail, l'encaissement par le bailleur du dépôt de garantie n'est pas la contrepartie de la mise à disposition du logement, mais constitue un mécanisme financier de garantie du respect par le locataire de ses obligations. Cet encaissement se trouve donc en dehors du champ de la TVA. Lorsque, du fait du non-respect par le locataire de son obligation d'entretien, le dépôt de garantie est conservé par le bailleur, le produit est considéré comme une indemnité compensant le préjudice ainsi causé au bailleur, et non la rémunération d'une prestation de services rendue à ce dernier[3]. Il se trouve donc en dehors du champ de la TVA.

En revanche, ce raisonnement ne semble pas pouvoir être tenu lorsque le bailleur facture, en cours de bail, des réparations locatives au locataire. En effet, les réparations locatives incombent par hypothèse au locataire. Même si leur exécution est effectuée par le bailleur (ou sous sa responsabilité par une entreprise, dont le coût est remis à la charge du locataire), cette opération ne relève pas du rapport locatif. Elle ne paraît donc pas pouvoir bénéficier de l'exonération qui vise la « location » proprement dite.

931.16 **Exonération de certaines recettes accessoires.** L'article 261-D-3° du code général des impôts exonère de TVA la location de droits incorporels portant sur les immeubles. L'exonération est subordonnée au fait que l'opération relève de la gestion d'un patrimoine foncier, c'est-à-dire que les droits loués ne fassent pas partie d'un actif commercial.

Cette disposition vise notamment la location d'un droit d'affichage. La doctrine administrative en déduit que lorsque la location d'un tel droit, consentie par un particulier, est imposable à l'impôt sur le revenu dans la catégorie des revenus fonciers, elle est exonérée de la TVA.

A contrario, il semble que la location d'un tel droit, prise en compte dans le résultat d'une entreprise relevant des bénéfices industriels et commerciaux ou de l'impôt sur les sociétés est assujettie à la TVA.

931.17 **Conséquence de l'exonération.** L'exonération de la location du logement a pour conséquence l'impossibilité pour le bailleur de récupérer la TVA qui grève les dépenses qu'il supporte en vue de cette location. Ainsi, la TVA acquittée sur l'acquisition du logement, les travaux de réparation, d'entretien, d'amélioration, et d'une manière générale toutes les autres dépenses (honoraires de gestion...) n'est pas déductible. Le revenu foncier ou le bénéfice imposable à l'impôt sur le revenu ou sur les sociétés sont donc déterminés à partir du montant des dépenses TVA incluse.

1. *BOI*-TVA-CHAMP-10-10-30, n° 170.
2. *BOI*-TVA-CHAMP-10-10-30, n° 180.
3. TA Versailles, 5e ch., 23 sept. 2003, *Sté Mojim*, req. n° 01-1982, *RJF* 1/04, n° 27.

CHAPITRE

932. Exceptions au principe : les locations soumises à la TVA

SECTION 0 ORIENTEUR

932.00 **Sommaire du chapitre.**

Division. Il convient d'étudier successivement les locations meublées taxables (sect. 1), les locations meublées exonérées (sect. 2), le cas des locations indirectes (sect. 3) et le taux applicable (sect. 4).

932.01 **Principaux textes applicables.**

TEXTES SOURCES

- **CGI,** art. 260-D, 261-D-4°b, 278-0-*bis*-C.

TEXTES *IN EXTENSO*

- **CGI,** art. 260-D

* V. s[s] n° 93.01

- **CGI,** art. 261-D-4°-b

* V. s[s] n° 93.01

- **CGI,** art. 278-0 *bis* C

La taxe sur la valeur ajoutée est perçue au taux de 5,5 % en ce qui concerne [...]

C. – La fourniture de logement et de nourriture dans les maisons de retraite, les établissements accueillant des personnes handicapées, les logements-foyers mentionnés à l'article L. 633-1 du code de la construction et de l'habitation et les établissements mentionnés au b du 5° et aux 8° et 10° du I de l'article L. 312-1 du code de l'action sociale et des familles. Ce taux s'applique également aux prestations d'hébergement et d'accompagnement social rendues dans les résidences hôtelières à vocation sociale mentionnées à l'article L. 631-11 du code de la construction et de l'habitation s'engageant à réserver plus de 80 % des logements de la résidence à des personnes désignées par le représentant de l'État dans le département ou à des personnes mentionnées au II de l'article L. 301-1 du même code, au premier alinéa de l'article L. 345-2 du code de l'action sociale et des familles ou à l'article L. 744-3 du code de l'entrée et du séjour des étrangers et du droit d'asile [...].

932.03 **Bibliographie indicative.**

Annuel. *Mémento fiscal,* « Taxe sur la valeur ajoutée – Location immobilière », n°s 46835 s. ; « Autres régimes – Location en meublé », n°s 90620 s., Francis Lefebvre, 2021.

Encyclopédie. DICT. PERM. Gestion immo., *V° Locations meublées*, n°s 75 s.

SECTION 1 LOCATIONS MEUBLÉES TAXABLES

932.11 **Locations imposables : exception au principe d'exonération.** Comme on l'a vu précédemment, le principe en matière de location de logements est l'exonération de TVA, qui s'applique même lorsque le logement est meublé ou garni. À l'opposé, l'activité hôtelière est considérée, compte tenu de sa nature et de l'importance des services qui entourent l'hébergement, comme taxable de plein droit.

Entre le logement meublé exonéré d'une part et l'activité hôtelière d'autre part, le code général des impôts définit une situation intermédiaire, dénommée en pratique « para-hôtellerie »[1].

Elle se caractérise par la fourniture d'un logement meublé assortie de certaines prestations de services. Lorsque ces conditions sont remplies, la location est soumise de plein droit à la TVA.

932.12 **Critères de la para-hôtellerie.** Pour que la location meublée soit soumise à la TVA, il faut que le bailleur fournisse au moins trois services parmi les

1. CGI, art. 261-D-4°-b.

quatre suivants : accueil, petit-déjeuner, linge de maison, nettoyage régulier.

La doctrine administrative précise les conditions de fourniture de ces services[1]. En fait, la fourniture effective des services n'est pas obligatoire, mais il faut impérativement que le bailleur soit en mesure de les offrir à la demande des occupants. Il doit donc avoir les moyens (matériels, humains), en propre ou à travers des prestataires intervenant en son nom, d'offrir les services prévus.

Le bailleur doit disposer des moyens nécessaires pour être en mesure, si besoin, de fournir le petit-déjeuner à l'ensemble des locataires. Celui-ci doit être fourni selon les usages professionnels, c'est-à-dire dans les chambres ou appartements ou dans un local aménagé situé dans l'immeuble ou l'ensemble immobilier.

Le nettoyage des locaux (parties privatives) doit être effectué de manière régulière. Cette condition est considérée comme remplie lorsque le bailleur est en capacité de proposer ce service au locataire durant son séjour selon une périodicité régulière. En revanche, l'administration considère que la condition n'est pas remplie lorsque le nettoyage n'est fourni qu'en début et fin de séjour.

Le bailleur doit être en mesure de fournir aux locataires le linge de maison (linge de toilette et de literie).

Enfin, le critère de l'accueil implique un service de réception, même non personnalisé, de la clientèle. Cet accueil peut être confié à un mandataire qui l'assure en un lieu unique différent du local loué lui-même. Un accueil électronique est également reconnu comme valable par la doctrine.

932.13 **Notion d'exploitant.** Compte tenu de l'exigence légale de fourniture par *« l'exploitant »*, c'est-à-dire le bailleur, d'un logement meublé et des services, cette qualité d'exploitant est précisée par la doctrine administrative[2]. La question se pose dans la mesure où la fourniture de la prestation dans son ensemble est susceptible en pratique d'être organisée selon des modalités très différentes.

L'exploitant est la personne qui assume personnellement tous les risques de l'activité et qui est responsable vis-à-vis des occupants. Il doit donc agir en son nom propre. Il peut faire appel à un mandataire qui agit en son nom et pour son compte, mais celui-ci ne doit naturellement pas assumer les risques de l'activité.

L'exploitant peut naturellement faire appel à des entreprises pour fournir les services (ex. : entreprise de nettoyage), mais celles-ci doivent intervenir sous sa responsabilité. C'est donc bien l'exploitant qui doit facturer et percevoir la totalité du prix des prestations fournies.

Le Conseil d'État a ainsi confirmé que « la circonstance que le loueur d'un logement meublé délègue à un tiers la fourniture des prestations mentionnées au b du 4° de l'article 261 D du CGI ne fait pas obstacle à ce qu'il soit soumis à la TVA en application de ces dispositions lorsque la prestation est proposée dans des conditions similaires à celles proposées dans le secteur hôtelier et que l'exploitant demeure seul responsable de cette prestation vis-à-vis de ses clients »[3].

Si des entreprises devaient intervenir directement, en leur nom et pour leur compte, le service serait considéré comme n'étant pas fourni par l'exploitant. Cela pourrait conduire à écarter le régime de la para-hôtellerie et à exonérer l'opération si, en excluant ce service, le seuil des trois services exigés par la loi n'était pas atteint.

932.14 **Situations visées.** L'assujettissement à la TVA des locations para-hôtelières est susceptible de s'appliquer à des locations d'appartements ou maisons meublées et également aux locations de logements dans des résidences pour étudiants, jeunes travailleurs, personnes âgées ou handicapées, de chambres d'hôtes...

En ce qui concerne les maisons de retraite, la doctrine administrative reconnaît que le fait que le locataire puisse faire ôter les meubles fournis par le bailleur pour les remplacer par ses propres meubles n'empêche pas de considérer qu'il s'agit d'une location meublée[4].

932.15 **Conditions d'exécution des prestations.** L'Administration exige, pour que les locations meublées soient soumises à la TVA, que les prestations soient rendues par le bailleur dans des conditions similaires à celles proposées par les établissements d'hébergement à caractère hôtelier exploités de manière professionnelle[5]. Cette exigence résulte du texte légal[6].

Lorsque cette condition n'est pas remplie, le bailleur se trouve privé du droit à déduction. Le contentieux autour de cette question a souvent pour origine une demande de remboursement de crédit de TVA.

Le Conseil d'État a ainsi décidé, s'agissant de la location de villa, que les circonstances que la recherche de locataires était confiée à une agence immobilière et que certaines locations s'étendaient sur plusieurs mois ne pouvaient, à elles seules, exclure une concurrence potentielle avec les entreprises hôte-

1. *BOI*-TVA-CHAMP-10-10-50-20, § 40.
2. *BOI*-TVA-CHAMP-10-10-50-20, § 50.
3. CE, 9e-10e ch., 20 nov. 2017, n° 392740, *Lebon* T ; *RJF* 2/18, n° 155.
4. *BOI*-TVA-CHAMP-10-10-50-20, § 60.
5. Rép. Martinez n° 119779, *JOAN* 27 mars 2012, p. 258.
6. CGI, art. 261-D-4-b.

lières. Cependant, dans cette affaire, la location a été considérée comme exonérée du fait qu'elle ne comportait pas de prestation de petit déjeuner, que la prestation de réception n'était pas continue et que la prestation de nettoyage était limitée [1].

Une activité de location de chambres meublées dans un château a été jugée assimilable à celle d'une entreprise hôtelière, dès lors que l'établissement assurait le nettoyage régulier des locaux et la fourniture du linge de maison, qu'il était doté des moyens matériels permettant de servir le petit-déjeuner aux clients et que ceux-ci étaient accueillis personnellement par le gérant [2].

En revanche, le Conseil d'État a considéré qu'une société qui donnait en location des studios meublés destinés à des étudiants n'était pas soumise à la TVA dès lors que la prestation de réception n'était pas continue, que le petit-déjeuner consistait seulement en la mise à disposition d'un distributeur automatique de boissons et de croissants, qu'il n'y avait pas de fourniture de linge de maison et que la prestation de nettoyage était mensuelle, les nettoyages supplémentaires étant facturés en sus [3].

La Haute Cour confirme également le principe que le texte n'exige pas que les prestations parahôtelières soient effectivement effectuées, mais seulement que le bailleur dispose des moyens nécessaires pour répondre aux éventuelles demandes de ses clients. Ainsi, elle décide qu'une société ne peut être regardée comme ayant mis à la disposition de sa clientèle des prestations de petit-déjeuner, de nettoyage et de réception dans des conditions similaires à celles proposées par les établissements d'hébergement à caractère hôtelier exploités de manière professionnelle dans les circonstances suivantes :

- **une société tierce mettait à disposition du bailleur deux personnes qui étaient chargées,** d'une part, de l'accueil physique et téléphonique de la clientèle et, d'autre part, de l'entretien matériel des immeubles loués et de l'exécution de différentes demandes formulées par les clients ; mais ces employés étaient partagés avec d'autres sociétés pour assurer la réception de la clientèle et effectuer d'autres tâches telles que le nettoyage des locaux, du linge de maison, la fourniture des petits-déjeuners, des réparations et travaux divers ;
- la société ne disposait pas du matériel nécessaire à la fourniture de petits-déjeuners et n'avait pas fourni de factures d'achat de marchandises ni de prestations de petits-déjeuners ;
- **le nettoyage périodique du linge de maison,** dans des conditions comparables avec celles de l'hôtellerie, n'était pas établi par les factures de blanchisserie fournies par la société ;
- le local de réception ne pouvait être regardé comme permettant un accueil de la clientèle [4].

1. CE, 8e et 3e s.-s., 27 févr. 2006, *Sté Hôtel de Provence*, no 258807, *Lebon* T ; *RJF* 5/06, no 514.
2. Même si l'établissement n'avait ni des salariés permanents pour l'entretien des chambres, ni un local exclusivement affecté à l'accueil de la clientèle : CAA Nancy, 2e ch., 30 juin 2005, *SARL La Verdelette*, no 98-1166, *RJF* 6/06, no 685.
3. CE, 8e et 3e s.-s., 5 févr. 2009, *Sté Distex*, no 307077, *Lebon* T ; *RJF* 5/09, no 437.

SECTION 2
LOCATIONS MEUBLÉES EXONÉRÉES

932.21 **Locations meublées exonérées.** Si le bailleur ne fournit pas au moins trois des services prévus par l'article 261-D-4° du code général des impôts, la location elle-même reste exonérée de TVA de plein droit [5].

Cependant, les services autres que l'hébergement sont imposés à la TVA, dès lors qu'ils ne sont pas habituellement inclus dans le prix de location des logements meublés. La doctrine administrative considère que la fourniture du linge, l'accueil au début du séjour et le nettoyage à la fin du séjour ne constituent pas des services annexes et ne sont donc pas soumis à la TVA lorsqu'ils sont inclus dans le prix de location du logement meublé. [6]

Sont notamment exonérées de TVA les locations occasionnelles ou permanentes, par des particuliers, de leur résidence principale (ou d'une partie de celle-ci) ou secondaire, dès lors qu'ils n'offrent pas les services prévus par la loi. Il en va de même de la location par des collectivités territoriales de gîtes ruraux ou communaux.

SECTION 3
CAS DES LOCATIONS INDIRECTES

932.31 **Schémas visés.** Le régime de la parahôtellerie est susceptible de s'appliquer notamment à des résidences destinées à des publics spécifiques (étudiants, personnes âgées...). Lorsque l'exploitant de la résidence n'est pas propriétaire de celle-ci, on se trouve dans un schéma de location indirecte : le propriétaire donne la résidence en location à l'exploitant, locataire principal, qui sous-loue lui-même les logements aux occupants. Dans cette situation, les conditions d'assujettissement de la sous-location s'apprécient au niveau de l'exploitant.

Si celui-ci fournit un logement meublé et trois des quatre services prévus par l'article 261-D-4°-b du code général des impôts, les sous-locations qu'il

4. CE, 9e et 10e s.-s., 1er juill. 2009, *SNC Elyséenne*, no 300100, NP, *RJF* 10/09, no 827.
5. V. ss no 931.13.
6. *BOI*-TVA-CHAMP-30-10-50, § 120.

consent sont naturellement soumises à la TVA de plein droit.

En revanche, si l'exploitant ne remplit pas les conditions, les sous-locations sont exonérées.

Par ailleurs, certains exploitants remplissant les critères de taxation (les trois services sont rendus) peuvent échapper à la TVA dans deux situations :

- l'exploitant est un organisme sans but lucratif qui bénéficie en tant que tel d'une exonération de TVA, dans la mesure où les critères de non lucrativité sont remplis[1] ;

- l'exploitation est effectuée en tant que service public non concurrentiel par une personne morale de droit public ; elle est alors considérée comme hors du champ de la TVA[2].

Ces situations sont susceptibles d'exercer une influence sur le régime de TVA de la location principale. Il convient de distinguer différentes situations visées ci-après.

932.32 Location principale taxable. La location principale est en principe taxable si l'exploitant remplit les critères de la para-hôtellerie, c'est-à-dire loue en meublé et rend au moins trois des services prévus. Il en va ainsi même si l'exploitant est exonéré de TVA ou hors du champ de la TVA (organisme sans but lucratif, personne morale de droit public...).

La taxation du loyer principal permet au propriétaire de déduire la TVA grevant l'investissement et les autres dépenses liées à l'établissement. En revanche, l'exploitant ne peut naturellement déduire la TVA qui grève le loyer que s'il est lui-même taxable.

Autrement dit, s'il s'agit d'un organisme sans but lucratif exonéré de TVA ou d'une personne morale de droit public hors du champ de la TVA, la taxe supportée sur le loyer principal n'est pas déductible.

Toutefois, une exception est prévue dans le cas des logements foyers (v. ci-après).

932.33 Cas particulier des logements foyers. Par exception au principe de la taxation du loyer principal réclamé à tous les exploitants louant en meublé et fournissant les services requis par la loi, les locations de logements-foyers au sens de l'article L. 633-1 du code de la construction et de l'habitation sont exonérées de TVA. Cette exonération est réservée aux cas dans lesquels l'exploitant du logement-foyer est lui-même exonéré de TVA ou hors du champ de la taxe.

L'exploitant ne supporte ainsi pas la TVA sur le loyer payé au propriétaire. Par conséquent, ce dernier ne peut déduire la TVA qu'il supporte le cas échéant sur les investissements et sur les autres dépenses liées à la location de l'établissement.

1. CGI, art. 261-4-9° et 261-7-1°.
2. CGI, art. 256-B.

932.34 Location principale exonérée. Lorsque la location par l'exploitant n'est pas qualifiée de para-hôtelière, c'est-à-dire si les trois services ne sont pas rendus par ce dernier, la location principale par le propriétaire est exonérée de TVA.

Cette exonération s'applique de plein droit et le propriétaire ne peut pas opter pour l'assujettissement à la TVA, aucun texte ne le permettant pour des logements.

SECTION 4
TAUX APPLICABLE

932.41 Maisons de retraite, établissement hébergeant des personnes handicapées, logements-foyers. Lorsque les conditions d'imposition prévues par l'article 261-D-4-b précité sont remplies et que l'exploitant n'est pas exonéré ou hors du champ de la TVA, le loyer est taxable au taux réduit de 5,5 % :

- pour les maisons de retraite ;

- pour les établissements hébergeant des personnes handicapées ;

- pour les logements foyers visés à l'article L. 633-1 du code de la construction et de l'habitation.

Le taux de 5,5 % s'applique au loyer réclamé par l'exploitant aux personnes logées. Il ne s'applique pas à d'éventuelles autres prestations qui peuvent être rendues par l'exploitant (ex. : activités sportives...)[3].

La définition des « maisons de retraite » éligibles au taux réduit fait l'objet d'un contentieux. Plusieurs interprétations de cette notion avaient été retenues par les juges du fond et par la doctrine administrative :

- la doctrine administrative considère que sont visés les établissements autorisés en application de l'article L 312-1 du code de l'action sociale et des familles[4] ;

- selon la cour administrative d'appel de Nantes[5], il s'agissait d'établissements bénéficiant de l'autorisation prévue par l'article 9 de la loi du 30 juin 1975[6] ;

- la cour administrative d'appel de Lyon[7] estimait qu'il convenait de se référer au respect des normes minimales quantitatives et qualitatives d'équipement et de fonctionnement prévus à l'article 4 de

3. *BOI*-TVA-LIQ-30-20-10-10, § 140 et 150.
4. *BOI*-TVA-LIQ-30-20-10-10, § 110.
5. CAA Nantes, 7 juill. 1993, Résidence Valézieux, n° 92-270, *RJF* 11/93, n° 1444 concl. G. Lemai ; *BDCF* 6/93 p. 51.
6. L. n° 75-535, 30 juin 1975 relative aux institutions sociales et médico-sociales, *JO* 1er juill.
7. CAA Lyon, 25 oct. 2000, Caradec, n° 96-1118, *RJF* 5/01, n° 609.

loi du 30 juin 1975, que l'établissement soit autorisé ou non ;

- notons enfin une solution plus libérale, considérant comme éligible tout établissement effectivement spécialisé dans l'hébergement de personnes âgées indépendamment de toute autorisation ou tout respect de normes prévus par la législation [1].

Le Conseil d'État a tranché en décidant qu'il convenait de se référer aux établissements visés aux articles L. 311-1 et L. 312-1, 6° du code de l'action sociale et des familles [2]. Le litige concernait une résidence services et la question de leur éligibilité a été renvoyée à l'appréciation de la Cour Administrative d'Appel de Paris.

En cas de location indirecte, ce taux s'applique également au loyer principal réclamé par le propriétaire à l'exploitant. Toutefois, un commentaire de l'administration fiscale précisait que le taux réduit n'était susceptible de s'appliquer à la totalité du loyer principal que si l'exploitant ne tirait pas de recette autre que celles liées à la l'hébergement et à la fourniture de repas [3]. Il en résulte que la part du loyer principal correspondant à des locaux affectés à un usage autre que l'hébergement ne relève pas des règles de la para-hôtellerie (par ex. : locaux de soins dans une maison de retraite). Le régime de TVA de ces locaux est celui des locaux d'activité ordinaires (exonération en cas de location nue - CGI art. 261-D-1° avec possibilité d'option - CGI art. 260-2°, taxation de plein droit s'ils sont équipés).

932.42 **Autres locations.** La fourniture de logement meublé « para-hôtelière » dans les établissements ou logements autres que ceux visés précédemment relève du taux intermédiaire de 10 % [4].

1. CAA Paris, 31 déc. 2004, Vincent, n° 00-1630, *RJF* 7/05, n° 677.
2. CE, 9e-10e ch., 18 mars 2019, *Sté Les Jardins d'Arcadie Résidences*, nos 409652 et 409653, *Lebon* T.
3. Rép. Victoria, n° 76984, *JOAN* 20 déc. 2005, p. 11777, non reprise au *BOFiP*, mais qui semble toujours pertinente.
4. CGI, art. 279-a.

CHAPITRE

933. TVA au taux réduit sur les travaux

SECTION 0
ORIENTEUR

933.00 Sommaire du chapitre.

Division. En principe, les travaux immobiliers sont des prestations de services taxables de plein droit au taux normal de la TVA (20 %). Lorsque les travaux sont supportés par un consommateur final (propriétaire occupant, bailleur de logement nu…), la TVA supportée n'est pas déductible et constitue donc une charge définitive. Afin de favoriser le secteur du bâtiment et de lutter contre le travail non déclaré, le législateur a mis en place depuis la fin des années 1990 un abaissement des taux applicables.

Le régime a évolué dans le temps et actuellement, les travaux d'entretien, de réparation et d'amélioration réalisés sur les logements sont susceptibles de bénéficier de taux de TVA à 5,5 % (réduit) ou à 10 % (intermédiaire).

Les bailleurs de logements font partie, comme les propriétaires occupants ou les locataires, des bénéficiaires de ces dispositifs. L'application de ces derniers est opportune dans la mesure où, comme nous l'avons vu (v. s[s] n°s 931.13 s.), les bailleurs de logements nus ou meublés sont en général exonérés de TVA et ne peuvent par conséquent pas déduire les taxes qui grèvent les travaux réalisés dans le logement.

Les régimes bénéficient également le cas échéant aux locataires lorsqu'ils font eux-mêmes réaliser les travaux.

En complément de ces dispositifs de droit commun, applicables à tous les bailleurs, les logements sociaux conventionnés APL bénéficient également de dispositifs de taux réduit ou intermédiaire, sous la forme d'une livraison à soi-même.

933.01 Principaux textes applicables.

TEXTES SOURCES

- **CGI,** art. 278-0 *bis*-A, 278-sexies-A, 279-0 *bis*, 284.
- **CGI ann. II,** art. 245-A.
- **CGI ann. IV,** art. 18 *bis*.

***BOI*-TVA-LIQ-30-20-90-10 à 40** TVA – Prestations de services imposables au taux réduit – Travaux (autres que de construction ou de reconstruction) portant sur des locaux à usage d'habitation achevés depuis plus de deux ans).

***BOI*-TVA-LIQ-30-20-95** TVA – Liquidation – Prestations imposables au taux réduit – Travaux d'amélioration de la qualité énergétique.

***BOI*-TVA-IMM-20-10-20-10** TVA – Opérations concourant à la production ou à la livraison d'immeubles – Opérations immobilières réalisées dans le secteur du logement social – Opérations locatives sociales – Livraison à soi-même de travaux – Champ d'application et modalités d'imposition.

TEXTES *IN EXTENSO*

- **CGI,** art. 278-0 *bis*-A

1. La taxe sur la valeur ajoutée est perçue au taux réduit mentionné au premier alinéa de l'article 278-0 *bis* sur les travaux d'amélioration de la qualité énergétique des locaux à usage d'habitation achevés depuis plus de deux ans ainsi que sur les travaux induits qui leur sont indissociablement liés. Ces travaux portent sur la pose, l'installation et l'entretien des matériaux et équipements mentionnés au 1 de l'article 200 quater, dans sa rédaction antérieure à celle résultant de la loi n° 2017-1837 du 30 décembre 2017 de finances pour 2018,

sous réserve que ces matériaux et équipements respectent des caractéristiques techniques et des critères de performances minimales fixés par arrêté du ministre chargé du budget.

2. Par dérogation au 1, le taux prévu à l'article 278 s'applique aux travaux, réalisés sur une période de deux ans au plus :

a) Qui concourent à la production d'un immeuble neuf au sens du 2° du 2 du I de l'article 257 ;

b) À l'issue desquels la surface de plancher des locaux existants est augmentée de plus de 10 %.

3. Le taux réduit prévu au 1 est applicable aux travaux facturés au propriétaire ou, le cas échéant, au syndicat de copropriétaires, au locataire, à l'occupant des locaux ou à leur représentant, à condition que le preneur atteste que ces travaux se rapportent à des locaux d'habitation achevés depuis plus de deux ans, ont la nature de travaux mentionnés au même 1 et ne répondent pas aux conditions mentionnées au 2. Il est également applicable, dans les mêmes conditions, aux travaux réalisés par l'intermédiaire d'une société d'économie mixte intervenant comme tiers financeur. Le prestataire est tenu de conserver cette attestation à l'appui de sa comptabilité.

Le preneur doit conserver copie de cette attestation ainsi que les factures ou notes émises par les entreprises ayant réalisé des travaux, jusqu'au 31 décembre de la cinquième année suivant la réalisation de ces travaux.

Le preneur est solidairement tenu au paiement du complément de taxe si les mentions portées sur l'attestation s'avèrent inexactes de son fait.

• **CGI,** art. 278 *sexies* A

I. – Relèvent des taux réduits mentionnés au II les livraisons à soi-même des travaux suivants :

1° Les travaux d'extension des locaux ou rendant l'immeuble à l'état neuf au sens du 2° du 2 du I de l'article 257, portant sur :

a) Les logements locatifs sociaux faisant l'objet d'une convention conditionnant l'application de l'aide personnalisée au logement ;

b) Les locaux du secteur social et médico-social mentionnés au IV de l'article 278 *sexies*, lorsque ces travaux sont pris en compte par la convention prévue au dernier alinéa du même IV ;

2° Les travaux dans le cadre de l'acquisition-amélioration financés par un prêt locatif aidé d'intégration ou un prêt locatif à usage social ;

3° Les travaux d'amélioration, de transformation, d'aménagement ou d'entretien, autres que l'entretien des espaces verts, les travaux de nettoyage et les travaux mentionnés au 2° du présent I, portant sur :

a) Les logements locatifs sociaux faisant l'objet d'une convention conditionnant l'application de l'aide personnalisée au logement, situés dans un quartier prioritaire de la politique de la ville faisant l'objet d'une convention de renouvellement urbain et dont la construction n'a pas été financée par un prêt locatif social ;

b) Les autres logements locatifs sociaux faisant l'objet d'une convention conditionnant l'application de l'aide personnalisée au logement ;

c) Les locaux dont la livraison est éligible au taux réduit conformément au 1° du III et au IV de l'article 278 *sexies* ;

4° Les travaux de démolition des logements mentionnés au a du 3° du présent I, dans le cadre d'une reconstitution de l'offre des logements locatifs sociaux prévue par la convention de renouvellement urbain.

Le présent I ne s'applique pas aux travaux pour lesquels l'article 278-0 *bis* A prévoit un taux réduit inférieur à celui mentionné au II.

5° Les travaux suivants réalisés en vue de la conclusion d'un bail réel solidaire dans les conditions prévues au chapitre V du titre V du livre II du code de la construction et de l'habitation :

a) Ceux acquis par un organisme de foncier solidaire et portant sur un immeuble destiné à faire l'objet d'un bail réel solidaire ;

b) Ceux acquis par le détenteur des droits réels immobiliers avant qu'ils n'aient été cédés à l'occupant ou que les logements n'aient été mis en location et portant sur un immeuble faisant l'objet d'un bail réel solidaire.

II. – Les taux réduits prévus au I sont égaux à :

Travaux concernés	Subdivision du présent article	Taux
Travaux dans le cadre d'une opération d'acquisition-amélioration financés par un prêt locatif aidé d'intégration ou un prêt locatif à usage social	2° du I	5,5 %
Autres travaux portant sur des logements locatifs sociaux situés dans les quartiers relevant de la politique de renouvellement urbain	a du 3° du I	5,5 %
Travaux portant sur les autres logements locatifs sociaux	b du 3° du I	10 %
Travaux portant sur les logements faisant l'objet d'un contrat de location-accession ou sur les locaux relevant du secteur social et médico-social	c du 3° du I	10 %
Travaux de démolition portant sur des logements locatifs sociaux situés dans les quartiers relevant de la politique de renouvellement urbain	4° du I	5,5 %
Travaux réalisés dans le cadre d'un bail réel solidaire	5° du I	5,5 %

Pour les travaux mentionnés au 1° du I, le taux applicable est celui prévu pour la livraison du local sur lequel ils portent, conformément à l'article 278 *sexies*-0 A. À cette fin, un logement dont la construction n'a été financée ni par un prêt locatif aidé d'intégration, ni par un prêt locatif à usage social, ni par un prêt locatif social est assimilé à un logement dont la construction a été financée par un prêt locatif à usage social.

• **CGI,** art. 279-0 *bis*

1. La taxe sur la valeur ajoutée est perçue au taux réduit de 10 % sur les travaux d'amélioration, de transformation, d'aménagement et d'entretien autres que ceux mentionnés à l'article 278-0 *bis*-A portant sur des locaux à usage d'habitation, achevés depuis plus de deux ans, à l'exception de la part correspondant à la fourniture d'équipements ménagers ou mobiliers ou à l'acquisition de gros équipements fournis dans le cadre de travaux d'installation ou de remplacement du système de chauffage, des ascenseurs, de l'installation sanitaire ou de système de climatisation dont la liste est fixée par arrêté du ministre chargé du budget.

2. Par dérogation au 1, le taux prévu à l'article 278 s'applique aux travaux, réalisés sur une période de deux ans au plus :

a) Qui concourent à la production d'un immeuble neuf au sens du 2° du 2 du I de l'article 257 ;

b) A l'issue desquels la surface de plancher des locaux existants est augmentée de plus de 10 %.

2 *bis*. Par dérogation au 1, le taux prévu à l'article 278 s'applique aux travaux de nettoyage ainsi qu'aux travaux d'aménagement et d'entretien des espaces verts.

3. Le taux réduit prévu au 1 est applicable aux travaux facturés au propriétaire ou, le cas échéant, au syndicat de copropriétaires, au locataire, à l'occupant des locaux ou à leur représentant à condition que le preneur atteste que ces travaux se rapportent à des locaux d'habitation achevés depuis plus de deux ans et ne répondent pas aux conditions mentionnées au 2. Il est également applicable dans les mêmes conditions aux travaux réalisés par l'intermédiaire d'une société d'économie mixte intervenant comme tiers financeur. Le prestataire est tenu de conserver cette attestation à l'appui de sa comptabilité.

Le preneur doit conserver copie de cette attestation, ainsi que les factures ou notes émises par les entreprises ayant réalisé des travaux jusqu'au 31 décembre de la cinquième année suivant la réalisation de ces travaux.

Le preneur est solidairement tenu au paiement du complément de taxe si les mentions portées sur l'attestation s'avèrent inexactes de son fait.

933.03 **Bibliographie indicative.**

Annuels. *Mémento fiscal*, « Taxe sur la valeur ajoutée – Travaux portant sur des locaux d'habitation », n° 53270 ; « Taxe sur la valeur ajoutée – Travaux d'amélioration de la qualité énergétique des locaux d'habitation », n° 53048 s. ; « Taxe sur la valeur ajoutée – Livraison à soi-même de travaux dans les logements sociaux », n°s 59120 s., Francis Lefebvre, 2021.

Encyclopédie. DICT. PERM., Gestion immob., *V° TVA sur les travaux réalisés dans les logements*.

SECTION 1
RÉGIME DE DROIT COMMUN

933.10 **Plan.** Il convient d'étudier successivement les logements éligibles (§ 1), les travaux et dépenses éligibles (§ 2) et les conditions de forme (§ 3).

§ 1
Logements éligibles

933.21 **Définition des logements.** Les locaux éligibles aux taux réduits sont ceux affectés à l'habitation, ce qui est le cas par hypothèse des logements locatifs.

Lorsque le logement est situé dans un immeuble collectif, les travaux éligibles sont non seulement ceux réalisés sur les parties privatives mais également ceux réalisés sur les parties communes, à condition pour ces derniers que les éventuels locaux non affectés au logement (commerces, bureaux...) représentent moins de la moitié des surfaces de l'immeuble.

Outre les logements locatifs « ordinaires », les taux réduits sont également applicables aux travaux réalisés sur les logements foyers, maisons de retraite, logements pour étudiants, ainsi qu'aux locaux à usage mixte lorsque l'affectation à l'habitation est supérieure à la moitié de la surface.

Les travaux réalisés sur les annexes au logement (garages, caves, parties communes, loges...) sont également éligibles.

Les logements loués sous en TVA sous le régime de la para-hôtellerie sont exclus, sauf les établissements sociaux ou médico-sociaux.[1]

933.22 **Ancienneté des logements.** Pour pouvoir bénéficier des taux réduits, les logements doivent être achevés depuis plus de deux ans. La date prise en considération est celle de l'achèvement des logements, et non celle de leur acquisition.

Par exception, certains travaux urgents réalisés sur des logements achevés depuis moins de deux ans sont éligibles.[2]

§ 2
Travaux et dépenses éligibles

933.30 **Plan.** Il convient d'étudier successivement la condition commune tenant à la nature des travaux (A), les travaux éligibles au taux de 5,5 % (B) et les travaux éligibles au taux de 10 % (C).

A.
Condition commune : nature des travaux

933.41 **Nature de travaux.** Les travaux éligibles sont définis largement, allant de travaux de petites réparations et d'entretien courant aux travaux d'amélioration, en passant par les travaux de grosses réparations et de gros entretien. Du point de vue du bailleur,

1. *BOI*-TVA-LIQ-30-20-90, n° 110.
2. *BOI*-TVA-LIQ-30-20-90-30, n° 280.

il n'est pas fait de distinction selon qu'il s'agit de réparations locatives, de charges récupérables ou non.

Si des travaux importants de réhabilitation ou d'amélioration des logements sont éligibles, il convient de veiller à ce qu'ils n'aboutissent pas à une remise à neuf du logement au sens fiscal[1]. En effet, de tels travaux sont considérés comme des travaux de construction et ne peuvent par conséquent pas bénéficier des taux réduit ou intermédiaire. Ils sont définis comme les travaux de surélévation ou comme ceux qui ont rendu à l'état neuf :

- soit la majorité des fondations ;
- soit la majorité des éléments hors fondation, déterminant la résistance et la rigidité de l'ouvrage ;
- soit la majorité de la consistance des façades hors ravalement ;
- soit les deux tiers de chacun des éléments de second œuvre (huisseries extérieures, cloisons, planchers ne déterminant pas la résistance et la rigidité de l'ouvrage, électricité, chauffage ou climatisation dans les DOM, plomberie, sanitaire).

La doctrine administrative donne des précisions sur les conditions d'appréciation de ces critères.[2]

Sont également exclus de la facturation aux taux réduits les travaux à l'issue desquels la surface de plancher des locaux existants, majorée le cas échéant des surfaces des bâtiments d'exploitations agricoles mentionnées au d de l'article R. 112-2 du code de l'urbanisme, est augmentée de plus de 10 %.

Notons également que les travaux aboutissant à la démolition totale du logement sont par nature exclus de la facturation au taux réduit.

B. Travaux éligibles au taux de 5,5 %

933.51 **Travaux d'amélioration énergétique.** Les travaux d'amélioration énergétique réalisés sur les logements achevés depuis plus de deux ans sont éligibles à une facturation au taux réduit de 5,5 %[3]. Les travaux doivent porter sur des équipements ou matériaux spécifiques (isolation des parois opaques, des ouvertures, certaines chaudières, énergies renouvelables...). Ils sont très précisément définis par l'article 18 *bis* de l'annexe IV au code général des impôts (dans sa rédaction antérieure à celle résultant de la loi du 30 décembre 2017[4] de finances pour 2018).

Les travaux éligibles sont ceux d'installation, de réparation et d'entretien des matériaux et équipements visés.

Le taux réduit s'applique également aux dépenses induites par ces travaux, qui sont définies assez largement par la doctrine administrative[5] (ex. : travaux de décoration, de plomberie, d'électricité, suite à l'isolation par l'intérieur d'un mur).

C. Travaux éligibles au taux de 10 %

933.61 **Travaux ordinaires éligibles** Le taux de 10 % s'applique à tous les travaux éligibles autres que ceux bénéficiant du taux de 5,5 %[6].

Une liste très détaillée des travaux éligibles figure en annexe au *BOFiP* (*BOI*-ANNX-000208).

Certaines dépenses sont par nature exclues du bénéfice du taux de 10 % :

- les prestations de nettoyage des immeubles (non liées directement à des travaux), d'entretien ou d'aménagement des espaces verts et des aires de jeux ou de sport ne sont pas considérées comme des travaux ;
- les travaux d'installation initiale ou de remplacement complet d'un ascenseur ou d'une chaudière collective dans les immeubles collectifs ;
- les fournitures de biens meubles corporels, qui ne s'incorporent pas au bâtiment, et ne sont donc pas considérées comme des travaux immobiliers (meubles meublants...).

Par tolérance, la doctrine administrative admet également que les prestations de maîtrise d'œuvre puissent bénéficier du taux de 10 %. Il s'agit des prestations de suivi des travaux et, si elle est effectuée par le même prestataire, de la prestation de conception[7]. La cour administrative d'appel de Bordeaux définit la maîtrise d'œuvre comme la direction des travaux. Les prestations qui la caractérisent ont pour objet la réalisation d'un ouvrage et ont vocation à être effectuées par des spécialistes des techniques de construction qui souscrivent des contrats d'assurance destinés à garantir les maîtres d'ouvrage contre les défauts ayant notamment pour effet de compromettre la solidité de l'ouvrage ou de le rendre non conforme à sa destination[8].

§ 3 Conditions de forme

933.71 **Personnes éligibles.** Les personnes susceptibles de bénéficier de travaux au taux réduit sont les propriétaires, les syndicats de copropriétaires, les

1. CGI, art. 257-I-2-2° et CGI ann. II, art. 245-A.
2. *BOI*-TVA-IMM-10-10-10-20, § 130 s.
3. CGI, art. 278-0 *bis*-A.
4. L. n° 2017-1837, 30 déc. 2017 de finances pour 2018, *JO* 31 déc.
5. *BOI*-TVA-LIQ-30-20-95, § 50 s.
6. V. s[s] n°s 933.51, 933.111.
7. *BOI*-TVA-LIQ-30-20-90-30, § 200.
8. CAA Bordeaux, ord., 13 mars 2019, *AARPI X et Associés*, n°s 18BX01553, 18BX01554, *RJF* 7/19, n° 650.

locataires et tous occupants et les représentants de ces personnes.

Les travaux peuvent donc notamment être commandés et facturés par un administrateur de biens chargé par mandat donné par le propriétaire bailleur de gérer le bien.

933.72 Délivrance d'une attestation. Pour bénéficier des taux réduits, la personne qui commande les travaux doit établir et délivrer au fournisseur une attestation. Celle-ci doit être conforme aux modèles fournis par l'administration (disponibles sur www.impots.gouv.fr).

Elle permet de certifier que les critères d'éligibilité des travaux sont remplis (les locaux sont bien affectés à l'habitation, ils sont achevés depuis plus de deux ans, que travaux ne sont pas des travaux de remise à neuf et n'entraînent pas une augmentation de plus de 10 % de la surface de plancher...).

L'attestation doit être délivrée au plus tard à la date de la facturation des travaux par l'entreprise. Les modalités détaillées des conditions d'établissement des attestations sont précisées par la doctrine administrative.[1]

Il est toutefois admis que l'attestation simplifiée ne soit pas établie lorsque le montant des travaux pour réparation et entretien, toutes taxes comprises, est inférieur à 300 euros.

Les informations suivantes doivent pour cela figurer directement sur la facture : nom et adresse du client et de l'immeuble objet des travaux, nature des travaux et mention selon laquelle l'immeuble est achevé depuis plus de deux ans.[2]

933.73 Remise en cause du taux réduit. Le taux réduit appliqué aux travaux peut être remis en cause par l'administration fiscale si les conditions d'application ne sont pas réunies. En principe, la rectification devrait être adressée à l'entreprise qui a réalisé les travaux, puisqu'elle est redevable de la TVA. Cependant, dans la mesure où c'est le preneur des travaux qui bénéficie *in fine* du taux réduit, la rectification peut lui être adressée si l'application indue du taux réduit résulte d'une déclaration erronée de sa part sur la nature des travaux, l'ancienneté des logements[3]...

SECTION 2
RÉGIME DES BAILLEURS SOCIAUX

933.81 Livraisons à soi-même aux taux réduit ou intermédiaire. Les bailleurs sociaux, définis comme ceux donnant en location des logements conventionnés pour le bénéfice de l'APL (organismes d'HLM, sociétés d'économie mixte...), bénéficient également de dispositifs de taux réduit ou intermdéiaire sur les travaux qu'ils réalisent. Ces dispositifs ont un champ plus étendu que le régime de droit commun : les natures de travaux éligibles sont plus larges et il n'y a pas de condition d'ancienneté des logements. Le mécanisme de livraison à soi-même conduit dans un premier temps le bailleur à récupérer la TVA grevant les travaux et dépenses payées. Le bailleur calcule ensuite et reverse au Trésor une TVA collectée sur le prix de revient hors TVA des travaux. Dès lors que la TVA collectée est inférieure à celle récupérée, du fait du différentiel de taux, le bailleur social bénéficie *in fine* d'un taux de TVA plus avantageux que dans le régime de droit commun.

§ 1
Logements éligibles

933.91 Logements éligibles. Les logements éligibles à la livraison à soi-même au taux réduit sont :

- les logements conventionnés pour le bénéfice de l'APL en application des 3° (logements familiaux) et 5° (logements foyers) de l'article L. 351-2 du code de la construction et de l'habitation ;
- les logements loués dans le cadre d'un prêt social location accession ;
- les logements appartenant aux structures d'hébergement temporaire ou d'urgence faisant l'objet d'une convention entre le propriétaire ou le gestionnaire des locaux et le préfet et destinées aux personnes visées au II de l'article L. 301-1 du CCH ;
- les logements sociaux à usage locatif appartenant à l'association mentionnée à l'article L. 313-34 du CCH lorsqu'elle a conclu avec l'État une convention en application du 4° de l'article L. 351-2 du CCH ;
- les logements à usage locatif appartenant à l'association mentionnée à l'article L. 313-34 du CCH ou à des sociétés civiles immobilières dont cette association détient la majorité des parts, situés dans des quartiers faisant l'objet d'une convention prévue à l'article 10 de la loi du 1er août 2003[4] d'orientation et de programmation pour la ville et la rénovation urbaine et destinés à être occupés par des ménages dont le total des ressources n'excède pas le montant mentionné à l'article R. 391-8 du CCH ;
- les logements à usage locatif appartenant aux organismes réalisant les opérations prévues par une convention mentionnée à l'article 10 de la loi du 1er août 2003 d'orientation et de programmation

1. *BOI*-TVA-LIQ-30-20-90-40.
2. *BOI*-TVA-LIQ-30-20-90-40, § 90.
3. CGI, art. 284.
4. L. n° 2003-710, 1er août 2003 d'orientation et de programmation pour la ville et la rénovation urbaine, *JO* 2 août.

pour la ville et la rénovation urbaine et situées sur des terrains octroyés au titre des contreparties mentionnées au onzième alinéa de l'article L. 313-3 du CCH et dont la réalisation était initialement prévue par l'association mentionnée à l'article L. 313-34 du CCH ; ces logements sont destinés à être occupés par des ménages dont le total des ressources n'excède pas le montant mentionné à l'article R. 391-8 du CCH ;

- certains locaux d'hébergement temporaire ou d'urgence (CHRS, CHU, lits halte soins santé, lits d'accueil médicalisés, appartements de coordination thérapeutique) et médico-sociaux (aide sociale à l'enfance, mineurs ou jeunes adultes handicapés, personnes âgées ou handicapées, jeunes travailleurs) [1].

Les dépendances et locaux annexes à ces logements sont également éligibles (parties communes, garages...). En revanche, les locaux d'activité, même accessoires, en sont exclus.

§ 2 Travaux éligibles

933.100 **Plan.** L'article 278 *sexies* A du code général des impôts prévoit la livraison à soi-même de certains travaux réalisés sur les logements sociaux tels que définis précédemment, aux taux de 5,5 % ou de 10 %.

Ces mécanismes ne sont pas exclusifs de l'application directe de ces taux au stade de la facturation. Il convient donc d'examiner l'articulation entre ces deux régimes (C), les travaux éligibles à la livraison à soi-même (A) et les modalités pratiques de taxation des livraisons à soi-même (B).

A. Travaux éligibles à la livraison à soi-même

933.111 **Travaux d'amélioration, d'aménagement, de transformation et d'entretien.** L'article 278-*sexies* A du code général des impôts rend éligibles à une livraison à soi-même au taux de 5,5 % ou de 10 % les travaux d'amélioration, de transformation, d'aménagement et d'entretien (ex. : ravalements des façades, réfection des parties communes, aménagement des espaces extérieurs...).

Cette livraison à soi-même vise également les travaux d'entretien courant. Elle peut de ce fait notamment concerner les postes correspondant à l'entretien courant ou aux grosses réparations des contrats d'entretien, ainsi que les travaux réalisés en régie par le bailleur.

Les travaux éligibles au taux de 5,5 % sont les suivants :

- travaux réalisés dans le cadre d'une opération d'acquisition amélioration financée par un prêt PLAI ou PLUS ;
- travaux réalisés sur des logements locatifs conventionnés, non financés par des prêts PLS, situés dans un quartier prioritaire de la politique de la Ville faisant l'objet d'une convention de renouvellement urbain ;
- travaux de démolition des logements locatifs conventionnés, non financés par des prêts PLS, situés dans un quartier prioritaire de la politique de la Ville faisant l'objet d'une convention de renouvellement urbain, dans le cadre de la reconstitution de l'offre prévue par ladite convention ;
- travaux de remise à neuf au sens fiscal ou d'extension, réalisés sur des logements PLAI.

Les autres travaux relèvent d'une livraison à soi-même au taux de 10 %. Citons notamment :

- les travaux de réparation, d'entretien, d'amélioration, réalisés sur des logements familiaux ou logements-foyers conventionnés APL, sur des établissements d'hébergement temporaire ou d'urgence ou médico-sociaux visés plus haut, sur des logements en Prêt Social Location-Accession ;
- les travaux réalisés dans le cadre d'une opération d'acquisition amélioration financée par un prêt PLS ;
- les travaux de remise à neuf au sens fiscal ou d'extension, réalisés sur des logements PLUS ou PLS.

Compte tenu du fait que les travaux on pu bénéficier dès leur facturation du taux réduit ou intermédiaire, l'application de la livraison à soi-même est résiduelle. Elle concerne en pratique les travaux ou dépenses suivantes, qui ne peuvent pas par nature bénéficier des taux réduit ou intermédiaires en facturation directe :

- travaux réalisés sur des logements achevés depuis moins de deux ans ;
- travaux réalisés en régie par le personnel du bailleur ;
- prestations de services accessoires aux travaux (diagnostics, contrôles...) ;
- fourniture ou remplacement complets de chaudières collectives et d'ascenseurs ;
- aménagements d'espaces verts ;
- travaux commandés au taux normal [2].

B. Modalités pratiques de taxation des livraisons à soi-même

933.121 **Déductions.** La livraison à soi-même étant une opération imposable, la taxe qui grève les

1. Le statut précis de ces établissements est défini par renvoi à des dispositions du code de l'action sociale et des familles et les conditions d'application par l'article 278 *sexies* IV du code général des impôts.

2. V. s[s] n° 933.132.

dépenses qui entrent dans l'assiette de la TVA est déductible (travaux, honoraires, dépenses liées...).

Le bailleur doit avoir préalablement déclaré chaque immeuble comprenant des logements sociaux conventionnés comme constituant un secteur distinct (CGI ann. II, art. 209).

933.122 Assiette et liquidation de la TVA. La TVA due au titre de la livraison à soi-même est calculée sur le prix de revient total des travaux[1]. Celui-ci inclut le coût des travaux proprement dit ainsi que les honoraires et prestations de services nécessités par ces derniers.[2]

Lorsque les travaux sont réalisés par le personnel employé par le bailleur (régie de travaux), l'assiette comprend en principe le coût salarial. Une exception est toutefois prévue sous certaines conditions, afin d'éviter un cumul d'imposition avec la taxe sur les salaires (*BOI* précité, § 272).

La TVA due est collectée dès l'achèvement des travaux, ou pour les travaux d'entretien courant, par trimestre[3].

933.123 Remise en cause du taux réduit. Le taux réduit appliqué à la livraison à soi-même des travaux peut être remis en cause dans le cas où les conditions auxquelles il est subordonné ne sont plus remplies dans les trois ans qui suivent le fait générateur de la livraison à soi-même[4].

C.
Articulation entre les régimes de droit commun et de livraisons à soi-même

933.131 Articulation des régimes. Les textes relatifs à l'application directe du taux réduit[5] et aux livraisons à soi-même[6] sont susceptibles de s'appliquer aux travaux réalisés sur les logements sociaux.

933.132 Taux de commande et de facturation des travaux. Le bailleur de logements sociaux conventionnés peut commander et se faire facturer les travaux directement au taux de 5,5 % ou de 10 %.

L'article 278 *sexies* A précité prévoit expressément que la livraison à soi-même n'est pas applicable lorsque les travaux ont déjà bénéficié, au stade de la facturation, d'un taux inférieur à celui de la livraison à soi-même. Dans ces situations en effet, la livraison à soi-même serait pénalisante.

Cependant, le bailleur peut renoncer à l'application directe du taux réduit. Les dispositifs de facturation directe étant subordonnés à la production d'une attestation, il suffit au bailleur de ne pas satisfaire cette condition formelle pour que le taux facturé soit le taux normal. Cette TVA sera neutralisée puisqu'elle est déductible du fait de l'imposition de la livraison à soi-même.

Cela permet de simplifier le régime de la commande, mais implique une avance de trésorerie plus importante, compte tenu du délai de récupération de la TVA déductible, souvent par voie de remboursement de crédit. Par ailleurs, le bailleur assume alors totalement l'éventuel risque de remise en cause du taux réduit par l'administration fiscale en cas de contrôle.

1. CGI, art. 266-6.
2. *BOI*-TVA-IMM-20-10-10-20, § 270 s.
3. CGI, art. 269-1-d et 269-2-a.
4. CGI, art. 284-III.
5. V. s^s n° 933.21.
6. V. s^s n° 933.81.

TITRE

94. Les impositions locales

SECTION 0
ORIENTEUR

94.00 Sommaire du titre.

Division. Il convient d'étudier successivement la taxe foncière (chap. 941), la taxe d'habitation (chap. 942), la contribution économique territoriale (chap. 943) et la taxe et la redevance d'enlèvement des ordures ménagères (chap. 944).

CHAPITRE

941. Taxe foncière

SECTION 0
ORIENTEUR

941.00 Sommaire du chapitre.

Division. Il convient d'étudier successivement le champ d'application (sect. 1), les dégrèvements pour vacance (sect. 2) et les dégrèvements pour travaux réalisés par les bailleurs sociaux (sect. 3).

941.01 Principaux textes applicables.

TEXTES SOURCES

• **CGI,** art. 1384-0-A, 1384-A, 1384-C, 1384-D, 1388-*bis*, 1389, 1391-C, 1391-D, 1391-E.

BOI-**IF-TFB-50-20-20** (dégrèvement pour travaux liés à un plan de prévention des risques technologiques).

BOI-**IF-TFB-50-20-30** (dégrèvements en cas de vacance de maison ou d'inexploitation d'immeuble à usage industriel ou commercial).

BOI-**IF-TFB-50-20-40** (dégrèvement pour vacance de logements sociaux destinés à la démolition).

BOI-**IF-TFB-10-120-10** (exonération temporaire de longue durée en faveur des logements sociaux à usage locatif acquis avec une aide financière publique – Généralités).

BOI-**IF-TFB-10-90** (exonérations temporaires de longue durée en faveur des constructions de logements sociaux à usage locatif financés au moyen de prêts aidés par l'État et bénéficiant du taux réduit de la TVA (CGI, art. 1384 A)).

BOI-**IF-TFB-20-330-30** (abattements spéciaux – Logements sociaux situés dans les quartiers prioritaires de la politique de la ville).

BOI-**IF-TFB-10-90-10** (exonérations temporaires de longue durée en faveur des constructions de logements sociaux à usage locatif financés au moyen de prêts aidés par l'État et bénéficiant du taux réduit de la TVA (CGI, art. 1384 A)).

TEXTES *IN EXTENSO*

• **CGI,** art. 1389

I. – Les contribuables peuvent obtenir le dégrèvement de la taxe foncière en cas de vacance d'une maison normalement destinée à la location ou d'inexploitation d'un immeuble utilisé par le contribuable lui-même à usage commercial ou industriel, à partir du premier jour du mois suivant celui du début de la vacance ou de l'inexploitation jusqu'au dernier jour du mois au cours duquel la vacance ou l'inexploitation a pris fin. Le dégrèvement est subordonné à la triple condition que la vacance ou l'inexploitation soit indépendante de la volonté du contribuable, qu'elle ait une durée de trois mois au moins et qu'elle affecte soit la totalité de l'immeuble, soit une partie susceptible de location ou d'exploitation séparée.

II. – Les réclamations présentées en application du I sont introduites dans le délai indiqué à l'article R. 196-5 du livre des procédures fiscales et dans les formes prévues par ce même livre.

III. – Le dégrèvement prévu au premier alinéa du I s'applique également aux logements à usage locatif, attribués sous conditions de ressources conformément à l'article L. 441-1 du code de la construction et de l'habitation, vacants depuis plus de trois mois et appartenant à l'un des organismes visés à l'article L. 411-2 du même code ou à une société d'économie mixte. Ces logements doivent être situés dans un immeuble destiné soit à être démoli, soit à faire l'objet de travaux définis au 1° de l'article D. 323-3 du même code et financés par la subvention prévue aux articles D. 323-1 à D. 323-12 de ce même code.

Le dégrèvement est subordonné à la présentation par le propriétaire, selon le cas, soit de l'autorisation de démolir prévue à l'article L. 443-15-1 du code de la construction et de l'habitation, soit de la décision de subvention des travaux prévue à l'article D. 323-5 du même code.

• **CGI,** art. 1391-C

Les dépenses engagées par les organismes d'habitations à loyer modéré ou par les sociétés d'économie mixte ayant pour objet statutaire la réalisation ou la gestion de logements ou par les organismes mentionnés à l'article L. 365-1 du code de la construction et de l'habitation, pour l'accessibilité et l'adaptation des logements aux personnes en situation de handicap sont déductibles de la taxe foncière sur les propriétés bâties versée aux communes.

• **CGI,** art. 1391-D

Il est accordé sur la cotisation de taxe foncière sur les propriétés bâties afférente à des immeubles affectés à l'habitation appartenant aux organismes d'habitations à loyer modéré visés à l'article L. 411-2 du code de la construction et de l'habitation ou à des sociétés d'économie mixte ayant pour objet statutaire la réalisation de logements ou aux organismes mentionnés à l'article L. 365-1 du même code, ainsi qu'aux immeubles, logements-foyers et centres d'hébergement et de réinsertion sociale visés aux 3° et 4° du IV de l'article L. 302-5 du même code un dégrèvement égal aux dépenses payées, à raison des travaux prescrits en application de l'article L. 515-16-2 du code de l'environnement, au cours de l'année précédant celle au titre de laquelle l'imposition est due.

Lorsque l'imputation des dépenses ne peut être effectuée dans sa totalité sur les cotisations des immeubles en cause, le solde des dépenses déductibles est imputé sur les cotisations afférentes à des immeubles imposés dans la même commune ou dans d'autres communes relevant du même service des impôts au nom du même bailleur et au titre de la même année.

Le dégrèvement est accordé sur réclamation présentée dans le délai indiqué par l'article R. 196-2 du livre des procédures fiscales et dans les formes prévues par ce même livre.

• **CGI,** art. 1391-E

Il est accordé un dégrèvement sur la cotisation de taxe foncière sur les propriétés bâties afférente à des immeubles affectés à l'habitation, appartenant aux organismes d'habitations à loyer modéré visés à l'article L. 411-2 du code de la construction et de l'habitation ou aux sociétés d'économie mixte ayant pour objet statutaire la réalisation ou la gestion de logements, ainsi qu'aux organismes mentionnés à l'article L. 365-1 du même code.

Ce dégrèvement est égal au quart du montant hors taxe des dépenses de travaux de rénovation, déduction faite des subventions perçues afférentes à ces dépenses, payées au cours de l'année précédant celle au titre de laquelle l'imposition est due, lorsque ces travaux portent sur les locaux mentionnés aux II, 1° du III et IV de l'article 278 *sexies*, ont pour objet de concourir directement à la réalisation d'économies d'énergie et de fluides et concernent :

1° Les éléments constitutifs de l'enveloppe du bâtiment ;

2° Les systèmes de chauffage ;

3° Les systèmes de production d'eau chaude sanitaire ;

4° Les systèmes de refroidissement dans les départements d'outre-mer ;

5° Les équipements de production d'énergie utilisant une source d'énergie renouvelable ;

6° Les systèmes de ventilation ;

7° Les systèmes d'éclairage des locaux ;

8° Les systèmes de répartition des frais d'eau et de chauffage.

Lorsque l'imputation des dépenses ne peut être effectuée dans sa totalité sur les cotisations des immeubles en cause, le solde des dépenses déductibles est imputé sur les cotisations afférentes à des immeubles imposés dans la même commune ou dans d'autres communes relevant du même service des impôts au nom du même bailleur et au titre de la même année.

941.02 Jurisprudence de référence.

> Exonération – immeuble impropre à toute utilisation

• **CE 8e et 3e s^s-sect., 16 févr. 2015,** *Royo (ste)*, req. n° 364676, *Lebon*

* V. s^s n° 941.11

Ne doit pas être assujetti à la taxe foncière sur les immeubles bâtis mais à la taxe foncière sur les propriétés non bâties l'immeuble devenu impropre à toute utilisation dans son ensemble, car délabré et en ruine en raison des importantes dégradations qu'il avait subies.

> Exonération – période de reconstruction

• **CE 8e et 3e s^s-sect., 16 févr. 2015,** *sci La Haie de Roses*, req. n° 369862, *Lebon*

* V. s^s n° 941.11

Ne doit pas être assujetti à la taxe foncière sur les immeubles bâtis mais à la taxe foncière sur les propriétés non bâties l'immeuble qui, nécessitant une démolition même partielle affectant le gros œuvre, est devenu impropre à toute utilisation jusqu'à l'achèvement des travaux.

> Vacance involontaire – défaut d'entretien

• **CE 12 janv. 1959,** *RO*, p. 338 – CE 27 nov. 1964, *RO*, p. 195 – CE 10 mai 1967

* V. s^s n° 941.31

Si l'absence de locataire est due à un défaut d'entretien imputable au propriétaire, elle n'est pas considérée comme involontaire.

> Vacance involontaire – travaux de remise en état

• **CE 20 avr. 1983,** req. n° 36139

* V. s^s n° 941.31

L'interruption de la location ayant eu pour cause la réalisation d'importants travaux de renforcement des structures, de raccordement au tout-à-l'égout et de séparation en deux logements indépendants, ces travaux, qui ont d'ailleurs apporté à l'immeuble une plus-value appréciable, ne peuvent, dès lors, être regardés comme ayant entraîné une vacance de l'immeuble indépendante de la volonté du propriétaire.

> Vacance involontaire – demandes exagérées du bailleur

• **CE 5 mai 1958,** *RO*, p. 127 et CE 26 avr. 1963, req. n° 58438

* V. s^s n° 941.31

Lorsque la vacance provient des exigences injustifiées du propriétaire quant aux conditions imposées aux éventuels preneurs, le rejet de la demande de dégrèvement du contribuable doit être prononcé.

> Vacance involontaire dans le parc social – déséquilibre du marché local

• **CE 8e et 3e ss-sect., 9 avr. 2004,** *Office public d'habitations à loyer modéré du Tarn*, req. n° 240857, *Lebon*

* V. ss n° 941.32

Ni le statut, ni la mission de service public qu'assure un office public d'habitations à loyer modéré, ne fait obstacle à ce qu'elle prenne les mesures appropriées en vue d'adapter son parc immobilier aux besoins de la population locale réduisant ainsi son taux de vacance et un déséquilibre du marché locatif ne peut, sauf circonstances particulières, être regardé comme indépendant de sa volonté et lui permettre de demander le dégrèvement de la taxe foncière sur les immeubles bâtis.

> Vacance volontaire dans le parc social – immeuble destiné à être démoli – permis

• **CE 8e et 3e ss-sect., 28 janv. 2015,** *min. c/Office public de l'habitat de la communauté urbaine de Strasbourg*, req. n° 368640, *Lebon*

* V. ss n° 941.41

Le bénéfice de l'exonération prévue par l'article 1389 du code général des impôts pour les organismes publics d'habitat et les sociétés d'économie mixte propriétaires d'un immeuble à usage locatif destiné à être démoli à l'autorisation de démolir mentionnée à l'article L. 443-15-1 du code de la construction et de l'habitation, laquelle ne peut être postérieure à l'année au titre de laquelle l'exonération est demandée. La délivrance de cette autorisation au titre de dispositions relatives au logement social ne peut être déduite de la délivrance d'un permis de démolir au titre des dispositions du code de l'urbanisme.

> Dégrèvements pour travaux dans le parc social – économie d'énergie – acompte

• **CE 8e et 3e ss-sect., 2 juill. 2014,** *Office public de l'habitat Grand Lyon*, req. n° 368070

* V. ss n° 941.53

Un acompte versé à titre de paiement partiel par un organisme d'habitations à loyer modéré pour l'exécution d'un marché de travaux d'économie d'énergie visés à l'article L. 111-10 du code de la construction et de l'habitation, et venant en déduction du paiement total de ce marché, a le caractère d'une dépense payée ; que l'organisme débiteur est fondé à en demander le dégrèvement pour l'année civile au cour de laquelle il a été payé.

> Dégrèvements pour travaux dans le parc social – économie d'énergie – dépenses annexes

• **CE 8e ss-sect., 17 juin 2015,** *Office public de l'habitat du Territoire de Belfort*, req. n° 382248, *Lebon*

* V. ss n° 941.53

Les dépenses d'économie d'énergie ouvrant droit au dégrèvement de taxe foncière sur les propriétés bâties en faveur des propriétaires de logements sociaux, comprennent, outre les dépenses payées pour la réalisation des travaux d'économie d'énergie, celles exposées pour la réalisation des travaux et prestations qui en constituent un préalable indispensable et qui en sont indissociables.

> Dégrèvements pour travaux dans le parc social – accessibilité pour handicapés – portes d'ascenseur

• **CE 8e et 3e ss-sect., 21 oct. 2015,** *Société Dauphinoise de l'Habitat*, req. n° 374751, *Lebon*

* V. ss n° 941.54

Si, pour être déductibles les dépenses doivent avoir été engagées pour des travaux qui, dans leur totalité ou pour partie, améliorent effectivement l'accessibilité des immeubles et logements aux personnes en situation de handicap, il n'est pas nécessaire que ces travaux portent spécifiquement sur des équipements spécialisés pour les personnes handicapées, tel est le cas du remplacement de portes palières battantes par des portes automatiques.

941.03 **Bibliographie indicative.**

Annuel. *Mémento fiscal*, « Taxes foncières sur les propriétés bâties », nos 41900 s., Francis Lefebvre, 2021.

Encyclopédies. RÉP. IMMO., *V° Ressources locales (Taxe foncière sur les propriétés bâties)*, par Th. Lambert – DICT. PERM. Gestion immob, *V° Impôts locaux – taxe foncière sur les propriétés bâties*, nos 88 s.

SECTION 1
CHAMP D'APPLICATION

941.11 **Principe d'imposition.** La taxe foncière sur les propriétés bâties est due au titre de l'ensemble des constructions[1]. Les logements sont donc bien entendu soumis à la taxe. Le redevable est le propriétaire[2]. La taxe est due quel que soit l'usage du logement : occupation personnelle par le propriétaire, à titre de résidence principale ou secondaire, location, mise à disposition à titre gratuit à un tiers...

Il en résulte qu'en principe, l'absence de revenu locatif du fait d'impayés ou de la vacance du logement ne remet pas en cause son assujettissement à la taxe foncière.

Cela tient au caractère « réel » de cette imposition. La seule existence de l'immeuble rend en effet la taxe exigible même en l'absence de revenu.

Un bâtiment n'est susceptible d'échapper à la taxe foncière que s'il est devenu impropre à toute utilisation en tant que tel. Cela suppose un état de dégradation très avancé, et non seulement un délabrement du bien. Tel serait le cas d'un logement très dégradé et en ruine[3] ou encore d'un immeuble faisant l'objet d'une reconstruction, pendant la durée de celle-ci[4].

1. CGI, art. 1380.
2. CGI, art. 1400.
3. CE 8e et 3e ss-sect., 16 févr. 2015, *Royo (ste)*, req. n° 364676, *Lebon*.
4. CE 8e et 3e ss-sect., 16 févr. 2015, *sci La Haie de Roses*, req. n° 369862, *Lebon*.

La base d'imposition est constituée par une valeur locative cadastrale, définie spécifiquement par le code général des impôts[1]. S'agissant des logements, elle est définie principalement par la surface réelle, affectée de pondérations diverses (coefficients d'importance, de situation, état d'entretien, prise en compte des éléments de confort et d'équipement...), multipliée par un tarif au mètre carré. Notons que cette valeur locative est actuellement, du fait du mode de calcul de la surface, de l'ancienneté des tarifs appliqués et de l'absence de réelle mise à jour, sans rapport avec la valeur locative réelle de la plupart des biens. Cette valeur locative fait l'objet, pour les besoins de la taxe foncière, d'un abattement de 50 %, censé représenter forfaitairement les charges supportées par le propriétaire. À la valeur locative ainsi définie s'appliquent les taux d'imposition votés par les différentes collectivités territoriales et établissements publics sur le territoire desquels se trouve le logement.

Certains logements sociaux situés dans les quartiers prioritaires de la politique de la Ville et appartenant aux bailleurs sociaux peuvent en outre bénéficier d'un abattement supplémentaire de 30 % de leur valeur locative[2].

Dans le cadre de la location d'un logement, la taxe foncière, légalement due par le propriétaire, reste à la charge de ce dernier puisqu'elle est exclue des charges récupérables sur le locataire[3]. Elle constitue en revanche une charge déductible dans le cadre de l'impôt sur le revenu[4].

Le redevable de la taxe est le propriétaire du bien au 1er janvier de l'année d'imposition.

941.12 **Exonérations.** Les logements neufs sont susceptibles de bénéficier d'exonérations. Les principales sont les suivantes :

- exonération de droit commun de deux ans[5] ; le logement neuf acquis ou construit par le bailleur bénéficie en principe d'une exonération de deux ans ; toutefois, la commune peut par délibération supprimer cette exonération,

- exonération de vingt-cinq ans des logements locatifs sociaux construits (CGI, art. 1384-A-I – 2e al.) : cette exonération vise les logements locatifs sociaux neufs conventionnés pour le bénéfice de l'APL et financés par un prêt aidé (PLAI, PLUS, PLS) ; le prêt et certaines subventions publiques ainsi que les aides provenant de la Participation des employeurs à l'effort de construction doivent représenter plus de la moitié du prix de revient de l'opération en cas de financement PLAI ou PLUS ; en cas de financement PLS, ce prêt à lui seul doit représenter plus de la moitié du prix de revient[6],

- exonération de vingt-cinq ans des logements locatifs sociaux acquis (CGI, art. 1384-C)[7] : cette exonération vise les logements locatifs sociaux conventionnés pour le bénéfice de l'APL, acquis par le bailleur (notamment dans le cadre des acquisitions-améliorations ou acquisitions sans travaux), et dont l'acquisition est financée par un prêt aidé[8],

- exonération de vingt ans des logements intermédiaires[9] : cette exonération vise les logements locatifs définis à l'article 279-0 *bis*-A du code général des impôts,

- exonération des logements faisant l'objet d'un bail à réhabilitation (CGI, art. 1384-B) ; cette exonération s'applique pendant toute la durée du bail.

Il existe d'autres exonérations facultatives sur délibération des collectivités (ex. : logements répondant à certains critères environnementaux – CGI, art. 1383-0-B et 1383-0-B-*bis*). Les exonérations en faveur des logements locatifs sociaux reposent sur des textes qui ont évolué en même temps que les financements de ces derniers et dépendent donc de leur date de production[10].

SECTION 2
DÉGRÈVEMENTS POUR VACANCE

941.21 **Exceptions au caractère réel de l'imposition.** Par exception au principe d'imposition du bien du seul fait de son existence et indépendamment de la perception d'un revenu[11], le code général des impôts prévoit la possibilité de dégrèvements en cas de vacance de logements destinés à la location, dans certaines situations :

- vacance involontaire de logement (régime de droit commun),

- vacance de logements sociaux organisée en vue de leur démolition (régime propre aux logements sociaux).

Ces dispositifs sont, du fait de leur caractère dérogatoire, d'interprétation très stricte.

1. CGI, art. 1388 et 1494 s.
2. CGI art. 1388-*bis*.
3. V. ss nos 241.11 s.
4. Revenus fonciers, v. ss n° 911.171 – BIC, v. ss n° 911.331, ou impôt sur les sociétés, v. ss n° 912.22.
5. CGI, art. 1383.
6. POUR plus de précisions sur les conditions d'application de l'exonération : *BOI*-IF-TFB-10-90 s.
7. La durée de l'exonération est portée à trente ans lorsque les logements répondent à certains critères environnementaux (CGI, art. 1384-A-I-*bis*).
8. POUR plus de précisions sur les conditions d'application de l'exonération : *BOI*-IF-TFP-10-120-10.
9. CGI, art. 1384-0-A.
10. CGI, art. 1384, 1384-I-al. 1er.
11. V. ss n° 941.11.

§ 1
Dégrèvement pour vacance involontaire

941.31 Conditions générales d'application. Le propriétaire d'un logement destiné à la location et qui se trouve vacant peut demander un dégrèvement de la taxe foncière due au titre de ce logement (CGI, art. 1389-I).

L'octroi du dégrèvement est subordonné à trois conditions cumulatives :

- la vacance concerne la totalité de l'immeuble ou au moins un logement (appartement),

- elle a une durée de plus de trois mois consécutifs,

- elle est indépendante de la volonté du bailleur.

Le caractère involontaire de la vacance est interprété très strictement par l'administration fiscale[1] et par la jurisprudence.

Le logement doit être entretenu de manière à en permettre l'usage conformément à sa destination, et n'avoir pas trouvé preneur dans des conditions normales, malgré les démarches effectuées par leur propriétaire afin de pourvoir à leur location.

Ainsi, si l'absence de locataire est due à un défaut d'entretien imputable au propriétaire, elle n'est pas considérée comme involontaire[2].

Le bailleur peut le cas échéant faire état de travaux de remise en état pour justifier du caractère involontaire de la vacance. S'il s'agit de travaux visant à remédier à des dégradations imputables au locataire précédent, ou à l'obsolescence de certains équipements, malgré un entretien régulier, la vacance engendrée par les travaux devrait être considérée, pour la durée de ces derniers, comme involontaire (vacance technique). Il en va de même en cas de vacance liée à un sinistre, pour le temps nécessaire aux réparations. Cependant, si les travaux ont en réalité été engagés dans le cadre d'une démarche patrimoniale (travaux d'agrandissement, de reconstruction ou de modifications intérieures, destinés à conférer une plus-value au logement), la jurisprudence a pu considérer que la vacance n'était pas indépendante de la volonté du propriétaire[3].

Le caractère involontaire n'est pas non plus établi lorsque la vacance provient d'exigences exagérées du bailleur, notamment en termes de montant du loyer, de garanties, de revenus du locataire...[4]. *A fortiori*, le bailleur doit être en mesure de démontrer qu'il a bien engagé des démarches en vue de louer et, en cas de difficultés, d'adapter sa démarche en vue de trouver un locataire.

941.32 Conditions particulières d'application pour les logements sociaux. L'appréciation du caractère involontaire de la vacance peut présenter des spécificités lorsqu'il s'agit de logements sociaux. En effet, les bailleurs sociaux peuvent être confrontés à des situations de vacance chronique liées à la situation économique du bassin d'habitat ou aux difficultés dans certains quartiers (insécurité...).

Ces situations ont donné lieu à un contentieux spécifique, ayant eu à se prononcer sur le caractère involontaire de la vacance.

Celui-ci ne peut pas être établi par la seule existence d'un déficit démographique ou de la situation économique et sociale de la région[5].

En revanche, un bailleur social peut établir que la vacance est indépendante de sa volonté :

- lorsqu'il a engagé un programme spécial, comportant notamment des travaux importants et une politique d'accueil de candidats locataires et de surveillance des locaux, qui a permis de faire diminuer le taux de vacance[6] ;

- lorsque les bâtiments ont fait l'objet de programmes de restructuration et de réhabilitation, alors que les loyers ont été particulièrement étudiés et que la commercialisation locative est effectuée par une équipe de proximité instituée à cet effet[7].

En ce qui concerne les conditions de location, la jurisprudence a pu considérer que, du fait du conventionnement APL des logements, l'administration ne pouvait pas soutenir que la vacance résultait du mauvais entretien de l'immeuble et du niveau excessif des loyers[8].

§ 2
Dégrèvement pour vacance volontaire de logements sociaux

941.41 Exception en faveur des logements sociaux destinés à la démolition. Par hypothèse, le dégrèvement pour vacance involontaire[9], ne peut

1. *BOI*-IF-TFB-50-20-30.
2. CE 12 janv. 1959, *RO*, p. 338 – CE 27 nov. 1964, *RO*, p. 195 – CE 10 mai 1967, *RJCD*, p. 132.
3. CE 20 avr. 1983, req. n° 36139.
4. CE 5 mai 1958, *RO*, p. 127 et CE 26 avr. 1963, req. n° 58438.
5. CAA Bordeaux, 3e ch., 9 oct. 2001, req. n° 99-2130, *RJF* 2/02, n° 176 – CE 8e et 3e ss-sect., 9 avr. 2004, *Office public d'habitations à loyer modéré du Tarn*, req. n° 240857, *Lebon* ; *AJDA* 2004. 1556 ; *AJDI* 2005. 495, obs. J.-P. Maublanc ; *RJF* 7/04, n° 736, concl. G. Bachelier ; *BDCF* 7/04, n° 93 – CAA Nancy, 1re ch., 20 févr. 1992, *Opac du Nord*, req. n° 658, *RJF* 7/92, n° 1006.
6. TA Lyon 2 nov. 1995, *Office public communautaire d'HLM de Lyon*, req. n° 91-2167, *RJF* 6/96, n° 842.1665.
7. CAA Lyon, 5e ch., 5 oct. 2006, *Opac du Grand Lyon*, req. n° 02-1025, *RJF* 2/07, n° 171.
8. TA Besançon, 16 févr. 1995, *SARL Compagnie Immobilière*, req. nos 91-412 et 91-563, *RJF* 5/95, n° 617.
9. CGI, art. 1389-I.

pas s'appliquer à des logements rendus vacants en vue de leur démolition. En effet, d'une part ils ne sont plus offerts à la location, d'autre part, la vacance est organisée et donc volontaire.

Cependant, afin de favoriser les opérations de renouvellement urbain dans les quartiers d'habitat social, qui peuvent impliquer des démolitions, le législateur a institué un dégrèvement spécifique[1]. Celui-ci dispense le bailleur de la condition liée au caractère involontaire de la vacance, lorsque les logements sociaux sont destinés à la démolition. Celle-ci doit être autorisée par le préfet, dans le cadre de l'article L. 443-15-1 du code de la construction et de l'habitation. Le permis de démolir prévu par le code de l'urbanisme n'est pas suffisant[2].

Les autres conditions d'application du dégrèvement (notamment la durée de la vacance) sont identiques à celles prévues par l'article 1389-I du code général des impôts.

SECTION 3
DÉGRÈVEMENTS POUR TRAVAUX RÉALISÉS PAR LES BAILLEURS SOCIAUX

941.51 **Compensation.** Le législateur a entendu favoriser la réalisation par les bailleurs sociaux de certains travaux sur leur patrimoine en leur faisant bénéficier de dégrèvements de taxe foncière. Concrètement, le bailleur fait valoir tout ou partie du coût des travaux réalisés en réclamant un dégrèvement de taxe foncière correspondant à ce montant. L'État restitue ainsi au bailleur une partie de la taxe foncière qu'il avait acquittée. Les travaux concernés sont les travaux d'économie d'énergie, les travaux d'adaptation des logements aux personnes âgées ou handicapées et les travaux de prévention contre les risques technologiques.

Nous examinerons les dispositions communes à ces dispositifs avant de préciser les règles propres à chacun d'entre eux.

941.52 **Bailleurs concernés.** Les dégrèvements pour travaux sont réservés à certains bailleurs sociaux personnes morales. Il s'agit des organismes d'HLM, des sociétés d'économie mixte ayant pour objet la construction et la gestion de logements et des organismes agréés au sens de l'article L. 365-1 du CCH.

Le dégrèvement s'impute en premier lieu sur la taxe due au titre des logements sur lesquels les travaux sont réalisés. Cela suppose donc que ceux-ci soient effectivement soumis à la taxe. Si la taxe correspondante est insuffisante, le surplus de dégrèvement s'impute sur les cotisations afférentes à des immeubles imposés dans la même commune ou dans d'autres communes relevant du même service des impôts, au titre de la même année.

Les dépenses prises en compte sont celles payées au titre de l'année précédant celle de la taxe à l'encontre de laquelle le dégrèvement est demandé. La réclamation doit être effectuée au plus tard le 31 décembre de l'année suivant celle du paiement de la taxe.

Exemple : les travaux payés en 2020 ouvrent droit à un dégrèvement de la taxe due au titre de 2021 ; la réclamation à l'encontre de cette taxe doit être effectuée au plus tard le 31 décembre 2022.

Lorsque le paiement des travaux s'étale sur plusieurs années, une réclamation pour chaque année doit être effectuée en fonction des paiements effectués au cours de celle-ci[3].

941.53 **Travaux d'économie d'énergie.** Les travaux d'économie d'énergie éligibles au dégrèvement de taxe foncière sont définis par l'article 1391-E du code général des impôts. Celui-ci vise les travaux portant sur :

1° les éléments constitutifs de l'enveloppe du bâtiment ;

2° les systèmes de chauffage ;

3° les systèmes de production d'eau chaude sanitaire ;

4° les systèmes de refroidissement dans les départements d'outre-mer ;

5° les équipements de production d'énergie utilisant une source d'énergie renouvelable ;

6° les systèmes de ventilation ;

7° les systèmes d'éclairage des locaux ;

8° les systèmes de répartition des frais d'eau et de chauffage.

Le texte vise des natures de travaux et ne renvoie pas à des équipements ou normes spécifiques. Le champ d'application est donc large et le dégrèvement n'est pas subordonné à la justification du respect de normes techniques spécifiquement définies.

Le dégrèvement ne s'applique qu'à des travaux réalisés sur des logements conventionnés APL.

Le dégrèvement est égal au quart du coût hors TVA des travaux. Celui-ci inclut les travaux et dépenses induites[4]. En revanche, si le bailleur a perçu des subventions au titre de ces travaux, le montant de

1. CGI, art. 1389-III.
2. CE 8e et 3e ss-sect., 28 janv. 2015, *min. c/Office public de l'habitat de la communauté urbaine de Strasbourg*, req. n° 368640, *Lebon ; AJDA* 2015. 791.
3. EN CE SENS : CE 8e et 3e ss-sect., 2 juill. 2014, *Office public de l'habitat Grand Lyon*, req. n° 368070.
4. EN CE SENS : CE 8e ss-sect., 17 juin 2015, *Office public de l'habitat du Territoire de Belfort*, req. n° 382248, *Lebon ; AJDI* 2016. 372, obs. J.-P. Maublanc.

celles-ci doit être déduit du coût des travaux. La doctrine administrative précise que les subventions à déduire sont celles perçues jusqu'au 31 décembre de l'année de paiement des travaux. [1]

941.54 Travaux d'accessibilité. Les travaux d'accessibilité et d'adaptation des logements aux personnes handicapées ou âgées réalisés par les bailleurs sociaux sont éligibles à un dégrèvement de taxe foncière. Celui-ci est égal au montant total des dépenses [2].

La loi ne définit pas plus précisément les natures de travaux éligibles. Le champ est donc large, et n'implique pas nécessairement la mise en œuvre d'équipements spécifiquement adaptés aux personnes handicapées [3].

Les travaux peuvent être réalisés tant dans le logement proprement dit que dans les parties communes, extérieures ou intérieures. Le dégrèvement n'est pas subordonné à la justification de l'occupation effective du ou des logements par une personne âgée ou handicapée.

Il concerne tous les logements appartenant au bailleur, que ceux-ci soient conventionnés ou non. Par ailleurs, le montant des subventions éventuellement perçu n'est pas déduit du coût des travaux sur la base duquel le dégrèvement est demandé [4]. Le coût à retenir pour l'assiette du dégrèvement inclut la TVA supportée par le bailleur.

941.55 Travaux de prévention des risques technologiques. Les plans de prévention des risques technologiques (PPRT) [5] ont pour objet de limiter l'exposition des populations aux conséquences des accidents susceptibles de survenir dans les installations classées « Seveso seuil haut » et pouvant entraîner des effets sur la salubrité, la santé et la sécurité publiques directement ou par pollution du milieu. Lorsqu'ils sont réalisés par un bailleur social sur des logements lui appartenant, ils ouvrent droit à un dégrèvement de taxe foncière [6] égal aux dépenses payées à raison des travaux prescrits par le plan. Les travaux qui ne sont que recommandés n'ouvrent pas droit au dégrèvement.

Le montant des travaux prescriptibles ne peut excéder un pourcentage de la valeur vénale des immeubles, fixé par décret, ou un montant de 20 000 euros. [7]

1. *BOI*-IF-TFB-50-20-20-30.
2. CGI, art. 1391-C.
3. EN CE SENS : CE 8e et 3e s^{s}-sect., 21 oct. 2015, *Société Dauphinoise de l'Habitat*, req. n° 374751, *Lebon ; AJDI* 2016. 128, obs. J.-P. Maublanc.
4. *BOI*-IF-TFB-50-20-20-10.
5. C. envir., art. L. 515-16-2 s.
6. CGI, art. 1391-D.
7. *BOI*-IF-TFB-50-20-20-20.

CHAPITRE

942. Taxe d'habitation

SECTION 0 ORIENTEUR

942.00 Sommaire du chapitre.

942.01 Principaux textes applicables.

TEXTES SOURCES

• **CGI,** art. 1407, 1408.

BOI-IF-TH-10-20-20 (IF – TH – Champ application – Personnes imposables – Cas particuliers).

TEXTES *IN EXTENSO*

• **CGI,** art. 1407

I. – La taxe d'habitation est due :

1° Pour tous les locaux meublés affectés à l'habitation ;

2° Pour les locaux meublés conformément à leur destination et occupés à titre privatif par les sociétés, associations et organismes privés et qui ne sont pas retenus pour l'établissement de la cotisation foncière des entreprises ;

3° Pour les locaux meublés sans caractère industriel ou commercial occupés par les organismes de l'État, des départements et des communes, ainsi que par les établissements publics autres que ceux visés au 1° du II de l'article 1408.

II. – Ne sont pas imposables à la taxe :

1° Les locaux passibles de la cotisation foncière des entreprises lorsqu'ils ne font pas partie de l'habitation personnelle des contribuables [...] ;

5° Les locaux affectés au logement des étudiants dans les résidences universitaires lorsque la gestion de ces locaux est assurée par un centre régional des œuvres universitaires et scolaires ou par un organisme en subordonnant la disposition à des conditions financières et d'occupation analogues. Un décret fixe les justifications à produire par ces organismes.

III. – Dans les zones de revitalisation rurale mentionnées à l'article 1465 A, les communes peuvent, par une délibération de portée générale prise dans les conditions prévues au I de l'article 1639 A *bis*, exonérer :

2° Les locaux classés meublés de tourisme dans les conditions prévues à l'article L. 324-1 du code du tourisme ;

3° Les chambres d'hôtes au sens de l'article L. 324-3 du code du tourisme. La délibération prise par la commune produit ses effets pour la détermination de la part de la taxe d'habitation afférente à ces locaux revenant à la commune et, le cas échéant, à l'établissement public de coopération intercommunale doté d'une fiscalité propre dont elle est membre. Elle peut concerner une ou plusieurs catégories de locaux. Pour bénéficier de cette exonération, le redevable de la taxe d'habitation adresse au service des impôts du lieu de situation du bien, avant le 1er janvier de chaque année au titre de laquelle l'exonération est applicable, une déclaration accompagnée de tous les éléments justifiant de l'affectation des locaux.

• **CGI,** art. 1408

I. La taxe est établie au nom des personnes qui ont, à quelque titre que ce soit, la disposition ou la jouissance des locaux imposables. Toutefois, pour l'imposition mentionnée à l'article 1407 *bis*, la taxe est établie au nom du propriétaire, de l'usufruitier, du preneur du bail à construction ou à réhabilitation ou de l'emphytéote qui dispose du local depuis le début de la période de vacance.

Les fonctionnaires et les employés civils et militaires logés gratuitement dans les bâtiments appartenant à l'État, aux départements, aux communes ou aux hospices sont imposables pour les locaux affectés à leur habitation personnelle.

Les sociétés d'attribution d'immeubles en jouissance à temps partagé sont redevables de la taxe d'habitation afférente aux locaux attribués en jouissance à leurs membres.

• **CGI,** art. 1414 D.

I – Les établissements mentionnés aux I et II de l'article L. 313-12 du Code de l'action sociale et des familles ne se livrant pas à une exploitation ou à des opérations à caractère lucratif peuvent bénéficier d'un dégrèvement de taxe d'habitation égal à la somme des montants d'exonération et de dégrèvement dont auraient bénéficié leurs résidents en application du I, du 1° du I bis et du IV de l'article 1414 du présent Code ou des articles 1414 A et 1414 C, s'ils avaient été redevables de cette taxe au titre du logement qu'ils occupent dans l'établissement au 1er janvier de l'année d'imposition.

Ce dégrèvement ne s'applique pas aux locaux communs et administratifs. Le dégrèvement est accordé à l'établissement sur réclamation présentée dans le délai et dans les formes prévues au LPF s'agissant des impôts directs locaux. La réclamation doit être accompagnée d'une copie de l'avis d'imposition à la taxe d'habitation de l'établissement établi à son nom et de la liste des résidents présents au 1er janvier de l'année d'imposition qui ne sont pas personnellement imposés à la taxe d'habitation. »

II. – La fraction du dégrèvement prévu à l'article 1414 D du CGI calculée en fonction de la situation de chaque résident des établissements mentionnés aux I et II de l'article L. 313-12 du Code de l'action sociale et des familles est déduite du tarif journalier mentionné au 3° du I de l'article L. 314-2 du même Code, mis à la charge du résident en contrepartie des prestations minimales d'hébergement, dites « socle de prestations », fournies par l'établissement en application du troisième alinéa de l'article L. 342-2 dudit Code ou, à défaut, remboursée au résident par l'établissement gestionnaire.

Les établissements mentionnés aux I et II de l'article L. 313-12 du même Code inscrivent sur la facture de chaque résident le montant de la taxe d'habitation à laquelle ces établissements sont assujettis au titre des locaux d'hébergement et le montant de dégrèvement dont ils bénéficient en application de l'article 1414 D du CGI.

• **CGI,** art. 1686

Les propriétaires et, à leur place, les principaux locataires, doivent, un mois avant l'époque du déménagement de leurs locataires, se faire représenter par ces derniers les quittances de leur taxe d'habitation. Lorsque les locataires ne représentent pas ces quittances, les propriétaires ou principaux locataires sont tenus, sous leur responsabilité personnelle, de donner, dans le délai d'un mois, avis du déménagement au comptable public chargé du recouvrement des impôts directs.

Dans le cas de déménagement furtif, les propriétaires et, à leur place, les principaux locataires sont responsables des sommes dues au titre de la taxe d'habitation par leurs locataires s'ils n'ont pas, dans les trois mois, fait donner avis du déménagement au comptable public.

Dans tous les cas, et nonobstant toute déclaration de leur part, les propriétaires ou principaux locataires sont responsables de la taxe d'habitation des personnes logées par eux en garni.

942.02 Jurisprudence de référence.

> Champ d'application – vacance

• **CE 7e et 9e ss-sect., 22 mai 1974,** *Roux*, req. n° 91679, *Lebon ; BOI*-IF-TH-10-20-10, n° 130

* V. ss n° 942.22

Le fait que le propriétaire d'un studio meublé n'ayant jamais fait l'objet d'aucune location ait souhaité le donner en location et ait, à cette fin, confié les clefs à une agence ne faisait pas obstacle à ce qu'il utilisât cet appartement, et n'avait donc pas eu pour effet de lui en retirer la disposition.

942.03 Bibliographie indicative.

Annuel. *Mémento fiscal*, « Taxe d'habitation », nos 43000 s., Francis Lefebvre, 2021.

Encyclopédies. RÉP. IMMO., *V° Ressources locales (Taxe d'habitation)*, par M.-Ch. Steckel Assouere – DICT. PERM. Gestion immob., *V° Impôts locaux – taxe d'habitation*, nos 327 s.

SECTION 1
CHAMP D'APPLICATION DE LA TAXE

942.11 Champ d'application de la taxe. La taxe d'habitation est normalement due pour tous les locaux meublés affectés à l'habitation[1]. La condition que le logement soit meublé est remplie dès lors que le logement est pourvu d'un ameublement « suffisant », quels que soient l'importance ou le confort de celui-ci[2]. Ainsi, le fait que toutes les pièces ne soient pas meublées n'empêche pas en soi l'application de la taxe. Peu importe la provenance des meubles, qui peuvent être fournis par le bailleur, par le locataire lui-même ou encore par un tiers.

942.12 Régime des dépendances. La taxe d'habitation est due au titre du logement proprement dit mais également de ses dépendances[3]. Celles-ci sont définies par la doctrine administrative comme les locaux ou terrains, qui en raison de leur proximité par rapport à l'habitation, de leur aménagement ou de leur destination, peuvent être considérés comme y étant rattachés même s'ils ne sont pas contigus à celle-ci[4].

Sont visés en pratique notamment les garages et emplacements de stationnement privatifs, jardins d'agrément, parcs et terrains de jeux, serres d'agrément et autres constructions (remises, installations sportives...), implantés sur des terrains à proximité immédiate du logement.

Concernant les garages et emplacements de stationnement privatifs, la doctrine administrative précise qu'ils constituent des dépendances soumises à la taxe d'habitation non seulement lorsqu'ils sont situés dans le bâtiment où se trouve le logement (maison individuelle, immeuble collectif), mais également lorsque, distinct de celui-ci, ils se trouvent dans un garage privé collectif. Le lien physique entre la jouissance du logement et celle du parking dépend de chaque situation de fait, mais elle est présumée écartée lorsqu'il existe une distance de plus d'un kilomètre entre les deux[5].

1. CGI, art. 1407-I.
2. *BOI*-IF-TH-10-10-10, § 70 s.
3. CGI, art. 1409.
4. *BOI*-IF-TH-10-10-10, § 160.
5. *BOI*-IF-TH-10-10-10, § 180 s.

942.13 **Exonérations.** Le code général des impôts prévoit des exonérations de taxe d'habitation, dont certaines peuvent concerner les bailleurs de logements.

Sont notamment exonérés les logements soumis à la cotisation foncière des entreprises lorsqu'ils ne font pas partie de l'habitation personnelle du bailleur [1].

Par ailleurs, la taxe d'habitation due à raison des résidences principales est progressivement supprimée, pour disparaître totalement en 2023.

SECTION 2
REDEVABLE DE LA TAXE

942.21 **Principes.** Le redevable de la taxe d'habitation est la personne qui a la jouissance ou la disposition du logement (CGI, art. 1408-I) c'est-à-dire en principe, en cas de location, le locataire.

La condition de disposition du logement implique d'une part la possibilité de l'occuper à tout moment, d'autre part que la jouissance soit privative. Ces conditions appellent des interrogations en cas de vacance d'un logement locatif et dans le cas de certaines résidences ou établissements d'hébergement.

942.22 **Redevable en cas de vacance.** Lorsque le logement locatif est vacant, la question se pose de savoir si l'on doit considérer que le propriétaire en a la jouissance, ce qui entraînerait son assujettissement à la taxe. En premier lieu, il convient de rappeler que la taxe d'habitation ne s'applique qu'aux logements meublés. Ainsi, si le logement est vide de tout meuble, il échappe de ce seul fait à la taxe.

En revanche, la question demeure posée lorsque le logement est meublé. Il s'agit alors de savoir si le bailleur a ou non la disposition du logement. En principe, le fait de rechercher un locataire devrait conduire à considérer que le logement n'est pas disponible. Cependant, la jurisprudence et la doctrine ne se satisfont pas de ce seul fait et prennent en compte le cas échéant d'autres éléments de contexte.

Ainsi, il a été jugé à propos d'un studio meublé qui n'avait fait l'objet d'aucune location, que la circonstance que son propriétaire ait souhaité le donner en location et ait, à cette fin, confié les clefs à une agence ne faisait pas obstacle à ce qu'il utilisât cet appartement, et n'avait donc pas eu pour effet de lui en retirer la disposition [2].

Notons qu'en cas de prolongation de la vacance, le bailleur en est présumé responsable et peut se voir réclamer la taxe d'habitation sur les logements vacants [3] ou la taxe annuelle sur les logements vacants [4].

942.23 **Notion de jouissance privative.** Il convient de vérifier que le locataire jouit bien de façon privative du logement. À cet égard, les contraintes qui résultent habituellement d'un règlement de copropriété ou des stipulations d'un bail d'habitation ne sont *a priori* pas de nature à ôter à l'occupation son caractère privatif.

La condition de jouissance privative peut cependant faire défaut dans certains établissements d'hébergement collectif tels que les foyers de travailleurs, les résidences pour étudiants ou pour personnes âgées.

En effet lorsque, eu égard à la durée habituelle de leur séjour et aux conditions d'occupation comportant, notamment, l'attribution de chambres ou logements individuels, les locataires de ces établissements ou résidences peuvent être regardés comme ayant la disposition privative de ces locaux, la doctrine administrative considère que chacun d'entre eux doit être personnellement assujetti à la taxe d'habitation [5]. Chaque occupant bénéficie alors, le cas échéant, des abattements à la base, et des exonérations ou dégrèvements auxquels sa situation personnelle ouvre droit.

À cet égard, les clauses du règlement intérieur de l'établissement destinées à préserver l'ordre, la tranquillité et la sécurité des locataires, ne sont pas considérées à elles seules comme de nature à ôter à l'occupation son caractère privatif.

En revanche, si des contraintes plus importantes pèsent sur l'occupation, l'imposition des chambres ou appartements est établie sous une cote unique au nom du bailleur.

Cette taxe d'habitation peut toutefois, pour les foyers de jeunes travailleurs, de travailleurs migrants et pour les résidences sociales, faire l'objet d'un dégrèvement d'office en application des dispositions du 1° du II de l'article 1414 du CGI [6]. Par ailleurs, les maisons de retraite font l'objet de dispositions particulières.

942.24 **Cas des maisons de retraite gérées dans un but lucratif.** Les maisons de retraite gérées dans

1. V. s^s n°s 943.22 s.

2. CE 7e et 9e s^s-sect., 22 mai 1974, *Roux*, req. n° 91679, *BOI*-IF-TH-10-20-10, n° 130 – EN CE SENS AUSSI : CE 7e et 8e s^s-sect., 10 déc. 1975, *Lombard*, req. n° 95854 – CE 7e et 8e s^s-sect., 20 janv. 1980, req. n° 15663, *RJF* 4/80, n° 337.
3. V. s^s n° 951.51.
4. V. s^s n° 951.10.
5. *BOI*-IF-TH-10-20-20, § 250 s.
6. *BOI*-IF-TH-10-50-10.

un but lucratif sont imposées à la cotisation foncière des entreprises et leurs pensionnaires sont assujettis à la taxe d'habitation dans les conditions de droit commun lorsqu'ils occupent leur logement à titre privatif.

Les locataires peuvent dès lors bénéficier des abattements éventuels à la base ou des exonérations ou dégrèvements résultant de leur situation personnelle.

942.25 Cas des maisons de retraite gérées sans but lucratif par des établissements publics d'assistance. Dans le cas des maisons de retraite gérées par des organismes sans but lucratif, l'article 1408 du CGI prévoit que la taxe d'habitation doit être établie au nom des personnes qui ont la disposition de locaux imposables. Par ailleurs, le II du même article exonère les établissements publics d'assistance de taxe d'habitation.

Ces établissements s'entendent, notamment, des hôpitaux et des centres communaux ou intercommunaux d'action sociale (bureaux d'aide sociale par exemple).

Les locaux communs (réfectoire, salles d'activités...) sont exonérés de la taxe d'habitation.

Les locaux d'hébergement proprement dits ne sont imposables au nom des occupants que si ces derniers en ont la jouissance privative. L'administration[1] considère que l'occupant n'a pas la jouissance privative lorsqu'il est hébergé en dortoir ou lorsque la réglementation de l'établissement comporte notamment l'obligation pour les personnes valides de prendre les repas en commun (et, par suite, l'interdiction de cuisiner), une limitation des heures de visite ou, à tout le moins, l'interdiction des visites de nuit ou prévoit le libre accès des chambres au personnel.

Dans ce cas, ni les occupants, ni l'établissement gestionnaire ne sont imposés. En revanche, si les occupants ont la disposition des locaux, ils sont personnellement assujettis à la taxe d'habitation.

942.26 Cas des maisons de retraite gérées sans but lucratif par des organismes autres que les établissements publics d'assistance. Les locaux communs sont considérés par la doctrine administrative comme étant à la disposition du gestionnaire et sont par conséquent imposés à son nom[2]. En revanche, les locaux d'hébergement sont imposés à la taxe d'habitation :

– soit, sous une cote unique, au nom du gestionnaire, si les pensionnaires n'ont pas la disposition privative de leur logement. La doctrine administrative prévoyait que le gestionnaire pouvait obtenir, sur réclamation, un dégrèvement de la taxe, pour les locaux d'hébergement occupés par des pensionnaires qui auraient pu bénéficier d'exonérations ou dégrèvements s'ils avaient été personnellement imposés[3] ; ce mécanisme a été légalisé et précisé par l'article 6 de la loi du 30 décembre 2017[4] (codifié à l'article 1414-D du CGI) ; il est réservé aux EHPAD et petites unités de vie ; le dégrèvement doit être rétrocédé à chaque occupant concerné ;

– soit, dans le cas contraire, au nom de chacun des occupants.

942.27 Location à un étudiant. Le redevable de la taxe d'habitation est en principe celui qui en a la jouissance privative au 1er janvier de l'année d'imposition. Lorsqu'un logement meublé fait l'objet de locations saisonnières, le propriétaire du bien est redevable de la taxe d'habitation dès lors qu'au 1er janvier de l'année de l'imposition, il peut être regardé comme en conservant la disposition ou la jouissance une partie de l'année.

Cependant, le Conseil d'État a considéré que dans le cas d'une location d'un logement meublé à un étudiant par bail conclu dans les conditions prévues au deuxième alinéa de l'article L 632-1 du Code de la construction et de l'habitation, consentie pour neuf mois continus et à titre de résidence principale, le locataire étudiant qui occupait le logement au 1er janvier en avait la disposition, au sens de l'article 1408 du CGI[5].

942.28 Solidarité du bailleur pour le paiement de la taxe d'habitation. Le redevable de la taxe d'habitation est comme on l'a vu en principe le locataire, puisque celui-ci a la jouissance du logement. Toutefois, afin de garantir le recouvrement la recette fiscale, le code général des impôts prévoit dans certains cas une solidarité du bailleur pour le paiement de la taxe établie au nom du locataire[6].

Le propriétaire (ou le locataire principal) peut cependant échapper à cette imposition en informant le comptable public du départ du locataire. Il convient de distinguer deux cas :

– si le locataire a donné congé, le propriétaire doit se faire présenter les quittances de taxe d'habitation au plus tard un mois avant le déménagement du locataire ; à défaut, il doit informer le comptable public du départ du locataire dans un délai d'un mois, c'est-à-dire au plus tard le jour du déménagement ;

1. *BOI*-IF-TH10-20-20, n° 290.
2. *BOI*-IF-TH10-20-20, n° 320.
3. *BOI*-IF-TH-50-30-20.
4. L. n° 2017-1837, 30 déc. 2017 de finances pour 2018, *JO* 31 déc.
5. CE, 8e et 3e s.-s., 26 févr. 2016, *min. c/ B*, n° 389438, *Lebon* T.
6. CGI, art. 1686.

– si le locataire quitte le logement furtivement, le propriétaire (ou le locataire principal) doit informer le comptable public dans les trois mois du déménagement.

Ces exceptions ne sont pas applicables aux propriétaires qui donnent le logement en location meublée.

La doctrine administrative prévoit des assouplissements à ce mécanisme de solidarité :

– elle n'est effective que si l'imposition a été mise en recouvrement avant le départ du locataire[1],

– la solidarité ne s'applique pas lorsque le locataire déménage dans le ressort du même poste comptable...

– ... ni si le locataire, déménageant en dehors du ressort de ce poste, a informé le comptable public de sa nouvelle adresse ou a donné à la Poste un ordre de réexpédition définitive de son courrier[2],

– enfin, le bailleur peut éventuellement obtenir la remise gracieuse de sa responsabilité, dans le cas où il établirait qu'il est victime de « circonstances imprévisibles »[3].

1. *BOI*-REC-SOLID-20-40, § 20.
2. *BOI*-IF-TH-50-10, § 40 et *BOI*-REC-SOLID-20-40, § 50 et 70.
3. *BOI*-REC-SOLID-20-40, § 1.

CHAPITRE

943. Contribution économique territoriale

SECTION 0 ORIENTEUR

943.00 Sommaire du chapitre.

Division. La contribution économique territoriale est une imposition locale qui a remplacé, depuis 2010, l'ancienne taxe professionnelle. Elle ne s'applique pas aux locations ou sous-locations de logements nus. *A contrario*, les locations meublées entrent dans son champ d'application.

Cette imposition se décompose (v. s[s] n° 943.12) entre la cotisation foncière des entreprises (CFE) et la cotisation sur la valeur ajoutée des entreprises (CVAE), cette dernière n'étant toutefois exigible qu'à compter d'un montant de recettes élevé (v. s[s] n° 943.32).

943.01 Principaux textes applicables.

TEXTES SOURCES

• **CGI,** art. 1447-1, 1459, 1461.

TEXTES *IN EXTENSO*

• **CGI,** art. 1447-I

La cotisation foncière des entreprises est due chaque année par les personnes physiques ou morales, les sociétés non dotées de la personnalité morale ou les fiduciaires pour leur activité exercée en vertu d'un contrat de fiducie qui exercent à titre habituel une activité professionnelle non salariée.

Pour l'établissement de la cotisation foncière des entreprises, les activités de location ou de sous-location d'immeubles, autres que les activités de location ou sous-location d'immeubles nus à usage d'habitation, sont réputées exercées à titre professionnel.

• **CGI,** art. 1459

Sont exonérés de la cotisation foncière des entreprises :

1° Les propriétaires ou locataires qui louent accidentellement une partie de leur habitation personnelle, lorsque d'ailleurs cette location ne présente aucun caractère périodique ;

2° Les personnes qui louent ou sous-louent en meublé une ou plusieurs pièces de leur habitation principale, sous réserve que les pièces louées constituent pour le locataire ou le sous-locataire en meublé sa résidence principale, et que le prix de location demeure fixé dans des limites raisonnables ;

3° Sauf délibération contraire de la commune ou de l'établissement public de coopération intercommunale doté d'une fiscalité propre :

b) Les personnes qui louent en meublé des locaux classés dans les conditions prévues à l'article L. 324-1 du code du tourisme, lorsque ces locaux sont compris dans leur habitation personnelle ;

c) Les personnes autres que celles visées aux 1° et 2° du présent article ainsi qu'au b qui louent ou sous-louent en meublé tout ou partie de leur habitation personnelle.

Les délibérations sont prises dans les conditions prévues à l'article 1639 A *bis* et portent sur la totalité de la part revenant à chaque collectivité ou groupement ; elles peuvent concerner une ou plusieurs des catégories de personnes énumérées ci-dessus.

• **CGI,** art. 1461

Sont exonérés de la cotisation foncière des entreprises : [...]

2° Les organismes d'habitations à loyer modéré mentionnés à l'article L. 411-2 du code de la construction et de l'habitation, les sociétés anonymes de coordination entre les organismes d'habitations à loyer modéré mentionnées à l'article L. 423-1-1 du même code, ainsi que les sociétés ou organismes visés aux articles 239 *ter* et 239 *quater* du présent code dès lors qu'ils sont constitués exclusivement par des organismes précités et si leurs activités sont identiques à celles de leurs membres ; [...]

6° L'association mentionnée à l'article L. 313-18 du code de la construction et de l'habitation et les sociétés mentionnées aux articles L. 313-19 et L. 313-20 du même code au titre des activités relevant des opérations énumérées au 14° du 1 de l'article 207 [...].

943.02 Jurisprudence de référence.

> Exonération – location de pièces du logement principal

• **CE 9e et 8e s[s]-sect., 13 nov. 1987,** *Khouiy*, req. n° 44238, *RJF* 1/88, n° 71

* V. s[s] n° 943.22

L'exonération ne s'applique pas en cas de location de pièces formant des logements indépendants de l'habitation principale. Il en est ainsi, notamment, des pièces pourvues de cuisines et de salles d'eau, disposant d'un accès individuel aux parties communes, d'une boîte aux lettres indépendante, etc.

943.03 Bibliographie indicative.

Annuel. *Mémento fiscal*, « Contribution économique territoriale », n°s 43500 s., Francis Lefebvre, 2021.

SECTION 1
PRINCIPE D'ASSUJETTISSEMENT

943.11 Conditions d'application aux logements. La contribution économique territoriale a remplacé l'ancienne taxe professionnelle. Comme son nom l'indique, cette dernière ne concernait que les activités « professionnelles », ce qui excluait de son champ les revenus « patrimoniaux ». En principe, les locations d'immeubles nus étaient considérées comme des activités patrimoniales et échappaient donc à la taxe professionnelle.

À l'occasion de la création de la contribution économique territoriale, le législateur a expressément précisé les conditions d'application de celle-ci aux activités immobilières[1] :

- la location de locaux d'activités est soumise à la contribution (sous réserve d'une exonération pour les petits bailleurs),
- la location (ou sous-location) de logements nus n'est pas soumise à la contribution,
- la location (ou sous-location) de logements meublés est imposable.

Il en résulte, en matière de logement, que seules les locations ou sous-locations meublées sont soumises à la contribution.

943.12 Articulation entre cotisation foncière des entreprises (CET) et contribution sur la valeur ajoutée des entreprises (CVAE). La contribution économique territoriale est constituée par deux impositions dont l'assiette est distincte[2] :

- la cotisation foncière des entreprises (CFE) est assise sur la valeur locative des locaux définie pour les autres impositions locales (taxe foncière, taxe d'habitation) ;
- la contribution sur la valeur ajoutée des entreprises (CVAE) est assise sur la valeur ajoutée générée par l'activité imposable.

La CVAE ne s'applique qu'aux activités qui sont soumises à la CET[3]. Par conséquent, les locations et sous-locations de logements nus échappent à cette imposition.

Concernant les locations meublées, elles sont en principe soumises à la CVAE. Toutefois, les redevables dont l'activité génère un chiffre d'affaires annuel inférieur à 500 000 € échappent, par l'effet d'une exonération ou d'un dégrèvement, à la contribution[4].

SECTION 2
EXONÉRATIONS

943.21 Bailleurs sociaux. Les organismes d'HLM visés à l'article L. 411-2 du code de la construction et de l'habitation ainsi que les sociétés de coordination entre organismes d'HLM sont exonérés de la CET[5].

Les autres bailleurs sociaux (notamment les sociétés d'économie mixte) ne bénéficient pas de cette exonération et sont donc en principe soumis à la contribution au titre des locations ou sous-locations de logements meublés, sauf si le bailleur peut faire valoir une exonération en tant qu'organisme public ou sans but lucratif.

943.22 Bailleurs particuliers. Diverses exonérations de la cotisation foncière des entreprises sont prévues en faveur des bailleurs particuliers[6].

En premier lieu, les propriétaires ou locataires qui louent accidentellement une partie de leur habitation personnelle, lorsque cette location ne présente aucun caractère périodique, sont exonérés. La location doit donc être accidentelle. Sont par conséquent imposables les locations habituelles d'une partie de l'habitation principale, de même qu'une location occasionnelle, lorsqu'elle porte sur des logements dont le bailleur ne dispose pas le reste du temps en tant que résidence principale. La location ne doit pas avoir de caractère périodique, c'est-à-dire qu'elle ne doit pas se répéter, ni avoir une durée trop longue.

En second lieu, l'article 1459-2 du code général des impôts prévoit une exonération pour les personnes qui louent ou sous-louent en meublé une ou plusieurs pièces de leur habitation principale, sous réserve que les pièces louées constituent pour le locataire ou le sous-locataire en meublé sa résidence principale et que le prix de location demeure fixé dans des limites raisonnables.

L'exonération ne s'applique pas en cas de location de pièces formant des logements indépendants de l'habitation principale. Il en est ainsi, notamment,

1. CGI, art. 1447-I.
2. CGI, art. 1447-0.
3. CGI, art. 1586 *ter*.
4. CGI, art. 1586 *quater*.
5. CGI, art. 1461-2°.
6. CGI, art. 1459.

des pièces pourvues de cuisines et de salles d'eau, disposant d'un accès individuel aux parties communes, d'une boîte aux lettres indépendante, etc. Cette position de l'administration a été confirmée par plusieurs décisions du Conseil d'État[1]. Notons que l'appréciation du caractère indépendant de la location est sujette à interprétation, et que la Cour administrative d'appel de Nancy a retenu une solution contraire dans le cas de pièces qui étaient pourtant pourvues d'un équipement sanitaire[2]. L'exonération est ainsi susceptible de s'appliquer la location de chambres de bonnes, à condition de démontrer que leur configuration permet de considérer qu'elles constituent bien une dépendance du logement principal. La pièce louée doit faire partie de l'habitation principale du locataire. Concernant les étudiants, la doctrine administrative confirmait qu'ils pouvaient être considérés comme ayant leur résidence principale au lieu où ils séjournent habituellement au cours de l'année universitaire, même s'ils avaient conservé leur domicile légal chez leurs parents[3].

Enfin, la condition tenant au caractère raisonnable du montant du loyer est réputée remplie lorsque la location, ou la sous-location porte sur des locaux soumis à la législation sur les loyers du 1er septembre 1948, si le prix de la sous-location n'excède pas 2,5 fois la quote-part, correspondant à la partie sous-louée, du loyer de l'immeuble nu qu'il paye à son propriétaire.

En ce qui concerne le propriétaire qui loue directement en meublé, la même règle est appliquée, mais la valeur locative de l'immeuble, déterminée par comparaison avec celle d'immeubles donnés en location, sert alors de terme de référence pour l'application du coefficient susvisé.

Dans le cas des logements échappant à la loi de 1948 précitée, le caractère raisonnable du prix de la sous-location ou de la location sera reconnu si le loyer ne permet pas au locataire principal ou au propriétaire, de réaliser un profit supérieur en valeur absolue à celui qui serait autorisé s'il s'agissait d'un immeuble faisant partie du secteur réglementé.

Le cas échéant, le prix ainsi fixé peut être majoré à concurrence du prix normal des prestations particulières qui pourraient être fournies, sans qu'il en résulte la perte du bénéfice de l'exonération[4]. L'appréciation du montant du loyer reste donc sujette à interprétation.

Un troisième cas d'exonération de CET est prévu en faveur des personnes qui louent en meublé des locaux classés « meublés de tourisme »[5], lorsque ces locaux sont compris dans leur habitation personnelle (qui peut être leur résidence principale ou secondaire)[6]. Cette exonération peut cependant être supprimée par les collectivités territoriales ou établissements publics bénéficiaires de la contribution[7].

Enfin, l'article 1459-3-c du code général des impôts exonère les personnes autres que celles visées précédemment qui louent ou sous-louent en meublé tout ou partie de leur habitation personnelle. Il peut s'agir par exemple de propriétaires qui donnent en location leur résidence secondaire quelques semaines par an ou ceux qui louent des chambres d'hôtes dépendant de leur résidence personnelle, dont ils gardent la disposition en dehors des périodes de location[8]. Les conditions d'application de cette exonération sont plus souples que celles visées précédemment[9], mais les collectivités territoriales peuvent la supprimer. En pratique, les exonérations prévues aux articles précédents ne seront donc le cas échéant appliquées que si la ou les collectivités ont délibéré pour supprimer l'exonération de l'article 1459-3-c.

SECTION 3
MODALITÉS D'IMPOSITION

943.31 **Assiette d'imposition à la CFE.** D'une manière générale, l'assiette de la CFE est constituée par les biens passibles de la taxe foncière (terrains, constructions...) dont dispose le redevable pour les besoins de son activité. S'agissant d'un loueur en meublé, il s'agit du ou des logements affectés par le bailleur à la location meublée.

La base d'imposition est constituée par la valeur locative du ou des logements, telle que définie pour les besoins de la taxe foncière sur les propriétés bâties[10] étant précisé que l'abattement de 50 % prévu pour la taxe foncière n'est pas appliqué pour l'établissement de la CET.

943.32 **CVAE.** L'assiette de la CVAE est constituée par la valeur ajoutée produite par l'activité du redevable[11].

Cependant, elle ne s'applique que si le chiffre d'affaires annuel engendré par l'activité est supé-

1. NOT. : CE 9e et 8e ss-sect., 13 nov. 1987, *Khouiy*, req. no 44238, *RJF* 1/88, no 71.
2. CAA Nancy, 2e ch., 21 mai 1991, *Lenglet*, req. no 89NC01557, *Lebon* ; *RJF* 11/91, no 1400.
3. D. adm. 6 E-1354, no 2, 1er sept. 1991.
4. Rép. Boucheron, 39346, *JOAN* 5 mars 1984, p. 1016.
5. C. tourisme, art. L. 324-1.
6. Une exonération similaire existait en faveur des gîtes ruraux ; elle a été supprimée par l'article 91 de la loi no 2015-1785 du 29 décembre 2015.
7. CGI, art. 1459-3-b.
8. Rép. Prat, no 8234, *JOAN* 16 avr. 2013, p. 4141.
9. CGI, art. 1459-1, 2 et 3-b.
10. V. ss no 941.11.
11. CGI, art. 1586 *sexies*.

rieur à 152 500 euros. En outre, les entreprises dont le chiffre d'affaires annuel est inférieur à 500 000 euros bénéficient d'un dégrèvement total de la CVAE[1].

Il en résulte qu'en pratique, les loueurs en meublé dont l'activité génère moins de 500 000 euros de revenus annuels échappent à la CVAE.

1. CGI, art. 1586 *quater*.

CHAPITRE

944. Taxe et redevance d'enlèvement des ordures ménagères

SECTION 0

ORIENTEUR

944.00 Sommaire du chapitre.

Division. Il convient d'étudier successivement la taxe d'enlèvement des ordures ménagères (sect. 1) et la redevance (sect. 2).

944.01 Principaux textes applicables.

TEXTES SOURCES

• **CGI,** art. 1520-I, 1524.

• **CGCT,** art. L. 2333-76.

TEXTES *IN EXTENSO*

• **CGI,** art. 1520-II

Les communes qui assurent au moins la collecte des déchets des ménages peuvent instituer une taxe destinée à pourvoir aux dépenses du service de collecte et de traitement des déchets ménagers et des déchets mentionnés à l'article L. 2224-14 du code général des collectivités territoriales ainsi qu'aux dépenses directement liées à la définition et aux évaluations du programme local de prévention des déchets ménagers et assimilés mentionné à l'article L. 541-15-1 du code de l'environnement, dans la mesure où celles-ci ne sont pas couvertes par des recettes ordinaires n'ayant pas le caractère fiscal.

Les dépenses du service de collecte et de traitement des déchets mentionnées au premier alinéa du présent I comprennent :

1° Les dépenses réelles de fonctionnement ;

2° Les dépenses d'ordre de fonctionnement au titre des dotations aux amortissements des immobilisations lorsque, pour un investissement, la taxe n'a pas pourvu aux dépenses réelles d'investissement correspondantes, au titre de la même année ou d'une année antérieure ;

3° Les dépenses réelles d'investissement lorsque, pour un investissement, la taxe n'a pas pourvu aux dépenses d'ordre de fonctionnement constituées des dotations aux amortissements des immobilisations correspondantes, au titre de la même année ou d'une année antérieure.

Lorsqu'une commune assure au moins la collecte et a transféré le reste de la compétence d'élimination à un établissement public de coopération intercommunale à fiscalité propre, elle peut, par délibérations concordantes avec ce dernier, établir un reversement partiel du produit de la taxe d'enlèvement des ordures ménagères au profit de ce dernier.

• **CGI,** art. 1524

En cas de vacance d'une durée supérieure à trois mois, il peut être accordé décharge ou réduction de la taxe sur réclamation présentée dans les conditions prévues en pareil cas, en matière de taxe foncière.

• **CGCT,** art. L. 2333-76

Les communes, les établissements publics de coopération intercommunale et les syndicats mixtes qui bénéficient de la compétence prévue à l'article L. 2224-13 peuvent instituer une redevance d'enlèvement des ordures ménagères calculée en fonction du service rendu dès lors qu'ils assurent au moins la collecte des déchets des ménages. Lorsque les communes assurent au moins la collecte et ont transféré le reste de la compétence d'élimination à un établissement public de coopération intercommunale à fiscalité propre, elles pourront, par délibérations concordantes avec ce dernier, établir un reversement partiel du produit de la redevance d'enlèvement des ordures ménagères au profit de ce dernier.

L'établissement public de coopération intercommunale issu de la fusion en application de l'article L. 5211-41-3 ou le syndicat mixte issu de la fusion en application de l'article L. 5711-2 doit prendre la délibération afférente à la redevance d'enlèvement des ordures ménagères avant le 1er mars de la sixième année qui suit celle de la fusion.

À défaut de délibération, le régime applicable en matière de redevance d'enlèvement des ordures ménagères sur le territoire des établissements publics de coopération intercommunale ou des syndicats mixtes ayant fait l'objet de la fusion ou sur le territoire des communes incluses dans le périmètre de l'établissement public issu de la fusion est maintenu pour une durée qui ne peut excéder les sept années. Pour l'application de ces dispositions, l'établissement public de coopération intercommunale ou le syndicat mixte issu de la fusion perçoit la redevance en lieu et place des établissements publics de coopération intercommunale ou des syndicats mixtes ayant fait l'objet de la fusion.

Les deuxième et troisième alinéas sont également applicables en cas de rattachement d'une commune à un établissement public de coopération intercommunale à fiscalité propre ou en cas d'adhésion d'une commune ou d'un établissement public de coopération intercommunale à fiscalité propre à un syndicat mixte.

Par dérogation aux dispositions précédentes, les établissements publics de coopération intercommunale à fiscalité propre disposant de l'ensemble de la compétence prévue à l'article L. 2224-13 et qui adhèrent, pour l'ensemble de cette compétence, à un syndicat mixte peuvent décider :

– soit d'instituer et de percevoir la redevance pour leur propre compte, en fixant eux-mêmes les modalités de tarification, dans le cas où le syndicat mixte ne l'aurait pas instituée avant le 1er juillet d'une année pour être applicable à compter de l'année suivante ; lorsque le syndicat mixte décide postérieurement d'instituer la redevance ou la taxe prévue à l'article 1520 du code général des impôts, la délibération prise par le syndicat ne s'applique pas sur le territoire de l'établissement public de coopération intercommunale sauf si ce dernier rapporte sa délibération ;

– soit de percevoir la redevance en lieu et place du syndicat mixte qui l'aurait instituée sur l'ensemble du périmètre syndical.

En cas de création de commune nouvelle, à défaut de délibération prise avant le 1er mars de l'année qui suit celle de la création dans les conditions prévues au I de l'article L. 2113-5-1, le régime applicable en matière de redevance d'enlèvement des ordures ménagères sur le territoire des communes participant à la création de la commune nouvelle est maintenu pour une durée qui ne peut excéder cinq ans à compter de l'année de sa création.

Par dérogation aux dispositions du premier alinéa du présent article, les communes qui adhèrent, pour l'ensemble de la compétence prévue à l'article L. 2224-13, à un syndicat mixte peuvent décider d'instituer et de percevoir la redevance pour leur propre compte, en fixant elles-mêmes les modalités de tarification, dans le cas où le syndicat mixte ne l'aurait pas instituée avant le 1er juillet d'une année pour être applicable à compter de l'année suivante ; lorsque le syndicat mixte décide postérieurement d'instituer la redevance ou la taxe prévue à l'article 1520 du code général des impôts, la délibération prise par le syndicat ne s'applique pas sur le territoire de la commune, sauf si cette dernière rapporte sa délibération.

La redevance est instituée par l'assemblée délibérante de la collectivité locale ou de l'établissement public qui en fixe le tarif.

Ce tarif peut, en raison des caractéristiques de l'habitat, inclure une part fixe qui n'excède pas les coûts non proportionnels. Cette part fixe peut également inclure les coûts correspondants à un nombre minimal de levées ou à un volume minimal de déchets ménagers et assimilés.

Ce tarif peut prévoir, pour les résidences constituées en habitat vertical ou pavillonnaire, une redevance globale calculée en fonction du nombre de résidents ou de la masse des déchets produits exprimée en volume ou en poids. La personne morale ou physique chargée de la gestion de la résidence est alors considérée comme l'usager du service public et procède à la répartition de la redevance globale entre les foyers.

Elle est recouvrée par cette collectivité, cet établissement ou, par délégation de l'assemblée délibérante, par le concessionnaire du service.

Par exception à l'article L. 2333-79, lorsque les communes transfèrent la collecte des déchets des ménages à une communauté d'agglomération issue d'un syndicat d'agglomération nouvelle qui assurait antérieurement le reste de la compétence prévue à l'article L. 2224-13, cette communauté d'agglomération peut instituer, selon le cas, la redevance d'enlèvement des ordures ménagères et la taxe d'enlèvement des ordures ménagères sur le territoire des communes où elles étaient en vigueur préalablement au transfert de compétence.

944.03 Bibliographie indicative.

Annuel. *Mémento fiscal*, « Taxe d'enlèvement des ordures ménagères », n° 45520, Francis Lefebvre, 2021.

Encyclopédies. RÉP. IMMO., *V° Ressources locales – Redevances*, par J.-L. Albert, n°s 90 s. – DICT. PERM., Gestion immob., *V° Impôts locaux – Enlèvement des ordures ménagères*, n°s 305 s.

SECTION 1
TAXE D'ENLÈVEMENT DES ORDURES MÉNAGÈRES

944.11 Principes. La taxe d'enlèvement des ordures ménagères a le même champ d'application que la taxe foncière sur les propriétés bâties. Elle est donc due à raison des logements, et est assise sur la valeur locative de ces derniers, définie comme en matière de taxe foncière[1]. Le taux est défini par la collectivité ou l'établissement concerné. Elle est recouvrée en même temps que cette dernière, par l'administration fiscale. Il s'agit d'une imposition à caractère fiscal, et non d'une redevance pour service rendu. Le montant de la taxe n'est donc pas directement corrélé au coût du service rendu.

Cependant, le texte légal indique que la taxe est « destinée à pourvoir aux dépenses du service de collecte et de traitement des déchets ménagers » de certains autres déchets et dépenses liées à ces services, dans la mesure où celles-ci ne sont pas couvertes par des recettes ordinaires n'ayant pas le caractère fiscal. Le Conseil d'État en a conclu que lorsque le taux de la taxe conduisait à une recette fiscale excédant sensiblement le coût du service, son

1. V. s^s n° 941.11.

taux était illégal[1]. Les contribuables peuvent dans ce cas demander la restitution des taxes acquittées.

La taxe est due par le propriétaire. Elle fait toutefois partie des charges récupérables sur le locataire[2]. Lorsque le propriétaire dispose de plusieurs logements situés à une même adresse, l'avis d'imposition ne distingue pas entre les différents logements. Le propriétaire doit donc ventiler la taxe foncière à remettre à la charge des différents locataires, sous sa responsabilité. Pour ce faire, il peut néanmoins demander à l'administration de détail des valeurs locatives de chaque logement afin de définir la clé de répartition[3].

944.12 **Dégrèvement pour vacance.** La taxe d'enlèvement des ordures ménagères peut faire l'objet d'un dégrèvement lorsque le logement est vacant pendant une durée de moins de trois mois, à condition que la vacance soit involontaire[4]. Le caractère involontaire de la vacance s'apprécie comme en matière de taxe foncière[5].

SECTION 2
REDEVANCE D'ENLÈVEMENT DES ORDURES MÉNAGÈRES

944.21 **Principes.** La redevance d'enlèvement des ordures ménagères est une redevance pour service rendu, et non une imposition à caractère fiscal. Lorsqu'elle est instituée, son montant doit correspondre au coût du service rendu. Elle est collectée directement par le receveur pour le compte de la collectivité ou de l'établissement concerné.

Cette redevance, lorsqu'elle est réclamée au propriétaire, fait partie des charges récupérables auprès du locataire[6].

1. CE, 8e et 3e s.-s., 31 mars 2014, *min. c/Sté Auchan France*, nos 368111, 368123 et 368124, *Lebon* T ; *RJF* 6/14, no 639, concl. N. Escaut ; *BDCF* 6/14, no 62 ; *BOI*-IF-AUT-90-30-10, § 23, 24 juin 2015, décision suivie de plusieurs autres dans le même sens et de jugements de Tribunaux administratifs
2. V. ss nos 241.11 s.
3. Rép. Gantier, no 6861, *JOAN* 22 mai 1989, p. 2326.
4. CGI, art. 1524.
5. V. ss no 941.31.
6. V. ss nos 241.11 s.

TITRE

95. Les impositions diverses

SECTION 0

ORIENTEUR

95.00 **Sommaire du titre.**

CHAPITRE

951. Impositions sur les logements vacants

SECTION 0 ORIENTEUR

951.00 **Sommaire du chapitre.**

951.01 **Principaux textes applicables.**

TEXTES SOURCES

• **CGI,** art. 232.

• **CGI,** art. 1407 *bis.*

BOI-**IF-AUT-60** (IF-AUT – Taxes et prélèvements additionnels aux impôts fonciers – Taxe annuelle sur les logements vacants).

BOI-**IF-TH-60** (IF-TH – Règles spécifiques d'assujettissement des logements vacants à la taxe d'habitation).

TEXTES *IN EXTENSO*

• **CGI,** art. 232

I. – La taxe annuelle sur les logements vacants est applicable dans les communes appartenant à une zone d'urbanisation continue de plus de cinquante mille habitants où existe un déséquilibre marqué entre l'offre et la demande de logements, entraînant des difficultés sérieuses d'accès au logement sur l'ensemble du parc résidentiel existant, qui se caractérisent notamment par le niveau élevé des loyers, le niveau élevé des prix d'acquisition des logements anciens ou le nombre élevé de demandes de logement par rapport au nombre d'emménagements annuels dans le parc locatif social. Un décret fixe la liste des communes où la taxe est instituée. Cette liste inclut les communes situées dans les collectivités régies par l'article 73 de la Constitution comprises dans une zone d'urbanisation continue de plus de 50 000 habitants et répondant aux conditions fixées à la première phrase du présent I.

II. – La taxe est due pour chaque logement vacant depuis au moins une année, au 1er janvier de l'année d'imposition, à l'exception des logements détenus par les organismes d'habitations à loyer modéré et les sociétés d'économie mixte et destinés à être attribués sous conditions de ressources.

III. – La taxe est acquittée par le propriétaire, l'usufruitier, le preneur à bail à construction ou à réhabilitation ou l'emphytéote qui dispose du logement depuis le début de la période de vacance mentionnée au II.

IV. – L'assiette de la taxe est constituée par la valeur locative du logement mentionnée à l'article 1409. Son taux est fixé à 12,5 % la première année d'imposition et à 25 % à compter de la deuxième.

V. – Pour l'application de la taxe, n'est pas considéré comme vacant un logement dont la durée d'occupation est supérieure à quatre-vingt-dix jours consécutifs au cours de la période de référence définie au II.

VI. – La taxe n'est pas due en cas de vacance indépendante de la volonté du contribuable.

VII. – Le contrôle, le recouvrement, le contentieux, les garanties et les sanctions de la taxe sont régis comme en matière de taxe foncière sur les propriétés bâties.

VIII. – Le produit de la taxe est versé à l'Agence nationale de l'habitat dans la limite du plafond prévu au I de l'article 46 de la loi n° 2011-1977 du 28 décembre 2011 de finances pour 2012.

• **CGI,** art. 1407 *bis*

Les communes autres que celles visées à l'article 232 peuvent, par une délibération prise dans les conditions prévues à l'article 1639 A *bis*, assujettir à la taxe d'habitation, pour la part communale et celle revenant aux établissements publics de coopération intercommunale sans fiscalité propre, les logements vacants depuis plus de deux années au 1er janvier de l'année d'imposition. La vacance s'apprécie au sens des V et VI de l'article 232.

Le premier alinéa est applicable aux établissements publics de coopération intercommunale à fiscalité propre, mentionnés aux I ou II de l'article 1379-0 *bis*, lorsqu'ils ont adopté un programme local de l'habitat défini à l'article L. 302-1 du code de la construction et de l'habitation. La délibération prise par l'établissement public de coopération intercommunale n'est pas applicable sur le territoire de ses communes membres ayant délibéré pour instaurer cette taxe conformément au premier alinéa ainsi que sur celui des communes mentionnées à l'article 232.

Toutefois, sont exonérés les logements détenus par les organismes d'habitations à loyer modéré et les sociétés d'économie mixte, destinés à être attribués sous conditions de ressources.

En cas d'imposition erronée liée à l'appréciation de la vacance, les dégrèvements en résultant sont à la charge de la commune ou de l'établissement public de coopération intercommunale à fiscalité propre. Ils s'imputent sur les attributions mentionnées aux articles L. 2332-2 et L. 3332-1-1 du code général des collectivités territoriales.

951.03 **Bibliographie indicative.**

Annuel. *Mémento fiscal*, « Taxe sur les logements vacants », n°s 75980 s. ; « taxe d'habitation », n° 43000, Francis Lefebvre, 2021.

Encyclopédie. DICT. PERM., Gestion immob., *V° Taxe sur les logements vacants.*

SECTION 1
TAXE ANNUELLE SUR LES LOGEMENTS VACANTS

951.10 **Plan – Propos liminaires.** Cette taxe, prévue par l'article 232 du code général des impôts, s'applique aux logements vacants situés dans les communes appartenant à une zone d'urbanisation continue de plus de 50 000 habitants, dans lesquelles existe un déséquilibre marqué entre l'offre et la demande de logements. La liste de ces communes est fixée par le décret du 10 mai 2013[1].

En outre, le texte précise expressément que cette liste inclut les communes situées dans les départements et régions d'outre-mer, comprises dans une zone d'urbanisation continue de plus de 50 000 habitants et répondant à la condition de déséquilibre du marché locatif[2].

Il convient d'étudier successivement le champ d'application (§ 1) et les modalités d'imposition (§ 2).

§ 1
Champ d'application

951.21 **Logements concernés.** La taxe s'applique aux logements situés dans les zones précitées et vacants depuis plus d'un an au 1er janvier de l'année d'imposition. Elle porte sur des logements non meublés, non soumis à la taxe d'habitation.

Le logement doit être en état d'être loué. Autrement dit, un logement vétuste qui ne pourrait être mis en location que moyennant des travaux très importants n'est pas imposable. Ces travaux sont définis par la doctrine administrative[3] comme ceux :

– ayant pour objet d'assurer la stabilité des murs, charpentes et toitures, planchers ou circulations intérieures (notamment les escaliers) ;

– avoir pour objet l'installation, dans un logement qui en est dépourvu ou, dans le cas contraire, la réfection complète de l'un ou l'autre des éléments suivants : équipement sanitaire élémentaire, chauffage, électricité, eau courante, ensemble des fenêtres et portes extérieures.

La justification de l'importance des travaux peut notamment être apportée par des devis. En outre, l'administration admet que l'importance est établie lorsque le coût des travaux excède 25 % de la valeur vénale du logement.

Si le contribuable estime que la taxe a été établie à tort, il lui appartient d'en solliciter le dégrèvement en adressant à l'administration une réclamation.

Un jugement de Tribunal administratif a pu considérer que la taxe d'habitation sur les logements vacants n'était pas applicable à un logement qui d'une part, ne pouvait être regardé comme une unité d'habitation autonome, dès lors qu'il n'était accessible que par le local commercial situé au rez-de-chaussée de l'immeuble et que la réalisation d'un accès propre ne pouvait être effectuée que par des travaux de séparation avec ce local, d'autre part ne pouvait, compte tenu de son état, être rendu habitable qu'au prix de travaux importants, dont le montant était estimé au tiers de la valeur du bien[4].

951.22 **Exonérations.** Les logements appartenant aux organismes d'HLM (au sens de CCH, art. L. 411-2) ou aux sociétés d'économie mixte et dont l'attribution est soumise à des conditions de ressources sont de plein droit exonérés de la taxe.

Par ailleurs, les logements qui constituent des dépendances du domaine public, dont l'occupation a, comme toute occupation du domaine public, un caractère précaire, sont de ce fait exclus du champ d'application de la taxe.

951.23 **Condition de vacance.** La taxe est due dès lors que le logement est vacant depuis au moins un an au 1er janvier de l'année d'imposition. Le logement n'est pas soumis à la taxe s'il a été occupé

1. Décr. n° 2013-392, 10 mai 2013 relatif au champ d'application de la taxe annuelle sur les logements vacants instituée par l'article 232 du code général des impôts, *JO* 12 mai, p. 7959 ; mod. par décr. n° 2015-1284, 13 oct. 2015.
2. L. n° 2017-256, 28 févr. 2017, art. 100.
3. *BOI*-IF-AUT-10, § 60.
4. TA Lille, 9 mars 2017, n° 1401258, *RJF* 8-9/17, n° 821.

pendant plus de 90 jours au cours de l'année précédente.

Par ailleurs, la taxe n'est pas due lorsque la vacance du logement est imputable à une cause étrangère à la volonté du contribuable. Ainsi, d'après la doctrine administrative, sont notamment exclus du champ d'application de la taxe :

- les logements ayant vocation, dans un délai proche, à disparaître ou à faire l'objet de travaux dans le cadre d'opérations d'urbanisme, de réhabilitation ou de démolition (à ce titre, un délai d'un an peut être retenu) ;

- les logements mis en location ou en vente au prix du marché et ne trouvant pas preneur ou acquéreur.

L'appréciation du caractère volontaire ou non de la vacance relève donc essentiellement de circonstances de fait, le contribuable devant prouver qu'il a effectué toutes les démarches nécessaires pour vendre ou louer son logement vacant (mise en vente ou propositions de location dans plusieurs agences, adaptation du prix de vente ou de location aux conditions et évolutions du marché, etc.) ou que l'immeuble ne peut pas être occupé dans des conditions normales. Lorsque le redevable estime que la vacance n'est pas de son fait, il lui appartient d'établir les faits constitutifs de cette situation et d'en réclamer la restitution par voie de réclamation contentieuse.

La doctrine administrative considère que la vacance involontaire au sens de la taxe sur les logements vacants est différente de la vacance indépendante de la volonté au sens du I de l'article 1389 du CGI relatif à la taxe foncière sur les propriétés bâties[1].

Le délai de vacance s'apprécie au regard d'un même redevable. Il en résulte qu'en cas de vente d'un logement vacant, la durée de vacance s'apprécie, au regard du nouvel acquéreur, uniquement à partir de la date à laquelle il est devenu propriétaire. La taxe est ainsi due le cas échéant par le nouveau propriétaire au titre de la deuxième année à compter de celle de la cession si le logement reste constamment vacant durant cette période.

§ 2
Modalités d'imposition

951.31 Base et taux d'imposition. L'assiette d'imposition est constituée par la valeur locative du logement retenue en matière de taxe d'habitation.

Le taux est fixé à 12,5 % la première année où le logement devient imposable et à 25 % à compter de la deuxième année. Lorsque le logement sort du champ de la taxe et y revient, il bénéficie de nouveau la première année du taux de 12,5 %.

951.32 Redevable. Le redevable de la taxe est selon le cas le propriétaire, l'usufruitier ou le preneur d'un bail à construction, emphytéotique ou à réhabilitation.

S'il entend contester la taxe, le redevable doit adresser une réclamation à l'administration au plus tard le 31 décembre de l'année qui suit celle de l'imposition.

1. V. s[s] n° 941.31.

SECTION 2
TAXE D'HABITATION SUR LES LOGEMENTS VACANTS

951.40 Plan – Propos liminaires. Les communes, les établissements publics de coopération intercommunale (EPCI) à fiscalité propre peuvent, par une délibération prise dans les conditions prévues à l'article 1639-A-*bis* du code général des impôts, assujettir à la taxe d'habitation les logements vacants depuis plus de deux années au 1er janvier de l'année d'imposition[2]. Cette taxe ne s'applique que lorsque la taxe annuelle sur les logements vacants prévue à l'article 232 du code général des impôts n'est pas applicable sur leur territoire[3].

Il convient d'étudier successivement le champ d'application (§ 1) et les modalités d'imposition (§ 2).

§ 1
Champ d'application

951.51 Logements concernés. La taxe s'applique aux logements situés hors des zones dans lesquelles s'applique la taxe annuelle sur les logements vacants, et à condition que la collectivité ait délibéré pour l'établir.

Les logements imposables sont les mêmes que ceux soumis à la taxe annuelle sur les logements vacants[4]. Toutefois, les logements appartenant aux bailleurs sociaux et dont l'attribution est soumise à des plafonds de ressources n'étaient pas exonérés de la taxe jusqu'en 2016. Ils en sont exonérés à compter de 2017[5].

951.52 Condition de vacance. La durée de vacance rendant la taxe exigible est de deux années consécutives. Un logement est donc imposable au titre d'une année N s'il est vacant le 1er janvier de cette année et ce, depuis le 1er janvier de l'année N-2.

2. CGI, art. 1407 *bis*.
3. V. s[s] n° 951.10.
4. V. s[s] n° 951.21.
5. L. n° 2016-1917, 29 déc. 2016, art. 96.

Le délai de vacance s'apprécie au regard d'un même redevable. Il en résulte qu'en cas de vente d'un logement vacant, la durée de vacance s'apprécie, au regard du nouvel acquéreur, uniquement à partir de la date à laquelle il est devenu propriétaire. La taxe est ainsi due le cas échéant par le nouveau propriétaire au titre de la troisième année à compter de celle de la cession si le logement reste constamment vacant durant cette période.

§ 2
Modalités d'imposition

951.61 **Base et taux d'imposition.** L'assiette d'imposition est constituée par la valeur locative du logement retenue en matière de taxe d'habitation.

Le taux applicable est, selon le cas, le taux de taxe d'habitation de la commune, majoré le cas échéant du taux des établissements publics de coopération intercommunale sans fiscalité propre dont elle est membre, ou celui de l'établissement public à fiscalité propre ayant délibéré afin d'assujettir à la taxe d'habitation les logements vacants.

Les abattements sur la valeur locative et les exonérations ou réductions de taux applicables en matière de taxe d'habitation ne sont pas applicables à la taxe d'habitation sur les logements vacants.

951.62 **Redevable.** Le redevable de la taxe est selon le cas le propriétaire, l'usufruitier ou le preneur d'un bail à construction, emphytéotique ou à réhabilitation.

S'il entend contester la taxe, le redevable doit adresser une réclamation à l'administration au plus tard le 31 décembre de l'année qui suit celle de l'imposition.

LIVRE

11. ANNEXES

SECTION 0

ORIENTEUR

11.00 Sommaire du livre

TITRE

111. Données chiffrées

SECTION 0

ORIENTEUR

111.00 Sommaire du titre.

CHAPITRE

1111. Indicateurs

SECTION 0 ORIENTEUR

1111.00 **Sommaire du chapitre.**

SECTION 1 RÉVISION DU LOYER

1111.11 **Indice de référence des loyers (IRL)**

[▶ V. s^s n°s 422.65 s. et 424.41]

À partir du 1er janvier 2006, l'indice de référence des loyers (IRL) se substitue à l'indice du coût de la construction (ICC) comme référence pour la révision des loyers en cours de bail dans le parc locatif privé. Depuis le 8 février 2008, cet indice trimestriel s'établit comme la moyenne, sur les douze derniers mois, de l'indice des prix à la consommation hors tabac et hors loyers. Pour en savoir plus, consulter le site de l'Insee.

IRL – Historique de l'indice de référence des loyers (L. 8 févr. 2008)

TABLEAU DES VALEURS DE L'INDICE DE RÉFÉRENCE DES LOYERS BASE 100 AU 4^E TRIMESTRE 1998

Période	Indice de référence des loyers	Variation annuelle en %	Date de parution au *JO*
• 3e trimestre 2021	131,67	+ 0,83	15/10/2021
• 2e trimestre 2021	131,12	+ 0,42	13/07/2021
• 1er trimestre 2021	130,69	+ 0,09	17/04/2021
• 4e trimestre 2020	130,52	+ 0.20	17/01/2021
• 3e trimestre 2020	130,59	+ 0,46	16/10/2020
• 2^e trimestre 2020	130,57	+ 0,66	17/07/2020
• 1er trimestre 2020	130,57	+ 0,92	25/06/2020
• 4^e trimestre 2019	130,26	+ 0,95	16/01/2020
• 3^e trimestre 2019	129,99	+ 1.20	16/10/2019
• 2^e trimestre 2019	129,72	+ 1.53	17/07/2019
• 1er trimestre 2019	129,38	+ 1.70	12/04/2019
• 4^e trimestre 2018	129,03	+ 1.74	16/01/2019
• 3^e trimestre 2018	128,45	+ 1.57	28/11/2018
• 2^e trimestre 2018	127,77	+ 1.25	13/07/2018
• 1er trimestre 2018	127,22	+ 1.05	13/04/2018
• 4^e trimestre 2017	126,82	+ 1.05	13/01/2018
• 3^e trimestre 2017	126,46	+ 0,90	13/10/2017
• 2^e trimestre 2017	126,19	+ 0,75	16/07/2017
• 1er trimestre 2017	125,90	+ 0,51	14/04/2017
• 4^e trimestre 2016	125,50	+ 0,18	14/01/2017
• 3^e trimestre 2016	125,33	+ 0,06	13/10/2016
• 2^e trimestre 2016	125,25	+ 0,00	14/07/2016
• 1er trimestre 2016	125,26	+ 0,06	14/04/2016
• 4^e trimestre 2015	125,28	– 0,01	15/01/2016
• 3^e trimestre 2015	125,26	+ 0,02	16/10/2015
• 2^e trimestre 2015	125,25	+ 0,08	23/07/2015
• 1er trimestre 2015	125,19	+ 0,15	17/04/2015
• 4^e trimestre 2014	125,29	+ 0,37	17/01/2015
• 3^e trimestre 2014	125,24	+ 0,47	22/10/2014
• 2^e trimestre 2014	125,15	+ 0,57	27/07/2014
• 1er trimestre 2014	125,00	+ 0,60	18/04/2014
• 4^e trimestre 2013	124,83	+ 0,69	17/01/2014
• 3^e trimestre 2013	124,66	+ 0,90	23/10/2014
• 2^e trimestre 2013	124,44	+ 1,20	16/07/2014
• 1er trimestre 2013	124,25	+ 1,54	14/04/2013
• 4^e trimestre 2012	123,97	+ 1,88	12/01/2013
• 3^e trimestre 2012	123,55	+ 2,15	13/10/2012
• 2^e trimestre 2012	122,96	+ 2,20	17/07/2012

• 1er trimestre 2012	122,37	+ 2,24	18/04/2012
• 4e trimestre 2011	121,68	+ 2,11	15/01/2012
• 3e trimestre 2011	120,95	+ 1,90	15/10/2011
• 2e trimestre 2011	120,31	+ 1,73	22/07/2011
• 1er trimestre 2011	119,69	+ 1,60	14/04/2011
• 4e trimestre 2010	119,17	+ 1,45	14/01/2011
• 3e trimestre 2010	118,70	+ 1,10	14/10/2010
• 2e trimestre 2010	118,26	+ 0,57	22/07/2010
• 1er trimestre 2010	117,81	+ 0,09	16/04/2010
• 4e trimestre 2009	117,47	– 0,06	17/01/2010
• 3e trimestre 2009	117,41	+ 0,32	16/10/2009
• 2e trimestre 2009	117,59	+ 1,31	25/07/2009
• 1er trimestre 2009	117,70	+ 2,24	17/04/2009
• 4e trimestre 2008	117,54	+ 2,83	17/01/2009
• 3e trimestre 2008	117,03	+ 2,95	21/11/2008
• 2e trimestre 2008	116,07	+ 2,38	17/07/2008
• 1er trimestre 2008	115,12	+ 1,81	19/04/2008
• 4e trimestre 2007	114,30	+ 1,36	16/02/2008
• 3e trimestre 2007	113,68	+ 1,11	14/02/2008
• 2e trimestre 2007	113,37	+ 1,24	14/02/2008
• 1er trimestre 2007	113,07	+ 1,44	14/02/2008

SECTION 2
RÉDUCTION DE LOYER SOLIDARITÉ

1111.21 Montants maximums posés par le législateur

MONTANTS MAXIMUMS DE RLS FIXÉS PAR LA LOI ET ACTUALISÉS AU 1ER JANVIER 2021

Désignation	Montant maximal (en euros)		
	Zone I	Zone II	Zone III
• Bénéficiaire isolé	• 52,46	• 46,21	• 43,20
• Couple sans personne à charge	• 63,29	• 56,26	• 52,24
• Personne seule ou couple ayant une personne à charge	• 71,33	• 62,29	• 58,27
• Par personne à charge supplémentaire	• 10,05	• 9,04	• 8,04

1111.22 Montants fixés par le pouvoir réglementaire dans la limite des montants légaux

MONTANTS MENSUELS DE RLS DU 1ER JANVIER AU 30 SEPTEMBRE 2021

Désignation	Montant maximal (en euros)		
	Zone I	Zone II	Zone III
• Bénéficiaire isolé	• 46,47	• 40,51	• 37,96
• Couple sans personne à charge	• 56,05	• 49,57	• 46,01
• Personne seule ou couple ayant une personne à charge	• 63,33	• 55,77	• 51,59
• Par personne à charge supplémentaire	• 9,18	• 8,12	• 7,39

MONTANTS MENSUELS DE RLS DU 1ER OCTOBRE AU 31 DÉCEMBRE 2021

Désignation	Montant maximal (en euros)		
	Zone I	Zone II	Zone III
• Bénéficiaire isolé	• 52,24	• 46,21	• 43,20
• Couple sans personne à charge	• 63,29	• 56,26	• 52,24
• Personne seule ou couple ayant une personne à charge	• 71,33	• 62,29	• 58,27
• Par personne à charge supplémentaire	• 10,05	• 9,04	• 8,04

TITRE

112. Exemples de contrats et d'actes

SECTION 0

ORIENTEUR

112.00 Sommaire du titre.

CHAPITRE

1121. Secteur privé

SECTION 0
ORIENTEUR

1121.00 Sommaire du chapitre.

SECTION 1
CONTRAT – CAUTION – ÉTAT DES LIEUX

1121.11 Contrat de location ou de colocation de logement nu, soumis au titre Ier de la loi du 6 juillet 1989 tendant à améliorer les rapports locatifs et portant modification de la loi n° 86-1290 du 23 décembre 1986

Ndlr. Le présent contrat de bail est conforme au bail type en annexe 1 du décret n° 2015-587 du 29 mai 2015 relatif aux contrats types de location de logement à usage de résidence principale (*JO* 31 mai, p. 9035 ; mod. par décr. n° 2019-772, 24 juill. 2019, en vigueur le 1er sept. 2019, *JO* 25 juill., n° 54).

En application du décret n° 2020-1609 du 17 décembre 2020 (*JO* 18 déc., n° 40), le contrat-type évolue : à compter du 1er janvier 2022, il doit prévoir de nouvelles dispositions relatives au diagnostic de performance énergétique.

[▶ V. ss nos 133.61 s.]

1. Désignation des parties

Le présent bail est conclu entre les soussignés :

Bailleur : M............. *[nom et prénom si personne physique ou, si personne morale*[1]*, dénomination sociale]*, dont le domicile *[ou siège social]* est situé......... et dont l'adresse électronique[2] est......... *(facultatif)*.

Désigné(s) ci-après « le bailleur » ;

– le cas échéant, représenté par le mandataire :

[Nom ou raison sociale et adresse du mandataire ainsi que l'activité exercée*]*

le cas échéant, *[numéro et lieu de délivrance de la carte professionnelle / nom et adresse du garant*[3]*]*

Locataire(s) : M......... [nom et prénom du ou des locataires ou, en cas de colocation, des colocataires, adresse électronique (facultatif)]

ci-après, dénommé « le locataire »

Il a été convenu ce qui suit :

2. Objet du contrat

Le présent contrat a pour objet la location d'un logement ainsi déterminé :

A. Consistance du logement

Les locaux loués sont situés :

– Adresse [n° rue / bâtiment / étage / porte etc.]

Les locaux loués sont du type :

[▶ Cocher la (les) case(s) correspondante(s) et remplir les blancs]

– Immeuble collectif	❒	Maison individuelle	❒
– Mono propriété	❒	Copropriété	❒

Ils ont été construits :

Avant 1949	❒	de 1949 à 1974	❒
de 1975 à 1989	❒	de 1989 à 2005	❒
depuis 2005	❒		

Les locaux loués ont :

– une surface habitable au sens de l'article R. 111-2 du code de la construction et de l'habitation de : ... m^2

Les locaux loués sont composés de......... pièces et des éléments suivants [le cas échéant] :

- combles aménagés ou non ❒
- balcon ❒
- terrasse ❒
- loggia ❒
- jardin ❒
- grenier ❒
- autre *[▶ Préciser]*......... ❒

Ils bénéficient des éléments d'équipement suivants [le cas échéant] :

- cuisine équipée (détailler) ❒
- équipements sanitaires (détailler) ❒
- interphone
- chauffage
- collectif[4] ❒ individuel ❒
- eau chaude

sanitaire collective[5] ❒ individuelle ❒

Le cas échéant, la consommation énergétique du logement, déterminée selon la méthode du diagnostic de performance énergétique mentionné à l'article L. 134-1 du code de la construction et de l'habitation, ne doit pas excéder, à compter du 1er janvier 2028, le seuil fixé au I de l'article L. 111-10-4-1 du même code[6].

Applicable à compter du 1er janvier 2022

B. Destination des locaux

Les locaux loués sont à usage

- à usage exclusif d'habitation ❒
- à usage mixte (d'habitation et professionnel) ❒

C. Équipements accessoires de l'immeuble à usage privatif du locataire [le cas échéant]

[▶ Cocher la (les) case(s) correspondante(s) et remplir les blancs]

Les locaux loués comprennent les éléments accessoires de l'immeuble à usage privatif du locataire suivants :

- cave ❒
- garage ❒
- parking ❒
- autre *[▶ Préciser]*......... ❒

D. Équipements accessoires de l'immeuble à usage commun [le cas échéant]

[▶ Cocher la (les) case(s) correspondante(s) et remplir les blancs]

1. Préciser si la personne morale est une société civile constituée exclusivement entre parents et alliés jusqu'au quatrième degré inclus.
2. À reproduire si pluralité de bailleur.
3. Mention obligatoire s'appliquant aux professionnels exerçant une activité mentionnée à l'article 1er de la loi n° 70-9 du 2 janvier 1970 réglementant les conditions d'exercice des activités relatives à certaines opérations portant sur les immeubles et les fonds de commerce.
4. Si chauffage collectif, préciser les modalités de répartition de la consommation du locataire.
5. En cas de production collective, préciser les modalités de répartition de la consommation du locataire.
6. Mention obligatoire s'appliquant aux logements dont la consommation énergétique, déterminée selon la méthode du diagnostic de performance énergétique mentionné à l'article L. 134-1 du code de la construction et de l'habitation, excède le seuil fixé au I de l'article L. 111-10-4-1 du même code.

Les locaux loués comprennent les équipements et éléments accessoires de l'immeuble à usage commun :

- digicode ❒
- ascenseur ❒
- garage à vélo ❒
- jardin ❒
- laverie ❒
- local à poubelles ❒
- service de gardiennage ❒
- parking ❒
- autre *[▶ Préciser]*......... ❒

E.

Équipements d'accès aux technologies de l'information et de communication [le cas échéant]

Les locaux loués disposent des équipements d'accès aux technologies de l'information et de communication suivants

- antenne TV collective ❒
- câble ❒
- autre *[▶ Préciser]*......... ❒
- N° de ligne téléphonique fixe ou point de connexion *[▶ Préciser]*.........

3.

Date de prise d'effet et durée du contrat

La durée du contrat et sa date de prise d'effet sont ainsi définies :

A.

Date de prise d'effet du contrat :

[▶ Préciser]

B.

Durée du contrat

Le présent contrat est conclu pour une durée de......... ans

[▶ la durée du bail ne peut être inférieure à trois ans lorsque le bailleur est une personne physique et six ans lorsque le bailleur est une personne morale]

C.

Événement et raison justifiant la durée réduite du contrat de location [le cas échéant]

En raison d'un événement précis qui justifie[1] que le bailleur (personne physique) doive reprendre les lieux loués pour des raisons professionnelles ou familiales, le présent contrat est conclu pour une durée de......... mois *[▶ durée ne pouvant être inférieure à un an]*.

L'événement précis dont il est question à l'alinéa ci-dessus est le suivant :

[▶ préciser].

En l'absence de proposition de renouvellement du contrat, celui-ci est, à son terme, reconduit tacitement pour 3 ou 6 ans et dans les mêmes conditions.

Le locataire peut mettre fin au bail à tout moment, après avoir donné congé.

Le bailleur, quant à lui, peut mettre fin au bail à son échéance et après avoir donné congé, soit pour reprendre le logement en vue de l'occuper lui-même ou une personne de sa famille, soit pour le vendre, soit pour un motif sérieux et légitime.

4.

Conditions financières

Les parties conviennent des conditions financières suivantes :

A.

Loyer

1°

Fixation du loyer initial :

a) Le loyer mensuel est fixé à............ euros[2].

b) Le loyer suit les modalités particulières de fixation initiale du loyer applicables dans certaines zones tendues [Le cas échéant][3] :

– le loyer du logement objet du présent contrat est soumis au décret fixant annuellement le montant maximum d'évolution des loyers à la relocation :

– oui ❒ non ❒

– le loyer du logement objet du présent contrat est soumis au loyer de référence majoré fixé par arrêté préfectoral

– oui ❒ non ❒

– montant du loyer de référence : .... €/m²

– Montant du loyer de référence majoré : .... €/m² ;

– Complément de loyer [Le cas échéant] : .... €

[Si un complément de loyer est prévu, indiquer le montant du loyer de base, nécessairement égal au loyer de référence majoré, le montant du complément de loyer et les caractéristiques du logement justifiant le complément de loyer].

c) Informations relatives au loyer du dernier locataire [Le cas échéant]

[Montant du dernier loyer acquitté par le précédent locataire, date de versement et date de la dernière révision du loyer][4].

1. Limité aux événements précis qui justifient que le bailleur personne physique ait à reprendre le local pour des raisons professionnelles ou familiales.

2. Lorsqu'un complément de loyer est appliqué, le loyer mensuel s'entend comme la somme du loyer de base et de ce complément.
3. Zones d'urbanisation continue de plus de 50 000 habitants où il existe un déséquilibre marqué entre l'offre et la demande de logements, entraînant des difficultés sérieuses d'accès au logement sur l'ensemble du parc résidentiel telles que définies par décret.
4. Mention obligatoire si le précédent locataire a quitté le logement moins de dix-huit mois avant la signature du bail.

2°
Modalités de révision [Le cas échéant]

a) Le loyer est révisable selon la périodicité suivante : *[▶ Date de révision].*

b) L'indice de référence est celui du......... trimestre de l'année......... et son montant est : *[▶ valeur............].*

B.
Charges récupérables

1°
Modalité de règlement des charges récupérables

Le règlement des charges est effectué mensuellement à la même date que le règlement du loyer *(v. E. ci-après).*

[Le cas échéant] La provision sur charges fera l'objet d'une régularisation annuelle et sera justifiée par la communication des résultats antérieurs et, si l'immeuble est soumis au régime de la copropriété ou si le bailleur est une personne morale, par le budget prévisionnel.

[En cas de colocation, les parties peuvent convenir de la récupération des charges par le bailleur sous la forme d'un forfait]

2°
Montant des provisions sur charges ou, en cas de colocation, du forfait de charge [Le cas échéant]

La provision mensuelle sur charges est fixée à............ euros.

Ou

Le forfait mensuel de charges est fixé à............ euros.

3°
Modalités de révision du forfait de charges en cas de colocation [Le cas échéant – si les parties en conviennent][1].

Il est convenu entre les parties que

a) Le forfait de charges est révisable selon la périodicité suivante : *[Date de révision].*

b) L'indice de référence est celui du......... trimestre de l'année......... et son montant est : *[▶ valeur............].*

C.
Contribution pour le partage des économies de charges [le cas échéant][2]

1. Une contribution pour le partage des économies de charge est exigible.

– son montant est de... euros.

– la durée de la participation du locataire restant à courir au jour de la signature du contrat est de : ... mois.

2. Les éléments propres servant à justifier des travaux réalisés donnant lieu à cette contribution sont : *[▶ détailler]*

1. Si les parties conviennent d'un forfait de charges et de sa révision annuelle, ce forfait est révisé dans les mêmes conditions que le loyer principal.
2. L. n° 89-462, 6 juill. 1989, art. 23-1.

D.
En cas de colocation souscription par le bailleur d'une assurance pour le compte des colocataires [le cas échéant][3]

Le bailleur n'a pas souscrit d'assurance pour le compte des colocataires ❒

Le bailleur a souscrit une assurance pour le compte des colocataires ❒

[▶ dans le dernier cas, préciser]

Le montant total annuel récupérable au titre de l'assurance pour compte des colocataires est de [...][4].

Le montant récupérable par douzième est de [...].

E.
Modalités de paiement

Le loyer est payable selon la périodicité suivante : ....[5] ;

Le paiement est à terme [à échoir / échu] ;

Il sera effectué à la date/période du......... ;

Lieu de paiement [Le cas échéant]......... ;

Montant total dû à la première échéance de paiement pour une période complète de location [Le cas échéant] :

– montant relatif au loyer,

– montant relatif aux charges récupérables,

– montant relatif à la contribution pour le partage des économies de charges,

– montant relatif à l'assurance récupérable pour le compte des colocataires [en cas de colocation].

F.
Modalités de réévaluation d'un loyer manifestement sous-évalué [Le cas échéant – exclusivement lors d'un renouvellement de contrat]

1. Montant de la hausse ou de la baisse de loyer mensuelle : *[...].*

2. Modalité d'application annuelle de la hausse : [par tiers ou par sixième selon la durée du contrat et le montant de la hausse de loyer].

G.
Dépenses énergétiques (pour information) – à compter du 1er janvier 2022

Montant estimé des dépenses annuelles d'énergie pour un usage standard de l'ensemble des usages énumérés dans le diagnostic de performance énergétique (chauffage, refroidissement, production d'eau chaude sanitaire, éclairage et auxiliaires de chauffage, de refroidissement, d'eau chaude sani-

3. Au cours de l'exécution du contrat de location et dans les conditions prévues par la loi, les colocataires peuvent provoquer la résiliation de l'assurance souscrite par le bailleur pour leur compte.
4. Correspond au montant de la prime d'assurance annuelle, éventuellement majoré dans la limite d'un montant fixé par décret en Conseil d'État.
5. Paiement mensuel de droit à tout moment à la demande du locataire.

taire et de ventilation) mentionné à l'article L. 134-1 du code de la construction et de l'habitation : [montant ou fourchette inscrit dans le diagnostic de performance énergétique] (estimation réalisée à partir des prix énergétiques de référence de l'année : [année de référence des prix énergétiques du diagnostic énergétique à l'origine de l'estimation]).

5.
Travaux

A.
Travaux d'amélioration ou de mise en conformité avec les caractéristiques de décence effectués depuis la fin du dernier contrat de location ou depuis le dernier renouvellement [Le cas échéant][1]

Les travaux visés ci-dessus sont d'un montant de *[...]* euros.

– Les travaux visés ci-dessus ont consisté en :

[▶ préciser]

B.
Majoration du loyer en cours de bail consécutive à des travaux d'amélioration entrepris par le bailleur [Le cas échéant]

En considération des travaux détaillés ci-dessous, il est établi une majoration de loyer :

– Nature des travaux *[...]*
– Modalités d'exécution *[...]*
– Délai de réalisation *[...]*
– Montant de la majoration du loyer *[...]*[2]

(16) Clause invalide pour les travaux de mise en conformité aux caractéristiques de décence.

C.
Diminution de loyer en cours de bail consécutive à des travaux entrepris par le locataire [Le cas échéant]

En considération des travaux visés ci-dessus, il est consenti une réduction de loyer pour une durée de *[...]*

En cas de départ anticipé du locataire, il sera dédommagé de ses dépenses sur justification des dépenses effectuées et selon les modalités arrêtées ci-dessous :

[▶ préciser]

6.
Garanties [le cas échéant]

Le montant du dépôt de garantie de l'exécution des obligations du locataire est de......... euros.

Ou

Le montant de la garantie autonome est de......... euros. [inférieur ou égal à un mois de loyers hors charges]

1. Le cas échéant, préciser par ailleurs le montant des travaux d'amélioration effectués au cours des six derniers mois.
2. Clause invalide pour les travaux de mise en conformité aux caractéristiques de décence.

7.
Clause de solidarité [le cas échéant]

En cas de pluralité de locataires, ceux-ci reconnaissent être solidaires et indivis pour l'exécution de leurs obligations.

8.
Clause résolutoire [le cas échéant]

A.
Troubles de voisinage (L. 6 juill. 1989, art. 4 g)

En cas de non-respect par le locataire de son obligation d'user paisiblement des locaux loués, résultant de troubles de voisinage constatés par une décision de justice passée en force de chose jugée, le bail sera résilié de plein droit.

B.
Défaut d'assurance (L. 6 juill. 1989, art. 7 g)

À défaut d'assurance des risques locatifs par le locataire, le bail sera résilié de plein droit.

La présente clause résolutoire ne produira cependant effet qu'un mois après un commandement de produire un justificatif demeuré infructueux. Ce commandement devra reproduire, à peine de nullité, les dispositions du paragraphe 7 g de la loi n° 89-462 du 6 juillet 1989.

C.
Défaut de paiement du loyer ou des charges récupérables, défaut de versement du dépôt de garantie (L. 6 juill. 1989, art. 24)

À défaut de paiement du loyer ou des charges (qu'il s'agisse des provisions ou de la régularisation annuelle) aux termes convenus ou à défaut de versement du dépôt de garantie, le bail sera résilié de plein droit.

La présente clause résolutoire ne produira cependant effet que deux mois après un commandement de payer demeuré infructueux.

Le commandement de payer contient, à peine de nullité :

– la mention que le locataire dispose d'un délai de deux mois pour payer sa dette ;
– le montant mensuel du loyer et des charges ;
– le décompte de la dette ;
– l'avertissement qu'à défaut de paiement ou d'avoir sollicité des délais de paiement, le locataire s'expose à une procédure judiciaire de résiliation de son bail et d'expulsion ;
– la mention de la possibilité pour le locataire de saisir le fonds de solidarité pour le logement de son département, dont l'adresse est précisée, aux fins de solliciter une aide financière ;
– la mention de la possibilité pour le locataire de saisir, à tout moment, la juridiction compétente aux fins de demander un délai de grâce sur le fondement de l'article 1343-5 du code civil (L. 6 juill. 1989, art. 24, I, al. 2 s.).

Lorsque les obligations résultant du bail sont garanties par un cautionnement, le commandement de payer est signifié à la caution dans un délai de quinze jours à compter de la signification du commandement au locataire. À défaut, la caution ne peut être tenue au paiement des pénalités ou intérêts de retard (L. 6 juill. 1989, art. 24-I, al. 9).

À peine d'irrecevabilité de la demande, l'assignation aux fins de constat de la résiliation est notifiée à la diligence de l'huissier de justice au représentant de l'État dans le département, au moins deux mois avant l'audience, afin qu'il saisisse l'organisme compétent désigné par le plan départemental d'action pour le logement et l'hébergement des personnes défavorisées, suivant la répartition de l'offre globale de services d'accompagnement vers et dans le logement prévue à l'article 4 de la loi n° 90-449 du 31 mai 1990. L'organisme saisi réalise un diagnostic social et financier, selon des modalités et avec un contenu précisés par décret n° 2021-8 du 5 janvier 2021 au cours duquel le locataire et le bailleur sont mis en mesure de présenter leurs observations, et le transmet au juge avant l'audience, ainsi qu'à la commission de coordination des actions de prévention des expulsions locatives ; le cas échéant, les observations écrites des intéressés sont jointes au diagnostic (L. 6 juill. 1989, art. 24-III).

9. Honoraires de location [le cas échéant][1]

A. Dispositions applicables

Il est rappelé les dispositions du I de l'article 5 (I) de la loi du 6 juillet 1989, alinéas 1 à 3 :

« La rémunération des personnes mandatées pour se livrer ou prêter leur concours à l'entremise ou à la négociation d'une mise en location d'un logement, tel que défini aux articles 2 et 25-3, est à la charge exclusive du bailleur, à l'exception des honoraires liés aux prestations mentionnées aux deuxième et troisième alinéas du présent I.

Les honoraires des personnes mandatées pour effectuer la visite du preneur, constituer son dossier et rédiger un bail sont partagés entre le bailleur et le preneur. Le montant toutes taxes comprises imputé au preneur pour ces prestations ne peut excéder celui imputé au bailleur et demeure inférieur ou égal à un plafond par mètre carré de surface habitable de la chose louée fixé par voie réglementaire et révisable chaque année, dans des conditions définies par décret. Ces honoraires sont dus à la signature du bail.

Les honoraires des personnes mandatées pour réaliser un état des lieux sont partagés entre le bailleur et le preneur. Le montant toutes taxes comprises imputé au locataire pour cette prestation ne peut excéder celui imputé au bailleur et demeure inférieur ou égal à un plafond par mètre carré de surface habitable de la chose louée fixé par voie réglementaire et révisable chaque année, dans des conditions définies par décret. Ces honoraires sont dus à compter de la réalisation de la prestation. »

Plafonds applicables :

– montant du plafond des honoraires imputables aux locataires en matière de prestation de visite du preneur, de constitution de son dossier et de rédaction de bail : ……… €/m² de surface habitable ;

– montant du plafond des honoraires imputables aux locataires en matière d'établissement de l'état des lieux d'entrée : ……… €/m² de surface habitable.

B. Détail et répartition des honoraires

1. Honoraires à la charge du bailleur :

– prestations de visite du preneur, de constitution de son dossier et de rédaction de bail :

– *[Préciser les prestations effectivement réalisées et le montant des honoraires toutes taxes comprises dus à la signature du bail] ;*

– prestation de réalisation de l'état des lieux d'entrée [le cas échéant] :

– *[Préciser le montant des honoraires toutes taxes comprises dus à compter de la réalisation de la prestation] ;*

– autres prestations [le cas échéant] :

– *[Détailler les prestations et conditions de rémunération].*

2. Honoraires à la charge du locataire :

– prestations de visite du preneur, de constitution de son dossier et de rédaction de bail :

– *[Détailler les prestations effectivement réalisées et le montant des honoraires toutes taxes comprises dus à la signature du bail] ;*

– prestation de réalisation de l'état des lieux d'entrée [le cas échéant] :

– *[Préciser le montant des honoraires toutes taxes comprises dus à compter de la réalisation de la prestation].*

10. Autres conditions particulières

[À définir par les parties]

11. Annexes

Sont annexées et jointes au contrat de location les pièces suivantes :

A. Un extrait du règlement concernant la destination de l'immeuble, la jouissance et l'usage des parties privatives et communes, et précisant la quote-part afférente au lot loué dans chacune des catégories de charges [le cas échéant]

B. Un dossier de diagnostic technique comprenant :

– un diagnostic de performance énergétique ;

– un constat de risque d'exposition au plomb pour les immeubles construits avant le 1er janvier 1949 ;

– une copie d'un état mentionnant l'absence ou la présence de matériaux ou de produits de la construction contenant de l'amiante[2] ;

1. À mentionner lorsque le contrat de location est conclu avec le concours d'une personne mandatée et rémunérée à cette fin.

2. À compter de l'entrée en vigueur du décret d'application listant notamment les matériaux ou produits concernés.

– un état de l'installation intérieure d'électricité et de gaz, dont l'objet est d'évaluer les risques pouvant porter atteinte à la sécurité des personnes [le cas échéant][1] ;

– un état des risques naturels et technologiques pour les zones couvertes par un plan de prévention des risques technologiques ou par un plan de prévention des risques naturels prévisibles, prescrit ou approuvé, ou dans des zones de sismicité [le cas échéant][2] ;

– un document comportant l'indication claire et précise de la zone de bruit définie par un plan d'exposition au bruit des aérodromes prévu par l'article L. 112-6 du code de l'urbanisme ainsi que les informations prévues par l'article L. 112-11 du même code [le cas échéant].

C. Une notice d'information relative aux droits et obligations des locataires et des bailleurs

D. Un état des lieux[3]

E. Une autorisation préalable de mise en location [le cas échéant][4]

F. Les références aux loyers habituellement constatés dans le voisinage pour des logements comparables [le cas échéant][5]

Le(s) locataire(s)

Fait à…………, le…………

Signature du locataire

Le bailleur (ou son représentant)

Fait à…………, le…………

Signature du bailleur [*ou de son mandataire, le cas échéant*]

1121.12 Contrat de location ou de colocation de logement meublé, soumis au titre Ier *bis* de la loi du 6 juillet 1989 tendant à améliorer les rapports locatifs et portant modification de la loi n° 86-1290 du 23 décembre 1986

Ndlr. Le présent contrat de bail est conforme au bail type en annexe 2 du décret n° 2015-587 du 29 mai 2015 relatif aux contrats types de location de logement à usage de résidence principale (*JO* 31 mai, p. 9035 ; mod. par décr. n° 2019-772, 24 juill. 2019, en vigueur le 1er sept. 2019, *JO* 25 juill., n° 54).

Il est applicable aux locations et aux colocations de logement meublé et qui constitue la résidence principale du preneur, à l'exception :

– des colocations formalisées par la conclusion de plusieurs contrats entre les locataires et le bailleur ;

– des locations de logement appartenant à un organisme d'habitation à loyer modéré et faisant l'objet d'une convention passée en application de l'article L. 351-2 du code de la construction et de l'habitation.

En application du décret n° 2020-1609 du 17 décembre 2020 (*JO* 18 déc., n° 40), le contrat-type évolue : à compter du 1er janvier 2022, il doit prévoir de nouvelles dispositions relatives au diagnostic de performance énergétique.

[V. ss nos 133.61 s.]

1. Désignation des parties

Le présent contrat est conclu entre les soussignés :

Bailleur : M…………. *[nom et prénom si personne physique ou, si personne morale*[6]*, dénomination sociale]*, dont le domicile *[ou siège social]* est situé………… et dont l'adresse électronique[7] est…… *(facultatif)*.

Désigné(s) ci-après « le bailleur » ;

– le cas échéant, représenté par le mandataire :

[Nom ou raison sociale et adresse du mandataire ainsi que l'activité exercée]

le cas échéant, *[numéro et lieu de délivrance de la carte professionnelle / nom et adresse du garant*[8]*]*

Locataire(s) : M…………. [nom et prénom du ou des locataires ou, en cas de colocation, des colocataires, adresse électronique (facultatif)] désigné(s) ci-après « le locataire ».

Il a été convenu ce qui suit :

2. Objet du contrat

Le présent contrat a pour objet la location d'un logement ainsi déterminé :

A. Consistance du logement

Les locaux loués sont situés :

– Adresse [n° rue / bâtiment / étage / porte…]

Les locaux loués sont du type :

[▶ Cocher la (les) case(s) correspondante(s) et remplir les blancs]

– Immeuble collectif	❒	Maison individuelle	❒
– Mono propriété	❒	Copropriété	❒

Ils ont été construits :

Avant 1949	❒	de 1949 à 1974	❒
de 1975 à 1989	❒	de 1989 à 2005	❒
depuis 2005	❒		

1. À compter de la date d'entrée en vigueur de cette disposition, prévue par décret.
2. La liste des communes comprises dans ces zones est définie localement par arrêté préfectoral.
3. L'état des lieux d'entrée est établi lors de la remise des clés, dont la date peut être ultérieure à celle de conclusion du contrat.
4. Dispositif applicable dans certains territoires présentant une proportion importante d'habitat dégradé délimité localement par l'établissement public de coopération intercommunale compétent en matière d'habitat ou, à défaut, le conseil municipal (art. 92 de la loi n° 2014-366 du 24 mars 2014 pour l'accès au logement et un urbanisme rénové).
5. Lorsque la détermination du montant du loyer est la conséquence d'une procédure liée au fait que le loyer précédemment appliqué était manifestement sous-évalué.
6. Préciser si la personne morale est une société civile constituée exclusivement entre parents et alliés jusqu'au quatrième degré inclus.
7. À reproduire si pluralité de bailleur.
8. Mention obligatoire s'appliquant aux professionnels exerçant une activité mentionnée à l'article 1er de la loi n° 70-9 du 2 janvier 1970 réglementant les conditions d'exercice des activités relatives à certaines opérations portant sur les immeubles et les fonds de commerce.

Les locaux loués ont :

– une surface habitable au sens de l'article R. 111-2 du Code de la construction et de l'habitation de : ... m²

Les locaux loués sont composés de........... pièces et des éléments suivants [le cas échéant] :

- combles aménagés ou non ❒
- balcon ❒
- terrasse ❒
- loggia ❒
- jardin ❒
- grenier ❒
- autre *[▶ Préciser]*......... ❒

Ils bénéficient des éléments d'équipement suivants [le cas échéant] :

- cuisine équipée (détailler) ❒
- équipements sanitaires (détailler) ❒
- interphone ❒
- chauffage collectif[1] ❒ individuel ❒
- eau chaude sanitaire collective[2] ❒ individuelle ❒

Le cas échéant, la consommation énergétique du logement, déterminée selon la méthode du diagnostic de performance énergétique mentionné à l'article L. 134-1 du code de la construction et de l'habitation, ne doit pas excéder, à compter du 1er janvier 2028, le seuil fixé au I de l'article L. 111-10-4-1 du même code[3].

B.
Destination des locaux

Les locaux loués sont à usage :

- à usage exclusif d'habitation ❒
- à usage mixte (d'habitation et professionnel) ❒

C.
Équipements accessoires de l'immeuble à usage privatif du locataire

[▶ Cocher la (les) case(s) correspondante(s) et remplir les blancs]

Les locaux loués comprennent les éléments accessoires de l'immeuble à usage privatif du locataire suivants :

- cave ❒
- garage ❒
- parking ❒
- autre *[▶ Préciser]*......... ❒

1. Si chauffage collectif, préciser les modalités de répartition de la consommation du locataire.
2. En cas de production collective, préciser les modalités de répartition de la consommation du locataire.
3. Mention obligatoire s'appliquant aux logements dont la consommation énergétique, déterminée selon la méthode du diagnostic de performance énergétique mentionné à l'article L. 134-1 du code de la construction et de l'habitation, excède le seuil fixé au I de l'article L. 111-10-4-1 du même code (applicable à compter du 1er janv. 2022).

D.
Équipements et accessoires de l'immeuble à usage commun [le cas échéant]

[▶ Cocher la (les) case(s) correspondante(s) et remplir les blancs]

Les locaux loués comprennent les équipements et éléments accessoires de l'immeuble à usage commun :

- digicode ❒
- ascenseur ❒
- garage à vélo ❒
- jardin ❒
- laverie ❒
- local à poubelles ❒
- service de gardiennage ❒
- parking ❒
- autre *[▶ Préciser]*............ ❒

E.
Équipements d'accès aux technologies de l'information et de communication [le cas échéant]

Les locaux loués disposent des équipements d'accès aux technologies de l'information et de communication suivants

- antenne TV collective ❒
- câble ❒
- autre *[▶ Préciser]*......... ❒
- n° de ligne téléphonique fixe ou point de connexion *[▶ Préciser]*...............

3.
Date de prise d'effet et durée du contrat

La durée du contrat et sa date de prise d'effet sont ainsi définies :

A.
Date de prise d'effet du contrat :

[▶ Préciser]

B.
Durée du contrat :

[▶ Préciser]

[▶ Durée minimale d'un an ou de neuf mois si la location est consentie à un étudiant]

À l'exception des locations consenties à un étudiant pour une durée de neuf mois, les contrats de location de logements meublés sont reconduits tacitement à leur terme pour une durée d'un an et dans les mêmes conditions. Le locataire peut mettre fin au bail à tout moment, après avoir donné congé. Le bailleur peut, quant à lui, mettre fin au bail à son échéance et après avoir donné congé, soit pour reprendre le logement en vue de l'occuper lui-même ou une personne de sa famille, soit pour le vendre, soit pour un motif sérieux et légitime.

Les contrats de locations meublées consenties à un étudiant pour une durée de neuf mois ne sont pas reconduits tacitement à leur terme et le locataire peut mettre fin au bail à tout moment, après avoir donné congé. Le bailleur peut, quant à lui, mettre fin au bail à son échéance et après avoir donné congé.

4.
Conditions financières

Les parties conviennent des conditions financières suivantes :

A.
Loyer

1°
Fixation du loyer initial :

a) Le loyer mensuel est fixé à......... euros[1].

b) Le cas échéant, modalités particulières de fixation initiale du loyer applicables dans certaines zones tendues[2] :

– le loyer du logement objet du présent contrat est soumis au décret fixant annuellement le montant maximum [maximal] d'évolution des loyers à la relocation :

– oui ❒ non ❒

– le loyer du logement objet du présent contrat est soumis au loyer de référence majoré fixé par arrêté préfectoral :

– oui ❒ non ❒

– montant du loyer de référence : *[...]* €/m²

– montant du loyer de référence majoré : *[...]* €/m²

– complément de loyer [le cas échéant] : *[...]* €

[Si un complément de loyer est prévu, indiquer le montant du loyer de base, nécessairement égal au loyer de référence majoré, le montant du complément de loyer et les caractéristiques du logement justifiant le complément de loyer]

c) Informations relatives au loyer du dernier locataire [le cas échéant] :

[Montant du dernier loyer acquitté par le précédent locataire, date de versement et date de la dernière révision du loyer][3]

2°
Modalités de révision [le cas échéant]

a) Le loyer est révisable selon la périodicité suivante : *[▶ Date de révision].*

b) L'indice de référence est celui du......trimestre de l'année .... et son montant est : *[▶ valeur............].*

B.
Charges récupérables

1°
Modalité de règlement des charges récupérables :

Le règlement des charges récupérables intervient :

[▶ préciser]

– par le versement de provisions sur charges avec régularisation annuelle ;

– par le paiement périodique des charges sans provision ;

– par la récupération des charges par le bailleur sous la forme d'un forfait.

2°
Montant des provisions sur charges ou du forfait de charges

[▶ préciser]

– Le montant des provisions sur charges s'élève à .... euros

– Le montant du forfait de charges s'élève à......... euros

3°
Modalités de révision du forfait de charges en cas de colocation [Le cas échéant – si les parties en conviennent][4]

Les parties conviennent d'un forfait de charges et de sa révision annuelle, ce forfait est révisé dans les mêmes conditions que le loyer principal.

C.
En cas de colocation, souscription par le bailleur d'une assurance pour le compte des colocataires [cas échéant][5]

[▶ préciser]

• Le bailleur n'a pas souscrit d'assurance pour le compte des colocataires ❒

• Le bailleur a souscrit une assurance pour le compte des colocataires ❒

[▶ dans le dernier cas, préciser]

Le montant total annuel récupérable au titre de l'assurance pour compte des colocataires est de [...][6].

Le montant récupérable par douzième est de [...].

1. Lorsqu'un complément de loyer est appliqué, le loyer mensuel s'entend comme la somme du loyer de base et de ce complément.
2. Zones d'urbanisation continue de plus de 50 000 habitants où il existe un déséquilibre marqué entre l'offre et la demande de logements, entraînant des difficultés sérieuses d'accès au logement sur l'ensemble du parc résidentiel telles que définies par décret.
3. Mention obligatoire si le précédent locataire a quitté le logement moins de dix-huit mois avant la signature du bail.
4. Si les parties conviennent d'un forfait de charges et de sa révision annuelle, ce forfait est révisé dans les mêmes conditions que le loyer principal.
5. Au cours de l'exécution du contrat de location et dans les conditions prévues par la loi, les colocataires peuvent provoquer la résiliation de l'assurance souscrite par le bailleur pour leur compte.
6. Correspond au montant de la prime d'assurance annuelle, éventuellement majoré dans la limite d'un montant fixé par décret en Conseil d'État.

D.
Modalités de paiement

Le loyer est payable selon la périodicité suivante [...][1] :

Le paiement est à terme [à échoir / échu] ;

Il sera effectué à la date/période du [...] ;

Lieu de paiement [Le cas échéant] [...] ;

le cas échéant, montant total dû à la première échéance de paiement pour une période complète de location :

– montant relatif au loyer,

– montant relatif aux charges récupérables,

– montant relatif à l'assurance récupérable pour le compte des colocataires [en cas de colocation].

E.
Modalités de réévaluation d'un loyer manifestement sous-évalué [le cas échéant – exclusivement lors d'un renouvellement de contrat]

1. Montant de la hausse ou de la baisse de loyer mensuelle : *[...]*.

2. Modalité d'application annuelle de la hausse : *[par tiers ou par sixième selon la durée du contrat et le montant de la hausse de loyer]*.

F.
Dépenses énergétiques (pour information) – à compter du 1er janvier 2022

Montant estimé des dépenses annuelles d'énergie pour un usage standard de l'ensemble des usages énumérés dans le diagnostic de performance énergétique (chauffage, refroidissement, production d'eau chaude sanitaire, éclairage et auxiliaires de chauffage, de refroidissement, d'eau chaude sanitaire et de ventilation) mentionné à l'article L. 134-1 du code de la construction et de l'habitation : .... *[montant ou fourchette inscrit dans le diagnostic de performance énergétique]* (estimation réalisée à partir des prix énergétiques de référence de l'année : .... *[année de référence des prix énergétiques du diagnostic énergétique à l'origine de l'estimation]*).

5.
Travaux

A.
Travaux d'amélioration ou de mise en conformité avec les caractéristiques de décence effectués depuis la fin du dernier contrat de location ou depuis le dernier renouvellement [le cas échéant][2]

– Les travaux visés ci-dessus sont d'un montant de .... euros.

– Les travaux visés ci-dessus ont consistés en :

[▶ préciser]

B.
Majoration du loyer en cours de bail consécutive à des travaux d'amélioration entrepris par le bailleur ou d'acquisitions d'équipements [le cas échéant]

En considération des travaux détaillés ci-dessous, il est établi une majoration de loyer :

– Nature des travaux *[...]*

– Modalités d'exécution *[...]*

– Délai de réalisation *[...]*

– Montant de la majoration du loyer *[...]*[3]

[▶ nature des travaux ou des équipements, modalités d'exécution, délai de réalisation ou d'acquisition ainsi que montant de la majoration du loyer]

C.
Diminution de loyer en cours de bail consécutive à des travaux entrepris par le locataire [le cas échéant]

En considération des travaux visés ci-dessus, il est consenti une réduction de loyer pour une durée de *[...]*

En cas de départ anticipé du locataire, il sera dédommagé de ses dépenses sur justification des dépenses effectuées et selon les modalités arrêtées ci-dessous :

[▶ préciser]

6.
Garanties [le cas échéant]

Le montant du dépôt de garantie de l'exécution des obligations du locataire est de : .... *[▶ inférieur ou égal à deux mois de loyers hors charges]*.

7.
Clause de solidarité [le cas échéant]

En cas de pluralité de locataires, ceux-ci reconnaissent être solidaires et indivis pour l'exécution de leurs obligations.

8.
Clause résolutoire [le cas échéant]

A.
Troubles de voisinage (L. 6 juill. 1989, art. 4 g)

En cas de non-respect par le locataire de son obligation d'user paisiblement des locaux loués, résultant de troubles de voisinage constatés par une décision de justice passée en force de chose jugée, le bail sera résilié de plein droit.

B.
Défaut d'assurance (L. 6 juill. 1989, art. 7 g)

À défaut d'assurance des risques locatifs par le locataire, le bail sera résilié de plein droit.

1. Paiement mensuel de droit à tout moment à la demande du locataire.
2. Le cas échéant, préciser par ailleurs le montant des travaux d'amélioration effectués au cours des six dernier mois.
3. Clause invalide pour les travaux de mise en conformité aux caractéristiques de décence.

La présente clause résolutoire ne produira cependant effet qu'un mois après un commandement de produire un justificatif demeuré infructueux. Ce commandement devra reproduire, à peine de nullité, les dispositions du paragraphe 7 *g* de la loi n° 89-462 du 6 juillet 1989.

C. Défaut de paiement du loyer ou des charges récupérables, défaut de versement du dépôt de garantie (L. 6 juill. 1989, art. 24)

À défaut de paiement du loyer ou des charges (qu'il s'agisse des provisions ou de la régularisation annuelle) aux termes convenus ou à défaut de versement du dépôt de garantie, le bail sera résilié de plein droit.

La présente clause résolutoire ne produira cependant effet que deux mois après un commandement de payer demeuré infructueux.

Le commandement de payer contient, à peine de nullité :

1°) la mention que le locataire dispose d'un délai de deux mois pour payer sa dette ;

2°) le montant mensuel du loyer et des charges ;

3°) le décompte de la dette ;

4°) l'avertissement qu'à défaut de paiement ou d'avoir sollicité des délais de paiement, le locataire s'expose à une procédure judiciaire de résiliation de son bail et d'expulsion ;

5°) la mention de la possibilité pour le locataire de saisir le fonds de solidarité pour le logement de son département, dont l'adresse est précisée, aux fins de solliciter une aide financière ;

6°) La mention de la possibilité pour le locataire de saisir, à tout moment, la juridiction compétente aux fins de demander un délai de grâce sur le fondement de l'article 1343-5 du code civil.

Le commandement de payer contient, à peine de nullité :

1°) la mention que le locataire dispose d'un délai de deux mois pour payer sa dette ;

2°) le montant mensuel du loyer et des charges ;

3°) le décompte de la dette ;

4°) l'avertissement qu'à défaut de paiement ou d'avoir sollicité des délais de paiement, le locataire s'expose à une procédure judiciaire de résiliation de son bail et d'expulsion ;

5°) la mention de la possibilité pour le locataire de saisir le fonds de solidarité pour le logement de son département, dont l'adresse est précisée, aux fins de solliciter une aide financière ;

6°) la mention de la possibilité pour le locataire de saisir, à tout moment, la juridiction compétente aux fins de demander un délai de grâce sur le fondement de l'article 1343-5 du code civil (L. 6 juill. 1989, art. 24-I, al. 2 s.)

Lorsque les obligations résultant du bail sont garanties par un cautionnement, le commandement de payer est signifié à la caution dans un délai de quinze jours à compter de la signification du commandement au locataire. À défaut, la caution ne peut être tenue au paiement des pénalités ou intérêts de retard (L. 6 juill. 1989, art. 24-I, al. 9).

À peine d'irrecevabilité de la demande, l'assignation aux fins de constat de la résiliation est notifiée à la diligence de l'huissier de justice au représentant de l'État dans le département, au moins deux mois avant l'audience, afin qu'il saisisse l'organisme compétent désigné par le plan départemental d'action pour le logement et l'hébergement des personnes défavorisées, suivant la répartition de l'offre globale de services d'accompagnement vers et dans le logement prévue à l'article 4 de la loi n° 90-449 du 31 mai 1990. L'organisme saisi réalise un diagnostic social et financier, selon des modalités et avec un contenu précisés par décret n° 2021-8 du 5 janvier 2021 au cours duquel le locataire et le bailleur sont mis en mesure de présenter leurs observations, et le transmet au juge avant l'audience, ainsi qu'à la commission de coordination des actions de prévention des expulsions locatives ; le cas échéant, les observations écrites des intéressés sont jointes au diagnostic (L. 6 juill. 1989, art. 24-III).

9.
Le cas échéant, honoraires de location [1]

A.
Dispositions applicables

Il est rappelé les dispositions du I de l'article 5 de la loi du 6 juillet 1989, alinéas 1 à 3 : « La rémunération des personnes mandatées pour se livrer ou prêter leur concours à l'entremise ou à la négociation d'une mise en location d'un logement, tel que défini aux articles 2 et 25-3, est à la charge exclusive du bailleur, à l'exception des honoraires liés aux prestations mentionnées aux deuxième et troisième alinéas du présent I.

Les honoraires des personnes mandatées pour effectuer la visite du preneur, constituer son dossier et rédiger un bail sont partagés entre le bailleur et le preneur. Le montant toutes taxes comprises imputé au preneur pour ces prestations ne peut excéder celui imputé au bailleur et demeure inférieur ou égal à un plafond par mètre carré de surface habitable de la chose louée fixé par voie réglementaire et révisable chaque année, dans des conditions définies par décret. Ces honoraires sont dus à la signature du bail.

Les honoraires des personnes mandatées pour réaliser un état des lieux sont partagés entre le bailleur et le preneur. Le montant toutes taxes comprises imputé au locataire pour cette prestation ne peut excéder celui imputé au bailleur et demeure inférieur ou égal à un plafond par mètre carré de surface habitable de la chose louée fixé par voie réglementaire et révisable chaque année, dans des conditions définies par décret. Ces honoraires sont dus à compter de la réalisation de la prestation. »

Plafonds applicables :

– montant du plafond des honoraires imputables aux locataires en matière de prestation de visite du preneur, de constitution de son dossier et de rédaction de bail : [...] €/m² de surface habitable ;

– montant du plafond des honoraires imputables aux locataires en matière d'établissement de l'état des lieux d'entrée : [...] €/m² de surface habitable.

1. À mentionner lorsque le contrat de location est conclu avec le concours d'une personne mandatée et rémunérée à cette fin.

B.
Détail et répartition des honoraires

1°
Honoraires à la charge du bailleur :

– prestations de visite du preneur, de constitution de son dossier et de rédaction de bail :

[Préciser les prestations effectivement réalisées et le montant des honoraires toutes taxes comprises dus à la signature du bail] ;

– prestation de réalisation de l'état des lieux d'entrée : [le cas échéant] :

[Préciser le montant des honoraires toutes taxes comprises dus à compter de la réalisation de la prestation] ;

– autres prestations [le cas échéant] :

[Détailler les prestations et conditions de rémunération].

2°
Honoraires à la charge du locataire :

– prestations de visite du preneur, de constitution de son dossier et de rédaction de bail :

[détailler les prestations effectivement réalisées et le montant des honoraires toutes taxes comprises dus à la signature du bail] ;

– prestation de réalisation de l'état des lieux d'entrée [le cas échéant] :

[Préciser le montant des honoraires toutes taxes comprises dus à compter de la réalisation de la prestation].

10.
Autres conditions particulières

[À définir par les parties]

11.
Annexes

Sont annexées et jointes au contrat de location les pièces suivantes :

A. Un extrait du règlement concernant la destination de l'immeuble, la jouissance et l'usage des parties privatives et communes, et précisant la quote-part afférente au lot loué dans chacune des catégories de charges [le cas échéant].

B. Un dossier de diagnostic technique comprenant :

– un diagnostic de performance énergétique ;

– un constat de risque d'exposition au plomb pour les immeubles construits avant le 1er janvier 1949 ;

– une copie d'un état mentionnant l'absence ou la présence de matériaux ou de produits de la construction contenant de l'amiante [le cas échéant] [1] ;

– un état de l'installation intérieure d'électricité et de gaz, dont l'objet est d'évaluer les risques pouvant porter atteinte à la sécurité des personnes [le cas échéant] [2] ;

– un état des risques naturels et technologiques pour les zones couvertes par un plan de prévention des risques technologiques ou par un plan de prévention des risques naturels prévisibles, prescrit ou approuvé, ou dans des zones de sismicité [le cas échéant] [3] ;

– un document comportant l'indication claire et précise de la zone de bruit définies par un plan d'exposition au bruit des aérodromes prévu par l'article L. 112-6 du code de l'urbanisme ainsi que les informations prévues par l'article L. 112-11 du même code [le cas échéant].

C. Une notice d'information relative aux droits et obligations des locataires et des bailleurs (concernant le contenu de cette notice d'information, v. Arr. du 29 mai 2015).

D. Un état des lieux, un inventaire et un état détaillé du mobilier [4].

E. Une autorisation préalable de mise en location [le cas échéant] [5].

F. Les références aux loyers habituellement constatés dans le voisinage pour des logements comparables [le cas échéant] [6].

Le(s) locataire(s)

Fait à..........., le...........

Signature du locataire

Le bailleur (ou son représentant)

Fait à..........., le...........

Signature du bailleur [*ou de son mandataire, le cas échéant*]

1121.13 Contrat de cautionnement solidaire à durée déterminée (personne physique)

En application de l'alinéa 1er de l'article 2288 du code civil, dans sa rédaction issue de l'ordonnance n° 2021-192 du 15 septembre 2021, aux termes duquel « le cautionnement est le contrat par lequel une caution s'oblige envers le créancier à payer la dette du débiteur en cas de défaillance de celui-ci », les auteurs ont retenu un modèle de « contrat de cautionnement » plutôt qu'un « acte de cautionnement » émanant de la seule caution.

Le cautionnement ne peut pas être demandé, à peine de nullité par un bailleur qui a souscrit une assurance, ou toute autre forme de garantie, garantissant les obligations locatives du locataire, sauf en cas de logement loué à un étudiant ou un apprenti (cette disposition ne s'applique toutefois pas au dépôt de garantie mentionné à l'article 22 de la loi du 6 juillet 1989).

1. À compter de l'entrée en vigueur du décret d'application lisant notamment les matériaux ou produits concernés.
2. À compter de la date d'entrée en vigueur de cette disposition, prévue par décret.
3. La liste des communes comprises dans ces zones est définie localement par arrêté préfectoral.
4. Ces documents sont établis lors de la remise des clés, dont la date peut être ultérieure à celle de conclusion du contrat.
5. Dispositif applicable dans certains territoires présentant une proportion importante d'habitat dégradé délimité localement par l'établissement public de coopération intercommunale compétent en matière d'habitat ou, à défaut, le conseil municipal (L. n° 2014-366, 24 mars 2014, art. 92).
6. Lorsque la détermination du montant du loyer est la conséquence d'une procédure liée au fait que le loyer précédemment appliqué était manifestement sous-évalué.

Par ailleurs, si le bailleur est une personne morale autre qu'une société civile constituée exclusivement entre parents et alliés jusqu'au quatrième degré inclus, le cautionnement ne peut être demandé que s'il est apporté par un des organismes dont la liste est fixée par le décret n° 2009-1659 du 28 décembre 2009 ou si le logement est loué à un étudiant ne bénéficiant pas d'une bourse de l'enseignement supérieur.

Enfin, lorsqu'un cautionnement pour les sommes dont le locataire serait débiteur dans le cadre d'un contrat de location est exigé par le bailleur, celui-ci ne peut refuser la caution présentée au motif qu'elle ne possède pas la nationalité française ou qu'elle ne réside pas sur le territoire métropolitain.

Entre

M. *[ou Mme]* né(e) le......... à........., dont le domicile est situé.........

Ci-après dénommée la Caution

Et

M. *[ou Mme] [nom du bailleur personne physique ou dénomination du bailleur personne morale]*, dont le domicile [ou le siège social] est situé.........

ci-après dénommée le Bailleur

La Caution déclare se porter caution solidaire sans bénéfice de discussion ni de division de *[nom et prénom du locataire]* pour les obligations résultant du bail (dont un exemplaire lui a été remis) qui lui a été consenti sur le logement situé......... le......... pour une durée de......... et qui a pris effet le......... par le Bailleur.

Le montant du loyer s'élève à......... *[montant indiqué en chiffres, puis en toutes lettres]*[1], euros par mois. Il sera révisé annuellement au *[indication de la date]* selon la variation de l'indice de référence des loyers publié par l'Insee du......... trimestre [indication de l'année], d'une valeur de.........[2].

La provision sur charges s'élève à......... *[montant indiqué en chiffres, puis en toutes lettres]*[3] par mois.

L'engagement de la Caution est valable pour la durée du bail initial et son premier renouvellement ou sa première reconduction tacite, soit jusqu'au......... pour le paiement notamment des loyers, des indemnités d'occupation, des charges, des réparations et dégradations locatives, des impôts et taxes et tous frais éventuels de procédure dus en vertu de ce bail.

Mention que la caution personne physique doit apposer elle-même :

« En application de l'article 2297 du Code civil, je m'engage en qualité de caution à payer au bailleur ce que lui doit le locataire en cas de défaillance de celui-ci, dans la limite d'un montant en principal et accessoires de......... *[montant exprimé en toutes lettres et en chiffres]*[4].

Mon engagement étant privé des bénéfices de discussion ou de division, je reconnais ne pouvoir exiger du bailleur qu'il poursuive d'abord le débiteur ou qu'il divise ses poursuites entre les cautions[5]. »

Enfin, conformément au dernier alinéa de l'article 22-1 de la loi du 6 juillet 1989, et alors même que le présent engagement est à durée déterminée, l'avant dernier alinéa de cet article est reproduit ci-après : « Lorsque le cautionnement d'obligations résultant d'un contrat de location conclu en application du présent titre ne comporte aucune indication de durée ou lorsque la durée du cautionnement est stipulée indéterminée, la caution peut le résilier unilatéralement. La résiliation prend effet au terme du contrat de location, qu'il s'agisse du contrat initial ou d'un contrat reconduit ou renouvelé, au cours duquel le bailleur reçoit notification de la résiliation. »

La caution reconnaît qu'un exemplaire du contrat de location lui a été remis préalablement à la signature du présent cautionnement

Fait à........., le......... en deux exemplaires originaux dont un remis à chaque partie ce jour

La Caution Le Bailleur

[signature précédée de « lu et approuvé, bon pour caution solidaire »]

1121.14 Contenu de la notice d'information annexée à certains contrats de location (Arr. 29 mai 2015 relatif au contenu de la notice d'information annexée aux contrats de location de logement à usage de résidence principale, *JO* 31 mai, p. 9041, mod. par décr. n° 2019-966, 18 sept. 2019, *JO* 19 sept., n° 7)

Préambule.

1. Établissement du bail.

1.1. Forme et contenu du contrat.

1.2. Durée du contrat.

1.3. Conditions financières de la location.

1.3.1. Loyer.

1.3.1.1. Fixation du loyer initial.

1.3.1.2. Évolution du loyer en cours de contrat.

1.3.1.2.1. Révision annuelle du loyer.

1.3.1.2.2. Évolution du loyer consécutive à des travaux.

1.3.1.3. Ajustement du loyer au renouvellement du bail.

1.3.2. Charges locatives.

1.3.3. Contribution du locataire au partage des économies de charges.

1.3.4. Modalités de paiement.

1.4. Garanties.

1.4.1. Dépôt de garantie.

1.4.2. Garantie autonome.

1.4.3. Cautionnement.

1.5. État des lieux.

1. En cas de différence, le cautionnement vaut pour la somme écrite en toutes lettres.
2. L'engagement de la caution doit faire apparaître le montant du loyer et les conditions de sa révision tels qu'ils figurent au contrat de location.
3. En cas de différence, le cautionnement vaut pour la somme écrite en toutes lettres.
4. En cas de différence, le cautionnement vaut pour la somme écrite en toutes lettres
5. À défaut d'une telle indication, la caution conserve le droit de se prévaloir de ces bénéfices.

PRÉAMBULE

Le régime de droit commun des baux d'habitation, applicable aux locations de logements constituant la résidence principale des locataires, est défini principalement par la loi n° 89-462 du 6 juillet 1989 tendant à améliorer les rapports locatifs.

La présente notice d'information rappelle les principaux droits et obligations des parties ainsi que certaines des voies de conciliation et de recours possibles pour régler leurs litiges.

Si la plupart des règles s'appliquent indifféremment à l'ensemble des locations, la loi prévoit certains aménagements pour les locations meublées ou les colocations afin de prendre en compte les spécificités attachées à ces catégories de location.

Pour prétendre à la qualification de meublé, un logement doit être équipé d'un mobilier en nombre et en qualité suffisants pour permettre au locataire d'y dormir, manger et vivre convenablement au regard des exigences de la vie courante (titre Ier *bis* de la loi du 6 juillet 1989).

Les colocations, définies comme la location d'un même logement par plusieurs locataires, sont soumises au régime applicable le cas échéant aux locations nues ou meublées et aux règles spécifiques prévues par la loi en matière de colocation (art. 8-1).

1. Établissement du bail

1.1. Forme et contenu du contrat

Le contrat de location est établi par écrit et respecte un bail type défini par décret.

Le bail peut être établi directement entre le bailleur et le locataire, éventuellement avec l'aide d'un intermédiaire (agent immobilier, administrateur de biens, huissier, notaire...). Il doit être fait en autant d'originaux que de parties et remis à chacune d'elles.

Le contrat de location doit comporter certaines mentions et notamment l'identité des parties, la description du logement, sa surface habitable et les conditions financières du contrat. Ainsi, en cas d'inexactitude supérieure à 5 % de la surface habitable mentionnée au bail d'une location nue, le locataire peut demander une diminution de loyer proportionnelle à l'écart constaté (art. 3 et 3-1).

Certaines clauses sont interdites. Si elles figurent dans le contrat, elles sont alors considérées comme étant inapplicables. Il s'agit notamment des clauses qui imposent comme mode de paiement du loyer le prélèvement automatique, qui prévoient des pénalités en cas de retard dans le paiement du loyer, qui interdisent au locataire d'héberger des personnes ne vivant pas habituellement avec lui, qui prévoient des frais de délivrance ou d'envoi de quittance, etc. (art. 4).

Le bailleur est tenu de remettre au locataire un certain nombre de documents lors de la signature du contrat, et notamment un dossier de diagnostic technique (art. 3-3).

1.2. Durée du contrat

LOCATION D'UN LOGEMENT NU :

Le bail d'un logement nu est conclu pour une durée minimum de trois ans lorsque le bailleur est une personne physique (par exemple, un particulier) ou une société civile immobilière familiale, et de six ans lorsqu'il est une personne morale (par exemple, une société, une association).

À la fin du bail et à défaut de congé donné par l'une ou l'autre des parties, le bail est renouvelé sur proposition du bailleur ou reconduit automatiquement et dans les mêmes conditions pour trois ans lorsque le bailleur est une personne physique ou une société civile immobilière familiale, et pour six ans lorsqu'il est une personne morale (art. 10).

Par exception, la durée peut être inférieure à trois ans, mais d'au minimum un an, si le bailleur (personne physique, membre d'une société civile immobilière familiale ou d'une indivision) prévoit de reprendre son logement pour des raisons familiales ou professionnelles. Les raisons et l'événement invoqué pour justifier la reprise doivent impérativement figurer dans le bail. Le bailleur confirme au locataire, par lettre recommandée avec avis de réception, au minimum deux mois avant la fin du bail que l'événement est réalisé et qu'il reprendra le logement à la date prévue. Si la réalisation de l'événement justifiant la reprise du logement est différée, le bailleur peut également proposer dans les mêmes délais un ultime report du terme du contrat. Lorsque l'événement ne s'est pas produit ou n'a pas été confirmé, le bail se poursuit jusqu'au délai de trois ans (art. 11).

LOCATION D'UN LOGEMENT MEUBLÉ :

Le contrat de location d'un logement meublé est conclu pour une durée d'au moins un an. À la fin du bail et à défaut de congé donné par le bailleur ou le locataire ou de proposition de renouvellement, le bail est reconduit automatiquement et dans les mêmes conditions pour un an.

Lorsque le locataire est un étudiant, les parties peuvent convenir d'un bail d'une durée de neuf mois qui n'est pas reconductible tacitement. Dans ce cas, si les parties ne conviennent pas de la reconduction du contrat, celui-ci prend fin à son terme (art. 25-7).

1.3. Conditions financières de la location

1.3.1 Loyer

1.3.1.1. Fixation du loyer initial

En principe, le loyer initial est fixé librement entre les parties au contrat. Cependant, dans certaines zones où il existe un déséquilibre marqué entre l'offre et la demande de logements, entraînant des difficultés sérieuses d'accès au logement, les loyers peuvent être encadrés par deux mécanismes complémentaires au moment de la mise en location. La liste des communes comprises dans ces « zones de tension du marché locatif » est fixée par décret.

LOGEMENTS SITUÉS DANS DES « ZONES DE TENSION DU MARCHÉ LOCATIF » (ART. 18) :

Pour l'ensemble des communes comprises dans ces zones, un décret fixe chaque année le montant maximum d'évolution des loyers en cas de relocation d'un logement. Ainsi, au moment du changement de locataire, le loyer d'un bien ne peut plus excéder le dernier loyer appliqué, revalorisé sur la base de l'évolution de l'indice de référence des loyers (IRL). L'augmentation de loyer peut être supérieure dans des cas particuliers : lorsque certains travaux d'amélioration ou de mise en conformité avec les caractéristiques de décence sont réalisés par le bailleur ou lorsque le loyer est manifestement sous-évalué. Par ailleurs, les logements faisant l'objet d'une première location, les logements inoccupés par un locataire depuis plus de dix-huit mois et les logements ayant fait l'objet, depuis moins de six mois, de travaux d'amélioration d'un montant au moins égal à la dernière année de loyer, sont exclus du champ de ce dispositif.

LOGEMENTS SITUÉS DANS CERTAINES « ZONES DE TENSION DU MARCHÉ LOCATIF » DOTÉES D'UN OBSERVATOIRE LOCAL DES LOYERS AGRÉÉ (ART. 17 ET 25-9) :

Un mécanisme complémentaire d'encadrement du niveau des loyers des logements mis en location peut s'appliquer dans les communes qui sont dotées d'un observatoire local des loyers agréé par l'État. Ce dispositif s'appuie sur des références de loyers déterminées à partir des données représentatives des loyers du marché locatif local produites par les observatoires locaux des loyers dans le respect de prescriptions méthodologiques définies par un conseil scientifique.

À partir de ces données, les préfets concernés fixent annuellement par arrêté et pour chaque catégorie de logement et secteur géographique donnés, des références de loyers (loyer de référence, loyer de référence majoré et loyer de référence minoré) exprimées par un prix au mètre carré de surface habitable.

Dans les territoires où l'arrêté préfectoral est pris, le loyer au mètre carré des logements mis en location ne peut pas excéder le loyer de référence majoré, ce dernier devant être mentionné dans le contrat de location. Toutefois, lorsque le logement présente certaines caractéristiques, le bailleur peut fixer un loyer supérieur au loyer de référence majoré en appliquant un complément de loyer au loyer de base, lorsque celui-ci est égal au loyer de référence majoré correspondant au logement. Le montant de ce complément de loyer et les caractéristiques le justifiant doivent être mentionnés dans le contrat de location. Le locataire dispose d'un délai de trois mois pour contester ce complément de loyer en saisissant d'abord la commission départementale de conciliation compétente, et, en l'absence d'accord entre les parties, en ayant recours au juge.

1.3.1.2. Évolution du loyer en cours de contrat

1.3.1.2.1 RÉVISION ANNUELLE DU LOYER (ART. 17-1) :

Lorsqu'une clause le prévoit, le loyer peut être révisé, une fois par an, à une date de révision indiquée au bail ou, à défaut, à la date anniversaire du bail. Cette augmentation annuelle du loyer ne peut être supérieure à la variation de l'indice de référence des loyers (IRL) publié par l'INSEE. Cet indice correspond à la moyenne, sur les douze derniers mois, de l'évolution des prix à la consommation, hors tabac et hors loyers.

L'indice de référence à prendre en compte est celui du trimestre qui figure dans le bail ou, à défaut, le dernier indice publié à la date de signature du contrat. Il est à comparer avec l'indice du même trimestre connu à la date de révision.

Le bailleur dispose d'un délai d'un an, à compter de la date de révision, pour en faire la demande. La révision prend effet au jour de sa demande ; elle ne peut donc pas être rétroactive.

Passé ce délai, la révision du loyer pour l'année écoulée n'est plus possible.

Si le bail ne prévoit pas de clause de révision, le loyer reste le même pendant toute la durée de la location.

1.3.1.2.2 ÉVOLUTION DU LOYER CONSÉCUTIVE À DES TRAVAUX (ART. 6 ET 17-1) :

Exceptionnellement, le loyer d'un logement répondant aux caractéristiques de décence peut être revu à la hausse ou à la baisse en cours de bail lorsque le bailleur et le locataire ont convenu de travaux que l'une ou l'autre des parties fera exécuter à ses frais durant l'exécution du contrat.

La clause du contrat de location ou l'avenant qui prévoient cet accord doit fixer la majoration ou la diminution de loyer applicable suite à la réalisation des travaux et, selon le cas, fixer ses modalités d'application. Lorsqu'elle concerne des travaux à réaliser par le bailleur, cette clause ne peut porter que sur des travaux d'amélioration.

1.3.1.3. Ajustement du loyer au renouvellement du bail (art. 17-2 et 25-9)

Hors « zones de tension du marché locatif, » le loyer ne fait l'objet d'aucune réévaluation au moment du renouvellement du bail sauf s'il est manifestement sous-évalué. Ainsi, à l'expiration du bail, si le bailleur considère que le loyer est manifestement sous-évalué, il peut proposer une augmentation de loyer, en se référant aux loyers habituellement constatés dans le voisinage pour des logements comparables.

Il doit faire cette proposition au moins six mois avant le terme du contrat par lettre recommandée avec accusé de réception, par acte d'huissier ou remis en main propre contre récépissé ou émargement. Cette proposition doit reproduire intégralement, sous peine de nullité, les dispositions légales relatives à la réévaluation de loyer (art. 17-2 [II]) et indiquer le montant du nouveau loyer proposé ainsi que la liste des références de loyers ayant servi à le déterminer.

En cas de désaccord ou à défaut de réponse du locataire quatre mois avant le terme du contrat, la commission départementale de conciliation peut être saisie. Celle-ci s'efforce de concilier les parties et en cas d'échec rend un avis pouvant être transmis au juge saisi par l'une ou l'autre des parties.

À défaut de conciliation, le bailleur peut alors saisir le juge d'instance qui fixera alors lui-même le loyer applicable.

Si, au terme du contrat, aucun accord n'est trouvé, ou si le juge d'instance n'est pas saisi, le contrat est reconduit aux mêmes conditions de loyer (éventuellement révisé, si une clause le prévoit).

Lorsqu'une hausse de loyer a été convenue entre les parties ou fixée judiciairement, celle-ci s'applique progressivement au cours du bail renouvelé :

– lorsque la hausse est inférieure ou égale à 10 % de l'ancien loyer, l'augmentation est échelonnée par tiers sur trois ans, si le bailleur est un particulier, ou par sixième sur six ans, s'il est une personne morale. Cette hausse s'entend hors révision annuelle liée à la variation de l'indice de référence des loyers ;

– lorsque la hausse est supérieure à 10 % de l'ancien loyer, elle doit être, dans tous les cas, étalée par sixième sur six ans. L'étalement par sixième s'applique même si le bail est renouvelé pour une durée inférieure à six ans, par exemple pour trois ans. Dans ce cas, l'augmentation continue à s'échelonner lors du renouvellement suivant.

Enfin, sur certains territoires (cf. § 1.3.1.1), les modalités d'ajustement du loyer au renouvellement du contrat connaissent certaines particularités :

– dans l'ensemble des zones « de tension du marché locatif », un décret limite la hausse de loyer applicable au renouvellement de bail ;

– dans les zones « de tension du marché locatif » dotées d'un observatoire local des loyers et pour lesquelles un arrêté préfectoral fixe des références de loyers, deux procédures d'encadrement des loyers au stade du renouvellement du bail sont ouvertes :

– le locataire peut engager une action en diminution de loyer si le montant du loyer fixé au contrat (hors montant du complément de loyer) s'avère supérieur au loyer de référence majoré publié par le préfet. Il doit alors faire une proposition au bailleur, au moins cinq mois avant le terme du bail, par lettre recommandée avec accusé de réception, par acte d'huissier ou remis en main propre contre récépissé ou émargement ;

– le bailleur peut engager une action en réévaluation du loyer dès lors que le loyer fixé au bail est inférieur au loyer de référence minoré publié par le préfet. Il doit alors faire une proposition au locataire, au moins six mois avant le terme du bail et dans les mêmes conditions de forme, qui ne peut être supérieure au loyer de référence minoré.

1.3.2 Charges locatives (art. 23)

Les charges locatives, ou charges récupérables, correspondent à certaines catégories de dépenses prises en charge par le bailleur, mais qui peuvent être récupérées auprès du locataire. Elles sont la contrepartie de services rendus liés à la chose louée, de dépenses d'entretien courant et de menues réparations relatives aux parties communes, et de certaines impositions liées à des services au locataire.

La liste des charges récupérables est limitativement énumérée par un décret[1] qui distingue huit postes de charges.

Le bailleur peut donc récupérer ces charges auprès des locataires de deux manières :

– de manière ponctuelle en apportant les justificatifs des dépenses engagées ;

– de manière régulière par versement périodique de provisions pour charges, par exemple tous les mois ou tous les trimestres.

Si les charges sont payées par provision, une régularisation doit être effectuée chaque année en comparant le total des provisions versées par le locataire avec les dépenses effectives engagées par le bailleur pendant l'année. Si les provisions sont supérieures aux dépenses réelles, celui-ci doit reverser le trop-perçu au locataire ; dans le cas contraire, il peut exiger un complément.

Le montant des charges récupérées par le bailleur doit être dans tous les cas justifié.

C'est ainsi que le bailleur doit communiquer au locataire :

– le décompte des charges locatives par nature de charges (électricité, eau chaude, eau froide, ascenseur…) ;

– le mode de répartition entre les locataires si le logement est situé dans un immeuble collectif ;

– une note d'information sur les modalités de calcul des charges de chauffage et de production d'eau chaude sanitaire collectives.

Dans les six mois suivant l'envoi du décompte, le bailleur doit tenir à la disposition du locataire l'ensemble des pièces justificatives de charges complémentaires (factures, contrats de fournitures). À compter du 1er septembre 2015, il doit transmettre le récapitulatif des charges du logement par voie dématérialisée ou par voie postale dès lors que le locataire en fait la demande.

1. Décr. n° 87-713, 26 août 1987 pris en application de l'article 18 de la loi n° 86-1290 du 23 décembre 1986 tendant à favoriser l'investissement locatif, l'accession à la propriété de logements sociaux et le développement de l'offre foncière et fixant la liste des charges récupérables.

Si la régularisation des charges n'a pas été effectuée dans l'année suivant leur exigibilité, le locataire peut exiger un paiement échelonné sur douze mois (art. 23).

LOCATION DE LOGEMENT MEUBLÉ ET COLOCATION (DE LOGEMENT NU OU MEUBLÉ) :

Les parties peuvent opter, lors de la conclusion du contrat, pour la récupération des charges, en fonction des dépenses réellement engagées comme décrit précédemment, ou sous la forme d'un forfait. Dans ce cas, le montant du forfait est fixé dès la conclusion du contrat et ne donne pas lieu à régularisation. Ce montant, éventuellement révisé chaque année dans les mêmes conditions que le loyer, ne doit pas être manifestement disproportionné au regard des charges dont le locataire se serait acquitté sur justification des dépenses engagées par le bailleur (art. 8-1 et 25-10).

1.3.3 Contribution du locataire au partage des économies de charges (art. 23-1)

Dans le cadre d'une location nue, une contribution financière peut être demandée au locataire en plus du loyer et des charges lorsque le bailleur a réalisé dans les parties privatives d'un logement, ou dans les parties communes de l'immeuble, des travaux d'économies d'énergie.

Cette contribution, limitée au maximum à quinze années et dont le montant est fixe et non révisable, peut être demandée au locataire au titre du partage des économies de charge à partir de la date d'achèvement des travaux, dans des conditions strictement fixées par les textes.

1.3.4 Modalités de paiement

Le paiement du loyer et des charges doit être effectué à la date prévue au contrat.

Le bailleur est tenu de transmettre gratuitement au locataire qui en fait la demande, une quittance, qui indique le détail des sommes versées par le locataire en distinguant le loyer et les charges. Avec l'accord du locataire, la quittance peut être transmise par voie dématérialisée. Aucuns frais liés à la gestion de l'avis d'échéance ou de la quittance ne peuvent être facturés au locataire (art. 21).

1.4. Garanties

Fréquemment, le bailleur exige certaines garanties pour se prémunir de l'inexécution des obligations du locataire. Pour ce faire, le bailleur dispose de différents moyens, strictement encadrés par la loi.

1.4.1 Dépôt de garantie (art. 22)

Le contrat de location peut prévoir le paiement d'un dépôt de garantie qui sert à couvrir les éventuels manquements du locataire à ses obligations locatives.

Son montant doit obligatoirement figurer dans le bail. Il ne peut pas être supérieur à un mois de loyer, hors charges, pour les locations nues et ne peut faire l'objet d'aucune révision en cours ou au renouvellement du bail.

Pour les locations meublées, le montant du dépôt est limité à deux mois de loyer (art. 25-6).

Au moment de la signature du bail, le dépôt de garantie est versé au bailleur directement par le locataire ou par l'intermédiaire d'un tiers.

Les modalités de restitution du dépôt de garantie à la fin du bail sont précisées dans la partie 3.2.2.

1.4.2 Garantie autonome (art. 22-1-1)

Une garantie autonome peut être souscrite en lieu et place du dépôt de garantie, dans la limite du montant de celui-ci. Appliquée au contrat de location, la garantie autonome est l'engagement par lequel le garant s'oblige, en cas de non-respect par le locataire de ses obligations, à verser une somme, soit à première demande, soit suivant des modalités convenues sans pouvoir opposer aucune exception à l'obligation garantie.

1.4.3 Cautionnement (art. 22-1)

La caution est la personne qui, dans un document écrit appelé « Acte de cautionnement », s'engage envers le bailleur à payer les dettes locatives du locataire et à exécuter les obligations qui lui incombent en cas de défaillance de sa part (ex. : loyers, charges, frais de remise en état du logement...).

EXIGIBILITÉ :

Le bailleur ne peut exiger de cautionnement, à peine de nullité, s'il a déjà souscrit une assurance, ou toute autre forme de garantie, garantissant les obligations locatives (ex. : garantie des risques locatifs, assurance privée) sauf si le logement est loué à un étudiant ou un apprenti.

En principe, lorsque le bailleur est une personne morale, hors société immobilière familiale, une caution ne peut être demandée que si le logement est loué à un étudiant qui ne bénéficie pas d'une bourse de l'enseignement supérieur ou si elle est apportée par certains organismes.

Le bailleur ne peut enfin pas refuser la caution présentée au motif qu'elle ne possède pas la nationalité française ou qu'elle ne réside pas sur le territoire métropolitain.

FORME ET CONTENU DE L'ACTE DE CAUTIONNEMENT :

L'engagement de caution doit être écrit. Le bailleur doit remettre un exemplaire du contrat de location à la caution. L'engagement de caution doit obligatoirement comporter certaines informations, écrites de la main de la caution.

DURÉE DE L'ENGAGEMENT :

Engagement sans durée:

Si aucune durée d'engagement ne figure dans l'acte, la caution peut mettre fin à son engagement à tout moment par lettre recommandée avec avis de réception.

Toutefois, la résiliation signifiée au bailleur ne prend effet qu'à l'expiration du bail en cours.

En pratique, la caution qui résilie son engagement reste donc tenue des dettes locatives jusqu'à la fin du contrat de location en cours, elle n'en est plus tenue lorsque le bail est reconduit ou renouvelé.

Engagement à durée déterminée :

Quand une durée précise est indiquée dans l'acte de cautionnement, la caution ne peut pas résilier son engagement. Elle est tenue des dettes locatives jusqu'à la date initialement prévue.

Colocation (de logement loué nu ou meublé) (art. 8-1) :

Dans une colocation, les colocataires et les personnes qui se portent caution pour leur compte peuvent être solidairement tenus responsables du paiement du loyer. Lorsqu'un des colocataires donne congé, cette solidarité cesse lorsqu'un nouveau colocataire le remplace ou, à défaut de remplaçant, au bout de six mois après la fin du délai de préavis du congé.

Par ailleurs, l'engagement de la personne qui s'est portée caution pour le colocataire sortant cesse dans les mêmes conditions. À cet effet, l'acte de cautionnement doit nécessairement identifier un des colocataires.

1.5. État des lieux (art. 3-2)

Lors de la remise et de la restitution des clés, un état des lieux doit être établi. Ce document décrit l'état du logement loué avec précision, ainsi que les équipements qu'il comporte. En comparant l'état des lieux dressé à l'arrivée et au départ du locataire, le bailleur pourra demander réparation des détériorations causées par le locataire. À défaut d'état des lieux d'entrée, le logement est présumé avoir été délivré en bon état sauf si le locataire en apporte la preuve contraire ou si le bailleur a fait obstacle à l'établissement de l'état des lieux.

Il est établi par écrit contradictoirement et amiablement par le bailleur et le locataire ou par un tiers mandaté par les deux parties. Un exemplaire doit être remis à chaque partie. L'état des lieux d'entrée peut dans certains cas être complété ultérieurement à sa réalisation. Le locataire peut demander au bailleur ou à son représentant de compléter l'état des lieux d'entrée dans les dix jours suivant sa date de réalisation pour tout élément concernant le logement, ou durant le premier mois de la période de chauffe concernant l'état des éléments de chauffage. Si le bailleur refuse de compléter l'état des lieux, le locataire peut saisir la commission départementale de conciliation dont dépend le logement.

Si les parties ne peuvent établir l'état des lieux de manière contradictoire et amiable (par exemple, si l'une des parties ne se présente pas ou si les parties ne s'accordent pas sur le contenu de l'état des lieux), le bailleur ou le locataire peut faire appel à un huissier pour l'établir. Ce dernier doit aviser les parties au moins sept jours à l'avance par lettre recommandée avec avis de réception. Dans ce cas, les frais d'huissier sont partagés par moitié entre le bailleur et le locataire, les tarifs sont fixes et déterminés par décret[1].

LOCATION DE LOGEMENT MEUBLÉ :

Au-delà de l'état des lieux, un inventaire et un état détaillé du mobilier doivent également être établis, sans que cela ne puisse donner lieu à une prise en charge financière supplémentaire du locataire (art. 25-5).

2. Droits et obligations des parties

Au-delà des conditions particulières prévues par le contrat de location, bailleurs et locataires sont soumis à un certain nombre d'obligations prévues par la loi durant l'exécution du contrat.

2.1. Obligations générales du bailleur (art. 6)

DÉLIVRER UN LOGEMENT DÉCENT :

Le bailleur est tenu de remettre au locataire un logement décent, ne laissant pas apparaître de risques manifestes pouvant porter atteinte à la sécurité physique ou à la santé et doté des éléments de confort le rendant conforme à l'usage d'habitation. Un décret[2] détermine les caractéristiques relatives à la sécurité physique et à la santé des locataires, aux éléments d'équipements et de confort et à la surface et au volume habitable que doit respecter un logement décent.

Si le logement ne satisfait pas ces caractéristiques, le locataire peut demander au bailleur sa mise en conformité. À défaut de réponse de celui-ci à la demande de mise en conformité dans un délai de deux mois ou à défaut d'accord entre les parties, la commission départementale de conciliation peut être saisie par l'une ou l'autre des parties. À défaut de saisine ou d'accord constaté par la commission, le juge peut être saisi du litige aux fins de déterminer la nature des travaux à réaliser et le délai de leur exécution.

DÉLIVRER UN LOGEMENT EN BON ÉTAT :

Le bailleur est tenu de remettre au locataire un logement en bon état d'usage et de réparations, et doté d'équipements en bon état de fonctionnement.

Si le logement n'est pas en bon état, les parties peuvent convenir, par une clause expresse insérée dans le bail, de travaux que le locataire exécutera ou fera exécuter en contrepartie d'une réduction de loyer pendant une période déterminée (cf. § 1.3.1.2.2). Une telle clause ne peut concerner que des logements répondant déjà aux caractéristiques de décence.

ENTRETENIR LE LOGEMENT :

Le bailleur est tenu d'entretenir les locaux en état de servir à l'usage prévu par le contrat, et d'y faire toutes les réparations nécessaires au maintien en état et à l'entretien normal des locaux loués, en dehors de tout ce qui touche aux réparations locatives (menues réparations et entretien courant à la charge du locataire, cf. partie 2.2).

1. Décr. n° 96-1080, 12 déc. 1996 portants fixation du tarif des huissiers de justice en matière civile et commerciale [abrogée par Décr. n° 2016-230, 26 févr. 2016, codifié s[s] C. com., art. A. 440-10 s.].

2. Décr. n° 2002-120, 30 janv. 2002 relatifs aux caractéristiques du logement décent pris pour l'application de l'article 187 de la loi n° 2000-1208 du 13 décembre 2000 relative à la solidarité et au renouvellement urbains, *JO* 31 janv., p. 2090.

AMÉNAGEMENTS RÉALISÉS PAR LE LOCATAIRE :

Le bailleur ne peut s'opposer aux aménagements que son locataire souhaite réaliser dans le logement, à condition qu'il ne s'agisse pas de travaux de transformation.

À titre d'exemple, la modification du coloris des peintures ou la pose du papier peint pourraient être considérées comme de simples aménagements du logement que le bailleur ne saurait interdire. En revanche, le fait d'abattre une cloison ou de transformer une chambre en cuisine constituerait une transformation nécessitant préalablement une autorisation écrite du bailleur.

USAGE DU LOGEMENT :

Le bailleur doit assurer au locataire un usage paisible du logement. Le logement loué est le domicile du locataire. À ce titre, il en a la jouissance exclusive et peut utiliser les lieux librement dans le respect du contrat de location et, le cas échéant, d'un règlement intérieur à l'immeuble. Il peut aussi inviter ou héberger les personnes de son choix. Dès lors, le bailleur n'a pas le droit d'imposer un droit de visite à son locataire en dehors de certaines circonstances (vente du logement, départ du locataire...), d'interdire l'accès au logement à des personnes autres que la famille du locataire, de pénétrer dans le logement sans l'accord du locataire, de lui interdire d'avoir des animaux familiers, de lui interdire de fumer, etc.

En cas de troubles de voisinage causés par les personnes qui occupent ces locaux, le bailleur doit, après leur avoir adressé une mise en demeure dûment motivée, utiliser les droits dont il dispose en propre afin de faire cesser ces troubles de voisinage.

2.2. Obligations générales du locataire (art. 7)

PAIEMENT DU LOYER ET DES CHARGES :

Le locataire doit payer le loyer et les charges à la date prévue au contrat.

Le locataire ne doit en aucun cas cesser de payer de lui-même, sans autorisation d'un juge, tout ou partie de son loyer sous prétexte que le bailleur ne respecte pas ses obligations.

UTILISATION DU LOGEMENT :

Le locataire jouit librement de son logement pendant toute la durée de la location, mais il doit respecter certaines obligations en la matière :

– le locataire est tenu d'utiliser paisiblement son logement et dans le respect de la tranquillité du voisinage ;

– le locataire doit veiller à respecter le règlement intérieur à l'immeuble, lorsque ce logement est situé dans un immeuble collectif (appartement). Ce règlement peut par exemple interdire certaines pratiques (ex. : pose de jardinières, de linge aux fenêtres) ;

– le locataire doit respecter la destination prévue au sein du contrat de location. Par exemple, le local peut être loué à usage d'habitation uniquement, dès lors le locataire ne peut y exercer une activité commerciale ;

– le locataire ne peut sous-louer tout ou partie de son logement sans l'accord écrit du bailleur. Dans l'hypothèse où le bailleur donne son accord, le montant du loyer au mètre carré de surface habitable appliqué au sous-locataire ne peut en aucun cas excéder celui payé par le locataire principal. Le locataire est également tenu de transmettre au sous-locataire l'autorisation écrite du bailleur et la copie du bail en cours.

TRAVAUX :

– le locataire a le droit d'aménager librement le logement qu'il occupe (changement de moquette, pose de papier peint, modification des peintures...). Il ne peut toutefois y faire de travaux de transformation sans l'accord écrit du bailleur. À défaut, celui-ci peut, lors du départ du locataire, conserver le bénéfice des transformations sans indemnisation. Il peut aussi exiger la remise immédiate en l'état des lieux aux frais du locataire. En cas de litige, le caractère des travaux (simple aménagement ou transformation) relève de l'appréciation du juge ;

– le locataire doit laisser exécuter dans son logement certains travaux décidés par le bailleur : les réparations urgentes, les travaux d'amélioration ou d'entretien du logement loué ou des parties communes, les travaux d'amélioration de la performance énergétique et les travaux de mise aux normes de décence. Avant le début des travaux, le bailleur est tenu de remettre au locataire une notification de travaux, par lettre remise en main propre ou par courrier recommandé avec avis de réception, précisant leur nature et les modalités de leur exécution. Pour la préparation et la réalisation de ces travaux, le locataire est tenu de permettre l'accès à son logement tous les jours sauf les samedis, dimanches et jours fériés (à moins qu'il ne donne son accord pour que les travaux soient réalisés pendant ces jours).

Si les travaux durent plus de vingt et un jours et affectent l'utilisation du logement, une réduction de loyer peut être appliquée au profit du locataire. En cas d'abus (travaux à caractère vexatoire, ne respectant pas les conditions prévues dans la notification de travaux, rendant l'utilisation du logement impossible ou dangereuse), le locataire peut également saisir le juge pour interrompre ou interdire les travaux.

ENTRETIEN :

Le locataire doit veiller à maintenir en l'état le logement qu'il occupe. À ce titre :

– le locataire doit prendre en charge l'entretien courant, les menues réparations du logement et des équipements mentionnés dans le contrat (ex. : maintien en état de propreté, remplacement d'ampoules, etc.) ainsi que l'ensemble des réparations locatives dont la liste est définie par décret[1] sauf si elles sont occasionnées par vétusté, malfaçon, vice de construction, cas fortuit ou force majeure ;

– le locataire est responsable des dégradations ou pertes qui pourraient survenir en cours de bail dans le logement, à moins qu'il ne prouve qu'elles ont eu lieu par cas de force majeure, par la faute du bailleur ou par la faute d'un tiers qu'il n'a pas introduit dans le logement.

1. Décr. n° 87-712, 26 août 1987 relatif aux réparations locatives, *JO* 30 août, p. 9976.

ASSURANCE :

Le locataire est tenu de s'assurer contre les risques locatifs (principalement dégâts des eaux, incendie, explosion) et de le justifier lors de la remise des clefs puis chaque année à la demande du bailleur, par la remise d'une attestation. S'il ne le fait pas, le bailleur peut demander la résiliation du bail ou souscrire une assurance à la place du locataire en lui répercutant le montant de la prime.

En cas de colocation, dans un logement nu ou meublé, les parties peuvent convenir dès la conclusion du contrat de la souscription par le bailleur d'une assurance pour le compte des colocataires.

3. Fin de contrat et sortie du logement

3.1. Congés (art. 15 et 25-8)

Les parties peuvent unilatéralement, dans les conditions déterminées par la loi, mettre fin au contrat de location et donner congé.

3.1.1 Congé délivré par le locataire

Motifs : le locataire peut donner congé à tout moment et sous réserve de respecter certaines conditions de forme. Le congé est effectif à l'expiration d'un délai de préavis variable selon les circonstances de son départ.

Forme : le locataire qui souhaite quitter son logement doit notifier son congé au bailleur par lettre recommandée avec avis de réception, acte d'huissier, ou remise en main propre contre émargement ou récépissé.

Effets : la réception de la lettre de congé par le bailleur fait courir un délai de préavis pendant lequel le locataire reste tenu au paiement de son loyer, même s'il a déjà quitté le logement, sauf si, en accord avec le locataire sortant, un nouveau locataire occupe le logement avant la fin du délai de préavis.

DURÉE DU DÉLAI DE PRÉAVIS :

LOCATION NUE :

Le délai de préavis est en principe de trois mois. Ce délai est réduit à un mois lorsque le logement est situé dans des « zones de tension du marché locatif » ou lorsque le locataire justifie d'une des situations suivantes : obtention d'un premier emploi, de mutation, de perte d'emploi ou de nouvel emploi consécutif à une perte d'emploi, état de santé justifiant un changement de domicile et constaté par un certificat médical, bénéfice du revenu de solidarité active ou de l'allocation adulte handicapé, attribution d'un logement social. Le locataire doit alors préciser le motif de son départ et le justifier à l'occasion de la notification de congé. À défaut, le préavis de trois mois s'applique.

LOCATION MEUBLÉE :

Le délai de préavis est d'un mois.

3.1.2 Congé délivré par le bailleur

Motifs : le bailleur peut donner congé à son locataire à l'échéance du bail et dans trois cas :

1. Le bailleur souhaite reprendre le logement pour l'occuper, à titre de résidence principale, ou y loger un proche[1].

2. Le bailleur souhaite vendre le logement inoccupé. Le locataire est alors prioritaire pour acquérir le logement. Le bailleur doit lui donner congé en lui indiquant le prix et les conditions de la vente. Cela constitue une offre de vente.

3. Le bailleur met fin au bail pour un motif légitime et sérieux : non-respect par le locataire de l'une de ses obligations, retards répétés de paiement des loyers, défaut d'entretien du logement, troubles de voisinage, etc.

Des restrictions peuvent s'appliquer quant à la possibilité pour le bailleur de donner congé, notamment en fonction du niveau de ressources et de l'âge du locataire ou, en location nue, lorsque le congé du bailleur est consécutif à l'acquisition d'un logement occupé.

FORME ET DÉLAIS :

La notification du congé doit être adressée à chacun des cotitulaires du bail par lettre recommandée avec avis de réception, acte d'huissier, ou remise en main propre contre récépissé. Le délai de préavis court à compter de la réception du courrier ou du passage de l'huissier. La notification contient le motif du congé et d'autres informations en fonction du motif invoqué.

LOCATION NUE :

Le préavis doit être délivré au moins six mois avant la fin du bail. Le bailleur doit joindre une notice d'information définie par arrêté ministériel et relative à ses propres obligations et aux voies de recours et d'indemnisation du locataire en cas de congé pour reprise ou vente.

LOCATION MEUBLÉE :

Le préavis doit être délivré au moins trois mois avant la fin du bail.

Effet : si le locataire quitte le logement avant l'expiration du préavis, le locataire n'est redevable du loyer et des charges que pour le temps réel d'occupation du logement.

Sanction du congé frauduleux : si le motif du congé ne correspond pas à la réalité, le locataire peut le contester devant le juge. Par ailleurs, le bailleur qui délivre un congé pour vendre ou pour habiter frauduleusement risque une amende pénale pouvant aller jusqu'à 6 000 € ou 30 000 € s'il s'agit d'une personne morale.

3.2. Sortie du logement

3.2.1 État des lieux de sortie

À la remise des clés par le locataire, un état des lieux de sortie doit être établi entre le bailleur et le locataire. Les modalités

1. Conjoint, partenaire de PACS, concubin notoire depuis au moins un an à la date du congé, ascendants et descendants du bailleur ou de son conjoint, de son partenaire ou de son concubin notoire.

d'établissement de l'état des lieux de sortie sont identiques à celles applicables lors de l'état des lieux d'entrée.

Cependant, dans le cadre d'un état des lieux amiable et lorsque le bailleur mandate un tiers pour le représenter (par exemple, un professionnel de l'immobilier), aucun frais ne peut être facturé au locataire.

3.2.2 Restitution du dépôt de garantie (art. 22)

Délais : le dépôt de garantie doit être restitué dans un délai maximal de deux mois à compter de la remise des clés par le locataire, déduction faite le cas échéant des sommes justifiées dues au titre des loyers, charges, réparations locatives ou des dégradations dont il pourrait être tenu responsable. Le délai s'apprécie à compter du jour de la restitution des clés par le locataire qui peut les remettre en main propre ou par lettre recommandée avec demande d'avis de réception, au bailleur ou à son mandataire. À cette occasion, le locataire indique au bailleur, ou à son mandataire, sa nouvelle adresse.

Dans certains cas particuliers, des aménagements sont prévus au délai de restitution du dépôt de garantie :

– si l'état des lieux de sortie est conforme à l'état des lieux d'entrée, le délai est réduit à un mois ;

– si le logement est situé dans un immeuble collectif, le bailleur peut conserver une provision maximale de 20 % du dépôt de garantie jusqu'au mois suivant l'approbation des comptes annuels de l'immeuble.

Le bailleur est tenu de justifier la retenue qu'il opère sur le dépôt de garantie par la remise au locataire de documents tels que l'état des lieux d'entrée et de sortie, des factures, devis, lettres de réclamation des loyers impayés restées sans réponse, etc. ;

– sanction de la restitution tardive du dépôt de garantie : à défaut de restitution du dépôt de garantie dans les délais impartis, le montant dû au locataire est majoré d'une somme égale à 10 % du loyer mensuel, pour chaque mois de retard commencé. Cette majoration n'est pas due lorsque l'origine du défaut de restitution dans les délais résulte de l'absence de transmission par le locataire de sa nouvelle adresse.

4.
Règlement des litiges locatifs

En cas de conflit, les parties peuvent tenter de trouver une solution amiable. En cas d'échec, le tribunal compétent peut être saisi pour trancher le litige.

4.1.
Règles de prescriptions (art. 7-1)

En matière locative, la durée au-delà de laquelle une action en justice n'est plus recevable est en principe de trois ans. Ainsi, sauf interruption ou suspension des délais, le bailleur peut récupérer judiciairement les arriérés de charges et de loyer pendant trois ans à compter de leur exigibilité.

Il existe une exception à ce principe en matière d'action en révision de loyer, le bailleur ne disposant que d'un délai d'un an pour demander en justice le paiement du différentiel de loyer issu de la révision.

4.2.
Règlement amiable et conciliation

Lorsqu'il existe un litige, il est conseillé d'adresser un courrier recommandé avec accusé de réception à l'autre partie relatant les faits le plus précisément possible, accompagné des arguments et preuves relatifs aux faits litigieux (références juridiques, factures, photos, etc.).

Ce courrier est une première étape préalable importante pour engager ensuite un recours éventuel devant le juge. Si le litige n'est pas résolu à l'amiable, il peut être utile de saisir la commission départementale de conciliation.

VOIES DE CONCILIATION : LES COMMISSIONS DÉPARTEMENTALES DE CONCILIATION (ART. 20) :

Présentation : pour régler certains litiges entre le bailleur et le locataire, il est possible de faire appel localement aux commissions départementales de conciliation (CDC), présentes dans chaque département et placées auprès des services de l'État. Cette commission est composée à parts égales de représentants des bailleurs et de représentants des locataires. Elle est compétente pour connaître des litiges de nature individuelle et des difficultés de nature collective. Toute démarche devant la CDC est gratuite.

Rôle : la CDC s'efforce de concilier les parties en établissant un dialogue, afin d'éviter le recours au juge. La CDC doit traiter les litiges qui lui sont soumis dans un délai de deux mois à compter de sa saisine.

Le champ de compétence de la CDC est large.

La saisine de la CDC constitue une étape obligatoire avant toute saisine du juge pour les litiges relatifs à l'ajustement des loyers au renouvellement du bail (cf. § 1.3.1.3), pour certains litiges relatifs à l'encadrement des loyers (contestation du complément de loyer ou du loyer déterminé en application du décret fixant annuellement le montant maximum d'évolution des loyers).

Elle intervient aussi de manière facultative pour les litiges relatifs aux thèmes suivants : dépôt de garantie, état des lieux, fixation et révision des loyers, charges locatives, réparations, décence, congés.

Enfin, la CDC est compétente pour les différends de nature collective : application des accords collectifs nationaux ou locaux, des plans de concertation locative, difficultés de fonctionnement d'un immeuble ou d'un groupe d'immeubles.

Modalités de saisine : la CDC peut être saisie par le bailleur ou le locataire concerné, lorsqu'il s'agit d'un litige de nature individuelle et par le bailleur, plusieurs locataires ou une association représentative des locataires, lorsqu'il s'agit d'une difficulté de nature collective.

La saisine de la commission doit être formulée en double exemplaire et adressée par lettre recommandée avec avis de réception au secrétariat de la commission. La saisine doit indiquer les nom, qualité et adresse du demandeur, ceux du défendeur ainsi que l'objet du litige ou de la difficulté. Dans tous les cas, la lettre de saisine doit être accompagnée de la copie des pièces en lien avec le litige (le bail, le courrier du bailleur proposant l'augmentation, etc.).

Déroulement des séances : le bailleur et le locataire en conflit sont convoqués, en personne, par lettre à une séance de conciliation au minimum quinze jours avant la séance.

Ils peuvent se faire assister par une personne de leur choix ou se faire représenter par une personne dûment mandatée. Si la demande a été introduite par une association ou par plusieurs locataires, seuls sont convoqués à la séance leurs représentants (2 au maximum), dont les noms auront été communiqués au préalable au secrétariat de la CDC.

Chaque partie expose son point de vue et la CDC aide les parties à trouver une solution à leur problème.

Si un accord intervient, les termes de la conciliation font l'objet d'un document signé par chacune des parties.

En l'absence d'accord, la CDC rend un avis qui constate la situation et fait apparaître les points essentiels de la position de chacun, ainsi que, le cas échéant, sa position.

4.3. Action en justice

4.3.1 Généralités

Si le locataire ou le bailleur ne respecte pas ses obligations, l'autre partie peut exercer une action en justice auprès du tribunal compétent pour l'obliger à exécuter son obligation, pour demander la résiliation du contrat ou pour demander une indemnisation.

Tout litige relatif à un bail d'habitation relève exclusivement du tribunal judiciaire dans le ressort duquel se situe le logement. Toutefois, le juge de proximité est compétent en matière de restitution du dépôt de garantie si le litige porte sur un montant inférieur à 4 000 euros.

Lorsqu'un ou plusieurs locataires ont avec un même bailleur un litige locatif ayant une origine commune, ils peuvent donner par écrit mandat d'agir en justice en leur nom et pour leur compte à une association siégeant à la Commission nationale de concertation.

Si le litige porte sur les caractéristiques du logement pour en faire un logement décent, ce mandat peut être donné à une des associations précitées ou à une association compétente en matière d'insertion ou de logement des personnes défavorisées, à une collectivité territoriale compétente en matière d'habitat ou à un organisme payeur des aides au logement (CAF ou MSA).

4.3.2 Résiliation judiciaire et de plein droit (art. 24)

Des modalités particulières de résiliation du bail sont prévues par la loi lorsque le bailleur est à l'initiative de la demande judiciaire de résiliation du bail.

4.3.2.1. Mise en œuvre de la clause résolutoire de plein droit

Une clause du contrat de location, appelée clause résolutoire, peut prévoir sa résiliation de plein droit en cas d'inexécution des obligations du locataire, dans les quatre cas suivants :

– défaut de paiement des loyers et des charges locatives au terme convenu ;

– non-versement du dépôt de garantie ;

– défaut d'assurance du locataire contre les risques locatifs ;

– troubles de voisinage constatés par une décision de justice passée en force de chose jugée rendue au profit d'un tiers.

En pratique, le bailleur devra assigner le locataire devant le tribunal pour faire constater l'acquisition de la clause résolutoire et la résiliation de plein droit du bail. Les modalités de mise en œuvre de cette clause varient selon la nature de la faute imputée au locataire.

Lorsque le bailleur souhaite mettre en œuvre la clause résolutoire pour défaut de paiement des loyers et des charges ou pour non-versement du dépôt de garantie, il doit préalablement faire signifier au locataire, par acte d'huissier, un commandement de payer, qui doit mentionner certaines informations et notamment la faculté pour le locataire de saisir le fonds de solidarité pour le logement (cf. § 4.4.1). De plus, pour les bailleurs personnes physiques ou les sociétés immobilières familiales, le commandement de payer doit être signalé par l'huissier à la commission de coordination des actions de prévention des expulsions locatives (cf. § 4.4.2) dès lors que l'un des seuils relatifs au montant et à l'ancienneté de la dette, fixé par arrêté préfectoral, est atteint.

Le locataire peut, à compter de la réception du commandement, régler sa dette, saisir le juge d'instance pour demander des délais de paiement, voire demander ponctuellement une aide financière à un fonds de solidarité pour le logement. Si le locataire ne s'est pas acquitté des sommes dues dans les deux mois suivant la signification, le bailleur peut alors assigner le locataire en justice pour faire constater la résiliation de plein droit du bail.

En cas de défaut d'assurance, le bailleur ne peut assigner en justice le locataire pour faire constater l'acquisition de la clause résolutoire qu'après un délai d'un mois après un commandement demeuré infructueux.

4.3.2.2. Résiliation judiciaire

Si le bailleur renonce à la mise en œuvre de la clause résolutoire, ou si celle-ci n'est pas prévue au bail ou si le litige a pour origine des motifs non couverts par la clause résolutoire, le bailleur peut saisir directement le juge pour demander la résiliation judiciaire du bail. Le juge dispose alors d'un large pouvoir pour apprécier si la faute du locataire est d'une gravité suffisante pour justifier la résiliation du bail.

4.3.2.3. Assignation aux fins de résiliation du bail et pouvoirs du juge

L'assignation est la procédure obligatoire de saisine du juge. Il s'agit d'un acte établi et délivré par un huissier de justice, par lequel le demandeur prévient la partie adverse qu'une procédure judiciaire est ouverte contre lui.

Le bailleur personne morale autre que les sociétés immobilières familiales ne peut assigner aux fins de constat de résiliation du bail qu'après avoir saisi, au moins deux mois auparavant, la commission de coordination des actions de prévention des expulsions locatives (cf. § 4.4.2). Cette saisine est réputée constituée lorsqu'il y a eu signalement à la CAF/CMSA en vue d'assurer le maintien des aides au logement.

Quand l'assignation est fondée sur une dette locative, cette assignation doit être notifiée par huissier au préfet de département deux mois avant l'audience.

Le juge peut alors :

– soit accorder, même d'office, au locataire en situation de régler sa dette locative, des délais de paiement, pouvant aller jusqu'à trois ans pour régler sa dette locative. Si le locataire se libère de sa dette dans le délai et selon les modalités fixés par le juge, le bail n'est pas résilié ;

– soit ordonner l'expulsion assortie ou non d'un délai de grâce pour quitter les lieux (trois mois à trois ans) (art. L. 412-1 et suivants du code des procédures civiles d'exécution).

4.4. Prévention des expulsions

Des dispositifs de prévention des expulsions ont été institués afin de traiter notamment le plus en amont les situations d'impayés locatifs. Au sein des différentes actions mises en place sur le territoire départemental, deux dispositifs sont susceptibles d'être mobilisés plus particulièrement.

4.4.1 Le fonds de solidarité pour le logement

Le fonds de solidarité pour le logement (FSL) a été constitué dans chaque département afin d'accorder des aides financières, sous forme de prêts, de subventions ou de garantie, aux personnes ayant de faibles ressources qui rencontrent des difficultés pour assurer leurs dépenses de logement (factures, loyers...).

Les aides du FSL peuvent notamment permettre d'aider au paiement :

– du dépôt de garantie, du premier loyer, de l'assurance du logement ;

– des dettes de loyers et de charges en vue du maintien dans le logement ou en vue de faciliter l'accès à un nouveau logement ;

– des impayés de factures d'eau et d'énergie.

Chaque département a ses propres critères d'attribution des aides. Il est notamment tenu compte des ressources de toutes les personnes composant le foyer. Pour en bénéficier, il convient de s'adresser aux services de son conseil départemental.

4.4.2 La commission de coordination des actions de prévention des expulsions locatives (CCAPEX)

Dans chaque département, la CCAPEX a pour mission de délivrer des avis et des recommandations à tout organisme ou personne susceptible de contribuer à la prévention de l'expulsion ainsi qu'aux bailleurs et aux locataires concernés par une situation d'impayé ou de menace d'expulsion quel que soit le motif. Elle émet également des avis et recommandations à l'attention des instances compétentes pour l'attribution d'aides financières ou pour l'accompagnement social des personnes en situation d'impayé.

Pour exercer ses missions, elle est informée dès la délivrance du commandement de payer (cf. § 4.3.2.1). En outre, elle peut être saisie par les organismes payeurs des aides personnelles au logement ou directement par le bailleur ou le locataire. Il convient de s'adresser à la préfecture de département pour connaître les coordonnées et modalités de saisine.

4.5. Procédure d'expulsion

VALIDITÉ DE L'EXPULSION :

Le locataire ne peut être expulsé que sur le fondement d'une décision de justice ou d'un procès-verbal de conciliation exécutoire. Cette décision peut, notamment, faire suite au refus du locataire de quitter les lieux après un congé délivré régulièrement par le bailleur, à la mise en œuvre de la clause résolutoire ou à une résiliation judiciaire du contrat.

Le bailleur ne doit en aucun cas agir sans décision de justice, même avec l'assistance d'un huissier. Ainsi, le bailleur qui procède lui-même à l'expulsion d'un locataire indélicat est passible de trois ans de prison et de 30 000 € d'amende.

Par ailleurs, suite à la décision de justice, le bailleur est tenu de signifier au locataire, par un huissier de justice, un commandement de quitter les lieux. L'expulsion ne peut avoir lieu qu'après un délai de deux mois suivant le commandement, ce délai peut être modifié par le juge dans les conditions prévues notamment à l'article L. 412-1 du code des procédures civiles d'exécution.

L'État est tenu de prêter son concours à l'exécution des jugements à moins qu'un motif tiré de l'ordre public ne l'autorise à refuser son concours.

En cas de refus, ou à l'expiration du délai de deux mois suivant le dépôt de la demande de concours de la force publique, le bailleur peut effectuer une demande gracieuse d'indemnisation auprès du préfet, puis devant le tribunal administratif pour obtenir réparation du préjudice.

TRÊVE HIVERNALE :

Durant la période dite de trêve hivernale, qui court du 1er novembre au 31 mars, les locataires sont protégés et ne peuvent être expulsés. Ce délai supplémentaire doit être mis à profit pour activer tous les dispositifs de relogement. Cette trêve signifie que tout jugement ordonnant l'expulsion d'un locataire, passée en force de chose jugée, ne peut être exécuté de force pendant cette période de grâce. Elle s'applique même si le juge a ordonné des délais pour exécuter l'expulsion et que ces délais ont expiré, sauf si l'expulsion est engagée à l'encontre :

– d'un locataire qui loue un logement dans un immeuble qui a fait l'objet d'un arrêté de péril ; ou

– d'un locataire dont l'expulsion est assortie d'un relogement correspondant à ses besoins familiaux (le nombre de pièces doit correspondre au nombre d'occupants).

En revanche, la trêve hivernale n'interdit pas aux bailleurs de demander et d'obtenir un jugement d'expulsion, ni même de signifier au locataire le commandement de quitter les lieux. En effet, seules les mesures d'exécution de l'expulsion avec le concours de la force publique sont suspendues.

5.
Contacts utiles

Les ADIL : les agences départementales d'information sur le logement apportent au public un conseil gratuit, neutre et personnalisé sur toutes les questions juridiques, financières et fiscales relatives au logement et leur proposent des solutions adaptées à leur cas personnel. Les ADIL assurent ainsi de nombreuses permanences sur l'ensemble du territoire (http://www.anil.org/votre-adil/).

LES ORGANISMES PAYEURS DES AIDES AU LOGEMENT :

– Caisses d'allocations familiales (CAF) ;

– Mutualité sociale agricole (MSA).

LES ASSOCIATIONS REPRÉSENTATIVES DES BAILLEURS ET DES LOCATAIRES :

Au plan local, il existe de nombreuses organisations ayant pour objet de représenter et de défendre l'intérêt des locataires ou des bailleurs.

Sont également considérées comme représentatives au niveau national les organisations représentatives des locataires et des bailleurs suivantes, qui siègent à ce titre à la commission nationale de concertation :

– organisations nationales représentatives des bailleurs :

– l'Association des propriétaires de logements intermédiaires (APLI) ;

– la Fédération des sociétés immobilières et foncières (FSIF) ;

– l'Union nationale de la propriété immobilière (UNPI) ;

– organisations nationales représentatives des locataires :

– la Confédération nationale du logement (CNL) ;

– la Confédération générale du logement (CGL) ;

– la Confédération syndicale des familles (CSF) ;

– la Confédération de la consommation, du logement et du cadre de vie (CLCV) ;

– l'Association force ouvrière consommateurs (AFOC).

Maison de justice et du droit et point d'accès au droit : les maisons de justice et du droit et les points d'accès au droit accueillent gratuitement et anonymement les personnes rencontrant un problème juridique et/ou administratif. Le site http://www.annuaires.justice.gouv.fr/ vous permet de connaître, à partir de votre code postal, le point d'accès au droit ou la maison de justice et du droit le plus proche de votre domicile.

INFORMATION ADMINISTRATIVE :

– ministère du logement, de l'égalité des territoires et de la ruralité : http://www.territoires.gouv.fr ;

– site officiel de l'administration française : http://www.service-public.fr/ ;

– numéro unique de renseignement des usagers Allo Service Public : 3939 (coût : 0,15 € la minute en moyenne).

1121.15 État des lieux pour un local à usage d'habitation ou à usage d'habitation et à usage professionnel

[▶ V. s^s n°s 137.11 s.]

[**Avertissement.** Ce modèle prend en considération le décret n° 2016-382 du 30 mars 2016 fixant les modalités d'établissement de l'état des lieux et de la prise en compte de la vétusté des logements loués à usage de résidence principale]

État des lieux d'entrée ❒ en date du............

État des lieux de sortie ❒ en date du............

1.
Désignation des parties

Le présent état des lieux est signé entre :

Bailleur : Mme/M.............*[▶ ou : société............]*, dont le domicile *[▶ ou : le siège social]* est situé............ *[▶ représenté, le cas échéant, par............ (Nom ou dénomination et adresse ou siège social du mandataire)]*

Locataire(s) :

Mme/M.............*[▶ Nom et prénom]*

Mme/M............. *[▶ Nom et prénom]*

❒ **En cas d'état des lieux de sortie** :

– adresse du nouveau domicile ou du lieu d'hébergement du (des) locataire(s)

– date de réalisation de l'état des lieux d'entrée

2.
Désignation des locaux

Les locaux sont situés............ *[▶ adresse, étage, n° d'appartement…]*.

3.
Consistance des lieux

Appartement ❒ Maison individuelle ❒

3.1.
Nombre de pièces : ....

3.2.
Locaux annexes

Garage n°............... ❒

Parking n°............... ❒

Cave n°.................. ❒

Grenier n°............... ❒

Autre *[▶ préciser]*… ❒

4.
Nombre de clés ou d moyens d'accès remises au(x) locataire(s) ou destination :

… clé(s) de porte d'entrée

… clé(s) ou bip de porte de garage

5.
Tableau synthétique de l'état des locaux donnés en location (v. page opposée)

6.
Relevé des compteurs

[▶ Le propriétaire ou son mandataire complète les états des lieux d'entrée et de sortie par les relevés des index pour chaque énergie, en présence d'une installation de chauffage ou d'eau chaude sanitaire individuelle, ou collective avec un comptage individuel]

6.1.
Eau

• eau froide : …………

• eau chaude : ………

6.2.
Électricité

• heures creuses : …………

• heures pleines : …………

6.3.
Gaz

[▶ Pendant le premier mois de la période de chauffe, le locataire peut demander que l'état des lieux soit complété par l'état des éléments de chauffage]

Fait à…………, le………… en………… exemplaires.

Le bailleur ou son mandataire

Le(s) locataire(s)

5.
Tableau synthétique de l'état des locaux donnés en location

Élément	Plafonds		Murs		Sols		Portes		Fenêtres		Chauffage		Équipements		Remarques diverses ou réserves[a]	EDL de sortie : évolution de l'état de chaque pièce / partie du logement depuis l'EDL d'entrée
Pièce	Revêt.[b]	État[c]	Revêt.[d]	État[e]	Revêt.[f]	État[g]	Matériau[h]	État[i]	Matériau[j]	État[k]	Mode[l]	État[m]	Identification[n]	État[o]		
Entrée																
Salon																
Salle à manger																
Chambre 1																
Chambre 2																
Chambre 3																
Cuisine																
Salle de bains																
W.-C.																
Terrasse																
Grenier																
Cave																
Garage																
Parking																

a. Exemples de remarques : éraflures, fenêtres simple ou double vitrage, carrelage cassé, taches sur la moquette, ampoule manquante, …
b. Revêtement : peinture, papier, lambris, tissu, etc.
c. État* : neuf, bon, moyen, mauvais.
d. Revêtement : peinture, papier, lambris, tissu, moquette, etc.
e. Voir note c.
f. Revêtement : carrelage, parquet, lino, moquette, etc.
g. Voir note c.
h. Matériau : bois, PVC, métal, etc.
i. Voir note c.
j. Matériau : bois, PVC, etc.
k. Voir note c.
l. Chauffage au gaz, au fuel, au bois, etc.
m. Voir note c.
n. Par exemple, placards, plan de travail, four, plaques électriques, hotte aspirante, porte blindée, VMC, évier, baignoire, douche.
o. Voir note c.

[▶ L'état des lieux doit être établi dans les mêmes formes et en autant d'exemplaires que de parties lors de la remise et de la restitution des clés.

Le locataire peut demander au bailleur ou à son représentant de compléter l'état des lieux dans un délai de dix jours à compter de son établissement. Si cette demande est refusée, le locataire peut saisir la commission départementale de conciliation territorialement compétente]

[▶ L'état des lieux à l'entrée et à la sortie du logement est établi selon les modalités suivantes :

1° Le logement contient les seuls meubles ou équipements mentionnés au contrat de location ;

2° La forme du document permet la comparaison de l'état du logement constaté à l'entrée et à la sortie des lieux. À cet effet, les états des lieux peuvent être réalisés sous la forme d'un document unique ou de documents distincts ayant une présentation similaire ;

3° L'état des lieux, établi sur support papier ou sous forme électronique, est remis en main propre ou par voie dématérialisée à chacune des parties ou à leur mandataire au moment de sa signature]

SECTION 2 CONGÉ

1121.21 Congé émanant du bailleur (reprise pour vendre)

[▶ V. s[s] n°s 434.30 s.]

Lettre recommandée avec AR

[▶ Aux termes de l'article 15 de la loi du 6 juillet 1989 modifié par la loi n° 2014-366 du 24 mars 2014, dite loi Alur, applicable aux baux conclus à compter du 27 mars 2014, le congé doit être notifié par lettre recommandée avec demande d'avis de réception, signifié par acte d'huissier ou remis en main propre contre récépissé ou émargement. Pour les congés concernant des baux signés avant le 27 mars 2014, seuls la lettre recommandée avec demande d'avis de réception et l'exploit d'huissier sont envisagés par le texte].

Objet : congé

[▶ Coordonnées du locataire]

Madame / Monsieur,

Conformément à l'article 15 de la loi n° 89-462 du 6 juillet 1989, j'ai l'honneur de vous donner congé pour les locaux situés au............ *[▶ adresse]* que vous occupez en vertu d'un bail que nous avons signé le............ *[▶ date]*.

Ce congé est motivé par le fait que je désire vendre ce logement, tel qu'il est décrit dans le contrat de bail, à savoir [décrire les locaux loués et les éventuelles annexes – cave, grenier, parking...].

Le prix de vente a été arrêté à............ euros, payables comptant.

À toutes fins utiles, vous trouverez ci-jointes copies du règlement de copropriété et de l'état descriptif de division.

La présente vaut donc congé pour le............, date de l'expiration de votre bail.

Conformément à l'article 15-II, alinéa 6, de la loi précitée, voici reproduits ci-dessous (à peine de nullité) les alinéas 1 à 5 de cet article 15-II :

« Lorsqu'il est fondé sur la décision de vendre le logement, le congé doit, à peine de nullité, indiquer le prix et les conditions de la vente projetée. Le congé vaut offre de vente au profit du locataire : l'offre est valable pendant les deux premiers mois du délai de préavis. Les dispositions de l'article 46 de la loi n° 65-557 du 10 juillet 1965 fixant le statut de la copropriété des immeubles bâtis ne sont pas applicables au congé fondé sur la décision de vendre le logement.

À l'expiration du délai de préavis, le locataire qui n'a pas accepté l'offre de vente est déchu de plein droit de tout titre d'occupation sur le local.

Le locataire qui accepte l'offre dispose, à compter de la date d'envoi de sa réponse au bailleur, d'un délai de deux mois pour la réalisation de l'acte de vente. Si, dans sa réponse, il notifie son intention de recourir à un prêt, l'acceptation par le locataire de l'offre de vente est subordonnée à l'obtention du prêt et le délai de réalisation de la vente est porté à quatre mois. Le contrat de location est prorogé jusqu'à l'expiration du délai de réalisation de la vente. Si, à l'expiration de ce délai, la vente n'a pas été réalisée, l'acceptation de l'offre de vente est nulle de plein droit et le locataire est déchu de plein droit de tout titre d'occupation.

Dans le cas où le propriétaire décide de vendre à des conditions ou à un prix plus avantageux pour l'acquéreur, le notaire doit, lorsque le bailleur n'y a pas préalablement procédé, notifier au locataire ces conditions et prix à peine de nullité de la vente. Cette notification est effectuée à l'adresse indiquée à cet effet par le locataire au bailleur ; si le locataire n'a pas fait connaître cette adresse au bailleur, la notification est effectuée à l'adresse des locaux dont la location avait été consentie. Elle vaut offre de vente au profit du locataire. Cette offre est valable pendant une durée d'un mois à compter de sa réception. L'offre qui n'a pas été acceptée dans le délai d'un mois est caduque.

Le locataire qui accepte l'offre ainsi proposée dispose, à compter de la date d'envoi de sa réponse au bailleur ou au notaire, d'un délai de deux mois pour la réalisation de l'acte de vente. Si, dans sa réponse, il notifie son intention de recourir à un prêt, l'acceptation par le locataire de l'offre de vente est subordonnée à l'obtention du prêt et le délai de la réalisation de la vente est porté à quatre mois. Si, à l'expiration de ce délai, la vente n'a pas été réalisée, l'acceptation de l'offre de vente est nulle de plein droit ».

Dans l'attente de vos nouvelles afin que nous arrêtions une date pour dresser l'état des lieux de sortie et que, le cas échéant, vous me fassiez part de votre souhait de vous porter acquéreur du logement que vous occupez.

Veuillez agréer, Madame / Monsieur, l'expression de mes salutations les meilleures.

[▶ Signature]

PS : Vous trouverez ci-joint une notice d'information relative aux obligations du bailleur et aux voies de recours et d'indemnisation du locataire.

[▶ Aux termes de l'article 15 de la loi du 6 juillet 1989 modifié par la loi n° 2014-366 du 24 mars 2014, dite loi Alur, applicable aux baux en cours le 8 août 2015, la notice d'information relative aux obligations du bailleur et aux voies de recours et d'indemnisation du locataire (V. annexe 1121.12) est jointe au congé délivré par le bailleur en raison de sa décision de reprendre ou de vendre le logement]

1121.22 Congé émanant du bailleur (reprise pour habiter par le bailleur lui-même)

[▶ V. s[s] n°s 433.30 s.]

Lettre recommandée avec AR

[▶ Aux termes de l'article 15 de la loi du 6 juillet 1989 modifié par la loi n° 2014-366 du 24 mars 2014, dite loi Alur, applicable aux baux en cours le 8 août 2015, le congé doit être notifié par lettre recommandée avec demande d'avis de réception, signifié par acte d'huissier ou remis en main propre contre récépissé ou émargement.]

Objet : congé

[▶ Coordonnées du locataire]

Madame / Monsieur,

Conformément à l'article 15 de la loi n° 89-462 du 6 juillet 1989, j'ai l'honneur de vous donner congé pour les locaux situés au............ *[▶ adresse]* que vous occupez en vertu d'un bail que nous avons signé le............ *[▶ date]*.

Ce congé est motivé par le fait que je désire reprendre ce logement pour l'occuper moi-même.

Actuellement domicilié *[▶ Coordonnées du bailleur]* ma décision de repris est fondée sur

[▶ Aux termes de l'article 15 modifié par la loi n° 2014-366 du 24 mars 2014, dite loi Alur, applicable aux baux en cours le 8 août 2015, lorsque le bailleur donne congé à son locataire pour reprendre le logement, le bailleur justifie du caractère réel et sérieux de sa décision de reprise.]

La présente vaut donc congé pour le............, date de l'expiration de votre bail.

Dans l'attente de vos nouvelles afin que nous arrêtions une date pour dresser l'état des lieux de sortie.

Veuillez agréer, Madame / Monsieur, l'expression de mes salutations les meilleures.

[▶ Signature]

PS : Vous trouverez ci-joint une notice d'information relative aux obligations du bailleur et aux voies de recours et d'indemnisation du locataire.

[▶ Aux termes de l'article 15 de la loi du 6 juillet 1989 modifié par la loi n° 2014-366 du 24 mars 2014, dite loi Alur, applicable aux baux en cours le 8 août 2015, la notice d'information relative aux obligations du bailleur et aux voies de recours et d'indemnisation du locataire (V. annexe 1121.12) est jointe au congé délivré par le bailleur en raison de sa décision de reprendre ou de vendre le logement]

1121.23 Congé émanant du bailleur (pour motif légitime et sérieux)

[▶ V. s[s] n°s 435.11 s.]

Lettre recommandée avec AR

[▶ Aux termes de l'article 15 de la loi du 6 juillet 1989 modifié par la loi n° 2014-366 du 24 mars 2014, dite loi Alur, applicable aux baux en cours le 8 août 2015, le congé doit être notifié par lettre recommandée avec demande d'avis de réception, signifié par acte d'huissier ou remis en main propre contre récépissé ou émargement.]

Objet : congé

[▶ Coordonnées du locataire]

Madame / Monsieur,

Conformément à l'article 15 de la loi n° 89-462 du 6 juillet 1989, j'ai l'honneur de vous donner congé pour les locaux situés au............ *[▶ adresse]* que vous occupez en vertu d'un bail que nous avons signé le............ *[▶ date]*.

Ce congé est motivé par le fait que vous ne m'avez pas réglé les loyers des mois de............ intégralement et ceux des mois de............ avec quinze jours de retard.

(Ou tout autre motif emportant déclenchement de la clause résolutoire, en détaillant les éléments factuels à l'appui de la décision)

La présente vaut donc congé pour le............, date de l'expiration de votre bail.

Dans l'attente de vos nouvelles afin que nous arrêtions une date pour dresser l'état des lieux de sortie.

Veuillez agréer, Madame / Monsieur, l'expression de mes salutations les meilleures.

[▶ Signature]

PS : Vous trouverez ci-joint une notice d'information relative aux obligations du bailleur et aux voies de recours et d'indemnisation du locataire.

1121.24 Congé émanant du locataire (trois mois)

[▶ V. s[s] n°s 442.31 s.]

Lettre recommandée avec AR

[▶ Aux termes de l'article 15 de la loi du 6 juillet 1989 modifié par la loi n° 2014-366 du 24 mars 2014, dite loi Alur, applicable aux baux en cours le 8 août 2015, le congé doit être notifié par lettre recommandée avec demande d'avis de réception, signifié par acte d'huissier ou remis en main propre contre récépissé ou émargement.]

Objet : congé

[▶ Coordonnées du bailleur]

Madame / Monsieur,

Conformément à l'article 15 de la loi n° 89-462 du 6 juillet 1989, j'ai l'honneur de vous donner congé pour les locaux situés au............ *[▶ adresse]* que j'occupe en vertu d'un bail que nous avons signé le............ *[▶ date]*.

En application de l'article 15 de la loi précitée, le délai de préavis étant de trois mois lorsque le congé émane du locataire, la présente vaut congé pour le............ *[▶ date à fixer en prenant en compte le délai de réception du bailleur]*.

Dans l'attente de vos nouvelles afin que nous arrêtions une date pour dresser l'état des lieux de sortie.

Veuillez agréer, Madame / Monsieur, l'expression de mes salutations les meilleures.

[▶ Signature]

1121.25 Congé émanant du locataire (un mois)

[▶ V. s[s] n°s 442.61 s.]

Lettre recommandée avec AR

[▶ Aux termes de l'article 15 de la loi du 6 juillet 1989 modifié par la loi n° 2014-366 du 24 mars 2014, dite loi Alur, applicable aux baux en cours le 8 août 2015, le congé doit être notifié par lettre recommandée avec demande d'avis de réception, signifié par acte d'huissier ou remis en main propre contre récépissé ou émargement.]

Objet : congé

[▶ Coordonnées du bailleur]

Madame / Monsieur,

Conformément à l'article 15 de la loi n° 89-462 du 6 juillet 1989, j'ai l'honneur de vous donner congé pour les locaux situés au............ *[▶ adresse]* que j'occupe en vertu d'un bail que nous avons signé le............ *[▶ date]*.

En application de l'article 15-I de la loi précitée, ce congé étant motivé par...

[▶ Aux termes de l'article 15 de la loi du 6 juillet 1989 modifié par la loi n° 2014-366 du 24 mars 2014, dite loi Alur, applicable aux baux en cours le 8 août 2015, le locataire souhaitant bénéficier des délais réduits de préavis précise le motif invoqué et le justifie au moment de l'envoi de la lettre de congé. Le locataire peut bénéficier d'un délai de préavis réduit lorsque le bail porte sur un logement situé en zone tendue, en cas d'obtention d'un premier emploi, de mutation, de perte d'emploi ou de nouvel emploi consécutif à une perte d'emploi, lorsque l'état de santé du locataire, constaté par un certificat médical, justifie un changement de domicile, lorsque le locataire est bénéficiaire d'une ordonnance de protection ou dont le conjoint, partenaire lié par un pacte civil de solidarité ou concubin fait l'objet de poursuites, d'une procédure alternative aux poursuites ou d'une condamnation, même non définitive, en raison de violences exercées au sein du couple ou sur un enfant qui réside habituellement avec lui, lorsque le locataire est bénéficiaire du revenu de solidarité active ou de l'allocation adulte handicapé, ou lorsque le locataire s'est vu attribuer un logement défini à l'article L. 831-1 du CCH.]

Le délai de préavis qui m'est applicable est d'un mois (voir le courrier ci-joint émanant de mon employeur).

(Ou tout justificatif du motif exposé plus haut)

La présente vaut donc congé pour le............ *[▶ date]*.

Dans l'attente de vos nouvelles afin que nous arrêtions une date pour dresser l'état des lieux de sortie.

Veuillez agréer, Madame / Monsieur, l'expression de mes salutations les meilleures.

[▶ Signature]

SECTION 3 RENOUVELLEMENT DE LOYER

1121.31 Offre de renouvellement avec augmentation de loyer hors zone tendue (bail de trois ans)

[▶ V. ss nos 423.101 s.]

Lettre recommandée avec AR

(Ou acte d'huissier ou remise en main propre contre récépissé ou émargement)

Objet : offre de renouvellement avec augmentation de loyer

Madame / Monsieur,

Comme en attestent les références ci-jointes, le loyer du logement que vous occupez en vertu de votre contrat de location qui s'achève le............ est manifestement sous-évalué.

Aussi, conformément à l'article 17-2-I de la loi n° 89-462 du 6 juillet 1989, je vous offre de le renouveler pour trois ans, moyennant une augmentation de loyer de............ euros, soit un loyer de............ euros.

Cette hausse s'appliquera *[▶ Cocher la case correspondante] :*

- par tiers tous les ans (si la hausse est inférieure ou égale à 10 %) ❒
- par sixième tous les ans (si la hausse est supérieure à 10 %) ❒

Ainsi, durant la première année du renouvellement, le loyer mensuel dont vous devrez vous acquitter sera de............ euros, puis passera à............ euros à compter de la seconde année, et sera de............ la troisième année.

En application du sixième alinéa de l'article 17-2 de la loi susmentionnée, vous trouverez ci-dessous la reproduction intégrale dudit article 17-2.

« Lors du renouvellement du contrat, le loyer ne donne lieu à réévaluation que s'il est manifestement sous-évalué.

Dans ce cas, le bailleur peut proposer au locataire, au moins six mois avant le terme du contrat et dans les conditions de forme prévues à l'article 15, un nouveau loyer fixé par référence aux loyers habituellement constatés dans le voisinage pour des logements comparables.

Les loyers servant de références doivent être représentatifs de l'ensemble des loyers habituellement constatés dans le voisinage pour des logements comparables, situés soit dans le même groupe d'immeubles, soit dans tout autre groupe d'immeubles comportant des caractéristiques similaires et situés dans la même zone géographique. Un décret en Conseil d'État définit les éléments constitutifs de ces références.

Le nombre minimal de références à fournir est de trois. Toutefois, il est de six dans les communes, dont la liste est fixée par décret, faisant partie d'une agglomération de plus d'un million d'habitants. »

Lorsque le bailleur fait application des dispositions du présent I, il ne peut donner congé au locataire pour la même échéance du contrat.

La notification reproduit intégralement, à peine de nullité, les dispositions du présent I et mentionne le montant du loyer ainsi que la liste des références ayant servi à le déterminer.

En cas de désaccord ou à défaut de réponse du locataire quatre mois avant le terme du contrat, l'une ou l'autre des parties saisit la commission départementale de conciliation.

À défaut d'accord constaté par la commission, le juge est saisi avant le terme du contrat. À défaut de saisine, le contrat est reconduit de plein droit aux conditions antérieures du loyer, éventuellement révisé. Le contrat dont le loyer est fixé judiciairement est réputé renouvelé pour la durée définie à l'article 10 à compter de la date d'expiration du contrat. La décision du juge est exécutoire par provision.

La hausse convenue entre les parties ou fixée judiciairement s'applique par tiers ou par sixième selon la durée du contrat.

Toutefois, cette hausse s'applique par sixième annuel au contrat renouvelé, puis lors du renouvellement ultérieur, dès lors qu'elle est supérieure à 10 % si le premier renouvellement avait une durée inférieure à six ans.

La révision éventuelle résultant de l'article 17-1 *[▶ révision annuelle ne pouvant excéder la variation de l'indice de référence des loyers publié par l'Insee]* s'applique à chaque valeur ainsi définie.

Vous demandant de bien vouloir me faire part des suites que vous comptez donner à ma proposition dans les meilleurs délais et, au plus tard, avant le............ *[▶ quatre mois avant le terme du bail]*.

Veuillez agréer, Madame / Monsieur, l'expression de mes salutations les meilleures.

[▶ Signature]

1121.32 Offre de renouvellement avec augmentation de loyer en zone tendue (bail de trois ans)

[▶ V. ss nos 423.312 s.]

Lettre recommandée avec AR

(Ou acte d'huissier ou remise en main propre contre récépissé ou émargement)

Objet : offre de renouvellement avec augmentation de loyer

Madame / Monsieur,

Le loyer du logement que vous occupez en vertu de votre contrat de location qui s'achève le............ est inférieur au loyer de référence minoré.

Sur la zone dans lequel se situe votre logement, le loyer de référence minoré s'élève à...... euros, soit un montant supérieur à votre loyer actuel de......euros.

Aussi, conformément à l'article 140 de la loi n° 2018-1021 du 23 novembre 2018, je vous offre de renouveler votre bail pour trois ans, moyennant une augmentation de loyer de............ euros, soit un loyer de............ euros.

[En tout état de cause le loyer nouveau est inférieur ou égal au loyer de référence minoré]

Cette hausse s'appliquera *[▶ Cocher la case correspondante]* :

- par tiers tous les ans (si la hausse est inférieure ou égale à 10 %) ❒
- par sixième tous les ans (si la hausse est supérieure à 10 %) ❒

Ainsi, durant la première année du renouvellement, le loyer mensuel dont vous devrez vous acquitter sera de............ euros, puis passera à............ euros à compter de la seconde année, et sera de............ la troisième année.

En application du quatrième alinéa de l'article 140 de la loi susmentionnée, vous trouverez ci-dessous la reproduction intégrale dudit article 140 VI.

« Lors du renouvellement du contrat, une action en diminution de loyer peut être engagée si le montant du loyer fixé au contrat de bail, hors montant du complément de loyer le cas échéant, est supérieur au loyer de référence majoré.

Lors du renouvellement du contrat, une action en réévaluation de loyer peut être engagée dès lors que le loyer est inférieur au loyer de référence minoré.

Dans les cas prévus aux deux premiers alinéas du présent VI, l'une ou l'autre des parties peut proposer un nouveau loyer à son cocontractant, au moins six mois avant le terme du contrat pour le bailleur et au moins cinq mois avant le terme du contrat pour le locataire, dans les conditions de forme prévues à l'article 15 de la loi n° 89-462 du 6 juillet 1989 précitée. Le montant du loyer de référence majoré ou minoré pris en compte correspond à celui qui est en vigueur à la date de la proposition émise par l'une des parties.

Le nouveau loyer proposé dans le cadre d'une action en réévaluation de loyer est inférieur ou égal au loyer de référence minoré. Le locataire peut, par référence aux loyers habituellement constatés dans le voisinage pour des logements comparables, contester l'action en réévaluation de loyer selon la procédure prévue au présent article.

Les loyers servant de référence doivent être représentatifs de l'ensemble des loyers habituellement constatés dans le voisinage pour des logements comparables, situés soit dans le même groupe d'immeubles, soit dans tout autre groupe d'immeubles comportant des caractéristiques similaires et situés dans la même zone géographique.

Le nombre minimal de références à fournir est de trois. Toutefois, il est de six dans les communes, dont la liste est fixée par décret, faisant partie d'une agglomération de plus d'un million d'habitants.

Lorsque le bailleur fait application du présent VI, il ne peut donner congé au locataire pour la même échéance du contrat.

La notification d'une proposition d'un nouveau loyer reproduit intégralement, à peine de nullité, les dispositions du présent VI et mentionne le montant du loyer ainsi que le loyer de référence majoré ou le loyer de référence minoré ayant servi à le déterminer.

En cas de désaccord ou à défaut de réponse du cocontractant saisi quatre mois avant le terme du contrat, l'une ou l'autre des parties peut saisir la commission départementale de conciliation mentionnée à l'article 20 de la loi n° 89-462 du 6 juillet 1989 précitée.

À défaut d'accord constaté par la commission départementale de conciliation, le juge peut être saisi avant le terme du contrat. À défaut de saisine du juge, le contrat est reconduit de plein droit aux conditions antérieures du loyer, éventuellement révisé en application de l'article 17-1 de la même loi. Le contrat dont le loyer est fixé judiciairement est réputé renouvelé pour la durée définie aux articles 10 et 25-7 de ladite loi, à compter de la date d'expiration du contrat. La décision du juge est exécutoire par provision.

Lorsque les parties s'accordent sur une hausse du loyer ou lorsque cette hausse est fixée judiciairement, celle-ci s'applique par tiers ou par sixième selon la durée du contrat.

Toutefois, cette hausse s'applique par sixième annuel au contrat renouvelé, puis lors du renouvellement ultérieur, dès lors qu'elle est supérieure à 10 % si le premier renouvellement avait une durée inférieure à six ans.

Lorsque la hausse du loyer convenue entre les parties ou fixée judiciairement porte sur un contrat de location soumis aux dispositions du titre Ier bis de la loi n° 89-462 du 6 juillet 1989 précitée, elle s'applique au contrat renouvelé. Toutefois, si la hausse est supérieure à 10 %, elle s'applique par tiers annuel au contrat renouvelé et lors des renouvellements ultérieurs. »

La révision éventuelle résultant de l'article 17-1 *[▶ révision annuelle ne pouvant excéder la variation de l'indice de référence des loyers publié par l'Insee]* de la même loi s'applique à chaque valeur ainsi définie.

Vous demandant de bien vouloir me faire part des suites que vous comptez donner à ma proposition dans les meilleurs délais et, au plus tard, avant le............ *[▶ quatre mois avant le terme du bail]*.

Veuillez agréer, Madame / Monsieur, l'expression de mes salutations les meilleures.

[▶ Signature]

1121.33 Saisine du secrétariat de la Commission départementale de conciliation par le bailleur (litige relatif au loyer de renouvellement)

[▶ V. s^s n°s 423.201 s.]

Lettre recommandée avec AR

[▶ Concernant les cas de saisine de la commission, v. s^s n°s 423.201 s.]

Objet : fixation d'un loyer de renouvellement

[▶ Coordonnées de la commission]

Madame, Monsieur,

Suite à la proposition de renouvellement que j'ai adressée à mon locataire le............ *[▶ date]* (v. copie jointe) et à défaut de réponse de sa part quatre mois avant le terme du bail (également joint à la présente), je vous saurais gré de bien vouloir convoquer les parties concernées dans les meilleurs délais.

Coordonnées du bailleur : .... *[▶ Nom et adresse]*.

Coordonnées du locataire : .... *[▶ Nom et adresse]*.

Dans cette attente,

Je vous prie d'agréer, Madame, Monsieur, l'expression de mes salutations les meilleures.

[▶ Signature]

PJ : Contrat de location et proposition de renouvellement (incluant les références produites à l'appui de ma demande).

SECTION 4
BAIL À DURÉE RÉDUITE

1121.41 Confirmation de la réalisation de l'événement ayant justifié la conclusion d'un bail à durée réduite (article 11 de la loi du 6 juillet 1989)

[▶ V. s^s n° 413.41]

Lettre recommandée avec AR

(Ou acte d'huissier ou remise en main propre contre récépissé ou émargement)

Objet : confirmation de la reprise de mon logement

[▶ Coordonnées du locataire]

Madame / Monsieur,

Je vous informe par la présente que la raison nous ayant conduit à conclure un bail de............ mois *[▶ à savoir............]* se réalisera à la date convenue.

[la signification du courrier doit intervenir au moins 2 mois avant]

Je vous demande donc, de libérer les lieux pour le............, date d'expiration du bail.

Dans l'attente de vos nouvelles afin que nous arrêtions une date pour dresser l'état des lieux de sortie.

Je vous prie d'agréer, Madame / Monsieur, l'expression de mes salutations les meilleures.

[▶ Signature]

1121.42 Report du terme du bail conclu pour une durée réduite (article 11 de la loi du 6 juillet 1989)

[▶ V. s^s n° 413.44]

Lettre recommandée avec AR

(Ou acte d'huissier ou remise en main propre contre récépissé ou émargement)

Objet : proposition de report du terme du bail

[▶ Cette faculté de report ne peut être utilisée par le bailleur qu'une seule fois]

[▶ Coordonnées du locataire]

Madame / Monsieur,

Je vous informe par la présente que la raison nous ayant conduit à conclure un bail de............ mois *[▶ à savoir............]* ne se réalisera pas à la date convenue.

[La signification du courrier doit intervenir au moins 2 mois avant la date originelle de fin de bail]

Je vous propose donc de différer le terme de notre bail et de le reporter au............

En cas d'acceptation du report du terme, je vous demanderai donc de libérer les lieux pour le............ *[▶ date]*.

Je vous prie d'agréer, Madame / Monsieur, l'expression de mes salutations les meilleures.

[▶ Signature]

SECTION 5
DOMICILIATION – EXERCICE D'UNE ACTIVITÉ PROFESSIONNELLE

1121.51 Lettre à adresser au propriétaire en cas de domiciliation/exercice de l'activité professionnelle dans un local d'habitation

[▶ V. s^s n°s 433.21 s]

(Forme libre mais une lettre recommandée avec AR ou remise en main propre contre récépissé ou émargement est recommandée)

Objet : Exercice d'une activité professionnelle dans les lieux loués *[▶ ou : domiciliation du siège de mon entreprise]*

[▶ Coordonnées du bailleur]

Madame / Monsieur,

J'ai l'honneur, par la présente, de vous informer que j'envisage, à partir du............ *[▶ date]*, d'exercer mon activité professionnelle de............ dans une partie de mon local d'habitation situé au............

[▶ ou : de domicilier le siège de mon entreprise (ou : de ma société), immatriculée au............, depuis le............, en l'absence de stipulation contraire du bail ou du règlement de copropriété.]

Je tiens également à signaler que je conserverai dans ces lieux ma résidence principale et que je n'y recevrai ni clientèle ni marchandises.

Veuillez agréer, Madame / Monsieur, l'expression de mes sentiments les meilleurs.

[▶ Signature]

CHAPITRE

1122. Secteur HLM

SECTION 0
ORIENTEUR

1122.00 **Sommaire du chapitre.**

SECTION 1
DÉCOMPTE DE SURFACE

1122.11 **Décompte de surface utile (annexe de l'article 1er du décret n° 97-56 du 21 janvier 1997)**

[▶ V. ss n° 635.61]

Situation de l'immeuble : …………

Numéro du logement porté dans la convention : …………

Numéro de la convention : …………

Année de la convention : …………

Nom du bailleur et siège social : …………

Loyer maximum fixé par la convention : ………… euros par m² et par mois.

Liste des annexes faisant partie de la surface utile, conforme à l'arrêté du ministre du Logement pris en application du 2° de l'article R. 353-16 :

Décompte des surfaces et des coefficients propres au logement : …………

Montant du loyer maximum du logement : ………… euros (Col. 6 x 6………… €/m²/mois).

Ce loyer maximum est révisé chaque année au 1er janvier en fonction des variations de l'indice de référence des loyers *[▶ à compter du 1er janvier 2010, la date de l'indice de référence des loyers prise en compte est celle du deuxième trimestre de l'année précédente]*. À la date de signature de la présente convention, le loyer de référence est de : …………

Ce sont les annexes ou parties d'annexes qui n'entrent pas dans le calcul de la surface utile, soit les emplacements réservés au stationnement des véhicules, les terrasses, cours et jardins, faisant l'objet d'une jouissance exclusive.

L'évolution du loyer maximum des annexes donnant lieu à perception d'un loyer accessoire est la même que celle du logement.

Annexes susceptibles de donner lieu à perception d'un loyer accessoire (dernier alinéa du 2° de l'article R. 353-16)	Loyer maximum conventionné de l'annexe
…………	…………

Désignation du logement	Surface habitable	Surface des annexes	Surface utile (somme de la colonne 2 et de la moitié de la colonne 3)	Coefficient propre au logement	Base du calcul du loyer (col. 4 x col. 5)	Loyer maximum du logement (col. 6 x F/m²)
Col. 1	Col. 2	Col. 3	Col. 4	Col. 5	Col. 6	Col. 7
…………	…………	…………	…………	…………	…………	…………
…………	…………	…………	…………	…………	…………	…………

1122.12 **Décompte de surface corrigée (annexe à l'article R. 353-19 du CCH)**

[▶ V. ss nos 635.23 s.]

Situation de l'immeuble : …………

Numéro de logement porté dans la convention : …………

Numéro de la convention : …………

Année de la convention : …………

Nom du bailleur et lieu du siège social : …………

DÉCOMPTE DE SURFACE CORRIGÉE ET DU PRIX DU LOYER (1)

I. Correctifs applicables à chaque partie du local

Nature des différentes parties du local (art. 2 à 4) (2)	Surface réelle (art. 5)	Coefficient correspondant à la nature des pièces (art. 6)	Surface utile (produit des colonnes 2 et 3)	Coefficient 2 et applicable aux pièces				Surface corrigée (pour les pièces : produits des colonnes 4 et 8 ; pour les annexes : produits des colonnes 2 et 3)
				Éclairement (art. 8)	Ensoleillement (art. 9)	Vues (art. 10)	Coefficient moyen (total des colonnes 5, 6 et 7 divisé par 3) (art. 7)	
1	2	3	4	5	6	7	8	9
Pièces habitables								
....	....	....	....	....	....	....	....	....
....	....	....	....	....	....	....	....	....
Pièces secondaires								
....	....	....	....	....	....	....	....	....
....	....	....	....	....	....	....	....	....
Annexes			Porter le produit des colonnes 2 et 3 dans la colonne 9					
....	....	....	*Idem*..................					....
....	....	....	*Idem*..................					....
Total des surfaces des différentes parties du local	....	....	....		....			....

II. Correctif d'ensemble du local

a) Coefficient d'entretien (3)	....	....
b) Coefficient de situation (art. 13)	....	....
Coefficient moyen (total des deux lignes précédentes divisé par 2) (art. 11)		
Produit de la surface corrigée des pièces et annexes par le correctif d'ensemble du local	....	.... (A)

III. Équivalence superficielle des éléments d'équipement (art. 14)

Nature	Nombre d'unités	Équivalence			
		Par unité		Totale	
....	....	....		....	....
....	....	....		....	....
	Surface réelle totale				
• Caves, greniers et débarras	....	....		....	....
• Total des équivalences superficielles					.... (B)

IV. Surface corrigée

• Surface corrigée du local : total des lignes (A) et (B)	....
• Diminution pour absence d'ascenseur (4) (art. 16)	–.....................
Reste	....
• Majoration pour usage professionnel (5) (art. 15)	+..................
Surface corrigée totale	+.................. m²

V. Montant du loyer annuel

• 1° Montant du loyer maximum fixé par la convention (6) : m² de surface corrigée............ €/m² annuel

• 2° Montant du nouveau loyer notifié (7) : m² de surface corrigée............ €/m² annuel

Option (8) :

Remise de............ p. 100 du nouveau loyer du............20...... au............20...... ....€

Remise de............ p. 100 du nouveau loyer du 1er............20...... au............20...... ....€

Remise de............ p. 100 du nouveau loyer du 1er............20...... au............20......

Remise de............ p. 100 du nouveau loyer du............20...... au............20......

(date d'extinction de la remise).

VI. Loyer des jardins, remises, garages et autres dépendances	
• Loués ou occupés accessoirement au local	...............€

1. Conformément à l'article R. 353.17 du code de la construction et de l'habitation, la valeur du loyer est fixée au mètre carré de surface corrigée telle que résultant des dispositions de l'article R. 442-1 dudit code (qui rend applicables les dispositions du décret n° 48-1766 du 22 nov. 1948 pris en application de la loi n° 48-1360 du 1er sept. 1948) et de l'article 4 du décret n° 60-1063 du 1er octobre 1960.
2. Articles du décret n° 48-1766 du 22 novembre 1948 fixant les conditions de détermination de la surface corrigée des locaux d'habitation ou à usage professionnel.
3. Qui ne peut dépasser 1 en application de l'article 4 du décret n° 60-1063 du 1er octobre 1960.
4. Égale à : 5 p. 100 de la surface corrigée du local si celui-ci est situé, sans ascenseur, au 4e étage ; 10 p. 100 de la surface corrigée du local si celui-ci est situé, sans ascenseur, au 5e étage. 15 p. 100 de la surface corrigée du local si celui-ci est situé, sans ascenseur, au 6e étage et au-dessus.
5. Égale à 30 p. 100 de la surface corrigée du local.
6. Le loyer est révisable chaque année le 1er juillet en fonction des variations de l'indice de référence des loyers.
7. Le loyer pratiqué peut être modifié, dans la limite du loyer maximum, selon des modalités fixées par la convention et par les dispositions prises en application du titre IV de la loi n° 82-526 du 22 juin 1982.
8. Dans le cas où le bailleur opère une remise de loyer aux locataires, il indique le pourcentage de la remise applicable lors de la modification du nouveau loyer ainsi que toute modification de pourcentage (intervenant soit un 1er janv., soit un 1er juill. et sa durée d'application).

SECTION 2
CONGÉ

1122.21 Troisième offre de relogement valant congé émanant du bailleur (démolition de l'immeuble)

[▶ V. ss nos 313.61 s.]

Lettre recommandée avec demande d'avis de réception

Articles L. 353-15 et L. 442-6 du code de la construction et de l'habitation.

À............, le............ 20...

Mme/M.............

Conformément aux dispositions *[▶ rayer la mention inutile] :*

• de l'article L. 353-15 du code de la construction et de l'habitation.

[▶ Pour les logements conventionnés, v. ss nos 633.41 s.]

• de l'article L. 442-6 du code de la construction et de l'habitation.

[▶ Pour les logements non conventionnés, v. ss nos 633.51 s.]

Je vous notifie une 3e offre de relogement valant congé pour les locaux que vous occupez à la suite du bail signé le............ *[▶ rappeler la date de signature du bail]* pour les locaux situés à l'adresse suivante :

....

Cette offre est justifiée par la démolition de l'immeuble.............

Elle fait suite à une première offre qui vous a été transmise le............ portant sur les locaux suivants :

....

....

Une deuxième offre vous a été faite le............ pour les locaux suivants :

....

....

La présente offre répond aux dispositions légales (art. 13 *bis* de la loi du 1er septembre 1948 reproduit ci-dessous). Elle vaut congé au terme du délai de six mois prévu par la loi, à savoir le............ À cette date vous serez déchu de tout droit au maintien dans les lieux et vous devrez libérer les locaux actuellement occupés et les restituer libres de toute occupation. Vous devrez à la même date avoir acquitté la totalité des loyers, charges, impôts liés à l'occupation des locaux, le cas échéant les réparations locatives, et, plus généralement, avoir satisfait à toutes les obligations d'un locataire sortant.

Je vous rappelle les dispositions légales suivantes :

• Article 13 *bis*. Le local mis à la disposition des personnes évincées, en application des articles 11 et 12, doit satisfaire aux caractéristiques définies en application des premier et deuxième alinéas de l'article 6 de la loi n° 89-462 du 6 juillet 1989 tendant à améliorer les rapports locatifs et portant modification de la loi n° 86-1290 du 23 décembre 1986 et correspondre à leurs besoins personnels ou familiaux et, le cas échéant, professionnels, et à leurs possibilités. Il doit en outre être situé :

❒ dans le même arrondissement ou les arrondissements limitrophes ou les communes limitrophes de l'arrondissement où se trouve le local, objet de la reprise, si celui-ci est situé dans une commune divisée en arrondissements ;

❒ dans le même canton ou dans les cantons limitrophes de ce canton inclus dans la même commune ou dans les communes limitrophes de ce canton si la commune est divisée en cantons ;

❒ dans les autres cas sur le territoire de la même commune ou d'une commune limitrophe, sans pouvoir être éloigné de plus de 5 km.

Je vous prie d'agréer, Mme/M............., l'expression de mes salutations les meilleures.

[▶ Signé : Le bailleur]

1122.22 Congé émanant du bailleur (réalisation de travaux)

[▶ V. ss nos 312.71 s.]

Lettre recommandée avec demande d'avis de réception

[▶ Art. 12 de la loi n° 48-1360 du 1er sept. 1948]

À............, le............ 20...

Mme/M.............

Conformément aux dispositions de l'article 12 de la loi du 1er septembre 1948, je vous donne congé pour les locaux que vous occupez à la suite du bail signé le............ *[▶ rappeler la date de signature du bail].*

Ce congé est justifié par la réalisation de travaux dans l'immeuble, conformément à l'autorisation administrative qui m'a été délivrée par le préfet du département de............

Ce congé prend effet le............ *[▶ le délai de préavis doit être d'au moins six mois].*

À cette date, vous devrez avoir libéré les locaux loués et les restituer libres de toute occupation. Vous devrez à la même date avoir acquitté la totalité des loyers, charges, impôts liés à l'occupation des locaux, le cas échéant les réparations locatives et, plus généralement, avoir satisfait à toutes les obligations d'un locataire sortant.

Vous disposez d'un droit à être relogé dans les conditions prévues par l'article 13 *bis* de la loi n° 48-1360 du 1er septembre 1948 portant modification et codification de la législation relative aux rapports des bailleurs et locataires ou occupants de locaux d'habitation ou à usage professionnel et instituant des allocations de logement, mais vous ne disposez d'aucun droit au maintien dans les lieux après la date d'effet du congé.

Je vous rappelle les dispositions légales suivantes :

• Article 13 (L. n° 48-1360, 1er sept. 1948)

Les personnes évincées en application des articles 11 et 12 bénéficient, si elles ne sont pas relogées dans un local remplissant les conditions prévues à l'article 13 *bis* ci-dessous, du droit à réintégration dans un des locaux situés dans les immeubles ayant fait l'objet des travaux visés auxdits articles et peuvent s'y maintenir dans les conditions prévues par la présente loi.

Dès l'achèvement des travaux, le propriétaire devra, par lettre recommandée avec accusé de réception, ou par acte extrajudiciaire, les mettre en demeure de lui faire connaître, dans le délai d'un mois et dans la même forme, s'ils entendent user de ce droit. La notification devra mentionner, à peine de nullité, la forme et le délai de la réponse.

• Article 13 *bis* (L. n° 48-1360, 1er sept. 1948)

Le local mis à la disposition des personnes évincées, en application des articles 11 et 12, doit satisfaire aux caractéristiques définies en application des premier et deuxième alinéas de l'article 6 de la loi n° 89-462 du 6 juillet 1989 tendant à améliorer les rapports locatifs et portant modification de la loi n° 86-1290 du 23 décembre 1986, et correspondre à leurs besoins personnels ou familiaux et, le cas échéant, professionnels, et à leurs possibilités. Il doit en outre être situé :

❒ dans le même arrondissement ou les arrondissements limitrophes ou les communes limitrophes de l'arrondissement où se trouve le local, objet de la reprise, si celui-ci est situé dans une commune divisée en arrondissements ;

❒ dans le même canton ou dans les cantons limitrophes de ce canton inclus dans la même commune ou dans les communes limitrophes de ce canton si la commune est divisée en cantons ;

❒ dans les autres cas sur le territoire de la même commune ou d'une commune limitrophe, sans pouvoir être éloigné de plus de 5 km.

Je vous prie d'agréer, Mme/M............., l'expression de mes salutations les meilleures.

[▶ Signé : Le bailleur]

Principales abréviations utilisées

	signifie
Administrer	Revue *Administrer*
aff.	affaire
AJDA	*Actualité juridique – Droit administratif*
AJDI	*Actualité juridique – Droit immobilier*
AJPI	*Actualité juridique – Propriété immobilière*
AL	Allocation de logement
ALF	Allocation de logement familiale
ALS	Allocation de logement sociale
Anah	Agence nationale pour l'amélioration de l'habitat
Anil	Agence nationale pour l'information sur le logement
Ann. loyers	*Annales de loyers*
APL	Aide personnalisée au logement
Arr.	Arrêté
art.	Article
ASDIR	Avis de situation déclarative à l'impôt sur le revenu
C. civ.	Code civil
C. pén.	Code pénal
CAF	Caisse d'allocations familiales
CCH	Code de la construction et de l'habitation
C. civ.	Code civil
C. comptes	Cour des comptes
CDBF	Cour de discipline budgétaire et financière
CDC	Caisse des dépôts et consignations
CE	Conseil d'État
CFF	Crédit foncier de France
CGI	Code général des impôts
CJA	Code de justice administrative
Circ.	Circulaire
Civ. 1re, 2e, 3e	Cour de cassation, chambres civiles
CNC	Commission nationale de concertation
COJ	Code de l'organisation judiciaire
Com.	Cour de cassation, chambre commerciale
CRPA	Code des relations entre le public et l'Administration
CS	Conseil de surveillance
CSP	Code de la santé publique
D.	*Recueil Dalloz*
D. actu	*Dalloz actualité*
Dalo	Droit au logement opposable
Décr.	Décret
DP Gestion immob.	*Dictionnaire permanent Gestion immobilière*
EPCI	Établissement public de coopération intercommunale
FSL	Fonds de solidarité pour le logement
Gaz. Pal.	*Gazette du Palais*
HLM	Habitations à loyer modéré
HLMO	Habitations à loyer modéré ordinaire

ILM Immeuble à loyer moyen
ILN Immeuble à loyer normal
Insee Institut national de la statistique et des études économiques
Instr. Instruction
IR Informations rapides

JCP N *Juris-Classeur périodique, édition notariale*
JCP *Juris-Classeur périodique, édition générale*
JO Sénat *Journal officiel, débats du Sénat*
JO *Journal officiel*
JOAN *Journal officiel, débats de l'Assemblée nationale*
JOUE *Journal officiel de l'Union européenne*

L. Loi
Lamy dr. immo. *Le Lamy Droit immobilier*
LCR Locaux collectifs résidentiels
Lebon arrêt publié au *Recueil Lebon*
Lebon T arrêt mentionné aux Tables du *Recueil Lebon*
L. fin. Loi de finances
Loyers et copr. *Loyers et copropriété*

MSA Mutualité sociale agricole

OPAC Office public d'aménagement et de construction
OPHLM Office public d'habitations à loyer modéré
Ord. Ordonnance

P *Bulletin des arrêts de la Cour de cassation*
PALULOS Prime à l'amélioration des logements à usage locatif et à occupation sociale
Pan. Panorama
PAP Prêt d'accession à la propriété
PC Prêt conventionné
PCL Prêt conventionné locatif
PLA Prêt locatif aidé
PLI Prêt locatif intermédiaire
PLR Programmes à loyer réduit
PLS Prêt locatif social
PLUS Prêt locatif à usage social
PSR Programmes sociaux de relogement

QPV Quartiers prioritaires de la politique de la ville

Rapp. Rapport
RDI *Revue de droit immobilier*
Rép. civ. *Répertoire de droit civil, Dalloz*
Rép. immo. *Répertoire de droit immobilier, Dalloz*
Rép. min. Réponse ministérielle
Rev. loyers *Revue des loyers et des fermages*
RTD civ. *Revue trimestrielle de droit civil*

SA HLM Société anonyme d'habitations à loyer modéré
SDAPL Section départementale de l'APL
SEM Société d'économie mixte
SLS Supplément de loyer de solidarité
Soc. Cour de cassation, chambre sociale
somm. sommaire

TGI Tribunal de grande instance
TI Tribunal d'instance
TJ Tribunal judiciaire
Trib. UE Tribunal de l'Union européenne

V° (pluriel *V^is*) *Verbo* (pluriel *Verbis*)

ZRR Zone de revitalisation rurale
ZUS Zone urbaine sensible

Index thématique alphabétique

M

Q

R

T

Z

718752 – (I) – OSB – P 60 – SCM – (HCH)
Achevé d'imprimer en novembre 2021 par LEGO S.p.A.
Dépôt légal : décembre 2021
Imprimé en Italie